LES
MORALISTES
FRANÇAIS

PENSÉES DE PASCAL

MAXIMES ET RÉFLEXIONS DE LA ROCHEFOUCAULD

CARACTÈRES DE LA BRUYÈRE

ŒUVRES DE VAUVENARGUES

TEXTES SOIGNEUSEMENT REVISÉS, COMPLÉTÉS ET ANNOTÉS A L'AIDE DES TRAVAUX LES PLUS RÉCENTS
DE L'ÉRUDITION ET DE LA CRITIQUE

PRÉCÉDÉS D'UNE

NOTICE SUR CHACUN DE CES ÉCRIVAINS

par SAINTE-BEUVE

Ornés de quatre portraits gravés sur acier

PAR MM. GOUTIÈRE ET DELANNOY

PARIS
GARNIER FRÈRES, LIBRAIRES-ÉDITEURS
6, RUE DES SAINTS-PÈRES, 6

EXTRAIT DU CATALOGUE GARNIER FRÈRES

MOLIÈRE
Œuvres complètes, précédées d'une notice sur la vie et les ouvrages de Molière, par M. Sainte-Beuve, illustrées de 80 dessins, par Tony Johannot. Nouv. éd. 1 v. gr. in-8 jés. . . . . 12 fr. 50

MOLIÈRE
1 beau vol. grand-in-8, pareil au *Corneille*, au *Racine* et au *Boileau*, au *Beaumarchais*, orné de charmantes gravures sur acier, par F. Delannoy, d'après les dessins de G. Staal et accompagné de notes explicatives, philologiques et littéraires, par M. Félix Lemaistre. 12 fr. 50

ŒUVRES DE J. RACINE
Avec un Essai sur la vie et les ouvrages de J. Racine, par Louis Racine; ornées de 13 vignettes d'après Gérard, Girodet, Desenne, etc. 1 beau vol. grand in-8 jésus. . . . . 12 fr. 50

ŒUVRES DE P. ET TH. CORNEILLE
Précédées de la Vie de P. Corneille, par Fontenelle, et des Discours sur la poésie dramatique. Nouvelle édition, ornée de grav. sur acier. 1 beau vol. gr. in-8 jésus. . . . . . 12 fr. 50

ŒUVRES COMPLÈTES DE BEAUMARCHAIS
Précédées d'une notice par Louis Moland, revues et enrichies à l'aide des travaux les plus récents sur Beaumarchais et ses ouvrages, ornées de gravures sur acier d'après les dessins de Staal. 1 vol. grand in-8 jésus. . . . . 12 fr. 50

ŒUVRES COMPLÈTES DE BOILEAU
Avec une Notice par M. Sainte-Beuve, et les Notes de tous les commentateurs; illustrées de gravures sur acier. Nouvelle édition. 1 vol. grand in-8 jésus. . . . . 12 fr. 50

ŒUVRES COMPLÈTES DE CASIMIR DELAVIGNE
Comprenant le *Théâtre*, les *Messéniennes* et les *Chants sur l'Italie*, Nouvelle édition. 1 beau vol. grand in-8 jésus, illustré de 12 belles vignettes de A. Johannot. . . . . . . 12 fr. 50

ŒUVRES COMPLÈTES D'ALFRED DE MUSSET
Illustrées de 29 dessins de M. Bida, gravés en taille-douce par M. Flameng, d'après l'original de M. Landelle. 1 vol. grand in-8. . . . . . . 20 fr.
Même ouvrage, illustré de 12 figures. . . . . 12 fr.
— sans gravures. 9 fr.

ŒUVRES COMPLÈTES DE BUFFON
Avec la nomenclature linnéenne et la classification de Cuvier; édition nouvelle, revue sur l'édition in-4 de l'Imprimerie nationale; annotée par M. Flourens, membre de l'Académie française. Les *Œuvres complètes de Buffon* forment 12 vol. grand in-8 jésus, illustrés de 163 planches. 800 sujets coloriés, gravés sur acier, d'après les dessins originaux de M. Victor Adam. 120 fr.
M. le Ministre de l'instruction publique a souscrit pour les bibliothèques à cette excellente édition.

LES CONTES DROLATIQUES
Colligez es abbayes de Touraine et mis en lumière par le sieur de Balzac, pour l'esbastement des pantagruelistes et non aultres. Edition illustrée de 425 dessins par Gustave Doré. 1 magnifique vol. in-8, papier vélin, 12 fr.; net. . . . . 10 fr.
Reliure toile, non rogné, 1 fr. 50.

CORINNE
Par madame la baronne de Stael. Nouvelle édition, richement illustrée de 250 bois dans le texte et de 8 grandes gravures sur bois par Karl Girardet, Barrias, Staal, tirées à part. 1 magnifique vol. gr. in-8 jésus vélin, glacé. . . . . 10 fr.

HISTOIRE DES DUCS DE BOURGOGNE
Par M. de Barante, membre de l'Académie française; 7ᵉ édition. 12 vol. in-8, caractères neufs imprimés sur papier vélin satiné, ornés de 104 gravures et d'un grand nombre de cartes. Prix du vol. . . . . 5 fr.

ŒUVRES D'AUGUSTIN THIERRY
5 vol. in-8 cavalier, papier vélin glacé, le volume. . . . . 6 fr.
Histoire de la Conquête de l'Angleterre. 2 vol.
Lettres sur l'Histoire de France. — Dix ans d'Etudes historiques. 1 vol.
Récits des Temps mérovingiens. 1 vol.
Essai sur l'Histoire du tiers état. 1 vol.

HISTOIRE DES DEUX RESTAURATIONS
Jusqu'à l'avénement de Louis-Philippe (de janvier 1813 à octobre 1830); par Achille de Vaulabelle. Sixième édit. 8 vol. in-8, chaque vol. . . . . 5 fr.

LAMARTINE
Histoire de la Révolution de 1848. Nouvelle édition avec 11 gravures sur acier. 2 vol. in-8. . . . . 12 fr.
Raphaël. Pages de la vingtième année. 2ᵉ édition. 1 vol. in-8. . . . . 5 fr.

HISTOIRE DES GIRONDINS

Par M. A. DE LAMARTINE. Édition illustrée d'environ 350 gravures sur bois, avec les portraits dessinés et gravés d'après l'époque. 3 vol. grand in-8 jésus. . . . . 21 fr.
3 vol. réunis en 1 fort volume, demi-reliure, doré sur tranche. . . . . 27 fr.

LORD MACAULAY

Histoire d'Angleterre sous le règne de Jacques II, traduit de l'anglais par le comte JULES DE PEYRONNET. Deuxième éd. revue et corrigée. 3 v. in-8. Chaque vol. . . . . . 5 fr
Histoire du règne de Guillaume III pour faire suite à l'Histoire du règne de Jacques II traduit de l'anglais par AMÉDÉE PICHOT. Deuxième édition, revue et corrigée. 4 vol. in-8. Prix de chaque volume. . . . . 5 fr.

LE PLUTARQUE FRANÇAIS

Vies des hommes et des femmes illustres de la France. Edition revue, corrigée et considérablement augmentée, publiée sous la direction de M. T. HADOT. Cent quatre-vingts biographies. *Cent quatre-vingts* portraits en pied gravés sur acier, d'après les dessins de MM. GROS, INGRES, HORACE VERNET, ARY SCHÆFFER, TONY JOHANNOT, ISABEY, MEISSONIER, etc. 6 vol. gr. in-8. Chaque vol. se vend séparément. . . . . 16 fr.

LA NORMANDIE HISTORIQUE

Pittoresque et monumentale, par JULES JANIN, illustrée par MM. H. BELLANGÉ, GIROUX, MOREL-FATIO, TELLIER, DAUBIGNY et J. NOEL. 3ᵉ éd. revue et corrigée 1 vol. gr. in-8. . . . . . . 15 fr.

LA BRETAGNE HISTORIQUE

Pittoresque et monumentale, par JULES JANIN, illustrée par H. BELLANGÉ, GIROUX, RAFFET, GUDIN, ISABEY, MOREL-FATIO, JULES NOEL et DAUBIGNY. 2ᵉ édit., revue et corrigée. 1 vol. gr. in-8 jésus vélin. . . . . 15 fr.

HISTOIRE UNIVERSELLE

Par le comte DE SÉGUR, de l'Académie française; contenant l'histoire de tous les peuples de l'antiquité, l'histoire romaine et l'histoire du Bas-Empire. 9ᵉ édition, ornée de 30 gravures sur acier, d'après les grands maîtres de l'école française. 3 vol. gr. in-8. . . . . 37 fr. 50
On peut acheter séparément chaque volume, qui forme un tout complet.

Histoire ancienne
Contenant l'histoire des Égyptiens, des Assyriens, des Mèdes, des Perses, des Grecs, des Carthaginois, des Juifs. 1 vol. . . . . . 12 fr. 50

Histoire romaine
Contenant l'histoire de l'Empire romain, depuis la fondation de Rome jusqu'à Constantin. 1 vol. . . . . . 12 fr. 50

Histoire du Bas-Empire
Depuis Constantin jusqu'à la fin du second Empire grec. . . . . 12 fr. 50

L'*Histoire universelle* de Ségur est devenue pour la jeunesse un livre classique. Le nombre des éditions qu'n'ont cessé de se succéder en atteste le mérite et le succès.

LES MILLE ET UNE NUITS

Contes arabes, traduits par GALLAND. Edition illustrée par les meilleurs artistes français, revue et corrigée sur l'édition *princeps* de 1704, augmentée d'une dissertation sur les *Mille et une nuits*, par M. le baron SYLVESTRE DE SACY. Environ 600 gravures dans le texte, 16 vignettes et un frontispice hors texte. 1 vol. grand in-8 jésus. . . . . 15 fr.

DON QUICHOTTE DE LA MANCHE

Par CERVANTES, traduction nouvelle, précédée d'une Notice sur l'auteur, par LOUIS VIARDOT, ornée de 800 dessins par TONY JOHANNOT. 1 vol. grand in-8 jésus. . . . . 20 fr.

CHANTS ET CHANSONS POPULAIRES DE LA FRANCE

Nouvelle édition *avec musique*, illustrée de 339 belles gravures sur acier, d'après MM. E. DE BEAUMONT, DAUBIGNY, E. GIRAUD, MEISSONIER, PASCAL, STAAL, STEINHEIL, TRIMOLHET, grav. par les meilleurs artistes, notice par A. DE LAMARTINE. 3 v. gr. in-8. . . . . 48 fr.

CHANTS ET CHANSONS POPULAIRES DES PROVINCES DE FRANCE

Notice par CHAMPFLEURY. Accompagnement de piano par J.-B. WEKERLIN. Illustr. par BIDA, JACQUE, etc. 1 vol. grand in-8. . . . . 12 fr.

ŒUVRES COMPLÈTES DE BÉRANGER

9 volumes in-8, format cavalier, magnifiquement imprimés, papier vélin satiné, contenant :

Les Œuvres anciennes, illustrées de 53 gravures sur acier d'après CHARLET, JOHANNOT, RAFFET, etc. 2 vol. . . . . 28 fr.
Les Œuvres posthumes. Dernières chansons (1834 à 1851), illustrées de 14 gravures sur acier, de A. DE LEMUD. 1 vol. . . . . 12 fr.
Ma Biographie, avec un appendice et des notes, illustrée de 9 gravures et d'une photographie. 1 volume. . . . . 12 fr.

Musique des chansons, airs notés anciens et modernes. Nouvelle édition revue par F. Bérat, illustrée de 80 gravures sur bois, d'après Grandville et Raffet. 1 vol. . . . . . . 10 fr.
MÊME OUVRAGE, sans gravures. . . . . 6 fr.

Correspondance de Béranger. Édition ornée d'un magnifique portrait gravé sur acier. 4 forts volumes contenant 1,200 lettres et un catalogue analytique de 150 autres, 24 fr.

Outre le portrait inédit qui orne cette édition, les éditeurs offrent aux Souscripteurs qui prendront l'ouvrage entier un exemplaire du **GRAND PORTRAIT DE BÉRANGER**, gravé sur acier par Lévy, et haut de 63 cent. sur 28 cent. de large. Ce portrait se vend séparément.

CHANSONS DE BÉRANGER
(ANCIENNES ET POSTHUMES)

Nouvelle édition populaire illustrée de 161 dessins inédits de MM. Andrieux, Bayard, Darjou, Godefroy, Durand, Pauquet, etc., vignettes par M. Giacomelli, gravés par les meilleurs artistes, avec un beau portrait de l'auteur. 1 vol. grand in-8 jésus sur 2 colonnes.   8 fr. 50

OUVRAGES RELIGIEUX

BOSSUET

DISCOURS SUR L'HISTOIRE UNIVERSELLE

A Monseigneur le Dauphin, pour expliquer la suite de la religion et les changements des empires. Édition revue d'après les meilleurs textes, avec une préface de J.-J. Dussault et une notice par le cardinal de Bausset; illustrée de gravures en taille-douce d'après les grands maîtres. 1 vol. grand in-8 jésus. . . . . 18 fr.

ORAISONS FUNÈBRES ET SERMONS CHOISIS

Nouvelle édition illustrée de douze gravures sur acier, d'après Rembrandt, Mignard, Ribera, Staal, Rigaud, Poussin, Van Dyk, Carrache. 1 beau vol. grand in-8 jésus, relié demi-chagrin, doré sur tranche. . . . . 24 fr.

MÉDITATIONS SUR L'ÉVANGILE

Revues sur les manuscrits originaux et les éditions les plus correctes, et enrichies de 12 magnifiques gravures sur acier, d'après Raphael, Rubens, Poussin, Rembrandt, etc. 1 vol. grand in-8 jésus. . . . . 18 fr.

ÉLÉVATIONS A DIEU

Sur tous les mystères de la religion chrétienne. 1 vol. grand in-8, orné de 10 magnifiques gravures anglaises sur acier, d'après Le Guide, Poussin, Vanderwerp, Maratte, etc. . . 18 fr.

Ces superbes réimpressions de quatre des chefs-d'œuvre de Bossuet, exécutées avec le grand soin par Simon Raçon, sont destinées à prendre place parmi les beaux livres de l'époque.

ŒUVRES ORATOIRES

Oraisons funèbres, panégyriques, sermons. Nouvelle édition, suivant le texte de l'édition de Versailles, amélioré et enrichi à l'aide des travaux les plus récents sur Bossuet et ses ouvrages. 4 vol. in-8. . . . . 30 fr.

LA SAINTE BIBLE

Traduite en français par Lemaistre de Sacy, accompagnée du texte latin de la Vulgate, grav. sur acier d'après Raphaël, Le Titien, Le Guide, Paul Véronèse, Salvator Rosa, Poussin, H. Vernet, etc., exécutées avec beaucoup de soin. 6 forts vol. grand in-8 jésus, papier vélin, avec une carte de la terre sainte et un plan de Jérusalem. . . . . 100 fr.

Cette magnifique édition de la Bible a obtenu le suffrage des connaisseurs par la beauté de son exécution artistique et typographique, et nous ne craignons pas de dire que le succès a répondu complètement à nos efforts et à nos espérances.

Il a été tiré 100 exemplaires numérotés sur papier de Hollande, avec gravures sur chine avant la lettre, au prix de 40 fr. le volume.

LES SAINTS ÉVANGILES

Traduction de Lemaistre de Sacy, selon saint Marc, saint Mathieu, saint Luc et saint Jean. Nouvelle édition avec encadrements en couleur, ornée de magnifiques gravures sur acier et d'un beau frontispice or et couleur. 1 vol. grand in-8 jésus. . . . . 20 fr.

LES FEMMES DE LA BIBLE

Principaux fragments d'une histoire du peuple de Dieu, par Mgr Darboy, archevêque de Paris. Nouvelle édition, avec collection de portraits de femmes célèbres de l'Ancien et du Nouveau Testament, gravés par les meilleurs artistes d'après les dessins de G. Staal. 2 volumes grand in-8 jésus. Chaque vol. formant un tout complet, se vend séparément. . . . . 20 fr.

Cet ouvrage, depuis longtemps épuisé, était vivement réclamé par le public; il atteignait dans les ventes les plus hauts prix. La mort tragique de l'auteur l'avait fait, dans les derniers temps, demander avec plus d'instances encore. L'édition nouvelle que nous en publions permet de donner satisfaction aux amateurs.

LES SAINTES FEMMES

Texte par Mgr Darboy, archevêque de Paris. Collection de portraits, gravés sur acier, des femmes remarquables de l'histoire de l'Église. 1 vol. grand in-8 jésus. . . . . 20 fr.

IMITATION DE JÉSUS-CHRIST

Traduite par l'abbé Dassance, avec approbation de Mgr l'archevêque de Paris, avec encadrements variés, frontispice or et couleur, et 10 gr. sur acier. 1 vol. gr. in-8 jésus. . . . . 20 fr.

CHEFS-D'ŒUVRE DE LA LITTÉRATURE FRANÇAISE

FORMAT IN-8 CAVALIER, PAPIER VÉLIN DES VOSGES

Imprimés avec luxe par J. Claye et ornés de gravures sur acier par les meilleurs artistes.

31 volumes sont en vente à 7 fr. 50

On tire de chaque volume de la collection 150 *exemplaires numérotés* sur papier de Hollande, avec figures sur chine avant la lettre, au prix de 15 fr.

ŒUVRES COMPLÈTES DE BOILEAU
Avec des Commentaires et un travail nouveau de M. GIDEL. 4 vol. ornés de vignettes par STAAL.

CHEFS-D'ŒUVRE LITTÉRAIRES DE BUFFON
Avec une Introduction par M. Flourens, membre de l'Académie française, secrétaire de l'Académie des sciences, etc. 2 vol. avec un beau portrait de Buffon.

ŒUVRES COMPLÈTES DE LA FONTAINE
Nouvelle édition, avec un nouveau travail de critique et d'érudition, par M. LOUIS MOLAND. 5 vol. sont en vente : I et II contenant les Fables, 2 vol.; III et IV les Contes, 2 vol.; V le Théâtre, 1 vol.; illustré de vignettes sur acier par STAAL.

ŒUVRES DE CLÉMENT MAROT
Annotées, revues sur les éditions originales et précédées de la Vie de Clément Marot, par CHARLES D'HÉRICAULT. 1 vol. orné du portrait de l'auteur gravé sur acier, d'après une peinture du temps.

ŒUVRES CHOISIES DE MASSILLON
Accompagnées de notes et précédées d'une notice par M. GODEFROY. 2 vol. avec un beau portrait de Massillon.

ŒUVRES COMPLÈTES DE MOLIÈRE
Nouvelle édition très-soigneusement revue sur les textes originaux avec un nouveau travail de critique et d'érudition, aperçus d'histoire littéraire, examen de chaque pièce, commentaire, biographie, etc., etc., par M. LOUIS MOLAND. 7 vol., vignettes de STAAL.

ESSAIS DE MICHEL DE MONTAIGNE
Nouvelle édition, avec les notes de tous les commentateurs, choisie et complétée par M. J.-V. LE CLERC, précédée d'une nouvelle Étude sur Montaigne par M. PRÉVOST-PARADOL, de l'Académie française, 4 vol. avec un beau portrait de Montaigne.

ŒUVRES COMPLÈTES DE J. RACINE
Avec une vie de l'auteur et un examen de chacun de ses ouvrages, par M. SAINT-MARC GIRARDIN, de l'Académie française. En vente, le Ier et le IIe vol. (Incessamment le IIIe et le IVe vol.)

ŒUVRES DE JEAN-BAPTISTE ROUSSEAU
Avec un nouveau travail de M. ANTOINE DE LATOUR. 1 vol. orné du portrait de l'auteur.

HISTOIRE DE GIL BLAS DE SANTILLANE
Par LE SAGE, avec les principales remarques des divers annotateurs, précédée d'une notice par SAINTE-BEUVE, les jugements et témoignages sur LE SAGE et sur *Gil Blas*; suivie de *Turcaret* et de *Crispin rival de son maître*. 2 volumes avec vignettes de STAAL.

L'IMITATION DE JÉSUS-CHRIST
Traduction nouvelle avec des réflexions par M. l'abbé DE LAMENNAIS. 1 vol. avec vignettes.

CHEFS-D'ŒUVRE DU ROMAN FRANÇAIS

12 beaux volumes in-8 cavalier, papier des Vosges, illustrés de charmantes gravures sur acier

GRAVÉES PAR LES PREMIERS ARTISTES D'APRÈS LES DESSINS DE STAAL

Chaque volume sans tomaison se vend séparément . . . . 7 fr. 50

Reliure demi-chagrin doré, 3 fr. le volume.

Œuvres de Mme de la Fayette. 1 vol.
Œuvres de Mme de Fontaine et de Tencin. 1 vol.
Histoire de Gil Blas de Santillane, par LE SAGE. 2 vol.
Le Diable boiteux, suivi de *Estévanille Gonzalès*, par LE SAGE. 1 vol.
Histoire de Guzman d'Alfarache, par LE SAGE. 1 vol.
La Vie de Marianne, suivie du *Paysan parvenu*, par MARIVAUX. 2 vol.
Œuvres de Mme Riccoboni. 1 vol.
Œuvres de Mmes Élie de Beaumont, de Mme de Genlis, de Fiévée et de Mme C. de Duras. 1 vol.
Œuvres de Mme de Souza. 1 vol.
Corinne, ou l'Italie, par Mme DE STAËL. 1 vol.

2087. — Paris. Typ. F. IMBERT, 7, rue des Canettes.

LES
MORALISTES
FRANÇAIS

LES
MORALISTES
FRANÇAIS

—

PENSÉES DE PASCAL
MAXIMES ET RÉFLEXIONS DE LA ROCHEFOUCAULD
CARACTÈRES DE LA BRUYÈRE
OEUVRES DE VAUVENARGUES

—

TEXTES SOIGNEUSEMENT RÉVISÉS, COMPLÉTÉS ET ANNOTÉS A L'AIDE DES TRAVAUX LES PLUS RÉCENTS
DE L'ÉRUDITION ET DE LA CRITIQUE

PRÉCÉDÉS D'UNE
NOTICE SUR CHACUN DE CES ÉCRIVAINS
PAR SAINTE-BEUVE

ORNÉS DE QUATRE PORTRAITS GRAVÉS SUR ACIER
PAR MM. GOUTIÈRE ET DELANNOY

PARIS
GARNIER FRÈRES, LIBRAIRES-ÉDITEURS
6, RUE DES SAINTS-PÈRES, 6

—

1875

CLASSEMENT DES GRAVURES

1º Pascal. . . . . en regard du titre.
2º La Rochefoucauld. . . . . page 201
3º La Bruyère. . . . . — 283
4º Vauvenargues. . . . . — 403

VIE DE PASCAL

ÉCRITE PAR MADAME PÉRIER, SA SŒUR[1]

Mon frère naquit à Clermont, le 19 juin de l'année 1623[2]. Mon père s'appelait Étienne Pascal, président en la cour des aides, et ma mère, Antoinette Begon[3]. Dès que mon frère fut en âge qu'on lui pût parler, il donna des marques d'un esprit extraordinaire par les petites reparties qu'il faisait fort à propos, mais encore plus par les questions qu'il faisait sur la nature des choses, qui surprenaient tout le monde. Ce commencement, qui donnait de belles espérances, ne se démentit jamais; car, à mesure qu'il croissait, il augmentait toujours en force de raisonnement, en sorte qu'il était toujours beaucoup au-dessus de son âge.

Cependant ma mère étant morte dès l'année 1626, que mon frère n'avait que trois ans, mon père, se voyant seul, s'appliqua plus fortement au soin de sa famille; et comme il n'avait point d'autre fils que celui-là, cette qualité de fils unique et les grandes marques d'esprit qu'il reconnut dans cet enfant lui donnèrent une si grande affection pour lui, qu'il ne put se résoudre à commettre son éducation à un autre, et se résolut dès lors à l'instruire lui-même, comme il a fait; mon frère n'ayant jamais entré dans aucun collége, et n'ayant jamais eu d'autre maître que mon père.

En l'année 1631, mon père se retira à Paris, nous y mena tous, et y établit sa demeure. Mon frère, qui n'avait que huit ans, reçut un grand avantage de cette retraite, dans le dessein que mon père avait de l'élever; car il est sans doute qu'il n'aurait pas pu en prendre le même soin dans la province, où l'exercice de sa charge et les compagnies continuelles qui abordaient chez lui l'auraient beaucoup détourné : mais il était à Paris dans une entière liberté; il s'y appliqua tout entier, et il eut tout le succès que purent avoir les soins d'un père aussi intelligent et aussi affectionné qu'on le puisse être.

Sa principale maxime dans cette éducation était de tenir toujours cet enfant au-dessus de son ouvrage et ce fut par cette raison qu'il ne voulut point commencer à lui apprendre le latin qu'il n'eût douze ans, afin qu'il le fît avec plus de facilité.

Pendant cet intervalle, il ne le laissait pas inutile, car il l'entretenait de toutes les choses dont il le voyait capable. Il lui faisait voir en général ce que c'était que les langues; il lui montrait comme on les avait réduites en grammaires sous de certaines règles; que ces règles avaient encore des exceptions

---

[1] Gilberte Pascal, sœur aînée de l'auteur des *Pensées*, née en 1620, mariée en 1641 à Florin Périer, morte à Paris, le 25 avril 1687. La Vie qu'on va lire parut pour la première fois en tête de l'édition des *Pensées*, donnée à Amsterdam en 1687.

[2] « Le vingt-septième jour de juin mil six cent vingt-trois a esté baptisé Blaise Paschal, fils à noble Estienne Paschal, conseiller eslu pour le Roy en l'élection d'Auvergne, à Clairmont, et à noble damoizelle Anthoinette Begon; le parrin noble Blaize Paschal, conseiller du Roy en la sénéchaussée et siège présidial d'Auvergne, audit Clairmont; la marrine dame Anthoinette de Fontfreyde.
« Au registre ont signé Pascal et Fontfreyde. »
(Publié pour la première fois par M. Faugère, d'après les registres de la paroisse de Saint-Pierre de Clermont. *Lettres et opuscules*, Appendice n° 1.)

[3] La famille Pascal était de condition et d'état recommandables plutôt que de qualité, et faisait partie du haut tiers état dans les charges. Étienne Pascal, maître des requêtes, avait mérité par ses services d'être anobli par Louis XI. Notre Pascal, dans son épitaphe, est dit écuyer. (Sainte-Beuve.)

qu'on avait eu soin de remarquer; et qu'ainsi l'on avait trouvé par là le moyen de rendre toutes les langues communicables d'un pays en un autre.

Cette idée générale lui débrouillait l'esprit et lui faisait voir la raison des règles de la grammaire; de sorte que, quand il vint à l'apprendre, il savait pourquoi il le faisait, et il s'appliquait précisément aux choses à quoi il fallait le plus d'application.

Après ces connaissances, mon père lui en donna d'autres; il lui parlait souvent des effets extraordinaires de la nature, comme de la poudre à canon, et d'autres choses qui surprennent quand on les considère. Mon frère prenait grand plaisir à cet entretien, mais il voulait savoir la raison de toutes choses; et comme elles ne sont pas toutes connues, lorsque mon père ne les disait pas, ou qu'il disait celles qu'on allègue d'ordinaire, qui ne sont proprement que des défaites, cela ne le contentait pas : car il a toujours eu une netteté d'esprit admirable pour discerner le faux; et on peut dire que toujours et en toutes choses la vérité a été le seul objet de son esprit, puisque jamais rien ne l'a pu satisfaire que sa connaissance. Ainsi dès son enfance il ne pouvait se rendre qu'à ce qui lui paraissait vrai évidemment; de sorte que, quand on ne lui disait pas de bonnes raisons, il en cherchait lui-même, et quand il s'était attaché à quelque chose, il ne la quittait point qu'il n'en eût trouvé quelqu'une qui le pût satisfaire. Une fois entre autres, quelqu'un ayant frappé à table un plat de faïence avec un couteau, il prit garde que cela rendait un grand son, mais qu'aussitôt qu'on eût mis la main dessus, cela l'arrêta. Il voulut en même temps en savoir la cause, et cette expérience le porta à en faire beaucoup d'autres sur les sons. Il y remarqua tant de choses qu'il en fit un traité à l'âge de douze ans, qui fut trouvé tout à fait bien raisonné.

Son génie pour la géométrie commença à paraître lorsqu'il n'avait encore que douze ans, par une rencontre si extraordinaire, qu'il me semble qu'elle mérite bien d'être déduite en particulier.

Mon père était homme savant dans les mathématiques, et avait habitude par là avec tous les habiles gens en cette science, qui étaient souvent chez lui; mais comme il avait dessein d'instruire mon frère dans les langues, et qu'il savait que la mathématique est une science qui remplit et qui satisfait beaucoup l'esprit, il ne voulut point que mon frère en eût aucune connaissance, de peur que cela ne le rendît négligent pour la langue latine et les autres dans lesquelles il voulait le perfectionner. Par cette raison il avait serré tous les livres qui en traitent, et il s'abstenait d'en parler avec ses amis en sa présence; mais cette précaution n'empêchait pas que la curiosité de cet enfant ne fût excitée, de sorte qu'il priait souvent mon père de lui apprendre la mathématique; mais il le lui refusait, lui promettant cela comme une récompense. Il lui promettait qu'aussitôt qu'il saurait le latin et le grec, il la lui apprendrait. Mon frère, voyant cette résistance, lui demanda un jour ce que c'était que cette science, et de quoi on y traitait; mon père lui dit en général que c'était le moyen de faire des figures justes, et de trouver les proportions qu'elles avaient entre elles, et en même temps lui défendit d'en parler davantage et d'y penser jamais. Mais cet esprit qui ne pouvait demeurer dans ces bornes, dès qu'il eut cette simple ouverture, que la mathématique donnait des moyens de faire des figures infailliblement justes, il se mit lui-même à rêver sur cela à ses heures de récréation; et étant seul dans une salle où il avait accoutumé de se divertir, il prenait du charbon et faisait des figures sur les carreaux, cherchant les moyens de faire, par exemple, un cercle parfaitement rond, un triangle dont les côtés et les angles fussent égaux, et les autres choses semblables. Il trouvait tout cela lui seul; ensuite il cherchait les proportions des figures entre elles. Mais comme le soin de mon père avait été si grand de lui cacher toutes ces choses, il n'en savait pas même les noms. Il fut contraint de se faire lui-même des définitions; il appelait un cercle un rond, une ligne une barre, et ainsi des autres. Après ces définitions il se fit des axiomes, et enfin il fit des démonstrations parfaites; et comme l'on va de l'un à l'autre dans ces choses, il poussa les recherches si avant, qu'il en vint jusqu'à la trente-deuxième proposition du premier livre d'Euclide[1]. Comme il en était là-dessus, mon père entra dans le lieu où il était, sans que mon frère l'entendît; il le trouva si fort appliqué, qu'il fut longtemps sans s'apercevoir de sa venue. On ne peut dire lequel fut le plus surpris, ou le fils de voir son père, à cause de la défense expresse qu'il lui en avait faite, ou le père de voir son fils au milieu de toutes ces choses. Mais la surprise du père fut bien plus grande lorsque lui ayant demandé ce qu'il faisait, il lui dit qu'il cherchait telle chose, qui était la trente-deuxième proposition du premier livre d'Euclide. Mon père lui demanda ce qui l'avait fait à chercher cela il dit que c'était qu'il avait trouvé telle autre chose; et sur cela, lui ayant fait encore la même question, il lui dit encore quelques démonstrations qu'il avait faites, et enfin en rétrogradant et s'expliquant toujours par les noms de rond et de barre, il en vint à ses définitions et à ses axiomes.

Mon père fut si épouvanté de la grandeur et de

[1] Que l'angle extérieur d'un triangle est égal à la somme des deux angles intérieurs opposés, et que la somme des angles d'un triangle est égale à deux droits.

la puissance de ce génie, que sans lui dire un mot il le quitta et alla chez M. Le Pailleur, qui était son ami intime, et qui était aussi fort savant. Lorsqu'il y fut arrivé, il y demeura immobile comme un homme transporté. M. Le Pailleur, voyant cela, et voyant même qu'il versait quelques larmes, fut épouvanté, et le pria de ne lui pas céler plus longtemps la cause de son déplaisir. Mon père lui répondit : « Je ne pleure pas d'affliction, mais de joie ; vous savez les soins que j'ai pris pour ôter à mon fils la connaissance de la géométrie, de peur de le détourner de ses autres études : cependant voici ce qu'il a fait. » Sur cela il lui montra tout ce qu'il avait trouvé, par où l'on pouvait dire en quelque façon qu'il avait inventé les mathématiques. M. Le Pailleur ne fut pas moins surpris que mon père l'avait été, et lui dit qu'il ne trouvait pas juste de captiver plus longtemps cet esprit, et de lui cacher encore cette connaissance ; qu'il fallait lui laisser voir les livres sans le retenir davantage.

Mon père, ayant trouvé cela à propos, lui donna les *Éléments d'Euclide* pour les lire à ses heures de récréation. Il les vit et les entendit tout seul, sans avoir jamais eu besoin d'aucune explication ; et pendant qu'il les voyait, il composait et allait si avant, qu'il se trouvait régulièrement aux conférences qui se faisaient toutes les semaines, où tous les habiles gens de Paris s'assemblaient pour porter leurs ouvrages, ou pour examiner ceux des autres [1]. Mon frère y tenait fort bien son rang, tant pour l'examen que pour la production ; car il était de ceux qui y portaient le plus souvent des choses nouvelles. On voyait souvent aussi dans ces assemblées-là des propositions qui étaient envoyées d'Italie, d'Allemagne et d'autres pays étrangers, et l'on prenait son avis sur tout avec autant de soin que de pas un des autres ; car il avait des lumières si vives, qu'il est arrivé quelquefois qu'il a découvert des fautes dont les autres ne s'étaient point aperçus. Cependant il n'employait à cette étude de géométrie que ses heures de récréation ; car il apprenait le latin sur des règles que mon père lui avait faites exprès. Mais comme il trouvait dans cette science la vérité qu'il avait si ardemment recherchée, il en était si satisfait, qu'il y mettait son esprit tout entier ; de sorte que, pour peu qu'il s'y appliquât, il y avançait tellement, qu'à l'âge de seize ans il fit un *Traité des Coniques* [2]

qui passa pour être un si grand effort d'esprit, qu'on disait que depuis Archimède on n'avait rien vu de cette force. Les habiles gens étaient d'avis qu'on les imprimât dès lors, parce qu'ils disaient qu'encore que ce fût un ouvrage qui serait toujours admirable, néanmoins si on l'imprimait dans le temps que celui qui l'avait inventé n'avait encore que seize ans, cette circonstance ajouterait beaucoup à sa beauté ; mais comme mon frère n'a jamais eu de passion pour la réputation, il ne fit pas cas de cela, et ainsi cet ouvrage n'a jamais été imprimé.

Durant tous ces temps-là il continuait toujours d'apprendre le latin et le grec, et outre cela, pendant et après le repas, mon père l'entretenait tantôt de la logique, tantôt de la physique et des autres parties de la philosophie ; et c'est tout ce qu'il en a appris, n'ayant jamais été au collège ni eu d'autres maîtres pour cela non plus que pour le reste. Mon père prenait un plaisir tel qu'on le peut croire de ces grands progrès que mon frère faisait dans toutes les sciences, mais il ne s'aperçut pas que les grandes et continuelles applications dans un âge si tendre pouvaient beaucoup intéresser sa santé ; et en effet elle commença d'être altérée dès qu'il eut atteint l'âge de dix-huit ans. Mais comme les incommodités qu'il en ressentait alors n'étaient pas encore dans une grande force, elles ne l'empêchèrent pas de continuer toujours dans ses occupations ordinaires, de sorte que ce fut en ce temps-là et à l'âge de dix-huit ans qu'il inventa cette machine d'arithmétique par laquelle on fait non-seulement toutes sortes de supputations sans plume et sans jetons ; mais on les fait même sans savoir aucune règle d'arithmétique et avec une sûreté infaillible.

Cet ouvrage a été considéré comme une chose nouvelle dans la nature d'avoir réduit en machine une science qui réside tout entière dans l'esprit, et d'avoir trouvé le moyen d'en faire toutes les opérations avec une entière certitude, sans avoir besoin de raisonnement. Ce travail le fatigua beaucoup, non pas pour la pensée ou pour le mouvement, qu'il trouva sans peine, mais pour faire comprendre aux ouvriers toutes ces choses. De sorte qu'il fut deux ans à le mettre dans cette perfection où il est à présent [1].

Mais cette fatigue et la délicatesse où se trouvait sa santé depuis quelques années le jetèrent dans des

---

[1] Cette société se composait du père Mersenne, de Roberval, Carcavi, Le Pailleur, et de plusieurs autres savants distingués. Elle fut le berceau de l'Académie royale des sciences, dont l'autorité souveraine sanctionna l'existence en 1666. (Aimé-Martin.)

[2] Après la mort de Pascal, on trouva dans ses papiers six écrits latins sur ce sujet (*les Coniques*). Ils n'ont pas été publiés et ils sont perdus. Parmi ses papiers, il se trouva un imprimé de quelques pages, qui seul a été conservé, et que Bossut a donné dans son édition. Cette pièce, qui a pour titre *Essais pour les coniques*, avait été imprimée en 1640. Ce n'est pas un traité, mais une espèce de programme où Pascal énonce les diverses propositions qu'il se fait fort de démontrer. (Havet.)

[1] Le Conservatoire des Arts et Métiers possède un modèle de la machine arithmétique, avec cette espèce de certificat : *Esto probati instrumenti signaculum hoc, Blasius Pascal Arvernus*, 1652. (Havet.)

incommodités qui ne l'ont plus quitté ; de sorte qu'il nous disait quelquefois que depuis l'âge de dix-huit ans il n'avait pas passé un jour sans douleur. Ces incommodités néanmoins n'étant pas toujours dans une égale violence, dès qu'il avait un peu de repos et de relâche, son esprit se portait incontinent à chercher quelque chose de nouveau.

Ce fut dans ce temps-là, à l'âge de vingt-trois ans, qu'ayant vu l'expérience de Torricelli, il inventa ensuite et exécuta les autres expériences qu'on nomme ses expériences : celle du vide, qui prouvait si clairement que tous les effets qu'on avait attribués jusque-là à l'horreur du vide sont causés par la pesanteur de l'air[1]. Cette occupation fut la dernière où il appliqua son esprit pour les sciences humaines ; et, quoiqu'il ait inventé la roulette après, cela ne contredit point à ce que je dis ; car il la trouva sans y penser, et d'une manière qui fait bien voir qu'il n'y avait pas d'application, comme je dirai dans son lieu.

Immédiatement après cette expérience, et lorsqu'il n'avait pas encore vingt-quatre ans, la Providence ayant fait naître une occasion qui l'obligea de lire des écrits de piété, Dieu l'éclaira de telle sorte par cette lecture, qu'il comprit parfaitement que la religion chrétienne nous oblige à ne vivre que pour Dieu, et à n'avoir point d'autre objet que lui, et cette vérité lui parut si évidente, si nécessaire et si utile, qu'il termina toutes ses recherches, de sorte que dès ce temps-là il renonça à toutes les autres connaissances pour s'appliquer uniquement à l'unique chose que Jésus-Christ appelle nécessaire.

Il avait été jusqu'alors préservé, par une protection de Dieu particulière, de tous les vices de la jeunesse ; et, ce qui est encore plus étrange à un esprit de cette trempe et de ce caractère, il ne s'était jamais porté au libertinage pour ce qui regarde la religion, ayant toujours borné sa curiosité aux choses naturelles. Il m'a dit plusieurs fois qu'il joignait cette obligation à toutes les autres qu'il avait à mon père, qui, ayant lui-même un très-grand respect pour la religion, le lui avait inspiré dès l'enfance, lui donnant pour maximes que tout ce qui est l'objet de la foi ne le saurait être de la raison, et beaucoup moins y être soumis. Ces maximes, qui lui étaient souvent réitérées par un père pour qui il avait une très-grande estime, et en qui il voyait une grande science accompagnée d'un raisonnement fort net et fort puissant, faisaient une si grande impression sur son esprit, que, quelques discours qu'il entendît

[1] Cette expérience fut faite au mois de septembre 1648, sur le Puy de Dôme, par M. Périer, d'après les instructions de Pascal : on en verra plus loin le détail dans l'extrait intitulé : *Sur les travaux scientifiques de Pascal.*

faire aux libertins, il n'en était nullement ému ; et, quoiqu'il fût fort jeune, il les regardait comme des gens qui étaient dans ce faux principe, que la raison humaine est au-dessus de toutes choses, et qui ne connaissaient pas la nature de la foi ; et ainsi cet esprit si grand, si vaste et si rempli de curiosité, qui cherchait avec tant de soin la cause et la raison de tout, était en même temps soumis à toutes les choses de la religion comme un enfant ; et cette simplicité a régné en lui toute sa vie : de sorte que, depuis même qu'il se résolut de ne plus faire d'autre étude que celle de la religion, il ne s'est jamais appliqué aux questions curieuses de la théologie, et il a mis toute la force de son esprit à connaître et à pratiquer la perfection de la morale chrétienne, à laquelle il a consacré tous les talents que Dieu lui avait donnés, n'ayant fait autre chose dans tout le reste de sa vie que méditer la loi de Dieu jour et nuit.

Mais, quoiqu'il n'eût pas fait une étude particulière de la scolastique, il n'ignorait pourtant pas les décisions de l'Église contre les hérésies qui ont été inventées par la subtilité de l'esprit ; et c'est contre ces sortes de recherches qu'il était le plus animé, et Dieu lui donna dès ce temps-là une occasion de faire paraître le zèle qu'il avait pour la religion.

Il était alors à Rouen[1], où mon père était employé

[1] Voici par quelle suite de circonstances Pascal et sa famille avaient été amenés à habiter cette ville. Nous laissons parler l'abbé Bossut :

« Au mois de décembre 1638, le gouvernement, appauvri par une longue suite de guerres et de déprédations dans les finances, fit quelques retranchements sur les rentes de l'Hôtel de Ville de Paris... Il y eut parmi les rentiers des murmures un peu vifs, et même des assemblées que l'on traita de séditieuses. Étienne Pascal fut accusé d'en être l'un des principaux moteurs. Cette imputation injuste pouvait avoir quelque ombre de vraisemblance, parce qu'on arrivait à Paris, il avait placé la plus grande partie de son bien sur l'Hôtel de Ville. Aussitôt un ministre terrible, dont le despotisme s'effarouchait de la moindre résistance, fit expédier un ordre d'arrêter Étienne Pascal, et de le mettre à la Bastille ; mais, averti à temps par un ami, il se tint d'abord caché, puis se rendit secrètement en Auvergne.

« Qu'on se représente la douleur de ses enfants, et celle qu'il ressentit lui-même d'être forcé à les abandonner dans l'âge où ils avaient le plus besoin de sa vigilance paternelle ! Si les hommes puissants qui, sans examen, sans preuves, se permettent de telles violences, conservent un cœur encore accessible au remords, ils doivent être quelquefois bien malheureux.

« L'ouvrage de la calomnie ne fut pas de longue durée ; et on peut remarquer ici l'enchaînement bizarre des choses humaines. Le cardinal de Richelieu ayant eu la fantaisie de faire représenter devant lui, par des jeunes filles, *l'Amour tyrannique*, tragi-comédie de Scudéri, la duchesse d'Aiguillon, chargée de la conduite du spectacle, désira que Jacqueline Pascal, qui avait alors environ treize ans, fût l'une des actrices ; mais Gilberte, sa sœur aînée, et chef de la famille en l'absence du père, répondit fièrement : « M. le cardinal « ne nous donne pas assez de part à ses enfants, pour que nous pen- « sions à lui en faire. » La duchesse insista, et fit même entendre que le rappel d'Étienne Pascal serait peut-être le prix de la complaisance qu'elle exigeait. L'affaire est propo-

pour le service du roi, et il y avait aussi en ce même temps un homme qui enseignait une nouvelle philosophie qui attirait tous les curieux [1]. Mon frère ayant été pressé d'y aller par deux jeunes hommes de ses amis, il y fut avec eux ; mais ils furent bien surpris, dans l'entretien qu'ils eurent avec cet homme, qu'en leur débitant les principes de sa philosophie, il en tirait des conséquences sur des points de foi contraires aux décisions de l'Église. Il prouvait par ses raisonnements que le corps de Jésus-Christ n'était pas formé du sang de la sainte Vierge, mais d'une autre matière créée exprès, et plusieurs autres choses semblables. Ils voulurent le contredire, mais il demeura ferme dans ce sentiment. De sorte qu'ayant considéré entre eux le danger qu'il y avait de laisser la liberté d'instruire la jeunesse à un homme qui avait des sentiments erronés, ils résolurent de l'avertir premièrement, et puis de le dénoncer s'il résistait à l'avis qu'on lui donnait. La

sée aux amis de la famille ; on décide que Jacqueline acceptera le rôle qui lui était destiné. La pièce fut représentée le 3 avril 1639. Jacqueline mit dans son jeu une grâce et une finesse qui enlevèrent tous les spectateurs, et principalement le cardinal de Richelieu. Elle fut adroite à profiter de ce moment d'enthousiasme. Le spectacle fini, elle s'approche du cardinal, et lui récite un petit placet en vers *, pour demander le retour de son père. Le cardinal, la prenant dans ses bras, *l'embrassant et la baisant à tous moments, pendant qu'elle disait ses vers*, comme elle-même le raconte dans une lettre écrite le lendemain à son père : « Oui, mon « enfant, répond-il, je vous accorde ce que vous demandez; « écrivez à votre père qu'il revienne en toute sûreté. » Alors la duchesse d'Aiguillon prit la parole, et fit ainsi l'éloge d'Étienne Pascal : « C'est un fort honnête homme ; il est très-« savant, et c'est bien dommage qu'il demeure inutile. « Voilà son fils, ajouta-t-elle, en montrant Blaise Pascal, qui « n'a que quinze ans, et qui est déjà un grand mathémati-« cien ! » Jacqueline, encouragée par un premier succès, dit au cardinal : « Monseigneur, j'ai encore une grâce à vous « demander. — Et quoi, ma fille ? demande tout ce que tu « voudras ; tu es trop aimable, on ne peut rien te refuser. « — Permettez que mon père vienne lui-même remercier « votre Éminence de ses bontés. — Oui, je veux le voir, et « qu'il m'amène sa famille. »

« Aussitôt on mande à Étienne Pascal de revenir en toute diligence : arrivé à Paris, il vole, avec ses trois enfants, à Rueil, chez le cardinal, qui lui fait l'accueil le plus flatteur : « Je connais tout votre mérite, lui dit Richelieu, je vous « rends à vos enfants, et je vous les recommande ; j'en veux « faire quelque chose de grand. »

« Deux ans après, c'est-à-dire en 1641, Étienne Pascal fut nommé à l'intendance de Rouen. Il remplit pendant sept années consécutives les importantes fonctions attachées à sa place, avec une capacité et un désintéressement qui furent également applaudis de la province et de la cour. »

[1] Jacques Forton, dit frère Saint-Ange.

* Voici ce placet :

Ne vous étonnez pas, incomparable Armand,
Si j'ai mal contenté vos yeux et vos oreilles ;
Mon ce n'est agité de frayeurs sans pareilles.
Interdit à mon corps et voix et mouvement :
Mais pour me rendre ici capable de vous plaire,
Rappelez de l'exil mon misérable père ;
C'est le bien qu'attends d'une insigne bonté ;
Sauvez cet innocent d'un péril manifeste :
Ainsi vous me rendrez l'entière liberté
De l'esprit et du corps, de la voix et du geste.

chose arriva ainsi, car il méprisa cet avis ; de sorte qu'ils crurent qu'il était de leur devoir de le dénoncer à M. du Bellay [1], qui faisait pour lors les fonctions épicospales dans le diocèse de Rouen, par commission de M. l'archevêque. M. du Bellay envoya quérir cet homme, et, l'ayant interrogé, il fut trompé par une profession de foi équivoque qu'il lui écrivit et signa de sa main, faisant d'ailleurs peu de cas d'un avis de cette importance qui lui était donné par trois jeunes hommes.

Cependant, aussitôt qu'ils virent cette profession de foi, ils connurent ce défaut, ce qui les obligea d'aller trouver à Gaillon M. l'archevêque de Rouen, qui, ayant examiné toutes ces choses, les trouva si importantes, qu'il écrivit une patente à son conseil, et donna un ordre exprès à M. du Bellay de faire rétracter cet homme sur tous les points dont il était accusé, et de ne recevoir rien de lui que par la communication de ceux qui l'avaient dénoncé. La chose fut exécutée ainsi, et il comparut dans le conseil de M. l'archevêque, et renonça à tous ses sentiments : et on peut dire que ce fut sincèrement ; car il n'a jamais témoigné de fiel contre ceux qui lui avaient causé cette affaire : ce qui fait croire qu'il était lui-même trompé par les fausses conclusions qu'il tirait de ses faux principes. Aussi était-il bien certain qu'on n'avait eu en cela aucun dessein de lui nuire, ni d'autre vue que de le détromper par lui-même, et l'empêcher de séduire les jeunes gens qui n'eussent pas été capables de discerner le vrai d'avec le faux dans des questions si subtiles. Ainsi cette affaire se termina doucement ; et mon frère continuant de chercher de plus en plus le moyen de plaire à Dieu, cet amour de la perfection chrétienne s'enflamma de telle sorte dès l'âge de vingt-quatre ans, qu'il se répandait sur toute la maison. Mon père même, n'ayant pas de honte de se rendre aux enseignements de son fils, embrassa pour lors une manière de vie plus exacte par la pratique continuelle des vertus jusqu'à sa mort, qui a été tout à fait chrétienne, et ma sœur, qui avait des talents d'esprit tout extraordinaires, et qui était dès son enfance dans une réputation où peu de filles parviennent, fut tellement touchée des discours de mon frère, qu'elle se résolut de renoncer à tous les avantages qu'elle avait tant aimés jusqu'alors, pour se consacrer à Dieu tout entière, comme elle a fait depuis, s'étant faite religieuse [2] dans une maison très-sainte et très-austère, où elle a fait un si bon usage des perfections dont Dieu l'avait ornée, qu'on l'a trouvée digne des emplois les plus difficiles,

[1] Madame Périer se trompe. Ce n'est point M. du Bellay, mais bien M. de Belley, c'est-à-dire l'ancien évêque de Belley, Pierre Camus.
[2] A Port-Royal.

dont elle s'est toujours acquittée avec toute la fidélité imaginable, et où elle est morte saintement le 4 octobre, âgée de trente-six ans.

Cependant mon frère, de qui Dieu se servait pour opérer tous ces biens, était travaillé par des maladies continuelles et qui allaient toujours en augmentant. Mais comme alors il ne connaissait pas d'autre science que la perfection, il trouvait une grande différence entre celle-là et celle qui avait occupé son esprit jusqu'alors ; car au lieu que ses indispositions retardaient les progrès des autres, celle-ci, au contraire, le perfectionnait dans ces mêmes indispositions par la patience admirable avec laquelle il les souffrait. Je me contenterai, pour le faire voir, d'en rapporter un exemple.

Il avait entre autres incommodités celle de ne pouvoir rien avaler de liquide qu'il ne fût chaud ; encore ne le pouvait-il faire que goutte à goutte : mais comme il avait outre cela une douleur de tête insupportable, une chaleur d'entrailles excessive et beaucoup d'autres maux, les médecins lui ordonnèrent de se purger de deux jours l'un durant trois mois; de sorte qu'il fallut prendre toutes ces médecines, et pour cela les faire chauffer et les avaler goutte à goutte : ce qui était un véritable supplice, et qui faisait mal au cœur à tous ceux qui étaient auprès de lui, sans qu'il s'en soit jamais plaint.

La continuation de ces remèdes, avec d'autres qu'on lui fit pratiquer, lui apportèrent quelque soulagement, mais non pas une santé parfaite ; de sorte que les médecins crurent que pour se rétablir entièrement il fallait qu'il quittât toute sorte d'application d'esprit, et qu'il cherchât autant qu'il pourrait les occasions de se divertir. Mon frère eut de la peine à se rendre à ce conseil, parce qu'il y voyait du danger ; mais enfin il le suivit, croyant être obligé de faire tout ce qui lui serait possible pour remettre sa santé, et il s'imagina que les divertissements honnêtes ne pourraient pas lui nuire, et ainsi il se mit dans le monde. Mais quoique, par la miséricorde de Dieu, il se soit toujours exempté des vices, néanmoins, comme Dieu l'appelait à une plus grande perfection, il ne voulut pas l'y laisser, et il se servit de ma sœur pour ce dessein, comme il s'était autrefois servi de mon frère lorsqu'il avait voulu retirer ma sœur des engagements où elle était dans le monde.

Elle était alors religieuse, et elle menait une vie si sainte, qu'elle édifiait toute la maison : étant en cet état, elle eut de la peine de voir que celui à qui elle était redevable, après Dieu, des grâces dont elle jouissait, ne fût pas dans la possession de ces grâces, et, comme mon frère la voyait souvent, elle lui en parlait souvent aussi, et enfin elle le fit avec tant de force et de douceur, qu'elle lui persuada ce qu'il lui avait persuadé le premier, de quitter absolument le monde ; en sorte qu'il se résolut de quitter tout à fait les conversations du monde, et de retrancher toutes les inutilités de la vie au péril même de sa santé, parce qu'il crut que le salut était préférable à toutes choses.

Il avait pour lors trente ans [1], et il était toujours

[1] Non pas trente ans, mais trente et un ans, sa conversion définitive étant du mois de novembre 1654, comme le témoigne l'écrit suivant trouvé après sa mort dans la doublure de son pourpoint :

†

L'an de grâce 1654.
Lundi 23 novembre, jour de Saint-Clément, pape et martyr, et autres au martyrologe.
Veille de saint Chrysogone, martyr et autres.
Depuis environ dix heures et demie du soir jusques environ minuit et demi.

Feu.
Dieu d'Abraham, Dieu d'Isaac, Dieu de Jacob,
  Non des philosophes et des savants.
Certitude. Certitude. Sentiment. Joie. Paix.
  Dieu de Jésus-Christ
  Deum meum et Deum Vestrum.
Ton Dieu sera mon Dieu.
Oubli du monde et de tout hormis Dieu.
Il ne se trouve que par les voies enseignées dans l'Évangile.
  Grandeur de l'âme humaine.
Père juste, le monde ne t'a point connu, mais je t'ai connu.
  Joie, joie, joie, pleurs de joie.
Je m'en suis séparé.
Dereliquerunt me fontem aquæ vivæ.
Mon Dieu, me quitterez-vous ?
Que je n'en sois pas séparé éternellement.

Cette est la vie éternelle qu'ils te connaissent seul vrai Dieu et celui que tu as envoyé J.-C.
  Jésus-Christ
  Jésus-Christ
Je m'en suis séparé ; je l'ai fui, renoncé, crucifié.
Que je n'en sois jamais séparé.
Il ne se conserve que par les voies enseignées dans l'Évangile.
  Renonciation totale et douce.
Soumission totale à Jésus-Christ et à mon directeur.
Éternellement en joie pour un jour d'exercice sur la terre.
Non obliviscar sermones tuos. Amen.

— L'écrit qu'on vient de lire fut publié pour la première fois par Condorcet, qui se trompa complètement sur son caractère en l'appelant un *Amulette mystique*. M. le docteur Lélut a commis la même erreur que Condorcet dans l'ouvrage intitulé : *De l'Amulette de Pascal, étude sur les rapports de la santé de ce grand homme à son génie*. Paris, 1846, 1 vol. in-8°. — Il faut, pour toute cette affaire, s'en tenir à l'opinion de M. Faugère et de M. Sainte-Beuve : « L'impression que reçut Pascal de cet événement (l'accident du pont de Neuilly) fut extraordinaire, et M. Sainte-Beuve ; on en peut juger par le petit papier et le parchemin (deux copies pareilles pliées ensemble) qu'on trouva après sa mort dans la doublure de son habit, et qu'il découssait et recousait chaque fois qu'il en changeait... On y a voulu voir la mention faite d'une *vision* qu'il aurait eue, et même un bon carme, ami de Périer, a écrit un commentaire de vingt et une pages in-folio à l'appui ; mais Pascal n'a jamais parlé de cette vision à personne ; ce qui la rend douteuse, d'autant qu'en l'examinant sans prévention d'esprit, on n'y lit rien qui force à y voir autre chose, sous des termes elliptiques et méta-

infirme; et c'est depuis ce temps-là qu'il a embrassé la manière de vivre où il a été jusqu'à la mort [1].

Pour parvenir à ce dessein et rompre toutes ses habitudes, il changea de quartier et fut demeurer quelque temps à la campagne; d'où étant de retour, il témoigna si bien qu'il voulait quitter le monde, qu'enfin le monde le quitta; et il établit le règlement de sa vie dans cette retraite sur deux maximes principales, qui furent de renoncer à tout plaisir et à toutes superfluités, et c'est dans cette pratique qu'il a passé le reste de sa vie. Pour y réussir, il commença dès lors, comme il fit toujours depuis, à se passer du service de ses domestiques autant qu'il pouvait. Il faisait son lit lui-même, il allait prendre son dîner à la cuisine et le portait à sa chambre, il le rapportait, et enfin il ne se servait de son monde que pour faire sa cuisine, pour aller en ville, et pour

phoriques, qu'un ravissement d'esprit au sein de la prière, un de ces états de clarté et de certitude céleste, comme il est donné aux chrétiens sous la grâce d'en ressentir. On peut conjecturer que l'aventure du pont de Neuilly donna l'impulsion à ce ravissement de prière et de reconnaissance. — Les disciples de Port-Royal par dévotion, les philosophes du dix-huitième siècle par moquerie, ont contribué à traduire en *vision* formelle cette circonstance mystérieuse. On est allé jusqu'à dire qu'à partir de ce temps, Pascal vit toujours un abîme à ses côtés; il n'est question de l'*abîme* que dans une lettre de l'abbé Boileau, bien plus tard... Pascal, comme tous les hommes célèbres qui parlent à l'imagination, a eu sa légende. » (Sainte-Beuve.)

[1] Il y a ici une assez longue lacune; madame Périer ne parle ni des *Provinciales*, qui parurent trois ans plus tard, en 1656, ni des questions proposées à Pascal par Fermat, et discutées dans les lettres de ces deux grands géomètres, et qui avaient produit en 1654 le *Traité du Triangle arithmétique*, ouvrage très-court, mais plein d'originalité et de génie. Les problèmes dont Pascal donne la solution consistent à sommer les nombres naturels triangulaires pyramidaux, et à trouver aussi les sommes de leurs carrés et de toutes leurs puissances. Les formules données par Pascal ont cela d'important qu'elles conduisent à celles du binome de Newton, lorsque l'exposant du binome est positif et entier. — Voyez à ce sujet l'*Éloge de Pascal* par Condorcet. (Aimé Martin.)

L'accident du pont de Neuilly se trouve raconté dans un manuscrit des pères de l'Oratoire de Clermont : « M. Arnoul (de Saint-Victor), curé de Chambourcy, dit qu'il a appris de M. le prieur de Barillon, ami de madame Périer, que M. Pascal, quelques années avant sa mort, étant allé, selon sa coutume, un jour de fête à la promenade au pont de Neuilly avec quelques-uns de ses amis, dans un carrosse à quatre ou six chevaux, les deux chevaux de volée prirent le frein aux dents à l'endroit du pont où il n'y avait point de garde-fou; et s'étant précipités dans l'eau, les tesses qui les attachaient au train de derrière se rompirent, en sorte que le carrosse demeura sur le bord du précipice. Ce qui fit prendre la résolution à M. Pascal de rompre ses promenades et de vivre dans une entière solitude. »

Ce serait également à la suite de cette aventure que Pascal aurait été pris de l'hallucination singulière qui lui montrait toujours un précipice ouvert sous ses pas.

« Ce grand esprit, dit l'abbé Boileau, croyait toujours voir un abîme à son côté gauche, et y faisait mettre une chaise pour se rassurer. Je sais l'histoire d'original. Ses amis, son confesseur, son directeur avaient beau lui dire qu'il n'avait rien à craindre, que ce n'étaient que des alarmes d'une imagination épuisée par une étude abstraite et métaphysique; il convenait de tout cela avec eux, et un quart d'heure après il se creusait de nouveau le précipice qui l'effrayait. »

les autres choses qu'il ne pouvait absolument faire. Tout son temps était employé à la prière et à la lecture de l'Écriture sainte, et il y prenait un plaisir incroyable. Il disait que l'Écriture sainte n'était pas une science de l'esprit, mais une science du cœur, qui n'était intelligible que pour ceux qui ont le cœur droit, et que tous les autres n'y trouvent que de l'obscurité.

C'est dans cette disposition qu'il la lisait, renonçant à toutes les lumières de son esprit; et il s'y était si fortement appliqué, qu'il la savait toute par cœur; de sorte qu'on ne pouvait la lui citer à faux; car lorsqu'on lui disait une parole sur cela, il disait positivement : Cela n'est pas de l'Écriture sainte; ou, Cela en est; et alors il marquait précisément l'endroit. Il lisait aussi les commentaires avec grand soin; car le respect pour la religion où il avait été élevé dès sa jeunesse était alors changé en un amour ardent et sensible pour toutes les vérités de la foi, soit pour celles qui regardent la soumission de l'esprit, soit pour celles qui regardent la pratique dans le monde, à quoi toute la religion se termine; et cet amour le portait à travailler sans cesse à détruire tout ce qui se pouvait opposer à ces vérités.

Il avait une éloquence naturelle qui lui donnait une facilité merveilleuse à dire ce qu'il voulait; mais il avait ajouté à cela des règles dont on ne s'était pas encore avisé et dont il se servait si avantageusement qu'il était maître de son style; en sorte que non-seulement il disait tout ce qu'il voulait, mais il le disait en la manière qu'il voulait, et son discours faisait l'effet qu'il s'était proposé. Et cette manière d'écrire naturelle, naïve et forte en même temps, lui était si propre et si particulière, qu'aussitôt qu'on vit paraître les *Lettres au Provincial*, on vit bien qu'elles étaient de lui, quelque soin qu'il ait toujours pris de le cacher, même à ses proches. Ce fut dans ce temps-là qu'il plut à Dieu de guérir ma fille d'une fistule lacrymale qui avait fait un si grand progrès dans trois ans et demi, que le pus sortait non-seulement par l'œil, mais aussi par le nez et par la bouche. Et cette fistule était d'une si mauvaise qualité, que les plus habiles chirurgiens de Paris la jugeaient incurable. Cependant elle fut guérie en un moment par l'attouchement de la sainte épine [1]; et ce miracle fut si authentique, qu'il a été avoué de tout le monde, ayant été attesté par de très-grands médecins et par les plus habiles chirurgiens de France, et ayant été autorisé par un jugement solennel de l'Église.

Mon frère fut sensiblement touché de cette grâce, qu'il regardait comme faite à lui-même, puisque

[1] Cette sainte épine est au Port-Royal du faubourg Saint-Jacques, à Paris. (*Note de madame Périer.*)

c'était sur une personne qui, outre sa proximité, était encore sa fille spirituelle dans le baptême ; et sa consolation fut extrême de voir que Dieu se manifestait si clairement dans un temps où la foi paraissait comme éteinte dans le cœur de la plupart du monde. La joie qu'il en eut fut si grande, qu'il en était pénétré ; de sorte qu'en ayant l'esprit tout occupé, Dieu lui inspira une infinité de pensées admirables sur les miracles, qui, lui donnant de nouvelles lumières sur la religion, lui redoublèrent l'amour et le respect qu'il avait toujours eus pour elle.

Et ce fut cette occasion qui fit paraître cet extrême désir qu'il avait de travailler à réfuter les principaux et les plus faux raisonnements des athées. Il les avait étudiés avec grand soin, et avait employé tout son esprit à chercher tous les moyens de les convaincre. C'est à quoi il s'était mis tout entier. La dernière année de son travail a été tout employée à recueillir diverses pensées sur ce sujet : mais Dieu, qui lui avait inspiré ce dessein et toutes ces pensées, n'a pas permis qu'il l'ait conduit à sa perfection, pour des raisons qui nous sont inconnues.

Cependant l'éloignement du monde qu'il pratiquait avec tant de soin n'empêchait point qu'il ne vît souvent des gens de grand esprit et de grande condition, qui, ayant des pensées de retraite, demandaient ses avis et les suivaient exactement, et d'autres qui étaient travaillés de doutes sur les matières de la foi, et qui, sachant qu'il avait de grandes lumières là-dessus, venaient à lui le consulter, et s'en retournaient toujours satisfaits ; de sorte que toutes ces personnes qui vivent présentement fort chrétiennement témoignent encore aujourd'hui que c'est à ses avis et à ses conseils, et aux éclaircissements qu'il leur a donnés, qu'ils sont redevables de tout le bien qu'ils font.

Les conversations auxquelles il se trouvait souvent engagé ne laissaient pas de lui donner quelque crainte qu'il ne s'y trouvât du péril ; mais comme il ne pouvait pas aussi en conscience refuser le secours que des personnes lui demandaient, il avait trouvé un remède à cela. Il prenait dans les occasions une ceinture de fer pleine de pointes, il la mettait à nu sur sa chair ; et lorsqu'il lui venait quelque pensée de vanité ou qu'il prenait quelque plaisir au lieu où il était, ou quelque chose semblable, il se donnait des coups de coude pour redoubler la violence des piqûres, et se faisait souvenir lui-même de son devoir. Cette pratique lui parut si utile, qu'il la conserva jusqu'à la mort, et même dans les derniers temps de sa vie, où il était dans des douleurs continuelles, parce qu'il ne pouvait écrire ni lire : il était contraint de demeurer sans rien faire et de s'aller promener. Il était dans une continuelle crainte que ce manque d'occupation ne le détournât de ses vues. Nous n'avons su toutes ces choses qu'après sa mort et par une personne de très-grande vertu, qui avait beaucoup de confiance en lui, à qui il avait été obligé de le dire pour des raisons qui la regardaient elle-même.

Cette rigueur qu'il exerçait sur lui-même était tirée de cette grande maxime de renoncer à tout plaisir, sur laquelle il avait fondé tout le règlement de sa vie. Dès le commencement de sa retraite, il ne manqua pas non plus de pratiquer exactement cette autre qui l'obligeait de renoncer à toute superfluité ; car il retranchait avec tant de soin toutes les choses inutiles, qu'il s'était réduit peu à peu à n'avoir plus de tapisserie dans sa chambre, parce qu'il ne croyait pas que cela fût nécessaire ; et de plus n'y étant obligé par aucune bienséance, parce qu'il n'y venait que des gens à qui il recommandait sans cesse le retranchement ; de sorte qu'ils n'étaient pas surpris de ce qu'il vivait lui-même de la manière qu'il conseillait aux autres de vivre.

Voilà comme il a passé cinq ans de sa vie, depuis trente ans jusqu'à trente-cinq : travaillant sans cesse pour Dieu, pour le prochain et pour lui-même, en tâchant de se perfectionner de plus en plus ; et on pouvait dire en quelque façon que c'est tout le temps qu'il a vécu ; car les quatre années que Dieu lui a données après n'ont été qu'une continuelle langueur. Ce n'était pas proprement une maladie qui fût venue nouvellement, mais un redoublement des grandes indispositions où il avait été sujet dès sa jeunesse. Mais il en fut alors attaqué avec tant de violence, qu'enfin il y a succombé ; et durant tout ce temps-là il n'a pu en tout travailler un instant à ce grand ouvrage qu'il avait entrepris pour la religion, ni assister les personnes qui s'adressaient à lui pour avoir des avis, ni de bouche ni par écrit, car ses maux étaient si grands, qu'il ne pouvait les satisfaire, quoiqu'il en eût un grand désir.

Ce renouvellement de ses maux commença par un mal de dents qui lui ôta absolument le sommeil. Dans ses grandes veilles il lui vint un jour dans l'esprit, sans dessein, quelques pensées sur la proposition de la roulette. Cette pensée étant suivie d'une autre, et celle-ci d'une autre, enfin une multitude de pensées qui se succédèrent les unes aux autres lui découvrirent comme malgré lui la démonstration de toutes ces choses, dont il fut lui-même surpris. Mais comme il y avait longtemps qu'il avait renoncé à toutes ces connaissances, il ne s'avisa pas seulement de les écrire ; néanmoins, en ayant parlé par occasion à une personne à qui il devait toute sorte de déférence, et par respect et par reconnaissance de l'affection dont il l'honorait, cette personne, qui est aussi considérable par sa piété que par les éminentes qualités de son esprit et par la grandeur de sa naissance, ayant formé sur cela un dessein qui ne regardait que la gloire de Dieu, trouva à propos qu'il en usât comme il fit, et qu'ensuite il le fît imprimer.

Ce fut seulement alors qu'il l'écrivit, mais avec une précipitation extrême, en huit jours ; car c'était en même temps que les imprimeurs travaillaient, fournissant à deux en même temps sur deux différents traités, sans que jamais il en eût d'autre copie que celle qui fut faite pour l'impression : ce qu'on ne sut que six mois après que la chose fut trouvée.

Cependant ses infirmités, continuant toujours sans lui donner un seul moment de relâche, le réduisirent, comme j'ai dit, à ne pouvoir plus travailler et à ne voir quasi personne. Mais si elles l'empêchèrent de servir le public et les particuliers, elles ne furent point inutiles pour lui-même, et il les a souffertes avec tant de paix et tant de patience, qu'il y a sujet de croire que Dieu a voulu achever par là de le rendre tel qu'il le voulait pour paraître devant lui ; car durant cette longue maladie il ne s'est jamais détourné de ses vues, ayant toujours dans l'esprit ces deux grandes maximes, de renoncer à tout plaisir et à toute superfluité. Il les pratiquait dans le plus fort de son mal avec une vigilance continuelle sur ses sens, leur refusant absolument tout ce qui leur était agréable ; et quand la nécessité le contraignait à faire quelque chose qui pouvait lui donner quelque satisfaction, il avait une adresse merveilleuse pour en détourner son esprit, afin qu'il n'y prît point de part. par exemple, ses continuelles maladies l'obligeant de se nourrir délicatement, il avait un soin très-grand de ne point goûter ce qu'il mangeait ; et nous avons pris garde que, quelque peine qu'on prît à lui chercher quelque viande agréable, à cause des dégoûts à quoi il était sujet, jamais il n'a dit : Voilà qui est bon ; et encore lorsqu'on lui servait quelque chose de nouveau selon les saisons, si l'on demandait après le repas s'il l'avait trouvé bon, il disait simplement : « Il fallait m'en avertir devant, et je vous avoue que je n'y ai point pris garde ; » et lorsqu'il arrivait que quelqu'un admirait la bonté de quelque viande en sa présence, il ne le pouvait souffrir ; il appelait cela être sensuel, encore même que ce ne fût que des choses communes ; parce qu'il disait que c'était une marque qu'on mangeait pour contenter le goût, ce qui était toujours mal.

Pour éviter d'y tomber, il n'a jamais voulu permettre qu'on lui fît aucune sauce ni ragoût, non pas même de l'orange et du verjus, ni rien de tout ce qui excite l'appétit, quoiqu'il aimât naturellement toutes ces choses. Et, pour se tenir dans des bornes réglées, il avait pris garde, dès le commencement de sa retraite, à ce qu'il fallait pour son estomac ; et depuis cela il avait réglé tout ce qu'il devait manger : en sorte que, quelque appétit qu'il eût, il ne passait jamais cela ; et quelque dégoût qu'il eût, il fallait qu'il le mangeât ; et lorsqu'on lui demandait la raison pourquoi il se contraignait ainsi, il disait que c'était le besoin de l'estomac qu'il fallait satisfaire, et non pas l'appétit.

La mortification de ses sens n'allait pas seulement à se retrancher tout ce qui pouvait leur être agréable, mais encore à ne leur rien refuser, par cette raison qu'il pourrait leur déplaire, soit par sa nourriture, soit par ses remèdes. Il a pris quatre ans durant des consommés sans en témoigner le moindre dégoût ; il prenait toutes les choses qu'on lui ordonnait pour sa santé sans aucune peine, quelque difficiles qu'elles fussent : et lorsque je m'étonnais de ce qu'il ne témoignait pas la moindre répugnance en les prenant, il se moquait de moi, et me disait qu'il ne pouvait pas comprendre lui-même comment on pouvait témoigner de la répugnance quand on prenait une médecine volontairement, après qu'on avait été averti qu'elle était mauvaise, et qu'il n'y avait que la violence ou la surprise qui dussent produire cet effet. C'est en cette manière qu'il travaillait sans cesse à la mortification.

Il avait un amour si grand pour la pauvreté, qu'elle lui était toujours présente ; de sorte que dès qu'il voulait entreprendre quelque chose, ou que quelqu'un lui demandait conseil, la première pensée qui lui venait en l'esprit, c'était de voir si la pauvreté pouvait être pratiquée. Une des choses sur lesquelles il s'examinait le plus, c'était cette fantaisie de vouloir exceller en tout, comme de se servir en toutes choses des meilleurs ouvriers, et autres choses semblables. Il ne pouvait encore souffrir qu'on cherchât avec soin toutes les commodités, comme d'avoir toutes choses près de soi, et mille autres choses qu'on fait sans scrupule, parce qu'on ne croit pas qu'il y ait du mal. Mais il n'en jugeait pas de même, et nous disait qu'il n'y avait rien de si capable d'éteindre l'esprit de pauvreté comme cette recherche curieuse de ses commodités, de cette bienséance qui porte à vouloir toujours avoir du meilleur et du mieux fait ; et il nous disait que, pour les ouvriers, il fallait toujours choisir les plus pauvres et les plus gens de bien, et non pas cette excellence qui n'est jamais nécessaire, et qui ne saurait jamais être utile. Il s'écriait quelquefois : « Si j'avais le cœur aussi pauvre que l'esprit, je serais bien heureux; car je suis merveilleusement persuadé que la pauvreté est un grand moyen pour faire son salut. »

Cet amour qu'il avait pour la pauvreté le portait à aimer les pauvres avec tant de tendresse qu'il n'avait jamais refusé l'aumône, quoiqu'il n'en fît que de son nécessaire, ayant peu de bien, et étant obligé de faire une dépense qui excédait son revenu, à cause de ses infirmités. Mais lorsqu'on lui voulait représenter cela, quand il faisait quelque aumône considérable, il se fâchait, et disait : « J'ai remarqué une chose, que, quelque pauvre qu'on soit, on laisse toujours quelque chose en mourant. » Ainsi il fermait la bouche : et il a été quelquefois si avant, qu'il s'est réduit à prendre de l'argent au change, pour avoir donné aux pauvres tout ce qu'il avait, et ne voulant pas après cela importuner ses amis.

Dès que l'affaire des carrosses[1] fut établie, il me dit qu'il voulait demander mille francs par avance sur sa part à des fermiers avec qui l'on traitait, si l'on pouvait demeurer d'accord avec eux, parce qu'ils étaient de sa connaissance, pour envoyer aux pauvres de Blois[2], et comme je lui dis que l'affaire n'était pas assez sûre pour cela, et qu'il fallait attendre à une autre année, il me fit tout aussitôt cette réponse : Qu'il ne voyait pas un grand inconvénient à cela, parce que s'ils perdaient, il le leur rendrait de son bien, et qu'il n'avait garde d'attendre à une autre année, parce que le besoin était trop pressant pour différer la charité. Et comme on ne s'accordait pas avec ces personnes, il ne put exécuter cette résolution, par laquelle il nous faisait voir la vérité de ce qu'il nous avait dit tant de fois, qu'il ne souhaitait avoir du bien que pour en assister les pauvres, puisqu'en même temps que Dieu lui donnait l'espérance d'en avoir, il commençait à le distribuer par avance, avant même qu'il en fût assuré.

Sa charité envers les pauvres avait toujours été fort grande, mais elle était si fort redoublée à la fin de sa vie, que je ne pouvais le satisfaire davantage que de l'en entretenir. Il m'exhortait avec grand soin depuis quatre ans à me consacrer au service des pauvres, et à y porter mes enfants. Et quand je lui disais que je craignais que cela ne me divertît du soin de ma famille, il me disait que ce n'était que manque de bonne volonté, et que, comme il y a divers degrés dans cette vertu, on peut bien la pratiquer en sorte que cela ne nuise point aux affaires domestiques. Il disait que c'était la vocation générale des chrétiens, et qu'il ne fallait point de marque particulière pour savoir si on était appelé, parce qu'il était certain que c'est sur cela que Jésus-Christ jugera le monde; et que quand on considérait que la seule omission de cette vertu est cause de la damnation, cette seule pensée était capable de nous porter à nous dépouiller de tout, si nous avions de la foi. Il nous disait encore que la fréquentation des pauvres est extrêmement utile, en ce que, voyant continuellement les misères dont ils sont accablés, et que même dans l'extrémité de leurs maladies ils manquaient des choses les plus nécessaires, qu'après cela il faudrait être bien dur pour ne pas se priver volontairement des commodités inutiles et des ajustements superflus.

Tous ces discours nous excitaient et nous portaient quelquefois à faire des propositions pour trouver des moyens pour des règlements généraux qui pourvussent à toutes les nécessités; mais il ne trouvait pas cela bon, et il disait que nous n'étions pas appelés au général, mais au particulier, et qu'il croyait que la manière la plus agréable à Dieu était de servir les pauvres pauvrement, c'est-à-dire chacun selon son pouvoir, sans se remplir l'esprit de ces grands desseins qui tiennent de cette excellence dont il blâmait la recherche en toutes choses. Ce n'est pas qu'il trouvât mauvais l'établissement des hôpitaux généraux; au contraire, il avait beaucoup d'amour pour cela; comme il l'a bien témoigné par son testament; mais il disait que ces grandes entreprises étaient réservées à de certaines personnes que Dieu destinait à cela, et qu'il conduisait quasi visiblement; mais que ce n'était pas la vocation générale de tout le monde, comme l'assistance journalière et particulière des pauvres.

Voilà une partie des instructions qu'il nous donnait pour nous porter à la pratique de cette vertu qui tenait une si grande place dans son cœur; c'est un petit échantillon qui nous fait voir la grandeur de sa charité. Sa pureté n'était pas moindre, il avait un si grand respect pour cette vertu, qu'il était continuellement en garde pour empêcher qu'elle ne fût blessée ou dans lui ou dans les autres, et il n'est pas croyable combien il était exact sur ce point. J'en étais même dans la crainte ; car il trouvait à redire à des discours que je faisais, et que je croyais très-innocents et dont il me faisait ensuite voir les défauts, que je n'aurais jamais connus sans ses avis. Si je disais quelquefois que j'avais vu une belle

---

[1] Entreprise de voitures publiques, à cinq sous par place, destinées à parcourir Paris sur plusieurs grandes lignes. Cette entreprise fut autorisée par Louis XIV en janvier 1662. « Elle paraît, dit M. Havet, avoir été conduite par Pascal. » — Voir la brochure publiée en 1828 par M. Monmerqué : *les Carosses à cinq sols, ou les Omnibus au dix-septième siècle.*

[2] Dans l'hiver de 1662, le pays de Blois fut en proie à une affreuse détresse, qui s'étendit même au delà du Blaisois, jusqu'à la Touraine et au Berry. On publia à Paris, sous forme d'avis, des appels énergiques et répétés à la charité publique. (Havet.)

femme, il se fâchait, et me disait qu'il ne fallait jamais tenir ce discours devant des laquais ni des jeunes gens, parce que je ne savais pas quelles pensées je pourrais exciter par là en eux. Il ne pouvait souffrir aussi les caresses que je recevais de mes enfants, et il me disait qu'il fallait les en désaccoutumer, et que cela ne pouvait que leur nuire, et qu'on leur pouvait témoigner de la tendresse en mille autres manières. Voilà les instructions qu'il me donnait là-dessus; et voilà quelle était sa vigilance pour la conservation de la pureté dans lui et dans les autres.

Il lui arriva une rencontre, environ trois mois avant sa mort, qui en fut une preuve bien sensible, et qui fait voir en même temps la grandeur de sa charité : comme il revenait un jour de la messe de Saint-Sulpice, il vint à lui une jeune fille d'environ quinze ans, fort belle, qui lui demandait l'aumône; il fut touché de voir cette personne exposée à un danger si évident; il lui demanda qui elle était, et ce qui l'obligeait ainsi à demander l'aumône; et ayant su qu'elle était de la campagne et que son père était mort, et que sa mère étant tombée malade, on l'avait portée à l'Hôtel-Dieu ce jour-là même, il crut que Dieu la lui avait envoyée aussitôt qu'elle avait été dans le besoin; de sorte que dès l'heure même il la mena au séminaire, où il la mit entre les mains d'un bon prêtre, à qui il donna de l'argent, et le pria d'en prendre soin et de la mettre en quelque condition où elle pût recevoir de la conduite à cause de sa jeunesse, et où elle fût en sûreté de sa personne. Et pour le soulager dans ce soin, il lui dit qu'il lui enverrait le lendemain une femme pour lui acheter des habits, et tout ce qui lui serait nécessaire pour la mettre en état de pouvoir servir une maîtresse. Le lendemain il lui envoya une femme qui travailla si bien avec ce bon prêtre, qu'après l'avoir fait habiller, ils la mirent dans une bonne condition. Et cet ecclésiastique ayant demandé à cette femme le nom de celui qui faisait cette charité, elle lui dit qu'elle n'avait point charge de le dire, mais qu'elle le viendrait voir de temps en temps pour pourvoir avec lui aux besoins de cette fille, et il la pria d'obtenir de lui la permission de lui dire son nom : « Je vous promets, dit-il, que je n'en parlerai jamais pendant sa vie; mais si Dieu permettait qu'il mourût avant moi, j'aurais de la consolation de publier cette action; car je la trouve si belle, que je ne puis souffrir qu'elle demeure dans l'oubli. » Ainsi, par cette seule rencontre, ce bon ecclésiastique, sans le connaître, jugeait combien il avait de charité et d'amour pour la pureté. Il avait une extrême tendresse pour nous; mais cette affection n'allait pas jusqu'à l'attachement. Il en donna une preuve bien sensible à la mort de ma sœur, qui précéda la sienne de dix mois. Lorsqu'il reçut cette nouvelle, il ne dit rien, sinon : « Dieu nous fasse la grâce d'aussi bien mourir ! » et il s'est toujours depuis tenu dans une soumission admirable aux ordres de la providence de Dieu, sans faire jamais réflexion que sur les grandes grâces que Dieu avait faites à ma sœur pendant sa vie, et des circonstances du temps de sa mort; ce qui lui faisait dire sans cesse : « Bienheureux ceux qui meurent, pourvu qu'ils meurent au Seigneur ! » Lorsqu'il me voyait dans de continuelles afflictions pour cette perte que je ressentais si fort, il se fâchait, et me disait que cela n'était pas bien, et qu'il ne fallait pas avoir ces sentiments pour la mort des justes, et qu'il fallait au contraire louer Dieu de ce qu'il l'avait si fort récompensée des petits services qu'elle lui avait rendus.

C'est ainsi qu'il faisait voir qu'il n'avait nulle attache pour ceux qu'il aimait; car s'il eût été capable d'en avoir, c'eût été sans doute pour ma sœur, parce que c'était assurément la personne du monde qu'il aimait le plus. Mais il n'en demeura pas là ; car, non-seulement il n'avait point d'attache pour les autres, mais il ne voulait point du tout que les autres en eussent pour lui. Je ne parle pas de ces attaches criminelles et dangereuses, car cela est grossier, et tout le monde le voit bien; mais je parle de ces amitiés les plus innocentes; et c'était une des choses sur lesquelles il s'observait le plus régulièrement, afin de n'y point donner de sujet, et même pour l'empêcher : et comme je ne savais pas cela, j'étais toute surprise des rebuts qu'il me faisait quelquefois, et je le disais à ma sœur, me plaignant à elle que mon frère ne m'aimait pas, et qu'il semblait que je lui faisais de la peine lors même que je lui rendais mes services les plus affectionnés dans ses infirmités. Ma sœur me disait là-dessus que je me trompais, qu'elle savait le contraire, qu'il avait pour moi une affection aussi grande que je le pouvais souhaiter. C'est ainsi que ma sœur remettait mon esprit, et je ne tardais guère à en voir des preuves, car aussitôt qu'il se présentait quelque occasion où j'avais besoin du secours de mon frère, il l'embrassait avec tant de soin et de témoignages d'affection, que je n'avais pas lieu de douter qu'il ne m'aimât beaucoup; de sorte que j'attribuais au chagrin de sa maladie les manières froides dont il recevait les assiduités que je lui rendais pour le désennuyer; et cette énigme ne m'a été expliquée que le jour même de sa mort, qu'une personne des plus considérables par la grandeur de son esprit et de sa piété, avec qui il avait eu de grandes communications sur la pratique de la vertu, me dit qu'il lui avait donné cette instruction entre autres, qu'il ne souffrît jamais de qui que ce fût qu'on l'aimât avec attachement; que c'était une faute sur laquelle on ne s'examine pas assez, parce qu'on n'en conçoit pas assez la grandeur, et qu'on ne considérait pas qu'en fomentant et souffrant ces attachements, on occupait un cœur qui ne devait être qu'à Dieu seul ; que c'était lui faire un larcin de la chose du monde qui lui était la plus précieuse. Nous avons bien vu ensuite que ce principe était bien avant dans son cœur, car, pour l'avoir toujours présent, il l'avait écrit de sa main sur un petit papier où il y avait ces mots : « Il est injuste qu'on s'attache à moi, quoiqu'on le fasse avec plaisir et volontairement : je tromperais ceux en qui j'en ferais naître le désir, car je ne suis la fin de personne, et n'ai pas de quoi les satisfaire. Ne suis-je pas prêt à mourir ? et ainsi l'objet de leur attachement mourra donc. Comme je serais coupable de faire croire une fausseté, quoique je la persuadasse doucement, et qu'on la crût avec plaisir, et qu'en cela on me fît plaisir : de même je suis coupable de me faire aimer ; et si j'attire les gens à s'attacher à moi, je dois avertir ceux qui seraient prêts à consentir au mensonge, qu'ils ne le doivent pas croire, quelque avantage qu'il m'en revînt, et de même qu'ils ne doivent pas s'attacher à moi, car il faut qu'ils passent leur vie et leurs soins à plaire à Dieu ou à le chercher. »

Voilà de quelle manière il s'instruisait lui-même, et comme il pratiquait si bien ses instructions, que j'y avais été trompée moi-même. Par ces marques que nous avons de ses pratiques, qui ne sont venues à notre connaissance que par hasard, on peut voir une partie des lumières que Dieu lui donnait pour la perfection de la vie chrétienne.

Il avait un si grand zèle pour la gloire de Dieu, qu'il ne pouvait souffrir qu'elle fût violée en quoi que ce soit : c'est ce qui le rendait si ardent pour le service du roi, qu'il résistait à tout le monde lors des troubles de Paris : et toujours depuis il appelait des prétextes toutes les raisons qu'on donnait pour excuser cette rébellion ; et il disait que « dans un État établi en république, comme Venise, c'était un grand mal de contribuer à y mettre un roi, et opprimer la liberté des peuples à qui Dieu l'a donnée; mais que dans un État où la puissance royale est établie, on ne pouvait violer le respect qu'on lui doit que par une espèce de sacrilège; puisque c'est non-seulement une image de la puissance de Dieu, mais une participation de cette même puissance, à laquelle on ne pouvait s'opposer sans résister visiblement à l'ordre de Dieu ; et qu'ainsi l'on ne pouvait assez exagérer la grandeur de cette faute, outre qu'elle est toujours accompagnée de la guerre civile, qui est le plus grand péché que l'on puisse commettre contre la charité du prochain. » Et il observait cette maxime si sincèrement, qu'il a refusé dans ce temps-là des avantages très-considérables pour n'y pas manquer. Il disait ordinairement qu'il avait un aussi grand éloignement pour ce péché-là, que pour assassiner le monde ou pour voler sur les grands chemins, et qu'enfin il n'y avait rien qui fût plus contraire à son naturel et sur quoi il fût moins tenté.

Ce sont là les sentiments où il était pour le service du roi : aussi était-il irréconciliable avec tous ceux qui s'y opposaient ; et ce qui faisait voir que ce n'était pas par tempérament ou par attachement à ses sentiments, c'est qu'il avait une douceur merveilleuse pour ceux qui l'offensaient en particulier. En sorte qu'il n'a jamais fait de différence de ceux-là d'avec les autres ; et il oubliait si absolument ce qui ne regardait que sa personne, qu'on avait peine à l'en faire souvenir, et il fallait pour cela circonstancier les choses. Et, comme on admirait quelquefois cela, il disait : « Ne vous en étonnez pas, ce n'est pas par vertu, c'est par oubli réel ; je ne m'en souviens point du tout. » Cependant il est certain qu'on voit par là que les offenses qui ne regardaient que sa personne ne lui faisaient pas grande impression, puisqu'il les oubliait si facilement ; car il avait une mémoire si excellente, qu'il disait souvent qu'il n'avait jamais rien oublié des choses qu'il avait voulu retenir.

Il a pratiqué cette douceur dans la souffrance des choses désobligeantes jusqu'à la fin, car peu de temps avant sa mort, ayant été offensé dans une partie qui lui était fort sensible, par une personne qui lui avait de grandes obligations, et ayant en même temps reçu un service de cette personne, il la remercia avec tant de compliments et de civilités, qu'il en était confus : cependant ce n'était pas par oubli, puisque c'était dans le même temps ; mais c'est qu'en effet il n'avait point de ressentiment pour les offenses qui ne regardaient que sa personne.

Toutes ces inclinations dont j'ai remarqué les particularités se verront mieux en abrégé par une peinture qu'il a faite de lui-même dans un petit papier écrit de sa main en cette manière [1] :

« J'aime la pauvreté, parce que Jésus-Christ l'a aimée. J'aime les biens, parce qu'ils donnent le moyen d'assister les misérables. Je garde fidélité

[1] Cette espèce de profession de foi, qu'un grand nombre d'éditeurs ont à tort placée dans les *Pensées*, commençait par ces mots que Pascal a ensuite effacés : « J'aime tous les hommes comme mes frères, parce qu'ils sont tous rachetés. »

à tout le monde. Je ne rends pas le mal à ceux qui m'en font, mais je leur souhaite une condition pareille à la mienne, où l'on ne reçoit pas de mal ni de bien de la part des hommes. J'essaye d'être juste, véritable, sincère et fidèle à tous les hommes, et j'ai une tendresse de cœur pour ceux que Dieu m'a unis plus étroitement; et, soit que je sois seul ou à la vue des hommes, j'ai en toutes mes actions la vue de Dieu, qui les doit juger, et à qui je les ai toutes consacrées. Voilà quels sont mes sentiments, et je bénis tous les jours de ma vie mon Rédempteur qui les a mis en moi, et qui d'un homme plein de faiblesse, de misère, de concupiscence, d'orgueil et d'ambition, a fait un homme exempt de tous ces maux, par la force de sa grâce, à laquelle toute la gloire en est due, n'ayant de moi que la misère et l'erreur. »

Il s'était ainsi dépeint lui-même, afin qu'ayant continuellement devant les yeux la voie par laquelle Dieu le conduisait, il ne pût jamais s'en détourner. Les lumières extraordinaires, jointes à la grandeur de son esprit, n'empêchaient pas une simplicité merveilleuse qui paraissait dans toute la suite de sa vie, et qui le rendait exact à toutes les pratiques qui regardaient la religion. Il avait un amour sensible pour tout l'office divin, mais surtout pour les Petites Heures, parce qu'elles sont composées du psaume 118, dans lequel il trouvait tant de choses admirables, qu'il sentait de la délectation à le réciter. Quand il s'entretenait avec ses amis de la beauté de ce psaume, il se transportait, en sorte qu'il paraissait hors de lui-même, et cette méditation l'avait rendu si sensible à toutes les choses par lesquelles on tâche d'honorer Dieu, qu'il n'en négligeait pas une. Lorsqu'on lui envoyait des billets tous les mois, comme on fait en beaucoup de lieux, il les recevait avec un respect admirable; il en récitait tous les jours la sentence; et dans les quatre dernières années de sa vie, comme il ne pouvait travailler, son principal divertissement était d'aller visiter les églises où il y avait des reliques exposées, ou quelque solennité; et il avait pour cela un almanach spirituel qui l'instruisait des lieux où il y avait des dévotions particulières, et il faisait tout cela si dévotement et si simplement, que ceux qui le voyaient en étaient surpris: ce qui a donné lieu à cette belle parole d'une personne très-vertueuse et très-éclairée : « Que la grâce de Dieu se fait connaître dans les grands esprits par les petites choses, et dans les esprits communs par les grandes. »

Cette grande simplicité paraissait lorsqu'on lui parlait de Dieu ou de lui-même; de sorte que, la veille de sa mort, un ecclésiastique, qui est un homme d'une très-grande vertu, l'étant venu voir, comme il l'avait souhaité, et ayant demeuré une heure avec lui, il en sortit si édifié, qu'il me dit :

« Allez, consolez-vous; si Dieu l'appelle, vous avez bien sujet de le louer des grâces qu'il lui fait, j'avais toujours admiré beaucoup de grandes choses en lui, mais je n'y avais jamais remarqué la grande simplicité que je viens de voir : cela est incomparable dans un esprit tel que le sien; je voudrais de tout mon cœur être en sa place. »

M. le curé de Saint-Étienne[1], qui l'a vu dans sa maladie, y voyait la même chose, et disait à toute heure : « C'est un enfant : il est humble, il est soumis comme un enfant. » C'est par cette même simplicité qu'on avait une liberté tout entière pour l'avertir de ses défauts, et il se rendait aux avis qu'on lui donnait, sans résistance. L'extrême vivacité de son esprit le rendait quelquefois si impatient, qu'on avait peine à le satisfaire; mais quand on l'avertissait, ou qu'il s'apercevait qu'il avait fâché quelqu'un dans ses impatiences, il réparait incontinent cela par des traitements si doux et par tant de bienfaits, que jamais il n'a perdu l'amitié de personne par là. Je tâche tant que je puis d'abréger, sans cela j'aurais bien des particularités à dire sur chacune des choses que j'ai remarquées; mais comme je ne veux pas m'étendre, je viens à sa dernière maladie.

Elle commença par un dégoût étrange qui lui prit deux mois avant sa mort: son médecin lui conseilla de s'abstenir de manger du solide, et de se purger. Pendant qu'il était dans cet état, il fit une action de charité bien remarquable. Il avait chez lui un bonhomme avec sa femme et tout son ménage, à qui il avait donné une chambre, et à qui il fournissait du bois, tout cela par charité; car il n'en tirait point d'autre service que de n'être point seul dans sa maison. Ce bonhomme avait un fils qui, étant tombé malade, en ce temps-là, de la petite vérole, mon frère, qui avait besoin de mes assistances, eut peur que je n'eusse de l'appréhension d'aller chez lui à cause de mes enfants. Cela l'obligea à penser de se séparer de ce malade; mais comme il craignait qu'il ne fût en danger si on le transportait en cet état hors de sa maison, il aima mieux en sortir lui-même, quoiqu'il fût déjà fort mal, disant : « Il y a moins de danger pour moi dans ce changement de demeure ; c'est pourquoi il faut que ce soit moi qui quitte. » Ainsi il sortit de sa maison le 29 juin, pour venir chez nous, et il n'y rentra jamais[2]; car trois jours après il commença d'être attaqué d'une colique très-violente qui lui ôtait absolument le som-

[1] C'était le père Beurrier, depuis abbé de Sainte-Geneviève.
[2] La maison de madame Périer est située rue Neuve Saint-Étienne, n° 8. A droite de la porte cochère, en entrant dans la cour, se trouve un petit pavillon isolé. C'est là, dans une chambre qui a deux fenêtres grillées du côté de la rue, que Pascal est mort. (P. Faugère.)

meil. Mais comme il avait une grande force d'esprit et un grand courage, il endurait ses douleurs avec une patience admirable. Il ne laissait pas de se lever tous les jours, et de prendre lui-même ses remèdes, sans vouloir souffrir qu'on lui rendît le moindre service. Les médecins qui le traitaient voyaient que ses douleurs étaient considérables; mais parce qu'il avait le pouls fort bon, sans aucune altération ni apparence de fièvre, ils assuraient qu'il n'y avait aucun péril, se servant même de ces mots : « Il n'y a pas la moindre ombre de danger. » Nonobstant ce discours, voyant que la continuation de ses douleurs et de ses grandes veilles l'affaiblissait, dès le quatrième jour de sa colique, et avant même d'être alité, il envoya quérir M. le curé et se confessa. Cela fit du bruit parmi ses amis, et en obligea quelques-uns de le venir voir, tout épouvantés d'appréhension. Les médecins mêmes en furent si surpris, qu'ils ne purent s'empêcher de le témoigner, disant que c'était une marque d'appréhension à quoi ils ne s'attendaient pas de sa part. Mon frère, voyant l'émotion que cela avait causée, en fût fâché et me dit : « J'eusse voulu communier; mais puisque je vois qu'on est surpris de ma confession, j'aurais peur qu'on ne le fût davantage; c'est pourquoi il vaut mieux différer. » M. le curé ayant été de cet avis, il ne communia pas. Cependant son mal continuait; et comme M. le curé le venait voir de temps en temps par visite, il ne perdait pas une de ces occasions pour se confesser, et n'en disait rien, de peur d'effrayer le monde, parce que les médecins assuraient toujours qu'il n'y avait nul danger à sa maladie; et en effet il y eut quelque diminution en ses douleurs, en sorte qu'il se levait quelquefois dans sa chambre. Elles ne le quittèrent jamais néanmoins tout à fait, et même elles revenaient quelquefois; et il maigrissait aussi beaucoup, ce qui n'effrayait pas beaucoup les médecins : mais, quoi qu'ils pussent dire, il dit toujours qu'il était en danger, et ne manqua pas de se confesser toutes les fois que M. le curé le venait voir. Il fit même son testament durant ce temps-là, où les pauvres ne furent pas oubliés, et il se fit violence pour ne leur pas donner davantage, car il me dit que si M. Périer eût été à Paris, et qu'il y eût consenti, il aurait disposé de tout son bien en faveur des pauvres; et enfin il n'avait rien dans l'esprit et dans le cœur que les pauvres, et il me disait quelquefois : « D'où vient que je n'ai jamais rien fait pour les pauvres, quoique j'aie toujours eu un si grand amour pour eux? » Je lui dis : « C'est que vous n'avez jamais eu assez de bien pour leur donner de grandes assistances. » Et il me répondit : « Puisque je n'avais pas de bien pour leur en donner, je devais leur avoir donné mon temps et ma peine ; c'est à quoi j'ai failli; et si les médecins disent vrai, et si Dieu permet que je me relève de cette maladie, je suis résolu de n'avoir point d'autre emploi ni point d'autre occupation tout le reste de ma vie que le service des pauvres. » Ce sont les sentiments dans lesquels Dieu l'a pris.

Il joignait à cette ardente charité pendant sa maladie une patience si admirable, qu'il édifiait et surprenait toutes les personnes qui étaient autour de lui; et il disait à ceux qui lui témoignaient avoir de la peine de voir l'état où il était, que, pour lui, il n'en avait pas, et qu'il appréhendait même de guérir; et quand on lui en demandait la raison, il disait : « C'est que je connais les dangers de la santé et les avantages de la maladie. » Il disait encore au plus fort de ses douleurs, quand on s'affligeait de les lui voir souffrir : « Ne me plaignez point ; la maladie est l'état naturel des chrétiens, parce qu'on est par là comme on devrait toujours être, dans la souffrance des maux, dans la privation de tous les biens et de tous les plaisirs des sens, exempt de toutes les passions qui travaillent pendant tout le cours de la vie, sans ambition, sans avarice, dans l'attente continuelle de la mort. N'est-ce pas ainsi que les chrétiens devraient passer la vie? Et n'est-ce pas un grand bonheur quand on se trouve par nécessité dans l'état où l'on est obligé d'être, et qu'on n'a autre chose à faire qu'à se soumettre humblement et paisiblement? C'est pourquoi je ne demande autre chose que de prier Dieu qu'il me fasse cette grâce. » Voilà dans quel esprit il endurait tous ses maux.

Il souhaitait beaucoup de communier; mais les médecins s'y opposaient, disant qu'il ne le pouvait faire à jeun, à moins que de le faire la nuit; ce qu'il ne trouvait pas à propos de faire sans nécessité, et que pour communier en viatique il fallait être en danger de mort, ce qui ne se trouvant pas en lui, ils ne pouvaient pas lui donner ce conseil. Cette résistance le fâchait ; mais il était contraint d'y céder. Cependant, sa colique continuant toujours, on lui ordonna de boire des eaux, qui en effet le soulagèrent beaucoup : mais au sixième jour de sa boisson, qui était le quatorzième d'août, il sentit un grand étourdissement avec une grande douleur de tête ; et quoique les médecins ne s'étonnassent pas de cela, et qu'ils l'assurassent que ce n'était que la vapeur des eaux, il ne laissa pas de se confesser, et il demanda avec des instances incroyables qu'on le fît communier, et qu'au nom de Dieu on trouvât moyen de remédier à tous les inconvénients qu'on lui avait allégués jusqu'alors; et il pressa tant pour cela, qu'une personne qui se trouva présente lui reprocha qu'il avait de l'inquiétude, et qu'il devait se rendre au sentiment de ses amis, qu'il se portait mieux, et qu'il n'avait presque plus de colique, et que, ne lui restant plus qu'une vapeur d'eau, il n'était pas juste qu'il se fît porter le saint sacrement; qu'il valait mieux différer, pour faire cette action à l'église. Il répondit à cela : « On ne sent pas mon mal, et on y sera trompé ; ma douleur de tête a quelque chose de fort extraordinaire. » Néanmoins, voyant une si grande opposition à son désir, il n'osa plus en parler; mais il dit : « Puisqu'on ne me veut pas accorder cette grâce, j'y voudrais bien suppléer par quelque bonne œuvre, et ne pouvant pas communier dans le chef, je voudrais bien communier dans ses membres; et pour cela j'ai pensé d'avoir céans un pauvre malade à qui on rende les mêmes services comme à moi, qu'on prenne une garde exprès, et enfin qu'il n'y ait aucune différence de lui à moi, afin que j'aie cette consolation de savoir qu'il y a un pauvre aussi bien traité que moi, dans la confusion que je souffre de me voir dans la grande abondance de toutes choses où je me vois. Car quand je pense qu'au même temps que je suis si bien, il y a une infinité de pauvres qui sont plus malades que moi, et qui manquent des choses les plus nécessaires, cela me fait une peine que je ne puis supporter, et ainsi je vous prie de demander un malade à M. le curé pour le dessein que j'ai. »

J'envoyai à M. le curé à l'heure même, qui manda qu'il n'y en avait point qui fût en état d'être transporté; mais qu'il lui donnerait, aussitôt qu'il serait guéri, un moyen d'exercer la charité, en se chargeant d'un vieux homme dont il prendrait soin le reste de sa vie : car M. le curé ne doutait pas alors qu'il ne dût guérir.

Comme il vit qu'il ne pouvait pas avoir un pauvre en sa maison avec lui, il me pria donc de lui faire cette grâce de le faire porter aux Incurables, parce qu'il avait grand désir de mourir en la compagnie des pauvres. Je lui dis que les médecins ne trouvaient pas à propos de le transporter en l'état où il était, ce qui le fâcha beaucoup; il me fit promettre que, s'il avait un peu de relâche, je lui donnerais cette satisfaction.

Cependant, cette douleur de tête augmentant, il la souffrait toujours comme tous les autres maux, c'est-à-dire sans se plaindre, et une fois, dans le plus fort de sa douleur, le dix-septième d'août, il me pria de faire une consultation; mais il entra en même temps en scrupule, et me dit : « Je crains qu'il n'y ait trop de recherche dans cette demande. » Je ne laissai pourtant pas de la faire; et les médecins lui ordonnèrent de boire du petit-lait, lui assurant toujours qu'il n'y avait nul danger, et que ce n'était que la migraine mêlée avec la vapeur des eaux.

Néanmoins, quoi qu'ils pussent dire, il ne les crut jamais, et me pria d'avoir un ecclésiastique pour passer la nuit auprès de lui; et moi-même je le trouvai si mal, que je donnai ordre, sans en rien dire, d'apporter des cierges et tout ce qu'il fallait pour le faire communier le lendemain matin.

Ces apprêts ne furent pas inutiles; mais ils servirent plus tôt que nous n'avions pensé; car, à environ minuit, il lui prit une convulsion si violente, que, quand elle fut passée, nous crûmes qu'il était mort, et nous avions cet extrême déplaisir avec tous les autres, de le voir mourir sans le saint-sacrement, après l'avoir demandé si souvent avec tant d'instance. Mais Dieu, qui voulait récompenser un désir si fervent et si juste, suspendit comme par miracle cette convulsion, et lui rendit son jugement entier, comme dans sa parfaite santé; en sorte que M. le curé, entrant dans sa chambre avec le sacrement, lui cria : « Voici celui que vous avez tant désiré. » Ces paroles achevèrent de le réveiller; et comme M. le curé approcha pour lui donner la communion, il fit un effort; et il se leva seul à moitié, pour le recevoir avec plus de respect; et M. le curé l'ayant interrogé, suivant la coutume, sur les principaux mystères de la foi, il répondit distinctement : « Oui, monsieur, je crois tout cela de tout mon cœur. » Ensuite il reçut le saint viatique et l'extrême-onction avec des sentiments si tendres, qu'il en versait des larmes. Il répondit à tout, remercia M. le curé; et, lorsqu'il le bénit avec le saint ciboire, il dit : « Que Dieu ne m'abandonne jamais! » Ce qui fut comme ses dernières paroles; car, après avoir fait son action de grâces, un moment après ses convulsions le reprirent, qui ne le quittèrent plus, et qui ne lui laissèrent pas un instant de liberté d'esprit; elles durèrent jusqu'à sa mort, qui fut vingt-quatre heures après, le dix-neuvième d'août mil six cent soixante-deux, à une heure du matin, âgé de trente-neuf ans et deux mois [1].

---

[1] Un manuscrit de la vie de Pascal, donné par Marguerite Périer aux pères de l'Oratoire de Clermont, contenait quelques détails qui ne se trouvent pas dans l'imprimé, sur les résultats de l'autopsie qu'on fit du corps de Pascal. (Havet.) — Voici ces détails :

« ...L'ayant fait ouvrir, on trouva l'estomac et le foie flétris, et les intestins gangrenés, sans qu'on pût juger précisément si c'en avait été la cause des douleurs de colique ou si c'en avait été l'effet. Mais ce qu'il y eut de plus particulier, fut à l'ouverture de la tête, dont le crâne se trouva sans aucune suture (que la sagittale), ce qui apparemment avait causé les grands maux de tête auxquels il avait été sujet pendant sa vie. Il est vrai qu'il avait eu autrefois la suture qu'on appelle frontale; mais ayant demeuré ouverte fort longtemps pendant son enfance, comme il arrive souvent en cet âge, et n'ayant pu se refermer, il s'était formé un calus qui l'avait entièrement couverte, et qui était si considérable, qu'on le sentait aisément au doigt. Pour la suture coronale, il n'y en avait aucun vestige. *Les médecins observèrent qu'il y avait une prodigieuse abondance de cer-*

velle, dont la substance était si solide et si condensée que cela leur fit juger que c'était la raison pour laquelle la suture frontale n'ayant pu se refermer, la nature y avait pourvu par le calus. Mais ce que l'on remarqua de plus considérable, et à quoi on attribua particulièrement sa mort et les derniers accidents qui l'accompagnèrent, fut qu'il y avait au dedans du crâne, vis-à-vis des ventricules du cerveau, deux impressions, comme du doigt dans de la cire, qui étaient pleines d'un sang caillé et corrompu qui avait commencé de gangrener la dure-mère. »

La tombe de Pascal se voit encore aujourd'hui à l'église Saint-Étienne du Mont.

MÉMOIRE DE LA VIE DE M. PASCAL

ÉCRIT PAR MADEMOISELLE PÉRIER, SA NIÈCE [1]

« Lorsque mon oncle eut un an, il lui arriva une chose fort extraordinaire. Ma grand'mère était, quoique très-jeune, très-pieuse et très-charitable ; elle avait un grand nombre de pauvres familles à qui elle donnait la charité. Il y en avait une qui avait la réputation d'être sorcière ; tout le monde le lui disait : mais ma grand'mère, qui n'était pas de ces femmes crédules et qui avait beaucoup d'esprit, se moqua de cet avis, et continuait toujours à lui faire l'aumône. Dans ce temps-là il arriva que le petit Pascal tomba dans une langueur semblable à ce qu'on appelle à Paris *tomber en chartre* ; mais cette langueur était accompagnée de deux circonstances qui ne sont pas ordinaires : l'une, qu'il ne pouvait souffrir de voir de l'eau sans tomber dans des transports d'emportement très-grands ; et l'autre bien plus étonnante, c'est qu'il ne pouvait souffrir de voir son père et sa mère s'approcher l'un de l'autre : il souffrait les caresses de l'un et de l'autre en particulier avec plaisir ; mais aussitôt qu'ils s'approchaient ensemble, il criait, se débattait avec une violence excessive. Tout cela dura plus d'un an, durant lequel le mal s'augmentait ; il tomba dans une telle extrémité qu'on le croyait prêt à mourir.

« Tout le monde disait à mon grand-père et à ma grand'mère que c'était assurément un sort que cette sorcière avait jeté sur cet enfant ; ils s'en moquaient l'un et l'autre, regardant ces discours comme des imaginations qu'on a quand on voit des choses extraordinaires, et n'y faisant aucune attention, laissant toujours à cette femme une entrée libre dans leur maison où elle recevait la charité. Enfin mon grand-père, importuné de tout ce qu'on lui disait là-dessus, fit un jour entrer cette femme dans son cabinet, croyant que la manière dont il lui parlerait lui donnerait lieu de faire cesser tous les bruits ; mais il fut très-étonné lorsque, après les premières paroles qu'il lui dit, auxquelles elle répondit seulement et assez doucement que cela n'était point et qu'on ne disait cela d'elle que par envie, à cause des charités qu'elle recevait, il voulut lui faire peur, et feignant d'être assuré qu'elle avait ensorcelé son enfant, il la menaça de la faire pendre, si elle ne lui avouait la vérité ; alors elle fut effrayée et, se mettant à genoux, elle lui promit de lui dire tout, s'il lui promettait de lui sauver la vie. Sur cela mon grand-père, fort surpris, lui demanda ce qu'elle avait fait, et ce qui l'avait obligée à le faire ; elle lui dit que, l'ayant prié de solliciter un procès pour elle, il l'avait refusée, parce qu'il croyait qu'il n'était pas bon, et que pour s'en venger elle avait jeté un sort sur son enfant qu'elle voyait qu'il aimait tendrement, et qu'elle était bien fâchée de le lui dire, mais que le sort était à la mort. Mon grand-père affligé lui dit : Quoi ! il faut donc que mon enfant meure ! Elle lui dit qu'il y avait du remède, mais qu'il fallait que quelqu'un mourût pour lui, et transporter le sort. Mon grand-père lui dit : Eh ! j'aime mieux que mon fils meure que si quelqu'un mourait pour lui. Elle lui dit : On peut mettre le sort sur une bête. Mon grand-père lui offrit un cheval : elle lui dit que sans faire de si grands frais un chat lui suffirait : il lui en fit donner un ; elle l'emporta, et en descendant elle trouva deux capucins qui montaient pour consoler mon grand-père de l'extrémité de la maladie de son fils. Ces pères dirent à cette femme qu'elle voulait encore faire quelque sortilège de ce chat : elle le prit et le jeta par une fenêtre, d'où il ne tomba que de la hauteur de six pieds et tomba mort ; elle en demanda un autre que mon grand-père lui fit donner. La grande tendresse qu'il avait pour cet enfant fut cause qu'il ne fit pas d'attention que

---

[1] Ce mémoire, publié par M. Cousin, est extrait du manuscrit de la Bibliothèque impériale n° 1487, supplément français. — Voir sur ce volume : Cousin, *des Pensées de Pascal*. Appendice n° 5. Il a été également reproduit par M. Faugère.

tout cela ne valait rien, puisqu'il fallait, pour transporter ce sort, faire une nouvelle invocation au diable ; jamais cette pensée ne lui vint dans l'esprit, elle ne lui vint que longtemps après, et il se repentit d'avoir donné lieu à cela.

« Le soir la femme vint et dit à mon grand-père qu'elle avait besoin d'avoir un enfant qui n'eût pas sept ans, et qui avant le lever du soleil cueillît neuf feuilles de trois sortes d'herbes, c'est-à-dire trois de chaque sorte. Mon grand-père le dit à son apothicaire, qui dit qu'il y mènerait lui-même sa fille, ce qu'il fit le lendemain matin. Les trois sortes d'herbes étant cueillies, la femme fit un cataplasme qu'elle porta à sept heures du matin à mon grand-père, et lui dit qu'il fallait le mettre sur le ventre de l'enfant. Mon grand-père le fit mettre, et à midi, revenant du palais, il trouva toute la maison en larmes, et on lui dit que l'enfant était mort ; il monta, vit sa femme dans les larmes, et l'enfant dans le berceau, mort, à ce qu'il paraissait. Il s'en alla, et en sortant de la chambre il rencontra sur le degré la femme qui avait apporté le cataplasme, et, attribuant la mort de cet enfant à ce remède, il lui donna un soufflet si fort qu'il lui fit sauter le degré. Cette femme se releva et lui dit qu'elle voyait bien qu'il était en colère, parce qu'il croyait que son enfant était mort ; mais qu'elle avait oublié de lui dire le matin qu'il devait paraître mort jusqu'à minuit, et qu'on le laissât dans son berceau jusqu'à cette heure-là et qu'alors il reviendrait. Mon grand-père rentra et dit qu'il voulait absolument qu'on le gardât sans l'ensevelir. Cependant l'enfant paraissait mort ; il n'avait ni pouls, ni voix, ni sentiment : il devenait froid, et avait toutes les marques de la mort ; on se moquait de la crédulité de mon grand-père, qui n'était pas accoutumé à croire à ces gens-là.

« On le garda donc ainsi, mon grand-père et ma grand'mère toujours présents, ne voulant s'en fier à personne ; ils entendirent sonner toutes les heures et minuit aussi sans que l'enfant revînt. Enfin, entre minuit et une heure, plus près d'une heure que de minuit, l'enfant commença à bâiller ; cela surprit extraordinairement : on le prit, on le réchauffa, on lui donna du vin avec du sucre ; il l'avala ; ensuite la nourrice lui présenta le teton, qu'il prit sans donner néanmoins des marques de connaissance et sans ouvrir les yeux ; cela dura jusqu'à six heures du matin qu'il commença à ouvrir les yeux et à connaître quelqu'un. Alors, voyant son père et sa mère l'un près de l'autre, il se mit à crier comme il avait accoutumé ; cela fit voir qu'il n'était pas encore guéri, mais on fut du moins consolé de ce qu'il n'était pas mort, et environ six à sept jours après il commença à souffrir la vue de l'eau. Mon grand-père, arrivant de la messe, le trouva qui se divertissait à verser de l'eau d'un verre dans un autre dans les bras de sa mère ; il voulut alors s'approcher ; mais l'enfant ne le put souffrir, et peu de jours après il le souffrit, et en trois semaines de temps cet enfant fut entièrement guéri et remis dans son embonpoint....

Pendant que mon grand-père était à Rouen, M. Pascal, mon oncle, qui vivait dans cette grande piété qu'il avait lui-même imprimée à la famille, tomba dans un état fort extraordinaire, qui était causé par la grande application qu'il avait donnée aux sciences ; car les esprits étant montés trop fortement au cerveau, il se trouva dans une espèce de paralysie depuis la ceinture en bas, en sorte qu'il fut réduit à ne marcher qu'avec des potences ; ses jambes et ses pieds devinrent froids comme du marbre, et on était obligé de lui mettre tous les jours des chaussons trempés dans de l'eau-de-vie pour tâcher de faire revenir la chaleur aux pieds. Cet état où les médecins le virent, les obligea de lui défendre toute sorte d'application ; mais cet esprit si vif et si agissant ne pouvait pas demeurer oisif. Quand il ne fut plus occupé ni de sciences, ni de choses de piété qui portent avec elles leur application, il lui fallut quelque plaisir ; il fut contraint de revoir le monde, de jouer et de se divertir. Dans le commencement cela était modéré ; mais insensiblement le goût en vint, il se mit dans le monde, sans vice néanmoins ni dérèglement, mais dans l'inutilité, le plaisir et l'amusement. Mon grand-père mourut ; il continua à se mettre dans le monde avec même plus de facilité, étant maître de son bien ; et alors, après s'y être un peu enfoncé, il prit la résolution de suivre le train commun du monde, c'est-à-dire de prendre une charge et se marier, et, prenant ses mesures pour l'un et pour l'autre, il en conféra avec ma tante qui était alors religieuse, qui gémissait de voir celui qui lui avait fait connaître le néant du monde s'y plonger lui-même par de tels engagements. Elle l'exhortait souvent à y renoncer ; il l'écoutait, et ne laissait pas de pousser toujours ses desseins. Enfin Dieu permit qu'un jour de la Conception de la sainte Vierge, il allât voir ma tante, et demeurât au parloir avec elle durant qu'on disait none avant le sermon. Lorsqu'il fut achevé de sonner, elle le quitta, et lui de son côté entra dans l'église pour entendre le sermon, sans savoir que c'était là où Dieu l'attendait. Il trouva le prédicateur en chaire, ainsi il vit bien que ma tante ne pouvait pas lui avoir parlé ; le sermon fut au sujet de la Conception de la sainte Vierge, sur le commencement de la vie des chrétiens, et sur l'importance de les rendre saints, en ne s'engageant pas, comme font presque tous les gens du monde, par l'habitude, par la coutume, et par des raisons de bienséance toutes humaines, dans des charges et dans des mariages; il montra comment il fallait consulter Dieu avant que de s'y engager, et bien examiner si on pourrait faire son salut, si on n'y trouverait point d'obstacles. Comme c'était là précisément son état et sa disposition, et que le prédicateur prêcha avec beaucoup de véhémence et de solidité, il fut vivement touché, et croyant que tout cela avait été dit pour lui, il le prit de même. Ma tante alluma autant qu'elle put ce nouveau feu, et mon oncle se détermina peu de jours après à rompre entièrement avec le monde; et pour cela il alla passer quelque temps à la campagne pour se dépayser, et rompre le cours général du grand nombre de visites qu'il faisait et qu'il recevait; cela lui réussit, car depuis cela il n'a vu aucun de ces amis qu'il ne visitait que par rapport au monde. »

SUR LES TRAVAUX SCIENTIFIQUES DE PASCAL

(EXTRAIT DE L'ÉDITION DE BOSSUT.)

A peine âgé de dix-neuf ans, Pascal inventa la fameuse *machine arithmétique* qui porte son nom. Quand les méthodes pour exécuter les calculs numériques sont une fois trouvées, l'usage monotone et prolixe de ces méthodes fatigue très-souvent l'attention, sans attacher l'esprit. Rien ne serait donc plus utile qu'un moyen mécanique et expéditif de faire toutes sortes de calculs sur les nombres, sans autre secours que celui des yeux et de la main. Tel est l'objet que Pascal s'est proposé par sa machine. Les pièces qui en forment le principe et l'essence sont plusieurs rouleaux ou barillets, parallèles entre eux et mobiles autour de leurs axes : sur chacun d'eux on écrit deux suites de nombres depuis zéro jusqu'à neuf, lesquelles vont en sens contraires, de sorte que la somme de deux chiffres correspondants forme toujours neuf; ensuite on fait tourner, par un même mouvement, tous ces barillets de gauche à droite, et les chiffres dont on a besoin, pour les différentes opérations de l'arithmétique, paraissent à travers de petites fenêtres percées dans la face supérieure. La machine est composée d'ailleurs de roues et de pignons qui s'engrènent ensemble, et qui font leurs révolutions par un mécanisme à peu près semblable à celui d'une montre ou d'une pendule... L'idée de cette machine a paru si belle et si utile, qu'on a cherché plusieurs fois à la perfectionner et à la rendre plus commode dans la pratique. Leibnitz s'est occupé longtemps de ce problème; et il a trouvé effectivement une machine plus simple que celle de Pascal. Malheureusement toutes ces machines sont coûteuses, un peu embarrassantes par le volume, et sujettes à se déranger. Ces inconvénients font plus que compenser leurs avantages. Aussi les mathématiciens préfèrent-ils généralement les tables de logarithmes, qui changent les opérations les plus compliquées de l'arithmétique en de simples additions ou soustractions, auxquelles il suffit d'apporter une légère attention, pour éviter les erreurs de calcul; mais la découverte de Pascal n'en est pas moins ingénieuse.

La physique offrit bientôt après à sa curiosité active et inquiète l'un des plus grands phénomènes qui existent dans la nature : phénomène dont l'explication est principalement due à ses expériences et à ses réflexions. Les fontainiers de Côme de Médicis, grand-duc de Florence, ayant remarqué que dans une pompe aspirante, où le piston jouait à plus de trente-deux pieds au-dessus du réservoir, l'eau, après être arrivée à cette hauteur de trente-deux pieds dans le tuyau, refusait opiniâtrement de s'élever davantage, consultèrent Galilée sur la cause de ce refus qui leur paraissait fort bizarre. L'antiquité avait dit : L'eau monte dans les pompes et suit le piston, parce que la nature abhorre le vide. Galilée, imbu de cette opinion reçue alors dans toutes les écoles, répondit à la question des fontainiers, que l'eau s'élevait en effet d'abord, parce que la nature ne peut souffrir le vide, mais que cette horreur avait une sphère limitée, et qu'au delà de trente-deux pieds elle cessait d'agir. On rit aujourd'hui de cette explication : mais quelle force n'a pas une erreur de vingt siècles, et comment se soustraire tout d'un coup à sa tyrannie? Cependant Galilée sentit quelque scrupule sur la raison qu'il s'était hâté de donner aux fontainiers; car pour l'honneur de la philosophie, il avait cru devoir leur faire promptement une réponse bonne ou mauvaise. Il était alors avancé en âge, et ses longs travaux l'avaient épuisé; il chargea Torricelli, son disciple, d'approfondir la question, et de réparer, s'il en était besoin, le scandale qu'il craignait d'avoir causé aux philosophes, qui, comptant l'autorité pour rien, cherchent à puiser la vérité immédiatement au sein de la nature, comme lui-même l'avait enseigné par son exemple en plusieurs autres occasions.

Torricelli joignait à de profondes connaissances en géométrie, le génie de l'observation dans les matières de physique. Il soupçonna que la pesanteur de l'eau était un des éléments d'où dépendait son élévation dans les pompes, et qu'un fluide plus pesant s'y tiendrait plus bas. Cette idée, qui nous paraît aujourd'hui si simple, et qui fut alors la véritable clef du problème, ne s'était encore présentée à personne : et pourquoi en effet ceux qui admettaient l'horreur de la nature pour le vide, auraient-ils pensé que le poids du fluide pût la borner ou détruire son action? Il ne s'agissait plus que d'interroger l'expérience. Torricelli remplit de mercure un tuyau de verre, de trois pieds de longueur, fermé exactement en bas, et ouvert en haut ; il appliqua le doigt sur le bout supérieur, et renversant le tube, il plongea ce bout dans une cuvette pleine de mercure ; alors il retira le doigt, et après quelques oscillations le mercure demeura suspendu dans le tube à la hauteur d'environ vingt-huit pouces au-dessus de la cuvette. Cette expérience est, comme on voit, celle que nous offre continuellement le *baromètre*. Torricelli la varia de plusieurs manières ; et dans tous les cas le mercure se soutint à une hauteur qui était environ la quatorzième partie de celle de l'eau dans les pompes. Or, sous le même volume, le mercure pèse à peu près quatorze fois plus que l'eau. D'où Torricelli inféra que l'eau dans les pompes, et le mercure dans le tube, devaient exercer des pressions égales sur une même base; pressions qui devaient être nécessairement contrebalancées par une même force fixe et déterminée. Mais quelle est enfin cette force? Torricelli, instruit par Galilée que l'air est un fluide pesant, crut et publia en 1645, que la suspension de l'eau ou du mercure, quand rien ne pèse sur sa surface intérieure, est produite par la pression que la pesanteur de l'air exerce sur la surface du réservoir ou de la cuvette. Il mourut peu de temps après, sans emporter, ou du moins sans laisser la certitude absolue que son opinion était réellement le secret de la nature.

Aussi cette explication n'eut-elle d'abord qu'un succès médiocre parmi les savants. Le système de l'horreur du vide était trop accrédité, pour céder ainsi sans résistance la place à une vérité qui, après tout, ne se présentait pas encore avec ce degré d'évidence propre à frapper tous les yeux et à réunir tous les suffrages. On crut expliquer les expériences des pompes et du tube de Torricelli, en supposant qu'il s'évaporait, de la colonne d'eau ou de mercure, une *matière subtile*, *des esprits aériens*, qui rétablissaient le plein dans la partie supérieure, et ne laissaient à l'horreur du vide que l'activité suffisante pour soutenir la colonne.

Pascal, qui dans ce temps-là était à Rouen, ayant appris du père Mersenne le détail des expériences dont je viens de parler, les répéta, en 1646, avec M. Petit, intendant des fortifications, et trouva de point en point les mêmes résultats qui avaient été mandés d'Italie, sans y remarquer d'ailleurs rien de nouveau. Il ne connaissait pas encore alors l'explication de Torricelli. En réfléchissant simplement sur les conséquences immédiates des faits, il vit que la maxime admise partout, que la nature ne souffre pas le vide, n'avait aucun fondement solide. Néanmoins, avant que de la proscrire entièrement, il crut devoir faire de nouvelles expériences plus en grand, plus concluantes que celles d'Italie. Il y employa des tuyaux de verre qui avaient jusqu'à cinquante pieds de hauteur, afin de présenter à l'eau un long espace à parcourir, de pouvoir incliner les tuyaux et de faire prendre au fluide plusieurs situations différentes. D'après ses propres observations, il conclut que la partie supérieure des tuyaux ne contient point un air pareil à celui qui les environne en dehors, ni aucune portion d'eau ou de mercure, et qu'elle est entièrement vide de toutes les matières que nous connaissons et qui tombent sous nos sens ; que tous les corps ont de la répugnance à se séparer l'un de l'autre, mais que cette répugnance, ou, si l'on aime mieux l'expression ordinaire, l'horreur de la nature pour le vide, n'est pas plus forte pour un grand vide que pour un petit ; qu'elle a une mesure bornée et équivalente au poids d'une colonne d'eau d'environ trente-deux pieds de hauteur ; que, passé cette limite, on formera au-dessus de l'eau un vide grand ou petit avec la même facilité, pourvu qu'aucun obstacle étranger ne s'y oppose, etc. On trouve ces premières expériences et ces premières vues de Pascal sur le sujet en question, dans un petit livre qu'il publia en 1647, sous ce titre : *Expériences nouvelles touchant le vide*, etc.

Cet ouvrage fut vivement attaqué par plusieurs auteurs, entre autres par le père Noël, jésuite, recteur du collège de Paris. Toute la mauvaise physique du temps s'arma pour expliquer des expériences qui la gênaient, et qu'elle ne pouvait nier. Pascal détruisit facilement les objections du père Noël ; mais quoiqu'il approuvât déjà l'explication de Torricelli, dont il eut connaissance peu de temps après avoir publié son livre, il voyait avec peine que toutes les expériences qu'on avait faites, même les siennes, pouvaient encore prêter le flanc à la chicane scolastique, et qu'aucune d'elles ne ruinait directement le système de l'horreur du vide. Il fit donc de nouveaux efforts, et enfin il conçut l'idée d'une expérience qui devait décider la question, sans équivoque, sans restriction, et d'une manière absolument irrévocable; il y fut conduit par ce raisonnement :

Si la pesanteur de l'air est la cause qui soutient le mercure dans le tube de Torricelli, le mercure doit s'élever plus ou moins, selon que la colonne d'air qui presse la surface de la cuvette est plus ou moins haute, c'est-à-dire plus ou moins pesante : si au contraire, la pesanteur de l'air ne fait ici aucune fonction, la hauteur de la colonne de mercure doit toujours être la même, quelle que soit la hauteur de la colonne d'air. Pascal était persuadé, contre le sentiment des savants de ce temps-là, qu'on trouverait des différences dans les hauteurs de la colonne de mercure, en plaçant successivement le tube à des hauteurs inégales par rapport à un même niveau. Mais pour que ces différences fussent sensibles et ne laissassent aucun prétexte d'en nier la réalité, il fallait pouvoir examiner l'état de la colonne dans des endroits élevés les uns au-dessus des autres d'une quantité considérable. La montagne du Puy-de-Dôme, voisine de Clermont, et haute d'environ cinq cents toises, en offrait le moyen. Pascal communiqua, le 15 novembre 1647, le projet de cette expérience à M. Périer, son beau-frère, qui était alors à Moulins; et il le chargea en même temps de la faire, aussitôt qu'il serait arrivé à Clermont, où il devait se rendre incessamment. Quelques circonstances la retardèrent; mais enfin elle fut exécutée le 19 septembre 1648, avec toute l'exactitude possible; et les phénomènes que Pascal avait annoncés eurent lieu de point en point. A mesure qu'on s'élevait sur le coteau du Puy-de-Dôme, le mercure baissait dans le tube. Du pied au sommet de la montagne, la différence de niveau fut de trois pouces une ligne et demie. On vérifia encore ces observations, en retournant à l'endroit d'où l'on était parti. Lorsque Pascal eut reçu le détail de ces faits intéressants, et qu'il eut remarqué qu'une différence de vingt toises d'élévation dans le terrain produisait environ deux lignes de différence d'élévation dans la colonne de mercure; il fit la même expérience à Paris, au bas et au haut de la tour de Saint-Jacques la Boucherie, qui est élevée d'environ vingt-quatre à vingt-cinq toises; il la fit encore dans une maison particulière, haute d'environ dix toises : partout il trouva des résultats qui se rapportaient exactement à ceux de M. Périer. Alors il ne resta plus aucun prétexte d'attribuer la suspension du mercure dans le tube à l'horreur du vide; car il aurait été absurde de dire que la nature abhorre plus le vide dans les endroits bas que dans les endroits élevés. Aussi tous ceux qui cherchaient la vérité de bonne foi, reconnurent l'effet du poids de l'air, et applaudirent au moyen neuf et décisif que Pascal avait imaginé pour rendre cet effet palpable.

On voit, dans l'histoire de cette recherche, un exemple insigne du progrès lent et successif des connaissances humaines. Galilée prouve la pesanteur de l'air; Torricelli conjecture qu'elle produit la suspension de l'eau dans les pompes, ou du mercure dans le tube; et Pascal convertit la conjecture en démonstration.

... Les recherches de Pascal sur la pesanteur de l'air le conduisirent insensiblement à l'examen des lois générales auxquelles l'équilibre des liqueurs est assujetti. Archimède avait déterminé la perte de poids que font les corps solides plongés dans un fluide, et la position que ces corps doivent prendre relativement à leur masse et à leur figure. Stévin, mathématicien flamand, avait remarqué que la pression d'un fluide sur sa base est comme le produit de cette base par la hauteur du fluide; enfin on savait que les liqueurs pressent en tous sens les parois des vases où elles sont contenues; mais il restait encore à connaître exactement la mesure de cette pression, pour en déduire les conditions générales de l'équilibre des liqueurs.

Pascal établit pour fondement de la théorie dont il s'agit, que si l'on fait à un vase plein de liqueur et fermé de tous côtés, deux ouvertures différentes, et qu'on y applique deux pistons poussés par des forces proportionnelles à ces ouvertures, la liqueur demeurera en équilibre. Il prouve ce théorème de deux manières non moins ingénieuses que convaincantes. Dans la première démonstration, il observe que la pression d'un piston se communique à toute la liqueur, de manière qu'il ne pourrait s'enfoncer sans que l'autre piston se soulevât. Or, le volume du fluide demeurant le même, on voit que les espaces parcourus par les deux pistons seraient réciproquement proportionnels à leurs bases, ou aux forces qui les poussent; d'où il résulte, par les lois connues de la mécanique, que les deux pistons se contre-balancent mutuellement. La seconde démonstration est appuyée sur ce principe évident par lui-même, que jamais un corps ne peut se mouvoir par son poids, sans que son centre de gravité descende. Ce principe posé, l'auteur fait voir facilement que si les deux pistons, considérés comme un même poids, venaient à se mouvoir, le centre de gravité de leur système demeurerait néanmoins immobile : d'où il conclut que les pistons n'ont aucun mouvement, et que par conséquent le fluide est aussi en repos. Les différents cas d'équilibre des liqueurs et les phénomènes qui en dépendent, ne sont plus que des corollaires du théorème que je viens d'indiquer : Pascal entre à ce sujet dans des détails fort curieux.

L'état permanent de l'atmosphère s'explique par les mêmes moyens. Pascal remarque ici, de plus, que l'air est un fluide compressible et élastique. Cette vérité, déjà connue depuis longtemps, avait été confirmée, au Puy-de-Dôme, par la voie de l'expérience. Un ballon à demi plein d'air, transporté du pied au sommet de cette montagne, s'enfla peu à peu en montant, c'est-à-dire à mesure que le poids de la colonne d'air dont il était chargé diminuait ; puis se désenfla, ou se réduisit en un moindre volume, suivant l'ordre inverse, en descendant, c'est-à-dire à mesure qu'il était plus chargé.

On doit rapporter à peu près au même temps les premières observations qu'on ait faites sur les changements de hauteur auxquels la colonne mercurielle est sujette en un même lieu, par les divers changements de temps. C'est de là que le tube de Torricelli et les autres instruments destinés au même usage, ont été appelés *baromètres*.

Il paraît que les deux Traités de Pascal sur *l'équilibre des liqueurs* et sur la *pesanteur de la masse de l'air*, furent achevés en l'année 1653 ; mais ils n'ont été imprimés pour la première fois qu'en 1663, un an après la mort de l'auteur.

A la théorie des fluides, Pascal fit succéder différents Traités sur la géométrie. Dans l'un, qui avait pour titre : *Promotus Apollonius Gallus*, il étendait la théorie des sections coniques, et il en découvrait plusieurs propriétés entièrement inconnues aux anciens ; dans d'autres, intitulés : *Tactiones sphericæ; Tactiones conicæ; Loci plani ac solidi; Perspectivæ methodus*, etc., il s'était pareillement ouvert des routes nouvelles. Il y a apparence que tous ces ouvrages sont perdus ; du moins je n'ai pu parvenir à me les procurer ; je n'en parle que sur une indication générale que l'auteur en donne lui-même, et sur une lettre de M. Leibnitz à l'un des fils de M. Périer, en date du 30 août 1676.

Il reste de Pascal plusieurs morceaux qui font connaître son génie pour les sciences, et qui l'ont placé parmi les plus grands mathématiciens. Je veux dire son *Triangle arithmétique*, ses *Recherches sur les propriétés des nombres*, son *Traité de la roulette*, etc. Nous parlerons de tous ces ouvrages suivant l'ordre des temps où ils ont été écrits. Commençons par le *Triangle arithmétique*, qui se présente le premier.

Si on veut se faire quelque idée de ce fameux triangle, qu'on se représente deux lignes perpendiculaires entre elles ; qu'on les divise en parties égales, et qu'on leur mène des parallèles qui partent de tous les points de division. Il est évident qu'on formera, par cette construction, deux espèces de bandes ou rangées, les unes horizontales, les autres verticales ; que chaque rangée horizontale ou verticale contiendra plusieurs carrés ou cellules ; que chaque cellule sera commune à une rangée horizontale et à une rangée verticale. Cela posé, Pascal écrit dans la première cellule qui est à l'angle droit, un nombre qu'il appelle *générateur*, et d'où dépend le reste du triangle. Ce nombre générateur est arbitraire ; mais étant une fois fixé, les autres nombres destinés à remplir les autres cellules sont forcés : et en général le nombre d'une cellule quelconque est égal à celui de la cellule qui la précède dans une rangée horizontale, plus à celui de la cellule qui la précède dans une rangée verticale. De là l'auteur tire plusieurs conséquences intéressantes : il trouve le rapport des nombres écrits dans deux cellules données ; il somme la suite des nombres contenus dans une rangée quelconque ; il détermine les combinaisons dont plusieurs quantités sont susceptibles, etc. On voit naître ici, sans effort et tout naturellement, touchant les nombres, une foule de théorèmes qu'on démontrerait difficilement par toute autre méthode.

L'invention du triangle arithmétique est vraiment originale, et notre auteur n'en partage la gloire avec personne. Dans le temps qu'il était occupé de ces recherches, Fermat, conseiller au parlement de Toulouse, et l'un des plus célèbres mathématiciens du siècle passé, trouva une très-belle propriété des nombres figurés, laquelle n'est qu'un corollaire du triangle arithmétique : Pascal n'oublia pas de le citer à cette occasion, en lui donnant les plus grands éloges. On voit, par les lettres qui nous restent de ces deux grands hommes, avec quel plaisir ils se rendaient réciproquement justice.

Parmi les propriétés du triangle arithmétique, il y en a une très-remarquable : celle de donner les coefficients des différents termes d'un binome élevé à une puissance entière et positive. Newton a généralisé depuis cette idée de Pascal ; et en substituant aux expressions radicales la notation des exposants, imaginée par Wallis, il a trouvé la formule pour élever un binome à une puissance quelconque, entière ou rompue, positive ou négative.

Les mêmes principes donnèrent naissance à une nouvelle branche de l'analyse, qui a été très-féconde dans la suite, et c'est encore à Pascal qu'on en doit les éléments. Cette branche est le calcul des probabilités dans la théorie des jeux de hasard. Le chevalier de Meré, grand joueur, nullement géomètre, avait proposé sur ce sujet deux problèmes à Pascal. L'un consistait à trouver en combien de coups on peut espérer d'amener sonnez avec deux dés; l'autre, à déterminer le sort de deux joueurs après un certain nombre de coups, c'est-à-dire à fixer la proportion suivant laquelle ils doivent partager l'enjeu, supposé qu'ils consentent à se séparer sans achever la partie. Pascal eut bientôt résolu ces deux questions. Il n'a pas donné l'analyse de la première : on voit seulement, par l'une de ses lettres à Fermat, que suivant le résultat de son calcul, il y aurait du désavantage à entreprendre d'amener, en vingt-quatre coups, sonnez avec deux dés, ce qui est vrai en effet, comme il est également vrai qu'il y aurait de l'avantage à tenter la même chose en vingt-cinq coups. Mais il nous a laissé, relativement à la seconde question, un écrit pour déterminer en général les *partis* qu'on doit faire entre deux joueurs qui jouent en plusieurs parties; et il a encore traité la même matière dans ses lettres à Fermat.

Ce fut encore à peu près dans ce temps-là que Pascal fit la découverte de deux machines très-simples et très-usuelles : l'une est cette espèce de chaise roulante, traînée à bras d'homme, que l'on appelle vulgairement *brouette* ou *vinaigrette*[1], l'autre est cette charrette à longs brancards, connue sous le nom de *haquet*[2].

Durant l'une de ses longues veilles, le souvenir de quelques problèmes touchant la *roulette* vint travailler son génie mathématique. Il avait renoncé depuis longtemps aux sciences purement humaines; mais la beauté de ces problèmes et la nécessité de faire quelque diversion à ses douleurs, par une forte application, le plongèrent insensiblement dans une recherche qu'il poussa si loin, qu'aujourd'hui même les découvertes qu'il y fit sont comptées parmi les plus grands efforts de l'esprit humain.

La courbe, nommée vulgairement *roulette* ou *cycloïde*, est très-connue des géomètres. Elle se décrit en l'air par le mouvement d'un clou attaché à la circonférence d'une roue de voiture. On ne sait pas au juste, et cette connaissance serait d'ailleurs fort indifférente en elle-même, quel est celui qui a remarqué d'abord la génération de cette courbe dans la nature; mais il est certain que les Français sont les premiers qui aient commencé à découvrir ses propriétés. En 1637, Roberval démontra que l'aire de la roulette ordinaire est triple de celle de son cercle générateur. Il détermina aussi, peu de temps après, le solide que la roulette décrit en tournant autour de sa base; et même, ce qui était beaucoup plus difficile pour la géométrie de ce temps-là, le solide que la même courbe décrit en tournant autour de son axe. Torricelli publia la plupart de ces problèmes, comme de son invention, dans un livre imprimé en 1644; mais on prétendit en France que Torricelli avait trouvé les solutions de Roberval parmi les papiers de Galilée, à qui Beaugrand les avait envoyées quelques années auparavant; et Pascal, dans son *Histoire de la roulette*, traita, sans détour, Torricelli de plagiaire. J'ai lu, avec beaucoup de soin, les pièces du procès, et j'avoue que l'accusation de Pascal me paraît un peu hasardée. Il y a apparence que Torricelli avait réellement découvert les propositions qu'il s'attribuait, ignorant que Roberval l'eût précédé de plusieurs années. Descartes, Fermat et Roberval résolurent un problème d'un autre genre, au sujet de la même courbe : ils donnèrent des méthodes pour en mener les *tangentes*.

Roberval et Torricelli avaient déterminé la mesure de la cycloïde et de ses solides, par des moyens très-ingénieux; mais sujets à l'inconvénient d'être trop bornés, et de ne pouvoir s'étendre au delà des cas qu'ils avaient considérés. Il fallait traiter les mêmes questions d'une manière générale et uniforme : il fallait aller plus loin et s'en proposer d'autres; il restait à trouver la longueur et le centre de gravité de la roulette, les centres de gravité des solides, demi-solides, quarts de solides, etc., de la même courbe, tant autour de la base qu'autour de l'axe, etc. Ces recherches demandaient une nouvelle géométrie, ou du moins un usage tout nouveau des principes déjà connus. Pascal trouva en moins de huit jours, au milieu des plus cruelles souffrances, une méthode qui embrassait tous les problèmes que je viens d'indiquer; méthode fondée sur la *sommation* de certaines suites, dont il avait donné les éléments dans quelques écrits qui accompagnent le *Traité du triangle arithmétique*. De là aux calculs différentiel et intégral, il n'y avait plus qu'un pas; et on a lieu de présumer fortement que si Pascal eût pu donner encore quelque temps à la géométrie, il aurait enlevé à Leibnitz et à Newton la gloire d'inventer ces calculs.

---

[1] La suspension de la brouette est ingénieuse, relativement à son objet. Deux ressorts de fer attachés solidement chacun par l'une de leurs extrémités au bas de la partie antérieure de la caisse, portent à l'autre extrémité qui est libre, et qui va en se relevant, deux espèces d'étriers; ces étriers soutiennent deux plateaux qui sont enfilés par l'essieu, et qui ont la liberté de monter ou de descendre le long de deux coulisses verticales; ce qui empêche ou diminue les secousses que produiraient les inégalités du terrain.

[2] Le haquet sert, comme on sait, à transporter des ballots pesants, des tonneaux pleins de liqueur, etc. Les deux brancards forment bascule et deviennent des plans inclinés, quand on veut faire monter ou descendre les fardeaux : un moulinet placé à l'avant du haquet reçoit un câble qui soutient le poids ascendant ou descendant. Il y a d'autres espèces de haquets; celle-là est la principale; elle contient, comme on voit, une combinaison heureuse du tour et du plan incliné.

PLAN DES PENSÉES

RELATION D'UN ENTRETIEN DANS LEQUEL PASCAL EXPOSA LE PLAN ET LA MATIÈRE DE SON OUVRAGE SUR LA RELIGION [1].

[Le morceau qu'on va lire est extrait de la préface de la première édition des *Pensées*. Il a été écrit par Étienne Périer, et il a une grande importance, puisqu'il fait connaître comment Pascal avait conçu le plan de cette apologie du christianisme, dont les *Pensées* ne sont que des fragments épars et inachevés. « C'est, suivant l'expression de M. Sainte-Beuve, un *abrégé lumineux*, » qui aide à pénétrer plus profondément dans les *Pensées*. — Voir Port-Royal, liv. III, chap. xxi, intitulé : *Conversation de Pascal. — Son plan ressaisi.* — Préambule et méthode. — Opposée à celle de Descartes. — Entrée en matière. — L'homme devant la nature. — L'homme en lui-même. — Le moi. — L'homme dans la société. — Où est le droit naturel ? — Des opinions populaires. — Incertitude universelle. — Angoisse. — 2° L'homme en quête du salut. — Les philosophies. — Les religions. — La religion. — Le peuple juif et l'Écriture. — Les miracles et les prophéties. — Jésus-Christ.]

Il se rencontra une occasion, il y a environ dix ou douze ans, en laquelle on obligea Pascal, non pas d'écrire ce qu'il avait dans l'esprit sur ce sujet-là (la religion), mais d'en dire quelque chose de vive voix. Il le fit donc en présence et à la prière de plusieurs personnes très-considérables de ses amis. Il leur développa en peu de mots le plan de tout son ouvrage ; il leur représenta ce qui en devait faire le sujet et la matière ; il leur en rapporta en abrégé les raisons et les principes, et il leur expliqua l'ordre et la suite des choses qu'il y voulait traiter. Et ces personnes qui sont aussi capables qu'on le puisse être de juger de ces sortes de choses, avouent qu'elles n'ont jamais rien entendu de plus beau, de plus fort, de plus touchant, ni de plus convaincant ; qu'elles en furent charmées, et que ce qu'elles virent de ce projet et de ce dessein dans un discours de deux ou trois heures fait ainsi sur-le-champ et sans avoir été prémédité ni travaillé, leur fit juger ce que ce pourrait être un jour, s'il était jamais exécuté et conduit à sa perfection par une personne dont elles connaissaient la force et la capacité, qui avait accoutumé de tant travailler tous ses ouvrages, qu'il ne se contentait presque jamais de ses premières pensées, quelque bonnes qu'elles parussent aux autres, et qui a refait souvent jusqu'à huit ou dix fois des pièces que tout autre que lui trouvait admirables dès la première.

Après qu'il leur eut fait voir quelles sont les preuves qui font le plus d'impression sur l'esprit des hommes, et qui sont les plus propres à les persuader, il entreprit de montrer que la religion chrétienne avait autant de marques de certitude et d'évidence que les choses qui sont reçues dans le monde pour les plus indubitables.

Pour entrer dans ce dessein il commença d'abord par une peinture de l'homme, où il n'oublia rien de tout ce qui le pouvait faire connaître et au dedans et au dehors de lui-même, jusqu'aux plus secrets mouvements de son cœur. Il supposa ensuite un homme, qui, ayant toujours vécu dans une ignorance générale et dans l'indifférence à l'égard de toutes

---

[1] Cet entretien dut avoir lieu vers 1658. — Quels furent ces amis devant lesquels Pascal s'expliqua? quel fut le lieu de l'entretien? Les trop discrètes préfaces se sont bien gardées de nous le dire; mais certainement l'élite de Port-Royal se trouvait là, et le lieu du rendez-vous n'était peut-être autre que Port-Royal de Paris. (Sainte-Beuve.)

choses, et surtout à l'égard de soi-même, vient enfin à se considérer dans ce tableau et à examiner ce qu'il est. Il est surpris d'y découvrir une infinité de choses auxquelles il n'a jamais pensé, et il ne saurait remarquer sans étonnement et sans admiration tout ce que M. Pascal lui fait sentir de sa grandeur et de sa bassesse, de ses avantages et de ses faiblesses, du peu de lumière qui lui reste et des ténèbres qui l'environnent presque de toutes parts, et enfin de toutes les contrariétés étonnantes qui se trouvent dans sa nature. Il ne peut plus après cela demeurer dans l'indifférence, s'il a tant soit peu de raison, et quelque insensible qu'il ait été jusqu'alors, il doit souhaiter, après avoir ainsi connu ce qu'il est, de connaître aussi d'où il vient et ce qu'il doit devenir.

M. Pascal l'ayant mis dans cette disposition de chercher à s'instruire sur un doute si important, il l'adresse premièrement aux philosophes ; et c'est là qu'après lui avoir développé tout ce que les plus grands philosophes de toutes les sectes ont dit sur le sujet de l'homme, il lui fait observer tant de défauts, tant de faiblesses, tant de contradictions et tant de faussetés dans tout ce qu'ils en ont avancé, qu'il n'est pas difficile à cet homme de juger que ce n'est pas là où il s'en doit tenir.

Il lui fait ensuite parcourir tout l'univers et tous les âges, pour lui faire remarquer une infinité de religions qui s'y rencontrent ; mais il lui fait voir en même temps, par des raisons si fortes et si convaincantes que toutes ces religions ne sont remplies que de vanité, que de folies, qu'erreurs, que d'égarements et d'extravagances, qu'il n'y trouve rien encore qui le puisse satisfaire.

Enfin il lui fait jeter les yeux sur le peuple juif, et il lui en fait observer des circonstances si extraordinaires, qu'il attire facilement son attention. Après lui avoir représenté tout ce que ce peuple a de singulier, il s'arrête particulièrement à lui faire remarquer un livre unique par lequel il se gouverne, et qui comprend tout ensemble son histoire, sa loi et sa religion. A peine a-t-il ouvert ce livre qu'il y apprend que le monde est l'ouvrage d'un Dieu, et que c'est ce même Dieu qui a créé l'homme à son image, et qui l'a doué de tous les avantages du corps et de l'esprit qui convenaient à cet état. Quoiqu'il n'ait rien encore qui le convainque de cette vérité, elle ne laisse pas de lui plaire ; et la raison seule suffit pour lui faire trouver plus de vraisemblance dans cette supposition qu'un Dieu est l'auteur des hommes et de tout ce qu'il y a dans l'univers, que dans tout ce que ces mêmes hommes se sont imaginé par leurs propres lumières. Ce qui l'arrête en cet endroit est de voir, par la peinture qu'on lui a faite de l'homme, qu'il est bien éloigné de posséder tous ces avantages qu'il a dû avoir lorsqu'il est sorti des mains de son auteur. Mais il ne demeure pas longtemps dans ce doute ; car dès qu'il poursuit la lecture de ce même livre, il y trouve qu'après que l'homme eut été créé de Dieu dans l'état d'innocence et avec toutes sortes de perfections, la première action qu'il fît fut de se révolter contre son créateur, et d'employer tous les avantages qu'il en avait reçus pour l'offenser.

M. Pascal lui fait alors comprendre que ce crime ayant été le plus grand de tous les crimes en toutes ses circonstances, il avait été puni non-seulement dans ce premier homme qui, étant déchu par là de son état, tomba tout d'un coup dans la misère, dans la faiblesse, dans l'erreur et dans l'aveuglement, mais encore dans tous ses descendants, à qui ce même homme a communiqué et communiquera encore sa corruption dans toute la suite des temps.

Il lui montre ensuite divers endroits de ce livre où il a découvert cette vérité. Il lui fait prendre garde qu'il n'y est plus parlé de l'homme que par rapport à cet état de faiblesse et de désordre ; qu'il y est dit souvent que toute chair est corrompue, que les hommes sont abandonnés à leurs sens, et qu'ils ont une pente au mal dès leur naissance. Il lui fait voir encore que cette première chute est la source non-seulement de tout ce qu'il y a de plus incompréhensible dans la nature de l'homme, mais aussi d'une infinité d'effets qui sont hors de lui et dont la cause lui est inconnue. Enfin il lui représente l'homme si bien dépeint dans tout ce livre, qu'il ne lui paraît plus différent de la première image qu'il lui en a tracée.

Ce n'est pas assez d'avoir fait connaître à cet homme son état plein de misère, M. Pascal lui apprend encore qu'il trouvera dans ce même livre de quoi se consoler. Et en effet, il lui fait remarquer qu'il y est dit que le remède est entre les mains de Dieu ; que c'est à lui que nous devons recourir pour avoir les forces qui nous manquent ; qu'il se laissera fléchir et qu'il enverra même un libérateur aux hommes, qui satisfera pour eux et qui réparera leur impuissance.

Après qu'il lui a expliqué un grand nombre de remarques très-particulières sur le livre de ce peuple, il lui fait encore considérer que c'est le seul qui ait parlé dignement de l'Être souverain, et qui ait donné l'idée d'une véritable religion. Il lui en fait concevoir les marques les plus sensibles qu'il applique à celle que ce livre a enseignée ; et il lui fait faire une attention particulière sur ce qu'elle fait consister l'essence de son culte dans l'amour du Dieu qu'elle adore : ce qui est un caractère tout singulier, et qui la distingue visiblement de toutes les autres religions, dont la fausseté paraît par le défaut de cette marque si essentielle.

Quoique M. Pascal, après avoir conduit si avant cet homme qu'il s'était proposé de persuader insensiblement, ne lui ait encore rien dit qui le puisse convaincre des vérités qu'il lui a fait découvrir, il l'a mis néanmoins dans la disposition de les recevoir avec plaisir, pourvu qu'on puisse lui faire voir qu'il doit s'y rendre, et de souhaiter même de tout son cœur qu'elles soient solides et bien fondées, puisqu'il y trouve de si grands avantages pour son repos et pour l'éclaircissement de ses doutes. C'est aussi l'état où devrait être tout homme raisonnable, s'il était une fois bien entré dans la suite de toutes les choses que M. Pascal vient de représenter; et il y a sujet de croire qu'après cela il se rendrait facilement à toutes les preuves qu'il apporta ensuite pour confirmer la certitude et l'évidence de toutes ces vérités importantes dont il avait parlé, et qui font le fondement de la religion chrétienne qu'il avait dessein de persuader.

Pour dire en peu de mots quelque chose de ces preuves, après qu'il eut montré en général que les vérités dont il s'agissait étaient contenues dans un livre de la certitude duquel tout homme de bon sens ne pouvait douter, il s'arrêta principalement au livre de Moïse où ces vérités sont particulièrement répandues, et il fit voir par un très-grand nombre de circonstances indubitables qu'il était également impossible que Moïse eût laissé par écrit des choses fausses, ou que le peuple à qui il les avait laissées s'y fût laissé tromper, quand même Moïse aurait été capable d'être fourbe.

Il parla aussi de tous les grands miracles qui sont rapportés dans ce livre; et comme ils sont d'une grande conséquence pour la religion qui y est enseignée, il prouva qu'il n'était pas possible qu'ils ne fussent vrais, non-seulement par l'autorité du livre où ils sont contenus, mais encore par toutes les circonstances qui les accompagnent et qui les rendent indubitables.

Il fit voir encore de quelle manière toute la loi de Moïse était figurative; que tout ce qui était arrivé aux Juifs n'avait été que la figure des vérités accomplies à la venue du Messie; et que le voile qui couvrait ces figures ayant été levé, il était aisé d'en voir l'accomplissement et la consommation parfaite en faveur de ceux qui ont reçu Jésus-Christ.

M. Pascal entreprit ensuite de prouver la vérité de la religion par les prophéties; et ce fut sur ce sujet qu'il s'étendit beaucoup plus que sur les autres. Comme il avait beaucoup travaillé là-dessus et qu'il y avait des vues qui lui étaient toutes particulières, il les expliqua d'une manière fort intelligible; il en fit voir le sens et la suite avec une facilité merveilleuse, et il les mit dans tout leur jour et dans toute leur force.

Enfin, après avoir parcouru les livres de l'Ancien Testament, et fait encore plusieurs observations convaincantes pour servir de fondements et de preuves à la vérité de la religion, il entreprit encore de parler du Nouveau Testament, et de tirer ses preuves de la vérité même de l'Évangile.

Il commença par Jésus-Christ; et quoiqu'il l'eût déjà prouvé invinciblement par les prophéties et par toutes les figures de la loi, dont on voyait en lui l'accomplissement parfait, il apporta encore beaucoup de preuves tirées de sa personne même, de ses miracles, de sa doctrine et des circonstances de sa vie.

Il s'arrêta ensuite sur les apôtres; et pour faire voir la vérité de la foi qu'ils ont publiée hautement partout, après avoir établi qu'on ne pouvait les accuser de fausseté, qu'en supposant, ou qu'ils avaient été des fourbes, ou qu'ils avaient été trompés eux-mêmes, il fit voir clairement que l'une et l'autre de ces suppositions étaient également impossibles.

Enfin il n'oublia rien de tout ce qui pouvait servir à la vérité de l'histoire évangélique, faisant de très-belles remarques sur l'Évangile même, sur le style des évangélistes et sur leurs personnes, sur les apôtres en particulier et sur leurs écrits, sur le nombre prodigieux de miracles, sur les martyrs, sur les saints: en un mot, sur toutes les voies par lesquelles la religion chrétienne s'est entièrement établie. Et quoiqu'il n'eût pas le loisir dans un simple discours de traiter au long une si vaste matière, comme il avait dessein de faire dans son ouvrage, il en dit néanmoins assez pour convaincre que tout cela ne pouvait être l'ouvrage des hommes, et qu'il n'y avait que Dieu seul qui eût pu conduire l'événement de tant d'effets différents qui concourent tous également à prouver d'une manière invincible la religion qu'il est venu lui-même établir parmi les hommes.

Voilà en substance les principales choses dont il entreprit de parler dans tout ce discours, qu'il ne proposa à ceux qui l'entendirent que comme l'abrégé du grand ouvrage qu'il méditait; et c'est par le moyen d'un de ceux qui y furent présents qu'on a su depuis le peu que je viens d'en rapporter.

L'auteur de la préface, après avoir fait l'historique de la publication des *Pensées* et expliqué quelques fragments qui peuvent paraître obscurs, ajoute: « Il est encore, ce me semble, assez à propos, pour détromper quelques personnes qui pourraient peut-être s'attendre de trouver ici des preuves et des démonstrations géométriques de l'existence de Dieu, de l'immortalité de l'âme, et de plusieurs autres articles de la foi chrétienne, de les avertir que ce n'était pas là le dessein de M. Pascal. Il ne prétendait point prouver toutes ces vérités de la religion par de telles démonstrations fondées sur des principes évidents, capables de convaincre l'obstination des plus endurcis, ni par des raisonnements métaphysiques, qui souvent égarent plus l'esprit qu'ils ne le persuadent, ni par des lieux communs tirés de divers effets de la nature; mais par des preuves morales qui vont plus au cœur qu'à l'esprit; c'est-à-dire, qu'il voulait plus travailler à toucher et à disposer le cœur qu'à convaincre et à persuader l'esprit, parce qu'il savait que les passions et les attachements vicieux qui corrompent le cœur et la volonté sont les plus grands obstacles et les principaux empêchements que nous ayons à la foi, et que, pourvu qu'on pût lever ces obstacles, il n'était pas difficile de faire recevoir à l'esprit les lumières et les raisons qui pouvaient le convaincre.

« On sera facilement persuadé de tout cela en lisant ces écrits. »

PENSÉES DE PASCAL

CHAPITRE PREMIER

Contre l'indifférence des athées.

... Qu'ils apprennent au moins quelle est la religion qu'ils combattent, avant que de la combattre. Si cette religion se vantait d'avoir une vue claire de Dieu, et de le posséder à découvert et sans voile, ce serait là combattre que de dire qu'on ne voit rien dans le monde qui la montre avec cette évidence. Mais puisqu'elle dit au contraire que les hommes sont dans les ténèbres et dans l'éloignement de Dieu, qu'il s'est caché à leur connaissance, que c'est même le nom qu'il se donne dans les Écritures, *Deus absconditus*; et enfin si elle travaille également à établir ces deux choses : que Dieu a établi des marques sensibles dans l'Église pour se faire reconnaître à ceux qui le chercheraient sincèrement, et qu'il les a couvertes néanmoins de telle sorte qu'il ne sera aperçu que de ceux qui le cherchent de tout leur cœur, quel avantage peuvent-ils tirer, lorsque, dans la négligence où ils font profession d'être de chercher la vérité, ils crient que rien ne la leur montre? puisque cette obscurité où ils sont, et qu'ils objectent à l'Église, ne fait qu'établir une des choses qu'elle soutient, sans toucher à l'autre, et établit sa doctrine bien loin de la ruiner.

Il faudrait, pour la combattre, qu'ils criassent qu'ils ont fait tous leurs efforts pour la chercher partout, et même dans ce que l'Église propose pour s'en instruire, mais sans aucune satisfaction. S'ils parlaient de la sorte, ils combattraient à la vérité une de ses prétentions. Mais j'espère montrer ici qu'il n'y a personne raisonnable qui puisse parler de la sorte; et j'ose même dire que jamais personne ne l'a fait. On sait assez de quelle manière agissent ceux qui sont dans cet esprit. Ils croient avoir fait de grands efforts pour s'instruire, lorsqu'ils ont employé quelques heures à la lecture de quelque livre de l'Écriture, et qu'ils ont interrogé quelque ecclésiastique sur les vérités de la foi. Après cela, ils se vantent d'avoir cherché sans succès dans les livres et parmi les hommes. Mais, en vérité, je ne puis m'empêcher de leur dire ce que j'ai dit souvent, que cette négligence n'est pas supportable. Il ne s'agit pas ici de l'intérêt léger de quelque personne étrangère, pour en user de cette façon; il s'agit de nous-mêmes, et de notre tout.

L'immortalité de l'âme est une chose qui nous importe si fort, qui nous touche si profondément, qu'il faut avoir perdu tout sentiment pour être dans l'indifférence de savoir ce qui en est. Toutes nos actions et nos pensées doivent prendre des routes si différentes, selon qu'il y aura des biens éternels à espérer ou non, qu'il est impossible de faire une démarche avec sens et jugement, qu'en la réglant par la vue de ce point, qui doit être notre dernier objet.

Ainsi notre premier intérêt et notre premier devoir est de nous éclaircir sur ce sujet, d'où dépend toute notre conduite. Et c'est pourquoi entre ceux qui n'en sont pas persuadés, je fais une extrême différence de ceux qui travaillent de toutes leurs forces à s'en instruire, à ceux qui vivent sans s'en mettre en peine et sans y penser.

Je ne puis avoir que de la compassion pour ceux qui gémissent sincèrement dans ce doute, qui le regardent comme le dernier des malheurs, et qui, n'épargnant rien pour en sortir, font de cette recherche leurs principales et leurs plus sérieuses occupations.

Mais pour ceux qui passent leur vie sans penser à cette dernière fin de la vie, et qui par cette seule raison qu'ils ne trouvent pas en eux-mêmes les lumières qui les persuadent, négligent de les chercher ailleurs, et d'examiner à fond si cette opinion est de celles que le peuple reçoit par une simplicité crédule et de celles qui, quoique obscures d'elles-mêmes, ont néanmoins un fondement très-solide et inébranlable, je les considère d'une manière toute différente.

Cette négligence, en une affaire où il s'agit d'eux-mêmes, de leur éternité, de leur tout, m'irrite plus qu'elle ne m'attendrit ; elle m'étonne et m'épouvante : c'est un monstre pour moi. Je ne dis pas ceci par le zèle pieux d'une dévotion spirituelle. J'entends, au contraire, qu'on doit avoir ce sentiment par un principe d'intérêt humain et par un intérêt d'amour-propre : il ne faut pour cela que voir ce que voient les personnes les moins éclairées.

Il ne faut pas avoir l'âme fort élevée pour comprendre qu'il n'y a point ici de satisfaction véritable et solide ; que tous nos plaisirs ne sont que vanité ; que nos maux sont infinis ; et qu'enfin, la mort qui nous menace à chaque instant doit infailliblement nous mettre dans peu d'années dans l'horrible nécessité d'être éternellement ou anéantis ou malheureux.

Il n'y a rien de plus réel que cela, ni de plus terrible. Faisons tant que nous voudrons les braves, voilà la fin qui attend la plus belle vie du monde. Qu'on fasse réflexion là-dessus, et qu'on dise ensuite s'il n'est pas indubitable qu'il n'y a de bien en cette vie qu'en l'espérance d'une autre vie ; qu'on n'est heureux qu'à mesure qu'on s'en approche, et que comme il n'y aura plus de malheurs pour ceux qui avaient une entière assurance de l'éternité, il n'y a point aussi de bonheur pour ceux qui n'en ont aucune lumière.

C'est donc a surement un grand mal que d'être dans ce doute ; mais c'est au moins un devoir indispensable de chercher, quand on est dans ce doute ; et ainsi celui qui doute et qui ne cherche pas est tout ensemble bien malheureux et bien injuste. Que s'il est avec cela tranquille et satisfait, qu'il en fasse profession, et enfin qu'il en fasse vanité, et que ce soit de cet état même qu'il fasse le sujet de sa joie et de sa vanité, je n'ai point de termes pour qualifier une si extravagante créature.

Où peut-on prendre ces sentiments ? Quel sujet de joie trouve-t-on à n'attendre plus que des misères sans ressource ? Quel sujet de vanité de se voir dans des obscurités impénétrables, et comment se peut-il faire que ce raisonnement-ci se passe dans un homme raisonnable ?

« Je ne sais qui m'a mis au monde, ni ce que c'est que le monde, ni que moi-même. Je suis dans une ignorance terrible de toutes choses. Je ne sais ce que c'est que mon corps, que mes sens, que mon âme et cette partie même de moi qui pense ce que je dis, qui fait réflexion sur tout et sur elle-même et ne se connaît non plus que le reste. Je vois ces effroyables espaces de l'univers qui m'enferment, et je me trouve attaché à un coin de cette vaste étendue, sans que je sache pourquoi je suis plutôt placé en ce lieu qu'en un autre, ni pourquoi ce peu de temps qui m'est donné à vivre m'est assigné à ce point plutôt qu'à un autre de toute l'éternité qui m'a précédé et de toute celle qui me suit. Je ne vois que des infinités de toutes parts, qui m'enferment comme un atome, et comme une ombre qui ne dure qu'un instant sans retour. Tout ce que je connais est que je dois bientôt mourir ; mais ce que j'ignore le plus est cette mort même que je ne saurais éviter.

« Comme je ne sais d'où je viens, aussi je ne

sais où je vais ; et je sais seulement qu'en sortant de ce monde je tombe pour jamais ou dans le néant, ou dans les mains d'un Dieu irrité, sans savoir à laquelle de ces deux conditions je dois être éternellement en partage. Voilà mon état, plein de misère, de faiblesse, d'obscurité. Et de tout cela je conclus que je dois donc passer tous les jours de ma vie sans songer à chercher ce qui doit m'arriver. Peut-être que je pourrais trouver quelque éclaircissement dans mes doutes ; mais je n'en veux pas prendre la peine, ni faire un pas pour le chercher ; et après en traitant avec mépris ceux qui se travailleront de ce soin, je veux aller sans prévoyance et sans crainte tenter un si grand événement, et me laisser mollement conduire à la mort, dans l'incertitude de l'éternité de ma condition future. »

Qui souhaiterait avoir pour ami un homme qui discourt de cette manière ? qui le choisirait entre les autres pour lui communiquer ses affaires ? Qui aurait recours à lui dans ses afflictions ? Et enfin à quel usage de la vie le pourrait-on destiner ?

En vérité, il est glorieux à la religion d'avoir pour ennemi des hommes si déraisonnables ; et leur opposition lui est si peu dangereuse, qu'elle sert au contraire à l'établissement de ses principales vérités. Car la foi chrétienne ne va principalement qu'à établir ces deux choses : la corruption de la nature et la rédemption de Jésus-Christ. Or, s'ils ne servent pas à montrer la vérité de la rédemption par la sainteté de leurs mœurs, ils servent au moins admirablement à montrer la corruption de la nature par des sentiments si dénaturés.

Rien n'est si important à l'homme que son état ; rien ne lui est si redoutable que l'éternité. Et ainsi, qu'il se trouve des hommes indifférents à la perte de leur être, et au péril d'une éternité de misères, cela n'est point naturel. Ils sont tout autres à l'égard de toutes les autres choses : ils craignent jusqu'aux plus légères, ils les prévoient, ils les sentent ; et ce même homme qui passe tant de jours et de nuits dans la rage et dans le désespoir pour la perte d'une charge, ou pour quelque offense imaginaire à son honneur, c'est celui-là même qui sait qu'il va tout perdre par la mort, sans inquiétude et sans émotion. C'est une chose monstrueuse de voir dans un même cœur et en même temps cette sensibilité pour les moindres choses et cette étrange insensibilité pour les plus grandes. C'est un enchantement incompréhensible, et un assoupissement surnaturel, qui marque une force toute-puissante qui le cause.

Il faut qu'il y ait un étrange renversement dans la nature de l'homme pour faire gloire d'être dans cet état, dans lequel il semble incroyable qu'une seule personne puisse être. Cependant l'expérience m'en fait voir en si grand nombre que cela serait surprenant, si nous ne savions que la plupart de ceux qui s'en mêlent se contrefont et ne sont pas tels en effet[1]. Ce sont des gens qui ont ouï dire que les belles manières du monde consistent à faire ainsi l'emporté. C'est ce qu'ils appellent avoir secoué le joug, et qu'ils essayent d'imiter. Mais il ne serait pas difficile de leur faire entendre combien ils s'abusent en cherchant par là de l'estime. Ce n'est pas le moyen d'en acquérir, je dis même parmi les personnes du monde qui jugent sainement des choses, et qui savent que la seule voie d'y réussir est de se faire paraître honnête, fidèle, judicieux, et capable de servir utilement son ami, parce que les hommes n'aiment naturellement que ce qui peut leur être utile. Or, quel avantage y a-t-il pour nous à ouïr dire à un homme, qui nous dit qu'il a donc secoué le joug, qu'il ne croit pas qu'il y ait un Dieu qui veille sur ses actions ; qu'il se considère comme seul maître de sa conduite, et qu'il ne pense en rendre compte qu'à soi-même ? Pense-t-il nous avoir portés par là à avoir désormais bien de la confiance en lui, et à en attendre des consolations, des conseils et des secours dans tous les besoins de la vie ? Prétendent-ils nous avoir bien réjouis, de nous dire qu'ils tiennent que notre âme n'est qu'un

---

[1] « L'atheïsme estant une proposition comme desnaturee et monstrueuse, difficile aussi et malaysee d'establir en l'esprit humain, pour insolent et desreglé qu'il puisse estre, il s'en est veu assez, par vanité, et par fierté de concevoir des opinions non vulgaires et reformatrices du monde, en affecter la profession par contenance ; qui, s'ils sont assez fols, ne sont pas assez forts pour l'avoir plantee en leur conscience... Hommes bien miserables et escervellez, qui taschent d'estre pires qu'ils ne peuvent. »   (Montaigne.)

peu de vent et de fumée, et encore de nous le dire d'un ton de voix fier et content? Est-ce donc une chose à dire gaiement? et n'est-ce pas une chose à dire tristement au contraire, comme la chose du monde la plus triste?

S'ils y pensaient sérieusement, ils verraient que cela est si mal pris, si contraire au bon sens, si opposé à l'honnêteté, et si éloigné en toute manière de ce bon air qu'ils cherchent, qu'ils seraient plutôt capables de redresser que de corrompre ceux qui auraient quelque inclination à les suivre. Et, en effet, faites-leur rendre compte de leurs sentiments, et des raisons qu'ils ont de douter de la religion; ils diront des choses si faibles et si basses, qu'ils vous persuaderont du contraire. C'était ce que leur disait un jour fort à propos une personne : Si vous continuez à discourir de la sorte, leur disait-il, en vérité vous me convertirez. Et il avait raison; car qui n'aurait horreur de se voir dans des sentiments où l'on a pour compagnons des personnes si méprisables!

Ainsi ceux qui ne font que feindre ces sentiments seraient bien malheureux de contraindre leur naturel pour se rendre les plus impertinents des hommes. S'ils sont fâchés dans le fond de leur cœur de n'avoir pas plus de lumière, qu'ils ne le dissimulent pas : cette déclaration ne sera point honteuse. Il n'y a de honte qu'à n'en point avoir. Rien n'accuse davantage une extrême faiblesse d'esprit que de ne pas connaître quel est le malheur d'un homme sans Dieu : rien ne marque davantage une mauvaise disposition du cœur que de ne pas souhaiter la vérité des promesses éternelles; rien n'est plus lâche que de faire le brave contre Dieu. Qu'ils laissent donc ces impiétés à ceux qui sont assez mal nés pour en être véritablement capables : qu'ils soient au moins honnêtes gens, s'ils ne peuvent être chrétiens, et qu'ils reconnaissent enfin qu'il n'y a que deux sortes de personnes qu'on puisse appeler raisonnables : ou ceux qui servent Dieu de tout leur cœur, parce qu'ils le connaissent, ou ceux qui le cherchent de tout leur cœur, parce qu'ils ne le connaissent pas.

Mais pour ceux qui vivent sans le connaître et sans le chercher, ils se jugent eux-mêmes si peu dignes de leur soin, qu'ils ne sont pas dignes du soin des autres; et il faut avoir toute la charité de la religion qu'ils méprisent, pour ne les pas mépriser jusqu'à les abandonner dans leur folie. Mais parce que cette religion nous oblige de les regarder toujours, tant qu'ils seront en cette vie, comme capables de la grâce qui peut les éclairer, et de croire qu'ils peuvent être dans peu de temps plus remplis de foi que nous ne sommes, et que nous pouvons au contraire tomber dans l'aveuglement où ils sont, il faut faire pour eux ce que nous voudrions qu'on fit pour nous si nous étions à leur place, et les appeler à avoir pitié d'eux-mêmes, et à faire au moins quelques pas pour tenter s'ils ne trouveront pas de lumière. Qu'ils donnent à cette lecture quelques-unes de ces heures qu'ils emploient si inutilement ailleurs : quelque aversion qu'ils y apportent, peut-être rencontreront-ils quelque chose, ou du moins ils n'y perdront pas beaucoup. Mais pour ceux qui y apporteront une sincérité parfaite et un véritable désir de rencontrer la vérité, j'espère qu'ils y auront satisfaction, et qu'ils seront convaincus des preuves d'une religion si divine, que j'ai ramassées ici, et dans lesquelles j'ai suivi à peu près cet ordre [1].

---

[1] On voit par ces dernières lignes que le fragment qu'on vient de lire était destiné à former la préface du livre que méditait Pascal.

A la suite de ce fragment, on trouve dans les copies le morceau suivant qui en est, sans aucun doute, une variante :

« Avant que d'entrer dans les preuves de la religion chrétienne, je trouve nécessaire de représenter l'injustice des hommes qui vivent dans l'indifférence de chercher la vérité d'une chose qui leur est si importante et qui les touche de si près. :

« De tous leurs égarements, c'est sans doute celui qui les convainc le plus de folie et d'aveuglement et dans lequel il est le plus facile de les confondre par les premières vues du sens commun et par les sentiments de la nature. Car il est indubitable que le temps de cette vie n'est qu'un instant; que l'état de la mort est éternel, de quelque nature qu'il puisse être, et qu'ainsi toutes nos actions et nos pensées doivent prendre des routes si différentes selon l'état de cette éternité, qu'il est impossible de faire une démarche avec sens et jugement qu'en la réglant par la vue de ce point qui doit être notre dernier objet.

« Il n'y a rien de plus visible que cela, et qu'ainsi, selon les principes de la raison, la conduite des hommes est tout à fait déraisonnable, s'ils ne prennent une autre voie. Que l'on juge donc là-dessus de ceux qui vivent sans songer à cette dernière fin de la vie, qui, se laissant conduire à leurs inclinations et à leurs plaisirs

¶ Entre nous, et l'enfer ou le ciel, il n'y a que la vie entre deux, qui est la chose du monde la plus fragile.

Un homme dans un cachot, ne sachant si son arrêt est donné, n'ayant plus qu'une heure pour l'apprendre, cette heure suffisant, s'il sait qu'il est donné, pour le faire révoquer, il est contre la nature qu'il emploie cette heure-là, non à s'informer si cet arrêt est donné, mais à jouer au piquet [1]. Ainsi, il est surnaturel que l'homme... C'est un appesantissement de la main de Dieu.

Ainsi, non-seulement le zèle de ceux qui le cherchent prouve Dieu, mais l'aveuglement de ceux qui ne le cherchent pas.

¶ Je trouve bon qu'on n'approfondisse pas l'opinion de Copernic; mais ceci!... il importe sans réflexion et sans inquiétude, et comme s'ils pouvaient anéantir l'éternité en en détournant leur pensée, ne pensent à se rendre heureux que dans cet instant seulement.

« Cependant cette éternité subsiste, et la mort qui la doit ouvrir et qui les menace à toute heure les doit mettre infailliblement dans peu de temps dans l'horrible nécessité d'être éternellement ou anéantis ou malheureux, sans qu'ils sachent laquelle de ces éternités leur est à jamais préparée.

« Voilà un doute d'une terrible conséquence. Ils sont dans le péril de l'éternité de misères : et sur cela, comme si la chose n'en valait pas la peine, ils négligent d'examiner si c'est de ces opinions que le peuple reçoit avec une facilité trop crédule, ou de celles qui, étant obscures d'elles-mêmes, ont un fondement très-solide quoique caché. Ainsi, ils ne savent s'il y a vérité ou fausseté dans la chose, ni s'il y a force ou faiblesse dans les preuves. Ils les ont devant les yeux ; ils refusent d'y regarder, et dans cette ignorance, ils prennent le parti de faire tout ce qu'il faut pour tomber dans ce malheur au cas qu'il soit, d'attendre à en faire l'épreuve à la mort, d'être cependant fort satisfaits en cet état, d'en faire profession, et enfin d'en faire vanité. Peut-on penser sérieusement à l'importance de cette affaire sans avoir horreur d'une conduite si extravagante ?

« Ce repos, dans cette ignorance, est une chose monstrueuse, et dont il faut faire sentir l'extravagance et la stupidité à ceux qui y passent leur vie, en la leur représentant à eux-mêmes, pour les confondre par la vue de leur folie. Car voici comment raisonnent les hommes quand ils choisissent de vivre dans cette ignorance de ce qu'ils sont, et sans rechercher d'éclaircissement :

« Je ne sais, disent-ils... »

[1] Port-Royal change ainsi cette fin de phrase : « non à s'informer si cet arrêt est donné, mais à jouer à se divertir. » La phrase suivante étant inachevée dans le manuscrit autographe et telle qu'elle se lit ici, Port-Royal la supprime, et la remplace par celle-ci : « C'est l'état où se trouvent ces personnes, avec cette différence que les maux dont ils sont menacés sont bien-a-très que la simple perte de la vie et un supplice passager, que ce prisonnier appréhenderait. »

à toute la vie de savoir si l'âme est mortelle ou immortelle.

¶ Nous courons sans souci dans le précipice, après que nous avons mis quelque chose devant nous pour nous empêcher de le voir.

CHAPITRE II.

Grandeur et misère de l'homme. — Contradictions étonnantes de sa nature.

I

Disproportion de l'homme [1]. — Que l'homme contemple donc la nature entière dans sa haute et pleine majesté ; qu'il éloigne sa vue des objets bas qui l'environnent ; qu'il regarde cette éclatante lumière mise comme une lampe éternelle pour éclairer l'univers ; que la terre lui paraisse comme un point, au prix du vaste tour que cet astre décrit [2]; et qu'il s'étonne de ce que ce vaste tour lui-même n'est qu'un point très-délicat à l'égard de celui que les astres qui roulent dans le firmament embrassent. Mais si notre vue s'arrête là, que l'imagination passe outre : elle se lassera plus tôt de concevoir que la nature de fournir. Tout ce monde visible n'est qu'un trait imperceptible dans l'ample sein de la nature [3]. Nulle idée n'en approche. Nous avons beau enfler nos conceptions au delà des espaces imaginables : nous n'enfantons que des atomes, au prix de la réalité des choses.

[1] Var. du ms. : *Incapacité*. — En tête de ce paragraphe, on lit dans le ms. le passage suivant barré par Pascal : « Voilà où nous mènent les connaissances naturelles. Si celles-là ne sont véritables, il n'y a point de vérité dans l'homme ; et si elles le sont, il y trouve un grand sujet d'humiliation, forcé à s'abaisser d'une ou d'autre manière ; et puisqu'il ne peut subsister sans les croire, je souhaite avant que d'entrer dans de plus grandes recherches de la nature, qu'il la considère une fois sérieusement et à loisir, qu'il se regarde aussi soi-même et juge s'il a quelque proportion avec elle par la comparaison qu'il fera de ces deux objets. »
[2] Var. du ms. : *Que le vaste tour qu'elle décrit lui fasse regarder la terre comme un point.* — En effaçant cette phrase, dit M. Faugère, Pascal a-t-il voulu ne pas exprimer d'opinion sur le système de Copernic et de Galilée ? Cela est certain, et « cet astre » se rapporte au soleil et non à la terre.
[3] Var. du ms. : *N'est qu'un atome dans l'immensité.* Seconde var. : *N'est qu'un atome dans l'amplitude.*

C'est une sphère infinie dont le centre est partout, la circonférence nulle part[1]. Enfin c'est le plus grand caractère sensible de la toute-puissance de Dieu, que notre imagination se perde dans cette pensée.

Que l'homme, étant revenu à soi, considère ce qu'il est au prix de ce qui est; qu'il se regarde comme égaré dans ce canton détourné de la nature; et que, de ce petit cachot où il se trouve logé, j'entends l'univers, il apprenne à estimer la terre, les royaumes, les villes et soi-même son juste prix.

Qu'est-ce qu'un homme dans l'infini? Mais pour lui présenter un autre prodige aussi étonnant, qu'il recherche dans ce qu'il connaît les choses les plus délicates. Qu'un ciron lui offre dans la petitesse de son corps des parties incomparablement plus petites, des jambes avec des jointures, des veines dans ces jambes, du sang dans ces veines, des humeurs dans ce sang, des gouttes dans ces humeurs, des vapeurs dans ces gouttes; que, divisant encore ces dernières choses, il épuise ses forces en ces conceptions, et que le dernier objet où il peut arriver soit maintenant celui de notre discours; il pensera peut-être que c'est là l'extrême petitesse de la nature. Je veux lui faire voir là dedans un abîme nouveau. Je lui veux peindre non-seulement l'univers visible, mais l'immensité qu'on peut concevoir de la nature, dans l'enceinte de ce raccourci d'atome[2]. Qu'il y voie une infinité d'univers, dont chacun a son firmament, ses planètes, sa terre, en la même proportion que le monde visible; dans cette terre, des animaux, et enfin des cirons, dans lesquels il retrouvera ce que les premiers ont donné; et trouvant encore dans les autres la même chose, sans fin et sans repos, qu'il se perde dans ces merveilles, aussi étonnantes dans leur petitesse que les autres par leur étendue; car qui n'admirera que notre corps, qui tantôt n'était pas perceptible dans l'univers, imperceptible lui-même dans le sein du tout, soit à présent un colosse, un monde, ou plutôt un tout, à l'égard du néant où l'on ne peut arriver?

Qui se considérera de la sorte s'effraiera de soi-même, et se considérant soutenu dans la masse que la nature lui a donnée, entre ces deux abîmes de l'infini et du néant, il tremblera dans la vue de ces merveilles; et je crois que sa curiosité se changeant en admiration, il sera plus disposé à les contempler en silence qu'à les rechercher avec présomption.

Car enfin qu'est-ce que l'homme dans la nature? Un néant à l'égard de l'infini, un tout à l'égard du néant: un milieu entre rien et tout. Infiniment éloigné de comprendre les extrêmes, la fin des choses et leur principe sont pour lui invinciblement cachés dans un secret impénétrable; également incapable de voir le néant d'où il est tiré, et l'infini où il est englouti.

Que fera-t-il donc, sinon d'apercevoir quelque apparence du milieu des choses, dans un désespoir éternel de connaître ni leur principe ni leur fin? Toutes choses sont sorties du néant et portées jusqu'à l'infini. Qui suivra ces étonnantes démarches? L'auteur de ces merveilles les comprend; tout autre ne le peut faire.

Manque d'avoir contemplé ces infinis, les hommes se sont portés témérairement à la recherche de la nature, comme s'ils avaient quelque proportion avec elle.

C'est une chose étrange qu'ils ont voulu comprendre les principes des choses, et de là arriver jusqu'à connaître tout, par une présomption aussi infinie que leur objet. Car il est sans doute qu'on ne peut former ce dessein sans une présomption ou sans une capacité infinie, comme la nature.

Quand on est instruit, on comprend que la nature ayant gravé son image et celle de son

---

[1] Cette comparaison célèbre n'appartient point à Pascal. Elle se trouve dans Rabelais, dans Gerson, dans saint Bonaventure et dans Vincent de Beauvais. M. Havet, dans une note savante, en a recherché l'origine, et l'indication la plus ancienne qu'il ait rencontrée est celle de Vincent de Beauvais, qui l'attribue à Empédocle, d'après le moine Hélinand, poëte et chroniqueur du douzième siècle.

[2] On lit dans les éditions *atome imperceptible*, au lieu de *raccourci d'atome*; et à ce propos, M. Cousin dit dans son Rapport, page 126: « Combien de fois n'a-t-on pas cité avec admiration cette expression déjà si belle: « dans l'enceinte de cet atome imperceptible? » Que dire de celle-ci qui est la véritable leçon de Pascal: « dans l'enceinte de ce raccourci d'abîme? »

Cette dernière leçon ne se trouve que dans les deux copies: il y a dans le ms. une expression qui a bien plus d'énergie et surtout de justesse, celle de « *raccourci d'atome.* » Le mot *atome*, dont une erreur de copiste a fait *abîme*, est lisiblement écrit dans le ms. autographe.

(P. Faugère.)

CHAPITRE DEUXIÈME.

auteur dans toutes choses, elles tiennent presque toutes de sa double infinité. C'est ainsi que nous voyons que toutes les sciences sont infinies en l'étendue de leurs recherches ; car qui doute que la géométrie, par exemple, a une infinité d'infinités de propositions à exposer ? Elles sont aussi infinies dans la multitude et la délicatesse de leurs principes ; car qui ne voit que ceux qu'on propose pour les derniers ne se soutiennent pas d'eux-mêmes, et qu'ils sont appuyés sur d'autres qui en ayant d'autres pour appui ne souffrent jamais de dernier ?

Mais nous faisons des derniers qui paraissent à la raison comme on fait dans les choses matérielles, où nous appelons un point indivisible celui au delà duquel nos sens n'aperçoivent plus rien, quoique divisible infiniment et par sa nature.

De ces deux infinis de sciences, celui de grandeur est bien plus sensible, et c'est pourquoi il est arrivé à peu de personnes de prétendre connaître toutes choses. Je vais parler de tout, disait Démocrite[1].

Mais l'infinité[2] en petitesse est bien moins visible. Les philosophes ont bien plus tôt prétendu d'y arriver ; et c'est là où tous ont achoppé. C'est ce qui a donné lieu à ces titres si ordinaires, « Des principes des choses, » « Des principes de la philosophie, » et aux semblables, aussi fastueux en effet, quoique non en apparence, que cet autre qui crève les yeux, *De omni scibili*.

On se croit naturellement bien plus capable d'arriver au centre des choses que d'embrasser leur circonférence. L'étendue visible du monde nous surpasse visiblement ; mais comme c'est nous qui surpassons les petites choses, nous nous croyons plus capables de les posséder ; et cependant il ne faut pas moins de capacité pour aller jusqu'au néant que jusqu'au tout. Il la faut infinie pour l'un et l'autre ; et il me semble que qui aurait compris les derniers principes des choses pourrait aussi arriver jusqu'à connaître l'infini. L'un dépend de l'autre, et l'un conduit à l'autre. Les extrémités se touchent et se réunissent à force de s'être éloignées, et se retrouvent en Dieu, et en Dieu seulement.

Connaissons donc notre portée ; nous sommes quelque chose et ne sommes pas tout. Ce que nous avons d'être nous dérobe la connaissance des premiers principes, qui naissent du néant, et le peu que nous avons d'être nous cache la vue de l'infini.

Notre intelligence tient dans l'ordre des choses intelligibles le même rang que notre corps dans l'étendue de la nature.

Bornés en tout genre, cet état qui tient le milieu entre deux extrêmes se trouve en toutes nos puissances.

Nos sens n'aperçoivent rien d'extrême. Trop de bruit nous assourdit ; trop de lumière éblouit ; trop de distance et trop de proximité empêche la vue ; trop de longueur et trop de brièveté du discours l'obscurcit ; trop de vérité nous étonne : j'en sais qui ne peuvent comprendre que qui de zéro ôte 4 reste zéro. Les premiers principes ont trop d'évidence pour nous. Trop de plaisir incommode. Trop de consonnances déplaisent dans la musique ; et trop de bienfaits irritent[1] : nous voulons avoir de quoi surpayer la dette[2] : *Beneficia eo usque laeta sunt dum videntur exsolvi posse ; ubi multum antevenere, pro gratia odium redditur.*

Nous ne sentons ni l'extrême chaud, ni l'extrême froid. Les qualités excessives nous sont ennemies, et non pas sensibles : nous ne les sentons plus, nous les souffrons. Trop de jeunesse et trop de vieillesse empêchent l'esprit ; trop et trop peu d'instruction[3]... Enfin, les choses extrêmes sont pour nous comme si elles n'étaient point, et nous ne sommes point à leur égard : elles nous échappent, ou nous à elles.

---

[1] Après l'alinéa qui se termine par : *disait Démocrite*, on lit dans le ms. ces mots barrés : « Mais outre que c'est peu d'en parler simplement, sans prouver et connaître, il est néanmoins impossible de le taire, la multitude infinie des choses nous étant si cachée que tout ce que nous pouvons exprimer par paroles ou par pensées n'en est qu'un trait invisible. D'où il paraît combien est sot, vain et ignorant ce titre de quelques livres *de omni scibili*. »

[2] Avant ces mots : *mais l'infinité*, on lit dans le ms. cette phrase barrée : « On voit d'une première vue que l'arithmétique seule fournit des propriétés sans nombre, et chaque science de même. »

[1] Var. du ms. : Nous rendent ingrats (barré).

[2] Après « la dette, » le ms. ajoute : Si elle nous passe, elle blesse (barré). C'est la traduction très-laconique de la citation de Tacite qui suit (*Ann.*, IV, 18).

[3] Port-Royal termine la phrase par ce mot : *l'abêtissent*.

Voilà notre état véritable. C'est ce qui nous rend incapables de savoir certainement et d'ignorer absolument. Nous voguons sur un milieu vaste, toujours incertains et flottants, poussés d'un bout vers l'autre. Quelque terme où nous pensions nous attacher et nous affermir, il branle et nous quitte; et si nous le suivons, il échappe à nos prises, nous glisse et fuit d'une fuite éternelle. Rien ne s'arrête pour nous. C'est l'état qui nous est naturel, et toutefois le plus contraire à notre inclination : nous brûlons de désir de trouver une assiette ferme et une dernière base constante, pour y édifier une tour qui s'élève à l'infini; mais tout notre fondement craque, et la terre s'ouvre jusqu'aux abîmes [1].

Ne cherchons donc point d'assurance et de fermeté. Notre raison est toujours déçue par l'inconstance des apparences; rien ne peut fixer le fini entre les deux infinis qui l'enferment et le fuient.

Cela étant bien compris, je crois qu'on se tiendra en repos, chacun dans l'état où la nature l'a placé. Ce milieu qui nous est échu en partage étant toujours distant des extrêmes, qu'importe que l'homme ait un peu plus d'intelligence des choses? S'il en a, il les prend un peu de plus haut. N'est-il pas toujours infiniment éloigné du bout, et la durée de notre vie n'est-elle pas également infiniment [éloignée] de l'éternité, pour durer dix ans davantage?

Dans la vue de ces infinis, tous les finis sont égaux; et je ne vois pas pourquoi asseoir son imagination plutôt sur un que sur l'autre. La seule comparaison que nous faisons de nous au fini nous fait peine.

Si l'homme s'étudiait le premier, il verrait combien il est incapable de passer outre. Comment se pourrait-il qu'une partie connût le tout? Mais il aspirera peut-être à connaître au moins les parties avec lesquelles il a de la proportion. Mais les parties du monde ont toutes un tel rapport et un tel enchaînement l'une avec l'autre, que je crois impossible de connaître l'une sans l'autre et sans le tout.

L'homme, par exemple, a rapport à tout ce qu'il connaît. Il a besoin de lieu pour le contenir, de temps pour durer, de mouvement pour vivre, d'éléments pour le composer, de chaleur et d'aliments pour le nourrir, d'air pour respirer. Il voit la lumière, il sent les corps; enfin tout tombe sous son alliance [1].

Il faut donc, pour connaître l'homme, savoir d'où vient qu'il a besoin d'air pour subsister; et pour connaître l'air, savoir par où il a rapport à la vie de l'homme, etc.

La flamme ne subsiste point sans l'air : donc, pour connaître l'un, il faut connaître l'autre.

Donc toutes choses étant causées et causantes, aidées et aidantes, médiates et immédiates, et toutes s'entre-tenant [2] par un lien naturel et insensible qui lie les plus éloignées et les plus différentes, je tiens impossible [3] de connaître

---

[1] Ce remarquable morceau a subi dans l'édition de Port-Royal des altérations nombreuses. Nous croyons faire plaisir au lecteur en mettant sous ses yeux la vive critique de M. Cousin : « Port-Royal a gâté ce beau passage, en l'arrangeant de la manière suivante, qui jusqu'ici a été fort admirée, et qui ne peut plus être supportée dès qu'on connaît la vraie : « Voilà notre état véritable. C'est ce qui resserre nos connaissances en « de certaines bornes que nous ne passons pas, incapables de savoir tout et d'ignorer tout absolument (il « ne s'agit pas de savoir ou d'ignorer tout, mais d'ignorer absolument ou de savoir avec certitude). Nous « sommes sur un milieu vaste, toujours incertains et « flottants entre l'ignorance et la connaissance (ceci détruit l'image commencée : l'ignorance et la connaissance étaient devenues les deux bouts du milieu); et, « si nous pensons aller plus loin (il n'est pas question « d'aller plus loin; plus loin que quoi? mais de s'attacher à un point fixe; Pascal ne parle pas d'un objet, « mais d'un point, d'un terme auquel nous nous attachons), notre objet branle et échappe à nos prises; il « se dérobe et fuit d'une fuite éternelle : rien ne le peut « arrêter (Pascal dit bien plus : Rien ne s'arrête pour « nous). C'est notre condition naturelle, et toutefois la « plus contraire à notre inclination. Nous brûlons du « désir d'approfondir tout (il ne s'agit ni d'approfondir « tout, ni d'aller plus loin, etc., mais de trouver une assiette ferme), et d'édifier une tour qui s'élève jusqu'à « l'infini (pour cela il faut d'abord trouver une assiette « ferme et une dernière base constante). Mais tout notre « édifice craque (non pas tout notre édifice, car nous « n'avons pu en élever un, faute d'une base constante; c'est le fondement même que nous avons jeté « qui craque), et la terre s'ouvre jusqu'aux abîmes. »

[1] Var. du ms. : Sous ses recherches (barré). — Seconde var. : Sous sa dépendance (barré).
[2] Se tenant ensemble, étant en rapport.
[3] Var. du ms. : « Je tiens impossible d'en connaître aucune seule sans toutes les autres, c'est-à-dire impossible purement et absolument » (barré). — A la suite de cet alinéa, on trouve le suivant : « L'éternité des choses en elles-mêmes ou en Dieu doit encore étonner notre petite

les parties sans connaître le tout, non plus que de connaître le tout sans connaître particulièrement les parties.

Et ce qui achève notre impuissance à connaître les choses est qu'elles sont simples en elles-mêmes, et que nous sommes composés de deux natures opposées et de divers genres : d'âme et de corps. Car il est impossible que la partie qui raisonne en nous soit autre que spirituelle ; et quand on prétendrait que nous serions simplement corporels, cela nous exclurait bien davantage de la connaissance des choses, n'y ayant rien de si inconcevable que de dire que la matière se connaît soi-même. Il ne nous est pas possible de connaître comment elle se connaîtrait[1].

Et ainsi, si nous sommes simplement matériels, nous ne pouvons rien du tout connaître ; et si nous sommes composés d'esprit et de matière, nous ne pouvons connaître parfaitement les choses simples, spirituelles et corporelles[2].

De là vient que presque tous les philosophes confondent les idées des choses, et parlent des choses corporelles spirituellement et des spirituelles corporellement. Car ils disent hardiment que les corps tendent en bas, qu'ils aspirent à leur centre, qu'ils fuient leur destruction, qu'ils craignent le vide, qu'ils ont des inclinations, des sympathies, des antipathies, qui sont toutes choses qui n'appartiennent qu'aux esprits. Et en parlant des esprits, ils les considèrent comme en un lieu, et leur attribuent le mouvement d'une place à une autre, qui sont des choses qui n'appartiennent qu'aux corps.

Au lieu de recevoir les idées de ces choses pures, nous les teignons de nos qualités, et empreignons [de] notre être composé toutes les choses simples que nous contemplons.

Qui ne croirait, à nous voir composer toutes choses d'esprit et de corps, que ce mélange-là nous serait bien compréhensible ? C'est néanmoins la chose qu'on comprend le moins. L'homme est à lui-même le plus prodigieux objet de la nature ; car il ne peut concevoir ce que c'est que corps, et encore moins ce que c'est qu'esprit, et moins qu'aucune chose comment un corps peut être uni avec un esprit. C'est là le comble de ses difficultés, et cependant c'est son propre être : *Modus quo corporibus adhæret spiritus comprehendi ab hominibus non potest ; et hoc tamen homo est*[1]. Enfin, pour consommer la preuve de notre faiblesse, je finirai par ces deux considérations[2]...

II

Je puis bien concevoir un homme sans mains, pieds, tête, car ce n'est que l'expérience qui nous apprend que la tête est plus nécessaire que les pieds. Mais je ne puis concevoir l'homme sans pensée, ce serait une pierre ou une brute.

¶ *Grandeur et misère*. — La misère se concluant de la grandeur, et la grandeur de la misère, les uns ont conclu la misère d'autant plus qu'ils en ont pris pour preuve la grandeur, et les autres, concluant la grandeur avec plus de force qu'ils l'ont conclue de la misère même, tout ce que les uns ont pu dire pour montrer la grandeur n'a servi que d'un argument aux autres pour conclure la misère, puisque c'est être d'autant plus misérable qu'on est tombé

---

durée. L'immobilité fixe et constante de la nature, [par] comparaison au changement continuel qui se passe en nous, doit faire le même effet » (barré).

[1] Var. du ms. : « Et ce qui achève notre impuissance est la simplicité des choses comparée avec notre état double et composé. Il y a des absurdités invincibles à combattre ce point ; car il est aussi absurde qu'impie de nier que l'homme est composé de deux parties de différente nature, d'âme et de corps. Cela nous rend impuissants à connaître toutes choses ; que si on nie cette composition, et qu'on prétende que nous sommes tout corporels, je laisse juger combien la matière est incapable de connaître la matière. Rien n'est plus impossible que cela. Concevons donc que ce mélange d'esprit et de boue nous disproportionne » (barré).

[2] Var. du ms. : « Les choses simples ; car comment connaîtrions-nous distinctement la matière, puisque notre suppôt, qui agit en cette connaissance, est en partie spirituel ? et comment connaîtrions-nous nettement les substances spirituelles, ayant un corps qui nous aggrave et nous baisse vers la terre ? » (barré).

[1] Saint Augustin, *de Civit. Dei*, xxi, 10.

[2] Var. du ms. : « Voilà une partie des causes qui rendent l'homme si imbécile à connaître la nature. Elle est infinie en deux manières ; il est fini et limité. Elle dure et se maintient perpétuellement en son être ; il passe et est mortel. Les choses en particulier se corrompent et se changent à chaque instant : il ne les voit qu'en passant ; elles ont leur principe et leur fin : il ne conçoit ni l'un ni l'autre. Elles sont simples, et il est composé de deux natures différentes ; et pour consommer la preuve de notre faiblesse, je finirai par cette réflexion sur l'état de notre nature » (barré).

de plus haut ; et les autres, au contraire. Ils se sont portés les uns sur les autres par un cercle sans fin : étant certain qu'à mesure que les hommes ont de la lumière, ils trouvent et grandeur et misère en l'homme. En un mot, l'homme connaît qu'il est misérable : il est donc misérable, puisqu'il l'est ; mais il est bien grand, puisqu'il le connaît.

¶ ... S'il se vante je l'abaisse ; s'il s'abaisse je le vante et le contredis toujours, jusqu'à ce qu'il comprenne qu'il est un monstre incompréhensible.

III

Les hommes n'ayant pu guérir la mort, la misère, l'ignorance, se sont avisés, pour se rendre heureux, de ne point y penser.

IV

La nature nous rendant toujours malheureux en tous états, nos désirs nous figurent un état heureux, parce qu'ils joignent à l'état où nous sommes les plaisirs de l'état où nous ne sommes pas ; et quand nous arriverions à ces plaisirs, nous ne serions pas heureux pour cela, parce que nous aurions d'autres désirs conformes à ce nouvel état.

Il faut particulariser cette proposition générale...

V

Qu'on s'imagine un nombre d'hommes dans les chaînes, et tous condamnés à mort, dont les uns étant chaque jour égorgés à la vue des autres, ceux qui restent voient leur propre condition dans celle de leurs semblables, et se regardant les uns les autres avec douleur et sans espérance, attendent leur tour : c'est l'image de la condition des hommes.

VI

Cromwell allait ravager toute la chrétienté ; la famille royale était perdue et la sienne à jamais puissante, sans un petit grain de sable qui se mit dans son uretère. Rome même allait trembler sous lui ; mais ce petit gravier s'étant mis là, il est mort, sa famille abaissée, tout en paix et le roi rétabli.

VII

La grandeur de l'homme est grande en ce qu'il se connaît misérable. Un arbre ne se connaît pas misérable. C'est donc être misérable que de se connaître misérable ; mais c'est être grand que de connaître qu'on est misérable. Toutes ces misères-là mêmes prouvent sa grandeur. Ce sont misères de grand seigneur, misères d'un roi dépossédé.

VIII

La grandeur de l'homme. — La grandeur de l'homme est si visible, qu'elle se tire même de sa misère. Car ce qui est nature aux animaux, nous l'appelons misère en l'homme, par où nous reconnaissons que sa nature étant aujourd'hui pareille à celle des animaux, il est déchu d'une meilleure nature qui lui était propre autrefois.

Car qui se trouve malheureux de n'être pas roi, sinon un roi dépossédé ? Trouvait-on Paul Émile malheureux de n'être plus consul ? Au contraire, tout le monde trouvait qu'il était heureux de l'avoir été, parce que sa condition n'était pas de l'être toujours. Mais on trouvait Persée si malheureux de n'être plus roi, parce que sa condition était de l'être toujours, qu'on trouvait étrange de ce qu'il supportait la vie. Qui se trouve malheureux de n'avoir qu'une bouche ? et qui ne se trouvera malheureux de n'avoir qu'un œil ? On ne s'est peut-être jamais affligé de n'avoir pas trois yeux, mais on est inconsolable de n'en point avoir.

IX

Grandeur de l'homme. — Nous avons une si grande idée de l'âme de l'homme, que nous ne pouvons souffrir d'en être méprisés, et de n'être pas dans l'estime d'une âme ; et toute la félicité des hommes consiste dans cette estime.

La plus grande bassesse de l'homme est la recherche de la gloire, mais c'est ç la même qui est la plus grande marque de son excellence ; car, quelque possession qu'il ait sur la terre, quelque santé et commodité essentielle qu'il ait, il n'est pas satisfait s'il n'est dans l'estime des hommes. Il estime si grande la raison de l'homme, que, quelque avantage qu'il ait sur la terre, s'il n'est placé avantageusement aussi dans la raison de l'homme, il n'est pas content. C'est la plus belle place du monde : rien ne peut le détourner de ce désir, et c'est la qualité la plus ineffaçable du cœur de l'homme.

Et ceux qui méprisent le plus les hommes, et qui les égalent aux bêtes, encore veulent-ils en être admirés et crus, et se contredisent à eux-mêmes par leur propre sentiment : leur nature, qui est plus forte que tout, les convainquant de la grandeur de l'homme plus fortement que la raison ne les convainc de leur bassesse.

X

L'homme n'est qu'un roseau, le plus faible de la nature ; mais c'est un roseau pensant. Il ne faut pas que l'univers entier s'arme pour l'écraser. Une vapeur, une goutte d'eau, suffit pour le tuer. Mais quand l'univers l'écraserait, l'homme serait encore plus noble que ce qui le tue, parce qu'il sait qu'il meurt ; et l'avantage que l'univers a sur lui, l'univers n'en sait rien [1].

Toute notre dignité consiste donc en la pensée. C'est de là qu'il faut nous relever, non de l'espace et de la durée, que nous ne saurions remplir. Travaillons donc à bien penser : voilà le principe de la morale.

XI

Il est dangereux de trop faire voir à l'homme combien il est égal aux bêtes, sans lui montrer sa grandeur. Il est encore dangereux de lui trop faire voir sa grandeur sans sa bassesse. Il est encore plus dangereux de lui laisser ignorer l'un et l'autre. Mais il est très avantageux de lui représenter l'un et l'autre [1].

XII

Contrariétés. Après avoir montré la bassesse et la grandeur de l'homme : — Que l'homme maintenant s'estime son prix. Qu'il s'aime, car il a en lui une nature capable de bien ; mais qu'il n'aime pas pour cela les bassesses qui y sont. Qu'il se méprise, parce que cette capacité est vide ; mais qu'il ne méprise pas pour cela cette capacité naturelle. Qu'il se haïsse, qu'il s'aime : il a en lui la capacité de connaître la vérité et d'être heureux ; mais il n'a point de vérité, ou constante, ou satisfaisante.

Je voudrais donc porter l'homme à désirer d'en trouver, à être prêt et dégagé des passions pour la suivre où il la trouvera, sachant combien sa connaissance s'est obscurcie par les passions ; je voudrais bien qu'il haït en soi la concupiscence qui le détermine d'elle-même, afin qu'elle ne l'aveuglât point pour faire son choix, et qu'elle ne l'arrêtât point quand il aura choisi.

XIII

Je blâme également, et ceux qui prennent parti de louer l'homme, et ceux qui le prennent de le blâmer, et ceux qui le prennent de se divertir ; et je ne puis approuver que ceux qui cherchent en gémissant.

Les stoïques disent : Rentrez au dedans de vous-même ; c'est là où vous trouverez votre repos : et cela n'est pas vrai. Les autres disent : Sortez au dehors ; recherchez le bonheur en vous divertissant : et cela n'est pas vrai. Les maladies viennent : le bonheur n'est ni hors de nous, ni dans nous ; il est en Dieu, et hors et dans nous.

XIV

La nature de l'homme se considère en deux manières : l'une selon sa fin, et alors il est

---

[1] Parmi les passages les plus admirés, nul ne l'a plus été et ne mérite plus de l'être que celui où Pascal compare l'homme à un roseau, mais à un roseau pensant. C'est un des morceaux les plus accomplis et les plus travaillés qui soient sortis de sa plume. Pascal est revenu à deux fois sur cette pensée ; il ne l'a quittée qu'après l'avoir portée à sa dernière perfection, et l'avoir gravée à jamais. Il est curieux d'en retrouver dans un coin du manuscrit la première et imparfaite ébauche. La voici avec ce titre qui renferme d'abord la pensée tout entière (ms. p. 165) : *Roseau pensant.* « Ce n'est point de l'espace que je dois chercher ma dignité ; mais c'est du règlement de ma pensée. Je n'aurai pas davantage en possédant des terres : par l'espace, l'univers me comprend et m'engloutit comme un point ; par la pensée je le comprends. » (Cousin.)

[1] A la suite de ce paragraphe, on lit dans la copie : « Il ne faut pas que l'homme croie qu'il est égal aux bêtes, ni qu'il croie qu'il est égal aux anges, ni qu'il ignore l'un et l'autre, mais qu'il sache l'un et l'autre. »

grand et incomparable; l'autre selon la multitude, comme l'on juge de la nature du cheval et du chien, par la multitude[1] d'y voir la course, *et animum arcendi*[2]; et alors l'homme est abject et vil. Voilà les deux voies qui en font juger diversement, et qui font tant disputer les philosophes. Car l'un nie la supposition de l'autre : l'un dit : Il n'est pas né à cette fin, car toutes ses actions y répugnent ; l'autre dit : Il s'éloigne de sa fin quand il fait ces basses actions.

¶ Deux choses instruisent l'homme de toute sa nature, l'instinct et l'expérience.

XV

Je sens que je peux n'avoir point été : car le moi consiste dans ma pensée; donc moi qui pense n'aurais point été, si ma mère eût été tuée avant que j'eusse été animé. Donc je ne suis pas un être nécessaire. Je ne suis pas aussi éternel, ni infini; mais je vois bien qu'il y a dans la nature un être nécessaire, éternel et infini[3].

CHAPITRE III

Vanité de l'homme. — Effets de l'amour propre.
Le moi humain.

I

Nous ne nous contentons pas de la vie que nous avons en nous et en notre propre être : nous voulons vivre dans l'idée des autres d'une vie imaginaire, et nous nous efforçons pour cela de paraître. Nous travaillons incessamment à embellir et à conserver cet être imaginaire, et nous négligeons le véritable. Et si

---

[1] Bossut a substitué à ce mot *multitude*, le mot *habitude*.
[2] C'est-à-dire l'instinct d'arrêter le gibier, par allusion au chien de chasse.
[3] Après cette première grande esquisse de l'homme placé et perdu comme un point au sein de l'immense et splendide nature, et supérieur pourtant à elle parce qu'il a la pensée... après avoir agité comme au hasard ce *roseau pensant* et l'avoir vu flotter au sein des choses, Pascal prend l'homme en lui-même, et lui démontre au coeur dans son *moi* la racine naturelle de toute action, et une racine corrompue. (Sainte-Beuve.)
Le *moi humain* est en effet le sujet du chapitre qui suit celui qu'on vient de lire.

---

nous avons ou la tranquillité, ou la générosité, ou la fidélité, nous nous empressons de le faire savoir, afin d'attacher ces vertus à cet être d'imagination : nous les détacherions plutôt de nous pour les y joindre; et nous serions volontiers poltrons pour acquérir la réputation d'être vaillants. Grande marque du néant de notre propre être de n'être pas satisfaits de l'un sans l'autre, et de renoncer souvent à l'un pour l'autre ! Car qui ne mourrait pour conserver son honneur, celui-là serait infâme.

¶ La douceur de la gloire est si grande, qu'à quelque chose qu'on l'attache, même à la mort, on l'aime.

II

Contradiction. — Orgueil, contre-pesant toutes les misères. Ou il cache ses misères; ou, s'il les découvre, il se glorifie de les connaître.

¶ *Du désir d'être estimé de ceux avec qui on est.* — L'orgueil nous tient d'une possession si naturelle au milieu de nos misères, erreurs, etc. Nous perdons encore la vie avec joie, pourvu qu'on en parle.

III

La vanité est si ancrée dans le cœur de l'homme, qu'un soldat, un goujat, un cuisinier, un crocheteur se vante et veut avoir ses admirateurs : et les philosophes mêmes en veulent. Et ceux qui écrivent contre veulent avoir la gloire d'avoir bien écrit; et ceux qui le lisent veulent avoir la gloire de l'avoir lu; et moi qui écris ceci, ai peut-être cette envie; et peut-être que ceux qui le liront...

IV

Malgré la vue de toutes nos misères, qui nous touchent, qui nous tiennent à la gorge, nous avons un instinct que nous ne pouvons réprimer, qui nous élève.

V

Nous sommes si présomptueux, que nous voudrions être connus de toute la terre, et même des gens qui viendront quand nous ne serons plus; et nous sommes si vains, que l'estime de cinq ou six personnes qui nous environnent nous amuse et nous contente.

VI

Orgueil. — Curiosité n'est que vanité. Le plus souvent on ne veut savoir que pour en parler. Autrement on ne voyagerait pas sur la mer, pour ne jamais en rien dire, et pour le seul plaisir de voir, sans espérance d'en jamais communiquer.

VII

Les villes par où on passe, on ne se soucie pas d'y être estimé ; mais quand on y doit demeurer un peu de temps, on s'en soucie. Combien de temps faut-il? Un temps proportionné à notre durée vaine et chétive.

VIII

[1] La nature de l'amour-propre et de ce moi humain est de n'aimer que soi et de ne considérer que soi. Mais que fera-t-il? Il ne saurait empêcher que cet objet qu'il aime ne soit plein de défauts et de misères : il veut être grand, et il se voit petit ; il veut être heureux, et il se voit misérable ; il veut être parfait, et il se voit plein d'imperfections ; il veut être l'objet de l'amour et de l'estime des hommes, et il voit que ses défauts ne méritent que leur aversion et leur mépris. Cet embarras où il se trouve produit en lui la plus injuste et la plus criminelle passion qu'il soit possible de s'imaginer ; car il conçoit une haine mortelle contre cette vérité qui le reprend, et qui le convainc de ses défauts. Il désirerait de l'anéantir, et, ne pouvant la détruire en elle-même, il la détruit, autant qu'il peut, dans sa connaissance et dans celle des autres : c'est-à-dire qu'il met tout son soin à couvrir ses défauts, et aux autres et à soi-même, et qu'il ne peut souffrir qu'on les lui fasse voir, ni qu'on les voie.

C'est sans doute un mal que d'être plein de défauts ; mais c'est encore un plus grand mal que d'en être plein et de ne les vouloir pas reconnaître, puisque c'est y ajouter encore celui d'une illusion volontaire. Nous ne voulons pas que les autres nous trompent ; nous ne trouvons pas juste qu'ils veuillent être estimés de nous plus qu'ils ne méritent : il n'est donc pas juste aussi que nous les trompions, et que nous voulions qu'ils nous estiment plus que nous ne méritons.

Ainsi, lorsqu'ils ne découvrent que des imperfections et des vices que nous avons en effet, il est visible qu'ils ne nous font point de tort, puisque ce ne sont pas eux qui en sont cause ; et qu'ils nous font un bien, puisqu'ils nous aident à nous délivrer d'un mal, qui est l'ignorance de ces imperfections. Nous ne devons pas être fâchés qu'ils les connaissent et qu'ils nous méprisent, étant juste et qu'ils nous connaissent pour ce que nous sommes, et qu'ils nous méprisent si nous sommes méprisables.

Voilà les sentiments qui naîtraient d'un cœur qui serait plein d'équité et de justice. Que devons-nous dire donc du nôtre, en y voyant une disposition toute contraire ? Car n'est-il pas vrai que nous haïssons la vérité et ceux qui nous la disent, et que nous aimons qu'ils se trompent à notre avantage, et que nous voulons être estimés d'eux autres que nous ne sommes en effet ?

En voici une preuve qui me fait horreur. La religion catholique n'oblige pas à découvrir ses péchés indifféremment à tout le monde : elle souffre qu'on demeure caché à tous les autres hommes ; mais elle en excepte un seul, à qui elle commande de découvrir le fond de son cœur, et de se faire voir tel qu'on est. Il n'y a que ce seul homme au monde qu'elle nous ordonne de désabuser, et elle l'oblige à un secret inviolable, qui fait que cette connaissance est dans lui comme si elle n'y était pas. Peut-on s'imaginer rien de plus charitable et de plus doux? Et néanmoins la corruption de l'homme est telle, qu'il trouve encore de la dureté dans cette loi ; et c'est une des principales raisons qui a fait révolter contre l'Église une grande partie de l'Europe.

Que le cœur de l'homme est injuste et déraisonnable, pour trouver mauvais qu'on l'oblige de faire à l'égard d'un homme ce qu'il serait juste, en quelque sorte, qu'il fît à l'égard de tous les hommes ! Car est-il juste que nous les trompions?

Il y a différents degrés dans cette aversion pour la vérité : mais on peut dire qu'elle est

---

[1] Ce paragraphe ne se trouve point dans le ms. des *Pensées* ; la plupart des éditeurs modernes l'ont cependant reproduit d'après une copie contemporaine. On ne peut douter qu'il ne soit de Pascal.

dans tous en quelque degré, parce qu'elle est inséparable de l'amour-propre. C'est cette mauvaise délicatesse qui oblige ceux qui sont dans la nécessité de reprendre les autres, de choisir tant de détours et de tempéraments pour éviter de les choquer. Il faut qu'ils diminuent nos défauts, qu'ils fassent semblant de les excuser, qu'ils y mêlent des louanges et des témoignages d'affection et d'estime. Avec tout cela, cette médecine ne laisse pas d'être amère à l'amour-propre. Il en prend le moins qu'il peut, et toujours avec dégoût, et souvent même avec un secret dépit contre ceux qui la lui présentent.

Il arrive de là que, si on a quelque intérêt d'être aimé de nous, on s'éloigne de nous rendre un office qu'on sait nous être désagréable ; on nous traite comme nous voulons être traités : nous haïssons la vérité, on nous la cache ; nous voulons être flattés, on nous flatte ; nous aimons à être trompés, on nous trompe.

C'est ce qui fait que chaque degré de bonne fortune qui nous élève dans le monde nous éloigne davantage de la vérité, parce qu'on appréhende plus de blesser ceux dont l'affection est plus utile et l'aversion plus dangereuse. Un prince sera la fable de toute l'Europe, et lui seul n'en saura rien. Je ne m'en étonne pas : dire la vérité est utile à celui à qui on la dit, mais désavantageux à ceux qui la disent, parce qu'ils se font haïr. Or ceux qui vivent avec les princes aiment mieux leurs intérêts que celui du prince qu'ils servent ; et ainsi ils n'ont garde de lui procurer un avantage en se nuisant à eux-mêmes.

Ce malheur est sans doute plus grand et plus ordinaire dans les plus grandes fortunes ; mais les moindres n'en sont pas exemptes, parce qu'il y a toujours quelque intérêt à se faire aimer des hommes. Ainsi la vie humaine n'est qu'une illusion perpétuelle ; on ne fait que s'entre-tromper et s'entre-flatter. Personne ne parle de nous en notre présence comme il en parle en notre absence. L'union qui est entre les hommes n'est fondée que sur cette mutuelle tromperie ; et peu d'amitiés subsisteraient, si chacun savait ce que son ami dit de lui lorsqu'il n'y est pas, quoiqu'il en parle alors sincèrement et sans passion.

L'homme n'est donc que déguisement, que mensonge et hypocrisie, et en soi-même et à l'égard des autres. Il ne veut pas qu'on lui dise la vérité, il évite de la dire aux autres ; et toutes ces dispositions, si éloignées de la justice et de la raison, ont une racine naturelle dans son cœur.

CHAPITRE IV

Imagination. — Incertitude des connaissances naturelles de l'homme. — Coutume. — Pyrrhonisme. — Morale.

I

Imagination. — C'est cette partie décevante dans l'homme, cette maîtresse d'erreurs et de fausseté, et d'autant plus fourbe qu'elle ne l'est pas toujours ; car elle serait règle infaillible de vérité si elle l'était infaillible du mensonge. Mais étant le plus souvent fausse, elle ne donne aucune marque de sa qualité, marquant de même caractère le vrai et le faux.

Je ne parle pas des fous, je parle des plus sages ; et c'est parmi eux que l'imagination a le grand don de persuader les hommes. La raison a beau crier, elle ne peut mettre le prix aux choses.

Cette superbe puissance, ennemie de la raison, qui se plaît à la contrôler et à la dominer, pour montrer combien elle peut en toutes choses, a établi dans l'homme une seconde nature. Elle a ses heureux, ses malheureux, ses sains, ses malades, ses riches, ses pauvres ; elle fait croire, douter, nier la raison, elle suspend les sens, elle les fait sentir ; elle a ses fous et ses sages ; et rien ne nous dépite davantage que de voir qu'elle remplit ses hôtes d'une satisfaction bien autrement pleine et entière que la raison. Les habiles par imagination se plaisent tout autrement à eux-mêmes que les prudents ne se peuvent raisonnablement plaire ; ils regardent les gens avec empire ; ils disputent avec hardiesse et confiance ; les autres, avec crainte et défiance : et cette gaieté de visage leur donne souvent l'avantage dans l'opinion des écoutants, tant les sages imaginaires ont de faveur auprès des juges de même nature. Elle ne peut rendre sages les fous ; mais elle les rend heureux, à l'envi de la raison, qui ne peut rendre ses amis que misérables, l'une les couvrant de gloire, l'autre de honte.

Qui dispense la réputation? qui donne le respect et la vénération aux personnes, aux ouvrages, aux lois, aux grands, sinon cette faculté imaginante? Toutes les richesses de la terre sont insuffisantes sans son consentement.

Ne diriez-vous pas que ce magistrat, dont la vieillesse vénérable impose le respect à tout un peuple, se gouverne par une raison pure et sublime, et qu'il juge des choses par leur nature, sans s'arrêter à ces vaines circonstances qui ne blessent que l'imagination des faibles? Voyez-le entrer dans un sermon où il apporte un zèle tout dévot, renforçant la solidité de la raison par l'ardeur de la charité. Le voilà prêt à l'ouïr avec un respect exemplaire. Que le prédicateur vienne à paraître! si la nature lui a donné une voix enrouée et un tour de visage bizarre, que son barbier l'ait mal rasé, si le hasard l'a encore barbouillé de surcroît, quelques grandes vérités qu'il annonce, je parie la perte de la gravité de notre sénateur.

Le plus grand philosophe du monde, sur une planche plus large qu'il ne faut[1], s'il y a au-dessous un précipice, quoique sa raison le convainque de sa sûreté, son imagination prévaudra. Plusieurs n'en sauraient soutenir la pensée sans pâlir et suer.

Qui ne sait que la vue de chats, de rats, l'écrasement d'un charbon, etc., emportent la raison hors des gonds? Le ton de voix impose aux plus sages, et change un discours et un poëme de face.

L'affection ou la haine changent la justice de face : et combien un avocat bien payé par avance trouve-t-il plus juste la cause qu'il plaide! combien son geste hardi le fait-il paraître meilleur aux juges dupés par cette apparence! Plaisante raison qu'un vent manie et à tout sens!

Je ne veux pas rapporter tous ses effets ; je rapporterais presque toutes les actions des hommes qui ne branlent presque que par ses secousses. Car la raison a été obligée de céder et la plus sage prend pour ses principes ceux que l'imagination des hommes a témérairement introduits en chaque lieu[1].

Nos magistrats ont bien connu ce mystère. Leurs robes rouges, leurs hermines, dont ils s'emmaillottent en chats fourrés, les palais où ils jugent, les fleurs de lis, tout cet appareil auguste était fort nécessaire ; et si les médecins n'avaient des soutanes et des mules, et que les docteurs n'eussent des bonnets carrés et des robes trop amples de quatre parties, jamais ils n'auraient dupé le monde qui ne peut résister à cette montre si authentique. Les seuls gens de guerre ne sont pas déguisés de la sorte, parce qu'en effet leur part est plus essentielle : ils s'établissent par la force, les autres par grimace.

C'est ainsi que nos rois n'ont pas recherché ces déguisements. Ils ne se sont pas masqués d'habits extraordinaires pour paraître tels[2] ; mais ils se sont accompagnés de gardes, de hallebardes : ces trognes armées qui n'ont de mains et de force que pour eux, les trompettes et les tambours qui marchent au-devant, et ces légions qui les environnent, font trembler les plus fermes. Ils n'ont pas l'habit seulement, ils ont la force. Il faudrait avoir une raison bien épurée pour regarder comme un autre homme le Grand Seigneur environné, dans son superbe sérail, de quarante mille janissaires.

S'ils avaient[3] la véritable justice, si les médecins avaient le vrai art de guérir, ils n'auraient que faire de bonnets carrés : la majesté de ces sciences serait assez vénérable d'elle-même. Mais n'ayant que des sciences imaginaires, il faut qu'ils prennent ces vains instruments qui frappent l'imagination à laquelle ils ont affaire ; et par là, en effet, ils s'attirent le respect.

---

[1] A la suite de ce paragraphe, Pascal avait mis : « Il faut travailler tout le jour pour des biens reconnus pour imaginaires ; et quand le sommeil nous a délassés des fatigues de notre raison, il faut incontinent se lever en sursaut pour aller courir après les fumées et essuyer les impressions de cette maîtresse du monde. »

[2] *Tels*, c'est-à-dire *rois*. Pascal est revenu à diverses reprises sur cette pensée ; il dit encore à la page 283 du ms. : « Le chancelier est grave et revêtu d'ornements, car son poste est faux, et non le roi ; il a la force, il n'a que faire de l'imagination. Les juges, médecins, etc., n'ont que l'imagination. »

[3] Il est évident qu'il s'agit ici des magistrats et non pas des rois.

[1] VAR. DU MS. : « Plus large que le chemin qu'il occupe en marchant à son ordinaire » (barré).

Nous ne pouvons pas seulement voir un avocat en soutane et le bonnet en tête, sans une opinion avantageuse de sa suffisance [1].

L'imagination dispose de tout ; elle fait la beauté, la justice et le bonheur, qui est tout du monde. Je voudrais de bon cœur voir le livre italien, dont je ne connais que le titre, qui vaut lui seul bien des livres : *Della opinione regina del mondo*. J'y souscris sans le connaître, sauf le mal s'il y en a.

Voilà à peu près les effets de cette faculté trompeuse qui semble nous être donnée exprès pour nous induire à une erreur nécessaire. Nous en avons bien d'autres principes.

Les impressions anciennes ne sont pas seules capables de nous abuser : les charmes de la nouveauté ont le même pouvoir. De là viennent toutes les disputes des hommes, qui se reprochent ou de suivre leurs fausses impressions de l'enfance, ou de courir témérairement après les nouvelles. Qui tient le juste milieu ? Qu'il paraisse et qu'il le prouve. Il n'y a principe, quelque naturel qu'il puisse être, même depuis l'enfance, qu'on ne fasse passer pour une fausse impression, soit de l'instruction, soit des sens. Parce, dit-on, que vous avez cru dès l'enfance qu'un coffre était vide, lorsque n'y voyiez rien ; vous avez cru le vide possible ; c'est une illusion de vos sens, fortifiée par la coutume, qu'il faut que la science corrige. Et les autres disent : Parce qu'on vous a dit dans l'école qu'il n'y a point de vide, on a corrompu votre sens commun, qui le comprenait si nettement avant cette mauvaise impression, qu'il faut corriger en recourant à votre première nature. Qui a donc trompé ? les sens ou l'instruction ?

Nous avons un autre principe d'erreur, les maladies. Elles nous gâtent le jugement et le sens ; et si les grandes l'altèrent sensiblement, je ne doute point que les petites n'y fassent impression à leur proportion [2].

Notre propre intérêt est encore un merveilleux instrument pour nous crever les yeux agréablement. Il n'est pas permis au plus équitable homme du monde d'être juge en sa cause : j'en sais qui, pour ne pas tomber dans cet amour-propre, ont été les plus injustes du monde à contre-biais. Le moyen sûr de perdre une affaire toute juste était de la leur faire recommander par leurs proches parents. La justice et la vérité sont deux pointes si subtiles, que nos instruments sont trop émoussés pour y toucher exactement. S'ils y arrivent, ils en écachent la pointe, et appuient tout autour, plus sur le faux que sur le vrai.

II

La chose la plus importante à toute la vie, c'est le choix du métier : le hasard en dispose. La coutume fait les maçons, soldats, couvreurs. C'est un excellent couvreur, dit-on ; et en parlant des soldats : Ils sont bien fous, dit-on. Et les autres, au contraire : Il n'y a rien de grand que la guerre ; le reste des hommes sont des coquins. A force d'ouïr louer en l'enfance ces métiers et mépriser tous les autres, on choisit ; car naturellement on aime la vertu, et on hait la folie. Ces mots nous émeuvent ; on ne pèche qu'en l'application. Tant est grande la force de la coutume, que de ceux que la nature n'a faits qu'hommes, on fait toutes les conditions des hommes ; car des pays sont tous de maçons, d'autres tous de soldats, etc. Sans doute que la nature n'est pas si uniforme. C'est la coutume qui fait donc cela, car elle contraint la nature ; et quelquefois la nature la surmonte, et retient l'homme dans son instinct, malgré toute coutume, bonne ou mauvaise [1].

III

Notre imagination nous grossit si fort le temps présent, à force d'y faire des réflexions continuelles, et amoindrit tellement l'éternité, manque d'y faire réflexion, que nous faisons de l'éternité un néant, et du néant une éternité, et tout cela a ses racines si vives en nous que toute notre raison ne peut nous en défendre, et que...

---

[1] *De son mérite.* L'acception du mot *suffisance* a changé.

[2] « Et ne fault pas doubter, encores que nous ne le sentions pas, que si la fiebvre continue peult atterrer nostre ame que la tierce n'y apporte quelque alteration selon sa mesure et proportion. » (Montaigne.)

[1] A la suite de ce paragraphe, on lit dans le ms. : « Hommes naturellement couvreurs, et de toutes vocations, hormis en chambre. » Quoique cette phrase ne soit point barrée, nous croyons devoir néanmoins la séparer du texte, à cause de son obscurité.

IV

... Sur quoi fondera-t-il [l'homme] l'économie du monde qu'il veut gouverner? Sera-ce sur le caprice de chaque particulier? Quelle confusion! Sera-ce sur la justice? Il l'ignore.

Certainement s'il la connaissait, il n'aurait pas établi cette maxime, la plus générale de toutes celles qui sont parmi les hommes, que chacun suive les mœurs de son pays[1]; l'éclat de la véritable équité aurait assujetti tous les peuples, et les législateurs n'auraient pas pris pour modèle, au lieu de cette justice constante, les fantaisies et les caprices des Perses et Allemands. On la verrait plantée par tous les États du monde et dans tous les temps, au lieu qu'on ne voit presque rien de juste ou d'injuste qui ne change de qualité en changeant de climat. Trois degrés d'élévation du pôle renversent toute la jurisprudence. Un méridien décide de la vérité; en peu d'années de possession, les lois fondamentales changent le droit à ses époques. L'entrée de Saturne au Lion nous marque l'origine d'un tel crime. Plaisante justice qu'une rivière borne[2]! Vérité au deçà des Pyrénées, erreur au delà.

Ils confessent que la justice n'est pas dans ces coutumes, mais qu'elle réside dans les lois naturelles, connues en tout pays. Certainement ils la soutiendraient opiniâtrément, si la témérité du hasard qui a semé les lois humaines en avait rencontré au moins une qui fût universelle; mais la plaisanterie est telle que le caprice des hommes s'est si bien diversifié, qu'il n'y en a point.

Le larcin, l'inceste, le meurtre des enfants et des pères, tout a eu sa place entre les actions vertueuses. Se peut-il rien de plus plaisant, qu'un homme ait droit de me tuer parce qu'il demeure au delà de l'eau, et que son prince a querelle contre le mien, quoique je n'en aie aucune avec lui?

Il y a sans doute des lois naturelles; mais cette belle raison corrompue a tout corrompu: *Nihil amplius nostrum est; quod nostrum dicimus, artis est. — Ex senatusconsultis et plebiscitis crimina exercentur. — Ut olim vitiis, sic nunc legibus laboramus.*

De cette confusion arrive que l'un dit que l'essence de la justice est l'autorité du législateur; l'autre, la commodité du souverain; l'autre, la coutume présente, et c'est le plus sûr: rien, suivant la seule raison, n'est juste de soi; tout branle avec le temps. La coutume fait toute l'équité, par cette seule raison qu'elle est reçue; c'est le fondement mystique de son autorité. Qui la ramène à son principe, l'anéantit. Rien n'est si fautif que ces lois qui redressent les fautes; qui leur obéit parce qu'elles sont justes, obéit à la justice qu'il imagine, mais non pas à l'essence de la loi: elle est toute ramassée en soi; elle est loi, et rien davantage. Qui voudra en examiner le motif le trouvera si faible et si léger, que, s'il n'est accoutumé à contempler les prodiges de l'imagination humaine, il admirera qu'un siècle lui ait tant acquis de pompe et de révérence. L'art de fronder (et) bouleverser les États, est d'ébranler les coutumes établies en sondant jusque dans leur source, pour marquer leur défaut de justice. Il faut, dit-on, recourir aux lois fondamentales et primitives de l'État, qu'une coutume injuste a abolies. C'est un jeu sûr pour tout perdre; rien ne sera juste à cette balance. Cependant le peuple prête aisément l'oreille à ces discours. Ils secouent le joug dès qu'ils le reconnaissent; et les grands en profitent à sa ruine, et à celle de ces curieux examinateurs des coutumes reçues. Mais, par un défaut contraire, les hommes croient quelquefois

---

« La droiture et la justice, si l'homme en cognoissoit qui eust corps et veritable essence, il ne s'attacheroit pas à la condition des coustumes de cette contree ou de celle là. » (Montaigne.)

[2] Var. du ms.: « Que le trajet d'une rivière rend crime. » L'idée est prise de Montaigne qui a dit: « Quelle vérité est ce que ces montaignes bornent, mensonge au monde qui se tient au delà? » Tout le morceau du reste a été évidemment inspiré par l'auteur des *Essais*, et c'est ici l'occasion de rappeler ces mots de M. Sainte-Beuve: « Montaigne... se peut étudier au sein de Pascal. Il fut pour lui à certaines heures le renard de l'enfant lacédémonien, le renard caché sous la robe. Pascal en était souvent repris et mordu, et dévoré. En vain il l'écrase, il le rejette: le rusé revient toujours. Il s'en inquiète, il le cite, il le transcrit quelquefois dans le tissu de ses propres *Pensées*, et on s'y est mépris dans l'édition donnée par ses amis. il y a des phrases de Montaigne qu'on y a laissées comme étant de Pascal[1].

[1] Ou du moins c'est du Montaigne rédigé plus brièvement par Pascal; ainsi la pensée: *Plaisante justice qu'une rivière ou une montagne borne...* et cette autre: *Le plus grand philosophe sur une planche...* — Voir le chapitre intitulé: *Apologie de Raimond Sebond*. (Sainte-Beuve.)

pouvoir faire avec justice tout ce qui n'est pas sans exemple. C'est pourquoi le plus sage des législateurs disait que, pour le bien des hommes il faut souvent les piper [1]; et un autre,[2] bon politique : *Quum veritatem qua liberetur ignoret, expedit quod fallatur*. Il ne faut pas qu'il sente la vérité de l'usurpation ; elle a été introduite autrefois sans raison, elle est devenue raisonnable ; il faut la faire regarder comme authentique, éternelle, et en cacher le commencement, si on ne veut qu'elle ne prenne bientôt fin.

V

L'esprit de ce souverain juge du monde [3] n'est pas si indépendant qu'il ne soit sujet à être troublé par le premier tintamarre qui se fait autour de lui. Il ne faut pas le bruit d'un canon pour empêcher ses pensées : il ne faut que le bruit d'une girouette ou d'une poulie [4]. Ne vous étonnez pas s'il ne raisonne pas bien à présent ; une mouche bourdonne à ses oreilles : c'en est assez pour le rendre incapable de bon conseil. Si vous voulez qu'il puisse trouver la vérité, chassez cet animal qui tient sa raison en échec, et trouble cette puissante intelligence qui gouverne les villes et les royaumes. Le plaisant dieu que voilà ! *O ridicolisissimo eroe !*

VI

Montaigne a tort [5] : la coutume ne doit être suivie que parce qu'elle est coutume, et non parce qu'elle soit raisonnable ou juste ; mais le peuple la suit par cette seule raison qu'il la croit juste : sinon, il ne la suivrait plus, quoiqu'elle fût coutume car on ne veut être asujetti qu'à la raison ou à la justice. La coutume, sans cela, passerait pour tyrannie ; mais l'empire de la raison et de la justice n'est non plus tyrannique que celui de la délectation : ce sont les principes naturels à l'homme.

Il serait donc bon qu'on obéît aux lois et coutumes, parce qu'elles sont lois ; qu'il sût qu'il n'y en a aucune vraie et juste à introduire ; que nous n'y connaissons rien, et qu'ainsi il faut seulement suivre les reçues : par ce moyen on ne les quitterait jamais. Mais le peuple n'est pas susceptible de cette doctrine ; et ainsi, comme il croit que la vérité se peut trouver, et qu'elle est dans les lois et coutumes, il les croit et prend leur antiquité comme une preuve de leur vérité, et non de leur seule autorité sans vérité. Ainsi il y obéit ; mais il est sujet à se révolter dès qu'on lui montre qu'elles ne valent rien ; ce qui se peut faire voir de toutes, en les regardant d'un certain côté.

§ *Injustice.* — Il est dangereux de dire au peuple que les lois ne sont pas justes ; car il n'obéit qu'à cause qu'il les croit justes. C'est pourquoi il lui faut dire en même temps qu'il y faut obéir parce qu'elles sont lois, comme il faut obéir aux supérieurs, non parce qu'ils sont justes, mais parce qu'ils sont supérieurs. Par là voilà toute sédition prévenue, si on peut faire entendre cela, et ce que c'est proprement que la définition de la justice.

VII

Il y a une différence universelle et essentielle entre les actions de la volonté et toutes les autres.

---

[1] Platon traicte ce mystere d'un ieu assez descouvert... Il dict tout destrousseement, en sa Republique : Que pour le proufit des hommes, il est souvent besoing de les piper. » (Montaigne.)

[2] Varron, cité par saint Augustin, *De civ. Dei*, IV, 27. Voici sa phrase entière : « *Præclara religio, quo confugiat liberandus infirmus, et quum veritatem,* etc.

[3] Var. du ms. : « La souveraine intelligence de ce monarque de l'univers » (barré).

[4] « Ce ne sont pas seulement... les grands accidents qui renversent nostre iugement, les moindres choses du monde le tournevirent » (Montaigne.)

[5] « A tort » est le texte du ms. Montaigne, qui est l'inconséquence même, chancelle perpétuellement dans son scepticisme, et il dit quelquefois que la coutume a du bon, et que c'est pour cela qu'on la suit. Pascal redresse ici Montaigne, il lui reproche ici cette concession et maintient que la force de la coutume se tire d'elle-même, c'est-à-dire de la seule faiblesse de l'homme. Arnauld cite cette pensée ou telle autre du même genre, comme un exemple des pensées qu'il est nécessaire de modifier, et qui sont *insoutenables;* Marguerite Périer soumet à son frère l'abbé Périer les difficultés que provoquait ce passage, ainsi que la nouvelle rédaction proposée par Arnauld : « *Montaigne n'a pas tort quand il dit que la coutume doit être suivie dès là qu'elle est coutume, etc., pourvu qu'on n'étende pas cela à des choses qui seroient contraires au droit naturel et divin.* Il est vray que, etc... » Bossut modifie encore la rédaction de Port-Royal (1re part. IX, 43) : « *Montaigne a raison;* la coutume doit être suivie dès là qu'elle est coutume et qu'on la trouve établie, *sans examiner si elle est raisonnable ou non ; cela s'entend toujours de ce qui n'est point contraire au droit naturel ou divin.* » (Cousin.)

La volonté est un des principaux organes de la créance ; non qu'elle forme la créance, mais parce que les choses sont vraies ou fausses, selon la face par où on les regarde. La volonté qui se plait à l'une plus qu'à l'autre, détourne l'esprit de considérer les qualités de celles qu'elle n'aime pas à voir : et ainsi l'esprit marchant d'une pièce avec la volonté, s'arrête à regarder la face qu'elle aime, et ainsi il en juge par ce qu'il y voit.

VIII

L'imagination grossit les petits objets jusqu'à en remplir notre âme, par une estimation fantastique ; et, par une insolence téméraire, elle amoindrit les grands jusqu'à sa mesure, comme en parlant de Dieu.

IX

Faiblesse. — Toutes les occupations des hommes sont à avoir du bien ; et ils ne sauraient avoir de titre pour montrer qu'ils le possèdent par justice, car ils n'ont que la fantaisie des hommes ; ni force pour le posséder sûrement. Il en est de même de la science, car la maladie l'ôte. Nous sommes incapables et de vrai et de bien.

X

Qu'est-ce que nos principes naturels, sinon nos principes accoutumés ? Et dans les enfants ceux qu'ils ont reçus de la coutume de leurs pères, comme la chasse dans les animaux ?

Une différente coutume en donnera d'autres principes naturels. Cela se voit par expérience ; et s'il y en a d'ineffaçables à la coutume, il y en a aussi de la coutume contre la nature, ineffaçables à la nature et à une seconde coutume. Cela dépend de la disposition.

¶ Les pères craignent que l'amour naturel des enfants ne s'efface. Quelle est donc cette nature sujette à être effacée ? La coutume est une seconde nature qui détruit la première. Pourquoi la coutume n'est-elle pas naturelle ? J'ai bien peur que cette nature ne soit elle-même qu'une première coutume, comme la coutume est une seconde nature.

XI

Si nous rêvions toutes les nuits la même chose, elle nous affecterait autant que les objets que nous voyons tous les jours ; et si un artisan était sûr de rêver toutes les nuits, douze heures durant, qu'il est roi, je crois qu'il serait presque aussi heureux qu'un roi qui rêverait toutes les nuits, douze heures durant, qu'il serait artisan.

Si nous rêvions toutes les nuits que nous sommes poursuivis par des ennemis, et agités par ces fantômes pénibles, et qu'on passât tous les jours en diverses occupations, comme quand on fait voyage, on souffrirait presque autant que si cela était véritable, et on appréhenderait de dormir, comme on appréhende le réveil quand on craint d'entrer dans de tels malheurs en effet. Et en effet il ferait à peu près les mêmes maux que la réalité. Mais parce que les songes sont tous différents, et qu'un même se diversifie, ce qu'on y voit affecte bien moins que ce qu'on voit en veillant, à cause de la continuité, qui n'est pourtant pas si continue et égale qu'elle ne change aussi, mais moins brusquement, si ce n'est rarement, comme quand on voyage ; et alors on dit : Il me semble que je rêve ; car la vie est un songe un peu moins inconstant.

XII

[1] *Contre le pyrrhonisme.* — ... Nous supposons que tous les conçoivent de même sorte : mais nous le supposons bien gratuitement ; car nous n'en avons aucune preuve. Je vois bien qu'on applique ces mots dans les mêmes occasions ; et que toutes les fois que deux hommes voient un corps changer de place, ils expriment tous deux la vue de ce même objet par le même mot, en disant l'un et l'autre qu'il s'est mû ; et de cette conformité d'application on tire une puissante conjecture d'une conformité d'idée ; mais cela n'est pas absolument convaincant, de la dernière conviction, quoiqu'il y ait bien à parier pour l'affirmative ; puisqu'on sait qu'on tire souvent les mêmes conséquences des suppositions différentes.

Cela suffit pour embrouiller au moins la matière ; non que cela éteigne absolument la clarté naturelle qui nous assure de ces choses, les

---

[1] Ce passage commençait par ces mots : « C'est donc une chose étrange qu'on ne peut définir ces choses sans les obscurcir » (barré).

académiciens[1] auraient gagné ; mais cela la ternit, et trouble les dogmatistes, à la gloire de la cabale pyrrhonienne, qui consiste à cette ambiguïté ambiguë, et dans une certaine obscurité douteuse, dont nos doutes ne peuvent ôter toute la clarté, ni nos lumières naturelles en chasser toutes les ténèbres.

XIII

Spongia solis. — Quand nous voyons un effet arriver toujours de même, nous en concluons une nécessité naturelle, comme, qu'il sera demain jour, etc. ; mais souvent la nature nous dément, et ne s'assujettit pas à ses propres règles.

XIV

Contradiction est une mauvaise marque de vérité.

Plusieurs choses certaines sont contredites, plusieurs fausses passent sans contradiction : ni la contradiction n'est marque de fausseté, ni l'incontradiction n'est marque de vérité.

XV

Le monde juge bien des choses, car il est dans l'ignorance naturelle qui est le vrai siége de l'homme. Les sciences ont deux extrémités qui se touchent : la première est la pure ignorance naturelle où se trouvent tous les hommes en naissant. L'autre extrémité est celle où arrivent les grandes âmes, qui, ayant parcouru tout ce que les hommes peuvent savoir, trouvent qu'ils ne savent rien, et se rencontrent en cette même ignorance d'où ils étaient partis[2]. Mais c'est une ignorance savante qui se connaît. Ceux d'entre eux qui sont sortis de l'ignorance naturelle et n'ont pu arriver à l'autre, ont quelque teinture de cette science suffisante, et font les entendus. Ceux-là troublent le monde et jugent mal de tout. Le peuple et les habiles composent le train du monde, ceux-là le méprisent et sont méprisés. Ils jugent mal de toutes choses, et le monde en juge bien[1].

XVI

L'homme n'est qu'un sujet plein d'erreur naturelle et ineffaçable sans la grâce. Rien ne lui montre la vérité : tout l'abuse. Ces deux principes de vérité, la raison et les sens, outre qu'ils manquent chacun de sincérité, s'abusent réciproquement l'un l'autre. Les sens abusent la raison par de fausses apparences ; et cette même piperie qu'ils apportent à la raison il la reçoivent d'elle à leur tour : elle s'en revanche. Les passions de l'âme troublent les sens et leur font des impressions fausses. Ils mentent et se trompent à l'envi[2].

XVII

Ce qui m'étonne le plus est de voir que tout le monde n'est pas étonné de sa faiblesse. On agit sérieusement, et chacun suit sa condition, non pas parce qu'il est bon en effet de la suivre, puisque la mode en est ; mais comme si chacun savait certainement où est la raison et la justice.

---

[1] « Les académiciens. » Les philosophes grecs de l'école sceptique qu'on appelait la nouvelle Académie. Ils soutenaient qu'on ne peut rien savoir, tandis que les pyrrhoniens ne savent même pas si l'on peut savoir ou non. (Havet.)

[2] « Il se peult dire, avecques apparence, qu'il y a ignorance abecedaire, qui va devant la science, aultre doctorale, qui vient aprez la science, etc. Les paysans simples sont honnestes gents, et honnestes gents les philosophes, ou selon que nostre temps les nomme, des natures fortes et claires, enrichies d'une large instruction de sciences utiles ; les mestis, qui ont desdaigné le premier siege de l'ignorance des lettres, et n'ont pu ioindre l'autre (le cul entre deux selles, desquels ie suis et tant d'aultres), sont dangereux, ineptes, importuns ; *ceulx-cy troublent le monde.* » (Montaigne.)

[1] Maxime admirable de Pascal, mais qu'il faut bien entendre. Qui croirait que Pascal a voulu dire que les habiles doivent vivre dans l'inapplication et la mollesse, etc., condamnerait toute la vie de Pascal par sa propre maxime ; car personne n'a moins vécu comme le peuple que Pascal à ces égards : donc le vrai sens de Pascal, c'est que tout homme qui cherche à se distinguer par des apparences singulières, qui ne rejette pas les maximes vulgaires parce qu'elles sont mauvaises, mais parce qu'elles sont vulgaires, qui s'attache à des sciences stériles, purement curieuses et de nul usage dans le monde, qui est pourtant gonflé de cette fausse science, et ne peut arriver à la véritable : un tel homme, comme il dit plus haut, trouble le monde, et juge plus mal que les autres. En deux mots, voici sa pensée expliquée d'une autre manière : Ceux qui n'ont qu'un esprit médiocre ne pénètrent pas jusqu'au bien ou jusqu'à la nécessité qui autorise certains usages, et s'érigent mal à propos en réformateurs de leur siècle : les habiles mettent à profit la coutume bonne ou mauvaise, abandonnent leur extérieur aux légèretés de la mode, et savent se proportionner au besoin de tous les esprits. (Vauvenargues.)

[2] *Cette mesme piperie* que les sens apportent à nostre entendement, *ils la reçoivent à leur tour* ; nostre ame parfois s'en revenche de mesme : *ils mentent et se trompent à l'envy.* » (Montaigne.)

On se trouve déçu à toute heure; et, par une plaisante humilité, on croit que c'est sa faute, et non pas celle de l'art, qu'on se vante toujours d'avoir. Mais il est bon qu'il y ait tant de ces gens-là au monde, qui ne soient pas pyrrhoniens pour la gloire du pyrrhonisme, afin de montrer que l'homme est bien capable des plus extravagantes opinions, puisqu'il est capable de croire qu'il n'est pas dans cette faiblesse naturelle et inévitable, et de croire qu'il est, au contraire, dans la sagesse naturelle.

Rien ne fortifie plus le pyrrhonisme que ce qu'il y en a qui ne sont point pyrrhoniens : si tous l'étaient, ils auraient tort.

XVIII

Cette secte se fortifie par ses ennemis plus que par ses amis ; car la faiblesse de l'homme paraît bien davantage en ceux qui ne la connaissent pas qu'en ceux qui la connaissent.

Si on est trop jeune, on ne juge pas bien ; trop vieil, de même ; si on n'y songe pas assez... si on y songe trop, on s'entête et on s'en coiffe. Si on considère son ouvrage incontinent après l'avoir fait, on en est encore tout prévenu ; si trop longtemps après, on n'y entre plus. Aussi les tableaux, vus de trop loin et de trop près ; et il n'y a qu'un point indivisible qui soit le véritable lieu : les autres sont trop près, trop loin, trop haut ou trop bas. La perspective l'assigne dans l'art de la peinture ; mais dans la vérité et dans la morale, qui l'assignera ?

XIX

Ceux qui sont dans le dérèglement disent à ceux qui sont dans l'ordre que ce sont eux qui s'éloignent de la nature, et ils la croient suivre : comme ceux qui sont dans un vaisseau croient que ceux qui sont au bord fuient. Le langage est pareil des deux côtés. Il faut avoir un point fixe pour en juger. Le port juge ceux qui sont dans le vaisseau ; mais où prendrons-nous un point dans la morale ?

CHAPITRE V

Inquiétude de l'homme. — Occupations et divertissements.

I

Nous ne nous tenons jamais au temps présent. Nous anticipons l'avenir comme trop lent à venir, comme pour hâter son cours ; ou nous rappelons le passé, pour l'arrêter comme trop prompt : si imprudents que nous errons dans les temps qui ne sont pas nôtres, et ne pensons point au seul qui nous appartient ; et si vains que nous songeons à ceux qui ne sont plus rien et échappons sans réflexion le seul qui subsiste. C'est que le présent d'ordinaire nous blesse. Nous le cachons à notre vue, parce qu'il nous afflige ; et s'il nous est agréable, nous regrettons de le voir échapper. Nous tâchons de le soutenir par l'avenir, et pensons à disposer les choses qui ne sont pas en notre puissance, pour un temps où nous n'avons aucune assurance d'arriver.

Que chacun examine ses pensées, il les trouvera toujours occupées au passé et à l'avenir. Nous ne pensons presque point au présent ; et si nous y pensons, ce n'est que pour en prendre la lumière, pour disposer de l'avenir. Le présent n'est jamais notre fin ; le passé et le présent sont nos moyens ; le seul avenir est notre fin. Ainsi nous ne vivons jamais, mais nous espérons de vivre ; et, nous disposant toujours à être heureux, il est inévitable que nous ne le soyons jamais.

II

On charge les hommes, dès l'enfance, du soin de leur honneur, de leur bien, de leurs amis, et encore du bien et de l'honneur de leurs amis. On les accable d'affaires, de l'apprentissage des langues et des sciences, et on leur fait entendre qu'ils ne sauraient être heureux sans que leur santé, leur honneur, leur fortune et celle de leurs amis soient en bon état, et qu'une seule chose qui manque les rendrait malheureux. Ainsi on leur donne des charges et des affaires qui les font tracasser dès la pointe du jour. Voilà, direz-vous, une étrange manière de les rendre heureux ! Que pourrait-on faire de mieux pour les rendre malheureux? Comment! ce qu'on pourrait faire? Il ne faudrait que leur ôter tous ces soins; car alors ils se verraient, ils penseraient à ce qu'ils sont, d'où ils viennent, où ils vont; et ainsi on ne peut trop les occuper et les détourner; et c'est pourquoi, après leur avoir tant préparé d'affaires, s'ils ont quelque temps de relâche, on leur conseille de l'employer à se divertir, à jouer, et à s'occuper toujours tout entiers[1].

§ *Divertissement*[2]. — Quand je m'y suis mis quelquefois à considérer les diverses agitations des hommes, et les périls et les peines où ils s'exposent, dans la cour, dans la guerre, d'où naissent tant de querelles, de passions, d'entreprises hardies et souvent mauvaises, j'ai dit souvent que tout le malheur des hommes vient d'une seule chose, qui est de ne savoir pas demeurer en repos dans une chambre. Un homme qui a assez de bien pour vivre, s'il savait demeurer chez soi avec plaisir, n'en sortirait pas pour aller sur la mer ou au siége d'une place. On n'achètera une charge à l'armée si cher que parce qu'on trouvera insupportable de ne bouger de la ville; et on ne recherche la conversation et les divertissements des jeux que parce qu'on ne peut demeurer chez soi avec plaisir.

Mais quand j'ai pensé de plus près, et qu'après avoir trouvé la cause de tous nos malheurs, j'ai voulu en découvrir la raison, j'ai trouvé qu'il y en a une bien effective, qui consiste dans le malheur naturel de notre condition faible et mortelle, et si misérable, que rien ne peut nous consoler, lorsque nous y pensons de près.

Quelque condition qu'on se figure, si l'on assemble tous les biens qui peuvent nous appartenir, la royauté est le plus beau poste du monde, et cependant qu'on s'imagine [un roi] accompagné de toutes les satisfactions qui peuvent le toucher; s'il est sans divertissement, et qu'on le laisse considérer et faire réflexion sur ce qu'il est, cette félicité languissante ne le soutiendra point; il tombera par nécessité dans les vues qui le menacent, des révoltes qui peuvent arriver, et enfin de la mort et des maladies qui sont inévitables; de sorte que, s'il est sans ce qu'on appelle divertissement, le voilà malheureux, et plus malheureux que le moindre de ses sujets qui joue et qui se divertit.

De là vient que le jeu et la conversation des femmes, la guerre, les grands emplois, sont si recherchés. Ce n'est pas qu'il y ait en effet du bonheur, ni qu'on s'imagine que la vraie béatitude soit dans l'argent qu'on peut gagner au jeu, ou dans le lièvre qu'on court. On n'en voudrait pas s'il était offert. Ce n'est pas cet usage mol et paisible, et qui nous laisse penser à notre malheureuse condition, qu'on recherche, ni les dangers de la guerre, ni la peine des emplois, mais c'est le tracas qui nous détourne d'y penser et nous divertit[1].

De là vient que les hommes aiment tant le bruit et le remuement; de là vient que la prison est un supplice si horrible; de là vient que le plaisir de la solitude est une chose incompréhensible. Et c'est enfin le plus grand sujet de félicité de la condition des rois, de ce qu'on essaye sans cesse à les divertir, et à leur procurer toutes sortes de plaisirs.

Le roi est environné de gens qui ne pensent qu'à divertir le roi, et l'empêchent de penser à lui. Car il est malheureux, tout roi qu'il est, s'il y pense.

Voilà tout ce que les hommes ont pu inventer pour se rendre heureux. Et ceux qui font sur cela les philosophes, et qui croient que le monde est bien peu raisonnable de passer tout le jour à courir après un lièvre qu'ils ne voudraient pas avoir acheté, ne connaissent guère notre nature. Ce lièvre ne nous garantirait pas de la vue de la mort et des misères qui nous en détournent, mais la chasse nous en garantit. Et ainsi quand on leur reproche que ce qu'ils cherchent avec tant d'ardeur ne saurait les satisfaire, s'ils répondaient, comme ils devraient

---

[1] En marge dans le ms. : *Que le cœur de l'homme est creux et plein d'ordure!*

[2] Par ce mot *divertissement* qui se trouve dans le ms. répété en tête de plusieurs fragments, Pascal fait allusion au besoin qu'éprouvent les hommes de s'occuper ou de s'amuser, pour ne point penser au problème de la vie présente et aux mystères de la vie future. C'est ce qui ressort de ce paragraphe et de tous ceux qui portent le même titre.

[1] En marge dans le ms. : *Raison pourquoi on aime mieux la chasse que la prise.*

le faire s'ils y pensaient bien, qu'ils ne cherchent en cela qu'une occupation violente et impétueuse, qui les détourne de penser à soi, et que c'est pour cela qu'ils se proposent un objet attirant qui les charme et les attire avec ardeur, ils laisseraient leurs adversaires sans repartie[1]. Mais ils ne répondent pas cela, parce qu'ils ne se connaissent pas eux-mêmes[2] ; ils ne savent pas que ce n'est que la chasse, et non la prise, qu'ils recherchent.

Ils s'imaginent que, s'ils avaient obtenu cette charge, ils se reposeraient ensuite avec plaisir, et ne sentent pas la nature insatiable de leur cupidité. Ils croient chercher sincèrement le repos, et ne cherchent en effet que l'agitation.

Ils ont un instinct secret qui les porte à chercher le divertissement et l'occupation au dehors, qui vient du ressentiment de leurs misères continuelles ; et ils ont un autre instinct secret, qui reste de la grandeur de notre première nature qui leur fait connaître que le bonheur n'est en effet que dans le repos, et non pas dans le tumulte ; et de ces deux instincts contraires, il se forme en eux un projet confus, qui se cache à leur vue dans le fond de leur âme, qui les porte à tendre au repos par l'agitation, et à se figurer toujours que la satisfaction qu'ils n'ont point leur arrivera, si, en surmontant quelques difficultés qu'ils envisagent, ils peuvent s'ouvrir par là la porte au repos.

Ainsi s'écoule toute la vie. On cherche le repos en combattant quelques obstacles ; et si on les a surmontés, le repos devient insupportable ; car, ou l'on pense aux misères qu'on a, ou à celles qui nous menacent. Et quand on se verrait même assez à l'abri de toutes parts, l'ennui, de son autorité privée, ne laisserait pas de sortir au fond du cœur, où il y a des racines naturelles, et remplir l'esprit de son venin.

Le conseil qu'on donnait à Pyrrhus de prendre le repos qu'il allait chercher par tant de fatigue, recevait bien des difficultés.

Ainsi l'homme est si malheureux, qu'il s'ennuierait même sans aucune cause d'ennui, par l'état propre de sa complexion ; et il est si vain, qu'étant plein de mille causes essentielles d'ennui, la moindre chose, comme un billard et une balle[1] qu'il pousse, suffisent pour le divertir.

Mais, direz-vous, quel objet a-t-il en tout cela ? Celui de se vanter demain entre ses amis de ce qu'il a mieux joué qu'un autre. Ainsi les autres suent dans leur cabinet pour montrer aux savants qu'ils ont résolu une question d'algèbre qu'on n'aurait pu trouver jusqu'ici ; et tant d'autres s'exposent aux derniers périls pour se vanter ensuite d'une place qu'ils auront prise, et aussi sottement, à mon gré. Et enfin les autres se tuent pour remarquer toutes ces choses, non pas pour en devenir plus sages, mais seulement pour montrer qu'ils les savent ; et ceux-là sont les plus sots de la bande, puisqu'ils le sont avec connaissance, au lieu qu'on peut penser des autres qu'ils ne le seraient plus s'ils avaient cette connaissance.

Tel homme passe sa vie sans ennui, en jouant tous les jours peu de chose. Donnez-lui tous les matins l'argent qu'il peut gagner chaque jour, à la charge qu'il ne joue point : vous le rendez malheureux. On dira peut-être que c'est qu'il cherche l'amusement du jeu, et non pas le gain. Faites-le donc jouer pour rien, il ne s'y échauffera pas et s'y ennuiera. Ce n'est donc pas l'amusement seul qu'il recherche : un amusement languissant et sans passion l'ennuiera. Il faut qu'il s'y échauffe et qu'il se pipe lui-même, en s'imaginant qu'il serait heureux de gagner ce qu'il ne voudrait pas qu'on lui donnât à condition de ne point jouer, afin qu'il se forme un sujet de passion, et qu'il excite sur cela son désir, sa colère, sa crainte, pour l'objet qu'il s'est formé, comme les enfants[2] qui s'effrayent du visage qu'ils ont barbouillé.

D'où vient que cet homme qui a perdu depuis peu de mois son fils unique, et qui, accablé de procès et de querelles, était ce matin si troublé, n'y pense plus maintenant? Ne vous en étonnez pas : il est tout occupé à voir par où passera ce

---

[1] En marge dans le ms. : *La danse. Il faut bien penser où l'on mettra ses pieds.*

[2] En marge dans le ms. : *Le gentilhomme croit sincèrement que la chasse est un plaisir grand et un plaisir royal ; mais son piqueur n'est pas de ce sentiment-là.*

[1] Var. du ms. : « Comme un chien, une balle, un lièvre » (barré).

[2] C'est pitié que *nous nous pipons de nos propres singeries et inventions.. comme les enfants qui s'effroient de ce mesme visage qu'ils ont barbouillé et noircy à leur compaignon.* » (Montaigne.)

sanglier que les chiens poursuivent avec tant d'ardeur depuis six heures. Il n'en faut pas davantage[1]. L'homme, quelque plein de tristesse qu'il soit, si l'on peut gagner sur lui de le faire entrer en quelque divertissement, le voilà heureux pendant ce temps-là. Et l'homme, quelque heureux qu'il soit, s'il n'est diverti et occupé par quelque passion ou quelque amusement qui empêche l'ennui de se répandre, sera bientôt chagrin et malheureux. Sans divertissement il n'y a point de joie, avec le divertissement il n'y a point de tristesse. Et c'est aussi ce qui forme le bonheur des personnes de grande condition, qu'ils ont un nombre de personnes qui les divertissent, et qu'ils ont le pouvoir de se maintenir en cet état.

Prenez-y garde. Qu'est-ce autre chose d'être surintendant, chancelier, premier président, sinon d'être en une condition où l'on a dès le matin un grand nombre de gens qui viennent de tous côtés pour ne leur laisser pas une heure en la journée où ils puissent penser à eux-mêmes? Et quand ils sont dans la disgrâce et qu'on les envoie à leurs maisons des champs, où ils ne manquent ni de biens, ni de domestiques pour les assister dans leurs besoins, ils ne laissent pas d'être misérables et abandonnés, parce que personne ne les empêche de songer à eux.

¶ *Divertissement.* — La dignité royale n'est-elle pas assez grande d'elle-même pour celui qui la possède, pour le rendre heureux par la seule vue de ce qu'il est? Faudra-t-il le divertir de cette pensée comme les gens du commun? Je vois bien que c'est rendre un homme heureux de le divertir de la vue de ses misères domestiques pour remplir toute sa pensée du soin de bien danser. Mais en sera-t-il de même d'un roi, et sera-t-il plus heureux en s'attachant à ces vains amusements qu'à la vue de sa grandeur? Et quel objet plus satisfaisant pourrait-on donner à son esprit? Ne serait-ce donc pas faire tort à sa joie, d'occuper son âme à penser à ajuster ses pas à la cadence d'un air, ou à placer adroitement une balle, au lieu de le laisser jouir en repos de la contemplation de la gloire majestueuse qui l'environne? Qu'on en fasse l'épreuve : qu'on laisse un roi tout seul, sans aucune satisfaction des sens, sans aucun soin dans l'esprit, sans compagnie, penser à lui tout à loisir, et l'on verra qu'un roi sans divertissement est un homme plein de misères. Aussi on évite cela soigneusement, et il ne manque jamais d'y avoir auprès des personnes des rois un grand nombre de gens qui veillent à faire succéder le divertissement à leurs affaires, et qui observent tout le temps de leur loisir pour leur fournir des plaisirs et des jeux, en sorte qu'il n'y ait point de vide ; c'est-à-dire qu'ils sont environnés de personnes qui ont un soin merveilleux de prendre garde que le roi ne soit seul et en état de penser à soi, sachant bien qu'il sera misérable, tout roi qu'il est, s'il y pense.

Je ne parle point en tout cela des rois chrétiens comme chrétiens, mais seulement comme rois.

¶ *Misère.* — La seule chose qui nous console de nos misères est le divertissement, et cependant c'est la plus grande de nos misères. Car c'est cela qui nous empêche principalement de songer à nous, et qui nous fait perdre insensiblement. Sans cela, nous serions dans l'ennui, et cet ennui nous pousserait à chercher un moyen plus solide d'en sortir. Mais le divertissement nous amuse, et nous fait arriver insensiblement à la mort.

Divertissement. — Si l'homme était heureux,

---

[1] Var. du ms. : « Cet homme si affligé de la mort de sa femme et de son fils unique, qui a cette grande querelle qui le tourmente, d'où vient qu'à ce moment il n'est pas triste, et qu'on le voit si exempt de toutes ces pensées pénibles et inquiétantes? Il ne faut pas s'en étonner ; on vient de lui servir une balle, et il faut qu'il la rejette à son compagnon. Il est occupé à la prendre à la chute du toit pour gagner une chasse ; comment voulez-vous qu'il pense à ses affaires, ayant cette autre affaire à manier? Voilà un soin digne d'occuper cette grande âme, et de lui ôter toute autre pensée de l'esprit. Cet homme, né pour connaître l'univers, pour juger de toutes choses, pour régir tout un État, le voilà occupé et tout rempli du soin de prendre un lièvre. Et s'il ne s'abaisse à cela et [qu'il] veuille toujours être tendu, il n'en sera que plus sot, parce qu'il voudra s'élever au-dessus de l'humanité, et il n'est qu'un homme, au bout du compte, c'est-à-dire capable de peu et de beaucoup, de tout et de rien. Il n'est ni ange ni bête, mais homme. Une seule pensée nous occupe, nous ne pouvons penser à deux choses à la fois. Dont bien nous prend selon le monde, non selon Dieu » (barré).

[1] Nicole, dans le *Traité de la connaissance de soi-même*, chap. 1ᵉʳ, et dans la *Lettre au marquis de Sévi-*

il le serait d'autant plus qu'il serait moins diverti, comme les saints et Dieu.

Oui, mais n'est-ce pas être heureux que de pouvoir être réjoui par le divertissement? Non, car il vient d'ailleurs et de dehors : et ainsi il est dépendant, et partant, sujet à être troublé par mille accidents, qui font les afflictions inévitables.

CHAPITRE VI.

De quelques opinions et de quelques usages.

I

Pyrrhonisme. — J'écrirai ici mes pensées sans ordre, et non pas peut-être dans une confusion sans dessein : c'est le véritable ordre, et qui marquera toujours mon objet par le désordre même.

Je ferais trop d'honneur à mon sujet si je le traitais avec ordre, puisque je veux montrer qu'il en est incapable.

II

Raison des effets. — Gradation. Le peuple honore les personnes de grande naissance. Les demi-habiles les méprisent, disant que la naissance n'est pas un avantage de la personne, mais du hasard. Les habiles les honorent, non par la pensée du peuple, mais par la pensée de derrière. Les dévots qui ont plus de zèle que de science les méprisent, malgré cette considération qui les fait honorer par les habiles, parce qu'ils en jugent par une nouvelle lumière que la piété leur donne. Mais les chrétiens parfaits les honorent par une autre lumière supérieure. Ainsi se vont les opinions succédant du pour au contre, selon qu'on a de lumière.

¶ *Raison des effets.* — Renversement continuel du pour au contre.

Nous avons donc montré que l'homme est vain, par l'estime qu'il fait des choses qui ne sont point essentielles. Et toutes ces opinions sont détruites. Nous avons montré ensuite que toutes ces opinions sont très-saines, et qu'ainsi,

toutes ces vanités étant très-bien fondées, le peuple n'est pas si vain qu'on dit. Et ainsi nous avons détruit l'opinion qui détruisait celle du peuple.

Mais il faut détruire maintenant cette dernière proposition, et montrer qu'il demeure toujours vrai que le peuple est vain, quoique ses opinions soient saines, parce qu'il n'en sent pas la vérité où elle est, et que, la mettant où elle n'est pas, ses opinions sont toujours très-fausses et très-malsaines.

Raison des effets. — Il est donc vrai de dire que tout le monde est dans l'illusion : car, encore que les opinions du peuple soient saines, elles ne le sont pas dans sa tête, car il pense que la vérité est où elle n'est pas. La vérité est bien dans leurs opinions, mais non pas au point où ils se figurent. Par exemple, il est vrai qu'il faut honorer les gentilshommes, mais non pas parce que la naissance est un avantage effectif, etc.

III

Opinions du peuple saines. — Le plus grand des maux est les guerres civiles. Elles sont sûres, si on veut récompenser les mérites, car tous diront qu'ils méritent. Le mal à craindre d'un sot, qui succède par droit de naissance, n'est ni si grand, ni si sûr [1].

IV

Pourquoi suit-on la pluralité? est-ce à cause qu'ils ont plus de raison? non, mais plus de

---

gné, s'est livré à un examen approfondi des idées développées par Pascal dans les pages qu'on vient de lire.

[1] « N'est-ce pas rendre à Pascal un hommage que son cœur eût dédaigné, que d'admirer la profondeur d'esprit qui se révèle dans ses *Pensées*? Si je regarde celles qui touchent à la religion, n'est-il pas admirable qu'il ait vu plus loin que Bossuet, venu après lui, et lui-même un si grand homme? Toute la polémique de Bossuet est dirigée contre les protestants; il s'agit de dissidences sur des points secondaires, lesquelles n'affaiblissent pas le fond de la religion, puisqu'elles ne touchent ni à la révélation, ni à la divinité de Jésus-Christ. La polémique de Pascal était dirigée contre les incrédules, et cet incomparable génie guerroyai déjà contre l'esprit du dix-huitième siècle par-dessus la tête de Bossuet, lequel l'entrevoit à peine et en flétrit les premiers représentants du nom dédaigneux de libertins. Si je regarde celles des *Pensées* qui touchent à la société, aux gouvernements, à la justice, aux grands, Pascal voit plus loin que Descartes, dont la politique est de s'accommoder de ce qui est établi, plus loin que Bossuet qui bornait ses vues à la monarchie absolue tempérée par des lois fondamentales : il prévoit dès le milieu du dix-septième siècle et indique les grands changements de la fin du dix-huitième. » (Nisard.)

force. Pourquoi suit-on les anciennes lois et anciennes opinions? est-ce qu'elles sont les plus saines? non, mais elles sont uniques, et nous ôtent la racine de la diversité.

V

L'empire fondé sur l'opinion et l'imagination règne quelque temps, et cet empire est doux et volontaire : celui de la force règne toujours. Ainsi l'opinion est comme la reine du monde, mais la force en est le tyran.

VI

Que l'on a bien fait de distinguer les hommes par l'extérieur, plutôt que par les qualités intérieures ! Qui passera de nous deux? qui cédera la place à l'autre? Le moins habile? mais je suis aussi habile que lui ; il faudra se battre sur cela. Il a quatre laquais, et je n'en ai qu'un : cela est visible ; il n'y a qu'à compter ; c'est à moi à céder, et je suis un sot si je conteste. Nous voilà en paix par ce moyen ; ce qui est le plus grand des biens[1].

VII

La coutume de voir les rois accompagnés de gardes, de tambours, d'officiers, et de toutes les choses qui plient la machine vers le respect et la terreur, fait que leur visage, quand il est seul et sans ces accompagnements, imprime dans leurs sujets le respect et la terreur, parce qu'on ne sépare pas dans la pensée leur personne d'avec leur suite, qu'on y voit d'ordinaire jointe. Et le monde, qui ne sait pas que cet effet a son origine dans cette coutume, croit qu'il vient d'une force naturelle ; et de là viennent ces mots : Le caractère de la Divinité est empreint sur son visage, etc.

¶ La puissance des rois est fondée sur la raison et sur la folie du peuple, et bien plus sur la folie. La plus grande et importante chose du monde a pour fondement la faiblesse : et ce fondement-là est admirablement sûr ; car il n'y a rien de plus sûr que cela, que le peuple sera faible. Ce qui est fondé sur la saine raison est bien mal fondé, comme l'estime de la sagesse.

VIII

Les Suisses s'offensent d'être dits gentilshommes, et prouvent la roture de race pour être jugés dignes de grands emplois.

IX

On ne choisit pas pour gouverner un vaisseau celui des voyageurs qui est de meilleure maison[1].

¶ Saint Augustin a vu qu'on travaille pour l'incertain, sur mer, en bataille, etc. ; il n'a pas vu la règle des partis, qui démontre qu'on le doit. Montaigne a vu qu'on s'offense d'un esprit boiteux, et que la coutume peut tout ; mais il n'a pas vu la raison de cet effet. Toutes ces personnes ont vu les effets, mais ils n'ont pas vu les causes ; ils sont à l'égard de ceux qui ont découvert les causes comme ceux qui n'ont que les yeux à l'égard de ceux qui ont l'esprit ; car les effets sont comme sensibles, et les causes sont visibles seulement à l'esprit. Et quoique ces effets-là se voient par l'esprit, cet esprit est à l'égard de l'esprit qui voit les causes comme les sens corporels à l'égard de l'esprit.

X

D'où vient qu'un boiteux ne nous irrite pas, et un esprit boiteux nous irrite? A cause qu'un boiteux reconnait que nous allons droit, et qu'un esprit boiteux dit que c'est nous qui boitons : sans cela nous aurions pitié et non colère.

---

[1] Cette pensée n'est pas dans le ms.; on y trouve seulement cette ligne isolée : *Il a quatre laquais*. On est bien tenté cependant d'attribuer à Pascal ce développement, dont la forme est vive, familière, dramatique. Peut-être les éditeurs l'ont-ils reproduit de souvenir, d'après une conversation de Pascal. (Havet.)

[1] M. Faugère donne cette pensée avec le développement suivant : « Les choses du monde les plus déraisonnables deviennent les plus raisonnables, à cause du déréglement des hommes. Qu'y a-t-il de moins raisonnable que de choisir pour gouverner un État le premier fils d'une reine? *On ne choisit pas pour gouverner un bateau celui des voyageurs qui est de meilleure maison* ; cette loi serait ridicule et injuste. Mais parce qu'ils le sont et le seront toujours [ridicules et injustes], elle devient raisonnable et juste. Car qui choisira-t-on? Le plus vertueux et le plus habile? Nous voilà incontinent aux mains : chacun prétend être le plus vertueux et le plus habile. Attachons donc cette qualité à quelque chose d'incontestable. C'est le fils aîné du roi ; cela est net, il n'y a point de dispute. La raison ne peut mieux faire ; car la guerre civile est le plus grand des maux. » M. Faugère a trouvé ce texte dans un cahier du médecin Vallant. Ce cahier, intitulé *Pensées de M. Pascal*, est conservé à la Bibliothèque nationale.

Épictète demande bien plus fortement pourquoi ne nous fâchons-nous pas si on dit que nous avons mal à la tête, et que nous nous fâchons de ce qu'on dit que nous raisonnons mal, ou que nous choisissons mal. Ce qui cause cela, est que nous sommes bien certains que nous n'avons pas mal à la tête et que nous ne sommes pas boiteux : mais nous ne sommes pas si assurés que nous choisissons le vrai. De sorte que, n'en ayant d'assurance qu'à cause que nous le voyons de toute notre vue, quand un autre voit de toute sa vue le contraire, cela nous met en suspens et nous étonne, et encore plus quand mille autres se moquent de notre choix ; car il faut préférer nos lumières à celles de tant d'autres, et cela est hardi et difficile. Il n'y a jamais cette contradiction dans les sens touchant un boiteux.

XI

Le respect est[1] : Incommodez-vous. Cela est vain en apparence, mais très-juste ; car c'est dire : Je m'incommoderais bien si vous en aviez besoin, puisque je le fais bien sans que cela vous serve. Outre que le respect est pour distinguer les grands : or, si le respect était d'être en fauteuil, on respecterait tout le monde, et ainsi on ne distinguerait pas : mais, étant incommodé, on distingue fort bien.

XII

Opinions du peuple saines. — Être brave[2] n'est pas trop vain ; car c'est montrer qu'un grand nombre de gens travaillent pour soi ; c'est montrer par ses cheveux qu'on a un valet de chambre, un parfumeur, etc. ; par son rabat, le fil, le passement, etc.

Or ce n'est pas une simple superficie, ni un simple harnais, d'avoir plusieurs bras. Plus on a de bras, plus on est fort. Être brave est montrer sa force.

XIII

Raison des effets. — Cela est admirable : on ne veut pas que j'honore un homme vêtu de brocatelle, et suivi de sept ou huit laquais ! Eh quoi ! il me fera donner les étrivières, si je ne le salue. Cet habit, c'est une force. C'est bien de même qu'un cheval bien enharnaché à l'égard d'un autre ! Montaigne est plaisant de ne pas voir quelle différence il y a, et d'admirer qu'on y en trouve, et d'en demander la raison. De vrai, dit-il, d'où vient...

XIV

Le peuple a les opinions très-saines ; par exemple : 1° D'avoir choisi le divertissement et la chasse plutôt que la poésie. Les demi-savants s'en moquent, et triomphent à montrer là-dessus la folie du monde ; mais, par une raison qu'ils ne pénètrent pas, on a raison ; 2° d'avoir distingué les hommes par le dehors, comme par la noblesse ou le bien : le monde triomphe encore à montrer combien cela est déraisonnable ; mais cela est très-raisonnable ; 3° de s'offenser pour avoir reçu un soufflet, ou de tant désirer la gloire. Mais cela est très-souhaitable, à cause des autres biens essentiels qui y sont joints. Et un homme qui a reçu un soufflet sans s'en ressentir est accablé d'injures et de nécessités ; 4° travailler pour l'incertain ; aller sur la mer ; passer sur une planche.

XV

C'est un grand avantage que la qualité, qui, dès dix-huit ou vingt ans, met un homme en passe[1], connu et respecté, comme un autre pourrait avoir mérité à cinquante ans : c'est trente ans gagnés sans peine.

XVI

N'avez-vous jamais vu des gens qui, pour se plaindre du peu d'état que vous faites d'eux, vous étalent l'exemple de gens de condition qui les estiment ? Je leur répondrais à cela : Montrez-moi le mérite par où vous avez charmé ces personnes, et je vous estimerai de même.

XVII

Un homme qui se met à la fenêtre pour voir les passants, si je passe par là, puis-je dire qu'il s'est mis là pour me voir ? Non ; car il ne pense pas à moi en particulier. Mais celui qui aime une personne à cause de sa beauté l'aime-t-il ? Non ; car la petite vérole, qui tuera la

---

[1] C'est-à-dire : « pour témoigner sa déférence envers une personne, il faut *s'incommoder*, se gêner, pour elle. »

[2] *Brave*, dans le sens d'*élégant, soigné dans sa mise.*

[1] C'est-à-dire : *met un homme en mesure de faire son chemin dans le monde.*

beauté sans tuer la personne, fera qu'il ne l'aimera plus. Et si on m'aime pour mon jugement, pour ma mémoire, m'aime-t-on, moi? Non; car je puis perdre ces qualités sans me perdre, moi. Où est donc ce moi, s'il n'est ni dans le corps, ni dans l'âme? Et comment aimer le corps ou l'âme, sinon pour ces qualités, qui ne sont point ce qui fait le moi, puisqu'elles sont périssables? Car aimerait-on la substance de l'âme d'une personne abstraitement, et quelques qualités qui y fussent? Cela ne se peut, et serait injuste. On n'aime donc jamais personne, mais seulement des qualités. Qu'on ne se moque donc plus de ceux qui se font honorer pour des charges et des offices, car on n'aime personne que pour des qualités empruntées.

XVIII

Les choses qui nous tiennent le plus, comme de cacher son peu de bien, ce n'est souvent presque rien. C'est un néant que notre imagination grossit en montagne. Un autre tour d'imagination nous le fait découvrir sans peine.

XIX

... C'est l'effet de la force, non de la coutume; car ceux qui sont capables d'inventer sont rares; les plus forts en nombre ne veulent que suivre, et refusent la gloire à ces inventeurs qui la cherchent par leurs inventions. Et s'ils s'obstinent à la vouloir obtenir, et mépriser ceux qui n'inventent pas, les autres leur donneront des noms ridicules, leur donneraient des coups de bâton. Qu'on ne se pique donc pas de cette subtilité, ou qu'on se contente en soi-même.

CHAPITRE VII

Sur l'inégalité des conditions, les lois, la justice, la force, le pouvoir politique.

I

Mien, tien. — Ce chien est à moi, disaient ces pauvres enfants; c'est là ma place au soleil. Voilà le commencement et l'image de l'usurpation de toute la terre.

II

Il est nécessaire qu'il y ait de l'inégalité parmi les hommes, cela est vrai; mais cela étant accordé, voilà la porte ouverte non-seulement à la plus haute domination, mais à la plus haute tyrannie. Il est nécessaire de relâcher un peu l'esprit; mais cela ouvre la porte aux plus grands débordements. Qu'on en marque les limites. Il n'y a point de bornes dans les choses : les lois y en veulent mettre, et l'esprit ne peut le souffrir.

III

La raison nous commande bien plus impérieusement qu'un maître : car en désobéissant à l'un on est malheureux, et en désobéissant à l'autre on est un sot.

IV

Pourquoi me tuez-vous? Eh quoi! ne demeurez-vous pas de l'autre côté de l'eau? Mon ami, si vous demeuriez de ce côté, je serais un assassin, cela serait injuste de vous tuer de la sorte; mais puisque vous demeurez de l'autre côté, je suis un brave, et cela est juste.

V

Justice. — Comme la mode fait l'agrément, aussi fait-elle la justice.

VI

La justice est ce qui est établi; et ainsi toutes nos lois établies seront nécessairement tenues pour être justes sans être examinées, puisqu'elles sont établies.

VII

Les seules règles universelles sont les lois du pays aux choses ordinaires; et la pluralité aux autres. D'où vient cela? de la force qui y est.

Et de là vient que les rois, qui ont la force d'ailleurs, ne suivent pas la pluralité de leurs ministres.

¶ Sans doute l'égalité des biens est juste; mais, ne pouvant faire qu'il soit force d'obéir à la justice, on a fait qu'il soit juste d'obéir à la force; ne pouvant fortifier la justice, on a justifié la force, afin que le juste et le fort fussent ensemble, et que la paix fût, qui est le souverain bien.

VIII

Summum jus, summa injuria. — La pluralité est la meilleure voie, parce qu'elle est visible, et qu'elle a la force pour se faire obéir ; cependant c'est l'avis des moins habiles.

Si l'on avait pu, l'on aurait mis la force entre les mains de la justice : mais comme la force ne se laisse pas manier comme on veut, parce que c'est une qualité palpable, au lieu que la justice est une qualité spirituelle dont on dispose comme on veut, on a mis la justice entre les mains de la force : et ainsi on appelle juste ce qu'il est force d'observer.

De là vient le droit de l'épée, car l'épée donne un véritable droit.

Autrement on verrait la violence d'un côté et la justice de l'autre.

De là vient l'injustice de la Fronde qui élève sa prétendue justice contre la force.

Il n'en est pas de même dans l'Église ; car il y a une justice véritable et nulle violence.

IX

Les cordes qui attachent le respect des uns envers les autres, en général sont cordes de nécessité ; car il faut qu'il y ait différents degrés, tous les hommes voulant dominer, et tous ne le pouvant pas, mais quelques-uns le pouvant.

Figurons-nous donc que nous les voyons commencer à se former. Il est sans doute qu'ils se battront jusqu'à ce que la plus forte partie opprime la plus faible, et qu'enfin il y ait un parti dominant. Mais quand cela est une fois déterminé, alors les maîtres, qui ne veulent pas que la guerre continue, ordonnent que la force qui est entre leurs mains succédera comme il plaît ; les uns la remettant à l'élection des peuples, les autres à la succession de naissance, etc.

Et c'est là où l'imagination commence à jouer son rôle. Jusque-là le pouvoir force le fait : ici c'est la force qui se tient par l'imagination en un certain parti, en France des gentilshommes, en Suisse des roturiers, etc.

Ces cordes, qui attachent donc le respect à tel et tel en particulier, sont des cordes d'imagination.

X

Justice, force. — Il est juste que ce qui est juste soit suivi. Il est nécessaire que ce qui est le plus fort soit suivi. La justice sans la force est impuissante : la force sans la justice est tyrannique. La justice sans force est contredite parce qu'il y a toujours des méchants : la force sans la justice est accusée. Il faut donc mettre ensemble la justice et la force ; et pour cela faire que ce qui est juste soit fort, et que ce qui est fort soit juste.

La justice est sujette à dispute : la force est très-reconnaissable et sans dispute. Ainsi on n'a pu donner la force à la justice, parce que la force a contredit la justice et a dit qu'elle était injuste, et a dit que c'était elle qui était juste : et ainsi, ne pouvant faire que ce qui est juste fût fort, on a fait que ce qui est fort fût juste[1].

XI

Quand il est question de juger si on doit faire la guerre et tuer tant d'hommes, condamner tant d'Espagnols à la mort, c'est un homme seul qui en juge, et encore intéressé : ce devrait être un tiers indifférent.

XII

Comme les duchés et les royautés et magistratures sont réels et nécessaires, à cause de ce que la force règle tout, il y en a partout et toujours ; mais parce que ce n'est que la fantaisie qui fait qu'un tel ou tel le soit, cela n'est pas constant, cela est sujet à varier.

XIII

Tyrannie. — Ainsi ces discours sont faux et tyranniques : Je suis beau, donc on doit me craindre. Je suis fort, donc on doit m'aimer. Je suis... La tyrannie est de vouloir avoir par une voie ce qu'on ne peut avoir que par une autre.

---

[1] Pascal semble se rapprocher ici des idées de Hobbes, et le plus dévot des philosophes de son siècle est, sur la nature du juste et de l'injuste, du même avis que le plus irréligieux.   (Condorcet.)
— Pour accoster Hobbes et ses adhérents, le chrétien ne se confond pas avec eux. En admettant à la rigueur le même fait accablant, il ne l'admet que pour l'homme déchu et il n'en tire qu'une plus vive raison de pousser toujours à la délivrance.   (Sainte-Beuve.)

On rend différents devoirs aux différents mérites : devoir d'amour à l'agrément; devoir de crainte à la force; devoir de créance à la science. On doit rendre ces devoirs-là ; on est injuste de les refuser, et injuste d'en demander d'autres. Et c'est de même être faux et tyran de dire : Il n'est pas fort, donc je ne l'estimerai pas; il n'est pas habile, donc je ne le craindrai pas.

CHAPITRE VIII

Sur divers sujets de morale.

I

yrrhonisme. — L'extrême esprit est accusé de folie, comme l'extrême défaut. Rien que la médiocrité n'est bon. C'est la pluralité qui a établi cela, et qui mord quiconque s'en échappe par quelque bout que ce soit. Je ne m'y obstinerai pas, je consens bien qu'on m'y mette, et me refuse d'être au bas bout, non pas parce qu'il est bas, mais parce qu'il est bout ; car je refuserais de même qu'on me mit au haut. C'est sortir de l'humanité que de sortir du milieu : la grandeur de l'âme humaine consiste à savoir s'y tenir ; tant s'en faut que la grandeur soit à en sortir, qu'elle est à n'en point sortir.

II

On ne passe point dans le monde pour se connaître en vers si l'on n'a mis l'enseigne de poëte, de mathématicien[1], etc. Mais les gens universels ne veulent point d'enseigne, et ne mettent guère de différence entre le métier de poëte et celui de brodeur. Les gens universels ne sont appelés ni poëtes, ni géomètres, etc. ; mais ils sont tout cela, et jugent de tous ceux-là. On ne les devine point, ils parleront de ce qu'on parlait quand ils sont entrés. On ne s'aperçoit point en eux d'une qualité plutôt que d'une autre, hors de la nécessité de la mettre en usage ; mais alors on s'en souvient : car il est également de ce caractère qu'on ne dise point d'eux qu'ils parlent bien, lorsqu'il n'est pas question du langage ; et qu'on dise d'eux qu'ils parlent bien quand il en est question. C'est donc une fausse louange qu'on donne à un homme quand on dit de lui, lorsqu'il entre, qu'il est fort habile en poésie ; et c'est une mauvaise marque, quand on n'a pas recours à un homme quand il s'agit de juger de quelques vers.

III

L'homme est plein de besoins : il n'aime que ceux qui peuvent les remplir tous. C'est un bon mathématicien, dira-t-on. Mais je n'ai que faire de mathématiques ; il me prendrait pour une proposition. C'est un bon guerrier. Il me prendrait pour une place assiégée. Il faut donc un honnête homme qui puisse s'accommoder à tous mes besoins généralement.

IV

Quand on se porte bien, on admire comment on pourrait faire si on était malade ; quand on l'est, on prend médecine gaiement ; le mal y résout. On n'a plus les passions et les désirs de divertissements et de promenades, que la santé donnait, et qui sont incompatibles avec les nécessités de la maladie. La nature donne alors des passions et des désirs conformes à l'état présent. Il n'y a que les craintes que nous nous donnons nous-mêmes, et non pas la nature, qui nous troublent ; parce qu'elles joignent à l'état où nous sommes les passions de l'état où ne nous sommes pas.

V

Les discours d'humilité sont matière d'orgueil aux gens glorieux, et d'humilité aux humbles. Ainsi ceux du pyrrhonisme sont matière d'affirmation aux affirmatifs. Peu parlent de l'humilité humblement ; peu de la chasteté chastement ; peu, du pyrrhonysme en doutant. Nous ne sommes que mensonge, duplicité, contrariété, et nous cachons et nous déguisons à nous-mêmes.

---

[1] Le ms. donne de cette pensée une seconde rédaction que voici : « Il faut qu'on n en puisse dire, ni il est mathématicien, ni prédicateur, ni éloquent, mais, il est *honnête homme.* Cette qualité universelle me plait seule. Quand en voyant un homme on se souvient de son livre, c'est mauvais signe ; je voudrais qu'on ne s'aperçût d'aucune qualité que par la rencontre et l'occasion d'en user. *Ne quid nimis,* de peur qu'une qualité ne l'emporte, et ne fasse baptiser. Qu'on ne songe point qu'il parle bien, sinon quand il s'agit de bien parler, mais qu'on y songe alors. »

VI

Les belles actions cachées sont les plus estimables. Quand j'en vois quelques-unes dans l'histoire, elles me plaisent fort. Mais enfin elles n'ont pas été tout à fait cachées, puisqu'elles ont été sues : et quoiqu'on ait fait ce qu'on a pu pour les cacher, ce peu par où elles ont paru gâte tout; car c'est là le plus beau de les avoir voulu cacher.

VII

Diseur de bons mots, mauvais caractère.

VIII

Le moi est haïssable : vous, Miton[1], le couvrez, vous ne l'ôtez pas pour cela; vous êtes donc toujours haïssable. Point, car en agissant comme nous faisons, obligeamment pour tout le monde, on n'a plus sujet de nous haïr. — Cela est vrai, si on ne haïssait dans le moi que le déplaisir qui nous en revient. Mais si je le hais parce qu'il est injuste, qu'il se fait centre du tout, je le haïrai toujours. En un mot, le moi a deux qualités : il est injuste en soi, en ce qu'il se fait centre du tout; il est incommode aux autres, en ce qu'il les veut asservir : car chaque moi est l'ennemi et voudrait être le tyran de tous les autres. Vous en ôtez l'incommodité, mais non pas l'injustice; et ainsi vous ne le rendez pas aimable à ceux qui haïssent l'injustice : vous ne le rendez aimable qu'aux injustes, qui n'y trouvent plus leur ennemi; et ainsi vous demeurez injuste et ne pouvez plaire qu'aux injustes.

IX

Je n'admire point l'excès d'une vertu, comme de la valeur, si je ne vois en même temps l'excès de la vertu opposée, comme en Épaminondas, qui avait l'extrême valeur et l'extrême bénignité; car autrement ce n'est pas monter, c'est tomber. On ne montre pas sa grandeur pour être à une extrémité, mais bien en touchant les deux à la fois, et remplissant tout l'entre-deux. Mais peut-être que ce n'est qu'un soudain mouvement de l'âme de l'un à l'autre de ces extrêmes, et qu'elle n'est jamais en effet qu'en un point, comme le tison de feu. Soit, mais au moins cela marque l'agilité de l'âme, si cela n'en marque l'étendue.

X

In omnibus requiem quæsivi. — Si notre condition était véritablement heureuse, il ne nous faudrait pas divertir d'y penser pour nous rendre heureux.

¶ Peu de chose nous console parce que peu de chose nous afflige.

¶ Nous sommes si malheureux que nous ne pouvons prendre plaisir à une chose qu'à la condition de nous fâcher si elle réussit mal; ce que mille choses peuvent faire, et font à toute heure. Qui aurait trouvé le secret de se réjouir du bien sans se fâcher du mal contraire, aurait trouvé le point. C'est le mouvement perpétuel.

XI

J'avais passé longtemps dans l'étude des sciences abstraites : et le peu de communication qu'on en peut avoir m'en avait dégoûté. Quand j'ai commencé l'étude de l'homme, j'ai vu que ces sciences abstraites ne lui sont pas propres, et que je m'égarais plus de ma condition en y pénétrant que les autres en les ignorant; j'ai pardonné aux autres d'y peu savoir. Mais j'ai cru trouver au moins bien des compagnons en l'étude de l'homme, et que c'est la vraie étude qui lui est propre. J'ai été trompé. Il y en a encore moins qui l'étudient que la géométrie. Ce n'est que manque de savoir étudier cela qu'on cherche le reste. Mais n'est-ce pas que ce n'est pas encore là la science que l'homme doit avoir, et qu'il lui est meilleur de l'ignorer pour être heureux?

XII

Quand tout se remue également, rien ne se remue en apparence : comme en un vaisseau. Quand tous vont vers le dérèglement, nul ne semble y aller. Celui qui s'arrête fait remarquer l'emportement des autres, comme un point fixe.

XIII

Ordre[1]. — Pourquoi prendrai-je plutôt à

---

[1] Miton était un homme à la mode, ami du chevalier de Méré, par qui il paraît avoir été mis en rapport avec Pascal. (Havet.)

[1] Ce mot se rapporte à l'*ordre* que Pascal devait suivre dans son livre; il revient plusieurs fois.

diviser ma morale en quatre qu'en six? Pourquoi établirai-je plutôt la vertu en quatre, en deux, en un? Pourquoi en *Abstine et sustine* plutôt qu'en, Suivre nature, ou, Faire ses affaires particulières sans injustice, comme Platon, ou autre chose? Mais voilà, direz-vous, tout renfermé en un mot. Oui, mais cela est inutile, si on ne l'explique; et quand on vient à l'expliquer, dès qu'on ouvre ce précepte qui contient tous les autres, ils en sortent en la première confusion que vous voulez éviter. Ainsi, quand ils sont tous renfermés en un, ils y sont cachés et inutiles; comme en un coffre, et ne paraissent jamais qu'en leur confusion naturelle. La nature les a tous établis sans renfermer l'un en l'autre.

¶ La nature a mis toutes ses vérités chacune en soi-même. Notre art les renferme les unes dans les autres, mais cela n'est pas naturel. Chacune tient sa place.

XIV

Quand on veut reprendre avec utilité, et montrer à un autre qu'il se trompe, il faut observer par quel côté il envisage la chose, car elle est vraie ordinairement de ce côté-là, et lui avouer cette vérité, mais lui découvrir le côté par où elle est fausse. Il se contente de cela, car il voit qu'il ne se trompait pas, et qu'il manquait seulement à voir tous les côtés. Or on ne se fâche pas de ne pas tout voir. Mais on ne veut pas s'être trompé; et peut-être que cela vient de ce que naturellement l'homme ne peut tout voir, et de ce que naturellement il ne se peut tromper dans le côté qu'il envisage; comme, les appréhensions des sens sont toujours vraies.

XV

Ce que peut la vertu d'un homme ne se doit pas mesurer par ses efforts, mais par son ordinaire.

XVI

Les grands et les petits ont mêmes accidents, et mêmes fâcheries, et mêmes passions; mais l'un est au haut de la roue, et l'autre près du centre, et ainsi moins agité par les mêmes mouvements.

XVII

Quoique les personnes n'aient point intérêt à ce qu'elles disent, il ne faut pas conclure de là absolument qu'elles ne mentent point; car il y a des gens qui mentent simplement pour mentir.

XVIII

L'exemple de la chasteté d'Alexandre n'a pas tant fait de continents que celui de son ivrognerie a fait d'intempérants. Il n'est pas honteux de n'être pas aussi vertueux que lui, et il semble excusable de n'être pas plus vicieux que lui. On croit n'être pas tout à fait dans les vices du commun des hommes quand on se voit dans les vices de ces grands hommes; et cependant on ne prend pas garde qu'ils sont en cela du commun des hommes. On tient à eux par le bout par où ils tiennent au peuple; car quelque élevés qu'ils soient, si sont-ils unis aux moindres des hommes par quelque endroit. Ils ne sont pas suspendus en l'air, tout abstraits de notre société. Non, non; s'ils sont plus grands que nous, c'est qu'ils ont la tête plus élevée; mais ils ont les pieds aussi bas que les nôtres. Ils y sont tous à même niveau, et s'appuient sur la même terre; et par cette extrémité ils sont aussi abaissés que nous, que les plus petits, que les enfants, que les bêtes.

XIX

Rien ne nous plaît que le combat, mais non pas la victoire. On aime à voir les combats des animaux, non le vainqueur acharné sur le vaincu. Que voulait-on voir, sinon la fin de la victoire? Et dès qu'elle arrive, on en est soûl. Ainsi dans le jeu, ainsi dans la recherche de la vérité. On aime à voir dans les disputes le combat des opinions; mais de contempler la vérité trouvée, point du tout. Pour la faire remarquer avec plaisir, il faut la voir faire naître de la dispute. De même, dans les passions, il y a du plaisir à voir deux contraires se heurter; mais quand l'une est maîtresse, ce n'est plus que brutalité. Nous ne cherchons jamais les choses, mais la recherche des choses. Ainsi, dans la comédie, les scènes contentes sans crainte ne valent rien, ni les extrêmes misères sans espérance, ni les amours brutaux, ni les sévérités âpres.

XX

On n'apprend pas aux hommes à être honnêtes hommes, et on leur apprend tout le reste ; et ils ne se piquent jamais tant de savoir rien du reste, comme d'être honnêtes hommes. Ils ne se piquent de savoir que la seule chose qu'ils n'apprennent point.

XXI

Préface de la première partie. — ... Parler de ceux qui ont traité de la connaissance de soi-même, des divisions de Charron, qui attristent et ennuient, de la confusion de Montaigne ; qu'il avait bien senti le défaut du droit de méthode, qu'il l'évitait en sautant de sujet en sujet, qu'il cherchait le bon air. Le sot projet qu'il a de se peindre ! et cela non pas en passant et contre ses maximes, comme il arrive à tout le monde de faillir ; mais par ses propres maximes, et par un dessein premier et principal. Car de dire des sottises par hasard et par faiblesse, c'est un mal ordinaire ; mais d'en dire par dessein, c'est ce qui n'est pas supportable[1].

XXII

Plaindre les malheureux n'est pas contre la concupiscence ; au contraire, on est bien aise d'avoir à rendre ce témoignage d'amitié, et à s'attirer la réputation de tendresse sans rien donner.

XXIII

Qui aurait eu l'amitié du roi d'Angleterre, du roi de Pologne et de la reine de Suède, aurait-il cru pouvoir manquer de retraite et d'asile au monde ?

XXIV

Inconstance. — Les choses ont diverses qualités, et l'âme diverses inclinations ; car rien n'est simple de ce qui s'offre à l'âme, et l'âme ne s'offre jamais simple à aucun sujet. De là vient qu'on pleure et qu'on rit quelquefois d'une même chose.

XXV

Ferox gens, nullam esse vitam sine armis

---

[1] Après « n'est pas supportable, » on lit dans le ms. : « et d'en dire de telles que celles-ci... » Pascal n'ayant point achevé la phrase, nous avons rejeté en note ces derniers mots, qui décomplètent le paragraphe.
[2] Il s'agit ici de Charles Ier, mort sur l'échafaud, en 1649 ; de Jean-Casimir, expulsé momentanément de son royaume, en 1656, par le roi de Suède, Charles-Gustave, et de la reine Christine, qui abdiqua en 1654.

rati[1]. Ils aiment mieux la mort que la paix ; les autres aiment mieux la mort que la guerre. Toute opinion peut être préférable à la vie, dont l'amour paraît si fort et si naturel.

XXVI

Qu'il est difficile de proposer une chose au jugement d'un autre, sans corrompre son jugement par la manière de la lui proposer ! Si on dit : Je le trouve beau, je le trouve obscur, ou autre chose semblable, on entraîne l'imagination à ce jugement, ou on l'irrite au contraire. Il vaut mieux ne rien dire ; et alors il juge selon ce qu'il est, c'est-à-dire selon ce qu'il est alors, et selon que les autres circonstances dont on n'est pas auteur y auront mis ; mais au moins on n'y aura rien mis, si ce n'est que ce silence ne fasse aussi son effet, selon le tour et l'interprétation qu'il sera en humeur de lui donner, ou selon qu'il le conjecturera des mouvements et air du visage, ou du ton de la voix, selon qu'il sera physionomiste : tant il est difficile de ne point démonter un jugement de son assiette naturelle, ou plutôt tant il y en a peu de fermes et stables !

XXVII

Vanité des sciences. — La science des choses extérieures me consolera de l'ignorance de la morale au temps d'affliction ; mais la science des mœurs me consolera toujours de l'ignorance des sciences extérieures.

XXVIII

Le temps guérit les douleurs et les querelles, parce qu'on change, on n'est plus la même personne. Ni l'offensant, ni l'offensé ne sont plus eux-mêmes. C'est comme un peuple qu'on a irrité, et qu'on reverrait après deux générations. Ce sont encore les Français, mais non les mêmes.

XXIX

Condition de l'homme : inconstance, ennui, inquiétude.

¶ Qui voudra connaître à plein la vanité[2] de l'homme n'a qu'à considérer les causes et les effets de l'amour. La cause en est « un je ne sais quoi ; » et les effets en sont effroyables. Ce

---

[1] Tit. Liv., xxxiv, 17.
[2] *Vanité* dans le sens de *néant, faiblesse*.

je ne sais quoi, si peu de chose qu'on ne peut le reconnaître, remue toute la terre, les princes, les armées, le monde entier. Le nez de Cléopâtre, s'il eût été plus court, toute la face de la terre aurait changé [1].

XXX

César était trop vieil, ce me semble, pour s'aller amuser à conquérir le monde. Cet amusement était bon à Auguste ou à Alexandre ; c'étaient des jeunes gens qu'il est difficile d'arrêter ; mais César devait être plus mûr.

XXXI

Le sentiment de la fausseté des plaisirs présents, et l'ignorance de la vanité des plaisirs absents, causent l'inconstance.

XXXII

L'éloquence continue ennuie.

Les princes et rois jouent quelquefois. Ils ne sont pas toujours sur leurs trônes ; ils s'y ennuient. La grandeur a besoin d'être quittée pour être sentie. La continuité dégoûte en tout. Le froid est agréable pour se chauffer.

XXXIII

Lustravit lampade terras. Le temps et mes humeurs ont peu de liaison [2]. — Mon humeur ne dépend guère du temps : j'ai mes brouillards et mon beau temps au dedans de moi. Le bien et le mal de mes affaires mêmes y font peu : je m'efforce quelquefois de moi-même contre la fortune ; la gloire de la dompter me la fait dompter gaiement ; au lieu que je fais quelquefois le dégoûté dans la bonne fortune.

[1] La pensée des effets de l'amour et du nez de Cléopâtre a été refaite trois fois. Première ébauche : « (*En titre.*) Vanité. Les causes et les effets de l'amour. Cléopâtre. » Deuxième façon : « Rien ne montre mieux la vanité des hommes que de considérer quelle cause et quels effets de l'amour ; car tout l'univers en est changé : le nez de Cléopâtre. » Cette deuxième façon a été barrée de la main de Pascal. (Cousin.)

[2] Pascal répond ici à ce passage de Montaigne : « L'air mesme et la serenité du ciel nous apporte quelque mutation, comme dit ce vers grec en Cicero : *Tales sunt hominum mentes quali pater ipse Jupiter auctifera lustravit lampade terras.* » (Vers traduits de *l'Odyssée*, σ, 135, et conservés par saint Augustin, *de Civitate Dei*, V, 8.) (Havet.)

XXXIV

En écrivant ma pensée, elle m'échappe quelquefois ; mais cela me fait souvenir de ma faiblesse, que j'oublie à toute heure ; ce qui m'instruit autant que ma pensée oubliée, car je ne tends qu'à connaître mon néant.

¶ Pensée échappée. Je la voulais écrire ; j'écris, au lieu, qu'elle m'est échappée.

XXXV

C'est une plaisante chose à considérer, de ce qu'il y a des gens dans le monde qui, ayant renoncé à toutes les lois de Dieu et de la nature, s'en sont fait eux-mêmes auxquelles ils obéissent exactement, comme, par exemple, les soldats de Mahomet, les voleurs, les hérétiques, etc. Et ainsi les logiciens... Il semble que leur licence doive être sans aucune borne ni barrière, voyant qu'ils en ont franchi tant de si justes et de si saintes.

XXXVI

« Vous avez mauvaise grâce, excusez-moi, s'il vous plait. » Sans cette excuse, je n'eusse pas aperçu qu'il y eût d'injure. — « Révérence parler... » — Il n'y a rien de mauvais que leur excuse.

XXXVII

On ne s'imagine Platon et Aristote qu'avec de grandes robes de pédants. C'étaient des gens honnêtes et comme les autres, riant avec leurs amis : et quand ils se sont divertis à faire leurs Lois et leur Politique, ils l'ont fait en se jouant. C'était la partie la moins philosophe et la moins sérieuse de leur vie. La plus philosophe était de vivre simplement et tranquillement.

S'ils ont écrit de politique, c'était comme pour régler un hôpital de fous. Et s'ils ont fait semblant d'en parler comme d'une grande chose, c'est qu'ils savaient que les fous à qui ils parlaient pensaient être rois et empereurs. Ils entraient dans leurs principes pour modérer leur folie au moins mal qu'il se pouvait.

XXXVIII

Épigrammes de Martial. L'homme aime la malignité : mais ce n'est pas contre les borgnes, ni contre les malheureux, mais contre les heureux superbes ; on se trompe autrement. Car la concupiscence est la source de tous nos mouvements, et l'humanité... Il faut plaire à ceux qui ont les sentiments humains et tendres.

Celle des deux borgnes ne vaut rien, parce qu'elle ne les console pas, et ne fait que donner une pointe à la gloire de l'auteur. Tout ce qui n'est que pour l'auteur ne vaut rien. *Ambitiosa recidet ornamenta*[1].

XXXIX

Je me suis mal trouvé de ces compliments : « Je vous ai bien donné de la peine ; je crains de vous ennuyer ; je crains que cela soit trop long. » Ou on entraine, ou on irrite.

XL

Un vrai ami est une chose si avantageuse, même pour les plus grands seigneurs, afin qu'il dise du bien d'eux et qu'il les soutienne en leur absence même, qu'ils doivent tout faire pour en avoir. Mais qu'ils choisissent bien ; car, s'ils font tous leurs efforts pour des sots, cela leur sera inutile, quelque bien qu'il disent d'eux : et même ils n'en diront pas du bien s'ils se trouvent les plus faibles, car ils n'ont pas d'autorité ; et ainsi ils en médiront par compagnie.

XLI

Voulez-vous qu'on croie du bien de vous? n'en dites point.

XLII

Je mets en fait, que, si tous les hommes savaient ce qu'ils disent les uns des autres, il n'y aurait pas quatre amis dans le monde. Cela parait par les querelles que causent les rapports indiscrets qu'on en fait quelquefois.

XLIII

Divertissement. — La mort est plus aisée à supporter sans y penser, que la pensée de la mort sans péril.

XLIV

Vanité. — Qu'une chose aussi visible qu'est la vanité du monde soit si peu connue, que

[1] Hor. : *de Arte poet.*, 447.

ce soit une chose étrange et surprenante de dire que c'est une sottise de chercher les grandeurs, cela est admirable !

¶ Qui ne voit pas la vanité du monde est bien vain lui-même. Aussi qui ne la voit, excepté de jeunes gens qui sont tous dans le bruit, dans le divertissement, et dans la pensée de l'avenir ? Mais ôtez leur divertissement, vous les verrez se sécher d'ennui ; ils sentent alors leur néant sans le connaître : car c'est bien être malheureux que d'être dans une tristesse insupportable aussitôt qu'on est réduit à se considérer, et à n'en être point diverti.

XLV

Pyrrhonisme. — Chaque chose est ici vraie en partie, fausse en partie. La vérité essentielle n'est pas ainsi : elle est toute pure et toute vraie. Ce mélange la déshonore et l'anéantit. Rien n'est purement vrai ; et ainsi rien n'est vrai, en l'entendant du pur vrai. On dira qu'il est vrai que l'homicide est mauvais ; oui, car nous connaissons bien le mal et le faux. Mais que dira-t-on qui soit bon? La chasteté ? Je dis que non, car le monde finirait. Le mariage? Non : la continence vaut mieux. De ne point tuer ? Non, car les désordres seraient horribles, et les méchants tueraient les bons. De tuer? Non, car cela détruit la nature. Nous n'avons ni vrai ni bien qu'en partie, et mêlé de mal et de faux.

CHAPITRE IX

Sur les divers genres d'esprit. — Sur la raison et le sentiment. — Pensées diverses[1].

I

A mesure qu'on a plus d'esprit, on trouve qu'il y a plus d'hommes originaux. Les gens du commun ne trouvent pas de différence entre les hommes.

[1] Pascal continue encore dans ce chapitre l'étude de l'homme, en faisant porter particulièrement l'analyse sur les facultés intellectuelles, ce qui le conduit naturellement à parler du style, de l'éloquence, de la beauté poétique. C'est donc à tort que quelques éditeurs ont détaché de l'ensemble les pensées littéraires.

II

Diverses sortes de sens droit ; les uns dans un certain ordre de choses, et non dans les autres ordres, où ils extravaguent. Les uns tirent bien les conséquences de peu de principes, et c'est une droiture de sens. Les autres tirent bien les conséquences des choses où il y a beaucoup de principes. Par exemple, les uns comprennent bien les effets de l'eau, en quoi il y a peu de principes; mais les conséquences en sont si fines, qu'il n'y a qu'une extrême droiture d'esprit qui y puisse aller, et ceux-là ne seraient peut-être pas pour cela grands géomètres, parce que la géométrie comprend un grand nombre de principes, et qu'une nature d'esprit peut être telle qu'elle puisse bien pénétrer peu de principes jusqu'au fond, et qu'elle ne puisse pénétrer le moins du monde les choses où il y a beaucoup de principes.

Il y a donc deux sortes d'esprits : l'une, de pénétrer vivement et profondément les conséquences des principes, et c'est là l'esprit de justesse; l'autre, de comprendre un grand nombre de principes sans les confondre, et c'est là l'esprit de géométrie. L'un est force et droiture d'esprit, l'autre est amplitude d'esprit. Or l'un peut être sans l'autre, l'esprit pouvant être fort et étroit, et pouvant être aussi ample et faible.

DIFFÉRENCE ENTRE L'ESPRIT DE GÉOMÉTRIE ET L'ESPRIT DE FINESSE.

§ En l'un, les principes sont palpables, mais éloignés de l'usage commun ; de sorte qu'on a peine à tourner la tête de ce côté-là, manque d'habitude : mais pour peu qu'on s'y tourne, on voit les principes à plein ; et il faudrait avoir tout à fait l'esprit à faux pour mal raisonner sur des principes si gros qu'il est presque impossible qu'ils échappent.

Mais dans l'esprit de finesse, les principes sont dans l'usage commun et devant les yeux de tout le monde. On n'a que faire de tourner la tête ni de se faire violence. Il n'est question que d'avoir bonne vue, mais il faut l'avoir bonne ; car les principes sont si déliés et en si grand nombre, qu'il est presque impossible qu'il n'en échappe. Or, l'omission d'un principe mène à l'erreur : ainsi, il faut avoir la vue bien nette pour voir tous les principes, et ensuite l'esprit juste pour ne pas raisonner faussement sur des principes connus.

Tous les géomètres seraient donc fins s'ils avaient la vue bonne, car ils ne raisonnent pas faux sur les principes qu'ils connaissent ; et les esprits fins seraient géomètres s'ils pouvaient plier leur vue vers les principes inaccoutumés de géométrie.

Ce qui fait donc que de certains esprits fins ne sont pas géomètres, c'est qu'ils ne peuvent du tout se tourner vers les principes de géométrie ; mais ce qui fait que des géomètres ne sont pas fins, c'est qu'ils ne voient pas ce qui est devant eux ; et qu'étant accoutumés aux principes nets et grossiers de géométrie, et à ne raisonner qu'après avoir bien vu et manié leurs principes, ils se perdent dans les choses de finesse, où les principes ne se laissent pas ainsi manier. On les voit à peine, on les sent plutôt qu'on ne les voit ; on a des peines infinies à les faire sentir à ceux qui ne les sentent pas d'eux-mêmes : ce sont choses tellement délicates et si nombreuses, qu'il faut un sens bien délicat et bien net pour les sentir, et juger droit et juste selon ce sentiment, sans pouvoir le plus souvent les démontrer par ordre comme en géométrie, parce qu'on n'en possède pas ainsi les principes, et que ce serait une chose infinie de l'entreprendre. Il faut tout d'un coup voir la chose d'un seul regard, et non pas par progrès de raisonnement, au moins jusqu'à un certain degré. Et ainsi il est rare que les géomètres soient fins, et que les fins soient géomètres, à cause que les géomètres veulent traiter géométriquement ces choses fines, et se rendent ridicules, voulant commencer par les définitions et ensuite par les principes, ce qui n'est pas la manière d'agir en cette sorte de raisonnement. Ce n'est pas que l'esprit ne le fasse ; mais il le fait tacitement, naturellement et sans art, car l'expression en passe tous les hommes, et le sentiment n'en appartient qu'à peu d'hommes.

Et les esprits fins, au contraire, ayant ainsi accoutumé à juger d'une seule vue, sont si étonnés quand on leur présente des propositions où ils ne comprennent rien, et où pour entrer il faut passer par des définitions et des principes si stériles, qu'ils n'ont point accoutumé de voir ainsi en détail, qu'ils s'en rebutent et s'en dégoûtent. Mais les esprits faux ne sont jamais ni fins ni géomètres. Les géomètres qui ne sont que géomètres ont donc l'esprit droit, mais pourvu qu'on leur explique bien toutes choses par définitions et principes; autrement ils sont faux et insupportables, car ils ne sont droits que sur les principes bien éclaircis. Et les fins qui ne sont que fins ne peuvent avoir la patience de descendre jusque dans les premiers principes des choses spéculatives et d'imagination, qu'ils n'ont jamais vues dans le monde, et tout à fait hors d'usage.

III

Les exemples qu'on prend pour prouver d'autres choses, si on voulait prouver les exemples, on prendrait les autres choses pour en être les exemples ; car, comme on croit toujours que la difficulté est à ce qu'on veut prouver, on trouve les exemples plus clairs et aidant à le montrer. Ainsi quand on veut montrer une chose générale, il faut en donner la règle particulière d'un cas; mais si on veut montrer un cas particulier, il faudra commencer par la règle générale. Car on trouve toujours obscure la chose qu'on veut prouver et claire celle qu'on emploie à la preuve: car quand on propose une chose à prouver, d'abord on se remplit de cette imagination qu'elle est donc obscure, et, au contraire, que celle qui doit la prouver est claire, et ainsi on l'entend aisément.

IV

Tout notre raisonnement se réduit à céder au sentiment. Mais la fantaisie est semblable et contraire au sentiment, de sorte qu'on ne peut distinguer entre ces contraires. L'un dit que mon sentiment est fantaisie, l'autre que sa fantaisie est sentiment. Il faudrait avoir une règle. La raison s'offre, mais elle est ployable à tous sens; et ainsi il n'y en a point.

V

Ceux qui jugent d'un ouvrage par règle sont, à l'égard des autres, comme ceux qui ont une montre à l'égard des autres. L'un dit : Il y a deux heures ; l'autre dit : Il n'y a que trois quarts d'heure. Je regarde ma montre ; je dis à l'un : Vous vous ennuyez ; et à l'autre : Le temps ne vous dure guère : car il y a une heure et demie, et je me moque de ceux qui disent que le temps me dure à moi, et que j'en juge par fantaisie ; ils ne savent pas que je juge par ma montre.

VI

Il y en a qui parlent bien et qui n'écrivent pas bien. C'est que le lieu, l'assistance les échauffent et tirent de leur esprit plus qu'il n'y trouvent sans cette chaleur.

VII

Ce que Montaigne a de bon ne peut être acquis que difficilement. Ce qu'il a de mauvais (j'entends hors les mœurs) eût pu être corrigé en un moment, si on l'eût averti qu'il faisait trop d'histoires, et qu'il parlait trop de soi.

VIII

Miracles. — Il est fâcheux d'être dans l'exception de la règle. Il faut même être sévère, et contraire à l'exception. Mais néanmoins, comme il est certain qu'il y a des exceptions de la règle, il en faut juger sévèrement, mais justement.

IX

Qu'on ne dise pas que je n'ai rien dit de nouveau ; la disposition des matières est nouvelle. Quand on joue à la paume, c'est une même balle dont on joue l'un et l'autre ; mais l'un la place mieux. J'aimerais autant qu'on me dit que je me suis servi des mots anciens. Et comme si les mêmes pensées ne formaient pas un autre corps de discours par une disposition différente ; aussi bien que les mêmes mots forment d'autres pensées par leur différente disposition.

X

On se persuade mieux, pour l'ordinaire, par les raisons qu'on a soi-même trouvées, que par celles qui sont venues dans l'esprit des autres.

XI

L'esprit croit naturellement, et la volonté aime naturellement ; de sorte que, faute de vrais objets, il faut qu'ils s'attachent aux faux.

XII

Ces grands efforts d'esprit où l'âme touche quelquefois, sont choses où elle ne se tient pas. Elle y saute seulement, non comme sur le trône, pour toujours, mais pour un instant seulement.

XIII

L'homme n'est ni ange ni bête, et le malheur veut que qui veut faire l'ange fait la bête[1].

XIV

En sachant la passion dominante de chacun, on est sûr de lui plaire ; et néanmoins chacun a ses fantaisies, contraires à son propre bien, dans l'idée même qu'il a du bien ; et c'est une bizarrerie qui met hors de gamme.

XV

Gloire. — Les bêtes ne s'admirent point. Un cheval n'admire point son compagnon. Ce n'est pas qu'il n'y ait entre eux de l'émulation à la course, mais c'est sans conséquence ; car étant à l'étable, le plus pesant et plus mal taillé ne cède pas son avoine à l'autre, comme les hommes veulent qu'on leur fasse. Leur vertu se satisfait d'elle-même.

XVI

Comme on se gâte l'esprit, on se gâte aussi le sentiment. On se forme l'esprit et le sentiment par les conversations. On se gâte l'esprit et le sentiment par les conversations. Ainsi les bonnes ou les mauvaises le forment ou le gâtent. Il importe donc de tout de bien savoir choisir, pour se le former et ne point le gâter ; et on ne peut faire ce choix, si on ne l'a déjà formé et point gâté. Ainsi cela fait un cercle, d'où sont bien heureux ceux qui sortent.

XVII

Lorsqu'on ne sait pas la vérité d'une chose, il est bon qu'il y ait une erreur commune qui fixe l'esprit des hommes, comme, par exemple, la lune, à qui on attribue le changement des saisons, le progrès des maladies, etc. Car la maladie principale de l'homme est la curiosité inquiète des choses qu'il ne peut savoir ; et il ne lui est pas si mauvais d'être dans l'erreur, que dans cette curiosité inutile.

¶ La manière d'écrire d'Épictète, de Montaigne et de Salomon de Tultie, est la plus d'usage, qui s'insinue le mieux, qui demeure plus dans la mémoire et qui se fait le plus citer parce qu'elle est toute composée de pensées nées sur les entretiens ordinaires de la vie ; comme quand on parlera de la commune erreur qui est parmi le monde, que la lune est cause de tout, on ne manquera jamais de dire que Salomon de Tultie dit que, lorsqu'on ne sait pas la vérité d'une chose, il est bon qu'il y ait une erreur commune, etc., qui est la pensée ci-dessus.

XVIII

Si la foudre tombait sur les lieux bas, etc., les poëtes, et ceux qui ne savent raisonner que sur les choses de cette nature, manqueraient de preuves.

XIX

Le cœur a ses raisons, que la raison ne connaît point ; on le sait en mille choses. Je dis que le cœur aime l'être universel naturellement, et soi-même naturellement, selon qu'il s'y adonne ; et il se durcit contre l'un ou l'autre, à son choix. Vous avez rejeté l'un et conservé l'autre : est-ce par raison que vous aimez ? C'est le cœur qui sent Dieu, et non la raison. Voilà ce que c'est que la foi : Dieu sensible au cœur, non à la raison.

XX

Le cœur a son ordre ; l'esprit a le sien, qui est par principes et démonstrations ; le cœur en a un autre. On ne prouve pas qu'on doit être aimé, en exposant d'ordre les causes de l'amour : cela serait ridicule.

Jésus-Christ, saint Paul ont l'ordre de la charité, non de l'esprit ; car ils voulaient échauffer, non instruire. Saint Augustin de même. Cet ordre consiste principalement à la digression sur chaque point qui a rapport à la fin, pour la montrer toujours

---

[1] « Ils veulent se mettre hors d'eulx et eschapper à l'homme, c'est folie. *au lieu de se transformer en anges, ils se transforment en bestes ;* au lieu de se haulser, ils s'abattent. » (Montaigne.)

XXI

Masquer la nature et la déguiser. Plus de roi, de pape, d'évêques ; mais *auguste monarque*, etc. ; point de Paris ; *capitale du royaume*. Il y a des lieux où il faut appeler Paris Paris, et d'autres où il le faut appeler capitale du royaume.

XXII

Quand dans un discours se trouvent des mots répétés, et qu'essayant de les corriger, on les trouve si propres qu'on gâterait le discours, il les faut laisser, c'en est la marque ; et c'est là la part de l'envie, qui est aveugle, et qui ne sait pas que cette répétition n'est pas faute en cet endroit ; car il n'y a point de règle générale.

XXIII

Miscell [anea]. *Langage*. — Ceux qui font les antithèses en forçant les mots sont comme ceux qui font de fausses fenêtres pour la symétrie. Leur règle n'est pas de parler juste, mais de faire des figures justes.

XXIV

Les langues sont des chiffres, où non les lettres sont changées en lettres mais les mots en mots ; de sorte qu'une langue inconnue est déchiffrable.

XXV

Il y a un certain modèle d'agrément et de beauté qui consiste en un certain rapport entre notre nature faible ou forte, telle qu'elle est, et la chose qui nous plaît. Tout ce qui est formé sur ce modèle nous agrée : soit maison, chanson, discours, vers, prose, femmes, oiseaux, rivières, arbres, chambres, habits, etc. Tout ce qui n'est point fait sur ce modèle déplaît à ceux qui ont le bon goût. Et comme il y a un rapport parfait entre une chanson et une maison qui sont faites sur le bon modèle, parce qu'elles ressemblent à ce modèle unique, quoique chacune selon son genre, il y a de même un rapport parfait entre les choses faites sur le mauvais modèle. Ce n'est pas que le mauvais modèle soit unique, car il y en a une infinité. Mais chaque mauvais sonnet, par exemple, sur quelque faux modèle qu'il soit fait, ressemble parfaitement à une femme vêtue sur ce modèle-là. — Rien ne fait mieux entendre combien un faux sonnet est ridicule que d'en considérer la nature et le modèle, et de s'imaginer ensuite une femme ou une maison faite sur ce modèle-là.

XXVI

Beauté poétique. — Comme on dit beauté poétique, on devrait aussi dire beauté géométrique, et beauté médicinale. Cependant on ne le dit point ; et la raison en est qu'on sait bien quel est l'objet de la géométrie, et qu'il consiste en preuves, et quel est l'objet de la médecine, et qu'il consiste en la guérison ; mais on ne sait pas en quoi consiste l'agrément, qui est l'objet de la poésie. On ne sait ce que c'est que ce modèle naturel qu'il faut imiter ; et, à faute de cette connaissance, on a inventé de certains termes bizarres : « siècle d'or, merveille de nos jours, fatal, etc ; » et on appelle ce jargon beauté poétique. Mais qui s'imaginera une femme sur ce modèle-là, qui consiste à dire de petites choses avec de grands mots, verra une jolie demoiselle toute pleine de miroirs et de chaînes, dont il rira, parce qu'on sait mieux en quoi consiste l'agrément d'une femme que l'agrément des vers. Mais ceux qui ne s'y connaîtraient pas l'admireraient en cet équipage ; et il y a bien des villages où on la prendrait pour la reine : et c'est pourquoi nous appelons les sonnets faits sur ce modèle-là les reines de villages.

XXVII

Quand un discours naturel peint une passion, ou un effet, on trouve dans soi-même la vérité de ce qu'on entend, laquelle on ne savait pas qu'elle y fût, en sorte qu'on est porté à aimer celui qui nous le fait sentir ; car il ne nous a pas fait montre de son bien, mais du nôtre ; et ainsi ce bienfait nous le rend aimable : outre que cette communauté d'intelligence que nous avons avec lui incline nécessairement le cœur à l'aimer.

XXVIII

Éloquence. — Il faut de l'agréable et du réel ; mais il faut que cet agréable soit lui-même pris du vrai.

XXIX

Quand on voit le style naturel, on est tout étonné et ravi ; car on s'attendait de voir un auteur, et on trouve un homme. Au lieu que ceux qui ont le goût bon, et qui en voyant un livre croient trouver un homme, sont tout surpris de trouver un auteur : *Plus poetice quam humane locutus es.* Ceux-là honorent bien la nature, qui lui apprennent qu'elle peut parler de tout, et même de théologie.

XXX

La dernière chose qu'on trouve en faisant un ouvrage est de savoir celle qu'il faut mettre la première.

XXXI

Langage. — Il ne faut point détourner l'esprit ailleurs, sinon pour le délasser, mais dans le temps où cela est à propos; le délasser quand il faut, et non autrement; car qui délasse hors de propos, il lasse ; et qui lasse hors de propos délasse : car on quitte tout là, tant la malice de la concupiscence se plaît à faire tout le contraire de ce qu'on veut obtenir de nous sans nous donner du plaisir, qui est la monnaie pour laquelle nous donnons tout ce qu'on veut.

XXXII

Quelle vanité que la peinture, qui attire l'admiration par la ressemblance des choses dont on n'admire pas les originaux !

XXXIII

Un même sens change selon les paroles qui l'expriment. Les sens reçoivent des paroles leur dignité, au lieu de la leur donner. Il faut en chercher des exemples...

XXXIV

Ceux qui sont accoutumés à juger par le sentiment ne comprennent rien aux choses de raisonnement ; car ils veulent d'abord pénétrer d'une vue, et ne sont point accoutumés à chercher les principes. Et les autres, au contraire, qui sont accoutumés à raisonner par principes, ne comprennent rien aux choses de sentiment, y cherchant des principes, et ne pouvant voir d'une vue.

XXXV

Géométrie, finesse. — La vraie éloquence se moque de l'éloquence, la vraie morale se moque de la morale ; c'est-à-dire, que la morale du jugement se moque de la morale de l'esprit, qui est sans règles. Car le jugement est celui à qui appartient le sentiment, comme les sciences appartiennent à l'esprit. La finesse est la part du jugement, la géométrie est celle de l'esprit.

Se moquer de la philosophie, c'est vraiment philosopher [1].

XXXVI

Toutes les fausses beautés que nous blâmons en Cicéron ont des admirateurs, et en grand nombre.

XXXVII

Il y a beaucoup de gens qui entendent le sermon de la même manière qu'ils entendent vêpres.

XXXVIII

Les rivières sont des chemins qui marchent, et qui portent où l'on veut aller.

XXXIX

Deux visages semblables, dont aucun ne fait rire en particulier, font rire ensemble par leur ressemblance.

XL

Probabilité. — Ils ont quelques principes ; mais ils en abusent. Or l'abus des vérités doit être autant puni que l'introduction du mensonge.

CHAPITRE X

L'homme, avec la philosophie seule, reste incompréhensible pour lui-même, il ne se connaît que par le mystère de la transmission du péché, et ne peut trouver que par la foi le vrai bien et la justice.

I

[2] ... Les principales forces des pyrrhoniens, je laisse les moindres, sont que nous n'avons aucune certitude de la vérité de ces principes, hors la foi et la révélation, sinon en ce que nous les sentons naturellement en nous ; or ce sentiment naturel n'est pas une preuve con-

---

[1] « Un ancien à qui on reprochoit qu'il faisoit profession de la philosophie, de laquelle pourtant en son jugement il ne tenoit pas grand compte, respondit que cela c'estoit vrayement philosopher. » (Montaigne.)

[2] En tête du morceau qu'on va lire, Port-Royal a placé

vaincante de leur vérité, puisque n'y ayant point de certitude, hors la foi, si l'homme est créé par un Dieu bon, par un démon méchant, ou à l'aventure, il est en doute si ces principes nous sont donnés ou véritables, ou faux, ou incertains, selon notre origine. De plus, que personne n'a d'assurance, hors de la foi, s'il veille ou s'il dort, vu que durant le sommeil on croit veiller aussi fermement que nous faisons ; on croit voir les espaces, les figures, les mouvements ; on sent couler le temps, on le mesure, et enfin on agit de même qu'éveillé ; de sorte que, la moitié de la vie se passant en sommeil, par notre propre aveu, où, quoi qu'il nous en paraisse, nous n'avons aucune idée du vrai, tous nos sentiments étant alors des illusions, qui sait si cette autre moitié de la vie où nous pensons veiller n'est pas un autre sommeil un peu différent du premier, dont nous nous éveillons quand nous pensons dormir[1]?

Voilà les principales forces de part et d'autre.

Je laisse les moindres, comme les discours que font les pyrrhoniens contre les impressions de la coutume, de l'éducation, des mœurs, des pays, et les autres choses semblables, qui, quoiqu'elles entraînent la plus grande partie des hommes communs, qui ne dogmatisent que sur ces vains fondements, sont renversées par le moindre souffle des pyrrhoniens. On n'a qu'à voir leurs livres ; si l'on n'en est pas assez persuadé, on le deviendra bien vite, et peut-être trop.

Je m'arrête à l'unique fort des dogmatistes, qui est qu'en parlant de bonne foi et sincèrement on ne peut douter des principes naturels.

Contre quoi les pyrrhoniens opposent en un mot l'incertitude de notre origine, qui enferme celle de notre nature ; à quoi les dogmatistes sont encore à répondre depuis que le monde dure.

Voilà la guerre ouverte entre les hommes, où il faut que chacun prenne parti, et se range nécessairement ou au dogmatisme, ou au pyrrhonisme ; car, qui pensera demeurer neutre sera pyrrhonien par excellence. Cette neutralité est l'essence de la cabale[1] : qui n'est pas contre eux est excellemment pour eux. Ils ne sont pas pour eux-mêmes ; ils sont neutres, indifférents, suspendus à tout, sans s'excepter.

Que fera donc l'homme en cet état ? Doutera-t-il de tout ? doutera-t-il s'il veille, si on le pince, si on le brûle ? doutera-t-il s'il doute ? doutera-t-il s'il est ? On n'en peut venir là ; et je mets en fait qu'il n'y a jamais eu de pyrrhonien effectif parfait. La nature soutient la raison impuissante, et l'empêche d'extravaguer jusqu'à ce point.

Dira-t-il donc, au contraire, qu'il possède certainement la vérité, lui qui, si peu qu'on le pousse, ne peut en montrer aucun titre, et est forcé de lâcher prise ?

Quelle chimère est-ce donc que l'homme ? quelle nouveauté, quel monstre, quel chaos, quel sujet de contradiction, quel prodige ! Juge de toutes choses, imbécile ver de terre, dépositaire du vrai, cloaque d'incertitude et d'erreur, gloire et rebut de l'univers.

Qui démêlera cet embrouillement[2]. La nature

---

ce préambule : « Rien n'est plus étrange dans la nature de l'homme, que les contrariétés qu'on y découvre à l'égard de toutes choses. Il est fait pour connaître la vérité ; il la désire ardemment, il la cherche ; et cependant, quand il tâche de la saisir, il s'éblouit et se confond de telle sorte, qu'il donne sujet de lui en disputer la possession. C'est ce qui a fait naître les deux sectes de pyrrhoniens et de dogmatistes, dont les uns ont voulu ravir à l'homme toute connaissance de la vérité, et les autres tâchent de la lui assurer ; mais chacun avec des raisons si peu vraisemblables, qu'elles augmentent la confusion et l'embarras de l'homme, lorsqu'il n'a point d'autre lumière que celle qu'il trouve dans sa nature. »

[1] A la suite de ce paragraphe Pascal avait écrit : « Et qui doute que, si on rêvait en compagnie, et que par hasard les songes s'accordassent, ce qui est assez ordinaire, et qu'on veillât en solitude, on ne crût les choses renversées ? Enfin, comme on rêve souvent qu'on rêve, entassant un songe sur l'autre, il se peut aussi bien faire que cette vie n'est elle-même qu'un songe sur lequel les autres sont entés, dont nous nous éveillons à la mort, pendant laquelle nous avons aussi peu les principes du vrai et du bien que pendant le sommeil naturel ; ces différentes pensées qui nous y agitent n'étant peut-être que des illusions, pareilles à l'écoulement du temps et aux vaines fantaisies de nos songes » (barré).

[1] Var. du ms. : « Car la neutralité, qui est le parti des sages, est le plus ancien dogme de la cabale pyrrhonienne » (barré).

[2] Var. du ms. : « Qui démêlera cet embrouillement ? Certainement cela passe dogmatisme et pyrrhonisme, et toute la philosophie humaine. L'homme passe l'homme. Qu'on accorde donc aux pyrrhoniens ce qu'ils ont tant crié : que la vérité n'est pas de notre portée et de notre gibier, qu'elle ne demeure pas en terre, qu'elle est domestique du ciel, qu'elle loge dans le sein de Dieu, et que l'on ne la peut connaître qu'à mesure qu'il lui plaît

confond les pyrrhoniens[1], et la raison confond les dogmatiques. Que deviendrez-vous donc, ô homme! qui cherchez quelle est votre véritable condition par votre raison naturelle? Vous ne pouvez fuir[2] une de ces sectes, ni subsister dans aucune.

Connaissez donc[3], superbe, quel paradoxe, vous êtes à vous-même. Humiliez-vous, raison impuissante; taisez-vous, nature imbécile: apprenez que l'homme passe infiniment l'homme, et entendez de votre maître votre condition véritable que vous ignorez. Écoutez Dieu.

Car enfin, si l'homme n'avait jamais été corrompu, il jouirait dans son innocence et de la vérité et de la félicité avec assurance. Et si l'homme n'avait jamais été que corrompu, il n'aurait aucune idée ni de la vérité ni de la béatitude. Mais, malheureux que nous sommes, et plus que s'il n'y avait point de grandeur dans notre condition, nous avons une idée du bonheur, et ne pouvons y arriver; nous sentons une image de la vérité, et ne possédons que le mensonge : incapables d'ignorer absolument et de savoir certainement, tant il est manifeste que nous avons été dans un degré de perfection dont nous sommes malheureusement déchus!

Chose étonnante cependant, que le mystère le plus éloigné de notre connaissance, qui est celui de la transmission du péché, soit une chose sans laquelle nous ne pouvons avoir aucune connaissance de nous-mêmes! Car il est sans doute qu'il n'y a rien qui choque plus notre raison que de dire que le péché du premier homme ait rendu coupables ceux qui, étant si éloignés de cette source, semblent incapables d'y participer. Cet écoulement ne nous paraît pas seulement impossible, il nous semble même très-injuste ; car qu'y a-t-il de plus contraire aux règles de notre misérable justice que de damner éternellement un enfant incapable de volonté, pour un péché où il paraît avoir si peu de part, qu'il est commis six mille ans avant qu'il fût en être? Certainement, rien ne nous heurte plus rudement que cette doctrine; et cependant, sans ce mystère, le plus incompréhensible de tous, nous sommes incompréhensibles à nous-mêmes. Le nœud de notre condition prend ses replis et ses tours dans cet abîme; de sorte que l'homme est plus inconcevable sans ce mystère que ce mystère n'est inconcevable à l'homme[1].

§ *Seconde partie. Que l'homme sans la foi ne peut connaître le vrai bien ni la justice.* — Tous les hommes recherchent d'être heureux; cela est sans exception. Quelques différents moyens qu'ils y emploient, ils tendent tous à ce but. Ce qui fait que les uns vont à la guerre et que les autres n'y vont pas, est ce même désir qui est dans tous les deux, accompagné de différentes vues. La volonté ne fait jamais la moindre démarche que vers cet objet. C'est le motif de toutes les actions de tous les hommes, jusqu'à ceux qui vont se pendre.

Et cependant, depuis un si grand nombre d'années, jamais personne, sans la foi, n'est ar-

---

de la révéler. Apprenons donc de la vérité incréée et incarnée notre véritable nature » (barré).

[1] Var. du ms. : « On ne peut être pyrrhonien sans étouffer la nature; on ne peut être dogmatiste sans renoncer à la raison » (barré).

[2] « Vous ne pouvez fuir une de ces sectes. » C'est à-dire vous ne pouvez éviter de tomber dans l'une ou l'autre de ces sectes ; car si vous n'êtes pas dogmatique, vous êtes pyrrhonien, et au rebours. Et vous ne pouvez pourtant non plus vous tenir ni à l'une ni à l'autre. (Havet.)

[3] Var. du ms. : « Apprenons donc » (barré).

[1] Ici Pascal avait ajouté ces lignes : « D'où il paraît que Dieu, voulant nous rendre la difficulté de notre être inintelligible à nous-mêmes, en a caché le nœud si haut, ou, pour mieux dire, si bas, que nous étions bien incapables d'y arriver ; de sorte que ce n'est pas par les superbes agitations de notre raison, mais par la simple soumission de la raison, que nous pouvons véritablement nous connaître.

« Ces fondements, solidement établis sur l'autorité inviolable de la religion, nous font connaître qu'il y a deux vérités de foi également constantes : l'une, que l'homme, dans l'état de la création ou dans celui de la grâce, est élevé au-dessus de toute la nature, rendu comme semblable à Dieu, et participant de sa divinité ; l'autre, qu'en l'état de la corruption et du péché, il est déchu de cet état et rendu semblable aux bêtes. Ces deux propositions sont également fermes et certaines. L'Écriture nous les déclare manifestement lorsqu'elle dit en quelques lieux : « *Deliciæ meæ esse cum filiis hominum. Effundam spiritum meum super omnem carnem. Dii estis*, etc., » et qu'elle dit en d'autres : *Omnis caro fœnum. Homo assimilatus est jumentis insipientibus, et similis factus est illis. Dixi in corde meo de filiis hominum... Eccles*, iii; par où il paraît clairement que l'homme, par la grâce, est rendu comme semblable à Dieu et participant de sa divinité, et que, sans la grâce, il est semblable aux bêtes brutes » (barré).

rivé à ce point où tous visent continuellement. Tout se plaignent : princes, sujets; nobles, roturiers ; vieux, jeunes ; forts, faibles; savants, ignorants; sains, malades ; de tous pays, de tous les temps, de tous âges et de toutes conditions.

Une épreuve si longue, si continuelle et si uniforme, devrait bien nous convaincre de notre impuissance d'arriver au bien par nos efforts ; mais l'exemple ne nous instruit point. Il n'est jamais si parfaitement semblable, qu'il n'y ait quelque délicate différence ; et c'est de là que nous attendons que notre attente ne sera pas déçue en cette occasion comme en l'autre. Et ainsi, le présent ne nous satisfaisant jamais, l'espérance nous pipe, et de malheur en malheur, nous mène jusqu'à la mort, qui en est un comble éternel.

Qu'est-ce donc que nous crie cette avidité et cette impuissance, sinon qu'il y a eu autrefois dans l'homme un véritable bonheur, dont il ne lui reste maintenant que la marque et la trace toute vide, et qu'il essaie inutilement de remplir de tout ce qui l'environne, recherchant des choses absentes le secours qu'il n'obtient pas des présentes, mais qui en sont toutes incapables, parce que ce gouffre infini ne peut être rempli que par un objet infini et immuable, c'est-à-dire que par Dieu même.

Lui seul est son véritable bien ; et depuis qu'il l'a quitté, c'est une chose étrange, qu'il n'y a rien dans la nature qui ait été capable de lui en tenir la place : astres, ciel, terre, élément, plantes, choux, poireaux, animaux, insectes, veaux, serpents, fièvre, peste, guerre, famine, vices, adultère, inceste[1]. Et depuis qu'il a perdu le vrai bien, tout également peut lui paraître tel, jusqu'à sa destruction propre, quoique si contraire à Dieu, à la raison et à la nature tout ensemble.

Les uns le cherchent dans l'autorité, les autres dans les curiosités et dans les sciences, les autres dans les voluptés. D'autres, qui en ont en effet plus approché, ont considéré qu'il est nécessaire que le bien universel, que tous les hommes désirent, ne soit dans aucune des choses particulières, qui ne peuvent être possédées que par un seul, et qui, étant partagées, affligent plus leur possesseur, par le manque de la partie qu'il n'a pas, qu'elles ne le contentent par la jouissance de celle qui lui appartient. Ils ont compris que le vrai bien devait être tel, que tous pussent le posséder à la fois, sans diminution et sans envie, et que personne ne pût le perdre contre son gré.

Et leur raison est que ce désir étant naturel à l'homme, puisqu'il est nécessairement dans tous, et qu'il ne peut pas ne le pas avoir, ils en concluent... [1].

¶ *Philosophes.* — Nous sommes pleins de choses qui nous jettent au dehors.

Notre instinct nous fait sentir qu'il faut chercher notre bonheur dans nous. Nos passions nous poussent au dehors, quand même les objets ne s'offriraient pas pour les exciter. Les objets du dehors nous tentent d'eux-mêmes et nous appellent, quand même nous n'y pensons pas. Et ainsi les philosophes ont beau dire : Rentrez en vous-mêmes, vous y trouverez votre bien ; on ne les croit pas, et ceux qui les croient sont les plus vides et les plus sots.

¶ *Stoïques.* — ... Ils concluent qu'on peut toujours ce qu'on peut quelquefois, et que, puisque le désir de la gloire fait bien faire à ceux qu'il possède quelque chose, les autres le pourront bien aussi. Ce sont des mouvements fiévreux, que la santé ne peut imiter. Épictète conclut de ce qu'il y a des chrétiens constants, que chacun le peut bien être.

¶ Les trois concupiscences[2] ont fait trois sectes, et les philosophes n'ont fait autre chose que suivre une des trois concupiscences.

¶ Nous connaissons la vérité, non-seulement par la raison, mais encore par le cœur ; c'est de cette dernière sorte que nous connaissons les premiers principes, et c'est en vain que le raisonnement, qui n'y a point de part, essaye de les combattre. Les pyrrhoniens qui n'ont que cela pour objet, y travaillent inutilement.

---

[1] Des crimes les plus noirs vous souillez tous vos dieux ;
Vous n'en punissez point qui n'ait son maître aux cieux ;
La prostitution, l'adultère, l'inceste ;
Le vol, l'assassinat, et tout ce qu'on déteste,
C'est l'exemple qu'à suivre offrent vos immortels.
Corneille, *Polyeucte,* V, iii.

[1] Pascal n'a point achevé cette phrase.
[2] La volupté, qui a fait les épicuriens ; l'orgueil, qui a fait les stoïciens ; la curiosité, *libido sciendi*, qui a fait les philosophes dogmatistes.

Nous savons que nous ne rêvons point, quelque impuissance où nous soyons de le prouver par raison ; cette impuissance ne conclut autre chose que la faiblesse de notre raison, mais non pas l'incertitude de toutes nos connaissances, comme ils le prétendent. Car la connaissance des premiers principes, comme il y a *espace, temps, mouvement, nombres*, est aussi ferme qu'aucune de celles que nos raisonnements nous donnent. Et c'est sur ces connaissances du cœur et de l'instinct qu'il faut que la raison s'appuie, et qu'elle y fonde tout son discours. Le cœur sent qu'il y a trois dimensions dans l'espace, et que les nombres sont infinis ; et la raison démontre ensuite qu'il n'y a point deux nombres carrés dont l'un soit double de l'autre. Les principes se sentent, les propositions se concluent ; et le tout avec certitude, quoique par différentes voies. Et il est aussi ridicule que la raison demande au cœur des preuves de ces premiers principes, pour vouloir y consentir, qu'il serait ridicule que le cœur demandât à la raison un sentiment de toutes les propositions qu'elle démontre, pour vouloir les recevoir.

Cette impuissance ne doit donc servir qu'à humilier la raison, qui voudrait juger de tout, mais non pas à combattre notre certitude, comme s'il n'y avait que la raison capable de nous instruire. Plût à Dieu que nous n'en eussions au contraire jamais besoin, et que nous connussions toutes choses par instinct et par sentiment ! Mais la nature nous a refusé ce bien, et elle ne nous a au contraire donné que très-peu de connaissances de cette sorte ; toutes les autres ne peuvent être acquises que par le raisonnement.

Et c'est pourquoi ceux à qui Dieu a donné la religion par sentiment du cœur sont bien heureux et bien légitimement persuadés. Mais ceux qui ne l'ont pas, nous ne pouvons la [leur] donner que par raisonnement, en attendant que Dieu la leur donne par sentiment de cœur, sans quoi la foi n'est qu'humaine, et inutile pour le salut.

II

... Cette guerre intérieure de la raison contre les passions a fait que ceux qui ont voulu avoir la paix se sont partagés en deux sectes[1]. Les uns ont voulu renoncer aux passions, et devenir dieux ; les autres ont voulu renoncer à la raison, et devenir bêtes brutes (Des Barreaux). Mais ils ne l'ont pas pu ni les uns ni les autres, et la raison demeure toujours, qui accuse la bassesse et l'injustice des passions, et qui trouble repos de ceux qui s'y abandonnent ; et les passions sont toujours vivantes dans ceux mêmes qui y veulent renoncer.

III

Instinct. Raison. — Nous avons une impuissance de prouver invincible à tout le dogmatisme ; nous avons une idée de la vérité invincible à tout le pyrrhonisme.

¶ Nous souhaitons la vérité, et ne trouvons en nous qu'incertitude. Nous cherchons le bonheur, et ne trouvons que misères et mort. Nous sommes incapables de ne pas souhaiter la vérité et le bonheur, et sommes incapables ni de certitude ni de bonheur. Ce désir nous est laissé, tant pour nous punir, que pour nous faire sentir d'où nous sommes tombés.

IV

Si l'homme n'est fait pour Dieu, pourquoi n'est-il heureux qu'en Dieu ? Si l'homme est fait pour Dieu, pourquoi est-il si contraire à Dieu ?

V

L'homme ne sait à quel rang se mettre. Il est visiblement égaré, et tombé de son vrai lieu sans le pouvoir retrouver. Il le cherche partout avec inquiétude et sans succès dans des ténèbres impénétrables.

CHAPITRE XI

De fini et de l'infini. — Que l'homme en pariant que Dieu existe, parie avec certitude et a tout à gagner. — De la connaissance de Dieu.

I

Infini, rien. — Notre âme est jetée dans le corps, où elle trouve nombre, temps, dimen-

---

[1] « En deux sectes. » Des stoïciens et des épicuriens. (Havet.)

sion. Elle raisonne là-dessus, elle appelle cela nature, nécessité, et ne peut croire autre chose.

L'unité jointe à l'infini ne l'augmente de rien, non plus qu'un pied à une mesure infinie. Le fini s'anéantit en présence de l'infini, et devient un pur néant. Ainsi notre esprit devant Dieu; ainsi notre justice devant la justice divine.

Il n'y a pas si grande disproportion entre notre justice et celle de Dieu, qu'entre l'unité et l'infini.

Il faut que la justice de Dieu soit énorme comme sa miséricorde : or la justice envers les réprouvés est moins énorme et doit moins choquer que la miséricorde envers les élus.

Nous connaissons qu'il y a un infini, et ignorons sa nature. Comme nous savons qu'il est faux que les nombres soient finis, donc il est vrai qu'il y a un infini en nombre : mais nous ne savons ce qu'il est. Il est faux qu'il soit pair, il est faux qu'il soit impair; car en ajoutant l'unité, il ne change point de nature; cependant c'est un nombre, et tout nombre est pair ou impair : il est vrai que cela s'entend de tous nombres finis.

Ainsi on peut bien connaître qu'il y a un Dieu sans savoir ce qu'il est.

Nous connaissons donc l'existence et la nature du fini, parce que nous sommes finis et étendus comme lui.

Nous connaissons l'existence de l'infini et ignorons sa nature, parce qu'il a étendue comme nous, mais non pas des bornes comme nous.

Mais nous ne connaissons ni l'existence ni la nature de Dieu, parce qu'il n'a ni étendue ni bornes.

Mais par la foi nous connaissons son existence; par la gloire[1] nous connaîtrons sa nature. Or j'ai déjà montré qu'on peut bien connaître l'existence d'une chose sans connaître sa nature.

Parlons maintenant selon les lumières naturelles.

S'il y a un Dieu, il est infiniment incompréhensible, puisque, n'ayant ni parties ni bornes, il n'a nul rapport à nous : nous sommes donc incapables de connaître ni ce qu'il est, ni s'il est.

[1] Gloire, en langage chrétien, signifie l'état glorieux des élus dans le ciel. (Havet.)

Cela étant, qui osera entreprendre de résoudre cette question? Ce n'est pas nous, qui n'avons aucun rapport à lui.

Qui blâmera donc les chrétiens de ne pouvoir rendre raison de leur créance, eux qui professent une religion dont ils ne peuvent rendre raison? Ils déclarent, en l'exposant au monde, que c'est une sottise, *stultitiam*[1]; et puis vous vous plaignez de ce qu'ils ne la prouvent pas! S'ils la prouvaient, ils ne tiendraient pas parole : c'est en manquant de preuves qu'ils ne manquent pas de sens. Oui; mais, encore que cela excuse ceux qui l'offrent telle, et que cela les ôte du blâme de la produire sans raison, cela n'excuse pas ceux qui la reçoivent. Examinons donc ce point, et disons : Dieu est, ou il n'est pas. Mais de quel côté pencherons-nous? La raison n'y peut rien déterminer. Il y a un chaos infini qui nous sépare. Il se joue un peu, à l'extrémité de cette distance infinie, où il arrivera croix ou pile. Que gagerez-vous? Par raison, vous ne pouvez faire ni l'un ni l'autre; par raison, vous ne pouvez défendre nul des deux.

Ne blâmez donc pas de fausseté ceux qui ont pris un choix; car vous n'en savez rien. — Non : mais je les blâmerai d'avoir fait, non ce choix, mais un choix; car, encore que celui qui prend croix et l'autre soient en pareille faute, ils sont tous deux en faute : le juste est de ne point parier.

Oui, mais il faut parier : cela n'est pas volontaire, vous êtes embarqué. Lequel prendrez-vous donc? Voyons. Puisqu'il faut choisir, voyons ce qui vous intéresse le moins. Vous avez deux choses à perdre, le vrai et le bien; et deux choses à engager, votre raison et votre volonté, votre connaissance et votre béatitude; et votre nature à deux choses à fuir, l'erreur et la misère. Votre raison n'est pas plus blessée, puisqu'il faut nécessairement choisir, en choisissant l'un que l'autre. Voilà un point vidé; mais votre béatitude? Pesons le gain et la perte, en prenant croix, que Dieu est. Estimons ces deux cas : si vous gagnez, vous gagnez tout; si vous perdez, vous ne perdez rien. Gagez donc qu'il est, sans hésiter. — Cela est admirable : oui, il faut gager; mais je gage peut-être trop.

[1] Saint Paul, I. *Cor.*, 1, 18.

— Voyons. Puisqu'il y a pareil hasard de gain et de perte, si vous n'aviez qu'à gagner deux vies pour une, vous pourriez encore gager. Mais s'il y en avait trois à gagner, il faudrait jouer (puisque vous êtes dans la nécessité de jouer), et vous seriez imprudent, lorsque vous êtes forcé à jouer, de ne pas hasarder votre vie pour en gagner trois à un jeu où il y a pareil hasard de perte et de gain. Mais il y a une éternité de vie et de bonheur. Et cela étant, quand il y aurait une infinité de hasards dont un seul serait pour vous, vous auriez encore raison de gager un pour avoir deux, et vous agiriez de mauvais sens, étant obligé à jouer, de refuser de jouer une vie contre trois à un jeu où d'une infinité de hasards il y en a un pour vous, s'il y avait une infinité de vie infiniment heureuse à gagner. Mais il y a ici une infinité de vie infiniment heureuse à gagner, un hasard de gain contre un nombre infini de hasards de perte, et ce que vous jouez est fini. Cela est tout parti [1] : partout où est l'infini, et où il n'y a pas infinité de hasards de perte, contre celui de gain, il n'y a point à balancer, il faut tout donner. Et ainsi, quand on est forcé à jouer, il faut renoncer à la raison, pour garder la vie plutôt que de la hasarder pour le gain infini, aussi prêt à arriver que la perte du néant.

Car il ne sert de rien de dire qu'il est incertain si on gagnera, et qu'il est certain qu'on hasarde ; et que l'infinie distance qui est entre l'incertitude de ce qu'on s'expose, et l'incertitude de ce qu'on gagnera, égale le bien fini qu'on expose certainement, à l'infini qui est incertain. Cela n'est pas ainsi : tout joueur hasarde avec certitude pour gagner avec incertitude, et néanmoins il hasarde certainement le fini, pour gagner incertainement le fini, sans pécher contre la raison. Il n'y a pas infinité de distance entre cette certitude de ce qu'on s'expose et l'incertitude du gain ; cela est faux. Il y a, à la vérité, infinité entre la certitude de gagner et la certitude de perdre. Mais l'incertitude de gagner est proportionnée à la certitude de ce qu'on hasarde, selon la proportion des hasards de gain et de perte ; et de là vient que, s'il y a autant de hasards d'un côté que de l'autre, le parti est à jouer égal contre égal ; et alors la certitude de ce qu'on s'expose est égale à l'incertitude du gain : tant s'en faut qu'elle en soit infiniment distante. Et ainsi notre proposition est dans une force infinie, quand il y a le fini à hasarder à un jeu où il y a de pareils hasards de gain que de perte, et l'infini à gagner. Cela est démonstratif ; et si les hommes sont capables de quelques vérités, celle-là l'est.

Je le confesse, je l'avoue. Mais encore n'y a-t-il point moyen de voir le dessous du jeu ? — Oui, l'Écriture, et le reste, etc.

Oui ; mais j'ai les mains liées et la bouche muette : on me force à parier, et je ne suis pas en liberté : on ne me relâche pas, et je suis fait d'une telle sorte que je ne puis croire. Que voulez-vous donc que je fasse ?

Il est vrai. Mais apprenez au moins votre impuissance à croire, puisque la raison vous y porte, et que néanmoins vous ne le pouvez ; travaillez donc, non pas à vous convaincre par l'augmentation des preuves de Dieu, mais par la diminution de vos passions. Vous voulez aller à la foi, et vous n'en savez pas le chemin ; vous voulez vous guérir de l'infidélité, et vous en demandez les remèdes : apprenez de ceux qui ont été liés comme vous, et qui parient maintenant tout leur bien ; ce sont gens qui savent ce chemin que vous voudriez suivre, et guéris d'un mal dont vous voulez guérir. Suivez la manière par où ils ont commencé ; c'est en faisant tout comme s'ils croyaient, en prenant de l'eau bénite, en faisant dire des messes, etc. Naturellement même cela vous fera croire et vous abêtira. — Mais c'est ce que je crains. — Et pourquoi ? qu'avez-vous à perdre [1] ?

Mais pour vous montrer que cela y mène, c'est

---

[1] C'est-à-dire la balance des gains et des pertes est toute faite.

[1] Saint Paul : « Nemo se seducat : si quis videtur inter vos sapiens esse in hoc sæculo, *stultus fiat* ut sit sapiens — Sapientia enim hujus mundi, stultitia est apud Deum. » I *Cor.*, III, 18, 19.
Dans Pascal, comme dans saint Paul, *abêtir,* ne doit pas être pris à la lettre, mais dans la profondeur du sens chrétien. (Faugère.)
Selon l'observation excellente que j'entendais faire à M. Ballanche, beaucoup de ces mots étonnants et outrés qu'on surprend sur les brouillons de Pascal (comme *cela vous abêtira*) pouvaient bien n'être, dans la sténographie rapide, qu'une sorte de *mnémonique* pour accrocher plus à fond la pensée et la retrouver plus sûrement. Ces mots-là n'auraient point paru en public, et la pen-

que cela diminuera les passions qui sont vos grands obstacles, etc.

Or quel mal vous arrivera-t-il en prenant ce parti? Vous serez fidèle, honnête, humble, reconnaissant, bienfaisant, sincère ami, véritable. A la vérité, vous ne serez point dans les plaisirs empestés, dans la gloire, dans les délices; mais n'en aurez-vous point d'autres?

Je vous dis que vous y gagnerez en cette vie; et qu'à chaque pas que vous ferez dans ce chemin, vous verrez tant de certitude de gain, et tant de néant de ce que vous hasardez, que vous reconnaîtrez à la fin que vous avez parié pour une chose certaine, infinie, pour laquelle vous n'avez rien donné.

Oh! ce discours me transporte, me ravit, etc.

Si ce discours vous plaît et vous semble fort, sachez qu'il est fait par un homme qui s'est mis à genoux auparavant et après pour prier cet Être infini et sans parties, auquel il soumet tout le sien, de se soumettre aussi le vôtre pour votre propre bien et pour sa gloire; et qu'ainsi la force s'accorde avec cette bassesse.

¶ Ceux qui espèrent leur salut sont heureux en cela, mais ils ont pour contre-poids la crainte de l'enfer. — Qui a plus de sujet de craindre l'enfer, ou celui qui est dans l'ignorance s'il y a un enfer, et dans la certitude de damnation, s'il y en a; ou celui qui est dans une certaine persuasion qu'il y a un enfer, et dans l'espérance d'être sauvé, s'il est?

¶ J'aurais bientôt quitté les plaisirs, disent-ils, si j'avais la foi. Et moi, je vous dis : Vous auriez bientôt la foi, si vous aviez quitté les plaisirs. Or c'est à vous à commencer. Si je pouvais, je vous donnerais la foi. Je ne puis le faire, ni partant éprouver la vérité de ce que vous dites. Mais vous pouvez bien quitter les plaisirs, et éprouver si ce que je dis est vrai.

¶ Quiconque n'ayant plus que huit jours à vivre ne trouvera pas que le parti est de croire que tout cela n'est pas un coup du hasard...

Or, si les passions ne nous tenaient point, huit jours et cent ans sont une même chose.

sée se serait revêtue avec plus de convenance à la fois et de vérité, en parfaite harmonie avec le sujet.

(Sainte-Beuve.)

II

Les preuves de Dieu métaphysiques sont si éloignées du raisonnement des hommes, et si impliquées, qu'elles frappent peu ; et quand cela servirait à quelques-uns, ce ne serait que pendant l'instant qu'ils voient cette démonstration, mais une heure après ils craignent de s'être trompés.

Quod curiositate cognoverint superbia amiserunt.

C'est ce que produit la connaissance de Dieu qui se tire sans Jésus-Christ, qui est de communiquer sans médiateur avec le Dieu qu'on a connu sans médiateur. Au lieu que ceux qui ont connu Dieu par médiateur connaissent leur misère.

Jésus-Christ est l'objet de tout et le centre où tout tend. Qui le connaît connaît la raison de toutes choses.

Ceux qui s'égarent ne s'égarent que manque de voir une de ces deux choses. On peut donc bien connaître Dieu sans sa misère, et sa misère sans Dieu ; mais on ne peut connaître Jésus-Christ sans connaître tout ensemble et Dieu et sa misère.

Et c'est pourquoi je n'entreprendrai pas ici de prouver par des raisons naturelles, ou l'existence de Dieu, ou la Trinité, ou l'immortalité de l'âme, ni aucune des choses de cette nature; non-seulement parce que je ne me sentirais pas assez fort pour trouver dans la nature de quoi convaincre des athées endurcis, mais encore parce que cette connaissance sans Jésus-Christ, est inutile et stérile. Quand un homme serait persuadé que les proportions des nombres sont des vérités immatérielles, éternelles, et dépendantes d'une première vérité en qui elles subsistent, et qu'on appelle Dieu, je ne le trouverais pas beaucoup avancé pour son salut.

III

C'est une chose admirable que jamais auteur canonique ne s'est servi de la nature pour prouver Dieu. Tous tendent à le faire croire : David, Salomon, etc., jamais n'ont dit : Il n'y a point de vide, donc il y a un Dieu. Il fallait qu'ils fussent plus habiles que les plus habiles gens qui sont venus depuis, qui s'en sont tous servis. Cela est très-considérable.

¶ ...Si c'est une marque de faiblesse de prouver Dieu par la nature, n'en méprisez pas l'Écriture : si c'est une marque de force d'avoir connu ces contrariétés, estimez-en l'Écriture.

IV

... Car il ne faut pas se méconnaître, nous sommes automate[1] autant qu'esprit ; et de là vient que l'instrument par lequel la persuation se fait n'est pas la seule démonstration. Combien y a-t-il peu de choses démontrées ! Les preuves ne convainquent que l'esprit. La coutume fait nos preuves les plus fortes et les plus crues ; elle incline l'automate, qui entraîne l'esprit sans qu'il y pense. Qui a démontré qu'il sera demain jour, et que nous mourrons ? et qu'y a-t-il de plus cru ? C'est donc la coutume qui nous en persuade : c'est elle qui fait tant de Chrétiens, c'est elle qui fait les Turcs, les Païens, les métiers, les soldats, etc. Enfin, il faut avoir recours à elle quand une fois l'esprit a vu où est la vérité, afin de nous abreuver et nous teindre de cette créance, qui nous échappe à toute heure ; car d'en avoir toujours les preuves présentes, c'est trop d'affaire ; il faut acquérir une créance plus facile, qui est celle de l'habitude qui, sans violence, sans art, sans argument, nous fait croire les choses, et incline toutes nos puissances à cette croyance, en sorte que notre âme y tombe naturellement. Quand on ne croit que par la force de la conviction, et que l'automate est incliné à croire le contraire, ce n'est pas assez. Il faut donc faire croire nos deux pièces : l'esprit, par les raisons, qu'il suffit d'avoir vues une fois en sa vie ; et l'automate, par la coutume, et en ne lui permettant pas de s'incliner au contraire. *Inclina, cor meum, Deus.*

CHAPITRE XII

Des marques auxquelles on peut reconnaître qu'une religion est vraie, et comment la religion chrétienne porte en elle les preuves de sa vérité.

I

La vraie religion doit avoir pour marque d'obliger à aimer son Dieu. Cela est bien juste. Et cependant aucune autre que la nôtre ne l'a ordonné ; la nôtre l'a fait. Elle doit avoir connu la concupiscence ; la nôtre l'a fait. Elle doit y avoir apporté les remèdes ; l'un est la prière. Nulle religion n'a demandé à Dieu de l'aimer et de le suivre.

II

La vraie nature de l'homme, son vrai bien, et la vraie vertu, et la vraie religion, sont choses dont la connaissance est inséparable.

¶ *Après avoir entendu la nature de l'homme.* — Il faut, pour qu'une religion soit vraie, qu'elle ait connu notre nature. Elle doit avoir connu la grandeur et la petitesse, et la raison de l'une et de l'autre. Qui l'a connue, que la chrétienne ?

III

Les autres religions, comme les païennes, sont plus populaires ; car elles sont en extérieur ; mais elles ne sont pas pour les gens habiles. Une religion purement intellectuelle serait plus proportionnée aux habiles ; mais elle ne servirait pas au peuple. La seule religion chrétienne est proportionnée à tous, étant mêlée d'extérieur et d'intérieur. Elle élève le peuple à l'intérieur, et abaisse les superbes à l'extérieur ; et n'est pas parfaite sans les deux car il faut que le peuple entende l'esprit de la lettre, et que les habiles soumettent leur esprit à la lettre.

¶ Il faut que l'extérieur soit joint à l'intérieur pour obtenir de Dieu, c'est-à-dire que l'on se mette à genoux, prie des lèvres, etc., afin que l'homme orgueilleux qui n'a voulu se soumettre à Dieu soit maintenant soumis à la créature

---

[1] « M. Pascal parlait peu de sciences ; cependant, quand l'occasion s'en présentait, il disait son sentiment sur les choses dont on lui parlait. Par exemple, sur la philosophie de M. Descartes, il disait assez ce qu'il en sait ; il était de son sentiment sur l'automate, et n'en était point sur la matière subtile, dont il se moquait fort ; mais il ne pouvait souffrir sa manière d'expliquer la formation de toutes choses, et il disait très-souvent : Je ne puis pardonner à Descartes ; il voudrait bien, dans toute sa philosophie, se pouvoir passer de Dieu ; mais il n'a pu s'empêcher de lui accorder une chiquenaude pour mettre le monde en mouvement ; après cela il n'a plus que faire de Dieu. » (Mademoiselle Périer.)

Attendre de cet extérieur le secours est superstition : ne vouloir pas le joindre à l'intérieur est être superbe.

IV

Nulle autre religion n'a proposé de se haïr. Nulle autre religion ne peut donc plaire à ceux qui se haïssent, et qui cherchent un être véritablement aimable. Et ceux-là, s'ils n'avaient jamais ouï parler de la religion d'un Dieu humilié, l'embrasseraient incontinent.

¶ ... Nulle autre n'a connu que l'homme est la plus excellente créature. Les uns, qui ont bien connu la réalité de son excellence, ont pris pour lâcheté et pour ingratitude des sentiments bas que les hommes ont naturellement d'eux-mêmes : et les autres, qui ont bien connu combien cette bassesse est effective, ont traité d'une superbe ridicule ces sentiments de grandeur, qui sont aussi naturels à l'homme.

Levez vos yeux vers Dieu, disent les uns ; voyez celui auquel vous ressemblez, et qui vous a fait pour l'adorer. Vous pouvez vous rendre semblable à lui ; la sagesse vous y égalera, si vous voulez la suivre. Et les autres disent : Baissez vos yeux vers la terre, chétif ver que vous êtes, et regardez les bêtes dont vous êtes le compagnon.

Que deviendra donc l'homme? Sera-t-il égal à Dieu ou aux bêtes? Quelle effroyable distance ! Que serons-nous donc? Qui ne voit par tout cela que l'homme est égaré, qu'il est tombé de sa place, qu'il la cherche avec inquiétude, qu'il ne la peut plus retrouver ? Et qui l'y adressera donc ? les plus grands hommes ne l'ont pu.

¶ Nulle religion que la nôtre n'a enseigné que l'homme naît en péché, nulle secte de philosophes ne l'a dit : nulle n'a donc dit vrai.

V

Que Dieu s'est voulu cacher. — S'il n'y avait qu'une religion, Dieu y serait bien manifeste. S'il n'y avait des martyrs qu'en notre religion, de même.

... Dieu étant ainsi caché, toute religion qui ne dit pas que Dieu est caché n'est pas véritable et toute religion qui n'en rend pas raison n'est pas instruisante. La nôtre fait tout cela : *Vere tu es Deus absconditus.*

¶ *Perpétuité.* — Cette religion, qui consiste à croire que l'homme est déchu d'un état de gloire et de communication avec Dieu en un état de tristesse, de pénitence et d'éloignement de Dieu, mais qu'après cette vie nous serons rétablis par un Messie qui devait venir, a toujours été sur la terre. Toutes choses ont passé, et celle-là a subsisté pour laquelle sont toutes les choses.

Les hommes dans le premier âge du monde ont été emportés dans toutes sortes de désordres, et il y avait cependant des saints, comme Énoch, Lamech et d'autres, qui attendaient en patience le Christ promis dès le commencement du monde. Noé a vu la malice des hommes au plus haut degré ; et il a mérité de sauver le monde en sa personne, par l'espérance du Messie dont il a été la figure. Abraham était environné d'idolâtres, quand Dieu lui fit connaître le mystère du Messie qu'il a salué de loin. Au temps d'Isaac et de Jacob l'abomination s'était répandue sur toute la terre ; mais ces saints vivaient en la foi ; et Jacob, mourant et bénissant ses enfants, s'écrie, par un transport qui lui fait interrompre son discours : J'attends, ô mon Dieu, le Sauveur que vous avez promis : *Salutare tuum espectabo, Domine.*

Les Égyptiens étaient infectés et d'idolâtrie et de magie ; le peuple de Dieu même était entraîné par leurs exemples. Mais cependant Moïse et d'autres croyaient celui qu'ils ne voyaient pas et l'adoraient en regardant aux dons éternels qu'il leur préparait.

Les Grecs et les Latins ensuite ont fait régner les fausses déités, les poètes ont fait cent diverses théologies ; les philosophes se sont séparés en mille sectes différentes : et cependant il y avait toujours au cœur de la Judée des hommes choisis qui prédisaient la venue de ce Messie, qui n'était connu que d'eux.

Il est venu enfin en la consommation des temps : et depuis, on a vu naître tant de schismes et d'hérésies, tant renverser d'États, tant de changements en toutes choses ; et cette Église, qui adore celui qui a toujours été adoré a subsisté sans interruption. Et ce qui est admirable, incomparable et tout à fait divin, c'est que cette religion, qui a toujours duré, a toujours été combattue. Mille fois elle a été à la veille d'une destruction universelle ; et toutes les fois qu'elle a été en cet état, Dieu l'a relevée par des coups extraordinaires de sa puissance. C'est ce qui est étonnant, et qu'elle s'est maintenue sans fléchir et plier sur la volonté des tyrans. Car il n'est pas étrange qu'un État subsiste, lorsque l'on fait quelquefois céder ses lois à la nécessité, mais que...

¶ *Figures.* — Dieu, voulant se former un peuple saint, qu'il séparerait de toutes les autres nations, qu'il délivrerait de ses ennemis, qu'il mettrait dans un lieu de repos, a promis de la faire, et a prédit par ses prophètes le temps et la manière de sa venue. Et cependant, pour affermir l'espérance de ses élus dans tous les temps, il leur en a fait voir l'image sans les laisser jamais sans des assurances de sa puissance et de sa volonté pour leur salut. Car, dans la création de l'homme, Adam en était le témoin, et le dépositaire de la promesse du Sauveur, qui devait naître de la femme. Lorsque les hommes étaient encore si proches de la création, qu'ils ne pouvaient avoir oublié leur création et leur chute, lorsque ceux qui avaient vu Adam n'ont plus été au monde, Dieu a envoyé Noé, et il l'a sauvé et noyé toute la terre, par un miracle qui marquait assez et le pouvoir qu'il avait de sauver le monde, et la volonté qu'il avait de le faire, et de faire naître de la semence de la femme celui qu'il avait promis. Ce miracle suffisait pour affermir l'espérance des hommes...

La mémoire du déluge étant encore si fraîche parmi les hommes, lorsque Noé vivait encore, Dieu fit ses promesses à Abraham, et, lorsque Sem vivait encore, Dieu envoya Moïse etc...

VI.

Les États périraient, si on ne faisait plier souvent les lois à la nécessité. Mais jamais la religion n'a souffert cela, et n'en a usé. Aussi il faut ces accommodements, ou des miracles. Il n'est pas étrange qu'on se conserve en ployant, et ce n'est pas proprement se maintenir; et encore périssent-ils enfin entièrement : il n'y en a point qui ait duré mille ans [1]. Mais que cette religion se soit toujours maintenue, et inflexible, cela est divin.

[1] Var. de Port-Royal : « Quinze cents ans. »

VII

Il y aurait trop d'obscurité, si la vérité n'avait pas des marques visibles. C'en est une admirable qu'elle se soit toujours conservée dans une Église et une assemblée visible. Il y aurait trop de clarté, s'il n'y avait qu'un sentiment dans cette Église ; mais pour reconnaître quel est le vrai, il n'y a qu'à voir quel est celui qui y a toujours été ; car il est certain que le vrai y a toujours été, et qu'aucun faux n'y a toujours été.

Perpétuité. — Ainsi, le Messie a toujours été cru. La tradition d'Adam était encore nouvelle en Noé et en Moïse. Les prophètes l'ont prédit depuis, en prédisant toujours d'autres choses, dont les événements, qui arrivaient de temps en temps à la vue des hommes, marquaient la vérité de leur mission, et par conséquent celle de leurs promesses touchant le Messie. Jésus-Christ a fait des miracles, et les apôtres aussi, qui ont converti tous les païens ; et par là toutes les prophéties, étant accomplies, le Messie est prouvé pour jamais.

VIII

En voyant l'aveuglement et la misère de l'homme, en regardant tout l'univers muet, et l'homme sans lumière, abandonné à lui-même, et comme égaré dans ce recoin de l'univers, sans savoir qui l'y a mis, ce qu'il y est venu faire, ce qu'il deviendra en mourant, j'entre en effroi comme un homme [1] qu'on aurait porté endormi dans une île déserte et effroyable, et qui s'éveillerait sans connaître où il est, et sans moyen d'en sortir. Et sur cela j'admire comment on n'entre point en désespoir d'un si misérable état. Je vois d'autres personnes auprès de moi, d'une semblable nature ; je leur demande s'ils sont mieux instruits que moi, ils me disent que non ; et sur cela, ces misérables égarés, ayant regardé autour d'eux et ayant vu quelques objets plaisants, s'y sont donnés et s'y sont attachés. Pour moi, je n'ai pu y prendre d'attache, et considérant combien il y plus d'apparence qu'il y a autre chose que ce que je vois, j'ai recherché si

[1] Var. du ms. : « Comme un enfant » (barré).

ce Dieu n'aurait point laissé quelques marques de soi.

Je vois plusieurs religions contraires, et par conséquent toutes fausses, excepté une. Chacune veut être crue par sa propre autorité, et menace les incrédules. Je ne les crois donc pas là-dessus ; chacun peut dire cela, chacun peut se dire prophète. Mais je vois la chrétienne où je trouve des prophéties, et c'est ce que chacun ne peut pas faire.

IX

La seule religion contre nature, contre le sens commun, contre nos plaisirs, est la seule qui ait toujours été.

X

Toute la conduite des choses doit avoir pour objet l'établissement et la grandeur de la religion ; les hommes doivent avoir en eux-mêmes des sentiments conformes à ce qu'elle nous enseigne ; et enfin elle doit être tellement l'objet et le centre où toutes choses tendent, que qui en saura les principes puisse rendre raison et de toute la nature de l'homme en particulier, et de toute la conduite du monde en général.

¶ ... Ils blasphèment ce qu'ils ignorent. La religion chrétienne consiste en deux points. Il importe également aux hommes de les connaître, et il est également dangereux de les ignorer. Et il est également de la miséricorde de Dieu d'avoir donné des marques des deux.

Et cependant ils prennent sujet de conclure qu'un de ces points n'est pas, de ce qui leur devrait faire conclure l'autre. Les sages qui ont dit qu'il y a un Dieu ont été persécutés, les Juifs haïs, les Chrétiens encore plus. Ils ont vu par lumière naturelle que, s'il y a une véritable religion sur la terre, la conduite de toutes choses doit y tendre comme à son centre. Et sur ce fondement, ils prennent lieu de blasphémer la religion chrétienne, parce qu'ils la connaissent mal. Ils s'imaginent qu'elle consiste simplement en l'adoration d'un Dieu considéré comme grand, et puissant, et éternel ; ce qui est proprement le déisme, presque aussi éloigné de la religion chrétienne que l'athéisme, qui y est tout à fait contraire. Et de là ils concluent que cette religion n'est pas véritable, parce qu'ils ne voient pas que toutes choses concourent à l'établissement de ce point, que Dieu ne se manifeste pas aux hommes avec toute l'évidence qu'il pourrait faire.

Mais qu'ils en concluent ce qu'ils voudront contre le déisme, ils n'en concluront rien contre la religion chrétienne, qui consiste proprement au mystère du Rédempteur, qui, unissant en lui les deux natures, humaine et divine, a retiré les hommes de la corruption du péché pour les réconcilier à Dieu en sa personne divine.

Elle enseigne donc aux hommes ces deux vérités, et qu'il y a un Dieu dont les hommes sont capables, et qu'il y a une corruption dans la nature qui les en rend indignes. Il importe également aux hommes de connaître l'un et l'autre de ces points ; et il est également dangereux à l'homme de connaître Dieu sans connaître sa misère, et de connaître sa misère sans connaître le Rédempteur qui l'en peut guérir. Une seule de ces connaissances fait ou l'orgueil des philosophes qui ont connu Dieu et non leur misère, ou le désespoir des athées, qui connaissent leur misère sans Rédempteur. Et ainsi, comme il est également de la nécessité de l'homme de connaître ces deux points, il est aussi également de la miséricorde de Dieu de nous les avoir fait connaître. La religion chrétienne le fait ; c'est en cela qu'elle consiste. Qu'on examine l'ordre du monde sur cela, et qu'on voie si toutes choses ne tendent pas à l'établissement des deux chefs de cette religion.

XI

Si l'on ne se connaît plein de superbe, d'ambition, de concupiscence, de faiblesse, de misère et d'injustice, on est bien aveugle. Et si en le connaissant, on ne désire d'en être délivré, que peut-on dire d'un homme ?... Que peut-on donc avoir que de l'estime pour une religion qui connaît si bien les défauts de l'homme, et que du désir pour la vérité d'une religion qui y promet des remèdes si souhaitables ?

XII

PREUVE. — 1° La religion chrétienne, par son établissement : par elle-même établie si fortement, si doucement, étant si contraire à la nature. — 2° La sainteté, la hauteur et l'humilité d'une âme chrétienne. — 3° Les merveilles de l'Écriture sainte. — 4° Jésus-Christ en particulier. — 5° Les apôtres en particulier. — 6° Moïse et les prophètes en particulier. — 7° Le peuple juif. — 8° Les prophéties. — 9° La perpétuité. Nulle religion n'a la perpétuité. — 10° La doctrine, qui rend raison de tout. — 11° La sainteté de cette loi. — 12° Par la conduite du monde.

Il est indubitable qu'après cela on ne doit pas refuser, en considérant ce que c'est que la vie, et que cette religion, de suivre l'inclination de la suivre, si elle nous vient dans le cœur; et il est certain qu'il n'y a nul lieu de se moquer de ceux qui la suivent.

CHAPITRE XIII

Que la religion chrétienne est la seule qui fasse comprendre à l'homme, et la contradiction de sa misère et de sa grandeur; et que les sectes philosophiques sont impuissantes à donner cette connaissance.

I

Après avoir expliqué l'incompréhensibilité[1]. — Les grandeurs et les misères de l'homme sont tellement visibles, qu'il faut nécessairement que la véritable religion nous enseigne et qu'il y a un grand principe de grandeur en l'homme, et qu'il y a un grand principe de misère. Il faut donc qu'elle nous rende raison de ses étonnantes contrariétés.

Il faut que, pour rendre l'homme heureux, elle lui montre qu'il y a un Dieu; qu'on est obligé de l'aimer : que notre vraie félicité est d'être en lui, et notre unique mal d'être séparés de lui; qu'elle reconnaisse que nous sommes pleins de ténèbres qui nous empêchent de le connaître et de l'aimer; et qu'ainsi nos devoirs nous obligeant d'aimer Dieu, et nos concupiscences nous en détournant, nous sommes pleins d'injustice. Il faut qu'elle nous rende raison de ces oppositions que nous avons à Dieu et à notre propre bien; il faut qu'elle nous enseigne les remèdes à ces impuissances, et les moyens d'obtenir ces remèdes. Qu'on examine sur cela toutes les religions du monde, et qu'on voie s'il y en a une autre que la chrétienne qui y satisfasse.

Sera-ce les philosophes, qui nous proposent pour tout bien les biens qui sont en nous? Est-ce là le vrai bien? Ont-ils trouvé le remède à nos maux? Est-ce avoir guéri la présomption de l'homme que de l'avoir égalé à Dieu? Ceux qui nous ont égalés aux bêtes, et les mahométans qui nous ont donné les plaisirs de la terre pour tout bien, même dans l'éternité, ont-ils apporté le remède à nos concupiscences?

Quelle religion nous enseignera donc à guérir l'orgueil et la concupiscence? Quelle religion enfin nous enseignera notre bien, nos devoirs, les faiblesses qui nous en détournent, la cause de ces faiblesses, les remèdes qui les peuvent guérir, et les moyens d'obtenir ces remèdes? Toutes les autres religions ne l'ont pu. Voyons ce que fera la Sagesse de Dieu.

N'attendez pas, dit-elle, ni vérité, ni consolation des hommes. Je suis celle qui vous ai formés, et qui puis seule vous apprendre qui vous êtes. Mais vous n'êtes plus maintenant en l'état où je vous ai formés. J'ai créé l'homme saint, innocent, parfait; je l'ai rempli de lumière et d'intelligence; je lui ai communiqué ma gloire et mes merveilles. L'œil de l'homme voyait alors la majesté de Dieu. Il n'était pas alors dans les ténèbres qui l'aveuglent, ni dans la mortalité et dans les misères qui l'affligent. Mais il n'a pu soutenir tant de gloire sans tomber dans la présomption. Il a voulu se rendre centre de lui-même, et indépendant de mon secours. Il s'est soustrait de ma domination; et, s'égalant à moi par le désir de trouver sa félicité en lui-même, je l'ai abandonné à lui; et, révoltant les créatures, qui lui étaient soumises, je les lui ai rendues ennemies : en sorte qu'aujourd'hui l'homme est devenu semblable aux bêtes, et dans un tel éloignement de moi, qu'à peine lui reste-t-il une lumière confuse de son auteur : tant toutes ses connaissances ont été éteintes ou troublées! Les sens, indépendants de la raison, et souvent maîtres de la raison, l'ont emporté à la recherche des plaisirs. Toutes les créatures ou l'affligent ou le tentent, et dominent sur lui, ou en le soumettant par leur force, ou en le charmant par leurs douceurs, ce qui est encore une domination plus

---

[1] C'est-à-dire : *Après avoir montré que l'homme est incompréhensible.*

terrible et plus impérieuse. Voilà l'état où les hommes sont aujourd'hui. Il leur reste quelque instinct puissant du bonheur de leur première nature, et ils sont plongés dans les misères de leur aveuglement et de leur concupiscence, qui est devenue leur seconde nature.

De ce principe que je vous ouvre, vous pouvez reconnaître la cause de tant de contrariétés qui ont étonné tous les hommes, et qui les ont partagés en de si divers sentiments. Observez maintenant tous les mouvements de grandeur et de gloire que l'épreuve de tant de misères ne peut étouffer, et voyez s'il ne faut pas que la cause en soit en une autre nature.

¶ *Prosopopée.* — ... C'est en vain, ô hommes! que vous cherchez dans vous-mêmes le remède à vos misères. Toutes vos lumières ne peuvent arriver qu'à connaître que ce n'est point dans vous-mêmes que vous trouverez ni la vérité, ni le bien. Les philosophes vous l'ont promis, et ils n'ont pu le faire. Ils ne savent ni quel est votre véritable bien, ni quel est votre véritable état [1]. Comment auraient-ils donné des remèdes à vos maux, puisqu'ils ne les ont pas seulement connus? Vos maladies principales sont l'orgueil, qui vous soustrait de Dieu, la concupiscence, qui vous attache à la terre; et ils n'ont fait autre chose qu'entretenir au moins l'une de ces maladies. S'ils vous ont donné Dieu pour objet, ce n'a été que pour exercer votre superbe : ils vous ont fait penser que vous lui étiez semblables et conformes par votre nature. Et ceux qui ont vu la vanité de cette prétention vous ont jetés dans l'autre précipice, en vous faisant entendre que votre nature était pareille à celle des bêtes, et vous ont portés à chercher votre bien dans les concupiscences qui sont le partage des animaux. Ce n'est pas là le moyen de vous guérir de vos injustices, que ces sages n'ont point connues. Je puis seule vous faire entendre qui vous êtes...

¶ Si on vous unit à Dieu, c'est par grâce, non par nature. Si on vous abaisse, c'est par pénitence, non par nature.

¶ ... Ces deux états étant ouverts [1], il est impossible que vous ne les reconnaissiez pas. Suivez vos mouvements, observez-vous vous-mêmes, et voyez si vous n'y trouverez pas les caractères vivants de ces deux natures. Tant de contradictions se trouveraient-elles dans un sujet simple?

¶ ... Je n'entends pas que vous soumettiez votre créance à moi sans raison, et ne prétends pas vous assujettir avec tyrannie. Je ne prétends pas aussi vous rendre raison de toutes choses; et pour accorder ces contrariétés, j'entends vous faire voir clairement, par des preuves convaincantes, des marques divines en moi, qui vous convainquent de ce que je suis, et m'attirent autorité par des merveilles et des preuves que vous ne puissiez refuser ; et qu'ensuite vous croyiez sûrement les choses que je vous enseigne, quand vous n'y trouverez aucun sujet de les refuser, sinon que vous ne pouvez par vous-mêmes connaître si elles sont ou non [2].

¶ S'il y a un seul principe de tout, une seule fin de tout : tout par lui, tout pour lui. Il faut donc que la vraie religion nous enseigne à n'adorer que lui et à n'aimer que lui. Mais, comme nous nous trouvons dans l'impuissance d'adorer ce que nous ne connaissons pas, et d'aimer autre chose que nous, il faut que la religion qui instruit de ces devoirs nous instruise aussi de ces impuissances, et qu'elle nous apprenne aussi les remèdes. Elle nous apprend que par un homme [3] tout a été perdu, et la liaison rompue entre Dieu et nous, et que par un homme [4], la liaison est réparée.

Nous naissons si contraires à cet amour de Dieu, et il est si nécessaire, qu'il faut que nous naissions coupables, ou Dieu serait injuste.

---

[1] Après ces mots Pascal avait écrit d'abord : « Je suis la seule qui peut vous apprendre ces choses; je les enseigne à ceux qui m'écoutent. Les livres que j'ai mis entre les mains des hommes les découvrent bien nettement. Mais, je n'ai pas voulu que cette connaissance fût si ouverte. J'apprends aux hommes ce qui les peut rendre heureux; pourquoi refusez-vous de m'ouïr? Ne cherchez pas de satisfaction dans la terre : n'espérez rien des hommes. Votre bien n'est qu'en Dieu, et la souveraine félicité consiste à connaître Dieu, à s'unir à Dieu dans l'éternité. Votre devoir est à l'aimer de tout votre cœur. Il vous a créés... » (barré).

[1] *Ouvrir* au figuré pour *découvrir*.
[2] Dans ce paragraphe, *je* et *moi* ne se rapporte évidemment pas à Pascal, mais à un être abstrait tel que la religion, ou la Sagesse divine, que l'auteur met en scène.
[3] Adam.
[4] Jésus-Christ.

II

Le péché originel est folie devant les hommes, mais on le donne pour tel. Vous ne me devez donc pas reprocher le défaut de raison en cette doctrine, puisque je la donne pour être sans raison. Mais cette folie est plus sage que toute la sagesse des hommes, *sapientius est hominibus*. Car, sans cela, que dira-t-on qu'est l'homme? Tout son état dépend de ce point imperceptible. Et comment s'en fût-il aperçu par sa raison, puisque c'est une chose au-dessus de sa raison, et que sa raison, bien loin de l'inventer par ses voies, s'en éloigne quand on le lui présente?

III

Cette duplicité de l'homme est si visible, qu'il y en a qui ont pensé que nous avions deux âmes [1] : un sujet simple leur paraissant incapable de telles et si soudaines variétés, d'une présomption démesurée à un horrible abattement de cœur.

¶ Toutes ces contrariétés, qui semblaient le plus m'éloigner de la connaissance de la religion, est ce qui m'a le plus tôt conduit à la véritable.

¶ Pour moi, j'avoue qu'aussitôt que la religion chrétienne découvre ce principe, que la nature des hommes est corrompue et déchue de Dieu, cela ouvre les yeux à voir partout le caractère de cette vérité : car la nature est telle, qu'elle marque partout un Dieu perdu, et dans l'homme, et hors de l'homme, et une nature corrompue.

¶ Sans ces divines connaissances, qu'ont pu faire les hommes, sinon, ou s'élever dans le sentiment intérieur qui leur reste de leur grandeur passée, ou s'abattre dans la vue de leur faiblesse présente [2]? Car ne voyant pas la vérité entière, ils n'ont pu arriver à une parfaite vertu. Les uns considérant la nature comme incorrompue, les autres comme irréparable, ils n'ont pu fuir, ou l'orgueil, ou la paresse, qui sont les deux sources de tous les vices ; puisqu'ils ne peuvent sinon, ou s'y abandonner par lâcheté, ou en sortir par l'orgueil. Car, s'ils connaissaient l'excellence de l'homme, ils en ignoraient la corruption; de sorte qu'ils évitaient bien la paresse, mais ils se perdaient dans la superbe. Et s'ils reconnaissaient l'infirmité de la nature, ils en ignoraient la dignité : de sorte qu'ils pouvaient bien éviter la vanité, mais c'était en se précipitant dans le désespoir.

De là viennent les diverses sectes des stoïques et des épicuriens, des dogmatistes et des académiciens, etc. La seule religion chrétienne a pu guérir ces deux vices, non pas en chassant l'un par l'autre, par la sagesse de la terre, mais en chassant l'un et l'autre, par la simplicité de l'Évangile. Car elle apprend aux justes qu'elle élève jusqu'à la participation de la Divinité même, qu'en ce sublime état ils portent encore la source de toute la corruption, qui les rend durant toute la vie sujets à l'erreur, à la misère, à la mort, au péché; et elle crie aux plus impies qu'ils sont capables de la grâce de leur Rédempteur. Ainsi, donnant à trembler à ceux qu'elle justifie, et consolant ceux qu'elle condamne, elle tempère avec tant de justesse la crainte avec l'espérance par cette double capacité qui est commune à tous, et de la grâce et du péché, qu'elle abaisse infiniment plus que la seule raison ne peut faire, mais sans désespérer ; et qu'elle élève infiniment plus que l'orgueil de la nature, mais sans enfler : faisant bien voir par là qu'étant seule exempte d'erreur et de vice, il n'appartient qu'à elle et d'instruire et de corriger les hommes.

Qui peut donc refuser à ces célestes lumières de les croire et de les adorer? Car n'est-il pas plus clair que le jour que nous sentons en nous-mêmes des caractères ineffaçables d'excellence? Et n'est-il pas aussi véritable que nous éprouvons à toute heure les effets de notre dé-

---

[1] Cette variation et contradiction qui se veoid en nous, si souple, a faict que aulcuns nous songent deux ames, d'aultres deux puissances, qui nous accompaignent et agitent chascune à sa mode, vers le bien l'une, l'aultre vers le mal : une si brusque diversité ne se pouvant bien assortir à un subiect simple. » (Montaigne.)

[2] VAR. DU MS. : « Dans cette impuissance de voir la vérité entière, s'ils connaissaient la dignité de notre condition, ils en ignoraient la corruption ; ou s'ils en connaissaient l'infirmité, ils en ignoraient l'excellence; et suivant l'une ou l'autre de ces routes, qui leur faisait voir la nature, ou comme incorrompue, ou comme irréparable, ils se perdaient ou dans la superbe, ou dans le désespoir » (barré).

plorable condition? Que nous crie donc ce chaos et cette confusion monstrueuse, sinon la vérité de ces deux états, avec une voix si puissante, qu'il est impossible de résister?

IV

Nous ne concevons ni l'état glorieux d'Adam, ni la nature de son péché, ni la transmission qui s'en est faite en nous. Ce sont choses qui se sont passées dans l'état d'une nature toute différente de la nôtre, et qui passent notre capacité présente. Tout cela nous est inutile à savoir pour en sortir; et tout ce qu'il nous importe de connaître est que nous sommes misérables, corrompus, séparés de Dieu, mais rachetés par Jésus-Christ; et c'est de quoi nous avons des preuves admirables sur la terre. Ainsi les deux preuves de la corruption et de la rédemption se tirent des impies, qui vivent dans l'indifférence de la religion, et des Juifs, qui en sont les ennemis irréconciliables.

V

Le christianisme est étrange! Il ordonne à l'homme de reconnaître qu'il est vil, et même abominable; et lui ordonne de vouloir être semblable à Dieu. Sans un tel contre-poids, cette élévation le rendrait horriblement vain, ou cet abaissement le rendrait horriblement abject.

¶ La misère persuade le désespoir, l'orgueil persuade la présomption. L'incarnation montre à l'homme la grandeur de sa misère, par la grandeur du remède qu'il a fallu.

VI

... Non pas un abaissement qui nous rende incapables du bien, ni une sainteté exempte du mal.

¶ Il n'y a point de doctrine plus propre à l'homme que celle-là, qui l'instruit de sa double capacité de recevoir et de perdre la grâce, à cause du double péril où il est toujours exposé, de désespoir ou d'orgueil.

VII

Les philosophes ne prescrivaient point des sentiments proportionnés aux deux états. Ils inspiraient des mouvements de grandeur pure, et ce n'est pas l'état de l'homme. Ils inspiraient des mouvements de bassesse pure, et ce n'est pas l'état de l'homme. Il faut des mouvements de bassesse, non de nature, mais de pénitence; non pour y demeurer, mais pour aller à la grandeur. Il faut des mouvements de grandeur, non de mérite, mais de grâce, et après avoir passé par la bassesse.

VIII

Nul n'est heureux comme un vrai chrétien, ni raisonnable, ni vertueux, ni aimable.

¶ Avec combien peu d'orgueil un chrétien se croit-il uni à Dieu! avec combien peu d'abjection s'égale-t-il aux vers de la terre! La belle manière de recevoir la vie et la mort, les biens et les maux!

IX

Incompréhensible. — Tout ce qui est incompréhensible ne laisse pas d'être. Le nombre infini. Un espace infini, égal au fini.

Incroyable que Dieu s'unisse à nous. — Cette considération n'est tirée que de la vue de notre bassesse. Mais si vous l'avez bien sincère, suivez-la aussi loin que moi, et reconnaissez que nous sommes en effet si bas, que nous sommes par nous-mêmes incapables de connaître si sa miséricorde ne peut pas nous rendre capables de lui. Car je voudrais bien savoir d'où cet animal, qui se reconnaît si faible, a le droit de mesurer la miséricorde de Dieu, et d'y mettre les bornes que sa fantaisie lui suggère. L'homme sait si peu ce que c'est que Dieu, qu'il ne sait pas ce qu'il est lui-même : et, tout troublé de la vue de son propre état, il ose dire que Dieu ne peut pas le rendre capable de sa communication! Mais je voudrais lui demander si Dieu demande autre chose de lui, sinon qu'il l'aime en le connaissant; et pourquoi il croit que Dieu ne peut se rendre connaissable et aimable à lui, puisqu'il est naturellement capable d'amour et de connaissance. Il est sans doute qu'il connaît au moins qu'il est, et qu'il aime quelque chose. Donc, s'il voit quelque chose dans les ténèbres où il est, et s'il trouve quelque sujet d'amour parmi les choses de la terre, pourquoi, si Dieu lui donne quelques rayons de son essence, ne sera-t-il pas capable de le connaître et de l'aimer en la manière qu'il lui plaira se communiquer à nous? Il y a donc sans doute une présomption insupportable dans ces sortes de raisonnements, quoiqu'ils paraissent fondés sur une humilité apparente, qui n'est ni sincère, ni raisonnable, si elle ne nous fait confesser que, ne sachant de nous-mêmes qui nous sommes, nous ne pouvons l'apprendre que de Dieu.

CHAPITRE XIV
De la raison et de la foi.

I

La dernière démarche de la raison, c'est de connaître qu'il y a une infinité de choses qui la surpassent. Elle n'est que faible, si elle ne va jusqu'à connaître cela. Que si les choses naturelles la surpassent, que dira-t-on des surnaturelles?

¶ Soumission[1]. — Il faut savoir douter où il faut, assurer où il faut et se soumettre où il faut[2]. Qui ne fait ainsi n'entend pas la force de la raison. Il y en a qui faillent contre ces trois principes, ou en assurant tout comme démonstratif, manque de se connaître en démonstration; ou en doutant de tout, manque de savoir où il faut se soumettre; ou en se soumettant en tout, manque de savoir où il faut juger.

[1] Pascal parfois doute ou a tout l'air de douter; il conçoit et exprime le doute d'une façon terrible; mais c'est aussi qu'il a, qu'il croit avoir le remède. Sa foi, je le pense, fut antérieure à son doute; lorsque ce doute survint, il ne trouva place que dans l'intervalle de ce qu'on a appelé ses deux conversions, et il fut vite recouvert. Si l'on peut dire qu'il revint à la charge et se logea toujours plus ou moins au sein de sa foi, c'était là une manière, après tout, d'être assez mal logé et mal à l'aise; et Pascal ne lui laissa, jour et nuit, ni paix ni trêve. M. Vinet a dit à merveille d'un jeune homme de ce temps-ci . «... Le scepticisme, par mille endroits, cherchait à pénétrer dans son esprit; mais sa foi se fortifiait, grandissait imperturbablement parmi les orages de sa pensée. On peut le dire, le doute et la foi vivante, l'un passager, l'autre immuable, *naquirent pour lui le même jour;* comme si Dieu, en laissant l'ennemi pratiquer des brèches dans les ouvrages extérieurs, avait voulu munir le cœur de la place d'un inexpugnable rempart. » Cette belle parole, qui exprime si bien un des mystères de la vie chrétienne intérieure, peut s'appliquer avec beaucoup de vraisemblance au vrai Pascal.
(Sainte-Beuve.)

[2] Var. du ms. . Il faut avoir ces trois qualités, pyrrhonien, géomètre, chrétien soumis; et elles s'accordent et se tempèrent, en doutant où il faut, en assurant où il faut, en se soumettant où il faut » (barré).

II

Si on soumet tout à la raison, notre religion n'aura rien de mystérieux ni de surnaturel. Si on choque les principes de la raison, notre religion sera absurde et ridicule.

¶ Saint Augustin. La raison ne se soumettrait jamais, si elle ne jugeait qu'il y a des occasions où elle se doit soumettre. Il est donc juste qu'elle se soumette, quand elle juge qu'elle se doit soumettre.

III

La piété est différente de la superstition. Soutenir la piété jusqu'à la superstition, c'est la détruire. Les hérétiques nous reprochent cette soumission superstitieuse. C'est faire ce qu'ils nous reprochent [1].

IV

Il y a deux manières de persuader les vérités de notre religion : l'une par la force de la raison, l'autre par l'autorité de celui qui parle. On ne se sert pas de la dernière, mais de la première. On ne dit pas : Il faut croire cela; car l'Écriture, qui le dit, est divine; mais on dit qu'il le faut croire par telle et telle raison, qui sont de faibles arguments, la raison étant flexible à tout.

¶ ... Mais ceux-là mêmes qui semblent les plus opposés à la gloire de la religion n'y seront pas inutiles pour les autres. Nous en ferons le premier argument qu'il y a quelque chose de surnaturel; car un aveuglement de cette sorte n'est pas une chose naturelle; et si leur folie les rend si contraires à leur propre bien, elle servira à en garantir les autres par l'horreur d'un exemple si déplorable et d'une folie si digne de compassion.

¶ Ce sera une des confusions des damnés, de voir qu'ils seront condamnés par leur propre raison, par laquelle ils ont prétendu condamner la religion chrétienne.

¶ Il n'y a rien de si conforme à la raison que ce désaveu de la raison.

¶ Deux excès : exclure la raison, n'admettre que la raison.

[1] Port-Royal complète ainsi la phrase : « que d'exiger cette soumission dans les choses qui ne sont pas matière de soumission. »

§ Ce n'est pas une chose rare qu'il faille reprendre le monde de trop de docilité. C'est un vice naturel comme l'incrédulité, et aussi pernicieux.

V

La foi dit bien ce que les sens ne disent pas, mais non pas le contraire de ce qu'ils voient. Elle est au-dessus, et non pas contre.

VI

Si j'avais vu un miracle, disent-ils, je me convertirais. Comment assurent-ils qu'ils feraient ce qu'ils ignorent? Ils s'imaginent que cette conversion consiste en une adoration qui se fait de Dieu comme un commerce et une conversation telle qu'ils se la figurent. La conversion véritable consiste à s'anéantir devant cet être universel qu'on a irrité tant de fois, et qui peut vous perdre légitimement à toute heure; à reconnaître qu'on ne peut rien sans lui, et qu'on n'a rien mérité de lui que sa disgrâce. Elle consiste à connaître qu'il y a une opposition invincible entre Dieu et nous; et que, sans un médiateur, il ne peut y avoir de commerce.

VII

Ne vous étonnez pas de voir des personnes simples croire sans raisonnement. Dieu leur donne l'amour de soi et la haine d'eux-mêmes. Il incline leur cœur à croire. On ne croira jamais d'une créance utile et de foi, si Dieu n'incline le cœur; et on croira dès qu'il l'inclinera. Et c'est ce que David connaissait bien, lorsqu'il disait : *Inclina cor meum, Deus, in testimonia tua.*

VIII

Ceux qui croient sans avoir lu les Testaments, c'est parce qu'ils ont une disposition intérieure toute sainte, et que ce qu'ils entendent dire de notre religion y est conforme. Ils sentent qu'un Dieu les a faits. Ils ne veulent aimer que Dieu; ils ne veulent haïr qu'eux-mêmes, ils sentent qu'ils n'en ont pas la force d'eux-mêmes; et qu'ils sont incapables d'aller à Dieu; et que, si Dieu ne vient à eux, ils ne peuvent avoir aucune communication avec lui. Et ils entendent dire dans notre religion qu'il ne faut aimer que Dieu, et ne haïr que soi-même : mais qu'étant tous corrompus, et incapables de Dieu, Dieu s'est fait homme pour s'unir à nous. Il n'en faut pas davantage pour persuader des hommes qui ont cette disposition dans le cœur, et qui ont cette connaissance de leur devoir et de leur incapacité.

IX

Ceux que nous voyons chrétiens sans la connaissance des prophéties et des preuves ne laissent pas d'en juger aussi bien que ceux qui ont cette connaissance. Ils en jugent par le cœur, comme les autres en jugent par l'esprit. C'est Dieu lui-même qui les incline à croire; et ainsi ils sont très-efficacement persuadés[1].

J'avoue bien qu'un de ces chrétiens qui croient sans preuves n'aura peut-être pas de quoi convaincre un infidèle qui en dira autant de soi. Mais ceux qui savent les preuves de la religion prouveront sans difficulté que ce fidèle est véritablement inspiré de Dieu, quoiqu'il ne pût le prouver lui-même. Car Dieu ayant dit dans ses prophètes (qui sont indubitablement prophètes) que dans le règne de Jésus-Christ il répandrait son esprit sur les nations, et que les fils, les filles et les enfants de l'Église prophétiseraient, il est sans doute que l'esprit de Dieu est sur ceux-là, et qu'il n'est point sur les autres.

CHAPITRE XV.

Que l'homme, convaincu de sa misère et tourmenté par le doute, ne trouve rien d'effectif en dehors de la religion chrétienne; et que l'histoire des Juifs est l'un des fondements indubitables de cette religion.

I

Nous sommes plaisants de nous reposer dans la société de nos semblables. Misérables comme nous, impuissants comme nous, ils ne nous aideront pas; on mourra seul; il faut donc faire comme si on était seul; et alors bâtirait-on des maisons superbes, etc.? On chercherait

---

[1] Var. du ms. : « On répondra que les infidèles diront la même chose; mais je réponds à cela que nous avons des preuves que Dieu incline véritablement ceux qu'il aime à croire la religion chrétienne, et que les infidèles n'ont aucune preuve de ce qu'ils disent : et ainsi nos propositions étant semblables dans ces termes, elles diffèrent en ce que l'une est sans aucune preuve, et l'autre est solidement prouvée » (barré).

la vérité sans hésiter; et si on le refuse, on témoigne estimer plus l'estime des hommes que la recherche de la vérité.

¶ ... Voilà ce que je vois et ce qui me trouble. Je regarde de toutes parts, et ne vois partout qu'obscurité. La nature ne m'offre rien qui ne soit matière de doute et d'inquiétude. Si je n'y voyais rien qui marquât une Divinité, je me déterminerais à n'en rien croire. Si je voyais partout les marques d'un Créateur, je reposerais en paix dans la foi. Mais, voyant trop pour nier, et trop peu pour m'assurer, je suis dans un état à plaindre, et où j'ai souhaité cent fois que, si un Dieu la soutient, elle le marquât sans équivoque; et que, si les marques qu'elle en donne sont trompeuses, elle les supprimât tout à fait; qu'elle dît tout ou rien, afin que je visse quel parti je dois suivre. Au lieu qu'en l'état où je suis, ignorant ce que je suis et ce que je dois faire, je ne connais ni ma condition, ni mon devoir. Mon cœur tend tout entier à connaître où est le vrai bien, pour le suivre. Rien ne me serait trop cher pour l'éternité...

¶ Je vois la religion chrétienne fondée sur une religion précédente[1], et voici ce que je trouve d'effectif. Je ne parle pas ici des miracles de Moïse, de Jésus-Christ et des apôtres, parce qu'ils ne paraissent pas d'abord convaincants, et que je ne veux que mettre ici en évidence tous les fondements de cette religion chrétienne qui sont indubitables, et qui ne peuvent être mis en doute par quelque personne que ce soit...

Je vois donc des foisons de religions en plusieurs endroits du monde, et dans tous les temps. Mais elles n'ont ni la morale qui peut me plaire, ni les preuves qui peuvent m'arrêter. Et ainsi j'aurais refusé également la religion de Mahomet, et celle de la Chine, et celle des anciens Romains, et celle des Égyptiens par cette seule raison que l'une n'ayant pas plus de marques de vérité que l'autre, ni rien qui déterminât nécessairement, la raison ne peut pencher plutôt vers l'une que vers l'autre.

Mais, en considérant ainsi cette inconstante et bizarre variété de mœurs et de créances dans les divers temps, je trouve en un coin du monde un peuple particulier[1], séparé de tous les autres peuples de la terre, le plus ancien de tous et dont les histoires précèdent de plusieurs siècles les plus anciennes que nous ayons. Je trouve donc ce peuple grand et nombreux, sorti d'un seul homme qui adore un seul Dieu, et qui se conduit par une loi qu'ils disent tenir de sa main. Ils soutiennent qu'ils sont les seuls du monde auxquels Dieu a révélé ses mystères; que tous les hommes sont corrompus et dans la disgrâce de Dieu; qu'ils sont tous abandonnés à leur sens et à leur propre esprit; et que de là viennent les étranges égarements et les changements continuels qui arrivent entre eux, et de religions, et de coutumes; au lieu qu'ils demeurent inébranlables dans leur conduite : mais que Dieu ne laissera pas éternellement les autres peuples dans ces ténèbres; qu'il viendra un libérateur pour tous; qu'ils sont au monde pour l'annoncer; qu'ils sont formés exprès pour être les avant-coureurs et les hérauts de ce grand avènement, et pour appeler tous les peuples à s'unir à eux dans l'attente de ce libérateur.

La rencontre de ce peuple m'étonne, et me semble digne de l'attention. Je considère cette loi qu'ils se vantent de tenir de Dieu, et je la trouve admirable. C'est la première loi de toutes, et de telle sorte qu'avant même que le mot *loi* fût en usage parmi les Grecs, il y avait près de mille ans qu'ils l'avaient reçue et observée sans interruption. Ainsi je trouve étrange que la première loi du monde se rencontre aussi la plus parfaite, en sorte que les plus grands législateurs en ont emprunté les leurs, comme il paraît par la loi des Douze Tables d'Athènes, qui fut ensuite prise par les Romains, et comme il serait aisé de le montrer, si Josèphe et d'autres n'avaient pas assez traité cette matière.

¶ *Avantages du peuple juif.* — Dans cette recherche le peuple juif attire d'abord mon attention par quantité de choses admirables et singulières qui y paraissent.

Je vois d'abord que c'est un peuple tout composé de frères : et, au lieu que tous les autres sont formés de l'assemblage d'une infinité de

---

[1] La religion juive.

[1] Les Juifs.

familles, celui-ci, quoique si étrangement abondant, est tout sorti d'un seul homme ; et, étant ainsi tous une même chair, et membres les uns des autres, ils composent un puissant État d'une seule famille. Cela est unique.

Cette famille où ce peuple est le plus ancien qui soit en la connaissance des hommes; ce qui me semble lui attirer une vénération particulière, et principalement dans la recherche que nous faisons ; puisque si Dieu s'est de tout temps communiqué aux hommes, c'est à ceux-ci qu'il faut recourir pour en savoir la tradition.

Ce peuple n'est pas seulement considérable par son antiquité; mais il est encore singulier en sa durée, qui a toujours continué depuis son origine jusque maintenant : car au lieu que les peuples de Grèce et d'Italie, de Lacédémone, d'Athènes, de Rome, et les autres qui sont venus si longtemps après, ont fini il y a si longtemps, ceux-ci subsistent toujours; et malgré les entreprises de tant de puissants rois qui ont cent fois essayé de les faire périr, comme les historiens le témoignent, et comme il est aisé de le juger par l'ordre naturel des choses, pendant un si long espace d'années ils ont toujours été conservés néanmoins, et s'étendant depuis les premiers temps jusques aux derniers, leur histoire enferme dans sa durée celle de toutes nos histoires.

La loi par laquelle ce peuple est gouverné est tout ensemble la plus ancienne loi du monde, la plus parfaite, et la seule qui ait toujours été gardée sans interruption dans un État. C'est ce que Josèphe montre admirablement contre Apion, et Philon, Juif, en divers lieux, où ils font voir qu'elle est si ancienne, que le nom même de *loi* n'a été connu des plus anciens que plus de mille ans après ; en sorte qu'Homère, qui a traité de l'histoire de tant d'États, ne s'en est jamais servi. Et il est aisé de juger de sa perfection par la simple lecture, où l'on voit que l'on a pourvu à toutes choses avec tant de sagesse, tant d'équité, tant de jugement, que les plus anciens législateurs grecs et romains, en ayant eu quelque lumière, en ont emprunté leurs principales lois ; ce qui paraît par celle qu'ils appellent les Douze Tables, et par les autres preuves que Josèphe en donne. Mais cette loi est en même temps la plus sévère et la plus rigoureuse de toutes en ce qui regarde le culte de leur religion, obligeant ce peuple, pour le retenir dans son devoir, à mille observations particulières et pénibles, sur peine de la vie. De sorte que c'est une chose bien étonnante qu'elle se soit toujours conservée durant tant de siècles, par un peuple rebelle et impatient comme celui-ci ; pendant que tous les autres États ont changé de temps en temps leurs lois, quoique tout autrement faciles. Le livre qui contient cette loi, la première de toutes, est lui-même le plus ancien livre du monde, ceux d'Homère, d'Hésiode et les autres, n'étant que six ou sept cents ans depuis.

II

Sincérité des Juifs. — ... Ils portent avec amour et fidélité le livre où Moïse déclare qu'ils ont été ingrats envers Dieu toute leur vie, et qu'il sait qu'ils le seront encore plus après sa mort; mais qu'il appelle le ciel et la terre à témoin contre eux, et qu'il leur a enseigné assez : il déclare qu'enfin Dieu, s'irritant contre eux, les dispersera parmi tous les peuples de la terre : que, comme ils l'ont irrité en adorant les dieux qui n'étaient point leur Dieu, de même il les provoquera en appelant un peuple qui n'est point son peuple; et veut que toutes ses paroles soient conservées éternellement, et que son livre soit mis dans l'arche de l'alliance pour servir à jamais de témoin contre eux. Isaïe dit la même chose : xxx, 8. Cependant ce livre qui les déshonore en tant de façons, ils le conservent aux dépens de leur vie. C'est une sincérité qui n'a point d'exemple dans le monde, ni sa racine dans la nature.

Il y a bien de la différence entre un livre que fait un particulier, et qu'il jette dans le peuple, et un livre qui fait lui-même un peuple. On ne peut douter que le livre ne soit aussi ancien que le peuple.

Toute histoire qui n'est pas contemporaine est suspecte ; comme les livres des Sibylles et de Trismégiste, et tant d'autres qui ont eu crédit au monde, sont faux et se trouvent faux à la suite des temps. Il n'en est pas ainsi des auteurs contemporains.

III

Qu'il y a de différence d'un livre à un autre! Je ne m'étonne pas de ce que les Grecs ont fait l'Iliade, ni les Égyptiens et les Chinois leurs histoires. Il ne faut que voir comment cela est né.

Ces historiens fabuleux ne sont pas contemporains des choses dont ils écrivent. Homère fait un roman, qu'il donne pour tel; car personne ne doutait que Troie et Agamemnon n'avaient non plus été que la pomme d'or. Il ne pensait pas aussi à en faire une histoire, mais seulement un divertissement. Il est le seul qui écrit de son temps: la beauté de l'ouvrage fait durer la chose; tout le monde l'apprend et en parle: il la faut savoir; chacun la sait par cœur. Quatre cents ans après, les témoins des choses ne sont plus vivants; personne ne sait plus par sa connaissance si c'est une fable ou une histoire: on l'a seulement appris de ses ancêtres, cela peut passer pour vrai.

IV

Que la loi de Moïse était figurative. — La création et le déluge étant passés, et Dieu ne devant plus détruire le monde, non plus que le recréer, ni donner de ses grandes marques de lui, il commença d'établir un peuple sur la terre, formé exprès, qui devait durer jusqu'au peuple que le Messie formerait par son esprit.

V

Dieu, voulant faire paraître qu'il pouvait former un peuple saint d'une sainteté invisible, et le remplir d'une gloire éternelle, a fait des choses visibles. Comme la nature est une image de la grâce, il a fait dans les biens de la nature ceux qu'il devait faire dans ceux de la grâce, afin qu'on jugeât qu'il pouvait faire l'invisible, puisqu'il faisait bien le visible. Il a donc sauvé ce peuple du déluge; il l'a fait naître d'Abraham, il l'a racheté d'entre ses ennemis, et l'a mis dans le repos.

L'objet de Dieu n'était pas de sauver du déluge, et de faire naître tout un peuple d'Abraham, pour ne l'introduire que dans une terre grasse[1]. Et même la grâce n'est que la figure de la gloire, car elle n'est pas la dernière fin. Elle a été figurée par la loi, et figure elle-même la gloire: mais elle en est la figure, et le principe ou la cause.

La vie ordinaire des hommes est semblable à celle des saints. Ils recherchent tous leur satisfaction, et ne diffèrent qu'en l'objet où ils la placent. Ils appellent leurs ennemis ceux qui les en empêchent, etc. Dieu a donc montré le pouvoir qu'il a de donner les biens invisibles, par celui qu'il a montré qu'il avait sur les choses visibles.

VI

Figures. — Dieu voulant priver les siens des biens périssables, pour montrer que ce n'était pas par impuissance, il a fait le peuple juif.

¶ Les Juifs avaient vieilli dans ces pensées terrestres; que Dieu aimait leur père Abraham, sa chair et ce qui en sortirait; que pour cela il les avait multipliés et distingués de tous les autres peuples, sans souffrir qui s'y mêlassent; que, quand ils languissaient dans l'Égypte, il les en retira avec tous ses grands signes en leur faveur; qu'il les nourrit de la manne dans le désert; qu'il les mena dans une terre bien grasse; qu'il leur donna des rois et un temple bien bâti pour y offrir des bêtes, et par le moyen de l'effusion de leur sang qu'ils seraient purifiés, et qu'il leur devait enfin envoyer le Messie pour les rendre maîtres de tout le monde. Et il a prédit le temps de sa venue.

Le monde ayant vieilli dans ces erreurs charnelles, Jésus-Christ est venu dans le temps prédit, mais non pas dans l'éclat attendu; et ainsi ils n'ont pas pensé que ce fût lui. Après sa mort, saint Paul est venu apprendre aux hommes que toutes ces choses étaient arrivées en figures; que le royaume de Dieu ne consistait pas en la chair, mais en l'esprit; que les ennemis des hommes n'étaient pas les Babyloniens, mais leurs passions; et que Dieu ne se plaisait pas aux temples faits de main d'homme, mais un cœur pur et humilié; que la circoncision du corps était inutile, mais qu'il fallait celle du cœur, que Moïse ne leur avait pas donné le pain du ciel, etc.

Mais Dieu, n'ayant pas voulu découvrir ces choses à ce peuple, qui en était indigne, et ayant voulu néanmoins les prédire afin qu'elles

---

[1] terre promise.

fussent crues, en avait prédit le temps clairement, et les avait même quelquefois exprimées clairement, mais abondamment en figures, afin que ceux qui aimaient les choses figurantes [1] s'y arrêtassent, et que ceux qui aimaient les figurées [2] les y vissent.

VII

Les Juifs charnels n'entendaient ni la grandeur ni l'abaissement du Messie prédit dans leurs prophéties. Ils l'ont méconnu dans sa grandeur, comme quand il dit que le Messie sera seigneur de David, quoique son fils; qu'il est devant qu'Abraham, et qu'il l'a vu. Ils ne le croyaient pas si grand, qu'il fût éternel : et ils l'ont méconnu de même dans son abaissement et dans sa mort. Le Messie, disaient-ils, demeure éternellement, et celui-ci dit qu'il mourra. Ils ne le croyaient donc ni mortel, ni éternel : ils ne cherchaient en lui qu'une grandeur charnelle.

VIII

Les Juifs ont tant aimé les choses figurantes, et les ont si bien attendues, qu'ils ont méconnu la réalité, quand elle est venue dans le temps et en la manière prédite.

IX

Ceux qui ont peine à croire, en cherchant un sujet en ce que les Juifs ne croient pas. Si cela était si clair, dit-on, pourquoi ne croyaient-ils pas? Et voudraient quasi qu'ils crussent, afin de n'être pas arrêtés par l'exemple de leur refus. Mais c'est leur refus même qui est le fondement de notre créance. Nous y serions bien moins disposés, s'ils étaient des nôtres. Nous aurions alors un plus ample prétexte. Cela est admirable, d'avoir rendu les Juifs grands amateurs des choses prédites, et grands ennemis de l'accomplissement.

X

Il fallait que, pour donner foi au Messie, il y eût eu des prophéties précédentes, et qu'elles fussent portées par des gens non suspects, et d'une diligence et fidélité et d'un zèle extraordinaire, et connu de toute la terre.

Pour faire réussir tout cela, Dieu a choisi ce peuple charnel, auquel il a mis en dépôt les prophéties qui prédisent le Messie, comme libérateur, et dispensateur des biens charnels que ce peuple aimait; et ainsi il a eu une ardeur extraordinaire pour ses prophètes, et a porté à la vue de tout le monde ces livres qui prédisent leur Messie, assurant toutes les nations qu'il devait venir, et en la manière prédite dans leurs livres, qu'ils tenaient ouverts à tout le monde. Et ainsi ce peuple, déçu par l'avénement ignominieux et pauvre du Messie, a été son plus cruel ennemi. De sorte que voilà le peuple du monde le moins suspect de nous favoriser, et le plus exact qui se puisse dire pour sa loi et pour ses prophètes, qui les porte incorrompus.

C'est pour cela que les prophéties ont un sens caché, le spirituel, dont ce peuple était ennemi, sous le charnel, dont il était ami. Si le sens spirituel eût été découvert, ils n'étaient pas capables de l'aimer; et, ne pouvant le porter, ils n'eussent pas eu le zèle pour la conservation de leurs livres et de leurs cérémonies. Et, s'ils avaient aimé ces promesses spirituelles, et qu'ils les eussent conservées incorrompues jusqu'au Messie, leur témoignage n'eût pas eu de force, puisqu'ils en eussent été amis. Voilà pourquoi il était bon que le sens spirituel fût couvert. Mais, d'un autre côté, si ce sens eût été tellement caché qu'il n'eût point du tout paru, il n'eût pu servir de preuve au Messie. Qu'a-t-il donc été fait? Il a été couvert sous le temporel en la foule des passages, et a été découvert si clairement en quelques-uns : outre que le temps et l'état du monde ont été prédits si clairement, qu'il est plus clair que le soleil. Et ce sens spirituel est si clairement expliqué en quelques endroits, qu'il fallait un aveuglement pareil à celui que la chair jette dans l'esprit quand il lui est assujetti, pour ne le pas reconnaître.

Voilà donc quelle a été la conduite de Dieu. Ce sens est couvert d'un autre en une infinité d'endroits, et découvert en quelques-uns rare-

---

[1] « Les choses figurantes. » Port-Royal met en marge : « C'est-à-dire les choses charnelles qui servaient de figures. »

[2] « Les figurées. » Port-Royal met en marge : « C'est-à-dire les vérités spirituelles figurées par les choses charnelles. » Pascal a écrit ici dans l'interligne : « Je ne dis pas bien. » En effet, quoique l'on comprenne sa pensée, elle n'a pas ici cette admirable netteté qui est le don et le besoin de son esprit. (Havet.)

ment; mais en telle sorte néanmoins que les lieux où il est caché sont équivoques et peuvent convenir aux deux ; au lieu que les lieux où il est découvert sont univoques, et ne peuvent convenir qu'au sens spirituel.

De sorte que cela ne pouvait induire en erreur, et qu'il n'y avait qu'un peuple aussi charnel qui s'y pût méprendre.

Car quand les biens sont promis en abondance, qui les empêchait d'entendre les véritables biens, sinon leur cupidité, qui déterminait ce sens aux biens de la terre ? Mais ceux qui n'avaient de biens qu'en Dieu les rapportaient uniquement à Dieu. Car il y a deux principes qui partagent les volontés des hommes, la cupidité et la charité. Ce n'est pas que la cupidité ne puisse être avec la foi en Dieu, et que la charité ne soit avec les biens de la terre. Mais la cupidité use de Dieu et jouit du monde ; et la charité, au contraire [1].

Or, la dernière fin est ce qui donne le nom aux choses. Tout ce qui nous empêche d'y arriver est appelé ennemi. Ainsi les créatures, quoique bonnes, sont ennemies des justes, quand elles les détournent de Dieu, et Dieu même est l'ennemi de ceux dont il trouble la convoitise.

Ainsi le mot d'ennemi dépendant de la dernière fin, les justes entendaient par là leurs passions, et les charnels entendaient les Babyloniens : et ainsi ces termes n'étaient obscurs que pour les injustes. Et c'est ce que dit Isaïe : *Signa legem in electis meis*, et que Jésus-Christ sera pierre de scandale. Mais, « Bienheureux ceux qui ne seront point scandalisés en lui ! » Osée [2], *ult.*, le dit parfaitement : « Où est le sage ? et il entendra ce que je dis. Les justes l'entendront. Car les voies de Dieu sont droites ; les justes y marcheront, mais les méchants y trébucheront. »

§ ... De sorte que ceux qui ont rejeté et crucifié Jésus-Christ, qui leur a été en scandale, sont ceux qui portent les livres qui témoignent de lui et qui disent qu'il sera rejeté et en scandale ; de sorte qu'ils ont marqué que c'était lui en le refusant, et qu'il a été également prouvé, et par les justes Juifs qui l'ont reçu, et par les injustes qui l'ont rejeté, l'un et l'autre ayant été prédits.

XI

Le temps du premier avènement est prédit ; le temps du second ne l'est point [1], parce que le premier devait être caché ; le second doit être éclatant et tellement manifeste que ses ennemis mêmes le devaient reconnaître. Mais, comme il ne devait venir qu'obscurément, et que pour être connu seulement de ceux qui sonderaient les Écritures...

§ Que pouvaient faire les Juifs, ses ennemis ? S'ils le reçoivent, ils le prouvent par leur réception, car les dépositaires de l'attente du Messie le reçoivent ; et s'ils le renoncent, ils le prouvent par leur renonciation.

XII

Fac secundum exemplar [2] *quod tibi ostensum est in monte*. La religion des Juifs a donc été formée sur la ressemblance de la vérité du Messie ; et la vérité du Messie a été reconnue par la religion des Juifs, qui en était la figure.

Dans les Juifs, la vérité n'était que figurée. Dans le ciel, elle est découverte. Dans l'Église, elle est couverte, et reconnue par le rapport à la figure. La figure a été faite sur la vérité, et la vérité a été reconnue sur la figure.

XIII

Qui jugera de la religion des Juifs par les grossiers, la connaîtra mal. Elle est visible dans les saints livres, et dans la tradition des prophètes, qui ont assez fait entendre qu'ils n'entendaient pas la loi à la lettre. Ainsi notre religion est divine dans l'Évangile, les apôtres et la tradition ; mais elle est ridicule dans ceux qui la traitent mal.

Le Messie, selon les Juifs charnels, doit être un grand prince temporel. Jésus-Christ, selon les Chrétiens charnels, est venu nous dispenser d'aimer Dieu, et nous donner des sacrements qui opèrent tout sans nous. Ni l'un ni l'autre

---

[1] « Au contraire. » Port-Royal complète ainsi la phrase : *use du monde et jouit de Dieu*. C'est-à-dire, ne se sert des biens du monde que pour faire la volonté de Dieu, et obtenir ainsi sa grâce. (Havet.)

[2] « Osée, *ult.* » C'est-à-dire au dernier chapitre, xiv, 10.

[1] Le second avènement du Christ sera le jugement dernier.

[2] *Exode*, xxv, 40.

n'est la religion chrétienne, ni juive. Les vrais Juifs et les vrais Chrétiens ont toujours attendu un Messie qui les ferait aimer Dieu, et, par cet amour, triompher de leurs ennemis.

¶ *Deux sortes d'hommes en chaque religion.* — Parmi les païens, des adorateurs des bêtes, et les autres, adorateurs d'un seul Dieu dans la religion naturelle. Parmi les Juifs, les charnels, et les spirituels qui étaient les Chrétiens de la loi ancienne. Parmi les Chrétiens, les grossiers, qui sont les Juifs de la loi nouvelle. Les Juifs charnels attendaient un Messie charnel, et les Chrétiens grossiers croient que le Messie les a dispensés d'aimer Dieu. Les vrais Juifs et les vrais Chrétiens adorent un Messie qui les fait aimer Dieu.

¶ Les Juifs charnels et les Païens ont des misères; et les Chrétiens aussi. Il n'y a point de Rédempteur pour les Païens, car ils n'en espèrent pas seulement. Il n'y a point de Rédempteur pour les Juifs, ils l'espèrent en vain. Il n'y a de Rédempteur que pour les Chrétiens.

XIV

Le voile qui est sur ces livres de l'Écriture pour les Juifs y est aussi pour les mauvais Chrétiens, et pour tous ceux qui ne se haïssent pas eux-mêmes. Mais qu'on est bien disposé à les entendre et à connaître Jésus-Christ, quand on se hait véritablement soi-même!

XV

Les Juifs charnels tiennent le milieu entre les Chrétiens et les Païens. Les Païens ne connaissent point Dieu, et n'aiment que la terre. Les Juifs connaissaient le vrai Dieu, et n'aimaient que la terre. Les Chrétiens connaissent le vrai Dieu, et n'aiment point la terre. Les Juifs et les Païens aiment les mêmes biens. Les Juifs et les Chrétiens connaissent le même Dieu. Les Juifs étaient de deux sortes : les uns n'avaient que les affections païennes, les autres avaient les affections chrétiennes.

XVI

C'est visiblement un peuple fait exprès pour servir de témoin au Messie : *Is.*, XLIII, 9 ; XLIV, 8. Il porte les livres, et les aime, et ne les entend point. Et tout cela est prédit : que les jugements de Dieu leur sont confiés, mais comme un livre scellé.

¶ Tandis que les prophètes ont été pour maintenir la loi, le peuple a été négligent. Mais depuis qu'il n'y a plus eu de prophètes, le zèle a succédé. Le diable a troublé le zèle des Juifs avant Jésus Christ, parce qu'il leur eût été salutaire, mais non pas après.

XVII

La création du monde commençant à s'éloigner, Dieu a pourvu d'un historien unique contemporain, et a commis tout un peuple pour la garde de ce livre, afin que cette histoire fût la plus authentique du monde, et que tous les hommes pussent apprendre une chose si nécessaire à savoir, et qu'on ne pût la savoir que par là.

XVIII

Principe : Moïse était habile homme ; si donc il se gouvernait par son esprit, il ne disait rien nettement qui fût directement contre l'esprit. Ainsi toutes les faiblesses très apparentes sont des Forces. Exemple, les deux généalogies de saint Matthieu et de saint Luc : qu'y a-t-il de plus clair, que cela n'a pas été fait de concert?

¶ *Preuve de Moïse.* — Pourquoi Moïse va-t-il faire la vie des hommes si longue, et si peu de générations? car ce n'est pas la longueur des années, mais la multitude des générations qui rendent les choses obscures.

Car la vérité ne s'altère que par le changement des hommes. Et cependant il met deux choses, les plus mémorables qui se soient jamais imaginées, savoir la création et le déluge, si proches, qu'on y touche.

¶ Sem, qui a vu Lamech, qui a vu Adam, a vu aussi Jacob[1], qui a vu ceux qui ont vu Moïse. Donc le déluge et la création sont vrais. Cela conclut, entre de certaines gens qui l'entendent bien.

¶ La longueur de la vie des patriarches, au lieu de faire que les histoires des choses passées se perdissent, servait au contraire à les conserver. Car ce qui fait que l'on n'est pas

---

[1] « A vu aussi Jacob. » C'est une erreur que Port-Royal corrigé en écrivant : *a vu au moins Abraham, et Abraham a vu Jacob.* (Havet.)

quelquefois assez instruit dans l'histoire de ses ancêtres est que l'on n'a jamais guère vécu avec eux, et qu'ils sont morts souvent devant que l'on eût atteint l'âge de raison. Mais, lorsque les hommes vivaient si longtemps, les enfants vivaient longtemps avec leurs pères, ils les entretenaient longtemps. Or, de quoi les eussent-ils entretenus, sinon de l'histoire de leurs ancêtres, puisque toute l'histoire était réduite à celle-là, et qu'ils n'avaient point d'études, ni de sciences, ni d'arts, qui occupent une grande partie des discours de la vie? Aussi l'on voit qu'en ce temps-là les peuples avaient un soin particulier de conserver leurs généalogies.

XIX

... Dès-là je refuse toutes les autres religions : par là je trouve réponse à toutes les objections. Il est juste qu'un Dieu si pur ne se découvre qu'à ceux dont le cœur est purifié. Dès-là cette religion m'est aimable, et je la trouve déjà assez autorisée par une si divine morale; mais j'y trouve de plus... Je trouve d'effectif que depuis que la mémoire des hommes dure, il est annoncé constamment aux hommes qu'ils sont dans une corruption universelle, mais qu'il viendra un réparateur. Que ce n'est pas un homme qui le dit, mais une infinité d'hommes, et un peuple entier, durant quatre mille ans, prophétisant et fait exprès... Ainsi je tends les bras à mon libérateur, qui, ayant été prédit durant quatre mille ans, est venu souffrir et mourir pour moi sur la terre dans les temps et dans toutes les circonstances qui en ont été prédites; et, par sa grâce, j'attends la mort en paix, dans l'espérance de lui être éternellement uni ; et je vis cependant avec joie, soit dans les biens qu'il lui plaît de me donner, soit dans les maux qu'il m'envoie pour mon bien, et qu'il m'a appris à souffrir à son exemple.

§ ... Plus je les examine, plus j'y trouve de vérités : ce qui a précédé et ce qui a suivi ; enfin eux sans idoles ni roi; et cette synagogue qui est prédite, et ces misérables qui la suivent et qui, étant nos ennemis, sont d'admirables témoins de la vérité de ces prophéties, où leur misère et leur aveuglement même est prédit. Je trouve cet enchaînement, cette religion, toute divine dans son autorité, dans sa durée, dans sa perpétuité, dans sa morale, dans sa conduite, dans sa doctrine, dans ses effets, et les ténèbres des Juifs effroyables et prédites : *eris palpans in meridie. Dabitur liber scienti litteras, et dicet, Non possum legere.*

CHAPITRE XVI

Que la religion juive, comme la religion chrétienne, recommande l'amour de Dieu.

La religion des Juifs semblait consister essentiellement en la paternité d'Abraham, en la circoncision, aux sacrifices, aux cérémonies, en l'arche, au temple de Hiérusalem, et enfin en la loi et en l'alliance de Moïse.

Je dis qu'elle ne consistait en aucune de ces choses, mais seulement en l'amour de Dieu, et que Dieu réprouvait toutes les autres choses.

Que Dieu n'acceptait point la postérité d'Abraham.

Que les Juifs seront punis de Dieu comme les étrangers, s'ils l'offensent. *Deut.*, VIII, 19 : « Si vous oubliez Dieu, et que vous suiviez des dieux étrangers, je vous prédis que vous périrez de la même manière que les nations que Dieu a exterminées devant vous. »

Que les étrangers seront reçus de Dieu comme les Juifs, s'ils l'aiment. *Is.*, LVI, 3 : « Que l'étranger ne dise pas : Le Seigneur ne me recevra pas. Les étrangers qui s'attachent à Dieu seront pour le servir et l'aimer : je les mènerai en ma sainte montagne et recevrai d'eux des sacrifices, car ma maison est la maison d'oraison. »

Que les vrais Juifs ne considéraient leur mérite que de Dieu, et non d'Abraham. *Is.*, LXIII, 16 : « Vous êtes véritablement notre père, et Abraham ne nous a pas connus, et Israël n'a pas eu de connaissance de nous; mais c'est vous qui êtes notre père et notre rédempteur. »

Moïse même leur a dit que Dieu n'accepterait pas les personnes. *Deut.*, X, 17 : « Dieu, dit-il, n'accepte pas les personnes, ni les sacrifices. »

Que la circoncision du cœur est ordonnée. *Deut.*, X, 16; *Jérém.*, IV, 4 : « Soyez circoncis du cœur; retranchez les superfluités de votre cœur, et ne vous endurcissez pas; car votre

Dieu est un Dieu grand, puissant et terrible, qui n'accepte pas les personnes. »

Que Dieu dit qu'il le ferait un jour. *Deut.*, xxx, 6 : « Dieu te circoncira le cœur, et à tes enfants, afin que tu l'aimes de tout ton cœur. »

Que les incirconcis de cœur seront jugés. *Jér.*, ix, 26 : Car Dieu jugera les peuples incirconcis, et tout le peuple d'Israël, parce qu'il « est incirconcis de cœur. »

Que l'extérieur ne sert de rien sans l'intérieur. *Joel.*, ii, 13 : *Scindite corda vestra*, etc.; *Is.*, lviii, 3, 4, etc.

L'amour de Dieu est recommandé en tout le Deutéronome. *Deut.*, xxx, 19 : « Je prends à témoin le ciel et la terre que j'ai mis devant vous la mort et la vie, afin que vous choisissiez la vie, et que vous aimiez Dieu et que vous lui obéissiez; car c'est Dieu qui est votre vie. »

Que les Juifs, manque de cet amour, seraient réprouvés pour leurs crimes, et les Païens élus en leur place. [10] ; *Os.* i, *Deut.* xxxii, 20 : « Je me cacherai d'eux, dans la vue de leurs derniers crimes; car c'est une nation méchante et infidèle. Ils m'ont provoqué à courroux par les choses qui ne sont point des dieux ; et je les provoquerai à jalousie par un peuple qui n'est pas mon peuple, et par une nation sans science et sans intelligence. » *Is.*, lxv [1].

Que les biens temporels sont faux, et que le vrai bien est d'être uni à Dieu. *Ps.* cxliii, 15.

Que leurs fêtes déplaisent à Dieu. *Amos*, v, 21.

Que les sacrifices des Juifs déplaisent à Dieu. *Is.* lxvi [1-3] ; i, 11. *Jérém.*, vi, 20; *David*, *Miserere* [18]. — Même de la part des bons. *Exspectans. Ps.* xlix, 8-14. Qu'il ne les a établis que pour leur dureté. *Michée*, admirablement, vi [6-8]. 1 *R.* [premier livre des Rois], xv, 22. *Osée*, vi, 6.

Que les sacrifices des Païens seront reçus de Dieu, et que Dieu retirera sa volonté des sacrifices des Juifs. *Malach.*, i, 11.

Que Dieu fera une nouvelle alliance par le Messie, et que l'ancienne sera rejetée. *Jérém.*, xxxi, 31. *Mandata non bona Ezech.*

Que les anciennes choses seront oubliées. *Is.*, xliii, 18, 19 ; lxv, 17, 18.

Qu'on ne se souviendra plus de l'arche. *Jérém.*, iii, 15, 16.

Que le temple sera rejeté. *Jérém.*, vii, 12, 14.

Que les sacrifices seraient rejetés, et d'autres sacrifices purs établis. *Malach.*, i, 11.

Que l'ordre de la sacrificature d'Aaron sera réprouvé, et celle de Melchisédech introduite par le Messie. *Dixit Dominus*.

Que cette sacrificature serait éternelle. *Ibid.*

Que Jérusalem serait réprouvée et Rome admise. Que le nom des Juifs serait réprouvé et un nouveau nom donné. *Is.*, lxv, 15.

Que ce dernier nom serait meilleur que celui des Juifs, et éternel. *Is.*, lvi, 5.

Que les Juifs devaient être sans prophètes (*Amos*), sans roi, sans prince, sans sacrifices, sans idoles.

Que les Juifs subsisteraient toujours néanmoins en peuple. *Jérém.*, xxxi, 36.

CHAPITRE XVII

Que l'ancienne loi était figurative, et que l'Ancien Testament contient la figure des vérités accomplies à la venue du Messie.

I

Il y a des figures claires et démonstratives ; mais il y en a d'autres qui semblent un peu tirées par les cheveux, et qui ne prouvent qu'à ceux qui sont persuadés d'ailleurs. Celles-là sont semblables aux apocalyptiques. Mais la différence qu'il y a est qu'ils n'en ont point d'indubitables. Tellement qu'il n'y a rien de si injuste que quand ils montrent que les leurs sont aussi bien fondées que quelques-unes des nôtres ; car ils n'en ont pas de démonstratives comme quelques-unes des nôtres. La partie n'est donc pas égale. Il ne faut pas égaler et confondre ces choses parce qu'elles semblent être semblables par un bout, étant si différentes par l'autre. Ce sont les clartés qui méritent, quand elles sont divines, qu'on révère les obscurités.

II

Jésus-Christ, figuré par Joseph, bien-aimé de son père, envoyé du père pour voir ses frères, etc., innocent, vendu par ses frères vingt deniers, et par là devenu leur seigneur, leur sauveur, et le sauveur des étrangers, et le sauveur du monde; ce qui n'eût point été sans le dessein de le perdre, sans la vente et la réprobation qu'ils en firent.

Dans la prison, Joseph innocent entre deux criminels : Jésus-Christ en la croix entre deux larrons. Il prédit le salut à l'un, et la mort à l'autre, sur les mêmes apparences : Jésus-Christ sauve les élus et damne les réprouvés sur les mêmes crimes. Joseph ne fait que prédire : Jésus-Christ fait. Joseph demande à celui qui sera sauvé qu'il se souvienne de lui quand il sera venu en sa gloire; et celui que Jésus-Christ sauve lui demande qu'il se souvienne de lui quand il sera en son royaume.

III

La synagogue ne périssait point parce qu'elle était la figure, mais parce qu'elle n'était que la figure, elle est tombée dans la servitude. La figure a subsisté jusqu'à la vérité, afin que l'Église fût toujours visible, ou dans la peinture qui la promettait, ou dans l'effet.

IV

Preuve des deux Testaments à la fois. — Pour prouver tout d'un coup les deux Testaments, il ne faut que voir si les prophéties de l'un sont accomplies en l'autre. Pour examiner les prophéties, il faut les entendre; car si on croit qu'elles n'ont qu'un sens, il est sûr que le Messie ne sera point venu; mais si elles ont deux sens, il est sûr qu'il sera venu en Jésus-Christ.

Toute la question est donc de savoir si elles ont deux sens...

V

Figures. — Pour montrer que l'Ancien Testament n'est que figuratif, et que les prophètes entendaient par les biens temporels d'autres biens, c'est, premièrement, que cela serait indigne de Dieu; secondement, que leurs discours expriment très-clairement la promesse des biens temporels, et qu'ils disent néanmoins que leurs discours sont obscurs, et que leur sens ne sera point entendu. D'où il paraît que ce sens n'était pas celui qu'ils exprimaient à découvert, et que, par conséquent, ils entendaient parler d'autres sacrifices, d'un autre libérateur, etc. Ils disent qu'on ne l'entendra qu'à la fin des temps. *Jérém.*, xxx, *ult.*

La troisième preuve est que leurs discours sont contraires et se détruisent, de sorte que si on pense qu'ils n'aient entendu par les mots de loi et de sacrifice autre chose que ceux de Moïse, il y a contradiction manifeste et grossière. Donc ils entendaient autre chose, se contredisant quelquefois dans un même chapitre...

VI

Figures. — Si la loi et les sacrifices sont la vérité, il faut qu'ils plaisent à Dieu, et qu'ils ne lui déplaisent point. S'ils sont figures, il faut qu'ils plaisent et déplaisent. Or dans toute l'Écriture ils plaisent et déplaisent.

Il est dit que la loi sera changée; que le sacrifice sera changé; qu'ils seront sans roi, sans prince et sans sacrifices; qu'il sera fait une nouvelle alliance; que la loi sera renouvelée; que les préceptes qu'ils ont reçus ne sont pas bons; que leurs sacrifices sont abominables; que Dieu n'en a point demandé.

Il est dit, au contraire, que la loi durera éternellement; que cette alliance sera éternelle; que le sacrifice sera éternel; que le sceptre ne sortira jamais d'avec eux, puisqu'il ne doit point en sortir que le Roi éternel n'arrive. Tous ces passages marquent-ils que ce soit réalité? Non. Marquent-ils aussi que ce soit figure? Non : mais que c'est réalité, ou figure. Mais les premiers, excluant la réalité, marquent que ce n'est que figure.

Tous ces passages ensemble ne peuvent être dits de la réalité; tous peuvent être dits de la figure : donc ils ne sont pas dits de la réalité, mais de la figure. *Agnus occisus est ab origine mundi.*

VII

Figures. — Un portrait porte absence et présence, plaisir et déplaisir. La réalité exclut absence et déplaisir.

Pour savoir si la loi et les sacrifices sont réalité ou figure, il faut voir si les prophètes, en parlant de ces choses, y arrêtaient leur vue et leur pensée, en sorte qu'ils ne vissent que cette ancienne alliance; ou s'ils y voyaient quelque autre chose dont elle fût la peinture; car dans un portrait on voit la chose figurée. Il ne faut pour cela qu'examiner ce qu'ils en disent.

Quand ils disent qu'elle sera éternelle, entendent-ils parler de l'alliance de laquelle ils disent qu'elle sera changée; et de même des sacrifices, etc.?

Le chiffre à deux sens. — Quand on surprend une lettre importante où l'on trouve un sens clair, et où il est dit néanmoins que le sens en est voilé et obscurci; qu'il est caché, en sorte qu'on verra cette lettre sans la voir, et qu'on l'entendra sans l'entendre; que doit-on penser, sinon que c'est un chiffre à double sens; et d'autant plus qu'on y trouve des contrariétés manifestes dans le sens littéral? Combien doit-on donc estimer ceux qui nous découvrent le chiffre, et nous apprennent à connaître le sens caché; et principalement quand les principes qu'ils en prennent sont tout à fait naturels et clairs! C'est ce qu'a fait Jésus-Christ, et les apôtres. Il a levé le sceau, il a rompu le voile et découvert l'esprit. Ils nous ont appris pour cela que les ennemis de l'homme sont ses passions; que le Rédempteur serait spirituel; qu'il y aurait deux avènements, l'un de misère, pour abaisser l'homme superbe, l'autre de gloire, pour élever l'homme humilié; que Jésus-Christ serait Dieu et homme. Les prophètes ont dit clairement qu'Israël serait toujours aimé de Dieu, et que la loi serait éternelle; et ils ont dit que l'on n'entendrait point leur sens, et qu'il était voilé.

VIII.

Jésus-Christ n'a fait autre chose qu'apprendre aux hommes qu'ils s'aimaient eux-mêmes, et qu'ils étaient esclaves, aveugles, malades, malheureux et pécheurs; qu'il fallait qu'il les délivrât, éclairât, béatifiât et guérit; que cela se ferait en se haïssant soi-même, et en le suivant par la misère et la mort de la croix.

¶ *Que la loi était figurative.* — Voilà le chiffre que saint Paul nous donne. La lettre tue. Tout arrivait en figures. Il fallait que le Christ souffrît. Un Dieu humilié. Circoncision de cœur, vrai jeûne, vrai sacrifice, vrai temple. Les prophètes ont indiqué qu'il fallait que tout cela fût spirituel.

¶ *Figures.* — Double loi, doubles tables de la loi, double temple, double captivité.

IX

... Et cependant ce Testament, fait pour aveugler les uns et éclairer les autres, marquait, en ceux mêmes qu'il aveuglait, la vérité qui devait être connue des autres. Car les biens visibles qu'ils recevaient de Dieu étaient si grands et si divins, qu'il paraissait bien qu'il était puissant de leur donner les invisibles, et un Messie.

Car la nature est une image de la grâce, et les miracles visibles sont images des invisibles. *Ut sciatis, tibi dico, Surge.*

Isaïe, LI, dit que la rédemption sera l'image de la mer Rouge.

Dieu a donc montré en la sortie d'Égypte, de la mer, en la défaite des rois, en la manne, en toute la généalogie d'Abraham, qu'il était capable de sauver, de faire descendre le pain du ciel, etc.; de sorte que le peuple ennemi est la figure et la représentation du même Messie qu'ils ignorent.

Il nous a donc appris enfin que toutes ces choses n'étaient que figures, et ce que c'est que vraiment libre, vrai Israélite, vraie circoncision, vrai pain du ciel, etc.

Dans ces promesses-là, chacun trouve ce qu'il a dans le fond de son cœur, les biens temporels, ou les biens spirituels, Dieu, ou les créatures; mais avec cette différence que ceux qui y cherchent les créatures les y trouvent, mais avec plusieurs contradictions, avec la défense de les aimer, avec l'ordre de n'adorer que Dieu et de n'aimer que lui, ce qui n'est qu'une même chose, et qu'enfin il n'est point venu de Messie pour eux; au lieu que ceux qui y cherchent Dieu le trouvent, et sans aucune contradiction, avec commandement de n'aimer que lui, et qu'il est venu un Messie dans le temps prédit pour leur donner les biens qu'ils demandent.

Et ainsi les Juifs avaient des miracles, des prophéties qu'ils voyaient accomplir; et la doctrine de leur loi était de n'adorer et de n'aimer qu'un Dieu : elle était aussi perpétuelle. Ainsi elle avait toutes les marques de la vraie religion : aussi elle l'était. Mais il faut distinguer la doctrine des Juifs d'avec la doctrine de la loi des Juifs. Or, la doctrine des

Juifs n'était pas vraie, quoiqu'elle eût les miracles, les prophéties, et la perpétuité, parce qu'elle n'avait pas cet autre point, de n'adorer et de n'aimer que Dieu.

X

Source des contrariétés. — Un Dieu humilié, et jusqu'à la mort de la croix : un Messie triomphant de la mort par sa mort. Deux natures en Jésus-Christ, deux avénements, deux états de la nature de l'homme.

¶ *Contradiction.* — On ne peut faire une bonne physionomie[1] qu'en accordant toutes nos contrariétés, et il ne suffit pas de suivre une suite de qualités accordantes sans concilier les contraires. Pour entendre le sens d'un auteur, il faut concilier tous les passages contraires.

Ainsi, pour entendre l'Écriture, il faut avoir un sens dans lequel tous les passages contraires s'accordent. Il ne suffit pas d'en avoir un qui convienne à plusieurs passages accordants; mais il faut en avoir un qui accorde les passages même contraires.

Tout auteur a un sens auquel tous les passages contraires s'accordent, ou il n'a point de sens du tout. On ne peut pas dire cela de l'Écriture et des prophètes. Ils avaient assurément trop bon sens. Il faut donc en chercher un qui accorde toutes les contrariétés.

Le véritable sens n'est donc pas celui des Juifs ; mais en Jésus-Christ toutes les contradictions sont accordées.

Les Juifs ne sauraient accorder la cessation de la royauté et principauté, prédite par Osée, avec la prophétie de Jacob.

Si on prend la loi, les sacrifices, et le royaume, pour réalités, on ne peut accorder tous les passages. Il faut donc par nécessité qu'ils ne soient que figures. On ne saurait même pas accorder les passages d'un même auteur, ni d'un même livre, ni quelquefois d'un même chapitre. Ce qui marque trop quel était le sens de l'auteur. Comme quand Ézéchiel, ch. xx, dit qu'on vivra dans les commandements de Dieu et qu'on n'y vivra pas.

[1] C'est-à-dire on ne peut faire un bon portrait qu'en exprimant les diverses expressions de la figure, même les plus opposées. (Havet.)

XI

Il n'était point permis de sacrifier hors de Jérusalem, qui était le lieu que le Seigneur avait choisi, ni même de manger ailleurs les décimes. *Deut.*, xii, 5, etc. *Deut.*, xiv, 23, etc.; xv, 20; xvi, 2, 7, 11, 15.

Osée a prédit qu'ils seraient sans roi, sans prince, sans sacrifices et sans idoles : ce qui est accompli aujourd'hui, ne pouvant faire sacrifice légitime hors de Jérusalem.

XII

Quand la parole de Dieu, qui est véritable, est fausse littéralement, elle est vraie spirituellement. *Sede a dextris meis.* Cela est faux littéralement; donc cela est vrai spirituellement. En ces expressions, il est parlé de Dieu à la manière des hommes; et cela ne signifie autre chose, sinon que l'intention que les hommes ont en faisant asseoir à leur droite, Dieu l'aura aussi. C'est donc une marque de l'intention de Dieu, non de sa manière de l'exécuter.

Ainsi quand il dit : Dieu a reçu l'odeur de vos parfums, et vous donnera en récompense une terre grasse ; c'est-à-dire, la même intention qu'aurait un homme qui, agréant vos parfums, vous donnerait en récompense une terre grasse, Dieu aura la même intention pour vous, parce que vous avez eu pour lui la même intention qu'un homme a pour celui à qui il donne des parfums. Ainsi *iratus est,* « Dieu jaloux, » etc. Car les choses de Dieu étant inexprimables, elles ne peuvent être dites autrement, et l'Église aujourd'hui en use encore : *Quia confortavit seras.*

XIII

Tout ce qui ne va point à la charité est figure.

L'unique objet de l'Écriture est la charité. Tout ce qui ne va point à l'unique but en est la figure : car, puisqu'il n'y a qu'un but, tout ce qui n'y va point en mots propres est figure.

Dieu diversifie ainsi cet unique précepte de charité, pour satisfaire notre curiosité, qui recherche la diversité, par cette diversité, qui nous mène toujours à notre unique nécessaire. Car une seule chose est nécessaire, et nous aimons la diversité; et Dieu satisfait à l'un et à l'autre par ces diversités, qui mènent au seul nécessaire.

XIV

Les rabbins prennent pour figures les mamelles de l'Épouse[1], et tout ce qui n'exprime pas l'unique but qu'ils ont, des biens temporels. Et les Chrétiens prennent même l'Eucharistie pour figure de la gloire où ils tendent.

XV

Il y en a qui voient bien qu'il n'y a pas d'autre ennemi de l'homme que la concupiscence, qui le détourne de Dieu, et non pas Dieu; ni d'autre bien que Dieu, et non pas une terre grasse. Ceux qui croient que le bien de l'homme est en la chair, et le mal en ce qui le détourne des plaisirs des sens, qu'ils s'en soûlent, et qu'ils y meurent. Mais que ceux qui cherchent Dieu de tout leur cœur, qui n'ont de déplaisir que d'être privés de sa vue, qui n'ont de désir que pour le posséder, et d'ennemis que ceux qui les en détournent; qui s'affligent de se voir environnés et dominés de tels ennemis; qu'ils se consolent, je leur annonce une heureuse nouvelle; il y a un libérateur pour eux, je le leur ferai voir, je leur montrerai qu'il y a un Dieu pour eux; je ne le ferai pas voir aux autres. Je ferai voir qu'un Messie a été promis, qui délivrerait des ennemis; et qu'il en est venu un pour délivrer des iniquités, mais non des ennemis.

XVI

Quand David prédit que le Messie délivrera son peuple de ses ennemis, on peut croire charnellement que ce sera des Égyptiens; et alors je ne saurais montrer que la prophétie soit accomplie. Mais on peut bien croire aussi que ce sera des iniquités : car, dans la vérité, les Égyptiens ne sont pas ennemis, mais les iniquités le sont. Ce mot d'ennemis est donc équivoque.

Mais s'il dit ailleurs, comme il fait, qu'il délivrera son peuple de ses péchés, aussi bien qu'Isaïe et les autres, l'équivoque est ôtée, et le sens double des ennemis réduit au sens

[1] L'Épouse du Cantique des Cantiques.

simple d'iniquités : car, s'il avait dans l'esprit les péchés, il les pouvait bien dénoter par ennemis; mais s'il pensait aux ennemis, il ne les pouvait pas désigner par iniquités.

Or, Moïse, et David, et Isaïe usaient des mêmes termes. Qui dira donc qu'ils n'avaient pas le même sens, et que le sens de David, qui est manifestement d'iniquités lorsqu'il parlait d'ennemis, ne fût pas le même que celui de Moïse en parlant d'ennemis?

Daniel, IX, prie pour la délivrance du peuple de la captivité de leurs ennemis; mais il pensait aux péchés : et, pour le montrer, il dit que Gabriel lui vint dire qu'il était exaucé, et qu'il n'y avait plus que soixante-dix semaines à attendre; après quoi le peuple serait délivré d'iniquité, le péché prendrait fin; et le libérateur, le Saint des saints, amènerait la justice éternelle, non la légale, mais l'éternelle.

¶ *Figures.* — Dès qu'une fois on a ouvert ce secret, il est impossible de ne pas le voir. Qu'on lise le vieil Testament en cette vue, et qu'on voie si les sacrifices étaient vrais, si la parenté d'Abraham était la vraie cause de l'amitié de Dieu, si la terre promise était le véritable lieu de repos. Non. Donc c'étaient des figures. Qu'on voie de même toutes les cérémonies ordonnées, tous les commandements qui ne sont pas pour la charité, on verra que c'en sont les figures.

¶ Tous ces sacrifices et cérémonies étaient donc figures ou sottises. Or il y a des choses claires trop hautes, pour les estimer des sottises.

CHAPITRE XVIII

Que pendant quatre mille ans le Christ a été annoncé par les prophéties et qu'il a été prouvé par leur accomplissement.

I

La plus grande des preuves de Jésus-Christ sont les prophéties. C'est aussi à quoi Dieu a le plus pourvu; car l'évènement qui les a remplies est un miracle subsistant depuis la naissance de l'Église jusques à la fin. Aussi Dieu a suscité des prophètes durant seize cents ans; et, pendant quatre cents ans après, il a dispersé toutes ces prophéties, avec tous les Juifs qui les portaient, dans tous les lieux du monde. Voilà quelle a été la préparation à la naissance de Jésus-Christ, dont l'Évangile devant être cru de tout le monde, il a fallu non-seulement qu'il y ait eu des prophéties pour le faire croire, mais que ces prophéties fussent par tout le monde, pour le faire embrasser par tout le monde.

¶ *Prophéties.* — Quand un seul homme aurait fait un livre des prédictions de Jésus-Christ[1], pour le temps et pour la manière, et que Jésus-Christ serait venu conformément à ces prophéties, ce serait une force infinie. Mais il y a bien plus ici. C'est une suite d'hommes, durant quatre mille ans, qui, constamment et sans variation, viennent, l'un à la suite de l'autre, prédire ce même avènement. C'est un peuple tout entier qui l'annonce, et qui subsiste pendant quatre mille années, pour rendre en corps témoignage des assurances qu'ils en ont, et dont ils ne peuvent être détournés par quelques menaces et persécutions qu'on leur fasse : ceci est tout autrement considérable.

II

Prophéties. — Le temps, prédit par l'état du peuple juif, par l'état du peuple païen, par l'état du temple, par le nombre des années. Il faut être hardi pour prédire une même chose en tant de manières.

Il fallait que les quatre monarchies idolâtres ou païennes, la fin du règne de Juda, et les soixante-dix semaines arrivassent en même temps, et le tout avant que le deuxième temple fût détruit.

¶ *Prédictions.* — ... Qu'en la quatrième monarchie, avant la destruction du second temple, avant que la domination des Juifs fût ôtée, en la septantième semaine de Daniel, pendant la durée du second temple, les païens seraient instruits et amenés à la connaissance du Dieu adoré par les Juifs ; que ceux qui l'aiment seraient délivrés de leurs ennemis, et remplis de sa crainte et de son amour.

Et il est arrivé qu'en la quatrième monarchie, avant la destruction du second temple, etc.,

[1] C'est-à-dire des prédictions annonçant Jésus-Christ.

les païens en foule adorent Dieu, et mènent une vie angélique ; les filles consacrent à Dieu leur virginité et leur vie ; les hommes renoncent à tous plaisirs. Ce que Platon n'a pu persuader à quelque peu d'hommes choisis et si instruits, une force secrète le persuade à cent milliers d'hommes ignorants, par la vertu de peu de paroles.

Les riches quittent leur bien, les enfants quittent la maison délicate de leurs pères pour aller dans l'austérité d'un désert, etc. (Voyez Philon, Juif.) Qu'est-ce que tout cela ? C'est ce qui a été prédit si longtemps auparavant. Depuis deux mille ans, aucun païen n'avait adoré le Dieu des Juifs ; et dans le temps prédit, la foule des païens adore cet unique Dieu. Les temples sont détruits, les rois se soumettent à la croix. Qu'est-ce que tout cela ? C'est l'esprit de Dieu qui est répandu sur la terre.

¶ *Effundam spiritum meum.* — Tous les peuples étaient dans l'infidélité et dans la concupiscence ; toute la terre fut ardente de charité. Les princes quittent leurs grandeurs ; les filles souffrent le martyre. D'où vient cette force ? C'est que le Messie est arrivé. Voilà l'effet et les marques de sa venue.

¶ *Prédiction.* — Il est prédit qu'aux temps du Messie, il viendrait établir une nouvelle alliance, qui ferait oublier la sortie d'Égypte [*Jérém.*, xxiii, 5 ; *Is.*, xliii, 16] ; qui mettrait sa loi, non dans l'extérieur, mais dans les cœurs ; que Jésus-Christ mettrait sa crainte, qui n'avait été qu'au dehors, dans le milieu du cœur. Qui ne voit la loi chrétienne en tout cela ?

¶ *Prophétie.* — ... Que les Juifs réprouveraient Jésus-Christ, et qu'ils seraient réprouvés de Dieu par cette raison que la vigne élue ne donnerait que du verjus. Que le peuple choisi serait infidèle, ingrat et incrédule : *populum non credentem et contradicentem.* Que Dieu les frapperait d'aveuglement, et qu'ils tâtonneraient en plein midi comme les aveugles [*Deut.*, xxviii, 28].

¶ ... Que Jésus-Christ serait petit en son commencement, et croîtrait ensuite. La petite pierre de Daniel.

¶ ... Qu'alors l'idolâtrie serait renversée ; que ce Messie abattrait toutes les idoles, et ferait entrer les hommes dans le culte du vrai Dieu.

Que les temples des idoles seraient abattus, et que, parmi toutes les nations et en tous les lieux du monde, on lui offrirait une hostie pure, non pas des animaux.

§... Qu'il enseignerait aux hommes la voie parfaite.

Et jamais il n'est venu, ni devant ni après, aucun homme qui ait enseigné rien de divin approchant cela..

§... Qu'il serait roi des Juifs et des Gentils. Et voilà ce roi des Juifs et des Gentils, opprimé par les uns et les autres qui conspirent à sa mort, dominant des uns et des autres, et détruisant, et le culte de Moïse dans Jérusalem, qui en était le centre, dont il fait sa première église, et le culte des idoles dans Rome, qui en était le centre, et dont il fait sa principale église.

§... Alors Jésus-Christ vient dire aux hommes qu'ils n'ont point d'autres ennemis qu'eux-mêmes ; que ce sont leurs passions qui les séparent de Dieu ; qu'il vient pour les détruire, et pour leur donner sa grâce, afin de faire d'eux tous une Église sainte ; qu'il vient ramener dans cette Église les Païens et les Juifs ; qu'il vient détruire les idoles des uns et la superstition des autres.

A cela s'opposent tous les hommes, non-seulement par l'opposition naturelle de la concupiscence ; mais, par-dessus tous, les rois de la terre s'unissent pour abolir cette religion naissante, comme cela avait été prédit (*Quare tremuerunt gentes. Reges terræ adversus Christum*). Tout ce qu'il y a de grand sur la terre s'unit, les savants, les sages, les rois.

Les uns écrivent, les autres condamnent, les autres tuent. Et, nonobstant toutes ces oppositions, ces gens simples et sans force résistent à toutes ces puissances, et se soumettent même ces rois, ces savants, ces sages, et ôtent l'idolâtrie de toute la terre. Et tout cela se fait par la force qui l'avait prédit.

§... Les Juifs, en le tuant pour ne pas recevoir pour Messie, lui ont donné la dernière marque de Messie. Et en continuant à le méconnaître, ils se sont rendus témoins irréprochables : et en le tuant, et continuant à le renier, ils ont accompli les prophéties. *Is.*, LV [5], LX [4, etc.] ; *Ps.*, LXXI [11, 18, etc.].

§... *Ænigmatis. Ézéch.*, XVII [2].

Son précurseur. *Malach.*, III [1].

Il naîtra enfant. *Is.*, IX [6].

Il naîtra de la ville de Bethléem. *Mich.*, V [2].

Il paraîtra principalement en Jérusalem et naîtra de la famille de Juda et de David.

Il doit aveugler les sages et les savants, *Is.*, VI [10], VIII [14, 15], XXIX [10, etc.] et annoncer l'Évangile aux pauvres et aux petits, *Is.*, XXIX [18, 19], ouvrir les yeux des aveugles, et rendre la santé aux infirmes, et mener à la lumière ceux qui languissent dans les ténèbres. *Is*, LXI [1].

Il doit enseigner la voie parfaite, et être le précepteur des Gentils. *Is.*, LV [4], XLII [1-7].

... Qu'il doit être la victime pour les péchés du monde, *Is.*, XXXIX, LIII [5], etc.

Il doit être la pierre fondamentale et précieuse. *Is.*, XXVIII [16].

Il doit être la pierre d'achoppement et de scandale. *Is.*, VIII [14]. Jérusalem doit heurter contre cette pierre.

Les édifiants doivent réprouver cette pierre. *Ps.*, CXVII [22].

Dieu doit faire de cette pierre le chef du coin.

Et cette pierre doit croître en une montagne et doit remplir toute la terre. *Dan.*, II [35].

Qu'ainsi il doit être rejeté, *Ps.*, CVIII [8]. méconnu, trahi, vendu, *Zach.*, XI [12] ; craché, soufflé, moqué, affligé en une infinité de manières, abreuvé de fiel, *Ps.*, LXVIII [22]; transpercé, *Zach.*, XII [10], les pieds et les mains percés, tué, et ses habits jetés au sort.

Qu'il ressusciterait, *Ps.*, XV [10], le troisième jour, *Osée*, VI [3].

Qu'il monterait au ciel pour s'asseoir à la droite. *Ps.*, CIX [1].

Que les rois s'armeraient contre lui. *Ps.*, II [2]..

Qu'étant à la droite du Père, il sera victorieux de ses ennemis.

Que les rois de la terre et tous les peuples l'adoreraient. *Is.*, LX [14].

Que les Juifs subsisteront en nation. *Jérémie*.

Qu'ils seront errants, sans rois, etc., *Osée*.

7

III [4], sans prophètes, *Amos*; attendant le salut, et ne le trouvant point. *Is.*, LIX [9].

Vocation des Gentils par Jésus-Christ. *Is.*, LII [15]; LV [5]; LX [4, etc.]; *Ps.*, LXXXI [11; 18, etc.]

III

Figures. — ... Sauveur, père, sacrificateur, hostie, nourriture, roi, sage, législateur, affligé, pauvre, devant produire un peuple, qu'il devait conduire, et nourrir, et introduire dans la terre...

¶ *Jésus-Christ, offices.* — Il devait lui seul produire un grand peuple, élu, saint et choisi; le conduire, le nourrir, l'introduire dans le lieu de repos et de sainteté; le rendre saint à Dieu; en faire le temple de Dieu, le réconcilier à Dieu, le sauver de la colère de Dieu, le délivrer de la servitude du péché, qui règne visiblement dans l'homme; donner des lois à ce peuple, graver ces lois dans leur cœur, s'offrir à Dieu pour eux, se sacrifier pour eux, être une hostie sans tache, et lui-même sacrificateur: devant s'offrir lui-même, son corps et son sang, et néanmoins offrir pain et vin à Dieu...

¶ ... Qu'il devait venir un libérateur, qui écraserait la tête au démon, qui devait délivrer son peuple de ses péchés, *ex omnibus iniquitatibus*; qu'il devait y avoir un Nouveau Testament, qui serait éternel; qu'il devait y avoir une autre prêtrise selon l'ordre de Melchisédech; que celle-là serait éternelle; que le Christ devait être glorieux, puissant, fort, et néanmoins si misérable qu'il ne serait pas reconnu; qu'on ne le prendrait pas pour ce qu'il est; qu'on le rebuterait, qu'on le tuerait; que son peuple, qui l'aurait renié, ne serait plus son peuple; que les idolâtres le recevraient, et auraient recours à lui; qu'il quitterait Sion pour régner au centre de l'idolâtrie; que néanmoins les Juifs subsisteraient toujours; qu'il devait être de Juda, et quand il n'y aurait plus de roi.

IV

Perpétuité. — Qu'on considère que, depuis le commencement du monde, l'attente ou l'adoration du Messie subsiste sans interruption; qu'il s'est trouvé des hommes qui ont dit que Dieu leur avait révélé qu'il devait naître un Rédempteur qui sauverait son peuple; qu'Abraham est venu ensuite dire qu'il avait en révélation qu'il naîtrait de lui par un fils qu'il aurait; que Jacob a déclaré que, de ses douze enfants, il naîtrait de Juda; que Moïse et les prophètes sont venus ensuite déclarer le temps et la manière de sa venue; qu'ils ont dit que la loi qu'ils avaient n'était qu'en attendant celle du Messie; que jusque-là elle serait perpétuelle, mais que l'autre durerait éternellement; qu'ainsi leur loi, ou celle du Messie, dont elle était la promesse, serait toujours sur la terre; qu'en effet elle a toujours duré; qu'enfin Jésus-Christ est venu dans toutes les circonstances prédites. Cela est admirable.

¶ Si cela est si clairement prédit aux Juifs, comment ne l'ont-ils pas cru? ou comment n'ont-ils pas été exterminés, de résister à une chose si claire?

Je réponds: premièrement, cela a été prédit, et qu'ils ne croiraient point une chose si claire, et qu'ils ne seraient point exterminés. Et rien n'est plus glorieux au Messie; car il ne suffisait pas qu'il y eût des prophètes; il fallait que leurs prophéties fussent conservées sans soupçon. Or, etc.

V

Les prophètes mêlés de choses particulières, et de celles du Messie, afin que les prophéties du Messie ne fussent pas sans preuves, et que les prophéties particulières ne fussent pas sans fruit.

¶ *Non habemus regem nisi Cæsarem.* Donc Jésus-Christ était le Messie, puisqu'ils n'avaient plus de roi qu'un étranger, et qu'ils n'en voulaient point d'autre.

¶ *Prophéties.* — Les soixante-dix semaines [1] de Daniel sont équivoques pour le terme du commencement, à cause des termes de la prophétie; et pour le terme de la fin, à cause des diversités des chronologistes. Mais toute cette différence ne va qu'à deux cents ans.

¶ Les prophéties doivent être inintelligibles aux impies, *Dan.*, XII [10]; *Osée, ult.* [10], mais intelligibles à ceux qui sont bien instruits.

... Les prophéties qui le représentent pau-

---

[1] La prophétie des soixante-dix semaines est regardée le plus généralement comme marquant la date de l'avénement du Messie. (Havet.)

vre, le représentent maître des nations. *Is.*, LII [14, etc.], LIII; *Zach.*, IX [9].

... Les prophéties qui prédisent le temps, ne le prédisent que maître des Gentils, et souffrant, et non dans les nuées, ni juge. Et celles qui le représentent ainsi jugeant et glorieux, ne marquent point le temps.

CHAPITRE XIX

Preuves de Jésus-Christ, tirées de sa naissance et de sa mort.

I

La distance infinie des corps aux esprits figure la distance infiniment plus infinie des esprits à la charité, car elle est surnaturelle.

Tout l'éclat des grandeurs n'a point de lustre pour les gens qui sont dans les recherches de l'esprit. La grandeur des gens d'esprit est invisible aux rois, aux riches, aux capitaines, à tous ces grands de chair. La grandeur de la Sagesse, qui n'est nulle part sinon en Dieu, est invisible aux charnels et aux gens d'esprit. Ce sont trois ordres différant en genre.

Les grands génies ont leur empire, leur éclat, leur grandeur, leur victoire et leur lustre, et n'ont nul besoin des grandeurs charnelles, où elles n'ont pas de rapport. Ils sont vus non des yeux, mais des esprits; c'est assez. Les saints ont leur empire, leur éclat, leur victoire, leur lustre, et n'ont nul besoin des grandeurs charnelles ou spirituelles, où elles n'ont nul rapport, car elles n'y ajoutent ni ôtent. Ils sont vus de Dieu et des Anges, et non des corps, ni des esprits curieux : Dieu leur suffit.

Archimède, sans éclat, serait en même vénération. Il n'a pas donné des batailles pour les yeux, mais il a fourni à tous les esprits ses inventions. Oh! qu'il a éclaté aux esprits! Jésus-Christ, sans bien, et sans aucune production au dehors de science, est dans son ordre de sainteté. Il n'a point donné d'invention, il n'a point régné; mais il a été humble, patient, saint, saint, saint à Dieu, terrible aux démons, sans aucun péché. Oh! qu'il est venu en grande pompe et en une prodigieuse magnificence, aux yeux du cœur, et qui voient la Sagesse!

Il eût été inutile à Archimède de faire le prince dans ses livres de géométrie, quoiqu'il le fût. Il eût été inutile à Notre-Seigneur Jésus-Christ, pour éclater dans son règne de sainteté, de venir en roi! mais qu'il est bien venu avec l'éclat de son ordre!

Il est bien ridicule de se scandaliser de la bassesse de Jésus-Christ, comme si cette bassesse était du même ordre duquel est la grandeur qu'il venait faire paraître. Qu'on considère cette grandeur-là dans sa vie, dans sa passion, dans son obscurité, dans sa mort, dans l'élection des siens, dans leur abandon, dans sa secrète résurrection, et dans le reste; on la verra si grande, qu'on n'aura pas sujet de se scandaliser d'une bassesse qui n'y est pas. Mais il y en a qui ne peuvent admirer que les grandeurs charnelles, comme s'il n'y en avait pas de spirituelles; et d'autres qui n'admirent que les spirituelles, comme s'il n'y en avait pas d'infiniment plus hautes dans la Sagesse.

Tous les corps, le firmament, les étoiles, la terre et ses royaumes, ne valent pas le moindre des esprits; car il connaît tout cela, et soi; et les corps, rien. Tous les corps ensemble, et tous les esprits ensemble, et toutes leurs productions, ne valent pas le moindre mouvement de charité; cela est d'un ordre infiniment plus élevé.

De tous les corps ensemble, on ne saurait en faire réussir une petite pensée : cela est impossible, et d'un autre ordre. De tous les corps et esprits, on n'en saurait tirer un mouvement de vraie charité : cela est impossible, et d'un autre ordre, surnaturel.

II

... Jésus-Christ dans une obscurité (selon ce que le monde appelle obscurité) telle, que les historiens, n'écrivant que les importantes choses des États, l'ont à peine aperçu.

III

Quel homme eut jamais plus d'éclat! Le peuple juif tout entier le prédit, avant sa venue. Le peuple gentil l'adore après sa venue. Les deux peuples gentil et juif le regardent comme leur centre. Et cependant quel homme jouit jamais moins de cet éclat ! De trente-trois ans, il en vit trente sans paraître. Dans trois ans, il passe pour un imposteur ; les prêtres et les principaux le rejettent ; ses amis et ses plus proches le méprisent. Enfin il meurt trahi par un des siens, renié par l'autre, et abandonné par tous.

Quel part a-t-il donc à cet éclat ? Jamais homme n'a eu tant d'éclat ; jamais homme n'a eu plus d'ignominie. Tout cet éclat n'a servi qu'à nous, pour nous le rendre reconnaissable ; et il n'en a rien eu pour lui.

IV

Preuves de Jésus-Christ. — Jésus-Christ a dit les choses grandes si simplement, qu'il semble qu'il ne les a pas pensées ; et si nettement néanmoins, qu'on voit bien ce qu'il en pensait. Cette clarté, jointe à cette naïveté, est admirable.

¶ Qui a appris aux évangélistes les qualités d'une âme parfaitement héroïque, pour la peindre si parfaitement en Jésus-Christ ? Pourquoi le font-ils faible dans son agonie? Ne savent-ils pas peindre une mort constante? Oui, sans doute ; car le même saint Luc peint celle de saint Étienne plus forte que celle de Jésus-Christ. Ils le font donc capable de crainte avant que la nécessité de mourir soit arrivée, et ensuite tout fort. Mais quand ils le font si troublé, c'est quand il se trouble lui-même ; et quand les hommes le troublent, il est tout fort.

¶ L'Église a eu autant de peine à montrer que Jésus-Christ était homme, contre ceux qui le niaient, qu'à montrer qu'il était Dieu ; et les apparences étaient aussi grandes.

¶ Jésus-Christ est un Dieu dont on s'approche sans orgueil, et sous lequel on s'abaisse sans désespoir.

V

La conversion des Païens n'était réservée qu'à la grâce du Messie. Les Juifs ont été si longtemps à les combattre sans succès : tout ce qu'en ont dit Salomon et les prophètes a été inutile. Les sages, comme Platon et Socrate, n'ont pu le persuader.

¶ Les Évangiles ne parlent de la virginité de la Vierge que jusques à la naissance de Jésus-Christ. Tout par rapport à Jésus-Christ.

¶ ... Jésus-Christ, que les deux Testaments regardent, l'Ancien comme son attente, le Nouveau comme son modèle, tous deux comme leur centre.

¶ Les prophètes ont prédit, et n'ont pas été prédits. Les saints ensuite sont prédits, mais non prédisants. Jésus-Christ est prédit et prédisant.

¶ Jésus-Christ pour tous, Moïse pour un peuple.

Les Juifs bénis en Abraham : « Je bénirai ceux qui te béniront. » *Gen.*, XII [3]. Mais, « Toutes nations bénies en sa semence. » *Ibid.*; XXII [18].

Lumen ad revelationem gentium.

Non fecit taliter omni nationi, disait David en parlant de la loi. Mais, en parlant de Jésus-Christ, il faut dire : *Fecit taliter omni nationi*.

Parum est ut, etc. Isaïe, XLIX [6]. Aussi c'est à Jésus-Christ d'être universel. L'Église même n'offre le sacrifice que pour les fidèles : Jésus-Christ a offert celui de la croix pour tous.

CHAPITRE XX

De la vérité de l'histoire évangélique. — Preuves de Jésus-Christ tirées de ses miracles. — Différence entre le Messie et Mahomet.

I

Les apôtres ont été trompés ou trompeurs. L'un ou l'autre est difficile. Car, il n'est pas possible de prendre un homme pour être ressuscité...

Tandis que Jésus-Christ était avec eux, il les pouvait soutenir ; mais après cela, s'il ne leur est apparu, qui les a fait agir ?

¶ *Preuve de Jésus-Christ.* — L'hypothèse des apôtres fourbes est bien absurde. Qu'on la suive tout au long ; qu'on s'imagine ces douze hommes, assemblés après la mort de Jésus-Christ, faisant le complot de dire qu'il est ressuscité : ils attaquent par là toutes les puissances. Le cœur des hommes est étrangement penchant à la légèreté, au changement, aux promesses, aux

II

Le style de l'Évangile est admirable en tant de manières, et entre autres en ne mettant jamais aucune invective contre les bourreaux et ennemis de Jésus-Christ. Car il n'y en a aucune des historiens contre Judas, Pilate, ni aucun des Juifs.

Si cette modestie des historiens évangéliques avait été affectée, aussi bien que tant d'autres traits d'un si beau caractère, et qu'ils ne l'eussent affectée que pour le faire remarquer; s'ils n'avaient osé le remarquer eux-mêmes, ils n'auraient pas manqué de se procurer des amis, qui eussent fait ces remarques à leur avantage. Mais comme ils ont agi de la sorte sans affectation, et par un mouvement tout désintéressé, ils ne l'ont fait remarquer par personne. Et je crois que plusieurs de ces choses n'ont point été remarquées jusqu'ici; et c'est ce qui témoigne la froideur avec laquelle la chose a été faite.

III

Jésus-Christ a fait des miracles, et les apôtres ensuite, et les premiers saints en grand nombre; parce que, les prophéties n'étant pas encore accomplies, et s'accomplissant par eux, rien ne témoignait, que les miracles. Il était prédit que le Messie convertirait les nations. Comment cette prophétie se fût-elle accomplie, sans la conversion des nations? Et comment les nations se fussent-elles converties au Messie, ne voyant pas ce dernier effet des prophéties qui le prouvent? Avant donc qu'il ait été mort, ressuscité, et converti les nations, tout n'était pas accompli; et ainsi il a fallu des miracles pendant tout ce temps-là. Maintenant il n'en faut plus contre les Juifs, car les prophéties accomplies sont un miracle subsistant...

IV

C'est une chose étonnante, et digne d'une étrange attention, de voir le peuple juif subsister depuis tant d'années, et de le voir toujours misérable : étant nécessaire pour la preuve de Jésus-Christ, et qu'ils subsistent pour le prouver, et qu'ils soient misérables, puisqu'ils l'ont crucifié : et, quoiqu'il soit contraire d'être misérable et de subsister, il subsiste néanmoins toujours, malgré sa misère.

¶ Quand Nabuchodonosor emmena le peuple, de peur qu'on ne crût que le sceptre fût ôté de Juda, il leur fut dit auparavant qu'ils y seraient peu, et qu'ils seraient rétablis. Ils furent toujours consolés par les prophètes, leurs rois continuèrent. Mais la seconde destruction est sans promesse de rétablissement, sans prophètes, sans rois, sans consolation, sans espérance, parce que le sceptre est ôté pour jamais.

¶ *Preuves de Jésus-Christ.* — Ce n'est pas avoir été captif que de l'avoir été avec assurance d'être délivré dans soixante-dix ans. Mais maintenant ils le sont sans aucun espoir.

Dieu leur a promis qu'encore qu'il les dispersât aux bouts du monde, néanmoins, s'ils étaient fidèles à sa loi, il les rassemblerait. Ils y sont très-fidèles, et demeurent opprimés...

V

Si les Juifs eussent été tous convertis par Jésus-Christ, nous n'aurions plus que des témoins suspects; et s'ils avaient été exterminés, nous n'en aurions point du tout.

¶ Les Juifs le refusent, mais non pas tous : les saints le reçoivent, et non les charnels. Et tant s'en faut que cela soit contre sa gloire, que c'est le dernier trait qui l'achève. Comme la raison qu'ils en ont, et la seule qui se trouve dans tous leurs écrits, dans le Talmud et dans les rabbins, n'est que parce que Jésus-Christ n'a pas dompté les nations en main armée, *gladium tuum, potentissime*. N'ont-ils que cela à dire? Jésus-Christ a été tué, disent-ils ; il a succombé; il n'a pas dompté les Païens par sa force; il ne nous a pas donné leurs dépouilles; il ne donne point de richesses. N'ont-ils que cela à dire? C'est en cela qu'il m'est aimable. Je ne voudrais pas celui qu'ils se figurent. Il est visible que ce n'est que sa vie qui les a empêchés de le recevoir ; et par ce refus, ils sont des témoins sans reproche, et, qui plus est, par là, ils accomplissent les prophéties.

VI

Qu'il est beau de voir, par les yeux de la foi, Darius et Cyrus, Alexandre, les Romains, Pompée et Hérode agir, sans le savoir, pour la gloire de l'Évangile [1].

VII

La religion païenne est sans fondement [2].
La religion mahométane a pour fondement l'Alcoran et Mahomet. Mais ce prophète, qui devait être la dernière attente du monde, a-t-il été prédit? Et quelle marque a-t-il, que n'ait aussi tout homme qui se voudra dire prophète? Quels miracles dit-il lui-même avoir faits? Quel mystère a-t-il enseigné, selon sa tradition même? Quelle morale et quelle félicité?

La religion juive doit être regardée différemment dans la tradition des livres saints, et dans la tradition du peuple [3]. La morale et la félicité en est ridicule, dans la tradition du peuple, mais elle est admirable dans celle de leurs saints. Le fondement en est admirable : c'est le plus ancien livre du monde, et le plus authentique; et au lieu que Mahomet, pour faire subsister le sien, a défendu de le lire, Moïse, pour faire subsister le sien, a ordonné à tout le monde de le lire.

Notre religion est si divine, qu'une autre religion divine n'en est que le fondement.

¶ Mahomet sans autorité [4]. Il faudrait donc que ses raisons fussent bien puissantes, n'ayant que leur propre force. Que dit-il donc? Qu'il faut le croire.

VIII

De deux personnes qui disent des sots contes, l'un qui a double sens, entendu dans la cabale, l'autre qui n'a qu'un sens; si quelqu'un, n'étant pas du secret, entend discourir les deux en cette sorte, il en fera même jugement. Mais si ensuite, dans le reste du discours, l'un dit des choses angéliques, et l'autre toujours des choses plates et communes, il jugera que l'un parlait avec mystère, et non pas l'autre : l'un ayant assez montré qu'il est incapable de telles sottises, et capable d'être mystérieux; et l'autre, qu'il est incapable de mystère, et capable de sottises.

IX

Ce n'est pas par ce qu'il y a d'obscur dans Mahomet, et qu'on peut faire passer pour un sens mystérieux, que je veux qu'on en juge, mais par ce qu'il y a de clair, par son paradis, et par le reste. C'est en cela qu'il est ridicule. Et c'est pourquoi il n'est pas juste de prendre ses obscurités pour des mystères, vu que ses clartés sont ridicules. Il n'en est pas de même de l'Écriture. Je veux qu'il y ait des obscurités qui soient aussi bizarres que celles de Mahomet; mais il y a des clartés admirables, et des prophéties manifestes accomplies. La partie n'est donc pas égale. Il ne faut pas confondre et égaler les choses qui ne se ressemblent que par l'obscurité, et non pas par la clarté, qui mérite qu'on révère les obscurités.

¶ Contre Mahomet. — L'Alcoran n'est pas plus de Mahomet, que l'Évangile, de saint Matthieu, car il est cité de plusieurs auteurs de siècle en siècle. Les ennemis mêmes, Celse et Porphyre, ne l'ont jamais désavoué.

L'Alcoran dit que saint Matthieu était homme de bien. Donc, Mahomet était faux prophète, ou en appelant gens de bien des méchants, ou en ne demeurant pas d'accord de ce qu'ils ont dit de Jésus-Christ.

X

Tout homme peut faire ce qu'a fait Mahomet; car il n'a point fait de miracles, il n'a

---

[1] Quand Pascal interprète les prophéties, et lève les sceaux du Vieux Testament, quand il explique le rôle des apôtres parmi les Gentils, et l'économie merveilleuse des desseins de Dieu, il devance visiblement Bossuet, le Bossuet de l'*Histoire universelle;* il ouvre bien des perspectives que l'autre parcourra et remplira... Bossuet avait lu les *Pensées,* il y avait rencontré celle-ci : *Qu'il est beau de voir,* etc. C'était tout un programme, que son génie impétueux dut à l'instant embrasser, comme l'œil d'aigle du grand Condé parcourait l'étendue des batailles. (Sainte-Beuve.)

[2] Var. du ms. Pascal avait écrit d'abord : « Sans fondement aujourd'hui. On dit qu'autrefois elle en a eu, par les oracles qui ont parlé. Mais quels sont les livres qui nous en assurent? Sont-ils si dignes de foi par la vertu de leurs auteurs? Sont-ils conservés avec tant de soin qu'on ne puisse s'assurer qu'ils ne sont point corrompus? » (barré).

[3] En note dans le ms. : « Et toute religion est de même, car le christianisme est bien différent dans les livres saints et dans les casuistes. »

[4] C'est-à-dire : Mahomet n'a aucune autorité à invoquer à l'appui de sa prétendue mission.

point été prédit. Nul homme ne peut faire ce qu'a fait Jésus-Christ.

¶ *Différence entre Jésus-Christ et Mahomet.* — Mahomet, non prédit; Jésus-Christ, prédit. Mahomet, en tuant; Jésus-Christ, en faisant tuer les siens. Mahomet, en défendant de lire; les apôtres, en ordonnant de lire. Enfin, cela est si contraire, que, si Mahomet a pris la voie de réussir humainement, Jésus-Christ a pris celle de périr humainement. Et qu'au lieu de conclure que, puisque Mahomet a réussi, Jésus-Christ a bien pu réussir, il faut dire que, puisque Mahomet a réussi, Jésus-Christ devait périr.

CHAPITRE XXI

Que Dieu ne se cache ni ne se découvre entièrement; que le Messie est connaissable aux bons et méconnaissable aux méchants, et qu'il faut reconnaître la vérité de la religion chrétienne dans l'obscurité même de certaines vérités.

I

Dieu a voulu racheter les hommes, et ouvrir le salut à ceux qui le chercheraient. Mais les hommes s'en rendent si indignes, qu'il est juste que Dieu refuse à quelques-uns, à cause de leur endurcissement, ce qu'il accorde aux autres par une miséricorde qui ne leur est pas due. S'il eût voulu surmonter l'obstination des plus endurcis, il l'eût pu, en se découvrant si manifestement à eux, qu'ils n'eussent pu douter de la vérité de son essence; comme il paraîtra au dernier jour, avec un tel éclat de foudres, et un tel renversement de la nature, que les morts ressusciteront, et les plus aveugles le verront.

Ce n'est pas en cette sorte qu'il a voulu paraître dans son avènement de douceur; parce que tant d'hommes se rendant indignes de sa clémence, il a voulu les laisser dans la privation du bien qu'ils ne veulent pas. Il n'était donc pas juste qu'il parût d'une manière manifestement divine, et absolument capable de convaincre tous les hommes; mais il n'était pas juste aussi qu'il vînt d'une manière si cachée, qu'il ne pût être reconnu de ceux qui le chercheraient sincèrement. Il a voulu se rendre parfaitement connaissable à ceux-là; et ainsi, voulant paraître à découvert à ceux qui le cherchent de tout leur cœur, et caché à ceux qui le fuient de tout leur cœur, il tempère sa connaissance, en sorte qu'il a donné des marques de soi visibles à ceux qui le cherchent, et obscures à ceux qui ne le cherchent pas. Il y a assez de lumière pour ceux qui ne désirent que de voir, et assez d'obscurité pour ceux qui ont une disposition contraire. Il y a assez de clarté pour éclairer les élus, et assez d'obscurité pour les humilier. Il y a assez d'obscurité pour aveugler les réprouvés, et assez de clarté pour les condamner, et les rendre inexcusables.

II

Si le monde subsistait pour instruire l'homme de Dieu, sa divinité reluirait de toutes parts d'une manière incontestable; mais, comme il ne subsiste que par Jésus-Christ et pour Jésus-Christ, et pour instruire les hommes et de leur corruption et de leur rédemption, tout y éclate des preuves de ces deux vérités. Ce qui y paraît ne marque ni une exclusion totale, ni une présence manifeste de divinité, mais la présence d'un Dieu qui se cache : tout porte ce caractère.

S'il n'avait jamais rien paru de Dieu, cette privation éternelle serait équivoque, et pourrait aussi bien se rapporter à l'absence de toute divinité, ou à l'indignité où seraient les hommes de le connaître. Mais de ce qu'il paraît quelquefois, et non pas toujours, cela ôte l'équivoque. S'il paraît une fois, il est toujours ; et ainsi on n'en peut conclure, sinon qu'il y a un Dieu, et que les hommes en sont indignes.

III

Dieu veut plus disposer la volonté que l'esprit. La clarté parfaite servirait à l'esprit et nuirait à la volonté. Abaisser la superbe.

¶ S'il n'y avait point d'obscurité, l'homme ne sentirait pas sa corruption; s'il n'y avait point de lumière, l'homme n'espérerait point de remède. Ainsi, il est non-seulement juste, mais utile pour nous, que Dieu soit caché en partie, et découvert en partie, puisqu'il est également dangereux à l'homme de connaître

Dieu sans connaître sa misère, et de connaître sa misère sans connaître Dieu.

IV

... Il est donc vrai que tout instruit l'homme de sa condition, mais il le faut bien entendre : car il n'est pas vrai que tout découvre Dieu, et il n'est pas vrai que tout cache Dieu. Mais il est vrai tout ensemble qu'il se cache à ceux qui le tentent, et qu'il se découvre à ceux qui le cherchent, parce que les hommes sont tout ensemble indignes de Dieu, et capables de Dieu ; indignes par leur corruption, capables par leur première nature.

V

Il n'y a rien sur la terre qui ne montre, ou la misère de l'homme, ou la miséricorde de Dieu ; ou l'impuissance de l'homme sans Dieu, ou la puissance de l'homme avec Dieu.

¶ ... Ainsi, tout l'univers apprend à l'homme, ou qu'il est corrompu, ou qu'il est racheté ; tout lui apprend sa grandeur ou sa misère. L'abandon de Dieu paraît dans les Païens ; la protection de Dieu paraît dans les Juifs.

VI

Tout tourne en bien pour les élus, jusqu'aux obscurités de l'Écriture ; car ils les honorent, à cause des clartés divines : et tout tourne en mal pour les autres, jusqu'aux clartés : car ils les blasphèment, à cause des obscurités qu'ils n'entendent pas.

VII

Si Jésus-Christ n'était venu que pour sanctifier, toute l'Écriture et toutes choses y tendraient, et il serait bien aisé de convaincre les infidèles. Si Jésus-Christ n'était venu que pour aveugler, toute sa conduite serait confuse, et nous n'aurions aucun moyen de convaincre les infidèles. Mais comme il est venu *in sanctificationem et in scandalum*, comme dit Isaïe, nous ne pouvons convaincre les infidèles, et ils ne peuvent nous convaincre ; mais par cela même, nous les convainquons, puisque nous disons qu'il n'y a point de conviction dans toute sa conduite de part ni d'autre.

¶ Jésus-Christ est venu aveugler ceux qui voyaient clair, et donner la vue aux aveugles ; guérir les malades et laisser mourir les sains ; appeler à la pénitence et justifier les pécheurs, et laisser les justes dans leurs péchés ; remplir les indigents, et laisser les riches vides.

¶ Que disent les prophètes, de Jésus-Christ ? Qu'il sera évidemment Dieu ? Non : mais qu'il est un Dieu véritablement caché ; qu'il sera méconnu ; qu'on ne pensera point que ce soit lui ; qu'il sera une pierre d'achoppement à laquelle plusieurs heurteront, etc. Qu'on ne nous reproche donc plus le manque de clarté, puisque nous en faisons profession.

¶ ... Mais, dit-on, il y a des obscurités. — Et sans cela, on ne serait pas aheurté à Jésus-Christ, et c'est un des desseins formels des prophètes : *Excœca*[1]...

¶ Dieu, pour rendre le Messie connaissable aux bons et méconnaissable aux méchants, l'a fait prédire en cette sorte. Si la manière du Messie eût été prédite clairement, il n'y eût point eu d'obscurité, même pour les méchants. Si le temps eût été prédit obscurément, il y eût eu obscurité, même pour les bons ; car la bonté de leur cœur ne leur eût pas fait entendre que le *mem* fermé[2], par exemple, signifie six cents ans. Mais le temps a été prédit clairement, et la manière en figures.

Par ce moyen, les méchants, prenant les biens promis pour matériels, s'égarent malgré le temps prédit clairement, et les bons ne s'égarent pas : car l'intelligence des biens promis dépend du cœur, qui appelle bien ce qu'il aime ; mais l'intelligence du temps promis ne dépend point du cœur ; et ainsi la prédiction claire du temps, et obscure des biens, ne déçoit que les seuls méchants.

VIII

Comment fallait-il que fût le Messie, puisque par lui le sceptre devait être éternellement en Juda, et qu'à son arrivée, le sceptre devait être ôté de Juda ?

... Pour faire qu'en voyant ils ne voient

---

[1] *Excœca cor populi hujus*. Isaïe, vi, 10.
[2] Le *mem*, lettre de l'alphabet hébreu. Les lettres hébraïques, comme les lettres grecques, sont chiffres en même temps que lettres. Le *mem* ouvert vaut 40 ; le *mem* fermé vaut 600 ; ce qui a fait dire aux rabbins que le Christ viendrait au bout de six cents ans.

point, et qu'en entendant ils n'entendent point rien ne pouvait être mieux fait.

IX

La généalogie de Jésus-Christ dans l'Ancien Testament est mêlée parmi tant d'autres inutiles, qu'elle ne peut être discernée. Si Moïse n'eût tenu registre que des ancêtres de Jésus-Christ, cela eût été trop visible. S'il n'eût pas marqué celle de Jésus-Christ, cela n'eût pas été assez visible. Mais, après tout, qui regarde de près, voit celle de Jésus-Christ bien discernée par Thamar, Ruth, etc.

X

... Reconnaissez donc la vérité de la religion dans l'obscurité même de la religion, dans le peu de lumière que nous en avons, dans l'indifférence que nous avons de la connaître.

¶ Jésus-Christ ne dit pas qu'il n'est point de Nazareth, ni qu'il n'est pas fils de Joseph, pour laisser les méchants dans l'aveuglement.

XI

Comme Jésus-Christ est demeuré inconnu parmi les hommes, ainsi sa vérité demeure parmi les opinions communes, sans différence à l'extérieur : ainsi l'Eucharistie parmi le pain commun.

¶ Que si la miséricorde de Dieu est si grande qu'il nous instruit salutairement, même lorsqu'il se cache, quelle lumière n'en devons-nous pas attendre lorsqu'il se découvre?

¶ On n'entend rien aux ouvrages de Dieu, si on ne prend pour principe qu'il a voulu aveugler les uns et éclairer les autres.

CHAPITRE XXII

Que l'homme ne peut connaître Dieu et se connaître soi-même que par Jésus-Christ, et qu'en dehors de Jésus-Christ, médiateur et réparateur, il n'y a que vice, misère, erreurs, ténèbres, mort, désespoir. — Le Mystère de Jésus.

I

Première partie : Misère de l'homme sans Dieu.

Seconde partie : Félicité de l'homme avec Dieu.

Autrement, Première partie : Que la nature est corrompue. Par la nature même.

Seconde partie : Qu'il y a un réparateur. Par l'Écriture.

¶ Préface de la seconde partie : Parler de ceux qui ont traité de cette matière.

J'admire avec quelle hardiesse ces personnes entreprennent de parler de Dieu, en adressant leurs discours aux impies. Leur premier chapitre est de prouver la Divinité par les ouvrages de la nature.

Je ne m'étonnerais pas de leur entreprise, s'ils adressaient leurs discours aux fidèles, car il est certain que ceux qui ont la foi vive dans le cœur voient incontinent que tout ce qui est n'est autre chose que l'ouvrage du Dieu qu'ils adorent. Mais pour ceux en qui cette lumière est éteinte, et dans lesquels on a dessein de la faire revivre, ces personnes destituées de foi et de grâce, qui, recherchant de toute leur lumière tout ce qu'ils voient dans la nature qui les peut mener à cette connaissance, ne trouvent qu'obscurité et ténèbres ; dire à ceux-là qu'ils n'ont qu'à voir la moindre des choses qui les environnent, et qu'ils verront Dieu à découvert, et leur donner, pour toute preuve de ce grand et important sujet, le cours de la lune ou des planètes, et prétendre avoir achevé sa preuve avec un tel discours, c'est leur donner sujet de croire que les preuves de notre religion sont bien faibles, et je vois par raison et par expérience que rien n'est plus propre à leur en faire naître le mépris.

Ce n'est pas de cette sorte que l'Écriture, qui connaît mieux les choses qui sont de Dieu, en parle. Elle dit au contraire que Dieu est un Dieu caché ; et que, depuis la corruption de la nature, il les a laissés dans un aveuglement dont ils ne peuvent sortir que par Jésus-Christ, hors duquel toute communication avec Dieu est ôtée : *Nemo novit Patrem, nisi Filius, et cui voluerit Filius revelare.*

C'est ce que l'Écriture nous marque, quand elle dit en tant d'endroits que ceux qui cherchent Dieu le trouvent. Ce n'est point de cette lumière qu'on parle, *comme le jour en plein midi.* On ne dit point que ceux qui cherchent, le jour en plein midi, ou de l'eau dans la mer, en trouveront ; et ainsi il faut bien que l'évidence de Dieu ne soit pas telle dans la nature. Aussi elle nous dit ailleurs : *Vere tu es Deus absconditus.*

¶ Le Dieu des chrétiens ne consiste pas en un Dieu simplement auteur des vérités géométriques et de l'ordre des éléments ; c'est la part des païens et des épicuriens. Il ne consiste pas seulement en un Dieu qui exerce sa providence sur la vie et sur les biens des hommes, pour donner une heureuse suite d'années à ceux qui l'adorent ; c'est la portion des Juifs. Mais le Dieu d'Abraham, le Dieu d'Isaac, le Dieu de Jacob, le Dieu des chrétiens, est un Dieu d'amour et de consolation : c'est un Dieu qui remplit l'âme et le cœur qu'il possède : c'est un Dieu qui leur fait sentir intérieurement leur misère et sa miséricorde infinie ; qui s'unit au fond de leur âme ; qui la remplit d'humilité, de joie, de confiance, d'amour ; qui les rend incapables d'autre fin que de lui-même.

¶ Le Dieu des chrétiens est un Dieu qui fait sentir à l'âme qu'il est son unique bien ; que tout son repos est en lui, et qu'elle n'aura de joie qu'à l'aimer ; et qui lui fait en même temps abhorrer les obstacles qui la retiennent et l'empêchent d'aimer Dieu de toutes ses forces. L'amour-propre et la concupiscence, qui l'arrêtent, lui sont insupportables. Ce Dieu lui fait sentir qu'elle a ce fond d'amour-propre qui la perd, et que lui seul la peut guérir.

¶ La connaissance de Dieu sans celle de sa misère fait l'orgueil. La connaissance de sa misère sans celle de Dieu fait le désespoir. La connaissance de Jésus-Christ fait le milieu, parce que nous y trouvons et Dieu et notre misère.

¶ Tous ceux qui cherchent Dieu hors de Jésus-Christ, et qui s'arrêtent dans la nature, ou ils ne trouvent aucune lumière qui les satisfasse, ou ils arrivent à se former un moyen de connaître Dieu et de le servir sans médiateur : et par là ils tombent, ou dans l'athéisme, ou dans le déisme, qui sont deux choses que la religion chrétienne abhorre presque également.

¶ *Dieu par Jésus-Christ.* — Nous ne connaissons Dieu que par Jésus-Christ. Sans ce médiateur, est ôtée toute communication avec Dieu ; par Jésus-Christ, nous connaissons Dieu. Tous ceux qui ont prétendu connaître Dieu et le prouver sans Jésus-Christ, n'avaient que des preuves impuissantes. Mais pour prouver Jésus-Christ, nous avons les prophéties, qui sont des preuves solides et palpables. Et ces prophéties étant accomplies, et prouvées véritables par l'événement, marquent la certitude de ces vérités, et partant la preuve de la divinité de Jésus-Christ. En lui et par lui nous connaissons donc Dieu. Hors de là et sans l'Écriture, sans le péché originel, sans médiateur nécessaire promis et arrivé, on ne peut prouver absolument Dieu, ni enseigner une bonne doctrine ni une bonne morale. Mais par Jésus-Christ et en Jésus-Christ, on prouve Dieu, et on enseigne la morale et la doctrine. Jésus-Christ est donc le véritable Dieu des hommes.

Mais nous connaissons en même temps notre misère, car ce Dieu n'est autre chose que le réparateur de notre misère. Ainsi nous ne pouvons bien connaître Dieu qu'en connaissant nos iniquités.

Aussi ceux qui ont connu Dieu sans connaître leur misère ne l'ont pas glorifié, mais s'en sont glorifiés. *Quia non cognovit per sapientiam, placuit Deo per stultitiam prædicationis salvos facere.*

¶ Non-seulement nous ne connaissons Dieu que par Jésus-Christ, mais nous ne nous connaissons nous-mêmes que par Jésus-Christ. Nous ne connaissons la vie, la mort que par Jésus-Christ. Hors de Jésus-Christ, nous ne savons ce que c'est ni que notre vie, ni que notre mort, ni que Dieu, ni que nous-mêmes.

Ainsi sans l'Écriture, qui n'a que Jésus-Christ pour objet, nous ne connaissons rien, et ne voyons qu'obscurité et confusion dans la nature de Dieu et dans la propre nature.

¶ Sans Jésus-Christ, il faut que l'homme soit dans le vice et dans la misère ; avec Jésus-Christ, l'homme est exempt de vice et de misère. En lui est toute notre vertu et toute notre félicité. Hors de lui, il n'y a que vice, misère, erreurs, ténèbres, mort, désespoir.

¶ Sans Jésus-Christ le monde ne subsisterait pas, car il faudrait ou qu'il fût détruit, ou qu'il fût comme un enfer.

LE MYSTÈRE DE JÉSUS[1]

I

Jésus souffre dans sa passion les tourments que lui font les hommes ; mais dans l'agonie il souffre les tourments qu'il se donne à lui-même : *turbavit semetipsum*. C'est un supplice d'une main non humaine, mais toute-puissante, et il faut être tout-puissant pour le soutenir.

Jésus cherche quelque consolation au moins dans ses trois plus chers amis, et ils dorment. Il les prie de soutenir un peu avec lui, et ils le laissent avec une négligence entière, ayant si peu de compassion qu'elle ne pouvait seulement les empêcher de dormir un moment. Et ainsi Jésus était délaissé seul à la colère de Dieu.

Jésus est seul dans la terre, non-seulement qui ressente et partage sa peine, mais qui la sache : le ciel et lui sont seuls dans cette connaissance.

Jésus est dans un jardin, non de délices comme le premier Adam, où il se perdit, et tout le genre humain, mais dans un de supplices, où il s'est sauvé, et tout le genre humain.

Il souffre cette peine et cet abandon dans l'horreur de la nuit.

Je crois que Jésus ne s'est jamais plaint que cette seule fois ; mais alors il se plaint comme s'il n'eût plus pu contenir sa douleur excessive : Mon âme est triste jusqu'à la mort.

Jésus cherche de la compagnie et du soulagement de la part des hommes. Cela est unique en toute sa vie, ce me semble. Mais il n'en reçoit point, car ses disciples dorment.

Jésus sera en agonie jusqu'à la fin du monde : il ne faut pas dormir pendant ce temps-là.

Jésus, au milieu de ce délaissement universel, et de ses amis choisis pour veiller avec lui, les trouvant dormant, s'en fâche à cause du péril où ils exposent non lui, mais eux-mêmes ; et les avertit de leur propre salut et de leur bien avec une tendresse cordiale pour eux pendant leur ingratitude ; et les avertit que l'esprit est prompt et la chair infirme.

Jésus les trouvant encore dormant, sans que ni sa considération ni la leur les en eût retenus, il a la bonté de ne pas les éveiller, et les laisse dans leur repos.

Jésus prie dans l'incertitude de la volonté du Père, et craint la mort ; mais l'ayant connue, il va au-devant s'offrir à elle : *Eamus. Processit.* (*Joannes.*)

Jésus a prié les hommes, et n'en a pas été exaucé.

Jésus, pendant que ses disciples dormaient, a opéré leur salut. Il l'a fait à chacun des justes pendant qu'ils dormaient, et dans le néant avant leur naissance, et dans les péchés depuis leur naissance.

Il ne prie qu'une fois que le calice passe, et encore avec soumission ; et deux fois qu'il vienne s'il le faut.

Jésus dans l'ennui. Jésus, voyant tous ses amis endormis et tous ses ennemis vigilants, se remet tout entier à son Père.

Jésus ne regarde pas dans Judas son inimitié, mais l'ordre de Dieu qu'il aime et... puisqu'il l'appelle ami.

Jésus s'arrache d'avec ses disciples pour entrer dans l'agonie ; il faut s'arracher de ses plus proches et des plus intimes pour l'imiter.

Jésus étant dans l'agonie et dans les plus grandes peines, prions plus longtemps.

II

Console-toi : tu ne me chercherais pas, si tu ne m'avais trouvé.

Je pensais à toi dans mon agonie ; j'ai versé telles gouttes de sang pour toi.

C'est me tenter plus que t'éprouver, que de penser si tu ferais bien telle et telle chose absente : je la ferai en toi si elle arrive.

Laisse-toi conduire à mes règles ; vois comme j'ai bien conduit la Vierge et les saints qui m'ont laissé agir en eux.

Le Père aime tout ce que JE fais.

---

[1] Ce morceau a été publié pour la première fois par M. Faugère. Il se trouve à la page 87 du cahier autographe. — On a de Jacqueline Pascal une méditation du même genre, intitulée : *Le mystère de la mort de Notre-Seigneur Jésus-Christ.* Cet écrit a été publié par M. Cousin, *Jacqueline Pascal*, p. 122 et suiv.; et par M. Faugère, *Lettres, Opuscules*, p. 157 et suiv. — Le texte, ou plutôt la copie du texte original, se trouve dans le ms. du *Supp. français*, n° 1,487.

Veux-tu qu'il me coûte toujours du sang de mon humanité, sans que tu donnes des larmes?

C'est mon affaire que la conversion : ne crains point, et prie avec confiance comme pour moi.

Je te suis présent par ma parole dans l'Écriture; par mon esprit dans l'Église, et par les inspirations; par ma puissance dans les prêtres; par ma prière dans les fidèles.

Les médecins ne te guériront pas; car tu mourras à la fin. Mais c'est moi qui guéris et rends le corps immortel.

Souffre les chaînes et la servitude corporelles; je ne te délivre que de la spirituelle à présent.

Je te suis plus ami que tel et tel; car j'ai fait pour toi plus qu'eux, et ils ne souffriraient pas ce que j'ai souffert de toi, et ne mourraient pas pour toi dans le temps de tes infidélités et cruautés, comme j'ai fait, et comme je suis prêt à faire et fais dans mes élus.

Si tu connaissais tes péchés, tu perdrais cœur. — Je le perdrai donc, Seigneur, car je crois leur malice sur votre assurance. — Non, car moi, par qui tu l'apprends, t'en peux guérir, et ce que je te le dis, est un signe que je te veux guérir. A mesure que tu les expieras, tu les connaîtras, et il te sera dit : Vois les péchés qui te sont remis. Fais donc pénitence pour tes péchés cachés, et pour la malice occulte de ceux que tu connais.

Seigneur, je vous donne tout.

Je t'aime plus ardemment que tu n'as aimé tes souillures. *Ut immundus pro luto.*

Qu'à moi en soit la gloire et non à toi, ver et terre.

Interroge ton directeur, quand mes propres paroles te sont occasion de mal, et de vanité ou curiosité.

III

Je vois mon abîme d'orgueil, de curiosité, de concupiscence. Il n'y a nul rapport de moi à Dieu, ni à Jésus-Christ juste. Mais il a été fait péché par moi; tous vos fléaux sont tombés sur lui. Il est plus abominable que moi, et loin de m'abhorrer, il se tient honoré que j'aille à lui et le secoure.

Mais il s'est guéri lui-même, et me guérira à plus juste raison.

Il faut ajouter mes plaies aux siennes, et me joindre à lui, et il me sauvera en se sauvant.

Mais il n'en faut pas ajouter à l'avenir.

IV

Consolez-vous : ce n'est pas de vous que vous devez l'attendre; mais au contraire en n'attendant rien de vous, que vous devez l'attendre.

V

Sépulcre de Jésus-Christ. — Jésus-Christ était mort, mais vu sur la croix. Il est mort et caché dans le sépulcre.

Jésus-Christ n'a été enseveli que par des saints.

Jésus-Christ n'a fait aucun miracle au sépulcre.

Il n'y a que des saints qui y entrent.

C'est là où Jésus-Christ prend une nouvelle vie, non sur la croix.

C'est le dernier mystère de la passion et de la rédemption.

Jésus-Christ n'a point eu où se reposer sur la terre qu'au sépulcre.

Ses ennemis n'ont cessé de le travailler qu'au sépulcre.

VI

Je te parle et te conseille souvent, parce que ton conducteur ne te peut parler, car je ne veux pas que tu manques de conducteur. Et peut-être je le fais à ses prières, et ainsi il te conduit sans que tu le voies. — Tu ne me chercherais pas, si tu ne me possédais : ne t'inquiète donc pas.

VII

Ne te compare pas aux autres, mais à moi. Si tu ne m'y trouves pas, dans ceux où tu te compares, tu te compares à un abominable. Si tu m'y trouves, compare-t'y. Mais qu'y compareras-tu? sera-ce toi, ou moi dans toi? Si c'est toi, c'est un abominable. Si c'est moi, tu compares moi à moi. Or je suis Dieu en tout.

VIII

Il me semble que Jésus-Christ ne laissa toucher que ses plaies, après sa résurrection : *Noli me tangere.* Il ne faut nous unir qu'à ses souffrances.

IX

... Il s'est donné à communier comme mortel en la Cène, comme ressuscité aux disciples d'Emmaüs, comme monté au ciel à toute l'Église.

X

« Priez, de peur d'entrer en tentation. » Il est dangereux d'être tenté; et ceux qui le sont, c'est parce qu'ils ne prient pas.

Et tu conversus confirma fratres tuos. Mais auparavant, *conversus Jesus respexit Petrum.*

Saint Pierre demande permission de frapper Malchus, et frappe devant que d'ouïr la réponse; et Jésus-Christ répond après.

XI

Jésus-Christ n'a pas voulu être tué sans les formes de la justice; car il est bien plus ignominieux de mourir par justice que par une sédition injuste.

XII

La fausse justice de Pilate ne sert qu'à faire souffrir Jésus-Christ; car il le fait fouetter par sa fausse justice, et puis le tue. Il vaudrait mieux l'avoir tué d'abord. Ainsi les faux justes. Ils font de bonnes œuvres et de méchantes pour plaire au monde, et montrer qu'ils ne sont pas tout à fait à Jésus-Christ : car ils en ont honte. Et enfin, dans les grandes tentations et occasions, ils le tuent [1].

---

[1] Les Pascal, les Rancé, ces purs et francs chrétiens, croyaient avant tout à Jésus-Christ dans le christianisme, à un Dieu-homme, ayant exactement souffert comme eux et plus qu'eux, ayant sué la sueur d'agonie dans tous ses membres, et l'essuyant de leur front : de là leur force. Quand Pascal arrive à parler de Jésus-Christ dans son livre, il ne tarit plus : il tient du coup le centre et la clef, l'explication de la misère humaine aussi bien que le fondement de toute grâce; les paroles magnifiques et précises qu'il emploie ne sauraient même se citer hors de place sans se profaner. C'est pour n'avoir pas senti, pour avoir insensiblement oublié à quel point et à quel degré de réalité Pascal croyait à Jésus-Christ, au Dieu homme et Sauveur, qu'on a voulu faire de lui un sceptique. Certes il eût été sceptique sans sa croyance à Jésus-Christ, et cela vous semble peu de chose, parce que, si nous n'y prenons garde, nous devenons sujets, tous tant que nous sommes, en parlant beaucoup de christianisme, à ne plus bien savoir ce que c'est que Jésus-Christ au sens réel et vivant où il le prenait.

Qu'on veuille encore une fois se représenter l'état vrai

CHAPITRE XXIII

Sur les miracles.

Miracle. — C'est un effet qui excède la force naturelle des moyens qu'on y emploie; et non-miracle, est un effet qui n'excède pas la force naturelle des moyens qu'on y emploie. Ainsi, ceux qui guérissent par l'intervention du diable ne font pas un miracle; car cela n'excède pas la force du diable [1].

¶ Les miracles prouvent le pouvoir que Dieu a sur les cœurs par celui qu'il exerce sur les corps.

I

Les miracles discernent la doctrine, et la doctrine discerne les miracles.

Il y [en] a de faux et de vrais. Il faut une marque pour les connaître; autrement ils seraient inutiles. Or, ils ne sont pas inutiles, et sont, au contraire, fondement. Or il faut que la règle qu'il nous donne soit telle, qu'elle ne détruise pas la preuve que les vrais miracles donnent de la vérité, qui est la fin principale des miracles.

Moïse en a donné deux : que la prédiction n'arrive pas, *Deut.,* XVIII [22], et qu'ils ne mènent point à l'idolâtrie, *Deut.,* XIII [4]; et Jésus-Christ une.

---

de la question : des deux puissances qui sont aux prises chez Pascal et dont l'une triomphe, il en est une que nous comprenons tout entière, que nous sentons toujours et de mieux en mieux, le scepticisme; et quant à l'autre, quant au remède pour lui souverainement efficace et victorieux, nous sommes de plus en plus en train de l'oublier, ou du moins de le transformer vaguement, de n'y pas attacher tout le sens effectif : de là nous trouvons induits, en jugeant Pascal, à transporter en lui le manque d'équilibre qui est en nous, à le voir plus en doute et plus en détresse qu'il n'était réellement sous ses orages. (Sainte-Beuve.)

[1] « Si quelques fois la Providence divine a passé par dessus les regles ausquelles elle nous a necessairement astreincts, ce n'est pas pour nous en dispenser : ce sont coups de sa main divine, qu'il nous fault non pas imiter, mais admirer; et exemples extraordinaires, marquez d'un exprez et particulier adveu, du genre des miracles, qu'elle nous offre pour tesmoignage de sa toute puissance, au dessus de nos ordres et de nos forces, qu'il est folie et impiété d'essayer à representer, et que nous ne debvons pas suyvre, mais contempler avec estonnement; actes de son personnage, non pas du nostre. »
(Montaigne.)

Si la doctrine règle les miracles, les miracles sont inutiles pour la doctrine. Si les miracles règlent la doctrine, pourra-t-on persuader toute doctrine? Non; car cela n'arrivera pas[1].

¶ ... Dans le Vieux Testament, quand on vous détournera de Dieu. Dans le Nouveau, quand on vous détournera de Jésus-Christ. Voilà les occasions d'exclusion à la foi des miracles marquées. Il ne faut pas y donner d'autres exclusions.

... S'ensuit-il de là qu'ils auraient droit d'exclure tous les prophètes qui leur sont venus? Non. Ils eussent péché en n'excluant pas ceux qui niaient Dieu, et aussi péché d'exclure ceux qui ne niaient pas Dieu.

D'abord donc qu'on voit un miracle, il faut, ou se soumettre, ou avoir d'étranges marques du contraire. Il faut voir s'ils nient ou un Dieu, ou Jésus-Christ, ou l'Église.

¶ S'il n'y avait point de faux miracles, il y aurait certitude. S'il n'y avait point de règle pour les discerner, les miracles seraient inutiles, et il n'y aurait pas de raison de croire. Or, [il] n'y a pas humainement de certitude humaine, mais raison.

¶ Un miracle, dit-on, affermirait ma créance. On le dit quand on ne le voit pas. Les raisons qui, étant vues de loin, paraissent borner notre vue, mais quand on y est arrivé, on commence à voir encore au delà. Rien n'arrête la volubilité de notre esprit. Il n'y a point, dit-on, de règle qui n'ait quelque exception, ni de vérité si générale qui n'ait quelque face par où elle manque. Il suffit qu'elle ne soit pas absolument universelle, pour nous donner sujet d'appliquer l'exception au sujet présent, et de dire : Cela n'est pas toujours vrai; donc il y a des cas où cela n'est pas. Il ne reste plus qu'à montrer que celui-ci en est; et c'est à quoi on est bien maladroit ou bien malheureux si on n'y trouve quelque jour.

II

Toute religion est fausse qui, dans sa foi, n'adore pas un Dieu comme principe de toutes choses, et qui, dans sa morale, n'aime pas un seul Dieu comme objet de toutes choses.

[1]. Cette phrase, qui achève la pensée de Pascal, se trouve dans le ms. à la page 475.

¶ Les Juifs avaient une doctrine de Dieu comme nous en avons une de Jésus-Christ, et confirmée par miracles; et défense de croire à tous faiseurs de miracles, et, de plus, ordre de recourir aux grands prêtres, et de s'en tenir à eux. Et ainsi toutes les raisons que nous avons pour refuser de croire les faiseurs de miracles, ils les avaient à l'égard de leurs prophètes. Et cependant ils étaient très-coupables de refuser les prophètes, à cause de leurs miracles, et Jésus-Christ; et n'eussent pas été coupables s'ils n'eussent point vu les miracles : *Nisi fecissem, peccatum non haberent.* Donc toute la créance est sur les miracles.

¶ Les preuves que Jésus-Christ et les apôtres tirent de l'Écriture ne sont pas démonstratives; car ils disent seulement que Moïse a dit qu'un prophète viendrait, mais ils ne prouvent pas par là que ce soit celui-là, et c'était toute la question. Ces passages ne servent donc qu'à montrer qu'on n'est pas contraire à l'Écriture, et qu'il n'y paraît point de répugnance, mais non pas qu'il y ait accord. Or cela suffit, exclusion de répugnance, avec miracles.

III

Jésus-Christ dit que les Écritures témoignent de lui, mais il ne montre pas en quoi.

Même les prophéties ne pouvaient pas prouver Jésus-Christ pendant sa vie. Et ainsi on n'eût pas été coupable de ne pas croire en lui avant sa mort, si les miracles n'eussent pas suffi sans la doctrine. Or ceux qui ne croyaient pas en lui encore vivant étaient pécheurs, comme il le dit lui-même, et sans excuse. Donc il fallait qu'ils eussent une démonstration à laquelle ils résistassent. Or ils n'avaient pas..., mais seulement les miracles; donc ils suffisent, quand la doctrine n'est pas contraire, et on doit y croire.

¶ Jésus-Christ a vérifié qu'il était le Messie, jamais en vérifiant sa doctrine sur l'Écriture et les prophéties, et toujours par ses miracles. Il prouve qu'il remet les péchés, par un miracle.

Nicodème reconnaît par ses miracles, que sa doctrine est de Dieu : *Scimus quia a Deo venisti, magister; nemo enim potest hæc signa facere quæ tu facis, nisi fuerit Deus cum eo.* Il ne juge pas des miracles par la doctrine, mais de la doctrine par les miracles.

¶ Il y a un devoir réciproque entre Dieu et les hommes... *Quid debui?* « Accusez-moi, » dit Dieu dans Isaïe. « Dieu doit accomplir ses promesses, » etc.

Les hommes doivent à Dieu de recevoir la religion qu'il leur envoie. Dieu doit aux hommes de ne les point induire en erreur. Or, ils seraient induits en erreur, si les faiseurs [de] miracles annonçaient une doctrine qui ne parût pas visiblement fausse aux lumières du sens commun, et si un plus grand faiseur de miracles n'avait déjà averti de ne les pas croire. Ainsi, s'il y avait division dans l'Église, et que les ariens, par exemple, qui se disaient fondés en l'Écriture comme les catholiques, eussent fait des miracles, et non les catholiques, on eût été induit en erreur. Car, comme un homme qui nous annonce les secrets de Dieu n'est pas digne d'être cru sur son autorité privée ; et que c'est pour cela que les impies en doutent : aussi un homme qui, pour marque de la communication qu'il a avec Dieu, ressuscite les morts, prédit l'avenir, transporte les mers, guérit les maladies, il n'y a point d'impie qui ne s'y rende, et l'incrédulité de Pharao et des Pharisiens est l'effet d'un endurcissement surnaturel. Quand donc on voit les miracles et la doctrine non suspecte tout ensemble d'un côté, il n'y a pas de difficulté. Mais quand on voit les miracles et [la] doctrine suspecte d'un même côté, alors il faut voir quel est le plus clair. Jésus-Christ était suspect.

¶ Il y a bien de la différence entre tenter et induire en erreur. Dieu tente, mais il n'induit pas en erreur. Tenter est procurer les occasions, qui n'imposant point de nécessité, si on n'aime pas Dieu, on fera une certaine chose. Induire en erreur est mettre l'homme dans la nécessité de conclure et suivre une fausseté.

¶ Il est impossible, par le devoir de Dieu, qu'un homme cachant sa mauvaise doctrine, et n'en faisant paraître qu'une bonne, et se disant conforme à Dieu et à l'Église, fasse des miracles pour couler insensiblement une doctrine fausse et subtile : cela ne se peut. Et encore moins que Dieu, qui connait les cœurs, fasse des miracles en faveur d'un tel.

IV

Il y a bien de la différence entre n'être pas pour Jésus-Christ, et le dire ; ou n'être pas pour Jésus-Christ, et feindre d'en être. Les uns peuvent faire des miracles, non les autres : car il est clair des uns qu'ils sont contre la vérité, non des autres ; et ainsi les miracles sont plus clairs[1].

¶ Les miracles discernent aux choses douteuses : entre les peuples juif et païen ; juif et chrétien ; catholique, hérétique ; calomniés, calomniateurs ; entre les deux croix[2]. Mais aux hérétiques les miracles seraient inutiles, car l'Église, autorisée par les miracles qui ont préoccupé la créance, nous dit qu'ils n'ont pas la vraie foi. Il n'y a pas de doute qu'ils n'y sont pas, puisque les premiers miracles de l'Église excluent la foi des leurs. Il y a ainsi miracle contre miracle, et premiers et plus grands du côté de l'Église.

Abel, Caïn. Moïse, magiciens. Élie, faux prophètes. Jérémie, Ananias. Michée, faux prophètes. Jésus-Christ, Pharisien. Saint Paul, Barjésu. Apôtres, exorcistes. Les chrétiens et les infidèles. Les catholiques, les hérétiques. Élie, Énoch, Antechrist. Toujours le vrai prévaut en miracles. Les deux croix[3].

Jamais, en la contention[4] du vrai Dieu, de la vérité de la religion, il n'est arrivé miracle du côté de l'erreur, et non de la vérité.

[1] « Sont plus clairs. » Expliquons ces phrases elliptiques. Ceux qui disent hautement qu'ils ne sont pas pour Jésus-Christ, Dieu peut les laisser faire des miracles ; car ils ne séduiront pas pour cela les vrais fidèles, l'impiété de leur doctrine étant plus claire pour détourner d'eux un chrétien que l'autorité de leurs miracles pour le gagner. Mais ceux dont la doctrine, quoique mauvaise au fond, est équivoque, s'ils faisaient des miracles, tromperaient les fidèles ; car l'autorité de leurs miracles serait chose plus claire que la perversité de leurs doctrines. Dieu ne permettra donc pas qu'ils en fassent. Si donc il s'en fait chez les jansénistes, c'est qu'on a tort de les tenir pour suspects, et qu'ils sont vraiment pour Jésus-Christ. (Havet.)
[2] La croix du Sauveur et la croix du mauvais larron.
[3] Ce dernier paragraphe est le développement, par des exemples, de ces mots : *miracles contre miracles.* Pascal met la vérité en regard de l'erreur ; il oppose Moïse aux magiciens, le Christ au Pharisien, les catholiques aux hérétiques, etc.
[4] *La contention du vrai Dieu,* etc., c'est-à-dire les débats dont Dieu était l'objet et les querelles où la religion était en cause.

¶ *Jean*, vii, 40. Contestation entre les Juifs, comme entre les chrétiens aujourd'hui. Les uns croyaient en Jésus-Christ, les autres ne le croyaient pas, à cause des prophéties qui disaient qu'il devait naître de Bethléem. Ils devaient mieux prendre garde s'il n'en était pas. Car ces miracles étant convaincants, ils devaient bien s'assurer de ces prétendues contradictions de sa doctrine à l'Écriture; et cette obscurité ne les excusait pas, mais les aveuglait. Ainsi ceux qui refusent de croire les miracles d'aujourd'hui, par une prétendue contradiction chimérique, ne sont pas excusés.

¶ Jésus-Christ guérit l'aveugle-né, et fit quantité de miracles, au jour du sabbat. Par où il aveuglait les pharisiens, qui disaient qu'il fallait juger des miracles par la doctrine.

« Nous avons Moïse : mais celui-là, nous ne savons d'où il est. » C'est ce qui est admirable, que vous ne savez d'où il est, et cependant il fait de tels miracles.

Jésus-Christ ne parlait ni contre Dieu, ni contre Moïse. L'antechrist et les faux prophètes, prédits par l'un et l'autre Testament, parleront ouvertement contre Dieu et contre Jésus-Christ. Qui serait ennemi couvert, Dieu ne permettrait pas qu'il fît des miracles ouvertement.

¶ S'il y a un Dieu, il fallait que la foi de Dieu fût sur la terre. Or les miracles de Jésus-Christ ne sont pas prédits par l'Antechrist, mais les miracles de l'Antechrist sont prédits par Jésus-Christ; et ainsi, si Jésus-Christ n'était pas le Messie, il aurait bien induit en erreur; mais l'Antechrist ne peut bien induire en erreur. Quand Jésus-Christ a prédit les miracles de l'Antechrist, a-t-il cru détruire la foi de ses propres miracles? Moïse a prédit Jésus-Christ, et ordonné de le suivre; Jésus-Christ a prédit l'Antechrist, et défendu de le suivre.

Il était impossible qu'au temps de Moïse on réservât sa croyance à l'Antechrist, qui leur était inconnu; mais il est bien aisé, au temps de l'Antechrist, de croire en Jésus-Christ, déjà connu.

Il n'y a nulle raison de croire à l'Antechrist, qui ne soit à croire en Jésus-Christ; mais il y en a en Jésus-Christ, qui ne sont pas en l'autre.

V

Les miracles sont plus importants que vous ne pensez : ils ont servi à la fondation, et serviront à la continuation de l'Église, jusqu'à l'Antechrist, jusqu'à la fin.

¶ Ou Dieu a confondu les faux miracles, ou il les a prédits; et par l'un et l'autre il s'est élevé au-dessus de ce qui est surnaturel à notre égard, et nous y a élevés nous-mêmes.

¶ Les miracles ont une telle force, qu'il a fallu que Dieu ait averti qu'on n'y pense point contre lui, tout clair qu'il soit qu'il y a un Dieu; sans quoi ils eussent été capables de troubler.

Et ainsi tant s'en faut que ces passages, *Deut.*, xiii, fassent contre l'autorité des miracles, que rien n'en marque davantage la force. Et de même pour l'Antechrist : « Jusqu'à séduire les élus, s'il était possible. »

VI

Raisons pourquoi on ne croit point. — Ce qui fait qu'on ne croit pas les vrais miracles, est le manque de charité. *Joh. Sed vos non creditis quia non estis ex ovibus*: Ce qui fait croire les faux est le manque de charité. II *Thess.*, ii [10].

¶ Ayant considéré d'où vient qu'on ajoute tant de foi à tant d'imposteurs qui disent qu'ils ont des remèdes, jusques à mettre souvent sa vie entre leurs mains, il m'a paru que la véritable cause est qu'il y en a de vrais; car il ne serait pas possible qu'il y en eût tant de faux, et qu'on y donnât tant de créance, s'il n'y en avait de véritables. Si jamais il n'y eût eu remède à aucun mal, et que tous les maux eussent été incurables, il est impossible que les hommes se fussent imaginé qu'ils en pourraient donner; et encore plus que tant d'autres eussent donné croyance à ceux qui se fussent vantés d'en avoir : de même que, si un homme se vantait d'empêcher de mourir, personne ne le croirait, parce qu'il n'y a aucun exemple de cela. Mais comme il y [a] eu quantité de remèdes qui se sont trouvés véritables, par la connaissance même des plus grands hommes, la créance des hommes s'est pliée par là; et cela s'étant connu possible, on a conclu de là que cela était. Car le peuple raisonne ordinairement ainsi : Une chose est possible, donc elle est; parce que la chose ne pouvant être niée en général, puisqu'il y a des effets particuliers qui sont véritables, le peuple, qui ne peut pas discerner quels d'entre ces effets particuliers sont les véritables, les croit tous. De même, ce qui fait qu'on croit tant de faux effets de la lune, c'est qu'il y en a de vrais, comme le flux de la mer.

Il en est de même des prophéties, des miracles, des divinations par les songes, des sortiléges, etc. Car si de tout cela il n'y avait jamais eu rien de véritable, on n'en aurait jamais rien cru : et ainsi, au lieu de conclure qu'il n'y a point de vrais miracles parce qu'il y en a tant de faux, il faut dire au contraire qu'il y a certainement de vrais miracles puisqu'il y en a tant de faux, et qu'il n'y en a de faux que par cette raison qu'il y en a de vrais.

Il faut raisonner de la même sorte pour la religion; car il ne serait pas possible que les hommes se fussent imaginé tant de fausses religions, s'il n'y en avait une véritable. L'objection à cela, c'est que les sauvages ont une religion : mais on répond à cela que c'est qu'ils en ont ouï parler, comme il paraît par le déluge, la circoncision, la croix de saint André, etc.

VII

Il est dit, Croyez à l'Église, mais il n'est pas dit, Croyez aux miracles, à cause que le dernier est naturel, et non pas le premier. L'un avait besoin de précepte, non pas l'autre.

VIII

... Ces filles[1], étonnées de ce qu'on dit, qu'elles sont dans la voie de perdition; que leurs confesseurs les mènent à Genève[2]; qu'ils leur inspirent que Jésus-Christ n'est point en l'Eucharistie, ni en la droite du Père; elles savent que tout cela est faux; elles s'offrent donc à Dieu en cet état : *Vide si via iniquitatis in me est.* Qu'arrive-t-il là-dessus? Ce lieu, qu'on dit être le temple du diable, Dieu en fait son temple. On dit qu'il faut en ôter les enfants :

[1] Les religieuses de Port-Royal.
[2] C'est-à-dire aux doctrines professées à Genève, au calvinisme.

Dieu les y guérit. On dit que c'est l'arsenal de l'enfer : Dieu en fait le sanctuaire de ses grâces. Enfin on les menace de toutes les fureurs et de toutes les vengeances du ciel; et Dieu les comble de ses faveurs. Il faudrait avoir perdu le sens pour en conclure qu'elles sont dans la voie de perdition.

¶ Pour affaiblir vos adversaires, vous désarmez toute l'Église.

¶ ... S'ils disent[1] que notre salut dépend de Dieu, ce sont des hérétiques. S'ils disent qu'ils sont soumis au pape, c'est une hypocrisie. Ils sont prêts à souscrire toutes ses constitutions, cela ne suffit pas. S'ils disent qu'il ne faut pas tuer pour une pomme[2], ils combattent la morale des catholiques. S'il se fait des miracles parmi eux, ce n'est plus une marque de sainteté, et c'est au contraire un soupçon d'hérésie.

¶ ... Les trois marques de la religion : la perpétuité, la bonne vie, les miracles. Ils détruisent[3] la perpétuité par la probabilité, la bonne vie par leur morale; les miracles, en détruisant ou leur vérité, ou leur conséquence.

Si on les croit, l'Église n'aura que faire de perpétuité, sainte vie, miracles. Les hérétiques les nient, ou en nient la conséquence; eux de même. Mais il faudrait n'avoir point de sincérité pour les nier, ou encore perdre le sens pour nier la conséquence.

¶ ... Quoi qu'il en soit, l'Église est sans preuves, s'ils ont raison.

¶ L'Église a trois sortes d'ennemis : les Juifs, qui n'ont jamais été de son corps; les hérétiques, qui s'en sont retirés; et les mauvais chrétiens, qui la déchirent au dedans.

Ces trois sortes de différents adversaires la combattent d'ordinaire diversement. Mais ici ils la combattent d'une même sorte. Comme ils sont tous sans miracles[4] et que l'Église a toujours eu contre eux des miracles, ils ont tous eu le même intérêt à les éluder, et se

[1] *S'ils disent*, c'est-à-dire les jansénistes, dont il est question dans tout le reste du paragraphe.
[2] « Tuer pour une pomme. » Allusion à la morale des casuistes. (Voy. septième *Provinciale*.)
[3] *Ils détruisent*, c'est-à-dire les jésuites.
[4] « Comme ils sont tous sans miracles. » Quand Pascal dit cela des Juifs, il n'entend parler que des Juifs depuis l'arrivée du Messie, des Juifs opposés à Jésus-Christ. (Havet.)

sont tous servis de cette défaite : qu'il ne faut pas juger de la doctrine par les miracles, mais des miracles par la doctrine. Il y avait deux partis entre ceux qui écoutaient Jésus-Christ : les uns qui suivaient sa doctrine par ses miracles ; les autres qui disaient... Il y avait deux partis au temps de Calvin... Il y a maintenant les jésuites, etc.

¶ Ce n'est point ici le pays de la vérité : elle erre inconnue parmi les hommes. Dieu l'a couverte d'un voile, qui la laisse méconnaître à ceux qui n'entendent pas sa voix. Le lieu est ouvert au blasphème, et même sur des vérités au moins bien apparentes. Si l'on publie les vérités de l'Évangile, on en publie de contraires, et on obscurcit les questions en sorte que le peuple ne peut discerner. Et on demande : « Qu'avez-vous pour vous faire plutôt croire que les autres? Quel signe[1] faites-vous? Vous n'avez que des paroles, et nous aussi. Si vous aviez des miracles, bien. » Cela est une vérité, que la doctrine doit être soutenue par les miracles, dont on abuse pour blasphémer la doctrine. Et si les miracles arrivent, on dit que les miracles ne suffisent pas sans la doctrine ; et c'est une autre vérité, pour blasphémer les miracles.

¶ Que vous êtes aise de savoir les règles générales, pensant par là jeter le trouble et rendre tout inutile ! On vous en empêchera, mon père : la vérité est une et ferme.

IX

Un miracle parmi les schismatiques n'est pas tant à craindre ; car le schisme, qui est plus visible que le miracle, marque visiblement leur erreur. Mais quand il n'y a point de schisme, et que l'erreur est en dispute, le miracle discerne.

¶ Jean, IX : *Non est hic homo a Deo, qui sabbatum non custodit. Alii : Quomodo potest homo peccator hæc signa facere?* Lequel est le plus clair?

« Cette maison n'est pas de Dieu ; car on n'y croit pas que les cinq propositions soient dans Jansénius. » Les autres : « Cette maison est de Dieu ; car il y fait d'étranges miracles. » Lequel est le plus clair?

[1] *Signe*, dans le sens de *miracle*.

Tu quid dicis? Dico quia propheta est. — Nisi esset hic a Deo, non poterat facere quidquam.

¶ « Si vous ne croyez en moi, croyez au moins aux miracles. » Il les renvoie comme au plus fort.

¶ Il avait été dit aux Juifs, aussi bien qu'aux chrétiens, qu'ils ne crussent pas toujours les prophètes. Mais néanmoins les pharisiens et les scribes font grand état de ses miracles, et essayent de montrer qu'ils sont faux, ou faits par le diable : étant nécessités d'être convaincus, s'ils reconnaissent qu'ils sont de Dieu.

Nous ne sommes pas aujourd'hui dans la peine de faire ce discernement. Il est pourtant bien facile à faire : ceux qui ne nient ni Dieu, ni Jésus-Christ, ne font point de miracles qui ne soient sûrs : *Nemo faciat virtutem in nomine meo, et cito possit de me male loqui.* Mais nous n'avons point à faire ce discernement. Voici une relique sacrée. Voici une épine de la couronne du Sauveur du monde, en qui le prince de ce monde[1] n'a point puissance, qui fait des miracles par la propre puissance de ce sang répandu pour nous. Voici que Dieu choisit lui-même cette maison[2] pour y faire éclater sa puissance.

Ce ne sont point des hommes qui font ces miracles par une vertu inconnue et douteuse, qui nous oblige à un difficile discernement. C'est Dieu même ; c'est l'instrument de la passion de son Fils unique, qui, étant en plusieurs lieux, choisit celui-ci, et fait venir de tous côtés les hommes pour y recevoir ces soulagements miraculeux dans leurs langueurs.

¶ Les miracles ne sont plus nécessaires, à cause qu'on en a déjà. Mais quand on n'écoute plus la tradition, quand on ne propose plus que le pape, quand on l'a surpris, et qu'ainsi ayant exclu la vraie source de la vérité, qui est la tradition, et ayant prévenu le pape, qui en est le dépositaire, la vérité n'a plus de liberté de paraître : alors les hommes ne parlant plus de la vérité, la vérité doit parler elle-même aux hommes. C'est ce qui arriva au temps d'Arius.

Joh., VI [26] : *Non quia vidistis signa, sed saturati estis.*

[1] « Le prince de ce monde. » Le diable (*Jean*, XII, 31, etc.).
[2] Port-Royal.

Ceux qui suivent Jésus-Christ à cause de ses miracles, honorent sa puissance dans tous les miracles qu'elle produit; mais ceux qui, en faisant profession de le suivre pour ses miracles, ne le suivent en effet que parce qu'il les console et les rassasie des biens du monde, ils déshonorent ses miracles, quand ils sont contraires à leurs commodités.

¶ Juges injustes, ne faites pas des lois sur l'heure; jugez par celles qui sont établies, et établies par vous-mêmes: *Væ qui conditis leges iniquas.*

¶ La manière dont l'Église a subsisté est que la vérité a été sans contestation; ou, si elle a été contestée, il y a eu le pape, et sinon, il y a eu l'Église.

¶ Il importe aux rois, aux princes, d'être en estime de piété; et pour cela, il faut qu'ils se confessent à vous.

¶ Les jansénistes ressemblent aux hérétiques par la réformation des mœurs; mais vous leur ressemblez en mal.

CHAPITRE XXIV

Sur la raison, la grâce, la foi, l'Église et divers points du dogme et de la morale.

I

Le pyrrhonisme est le vrai; car, après tout, les hommes, avant Jésus-Christ, ne savaient où ils en étaient, ni s'ils étaient grands ou petits. Et ceux qui ont dit l'un ou l'autre n'en savaient rien, et devinaient sans raison et par hasard: et même ils erraient toujours, en excluant l'un ou l'autre. *Quod ergo ignorantes quæritis, religio annuntiat vobis.*

¶ La seule licence qui est contre le sens commun et la nature des hommes, est la seule qui ait toujours subsisté parmi les hommes.

II

Croyez-vous qu'il soit impossible que Dieu soit infini, sans parties? Oui. Je vous veux donc faire voir une chose infinie et indivisible: c'est un point se mouvant partout d'une vitesse infinie; car il est en tous lieux, et est tout entier en chaque endroit.

Que cet effet de nature, qui vous semblait impossible auparavant, vous fasse connaître qu'il peut y en avoir d'autres que vous ne connaissez pas encore. Ne tirez pas cette conséquence de votre apprentissage, qu'il ne vous reste rien à savoir; mais qu'il vous reste infiniment à savoir.

III

La conduite de Dieu, qui dispose toutes choses avec douceur, est de mettre la religion dans l'esprit par les raisons, et dans le cœur par la grâce. Mais de la vouloir mettre dans l'esprit et dans le cœur par la force et par les menaces, ce n'est pas y mettre la religion, mais la terreur, *terrorem potius quam religionem*.

¶ Commencer par plaindre les incrédules; ils sont assez malheureux par leur condition. Il ne les faudrait injurier qu'au cas que cela servît; mais cela leur nuit.

IV

Toute la foi consiste en Jésus-Christ et en Adam; et toute la morale, en la concupiscence et en la grâce.

Le monde subsiste pour exercer miséricorde et jugement, non pas comme si les hommes y étaient sortant des mains de Dieu, mais comme des ennemis de Dieu, auxquels il donne, par grâce, assez de lumière pour revenir, s'ils le veulent chercher et le suivre; mais pour les punir, s'ils refusent de chercher ou de le suivre.

VI

On a beau dire, il faut avouer que la religion chrétienne a quelque chose d'étonnant. C'est parce que vous y êtes né, dira-t-on. Tant s'en faut; je me roidis contre, par cette raison-là même, de peur que cette prévention ne me suborne. Mais, quoique j'y sois né, je ne laisse pas de le trouver ainsi.

VII

Le seul qui connaît la nature ne la connaîtra-t-il que pour être misérable? le seul qui la connaît sera-t-il le seul malheureux?

... Il ne faut pas qu'il ne voie rien du tout; il ne faut pas aussi qu'il en voie assez pour croire qu'il le possède; mais qu'il en voie assez pour connaître qu'il l'a perdu : car, pour connaître qu'on a perdu, il faut voir et ne voir pas; et c'est précisément l'état où est la nature.

¶ Il faudrait que la vraie religion enseignât la grandeur, la misère, portât à l'estime et au mépris de soi, à l'amour et à la haine.

VIII

La religion est une chose si grande, qu'il est juste que ceux qui ne voudraient pas prendre la peine de la chercher si elle est obscure, en soient privés. De quoi se plaint-on donc, si elle est telle qu'on la puisse trouver en la cherchant?

¶ L'orgueil contre-pèse et emporte toutes les misères. Voilà un étrange monstre, et un égarement bien visible. Le voilà tombé de sa place, il la cherche avec inquiétude. C'est ce que tous les hommes font. Voyons qui l'aura trouvée.

¶ Quand on dit que Jésus-Christ n'est pas mort pour tous, vous abusez d'un vice des hommes qui s'appliquent incontinent cette exception, ce qui est favoriser le désespoir; au lieu de les en détourner pour favoriser l'espérance. Car on s'accoutume ainsi aux vertus intérieures par ces habitudes extérieures.

IX

La dignité de l'homme consistait, dans son innocence, à user et dominer sur les créatures, mais aujourd'hui à s'en séparer et s'y assujettir.

X

L'Église a toujours été combattue par des erreurs contraires[1], mais peut-être jamais en même temps, comme à présent. Et si elle en souffre plus, à cause de la multiplicité d'erreurs, elle en reçoit cet avantage qu'elles se détruisent.

Elle se plaint des deux, mais bien plus des calvinistes, à cause du schisme.

Il est certain que plusieurs des deux contraires sont trompés, il faut les désabuser.

[1] Ces deux erreurs sont : 1° celle qui sacrifie le libre arbitre à la grâce, c'est l'erreur de Calvin; 2° celle qui sacrifie la grâce au libre arbitre, c'est l'erreur des jésuites.

La foi embrasse plusieurs vérités qui semblent se contredire. *Temps de rire, de pleurer*, etc. *Responde, Ne respondeas*, etc.

La source en est l'union des deux natures en Jésus-Christ.

Et aussi les deux mondes. La création d'un nouveau ciel et nouvelle terre; nouvelle vie, nouvelle mort; toutes choses doublement, et les mêmes noms demeurant.

Et enfin les deux hommes qui sont dans les justes, car ils sont les deux mondes, et un membre et image de Jésus-Christ. Et ainsi tous les noms leur conviennent, de justes, pécheurs; mort, vivant; vivant, mort; élu, réprouvé, etc.

Il y a donc un grand nombre de vérités, et de foi, et de morale, qui semblent répugnantes, et qui subsistent toutes dans un ordre admirable.

La source de toutes les hérésies est l'exclusion de quelques-unes de ces vérités; et la source de toutes les objections que nous font les hérétiques est l'ignorance de quelques-unes de ces vérités.

Et d'ordinaire il arrive que, ne pouvant concevoir le rapport de deux vérités opposées, et croyant que l'aveu de l'une enferme l'exclusion de l'autre, ils s'attachent à l'une, ils excluent l'autre, et pensent que nous, au contraire. Or, l'exclusion est la cause de leur hérésie; et l'ignorance que nous tenons l'autre cause leurs objections.

1ᵉʳ exemple : Jésus-Christ est Dieu et homme. Les ariens, ne pouvant allier ces choses, qu'ils croient incompatibles, disent qu'il est homme; en cela ils sont catholiques. Mais ils nient qu'il soit Dieu : en cela ils sont hérétiques. Ils prétendent que nous nions son humanité; en cela ils sont ignorants.

2ᵉ exemple, sur le sujet du saint sacrement : Nous croyons que la substance du pain étant changée, et consubstantiellement en celle du corps de Notre-Seigneur, Jésus-Christ y est présent réellement. Voilà une vérité. Une autre est que ce sacrement est aussi une des figures de la croix et de la gloire, et une commémoration des deux. Voilà la foi catholique, qui comprend ces deux vérités qui semblent opposées.

L'hérésie d'aujourd'hui[1], ne concevant pas que ce sacrement contient tout ensemble et la présence de Jésus-Christ, et sa figure, et qu'il soit sacrifice et commémoration de sacrifice, croit qu'on ne peut admettre l'une de ces vérités sans exclure l'autre par cette raison.

Ils s'attachent à ce point seul, que ce sacrement est figuratif; et en cela ils ne sont pas hérétiques. Ils pensent que nous excluons cette vérité; et de là vient qu'ils nous font tant d'objections sur les passages des Pères qui le disent. Enfin ils nient la présence; et en cela ils sont hérétiques.

3e exemple : les indulgences.

C'est pourquoi le plus court moyen pour empêcher les hérésies est d'instruire de toutes les vérités; et le plus sûr moyen de les réfuter est de les déclarer toutes. Car que diront les hérétiques?

Tous errent d'autant plus dangereusement qu'ils suivent chacun une vérité. Leur faute n'est pas de suivre une fausseté, mais de ne pas suivre une autre vérité.

¶ La grâce sera toujours dans le monde (et aussi la nature), de sorte qu'elle est en quelque sorte naturelle. Et ainsi il y aura toujours des pélagiens, et toujours des catholiques, et toujours combat.

Parce que la première naissance fait les uns, et la grâce de la seconde naissance fait les autres.

XI

Il y a cela de commun entre la vie ordinaire des hommes et celle des saints, qu'ils aspirent tous à la félicité; et ils ne diffèrent qu'en l'objet où ils la placent. Les uns et les autres appellent leurs ennemis ceux qui les empêchent d'y arriver.

Il faut juger de ce qui est bon ou mauvais par la volonté de Dieu, qui ne peut être ni injuste, ni aveugle; et non pas par la nôtre propre, qui est toujours pleine de malice et d'erreur.

XII

Quand saint Pierre et les apôtres délibèrent d'abolir la circoncision, où il s'agissait d'agir contre la loi de Dieu, ils ne consultent point les prophètes, mais simplement la réception du Saint-Esprit en la personne des incirconcis. Ils jugent plus sûr que Dieu approuve ceux qu'il remplit de son Esprit, que non pas qu'il faille observer la loi; ils savaient que la fin de la loi n'était que le Saint-Esprit; et qu'ainsi, puisqu'on l'avait bien sans circoncision, elle n'était pas nécessaire.

XIII

Deux lois suffisent pour régler toute la république chrétienne, mieux que toutes les lois politiques[1].

¶ La religion est proportionnée à toutes sortes d'esprits. Les premiers s'arrêtent au seul établissement; et cette religion est telle, que son seul établissement est suffisant pour en prouver la vérité. Les autres vont jusqu'aux apôtres. Les plus instruits vont jusqu'au commencement du monde. Les anges la voient encore mieux, et de plus loin.

¶ Dieu, pour se réserver à lui seul le droit de nous instruire, et pour nous rendre la difficulté de notre être inintelligible, nous en a caché le nœud si haut, ou, pour mieux dire, si bas, que nous étions incapables d'y arriver : de sorte que ce n'est pas par les agitations de notre raison, mais par la simple soumission de la raison, que nous pouvons véritablement nous connaître.

XIV

Les impies, qui font profession de suivre la raison, doivent être étrangement forts en raison. Que disent-ils donc? Ne voyons-nous pas, disent-ils, mourir et vivre les bêtes comme les hommes, et les Turcs comme les chrétiens? Ils ont leurs cérémonies, leurs prophètes, leurs docteurs, leurs saints, leurs religieux, comme nous, etc. — Cela est-il contraire à l'Écriture? ne dit-elle pas tout cela? Si vous ne vous souciez guère de savoir la vérité, en voilà assez pour vous laisser en repos. Mais si vous désirez de tout votre cœur de la connaître, ce n'est pas assez; regardez au détail. C'en serait assez pour une question de philosophie; mais ici où il va de tout..... Et cependant, après une réflexion légère de cette sorte, on s'amusera, etc.

---

[1] Le calvinisme.

[1] Ici Port-Royal ajoute, et avec raison : « l'amour de Dieu et celui du prochain. »

Qu'on s'informe de cette religion même si elle ne rend pas raison de cette obscurité; peut-être qu'elle nous l'apprendra.

¶ C'est une chose horrible de sentir s'écouler tout ce qu'on possède.

¶ *Partis.* — Il faut vivre autrement dans le monde selon ces diverses suppositions : 1° Si l'on pouvait y être toujours; 2° s'il est sûr qu'on n'y sera pas longtemps, et incertain si on y sera une heure. Cette dernière supposition est la nôtre.

XV

Par les partis, vous devez vous mettre en peine de rechercher la vérité : car si vous mourez sans adorer le vrai principe, vous êtes perdu. Mais, dites-vous, s'il avait voulu que je l'adorasse, il m'aurait laissé des signes de sa volonté. Aussi a-t-il fait; mais vous les négligez. Cherchez-les donc; cela le vaut bien.

XVI

Les prophéties, les miracles mêmes et les preuves de notre religion, ne sont pas de telle nature qu'on puisse dire qu'ils sont absolument convaincants. Mais ils le sont aussi de telle sorte qu'on ne peut dire que ce soit être sans raison que de les croire. Ainsi il y a de l'évidence et de l'obscurité, pour éclairer les uns et obscurcir les autres. Mais l'évidence est telle, qu'elle surpasse, ou égale pour le moins, l'évidence du contraire; de sorte que ce n'est pas la raison qui puisse déterminer à ne la pas suivre; et ainsi ce ne peut être que la concupiscence et la malice du cœur. Et par ce moyen il y a assez d'évidence pour condamner, et non assez pour convaincre; afin qu'il paraisse qu'en ceux qui la suivent, c'est la grâce, et non la raison, qui fait suivre; et qu'en ceux qui la fuient, c'est la concupiscence, et non la raison, qui fait fuir.

¶ Qui peut ne pas admirer et embrasser une religion qui connait à fond ce qu'on reconnait d'autant plus qu'on a plus de lumière?

¶ ... C'est un héritier qui trouve les titres de sa maison. Dira-t-il : Peut-être qu'ils sont faux? et négligera-t-il de les examiner?

XVII

Deux sortes de personnes connaissent : ceux qui ont le cœur humilié, et qui aiment la bassesse, quelque degré d'esprit qu'ils aient, haut ou bas; ou ceux qui ont assez d'esprit pour voir la vérité, quelque opposition qu'ils y aient.

¶ Les sages qui ont dit qu'il y a un Dieu ont été persécutés, les Juifs haïs, les chrétiens encore plus.

¶ *Athées.* — Quelle raison ont-ils de dire qu'on ne peut ressusciter? quel est plus difficile de naître ou de ressusciter? que ce qui n'a jamais été soit, ou que ce qui a été soit encore? Est-il plus difficile de venir en être que d'y revenir? La coutume nous rend l'un facile; le manque de coutume rend l'autre impossible. Populaire façon de juger.

XVIII

Qu'ont-ils à dire contre la résurrection, et contre l'enfantement de la Vierge? Qu'est-il plus difficile, de produire un homme ou un animal, que de le reproduire? Et s'ils n'avaient jamais vu une espèce d'animaux, pourraient-ils deviner s'ils se produisent sans la compagnie les uns des autres [1]?

XIX

... Mais est-il *probable* que la *probabilité* assure? — Différence entre repos et sûreté de conscience. Rien ne donne l'assurance que la vérité. Rien ne donne le repos que la recherche sincère de la vérité.

XX

Les exemples des morts généreuses des Lacédémoniens et autres ne nous touchent guère; car qu'est-ce que cela nous apporte? Mais l'exemple de la mort des martyrs nous touche; car ce sont nos membres. Nous avons un lien commun avec eux : leur résolution peut former la nôtre, non-seulement par l'exemple, mais parce qu'elle a peut-être mérité la nôtre. Il n'est rien de cela aux exemples des païens : nous n'avons point de liaison à eux; comme on

---

[1] Ici Pascal ajoute : « Pourquoi une vierge ne peut-elle enfanter : Une poule ne fait-elle pas des œufs sans coq? qui les distingue par dehors d'avec les autres? et qui nous a dit que la poule n'y peut former ce germe aussi bien que le coq? »

ne devient pas riche pour voir un étranger qui l'est, mais bien pour voir son père ou son mari qui le soient.

XXI

Les élus ignoreront leurs vertus, et les réprouvés la grandeur de leurs crimes : « Seigneur, quand t'avons-nous vu avoir faim, soif, etc. ? »

¶ Jésus-Christ n'a point voulu du témoignage des démons, ni de ceux qui n'avaient point de vocation ; mais de Dieu et Jean-Baptiste.

XXII

Ce qui nous gâte pour comparer ce qui s'est passé autrefois dans l'Église à ce qui s'y voit maintenant, c'est qu'ordinairement on regarde saint Athanase, sainte Thérèse, et les autres, comme couronnés de gloire et... comme des dieux. A présent que le temps a éclairci les choses, cela paraît ainsi. Mais au temps où on le persécutait, ce grand saint était un homme qui s'appelait Athanase ; et sainte Thérèse, une fille. « Élie était un homme comme nous, » dit saint Jacques [v, 17], pour désabuser les chrétiens de cette fausse idée qui nous fait rejeter l'exemple des saints, comme disproportionné à notre état. C'étaient des saints, disons-nous, ce n'est pas comme nous. Que se passait-il donc alors ? Saint Athanase était un homme appelé Athanase, accusé de plusieurs crimes, condamné en tel et tel concile, pour tel et tel crime. Tous les évêques y consentaient, et le pape enfin. Que dit-on à ceux qui y résistent ? Qu'ils troublent la paix, qu'ils font schisme, etc.

Quatre sortes de personnes : zèle sans science ; science sans zèle ; ni science ni zèle ; zèle et science. Les trois premiers le condamnent, et les derniers l'absolvent, et sont excommuniés de l'Église, et sauvent néanmoins l'Église.

XXIII

Les hommes ont mépris pour la religion, ils en ont haine, et peur qu'elle soit vraie. Pour guérir cela, il faut commencer par montrer que la religion n'est point contraire à la raison ; ensuite qu'elle est vénérable, en donner respect ; la rendre ensuite aimable, faire souhaiter aux bons qu'elle fût vraie ; et puis montrer qu'elle est vraie [1].

Vénérable, parce qu'elle a bien connu l'homme ; aimable, parce qu'elle promet le vrai bien.

¶ Un mot de David, ou de Moïse, comme : que Dieu circoncira les cœurs [*Deut.*, xxx, 6], fait juger de leur esprit. Que tous les autres discours soient équivoques, et douteux d'être philosophes ou chrétiens : enfin un mot de cette nature détermine tous les autres, comme un mot d'Épictète détermine tout le reste au contraire. Jusque-là l'ambiguïté dure, et non pas après.

¶ J'aurais bien plus de peur de me tromper, et de trouver que la religion chrétienne soit vraie, que non pas de me tromper en la croyant vraie.

XXIV

Les conditions les plus aisées à vivre selon le monde sont les plus difficiles à vivre selon Dieu ; et au contraire. Rien n'est si difficile selon le monde que la vie religieuse ; rien n'est plus facile que de la passer selon Dieu. Rien n'est plus aisé que d'être dans une grande charge et dans de grands biens selon le monde ; rien n'est plus difficile que d'y vivre selon Dieu, et sans y prendre de part et de goût.

XXV

L'Ancien Testament contenait les figures de la joie future, et le Nouveau contient les moyens d'y arriver. Les figures étaient de joie ; les moyens, de pénitence ; et néanmoins l'agneau pascal était mangé avec des laitues sauvages, *cum amaritudinibus*.

XXVI

Le mot de *Galilée*, que la foule des Juifs prononça comme par hasard, en accusant Jésus-

---

[1] « Qu'elle est vraie. » Voici comme s'exprime Louis Racine dans la préface de son poëme de *la Religion* : « Tel est le plan de cet ouvrage que j'ai conduit sur cette courte pensée de M. Pascal : A ceux qui ont de la répugnance pour la religion, il faut commencer par leur montrer qu'elle n'est pas contraire à la raison ; ensuite qu'elle est vénérable ; après, la rendre aimable, faire souhaiter qu'elle soit vraie ; montrer qu'elle est vraie, et enfin qu'elle est aimable ; et cette pensée est l'abrégé de tout ce poëme, dans lequel j'ai souvent fait usage des autres pensées du même auteur. »

Christ devant Pilate, donna sujet à Pilate d'envoyer Jésus-Christ à Hérode ; en quoi fut accompli le mystère, qu'il devait être jugé par les Juifs et les Gentils. Le hasard en apparence fut la cause de l'accomplissement du mystère.

XXVII

Une personne me disait un jour qu'elle avait grande joie et confiance en sortant de la confession : l'autre me disait qu'elle restait en crainte. Je pensai sur cela que de ces deux on en ferait un bon, et que chacun manquait en ce qu'il n'avait pas le sentiment de l'autre. Cela arrive souvent de même en d'autres choses.

XXVIII

Il y a plaisir d'être dans un vaisseau battu de l'orage lorsqu'on est assuré qu'il ne périra point. Les persécutions qui travaillent l'Église sont de cette nature.

¶ L'Histoire de l'Église doit être proprement appelée l'Histoire de la vérité.

XXIX

Comme les deux sources de nos péchés sont l'orgueil et la paresse, Dieu nous a découvert deux qualités en lui pour les guérir : sa miséricorde et sa justice. Le propre de la justice est d'abattre l'orgueil, quelque saintes que soient les œuvres, *et non intres in judicium ;* et le propre de la miséricorde est de combattre la paresse en invitant aux bonnes œuvres, selon ce passage : « La miséricorde de Dieu invite à la pénitence ; » et cet autre des Ninivites : « Faisons pénitence, pour voir si par aventure il aura pitié de nous. » Et ainsi tant s'en faut que la miséricorde autorise le relâchement, que c'est au contraire la qualité qui le combat formellement ; de sorte qu'au lieu de dire, s'il n'y avait point en Dieu de miséricorde, il faudrait faire toutes sortes d'efforts pour la vertu ; il faut dire, au contraire, que c'est parce qu'il y a en Dieu de la miséricorde, qu'il faut faire toutes sortes d'efforts.

XXX

Tout ce qui est au monde est concupiscence de la chair, ou concupiscence des yeux, ou orgueil de la vie : *libido sentiendi, libido sciendi, libido dominandi.* Malheureuse la terre de malédiction que ces trois fleuves de feu embrasent plutôt qu'ils n'arrosent ! Heureux ceux qui, étant sur ces fleuves, non pas plongés, non pas entraînés, mais immobilement affermis ; non pas debout, mais assis dans une assiette basse et sûre, dont ils ne se relèvent jamais avant la lumière, mais, après s'y être reposés en paix, tendent la main à celui qui les doit relever, pour les faire tenir debout et fermes dans les porches de la sainte Hiérusalem, où l'orgueil ne pourra plus les combattre et les abattre ; et qui cependant pleurent, non pas de voir écouler toutes les choses périssables que les torrents entraînent, mais dans le souvenir de leur chère patrie, de la Hiérusalem céleste, dont ils se souviennent sans cesse dans la longueur de leur exil !

XXXI

La charité n'est pas un précepte figuratif. Dire que Jésus-Christ, qui est venu ôter les figures pour mettre la vérité, ne soit venu que mettre la figure de la charité, pour ôter la réalité qui était auparavant, cela est horrible. Si la lumière est ténèbres, que seront les ténèbres ?

XXXII

Combien les lunettes nous ont-elle découvert d'êtres qui n'étaient point pour nos philosophes d'auparavant ! On entreprenait méchamment l'Écriture sainte sur le grand nombre des étoiles, en disant : Il n'y en a que mille vingt-deux [1], nous le savons.

XXXIII

L'homme est ainsi fait, qu'à force de lui dire qu'il est un sot, il le croit ; et, à force de se le dire à soi-même, on se le fait croire. Car l'homme fait lui seul une conversation inté-

---

[1] « Mille vingt-deux. » C'est le nombre des étoiles comprises dans le *catalogue* de Ptolémée, d'après les observations d'Hipparque. Mais on lit dans le *Cosmos*, t. I, page 169 de la traduction de M. H. Faye : « On porte par estime à dix-huit millions le nombre des étoiles que le télescope permet de distinguer dans la voie lactée. Pour se faire une idée de la grandeur de ce nombre, ou plutôt pour s'aider d'un terme de comparaison, il suffit de se rappeler que nous ne voyons pas à l'œil nu, sur toute la surface du ciel, plus de huit mille étoiles ; tel est en effet le nombre des étoiles comprises entre la première et la sixième grandeur. » (Havet.)

rieure, qu'il importe de bien régler : *Corrumpunt mores bonos colloquia prava.* Il faut se tenir en silence autant qu'on peut, et ne s'entretenir que de Dieu qu'on sait être la vérité ; et ainsi on se le persuade à soi-même.

XXXIV

Quelle différence entre un soldat et un chartreux, quant à l'obéissance? Car ils sont également obéissants et dépendants, et dans des exercices également pénibles. Mais le soldat espère toujours devenir maître, et ne le devient jamais (car les capitaines et princes même sont toujours esclaves et dépendants) ; mais il l'espère toujours, et travaille toujours à y venir ; au lieu que le chartreux fait vœu de n'être jamais que dépendant. Ainsi ils ne diffèrent pas dans la servitude perpétuelle, que tous deux ont toujours, mais dans l'espérance, que l'un a toujours, et l'autre jamais.

XXXV

La volonté propre ne se satisfera jamais, quand elle aurait pouvoir de tout ce qu'elle veut ; mais on est satisfait dès l'instant qu'on y renonce. Sans elle, on ne peut être malcontent ; par elle, on ne peut être content.

¶ ....La vraie et unique vertu est donc de se haïr, car on est haïssable par sa concupiscence, et de chercher un être véritablement aimable, pour l'aimer, mais comme nous ne pouvons aimer ce qui est hors de nous, il faut aimer un être qui soit en nous, et qui ne soit pas nous, et cela est vrai d'un chacun de tous les hommes. Or, il n'y a que l'Être universel qui soit tel. Le royaume de Dieu est en nous ; le bien universel est en nous-mêmes, et ce n'est pas nous.

¶ Il est injuste qu'on s'attache à moi, quoiqu'on le fasse avec plaisir et volontairement. Je tromperais ceux à qui j'en ferais naître le désir ; car je ne suis la fin de personne, et n'ai pas de quoi les satisfaire. Ne suis-je pas prêt à mourir [1] ? Et ainsi l'objet de leur attachement mourra donc. Comme je serais coupable de faire croire une fausseté, quoique je la persuadasse doucement, et qu'on la crût avec plaisir, et qu'en cela on me fît plaisir : de même, je suis coupable de me faire aimer, et si j'attire les gens à s'attacher à moi. Je dois avertir ceux qui seraient prêts à consentir au mensonge, qu'ils ne le doivent pas croire, quelque avantage qu'il m'en revînt ; et de même qu'ils ne doivent pas s'attacher à moi : car il faut qu'ils passent leur vie et leurs soins à plaire à Dieu, ou à le chercher.

XXXVI

C'est être superstitieux, de mettre son espérance dans les formalités ; mais c'est être superbe, de ne vouloir s'y soumettre.

XXXVII

Toutes les religions et les sectes du monde ont eu la raison naturelle pour guide. Les seuls chrétiens ont été astreints à prendre leurs règles hors d'eux-mêmes, et à s'informer de celles que Jésus-Christ a laissées aux anciens pour être transmises aux fidèles. Cette contrainte lasse ces bons pères. Ils veulent avoir, comme les autres peuples, la liberté de suivre leurs imaginations. C'est en vain que nous leur crions, comme les prophètes disaient autrefois aux Juifs : Allez au milieu de l'Église ; informez-vous des lois que les anciens lui ont laissées, et suivez ces sentiers. Ils ont répondu comme les Juifs : nous n'y marcherons pas : mais nous suivrons les pensées de notre cœur ; et ils ont dit : nous serons comme les autres peuples.

XXXVIII

Il y a trois moyens de croire : la raison, la coutume, l'inspiration. La religion chrétienne, qui seule a la raison, n'admet pas pour ses

---

[1] Pascal avait pris cette pensée pour la règle de sa vie intérieure ; et pour l'avoir toujours présente, il l'avait écrite de sa main sur un petit papier séparé, comme nous l'apprend madame Périer, qui, dans la Vie de son frère, cite ce morceau sans y rien changer. Port-Royal ne fait pas comme madame Périer ; il a ôté le ton personnel, qui est sublime ici ; il a éteint dans les froideurs de l'abstraction l'ardente mélancolie de ce passage, qui semble avoir été écrit au désert par la plume brûlante de saint Jérôme, ou par l'auteur de l'*Imitation* dans sa cellule.

Port-Royal : « Il est injuste qu'on s'attache à *nous*, quoiqu'on le fasse avec plaisir et volontairement ; nous *tromperons* ceux à qui *nous* en *ferons* naître le désir ; car nous ne *sommes* la fin de personne, et nous n'*avons pas* de quoi les satisfaire. (A quoi se rapporte *les?*) Ne sommes-nous pas prêts à mourir, et ainsi l'objet de leur attachement *mourrait*. » — Cousin.

vrais enfants ceux qui croient sans inspiration : ce n'est pas qu'elle exclue la raison et la coutume ; au contraire, mais il faut ouvrir son esprit aux preuves, s'y conformer par la coutume ; mais s'offrir par les humiliations aux inspirations, qui seules peuvent faire le vrai et salutaire effet : *Ne evacuetur crux Christi*.

XXXIX

Jamais on ne fait le mal si pleinement et si gaiement que quand on le fait par conscience.

LX

Les Juifs, qui ont été appelés à dompter les nations et les rois, ont été esclaves du péché ; et les chrétiens, dont la vocation a été à servir et à être sujet, sont les enfants libres.

XLI

Est-ce courage à un homme mourant d'aller, dans la faiblesse et dans l'agonie, affronter un Dieu tout-puissant et éternel ?

XLII

Histoire de la Chine. — Je ne crois que les histoires dont les témoins se feraient égorger.

Il n'est pas question de voir cela en gros. Je vous dit qu'il y a de quoi aveugler et de quoi éclairer. Par ce mot seul, je ruine tous vos raisonnements. Mais la Chine obscurcit, dites-vous ; et je réponds : la Chine obscurcit, mais il y a clarté à trouver ; cherchez-la. Ainsi tout ce que vous dites fait à un des desseins, et rien contre l'autre. Ainsi cela sert, et ne nuit pas. Il faut donc voir cela en détail, il faut mettre papiers sur table.

XLIII

Superstition et concupiscence. Scrupules, désirs mauvais. Crainte mauvaise.

Crainte, non celle qui vient de ce qu'on croit Dieu, mais celle qui vient de ce qu'on doute s'il est ou non. La bonne crainte vient de la foi, la fausse crainte vient du doute. La bonne crainte, jointe à l'espérance, parce qu'elle naît de la foi, et que l'on espère au Dieu que l'on croit : la mauvaise, jointe au désespoir, parce qu'on craint le Dieu auquel on n'a point de foi. Les uns craignent de le perdre, les autres craignent de le trouver.

XLIV

Salomon et Job ont le mieux connu et le mieux parlé de la misère de l'homme : l'un est le plus heureux, et l'autre le plus malheureux ; l'un connaissant la vanité des plaisirs par expérience, l'autre la réalité des maux.

XLV

Hérétiques. — Ézéch[iel]. Tous les païens disaient du mal d'Israël, et le prophète aussi : et tant s'en faut que les Israélites eussent droit de lui dire : Vous parlez comme les païens, qu'il fait sa plus grande force sur ce que les païens parlent comme lui.

XLVI

Il n'y a que trois sortes de personnes : les uns qui servent Dieu, l'ayant trouvé ; les autres qui s'emploient à le chercher, ne l'ayant pas trouvé ; les autres qui vivent sans le chercher ni l'avoir trouvé. Les premiers sont raisonnables et heureux ; les derniers sont fous et malheureux ; ceux du milieu sont malheureux et raisonnables.

XLVII

Les hommes prennent souvent leur imagination pour leur cœur ; et ils croient être convertis dès qu'ils pensent à se convertir.

XLVIII

La raison agit avec lenteur, et avec tant de vues, sur tant de principes lesquels il faut qu'ils soient toujours présents, qu'à toute heure elle s'assoupit et s'égare, manque d'avoir tous ses principes présents. Le sentiment n'agit pas ainsi : il agit en un instant, et toujours est prêt à agir. Il faut donc mettre notre foi dans le sentiment, autrement elle sera toujours vacillante.

XLIX

L'homme est visiblement fait pour penser ; c'est toute sa dignité et tout son mérite ; et tout son devoir est de penser comme il faut ; et l'ordre de la pensée est de commencer par soi, et par son auteur et sa fin[1]. Or, à quoi pense le

---

[1] « C'est dans la solitude de Port-Royal, au sein des fortes études philosophiques et littéraires qui s'y faisaient, que Pascal concentra toutes ses pensées sur ce

monde? Jamais à cela; mais à danser, à jouer du luth, à chanter, à faire des vers, à courir la bague, etc., à se bâtir, à se faire roi, sans penser à ce que c'est qu'être roi, et qu'être homme.

¶ Toute la dignité de l'homme est en la pensée. Mais qu'est-ce que cette pensée? qu'elle est sotte[1]!

L

S'il y a un Dieu, il ne faut aimer que lui, et non les créatures passagères. Le raisonnement des impies, dans *la Sagesse*[2], n'est fondé que sur ce qu'il n'y a point de Dieu. Cela posé, disent-ils, jouissons donc des créatures. C'est le pis-aller. Mais s'il y avait un Dieu à aimer, ils n'auraient pas conclu cela, mais le contraire. Et c'est la conclusion des sages : Il y a un Dieu, ne jouissons donc pas des créatures. Donc tout ce qui nous incite à nous attacher aux créatures est mauvais, puisque cela nous empêche, ou de servir Dieu, si nous le connaissons, ou de le chercher, si nous l'ignorons. Or, nous sommes pleins de concupiscence : donc nous sommes pleins de mal, donc nous devons nous haïr nous-mêmes, et tout ce qui nous excite à autre attache que Dieu seul.

LI

Quand nous voulons penser à Dieu, n'y a-t-il rien qui nous détourne, nous tente de penser ailleurs? Tout cela est mauvais, est né avec nous.

LII

Il est faux que nous soyons dignes que les autres nous aiment : il est injuste que nous le voulions. Si nous naissions raisonnables et indifférents, et connaissant nous et les autres, nous ne donnerions point cette inclination à notre volonté. Nous naissons pourtant avec elle; nous naissons donc injustes : car tout tend à soi. Cela est contre tout ordre : il faut tendre au général; et la pente vers soi est le commencement de tout désordre, en guerre, en police, en économie, dans le corps particulier de l'homme. La volonté est donc dépravée.

Si les membres des communautés naturelles et civiles tendent au bien du corps, les communautés elles-mêmes doivent tendre à un autre corps plus général, dont elles sont membres. L'on doit donc tendre au général. Nous naissons donc injustes et dépravés.

¶ Qui ne hait en soi son amour-propre, et cet instinct qui le porte à se faire Dieu, est bien aveuglé. Qui ne voit que rien n'est si opposé à la justice et à la vérité? Car il est faux que nous méritions cela; et il est injuste et impossible d'y arriver, puisque tous demandent la même chose. C'est donc une manifeste injustice où nous sommes nés, dont nous ne pouvons nous défaire, et dont il faut nous défaire.

Cependant aucune religion n'a remarqué que ce fût un péché, ni que nous y fussions nés, ni que nous fussions obligés d'y résister, ni n'a pensé à nous en donner les remèdes.

LIII

Guerre intestine de l'homme entre la raison et les passions. S'il n'avait que la raison sans passions... S'il n'avait que les passions sans raisons... Mais ayant l'un et l'autre, il ne peut être sans guerre, ne pouvant avoir la paix avec l'un qu'ayant guerre l'autre. Aussi il est toujours divisé et contraire à lui-même.

¶ Si c'est un aveuglement surnaturel de vivre sans chercher ce qu'on est, c'en est un terrible de vivre mal en croyant Dieu.

LIV

Il est indubitable que, que l'âme soit mortelle ou immortelle, cela doit mettre une différence entière dans la morale; et cependant les philosophes ont conduit la morale indépendamment de cela. Ils délibèrent de passer une

---

sujet vivant, sur l'homme, dont il portait en lui toutes les grandeurs et toutes les misères : non pas l'homme tel que Montaigne le peint, arrivant par le doute universel à ne croire qu'à lui-même; ni l'homme, selon Descartes, qui se contente de savoir qu'il y a un Dieu et qu'il existe une âme distincte du corps, et qui s'arrange dans le monde de façon à y vivre le plus agréablement et le plus longtemps possible; mais l'homme tel que le christianisme l'a expliqué, l'homme dont Montaigne n'avait pas vu toute la grandeur ni Descartes toute la petitesse. » (Nisard.)

[1] Var. du ms. : « Toute la dignité de l'homme est en la pensée. La pensée est donc une chose admirable et incomparable par sa nature. Il fallait qu'elle eût d'étranges défauts pour être méprisable. Mais elle en a de tels, que rien n'est plus ridicule. Qu'elle est grande par sa nature! qu'elle est basse par ses défauts! » (Barré.)

[2] C'est-à-dire dans *le livre de la Sagesse*. Ce livre est, on le sait, attribué à Salomon.

heure[1]. Platon[2] pour disposer au christianisme.

¶ Le dernier acte est sanglant, quelque belle que soit la comédie en tout le reste. On jette enfin de la terre sur la tête, et en voilà pour jamais.

LV

Morale. — Dieu ayant fait le ciel et la terre, qui ne sentent point le bonheur de leur être, il a voulu faire des êtres qui le connussent, et qui composassent un corps de membres pensants. Car nos membres ne sentent point le bonheur de leur union, de leur admirable intelligence, du soin que la nature a d'y influer les esprits, et de les faire croître et durer. Qu'ils seraient heureux s'ils le sentaient, s'ils le voyaient! Mais il faudrait pour cela qu'ils eussent intelligence pour le connaître, et bonne volonté pour consentir à celle de l'âme universelle. Que si, ayant reçu l'intelligence, ils s'en servaient à retenir en eux-mêmes la nourriture, sans la laisser passer aux autres membres, ils seraient non-seulement injustes, mais encore misérables, et se haïraient plutôt que de s'aimer : leur béatitude, aussi bien que leur devoir, consistant à consentir à la conduite de l'âme entière à qui ils appartiennent, qui les aime mieux qu'ils ne s'aiment eux-mêmes.

¶ Être membre, est n'avoir de vie, d'être et de mouvement que par l'esprit du corps et pour le corps. Le membre séparé, ne voyant plus le corps auquel il appartient, n'a plus qu'un être périssant et mourant.

Cependant il croit être un tout, et ne se voyant point de corps dont il dépende, il croit ne dépendre que de soi, et veut se faire centre et corps lui-même. Mais n'ayant point en soi de principe de vie, il ne fait que s'égarer, et s'étonne dans l'incertitude de son être; et sentant bien qu'il n'est pas corps, et cependant ne voyant point qu'il soit membre d'un corps. Enfin, quand il vient à se connaître, il est comme revenu chez soi, et ne s'aime plus que pour le corps; il plaint ses égarements passés.

[1] C'est-à-dire : *Ils discutent pour savoir comment on passera cette vie qui ne dure qu'un instant.*
[2] Sous-entendu : *est un auteur convenable pour disposer.*

Il ne pourrait pas par sa nature aimer une autre chose, sinon pour soi-même et pour se l'asservir, parce que chaque chose s'aime plus que tout. Mais en aimant le corps, il s'aime soi-même, parce qu'il n'a d'être qu'en lui, par lui et pour lui : *qui adhæret Deo unus spiritus est.*

¶ Le corps aime la main; et la main, si elle avait une volonté, devrait s'aimer de la même sorte que l'âme l'aime. Tout amour qui va au delà est injuste.

Adhærens Deo unus spiritus est. On s'aime, parce qu'on est membre de Jésus-Christ. On aime Jésus-Christ, parce qu'il est le corps dont on est membre. Tout est un, l'un est l'autre, comme les trois personnes.

¶ *Membres.* — Pour régler l'amour qu'on se doit à soi-même, il faut s'imaginer un corps plein de membres pensants, car nous sommes membres du tout, et voir comment chaque membre devrait s'aimer, etc.

Si les pieds et les mains avaient une volonté particulière, jamais ils ne seraient dans leur ordre qu'en soumettant cette volonté particulière à la volonté première qui gouverne le corps entier. Hors de là, ils sont dans le désordre et dans le malheur; mais en ne voulant que le bien du corps, ils font leur propre bien.

¶ Il faut n'aimer que Dieu et ne haïr que soi.

Si le pied avait toujours ignoré qu'il appartînt au corps, et qu'il y eût un corps dont il dépendît, s'il n'avait eu que la connaissance et l'amour de soi, et qu'il vînt à connaître qu'il appartient à un corps duquel il dépend, quel regret, quelle confusion de sa vie passée, d'avoir été inutile au corps qui lui a influé sa vie, qui l'eût anéanti s'il l'eût rejeté et séparé de soi, comme il se séparait de lui ! Quelles prières d'y être conservé ! et avec quelles soumission se laisserait-il gouverner à la volonté qui régit le corps, jusqu'à consentir à être retranché s'il le faut ! Ou il perdrait sa qualité de membre; car il faut que tout membre veuille bien périr pour le corps, qui est le seul pour qui tout est.

¶ Pour faire que les membres soient heureux, il faut qu'ils aient une volonté, et qu'ils la conforment au corps.

¶ *Raison des effets.* — La concupiscence et

la force sont la source de toutes nos actions : la concupiscence fait les volontaires; la force, les involontaires.

LVI

Philosophes. — Ils croient que Dieu est seul digne d'être aimé et admiré, et ont désiré d'être aimés et admirés des hommes, et ils ne connaissent pas leur corruption. S'ils se sentent pleins de sentiments pour l'aimer et l'adorer, et qu'ils y trouvent leur joie principale, qu'ils s'estiment bons, à la bonne heure. Mais s'ils s'y trouvent répugnants, s'ils n'ont aucune pente qu'à se vouloir établir dans l'estime des hommes, et que pour toute perfection ils fassent seulement que, sans forcer les hommes, ils leur fassent trouver leur bonheur à les aimer, je dirai que cette perfection est horrible. Quoi! ils ont connu Dieu, et n'ont pas désiré uniquement que les hommes l'aimassent ; [mais] que les hommes s'arrêtassent à eux ; ils ont voulu être l'objet du bonheur volontaire des hommes!

LVII

Il est vrai qu'il y a de la peine en entrant dans la piété. Mais cette peine ne vient pas de la piété qui commence d'être en nous, mais de l'impiété qui y est encore. Si nos sens ne s'opposaient pas à la pénitence, et que notre corruption ne s'opposât pas à la pureté de Dieu, il n'y aurait en cela rien de pénible pour nous. Nous ne souffrons qu'à proportion que le vice, qui nous est naturel, résiste à la grâce surnaturelle. Notre cœur se sent déchiré entre ces efforts contraires. Mais il serait bien injuste d'imputer cette violence à Dieu qui nous attire, au lieu de l'attribuer au monde qui nous retient. C'est comme un enfant, que sa mère arrache d'entre les bras des voleurs, doit aimer, dans la peine qu'il souffre, la violence amoureuse et légitime de celle qui procure sa liberté, et ne détester que la violence impétueuse et tyrannique de ceux qui le retiennent injustement. La plus cruelle guerre que Dieu puisse faire aux hommes en cette vie est de les laisser sans cette guerre qu'il est venu apporter. « Je suis venu apporter la guerre, » dit-il ; et, pour instruire de cette guerre : « Je suis venu apporter le fer et le feu. » Avant lui, le monde vivait dans une fausse paix.

LVIII

Sur les confessions et absolutions sans marques de regret. — Dieu ne regarde que l'intérieur : l'Église ne juge que par l'extérieur. Dieu absout aussitôt qu'il voit la pénitence dans le cœur; l'Église, quand elle la voit dans les œuvres. Dieu fera une Église pure au dedans, qui confonde par sa sainteté intérieure et toute spirituelle l'impiété intérieure des sages superbes et des pharisiens : et l'Église fera une assemblée d'hommes, dont les mœurs extérieures soient si pures, qu'elles confondent les mœurs des païens. S'il y en a d'hypocrites, mais si bien déguisés qu'elle n'en reconnaisse pas le venin, elle les souffre; car, encore qu'ils ne soient pas reçus de Dieu, qu'ils ne peuvent tromper, ils le sont des hommes, qu'ils trompent. Et ainsi elle n'est pas déshonorée par leur conduite, qui paraît sainte. Mais vous voulez que l'Église ne juge, ni de l'intérieur, parce que cela n'appartient qu'à Dieu, ni de l'extérieur, parce que Dieu ne s'arrête qu'à l'intérieur; et ainsi, lui ôtant tout choix des hommes, vous retenez dans l'Église les plus débordés, et ceux qui la déshonorent si fort, que les synagogues des Juifs et les sectes des philosophes les auraient exilés comme indignes, et les auraient abhorrés comme impies.

LIX

La loi n'a pas détruit la nature; mais elle l'a instruite : la grâce n'a pas détruit la loi; mais elle l'a fait exercer. La foi reçue au baptême est la source de toute la vie du chrétien et des convertis.

¶ On se fait une idole de la vérité même; car la vérité hors de la charité n'est pas Dieu, c'est son image, et une idole, qu'il ne faut point aimer, ni adorer, et encore moins faut-il aimer et adorer son contraire, qui est le mensonge.

¶ Je puis bien aimer l'obscurité totale; mais, si Dieu m'engage dans un état à demi obscur, ce peu d'obscurité qui y est me déplaît, et, parce que je n'y vois pas le mérite d'une entière obscurité, il ne me plaît pas. C'est un défaut, et une marque que je me fais une idole de l'obscurité, séparée de l'ordre de Dieu. Or il ne faut adorer que son ordre.

LX

Tous les grands divertissements sont dangereux pour la vie chrétienne; mais, entre tous ceux que le monde a inventés, il n'y en a point qui soit plus à craindre que la comédie. C'est une représentation si naturelle et si délicate des passions, qu'elle les émeut et les fait naître dans notre cœur, et surtout celle de l'amour : principalement lorsqu'on le représente fort chaste et fort honnête. Car plus il paraît innocent aux âmes innocentes, plus elles sont capables d'en être touchées. Sa violence plaît à notre amour-propre, qui forme aussitôt un désir de causer les mêmes effets, que l'on voit si bien représentés; et l'on se fait en même temps une conscience fondée sur l'honnêteté des sentiments qu'on y voit, qui éteint la crainte des âmes pures, lesquelles s'imaginent que ce n'est pas blesser la pureté, d'aimer d'un amour qui leur semble si sage. Ainsi l'on s'en va de la comédie le cœur si rempli de toutes les beautés et de toutes les douceurs de l'amour, l'âme et l'esprit si persuadés de son innocence, qu'on est tout préparé à recevoir ses premières impressions, ou plutôt à chercher l'occasion de les faire naître dans le cœur de quelqu'un, pour recevoir les mêmes plaisirs et les mêmes sacrifices que l'on a vus si bien dépeints dans la comédie.

LXI

... Les opinions relâchées plaisent tant aux hommes, qu'il est étrange que les leurs déplaisent. C'est qu'ils ont excédé toute borne. Et, de plus, il y a bien des gens qui voient le vrai, et qui n'y peuvent atteindre. Mais il y en a peu qui ne sachent que la pureté de la religion est contraire à nos corruptions. Ridicule de dire qu'une récompense éternelle est offerte à des mœurs escobartines.

LXII

Le silence est la plus grande persécution : jamais les saints ne se sont tus. Il est vrai qu'il faut vocation, mais ce n'est pas des arrêts du Conseil[1] qu'il faut apprendre si l'on est appelé, c'est de la nécessité de parler. Or, après que Rome a parlé, et qu'on pense qu'*elle* a condamné la vérité, et qu'ils l'ont écrit; et que les livres qui ont dit le contraire sont censurés, il faut crier d'autant plus haut qu'on est censuré plus injustement, et qu'on veut étouffer la parole plus violemment, jusqu'à ce qu'il vienne un pape qui écoute les deux parties, et qui consulte l'antiquité pour faire justice. Aussi, les bons papes trouveront encore l'Église en clameurs.

... L'Inquisition et la Société, les deux fléaux de la vérité.

... Que ne les accusez-vous d'arianisme? Car ils ont dit que Jésus-Christ est Dieu : peut-être ils l'entendent, non par nature, mais comme il est dit, *Dii estis*.

¶ Si mes Lettres sont condamnées à Rome, ce que j'y condamne est condamné dans le ciel : *Ad tuum, Domine Jesu, tribunal appello.*

... Vous-même êtes corruptible.

... J'ai craint que je n'eusse mal écrit, me voyant condamné; mais l'exemple de tant de pieux écrits me fait croire au contraire. Il n'est plus permis de bien écrire, tant l'Inquisition est corrompue ou ignorante!

... Il est meilleur d'obéir à Dieu qu'aux hommes.

... Je ne crains rien, je n'espère rien. Les évêques ne sont pas ainsi. Le Port-Royal craint, et c'est une mauvaise politique de les séparer; car ils ne craindront plus, et se feront plus craindre.

... Je ne crains pas même vos censures, si elles ne sont fondées sur celles de la tradition. Censurez-vous tout? quoi? même mon respect? Non. Donc dites quoi, ou vous ne ferez rien, si vous ne désignez le mal, et pourquoi il est mal. Et c'est ce qu'ils auraient bien peine à faire.

LXIII

La nature a des perfections, pour montrer qu'elle est l'image de Dieu; et des défauts, pour montrer qu'elle n'en est que l'image.

---

[1] Allusion à l'arrêt du 23 septembre 1660, qui condamna la traduction latine des *Provinciales*, par Nicole, à être brûlée. L'arrêt fut exécuté le 14 octobre de la même année

LXIV

Les hommes sont si nécessairement fous, que ce serait être fou par un autre tour de folie, de ne pas être fou.

LXV

Otez la *probabilité*, on ne peut plus plaire au monde : mettez la *probabilité*, on ne peut plus lui déplaire.

LXVI

L'ardeur des saints à rechercher et pratiquer le bien était inutile, si la *probabilité* est sûre.

LXVII

Pour faire d'un homme un saint, il faut bien que ce soit la grâce ; et qui en doute, ne sait ce que c'est que saint et qu'homme.

LXVIII

On aime la sûreté. On aime que le pape soit infaillible en la foi, et que les docteurs graves le soient dans les mœurs, afin d'avoir son assurance.

LXIX

Il ne faut pas juger de ce qu'est le pape par quelques paroles des Pères, comme disaient les Grecs dans un concile, règle importante, mais par les actions de l'Église et des Pères, et par les canons.

LXX

Le pape est premier. Quel autre est connu de tous ? Quel autre est reconnu de tous ? ayant pouvoir d'insinuer dans tout le corps, parce qu'il tient la maîtresse branche, qui s'insinue partout ? Qu'il était aisé de faire dégénérer cela en tyrannie ! C'est pourquoi Jésus-Christ leur a posé ce précepte : *Vos autem non sic.*

L'unité et la multitude : *Duo aut tres in unum.* Erreur à exclure l'une des deux, comme font les papistes qui excluent la multitude, ou les huguenots qui excluent l'unité.

LXXI

Il y a hérésie à expliquer toujours *omnes* de tous, et hérésie à ne le pas expliquer quelquefois de tous. *Bibite ex hoc omnes* : les huguenots, hérétiques, en l'expliquant de tous. *In quo omnes peccaverunt* : les huguenots, hérétiques, en exceptant les enfants des fidèles. Il faut donc suivre les Pères et la tradition pour savoir quand, puisqu'il y a hérésie à craindre de part et d'autre.

LXXII

Tout nous peut être mortel, même les choses faites pour nous servir ; comme, dans la nature, les murailles peuvent nous tuer, et les degrés nous tuer, si nous n'allons avec justesse.

Le moindre mouvement importe à toute la nature ; la mer entière change pour une pierre. Ainsi, dans la grâce, la moindre action importe pour ses suites à tout. Donc tout est important.

En chaque action, il faut regarder, outre l'action, notre état présent, passé, futur, et des autres à qui elle importe, et voir les liaisons de toutes ces choses. Et lors on sera bien retenu.

LXXIII

Tous les hommes se haïssent naturellement l'un l'autre. On s'est servi comme on a pu de la concupiscence pour la faire servir au bien public. Mais ce n'est que feinte, et une fausse image de la charité : car au fond ce n'est que haine.

¶ Ce vilain fonds de l'homme, ce *figmentum malum*, n'est que couvert ; il n'est pas ôté.

LXXIV

Si l'on veut dire que l'homme est trop peu pour mériter la communication avec Dieu, il faut être bien grand pour en juger.

LXXV

L'homme n'est pas digne de Dieu, mais il n'est pas incapable d'en être rendu digne.

Il est indigne de Dieu de se joindre à l'homme misérable ; mais il n'est pas indigne de Dieu de le tirer de sa misère.

LXXVI

... Les malheureux, qui m'ont obligé de parler du fonds de la religion !... Des pécheurs purifiés sans pénitence, des justes justifiés sans charité, tous les chrétiens sans la grâce de Jésus-Christ, Dieu sans pouvoir sur la volonté des hommes, une prédestination sans mystère, une Rédemption sans certitude!

LXXVII

Église, pape. — Unité, multitude. En considérant l'Église comme unité, le pape quelconque est le chef, est comme tout. En la considérant comme multitude, le pape n'en est qu'une partie. Les Pères l'ont considérée tantôt en une manière, tantôt en l'autre. Et ainsi ont parlé diversement du pape. Saint Cyprien : *Sacerdos Dei*. Mais en établissant une de ces deux vérités, ils n'ont pas exclu l'autre. La multitude qui ne se réduit pas à l'unité est confusion ; l'unité qui ne dépend pas de la multitude est tyrannie. Il n'y a presque plus que la France où il soit permis de dire que le concile est au-dessus du pape.

LXXVIII

Dieu ne fait point de miracles dans la conduite ordinaire de son Église. C'en serait un étrange, si l'infaillibilité était dans un ; mais d'être dans la multitude cela paraît si naturel, que la conduite de Dieu est cachée sous la nature, comme en tous ses autres ouvrages.

LXXIX

Sur ce que la religion chrétienne n'est pas unique. — Tant s'en faut que ce soit une raison qui fasse croire qu'elle n'est pas la véritable, qu'au contraire, c'est ce qui fait voir qu'elle l'est.

LXXX

S'il ne fallait rien faire que pour le certain, on ne devrait rien faire pour la religion ; car elle n'est pas certaine. Mais combien de choses fait-on pour l'incertain, les voyages sur mer, les batailles ! Je dis donc qu'il ne faudrait rien faire du tout ; car rien n'est certain ; et qu'il y a plus de certitude à la religion que non pas que nous voyions le jour de demain : car il n'est pas certain que nous voyions demain, mais il est certainement possible que nous ne le voyions pas. On n'en peut pas dire autant de la religion. Il n'est pas certain qu'elle soit ; mais qui osera dire qu'il est certainement possible qu'elle ne soit pas ? Or, quand on travaille pour demain, et pour l'incertain, on agit avec raison. Car on doit travailler pour l'incertain, par la règle des partis qui est démontrée.

LXXXI

Toutes les bonnes maximes sont dans le monde, on ne manque qu'à les appliquer. Par exemple, on ne doute pas qu'il ne faille exposer sa vie pour défendre le bien public, et plusieurs le font ; mais pour la religion, point.

LXXXII

Il y a des vices qui ne tiennent à nous que par d'autres, et qui, en ôtant le tronc, s'emportent comme des branches.

LXXXIII

Quand la malignité a la raison de son côté, elle devient fière, et étale la raison en tout son lustre : quand l'austérité ou le choix sévère n'a pas réussi au vrai bien, et qu'il faut revenir à suivre la nature, elle devient fière par le retour.

LXXXIV

Le mal est aisé, il y en a une infinité ; le bien, presque unique. Mais un certain genre de mal est aussi difficile à trouver que ce qu'on appelle bien ; et souvent on fait passer pour bien à cette marque ce mal particulier. Il faut même une grandeur extraordinaire d'âme pour y arriver aussi bien qu'au bien.

LXXXV

La nature de l'homme n'est pas d'aller toujours, elle a ses allées et venues. La fièvre a ses frissons et ses ardeurs, et le froid montre aussi bien la grandeur de l'ardeur de la fièvre que le chaud même. Les inventions des hommes de siècle en siècle vont de même. La bonté et la malice du monde en général en est de même : *Plerumque gratæ principibus vices*.

LXXXVI

Est fait prêtre qui veut l'être, comme sous Jéroboam. C'est une chose horrible qu'on nous propose la discipline de l'Église d'aujourd'hui pour tellement bonne, qu'on fait un crime de la vouloir changer. Autrefois elle était bonne infailliblement, et on trouve qu'on a pu la changer sans péché ; et maintenant, telle qu'elle est, on ne la pourra souhaiter changée! Il a bien été permis de changer la coutume de ne faire des prêtres qu'avec tant de circonspection, qu'il n'y en avait presque point qui en fussent dignes ; et il ne sera pas permis de se plaindre de la coutume qui en fait tant d'indignes!

LXXXVII

Les enfants qui s'effrayent du visage qu'ils ont barbouillé, ce sont des enfants; mais le moyen que ce qui est si faible, étant enfant, soit bien fort, étant plus âgé! On ne fait que changer de fantaisie.

LXXXVIII

Incompréhensible que Dieu soit, et incompréhensible qu'il ne soit pas; que l'âme soit avec le corps, que nous n'ayons pas d'âme ; que le monde soit créé, qu'il ne le soit pas, etc. ; que le péché originel soit, et qu'il ne soit pas.

LXXXIX

Les athées doivent dire des choses parfaitement claires; or il n'est point parfaitement clair que l'âme soit matérielle.

XC

Incrédules, les plus crédules. Ils croient les miracles de Vespasien, pour ne pas croire ceux de Moïse.

XCI

Écrire contre ceux qui approfondissent trop les sciences. Descartes.

¶ [Il faut dire en gros : cela se fait par figure et mouvement, car cela est vrai. Mais de dire quels, et composer la machine, cela est ridicule ; car cela est inutile, et incertain, et pénible. Et quand cela serait vrai, nous n'estimons pas que toute la philosophie vaille une heure de peine.]

XCII

Athéisme marque[1] de force d'esprit, mais jusqu'à un certain degré seulement

XCIII

Les défauts de Montaigne sont grands. Mots lascifs. Cela ne vaut rien, malgré mademoiselle

[1] Toutes les éditions faites avant le Rapport de M. Cousin portent : *manque de force d'esprit.*

de Gournay. Crédule (gens sans yeux). Ignorant (quadrature du cercle, monde plus grand). Ses sentiments sur l'homicide volontaire, sur la mort. Il inspire une nonchalance du salut « sans crainte et sans repentir. » Son livre n'étant pas fait pour porter à la piété, il n'y était pas obligé : mais on est toujours obligé de n'en point détourner. On peut excuser ses sentiments un peu libres et voluptueux en quelques rencontres de la vie ; mais on ne peut excuser ses sentiments tout païens sur la mort ; car il faut renoncer à toute piété, si on ne veut au moins mourir chrétiennement : or il ne pense qu'à mourir lâchement et mollement par tout son livre[1].

XCIV

La machine d'arithmétique fait des effets qui approchent plus de la pensée que tout ce que font les animaux; mais elle ne fait rien qui puisse faire dire qu'elle a de la volonté, comme les animaux.

XCV

Certains auteurs, parlant de leurs ouvrages, disent : mon livre, mon commentaire, mon histoire, etc. Ils sentent leurs bourgeois qui ont pignon sur rue, et toujours un « chez moi » à la bouche. Ils feraient mieux de dire : notre livre, notre commentaire, notre histoire, etc., vu que d'ordinaire il y a plus en cela du bien d'autrui que du leur.

XCVI

L'éloquence est un art de dire les choses de telle façon: 1° que ceux à qui l'on parle puissent les entendre sans peine, et avec plaisir ; 2° qu'ils s'y sentent intéressés, en sorte que l'amour-propre les porte plus volontiers à y faire réflexion. Elle consiste donc dans une correspondance qu'on tâche d'établir entre l'esprit et le cœur de ceux à qui l'on parle d'un côté, et de l'autre les pensées et les expressions dont on se

[1] Pascal n'a surpassé Montaigne ni en naïveté ni en imagination. Il l'a surpassé en profondeur, en finesse, en sublimité, en véhémence. Il a porté à sa perfection l'éloquence d'art que Montaigne ignorait entièrement, et n'a point été égalé dans cette vigueur de génie par laquelle on rapproche les objets et on résume un discours; mais la chaleur et la vivacité de son esprit pouvaient lui donner des erreurs, dont le génie ferme et modéré de Montaigne n'était pas aussi susceptible.
(Vauvenargues.)

sert; ce qui suppose qu'on aura bien étudié le cœur de l'homme pour en savoir tous les ressorts, et pour trouver ensuite les justes proportions du discours qu'on veut y assortir. Il faut se mettre à la place de ceux qui doivent nous entendre, et faire essai sur son propre cœur du tour qu'on donne à son discours, pour voir si l'un est fait pour l'autre, et si l'on peut s'assurer que l'auditeur sera comme forcé de se rendre. Il faut se renfermer, le plus qu'il est possible, dans le simple naturel ; ne pas faire grand ce qui est petit, ni petit ce qui est grand. Ce n'est pas assez qu'une chose soit belle, il faut qu'elle soit propre au sujet, qu'il n'y ait rien de trop, ni rien de manque.

¶ L'éloquence est une peinture de la pensée ; et ainsi, ceux qui, après avoir peint, ajoutent encore, font un tableau au lieu d'un portrait.

XCVII

Il faut avoir une pensée de derrière, et juger de tout par là, en parlant cependant comme le peuple.

XCVIII

La force est la reine du monde, et non pas l'opinion ; mais l'opinion est celle qui use de la force.

¶ On ne consulte que l'oreille, parce qu'on manque de cœur.

¶ Il faut, en tout dialogue et discours, qu'on puisse dire à ceux qui s'en offensent : de quoi vous plaignez-vous ?

CHAPITRE XXV

PENSÉES PUBLIÉES DEPUIS 1843.

I

Quand notre passion nous porte à faire quelque chose, nous oublions notre devoir. Comme on aime un livre, on le lit, lorsqu'on devrait faire autre chose. Mais, pour s'en souvenir, il faut se proposer de faire quelque chose qu'on hait ; et lors on s'excuse sur ce qu'on a autre chose à faire, et on se souvient de son devoir par ce moyen.

II

Quel dérèglement de jugement, par lequel il n'y a personne qui ne se mette au-dessus de tout le reste du monde, et qui n'aime mieux son propre bien, et la durée de son bonheur, et de sa vie, que celle de tout le reste du monde !

III

Il y a des herbes sur la terre ; nous les voyons, de la lune on ne les verrait pas. Et sur ces herbes, des poils ; et dans ces poils, de petits animaux : mais après cela, plus rien. — O présomptueux ! — Les mixtes sont composés d'éléments ; et les éléments, non. O présomptueux ! Voici un trait délicat. Il ne faut pas dire qu'il y a ce qu'on ne voit pas ; il faut donc dire comme les autres, mais non pas penser comme eux.

IV

... Non-seulement nous regardons les choses par d'autres côtés, mais avec d'autres yeux ; nous n'avons garde de les trouver pareilles.

V

L'éternument absorbe toutes les facultés de l'âme, aussi bien que la besongne[1] ; mais on n'en tire pas les mêmes conséquences contre la grandeur de l'homme, parce que c'est contre son gré. Et quoiqu'on se le procure, néanmoins c'est contre son gré qu'on se le procure : ce n'est pas en vue de la chose même, c'est pour une autre fin ; et ainsi ce n'est pas une marque de la faiblesse de l'homme, et de sa servitude sous cette action.

VI

Il n'est pas honteux à l'homme de succomber sous la douleur, et il lui est honteux de succomber sous le plaisir. Ce qui ne vient pas de ce que la douleur nous vient d'ailleurs, et que nous recherchons le plaisir ; car on peut rechercher la douleur, et y succomber à dessein, sans ce genre de bassesse. D'où vient donc qu'il est glorieux à la raison de succomber sous l'effort de la douleur, et qu'il lui est honteux de succomber sous l'effort du plaisir ? C'est que ce n'est pas la douleur qui nous tente

[1]. C'est-à-dire l'acte de la génération. *Besongne* est le mot dont se sert Montaigne.

et nous attire. C'est nous-mêmes qui volontairement la choisissons et voulons la faire dominer sur nous; de sorte que nous sommes maîtres de la chose; et en cela c'est l'homme qui succombe à soi-même : mais dans le plaisir, c'est l'homme qui succombe au plaisir. Or il n'y a que la maîtrise et l'empire qui fait la gloire, et que la servitude qui fait honte.

VII

Ceux qui, dans de fâcheuses affaires, ont toujours bonne espérance et se réjouissent des aventures heureuses, s'ils ne s'affligent également des mauvaises, sont suspects d'être bien aises de la perte de l'affaire, et sont ravis de trouver ces prétextes d'espérance pour montrer qu'ils s'y intéressent, et couvrir par la joie qu'ils feignent d'en concevoir celle qu'ils ont de voir l'affaire perdue.

VIII

Notre nature est dans le mouvement; le repos entier est la mort.

IX

Nous nous connaissons si peu, que plusieurs pensent aller mourir quand ils se portent bien, et plusieurs pensent se porter bien quand ils sont proches de mourir, ne sentent pas la fièvre prochaine, ou l'abcès prêt à se former.

X

La nature recommence toujours les mêmes choses, les ans, les jours, les heures; les espaces de même et les nombres sont bout à bout à la suite l'un de l'autre. Ainsi se fait une espèce d'infini et d'éternel. Ce n'est pas qu'il y ait rien de tout cela qui soit infini et éternel, mais ces êtres terminés se multiplient infiniment; ainsi il n'y a, ce me semble, que le nombre qui les multiplie qui soit infini.

XI

Quand on dit que le chaud n'est que le mouvement de quelques globules, et la lumière le *connatus recedendi* que nous sentons, cela nous étonne. Quoi? que le plaisir ne soit autre chose que le ballet des esprits? Nous en avons conçu une si différente idée! et ces sentiments-là nous semblent si éloignés de ces autres que nous disons être les mêmes que ceux que nous leur comparons! Le sentiment du feu, cette chaleur qui nous affecte d'une manière tout autre que l'attouchement, la réception du son et de la lumière, tout cela nous semble mystérieux, et cependant cela est grossier comme un coup de pierre. Il est vrai que la petitesse des esprits qui entrent dans les pores touchent d'autres nerfs, mais ce sont toujours des nerfs touchés.

XII

Si un animal faisait par esprit ce qu'il fait par instinct, et s'il parlait par esprit ce qu'il parle par instinct, pour la chasse, et pour avertir ses camarades que la proie est trouvée ou perdue, il parlerait bien aussi pour des choses où il a plus d'affection, comme pour dire : Rongez cette corde qui me blesse, et où je ne puis atteindre.

XIII

Nous ne nous soutenons pas dans la vertu par notre propre force, mais par le contre-poids de deux vices opposés, comme nous demeurons debout entre deux vents contraires : ôtez un de ces vices, nous tombons dans l'autre.

XIV

Ils disent que les éclipses présagent malheur, parce que les malheurs sont ordinaires; de sorte qu'il arrive si souvent du mal, qu'ils devinent souvent; au lieu que s'ils disaient qu'elles présagent bonheur, ils mentiraient souvent. Ils ne donnent le bonheur qu'à des rencontres du ciel rares; ainsi ils manquent peu souvent à deviner.

XV

La mémoire est nécessaire pour toutes les opérations de l'esprit.

XVI

Instinct et raison, marques de deux natures.

XVII

Quand je considère la petite durée de ma vie, absorbée dans l'éternité précédant et suivant; le petit espace que je remplis, et même que je vois, abîmé dans l'infinie immensité des espaces que j'ignore et qui m'ignorent, je m'effraye et m'étonne de me voir ici plutôt que là ; car il n'y a point de raison pourquoi ici plutôt que là, pourquoi à présent plutôt que lors. Qui m'y a mis? par l'ordre et la conduite de qui ce lieu et ce temps a-t-il été destiné à moi? — *Memoria hospitis unius diei prætereuntis.*

XVIII

Combien de royaumes nous ignorent!

¶ Le silence éternel de ces espaces infinis m'effraye.

XIX

Je porte envie à ceux que je vois dans la foi vivre avec tant de négligence, et qui usent si mal d'un don duquel il me semble que je ferais un usage si différent.

XX

Chacun est un tout à soi-même, car lui mort, le tout est mort pour soi. Et de là vient que chacun croit être tout à tous. Il ne faut pas juger de la nature selon nous, mais selon elle.

XXI

Le monde ordinaire a le pouvoir de ne pas songer à ce qu'il ne veut pas songer. Ne pensez pas aux passages du Messie, disait le Juif à son fils. Ainsi font les nôtres souvent. Ainsi se conservent les fausses religions ; et la vraie même, à l'égard de beaucoup de gens. Mais il y en a qui n'ont pas le pouvoir de s'empêcher ainsi de songer, et qui songent d'autant plus qu'on leur défend. Ceux-là se défont des fausses religions ; et de la vraie même, s'ils ne trouvent des discours solides.

XXII

Qu'il y a loin de la connaissance de Dieu à l'aimer !

XXIII

Es-tu moins esclave, pour être aimé et flatté de ton maître? Tu as bien du bien, esclave : ton maître te flatte. Il te battra tantôt.

XXIV

Ce n'est pas dans Montaigne, mais dans moi, que je trouve tout ce j'y vois[1].

[1] Pascal ne traite pas Montaigne toujours grandement

XXV

Ennui. — Rien n'est si insupportable à l'homme que d'être dans un plein repos, sans passion, sans affaire, sans divertissement, sans application. Il sent alors son néant, son abandon, son insuffisance, sa dépendance, son impuissance, son vide. Incontinent il sortira du fond de son âme l'ennui, la noirceur, la tristesse, le chagrin, le dépit, le désespoir.

¶ *Agitation.* — Quand un soldat se plaint de la peine qu'il a, ou un laboureur, etc., qu'on les mette sans rien faire.

XXVI

L'homme n'agit point par la raison qui fait son être.

XXVII

Bassesse de l'homme jusqu'à se soumettre aux bêtes, jusqu'à les adorer.

XXVIII

... Tous leurs principes sont vrais, des pyrrhoniens, des stoïques, des athées, etc. Mais leurs conclusions sont fausses, parce que les principes opposés sont vrais aussi.

XXIX

Les philosophes ont consacré les vices, en les mettant en Dieu même ; les chrétiens ont consacré les vertus.

XXX

Immatérialité de l'âme. Les philosophes qui ont dompté leurs passions, quelle matière l'a pu faire?

XXXI

La belle chose, de crier à un homme qui ne se connaît pas, qu'il aille de lui-même à Dieu !

comme dans l'entrevue avec M. de Sacy : il l'insulte et le rapetisse ; il voudrait l'avilir : « *Il est plein de mots sales et déshonnêtes... Le sot projet que Montaigne a eu de se peindre!...* » Puis, presque aussitôt, on a un retour, une réminiscence : « *La coutume doit être suivie...* » Ou encore, ce qui est plus formel et qui lui échappe : « *Ce que Montaigne a de bon ne peut être acquis que difficilement ; ce qu'il a de mauvais (j'entends hors les mœurs) eût pu être corrigé en un moment, si on l'eût averti qu'il faisait trop d'histoires et qu'il parlait trop de soi.* » Et ailleurs il le qualifie tout d'un coup l'*incomparable auteur de l'art de conférer...*
(Sainte-Beuve.)

Et la belle chose, de le dire à un homme qui se connaît!

XXXII

Recherche du vrai bien. — Le commun des hommes met le bien dans la fortune et dans les biens du dehors, ou au moins dans le divertissement. Les philosophes ont montré la vanité de tout cela, et l'ont mis où ils ont pu.

¶ Pour les philosophes[1] 288 souverains biens.

¶ *Ut sis contentus temetipso et ex te nascentibus bonis.* Il y a contradiction, car ils conseillent enfin de se tuer. Oh! quelle vie heureuse, dont on se délivre comme de la peste!

¶ Il est bon d'être lassé et fatigué par l'inutile recherche du vrai bien, afin de tendre les bras au libérateur.

XXXIII

Mon Dieu, que ce sont de sots discours! « Dieu aurait-il fait le monde pour le damner? demanderait-il tant de gens si faibles? » etc. Pyrrhonisme est le remède à ce mal, et rabattra cette vanité.

XXXIV

Dira-t-on que pour avoir dit que la justice est partie de la terre, les hommes aient connu le péché originel? — *Nemo ante obitum beatus est.* — C'est-à-dire qu'ils aient connu qu'à la mort la béatitude éternelle et essentielle commence?

XXXV

Le bon sens. — Ils sont contraints de dire : Vous n'agissez pas de bonne foi; nous ne devrions pas, etc. Que j'aime à voir cette superbe raison humiliée et suppliante! Car ce n'est pas là le langage d'un homme à qui on dispute son droit, et qui le défend les armes et la force à la main. Il ne s'amuse pas à dire qu'on n'agit pas de bonne foi, mais il punit cette mauvaise foi par la force.

XXXVI

L'Ecclésiaste montre que l'homme sans Dieu est dans l'ignorance de tout, et dans un malheur inévitable. Car c'est être malheureux que de vouloir et ne pouvoir. Or, il veut être heureux et assuré de quelque vérité, et cependant il ne peut ni savoir, ni ne désirer point de savoir. Il ne peut même douter.

XXXVII

On a bien de l'obligation à ceux qui avertissent des défauts, car ils mortifient. Ils apprennent qu'on a été méprisé, ils n'empêchent pas qu'on ne le soit à l'avenir, car on a bien d'autres défauts pour l'être. Ils préparent l'exercice de la correction et l'exemption d'un défaut.

XXXVIII

Nulle secte ni religion n'a toujours été sur la terre que la religion chrétienne.

¶ Il n'y a que la religion chrétienne qui rende l'homme aimable et heureux tout ensemble. Dans l'honnêteté, on ne peut être aimable et heureux tout ensemble.

XXXIX

La foi est un don de Dieu. Ne croyez pas que nous disions que c'est un don de raisonnement. Les autres religions ne disent pas cela de leur foi; elles ne donnaient que le raisonnement pour y arriver, qui n'y mène pas néanmoins.

XL

Les figures de la totalité de la Rédemption, comme que le soleil éclaire à tous, ne marquent qu'une totalité; mais les figurantes des exclusions, comme des Juifs élus à l'exclusion des Gentils, marquent l'exclusion.

« Jésus-Christ rédempteur de tous. » — Oui, car il a offert, comme un homme qui a racheté tous ceux qui voudront venir à lui. Ceux qui mourront en chemin, c'est leur malheur; mais quant à lui, il leur offrait rédemption. — Cela est bon en cet exemple, où celui qui rachète et celui qui empêche de mourir sont deux, mais non pas en Jésus-Christ, qui fait l'un et l'autre. — Non, car Jésus-Christ, en qualité de rédempteur, n'est pas peut-être maître de tous; et ainsi, en tant qu'il est en lui, il est rédempteur de tous.

XLI

Les prophéties citées dans l'Évangile, vous

---

[1] « Il n'est point de combat si violent entre les philosophes, et si âpre, que celuy qui se dresse sur la question du souverain bien de l'homme; duquel, par le calcul de Varro, nasquirent deux cents quatre vingts huict sectes. » (Montaigne.)

croyez qu'elles sont rapportées pour vous faire croire. Non, c'est pour vous éloigner de croire.

¶ Les miracles ne servent pas à convertir, mais à condamner.

XLII

Quand Épictète aurait vu parfaitement bien le chemin, il dit aux hommes : Vous en suivez un faux ; il montre que c'en est un autre, mais il n'y mène pas. C'est celui de vouloir ce que Dieu veut ; Jésus-Christ seul y mène : *Via, veritas.*

XLIII

Je considère Jésus-Christ en toutes les personnes et en nous-mêmes. Jésus-Christ comme père en son Père, Jésus-Christ comme frère en ses frères, Jésus-Christ comme pauvre en les pauvres, Jésus-Christ comme riche en les riches, Jésus-Christ comme docteur et prêtre en les prêtres, Jésus-Christ comme souverain en les princes, etc. Car il est par sa gloire tout ce qu'il y a de grand, étant Dieu, et est par sa vie mortelle tout ce qu'il y a de chétif et d'abject : pour cela il a pris cette malheureuse condition, pour pouvoir être en toutes les personnes, et modèle de toutes conditions.

XLIV

Les Psaumes chantés par toute la terre.

Qui rend témoignage de Mahomet ? Lui-même. Jésus-Christ veut que son témoignage ne soit rien.

La qualité de témoins fait qu'il faut qu'ils soient toujours et partout, et, misérable, il est seul[1].

XLV

Ce n'est pas une chose rare qu'il faille reprendre le monde de trop de docilité ; c'est un vice naturel comme l'incrédulité, et aussi pernicieux. Superstition.

XLVI

Il y a peu de vrais chrétiens, je dis même pour la foi. Il y en a bien qui croient, mais par superstition ; il y en a bien qui ne croient pas, mais par libertinage : peu sont entre deux.

Je ne comprends pas en cela ceux qui sont dans la véritable piété de mœurs et tous ceux qui croient par un sentiment du cœur.

XLVII

Ceux qui n'aiment pas la vérité prennent le prétexte de la contestation de la multitude de ceux qui la nient. Et ainsi leur erreur ne vient que de ce qu'ils n'aiment pas la vérité ou la charité ; et ainsi ils ne sont pas excusés.

XLVIII

Tant s'en faut que d'avoir ouï dire une chose soit la règle de votre créance, que vous ne devez rien croire sans vous mettre en l'état comme si jamais vous ne l'aviez ouï. C'est le consentement de vous à vous-même, et la voix constante de votre raison, et non des autres, qui vous doit faire croire.

Le croire est si important ! Cent contradictions seraient vraies.

Si l'antiquité était la règle de la créance, les anciens étaient donc sans règle. Si le consentement général ; si les hommes étaient péris ?

Fausse humilité, orgueil. Levez le rideau. Vous avez beau faire ; si faut-il ou croire, ou nier, ou douter. N'aurons-nous donc pas de règle ? Nous jugons des animaux qu'ils font bien ce qu'ils font : n'y aura-t-il point une règle pour juger des hommes ? Nier, croire, et douter bien, sont à l'homme ce que le courir est au cheval.

XLIX

Notre religion est sage et folle. Sage, parce qu'elle est la plus savante et la plus fondée en miracles, prophéties, etc. Folle, parce que ce n'est point tout cela qui fait qu'on en est ; cela fait bien condamner ceux qui n'en sont pas, mais non pas croire ceux qui en sont. Ce qui les fait croire, c'est la croix, *ne evacuata sit crux.* Et ainsi saint Paul, qui est venu en sagesse et signes, dit qu'il n'est venu ni en sagesse ni en signes, car il venait pour convertir. Mais ceux qui ne viennent que pour convaincre peuvent dire qu'ils viennent en sagesse et signes.

L

La loi obligeait à ce qu'elle ne donnait pas. La grâce donne ce à quoi elle oblige.

---

[1] « Il est seul. » (Mahomet.)

LI

Ce que les hommes, par leurs plus grandes lumières, avaient pu connaître, cette religion l'enseignait à ses enfants.

LII

Que je hais ces sottises, de ne pas croire l'Eucharistie, etc.....! Si l'Évangile est vrai, si Jésus-Christ est Dieu, quelle difficulté y a-t-il là?

LIII

Le juste agit par foi dans les moindres choses : quand il reprend ses serviteurs, il souhaite leur conversion par l'esprit de Dieu, et prie Dieu de les corriger, et attend autant de Dieu que de ses répréhensions, et prie Dieu de bénir ses corrections. Et ainsi aux autres actions.

¶ De tout ce qui est sur la terre, il ne prend part qu'aux déplaisirs, non aux plaisirs. Il aime ses proches, mais sa charité ne se renferme pas dans ces bornes, et se répand sur ses ennemis, et puis sur ceux de Dieu.

LIV

Pourquoi Dieu a établi la prière. — 1° Pour communiquer à ses créatures la dignité de la causalité. 2° Pour nous apprendre de qui nous tenons la vertu. 3° Pour nous faire mériter les autres vertus par travail. — Objection. Mais on croira qu'on tient la prière de soi. — Cela est absurde, car puisque, ayant la foi, on ne peut pas avoir les vertus, comment aurait-on la foi? Y a-t-il pas plus de distance de l'infidélité à la foi que de la foi à la vertu?

¶ Dieu ne doit que suivant ses promesses. Il a promis d'accorder la justice aux prières : jamais il n'a promis les prières qu'aux enfants de la promesse.

LV

M. de Roannez disait : Les raisons me viennent après, mais d'abord la chose m'agrée ou me choque sans en savoir la raison, et cependant cela me choque par cette raison que je ne découvre qu'ensuite. Mais je crois, non pas que cela choquait par ces raisons qu'on trouve après, mais qu'on ne trouve ces raisons que parce que cela choque.

LVI

Il n'aime plus cette personne qu'il aimait il y a dix ans. Je crois bien : elle n'est plus la même, ni lui non plus. Il était jeune et elle aussi : elle est tout autre. Il l'aimerait peut-être encore, telle qu'elle était alors.

LVII

Craindre la mort hors du péril, et non dans le péril, car il faut être homme.

¶ Mort soudaine seule à craindre, et c'est pourquoi les confesseurs demeurent chez les grands.

LVIII

Il faut se connaître soi-même : quand cela ne servirait pas à trouver le vrai, cela au moins sert à régler sa vie, et il n'y a rien de plus juste.

LIX

Quand notre passion nous porte à faire quelque chose, nous oublions notre devoir. Comme on aime un livre on le lit, lorsqu'on devrait faire autre chose. Mais pour s'en souvenir, il faut se proposer de faire quelque chose qu'on hait; et lors on s'excuse sur ce qu'on a autre chose à faire, et on se souvient de son devoir par ce moyen.

LX

Que je hais ceux qui font les douteurs de miracles! Montaigne en parle comme il faut dans les deux endroits. On voit en l'un combien il est prudent, et néanmoins il croit en l'autre et se moque des incrédules.

LXI

Quand on veut poursuivre les vertus jusqu'aux extrêmes de part et d'autre, il se présente des vices qui s'y insinuent insensiblement, dans leurs routes insensibles, du côté du petit infini; et il s'en présente des vices, en foule du côté du grand infini, de sorte qu'on se perd dans les vices, et on ne voit plus les vertus.

LXII

Diversité. — La théologie est une science, mais en même temps combien est-ce de sciences! Un homme est un suppôt : mais si on l'anatomise, sera-ce la tête, le cœur, l'estomac, les veines, chaque veine, chaque portion de veine, le sang, chaque humeur du sang?

Une ville, une campagne, de loin, est une ville et une campagne; mais à mesure qu'on s'approche, ce sont des maisons, des arbres, des tuiles, des feuilles, des herbes, des fourmis, des jambes de fourmi, à l'infini. Tout cela s'enveloppe sous le nom de campagne.

LXIII

Deux sortes de gens égalent les choses, comme les fêtes aux jours ouvriers, les chrétiens aux prêtres, tous les péchés entre eux, etc. Et de là les uns concluent que ce qui est donc mal aux prêtres l'est aussi aux chrétiens; et les autres, que ce qui n'est pas mal aux chrétiens est permis aux prêtres.

LXIV

La nature s'imite. Une graine, jetée en bonne terre, produit. Un principe, jeté dans un bon esprit, produit. Les nombres imitent l'espace, qui sont de nature si différente. Tout est fait et conduit par un même maître : la racine, la branche, les fruits; les principes, les conséquences.

LXV

L'admiration gâte tout dès l'enfance. Oh! que cela est bien dit! qu'il a bien fait! qu'il est sage! etc. Les enfants de Port-Royal, auxquels on ne donne point cet aiguillon d'envie et de gloire, tombent dans la nonchalance.

LXVI

L'expérience nous fait voir une différence énorme entre la dévotion et la bonté.

LXVII

Quel dérèglement de jugement, par lequel il n'y a personne qui ne se mette au-dessus de tout le reste du monde, et qui n'aime mieux son propre bien, et la durée de son bonheur et de sa vie que celle de tout le reste du monde!

LXVIII

On ne s'ennuie point de manger et dormir tous les jours, car la faim renaît, et le sommeil : sans cela on s'en ennuierait. Ainsi, sans la fin des choses spirituelles, on s'en ennuie. Faim de la justice; béatitude huitième.

LXIX

Il n'y a que deux sortes d'hommes : les uns justes, qui se croient pécheurs; les autres pécheurs, qui se croient justes.

LXX

Il n'est pas bon d'être trop libre. Il n'est pas bon d'avoir tout le nécessaire.

LXXI

L'espérance que les chrétiens ont de posséder un bien infini est mêlée de jouissance aussi bien que de crainte : car ce n'est pas comme ceux qui espèreraient un royaume, dont ils n'auraient rien étant sujets; mais ils espèrent la sainteté, l'exemption d'injustice, et ils en ont quelque chose.

LXXII

Comminutum cor. Saint Paul. Voilà le caractère chrétien. « Albe vous a nommé, je ne vous connais plus.. » Corneille. Voilà le caractère inhumain. Le caractère humain est le contraire.

LXXIII

Symétrie, est ce qu'on voit d'une vue. Fondée sur ce qu'il n'y a pas de raison de faire autrement. Et fondée aussi sur la figure de l'homme, d'où il arrive qu'on ne veut la symétrie qu'en largeur, non en hauteur ni profondeur.

LXXIV

Morale et langage sont des sciences particulières, mais universelles.

LXXV

... Mais il est impossible que Dieu soit jamais la fin, s'il n'est le principe. On dirige sa vue en haut, mais on s'appuie sur le sable : et la terre fondra, et on tombera en regardant le ciel.

LXXVI

... L'ennui qu'on a de quitter les occupations où l'on s'est attaché. Un homme vit avec plaisir en son ménage : qu'il voie une femme qui lui plaise, qu'il joue cinq ou six jours avec plaisir; le voilà misérable s'il retourne à sa

LXXVII.

C'est une chose déplorable de voir tous les hommes ne délibérer que des moyens, et point de la fin. Chacun songe comment il s'acquittera de sa condition ; mais pour le choix de la condition, et de la patrie, le sort nous le donne. C'est une chose pitoyable de voir tant de Turcs, d'hérétiques, d'infidèles suivre le train de leurs pères, par cette seule raison qu'ils ont été prévenus chacun que c'est le meilleur. Et c'est ce qui détermine chacun à chaque condition, de serrurier, soldat, etc. C'est par là que les sauvages n'ont que faire de la Providence.

LXXVIII.

Description de l'homme. Dépendance, désir d'indépendance, besoin.

LXXIX

On n'est pas misérable sans sentiment : une maison ruinée ne l'est pas. Il n'y a que l'homme de misérable. *Ego vir videns.*

LXXX

La nature de l'homme est toute nature, *omne animal*. Il n'y a rien qu'on ne rende naturel ; il n'y a naturel qu'on ne fasse perdre.

¶... La vraie nature étant perdue, tout devient sa nature ; comme, le véritable bien étant perdu, tout devient son véritable bien.

LXXXI

La juridiction ne se donne pas pour [le] juridiciant, mais pour le juridicié. Il est dangereux de le dire au peuple : mais le peuple a trop de croyance en vous ; cela ne lui nuira pas, et peut vous servir. Il faut donc le publier. *Pasce oves meas, non tuas.* Vous me devez pâture.

LXXXII

La Sagesse nous envoie à l'enfance : *nisi efficiamini sicut parvuli.*

LXXXIII

La vraie religion enseigne nos devoirs, nos impuissances (orgueil et concupiscence), et les remèdes (humilité, mortification).

LXXXIV

L'Écriture a pourvu de passages pour consoler toutes les conditions, et pour intimider toutes les conditions.

La nature semble avoir fait la même chose par ses deux infinis, naturels et moraux : car nous aurons toujours du dessus et du dessous, de plus habiles et de moins habiles, de plus élevés et de plus misérables, pour abaisser notre orgueil, et relever notre abjection.

LXXXV

L'Être éternel est toujours, s'il est une fois.

LXXXVI

La corruption de la raison paraît par tant de différentes et extravagantes mœurs. Il a fallu que la vérité soit venue, afin que l'homme ne vécût plus en soi-même.

LXXXVII

La coutume est notre nature. Qui s'accoutume à sa foi, la croit, et ne peut plus ne pas craindre l'enfer, et ne croit autre chose. Qui s'accoutume à croire que le roi est terrible... etc. Qui doute donc que notre âme, étant accoutumée à voir nombre, espace, mouvement, croie cela et rien que cela ?

LXXXVIII

Fausseté des autres religions. Ils n'ont point de témoins, ceux-ci en ont. Dieu défie les autres religions de produire de telles marques : *Isaïe*, XLIII, 9 ; XLIV, 8.

LXXXIX

Les deux plus anciens livres du monde sont Moïse et Job, l'un juif, l'autre païen, qui tous deux regardent Jésus-Christ comme leur centre commun et leur objet : Moïse, en rapportant les promesses de Dieu à Abraham, Jacob, etc., et ses prophéties ; et Job : *Quis mihi det ut*, etc. *Scio enim quod redemptor meus vivit*, etc.

XC

Je ne serais pas chrétien sans les miracles, dit saint Augustin.

¶ On n'aurait point péché en ne croyant pas

Jésus-Christ sans les miracles : *Vide an mantiar.*

¶ Il n'est pas possible de croire raisonnablement contre les miracles.

¶ *Ubi est Deus tuus?* Les miracles le montrent, et sont un éclair.

XCI

Pour les religions il faut être sincère ; vrais païens, vrais juifs, vrais chrétiens.

XCII

... Les vrais chrétiens obéissent aux folies néanmoins, non pas qu'ils respectent les folies, mais l'ordre de Dieu, qui pour la punition des hommes, les a asservis à ces folies. *Omnis creatura subjecta est vanitati. Liberabitur.*

Ainsi saint Thomas explique le lieu de saint Jacques sur la préférence des riches, que, s'ils ne le font dans la vue de Dieu, ils sortent de l'ordre de la religion.

XCIII

Abraham ne prit rien pour lui, mais seulement pour ses serviteurs ; ainsi le juste ne prend rien pour soi du monde, ni des applaudissements du monde ; mais seulement pour ses passions, desquelles il se sert comme maître, en disant à l'une : Va, et [à l'autre], Viens. *Sub te erit appetitus tuus.* Les passions ainsi dominées sont vertus. L'avarice, la jalousie, la colère, Dieu même [se] les attribue ; et ce sont aussi bien vertus que la clémence, la pitié, la constance, qui sont aussi des passions. Il faut s'en servir comme d'esclaves, et leur laissant leur aliment, empêcher que l'âme n'y en prenne ; car quand les passions sont les maîtresses, elles sont vices, et alors elles donnent à l'âme de leur aliment, et l'âme s'en nourrit et s'en empoisonne.

XCIV

On ne s'éloigne [de Dieu] qu'en s'éloignant de la charité. Nos prières et nos vertus sont abomination devant Dieu, si elles ne sont les prières et les vertus de Jésus-Christ. Et nos péchés ne seront jamais l'objet de la miséricorde, mais de la justice de Dieu, s'ils ne sont ceux de Jésus-Christ. Il a adopté nos péchés, et nous a admis à son alliance ; car les vertus lui sont propres, et les péchés étrangers ; et les vertus nous sont étrangères, et nos péchés nous sont propres.

Changeons la règle que nous avons prise jusqu'ici pour juger de ce qui est bon. Nous en avions pour règle notre volonté, prenons maintenant la volonté de Dieu : tout ce qu'il veut nous est bon et juste, tout ce qu'il ne veut pas nous est mauvais.

Tout ce que Dieu ne veut pas est défendu. Les péchés sont défendus par la déclaration générale que Dieu a faite qu'il ne les voulait pas. Les autres choses qu'il a laissées sans défense générale, et qu'on appelle par cette raison permises, ne sont pas néanmoins toujours permises. Car quand Dieu en éloigne quelqu'une de nous, et que par l'événement, qui est une manifestation de la volonté de Dieu, il paraît que Dieu ne veut pas que nous ayons une chose, cela nous est défendu alors comme le péché, puisque la volonté de Dieu est que nous n'ayons non plus l'un que l'autre. Il y a cette différence seule entre ces deux choses, qu'il est sûr que Dieu ne voudra jamais le péché, au lieu qu'il ne l'est pas qu'il ne voudra jamais l'autre. Mais tandis que Dieu ne la veut pas, nous la devons regarder comme péché ; tandis que l'absence de la volonté de Dieu, qui est seule toute la bonté et toute la justice, la rend injuste et mauvaise.

XCV

« Je m'en suis réservé sept mille[1]. » J'aime les adorateurs inconnus au monde, et aux prophètes mêmes.

XCVI

Les hommes n'ayant pas accoutumé de former le mérite, mais seulement le récompenser où ils le trouvent formé, jugent de Dieu par eux-mêmes.

XCVII

... J'aurais bien pris ce discours d'ordre comme celui-ci : pour montrer la vanité de

---

[1] « Je me suis réservé sept mille hommes dans Israël, qui n'ont point fléchi le genou devant Baal. » C'est la réponse que Dieu fait aux plaintes du prophète Élie dans l'Épître aux Romains, xi, 4. C'est là pour Pascal une figure de la petite église janséniste persécutée et fidèle. (Havet.)

toutes sortes de conditions, montrer la vanité des vies communes, et puis la vanité des vies philosophiques (pyrrhoniennes, stoïques) ; mais l'ordre ne serait pas gardé. Je sais un peu ce que c'est, et combien peu de gens l'entendent. Nulle science humaine ne le peut garder. Saint Thomas ne l'a pas gardé. La mathématique le garde, mais elle est inutile en sa profondeur.

XCVIII

Mon ami, vous êtes né de ce côté de la montagne ; il est donc juste que votre aîné ait tout.

XCIX

Nous implorons la miséricorde de Dieu, non afin qu'il nous laisse en paix dans nos vices, mais afin qu'il nous en délivre.

C

Si Dieu nous donnait des maîtres de sa main, oh ! qu'il leur faudrait obéir de bon cœur ! La nécessité et les événements en sont infailliblement.

CI

Eritis sicut dii, scientes bonum et malum. Tout le monde fait le dieu en jugeant. Cela est bon ou mauvais ; et s'affligeant ou se réjouissant trop des événements.

CII

Faire les petites choses comme grandes, à cause de la majesté de Jésus-Christ qui les fait en nous, et qui vit notre vie ; et les grandes comme petites et aisées, à cause de sa toute-puissance.

LETTRES

A MADEMOISELLE DE ROANNEZ[1]

I

1656.

Pour répondre à tous vos articles et bien écrire malgré mon peu de temps.

Je suis ravi de ce que vous goûtez le livre de M. de Laval[2] et les Méditations sur la grâce ; j'en tire de grandes conséquences pour ce que je souhaite.

Je mande le détail de cette condamnation qui vous avait effrayée[3] : cela n'est rien du tout, Dieu merci, et c'est un miracle de ce qu'on n'y fait pas pis, puisque les ennemis de la vérité ont le pouvoir et la volonté de l'opprimer. Peut-être êtes-vous de celles qui méritent que Dieu ne l'abandonne pas et ne la retire pas de la terre qui s'en est rendue si indigne, et il est assuré que vous servez à l'Église par vos prières ; si l'Église vous a servi par les siennes. Car c'est l'Église qui mérite avec Jésus-Christ, qui en est inséparable, la conversion de tous ceux qui ne sont pas dans la vérité ; et ce sont ensuite ces personnes converties qui secourent la mère qui les a délivrées. Je loue de tout mon cœur le petit zèle que j'ai reconnu dans votre lettre pour l'union avec le pape. Le corps n'est non plus vivant sans le chef, que le chef sans le corps. Quiconque se sépare de l'un ou de l'autre n'est plus du corps et n'appartient plus à Jésus-Christ. Je ne sais s'il y a des personnes dans l'Église plus attachées à cette unité de corps que ceux que vous appelez nôtres. Nous savons que toutes les vertus, le martyre, les austérités et toutes les bonnes œuvres sont inutiles hors de l'Église et de la communion du chef de l'Église, qui est le pape.

Je ne me séparerai jamais de sa communion, au moins je prie Dieu de m'en faire la grâce ; sans quoi je serais perdu pour jamais.

Je vous fais une espèce de profession de foi et je ne sais pourquoi ; mais je ne l'effacerai pas ni ne recommencerai pas.

---

[1] Charlotte Gouffier de Roannez, sœur du duc de ce nom, l'ami de Pascal et l'un des éditeurs des *Pensées*. Mademoiselle de Roannez peut être regardée comme l'une des victimes les plus à plaindre du prosélytisme de Port-Royal. Reçue comme novice dans cette maison célèbre, en 1657, après s'être échappée furtivement de chez sa mère, elle fit des vœux simples de virginité, mais elle ne prit point le voile, parce qu'elle fut contrainte par une lettre de cachet de rentrer dans sa famille. Elle y vécut longtemps dans la retraite, soutenue et exaltée tour à tour dans la dévotion par Pascal, madame Périer et M. Singlin. Mais quelques années après sa sortie de Port-Royal, elle épousa le duc de la Feuillade, en 1667, après qu'un conseil de conscience l'eut autorisée à se faire relever des vœux de virginité qu'elle avait faits en entrant à Port-Royal. — Voir sur la duchesse de la Feuillade le nécrologe de Port-Royal du 13 février, et une *notice* de Marguerite Périer, publiée par M. Cousin dans la *Bibliothèque de l'École des Chartes*, septembre-octobre 1843. Un extrait de cette notice a aussi été publié par M. Faugère, *Pensées de Pascal*, t. I, p. 381 et suiv.

[2] Pseudonyme sous lequel le duc de Luynes publia divers ouvrages de piété, entre autres les *Sentences tirées de l'Écriture sainte et des Pères*.

[3] Il s'agit probablement de la censure de la Sorbonne contre Arnauld, en 1656.

M. Du Gas m'a parlé ce matin de votre lettre avec autant d'étonnement et de joie qu'on en peut avoir : il ne sait où vous avez pris ce qu'il m'a rapporté de vos paroles; il m'en a dit des choses surprenantes et qui ne me surprennent plus tant. Je commence à m'accoutumer à vous et à la grâce que Dieu vous fait, et néanmoins je vous avoue qu'elle m'est toujours nouvelle comme elle est toujours nouvelle en effet.

Car c'est un flux continuel de grâces que l'Écriture compare à un fleuve et à la lumière que le soleil envoie incessamment hors de soi et qui est toujours nouvelle, en sorte que s'il cessait un instant d'en envoyer, toute celle qu'on aurait reçue disparaîtrait et on resterait dans l'obscurité.

Il m'a dit qu'il avait commencé à vous répondre et qu'il le transcrirait pour le rendre plus lisible, et qu'en même temps il l'étendrait. Mais il vient de me l'envoyer avec un petit billet où il me mande qu'il n'a pu ni le transcrire ni l'étendre; cela me fait croire que cela sera mal écrit. Je suis témoin de son peu de loisir et du désir qu'il avait d'en avoir pour vous.

Je prends part à la joie que vous donnera l'affaire des**[1], car je vois bien que vous vous intéressez pour l'Église : vous lui êtes bien obligée. Il y a seize cents ans qu'elle gémit pour vous. Il est temps de gémir pour elle et pour nous tout ensemble, et de lui donner tout ce qui nous reste de vie, puisque Jésus-Christ n'a pris la sienne que pour la perdre pour elle et pour nous.

II

Octobre 1656.

Il me semble que vous prenez assez de part au miracle pour vous mander en particulier que la vérification en est achevée par l'Église, comme vous le verrez par cette sentence de M. le grand-vicaire[2].

[1] Dans le manuscrit de l'Oratoire : *des religieuses*.
(Faugère.)

[2] Cette sentence qui *approuvait* la guérison miraculeuse opérée par l'attouchement de la sainte épine sur Marguerite Périer, nièce de Pascal, est du 22 octobre 1656, ce qui donne avec certitude la date approximative de cette lettre. Pascal était alors au fort des *Provinciales*. (Faugère.)

Il y a si peu de personnes à qui Dieu se fasse paraître par ces coups extraordinaires, qu'on doit bien profiter de ces occasions, puisqu'il ne sort du secret de la nature qui le couvre que pour exciter notre foi à le servir avec d'autant plus d'ardeur que nous le connaissons avec plus de certitude.

Si Dieu se découvrait continuellement aux hommes, il n'y aurait point de mérite à le croire ; et, s'il ne se découvrait jamais, il y aurait peu de foi. Mais il se cache ordinairement et se découvre rarement à ceux qu'il veut engager dans son service. Cet étrange secret, dans lequel Dieu s'est retiré impénétrable à la vue des hommes, est une grande leçon pour nous porter à la solitude loin de la vue des hommes. Il est demeuré caché sous le voile de la nature qui nous le couvre jusques à l'Incarnation ; et quand il a fallu qu'il ait paru, il s'est encore plus caché en se couvrant de l'humanité. Il était bien plus reconnaissable quand il était invisible que non pas quand il s'est rendu visible. Et enfin, quand il a voulu accomplir la promesse qu'il fit à ses apôtres de demeurer avec les hommes jusqu'à son dernier avènement, il a choisi d'y demeurer dans le plus étrange et le plus obscur secret de tous, qui sont les espèces de l'Eucharistie. C'est ce sacrement que saint Jean appelle dans l'Apocalypse *une manne cachée* ; et je crois qu'Isaïe le voyait en cet état, lorsqu'il dit en esprit de prophétie : *Véritablement tu es un Dieu caché.* C'est là le dernier secret où il peut être. Le voile de la nature qui couvre Dieu a été pénétré par plusieurs infidèles qui, comme dit saint Paul, ont reconnu un Dieu invisible par la nature visible. Les chrétiens hérétiques l'ont connu à travers son humanité et adorent Jésus-Christ Dieu et homme. Mais de le reconnaître sous des espèces de pain, c'est le propre des seuls catholiques : il n'y a que nous que Dieu éclaire jusque-là. On peut ajouter à ces considérations le secret de l'Esprit de Dieu caché encore dans l'Écriture. Car il y a deux sens parfaits, le littéral et le mystique ; et les Juifs, s'arrêtant à l'un, ne pensent pas seulement qu'il y en ait un autre et ne songent pas à le chercher, de même que les impies, voyant les effets naturels, les attribuent à la nature, sans penser qu'il y en ait un autre auteur, et, comme les Juifs, voyant un homme parfait en Jésus-Christ, n'ont pas pensé à y chercher une autre nature : *Nous n'avons pas pensé que ce fût lui,* dit encore Isaïe; et de même enfin que les hérétiques, voyant les apparences parfaites du pain dans l'Eucharistie, ne pensent pas à y chercher une autre substance. Toutes choses couvrent quelque mystère; toutes choses sont des voiles qui couvrent Dieu. Les chrétiens doivent le reconnaître en tout. Les afflictions temporelles couvrent les biens éternels où elles conduisent. Les joies temporelles couvrent les maux éternels qu'elles causent. Prions Dieu de nous le faire reconnaître et servir en tout; et rendons-lui des grâces infinies de ce que s'étant caché en toutes choses pour les autres, il s'est découvert en toutes choses et en tant de manières pour nous.

III

Je ne sais comment vous aurez reçu la perte de vos lettres. Je voudrais bien que vous l'eussiez prise comme il faut. Il est temps de commencer à juger de ce qui est bon ou mauvais par la volonté de Dieu, qui ne peut être ni injuste ni aveugle, et non pas par la nôtre propre qui est toujours pleine de malice et d'erreur. Si vous avez eu ces sentiments, j'en serai bien content, afin que vous vous en soyez consolée sur une raison plus solide que celle que j'ai à vous dire, qui est que j'espère qu'elles se retrouveront. On m'a déjà apporté celle du 5; et quoique ce ne soit pas la plus importante, car celle de M. Du Gas l'est davantage, néanmoins cela me fait espérer de ravoir l'autre.

Je ne sais pourquoi vous vous plaignez de ce que je n'avais rien écrit pour vous; je ne vous sépare point vous deux, et je songe sans cesse à l'un et à l'autre. Vous voyez bien que mes autres lettres, et encore celle-ci, vous regardent assez. En vérité, je ne puis m'empêcher de vous dire que je voudrais être infaillible dans mes jugements, vous ne seriez pas mal si cela était, car je suis bien content de vous; mais mon jugement n'est rien. Je dis cela sur la manière dont je vois que vous parlez de ce bon cordelier persécuté, et de ce que fait le * : Je ne suis pas surpris de voir M. N. s'y intéresser; je suis accoutumé à son zèle, mais le vôtre m'est tout à fait nouveau; c'est ce langage nouveau que produit ordinairement le cœur nouveau. Jésus-Christ a donné dans l'Évangile cette marque pour reconnaître ceux qui ont la foi, qui est qu'ils parleront un langage nouveau; et en effet le renouvellement des pensées et des désirs cause celui des discours. Ce que vous dites des jours où vous vous êtes trouvée seule, et la consolation que vous donne la lecture, sont des choses que M. N. sera bien aise de savoir quand je les lui ferai voir, et ma sœur aussi. Ce sont assurément des choses nouvelles, mais qu'il faut sans cesse renouveler, car cette nouveauté, qui ne peut déplaire à Dieu comme le vieil homme ne lui peut plaire, est différente des nouveautés de la terre, en ce que les choses du monde, quelque nouvelles qu'elles soient, vieillissent en durant; au lieu que cet esprit nouveau se renouvelle d'autant plus, qu'il dure davantage. Notre vieil homme périt, dit saint Paul, et se renouvelle de jour en jour, et ne sera parfaitement nouveau que dans l'éternité, où l'on chantera sans cesse ce cantique nouveau dont parle David dans les Psaumes de Laudes[1], c'est-à-dire ce chant qui part de l'esprit nouveau de la charité.

Je vous dirai pour nouvelle de ce qui touche ces deux personnes que je vois bien que leur zèle ne se refroidit pas; cela m'étonne, car il est bien plus rare de voir continuer dans la piété que d'y voir entrer. Je les ai toujours dans l'esprit et principalement celle du miracle[2], parce qu'il y a quelque chose de plus extraordinaire, quoique l'autre le soit aussi beaucoup et quasi sans exemple. Il est certain que les grâces que Dieu fait en cette vie sont la mesure de la gloire qu'il prépare en l'autre. Aussi, quand je prévois la fin et le couronnement de son ouvrage par les commencements qui en paraissent dans les personnes de piété, j'entre en une vénération qui me transit de respect envers ceux qu'il semble avoir choisis pour ses élus. Je vous avoue qu'il me semble que je les vois déjà dans un de ces trônes où ceux qui auront tout quitté jugeront le monde

---

[1] Psaume XXXII, 3.
[2] Marguerite Périer, qu'on appelait alors *la petite miraculeuse.* (Faugère.)

avec Jésus-Christ, selon la promesse qu'il en a faite. Mais quand je viens à penser que ces mêmes personnes peuvent tomber et être au contraire au nombre malheureux des jugés, et qu'il y en aura tant qui tomberont de la gloire et qui laisseront prendre à d'autres par leur négligence la couronne que Dieu leur avait offerte, je ne puis souffrir cette pensée ; et l'effroi que j'aurais de les voir en cet état éternel de misère, après les avoir imaginés avec tant de raison dans l'autre état, me fait détourner l'esprit de cette idée et revenir à Dieu pour le prier de ne pas abandonner les faibles créatures qu'il s'est acquises, et à lui dire pour les deux personnes que vous savez ce que l'Église dit aujourd'hui avec saint Paul : *Seigneur, achevez vous-même l'ouvrage que vous-même avez commencé.* Saint Paul se considérait souvent en ces deux états, et c'est ce qui lui fait dire ailleurs : *Je châtie mon corps, de peur que moi-même, qui convertis tant de peuples, je ne devienne réprouvé.* Je finis donc par ces paroles de Job : *J'ai toujours craint le Seigneur comme les flots d'une mer furieuse et enflée pour m'engloutir.* Et ailleurs : *Bienheureux est l'homme qui est toujours en crainte !*

IV

Il est bien assuré qu'on ne se détache jamais sans douleur. On ne sent pas son lien quand on suit volontairement celui qui entraîne, comme dit saint Augustin ; mais quand on commence à résister et à marcher en s'éloignant, on souffre bien ; le lien s'étend et endure toute la violence ; et ce lien est notre propre corps qui ne se rompt qu'à la mort. Notre-Seigneur a dit que, *depuis la venue de Jean-Baptiste*, c'est-à-dire depuis son avènement dans chaque fidèle, *le royaume de Dieu souffre violence et que les violents le ravissent*[1]. Avant que l'on soit touché, on n'a que le poids de sa concupiscence, qui porte à la terre. Quand Dieu attire en haut, ces deux efforts contraires font cette violence que Dieu seul peut faire surmonter. *Mais nous pouvons tout*, dit saint Léon, *avec celui sans lequel nous ne pouvons rien.* Il faut donc se résoudre à souffrir cette guerre toute sa vie ; car il n'y a point ici de paix. *Jésus-Christ est venu apporter le couteau et non pas la paix*[1]. Mais néanmoins il faut avouer que comme l'Écriture dit que *la sagesse des hommes n'est que folie devant Dieu*[2], aussi on peut dire que cette guerre qui paraît dure aux hommes est une paix devant Dieu ; car c'est cette paix que Jésus-Christ a aussi apportée. Elle ne sera néanmoins parfaite que quand le corps sera détruit ; et c'est ce qui fait souhaiter la mort, en souffrant néanmoins de bon cœur la vie pour l'amour de celui qui a souffert pour nous et la vie et la mort, et qui peut nous donner plus de biens que nous ne pouvons ni demander ni imaginer, comme dit saint Paul en l'épître de la messe d'aujourd'hui.

V

Je ne crains plus rien pour vous, Dieu merci, et j'ai une espérance admirable. C'est une parole bien consolante que celle de Jésus-Christ : *Il sera donné à ceux qui ont déjà.* Par cette promesse ceux qui ont beaucoup reçu ont droit d'espérer davantage, et ainsi ceux qui ont reçu extraordinairement doivent espérer extraordinairement. J'essaye autant que je puis de ne m'affliger de rien, et de prendre tout ce qui arrive pour le meilleur. Je crois que c'est un devoir et qu'on pèche en ne le faisant pas. Car enfin la raison pour laquelle les péchés sont péchés c'est seulement parce qu'ils sont contraires à la volonté de Dieu : et ainsi l'essence du péché consistant à avoir une volonté opposée à celle que nous connaissons en Dieu, il est visible, ce me semble, que quand il nous découvre sa volonté par les événements, ce serait un péché de ne s'y pas accommoder. J'ai appris que tout ce qui est arrivé a quelque chose d'admirable, puisque la volonté de Dieu y est marquée. Je le loue de tout mon cœur de la continuation faite de ses grâces, car je vois bien qu'elles ne diminuent point.

L'affaire du * ne va guère bien : c'est une chose qui fait trembler ceux qui ont de vrais mouvements de Dieu de voir la persécution qui se prépare non-seulement contre les personnes (ce serait peu), mais contre la vérité. Sans men-

---
[1] *Matth.*, xi, 12.

[1] *Matth.*, x, 34.
[2] *I Cor.*, iii, 19.

tir, Dieu est bien abandonné. Il me semble que c'est un temps où le service qu'on lui rend lui est bien agréable. Il veut que nous jugions de la grâce par la nature, et ainsi il permet de considérer que comme un prince chassé de son pays par ses sujets a des tendresses extrêmes pour ceux qui lui demeurent fidèles dans la révolte publique, de même il semble que Dieu considère avec une bonté particulière ceux qui défendent aujourd'hui la pureté de la religion et de la morale qui est si fort combattue. Mais il y a cette différence entre les rois de la terre et le Roi des rois, que les princes ne rendent pas leurs sujets fidèles, mais qu'ils les trouvent tels : au lieu que Dieu ne trouve jamais les hommes qu'infidèles, et qu'il les rend fidèles quand ils le sont. De sorte qu'au lieu que les rois ont une obligation insigne à ceux qui demeurent dans leur obéissance, il arrive, au contraire, que ceux qui subsistent dans le service de Dieu lui sont eux-mêmes redevables infiniment. Continuons donc à le louer de cette grâce, s'il nous l'a faite, de laquelle nous le louerons dans l'éternité, et prions-le qu'il nous la fasse encore et qu'il ait pitié de nous et de l'Église entière, hors laquelle il n'y a que malédiction.

Je prends part au persécuté dont vous parlez. Je vois bien que Dieu s'est réservé des serviteurs cachés, comme il le dit à Élie. Je le prie que nous en soyons bien et comme il faut, en esprit et en vérité et sincèrement.

VI

Quoi qu'il puisse arriver de l'affaire de *, il y en a assez, Dieu merci, de ce qui est déjà fait pour en tirer un admirable avantage contre ces maudites maximes. Il faut que ceux qui ont quelque part à cela en rendent de grandes grâces à Dieu, et que leurs parents et amis prient Dieu pour eux, afin qu'ils ne tombent pas d'un si grand bonheur et d'un si grand honneur que Dieu leur a fait. Tous les honneurs du monde n'en sont que l'image; celui-là seul est solide et réel, et néanmoins il est inutile sans la bonne disposition du cœur. Ce ne sont ni les austérités du corps, ni les agitations de l'esprit, mais les bons mouvements du cœur, qui méritent et qui soutiennent les peines du corps et de l'esprit. Car enfin il faut ces deux choses pour sanctifier : peines et plaisirs. Saint Paul a dit que *ceux qui entreront dans la bonne vie trouveront des troubles et des inquiétudes en grand nombre*[1]. Cela doit consoler ceux qui en sentent, puisque, étant avertis que le chemin du ciel qu'ils cherchent en est rempli, ils doivent se réjouir de rencontrer des marques qu'ils sont dans le véritable chemin. Mais ces peines-là ne sont pas sans plaisirs, et ne sont jamais surmontées que par le plaisir. Car, de même que ceux qui quittent Dieu pour retourner au monde ne le font que parce qu'ils trouvent plus de douceur dans les plaisirs de la terre que dans ceux de l'union avec Dieu, et que ce charme victorieux les entraîne, et, les faisant repentir de leur premier choix, les rend des *pénitents du diable*; selon la parole de Tertullien : de même on ne quitterait jamais les plaisirs du monde pour embrasser la croix de Jésus-Christ, si on ne trouvait plus de douceur dans le mépris, dans la pauvreté, dans le dénûment, et dans le rebut des hommes, que dans les délices du péché. Et ainsi, comme dit Tertullien, *il ne faut pas croire que la vie des chrétiens soit une vie de tristesse*. On ne quitte les plaisirs que pour d'autres plus grands. *Priez toujours*, dit saint Paul, *rendez grâces toujours, réjouissez-vous toujours*[2]. C'est la joie d'avoir trouvé Dieu, qui est le principe de la tristesse de l'avoir offensé et de tout le changement de vie. Celui qui a trouvé le trésor dans un champ en a une telle joie, que cette joie, selon Jésus-Christ, lui fait vendre tout ce qu'il a pour l'acheter[3]. Les gens du monde n'ont point cette joie *que le monde ne peut ni donner ni ôter*, dit Jésus-Christ même[4]. Les bienheureux ont cette joie sans aucune tristesse; les gens du monde ont leur tristesse sans cette joie, et les chrétiens ont cette joie mêlée de la tristesse d'avoir suivi d'autres plaisirs, et de la crainte de la perdre par l'attrait de ces autres plaisirs qui nous tentent sans relâche. Et ainsi nous devons travailler sans cesse à nous conserver cette joie qui modère notre crainte, et à conserver cette crainte

---

[1] *Act.*, XIV, 21.
[2] I *Thess.*, V, 16, 17, 18.
[3] *Math.*, XIII, 44.
[4] *Jean*, XIV, 27, 10, 12.

qui conserve notre joie, et selon qu'on se sent trop emporter vers l'une, se pencher vers l'autre pour demeurer debout. *Souvenez-vous des biens dans les jours d'affliction, et souvenez-vous de l'affliction dans les jours de réjouissance,* dit l'Écriture[1], jusqu'à ce que la promesse que Jésus-Christ nous a faite de rendre sa joie pleine en nous soit accomplie. Ne nous laissons donc pas abattre à la tristesse, et ne croyons pas que la piété ne consiste qu'en une amertume sans consolation. La véritable piété, qui ne se trouve parfaite que dans le ciel, est si pleine de satisfactions, qu'elle en remplit et l'entrée, et le progrès, et le couronnement. C'est une lumière si éclatante, qu'elle rejaillit sur tout ce qui lui appartient ; et s'il y a quelque tristesse mêlée, et surtout à l'entrée, c'est de nous qu'elle vient et non pas de la vertu ; car ce n'est pas l'effet de la piété qui commence d'être en nous, mais de l'impiété qui y est encore. Otons l'impiété, et la joie sera sans mélange. Ne nous en prenons donc pas à la dévotion, mais à nous-mêmes, et n'y cherchons du soulagement que par notre correction.

VII

Je suis bien aise de l'espérance que vous me donnez du bon succès de l'affaire dont vous craignez de la vanité. Il y a à craindre partout, car si elle réussissait, j'en craindrais cette mauvaise tristesse dont saint Paul dit qu'elle donne la mort, au lieu qu'il y en a une autre qui donne la vie.

Il est certain que cette affaire-là était épineuse, et que si la personne en sort, il y a sujet d'en prendre quelque vanité, si ce n'est à cause qu'on a prié Dieu pour cela et qu'ainsi il doit croire que le bien qui en viendra sera son ouvrage. Mais si elle réussissait mal, il ne devrait pas en tomber dans l'abattement par cette même raison qu'on a prié Dieu pour cela et qu'il y a apparence qu'il s'est approprié cette affaire ; aussi il le faut regarder comme l'auteur de tous les biens et de tous les maux, excepté le péché. Je lui répéterai là-dessus ce que j'ai autrefois rapporté de l'Écriture : *Quand vous êtes dans les biens, souvenez-vous des maux que vous méritez; et quand vous êtes dans les maux, souvenez-vous des biens que vous espérez.* Cependant je vous dirai sur le sujet de l'autre personne que vous savez, qui mande qu'elle a bien des choses dans l'esprit qui l'embarrassent, que je suis bien fâché de la voir en cet état. J'ai bien de la douleur de ses peines et je voudrais bien l'en pouvoir soulager ; je la prie de ne point prévenir l'avenir et de se souvenir que, comme dit Notre-Seigneur, *à chaque jour suffit sa malice.*

Le passé ne nous doit point embarrasser, puisque nous n'avons qu'à avoir regret de nos fautes ; mais l'avenir nous doit encore moins toucher, puisqu'il n'est point du tout à notre égard, et que nous n'y arriverons peut-être jamais. Le présent est le seul temps qui est véritablement à nous, et dont nous devons user selon Dieu. C'est là où nos pensées doivent être principalement comptées. Cependant le monde est si inquiet, qu'on ne pense presque jamais à la vie présente et à l'instant où l'on vit, mais à celui où l'on vivra. De sorte qu'on est toujours en état de vivre à l'avenir, et jamais de vivre maintenant. Notre-Seigneur n'a pas voulu que notre prévoyance s'étendit plus loin que le jour où nous sommes. C'est les bornes qu'il faut garder et pour notre salut, et pour notre repos. Car, en vérité, les préceptes chrétiens sont les plus pleins de consolations ; je dis plus que les maximes du monde.

Je prévois aussi bien des peines et pour cette personne, et pour d'autres, et pour moi. Mais je prie Dieu, lorsque je sens que je m'engage dans ces prévoyances, de me renfermer dans mes limites ; je me ramasse dans moi-même et je trouve que je manque à faire plusieurs choses à quoi je suis obligé présentement pour me dissiper en des pensées inutiles de l'avenir, auxquelles, bien loin d'être obligé de m'arrêter, je suis au contraire obligé de ne m'y point arrêter. Ce n'est que faute de savoir bien connaître et étudier le présent qu'on fait l'entendu pour étudier l'avenir. Ce que dis là, je le dis pour moi et non pas pour cette personne qui a assurément bien plus de vertu et de méditation que moi ; mais je lui représente mon défaut pour l'empêcher d'y tomber : on se corrige quelquefois mieux par la vue du mal que par l'exemple du bien ; et il est bon de s'accoutu-

---
[1] *Eccl.*, xi, 27.

mer à profiter du mal, puisqu'il est si ordinaire, au lieu que le bien est si rare.

VIII

Je plains la personne que vous savez dans l'inquiétude où je sais qu'elle est et où je ne m'étonne pas de la voir. C'est un petit jour du jugement qui ne peut arriver sans une émotion universelle de la personne, comme le jugement général en causera une générale dans le monde, excepté ceux qui se seront déjà jugés eux-mêmes, comme elle prétend faire : cette peine temporelle garantirait de l'éternelle par les mérites infinis de Jésus-Christ, qui la souffre et qui se la rend propre ; c'est ce qui doit la consoler. Notre joug est aussi le sien ; sans cela il serait insupportable.

Portez, dit-il, *mon joug sur vous.* Ce n'est pas notre joug, c'est le sien, et aussi il le porte. *Sachez*, dit-il, *que mon joug est doux et léger.* Il n'est léger qu'à lui et à sa force divine. Je lui voudrais dire qu'elle se souvienne que ces inquiétudes ne viennent pas du bien qui commence d'être en elle, mais du mal qui y est encore et qu'il faut diminuer continuellement ; et qu'il faut qu'elle fasse comme un enfant qui est tiré par des voleurs d'entre les bras de sa mère, qui ne le veut point abandonner ; car il ne doit pas accuser de la violence qu'il souffre la mère qui le retient amoureusement, mais ses injustes ravisseurs. Tout l'office de l'Avent est bien propre pour donner courage aux faibles, et on y dit souvent ce mot de l'Écriture : *Prenez courage, lâches et pusillanimes, voici votre rédempteur qui vient ;* et on dit aujourd'hui à Vêpres : « Prenez de nouvelles forces et bannissez désormais toute crainte, voici notre Dieu qui arrive et vient pour nous secourir et nous sauver. »

IX

Votre lettre m'a donné une extrême joie. Je vous avoue que je commençais à craindre, ou au moins à m'étonner. Je ne sais ce que c'est que ce commencement de douleur dont vous parlez ; mais je sais qu'il faut qu'il en vienne. Je lisais tantôt le treizième chapitre de saint Marc en pensant à vous écrire, et aussi je vous dirai ce que j'y ai trouvé. Jésus-Christ y fait un grand discours à ses apôtres sur son dernier avènement ; et comme tout ce qui arrive à l'Église arrive aussi à chaque chrétien en particulier, il est certain que tout ce chapitre prédit aussi bien l'état de chaque personne qui, en se convertissant, détruit le vieil homme en elle, que l'état de l'univers entier qui sera détruit pour faire place à de nouveaux cieux et à une nouvelle terre, comme dit l'Écriture. Et aussi je songeais que cette prédiction de la ruine du temple réprouvé, qui figure la ruine de l'homme réprouvé qui est en chacun de nous, et dont il est dit qu'il ne sera laissé pierre sur pierre, marque qu'il ne doit être laissé aucune passion du vieil homme[1] ; et ces effroyables guerres civiles et domestiques représentent si bien le trouble intérieur que sentent ceux qui se donnent à Dieu, qu'il n'y a rien de mieux peint.

Mais cette parole est étonnante : *Quand vous verrez l'abomination dans le lieu où elle ne doit pas être, alors que chacun s'enfuie sans rentrer dans sa maison pour reprendre quoi que ce soit.* Il me semble que cela prédit parfaitement le temps où nous sommes, où la corruption de la morale est aux maisons de sainteté et dans les livres des théologiens et des religieux où elle ne devrait pas être. Il faut sortir après un tel désordre, et malheur à celles qui sont enceintes ou nourrices en ce temps-là, c'est-à-dire à ceux qui ont des attachements au monde qui les y retiennent ! La parole d'une sainte est à propos sur ce sujet : Qu'il ne faut pas examiner si on a vocation pour y demeurer, comme on ne consulterait point si on est appelé à sortir d'une maison pestiférée ou embrasée.

Ce chapitre de l'Évangile, que je voudrais lire avec vous tout entier, finit par une exhortation à veiller et à prier pour éviter tous ces malheurs, et en effet il est bien juste que la prière soit continuelle quand le péril est continuel.

J'envoie à ce dessein des prières qu'on m'a demandées ; c'est à trois heures après-midi. Il s'est fait un miracle depuis votre départ à une religieuse de Pontoise, qui, sans sortir de son couvent, a été guérie d'un mal de tête extraor-

---

[1] Les deux mss. de la Bibliothèque imp. disent : « aucune passion *en nous*. » (Faugère.)

dinaire pour une dévotion à la sainte Épine. Je vous en manderai un jour davantage. Mais je vous dirai sur cela un beau mot de saint Augustin, et bien consolatif pour de certaines personnes, c'est qu'il dit que ceux-là voient véritablement les miracles auxquels les miracles profitent : car on ne les voit pas si on n'en profite pas.

Je vous ai une obligation que je ne puis assez vous dire du présent que vous m'avez fait ; je ne savais ce que ce pouvait être, car je l'ai déployé avant que de lire votre lettre, et je me suis repenti ensuite de ne lui avoir pas rendu d'abord le respect que je lui devais. C'est une vérité que le Saint-Esprit repose invisiblement dans les reliques de ceux qui sont morts dans la grâce de Dieu, jusqu'à ce qu'il y paraisse visiblement en la résurrection, et c'est ce qui rend les reliques des saints si dignes de vénération. Car Dieu n'abandonne jamais les siens, non pas même dans le sépulcre où leurs corps, quoique morts aux yeux des hommes, sont plus vivants devant Dieu, à cause que le péché n'y est plus : au lieu qu'il y réside toujours durant cette vie, au moins quant à sa racine, car les fruits du péché n'y sont pas toujours ; et cette malheureuse racine, qui en est inséparable pendant la vie, fait qu'il n'est pas permis de les honorer alors, puisqu'ils sont plutôt dignes d'être haïs. C'est pour cela que la mort est nécessaire pour mortifier entièrement cette malheureuse racine, et c'est ce qui la rend souhaitable. Mais il ne sert de rien[1] de vous dire ce que vous savez si bien ; il vaudrait mieux le dire à ces autres personnes dont vous parlez, mais elles ne l'écouteraient pas.

EXTRAIT D'UNE LETTRE A MADAME PÉRIER.

En gros leur avis fut que vous ne pouvez en aucune manière, sans blesser la charité et votre conscience mortellement et vous rendre coupable d'un des plus grands crimes, engager un enfant de son âge et de son innocence et même de sa piété à la plus périlleuse et la plus basse des conditions du christianisme. Qu'à la vérité, suivant le monde, l'affaire n'avait nulle difficulté et qu'elle était à conclure sans hésiter ; mais que, selon Dieu, elle en avait moins de difficulté et qu'elle était à rejeter sans hésiter, parce que la condition d'un mariage avantageux est aussi souhaitable suivant le monde qu'elle est vile et préjudiciable selon Dieu. Que ne sachant à quoi elle devait être appelée, ni si son tempérament ne sera pas si tranquillisé qu'elle puisse supporter avec piété sa virginité, c'était bien peu en connaître le prix que de l'engager à perdre ce bien si souhaitable pour chaque personne à soi-même et si souhaitable aux pères et aux mères pour leurs enfants, parce qu'ils ne le peuvent plus désirer pour eux, que c'est en eux qu'ils doivent essayer de rendre à Dieu ce qu'ils ont perdu d'ordinaire pour d'autres causes que pour Dieu.

De plus, que les maris, quoique riches et sages suivant le monde, sont en vérité de francs païens devant Dieu ; de sorte que les dernières paroles de ces messieurs sont que d'engager un enfant à un homme du commun, c'est une espèce d'homicide et comme un déicide en leurs personnes.

---

[1] Les mss. de la Bibliothèque imp. disent : « Mais il *n'est pas nécessaire...* » Le ms. de Troyes dit comme le nôtre. (Faugère.)

LETTRE

A MADAME PÉRIER ET A SON MARI[1]

(SUR LA MORT DE M. PASCAL PÈRE.)

17 octobre 1651.

Puisque vous êtes maintenant informés l'un et l'autre de notre malheur commun, et que la lettre que nous avions commencée vous a donné quelque consolation, par le récit des circonstances heureuses qui ont accompagné le sujet de notre affliction, je ne puis vous refuser celles qui me restent dans l'esprit, et que je prie Dieu de me donner, et de me renouveler de plusieurs que nous avons autrefois reçues de sa grâce, et qui nous ont été nouvellement données de nos amis en cette occasion.

Je ne sais plus par où finissait la première lettre. Ma sœur l'a envoyée sans prendre garde qu'elle n'était pas finie. Il me semble seulement qu'elle contenait en substance quelques particularités de la conduite de Dieu sur la vie et sur la maladie, que je voudrais vous répéter ici, tant je les ai gravées dans le cœur, et tant elles portent de consolation solide, si vous ne les pouviez voir vous-mêmes dans la précédente lettre, et si ma sœur ne devait pas vous en faire un récit plus exact à sa première commodité. Je ne vous parlerai donc ici que de la conséquence que j'en tire, qui est, qu'ôtés ceux qui sont intéressés par les sentiments de la nature, il n'y a point de chrétien qui ne s'en doive réjouir.

Sur ce grand fondement, je vous commencerai ce que j'ai à dire par un discours bien consolatif à ceux qui ont assez de liberté d'esprit pour le concevoir au fort de la douleur. C'est que nous devons chercher la consolation à nos maux, non pas dans nous-mêmes, non pas dans les hommes, non pas dans tout ce qui est créé, mais dans Dieu. Et la raison en est que toutes les créatures ne sont pas la première cause des accidents que nous appelons maux ; mais que la Providence de Dieu en étant l'unique et véritable cause, l'arbitre et la souveraine, il est indubitable qu'il faut recourir directement à la source et remonter jusqu'à l'origine, pour trouver un solide allégement. Que si nous suivons ce précepte, et que nous envisagions cet événement, non pas comme un effet du hasard, non pas comme une nécessité fatale de la nature, non pas comme le

---

[1] Des fragments de cette lettre ont figuré dans un grand nombre d'éditions de Pascal, sous le titre de *Pensées sur la mort*, qui ont été extraites d'une lettre écrite par M. Pascal, sur le sujet de la mort de M. son père. M. Cousin, sur cette indication, a recherché et trouvé la lettre telle que nous la publions ici[*]. « Comparée avec les pensées imprimées sur la mort, dit M. Cousin, cette lettre fournit des passages entièrement nouveaux, et des variantes qui marquent de la manière la plus vive combien le style d'un homme médiocre, tel que le duc de Roannez, ou même le style d'un écrivain estimable, tel qu'Arnauld, diffère de celui d'un écrivain de génie tel que Pascal... »

Le père de Pascal était mort le 24 septembre ; la lettre est du 17 octobre.

[*] Voir *Des Pensées de Pascal*, 1843, in-8°, p. 49 et suiv., et 308 et suiv.

jouet des éléments et des parties qui composent l'homme (car Dieu n'a pas abandonné ses élus au caprice et au hasard), mais comme une suite indispensable, inévitable, juste, sainte, utile au bien de l'Église et à l'exaltation du nom et de la grandeur de Dieu, d'un arrêt de sa Providence conçu de toute éternité pour être exécuté dans la plénitude de son temps, en telle année, en tel jour, en telle heure, en tel lieu, en telle manière; et enfin que tout ce qui est arrivé a été de tout temps prévu et préordonné en Dieu; si, dis-je, par un transport de grâce, nous considérons cet accident, non pas dans lui-même et hors de Dieu, mais hors de lui-même et dans l'intime de la volonté de Dieu, dans la justice de son arrêt, dans l'ordre de sa Providence, qui en est la véritable cause, sans qui il ne fût pas arrivé, par qui seul il est arrivé, et de la manière dont il est arrivé; nous adorerons dans un humble silence la hauteur impénétrable de ses secrets, nous vénérerons la sainteté de ses arrêts, nous bénirons la conduite de sa Providence; et unissant notre volonté à celle de Dieu même, nous voudrons avec lui, en lui, et pour lui, la chose qu'il a voulue en nous et pour nous de toute éternité.

Considérons-la donc de la sorte, et pratiquons cet enseignement que j'ai appris d'un grand homme dans le temps de notre plus grande affliction, qu'il n'y a de consolation qu'en la vérité seulement. Il est sans doute que Socrate et Sénèque n'ont rien de persuasif en cette occasion. Ils ont été sous l'erreur qui a aveuglé tous les hommes dans le premier : ils ont tous pris la mort comme naturelle à l'homme; et tous les discours qui sont fondés sur ce faux principe sont si futiles, qu'ils ne servent qu'à montrer par leur inutilité combien l'homme en général est faible, puisque les plus hautes productions des plus grands d'entre les hommes sont si basses et si puériles. Il n'en est pas de même de Jésus-Christ, il n'en est pas ainsi des livres canoniques : la vérité y est découverte, et la consolation y est jointe aussi infailliblement qu'elle est infailliblement séparée de l'erreur.

Considérons donc la mort dans la vérité que le Saint-Esprit nous a apprise. Nous avons cet admirable avantage de connaître que véritablement et effectivement la mort est une peine du péché imposée à l'homme pour expier son crime, nécessaire à l'homme pour le purger du péché; que c'est la seule qui peut délivrer l'âme de la concupiscence des membres, sans laquelle les saints ne viennent point dans ce monde. Nous savons que la vie, et la vie des chrétiens, est un sacrifice continuel qui ne peut être achevé que par la mort; nous savons que comme Jésus-Christ, étant au monde, s'est considéré et s'est offert à Dieu comme un holocauste et une véritable victime; que sa naissance, sa vie, sa mort, sa résurrection, son ascension, et sa présence dans l'Eucharistie, et sa séance éternelle à la droite, ne sont qu'un seul et unique sacrifice; nous savons que ce qui est arrivé en Jésus-Christ, doit arriver en tous ses membres.

Considérons donc la vie comme un sacrifice; et que les accidents de la vie ne fassent d'impression dans l'esprit des chrétiens qu'à proportion qu'ils interrompent ou qu'ils accomplissent ce sacrifice. N'appelons mal que ce qui rend la victime de Dieu victime du diable, mais appelons bien ce qui rend la victime du diable en Adam victime de Dieu; et sur cette règle examinons la nature de la mort.

Pour cette considération, il faut recourir à la personne de Jésus-Christ; car tout ce qui est dans les hommes est abominable, et comme Dieu ne considère les hommes que par le médiateur Jésus-Christ, les hommes aussi ne devraient regarder ni les autres ni eux-mêmes que médiatement par Jésus-Christ. Car si nous ne passons par le milieu, nous ne trouverons en nous que de véritables malheurs ou des plaisirs abominables; mais si nous considérons toutes choses en Jésus-Christ, nous trouverons toute consolation, toute satisfaction, toute édification.

Considérons donc la mort en Jésus-Christ, et non pas sans Jésus-Christ. Sans Jésus-Christ elle est horrible, elle est détestable, et l'horreur de la nature. En Jésus-Christ elle est tout autre; elle est aimable, sainte, et la joie du fidèle. Tout est doux en Jésus-Christ, jusqu'à la mort : et c'est pourquoi il a souffert et est mort pour sanctifier la mort et les souffrances; et que, comme Dieu et comme homme, il a été tout ce qu'il y a de grand et tout ce qu'il y a d'abject afin de sanctifier en soi toutes choses, excepté le péché, et pour être modèle de toutes les conditions.

Pour considérer ce que c'est que la mort, et la mort en Jésus-Christ, il faut voir quel rang elle tient dans son sacrifice continuel et sans interruption, et pour cela remarquer que dans les sacrifices la principale partie est la mort de l'hostie. L'oblation et la sanctification qui précèdent sont des dispositions ; mais l'accomplissement est la mort, dans laquelle, par l'anéantissement de la vie, la créature rend à Dieu tout l'hommage dont elle est capable, en s'anéantissant devant les yeux de sa majesté, et en adorant sa souveraine existence, qui seule existe réellement. Il est vrai qu'il y a une autre partie, après la mort de l'hostie, sans laquelle sa mort est inutile : c'est l'acceptation que Dieu fait du sacrifice. C'est ce qui est dit dans l'Écriture : *Et odoratus est Dominus suavitatem*[1] : « Et Dieu a odoré et reçu l'odeur du sacrifice. » C'est véritablement celle-là qui couronne l'oblation ; mais elle est plutôt une action de Dieu vers la créature, que de la créature envers Dieu, et n'empêche pas que la dernière action de la créature ne soit la mort.

Toutes ces choses ont été accomplies en Jésus-Christ. En entrant au monde, il s'est offert : *Obtulit semetipsum per Spiritum sanctum*[2]. *Ingrediens mundum*[3] *dixit : Hostiam noluisti... Tunc dixi : Ecce venio. In capite*, etc. « Il s'est offert par le Saint-Esprit. En entrant au monde, Jésus-Christ a dit : Seigneur, les sacrifices ne te sont point agréables ; mais tu m'as donné un corps. Lors j'ai dit : Voici que je viens pour faire, ô Dieu, ta volonté, et ta loi est dans le milieu de mon cœur. » Voilà son oblation. Sa sanctification a été immédiate de son oblation. Ce sacrifice a duré toute sa vie, et a été accompli par sa mort. « Il a fallu qu'il ait passé par les souffrances, pour entrer en sa gloire. Et, quoiqu'il fût fils de Dieu, il a fallu qu'il ait appris l'obéissance. Mais au jour de sa chair, ayant crié avec grands cris à celui qui le pouvait sauver de mort, il a été exaucé pour sa révérence : » Et Dieu l'a ressuscité, et envoyé sa gloire, figurée autrefois par le feu du ciel qui tombait sur les victimes, pour brûler et consumer son corps, et le faire vivre spirituel de la vie et de la gloire. C'est ce que Jésus-Christ a obtenu, et qui a été accompli par sa résurrection.

Ainsi ce sacrifice étant parfait par la mort de Jésus-Christ, et consommé même en son corps par sa résurrection, où l'image de la chair du péché a été absorbée par la gloire, Jésus-Christ avait tout achevé de sa part; il ne restait que le sacrifice fût accepté de Dieu, que, comme la fumée s'élevait et portait l'odeur au trône de Dieu, aussi Jésus-Christ fût, en cet état d'immolation parfaite, offert, porté et reçu au trône de Dieu même : et c'est ce qui a été accompli en l'ascension, en laquelle il est monté, et par sa propre force, et, par la force de son Saint-Esprit qui l'environnait de toutes parts, il a été enlevé ; comme la fumée des victimes, figures de Jésus-Christ, était portée en haut par l'air qui la soutenait, figure du Saint-Esprit : et les Actes des apôtres nous marquent expressément qu'il fut reçu au ciel, pour nous assurer que ce saint sacrifice accompli en terre a été reçu et acceptable à Dieu, reçu dans le sein de Dieu, où il brûle de la gloire dans les siècles des siècles.

Voilà l'état des choses entre notre souverain Seigneur. Considérons-les en nous maintenant. Dès le moment que nous entrons dans l'Église, qui est le monde des Fidèles et particulièrement des élus, où Jésus-Christ entra dès le moment de son incarnation par un privilège particulier au Fils unique de Dieu, nous sommes offerts et sanctifiés. Ce sacrifice se continue par la vie, et s'accomplit à la mort, dans laquelle l'âme quittant véritablement tous les vices, et l'amour de la terre, dont la contagion l'infecte toujours durant cette vie, elle achève son immolation, et est reçue dans le sein de Dieu.

Ne nous affligeons donc pas comme les païens qui n'ont point d'espérance. Nous n'avons pas perdu mon père au moment de sa mort : nous l'avons perdu, pour ainsi dire, dès qu'il entra dans l'Église par le baptême. Dès lors il était à Dieu ; sa vie était vouée à

---

[1] *Gen.*, VIII, 21.
[2] *Hebr.*, IX, 14.
[3] *Hebr.*, X, 5.

Dieu; ses actions ne regardaient le monde que pour Dieu. Dans sa mort il s'est totalement détaché des péchés; et c'est en ce moment qu'il a été reçu de Dieu, et que son sacrifice a reçu son accomplissement et son couronnement. Il a donc fait ce qu'il avait voué : il a achevé l'œuvre que Dieu lui avait donné à faire; il a accompli la seule chose pour laquelle il était créé. La volonté de Dieu est accomplie en lui, et sa volonté est absorbée en Dieu. Que notre volonté ne sépare donc pas ce que Dieu a uni; et étouffons ou modérons, par l'intelligence de la vérité, les sentiments de la nature corrompue et déçue qui n'a que les fausses images, et qui trouble par ses illusions la sainteté des sentiments que la vérité et l'Évangile nous doit donner.

Ne considérons donc plus la mort comme des païens, mais comme les chrétiens, c'est-à-dire avec l'espérance, comme saint Paul l'ordonne; puisque c'est le privilége spécial des chrétiens. Ne considérons plus un corps comme une charogne infecte, car la nature trompeuse se le figure de la sorte; mais comme le temple inviolable et éternel du Saint-Esprit, comme la foi l'apprend. Car nous savons que les corps saints sont habités par le Saint-Esprit jusqu'à la résurrection, qui se fera par la vertu de cet Esprit qui réside en eux pour cet effet. C'est pour cette raison que nous honorons les reliques des morts, et c'est sur ce vrai principe que l'on donnait autrefois l'Eucharistie dans la bouche des morts, parce que, comme on savait qu'ils étaient le temple du Saint-Esprit, on croyait qu'ils méritaient d'être aussi unis à ce saint sacrement. Mais l'Église a changé cette coutume, non pas pour ce que ces corps ne soient pas saints, mais par cette raison que l'Eucharistie étant le pain de vie et des vivants, il ne doit pas être donné aux morts.

Ne considérons plus un homme comme ayant cessé de vivre, quoi que la nature suggère; mais comme commençant à vivre, comme la vérité l'assure. Ne considérons plus son âme comme périe et réduite au néant, mais comme vivifiée et unie au souverain vivant : et corrigeons ainsi, par l'attention à ces vérités, les sentiments d'erreur qui sont si empreints en nous-mêmes, et ces mouvements d'horreur qui sont si naturels à l'homme.

Pour dompter plus fortement cette horreur, il faut en bien comprendre l'origine; et pour vous le toucher en peu de mots, je suis obligé de vous dire en général quelle est la source de tous les vices et de tous les péchés. C'est ce que j'ai appris de deux très-grands et très-saints personnages. La vérité que couvre ce mystère est que Dieu a créé l'homme avec deux amours, l'un pour Dieu, l'autre pour soi-même; mais avec cette loi, que l'amour pour Dieu serait infini, c'est-à-dire sans aucune autre fin que Dieu même; et que l'amour pour soi-même serait fini et rapportant à Dieu.

L'homme en cet état non-seulement s'aimait sans péché, mais ne pouvait pas ne point s'aimer sans péché.

Depuis, le péché étant arrivé, l'homme a perdu le premier de ces amours; et l'amour pour soi-même étant resté seul dans cette grande âme capable d'un amour infini, cet amour-propre s'est étendu et débordé dans le vide que l'amour de Dieu a quitté; et ainsi il s'est aimé seul, et toutes choses pour soi, c'est-à-dire infiniment. Voilà l'origine de l'amour-propre. Il était naturel à Adam, et juste en son innocence; mais il est devenu et criminel et immodéré, ensuite de son péché.

Voilà la source de cet amour, et la cause de sa défectuosité et de son excès. Il en est de même du désir de dominer, de la paresse, et des autres. L'application en est aisée. Venons à notre seul sujet. L'horreur de la mort était naturelle à Adam innocent, parce que sa vie étant très-agréable à Dieu, elle devait être agréable à l'homme : et la mort était horrible lorsqu'elle finissait une vie conforme à la volonté de Dieu. Depuis, l'homme ayant péché, sa vie est devenue corrompue, son corps et son âme ennemis l'un de l'autre, et tous deux de Dieu. Cet horrible changement ayant infecté une si sainte vie, l'amour de la vie est néanmoins demeuré; et l'horreur de la mort étant restée pareille, ce qui était juste en Adam est injuste et criminel en nous.

Voilà l'origine de l'horreur de la mort, et la cause de sa défectuosité. Éclairons donc l'erreur de la nature par la lumière de la foi,

L'horreur de la mort est naturelle, mais c'est en l'état d'innocence ; la mort à la vérité est horrible, mais c'est quand elle finit une vie toute pure. Il était juste de la haïr, quand elle séparait une âme sainte d'un corps saint : mais il est juste de l'aimer, quand elle sépare une âme sainte d'un corps impur. Il était juste de la fuir, quand elle rompait la paix entre l'âme et le corps ; mais non pas quand elle en calme la dissension irréconciliable. Enfin quand elle affligeait un corps innocent, quand elle ôtait au corps la liberté d'honorer Dieu, quand elle séparait de l'âme un corps soumis et coopérateur à ses volontés, quand elle finissait tous les biens dont l'homme est capable, il était juste de l'abhorrer : mais quand elle finit une vie impure, quand elle ôte au corps la liberté de pécher, quand elle délivre l'âme d'un rebelle très-puissant et contredisant tous les motifs de son salut, il est très-injuste d'en conserver les mêmes sentiments.

Ne quittons donc pas cet amour que la nature nous a donné pour la vie, puisque nous l'avons reçu de Dieu ; mais que ce soit pour la même vie pour laquelle Dieu nous l'a donné, et non pas pour un objet contraire. En consentant à l'amour qu'Adam avait pour sa vie innocente, et que Jésus-Christ même a eu pour la sienne, portons-nous à haïr une vie contraire à celle que Jésus-Christ a aimée, et à n'appréhender que la mort que Jésus-Christ a appréhendée, qui arrive à un corps agréable à Dieu ; mais non pas à craindre une mort qui, punissant un corps coupable, et purgeant un corps vicieux, doit nous donner des sentiments tout contraires, si nous avons un peu de foi, d'espérance et de charité.

C'est un des grands principes du christianisme, que tout ce qui est arrivé à Jésus-Christ doit se passer dans l'âme et dans le corps de chaque chrétien : que comme Jésus-Christ a souffert durant sa vie mortelle, est mort à cette vie mortelle, est ressuscité d'une nouvelle vie, est monté au ciel, et sied à la droite du Père ; ainsi le corps et l'âme doivent souffrir, mourir, ressusciter, monter au ciel, et seoir à la dextre. Toutes ces choses s'accomplissent en l'âme durant cette vie, mais non pas dans le corps. L'âme souffre et meurt au péché dans la pénitence et dans le baptême ; l'âme ressuscite à une nouvelle vie dans le même baptême ; l'âme quitte la terre et monte au ciel à l'heure de la mort, et sied à la droite au temps où Dieu l'ordonne. Aucune de ces choses n'arrive dans le corps durant cette vie ; mais les mêmes choses s'y passent ensuite. Car, à la mort, le corps meurt à sa vie mortelle ; au jugement, il ressuscitera à une nouvelle vie ; après le jugement, il montera au ciel, et seoira à la droite. Ainsi les mêmes choses arrivent au corps et à l'âme, mais en différents temps ; et les changements du corps n'arrivent que quand ceux de l'âme sont accomplis, c'est-à-dire à l'heure de la mort : de sorte que la mort est le couronnement de la béatitude de l'âme, et le commencement de la béatitude du corps.

Voilà les admirables conduites de la sagesse de Dieu sur le salut des saints ; et saint Augustin nous apprend sur ce sujet que Dieu en a disposé de la sorte, de peur que si le corps de l'homme fût mort et ressuscité pour jamais dans le baptême, on ne fût entré dans l'obéissance de l'Évangile que par l'amour de la vie ; au lieu que la grandeur de la foi éclate bien davantage lorsque l'on tend à l'immortalité par les ombres de la mort.

Voilà certainement quelle est notre créance, et la foi que nous professons ; et je crois qu'en voilà plus qu'il n'en faut pour aider vos consolations par mes petits efforts. Je n'entreprendrais pas de vous porter ce secours de mon propre ; mais comme ce ne sont que des répétitions de ce que j'ai appris, je le fais avec assurance en priant Dieu de bénir ces semences, et de leur donner de l'accroissement, car sans lui nous ne pouvons rien faire, et ses plus saintes paroles ne prennent point en nous, comme il l'a dit lui-même.

Ce n'est pas que je souhaite que vous soyez sans ressentiment : le coup est trop sensible ; il serait même insupportable sans un secours surnaturel. Il n'est donc pas juste que nous soyons sans douleur, comme des anges qui n'ont aucun sentiment de la nature ; mais il n'est pas juste aussi que nous soyons sans consolation, comme des païens qui n'ont aucun sentiment de la grâce : mais il est juste que nous soyons affligés et consolés comme chrétiens, et que la consolation de la grâce l'emporte par-dessus les sentiments de la nature ; que nous disions comme les apôtres : « Nous sommes persécutés et nous bénissons, » afin que la grâce soit non-seulement en nous, mais victorieuse en nous ; qu'ainsi, en sanctifiant le nom de notre Père, sa volonté soit faite la nôtre ; que sa grâce règne et domine sur la nature, et que nos afflictions soient comme la matière d'un sacrifice que sa grâce consomme et anéantisse pour la gloire de Dieu ; et que ces sacrifices particuliers honorent et préviennent le sacrifice universel où la nature entière doit être consommée par la puissance de Jésus-Christ. Ainsi nous tirerons avantage de nos propres imperfections, puisqu'elles serviront de matière à cet holocauste : car c'est le but des vrais chrétiens de profiter de leurs propres imperfections, parce que « tout coopère en bien pour les élus. »

Et si nous y prenons garde de près, nous trouverons de grands avantages pour notre édification, en considérant la chose dans la vérité comme nous avons dit tantôt. Car, puisqu'il est véritable que la mort du corps n'est que l'image de celle de l'âme, et que nous bâtissons sur ce principe, qu'en cette rencontre nous avons tous les sujets possibles de bien espérer de son salut, il est certain que si nous ne pouvons arrêter le cours du déplaisir, nous en devons tirer ce profit que, puisque la mort du corps est si terrible qu'elle nous cause de tels mouvements, celle de l'âme nous en devrait bien causer de plus inconsolables. Dieu nous a envoyé la première ; Dieu a détourné la seconde. Considérons donc la grandeur de nos biens dans la grandeur de nos maux, et que l'excès de notre douleur soit la mesure de celle de notre joie.

Il n'y a rien qui la puisse modérer, sinon la crainte qu'il ne languisse pour quelque temps dans les peines qui sont destinées à purger le reste des péchés de cette vie ; et c'est pour fléchir la colère de Dieu sur lui que nous devons soigneusement nous employer. La prière et les sacrifices sont un souverain remède à ses peines. Mais j'ai appris d'un saint homme dans notre affliction qu'une des plus solides et plus utiles charités envers les morts est de faire les choses qu'ils nous ordonneraient s'ils étaient encore au monde, et de pratiquer les saints avis qu'ils nous ont donnés, et de nous mettre pour eux en l'état auquel ils nous souhaitaient à présent. Par cette pratique, nous les faisons revivre en nous en quelque sorte, puisque ce sont leurs conseils qui sont encore vivants et agissants en nous ; et comme les hérésiarques sont punis en l'autre vie des péchés auxquels ils ont engagé leurs sectateurs, dans lesquels leur venin vit encore, ainsi les morts sont récompensés, outre leur propre mérite, pour ceux auxquels ils ont donné suite par leurs conseils et par leur exemple.

Faisons-le donc revivre devant Dieu en nous de tout notre pouvoir ; et consolons-nous en l'union de nos cœurs, dans laquelle il me semble qu'il vit encore, et que notre réunion nous rend en quelque sorte sa présence, comme Jésus-Christ se rend présent à l'assemblée de ses fidèles.

Je prie Dieu de former et maintenir en nous ces sentiments, et de continuer ceux qu'il me semble qu'il me donne, d'avoir pour vous et pour ma sœur plus de tendresse que jamais ; car il me semble que l'amour que nous avions pour mon père ne doit pas être perdu, et que nous en devons faire une réfusion sur nous-mêmes, et que nous devons principalement hériter de l'affection qu'il nous portait, pour nous aimer encore plus cordialement s'il est possible.

Je prie Dieu de nous fortifier dans ces résolutions, et sur cette espérance je vous conjure d'agréer que je vous donne un avis que vous prendriez bien sans moi ; mais je ne laisserai pas de le faire. C'est qu'après avoir trouvé des sujets de consolation pour sa personne, nous n'en venions point à manquer pour la nôtre, par les prévoyances des besoins et des utilités que nous aurions de sa présence.

C'est moi qui y suis le plus intéressé. Si je l'eusse perdu il y a six ans, je me serais perdu, et quoique je croie en avoir à présent une nécessité moins absolue, je sais qu'il m'aurait été encore nécessaire dix ans, et utile toute ma vie. Mais nous devons espérer que Dieu l'ayant ordonné en tel temps, en tel lieu, en telle manière, sans doute c'est le plus expédient pour sa gloire et pour notre salut.

Quelque étrange que cela paraisse, je crois qu'on en doit estimer de la sorte en tous les évènements, et que, quelque sinistres qu'ils nous paraissent, nous devons espérer que Dieu en tirera la source de notre joie si nous lui en remettons la conduite. Nous connaissons des personnes de condition qui ont appréhendé des morts domestiques que Dieu a peut-être détournées à leur prière, qui ont été cause ou occasion de tant de misères, qu'il serait à souhaiter qu'ils n'eussent pas été exaucés.

L'homme est assurément trop infirme pour pouvoir juger sainement de la suite des choses futures. Espérons donc en Dieu, et ne nous fatiguons pas par des prévoyances indiscrètes et téméraires. Remettons-nous à Dieu pour la conduite de nos vies, et que le déplaisir ne soit pas dominant en nous.

Saint Augustin nous apprend qu'il y a dans chaque homme un serpent, une Ève et un Adam. Le serpent sont les sens et notre nature, l'Ève est l'appétit concupiscible, et l'Adam est la raison. La nature nous tente continuellement, l'appétit concupiscible désire souvent ; mais le péché n'est pas achevé, si la raison ne consent. Laissons donc agir ce serpent et cette Ève, si nous ne pouvons l'empêcher ; mais prions Dieu que sa grâce fortifie tellement notre Adam qu'il demeure victorieux ; et que Jésus-Christ en soit vainqueur, et qu'il règne éternellement en nous. Amen.

ÉPITAPHE DE M. PASCAL LE PÈRE.

Ici gît, etc.

Illustre par son grand savoir, qui a été reconnu des savants de toute l'Europe ; plus illustre encore par la grande probité qu'il a exercée dans les charges et les emplois dont il a été honoré ; mais beaucoup plus illustre par sa piété exemplaire. Il a goûté de la bonne et de la mauvaise fortune, afin qu'il fût reconnu en tout pour ce qu'il était. On l'a vu modéré dans la prospérité et patient dans l'adversité. Il a eu recours à Dieu dans le malheur, et lui a rendu grâce dans le bonheur. Son cœur a été tout entier à son Dieu, à son roi, à sa famille, à ses amis. Il a eu du respect pour les grands et de l'amour pour les petits ; et il a plu à Dieu de couronner toutes les grâces de la nature qu'il lui avait départies d'une grâce divine qui a fait que son grand amour pour Dieu a été le fondement, le soutien et le comble de toutes ses autres vertus.

Toi, qui vois dans cet abrégé la seule chose qui nous reste d'une si belle vie, admire la fragilité de toutes les choses présentes, pleure la perte que nous avons faite ; rends gloire à Dieu d'avoir laissé quelque temps à la terre la jouissance de ce trésor ; et prie sa bonté de combler de sa gloire éternelle celui qu'il avait comblé ici-bas de plus de grâces et de vertus que l'étendue d'une épitaphe ne permet d'en écrire.

Les enfants accablés de douleur ont fait poser cette épitaphe en ce lieu, qu'ils ont composée de l'abondance du cœur pour rendre hommage à la vérité et ne paraître pas ingrats envers Dieu.

Mss. de la Bibliothèque Imp. *Oratoire*, n° 160, — Faugère, *Lettres*, etc., Appendice, n° 5.

PRIÈRE

POUR DEMANDER A DIEU LE BON USAGE DES MALADIES

I. Seigneur dont l'esprit est si bon et si doux en toutes choses, et qui êtes tellement miséricordieux que non-seulement les prospérités, mais les disgrâces mêmes qui arrivent à vos élus sont des effets de votre miséricorde, faites-moi la grâce de n'agir pas en païen dans l'état où votre justice m'a réduit : que comme un vrai chrétien je vous reconnaisse pour mon père et pour mon Dieu, en quelque état que je me trouve, puisque le changement de ma condition n'en apporte pas à la vôtre ; que vous êtes toujours le même, quoique je sois sujet au changement, et que vous n'êtes pas moins Dieu quand vous affligez et quand vous punissez, que quand vous consolez et que vous usez d'indulgence.

II. Vous m'aviez donné la santé pour vous servir et j'en ai fait un usage tout profane. Vous m'envoyez maintenant la maladie pour me corriger ; ne permettez pas que j'en use pour vous irriter par mon impatience. J'ai mal usé de ma santé, et vous m'en avez justement puni. Ne souffrez pas que j'use mal de votre punition. Et puisque la corruption de ma nature est telle qu'elle me rend vos faveurs pernicieuses, faites, ô mon Dieu! que votre grâce toute-puissante me rende vos châtiments salutaires. Si j'ai eu le cœur plein de l'affection du monde pendant qu'il a eu quelque vigueur, anéantissez cette vigueur pour mon salut; et rendez-moi incapable de jouir du monde soit par faiblesse de corps, soit par zèle de charité, pour ne jouir que de vous seul.

III. O Dieu, devant qui je dois rendre un compte exact de toutes mes actions à la fin de ma vie et à la fin du monde! O Dieu! qui ne laissez subsister le monde et toutes les choses du monde que pour exercer vos élus, ou pour punir les pécheurs! O Dieu qui laissez les pécheurs endurcis dans l'usage délicieux et criminel du monde! O Dieu, qui faites mourir nos corps et qui à l'heure de la mort détachez notre âme de tout ce qu'elle aimait au monde! O Dieu, qui m'arracherez à ce dernier moment de ma vie, de toutes les choses auxquelles je me suis attaché, et où j'ai mis mon cœur! O Dieu, qui devez consumer au dernier jour le ciel et la terre et toutes les créatures qu'ils contiennent, pour montrer à tous les hommes que rien ne subsiste que vous, et qu'ainsi rien n'est digne d'amour que vous, puisque rien n'est durable que vous! O Dieu, qui devez détruire toutes ces vaines idoles et tous ces funestes objets de nos passions! Je vous loue, mon Dieu, et je vous bénirai tous les jours de ma vie, de ce qu'il vous a plu prévenir en ma faveur ce jour épouvantable, en détruisant à mon égard toutes choses, dans l'affaiblissement où vous m'avez réduit. Je vous loue, mon Dieu, et je vous bénirai tous les jours de ma vie, de ce qu'il vous a plu me réduire dans l'incapacité de jouir des douceurs de la santé et des plaisirs du monde et de ce que vous avez anéanti en quelque sorte, pour mon avantage, les idoles trompeuses que vous anéantirez effectivement, pour la confusion des méchants au jour de votre colère. Faites, Seigneur, que je me juge moi-même, ensuite de cette destruction que vous avez faite à mon égard, afin que vous ne me jugiez pas vous-même, ensuite de l'entière destruction que vous ferez de ma vie et du monde. Car, Seigneur, comme à l'instant de ma mort je me trouverai séparé du monde dénué de toute chose, seul en votre présence, pour répondre à votre justice de tous les mouvements de mon cœur, faites que je me considère en cette maladie comme en une espèce de mort, séparé du monde, dénué de tous les objets de mes attachements, seul en votre présence, pour implorer de votre miséricorde la conversion de mon cœur; et qu'ainsi j'aie une extrême consolation de ce que vous m'envoyez maintenant une espèce de mort pour exercer votre miséricorde, avant que vous m'envoyez effectivement la mort pour exercer votre jugement. Faites donc, ô mon Dieu, que comme vous avez prévenu ma mort, je prévienne la rigueur de votre sentence, et que je m'examine moi-même avant votre jugement, pour trouver miséricorde en votre présence.

IV. Faites, ô mon Dieu! que j'adore en silence l'ordre de votre providence adorable sur la conduite de ma vie; que votre fléau me console; et qu'ayant vécu dans l'amertume de mes péchés pendant la paix, je goûte les douceurs célestes de votre grâce durant les maux salutaires dont vous m'affligez! Mais je reconnais, mon Dieu, que mon cœur est tellement endurci et plein des idées, des soins, des inquiétudes et des attachements du monde, que la maladie non plus que la santé, ni les discours, ni les livres, ni vos Écritures sacrées, ni votre Évangile, ni vos mystères les plus saints, ni les aumônes, les jeûnes, ni les mortifications, ni les miracles, ni l'usage des sacrements, ni le sacrifice de votre corps, ni tous mes efforts, ni ceux de tout le monde ensemble, ne peuvent rien du tout pour commencer ma conversion, si vous n'accompagnez toutes ces choses d'une assistance tout extraordinaire de votre grâce. C'est pourquoi, mon Dieu, je m'adresse à vous, Dieu tout-puissant, pour vous demander un don que toutes les créatures ensemble ne peuvent m'accorder. Je n'aurais pas la hardiesse de vous adresser mes cris, si quelque autre pouvait les exaucer. Mais, mon Dieu, comme la conversion de mon cœur, que je vous demande, est un ouvrage qui passe tous les efforts de la nature, je ne puis m'adresser qu'à l'auteur et au maître tout-puissant de la nature et de mon cœur. A qui crierai-je, Seigneur, à qui aurai-je recours, si ce n'est à vous? Tout ce qui n'est pas Dieu ne peut pas remplir mon attente. C'est Dieu même que je demande et que je cherche; et c'est à vous seul, mon Dieu, que je m'adresse pour vous obtenir. Ouvrez mon cœur, Seigneur; entrez dans cette place rebelle que les vices ont occupée. Ils la tiennent sujette. Entrez-y comme dans la maison du fort[1]; mais liez auparavant le fort et puissant ennemi qui la maîtrise, et prenez ensuite les trésors qui y sont. Seigneur, prenez mes affections que le monde avait volées; volez vous-même ce trésor, ou plutôt reprenez-le, puisque c'est à vous qu'il appartient, comme un tribut que je vous dois, puisque votre image y est empreinte. Vous l'y aviez formée, Seigneur, au moment de mon baptême qui est ma seconde naissance; mais elle est tout effacée. L'idée du monde y est tellement gravée, que la vôtre n'est plus connaissable. Vous seul avez pu créer mon âme, vous seul pouvez la créer de nouveau; vous seul y avez pu former votre image, vous seul pouvez la reformer et y réimprimer votre portrait effacé, c'est-à-dire Jésus-Christ mon Sauveur, qui est votre image et le caractère de votre substance.

V. O mon Dieu! qu'un cœur est heureux qui peut aimer un objet si charmant, qui ne le déshonore point, et dont l'attachement lui est si salutaire! Je sens que je ne puis aimer le monde sans vous déplaire, sans me nuire et sans me déshonorer; et néanmoins le monde est encore l'objet de mes délices, O mon Dieu! qu'une âme est heureuse dont vous êtes les délices puisqu'elle peut s'abandonner à vous aimer, non-seulement sans scrupule, mais encore avec mérite! Que son bonheur est ferme et durable, puisque son attente ne sera point frustrée, parce que vous ne serez jamais détruit, et que ni la vie ni la mort ne le sépareront jamais de l'objet de ses désirs; et que le même moment qui entraînera les méchants avec leurs idoles dans une ruine commune, unira les justes avec vous dans une gloire commune; et que comme les uns périront avec les objets périssables auxquels ils se sont attachés, les autres subsisteront éternellement dans l'objet éternel et subsistant par soi-même auquel ils se sont étroitement unis! Oh! qu'heureux sont ceux qui, avec une liberté entière et une pente invincible de leur volonté, aiment parfaitement et librement ce qu'ils sont obligés d'aimer nécessairement!

VI. Achevez, ô mon Dieu, les bons mouvements que vous me donnez. Soyez-en la fin comme vous en êtes le principe. Couronnez vos propres dons; car je reconnais que ce sont vos dons. Oui, mon Dieu; et bien loin de prétendre que mes prières aient du mérite qui vous oblige de les accorder de nécessité, je reconnais très-humblement qu'ayant donné aux créatures mon cœur, que vous n'aviez formé que pour vous, et non pas pour le monde, ni pour moi-même, je ne puis attendre aucune grâce que de votre miséricorde, puisque je n'ai rien en moi qui vous y puisse engager, et que tous les mouvements naturels de mon cœur, se portant vers les créatures ou vers moi-même, ne peuvent que vous irriter. Je vous rends donc grâces, mon Dieu, des bons mouvements que vous me donnez et de celui même que vous me donnez de vous en rendre grâces.

VII. Touchez mon cœur du repentir de mes fautes, puisque, sans cette douleur intérieure, les maux extérieurs dont vous touchez mon corps me seraient une nouvelle occasion de péché. Faites-moi bien connaître que les maux du corps ne sont autre chose que la punition et la figure tout ensemble des maux de l'âme. Mais, Seigneur, faites aussi qu'ils en soient le remède, en me faisant considérer, dans les douleurs que je sens, celle que je ne sentais pas dans mon âme, quoique toute malade et couverte d'ulcères. Car, Seigneur, la plus grande de ses maladies est cette insensibilité et cette extrême faiblesse, qui lui avait ôté tout sentiment de ses propres misères. Faites-les-moi sentir vivement, et que ce qui me reste de vie soit une pénitence continuelle pour laver les offenses que j'ai commises.

VIII. Seigneur, bien que ma vie passée ait été exempte de grands crimes, dont vous avez éloigné de moi les occasions, elle vous a été

[1] *Matth.*, xii, 29.

néanmoins très-odieuse par sa négligence continuelle, par le mauvais usage de vos plus augustes sacrements, par le mépris de votre parole et de vos inspirations, par l'oisiveté et l'inutilité totale de mes actions et de mes pensées, par la perte entière du temps que vous ne m'aviez donné que pour vous adorer, pour rechercher en toutes mes occupations les moyens de vous plaire, et pour faire pénitence des fautes qui se commettent tous les jours, et qui même sont ordinaires aux plus justes ; de sorte que leur vie doit être une pénitence continuelle sans laquelle ils sont en danger de déchoir de leur justice. Ainsi, mon Dieu, je vous ai toujours été contraire.

IX. Oui, Seigneur, jusqu'ici j'ai toujours été sourd à vos inspirations, j'ai méprisé vos oracles ; j'ai jugé au contraire de ce que vous jugez ; j'ai contredit aux saintes maximes que vous avez apportées au monde du sein de votre Père éternel, et suivant lesquelles vous jugerez le monde. Vous dites : Bienheureux sont ceux qui pleurent, et malheur à ceux qui sont consolés ! Et moi, j'ai dit : Malheureux ceux qui gémissent, et très-heureux ceux qui sont consolés ! J'ai dit : Heureux ceux qui jouissent d'une fortune avantageuse, d'une réputation glorieuse et d'une santé robuste ! Et pourquoi les ai-je réputés heureux, sinon parce que tous ces avantages leur fournissaient une facilité très-ample de jouir des créatures, c'est-à-dire de vous offenser ! Oui, Seigneur, je confesse que j'ai estimé la santé un bien, non pas parce qu'elle est un moyen facile pour vous servir avec utilité, pour consommer plus de soins et de veilles à votre service, et pour l'assistance du prochain ; mais parce qu'à sa faveur je pouvais m'abandonner avec moins de retenue dans l'abondance des délices de la vie, et en mieux goûter les funestes plaisirs. Faites-moi la grâce, Seigneur, de réformer ma raison corrompue, et de conformer mes sentiments aux vôtres. Que je m'estime heureux dans l'affliction, et qu'en l'impuissance d'agir au dehors, vous purifiiez tellement mes sentiments qu'ils ne répugnent plus aux vôtres ; et qu'ainsi je vous trouve au dedans de moi-même, puisque je ne puis vous chercher au dehors à cause de ma faiblesse. Car, Seigneur, votre royaume est dans vos fidèles ; et je le trouverai dans moi-même, si j'y trouve votre esprit et vos sentiments.

X. Mais, Seigneur, que ferai-je pour vous obliger à répandre votre esprit sur cette misérable terre ? Tout ce que je suis vous est odieux, et je ne trouve rien en moi qui vous puisse agréer. Je n'y vois rien, Seigneur, que mes seules douleurs, qui ont quelque ressemblance avec les vôtres. Considérez donc les maux que je souffre et ceux qui me menacent. Voyez d'un œil de miséricorde les plaies que votre main m'a faites, ô mon Sauveur, qui avez aimé vos souffrances en la mort ! ô Dieu, qui ne vous êtes fait homme que pour souffrir plus qu'aucun homme pour le salut des hommes ! ô Dieu, qui ne vous êtes incarné après le péché des hommes, et qui n'avez pris un corps que pour y souffrir tous les maux que nos péchés ont mérités ! ô Dieu, qui aimez tant les corps qui souffrent, que vous avez choisi pour vous le corps le plus accablé de souffrances qui ait jamais été au monde ! Ayez agréable mon corps, non pas pour lui-même, ni pour tout ce qu'il contient, car tout y est digne de votre colère, mais pour les maux qu'il endure, qui seuls peuvent être dignes de votre amour. Aimez mes souffrances, Seigneur, et que mes maux vous invitent à me visiter. Mais pour achever la préparation de votre demeure, faites, ô mon Sauveur, que si mon corps a cela de commun avec le vôtre, qu'il souffre pour mes offenses, mon âme ait aussi cela de commun avec la vôtre, qu'elle soit dans la tristesse pour les mêmes offenses ; et qu'ainsi je souffre avec vous, et comme vous, et dans mon corps, et dans mon âme, pour les péchés que j'ai commis.

XI. Faites-moi la grâce, Seigneur, de joindre vos consolations à mes souffrances, afin que je souffre en chrétien. Je ne demande pas d'être exempt des douleurs, car c'est la récompense des saints ; mais je demande de n'être pas abandonné aux douleurs de la nature sans les consolations de votre esprit ; car c'est la malédiction des Juifs et des païens. Je ne demande pas d'avoir une plénitude de consolation sans aucune souffrance ; car c'est la vie de la gloire. Je ne demande pas aussi d'être dans une plénitude de maux sans consolation ; car c'est un état de judaïsme. Mais je demande, Seigneur, de ressentir tout ensemble et les douleurs de la nature pour mes péchés, et les consolations de votre esprit par votre grâce; car c'est le véritable état du christianisme. Que je ne sente pas des douleurs sans consolation; mais que je sente des douleurs et de la consolation tout ensemble, pour arriver enfin à ne sentir plus que vos consolations sans aucune douleur. Car, Seigneur, vous avez laissé languir le monde dans les souffrances naturelles sans consolation, avant la venue de votre Fils unique : vous consolez maintenant et vous adoucissez les souffrances de vos fidèles par la grâce de votre Fils unique : et vous comblez d'une béatitude toute pure vos saints dans la gloire de votre Fils unique. Ce sont les admirables degrés par lesquels vous conduisez vos ouvrages. Vous m'avez tiré du premier : faites-moi passer par le second, pour arriver au troisième. Seigneur, c'est la grâce que je vous demande.

XII. Ne permettez pas que je sois dans un tel éloignement de vous, que je puisse considérer votre âme triste jusqu'à la mort, et votre corps abattu par la mort pour mes propres péchés, sans me réjouir de souffrir et dans mon corps et dans mon âme. Car qu'y a-t-il de plus honteux, et néanmoins de plus ordinaire dans les chrétiens et dans moi-même, que tandis que vous suez le sang pour l'expiation de nos offenses, nous vivons dans les délices; et que des chrétiens qui font profession d'être à vous, que ceux qui par le baptême ont renoncé au monde pour vous suivre, que ceux qui ont juré solennellement à la face de l'Église de vivre et de mourir avec vous, que ceux qui font profession de croire que le monde vous a persécuté et crucifié, que ceux qui croient que vous êtes exposé à la colère de Dieu et à la cruauté des hommes pour les racheter de leurs crimes; que ceux, dis-je, qui croient toutes ces vérités, qui considèrent votre corps comme l'hostie qui s'est livrée pour leur salut, qui considèrent les plaisirs et les péchés du monde comme l'unique sujet de vos souffrances, et le monde même comme votre bourreau, recherchent à flatter leurs corps par ces mêmes plaisirs, parmi ce même monde; et que ceux qui ne pourraient, sans frémir d'horreur, voir un homme caresser et chérir le meurtrier de son père qui se serait livré pour lui donner la vie, puissent vivre comme j'ai fait, avec une pleine joie, parmi le monde que je sais avoir été véritablement le meurtrier de celui que je reconnaissais pour mon Dieu et mon père, qui s'est livré pour mon propre salut, et qui a porté en sa personne la peine de mes iniquités? Il est juste, Seigneur, que vous ayez interrompu une joie aussi criminelle que celle dans laquelle je me reposais à l'ombre de la mort.

XIII. Otez donc de moi, Seigneur, la tristesse que l'amour de moi-même me pourrait donner de mes propres souffrances et des choses du monde qui ne réussissent pas au gré des inclinations de mon cœur, et qui ne regardent pas votre gloire; mais mettez en moi une tristesse conforme à la vôtre. Que mes souffrances servent à apaiser votre colère. Faites-en une occasion de mon salut et de ma conversion. Que je ne souhaite désormais de santé et de vie qu'afin de l'employer et la finir pour vous, avec vous et en vous. Je ne vous demande ni santé, ni maladie, ni vie, ni mort; mais que vous disposiez de ma santé et de ma maladie, de ma vie et de ma mort, pour votre gloire, pour mon salut et pour l'utilité de l'Église et de vos saints dont j'espère par votre grâce faire une portion. Vous seul savez ce qui m'est expédient : vous êtes le souverain maître, faites ce que vous voudrez. Donnez-moi, ôtez-moi; mais conformez ma volonté à la vôtre; et que dans une soumission humble et parfaite et dans une sainte confiance, je me dispose à recevoir les ordres de votre providence éternelle, et que j'adore également tout ce qui me vient de vous.

XIV. Faites, mon Dieu, que dans une uniformité d'esprit toujours égale je reçoive toutes sortes d'évènements, puisque nous ne savons ce que nous devons demander, et que je n'en puis souhaiter l'un plutôt que l'autre sans présomption, et sans me rendre juge et responsable des suites que votre sagesse a voulu justement me cacher. Seigneur, je sais que je ne sais qu'une chose, c'est qu'il est bon de vous suivre, et qu'il est mauvais de vous offenser. Après cela, je ne sais lequel est le meilleur ou le pire en toutes choses; je ne sais lequel m'est profitable de la santé ou de la maladie, des biens ou de la pauvreté, ni de toutes les choses du monde. C'est un discernement qui passe la force des hommes et des anges, et qui est caché dans les secrets de votre providence que j'adore, et que je ne veux pas approfondir.

XV. Faites donc, Seigneur, que tel que je sois je me conforme à votre volonté; et qu'étant malade comme je suis, je vous glorifie dans mes souffrances. Sans elles je ne puis arriver à la gloire; et vous-même, mon Sauveur, n'y avez voulu parvenir que par elles. C'est par les marques de vos souffrances que vous avez été reconnu de vos disciples; et c'est par les souffrances que vous reconnaissez ceux qui sont vos disciples. Reconnaissez-moi donc pour votre disciple dans les maux que j'endure et dans mon corps et dans mon esprit, pour les offenses que j'ai commises. Et parce que rien n'est agréable à Dieu s'il ne lui est offert par vous, unissez ma volonté à la vôtre, et mes douleurs à celles que vous avez souffertes. Faites que les miennes deviennent les vôtres. Unissez-moi à vous; remplissez-moi de vous et de votre Esprit-Saint. Entrez dans mon cœur et dans mon âme pour y porter mes souffrances et pour continuer d'endurer en moi ce qui vous reste à souffrir de votre passion, que vous achevez dans vos membres jusqu'à la consommation parfaite de votre corps, afin qu'étant plein de vous, ce ne soit plus moi qui vive et qui souffre, mais que ce soit vous qui viviez et qui souffriez en moi, ô mon Sauveur! et qu'ainsi ayant quelque petite part à vos souffrances, vous me remplissiez entièrement de la gloire qu'elles vous ont acquise, dans laquelle vous vivez avec le Père et le Saint-Esprit, par tous les siècles des siècles. Ainsi soit-il[1].

---

[1] « Il semble qu'on devrait trouver dans une prière quelque abandon, quelque enthousiasme, une confiance qui ne pèse plus ses motifs... Celle de Pascal n'a point ce caractère. C'est une argumentation passionnée, dans laquelle un homme mortel raisonne avec Dieu. Ce n'est ni par l'enthousiasme du Psalmiste, ni par l'imagination échauffée des ascètes que cette prière s'élève; c'est par des raisons qui se déduisent les unes des autres, et se succèdent comme les degrés d'une échelle mystique. On sent qu'aucun échelon ne manquera sous les pieds de Pascal. » (Nisard.)

COMPARAISON
DES CHRÉTIENS DES PREMIERS TEMPS
AVEC CEUX D'AUJOURD'HUI[1].

Dans les premiers temps, les chrétiens étaient parfaitement instruits dans tous les points nécessaires au salut; au lieu que l'on voit aujourd'hui une ignorance si grossière qu'elle fait gémir tous ceux qui ont des sentiments de tendresse pour l'Église.

On n'entrait alors dans l'Église qu'après de grands travaux et de longs désirs: on s'y trouve maintenant sans aucune peine, sans soins et sans travail.

On n'y était admis qu'après un examen très-exact. On y est reçu maintenant avant qu'on soit en état d'être examiné.

On n'y était reçu alors qu'après avoir abjuré sa vie passée, qu'après avoir renoncé au monde, et à la chair, et au diable. On y entre maintenant avant qu'on soit en état de faire aucune de ces choses.

Enfin il fallait autrefois sortir du monde pour être reçu dans l'Église: au lieu qu'on entre aujourd'hui dans l'Église en même temps que dans le monde. On connaissait alors par ce procédé une distinction essentielle du monde d'avec l'Église. On les considérait comme deux contraires, comme deux ennemis irréconciliables, dont l'un persécute l'autre sans discontinuation, et dont le plus faible en apparence doit un jour triompher du plus fort; en sorte que de ces deux partis contraires on quittait l'un pour entrer dans l'autre; on abandonnait les maximes de l'un pour embrasser les maximes de l'autre; on se dévêtait des sentiments de l'un, pour le revêtir des sentiments de l'autre; enfin on quittait, on renonçait, on abjurait le monde où l'on avait reçu sa première naissance, pour se vouer totalement à l'Église où l'on prenait comme sa seconde naissance; et ainsi on concevait une différence épouvantable entre l'un et l'autre; au lieu qu'on se trouve maintenant presque au même temps dans l'un et dans l'autre; et le même moment

---

[1] Ce fragment a été publié pour la première fois par Bossut. M. Faugère en a donné un texte plus exact d'après les manuscrits du P. Guerrier.

qui nous fait naître au monde nous fait renaître dans l'Église; de sorte que la raison survenant ne fait plus de distinction de ces deux mondes si contraires. Elle est élevée dans l'un et dans l'autre tout ensemble. On fréquente les sacrements, et on jouit des plaisirs du monde; et ainsi, au lieu qu'autrefois on voyait une distinction essentielle entre l'un et l'autre, on les voit maintenant confondus et mêlés, en sorte qu'on ne les discerne plus.

De là vient qu'on ne voyait autrefois entre les chrétiens que des personnes très-instruites, au lieu qu'elles sont maintenant dans une ignorance qui fait horreur; de là vient qu'autrefois ceux qui avaient été régénérés par le baptême, et qui avaient quitté les vices du monde pour entrer dans la piété de l'Église, retombaient si rarement de l'Église dans le monde; au lieu qu'on ne voit maintenant rien de plus ordinaire que les vices du monde dans le cœur des chrétiens. L'Église des saints se trouve toute souillée par le mélange des méchants; et ses enfants, qu'elle a conçus et nourris dès l'enfance dans son sein sont ceux-là mêmes qui portent dans son cœur, c'est-à-dire jusqu'à la participation de ses plus augustes mystères, le plus cruel de ses ennemis, l'esprit du monde, l'esprit d'ambition, l'esprit de vengeance, l'esprit d'impureté, l'esprit de concupiscence: et l'amour qu'elle a pour ses enfants l'oblige d'admettre jusque dans ses entrailles le plus cruel de ses persécuteurs.

Mais ce n'est pas l'Église à qui on doit imputer les malheurs qui ont suivi un changement de discipline si salutaire, car elle n'a pas changé d'esprit, quoiqu'elle ait changé de conduite. Ayant donc vu que la dilation [1] du baptême laissait un grand nombre d'enfants dans la malédiction d'Adam, elle a voulu les délivrer de cette masse de perdition en précipitant le secours qu'elle leur donne; et cette bonne mère ne voit qu'avec un regret extrême que ce qu'elle a procuré pour le salut de ces enfants est devenu l'occasion de la perte des adultes. Son véritable esprit est que ceux qu'elle retire dans un âge si tendre de la contagion du monde, prennent des sentiments tout opposés à ceux du monde. Elle prévient l'usage de la raison pour prévenir les vices où la raison corrompue les entraînerait; et avant que leur esprit puisse agir, elle les remplit de son esprit, afin qu'ils vivent dans une ignorance du monde et dans un état d'autant plus éloigné du vice qu'ils ne l'auront jamais connu. Cela paraît par les cérémonies du baptême; car elle n'accorde le baptême aux enfants qu'après qu'ils ont déclaré, par la bouche des parrains, qu'ils le désirent, qu'ils croient, qu'ils renoncent au monde et à Satan. Et comme elle veut qu'ils conservent ces dispositions dans toute la suite de leur vie, elle leur commande expressément de les garder inviolablement, et ordonne, par un commandement indispensable, aux parrains d'instruire les enfants de toutes ces choses; car elle ne souhaite pas que ceux qu'elle a nourris dans son sein soient aujourd'hui moins instruits et moins zélés que les adultes qu'elle admettait autrefois au nombre des siens; elle ne désire pas une moindre perfection dans ceux qu'elle nourrit que dans ceux qu'elle reçoit... Cependant on en use d'une façon si contraire à l'intention de l'Église, qu'on n'y peut penser sans horreur. On ne fait quasi plus de réflexion sur un aussi grand bienfait, parce qu'on ne l'a jamais souhaité, parce qu'on ne l'a jamais demandé, parce qu'on ne se souvient pas même de l'avoir reçu. . . . .

Mais comme il est évident que l'Église ne demande pas moins de zèle dans ceux qui ont été élevés domestiques de la foi [1] que dans ceux qui aspirent à le devenir, il faut se mettre devant les yeux l'exemple des catéchumènes, considérer leur ardeur, leur dévotion, leur horreur pour le monde, leur généreux renoncement au monde; et si on ne les jugeait pas dignes de recevoir le baptême sans ces dispositions, ceux qui ne les trouvent pas en eux... Il faut donc qu'ils se soumettent à recevoir l'instruction qu'ils auraient eue s'ils commençaient à entrer dans la communion de l'Église; il faut de plus qu'ils se soumettent à une pénitence continuelle, et qu'ils aient moins d'aversion pour l'austérité de leur mortification, qu'ils ne trouvent de charmes dans l'usage des délices empoisonnées du péché. . . . . . .

---

[1] « La dilation. » Le fait de différer.

[1] « Domestiques de la foi. » Latinisme, qui sont *de la maison*.

Pour les disposer à s'instruire, il faut leur faire entendre la différence des coutumes qui ont été pratiquées dans l'Église suivant la diversité des temps... Qu'en l'Église naissante on enseignait les catéchumènes, c'est-à-dire ceux qui prétendaient au baptême, avant que de le leur conférer; et on ne les y admettait qu'après une pleine instruction des mystères de la religion, qu'après une pénitence de leur vie passée, qu'après une grande connaissance de la grandeur et de l'excellence de la profession de la foi et des maximes chrétiennes où ils désiraient entrer pour jamais, qu'après des marques éminentes d'une conversion véritable du cœur, et qu'après un extrême désir du baptême. Ces choses étant connues de toute l'Église, on leur conférait le sacrement d'incorporation par lequel ils devenaient membres de l'Église; au lieu qu'en ces temps, le baptême ayant été accordé aux enfants avant l'usage de la raison, par des considérations très-importantes, il arrive que la négligence des parents laisse vieillir les chrétiens sans aucune connaissance de la grandeur de notre religion.

Quand l'instruction précédait le baptême, tous étaient instruits; mais maintenant que le baptême précède l'instruction, l'enseignement qui était nécessaire est devenu volontaire, et ensuite négligé et presque aboli. La véritable raison de cette conduite est qu'on est persuadé de la nécessité du baptême, et on ne l'est pas de la nécessité de l'instruction. De sorte que quand l'instruction précédait le baptême, la nécessité de l'un faisait que l'on avait recours à l'autre nécessairement; au lieu que le baptême précédant aujourd'hui l'instruction, comme on a été fait chrétien sans avoir été instruit, on croit pouvoir demeurer chrétien sans se faire instruire...... Et qu'au lieu que les premiers chrétiens témoignaient tant de reconnaissance envers l'Église pour une grâce qu'elle n'accordait qu'à leurs longues prières, ils témoignent aujourd'hui tant d'ingratitude pour cette même grâce, qu'elle leur accorde avant même qu'ils aient été en état de la demander. Et si elle détestait si fort les chutes des premiers, quoique si rares, combien doit-elle avoir en abomination les chutes et rechutes continuelles des derniers, quoiqu'ils lui soient beaucoup plus redevables, puisqu'elle les a tirés bien plus tôt et bien plus libéralement de la damnation où ils étaient engagés par leur première naissance! Elle ne peut voir, sans gémir, abuser de la plus grande de ces grâces, et que ce qu'elle a fait pour assurer leur salut devienne l'occasion presque assurée de leur perte...

DISCOURS

SUR LA CONDITION DES GRANDS[1].

I

Pour entrer dans la véritable connaissance de votre condition, considérez-la dans cette image :

Un homme est jeté par la tempête dans une île inconnue, dont les habitants étaient en

---

[1] Ces discours, publiés pour la première fois en 1670, se trouvent dans les *Essais* de Nicole, qui les a fait précéder de ces explications :

« Une des choses sur lesquelles feu M. Pascal avait plus de vues était l'instruction d'un prince que l'on tâcherait d'élever de la manière la plus proportionnée à l'état où Dieu l'appelle, et la plus propre pour le rendre capable d'en remplir les devoirs et d'en éviter tous les dangers. On lui a souvent ouï dire qu'il n'y avait rien à quoi il désirât plus de contribuer s'il y était engagé, et qu'il sacrifierait volontiers sa vie pour une chose si importante. Et comme il avait accoutumé d'écrire les pensées qui lui venaient sur les sujets dont il avait l'esprit occupé, ceux qui l'ont connu se sont étonnés de n'avoir rien trouvé dans celles qui sont restées de lui qui regardât expressément cette matière, quoique l'on puisse dire en un sens qu'elles la regardent toutes, n'y ayant guère de livres qui puissent plus servir à former l'esprit d'un prince que le recueil que l'on en a fait.

« Il faut donc ou que ce qu'il a écrit de cette matière ait été perdu, ou qu'n'ayant ces pensées extrêmement présentes, il ait négligé de les écrire. Et comme par l'une et l'autre cause le public s'en trouve également privé, il est venu dans l'esprit d'une personne qui a assisté à trois discours assez courts qu'il fit à un enfant de grande condition, et dont l'esprit, qui était extrêmement avancé, était déjà capable des vérités les plus fortes, d'écrire neuf ou dix ans après ce qu'il en a retenu. Or, quoique après un si long temps il ne puisse pas dire que ce soient les propres paroles dont M. Pascal se servit alors, néanmoins tout ce qu'il disait faisait une impression si vive sur l'esprit, qu'il n'était pas possible de l'oublier. Et ainsi il peut assurer que ce sont au moins ses pensées et ses sentiments. »

Il est évident que la personne qui a entendu et recueilli les *trois discours* n'est autre que Nicole lui-même. Quant à l'enfant auquel ils durent être adressés, on a dit que c'était le duc de Roannez; mais cette opinion a été

peine de trouver leur roi, qui s'était perdu; et ayant beaucoup de ressemblance de corps et de visage avec ce roi, il est pris pour lui, et reconnu en cette qualité par tout ce peuple. D'abord il ne savait quel parti prendre; mais il se résolut enfin de se prêter à sa bonne fortune. Il reçut tous les respects qu'on lui voulut rendre, et il se laissa traiter de roi...

Mais comme il ne pouvait oublier sa condition naturelle, il songeait, en même temps qu'il recevait ces respects, qu'il n'était pas ce roi que ce peuple cherchait, et que ce royaume ne lui appartenait pas. Ainsi il avait une double pensée: l'une par laquelle il agissait en roi, l'autre par laquelle il reconnaissait son état véritable, et que ce n'était que le hasard qui l'avait mis en la place où il était. Il cachait cette dernière pensée, et il découvrait l'autre. C'était par la première qu'il traitait avec le peuple, et par la dernière qu'il traitait avec soi-même.

Ne vous imaginez pas que ce soit par un moindre hasard que vous possédez les richesses dont vous vous trouvez maître, que celui par lequel cet homme se trouvait roi. Vous n'y aviez aucun droit de vous-même et par votre nature, non plus que lui : et non-seulement vous ne vous trouvez fils d'un duc, mais vous ne vous trouvez au monde que par une infinité de hasards. Votre naissance dépend d'un mariage, ou plutôt de tous les mariages de ceux dont vous descendez. Mais ces mariages, d'où dépendent-ils? D'une visite faite par rencontre, d'un discours en l'air, de mille occasions imprévues.

Vous tenez, dites-vous, vos richesses de vos ancêtres; mais n'est-ce pas par mille hasards que vos ancêtres les ont acquises et qu'ils les ont conservées? Mille autres, aussi habiles qu'eux, ou n'en ont pu acquérir, ou les ont perdues après les avoir acquises. Vous imaginez-vous aussi que ce soit par quelque voie naturelle que ces biens ont passé de vos ancêtres à vous? Cela n'est pas véritable. Cet ordre

écartée par des raisons très-plausibles. M. Havet pense que ce pourrait être le prince de Guémenée, en reconnaissant toutefois que le prince de Guémenée était bien jeune pour un entretien aussi grave, puisqu'il avait à peine sept ans à la mort de Pascal.

n'est fondé que sur la seule volonté des législateurs qui ont pu avoir de bonnes raisons, mais dont aucune n'est prise d'un droit naturel que vous ayez sur ces choses. S'il leur avait plu d'ordonner que ces biens, après avoir été possédés par les pères durant leur vie, retourneraient à la république après leur mort, vous n'auriez aucun sujet de vous en plaindre.

Ainsi tout le titre par lequel vous possédez votre bien n'est pas un titre de nature, mais d'un établissement humain. Un autre tour d'imagination dans ceux qui ont fait les lois vous aurait rendu pauvre; et ce n'est que cette rencontre du hasard qui vous a fait naître avec la fantaisie des lois favorables à votre égard, qui vous met en possession de tous ces biens.

Je ne veux pas dire qu'ils ne vous appartiennent pas légitimement, et qu'il soit permis à un autre de vous les ravir; car Dieu, qui en est le maître, a permis aux sociétés de faire des lois pour les partager; et quand ces lois sont une fois établies, il est injuste de les violer. C'est ce qui vous distingue un peu de cet homme qui ne posséderait son royaume que par l'erreur du peuple; parce que Dieu n'autoriserait pas cette possession et l'obligerait à y renoncer, au lieu qu'il autorise la vôtre. Mais ce qui vous est entièrement commun avec lui, c'est que ce droit que vous y avez n'est pas fondé, non plus que le sien, sur quelque qualité et sur quelque mérite qui soit en vous et qui vous en rende digne. Votre âme et votre corps sont d'eux-mêmes indifférents à l'état de batelier ou à celui de duc; et il n'y a nul lien naturel qui les attache à une condition plutôt qu'à une autre.

Que s'ensuit-il de là? que vous devez avoir, comme cet homme dont nous avons parlé, une double pensée, et que si vous agissez extérieurement avec les hommes selon votre rang, vous devez reconnaître, par une pensée plus cachée mais plus véritable, que vous n'avez rien naturellement au-dessus d'eux. Si la pensée publique vous élève au-dessus du commun des hommes, que l'autre vous abaisse et vous tienne dans une parfaite égalité avec tous les hommes, car c'est votre état naturel.

Le peuple qui vous admire ne connaît pas peut-être ce secret. Il croit que la noblesse est une grandeur réelle, et il considère presque les grands comme étant d'une autre nature que les autres. Ne leur découvrez pas cette erreur, si vous voulez ; mais n'abusez pas de cette élévation avec insolence, et surtout ne vous méconnaissez pas vous-même en croyant que votre être a quelque chose de plus élevé que celui des autres.

Que diriez-vous de cet homme qui aurait été fait roi par l'erreur du peuple, s'il venait à oublier tellement sa condition naturelle, qu'il s'imaginât que ce royaume lui était dû, qu'il le méritait et qu'il lui appartenait de droit? Vous admireriez sa sottise et sa folie. Mais y en a-t-il moins dans les personnes de condition qui vivent dans un si étrange oubli de leur état naturel ?

Que cet avis est important ! Car tous les emportements, toute la violence et toute la vanité des grands vient de ce qu'ils ne connaissent point ce qu'ils sont : étant difficile que ceux qui se regarderaient intérieurement comme égaux à tous les hommes, et qui seraient bien persuadés qu'ils n'ont rien en eux qui mérite ces petits avantages que Dieu leur a donnés au-dessus des autres, les traitassent avec insolence. Il faut s'oublier soi-même pour cela, et croire qu'on a quelque excellence réelle au-dessus d'eux : en quoi consiste cette illusion que je tâche de vous découvrir.

II

Il est bon, Monsieur, que vous sachiez ce que l'on vous doit, afin que vous ne prétendiez pas exiger des hommes ce qui ne vous est pas dû ; car c'est une injustice visible ; et cependant elle est fort commune à ceux de votre condition, parce qu'ils en ignorent la nature.

Il y a dans le monde deux sortes de grandeurs ; car il y a des grandeurs d'établissement, et des grandeurs naturelles. Les grandeurs d'établissement dépendent de la volonté des hommes qui ont cru avec raison devoir honorer certains états et y attacher certains respects. Les dignités et la noblesse sont de ce genre. En un pays on honore les nobles, en l'autre les roturiers ; en celui-ci les aînés, en cet autre les cadets. Pourquoi cela? parce qu'il a plu aux hommes. La chose était indifférente avant l'établissement : après l'établissement elle devient juste, parce qu'il est injuste de la troubler. Les grandeurs naturelles sont celles qui sont indépendantes de la fantaisie des hommes, parce qu'elles consistent dans les qualités réelles et effectives de l'âme ou du corps, qui rendent l'une ou l'autre plus estimable comme les sciences, la lumière de l'esprit, la vertu, la santé, la force.

Nous devons quelque chose à l'une et à l'autre de ces grandeurs ; mais comme elles sont d'une nature différente, nous leur devons aussi différents respects. Aux grandeurs d'établissement, nous leur devons des respects d'établissement, c'est-à-dire certaines cérémonies extérieures qui doivent être néanmoins accompagnées, selon la raison, d'une reconnaissance intérieure de la justice de cet ordre, mais qui ne nous font pas concevoir quelque qualité réelle en ceux que nous honorons de cette sorte. Il faut parler aux rois à genoux : il faut se tenir debout dans la chambre des princes. C'est une sottise et une bassesse d'esprit que de leur refuser ces devoirs.

Mais pour les respects naturels qui consistent dans l'estime, nous ne les devons qu'aux grandeurs naturelles ; et nous devons au contraire le mépris et l'aversion aux qualités contraires à ces grandeurs naturelles. Il n'est pas nécessaire, parce que vous êtes duc, que je vous estime ; mais il est nécessaire que je vous salue. Si vous êtes duc et honnête homme, je rendrai ce que je dois à l'une et à l'autre de ces qualités. Je ne vous refuserai point les cérémonies que mérite votre qualité de duc, ni l'estime que mérite celle d'honnête homme. Mais si vous étiez duc sans être honnête homme, je vous ferais encore justice ; car en vous rendant les devoirs extérieurs que l'ordre des hommes a attachés à votre naissance, je ne manquerais pas d'avoir pour vous le mépris intérieur que mériterait la bassesse de votre esprit.

Voilà en quoi consiste la justice de ces devoirs. Et l'injustice consiste à attacher les respects naturels aux grandeurs d'établissement, ou à exiger les respects d'établissement pour les grandeurs naturelles. Monsieur N. est un plus grand géomètre que moi ; en cette qualité il veut passer devant moi : je lui dirai qu'il n'y entend rien. La géométrie est une grandeur naturelle; elle demande une préférence d'estime; mais les hommes n'y ont attaché aucune préférence extérieure. Je passerai donc devant lui, et l'estimerai plus que moi, en qualité de géomètre. De même si, étant duc et pair, vous ne vous contentiez pas que je me tinsse découvert devant vous, et que vous voulussiez encore que je vous estimasse, je vous prierais de me montrer les qualités qui méritent mon estime. Si vous le faisiez, elle vous est acquise, et je ne pourrais vous la refuser avec justice; mais si vous ne le faisiez pas, vous seriez injuste de me la demander; et assurément vous n'y réussiriez pas, fussiez-vous le plus grand prince du monde.

III

Je vous veux faire connaître, Monsieur, votre condition véritable; car c'est la chose du monde que les personnes de votre sorte ignorent le plus. Qu'est-ce, à votre avis, que d'être grand seigneur? C'est être maître de plusieurs objets de la concupiscence des hommes, et ainsi pouvoir satisfaire aux besoins et aux désirs de plusieurs. Ce sont ces lésions et ces désirs qui les attirent auprès de vous, et qui font qu'ils se soumettent à vous : sans cela ils ne vous regarderaient pas seulement; mais ils espèrent, par ces services et ces déférences qu'ils vous rendent, obtenir de vous quelque part de ces biens qu'ils désirent et dont ils voient que vous disposez.

Dieu est environné de gens pleins de charité, qui lui demandent les biens de la charité qui sont en sa puissance : ainsi il est proprement le roi de la charité. Vous êtes de même environné d'un petit nombre de personnes, sur qui vous régnez en votre manière. Ces gens sont pleins de concupiscence. Ils vous demandent les biens de la concupiscence; c'est la concupiscence qui les attache à vous. Vous êtes donc proprement un roi de concupiscence. Votre royaume est de peu d'étendue : mais vous êtes égal en cela aux plus grands rois de la terre : ils sont comme vous des rois de concupiscence. C'est la concupiscence qui fait leur force; c'est-à-dire la possession des choses que la cupidité des hommes désire.

Mais en connaissant votre condition naturelle, usez des moyens qu'elle vous donne, et ne prétendez pas régner par une autre voie que par celle qui vous fait roi. Ce n'est point votre force et votre puissance naturelle qui vous assujettit toutes ces personnes. Ne prétendez donc point les dominer par la force, ni les traiter avec dureté. Contentez leurs justes désirs; soulagez leurs nécessités; mettez votre plaisir à être bienfaisant; avancez-les autant que vous le pourrez, et vous agirez en vrai roi de concupiscence.

Ce que je vous dis ne va pas bien loin; et si vous en demeurez là, vous ne laisserez pas de vous perdre; mais au moins vous vous perdrez en honnête homme. Il y a des gens qui se damnent si sottement par l'avarice, par la brutalité, par les débauches, par la violence, par les emportements, par les blasphèmes! Le moyen que je vous ouvre est sans doute plus honnête; mais en vérité c'est toujours une grande folie que de se damner; et c'est pourquoi il ne faut pas en demeurer là. Il faut mépriser la concupiscence et son royaume, et aspirer à ce royaume de charité où tous les sujets ne respirent que la charité, et ne désirent que les biens de la charité. D'autres que moi vous en diront le chemin : il me suffit de vous avoir détourné de ces vies brutales où je vois que plusieurs personnes de votre condition se laissent emporter, faute de bien connaître l'état véritable de cette condition.

SUR LA CONVERSION DU PÉCHEUR[1].

La première chose que Dieu inspire à l'âme qu'il daigne toucher véritablement, est une connaissance et une vue tout extraordinaire par laquelle l'âme considère les choses et elle-même d'une façon toute nouvelle.

[1] Le père Guerrier, qui nous a conservé le fragment qu'on va lire, dit qu'il ne sait *de qui est cet écrit*. Dans un autre recueil, on l'attribue à Jacqueline Pascal. Bossut, qui l'a publié le premier, le donne à l'auteur des *Pensées*. MM. Faugère et Havet sont de l'avis de Bossut.
« C'est bien, dit M. Faugère, la pensée et le style de Pascal; non pas, il est vrai, de sa manière la plus mûre et la plus grande, mais de celle déjà si puissante d'avant les *Provinciales;* car ce fragment doit avoir été composé en 1647 ou 1648, alors que Pascal venait d'en-

Cette nouvelle lumière lui donne de la crainte, et lui apporte un trouble qui traverse le repos qu'elle trouvait dans les choses qui faisaient ses délices.

Elle ne peut plus goûter avec tranquillité les choses qui la charmaient. Un scrupule continuel la combat dans cette jouissance, et cette vue intérieure ne lui fait plus trouver cette douceur accoutumée parmi les choses où elle s'abandonnait avec une pleine effusion de cœur.

Mais elle trouve encore plus d'amertume dans les exercices de piété que dans les vanités du monde. D'une part, la vanité des objets visibles la touche plus que l'espérance des invisibles, et de l'autre la solidité des invisibles la touche plus que la vanité des visibles. Et ainsi

trer, à l'âge de vingt-trois ou vingt-quatre ans, dans cette phase de sa vie qu'on peut appeler sa première conversion : ces pages expriment les propres sentiments de son âme. »

M. Havet n'est point, quant à la date à laquelle ce morceau fut écrit, de l'avis de M. Faugère : « Il me semble que Pascal y exprime ce qui s'est passé dans son âme pendant ce temps critique de sa vie où s'accomplit laborieusement la grande et dernière *conversion*, c'est-à-dire pendant l'année 1654.....

« On a une lettre de Jacqueline à madame Périer, du 25 janvier 1655, où elle fait l'histoire de la conversion de son frère, et voici ce qu'on lit dans cette lettre : « Il « me vint voir (vers la fin de septembre 1654), et à cette « visite, il s'ouvrit à moi d'une manière qui me fit pitié, « en m'avouant qu'au milieu de ses occupations, qui « étaient grandes, et parmi toutes les choses qui pou- « vaient contribuer à lui faire aimer le monde, *et aux-* « *quelles on avait raison de le croire fort attaché*, il « était de telle sorte sollicité de quitter tout cela, et par « une aversion extrême qu'il avait des folies et des amu- « sements du monde, *et par le reproche continuel que* « *lui faisait sa conscience*, qu'il se trouvait *détaché de* « *toutes choses* d'une telle manière qu'il ne l'avait jamais « été de la sorte, ni rien d'approchant : *mais que d'ail-* « *leurs il était dans un si grand abandonnement du côté* « *de Dieu, qu'il ne sentait aucun attrait de ce côté* « *là ;* » etc. Ce que raconte Jacqueline n'est-il pas précisément ce que peint Pascal ? »

Quant à M. Cousin, il est d'un avis contraire à MM. Faugère et Havet : « Bossut, dit-il, a aussi publié le premier un fragment *sur la conversion du pécheur*. Ce fragment se trouve dans les *Mémoires* de mademoiselle Périer avec cette note : « Cet écrit a été transcrit sur une copie « qui est parmi les papiers que mademoiselle Périer a « laissés. On y a trouvé les lacunes telles qu'elles sont « marquées. Le nom de l'auteur n'y est point. Je le crois « de mademoiselle Pascal avant qu'elle se fît religieuse. » Nous inclinons à l'avis de l'auteur de cette note. Le style de ce fragment est très-beau ; il a de l'élévation, de la force même, mais non pas cette véhémence intérieure qui marque les moindres paroles de Pascal. »

la présence des uns et la solidité des autres disputent son affection, et la vanité des uns et l'absence des autres excitent son aversion ; de sorte qu'il naît dans elle un désordre et une confusion qu. . . . .
. . . .

Elle considère les choses périssables comme périssantes et même déjà péries ; et dans la vue certaine de l'anéantissement de tout ce qu'elle aime, elle s'effraye dans cette considération, en voyant que chaque instant lui arrache la jouissance de son bien et que ce qui lui est le plus cher s'écoule à tout moment, et qu'enfin un jour certain viendra auquel elle se trouvera dénuée de toutes les choses auxquelles elle avait mis son espérance. De sorte qu'elle comprend parfaitement que son cœur ne s'étant attaché qu'à des choses fragiles et vaines, son âme doit se trouver seule et abandonnée au sortir de cette vie, puisqu'elle n'a pas eu soin de se joindre à un bien véritable et subsistant par lui-même qui pût la soutenir et durant et après cette vie.

De là vient qu'elle commence à considérer comme un néant tout ce qui doit retourner dans le néant, le ciel, la terre, son esprit, son corps, ses parents, ses amis, ses ennemis, les biens, la pauvreté, la disgrâce, la prospérité, l'honneur, l'ignominie, l'estime, le mépris l'autorité, l'indigence, la santé, la maladie, et la vie même. Enfin tout ce qui doit moins durer que son âme est incapable de satisfaire le désir de cette âme qui recherche sérieusement à s'établir dans une félicité aussi durable qu'elle-même.

Elle commence à s'étonner de l'aveuglement où elle a vécu ; et quand elle considère d'une part le long temps qu'elle a vécu sans faire ces réflexions et le grand nombre de personnes qui vivent de la sorte, et de l'autre combien il est constant que l'âme, étant immortelle comme elle est, ne peut trouver sa félicité parmi des choses périssables et qui lui seront ôtées au moins à la mort, elle entre dans une sainte confusion et dans un étonnement qui lui porte un trouble bien salutaire.

Car elle considère que, quelque grand que soit le nombre de ceux qui vieillissent dans les maximes du monde, et quelque autorité que puisse avoir cette multitude d'exemples de ceux qui posent leur félicité au monde, il est constant néanmoins que quand les choses du monde auraient quelque plaisir solide, ce qui est reconnu pour faux par un nombre infini d'expériences si funestes et si continuelles, il est inévitable que la perte de ces choses ou que la mort enfin nous en prive : de sorte que l'âme s'étant amassé des trésors de biens temporels de quelque nature qu'ils soient, soit or, soit science, soit réputation, c'est une nécessité indispensable qu'elle se trouve dénuée de tous ces objets de sa félicité ; et qu'ainsi, s'ils ont eu de quoi la satisfaire, ils n'auront pas de quoi la satisfaire toujours ; et que si c'est se procurer un bonheur véritable, ce n'est pas se proposer un bonheur bien durable, puisqu'il doit être borné avec le cours de cette vie.

De sorte que par une sainte humilité que Dieu relève au-dessus de la superbe [1], elle commence à s'élever au-dessus du commun des hommes : elle condamne leur conduite, elle déteste leurs maximes, elle pleure leur aveuglement ; elle se porte à la recherche du véritable bien ; elle comprend qu'il faut qu'il ait ces deux qualités : l'une qu'il dure autant qu'elle et qu'il ne puisse lui être ôté que de son consentement, et l'autre qu'il n'y ait rien de plus aimable.

Elle voit que dans l'amour qu'elle a eu pour le monde elle trouvait en lui cette seconde qualité dans son aveuglement ; car elle ne reconnaissait rien de plus aimable. Mais comme elle n'y voit pas la première, elle connait que ce n'est pas le souverain bien. Elle le cherche donc ailleurs, et connaissant par une lumière toute pure qu'il n'est point dans les choses qui sont en elle, ni hors d'elle, ni devant elle (rien donc en elle ni à ses côtés), elle commence à le chercher au-dessus d'elle.

Cette élévation est si éminente et si transcendante qu'elle ne s'arrête pas au ciel, il n'a pas de quoi la satisfaire ; ni au-dessus du ciel, ni aux anges, ni aux êtres les plus parfaits. Elle traverse toutes les créatures, et ne peut arrêter son cœur qu'elle ne se soit rendue jusqu'au trône de Dieu dans lequel elle commence à trouver son repos et ce bien qui est tel qu'il

[1] L'orgueil, *superbia*.

n'y a rien de plus aimable, et qui ne peut lui être ôté que par son propre consentement.

Car encore qu'elle ne sente pas ces charmes dont Dieu récompense l'habitude dans la piété, elle comprend néanmoins que les créatures ne peuvent pas être plus aimables que le Créateur ; et sa raison aidée des lumières de la grâce lui fait connaître qu'il n'y a rien de plus aimable que Dieu et qu'il ne peut être ôté qu'à ceux qui le rejettent, puisque c'est le posséder que de le désirer, et que le refuser c'est le perdre.

Ainsi elle se réjouit d'avoir trouvé un bien qui ne peut pas lui être ravi tant qu'elle le désirera et qui n'a rien au-dessus de soi.

Et dans ces réflexions nouvelles elle entre dans la vue des grandeurs de son Créateur, et dans des humiliations et des adorations profondes. Elle s'anéantit en conséquence et ne pouvant former d'elle-même une idée assez basse ni en concevoir une assez relevée de ce bien souverain, elle fait de nouveaux efforts pour se rabaisser jusqu'aux derniers abîmes du néant, en considérant Dieu dans des immensités qu'elle multiplie sans cesse. Enfin dans cette conception qui épuise ses forces elle l'adore en silence, elle se considère comme sa vile et inutile créature, et, par ses respects réitérés, l'adore et le bénit, et voudrait à jamais le bénir et l'adorer. Ensuite elle reconnaît la grâce qu'il lui a faite de manifester son infinie majesté à un si chétif vermisseau ; et après une ferme résolution d'en être éternellement reconnaissante, elle entre en confusion d'avoir préféré tant de vanités à ce divin maître ; et dans un esprit de componction et de pénitence elle a recours à sa pitié pour arrêter sa colère dont l'effet lui paraît épouvantable. Dans la vue de ces immensités.

Elle fait d'ardentes prières à Dieu pour obtenir de sa miséricorde que comme il lui a plu de se découvrir à elle, il lui plaise de la conduire à lui et lui faire connaître les moyens d'y arriver. Car comme c'est à Dieu qu'elle aspire, elle aspire encore à n'y arriver que par des moyens qui viennent de Dieu même, parce qu'elle veut qu'il soit lui-même son chemin, son objet et sa dernière fin. Ensuite de ces prières, elle commence d'agir et cherche entre ceux.

Elle commence à connaître Dieu; et désire d'y arriver; mais comme elle ignore les moyens d'y parvenir, si son désir est sincère et véritable, elle fait la même chose qu'une personne qui, désirant arriver en quelque lieu, ayant perdu le chemin et connaissant son égarement, aurait recours à ceux qui sauraient parfaitement ce chemin et. . . . .

. . . . Elle se résout de conformer à ses volontés le reste de sa vie; mais comme sa faiblesse naturelle, avec l'habitude qu'elle a aux péchés où elle a vécu, l'ont réduite dans l'impuissance d'arriver à cette félicité, elle implore de sa miséricorde les moyens d'arriver à lui, de s'attacher à lui, d'y adhérer éternellement. . . Ainsi elle reconnaît qu'elle doit adorer Dieu comme créature, lui rendre grâce comme redevable, lui satisfaire comme coupable, le prier comme indigente.

ENTRETIEN DE PASCAL

AVEC M. DE SACI

SUR ÉPICTÈTE ET MONTAIGNE [1]

« M. Pascal vint aussi, en ce temps-là, demeurer à Port-Royal des Champs. Je ne m'arrête point à dire qui était cet homme, que non-seulement toute la France, mais toute l'Europe a admiré. Son esprit toujours vif, toujours agissant, était d'une étendue, d'une élévation, d'une fermeté, d'une pénétration et d'une netteté au delà de ce qu'on peut croire... Cet homme admirable enfin, étant touché de Dieu, soumit cet esprit si élevé au joug de Jésus-Christ, et ce cœur si noble et si grand embrassa avec humilité la pénitence. Il vint à Paris se jeter entre les bras de M. Singlin, résolu de faire tout ce qu'il lui ordonnerait. M. Singlin crut, en voyant ce grand génie, qu'il ferait bien de l'envoyer à Port-Royal des Champs, où M. Arnauld lui prêterait le collet en ce qui regardait les hautes sciences, et où M. de Saci lui apprendrait à les mépriser. Il vint donc demeurer à Port-Royal. M. de Saci ne put pas se dispenser de le voir par honnêteté, surtout en ayant été prié par M. Singlin; mais les lumières saintes qu'il trouvait dans l'Écriture et les Pères lui firent espérer qu'il ne serait point ébloui de tout le brillant de M. Pascal, qui charmait néanmoins et enlevait tout le monde. Il trouvait en effet tout ce qu'il disait fort juste. Il avouait avec plaisir la force de son esprit et de ses discours. Tout ce que M. Pascal lui disait de grand, il l'avait vu avant lui dans saint Augustin, et faisant justice à tout le monde, il disait : « M. Pascal est extrêmement estimable « en ce que, n'ayant point lu les Pères de l'É-« glise, il a de lui-même, par la pénétration « de son esprit, trouvé les mêmes vérités qu'ils « avaient trouvées. Il les trouve surprenantes;

---

[1] « Ce chapitre, dit M. Cousin, est un débris d'une conversation qui eut lieu à Port-Royal entre Saci et Pascal plusieurs années avant les *Provinciales*. Le secrétaire de Saci, Fontaine, qui assistait à cette conversation, la rapporte dans le tome II de ses *Mémoires*, imprimés à Utrecht, en 1736. Avant que ces mémoires parussent, le père Desmolets, bibliothécaire de l'Oratoire, en avait eu connaissance, et il en tira cet entretien, qu'il publia dans les *Mémoires de littérature et d'histoire*, t. V, en 1728.

« Il faut, écrivait en 1731 l'abbé d'Étemare à Mar-« guerite Périer, que cet entretien de M. Pascal avec « M. de Saci ait été mis par écrit sur-le-champ par « M. Fontaine. Il est indubitablement de M. Fontaine « pour le style; mais il porte, pour le fond, le caractère « de M. Pascal à un point que M. Fontaine ne pouvait « rien faire de pareil. » Bossut a eu la malheureuse idée de mettre cette conversation, comme le *Discours sur la Condition des Grands*, parmi les *Pensées*, qu'elle précède de plusieurs années, puisqu'elle est antérieure aux *Provinciales* mêmes; et, pour l'y introduire, il l'a mutilée et défigurée; il a supprimé la forme du dialogue, ôté tout ce que dit Saci, et gardé seulement ce que dit Pascal; puis, pour lier ensemble ces fragments disjoints et en faire un tout, il lui a fallu pratiquer en quelque sorte des raccords de sa propre façon. Il y a plus : Bossut trouve que Pascal parle quelquefois un peu longuement par la bouche du bon Fontaine, et alors il supprime tout ce qui lui paraît languissant; quelquefois, au contraire, il ajoute à Fontaine et le développe; le plus souvent il brise et décompose ses longues phrases, et efface les formes logiques et raisonneuses de la langue du dix-septième siècle. »

Il va sans dire que nous donnons ici l'*entretien* dans toute son intégrité. Seulement nous ne suivons pas le texte de Fontaine, mais celui du père Desmolets, qui nous a paru, et c'est aussi l'opinion de M. Havet, de beaucoup préférable, ce qui s'explique par cette circonstance, que le père Desmolets, en 1728, a reproduit à peu près intégralement le manuscrit de Fontaine, tandis que les éditeurs de ce dernier, en imprimant ce manuscrit en 1736, y ont fait de nombreux changements. (Voir sur ce morceau Sainte-Beuve, *Port-Royal*, t. II, p. 369. — Cousin, *Des Pensées de Pascal*, Paris, 1843, in-8°, p. 29 et suiv. — Havet, xxxiii.)

« disait-il, parce qu'il ne les a vues en aucun
« endroit : mais pour nous, nous sommes ac-
« coutumés à les voir de tous côtés dans nos
« livres. » Ainsi, ce sage ecclésiastique trouvant que les anciens n'avaient pas moins de lumière que les nouveaux, il s'y tenait, et estimait beaucoup M. Pascal de ce qu'il se rencontrait en toutes choses avec saint Augustin.

« La conduite ordinaire de M. de Saci, en entretenant les gens, était de proportionner es entretiens à ceux à qui il parlait. S'il voyait, par exemple, M. Champagne, il parlait avec lui de la peinture. S'il voyait M. Hamon, il l'entretenait de la médecine. S'il voyait le chirurgien du lieu, il le questionnait sur la chirurgie. Ceux qui cultivaient ou la vigne, ou les arbres, ou les grains, lui disaient tout ce qu'il y fallait observer. Tout lui servait pour passer aussitôt à Dieu, et pour y faire passer les autres. Il crut donc devoir mettre M. Pascal sur son fonds, et lui parler des lectures de philosophie dont il s'occupait le plus. Il le mit sur ce sujet aux premiers entretiens qu'ils eurent ensemble. M. Pascal lui dit que ses deux livres les plus ordinaires avaient été Épictète et Montaigne, et lui fit de grands éloges de ces deux esprits. M. de Saci, qui avait toujours cru devoir peu lire ces auteurs, pria M. Pascal de lui en parler à fond. »

Épictète, lui dit-il, est un des philosophes du monde qui ait le mieux connu les devoirs de l'homme. Il veut, avant toutes choses, qu'il regarde Dieu comme son principal objet ; qu'il soit persuadé qu'il gouverne tout avec justice ; qu'il se soumette à lui de bon cœur, et qu'il le suive volontairement en tout, comme ne faisant rien qu'avec une très-grande sagesse : qu'ainsi cette disposition arrêtera toutes les plaintes et tous les murmures, et préparera son esprit à souffrir paisiblement les événements les plus fâcheux. Ne dites jamais, dit-il : J'ai perdu cela ; dites plutôt : Je l'ai rendu. Mon fils est mort, je l'ai rendu. Ma femme est morte, je l'ai rendue. Ainsi des biens et de tout le reste. Mais celui qui me l'ôte est un méchant homme, dites-vous. De quoi vous mettez-vous en peine, par qui celui qui vous l'a prêté vous le redemande ? Pendant qu'il vous en permet l'usage, ayez-en soin comme d'un bien qui appartient à autrui, comme un homme qui fait voyage se regarde dans une hôtellerie. Vous ne devez pas, dit-il, désirer que ces choses qui se font, se fassent comme vous le voulez ; mais vous devez vouloir qu'elles se fassent comme elles se font. Souvenez-vous, dit-il ailleurs, que vous êtes ici comme un acteur, et que vous jouez le personnage d'une comédie, tel qu'il plaît au maître de vous le donner. S'il vous le donne court, jouez-le court ; s'il vous le donne long, jouez-le long : s'il veut que vous contrefassiez le gueux, vous le devez faire avec toute la naïveté qui vous sera possible ; ainsi du reste. C'est votre fait de jouer bien le personnage qui vous est donné ; mais de le choisir, c'est le fait d'un autre. Ayez tous les jours devant les yeux la mort et les maux qui semblent les plus insupportables ; et jamais vous ne penserez rien de bas, et ne désirerez rien avec excès.

Il montre aussi en mille manières ce que doit faire l'homme. Il veut qu'il soit humble, qu'il cache ses bonnes résolutions, surtout dans les commencements, et qu'il les accomplisse en secret : rien ne les ruine davantage que de les produire. Il ne se lasse point de répéter que toute l'étude et le désir de l'homme doivent être de reconnaître la volonté de Dieu et de la suivre.

Voilà, monsieur, dit M. Pascal à M. de Saci, les lumières de ce grand esprit qui a si bien connu les devoirs de l'homme. J'ose dire qu'il méritait d'être adoré, s'il avait aussi bien connu son impuissance, puisqu'il fallait être Dieu pour apprendre l'un et l'autre aux hommes. Aussi comme il était terre et cendre, après avoir si bien compris ce qu'on doit, voici comment il se perd dans la présomption de ce que l'on peut. Il dit que Dieu a donné à tout homme les moyens de s'acquitter de toutes ses obligations ; que ces moyens sont toujours en notre puissance ; qu'il faut chercher la félicité par les choses qui sont en notre pouvoir, puisque Dieu nous les a données à cette fin : il faut voir ce qu'il y a en nous de libre ; que les biens, la vie, l'estime ne sont pas en notre puissance, et ne mènent donc pas à Dieu ; mais que l'esprit ne peut être forcé de croire ce qu'il sait être faux, ni la volonté d'aimer ce qu'elle sait qui la rend malheureuse : que ces deux puissances sont donc libres, et que c'est par elles que nous pouvons nous rendre parfaits ; que l'homme peut par ces puissances parfaitement connaître Dieu, l'aimer, lui obéir, lui plaire, se guérir de tous ses vices, acquérir toutes les vertus, se rendre saint, et ainsi compagnon de Dieu. Ces principes d'une superbe diabolique le conduisent à d'autres erreurs, comme : que l'âme est une portion de la substance divine ; que la douleur et la mort ne sont pas des maux ; qu'on peut se tuer quand on est tellement persécuté qu'on peut croire que Dieu appelle, et d'autres.

Pour Montaigne, dont vous voulez aussi, monsieur, que je vous parle, étant né dans un État chrétien, il fait profession de la religion catholique, et en cela il n'a rien de particulier. Mais comme il a voulu chercher quelle morale la raison devrait dicter sans la lumière de la foi, il a pris ses principes dans cette supposition ; et ainsi, en considérant l'homme destitué de toute révélation, il discourt en cette sorte. Il met toutes choses dans un doute universel et si général, que ce doute s'emporte soi-même, c'est-à-dire s'il doute, et doutant même de cette dernière proposition, son incertitude roule sur elle-même dans un cercle perpétuel et sans repos ; s'opposant également à ceux qui assurent que tout est incertain et à ceux qui assurent que tout ne l'est pas, parce qu'il ne veut rien assurer. C'est dans ce doute qui doute de soi et dans cette ignorance qui s'ignore, et qu'il appelle sa maîtresse forme, qu'est l'essence de son opinion, qu'il n'a pu exprimer par aucun terme positif. Car s'il dit qu'il doute, il se trahit, en assurant au moins qu'il doute ce qui étant formellement contre son intention, il n'a pu s'expliquer que par interrogation ; de sorte que, ne voulant pas dire : « Je ne sais, » il dit : « Que sais-je ? » Dont il fait sa devise, en la mettant sous des balances qui pesant les contradictoires se trouvent dans un parfait équilibre : c'est-à-dire qu'il est pur pyrrhonien. Sur ce principe roulent tous ses discours et tous ses Essais ; et c'est la seule chose qu'il prétende bien établir, quoiqu'il ne fasse pas toujours remarquer son intention. Il y détruit insensiblement tout ce qui passe pour le plus certain parmi les hommes, non pas pour établir le contraire avec une certitude de laquelle seule il est ennemi, mais pour faire voir seulement que, les apparences étant égales de part et d'autre, on ne sait où asseoir sa créance.

Dans cet esprit il se moque de toutes les assurances ; par exemple, il combat ceux qui ont pensé établir dans la France un grand remède contre les procès par la multitude et par la prétendue justesse des lois : comme si l'on pouvait couper la racine des doutes d'où naissent les procès, et qu'il y eût des digues qui pussent arrêter le torrent de l'incertitude et captiver les conjectures ! C'est là que, quand il dit qu'il vaudrait autant soumettre sa cause au premier passant, qu'à des juges armés de ce nombre d'ordonnances, il ne prétend pas qu'on doive changer l'ordre de l'État, il n'a pas tant d'ambition ; ni que son avis soit meilleur, il n'en croit aucun de bon. C'est seulement pour prouver la vanité des opinions les plus reçues ; montrant que l'exclusion de toutes lois diminuerait plutôt le nombre des différends que cette multitude de lois qui ne sert qu'à l'augmenter, parce que les difficultés croissent à mesure qu'on les pèse ; que les obscurités se multiplient par le commentaire ; et que le plus sûr moyen pour entendre le sens d'un discours est de ne le pas examiner et de le prendre sur la première apparence : si peu qu'on l'observe, toute sa clarté se dissipe. Aussi il juge à l'aventure de toutes les actions des hommes et des points d'histoire, tantôt d'une manière, tantôt d'une autre, suivant librement sa première vue, et sans contraindre sa pensée sous les règles de la raison, qui n'a que de fausses mesures, ravi de montrer par son exemple les contrariétés d'un même esprit. Dans ce génie tout libre, il lui est entièrement égal de l'emporter ou non dans la dispute, ayant toujours, par l'un et l'autre exemple, un moyen de faire voir la faiblesse des opinions ; étant porté avec tant d'avantage dans ce doute universel, qu'il s'y fortifie également par son triomphe et par sa défaite.

C'est dans cette assiette, toute flottante et chancelante qu'elle est, qu'il combat avec une fermeté invincible les hérétiques de son temps, sur ce qu'ils s'assuraient de connaître seuls le véritable sens de l'Écriture; et c'est de là encore qu'il foudroie plus vigoureusement l'impiété horrible de ceux qui osent assurer que Dieu n'est point. Il les entreprend particulièrement dans l'apologie de Raimond de Sebonde; et les trouvant dépouillés volontairement de toute révélation et abandonnés à leur lumière naturelle, toute foi mise à part, il les interroge de quelle autorité ils entreprennent de juger de cet Être souverain qui est infini par sa propre définition, eux qui ne connaissent véritablement aucunes choses de la nature! Il leur demande sur quels principes ils s'appuient; il les presse de les montrer. Il examine tous ceux qu'ils peuvent produire; et y pénètre si avant par le talent où il excelle, qu'il montre la vanité de tous ceux qui passent pour les plus naturels et les plus fermes. Il demande si l'âme connaît quelque chose; si elle se connaît elle-même; si elle est substance ou accident, corps ou esprit, ce que c'est que chacune de ces choses, et s'il n'y a rien qui ne soit de l'un de ces ordres; si elle connaît son propre corps, ce que c'est que matière, et si elle peut discerner entre l'innombrable variété des corps qu'on en produit[1]; comment elle peut raisonner si elle est matérielle; et comment elle peut être unie à un corps particulier et en ressentir les passions, si elle est spirituelle : quand a-t-elle commencé d'être? avec le corps ou devant? et si elle finit avec lui ou non; si elle ne se trompe jamais; si elle sait quand elle erre, vu que l'essence de la méprise consiste à ne la pas connaître; si dans ses obscurcissements elle ne croit pas aussi fermement que deux et trois font six qu'elle sait ensuite que c'est cinq; si les animaux raisonnent, pensent, parlent; et qui peut décider ce que c'est que le temps, ce que c'est que l'espace ou étendue, ce que c'est que le mouvement, ce que c'est que l'unité, qui sont toutes choses qui nous environnent et entièrement[2] inexplicables, ce que c'est que santé, maladie, vie, mort, bien, mal, justice, péché, dont nous parlons à toute heure; si nous avons en nous des principes du vrai, et si ceux que nous croyons, et qu'on appelle axiomes ou notions communes, parce qu'elles sont communes dans tous les hommes, sont conformes à la vérité essentielle. Et puisque nous ne savons que par la seule foi qu'un Être tout bon nous les a donnés véritables, en nous créant pour connaître la vérité, qui saura sans cette lumière si, étant formés à l'aventure, ils ne sont pas incertains, ou si, étant formés par un être faux et méchant, il ne nous les a pas donnés faux afin de nous séduire? montrant par là que Dieu et le vrai sont inséparables, et que si l'un est ou n'est pas, s'il est certain ou incertain, l'autre est nécessairement de même. Qui sait donc si le sens commun, que nous prenons pour juge du vrai, en a l'être, de celui qui l'a créé? De plus, qui sait ce que c'est que vérité, et comment peut-on s'assurer de l'avoir sans la connaître? Qui sait même ce que c'est qu'être, qu'il est impossible de définir, puisqu'il n'y a rien de plus général, et qu'il faudrait d'abord, pour l'expliquer, se servir de ce mot là même, en disant : C'est être...? Et puisque nous ne savons ce que c'est qu'âme, corps, temps, espace, mouvement, vérité, bien, ni même être, ni expliquer l'idée que nous nous en formons, comment nous assurons-nous qu'elle est la même dans tous les hommes, vu que nous n'avons d'autre marque que l'uniformité des conséquences, qui n'est pas toujours un signe de celle des principes; car ils peuvent bien être différents et conduire néanmoins aux mêmes conclusions, chacun sachant que le vrai se conclut souvent du faux.

Enfin il examine si profondément les sciences, et la géométrie, dont il montre l'incertitude dans les axiomes et dans les termes qu'elle ne définit point, comme de centre, de mouvement, etc.; la physique en bien plus de manières, et la médecine en une infinité de façons; et l'histoire, et la politique, et la morale, et la jurisprudence et le reste. De telle sorte qu'on demeure convaincu que nous ne pensons pas mieux à présent que dans un songe dont nous ne nous éveillons qu'à la mort, et pendant lequel nous avons aussi peu les principes du vrai que durant le sommeil naturel. C'est ainsi qu'il gourmande si fortement et si cruellement la raison dénuée de la foi, que, lui faisant douter si elle est raisonnable, et si les animaux

---

[1] Var. du ms. : « Quand on en a produit. » (Desmolets.)
[2] Var. du ms. : « Intérieurement. » (Desmolets.) Nous avons adopté la correction de M. Havet.

le sont ou non, ou plus ou moins, il la fait descendre de l'excellence qu'elle s'est attribuée, et la met par grâce en parallèle avec les bêtes, sans lui permettre de sortir de cet ordre jusqu'à ce qu'elle soit instruite par son Créateur même, de son rang qu'elle ignore; la menaçant, si elle gronde, de la mettre au dessous de tout, ce qui est aussi facile que le contraire; et ne lui donnant pouvoir d'agir cependant que pour remarquer sa faiblesse avec une humilité sincère, au lieu de s'élever par une sotte insolence.

« M. de Saci, se croyant vivre dans un nouveau pays et entendre une nouvelle langue, se disait en lui-même les paroles de saint Augustin : O Dieu de vérité! ceux qui savent ces subtilités de raisonnement vous sont-ils pour cela plus agréables? Il plaignait ce philosophe qui se piquait et se déchirait de toutes parts des épines qu'il se formait, comme saint Augustin dit de lui-même lorsqu'il était en cet état. Après donc une assez longue patience, il dit à M. Pascal :

« Je vous suis obligé, monsieur; je suis sûr que si j'avais longtemps lu Montaigne, je ne le connaîtrais pas autant que je fais depuis cet entretien que je viens d'avoir avec vous. Cet homme devrait souhaiter qu'on ne le connût que par les récits que vous faites de ses écrits; et il pourrait dire avec saint Augustin : *Ibi me vide, attende.* Je crois assurément que cet homme avait de l'esprit; mais je ne sais si vous ne lui en prêtez pas un peu plus qu'il n'en a, par cet enchaînement si juste que vous faites de ses principes. Vous pouvez juger qu'ayant passé ma vie comme j'ai fait, on m'a peu conseillé de lire cet auteur, dont tous les ouvrages n'ont rien de ce que nous devons principalement rechercher dans nos lectures, selon la règle de saint Augustin, parce que ses paroles ne paraissent pas sortir d'un grand fonds d'humilité et de piété. On pardonnerait à ces philosophes d'autrefois, qu'on nommait académiciens, de mettre tout dans le doute. Mais qu'avait besoin Montaigne de s'égayer l'esprit en renouvelant une doctrine qui passe maintenant aux yeux des chrétiens pour une folie? C'est le jugement que saint Augustin fait de ces personnes. Car on peut dire après lui de Montaigne : Il met dans tout ce qu'il dit la foi à part; ainsi nous, qui avons la foi, devons de même mettre à part tout ce qu'il dit. Je ne blâme point l'esprit de cet auteur, qui est un grand don de Dieu; mais il pouvait s'en servir mieux, et en faire plutôt un sacrifice à Dieu qu'au démon. A quoi sert un bien quand on en use si mal? *Quid proderat,* etc.? dit de lui ce saint docteur avant sa conversion. Vous êtes heureux, monsieur, de vous être élevé au-dessus de ces personnes qu'on appelle des docteurs, plongés dans l'ivresse, mais qui ont le cœur vide de la vérité. Dieu a répandu dans votre cœur d'autres douceurs et d'autres attraits que ceux que vous trouviez dans Montaigne. Il vous a rappelé de ce plaisir dangereux, *a jucunditate pestifera,* dit saint Augustin, qui rend grâces à Dieu de ce qu'il lui a pardonné les péchés qu'il avait commis en goûtant trop la vanité. Saint Augustin est d'autant plus croyable en cela, qu'il était autrefois dans ces sentiments; et comme vous dites de Montaigne que c'est par ce doute universel qu'il combat les hérétiques de son temps, aussi par ce même doute des académiciens, saint Augustin quitta l'hérésie des Manichéens. Depuis qu'il fut à Dieu, il renonça à ces vanités qu'il appelle sacrilèges. Il reconnut avec quelle sagesse saint Paul nous avertit de ne nous pas laisser séduire par ces discours. Car il avoue qu'il y a en cela un certain agrément qui enlève : on croit quelquefois les choses véritables, seulement parce qu'on les dit éloquemment. Ce sont des viandes dangereuses, dit-il, que l'on sert dans de beaux plats; mais ces viandes, au lieu de nourrir le cœur, elles le vident. On ressemble alors à des gens qui dorment, et qui croient manger en dormant : ces viandes imaginaires les laissent aussi vides qu'ils étaient.

« M. de Saci dit à M. Pascal plusieurs choses semblables : sur quoi M. Pascal lui dit que s'il lui faisait compliment de bien posséder Montaigne et de le savoir bien tourner, il pouvait lui dire sans compliment qu'il savait bien mieux saint Augustin, et qu'il le savait bien mieux tourner, quoique peu avantageusement pour le pauvre Montaigne. Il lui témoigna être extrêmement édifié de la solidité de tout ce qu'il venaît de lui représenter; cependant, étant encore tout plein de son auteur, il ne put se retenir et lui dit :

« Je vous avoue, monsieur, que je ne puis voir sans joie dans cet auteur la superbe raison si invinciblement froissée par ses propres armes, et cette révolte si sanglante de l'homme contre l'homme, qui, de la société avec Dieu, où il s'élevait par les maximes, le précipite dans la nature des bêtes; et j'aurais aimé de tout mon cœur le ministre d'une si grande vengeance, si, étant disciple de l'Église par la foi, il eût suivi les règles de la morale, en portant les hommes, qu'il avait si utilement humiliés, à ne pas irriter par de nouveaux crimes celui qui peut seul les tirer des crimes qu'il les a convaincus de ne pouvoir pas seulement connaître.

« Mais il agit au contraire en païen de cette sorte. De ce principe, dit-il, que hors de la foi tout est dans l'incertitude, et considérant bien combien il y a que l'on cherche le vrai et le bien sans aucun progrès vers la tranquillité, il conclut qu'on en doit laisser le soin aux autres; et demeurer cependant en repos, coulant légèrement sur les sujets de peur d'y enfoncer en appuyant; et prendre le vrai et le bien sur la première apparence, sans les presser, parce qu'ils sont si peu solides, que quelque peu qu'on serre les mains, ils s'échappent entre les doigts et les laissent vides. C'est pourquoi il suit le rapport des sens et les notions communes, parce qu'il faudrait qu'il se fît violence pour les démentir, et qu'il ne sait s'il gagnerait, ignorant où est le vrai. Ainsi il fuit la douleur et la mort, parce que son instinct l'y pousse, et qu'il ne veut pas résister par la même raison, mais sans en conclure que ce soient de véritables maux, ne se fiant pas trop à ces mouvements naturels de crainte, vu qu'on en sent d'autres de plaisir qu'on accuse d'être mauvais, quoique la nature parle au contraire. Ainsi il n'a rien d'extravagant dans sa conduite; il agit comme les autres hommes; et tout ce qu'ils font dans la sotte pensée qu'ils suivent le vrai bien, il le fait par un autre principe, qui est que les vraisemblances étant pareillement d'un et d'autre côté, l'exemple et la commodité sont les contre-poids qui l'emportent.

« Il monte sur son cheval comme un autre qui ne serait pas philosophe, parce qu'il le souffre, mais sans croire que ce soit de droit, ne sachant pas si cet animal n'a pas, au contraire, celui de se servir de lui. Il se fait aussi quelque violence pour éviter certains vices; et même il a gardé la fidélité au mariage, à cause de la peine qui suit les désordres; mais si celle qu'il prendrait surpasse celle qu'il évite, il y demeure en repos, la règle de son action étant en tout la commodité et la tranquillité. Il rejette donc bien loin cette vertu stoïque qu'on peint avec une mine sévère, un regard farouche, des cheveux hérissés, le front ridé et en sueur, dans une posture pénible et tendue, loin des hommes, dans un morne silence, et seule sur la pointe d'un rocher: fantôme, à ce qu'il dit, capable d'effrayer les enfants, et qui ne fait là autre chose, avec un travail continuel, que de chercher le repos, où il n'arrive jamais. La sienne est naïve, familière, plaisante, enjouée, et pour ainsi dire folâtre: elle suit ce qui la charme, et badine négligemment des accidents bons ou mauvais, couchée mollement dans le sein de l'oisiveté tranquille, d'où elle montre aux hommes, qui cherchent la félicité avec tant de peines, que c'est là seulement où elle repose, et que l'ignorance et l'incuriosité sont deux doux oreillers pour une tête bien faite, comme il le dit lui-même[1].

« Je ne puis pas vous dissimuler, monsieur, qu'en lisant cet auteur et le comparant avec Épictète, j'ai trouvé qu'ils étaient assurément les deux plus grands défenseurs des deux plus célèbres sectes du monde et les seules conformes à la raison, puisqu'on ne peut suivre qu'une de ces deux routes, savoir : ou qu'il y a un Dieu, et lors il y place son souverain bien; ou qu'il est incertain, et qu'alors le vrai bien l'est aussi, puisqu'il en est incapable. J'ai pris un plaisir extrême à remarquer dans ces divers raisonnements en quoi les uns et les autres sont arrivés à quelque conformité avec la sagesse véritable qu'ils ont essayé de connaître. Car, s'il est agréable d'observer dans

---

[1] « Oh! que c'est un doulx et mol chevet, et sain, que l'ignorance et l'incuriosité, à reposer une teste bien faicte! » (*Essais*, III, 13.)

la nature le désir qu'elle a de peindre Dieu dans tous ses ouvrages, où l'on en voit quelques caractères parce qu'ils en sont les images, combien est-il plus juste de considérer dans les productions des esprits les efforts qu'ils font pour imiter la vérité essentielle, même en la fuyant, et de remarquer en quoi ils y arrivent et en quoi ils s'en égarent, comme j'ai tâché de faire dans cette étude.

« Il est vrai, monsieur, que vous venez de me faire voir admirablement le peu d'utilité que les chrétiens peuvent retirer de ces études philosophiques. Je ne laisserai pas néanmoins, avec votre permission, de vous en dire encore ma pensée, prêt néanmoins de renoncer à toutes les lumières qui ne viendront pas de vous, en quoi j'aurai l'avantage, ou d'avoir rencontré la vérité par bonheur, ou de la recevoir de vous avec assurance. Il me semble que la source des erreurs de ces deux sectes est de n'avoir pas su que l'état de l'homme à présent diffère de celui de sa création; de sorte que l'un, remarquant quelques traces de sa première grandeur, et ignorant sa corruption, a traité la nature comme saine et sans besoin de réparateur, ce qui le mène au comble de la superbe; au lieu que l'autre, éprouvant la misère présente et ignorant la première dignité, traite la nature comme nécessairement infirme et irréparable, ce qui le précipite dans le désespoir d'arriver à un véritable bien, et de là dans une extrême lâcheté. Ainsi ces deux états qu'il fallait connaître ensemble pour voir toute la vérité, étant connue séparément, conduisent nécessairement à l'un de ces deux vices, d'orgueil ou de paresse, où sont infailliblement tous les hommes avant la grâce, puisque s'ils ne demeurent dans leurs désordres par lâcheté, ils en sortent par vanité, tant il est vrai ce que vous venez de me dire de saint Augustin, et que je trouve d'une grande étendue; car en effet on leur rend hommage en bien des manières.

« C'est donc de ces lumières imparfaites qu'il arrive que l'un connaissant les devoirs de l'homme et ignorant son impuissance, se perd dans la présomption, et que l'autre connaissant l'impuissance et non le devoir, il s'abat dans la lâcheté; d'où il semble que puisque l'un conduit à la vérité, l'autre à l'erreur, l'on formerait en les alliant une morale parfaite. Mais au lieu de cette paix, il ne resterait de leur assemblage qu'une guerre et qu'une destruction générale : car l'un établissant la certitude, l'autre le doute, l'un la grandeur de l'homme, l'autre sa faiblesse, ils ruinent les vérités aussi bien que les faussetés l'un de l'autre. De sorte qu'ils ne peuvent subsister seuls à cause de leurs défauts, ni s'unir à cause de leurs oppositions, et qu'ainsi ils se brisent et s'anéantissent pour faire place à la vérité de l'Évangile. C'est elle qui accorde les contrariétés par un art tout divin, et unissant tout ce qui est de vrai et chassant tout ce qui est de faux, elle en fait une sagesse véritablement céleste où s'accordent ces opposés, qui étaient incompatibles dans ces doctrines humaines. Et la raison en est que ces sages du monde placent les contraires dans un même sujet; car l'un attribuait la grandeur à la nature et l'autre la faiblesse à cette même nature, ce qui ne pouvait subsister; au lieu que la foi nous apprend à les mettre en des sujets différents : tout ce qu'il y a d'infirme appartenant à la nature, tout ce qu'il y a de puissant appartenant à la grâce. Voilà l'union étonnante et nouvelle que Dieu seul pouvait enseigner, et que lui seul pouvait faire, et qui n'est qu'une image et qu'un effet de l'union ineffable de deux natures dans la seule personne d'un Homme-Dieu.

« Je vous demande pardon, monsieur, dit M. Pascal à M. de Saci, de m'emporter ainsi devant vous dans la théologie, au lieu de demeurer dans la philosophie, qui était seule mon sujet; mais il m'y a conduit insensiblement; et il est difficile de ne pas y entrer, quelque vérité qu'on traite, parce qu'elle est le centre de toutes les vérités; ce qui paraît ici parfaitement, puisqu'elle enferme si visiblement toutes celles qui se trouvent dans ces opinions. Aussi je ne vois pas comment aucun d'eux pourrait refuser de la suivre. Car s'ils sont pleins de la pensée de la grandeur de l'homme, qu'ont-ils imaginé qui ne cède aux promesses de l'Évangile, qui ne sont autre chose que le digne prix de la mort d'un Dieu? Et s'ils se plaisaient à voir l'infirmité de la nature, leurs idées n'égalent point celles de la véritable faiblesse du péché, dont la même mort a été le remède. Ainsi tous y trouvent plus qu'ils n'ont désiré ; et ce qui est admirable, ils s'y trouvent unis, eux qui ne pouvaient s'allier dans un degré infiniment inférieur ! »

« M. de Saci ne put s'empêcher de témoigner à M. Pascal qu'il était surpris comment il savait tourner les choses ; mais il avoua en même temps que tout le monde n'avait pas le secret comme lui de faire sur ces lectures des réflexions si sages et si élevées. Il lui dit qu'il ressemblait à ces médecins habiles qui, par la manière adroite de préparer les plus grands poisons, en savent tirer les plus grands remèdes. Il ajouta que, quoiqu'il vît bien, par ce qu'il venait de lui dire, que ces lectures lui étaient utiles, il ne pouvait pas croire néanmoins qu'elles fussent avantageuses à beaucoup de gens dont l'esprit se traînerait un peu, et n'aurait pas assez d'élévation pour lire ces auteurs et en juger, et savoir tirer les perles du milieu du fumier, *aurum ex stercore*, disait un Père. Ce qu'on pouvait bien plus dire de ces philosophes, dont le fumier, par sa noire fumée, pouvait obscurcir la foi chancelante de ceux qui les lisent. C'est pourquoi il conseillerait toujours à ces personnes de ne pas s'exposer légèrement à ces lectures, de peur de se perdre avec ces philosophes, et de devenir la proie des démons et la pâture des vers selon le langage de l'Écriture, comme ces philosophes l'ont été. »

« Pour l'utilité de ces lectures, dit M. Pascal, je vous dirai fort simplement ma pensée. Je trouve dans Épictète un art incomparable pour troubler le repos de ceux qui le cherchent dans les choses extérieures, et pour les forcer à reconnaître qu'ils sont de véritables esclaves et de misérables aveugles ; qu'il est impossible qu'ils trouvent autre chose que l'erreur et la douleur qu'ils fuient, s'ils ne se donnent sans réserve à Dieu seul. Montaigne est incomparable pour confondre l'orgueil de ceux qui, hors la foi, se piquent d'une véritable justice ; pour désabuser ceux qui s'attachent à leurs opinions, et qui croient trouver dans les sciences des vérités inébranlables ; et pour convaincre si bien la raison de son peu de lumière et de ses égarements, qu'il est difficile, quand on fait un bon usage de ses principes, d'être tenté de trouver des répugnances dans les mystères : car l'esprit en est si battu, qu'il est bien éloigné de vouloir juger si l'Incarnation ou le mystère de l'Eucharistie sont possibles ; ce que les hommes du commun n'agitent que trop souvent.

« Mais si Épictète combat la paresse, il mène à l'orgueil, de sorte qu'il peut être très-nuisible à ceux qui ne sont pas persuadés de la corruption de la plus parfaite justice qui n'est pas de la foi. Et Montaigne est absolument pernicieux à ceux qui ont quelque pente à l'impiété et aux vices. C'est pourquoi ces lectures doivent être réglées avec beaucoup de soin, de discrétion et d'égard à la condition et aux mœurs de ceux à qui on les conseille. Il me semble seulement qu'en les joignant ensemble elles ne pourraient réussir fort mal, parce que l'une s'oppose au mal de l'autre : non qu'elles puissent donner la vertu, mais seulement troubler dans les vices : l'âme se trouvant combattue par les contraires, dont l'un chasse l'orgueil et l'autre la paresse, et ne pouvant reposer dans aucun de ces vices par ses raisonnements, ni aussi les fuir tous. »

« Ce fut ainsi que ces deux personnes d'un si bel esprit s'accordèrent enfin au sujet de la lecture de ces philosophes, et se rencontrèrent au même terme, où ils arrivèrent néanmoins d'une manière un peu différente : M. de Saci y étant arrivé tout d'un coup par la claire vue du christianisme, et M. Pascal n'y étant arrivé qu'après beaucoup de détours en s'attachant aux principes de ces philosophes. »

DE L'ART DE PERSUADER[1]

L'art de persuader a un rapport nécessaire à la manière dont les hommes consentent à

[1] « *L'Art de persuader*, dit M. Faugère, comme le traité *de l'Esprit géométrique*, a pour objet l'application

ce qu'on leur propose, et aux conditions des choses qu'on veut faire croire.

Personne n'ignore qu'il y a deux entrées par où les opinions sont reçues dans l'âme, qui sont ses deux principales puissances : l'entendement et la volonté. La plus naturelle est celle de l'entendement, car on ne devrait jamais consentir qu'aux vérités démontrées ; mais la plus ordinaire quoique contre la nature est celle de la volonté ; car tout ce qu'il y a d'hommes sont presque toujours emportés à croire non pas par la preuve, mais par l'agrément. Cette voie est basse, indigne, et étrangère : aussi tout le monde la désavoue. Chacun fait profession de ne croire et même de n'aimer que ce qu'il sait le mériter.

Je ne parle pas ici des vérités divines, que je n'aurais garde de faire tomber sous l'art de persuader, car elles sont infiniment au-dessus de la nature : Dieu seul peut les mettre dans l'âme, et par la manière qu'il lui plaît. Je sais qu'il a voulu qu'elles entrent du cœur dans l'esprit, et non pas de l'esprit dans le cœur, pour humilier cette superbe puissance du raisonnement qui prétend devoir être juge des choses que la volonté choisit ; et pour guérir cette volonté infirme, qui s'est toute corrompue par ses sales attachements. Et de là vient qu'au lieu qu'en parlant des choses humaines on dit qu'il faut les connaître avant que de les aimer, ce qui a passé en proverbe[1]. Les saints au contraire disent en parlant des choses divines qu'il faut les aimer pour les connaître et qu'on n'entre dans la vérité que par la charité, dont ils ont fait une de leurs plus utiles sentences.

En quoi il paraît que Dieu a établi cet ordre surnaturel et tout contraire à l'ordre qui devait être naturel aux hommes dans les choses naturelles. Ils ont néanmoins corrompu cet ordre en faisant des choses profanes ce qu'ils devaient faire des choses saintes, parce qu'en effet nous ne croyons presque que ce qui nous plaît. Et de là vient l'éloignement où nous sommes de consentir aux vérités de la religion chrétienne tout opposée à nos plaisirs. Dites-nous des choses agréables et nous vous écouterons, disaient les Juifs à Moïse ; comme si l'agrément devait régler la créance ! Et c'est pour punir ce désordre par un ordre qui lui est conforme, que Dieu ne verse ses lumières dans les esprits qu'après avoir dompté la rébellion de la volonté par une douceur toute céleste qui la charme et qui l'entraîne.

Je ne parle donc que des vérités de notre portée ; et c'est d'elles que je dis que l'esprit et le cœur sont comme les portes par où elles sont reçues dans l'âme, mais que bien peu entrent par l'esprit, au lieu qu'elles y sont introduites en foule par les caprices téméraires de la volonté, sans le conseil du raisonnement.

Ces puissances ont chacune leurs principes et les premiers moteurs de leurs actions.

Ceux de l'esprit sont des vérités naturelles et connues à tout le monde, comme que le tout est plus grand que sa partie, outre plusieurs axiomes particuliers que les uns reçoivent et non pas d'autres, mais qui dès qu'ils sont admis sont aussi puissants quoique faux, pour emporter la créance, que les plus véritables.

Ceux de la volonté sont de certains désirs naturels et communs à tous les hommes, comme le désir d'être heureux, que personne ne peut pas ne pas avoir, outre plusieurs objets particuliers que chacun suit pour y arriver, et qui ayant la force de nous plaire sont aussi forts quoique pernicieux en effet, pour faire

---

de la méthode des géomètres à l'art de raisonner en général. Il y a même tout lieu de croire que cet écrit n'en était que la reproduction sous une forme plus abrégée et plus didactique. Les auteurs de la *Logique de Port-Royal*, bien qu'ils n'en fassent pas mention, s'en sont évidemment servis pour leur chapitre *De la Méthode de composition*.

« Quant à la date de ce fragment, nous ne pensons pas qu'il soit de la jeunesse de Pascal, du temps qu'on pourrait appeler sa première époque, parce que : 1° il porte le caractère de la maturité ; 2° Pascal, après avoir dit qu'il peut y avoir des règles aussi sûres pour plaire que pour démontrer, ajoute que si quelqu'un est capable de les enseigner, *il sait que ce sont des personnes qu'il connaît et qu'aucune autre n'a sur cela de si claires et de si abondantes lumières*. Pascal désigne ici très-probablement Arnauld et Nicole : ceux-ci travaillaient à la *Logique de Port-Royal*, et nul doute que Pascal ne s'entretînt avec eux de ces matières. Or Pascal ne se lia avec MM. de Port-Royal qu'à la fin de 1654, après son retour à la religion ; 3° à la fin du même écrit, Pascal parle de *sa longue expérience* de toutes sortes de livres et de personnes. »

Ce morceau a été publié pour la première fois par le père Desmolets dans la continuation des *Mémoires de Littérature et d'Histoire*, t. V, part. II.

Nous suivons le texte de M. Faugère.

[1] *Ignoti nulla cupido.*

agir la volonté, que s'ils faisaient son véritable bonheur.

Voilà pour ce qui regarde les puissances qui nous portent à consentir.

Mais pour les qualités des choses que nous devons persuader, elles sont bien diverses.

Les unes se tirent, par une conséquence nécessaire, des principes communs et des vérités avouées. Celles-là peuvent être infailliblement persuadées car en montrant le rapport qu'elles ont avec les principes accordés il y a une nécessité inévitable de convaincre, et il est impossible qu'elles ne soient pas reçues dans l'âme dès qu'on a pu les enrôler à ces vérités qu'elle a déjà admises.

Il y en a qui ont une union étroite avec les objets de notre satisfaction; et celles-là sont encore reçues avec certitude, car aussitôt qu'on fait apercevoir à l'âme qu'une chose peut la conduire à ce qu'elle aime souverainement, il est inévitable qu'elle ne s'y porte avec joie.

Mais celles qui ont cette liaison tout ensemble et avec les vérités avouées et avec les désirs du cœur, sont si sûres de leur effet, qu'il n'y a rien qui le soit davantage dans la nature.

Comme au contraire ce qui n'a de rapport ni à nos créances ni à nos plaisirs nous est importun, faux et absolument étranger.

En toutes ces rencontres il n'y a point à douter. Mais il y en a où les choses qu'on veut faire croire sont bien établies sur des vérités connues, mais qui sont en même temps contraires aux plaisirs qui nous touchent le plus. Et celles-là sont en grand péril de faire voir, par une expérience qui n'est que trop ordinaire, ce que je disais au commencement: que cette âme impérieuse qui se vantait de n'agir que par raison suit par un choix honteux et téméraire ce qu'une volonté corrompue désire, quelque résistance que l'esprit trop éclairé puisse y opposer.

C'est alors qu'il se fait un balancement douteux entre la vérité et la volupté, et que la connaissance de l'une et le sentiment de l'autre font un combat dont le succès est bien incertain, puisqu'il faudrait pour en juger connaître tout ce qui se passe dans le plus intérieur de l'homme, que l'homme même ne connaît presque jamais.

Il paraît de là que quoi que ce soit qu'on veuille persuader, il faut avoir égard à la personne à qui on en veut, dont il faut connaître l'esprit et le cœur, quels principes il accorde, quelles choses il aime; et ensuite remarquer dans la chose dont il s'agit quel rapport elle a avec les principes avoués ou avec les objets délicieux par les charmes qu'on lui donne.

De sorte que l'art de persuader consiste autant en celui d'agréer qu'en celui de convaincre, tant les hommes se gouvernent plus par caprice que par raison!

Or, de ces deux méthodes, l'une de convaincre, l'autre d'agréer, je ne donnerai ici les règles que de la première; et encore au cas qu'on ait accordé les principes et qu'on demeure ferme à les avouer: autrement je ne sais s'il y aurait un art pour accommoder les preuves à l'inconstance de nos caprices.

Mais la manière d'agréer est bien sans comparaison plus difficile, plus subtile, plus utile et plus admirable; aussi, si je n'en traite pas, c'est parce que je n'en suis pas capable; et je m'y sens tellement disproportionné que je crois la chose absolument impossible.

Ce n'est pas que je ne croie qu'il y ait des règles aussi sûres pour plaire que pour démontrer, et que qui les saurait parfaitement connaître et pratiquer ne réussit aussi sûrement à se faire aimer des rois et de toutes sortes de personnes qu'à démontrer les éléments de la géométrie à ceux qui ont assez d'imagination pour en comprendre les hypothèses. Mais j'estime, et c'est peut-être ma faiblesse qui me le fait croire, qu'il est impossible d'y arriver. Au moins je sais que si quelqu'un en est capable, ce sont des personnes que je connais, et qu'aucun autre n'a sur cela de si claires et de si abondantes lumières.

La raison de cette extrême difficulté vient de ce que les principes du plaisir ne sont pas fermes et stables. Ils sont divers en tous les hommes, et variables dans chaque particulier avec une telle diversité qu'il n'y a point d'homme plus différent d'un autre que de soi-même dans les divers temps. Un homme a d'autres plaisirs qu'une femme; un riche et un pauvre en ont de différents; un prince, un homme de guerre, un marchand, un bourgeois, un paysan, les vieux, les jeunes, les sains, les malades, tous varient ; les moindres accidents les changent.

Or, il y a un art, et c'est celui que je donne, pour faire voir la liaison des vérités avec leurs principes, soit de vrai, soit de plaisir, pourvu que les principes qu'on a une fois avoués demeurent fermes et sans être jamais démentis.

Mais comme il y a peu de principes de cette sorte et que, hors de la géométrie, qui ne considère que des figures très-simples, il n'y a presque point de vérités dont nous demeurions toujours d'accord et encore moins d'objets de plaisir dont nous ne changions à toute heure, je ne sais s'il y a moyen de donner des règles fermes pour accorder les discours à l'inconstance de nos caprices.

Cet art, que j'appelle l'*art de persuader*, et qui n'est proprement que la conduite des preuves méthodiques parfaites, consiste en trois parties essentielles : à définir les termes dont on doit se servir par des définitions claires ; à proposer des principes ou axiomes évidents pour prouver la chose dont il s'agit ; et à substituer toujours mentalement dans la démonstration les définitions à la place des définis.

La raison de cette méthode est évidente, puisqu'il serait inutile de proposer ce qu'on veut prouver et d'en entreprendre la démonstration, si on n'avait auparavant défini clairement tous les termes qui ne sont pas intelligibles ; et qu'il faut de même que la démonstration soit précédée de la demande des principes évidents qui y sont nécessaires, car si l'on n'assure le fondement on ne peut assurer l'édifice ; et qu'il faut enfin, en démontrant, substituer mentalement les définitions à la place des définis, puisque autrement on pourrait abuser des divers sens qui se rencontrent dans les termes. Il est facile de voir qu'en observant cette méthode on est sûr de convaincre, puisque, les termes étant tous entendus et parfaitement exempts d'équivoques par les définitions, et les principes étant accordés, si dans la démonstration on substitue toujours mentalement les définitions à la place des définis, la force invincible des conséquences ne peut manquer d'avoir tout son effet.

Aussi jamais une démonstration dans laquelle ces circonstances sont gardées n'a pu recevoir le moindre doute ; et jamais celles où elles manquent ne peuvent avoir de force.

Il importe donc bien de les comprendre et de les posséder ; et c'est pourquoi, pour rendre la chose plus facile et plus présente, je les donnerai toutes en ce peu de règles qui enferment tout ce qui est nécessaire pour la perfection des définitions, des axiomes et des démonstrations, et par conséquent de la méthode entière des preuves géométriques de l'art de persuader.

Règles pour les définitions.

I. N'entreprendre de définir aucune des choses tellement connues d'elles-mêmes, qu'on n'ait pas de termes plus clairs pour les expliquer.

II. N'omettre aucun des termes un peu obscurs ou équivoques sans définition.

III. N'employer dans la définition des termes que des mots parfaitement connus, ou déjà expliqués.

Règles pour les axiomes.

I. N'omettre aucun des principes nécessaires sans avoir demandé si on l'accorde, quelque clair et évident qu'il puisse être.

II. Ne demander, en axiomes, que des choses parfaitement évidentes d'elles-mêmes.

Règles pour les démonstrations.

I. N'entreprendre de démontrer aucune des choses qui sont tellement évidentes d'elles-mêmes qu'on n'ait rien de plus clair pour les prouver.

II. Prouver toutes les propositions un peu obscures ; et n'employer à leur preuve que des axiomes très-évidents ou des propositions déjà accordées ou démontrées.

III. Substituer toujours mentalement les définitions à la place des définis, pour ne pas se tromper par l'équivoque des termes que les définitions ont restreints.

Voilà les huit règles qui contiennent tous les préceptes des preuves solides et immuables, desquelles il y en a trois qui ne sont pas absolument nécessaires et qu'on peut négliger sans erreur ; qu'il est même difficile et comme impossible d'observer toujours exactement, quoiqu'il soit plus parfait de le faire autant qu'on peut; ce sont les trois premières de chacune des parties.

Pour les définitions. — Ne définir aucun des termes qui sont parfaitement connus.

Pour les axiomes. — N'omettre à demander aucun des axiomes parfaitement évidents et simples.

Pour les démonstrations. — Ne démontrer aucune des choses très-connues d'elles-mêmes.

Car il est sans doute que ce n'est pas une grande faute de définir et d'expliquer bien clairement des choses, quoique très-claires d'elles-mêmes, ni d'omettre à demander par avance des axiomes qui ne peuvent être refusés au lieu où ils sont nécessaires; ni enfin de prouver des propositions qu'on accorderait sans preuve.

Mais les cinq autres règles sont d'une nécessité absolue, et on ne peut s'en dispenser sans un défaut essentiel et souvent sans erreur; et c'est pourquoi je les reprendrai ici en particulier.

Règles nécessaires pour les définitions. — N'omettre aucun des termes un peu obscurs ou équivoques, sans définition;

N'employer dans les définitions que des termes parfaitement connus, ou déjà expliqués.

Règles nécessaires pour les axiomes. — Ne demander en axiomes que des choses parfaitement évidentes.

Règles nécessaires pour la démonstration. — Prouver toutes les propositions, en n'employant à leur preuve que des axiomes très-évidents d'eux-mêmes, ou des propositions déjà démontrées ou accordées.

N'abuser jamais de l'équivoque des termes, en manquant de substituer mentalement les définitions qui les restreignent et les expliquent.

Voilà les cinq règles qui forment tout ce qu'il y a de nécessaire pour rendre les preuves convaincantes, immuables, et, pour tout dire, géométriques; et les huit règles ensemble les rendent encore plus parfaites.

Je passe maintenant à celle de l'ordre dans lequel on doit disposer les propositions, pour être dans une suite excellente et géométrique.

Après avoir établi [1] . . . .
. . . .

Voilà en quoi consiste cet art de persuader, qui se renferme dans ces deux principes : définir tous les noms qu'on impose; prouver tout en substituant mentalement les définitions à la place des définis.

Sur quoi il me semble à propos de prévenir trois objections principales qu'on pourra faire :

L'une, que cette méthode n'a rien de nouveau; l'autre, qu'elle est bien facile à apprendre, sans qu'il soit nécessaire pour cela d'étudier les éléments de géométrie, puisqu'elle consiste en ces deux mots qu'on sait à la première lecture; et enfin qu'elle est assez inutile, puisque son usage est presque renfermé dans les seules matières géométriques.

Il faut donc faire voir qu'il n'y a rien de si inconnu, rien de plus difficile à pratiquer, et rien de plus utile et de plus universel.

Pour la première objection, qui est que ces règles sont communes dans le monde : qu'il faut tout définir et tout prouver, et que les logiciens mêmes les ont mises entre les préceptes de leur art, je voudrais que la chose fût véritable et qu'elle fût si connue, que je n'eusse pas eu la peine de rechercher avec tant de soin la source de tous les défauts des raisonnements qui sont véritablement communs. Mais cela l'est si peu, que si l'on en excepte les seuls géomètres qui sont en si petit nombre qu'ils sont uniques en tout un peuple et dans un long temps, on n'en voit aucun qui le sache aussi. Il sera aisé de le faire entendre à ceux qui auront parfaitement compris le peu que j'en ai dit; mais s'ils ne l'ont pas conçu parfaitement, j'avoue qu'ils n'y auront rien à y apprendre.

Mais s'ils sont entrés dans l'esprit de ces règles, et qu'elles aient assez fait d'impression pour s'y enraciner et s'y affermir, ils sentiront combien il y a différence entre ce qui est dit ici et ce que quelques logiciens en ont peut-être écrit d'approchant au hasard, en quelques lieux de leurs ouvrages.

---

[1] La suite de la phrase manque; et toute cette seconde partie de l'écrit de Pascal, soit qu'il ne l'ait pas rédigée, soit qu'elle ait été perdue, ne se retrouve ni dans notre Ms., ni dans le père Desmolets. (Faugère.)

Ceux qui ont l'esprit de discernement savent combien il y a de différence entre deux mots semblables, selon les lieux et les circonstances qui les accompagnent. Croira-t-on, en vérité, que deux personnes qui ont lu et appris par cœur le même livre le sachent également, si l'un le comprend, en sorte qu'il en sache tous les principes, la force des conséquences, les réponses aux objections qu'on y peut faire et toute l'économie de l'ouvrage; au lieu qu'en l'autre ce soient des paroles mortes et des semences qui, quoique pareilles à celles qui ont produit des arbres si fertiles, sont demeurées sèches et infructueuses dans l'esprit stérile qui les a reçues en vain?

Tous ceux qui disent les mêmes choses ne les possèdent pas de la même sorte; et c'est pourquoi l'incomparable auteur de l'*Art de conférer*[1] s'arrête avec tant de soin à faire entendre qu'il ne faut pas juger de la capacité d'un homme par l'excellence d'un bon mot qu'on lui entend dire : mais, au lieu d'étendre l'admiration d'un bon discours à la personne, qu'on pénètre, dit-il, l'esprit d'où il sort; qu'on tente s'il le tient de sa mémoire ou d'un heureux hasard; qu'on le reçoive avec froideur et avec mépris, afin de voir s'il ressentira qu'on ne donne pas à ce qu'il dit l'estime que son prix mérite : on verra le plus souvent qu'on le lui fera désavouer sur l'heure, et qu'on le tirera bien loin de cette pensée meilleure qu'il ne croit, pour le jeter dans une autre toute basse et ridicule. Il faut donc sonder comme cette pensée est logée en son auteur[2]; comment, par où, jusqu'où il la possède : autrement le jugement précipité sera jugé téméraire.

Je voudrais demander à des persones équitables si ce principe : *La matière est dans une incapacité naturelle invincible de penser*, et celui-ci : *Je pense, donc je suis*, sont en effet les mêmes dans l'esprit de Descartes et dans l'esprit de saint Augustin qui a dit la même chose douze cents ans auparavant[3].

En vérité, je suis bien éloigné de dire que Descartes n'en soit pas le véritable auteur, quand même il ne l'aurait appris que dans la lecture de ce grand saint; car je sais combien il y a de différence entre écrire un mot à l'aventure, sans y faire une réflexion plus longue et plus étendue, et apercevoir dans ce mot une suite admirable de conséquences, qui prouve la distinction des natures matérielle et spirituelle, et en faire un principe ferme et soutenu d'une métaphysique entière, comme Descartes a prétendu faire. Car, sans examiner s'il a réussi efficacement dans sa prétention, je suppose qu'il l'ait fait, et c'est dans cette supposition que je dis que ce mot est aussi différent dans ses écrits d'avec le même mot dans les autres qui l'ont dit en passant, qu'un homme plein de vie et de force d'avec un homme mort.

Tel dira une chose de soi-même sans en comprendre l'excellence, où un autre comprendra une suite merveilleuse de conséquences qui nous font dire hardiment que ce n'est plus le même mot et qu'il ne le doit non plus à celui d'où il l'a appris, qu'un arbre admirable n'appartiendra pas à celui qui en aurait jeté la semence, sans y penser et sans la connaître, dans une terre abondante qui en aurait profité de la sorte par sa propre fertilité.

Les mêmes pensées poussent quelquefois tout autrement dans un autre que dans leur auteur : infertiles dans leur champ naturel, abondantes étant transplantées. Mais il arrive bien plus souvent qu'un bon esprit fait produire lui-même à ses propres pensées tout le fruit dont elles sont capables, et qu'ensuite quelques autres, les ayant ouï estimer, les empruntent et s'en parent, mais sans en connaître l'excellence; et c'est alors que la différence d'un mot même en diverses bouches paraît le plus.

C'est de cette sorte que la logique a peut-être emprunté les règles de la géométrie sans en comprendre la force : et ainsi, en les mettant à l'aventure parmi celles qui lui sont propres, il ne s'ensuit pas de là qu'ils[1] aient entré dans l'esprit de la géométrie; et je serai bien éloigné, s'ils n'en donnent pas d'autres marques que de l'avoir dit en passant, de les mettre en

---

[1] Montaigne, *Essais*, liv. III, chap. VIII (Faugère.)
[2] Montaigne a dit : « Tâter de toutes parts comment elle est logée en son auteur. » *Essais*, même chapitre. (*Id.*)
[3] *Cité de Dieu*, liv. XI, chap. XXVI.

[1] Sans doute *les logiciens*. (Faugère.)

parallèle avec cette science qui apprend la véritable méthode de conduire la raison.

Mais je serai au contraire bien disposé à les en exclure, et presque sans retour. Car de l'avoir dit en passant, sans avoir pris garde que tout est renfermé là dedans, et au lieu de suivre ces lumières s'égarer à perte de vue après des recherches inutiles, pour courir à ce que celles-là offrent et qu'elles ne peuvent donner, c'est véritablement montrer qu'on n'est guère clairvoyant, et bien plus que si l'on avait manqué de les suivre parce qu'on ne les avait pas aperçues.

La méthode de ne point errer est recherchée de tout le monde. Les logiciens font profession d'y conduire, les géomètres seuls y arrivent, et hors de leur science et de ce qui l'imite il n'y a point de véritables démonstrations. Tout l'art en est renfermé dans les seuls préceptes que nous avons dits; ils suffisent seuls, ils prouvent seuls; toutes les autres règles sont inutiles ou nuisibles. Voilà ce que je sais par une longue expérience de toutes sortes de livres et de personnes.

Et sur cela je fais le même jugement de ceux qui disent que les géomètres ne leur donnent rien de nouveau par ces règles, parce qu'ils les avaient en effet, mais confondues parmi une multitude d'autres inutiles ou fausses dont ils ne pouvaient pas les discerner, que de ceux qui cherchant un diamant de grand prix parmi un grand nombre de faux, mais qu'ils n'en sauraient pas distinguer, se vanteraient, en les tenant tous ensemble, de posséder le véritable aussi bien que celui qui sans s'arrêter à ce vil amas porte la main sur la pierre choisie que l'on recherche, et pour laquelle on ne jetait pas tout le reste.

Le défaut d'un raisonnement faux est une maladie qui se guérit par ces deux remèdes. On en a composé un autre d'une infinité d'herbes inutiles où les bonnes se trouvent enveloppées et où elles demeurent sans effet, par les mauvaises qualités de ce mélange.

Pour découvrir tous les sophismes et toutes les équivoques des raisonnements captieux, ils ont inventé des noms barbares qui étonnent ceux qui les entendent; et au lieu qu'on ne peut débrouiller tous les replis de ce nœud si embarrassé qu'en tirant l'un des bouts que les géomètres assignent, ils en ont marqué un nombre étrange d'autres où ceux-là se trouvent compris, sans qu'ils sachent lequel est le bon.

Et ainsi, en nous montrant un nombre de chemins différents qu'ils disent nous conduire où nous tendons, quoiqu'il n'y en ait que deux qui y mènent, il faut savoir les marquer en particulier. On prétendra que la géométrie qui les assigne certainement ne donne que ce qu'on avait déjà des autres, parce qu'ils donnaient en effet la même chose et davantage, sans prendre garde que ce présent perdait son prix par son abondance et qu'il ôtait en ajoutant.

Rien n'est plus commun que les bonnes choses : il n'est question que de les discerner; et il est certain qu'elles sont toutes naturelles et à notre portée et même connues de tout le monde. Mais on ne sait pas les distinguer. Ceci est universel. Ce n'est pas dans les choses extraordinaires et bizarres que se trouve l'excellence de quelque genre que ce soit. On s'élève pour y arriver, et on s'en éloigne : il faut le plus souvent s'abaisser. Les meilleurs livres sont ceux que ceux qui les lisent croient qu'ils auraient pu faire. La nature, qui seule est bonne, est toute familière et commune.

Je ne fais donc pas de doute que ces règles, étant les véritables, ne doivent être simples, naïves, naturelles, comme elles le sont: Ce n'est pas *Barbara* et *Baralipton* qui forment le raisonnement. Il ne faut pas guinder l'esprit; les manières tendues et pénibles le remplissent d'une sotte présomption par une élévation étrangère et par une enflure vaine et ridicule, au lieu d'une nourriture solide et vigoureuse. Et l'une des raisons principales qui éloignent autant ceux qui entrent dans ces connaissances, du véritable chemin qu'ils doivent suivre, est l'imagination qu'on prend d'abord que les bonnes choses sont inaccessibles, en leur donnant le nom de *grandes*, *hautes*, *élevées*, *sublimes*. Cela perd tout. Je voudrais les nommer *basses*, *communes*, *familières* : ces noms-là leur conviennent mieux; je hais ces mots d'enflure.

DISCOURS

SUR LES PASSIONS DE L'AMOUR[1].

L'homme est né pour penser ; aussi n'est-il pas un moment sans le faire ; mais les pensées pures qui le rendraient heureux s'il pouvait toujours les soutenir le fatiguent et l'abattent. C'est une vie unie à laquelle il ne peut s'accommoder ; il lui faut du remuement et de l'action, c'est-à-dire qu'il est nécessaire qu'il soit quelquefois agité des passions dont il sent dans son cœur des sources si vives et si profondes.

Les passions qui sont les plus convenables à l'homme et qui en renferment beaucoup d'autres, sont l'amour et l'ambition . elles n'ont guère de liaison ensemble ; cependant on les allie assez souvent ; mais elles s'affaiblissent l'une l'autre réciproquement, pour ne pas dire qu'elles se ruinent.

Quelque étendue d'esprit que l'on ait, l'on n'est capable que d'une grande passion ; c'est pourquoi, quand l'amour et l'ambition se rencontrent ensemble, elles ne sont grandes que de la moitié de ce qu'elles seraient s'il n'y avait que l'une ou l'autre. L'âge ne détermine point ni le commencement ni la fin de ces deux passions ; elles naissent dès les premières années et elles subsistent bien souvent jusqu'au tombeau. Néanmoins, comme elles demandent beaucoup de feu, les jeunes gens y sont plus propres et il semble qu'elles se ralentissent avec les années : cela est pourtant fort rare.

La vie de l'homme est misérablement courte. On la compte depuis la première entrée dans le monde ; pour moi, je ne voudrais la compter que depuis la naissance de la raison et depuis qu'on commence à être ébranlé par la raison, ce qui n'arrive pas ordinairement avant vingt ans. Devant ce temps l'on est enfant ; et un enfant n'est pas un homme.

Qu'une vie est heureuse quand elle commence par l'amour et qu'elle finit par l'ambition ! Si j'avais à en choisir une, je prendrais celle-là. Tant que l'on a du feu, l'on est aimable ; mais ce feu s'éteint, il se perd : alors que la place est belle et grande pour l'ambition ! La vie tumultueuse est agréable aux grands esprits ; mais ceux qui sont médiocres n'y ont aucun plaisir ; ils sont machines partout. C'est pourquoi l'amour et l'ambition commençant et finissant la vie, on est dans l'état le plus heureux dont la nature humaine est capable.

A mesure que l'on a plus d'esprit, les passions sont plus grandes, parce que les passions n'étant que des sentiments et des pensées qui

---

[1] Le curieux morceau qu'on va lire a été découvert par M. Cousin à la Bibliothèque Royale en 1843 ; il est extrait d'un manuscrit du *fonds de Saint-Germain-Gesvres*, n° 74. Le manuscrit coté sous ce numéro porte au dos : *Nicole, De la Grâce, autre pièce manuscrite*. « Sur la première page, dit M. Cousin, est l'indication des écrits que cet in-quarto renferme : 1° *Système de M. Nicole sur la Grâce ;* 2° *Si la dispute sur la Grâce universelle n'est qu'une dispute de nom ;* 3° *Discours sur les Passions de l'Amour*, de M. Pascal. » Ce discours est inachevé, et comme le manuscrit de l'abbaye de Saint-Germain n'est qu'une copie, et non pas un autographe, il y a deux ou trois phrases probablement mal copiées et qui sont défectueuses. Il est vraisemblable aussi que cet écrit n'était pas destiné au public, et que l'auteur n'y avait pas mis la dernière main ; mais partout on reconnaît celle de Pascal, l'esprit géométrique qui ne l'abandonne jamais, les expressions favorites, les mots d'habitude, la distinction si vraie du raisonnement et du sentiment, et mille autres choses semblables qui se retrouvent à chaque pas dans les *Pensées*. »

M. Cousin se demande à quelle époque de la vie de Pascal il faut rapporter la composition du *Discours sur les Passions de l'Amour*, et il pense que c'est à la période qui s'étend de 1652 à la fin de 1654, époque toute mondaine, où « Pascal dut porter son caractère, sa curiosité, son ardeur, le besoin insatiable d'arriver en tout aux dernières limites. » — « Ce discours, dit encore M. Cousin, trahit dans la vie intime de Pascal un mystère qui ne sera peut-être jamais éclairci... Il est très-possible que dans le monde d'élite où il devait être admis et recherché, il ait rencontré une personne d'un rang plus élevé que le sien pour laquelle il ait ressenti un vif attrait qu'il aurait renfermé dans son cœur, l'exprimant à peine pour lui-même dans ce discours voilé et énigmatique. »

M. Cousin n'indique pas quelle a pu être cette personne d'un haut rang qui a inspiré Pascal, mais M. Faugère pense que c'est mademoiselle de Roannez. (Voir *Revue des Deux Mondes*, 15 sept. 1843, l'article intitulé : *Un fragment inédit de Pascal*. — Faugère, *Des Pensées de Pascal*, introduction, lxv.)

M. l'abbé Maynard, de son côté, tout en reconnaissant le grand mérite littéraire de ce morceau, ne pense pas qu'on puisse avec toute certitude l'attribuer à Pascal, et M. Sainte-Beuve dit que, sans faire injure aux pages *sur l'amour*, il est clair que Pascal n'a jamais mis son âme dans une créature, et qu'il n'a aimé de passion que son Sauveur.

Nous suivons le texte de M. Faugère, en adoptant ses corrections.

appartiennent purement à l'esprit quoiqu'elles soient occasionnées par le corps, il est visible qu'elles ne sont plus que l'esprit même et qu'ainsi elles remplissent toute sa capacité. Je ne parle que des passions de feu, car pour les autres elles se mêlent souvent ensemble et causent une confusion très-incommode; mais ce n'est jamais dans ceux qui ont de l'esprit.

Dans une grande âme tout est grand.

L'on demande s'il faut aimer? Cela ne se doit pas demander, on le doit sentir. L'on ne délibère point là-dessus, l'on y est porté et l'on a le plaisir de se tromper quand on consulte.

La netteté d'esprit cause aussi la netteté de la passion; c'est pourquoi un esprit grand et net aime avec ardeur, et il voit distinctement ce qu'il aime.

Il y a de deux sortes d'esprit, l'un géométrique et l'autre que l'on peut appeler de finesse.

Le premier a des vues lentes, dures et inflexibles, mais le dernier a une souplesse de pensée qu'il applique en même temps aux diverses parties aimables de ce qu'il aime. Des yeux il va jusques au cœur, et par le mouvement du dehors il connaît ce qui se passe au dedans.

Quand on a l'un et l'autre esprit tout ensemble, que l'amour donne de plaisir! Car on possède à la fois la force et la flexibilité de l'esprit qui est très-nécessaire pour l'éloquence de deux personnes.

Nous naissons avec un caractère d'amour dans nos cœurs, qui se développe à mesure que l'esprit se perfectionne, et qui nous porte à aimer ce qui nous paraît beau sans que l'on nous ait jamais dit ce que c'est. Qui doute après cela si nous sommes au monde pour autre chose que pour aimer? En effet, on a beau se cacher, l'on aime toujours. Dans les choses même où il semble que l'on ait séparé l'amour, il s'y trouve secrètement et en cachette, et il n'est pas possible que l'homme puisse vivre un moment sans cela.

L'homme n'aime pas à demeurer avec soi; cependant il aime : il faut donc qu'il cherche ailleurs de quoi aimer. Il ne le peut trouver que dans la beauté; mais comme il est lui-même la plus belle créature que Dieu ait jamais formée, il faut qu'il trouve dans soi-même le modèle de cette beauté qu'il cherche au dehors. Chacun peut en remarquer en soi-même les premiers rayons; et selon que l'on s'aperçoit que ce qui est au dehors y convient ou s'en éloigne, on se forme les idées de beau ou de laid sur toutes choses. Cependant, quoique l'homme cherche de quoi remplir le grand vide qu'il a fait en sortant de soi-même, néanmoins il ne peut pas se satisfaire par toutes sortes d'objets. Il a le cœur trop vaste; il faut au moins que ce soit quelque chose qui lui ressemble et qui en approche le plus près. C'est pourquoi la beauté qui peut contenter l'homme consiste non-seulement dans la convenance, mais aussi dans la ressemblance : elle se restreint et elle s'enferme dans la différence du sexe[1].

La nature a si bien imprimé cette vérité dans nos âmes, que nous trouvons cela tout disposé; il ne faut point d'art ni d'étude; il semble même que nous ayons une place à remplir dans nos cœurs et qui se remplit effectivement. Mais on le sent mieux qu'on ne le peut dire. Il n'y a que ceux qui savent brouiller et mépriser (sic) leurs idées qui ne le voient pas.

Quoique cette idée générale de la beauté soit gravée dans le fond de nos âmes avec des caractères ineffaçables, elle ne laisse pas que de recevoir de très-grandes différences dans l'application particulière; mais c'est seulement pour la manière d'envisager ce qui plaît. Car l'on ne souhaite pas nuement une beauté, mais l'on y désire mille circonstances qui dépendent de la disposition où l'on se trouve, et c'est en ce sens que l'on peut dire que chacun a l'original de sa beauté dont il cherche la copie dans le grand monde. Néanmoins les femmes déterminent souvent cet original. Comme elles ont un empire absolu sur l'esprit des hommes, elles y dépeignent ou les parties des beautés qu'elles ont ou celles qu'elles estiment, et elles ajoutent par ce moyen ce qui leur plaît à cette beauté radicale. C'est pourquoi il y a un siècle pour les blondes, un autre pour les brunes, et

---

[1] Il y a dans le ms. : « Elle *la* restreint et elle *l'*enferme... ; » rédaction obscure que nous avons modifiée parce qu'elle nous semble résulter d'une inexactitude dans la copie. (Faugère.)

le partage qu'il y a entre les femmes sur l'estime des unes ou des autres fait aussi le partage entre les hommes dans un même temps sur les unes et sur les autres.

La mode même et les pays règlent souvent ce que l'on appelle beauté. C'est une chose étrange que la coutume[1] se mêle si fort de nos passions. Cela n'empêche pas que chacun n'ait son idée de beauté sur laquelle il juge des autres et à laquelle il les rapporte ; c'est sur ce principe qu'un amant trouve sa maîtresse plus belle et qu'il la propose comme exemple.

La beauté est partagée en mille différentes manières. Le sujet le plus propre pour la soutenir c'est une femme. Quand elle a de l'esprit, elle l'anime et la relève merveilleusement. Si une femme veut plaire et qu'elle possède les avantages de la beauté ou du moins une partie, elle y réussira ; et même, si les hommes y prenaient tant soit peu garde, quoiqu'elle n'y tâchât point, elle s'en ferait aimer. Il y a une place d'attente dans leur cœur ; elle s'y logerait.

L'homme est né pour le plaisir ; il le sent ; il n'en faut point d'autre preuve. Il suit donc sa raison en se donnant au plaisir. Mais bien souvent il sent la passion dans son cœur sans savoir par où elle a commencé.

Un plaisir vrai ou faux peut remplir également l'esprit. Car qu'importe que ce plaisir soit faux, pourvu que l'on soit persuadé qu'il est vrai ?

A force de parler d'amour on devient amoureux. Il n'y a rien si aisé. C'est la passion la plus naturelle à l'homme.

L'amour n'a point d'âge ; il est toujours naissant. Les poëtes nous l'ont dit ; c'est pour cela qu'ils nous le représentent comme un enfant. Mais sans lui rien demander, nous le sentons.

L'amour donne de l'esprit, et il se soutient par l'esprit. Il faut de l'adresse pour aimer. L'on épuise tous les jours les manières de plaire ; cependant il faut plaire et l'on plaît.

Nous avons une source d'amour-propre qui nous représente à nous-mêmes comme pouvant remplir plusieurs places au dehors ; c'est ce qui est cause que nous sommes bien aises d'être aimés. Comme on le souhaite avec ardeur, on le remarque bien vite et on le reconnaît dans les yeux de la personne qui aime. Car les yeux sont les interprètes du cœur ; mais il n'y a que celui qui y a intérêt qui entend leur langage.

L'homme seul est quelque chose d'imparfait ; il faut qu'il trouve un second pour être heureux. Il le cherche bien souvent dans l'égalité de la condition, à cause que la liberté et que l'occasion de se manifester s'y rencontrent plus aisément. Néanmoins l'on va quelquefois bien au-dessus, et l'on sent le feu s'agrandir quoiqu'on n'ose pas le dire à celle qui l'a causé.

Quand on aime une dame sans égalité de condition, l'ambition peut accompagner le commencement de l'amour ; mais en peu de temps il devient le maître : C'est un tyran qui ne souffre point de compagnon ; il veut être seul ; il faut que toutes les passions ploient et lui obéissent.

Une haute amitié remplit bien mieux qu'une commune et égale le cœur de l'homme ; et les petites choses flottent dans sa capacité ; il n'y a que les grandes qui s'y arrêtent et qui y demeurent.

L'on écrit souvent des choses que l'on ne prouve qu'en obligeant tout le monde à faire réflexion sur soi-même et à trouver la vérité dont on parle. C'est en cela que consiste la force des preuves de ce que je dis.

Quand un homme est délicat en quelque endroit de son esprit, il l'est en amour. Car comme il doit être ébranlé par quelque objet qui est hors de lui, s'il y a quelque chose qui répugne à ses idées, il s'en aperçoit et il le fuit : la règle de cette délicatesse dépend d'une raison pure, noble et sublime. Ainsi l'on se peut croire délicat sans qu'on le soit effectivement, et les autres ont droit de nous condamner ; au lieu que pour la beauté chacun a sa règle souveraine et indépendante de celle des autres. Néanmoins, entre être délicat et ne l'être point du tout, il faut demeurer d'accord que quand on souhaite d'être délicat, l'on n'est pas loin de l'être absolument. Les femmes aiment à apercevoir[1] une délicatesse

---

[1] Le ms. dit : *constance*, ce qui est évidemment une faute de copiste. (Faugère.)

[1] Il y a dans le ms. *à voir*, puis au-dessus, de la même main : *apercevoir*. (Faugère.)

dans les hommes, et c'est, ce me semble, l'endroit le plus tendre pour les gagner : l'on est aise de voir que mille autres sont méprisables et qu'il n'y a que nous d'estimables.

Les qualités d'esprit ne s'acquièrent point par l'habitude ; on les perfectionne seulement. De là, il est aisé de voir que la délicatesse est un don de nature et non pas une acquisition de l'art.

A mesure que l'on a plus d'esprit, l'on trouve plus de beautés originales ; mais il ne faut pas être amoureux ; car quand l'on aime, l'on n'en trouve qu'une.

Ne semble-t-il pas qu'autant de fois qu'une femme sort d'elle-même pour se caractériser dans le cœur des autres, elle fait une place vide pour les autres dans le sien? Cependant j'en connais qui disent que cela n'est pas vrai. Oserait-on appeler cela injustice ?. Il est naturel de rendre autant qu'on a pris.

L'attachement à une même pensée fatigue et ruine l'esprit de l'homme. C'est pourquoi pour la solidité et la *durée*[1] du plaisir de l'amour il faut quelquefois ne pas savoir que l'on aime ; et ce n'est pas commettre une infidélité, car l'on n'en aime pas d'autre ; c'est reprendre des forces pour mieux aimer. Cela se fait sans que l'on y pense ; l'esprit s'y porte de soi-même ; la nature le veut ; elle le commande. Il faut pourtant avouer que c'est une misérable suite de la nature humaine et que l'on serait plus heureux si l'on n'était point obligé de changer de pensée ; mais il n'y a point de remède.

Le plaisir d'aimer sans l'oser dire a ses peines, mais aussi il a ses douceurs. Dans quel transport n'est-on point de former toutes ses actions dans la vue de plaire à une personne que l'on estime infiniment ? L'on s'étudie tous les jours pour trouver les moyens de se découvrir, et l'on y emploie autant de temps que si l'on devait entretenir celle que l'on aime. Les yeux s'allument et s'éteignent dans un même moment, et quoique l'on ne voie pas manifestement que celle qui cause tout ce désordre y prenne garde, l'on a néanmoins la satisfaction de sentir tous ces remuements pour une personne qui le mérite si bien. L'on voudrait avoir cent langues pour le faire connaître ; car comme l'on ne peut pas se servir de la parole, l'on est obligé de se réduire à l'éloquence d'action.

Jusque-là on a toujours de la joie, et l'on est dans une assez grande occupation. Ainsi l'on est heureux ; car le secret d'entretenir toujours une passion, c'est de ne pas laisser naître aucun vide dans l'esprit, en l'obligeant de s'appliquer sans cesse à ce qui le touche si agréablement. Mais quand il est dans l'état que je viens de décrire[1], il n'y peut pas durer longtemps, à cause qu'étant seul acteur dans une passion où il en faut nécessairement deux, il est difficile qu'il n'épuise bientôt tous les mouvements dont il est agité.

Quoique ce soit une même passion, il faut de la nouveauté ; l'esprit s'y plaît, et qui sait se la procurer sait se faire aimer.

Après avoir fait ce chemin, cette plénitude quelquefois diminue, et ne recevant point de secours du côté de la source, l'on décline misérablement et les passions ennemies se saisissent d'un cœur qu'elles déchirent en mille morceaux. Néanmoins un rayon d'espérance, si bas que l'on soit, relève aussi haut qu'on était auparavant. C'est quelquefois un jeu auquel les dames se plaisent ; mais quelquefois en faisant semblant d'avoir compassion, elles l'ont tout de bon. Que l'on est heureux quand cela arrive !

Un amour ferme et solide commence toujours par l'éloquence d'action ; les yeux y ont la meilleure part. Néanmoins il faut deviner, mais bien deviner.

Quand deux personnes sont de même sentiment, elles[2] ne devinent point, ou du moins il y en a une qui devine ce que veut dire l'autre sans que cette autre l'entende ou qu'elle[3] ose l'entendre.

Quand nous aimons, nous paraissons à nous-mêmes tout autres que nous n'étions auparavant. Ainsi nous nous imaginons que tout le monde s'en aperçoit ; cependant il n'y a rien de si faux. Mais parce que la raison a sa vue

---

[1] Nous suppléons, par conjecture, le mot ici souligné ; il est remplacé par un blanc dans le ms. (Faugère.)

[1] Il y a dans le ms. : *dire,* puis au-dessus : *décrire.* (Faugère.)

[2] Dans le ms., il y a : *ils.* (Faugère.)

[3] Dans le ms. : *qu'il.* (Id.)

bornée par la passion, l'on ne peut s'assurer et l'on est toujours dans la défiance.

Quand l'on aime, on se persuade que l'on découvrirait la passion d'un autre : ainsi l'on a peur.

Tant plus le chemin est long dans l'amour, tant plus un esprit délicat sent de plaisir.

Il y a de certains esprits à qui il faut donner longtemps des espérances, et ce sont les délicats. Il y en a d'autres qui ne peuvent pas résister longtemps aux difficultés, et ce sont les plus grossiers. Les premiers aiment plus longtemps et avec plus d'agrément ; les autres aiment plus vite, avec plus de liberté, et finissent bientôt.

Le premier effet de l'amour c'est d'inspirer un grand respect ; l'on a de la vénération pour ce que l'on aime. Il est bien juste : on ne reconnaît rien au monde de grand comme cela.

Les auteurs ne nous peuvent pas bien dire les mouvements de l'amour de leurs héros : il faudrait qu'ils fussent héros eux-mêmes.

L'égarement à aimer en divers endroits est aussi monstrueux que l'injustice dans l'esprit.

En amour, un silence vaut mieux qu'un langage. Il est bon d'être interdit ; il y a une éloquence de silence qui pénètre plus que la langue ne saurait faire. Qu'un amant persuade bien sa maîtresse quand il est interdit, et que d'ailleurs il a de l'esprit ! Quelque vivacité que l'on ait, il est bon dans certaines rencontres qu'elle s'éteigne. Tout cela se passe sans règle et sans réflexion, et quand l'esprit le fait il n'y pensait pas auparavant. C'est par nécessité que cela arrive.

L'on adore souvent ce qui ne croit pas être adoré, et l'on ne laisse pas de lui garder une fidélité inviolable, quoiqu'il n'en sache rien. Mais il faut que l'amour soit bien fin ou bien pur.

Nous connaissons l'esprit des hommes, et par conséquent leurs passions, par la comparaison que nous faisons de nous-mêmes avec les autres.

Je suis de l'avis de celui qui disait que dans l'amour on oubliait sa fortune, ses parents et ses amis : les grandes amitiés vont jusque-là. Ce qui fait que l'on va si loin dans l'amour c'est que l'on ne songe pas que l'on a besoin d'autre chose que de ce que l'on aime : l'esprit est plein ; il n'y a plus de place pour le soin ni pour l'inquiétude. La passion ne peut pas être sans excès ; de là vient qu'on ne se soucie plus de ce que dit le monde, que l'on sait déjà ne devoir pas condamner notre conduite puisqu'elle vient de la raison. Il y a une plénitude de passion, il ne peut pas y avoir un commencement de réflexion.

Ce n'est point un effet de la coutume[1], c'est une obligation de la nature que les hommes fassent les avances pour gagner l'amitié des dames.

Cet oubli que cause l'amour et cet attachement à ce que l'on aime fait naître des qualités que l'on n'avait pas auparavant. L'on devient magnifique, sans l'avoir jamais été.

Un avaricieux même qui aime devient libéral, et il ne se souvient pas d'avoir jamais eu une habitude opposée : l'on en voit la raison en considérant qu'il y a des passions qui resserrent l'âme et qui la rendent immobile, et qu'il y en a qui l'agrandissent et la font répandre au dehors.

L'on a ôté mal à propos le nom de raison à l'amour, et on les a opposés sans un bon fondement, car l'amour et la raison n'est qu'une même chose. C'est une précipitation de pensées qui se porte d'un côté sans bien examiner tout, mais c'est toujours une raison, et l'on ne doit et on ne peut pas souhaiter que ce soit autrement, car nous serions des machines très-désagréables. N'excluons donc point la raison de l'amour, puisqu'elle en est inséparable. Les poètes n'ont donc pas eu raison de nous dépeindre l'Amour comme un aveugle ; il faut lui ôter son bandeau et lui rendre désormais la jouissance de ses yeux.

Les âmes propres à l'amour demandent une vie d'action qui éclate en événements nouveaux. Comme le dedans est mouvement, il faut aussi que le dehors le soit, et cette manière de vivre est un merveilleux acheminement à la passion. C'est de là que ceux de la cour sont mieux reçus dans l'amour que ceux de la ville, parce que les uns sont tout de feu et que les autres mènent une vie dont l'uniformité n'a rien qui

---

[1] Dans le ms. : *constance*. (Faugère.)

frappe : la vie de tempête surprend, frappe et pénètre.

Il semble que l'on ait tout une autre âme quand on aime que quand on n'aime pas ; on s'élève par cette passion et on devient toute grandeur ; il faut donc que le reste ait proportion, autrement cela ne convient pas, et partant cela est désagréable.

L'agréable et le beau n'est que la même chose, tout le monde en a l'idée. C'est d'une beauté morale que j'entends parler, qui consiste dans les paroles et dans les actions du dehors. L'on a bien une règle pour devenir agréable ; cependant la disposition du corps y est nécessaire, mais elle ne se peut acquérir.

Les hommes ont pris plaisir à se former une idée de l'agréable[1] si élevée, que personne n'y peut atteindre. Jugeons-en mieux et disons que ce n'est que le naturel avec une facilité et une vivacité d'esprit qui surprennent. Dans l'amour ces deux qualités sont nécessaires. Il ne faut rien de force, et cependant il ne faut rien de lenteur : l'habitude donne le reste.

Le respect et l'amour doivent être si bien proportionnés qu'ils se soutiennent sans que ce respect étouffe l'amour.

Les grandes âmes ne sont pas celles qui aiment le plus souvent ; c'est d'un amour violent que je parle : il faut une inondation de passion pour les ébranler et pour les remplir. Mais quand elles commencent à aimer, elles aiment beaucoup mieux.

L'on dit qu'il y a des nations plus amoureuses les unes que les autres ; ce n'est pas bien parler, ou du moins cela n'est pas vrai en tout sens.

L'amour ne consistant que dans un attachement de pensée, il est certain qu'il doit être le même par toute la terre. Il est vrai que se déterminant autre part que dans la pensée, le climat peut ajouter quelque chose, mais ce n'est que dans le corps.

Il est de l'amour comme du bon sens ; comme l'on croit avoir autant d'esprit qu'un autre, on croit aussi aimer de même. Néanmoins, quand on a plus de vue, l'on aime jusques aux moindres choses, ce qui n'est pas possible aux autres. Il faut être bien fin pour remarquer cette différence.

L'on ne peut presque faire semblant d'aimer que l'on ne soit bien près d'être amant, ou du moins que l'on n'aime en quelque endroit ; car il faut avoir l'esprit et les pensées de l'amour pour ce semblant, et le moyen de bien parler sans cela ? La vérité des passions ne se déguise pas si aisément que les vérités sérieuses.

Il faut du feu, de l'activité et un feu d'esprit naturel et prompt pour la première ; les autres se cachent avec la lenteur et la souplesse, ce qu'il est plus aisé de faire.

Quand on est loin de ce que l'on aime l'on prend la résolution de faire ou de dire beaucoup de choses ; mais quand on est près on est irrésolu. D'où vient cela ? C'est que quand on est loin la raison n'est pas si ébranlée, mais elle l'est étrangement en la présence de l'objet : or pour la résolution il faut de la fermeté qui est ruinée par l'ébranlement.

Dans l'amour on n'ose hasarder parce que l'on craint de tout perdre ; il faut pourtant avancer, mais qui peut dire jusques où ? L'on tremble toujours jusques à ce que l'on ait trouvé ce point. La prudence ne fait rien pour s'y maintenir quand on l'a trouvé.

Il n'y a rien de si embarrassant que d'être amant et de voir quelque chose en sa faveur sans l'oser croire : l'on est également combattu de l'espérance et de la crainte. Mais enfin la dernière devient victorieuse de l'autre.

Quand on aime fortement, c'est toujours une nouveauté de voir la personne aimée. Après un moment d'absence, on la trouve de manque dans son cœur. Quelle joie de la retrouver ! l'on sent aussitôt une cessation d'inquiétudes.

Il faut pourtant que cet amour soit déjà bien avancé ; car quand il est naissant et que l'on n'a ait aucun progrès, on sent bien une cessation d'inquiétudes, mais il en survient d'autres.

Quoique les maux se succèdent ainsi les uns aux autres, on ne laisse pas de souhaiter la présence de sa maîtresse par l'espérance de moins souffrir ; cependant, quand on la voit, on croit souffrir plus qu'auparavant. Les maux passés

---

[1] Dans le ms. : *désagréable*.   (Faugère.)

ne frappent plus, les présents touchent, et c'est¹ sur ce qui touche que l'on juge.

Un amant dans cet état n'est-il pas digne de compassion?

DE L'ESPRIT GÉOMÉTRIQUE²

On peut avoir trois principaux objets dans l'étude de la vérité : l'un, de la découvrir quand on la cherche; l'autre, de la démontrer quand on la possède; le dernier, de la discerner d'avec le faux quand on l'examine.

Je ne parle point du premier; je traite particulièrement du second, et il enferme le troisième. Car, si l'on sait la méthode de prouver la vérité, on aura en même temps celle de la discerner, puisqu'en examinant si la preuve qu'on en donne est conforme aux règles qu'on connaît, on saura si elle est exactement démontrée.

La géométrie, qui excelle en ces trois genres, a expliqué l'art de découvrir les vérités inconnues; et c'est ce qu'elle appelle *analyse*, et dont il serait inutile de discourir après tant d'excellents ouvrages qui ont été faits.

Celui de démontrer les vérités déjà trouvées et de les éclaircir de telle sorte que la preuve en soit invincible, est le seul que je veux donner; et je n'ai pour cela qu'à expliquer la méthode que la géométrie y observe; car elle l'enseigne parfaitement par ses exemples, quoiqu'elle n'en produise aucun discours. Et parce que cet art consiste en deux choses principales, l'une, de prouver chaque proposition en particulier, l'autre, de disposer toutes les propositions dans le meilleur ordre, j'en ferai deux sections, dont l'une contiendra les règles de la conduite des démonstrations géométriques, c'est-à-dire méthodiques et parfaites; et la seconde comprendra celle de l'ordre géométrique, c'est-à-dire méthodique et accompli : de sorte que les deux ensemble enfermeront tout ce qui sera nécessaire pour conduire du raisonnement à prouver et discerner les vérités, lesquelles j'ai dessein de donner entières.

SECTION PREMIÈRE. — De la méthode des démonstrations géométriques, c'est-à-dire méthodiques et parfaites.

Je ne puis faire mieux entendre la conduite qu'on doit garder pour rendre les démonstrations convaincantes, qu'en expliquant celle que la géométrie observe.

Mais il faut auparavant que je donne l'idée d'une méthode encore plus éminente et plus accomplie, mais où les hommes ne sauraient jamais arriver : car ce qui passe la géométrie nous surpasse : et néanmoins il est nécessaire d'en dire quelque chose, quoiqu'il soit impossible de le pratiquer¹.

Cette véritable méthode, qui formerait les démonstrations dans la plus haute excellence, s'il était possible d'y arriver, consisterait en deux choses principales : l'une, de n'employer aucun terme dont on n'eût auparavant expliqué nettement le sens; l'autre, de n'avancer jamais aucune proposition qu'on ne démontrât

---

¹ Le mot *c'est* manque dans le ms. (Faugère.)
² Un court fragment de cet écrit a été publié en 1728 par Desmolets; Condorcet l'a donné d'une manière plus complète, mais avec des suppressions encore nombreuses, sous ce titre : *De la manière de prouver la vérité et de l'exposer aux hommes;* enfin Bossut l'a réimprimé en 1779, en l'intitulant : *Réflexions sur la géométrie en général;* mais on sait par le premier discours de la *Logique de Port-Royal* que Pascal lui avait donné le titre sous lequel nous le reproduisons. Nous suivons le texte de M. Faugère qui a reproduit la seule copie manuscrite qui ait été conservée.

¹ Après ce paragraphe viennent dans le ms. les lignes suivantes, écrites en caractères plus fins et enfermées entre parenthèses :

« ... est bien plus de réussir à l'une qu'à l'autre, et je n'ai choisi cette science pour y arriver que parce qu'elle seule sait les véritables règles du raisonnement et, sans s'arrêter aux règles des syllogismes qui sont tellement naturelles qu'on ne peut les ignorer, s'arrête et se fonde sur la véritable méthode de conduire le raisonnement en toutes choses, que presque tout le monde ignore et qu'il est si avantageux de savoir, que nous voyons par expérience qu'entre esprits égaux et toutes choses pareilles, celui qui a de la géométrie l'emporte et acquiert une vigueur toute nouvelle.

« Je veux donc faire entendre ce que c'est que démonstration par l'exemple de celles de géométrie qui est presque la seule des sciences humaines qui en produise d'infaillibles, parce qu'elle seule observe la véritable méthode, au lieu que toutes les autres sont par une nécessité naturelle dans quelque sorte de confusion que les seuls géomètres savent extrêmement connaître. »

En marge de ce fragment est dans le ms. la note que voici : « Ce qui est en caractères plus menus était caché sous un papier dont les bords étaient collés et sur lequel était écrit l'article qui commence : *Je ne puis faire mieux entendre...,* etc. » (Faugère)

par des vérités déjà connues ; c'est-à-dire, en un mot, à définir tous les termes et à prouver toutes les propositions. Mais pour suivre l'ordre même que j'explique, il faut que je déclare ce que j'entends par *définition*.

On ne reconnaît en géométrie que les seules définitions que les logiciens appellent *définitions de nom*, c'est-à-dire que les seules impositions de nom aux choses qu'on a clairement désignées en termes parfaitement connus ; et je ne parle que de celles-là seulement.

Leur utilité et leur usage est d'éclaircir et d'abréger le discours, en exprimant par le seul nom qu'on impose ce qui ne pourrait se dire qu'en plusieurs termes ; en sorte néanmoins que le nom imposé demeure dénué de tout autre sens, s'il en a, pour n'avoir plus que celui auquel on le destine uniquement. En voici un exemple :

Si l'on a besoin de distinguer dans les nombres ceux qui sont divisibles en deux également d'avec ceux qui ne le sont pas, pour éviter de répéter souvent cette condition, on lui donne un nom en cette sorte : j'appelle tout nombre divisible en deux également, *nombre pair*.

Voilà une définition géométrique ; parce qu'après avoir clairement désigné une chose, savoir tout nombre divisible en deux également, on lui donne un nom que l'on destitue de tout autre sens, s'il en a, pour lui donner celui de la chose désignée.

D'où il paraît que les définitions sont très-libres, et qu'elles ne sont jamais sujettes à être contredites ; car il n'y a rien de plus permis que de donner à une chose qu'on a clairement désignée un nom tel qu'on voudra. Il faut seulement prendre garde qu'on n'abuse de la liberté qu'on a d'imposer des noms, en donnant le même à deux choses différentes.

Ce n'est pas que cela ne soit permis, pourvu qu'on n'en confonde pas les conséquences et qu'on ne les étende pas de l'une à l'autre.

Mais si l'on tombe dans ce vice, on peut lui opposer un remède très-sûr et très-infaillible : c'est de substituer mentalement la définition à la place du défini, et d'avoir toujours la définition si présente que toutes les fois qu'on parle, par exemple, de nombre pair, on entende précisément que c'est celui qui est divisible en deux parties égales, et que ces deux choses soient tellement jointes et inséparables dans la pensée, qu'aussitôt que le discours en exprime l'une, l'esprit y attache immédiatement l'autre. Car les géomètres, et tous ceux qui agissent méthodiquement, n'imposent des noms aux choses que pour abréger le discours, et non pour diminuer ou changer l'idée des choses dont ils discourent. Et ils prétendent que l'esprit supplée toujours la définition entière aux termes courts, qu'ils n'emploient que pour éviter la confusion que la multitude des paroles apporte.

Rien n'éloigne plus promptement et plus puissamment les surprises captieuses des sophistes que cette méthode, qu'il faut avoir toujours présente et qui suffit seule pour bannir toutes sortes de difficultés et d'équivoques.

Ces choses étant bien entendues, je reviens à l'explication du véritable ordre qui consiste, comme je disais, à tout définir et à tout prouver.

Certainement cette méthode serait belle, mais elle est absolument impossible ; car il est évident que les premiers termes qu'on voudrait définir en supposeraient de précédents pour servir à leur explication, et que de même les premières propositions qu'on voudrait prouver en supposeraient d'autres qui les précédassent ; et ainsi il est clair qu'on n'arriverait jamais aux premières.

Aussi, en poussant les recherches de plus en plus, on arrive nécessairement à des mots primitifs qu'on ne peut plus définir, et à des principes si clairs qu'on n'en trouve plus qui le soient davantage pour servir à leur preuve.

D'où il paraît que les hommes sont dans une impuissance naturelle et immuable de traiter quelque science que ce soit dans un ordre absolument accompli.

Mais il ne s'ensuit pas de là qu'on doive abandonner toute sorte d'ordre.

Car il y en a un, et c'est celui de la géométrie, qui est à la vérité inférieur en ce qu'il est moins convaincant, mais non pas en ce qu'il est moins certain. Il ne définit pas tout et ne prouve pas tout, et c'est en cela qu'il lui cède ; mais il ne suppose que des choses claires et constantes par la lumière naturelle, et c'est pourquoi il est parfaitement véritable, la nature le soutenant au défaut du discours.

Cet ordre le plus parfait entre les hommes consiste, non pas à tout définir ou à tout démontrer, ni aussi à ne rien définir ou à ne rien démontrer, mais à se tenir dans ce milieu de ne point définir les choses claires et entendues de tous les hommes, et de définir toutes les autres; et de ne point prouver toutes les choses connues des hommes, et de prouver toutes les autres. Contre cet ordre pèchent également ceux qui entreprennent de tout définir et de tout prouver, et ceux qui négligent de le faire dans les choses qui ne sont pas évidentes d'elles-mêmes.

C'est ce que la géométrie enseigne parfaitement. Elle ne définit aucune de ces choses, *espace*, *temps*, *mouvement*, *nombre*, *égalité*, ni les semblables qui sont en grand nombre, parce que ces termes-là désignent si naturellement les choses qu'ils signifient, à ceux qui entendent la langue, que l'éclaircissement qu'on en voudrait faire apporterait plus d'obscurité que d'instruction.

Car il n'y a rien de plus faible que le discours de ceux qui veulent définir ces mots primitifs. Quelle nécessité y a-t-il, par exemple, d'expliquer ce qu'on entend par le mot *homme*? Ne sait-on pas assez quelle est la chose qu'on veut désigner par ce terme? Et quel avantage pensait nous procurer Platon, en disant que c'était un animal à deux jambes sans plumes? Comme si l'idée que j'en ai naturellement et que je ne puis exprimer, n'était pas plus nette et plus sûre que celle qu'il me donne par son explication inutile et même ridicule; puisqu'un homme ne perd pas l'humanité en perdant les deux jambes, et qu'un chapon ne l'acquiert pas en perdant ses plumes.

Il y en a qui vont jusqu'à cette absurdité d'expliquer un mot par le mot même. J'en sais qui ont défini la lumière en cette sorte: *la lumière est un mouvement luminaire des corps lumineux*; comme si on pouvait entendre les mots de *luminaire* et de *lumineux* sans celui de *lumière*[1].

On ne peut entreprendre de définir l'être sans tomber dans cette absurdité: car on ne peut définir un mot sans commencer par celui-ci, *c'est*, soit qu'on l'exprime ou qu'on le sous-entende. Donc pour définir l'être, il faudrait dire *c'est*, et ainsi employer le mot défini dans sa définition.

On voit assez de là qu'il y a des mots incapables d'être définis; et, si la nature n'avait suppléé à ce défaut par une idée pareille qu'elle a donnée à tous les hommes, toutes nos expressions seraient confuses; au lieu qu'on en use avec la même assurance et la même certitude que s'ils étaient expliqués d'une manière parfaitement exempte d'équivoques; parce que la nature nous en a elle-même donné, sans paroles, une intelligence plus nette que celle que l'art nous acquiert par nos explications.

Ce n'est pas que tous les hommes aient la même idée de l'essence des choses que je dis qu'il est impossible et inutile de définir.

Car, par exemple, le temps est de cette sorte. Qui le pourra définir? Et pourquoi l'entreprendre, puisque tous les hommes conçoivent ce qu'on veut dire en parlant du temps, sans qu'on le désigne davantage? Cependant il y a bien de différentes opinions touchant l'essence du temps. Les uns disent que c'est le mouvement d'une chose créée; les autres, la mesure du mouvement, etc. Aussi ce n'est pas la nature de ces choses que je dis qui es connue à tous: ce n'est simplement que le rapport entre le nom et la chose; en sorte qu'à cette expression *temps*, tous portent la pensée vers le même objet; ce qui suffit pour faire que ce terme n'ait pas besoin d'être défini, quoique ensuite, en examinant ce que c'est que le temps, on vienne à différer de sentiment après s'être mis à y penser; car les défi-

---

[1] Pascal fait ici allusion au P. Noël, jésuite, avec lequel il avait eu une discussion assez vive au sujet de ses *Expériences touchant le vide*. Dans une lettre qu'il écrivit au P. Noël en 1647, il lui disait: « La période qui précède vos dernières civilités définit la lumière en ces termes: *La lumière est un mouvement luminaire de rayons composés de corps lucides*, c'est-à-dire lumineux; où j'ai à vous dire qu'il me semble qu'il faudrait avoir premièrement défini ce que c'est que *luminaire*, et ce que c'est que *corps lucide* ou *lumineux*: car jusque-là je ne puis entendre ce que c'est que lumière. Et comme nous n'employons jamais dans les définitions le terme de *défini*, j'aurais peine à m'accommoder à la vôtre qui dit: la lumière est un mouvement luminaire des corps lumineux. » (Faugère.)

nitions ne sont faites que pour désigner les choses que l'on nomme, et non pas pour en montrer la nature.

Ce n'est pas qu'il ne soit permis d'appeler du nom de *temps* le mouvement d'une chose créée : car, comme j'ai dit tantôt, rien n'est plus libre que les définitions.

Mais ensuite de cette définition il y aura deux choses qu'on appellera du nom de *temps* : l'une est celle que tout le monde entend naturellement par ce mot et que tous ceux qui parlent notre langue nomment par ce terme; l'autre sera le mouvement d'une chose créée, car on l'appellera aussi de ce nom, suivant cette nouvelle définition.

Il faudra donc éviter les équivoques et ne pas confondre les conséquences. Car il ne s'ensuivra pas de là que la chose qu'on entend naturellement par le mot de *temps* soit en effet le mouvement d'une chose créée. Il a été libre de nommer ces deux choses de même ; mais il ne le sera pas de les faire convenir de nature aussi bien que de nom.

Ainsi, si l'on avance ce discours : *le temps est le mouvement d'une chose créée*, il faut demander ce qu'on entend par ce mot de *temps*, c'est-à-dire si on lui laisse le sens ordinaire et reçu de tous, ou si on l'en dépouille pour lui donner en cette occasion celui de mouvement d'une chose créée. Que si on le destitue de tout autre sens, on ne peut contredire, et ce sera une définition libre, ensuite de laquelle, comme j'ai dit, il y aura deux choses qui auront le même nom. Mais si on lui laisse son sens ordinaire, et qu'on prétende néanmoins que ce qu'on entend par ce mot soit le mouvement d'une chose créée, on peut contredire. Ce n'est plus une définition libre, c'est une proposition qu'il faut prouver, si ce n'est qu'elle soit très-évidente d'elle-même ; et alors ce sera un principe et un axiome, mais jamais une définition, parce que dans cette énonciation on n'entend pas que le mot de *temps* signifie la même chose que ceux-ci, *le mouvement d'une chose créée*, mais on entend ce que l'on conçoit par le terme de *temps* soit ce mouvement supposé.

Si je ne savais combien il est nécessaire d'entendre ceci parfaitement, et combien il arrive à toute heure, dans les discours familiers et dans les discours de science, des occasions pareilles à celle-ci que j'ai donnée en exemple, je ne m'y serais pas arrêté. Mais il me semble, par l'expérience que j'ai de la confusion des disputes, qu'on ne peut trop entrer dans cet esprit de netteté pour lequel je fais tout ce traité, plus que pour le sujet que j'y traite.

Car combien y a-t-il de personnes qui croient avoir défini le temps quand ils ont dit que c'est la mesure du mouvement, en lui laissant cependant son sens ordinaire ! Et néanmoins ils ont fait une proposition, et non pas une définition. Combien y en a-t-il de même qui croient avoir défini le mouvement quand ils ont dit : *Motus nec simpliciter motus, non mera potentia est, sed actus entis in potentia* ! Et cependant, s'ils laissent au mot de *mouvement* son sens ordinaire comme ils font, ce n'est pas une définition, mais une proposition ; et confondant ainsi les définitions qu'ils appellent *définitions de nom* qui sont les véritables définitions libres, permises et géométriques, avec celles qu'ils appellent *définitions de chose*, qui sont proprement des propositions nullement libres, mais sujettes à contradiction, ils s'y donnent la liberté d'en former aussi bien que des autres : et chacun définissant les mêmes choses à sa manière, par une liberté qui est aussi défendue dans ces sortes de définitions que permise dans les premières, ils embrouillent toutes choses, et perdant tout ordre et toute lumière, ils se perdent eux-mêmes et s'égarent dans des embarras inexplicables.

On n'y tombera jamais en suivant l'ordre de la géométrie. Cette judicieuse science est bien éloignée de définir ces mots primitifs, *espace, temps, mouvement, égalité, majorité, diminution, tout*, et les autres que le monde entend de soi-même. Mais hors ceux-là, le reste des termes qu'elle emploie y sont tellement éclaircis et définis, qu'on n'a pas besoin de dictionnaire pour en entendre aucun ; de sorte qu'en un mot tous ces termes sont parfaitement intelligibles, ou par la lumière naturelle ou par les définitions qu'elle en donne.

Voilà de quelle sorte elle évite tous les vices qui se peuvent rencontrer dans le premier point, lequel consiste à définir les seules choses qui en ont besoin. Elle en use de même à l'égard de l'autre point, qui consiste à prouver les propositions qui ne sont pas évidentes.

Car, quand elle est arrivée aux premières vérités connues, elle s'arrête là et demande qu'on les accorde, n'ayant rien de plus clair pour les prouver : de sorte que tout ce que la géométrie propose est parfaitement démontré, ou par la lumière naturelle ou par les preuves.

De là vient que si cette science ne définit pas et ne démontre pas toutes choses, c'est par cette seule raison que cela nous est impossible[1].

On trouvera peut-être étrange que la géométrie ne puisse définir aucune des choses qu'elle a pour principaux objets : car elle ne peut définir ni le mouvement, ni les nombres, ni l'espace; et cependant ces trois choses sont celles qu'elle considère particulièrement et selon la recherche desquelles elle prend ces trois différents noms de *mécanique*, d'*arithmétique*, de *géométrie*, ce dernier nom appartenant au genre et à l'espèce.

Mais on n'en sera pas surpris, si l'on remarque que cette admirable science ne s'attachant qu'aux choses les plus simples, cette même qualité qui les rend dignes d'être ses objets les rend incapables d'être définies; de sorte que le manque de définition est plutôt une perfection qu'un défaut, parce qu'il ne vient pas de leur obscurité, mais au contraire de leur extrême évidence, qui est telle qu'encore qu'elle n'ait pas la conviction des démonstrations, elle en a toute la certitude. Elle suppose donc que l'on sait quelle est la chose qu'on entend par ces mots, *mouvement, nombre, espace*; et, sans s'arrêter à la définir inutilement, elle en pénètre la nature et en découvre les merveilleuses propriétés.

Ces trois choses qui comprennent tout l'univers, selon ces paroles : *Deus fecit omnia in pondere, in numero, et mensura*[2], ont une liaison réciproque et nécessaire. Car on ne peut imaginer de mouvement sans quelque chose qui se meuve; et cette chose étant une, cette unité est l'origine de tous les nombres; et enfin le mouvement ne pouvant être sans espace, on voit ces trois choses enfermées dans la première.

Le temps même y est aussi compris : car le mouvement et le temps sont relatifs l'un à l'autre; la promptitude et la lenteur, qui sont les différences des mouvements, ayant un rapport nécessaire avec le temps.

Ainsi il y a des propriétés communes à toutes ces choses, dont la connaissance ouvre l'esprit aux plus grandes merveilles de la nature.

La principale comprend les deux infinités qui se rencontrent dans toutes : l'une de grandeur, l'autre de petitesse.

Car quelque prompt que soit un mouvement, on peut en concevoir un qui le soit davantage, et hâter encore ce dernier; et ainsi toujours à l'infini, sans jamais arriver à un qui le soit de telle sorte qu'on ne puisse plus y ajouter. Et au contraire, quelque lent que soit un mouvement, on peut le retarder davantage et encore ce dernier; et ainsi à l'infini, sans jamais arriver à un tel degré de lenteur qu'on ne puisse encore en descendre à une infinité d'autres, sans tomber dans le repos.

De même, quelque grand que soit un nombre, on peut en concevoir un plus grand et encore un qui surpasse le dernier; et ainsi à l'infini, sans jamais arriver à un qui ne puisse plus être augmenté. Et au contraire, quelque petit que soit un nombre, comme la centième ou la dix-millième partie, on peut encore en concevoir un moindre, et toujours à l'infini, sans arriver au zéro ou néant.

Quelque grand que soit un espace, on peut en concevoir un plus grand et encore un qui le soit davantage; et ainsi à l'infini, sans jamais arriver à un qui ne puisse plus être augmenté. Et au contraire, quelque petit que soit un espace, on peut encore en considérer un moindre, et toujours à l'infini, sans jamais arriver à un indivisible qui n'ait plus aucune étendue.

Il en est de même du temps. On peut toujours en concevoir un plus grand sans dernier, et un

---

[1] Ici le ms. ajoute entre parenthèses : (« Mais comme la nature fournit tout ce que cette science ne donne pas, son ordre à la vérité ne donne pas une perfection plus qu'humaine, mais il a toute celle où les hommes peuvent arriver. Il m'a semblé à propos de donner dès l'entrée de ce discours cette, etc. » (Faugère.)

[2] Sap., x, 21. *Omnia in mensura, et numero, et pondere, disposuisti.*

moindre sans arriver à un instant et à un pur néant de durée.

C'est-à-dire, en un mot, que quelque mouvement, quelque nombre, quelque espace, quelque temps que ce soit, il y en a toujours un plus grand et un moindre : de sorte qu'ils se soutiennent tous entre le néant et l'infini, étant toujours infiniment éloignés de ces extrêmes.

Toutes ces vérités ne se peuvent démontrer ; et cependant ce sont les fondements et les principes de la géométrie. Mais comme la cause qui les rend incapables de démonstration n'est pas leur obscurité, mais au contraire leur extrême évidence, ce manque de preuve n'est pas un défaut, mais plutôt une perfection.

D'où l'on voit que la géométrie ne peut définir les objets, ni prouver les principes ; mais par cette seule et avantageuse raison que les uns et les autres sont dans une extrême clarté naturelle, qui convainc la raison plus puissamment que le discours.

Car qu'y a-t-il de plus évident que cette vérité, qu'un nombre tel qu'il soit peut être augmenté : ne peut-on pas le doubler ? Que la promptitude d'un mouvement peut être doublée, et qu'un espace peut être doublé de même ?

Et qui peut aussi douter qu'un nombre, tel qu'il soit, ne puisse être divisé par la moitié, et sa moitié encore par la moitié ? Car cette moitié serait-elle un néant ? Et comment ces deux moitiés, qui seraient deux zéros, feraient-elles un nombre ?

De même, un mouvement, quelque lent qu'il soit, ne peut-il pas être ralenti de moitié, en sorte qu'il parcoure le même espace dans le double de temps, et ce dernier mouvement encore ? Car serait-ce un pur repos ? Et comment se pourrait-il que ces deux moitiés de vitesse, qui seraient deux repos, fissent la première vitesse ?

Enfin un espace, quelque petit qu'il soit, ne peut-il pas être divisé en deux, et ces moitiés encore ? et comment pourrait-il se faire que ces moitiés fussent indivisibles sans aucune étendue, elles qui jointes ensemble ont fait la première étendue ?

Il n'y a point de connaissance naturelle dans l'homme qui précède celles-là, et qui les surpasse en clarté. Néanmoins, afin qu'il y ait exemple de tout, on trouve des esprits excellents en toutes autres choses, que ces infinités choquent et qui n'y peuvent en aucune sorte consentir.

Je n'ai jamais connu personne qui ait pensé qu'un espace ne puisse être augmenté. Mais j'en ai vu quelques-uns, très-habiles d'ailleurs, qui ont assuré qu'un espace pouvait être divisé en deux parties indivisibles, quelque absurdité qu'il s'y rencontre.

Je me suis attaché à rechercher en eux quelle pouvait être la cause de cette obscurité, et j'ai trouvé qu'il n'y en avait qu'une principale qui est qu'ils ne sauraient concevoir un continu divisible à l'infini ; d'où ils concluent qu'il n'y est pas divisible.

C'est une maladie naturelle à l'homme, de croire qu'il possède la vérité directement ; et de là vient qu'il est toujours disposé à nier tout ce qui lui est incompréhensible ; au lieu qu'en effet il ne connaît naturellement que le mensonge, et qu'il ne doit prendre pour véritables que les choses dont le contraire lui paraît faux.

Et c'est pourquoi, toutes les fois qu'une proposition est inconcevable, il faut en suspendre le jugement et ne pas la nier à cette marque, mais en examiner le contraire ; et si on le trouve manifestement faux, on peut hardiment affirmer la première tout incompréhensible qu'elle est. Appliquons cette règle à notre sujet.

Il n'y a point de géomètre qui ne croie l'espace divisible à l'infini. On ne peut non plus l'être sans ce principe qu'être homme sans âme. Et néanmoins il n'y en a point qui comprenne une division infinie ; et l'on ne s'assure de cette vérité que par cette seule raison, mais qui est certainement suffisante, qu'on comprend parfaitement qu'il est faux qu'en divisant un espace on puisse arriver à une partie indivisible, c'est-à-dire qui n'ait aucune étendue.

Car qu'y a-t-il de plus absurde que de prétendre qu'en divisant toujours un espace, on arrive enfin à une division telle qu'en la divisant en deux, chacune des moitiés reste indivisible et sans aucune étendue, et qu'ainsi ces deux néants d'étendue fissent ensemble une étendue? Car je voudrais demander à ceux qui ont cette idée s'ils conçoivent nettement que deux indivisibles se touchent : si c'est partout ils ne sont qu'une même chose et partant les deux ensemble sont indivisibles; et si ce n'est pas partout, ce n'est donc qu'en une partie : donc ils ont des parties, donc ils ne sont pas indivisibles.

Que s'ils confessent, comme en effet ils l'avouent quand on les presse, que leur proposition est aussi inconcevable que l'autre, qu'ils reconnaissent que ce n'est pas par notre capacité à concevoir ces choses que nous devons juger de leur vérité, puisque ces deux contraires étant tous deux inconcevables, il est néanmoins nécessairement certain que l'un des deux est véritable.

Mais qu'à ces difficultés chimériques, et qui n'ont de proportion qu'à notre faiblesse, ils opposent ces clartés naturelles et ces vérités solides : s'il était véritable que l'espace fût composé d'un certain nombre fini d'indivisibles, il s'ensuivrait que deux espaces, dont chacun serait carré, c'est-à-dire égal et pareil de tous côtés, étant doubles l'un de l'autre, l'un contiendrait un nombre de ces indivisibles double du nombre des indivisibles de l'autre. Qu'ils retiennent bien cette conséquence, et qu'ils s'exercent ensuite à ranger des points en carrés jusqu'à ce qu'ils en aient rencontré deux dont l'un ait le double des points de l'autre; et alors je leur ferai céder tout ce qu'il y a de géomètres au monde. Mais si la chose est naturellement impossible, c'est-à-dire s'il y a impossibilité invincible à ranger des carrés de points, dont l'un en ait le double de l'autre, comme je le démontrerais en ce lieu-là même si la chose méritait qu'on s'y arrêtât, qu'ils en tirent la conséquence.

Et pour les soulager dans les peines qu'ils auraient en de certaines rencontres, comme à concevoir qu'un espace ait une infinité de divisibles, vu qu'on les parcourt en si peu de temps pendant lequel on aurait parcouru cette infinité de divisibles, il faut les avertir qu'ils ne doivent pas comparer des choses aussi disproportionnées qu'est l'infinité des divisibles avec le peu de temps où ils sont parcourus : mais qu'ils comparent l'espace entier avec le temps entier, et les infinis divisibles de l'espace avec les infinis instants de ce temps; et ainsi ils trouveront que l'on parcourt une infinité de divisibles en une infinité d'instants, et un petit espace en un petit temps; en quoi il n'y a plus la disproportion qui les avait étonnés.

Enfin, s'ils trouvent étrange qu'un petit espace ait autant de parties qu'un grand, qu'ils entendent aussi qu'elles sont plus petites à mesure, et qu'ils regardent le firmament au travers d'un petit verre, pour se familiariser avec cette connaissance, en voyant chaque partie du ciel en chaque partie de verre.

Mais s'ils ne peuvent comprendre que des parties, si petites qu'elles nous sont imperceptibles, puissent être autant divisées que le firmament, il n'y a pas de meilleur remède que de les leur faire regarder avec des lunettes qui grossissent cette pointe délicate jusqu'à une prodigieuse masse; d'où ils concevront aisément que par le secours d'un autre verre encore plus artistement taillé, on pourrait les grossir jusqu'à égaler ce firmament dont ils admirent l'étendue. Et ainsi ces objets leur paraissant maintenant très-facilement divisibles, qu'ils se souviennent que la nature peut infiniment plus que l'art.

Car enfin qui les a assurés que ces verres auront changé la grandeur naturelle de ces objets, ou s'ils auront au contraire rétabli la véritable que la figure de notre œil avait changée et raccourcie, comme font les lunettes qui amoindrissent?

Il est fâcheux de s'arrêter à ces bagatelles; mais il y a des temps de niaiser.

Il suffit de dire à des esprits clairs en cette matière que deux néants d'étendue ne peuvent pas faire une étendue. Mais parce qu'il y en a qui prétendent s'échapper à cette lumière par cette merveilleuse réponse, que deux néants d'étendue peuvent aussi bien faire une étendue que deux unités dont aucune n'est nombre font un nombre par leur assemblage; il faut leur repartir qu'ils pourraient opposer de la même sorte que vingt mille hommes font une armée, quoique aucun d'eux ne soit armée, que mille maisons font une ville, quoique aucune ne soit ville ; ou que les parties font le tout, quoique aucune ne soit le tout ; ou, pour demeurer dans la comparaison des nombres, que deux binaires font le quaternaire et dix dizaines une centaine, quoique aucun ne le soit.

Mais ce n'est pas avoir l'esprit juste que de confondre par des comparaisons si inégales la nature immuable des choses avec leurs noms libres et volontaires, dépendant du caprice des hommes qui les ont composés. Car il est clair que pour faciliter les discours on a donné le nom d'*armée* à vingt mille hommes, celui de *ville* à plusieurs maisons, celui de *dizaine* à dix unités ; et que de cette liberté naissent les noms d'*unité*, *binaire*, *quaternaire*, *dizaine*, *centaine*, différents par nos fantaisies, quoique ces choses soient en effet de même genre par leur nature invariable, et qu'elles soient toutes proportionnées entre elles et ne diffèrent que du plus ou du moins, et quoique, ensuite de ces noms, le binaire ne soit pas quaternaire, ni une maison une ville, non plus qu'une ville n'est pas une maison. Mais encore quoiqu'une maison ne soit pas une ville, elle n'est pas néanmoins un néant de ville ; il y a bien de la différence entre n'être pas une chose et en être un néant.

Car, afin qu'on entende la chose à fond, il faut savoir que la seule raison pour laquelle l'unité n'est pas au rang des nombres est qu'Euclide et les premiers auteurs qui ont traité d'arithmétique, ayant plusieurs propriétés à donner, qui convenaient à tous les nombres hormis à l'unité, pour éviter de dire souvent *qu'en tout nombre, hors l'unité, telle condition se rencontre*, ils ont exclu l'unité de la signification du mot de *nombre*, par la liberté que nous avons déjà dit qu'on a de faire à son gré des définitions. Aussi, s'ils eussent voulu, ils en eussent de même exclu le binaire et le ternaire, et tout ce qu'il leur eût plu ; car on en est maître, pourvu qu'on en avertisse : comme au contraire l'unité se met quand on veut au rang des nombres, et les fractions de même. Et, en effet, l'on est obligé de le faire dans les propositions générales, pour éviter de dire à chaque fois *en tout nombre et à l'unité et aux fractions, une telle propriété se trouve* ; et c'est en ce sens indéfini que je l'ai pris dans tout ce que j'en ai écrit.

Mais le même Euclide qui a ôté à l'unité le nom de *nombre*, ce qui lui a été permis, pour faire entendre néanmoins qu'elle n'est pas un néant, mais qu'elle est au contraire du même genre, il définit ainsi les grandeurs homogènes : *Les grandeurs*, dit-il, *sont dites être de même genre, lorsque l'une, étant plusieurs fois multipliée, peut arriver à surpasser l'autre* ; et par conséquent, puisque l'unité peut, étant multipliée plusieurs fois, surpasser quelque nombre que ce soit, elle est de même genre que les nombres précisément par son essence et par sa nature immuable, dans le sens du même Euclide qui a voulu qu'elle ne fût pas appelée *nombre*.

Il n'en est pas de même d'un indivisible à l'égard d'une étendue. Car non-seulement il diffère de nom, ce qui est volontaire, mais il diffère de genre, par la même définition ; puisqu'un indivisible, multiplié autant de fois qu'on voudra, est si éloigné de pouvoir surpasser une étendue, qu'il ne peut jamais former qu'un seul et unique indivisible ; ce qui est naturel et nécessaire, comme il est déjà montré. Et comme cette dernière preuve est fondée sur la définition de ces deux choses, *indivisible* et *étendue*, on va achever et consommer la démonstration.

Un indivisible est ce qui n'a aucune partie, et l'étendue est ce qui a diverses parties séparées.

Sur ces définitions, je dis que deux indivisibles étant unis ne font pas une étendue.

Car quand ils sont unis, ils se touchent chacun en une partie ; et ainsi les parties par où ils se touchent ne sont pas séparées, puisque autrement elles ne se toucheraient pas. Or, par leur définition, ils n'ont point d'autres parties ; donc ils n'ont pas de parties séparées ; donc ils ne sont pas une étendue, par la définition de l'étendue qui porte la séparation des parties.

On montrera la même chose de tous les autres indivisibles qu'on y joindra, par la même raison. Et partant un indivisible, multiplié autant qu'on voudra, ne fera jamais une étendue. Donc il n'est pas de même genre que l'étendue, par la définition des choses du même genre.

Voilà comment on démontre que les indivisibles ne sont pas du même genre que les nombres. De là vient que deux unités peuvent bien faire un nombre, parce qu'elles sont de même genre; et que deux indivisibles ne font pas une étendue, parce qu'ils ne sont pas de même genre.

D'où l'on voit combien il y a peu de raison de comparer le rapport qui est entre l'unité et les nombres à celui qui est entre les indivisibles et l'étendue.

Mais si l'on veut prendre dans les nombres une comparaison qui représente avec justesse ce que nous considérons dans l'étendue, il faut que ce soit le rapport du zéro aux nombres; car le zéro n'est pas de même genre que les nombres, parce qu'étant multiplié, il ne peut les surpasser : de sorte que c'est un véritable indivisible de nombre, comme l'indivisible est un véritable zéro d'étendue. Et on en trouvera un pareil entre le repos et le mouvement, et entre un instant et le temps; car toutes ces choses sont hétérogènes à leurs grandeurs, parce qu'étant infiniment multipliées, elles ne peuvent jamais faire que des indivisibles, non plus que les indivisibles d'étendue, et par la même raison. Et alors on trouvera une correspondance parfaite entre ces choses; car toutes ces grandeurs sont divisibles à l'infini, sans tomber dans leurs indivisibles, de sorte qu'elles tiennent toutes le milieu entre l'infini et le néant.

Voilà l'admirable rapport que la nature a mis entre ces choses, et les deux merveilleuses infinités qu'elle a proposées aux hommes, non pas à concevoir, mais à admirer; et, pour en finir la considération par une dernière remarque, j'ajouterai que ces deux infinis, quoique infiniment différents, sont néanmoins relatifs l'un à l'autre, de telle sorte que la connaissance de l'un mène nécessairement à la connaissance de l'autre.

Car dans les nombres, de ce qu'ils peuvent toujours être augmentés, il s'ensuit absolument qu'ils peuvent toujours être diminués, et cela clairement; car, si l'on peut multiplier un nombre jusqu'à 100,000, par exemple, on peut aussi en prendre une 100,000^e partie, en le divisant par le même nombre qu'on le multiplie; et ainsi tout terme d'augmentation deviendra terme de division, en changeant l'entier en fraction. De sorte que l'augmentation infinie enferme nécessairement aussi la division infinie.

Et dans l'espace le même rapport se voit entre ces deux infinis contraires; c'est-à-dire que, de ce qu'un espace peut être infiniment prolongé, il s'ensuit qu'il peut être infiniment diminué, comme il paraît en cet exemple : Si on regarde au travers d'un verre un vaisseau qui s'éloigne toujours directement, il est clair que le lieu du diaphane où l'on remarque un point tel qu'on voudra du navire, haussera toujours par un flux continuel, à mesure que le vaisseau fuit. Donc, si la course du vaisseau est toujours allongée et jusqu'à l'infini, ce point haussera continuellement; et cependant il n'arrivera jamais à celui où tombera le rayon horizontal mené de l'œil au verre, de sorte qu'il en approchera toujours sans y arriver jamais, divisant sans cesse l'espace qui restera sous ce point horizontal, sans y arriver jamais. D'où l'on voit la conséquence nécessaire qui se tire de l'infinité de l'étendue du cours du vaisseau à la division infinie et infiniment petite de ce petit espace restant au-dessous de ce point horizontal.

Ceux qui ne seront pas satisfaits de ces raisons, et qui demeureront dans la créance que l'espace n'est pas divisible à l'infini, ne peuvent rien prétendre aux démonstrations géométriques; et, quoiqu'ils puissent être éclairés en d'autres choses, ils le seront fort peu en celles-ci; car on peut aisément être très-habile homme et mauvais géomètre.

Mais ceux qui verront clairement ces vérités pourront admirer la grandeur et la puissance de la nature dans cette double infinité qui nous environne de toutes parts, et apprendre par cette considération merveilleuse à se connaître eux-mêmes, en se regardant placés entre une infinité et un néant d'étendue, entre une infinité et un néant de nombre, entre une infinité et un néant de mouvement, entre une infinité et un néant de temps. Sur quoi on peut apprendre à s'estimer son juste prix, et former des réflexions qui valent mieux que tout le reste de la géométrie même.

J'ai cru être obligé de faire cette longue considération en faveur de ceux qui, ne comprenant pas d'abord cette double infinité, sont capables d'en être persuadés. Et quoiqu'il y en ait plusieurs qui aient assez de lumière pour s'en passer, il peut néanmoins arriver que ce discours, qui sera nécessaire aux uns, ne sera pas entièrement inutile aux autres.

PRÉFACE

SUR LE TRAITÉ DU VIDE[1].

Le respect que l'on porte à l'antiquité est aujourd'hui à tel point, dans les matières où il doit avoir moins de force, que l'on se fait des oracles de toutes ses pensées et des mystères même de ses obscurités ; que l'on ne peut plus avancer de nouveautés sans péril, et que le texte d'un auteur suffit pour détruire les plus fortes raisons[1]. . . . .

Ce n'est pas que mon intention soit de corriger un vice par un autre, et de ne faire nulle estime des anciens parce que l'on en fait trop.

Je ne prétends pas bannir leur autorité pour relever le raisonnement tout seul, quoique l'on veuille établir leur autorité seule au préjudice du raisonnement[2]. . . . .

Pour faire cette importante distinction avec attention, il faut considérer que les unes dépendent seulement de la mémoire et sont purement historiques, n'ayant pour objet que de savoir ce que les auteurs ont écrit ; les autres dépendent seulement du raisonnement et sont entièrement dogmatiques, ayant pour objet de chercher et découvrir les vérités cachées.

Celles de la première sorte sont bornées d'autant que les livres dans lesquels elles sont contenues[3]. . . . .

C'est suivant cette distinction qu'il faut régler différemment l'étendue de ce respect. Le respect que l'on doit avoir pour[4]. . . . .

Dans les matières où l'on recherche seulement de savoir ce que les auteurs ont écrit, comme dans l'histoire, dans la géographie, dans la jurisprudence, dans les langues[5], et surtout dans la théologie ; et enfin dans toutes celles qui ont pour principe, ou le fait simple ou l'institution divine ou humaine, il faut nécessairement recourir à leurs livres, puisque tout ce que l'on peut savoir y est contenu : d'où

---

[1] Publié pour la première fois par Bossut, qui l'a intitulé on ne sait pourquoi : *De l'autorité en matière de philosophie*. « Ce morceau, dit M. Cousin, semble un fragment du *Discours de la Méthode*, tant il est pénétré de l'esprit de Descartes. Il roule sur la distinction essentiellement cartésienne de la philosophie et de la théologie, l'une où l'autorité est de mise, puisqu'elle n'admet point d'innovations ; l'autre où l'autorité est un contre-sens, puisqu'elle vit de découvertes perpétuelles... Plus tard, et dans les *Pensées*, Pascal ne traite ni la philosophie ni Descartes avec ce respect. Je soupçonne que ce morceau est de l'époque où Pascal était tout occupé de sciences, à peu près du temps de la lettre à M. Le Pailleur, *sur le vide*, ou de celle à M. Ribeyre, lettres qui sont de l'année 1647 et de l'année 1651. Ce sont les mêmes principes et le même ton à la fois grave et animé. Aussi ce petit traité n'est-il pas dans notre manuscrit. C'est Bossut qui l'a publié pour la première fois et sans dire d'où il l'a tiré.

Bossut avait fait subir au texte de nombreuses altérations nécessitées en quelque sorte par le titre arbitraire qu'il avait choisi, et de plus il n'avait point indiqué le manuscrit d'après lequel il avait fait la publication. M. Faugère a restitué le texte et le titre d'après le manuscrit du père Guerrier.

« Ce n'est rien moins, dit M. Faugère, que la préface d'un *Traité sur le vide*. Il paraît que ce dernier ouvrage n'existe plus : du moins il n'a pas été retrouvé, et peut-être Pascal n'y mit jamais la dernière main. M. Périer en parle ainsi dans l'avertissement qui précède le récit réimprimé par lui en 1663 de la célèbre expérience du Puy-de-Dôme : « Le traité dont il sera parlé en plu« sieurs endroits de cette relation est un grand traité « que M. Pascal avait composé touchant le vide, qui « s'est perdu et dont on a seulement trouvé quelques « fragments que l'on a mis ci-devant. » Les fragments mentionnés par M. Périer ont été imprimés à la suite du *Traité sur l'équilibre des liqueurs et la pesanteur de l'air*. Nous en avons retrouvé un autre fragment très-court dans le ms. autographe des *Pensées*. Quant à l'époque à laquelle ce *Traité du vide* a été composé, on voit dans deux lettres de Pascal, l'une à M. Périer concernant l'expérience du Puy-de-Dôme, et l'autre à M. de Ribeyre, qu'il avait déjà commencé cet ouvrage en 1647 et qu'il y travaillait à l'achever en 1651. La préface a dû être écrite dans cet intervalle, et plutôt vers 1651. »

Nous reproduisons ici l'excellent texte de M. Faugère.
[1] Il y a ici une lacune d'environ dix lignes. (*Note du P. Guerrier.*)
[2] Lacune de deux lignes. (*Note du P. Guerrier.*)
[3] Une lacune. (Faugère.)
[4] Deux lignes. (*Note du P. Guerrier.*)
[5] Après le mot *langues*, il y a un blanc d'un mot ou deux. (Faugère.)

il est évident que l'on peut en avoir la connaissance entière, et qu'il n'est pas possible d'y rien ajouter.

S'il agit de savoir qui fut premier roi des Français; en quel lieu les géographes placent le premier méridien; quels mots sont usités dans une langue morte, et toutes les choses de cette nature; quels autres moyens que les livres pourraient nous y conduire? Et qui pourra rien ajouter de nouveau à ce qu'ils nous en apprennent, puisque l'on ne veut savoir que ce qu'ils contiennent?

C'est l'autorité seule qui nous en peut éclaircir. Mais où cette autorité a la principale force, c'est dans la théologie, parce qu'elle y est inséparable de la vérité, et que nous ne la connaissons que par elle : de sorte que pour donner la certitude entière des matières les plus incompréhensibles à la raison, il suffit de les faire voir dans les livres sacrés; comme pour montrer l'incertitude des choses les plus vraisemblables, il faut seulement faire voir qu'elles n'y sont pas comprises; parce que ses principes sont au-dessus de la nature et de la raison, et que, l'esprit de l'homme étant trop faible pour y arriver par ses propres efforts, il ne peut parvenir à ces hautes intelligences s'il n'y est porté par une force toute-puissante et surnaturelle.

Il n'en est pas de même des sujets qui tombent sous les sens ou sous le raisonnement : l'autorité y est inutile; la raison seule a lieu d'en connaître. Elles ont leurs droits séparés : l'une avait tantôt tout l'avantage; ici l'autre règne à son tour. Mais comme les sujets de cette sorte sont proportionnés à la portée de l'esprit, il trouve une liberté tout entière de s'y étendre : sa fécondité inépuisable produit continuellement, et ses inventions peuvent être tout ensemble sans fin et sans interruption[1].

. . . .

C'est ainsi que la géométrie, l'arithmétique, la musique, la physique, la médecine, l'architecture, et toutes les sciences qui sont soumises à l'expérience et au raisonnement, doivent être augmentées pour devenir parfaites. Les anciens les ont trouvées seulement ébauchées par ceux qui les ont précédés : et nous les laisserons à ceux qui viendront après nous en un état plus accompli que nous ne les avons reçues.

Comme leur perfection dépend du temps et de la peine, il est évident qu'encore que notre peine et notre temps nous eussent moins acquis que leurs travaux séparés des nôtres, tous deux néanmoins joints ensemble doivent avoir plus d'effet que chacun en particulier.

L'éclaircissement de cette différence doit nous faire plaindre l'aveuglement de ceux qui apportent la seule autorité pour preuve dans les matières physiques, au lieu du raisonnement ou des expériences; et nous donner de l'horreur pour la malice des autres, qui emploient le raisonnement seul dans la théologie, au lieu de l'autorité de l'Écriture et des Pères. Il faut relever le courage de ces gens timides qui n'osent rien inventer en physique, et confondre l'insolence de ces téméraires qui produisent des nouveautés en théologie. Cependant le malheur du siècle est tel, qu'on voit beaucoup d'opinions nouvelles en théologie, inconnues à toute l'antiquité, soutenues avec obstination et reçues avec applaudissement; au lieu que celles qu'on produit dans la physique, quoiqu'en petit nombre, semblent devoir être convaincues de fausseté dès qu'elles choquent tant soit peu les opinions reçues : comme si le respect qu'on a pour les anciens philosophes était de devoir, et que celui que l'on porte aux plus anciens des Pères était seulement de bienséance! Je laisse aux personnes judicieuses à remarquer l'importance de cet abus qui pervertit l'ordre des sciences avec tant d'injustice; et je crois qu'il y en aura peu qui ne souhaitent que cette *liberté*[1] s'applique à d'autres matières, puisque les inventions nouvelles sont infailliblement des erreurs dans les matières[2] que l'on profane impunément; et qu'elles sont absolument nécessaires pour la perfection de tant d'autres sujets incomparablement plus bas, que toutefois on n'oserait toucher.

---

[1] Le mot ici souligné, que nous rétablissons par conjecture, est en blanc dans le ms. (Faugère.)
[2] Il faudrait, ce semble : *matières théologiques*. (Faugère.)

---

[1] Une lacune.

Partageons avec plus de justice notre crédulité et notre défiance, et bornons ce respect que nous avons pour les anciens. Comme la raison le fait naître, elle doit aussi le mesurer; et considérons que s'ils fussent demeurés dans cette retenue de n'oser rien ajouter aux connaissances qu'ils avaient reçues ou que ceux de leur temps eussent fait la même difficulté de recevoir les nouveautés qu'ils leur offraient, ils se seraient privés eux-mêmes et leur postérité du fruit de leurs inventions.

Comme ils ne se sont servis de celles qui leur avaient été laissées que comme de moyens pour en avoir de nouvelles, et que cette heureuse hardiesse leur avait ouvert le chemin aux grandes choses, nous devons prendre celles qu'ils nous ont acquises de la même sorte, et à leur exemple en faire les moyens et non pas la fin de notre étude, et ainsi tâcher de les surpasser en les imitant.

Car qu'y a-t-il de plus injuste que de traiter nos anciens avec plus de retenue qu'ils n'ont fait ceux qui les ont précédés, et d'avoir pour eux ce respect inviolable qu'ils n'ont mérité de nous que parce qu'ils n'en ont pas eu un pareil pour ceux qui ont eu sur eux le même avantage[1]?. . . . .

Les secrets de la nature sont cachés; quoiqu'elle agisse toujours, on ne découvre pas toujours ses effets : le temps les révèle d'âge en âge, et quoique toujours égale en elle-même elle n'est pas toujours également connue.

Les expériences qui nous en donnent l'intelligence multiplient continuellement; et, comme elles sont les seuls principes de la physique, les conséquences multiplient à proportion.

C'est de cette façon que l'on peut aujourd'hui prendre d'autres sentiments et de nouvelles opinions sans mépriser *les anciens et*[2] sans ingratitude, puisque les premières connaissances qu'ils nous ont données ont servi de degrés aux nôtres, et que dans ces avantages nous leur sommes redevables de l'ascendant que nous avons sur eux; parce que s'étant élevés jusqu'à un certain degré où ils nous ont portés, le moindre effort nous fait monter plus haut, et avec moins de peine et moins de gloire nous nous trouvons au-dessus d'eux. C'est de là que nous pouvons découvrir des choses qu'il leur était impossible d'apercevoir. Notre vue a plus d'étendue; et quoiqu'ils connussent aussi bien que nous tout ce qu'ils pouvaient remarquer de la nature, ils n'en connaissaient pas tant néanmoins, et nous voyons plus qu'eux.

Cependant il est étrange de quelle sorte on révère leurs sentiments. On fait un crime de les contredire et un attentat d'y ajouter, comme s'ils n'avaient plus laissé de vérités à connaître.

N'est-ce pas là traiter indignement la raison de l'homme et la mettre en parallèle avec l'instinct des animaux, puisqu'on en ôte la principale différence, qui consiste en ce que les effets du raisonnement augmentent sans cesse, au lieu que l'instinct demeure toujours dans un état égal? Les ruches des abeilles étaient aussi bien mesurées il y a mille ans qu'aujourd'hui, et chacune d'elles forme cet hexagone aussi exactement la première fois que la dernière. Il en est de même de tout ce que les animaux produisent par ce mouvement occulte. La nature les instruit à mesure que la nécessité les presse; mais cette science fragile se perd avec les besoins qu'ils en ont : comme ils la reçoivent sans étude, ils n'ont pas le bonheur de la conserver; et toutes les fois qu'elle leur est donnée, elle leur est nouvelle, puisque la[1]..... nature n'ayant pour objet que de maintenir les animaux dans un ordre de perfection bornée, elle leur inspire cette science nécessaire[2]..... toujours égale, de peur qu'ils ne tombent dans le dépérissement, et ne permet pas qu'ils y ajoutent, de peur qu'ils ne passent les limites qu'elle leur a prescrites. Il n'en est pas de même de l'homme, qui n'est produit que pour l'infinité. Il est dans l'ignorance au premier âge de sa vie; mais il s'instruit sans cesse dans son progrès : car il tire avantage, non-seulement de sa propre expérience, mais encore de celle de ses prédécesseurs; parce qu'il garde toujours dans sa mémoire les connaissances qu'il s'est une fois

---

[1] Lacune de cinq ou six lignes. (*N. du P. Guerrier.*)
[2] Lacune d'un ou deux mots dans le ms. Nous la suppléons par les mots soulignés. (Faugère.)

[1] Ici un mot en blanc. (Faugère.)
[2] Même observation. (*Id.*)

acquises, et que celles des anciens lui sont toujours présentes dans les livres qu'ils en ont laissés. Et comme il conserve ces connaissances, il peut aussi les augmenter facilement; de sorte que les hommes sont aujourd'hui en quelque sorte dans le même état où se trouveraient ces anciens philosophes, s'ils pouvaient avoir vieilli jusques à présent, en ajoutant aux connaissances qu'ils avaient celles que leurs études auraient pu leur acquérir à la faveur de tant de siècles. De là vient que, par une prérogative particulière, non-seulement chacun des hommes s'avance de jour en jour dans les sciences, mais que tous les hommes ensemble y font un continuel progrès à mesure que l'univers vieillit; parce que la même chose arrive dans la succession des hommes que dans les âges différents d'un particulier. De sorte que toute la suite des hommes, pendant le cours de tant de siècles, doit être considérée comme un même homme qui subsiste toujours et qui apprend continuellement: d'où l'on voit avec combien d'injustice nous respectons l'antiquité dans ses philosophes; car, comme la vieillesse est l'âge le plus distant de l'enfance, qui ne voit que la vieillesse dans cet homme universel ne doit pas être cherchée dans les temps proches de sa naissance, mais dans ceux qui en sont les plus éloignés? Ceux que nous appelons anciens étaient véritablement nouveaux en toutes choses, et formaient l'enfance des hommes proprement; et comme nous avons joint à leurs connaissances l'expérience des siècles qui les ont suivis, c'est en nous que l'on peut trouver cette antiquité que nous révérons dans les autres.

Ils doivent être admirés dans les conséquences qu'ils ont bien tirées du peu de principes qu'ils avaient, et ils doivent être excusés dans celles où ils ont plutôt manqué du bonheur de l'expérience que de la force du raisonnement.

Car n'étaient-ils pas excusables dans la pensée qu'ils ont eue pour la *voie de lait*, quand la faiblesse de leurs yeux n'ayant pas encore reçu le secours de l'artifice, ils ont attribué cette couleur à une plus grande solidité en cette partie du ciel qui renvoie la lumière avec plus de force?

Mais ne serions-nous pas inexcusables de demeurer dans la même pensée, maintenant qu'aidés des avantages que nous donne la lunette d'approche, nous y avons découvert une infinité de petites étoiles, dont la splendeur plus abondante nous a fait reconnaître quelle est la véritable cause de cette blancheur?

N'avaient-ils pas aussi sujet de dire que tous les corps corruptibles étaient renfermés dans la sphère du ciel de la lune, lorsque durant le cours de tant de siècles ils n'avaient point encore remarqué de corruptions ni de générations hors de cet espace?

Mais ne devons-nous pas assurer le contraire, lorsque toute la terre a vu sensiblement des comètes s'enflammer[1] et disparaître bien loin au delà de cette sphère?

C'est ainsi que sur le sujet du vide ils avaient droit de dire que la nature n'en souffrait point; parce que toutes leurs expériences leur avaient toujours fait remarquer qu'elle l'abhorrait et ne le pouvait souffrir.

Mais si les nouvelles expériences leur avaient été connues, peut-être auraient-ils trouvé sujet d'affirmer ce qu'ils ont eu sujet de nier, par là que le vide n'avait point encore paru. Aussi, dans le jugement qu'ils ont fait que la nature ne souffrait point de vide, ils n'ont entendu parler de la nature qu'en l'état où ils la connaissaient; puisque, pour le dire généralement, ce ne serait assez de l'avoir vu constamment en cent rencontres, ni en mille, ni en tout autre nombre, quelque grand qu'il soit; puisque s'il restait un seul cas à examiner, ce seul suffirait pour empêcher la définition générale, et si un seul était contraire, ce seul[2].

Car dans toutes les matières dont la preuve consiste en expériences et non en démonstrations, on ne peut faire aucune assertion universelle que par la générale énumération de toutes les parties et de tous les cas différents. C'est ainsi que quand nous disons que le diamant est le plus dur de tous les corps, nous entendons de tous les corps que nous connaissons, et nous ne pouvons ni ne devons y comprendre ceux que nous ne connaissons point; et quand

---

[1] La vraie nature des comètes était encore ignorée au temps de Pascal. (*Note de l'édition Bossut.*)
[2] Deux lignes. (*Note du P. Guerrier.*)

nous disons que l'or est le plus pesant de tous les corps, nous serions téméraires de comprendre dans cette proposition générale ceux qui ne sont point encore en notre connaissance, quoiqu'il ne soit pas impossible qu'ils soient en nature.

De même, quand les anciens ont assuré que la nature ne souffrait point de vide, ils ont entendu qu'elle n'en souffrait point dans toutes les expériences qu'ils avaient vues, et ils n'auraient pu sans témérité y comprendre celles qui n'étaient pas en leur connaissance. Que si elles y eussent été, sans doute ils auraient tiré les mêmes conséquences que nous, et les auraient par leur aveu autorisées de cette antiquité dont on veut faire aujourd'hui l'unique principe des sciences.

C'est ainsi que sans les contredire, nous pouvons assurer le contraire de ce qu'ils disaient; et, quelque force enfin qu'ait cette antiquité, la vérité doit toujours avoir l'avantage, quoique nouvellement découverte, puisqu'e le est toujours plus ancienne que toutes les opinions qu'on en a eues, et que ce serait ignorer sa nature de s'imaginer qu'elle ait commencé d'être au temps qu'elle a commencé d'être connue.

NOUVEAU FRAGMENT

DU TRAITÉ DU VIDE.

Qu'y a-t-il de plus absurde que de dire que des corps inanimés ont des passions, des craintes, des horreurs; que des corps insensibles, sans vie et même incapables de vie, aient des passions qui présupposent une âme au moins sensitive pour les ressentir? De plus, que l'objet de cette horreur fût le vide; qu'y a-t-il dans le vide qui leur puisse faire peur? qu'y a-t-il de plus bas et de plus ridicule?

Ce n'est pas tout : qu'ils aient en eux-mêmes un principe de mouvement pour éviter le vide, ont-ils des bras, des jambes, des muscles, des nerfs?

LA ROCHEFOUCAULD

Il faut savoir montrer l'esprit de son âge et le fruit de sa saison. Il vient un moment dans la vie où La Rochefoucauld plaît beaucoup et où il paraît plus vrai peut-être qu'il ne l'est. Les mécomptes de l'enthousiasme jettent dans le dégoût. Madame de Sévigné trouve qu'il serait joli d'avoir un cabinet tout tapissé de dessous de cartes; dans son imprudence aimable, elle n'en voit que le piquant et l'amusant. Le fait est qu'à un certain jour toutes ces belles dames de cœur, ces nobles et chevaleresques *valets* de carreau, avec lesquels on jouait si franc jeu, se retournent; on s'était endormi en croyant à Hector, à Berthe ou à Lancelot; on se réveille dans ce cabinet même dont parle madame de Sévigné, et on n'aperçoit de tous côtés que l'envers. On cherche sous son chevet le livre de la veille: c'étaient Elvire et Lamartine; on trouve en place La Rochefoucauld. Ouvrons-le donc; il console, à force d'être chagrin comme nous; il amuse. Ces pensées, qui aux jours de la jeunesse révoltaient comme fausses ou ennuyaient comme trop vraies, et dans lesquelles on ne voyait que la morale des livres, nous apparaissent pour la première fois dans toute la fraîcheur de la nouveauté et le montant de la vie; elles ont aussi leur printemps à elles; on les découvre: *Que c'est vrai!* s'écrie-t-on. On en chérit la secrète injure, on en suce à plaisir l'amertume. Cet excès même a de quoi rassurer. S'enthousiasmer pour elles, c'est déjà en quelque façon les dépasser et commencer à s'en guérir.

M. de La Rochefoucauld lui-même, il est permis de le conjecturer, en adoucit sur la fin et en corrigea tout bas certaines conclusions trop absolues, durant le cours de sa liaison délicate et constante avec madame de La Fayette, on peut dire qu'il sembla souvent les abjurer, au moins en pratique; et cette noble amie eut quelque droit de se féliciter d'avoir réformé, ou tout simplement d'avoir réjoui son cœur.

La vie de M. de la Rochefoucauld, avant sa grande liaison avec madame de La Fayette, se divise naturellement en trois parties, dont la Fronde n'est que le milieu. Sa jeunesse et ses premiers éclats datent d'auparavant. Né en 1613, entré dans le monde dès l'âge de seize ans, il n'avait pas étudié, et ne mêlait à sa vivacité d'esprit qu'un bon sens naturel encore masqué d'une grande imagination. Avant le nouveau texte des *Mémoires*, découvert en 1817, et qui donne sur cette période première une foule de particularités retranchées par l'auteur dans la version jusqu'alors connue, on ne se pouvait douter du degré de chevalerie et de romanesque auquel se porta tout d'abord le jeune prince de Marsillac. Buckingham et ses royales aventures paraissent lui avoir fait de mire, comme Catilina au jeune de Retz. Ces premiers travers ont barré plus d'une vie. Tout le beau feu de La Rochefoucauld se consuma alors dans ses dévouements intimes à la reine malheureuse, à mademoiselle d'Hautefort, à madame de Chevreuse elle-même; en prenant cette route du dévouement, il tournait, sans y songer, le dos à la fortune. Il indisposait le roi, il irritait le cardinal: qu'importe? le sort de Chalais, de Montmorency, de ces illustres décapités, semblait seulement le piquer au jeu. Dans un certain moment (1637, il avait vingt-trois ou vingt-quatre ans), la reine, persécutée, « abandonnée de tout le monde, nous dit-il, et n'osant se confier qu'à mademoiselle d'Hautefort et à moi, me proposa de les enlever toutes deux et de les emmener à Bruxelles. Quelque difficulté et quelque péril qui me parussent dans un tel projet, je puis dire qu'il me donna plus de joie que je n'en avois eu de ma vie. J'étois dans un âge où l'on aime à faire des choses extraordinaires et éclatantes, et je ne trouvois pas que rien le fût davantage que d'enlever en même temps la reine au roi son mari et au cardinal de Richelieu qui en étoit jaloux, et d'ôter mademoiselle d'Hautefort au roi qui en étoit amoureux. » Toutes ces fabuleuses intrigues finirent pour lui, à la fuite de madame de Chevreuse, par huit jours de Bastille et un exil de deux ou trois ans à Verteuil (1639-1642) : c'était en être quitte à bon compte avec Richelieu, et cet exil un peu languissant se trouvait encore agréablement diversifié, il l'avoue, par les douceurs de la famille [1], les plaisirs de la campagne, et les espérances surtout d'un règne prochain où la reine payerait ses fidèles services.

Cette première partie des *Mémoires* était essentielle, ce me semble, pour éclairer les *Maximes*, et faire bien mesurer toute la hauteur d'où l'ambitieux chevaleresque était tombé pour creuser ensuite en moraliste ; les *Maximes* furent la revanche du roman. Il résulte de plus de cette première période mieux connue, que Marcillac, qui, en effet, avait trente-trois ans bien passés lors de son engagement avec madame de Longueville, et trente-cinq ans à son entrée dans la Fronde, n'y arriva que déjà désappointé, irrité, et, pour tout dire, fort perverti : et cela, sans l'excuser, explique mieux la détestable conduite qu'il y tint. On le voit gâté tout d'abord. Il ne se cache pas sur les motifs qui l'y jetèrent : « Je ne balançai point, dit-il, et je ressentis un grand plaisir de voir qu'en quelque état que la dureté de la reine et la haine du cardinal (Mazarin) eussent pu me réduire, il me restoit encore des moyens de me venger d'eux. » Mal payé de son premier dévouement, il s'était bien promis qu'on ne l'y prendrait plus.

La Fronde présente donc la seconde période de la vie de M. de La Rochefoucauld ; la troisième comprend les dix ou douze années qui suivirent, et durant lesquelles il se refit, comme il put, de ses blessures au physique, et s'en vengea, s'en amusa, s'en releva au moral dans ses *Maximes*. L'intime liaison avec madame de La Fayette, qui les adoucit et les consola véritablement, ne vint guère qu'après.

[1] Il avait épousé fort jeune mademoiselle de Vivonne, dont je ne vois pas qu'on dise rien de plus par rapport à lui, sinon qu'il en eut cinq fils et trois filles.

On pourrait donner à chacune des quatre périodes de la vie de M. de La Rochefoucauld le nom d'une femme, comme Hérodote [1] donne à chacun de ses livres le nom d'une muse. Ce seraient madame de Chevreuse, madame de Longueville, madame de Sablé, madame de La Fayette ; les deux premières, héroïnes d'intrigue et de roman ; la troisième, amie moraliste et causeuse ; la dernière, revenant sans y viser, à l'héroïsme par une tendresse tempérée de raison, repassant, mêlant les nuances, et les enchantant comme dans un dernier soleil.

Madame de Longueville fut la passion brillante : fut-elle une passion sincère ? Madame de Sévigné écrivait à sa fille (7 octobre 1676) « Quant à M. de La Rochefoucauld, il alloit, comme un enfant, revoir Verteuil et les lieux où il a chassé avec tant de plaisir ; je ne te dis pas où il a été amoureux, car je ne crois pas que ce qui s'appelle amoureux, il l'ait jamais été. » Lui-même, au rapport de Segrais, disait qu'il n'avait trouvé de l'amour que dans les romans. Si la *maxime* est vraie : « Il n'y a que d'une sorte d'amour, mais il y en a mille différentes copies, » celui de M. de La Rochefoucauld et de madame de Longueville pourrait bien n'être, en effet qu'une copie des plus flatteuses. Marsillac, au moment où il s'attacha à madame de Longueville, voulait avant tout, se pousser à la cour et se venger de l'oubli où on l'avait laissé : il la jugea propre à son dessein. Il nous a raconté comment il traita d'elle, en quelque sorte, avec Miossens [2], qui avait les devants : « J'eus sujet de croire que je pourrois faire un usage plus considérable que Miossens de l'amitié et de la confiance de madame de Longueville ; je l'en fis convenir lui-même. Il savoit l'état où j'étois à la cour ; je lui dis mes vues, mais que sa considération me retiendroit toujours, et que je n'essaierois point à prendre des liaisons avec madame de Longueville, s'il ne m'en laissoit la liberté. *J'avoue même que je l'aigris exprès contre elle pour l'obtenir, sans lui rien dire toutefois qui ne fût vrai* [3]. Il me la donna tout entière, mais il se repentit... » L'attrait s'en mêla sans doute ; l'imagination et le désir s'y entr'aidaient. M. de La Rochefoucauld aimait les *belles passions* et les croyait du fait d'un *honnête homme*. Quel plus bel objet pour s'y appliquer ! Mais tout cela, à l'origine du moins, n'est-ce pas du parti pris ?

Du côté de madame de Longueville, il n'y aurait pas moins à raisonner, à distinguer. On n'a pas à craindre de subtiliser avec elle sur le sentiment, car

[1] Hérodote ou plutôt quelque ancien grammairien et critique comme nous-même.
[2] Depuis maréchal d'Albret.
[3] N'admirez-vous pas la franchise ? Durant la Fronde, le sobriquet de La Rochefoucauld était le camarade. *la Franchise* ; il l'a mieux justifié depuis.

elle était plus que tout subtile. En dévotion, nous avons par Port-Royal ses examens secrets de conscience : les raffinements de scrupules y passent toute idée. En amour, en galanterie, c'était de même, sauf les scrupules[1]. Sa vie et son portrait ne sauraient être ici brusqués en passant : elle mérite une place à part et elle l'aura. Sa destinée a de tels contrastes et de telles harmonies dans son ensemble, que ce serait une profanation d'y rien dégrader. Elle est de celles d'ailleurs dont on a beau médire; la raison y perd ses droits; il en est de son cœur comme de sa beauté, qui, avec bien des défauts, avait un éclat, une façon de *langueur*, et un charme enfin, qui attachaient.

Ses vingt-cinq ans étaient déjà passés quand sa liaison avec M. de La Rochefoucauld commença. Jusqu'alors elle s'était assez peu mêlée de politique : Miossens avait pourtant tâché de l'initier. La Rochefoucauld s'y appliqua et lui donna le mouvement plus que l'habileté, qu'en ce genre il n'atteignit lui-même qu'à peu près.

Le goût naturel de madame de Longueville était celui qu'on a appelé de l'hôtel de Rambouillet : elle n'aimait rien tant que les conversations galantes et enjouées, les distinctions sur les sentiments, les délicatesses qui témoignaient de la *qualité* de l'esprit. Elle tenait sur toutes choses à faire paraître ce qu'elle en avait de plus fin, à se détacher du commun, à briller dans l'élite. Quand elle se crut une personne politique, elle n'était pas fâchée qu'on l'estimât moins sincère, s'imaginant passer pour plus habile. Les petites considérations la décidaient dans les grands moments. Il y avait chimère en elle, fausse gloire, ce que nous baptiserions aussi *poésie* : elle fut toujours hors du positif. Sa belle-fille[2], la duchesse de Nemours, qui, elle, n'en sortait pas, Argus peu bienveillant mais très-clairvoyant, nous la montre telle dans les *Mémoires* si justes, qu'on voudrait toutefois moins rigoureux. La Rochefoucauld, à sa manière, ne dit pas autre chose, et lui, si bien posé pour le savoir, il se plaint encore de cette facilité qu'elle avait à être gouvernée, dont il usa trop et dont il ne resta pas maître : « ..... Ses belles qualités étoient moins brillantes, dit-il, à cause d'une tache qui ne s'est jamais vue en une princesse de ce mérite, qui est que, bien loin de donner la loi à ceux qui avoient une particulière adoration pour elle, elle se transformoit si fort dans leurs sentiments qu'elle ne reconnoissoit plus les siens propres. » En tout temps, que ce fût M. de La Rochefoucauld, ou M. de Nemours, ou à Port-Royal M. Singlin, qui la gouvernât, madame de Longueville se servit moins de son esprit que de celui des autres.

M. de La Rochefoucauld, pour la guider dans la politique, n'y était pas assez ferme lui-même : « Il y eut toujours du je ne sais quoi, dit Retz, en tout M. de La Rochefoucauld. » Et dans une page merveilleuse où l'ancien ennemi s'efface et ne semble plus qu'un malin ami[1], il développe ce *je ne sais quoi* par l'idée de quelque chose d'irrésolu, d'insuffisant, d'incomplet dans l'action au milieu de tant de grandes qualités : « Il n'a jamais été guerrier, quoiqu'il fût très soldat. Il n'a jamais été par lui-même bon courtisan, quoiqu'il eût toujours bonne intention de l'être. Il n'a jamais été homme de parti, quoique toute sa vie il y ait été engagé. » Et il le renvoie à être le plus honnête homme dans la vie privée. Sur un seul point j'oserai contredire Retz : il refuse l'imagination à La Rochefoucauld, qui me semble l'avoir eue grande[2]. Encore une fois, il commença par pratiquer le roman, du temps de madame de Chevreuse; sous la Fronde, il essaya l'histoire, la politique, et la manqua. La vengeance et le dépit l'y poussaient plus qu'une ambition sérieuse; de beaux restes de roman venaient à la traverse; la vie privée et sa douce paresse, par où il devait finir, l'appelaient déjà. A peine embarqué dans une affaire, il se montrait impatient d'en sortir : sa pensée essentielle n'était pas là[3]. Or, avec la disposition entraînée de madame de Longueville, qu'on songe à ce qu'elle dut devenir en conduite dès l'instant que *ce je ne sais quoi* de M. de La Rochefoucauld fut son étoile, et autour de cette étoile, comme autant de lunes, ses propres caprices.

Ce serait trop entreprendre que de les suivre; et, à l'égard de M. de La Rochefoucauld, ce serait souvent trop pénible et trop humiliant[4], pour ceux qui l'admirent, que de l'accompagner. Le résultat chez lui vaut mieux que le chemin. Qu'il suffise d'indiquer que, durant la première Fronde et le siège de Paris (1649), son ascendant fut entier sur madame de Lon-

---

[1] « Les femmes croient souvent aimer, encore même qu'elles n'aiment pas : l'occupation d'une intrigue, l'émotion d'esprit que donne la galanterie, la pente naturelle au plaisir d'être aimées, et la peine de refuser, leur persuadent qu'elles ont de la passion, lorsqu'elles n'ont que de la coquetterie. » (*Maximes*.)
[2] Fille de M. de Longueville, d'un premier lit.

[1] La Rochefoucauld a laissé un portrait de lui par lui-même; il y tourne ses défauts même à sa louange. Retz, dans celui qu'il trace, détourne l'éloge même en malice.
[2] Même comme écrivain, quand il dit : « Le soleil ni la mort ne se peuvent regarder fixement. »
[3] Matha disait de M. de La Rochefoucauld, « qu'il faisoit tous les matins une brouillerie et que tous les soirs il travailloit à un rhabillement (c'étoit son mot). »
[4] Ce mot d'*humiliant* ne semblera pas trop fort à ceux qui ont lu sur son compte les *Mémoires* de la duchesse de Nemours, le récit surtout de cette triste scène au Parlement, où il tint Retz entre deux portes, et les propos qu'il y lâcha et qu'il essuya. Oh! que de sensibles déchirures au noble et galant pourpoint!

gueville. Lorsque, après l'arrestation des princes, elle s'enfuit en Normandie, puis de là par mer en Hollande, d'où elle gagna Stenay, elle se déshabitua un peu de lui [1]. A son retour en France et à la reprise d'armes, on la retrouve gouvernée encore quelque temps par les avis de M. de La Rochefoucauld, qui cette fois les donne meilleurs à mesure qu'il va être plus désintéressé. Elle lui échappe enfin tout à fait (1652), et prête l'oreille à l'aimable duc de Nemours.

M. de Nemours plaisait surtout à madame de Longueville en ce qu'il lui sacrifiait madame de Châtillon.

« On a bien de la peine à rompre, quand on ne s'aime plus. » On en était à ce point de difficulté : M. de Nemours le trancha, et M. de La Rochefoucauld saisit avec joie une occasion d'être libre, en faisant l'offensé : « Quand nous sommes las d'aimer, nous sommes bien aises qu'on nous devienne infidèle pour nous dégager de notre fidélité. »

Il fut donc bien aise, mais non pas sans mélange ni sans des retours amers : « La jalousie, il l'a dit, naît avec l'amour ; mais elle ne meurt pas toujours avec lui. » Le châtiment de ces sortes de liaisons, c'est qu'on souffre également de les porter et de les rompre. Il voulut se venger et manœuvra si bien que madame de Châtillon reconquit M. de Nemours sur madame de Longueville, et qu'en veine de triomphe, elle fit encore perdre à celle-ci le cœur et la confiance du prince de Condé qu'elle s'attacha également. Entre madame de Châtillon, M. le Prince et M. de Nemours, La Rochefoucauld, qui était l'âme de cette intrigue, s'applaudissait cruellement. Vue et blessure trois fois aigrissante pour madame de Longueville !

A peu de temps de là, M. de Nemours fut tué en duel par M. de Beaufort, et (bizarrerie de cœur) madame de Longueville le pleura comme si elle l'eût encore possédé. Ses idées de pénitence suivirent de près.

M. de La Rochefoucauld fut puni tout le premier de sa vilaine action ; il reçut, au combat du faubourg Saint-Antoine, cette mousquetade qui lui perça le visage et lui fit perdre les yeux pendant quelque temps. On a cité maintes fois, et avec toutes sortes de variantes, les vers tragiques qu'il tourna et parodia à ce sujet. Ils ne furent sérieux à aucun moment, puisqu'à cette époque il était déjà brouillé avec madame de Longueville :

Pour ce cœur inconstant qu'enfin je connois mieux,
J'ai fait la guerre aux rois : j'en ai perdu les yeux !

[1] « L'absence diminue les médiocres passions et augmente les grandes, comme le vent éteint les bougies et allume le feu. » (*Maximes*.)

Chacun est ainsi. Du jour où on ne répond au jeu du sort que par une moquerie de cette devise héroïque de la jeunesse :

J'ai fait la guerre aux rois, je l'aurois faite aux Dieux ;

de ce jour-là, plus de tragédie ni d'acte sérieux ; on est entré dans l'ironie profonde.

Ce fut, à lui, le terme de ses actives erreurs. Il a près de quarante ans : la goutte le tient déjà, et le voilà presque aveugle. Il retombe dans la vie privée et s'enfonce dans le fauteuil pour n'en plus sortir. Les amis empressés l'entourent, et madame de Sablé est aux petits soins. L'honnête homme accompli commence, et le moraliste se déclare.

M. de La Rochefoucauld va nous paraître tout sage, du moment qu'il est tout désintéressé. Ainsi des hommes : sagesse d'un côté, et action de l'autre. Le bon sens est au comble quand on n'a plus qu'à juger ceux qui n'en ont pas.

Le *je ne sais quoi* dont Retz cherchait l'explication en M. de La Rochefoucauld se réduit à ceci, autant que j'ose le préciser : c'est que sa vocation propre consistait à être observateur et écrivain. Ce fut la fin à quoi lui servit tout le reste. Avec ses diverses qualités essayées de guerrier, de politique, de courtisan, il n'était dans aucune tout entier ; il y avait toujours un coin essentiel de sa nature qui se dérobait et qui déplaçait l'équilibre. Sa nature, sans qu'alors il s'en doutât, avait son *arrière-pensée* dans toutes les entreprises : cette arrière-pensée était d'y réfléchir quand ce serait passé. Toutes les aventures devaient finir chez lui, non comme la Fronde, par des chansons, mais par des maximes ; une moquerie aussi, couverte et grave. Ce qui semblait un débris ramassé par l'expérience après le naufrage, composa le vrai centre, enfin trouvé, de sa vie [1].

Un léger signe très-singulier me paraît encore indiquer en M. de La Rochefoucauld cette destination expresse de la nature. Pour un homme de tant de monde, il avait (Retz nous le dit) un air de honte et de timidité dans la vie civile. Huet (dans ses *Mémoires*) nous le montre comme tellement embarrassé en public, que, s'il avait eu à parler *d'office* devant un cercle de six ou sept personnes, le cœur lui aurait failli. L'effroi de la solennelle harangue l'empêcha toujours d'être de l'Académie française. Nicole était

[1] C'est en pleine Fronde qu'il lui échappa un mot souvent cité, et qui révélait en lui le futur auteur des *Maximes*. Pendant les conférences de Bordeaux (octobre 1650), comme il se trouvait avec M. de Bouillon et le conseiller d'État Lenet dans le carrosse du cardinal Mazarin, celui-ci se mit à rire en disant : « Qui auroit pu croire, il y a seulement huit jours, « que nous serions tous quatre aujourd'hui dans un même « carrosse ? *Tout arrive en France*, » repartit le frondeur moraliste ; et pourtant, remarque M. Bazin, il était loin encore d'avoir vu tout ce qui pouvait y arriver.

ainsi, et n'aurait pu prêcher ni soutenir une thèse. Un des traits du moraliste est dans cette observation à la dérobée, dans cette causerie à mi-voix. Montesquieu dit quelque part que s'il avait été forcé de vivre en professant, il n'aurait pu. Combien l'on conçoit cela de moralistes surtout, comme La Rochefoucauld, comme Nicole ou La Bruyère! Les *Maximes* sont de ces choses qui ne s'enseignent pas : les réciter devant six personnes, c'est déjà trop. On n'accorde à l'auteur qu'il a raison, que dans le tête-à-tête. A l'homme en masse, il faut plutôt du Jean-Jacques ou du La Mennais [1].

Les *Réflexions ou Sentences et Maximes morales* parurent en 1665. Douze ans s'étaient écoulés depuis la vie aventureuse de M. de La Rochefoucauld et ce coup de feu, sa dernière disgrâce. Dans l'intervalle, il avait écrit ses *Mémoires* qu'une indiscrétion avait divulgués (1662), et auxquels il dut opposer un de ces désaveux qui ne prouvent rien [2]. Une copie des *Maximes* courut également, et s'imprimait en Hollande. Il y para en les faisant publier chez Barbin. Cette première édition, sans nom d'auteur, mais où il est assez désigné, renferme un *Avis au Lecteur* très-digne du livre, un *Discours* qui l'est beaucoup moins qu'on a attribué à Segrais, qui me semble encore trop fort pour lui, et où l'on répond aux objections déjà courantes par force citations d'anciens philosophes et de Pères de l'Église. Le petit avis au lecteur y répond bien mieux d'un seul mot : « Il faut prendre garde..., il n'y a rien de plus propre à établir la vérité de ces *Réflexions* que la chaleur et la subtilité que l'on témoignera pour les combattre [3]. »

Voltaire, qui a jugé les *Maximes* en quelques lignes légères et charmantes, y dit qu'aucun livre ne contribua davantage à former le goût de la nation : « On lut rapidement ce petit recueil ; il accoutuma à penser et à renfermer ses pensées dans un tour vif, précis et délicat. C'était un mérite que personne n'avait eu avant lui, en Europe, depuis la renaissance des lettres. » Trois cent seize pensées formant cent cinquante pages eurent ce résultat glorieux. En 1665, il y avait neuf ans que les *Provinciales* avaient paru ; les *Pensées* ne devaient être publiées que cinq ans plus tard, et le livre des *Caractères* qu'après vingt-deux ans. Les grands monuments de prose, les éloquents ouvrages oratoires qui consacrent le règne de Louis XIV, ne sortirent que depuis 1669, à commencer par l'Oraison funèbre de la reine d'Angleterre. On était donc, en 1665, au vrai seuil du beau siècle, au premier plan du portique, à l'avant-veille d'*Andromaque* ; l'escalier de Versailles s'inaugurait dans les fêtes : Boileau, accostant Racine, montait les degrés ; La Fontaine en vue s'oubliait encore ; Molière dominait déjà, et le *Tartufe*, achevé dans sa première forme, s'asseyait sous le manteau. A ce moment décisif et d'entrain universel, M. de La Rochefoucauld, qui aimait peu les grands discours, et qui ne croyait que causer, dit son mot : un grand silence s'était fait ; il se trouva avoir parlé pour tout le monde, et chaque parole demeura.

C'était un misanthrope poli, insinuant, souriant, qui précédait de bien peu et préparait avec charme l'autre *Misanthrope*.

Dans l'histoire de la langue et de la littérature française, La Rochefoucauld vient en date au premier rang après Pascal, et comme en plein Pascal [1] ; qu'il devance même en tant que pur moraliste. Il a cette netteté et cette concision de tour que Pascal seul, dans ce siècle, a eues avant lui, que La Bruyère ressaisira, que Nicole n'avait pas su garder, et qui sera le cachet propre du dix-huitième siècle, le triomphe perpétuellement aisé de Voltaire.

Si les *Maximes* peuvent sembler, à leur naissance, n'avoir été qu'un délassement, un jeu de société, une sorte de gageure de gens d'esprit qui jouaient aux proverbes, combien elles s'en détachent par le résultat, et prennent un caractère au-dessus de la circonstance! Saint-Évremond, Bussy, qu'on a comparés à La Rochefoucauld pour l'esprit, la bravoure et les

---

[1] M. de La Rochefoucauld n'était pas sans se rendre très-bien compte, sous d'autres noms, de ces différences. Segrais (en ses *Mémoires-anecdotes*) raconte ceci : « M. de La Rochefoucauld étoit l'homme du monde le plus poli, qui savoit garder toutes les bienséances, et surtout qui ne se louoit jamais. M. de Roquelaure et M. de Miossens avoient beaucoup d'esprit, mais ils se louoient incessamment : ils avoient un grand parti. M. de La Rochefoucauld disoit en parlant d'eux, bien loin pourtant de sa pensée : « Je me repens de la loi « que je me suis imposée de ne me pas louer ; j'aurois beau- « coup plus de sectateurs si je le faisois. Voyez M. de Roque- « laure et M. de Miossens, qui parlent deux heures de suite « devant une vingtaine de personnes en se vantant toujours ; « il n'y en a que deux ou trois qui ne peuvent les souffrir, « et les dix-sept autres les applaudissent et les regardent « comme des gens qui n'ont point leurs semblables. » Si Roquelaure et Miossens avaient mêlé à leur propre éloge celui de leurs auditeurs, ils se seraient encore mieux fait écouter. Dans un gouvernement constitutionnel, où il faut tout haut se louer quelque peu soi-même (on en a des exemples) et louer à la fois la majorité des assistants, on voit que M. de La Rochefoucauld n'aurait pu être autre chose que ce qu'il fut de son temps, un moraliste toujours.

[2] Il fallait aller au-devant du mécontentement de M. le Prince pour certains passages où il était touché. Il y avait d'autres mécontentements plus violents de personnages secondaires, qui pourtant n'auraient pas laissé d'embarrasser : on en peut prendre idée par la furieuse colère du duc de Saint-Simon, racontée dans les *Mémoires* de son fils t. i, p. 91.

[3] Et encore : « Le meilleur parti que le lecteur ait à prendre est de se mettre d'abord dans l'esprit qu'il n'y a au- cune de ces maximes qui le regarde en particulier, et qu'il en est seul excepté, bien qu'elles paroissent générales. Après je lui réponds qu'il sera le premier à y souscrire... »

[1] Celui-ci était mort dès 1662 ; mais la mise en ordre et la publication de ses *Pensées* furent retardées suite des querelles jansénistes jusqu'à l'époque dite de *la paix de l'Église* (1669). Il résulte de ce retard que La Rochefoucauld ne put rien lui emprunter : tous deux restent parfaitement originaux et collatéraux.

disgrâces, sont aussi des écrivains de qualité et de société ; ils ont de l'agrément parfois, mais je ne sais quoi de corrompu ; ils sentent leur Régence. Le moraliste, chez La Rochefoucauld, est sévère, grand, simple, concis ; il atteint au beau ; il appartient au pur Louis XIV.

On ne peut assez louer La Rochefoucauld d'une chose, c'est qu'en disant beaucoup il n'exprime pas trop. Sa manière, sa forme est toujours honorable pour l'homme, quand le fond l'est si peu.

En correction il est de l'école de Boileau, et bien avant l'*Art poétique*. Quelques-unes de ses maximes ont été refaites plus de trente fois, jusqu'à ce qu'il fût arrivé à l'expression nécessaire. Avec cela il n'y paraît aucun tourment. Ce petit volume original, dans sa primitive ordonnance qui s'est plus tard rompue, offrant ses trois cent quinze pensées si brèves, encadrées entre les considérations générales sur l'*amour-propre* au début et les réflexions sur le *mépris de la mort* à la fin, me figure encore mieux que les éditions suivantes un tout harmonieux, où chaque détail espacé arrête le regard. Le parfait modèle du genre est là : c'est l'aphorisme aiguisé et poli. Si Racine se peut admirer après Sophocle, on peut lire La Rochefoucauld après Job, Salomon, Hippocrate et Marc-Aurèle.

Tant d'esprits profonds, solides ou délicats, en ont parlé tour à tour, que c'est presque une témérité d'y vouloir ajouter. J'indiquerai parmi ceux dont j'ai sous la main les notices particulières, Suard, Petitot, M. Vinet, tout récemment M. Gérusez. A peine s'il y a à glaner encore.

Nul n'a mieux traité de la philosophie des *Maximes* que M. Vinet[1]. Il est assez de l'avis de Vauvenargues, qui dit : « La Bruyère étoit un grand peintre, et n'étoit pas peut-être un grand philosophe. Le duc de La Rochefoucauld étoit philosophe et n'étoit pas peintre. » Quelqu'un a dit en ce même sens : « Chez La Bruyère, la pensée ressemble souvent à une femme plutôt bien mise que belle : elle a moins de corps que de tournure. » Mais, sans prétendre diminuer du tout La Bruyère, on a droit de trouver dans La Rochefoucauld un angle d'observation plus ouvert, un coup d'œil plus à fond. Je crois même qu'il eut plus de système et d'unité de principe que M. Vinet ne voudrait lui en reconnaître, et que c'est par là qu'il justifie en plein ce nom de philosophe que l'ingénieux critique lui accorde si expressément. Les *souvent, quelquefois, presque toujours, d'ordinaire*, par lesquels il modère ses conclusions fâcheuses, peuvent être pris pour des précautions polies. Tout en mettant le doigt sur le ressort, il faisait semblant de reculer un peu ; il lui suffisait de ne pas lâcher prise. Après tout, la philosophie morale de La Rochefoucauld n'est pas si opposée à celle de son siècle, et il profita de la rencontre pour oser être franc. Pascal, Molière, Nicole, La Bruyère, ne flattent guère l'homme, j'imagine ; les uns disent le mal et le remède, les autres ne parlent que du mal : voilà toute la différence. Vauvenargues, qui commença l'un des premiers la réhabilitation, le remarque très-bien : « L'homme, dit-il, est maintenant en disgrâce chez tous ceux qui pensent, et c'est à qui le chargera le plus de vices ; mais peut-être est-il sur le point de se relever et de se faire restituer toutes ses vertus... et bien au delà[1]. » Jean-Jacques s'est chargé de cet *au delà* ; il l'a poussé si loin qu'on le pourrait croire épuisé. Mais non ; on ne s'arrête pas en si beau chemin ; la veine orgueilleuse court et s'enfle encore. L'homme est tellement réhabilité de nos jours, qu'on n'oserait lui dire tout haut ni presque écrire ce qui passait pour des vérités au XVIIe siècle. C'est un trait caractéristique de ce temps-ci. Tel rare esprit qui, en causant, n'est pas moins ironique qu'un La Rochefoucauld[2], le même sitôt qu'il écrit ou parle en public, le prend sur un ton de sentiment et se met à exalter la nature humaine. On proclame à la tribune le beau et le grand dont on fait des gaietés dans l'embrasure d'une croisée, ou des sacrifices d'un trait de plume autour d'un tapis vert. Le philosophe ne pratique que l'intérêt et ne prêche que l'idée pure[3].

Les *Maximes* de La Rochefoucauld ne contredisent en rien le Christianisme, bien qu'elles s'en passent. Vauvenargues, plus généreux, lui est bien plus contraire, là même où il n'en parle pas. L'homme de La Rochefoucauld est exactement l'homme déchu, sinon comme l'entendent François de Sale et Fénelon, du

---

[1] *Essais de Philosophie morale*, 1837.

[1] Vauvenargues répète cette pensée en deux endroits, presque dans les mêmes termes.
[2] Benjamin Constant, par exemple.
[3] Un descendant de l'auteur des *Maximes*, le duc de La Rochefoucauld, l'ami de Condorcet qui était son oracle, et nourri de toutes les idées et les illusions du dix-huitième siècle (voir son Portrait au tome III des *Œuvres* de Rœderer et au tome I des *Mémoires* de Dampmartin), a écrit une lettre à Adam Smith (mai 1778) sur les *Maximes* de son aïeul ; cette lettre où, tout en cherchant à l'excuser sur les circonstances où il a vécu, il lui donne tort sur l'ensemble, est d'un homme qui lui-même, à cette date, n'avait encore vu les hommes que par le meilleur côté. Le duc de La Rochefoucauld fut depuis victime des journées de septembre 1792, et massacré à Gisors par le peuple, derrière la voiture de sa mère et de sa femme qui entendaient ses cris. Un philosophe de nos jours qui, s'il n'y prend garde, conçoit plus vivement qu'il ne raisonne juste, a cru trouver dans tout ceci une réfutation suffisante des *Maximes*, et il s'est écrié « Admirables représailles exercées par le petit-fils contre les écrits et la conduite de son grand-père ! » Je ne puis rien voir d'admirable en toute cette destinée du duc de La Rochefoucauld, et, si elle prouvait quelque chose, c'est que son aïeul n'avait pas si tort en définitive de juger les hommes comme il l'a fait.

moins comme l'estiment Pascal, Du Guet et Saint-Cyran. Otez de la morale janséniste la *rédemption*, et vous avez La Rochefoucauld tout pur. S'il paraît oublier dans l'homme le roi exilé que Pascal relève, et les restes brisés du diadème, qu'est-ce donc que cet insatiable orgueil qu'il dénonce, et qui, de ruse ou de force, se veut l'unique souverain ? Mais il se borne à en sourire ; et ce n'est pas tout d'être mortifiant, dit M. Vinet, il faut être utile. Le malheur de La Rochefoucauld est de croire que les hommes ne se corrigent pas : « On donne des conseils, pense-t-il, mais on n'inspire pas de conduite. » Lorsqu'il fut question d'un gouverneur pour M. le Dauphin, on songea un moment à lui : j'ai peine à croire que M. de Montausier, moins aimable et plus doctoral, ne convenait pas mieux.

Les réflexions morales de La Rochefoucauld semblent vraies, exagérées, ou fausses, selon l'humeur et la situation de celui qui lit. Elles ont droit de plaire à quiconque a eu sa Fronde et son coup de feu dans les yeux. Le célibataire aigri les chérira. L'honnête homme heureux, le père de famille rattaché à la vie par des liens prudents et sacrés, pour ne pas les trouver odieuses, a besoin de ne les accepter qu'en les interprétant. Qu'importe si aujourd'hui j'ai paru y croire ? demain, ce soir, la seule vue d'une famille excellente et unie les dissipera. Une mère qui allaite, une aïeule qu'on vénère, un noble père attendri, des cœurs dévoués et droits, non alambiqués par l'analyse, les fronts hauts des jeunes hommes, les fronts candides et rougissants des jeunes filles, ces rappels directs à une nature franche, généreuse et saine, recomposent une heure vivifiante, et toute subtilité de raisonnement a disparu.

Du temps de La Rochefoucauld et autour de lui, on se faisait les mêmes objections et les mêmes réponses. Segrais, Huet, lui trouvaient plus de sagacité que d'équité, et ce dernier même remarquait très-finement que l'auteur n'avait intenté de certaines accusations à l'homme que pour ne pas perdre quelque expression ingénieuse et vive dont il les avait su revêtir[1]. Si peu *auteur* qu'on se pique d'être en écrivant, on l'est toujours par un coin. Si Balzac et les *académistes* de cette école n'ont jamais l'idée que par la phrase, La Rochefoucauld lui-même, le strict censeur, sacrifie au mot. Ses lettres à madame de Sablé, dans le temps de la confection des *Maximes*, nous le montrent plein de verve, mais de préoccupation littéraire aussi ; c'était une émulation entre elle et lui, et M. Esprit, et l'abbé de La Victoire : « Je sais qu'on dîne chez vous sans moi, écrivait-il, et que vous faites voir des sentences que je n'ai pas faites, dont on ne me veut rien dire... » Et encore, de Verteuil où il était allé, non loin d'Angoulême : « Je ne sais si vous avez remarqué que l'envie de faire des sentences se gagne comme le rhume : il y a ici des disciples de M. de Balzac qui en ont eu le vent et qui ne veulent plus faire autre chose. » La mode des maximes avait succédé à celle des portraits : La Bruyère les ressaisit plus tard et les réunit toutes les deux. Les *post-scriptum* des lettres de La Rochefoucauld sont remplis et assaisonnés de ces sentences qu'il essaie, qu'il retouche, qu'il retire presque en les hasardant, dont il va peut-être avoir regret, dit-il, dès que le courrier sera parti : « La honte me prend de vous envoyer des ouvrages, écrit-il à quelqu'un qui vient de perdre un quartier de rentes sur l'Hôtel de Ville ; tout de bon, si vous les trouvez ridicules, renvoyez-les-moi sans les montrer à madame de Sablé. » Mais on ne manquait pas de les montrer, il le savait bien. Courant ainsi d'avance, ces pensées excitaient des contradictions, des critiques. On en a une de madame de Schomberg, cette même mademoiselle d'Hautefort, objet d'un chaste amour de Louis XIII, et dont Marsillac, au temps de sa chevalerie première, avait été l'ami et le serviteur dévoué : « Oh ! qui l'auroit cru alors, pouvait-elle lui dire ; et se peut-il que vous vous soyez tant gâté depuis ? » On leur reprochait aussi de l'obscurité ; madame de Schomberg ne leur en trouvait pas et se plaignait plutôt de trop les comprendre ; madame de Sévigné écrivait à sa fille en lui envoyant l'édition de 1672 : « Il y en a de divines ; et, à ma honte, il y en a que je n'entends pas. » Corbinelli les commentait. Madame de Maintenon, à qui elles allaient tout d'abord, écrivait en mars 1666 à mademoiselle de Lenclos, à qui elles allaient encore mieux : « Faites, je vous prie, mes compliments à M. de La Rochefoucauld, et dites-lui que le livre de Job et le livre des *Maximes* sont mes seules lectures[1]. »

Le succès, les contradictions et les éloges ne se continrent pas dans les entretiens de société et dans les correspondances ; les journaux s'en mêlèrent ; quand je dis *journaux*, il faut entendre le *Journal des Savants*, le seul alors fondé, et qui ne l'était que depuis quelques mois. Ceci devient piquant, et j'oserai tout révéler. En feuilletant moi-même[2] les papiers de madame de Sablé, j'y ai trouvé le premier projet d'article destiné au *Journal des Savants* et de la façon de cette dame spirituelle. Le voici :

---

[1] On peut ajouter à ces hommages et témoignages, au sujet des *Maximes*, la fable de La Fontaine (onzième du livre I), une ode et des moralités de madame Des Houlières, l'ode de La Motte sur l'*Amour-propre*, et la réponse en vers du marquis de Sainte-Aulaire (voir sur ce dernier débat les *Mémoires de Trévoux*, avril et juin 1709)..

[2] Bibliothèque du Roi ; mss. résidu de Saint-Germain, paquet 3, n° 2.

---

[1] *Hueliana*, page 251.

« C'est un traité des mouvements du cœur de l'homme qu'on peut dire avoir été comme inconnus, avant cette heure, au cœur même qui les produit. Un seigneur aussi grand en esprit qu'en naissance en est l'auteur. Mais ni son esprit ni sa grandeur n'ont pu empêcher qu'on n'en ait fait des jugements bien différents. »

« Les uns croient que c'est outrager les hommes que d'en faire une si terrible peinture, et que l'auteur n'en a pu prendre l'original qu'en lui-même. Ils disent qu'il est dangereux de mettre de telles pensées au jour et qu'ayant si bien montré qu'on ne fait les bonnes actions que par de mauvais principes la plupart du monde croira qu'il est inutile de chercher la vertu, puisqu'il est comme impossible d'en avoir si ce n'est en idée; que c'est enfin renverser la morale, de faire voir que toutes les vertus qu'elle nous enseigne ne sont que des chimères, puisqu'elles n'ont que de mauvaises fins.

« Les autres, au contraire, trouvent ce traité fort utile, parce qu'il découvre aux hommes les fausses idées qu'ils ont d'eux-mêmes et leur fait voir que, sans la religion, ils sont incapables de faire aucun bien; qu'il est toujours bon de se connoître tel qu'on est, quand même il n'y auroit que cet avantage de n'être point trompé dans la connoissance qu'on peut avoir de soi-même.

« Quoi qu'il en soit, il y a tant d'esprit dans cet ouvrage et une si grande pénétration pour connoître le véritable état de l'homme, à ne regarder que sa nature, que toutes les personnes de bon sens y trouveront une infinité de choses qu'*ils* (sic) auroient peut-être ignorées toute leur vie, si cet auteur ne les avoit tirées du chaos du cœur de l'homme pour les mettre dans un jour où quasi tout le monde peut les voir et les comprendre sans peine. »

En envoyant ce projet d'article à M. de La Rochefoucauld, madame de Sablé y joignait le petit billet suivant, daté du 18 février 1665 :

« Je vous envoie ce que j'ai pu tirer de ma tête pour mettre dans le *Journal des Savants*. J'y ai mis cet endroit qui vous est si sensible..., et je n'ai pas craint de le mettre parce que je suis assurée que vous ne le ferez pas imprimer quand même le reste vous plairoit. Je vous assure aussi que je vous serai plus obligée, si vous en usez comme d'une chose qui seroit à vous, en le corrigeant ou en le jetant au feu, que si vous lui faisiez un honneur qu'il ne mérite pas. Nous autres grands auteurs sommes trop riches pour craindre de rien perdre de nos productions... »

Notons bien tout ceci : madame de Sablé, dévote, qui, depuis des années, a pris un logement au faubourg Saint-Jacques, rue de la Bourbe, dans les bâtiments de Port-Royal de Paris; madame de Sablé,

tout occupée, en ce temps-là même, des persécutions qu'on fait subir à ses amis les religieuses et les solitaires, n'est pas moins très-présente aux soins du monde, aux affaires du bel esprit : ces *Maximes*, qu'elle a connues d'avance, qu'elle a fait copier, qu'elle a prêtées sous main à une quantité de personnes et avec toutes sortes de mystères, sur lesquelles elle a ramassé pour l'auteur les divers jugements de la société, elle va les aider dans un journal devant le public, et elle en *travaille* le succès. Et, d'autre part, M. de La Rochefoucauld, qui craint sur toutes choses de faire l'auteur, qui laisse dire de lui, dans le *Discours* en tête de son livre, « qu'il n'auroit pas moins de chagrin de savoir que ses *Maximes* sont devenues publiques, qu'il en eut lorsque les *Mémoires* qu'on lui attribue furent imprimés; M. de La Rochefoucauld, qui a tant médit de l'homme, va revoir lui-même son éloge pour un journal; il va ôter juste ce qui lui en déplaît. L'article, en effet, fut inséré dans le *Journal des Savants* du 9 mars; et si on le compare avec le projet, l'endroit que madame de Sablé appelait *sensible* y a disparu. Plus rien de ce second paragraphe : « Les uns croient que c'est outrager les hommes, etc. » Après la fin du premier, où il est question des *jugements bien différents* qu'on a faits du livre, on saute tout de suite au troisième, en ces termes : « L'on peut dire néanmoins que ce traité est fort utile, parce qu'il découvre, etc., etc. » Les autres petits changements ne sont que de style. M. de La Rochefoucauld laissa donc tout subsister, excepté le paragraphe moins agréable. Le premier journal littéraire qui ait paru ne paraissait encore que depuis trois mois, et déjà on y arrangeait soi-même son article. Les journaux se perfectionnant, l'abbé Prevost et Walter Scott y écriront le leur tout au long.

La part que madame de Sablé eut dans la composition et la publication des *Maximes*, ce rôle d'amie moraliste et un peu littéraire qu'elle remplit durant ces années essentielles auprès de l'auteur, donnerait ici le droit de parler d'elle plus à fond, si ce n'était du côté de Port-Royal qu'il nous convient surtout de l'étudier : esprit charmant, coquet, pourtant solide; femme rare, malgré des ridicules, à qui Arnauld envoyait le Discours manuscrit de la *Logique* en lui disant : « Ce ne sont que des personnes comme vous que nous voulons en avoir pour juges; » et à qui presque en même temps M. de La Rochefoucauld écrivait : « Vous savez que je ne crois que vous sur de certains chapitres, et surtout sur les replis du cœur. » Elle forme comme le vrai lien entre La Rochefoucauld et Nicole.

Je ne dirai qu'un mot de ses *Maximes* à elle, car elles sont imprimées; elles peuvent servir à mesurer et à réduire ce qui lui revient dans celles de son illustre ami. Elle fut conseillère, mais pas autre chose : La Rochefoucauld reste l'auteur tout entier de son œuvre. Dans les quatre-vingt-une pensées que je lis sous le nom de madame de Sablé, j'en pourrais à peine citer une qui ait du relief et du tour. Le fond en est de morale chrétienne ou de pure civilité et usage de monde; mais la forme surtout fait défaut ; elle est longue, traînante ; rien ne se termine ni ne se grave. La simple comparaison fait mieux comprendre à quel point (ce à quoi autrement on ne songe guère) La Rochefoucauld est un *écrivain*.

Madame de La Fayette, dont il est très-peu question jusque-là dans la vie de M. de La Rochefoucauld, y intervient d'une manière intime aussitôt après les *Maximes* publiées, et s'applique en quelque sorte à les corriger dans son cœur. Leurs deux existences, dès lors, ne se séparent plus. J'ai raconté, en parlant d'elle, les douceurs graves et les afflictions tendrement consolées de ces quinze dernières années. La fortune, en même temps que l'amitié, semblait sourire enfin à M. de La Rochefoucauld ; il avait la gloire ; la faveur de son heureux fils le relevait à la cour et même l'y ramenait : il y avait des moments où il ne bougeait de Versailles, retenu par ce roi dont il avait si peu ménagé l'enfance. Les joies, les peines de famille le trouvaient incomparable. Sa mère ne mourut qu'en 1672 : « Je l'en ai vu pleurer, écrit madame de Sévigné, avec une tendresse qui me le faisoit adorer. » Sa grande douleur, on le sait, fut à ce *coup de grêle* du passage du Rhin ; il y eut un de ses fils tué, et l'autre blessé. Mais le jeune duc de Longueville, qui fut des victimes, né durant la première guerre de Paris, lui était plus cher que tout. Il avait fait son entrée dans le monde vers 1666, à peu près l'année des *Maximes* : le livre chagriné et la jeune espérance, ces deux enfants de la Fronde ! Dans la lettre si connue où elle raconte l'effet de cette mort sur madame de Longueville, madame de Sévigné ajoute aussitôt : « Il y a un homme dans le monde qui n'est guère moins touché ; j'ai dans la tête que s'ils s'étoient rencontrés tous deux dans les premiers moments, et qu'il n'y eût eu personne avec eux, tous les autres sentiments auroient fait place à des cris et à des larmes que l'on auroit redoublés de bon cœur : c'est une vision. »

Jamais mort, au dire de tous les contemporains, n'a peut-être tant fait verser de larmes et de belles larmes que celle-là. Dans sa chambre de l'hôtel Liancourt, à un dessus de porte, M. de La Rochefoucauld avait un portrait du jeune prince. Un jour, peu de temps après la fatale nouvelle, la belle duchesse de Brissac, qui venait en visite, entrant par la porte opposée à celle du portrait, recula tout d'un coup ; puis, après être demeurée un moment comme immobile, elle fit une petite révérence à la compagnie et sortit sans dire une parole. La seule vue inopinée du portrait avait réveillé toutes ses douleurs, et, n'étant plus maîtresse d'elle-même, elle n'avait pu que se retirer[1].

Dans ses soins et ses conseils autour des gracieuses ardeurs de la princesse de Clèves et de M. de Nemours, M. de La Rochefoucauld songeait toujours à cette fleur de jeunesse moissonnée, et il retrouvait à son tour à travers une larme quelque chose du portrait non imaginaire. Et même sans cela, le front du moraliste vieilli, qu'on voit se pencher avec amour sur ces êtres romanesques si charmants, est plus fait pour toucher que pour surprendre. Lorsqu'au fond l'esprit est droit et le cœur bon, après bien des efforts dans le goût, on revient au simple ; après bien des écarts dans la morale, on revient au virginal amour, au moins pour le contempler.

C'est à madame de Sévigné encore qu'il faut demander le récit de sa dernière maladie et de ses suprêmes moments ; ses douleurs, l'affliction de tous, sa constance : il regarda *fixement* la mort[1]. Il mourut le 17 mars 1680, avant ses soixante-sept ans accomplis. C'est Bossuet qui l'assista dans ses derniers moments, et M. de Bausset en a tiré quelque induction religieuse bien naturelle en pareil cas. M. Vinet semble moins convaincu : on fera, dit-il, ce qu'on voudra de ces passages de madame de Sévigné, témoin de ses derniers moments : « Je crains bien pour cette fois que nous ne perdions M. de La Rochefoucauld ; sa fièvre a continué : il reçut hier Notre-Seigneur. Mais son état est une chose digne d'admiration. Il est fort bien disposé pour sa conscience ; *voilà qui est fait*... Croyez-moi, ma fille, ce n'est pas inutilement qu'il a fait des réflexions toute sa vie ; il s'est approché de telle sorte de ses derniers moments qu'ils n'ont rien de nouveau ni d'étranger pour lui. » Il est permis de conclure de ces paroles, ajoute M. Vinet, qu'il mourut, comme on l'a dit plus tard, *avec bienséance*.

15 janvier 1840.

[1] Dans l'ode sérieuse qu'elle lui adresse, madame Des Houlières, lui parlant de la mort en des termes virils, avait dit :

> Oui, soyez alors plus ferme
> Que ces vulgaires humains
> Qui, près de leur dernier terme,
> De vaines terreurs sont pleins.
> En sage que rien n'offense,
> Livrez-vous sans résistance
> A d'inévitables traits ;
> Et d'une démarche égale,
> Passez cette onde fatale
> Qu'on ne repasse jamais.

[1] Voir tout le récit dans les *Mémoires* de l'abbé Arnauld, à l'année 1672.

La vie de La Rochefoucauld est difficile, et même selon moi, impossible à traiter avec détail. Né en 1613, entré dans le monde à seize ans, toute sa première jeunesse se passe sous Louis XIII; c'est là qu'il est chevaleresque et romanesque, c'est là qu'il est dévoué, c'est là que son ambition première et généreuse se déguise à elle-même en pur amour, en sacrifice pour la reine persécutée, et se prodigue en mille beaux actes imprudents que Richelieu sut rabattre sans les trop punir. Nous ne faisons qu'entrevoir ce premier La Rochefoucauld, nous ne le connaissons pas. La Fronde, où il nous apparaît et où il se dessine, ne l'offre plus déjà qu'intéressé ouvertement et gâté. Son amour pour madame de Longueville n'est plus un amour de jeunesse, c'est une intrigue de politique autant et plus qu'un intérêt de cœur. La conduite de La Rochefoucauld pendant la Fronde, on peut l'affirmer en général, n'a rien de beau. Toutefois, après qu'on s'est emparé de ses propres aveux à lui-même, après qu'on a écouté sur son compte des adversaires tels que Retz et qu'on a recueilli leurs paroles, il n'y a plus qu'à passer outre sans insister. Un célèbre écrivain de nos jours, qui s'est récemment déclaré le partisan et le chevalier de madame de Longueville, M. Cousin, a intenté contre La Rochefoucauld un procès dont la seule idée me semble peu soutenable. Venir après deux siècles s'interposer entre une maîtresse aussi subtile et aussi coquette d'esprit, aussi versatile de cœur que la sœur des Condé et des Conti, et un amant aussi fin, aussi délié, aussi *roué* si l'on veut, que M. de La Rochefoucauld, prétendre sérieusement faire entre les deux la part exacte des raisons ou des torts; déclarer que tout le mal est uniquement d'un côté, et que de l'autre sont toutes les excuses : poser en ces termes la question et s'imaginer de bonne foi qu'on l'a résolue, c'est montrer, par cela même qu'on porte en ces matières la ferveur d'un néophyte, qu'on est un casuiste de Sorbonne ou de Cour d'amour peut-être, mais un moraliste très-peu. Un Du Guet qui aurait été, par impossible, le confesseur ou le directeur des deux amants, un Talleyrand qui se serait vu, durant des années, leur ami intime, — l'un et l'autre, Talleyrand et Du Guet, mettant en commun leur expérience et les confidences reçues, seraient, j'imagine, fort en peine de prononcer. Laissons donc cette querelle interminable et toujours pendante entre madame de Longueville et M. de La Rochefoucauld. Celui-ci eut des torts, cela nous suffit; il en eut en amour et en politique; il manqua cette partie importante de sa vie, et, quand même la Fronde aurait obtenu quelque succès et aurait amené quelque résultat, n'aurait encore de lui que l'idée d'un personnage brillant, mais équivoque et secondaire, dont la pensée, les vues et la capacité ne se seraient point dégagées aux yeux de tous.

Le mérite et la supériorité de M. de La Rochefoucauld sont ailleurs. Vaincu, évincé des premiers et des seconds objets de son ambition, rejeté dans son fauteuil par l'âge, par la goutte, par l'attrait de la douceur sociale et de la vie privée, il trouve à raisonner sur le passé, à en tirer des leçons ou plutôt des remarques, des maximes, qui s'appliquent aux autres comme à lui. Il se plait à ce jeu, il se met à rédiger chaque pensée avec soin, et tout aussitôt avec talent; une sorte de grandeur de vue se mêle insensiblement sous sa plume à ce qui ne semblait d'abord que l'amusement de quelques après-dînées. Un peu de gageure s'y glisse encore; il y a un système qu'il soutient agréablement et sur lequel on lui fait la guerre autour de lui. Il tient bon, il se pique de le retrouver partout, même dans les cas les plus déguisés. Le philosophe, l'homme du monde, l'homme qui joue aux maximes, se confondent en lui. Dans l'exquis et excellent petit livre qu'il laissa échapper en 1665, et auquel est à jamais attaché son nom, il faut tenir compte de ces personnages divers, et, selon moi, n'en point presser trop uniquement aucun.

A y voir un système, le livre de La Rochefoucauld ne saurait être vrai que moyennant bien des explications et des traductions de langage qui en modifieraient les termes. Sans doute il est vrai que l'homme agit toujours en vue ou en vertu d'un principe qui est en lui et qui le pousse à chercher sa satisfaction, son intérêt et son bonheur. Mais ce bonheur et cet intérêt, où les place-t-il? La nature a réparti aux hommes des dons singuliers, des facultés diverses, dont le mouvement se prononce avant même que la réflexion soit venue[1]. C'est une des beautés et l'un des

---

[1] Saint Paul, parlant le langage de la Grâce, a dit, pour marquer cette diversité des conditions et des vocations : « Chacun tient de Dieu son don propre, l'un d'une façon, l'autre d'une autre. (*Première Épître aux Corinthiens*, chap. VII, verset 7.) — Et dans son langage tout naturel, Homère, introduisant Ulysse déguisé sous le toit d'Eumée, lui fait dire : « J'aimais de tout temps les vaisseaux garnis de rames; j'aimais les combats, les javelots acérés et les flèches, tout ce qui paraît triste et terrible à beaucoup d'autres. Tout cela me charmait, c'était ce qu'un Dieu m'avait mis dans le cœur; car chaque homme prend diversement plaisir à des œuvres diverses. (*Odyssée*, XIV, 228.) — Ce que Virgile a traduit moins gravement par ces mots : *Trahit sua quemque voluptas*. — Et Homère a dit encore par la bouche du même Ulysse parlant à un jeune et beau Phéacien, qui l'avait offensé par ses paroles : « Ainsi donc les dieux ne donnent pas toutes les grâces à tous les hommes, ni la beauté, ni les qualités de l'esprit, ni l'éloquence. Car tel homme est disgracié de visage, mais un dieu répare sa figure en le couronnant d'éloquence, et le monde trouve un charme à le regarder; et lui, sûr de lui-même, il parle avec une pudeur toute de miel, et il brille parmi la foule assemblée, et lorsqu'il passe à travers la ville, chacun le contemple comme un dieu. Un autre, au contraire, est égal en beauté aux Immortels, mais la grâce ne couronne point ses paroles. » *Odyssée*, VIII, 167.)

charmes de la jeunesse et du génie que de se produire et d'éclater avant tout raisonnement, et de s'élancer vers son objet par une impulsion première irrésistible. Il est de grandes âmes en naissant, qui, sorties de belles et bonnes races longuement formées à la vertu, et qui, puisant dans cet héritage de famille une ingénuité généreuse, se portent tout d'abord vers le bien de leurs semblables avec tendresse, avec effusion et sacrifice. Ce sacrifice même leur est doux ; cette manière d'être, qui mène souvent à bien des renoncements et des dangers, leur est chère ; c'est là leur idéal d'honneur et de bonheur, elles n'en veulent point d'autre. Appellerez-vous amour-propre ce mobile qui les pousse? C'est, il faut en convenir, un amour-propre très-particulier et qui ne ressemble pas à ce qu'on entend communément sous ce nom.

Je sais bien que Fontenelle a dit : « Les mouvements les plus naturels et les plus ordinaires sont ceux qui se font le moins sentir : cela est vrai jusque dans la morale. Le mouvement de l'amour-propre nous est si naturel, que le plus souvent nous ne le sentons pas, et que nous croyons agir par d'autres principes. » La Rochefoucauld, de même, a dit avec plus de grandeur : « L'orgueil, comme lassé de ses artifices et de ses différentes métamorphoses, après avoir joué tout seul tous les personnages de la comédie humaine, se montre avec un visage naturel, et se découvre par sa fierté ; de sorte qu'à proprement parler, la fierté est l'éclat et la déclaration de l'orgueil. »

Un des hommes qui ont le mieux connu les hommes et qui ont su le mieux démêler leur fibre secrète pour les gouverner, Napoléon, a fait un jour de La Rochefoucauld un vif et effrayant commentaire. C'était au bivouac de l'île de Lobau, dans l'intervalle de la bataille d'Essling à celle de Wagram. On préparait le second passage du Danube ; Napoléon voit passer le général Mathieu Dumas, qui cherchait le maréchal Berthier : il l'arrête, le questionne sur plusieurs points de détail ; puis, tout d'un coup, changeant de sujet et se ressouvenant que Mathieu Dumas avait été des constitutionnels en 89 et dans l'Assemblée législative : « Général Dumas, vous étiez de ces enthousiastes (j'adoucis le mot) qui croyaient à la liberté? »

— « Oui, Sire, répondit Mathieu Dumas, j'étais et suis encore de ceux-là. »

— « Et vous avez travaillé à la Révolution, comme les autres, par ambition? »

— « Non, Sire, et j'aurais bien mal calculé, car je suis précisément au même point où j'étais en 1790. »

— « Vous ne vous êtes pas bien rendu compte de vos motifs, vous ne pouvez pas être différent des autres ; l'intérêt personnel est toujours là. Tenez, voyez Masséna ; il a acquis assez de gloire et d'honneur, il n'est pas content ; il veut être prince comme Murat et Bernadotte : il se fera tuer demain pour être prince. C'est le mobile des Français : la nation est essentiellement ambitieuse et conquérante [1]. »

Certes, il ne se peut concevoir de dissection plus vive, plus pénétrante dans le sens de La Rochefoucauld, ni venant d'une main plus ferme et plus souveraine. Et pourtant quelque chose résiste à l'explication toute nue, telle qu'elle s'impose ici. Masséna, dans son héroïque défense d'Essling, obéissait moins au désir d'être prince qu'au noble orgueil de rester lui-même, l'homme de Gênes, l'opiniâtre et l'invincible, celui qui était fait pour justifier et surpasser encore la confiance que son Empereur mettait en lui. Tant que l'homme n'a pas, de son propre mouvement, dépouillé et disséqué sa fibre secrète à laquelle il obéit sans le savoir, ne la lui démontrez pas, ne la lui nommez pas : car il y a dans cette ignorance même une autre fibre plus délicate, si je puis dire, un nerf plus sensible, qui est précieux à ménager et qu'on ne coupe pas impunément. L'héroïsme militaire, d'ailleurs, vient surtout du sang et de la nature : ces cœurs de lion s'embrasent à l'approche du danger ; ils ne se possèdent plus, ils se sentent dans leur élément. L'Ajax de l'Iliade, portant, pendant l'absence d'Achille, le poids de l'armée troyenne, ou Ney dans le feu de la mêlée à Friedland, laissez-les faire ! Et vous, Fontenelle, ou monsieur de La Rochefoucauld, en ce moment, n'approchez pas !

N'approchez pas davantage de Milton aveugle au moment où, dans un hymne éthéré, célébrant la création ou plutôt la source incréée de la lumière, il la revoit en idée à travers sa nuit funèbre et laisse échapper une larme. De même n'approchez pas d'Archimède au moment où il oublie tout hormis son problème, et où il va se laisser arracher la vie plutôt que de se détourner de la poursuite de l'unique vérité à laquelle il s'attache et qui fait sa joie. N'approchez jamais de saint Vincent de Paul ravissant dans les bras de la charité l'enfant que sa mère abandonne, ou prenant pour lui la chaîne et la rame de l'esclave : ne le tirez point par son manteau, comme pour lui dire : « Je t'y prends à faire ton bonheur du salut d'autrui, au prix de la gêne et de ton propre sacrifice, ô égoïste sublime ! » — Que dis-je ? ne m'approchez pas moi-même, lorsque considérant d'un humble désir ce petit tableau hollandais, ce paysage de Winants, cette cabane de bûcheron à l'entrée d'un bois,

Pauperis et tuguri congestum cespite culmen,

[1] *Souvenirs du lieutenant général comte Mathieu Dumas* (1839) tome III, p. 363.

une émotion dont je ne sais pas bien la cause me gagne et me tient là devant à rêver de paix, de silence, de condition innocente et obscure. Dans tous ces cas si divers, sans doute l'être humain cherche invariablement sa consolation, sa joie secrète et son bonheur; mais ne venez point parler d'amour-propre, d'intérêt et d'orgueil, là où le ressort en est si richement revêtu, si naturellement recouvert, et si transformé, qu'il ne peut plus être défini que le principe intime d'action et d'attrait propre à chaque être.

L'inconvénient du système de La Rochefoucauld est de donner pour tous les ordres d'action une explication uniforme et jusqu'à un certain point abstraite, quand la nature, au contraire, a multiplié les instincts, les goûts, les talents divers, et qu'elle a coloré en mille sens cette poursuite entrecroisée de tous, cette course impétueuse et savante de chacun vers l'objet de son désir. Pourquoi traduire partout en un calcul sec et ne présenter qu'après dépouillement et analyse ce qui est souvent le fruit vivant, et non cueilli encore, de l'organisation humaine, variée à l'infini et portant ses rameaux jusque vers les cieux?

J'ai dit le défaut qui doit être reconnu tel de ceux qui se payent le moins de chimères, et qui sont de la philosophie pratique de Montaigne et de La Fontaine, si voisine d'ailleurs de celle de La Rochefoucauld. Ce dernier, comme Machiavel, autre philosophe profond et plein de réalité, a trop donné à son observation si pénétrante et si durable la marque particulière des temps où il a vécu et qu'il a traversés. Mais, sous cette forme où il la présente, à l'usage d'une société élégante et d'une civilisation consommée, que de vérités sur les passions, sur l'amour, sur les femmes, sur les différents âges, sur la mort! Que de choses dites d'une manière unique et définitive qu'on ne peut qu'à jamais répéter! Les grandes choses, et qui sont simples à la fois, ont été dites de bonne heure: les anciens moralistes et poëtes ont dessiné et saisi la nature humaine dans ses principaux et larges traits; il semble qu'ils n'aient laissé aux modernes que la découverte des détails et la grâce des raffinements. La Rochefoucauld échappe à cette loi presque inévitable, et, dans ces matières délicates et subtiles, lui qui n'avait pas lu les Anciens et qui les ignorait, n'obéissant qu'aux lumières directes de son esprit et à l'excellence de son goût, il a, aux endroits où il est bon, retrouvé, soit dans l'expression, soit dans l'idée même, une sorte de grandeur.

Indépendamment de ses *Maximes*, on a de lui des *Réflexions diverses*, qui y tiennent de près, mais qui portent moins sur le fond des sentiments que sur la manière d'être en société. On a dit très-justement qu'on les pourrait aussi bien intituler: *Essai sur l'art de plaire en société*. Si M. de La Rochefoucauld avait voulu former un jeune homme à qui il se serait intéressé, le jeune duc de Longueville, à son entrée dans le monde, par exemple, il aurait pu lui faire lire ces pages pleines de conseils et de recommandations adroites, fondées sur la connaissance parfaite des esprits. Tous les contemporains sont d'accord là-dessus, M. de La Rochefoucauld était un des hommes qui causaient le mieux; et il causait d'autant mieux qu'il n'avait rien de l'orateur. Les grands orateurs ont un torrent qu'ils portent aisément dans la conversation; il est bien d'y faire par instants sentir l'éloquence, mais elle ne doit pas trop dominer. Autrement, on ne cause plus; il y a un homme plus ou moins éloquent qui parle, qui est devant la cheminée comme à la tribune, et tous font cercle et écoutent. Le monde est plein de ces grands ou de ces demi-orateurs dépaysés. Telle n'était point autrefois la conversation de l'honnête homme dans la vie privée, selon M. de La Rochefoucauld, qui passe pour en avoir été le vrai modèle. Il accordait beaucoup plus aux autres; il insinuait ses observations sans les imposer; il ne fermait la bouche à personne; il n'arrachait point la parole comme on le fait si souvent; il savait que « l'intérêt est l'âme de l'amour-propre, » même en conversation; que si chacun ne pense qu'à soi et à ce qu'il va dire, il paralyse les autres; que la meilleure manière de les ranimer et de les tirer de l'assoupissement ou de l'ennui, c'est de s'intéresser à eux et de toucher à propos les fibres qui leur sont chères. « Il est nécessaire, recommande-t-il, d'écouter ceux qui parlent. Il faut leur donner le temps de se faire entendre, et souffrir même qu'ils disent des choses inutiles. Bien loin de les contredire et de les interrompre, on doit, au contraire, entrer dans leur esprit et dans leur goût, montrer qu'on les entend, louer ce qu'ils disent autant qu'il mérite d'être loué, et faire voir que c'est plutôt par choix qu'on les loue que par complaisance. »

Il ne ressemblait en rien à cet illustre savant que tout Paris connaît [1], et qui, lorsqu'il vient y passer quelques mois, a tellement soif de parler (non de causer) qu'il s'arrange de manière à être difficilement interrompu. Cet illustre savant, qui fait ses phrases très-longues, a imaginé de ne reprendre haleine qu'au milieu et jamais à la fin de sa période. Comme on le respecte beaucoup, on attend qu'il ait fini pour glisser un mot; mais il a trouvé l'art de ne jamais finir; car ayant respiré en toute hâte au milieu d'une parenthèse, il repart et court de plus belle, si bien que la parole lui reste toujours, que sa phrase commencée dans un salon se continue-

---

[1] Je puis maintenant le nommer: c'était Alexandre de Humboldt.

dans un autre ; que dis-je? elle irait ainsi de Paris jusqu'à Berlin ; et, comme il est grand voyageur, il y a telle de ses phrases, en vérité, qui a pu faire avec lui le tour du monde. M. de La Rochefoucauld avait sa veine en causant et parlait volontiers de suite[1], mais il laissait les intervalles, et semblait aplanir l'accès à ce que chacun avait à dire.

Il avait pour principe « d'éviter surtout de parler de soi, et de se donner pour exemple. » Il savait que « rien n'est plus désagréable qu'un homme qui se cite lui-même à tout propos. » Il ne ressemblait point à ceux qui, en vieillissant, se posent avec vous en Socrates (je sais un savant encore[2], et aussi un poëte[3], qui sont comme cela), vrais Socrates en effet, en ce sens qu'avant que vous ayez ouvert la bouche, ils vous ont déjà prêté de légères sottises qu'ils réfutent, se donnant sans cesse le beau rôle, que, par politesse, on finit souvent par leur laisser.

Il n'avait rien de celui qui professe. Avoir été professeur est un des accidents les plus ordinaires de ce temps-ci, nous l'avons presque tous été ; tâchons seulement que le métier et le *tic* ne nous en restent pas. J'ai connu un homme qui était né professeur, il fut quelque temps avant de le devenir ; un jour enfin, il eut une chaire, et put s'y installer dans toute son importance. Quelqu'un qui l'avait écouté pendant tout un semestre, et qui était plus attentif à l'homme qu'à ce qu'il débitait, fit de lui le portrait suivant, pris sur nature :

« Pancirole professe, il est heureux ; sa joue s'enfle plus qu'à l'ordinaire ; sa poitrine s'arrondit, la couleur noir-cerise de sa joue est plus foncée et plus dense ; il jouit. Il se pose, il commence sa phrase, il s'arrête. Nul ne l'interrompt. Il se renverse sur sa chaise, il tourne la cuiller dans le verre d'eau sucrée et le prend dix fois par quart d'heure, avec lenteur, aisance, dégustation. Il pose alors ses principes, il établit ses divisions ; il considère, il tranche, il doute même quelquefois, tant il se sent à l'aise et sûr de lui-même. Au moment le plus grave du premier empire assyrien où de l'ère de Nabonassar, il grasseye tout d'un coup en prononçant certains mots que tout à l'heure il prononçait bien. Il met d'une certaine manière sa langue entre ses dents et s'écoute. Pancirole est au comble ; il professe, il est heureux[4]. »

Bien des gens, après avoir trouvé ce bonheur en chaire, continuent de se donner ce plaisir en conversation. M. de La Rochefoucauld n'eût jamais fait ainsi. Incapable de parler en public, rougissant, en quelque sorte, d'usurper seul l'attention, il avait le contraire du front d'airain, une pudeur qui sied à l'honnête homme assis à l'ombre, et qui dispose de près chacun à recevoir de sa bouche les fruits mûris, les conseils mitigés de son expérience.

Je veux faire une malice, qui n'est pas bien cruelle, à l'un de ses grands et outrés adversaires. M. de La Rochefoucauld, parlant ou écrivant des choses de la vie, se souvenant des choses du cœur et de ce monde des femmes qu'il connaissait si bien, n'aurait jamais fait comme Ménage éloquent ou comme le philosophe amoureux ; il ne se serait point écrié tout d'abord avec emphase : « *Nous sommes parvenus à découvrir toute une littérature féminine, aux trois quarts inconnue*, qui ne nous semble pas indigne d'avoir une place à côté de la littérature virile en possession de l'admiration universelle. » Sans compter qu'il n'est pas honnête de prétendre avoir découvert ce que beaucoup d'autres savaient et disaient déjà, cela n'est pas de bon goût d'emboucher ainsi la trompette à tout moment et de proclamer sa propre gloire en si tendre sujet. Pourquoi la trompette toujours, là où il suffirait d'un air de hautbois?

M. de La Rochefoucauld, parlant de celle qu'il avait aimée, n'aurait pas commencé par décrire « ses cheveux d'un blond cendré *de la dernière finesse*, descendant en boucles abondantes, ornant

---

[1] Se rappeler sa Conversation avec le chevalier de Méré ; Sainte-Beuve, tome III des *Portraits littéraires* (édit. de 1864).
[2] M. Biot.
[3] Béranger.
[4] Ce croquis, je le répète, a été fait d'après nature. Le savant qui y avait servi de modèle est mort depuis. J'ai bien vu des transformations de nos jours, mais je n'en ai jamais vu de plus curieuse ni de plus à contre-pied du vrai que celle qui s'est très-vite opérée, au sujet de ce personnage, le lendemain de sa mort. On en a fait un homme illustre (à la bonne heure!), non-seulement un homme de grand savoir (ce qu'il était), mais d'un savoir bien digéré et élaboré (ce qu'il n'était guère), d'une critique saine et sûre et scrupuleuse (ce qu'il était encore moins) ; on en a fait même un homme de goût (il était précisément le contraire), et presque un écrivain léger et élégant ; et ce que je n'admire pas moins, c'est qu'à ce prompt travail de métamorphose, ont tous concouru à l'envi, par indifférence, par entraînement, par complaisance, par égard pour une veuve éplorée et attentive, pour un fils qui avait sa carrière à faire, ceux-là précisément qui savaient le mieux comme quoi tout cela n'était pas. — Je n'ai aucune raison aujourd'hui pour ne pas mettre le nom : Pancirole, c'est M. Charles Lenormant. — Et puisque j'y suis, j'épuiserai sur le compte du scientifique personnage les notes à La Bruyère, que provoquait journellement l'audace ou le sans-gêne de sa suffisance : « Lenormant est de la race de ceux qui ne doutent de rien, qui tranchent sur tout et qui sont sûrs de leur fait en toute matière, qu'il s'agisse de l'ère de Nabonassar, de l'abbaye de Thélème ou de la transsubstantiation. » — Et encore : « Le mot que répète le plus souvent Lenormant dans son cours est celui d'*important* : Il est *important*, il serait *important*, un fait de la plus haute *importance*, etc. — C'est ce qu'on appelle en Italie un *facilone*, disait de lui Gérard le peintre, comme qui dirait un *facilitateur* (qui trouve tout facile, qui ne voit de difficulté à rien). C'est encore ce que Montesquieu appelle dans ses *Lettres persanes* le *décisionnaire universel*. »

l'ovale gracieux du visage, et *inondant d'admirables épaules, très-découvertes,* selon la mode du temps. » Et après cette description toute physique et caressante, et qui sent l'auteur du *Lys dans la Vallée,* il n'eût point déclaré tout aussitôt, en reprenant le ton du professeur d'esthétique qui se retourne vers la jeunesse pour lui faire la leçon : « *Voilà le fond d'une vraie beauté!* » M. de La Rochefoucauld n'a point de ces gestes de démonstration dans le style ? il sait qu'on doit en être sobre partout, et qu'ils sont particulièrement déplacés en un tel sujet.

Parlant d'une beauté qui, dans l'habitude de la vie, avait « un certain air d'indolence et de nonchalance aristocratique, qu'on aurait pris quelquefois pour de l'ennui, quelquefois pour du dédain, » M. de La Rochefoucauld n'aurait jamais ajouté, en se dessinant, et en se caressant le menton : « *Je n'ai connu cet air-là qu'à une seule personne en France...* » Comme si celui qui écrit cela avait connu vraiment toute la fleur des beautés de la France. Mieux on a connu et goûté ces choses, moins on le proclame.

C'est le même écrivain qui dira de madame de Sévigné qu'elle est « une incomparable *épistolière*, » appliquant à ce charmant et libre esprit un mot de métier, qui ne convient qu'à Balzac, *épistolier* de profession en effet, et qui en avait patente. C'est le même qui, parlant de madame de La Fayette et de sa liaison avec M. de La Rochefoucauld, sur laquelle, dans ses lettres à Ménage, elle se taisait volontiers, dira : « C'était là, probablement, la partie délicate et réservée sur laquelle *la belle dame* ne consultait guère ses savants amis. » C'est lui qui, parlant de ce monde délicat des Longueville et des La Vallière, de leurs fragilités et de leur repentir, s'écriera tumultueusement : « Ah ! sans doute, il eût mieux valu lutter contre son cœur, et, à force de courage et de vigilance, se sauver de toute faiblesse. *Nous mettons un genou en terre* devant celles qui n'ont jamais failli ; mais quand à mademoiselle de La Vallière ou à madame de Longueville, on ose comparer madame de Maintenon, avec les calculs sans fin de sa prudence mondaine et les scrupules tardifs d'une piété qui vient toujours à l'appui de sa fortune, *nous protestons de toute la puissance de notre âme.* Nous sommes *hautement* pour la sœur Louise de la Miséricorde et pour la pénitente de M. *de* Singlin et de M. Marcel. *Nous préférons mille fois l'opprobre* dont elles essayent en vain de se couvrir à la vaine consiration, etc. » Ce monde poli eût été un peu étonné le premier jour, de toutes ces protestations, de ces génuflexions et de tout ce bruit en son honneur. Dans l'habitude de la vie, il fuyait le fracas du sentiment.

Il y a des critiques de bon sens (non de bon goût cette fois) qui disent et répètent à pleine bouche que c'est là le style du pur dix-septième siècle ; c'en est le simulacre peut-être à distance, mais non la vraie et naïve ressemblance, qui ne se sépare jamais de la convenance même. Il est possible que les mots soient tous de la langue du dix-septième siècle, mais les mouvements n'en sont point. Le style de M. Cousin, dans ces matières aimables, est plein de mauvais gestes.

« Il ne faut jamais, dit La Rochefoucauld, rien dire avec un air d'autorité, ni montrer aucune supériorité d'esprit. Fuyons les expressions trop recherchées, les termes durs ou forcés, *et ne nous servons point de paroles plus grandes que les choses* [1]. »

Le défaut précisément de M. Cousin est l'exagération, et le propre de cette belle époque est la mesure.

Au moment où M. Cousin s'écria pour la première fois qu'il venait de découvrir la littérature des femmes au dix-septième siècle (15 janvier 1844), un critique qui ne pensait alors qu'à se rendre compte à lui-même de son impression particulière, écrivit la note suivante :

« L'article de M. Cousin sur les femmes du dix-septième siècle a eu grand succès : c'est plein de talent d'expression, de vivacité et de traits ; pourtant c'est choquant pour qui a du goût (mais si peu en ont) ; il traite ces femmes comme il ferait des élèves dans un concours de philosophie ; il les régente, il les range : Toi d'abord, toi ensuite ! Jacqueline par-ci, la Palatine par-là ! Il les classe, il les clique, il les claque. Puis, passant en un instant de l'extrême familiarité à la solennité, il leur déclare comme faveur suprême qu'il les admet. Tout cet appareil manque de délicatesse. Quand on parle des femmes, il me semble que ce n'est point là la véritable question à se faire, et qu'il serait mieux de se demander tout bas, non pas si on daignera les accueillir, mais si elles vous auraient accueilli. »

Quand M. Cousin aime une femme, il faut que l'univers en soit informé, il a le tumulte de l'admiration. Il aime madame de Longueville *ex cathedra.* — Oui, doublement *en chaire* (chair), a dit un plaisant en songeant à la description surabondante de certains attraits. Sans plaisanter, il y a bien des restes de pédagogie dans tout cela.

Si nous étions à l'hôtel Rambouillet, je poserais cette question : « Le livre de M. Cousin est-il de quelqu'un qui a connu les femmes et qui les a aimées ? »

---

[1] N'est-ce point Goldsmith qui disait au docteur Johnson : « Convenez, docteur, que si vous aviez à faire parler de petits poissons, vous les feriez parler comme des baleines ? »

M. Cousin a traité si sévèrement M. de La Rochefoucauld, il a été envers lui d'une partialité si exagérée et si plaisante, qu'il a donné le droit à ceux qui goûtent ce parfait honnête homme de la vie privée, ce modèle de l'homme comme il faut dans la société, de s'informer des qualités délicates de l'adversaire. La Rochefoucauld termine son chapitre de la Conversation en disant : « Il y a enfin des tons, des airs et des manières qui font tout ce qu'il y a d'agréable ou de désagréable, de délicat ou de choquant, dans la conversation. » Cela n'est pas seulement vrai de ce qu'on dit en causant, mais de ce qu'on écrit sur ces choses du monde et de la société. Ce sont ces tons, ces airs et ces manières qui me choquent souvent chez M. Cousin à travers sa verve et tout son talent, et qui me font douter qu'il ait réellement pénétré par l'esprit autant que par l'enthousiasme et par l'érudition dans cet ancien monde. Cela dit, je m'empresse de reconnaître que son *à peu près*, comme tant d'autres *à peu près* qu'il a poursuivis dans sa vie, est très-éloquent.

Quand on y réfléchit, il est d'ailleurs tout naturel que, de même que M. de Lamartine n'aime pas La Fontaine, M. Cousin n'aime ni La Rochefoucauld, ni Hamilton (car il se prononce également et avec plus de vivacité encore contre ce dernier). Nos deux célèbres contemporains, par ces oppositions manifestes, ne font que déclarer leur propre nature, proclamer ce qui leur manque, et deviner dans le passé ceux qui les auraient finement pénétrés et raillés avec sourire, ou simplement critiqués par leur exemple. Ils s'affichent eux-mêmes par cette antipathie, devenue une théorie et presque une chevalerie chez M. Cousin, restée un instinct et une ingénuité première chez M. de Lamartine, et ils se jugent encore plus qu'ils ne jugent l'adversaire.

La Rochefoucauld, comme La Fontaine, triomphera. Plus on avance dans la vie, dans la connaissance de la société, et plus on lui donne raison.

Notez que ces grands psychologistes, qui font fi de lui quant au système, ne sont à aucun degré moralistes. Ils ont leur homme intérieur qu'ils croient connaître et qu'ils préconisent, et ils ne voient pas les hommes comme ils sont. A chaque expérience qui se fait devant eux dans la vie, ils ferment les yeux et continuent leurs démonstrations après comme devant. Leur spiritualisme, tel même qu'ils le définissent et le circonscrivent, outre passe déjà la nature humaine et en donne une idée plus spécieuse que vraie, et à bien des égards décevante. Ils ne veulent, disent-ils, qu'élever l'homme; mais ils ne l'avertissent pas. *Sursum corda!* s'écrient les plus comédiens d'entre eux d'un air d'inspirés et en parodiant le sacerdoce, et ils n'ont pas la sagesse d'ajouter : Regardez autour de vous et à vos pieds. Les chrétiens ne sont pas ainsi : en même temps qu'ils élèvent l'homme par l'idée de sa céleste origine, ils lui révèlent sa corruption et sa chute, et, dans la pratique, ils se retrouvent d'accord, moyennant ce double aspect, avec les observateurs les plus rigoureux. Les Bourdaloue, les Massillon, se rencontrent avec La Rochefoucauld dans la description du mal et dans la science consommée des motifs. Fénelon lui-même, Fénelon vieillissant, en sait autant que La Rochefoucauld et ne s'exprime pas autrement : « Vous avez raison de dire et de croire, écrivait-il à un ami un an avant sa mort, que je demande peu de presque tous les hommes ; je tâche de leur rendre beaucoup et de n'en attendre rien. Je me trouve fort bien de ce marché : à cette condition, je les défie de me tromper. Il n'y a qu'un très-petit nombre de vrais amis sur qui je compte, non par intérêt, mais par pure estime; non pour vouloir tirer aucun parti d'eux, mais pour leur faire justice en ne me défiant point de leur cœur. Je voudrais obliger tout le genre humain, et surtout les honnêtes gens ; mais il n'y a presque personne à qui je voulusse avoir obligation. Est-ce par hauteur et par fierté que je pense ainsi? Rien ne serait plus sot et plus déplacé; mais j'ai appris à connaître les hommes en vieillissant, et je crois que le meilleur est de se passer d'eux sans faire l'entendu… Cette rareté de bonnes gens est la honte du genre humain. » Ce témoignage de Fénelon me semble le meilleur commentaire de La Rochefoucauld.

SAINTE-BEUVE.

1ᵉʳ septembre 1853.

RÉFLEXIONS

OU

SENTENCES ET MAXIMES MORALES

Nos vertus ne sont le plus souvent que des vices déguisés [1].

1.

Ce que nous prenons pour des vertus n'est souvent qu'un assemblage de diverses actions et de divers intérêts, que la fortune ou notre industrie savent arranger, et ce n'est pas toujours par valeur et par chasteté que les hommes sont vaillants et que les femmes sont chastes [2].

2.

L'amour-propre est le plus grand de tous les flatteurs.

3.

Quelque découverte que l'on ait faite dans le pays de l'amour-propre, il y reste encore bien des terres inconnues.

4.

L'amour-propre est plus habile que le plus habile homme du monde.

5.

La durée de nos passions ne dépend pas plus de nous que la durée de notre vie.

6.

La passion fait souvent un fou du plus habile homme, et rend souvent les plus sots habiles [1].

7.

Ces grandes et éclatantes actions qui éblouissent les yeux sont représentées par les politiques comme les effets des grands desseins, au lieu que ce sont d'ordinaire les effets de l'humeur et des passions. Ainsi, la guerre d'Auguste et d'Antoine, qu'on rapporte à l'ambition qu'ils avoient de se rendre maîtres du monde, n'étoit peut-être qu'un effet de jalousie [2].

---

[1] Cette pensée, qui peut être considérée comme la base du système de La Rochefoucauld, se trouve dans la première édition sous la forme suivante : « Ce que le monde nomme vertu, n'est d'ordinaire qu'un fantôme formé par nos passions, à qui on donne un nom honnête pour faire impunément ce qu'on veut : » (1665 — n° 179.) Elle ne se retrouve ni dans la seconde ni dans la troisième édition, et ce ne fut que dans les deux dernières (1675, 1678) qu'elle reparut comme épigraphe, et sous une autre forme, à la tête des *Réflexions morales*.

[2] VARIANTE. Nous sommes préoccupés de telle sorte en notre faveur, que ce que nous prenons souvent pour des vertus, n'est en effet qu'un nombre de vices qui leur ressemblent, et que l'orgueil et l'amour-propre nous ont déguisés. (1665 — n° 181.)
De plusieurs actions différentes que la fortune arrange comme il lui plaît, il s'en fait plusieurs vertus. (1665 — n° 293.)
Dans la seconde et la troisième édition (1666, 1671), La Rochefoucauld refondit ces deux pensées en une seule, qu'il plaça au commencement de son ouvrage ; ce ne fut que dans les deux dernières éditions (1675, 1678) que cette maxime parut telle qu'on la voit aujourd'hui.

[1] VAR. On lit dans l'édition de 1665 : « La passion fait souvent du plus habile homme un fol, et rend quasi toujours les plus sots habiles. » Les mots *fol* et *quasi* disparurent dans la 2ᵉ édition. (1666 — n° 6.)

[2] VAR. La Rochefoucauld avait d'abord présenté d'une manière affirmative le motif de cette guerre ; voici comment il s'exprimait : « ... Ainsi, la guerre d'Auguste et d'Antoine, qu'on rapporte à l'ambition qu'ils avoient

8.

Les passions sont les seuls orateurs qui persuadent toujours. Elles sont comme un art de la nature dont les règles sont infaillibles; et l'homme le plus simple, qui a de la passion, persuade mieux que le plus éloquent qui n'en a point [1].

9.

Les passions ont une injustice et un propre intérêt, qui fait qu'il est dangereux de les suivre, et qu'on s'en doit défier, lors même qu'elles paroissent les plus raisonnables.

10.

Il y a dans le cœur humain une génération perpétuelle de passions, en sorte que la ruine de l'une est presque toujours l'établissement d'une autre.

11.

Les passions en engendrent souvent qui leur sont contraires; l'avarice produit quelquefois la prodigalité, et la prodigalité l'avarice : on est souvent ferme par foiblesse, et audacieux par timidité [2].

12.

Quelque soin que l'on prenne de couvrir ses passions par des apparences de piété et d'honneur, elles paroissent toujours au travers de ces voiles [3].

13.

Notre amour-propre souffre plus impatiemment la condamnation de nos goûts que de nos opinions.

14.

Les hommes ne sont pas seulement sujets à perdre le souvenir des bienfaits et des injures; ils haïssent même ceux qui les ont obligés, et cessent de haïr ceux qui leur ont fait des outrages. L'application à récompenser le bien et à se venger du mal, leur paroît une servitude à laquelle ils ont peine de se soumettre.

15.

La clémence des princes n'est souvent qu'une politique pour gagner l'affection des peuples.

16.

Cette clémence, dont on fait une vertu, se pratique tantôt par vanité, quelquefois par paresse, souvent par crainte, et presque toujours par toutes les trois ensemble [1].

17.

La modération des personnes heureuses vient du calme que la bonne fortune donne à leur humeur [2].

18.

La modération est une crainte de tomber dans l'envie et dans le mépris que méritent ceux qui s'enivrent de leur bonheur ; c'est une vaine ostentation de la force de notre esprit ; et enfin la modération des hommes dans leur plus haute élévation, est un désir de paroître plus grands que leur fortune.

19.

Nous avons tous assez de force pour supporter les maux d'autrui.

20.

La constance des sages n'est que l'art de renfermer leur agitation dans le cœur.

21.

Ceux qu'on condamne au supplice affectent quelquefois une constance et un mépris de la mort qui n'est en effet que la crainte de l'envisager ; de sorte qu'on peut dire que cette constance et ce mépris sont à leur esprit ce que le bandeau est à leurs yeux [3].

---

de se rendre maîtres du monde, étoit un effet de jalousie. » (1665.— n° 7.) Depuis, l'auteur employa la forme dubitative.

[1] Var. On lit dans la première édition : « ... et l'homme le plus simple, que la passion fait parler, persuade mieux que celui qui n'a que la seule éloquence. » (1665 — n° 8.)

[2] Var. Le mot *prodigalité* a remplacé, dans les quatre dernières éditions, celui de *libéralité*, que La Rochefoucauld avait mis dans la première.

[3] Var. Quelque industrie que l'on ait à cacher ses passions sous le voile de la piété et de l'honneur, il y en a toujours quelque endroit qui se montre. (1665 — n° 12.)

[1] Var. La clémence, dont nous faisons une vertu, se pratique tantôt pour la gloire, quelquefois par paresse, souvent par crainte, et presque toujours par toutes les trois ensemble. (1665 — n° 16.)

[2] Var. La modération des personnes heureuses est le calme de leur humeur, adoucie par la possession du bien. (1665 — n° 19.)

[3] Var. Ceux qu'on fait mourir affectent quelquefois

22.

La philosophie triomphe aisément des maux passés et des maux à venir; mais les maux présents triomphent d'elle[1].

23.

Peu de gens connoissent la mort; on ne la souffre pas ordinairement par résolution, mais par stupidité et par coutume; et la plupart des hommes meurent, parce qu'on ne peut s'empêcher de mourir[2].

24.

Lorsque les grands hommes se laissent abattre par la longueur de leurs infortunes, ils font voir qu'ils ne les soutenoient que par la force de leur ambition, et non par celle de leur âme; et qu'à une grande vanité près, les héros sont faits comme les autres hommes[3].

25.

Il faut de plus grandes vertus pour soutenir la bonne fortune que la mauvaise[4].

26.

Le soleil ni la mort ne se peuvent regarder fixement.

27.

On fait souvent vanité des passions, même les plus criminelles; mais l'envie est une passion timide et honteuse que l'on n'ose jamais avouer[5].

28.

La jalousie est, en quelque manière, juste et raisonnable, puisqu'elle ne tend qu'à conserver un bien qui nous appartient ou que nous croyons nous appartenir : au lieu que l'envie est une fureur qui ne peut souffrir le bien des autres[1].

29.

Le mal que nous faisons ne nous attire pas tant de persécution et de haines que nos bonnes qualités.

30.

Nous avons plus de force que de volonté; et c'est souvent pour nous excuser à nous-mêmes que nous nous imaginons que les choses sont impossibles.

31.

Si nous n'avions point de défauts, nous ne prendrions pas tant de plaisir à en remarquer dans les autres[2].

32.

La jalousie se nourrit dans les doutes, et elle devient fureur où elle finit, sitôt qu'on passe du doute à la certitude[3].

33.

L'orgueil se dédommage toujours et ne perd rien, lors même qu'il renonce à la vanité.

34.

Si nous n'avions point d'orgueil, nous ne nous plaindrions pas de celui des autres.

---

des constances, des froideurs et des mépris de la mort, pour ne pas penser à elle; de sorte qu'on peut dire que ces froideurs et ces mépris font à leur esprit ce que le bandeau fait à leurs yeux. (1665 — n° 24.)

[1] VAR. La philosophie triomphe aisément des maux passés et de ceux qui ne sont pas prêts d'arriver, mais les maux présents triomphent d'elle. (1665 — n° 25.)

[2] VAR. Dans la première édition cette réflexion se termine ainsi : « ... et la plupart des hommes meurent parce qu'on meurt. » (1665 — n° 26.)

[3] VAR. Les grands hommes s'abattent et se démontent à la fin par la longueur de leurs infortunes. Cela fait bien voir qu'ils n'étoient pas forts quand ils les supportoient, mais seulement qu'ils se donnoient la gêne pour le paroître, et qu'ils soutenoient leurs malheurs par la force de leur ambition, et non par celle de leur âme; enfin, à une grande vanité près, les héros sont faits comme les autres hommes. (1665 — n° 27.)

[4] VAR. Il faut de plus grandes vertus et en plus grand nombre pour soutenir la bonne fortune que la mauvaise. (1665 — n° 28.)

[5] VAR. Quoique toutes les passions se dussent cacher, elles ne craignent pas néanmoins le jour; la seule envie est une passion timide et honteuse qu'on n'ose jamais avouer. (1665 — n° 30.)

[1] VAR. L'envie est raisonnable et juste en quelque manière, puisqu'elle ne cherche qu'à conserver un bien qui nous appartient, ou que nous croyons nous appartenir; au lieu que l'envie est une fureur qui nous fait toujours souhaiter la ruine du bien des autres. (1665 — n° 31.)

[2] VAR. Si nous n'avions point de défauts, nous ne serions pas si aises d'en remarquer aux autres. (1665 — n° 34.)

[3] VAR. La jalousie ne subsiste que dans les doutes; l'incertitude est sa matière; c'est une passion qui cherche tous les jours de nouveaux sujets d'inquiétude et de nouveaux tourments. On cesse d'être jaloux dès que l'on est éclairci de ce qui causait la jalousie. (1665 — n° 35.) — La jalousie se nourrit dans les doutes. C'est une passion qui cherche toujours de nouveaux sujets d'inquiétude et de nouveaux tourments, et elle devient fureur sitôt qu'on passe du doute à la certitude. (1666 — n° 32.)

35.

L'orgueil est égal dans tous les hommes, et il n'y a de différence qu'aux moyens et à la manière de le mettre au jour.

36.

Il semble que la nature, qui a si sagement disposé les organes de notre corps pour nous rendre heureux, nous ait aussi donné l'orgueil pour nous épargner la douleur de connoître nos imperfections[1].

37.

L'orgueil a plus de part que la bonté aux remontrances que nous faisons à ceux qui commettent des fautes, et nous ne les reprenons pas tant pour les en corriger, que pour leur persuader que nous en sommes exempts.

38.

Nous promettons selon nos espérances, et nous tenons selon nos craintes.

39.

L'intérêt parle toutes sortes de langues, et joue toutes sortes de personnages, même celui de désintéressé.

40.

L'intérêt, qui aveugle les uns, fait la lumière des autres[2].

41.

Ceux qui s'appliquent trop aux petites choses deviennent ordinairement incapables des grandes[3].

42.

Nous n'avons pas assez de force pour suivre toute notre raison.

43.

L'homme croit souvent se conduire, lorsqu'il est conduit; et pendant que par son esprit il tend à un but, son cœur l'entraîne insensiblement à un autre[1].

44.

La force et la foiblesse de l'esprit sont mal nommées; elles ne sont en effet que la bonne ou la mauvaise disposition des organes du corps.

45.

Le caprice de notre humeur est encore plus bizarre que celui de la fortune[2].

46.

L'attachement ou l'indifférence que les philosophes avoient pour la vie n'étoit qu'un goût de leur amour-propre dont on ne doit non plus disputer que du goût de la langue ou du choix des couleurs[3].

47.

Notre humeur met le prix à tout ce qui nous vient de la fortune.

48.

La félicité est dans le goût, et non pas dans les choses; et c'est par avoir ce qu'on aime qu'on est heureux, et non par avoir ce que les autres trouvent aimable.

49.

On n'est jamais si heureux ni si malheureux qu'on s'imagine[4].

50.

Ceux qui croient avoir du mérite, se font un honneur d'être malheureux, pour persuader aux autres et à eux-mêmes qu'ils sont dignes d'être en butte à la fortune[5].

---

[1] Var. L'homme est conduit, lorsqu'il croit se conduire ; et pendant que, par son esprit, il vise à un endroit, son cœur l'achemine insensiblement à un autre. (1665 — n° 47.)

[2] Var. Le caprice de l'humeur... (Lettre à J. Esprit, Portefeuilles de Vallant, tome II, fol. 174, Ancien; 126, Nouveau.

[3] Var. L'attachement ou l'indifférence pour la vie, sont des goûts de l'amour-propre, dont on ne doit non plus disputer que de ceux de la langue, ou du choix des couleurs. (1665 — n° 52.)

[4] Var. On n'est jamais si malheureux qu'on croit, ni si heureux qu'on avoit espéré. (1665 — n° 59.) — On n'est jamais si heureux ni si malheureux que l'on pense. (1666 — n° 50.)

[5] Var. Ceux qui se sentent du mérite se piquent toujours d'être malheureux, pour persuader aux autres et à eux-mêmes qu'ils sont au-dessus de leurs malheurs,

---

[1] Var. La nature qui a si sagement pourvu à la vie de l'homme par la disposition admirable des organes du orps, lui a sans doute donné l'orgueil pour lui épargner la douleur de connoître ses imperfections et ses misères. (1665 — n° 40.)

[2] Var. L'intérêt, à qui on reproche d'aveugler les uns, est tout ce qui fait la lumière des autres. (1665 — n° 44.)

[3] Var. La complexion, qui fait le talent pour les petites choses, est contraire à celle qu'il faut pour le talent des grandes. (1665 — n° 51.)

RÉFLEXIONS MORALES.

51.

Rien ne doit tant diminuer la satisfaction que nous avons de nous-mêmes, que de voir que nous désapprouvons dans un temps ce que nous approuvions dans un autre[1].

52.

Quelque différence qui paroisse entre les fortunes, il y a néanmoins une certaine compensation de biens et de maux qui les rend égales[2].

53.

Quelques grands avantages que la nature donne, ce n'est pas elle seule, mais la fortune avec elle, qui fait les héros[3].

54.

Le mépris des richesses étoit, dans les philosophes, un désir caché de venger leur mérite de l'injustice de la fortune, par le mépris des mêmes biens dont elle les privoit ; c'étoit un secret pour se garantir de l'avilissement de la pauvreté ; c'étoit un chemin détourné pour aller à la considération qu'ils ne pouvoient avoir par les richesses.

55.

La haine pour les favoris n'est autre chose que l'amour de la faveur. Le dépit de ne la pas posséder se console et s'adoucit par le mépris que l'on témoigne de ceux qui la possèdent ; et nous leur refusons nos hommages, ne pouvant pas leur ôter ce qui leur attire ceux de tout le monde.

56.

Pour s'établir dans le monde, on fait tout ce que l'on peut pour y paroître établi.

57.

Quoique les hommes se flattent de leurs grandes actions, elles ne sont pas souvent les effets d'un grand dessein, mais les effets du hasard[1].

58.

Il semble que nos actions aient des étoiles heureuses ou malheureuses, à qui elles doivent une grande partie de la louange et du blâme qu'on leur donne[2].

59.

Il n'y a point d'accidents si malheureux dont les habiles gens ne tirent quelque avantage, ni de si heureux que les imprudents ne puissent tourner à leur préjudice.

60.

La fortune tourne tout à l'avantage de ceux qu'elle favorise[3].

61.

Le bonheur et le malheur des hommes ne dépendent pas moins de leur humeur que de la fortune.

62.

La sincérité est une ouverture de cœur. On la trouve en fort peu de gens ; et celle que l'on voit d'ordinaire n'est qu'une fine dissimulation pour attirer la confiance des autres.

63.

L'aversion du mensonge est souvent une imperceptible ambition de rendre nos témoignages considérables, et d'attirer à nos paroles un respect de religion.

64.

La vérité ne fait pas tant de bien dans le monde que ses apparences y font de mal.

65.

Il n'y a point d'éloges qu'on ne donne à la prudence ; cependant elle ne sauroit nous assurer du moindre événement[4].

---

et qu'ils sont dignes d'être en butte à la fortune. (1665 — n° 57.) On trouve dans la même édition (n° 60) la même pensée ainsi rédigée : « On se console souvent d'être malheureux par un certain plaisir qu'on trouve à le paroître. »

[1] Var. Rien ne doit tant diminuer la satisfaction que nous avons de nous-mêmes, que de voir que nous avons été contents dans l'état et dans les sentiments que nous désapprouvons à cette heure. (1665 — n° 58.)

[2] Var. Quelque différence qu'il y ait entre les fortunes, il y a pourtant une certaine proportion de biens et de maux qui les rend égales.

[3] Var. Quelques grands avantages que la nature donne, ce n'est pas elle, mais la fortune, qui fait les héros. (1665 — n° 62.) — Voyez la 14ᵉ des *Réflexions diverses*.

[1] Var. Quoique la grandeur des ministres se flatte de celle de leurs actions, elles sont bien souvent les effets du hasard, ou de quelque petit dessein. (1665 — n° 66.)

[2] Voyez la 14ᵉ des *Réflexions diverses*.

[3] Var. La fortune ne laisse rien perdre pour les hommes heureux. (1665 — n° 69.)

[4] Var. L'auteur s'est essayé plusieurs fois avant d'ar-

66.

Un habile homme doit régler le rang de ses intérêts, et les conduire chacun dans son ordre. Notre avidité le trouble souvent, en nous faisant courir à tant de choses à la fois, que, pour désirer trop les moins importantes, on manque les plus considérables[1].

67.

La bonne grâce est au corps ce que le bon sens est à l'esprit.

68.

Il est difficile de définir l'amour : ce qu'on en peut dire est que, dans l'âme, c'est une passion de régner ; dans les esprits, c'est une sympathie ; et dans le corps, ce n'est qu'une envie cachée et délicate de posséder ce que l'on aime, après beaucoup de mystères.

69.

S'il y a un amour pur et exempt du mé-

river à une précision si parfaite. Voici comment il s'exprimait dans sa première édition : « On élève la prudence jusqu'au ciel, et il n'est sorte d'éloge qu'on ne lui donne, elle est la règle de nos actions et de notre conduite, elle est la maîtresse de la fortune, elle fait le destin des empires ; sans elle on a tous les maux, avec elle on a tous les biens ; et, comme disoit autrefois un poëte, quand nous avons la prudence, il ne nous manque aucune divinité (*Nullum numen abest, si sit prudentia*. JUVÉNAL, satire x), pour dire que nous trouvons dans la prudence tout le secours que nous demandons aux dieux. Cependant la prudence la plus consommée ne sauroit nous assurer du plus petit effet du monde, parce que, travaillant sur une matière aussi changeante et aussi inconnue qu'est l'homme, elle ne peut exécuter sûrement aucun de ses projets : d'où il faut conclure que toutes les louanges dont nous flattons notre prudence ne sont que des effets de notre amour-propre, qui s'applaudit en toutes choses et en toutes rencontres. » (1665 — n° 75.) Dès la seconde édition, l'auteur se corrigea ainsi : « Il n'y a point d'éloges qu'on ne donne à la prudence. Cependant, quelque grande qu'elle soit, elle ne sauroit nous assurer du moindre événement, parce qu'elle travaille sur l'homme, qui est le sujet du monde le plus changeant. » (1666 — n° 66, — 1671, 1675 — n° 65.). Enfin, dans sa dernière édition, l'auteur refit cette pensée telle qu'elle est aujourd'hui. Ces différents essais offrent une étude de style bien digne d'être méditée.

Var. Un habile homme doit *savoir* régler le rang de ses intérêts, et les conduire chacun dans son ordre ; notre avidité le trouble souvent en nous faisant courir à tant de choses à la fois ; *de là vient* que pour désirer trop les moins importantes, *nous ne les faisons pas assez servir à obtenir les plus considérables.* (*Portefeuilles de Vallant*, t. II, fol. 174, Ancien ; 126, Nouveau : *Lettre à M. Esprit.*)

lange de nos autres passions, c'est celui qui est caché au fond du cœur, et que nous ignorons nous-mêmes[1].

70.

Il n'y a point de déguisement qui puisse longtemps cacher l'amour où il est, ni le feindre où il n'est pas.

71.

Il n'y a guère de gens qui ne soient honteux de s'être aimés, quand ils ne s'aiment plus.

72.

Si on juge de l'amour par la plupart de ses effets, il ressemble plus à la haine qu'à l'amitié.

73.

On peut trouver des femmes qui n'ont jamais eu de galanterie, mais il est rare d'en trouver qui n'en aient jamais eu qu'une[2].

74.

Il n'y a que d'une sorte d'amour, mais il y en a mille différentes copies.

75.

L'amour, aussi bien que le feu, ne peut subsister sans un mouvement continuel ; et il cesse de vivre dès qu'il cesse d'espérer ou de craindre.

76.

Il est du véritable amour comme de l'apparition des esprits : tout le monde en parle, mais peu de gens en ont vu.

77.

L'amour prête son nom à un nombre infini de commerces qu'on lui attribue, et où il n'a non plus de part que le doge à ce qui se fait à Venise.

78.

L'amour de la justice n'est, en la plupart des hommes, que la crainte de souffrir l'injustice[3].

[1] Var. Il n'y a point d'amour pur et exempt du mélange des autres passions, que celui qui est caché au fond du cœur, et que nous ignorons nous-mêmes. (1665 — n° 79.)

[2] Var. Qui n'ont jamais *fait* de galanterie. (1665 — n° 83.)

[3] Var. La justice n'est qu'une vive appréhension qu'on

79.

Le silence est le parti le plus sûr de celui qui se défie de soi-même.

80.

Ce qui nous rend si changeants dans nos amitiés, c'est qu'il est difficile de connoître les qualités de l'âme, et facile de connoître celles de l'esprit[1].

81.

Nous ne pouvons rien aimer que par rapport à nous, et nous ne faisons que suivre notre goût et notre plaisir, quand nous préférons nos amis à nous-mêmes; c'est néanmoins par cette préférence seule que l'amitié peut être vraie et parfaite.

82.

La réconciliation avec nos ennemis n'est qu'un désir de rendre notre condition meilleure, une lassitude de la guerre, et une crainte de quelque mauvais événement[2].

83.

Ce que les hommes ont nommé amitié n'est qu'une société, qu'un ménagement réciproque d'intérêts, et qu'un échange de bons offices; ce n'est enfin qu'un commerce où l'amour-propre se propose toujours quelque chose à gagner[3].

84.

Il est plus honteux de se défier de ses amis que d'en être trompé.

85.

Nous nous persuadons souvent d'aimer les gens plus puissants que nous, et néanmoins c'est l'intérêt seul qui produit notre amitié; nous ne nous donnons pas à eux pour le bien nous leur voulons faire, mais pour celui que nous en voulons recevoir.

86.

Notre défiance justifie la tromperie d'autrui.

87.

Les hommes ne vivroient pas longtemps en société, s'ils n'étoient les dupes les uns des autres.

88.

L'amour-propre nous augmente ou nous diminue les bonnes qualités de nos amis, à proportion de la satisfaction que nous avons d'eux, et nous jugeons de leur mérite par la manière dont ils vivent avec nous.

89.

Tout le monde se plaint de sa mémoire, et personne ne se plaint de son jugement.

90.

Nous plaisons plus souvent dans le commerce de la vie par nos défauts que par nos bonnes qualités.

91.

La plus grande ambition n'en a pas la moindre apparence, lorsqu'elle se rencontre dans une impossibilité absolue d'arriver où elle aspire.

92.

Détromper un homme préoccupé de son mérite, est lui rendre un aussi mauvais office que celui que l'on rendit à ce fou d'Athènes qui croyoit que tous les vaisseaux qui arrivoient dans le port étoient à lui[1].

93.

Les vieillards aiment à donner de bons pré-

---

ne nous ôte ce qui nous appartient; de là vient cette considération et ce respect pour tous les intérêts du prochain, et cette scrupuleuse application à ne lui faire aucun préjudice : cette crainte retient l'homme dans les bornes des biens que la naissance ou la fortune lui ont donnés; et sans cette crainte, il feroit des courses continuelles sur les autres. (1665 — n° 88.) On b'âme l'injustice, non pas par l'aversion que l'on a pour elle, mais pour le préjudice que l'on en reçoit. (1665 — n° 90.)

[1] Var. Ce qui rend nos inclinations si légères et si changeantes, c'est qu'il est aisé de connoître les qualités de l'esprit, et difficile de connoître celles de l'âme. (1665 — n° 93.)

[2] Var. La réconciliation avec nos ennemis, qui se fait au nom de la sincérité, de la douceur et de la tendresse... (1665 — n° 95.)

[3] Var. L'amitié la plus désintéressée n'est qu'un trafic, où notre amour-propre se propose toujours quelque chose à gagner. (1665 — n° 94.)

[1] Var. On a autant de sujet de se plaindre de ceux qui nous apprennent à nous connoître nous-mêmes, qu'en eut ce fou d'Athènes de se plaindre du médecin qui l'avoit guéri de l'opinion d'être riche. (1665 — n° 104.)

ceptes, pour se consoler de n'être plus en état de donner de mauvais exemples.

94.

Les grands noms abaissent au lieu d'élever ceux qui ne les savent pas soutenir.

95.

La marque d'un mérite extraordinaire est de voir que ceux qui l'envient le plus sont contraints de le louer.

96.

Tel homme est ingrat, qui est moins coupable de son ingratitude que celui qui lui a fait du bien.

97.

On s'est trompé lorsqu'on a cru que l'esprit et le jugement étoient deux choses différentes: le jugement n'est que la grandeur de la lumière de l'esprit. Cette lumière pénètre le fond des choses; elle y remarque tout ce qu'il faut remarquer, et aperçoit celles qui semblent imperceptibles. Ainsi il faut demeurer d'acord que c'est l'étendue de la lumière de l'esprit qui produit tous les effets qu'on attribue au jugement[1].

98.

Chacun dit du bien de son cœur, et personne n'en ose dire de son esprit.

99.

La politesse de l'esprit consiste à penser des choses honnêtes et délicates[2].

100.

La galanterie de l'esprit est de dire des choses flatteuses d'une manière agréable[3].

101.

Il arrive souvent que des choses se présentent plus achevées à notre esprit qu'il ne les pourroit faire avec beaucoup d'art[1].

102.

L'esprit est toujours la dupe du cœur.

103.

Tous ceux qui connoissent leur esprit ne connoissent pas leur cœur[2].

104.

Les hommes et les affaires ont leur point de perspective. Il y en a qu'il faut voir de près pour en bien juger, et d'autres dont on ne juge jamais si bien que quand on en est éloigné[3].

105.

Celui-là n'est pas raisonnable à qui le hasard fait trouver la raison, mais celui qui la connait, qui la discerne, et qui la goûte.

106.

Pour bien savoir les choses, il en faut savoir le détail; et comme il est presque infini, nos connoissances sont toujours superficielles et imparfaites.

107.

C'est une espèce de coquetterie de faire remarquer qu'on n'en fait jamais.

108.

L'esprit ne sauroit jouer longtemps le personnage du cœur.

109.

La jeunesse change ses goûts par l'ardeur du

---

[1] Var. Le jugement n'est autre chose que la grandeur de la lumière de l'esprit, son étendue est la mesure de sa lumière, sa profondeur est celle qui pénètre le fond des choses, son discernement les compare et les distingue, sa justesse ne voit que ce qu'il faut voir, sa droiture les prend toujours par le bon biais, sa délicatesse aperçoit celles qui paroissent imperceptibles, et le jugement décide ce que les choses sont; si on l'examine bien, on trouvera que toutes ces qualités ne sont autre chose que la grandeur de l'esprit, lequel voyant tout, rencontre dans la plénitude de ses lumières tous les avantages dont nous venons de parler. (1665 — n° 107.)

[2] Var. La politesse de l'esprit est un tour par lequel il pense toujours des choses honnêtes et délicates. (1665 — n° 99.)

[3] Var. La galanterie de l'esprit est un tour de l'esprit par lequel il entre dans les choses les plus flatteuses, c'est-à-dire, celles qui sont le plus capables de plaire aux autres. (1665 — n° 110.)

[1] Var. Il y a des jolies choses que l'esprit ne cherche point et qu'il trouve tout achevées en lui-même; il semble qu'elles y soient cachées comme l'or et les diamants dans le sein de la terre. (1665 — n° 111.)

[2] Var. Bien des gens connoissent leur esprit, qui ne connoissent pas leur cœur. (1665 — n° 113.)

[3] Var. Toutes les grandes choses ont leur point de perspective, comme les statues; il y en a... etc. (1665 — n° 114.)

sang, et la vieillesse conserve les siens par l'accoutumance [1].

110.

On ne donne rien si libéralement que ses conseils [2].

111.

Plus on aime une maîtresse, plus on est près de la haïr.

112.

Les défauts de l'esprit augmentent en vieillissant, comme ceux du visage.

113.

Il y a de bons mariages; mais il n'y en a point de délicieux.

114.

On ne se peut consoler d'être trompé par ses ennemis et trahi par ses amis, et l'on est souvent satisfait de l'être par soi-même.

115.

Il est aussi facile de se tromper soi-même sans s'en apercevoir, qu'il est difficile de tromper les autres sans qu'ils s'en aperçoivent.

116.

Rien n'est moins sincère que la manière de demander et de donner des conseils. Celui qui en demande paroît avoir une déférence respectueuse pour les sentimens de son ami, bien qu'il ne pense qu'à lui faire approuver les siens, et à le rendre garant de sa conduite; et celui qui conseille paye la confiance qu'on lui témoigne d'un zèle ardent et désintéressé, quoiqu'il ne cherche le plus souvent, dans les conseils qu'il donne, que son propre intérêt ou sa gloire [3].

117.

La plus subtile de toutes les finesses est de savoir bien feindre de tomber dans les pièges que l'on nous tend; et on n'est jamais si aisément trompé que quand on songe à tromper les autres.

118.

L'intention de ne jamais tromper nous expose à être souvent trompés.

119.

Nous sommes si accoutumés à nous déguiser aux autres, qu'enfin nous nous déguisons à nous-mêmes [1].

120.

L'on fait plus souvent des trahisons par foiblesse que par un dessein formé de trahir [2].

121.

On fait souvent du bien pour pouvoir impunément faire du mal.

122.

Si nous résistons à nos passions, c'est plus par leur faiblesse que par notre force.

123.

On n'auroit guère de plaisir si on ne se flattoit jamais.

124.

Les plus habiles affectent toute leur vie de blâmer les finesses pour s'en servir en quelque grande occasion et pour quelque grand intérêt.

125.

L'usage ordinaire de la finesse est la marque d'un petit esprit; et il arrive presque toujours que celui qui s'en sert pour se couvrir en un endroit, se découvre en un autre.

---

[1] Voy. la 10ᵉ des *Réflexions diverses*.
[2] VAR. Il n'y a point de plaisir qu'on fasse plus volontiers à un ami que celui de lui donner conseil. (1665 — n° 117.)
[3] VAR. Rien n'est plus divertissant que de voir deux hommes assemblés, l'un pour demander conseil et l'autre pour le donner; l'un paroît avec une déférence respectueuse, et dit qu'il vient recevoir des instructions pour sa conduite, et son dessein le plus souvent est de faire approuver ses sentimens, et de rendre celui qu'il vient consulter garant de l'affaire qu'il lui propose. Celui qui conseille paye d'abord la confiance de son ami des marques d'un zèle ardent et désintéressé, et il cherche en même temps, dans ses propres intérêts, des règles de conseiller; de sorte que son conseil lui est bien plus propre qu'à celui qui le reçoit. (1665 — n° 118.)

[1] VAR. La coutume que nous avons de nous déguiser aux autres pour acquérir leur estime, fait qu'enfin nous nous déguisons à nous-mêmes. (1665 — n° 123.)
[2] VAR. La foiblesse fait commettre plus de trahisons que le véritable dessein de trahir. (*Portefeuilles de Vallant*, t. II, fol. 174, Ancien; 126, Nouveau: *Lettre à M. Esprit.*)

126.

Les finesses et les trahisons ne viennent que de manque d'habileté[1].

127.

Le vrai moyen d'être trompé, c'est de se croire plus fin que les autres[2].

128.

La trop grande subtilité est une fausse délicatesse, et la véritable délicatesse est une solide subtilité.

129.

Il suffit quelquefois d'être grossier pour n'être pas trompé par un habile homme.

130.

La foiblesse est le seul défaut que l'on ne sauroit corriger.

131.

Le moindre défaut des femmes qui se sont abandonnées à faire l'amour, c'est de faire l'amour.

132.

Il est plus aisé d'être sage pour les autres que de l'être pour soi même.

133.

Les seules bonnes copies sont celles qui nous font voir le ridicule des méchants originaux[3].

134.

On n'est jamais si ridicule par les qualités que l'on a que par celles que l'on affecte d'avoir.

135.

On est quelquefois aussi différent de soi-même que des autres.

[1] Var. Si on étoit toujours assez habile, on ne feroit jamais de finesses ni de trahisons. (1665 — n° 128.) — Cette maxime se trouve, mais sans le mot *toujours*, dans une lettre du 9 septembre 1664, à J. Esprit. (Portefeuilles de Vallont, t. II, fol. 172, Ancien; 124, Nouveau.)

[2] Var. On est fort sujet à être trompé, quand on croit être plus fin que les autres. (1665 — n° 129.)

[3] Var. Dans l'édition de 1666, qui est celle où cette réflexion a paru pour la première fois, on lit *des excellents originaux*, au lieu de *des méchants originaux*.

136.

Il y a des gens qui n'auroient jamais été amoureux s'ils n'avoient jamais entendu parler de l'amour.

137.

On parle peu quand la vanité ne fait pas parler[1].

138.

On aime mieux dire du mal de soi-même, que de n'en point parler.

139.

Une des choses qui fait que l'on trouve si peu de gens qui paroissent raisonnables, et agréables dans la conversation, c'est qu'il n'y a presque personne qui ne pense plutôt à ce qu'il veut dire qu'à répondre précisément à ce qu'on lui dit. Les plus habiles et les plus complaisants se contentent de montrer seulement une mine attentive, au même temps que l'on voit dans leurs yeux et dans leur esprit un égarement pour ce qu'on leur dit, et une précipitation pour retourner à ce qu'ils veulent dire; au lieu de considérer que c'est un mauvais moyen de plaire aux autres ou de les persuader, que de chercher si fort à se plaire à soi-même, et que bien écouter et bien répondre est une des plus grandes perfections qu'on puisse avoir dans la conversation.

140.

Un homme d'esprit seroit souvent bien embarrassé, sans la compagnie des sots.

141.

Nous nous vantons souvent de ne nous point ennuyer, et nous sommes si glorieux, que nous ne voulons pas nous trouver de mauvaise compagnie[2].

142.

Comme c'est le caractère des grands esprits de faire entendre en peu de paroles beaucoup

[1] Var. Quand la vanité ne fait point parler, on n'a pas envie de dire grand chose. (1665 — n° 139.)

[2] Var. On se vante souvent mal à propos de ne se point ennuyer; et l'homme est si glorieux, qu'il ne veut pas se trouver de mauvaise compagnie. (1665 — n° 143.)

143.

C'est plutôt par l'estime de nos propres sentiments que nous exagérons les bonnes qualités des autres, que par l'estime de leur mérite; et nous voulons nous attirer des louanges, lorsqu'il semble que nous leur en donnons[1].

144.

On n'aime point à louer, et on ne loue jamais personne sans intérêt. La louange est une flatterie habile cachée et délicate, qui satisfait différemment celui qui la donne et celui qui la reçoit : l'un la prend comme une récompense de son mérite, l'autre la donne pour faire remarquer son équité et son discernement.

145.

Nous choisissons souvent des louanges empoisonnées, qui font voir par contre-coup en ceux que nous louons des défauts que nous n'osons découvrir d'une autre sorte.

146.

On ne loue d'ordinaire que pour être loué[2].

147.

Peu de gens sont assez sages pour préférer le blâme qui leur est utile à la louange qui les trahit.

148.

Il y a des reproches qui louent, et des louanges qui médisent.

149.

Le refus des louanges est un désir d'être loué deux fois[3].

150.

Le désir de mériter les louanges qu'on nous donne fortifie notre vertu; et celles que l'on donne à l'esprit, à la valeur et à la beauté, contribuent à les augmenter[1].

151.

Il est plus difficile de s'empêcher d'être gouverné que de gouverner les autres.

152.

Si nous ne nous flattions pas nous-mêmes, la flatterie des autres ne nous pourroit nuire.

153.

La nature fait le mérite, et la fortune le met en œuvre[2].

154.

La fortune nous corrige de plusieurs défauts que la raison ne sauroit corriger.

155.

Il y a des gens dégoûtants avec du mérite, et d'autres qui plaisent avec des défauts[3].

156.

Il y a des gens dont tout le mérite consiste à dire et à faire des sottises utilement, et qui gâteroient tout s'ils changeoient de conduite.

157.

La gloire des grands hommes se doit toujours mesurer aux moyens dont ils se sont servis pour l'acquérir.

158.

La flatterie est une fausse monnoie qui n'a de cours que par notre vanité.

159.

Ce n'est pas assez d'avoir de grandes qualités, il en faut avoir l'économie.

160.

Quelque éclatante que soit une action, elle

---

[1] Var. C'est plutôt par l'estime de nos sentiments que nous exagérons les bonnes qualités des autres, que par leur mérite; et nous nous louons en effet, lorsqu'il semble que nous leur donnons des louanges. (1665 — n° 146.)

[2] Var. On ne donne des louanges que pour en profiter. (*Portefeuilles Vallant*, t. II, fol. 172, Ancien; 124, Nouveau, au recto. — *Lettre à J. Esprit.*)

Var. La modestie qui semble refuser les louanges n'est en effet qu'un désir d'en avoir de plus délicates. (1665 — n° 146.)

[1] Var. L'approbation que l'on donne à l'esprit, à la beauté et à la valeur, les augmente, les perfectionne, et leur fait faire de plus grands effets qu'ils n'auroient été capables de faire d'eux-mêmes. (1665 — n° 156.)

[2] Voyez la 14e des *Réflexions diverses*.

[3] Var. Comme il y a de bonnes viandes qui affadissent le cœur, il y a un mérite fade, et des personnes qui dégoûtent avec des qualités bonnes et estimables. (1665 — n° 162.)

ne doit pas passer pour grande lorsqu'elle n'est pas l'effet d'un grand dessein [1].

161.

Il doit y avoir une certaine proportion entre les actions et les desseins, si on en veut tirer tous les effets qu'elles peuvent produire.

162.

L'art de savoir bien mettre en œuvre de médiocres qualités dérobe l'estime, et donne souvent plus de réputation que le véritable mérite.

163.

Il y a une infinité de conduites qui paroissent ridicules, et dont les raisons cachées sont très-sages et très-solides [2].

164.

Il est plus facile de paroître digne des emplois qu'on n'a pas, que de ceux que l'on exerce.

165.

Notre mérite nous attire l'estime des honnêtes gens, et notre étoile celle du public.

166.

Le monde récompense plus souvent les apparences du mérite que le mérite même.

167.

L'avarice est plus opposée à l'économie que la libéralité.

168.

L'espérance, toute trompeuse qu'elle est, sert au moins à nous mener à la fin de la vie par un chemin agréable.

169.

Pendant que la paresse et la timidité nous retiennent dans notre devoir, notre vertu en a souvent tout l'honneur [3].

170.

Il est difficile de juger si un procédé net, sincère et honnête, est un effet de probité ou d'habileté [1].

171.

Les vertus se perdent dans l'intérêt, comme les fleuves se perdent dans la mer.

172.

Si on examine bien les divers effets de l'ennui, on trouvera qu'il fait manquer à plus de devoirs que l'intérêt.

173.

Il y a diverses sortes de curiosités : l'une d'intérêt, qui nous porte à désirer d'apprendre ce qui nous peut être utile; et l'autre d'orgueil, qui vient du désir de savoir ce que les autres ignorent [2].

174.

Il vaut mieux employer notre esprit à supporter les infortunes qui nous arrivent, qu'à prévoir celles qui nous peuvent arriver.

175.

La constance en amour est une inconstance perpétuelle, qui fait que notre cœur s'attache successivement à toutes les qualités de la personne que nous aimons, donnant tantôt la préférence à l'une, tantôt à l'autre; de sorte que cette constance n'est qu'une inconstance arrêtée et renfermée dans un même sujet.

---

[1] VAR. On se mécompte toujours dans le jugement que l'on fait de nos actions, quand elles sont plus grandes que nos desseins. (1665 — n° 167.)

[2] VAR. Il y a une infinité de conduites qui ont un ridicule apparent, et qui sont, dans leurs raisons cachées, très-sages et très-solides. (1665 — n° 170.)

[3] VAR. Pendant que la paresse et la timidité ont seules le mérite de nous tenir dans notre devoir, notre vertu en a tout l'honneur. (1665 — n° 177.) — Dans une lettre datée du 9 septembre 1664, adressée à J. Esprit, La Rochefoucauld formule ainsi cette même pensée : *La vertu par qui nous nous vantons de faire tout ce que nous faisons de bien, n'auroit pas toujours la force de nous retenir dans les règles de notre devoir, si la paresse, la timidité ou la honte ne nous faisoient voir les inconvénients qu'il y a d'en sortir.* (Bibl. nation., *Portefeuilles de Vallant*, t. II, fol. 172, Ancien; 124, Nouveau.)

[1] VAR. Il n'y a personne qui sache si un procédé net, sincère et honnête, est plutôt un effet de probité que d'habileté. (1665 — n° 178.) — *Il n'y a que Dieu...* (*Portefeuilles de Vallant*, Lettre citée à la note précédente.)

[2] VAR. La curiosité n'est pas, comme l'on croit, un simple amour de la nouveauté : il y en a une d'intérêt, qui fait que nous voulons savoir les choses pour nous en prévaloir; il y en a une autre d'orgueil, qui nous donne envie d'être au-dessus de ceux qui ignorent les choses, et de n'être pas au-dessous de ceux qui les savent. (1665 — n° 182.)

176.

Il y a deux sortes de constance en amour : l'une vient de ce que l'on trouve sans cesse dans la personne que l'on aime de nouveaux sujets d'aimer, et l'autre vient de ce que l'on se fait un honneur d'être constant.

177.

La persévérance n'est digne ni de blâme ni de louange, parce qu'elle n'est que la durée des goûts et des sentiments, qu'on ne s'ôte et qu'on ne se donne point.

178.

Ce qui nous fait aimer les nouvelles connoissances, n'est pas tant la lassitude que nous avons des vieilles, ou le plaisir de changer, que le dégoût de n'être pas assez admirés de ceux qui nous connoissent trop, et l'espérance de l'être davantage de ceux qui ne nous connoissent pas tant.

179.

Nous nous plaignons quelquefois légèrement de nos amis, pour justifier par avance notre légèreté.

180.

Notre repentir n'est pas tant un regret du mal que nous avons fait, qu'une crainte de celui qui nous en peut arriver.

181.

Il y a une inconstance qui vient de la légèreté de l'esprit, ou de sa foiblesse, qui lui fait recevoir toutes les opinions d'autrui; et il y en a une autre, qui est plus excusable, qui vient du dégoût des choses.

182.

Les vices entrent dans la composition des vertus, comme les poisons entrent dans la composition des remèdes. La prudence les assemble et les tempère, et elle s'en sert utilement contre les maux de la vie.

183.

Il faut demeurer d'accord, à l'honneur de la vertu, que les plus grands malheurs des hommes sont ceux où ils tombent par les crimes.

184.

Nous avouons nos défauts pour réparer par notre sincérité le tort qu'ils nous font dans l'esprit des autres [1].

185.

Il y a des héros en mal comme en bien.

186.

On ne méprise pas tous ceux qui ont des vices, mais on méprise tous ceux qui n'ont aucune vertu [2].

187.

Le nom de la vertu sert à l'intérêt aussi utilement que les vices.

188.

La santé de l'âme n'est pas plus assurée que celle du corps; et quoique l'on paroisse éloigné des passions, on n'est pas moins en danger de s'y laisser emporter, que de tomber malade quand on se porte bien.

189.

Il semble que la nature ait prescrit à chaque homme, dès sa naissance, des bornes pour les vertus et pour les vices.

190.

Il n'appartient qu'aux grands hommes d'avoir de grands défauts.

191.

On peut dire que les vices nous attendent dans le cours de la vie, comme des hôtes chez qui il faut successivement loger; et je doute que l'expérience nous les fît éviter, s'il nous étoit permis de faire deux fois le même chemin.

[1] Var. Nous avouons nos défauts, afin qu'en donnant bonne opinion de la justice de notre esprit, nous réparions le tort qu'ils nous ont fait dans l'esprit des autres. (1665 — n° 195.) — Nous n'avouons jamais nos défauts que par vanité. (1665 — n° 200.)
[2] Var. On peut haïr et mépriser les vices, sans haïr ni mépriser les vicieux; mais on a toujours du mépris pour ceux qui manquent de vertu. (1665 n° 195.)

192.

Quand les vices nous quittent, nous nous flattons de la créance que c'est nous qui les quittons.

193.

Il y a des rechutes dans les maladies de l'âme comme dans celles du corps. Ce que nous prenons pour notre guérison, n'est le plus souvent qu'un relâche ou un changement.

194.

Les défauts de l'âme sont comme les blessures du corps; quelque soin qu'on prenne de les guérir, la cicatrice paroît toujours, et elles sont à tout moment en danger de se rouvrir.

195.

Ce qui nous empêche souvent de nous abandonner à un seul vice, est que nous en avons plusieurs.

196.

Nous oublions nos fautes, lorsqu'elles ne sont sues que de nous[1].

197.

Il y a des gens de qui l'on peut ne jamais croire du mal sans l'avoir vu; mais il n'y en a point en qui il nous doive surprendre en le voyant.

198.

Nous élevons la gloire des uns pour abaisser celle des autres : et quelquefois on loueroit moins monsieur le Prince et monsieur de Turenne, si on ne les vouloit point blâmer tous deux[2].

199.

Le désir de paroître habile empêche souvent de le devenir.

200.

La vertu n'iroit pas si loin si la vanité ne lui tenoit compagnie.

[1] VAR. Quand il n'y a que nous qui savons nos crimes, ils sont bientôt oubliés. (1665 — n° 207.)
[2] Dans la première édition (1665 — n° 149), cette réflexion et la 145° n'en faisaient qu'une seule, et étaient comprises sous le même numéro. Dès la 2° édition (1666), La Rochefoucauld les sépara, et les plaça dans l'ordre où elles sont aujourd'hui.

201.

Celui qui croit pouvoir trouver en soi-même de quoi se passer de tout le monde se trompe fort; mais celui qui croit qu'on ne peut se passer de lui, se trompe encore davantage.

202.

Les faux honnêtes gens sont ceux qui déguisent leurs défauts aux autres et à eux-mêmes ; les vrais honnêtes gens sont ceux qui les connoissent parfaitement et les confessent[1].

203.

Le vrai honnête homme est celui qui ne se pique de rien.

204.

La sévérité des femmes est un ajustement et un fard qu'elle ajoutent à leur beauté[2].

205.

L'honnêteté des femmes est souvent l'amour de leur réputation et de leur repos.

206.

C'est être véritablement honnête homme que de vouloir être toujours exposé à la vue des honnêtes gens.

207.

La folie nous suit dans tous les temps de la vie. Si quelqu'un paroît sage, c'est seulement parce que ses folies sont proportionnées à son âge et à sa fortune.

208.

Il y a des gens niais qui se connoissent, et qui emploient habilement leur niaiserie.

209.

Qui vit sans folie n'est pas si sage qu'il croit.

210.

En vieillissant, on devient plus fou et plus sage.

[1] VAR.:... Ceux qui déguisent *la corruption de leur cœur*... (1665.)
[2] VAR. Dans la première édition, la pensée se terminait ainsi : « C'est un attrait fin et délicat, et une douceur déguisée. » (1665 — n° 216.)

211.

Il y a des gens qui ressemblent aux vaudevilles, qu'on ne chante qu'un certain temps[1].

212.

La plupart des gens ne jugent des hommes que par la vogue qu'ils ont, ou par leur fortune.

213.

L'amour de la gloire, la crainte de la honte, le dessein de faire fortune, le désir de rendre notre vie commode et agréable, et l'envie d'abaisser les autres, sont souvent les causes de cette valeur si célèbre parmi les hommes.

214.

La valeur est, dans les simples soldats, un métier périlleux qu'ils ont pris pour gagner leur vie.

215.

La parfaite valeur et la poltronnerie complète sont deux extrémités où l'on arrive rarement. L'espace qui est entre deux est vaste, et contient toutes les autres espèces de courage : il n'y pas moins de courage : il n'y a pas moins de différence entre elles qu'entre les visages et et les humeurs. Il y a des hommes qui s'exposent volontiers au commencement d'une action, et qui se relâchent et se rebutent aisément par sa durée. Il y en a qui sont contents quand ils ont satisfait à l'honneur du monde, et qui font fort peu de chose au delà. On en voit qui ne sont pas toujours également maîtres de leur peur, d'autres se laissent quelquefois entraîner à des terreurs générales; d'autres vont à la charge parce qu'ils n'osent demeurer dans leurs postes. Il s'en trouve à qui l'habitude des moindres périls affermit le courage, et les prépare à s'exposer à de plus grands. Il y en a qui sont braves à coups d'épée, et qui craignent les coups de mousquet; d'autres sont assurés aux coups de mousquet, et appréhendent de se battre à coups d'épée. Tous ces courages, de différentes espèces, conviennent en ce que, la nuit augmentant la crainte et cachant les bonnes et les mauvaises actions, elle donne la liberté de se ménager. Il y a encore un autre ménagement plus général : car on ne voit point d'homme qui fasse tout ce qu'il seroit capable de faire dans une occasion, s'il étoit assuré d'en revenir : de sorte qu'il est visible que la crainte de la mort ôte quelque chose de la valeur.

216.

La parfaite valeur est de faire sans témoins ce qu'on seroit capable de faire devant tout le monde[1].

217.

L'intrépidité est une force extraordinaire de l'âme, qui l'élève au-dessus des troubles, des désordres et des émotions que la vue des grands périls pourroit exciter en elle; et c'est par cette force que les héros se maintiennent en un état paisible, et conservent l'usage libre de leur raison dans les accidents les plus surprenants et les plus terribles.

218.

L'hypocrisie est un hommage que le vice rend à la vertu.

219.

La plupart des hommes s'exposent assez dans la guerre pour sauver leur honneur; mais peu se veulent toujours exposer autant qu'il est nécessaire pour faire réussir le dessein pour lequel ils s'exposent[2].

220.

La vanité, la honte, et surtout le tempérament, font souvent la valeur des hommes et la vertu des femmes[3].

221.

On ne veut point perdre la vie, et on veut acquérir de la gloire : ce qui fait que les braves ont plus d'adresse et d'esprit pour éviter la

---

[1] Var. Il y a des gens qui ressemblent aux vaudevilles, que tout le monde chante un certain temps, quelque fades et dégoûtants qu'ils soient. (1665 — n° 223.)

[1] Var. La pure valeur (s'il y en avoit) seroit de faire sans témoins, etc. (1665 — n° 229.)
[2] Var. On est presque toujours assez brave pour sortir sans honte des périls de la guerre, mais peu de gens le sont assez pour s'exposer toujours autant qu'il est nécessaire pour faire réussir le dessein pour lequel on s'expose.
[3] Var. Dans la première édition, La Rochefoucauld n'avait pas étendu ce raisonnement à la vertu des femmes.

mort, que les gens de chicane n'en ont pour conserver leur bien.

222.

Il n'y a guère de personnes qui, dans le premier penchant[1] de l'âge, ne fassent connoître par où leurs corps et leur esprit doivent défaillir.

223.

Il est de la reconnoissance comme de la bonne foi des marchands, elle entretient le commerce ; et nous ne payons pas parce qu'il est juste de nous acquitter, mais pour trouver plus facilement des gens qui nous prêtent.

224.

Tous ceux qui s'acquittent des devoirs de la reconnoissance ne peuvent pas pour cela se flatter d'être reconnoissants.

225.

Ce qui fait le mécompte dans la reconnoissance qu'on attend des grâces que l'on a faites, c'est que l'orgueil de celui qui donne, et l'orgueil de celui qui reçoit, ne peuvent convenir du prix du bienfait.

226.

Le trop grand empressement qu'on a de s'acquitter d'une obligation est une espèce d'ingratitude.

227.

Les gens heureux ne se corrigent guère ; ils croient toujours avoir raison, quand la fortune soutient leur mauvaise conduite.

228.

L'orgueil ne veut pas devoir, et l'amour-propre ne veut pas payer.

229.

Le bien que nous avons reçu de quelqu'un veut que nous respections le mal qu'il nous fait[2].

230.

Rien n'est si contagieux que l'exemple, et nous ne faisons jamais de grands biens ni de grands maux qui n'en produisent de semblables. Nous imitons les bonnes actions par émulation ; et les mauvaises par la malignité de notre nature, que la honte retenoit prisonnière, et que l'exemple met en liberté.

231.

C'est une grande folie de vouloir être sage tout seul.

232.

Quelque prétexte que nous donnions à nos afflictions, ce n'est souvent que l'intérêt et la vanité qui les causent.

233.

Il y a dans les afflictions diverses sortes d'hypocrisie. Dans l'une, sous prétexte de pleurer la perte d'une personne qui nous est chère, nous nous pleurons nous-mêmes ; nous regrettons la bonne opinion qu'elle avoit de nous ; nous pleurons la diminution de notre bien, de notre plaisir, de notre considération. Ainsi les morts ont l'honneur des larmes qui ne coulent que pour les vivants. Je dis que c'est une espèce d'hypocrisie, à cause que dans ces sortes d'afflictions on se trompe soi-même. Il y a une autre hypocrisie qui n'est pas si innocente, parce qu'elle impose à tout le monde : c'est l'affliction de certaines personnes qui aspirent à la gloire d'une belle et immortelle douleur. Après que le temps, qui consume tout, a fait cesser celle qu'elles avoient en effet, elles ne laissent pas d'opiniâtrer leurs pleurs, leurs plaintes et leurs soupirs ; elles prennent un personnage lugubre, et travaillent à persuader, par toutes leurs actions, que leur déplaisir ne finira qu'avec leur vie. Cette triste et fatigante vanité se trouve d'ordinaire dans les femmes ambitieuses. Comme leur sexe leur ferme tous les chemins qui mènent à la gloire, elles s'efforcent de se rendre célèbres par la montre d'une inconsolable affliction. Il y a encore une autre espèce de larmes qui n'ont que de peti-

---

[1] *Penchant*, déclin. Cette acception est donnée par la 9ᵉ des *Réflexions diverses*.
[2] Van. Le bien qu'on nous a fait veut que nous respections le mal que l'on nous fait après. (1665 — n° 243.) — Le bien que nous avons reçu veut que nous respections le mal qu'on nous fait. (1666 — 1671 — 1675 — n° 229.)

tes sources, qui coulent et se tarissent facilement. On pleure pour avoir la réputation d'être tendre; on pleure pour être plaint; on pleure pour être pleuré; enfin on pleure pour éviter la honte de ne pleurer pas.

234.

C'est plus souvent par orgueil que par défaut de lumières, qu'on s'oppose avec tant d'opiniâtreté aux opinions les plus suivies : on trouve les premières places prises dans le bon parti, et on ne veut point les dernières.

235.

Nous nous consolons aisément des disgrâces de nos amis, lorsqu'elles servent à signaler notre tendresse pour eux [1].

236.

Il semble que l'amour-propre soit la dupe de la bonté, et qu'il s'oublie lui-même lorsque nous travaillons pour l'avantage des autres. Cependant c'est prendre le chemin le plus assuré pour arriver à ses fins; c'est prêter à usure, sous prétexte de donner : c'est enfin s'acquérir tout le monde par un moyen subtil et délicat [2].

237.

Nul ne mérite d'être loué de bonté, s'il n'a pas la force d'être méchant. Toute autre bonté n'est le plus souvent qu'une paresse ou une impuissance de la volonté.

238.

Il n'est pas si dangereux de faire du mal à la plupart des hommes, que de leur faire trop de bien.

239.

Rien ne flatte plus notre orgueil que la confiance des grands, parce que nous la regardons comme un effet de notre mérite, sans considérer qu'elle ne vient le plus souvent que de vanité ou d'impuissance de garder le secret [1].

240.

On peut dire de l'agrément séparé de la beauté, que c'est une symétrie dont on ne sait point les règles, et un rapport secret des traits ensemble et des traits avec les couleurs et avec l'air de la personne.

241.

La coquetterie est le fond de l'humeur des femmes; mais toutes ne la mettent pas en pratique, parce que la coquetterie de quelques-unes est retenue par la crainte ou par la raison [2].

242.

On incommode souvent les autres, quand on croit ne les pouvoir jamais incommoder.

243.

Il y a peu de choses impossibles d'elles-mêmes; et l'application pour les faire réussir nous manque plus que les moyens.

244.

La souveraine habileté consiste à bien connoître le prix des choses [3].

---

[1] Var.... Lorsqu'elles servent à signaler *la tendresse que nous avons pour eux*. (1665.)
[2] Var. Qui considérera superficiellement tous les effets de la bonté qui nous fait sortir hors de nous-mêmes, et qui nous immole continuellement à l'avantage de tout le monde, sera tenté de croire que lorsqu'elle agit, l'amour-propre s'oublie et s'abandonne lui-même, on se laisse dépouiller et appauvrir sans s'en apercevoir; de sorte qu'il semble que l'amour-propre soit la dupe de la bonté : cependant c'est le plus utile de tous les moyens dont l'amour-propre se sert pour arriver à ses fins; c'est un chemin dérobé par où il revient à lui-même plus riche et plus abondant; c'est un désintéressement qu'il met à une furieuse usure, c'est enfin un ressort délicat avec lequel il réunit, il dispose et tourne tous les hommes en sa faveur. (1665 — n° 250.)

[1] Var. Rien ne nous plaît tant que la confiance des grands et des personnes considérables par leurs emplois, par leur esprit, ou par leur mérite; elle nous fait sentir un plaisir exquis, et élève merveilleusement notre orgueil, parce que nous la regardons comme un effet de notre fidélité : cependant nous serions remplis de confusion, si nous considérions l'imperfection et la bassesse de sa naissance, car elle vient de la vanité, de l'envie de parler et de l'impuissance de retenir le secret; de sorte qu'on peut dire que la confiance est comme un relâchement de l'âme causé par le nombre et par le poids des choses dont elle est pleine. (1665 — n° 255.)
[2] Var. La coquetterie est le fond et l'humeur de toutes les femmes; mais toutes ne la mettent pas en pratique, parce que la coquetterie de quelques-unes est retenue par leur tempérament et par leur raison. (1665 — n° 263.)
[3] Var. La souveraine habileté consiste à bien connoître le prix de *chaque chose*. (*Lettre à M. Esprit*, du 9 septembre 1664. — *Portefeuilles de Vallant*, t. II, fol. 172, Ancien; 124, Nouveau.)

245.

C'est une grande habileté que de savoir cacher son habileté [1].

246.

Ce qui paroit générosité n'est souvent qu'une ambition déguisée, qui méprise de petits intérêts, pour aller à de plus grands [2].

247.

La fidélité qui paraît en la plupart des hommes n'est qu'une invention de l'amour-propre pour attirer la confiance; c'est un moyen de nous élever au-dessus des autres, et de nous rendre dépositaires des choses les plus importantes [3].

248.

La magnanimité méprise tout, pour avoir tout.

249.

Il n'y a pas moins d'éloquence dans le ton de la voix, dans les yeux et dans l'air de la personne, que dans le choix des paroles [4].

250.

La véritable éloquence consiste à dire tout ce qu'il faut, et à ne dire que ce qu'il faut.

251.

Il y a des personnes à qui les défauts siéent bien, et d'autres qui sont disgrâciées avec leurs bonnes qualités.

252.

Il est aussi ordinaire de voir changer les goûts, qu'il est extraordinaire de voir changer les inclinations.

253.

L'intérêt met en œuvre toutes sortes de vertus et de vices [1].

254.

L'humilité n'est souvent qu'une feinte soumission dont on se sert pour soumettre les autres. C'est un artifice de l'orgueil qui s'abaisse pour s'élever; et bien qu'il se transforme en mille manières, il n'est jamais mieux déguisé et plus capable de tromper que lorsqu'il se cache sous la figure de l'humilité [2].

255.

Tous les sentiments ont chacun un ton de voix, des gestes et des mines qui leur sont propres; et ce rapport, bon ou mauvais, agréable ou désagréable, est ce qui fait que les personnes plaisent ou déplaisent [3].

256.

Dans toutes les professions, chacun affecte une mine et un extérieur pour paroitre ce qu'il veut qu'on le croie. Ainsi on peut dire que le monde n'est composé que de mines [4].

---

[1] Var. Le plus grand art d'un habile homme est celui de savoir cacher son habileté. (1665 — n° 267.)

[2] Var. La générosité est un industrieux emploi du désintéressement, pour aller plus tôt à un plus grand intérêt. (1665 — n° 268.)

[3] Var. La fidélité est une invention rare de l'amour-propre, par laquelle l'homme s'érigeant en dépositaire des choses précieuses, se rend lui-même infiniment précieux. De tous les trafics de l'amour-propre, c'est celui où il fait le moins d'avances et de plus grands profits; c'est un raffinement de sa politique avec lequel il engage les hommes par leurs biens, par leur honneur, par leur liberté et par leur vie, qu'ils sont forcés de confier en quelques occasions, à élever l'homme fidèle au-dessus de tout le monde. (1665 — n° 269.)

[4] Var. Il n'y a pas moins d'éloquence dans le ton de la voix que dans le choix des paroles. (1665 — n° 272.) — Il y a une éloquence dans les yeux et dans l'air de la personne, qui ne persuade pas moins que celle de la parole. (Id., n° 274.)

[1] Var. L'intérêt donne toutes sortes de vertus et de vices. (1665 — n° 276.)

[2] Var. L'humilité n'est souvent qu'une feinte soumission que nous employons pour soumettre effectivement tout le monde; c'est un mouvement de l'orgueil par lequel il s'abaisse devant les hommes pour s'élever sur eux; c'est un déguisement, et son premier stratagème; mais quoique ses changements soient presque infinis, et qu'il soit admirable sous toutes sortes de figures, il faut avouer néanmoins qu'il n'est jamais si rare ni si extraordinaire que lorsqu'il se cache sous la forme et sous l'habit de l'humilité, car alors on le voit les yeux baissés, dans une contenance modeste et reposée; toutes ses paroles sont douces et respectueuses, pleines d'estime pour les autres et de dédain pour lui-même. Si on l'en veut croire, il est indigne de tous les honneurs, il n'est capable d'aucun emploi, il ne reçoit les charges où on l'élève que comme un effet de la bonté des hommes, et de la faveur aveugle de la fortune. C'est l'orgueil qui joue tous les personnages que l'on prend pour l'humilité. (1665 — n° 277.)

[3] Var. Tous les sentiments ont chacun un ton de voix, un geste et des mines qui leur sont propres; ce rapport, bon ou mauvais, fait les bons ou les mauvais comédiens, et c'est ce qui fait aussi que les personnes plaisent ou déplaisent. (1665 — n° 278.)

[4] Var. Dans toutes les professions et dans tous es

257.

La gravité est un mystère du corps, inventé pour cacher les défauts de l'esprit.

258.

Le bon goût vient plus du jugement que de l'esprit.

259.

Le plaisir de l'amour est d'aimer ; et l'on est plus heureux par la passion que l'on a, que par celle que l'on donne [1].

260.

La civilité est un désir d'en recevoir, et d'être estimé poli.

261.

L'éducation que l'on donne d'ordinaire aux jeunes gens est un second amour-propre qu'on leur inspire.

262.

Il n'y a point de passion où l'amour de soi-même règne si puissamment que dans l'amour ; et on est toujours plus disposé à sacrifier le repos de ce qu'on aime qu'à perdre le sien.

263.

Ce qu'on nomme libéralité n'est le plus souvent que la vanité de donner, que nous aimons mieux que ce que nous donnons [2].

264.

La pitié est souvent un sentiment de nos propres maux dans les maux d'autrui. C'est une habile prévoyance des malheurs où nous pouvons tomber. Nous donnons du secours aux autres pour les engager à nous en donner en de semblables occasions ; et ces services que nous leur rendons sont, à proprement parler, des biens que nous nous faisons à nous-mêmes par avance.

265.

La petitesse de l'esprit fait l'opiniâtreté, et nous ne croyons pas aisément ce qui est au delà de ce que nous voyons [1].

266.

C'est se tromper que de croire qu'il n'y ait que les violentes passions, comme l'ambition et l'amour, qui puissent triompher des autres. La paresse, toute languissante qu'elle est, ne laisse pas d'en être souvent la maîtresse ; elle usurpe sur tous les desseins et sur toutes les actions de la vie ; elle y détruit et y consume insensiblement les passions et les vertus.

267.

La promptitude à croire le mal sans l'avoir assez examiné est un effet de l'orgueil et de la paresse. On veut trouver des coupables, et on ne veut pas se donner la peine d'examiner les crimes.

268.

Nous récusons des juges pour les plus petits intérêts, et nous voulons bien que notre réputation et notre gloire dépendent du jugement des hommes, qui nous sont tous contraires, ou par leur jalousie, ou par leur préoccupation, ou par leur peu de lumières ; et ce n'est que pour les faire prononcer en notre faveur, que nous exposons en tant de manières notre repos et notre vie [2].

269.

Il n'y a guère d'homme assez habile pour connoître tout le mal qu'il fait.

270.

L'honneur acquis est caution de celui qu'on doit acquérir.

---

[1] Var. La seconde partie de cette réflexion se trouve répétée deux fois dans la première édition, n°ˢ 257, 288.

[2] Var. Nous récusons tous les jours des juges pour les plus petits intérêts, et nous faisons dépendre notre gloire et notre réputation, qui sont les plus grands biens du monde, du jugement des hommes, qui nous sont tous contraires, ou par leur jalousie, ou par leur malignité, ou par leur préoccupation, ou par leur sottise ; et c'est pour obtenir d'eux un arrêt en notre faveur, que nous exposons notre repos et notre vie en cent manières, et que nous la condamnons à une infinité de soucis, de peines et de travaux. (1665 — n° 202.)

---

arts, chacun se fait une mine et un extérieur qu'il met en la place de la chose dont il veut avoir le mérite ; de sorte que tout le monde n'est composé que de mines, et c'est inutilement que nous travaillons à y trouver rien de réel.

[1] Var. Le plaisir de l'amour est l'amour même, et il y a plus de félicité dans la passion que l'on a que dans celle que l'on donne. (*Manuscrit.*)

Var. Il n'y a point de libéralité ; ce n'est que la vanité de donner que nous aimons mieux que ce que nous donnons. (1665 — n° 286.)

271.

La jeunesse est une ivresse continuelle ; c'est la fièvre de la raison[1].

272.

Rien ne devroit plus humilier les hommes qui ont mérité de grandes louanges, que le soin qu'ils prennent encore de se faire valoir par de petites choses.

273.

Il y a des gens qu'on approuve dans le monde, qui n'ont pour tout mérite que les vices qui servent au commerce de la vie.

274.

La grâce de la nouveauté est à l'amour ce que la fleur est sur les fruits[2] ; elle y donne un lustre qui s'efface aisément, et qui ne revient jamais.

275.

Le bon naturel, qui se vante d'être si sensible, est souvent étouffé par le moindre intérêt.

276.

L'absence diminue les médiocres passions, et augmente les grandes, comme le vent éteint les bougies et allume le feu.

277.

Les femmes croient souvent aimer, encore qu'elles n'aiment pas. L'occupation d'une intrigue, l'émotion d'esprit que donne la galanterie, la pente naturelle au plaisir d'être aimées, et la peine de refuser, leur persuadent qu'elles ont de la passion, lorsqu'elles n'ont que de la coquetterie.

278.

Ce qui fait que l'on est souvent mécontent de ceux qui négocient, est qu'ils abandonnent presque toujours l'intérêt de leurs amis pour l'intérêt du succès de la négociation, qui devient le leur, par l'honneur d'avoir réussi à ce qu'ils avoient entrepris.

279.

Quand nous exagérons la tendresse que nos amis ont pour nous, c'est souvent moins par reconnoissance que par le désir de faire juger de notre mérite.

280.

L'approbation que l'on donne à ceux qui entrent dans le monde vient souvent de l'envie secrète que l'on porte à ceux qui y sont établis.

281.

L'orgueil, qui nous inspire tant d'envie, nous sert souvent aussi à la modérer.

282.

Il y a des faussetés déguisées qui représentent si bien la vérité, que ce seroit mal juger que de ne s'y pas laisser tromper.

283.

Il n'y a pas quelquefois moins d'habileté à savoir profiter d'un bon conseil, qu'à se bien conseiller soi-même.

284.

Il y a des méchants qui seroient moins dangereux s'ils n'avoient aucune bonté.

285.

La magnanimité est assez définie par son nom ; néanmoins on pourroit dire que c'est le bon sens de l'orgueil, et la voie la plus noble pour recevoir des louanges.

286.

Il est impossible d'aimer une seconde fois ce qu'on a véritablement cessé d'aimer.

287.

Ce n'est pas tant la fertilité de l'esprit qui nous fait trouver plusieurs expédients sur une même affaire, que c'est le défaut de lumières qui nous fait arrêter à tout ce qui se présente à notre imagination, et qui nous empêche de discerner d'abord ce qui est le meilleur.

288.

Il y a des affaires et des maladies que les

---

[1] Var. La jeunesse est une ivresse continuelle : c'est la fièvre de la santé, c'est la folie de la raison. (1665 — n° 295.)

[2] Voy. les 9e et 18e *Réflexions diverses*.

289.

La simplicité affectée est une imposture délicate.

290.

Il y a plus de défauts dans l'humeur que dans l'esprit.

291.

Le mérite des hommes a sa saison, aussi bien que les fruits.

292.

On peut dire de l'humeur des hommes comme de la plupart des bâtiments, qu'elle a diverses faces; les unes agréables, et les autres désagréables.

293.

La modération ne peut avoir le mérite de combattre l'ambition et de la soumettre; elles ne se trouvent jamais ensemble. La modération est la langueur et la paresse de l'âme, comme l'ambition en est l'activité et l'ardeur [2].

294.

Nous aimons toujours ceux qui nous admirent, et nous n'aimons pas toujours ceux que nous admirons.

295.

Il s'en faut bien que nous connoissions toutes nos volontés [3].

296.

Il est difficile d'aimer ceux que nous n'estimons point; mais il ne l'est pas moins d'aimer ceux que nous estimons beaucoup plus que nous.

297.

Les humeurs du corps ont un cours ordinaire et réglé, qui meut et qui tourne imperceptiblement notre volonté. Elles roulent ensemble, et exercent successivement un empire secret en nous; de sorte qu'elles ont une part considérable à toutes nos actions, sans que nous le puissions connoître [1].

298.

La reconnoissance de la plupart des hommes n'est qu'une secrète envie de recevoir de plus grands bienfaits.

299.

Presque tout le monde prend plaisir à s'acquitter des petites obligations : beaucoup de gens ont de la reconnoissance pour les médiocres; mais il n'y a quasi personne qui n'ait de l'ingratitude pour les grandes.

300.

Il y a des folies qui se prennent comme les maladies contagieuses.

301.

Assez de gens méprisent le bien; mais peu savent le donner.

302.

Ce n'est d'ordinaire que dans de petits intérêts où nous prenons le hasard de ne pas croire aux apparences.

---

[1] Var. Il est des affaires et des maladies que les remèdes aigrissent; et on peut dire que la grande habileté consiste à savoir connoitre les temps où il est dangereux d'en faire. (1665 — n° 316.) — Voy. la *maxime* 392.

[2] Var. La modération dans la plupart des hommes n'a garde de combattre et de soumettre l'ambition, puisqu'elles ne se peuvent trouver ensemble; la modération n'étant d'ordinaire qu'une paresse, une langueur et un manque de courage : de manière qu'on peut justement dire, à leur égard, que la modération est une bassesse de l'âme, comme l'ambition en est l'élévation. (1665 — n° 17.)

[3] Var. Comment peut-on répondre de ce qu'on voudra à l'avenir, puisque l'on ne sait pas précisément ce que l'on veut dans le temps présent? (1665 — n° 74.)

Il y a dans le texte : que nous ne connoissions. Dans le temps où La Rochefoucauld écrivoit, on pouvait indifféremment, dans cette phrase, employer ou retrancher *ne*. Aujourd'hui la langue est fixée sur ce point; et toutes les fois que le verbe *il s'en faut* n'est accompagné ni d'une négation ni de quelques mots qui aient un sens négatif, tels que *peu, guère, presque rien*, etc., la proposition subordonnée s'emploie sans la négative *ne*. La plupart des éditeurs se sont permis de corriger cette faute, qui se retrouve plusieurs fois dans l'ouvrage.

[1] Var. Nous ne nous apercevons que des emportements, et des mouvements extraordinaires de nos humeurs et de notre tempérament, comme de la violence de la colère; mais personne quasi ne s'aperçoit que ces humeurs ont un cours ordinaire et réglé, qui meut et tourne doucement et imperceptiblement notre volonté à des actions différentes; elles roulent ensemble, s'il faut ainsi dire, et exercent successivement un empire secret en nous-mêmes; de sorte qu'elles ont une part considérable en toutes nos actions sans que nous le puissions reconnoître. (1665 — n° 48.)

303.

Quelque bien qu'on nous dise de nous, on ne nous apprend rien de nouveau.

304.

Nous pardonnons souvent à ceux qui nous ennuient; mais nous ne pouvons pardonner à ceux que nous ennuyons.

305.

L'intérêt, que l'on accuse de tous nos crimes, mérite souvent d'être loué de nos bonnes actions.

306.

On ne trouve guère d'ingrats, tant qu'on est en état de faire du bien.

307.

Il est aussi honnête d'être glorieux avec soi-même, qu'il est ridicule de l'être avec les autres.

308.

On a fait une vertu de la modération, pour borner l'ambition des grands hommes, et pour consoler les gens médiocres de leur peu de fortune et de leur peu de mérite.

309.

Il y a des gens destinés à être sots, qui ne font pas seulement des sottises par leur choix, mais que la fortune même contraint d'en faire.

310.

Il arrive quelquefois des accidents dans la vie, d'où il faut être un peu fou pour se bien tirer.

311.

S'il y a des hommes dont le ridicule n'ait jamais paru, c'est qu'on ne l'a pas bien cherché.

312.

Ce qui fait que les amants et les maîtresses ne s'ennuient point d'être ensemble, c'est qu'ils parlent toujours d'eux-mêmes.

313.

Pourquoi faut-il que nous ayons assez de mémoire pour retenir jusqu'aux moindres particularités de ce qui nous est arrivé, et que nous n'en ayons pas assez pour nous souvenir combien de fois nous les avons contées à une même personne?

314.

L'extrême plaisir que nous prenons à parler de nous-mêmes, nous doit faire craindre de n'en donner guère à ceux qui nous écoutent.

315.

Ce qui nous empêche d'ordinaire de faire voir le fond de notre cœur à nos amis, n'est pas tant la défiance que nous avons d'eux, que celle que nous avons de nous-mêmes.

316.

Les personnes foibles ne peuvent être sincères.

317.

Ce n'est pas un grand malheur d'obliger des ingrats; mais c'en est un insupportable d'être obligé à un malhonnête homme.

318.

On trouve des moyens pour guérir de la folie, mais on n'en trouve point pour redresser un esprit de travers.

319.

On ne sauroit conserver longtemps les sentiments qu'on doit avoir pour ses amis et pour ses bienfaiteurs, si on se laisse la liberté de parler souvent de leurs défauts.

320.

Louer les princes des vertus qu'ils n'ont pas, c'est leur dire impunément des injures.

321.

Nous sommes plus près d'aimer ceux qui nous haïssent, que ceux qui nous aiment plus que nous ne voulons.

322.

Il n'y a que ceux qui sont méprisables qui craignent d'être méprisés.

323.

Notre sagesse n'est pas moins à la merci de la fortune que nos biens.

324.

Il y a dans la jalousie plus d'amour-propre que d'amour.

325.

Nous nous consolons souvent par faiblesse des maux dont la raison n'a pas la force de nous consoler.

326.

Le ridicule déshonore plus que le déshonneur.

327.

Nous n'avouons de petits défauts que pour persuader que nous n'en avons pas de grands.

328.

L'envie est plus irréconciliable que la haine.

329.

On croit quelquefois haïr la flatterie; mais on ne hait que la manière de flatter.

330.

On pardonne tant que l'on aime.

331.

Il est plus difficile d'être fidèle à sa maîtresse quand on est heureux, que quand on en est maltraité.

332.

Les femmes ne connoissent pas toute leur coquetterie.

333.

Les femmes n'ont point de sévérité complète sans aversion.

334.

Les femmes peuvent moins surmonter leur coquetterie que leur passion.

335.

Dans l'amour, la tromperie va presque toujours plus loin que la méfiance.

336.

Il y a une certaine sorte d'amour dont l'excès empêche la jalousie.

337.

Il est de certaines bonnes qualités comme des sens : ceux qui en sont entièrement privés, ne les peuvent apercevoir ni les comprendre.

338.

Lorsque notre haine est trop vive, elle nous met au-dessous de ceux que nous haïssons.

339.

Nous ne ressentons nos biens et nos maux qu'à proportion de notre amour-propre.

340.

L'esprit de la plupart des femmes sert plus à fortifier leur folie que leur raison.

341.

Les passions de la jeunesse ne sont guère plus opposées au salut que la tiédeur des vieilles gens.

342.

L'accent du pays où l'on est né demeure dans l'esprit et dans le cœur comme dans le langage.

343.

Pour être un grand homme, il faut savoir profiter de toute sa fortune.

344.

La plupart des hommes ont, comme les plantes, des propriétés cachées que le hasard fait découvrir[1].

345.

Les occasions nous font connoître aux autres, et encore plus à nous-mêmes.

346.

Il ne peut y avoir de règle dans l'esprit ni dans le cœur des femmes, si le tempérament n'en est d'accord.

347.

Nous ne trouvons guère de gens de bon sens que ceux qui sont de notre avis.

348.

Quand on aime, on doute souvent de ce qu'on croit le plus.

---

[1] Var. Chaque talent dans les hommes, de même que chaque arbre, a ses propriétés et ses effets qui lui sont tous particuliers. (1665 — n° 158.)

349.

Le plus grand miracle de l'amour, c'est de guérir de la coquetterie.

350.

Ce qui nous donne tant d'aigreur contre ceux qui nous font des finesses, c'est qu'ils croient être plus habiles que nous.

351.

On a bien de la peine à rompre quand on ne s'aime plus.

352.

On s'ennuie presque toujours avec les gens avec lesquels il n'est pas permis de s'ennuyer.

353.

Un honnête homme peut être amoureux comme un fou, mais non pas comme un sot.

354.

Il y a de certains défauts qui, bien mis en œuvre, brillent plus que la vertu même.

355.

On perd quelquefois des personnes qu'on regrette plus qu'on n'en est affligé, et d'autres dont est affligé, et qu'on ne regrette guère.

356.

Nous ne louons d'ordinaire de bon cœur que ceux qui nous admirent.

357.

Les petits esprits sont trop blessés des petites choses, les grands esprits les voient toutes, et n'en sont point blessés.

358.

L'humilité est la véritable preuve des vertus chrétiennes : sans elle nous conservons tous nos défauts, et ils sont seulement couverts par l'orgueil, qui les cache aux autres et souvent à nous-mêmes.

359.

Les infidélités devroient éteindre l'amour, et il ne faudroit point être jaloux quand on a sujet de l'être. Il n'y a que les personnes qui évitent de donner de la jalousie, qui soient dignes qu'on en ait pour elles[1].

360.

On se décrie beaucoup plus auprès de nous par les moindres infidélités qu'on nous fait, que par les plus grandes qu'on fait aux autres.

361.

La jalousie naît toujours avec l'amour; mais elle ne meurt pas toujours avec lui.

362.

La plupart des femmes ne pleurent pas tant la mort de leurs amants pour les avoir aimés, que pour paroître plus dignes d'être aimées.

363.

Les violences qu'on nous fait nous font souvent moins de peine que celles que nous nous faisons à nous-mêmes.

364.

On sait assez qu'il ne faut guère parler de sa femme : mais on ne sait pas assez qu'on devroit encore moins parler de soi.

365.

Il y a de bonnes qualités qui dégénèrent en défauts, quand elles sont naturelles, et d'autres qui ne sont jamais parfaites, quand elles sont acquises. Il faut, par exemple, que la raison nous fasse ménagers de notre bien et de notre confiance ; et il faut au contraire que la nature nous donne la bonté et la valeur.

366.

Quelque défiance que nous ayons de la sincérité de ceux qui nous parlent, nous croyons toujours qu'ils nous disent plus vrai qu'aux autres.

367.

Il y a peu d'honnêtes femmes qui ne soient lasses de leur métier.

---

[1] Var. Il ne faudroit point être jaloux *quand on nous donne sujet de l'être*, etc. (Tirée des Manuscrits de Conrart, in-folio, t. XIII, p. 1183. — Lettre de madame de Rohan, abbesse de Malnoue, à M. le duc de La Rochefoucauld.)

368.
La plupart des honnêtes femmes sont des trésors cachés, qui ne sont en sûreté que parce qu'on ne les cherche pas.

369.
Les violences qu'on se fait pour s'empêcher d'aimer, sont souvent plus cruelles que les rigueurs de ce qu'on aime.

370.
Il n'y a guère de poltrons qui connoissent toujours toute leur peur.

371.
C'est presque toujours la faute de celui qui aime, de ne pas connoître quand on cesse de l'aimer.

372.
La plupart des jeunes gens croient être naturels, lorsqu'ils ne sont que mal polis et grossiers.

373.
Il y a de certaines larmes qui nous trompent souvent nous-mêmes, après avoir trompé les autres.

374.
Si on croit aimer sa maîtresse pour l'amour d'elle, on est bien trompé.

375.
Les esprits médiocres condamnent d'ordinaire tout ce qui passe leur portée.

376.
L'envie est détruite par la véritable amitié, et la coquetterie par le véritable amour.

377.
Le plus grand défaut de la pénétration n'est pas de n'aller point jusqu'au but, c'est de le passer.

378.
On donne des conseils, mais on n'inspire point de conduite.

379.
Quand notre mérite baisse, notre goût baisse aussi.

380.
La fortune fait paroître nos vertus et nos vices, comme la lumière fait paroître les objets[1].

381.
La violence qu'on se fait pour demeurer fidèle à ce qu'on aime ne vaut guère mieux qu'une infidélité.

382.
Nos actions sont comme les bouts-rimés, que chacun fait rapporter à ce qu'il lui plaît.

383.
L'envie de parler de nous et de faire voir nos défauts du côté que nous voulons bien les montrer, fait une grande partie de notre sincérité.

384.
On ne devroit s'étonner que de pouvoir encore s'étonner.

385.
On est presque également difficile à contenter quand on a beaucoup d'amour, et quand on n'en a plus guère.

386.
Il n'y a point de gens qui aient plus souvent tort que ceux qui ne peuvent souffrir d'en avoir.

387.
Un sot n'a pas assez d'étoffe pour être bon.

388.
Si la vanité ne renverse pas entièrement les vertus, du moins elle les ébranle toutes.

389.
Ce qui rend la vanité des autres insupportable, c'est qu'elle blesse la nôtre.

390.
On renonce plus aisément à son intérêt qu'à son goût.

391.
La fortune ne paroît jamais si aveugle qu'à ceux à qui elle ne fait pas de bien.

---

[1] Voyez la 14ᵉ des *Réflexions diverses*.

392.

Il faut gouverner la fortune comme la santé : en jouir quand elle est bonne, prendre patience quand elle est mauvaise, et ne faire jamais de grands remèdes sans un extrême besoin.

393.

L'air bourgeois se perd quelquefois à l'armée ; mais il ne se perd jamais à la cour.

394.

On peut être plus fin qu'un autre, mais non pas plus fin que tous les autres.

395.

On est quelquefois moins malheureux d'être trompé de ce qu'on aime, que d'en être détrompé.

396.

On garde longtemps son premier amant, quand on n'en prend point de second.

397.

Nous n'avons pas le courage de dire, en général, que nous n'avons point de défauts, et que nos ennemis n'ont point de bonnes qualités ; mais, en détail, nous ne sommes pas trop éloignés de le croire.

398.

De tous nos défauts, celui dont nous demeurons le plus aisément d'accord, c'est de la paresse : nous nous persuadons qu'elle tient à toutes les vertus paisibles, et que, sans détruire entièrement les autres, elle en suspend seulement les fonctions.

399.

Il y a une élévation qui ne dépend point de la fortune : c'est un certain air qui nous distingue, et qui semble nous destiner aux grandes choses ; c'est un prix que nous nous donnons imperceptiblement à nous-mêmes ; c'est par cette qualité que nous usurpons les déférences des autres hommes, et c'est elle d'ordinaire qui nous met plus au-dessus d'eux que la naissance, les dignités et le mérite même.

400.

Il y a du mérite sans élévation, mais il n'y a point d'élévation sans quelque mérite.

401.

L'élévation est au mérite ce que la parure est aux belles personnes.

402.

Ce qui se trouve le moins dans la galanterie, c'est de l'amour.

403.

La fortune se sert quelquefois de nos défauts pour nous élever ; et il y a des gens incommodes dont le mérite seroit mal récompensé si on ne vouloit acheter leur absence.

404.

Il semble que la nature ait caché dans le fond de notre esprit des talents et une habileté que nous ne connoissons pas : les passions seules ont le droit de les mettre au jour, et de nous donner quelquefois des vues plus certaines et plus achevées que l'art ne sauroit faire.

405.

Nous arrivons tout nouveaux aux divers âges de la vie, et nous y manquons souvent d'expérience, malgré le nombre des années.

406.

Les coquettes se font honneur d'être jalouses de leurs amants, pour cacher qu'elles sont envieuses des autres femmes.

407.

Il s'en faut bien que ceux qui s'attrapent à nos finesses ne nous paroissent aussi ridicules que nous nous le paroissons à nous-mêmes, quand les finesses des autres nous ont attrapés.

408.

Le plus dangereux ridicule des vieilles personnes qui ont été aimables, c'est d'oublier qu'elles ne le sont plus.

409.

Nous aurions souvent honte de nos plus

410.

Le plus grand effort de l'amitié n'est pas de montrer nos défauts à un ami, c'est de lui faire voir les siens.

411.

On n'a guère de défauts qui ne soient plus pardonnables que les moyens dont on se sert pour les cacher.

412.

Quelque honte que nous ayons méritée, il est presque toujours en notre pouvoir de rétablir notre réputation.

413.

On ne plaît pas longtemps, quand on n'a qu'une sorte d'esprit[1].

414.

Les fous et les sottes gens ne voient que par leur humeur.

415.

L'esprit nous sert quelquefois hardiment à faire des sottises.

416.

La vivacité qui augmente en vieillissant, ne va pas loin de la folie.

417.

En amour, celui qui est guéri le premier est toujours le mieux guéri.

418.

Les jeunes femmes qui ne veulent point paroître coquettes et les hommes d'un âge avancé qui ne veulent pas être ridicules, ne doivent jamais parler de l'amour, comme d'une chose où ils puissent avoir part.

419.

Nous pouvons paroître grands dans un emploi au-dessous de notre mérite; mais nous paroissons souvent petits dans un emploi plus grand que nous.

420.

Nous croyons souvent avoir de la constance dans les malheurs, lorsque nous n'avons que de l'abattement; et nous les souffrons sans oser les regarder, comme les poltrons se laissent tuer de peur de se défendre.

421.

La confiance fournit plus à la conversation que l'esprit.

422.

Toutes les passions nous font faire des fautes, mais l'amour nous en fait faire de plus ridicules.

423.

Peu de gens savent être vieux.

424.

Nous nous faisons honneur des défauts opposés à ceux que nous avons : quand nous sommes foibles, nous nous vantons d'être opiniâtres.

425.

La pénétration a un air de deviner qui flatte plus notre vanité que toutes les autres qualités de l'esprit.

426.

La grâce de la nouveauté et de la longue habitude, quelque opposées qu'elles soient, nous empêchent également de sentir les défauts de nos amis.

427.

La plupart des amis dégoûtent de l'amitié, et la plupart des dévots dégoûtent de la dévotion.

428.

Nous pardonnons aisément à nos amis les défauts qui ne nous regardent pas.

429.

Les femmes qui aiment pardonnent plus aisément les grandes indiscrétions que les petites infidélités.

430.

Dans la vieillesse de l'amour comme dans celle de l'âge, on vit encore pour les maux, mais on ne vit plus pour les plaisirs.

431.

Rien n'empêche tant d'être naturel que l'envie de le paroître.

---

[1] VAR. C'est une grande pauvreté de n'avoir qu'une sorte d'esprit. (*Variante indiquée par Brottier.*)

432.

C'est en quelque sorte se donner part aux belles actions, que de les louer de bon cœur.

433.

La plus véritable marque d'être né avec de grandes qualités, c'est d'être né sans envie.

434.

Quand nos amis nous ont trompés, on ne doit que de l'indifférence aux marques de leur amitié; mais on doit toujours de la sensibilité à leurs malheurs.

435.

La fortune et l'humeur gouvernent le monde.

436.

Il est plus aisé de connoître l'homme en général que de connoître un homme en particulier.

437.

On ne doit pas juger du mérite d'un homme par ses grandes qualités, mais par l'usage qu'il en sait faire.

438.

Il y a une certaine reconnoissance vive qui ne nous acquitte pas seulement des bienfaits que nous avons reçus, mais qui fait même que nos amis nous doivent en leur payant ce que nous leur devons.

439.

Nous ne désirerions guère de choses avec ardeur, si nous connoissions parfaitement ce que nous désirons.

440.

Ce qui fait que la plupart des femmes sont peu touchées de l'amitié, c'est qu'elle est fade quand on a senti de l'amour.

441.

Dans l'amitié, comme dans l'amour, on est souvent plus heureux par les choses qu'on ignore que par celles que l'on sait.

442.

Nous essayons de nous faire honneur des défauts que nous ne voulons pas corriger.

443.

Les passions les plus violentes nous laissent quelquefois du relâche; mais la vanité nous agite toujours.

444.

Les vieux fous sont plus fous que les jeunes.

445.

La foiblesse est plus opposée à la vertu que le vice.

446.

Ce qui rend les douleurs de la honte et de la jalousie si aiguës, c'est que la vanité ne peut servir à les supporter.

447.

La bienséance est la moindre de toutes les lois, et la plus suivie.

448.

Un esprit droit a moins de peine de se soumettre aux esprits de travers que de les conduire.

449.

Lorsque la fortune nous surprend en nous donnant une grande place, sans nous y avoir conduits par degrés, ou sans que nous nous y soyons élevés par nos espérances, il est presque impossible de s'y bien soutenir et de paroître digne de l'occuper.

450.

Notre orgueil s'augmente souvent de ce que nous retranchons de nos autres défauts.

451

Il n'y a point de sots si incommodes que ceux qui ont de l'esprit.

452.

Il n'y a point d'homme qui se croie, en chacune de ses qualités, au-dessous de l'homme du monde qu'il estime le plus.

453.

Dans les grandes affaires, on doit moins s'appliquer à faire naître des occasions qu'à profiter de celles qui se présentent.

454

Il n'y a guère d'occasion où l'on fît un méchant marché de renoncer au bien qu'on dit de nous, à condition de n'en dire point de mal.

455.

Quelque disposition qu'ait le monde à mal juger, il fait encore plus souvent grâce au faux mérite qu'il ne fait injustice au véritable.

456.

On est quelquefois un sot avec de l'esprit; mais on ne l'est jamais avec du jugement.

457.

Nous gagnerions plus de nous laisser voir tels que nous sommes, que d'essayer de paroitre ce que nous ne sommes pas.

458.

Nos ennemis approchent plus de la vérité dans les jugements qu'ils font de nous, que nous n'en approchons nous-mêmes.

459.

Il y a plusieurs remèdes qui guérissent de l'amour; mais il n'y en a point d'infaillible.

460.

Il s'en faut bien que nous connoissions tout ce que nos passions nous font faire.

461.

La vieillesse est un tyran qui défend, sur peine de la vie, tous les plaisirs de la jeunesse.

462.

Le même orgueil qui nous fait blâmer les défauts dont nous nous croyons exempts, nous porte à mépriser les bonnes qualités que nous n'avons pas.

463.

Il y a souvent plus d'orgueil que de bonté à plaindre les malheurs de nos ennemis : c'est pour leur faire sentir que nous sommes au-dessus d'eux que nous leur donnons des marques de compassion.

464.

Il y a un excès de biens et de maux qui passe notre sensibilité.

465.

Il s'en faut bien que l'innocence trouve autant de protection que le crime.

466.

De toutes les passions violentes, celle qui sied le moins mal aux femmes, c'est l'amour.

467.

La vanité nous fait faire plus de chose contre notre goût que la raison.

468.

Il y a de méchantes qualités qui font de grands talents.

469.

On ne souhaite jamais ardemment ce qu'on ne souhaite que par raison.

470.

Toutes nos qualités sont incertaines et douteuses, en bien comme en mal ; et elles sont presque toutes à la merci des occasions.

471.

Dans les premières passions, les femmes aiment l'amant ; et dans les autres, elles aiment l'amour.

472.

L'orgueil a ses bizarreries comme les autres passions : on a honte d'avouer que l'on ait de la jalousie, et on se fait honneur d'en avoir eu et d'être capable d'en avoir.

473.

Quelque rare que soit le véritable amour, il l'est encore moins que la véritable amitié.

474.

Il y a peu de femmes dont le mérite dure plus que la beauté.

475.

L'envie d'être plaint ou d'être admiré fait

souvent la plus grande partie de notre confiance.

476.

Notre envie dure toujours plus longtemps que le bonheur de ceux que nous envions.

477.

La même fermeté qui sert à résister à l'amour sert aussi à le rendre violent et durable; et les personnes foibles, qui sont toujours agitées des passions, n'en sont presque jamais véritablement remplies.

478.

L'imagination ne sauroit inventer tant de diverses contrariétés qu'il y en a naturellement dans le cœur de chaque personne.

479.

Il n'y a que les personnes qui ont de la fermeté qui puissent avoir une véritable douceur; celles qui paroissent douces n'ont d'ordinaire que de la foiblesse, qui se convertit aisément en aigreur.

480.

La timidité est un défaut dont il est dangereux de reprendre les personnes qu'on en veut corriger.

481.

Rien n'est plus rare que la véritable bonté : ceux même qui croient en avoir, n'ont d'ordinaire que de la complaisance ou de la foiblesse.

482.

L'esprit s'attache, par paresse et par constance, à ce qui lui est facile ou agréable. Cette habitude met toujours des bornes à nos connoissances, et jamais personne ne s'est donné la peine d'étendre et de conduire son esprit aussi loin qu'il pourroit aller.

483.

On est d'ordinaire plus médisant par vanité que par malice.

484.

Quand on a le cœur encore agité par les restes d'une passion, on est plus près d'en prendre une nouvelle que quand on est entièrement guéri.

485.

Ceux qui ont eu de grandes passions se trouvent toute leur vie heureux et malheureux d'en être guéris.

486.

Il y a encore plus de gens sans intérêt que sans envie.

487.

Nous avons plus de paresse dans l'esprit que dans le corps.

488.

Le calme ou l'agitation de notre humeur ne dépend pas tant de ce qui nous arrive de plus considérable dans la vie, que d'un arrangement commode ou désagréable de petites choses qui arrivent tous les jours.

489.

Quelque méchants que soient les hommes, ils n'oseroient paroître ennemis de la vertu; et lorsqu'ils la veulent persécuter, ils feignent de croire qu'elle est fausse, ou ils lui supposent des crimes.

490.

On passe souvent de l'amour à l'ambition; mais on ne revient guère de l'ambition à l'amour.

491.

L'extrême avarice se méprend presque toujours : il n'y a point de passion qui s'éloigne plus souvent de son but, ni sur qui le présent ait tant de pouvoir, au préjudice de l'avenir.

492.

L'avarice produit souvent des effets contraires : il y a un nombre infini de gens qui sacrifient tout leur bien à des espérances douteuses et éloignées; d'autres méprisent de grands avantages à venir pour de petits intérêts présents.

493.

Il semble que les hommes ne se trouvent pas assez de défauts; ils en augmentent encore le nombre par de certaines qualités singulières dont ils affectent de se parer; et ils les cultivent avec tant de soin, qu'elles deviennent à la fin des défauts naturels qu'il ne dépend plus d'eux de corriger.

494.

Ce qui fait voir que les hommes connoissent mieux leurs fautes qu'on ne pense, c'est qu'ils n'ont jamais tort quand on les entend parler de leur conduite : le même amour-propre qui les aveugle d'ordinaire les éclaire alors, et leur donne des vues si justes, qu'il leur fait supprimer ou déguiser les moindres choses qui peuvent être condamnées.

495.

Il faut que les jeunes gens qui entrent dans le monde soient honteux ou étourdis : un air capable et composé se tourne d'ordinaire en impertinence.

496.

Les querelles ne dureroient pas longtemps, si le tort n'étoit que d'un côté.

497.

Il ne sert de rien d'être jeune sans être belle, ni d'être belle sans être jeune.

498.

Il y a des personnes si légères et si frivoles, qu'elles sont aussi éloignées d'avoir de véritables défauts que des qualités solides.

499.

On ne compte d'ordinaire la première galanterie des femmes que lorsqu'elles en ont une seconde.

500.

Il y a des gens si remplis d'eux-mêmes, que lorsqu'ils sont amoureux, ils trouvent moyen d'être occupés de leur passion, sans l'être de la personne qu'ils aiment.

501.

L'amour, tout agréable qu'il est, plaît encore plus par les manières dont il se montre que par lui-même.

502.

Peu d'esprit avec de la droiture ennuie moins, à la longue, que beaucoup d'esprit avec du travers.

503.

La jalousie est le plus grand de tous les maux, et celui qui fait le moins de pitié aux personnes qui le causent.

504.

Après avoir parlé de la fausseté de tant de vertus apparentes, il est raisonnable de dire quelque chose de la fausseté du mépris de la mort. J'entends parler de ce mépris de la mort que les païens se vantent de tirer de leurs propres forces, sans l'espérance d'une meilleure vie. Il y a différence entre souffrir la mort constamment et la mépriser. Le premier est assez ordinaire ; mais je crois que l'autre n'est jamais sincère. On a écrit néanmoins tout ce qui peut le plus persuader que la mort n'est point un mal, et les hommes les plus foibles, aussi bien que les héros, ont donné mille exemples célèbres pour établir cette opinion. Cependant je doute que personne de bon sens l'ait jamais cru, et la peine que l'on prend pour le persuader aux autres et à soi-même fait assez voir que cette entreprise n'est pas aisée. On peut avoir divers sujets de dégoût dans la vie ; mais on n'a jamais raison de mépriser la mort. Ceux même qui se la donnent volontairement ne la comptent pas pour si peu de chose ; et ils s'en étonnent et la rejettent comme les autres, lorsqu'elle vient à eux par une autre voie que celle qu'ils ont choisie. L'inégalité que l'on remarque dans le courage d'un nombre infini de vaillants hommes vient de ce que la mort se découvre différemment à leur imagination, et y paroît plus présente en un temps qu'en un autre : ainsi il arrive qu'après avoir méprisé ce qu'ils ne connoissent pas, ils craignent enfin ce qu'ils connoissent. Il faut éviter de l'envisager avec toutes ses circonstances, si on ne veut pas croire qu'elle soit le plus grand de tous les maux. Les plus habiles et les plus braves sont ceux qui prennent de plus honnêtes prétextes pour s'empêcher de la considérer : mais tout homme qui la sait voir telle qu'elle est trouve que c'est une chose épouvantable. La nécessité de mourir faisoit toute la constance des philosophes. Ils croyoient qu'il falloit aller de bonne grâce où l'on ne sauroit s'empêcher d'aller ; et, ne pouvant éterniser leur vie, il n'y avoit rien qu'ils ne fissent pour éterniser leur réputation, et sauver du naufrage ce qui en peut être garanti. Contentons-nous, pour faire bonne mine, de ne nous pas dire à nous-mêmes tout ce que nous en pensons, et espérons plus de notre tempérament que de ces foibles raisonnements qui nous font croire que nous pouvons approcher de la mort avec indifférence. La gloire de mourir avec fermeté, l'espérance d'être regretté, le désir de laisser une belle réputation, l'assurance d'être affranchi des misères de la vie, et de ne dépendre plus des caprices de la fortune, sont des remèdes qu'on ne doit pas rejeter ; mais on ne doit pas croire aussi qu'ils soient infaillibles. Ils font, pour nous assurer, ce qu'une simple haie fait souvent à la guerre pour assurer ceux qui doivent approcher d'un lieu d'où l'on tire : quand on en est éloigné, on s'imagine qu'elle peut mettre à couvert ; mais quand on en est proche, on trouve que c'est un foible secours. C'est nous flatter, de croire que la mort nous paroisse de près ce que nous en avons jugé de loin, et que nos sentiments, qui ne sont que foiblesse, soient d'une trempe assez forte pour ne point souffrir d'atteinte par la plus rude de toutes les épreuves. C'est aussi mal connoître les effets de l'amour-propre, que de penser qu'il puisse nous aider à compter pour rien ce qui le doit nécessairement détruire; et la raison, dans laquelle on croit trouver tant de ressources, est trop faible en cette rencontre pour nous persuader ce que nous voulons. C'est elle au contraire qui nous trahit le plus souvent, et qui, au lieu de nous inspirer le mépris de la mort, sert à nous découvrir ce qu'elle a d'affreux et de terrible. Tout ce qu'elle peut faire pour nous est de nous conseiller d'en détourner les yeux pour les arrêter sur d'autres objets. Caton et Brutus en choisirent d'illustres. Un laquais se contenta, il y a quelque temps, de danser sur l'échafaud où il alloit être roué. Ainsi, bien que les motifs soient différents, ils produisent souvent les mêmes effets; de sorte qu'il est vrai que, quelque disproportion qu'il y ait entre les grands hommes et les gens du commun, on a vu mille fois les uns et les autres recevoir la mort d'un même visage ; mais ç'a toujours été avec cette différence que dans le mépris que les grands hommes font paroître pour la mort, c'est l'amour de la gloire qui leur en ôte la vue; et dans les gens du commun, ce n'est qu'un effet de leur peu de lumière qui les empêche de connoître la grandeur de leur mal, et leur laisse la liberté de penser à autre chose.

MAXIMES POSTHUMES

(PREMIER SUPPLÉMENT.)

I. — 505.

Dieu a mis des talents différents dans l'homme, comme il a planté des arbres différents dans la nature, en sorte que chaque talent, ainsi que chaque arbre, a sa propriété et son effet qui lui sont particuliers. De là vient que le poirier le meilleur du monde ne sauroit porter les pommes les plus communes, et que le talent le plus excellent ne sauroit produire les mêmes effets du talent le plus commun ; de là aussi vient qu'il est aussi ridicule de vouloir faire des sentences sans en avoir la graine[1] en soi, que de vouloir qu'un parterre produise des tulipes, quoiqu'on n'y ait point semé d'oignons[2].

II. — 506.

On ne sauroit compter toutes les espèces de vanité.

III. — 507.

Tout le monde est plein de pelles qui se moquent du fourgon[3].

IV. — 508.

Ceux qui prisent trop leur noblesse, ne prisent pas assez ce qui en est l'origine[1].

V. — 509.

Dieu a permis, pour punir l'homme du péché originel, qu'il se fît un dieu de son amour-propre, pour en être tourmenté dans toutes les actions de sa vie[2].

VI. — 510.

L'intérêt est l'âme de l'amour-propre ; de sorte que comme le corps, privé de son âme, est sans vue, sans ouïe, sans connoissance, sans sentiment et sans mouvement, de même l'amour-propre sépare, s'il le faut dire ainsi, de son intérêt, ne voit, n'entend, ne sent et ne se remue plus. De là vient qu'un même homme qui court la terre et les mers pour son intérêt, devient soudainement paralytique pour l'intérêt des autres ; de là vient le soudain assoupissement et cette mort que nous causons à tous ceux à qui nous contons nos affaires ; de là vient leur prompte résurrection lorsque, dans notre

---

[1] La Rochefoucauld, qui possédait de cette graine en abondance, voyait sans doute avec quelque dépit les productions de ses pâles imitateurs, quand, le 5 décembre 1662, il écrivait à madame de Sablé : « *Je ne sais si vous avez remarqué que l'envie de faire des sentences se gagne comme le rhume* : il y a ici (Verteuil) des *disciples de M. de Balzac qui en ont eu le vent, et qui ne veulent plus faire autre chose.*

[2] Cette maxime, que M. Édouard de Barthélemy a tirée du manuscrit de la Roche-Guyon, avait déjà été recueillie par Amelot de La Houssaye.

[3] Montaigne a dit aussi : *Le fourgon se mocque de la pæle*. Essais, liv. III, ch. v. — Voyez encore la *maxime* 569, qui, en d'autres termes, exprime la même pensée.

[1] Dans le recueil des *Maximes* de madame de Sablé, cette pensée se retrouve, longuement développée, sous le n° 72.

[2] *Portefeuilles de Vallant*, t. II, fol. 310, Ancien ; 256, Nouveau.

narration, nous y mêlons quelque chose qui les regarde; de sorte que nous voyons, dans nos conversations et dans nos traités, que, dans un même moment, un homme perd connoissance et revient à soi, selon que son propre intérêt s'approche de lui, ou qu'il s'en retire[1].

VII. — 511.

Nous craignons toutes choses comme mortels, et nous désirons toutes choses comme si nous étions immortels.

VIII. — 512.

Il semble que c'est le diable qui a tout exprès placé la paresse sur la frontière de plusieurs vertus[2].

IX. — 513.

Ce qui fait croire si aisément que les autres ont des défauts, c'est la facilité que l'on a de croire ce qu'on souhaite[3].

X. — 514.

Le remède de la jalousie est la certitude de ce qu'on a craint, parce qu'elle cause la fin de la vie, ou la fin de l'amour ; c'est un cruel remède, mais il est plus doux que le doute et les soupçons[4].

XI. — 515.

L'espérance et la crainte sont inséparables, et il n'y a point de crainte sans espérance, ni d'espérance sans crainte[5].

XII. — 516.

Il ne faut pas s'offenser que les autres nous cachent la vérité, puisque nous nous la cachons si souvent à nous-mêmes[6].

XIII. — 517.

Ce qui nous empêche souvent de bien juger des sentences qui prouvent la fausseté des vertus, c'est que nous croyons trop aisément qu'elles sont véritables en nous[1].

XIV. — 518.

La dévotion qu'on donne aux princes est un second amour-propre[2].

XV. — 519.

La fin du bien est un mal, et la fin du mal est un bien.

XVI. — 520.

Les philosophes ne condamnent les richesses que par le mauvais usage que nous en faisons ; il dépend de nous de les acquérir et de nous en servir sans crime ; et au lieu qu'elles nourrissent et accroissent les crimes, comme le bois entretient le feu, nous pouvons les consacrer à toutes les vertus, et les rendre même par là plus agréables et plus éclatantes.

XVII. — 521.

La ruine du prochain plaît aux amis et aux ennemis[3].

XVIII. — 522.

Comme la plus heureuse personne du monde est celle à qui peu de chose suffit, les grands et les ambitieux sont en ce moment les misérables, puisqu'il leur faut l'assemblage d'une infinité de biens pour les rendre heureux.

XIX. — 523.

Une preuve convaincante que l'homme n'a pas été créé comme il est, c'est que, plus il devient raisonnable, et plus il rougit en lui-même de l'extravagance, de la bassesse et de la corruption de ses sentiments et de ses inclinations.

XX. — 524.

Ce qui fait tant disputer contre les maximes qui découvrent le cœur de l'homme, est que l'on craint d'y être découvert[4].

XXI. — 525.

Le pouvoir que les personnes que nous

---

[1] *Ibid.*, fol. 211, Ancien; 159, Nouveau.
[2] Rapprochez les *maximes* 169, 266, 398 et 630.
[3] *Portefeuilles de Vallant*, t. II, fol. 223, Ancien; 169, Nouveau. Dans le manuscrit de La Roche-Guyon, on lit : Ce qui *nous*, etc.
[4] Voyez la *maxime* 32, et la 8e des *Réflexions diverses*.
[5] Cette *maxime* ne se trouve entière que dans le manuscrit de La Roche-Guyon. Dans sa lettre du 10 décembre 1663 à madame de Sablé, La Rochefoucauld ne donne que le premier membre de phrase.
[6] Voyez la *maxime* 114.

[1] Voyez ci-après la *maxime* 524.
[2] Voyez la *maxime* 261.
[3] La Rochefoucauld reproduit ici la pensée de la *maxime* n° XCIX de l'édition de 1665, qu'il supprima dans les éditions suivantes, et que l'on trouvera ci-après sous le n° 585.
[4] *Portefeuilles de Vallant*, t. II, fol. 310, Ancien; 256, Nouveau.

aimons ont sur nous, est presque toujours plus grand que celui que nous y avons nous-mêmes[1].

XXII. — 526.

On blâme aisément les défauts des autres, mais on s'en sert rarement à corriger les siens[2].

XXIII. — 527.

L'homme est si misérable, que, tournant toute sa conduite à satisfaire ses passions, il gémit incessamment sur leur tyrannie : il ne peut supporter ni leur violence ni celle qu'il faut qu'il se fasse pour s'affranchir de leur joug; il trouve du dégoût, non-seulement en elles, mais dans leurs remèdes, et ne peut s'accommoder ni du chagrin de sa maladie, ni du travail de sa guérison.

XXIV. — 528.

Les biens et les maux qui nous arrivent ne nous touchent pas selon leur grandeur, mais selon notre sensibilité[3].

XXV. — 529.

La finesse n'est qu'une pauvre habileté[4].

XXVI. — 530.

On ne donne des louanges que pour en profiter.

XXVII. — 531.

Les passions ne sont que les divers goûts de l'amour-propre.

XXVIII. — 532.

L'extrême ennui sert à nous désennuyer.

XXIX. — 533.

On loue et on blâme la plupart des choses, parce que c'est la mode de les louer ou de les blâmer. Ce n'est d'ordinaire que dans les petits intérêts que nous consentons de ne point croire aux apparences.

XXX. — 534.

Le bon sens et le bon esprit conviennent à tous les âges, mais les goûts n'y conviennent pas toujours, et ce qui sied bien en un temps ne sied pas bien en un autre : c'est ce qui me fait croire que peu de gens savent être vieux.

XXXI. — 535.

Le goût change, mais l'inclination ne change point.

XXXII. — 536.

Force gens veulent être dévots, mais personne ne veut être humble.

XXXIII. — 537.

Le travail du corps délivre des peines de l'esprit, et c'est ce qui rend les pauvres heureux.

XXXIV. — 538.

Les véritables mortifications sont celles qui ne sont point connues; la vanité rend les autres faciles.

XXXV. — 539.

L'humilité est l'autel sur lequel Dieu veut qu'on lui offre des sacrifices.

XXXVI. — 540.

Il faut peu de choses pour rendre le sage heureux; rien ne peut rendre un fou content : c'est pourquoi presque tous les hommes sont misérables.

XXXVII. — 541.

Nous nous tourmentons moins pour devenir heureux que pour faire croire que nous le sommes.

XXXVIII. — 542.

Il est bien plus aisé d'éteindre un premier désir que de satisfaire tous ceux qui le suivent.

XXXIX. — 543.

La sagesse est à l'âme ce que la santé est pour le corps.

XL. — 544.

Les grands de la terre ne pouvant donner la santé du corps ni le repos d'esprit, on achète

---

[1] *Portefeuilles de Vallant*, t. II, f. 211, Ancien; 159, Nouveau.
[2] Madame de Sablé a fait plusieurs variantes de cette maxime, qui appartenait sans doute au fonds commun. Voyez ses *Maximes*, 47, 49 et 73.
[3] Voyez les *maximes* 339 et 464.
[4] Voyez les *maximes* 125 et 126.

toujours trop cher tous les biens qu'ils peuvent faire.

XLI. — 545.

Avant que de désirer fortement une chose, il faut examiner quel est le bonheur de celui qui la possède[1].

XLII. — 546.

Un véritable ami est le plus grand de tous les biens, et celui de tous qu'on songe le moins à acquérir.

XLIII. — 547.

Les amants ne voient les défauts de leurs maîtresses que lorsque leur enchantement est fini.

XLIV. — 548.

La prudence et l'amour ne sont pas faits l'un pour l'autre ; à mesure que l'amour croît, la prudence diminue.

XLV. — 549.

Il est quelquefois agréable à un mari d'avoir une femme jalouse ; il entend toujours parler de ce qu'il aime.

XLVI. — 550.

Qu'une femme est à plaindre quand elle a tout ensemble de l'amour et de la vertu?

XLVII. — 551.

Le sage trouve mieux son compte à ne point s'engager qu'à vaincre.

XLVIII. — 552.

Il est plus nécessaire d'étudier les hommes que les livres.

XLIX. — 553.

Le bonheur ou le malheur vont d'ordinaire à ceux qui ont le plus de l'un ou de l'autre.

L. — 554.

Une honnête femme est un trésor caché ; celui qui l'a trouvé fait fort bien de ne pas s'en vanter[2].

[1] Var. de la maxime 439.
[2] Var. de la maxime 568.

LI. — 555.

Quand nous aimons trop, il est malaisé de reconnoître si l'on cesse de nous aimer[1].

LII. — 556.

On ne se blâme que pour être loué[2].

LIII. — 557.

On s'ennuie presque toujours avec ceux que l'on ennuie.

LIV. — 558.

Il n'est jamais plus difficile de bien parler que quand on a honte de se taire.

LV. — 559.

Il n'est rien de plus naturel ni de plus trompeur que de croire qu'on est aimé.

LVI. — 560.

Nous aimons mieux voir ceux à qui nous faisons du bien que ceux qui nous en font.

LVII. — 561.

Il est plus difficile de dissimuler les sentiments que l'on a, que de feindre ceux que l'on n'a pas[3].

LVIII. — 562.

Les amitiés renouées demandent plus de soins que celles qui n'ont jamais été rompues.

LIX. — 563.

Un homme à qui personne ne plaît est bien plus malheureux que celui qui ne plaît à personne.

LX. — 564.

L'enfer des femmes, c'est la vieillesse[4].

[1] Ici l'auteur nous paroît être en contradiction avec ce qu'il a dit maxime 371.
[2] Cette maxime a beaucoup de ressemblance avec le n° 149.
[3] Rapprochez les maximes 70 et 108.
[4] Cette pensée, adressée par La Rochefoucauld à Ninon de l'Enclos, nous a été conservée par Des Maizeaux auteur d'une Vie de Saint-Evremond.

MAXIMES SUPPRIMÉES PAR L'AUTEUR[1]

(SECOND SUPPLÉMENT.)

I. — 565.

L'amour-propre est l'amour de soi-même et de toutes choses pour soi; il rend les hommes idolâtres d'eux-mêmes, et les rendroit les tyrans des autres, si la fortune leur en donnoit les moyens : il ne se repose jamais hors de soi, et ne s'arrête dans les sujets étrangers que comme les abeilles sur les fleurs, pour en tirer ce qui lui est propre. Rien n'est si impétueux que ses désirs, rien de si caché que ses desseins, rien de si habile que ses conduites : ses souplesses ne se peuvent représenter, ses transformations passent celles des métamorphoses, et ses raffinements ceux de la chimie. On ne peut sonder la profondeur, ni percer les ténèbres de ses abimes. Là, il est à couvert des yeux les plus pénétrants, il y fait mille insensibles tours et retours. Là, il est souvent invisible à lui-même; il y conçoit, il y nourrit et il y élève, sans le savoir, un grand nombre d'affections et de haines; il en forme de si monstrueuses, que lorsqu'il les a mises au jour, il les méconnoit, ou il ne peut se résoudre à les avouer. De cette nuit qui le couvre, naissent les ridicules persuasions qu'il a de lui-même; de là viennent ses erreurs, ses ignorances, ses grossièretés et ses niaiseries sur son sujet; de là vient qu'il croit que ses sentiments sont morts lorsqu'ils ne sont qu'endormis; qu'il s'imagine n'avoir plus envie de courir dès qu'il se repose, et qu'il pense avoir perdu tous les goûts qu'il a rassasiés[1] : mais cette obscurité épaisse qui le cache à lui-même, n'empêche pas qu'il ne voie parfaitement ce qui est hors de lui; en quoi il est semblable à nos yeux, qui découvrent tout et sont aveugles seulement pour eux-mêmes. En effet, dans ses plus grands intérêts et dans ses plus importantes affaires où la violence de ses souhaits appelle toute son attention, il voit, il sent, il entend, il imagine, il soupçonne, il pénètre, il devine tout; de sorte qu'on est tenté de croire que chacune de ses passions a une espèce de magie qui lui est propre. Rien n'est si intime et si fort que ses attachements, qu'il essaye de rompre inutilement à la vue des malheurs extrêmes qui le menacent. Cependant il fait quelquefois en peu de temps, et sans aucun effort, ce qu'il n'a pu faire avec tous ceux dont il est capable dans le cours de plusieurs années; d'où l'on pourroit conclure assez vraisemblablement que c'est par lui-même que ses désirs sont allumés, plutôt que par la beauté et par le mérite de ses objets; que son goût est le prix qui les relève, et le fard qui les embellit[2]; que c'est après lui-même qu'il court, et qu'il suit son gré lors-

---

[1] L'indication placée à la fin de chaque maxime fait connaître la date de l'édition dans laquelle elle se trouve, ainsi que le numéro d'ordre qu'elle y occupe.

[1] Voyez la maxime 192.
[2] Voyez les maximes 48, 374 et 500.

qu'il suit les choses qui sont à son gré. Il est tous les contraires, il est impérieux et obéissant, sincère et dissimulé, miséricordieux et cruel, timide et audacieux : il a de différentes inclinations, selon la diversité des tempéraments qui le tournent et le dévouent tantôt à la gloire, tantôt aux richesses, et tantôt aux plaisirs. Il en change selon le changement de nos âges, de nos fortunes et de nos expériences; mais il lui est indifférent d'en avoir plusieurs ou de n'en avoir qu'une, parce qu'il se partage en plusieurs, et se ramasse en une, quand il le faut, et comme il lui plaît. Il est inconstant, et outre les changements qui viennent des causes étrangères, il y en a une infinité qui naissent de lui et de son propre fonds. Il est inconstant d'inconstance, de légèreté, d'amour, de nouveauté, de lassitude et de dégoût. Il est capricieux, et on le voit quelquefois travailler avec le dernier empressement et avec des travaux incroyables, à obtenir des choses qui ne lui sont point avantageuses, et qui même lui sont nuisibles, mais qu'il poursuit parce qu'il les veut. Il est bizarre, et met souvent toute son application dans les emplois les plus frivoles; il trouve tout son plaisir dans les plus fades, et conserve toute sa fierté dans les plus méprisables. Il est dans tous les états de la vie et dans toutes les conditions; il vit partout, et il vit de tout; il vit de rien, il s'accommode des choses et de leur privation; il passe même dans le parti des gens qui lui font la guerre; il entre dans leurs desseins, et, ce qui est admirable, il se hait lui-même avec eux; il conjure sa perte, il travaille lui-même à sa ruine; enfin il ne se soucie que d'être, et pourvu qu'il soit, il veut bien être son ennemi. Il ne faut donc pas s'étonner s'il se joint quelquefois à la plus rude austérité, et s'il entre si hardiment en société avec elle pour se détruire, parce que, dans le même temps qu'il se ruine en un endroit, il se rétablit en un autre. Quand on pense qu'il quitte son plaisir, il ne fait que le suspendre ou le changer; et lors même qu'il est vaincu et qu'on croit en être défait, on le retrouve qui triomphe dans sa propre défaite! Voilà la peinture de l'amour-propre, dont toute la vie n'est qu'une grande et longue agitation. La mer en est une image sensible; et l'amour-propre trouve dans le flux et le reflux de ses vagues continuelles une fidèle expression de la succession turbulente de ses pensées et de ses éternels mouvements [1]. (1665, — n° 1).

II. — 566.

Toutes les passions ne sont autre chose que les divers degrés de la chaleur et de la froideur du sang. (1665. — n° 13.)

III. — 567.

La modération dans la bonne fortune n'est que l'appréhension de la honte qui suit l'emportement, ou la peur de perdre ce que l'on a. (1665 — n° 18.)

IV. — 568.

La modération est comme la sobriété; on voudroit bien manger davantage, mais on craint de se faire mal. (1665 — n° 21.)

V. — 569.

Tout le monde trouve à redire en autrui ce qu'on trouve à redire en lui. (1665 — n° 33.)

VI. — 570.

L'orgueil, comme lassé de ses artifices et de ses différentes métamorphoses, après avoir joué tout seul les personnages de la comédie humaine, se montre avec un visage naturel, et se découvre par la fierté; de sorte qu'à proprement parler, la fierté est l'éclat et la déclaration de l'orgueil. (1665. — n° 37.)

VII. — 571.

La complexion qui fait le talent pour les pe-

---

[1] Cette description si vive et si merveilleusement tracée de l'amour-propre, donne la plus haute idée du talent de La Rochefoucauld dans l'analyse des sentiments humains. Il l'a pourtant sacrifiée et supprimée à partir de la seconde édition des *Maximes*, parce qu'il sentait, en homme de goût, qu'un morceau de cette longueur et de cet appareil n'était guère en harmonie avec la forme qu'il voulait donner à son livre. Un pareil sacrifice est d'autant plus appréciable que cette espèce d'exposé de son opinion sur l'amour-propre avait dû lui coûter de longues études pour l'amener à cette vigueur de pensée et d'expression qui le distingue et qui le rendait si digne d'être conservé.

tites choses est contraire à celle qu'il faut pour les grandes[1] (1665 — n° 51.)

VIII. — 572.

C'est une espèce de bonheur de connoître jusques à quel point on doit être malheureux. (1665. — n° 53.)

IX. — 573.

Quand on ne trouve pas son repos en soi-même, il est inutile de le chercher ailleurs. (1665. — n° 55, et 1666 — n° 49.)

X. — 574.

On n'est jamais si malheureux qu'on croit, ni si heureux qu'on avoit espéré[2]. (1665 — n° 59.)

XI. — 575.

On se console souvent d'être malheureux par un certain plaisir qu'on trouve à le paroître[3]. (1665 — n° 60.)

XII. — 576.

Il faudroit pouvoir répondre de sa fortune, pour pouvoir répondre de ce que l'on fera. (1665 — n° 70.)

XIII. — 577.

Comment peut-on répondre de ce qu'on voudra à l'avenir, puisque l'on ne sait pas précisément ce que l'on veut dans le temps présent[4] (1665 — n° 74.)

XIV. — 578.

L'amour est à l'âme de celui qui aime, ce que l'âme est au corps qu'elle anime. (1665 — n° 77.)

XV. — 579.

Comme on n'est jamais en liberté d'aimer, ou de cesser d'aimer, l'amant ne peut se plaindre avec justice de l'inconstance de sa maîtresse, ni elle de la légèreté de son amant. (1665 — n° 81 ; 1666 — n° 72 ; 1671 et 1675 — n° 71.)

[1] Var. du n° 41. (1678.)
[2] Var. du n° 49. (1678.)
[3] Var. du n° 50. (1678.)
[4] Var. du n° 295. (1678.)

XVI. — 580.

La justice n'est qu'une vive appréhension qu'on ne nous ôte ce qui nous appartient[1], etc. (1665 — n° 88.)

XVII. — 581.

La justice, dans les juges qui sont modérés, n'est que l'amour de leur élévation. (1665 — n° 89.)

XVIII. — 582.

On blâme l'injustice, non pas pour l'aversion que l'on a pour elle, mais pour le préjudice que l'on en reçoit[2] (1665 — n° 90.)

XIX. — 583.

Quand nous sommes las d'aimer, nous sommes bien aises qu'on devienne infidèle, pour nous dégager de notre fidélité[3]. (1665 — n° 96 ; 1666 — n° 84 ; 1671 et 1675 — n° 83.)

XX. — 584.

Le premier mouvement de joie que nous avons du bonheur de nos amis, ne vient ni de la bonté de notre naturel, ni de l'amitié que nous avons pour eux ; c'est un effet de l'amour-propre qui nous flatte de l'espérance d'être heureux à notre tour, ou de retirer quelque utilité de leur bonne fortune. (1665 — n° 97.)

XXI. — 585.

Dans l'adversité de nos meilleurs amis, nous trouvons toujours quelque chose qui ne nous déplait pas. (1665 — n° 99.)

XXII. — 586.

Comment prétendons-nous qu'un autre garde notre secret, si nous n'avons pas pu le garder nous-mêmes ? 1665 — n° 100 ; 1666 — n° 88 ; 1671 et 1675 — n° 87.)

[1] Voyez pour la suite de cette pensée, que l'auteur a reproduite d'une manière plus nette et plus heureuse, la variante du n° 78.
[2] Var. du n° 78. (1678.)
[3] On lit dans les éditions de Brottier et de M. de Fortia : *pour nous dégager de notre infidélité.* Cependant les éditions de 1666, 1671 et 1675, dans lesquelles on retrouve encore cette pensée, sont conformes à celle de 1665.

XXIII. — 587.

Comme si ce n'étoit pas assez à l'amour-propre d'avoir la vertu de se transformer lui-même, il a encore celle de transformer les objets, ce qu'il fait d'une manière fort étonnante; car non-seulement il les déguise si bien qu'il y est lui-même trompé; mais il change aussi l'état et la nature des choses. En effet, lorsqu'une personne nous est contraire et qu'elle tourne sa haine et sa persécution contre nous, c'est avec toute la sévérité de la justice que l'amour-propre juge de ses actions: il donne à ses défauts une étendue qui les rend énormes, et il met ses bonnes qualités dans un jour si désavantageux qu'elles deviennent plus dégoûtantes que ses défauts. Cependant dès que cette même personne nous devient favorable, ou que quelqu'un de nos intérêts la réconcilie avec nous, notre seule satisfaction rend aussitôt à son mérite le lustre que notre aversion venoit de lui ôter. Les mauvaises qualités s'effacent, et les bonnes paroissent avec plus d'avantage qu'auparavant; nous rappelons même toute notre indulgence pour la forcer à justifier la guerre qu'elle nous a faite. Quoique toutes les passions montrent cette vérité, l'amour la fait voir plus clairement que les autres; car nous voyons un amoureux agité de la rage où l'a mis l'oubli ou l'infidélité de ce qu'il aime, méditer pour sa vengeance tout ce que cette passion inspire de plus violent. Néanmoins, aussitôt que sa vue a calmé la fureur de ses mouvements, son ravissement rend cette beauté innocente; il n'accuse plus que lui-même, il condamne ses condamnations; et, par cette vertu miraculeuse de l'amour-propre, il ôte la noirceur aux mauvaises actions de sa maîtresse, et en sépare le crime pour s'en charger lui-même. (1665 — n° 101.)

XXIV. — 588.

Il n'y en a point qui pressent tant les autres que les paresseux lorsqu'ils ont satisfait à leur paresse, afin de paroître diligents. (1666 — n° 91.)

XXV. — 589.

L'aveuglement des hommes est le plus dangereux effet de leur orgueil: il sert à le nourrir et à l'augmenter, et nous ôte la connoissance des remèdes qui pourroient soulager nos misères et nous guérir de nos défauts. (1665 — n° 102.)

XXVI. — 590.

On n'a plus de raison, quand on n'espère plus d'en trouver aux autres. (1665 — n° 103.)

XXVII. — 591.

On a autant sujet de se plaindre de ceux qui nous apprennent à nous-mêmes, qu'en eut ce fou d'Athènes de se plaindre du médecin qui l'avoit guéri de l'opinion d'être riche [1]. (1665 — n° 104.)

XXVIII. — 592.

Les philosophes, et Sénèque sur tous, n'ont point ôté les crimes par leurs préceptes; ils n'ont fait que les employer au bâtiment de l'orgueil. (1665 — n° 105.)

XXIX. — 593.

C'est une preuve de peu d'amitié de ne s'apercevoir pas du refroidissement de celle de nos amis. (1666 — n° 97.)

XXX. — 594.

Les plus sages le sont dans les choses indifférentes, mais ils ne le sont presque jamais dans leurs plus sérieuses affaires. (1665 — n° 132.)

XXXI. — 595.

La plus subtile folie se fait de la plus subtile sagesse. (1665 — n° 134.)

XXXII. — 596.

La sobriété est l'amour de la santé, ou l'impuissance de manger beaucoup. (1665 — n° 165.)

XXXIII. — 597.

Chaque talent dans les hommes, de même que chaque arbre, a ses propriétés et ses effets qui lui sont tous particuliers [2]. (1665 — n° 138.

XXXIV. — 598.

On n'oublie jamais mieux les choses que

---

[1] L'auteur a supprimé cette pensée, qui faisoit double emploi en quelque sorte avec le n° 92 de 1678.
[2] Var. du n° 344.

MAXIMES SUPPRIMÉES.

quand on s'est lassé d'en parler. (1665 — n° 144.)

XXXV. — 599.

La modestie, qui semble refuser les louanges, n'est en effet qu'un désir d'en avoir de plus délicates[1] (1665 — n° 147.)

XXXVI. — 600.

La louange qu'on nous donne sert au moins à nous fixer dans la pratique des vertus. (1665 n° 155.)

XXXVII. — 601.

L'approbation que l'on donne à l'esprit, à la beauté et à la valeur, les augmente, les perfectionne, et leur fait faire de plus grands effets qu'ils n'auroient été capables d'eux-mêmes[2]. 1665 — n° 156).

XXXVIII — 602.

L'amour-propre empêche bien que celui qui nous flatte ne soit jamais celui qui nous flatte le plus. (1665 — n° 157.)

XXXIX. — 603.

On ne blâme le vice et on ne loue la vertu que par intérêt. (1665 — n° 151.)

XL. — 604.

On ne fait point de distinction dans les espèces de colères, bien qu'il y en ait une légère et quasi innocente, qui vient de l'ardeur de la complexion, et une autre très-criminelle, qui est à proprement parler, la fureur de l'orgueil. (1665 — n° 159.)

XLI. — 605.

Les grandes âmes ne sont pas celles qui ont moins de passions et plus de vertu que les âmes communes, mais celles seulement qui ont de plus grands desseins[3]. (1665 — n° 161).

XLII. — 606.

Les rois font des hommes comme des pièces de monnaie ; ils les font valoir ce qu'ils veulent, et l'on est forcé de les recevoir selon leur cours, et non pas selon leur véritable prix. (1665 — n° 165 ; 1666, 1671 et 1675 — n° 158.)

XLIII. — 607.

La férocité naturelle fait moins de cruels que l'amour-propre. (1665 — n° 174.)

XLIV. — 608.

On peut dire de toutes nos vertus ce qu'un poëte italien[1] a dit de l'honnêteté des femmes, que ce n'est souvent autre chose qu'un art de paroître honnête (1665 — n° 176.)

XLV. — 609.

Ce que le monde nomme vertu n'est d'ordinaire qu'un fantôme formé par nos passions, à qui on donne un nom honnête, pour faire impunément ce qu'on veut. (1665 — n° 179.)

XLVI. — 610.

Nous sommes si préoccupés en notre faveur, que souvent ce que nous prenons pour des vertus n'est que des vices qui leur ressemblent, et que l'amour-propre nous déguise. (1665, n° 182 ; 1666, 1671 et 1675 — n° 172.)

XLVII. — 611.

Il y a des crimes qui deviennent innocents et même glorieux par leur éclat, leur nombre et leur excès ; de là vient que les voleries publiques sont des habiletés, et que prendre des provinces injustement s'appelle faire des conquêtes. (1665 — n° 192 ; 1666, 1671 et 1675 — n° 183.)

XLVIII. — 612.

Nous n'avouons jamais nos défauts que par vanité[2]. (1665 — n° 200.)

XLIX. — 613.

On ne trouve point dans l'homme le bien ni le mal dans l'excès. (1665 — n° 201.)

L. — 614.

Ceux qui sont incapables de commettre de grands crimes n'en soupçonnent pas facilement les autres. (1665 — n° 208.)

---

[1] Var. du n° 149.
[2] Var. du n° 150.
[3] Voyez la 14e des *Réflexions diverses*.

[1] Guarini, dans *Pastor fido*, acte III, scène v.
[2] Var. du n° 184.

LI. — 615.

La pompe des enterrements regarde plus la vanité des vivants que l'honneur des morts. (1665 — n° 213.)

LII. — 616.

Quelque incertitude et quelque variété qui paroisse dans le monde, on y remarque néanmoins un enchaînement secret, et un ordre réglé de tout temps par la Providence, qui fait que chaque chose marche en rang, et suit le cours de sa destinée. (1665 — n° 225.)

LIII. — 617.

L'intrépidité doit soutenir le cœur dans les conjurations, au lieu que la seule valeur lui fournit toute la fermeté qui lui est nécessaire dans les périls de la guerre (1665. — n° 231.)

LIV. — 618.

Ceux qui voudroient définir la victoire par sa naissance, seroient tentés, comme les poëtes, de l'appeler la fille du ciel, puisqu'on ne trouve point son origine sur la terre. En effet, elle est produite par une infinité d'actions, qui, au lieu de l'avoir pour but, regardent seulement les intérêts particuliers de ceux qui les font, puisque tous ceux qui composent une armée, allant à leur propre gloire et à leur élévation, procurent un bien si grand et si général. (1665 — n° 232.)

LV. — 619.

On ne peut répondre de son courage, quand on n'a jamais été dans le péril (1665 — n° 236.)

LVI. — 620.

On donne plus souvent des bornes à sa reconnoissance qu'à ses désirs et à ses espérances[1]. (1665 — n° 241.)

LVII. — 621.

L'imitation est toujours malheureuse, et tout ce qui est contrefait déplaît, avec les mêmes choses qui charment lorsqu'elles sont naturelles (1665 — n° 245.)

[1] Var. On donne plus aisément des bornes à sa reconnoissance qu'à ses espérances et à ses désirs. (1666, 1671 et 1675, n° 227.)

LVIII. — 622.

Nous ne regrettons pas la perte de nos amis selon leur mérite, mais selon nos besoins et selon l'opinion que nous croyons leur avoir donnée de ce que nous valons[1]. (1665 — n° 248.)

LIX. — 623.

Il est bien malaisé de distinguer la bonté générale et répandue sur tout le monde, de la grande habileté. (1665 — n° 252.)

LX. — 624.

Pour pouvoir être toujours bon, il faut que les autres croient qu'ils ne peuvent jamais nous être impunément méchants. (1665 — n° 254.)

LXI. — 625.

La confiance de plaire est souvent un moyen de déplaire infailliblement. (1665 — n° 256.)

LXII. — 626.

Nous ne croyons pas aisément ce qui est au delà de ce que nous voyons[2]. (1665 — n° 257.)

LXIII. — 627.

La confiance que l'on a en soi fait naître la plus grande partie de celle que l'on a aux autres. (1665 — n° 258.)

LXIV. — 628.

Il y a une révolution générale qui change le goût des esprits, aussi bien que les fortunes du monde. (1665 — n° 259.)

LXV. — 629.

La vérité est le fondement et la raison de la perfection et de la beauté. Une chose, de quelque nature qu'elle soit, ne sauroit être belle et parfaite, si elle n'est véritablement tout ce qu'elle doit être, et si elle n'a tout ce qu'elle doit avoir. (1665 — n° 260.)

LXVI. — 630.

Il y a de belles choses qui ont plus d'éclat

[1] Var. Nous ne regrettons pas toujours la perte de nos amis par la considération de leur mérite, mais par celle de nos besoins et de la bonne opinion qu'ils avoient de nous. (1666, 1671 et 1675 — n° 234.)
[2] Cette maxime se trouve textuellement reproduite, mais plus complète, par le n° 265.

quand elles demeurent imparfaites que quand elles sont trop achevées. (1665 — n° 262.)

LXVII. — 631.

La magnanimité est un noble effort de l'orgueil, par lequel il rend l'homme maître de lui-même, pour le rendre maître de toutes choses. (1665 — n° 271.)

LXVIII. — 632.

Le luxe et la trop grande politesse dans les États sont le présage assuré de leur décadence, parce que tous les particuliers s'attachant à leurs intérêts propres, ils se détournent du bien public. (1665 — n° 282.)

LXIX. — 633.

De toutes les passions, celle qui est la plus inconnue à nous-mêmes, c'est la paresse ; elle est la plus ardente et la plus maligne de toutes, quoique sa violence soit insensible, et que les dommages qu'elle cause soient très-cachés. Si nous considérons attentivement son pouvoir, nous verrons qu'elle se rend en toutes rencontres maîtresse de nos sentiments, de nos intérêts et de nos plaisirs : c'est la rémore[1] qui a la force d'arrêter les plus grands vaisseaux, c'est une bonace plus dangereuse aux plus importantes affaires que les écueils et que les plus grandes tempêtes. Le repos de la paresse est un charme secret de l'âme qui suspend soudainement les plus ardentes poursuites, et les plus opiniâtres résolutions. Pour donner enfin la véritable idée de cette passion, il faut dire que la paresse est comme une béatitude de l'âme qui la console de toutes ses pertes, et qui lui tient lieu de tous les biens. (1665 — n° 290.)

LXX. — 634.

De plusieurs actions différentes que la fortune arrange comme il lui plaît, il se fait plusieurs vertus. (1665 — n° 293.)

LXXI. — 635.

On aime bien à deviner les autres, mais l'on n'aime pas à être deviné[2]. (1665 — n° 296.)

---

[1] Rémore (en latin *remora*), nom donné par Pline à un petit poisson auquel les anciens attribuaient la puissance dont parle La Rochefoucauld.

[2] Var. On aime à deviner les autres, etc. (1666, 1671 et 1675 — n° 272.)

LXXII. — 636.

C'est une ennuyeuse maladie que de conserver sa santé par un trop grand régime. (1665 — n° 298 ; 1666, 1671 et 1675 — n° 274).

LXXIII. — 637.

Il est plus facile de prendre de l'amour quand on n'en a pas, que de s'en défaire quand on en a. (1665 — n° 300.)

LXXIV. — 638.

La plupart des femmes se rendent plutôt par foiblesse que par passion. — De là vient que, pour l'ordinaire, les hommes entreprenants réussissent mieux que les autres, quoiqu'ils ne soient pas plus aimables (1665 — n° 301.)

LXXV. — 639.

N'aimer guère en amour, est un moyen assuré pour être aimé. (1665 — n° 302.)

LXXVI. — 640.

La sincérité que se demandent les amants et les maîtresses pour savoir l'un et l'autre quand ils cesseront de s'aimer, est bien moins pour vouloir être avertis quand on ne les aimera plus, que pour être mieux assurés qu'on les aime lorsque l'on ne dit point le contraire. (1665 — n° 303.)

LXXVII. — 641.

La plus juste comparaison qu'on puisse faire de l'amour, c'est celle de la fièvre ; nous n'avons non plus de pouvoir sur l'un que sur l'autre, soit pour sa violence ou pour sa durée. (1665 — n° 305.)

LXXVIII. — 642.

La plus grande habileté des moins habiles est de savoir se soumettre à la bonne conduite d'autrui. (1665 — n° 309.)

LXXIX. — 643.

On craint toujours de voir ce qu'on aime, quand on vient de faire des coquetteries ailleurs. (1675 — n° 372.)

LXXX. — 644.

On doit se consoler de ses fautes, quand on a la force de les avouer[1]. (1675 — n° 375.)

---

[1] Cf. le dicton : *Péché avoué est à moitié pardonné.* — Voyez aussi les *maximes* 202, 411 et 457.

RÉFLEXIONS DIVERSES

I. — DU VRAI.

Le vrai, dans quelque sujet qu'il se trouve, ne peut être effacé par aucune comparaison d'un autre vrai, et quelque différence qui puisse être entre deux sujets, ce qui est vrai dans l'un n'efface point ce qui est vrai dans l'autre : ils peuvent avoir plus ou moins d'étendue et être plus ou moins éclatants, mais ils sont toujours égaux par leur vérité, qui n'est pas plus vérité dans le plus grand que dans le petit. L'art de la guerre est plus étendu, plus noble et plus brillant que celui de la poésie ; mais le poëte et le conquérant sont comparables l'un à l'autre ; comme aussi, tant qu'ils sont véritablement ce qu'ils sont, le législateur, le peintre, etc., etc.

Deux sujets de même nature peuvent être différents, et même opposés, comme le sont Scipion et Annibal, Fabius Maximus et Marcellus ; cependant parce que leurs qualités sont vraies, elles subsistent en présence l'une de l'autre, et ne s'effacent point par la comparaison. Alexandre et César donnent des royaumes ; la veuve donne une pite[1] : quelque différents que soient ces présents, la libéralité est vraie et égale en chacun d'eux, et chacun donne à proportion de ce qu'il est.

Un sujet peut avoir plusieurs vérités, et un autre sujet peut n'en avoir qu'une : le sujet qui a plusieurs vérités est d'un plus grand prix, et peut briller par des endroits où l'autre ne brille pas ; mais dans l'endroit où l'un et l'autre est vrai, ils brillent également. Épaminondas étoit grand capitaine, bon citoyen, grand philosophe ; il étoit plus estimable que Virgile, parce qu'il avoit plus de vérités que lui ; mais comme grand capitaine, Épaminondas n'étoit pas plus excellent que Virgile comme grand poëte, parce que, par cet endroit, il n'étoit pas plus vrai que lui. La cruauté de cet enfant qu'un consul fit mourir pour avoir crevé les yeux d'une corneille, étoit moins importante que celle de Philippe II, qui fit mourir son fils[1], et elle étoit peut-être mêlée avec moins d'autres vices ; mais le degré de cruauté exercée sur un simple animal ne laisse pas de tenir son rang avec la cruauté des princes les plus cruels, parce que leurs différents degrés de cruauté ont une vérité égale.

Quelque disproportion qu'il y ait entre deux maisons qui ont les beautés qui leur conviennent, elles ne s'effacent point l'une par l'autre : ce qui fait que Chantilly n'efface point Liancourt, bien qu'il ait infiniment plus de diverses beautés ; et que Liancourt n'efface pas aussi Chantilly, c'est que Chantilly a les beautés qui conviennent à la grandeur de M. le Prince[2], et que Liancourt a les beautés qui conviennent à

---

[1] Petite monnaie de cuivre, valant la moitié d'une obole.

[1] Don Carlos.
[2] Condé.

un particulier, et qu'ils ont chacun de vraies beautés. On voit néanmoins des femmes d'une beauté éclatante, mais irrégulière, qui en effacent souvent de plus véritablement belles; mais comme le goût, qui se prévient aisément, est le juge de la beauté, et que la beauté des plus belles personnes n'est pas toujours égale, s'il arrive que les moins belles effacent les autres, ce sera seulement durant quelques moments, ce sera que la différence de la lumière et du jour fera plus ou moins discerner la vérité qui est dans les traits ou dans les couleurs, qu'elle fera paroître ce que la moins belle aura de beau, et empêchera de paroître ce qui est de vrai et de beau dans l'autre.

II. — DE LA SOCIÉTÉ.

Mon dessein n'est pas de parler de l'amitié en parlant de la société; bien qu'elles aient quelque rapport, elles sont néanmoins très-différentes; la première a plus d'élévation et de dignité, et, le plus grand mérite de l'autre, c'est de lui ressembler. Je ne parlerai donc présentement que du commerce particulier que les honnêtes gens doivent avoir ensemble.

Il seroit inutile de dire combien la société est nécessaire aux hommes; tous la désirent et tous la cherchent, mais peu se servent des moyens de la rendre agréable et de la faire durer. Chacun veut trouver son plaisir et ses avantages aux dépens des autres; on se préfère toujours à ceux avec qui on se propose de vivre[1], et on leur fait presque toujours sentir cette préférence; c'est ce qui trouble et qui détruit la société; il faudroit du moins savoir cacher ce désir de préférence, puisqu'il est trop naturel en nous pour nous en pouvoir défaire; il faudroit faire son plaisir de celui des autres, ménager leur amour-propre, et ne le blesser jamais.

L'esprit a beaucoup de part à un si grand ouvrage; mais il ne suffit pas seul pour nous conduire dans les divers chemins qu'il faut tenir. Le rapport qui se rencontre entre les esprits ne maintiendroit pas longtemps la société, si elle n'étoit réglée et soutenue par le bon sens, par l'humeur, et par des égards qui doivent être entre les personnes qui veulent vivre ensemble[1]. S'il arrive quelquefois que des gens opposés d'humeur et d'esprit paroissent unis, ils tiennent sans doute par des liaisons étrangères, qui ne durent pas longtemps. On peut être aussi en société avec des personnes sur qui nous avons de la supériorité par la naissance, ou par des qualités personnelles; mais ceux qui ont cet avantage n'en doivent pas abuser: ils doivent rarement le faire sentir, et ne s'en servir que pour instruire les autres; ils doivent leur faire apercevoir qu'ils ont besoin d'être conduits, et les mener par raison, en s'accommodant, autant qu'il est possible, à leurs sentiments et à leurs intérêts.

Pour rendre la société commode, il faut que chacun conserve sa liberté: il faut se voir, ou ne se voir point, sans sujétion, pour se divertir ensemble et même s'ennuyer ensemble; il faut se pouvoir séparer, sans que cette séparation apporte de changement; il faut se pouvoir passer les uns des autres, si on ne veut pas s'exposer à embarrasser quelquefois, et on doit se souvenir qu'on incommode souvent, quand on croit ne pouvoir jamais incommoder[2]. Il faut contribuer autant qu'on le peut au divertissement des personnes avec qui on veut vivre; mais il ne faut pas être toujours chargé du soin d'y contribuer. La complaisance est nécessaire dans la société, mais elle doit avoir des bornes: elle devient une servitude quand elle est excessive; il faut du moins qu'elle paroisse libre, et qu'en suivant le sentiment de nos amis, ils soient persuadés que c'est le nôtre aussi que nous suivons.

Il faut être facile à excuser nos amis, quand leurs défauts sont nés avec eux, et qu'ils sont moindres que leurs bonnes qualités. Il faut surtout éviter de leur faire voir qu'on les ait remarqués, et qu'on en soit choqué, et l'on doit essayer de faire en sorte qu'ils puissent s'en apercevoir eux-mêmes, pour leur laisser le mérite de s'en corriger.

Il y a une sorte de politesse qui est néces-

Voyez les *maximes* 81 et 83.

[1] M. Gilbert dit avec beaucoup de raison que ce passage est un heureux correctif à la *maxime* 87, dans laquelle il ne trouve en réalité qu'une épigramme.
[2] La Rochefoucauld reproduit ici sa *maxime* 242.

saire dans le commerce des honnêtes gens : elle leur fait entendre raillerie, et elle les empêche d'être choqués, et de choquer les autres par de certaines façons de parler trop sèches et trop dures, qui échappent souvent sans y penser, quand on soutient son opinion avec chaleur.

Le commerce des honnêtes gens ne peut subsister sans une certaine sorte de confiance ; elle doit être commune entre eux ; il faut que chacun ait un air de sûreté et de discrétion qui ne donne jamais lieu de craindre qu'on puisse rien dire par imprudence[1].

Il faut de la variété dans l'esprit ; ceux qui n'ont que d'une sorte d'esprit, ne peuvent pas plaire longtemps[2]. On peut prendre des routes diverses, n'avoir pas les mêmes vues ni les mêmes talents, pourvu qu'on aide au plaisir de la société, et qu'on y observe la même justesse que les différentes voix et les divers instruments doivent observer dans la musique.

Comme il est malaisé que plusieurs personnes puissent avoir les mêmes intérêts, il est nécessaire au moins, pour la douceur de la société, qu'ils n'en aient pas de contraires. On doit aller au-devant de ce qui peut plaire à ses amis, chercher les moyens de leur être utile, leur épargner des chagrins, faire voir qu'on les partage avec eux quand on ne peut les détourner, les effacer insensiblement sans prétendre de les arracher tout d'un coup, et mettre en la place des objets agréables, ou du moins qui les occupent. On peut leur parler des choses qui les regardent, mais ce n'est qu'autant qu'ils le permettent, et on y doit garder beaucoup de mesure : il y a de la politesse, et quelquefois même de l'humanité, à ne pas entrer trop avant dans les replis de leur cœur ; ils ont souvent de la peine à laisser voir tout ce qu'ils en connoissent, et ils en ont encore bien davantage quand on pénètre ce qu'ils ne connoissent pas. Bien que le commerce que les honnêtes gens ont ensemble leur donne de la familiarité, et leur fournisse un nombre infini de sujets de se parler sincèrement, personne presque n'a assez de docilité et de bon sens pour bien recevoir plusieurs avis qui sont nécessaires pour maintenir la société : on veut être averti jusqu'à un certain point, mais on ne veut pas l'être en toutes choses, et on craint de savoir toutes sortes de vérités.

Comme on doit garder des distances pour voir les objets, il en faut garder aussi pour la société ; chacun a son point de vue, d'où il veut être regardé[1] ; on a raison, le plus souvent, de ne vouloir pas être éclairé de trop près, et il n'y a presque point d'homme qui veuille, en toutes choses, se laisser voir tel qu'il est[2].

III. — DE L'AIR ET DES MANIÈRES.

Il y a un air qui convient à la figure et aux talents de chaque personne : on perd toujours quand on le quitte pour en prendre un autre[3]. Il faut essayer de connoître celui qui nous est naturel, n'en point sortir, et le perfectionner autant qu'il nous est possible.

Ce qui fait que la plupart des petits enfants plaisent, c'est qu'ils sont encore renfermés dans cet air et dans ces manières que la nature leur a donnés, et qu'ils n'en connoissent point d'autres. Ils les changent et les corrompent quand ils sortent de l'enfance ; ils croient qu'il faut imiter ce qu'ils voient faire aux autres, et ils ne le peuvent parfaitement imiter ; il y a toujours quelque chose de faux et d'incertain dans toute imitation[4]. Ils n'ont rien de fixe dans leurs manières ni dans leurs sentiments ; au lieu d'être en effet ce qu'ils veulent paroître, ils cherchent à paroître ce qu'ils ne sont pas. Chacun veut être un autre, et n'être plus ce qu'il est ; ils cherchent une contenance hors d'eux-mêmes, et un autre esprit que le leur ; ils prennent des tons et des manières au hasard : ils en font l'expérience sur eux, sans considérer que ce qui convient à quelques-uns ne convient pas à tout le monde, qu'il n'y a point de règle générale pour les tons et pour

---

[1] Voyez la 5ᵉ des *Réflexions diverses*.
[2] C'est textuellement la *maxime* 413. Voyez aussi la 10ᵉ des *Réflexions diverses*.

[1] Voyez la *maxime* 104.
[2] Voyez la *maxime* 256, et aussi les 4ᵉ et 13ᵉ *Réflexions diverses*.
[3] Voyez les *maximes* 134 et 203.
[4] Voyez la *maxime* 619.

les manières, et qu'il n'y a point de bonnes copies[1]. Deux hommes néanmoins peuvent avoir du rapport en plusieurs choses sans être copie l'un de l'autre, si chacun suit son naturel ; mais personne presque ne le suit entièrement : on aime à imiter. On imite souvent, même sans s'en apercevoir, et on néglige ses propres biens pour des biens étrangers, qui d'ordinaire ne nous conviennent pas.

Je ne prétends pas, par ce que je dis, nous renfermer tellement en nous-mêmes, que nous n'ayons pas la liberté de suivre des exemples, et de joindre à nous des qualités utiles ou nécessaires, que la nature ne nous a pas données. Les arts et les sciences conviennent à la plupart de ceux qui s'en rendent capables ; la bonne grâce et la politesse conviennent à tout le monde ; mais ces qualités acquises doivent avoir un certain rapport et une certaine union avec nos propres qualités naturelles, qui les étendent et les augmentent imperceptiblement.

Nous sommes quelquefois élevés à un rang et à des dignités qui sont au-dessus de nous ; nous sommes souvent engagés dans une profession nouvelle où la nature ne nous avoit pas destinés[2] : tous ces états ont chacun un air qui leur convient, mais qui ne convient pas toujours avec notre air naturel ; ce changement de notre fortune change souvent notre air et nos manières, et y ajoute l'air de la dignité, qui est toujours faux quand il est trop marqué et qu'il n'est pas joint et confondu avec l'air que la nature nous a donné : il faut les unir et les mêler ensemble, et qu'ils ne paroissent jamais séparés.

On ne parle pas de toutes choses sur un même ton, et avec les mêmes manières ; on ne marche pas à la tête d'un régiment, comme on marche en se promenant ; mais il faut qu'un même air nous fasse dire naturellement des choses différentes, et qu'il nous fasse marcher différemment, mais toujours naturellement, et comme il convient de marcher à la tête d'un régiment et à une promenade.

Il y en a qui ne se contentent pas de renoncer à leur air propre et naturel, pour suivre celui du rang et des dignités où ils sont parvenus. Il y en a même qui prennent par avance l'air des dignités et du rang où ils aspirent. Combien de lieutenants généraux apprennent à paroître maréchaux de France ! Combien de gens de robe répètent inutilement l'air de chancelier, et combien de bourgeoises se donnent l'air de duchesses !

Ce qui fait qu'on déplait souvent, c'est que personne ne sait accorder son air et ses manières avec sa figure, ni ses tons et ses paroles avec ses pensées et ses sentiments[1] ; on trouble leur harmonie par quelque chose de faux et d'étranger ; on s'oublie soi-même, et on s'en éloigne insensiblement ; tout le monde presque tombe, par quelque endroit, dans ce défaut ; personne n'a l'oreille assez juste pour entendre parfaitement cette sorte de cadence. Mille gens déplaisent avec des qualités aimables ; mille gens plaisent avec de moindres talents[2]. C'est que les uns veulent paroître ce qu'ils ne sont pas, les autres sont ce qu'ils paroissent ; et enfin, quelques avantages ou quelques désavantages que nous ayons reçus de la nature, on plait à proportion de ce qu'on suit l'air, les tons, les manières et les sentiments qui conviennent à notre état et à notre figure, et on déplait à proportion de ce qu'on s'en éloigne.

IV. — DE LA CONVERSATION[3].

Ce qui fait que si peu de personnes sont agréables dans la conversation, c'est que chacun songe plus à ce qu'il veut dire, qu'à ce que les autres disent. Il faut écouter ceux qui parlent, si on en veut être écouté ; il faut leur laisser la liberté de se faire entendre, et même de dire des choses inutiles. Au lieu de les contredire et de les interrompre, comme on fait souvent, on doit, au contraire, entrer dans leur esprit et dans leur goût, montrer qu'on les entend, leur parler de ce qui les touche, louer

---

[1] Voyez la *maxime* 133.
[2] Rapprochez des *maximes* 419 et 449.

[1] Voyez les *maximes* 240, 255, et la 4ᵉ des *Réflexions diverses*.
[2] Voyez les *maximes* 155 et 251, qui renferment la même idée.
[3] Comme il existe deux versions de ce morceau, nous donnons la leçon du manuscrit de la Roche-Guyon comme texte principal, et nous reproduisons à la suite la version de Brottier, dont l'authenticité n'est pas mise en doute.

ce qu'ils disent autant qu'il mérite d'être loué, et faire voir que c'est plus par choix qu'on loue que par complaisance. Il faut éviter de contester sur des choses indifférentes, faire rarement des questions, qui sont presque toujours inutiles, ne laisser jamais croire qu'on prétend avoir plus de raison que les autres, et céder aisément l'avantage de décider.

On doit dire des choses naturelles, faciles, et plus ou moins sérieuses, selon l'humeur et l'inclination des personnes que l'on entretient; ne les presser pas d'approuver ce qu'on dit, ni même d'y répondre. Quand on a satisfait de cette sorte aux devoirs de la politesse, on peut dire ses sentiments, sans prévention et sans opiniâtreté, en faisant paroître qu'on cherche à les appuyer de l'avis de ceux qui écoutent.

Il faut éviter de parler longtemps de soi-même, et de se donner souvent pour exemple. On ne sauroit avoir trop d'application à connoître la pente et la portée de ceux à qui on parle, pour se joindre à l'esprit de celui qui en a le plus, et pour ajouter ses pensées aux siennes, en lui faisant croire, autant qu'il est possible, que c'est de lui qu'on les prend. Il y a de l'habileté à n'épuiser pas les sujets qu'on traite, et à laisser toujours aux autres quelque chose à penser et à dire.

On ne doit jamais parler avec des airs d'autorité, ni se servir de paroles et de termes plus grands que les choses. On peut conserver ses opinions, si elles sont raisonnables; mais en les conservant, il ne faut jamais blesser les sentiments des autres, ni paroitre choqué de ce qu'ils ont dit. Il est dangereux de vouloir être toujours le maître de la conversation, et de parler trop souvent d'une même chose : on doit entrer indifféremment sur tous les sujets agréables qui se présentent, et ne faire jamais voir qu'on veut entraîner la conversation sur ce qu'on a envie de dire.

Il est nécessaire d'observer que toute sorte de conversation, quelque honnête et quelque spirituelle qu'elle soit, n'est pas également propre à toute sorte d'honnêtes gens; il faut choisir ce qui convient à chacun, et choisir même le temps de le dire, mais s'il y a beaucoup d'art à savoir parler à propos, il n'y en a pas moins à savoir se taire. Il y a un silence éloquent : il sert quelquefois à approuver et à condamner; il y a un silence moqueur; il y a un silence respectueux; il y a enfin des airs, des tons et des manières qui font souvent ce qu'il y a d'agréable ou de désagréable, de délicat ou de choquant dans la conversation; le secret de s'en bien servir est donné à peu de personnes; ceux même qui en font des règles s'y méprennent quelquefois : la plus sûre, à mon avis, c'est de n'en point avoir qu'on ne puisse changer, de laisser plutôt voir des négligences dans ce qu'on dit, que de l'affectation, d'écouter, de ne parler guère; et de ne se forcer jamais à parler.

DE LA CONVERSATION.

Ce qui fait que peu de personnes sont agréables dans la conversation, c'est que chacun songe plus à ce qu'il a dessein de dire qu'à ce que les autres disent, et que l'on n'écoute guère quand on a bien envie de parler.

Néanmoins il est nécessaire d'écouter ceux qui parlent. Il faut leur donner le temps de se faire entendre, et souffrir même qu'ils disent des choses inutiles. Bien loin de les contredire et de les interrompre, on doit au contraire entrer dans leur esprit et dans leur goût, montrer qu'on les entend, louer ce qu'ils disent autant qu'il mérite d'être loué, et faire voir que c'est plutôt par choix qu'on les loue, que par complaisance.

Pour plaire aux autres, il faut parler de ce qu'ils aiment et de ce qui les touche, éviter les disputes sur des choses indifférentes, leur faire rarement des questions, et ne leur laisser jamais croire qu'on prétend avoir plus de raison qu'eux.

On doit dire les choses d'un air plus ou moins sérieux, et sur des sujets plus ou moins relevés, selon l'humeur et la capacité des personnes que l'on entretient, et leur céder aisément l'avantage de décider, sans les obliger de répondre, quand ils n'ont pas envie de parler.

Après avoir satisfait de cette sorte aux devoirs de la politesse, on peut dire ses sentiments en montrant qu'on cherche à les appuyer de l'avis de ceux qui écoutent, sans marquer de présomption ni d'opiniâtreté.

Évitons surtout de parler souvent de nous-mêmes, et de nous donner pour exemple. Rien n'est plus désagréable qu'un homme qui se cite lui-même à tout propos.

On ne peut aussi apporter trop d'application à connoître la pente et la portée de ceux à qui l'on parle, pour se joindre à l'esprit de celui qui en a le plus, sans blesser l'inclination ou l'intérêt des autres par cette préférence.

Alors on doit faire valoir toutes les raisons qu'il a dites, ajoutant modestement nos propres pensées aux siennes, et lui faisant croire autant qu'il est possible que c'est de lui qu'on les prend.

Il ne faut jamais rien dire avec un air d'autorité, ni montrer aucune supériorité d'esprit. Fuyons les expressions trop recherchées, les termes durs ou forcés, et ne nous servons point de paroles plus grandes que les choses.

Il n'est pas défendu de conserver ses opinions, si elles sont raisonnables. Mais il faut se rendre à la raison aussitôt qu'elle paroit, de quelque part qu'elle vienne; elle seule doit régner sur nos sentiments : mais suivons-la sans heurter les sentiments des autres, et sans faire paroître du mépris de ce qu'ils ont dit.

Il est dangereux de vouloir être toujours le maître de la conversation, et de pousser trop loin une bonne raison quand on l'a trouvée. L'honnêteté veut que l'on cache quelquefois la moitié de son esprit, et qu'on ménage un opiniâtre qui se défend mal, pour lui épargner la honte de céder.

On déplaît sûrement quand on parle trop longtemps et trop souvent d'une même chose, et que l'on cherche à détourner la conversation sur des sujets dont on se croit plus instruit que les autres. Il faut entrer indifféremment sur tout ce qui leur est agréable, s'y arrêter autant qu'ils le veulent, et s'éloigner de tout ce qui ne leur convient pas.

Toute sorte de conversation, quelque spirituelle qu'elle soit, n'est pas également propre à toutes sortes de gens d'esprit. Il faut choisir ce qui est de leur goût, et ce qui est convenable à leur condition, à leur sexe, à leurs talents, et choisir même le temps de le dire.

Observons le lieu, l'occasion, l'humeur où se trouvent les personnes qui nous écoutent : car s'il y a beaucoup d'art à savoir parler à propos, il n'y en a pas moins à savoir se taire. Il y a un silence éloquent qui sert à approuver et à condamner; il y a un silence de discrétion et de respect. Il y a enfin des tons, des airs et des manières, qui font tout ce qu'il y a d'agréable ou de désagréable, de délicat ou de choquant dans la conversation.

Mais le secret de s'en bien servir est donné à peu de personnes. Ceux même qui en font des règles s'y méprennent souvent ; et la plus sûre qu'on en puisse donner, c'est écouter beaucoup, parler peu, et ne rien dire dont on puisse avoir sujet de se repentir.

V. — DE LA CONFIANCE

Bien que la sincérité et la confiance aient du rapport, elles sont néanmoins différentes en plusieurs choses : la sincérité est une ouverture de cœur[1] qui nous montre tels que nous sommes ; c'est un amour de la vérité, une répugnance à se déguiser, un désir de se dédommager de ses défauts, et de les diminuer même par le mérite de les avouer[2]. La confiance ne nous laisse pas tant de liberté : ses règles sont plus étroites ; elle demande plus de prudence et de retenue, et nous ne sommes pas toujours libres d'en disposer ; il ne s'agit pas de nous uniquement, et nos intérêts sont mêlés d'ordinaire avec les intérêts des autres. Elle a besoin d'une grande justesse pour ne livrer pas nos amis en nous livrant nous-mêmes, et pour ne faire pas des présents de leur bien, dans la vue d'augmenter le prix de ce que nous donnons.

La confiance plaît toujours à celui qui la reçoit ; c'est un tribut que nous payons à son mérite ; c'est un dépôt que l'on commet à sa foi[3] ; ce sont des gages qui lui donnent un droit sur nous, et une sorte de dépendance où nous nous assujettissons volontairement. Je ne prétends pas détruire par ce que je dis la confiance si nécessaire entre les hommes, puis-

---

[1] La *maxime* 62 commence ainsi.
[2] Voyez les *maximes* 184, 327, 609 et 641, qui reproduisent presque textuellement les mêmes idées, mais avec plus de fermeté et de concision.
[3] Voyez la *maxime* 239.

qu'elle est le lien de la société et de l'amitié : je prétends seulement y mettre des bornes, et la rendre honnête et fidèle. Je veux qu'elle soit toujours vraie et toujours prudente, et qu'elle n'ait ni foiblesse ni intérêt; mais je sais bien qu'il est malaisé de donner de justes limites à la manière de recevoir toute sorte de confiance de nos amis, et de leur faire part de la nôtre.

On se confie le plus souvent par vanité, par envie de parler[1], par le désir de s'attirer la confiance des autres, et pour faire un échange de secrets. Il y a des personnes qui peuvent avoir raison de se fier en nous, vers qui nous n'aurions pas raison d'avoir la même conduite, et on s'acquitte avec ceux-ci en leur gardant le secret, et en les payant de légères confidences. Il y en a d'autres dont la fidélité nous est connue, qui ne ménagent rien avec nous, et à qui on peut se confier par choix et par estime. On doit ne leur cacher rien de ce qui ne regarde que nous; se montrer à eux toujours vrais, dans nos bonnes qualités et dans nos défauts même, sans exagérer les unes et sans diminuer les autres[2]; se faire une loi de ne leur faire jamais de demi-confidences, qui embarrassent toujours ceux qui les font, et ne contentent presque jamais ceux qui les reçoivent : on leur donne des lumières confuses de ce qu'on veut cacher, et on augmente leur curiosité; on les met en droit d'en vouloir savoir davantage, et ils se croient en liberté de disposer de ce qu'ils ont pénétré. Il est plus sûr et plus honnête de ne leur rien dire, que de se taire quand on a commencé à parler.

Il y a d'autres règles à suivre pour les choses qui nous ont été confiées : plus elles sont importantes, et plus la prudence et la fidélité y sont nécessaires. Tout le monde convient que le secret doit être inviolable : mais on ne convient pas toujours de la nature et de l'importance du secret. Nous ne consultons le plus souvent que nous-mêmes sur ce que nous devons dire et sur ce que nous devons taire; il y a peu de secrets de tous les temps, et le scrupule de les révéler ne dure pas toujours.

On a des liaisons étroites avec des amis dont on connoît la fidélité; ils nous ont toujours parlé sans réserve, et nous avons toujours gardé les mêmes mesures avec eux; ils savent nos habitudes et nos commerces, et ils nous voient de trop près pour ne pas s'apercevoir du moindre changement; ils peuvent savoir par ailleurs ce que nous sommes engagés de ne dire jamais à personne; il n'a pas été en notre pouvoir de les faire entrer dans ce qu'on nous a confié et qu'ils ont peut-être quelque intérêt de savoir; on est assuré d'eux-mêmes comme de soi, et on se voit cependant réduit à la cruelle nécessité de perdre leur amitié, qui nous est précieuse, ou de manquer à la foi du secret. Cet état est sans doute la plus rude épreuve de la fidélité; mais il ne doit pas ébranler un honnête homme : c'est alors qu'il lui est permis de se préférer aux autres; son premier devoir est indispensablement de conserver le dépôt en son entier, sans en peser les suites : il doit non-seulement ménager ses paroles et ses tons, il doit encore ménager ses conjectures, et ne laisser jamais rien voir, dans ses discours ni dans son air, qui puisse tourner l'esprit des autres vers ce qu'il ne veut pas dire.

On a souvent besoin de force et de prudence pour opposer à la tyrannie de la plupart de nos amis qui se font un droit sur notre confiance, et qui veulent tout savoir de nous. On ne doit jamais leur laisser établir ce droit sans exception : il y a des rencontres et des circonstances qui ne sont pas de leur juridiction; s'ils s'en plaignent, on doit souffrir leurs plaintes, et s'en justifier avec douceur; mais s'ils demeurent injustes, on doit sacrifier leur amitié à son devoir, et choisir entre deux maux inévitables, dont l'un se peut réparer, et l'autre est sans remède.

VI. — DE L'AMOUR ET DE LA MER

Ceux qui ont voulu nous représenter l'amour et ses caprices l'ont comparé en tant de sortes à la mer, qu'il est malaisé de rien ajouter à ce qu'ils en ont dit : ils nous ont fait voir que l'un et l'autre ont une inconstance et une infidélité égales, que leurs biens et leurs maux sont sans nombre, que les navigations les plus

---

[1] Rapprochez les *maximes* 137 et 475.
[2] Voyez les *maximes* 202 et 206.

heureuses sont exposées à mille dangers, que les tempêtes et les écueils sont toujours à craindre, et que souvent même on fait naufrage dans le port; mais en nous exprimant tant d'espérances et tant de craintes, ils ne nous ont pas assez montré, ce me semble, le rapport qu'il y a d'un amour usé, languissant et sur sa fin, à ces longues bonaces, à ces calmes ennuyeux, que l'on rencontre sous la ligne[1]. On est fatigué d'un grand voyage, on souhaite de l'achever; on voit la terre, mais on manque de vent pour y arriver; on se voit exposé aux injures des saisons; les maladies et les langueurs empêchent d'agir; l'eau et les vivres manquent ou changent de goût; on a recours inutilement aux secours étrangers; on essaye de pêcher, et on prend quelques poissons, sans en tirer de soulagement ni de nourriture; on est las de tout ce qu'on voit, on est toujours avec ses mêmes pensées, et on est toujours ennuyé; on vit encore, et on a regret à vivre; on attend des désirs pour sortir d'un état pénible et languissant, mais on n'en forme que de foibles et d'inutiles.

VII. — DES EXEMPLES

Quelque différence qu'il y ait entre les bons et les mauvais exemples, on trouvera que les uns et les autres ont presque également produit de méchants effets[2]; je ne sais même si les crimes de Tibère et de Néron ne nous éloignent pas plus du vice, que les exemples estimables des plus grands hommes ne nous approchent de la vertu. Combien la valeur d'Alexandre a-t-elle fait de fanfarons! Combien la gloire de César a-t-elle autorisé d'entreprises contre la patrie! Combien Rome et Sparte ont-elles loué de vertus farouches! Combien Diogène a-t-il fait de philosophes importuns, Cicéron de babillards, Pomponius Atticus de gens neutres et paresseux, Marius et Sylla de vindicatifs, Lucullus de voluptueux, Alcibiade et Antoine de débauchés, Caton d'opiniâtres! Tous ces grands originaux ont produit un nombre infini de mauvaises copies[3].

[1] Voyez la *maxime* 351.
[2] La *maxime* 230 exprime la même pensée. Voyez la *maxime* 133.

Les vertus sont frontières des vices; les exemples sont des guides qui nous égarent souvent, et nous sommes si remplis de fausseté, que nous ne nous en servons pas moins pour nous éloigner du chemin de la vertu que pour le suivre.

VIII. — DE L'INCERTITUDE DE LA JALOUSIE[1].

Plus on parle de sa jalousie, et plus les endroits qui ont déplu paroissent de différents côtés; les moindres circonstances les changent, et font toujours découvrir quelque chose de nouveau. Ces nouveautés font revoir, sous d'autres apparences, ce qu'on croyoit avoir assez vu et assez pesé; on cherche à s'attacher à une opinion, et on ne s'attache à rien; tout ce qui est de plus opposé et de plus effacé se présente en même temps; on veut haïr et on veut aimer, mais on aime encore quand on hait, et on hait encore quand on aime[2]. On croit tout, et on doute de tout; on a de la honte et du dépit d'avoir cru et d'avoir douté; on se travaille incessamment pour arrêter son opinion, et on ne la conduit jamais à un lieu fixe.

Les poëtes devroient comparer cette opinion à la peine de Sisyphe, puisqu'on roule aussi inutilement que lui un rocher, par un chemin pénible et périlleux: on voit le sommet de la montagne, où s'efforce d'y arriver; on l'espère quelquefois, mais on n'y arrive jamais. On n'est pas assez heureux pour oser croire ce que l'on souhaite, ni même assez heureux aussi pour être assuré de ce qu'on craint le plus[3]; on est assujetti à une incertitude éternelle, qui nous présente successivement des biens et des maux qui nous échappent toujours.

IX. — DE L'AMOUR ET DE LA VIE.

L'amour est une image de notre vie: l'un et l'autre sont sujets aux mêmes révolutions et aux mêmes changements[4]. Leur jeunesse est

[1] Rapprochez les *maximes* 32, et *posthumes* X. — 514.
[2] Voyez les *maximes* 72 et 111.
[3] Et on croit souvent des choses dont on devroit douter. Voyez la *maxime* 48.
[4] Voyez la *maxime* 75.

pleine de joie et d'espérance : on se trouve heureux d'être jeune, comme on se trouve heureux d'aimer. Cet état si agréable nous conduit à désirer d'autres biens, et on en veut de plus solides : on ne se contente pas de subsister, on veut faire des progrès, on est occupé des moyens de s'avancer et d'assurer sa fortune[1], on cherche la protection des ministres, on se rend utile à leurs intérêts ; on ne peut souffrir que quelqu'un prétende à ce que nous prétendons. Cette émulation est traversée de mille soins et de mille peines, qui s'effacent par le plaisir de se voir établi : toutes les passions sont alors satisfaites, et on ne prévoit pas qu'on puisse cesser d'être heureux.

Cette félicité néanmoins est rarement de longue durée, et elle ne peut conserver longtemps la grâce de la nouveauté[2] ; pour avoir ce que nous avons souhaité, nous ne laissons pas de souhaiter encore. Nous nous accoutumons à tout ce qui est à nous ; les mêmes biens ne conservent pas leur même prix, et ils ne touchent pas toujours également notre goût : nous changeons imperceptiblement, sans remarquer notre changement ; ce que nous avons obtenu devient une partie de nous-mêmes ; nous serions cruellement touchés de le perdre, mais nous ne sommes plus sensibles au plaisir de le conserver ; la joie n'est plus vive ; on en cherche ailleurs que dans ce qu'on a tant désiré. Cette inconstance involontaire est un effet du temps, qui prend, malgré nous, sur l'amour, comme sur notre vie ; il en efface insensiblement chaque jour un certain air de jeunesse et de gaieté, et en détruit les plus véritables charmes ; on prend des manières plus sérieuses, on joint des affaires à la passion ; l'amour ne subsiste plus par lui-même, et il emprunte des secours étrangers. Cet état de l'amour représente le penchant de l'âge, où on commence à voir par où on doit finir[3] ; mais on n'a pas la force de finir volontairement, et dans le déclin de l'amour, comme dans le déclin de la vie, personne ne peut se résoudre de prévenir les dégoûts qui restent à éprouver ; on vit encore pour les maux, mais on ne vit plus pour les plaisirs[1] La jalousie, la méfiance, la crainte de lasser, la crainte d'être quitté, sont des peines attachées à la vieillesse de l'amour, comme les maladies sont attachées à la trop longue durée de la vie : on ne sent plus qu'on est vivant que parce qu'on sent qu'on est malade, et on ne sent aussi qu'on est amoureux que par sentir[2] toutes les peines de l'amour. On ne sort de l'assoupissement des trop longs attachements que par le dépit et le chagrin de se voir toujours attaché ; enfin, de toutes les décrépitudes, celle de l'amour est la plus insupportable[3].

X. — DU GOUT.

Il y a des personnes qui ont plus d'esprit que de goût et d'autres qui ont plus de goût que d'esprit ; mais il y a plus de variété et de caprice dans le goût que dans l'esprit.

Ce terme de *goût* a diverses significations, et il est aisé de s'y méprendre. Il y a différence entre le goût qui nous porte vers les choses, et le goût qui nous en fait connoître et discerner les qualités en s'attachant aux règles. On peut aimer la comédie sans avoir le goût assez fin et assez délicat pour en bien juger, et on peut avoir le goût assez bon pour bien juger de la comédie sans l'aimer. Il y a des goûts qui nous approchent imperceptiblement de ce qui se montre à nous ; d'autres nous entraînent par leur force ou par leur durée[4].

Il y a des gens qui ont le goût faux en tout ; d'autres ne l'ont faux qu'en de certaines choses, et ils l'ont droit et juste dans ce qui est de leur portée. D'autres ont des goûts particuliers, qu'ils connoissent mauvais, et ne laissent pas de les suivre. Il y en a qui ont le goût incertain ; le hasard en décide : ils changent par légèreté, et sont touchés de plaisir ou d'ennui sur la parole de leurs amis. D'autres sont toujours prévenus ; ils sont esclaves de tous leurs

---

[1] Rapprochez de la *maxime* 490.
[2] Voyez la *maxime* 274, et ci-après la 18ᵉ des *Réflexions diverses*.
[3] La *maxime* 242 reproduit la même pensée.

---

[1] C'est la *maxime* 430, à laquelle un annotateur contemporain de La Rochefoucauld a répondu : « Il y a quelquefois des regains dans l'un et dans l'autre qui font revivre pour les plaisirs. »
[2] Par *sentir*, c'est-à-dire par l'épreuve que l'on fait du sentiment.
[3] Voir la *maxime* 351 et la *réflexion* VI, ci-dessus.
[4] Voyez la *maxime* 109.

goûts, et les respectent en toutes choses. Il y en a qui sont sensibles à ce qui est bon, et choqués de ce qui ne l'est pas : leurs vues sont nettes et justes, et ils trouvent la raison de leur goût dans leur esprit et dans leur discernement.

Il y en a qui, par une sorte d'instinct dont ils ignorent la cause, décident de ce qui se présente à eux, et prennent toujours le bon parti. Ceux-ci font paroître plus de goût que d'esprit[1], parce que leur amour-propre et leur humeur ne prévalent point sur leurs lumières naturelles ; tout agit de concert en eux, tout y est sur un même ton. Cet accord les fait juger sainement des objets, et leur en forme une idée véritable ; mais, à parler généralement, il y a peu de gens qui aient le goût fixe et indépendant de celui des autres : ils suivent l'exemple et la coutume, et ils en empruntent presque tout ce qu'ils ont de goût[2].

Dans toutes ces différences de goût que l'on vient de marquer, il est très-rare, et presque impossible, de rencontrer cette sorte de bon goût qui sait donner le prix à chaque chose, qui en connoit toute la valeur, et qui se porte généralement sur tout : nos connoissances sont trop bornées, et cette juste disposition des qualités qui font bien juger ne se maintient d'ordinaire que sur ce qui ne nous regarde pas directement. Quand il s'agit de nous, notre goût n'a plus cette jeunesse si nécessaire ; la préoccupation le trouble ; tout ce qui a du rapport à nous paroît sous une autre figure, personne ne voit des mêmes yeux ce qui le touche et ce qui ne le touche pas[3] : notre goût est conduit alors par la pente de l'amour-propre et de l'humeur, qui nous fournissent des vues nouvelles, et nous assujettissent à un nombre infini de changements et d'incertitudes ; notre goût n'est plus à nous, nous n'en disposons plus : il change sans notre consentement ; et les mêmes objets nous paroissent par tant de côtés différents, que nous méconnoissons enfin ce que nous avons vu et ce que nous avons senti.

[1] Voyez la *maxime* 258.
[2] Voyez la *maxime posthume* XXIX — 533, et la 13ᵉ des *Réflexions diverses*.
[3] Voyez les *maximes* 88 et 428.

XI. — DU RAPPORT DES HOMMES AVEC LES ANIMAUX.

Il y a autant de diverses espèces d'hommes qu'il y a de diverses espèces d'animaux, et les hommes sont à l'égard des autres hommes, ce que les différentes espèces d'animaux sont entre elles et à l'égard les unes des autres. Combien y a-t-il d'hommes qui vivent du sang et de la vie des innocents : les uns comme des tigres, toujours farouches et toujours cruels ; d'autres comme des lions, en gardant quelque apparence de générosité ; d'autres comme des ours, grossiers et avides, d'autres comme des loups ravissants et impitoyables ; d'autres comme des renards, qui vivent d'industrie, et dont le métier est de tromper !

Combien y-a-t-il d'hommes qui ont du rapport aux chiens ! Ils détruisent leur espèce ; ils chassent pour le plaisir de celui qui les nourrit ; les uns suivent toujours leur maître, les autres gardent la maison. Il y a des lévriers d'attache, qui vivent de leur valeur, qui se destinent à la guerre, et qui ont de la noblesse dans leur courage ; il y a des dogues acharnés, qui n'ont de qualité que la fureur ; il y a des chiens plus ou moins inutiles, qui aboient souvent, et qui mordent quelquefois ; il y a même des chiens de jardinier[1]. Il y a des singes et des guenons qui plaisent par leurs manières, qui ont de l'esprit, et qui font toujours du mal ; il y a des paons qui n'ont que la beauté, qui déplaisent par leur chant, et qui détruisent les lieux qu'ils habitent.

Il y a des oiseaux qui ne sont recommandables que par leur ramage et par leurs couleurs. Combien de perroquets qui parlent sans cesse, et qui n'entendent jamais ce qu'ils disent ; combien de pies et de corneilles qui ne s'apprivoisent que pour dérober ; combien d'oiseaux de proie qui ne vivent que de rapines ; combien d'espèces d'animaux paisibles et tranquilles, qui ne servent qu'à nourrir d'autres animaux !

Il y a des chats toujours au guet, malicieux et infidèles, et qui font patte de velours ; il y a

[1] *Chien de jardinier*, qui ne fait rien et nuit à qui veut faire.

des vipères dont la langue est venimeuse, et dont le reste est utile[1]; il y a des araignées, des mouches, des punaises et des puces, qui sont toujours incommodes et insupportables; il y a des crapauds qui font horreur et n'ont que du venin; il y a des hiboux qui craignent la lumière. Combien d'animaux qui vivent sous terre pour se conserver! Combien de chevaux qu'on emploie à tant d'usages, et qu'on abandonne quand ils ne servent plus : combien de bœufs qui travaillent toute leur vie, pour enrichir celui qui leur impose le joug; de cigales qui passent leur vie à chanter; de lièvres qui ont peur de tout; de lapins qui s'épouvantent et se rassurent en un moment; de pourceaux qui vivent dans la crapule et dans l'ordure; de canards privés, qui trahissent leurs semblables, et les attirent dans les filets; de corbeaux et de vautours qui ne vivent que de pourriture et de corps morts! Combien d'oiseaux passagers, qui vont si souvent d'un monde à l'autre, et qui s'exposent à tant de périls pour chercher à vivre! Combien d'hirondelles qui suivent toujours le beau temps; de hannetons, inconsidérés et sans dessein; de papillons qui cherchent le feu qui les brûle! Combien d'abeilles, qui respectent leur chef, et qui se maintiennent avec tant de règle et d'industrie! Combien de frelons, vagabonds et fainéants, qui cherchent à s'établir aux dépens des abeilles! Combien de fourmis dont la prévoyance et l'économie soulagent tous leurs besoins! Combien de crocodiles qui feignent de se plaindre pour dévorer ceux qui sont touchés de leurs plaintes! Et combien d'animaux qui sont assujettis parce qu'ils ignorent leur force!

Toutes ces qualités se trouvent dans l'homme, et il exerce, à l'égard des autres hommes, tout ce que les animaux dont on vient de parler exercent entre eux.

XII. — DE L'ORIGINE DES MALADIES.

Si on examine la nature des maladies, on trouvera qu'elles tirent leur origine des passions et des peines de l'esprit. L'âge d'or, qui en étoit exempt, étoit exempt de maladies; l'âge d'argent, qui le suivit, conserva encore sa pureté; l'âge d'airain donna naissance aux passions et aux peines de l'esprit : elles commencèrent à se former, et elles avoient encore la foiblesse de l'enfance et sa légèreté. Mais elles parurent avec toute leur force et leur malignité dans l'âge de fer, et répandirent dans le monde, par la suite de leur corruption, les diverses maladies qui ont affligé les hommes depuis tant de siècles. L'ambition a produit les fièvres aiguës et frénétiques; l'envie a produit la jaunisse et l'insomnie; c'est de la paresse que viennent les léthargies, les paralysies et les langueurs; la colère a fait les étouffements, les ébullitions de sang et les inflammations de poitrine; la peur a fait les battements de cœur et les syncopes; la vanité a fait les folies; l'avarice, la teigne et la gale; la tristesse a fait le scorbut; la cruauté, la pierre; la calomnie et les faux rapports ont répandu la rougeole, la petite vérole et le pourpre, et on doit à la jalousie la cangrène[1], la peste et la rage. Les disgraces imprévues ont fait l'apoplexie; les procès ont fait la migraine et le transport au cerveau; les dettes ont fait les fièvres étiques; l'ennui du mariage a produit la fièvre quarte, et la lassitude des amants qui n'osent se quitter a causé les vapeurs. L'amour, lui seul, a fait plus de maux que tout le reste ensemble, et personne ne doit entreprendre de les exprimer; mais comme il fait aussi les plus grands biens de la vie, au lieu de médire de lui, on doit se taire : on doit le craindre et le respecter toujours.

XIII. — DU FAUX.

On est faux en différentes manières; il y a des hommes faux qui veulent toujours paroître ce qu'ils ne sont pas[2]; il y en a d'autres de meilleure foi, qui sont nés faux, qui se trompent eux-mêmes, et qui ne voient jamais les choses comme elles sont. Il y en a dont l'esprit est droit et le goût faux; d'autres ont l'esprit faux, et ont quelque droiture dans le goût : il y en a enfin qui n'ont rien de faux dans le goût ni

---

[1] La vipère a été longtemps employée en médecine. Elle entrait dans la composition de la *thériaque*.

[1] On disait indifféremment alors *cangrène* et *gangrène*.
[2] Voyez la *maxime* 256 et les 2e et 3e *Réflexions diverses*.

dans l'esprit. Ceux-ci sont très-rares, puisque, à parler généralement, il n'y a presque personne qui n'ait de la fausseté dans quelque endroit de l'esprit ou du goût.

Ce qui fait cette fausseté si universelle, c'est que nos qualités sont incertaines et confuses, et que nos vues le sont aussi. On ne voit point les choses précisément comme elles sont; on les estime plus ou moins qu'elles ne valent[1], et on ne les fait point rapporter à nous en la manière qui leur convient, et qui convient à notre état et à nos qualités. Ce mécompte met un nombre infini de faussetés dans le goût et dans l'esprit; notre amour-propre est flatté de tout ce qui se présente à nous sous les apparences du bien; mais comme il y a plusieurs sortes de bien qui touchent notre vanité ou notre tempérament, on les suit souvent par coutume ou par commodité; on les suit parce que les autres les suivent, sans considérer qu'un même sentiment ne doit pas être également embrassé par toute sorte de personnes, et qu'on s'y doit attacher plus ou moins fortement, selon qu'il convient plus ou moins à ceux qui le suivent.

On craint encore plus de se montrer faux par le goût que par l'esprit. Les honnêtes gens doivent approuver sans prévention ce qui mérite d'être approuvé, suivre ce qui mérite d'être suivi, et ne se piquer de rien[2]; mais il y faut une grande proportion et une grande justesse: il faut savoir discerner ce qui est bon en général, et ce qui nous est propre, et suivre alors avec raison la pente naturelle qui nous porte vers les choses qui nous plaisent. Si les hommes ne vouloient exceller que par leurs propres talents, et en suivant leurs devoirs, il n'y auroit rien de faux dans leur goût et dans leur conduite; ils se montreroient tels qu'ils sont; ils jugeroient des choses par leurs lumières, et s'y attacheroient par leur raison; il y auroit de la proportion dans leurs vues et dans leurs sentiments; leur goût seroit vrai, il viendroit d'eux et non pas des autres, et ils le suivroient par choix, et non pas par coutume ou par hasard.

Si on est faux en approuvant ce qui ne doit pas être approuvé, on ne l'est pas moins, le plus souvent, par l'envie de se faire valoir par des qualités qui sont bonnes de soi, mais qui ne nous conviennent pas[1]. Un magistrat est faux quand il se pique d'être brave, bien qu'il puisse être hardi dans de certaines rencontres; il doit paroître ferme et assuré dans une sédition qu'il a droit d'apaiser, sans craindre d'être faux, et il seroit faux et ridicule de se battre en duel. Une femme peut aimer les sciences; mais toutes les sciences ne lui conviennent pas toujours, et l'entêtement de certaines sciences ne lui convient jamais, et est toujours faux.

Il faut que la raison et le bon sens mettent le prix aux choses[2], et qu'elles déterminent notre goût à leur donner le rang qu'elles méritent, et qu'il nous convient de leur donner. Mais tous les hommes presque se trompent dans ce prix et dans ce rang, et il y a toujours de la fausseté dans ce mécompte.

Les plus grands rois sont ceux qui s'y méprennent le plus souvent: ils veulent surpasser les autres hommes en valeur, en savoir, en galanterie, et dans mille autres qualités où tout le monde a droit de prétendre; mais ce goût d'y surpasser les autres peut être faux en eux, quand il va trop loin. Leur émulation doit avoir un autre objet: ils doivent imiter Alexandre, qui ne vouloit disputer le prix de la course que contre des rois, et se souvenir que ce n'est que des qualités particulières à la royauté qu'ils doivent disputer. Quelque vaillant que puisse être un roi, quelque savant et agréable qu'il puisse être, il trouvera un nombre infini de gens qui auront ces mêmes qualités aussi avantageusement que lui, et le désir de les surpasser paroîtra toujours faux, et souvent même il lui sera impossible d'y réussir; mais s'il s'attache à ses devoirs véritables, s'il est magnanime, s'il est grand capitaine et grand politique, s'il est juste, clément et libéral, s'il soulage ses sujets; s'il aime la gloire et le repos de son État, il ne trouvera que des rois à vaincre dans une si noble carrière; il n'y aura rien que de vrai et de grand dans un si juste dessein, et le désir d'y surpasser les autres n'aura rien de

---

[1] Voyez la *maxime* 244, et les 10e et 16e des *Réflexion diverses*.
[2] C'est la *maxime* 203 plus développée.

[1] Voyez les *maximes* 134, 256, 457, 493, et les 3e et 4e des *Réflexions diverses*.
[2] Voyez la *maxime* 244, et les 10e et 16e des *Réflexions*.

faux. Cette émulation est digne d'un roi, et c'est la véritable gloire où il doit prétendre.

XIV. — DES MODÈLES DE LA NATURE ET DE LA FORTUNE.

Il semble que la fortune, toute changeante et capricieuse qu'elle est, renonce à ses changements et à ses caprices pour agir de concert avec la nature, et que l'une et l'autre concourent de temps en temps à faire des hommes extraordinaires[1] et singuliers, pour servir de modèles à la postérité. Le soin de la nature est de fournir les qualités ; celui de la fortune est de les mettre en œuvre[2] et de les faire voir dans le jour et avec les proportions qui conviennent à leur dessein : on diroit alors qu'elles imitent les règles des grands peintres, pour nous donner des tableaux parfaits de ce qu'elles veulent représenter. Elles choisissent un sujet, et s'attachent au plan qu'elles se sont proposé ; elles disposent de la naissance, de l'éducation, des qualités naturelles et acquises, des temps, des conjonctures, des amis, des ennemis ; elles font remarquer des vertus et des vices, des actions heureuses et malheureuses ; elles joignent même de petites circonstances aux plus grandes, et les savent placer avec tant d'art, que les actions des hommes et leurs motifs nous paroissent toujours sous la figure et avec les couleurs qu'il plaît à la nature d'y donner[3].

Quel concours de qualités éclatantes n'ont-elles pas assemblé dans la personne d'Alexandre, pour le montrer au monde comme un modèle d'élévation d'ame et de grandeur de courage ! Si on examine sa naissance illustre, son éducation, sa jeunesse, sa beauté, sa complexion heureuse, l'étendue et la capacité de son esprit pour la guerre et pour les sciences, ses vertus, ses défauts même[4], le petit nombre de ses troupes, la puissance formidable de ses ennemis, la courte durée d'une si belle vie, sa mort et ses successeurs, ne verra-t-on pas l'industrie et l'application de la fortune et de la nature à renfermer dans un même sujet ce nombre infini de diverses circonstances ? Ne verra-t-on pas le soin particulier qu'elles ont pris d'arranger tant d'événements extraordinaires, et de les mettre chacun dans son jour pour composer un modèle d'un jeune conquérant, plus grand encore par ses qualités personnelles que par l'étendue de ses conquêtes !

Si on considère de quelle sorte la nature et la fortune nous montrent César, ne verra-t-on pas qu'elles ont suivi un autre plan, qu'elles n'ont renfermé dans sa personne tant de valeur, de clémence, de libéralité, tant de qualités militaires, tant de pénétration, tant de facilité d'esprit et de mœurs, tant d'éloquence, tant de grâces du corps, tant de supériorité de génie pour la paix et pour la guerre, ne verra-t-on pas, dis-je, qu'elles ne se sont assujetties si longtemps à arranger et à mettre en œuvre tant de talents extraordinaires, et qu'elles n'ont contraint César de s'en servir contre sa patrie, que pour nous laisser un modèle du plus grand homme du monde, et du plus célèbre usurpateur ? Elles le font naître particulier dans une république maîtresse de l'univers, affermie et soutenue par les plus grands hommes qu'elle eût jamais produits ; la fortune même choisit parmi eux ce qu'il y avoit de plus illustre, de plus puissant et de plus redoutable pour les rendre ses ennemis ; elle le réconcilie, pour un temps, avec les plus considérables, pour les faire servir à son élévation ; elles les éblouit et les aveugle ensuite, pour lui faire une guerre qui le conduit à la souveraine puissance. Combien d'obstacles ne lui a-t-elle pas fait surmonter ! De combien de périls, sur terre et sur mer, ne l'a-t-elle pas garanti, sans jamais avoir été blessé ! Avec quelle persévérance la fortune n'a-t-elle pas soutenu les desseins de César, et détruit ceux de Pompée ! Par quelle industrie n'a-t-elle pas disposé ce peuple romain, si puissant, si fier et si jaloux de sa liberté, à la soumettre à la puissance d'un seul homme ! Ne s'est-elle pas même servie des circonstances de la mort de César, pour la rendre convenable[1] à sa vie ? Tant

---

[1] La *maxime* 53 exprime la même pensée, mais d'une manière plus absolue, surtout dans la variante de 1665, n° 62.
[2] *Maxime* 153.
[3] Voyez les *maximes* 58 et 380.
[4] C'est cette *Réflexion* qui a dicté à La Rochefoucauld la *maxime* 58 de l'édition de 1678, et le n° 161 de 1665. Voy. *Maximes supprimées*, XLI, — 605.

[1] *Convenable*, c'est-à-dire en accord, en harmonie avec sa vie.

d'avertissements des devins, tant de prodiges, tant d'avis de sa femme et de ses amis, ne peuvent le garantir, et la fortune choisit le propre jour qu'il doit être couronné dans le Sénat, pour le faire assassiner par ceux mêmes qu'il a sauvés, et par un homme qui lui doit la naissance [1].

Cet accord de la nature et de la fortune n'a jamais été plus marqué que dans la personne de Caton, et il semble qu'elles se soient efforcées l'une et l'autre de renfermer dans un seul homme, non-seulement les vertus de l'ancienne Rome, mais encore de l'opposer directement aux vertus de César, pour montrer qu'avec une pareille étendue d'esprit et de courage, le désir de gloire conduit l'un à être usurpateur, et l'autre à servir de modèle d'un parfait citoyen. Mon dessein n'est pas de faire ici le parallèle de ces deux grands hommes, après tout ce qui en est écrit ; je dirai seulement que, quelque grands et illustres qu'ils paroissent, la nature et la fortune n'auroient pu mettre toutes leurs qualités dans le jour qui convenoit pour les faire éclater, si elles n'eussent opposé Caton à César. Il falloit les faire naître en même temps, dans une même république, différents par leurs mœurs et par leurs talents, ennemis par les intérêts de la patrie et par des intérêts domestiques ; l'un, vaste dans ses desseins, et sans bornes dans son ambition, l'autre, austère, renfermé dans les lois de Rome, et idolâtre de la liberté ; tous deux célèbres par des vertus qui les montroient par de si différents côtés, et plus célèbres encore, si l'on ose dire, par l'opposition que la fortune et la nature ont pris soin de mettre entre eux. Quel arrangement, quelle suite, quelle économie de circonstances dans la vie de Caton, et dans sa mort ! La destinée même de la République a servi au tableau que la fortune nous a voulu donner de ce grand homme, et elle finit sa vie avec la liberté de son pays.

Si nous laissons les exemples des siècles passés pour venir aux exemples du siècle présent, on trouvera que la nature et la fortune ont conservé cette même union dont j'ai parlé, pour nous montrer de différents modèles en deux hommes consommés en l'art de commander. Nous verrons M. le Prince[1] et M. de Turenne disputer de la gloire des armes, et mériter, par un nombre infini d'actions éclatantes, la réputation qu'ils ont acquise. Ils paroîtront avec une valeur et une expérience égales ; infatigables de corps et d'esprit, on les verra agir ensemble, agir séparément, et quelquefois opposés l'un à l'autre ; nous les verrons heureux et malheureux dans diverses occasions de la guerre, devoir les bons succès à leur conduite et à leur courage, et se montrer toujours plus grands, même par leurs disgrâces ; tous deux sauver l'État ; tous deux contribuer à le détruire, et se servir des mêmes talents, par des voies différentes : M. de Turenne, suivant ses desseins avec plus de règle et moins de vivacité, d'une valeur plus retenue et toujours proportionnée au besoin de la faire paroître ; M. le Prince, inimitable en la manière de voir et d'exécuter les plus grandes choses, entraîné par la supériorité de son génie, qui semble lui soumettre les évènements et les faire servir à sa gloire [2]. La foiblesse des armées qu'ils ont commandées dans les dernières campagnes, et la puissance des ennemis qui leur étoient opposés, ont donné de nouveaux sujets à l'un et à l'autre de montrer toute leur vertu[3], et de réparer par leur mérite tout ce qui leur manquoit pour soutenir la guerre. La mort même de M. de Turenne[4], si convenable à une si belle vie, accompagnée de tant de circonstances singulières, et arrivée dans un moment si important[5], ne nous paroît-elle pas comme un

---

[1] Marcus Junius Brutus, fils de Servilie, sœur de Caton; les liaisons intimes de sa mère avec César accréditèrent l'opinion d'une paternité que le *tu quoque* n'a fait que confirmer.

[1] Le grand Condé.
[2] On trouve dans Saint-Évremond, tome V, page 85 et suivantes de l'édition de Londres, 1725, un *parallèle de Monsieur le Prince et M. de Turenne*, qui pour l'appréciation de leurs belles qualités offre de grands traits de ressemblance avec celui de La Rochefoucauld.
[3] Ce mot doit être entendu dans le sens latin, *virtus* (valeur, force, courage).
[4] Le fait de la mort de Turenne, rapporté par La Rochefoucauld, établit d'une manière certaine que cette 14ᵉ *Réflexion* n'a pas été écrite avant la fin de l'année 1675.
[5] Le 27 juillet 1675, par une savante manœuvre qui lui promettait la victoire, Turenne venait d'attirer Montecuculli sur un terrain de son choix, quand, au moment d'engager la bataille, près du village de Salzbach, un boulet de canon l'atteignit au côté gauche.

effet de la crainte et de l'incertitude de la fortune, qui n'a osé décider de la destinée de la France et de l'Empire? Cette même fortune, qui retire M. le Prince du commandement des armées, sous prétexte de sa santé, et dans un temps où il devoit achever de si grandes choses, ne se joint-elle pas à la nature pour nous montrer présentement ce grand homme dans une vie privée, exerçant des vertus paisibles et soutenu de sa propre gloire? Brille-t-il moins dans sa retraite qu'au milieu de ses victoires?

XV. — DES COQUETTES ET DES VIEILLARDS [1].

S'il est malaisé de se rendre raison des goûts en général, il le doit être encore davantage de se rendre raison du goût des femmes coquettes : on peut dire néanmoins que l'envie de plaire se répand généralement sur tout ce qui peut flatter leur vanité, et qu'elles ne trouvent rien d'indigne de leurs conquêtes ; mais le plus incompréhensible de tous leurs goûts est, à mon sens, celui qu'elles ont pour les vieillards qui ont été galants. Ce goût paroit trop bizarre, et il y en a trop d'exemples pour ne rechercher pas la cause d'un sentiment tout à la fois si commun et si contraire à l'opinion que l'on a des femmes. Je laisse aux philosophes à décider si c'est un soin charitable de la nature, qui veut consoler les vieillards dans leurs misères, et qui leur fournit le secours des coquettes, par la même prévoyance qui lui fait donner des ailes aux chenilles, dans le déclin de leur vie, pour les rendre papillons ; mais sans pénétrer dans les secrets de la physique, on peut, ce me semble, chercher des causes plus sensibles de ce goût dépravé des coquettes pour les vieilles gens. Ce qui est plus apparent, c'est qu'elles aiment les prodiges, et qu'il n'y en a point qui doive plus toucher leur vanité que de ressusciter un mort. Elles ont le plaisir de l'attacher à leur char, et d'en parer leur triomphe, sans que leur réputation en soit blessée : au contraire, un vieillard est un ornement à la suite d'une coquette, et il est aussi nécessaire dans son train que les nains l'étoient autrefois dans *Amadis*. Elles n'ont point d'esclaves si commodes et si utiles : elles paroissent bonnes et solides, en conservant un ami sans conséquence ; il publie leurs louanges [1], il gagne créance vers les maris, et leur répond de la conduite de leurs femmes. S'il a du crédit, elles en retirent mille secours ; il entre dans tous les intérêts et tous les besoins de la maison. S'il sait les bruits qui courent des véritables galanteries, il n'a garde de les croire ; il les étouffe, et assure que le monde est médisant ; il juge, par sa propre expérience, des difficultés qu'il y a de toucher le cœur d'une si bonne femme ; plus on lui fait acheter des grâces et des faveurs, plus il est discret et fidèle ; son propre intérêt l'engage au silence ; il craint toujours d'être quitté, et il se trouve trop heureux d'être souffert [2]. Il se persuade aisément qu'il est aimé, puisqu'on le choisit contre tant d'apparence : il croit que c'est un privilège de son vieux mérite, et remercie l'amour de se souvenir de lui dans tous les temps.

Elle, de son côté, ne voudroit pas manquer à ce qu'elle lui a promis : elle lui fait remarquer qu'il a toujours touché son inclination, et qu'elle n'auroit jamais aimé, si elle ne l'avoit jamais connu ; elle le prie surtout de n'être pas jaloux et de se fixer à elle ; elle lui avoue qu'elle aime un peu le monde et le commerce des honnêtes gens, qu'elle a même intérêt d'en ménager plusieurs à la fois, pour ne pas laisser voir qu'elle le traite différemment des autres ; que si elle fait quelques railleries de lui avec ceux dont on s'est avisé de parler, c'est seulement pour avoir le plaisir de le nommer souvent, ou pour mieux cacher ses sentiments ; qu'après tout il est le maître de sa conduite, et que, pourvu qu'il en soit content et qu'il l'aime toujours, elle se met aisément en repos du reste. Quel vieillard ne se rassure pas par des raisons si convaincantes, qui l'ont souvent trompé quand il étoit jeune et aimable? Mais,

---

[1] Voyez les *maximes* 418, 423, 444 et 461.

[1] M. Gilbert, dans son *Étude sur Saint-Évremond*, en cite un exemple remarquable dans la belle Hortense Mancini, duchesse de Mazarin, qui, durant vingt-cinq ans, tint le noble exilé enchaîné à son char. La mort de la duchesse (1699) fut seule capable de rompre les chères habitudes de Saint-Évremond, alors âgé de quatre-vingt-six ans.

[2] Voyez ci-après la 19e des *Réflexions diverses*.

pour son malheur, il oublie trop aisément qu'il n'est plus ni l'un ni l'autre, et cette foiblesse est de toutes la plus ordinaire aux vieilles gens qui ont été aimés[1]. Je ne sais si cette tromperie ne leur vaut pas mieux encore que de connoître la vérité : on les souffre du moins ; on les amuse ; ils sont détournés de la vue de leurs propres misères ; et le ridicule où ils tombent est souvent un moindre mal pour eux que les ennuis et l'anéantissement d'une vie pénible et languissante.

XVI. — DE LA DIFFÉRENCE DES ESPRITS.

Bien que toutes les qualités de l'esprit se puissent rencontrer dans un grand esprit, il y en a néanmoins qui lui sont propres et particulières ; ses lumières n'ont point de bornes ; il agit toujours également et avec la même activité ; il discerne les objets éloignés comme s'ils étoient présents ; il comprend, il imagine les plus grandes choses ; il voit et connoit les plus petites ; ses pensées sont relevées, étendues, justes et intelligibles : rien n'échappe à sa pénétration, et elle lui fait toujours découvrir la vérité au travers des obscurités qui la cachent aux autres. Mais toutes ces grandes qualités ne peuvent souvent empêcher que l'esprit ne paroisse petit et foible, quand l'humeur s'en est rendue la maîtresse[2].

Un bel esprit pense toujours noblement ; il produit avec facilité des choses claires, agréables et naturelles ; il les fait voir dans leur plus beau jour, et il les pare de tous les ornements qui leur conviennent ; il entre dans le goût des autres, et retranche de ses pensées ce qui est inutile, ou ce qui peut déplaire. Un esprit adroit, facile, insinuant, sait éviter et surmonter les difficultés ; il se plie aisément à ce qu'il veut ; il sait connoitre et suivre l'esprit et l'humeur de ceux avec qui il traite ; et en ménageant leurs intérêts, il avance et il établit les siens. Un bon esprit voit toutes choses comme elles doivent être vues ; il leur donne le prix qu'elles méritent[1], il les sait tourner du côté qui lui est le plus avantageux, et il s'attache avec fermeté à ses pensées, parce qu'il en connoit toute la force et toute la raison.

Il y a de la différence entre un esprit utile et un esprit d'affaires ; on peut entendre les affaires, sans s'appliquer à son intérêt particulier : il y a des gens habiles dans tout ce qui ne les regarde pas, et très-malhabiles dans ce qui les regarde ; et il y en a d'autres au contraire qui ont une habileté bornée à ce qui les touche, et qui savent trouver leur avantage en toutes choses.

On peut avoir, tout ensemble, un air sérieux dans l'esprit, et dire souvent des choses agréables et enjouées. Cette sorte d'esprit convient à toutes personnes et à tous les âges de la vie. Les jeunes gens ont d'ordinaire l'esprit enjoué et moqueur, sans l'avoir sérieux ; et c'est ce qui les rend souvent incommodes. Rien n'est plus malaisé à soutenir que le dessein d'être toujours plaisant, et les applaudissements qu'on reçoit quelquefois en divertissant les autres ne valent pas que l'on s'expose à la honte de les ennuyer souvent quand ils sont de méchante humeur. La moquerie est une des plus agréables et des plus dangereuses qualités de l'esprit ; elle plait toujours quand elle est délicate, mais on craint toujours aussi ceux qui s'en servent trop souvent[2]. La moquerie peut, néanmoins être permise, quand elle n'est mêlée d'aucune malignité, et quand on y fait entrer les personnes mêmes dont on parle.

Il est malaisé d'avoir un esprit de raillerie sans affecter d'être plaisant, ou sans aimer à se moquer ; il faut une grande justesse pour railler longtemps, sans tomber dans l'une ou l'autre de ces extrémités. La raillerie est un air de gaieté qui remplit l'imagination, et qui lui fait voir en ridicule les objets qui se présentent : l'humeur y mêle plus ou moins de douceur ou d'âpreté : il y a une manière de railler, délicate et flatteuse, qui touche seulement les défauts que les personnes dont on parle veulent bien avouer, qui sait déguiser les louanges

---

[1] Voyez la *maxime* 408.

[2] Cette dernière phrase, qui se trouve dans l'édition de 1731, ainsi qu'au manuscrit de La Roche-Guyon, avait été omise par tous les éditeurs depuis Brottier, quand, en 1863, elle a été rétablie par M. Édouard de Barthélemy.

[1] Voyez la *maxime* 244, et les 10ᵉ et 13ᵉ des *Réflexions diverses*.

[2] Pascal a ainsi exprimé la même pensée : *Diseur de bons mots, mauvais caractère*. (*Pensées*, art. VI, 19.)

qu'on leur donne sous des apparences de blâme, et qui découvre ce qu'elles ont d'aimable, en feignant de le vouloir cacher.

Un esprit fin et un esprit de finesse sont très-différents. Le premier plaît toujours ; il est délié, il pense des choses délicates[1], et voit les plus imperceptibles : un esprit de finesse ne va jamais droit ; il cherche des biais et des détours pour faire réussir ses desseins ; cette conduite est bientôt découverte ; elle se fait toujours craindre, et ne mène presque jamais aux grandes choses.

Il y a quelque différence entre un esprit de feu et un esprit brillant : un esprit de feu va plus loin et avec plus de rapidité ; un esprit brillant a de la vivacité, de l'agrément et de la justesse.

La douceur de l'esprit, c'est un air facile et accommodant, qui plaît toujours, quand il n'est point fade.

Un esprit de détail s'applique, avec de l'ordre et de la règle, à toutes les particularités des sujets qu'on lui présente. Cette application le renferme d'ordinaire à de petites choses ; elle n'est pas néanmoins toujours incompatible avec de grandes vues ; et quand ces deux qualités se trouvent ensemble dans un même esprit, elles l'élèvent infiniment au-dessus des autres.

On a abusé du terme de *bel esprit* ; et bien que tout ce qu'on vient de dire des différentes qualités de l'esprit puisse convenir à un bel esprit, néanmoins, comme ce titre a été donné à un nombre infini de mauvais poètes et d'auteurs ennuyeux, on s'en sert plus souvent pour tourner les gens en ridicule que pour les louer.

Bien qu'il y ait plusieurs épithètes pour l'esprit qui paroissent une même chose, le ton et la manière de les prononcer y mettent de la différence : mais comme les tons et les manières de dire ne se peuvent écrire, je n'entrerai point dans un détail qu'il seroit impossible de bien expliquer. L'usage ordinaire le fait assez entendre ; et en disant qu'un homme a *de l'esprit*, qu'il a *bien de l'esprit*, qu'il a *beaucoup d'esprit* et qu'il a *bon esprit*, il n'y a que les tons et les manières qui puissent mettre de la différence entre ces expressions, qui paroissent semblables sur le papier, et qui expriment néanmoins de très-différentes sortes d'esprit.

On dit encore qu'un homme n'a que *d'une sorte* d'esprit, qu'il a de *plusieurs sortes* d'esprit, et qu'il a *toutes sortes* d'esprit. On peut être sot avec beaucoup d'esprit, et on peut n'être pas sot avec peu d'esprit[1].

Avoir beaucoup d'esprit est un terme équivoque : il peut comprendre toutes les sortes d'esprit dont on vient de parler, mais il peut aussi n'en marquer aucune distinctement. On peut quelquefois faire paroître de l'esprit dans ce qu'on dit, sans en avoir dans sa conduite[2]. On peut avoir de l'esprit, et l'avoir borné. Un esprit peut être propre à de certaines choses, et ne l'être pas à d'autres : on peut avoir beaucoup d'esprit, et n'être propre à rien ; et avec beaucoup d'esprit on est souvent fort incommode[3]. Il semble néanmoins que le plus grand mérite de cette sorte d'esprit est de plaire quelquefois dans la conversation.

Bien que les productions d'esprit soient infinies, on peut, ce me semble, les distinguer de cette sorte : il y a des choses si belles, que tout le monde est capable d'en voir et d'en sentir la beauté ; il y en a qui ont de la beauté, et qui ennuient ; il y en a qui sont belles, que tout le monde sent et admire, bien que tous n'en sachent pas la raison ; il y en a qui sont si fines et si délicates, que peu de gens sont capables d'en remarquer toutes les beautés ; enfin il y en a d'autres qui ne sont pas parfaites[4], mais qui sont dites avec tant d'art, et qui sont soutenues et conduites avec tant de raison et tant de grâce, qu'elles méritent d'être admirées.

XVII. — DES ÉVÉNEMENTS DE CE SIÈCLE.

L'histoire, qui nous apprend ce qui arrive dans le monde, nous montre également les grands événements et les médiocres : cette confusion d'objets nous empêche souvent de discerner avec assez d'attention les choses extra-

---

Ce qui constitue la *politesse de l'esprit* : maxime 99.

[1] Voyez les *maximes* 45 et 456.
[2] Voyez la *maxime* 415.
[3] Voyez les *maximes* 451 et 502.
[4] Voyez aux *Maximes supprimées* le n° LXVI. — 630.

ordinaires qui sont renfermées dans le cours de chaque siècle. Celui où nous vivons en a produit, à mon sens, de plus singuliers que les précédents : j'ai voulu en écrire quelques-uns, pour les rendre plus remarquables aux personnes qui voudront y faire réflexion.

Marie de Médicis, reine de France, femme de Henri le Grand, fut mère de Louis XIII, de Gaston, fils de France, de la reine d'Espagne[1], de la duchesse de Savoie[2] et de la reine d'Angleterre[3]; elle fut régente en France, et gouverna le Roi, son fils, et son royaume pendant plusieurs années. Elle éleva Armand de Richelieu[4] à la dignité de cardinal; elle le fit premier ministre, maître de l'État et de l'esprit du Roi. Elle avoit peu de vertus et peu de défauts qui la dussent faire craindre, et néanmoins, après tant d'éclat et de grandeur, cette princesse, veuve de Henri IV et mère de tant de rois, a été arrêtée prisonnière par le Roi, son fils, et par la troupe du cardinal de Richelieu, qui lui devoit sa fortune. Elle a été délaissée des autres rois, ses enfants, qui n'ont osé même la recevoir dans leurs États, et elle est morte de misère[5] et presque de faim à Cologne, après une persécution de dix années.

Ange de Joyeuse[6], duc et pair, maréchal de France et amiral, jeune, riche, galant et heureux, abandonna tant d'avantages pour se faire capucin. Après quelques années, les besoins de l'État le rappelèrent au monde; le Pape le dispensa de ses vœux et lui ordonna d'accepter le commandement des armées du Roi contre les huguenots; il demeura quatre ans dans cet emploi, et se laissa entraîner pendant ce temps aux mêmes passions qui l'avoient agité pendant sa jeunesse. La guerre étant finie, il renonça une seconde fois au monde, et reprit l'habit de capucin; il vécut longtemps dans une vie sainte et religieuse; mais la vanité, dont il avoit triomphé dans le milieu des grandeurs, triompha de lui dans le cloître; il fut élu gardien du couvent de Paris, et son élection étant contestée par quelques religieux, il s'exposa non-seulement à aller à Rome, dans un âge avancé, à pied, et malgré les autres incommodités d'un si pénible voyage ; mais la même opposition des religieux s'étant renouvelée à son retour, il partit une seconde fois pour retourner à Rome[1] soutenir un intérêt si peu digne de lui, et il mourut en chemin[2], de fatigue, de chagrin et de vieillesse[3].

Trois hommes de qualité, Portugais, suivis de dix-sept de leurs amis, entreprirent la révolte de Portugal et des Indes qui en dépendent, sans concert avec les peuples, ni avec les étrangers, et sans intelligence dans les places. Ce petit nombre de conjurés se rendit maître du palais de Lisbonne, en chassa la douairière de Mantoue[4], régente pour le roi d'Espagne, et fit soulever tout le royaume; il ne périt dans ce désordre que Vasconcellos[5], ministre d'Espagne, et deux de ses domestiques[6]. Un si grand changement se fit en faveur du duc de Bragance, et sans sa participation; il fut déclaré roi contre sa propre volonté, et se trouva le seul homme de Portugal qui résistât à son élection; il a possédé ensuite cette couronne pendant quatorze années[7], n'ayant ni élévation ni mérite; il est mort dans son lit, et a laissé son royaume paisible à ses enfants.

---

[1] Élisabeth de France, femme de Philippe IV, roi d'Espagne; née en 1602, mariée à l'âge de treize ans, morte en 1644.

[2] Christine de France, duchesse régente de Savoie, née le 10 février 1606, mariée le 11 février 1619 à Victor-Amédée Ier, duc de Savoie, morte à Turin le 27 décembre 1663.

[3] Henriette-Marie de France, née le 25 novembre 1609, mariée en 1625 à Charles Ier, roi d'Angleterre, morte le 10 septembre 1669, à Colombes, près de Paris. En 1622.

[5] Le 3 juillet 1642, à l'âge de soixante-huit ans.

[6] Henri, duc de Joyeuse, né en 1567, mort en 1608, fut d'abord connu sous le nom de comte du *Bouchage*; puis, devenu veuf à l'âge de vingt ans, il entra dans un couvent de capucins, où il prononça ses vœux le 4 décembre 1587 et prit le nom de *Père Ange*. C'est de lui que Voltaire a dit :

Vicieux, pénitent, courtisan, solitaire,
Il prit, quitta, reprit la cuirasse et la haire.

(*Henri de*, ch. IV, vers 23 et 24.)

[1] Il voulut faire ce second voyage nu-pieds.

[2] A Rivoli, en 1608.

[3] Né en 1567, il n'avait que quarante et un ans; il n'est donc pas exact de dire *qu'il mourut de vieillesse*.

[4] Marguerite de Savoie.

[5] Miguel de Vasconcellos, fils du jurisconsulte Pedro Barbosa, ministre dévoué à la Régente et aux intérêts de l'Espagne, fut massacré le 1er décembre 1640, jour où éclata la conjuration ourdie par Pinto-Ribeiro.

[6] Le comte d'Armamar et le duc de Caminha. On voit par le nom de ces personnages dans quel sens La Rochefoucauld emploie ici le mot *domestique*.

[7] Jean IV de Portugal, huitième duc de Bragance, élu roi en 1640, mort en 1656, a régné pendant *seize* ans.

Le cardinal de Richelieu a été maître absolu du royaume de France pendant le règne d'un roi qui lui laissoit le gouvernement de son État lorsqu'il n'osoit lui confier sa propre personne; le Cardinal avoit aussi les mêmes défiances du Roi, et il évitoit d'aller chez lui, craignant d'exposer sa vie ou sa liberté : le Roi néanmoins sacrifie Cinq-Mars, son favori, à la vengeance du Cardinal, et consent qu'il périsse sur un échafaud[1]. Ensuite le Cardinal meurt dans son lit[2]; il dispose par son testament des charges et des dignités de l'État, et oblige le Roi, dans le plus fort de ses soupçons et de sa haine, à suivre aussi aveuglément ses volontés après sa mort qu'il avait fait pendant sa vie.

Alphonse[3], roi de Portugal, fils du duc de Bragance dont je viens de parler, s'est marié[4] en France à la fille du duc de Nemours[5], jeune, sans biens et sans protection. Peu de temps après[6] cette princesse a formé le dessein de quitter le Roi son mari ; elle l'a fait arrêter dans Lisbonne[7], et les mêmes troupes qui, un jour auparavant, le gardoient comme leur roi, l'ont gardé le lendemain comme prisonnier ; il a été confiné dans une île de ses propres États[8], et on lui a laissé la vie et le titre de roi. Le prince de Portugal[9], son frère, a épousé la Reine[10], elle a conservé sa dignité, et elle a revêtu le prince son mari de toute l'autorité du gouvernement, sans lui donner le nom de roi[11]; elle jouit tranquillement du succès d'une entreprise si extraordinaire, en paix avec les Espagnols, et sans guerre civile dans le royaume.

Un vendeur d'herbes, nommé Masaniel[1], fit soulever le menu peuple de Naples, et malgré la puissance des Espagnols, il usurpa l'autorité royale ; il disposa souverainement de la vie, de la liberté et des biens de tout ce qui lui fut suspect ; il se rendit maître des douanes ; il dépouilla les partisans[2] de tout leur argent et de leurs meubles, et fit brûler publiquement toutes ces richesses immenses dans le milieu de la ville, sans qu'un seul de cette foule confuse de révoltés voulût profiter d'un bien qu'on croyoit mal acquis. Ce prodige ne dura que quinze jours et finit par un autre prodige : ce même Masaniel qui achevoit de si grandes choses avec tant de bonheur, de gloire et de conduite, perdit subitement l'esprit, et mourut frénétique en vingt-quatre heures[3].

La reine de Suède[4], en paix dans ses États et avec ses voisins, aimée de ses sujets, respectée des étrangers, jeune et sans dévotion, a quitté volontairement son royaume et s'est réduite à une vie privée[5]. Le roi de Pologne, de la même maison que la reine de Suède, s'est démis aussi de la royauté, par la seule lassitude d'être roi[6].

---

[1] Décapité à Lyon le 12 septembre 1642.
[2] Le 4 décembre 1642.
[3] Alphonse VI, né le 21 août 1643.
[4] Le 25 juin 1666.
[5] Marie-Élisabeth-Françoise de Savoie, seconde des deux filles de Charles-Amédée de Savoie, duc de Nemours et d'Aumale, et d'Élisabeth de Vendôme, petite-fille de Henri IV et de Gabrielle d'Estrées, née le 21 juin 1646. — Elle portait avant son mariage le nom de *Mademoiselle d'Aumale*.
[6] Dès qu'elle eut vu et pu apprécier le prince idiot et débauché auquel elle avait été unie par procuration.
[7] Le 2 avril 1667.
[8] Dans l'île de Terceira, l'une des Açores : transféré au château de Cintra, il y mourut le 12 septembre 1683.
[9] Pierre II, né à Lisbonne le 26 avril 1648.
[10] La cour de Rome (28 mars 1668) ayant déclaré nul son mariage avec Alphonse, Pierre, alors âgé de moins de vingt ans, épousa Marie, dont la beauté remarquable et les éminentes qualités exercèrent toujours sur lui une haute influence.
[11] Cela resta vrai durant la vie de La Rochefoucauld, et l'était encore au moment de sa mort, arrivée en 1680; Pierre II portait alors le titre de *Régent*, et ne prit celui de roi de Portugal qu'en 1683, après la mort d'Alphonse, et peu de mois avant celle de la Reine, sa femme.

[1] *Tomaso Aniello*, par corruption Masaniello, chef de l'insurrection de Naples en 1647 (le 7 juillet), n'était point, comme le dit La Rochefoucauld, *un vendeur d'herbes*, mais un jeune pêcheur, né à Amalfi, en 1623.
[2] *Partisans* : traitants, fermiers du recouvrement des impôts.
[3] Masaniello mourut assassiné par des émissaires du vice-roi (duc d'Arcos).
[4] Christine, fille de Gustave-Adolphe et de Marie-Éléonore de Brandebourg, née le 9 décembre 1626, succéda à son père en 1632, abdiqua en 1654.
[5] Deux tentatives qu'elle fit pour ressaisir un trône prouvent qu'elle regretta l'acte de 1654 — En 1660, à la mort de Charles-Gustave, elle reparut à Stockholm, mais sans succès, car elle fut aussitôt forcée de s'éloigner après avoir signé une renonciation formelle à la couronne. — Huit ans après, en 1668, le roi de Pologne Jean-Casimir ayant abdiqué, elle s'offrit au suffrage des Polonais, qui la repoussèrent.
[6] Casimir V (Jean), né en 1609, mort en 1672. Il était fils de Sigismond III, roi de Pologne, et de Constance d'Autriche. Le chagrin qu'il éprouva de la perte de sa femme, et les instances de la France qui convoitait le trône de Pologne pour un Condé, le déterminèrent à abdiquer. Il se retira en France, devint abbé de Saint-Germain des Prés, ainsi que de Saint-Martin de Nevers, où il mourut.

Un lieutenant d'infanterie[1], sans nom et sans crédit, a commencé à l'âge de quarante-cinq ans de se faire connoître dans les désordres d'Angleterre. Il a dépossédé son roi légitime, bon, juste, doux et libéral; il lui a fait trancher la tête, par un arrêt de son parlement; il a changé le royaume en république; il a été dix ans maître de l'Angleterre, plus craint de ses voisins et plus maître absolu dans son pays que tous les rois qui y ont régné. Il est mort paisible[2], et en pleine possession de toute la puissance du royaume.

Les Hollandois ont secoué le joug de la domination de l'Espagne; ils ont formé une puissante république, et ils ont soutenu cent ans la guerre contre leurs rois légitimes, pour conserver leur liberté. Ils doivent tant de grandes choses à la valeur des princes d'Orange, dont ils ont néanmoins toujours redouté l'ambition et limité le pouvoir. Présentement, cette république, si jalouse de sa puissance, accorde au prince d'Orange d'aujourd'hui, malgré son peu d'expérience et ses malheureux succès dans la guerre, ce qu'elle a refusé à ses pères; elle ne se contente pas de relever sa fortune abattue, elle le met en état de se faire souverain de Hollande, et elle a souffert qu'il ait fait déchirer par le peuple un homme[3] qui maintenoit seul la liberté publique.

Cette puissance d'Espagne, si étendue et si formidable à tous les rois du monde, trouve aujourd'hui son principal appui dans ses sujets rebelles, et se soutient par la protection des Hollandois.

Un empereur[4], jeune, foible, simple, gouverné par des ministres incapables, et pendant le plus grand abaissement de la maison d'Autriche, se trouve, en un moment, chef de tous les princes d'Allemagne, qui craignent son autorité et méprisent sa personne, et il est plus absolu que n'a jamais été Charles-Quint.

Le roi d'Angleterre[1], foible, paresseux, et plongé dans les plaisirs, oubliant les intérêts de son royaume et ses exemples domestiques, s'est exposé avec fermeté, pendant six ans, à la fureur de ses peuples et à la haine de son parlement, pour conserver une étroite liaison avec le roi de France; au lieu d'arrêter les conquêtes de ce prince dans les Pays-Bas, il y a même contribué en lui fournissant des troupes. Cet attachement l'a empêché d'être maître absolu de l'Angleterre, et d'en étendre les frontières en Flandre et en Hollande, par des places et des ports qu'il a toujours refusés; mais dans le temps même qu'il reçoit des sommes considérables du Roi[2], et qu'il a le plus de besoins d'en être soutenu contre ses propres sujets, il renonce, sans prétexte, à tant d'engagements, et il se déclare contre la France, précisément quand il lui est utile et honnête d'y être attaché; par une mauvaise politique précipitée, il perd en un moment le seul avantage qu'il pouvoit retirer d'une mauvaise politique de six années, et ayant pu donner la paix comme médiateur, il est réduit à la demander comme suppliant, quand le Roi l'accorde à l'Espagne, à l'Allemagne et à la Hollande.

Les propositions qui avoient été faites au roi d'Angleterre de marier sa nièce, la princesse d'York[3], au prince d'Orange, ne lui étoient pas agréables; le duc d'York en paroissoit aussi éloigné que le Roi son frère, et le prince d'Orange même, rebuté par les difficultés de ce dessein, ne pensoit plus à le faire réussir. Le roi d'Angleterre, étroitement lié au roi de France, consentoit à ses conquêtes, lorsque les intérêts du grand trésorier d'Angleterre[4], et la crainte d'être attaqué par le Parlement, lui ont fait chercher sa sûreté particulière, en disposant le Roi son maître à s'unir avec le prince d'Orange par le mariage de la prin-

---

[1] Olivier Cromwell, né en 1599.
[2] Le 13 septembre 1658.
[3] Jean de Witt, grand pensionnaire de Hollande, né à Dordrecht en 1625. Ce fut lui qui signa avec Cromwell, en 1654, la paix de Westminster, par laquelle l'Angleterre garantissait que nul prince de la maison d'Orange ne serait stathouder ou grand amiral de la République. Son frère Cornélis périt avec lui.
[4] Léopold Ier, empereur d'Allemagne. A l'âge de dix-huit ans il succéda à son père Ferdinand III et mourut en 1705, au moment où ses troupes venaient de remporter la victoire de Hochstædt.

[1] Charles II, fils de Charles Ier, dut son rappel au trône au dévouement de Monk.
[2] Il avait vendu Dunkerque à Louis XIV, qui lui fit pendant six ans une pension de trois millions.
[3] Marie, fille de Jacques Stuart, roi d'Angleterre, en 1685, sous le nom de Jacques II.
[4] Thomas Clifford.

ses c d'York, et à faire déclarer l'Angleterre contre la France, pour la protection des Pays-Bas. Ce changement du roi d'Angleterre a été si prompt et si secret, que le duc d'York l'ignoroit encore deux jours devant le mariage de sa fille, et personne ne se pouvoit persuader que le roi d'Angleterre, qui avoit hasardé dix ans de sa vie et sa couronne pour demeurer attaché à la France, pût renoncer en un moment à tout ce qu'il en espéroit, pour suivre le sentiment de son ministre. Le prince d'Orange, de son côté, qui avoit tant d'intérêt de se faire un chemin pour être un jour roi d'Angleterre, négligeoit ce mariage, qui le rendoit héritier présomptif du royaume ; il bornoit ses desseins à affermir son autorité en Hollande, malgré les mauvais succès de ses dernières campagnes, et il s'appliquoit à se rendre aussi absolu dans les autres provinces de cet État qu'il le croyoit être dans la Zélande ; mais il s'aperçut bientôt qu'il devoit prendre d'autres mesures, et une aventure ridicule lui fit mieux connoître l'état où il étoit dans son propre pays, qu'il ne le voyoit par ses propres lumières. Un crieur public vendoit des meubles à un encan où beaucoup de monde s'assembla ; il mit en vente un atlas, et voyant que personne ne l'enchérissoit, il dit au peuple que ce livre étoit néanmoins plus rare qu'on ne pensoit, et que les cartes en étoient si exactes, que la rivière dont M. le prince d'Orange n'avoit eu aucune connoissance lorsqu'il perdit la bataille de Cassel[1], y étoit fidèlement marquée. Cette raillerie, qui fut reçue avec un applaudissement universel, a été un des plus puissants motifs qui ont obligé le prince d'Orange à rechercher de nouveau l'alliance de l'Angleterre, pour contenir la Hollande, et pour joindre tant de puissances contre nous. Il semble néanmoins que ceux qui ont désiré ce mariage et ceux qui y ont été contraires, n'ont pas connu leurs intérêts : le grand trésorier d'Angleterre a voulu adoucir le Parlement et se garantir d'en être attaqué, en portant le Roi, son maître, à donner sa nièce au prince d'Orange, et à se déclarer contre la France ; le roi d'Angleterre a cru affermir son autorité dans son royaume par l'appui du prince d'Orange, et il a prétendu engager ses peuples à lui fournir de l'argent pour ses plaisirs, sous prétexte de faire la guerre au roi de France, et de le contraindre à recevoir la paix ; le prince d'Orange a eu dessein de soumettre la Hollande par la protection de l'Angleterre ; la France a appréhendé qu'un mariage si opposé à ses intérêts n'emportât la balance, en joignant l'Angleterre à tous nos ennemis. L'événement a fait voir, en six semaines, la fausseté de tant de raisonnements ; ce mariage met une défiance éternelle entre l'Angleterre et la Hollande, et toutes deux le regardent comme un dessein d'opprimer leur liberté ; le parlement d'Angleterre attaque les ministres du Roi, pour attaquer ensuite sa propre personne ; les États de Hollande, lassés de la guerre et jaloux de leur liberté, se repentent d'avoir mis leur autorité entre les mains d'un jeune homme ambitieux, et héritier présomptif de la couronne d'Angleterre ; le roi de France, qui a d'abord regardé ce mariage comme une nouvelle ligue qui se formoit contre lui, a su s'en servir pour diviser ses ennemis, et pour se mettre en état de prendre la Flandre, s'il n'avoit préféré la gloire de faire la paix[1] à la gloire de faire de nouvelles conquêtes.

Si le siècle présent n'a pas moins produit d'événements extraordinaires que les siècles passés, on conviendra sans doute qu'il a le malheureux avantage de les surpasser dans l'excès des crimes. La France même, qui les a toujours détestés, qui y est opposée par l'humeur de la nation, par la religion, et qui est soutenue par les exemples du prince qui règne, se trouve néanmoins aujourd'hui le théâtre où l'on voit paroître tout ce que l'histoire et la fable nous ont dit des crimes de l'antiquité. Les vices sont de tous les temps ; les hommes sont nés avec de l'intérêt, de la cruauté et de la débauche ; mais si des per-

---

[1] Le 11 avril 1677. L'armée était commandée par Philippe Ier, duc d'Orléans, frère unique de Louis XIV, ayant sous ses ordres les maréchaux d'Humières et de Luxembourg.

[1] La paix de Nimègue, basée sur deux traités conclus, le premier le 10 août 1678, et le second le 5 février 1679. — Ces dates établissent, d'une manière certaine, que cette intéressante *Réflexion* est un des derniers écrits de La Rochefoucauld.

sonnes que tout le monde connoît avoient paru dans les premiers siècles, parleroit-on présentement des prostitutions d'Héliogabale, de la foi des Grecs, et des poisons et des parricides de Médée?

XVIII. — DE L'INCONSTANCE.

Je ne prétends point justifier ici l'inconstance en général, et moins encore celle qui vient de la seule légèreté ; mais il n'est pas juste aussi de lui imputer tous les autres changements de l'amour. Il y a une première fleur d'agrément et de vivacité dans l'amour, qui passe insensiblement comme celle des fruits[1] ; ce n'est la faute de personne, c'est seulement la faute du temps. Dans les commencements, la figure est aimable ; les sentiments ont du rapport : on cherche de la douceur et du plaisir ; on veut plaire, parce qu'on nous plaît, et on cherche à faire voir qu'on sait donner un prix infini à ce qu'on aime ; mais, dans la suite, on ne sent plus ce qu'on croyoit sentir toujours : le feu n'y est plus : le mérite de la nouveauté s'efface ; la beauté, qui a tant de part à l'amour, ou diminue, ou ne fait plus la même impression ; le nom d'amour se conserve, mais on ne retrouve plus les mêmes personnes ni les mêmes sentiments ; on suit encore ses engagements, par honneur, par accoutumance, et pour[2] n'être pas assez assuré de son propre changement.

Quelles personnes auroient commencé de s'aimer si elles s'étoient vues d'abord comme on se voit dans la suite des années[3] ? Mais quelles personnes aussi se pourroient séparer, si elles se revoyoient comme elles se sont vues la première fois ? L'orgueil, qui est presque toujours le maître des goûts et qui ne se rassasie jamais, seroit flatté sans cesse par quelque nouveau plaisir ; mais la constance perdroit son mérite, elle n'auroit plus de part à une si agréable liaison ; les faveurs présentes auroient la même grâce que les faveurs premières, et le souvenir n'y mettroit point de différence ;

l'inconstance seroit même inconnue, et on s'aimeroit toujours avec le même plaisir, parce qu'on auroit toujours les mêmes sujets de s'aimer. Les changements qui arrivent dans l'amitié ont à peu près des causes pareilles à ceux qui arrivent dans l'amour[1] ; leurs règles ont beaucoup de rapport : si l'un a plus d'enjouement et de plaisir, l'autre doit être plus égale et plus sévère, et ne pardonner rien ; mais le temps qui change l'humeur et les intérêts, les détruit presque également tous deux. Les hommes sont trop foibles et trop changeants pour soutenir longtemps le poids de l'amitié : l'antiquité en a fourni des exemples ; mais dans le temps où nous vivons, on peut dire qu'il est encore moins impossible de trouver un véritable amour qu'une véritable amitié[2].

XIX. — DE LA RETRAITE.

Je m'engagerois à un trop long discours si je rapportois ici, en particulier, toutes les raisons naturelles qui portent les vieilles gens à se retirer du commerce du monde : le changement de leur humeur, de leur figure, et l'affoiblissement des organes, les conduisent insensiblement, comme la plupart des animaux, à s'éloigner de la fréquentation de leurs semblables. L'orgueil, qui est inséparable de l'amour-propre, leur tient alors lieu de raison : ils ne peuvent plus être flattés de plusieurs choses qui flattent les autres ; l'expérience leur a fait connoître le prix de ce que tous les hommes désirent dans la jeunesse, et l'impossibilité d'en jouir plus longtemps ; les diverses voies qui paroissent aux jeunes gens pour parvenir aux grandeurs, aux plaisirs, à la réputation et à tout ce qui élève les hommes, leur sont fermées, ou par la fortune, ou par leur conduite ou par l'envie et par l'injustice des autres ; le chemin pour y rentrer est trop long et trop pénible, quand on s'est une fois égaré ; les difficultés leur en paroissent insurmontables, et l'âge ne leur permet plus d'y prétendre. Ils deviennent insensibles à l'amitié, non-seulement parce qu'ils n'en ont peut-être jamais trouvé

---

[1] Voyez la maxime 274 et la 9ᵉ des Réflexions diverses.
[2] Pour est ici employé dans le sens de parce que on n'est, etc.
[3] Voyez la maxime 71.

[1] La maxime 179 reproduit la même idée.
[2] Voyez les maximes 76 et 473, et aussi la Réflexion suivante.

de véritable[1], mais parce qu'ils ont vu mourir un grand nombre de leurs amis qui n'avoient pas encore eu le temps ni les occasions de manquer à l'amitié, et ils se persuadent aisément qu'ils auroient été plus fidèles que ceux qui leur restent. Ils n'ont plus de part aux premiers biens qui ont d'abord rempli leur imagination; ils n'ont même presque plus de part à la gloire: celle qu'ils ont acquise est déjà flétrie par le temps, et souvent les hommes en perdent plus en vieillissant qu'ils n'en acquièrent. Chaque jour leur ôte une portion d'eux-mêmes; ils n'ont plus assez de vie pour jouir de ce qu'ils ont, et bien moins encore pour arriver à ce qu'ils désirent; ils ne voient plus devant eux que des chagrins, des maladies et de l'abaissement; tout est vu, et rien ne peut avoir pour eux la grâce de la nouveauté; le temps les éloigne imperceptiblement du point de vue d'où il leur convient de voir les objets, et d'où ils doivent être vus. Les plus heureux sont encore soufferts[2], les autres sont méprisés; le seul bon parti qui leur reste, c'est de cacher au monde ce qu'ils ne lui ont peut-être que trop montré. Leur goût, détrompé des désirs inutiles, se tourne alors vers des objets muets et insensibles; les bâtiments, l'agriculture, l'économie, l'étude, toutes ces choses sont soumises à leur volonté; ils s'en approchent ou s'en éloignent comme il leur plaît; ils sont maîtres de leurs desseins et de leurs occupations; tout ce qu'ils désirent est en leur pouvoir, et, s'étant affranchis de la dépendance du monde, ils font tout dépendre d'eux. Les plus sages savent employer à leur salut le temps qu'il leur reste, et n'ayant qu'une si petite part à cette vie, ils se rendent dignes d'une meilleure. Les autres n'ont au moins qu'eux-mêmes pour t moins de leur misère, leurs propres infirmités les amusent[1]; le moindre relâche leur tient lieu de bonheur; la nature, défaillante, et plus sage qu'eux, leur ôte souvent la peine de désirer; enfin ils oublient le monde, qui est si disposé à les oublier; leur vanité même est consolée par leur retraite, et avec beaucoup d'ennuis, d'incertitudes et de foiblesses, tantôt par pitié, tantôt par raison, et le plus souvent par accoutumance[2], ils soutiennent le poids d'une vie insipide et languissante.

[1] Voir la *maxime* 473, et, ci-dessus, la 18ᵉ des *Réflexions diverses*.
[2] Voyez ci-dessus la 15ᵉ *Réflexion*.

[1] *Les amusent*, c'est-à-dire font leur occupation.
[2] Voyez ci-dessus la *maxime* 109.

LA BRUYÈRE

Vers 1687, année où parut le livre des *Caractères*, le siècle de Louis XIV arrivait à ce qu'on peut appeler sa troisième période ; les grandes œuvres qui avaient illustré son début et sa plus brillante moitié étaient accomplies ; les grands auteurs vivaient encore la plupart, mais se reposaient. On peut distinguer, en effet, comme trois parts dans cette littérature glorieuse. La première, à laquelle Louis XIV ne fit que donner son nom et que prêter plus ou moins sa faveur, lui vint toute formée de l'époque précédente ; j'y range les poëtes et les écrivains nés de 1620 à 1626, ou même avant 1620, La Rochefoucauld, Pascal, Molière, La Fontaine, madame de Sévigné. La maturité de ces écrivains répond ou au commencement ou aux plus belles années du règne auquel on les rapporte, mais elle se produisait en vertu d'une force et d'une nourriture antérieures. Une seconde génération très-distincte et propre au règne même de Louis XIV, est celle en tête de laquelle on voit Boileau et Racine, et qui peut nommer encore Fléchier, Bourdaloue, etc., etc., tous écrivains ou poëtes, nés à dater de 1632, et qui débutèrent dans le monde au plus tôt vers le temps du mariage du jeune roi. Boileau et Racine avaient à peu près terminé leur œuvre à cette date de 1687 ; ils étaient tout occupés de leurs fonctions d'historiographes. Heureusement, Racine allait être tiré de son silence de dix années par madame de Maintenon. Bossuet régnait pleinement par son génie en ce milieu du grand règne, et sa vieillesse commençante en devait longtemps encore soutenir et rehausser la majesté. C'était donc un admirable moment que cette fin d'été radieuse, pour une production nouvelle de mûrs et brillants esprits. La Bruyère et Fénelon parurent et achevèrent, par des grâces imprévues, la beauté d'un tableau qui se calmait sensiblement et auquel il devenait d'autant plus difficile de rien ajouter. L'air qui circulait dans les esprits, si l'on peut ainsi dire, était alors d'une merveilleuse sérénité. La chaleur modérée de tant de nobles œuvres, l'épuration continue qui s'en était suivie, la constance enfin des astres et de la saison, avaient amené l'atmosphère des esprits à un état tellement limpide et lumineux, que du prochain beau livre qui saurait naître, pas un mot immanquablement ne serait perdu, pas une pensée ne resterait dans l'ombre, et que tout naîtrait dans son vrai jour. Conjoncture unique ! éclaircissement favorable en même temps que redoutable à toute pensée ! car combien il faudra de netteté et de justesse dans la nouveauté et la profondeur ! La Bruyère en triompha. Vers les mêmes années, ce qui devait nourrir à sa naissance et composer l'aimable génie de Fénelon était également disposé et comme pétri de toutes parts ; mais la fortune et le caractère de La Bruyère ont quelque chose de plus singulier.

On ne sait rien ou presque rien de la vie de La Bruyère, et cette obscurité ajoute, comme on l'a remarqué, à l'effet de son œuvre, et, on peut dire, au bonheur piquant de sa destinée. S'il n'y a pas une seule ligne de son livre unique qui, depuis le premier instant de la publication, ne soit venue et restée en lumière, il n'y a pas, en revanche, un détail particulier de l'auteur qui soit bien connu. Tout le rayon du siècle est tombé juste sur chaque page du livre, et le visage de l'homme qui le tenait ouvert à la main s'est dérobé.

Jean de La Bruyère était né dans un village proche Dourdan, en 1639, disent les uns; en 1644, disent les autres et D'Olivet le premier, qui le fait mourir à cinquante-deux ans (1696). En adoptant cette date de 1644[1], La Bruyère aurait eu vingt ans quand parut *Andromaque*; ainsi tous les fruits successifs de ces riches années mûrirent pour lui et furent les mets de sa jeunesse; il essuyait, sans se hâter, la chaleur féconde de ces soleils. Nul tourment, nulle envie. Que d'années d'étude ou de loisir durant lesquelles il dut se borner à lire avec douceur et réflexion, allant au fond des choses et attendant! Il résulte d'une note écrite vers 1720 par le Père Bougerel ou par le Père Le Long, dans des mémoires particuliers qui se trouvaient à la bibliothèque de l'Oratoire, que La Bruyère a été de cette congrégation[2]. Cela veut-il dire qu'il y fut simplement élevé ou qu'il y fut engagé quelque temps? Sa première relation avec Bossuet se rattache peut-être à cette circonstance. Quoi qu'il en soit, il venait d'acheter une charge de trésorier de France à Caen, lorsque Bossuet, qu'il connaissait on ne sait d'où, l'appela près de M. le Duc pour lui enseigner l'histoire. La Bruyère passa le reste de ses jours à l'hôtel de Condé à Versailles, attaché au prince en qualité d'homme de lettres avec mille écus de pension.

D'Olivet, qui est malheureusement trop bref sur le célèbre auteur, mais dont la parole a de l'autorité, nous dit en des termes excellents : « On me l'a dépeint comme un philosophe, qui ne songeait qu'à vivre tranquille avec des amis et des livres, faisant un bon choix des uns et des autres; ne cherchant ni ne fuyant le plaisir; toujours disposé à une joie modeste, et ingénieux à la faire naître; poli dans ses manières et sage dans ses discours; craignant toute sorte d'ambition, même celle de montrer de l'esprit[3]. » Le témoignage de l'académicien se trouve confirmé d'une manière frappante par celui de Saint-Simon, qui insiste, avec l'autorité d'un témoin non suspect d'indulgence, précisément sur ces mêmes qualités de bon goût et de sagesse : « Le public, dit-il, perdit bientôt après (1696) un homme illustre par son esprit, par son style et par la connaissance des hommes; je veux dire La Bruyère, qui mourut d'apoplexie à Versailles, après avoir surpassé Théophraste en travaillant d'après lui et avoir peint les hommes de notre temps dans ses nouveaux *Caractères* d'une manière inimitable. C'était d'ailleurs un fort honnête homme, de très-bonne compagnie, simple, sans rien de pédant et fort désintéressé. Je l'avais assez connu pour le regretter et les ouvrages que son âge et sa santé pouvaient faire espérer de lui. » Boileau se montrait un peu plus difficile en fait de ton et de manières que le duc de Saint-Simon, quand il écrivait à Racine, 19 mai 1687 : « Maximilien (*pourquoi ce sobriquet de Maximilien?*) m'est venu voir à Auteuil et m'a lu quelque chose de son *Théophraste*. C'est un fort honnête homme à qui il ne manquerait rien, si la nature l'avait fait aussi agréable qu'il a envie de l'être. Du reste, il a de l'esprit, du savoir et du mérite. » Nous reviendrons sur ce jugement de Boileau. La Bruyère était déjà un peu à ses yeux un homme des générations nouvelles, un de ceux en qui volontiers l'on trouve que l'envie d'avoir de l'esprit après nous, et autrement que nous, est plus grande qu'il ne faudrait.

Ce même Saint-Simon, qui regrettait La Bruyère et qui avait plus d'une fois causé avec lui[1], nous peint la maison de Condé et M. le Duc en particulier, l'élève du philosophe, en des traits qui réfléchissent sur l'existence intérieure de celui-ci. A propos de la mort de M. le Duc (1710), il nous dit, avec ce feu qui mêle tout et qui fait tout voir à la fois : « Il était d'un jaune livide, l'air presque toujours furieux, mais en tout temps si fier, si audacieux, qu'on avait peine à s'accoutumer à lui. Il avait de l'esprit, de la lecture, des restes d'une excellente éducation (*je le crois bien*), de la politesse et des grâces même quand il voulait; mais il voulait très rarement... Sa férocité était extrême, et se montrait en tout. C'était une meule toujours en l'air, qui faisait fuir devant elle, et dont ses amis n'étaient jamais en sûreté, tantôt par des insultes

---

[1] On sait enfin maintenant, après bien des tâtonnements, et d'une manière positive, que La Bruyère est né à Paris et y a été baptisé le 17 août 1645. Le registre des naissances de la paroisse Saint-Christophe-en-Cité en fait foi.

[2] Histoire manuscrite de l'Oratoire, par Adry, aux Archives du Royaume.

[3] J'hésite presque à glisser cette parole de Ménage, moins bon juge : elle concorde pourtant : « Il n'y a pas longtemps que M. de La Bruyère m'a fait l'honneur de me venir voir, mais je ne l'ai pas vu assez de temps pour le bien connaître. Il m'a paru que *ce n'était pas un grand parleur.* » (*Menagiana*, tome III.) — On a opposé depuis à cette idée qu'on se faisait jusqu'ici de La Bruyère quelques mots tirés de lettres et billets de M. de Pontchartrain, et desquels il résulterait que La Bruyère était sujet à des accès de joie extravagante; c'est peu probable. Dans la disette des documents, on tire les moindres mots par les cheveux. Mais enfin il paraît bien qu'il était très-gai par moments.

[1] Une pensée inévitable naît de ce rapprochement : Quand La Bruyère et le duc de Saint-Simon causaient ensemble, à Versailles, dans l'embrasure d'une croisée, lequel des deux était le peintre de son siècle? Ils l'étaient, certes, tous les deux; mais l'un, le peintre alors avoué, et dont les portraits aujourd'hui sont devenus un peu voilés et mystérieux; l'autre, le peintre, inconnu alors et clandestin, et dont les portraits aujourd'hui manifestes trahissent leurs originaux à nu.

extrêmes, tantôt par des plaisanteries cruelles en face, etc. » A l'année 1697, il raconte comment, tenant les États de Bourgogne à Dijon à la place de M. le Prince son père, M. le Duc y donna un grand exemple de l'amitié des princes et une bonne leçon à ceux qui la recherchent. Ayant un soir, en effet, poussé Santeul de vin de Champagne, il trouva plaisant de verser sa tabatière de tabac d'Espagne dans un grand verre de vin et le lui offrit à boire ; le pauvre *Théodas* si naïf, si ingénu, si bon convive et plein de verve et de bons mots, mourut dans d'affreux vomissements[1]. Tel était le petit-fils du grand Condé et l'élève de La Bruyère. Déjà le poète Sarrasin était mort autrefois sous le bâton d'un Conti dont il était secrétaire. A la manière énergique dont Saint-Simon nous parle de cette race des Condés, on voit comment par degrés en elle le héros en viendra à n'être plus que quelque chose tenant du chasseur ou du sanglier. Du temps de La Bruyère, l'esprit y conservait une grande part ; car, comme dit encore Saint-Simon de Santeul, « M. le Prince l'avait presque toujours à Chantilly quand il y allait ; M. le Duc le mettait de toutes ses parties, c'était de toute la maison de Condé qui l'aimait le mieux, et des assauts continuels avec lui de pièces d'esprit en prose et en vers, et de toutes sortes d'amusements, de badinages et de plaisanteries. » La Bruyère dut tirer un fruit inappréciable, comme observateur, d'être initié de près à cette famille si remarquable alors par ce mélange d'heureux dons, d'urbanité brillante, de férocité et de débauche[2].

Toutes ses remarques sur les *héros* et les *enfants des Dieux* naissent de là : il y a toujours dissimulé l'amertume : « Les enfants des Dieux, pour ainsi dire, se tirent des règles de la nature et en sont comme l'exception. Ils n'attendent presque rien du temps et des années. Le mérite chez eux devance l'âge. Ils naissent instruits, et ils sont plus tôt des hommes parfaits que le commun des hommes ne sort de l'enfance. » Au chapitre des *Grands*, il s'est échappé à dire ce qu'il avait dû penser si souvent : « L'avantage des Grands sur les autres hommes est immense par un endroit : je leur cède leur bonne chère, leurs riches ameublements, leurs chiens, leurs chevaux, leurs singes, leurs nains, leurs fous et leurs flatteurs ; mais je leur envie le bonheur d'avoir à leur service des gens qui les égalent par le cœur et par l'esprit, et qui les passent quelquefois. » Les réflexions inévitables que le scandale des mœurs princières lui inspirait n'étaient pas perdues, on peut le croire, et ressortaient moyennant détour : « Il y a des misères sur la terre qui saisissent le cœur : il manque à quelques-uns jusqu'aux aliments ; ils redoutent l'hiver ; ils appréhendent de vivre. L'on mange ailleurs des fruits précoces : l'on force la terre et les saisons pour fournir à sa délicatesse. De simples bourgeois, seulement à cause qu'ils étaient riches, ont eu l'audace d'avaler en un seul morceau la nourriture de cent familles. Tienne qui voudra contre de si grandes extrémités, je me jette et me réfugie dans la médiocrité. » Les *simples bourgeois* viennent là bien à propos pour endosser le reproche ; mais je ne répondrais pas que la pensée n'eût été écrite un soir en rentrant d'un de ces soupers de demi-dieux, où M. le Duc *poussait de champagne* Santeul[1].

La Bruyère, qui aimait la lecture des anciens, eut un jour l'idée de traduire Théophraste, et il pensa à glisser à la suite et à la faveur de sa traduction quelques-unes de ses propres réflexions sur les mœurs modernes. Cette traduction de Théophraste n'était-elle pour lui qu'un prétexte, ou fut-elle vraiment l'occasion déterminante et le premier dessein principal ? On pencherait plutôt pour cette supposition moindre, en voyant la forme de l'édition dans

---

[1] Au tome second des *Œuvres choisies* de La Monnoye (page 296), on lit un récit détaillé de cette mort de Santeul par La Monnoye, témoin presque oculaire ; rien n'y vient ouvertement à l'appui du dire de Saint-Simon : Santeul s'était levé le 4 août, encore gai et bien portant ; il ne fut pris de ses atroces douleurs d'entrailles que sur les onze heures du matin ; il expira dans la nuit, vers une heure et demie. La Monnoye, qui devait dîner avec lui ce jour-là, le vint voir dans l'après-midi, et le trouva moribond : il causa même du malade avec M. le Duc, qui témoigna s'y intéresser beaucoup. Après cela, les symptômes extraordinaires rapportés par La Monnoye, et les réponses peu nettes des médecins, ainsi bien que le traitement employé, s'accorderaient assez avec le récit de Saint-Simon ; on conçoit que la chose ait été étouffée le plus possible. On se demande seulement si les effets de la tabatière avalée au souper de la veille ont bien pu retarder jusqu'au lendemain onze heures du matin ; c'est un cas de médecine légale que je laisse aux experts.

[2] La Bruyère descendait d'un ancien ligueur, très-fameux dans les Mémoires du temps, et qui joua, à Paris, un des grands rôles municipaux dans cette faction anti-bourbonienne ; il est piquant que le petit-fils, précepteur d'un Bourbon ait pu étudier de si près la race. Notre moraliste dut songer, en souriant, à cet aïeul qu'il ne nomme pas, un peu plus souvent qu'au Geoffroy de La Bruyère des Croisades, dont il plaisante. Voir, dans la *Satyre Ménippée* de Le Duchat, les nombreux passages où il est question de ces La Bruyère, père et fils (car ils étaient deux), notamment au tome second, pages 67 et 539. Je me trompe fort, ou de tels souvenirs domestiques furent un fait capital dans l'expérience secrète et la maturité du penseur.

[1] Bien des passages de M**e** de Staal (De Launay) viennent à l'appui de ce qu'a dû sentir La Bruyère ; ainsi dans une lettre à M**e** Du Deffand (17 septembre 1747) : « Les Grands, à force de s'étendre, deviennent si minces qu'on voit le jour au travers : c'est une belle étude de les contempler, je ne sais rien qui ramène plus à la philosophie. » Et dans le portrait de cette duchesse du Maine, qui contenait en elle tout l'esprit et le caprice de cette race des Condés : « Elle a fait dire à une personne de beaucoup d'esprit que *les Princes étaient en morale ce que les monstres sont dans la physique* : on voit en eux à découvert la plupart des vices qui sont imperceptibles dans les autres hommes. »

laquelle parurent d'abord les *Caractères*, et combien Théophraste y occupe une grande place. La Bruyère était très-pénétré de cette idée, par laquelle il ouvre son premier chapitre, que *tout est dit, et que l'on vient trop tard après plus de sept mille ans qu'il y a des hommes, et qui pensent*. Il se déclare de l'avis que nous avons vu de nos jours partagé par Courier, lire et relire sans cesse les anciens, les traduire si l'on peut, et les imiter quelquefois : « On ne saurait en écrivant rencontrer le parfait, et, s'il se peut, surpasser les anciens, que par leur imitation. » Aux anciens, La Bruyère ajoute *les habiles d'entre les modernes* comme ayant enlevé à leurs successeurs tardifs le meilleur et le plus beau. C'est dans cette disposition qu'il commence à *glaner*, et chaque épi, chaque grain qu'il croit digne, il le range devant nous. La pensée du difficile, du mûr et du parfait l'occupe visiblement, et atteste avec gravité, dans chacune de ses paroles, l'heure solennelle du siècle où il écrit. Ce n'était plus l'heure des coups d'essai. Presque tous ceux qui avaient porté les grands coups vivaient. Molière était mort ; longtemps après Pascal, La Rochefoucauld avait disparu, mais tous les autres restaient là rangés. Quels noms ! quel auditoire auguste, consommé, déjà un peu sombre de front, et un peu silencieux ! Dans son discours à l'Académie, La Bruyère lui-même les a énumérés en face : il les avait passés en revue dans ses veilles bien des fois auparavant. Et ces Grands, rapides connaisseurs de l'esprit ! et Chantilly, *écueil des mauvais ouvrages* ! et ce Roi *retiré dans son balustre*, qui les domine tous ! quels juges pour qui, sur la fin du grand tournoi, s'en vient aussi demander la gloire ! La Bruyère a tout prévu, et il ose. Il sait la mesure qu'il faut tenir et le point où il faut frapper. Modeste et sûr, il s'avance ; pas un effort en vain, pas un mot de perdu ! du premier coup, sa place qui ne le cède à aucune autre, est gagnée. Ceux qui, par une certaine disposition trop rare de l'esprit et du cœur, *sont en état*, comme il dit, *de se livrer au plaisir que donne la perfection d'un ouvrage*, ceux-là éprouvent une émotion, d'eux seuls concevable, en ouvrant la petite édition in-12, d'un seul volume, année 1688, de trois cent soixante pages en fort gros caractères, desquelles Théophraste, avec le discours préliminaire, occupe cent quarante-neuf, et en songeant que, sauf les perfectionnements réels et nombreux que reçurent les éditions suivantes, tout La Bruyère est déjà là.

Plus tard, à partir de la troisième édition, La Bruyère ajouta successivement et beaucoup à chacun de ses seize chapitres. Des pensées qu'il avait peut-être gardées en portefeuille dans sa première circonspection, des ridicules que son livre même fit lever devant lui, des originaux qui d'eux-mêmes se livrèrent, enrichirent et accomplirent de mille façons le chef-d'œuvre. La première édition renferme surtout incomparablement moins de portraits que les suivantes. L'excitation et l'irritation de la publicité les firent naître sous la plume de l'auteur, qui avait principalement songé d'abord à des réflexions et remarques morales, s'appuyant même à ce sujet du titre de *Proverbes* donné au livre de Salomon. Les *Caractères* ont singulièrement gagné aux additions ; mais on voit mieux quel fut le dessein naturel, l'origine simple du livre et, si j'ose dire, son accident heureux, dans cette première et plus courte forme [1].

En le faisant naître en 1644, La Bruyère avait quarante-trois ans en 87. Ses habitudes étaient prises, sa vie réglée, il n'y changea rien. La gloire soudaine qui lui vint ne l'éblouit pas ; il y avait songé de longue main, l'avait retournée en tous sens, et savait fort bien qu'il aurait pu ne point l'avoir et ne pas valoir moins pour cela. Il avait dit dès sa première édition : « Combien d'hommes admirables et qui avaient de très-beaux génies sont morts sans qu'on en ait parlé ! Combien vivent encore dont on ne parle point et dont on ne parlera jamais ! » Loué, attaqué, recherché, il se trouva seulement peut-être un peu moins heureux après qu'avant son succès, et regretta sans doute à certains jours d'avoir livré au public une si grande part de son secret. Les imitateurs qui lui survinrent de tous côtés, les abbés de Villiers, les abbés de Bellegarde (en attendant les Brillon, Alléaume et autres, qu'il ne connut pas et que les Hollandais ne surent jamais bien distinguer de lui) [2], ces auteurs *nés copistes* qui s'attachent à

---

[1] M. Walckenaer, dans son *Étude sur La Bruyère*, a rappelé une agréable anecdote, tirée des Mémoires de l'Académie de Berlin, et qui s'était conservée par tradition : « M. de La Bruyère, a dit Formey, qui le tenait de Maupertuis, venait presque journellement s'asseoir chez un libraire nommé Michallet, où il feuilletait les nouveautés, et s'amusait avec un enfant fort gentil, fille du libraire, qu'il avait pris en amitié. Un jour, il tire un manuscrit de sa poche, et dit à Michallet : « Voulez-vous imprimer ceci (c'était les *Caractères* ? Je ne sais si vous y trouverez votre compte, mais, en cas de succès, le produit sera pour ma petite amie. » Le libraire, plus incertain de la réussite que l'auteur, entreprit l'édition ; mais, à peine l'eut-il exposée en vente qu'elle fut enlevée, et qu'il fut obligé de réimprimer plusieurs fois ce livre, qui lui valut deux ou trois cent mille francs. Telle fut la dot imprévue de sa fille, qui fit dans la suite le mariage le plus avantageux et que M. de Maupertuis avait connue. » On sait le nom du mari : M. Édouard Fournier, dans ses recherches sur La Bruyère, l'a retrouvé. Elle épousa Juli ou Juilly, un honnête homme de la finance, qui devint fermier général et qui garda une réputation sans tache. Il eut de la petite Michallet, en se mariant, plus de cent mille livres argent comptant. — Ce livre, d'une expérience amère et presque misanthropique, devenu la dot d'une jeune fille : singulier contraste !

[2] On lit dans les *Mémoires de Trévoux* (mars et avril 1701), à propos des *Sentiments critiques sur les Caractères de M. de*

tout succès comme les mouches aux mets délicats, ces *Trublets* d'alors, durent par moments lui causer de l'impatience : on a cru que son conseil à un auteur *né copiste* (chap. *des Ouvrages de l'Esprit*), qui ne se trouvait pas dans les premières éditions, s'adressait à cet honnête abbé de Villiers. Reçu à l'Académie le 15 juin 1693, époque où il y avait déjà eu en France sept éditions des *Caractères*, La Bruyère mourut subitement d'apoplexie en 1696 et disparut ainsi en pleine gloire, avant que les biographes et commentateurs eussent avisé encore à l'approcher, à le saisir dans sa condition modeste et à noter ses réponses[1]. On lit dans la note manuscrite de la bibliothèque de l'Oratoire, citée par Adry, « que madame la marquise de Belleforière, de qui il était fort l'ami, pourrait donner quelques mémoires sur sa vie et son caractère. » Cette madame de Belleforière n'a rien dit et n'a probablement pas été interrogée. Vieille en 1720, date de la note manuscrite, était-elle une de ces personnes dont La Bruyère, au chapitre *du Cœur*, devait avoir l'idée présente quand il disait : « Il y a quelquefois dans le cours de la vie de si chers plaisirs et de si tendres engagements que l'on nous défend, qu'il est naturel de désirer du moins qu'ils fussent permis : de si grands charmes ne peuvent être surpassés que par celui de savoir y renoncer par vertu. » Était-elle celle-là même qui lui faisait penser ce mot d'une délicatesse qui va à la grandeur ? « L'on peut-être touché de certaines beautés si parfaites et d'un mérite si éclatant, que l'on se borne à les voir et à leur parler[2]. »

Il y a moyen, avec un peu de complaisance, de reconstruire et de rêver plus d'une sorte de vie cachée pour La Bruyère, d'après quelques-unes de ses pensées qui recèlent toute une destinée, et, comme

[1] *La Bruyère* (1701) : « Depuis que les Caractères de M. de La Bruyère ont été donnés au public, outre les traductions en diverses langues et les dix éditions qu'on en a faites en douze ans, il a paru plus de trente volumes à peu près dans ce style : *Ouvrage dans le goût des Caractères; Théophraste moderne, ou nouveaux Caractères des Mœurs; Suite des Caractères de Théophraste et des Mœurs de ce siècle; les différents Caractères des femmes du siècle; Caractères tirés de l'Écriture sainte, et appliqués aux Mœurs du siècle; Caractères naturels des hommes en forme de dialogue; Portraits sérieux et critiques; Caractères des Vices et des Vertus*. Enfin, tout le pays des Lettres a été inondé de Caractères... »

¹ Il paraît qu'une première fois, en 1691, et sans le solliciter, La Bruyère avait obtenu sept voix pour l'Académie par le bon office de Bussy, dont aussi la chatouilleuse prudence (il est permis de le croire) prenait les devants et se mettait en mesure avec l'auteur des *Caractères*. On a le mot de remerciment que lui adressa La Bruyère (*Nouvelles Lettres de Bussy-Rabutin*, t. VIII).

² Cette dame a pu être Marie-Renée de Belleforière, fille du Grand-Veneur de France, ou encore Justine-Hélène de Hénin, fille du seigneur de Quercevain, mariée à Jean-Maximilien-Ferdinand, seigneur de Belleforière (voir Moréri). J'inclinerais pour la première.

il semble, tout un roman enseveli. À la manière dont il parle de l'amitié, de ce *goût* qu'elle a et *auquel ne peuvent atteindre ceux qui sont nés médiocres*, on croirait qu'il a renoncé pour elle à l'amour ; et, à la façon dont il pose certaines questions ravissantes, on jurerait qu'il a eu assez l'expérience d'un grand amour pour devoir négliger l'amitié. Cette diversité de pensées accomplies, desquelles on pourrait tirer tour à tour plusieurs manières d'existences charmantes ou profondes, et qu'une seule personne n'a pu directement former de sa seule et propre expérience, s'explique d'un mot : Molière, sans être Alceste, ni Philinte, ni Orgon, ni Argan, est successivement tout cela ; La Bruyère, dans le cercle du moraliste, a ce don assez pareil, d'être successivement chaque cœur ; il est du petit nombre de ces hommes qui ont tout su.

Molière, à l'étudier de près, ne fait pas ce qu'il prêche. Il représente les inconvénients, les passions, les ridicules, et dans sa vie il y tombe ; La Bruyère jamais. Les petites inconséquences du *Tartufe*, il les a saisies, et son *Onuphre* est irréprochable : de même pour sa conduite, il pense à tout et se conforme à ses maximes, à son expérience. Molière est poëte, entraîné, irrégulier, mélange de naïveté et de feu, et plus grand, plus aimable peut-être par ses contradictions mêmes : La Bruyère est sage. Il ne se maria jamais : « Un homme libre, avait-il observé, et qui n'a point de femme, s'il a quelque esprit, peut s'élever au-dessus de sa fortune, se mêler dans le monde et aller de pair avec les plus honnêtes gens. Cela est moins facile à celui qui est engagé ; il semble que le mariage met tout le monde dans son ordre. » Ceux à qui ce calcul de célibat déplairait pour La Bruyère, peuvent supposer qu'il aima en lieu impossible et qu'il resta fidèle à un souvenir dans le renoncement.

On a remarqué souvent combien la beauté humaine de son cœur se déclare énergiquement à travers la science inexorable de son esprit : « Il faut des saisies de terre, des enlèvements de meubles, des prisons et des supplices, je l'avoue ; mais, justice, lois et besoins à part, ce m'est une chose toujours nouvelle de contempler avec quelle férocité les hommes traitent les autres hommes. » Que de réformes, poursuivies depuis lors et non encore menées à fin, contient cette parole ! le cœur d'un Fénelon y palpite sous un accent plus contenu. La Bruyère s'étonne, comme d'une chose *toujours nouvelle*, de ce que madame de Sévigné trouvait tout simple, ou seulement un peu drôle : le xviii° siècle, qui s'étonnera

¹ La Motte a dit : « Dans son tableau de *l'Hypocrite*, La Bruyère commence toujours par effacer un trait du *Tartufe* et ensuite il en *recouche* un tout contraire. »

de tant de choses, s'avance. Je ne fais que rappeler la page sublime sur les paysans : « Certains animaux farouches, etc. (chap. *de l'Homme*). » On s'est accordé à reconnaître La Bruyère dans le portrait du philosophe qui, assis dans son cabinet et toujours accessible malgré ses études profondes, vous dit d'entrer, et que vous lui apportez quelque chose de plus précieux que l'or et l'argent, *si c'est une occasion de vous obliger.*

Il était religieux, et d'un spiritualisme fermement raisonné, comme en fait foi son chapitre des *Esprits forts*, qui, venu le dernier, répond tout ensemble à une beauté secrète de composition, à une précaution ménagée d'avance contre des attaques qui n'ont pas manqué, et à une conviction profonde. La dialectique de ce chapitre est forte et sincère ; mais l'auteur en avait besoin pour racheter plus d'un mot qui dénote le philosophe aisément dégagé du temps où il vit, pour appuyer surtout et couvrir ses attaques contre la fausse dévotion alors régnante. La Bruyère n'a pas déserté sur ce point l'héritage de Molière : il a continué cette guerre courageuse sur une scène bien plus resserrée (l'autre scène, d'ailleurs, n'eût plus été permise), mais avec des armes non moins vengeresses. Il a fait plus que de montrer au doigt le courtisan *qui autrefois portait ses cheveux*, en perruque désormais, l'habit serré et le bas uni, parce qu'il est dévot ; il a fait plus que de dénoncer à l'avance les représailles impies de la Régence, par le trait ineffaçable : *Un dévot est celui qui sous un roi athée serait athée* ; il a adressé à Louis XIV même ce conseil direct, à peine voilé, en éloge : « C'est une chose délicate à un prince religieux de réformer la cour et de la rendre pieuse ; instruit jusques où le courtisan veut lui plaire et aux dépens de quoi il ferait sa fortune, il le ménage avec prudence ; il tolère, il dissimule, de peur de le jeter dans l'hypocrisie ou le sacrilège ; il attend plus de Dieu et du temps que de son zèle et de son industrie. »

Malgré ses dialogues sur le quiétisme, malgré quelques mots qu'on regrette de lire sur la révocation de l'édit de Nantes, et quelque endroit favorable à la magie, je serais tenté plutôt de soupçonner La Bruyère de liberté d'esprit que du contraire. *Né chrétien et Français*, il se trouva plus d'une fois, comme il dit, *contraint dans la satire* ; car, s'il songeait surtout à Boileau en parlant ainsi, il devait par contre-coup songer un peu à lui-même, et à ces *grands sujets* qui lui étaient *défendus*. Il les sonde d'un mot, mais il faut qu'aussitôt il s'en retire. Il est de ces esprits qui auraient eu peu à faire (s'ils ne l'ont pas fait) pour sortir sans effort et sans étonnement de toutes les circonstances accidentelles qui restreignent la vue. C'est bien moins d'après tel ou tel mot détaché, que d'après l'habitude entière de son jugement, qu'il se laisse voir ainsi. En beaucoup d'opinions comme en style, il se rejoint assez aisément à Montaigne.

On doit lire sur La Bruyère trois morceaux essentiels, dont ce que je dis ici n'a nullement la prétention de dispenser. Le premier morceau en date est celui de l'abbé D'Olivet dans son *Histoire de l'Académie*. On y voit trace d'une manière de juger littéralement l'illustre auteur, qui devait être partagée de plus d'un esprit *classique* à la fin du XVIIe et au commencement du XVIIIe siècle : c'est le développement et, selon moi, l'éclaircissement du mot un peu obscur de Boileau à Racine. D'Olivet trouve à La Bruyère trop d'*art*, trop d'*esprit*, quelque abus de *métaphores* : « Quant au style précisément, M. de La Bruyère ne doit pas être lu sans défiance, parce qu'il a donné, mais pourtant avec une modération qui, de nos jours, tiendrait lieu de mérite, dans ce style affecté, guindé, entortillé, etc. » Nicole, dont La Bruyère a paru dire en un endroit *qu'il ne pensait pas assez*[1], devait trouver, en revanche, que le nouveau moraliste pensait trop, et se piquait trop vivement de raffiner la tâche. Nous reviendrons sur cela tout à l'heure. On regrette qu'à côté de ces jugements, qui partant d'un homme de goût et d'autorité, ont leur prix, D'Olivet n'ait pas procuré plus de détails, au moins académiques, sur La Bruyère. La réception de La Bruyère à l'Académie donna lieu à des querelles, dont lui-même nous a entretenus dans la préface de son Discours et qui laissent à désirer quelques explications[2]. Si heureux d'emblée qu'eût été La Bruyère, il lui fallut, on le voit, soutenir sa lutte à son tour comme Corneille, comme Molière en leur temps, comme tous les vrais grands. Il est obligé d'alléguer son chapitre des *Esprits forts* et de supposer à l'ordre de ses matières un dessein religieux un peu subtil, pour mettre à couvert sa foi. Il est obligé de nier la réalité de ses portraits, de rejeter au visage des fabricateurs *ces insolentes clefs*, comme il les appelle :

---

[1] Toutes les anciennes *clefs* nomment, en effet, Nicole comme étant celui que désigne ce trait (*Des Ouvrages de l'Esprit*) : *Deux écrivains dans leurs ouvrages*, etc., etc.; mais il faut convenir qu'il se rapporterait beaucoup mieux à Balzac. — J'ai discuté ce point ailleurs (*Port-Royal*, tome II, p. 590).

[2] Il fut reçu le même jour par l'abbé Bignon et par M. Charpentier, qui, en sa qualité de partisan des anciens, le mit lourdement au-dessous de Théophraste ; la phrase, dite en face, est assez peu aimable : « Vos portraits ressemblent à de certaines personnes, et souvent on les devine ; les siens ne ressemblent qu'à l'homme. Cela est cause que ses portraits ressembleront toujours ; mais il est à craindre que les vôtres ne perdent quelque chose de ce vif et de ce brillant qu'on y remarque, quand on ne pourra plus les comparer *avec ceux sur qui vous les avez tirés*. » On voit que, si La Bruyère *tirait* ses portraits, M. Charpentier *tirait* ses phrases, mais un peu différemment.

Martial avait déjà dit excellemment : *Improbe facit qui in alieno libro ingeniosus est.* — « En vérité, je ne doute point, s'écrie La Bruyère avec un accent d'orgueil auquel l'outrage a forcé sa modestie, que le public ne soit enfin étourdi et fatigué d'entendre depuis quelques années de vieux corbeaux croasser autour de ceux qui, d'un vol libre et d'une plume légère, se sont élevés à quelque gloire par leurs écrits. » Quel est ce corbeau qui croassa, ce *Théobalde* qui bâilla si fort et si haut à la harangue de La Bruyère, et qui, avec quelques académiciens, faux confrères, ameuta les coteries et *le Mercure Galant*, lequel se vengeait (c'est tout simple) d'avoir été mis *immédiatement au-dessous de rien*[1] ? Benserade, à qui le signalement de *Théobalde* sied assez, était mort; était-ce Boursault qui, sans appartenir à l'Académie, avait pu se coaliser avec quelques-uns du dedans? Était-ce le vieux Boyer[2] ou quelque autre de même force? D'Olivet montre trop de discrétion là-dessus. — Les deux autres morceaux essentiels à lire sur La Bruyère sont une Notice exquise de Suard, écrite en 1782, et un *Éloge* approfondi par Victorin Fabre (1810).

[1] Voici un échantillon des aménités que *le Mercure* prodiguait à La Bruyère (juin 1693) : « M. de La Bruyère a fait une traduction des Caractères de Théophraste, et il y a joint un recueil de Portraits satiriques, dont la plupart sont faux et les autres tellement outrés, etc., etc. Ceux qui s'attachent à ce genre d'écrire devraient être persuadés que la satire fait souffrir la piété du Roi, et faire réflexion que l'on n'a jamais ouï ce Monarque rien dire de désobligeant à personne. (*Tout ceci et ce qui suit sent quelque peu la dénonciation.*) La satire n'était point du goût de Madame la Dauphine, et j'avais commencé une réponse aux Caractères du vivant de cette princesse qui avait fort approuvé et qu'elle devait prendre sous sa protection, parce qu'elle repoussait la médisance. L'ouvrage de M. de La Bruyère ne peut être appelé livre que parce qu'il a une couverture et qu'il est relié comme les autres livres. Ce n'est qu'un amas de pièces détachées... Rien n'est plus aisé que de faire trois ou quatre pages d'un portrait qui ne demande point d'ordre..... Il n'y a pas lieu de croire qu'un pareil recueil, qui choque les bonnes mœurs, ait fait obtenir à M. de La Bruyère la place qu'il a dans l'Académie. Il a peint les autres dans son amas d'invectives, et, dans le discours qu'il a prononcé, il s'est peint lui-même..... Fier de *sept* éditions que ses Portraits satiriques ont fait faire de son merveilleux ouvrage, il exagère son mérite... » Et *le Mercure* conclut, en remuant sottement sa propre injure, que tout le monde a jugé du discours *qu'il était directement au-dessous de rien*. Certes, l'exemple de telles injustices appliquées aux plus délicats et aux plus fins modèles serait capable de consoler ceux qui ont du moins le culte du passé, de toutes les grossièretés qu'eux-mêmes ils ont souvent à essuyer du présent.

[2] Ce serait plutôt Boursault que Boyer; car je me rappelle que Segrais a dit, à propos des épigrammes de Boileau contre Boyer : « Le pauvre M. Boyer n'a jamais offensé personne. » — Je m'étais mis, comme on voit, fort en frais de conjectures, lorsque Trublet, dans ses *Mémoires sur Fontenelle*, page 225, m'est venu donner la clef de l'énigme et le nom des masques. Il paraît bien qu'il s'agit, en effet, de Thomas Corneille et de Fontenelle, ligués avec De Visé : Fontenelle était de l'Académie, à cette date; lui et son oncle Thomas faisaient volontiers au dehors de la littérature de feuilletons et écrivaient, comme on dirait, dans *les petits journaux*. On sait le mot de Boileau, à propos de La Motte : « C'est dommage qu'il ait été *s'encanailler* de ce petit Fontenelle. »

On apprend d'un morceau qui se trouve dans *l'Esprit des Journaux* (fév. 1782), et où l'auteur anonyme apprécie fort délicatement lui-même la Notice de Suard, que La Bruyère, déjà moins lu et moins recherché au dire de D'Olivet, n'avait pas été complètement mis à sa place par le XVIIIe siècle; Voltaire en avait parlé légèrement dans le *Siècle de Louis XIV* : « Le marquis de Vauvenargues, dit l'auteur anonyme (qui serait digne d'être Fontanes ou Garat), est presque le seul, de tous ceux qui ont parlé de La Bruyère, qui ait bien senti ce talent vraiment grand et original. Mais Vauvenargues lui-même n'a pas l'estime et l'autorité qui devraient appartenir à un écrivain qui participe à la fois de la sage étendue d'esprit de Locke, de la pensée originale de Montesquieu, de la verve de style de Pascal, mêlée au goût de la prose de Voltaire; il n'a pu faire ni la réputation de La Bruyère ni la sienne. » Cinquante ans de plus, en achevant de consacrer La Bruyère comme génie, ont donné à Vauvenargues lui-même le vernis des maîtres. La Bruyère, que le XVIIIe siècle était ainsi lent à apprécier, avait avec ce siècle plus d'un point de ressemblance qu'il faut suivre de plus près encore.

Dans ces diverses études charmantes ou fortes sur La Bruyère, comme celles de Suard et de Fabre, au milieu de mille sortes d'ingénieux éloges, un mot est lâché qui étonne, appliqué à un aussi grand écrivain du XVIIe siècle. Suard dit en propres termes que La Bruyère avait *plus d'imagination que de goût*. Fabre, après un analyse complète de ses mérites, conclut à le placer dans le si petit nombre des parfaits modèles de l'art d'écrire, *s'il montrait toujours autant de goût qu'il prodigue d'esprit et de talent*[1]. C'est la première fois qu'à propos d'un des maîtres du grand siècle on entend toucher cette corde délicate, et ceci tient à ce que La Bruyère, venu tard et innovant véritablement dans le style, penche déjà vers l'âge suivant. Il nous a tracé une courte histoire de la prose française en ces termes : « L'on écrit régulièrement depuis vingt années; l'on est esclave de la construction; l'on a enrichi la langue de nouveaux tours, secoué le joug du latinisme, et réduit le style à la phrase purement française; l'on a presque retrouvé le nombre que Malherbe et Balzac avoient les premiers rencontré, et que tant d'auteurs depuis eux ont laissé perdre; l'on a mis enfin dans le discours tout l'ordre et toute la netteté dont il est capable : cela conduit insensiblement à y mettre de

[1] Et M. de Feletz, bon juge et vif interprète des traditions pures, a écrit : « La Bruyère, qui possède si bien sa langue, qui la maîtrise, qui l'orne, qui l'enrichit, l'altère aussi quelquefois et en viole les règles. » (*Jugements historiques et littéraires sur quelques Écrivains*, 1840, page 230.)

l'esprit. » Cet esprit, que La Bruyère ne trouvait pas assez avant lui dans le style, dont Bussy, Pellisson, Fléchier, Bouhours, lui o'fraient bien des exemples, mais sans assez de continuité, de consistance ou d'originalité, il l'y voulut donc introduire. Après Pascal et La Rochefoucauld, il s'agissait pour lui d'avoir une grande, une délicate manière, et de ne pas leur ressembler. Boileau, comme moraliste et comme critique, avait exprimé bien des vérités en vers avec une certaine perfection. La Bruyère voulut faire dans la prose quelque chose d'analogue, et, comme il se le disait peut-être tout bas, quelque chose de mieux et de plus fin. Il y a nombre de pensées droites, justes, proverbiales, mais trop aisément communes, dans Boileau, que La Bruyère n'écrirait jamais et n'admettrait pas dans son élite. Il devait trouver au fond de son âme que c'était un peu trop de pur bon sens, et, sauf le vers qui relève, aussi peu rare que bien des lignes de Nicole. Chez lui tout devient plus détourné et plus neuf; c'est un repli de plus qu'il pénètre. Par exemple, au lieu de ce genre de sentences familières à l'auteur de l'*Art poétique* :

Ce que l'on conçoit bien s'énonce clairement, etc.

il nous dit, dans cet admirable chapitre *des Ouvrages de l'Esprit*, qui est son *Art poétique* à lui et sa *Rhétorique* : « Entre toutes les différentes expressions qui peuvent rendre une seule de nos pensées, il n'y en a qu'une qui soit la bonne : on ne la rencontre pas toujours en parlant ou en écrivant; il est vrai néanmoins qu'elle existe, que tout ce qui ne l'est point est faible et ne satisfait point un homme d'esprit qui veut se faire entendre. » On sent combien la sagacité si vraie, si judicieuse encore, du second critique, enchérit pourtant sur la raison saine du premier. À l'appui de cette opinion, qui n'est pas récente, sur le caractère de novateur entrevu chez La Bruyère, je pourrais faire usage du jugement de Vigneul-Marville et de la querelle qu'il soutint avec Coste et Brillon à ce sujet : mais, le sentiment de ces hommes en matière de style ne signifiant rien, je m'en tiens à la phrase précédemment citée de D'Olivet. Le goût changeait donc, et La Bruyère y aidait *insensiblement.* Il était bientôt temps que le siècle finît : la pensée de dire autrement, de varier et de rajeunir la forme, a pu naître dans un grand esprit; elle deviendra bientôt chez d'autres un tourment plein de saillies et d'étincelles. Les *Lettres Persanes*, si bien annoncées et préparées par La Bruyère, ne tarderont pas à marquer la seconde époque. La Bruyère n'a nul tourment encore et n'éclate pas, mais il est déjà en quête d'un agrément neuf et du trait. Sur ce point il confine au xviii° siècle plus qu'aucun grand écrivain de son âge ; Vauvenargues, à quelques égards, est plus du xviii° siècle que lui. Mais non... ; La Bruyère en est encore pleinement, de son siècle incomparable, en ce qu'au milieu de tout ce travail contenu de nouveauté et de rajeunissement, il ne manque jamais, au fond, d'un certain goût simple.

Quoique ce soit l'homme et la société qu'il exprime surtout, le pittoresque, chez La Bruyère, s'applique déjà aux choses de la nature plus qu'il n'était ordinaire de son temps. Comme il nous dessine dans un jour favorable la petite ville qui lui paraît *peinte sur le penchant de la colline !* Comme il nous montre gracieusement, dans sa comparaison du prince et du pasteur, le troupeau, répandu par la prairie, qui broute l'herbe *menue et tendre !* Mais il n'appartient qu'à lui d'avoir eu l'idée d'insérer au chapitre *du Cœur* les deux pensées que voici : « Il y a des lieux que l'on admire ; il y en a d'autres qui touchent et où l'on aimerait à vivre. » — « Il me semble que l'on dépend des lieux pour l'esprit, l'humeur, la passion, le goût et les sentiments. » Jean-Jacques et Bernardin de Saint-Pierre, avec leur amour des lieux, se chargeront de développer un jour toutes les nuances, closes et sommeillantes, pour ainsi dire, dans ce propos discret et charmant. Lamartine ne fera que traduire poétiquement le mot de La Bruyère, quand il s'écriera :

Objets inanimés, avez-vous donc une âme
Qui s'attache à notre âme et la force d'aimer ?

La Bruyère est plein de ces germes brillants.

Il a déjà l'art (bien supérieur à celui des *transitions* qu'exigeait trop directement Boileau) de composer un livre, sans en avoir l'air, par une sorte de lien caché, mais qui reparaît, d'endroits en endroits, inattendu. On croit au premier coup d'œil n'avoir affaire qu'à des fragments rangés les uns après les autres, et l'on marche dans un savant dédale où le fil ne cesse pas. Chaque pensée se corrige, se développe, s'éclaire, par les environnantes. Puis l'imprévu s'en mêle à tout moment, et dans ce jeu continuel d'entrées en matière et de sorties, on est plus d'une fois enlevé à de soudaines hauteurs que le discours continu ne permettrait pas : *Ni les troubles, Zénobie, qui agitent votre empire*, etc. Un fragment de lettre ou de conversation, imaginé ou simplement encadré au chapitre *des Jugements* : *Il disait que l'esprit dans cette belle personne était un diamant bien mis en œuvre*, etc., est lui-même un adorable joyau que tout le goût d'un André Chénier n'aurait pas *mis en œuvre* et en valeur plus artistement. Je dis André Chénier à dessein, malgré la disparate des genres et des noms; et, chaque fois que j'en viens à ce passage de La Bruyère, le motif aimable

Elle a vécu, Myrto, la jeune Tarentine, etc.,

me revient en mémoire et se met à chanter en moi[1].

Si l'on s'étonne maintenant que, touchant et inclinant par tant de points au xviii° siècle, La Bruyère n'y ait pas été plus invoqué et célébré, il y a une première réponse : C'est qu'il était trop sage, trop désintéressé et reposé pour cela; c'est qu'il s'était trop appliqué à l'homme pris en général ou dans ses variétés de toute espèce, et il parut un allié peu actif, peu spécial, à ce siècle d'hostilité et de passion. Et puis le piquant de certains portraits tout personnels avait disparu. La mode s'était mêlée dans la gloire du livre, et les modes passent. Fontenelle (*Cydias*) ouvrit le xviii° siècle, en étant discret et un droit sur La Bruyère qui l'avait blessé; Fontenelle, en demeurant dans le salon cinquante ans de plus que les autres, eut ainsi un long dernier mot sur bien des ennemis de sa jeunesse. Voltaire, à Sceaux, aurait pu questionner sur La Bruyère Malezieu, un des familiers de la maison de Condé, un peu le collègue de notre philosophe dans l'éducation de la duchesse du Maine et de ses frères, et qui avait lu le manuscrit des *Caractères* avant la publication; mais Voltaire ne paraît pas s'en être soucié. Il convenait à un esprit calme et fin comme l'était Suard, de réparer cette négligence injuste, avant qu'elle s'autorisât[2]. Aujourd'hui, La Bruyère n'est plus à remettre à son rang. On se révolte, il est vrai, de temps à autre, contre ces belles réputations simples et hautes, conquises à si peu de frais, ce semble; on en veut secouer le joug; mais, à chaque effort contre elles, de près, on retrouve cette multitude de pensées admirables, concises, éternelles, comme autant de chaînons indestructibles : on y est repris de toutes parts comme dans les divines mailles des filets de Vulcain.

La Bruyère fournirait à des choix piquants de mots et de pensées qui se rapprocheraient avec agrément de pensées presque pareilles de nos jours. Il en a sur le cœur et les passions surtout qui rencontrent à l'improviste les analyses intérieures de nos contemporains. J'avais noté un endroit où il parle des jeunes gens, lesquels, à cause des passions *qui les amusent*, dit-il, supportent mieux la solitude que les vieillards, et je rapprochais sa remarque d'un mot de *Lélia* sur les promenades solitaires de Sténio. J'avais noté aussi sa plainte sur l'infirmité du cœur humain trop tôt consolé, qui manque *de sources inépuisables de douleur pour certaines pertes*, et je la rapprochais d'une plainte pareille dans *Atala*. La rêverie, enfin, à côté des personnes qu'on aime, apparaît dans tout son charme chez La Bruyère. Mais, bien que, d'après la remarque de Fabre, La Bruyère ait dit que *le choix des pensées est invention*, il faut convenir que cette invention est trop facile et trop séduisante avec lui pour qu'on s'y livre sans réserve. — En politique, il y a de simples traits qui percent les époques et nous arrivent comme des flèches : « Ne penser qu'à soi et au présent, source d'erreur en politique. »

Il est principalement un point sur lequel les écrivains de notre temps ne sauraient trop méditer La Bruyère, et sinon l'imiter, du moins l'honorer et l'envier. Il a joui d'un grand bonheur et a fait preuve d'une grande sagesse : avec un talent immense, il n'a écrit que pour dire ce qu'il pensait; le mieux dans le moins, c'est sa devise. En parlant une fois de madame Guizot, nous avons indiqué de combien de pensées mémorables elle avait parsemé ses nombreux et obscurs articles, d'où il avait fallu qu'une main pieuse, un œil ami, allât discerner et détacher. La Bruyère, né pour la perfection dans un siècle qui la favorisait, n'a pas été obligé de semer ainsi ses pensées dans des ouvrages de toutes les sortes et de tous les instants; mais plutôt il les a mises chacune à part, en saillie, sous la face apparente, et comme on piquerait sur une belle feuille blanche de riches papillons étendus. « L'homme du meilleur esprit, dit-il, est inégal...; il entre en verve, mais il en sort : alors, s'il est sage, il parle peu, il n'écrit point. Chante-t-on avec un rhume? Ne faut-il pas attendre que la voix revienne? » C'est de cette habitude, de cette nécessité de *chanter* avec toute espèce de voix, d'avoir de la verve à toute heure, que sont nés la plupart des défauts littéraires de notre temps. Sous tant de formes gentilles, sémillantes ou solennelles, allez au fond : la nécessité de remplir des feuilles d'impressions, de pousser à la colonne ou au volume sans faire semblant, est là. Il s'ensuit un développement démesuré du détail qu'on saisit, qu'on brode, qu'on amplifie et qu'on effile au passage, ne sachant si pareille occasion se retrouvera. Je ne saurais dire combien il en résulte, à mon sens, jusqu'au sein des plus grands talents, dans les plus beaux poèmes, dans les plus belles pages en prose, — oh! beaucoup de savoir-faire, de facilité, de dextérité, de main-d'œuvre savante, si l'on veut, mais aussi ce je ne

---

[1] M. de Barante, dans quelques pages élevées, où il juge l'Éloge de La Bruyère par Fabre (*Mélanges littéraires*, t. II), a contesté cet artifice extrême du moraliste écrivain, que Fabre aussi avait présenté un peu fortement. Pour moi, en relisant les *Caractères*, la rhétorique m'échappe, si l'on veut, mais j'y sens de plus en plus la science de la Muse.

[2] On peut voir au tome II des Mémoires de Garat sur Suard, p. 268 et suiv., avec quel à-propos celui-ci cita et commenta un jour le chapitre des *Grands* dans le salon de M. De Vaines.

sais quoi que le commun des lecteurs ne distingue pas du reste, que l'homme de goût lui-même peut laisser passer dans la quantité s'il ne prend garde, — le simulacre et le faux semblant du talent, ce qu'on appelle *chic* en peinture et qui est l'affaire d'un pouce encore habile même alors que l'esprit demeure absent. Ce qu'il y a de *chic* dans les plus belles productions du jour est effrayant, et je ne l'ose dire ici que parce que, parlant au général, l'application ne saurait tomber sur aucun illustre en particulier. Il y a des endroits où, en marchant dans l'œuvre, dans le poëme, dans le roman, l'homme qui a le pied fait s'aperçoit qu'il est sur le creux : ce creux ne rend pas l'écho le moins sonore pour le vulgaire. Mais qu'ai-je dit? c'est presque là un secret de procédé qu'il faudrait se garder entre artistes pour ne pas décréditer le métier. L'heureux et sage La Bruyère n'était point tel en son temps ; il traduisait à son loisir Théophraste et produisait chaque pensée essentielle à son heure. Il est vrai que ses mille écus de pension comme homme de lettres de M. le Duc et le logement à l'hôtel de Condé lui procuraient une condition à l'aise qui n'a point d'analogue aujourd'hui. Quoi qu'il en soit, et sans faire injure à nos mérites laborieux, son premier petit in-12 devrait être à demeure sur notre table, à nous tous écrivains modernes, si abondants et si assujettis, pour nous rappeler un peu à l'amour de la sobriété, à la proportion de la pensée au langage. Ce serait beaucoup déjà que d'avoir regret de ne pouvoir faire ainsi.

Aujourd'hui que l'*Art poétique* de Boileau est véritablement abrogé et n'a plus d'usage, la lecture du chapitre des *Ouvrages de l'Esprit* serait encore chaque matin, pour les esprits critiques, ce que la lecture d'un chapitre de l'*Imitation* est pour les âmes tendres.

La Bruyère, après cela, a bien d'autres applications possibles par cette foule de pensées ingénieusement profondes sur l'homme et sur la vie. A qui voudrait se réformer et se prémunir contre les erreurs, les exagérations, les faux entraînements, il faudrait, comme au premier jour de 1688, conseiller le moraliste immortel. Par malheur on arrive à le goûter et on ne le découvre, pour ainsi dire, que lorsqu'on est déjà soi-même au retour, plus capable de voir le mal que de faire le bien, et ayant déjà épuisé à faux bien des ardeurs et des entreprises. C'est beaucoup néanmoins que de savoir se consoler où même se chagriner avec lui.

Sainte-Beuve.

1er juillet 1836.

LES CARACTÈRES
ou
LES MŒURS DE CE SIÈCLE

> Admonere voluimus, non mordere; prodesse, non lædere; consulere moribus hominum, non officere.
> ERASM.

PRÉFACE

Je rends au public ce qu'il m'a prêté : j'ai emprunté de lui la matière de cet ouvrage ; il est juste que, l'ayant achevé avec toute l'attention pour la vérité dont je suis capable, et qu'il mérite de moi, je lui en fasse la restitution. Il peut regarder avec loisir ce portrait que j'ai fait de lui d'après nature, et, s'il se connaît quelques-uns des défauts que je touche, s'en corriger. C'est l'unique fin que l'on doit se proposer en écrivant, et le succès aussi que l'on doit moins se promettre. Mais, comme les hommes ne se dégoûtent point du vice, il ne faut pas aussi se lasser de leur reprocher : ils seraient peut-être pires s'ils venaient à manquer de censeurs ou de critiques : c'est ce qui fait que l'on prêche et que l'on écrit. L'orateur et l'écrivain ne sauraient vaincre la joie qu'ils ont d'être applaudis; mais ils devraient rougir d'eux-mêmes s'ils n'avaient cherché, par leurs discours ou par leurs écrits, que des éloges : outre que l'approbation la plus sûre et la moins équivoque est le changement de mœurs, et la réformation de ceux qui les lisent et qui les écoutent. On ne doit parler, on ne doit écrire que pour l'instruction; et, s'il arrive que l'on plaise, il ne faut pas néanmoins s'en repentir, si cela sert à insinuer et à faire recevoir les vérités qui doivent instruire : quand donc il s'est glissé dans un livre quelques pensées ou quelques réflexions qui n'ont ni le feu, ni le tour, ni la vivacité des autres, bien qu'elles semblent y être admises pour la variété, pour délasser l'esprit, pour le rendre plus présent et plus attentif à ce qui va suivre, à moins que d'ailleurs elles ne soient sensibles, familières, instructives, accommodées au simple peuple, qu'il n'est pas permis de négliger, le lecteur peut les condamner, et l'auteur les doit proscrire : voilà la règle. Il y en a une autre, et que j'ai intérêt que l'on veuille suivre, qui est de ne pas perdre mon titre de vue, et de penser toujours, et dans toute la lecture de cet ouvrage, que ce sont les caractères ou les mœurs de ce siècle que je décris : car, bien que je les tire souvent de la cour de France, et des hommes de ma nation, on ne peut pas néanmoins les restreindre à une seule cour, ni les renfermer en un seul pays, sans que mon livre ne perde beaucoup de son étendue et de son utilité, ne s'écarte du plan que je me suis fait d'y peindre les hommes en général, comme des raisons qui entrent dans l'ordre des chapitres, et dans une certaine suite insensible des réflexions qui les composent. Après cette précaution si nécessaire, et dont on pénètre assez les conséquences, je crois pouvoir protester contre tout chagrin, toute plainte, toute maligne interprétation, toute fausse application, et toute censure; contre les froids plaisants et les lecteurs malintentionnés. Il faut savoir lire, et ensuite se taire, ou pouvoir rapporter ce qu'on a lu; et ni plus ni moins que ce qu'on a lu ; et, si on le peut quelquefois, ce n'est pas assez, il faut encore le vouloir faire : sans ces conditions, qu'un auteur exact et scrupuleux est en droit d'exiger de certains esprits pour l'unique récompense de son travail, je doute qu'il doive continuer d'écrire, s'il préfère du moins sa propre satisfaction à l'utilité de plusieurs et au zèle de la vérité. J'avoue d'ailleurs que j'ai balancé dès l'année 1690, et avant la cinquième édition, entre l'impatience de donner à mon livre plus de rondeur et une meilleure forme par de nouveaux caractères, et la crainte de faire dire à quelques-uns : Ne finiront-ils point, ces caractères, et ne verrons-nous jamais autre chose de cet écrivain? des gens sages me disaient d'une part : La matière est solide, utile, agréable, inépuisable : vivez longtemps, et traitez-la sans interruption pendant que vous vivrez; que pourriez-vous faire de mieux? il n'y a point d'année que les folies des hommes ne puissent vous fournir un volume. D'autres, avec beaucoup de raison, me faisaient redouter les caprices de la multitude et la légèreté du public, de qui j'ai néanmoins de si grands sujets d'être content, et ne manquaient pas de me suggérer que, personne presque depuis trente années ne lisant plus que pour lire, il fallait aux hommes, pour les amuser, de nouveaux chapitres et un nouveau titre : que cette indolence avait rempli les boutiques et peuplé le monde, depuis tout ce temps, de livres froids et ennuyeux, d'un mauvais style et de nulle ressource, sans règles et sans la moindre justesse, contraires aux mœurs et aux bienséances, écrits avec précipitation, et lus de même, seulement par leur nouveauté; et que, si je ne savais qu'augmenter un livre raisonnable, le mieux que je pouvais faire était de me reposer. Je pris alors quelque chose de ces deux avis si opposés, et je gardai un tempérament qui les rapprochait : je ne feignis point d'ajouter quelques nouvelles remarques à celles qui avaient déjà grossi du double la première édition de mon ouvrage ; mais, afin que le public ne fût point obligé de parcourir ce qui était ancien pour passer à ce qu'il y avait de nouveau; et qu'il trouvât sous ses yeux ce qu'il avait seulement envie de lire, je pris soin de lui désigner cette seconde augmentation par une marque particulière : je crus aussi qu'il ne serait pas inutile de lui distinguer la première augmentation par une autre marque plus simple, qui servit à lui montrer le progrès de mes caractères, et à aider son choix dans la lecture qu'il en voudrait faire [1] : et, comme il pouvait craindre que ce progrès n'allât à l'infini, j'ajoutais à toutes ces exactitudes une promesse sincère de ne plus rien hasarder en ce genre. Que si quelqu'un m'accuse d'avoir manqué à ma parole, en insérant dans les trois éditions qui ont suivi un assez grand nombre de nouvelles remarques, il verra du moins qu'en les confondant avec les anciennes par la suppression entière de ces différences, qui se voient par apostille, j'ai moins pensé à lui faire lire rien de nouveau, qu'à laisser peut-être un ouvrage de mœurs plus complet, plus fini et plus régulier, à la postérité. Ce ne sont point au reste des maximes que j'ai voulu écrire : elles sont comme des lois dans la morale ; et j'avoue que je n'ai ni assez d'autorité ni assez de génie pour faire le législateur. Je sais même que j'aurais péché contre l'usage des maximes, qui veut qu'à la manière des oracles elles soient courtes et concises. Quelques-unes de ces remarques le sont, quelques autres sont plus étendues: on pense les choses d'une manière différente, et on les explique par un tour aussi tout différent, par une sentence, par un raisonnement, par une métaphore ou quelque autre figure, par un parallèle, par une simple comparaison, par un fait tout entier, par un seul trait, par une description, par une peinture : de là procède la longueur ou la brièveté de mes réflexions. Ceux enfin qui font des maximes veulent être crus : je consens au contraire que l'on dise de moi que je n'ai pas quelquefois bien remarqué, pourvu que l'on remarque mieux.

CHAPITRE PREMIER
Des ouvrages de l'esprit.

Tout est dit : et l'on vient trop tard depuis plus de sept mille ans qu'il y a des hommes, et qui pensent. Sur ce qui concerne les mœurs, le

---

[1] On a retranché ces marques, devenues actuellement inutiles.

plus beau et le meilleur est enlevé : l'on ne fait que glaner après les anciens et les habiles d'entre les modernes.

Il faut chercher seulement à penser et à parler juste, sans vouloir amener les autres à notre goût et à nos sentiments : c'est une trop grande entreprise.

C'est un métier que de faire un livre, comme de faire une pendule. Il faut plus que de l'esprit pour être auteur. Un magistrat allait par son mérite à la première dignité, il était homme délié et pratique dans les affaires ; il a fait imprimer un ouvrage moral qui est rare par le ridicule.

Il n'est pas si aisé de se faire un nom par un ouvrage parfait, que d'en faire valoir un médiocre par le nom qu'on s'est déjà acquis.

Un ouvrage satirique ou qui contient des faits, qui est donné en feuilles sous le manteau, aux conditions d'être rendu de même, s'il est médiocre, passe pour merveilleux : l'impression est l'écueil.

Si l'on ôte de beaucoup d'ouvrages de morale l'avertissement au lecteur, l'épître dédicatoire, la préface, la table, les approbations, il reste à peine assez de pages pour mériter le nom de livre.

Il y a de certaines choses dont la médiocrité est insupportable : la poésie, la musique, la peinture, le discours public.

Quel supplice que celui d'entendre déclamer pompeusement un froid discours, ou prononcer de médiocres vers avec toute l'emphase d'un mauvais poëte !

Certains poëtes sont sujets dans le dramatique à de longues suites de vers pompeux, qui semblent forts, élevés, et remplis de grands sentiments. Le peuple écoute avidement, les yeux élevés et la bouche ouverte, croit que cela lui plaît, et à mesure qu'il y comprend moins, l'admire davantage ; il n'a pas le temps de respirer, il a à peine celui de se récrier et d'applaudir. J'ai cru autrefois, et dans ma première jeunesse, que ces endroits étaient clairs et intelligibles pour les acteurs, pour le parterre et l'amphithéâtre ; que leurs auteurs s'entendaient eux-mêmes ; et qu'avec toute l'attention que je donnais à leur récit, j'avais tort de n'y rien entendre : je suis détrompé.

L'on n'a guère vu, jusqu'à présent, un chef-d'œuvre d'esprit qui soit l'ouvrage de plusieurs. Homère a fait l'Iliade ; Virgile, l'Énéide ; Tite-Live, ses Décades ; et l'Orateur romain, ses Oraisons.

Il y a dans l'art un point de perfection, comme de bonté ou de maturité dans la nature : celui qui le sent et qui l'aime a le goût parfait ; celui qui ne le sent pas, et qui aime en deçà ou au delà, a le goût défectueux. Il y a donc un bon et un mauvais goût, et l'on dispute des goûts avec fondement.

Il y a beaucoup plus de vivacité que de goût parmi les hommes ; ou, pour mieux dire, il y a peu d'hommes dont l'esprit soit accompagné d'un goût sûr et d'une critique judicieuse.

La vie des héros a enrichi l'histoire, et l'histoire a embelli les actions des héros : ainsi je ne sais qui sont plus redevables, ou ceux qui ont écrit l'histoire à ceux qui leur en ont fourni une si noble matière, ou ces grands hommes à leurs historiens.

Amas d'épithètes, mauvaises louanges : ce sont les faits qui louent, et la manière de les raconter.

Tout l'esprit d'un auteur consiste à bien définir et à bien peindre. Moïse[1], Homère, Platon, Virgile, Horace, ne sont au-dessus des autres écrivains que par leurs expressions et leurs images : il faut exprimer le vrai, pour écrire naturellement, fortement, délicatement.

On a dû faire du style ce qu'on a fait de l'architecture ; on a entièrement abandonné l'ordre gothique que la barbarie avait introduit pour les palais et pour les temples ; on a rappelé le dorique, l'ionique et le corinthien : ce qu'on ne voyait plus que dans les ruines de l'ancienne Rome et de la vieille Grèce, devenu moderne, éclate dans nos portiques et dans nos péristyles. De même on ne saurait en écrivant rencontrer le parfait, et, s'il se peut, surpasser les anciens, que par leur imitation.

Combien de siècles se sont écoulés avant que les hommes dans les sciences et dans les arts aient pu revenir au goût des anciens, et reprendre enfin le simple et le naturel !

On se nourrit des anciens et des habiles mo-

---

[1] Quand même on ne le considère que comme un homme qui a écrit (*Note de La Bruyère*).

dernes ; on les presse, on en tire le plus que l'on peut, on en renfle ses ouvrages ; et quand enfin l'on est auteur, et que l'on croit marcher tout seul, on s'élève contre eux, on les maltraite, semblable à ces enfants *drus* et forts d'un bon lait qu'ils ont sucé, qui battent leur nourrice.

Un auteur moderne[1] prouve ordinairement que les anciens nous sont inférieurs en deux manières, par raison et par exemple : il tire la raison de son goût particulier, et l'exemple de ses ouvrages.

Il avoue que les anciens, quelque inégaux et peu corrects qu'ils soient, ont de beaux traits, il les cite ; et ils sont si beaux qu'ils font lire sa critique.

Quelques habiles[2] prononcent en faveur des anciens contre les modernes : mais ils sont suspects, et semblent juger en leur propre cause, tant leurs ouvrages sont faits sur le goût de l'antiquité : on les récuse.

L'on devrait aimer à lire ses ouvrages à ceux qui en savent assez pour les corriger et les estimer.

Ne vouloir être ni conseillé ni corrigé sur son ouvrage, est un pédantisme.

Il faut qu'un auteur reçoive avec une égale modestie les éloges et la critique que l'on fait de ses ouvrages.

Entre toutes les différentes expressions qui peuvent rendre une seule de nos pensées, il n'y en a qu'une qui soit la bonne ; on ne la rencontre pas toujours en parlant ou en écrivant. Il est vrai néanmoins qu'elle existe, que tout ce qui ne l'est point est faible, et ne satisfait point un homme d'esprit qui veut se faire entendre.

Un bon auteur, et qui écrit avec soin, éprouve souvent que l'expression qu'il cherchait depuis longtemps sans la connaître, et qu'il a enfin trouvée, est celle qui était la plus simple, la plus naturelle, et qui semblait devoir se présenter d'abord et sans effort.

Ceux qui écrivent par humeur sont sujets à retoucher à leurs ouvrages. Comme elle n'est pas toujours fixe, et qu'elle varie en eux selon les occasions, ils se refroidissent bientôt pour les expressions et les termes qu'ils ont le plus aimés.

La même justesse d'esprit qui nous fait écrire de bonnes choses, nous fait appréhender qu'elles ne le soient pas assez pour mériter d'être lues.

Un esprit médiocre croit écrire divinement ; un bon esprit croit écrire raisonnablement.

L'on m'a engagé, dit *Ariste*, à lire mes ouvrages à *Zoïle*, je l'ai fait ; ils l'ont saisi d'abord, et, avant qu'il ait eu le loisir de les trouver mauvais, il les a loués modestement en ma présence, et il ne les a pas loués depuis devant personne ; je l'excuse, et je n'en demande pas davantage à un auteur ; je le plains même d'avoir écouté de belles choses qu'il n'a point faites.

Ceux qui, par leur condition, se trouvent exempts de la jalousie d'auteur, ont ou des passions, ou des besoins qui les distraient et les rendent froids sur les conceptions d'autrui : personne presque, par la disposition de son esprit, de son cœur et de sa fortune, n'est en état de se livrer au plaisir que donne la perfection d'un ouvrage.

Le plaisir de la critique nous ôte celui d'être vivement touchés de très-belles choses.

Bien des gens vont jusqu'à sentir le mérite d'un manuscrit qu'on leur lit, qui ne peuvent se déclarer en sa faveur, jusqu'à ce qu'ils aient vu le cours qu'il aura dans le monde par l'impression, ou quel sera son sort parmi les habiles : ils ne hasardent point leurs suffrages, et ils veulent être portés par la foule et entraînés par la multitude. Ils disent alors qu'ils ont les premiers approuvé cet ouvrage, et que le public est de leur avis.

Ces gens laissent échapper les plus belles occasions de nous convaincre qu'ils ont de la capacité et des lumières, qu'ils savent juger, trouvent bon ce qui est bon, et meilleur ce qui est meilleur. Un bel ouvrage tombe entre leurs mains ; c'est un premier ouvrage, l'auteur ne s'est pas encore fait un grand nom, il n'a rien qui prévienne en sa faveur : il ne s'agit point de faire sa cour ou de flatter les grands en applaudissant à ses écrits. On ne vous demande pas,

---

[1] Il est probable que La Bruyère désigne ici Charles Perrault, de l'Académie française, qui venait de faire paraître son *Parallèle des anciens et des modernes*.

[2] Boileau et Racine.

Zélotes, de vous récrier : « C'est un chef-d'œuvre de l'esprit ; l'humanité ne va pas plus loin ; c'est jusqu'où la parole humaine peut s'élever : on ne jugera à l'avenir du goût de quelqu'un qu'à proportion qu'il en aura pour cette pièce ! » phrases outrées, dégoûtantes, qui sentent la pension ou l'abbaye ; nuisibles à cela même qui est louable et qu'on veut louer. Que ne disiez-vous seulement : Voilà un bon livre ? Vous le dites, il est vrai, avec toute la France, avec les étrangers comme avec vos compatriotes, quand il est imprimé par toute l'Europe, et qu'il est traduit en plusieurs langues : il n'est plus temps.

Quelques-uns de ceux qui ont lu un ouvrage en rapportent certains traits dont ils n'ont pas compris le sens, et qu'ils altèrent encore par tout ce qu'ils y mettent du leur ; et ces traits ainsi corrompus et défigurés, qui ne sont autre chose que leurs propres pensées et leurs expressions, ils les exposent à la censure, soutiennent qu'ils sont mauvais et tout le monde convient qu'ils sont mauvais ; mais l'endroit de l'ouvrage que ces critiques croient citer, et qu'en effet ils ne citent point, n'en est pas pire.

Que dites-vous du livre d'*Hermodore* ? Qu'il est mauvais, répond *Anthime* ; qu'il est mauvais ; qu'il est tel, continue-t-il, que ce n'est pas un livre, ou qui mérite du moins que le monde en parle. Mais l'avez-vous lu ? Non, dit Anthime. Que n'ajoute-t-il que *Fulvie* et *Mélanie* l'ont condamné sans l'avoir lu, et qu'il est ami de Fulvie et de Mélanie ?

Arsène, du plus haut de son esprit, contemple les hommes ; et, dans l'éloignement d'où il les voit, il est comme effrayé de leur petitesse. Loué, exalté, et porté jusqu'aux cieux par de certaines gens qui se sont promis de s'admirer réciproquement, il croit, avec quelque mérite qu'il a, posséder tout celui qu'on peut avoir, et qu'il n'aura jamais : occupé et rempli de ses sublimes idées, il se donne à peine le loisir de prononcer quelques oracles : élevé par son caractère au-dessus des jugements humains, il abandonne aux âmes communes le mérite d'une vie suivie et uniforme ; et il n'est responsable de ses inconstances qu'à ce cercle d'amis qui les idolâtrent. Eux seuls savent juger, savent penser, savent écrire, doivent écrire. Il n'y a point d'autre ouvrage d'esprit si bien reçu dans le monde, et si universellement goûté des honnêtes gens, je ne dis pas qu'il veuille approuver, mais qu'il daigne lire, incapable d'être corrigé par cette peinture, qu'il ne lira point.

Théocrine sait des choses assez inutiles, il a des sentiments toujours singuliers ; il est moins profond que méthodique, il n'exerce que sa mémoire ; il est abstrait, dédaigneux, et il semble toujours rire en lui-même de ceux qu'il croit ne le valoir pas. Le hasard fait que je lui lis mon ouvrage, il l'écoute. Est-il lu, il me parle du sien. Et du vôtre, me direz-vous, qu'en pense-t-il ? Je vous l'ai déjà dit, il me parle du sien.

Il n'y a point d'ouvrage si accompli qui ne fondît tout entier au milieu de la critique, si son auteur voulait en croire tous les censeurs, qui ôtent chacun l'endroit qui leur plaît le moins.

C'est une expérience faite, que, s'il se trouve dix personnes qui effacent d'un livre une expression ou un sentiment, l'on en fournit aisément un pareil nombre qui les réclame ; ceux-ci s'écrient : Pourquoi supprimer cette pensée ? elle est neuve, elle est belle, et le tour en est admirable ; et ceux-là affirment, au contraire, ou qu'ils auraient négligé cette pensée, ou qu'ils lui auraient donné un autre tour. Il y a un terme, disent les uns, dans votre ouvrage, qui est rencontré, et qui peint la chose au naturel ; il y a un mot, disent les autres, qui est hasardé, et qui d'ailleurs ne signifie pas assez ce que vous voulez peut-être faire entendre : et c'est du même trait et du même mot que tous ces gens s'expliquent ainsi ; et tous sont connaisseurs et passent pour tels. Quel autre parti pour un auteur, que d'oser pour lors être de l'avis de ceux qui l'approuvent ?

Un auteur sérieux n'est pas obligé de remplir son esprit de toutes les extravagances, de toutes les saletés, de tous les mauvais mots que l'on peut dire, et de toutes les ineptes applications que l'on peut faire au sujet de quelques endroits de son ouvrage, et encore moins de les supprimer. Il est convaincu que, quelque scrupuleuse exactitude que l'on ait dans sa manière d'écrire, la raillerie froide des mauvais plaisants est un mal inévitable, et que les meilleures choses ne leur servent souvent qu'à leur faire rencontrer une sottise.

Si certains esprits vifs et décisifs étaient crus, ce serait encore trop que les termes pour exprimer les sentiments; il faudrait leur parler par signes, ou sans parler se faire entendre. Quelque soin qu'on apporte à être serré et concis, et quelque réputation qu'on ait d'être tel, ils vous trouvent diffus. Il faut leur laisser tout à suppléer, et n'écrire que pour eux seuls; ils conçoivent une période par le mot qui la commence, et par une période tout un chapitre : leur avez-vous lu un seul endroit de l'ouvrage, c'est assez; ils sont dans le fait, et entendent l'ouvrage. Un tissu d'énigmes leur serait une lecture divertissante; et c'est une perte pour eux que ce style estropié qui les enlève soit rare, et que peu d'écrivains s'en accommodent. Les comparaisons tirées d'un fleuve dont le cours, quoique rapide, est égal et uniforme, ou d'un embrasement qui, poussé par les vents, s'épand au loin dans une forêt où il consume les chênes et les pins, ne leur fournissent aucune idée de l'éloquence. Montrez-leur un feu grégois qui les surprenne, ou un éclair qui les éblouisse, ils vous quittent du bon et du beau.

Quelle prodigieuse distance entre un bel ouvrage et un ouvrage parfait ou régulier! Je ne sais s'il s'en est encore trouvé de ce dernier genre. Il est peut-être moins difficile aux rares génies de rencontrer le grand et le sublime, que d'éviter toutes sortes de fautes. Le Cid n'a eu qu'une voix pour lui à sa naissance, qui a été celle de l'admiration : il s'est vu plus fort que l'autorité et la politique, qui ont tenté vainement de le détruire; il a réuni en sa faveur des esprits toujours partagés d'opinions et de sentiments, les grands et le peuple : ils s'accordent tous à le savoir de mémoire, et à prévenir au théâtre les acteurs qui le récitent. Le Cid enfin est l'un des plus beaux poëmes que l'on puisse faire; et l'une des meilleures critiques qui aient été faites sur aucun sujet, est celle du Cid.

Quand une lecture vous élève l'esprit, et qu'elle vous inspire des sentiments nobles et courageux, ne cherchez pas une autre règle pour juger de l'ouvrage; il est bon, et fait de main d'ouvrier.

Capys, qui s'érige en juge du beau style, et qui croit écrire comme Bouhours et Rabutin, résiste à la voix du peuple, et dit tout seul que Damis n'est pas un bon auteur. Damis cède à la multitude, et dit ingénument, avec le public, que Capys est froid écrivain.

Le devoir du nouvelliste est de dire : Il y a un tel livre qui court, et qui est imprimé chez Cramoisy, en tel caractère; il est bien relié, et en beau papier; il se vend tant. Il doit savoir jusqu'à l'enseigne du libraire qui le débite : sa folie est d'en vouloir faire la critique.

Le sublime du nouvelliste est le raisonnement creux sur la politique.

Le nouvelliste se couche le soir tranquillement sur une nouvelle qui se corrompt la nuit, et qu'il est obligé d'abandonner le matin à son réveil.

Le philosophe consume sa vie à observer les hommes, et il use ses esprits à en démêler les vices et le ridicule; s'il donne quelque tour à ses pensées, c'est moins par une vanité d'auteur, que pour mettre une vérité qu'il a trouvée dans tout le jour nécessaire pour faire l'impression qui doit servir à son dessein. Quelques lecteurs croient néanmoins le payer avec usure, s'ils disent magistralement qu'ils ont lu son livre, et qu'il y a de l'esprit; mais il leur renvoie tous leurs éloges qu'il n'a pas cherchés par son travail et par ses veilles. Il porte plus haut ses projets, et agit pour une fin plus relevée : il demande des hommes un plus grand et un plus rare succès que les louanges, et même que les récompenses, qui est de les rendre meilleurs.

Les sots lisent un livre, et ne l'entendent point; les esprits médiocres croient l'entendre parfaitement; les grands esprits ne l'entendent quelquefois pas tout entier; ils trouvent obscur ce qui est obscur, comme ils trouvent clair ce qui est clair. Les beaux esprits veulent trouver obscur ce qui ne l'est point, et ne pas entendre ce qui est fort intelligible.

Un auteur cherche vainement à se faire admirer par son ouvrage. Les sots admirent quelquefois, mais ce sont des sots. Les personnes d'esprit ont en eux les semences de toutes les vérités et de tous les sentiments; rien ne leur est nouveau; ils admirent peu, ils approuvent.

Je ne sais si l'on pourra jamais mettre dans

des lettres plus d'esprit, plus de tour, plus d'agrément, et plus de style, que l'on en voit dans celles de Balzac et de Voiture. Elles sont vides de sentiments qui n'ont régné que depuis leur temps, et qui doivent aux femmes leur naissance. Ce sexe va plus loin que le nôtre dans ce genre d'écrire. Elles trouvent sous leur plume des tours et des expressions qui souvent en nous ne sont l'effet que d'un long travail et d'une pénible recherche : elles sont heureuses dans le choix des termes, qu'elles placent si juste, que, tout connus qu'ils sont, ils ont le charme de la nouveauté, et semblent être faits seulement pour l'usage où elles les mettent. Il n'appartient qu'à elles de faire lire dans un seul mot tout un sentiment, et de rendre délicatement une pensée qui est délicate. Elles ont un enchaînement de discours inimitable qui se suit naturellement, et qui n'est lié que par le sens. Si les femmes étaient toujours correctes, j'oserais dire que les lettres de quelques-unes d'entre elles seraient peut-être ce que nous avons dans notre langue de mieux écrit [1].

Il n'a manqué à Térence que d'être moins froid : quelle pureté, quelle exactitude, quelle politesse, quelle élégance, quels caractères ! Il n'a manqué à Molière que d'éviter le jargon, et d'écrire purement : quel feu, quelle naïveté, quelle source de la bonne plaisanterie, quelle imitation des mœurs, quelles images, et quel fléau du ridicule ! mais quel homme on aurait pu faire de ces deux comiques !

J'ai lu Malherbe et Théophile. Ils ont tous deux connu la nature, avec cette différence que le premier, d'un style plein et uniforme, montre tout à la fois ce qu'elle a de plus beau et de plus noble, de plus naïf et de plus simple ; il en fait la peinture ou l'histoire. L'autre, sans choix, sans exactitude, d'une plume libre et inégale, tantôt charge ses descriptions, s'appesantit sur les détails ; il fait une anatomie :

[1] Tout ce passage semblerait avoir été inspiré par la lecture des Lettres de madame de Sévigné, et il en serait le plus bel éloge. Le recueil n'en fut cependant publié que longtemps après la mort de La Bruyère; mais peut-être en avait-il eu connaissance pendant qu'elles circulaient manuscrites. Au reste, madame de Sévigné n'était pas la seule femme de cette époque qui écrivît des lettres avec un abandon plein de grâce et une piquante originalité de style.

tantôt il feint, il exagère, il passe le vrai dans la nature, il en fait le roman.

Ronsard et Balzac ont eu, chacun dans leur genre, assez de bon et de mauvais pour former après eux de très-grands hommes en vers et en prose.

Marot, par son tour et par son style, semble avoir écrit depuis Ronsard : il n'y a guère entre ce premier et nous que la différence de quelques mots.

Ronsard et les auteurs ses contemporains ont plus nui au style qu'ils ne lui ont servi. Ils l'ont retardé dans le chemin de la perfection ; ils l'ont exposé à la manquer pour toujours, et à n'y plus revenir. Il est étonnant que les ouvrages de Marot, si naturels et si faciles, n'aient su faire de Ronsard, d'ailleurs plein de verve et d'enthousiasme, un plus grand poëte que Ronsard et que Marot ; et, au contraire, que Belleau, Jodelle et Saint-Gelais aient été sitôt suivis d'un Racan et d'un Malherbe ; et que notre langue, à peine corrompue, se soit vue réparée.

Marot et Rabelais sont inexcusables d'avoir semé l'ordure dans leurs écrits : tous deux avaient assez de génie et de naturel pour pouvoir s'en passer, même à l'égard de ceux qui cherchent moins à admirer qu'à rire dans un auteur. Rabelais surtout est incompréhensible. Son livre est une énigme, quoi qu'on veuille dire, inexplicable ; c'est une chimère, c'est le visage d'une belle femme avec des pieds et une queue de serpent, ou de quelque autre bête plus difforme : c'est un monstrueux assemblage d'une morale fine et ingénieuse et d'une sale corruption. Où il est mauvais, il passe bien loin au delà du pire, c'est le charme de la canaille ; où il est bon, il va jusqu'à l'exquis et à l'excellent, il peut être le mets des plus délicats.

Deux écrivains [1] dans leurs ouvrages ont blâmé Montagne, que je ne crois pas, aussi bien qu'eux, exempt de toute sorte de blâme : il paraît que tous deux ne l'ont estimé en nulle manière. L'un ne pensait pas assez pour goûter un auteur qui pense beaucoup ; l'autre pense trop subtilement pour s'accommoder de pensées qui sont naturelles.

[1] Nicole et le P. Malebranche. Le premier est celui qui

Un style grave, sérieux, scrupuleux, va fort loin : on lit Amyot et Cœffeteau : lequel lit-on de leurs contemporains ? Balzac, pour les termes et pour l'expression, est moins vieux que Voiture : mais si ce dernier, pour le tour, pour l'esprit et pour le naturel, n'est pas moderne, et ne ressemble en rien à nos écrivains, c'est qu'il leur a été plus facile de le négliger que de l'imiter ; et que le petit nombre de ceux qui courent après lui ne peut l'atteindre.

Le H. G.[1] est immédiatement au-dessous du rien : il y a bien d'autres ouvrages qui lui ressemblent. Il y a autant d'invention à s'enrichir par un sot livre, qu'il y a de sottise à l'acheter : c'est ignorer le goût du peuple que de ne pas hasarder quelquefois de grandes fadaises.

L'on voit bien que l'*opéra* est l'ébauche d'un grand spectacle ; il en donne l'idée.

Je ne sais pas comment l'*opéra* avec une musique si parfaite et une dépense toute royale, a pu réussir à m'ennuyer.

Il y a des endroits dans l'*opéra* qui laissent en désirer d'autres. Il échappe quelquefois de souhaiter la fin de tout le spectacle : c'est faute de théâtre, d'action, et de choses qui intéressent.

L'*opéra* jusqu'à ce jour n'est pas un poëme, ce sont des vers ; ni un spectacle, depuis que les machines ont disparu par le bon ménage d'*Amphion* et de sa race[2] : c'est un concert, ou ce sont des voix soutenues par des instruments. C'est prendre le change, et cultiver un mauvais goût, que de dire, comme l'on fait, que la machine n'est qu'un amusement d'enfants, et qui ne convient qu'aux marionnettes : elle augmente et embellit la fiction, soutient dans les spectateurs cette douce illusion qui est tout le plaisir du théâtre, où elle jette encore le merveilleux. Il ne faut point de vols, ni de chars, ni de changements, aux Bérénices[1] et à la Pénélope[2] ; il en faut aux *opéras* : et le propre de ce spectacle est de tenir les esprits, les yeux et les oreilles, dans un égal enchantement.

Ils ont fait le théâtre ces empressés, les machines, les ballets, les vers, la musique, tout le spectacle ; jusqu'à la salle où s'est donné le spectacle, j'entends le toit et les quatre murs dès leurs fondements : qui doute que la chasse sur l'eau, l'enchantement de la table[3], la merveille[4] du labyrinthe, ne soient encore de leur invention ? J'en juge par le mouvement qu'ils se donnent, et par l'air content dont ils s'applaudissent sur tout le succès. Si je me trompe, et qu'ils n'aient contribué en rien à cette fête si superbe, si galante, si longtemps soutenue, et où un seul a suffi pour le projet et pour la dépense, j'admire deux choses, la tranquillité et le flegme de celui qui a tout remué, comme l'embarras et l'action de ceux qui n'ont rien fait.

Les connaisseurs, ou ceux qui se croient tels, se donnent voix délibérative et décisive sur les spectacles, se cantonnent aussi, et se divisent en des partis contraires, dont chacun, poussé par un tout autre intérêt que par celui du public ou de l'équité, admire un certain poëme ou une certaine musique, et siffle toute autre. Ils unissent également, par cette chaleur à défendre leurs préventions, et à la faction opposée, et à leur propre cabale : ils découragent par mille contradictions les poëtes et les musiciens, retardent le progrès des sciences et des arts, en leur ôtant le fruit qu'ils pourraient tirer de l'émulation et de la liberté qu'auraient plusieurs excellents maîtres de faire chacun dans leur genre, et selon leur génie, de très-beaux ouvrages.

D'où vient que l'on rit si librement au théâtre, et que l'on a honte d'y pleurer ? Est-il moins dans la nature de s'attendrir sur le pitoyable que d'éclater sur le ridicule ? Est-ce l'altération des traits qui nous retient ? Elle est plus grande dans un ris immodéré que dans la plus amère douleur ; et l'on détourne son visage

---

ne *pense pas assez*, et le second celui qui *pense trop subtilement*.

[1] *Le Mercure Galant*, par de Visé. C'est par ces initiales H. G., dont la première est fausse, qu'il est désigné dans toutes les éditions des *Caractères*, faites du vivant de La Bruyère. Il dit lui-même, dans la Préface de son discours de réception à l'Académie française, qu'il a poussé le soin d'éviter les applications directes jusqu'à employer quelquefois *des lettres initiales qui n'ont qu'une signification vaine et incertaine* ; c'en est ici un exemple.

[2] Lulli, et son école, sa famille.

[1] La *Bérénice* de Corneille et celle de Racine.
[2] La *Pénélope* de l'abbé Genest, représentée en 1684.
[3] Rendez-vous de chasse dans la forêt de Chantilly. (*Note de La Bruyère.*)
[4] Collation très-ingénieuse donnée dans le labyrinthe de Chantilly. (*Note de La Bruyère.*)

pour rire comme pour pleurer en la présence des grands et de tous ceux que l'on respecte. Est-ce une peine que l'on sent à laisser voir que l'on est tendre, et à marquer quelque faiblesse, surtout en un sujet faux, et dont il semble que l'on soit la dupe? Mais, sans citer les personnes graves ou les esprits forts qui trouvent du faible dans un ris excessif comme dans les pleurs, et qui se les défendent également, qu'attend-on d'une scène tragique? qu'elle fasse rire? Et d'ailleurs la vérité n'y règne-t-elle pas aussi vivement par ses images que dans le comique? l'âme ne va-t-elle pas jusqu'au vrai dans l'un et l'autre genre avant que de s'émouvoir? est-elle même si aisée à contenter? ne lui faut-il pas encore le vraisemblable? Comme donc ce n'est point une chose bizarre d'entendre s'élever de tout un amphithéâtre un ris universel sur quelque endroit d'une comédie, et que cela suppose au contraire qu'il est plaisant et très-naïvement exécuté; aussi l'extrême violence que chacun se fait à contraindre ses larmes, et le mauvais ris dont on veut les couvrir, prouvent clairement que l'effet naturel du grand tragique serait de pleurer tous franchement et de concert à la vue l'un de l'autre, et sans autre embarras que d'essuyer ses larmes; outre qu'après être convenu de s'y abandonner, on éprouverait encore qu'il y a souvent moins lieu de craindre de pleurer au théâtre que de s'y morfondre.

Le poëme tragique vous serre le cœur dès son commencement, vous laisse à peine dans tout son progrès la liberté de respirer et le temps de vous remettre; ou, s'il vous donne quelque relâche, c'est pour vous replonger dans de nouveaux abîmes et dans de nouvelles alarmes. Il vous conduit à la terreur par la pitié, ou réciproquement à la pitié par le terrible; vous mène par les larmes, par les sanglots, par l'incertitude, par l'espérance, par la crainte, par les surprises, et par l'horreur, jusqu'à la catastrophe. Ce n'est donc pas un tissu de jolis sentiments, de déclarations tendres, d'entretiens galants, de portraits agréables, de mots *doucereux*, ou quelquefois assez plaisants pour faire rire[1], suivi à la vérité d'une dernière scène où les mutins n'entendent aucune raison, et où pour la bienséance il y a enfin du sang répandu, et quelque malheureux à qui il en coûte la vie.

Ce n'est point assez que les mœurs du théâtre ne soient point mauvaises; il faut encore qu'elles soient décentes et instructives. Il peut y avoir un ridicule si bas et si grossier, ou même si fade et si indifférent, qu'il n'est ni permis au poëte d'y faire attention, ni possible aux spectateurs de s'en divertir. Le paysan ou l'ivrogne fournit quelques scènes à un farceur, il n'entre qu'à peine dans le vrai comique : comment pourrait-il faire le fond ou l'action principale de la comédie? Ces caractères, dit-on, sont naturels : ainsi par cette règle on occupera bientôt tout l'amphithéâtre d'un laquais qui siffle, d'un malade dans sa garde-robe, d'un homme ivre qui dort ou qui vomit : y a-t-il rien de plus naturel? C'est le propre d'un efféminé de se lever tard, de passer une partie du jour à sa toilette, de se voir au miroir, de se parfumer, de se mettre des mouches, de recevoir des billets et d'y faire réponse : mettez ce rôle sur la scène, plus longtemps vous le ferez durer, un acte, deux actes, plus il sera naturel et conforme à son original; mais plus aussi il sera froid et insipide[1].

Il semble que le roman et la comédie pourraient être aussi utiles qu'ils sont nuisibles : l'on y voit de si grands exemples de constance, de vertu, de tendresse et de désintéressement, de si beaux et de si parfaits caractères, que quand une jeune personne jette de là sa vue sur tout ce qui l'entoure, ne trouvant que des sujets indignes et fort au-dessous de ce qu'elle vient d'admirer, je m'étonne qu'elle soit capable pour eux de la moindre faiblesse.

CORNEILLE ne peut être égalé dans les endroits où il excelle : il a pour lors un caractère original et inimitable; mais il est inégal. Ses premières comédies sont sèches, languissantes, et ne laissaient pas espérer qu'il dût ensuite aller si loin, comme ses dernières font qu'on s'étonne qu'il ait pu tomber de si haut. Dans quelques-unes de ses meilleures pièces il y a des fautes inexcusables contre les mœurs; un style de

---

[1] Sédition, dénoûment vulgaire des tragédies. (*Note de La Bruyère.*)

[1] On ne peut douter que La Bruyère n'ait eu en vue ici *l'Homme à bonnes fortunes*, comédie de Baron.

déclamateur qui arrête l'action et la fait languir ; des négligences dans les vers et dans l'expression, qu'on ne peut comprendre en un si grand homme. Ce qu'il y a eu en lui de plus éminent, c'est l'esprit, qu'il avait sublime, auquel il a été redevable de certains vers, les plus heureux qu'on ait jamais lus ailleurs, de la conduite de son théâtre, qu'il a quelquefois hasardée contre les règles des anciens, et enfin de ses dénoûments : car il ne s'est pas toujours assujetti au goût des Grecs et à leur grande simplicité ; il a aimé, au contraire, à charger la scène d'événements dont il est presque toujours sorti avec succès : admirable surtout par l'extrême variété et le peu de rapport qui se trouve pour le dessein entre un si grand nombre de poëmes qu'il a composés. Il semble qu'il y ait plus de ressemblance dans ceux de RACINE, et qui[1] tendent un peu plus à une même chose ; mais il est égal, soutenu, toujours le même partout, soit pour le dessein et la conduite de ses pièces, qui sont justes, régulières, prises dans le bon sens et dans la nature ; soit pour la versification, qui est correcte, riche dans ses rimes, élégante, nombreuse, harmonieuse : exact imitateur des anciens, dont il a suivi scrupuleusement la netteté et la simplicité de l'action ; à qui le grand et le merveilleux n'ont pas même manqué, ainsi qu'à Corneille ni le touchant, ni le pathétique. Quelle plus grande tendresse que celle qui est répandue dans tout le Cid, dans Polyeucte et dans les Horaces ? quelle grandeur ne se remarque point en Mithridate, en Porus et en Burrhus ? Ces passions encore favorites des anciens, que les tragiques aimaient à exciter sur les théâtres, et qu'on nomme la terreur et la pitié, ont été connues de ces deux poëtes : Oreste, dans l'*Andromaque* de Racine, et Phèdre du même auteur, comme l'*OEdipe* et les *Horaces* de Corneille, en sont la preuve. Si cependant il est permis de faire entre eux quelque comparaison, et les marquer l'un et l'autre par ce qu'ils ont de plus propre, et par ce qui éclate le plus ordinairement dans leurs ouvrages, peut-être qu'on pourrait parler ainsi : Corneille nous assujettit à ses caractères et à ses idées, Racine se conforme aux nôtres : celui-là peint les hommes comme ils devraient être, celui-ci les peint tels qu'ils sont. Il y a plus dans le premier de ce que l'on admire, et de ce que l'on doit même imiter ; il y a plus dans le second de ce que l'on reconnaît dans les autres ou de ce que l'on éprouve dans soi-même. L'un élève, étonne, maîtrise, instruit ; l'autre plaît, remue, touche, pénètre. Ce qu'il y a de plus beau, de plus noble, et de plus impérieux dans la raison, est manié par le premier ; et, par l'autre, ce qu'il y a de plus flatteur et de plus délicat dans la passion. Ce sont, dans celui-là, des maximes, des règles, des préceptes ; et, dans celui-ci, du goût et des sentiments. L'on est plus occupé aux pièces de Corneille ; l'on est plus ébranlé et plus attendri à celles de Racine. Corneille est plus moral ; Racine plus naturel. Il semble que l'un imite SOPHOCLE et que l'autre doit plus à EURIPIDE.

Le peuple appelle éloquence la facilité que quelques-uns ont de parler seuls et longtemps, jointe à l'emportement du geste, à l'éclat de la voix et à la force des poumons. Les pédants ne l'admettent aussi que dans le discours oratoire, et ne la distinguent pas de l'entassement des figures, de l'usage des grands mots et de la rondeur des périodes.

Il semble que la logique est l'art de convaincre de quelque vérité ; et l'éloquence un don de l'âme, lequel nous rendre maîtres du cœur et de l'esprit des autres ; qui fait que nous leur inspirons ou que nous leur persuadons tout ce qui nous plaît.

L'éloquence peut se trouver dans les entretiens et dans tout genre d'écrire. Elle est rarement où on la cherche, et elle est quelquefois où on ne la cherche point.

L'éloquence est au sublime ce que le tout est à sa partie.

Qu'est-ce que le sublime ? Il ne paraît pas qu'on l'ait défini. Est-ce une figure ? naît-il des figures, ou du moins de quelques figures ? tout genre d'écrire reçoit-il le sublime, ou s'il n'y a que les grands sujets qui en soient capables ? peut-il briller autre chose dans l'églogue qu'un beau naturel, et dans les lettres familières, comme dans les conversations, qu'une grande

---

[1] *Et qui tendent*, etc., est la leçon de toutes les éditions originales : dans les éditions modernes on lit *et qu'ils tendent*, mais je n'ai pas cru devoir corriger le texte de La Bruyère (*Lef.*).

délicatesse? ou plutôt le naturel et le délicat ne sont-ils pas le sublime des ouvrages dont ils font la perfection? qu'est-ce que le sublime? où entre le sublime?

Les synonymes sont plusieurs dictions, ou plusieurs phrases différentes qui signifient une même chose. L'anthithèse est une opposition de deux vérités qui se donnent du jour l'une à l'autre. La métaphore, ou la comparaison, emprunte d'une chose étrangère une image sensible et naturelle d'une vérité. L'hyperbole exprime au delà de la vérité, pour ramener l'esprit à la mieux connaître. Le sublime ne peint que la vérité, mais en un sujet noble; il la peint tout entière, dans sa cause et dans son effet; il est l'expression ou l'image la plus digne de cette vérité. Les esprits médiocres ne trouvent point l'unique expression, et usent de synonymes. Les jeunes gens sont éblouis de l'éclat de l'antithèse, et s'en servent. Les esprits justes, et qui aiment à faire des images qui soient précises, donnent naturellement dans la comparaison et la métaphore. Les esprits vifs, pleins de feu, et qu'une vaste imagination emporte hors des règles et de la justesse, ne peuvent s'assouvir de l'hyperbole. Pour le sublime, il n'y a même entre les grands génies que les plus élevés qui en soient capables.

Tout écrivain, pour écrire nettement, doit se mettre à la place de ses lecteurs, examiner son propre ouvrage comme quelque chose qui lui est nouveau, qu'il lit pour la première fois, où il n'a nulle part, et que l'auteur aurait soumis à sa critique; et se persuader ensuite qu'on n'est pas entendu seulement à cause que l'on s'entend soi-même, mais parce qu'on est en effet intelligible.

L'on n'écrit que pour être entendu; mais il faut du moins en écrivant faire entendre de belles choses. L'on doit avoir une diction pure, et user de termes qui soient propres, il est vrai; mais il faut que ces termes si propres expriment des pensées nobles, vives, solides, et qui renferment un très-beau sens. C'est faire de la pureté et de la clarté du discours un mauvais usage que de les faire servir à une matière aride, infructueuse, qui est sans sel, sans utilité, sans nouveauté : que sert aux lecteurs de comprendre aisément et sans peine des choses frivoles et puériles, quelquefois fades et communes, et d'être moins incertains de la pensée d'un auteur qu'ennuyés de son ouvrage?

Si l'on jette quelque profondeur dans certains écrits; si l'on affecte une finesse de tour, et quelquefois une trop grande délicatesse, ce n'est que par la bonne opinion qu'on a de ses lecteurs.

L'on a cette incommodité[1] à essuyer dans la lecture des livres faits par des gens de parti et de cabale, que l'on n'y voit pas toujours la vérité. Les faits y sont déguisés, les raisons réciproques n'y sont point rapportées dans toute leur force, ni avec une entière exactitude; et, ce qui use la plus longue patience, il faut lire un grand nombre de termes durs et injurieux que se disent des hommes graves, qui, d'un point de doctrine ou d'un fait contesté, se font une querelle personnelle. Ces ouvrages ont cela de particulier qu'ils ne méritent ni le cours prodigieux qu'ils ont pendant un certain temps, ni le profond oubli où ils tombent lorsque, le feu et la division venant à s'éteindre, ils deviennent des almanachs de l'autre année.

La gloire ou le mérite de certains hommes est de bien écrire; et de quelques autres, c'est de n'écrire point.

L'on écrit régulièrement depuis vingt années; l'on est esclave de la construction : l'on a enrichi la langue de nouveaux mots, secoué le joug du latinisme, et réduit le style à la phrase purement française : l'on a presque retrouvé le nombre que MALHERBE et BALZAC avaient les premiers rencontré, et que tant d'auteurs depuis eux ont laissé perdre. L'on a mis enfin dans le discours tout l'ordre et toute la netteté dont il est capable; cela conduit insensiblement à y mettre de l'esprit.

Il y a des artisans ou des habiles dont l'esprit est aussi vaste que l'art et la science qu'ils professent : ils lui rendent avec avantage, par le génie et par l'invention, ce qu'ils tiennent d'elle et de ses principes : ils sortent de l'art pour l'ennoblir, s'écartent des règles, si elles ne les

[1] On ne sait si La Bruyère a voulu désigner les jésuites et les jansénistes; mais on peut en dire autant de tous les livres écrits dans quelque temps que ce soit par des gens de partis opposés. — Cette note, dont nous ignorons l'auteur, nous a paru bonne à conserver.

conduisent pas au grand et au sublime ; ils marchent seuls et sans compagnie, mais ils vont fort haut et pénètrent fort loin, toujours sûrs et confirmés par le succès des avantages que l'on tire quelquefois de l'irrégularité. Les esprits justes, doux, modérés, non-seulement ne les atteignent pas, ne les admirent pas, mais ils ne les comprennent point, et voudraient encore moins les imiter. Ils demeurent tranquilles dans l'étendue de leur sphère, vont jusqu'à un certain point qui fait les bornes de leur capacité et de leurs lumières ; ils ne vont pas plus loin, parce qu'ils ne voient rien au delà ; ils ne peuvent au plus qu'être les premiers d'une seconde classe, et exceller dans le médiocre.

Il y a des esprits, si je l'ose dire, inférieurs et subalternes, qui ne semblent faits que pour être le recueil, le registre, ou le magasin de toutes les productions des autres génies. Ils sont plagiaires, traducteurs, compilateurs : ils ne pensent point, ils disent ce que les auteurs ont pensé ; et, comme le choix des pensées est invention, ils l'ont mauvais, peu juste, et qui les détermine plutôt à rapporter beaucoup de choses que d'excellentes choses : ils n'ont rien d'original et qui soit à eux : ils ne savent que ce qu'ils ont appris ; et ils n'apprennent que ce que tout le monde veut bien ignorer, une science vaine, aride, dénuée d'agrément et d'utilité, qui ne tombe point dans la conversation, qui est hors de commerce, semblable à une monnaie qui n'a point de cours. On est tout à la fois étonné de leur lecture, et ennuyé de leur entretien ou de leurs ouvrages. Ce sont ceux que les grands et le vulgaire confondent avec les savants, et que les sages renvoient au pédantisme.

La critique souvent n'est pas une science : c'est un métier où il faut plus de santé que d'esprit, plus de travail que de capacité, plus d'habitude que de génie. Si elle vient d'un homme qui ait moins de discernement que de lecture, et qu'elle s'exerce sur de certains chapitres, elle corrompt et les lecteurs et l'écrivain.

Je conseille à un auteur né copiste, et qui a l'extrême modestie de travailler d'après quelqu'un, de ne se choisir pour exemplaires que ces sortes d'ouvrages où il entre de l'esprit, de l'imagination ou même de l'érudition : s'il n'atteint pas ses originaux, du moins il en approche, et il se fait lire. Il doit au contraire éviter comme un écueil de vouloir imiter ceux qui écrivent par humeur, que le cœur fait parler, à qui il inspire les termes et les figures, et qui tirent, pour ainsi dire, de leurs entrailles tout ce qu'ils expriment sur le papier : dangereux modèles, et tout propres à faire tomber dans le froid, dans le bas et dans le ridicule, ceux qui s'ingèrent de les suivre. En effet, je rirais d'un homme qui voudrait sérieusement parler mon ton de voix, ou me ressembler de visage.

Un homme né chrétien et Français se trouve contraint dans la satire : les grands sujets lui sont défendus ; il les entame quelquefois, et se détourne ensuite sur de petites choses, qu'il relève par la beauté de son génie et de son style.

Il faut éviter le style vain et puéril, de peur de ressembler à *Dorilas* et *Handburg*[1]. L'on peut au contraire en une sorte d'écrits hasarder de certaines expressions, user de termes transposés et qui peignent vivement, et plaindre ceux qui ne sentent pas le plaisir qu'il y a à s'en servir ou à les entendre.

Celui qui n'a égard en écrivant qu'au goût de son siècle, songe plus à sa personne qu'à ses écrits. Il faut toujours tendre à la perfection ; et alors cette justice qui nous est quelquefois refusée par nos contemporains, la postérité sait nous la rendre.

Il ne faut point mettre un ridicule où il n'y en a point : c'est se gâter le goût, c'est corrompre son jugement et celui des autres. Mais le ridicule qui est quelque part, il faut l'y voir, l'en tirer avec grâce, et d'une manière qui plaise et qui instruise.

Horace, ou Despréaux, l'a dit avant vous. Je le crois sur votre parole, mais je l'ai dit comme mien. Ne puis-je pas penser après eux une chose vraie, et que d'autres encore penseront après moi ?

[1] On prétend que, par le nom de *Dorilas*, La Bruyère désigne Varilas, historien assez agréable, mais fort inexact. Quant au nom de *Handburg*, il n'y a pas la moindre incertitude : il est la parodie exacte de Maimbourg; *hand* voulant dire *main* en allemand et en anglais. Madame de Sévigné a dit du P. Maimbourg, qu'*il a ramassé le délicat des mauvaises ruelles*. Ce jugement s'accorde fort bien avec celui de La Bruyère.

CHAPITRE II

Du mérite personnel.

Qui peut, avec les plus rares talents et le plus excellent mérite, n'être pas convaincu de son inutilité, quand il considère qu'il laisse, en mourant, un monde qui ne se sent pas de sa perte, et où tant de gens se trouvent pour le remplacer ?

De bien des gens il n'y a que le nom qui vaille quelque chose. Quand vous les voyez de fort près, c'est moins que rien : de loin ils imposent.

Tout persuadé que je suis que ceux que l'on choisit pour de différents emplois, chacun selon son génie et sa profession, font bien, je me hasarde de dire qu'il se peut faire qu'il y ait au monde plusieurs personnes connues ou inconnues, que l'on n'emploie pas, qui feraient très-bien; et je suis induit à ce sentiment par le merveilleux succès de certaines gens que le hasard seul a placés, et de qui jusques alors on n'avait pas attendu de fort grandes choses.

Combien d'hommes admirables, et qui avaient de très-beaux génies, sont morts sans qu'on en ait parlé ! Combien vivent encore, dont on ne parle point, et dont on ne parlera jamais !

Quelle horrible peine à un homme, qui est sans prôneurs et sans cabale, qui n'est engagé dans aucun corps, mais qui est seul, et qui n'a que beaucoup de mérite pour toute recommandation, de se faire jour à travers l'obscurité où il se trouve, et de venir au niveau d'un fat qui est en crédit !

Personne presque ne s'avise de lui-même du mérite d'un autre.

Les hommes sont trop occupés d'eux-mêmes pour avoir le loisir de pénétrer ou de discerner les autres : de là vient qu'avec un grand mérite et une plus grande modestie l'on peut être longtemps ignoré.

Le génie et les grands talents manquent souvent, quelquefois aussi les seules occasions : tels peuvent être loués de ce qu'ils ont fait, et tels de ce qu'ils auraient fait.

Il est moins rare de trouver de l'esprit que des gens qui se servent du leur, ou qui fassent valoir celui des autres, et le mettent à quelque usage.

Il y a plus d'outils que d'ouvriers, et de ces derniers plus de mauvais que d'excellents : que pensez-vous de celui qui veut scier avec un rabot, et qui prend sa scie pour raboter ?

Il n'y a point au monde un si perfide métier que celui de se faire un grand nom : la vie s'achève que l'on a à peine ébauché son ouvrage.

Que faire d'*Égésippe* qui demande un emploi ? Le mettra-t-on dans les finances ou dans les troupes ? Cela est indifférent, et il faut que ce soit l'intérêt seul qui en décide ; car il est aussi capable de manier de l'argent, ou de dresser des comptes, que de porter les armes. Il est propre à tout, disent ses amis : ce qui signifie toujours qu'il n'a pas plus de talent pour une chose que pour une autre ; ou, en d'autres termes, qu'il n'est propre à rien. Ainsi la plupart des hommes, occupés d'eux seuls dans la jeunesse, corrompus par la paresse ou par le plaisir, croient faussement, dans un âge plus avancé, qu'il leur suffit d'être inutiles ou dans l'indigence, afin que la république soit engagée à les placer ou à les secourir ; et ils profitent rarement de cette leçon si importante : que les hommes devraient employer les premières années de leur vie à devenir tels par leurs études et par leur travail, que la république elle-même eût besoin de leur industrie et de leurs lumières; qu'ils fussent comme une pièce nécessaire à tout son édifice, et qu'elle se trouvât portée par ses propres avantages à faire leur fortune ou à l'embellir.

Nous devons travailler à nous rendre très-dignes de quelque emploi : le reste ne nous regarde point, c'est l'affaire des autres.

Se faire valoir par des choses qui ne dépendent point des autres, mais de soi seul, ou renoncer à se faire valoir : maxime inestimable et d'une ressource infinie dans la pratique, utile aux faibles, aux vertueux, à ceux qui ont de l'esprit, qu'elle rend maîtres de leur fortune ou de leur repos : pernicieuse pour les grands; qui diminuerait leur cour, ou plutôt le nombre de leurs esclaves ; qui ferait tomber leur morgue avec une partie de leur autorité et les réduirait presque à leurs entremets et à leurs équipages; qui les priverait du plaisir qu'ils sentent à se faire prier, presser, solliciter, à faire attendre ou à refuser, à promettre et à ne pas donner; qui les traverserait dans le goût qu'ils ont quelquefois à mettre les sots en vue, et à anéantir le mérite, quand il leur arrive de le discerner; qui bannirait des cours les brigues, les cabales, les mauvaises offices, la bassesse, la flatterie, la fourberie; qui ferait d'une cour orageuse, pleine de mouvements et d'intrigue, comme une pièce comique ou même tragique, dont les sages ne seraient que les spectateurs; qui remettrait de la dignité dans les différentes conditions des hommes, de la sérénité sur leur visage; qui étendrait leur liberté; qui réveillerait en eux, avec les talents naturels, l'habitude du travail et de l'exercice; qui les exciterait à l'émulation, au désir de la gloire, à l'amour de la vertu; qui, au lieu de courtisans vils, inquiets, inutiles, souvent onéreux à la république, en ferait ou de sages économes ou d'excellents pères de famille, ou des juges intègres, ou de bons officiers, ou de grands capitaines, ou des orateurs, ou des philosophes; et qui ne leur attirerait à tous nul autre inconvénient que celui peut-être de laisser à leurs héritiers moins de trésors que de bons exemples.

Il faut, en France, beaucoup de fermeté et une grande étendue d'esprit pour se passer des charges et des emplois, et consentir ainsi à demeurer chez soi et à ne rien faire. Personne presque n'a assez de mérite pour jouer ce rôle avec dignité, ni assez de fonds pour remplir le vide du temps, sans ce que le vulgaire appelle des affaires. Il ne manque cependant à l'oisiveté du sage qu'un meilleur nom; et que méditer, parler, lire et être tranquille, s'appelât travailler.

Un homme de mérite, et qui est en place, n'est jamais incommode par sa vanité; il s'étourdit moins du poste qu'il occupe, qu'il n'est humilié par un plus grand qu'il ne remplit pas, et dont il se croit digne: plus capable d'inquiétude que de fierté ou de mépris pour les autres, il ne pèse que soi-même.

Il coûte à un homme de mérite de faire assidûment sa cour, mais par une raison bien opposée à celle que l'on pourrait croire. Il n'est point tel sans une seule grande modestie, qui l'éloigne de penser qu'il fasse le moindre plaisir aux princes s'il se trouve sur leur passage, se poste devant leurs yeux et leur montre son visage. Il est plus proche de se persuader qu'il les importune; et il a besoin de toutes les raisons tirées de l'usage et de son devoir pour se résoudre à se montrer. Celui au contraire qui a bonne opinion de soi, et que le vulgaire appelle un glorieux, a du goût à se faire voir; et il fait sa cour avec d'autant plus de confiance, qu'il est incapable de s'imaginer que les grands dont il est vu pensent autrement de sa personne qu'il fait lui-même.

Un honnête homme se paye par ses mains de l'application qu'il a à son devoir par le plaisir qu'il sent à le faire, et se désintéresse sur les éloges, l'estime et la reconnaissance, qui lui manquent quelquefois.

Si j'osais faire une comparaison entre deux conditions tout à fait inégales, je dirais qu'un homme de cœur pense à remplir ses devoirs à peu près comme le couvreur songe à couvrir: ni l'un ni l'autre ne cherchent à exposer leur vie, ni ne sont détournés par le péril; la mort, pour eux, est un inconvénient dans le métier, et jamais un obstacle. Le premier aussi n'est guère plus vain d'avoir paru à la tranchée, emporté un ouvrage ou forcé un retranchement, que celui-ci d'avoir monté sur de hauts combles ou sur la pointe d'un clocher. Ils ne sont tous deux appliqués qu'à bien faire, pendant que le fanfaron travaille à ce que l'on dise de lui qu'il a bien fait.

La modestie est au mérite ce que les ombres sont aux figures dans un tableau: elle lui donne de la force et du relief.

Un extérieur simple est l'habit des hommes vulgaires; il est taillé pour eux et sur leur mesure: mais c'est une parure pour ceux qui ont rempli leur vie de grandes actions; je les compare à une beauté négligée, mais plus piquante.

Certains hommes, contents d'eux-mêmes, de quelque action ou de quelque ouvrage qui ne leur a pas mal réussi, et ayant ouï dire que la modestie sied bien aux grands hommes, osent être modestes, contrefont les simples et les naturels; semblables à ces gens d'une taille médiocre qui se baissent aux portes, de peur de se heurter.

Votre fils est bègue; ne c faites pas monter sur la tribune. Votre fille est née pour le monde; ne l'enfermez pas parmi les vestales. *Xantus*, votre affranchi, est faible et timide; ne différez pas, retirez-le des légions et de la milice. Je veux l'avancer, dites-vous: comblez-le de biens, surchargez-le de terres, de titres et de possessions; servez-vous du temps; nous vivons dans un siècle où elles lui feront plus d'honneur que la vertu. Il m'en coûterait trop, ajoutez-vous. Parlez-vous sérieusement, *Crassus*? Songez-vous que c'est une goutte d'eau que vous puisez du Tibre pour enrichir Xantus que vous aimez, et pour prévenir les honteuses suites d'un engagement où il n'est pas propre?

Il ne faut pas regarder, dans ses amis, que la seule vertu, qui nous attache à eux, sans aucun examen de leur bonne ou de leur mauvaise fortune; et, quand on se sent capable de les suivre dans leur disgrâce, il faut les cultiver hardiment et avec confiance jusque dans leur plus grande prospérité.

S'il est ordinaire d'être vivement touché des choses rares, pourquoi le sommes-nous si peu de la vertu?

S'il est heureux d'avoir de la naissance, il ne l'est pas moins d'être tel qu'on ne s'informe plus si vous en avez.

Il apparaît de temps en temps, sur la face de la terre, des hommes rares, exquis, qui brillent par leur vertu, et dont les qualités éminentes jettent un éclat prodigieux. Semblables à ces étoiles extraordinaires, dont on ignore les causes, et dont on sait encore moins ce qu'elles deviennent après avoir disparu, ils n'ont ni aïeuls, ni descendants; ils composent seuls toute leur race.

Le bon esprit nous découvre notre devoir, notre engagement à le faire; et, s'il y a du péril, avec péril: il inspire du courage, ou il y supplée.

Quand on excelle dans son art, et qu'on lui donne toute la perfection dont il est capable, l'on en sort en quelque manière, et l'on s'égale à ce qu'il y a de plus noble et de plus relevé.

V***[1] est un peintre; C***[2] un musicien, et l'auteur du *Pyrame*[3] est un poëte: mais Mignard est Mignard, Lulli est Lulli, et Corneille est Corneille.

Un homme libre, et qui n'a point de femme, s'il a quelque esprit, peut s'élever au-dessus de sa fortune, se mêler dans le monde et aller de pair avec les plus honnêtes gens: cela est moins facile à celui qui est engagé; il semble que le mariage met tout le monde dans son ordre.

Après le mérite personnel, il faut l'avouer, ce sont les éminentes dignités et les grands titres dont les hommes tirent plus de distinction et plus d'éclat; et qui ne sait être un Érasme doit penser à être un évêque. Quelques-uns, pour étendre leur renommée, entassent sur leurs personnes des pairies, des colliers d'ordre, des primaties, la pourpre, et ils auraient besoin d'une tiare; mais quel besoin a *Trophime*[4] d'être cardinal?

L'or éclate, dites-vous, sur les habits de *Philémon*: il éclate de même chez les marchands. Il est habillé des plus belles étoffes: le sont-elles moins toutes déployées dans les boutiques et à la pièce? Mais la broderie et les ornements y ajoutent encore la magnificence: je loue donc le travail de l'ouvrier. Si on lui demande quelle heure est-il, il tire une montre qui est un chef-d'œuvre; la garde de son épée est un onyx[5]; il a au doigt un gros diamant qu'il fait briller aux yeux, et qui est parfait: il ne lui manque aucune de ces curieuses bagatelles que l'on porte sur soi autant pour la vanité que pour l'usage; et il ne se plaint non plus toute sorte de parures, qu'un jeune homme qui a épousé une riche vieille. Vous m'inspirez enfin de la curiosité; il faut voir du moins des choses si précieuses: envoyez-moi cet habit et ces bijoux de Philémon; je vous quitte de la personne.

Tu te trompes, Philémon, si, avec ce carrosse

---

[1] Vignon.
[2] Colasse.
[3] Pradon.
[4] Les éditions publiées par La Bruyère lui-même portent *Trophime*. Les éditeurs qui sont venus ensuite ont mis *Bénigne*, pour mieux désigner Bossuet, qu'apparemment La Bruyère avait en vue.

(La Bruyère.)

brillant, ce grand nombre de coquins qui te suivent, et ces six bêtes qui te traînent, tu penses que l'on t'en estime davantage. L'on écarte tout cet attirail, qui t'est étranger, pour pénétrer jusqu'à toi, qui n'es qu'un fat.

Ce n'est pas qu'il faut quelquefois pardonner à celui qui, avec un grand cortége, un habit riche et un magnifique équipage, s'en croit plus de naissance et plus d'esprit : il lit cela dans la contenance et dans les yeux de ceux qui lui parlent.

Un homme à la cour, et souvent à la ville, qui a un long manteau de soie ou de drap de Hollande, une ceinture large et placée haut sur l'estomac, le soulier de maroquin, la calotte de même, d'un beau grain, un collet bien fait et bien empesé, les cheveux arrangés et le teint vermeil, qui avec cela se souvient de quelques distinctions métaphysiques, explique ce que c'est que la lumière de gloire, et sait précisément comment l'on voit Dieu : cela s'appelle un docteur. Une personne humble, qui est ensevelie dans le cabinet, qui a médité, cherché, consulté, confronté, lu ou écrit pendant toute sa vie, est un homme docte.

Chez nous, le soldat est brave et l'homme de robe est savant : nous n'allons pas plus loin. Chez les Romains, l'homme de robe était brave, et le soldat était savant : un Romain était tout ensemble et le soldat et l'homme de robe.

Il semble que le héros est d'un seul métier, qui est celui de la guerre ; et que le grand homme est de tous les métiers, ou de la robe, ou de l'épée, ou du cabinet, ou de la cour : l'un et l'autre mis ensemble ne pèsent pas un homme de bien.

Dans la guerre, la distinction entre le héros et le grand homme est délicate : toutes les vertus militaires font l'un et l'autre. Il semble néanmoins que le premier soit jeune, entreprenant, d'une haute valeur, ferme dans les périls, intrépide ; que l'autre excède par un grand sens, par une vaste prévoyance, par une haute capacité et par une longue expérience. Peut-être qu'ALEXANDRE n'était qu'un héros, et que CÉSAR était un grand homme.

Émile[1] était né ce que les plus grands hommes ne deviennent qu'à force de règles, de méditation et d'exercice. Il n'a eu, dans ses premières années, qu'à remplir des talents qui étaient naturels, et qu'à se livrer à son génie. Il a fait, il a agi avant que de savoir, ou plutôt il a su ce qu'il n'avait jamais appris. Dirai-je que les jeux de son enfance ont été plusieurs victoires ? Une vie accompagnée d'un extrême bonheur, joint à une longue expérience, serait illustre par les seules actions qu'il avait achevées dès sa jeunesse. Toutes les occasions de vaincre qui se sont depuis offertes, il les a embrassées ; et celles qui n'étaient pas, sa vertu et son étoile les ont fait naître : admirable même et par les choses qu'il a faites, et par celles qu'il aurait pu faire. On l'a regardé comme un homme incapable de céder à l'ennemi, de plier sous le nombre ou sous les obstacles : comme une âme de premier ordre, pleine de ressources et de lumières, et qui voyait encore où personne ne voyait plus ; comme celui qui, à la tête des légions, était pour elles un présage de la victoire, et qui valait seul plusieurs légions ; qui était grand dans la prospérité, plus grand quand la fortune lui a été contraire : la levée d'un siége, une retraite, l'ont plus ennobli que ses triomphes (l'on ne met qu'après les batailles gagnées et les villes prises) qui était rempli de gloire et de modestie ; on lui a entendu dire : *Je fuyais,* avec la même grâce qu'il disait : *Nous les battîmes ;* un homme dévoué à l'État, à sa famille, au chef de sa famille : sincère pour Dieu et pour les hommes, autant admirateur du mérite que s'il lui eût été moins propre et moins familier : un homme vrai, simple, magnanime, à qui il n'a manqué que les moindres vertus.

Les enfants des dieux[1], pour ainsi dire, se tirent des règles de la nature, et en sont comme l'exception : ils n'attendent presque rien du temps et des années. Le mérite, chez eux, devance l'âge. Ils naissent instruits, et ils sont plus tôt des hommes parfaits que le commun des hommes ne sort de l'enfance.

---

[1] La plupart des traits rassemblés dans ce portrait semblent appartenir au grand Condé. On conçoit que La Bruyère, employé à l'éducation du petit-fils de ce héros, se soit plu à tracer l'image du prince qui avait jeté tant d'éclat sur l'auguste famille à laquelle lui-même était attaché.

[1] Fils, petits-fils, issus de rois. (*Note de La Bruyère.*)

Les vues courtes, je veux dire les esprits bornés et resserrés dans leur petite sphère, ne peuvent comprendre cette universalité de talents que l'on remarque quelquefois dans un même sujet : où ils voient l'agréable, ils en excluent le solide ; où ils croient découvrir les grâces du corps, l'agilité, la souplesse, la dextérité, ils ne veulent plus y admettre les dons de l'âme, la profondeur, la réflexion, la sagesse : ils ôtent de l'histoire de Socrate qu'il ait dansé.

Il n'y a guère d'homme si accompli et si nécessaire aux siens, qu'il n'ait de quoi se faire moins regretter.

Un homme d'esprit et d'un caractère simple et droit peut tomber dans quelque piège ; il ne pense pas que personne veuille lui en dresser et le choisir pour être sa dupe : cette confiance le rend moins précautionné, et les mauvais plaisants l'entament par cet endroit. Il n'y a qu'à perdre pour ceux qui en viendraient à une seconde charge : il n'est trompé qu'une fois.

J'éviterai avec soin d'offenser personne, si je suis équitable ; mais sur toutes choses un homme d'esprit, si j'aime le moins du monde mes intérêts.

Il n'y a rien de si délié, de si simple et de si imperceptible, où il n'entre des manières qui nous décèlent. Un sot ni entre, ni ne sort, ni ne s'assied, ni ne se lève, ni ne se tait, ni n'est sur ses jambes, comme un homme d'esprit.

Je connais *Mopse*, d'une visite qu'il m'a rendue sans me connaître. Il prie des gens qu'il ne connaît point de le mener chez d'autres dont il n'est pas connu ; il écrit à des femmes qu'il connaît de vue ; il s'insinue dans un cercle de personnes respectables et qui ne savent quel il est, et là, sans attendre qu'on l'interroge, ni sans sentir qu'il interrompt, il parle, et souvent, et ridiculement. Il entre, une autre fois, dans une assemblée, se place où il se trouve, sans nulle attention aux autres, ni à soi-même : on l'ôte d'une place destinée à un ministre, il s'assied à celle d'un duc et pair : il est là précisément celui dont la multitude rit, et qui seul est grave et ne rit point. Chassez un chien du fauteuil du roi, il grimpe à la chaire du prédicateur ; il regarde le monde indifféremment, sans embarras, sans pudeur : il n'a pas, non plus que le sot, de quoi rougir.

Celse est d'un rang médiocre, mais des grands le souffrent ; il n'est pas savant ; il a relation avec des savants ; il a eu peu de mérite, mais il connaît des gens qui en ont beaucoup : il n'est pas habile, mais il a une langue qui peut servir de truchement, et des pieds qui peuvent le porter d'un lieu à un autre. C'est un homme né pour des allées et venues, pour écouter des propositions et les rapporter, pour en faire d'office, pour aller plus loin que sa commission et en être désavoué, pour réconcilier des gens qui se querellent à leur première entrevue ; pour réussir dans une affaire et en manquer mille ; pour se donner toute la gloire de la réussite et pour détourner sur les autres la haine d'un mauvais succès. Il sait les bruits communs, les historiettes de la ville ; il ne fait rien ; il dit ou il écoute ce que les autres font ; il est nouvelliste ; il sait même le secret des familles ; il entre dans les plus hauts mystères ; il vous dit pourquoi celui-ci est exilé, et pourquoi on rappelle cet autre : il connaît le fond et les causes de la brouillerie des deux frères et de la rupture des deux ministres. N'a-t-il pas prédit aux premiers les tristes suites de leur mésintelligence ? n'a-t-il pas dit de ceux-ci que leur union ne serait pas longue ? n'était-il pas présent à de certaines paroles qui furent dites ? n'entra-t-il pas dans une espèce de négociation ? le voulut-on croire ? fut-il écouté ? à qui parlez-vous de ces choses ? qui a eu plus de part que Celse à toutes ces intrigues de cour ? et si cela n'était ainsi, s'il ne l'avait du moins rêvé ou imaginé, songerait-il à vous le faire croire ? aurait-il l'air important et mystérieux d'un homme revenu d'une ambassade ?

Ménippe est l'oiseau paré de divers plumages qui ne sont pas à lui : il ne parle pas, il ne sent pas ; il répète des sentiments et des discours ; se sert même si naturellement de l'esprit des autres, qu'il y est le premier trompé, et qu'il croit souvent dire son goût ou expliquer sa pensée, lorsqu'il n'est que l'écho de quelqu'un qu'il vient de quitter. C'est un homme qui est de mise un quart d'heure de suite, qui le moment d'après baisse, dégénère, perd le peu de lustre qu'un peu de mémoire lui donnait, et montre la corde : lui seul ignore combien il est au-dessous du sublime et de l'héroïque ; et, incapable de savoir jusqu'où l'on peut avoir de l'esprit, il croit naïvement que ce qu'il en a est tout ce que les hommes en sauraient avoir : aussi a-t-il l'air et le maintien de celui qui n'a rien à désirer sur ce chapitre, et qui ne porte souvent envie à personne. Il se parle à soi-même, et il ne s'en cache pas, ceux qui passent le voient ; et il semble toujours prendre un parti, ou décider qu'une telle chose est sans réplique. Si vous le saluez quelquefois, c'est le jeter dans l'embarras de savoir s'il doit rendre le salut, ou non ; et, pendant qu'il délibère, vous êtes déjà hors de portée. Sa vanité l'a fait honnête homme, l'a mis au-dessus de lui-même, l'a fait devenir ce qu'il n'était pas. L'on juge en le voyant qu'il n'est occupé que de sa personne ; qu'il sait que tout lui sied bien, et que sa parure est assortie ; qu'il croit que tous les yeux sont ouverts sur lui, et que les hommes se relayent pour le contempler.

Celui qui, logé chez soi dans un palais avec deux appartements pour les deux saisons, vient coucher au Louvre dans un entre-sol, n'en use pas ainsi par modestie. Cet autre, qui pour conserver une taille fine s'abstient du vin, et ne fait qu'un seul repas, n'est ni sobre ni tempérant ; et d'un troisième qui, importuné d'un ami pauvre, lui donne enfin quelque secours, l'on dit qu'il achète son repos, et nullement qu'il est libéral. Le motif seul fait le mérite des actions des hommes, et le désintéressement y met la perfection.

La fausse grandeur est farouche et inaccessible ; comme elle sent son faible, elle se cache, ou du moins ne se montre pas de front, et ne se fait voir qu'autant qu'il faut pour imposer et ne paraître point ce qu'elle est, je veux dire une vraie petitesse. La véritable grandeur est libre, douce, familière, populaire. Elle se laisse toucher et manier ; elle ne perd rien à être vue de près : plus on la connaît, plus on l'admire. Elle se courbe par bonté vers ses inférieurs, et revient sans effort dans son naturel. Elle s'abandonne quelquefois, se néglige, se relâche de ses avantages, toujours en pouvoir de les reprendre et de les faire valoir : elle rit, joue, et badine, mais avec dignité. On l'approche tout ensemble avec liberté et avec retenue. Son caractère est noble et facile, inspire le respect et la confiance, et fait que les princes nous paraissent grands et très-grands, sans nous faire sentir que nous sommes petits.

Le sage guérit de l'ambition par l'ambition même ; il tend à de si grandes choses, qu'il ne peut se borner à ce qu'on appelle des trésors, des postes, la fortune, et la faveur. Il ne voit rien dans de si faibles avantages qui soit assez bon et assez solide pour remplir son cœur, et pour mériter ses soins et ses désirs ; il a même besoin d'efforts pour ne les pas trop dédaigner. Le seul bien capable de le tenter est cette sorte de gloire qui devrait naître de la vertu toute pure et toute simple : mais les hommes ne l'accordent guère ; et il s'en passe.

Celui-là est bon, qui fait du bien aux autres, s'il souffre pour le bien qu'il fait, il est très-bon : s'il souffre de ceux à qui il a fait ce bien, il a une si grande bonté qu'elle ne peut être augmentée que dans le cas où ses souffrances viendraient à croître ; et, s'il en meurt, sa vertu ne saurait aller plus loin : elle est héroïque, elle est parfaite.

CHAPITRE III

Des femmes.

Les hommes et les femmes conviennent rarement sur le mérite d'une femme : leurs intérêts sont trop différents. Les femmes ne se plaisent point les unes aux autres par les mêmes agréments qu'elles plaisent aux hommes : mille manières, qui allument dans ceux-ci les grandes passions, forment entre elles l'aversion et l'antipathie.

Il y a dans quelques femmes une grandeur artificielle attachée au mouvement des yeux, à un air de tête, aux façons de marcher, et qui ne va pas plus loin ; un esprit éblouissant qui impose, et que l'on n'estime que parce qu'il n'est pas approfondi. Il y a dans quelques autres une grandeur simple, naturelle, indépendante du geste et de la démarche, qui a sa source dans le cœur, et qui est comme une suite de leur haute naissance ; un mérite paisible, mais solide, accompagné de mille vertus qu'elles ne peuvent couvrir de toute leur modestie, qui échappent, et qui se montrent à ceux qui ont des yeux.

J'ai vu souhaiter d'être fille, et une belle fille, depuis treize ans jusqu'à vingt-deux, et après cet âge de devenir un homme.

Quelques jeunes personnes ne connaissent point assez les avantages d'une heureuse nature, et combien il leur serait utile de s'y abandonner. Elles affaiblissent ces dons du ciel, si rares et si fragiles, par des manières affectées et par une mauvaise imitation. Leur son de voix et leur démarche sont empruntés. Elles se composent, elles se recherchent, regardent dans un miroir si elles s'éloignent assez de leur naturel : ce n'est pas sans peine qu'elles plaisent moins.

Chez les femmes, se parer et se farder n'est pas, je l'avoue, parler contre sa pensée ; c'est plus aussi que le travestissement et la mascarade, où l'on ne se donne point pour ce que l'on paraît être, mais où l'on pense seulement à se cacher et à se faire ignorer ; c'est chercher à imposer aux yeux, et vouloir paraître, selon l'extérieur, contre la vérité ; c'est une espèce de menterie.

Il faut juger des femmes depuis la chaussure jusqu'à la coiffure exclusivement, à peu près comme on mesure le poisson entre queue et tête.

Si les femmes veulent seulement être belles à leurs propres yeux et se plaire à elles-mêmes, elles peuvent sans doute, dans la manière de s'embellir, dans le choix des ajustements et de la parure, suivre leur goût et leur caprice : mais si c'est aux hommes qu'elles désirent de plaire, si c'est pour eux qu'elles se fardent ou qu'elles s'enluminent, j'ai recueilli les voix, et, je leur prononce, de la part de tous les hommes ou de la plus grande partie, que le blanc et le rouge les rendent affreuses et dégoûtantes ; que le rouge seul les vieillit et les déguise ; qu'ils haïssent autant à les voir avec de la céruse sur le visage qu'avec de fausses dents en la bouche, et des boules de cire dans les mâchoires ; qu'ils protestent sérieusement contre tout l'artifice dont elles usent pour se rendre laides ; et que, bien loin d'en répondre devant Dieu, il semble au contraire qu'il leur ait réservé ce dernier et infaillible moyen de guérir des femmes.

Si les femmes étaient telles naturellement qu'elles le deviennent par artifice, qu'elles perdissent en un moment toute la fraîcheur de leur teint ; qu'elles eussent le visage aussi allumé et aussi plombé qu'elles se le font par le rouge et par la peinture dont elles se fardent, elles seraient inconsolables.

Une femme coquette ne se rend point sur la passion de plaire, et sur l'opinion qu'elle a de sa beauté. Elle regarde le temps et les années comme quelque chose seulement qui ride et qui enlaidit les autres femmes : elle oublie du moins que l'âge est écrit sur le visage. La même parure qui a autrefois embelli sa jeunesse défigure enfin sa personne, éclaire les défauts de sa vieillesse. La mignardise et l'affectation l'accompagnent dans la douleur et dans la fièvre ; elle meurt parée et en rubans de couleur.

Lise entend dire d'une autre coquette qu'elle se moque de se piquer de jeunesse, et de vouloir user d'ajustements qui ne conviennent plus à une femme de quarante ans. Lise les a accomplis ; mais les années pour elles ont moins de douze mois, et ne la vieillissent point. Elle le croit ainsi ; et, pendant qu'elle se regarde au miroir, qu'elle met du rouge sur son visage, et qu'elle place des mouches, elle convient qu'il n'est pas permis à un certain âge de faire la jeune, et que *Clarice*, en effet, avec ses mouches et son rouge, est ridicule.

Les femmes se préparent pour leurs amants, si elles les attendent : mais si elles en sont surprises, elles oublient à leur arrivée l'état où elles se trouvent ; elles ne se voient plus. Elles ont plus de loisir avec les indifférents ; elles sentent le désordre où elles sont, s'ajustent en leur présence, ou disparaissent un moment et reviennent parées.

Un beau visage est le plus beau de tous les spectacles ; et l'harmonie la plus douce est le son de voix de celle que l'on aime.

L'agrément est arbitraire : la beauté est quelque chose de plus réel et de plus indépendant du goût et de l'opinion.

L'on peut être touché de certaines beautés

si parfaites, et d'un mérite si éclatant, que l'on se borne à les voir et à leur parler.

Une belle femme qui a les qualités d'un honnête homme est ce qu'il y a au monde d'un commerce plus délicieux : l'on trouve en elle tout le mérite des deux sexes.

Il échappe à une jeune personne de petites choses qui persuadent beaucoup, et qui flattent sensiblement celui pour qui elles sont faites; il n'échappe presque rien aux hommes; leurs caresses sont volontaires, ils parlent, ils agissent, ils sont empressés, et persuadent moins.

Le caprice est dans les femmes tout proche de la beauté, pour être son contre-poison, et afin qu'elle nuise moins aux hommes, qui n'en guériraient pas sans remède.

Les femmes s'attachent aux hommes par les faveurs qu'elles leur accordent : les hommes guérissent par ces mêmes faveurs.

Une femme oublie d'un homme qu'elle n'aime plus, jusqu'aux faveurs qu'il a reçues d'elle.

Une femme qui n'a qu'un galant croit n'être point coquette ; celle qui a plusieurs galants croit n'être que coquette.

Telle femme évite d'être coquette par un ferme attachement à un seul, qui passe pour folle par son mauvais choix.

Un ancien galant tient à si peu de chose, qu'il cède à un nouveau mari ; et celui-ci dure si peu, qu'un nouveau galant qui survient lui rend le change.

Un ancien galant craint ou méprise un nouveau rival, selon le caractère de la personne qu'il sert.

Il ne manque souvent à un ancien galant, auprès d'une femme qui l'attache, que le nom de mari : c'est beaucoup ; et il serait mille fois perdu sans cette circonstance.

Il semble que la galanterie dans une femme ajoute à la coquetterie. Un homme coquet, au contraire, est quelque chose de pire qu'un homme galant. L'homme coquet et la femme galante vont assez de pair.

Il y a peu de galanteries secrètes : bien des femmes ne sont pas mieux désignées par le nom de leurs maris que par celui de leurs amants.

Une femme galante veut qu'on l'aime : il suffit à une coquette d'être trouvée aimable et de passer pour belle. Celle-là cherche à engager, celle-ci se contente de plaire. La première passe successivement d'un engagement à un autre ; la seconde a plusieurs amusements tout à la fois. Ce qui domine dans l'une, c'est la passion et le plaisir ; et, dans l'autre, c'est la vanité et la légèreté. La galanterie est un faible du cœur, ou peut-être un vice de la complexion ; la coquetterie est un dérèglement de l'esprit. La femme galante se fait craindre, et la coquette se fait haïr. L'on peut tirer de ces deux caractères de quoi en faire un troisième, le pire de tous.

Une femme faible est celle à qui l'on reproche une faute, qui se la reproche à elle-même, dont le cœur combat la raison ; qui veut guérir, qui ne guérira point, ou bien tard.

Une femme inconstante est celle qui n'aime plus ; une légère, celle qui déjà en aime un autre ; une volage, celle qui ne sait si elle aime et ce qu'elle aime ; une indifférente, celle qui n'aime rien.

La perfidie, si je l'ose dire, est une menterie de toute la personne : c'est dans une femme l'art de placer un mot ou une action qui donne le change, et quelquefois de mettre en œuvre des serments et des promesses qui ne lui coûtent pas plus à faire qu'à violer.

Une femme infidèle, si elle est connue pour telle de la personne intéressée, n'est qu'infidèle ; s'il la croit fidèle, elle est perfide.

On tire ce bien de la perfidie des femmes, qu'elle guérit de la jalousie.

Quelques femmes ont, dans le cours de leur vie, un double engagement à soutenir, également difficile à rompre et à dissimuler : il ne manque à l'un que le contrat, et à l'autre que le cœur.

A juger de cette femme par sa beauté, sa jeunesse, sa fierté et ses dédains, il n'y a personne qui doute que ce ne soit un héros qui doive un jour la charmer : son choix est fait, c'est un petit monstre qui manque d'esprit.

Il y a des femmes déjà flétries qui, par leur complexion ou par leur mauvais caractère, sont naturellement la ressource des jeunes gens qui n'ont pas assez de bien. Je ne sais qui est plus à plaindre, ou d'une femme avancée en âge qui a besoin d'un cavalier, ou d'un cavalier qui a besoin d'une vieille.

Le rebut de la cour est reçu à la ville dans une ruelle, où il défait le magistrat même en cravate et en habit gris, ainsi que le bourgeois en baudrier, les écarte, et devient maître de la place : il est écouté, il est aimé ; on ne tient guère plus d'un moment contre une écharpe d'or et une plume blanche, contre un homme qui *parle au roi et voit les ministres*. Il fait des jaloux et des jalouses ; on l'admire, il fait envie : à quatre lieues de là il fait pitié.

Un homme de la ville est pour une femme de province ce qu'est pour une femme de ville un homme de la cour.

A un homme vain, indiscret, qui est grand parleur et mauvais plaisant, qui parle de soi avec confiance, et des autres avec mépris ; impétueux, altier, entreprenant, sans mœurs ni probité, de nul jugement et d'une imagination très-libre, il ne lui manque plus, pour être adoré de bien des femmes, que de beaux traits et la taille belle.

Est-ce en vue du secret, ou par un goût hypocondre, que cette femme aime un valet ; cette autre, un moine ; et *Dorine*, son médecin ?

Roscius[1] entre sur la scène de bonne grâce : oui, *Lélie* ; et j'ajoute encore qu'il a les jambes bien tournées, qu'il joue bien, et de longs rôles ; et que pour déclamer parfaitement il ne lui manque, comme on le dit, que de parler avec la bouche : mais est-il le seul qui ait de l'agrément dans ce qu'il fait ? et ce qu'il fait, est-ce la chose la plus noble et la plus honnête que l'on puisse faire ? Roscius d'ailleurs ne peut être à vous ; il est à une autre ; et quand cela ne serait pas ainsi, il est retenu : *Claudie* attend, pour l'avoir, qu'il se soit dégoûté de *Messaline*. Prenez *Bathylle*, Lélie : où trouverez-vous, je ne dis pas dans l'ordre des chevaliers que vous dédaignez, mais même parmi les farceurs, un jeune homme qui s'élève si haut en dansant, et qui passe mieux la capriole ? Voudriez-vous le sauteur *Cobus*, qui, jetant ses pieds en avant, tourne une fois en l'air avant que de tomber à terre ? ignorez-vous qu'il n'est plus jeune ? Pour Bathylle, dites-vous, la presse y est trop grande ; et il refuse plus de femmes qu'il n'en agrée. Mais vous avez *Dracon*, le joueur de flûte : nul autre de son métier n'enfle plus décemment ses joues en soufflant dans le hautbois ou le flageolet : car c'est une chose infinie que le nombre des instruments qu'il fait parler ; plaisant d'ailleurs, il fait rire jusqu'aux enfants et aux femmelettes. Qui mange et qui boit mieux que Dracon en un seul repas ? Il enivre toute une compagnie, et il se rend le dernier. Vous soupirez, Lélie : est-ce que Dracon aurait fait un choix, ou que malheureusement on vous aurait prévenue ? Se serait-il enfin engagé à *Césonie*, qui l'a tant couru, qui lui a sacrifié une si grande foule d'amants, je dirai même toute la fleur des Romains ; à Césonie, qui est d'une famille patricienne, qui est si jeune, si belle et si sérieuse ? Je vous plains, Lélie, si vous avez pris par contagion ce nouveau goût qu'ont tant de femmes romaines pour ce qu'on appelle des hommes publics, et exposés par leur condition à la vue des autres. Que ferez-vous, lorsque le meilleur en ce genre vous est enlevé ? Il reste encore *Bronte* le questionnaire[1] : le peuple ne parle que de sa force et de son adresse ; c'est un jeune homme qui a les épaules larges et la taille ramassée, un nègre d'ailleurs, un homme noir.

Pour les femmes du monde, un jardinier est un jardinier, et un maçon est un maçon ; pour quelques autres plus retirées, un maçon est un homme, un jardinier est un homme. Tout est tentation à qui la craint.

Quelques femmes donnent aux couvents et à leurs amants : galantes et bienfaitrices, elles ont jusque dans l'enceinte de l'autel des tribunes et des oratoires où elles lisent des billets tendres, et où personne ne voit qu'elles ne prient point Dieu.

Qu'est-ce qu'une femme que l'on dirige ? est-ce une femme plus complaisante pour son mari, plus douce pour ses domestiques, plus appliquée à sa famille et à ses affaires, plus ar-

---

[1] Sans traduire les noms antiques par des noms modernes, comme l'ont fait hardiment des fabricateurs de clefs, on peut croire que, dans tout ce paragraphe, La Bruyère dirige les traits de son ironie amère contre quelques grandes dames de ce temps, qui se disputaient scandaleusement la possesion de certains comédiens, danseurs ou musiciens, tels que Baron, Pécourt, et autres.

[1] Le bourreau.

dente et plus sincère pour ses amis; qui soit moins esclave de son humeur, moins attachée à ses intérêts; qui aime moins les commodités de la vie; je ne dis pas qui fasse des largesses à ses enfants, qui sont déjà riches, mais qui, opulente elle-même et accablée du superflu, leur fournisse le nécessaire, et leur rende au moins la justice qu'elle leur doit; qui soit plus exempte d'amour de soi-même et d'éloignement pour les autres; qui soit plus libre de tous attachements humains? Non, dites-vous, ce n'est rien de toutes ces choses. J'insiste, et je vous demande : Qu'est-ce donc qu'une femme que l'on dirige? Je vous entends, c'est une femme qui a un directeur.

Si le confesseur et le directeur ne conviennent point sur une règle de conduite, qui sera le tiers qu'une femme prendra pour surarbitre?

Le capital pour une femme n'est pas d'avoir un directeur, mais de vivre si uniment qu'elle s'en puisse passer.

Si une femme pouvait dire à son confesseur, avec ses autres faiblesses, celles qu'elle a pour son directeur, et le temps qu'elle perd dans son entretien, peut-être lui serait-il donné pour pénitence d'y renoncer.

Je voudrais qu'il me fût permis de crier de toute ma force à ces hommes saints qui ont été autrefois blessés des femmes : Fuyez les femmes, ne les dirigez point; laissez à d'autres le soin de leur salut.

C'est trop contre un mari d'être coquette et dévote : une femme devrait opter.

J'ai différé à le dire, et j'en ai souffert; mais enfin il m'échappe, et j'espère même que ma franchise sera utile à celles qui, n'ayant pas assez d'un confesseur pour leur conduite, n'usent d'aucun discernement dans le choix de leurs directeurs. Je ne sors pas d'admiration et d'étonnement à la vue de certains personnages que je ne nomme point. J'ouvre de fort grands yeux sur eux; je les contemple : ils parlent, je prête l'oreille, je m'informe; on me dit des faits, je les recueille; et je ne comprends pas comment des gens en qui je crois voir toutes choses diamétralement opposées au bon esprit, au sens droit, à l'expérience des affaires du monde, à la connaissance de l'homme, à la science de la religion et des mœurs, présument que Dieu doive renouveler en nos jours la merveille de l'apostolat, et faire un miracle en leurs personnes, en les rendant capables, tout simples et petits esprits qu'ils sont, du ministère des âmes, celui de tous le plus délicat et le plus sublime : et si au contraire ils se croient nés pour un emploi si relevé, si difficile, accordé à si peu de personnes, et qu'ils se persuadent de ne faire en cela qu'exercer leurs talents naturels et suivre une vocation ordinaire, je le comprends encore moins.

Je vois bien que le goût qu'il y a à devenir le dépositaire du secret des familles, à se rendre nécessaire pour les réconciliations, à procurer des commissions ou à placer des domestiques, à trouver toutes les portes ouvertes dans les maisons des grands, à manger souvent à de bonnes tables, à se promener en carrosse dans une grande ville, et à faire de délicieuses retraites à la campagne, à voir plusieurs personnes de nom et de distinction s'intéresser à sa vie et à sa santé, et à ménager pour les autres et pour soi-même tous les intérêts humains; je vois bien, encore une fois, que cela seul a fait imaginer le spécieux et irrépréhensible prétexte du soin des âmes, et semé dans le monde cette pépinière intarissable de directeurs.

La dévotion vient à quelques-uns, et surtout aux femmes, comme une passion, ou comme le faible d'un certain âge, ou comme une mode qu'il faut suivre. Elles comptaient autrefois une semaine par les jours de jeu, de spectacle, de concert, de mascarade, ou d'un joli sermon. Elles allaient le lundi perdre leur argent chez *Ismène*; le mardi, leur temps chez *Climène*; et le mercredi, leur réputation chez *Célimène*; elles savaient dès la veille toute la joie qu'elles devaient avoir le jour d'après et le lendemain : elles jouissaient tout à la fois du plaisir présent et de celui qui ne leur pouvait manquer; elles auraient souhaité de les pouvoir rassembler tous en un seul jour. C'était alors leur unique inquiétude, et tout le sujet de leurs distractions; et, si elles se trouvaient quelquefois à l'*opéra*, elles y regrettaient la comédie. Autres temps, autres mœurs; elles outrent l'austérité et la retraite ; elles n'ouvre ut plus les yeux qui leur sont donnés pour voir ; elles ne mettent plus leurs sens à aucun usage, et, chose incroyable! elles parlent peu : elles pensent encore et assez bien d'elles-mêmes, comme assez mal des autres. Il y a chez elles une émulation de vertu et de réforme qui tient quelque chose de la jalousie. Elles ne haïssent pas de primer dans ce nouveau genre de vie, comme elles faisaient dans celui qu'elles viennent de quitter par politique ou par dégoût. Elles se perdaient gaiement par la galanterie, par la bonne chère, et par l'oisiveté ; et elles se perdent tristement par la présomption et par l'envie.

Si j'épouse, *Hermas*, une femme avare, elle ne me ruinera point ; si une joueuse, elle pourra s'enrichir ; si une savante, elle saura m'instruire ; si une prude, elle ne sera point emportée ; si une emportée, elle exercera ma patience ; si une coquette, elle voudra me plaire ; si une galante, elle le sera peut-être jusqu'à m'aimer ; si une dévote [1], répondez, Hermas, que dois-je attendre de celle qui veut tromper Dieu, et qui se trompe elle-même ?

Une femme est aisée à gouverner, pourvu que ce soit un homme qui s'en donne la peine. Un seul même en gouverne plusieurs ; il cultive leur esprit et leur mémoire, fixe et détermine leur religion : il entreprend même de régler leur cœur. Elles n'approuvent et ne désapprouvent, ne louent et ne condamnent qu'après avoir consulté ses yeux et son visage. Il est le dépositaire de leurs joies et leurs chagrins, de leurs désirs, de leurs jalousies, de leurs haines et de leurs amours ; il les fait rompre avec leurs galants ; il les brouille et les réconcilie avec leurs maris ; et il profite des interrègnes. Il prend soin de leurs affaires, sollicite leurs procès, et voit leurs juges ; il leur donne son médecin, son marchand, ses ouvriers ; il s'ingère de les loger, de les meubler, et il ordonne de leur équipage. On le voit avec elles dans leurs carrosses, dans les rues d'une ville, et aux promenades, ainsi que dans leur banc à un sermon, et dans leur loge à la comédie. Il fait avec elles les mêmes visites ; il les accompagne au bain, aux eaux, dans les voyages ; il a le plus commode appartement chez elles à la campagne. Il vieillit sans déchoir de son autorité : un peu d'esprit et beaucoup de temps à perdre lui suffit pour la conserver. Les enfants, les héritiers, la bru, la nièce, les domestiques, tout en dépend. Il a commencé par se faire estimer, il finit par se faire craindre. Cet ami si ancien, nécessaire, meurt sans qu'on le pleure ; et dix femmes, dont il était le tyran, héritent par sa mort de la liberté.

Quelques femmes ont voulu cacher leur conduite sous les dehors de la modestie ; et tout ce que chacune a pu gagner par une continuelle affectation, et qui ne s'est jamais démentie, a été de faire dire de soi : *On l'aurait prise pour une vestale*.

C'est dans les femmes une violente preuve d'une réputation bien nette et bien établie, qu'elle ne soit pas même effleurée par la familiarité de quelques-unes qui ne leur ressemblent point ; et qu'avec toute la pente qu'on a aux malignes explications, on ait recours à une tout autre raison de ce commerce qu'à celle de la convenance des mœurs.

Un comique outre sur la scène ses personnages ; un poëte charge ses descriptions ; un peintre qui fait d'après nature force et exagère une passion, un contraste, des attitudes ; et celui qui copie, s'il ne mesure au compas les grandeurs et les proportions, grossit ses figures, donne à toutes les pièces qui entrent dans l'ordonnance de son tableau plus de volume que n'en ont celles de l'original : de même la pruderie est une imitation de la sagesse.

Il y a une fausse modestie qui est vanité ; une fausse gloire qui est légèreté ; une fausse grandeur qui est petitesse ; une fausse vertu qui est hypocrisie ; une fausse sagesse qui est pruderie.

Une femme prude paye de maintien et de paroles ; une femme sage paye de conduite. Celle-là suit son humeur et sa complexion, celle-ci sa raison et son cœur. L'une est sérieuse et austère ; l'autre est, dans les diverses rencontres, précisément ce qu'il faut qu'elle soit. La première cache des faibles sous de plausibles dehors ; la seconde couvre un riche fonds sous

---

[1] Fausse dévote. (*Note de La Bruyère.*)

un air libre et naturel. La pruderie contraint l'esprit, ne cache ni l'âge ni la laideur ; souvent elle les suppose. La sagesse, au contraire, pallie les défauts du corps, ennoblit l'esprit, ne rend la jeunesse que plus piquante, et la beauté que plus périlleuse.

Pourquoi s'en prendre aux hommes de ce que les femmes ne sont pas savantes ? Par quelles lois, par quels édits, par quels rescrits, leur a-t-on défendu d'ouvrir les yeux et de lire, de retenir ce qu'elles ont lu, et d'en rendre compte ou dans leur conversation, ou par leurs ouvrages ? Ne se sont-elles pas au contraire établies elles-mêmes dans cet usage de ne rien savoir, ou par la faiblesse de leur complexion, ou par la paresse de leur esprit, ou par le soin de leur beauté, ou par une certaine légèreté qui les empêche de suivre une longue étude, ou par le talent et le génie qu'elles ont seulement pour les ouvrages de la main, ou par les distractions que donnent les détails d'un domestique, ou par un éloignement naturel des choses pénibles et sérieuses, ou par une curiosité toute différente de celle qui contente l'esprit, ou par un tout autre goût que celui d'exercer leur mémoire ? Mais, à quelque cause que les hommes puissent devoir cette ignorance des femmes, ils sont heureux que les femmes, qui les dominent d'ailleurs par tant d'endroits, aient sur eux cet avantage de moins.

On regarde une femme savante comme on fait une belle arme: elle est ciselée artistement, d'une polissure admirable, et d'un travail fort recherché ; c'est une pièce de cabinet que l'on montre aux curieux, qui n'est pas d'usage, qui ne sert ni à la guerre ni à la chasse, non plus qu'un cheval de manége, quoique le mieux instruit du monde.

Si la science et la sagesse se trouvent unies en un même sujet, je ne m'informe plus du sexe ; j'admire ; et, si vous me dites qu'une femme sage ne songe guère à être savante ou qu'une femme savante n'est guère sage, vous avez déjà oublié ce que vous venez de lire, que les femmes ne sont détournées des sciences que par de certains défauts : concluez donc vous-même que moins elles auraient de ces défauts, plus elles seraient sages ; et qu'ainsi une femme sage n'en serait que plus propre à devenir savante, ou qu'une femme savante, n'étant telle que parce qu'elle aurait pu vaincre beaucoup de défauts, n'en est que plus sage.

La neutralité entre des femmes qui nous sont également amies, quoiqu'elles aient rompu pour des intérêts où nous n'avons nulle part, est un point difficile : il faut choisir souvent entre elles, ou les perdre toutes deux.

Il y a telle femme qui aime mieux son argent que ses amis, et ses amants que son argent.

Il est étonnant de voir dans le cœur de certaines femmes quelque chose de plus vif et de plus fort que l'amour pour les hommes, je veux dire l'ambition et le jeu : de telles femmes rendent les hommes chastes ; elles n'ont de leur sexe que les habits.

Les femmes sont extrêmes ; elles sont meilleures ou pires que les hommes.

La plupart des femmes n'ont guère de principes ; elles se conduisent par le cœur, et dépendent pour leurs mœurs de ceux qu'elles aiment.

Les femmes vont plus loin en amour que la plupart des hommes ; mais les hommes l'emportent sur elles en amitié.

Les hommes sont cause que les femmes ne s'aiment point.

Il a du péril à contrefaire. *Lise*, déjà vieille, veut rendre une jeune femme ridicule, et elle-même devient difforme ; elle me fait peur. Elle use, pour l'imiter, de grimaces et de contorsions : la voilà aussi laide qu'il faut pour embellir celle dont elle se moque.

On veut à la ville que bien des idiots et des idiotes aient de l'esprit. On veut à la cour que bien des gens manquent d'esprit, qui en ont beaucoup ; et, entre les personnes de ce dernier genre, une belle femme ne se sauve qu'à peine avec d'autres femmes.

Un homme est plus fidèle au secret d'autrui qu'au sien propre ; une femme, au contraire, garde mieux son secret que celui d'autrui.

Il n'y a point dans le cœur d'une jeune personne un si violent amour auquel l'intérêt ou l'ambition n'ajoute quelque chose.

Il y a un temps où les filles les plus riches doivent prendre parti. Elles n'en laissent guère échapper les premières occasions sans se préparer un long repentir. Il semble que la réputation des biens diminue en elles avec celle de leur beauté. Tout favorise au contraire une jeune personne, jusques à l'opinion des hommes, qui aiment à lui accorder tous les avantages qui peuvent la rendre plus souhaitable.

Combien de filles à qui une grande beauté n'a jamais servi qu'à leur faire espérer une grande fortune !

Les belles filles sont sujettes à venger ceux de leurs amants qu'elles ont maltraités, ou par de laids, ou par de vieux, ou par d'indignes maris.

La plupart des femmes jugent du mérite et de la bonne mine d'un homme par l'impression qu'ils font sur elles, et n'accordent presque ni l'un ni l'autre à celui pour qui elles ne sentent rien.

Un homme qui serait en peine de connaître s'il change, s'il commence à vieillir, peut consulter les yeux d'une jeune femme qu'il aborde, et le ton dont elle lui parle : il apprendra ce qu'il craint de savoir. Rude école !

Un femme qui n'a jamais les yeux que sur une même personne, ou qui les en détourne toujours, fait penser d'elle la même chose.

Il coûte peu aux femmes de dire ce qu'elles ne sentent point : il coûte encore moins aux hommes de dire ce qu'ils sentent.

Il arrive quelquefois qu'une femme cache à un homme toute la passion qu'elle sent pour lui, pendant que de son côté il feint pour elle toute celle qu'il ne sent pas.

L'on suppose un homme indifférent, mais qui voudrait persuader à une femme une passion qu'il ne sent pas ; et l'on demande s'il ne lui serait pas plus aisé d'imposer à celle dont il est aimé qu'à celle qui ne l'aime point.

Un homme peut tromper une femme par un feint attachement, pourvu qu'il n'en ait pas ailleurs un véritable.

Un homme éclate contre une femme qui ne l'aime plus, et se console : une femme fait moins de bruit quand elle est quittée, et demeure longtemps inconsolable.

Les femmes guérissent de leur paresse par la vanité ou par l'amour.

La paresse, au contraire, dans les femmes vives, est le présage de l'amour.

Il est fort sûr qu'une femme qui écrit avec emportement est emportée ; il est moins clair qu'elle soit touchée. Il semble qu'une passion vive et tendre est morne et silencieuse ; et que le plus pressant intérêt d'une femme qui n'est plus libre, celui qui l'agite davantage, est moins de persuader qu'elle aime que de s'assurer si elle est aimée.

Glycère n'aime pas les femmes ; elle hait leur commerce et leurs visites, se fait celer pour elles, et souvent pour ses amis, dont le nombre est petit, à qui elle est sévère, qu'elle resserre dans leur ordre, sans leur permettre rien de ce qui passe l'amitié : elle est distraite avec eux, leur répond par des monosyllabes, et semble chercher à s'en défaire. Elle est solitaire et farouche dans sa maison ; sa porte est mieux gardée, et sa chambre plus inaccessible, que celles de *Monthoron*[1] et d'*Hémery*[2]. Une seule, *Corinne*, y est attendue, y est reçue, et à toutes les heures : on l'embrasse à plusieurs reprises ; on croit l'aimer ; on lui parle à l'oreille dans un cabinet où elles sont seules ; on a soi-même plus de deux oreilles pour l'écouter ; on se plaint à elle de toute autre que d'elle ; on lui dit toutes choses, et on ne lui apprend rien ; elle a la confiance de tous les deux. L'on voit Glycère en partie carrée au bal, au théâtre, dans les jardins publics, sur le chemin de *Venouze*, où l'on mange les premiers fruits ; quelquefois seule en litière sur la route du grand faubourg où elle a un verger délicieux, ou à la porte de *Canidie*, qui a de si beaux secrets, qui promet aux jeunes femmes de secondes noces, et qui en dit le temps et les circonstances. Elle paraît ordinairement avec une coiffure plate et négligée, en simple déshabillé, sans corps, et avec des mules : elle est belle en cet équipage, et il ne lui manque que de la fraîcheur. On remarque néanmoins sur elle une riche attache, qu'elle dérobe avec soin aux yeux de son mari ; elle le flatte, elle le ca-

---

[1] Monthoron ou Montauron, trésorier de l'épargne, le même à qui Corneille dédia sa tragédie de *Cinna*, en le comparant à Auguste.
[2] D'Hémery, ou plutôt Emery, fils d'un paysan de Sienne, et protégé du cardinal Mazarin, fut d'abord contrôleur général sous le surintendant des finances Nicolas Bailleul, et devint lui-même surintendant après la démission du maréchal de la Meilleraye.

resse; elle invente tous les jours pour lui de nouveaux noms; elle n'a pas d'autre lit que celui de ce cher époux, et elle ne veut pas découcher. Le matin, elle se partage entre sa toilette et quelques billets qu'il faut écrire Un affranchi vient lui parler en secret; c'est *Parmenon*, qui est favori, qu'elle soutient contre l'antipathie du maître et la jalousie des domestiques. Qui, à la vérité, fait mieux connaître des intentions, et rapporte mieux une réponse que Parmenon? qui parle moins de ce qu'il faut taire? qui sait ouvrir une porte secrète avec moins de bruit? qui conduit plus adroitement par le petit escalier? qui fait mieux sortir par où l'on est entré?

Je ne comprends pas comment un mari qui s'abandonne à son humeur et à sa complexion, qui ne cache aucun de ses défauts, et se montre au contraire par ses mauvais endroits, qui est avare, qui est trop négligé dans son ajustement, brusque dans ses réponses, incivil, froid et taciturne, peut espérer de défendre le cœur d'une jeune femme contre les entreprises de son galant, qui emploie la parure et la magnificence, la complaisance, les soins, l'empressement, les dons, la flatterie.

Un mari n'a guère un rival qui ne soit de sa main, et comme un présent qu'il a autrefois fait à sa femme. Il le loue devant elle de ses belles dents et de sa belle tête; il agrée ses soins; il reçoit ses visites; et, après ce qui lui vient de son crû, rien ne lui paraît de meilleur goût que le gibier et les truffes que cet ami lui envoie. Il donne à souper, et il dit aux conviés : Goûtez bien cela, il est de *Léandre*, et il ne me coûte qu'un *grand merci*.

Il y a telle femme qui anéantit ou qui enterre son mari, au point qu'il n'en est fait dans le monde aucune mention : vit-il encore? ne vit-il plus? on en doute. Il ne sert dans sa famille qu'à montrer l'exemple d'un silence timide et d'une parfaite soumission. Il ne lui est dû ni douaire ni conventions; mais à cela près, et qu'il n'accouche pas, il est la femme, et elle le mari. Ils passent des mois entiers dans une même maison sans le moindre danger de se rencontrer; il est vrai seulement qu'ils sont voisins. Monsieur paye le rôtisseur et le cuisinier; et c'est toujours chez madame qu'on a soupé. Ils n'ont souvent rien de commun, ni le lit, ni la table, pas même le nom : ils vivent à la romaine ou à la grecque; chacun a le sien; et ce n'est qu'avec le temps, et après qu'on est initié au jargon d'une ville, qu'on sait enfin que M. B... est publiquement, depuis vingt années, le mari de madame L...[1].

Telle autre femme, à qui le désordre manque pour mortifier son mari, y revient par sa noblesse et ses alliances, par la riche dot qu'elle a apportée, par les charmes de sa beauté, par son mérite, par ce que quelques-uns appellent vertu.

Il y a peu de femmes si parfaites qu'elles empêchent un mari de se repentir, du moins une fois le jour, d'avoir une femme ou de trouver heureux celui qui n'en a point.

Les douleurs muettes et stupides sont hors d'usage : on pleure, on récite, on répète, on est si touchée de la mort de son mari, qu'on n'en oublie pas la moindre circonstance.

Ne pourrait-on point découvrir l'art de se faire aimer de sa femme?

Une femme insensible est celle qui n'a pas encore vu celui qu'elle doit aimer.

Il y avait à Smyrne une très-belle fille qu'on appelait *Émire*, et qui était moins connue dans toute la ville par sa beauté que par la sévérité de ses mœurs, et surtout par l'indifférence qu'elle conservait pour tous les hommes; qu'elle voyait, disait-elle, sans aucun péril, et sans d'autres dispositions que celles où elle se trouvait pour ses amies ou pour ses frères. Elle ne croyait pas la moindre partie de toutes les folies qu'on disait que l'amour avait fait faire dans tous les temps; et celles qu'elle avait vues elle-même, elle ne les pouvait comprendre : elle ne connaissait que l'amitié. Une jeune et charmante personne, à qui elle devait cette expérience, la lui avait rendue si douce, qu'elle ne pensait qu'à la faire durer, et n'imaginait pas par quel autre sentiment elle pourrait jamais se refroidir sur celui de l'estime et de la confiance, dont elle était si contente. Elle ne

---

[1] B et L sont encore de ces lettres initiales d'une *signification vaine et incertaine*, que La Bruyère employait pour *dépayser ses lecteurs et les dégoûter des applications*.

parlait que d'Euphrosine, c'était le nom de cette fidèle amie ; et tout Smyrne ne parlait que d'elle et d'Euphrosine ; leur amitié passait en proverbe. Émire avait deux frères, qui étaient jeunes, d'une excellente beauté, et dont toutes les femmes de la ville étaient éprises : et il est vrai qu'elle les aima toujours comme une sœur aime ses frères. Il y eut un prêtre de Jupiter qui avait accès dans la maison de son père, à qui elle plut, qui osa le lui déclarer, et ne s'attira que du mépris ; un vieillard, qui, se confiant en sa naissance et en ses grands biens, avait eu la même audace, eut aussi la même aventure. Elle triomphait cependant, et c'était jusqu'alors au milieu de ses frères, d'un prêtre et d'un vieillard, qu'elle se disait insensible. Il sembla que le ciel voulût l'exposer à de plus fortes épreuves, qui ne servirent néanmoins qu'à la rendre plus vaine et qu'à l'affermir dans la réputation d'une fille que l'amour ne pouvait toucher. De trois amants que ses charmes lui acquirent successivement, et dont elle ne craignit pas de voir toute la passion, le premier, dans un transport amoureux, se perça le sein à ses pieds ; le second, plein de désespoir de n'être pas écouté, alla se faire tuer à la guerre de Crète ; et le troisième mourut de langueur et d'insomnie. Celui qui les devait venger n'avait pas encore paru. Ce vieillard qui avait été si malheureux dans ses amours s'en était guéri par des réflexions sur son âge et sur le caractère de la personne à qui il voulait plaire : il désira de continuer de la voir, et elle le souffrit. Il lui amena un jour son fils, qui était jeune, d'une physionomie agréable, et qui avait une taille fort noble. Elle le vit avec intérêt, et, comme il se tut beaucoup en la présence de son père, elle trouva qu'il n'avait pas assez d'esprit, et désira qu'il en eût eu davantage. Il la vit seul, parla assez et avec esprit : et comme il la regarda peu, et qu'il parla encore moins d'elle et de sa beauté, elle fut surprise et comme indignée qu'un homme si bien fait et si spirituel ne fût pas galant. Elle s'entretint de lui avec son amie, qui voulut le voir. Il n'eut des yeux que pour Euphrosine ; il lui dit qu'elle était belle ; et Émire, si indifférente, devenue jalouse, comprit que *Ctésiphon* était persuadé de ce qu'il disait, et que, non-seulement il était galant, mais même qu'il était tendre. Elle se trouva depuis ce temps moins libre avec son amie, elle désira de les voir ensemble une seconde fois, pour être plus éclaircie ; et une seconde entrevue lui fit voir encore plus qu'elle ne craignait de voir, et changea ses soupçons en certitude. Elle s'éloigne d'Euphrosine, ne lui connaît plus le mérite qui l'avait charmée, perd le goût de sa conversation : elle ne l'aime plus ; et ce changement lui fait sentir que l'amour dans son cœur a pris la place de l'amitié. Ctésiphon et Euphrosine se voient tous les jours, et s'aiment, songent à s'épouser, s'épousent. La nouvelle s'en répand par toute la ville ; et l'on publie que deux personnes enfin ont eu cette joie si rare de se marier à ce qu'ils aimaient. Émire l'apprend, et s'en désespère. Elle ressent tout son amour ; elle recherche Euphrosine pour le seul plaisir de revoir Ctésiphon ; mais ce jeune mari est encore l'amant de sa femme, et trouve une maîtresse dans une nouvelle épouse ; il ne voit dans Émire que l'amie d'une personne qui lui est chère. Cette fille infortunée perd le sommeil et ne veut plus manger : elle s'affaiblit ; son esprit s'égare ; elle prend son frère pour Ctésiphon et elle lui parle comme à un amant. Elle se détrompe, rougit de son égarement : elle retombe bientôt dans de plus grands, et n'en rougit plus ; elle ne les connaît plus. Alors elle craint les hommes, mais trop tard ; c'est sa folie : elle a des intervalles où sa raison lui revient, et où elle gémit de la retrouver. La jeunesse de Smyrne, qui l'a vue si fière, si insensible, trouve que les dieux l'ont trop punie.

CHAPITRE IV.

Du cœur.

Il y a un goût dans la pure amitié, où ne peuvent atteindre ceux qui sont nés médiocres.

L'amitié peut subsister entre des gens de différents sexes, exempte même de toute grossièreté. Une femme cependant regarde toujours un homme comme un homme ; et réciproquement, un homme regarde une femme comme une femme. Cette liaison n'est ni passion, ni amitié pure; elle fait une classe à part.

L'amour naît brusquement, sans autre réflexion, par tempérament ou par faiblesse : un trait de beauté nous fixe, nous détermine. L'amitié, au contraire, se forme peu à peu, avec le temps, par la pratique, par un long commerce. Combien d'esprit, de bonté de cœur, d'attachement, de services et de complaisance, dans les amis, pour faire en plusieurs années bien moins que ne fait quelquefois en un moment un beau visage ou une belle main !

Le temps, qui fortifie les amitiés, affaiblit l'amour.

Tant que l'amour dure, il subsiste de soi-même, et quelquefois par les choses qui semblent le devoir éteindre, par les caprices, par les rigueurs, par l'éloignement, par la jalousie. L'amitié, au contraire, a besoin de secours; elle périt, faute de soins, de confiance et de complaisance.

Il est plus ordinaire de voir un amour extrême qu'une parfaite amitié.

L'amour et l'amitié s'excluent l'un l'autre.

Celui qui a eu l'expérience d'un grand amour néglige l'amitié; et celui qui est épuisé sur l'amitié n'a encore rien fait pour l'amour.

L'amour commence par l'amour, et l'on ne saurait passer de la plus forte amitié qu'à un amour faible.

Rien ne ressemble mieux à une vive amitié que ces liaisons que l'intérêt de notre amour nous fait cultiver.

L'on n'aime bien qu'une seule fois, c'est la première. Les amours qui suivent sont moins involontaires.

L'amour qui naît subitement est le plus long à guérir.

L'amour qui croît peu à peu, et par degrés, ressemble trop à l'amitié pour être une passion violente.

Celui qui aime assez pour vouloir aimer un million de fois plus qu'il ne fait, ne cède en amour qu'à celui qui aime plus qu'il ne voudrait.

Si j'accorde que, dans la violence d'une grande passion, on peut aimer quelqu'un plus que soi-même, à qui ferais-je plus de plaisir, ou à ceux qui aiment, ou à ceux qui sont aimés?

Les hommes souvent veulent aimer, et ne sauraient y réussir : ils cherchent leur défaite sans pouvoir la rencontrer; et, si j'ose ainsi parler, ils sont contraints de demeurer libres.

Ceux qui s'aiment d'abord avec la plus violente passion contribuent bientôt, chacun de leur part, à s'aimer moins, et ensuite à ne s'aimer plus. Qui d'un homme ou d'une femme met davantage du sien dans cette rupture? Il n'est pas aisé de le décider. Les femmes accusent les hommes d'être volages; et les hommes disent qu'elles sont légères.

Quelque délicat que l'on soit en amour, on pardonne plus de fautes que dans l'amitié.

C'est une vengeance douce, à celui qui aime beaucoup, de faire, par tout son procédé, d'une personne ingrate une très-ingrate.

Il est triste d'aimer sans une grande fortune, et qui nous donne les moyens de combler ce que l'on aime et de le rendre si heureux qu'il n'ait plus de souhaits à faire.

S'il se trouve une femme pour qui l'on ait eu une grande passion, et qui ait été indifférente, quelque important service qu'elle nous rende dans la suite de notre vie, l'on court un grand risque d'être ingrat.

Une grande reconnaissance emporte avec soi beaucoup de goût et d'amitié pour la personne qui nous oblige.

Être avec des gens qu'on aime, cela suffit : rêver, leur parler, ne leur parler point, penser à eux, penser à des choses plus indifférentes, mais auprès d'eux, tout est égal.

Il n'y a pas si loin de la haine à l'amitié que de l'antipathie.

Il semble qu'il est moins rare de passer de l'antipathie à l'amour qu'à l'amitié.

L'on confie son secret dans l'amitié; mais il échappe dans l'amour.

L'on peut avoir la confiance de quelqu'un sans en avoir le cœur : celui qui a le cœur n'a pas besoin de révélation ou de confiance; tout lui est ouvert.

L'on ne voit, dans l'amitié, que les défauts qui peuvent nuire à nos amis; l'on ne voit, en amour, de défauts dans ce qu'on aime que ceux dont on souffre soi-même.

Il n'y a qu'un premier dépit en amour,

comme la première faute dans l'amitié, dont on puisse faire bon usage.

Il semble que, s'il y a un soupçon injuste, bizarre et sans fondement, qu'on ait une fois appelé jalousie, cette autre jalousie, qui est un sentiment juste, naturel, fondé en raison et sur l'expérience, mériterait un autre nom.

Le tempérament a beaucoup de part à la jalousie, et elle ne suppose pas toujours une grande passion : c'est cependant un paradoxe qu'un violent amour sans délicatesse.

Il arrive souvent que l'on souffre tout seul de la délicatesse : l'on souffre de la jalousie, et l'on fait souffrir les autres.

Celles qui ne nous ménagent sur rien, et ne nous épargnent nulles occasions de jalousie, ne mériteraient de nous aucune jalousie, si l'on se réglait plus par leurs sentiments et leur conduite que par son cœur.

Les froideurs et les relâchements dans l'amitié ont leurs causes : en amour, il n'y a guère d'autre raison de ne s'aimer plus que de s'être trop aimés.

L'on n'est pas plus maître de toujours aimer qu'on ne l'a été de ne pas aimer.

Les amours meurent par le dégoût, et l'oubli les enterre.

Le commencement et le déclin de l'amour se font sentir par l'embarras où l'on est de se trouver seuls.

Cesser d'aimer, preuve sensible que l'homme est borné, et que le cœur a ses limites.

C'est faiblesse que d'aimer; c'est souvent une autre faiblesse que de guérir.

On guérit comme on se console; on n'a pas dans le cœur de quoi toujours pleurer et toujours aimer.

Il devrait y avoir, dans le cœur, des sources inépuisables de douleur pour de certaines pertes. Ce n'est guère par vertu ou par force d'esprit que l'on sort d'une grande affliction : l'on pleure amèrement, et l'on est sensiblement touché; mais l'on est ensuite si faible, ou si léger, que l'on se console.

Si une laide se fait aimer, ce ne peut être qu'éperdument ; car il faut que ce soit ou par une étrange faiblesse de son amant, ou par de plus secrets et de plus invincibles charmes que ceux de la beauté.

L'on est encore longtemps à se voir par habitude et à se dire de bouche que l'on s'aime, après que les manières disent qu'on ne s'aime plus.

Vouloir oublier quelqu'un, c'est y penser. L'amour a cela de commun avec les scrupules, qu'il s'aigrit par les réflexions et les retours que l'on fait pour s'en délivrer. Il faut, s'il se peut, ne point songer à sa passion, pour l'affaiblir.

L'on veut faire tout le bonheur, ou, si cela ne se peut ainsi, tout le malheur de ce qu'on aime.

Regretter ce que l'on aime est un bien, en comparaison de vivre avec ce que l'on hait.

Quelque désintéressement qu'on ait à l'égard de ceux qu'on aime, il faut quelquefois se contraindre pour eux et avoir la générosité de recevoir.

Celui-là peut prendre, qui goûte un plaisir aussi délicat à recevoir que son ami en sent à lui donner.

Donner, c'est agir ; ce n'est pas souffrir de ses bienfaits, ni céder à l'importunité ou à la nécessité de ceux qui nous demandent.

Si l'on a donné à ceux que l'on aimait, quelque chose qu'il arrive, il n'y a plus d'occasions où l'on doive songer à ses bienfaits.

On a dit en latin qu'il coûte moins cher de haïr que d'aimer ; ou, si l'on veut, que l'amitié est plus à charge que la haine. Il est vrai qu'on est dispensé de donner à ses ennemis ; mais ne coûte-t-il rien de s'en venger? ou, s'il est doux et naturel de faire du mal à ce que l'on hait, l'est-il moins de faire du bien à ce qu'on aime? ne serait-il pas dur et pénible de ne leur en point faire ?

Il y a du plaisir à rencontrer les yeux de celui à qui l'on vient de donner.

Je ne sais si un bienfait qui tombe sur un ingrat, et ainsi sur un indigne, ne change pas de nom, et s'il méritait plus de reconnaissance.

La libéralité consiste moins à donner beaucoup qu'à donner à propos.

S'il est vrai que la pitié ou la compassion soit un retour vers nous-mêmes, qui nous met en la place des malheureux, pourquoi tirent-ils de nous si peu de soulagement dans leurs misères ?

Il vaut mieux s'exposer à l'ingratitude que de manquer aux misérables.

L'expérience confirme que la mollesse ou l'indulgence pour soi et la dureté pour les autres n'est qu'un seul et même vice.

Un homme dur au travail et à la peine, inexorable à soi-même, n'est indulgent aux autres que par un excès de raison.

Quelque désagrément qu'on ait à se trouver chargé d'un indigent, l'on goûte à peine les nouveaux avantages qui le tirent enfin de notre sujétion; de même, la joie que l'on reçoit de l'élévation de son ami est un peu balancée par la petite peine qu'on a de le voir au-dessus de nous, ou s'égaler à nous. Ainsi l'on s'accorde mal avec soi-même ; car l'on veut des dépendants, et qu'il n'en coûte rien ; l'on veut aussi le bien de ses amis; et, s'il arrive, ce n'est pas toujours par s'en réjouir que l'on commence.

On convie ; on invite ; on offre sa maison, sa table, son bien et ses services : rien ne coûte qu'à tenir parole.

C'est assez pour soi d'un fidèle ami ; c'est même beaucoup de l'avoir rencontré : on ne peut en avoir trop pour le service des autres.

Quand on a assez fait auprès de certaines personnes pour avoir dû se les acquérir, si cela ne réussit point, il y a encore une ressource, qui est de ne plus rien faire.

Vivre avec ses ennemis comme s'ils devaient un jour être nos amis, et vivre avec nos amis comme s'ils pouvaient devenir nos ennemis, n'est ni selon la nature de la haine, ni selon les règles de l'amitié : ce n'est point une maxime morale, mais politique.

On ne doit pas se faire des ennemis de ceux qui, mieux connus, pourraient avoir rang entre nos amis. On doit faire choix d'amis si sûrs et d'une si exacte probité, que, venant à cesser de l'être, ils ne veuillent pas abuser de notre confiance, ni se faire craindre comme nos ennemis.

Il est doux de voir ses amis par goût et par estime ; il est pénible de les cultiver par intérêt, c'est *solliciter*.

Il faut briguer la faveur de ceux à qui l'on veut du bien, plutôt que de ceux de qui l'on espère du bien.

On ne vole point des mêmes ailes pour sa fortune que l'on fait pour des choses frivoles et de fantaisie. Il y a un sentiment de liberté à suivre ses caprices, et tout au contraire de servitude à courir pour son établissement : il est naturel de le souhaiter beaucoup et d'y travailler peu, de se croire digne de le trouver sans l'avoir cherché.

Celui qui sait attendre le bien qu'il souhaite ne prend pas le chemin de se désespérer, s'il ne lui arrive pas; et celui, au contraire, qui désire une chose avec une grande impatience y met trop du sien pour en être assez récompensé par le succès.

Il y a de certaines gens qui veulent si ardemment et si déterminément une certaine chose, que, de peur de la manquer, ils n'oublient rien de ce qu'il faut faire pour la manquer.

Les choses les plus souhaitées n'arrivent point ; ou, si elles arrivent, ce n'est ni dans le temps ni dans les circonstances où elles auraient fait un extrême plaisir.

Il faut rire avant que d'être heureux, de peur de mourir sans avoir ri.

La vie est courte, si elle ne mérite ce nom que lorsqu'elle est agréable ; puisque, si l'on cousait ensemble toutes les heures que l'on passe avec ce qui plaît, l'on ferait à peine, d'un grand nombre d'années, une vie de quelques mois.

Qu'il est difficile d'être content de quelqu'un !

On ne pourrait se défendre de quelque joie à voir périr un méchant homme ; l'on jouirait alors du fruit de sa haine, et l'on tirerait de lui tout ce qu'on peut en espérer, qui est le plaisir de sa perte. Sa mort enfin arrive, mais dans une conjoncture où nos intérêts ne nous permettent pas de nous en réjouir : il meurt trop tôt ou trop tard.

Il est pénible à un homme fier de pardonner à celui qui le surprend en faute et qui se plaint de lui avec raison : sa fierté ne s'adoucit que lorsqu'il reprend ses avantages, et qui met l'autre dans son tort.

Comme nous nous affectionnons de plus en plus aux personnes à qui nous faisions du bien, de même nous haïssons violemment ceux que nous avons beaucoup offensés.

Il est également difficile d'étouffer dans les

commencements le sentiment des injures, et de le conserver après un certain nombre d'années.

C'est par faiblesse que l'on hait un ennemi, et que l'on songe à s'en venger; et c'est par paresse que l'on s'apaise, et qu'on ne se venge point.

Il y a bien autant de paresse que de faiblesse à se laisser gouverner.

Il ne faut pas penser à gouverner un homme tout d'un coup, et sans autre préparation, dans une affaire importante, et qui serait capitale à lui ou aux siens; il sentirait d'abord l'empire et l'ascendant qu'on veut prendre sur son esprit, et il secouerait le joug par honte ou par caprice. Il faut tenter auprès de lui les petites choses, et de là le progrès jusqu'aux grandes est immanquable. Tel ne pouvait au plus, dans les commencements, qu'entreprendre de le faire partir pour la campagne ou retourner à la ville, qui finit par lui dicter un testament où il réduit son fils à la légitime.

Pour gouverner quelqu'un longtemps et absolument, il faut avoir la main légère, et ne lui faire sentir que le moins qu'il se peut sa dépendance.

Tels se laissent gouverner jusqu'à un certain point, qui au delà sont intraitables, et ne se gouvernent plus; on perd tout à coup la route de leur cœur et de leur esprit; ni hauteur, ni souplesse, ni force, ni industrie, ne les peuvent dompter, avec cette différence que quelques-uns sont ainsi faits par raison et avec fondement, et quelques autres par tempérament et par humeur.

Il se trouve des hommes qui n'écoutent ni la raison ni les bons conseils, et qui s'égarent volontairement par la crainte qu'ils ont d'être gouvernés.

D'autres consentent d'être gouvernés par leurs amis en des choses presque indifférentes, et s'en font un droit de les gouverner à leur tour en des choses graves et de conséquence.

Drance veut passer pour gouverner son maître, qui n'en croit rien, non plus que le public: parler sans cesse à un grand que l'on sert, en des lieux et en des temps où il convient le moins; lui parler à l'oreille ou en des termes mystérieux, rire jusqu'à éclater en sa présence,

lui couper la parole, se mettre entre lui et ceux qui lui parlent, dédaigner ceux qui viennent faire leur cour, ou attendre impatiemment qu'ils se retirent, se mettre proche de lui en une posture trop libre, figurer avec lui le dos appuyé à une cheminée, le tirer par son habit, lui marcher sur les talons, faire le familier, prendre des libertés, marquent mieux un fat qu'un favori.

Un homme sage ni ne se laisse gouverner, ni ne cherche à gouverner les autres; il veut que la raison gouverne seule, et toujours.

Je ne haïrais pas d'être livré par la confiance à une personne raisonnable, et d'en être gouverné en toutes choses, et absolument, et toujours : je serais sûr de bien faire sans avoir le soin de délibérer; je jouirais de la tranquillité de celui qui est gouverné par la raison.

Toutes les passions sont menteuses : elles se déguisent autant qu'elles le peuvent aux yeux des autres; elles se cachent à elles-mêmes; il n'y a point de vice qui n'ait une fausse ressemblance avec quelque vertu, et qui ne s'en aide.

On ouvre un livre de dévotion, et il touche; on en ouvre un autre qui est galant, et il fait son impression. Oserai-je dire que le cœur seul concilie les choses contraires, et admet les incompatibles?

Les hommes rougissent moins de leurs crimes que de leurs faiblesses et de leur vanité; tel est ouvertement injuste, violent, perfide, calomniateur, qui cache son amour ou son ambition, sans autre vue que de la cacher.

Les cas n'arrivent guère où l'on puisse dire : J'étais ambitieux; ou on ne l'est point, ou on l'est toujours; mais le temps vient où l'on avoue que l'on a aimé.

Les hommes commencent par l'amour, finissent par l'ambition, et ne se trouvent souvent dans une assiette plus tranquille que lorsqu'ils meurent.

Rien ne coûte moins à la passion que de se mettre au-dessus de la raison : son grand triomphe est de l'emporter sur l'intérêt.

L'on est plus sociable et d'un meilleur commerce par le cœur que par l'esprit.

Il y a de certains grands sentiments, de certaines actions nobles et élevées, que nous devons moins à la force de notre esprit qu'à la bonté de notre naturel.

Il n'y a guère au monde un plus bel excès que celui de la reconnaissance.

Il faut être bien dénué d'esprit, si l'amour, la malignité, la nécessité, n'en font pas trouver.

Il y a des lieux que l'on admire; il y en a d'autres qui touchent, et où l'on aimerait à vivre.

Il me semble que l'on dépend des lieux pour l'esprit, l'humeur, la passion, le goût et les sentiments.

Ceux qui font bien mériteraient seuls d'être enviés, s'il n'y avait encore un meilleur parti à prendre, qui est de faire mieux : c'est une douce vengeance contre ceux qui nous donnent cette jalousie.

Quelques-uns se défendent d'aimer et de faire des vers, comme de deux faibles qu'ils n'osent avouer, l'un du cœur, l'autre de l'esprit.

Il y a quelquefois dans le cours de la vie de si chers plaisirs et de si tendres engagements que l'on nous défend, qu'il est naturel de désirer du moins qu'ils fussent permis : de si grands charmes ne peuvent être surpassés que par celui de savoir y renoncer par vertu.

CHAPITRE V
De la société et de la conversation.

Un caractère bien fade est celui de n'en avoir aucun.

C'est le rôle d'un sot d'être importun : un homme habile sent s'il convient ou s'il ennuie; il sait disparaître le moment qui précède celui où il serait de trop quelque part.

L'on marche sur les mauvais plaisants, et il pleut par tout pays de cette sorte d'insectes. Un bon plaisant est une pièce rare : à un homme qui est né tel, il est encore fort délicat d'en soutenir longtemps le personnage; il n'est pas ordinaire que celui qui fait rire se fasse estimer.

Il y a beaucoup d'esprits obcènes, encore plus de médisants ou de satiriques, peu de délicats. Pour badiner avec grâce, et rencontrer heureusement sur les plus petits sujets, il faut trop de manières, trop de politesse, et même trop de fécondité : c'est créer que de railler ainsi, et faire quelque chose de rien.

Si l'on faisait une sérieuse attention à tout ce qui se dit de froid, de vain et de puéril, dans les entretiens ordinaires, l'on aurait honte de parler ou d'écouter ; et l'on se condamnerait peut-être à un silence perpétuel, qui serait une chose pire dans le commerce que les discours inutiles. Il faut donc s'accommoder à tous les esprits, permettre comme un mal nécessaire le récit des fausses nouvelles, les vagues réflexions sur le gouvernement présent ou sur l'intérêt des princes, le débit des beaux sentiments, et qui reviennent toujours les mêmes : il faut laisser *Aronce* parler proverbe, et *Mélinde* parler de soi, de ses vapeurs, de ses migraines et de ses insomnies.

L'on voit des gens qui, dans les conversations ou dans le peu de commerce que l'on a avec eux, vous dégoûtent par leurs ridicules expressions, par la nouveauté, et j'ose dire par l'impropriété des termes dont ils se servent, comme par l'alliance de certains mots qui ne se rencontrent ensemble que dans leur bouche, et à qui ils font signifier des choses que leurs premiers inventeurs n'ont jamais eu intention de leur faire dire. Ils ne suivent en parlant ni la raison ni l'usage, mais leur bizarre génie; que l'envie de toujours plaisanter, et peut-être de briller, tourne insensiblement à un jargon qui leur est propre, et qui devient enfin leur idiome naturel; ils accompagnent un langage si extravagant d'un geste affecté, et d'une prononciation qui est contrefaite. Tous sont contents d'eux-mêmes et de l'agrément de leur esprit, et l'on ne peut pas dire qu'ils en soient entièrement dénués ; mais on les plaint de ce peu qu'ils en ont; et, ce qui est pire, on en souffre.

Que dites-vous ? comment ? je n'y suis pas : vous plairait-il de recommencer ? j'y suis encore moins ; je devine enfin, vous voulez, *Acis*, me dire qu'il fait froid ; que ne disiez-vous : Il fait froid ? Vous voulez m'apprendre qu'il pleut ou qu'il neige ; dites : Il pleut, il neige. Vous me trouvez bon visage, et vous désirez de m'en féliciter ; dites : Je vous trouve bon visage.

Mais, répondez-vous, cela est bien uni et bien clair : et d'ailleurs qui ne pourrait pas en dire autant? Qu'importe, Acis? est-ce un si grand mal d'être entendu quand on parle, et de parler comme tout le monde? Une chose vous manque, Acis, à vous et à vos semblables, les diseurs de *phébus*, vous ne vous en défiez point et je vais vous jeter dans l'étonnement; une chose vous manque, c'est l'esprit : ce n'est pas tout; il y a en vous une chose de trop, qui est l'opinion d'en savoir plus que les autres ; voilà la source de votre pompeux galimatias, de vos phrases embrouillées, et de vos grands mots qui ne signifient rien. Vous abordez cet homme, ou vous entrez dans cette chambre, je vous tire par votre habit, et je vous dis à l'oreille : Ne songez point à avoir de l'esprit, n'en ayez point; c'est votre rôle : ayez, si vous pouvez, un langage simple, et tel que l'ont ceux en qui vous ne trouvez aucun esprit ; peut-être alors croira-t-on que vous en avez.

Qui peut se promettre d'éviter dans la société des hommes la rencontre de certains esprits vains, légers, familiers, qui sont toujours dans une compagnie ceux qui parlent et qu'il faut que les autres écoutent? On les entend de l'antichambre, on entre impunément, et sans crainte de les interrompre : ils continuent leur récit sans la moindre attention pour ceux qui entrent ou qui sortent, comme pour le rang ou le mérite des personnes qui composent le cercle : ils font taire celui qui commence à conter une nouvelle, pour la dire de leur façon, qui est la meilleure; ils la tiennent de *Zamet*, de *Ruccelaï*, ou de *Conchini*[1], qu'ils ne connaissent point, à qui ils n'ont jamais parlé, et qu'ils traiteraient de monseigneur s'ils leur parlaient; ils s'approchent quelquefois de l'oreille du plus qualifié de l'assemblée pour le gratifier d'une circonstance que personne ne sait, et dont ils ne veulent pas que les autres soient instruits ; ils suppriment quelques noms pour déguiser l'histoire qu'ils racontent, et pour détourner les applications : vous les priez, vous les pressez inutilement, il y a des choses qu'ils ne diront pas; il y a des gens qu'ils ne sauraient nommer, leur parole y est engagée; c'est le dernier secret, c'est un mystère, outre que vous leur demandez l'impossible; car, sur ce que vous voulez apprendre d'eux, ils ignorent le fait et les personnes.

Arrias a tout lu, a tout vu; il veut le persuader ainsi : c'est un homme universel, et il se donne pour tel; il aime mieux mentir que de se taire, ou de paraître ignorer quelque chose. On parle à la table d'un grand d'une cour du Nord; il prend la parole, et l'ôte à ceux qui allaient dire ce qu'ils en savent : il s'oriente dans cette région lointaine comme s'il en était originaire; il discourt des mœurs de cette cour, des femmes du pays, de ses lois et de ses coutumes; il récite des historiettes qui y sont arrivées; il les trouve plaisantes, et il en rit le premier jusqu'à éclater. Quelqu'un se hasarde de le contredire, et lui prouve nettement qu'il dit des choses qui ne sont pas vraies; Arrias ne se trouble point, prend feu au contraire contre l'interrupteur. Je n'avance, lui dit-il, je ne raconte rien que je ne sache d'original; je l'ai appris de *Sethon*, ambassadeur de France dans cette cour, revenu à Paris depuis quelques jours, que je connais familièrement, que j'ai fort interrogé, et qui ne m'a caché aucune circonstance. Il reprenait le fil de sa narration avec plus de confiance qu'il ne l'avait commencée, lorsque l'un des conviés lui dit : C'est Sethon à qui vous parlez, lui-même, et qui arrive fraîchement de son ambassade.

Il y a un parti à prendre dans les entretiens entre une certaine paresse qu'on a de parler, ou quelquefois un esprit abstrait, qui, nous jetant loin du sujet de la conversation, nous fait faire ou de mauvaises demandes ou de sottes réponses; et une attention importune qu'on a au moindre mot qui échappe pour le relever, badiner autour, y trouver un mystère que les autres n'y voient pas, y chercher de la finesse et de la subtilité, seulement pour avoir occasion d'y placer la sienne.

Être infatué de soi, et s'être fortement persuadé qu'on a beaucoup d'esprit, est un accident qui n'arrive guère qu'à celui qui n'en a point, ou qui en a peu : malheur pour lors à

---

[1] Sans dire monsieur (*La Bruyère*). — La Bruyère transporte ici la scène sous le règne de Henri IV. Zamet, Ruccelaï et Conchini étaient trois Italiens amenés en France par la reine Marie de Médicis, et comblés de ses faveurs. On sait l'horrible fin du dernier, qui était devenu le maréchal d'Ancre.

qui est exposé à l'entretien d'un tel personnage ! Combien de jolies phrases lui faudra-t-il essuyer ! combien de ces mots aventuriers qui paraissent subitement, durent un temps, et que bientôt on ne revoit plus ! S'il conte une nouvelle, c'est moins pour l'apprendre à ceux qui l'écoutent que pour avoir le mérite de la dire, et de la dire bien ; elle devient un roman entre ses mains ; il fait penser les gens à sa manière, leur met en la bouche ses petites façons de parler, et les fait toujours parler longtemps ; il tombe ensuite en des parenthèses qui peuvent passer pour des épisodes, mais qui font oublier le gros de l'histoire, et à lui qui vous parle, et à vous qui le supportez : que serait-ce de vous et de lui, si quelqu'un ne survenait heureusement pour déranger le cercle et faire oublier la narration ?

J'entends *Théodecte* de l'antichambre ; il grossit sa voix à mesure qu'il s'approche ; le voilà entré ; il rit, il crie, il éclate ; on bouche ses oreilles ; c'est un tonnerre : il n'est pas moins redoutable par les choses qu'il dit que par le ton dont il parle ; il ne s'apaise et il ne revient de ce grand fracas que pour bredouiller des vanités et des sottises ; il a si peu d'égard au temps, aux personnes, aux bienséances, que chacun a son fait sans qu'il ait eu intention de le lui donner ; il n'est pas encore assis, qu'il a, à son insu, désobligé toute l'assemblée. A-t-on servi, il se met le premier à table, et dans la première place ; les femmes sont à sa droite et à sa gauche : il boit, il mange, il conte, il plaisante, il interrompt tout à la fois ; il n'a nul discernement des personnes, ni du maître, ni des conviés ; il abuse de la folle déférence qu'on a pour lui. Est-ce lui, est-ce *Eutidème* qui donne le repas ? il rappelle à soi toute l'autorité de la table ; et il y a un moindre inconvénient à la lui laisser entière qu'à la lui disputer : le vin et les viandes n'ajoutent rien à son caractère. Si l'on joue, il gagne au jeu ; il veut railler celui qui perd, et il l'offense : les rieurs sont pour lui ; il n'y a sorte de fatuités qu'on ne lui passe. Je cède enfin et je disparais, incapable de souffrir plus longtemps Théodecte et ceux qui le souffrent.

Troïle est utile à ceux qui ont trop de bien ; il leur ôte l'embarras du superflu ; il leur sauve la peine d'amasser de l'argent, de faire des contrats, de fermer des coffres, de porter des clefs sur soi, et de craindre un vol domestique ; il les aide dans leurs plaisirs, et il devient capable ensuite de les servir dans leurs passions : bientôt il les règle et les maîtrise dans leur conduite. Il est l'oracle d'une maison, celui dont on attend, que dis-je ? dont on prévient, dont on devine les décisions ; il dit de cet esclave : Il faut le punir, et on le fouette ; et de cet autre : Il faut l'affranchir, et on l'affranchit. L'on voit qu'un parasite ne le fait pas rire ; il peut lui déplaire, il est congédié : le maître est heureux si Troïle lui laisse sa femme et ses enfants. Si celui-ci est à table, et qu'il prononce d'un mets qu'il est friand, le maître et les conviés, qui en mangeaient sans réflexion, le trouvent friand, et ne s'en peuvent rassasier ; s'il dit au contraire d'un autre mets qu'il est insipide, ceux qui commençaient à le goûter n'osant avaler le morceau qu'ils ont à la bouche, ils le jettent à terre : tous ont les yeux sur lui, observent son maintien et son visage avant de prononcer sur le vin ou sur les viandes qui sont servies. Ne le cherchez pas ailleurs que dans la maison de ce riche qu'il gouverne ; c'est là qu'il mange, qu'il dort, et qu'il fait digestion, qu'il querelle son valet, qu'il reçoit ses ouvriers, et qu'il remet ses créanciers : il régente, il domine dans une salle ; il y reçoit la cour, et les hommages de ceux qui, plus fins que les autres, ne veulent aller au maître que par Troïle. Si l'on entre par malheur sans avoir une physionomie qui lui agrée, il ride son front et il détourne sa vue ; si on l'aborde, il ne se lève pas ; si l'on s'assied auprès de lui, il s'éloigne ; si on lui parle, il ne répond point ; si l'on continue de parler, il passe dans une autre chambre ; si on le suit, il gagne l'escalier : il franchirait tous les étages, ou il se lancerait par une fenêtre, plutôt que de se laisser joindre par quelqu'un qui a un visage ou un son de voix qu'il désapprouve ; l'un et l'autre sont agréables en Troïle, et il s'en est servi heureusement pour s'insinuer ou pour conquérir. Tout devient, avec le temps, au-dessous de ses soins, comme il est au-dessus de vouloir se soutenir ou continuer de plaire par le moindre des talents qui ont commencé à le faire valoir. C'est beaucoup qu'il sorte quelquefois de ses méditations et de sa taciturnité pour contredire, et que même pour critiquer il daigne une fois le jour avoir de l'esprit : bien loin d'attendre de lui qu'il défère à vos sentiments, qu'il soit complaisant, qu'il vous loue, vous n'êtes pas sûr qu'il aime toujours votre approbation, ou qu'il souffre votre complaisance.

Il faut laisser parler cet inconnu que le hasard a placé auprès de vous dans une voiture publique, à une fête, ou à un spectacle ; et il ne vous coûtera bientôt, pour le connaître, que de l'avoir écouté : vous saurez son nom, sa demeure, son pays, l'état de son bien, son emploi, celui de son père, la famille dont est sa mère, sa parenté, ses alliances, les armes de sa maison ; vous comprendrez qu'il est noble, qu'il a un château, de beaux meubles, des valets et un carrosse.

Il y a des gens qui parlent un moment avant que d'avoir pensé ; il y en a d'autres qui ont une fade attention à ce qu'ils disent, et avec qui l'on souffre dans la conversation de tout le travail de leur esprit ; ils sont comme pétris de phrases et de petits tours d'expression, concertés dans leur geste et dans tout leur maintient ; ils sont *puristes*[1] et ne hasardent pas le moindre mot, quand il devrait faire le plus bel effet du monde : rien d'heureux ne leur échappe ; rien ne coule de source et avec liberté ; ils parlent proprement et ennuyeusement.

L'esprit de la conversation consiste bien moins à en montrer beaucoup qu'à en faire trouver aux autres : celui qui sort de votre entretien content de soi et de son esprit, l'est de vous parfaitement. Les hommes n'aiment point à vous admirer ; ils veulent plaire : ils cherchent moins à être instruits, et même réjouis, qu'à être goûtés et applaudis ; et le plaisir le plus délicat est de faire celui d'autrui.

Il ne faut pas qu'il y ait trop d'imagination dans nos conversations ni dans nos écrits ; elle ne produit souvent que des idées vaines et puériles, qui ne servent point à perfectionner le goût, et à nous rendre meilleurs ; nos pensées doivent être prises dans le bon sens et la droite raison, et doivent être un effet de notre jugement.

C'est une grande misère que de n'avoir pas assez d'esprit pour bien parler, ni assez de jugement pour se taire. Voilà le principe de toute impertinence.

Dire d'une chose modestement, ou qu'elle est bonne, ou qu'elle est mauvaise, et les raisons pourquoi elle est telle, demande du bon sens et de l'expression ; c'est une affaire. Il est plus court de prononcer d'un ton décisif, et qui emporte la preuve de ce qu'on avance, ou qu'elle est exécrable, ou qu'elle est miraculeuse.

Rien n'est moins selon Dieu et selon le monde que d'appuyer tout ce que l'on dit dans la conversation, jusqu'aux choses les plus indifférentes, par de longs et de fastidieux serments. Un honnête homme qui dit oui et non mérite d'être cru : son caractère jure pour lui, donne créance à ses paroles, et lui attire toute sorte de confiance.

Celui qui dit incessamment qu'il a de l'honneur et de la probité, qu'il ne nuit à personne, qu'il consent que le mal qu'il fait aux autres lui arrive, et qui jure pour le faire croire, ne sait pas même contrefaire l'homme de bien.

Un homme de bien ne saurait empêcher, par toute sa modestie, qu'on ne dise de lui ce qu'un malhonnête homme sait dire de soi.

Cléon parle peu obligeamment ou peu juste, c'est l'un ou l'autre ; mais il ajoute qu'il est fait ainsi, et qu'il dit ce qu'il pense.

Il y a parler bien, parler aisément, parler juste, parler à propos : c'est pécher contre ce dernier genre que de s'étendre sur un repas magnifique que l'on vient de faire, devant des gens qui sont réduits à épargner leur pain ; de dire merveilles de sa santé devant des infirmes ; d'entretenir de ses richesses, de ses revenus et de ses ameublements, un homme qui n'a ni rentes ni domicile ; en un mot, de parler de son bonheur devant des misérables Cette conversation est trop forte pour eux ; et la comparaison qu'ils font alors de leur état au vôtre est odieuse.

Pour vous, dit *Eutiphron*, vous êtes riche, ou vous devez l'être : dix mille livres de rente, et en fonds de terre, cela est beau, cela est

[1] Gens qui affectent une grande pureté de langage. (*Note de La Bruyère.*)

doux, et l'on est heureux à moins; pendant que lui, qui parle ainsi, a cinquante mille livres de revenu, et qu'il croit n'avoir que la moitié de ce qu'il mérite : il vous taxe, il vous apprécie, il fixe votre dépense; et s'il vous jugeait digne d'une meilleure fortune, et de celle même où il aspire, il ne manquerait pas de vous la souhaiter. Il n'est pas le seul qui fasse de si mauvaises estimations ou des comparaisons si désobligeantes; le monde est plein d'Eutiphrons.

Quelqu'un, suivant la pente de la coutume qui veut qu'on loue, et par l'habitude qu'il a à la flatterie et à l'exagération, congratule *Théodème* sur un discours qu'il n'a point entendu, et dont personne n'a pu encore lui rendre compte; il ne laisse pas de lui parler de son génie, de son geste, et surtout de la fidélité de sa mémoire : et il est vrai que Théodème est demeuré court.

L'on voit des gens brusques, inquiets, *suffisants*, qui, bien qu'oisifs, et sans aucune affaire qui les appelle ailleurs, vous expédient, pour ainsi dire, en peu de paroles, et ne songent qu'à se dégager de vous : on leur parle encore, qu'ils sont partis, et ont disparu. Ils ne sont pas moins impertinents que ceux qui vous arrêtent seulement pour vous ennuyer; ils sont peut-être moins incommodes.

Parler et offenser pour de certaines gens est précisément la même chose : ils sont piquants et amers; leur style est mêlé de fiel et d'absinthe; la raillerie, l'injure, l'insulte, leur découlent des lèvres comme leur salive. Il leur serait utile d'être nés muets ou stupides. Ce qu'ils ont de vivacité et d'esprit leur nuit davantage que ne fait à quelques autres leur sottise. Ils ne se contentent pas toujours de répliquer avec aigreur, ils attaquent souvent avec insolence : ils frappent sur tout ce qui se trouve sous leur langue, sur les présents, sur les absents; ils heurtent de front et de côté, comme des béliers : demande-t-on à des béliers qu'ils n'aient pas de cornes? de même n'espère-t-on pas de réformer par cette peinture des naturels si durs, si farouches, si indociles? Ce que l'on peut faire de mieux, d'aussi loin qu'on les découvre, est de les fuir de toute sa force, et sans regarder derrière soi.

Il y a des gens d'une certaine étoffe ou d'un certain caractère avec qui il ne faut jamais se commettre, de qui l'on ne doit se plaindre que le moins qu'il est possible, et contre qui il n'est pas même permis d'avoir raison.

Entre deux personnes qui ont eu ensemble une violente querelle, dont l'un a raison et l'autre ne l'a pas, ce que la plupart de ceux qui y ont assisté ne manquent jamais de faire, ou pour se dispenser de juger, ou par un tempérament qui m'a toujours paru hors de sa place, c'est de condamner tous les deux : leçon importante, motif pressant et indispensable de fuir à l'orient quand le fat est à l'occident, pour éviter de partager avec lui le même tort.

Je n'aime pas un homme que je ne puis aborder le premier, ni saluer avant qu'il me salue, sans m'avilir à ses yeux, et sans tremper dans la bonne opinion qu'il a de lui-même. MONTAGNE dirait[1] : « Je veux avoir mes coudées franches, et être courtois et affable à mon point, sans remords ni conséquence. Je ne puis du tout estriver contre mon penchant, et aller au rebours de mon naturel, qui m'emmène vers celui que je trouve à ma rencontre. Quand il m'est égal, et qu'il ne m'est point ennemi, j'anticipe son bon accueil; je le questionne sur sa disposition et santé; je lui fais offre de mes offices sans tant marchander sur le plus ou sur le moins; ne être, comme disent aucuns, sur le qui-vive. Celui-là me déplait qui, par la connaissance que j'ai de ces coutumes et façons d'agir, me tire de cette liberté et franchise : comment me ressouvenir tout à propos, et d'aussi loin que je vois cet homme, d'emprunter une contenance grave et importante, et qui l'avertisse que je crois le valoir bien et au delà; pour cela de me ramentevoir de mes bonnes qualités et conditions, et des siennes mauvaises, puis en faire la comparaison? C'est trop de travail pour moi, et ne suis du tout capable de si roide et si subite attention; et, quand bien même elle m'aurait succédé une première fois, je ne laisserais de fléchir et me démentir à une seconde tâche : je ne puis me forcer et contraindre pour quelconque à être fier. »

[1] Imité de Montagne. (*La Bruyère*.)

Avec de la vertu, de la capacité, et une bonne conduite, l'on peut être insupportable. Les manières, que l'on néglige comme de petites choses, sont souvent ce qui fait que les hommes décident de vous en bien ou en mal; une légère attention à les avoir douces et polies prévient leurs mauvais jugements. Il ne faut presque rien pour être cru fier, incivil, méprisant, désobligeant; il faut encore moins pour être estimé tout le contraire.

La politesse n'inspire pas toujours la bonté, l'équité, la complaisance, la gratitude; elle en donne du moins les apparences, et fait paraître l'homme au dehors comme il devrait être intérieurement.

L'on peut définir l'esprit de politesse; l'on ne peut en fixer la pratique: elle suit l'usage et les coutumes reçues; elle est attachée aux temps, aux lieux, aux personnes, et n'est point la même dans les deux sexes, ni dans les différentes conditions: l'esprit tout seul ne la fait pas deviner; il fait qu'on la suit par imitation, et que l'on s'y perfectionne. Il y a des tempéraments qui ne sont susceptibles que de la politesse, et il y en a d'autres qui ne servent qu'aux grands talents, ou à une vertu solide. Il est vrai que les manières polies donnent cours au mérite, et le rendent agréable; et qu'il faut avoir de bien éminentes qualités pour se soutenir sans la politesse.

Il me semble que l'esprit de politesse est une certaine attention à faire que, par nos paroles et par nos manières, les autres soient contents de nous et d'eux-mêmes.

C'est une faute contre la politesse que de louer immodérément, en présence de ceux que vous faites chanter ou toucher un instrument, quelque autre personne qui a ces mêmes talents; comme devant ceux qui vous lisent leurs vers, un autre poëte.

Dans les repas ou les fêtes que l'on donne aux autres, dans les présents qu'on leur fait, et dans tous les plaisirs qu'on leur procure, il y a faire bien et faire selon leur goût: le dernier est préférable.

Il y aurait une espèce de férocité à rejeter indifféremment toutes sortes de louanges: l'on doit être sensible à celles qui nous viennent des gens de bien, qui louent en nous sincèrement des choses louables.

Un homme d'esprit, et qui est né fier, ne perd rien de sa fierté et de sa roideur pour se trouver pauvre: si quelque chose au contraire doit amollir son humeur, le rendre plus doux et plus sociable, c'est un peu de prospérité.

Ne pouvoir supporter tous les mauvais caractères dont le monde est plein, n'est pas un fort bon caractère: il faut, dans le commerce, des pièces d'or et de la monnaie.

Vivre avec des gens qui sont brouillés, et dont il faut écouter de part et d'autre les plaintes réciproques, c'est pour ainsi dire ne pas sortir de l'audience, et entendre du matin au soir plaider et parler procès.

L'on sait des gens qui avaient coulé leurs jours dans une union étroite: leurs biens étaient en commun; ils n'avaient qu'une même demeure; ils ne se perdaient pas de vue. Ils se sont aperçus à plus de quatre-vingts ans qu'ils devaient se quitter l'un l'autre, et finir leur société; ils n'avaient plus qu'un jour à vivre, et ils n'ont osé entreprendre de le passer ensemble; ils se sont dépêchés de rompre avant que de mourir; ils n'avaient de fonds pour la complaisance que jusque-là. Ils ont trop vécu pour le bon exemple; un moment plus tôt ils mouraient sociables, et laissaient après eux un rare modèle de la persévérance dans l'amitié.

L'intérieur des familles est souvent troublé par les défiances, par les jalousies et par l'antipathie, pendant que des dehors contents, paisibles et enjoués nous trompent, et nous y font supposer une paix qui n'y est point: il y en a peu qui gagnent à être approfondies. Cette visite que vous rendez vient de suspendre une querelle domestique qui n'attend que votre retraite pour recommencer.

Dans la société, c'est la raison qui plie la première. Les plus sages sont souvent menés par le plus fou et le plus bizarre: l'on étudie son faible, son humeur, ses caprices; l'on s'y accommode; l'on évite de le heurter; tout le monde lui cède: la moindre sérénité qui paraît sur son visage lui attire des éloges; on lui tient compte de n'être pas toujours insupportable. Il est craint, ménagé, obéi, quelquefois aimé.

Il n'y a que ceux qui ont eu de vieux collatéraux, ou qui en ont encore, et dont il s'agit d'hériter, qui puissent dire ce qu'il en coûte.

Cléante[1] est un très-honnête homme; il s'est choisi une femme qui est la meilleure personne du monde, et la plus raisonnable : chacun, de sa part, fait tout le plaisir et tout l'agrément des sociétés où il se trouve; l'on ne peut voir ailleurs plus de probité, plus de politesse : ils se quittent demain, et l'acte de leur séparation est tout dressé chez le notaire. Il y a, sans mentir, de certains mérites qui ne sont point faits pour être ensemble, de certaines vertus incompatibles

L'on peut compter sûrement sur la dot, le douaire et les conventions, mais faiblement sur *les nourritures;* elles dépendent d'une union fragile de la belle-mère et de la bru, et qui périt souvent dans l'année du mariage.

Un beau-père aime son gendre, aime sa bru[2]; une belle-mère aime son gendre, n'aime point sa bru : tout est réciproque.

Ce qu'une marâtre aime le moins de tout ce qui est au monde, ce sont les enfants de son mari : plus elle est folle de son mari, plus elle est marâtre.

Les marâtres font déserter les villes et les bourgades, et ne peuplent pas moins la terre de mendiants, de vagabonds, de domestiques et d'esclaves que la pauvreté.

G** et H***[3] sont voisins de campagne, et leurs terres sont contiguës; ils habitent une contrée déserte et solitaire : éloignés des villes et de tout commerce, il semblait que la fuite d'une entière solitude ou l'amour de la société eût dû les assujettir à une liaison réciproque; il est cependant difficile d'exprimer la bagatelle qui les a fait rompre, qui les rend implacables l'un pour l'autre, et qui perpétuera leurs haines dans leurs descendants. Jamais des parents, et même des frères, ne se sont brouillés pour une moindre chose.

Je suppose qu'il n'y ait que deux hommes sur la terre qui la possèdent seuls, et qui la partagent toute entre eux deux; je suis persuadé qu'il leur naîtra bientôt quelque sujet de rupture, quand ce ne serait que pour les limites.

Il est souvent plus court et plus utile de cadrer aux autres, que de faire que les autres s'ajustent à nous.

J'approche d'une petite ville, et je suis déjà sur une hauteur d'où je la découvre. Elle est située à mi-côte; une rivière baigne ses murs, et coule ensuite dans une belle prairie : elle a une forêt épaisse qui la couvre des vents froids et de l'aquilon. Je la vois dans un jour si favorable, que je compte ses tours et ses clochers : elle me paraît peinte sur le penchant de la colline. Je me récrie, et je dis : Quel plaisir de vivre sous un si beau ciel et dans ce séjour si délicieux! Je descends dans la ville, où je n'ai pas couché deux nuits, que je ressemble à ceux qui l'habitent : j'en veux sortir.

Il y a une chose qu'on n'a point vue sous le ciel, et que selon toutes les apparences on ne verra jamais : c'est une petite ville qui n'est divisée en aucuns partis; où les familles sont unies, et où les cousins se voient avec confiance; où un mariage n'engendre point une guerre civile; où la querelle des rangs ne se réveille pas à tous moments par l'offrande, l'encens et le pain bénit, par les processions et par les obsèques; d'où l'on a banni les *caquets,* le mensonge et la médisance; où l'on voit parler ensemble le bailli et le président, les élus et les assesseurs; où le doyen vit bien avec

---

[1] Ce passage en rappelle un de Plutarque, que nous allons rapporter ici : « Il y a quelquefois de petites hargnes et riottes souvent répétées, procédantes de quelques fâcheuses conditions, ou de quelque dissimilitude ou incompatibilité de nature, que les étrangers ne connaissant pas, lesquelles par succession de temps engendrent de si grandes aliénations de volontés entre des personnes, qu'elles ne peuvent plus vivre ni habiter ensemble. » (Vie de Paulus Æmilius, ch. III de la version d'Amyot.)

[2] *Un beau-père aime son gendre, aime son bru :* telle est la leçon de toutes les éditions publiées par l'auteur; mais il a sans doute voulu dire, *un beau-père n'aime point son gendre, aime sa bru.* Nous nous sommes fait une loi de ne pas changer le texte.

[3] Ici, les auteurs de clefs donnent des noms qui se rapportent aux initiales du texte, ce qui pourrait faire croire qu'ils ont rencontré juste. Voici comme ils racontent l'aventure : « Védeau de Grammont, conseiller de la « cour en la seconde des enquêtes, eut un très-grand « procès avec M. Hervé, doyen du parlement, au sujet « d'une bêche. Ce procès, commencé pour une bagatelle, « donna lieu à une inscription en faux de titre de no-« blesse dudit Vedeau, et cette affaire alla si loin, qu'il « fut dégradé publiquement, sa robe déchirée sur lui; « outre cela, condamné à un bannissement perpétuel, de-« puis converti en une prison à Pierre-Encise : ce qui le « ruina absolument. Il avait épousé la fille de M. Genou, « conseiller en la grand'chambre. »

ses chanoines, où les chanoines ne dédaignent pas les chapelains, et où ceux-ci souffrent les chantres.

Les provinciaux et les sots sont toujours prêts à se fâcher, et à croire qu'on se moque d'eux, ou qu'on les méprise : il ne faut jamais hasarder la plaisanterie, même la plus douce et la plus permise, qu'avec des gens polis ou qui ont de l'esprit.

On ne prime point avec les grands, ils se défendent par leur grandeur; ni avec les petits, ils vous repoussent par le *qui-vive?*

Tout ce qui est mérite se sent, se discerne, se devine réciproquement : si l'on voulait être estimé, il faudrait vivre avec des personnes estimables.

Celui qui est d'une éminence au-dessus des autres qui le met à couvert de la répartie, ne doit jamais faire une raillerie piquante.

Il y a de petits défauts que l'on abandonne volontiers à la censure, et dont nous ne haïssons pas à être raillés; ce sont de pareils défauts que nous devons choisir pour railler les autres.

Rire des gens d'esprit, c'est le privilége des sots : ils sont dans le monde ce que les fous sont à la cour, je veux dire sans conséquence.

La moquerie est souvent indigence d'esprit.

Vous le croyez votre dupe : s'il feint de l'être, qui est plus dupe de lui ou de vous?

Si vous observez avec soin qui sont les gens qui ne peuvent louer, qui blâment toujours, qui ne sont contents de personne, vous reconnaîtrez que ce sont ceux mêmes dont personne n'est content.

Le dédain et le rengorgement dans la société attire précisément le contraire de ce que l'on cherche, si c'est à se faire estimer.

Le plaisir de la société entre les amis se cultive par une ressemblance de goût sur ce qui regarde les mœurs, et par quelque différence d'opinions sur les sciences : par là, ou l'on s'affermit dans ses sentiments, ou l'on s'exerce et l'on s'instruit par la dispute.

L'on ne peut aller loin dans l'amitié, si l'on n'est pas disposé à se pardonner les uns aux autres les petits défauts.

Combien de belles et inutiles raisons à étaler à celui qui est dans une grande adversité, pour essayer de le rendre tranquille! Les choses de dehors, qu'on appelle les événements, sont quelquefois plus fortes que la raison et que la nature. Mangez, dormez, ne vous laissez point mourir de chagrin, songez à vivre : harangues froides, et qui réduisent à l'impossible. Êtes-vous raisonnable de vous tant inquiéter? n'est-ce pas dire : Êtes-vous fou d'être malheureux?

Le conseil, si nécessaire pour les affaires, est quelquefois, dans la société, nuisible à qui le donne, et inutile à celui à qui il est donné : sur les mœurs, vous faites remarquer des défauts ou que l'on n'avoue pas, ou que l'on estime des vertus; sur les ouvrages, vous rayez les endroits qui paraissent admirables à leur auteur, où il se complaît davantage, où il croit s'être surpassé lui-même. Vous perdez ainsi la confiance de vos amis, sans les avoir rendus ni meilleurs ni plus habiles.

L'on a vu, il n'y a pas longtemps, un cercle de personnes[1] des deux sexes, liées ensemble par la conversation et par un commerce d'esprit : ils laissaient au vulgaire l'art de parler d'une manière intelligible; une chose dite entre eux peu clairement en entraînait une autre encore plus obscure, sur laquelle on enchérissait par de vraies énigmes, toujours suivies de longs applaudissements, par tout ce qu'ils appelaient délicatesse, sentiments, tour et finesse d'expression; ils étaient enfin parvenus à n'être plus entendus, et à ne s'entendre pas eux-mêmes. Il ne fallait, pour fournir à ces entretiens, ni bon sens, ni jugement, ni mémoire, ni la moindre capacité; il fallait de l'esprit, non pas du meilleur, mais de celui qui est faux, et où l'imagination a trop de part.

Je le sais, *Théobalde*, vous êtes vieilli; mais voudriez-vous que je crusse que vous êtes baissé, que vous n'êtes plus poëte ni bel esprit, que vous êtes présentement aussi mauvais juge de tout genre d'ouvrage que méchant auteur, que vous n'avez plus rien de naïf et de délicat dans la conversation? Votre air libre et présomptueux me rassure, et me persuade tout le contraire. Vous êtes donc aujourd'hui tout ce que vous fûtes jamais, et peut-être meilleur; car, si à votre âge vous êtes si vif et

[1] Les précieuses et leurs *alcovistes*.

si impétueux, quel nom, Théobalde, fallait-il vous donner dans votre jeunesse, et lorsque vous étiez la *coqueluche* ou l'entêtement de certaines femmes qui ne juraient que par vous et sur votre parole, qui disaient : *Cela est délicieux; qu'a-t-il dit?*

L'on parle impétueusement dans les entretiens, souvent par vanité ou par humeur, rarement avec assez d'attention : tout occupé du désir de répondre à ce qu'on n'écoute point, l'on suit ses idées, et on les explique sans le moindre égard pour les raisonnements d'autrui; l'on est bien éloigné de trouver ensemble la vérité, l'on n'est pas encore convenu de celle que l'on cherche. Qui pourrait écouter ces sortes de conversations, et les écrire, ferait voir quelquefois de bonnes choses qui n'ont nulle suite.

Il a régné pendant quelque temps une sorte de conversation fade et puérile, qui roulait toute sur des questions frivoles qui avaient relation au cœur, et à ce qu'on appelle passion ou tendresse. La lecture de quelques romans les avait introduites parmi les plus honnêtes gens de la ville et de la cour; ils s'en sont défaits, et la bourgeoisie les a reçues avec les pointes et les équivoques.

Quelques femmes de la ville ont la délicatesse de ne pas savoir ou de n'oser dire le nom des rues, des places, et de quelques endroits publics qu'elles ne croient pas assez nobles pour être connus. Elles disent *le Louvre, la place Royale :* mais elles usent de tours et de phrases plutôt que de prononcer certains noms; et, s'ils leur échappent, c'est du moins avec quelque altération du mot, et après quelques façons qui les rassurent : en cela moins naturelles que les femmes de la cour, qui, ayant besoin, dans le discours, *des Halles, du Châtelet,* ou de choses semblables, disent *les Halles, le Châtelet.*

Si l'on feint quelquefois de ne se pas souvenir de certains noms que l'on croit obscurs, et si l'on affecte de les corrompre en les prononçant, c'est par la bonne opinion qu'on a du sien [1].

L'on dit par belle humeur, et dans la liberté de la conversation, de ces choses froides qu'à la vérité l'on donne pour telles, et que l'on ne trouve bonnes que parce qu'elles sont extrêmement mauvaises. Cette manière basse de plaisanter a passé du peuple, à qui elle appartient, jusque dans une grande partie de la jeunesse de la cour qu'elle a déjà infectée. Il est vrai qu'il y entre trop de fadeur et de grossièreté pour devoir craindre qu'elle s'étende plus loin, et qu'elle fasse de plus grands progrès dans un pays qui est le centre du bon goût et de la politesse; l'on doit cependant en inspirer le dégoût à ceux qui la pratiquent : car, bien que ce ne soit jamais sérieusement, elle ne laisse pas de tenir la place dans leur esprit, et dans le commerce ordinaire, de quelque chose de meilleur.

Entre dire de mauvaises choses ou en dire de bonnes que tout le monde sait, et les donner pour nouvelles, je n'ai pas à choisir.

« *Lucain* a dit une jolie chose; il y a un beau « mot de *Claudien*; il y a cet endroit de *Sénè-* « *que :* » et là dessus une longue suite de latin que l'on cite souvent devant des gens qui ne l'entendent pas, et qui feignent de l'entendre. Le secret serait d'avoir un grand sens et bien de l'esprit; car ou l'on se passerait des anciens, ou, après les avoir lus avec soin, l'on saurait encore choisir les meilleurs, et les citer à propos.

Hermagoras ne sait pas qui est roi de Hongrie : il s'étonne de n'entendre faire aucune mention du roi de Bohême : ne lui parlez pas des guerres de Flandre et de Hollande, dispensez-le du moins de vous répondre; il confond les temps, il ignore quand elles ont commencé, quand elles ont fini : combats, sièges, tout lui est nouveau. Mais il est instruit de la guerre des géants, il en raconte le progrès et les moindres détails; rien ne lui est échappé : il débrouille de même l'horrible chaos des deux empires, le babylonien et l'assyrien; il connaît à fond les Égyptiens et leurs dynasties. Il n'a jamais vu Versailles, il ne le verra point; il a presque vu la tour de Babel; il en compte les degrés; il sait combien d'architectes ont présidé à cet ouvrage; il sait le nom des architectes de sa connaissance, même de ses confrères à l'Académie française.

---

[1] C'est ce que faisait, dit-on, le maréchal de Richelieu, qui estropiait impitoyablement les noms de tous les rotu-

tes. Dirai-je qu'il croit Henri IV[1] fils de Henri III? Il néglige du moins de rien connaître aux maisons de France, d'Autriche, de Bavière : quelles minuties! dit-il, pendant qu'il récite de mémoire toute une liste des rois des Mèdes ou de Babylone, et que les noms d'Apronal, d'Hérigebal, de Noesnemordach, de Mardokempad, lui sont aussi familiers qu'à nous ceux de VALOIS et de BOURBON. Il demande si l'Empereur a jamais été marié; mais personne ne lui apprendra que Ninus a eu deux femmes. On lui dit que le roi jouit d'une santé parfaite; et il se souvient que Thetmosis, un roi d'Égypte, était valétudinaire, et qu'il tenait cette complexion de son aïeul Alipharmutosis. Que ne sait-il point? quelle chose lui est cachée de la vénérable antiquité? Il vous dira que Sémiramis, ou, selon quelques-uns, Sérimaris, parlait comme son fils Ninyas; qu'on ne les distinguait pas à la parole : si c'était parce que la mère avait une voix mâle comme son fils, ou le fils une voix efféminée comme sa mère, qu'il n'ose pas le décider. Il nous révélera que Nembrot était gaucher, et Sésostris ambidextre; que c'est une erreur de s'imaginer qu'un Artaxerce ait été appelé Longuemain parce que les bras lui tombaient jusqu'aux genoux, et non à cause qu'il avait une main plus longue que l'autre; et il ajoute qu'il y a des auteurs graves qui affirment que c'était la droite; qu'il croit néanmoins être bien fondé à soutenir que c'est la gauche.

Ascagne est statuaire, Hégion fondeur, Eschine foulon, et *Cydias* bel esprit; c'est sa profession. Il a une enseigne, un atelier, des ouvrages de commande, et des compagnons qui travaillent sous lui; il ne vous saurait rendre de plus d'un mois les stances qu'il vous a promises, s'il ne manque de parole à *Dosithée* qui l'a engagé à faire une élégie; une idylle est sur le métier : c'est pour *Crantor* qui le presse, et qui lui laisse espérer un riche salaire. Prose, vers, que voulez-vous? il réussit également en l'un et en l'autre. Demandez-lui des lettres de consolation, ou sur une absence, il les entreprendra; prenez-les toutes faites et entrez dans son magasin, il y a à choisir. Il a un ami qui n'a point d'autre fonction sur la terre que de le promettre longtemps à un certain monde, et de le présenter enfin dans les maisons comme homme rare et d'une exquise conversation; et là, ainsi que le musicien chante et que le joueur de luth touche son luth devant les personnes à qui il a été promis, Cydias, après avoir toussé, relevé sa manchette, étendu la main et ouvert les doigts, débite gravement ses pensées quintessenciées et ses raisonnements sophistiqués. Différent de ceux qui, convenant de principes, et connaissant la raison ou la vérité qui est une, s'arrachent la parole l'un à l'autre pour s'accorder sur leurs sentiments, il n'ouvre la bouche que pour contredire : « Il me semble, dit-il gracieusement, que c'est tout le contraire de ce que vous dites; » ou, « je ne saurais être de votre opinion; » ou bien, « ç'a été autrefois mon entêtement, comme il est le vôtre; mais il y a trois choses, ajoute-t-il, à considérer... » et il en ajoute une quatrième : fade discoureur qui n'a pas mis plutôt le pied dans une assemblée, qu'il cherche quelques femmes auprès de qui il puisse s'insinuer, se parer de son bel esprit ou de sa philosophie, et mettre en œuvre ses rares conceptions : car, soit qu'il parle ou qu'il écrive, il ne doit pas être soupçonné d'avoir en vue ni le vrai ni le faux, ni le raisonnable ni le ridicule; il évite uniquement de donner dans le sens des autres, et d'être de l'avis de quelqu'un : aussi attend-il dans un cercle que chacun se soit expliqué sur le sujet qui s'est offert, ou souvent qu'il a amené lui-même, pour dire dogmatiquement des choses toutes nouvelles, mais à son gré décisives et sans réplique. Cydias s'égale à Lucien et à Sénèque[1], se met au-dessus de Platon, de Virgile et de Théocrite; et son flatteur a soin de le confirmer tous les matins dans cette opinion. Uni de goût et d'intérêt avec les contempteurs d'Homère, il attend paisiblement que les hommes détrompés lui préfèrent les poëtes modernes; il se met en ce cas à la tête de ces derniers, et il sait à qui il adjuge la seconde place. C'est, en un mot, un composé du pédant et du précieux, fait pour être admiré de la bourgeoisie et de la province, en qui néanmoins on

---

[1] Henri le Grand. (*La Bruyère*.)

[1] Philosophe et poëte tragique. (*La Bruyère*.)

n'aperçoit rien de grand que l'opinion qu'il a de lui-même.

C'est la profonde ignorance qui inspire le ton dogmatique. Celui qui ne sait rien croit enseigner aux autres ce qu'il vient d'apprendre lui-même; celui qui sait beaucoup pense à peine que ce qu'il dit puisse être ignoré, et parle plus indifféremment.

Les plus grandes choses n'ont besoin que d'être dites simplement; elles se gâtent par l'emphase : il faut dire noblement les plus petites; elles ne se soutiennent que par l'expression, le ton et la manière.

Il me semble que l'on dit les choses encore plus finement qu'on ne peut les écrire.

Il n'y a guère qu'une naissance honnête, ou une bonne éducation, qui rende les hommes capables de secret.

Toute confiance est dangereuse, si elle n'est entière : il y a peu de conjonctures où il ne faille tout dire ou tout cacher. On a déjà trop dit de son secret à celui à qui l'on croit devoir en dérober une circonstance.

Des gens vous promettent le secret, et ils le révèlent eux-mêmes, et à leur insu; ils ne remuent pas les lèvres, et on les entend : on lit sur leur front et dans leurs yeux; on voit au travers de leur poitrine; ils sont transparents : d'autres ne disent pas précisément une chose qui leur a été confiée; mais ils parlent et agissent de manière qu'on la découvre de soi-même : enfin quelques-uns méprisent votre secret, de quelque conséquence qu'il puisse être : « C'est un mystère, un tel m'en a fait part, et m'a défendu de le dire; » et ils le disent.

Toute révélation d'un secret est la faute de celui qui l'a confié.

Nicandre s'entretient avec *Élise* de la manière douce et complaisante dont il a vécu avec sa femme, depuis le jour qu'il en fit le choix jusques à sa mort : il a déjà dit qu'il regrette qu'elle ne lui ait pas laissé des enfants, et il le répète; il parle des maisons qu'il a à la ville, et bientôt d'une terre qu'il a à la campagne; il calcule le revenu qu'elle lui rapporte : il fait le plan des bâtiments, en décrit la situation, exagère la commodité des appartements, ainsi que la richesse et la propreté des meubles. Il assure qu'il aime la bonne chère, les équipages;

il se plaint que sa femme n'aimait point assez le jeu et la société. Vous êtes si riche, lui disait un de ses amis, que n'achetez-vous cette charge? pourquoi ne pas faire cette acquisition, qui étendrait votre domaine? On me croit, ajoute-t-il, plus de bien que je n'en possède. Il n'oublie pas son extraction et ses alliances : *M. le surintendant, qui est mon cousin; madame la chancelière, qui est ma parente :* voilà son style. Il raconte un fait qui prouve le mécontentement qu'il doit avoir de ses plus proches, et de ceux mêmes qui sont héritiers : Ai-je tort? dit-il à Élise; ai-je grand sujet de leur vouloir du bien? et il l'en fait juge. Il insinue ensuite qu'il a une santé faible et languissante; et il parle de la cave où il doit être enterré. Il est insinuant, flatteur, officieux, à l'égard de tous ceux qu'il trouve auprès de la personne à qui il aspire. Mais Élise n'a pas le courage d'être riche en l'épousant : on annonce, au moment qu'il parle, un cavalier, qui de sa seule présence démonte la batterie de l'homme de ville : il se lève déconcerté et chagrin, et va dire ailleurs qu'il veut se remarier.

Le sage quelquefois évite le monde, de peur d'être ennuyé.

CHAPITRE VI
Des biens de fortune.

Un homme fort riche peut manger des entremets, faire peindre ses lambris et ses alcôves, jouir d'un palais à la campagne, et d'un autre à la ville, avoir un grand équipage, mettre un duc dans sa famille, et faire de son fils un grand seigneur : cela est juste et de son ressort. Mais il appartient peut-être à d'autres de vivre contents.

Une grande naissance ou une grande fortune annonce le mérite, et le fait plus tôt remarquer.

Ce qui disculpe le fat ambitieux de son ambition est le soin que l'on prend, s'il a fait une grande fortune, de lui trouver un mérite qu'il n'a jamais eu, et aussi grand qu'il croit l'avoir.

A mesure que la faveur et les grands biens se retirent d'un homme, ils laissent voir en lui le ridicule qu'ils couvraient, et qui y était sans que personne s'en aperçût.

Si l'on ne le voyait de ses yeux, pourrait-on jamais s'imaginer l'étrange disproportion que le plus ou moins de pièces de monnaie met entre les hommes?

Ce plus ou ce moins détermine à l'épée, à la robe, ou à l'Église : il n'y a presque point d'autre vocation.

Deux marchands étaient voisins, et faisaient le même commerce, qui ont eu dans la suite une fortune toute différente. Ils avaient chacun une fille unique; elles ont été nourries ensemble, et ont vécu dans cette familiarité que donnent un même âge et une même condition : l'une des deux, pour se tirer d'une extrême misère, cherche à se placer; elle entre au service d'une fort grande dame, et l'une des premières de la cour : chez sa compagne.

Si le financier manque son coup, les courtisans disent de lui: C'est un bourgeois, un homme de rien, un malotru; s'il réussit, ils lui demandent sa fille.

Quelques-uns[1] ont fait dans leur jeunesse l'apprentissage d'un certain métier, pour en exercer un autre, et fort différent, le reste de leur vie.

Un homme est laid, de petite taille, et a peu d'esprit. L'on me dit à l'oreille : Il a cinquante mille livres de rente; cela le concerne tout seul, et il ne m'en fera jamais ni pis ni mieux, si je commence à le regarder avec d'autres yeux, et si je ne suis pas maître de faire autrement : quelle sottise!

Un projet assez vain serait de vouloir tourner un homme fort sot et fort riche en ridicule; les rieurs sont de son côté.

N**, avec un portier rustre, farouche, tirant sur le Suisse, avec un vestibule et une antichambre, pour peu qu'il y fasse languir quelqu'un et se morfondre, qu'il paraisse enfin avec une mine grave et une démarche mesurée, qu'il écoute un peu et ne reconduise point, quelque subalterne qu'il soit d'ailleurs, il fera sentir de lui-même quelque chose qui approche de la considération.

Je vais, *Clitiphon*, à votre porte; le besoin que

[1] Les partisans, qui avaient souvent commencé par être laquais.

j'ai de vous me chasse de mon lit et de ma chambre : plût aux dieux que je ne fusse ni votre client, ni votre fâcheux! Vos esclaves me disent que vous êtes enfermé, et que vous ne pouvez m'écouter que d'une heure entière : je reviens avant le temps qu'ils m'ont marqué, et ils me disent que vous êtes sorti. Que faites-vous, Clitiphon, dans cet endroit le plus reculé de votre appartement, de si laborieux qui vous empêche de m'entendre? Vous enfilez quelques mémoires, vous collationnez un registre, vous signez, vous paraphez; je n'avais qu'une chose à vous demander, et vous n'aviez qu'un mot à me répondre, oui ou non. Voulez-vous être rare? rendez service à ceux qui dépendent de vous : vous le serez davantage par cette conduite que par ne vous pas laisser voir. Ô homme important et chargé d'affaires, qui, à votre tour, avez besoin de mes offices, venez dans la solitude de mon cabinet! le philosophe est accessible; je ne vous remettrai point à un autre jour. Vous me trouverez sur les livres de Platon qui traitent de la spiritualité de l'âme et de sa distinction d'avec le corps, ou la plume à la main pour calculer les distances de Saturne et de Jupiter : j'admire Dieu dans ses ouvrages, et je cherche par la connaissance de la vérité, à régler mon esprit et devenir meilleur. Entrez, toutes les portes vous sont ouvertes : mon antichambre n'est pas faite pour s'y ennuyer en m'attendant; passez jusqu'à moi sans me faire avertir. Vous m'apportez quelque chose de plus précieux que l'argent et l'or, si c'est une occasion de vous obliger : parlez, que voulez-vous que je fasse pour vous? faut-il quitter mes livres, mes études, mon ouvrage, cette ligne qui est commencée? quelle interruption heureuse pour moi que celle qui vous est utile! Le manieur d'argent, l'homme d'affaires, est un ours qu'on ne saurait apprivoiser; on ne le voit dans sa loge qu'avec peine, que dis-je? on ne le voit point; car d'abord on ne le voit pas encore, et bientôt on ne le voit plus. L'homme de lettres, au contraire, est trivial comme une borne au coin des places; il est vu de tous et à toute heure, et en tous états, à table, au lit, nu, habillé, sain, ou malade : il ne peut être important, et il ne le veut point être.

N'envions point à une sorte de gens leurs

grandes richesses : ils les ont à titre onéreux, et qui ne nous accommoderait point. Ils ont mis leur repos, leur santé, leur honneur, et leur conscience, pour les avoir : cela est trop cher, et il n'y a rien à gagner à un tel marché.

Les P. T. S.[1] nous font sentir toutes les passions l'une après l'autre. L'on commence par le mépris, à cause de leur obscurité. On les envie ensuite, on les hait, on les craint, on les estime quelquefois, et on les respecte. L'on vit assez pour finir à leur égard par la compassion.

Sosie de la livrée a passé, par une petite recette, à une sous-ferme ; et, par les concussions, la violence, et l'abus qu'il a fait de ses *pouvoirs*, il s'est enfin, sur les ruines de plusieurs familles, élevé à quelque grade : devenu noble par une charge, il ne lui manquait que d'être homme de bien ; une place de marguillier a fait ce prodige.

Arfure cheminait seule et à pied vers le grand portique de Saint-**, entendait de loin le sermon d'un carme ou d'un docteur qu'elle ne voyait qu'obliquement, et dont elle perdait bien des paroles. Sa vertu était obscure, et sa dévotion connue comme sa personne. Son mari est entré dans le *huitième denier* : quelle monstrueuse fortune en moins de six années ! Elle n'arrive à l'église que dans un char ; on lui porte une lourde queue ; l'orateur s'interrompt pendant qu'elle se place ; elle le voit de front, n'en perd pas une seule parole, ni le moindre geste : il y a une brigue entre les prêtres pour la confesser : tous veulent l'absoudre, et le curé l'emporte.

L'on porte *Crésus* au cimetière : de toutes ses immenses richesses, que le vol et la concussion lui avaient acquises, et qu'il a épuisées par le luxe et par la bonne chère, il ne lui est pas demeuré de quoi se faire enterrer ; il est mort insolvable, sans biens, et ainsi privé de tous les secours : l'on n'a vu chez lui ni julep, ni cordiaux, ni médecins, ni le moindre docteur qui l'ait assuré de son salut.

Champagne, au sortir d'un long dîner qui lui enfle l'estomac, et dans les douces fumées d'un vin d'Avenay ou de Sillery, signe un ordre qu'on lui présente, qui ôterait le pain à toute une province si l'on n'y remédiait : il est excusable ; quel moyen de comprendre, dans la première heure de la digestion, qu'on puisse quelque part mourir de faim ?

Sylvain de ses deniers a acquis de la naissance et un autre nom. Il est seigneur de la paroisse où ses aïeux payaient la taille : il n'aurait pu autrefois entrer page chez *Cléobule*, et il est son gendre.

Dorus passe en litière par la voie *Appienne*, précédé de ses affranchis et de ses esclaves, qui détournent le peuple et font faire place : il ne lui manque que des licteurs. Il entre à *Rome* avec ce cortège, où il semble triompher de sa bassesse et de la pauvreté de son père *Sanga*.

On ne peut mieux user de sa fortune que fait *Périandre* : elle lui donne du rang, du crédit, de l'autorité ; déjà on ne le prie plus d'accorder son amitié, on implore sa protection. Il a commencé par dire de soi-même, *un homme de ma sorte* ; il passe à dire, *un homme de ma qualité* : il se donne pour tel ; et il n'y a personne de ceux à qui il prête de l'argent, ou qu'il reçoit à sa table, qui est délicate, qui veuille s'y opposer. Sa demeure est superbe, un dorique règne dans tous ses dehors ; ce n'est pas une porte, c'est un portique : est-ce la maison d'un particulier ? est-ce un temple ? le peuple s'y trompe. Il est le seigneur dominant de tout le quartier : c'est lui que l'on envie, et dont on voudrait voir la chute ; c'est lui dont la femme, par son collier de perles, s'est fait des ennemies de toutes les dames du voisinage. Tout se soutient dans cet homme ; rien encore ne se dément dans cette grandeur qu'il a acquise, dont il ne doit rien, qu'il a payée. Que son père, si vieux et si caduc, n'est-il mort il y a vingt ans, et avant qu'il se fît dans le monde aucune mention de Périandre ! Comment pourra-t-il soutenir ces odieuses pancartes[2] qui déchiffrent les condi-

---

[1] C'est sous le voile assez transparent de ces trois lettres que La Bruyère avait jugé à propos de cacher le nom de *partisans*, que les éditeurs venus après lui ont écrit en entier. On ne peut pas croire que ce fût de sa part un ménagement pour les partisans de son temps, puisque ailleurs il les nomme en toutes lettres. Il ne voulait peut-être que procurer à ses lecteurs le petit plaisir de deviner cette espèce d'énigme.

[2] Billets d'enterrement. (*La Bruyère*.)

tions, et qui souvent font rougir la veuve et les héritiers? Les supprimera-t-il aux yeux de toute une ville jalouse, maligne, clairvoyante, et aux dépens de mille gens qui veulent absolument aller tenir leur rang à des obsèques? Veut-on d'ailleurs qu'il fasse de son père un *noble homme*, et peut-être un *honorable homme*, lui qui est *messire*?

Combien d'hommes ressemblent à ces arbres déjà forts et avancés que l'on transplante dans les jardins, où ils surprennent les yeux de ceux qui les voient placés dans de beaux endroits où ils ne les ont point vus croître, et qui ne connaissent ni leurs commencements, ni leurs progrès!

Si certains morts revenaient au monde, et s'ils voyaient leurs grands noms portés, et leurs terres les mieux titrées, avec leurs châteaux et leurs maisons antiques, possédées par des gens dont les pères étaient peut-être leurs métayers, quelle opinion pourraient-ils avoir de notre siècle?

Rien ne fait mieux comprendre le peu de chose que Dieu croit donner aux hommes, en leur abandonnant les richesses, l'argent, les grands établissements et les autres biens, que la dispensation qu'il en fait, et le genre d'hommes qui en sont le mieux pourvus.

Si vous entrez dans les cuisines, où l'on voit réduit en art et en méthode le secret de flatter votre goût, et de vous faire manger au delà du nécessaire; si vous examinez en détail tous les apprêts des viandes qui doivent composer le festin que l'on vous prépare; si vous regardez par quelles mains elles passent, et toutes les formes différentes qu'elles prennent avant de devenir un mets exquis, et d'arriver à cette propreté et à cette élégance qui charment vos yeux, vous font hésiter sur le choix, et prendre le parti d'essayer de tout; si vous voyez tout le repas ailleurs que sur une table bien servie, quelles saletés! quel dégoût! Si vous allez derrière un théâtre, et si vous nombrez les poids, les roues, les cordages, qui font les vols et les machines; si vous considérez combien de gens entrent dans l'exécution de ces mouvements, quelle force de bras et quelle extension de nerfs ils y emploient, vous direz : Sont-ce là les principes et les ressorts de ce spectacle si beau, si naturel, qui paraît animé et agir de soi-même? vous vous récrierez : Quels efforts! quelle violence! De même n'approfondissez pas la fortune des partisans.

Ce garçon si frais, si fleuri, et d'une si belle santé, est seigneur d'une abbaye et de dix autres bénéfices : tous ensemble lui rapportent six vingt mille livres de revenu, dont il n'est payé qu'en médailles d'or. Il y a ailleurs six vingts familles indigentes qui ne se chauffent point pendant l'hiver, qui n'ont point d'habits pour se couvrir, et qui souvent manquent de pain; leur pauvreté est extrême et honteuse : quel partage! et cela ne prouve-t-il pas clairement un avenir?

Chrysippe, homme nouveau, et le premier noble de sa race, aspirait, il y a trente années, à se voir un jour deux mille livres de rente pour tout bien : c'était là le comble de ses souhaits et sa plus haute ambition; il l'a dit ainsi, et on s'en souvient. Il arrive, je ne sais par quel chemins, jusqu'à donner en revenu à l'une de ses filles, pour sa dot, ce qu'il désirait lui-même d'avoir en fonds pour toute fortune pendant sa vie : une pareille somme est comptée dans ses coffres pour chacun de ses autres enfants qu'il doit pourvoir; et il a un grand nombre d'enfants : ce n'est qu'en avancement d'hoirie, il y a d'autres biens à espérer après sa mort : il vit encore, quoique assez avancé en âge, et il use le reste de ses jours à travailler pour s'enrichir.

Laissez faire *Ergaste*, et il exigera un droit de tous ceux qui boivent de l'eau de la rivière, ou qui marchent sur la terre ferme. Il sait convertir en or jusqu'aux roseaux, aux joncs et à l'ortie; il écoute tous les avis, et propose tous ceux qu'il a écoutés. Le prince ne donne aux autres qu'aux dépens d'Ergaste, et ne leur fait de grâces que celles qui lui étaient dues : c'est une faim insatiable d'avoir et de posséder; il trafiquerait des arts et des sciences, et mettrait en parti jusqu'à l'harmonie. Il faudrait, s'il en était cru, que le peuple, pour avoir le plaisir de le voir riche, de lui voir une meute et une écurie, pût perdre le souvenir de la musique d'*Orphée*, et se contenter de la sienne.

Ne traitez pas avec *Criton*, il n'est touché

que de ses seuls avantages. Le piége est tout dressé à ceux à qui sa charge, sa terre, ou ce qu'il possède, feront envie : il vous imposera des conditions extravagantes. Il n'y a nul ménagement et nulle composition à attendre d'un homme si plein de ses intérêts et si ennemi des vôtres : il lui faut une dupe.

Brontin, dit le peuple, fait des retraites, et s'enferme huit jours avec des saints : ils ont leurs méditations, et il a les siennes.

Le peuple souvent a le plaisir de la tragédie ; il voit périr sur le théâtre du monde les personnages les plus odieux, qui ont fait le plus de mal dans diverses scènes, et qu'il a le plus haïs.

Si on partage la vie des P. T. S. en deux portions égales : la première, vive et agissante, est tout occupée à vouloir affliger le peuple ; et la seconde, voisine de la mort, à se déceler et à se ruiner les uns les autres.

Cet homme qui a fait la fortune de plusieurs, qui a fait la vôtre, n'a pu soutenir la sienne, ni assurer avant sa mort celle de sa femme et de ses enfants ; ils vivent cachés et malheureux : quelque bien instruit que vous soyez de la misère de leur condition, vous ne pensez pas à l'adoucir ; vous ne le pouvez pas en effet, vous tenez table, vous bâtissez ; mais vous conservez par reconnaissance le portrait de votre bienfaiteur, qui a passé, à la vérité, du cabinet à l'antichambre : quels égards ! il pouvait aller au garde-meuble.

Il y a une dureté de complexion ; il y en a une autre de condition et d'état. L'on tire de celle-ci, comme de la première, de quoi s'endurcir sur la misère des autres, dirai-je même de quoi ne pas plaindre les malheurs de sa famille ! Un bon financier ne pleure ni ses amis, ni sa femme, ni ses enfants.

Fuyez, retirez-vous ; vous n'êtes pas assez loin. Je suis, dites-vous, sous l'autre tropique. Passez sous le pôle et dans l'autre hémisphère ; montez aux étoiles, si vous le pouvez. M'y voilà. Fort bien ; vous êtes en sûreté. Je découvre sur la terre un homme avide, insatiable, inexorable, qui veut, aux dépens de tout ce qui se trouvera sur son chemin et à sa rencontre, et quoi qu'il en puisse coûter aux autres, pourvoir à lui seul, grossir sa fortune, et regorger de biens.

Faire fortune est une si belle phrase, et qui dit une si bonne chose, qu'elle est d'un usage universel. On la reconnaît dans toutes les langues : elle plaît aux étrangers et aux barbares ; elle règne à la cour et à la ville ; elle a percé les cloîtres et franchi les murs des abbayes de l'un et de l'autre sexe : il n'y a point de lieux sacrés où elle n'ait pénétré, point de désert ni de solitude où elle soit inconnue.

A force de faire de nouveaux contrats, ou de sentir son argent grossir dans ses coffres, on se croit enfin une bonne tête, et presque capable de gouverner.

Il faut une sorte d'esprit pour faire fortune, et surtout une grande fortune. Ce n'est ni le bon, ni le bel esprit, ni le grand, ni le sublime, ni le fort, ni le délicat ; je ne sais précisément lequel c'est, et j'attends que quelqu'un veuille m'en instruire.

Il faut moins d'esprit que d'habitude ou d'expérience pour faire sa fortune : l'on y songe trop tard ; et, quand enfin l'on s'en avise, l'on commence par des fautes que l'on n'a pas toujours le loisir de réparer : de là vient peut-être que les fortunes sont si rares.

Un homme d'un petit génie peut vouloir s'avancer : il néglige tout ; il ne pense du matin au soir, il ne rêve la nuit, qu'à une seule chose, qui est de s'avancer. Il a commencé de bonne heure, et dès son adolescence, à se mettre dans les voies de la fortune : s'il trouve une barrière de front qui ferme son passage, il biaise naturellement, et va à droite ou à gauche, selon qu'il y voit de jour et d'apparence ; et, si de nouveaux obstacles l'arrêtent, il rentre dans le sentier qu'il avait quitté. Il est déterminé par la nature des difficultés, tantôt à les surmonter, tantôt à les éviter, ou à prendre d'autres mesures : son intérêt, l'usage, les conjonctures, le dirigent. Faut-il de si grands talents et une si bonne tête à un voyageur pour suivre d'abord le grand chemin, et, s'il est plein et embarrassé, prendre la terre, et aller à travers champs, puis regagner sa première route, la continuer, arriver à son terme? Faut-il tant d'esprit pour aller à ses fins ? Est-ce donc un prodige qu'un sot riche et accrédité ?

Il y a même des stupides, et j'ose dire des imbéciles, qui se placent en de beaux postes, et qui savent mourir dans l'opulence, sans qu'on les doive soupçonner en nulle manière d'y avoir contribué de leur travail ou de la moindre industrie : quelqu'un les a conduits à la source d'un fleuve, ou bien le hasard seul les y a fait rencontrer; on leur a dit : Voulez-vous de l'eau? puisez ; et ils ont puisé.

Quand on est jeune, souvent on est pauvre : ou l'on n'a pas encore fait d'acquisitions, ou les successions ne sont pas échues. L'on devient riche et vieux en même temps : tant il est rare que les hommes puissent réunir tous leurs avantages! et, si cela arrive à quelques-uns, il n'y a pas de quoi leur porter envie : ils ont assez à perdre par la mort pour mériter d'être plaints.

Il faut avoir trente ans pour songer à sa fortune; elle n'est pas faite à cinquante : l'on bâtit dans sa vieillesse, et l'on meurt quand on en est aux peintres et aux vitriers.

Quel est le fruit d'une grande fortune, si ce n'est de jouir de la vanité, de l'industrie, du travail et de la dépense de ceux qui sont venus avant nous, et de travailler nous-mêmes, de planter, de bâtir, d'acquérir pour la postérité?

L'on ouvre, et l'on étale tous les matins pour tromper son monde ; et l'on ferme le soir après avoir trompé tout le jour.

Le marchand fait des montres pour donner de sa marchandise ce qu'il y a de pire : il a le cati et les faux jours, afin d'en cacher les défauts, et qu'elle paraisse bonne ; il la surfait pour la vendre plus cher qu'elle ne vaut ; il a des marques fausses et mystérieuses, afin qu'on croie n'en donner que son prix, un mauvais aunage pour en livrer le moins qu'il se peut; et il a un trébuchet, afin que celui à qui il l'a livrée là lui paye en or qui soit de poids.

Dans toutes les conditions, le pauvre est bien proche de l'homme de bien, et l'opulent n'est guère éloigné de la friponnerie. Le savoir-faire et l'habileté ne mènent pas jusqu'aux énormes richesses.

L'on peut s'enrichir dans quelque art ou dans quelque commerce que ce soit, par l'ostentation d'une certaine probité.

De tous les moyens de faire sa fortune, le plus court et le meilleur est de mettre les gens à voir clairement leurs intérêts à vous faire du bien.

Les hommes, pressés par les besoins de la vie, et quelquefois par le désir du gain ou de la gloire, cultivent des talents profanes, ou s'engagent dans des professions équivoques, et dont ils se cachent longtemps à eux-mêmes le péril et les conséquences. Ils les quittent ensuite par une dévotion discrète qui ne leur vient jamais qu'après qu'ils ont fait leur récolte, et qu'ils jouissent d'une fortune bien établie.

Il y a des misères sur la terre qui saisissent le cœur : il manque à quelques-uns jusqu'aux aliments ; ils redoutent l'hiver, ils appréhendent de vivre. L'on mange ailleurs les fruits précoces, l'on force la terre et les saisons pour fournir à sa délicatesse : de simples bourgeois, seulement à cause qu'ils étaient riches, ont eu l'audace d'avaler en un seul morceau la nourriture de cent familles. Tienne qui voudra contre de si grandes extrémités ; je ne veux être, si je le puis, ni malheureux, ni heureux : je me jette et me réfugie dans la médiocrité.

On sait que les pauvres sont chagrins de ce que tout leur manque, et que personne ne les soulage ; mais s'il est vrai que les riches soient colères, c'est de ce que la moindre chose puisse leur manquer, ou que quelqu'un veuille leur résister.

Celui-là est riche, qui reçoit plus qu'il ne consomme ; celui-là est pauvre, dont la dépense excède la recette.

Tel, avec deux millions de rente, peut être pauvre chaque année de cinq cent mille livres.

Il n'y a rien qui se soutienne plus longtemps qu'une médiocre fortune ; il n'y a rien dont on voie mieux la fin qu'une grande fortune.

L'occasion prochaine de la pauvreté, c'est de grandes richesses.

S'il est vrai que l'on soit riche de tout ce dont on n'a pas besoin, un homme fort riche c'est un homme qui est sage.

S'il est vrai que l'on soit pauvre par toutes les choses que l'on désire, l'ambitieux et l'avare languissent dans une extrême pauvreté.

Les passions tyrannisent l'homme; et l'am

bition suspend en lui les autres passions, et lui donne pour un temps les apparences de toutes les vertus. Ce *Triphon* qui a tous les vices, je l'ai cru sobre, chaste, libéral, humble et même dévot ; je le croirais encore s'il n'eût enfin fait sa fortune.

L'on ne se rend point sur le désir de posséder et de s'agrandir : la bile gagne, et la mort approche, qu'avec un visage flétri, et des jambes déjà faibles, l'on dit: *Ma fortune, mon établissement.*

Il n'y a au monde que deux manières de s'élever, ou par sa propre industrie, ou par l'imbécillité des autres.

Les traits découvrent la complexion et les mœurs ; mais la mine désigne les biens de fortune : le plus ou moins de mille livres de rente se trouve écrit sur les visages.

Chrysante, homme opulent et impertinent, ne veut pas être vu avec *Eugène*, qui est homme de mérite, mais pauvre : il croirait en être déshonoré. Eugène est pour Chrysante dans les mêmes dispositions : ils ne courent pas risque de se heurter.

Quand je vois de certaines gens, qui me prévenaient autrefois par leurs civilités, attendre au contraire que je les salue, et en être avec moi sur le plus ou sur le moins, je dis en moi-même : Fort bien, j'en suis ravi ; tant mieux pour eux : vous verrez que cet homme-ci est mieux logé, mieux meublé, et mieux nourri qu'à l'ordinaire ; qu'il sera entré depuis quelques mois dans quelque affaire, où il aura déjà fait un gain raisonnable. Dieu veuille qu'il en vienne dans peu de temps jusqu'à me mépriser !

Si les pensées, les livres et leurs auteurs dépendaient des riches et de ceux qui ont fait une belle fortune, quelle proscription ! Il n'y aurait plus de rappel : quel ton, quel ascendant, ne prennent-ils pas sur les savants ! quelle majesté n'observent-ils pas à l'égard de ces hommes *chétifs* que leur mérite n'a ni placés ni enrichis, et qui en sont encore à penser et à écrire judicieusement ! Il faut l'avouer, le présent est pour les riches, et l'avenir pour les vertueux et les habiles. Homère est encore, et sera toujours ; les receveurs de droits, les publicains, ne sont plus : ont-ils été ? leur patrie, leurs noms, sont-ils connus ? y a-t-il eu dans la Grèce des partisans ? que sont devenus ces importants personnages qui méprisaient Homère, qui ne songeaient dans la place qu'à l'éviter, qui ne lui rendaient pas le salut, ou qui le saluaient par son nom, qui ne daignaient pas l'associer à leur table, qui le regardaient comme un homme qui n'était pas riche, et qui faisait un livre ? que deviendront les *Fauconnets*[1] ? iront-ils aussi loin dans la postérité que Descartes, né Français et *mort en Suède*[2] ?

Du même fonds d'orgueil dont l'on s'élève fièrement au-dessus de ses inférieurs, l'on rampe vilement devant ceux qui sont au-dessus de soi. C'est le propre de ce vice, qui n'est fondé ni sur le mérite personnel ni sur la vertu, mais sur les richesses, les postes, le crédit, et sur de vaines sciences, de nous porter également à mépriser ceux qui ont moins que nous de cette espèce de biens, et à estimer trop ceux qui en ont une mesure qui excède la nôtre.

Il y a des âmes sales, pétries de boue et d'ordures, éprises du gain et de l'intérêt, comme les belles âmes le sont de la gloire et de la vertu ; capables d'une seule volupté, qui est celle d'acquérir ou de ne point perdre ; curieuses et avides du denier dix ; uniquement occupées de leurs débiteurs ; toujours inquiètes sur le rabais ou sur le décri des monnaies ; enfoncées et comme abîmées dans les contrats, les titres et les parchemins. De telles gens ne sont ni parents, ni amis, ni citoyens, ni chrétiens, ni peut-être des hommes : ils ont de l'argent.

Commençons par excepter ces âmes nobles et courageuses, s'il en reste encore sur la terre, secourables, ingénieuses à faire du bien, que nuls besoins, nulle disproportion, nuls artifices, ne peuvent séparer de ceux qu'ils se sont une fois choisis pour amis ; et, après cette précaution, disons hardiment une chose triste et douloureuse à imaginer : Il n'y a personne au monde si bien lié avec nous de société et de

---

[1] Il y avait un bail des fermes sous ce nom.
[2] On connaissait déjà, du temps de La Bruyère, ce qu'on a appelé depuis l'éloquence des italiques. En imprimant ainsi les mots *mort en Suède*, il a certainement voulu insister sur cette circonstance, et rappeler à ses lecteurs les déplorables cabales qui ont éloigné Descartes de son pays, et l'ont envoyé mourir dans un royaume voisin du pôle.

bienveillance, qui nous aime, qui nous goûte, qui nous fait mille offres de services, et qui nous sert quelquefois, qui n'ait en soi, par l'attachement à son intérêt, des dispositions très-proches à rompre avec nous, et à devenir notre ennemi.

Pendant qu'*Oronte* augmente avec ses années son fonds et ses revenus, une fille naît dans quelque famille, s'élève, croit, s'embellit, et entre dans sa seizième année ; il se fait prier à cinquante ans pour l'épouser jeune, belle, spirituelle : cet homme, sans naissance, sans esprit, et sans le moindre mérite, est préféré à tous ses rivaux.

Le mariage, qui devrait être à l'homme une source de tous les biens, lui est souvent, par la disposition de sa fortune, un lourd fardeau sous lequel il succombe : c'est alors qu'une femme et des enfants sont une violente tentation à la fraude, aux mensonges et aux gains illicites. Il se trouve entre la friponnerie et l'indigence : étrange situation !

Épouser une veuve, en bon français, signifie faire sa fortune : il n'opère pas toujours ce qu'il signifie.

Celui qui n'a de partage avec ses frères que pour vivre à l'aise bon praticien, veut être officier ; le simple officier se fait magistrat, et le magistrat veut présider ; et ainsi de toutes les conditions où les hommes languissent serrés et indigents, après avoir tenté au delà de leur fortune, et forcé pour ainsi dire leur destinée, incapables tout à la fois de ne pas vouloir être riches et de demeurer riches.

Dîne bien, *Cléarque*, soupe le soir, mets du bois au feu, achète un manteau, tapisse ta chambre : tu n'aimes point ton héritier, tu ne le connais point, tu n'en as point.

Jeune, on conserve pour sa vieillesse ; vieux, on épargne pour la mort. L'héritier prodigue paye de superbes funérailles, et dévore le reste.

L'avare dépense plus mort, en un seul jour, qu'il ne faisait vivant en dix années ; et son héritier plus en dix mois, qu'il n'a su faire lui-même en toute sa vie.

Ce que l'on prodigue, on l'ôte à son héritier : ce que l'on épargne sordidement, on se l'ôte à soi-même. Le milieu est justice pour soi et pour les autres.

Les enfants peut-être seraient plus chers à leurs pères, et réciproquement les pères à leurs enfants, sans le titre d'héritiers.

Triste condition de l'homme, et qui dégoûte de la vie ! il faut suer, veiller, fléchir, dépendre, pour avoir un peu de fortune, ou la devoir à l'agonie de nos proches : celui qui s'empêche de souhaiter que son père y passe bientôt est homme de bien.

Le caractère de celui qui veut hériter de quelqu'un rentre dans celui du complaisant : nous ne sommes point mieux flattés, mieux obéis, plus suivis, plus entourés, plus cultivés, plus ménagés, plus caressés de personne pendant notre vie, que de celui qui croit gagner à notre mort, et qui désire qu'elle arrive.

Tous les hommes, par les postes différents, par les titres, et par les successions, se regardent comme héritiers les uns des autres, et cultivent par cet intérêt, pendant tout le cours de leur vie, un désir secret et enveloppé de la mort d'autrui : le plus heureux dans chaque condition est celui qui a plus de choses à perdre par sa mort, et à laisser à son successeur.

L'on dit du jeu qu'il égale les conditions ; mais elles se trouvent quelquefois si étrangement disproportionnées, et il y a entre telle et telle condition un abîme d'intervalle si immense et si profond, que les yeux souffrent de voir de telles extrémités se rapprocher : c'est comme une musique qui détonne, ce sont comme des couleurs mal assorties, comme des paroles qui jurent et qui offensent l'oreille, comme de ces bruits ou de ces sons qui font frémir ; c'est, en un mot, un renversement de toutes les bienséances. Si l'on m'oppose que c'est la pratique de tout l'Occident, je réponds que c'est peut-être aussi l'une de ces choses qui nous rendent barbares à l'autre partie du monde, et que les Orientaux qui viennent jusqu'à nous remportent sur leurs tablettes : je ne doute pas même que cet excès de familiarité ne les rebute davantage que nous ne sommes blessés de leur *zombaye*[1], et de leurs autres prosternations.

Une tenue d'états, ou les chambres assem-

---

[1] Voyez les relations du royaume de Siam. (*La Bruyère.*)

blées pour une affaire très-capitale, n'offre point aux yeux rien de si grave et de si sérieux qu'une table de gens qui jouent un grand jeu : une triste sévérité règne sur leur visage; implacables l'un pour l'autre, et irréconciliables ennemis pendant que la séance dure, ils ne reconnaissent plus ni liaisons, ni alliance, ni naissance, ni distinctions. Le hasard seul, aveugle et farouche divinité, préside au cercle, et y décide souverainement : ils l'honorent tous par un silence profond, et par une attention dont ils sont partout ailleurs fort incapables ; toutes les passions, comme suspendues, cèdent à une seule : le courtisan alors n'est ni doux, ni flatteur, ni complaisant, ni même dévot.

L'on ne reconnaît plus en ceux que le jeu et le gain ont illustrés la moindre trace de leur première condition. Ils perdent de vue leurs égaux, et atteignent les plus grands seigneurs. Il est vrai que la fortune du dé ou du lansquenet les remet souvent où elle les a pris.

Je ne m'étonne pas qu'il y ait des brelans publics, comme autant de pièges tendus à l'avarice des hommes, comme des gouffres où l'argent des particuliers tombe et se précipite sans retour, comme d'affreux écueils où les joueurs viennent se briser et se perdre; qu'il parte de ces lieux des émissaires pour savoir à heure marquée qui a descendu à terre avec un argent frais d'une nouvelle prise, qui a gagné un procès d'où on lui a compté une grosse somme, qui a reçu un don, qui a fait au jeu un gain considérable, quel fils de famille vient de recueillir une riche succession, ou quel commis imprudent veut hasarder sur une carte les deniers de sa caisse. C'est un sale et indigne métier, il est vrai, que de tromper ; mais c'est un métier qui est ancien, connu, pratiqué de tout temps par ce genre d'hommes que j'appelle les brelandiers. L'enseigne est à leur porte; on y lirait presque, *Ici l'on trompe de bonne foi ;* car se voudraient-ils donner pour irréprochables? Qui ne sait pas qu'entrer et perdre dans ces maisons est une même chose? Qu'ils trouvent donc sous leur main autant de dupes qu'il en faut pour leur subsistance, c'est ce qui me passe.

Mille gens se ruinent au jeu, et vous disent froidement qu'ils ne sauraient se passer de jouer : quelle excuse ! Y a-t-il une passion, quelque violente ou honteuse qu'elle soit, qui ne pût tenir ce même langage? serait-on reçu à dire qu'on ne peut se passer de voler, d'assassiner, de se précipiter? Un jeu effroyable, continuel, sans retenue, sans bornes, où l'on n'a en vue que la ruine totale de son adversaire, où l'on est transporté du désir du gain, désespéré sur la perte, consumé par l'avarice, où l'on expose sur une carte ou à la fortune du dé la sienne propre, celle de sa femme et de ses enfants, est-ce une chose qui soit permise, ou dont l'on doive se passer? Ne faut-il pas quelquefois se faire une plus grande violence, lorsque, poussé par le jeu jusqu'à une déroute universelle, il faut même que l'on se passe d'habits et de nourriture, et de les fournir à sa famille?

Je ne permets à personne d'être fripon; mais je permets à un fripon de jouer un grand jeu : je le défends à un honnête homme. C'est une trop grande puérilité que de s'exposer à une grande perte.

Il n'y a qu'une affliction qui dure, qui est celle qui vient de la perte de biens : le temps, qui adoucit toutes les autres, aigrit celle-ci. Nous sentons à tous moments, pendant le cours de notre vie, où le bien que nous avons perdu nous manque.

Il fait bon avec celui qui ne se sert pas de son bien à marier ses filles, à payer ses dettes, ou à faire des contrats, pourvu que l'on ne soit ni ses enfants, ni sa femme.

Ni les troubles, *Zénobie*, qui agitent votre empire, ni la guerre que vous soutenez virilement contre une nation puissante depuis la mort du roi votre époux, ne diminuent rien de votre magnificence : vous avez préféré à toute autre contrée les rives de l'Euphrate pour y élever un superbe édifice; l'air y est sain et tempéré, la situation en est riante ; un bois sacré l'ombrage du côté du couchant; les dieux de Syrie, qui habitent quelquefois la terre, n'y auraient pu choisir une plus belle demeure; la campagne autour est couverte d'hommes qui taillent et qui coupent, qui vont et qui viennent, qui roulent ou qui charrient le bois du Liban, l'airain et le porphyre; les grues et les machines gémissent dans l'air, et font espérer à ceux qui voyagent vers l'Arabie de revoir à leur retour en leurs foyers ce palais achevé, et dans cette splendeur où vous désirez de le porter avant de l'habiter, vous et les princes vos enfants. N'y épargnez rien, grande reine ; employez-y l'or et tout l'art des plus excellents ouvriers ; que les Phidias et les Zeuxis de votre siècle déploient toute leur science sur vos plafonds et sur vos lambris ; tracez-y de vastes et de délicieux jardins, dont l'enchantement soit tel qu'ils ne paraissent pas faits de la main des hommes ; épuisez vos trésors et votre industrie sur cet ouvrage incomparable ; et après que vous y aurez mis, Zénobie, la dernière main, quelqu'un de ces pâtres qui habitent les sables voisins de Palmyre, devenu riche par les péages de vos rivières, achètera un jour à deniers comptants cette royale maison, pour l'embellir, et la rendre plus digne de lui et de sa fortune.

Ce palais, ces meubles, ces jardins, ces belles eaux, vous enchantent, et vous font récrier d'une première vue sur une maison si délicieuse, et sur l'extrême bonheur du maître qui la possède. Il n'est plus ; il n'en a pas joui si agréablement ni si tranquillement que vous ; il n'y a jamais eu un jour serein, ni une nuit tranquille ; il s'est noyé de dettes pour la porter à ce degré de beauté où elle vous ravit : ses créanciers l'en ont chassé ; il a tourné la tête, et il l'a regardée de loin une dernière fois ; et il est mort de saisissement.

L'on ne saurait s'empêcher de voir dans certaines familles ce qu'on appelle les caprices du hasard ou les jeux de la fortune : il y a cent ans qu'on ne parlait point de ces familles, qu'elles n'étaient point. Le ciel tout d'un coup s'ouvre en leur faveur : les biens, les honneurs, les dignités, fondent sur elles à plusieurs reprises ; elles nagent dans la prospérité. *Eumolpe*, l'un de ces hommes qui n'ont point de grands-pères, a eu un père du moins qui s'était élevé si haut, que tout ce qu'il a pu souhaiter pendant le cours d'une longue vie, ç'a été de l'atteindre ; et il l'a atteint. Était-ce dans ces deux personnages éminence d'esprit, profonde capacité ? était-ce les conjonctures ? La fortune enfin ne leur rit plus ; elle se joue ailleurs, et traite leur postérité comme leurs ancêtres.

La cause la plus immédiate de la ruine et de la déroute des personnes des deux conditions, de la robe et de l'épée, est que l'état seul, et non le bien, règle la dépense.

Si vous n'avez rien oublié pour votre fortune, quel travail ! si vous avez négligé la moindre chose, quel repentir !

Giton a le teint frais, le visage plein et les joues pendantes, l'œil fixe et assuré, les épaules larges, l'estomac haut, la démarche ferme et délibérée : il parle avec confiance ; il fait répéter celui qui l'entretient, et il ne goûte que médiocrement tout ce qu'il lui dit ; il déploie un ample mouchoir, et se mouche avec grand bruit ; il crache fort loin, et il éternue fort haut ; il dort le jour, il dort la nuit, et profondément ; il ronfle en compagnie. Il occupe à table et à la promenade plus de place qu'un autre : il tient le milieu en se promenant avec ses égaux ; il s'arrête, et l'on s'arrête ; il continue de marcher, et l'on marche : tous se règlent sur lui : il interrompt, il redresse ceux qui ont la parole ; on ne l'interrompt pas, on l'écoute aussi longtemps qu'il veut parler ; on est de son avis, on croit les nouvelles qu'il débite. S'il s'assied, vous le voyez s'enfoncer dans un fauteuil, croiser les jambes l'une sur l'autre, froncer le sourcil, abaisser son chapeau sur ses yeux pour ne voir personne, ou le relever ensuite, et découvrir son front par fierté et par audace. Il est enjoué, grand rieur, impatient, présomptueux, colère, libertin, politique, mystérieux sur les affaires du temps ; il se croit du talent et de l'esprit. Il est riche.

Phédon a les yeux creux, le teint échauffé, le corps sec et le visage maigre : il dort peu et d'un sommeil fort léger ; il est abstrait, rêveur, et il a avec de l'esprit l'air d'un stupide : il oublie de dire ce qu'il sait, ou de parler d'événements qui lui sont connus : et, s'il le fait quelquefois, il s'en tire mal ; il croit peser à ceux à qui il parle ; il conte brièvement, mais froidement ; il ne se fait pas écouter, il ne fait point rire : il applaudit, il sourit à ce que les autres lui disent, il est de leur avis ; il court, il vole pour leur rendre de petits services : il est complaisant, flatteur, empressé ; il est mystérieux sur ses affaires, quelquefois menteur ;

il est superstitieux, scrupuleux, timide : il marche doucement et légèrement ; il semble craindre de fouler la terre ; il marche les yeux baissés, et il n'ose les lever sur ceux qui passent : il n'est jamais du nombre de ceux qui forment un cercle pour discourir ; il se met derrière celui qui parle, recueille furtivement ce qui se dit, et il se retire si on le regarde. Il n'occupe point de lieu, il ne tient point de place : il va les épaules serrées, le chapeau abaissé sur ses yeux pour n'être point vu ; il se replie et se renferme dans son manteau : il n'y a point de rues ni de galeries si embarrassées et si remplies de monde, où il ne trouve moyen de passer sans effort, et de se couler sans être aperçu : si on le prie de s'asseoir, il se met à peine sur le bord d'un siège ; il parle bas dans la conversation, et il articule mal : libre néanmoins sur les affaires publiques, chagrin contre le siècle, médiocrement prévenu des ministres et du ministère, il n'ouvre la bouche que pour répondre : il tousse, il se mouche sous son chapeau ; il crache presque sur soi, et il attend qu'il soit seul pour éternuer, ou, si cela lui arrive, c'est à l'insu de la compagnie ; il n'en coûte à personne ni salut, ni compliment. Il est pauvre.

CHAPITRE VII

De la ville.

L'on se donne à Paris, sans se parler, comme un rendez-vous public, mais fort exact, tous les soirs, au Cours ou aux Tuileries, pour se regarder au visage et se désapprouver les uns les autres.

L'on ne peut se passer de ce même monde que l'on n'aime point, et dont l'on se moque.

L'on s'attend au passage réciproquement dans une promenade publique ; l'on y passe en revue l'un devant l'autre : carrosse, chevaux, livrées, armoiries, rien n'échappe aux yeux, tout est curieusement ou malignement observé ; et, selon le plus ou le moins de l'équipage, ou l'on respecte les personnes, ou on les dédaigne.

Tout le monde connaît cette longue levée[1]

[1] Le quai Saint-Bernard.

qui borne et qui resserre le lit de la Seine du côté où elle entre à Paris avec la Marne qu'elle vient de recevoir : les hommes s'y baignent au pied pendant les chaleurs de la canicule : on les voit de fort près se jeter dans l'eau, on les en voit sortir : c'est un amusement. Quand cette saison n'est pas venue, les femmes de la ville ne s'y promènent pas encore ; et, quand elle est passée, elles ne s'y promènent plus[1].

Dans ces lieux d'un concours général, où les femmes se rassemblent pour montrer une belle étoffe, et pour recueillir le fruit de leur toilette, on ne se promène pas avec une compagne par la nécessité de la conversation ; on se joint ensemble pour se rassurer sur le théâtre, s'apprivoiser avec le public, et se raffermir contre la critique : c'est là précisément qu'on se parle sans rien se dire, ou plutôt qu'on parle pour les passants, pour ceux-mêmes en faveur de qui l'on hausse sa voix ; l'on gesticule et l'on badine, l'on penche négligemment la tête, l'on passe et l'on repasse.

La ville est partagée en diverses sociétés, qui sont comme autant de petites républiques, qui ont leurs lois, leurs usages, leur jargon, et leurs mots pour rire : tant que cet assemblage est dans sa force, et que l'entêtement subsiste, l'on ne trouve rien de bien dit ou de bien fait que ce qui part des siens, et l'on est incapable de goûter ce qui vient d'ailleurs ; cela va jusqu'au mépris pour les gens qui ne sont pas initiés dans leurs mystères. L'homme du monde d'un meilleur esprit, que le hasard a porté au milieu d'eux, leur est étranger. Il se trouve là comme dans un pays lointain, dont il ne connaît ni les routes, ni la langue, ni les mœurs, ni la coutume : il voit un peuple qui cause, bourdonne, parle à l'oreille, éclate de rire, et qui retombe ensuite dans un morne silence ; il y perd son maintien, ne trouve pas où placer un seul mot, et n'a pas même de quoi écouter. Il ne manque jamais là un mauvais plaisant

[1] Dans ce temps-là les hommes allaient se baigner dans la Seine, au-dessus de la porte Saint-Bernard, et, dans la saison des bains, le bord de la rivière, à cet endroit, étoit fréquenté par beaucoup de femmes. Plusieurs auteurs satiriques ou comiques se sont moqués du choix peu décent de cette promenade. *Les bains de la Porte Saint-Bernard* sont le titre d'une comédie jouée au Théâtre Italien, en 1696.

qui domine, et qui est comme le héros de la société : celui-ci s'est chargé de la joie des autres, et fait toujours rire avant que d'avoir parlé. Si quelquefois une femme survient qui n'est point de leurs plaisirs, la bande joyeuse ne peut comprendre qu'elle ne sache point rire des choses qu'elle n'entend point, et paraisse insensible à des fadaises qu'ils n'entendent eux-mêmes que parce qu'ils les ont faites : ils ne lui pardonnent ni son ton de voix, ni son silence, ni sa taille, ni son visage, ni son habillement, ni son entrée, ni la manière dont elle est sortie. Deux années cependant ne passent point sur une même *coterie*. Il y a toujours, dès la première année, des semences de division pour rompre dans celle qui doit suivre. L'intérêt de la beauté, les incidents du jeu, l'extravagance des repas, qui, modestes au commencement, dégénèrent bientôt en pyramides de viandes et en banquets somptueux, dérangent la république, et lui portent enfin le coup mortel : il n'est en fort peu de temps non plus parlé de cette nation que des mouches de l'année passée.

Il y a dans la ville la grande et la petite robe; et la première se venge sur l'autre des dédains de la cour, et des petites humiliations qu'elle y essuie : de savoir quelles sont leurs limites, où la grande finit et où la petite commence, ce n'est pas une chose facile. Il se trouve même un corps considérable qui refuse d'être du second ordre, et à qui l'on conteste le premier : il ne se rend pas néanmoins; il cherche au contraire, par la gravité et par la dépense, à s'égaler à la magistrature, ou ne le lui cède qu'avec peine : on l'entend dire que la noblesse de son emploi, l'indépendance de sa profession, le talent de la parole, et le mérite personnel, balance au moins les sacs de mille francs que le fils du partisan ou du banquier a su payer pour son office.

Vous moquez-vous de rêver en carrosse, ou peut-être de vous y reposer ? *Vite*, prenez votre livre ou vos papiers ; lisez, ne saluez qu'à peine ces gens qui passent dans leur équipage ; ils vous en croiront plus occupé ; ils diront : Cet homme est laborieux, infatigable; il lit, il travaille jusque dans les rues ou sur la route : apprenez du moindre avocat qu'il faut paraître accablé d'affaires, froncer le sourcil et rêver à rien très-profondément ; savoir à propos perdre le boire et le manger, ne faire qu'apparoir dans sa maison, s'évanouir et se perdre comme un fantôme dans le sombre de son cabinet; se cacher au public, éviter le théâtre, le laisser à ceux qui ne courent aucun risque à s'y montrer, qui en ont à peine le loisir, aux Gomons, aux Duhamels.

Il y a un certain nombre de jeunes magistrats que les grands biens et les plaisirs ont associés à quelques-uns de ceux qu'on nomme à la cour de *petits-maîtres* : ils les imitent ; ils se tiennent fort au-dessus de la gravité de la robe, et se croient dispensés, par leur âge et par leur fortune, d'être sages et modérés. Ils prennent de la cour ce qu'elle a de pire : ils s'approprient la vanité, la mollesse, l'intempérance, le libertinage, comme si tous ces vices lui étaient dus ; et, affectant ainsi un caractère éloigné de celui qu'ils ont à soutenir, ils deviennent enfin, selon leurs souhaits, des copies fidèles de très-méchants originaux.

Un homme de robe à la ville, et le même à la cour, ce sont deux hommes. Revenu chez soi, il reprend ses mœurs, sa taille et son visage, qu'il y avait laissés : il n'est plus ni si embarrassé, ni si honnête.

Les *Crispins* se cotisent, et rassemblent dans leur famille jusqu'à six chevaux pour allonger un équipage qui, avec un essaim de gens de livrée où ils ont fourni chacun leur part, les fait triompher au Cours ou à Vincennes, et aller de pair avec les nouvelles mariées, avec *Jason* qui se ruine, et avec *Thrason* qui veut se marier, et qui a consigné[1].

J'entends dire des *Sannions*, même nom, mêmes armes; la branche aînée, la branche cadette, les cadets de la seconde branche : ceux-là portent les armes pleines, ceux-ci brisent d'un lambel, et les autres, d'une bordure dentelée. Ils ont avec les Bourbons, sur une même couleur, un même métal, ils portent, comme eux, deux et une : ce ne sont pas des fleurs de lis, mais ils s'en consolent; peut-être dans leur cœur trouvent-ils leurs pièces aussi honorables, et ils les ont communes avec de grands seigneurs qui en sont contents. On les

[1] Déposé son argent au trésor public pour une grande charge. (*La Bruyère.*)

voit sur les litres et sur les vitrages, sur la porte de leur château, sur le pilier de leur haute justice, où ils viennent de faire pendre un homme qui méritait le bannissement : elles s'offrent aux yeux de toutes parts; elles sont sur les meubles et sur les serrures; elles sont semées sur les carrosses : leurs livrées ne déshonorent point leurs armoiries. Je dirais volontiers aux Sannions : Votre folie est prématurée, attendez du moins que le siècle s'achève sur votre race; ceux qui ont vu votre grand-père, qui lui ont parlé, sont vieux, et ne sauraient plus vivre longtemps; qui pourra dire comme eux : Là il étalait, et vendait très-cher?

Les Sannions et les Crispins veulent encore davantage que l'on dise d'eux qu'ils font une grande dépense, qu'ils n'aiment à la faire : ils font un récit long et ennuyeux d'une fête ou d'un repas qu'ils ont donné; ils disent l'argent qu'ils ont perdu au jeu, et ils plaignent fort haut celui qu'ils n'ont pas songé à perdre. Ils parlent jargon et mystère sur de certaines femmes; *ils ont réciproquement cent choses plaisantes à se conter; ils ont fait depuis peu des découvertes;* ils se passent les uns aux autres qu'ils sont gens à belles aventures. L'un d'eux, qui s'est couché tard à la campagne, et qui voudrait dormir, se lève matin, chausse des guêtres, endosse un habit de toile, passe un cordon où pend le fourniment, renoue ses cheveux, prend un fusil; le voilà chasseur, s'il tirait bien : il revient de nuit, mouillé et recru, sans avoir tué; il retourne à la chasse le lendemain, et il passe tout le jour à manquer des grives ou des perdrix.

Un autre, avec quelques mauvais chiens, aurait envie de dire, *Ma meute :* il sait un rendez-vous de chasse, il s'y trouve, il est au laisser-courre, il entre dans le fort, se mêle avec les piqueurs; il a un cor. Il ne dit pas, comme *Ménalippe : Ai-je du plaisir?* il croit en avoir; il oublie lois et procédure : c'est un Hippolyte. Ménandre, qui le vit hier sur un procès qui est en ses mains, ne reconnaîtrait pas aujourd'hui son rapporteur. Le voyez-vous le lendemain à sa chambre, où l'on va juger une cause grave et capitale; il se fait entourer de ses confrères, il leur raconte comme il n'a point perdu le cerf de meute, comme il s'est étouffé de crier après les chiens qui étaient en défaut, ou après ceux des chasseurs qui prenaient le change, qu'il a vu donner les six chiens : l'heure presse : il achève de leur parler des abois et de la curée, et il court s'asseoir avec les autres pour juger.

Quel est l'égarement de certains particuliers qui, riches du négoce de leurs pères, dont ils viennent de recueillir la succession, se moulent sur les princes pour leur garde-robe et pour leur équipage, excitent, par une dépense excessive et par un faste ridicule, les traits et la raillerie de toute une ville qu'ils croient éblouir, et se ruinent ainsi à se faire moquer de soi!

Quelques-uns n'ont pas même le triste avantage de répandre leurs folies plus loin que le quartier où ils habitent; c'est le seul théâtre de leur vanité. L'on ne sait point dans l'Ile qu'*André* brille au Marais, et qu'il y dissipe son patrimoine : du moins, s'il était connu dans toute la ville et dans ses faubourgs, il serait difficile qu'entre un si grand nombre de citoyens qui ne savent pas tous juger sainement de toutes choses, il ne s'en trouvât quelqu'un qui dirait de lui : *Il est magnifique*, et qui lui tiendrait compte des régals qu'il fait à *Xante* et à *Ariston*, et des fêtes qu'il donne à *Élamire;* mais il se ruine obscurément. Ce n'est qu'en faveur de deux ou trois personnes qui ne l'estiment point, qu'il court à l'indigence, et qu'aujourd'hui en carrosse, il n'aura pas dans six mois le moyen d'aller à pied.

Narcisse se lève le matin pour se coucher le soir; il a ses heures de toilette comme une femme; il va tous les jours fort régulièrement à la belle messe aux Feuillants ou aux Minimes : il est homme d'un bon commerce, et l'on compte sur lui au quartier de ** pour un tiers ou pour un cinquième à l'hombre ou au reversi; là il tient le fauteuil quatre heures de suite chez *Aricie*, où il risque chaque soir cinq pistoles d'or. Il lit exactement la Gazette de Hollande et le Mercure galant : il a lu Bergerac[1], Desmarets[2], Lesclache, les historiettes de Barbin, et quelques recueils de poésies. Il se promène avec des femmes à la Plaine ou au Cours, et

---

[1] Cyrano. (La Bruyère.)
[2] Saint-Sorlin. (Id.)

il est d'une ponctualité religieuse sur les visites. Il fera demain ce qu'il fait aujourd'hui et ce qu'il fit hier; et il meurt ainsi après avoir vécu.

Voilà un homme, dites-vous, que j'ai vu quelque part : de savoir où, il est difficile; mais son visage m'est familier. Il l'est à bien d'autres; et je vais, s'il se peut, aider votre mémoire : est-ce au boulevard sur un strapontin, ou aux Tuileries dans la grande allée, ou dans le balcon à la comédie? est-ce au sermon, au bal, à Rambouillet? où pourriez-vous ne l'avoir point vu? où n'est-il point? s'il y a dans la place une fameuse exécution ou un feu de joie, il paraît à une fenêtre de l'Hôtel de Ville; si l'on attend une magnifique entrée, il a sa place sur un échafaud; s'il se fait un carrousel, le voilà entré, et placé sur l'amphithéâtre; si le roi reçoit des ambassadeurs, il voit leur marche, il assiste à leur audience, il est en haie quand ils reviennent de leur audience. Sa présence est aussi essentielle aux serments des ligues suisses que celle du chancelier et des ligues mêmes. C'est son visage que l'on voit aux almanachs représenter le peuple ou l'assistance. Il y a une chasse publique, une *Saint-Hubert*, le voilà à cheval : on parle d'un camp et d'une revue, il est à Houilles, il est à Achères; il aime les troupes, la milice, la guerre; il la voit de près, et jusqu'au fort de Bernardi. CHANLEY sait les marches, JACQUIER les vivres, DU METZ l'artillerie : celui-ci voit, il a vieilli sous le harnois en voyant, il est spectateur de profession, il ne fait rien de ce qu'un homme doit faire, il ne sait rien de ce qu'il doit savoir; mais il a vu, dit-il, tout ce qu'on peut voir, et il n'aura point regret de mourir : quelle perte alors pour toute la ville! Qui dira après lui, le Cours est fermé, on ne s'y promène point; le bourbier de Vincennes est desséché et relevé, on n'y versera plus? qui annoncera un concert, un beau salut, un prestige de la foire? qui vous avertira que Beaumavielle mourut hier, que Rochois est enrhumée, et ne chantera de huit jours? qui connaîtra comme lui un bourgeois à ses armes et à ses livrées? qui dira, *Scapin porte des fleurs de lis*; et qui en sera plus édifié? qui prononcera avec plus de vanité et d'emphase le nom d'une simple bourgeoise?

qui sera mieux fourni de vaudevilles? qui prêtera aux femmes les Annales galantes et le Journal amoureux? qui saura comme lui chanter à table tout un dialogue de l'*Opéra*, et les fureurs de Roland dans une ruelle? enfin, puisqu'il y a à la ville comme ailleurs de fort sottes gens, des gens fades, oisifs, désoccupés, qui pourra aussi parfaitement leur convenir?

Théramène était riche et avait du mérite; il a hérité, il est donc très-riche et d'un très-grand mérite : voilà toutes les femmes en campagne pour l'avoir pour galant, et toutes les filles pour *épouseur*. Il va de maisons en maisons faire espérer aux mères qu'il épousera : est-il assis, elles se retirent pour laisser à leurs filles toute la liberté d'être aimables, et à Théramène de faire ses déclarations. Il tient ici contre le mortier; là il efface le cavalier ou le gentilhomme : un jeune homme fleuri, vif, enjoué, spirituel, n'est pas souhaité plus ardemment ni mieux reçu; on se l'arrache des mains, on a à peine le loisir de sourire à qui se trouve avec lui dans une même visite : combien de galants va-t-il mettre en déroute! quels bons partis ne fera-t-il pas manquer! pourra-t-il suffire à tant d'héritières qui le recherchent? Ce n'est pas seulement la terreur des maris, c'est l'épouvantail de tous ceux qui ont envie de l'être, et qui attendent d'un mariage à remplir le vide de leur consignation. On devrait proscrire de tels personnages si heureux, si pécunieux, d'une ville bien policée; ou condamner le sexe, sous peine de folie ou d'indignité, à ne les traiter pas mieux que s'ils n'avaient que du mérite.

Paris, pour l'ordinaire le singe de la cour, ne sait pas toujours la contrefaire; il ne l'imite en aucune manière dans ces dehors agréables et caressants que quelques courtisans, et surtout les femmes, y ont naturellement pour un homme de mérite, et qui n'a même que du mérite : elles ne s'informent ni de ses contrats, ni de ses ancêtres; elles le trouvent à la cour, cela leur suffit; elles le souffrent, elles l'estiment; elles ne demandent pas s'il est venu en chaise ou à pied, s'il a une charge, une terre, ou un équipage : comme elles regorgent de train, de splendeur et de dignité, elles se délassent volontiers avec la philosophie ou la vertu. Une femme de ville entend-elle le bruissement d'un carrosse qui s'arrête à sa porte, elle petille de goût et de complaisance pour quiconque est dedans, sans le connaître : mais si elle a vu de sa fenêtre un bel attelage, beaucoup de livrées, et que plusieurs rangs de clous parfaitement dorés l'aient éblouie, quelle impatience n'a-t-elle pas de voir déjà dans sa chambre le cavalier ou le magistrat! quelle charmante réception ne lui fera-t-elle point! ôtera-t-elle les yeux de dessus lui? Il ne perd rien auprès d'elle; on lui tient compte des doubles soupentes, et des ressorts qui le font rouler plus mollement; elle l'en estime davantage, elle l'en aime mieux.

Cette fatuité de quelques femmes de la ville, qui cause en elles une mauvaise imitation de celles de la cour, est quelque chose de pire que la grossièreté des femmes du peuple, et que la rusticité des villageoises : elle a sur toutes deux l'affectation de plus.

La subtile invention, de faire de magnifiques présents de noces qui ne coûtent rien, et qui doivent être rendus en espèces!

L'utile et la louable pratique, de perdre en frais de noces le tiers de la dot qu'une femme apporte! de commencer par s'appauvrir de concert par l'amas et l'entassement de choses superflues, et de prendre déjà sur son fonds de quoi payer Gaultier, les meubles, et la toilette!

Le bel et le judicieux usage, que celui qui, préférant une sorte d'effronterie aux bienséances et à la pudeur, expose une femme d'une seule nuit sur un lit comme sur un théâtre, pour y faire pendant quelques jours un ridicule personnage, et la livre en cet état à la curiosité des gens de l'un et de l'autre sexe, qui, connus ou inconnus, accourent de toute une ville à ce spectacle pendant qu'il dure! Que manque-t-il à une telle coutume, pour être entièrement bizarre et incompréhensible, que d'être lue dans quelque relation de la Mingrélie?

Pénible coutume, asservissement incommode! se chercher incessamment les unes les autres avec l'impatience de ne se point rencontrer, ne se rencontrer que pour se dire des riens, que pour s'apprendre réciproquement des choses dont on est également instruite, et dont il importe peu que l'on soit instruite; n'entrer dans une chambre précisément que pour en sortir; ne sortir de chez soi l'après-dînée que pour y rentrer le soir, fort satisfaite d'avoir vu en cinq petites heures trois suisses, une femme que l'on connaît à peine, et une autre que l'on n'aime guère! Qui considérerait bien le prix du temps, et combien sa perte est irréparable, pleurerait amèrement sur de si grandes misères.

On s'élève à la ville dans une indifférence grossière des choses rurales et champêtres; on distingue à peine la plante qui porte le chanvre d'avec celle qui produit le lin, et le blé froment d'avec les seigles, et l'un ou l'autre d'avec le méteil : on se contente de se nourrir et de s'habiller. Ne parlez pas à un grand nombre de bourgeois, ni de guérets, ni de baliveaux, ni de provins, ni de regains, si vous voulez être entendu; ces termes pour eux ne sont pas français : parlez aux uns d'aunage, de tarif, ou de sou pour livre, et aux autres, de voie d'appel, de requête civile, d'appointement, d'évocation! Ils connaissent le monde, et encore par ce qu'il a de moins beau et de moins spécieux; ils ignorent la nature, ses commencements, ses progrès, ses dons et ses largesses : leur ignorance souvent est volontaire, et fondée sur l'estime qu'ils ont pour leur profession et pour leurs talents. Il n'y a si vil praticien qui, au fond de son étude sombre et enfumée, et l'esprit occupé d'une plus noire chicane, ne se préfère au laboureur qui jouit du ciel, qui cultive la terre, qui sème à propos, et qui fait de riches moissons; et, s'il entend quelquefois parler des premiers hommes ou des patriarches, de leur vie champêtre, et de leur économie, il s'étonne qu'on ait pu vivre en de tels temps, où il n'y avait encore ni offices, ni commissions, ni présidents, ni procureurs; il ne comprend pas qu'on ait jamais pu se passer du greffe, du parquet et de la buvette.

Les empereurs n'ont jamais triomphé à Rome si mollement, si commodément, ni si sûrement même, contre le vent, la pluie, la poudre, et le soleil, que le bourgeois sait à Paris se faire mener par toute la ville : quelle distance de cet usage à la mule de leurs ancêtres! Ils ne savaient point encore se priver du nécessaire pour avoir le superflu, ni préférer le faste aux choses utiles : on ne les voyait point s'éclairer avec des bougies et se chauffer à un petit feu; la cire était pour l'autel et pour le Louvre. Ils ne sortaient point d'un mauvais dîner pour monter dans leur carrosse; ils se persuadaient que l'homme avait des jambes pour marcher, et ils marchaient. Ils se conservaient propres quand il faisait sec, et dans un temps humide ils gâtaient leur chaussure, aussi peu embarrassés de franchir les rues et les carrefours, que le chasseur de traverser un guéret, ou le soldat de se mouiller dans une tranchée : on n'avait pas encore imaginé d'atteler deux hommes à une litière; il y avait même plusieurs magistrats qui allaient à pied à la chambre, ou aux enquêtes, d'aussi bonne grâce qu'Auguste autrefois allait de son pied au Capitole. L'étain dans ce temps brillait sur les tables et sur les buffets, comme le fer et le cuivre dans les foyers; l'argent et l'or étaient dans les coffres. Les femmes se faisaient servir par des femmes; on mettait celles-ci jusqu'à la cuisine. Les beaux noms de gouverneurs et de gouvernantes n'étaient pas inconnus à nos pères; ils savaient à qui l'on confiait les enfants des rois et des plus grands princes; mais ils partageaient le service de leurs domestiques avec leurs enfants, contents de veiller eux-mêmes immédiatement à leur éducation. Ils comptaient en toutes choses avec eux-mêmes : leur dépense était proportionnée à leur recette; leurs livrées, leurs équipages, leurs meubles, leur table, leurs maisons de la ville et de la campagne, tout était mesuré sur leurs rentes et sur leur condition. Il y avait entre eux des distinctions extérieures qui empêchaient qu'on ne prît la femme du praticien pour celle du magistrat, et le roturier ou le simple valet pour le gentilhomme. Moins appliqués à dissiper ou à grossir leur patrimoine qu'à le maintenir, ils le laissaient entier à leurs héritiers, et passaient ainsi d'une vie modérée à une mort tranquille. Ils ne disaient point : *Le siècle est dur, la misère est grande, l'argent est rare;* ils en avaient moins que nous, et en avaient assez, plus riches par leur économie et par leur modestie, que de leurs revenus et de leurs domaines. Enfin l'on était alors pénétré de cette maxime, que ce qui est dans les grands splendeur, somptuosité, magnificence, est dissipation, folie, ineptie, dans le particulier.

CHAPITRE VIII

De la cour.

Le reproche en un sens le plus honorable que l'on puisse faire à un homme, c'est de lui dire qu'il ne sait pas la cour : il n'y a sortes de vertus qu'on ne rassemble en lui par ce seul mot.

Un homme qui sait la cour est maître de son geste, de ses yeux et de son visage; il est profond, impénétrable; il dissimule les mauvais offices, sourit à ses ennemis, contraint son humeur, déguise ses passions, dément son cœur, parle, agit contre ses sentiments. Tout ce grand raffinement n'est qu'un vice que l'on appelle fausseté; quelquefois aussi inutile au courtisan, pour sa fortune, que la franchise, la sincérité et la vertu.

Qui peut nommer de certaines couleurs changeantes, et qui sont diverses selon les divers jours dont on les regarde? de même, qui peut définir la cour?

Se dérober à la cour un seul moment, c'est y renoncer : le courtisan qui l'a vue le matin la voit le soir, pour la reconnaître le lendemain, ou afin que lui-même y soit connu.

L'on est petit à la cour; et, quelque vanité que l'on ait, on s'y trouve tel : mais le mal est commun, et les grands mêmes y sont petits.

La province est l'endroit d'où la cour, comme dans son point de vue, paraît une chose admirable : si l'on s'en approche, ses agréments diminuent comme ceux d'une perspective que l'on voit de trop près.

L'on s'accoutume difficilement à une vie qui se passe dans une antichambre, dans des cours, ou sur l'escalier.

La cour ne rend pas content; elle empêche qu'on ne le soit ailleurs.

Il faut qu'un honnête homme ait tâté de la cour : il découvre, en y entrant, comme un nouveau monde qui lui était inconnu, où il voit régner également le vice et la politesse, et où tout lui est utile, le bon et le mauvais.

La cour est comme un édifice bâti de marbre; je veux dire qu'elle est composée d'hommes fort durs, mais fort polis.

L'on va quelquefois à la cour pour en revenir, et se faire par là respecter du noble de sa province, ou de son diocésain.

Le brodeur et le confiseur seraient superflus, et ne feraient qu'une montre inutile, si l'on était modeste et sobre : les cours seraient désertes, et les rois presque seuls, si l'on était guéri de la vanité et de l'intérêt. Les hommes veulent être esclaves quelque part, et puiser là de quoi dominer ailleurs. Il semble qu'on livre en gros aux premiers de la cour l'air de hauteur, de fierté, et de commandement, afin qu'ils le distribuent en détail dans les provinces[1] : ils font précisément comme on leur fait, vrais singes de la royauté.

Il n'y a rien qui enlaidisse certains courtisans comme la présence du prince : à peine les puis-je reconnaître à leurs visages ; leurs traits sont altérés, et leur contenance est avilie. Les gens fiers et superbes sont les plus défaits, car ils perdent plus du leur ; celui qui est honnête et modeste s'y soutient mieux : il n'a rien à réformer.

L'air de cour est contagieux : il se prend à V**[2], comme l'accent normand à Rouen ou à Falaise ; on l'entrevoit en des fourriers, en de petits contrôleurs, et en des chefs de fruiterie ; l'on peut avec une portée d'esprit fort médiocre y faire de grands progrès. Un homme d'un génie élevé et d'un mérite solide ne fait pas assez de cas de cette espèce de talent pour faire son capital de l'étudier et se le rendre propre ; il l'acquiert sans réflexion, et il ne pense point à s'en défaire.

N** arrive avec grand bruit ; il écarte le monde, se fait faire place ; il gratte, il heurte presque ; il se nomme : on respire, et il n'entre qu'avec la foule.

Il y a dans les cours des apparitions de gens aventuriers et hardis, d'un caractère libre et familier, qui se produisent eux-mêmes, protestent qu'ils ont dans leur art toute l'habileté qui manque aux autres, et qui sont crus sur leur parole. Ils profitent cependant de l'erreur publique, ou de l'amour qu'ont les hommes pour la nouveauté : ils percent la foule, et parviennent jusqu'à l'oreille du prince, à qui le courtisan les voit parler, pendant qu'il se trouve heureux d'en être vu. Ils ont cela de commode pour les grands, qu'ils en sont soufferts sans conséquence, et congédiés de même : alors ils disparaissent tout à la fois riches et décrédités ; et le monde qu'ils viennent de tromper est encore près d'être trompé par d'autres.

Vous voyez des gens qui entrent sans saluer que légèrement, qui marchent des épaules, et qui se rengorgent comme une femme : ils vous interrogent sans vous regarder ; ils parlent d'un ton élevé, et qui marque qu'ils se sentent au-dessus de ceux qui se trouvent présents. Ils s'arrêtent, et on les entoure : ils ont la parole, président au cercle, et persistent dans cette hauteur ridicule et contrefaite, jusqu'à ce qu'il survienne un grand qui, la faisant tomber tout d'un coup par sa présence, les réduise à leur naturel, qui est moins mauvais.

Les cours ne sauraient se passer d'une certaine espèce de courtisans, hommes flatteurs, complaisants, insinuants, dévoués aux femmes, dont ils ménagent les plaisirs, étudient les faibles, et flattent toutes les passions ; ils leur soufflent à l'oreille des grossièretés, leur parlent de leurs maris et de leurs amants dans des termes convenables, devinent leurs chagrins, leurs maladies, et fixent leurs couches ; ils font les modes, raffinent sur le luxe et sur la dépense, et apprennent à ce sexe de prompts moyens de consumer de grandes sommes en habits, en meubles, et en équipages ; ils ont eux-mêmes des habits où brillent l'invention et la richesse, et ils n'habitent d'anciens palais qu'après les avoir renouvelés et embellis. Ils mangent délicatement et avec réflexion ; il n'y a sorte de volupté qu'ils n'essayent, et dont ils ne puissent rendre compte. Ils doivent à eux-mêmes leur fortune, et ils la soutiennent avec la même adresse qu'ils l'ont élevée : dédaigneux et fiers, ils n'abordent plus leurs pareils, ils ne les saluent plus ; ils parlent où tous les autres se taisent ; entrent, pénètrent

---

[1] C'est ainsi que Voltaire a dit des courtisans : Ils

Vont en poste à Versaille essuyer des mépris,
Qu'ils reviennent soudain rendre en poste à Paris.

[2] C'est Versailles que La Bruyère désigne par cette lettre initiale. Dans la première édition de ses *Caractères*, il n'avait pas même employé cette lettre ; le nom tout entier était en blanc.

en des endroits et à des heures où les grands n'osent se faire voir : ceux-ci, avec de longs services, bien des plaies sur le corps, de beaux emplois, ou de grandes dignités, ne montrent pas un visage si assuré, ni une contenance si libre. Ces gens ont l'oreille des plus grands princes, sont de tous leurs plaisirs et de toutes leurs fêtes, ne sortent pas du Louvre ou du château, où ils marchent et agissent comme chez eux et dans leur domestique, semblent se multiplier en mille endroits, et sont toujours les premiers visages qui frappent les nouveaux venus à une cour : ils embrassent, ils sont embrassés; ils rient, ils éclatent, ils sont plaisants, ils font des contes : personnes commodes, agréables, riches, qui prêtent, et qui sont sans conséquence.

Ne croirait-on pas de *Cimon* et de *Clitandre* qu'ils sont seuls chargés des détails de tout l'État, et que seuls aussi ils en doivent répondre? L'un a du moins les affaires de terre, et l'autre les maritimes. Qui pourrait les représenter exprimerait l'empressement, l'inquiétude, la curiosité, l'activité, saurait peindre le mouvement. On ne les a jamais vus assis, jamais fixes et arrêtés : qui même les a vus marcher? On les voit courir, parler en courant, et vous interroger sans attendre de réponse. Ils ne viennent d'aucun endroit, ils ne vont nulle part; ils passent et ils repassent. Ne les retardez pas dans leur course précipitée, vous démonteriez leur machine : ne leur faites pas de questions, ou donnez-leur du moins le temps de respirer, et de se ressouvenir qu'ils n'ont nulle affaire, qu'ils peuvent demeurer avec vous et longtemps, vous suivre même où il vous plaira de les emmener. Ils ne sont pas les *satellites de Jupiter*, je veux dire ceux qui pressent et qui entourent le prince; mais ils l'annoncent et le précèdent; ils se lancent impétueusement dans la foule des courtisans; tout ce qui se trouve sur leur passage est en péril : leur profession est d'être vus et revus; et ils ne se couchent jamais sans s'être acquittés d'un emploi si sérieux, et si utile à la république. Ils sont au reste instruits à fond de toutes les nouvelles indifférentes, et ils savent à la cour tout ce que l'on peut y ignorer : il ne leur manque aucun des talents nécessaires pour s'avancer médiocrement. Gens néanmoins éveillés et alertes sur tout ce qu'ils croient leur convenir, un peu entreprenants, légers et précipités : le dirai-je? ils portent au vent, attelés tous deux au char de la fortune, et tous deux fort éloignés de s'y voir assis.

Un homme de la cour qui n'a pas un assez beau nom, doit l'ensevelir sous un meilleur; mais s'il l'a tel qu'il ose le porter, il doit alors insinuer qu'il est de tous les noms le plus illustre, comme sa maison de toutes les maisons la plus ancienne : il doit tenir aux PRINCES LORRAINS, aux ROHANS, aux CHATILLONS, aux MONTMORENCYS, et, s'il se peut, aux PRINCES DU SANG; ne parler que de ducs, de cardinaux, et de ministres; faire entrer dans toutes les conversations ses aïeux paternels et maternels, et y trouver place pour l'oriflamme et pour les croisades; avoir des salles parées d'arbres généalogiques, d'écussons chargés de seize quartiers, et de tableaux de ses ancêtres et des alliés de ses ancêtres; se piquer d'avoir un ancien château à tourelles, à créneaux et à mâchecoulis; dire en toute rencontre *ma race, ma branche, mon nom,* et *mes armes;* dire de celui-ci qu'il n'est pas homme de qualité, de celle-là qu'elle n'est pas demoiselle; ou, si on lui dit qu'*Hyacinthe* a eu le gros lot, demander s'il est gentilhomme. Quelques-uns riront de ces contre-temps; mais il les laissera rire : d'autres en feront des contes, et il leur permettra de conter; il dira toujours qu'il marche après la maison régnante; et, à force de le dire, il sera cru.

C'est une grande simplicité que d'apporter à la cour la moindre roture, et de n'y être pas gentilhomme.

L'on se couche à la cour, et l'on se lève sur l'intérêt : c'est ce que l'on digère le matin et le soir, le jour et la nuit; c'est ce qui fait que l'on pense, que l'on parle, que l'on se tait, que l'on agit; c'est dans cet esprit qu'on aborde les uns et qu'on néglige les autres, que l'on monte et que l'on descend; c'est sur cette règle que l'on mesure ses soins, ses complaisances, son estime, son indifférence, son mépris. Quelques pas que quelques-uns fassent par vertu vers la modération et la sagesse, un premier mobile d'ambition les emmène avec les plus avares, les plus violents dans leurs désirs, et les plus ambitieux : quel moyen de demeurer immobile où tout marche, où tout se remue, et de ne pas courir où les autres courent? On croit même être responsable à soi-même de son élévation et de sa fortune : celui qui ne l'a point faite à la cour est censé ne l'avoir pas dû faire; on n'en appelle pas. Cependant s'en éloignera-t-on avant d'en avoir tiré le moindre fruit, ou persistera-t-on à y demeurer sans grâces et sans récompenses; question si épineuse, si embarrassée, et d'une si pénible décision, qu'un nombre infini de courtisans vieillissent sur le oui et sur le non, et meurent dans le doute.

Il n'y a rien à la cour de si méprisable et de si indigne qu'un homme qui ne peut contribuer en rien à notre fortune : je m'étonne qu'il ose se montrer.

Celui qui voit loin derrière soi un homme de son temps et de sa condition, avec qui il est venu à la cour la première fois, s'il croit avoir une raison solide d'être prévenu de son propre mérite, et de s'estimer davantage que cet autre qui est demeuré en chemin, ne se souvient plus de ce qu'avant sa faveur il pensait de soi-même et de ceux qui l'avaient devancé.

C'est beaucoup tirer de notre ami, si ayant monté à une grande faveur, il est encore un homme de notre connaissance.

Si celui qui est en faveur ose s'en prévaloir avant qu'elle lui échappe, s'il se sert d'un bon vent qui souffle pour faire son chemin, s'il a les yeux ouverts sur tout ce qui vaque, poste, abbaye, pour les demander et les obtenir, et qu'il soit muni de pensions, de brevets, et de survivances, vous lui reprochez son avidité et son ambition; vous dites que tout le tente, que tout lui est propre, aux siens, à ses créatures, et que, par le nombre et la diversité des grâces dont il se trouve comblé, lui seul a fait plusieurs fortunes. Cependant qu'a-t-il dû faire? Si j'en juge moins par vos discours que par le parti que vous auriez pris vous-même en pareille situation, c'est précisément ce qu'il a fait.

L'on blâme les gens qui font une grande fortune pendant qu'ils en ont les occasions, parce que l'on désespère, par la médiocrité de la sienne, d'être jamais en état de faire comme eux, et de s'attirer ce reproche. Si l'on était à portée de leur succéder, l'on commencerait à sentir qu'ils ont moins de tort, et l'on serait plus retenu, de peur de prononcer d'avance sa condamnation.

Il ne faut rien exagérer, ni dire des cours le mal qui n'y est point; l'on n'y attente rien de pis contre le vrai mérite que de le laisser quelquefois sans récompense : on ne l'y méprise pas toujours, quand on a pu une fois le discerner : on l'oublie; et c'est là où l'on sait parfaitement ne faire rien, ou faire très-peu de chose, pour ceux que l'on estime beaucoup.

Il est difficile à la cour que, de toutes les pièces que l'on emploie à l'édifice de sa fortune, il n'y en ait quelqu'une qui porte à faux : l'un de mes amis qui a promis de parler, ne parle point; l'autre parle mollement : il échappe à un troisième de parler contre mes intérêts et contre ses intentions : à celui-là manque la bonne volonté; à celui-ci, l'habileté et la prudence : tous n'ont pas assez de plaisir à me voir heureux pour contribuer de tout leur pouvoir à me rendre tel. Chacun se souvient assez de tout ce que son établissement lui a coûté à faire, ainsi que des secours qui lui en ont frayé le chemin : on serait même assez porté à justifier les services qu'on a reçus des uns par ceux qu'en de pareils besoins on rendrait aux autres, si le premier et l'unique soin qu'on a après sa fortune faite n'était pas de songer à soi.

Les courtisans n'emploient pas ce qu'ils ont d'esprit, d'adresse, et de finesse, pour trouver les expédients d'obliger ceux de leurs amis qui implorent leurs secours, mais seulement pour leur trouver des raisons apparentes, de spécieux prétextes, ou ce qu'ils appellent une impossibilité de le pouvoir faire; et ils se persuadent d'être quittes par là en leur endroit de tous les devoirs de l'amitié ou de la reconnaissance.

Personne à la cour ne veut entamer; on s'offre d'appuyer, parce que, jugeant des autres par soi-même, on espère que nul n'entamera, et qu'on sera ainsi dispensé d'appuyer : c'est une manière douce et polie de refuser son crédit, ses offices, et sa médiation, à qui en a besoin.

Combien de gens vous étouffent de caresses dans le particulier, vous aiment et vous estiment, qui sont embarrassés de vous dans le public, et qui, au lever ou à la messe, évitent vos yeux et votre rencontre! Il n'y a qu'un petit nombre de courtisans qui, par grandeur ou par une confiance qu'ils ont d'eux-mêmes, osent honorer devant le monde le mérite qui est seul, et dénué de grands établissements.

Je vois un homme entouré et suivi; mais il est en place : j'en vois un autre que tout le monde aborde : mais il est en faveur : celui-ci est embrassé et caressé, même des grands ; mais il est riche : celui-là est regardé de tous avec curiosité, on le montre du doigt ; mais il est savant et éloquent : j'en découvre un que personne n'oublie de saluer ; mais il est méchant : je veux un homme qui soit bon, qui ne soit rien davantage, et qui soit recherché.

Vient-on de placer quelqu'un dans un nouveau poste, c'est un débordement de louanges en sa faveur qui inonde les cours et la chapelle, qui gagne l'escalier, les salles, la galerie, tout l'appartement : on en a au-dessus des yeux ; on n'y tient pas. Il n'y a pas deux voix différentes sur ce personnage ; l'envie, la jalousie, parlent comme l'adulation : tous se laissent entraîner au torrent qui les emporte, qui les force de dire d'un homme ce qu'ils en pensent ou ce qu'ils n'en pensent pas, comme de louer souvent celui qu'ils ne connaissent point. L'homme d'esprit, de mérite, ou de valeur, devient en un instant un génie de premier ordre, un héros, un demi-dieu. Il est si prodigieusement flatté dans toutes les peintures que l'on fait de lui, qu'il paraît difforme près de ses portraits : il lui est impossible d'arriver jamais jusqu'où la bassesse et la complaisance viennent de le porter ; il rougit de sa propre réputation. Commence-t-il à chanceler dans ce poste où on l'avait mis, tout le monde passe facilement à un autre avis : en est-il entièrement déchu, les machines qui l'avaient guindé si haut, par l'applaudissement et les éloges, sont encore toutes dressées pour le faire tomber dans le dernier mépris ; je veux dire qu'il n'y en a point qui le dédaignent mieux, qui le blâment plus aigrement, et qui en disent plus de mal, que ceux qui s'étaient comme dévoués à la fureur d'en dire du bien.

Je crois pouvoir dire d'un poste éminent et délicat, qu'on y monte plus aisément qu'on ne s'y conserve.

L'on voit des hommes tomber d'une haute fortune par les mêmes défauts qui les y avaient fait monter.

Il y a dans les cours deux manières de ce que l'on appelle congédier son monde ou se défaire des gens : se fâcher contre eux, ou faire si bien qu'ils se fâchent contre vous, et s'en dégoûtent.

L'on dit à la cour du bien de quelqu'un pour deux raisons : la première, afin qu'il apprenne que nous disons du bien de lui ; la seconde, afin qu'il en dise de nous.

Il est aussi dangereux à la cour de faire les avances, qu'il est embarrassant de ne les point faire.

Il y a des gens à qui ne connaître point le nom et le visage d'un homme est un titre pour en rire et le mépriser. Ils demandent qui est cet homme : ce n'est ni *Rousseau*, ni un *Fabry*[1], ni *la Couture*[2]; ils ne pourraient le méconnaître.

L'on me dit tant de mal de cet homme, et j'y en vois si peu, que je commence à soupçonner qu'il n'ait un mérite importun qui éteigne celui des autres.

Vous êtes homme de bien, vous ne songez ni à plaire ni à déplaire aux favoris, uniquement attaché à votre maître et à votre devoir : vous êtes perdu.

On n'est point effronté par choix, mais par complexion : c'est un vice de l'être, mais naturel. Celui qui n'est pas né tel est modeste, et ne passe pas aisément de cette extrémité à l'autre : c'est une leçon assez inutile que de lui dire : Soyez effronté, et vous réussirez; une mauvaise imitation ne lui profiterait pas, et le ferait échouer. Il ne faut rien de moins dans les cours qu'une vraie et naïve impudence pour réussir.

---

[1] Brûlé il y a vingt ans (*La Bruyère*). — Dans la première édition, La Bruyère avait mis : *Puni pour des saletés*.

[2] La Couture, tailleur d'habits de madame la Dauphine : il était devenu fou ; et, sur ce pied, il demeu-

On cherche, on s'empresse, on brigue, on se tourmente, on demande, on est refusé, on demande et on obtient; mais, dit-on, sans l'avoir demandé, et dans le temps que l'on n'y pensait pas, et que l'on songeait même à tout autre chose : vieux style, menterie innocente, et qui ne trompe personne.

On fait sa brigue pour parvenir à un grand poste, on prépare toutes ses machines, toutes les mesures sont bien prises, et l'on doit être servi selon ses souhaits : les uns doivent entamer, les autres appuyer : l'amorce est déjà conduite, et la mine prête à jouer : alors on s'éloigne de la cour. Qui oserait soupçonner d'*Artemon* qu'il ait pensé à se mettre dans une si belle place, lorsqu'on le tire de sa terre ou de son gouvernement pour l'y faire asseoir? Artifice grossier, finesses usées, et dont le courtisan s'est servi tant de fois que, si je voulais donner le change à tout le public, et lui dérober mon ambition, je me trouverais sous l'œil et sous la main du prince, pour recevoir de lui la grâce que j'aurais recherchée avec le plus d'emportement.

Les hommes ne veulent pas que l'on découvre les vues qu'ils ont sur leur fortune, ni que l'on pénètre qu'ils pensent à une telle dignité, parce que, s'ils ne l'obtiennent point, il y a de la honte, se persuadent-ils, à être refusés; et, s'ils y parviennent, il y a plus de gloire pour eux d'en être crus dignes par celui qui la leur accorde, que de s'en juger dignes eux-mêmes par leurs brigues et par leurs cabales : ils se trouvent parés tout à la fois de leur dignité et de leur modestie.

Quelle plus grande honte y a-t-il d'être refusé d'un poste que l'on mérite, ou d'y être placé sans le mériter?

Quelques grandes difficultés qu'il y ait à se placer à la cour, il est encore plus âpre et plus difficile de se rendre digne d'être placé.

Il coûte moins à faire dire de soi : Pourquoi a-t-il obtenu ce poste? qu'à faire demander : Pourquoi ne l'a-t-il pas obtenu?

L'on se présente encore pour les charges de ville, l'on postule une place dans l'Académie française; l'on demandait le consulat : quelle moindre raison y aurait-il de travailler les premières années de sa vie à se rendre capable d'un grand emploi, et de demander ensuite sans nul mystère et sans nulle intrigue, mais ouvertement et avec confiance, d'y servir sa patrie, le prince, la république?

Je ne vois aucun courtisan à qui le prince vienne d'accorder un bon gouvernement, une place éminente, ou une forte pension, qui n'assure par vanité, ou pour marquer son désintéressement, qu'il est bien moins content du don que de la manière dont il lui a été fait. ce qu'il y a en cela de sûr et d'indubitable, c'est qu'il le dit ainsi.

C'est rusticité que de donner de mauvaise grâce : le plus fort et le plus pénible est de donner; que coûte-t-il d'y ajouter un sourire?

Il faut avouer néanmoins qu'il s'est trouvé des hommes qui refusaient plus honnêtement que d'autres ne savaient donner; qu'on a dit de quelques-uns qu'ils se faisaient si longtemps prier, qu'ils donnaient si sèchement, et chargeaient une grâce qu'on leur arrachait de conditions si désagréables, qu'une plus grande grâce était d'obtenir d'eux d'être dispensé de rien recevoir.

L'on remarque dans les cours des hommes avides qui se revêtent de toutes les conditions pour en avoir les avantages : gouvernement, charge, bénéfice, tout leur convient : ils se sont si bien ajustés que, par leur état, ils deviennent capables de toutes les grâces; ils sont *amphibies*; ils vivent de l'Église et de l'épée, et auront le secret d'y joindre la robe. Si vous demandez : Que font ces gens à la cour?, ils reçoivent, et envient tous ceux à qui l'on donne.

Mille gens à la cour y traînent leur vie à embrasser, serrer et congratuler ceux qui reçoivent, jusqu'à ce qu'ils y meurent sans rien avoir.

Ménophile emprunte ses mœurs d'une profession, et d'une autre son habit : il masque toute l'année, quoiqu'à visage découvert; il paraît à la cour, à la ville, ailleurs, toujours sous un certain nom et sous le même déguisement. On le reconnaît, et on sait quel il est à son visage.

Il y a, pour arriver aux dignités, ce qu'on

---

rait à la cour, où il faisait des contes fort extravagants. Il allait souvent à la toilette de madame la Dauphine.

appelle la grande voie ou le chemin battu; il y a le chemin détourné ou de traverse, qui est le plus court.

L'on court les malheureux pour les envisager; l'on se range en haie, ou l'on se place aux fenêtres, pour observer les traits et la contenance d'un homme qui est condamné, et qui sait qu'il va mourir: vaine, maligne, inhumaine curiosité! Si les hommes étaient sages, la place publique serait abandonnée, et il serait établi qu'il y aurait de l'ignominie seulement à voir de tels spectacles. Si vous êtes si touchés de curiosité, exercez-la du moins en un sujet noble: voyez un heureux, contemplez-le dans le jour même où il a été nommé à un nouveau poste, et qu'il en reçoit les compliments; lisez dans ses yeux, et au travers d'un calme étudié et d'une feinte modestie, combien il est content et pénétré de soi-même: voyez quelle sérénité cet accomplissement de ses désirs répand dans son cœur et sur son visage; comme il ne songe plus qu'à vivre et à avoir de la santé; comme ensuite sa joie lui échappe, et ne peut plus se dissimuler; comme il plie sous le poids de son bonheur; quel air froid et sérieux il conserve pour ceux qui ne sont plus ses égaux; il ne leur répond pas, il ne les voit pas: les embrassements et les caresses des grands, qu'il ne voit plus de si loin, achèvent de lui nuire: il se déconcerte, il s'étourdit; c'est une courte aliénation. Vous voulez être heureux, vous désirez des grâces; que de choses pour vous à éviter!

Un homme qui vient d'être placé ne se sert plus de sa raison et de son esprit pour régler sa conduite et ses dehors à l'égard des autres; il emprunte sa règle de son poste et de son état: de là l'oubli, la fierté, l'arrogance, la dureté, l'ingratitude.

Théonas, abbé depuis trente ans, se lassait de l'être. On a moins d'ardeur et d'impatience de se voir habillé de pourpre qu'il en avait de porter une croix d'or sur sa poitrine; et, parce que les grandes fêtes se passaient toujours sans rien changer à sa fortune, il murmurait contre le temps présent, trouvait l'État mal gouverné, et n'en prédisait rien que de sinistre: convenant en son cœur que le mérite est dangereux dans les cours à qui veut s'avancer, il avait enfin pris son parti, et renoncé à la prélature, lorsque quelqu'un accourt lui dire qu'il est nommé à un évêché. Rempli de joie et de confiance sur une nouvelle si peu attendue: Vous verrez, dit-il, que je n'en demeurerai pas là, et qu'ils me feront archevêque.

Il faut des fripons à la cour auprès des grands et des ministres, même les mieux intentionnés; mais l'usage en est délicat, et il faut savoir les mettre en œuvre: il y a des temps et des occasions où ils ne peuvent être suppléés par d'autres. Honneur, vertu, conscience, qualités toujours respectables, souvent inutiles: que voulez-vous quelquefois que l'on fasse d'un homme de bien?

Un vieil auteur[1], et dont j'ose ici rapporter les propres termes, de peur d'en affaiblir le sens par ma traduction, dit que « s'eslongner des petits, voire de ses pareils, et iceulx vilainer et despriser, s'accointer de grands et puissants en tous biens et chevances, et en cette leur cointise et privauté estre de tous esbats, gabs, mommeries, et vilaines besoignes; estre eshonté, saffrannier, et sans point de vergogne; endurer brocards et gausseries de tous chacuns, sans pour ce feindre de cheminer en avant, et à tout son entregent, engendre heur et fortune. »

Jeunesse du prince, source des belles fortunes.

Timante, toujours le même, et sans rien perdre de ce mérite qui lui a attiré la première fois de la réputation et des récompenses, ne laissait pas de dégénérer dans l'esprit des courtisans: ils étaient las de l'estimer, ils le saluaient froidement, ils ne lui souriaient plus; ils commençaient à ne le plus joindre, ils ne l'embrassaient plus, ils ne le tiraient plus à l'écart pour lui parler mystérieusement d'une chose indifférente, ils n'avaient plus rien à lui dire. Il lui fallait cette pension ou ce nouveau poste dont il vient d'être honoré pour faire revivre ses vertus à demi effacées de leur mémoire, et en rafraîchir l'idée: ils lui font

---

[1] La Bruyère, dans un des chapitres précédents, s'est amusé à écrire quelques phrases en style de Montaigne. Il est probable qu'il a fait la même chose ici, et que le passage du prétendu *vieil auteur* n'est qu'un pastiche de sa composition.

comme dans les commencements, et encore mieux.

Que d'amis, que de parents naissent en une nuit au nouveau ministre! Les uns font valoir leurs anciennes liaisons, leur société d'études, les droits du voisinage; les autres feuillettent leur généalogie, remontent jusqu'à un trisaïeul, rappellent le côté paternel et le maternel : l'on veut tenir à cet homme par quelque endroit, et l'on dit plusieurs fois le jour que l'on y tient; on l'imprimerait volontiers : *C'est mon ami, et je suis fort aise de son élévation; j'y dois prendre part, il m'est assez proche.* Hommes vains et dévoués à la fortune, fades courtisans, parliez-vous ainsi il y a huit jours? Est-il devenu depuis ce temps plus homme de bien, plus digne du choix que le prince en vient de faire? Attendiez-vous cette circonstance pour le mieux connaître?

Ce qui me soutient et me rassure contre les petits dédains que j'essuie quelquefois des grands et de mes égaux, c'est que je me dis à moi-même : Ces gens n'en veulent peut-être qu'à ma fortune, et ils ont raison, elle est bien petite. Ils m'adoreraient sans doute, si j'étais ministre.

— Dois-je bientôt être en place? le sait-il? est-ce en lui un pressentiment? il me prévient, il me salue.

Celui qui dit : *Je dînai hier à Tibur*, ou *j'y soupe ce soir*, qui le répète, qui fait entrer dix fois le nom de Plancus dans les moindres conversations, qui dit : *Plancus[1] me demandait... Je disais à Plancus...*, celui-là même apprend dans ce moment que son héros vient d'être enlevé par une mort extraordinaire. Il part de la main, il rassemble le peuple dans les places ou sous les portiques, accuse le mort, décrie sa conduite, dénigre son consulat, lui ôte jusqu'à la science des détails que la voix publique lui accorde, ne lui passe point une mémoire heureuse, lui refuse l'éloge d'un homme sévère et laborieux, ne lui fait pas l'honneur de le croire parmi les ennemis de l'empire un ennemi.

Un homme de mérite se donne, je crois, un joli spectacle lorsque la même place à une assemblée, ou à un spectacle, dont il est refusé, il la voit accorder à un homme qui n'a point d'yeux pour voir, ni d'oreilles pour entendre, ni d'esprit pour connaître et pour juger; qui n'est recommandable que par de certaines livrées, que même il ne porte plus.

Théodote[1], avec un habit austère, a un visage comique, et d'un homme qui entre sur la scène : sa voix, sa démarche, son geste, son attitude, accompagnent son visage; il est fin, *cauteleux*, doucereux, mystérieux; il s'approche de vous, et il vous dit à l'oreille : *Voilà un beau temps, voilà un grand dégel.* S'il n'a pas les grandes manières, il a du moins toutes les petites, et celles mêmes qui ne conviennent guère qu'à une jeune précieuse. Imaginez-vous l'application d'un enfant à élever un château de cartes, ou à se saisir d'un papillon; c'est celle de Théodote pour une affaire de rien, et qui ne mérite pas qu'on s'en remue : il la traite sérieusement, et comme quelque chose qui est capital; il agit, il s'empresse, il l'a fait réussir : le voilà qui respire et qui se repose, et il a raison : elle lui a coûté beaucoup de peine. L'on voit des gens enivrés, ensorcelés de la faveur : ils y pensent le jour, ils y rêvent la nuit; ils montent l'escalier d'un ministre, et ils en descendent; ils sortent de son antichambre, et ils y rentrent; ils n'ont rien à lui dire, et ils lui parlent; ils lui parlent une seconde fois : les voilà contents, ils lui ont parlé. Pressez-les, tordez-les, ils dégouttent l'orgueil, l'arrogance, la présomption; vous leur adressez la parole, ils ne vous répondent point, ils ne vous connaissent point, ils ont les yeux égarés et l'esprit aliéné : c'est à leurs parents à en prendre soin et à les renfermer, de peur que leur folie ne devienne fureur, et que le monde n'en souffre. Théodote a une plus douce manie : il aime la faveur éperdument;

---

[1] Dans ce passage, ajouté aux *Caractères* en 1692, un an après la mort de Louvois, il est difficile de ne pas reconnaître, sous le nom de Plancus, ce fameux ministre, enlevé par une mort si *extraordinaire*, qu'on crut ne pouvoir l'expliquer que par le poison, et laissant une mémoire si peu regrettée, qu'on dut être tenté de lui contester ses qualités les plus incontestables, *la science des détails*, *une heureuse mémoire*, et jusqu'au titre *d'homme sévère et laborieux*. Si Plancus est Louvois, Tibur est Meudon, habitation où Louvois avait fait des dépenses royales, et tenait une cour de monarque.

[1] Les clefs nomment l'abbé de Choisy. En effet, la double qualité de courtisan et d'auteur semble lui convenir assez particulièrement, et le reste du portrait s'accorde assez avec l'idée qu'on a conservée de lui.

mais sa passion a moins d'éclat : il lui fait des vœux en secret, il la cultive, il la sert mystérieusement; il est au guet et à la découverte sur tout ce qui paraît de nouveau avec les livrées de la faveur. Ont-ils une prétention, il s'offre à eux, il s'intrigue pour eux, il leur sacrifie sourdement mérite, alliance, amitié, engagement, reconnaissance. Si la place d'un Cassini devenait vacante, et que le suisse ou le postillon du favori s'avisât de la demander, il appuierait sa demande, il le jugerait digne de cette place, il le trouverait capable d'observer et de calculer, de parler de parhélies et de parallaxes. Si vous demandiez de Théodote s'il est auteur ou plagiaire, original ou copiste, je vous donnerais ses ouvrages, et je vous dirais : Lisez, et jugez; mais, s'il est dévot ou courtisan, qui pourrait le décider sur le portrait que j'en viens de faire? Je prononcerais plus hardiment sur son étoile : oui, Théodote, j'ai observé le point de votre naissance; vous serez placé, et bientôt : ne veillez plus, n'imprimez plus; le public vous demande quartier.

N'espérez plus de candeur, de franchise, d'équité, de bons offices, de services, de bienveillance, de générosité, de fermeté, dans un homme qui s'est depuis quelque temps livré à la cour, et qui secrètement veut sa fortune. Le reconnaissez-vous à son visage, à ses entretiens? Il ne nomme plus chaque chose par son nom; il n'y a plus pour lui de fripons, de fourbes, de sots et d'impertinents. Celui dont il lui échapperait de dire ce qu'il en pense est celui-là même qui, venant à le savoir, l'empêcherait de cheminer. Pensant mal de tout le monde, il n'en dit de personne; ne voulant du bien qu'à lui seul, il veut persuader qu'il en veut à tous, afin que tous lui en fassent, ou que nul du moins lui soit contraire. Non content de n'être pas sincère, il ne souffre pas que personne le soit; la vérité blesse son oreille; il est froid et indifférent sur les observations que l'on fait sur la cour et sur le courtisan; et, parce qu'il les a entendues, il s'en croit complice et responsable. Tyran de la société et martyr de son ambition, il a une triste circonspection dans sa conduite et dans ses discours, une raillerie innocente, mais froide et contrainte, un ris forcé, des caresses contrefaites, une conversation interrompue, et des distractions fréquentes: il a une profusion, le dirai je? des torrents de louanges pour ce qu'a fait ou ce qu'a dit un homme placé et qui est en faveur, et pour tout autre une sécheresse de pulmonique; il a des formules de compliments différents pour l'entrée et pour la sortie à l'égard de ceux qu'il visite ou dont il est visité; et il n'y a personne de ceux qui se payent de mines et de façons de parler qui ne sorte d'avec lui fort satisfait. Il vise également à se faire des patrons et des créatures : il est médiateur, confident, entremetteur; il veut gouverner; il a une ferveur de novice pour toutes les petites pratiques de cour; il sait où il faut se placer pour être vu; il sait vous embrasser, prendre part à votre joie, vous faire coup sur coup des questions empressées sur votre santé, sur vos affaires; et, pendant que vous lui répondez, il perd le fil de sa curiosité, vous interrompt, entame un autre sujet; ou, s'il survient quelqu'un à qui il doive un discours tout différent, il sait, en achevant de vous congratuler, lui faire un compliment de condoléance; il pleure d'un œil, et il rit de l'autre. Se formant quelquefois sur les ministres ou sur le favori, il parle en public de choses frivoles, du vent, de la gelée : il se tait au contraire, et fait le mystérieux, sur ce qu'il sait de plus important, et plus volontiers encore sur ce qu'il ne sait point.

Il y a un pays[1] où les joies sont visibles, mais fausses, et les chagrins cachés, mais réels. Qui croirait que l'empressement pour les spectacles, que les éclats et les applaudissements aux théâtres de Molière et d'Arlequin, les repas, la chasse, les ballets, les carrousels, couvrissent tant d'inquiétudes, de soins et de divers intérêts, tant de craintes et d'espérances, des passions si vives, et des affaires si sérieuses?

La vie de la cour est un jeu sérieux, mélancolique, qui applique : il faut arranger ses pièces et ses batteries, avoir un dessein, le suivre, parer à celui de son adversaire, hasarder quelquefois, et jouer de caprice; et après toutes ses rêveries et toutes ses mesures on est échec, quelquefois mat. Souvent avec des pions qu'on ménage bien on va à dame, et l'on gagne la

[1] La cour.

partie : le plus habile l'emporte, ou le plus heureux.

Les roues, les ressorts, les mouvements, sont cachés ; rien ne paraît d'une montre que son aiguille, qui insensiblement s'avance et achève son tour : image du courtisan d'autant plus parfaite, qu'après avoir fait assez de chemin, il revient souvent au même point d'où il est parti.

Les deux tiers de ma vie sont écoulés ; pourquoi tant m'inquiéter sur ce qui m'en reste. La plus brillante fortune ne mérite point ni le tourment que je me donne, ni les petitesses où je me surprends, ni les humiliations, ni les hontes que j'essuie : trente années détruiront ces colosses de puissance qu'on ne voyait bien qu'à force de lever la tête ; nous disparaîtrons, moi qui suis si peu de chose, et ceux que je contemplais si avidement, et de qui j'espérais toute ma grandeur : le meilleur de tous les biens, s'il y a des biens, c'est le repos, la retraite, et un endroit qui soit son domaine. N** a pensé cela dans sa disgrâce, et l'a oublié dans la prospérité.

Un noble, s'il vit chez lui dans sa province, il vit libre, mais sans appui ; s'il vit à la cour, il est protégé, mais il est esclave : cela se compense.

Xantippe, au fond de sa province, sous un vieux toit et dans un mauvais lit, a rêvé pendant la nuit qu'il voyait le prince, qu'il lui parlait, et qu'il en ressentait une extrême joie : il a été triste à son réveil : il a conté son songe, et il a dit : Quelles chimères ne tombent point dans l'esprit des hommes pendant qu'ils dorment ! Xantippe a continué de vivre : il est venu à la cour, il a vu le prince, il lui a parlé ; et il a été plus loin que son songe, il est favori.

Qui est plus esclave qu'un courtisan assidu, si ce n'est un courtisan plus assidu ?

L'esclave n'a qu'un maître ; l'ambitieux en a autant qu'il y a de gens utiles à sa fortune.

Mille gens à peine connus font la foule au lever pour être vus du prince, qui n'en saurait voir mille à la fois ; et s'il ne voit aujourd'hui que ceux qu'il vit hier et qu'il verra demain, combien de malheureux !

De tous ceux qui s'empressent auprès des grands et qui leur font la cour un petit nombre les honore dans le cœur, un grand nombre les recherche par des vues d'ambition et d'intérêt, un plus grand nombre par une ridicule vanité ou par une sotte impatience de se faire voir.

Il y a de certaines familles qui, par les lois du monde, ou ce qu'on appelle la bienséance, doivent être irréconciliables : les voilà réunies ; et où la religion a échoué quand elle a voulu l'entreprendre, l'intérêt s'en joue, et le fait sans peine.

L'on parle d'une région[1] où les vieillards sont galants, polis, et civils ; les jeunes gens au contraire durs, féroces, sans mœurs ni politesse : ils se trouvent affranchis de la passion des femmes dans un âge où l'on commence ailleurs à la sentir ; ils leur préfèrent des repas, des viandes, et des amours ridicules. Celui-là chez eux est sobre et modéré, qui ne s'enivre que de vin ; l'usage trop fréquent qu'ils en ont fait le leur a rendu insipide. Ils cherchent à réveiller leur goût déjà éteint par des eaux-de-vie, et par toutes les liqueurs les plus violentes : il ne manque à leur débauche que de boire de l'eau-forte. Les femmes du pays précipitent le déclin de leur beauté par des artifices qu'elles croient servir à les rendre belles : leur coutume est de peindre leurs lèvres, leurs joues, leurs sourcils, et leurs épaules, qu'elles étalent avec leur gorge, leurs bras, et leurs oreilles, comme si elles craignaient de cacher l'endroit par où elles pourraient plaire, ou de ne pas se montrer assez. Ceux qui habitent cette contrée ont une physionomie qui n'est pas nette, mais confuse, embarrassée dans une épaisseur de cheveux étrangers qu'ils préfèrent aux naturels et dont ils font un long tissu pour couvrir leur tête ; il descend à la moitié du corps, change les traits, et empêche qu'on ne connaisse les hommes à leur visage. Ces peuples d'ailleurs ont leur dieu et leur roi : les grands de la nation s'assemblent tous les jours, à une certaine heure, dans un temple qu'ils nomment église. Il y a au fond de ce temple un autel consacré à leur dieu, où un prêtre célèbre des mystères qu'ils appellent saints, sacrés, et redoutables. Les grands forment un vaste cercle au pied de

[1] La cour.

cet autel, et paraissent debout, le dos tourné directement aux prêtres et aux saints mystères, et les faces élevées vers leur roi, que l'on voit à genoux sur une tribune, et à qui ils semblent avoir tout l'esprit et tout le cœur appliqué. On ne laisse pas de voir dans cet usage une espèce de subordination : car ce peuple paraît adorer le prince, et le prince adorer Dieu. Les gens du pays le nomment*** [1]; il est à quelque quarante-huit degrés d'élévation du pôle, et à plus d'onze cents lieues de mer des Iroquois et des Hurons.

Qui considérera que le visage du prince fait toute la félicité du courtisan, qu'il s'occupe et se remplit pendant toute sa vie de le voir et d'en être vu, comprendra un peu comment voir Dieu peut faire toute la gloire et tout le bonheur des saints.

Les grands seigneurs sont pleins d'égards pour les princes, c'est leur affaire ; ils ont des inférieurs : les petits courtisans se relâchent sur ces devoirs, font les familiers, et vivent comme gens qui n'ont d'exemples à donner à personne.

Que manque-t-il de nos jours à la jeunesse ? elle peut, et elle sait ; ou du moins, quand elle saurait autant qu'elle peut, elle ne serait pas plus décisive.

Faibles hommes ! un grand dit de *Timagène*, votre ami, qu'il est un sot, et il se trompe ; je ne demande pas que vous répliquiez qu'il est homme d'esprit; osez seulement penser qu'il n'est pas un sot.

De même il prononce d'*Iphicrate* qu'il manque de cœur : vous lui avez vu faire une belle action, rassurez-vous ; je vous dispense de la raconter; pourvu qu'après ce que vous venez d'entendre, vous vous souveniez encore de la lui avoir vu faire.

Qui sait parler aux rois, c'est peut-être où se termine toute la prudence et toute la souplesse du courtisan. Une parole échappe, et elle tombe de l'oreille du prince bien avant dans sa mémoire, et quelquefois jusque dans son cœur : il est impossible de la ravoir ; tous les soins que l'on prend et toute l'adresse dont on use pour l'expliquer ou pour l'affaiblir servent à la graver plus profondément et à l'enfoncer davantage : si ce n'est que contre nous-mêmes que nous avons parlé, outre que ce malheur n'est pas ordinaire, il y a encore un prompt remède, qui est de nous instruire par notre faute, et de souffrir la peine de notre légèreté ; mais si c'est contre quelque autre, quel abattement ! quel repentir ! Y a-t-il une règle plus utile contre un si dangereux inconvénient que de parler des autres au souverain, de leurs personnes, de leurs ouvrages, de leurs actions, de leurs mœurs, ou de leur conduite, du moins avec l'attention, les précautions et les mesures dont on parle de soi ?

Diseurs de bons mots, mauvais caractère : je le dirais, s'il n'avait été dit. Ceux qui nuisent à la réputation ou à la fortune des autres, plutôt que de perdre un bon mot, méritent une peine infamante : cela n'a pas été dit, et je l'ose dire.

Il y a un certain nombre de phrases toutes faites que l'on prend comme dans un magasin, et dont l'on se sert pour se féliciter les uns les autres sur les événements. Bien qu'elles se disent souvent sans affection, et qu'elles soient reçues sans reconnaissance, il n'est pas permis avec cela de les omettre, parce que du moins elles sont l'image de ce qu'il y a au monde de meilleur, qui est l'amitié, et que les hommes, ne pouvant guère compter les uns sur les autres pour la réalité, semblent être convenus entre eux de se contenter des apparences.

Avec cinq ou six termes de l'art, et rien de plus, l'on se donne pour connaisseur en musique, en tableaux, en bâtiments, et en bonne chère : l'on croit avoir plus de plaisir qu'un autre à entendre, à voir et à manger ; l'on impose à ses semblables, et l'on se trompe soi-même.

La cour n'est jamais dénuée d'un certain nombre de gens en qui l'usage du monde, la politesse ou la fortune, tiennent lieu d'esprit, et suppléent au mérite. Ils savent entrer et sortir ; ils se tirent de la conversation en ne s'y mêlant point; ils plaisent à force de se taire, et se rendent importants par un silence long-

---

[1] La Bruyère ayant parlé de la cour en style de relation, et comme d'un pays lointain et inconnu, il y a eu quelque sottise de la part des éditeurs modernes à écrire en toutes lettres le nom de *Versailles* : c'était d'un seul mot anéantir tout l'esprit du passage.

temps soutenu, ou tout au plus par quelques monosyllabes; ils payent de mines, d'une inflexion de voix, d'un geste, et d'un sourire : ils n'ont pas, si je l'ose dire, deux pouces de profondeur; si vous les enfoncez, vous rencontrez le tuf.

Il y a des gens à qui la faveur arrive comme un accident; ils en sont les premiers surpris et consternés : ils se reconnaissent enfin, et se trouvent dignes de leur étoile; comme si la stupidité et la fortune étaient deux choses incompatibles, où qu'il fût impossible d'être heureux et sot tout à la fois, ils se croient de l'esprit, ils hasardent, que dis-je? ils ont la confiance de parler en toute rencontre, et sur quelque matière qui puisse s'offrir, et sans nul discernement des personnes qui les écoutent : ajouterai-je qu'ils épouvantent ou qu'ils donnent le dernier dégoût par leur fatuité et par leurs fadaises? il est vrai du moins qu'ils déshonorent sans ressource ceux qui ont quelque part au hasard de leur élévation.

Comment nommerai-je cette sorte de gens qui ne sont fins que pour les sots? je sais du moins que les habiles les confondent avec ceux qu'ils savent tromper.

C'est avoir fait un grand pas dans la finesse que de faire penser de soi que l'on n'est que médiocrement fin.

La finesse n'est ni une trop bonne ni une trop mauvaise qualité; elle flotte entre le vice et la vertu : il n'y a point de rencontre où elle ne puisse et peut-être où elle ne doive être suppléée par la prudence.

La finesse est l'occasion prochaine de la fourberie; de l'une à l'autre le pas est glissant : le mensonge seul en fait la différence; si on l'ajoute à la finesse, c'est fourberie.

Avec les gens qui par finesse écoutent tout et parlent peu, parlez encore moins : ou si vous parlez beaucoup, dites peu de chose.

Vous dépendez, dans une affaire qui est juste et importante, du consentement de deux personnes. L'un vous dit : J'y donne les mains, pourvu qu'un tel y condescende; et ce tel y condescend, et ne désire plus que d'être assuré des intentions de l'autre. Cependant rien n'avance : les mois, les années, s'écoulent inutilement. Je m'y perds, dites-vous, et je n'y comprends rien : il ne s'agit que de faire qu'ils s'abouchent, et qu'ils se parlent. Je vous dis, moi, que j'y vois clair, et que j'y comprends tout : il se sont parlé.

Il me semble que qui sollicite pour les autres a la confiance d'un homme qui demande justice, et qu'en parlant ou en agissant pour soi-même on a l'embarras et la pudeur de celui qui demande grâce.

Si l'on ne se précautionne à la cour contre les pièges que l'on y tend sans cesse pour faire tomber dans le ridicule, l'on est étonné, avec tout son esprit, de se trouver la dupe de plus sots que soi.

Il y a quelques rencontres dans la vie où la vérité et la simplicité sont le meilleur manège du monde.

Êtes-vous en faveur, tout manège est bon; vous ne faites point de fautes, tous les chemins vous mènent au terme : autrement tout est faute, rien n'est utile, il n'y a point de sentier qui ne vous égare.

Un homme qui a vécu dans l'intrigue un certain temps ne peut plus s'en passer : toute autre vie pour lui est languissante.

Il faut avoir de l'esprit pour être homme de cabale, l'on peut cependant en avoir à un certain point que l'on est au-dessus de l'intrigue et de la cabale, et que l'on ne saurait s'y assujettir; l'on va alors à une grande fortune ou à une haute réputation par d'autres chemins.

Avec un esprit sublime, une doctrine universelle, une probité à toutes épreuves, et un mérite très accompli, n'appréhendez pas, ô *Aristide*, de tomber à la cour, ou de perdre la faveur des grands pendant tout le temps qu'ils auront besoin de vous.

Qu'un favori s'observe de fort près; car, s'il me fait moins attendre dans son antichambre qu'à l'ordinaire, s'il a le visage plus ouvert, s'il fronce moins le sourcil, s'il m'écoute plus volontiers, et s'il me reconduit un peu plus loin, je penserai qu'il commence à tomber, et je penserai vrai.

L'homme a bien peu de ressources dans soi-même, puisqu'il lui faut une disgrâce ou une mortification pour le rendre plus humain, plus traitable, moins féroce, plus honnête homme.

L'on contemple dans les cours de certaines

gens, et l'on voit bien à leurs discours et à toute leur conduite qu'ils ne songent ni à leurs grands-pères, ni à leurs petits-fils : le présent est pour eux; ils n'en jouissent pas, ils en abusent.

Straton[1], est né sous deux étoiles : malheureux, heureux dans le même degré. Sa vie est un roman : non, il lui manque le vraisemblable. Il n'a point eu d'aventures ; il a eu de beaux songes, il en a eu de mauvais ; que dis-je? on ne rêve point comme il a vécu. Personne n'a tiré d'une destinée plus qu'il a fait ; l'extrême et le médiocre lui sont connus : il a brillé, il a souffert, il a mené une vie commune ; rien ne lui est échappé. Il s'est fait valoir par des vertus qu'il assurait fort sérieusement qui étaient en lui ; il a dit de soi : *J'ai de l'esprit, j'ai du courage;* et tous ont dit après lui : *Il a de l'esprit, il a du courage.* Il a exercé dans l'une et l'autre fortune le génie du courtisan, qui a dit de lui plus de bien peut-être et plus de mal qu'il n'y en avait. Le joli, l'aimable, le rare, le merveilleux, l'héroïque, ont été employés à son éloge ; et tout le contraire a servi depuis pour le ravaler ; caractère équivoque, mêlé, enveloppé ; une énigme, une question presque indécise.

La faveur met l'homme au-dessus de ses égaux ; et sa chute au-dessous.

Celui qui, un beau jour, sait renoncer fermement ou à un grand nom, ou à une grande autorité, ou à une grande fortune, se délivre en un moment de bien des peines, de bien des veilles, et quelquefois de bien des crimes.

Dans cent ans le monde subsistera encore en son entier : ce sera le même théâtre et les mêmes décorations ; ce ne seront plus les mêmes acteurs. Tout ce qui se réjouit sur une grâce reçue, ou ce qui s'attriste et se désespère sur un refus, tous auront disparu de dessus la scène. Il s'avance déjà sur le théâtre d'autres hommes qui vont jouer dans une même pièce les mêmes rôles : ils s'évanouiront à leur tour ; et

ceux qui ne sont pas encore, un jour ne seront plus ; de nouveaux acteurs ont pris leur place : quel fond à faire sur un personnage de comédie !

Qui a vu la cour, a vu du monde ce qui est le plus beau, le plus spécieux, et le plus orné : qui méprise la cour, après l'avoir vue, méprise le monde.

La ville dégoûte de la province ; la cour détrompe de la ville, et guérit de la cour.

Un esprit sain puise à la cour le goût de la solitude et de la retraite.

CHAPITRE IX

Des grands.

La prévention du peuple en faveur des grands est si aveugle, et l'entêtement pour leur geste, leur visage, leur ton de voix, et leurs manières, si général, que, s'ils s'avisaient d'être bons, cela irait à l'idolâtrie.

Si vous êtes né vicieux, ô *Théagène*[1], je vous plains ; si vous le devenez par faiblesse pour ceux qui ont intérêt que vous le soyez, qui ont juré entre eux de vous corrompre, et qui se vantent déjà de pouvoir réussir, souffrez que je vous méprise. Mais si vous êtes sage, tempérant, modeste, civil, généreux, reconnaissant, laborieux, d'un rang d'ailleurs et d'une naissance à donner des exemples plutôt qu'à les prendre d'autrui, et à faire les règles plutôt qu'à les recevoir, convenez avec cette sorte de gens de suivre par complaisance leurs dérèglements, leurs vices et leur folie, quand ils auront, par la déférence qu'ils vous doivent, exercé toutes les vertus que vous chérissez : ironie forte, mais utile, très-propre à mettre vos mœurs en sûreté, à renverser tous leurs projets, et à les jeter dans le parti de continuer

---

[1] Ce n'est pas ici un caractère, c'est-à-dire la peinture d'une espèce d'hommes ; c'est le portrait d'un individu, d'un homme à part ; et cet homme est évidemment le duc de Lauzun, dont la destinée, le caractère et l'esprit offrirent tous les extrêmes, et réunirent tous les contraires, que La Bruyère a marqués dans cette peinture.

[1] Le nom de *Théagène* est traduit dans les clefs par celui du *grand prieur de Vendôme*. Il est certain que ces mots, *d'un rang et d'une naissance à donner des exemples plutôt qu'à les prendre d'autrui*, s'appliquent assez bien à ce petit-fils légitimé d'Henri IV. Malheureusement les mots de *dérèglements*, de *vices* et de *folie* conviennent encore mieux à la vie plus que voluptueuse que ce prince et ses familiers menaient au Temple.

d'être ce qu'ils sont, et de vous laisser tel que vous êtes.

L'avantage des grands sur les autres hommes est immense par un endroit. Je leur cède leur bonne chère, leurs riches ameublements, leurs chiens, leurs chevaux, leurs singes, leurs nains, leurs fous, et leurs flatteurs ; mais je leur envie le bonheur d'avoir à leur service des gens qui les égalent par le cœur et par l'esprit, et qui les passent quelquefois.

Les grands se piquent d'ouvrir une allée dans une forêt, de soutenir des terres par de longues murailles, de dorer des plafonds, de faire venir dix pouces d'eau, de meubler une orangerie ; mais de rendre un cœur content, de combler une âme de joie, de prévenir d'extrêmes besoins ou d'y remédier, leur curiosité ne s'étend point jusque-là.

On demande si, en comparant ensemble les différentes conditions des hommes, leurs peines, leurs avantages, on n'y remarquerait pas un mélange ou une espèce de compensation de bien et de mal qui établirait entre elles l'égalité, ou qui ferait du moins que l'un ne serait guère plus désirable que l'autre. Celui qui est puissant, riche, et à qui il ne manque rien, peut former cette question ; mais il faut que ce soit un homme pauvre qui la décide.

Il ne laisse pas d'y avoir comme un charme attaché à chacune des différentes conditions, et qui y demeure jusqu'à ce que la misère l'en ait ôté. Ainsi les grands se plaisent dans l'excès, et les petits aiment la modération ; ceux-là ont le goût de dominer et de commander, et ceux-ci sentent du plaisir et même de la vanité à les servir et à leur obéir : les grands sont entourés, salués, respectés ; les petits entourent, saluent, se prosternent, et tous sont contents.

Il coûte si peu aux grands à ne donner que des paroles, et leur condition les dispense si fort de tenir de belles promesses qu'ils vous ont faites, que c'est modestie à eux de ne promettre pas encore plus largement.

Il est vieux et usé, dit un grand ; il s'est crevé à me suivre : qu'en faire ? Un autre, plus jeune, enlève ses espérances, et obtient le poste qu'on ne refuse à ce malheureux que parce qu'il l'a trop mérité.

Je ne sais, dites-vous avec un air froid et dédaigneux, Philante a du mérite, de l'esprit, de l'agrément, de l'exactitude sur son devoir, de la fidélité et de l'attachement pour son maître, et il en est médiocrement considéré ; il ne plaît pas, il n'est pas goûté : expliquez-vous ; est-ce Philante, ou le grand qu'il sert, que vous condamnez ?

Il est souvent plus utile de quitter les grands que de s'en plaindre.

Qui peut dire pourquoi quelques-uns ont le gros lot, ou quelques autres la faveur des grands ?

Les grands sont si heureux, qu'ils n'essuient pas même, dans toute leur vie, l'inconvénient de regretter la perte de leurs meilleurs serviteurs ou des personnes illustres[1] dans leur genre et dont ils ont tiré le plus de plaisir et le plus d'utilité. La première chose que la flatterie sait faire après la mort de ces hommes uniques, et qui ne se réparent point, est de leur supposer des endroits faibles, dont elle prétend que ceux qui leur succèdent sont très-exempts : elle assure que l'un, avec toute la capacité et toutes les lumières de l'autre dont il prend la place, n'en a point les défauts ; et ce style sert aux princes à se consoler du grand et de l'excellent par le médiocre.

Les grands dédaignent les gens d'esprit qui n'ont que de l'esprit ; les gens d'esprit méprisent les grands qui n'ont que de la grandeur ; les gens de bien plaignent les uns et les autres qui ont eu de la grandeur et de l'esprit sans nulle vertu. Quand je vois, d'une part, auprès des grands, à leur table et quelquefois dans leur familiarité, de ces hommes alertes, empressés, intrigants, aventuriers, esprits dangereux et nuisibles, et que je considère, d'autre part, quelle peine ont les personnes de mérite à en approcher, je ne suis pas toujours disposé à croire que les méchants soient soufferts par intérêt, ou que les gens de bien soient regardés comme inutiles ; je trouve plus mon compte à

[1] Louis XIV apprit la mort de Louvois sans en témoigner aucun chagrin, quelque utilité qu'il eût tirée du zèle infatigable de ce ministre ; et, s'il eût eu des regrets, ses courtisans se seraient empressés de les adoucir, en lui persuadant qu'il n'avait pas fait une si grande perte, et qu'il l'avait amplement réparée par le choix de son nouveau ministre. C'est à cela probablement que La Bruyère fait ici allusion.

me confirmer dans cette pensée, que grandeur et discernement sont deux choses différentes, et l'amour pour la vertu et pour les vertueux une troisième chose.

Lucile aime mieux user sa vie à se faire supporter de quelques grands, que d'être réduit à vivre familièrement avec ses égaux.

La règle de voir de plus grands que soi doit avoir ses restrictions : il faut quelquefois d'étranges talents pour la réduire en pratique.

Quelle est l'incurable maladie de *Théophile*[1]? elle lui dure depuis plus de trente années : il ne guérit point : il a voulu, il veut, et il voudra gouverner les grands; la mort seule lui ôtera avec la vie cette soif d'empire et d'ascendant sur les esprits : est-ce en lui zèle du prochain? est-ce habitude? est-ce une excessive opinion de soi même? Il n'y a point de palais où il ne s'insinue ; ce n'est pas au milieu d'une chambre qu'il s'arrête; il passe à une embrasure, ou au cabinet : on attend qu'il ait parlé, et longtemps, et avec action, pour avoir audience, pour être vu. Il entre dans le secret des familles ; il est de quelque chose dans tout ce qui leur arrive de triste ou d'avantageux : il prévient, il s'offre, il se fait de fête ; il faut l'admettre. Ce n'est pas assez, pour remplir son temps ou son ambition, que le soin de dix mille âmes dont il répond à Dieu comme de la sienne propre : il en a d'un plus haut rang et d'une plus haute distinction dont il ne doit aucun compte, et dont il se charge plus volontiers. Il écoute, il veille sur tout ce qui peut servir de pâture à son esprit d'intrigue, de médiation, ou de manège : à peine un grand est-il débarqué, qu'il l'empoigne et s'en saisit ; on entend plutôt dire à Théophile qu'il le gouverne, qu'on a pu soupçonner qu'il pensait à le gouverner.

Une froideur ou une incivilité qui vient de ceux qui sont au-dessus de nous nous les fait haïr ; mais un salut ou un sourire nous les réconcilie.

Il y a des hommes superbes que l'élévation de leurs rivaux humilie et apprivoise; ils en viennent, par cette disgrâce, jusqu'à rendre le salut : mais le temps, qui adoucit toutes choses, les remet enfin dans leur naturel.

Le mépris que les grands ont pour le peuple les rend indifférents sur les flatteries ou sur les louanges qu'ils en reçoivent, et tempère leur vanité; de même, les princes loués sans fin et sans relâche des grands ou des courtisans en seraient plus vains, s'ils estimaient davantage ceux qui les louent.

Les grands croient être seuls parfaits, n'admettent qu'à peine dans les autres hommes la droiture d'esprit, l'habileté, la délicatesse, et s'emparent de ces riches talents comme de choses dues à leur naissance. C'est cependant en eux une erreur grossière de se nourrir de si fausses préventions : ce qu'il y a jamais eu de mieux pensé, de mieux dit, de mieux écrit, et peut-être d'une conduite plus délicate, ne nous est pas toujours venu de leur fond. Ils ont de grands domaines et une longue suite d'ancêtres : cela ne leur peut être contesté.

Avez-vous de l'esprit, de la grandeur, de l'habileté, du goût, du discernement? en croirai-je la prévention et la flatterie, qui publient hardiment votre mérite! elles me sont suspectes, et je les récuse. Me laisserai-je éblouir par un air de capacité ou de hauteur qui vous met au-dessus de tout ce qui se fait, de ce qui se dit, et de ce qui s'écrit ; qui vous rend sec sur les louanges, et empêche qu'on ne puisse arracher de vous la moindre approbation? Je conclus de là, plus naturellement, que vous avez de la faveur, du crédit, et de grandes richesses. Quel moyen de vous définir, *Téléphon*? on n'approche de vous que comme du feu, et dans une certaine distance ; et il faudrait vous développer, vous manier, vous confronter avec vos pareils, pour porter de vous un jugement sain et raisonnable. Votre homme de confiance, qui est dans votre familiarité, dont vous prenez conseil, pour qui vous quittez *Socrate* et *Aristide*, avec qui vous riez, et qui rit plus haut que vous, *Dave* enfin, m'est très-connu : serait-ce assez pour vous bien connaître?

---

[1] Les clefs désignent l'abbé de Roquette, évêque d'Autun, qui avait effectivement la manie de vouloir *gouverner les grands*. Ce qui prouve que le personnage peint ici par La Bruyère est un évêque, c'est qu'il est question des *dix mille âmes dont il répond à Dieu*; et le trait : *A peine un grand est-il débarqué*, etc., s'applique parfaitement à l'évêque d'Autun, qui, à l'arrivée de Jacques II en France, avait fait les plus grands efforts pour s'insinuer dans la faveur de ce prince.

Il y en a de tels que, s'ils pouvaient connaître leurs subalternes et se connaître eux-mêmes, ils auraient honte de primer.

S'il y a peu d'excellents orateurs, y a-t-il bien des gens qui puissent les entendre? S'il n'y a pas assez de bons écrivains, où sont ceux qui savent lire? De même on s'est toujours plaint du petit nombre de personnes capables de conseiller les rois, et de les aider dans l'administration de leurs affaires. Mais s'ils naissent enfin ces hommes habiles et intelligents, s'ils agissent selon leurs vues et leurs lumières, sont-ils aimés, sont-ils estimés, autant qu'ils le méritent? sont-ils loués de ce qu'ils pensent et de ce qu'ils font pour la patrie? Ils vivent, il suffit: on les censure s'ils échouent, et on les envie s'ils réussissent. Blâmons le peuple où il serait ridicule de vouloir l'excuser; son chagrin et sa jalousie, regardés des grands ou des puissants comme inévitables, les ont conduits insensiblement à le compter pour rien, et à négliger ses suffrages dans toutes leurs entreprises, à s'en faire même une règle de politique.

Les petits se haïssent les uns les autres lorsqu'ils se nuisent réciproquement. Les grands sont odieux aux petits par le mal qu'ils leur font, et par tout le bien qu'ils ne leur font pas: ils leur sont responsables de leur obscurité, de leur pauvreté et de leur infortune; ou du moins ils leur paraissent tels.

C'est déjà trop d'avoir avec le peuple une même religion et un même Dieu: quel moyen encore de s'appeler Pierre, Jean, Jacques, comme le marchand ou le laboureur? Évitons d'avoir rien de commun avec la multitude; affectons au contraire toutes les distinctions qui nous en séparent: qu'elle s'approprie les douze apôtres, leurs disciples, les premiers martyrs (telles gens, tels patrons); qu'elle voie avec plaisir revenir toutes les années ce jour particulier que chacun célèbre comme sa fête. Pour nous autres grands, ayons recours aux noms profanes: faisons-nous baptiser sous ceux d'Annibal, de César, et de Pompée, c'étaient de grands hommes; sous celui de Lucrèce, c'était une illustre Romaine; sous ceux de Renaud, de Roger, d'Olivier et de Tancrède, c'étaient des paladins, et le roman n'a point de héros plus merveilleux; sous ceux d'Hector, d'Achille, d'Hercule, tous demi-dieux; sous ceux même de Phébus et de Diane: et qui nous empêchera de nous faire nommer Jupiter, ou Mercure, ou Vénus, ou Adonis?

Pendant que les grands négligent de rien connaître, je ne dis pas seulement aux intérêts des princes et aux affaires publiques, mais à leurs propres affaires; qu'ils ignorent l'économie et la science d'un père de famille, et qu'ils se louent eux-mêmes de cette ignorance; qu'ils se laissent appauvrir et maîtriser par des intendants; qu'ils se contentent d'être gourmets ou *coteaux*[1], d'aller chez *Thaïs* ou chez *Phryné*, de parler de la meute et de la vieille meute, de dire combien il y a de postes de Paris à Besançon ou à Philisbourg; des citoyens s'instruisent du dedans et du dehors d'un royaume, étudient le gouvernement, deviennent fins et politiques, savent le fort et le faible de tout un état, songent à se mieux placer, se placent, s'élèvent, deviennent puissants, soulagent le prince d'une partie des soins publics. Les grands qui les dédaignaient les révèrent: heureux s'ils deviennent leurs gendres!

Si je compare ensemble les deux conditions des hommes les plus opposées, je veux dire les grands avec le peuple, ce dernier me paraît content du nécessaire, et les autres sont inquiets et pauvres avec le superflu. Un homme du peuple ne saurait faire aucun mal; un grand ne veut faire aucun bien, et est capable de grands maux: l'un ne se forme et ne s'exerce que dans les choses qui sont utiles; l'autre y joint les pernicieuses: là se montrent ingénument la grossièreté et la franchise; ici se cache une sève maligne et corrompue sous l'écorce de la politesse: le peuple n'a guère d'esprit, et les grands n'ont point d'âme: celui-là a un bon fonds, et n'a point de dehors; ceux-ci n'ont que des dehors et qu'une simple superficie. Faut-il opter? je ne balance pas, je veux être peuple.

Quelque profonds que soient les grands de la cour, et quelque art qu'ils aient pour pa-

---

[1] Boileau parle ainsi des *coteaux* dans la satire du Repas ridicule. « Ce nom, dit-il en note, fût donné à trois « grands seigneurs tenant table, qui étaient partagés sur « l'estime qu'on devait faire des vins des coteaux qui sont « aux environs de Reims. »

raître ce qu'ils ne sont pas, et pour ne point paraître ce qu'ils sont, ils ne peuvent cacher leur malignité, leur extrême pente à rire aux dépens d'autrui, et à jeter un ridicule souvent où il n'y en peut avoir ; ces beaux talents se découvrent en eux du premier coup d'œil : admirables sans doute pour envelopper une dupe et rendre sot celui qui l'est déjà, mais encore plus propres à leur ôter tout le plaisir qu'ils pourraient tirer d'un homme d'esprit qui saurait se tourner et se plier en mille manières agréables et réjouissantes, si le dangereux caractère du courtisan ne l'engageait pas à une fort grande retenue. Il lui oppose un caractère sérieux, dans lequel il se retranche, et il fait si bien que les railleurs, avec des intentions si mauvaises, manquent d'occasions de se jouer de lui.

Les aises de la vie, l'abondance, le calme d'une grande prospérité, font que les princes ont de la joie de reste pour rire d'un nain, d'un singe, d'un imbécile et d'un mauvais conte : les gens moins heureux ne rient qu'à propos.

Un grand aime la Champagne, abhorre la Brie ; il s'enivre de meilleur vin que l'homme du peuple, seule différence que la crapule laisse entre les conditions les plus disproportionnées, entre le seigneur et l'estafier.

Il semble d'abord qu'il entre dans les plaisirs des princes un peu de celui d'incommoder les autres : mais non, les princes ressemblent aux hommes ; ils songent à eux-mêmes, suivent leur goût, leurs passions, leur commodité : cela est naturel.

Il semble que la première règle des compagnies, des gens en place, ou des puissants, est de donner, à ceux qui dépendent d'eux pour le besoin de leurs affaires, toutes les traverses qu'ils en peuvent craindre.

Si un grand a quelque degré de bonheur sur les autres hommes, je ne devine pas lequel, si ce n'est peut-être de se trouver souvent dans le pouvoir et dans l'occasion de faire plaisir ; et, si elle naît, cette conjoncture, il semble qu'il doive s'en servir : si c'est en faveur d'un homme de bien, il doit appréhender qu'elle ne lui échappe. Mais comme c'est en une chose juste, il doit prévenir la sollicitation, et n'être vu que pour être remercié ; et, si elle est facile, il ne doit pas même la lui faire valoir : s'il la lui refuse, je les plains tous deux.

Il y a des hommes nés inaccessibles, et ce sont précisément ceux de qui les autres ont besoin, de qui ils dépendent : ils ne sont jamais que sur un pied ; mobiles comme le mercure, ils pirouettent, ils gesticulent, ils crient, ils s'agitent ; semblables à ces figures de carton qui servent de montre à une fête publique, ils jettent feu et flamme, tonnent et foudroient : on n'en approche pas, jusqu'à ce que, venant à s'éteindre, ils tombent, et par leur chute deviennent traitables, mais inutiles.

Le suisse, le valet de chambre, l'homme de livrée, s'ils n'ont plus d'esprit que ne porte leur condition, ne jugent plus d'eux-mêmes par leur première bassesse, mais par l'élévation et la fortune des gens qu'ils servent, et mettent tous ceux qui entrent par leur porte et montent leur escalier indifféremment au-dessous d'eux et de leurs maîtres : tant il est vrai qu'on est destiné à souffrir des grands et de ce qui leur appartient !

Un homme en place doit aimer son prince, sa femme, ses enfants, et après eux les gens d'esprit ; il les doit adopter ; il doit s'en fournir, et n'en jamais manquer. Il ne saurait payer, je ne dis pas de trop de pensions et de bienfaits, mais de trop de familiarité et de caresses, les secours et les services qu'il en tire, même sans le savoir : quels petits bruits ne dissipent-ils pas ! quelles histoires ne réduisent-ils pas à la fable et à la fiction ! ne savent-ils pas justifier les mauvais succès par les bonnes intentions, prouver la bonté d'un dessein et la justesse des mesures par le bonheur des événements, s'élever contre la malignité et l'envie pour accorder à de bonnes entreprises de meilleurs motifs, donner des explications favorables à des apparences qui étaient mauvaises, détourner les petits défauts, ne montrer que les vertus, et les mettre dans leur jour, semer en mille occasions des faits et des détails qui soient avantageux, et tourner le ris et la moquerie contre ceux qui oseraient en douter, ou avancer des faits contraires ? Je sais que les grands ont pour maxime de laisser parler, et de continuer d'agir ; mais je sais aussi qu'il leur arrive, en plusieurs rencontres, que laisser dire les empêche de faire.

Sentir le mérite, et, quand il est une fois connu, le bien traiter : deux grandes démarches à faire tout de suite, et dont la plupart des grands sont fort incapables.

Tu es grand, tu es puissant; ce n'est pas assez : fais que je t'estime, afin que je sois triste d'être déchu de tes bonnes grâces, ou de n'avoir pu les acquérir.

Vous dites d'un grand ou d'un homme en place qu'il est prévenant, officieux; qu'il aime à faire plaisir : et vous le confirmez par un long détail de ce qu'il a fait en une affaire où il a su que vous preniez intérêt. Je vous entends; on va pour vous au-devant de la sollicitation, vous avez du crédit, vous êtes connu du ministre, vous êtes bien avec les puissances : désiriez-vous que je susse autre chose?

Quelqu'un vous dit : « Je me plains d'un tel; il est fier de son élévation, il me dédaigne, il ne me connaît plus. — Je n'ai pas pour moi, lui répondez-vous, sujet de m'en plaindre : au contraire, je m'en loue fort; et il me semble même qu'il est assez civil. » Je crois encore vous entendre; vous voulez qu'on sache qu'un homme en place a de l'attention pour vous, et qu'il vous démêle dans l'antichambre entre mille honnêtes gens de qui il détourne les yeux, de peur de tomber dans l'inconvénient de leur rendre leur salut ou de leur sourire.

Se louer de quelqu'un, se louer d'un grand, phrase délicate dans son origine, et qui signifie sans doute se louer soi-même en disant d'un grand tout le bien qu'il nous a fait, ou qu'il n'a pas songé à nous faire.

On loue les grands pour marquer qu'on les voit de près, rarement par estime ou par gratitude : on ne connaît pas souvent ceux que l'on loue. La vanité ou la légèreté l'emporte quelquefois sur le ressentiment : on est mal content d'eux, et on les loue.

S'il est périlleux de tremper dans une affaire suspecte, il l'est encore davantage de s'y trouver complice d'un grand : il s'en tire, et vous laisse payer doublement, pour lui et pour vous.

Le prince n'a point assez de toute sa fortune pour payer une basse complaisance, si l'on en juge par tout ce que celui qu'il veut récompenser y a mis du sien; et il n'a pas trop de toute sa puissance pour le punir, s'il mesure sa vengeance au tort qu'il en a reçu.

La noblesse expose sa vie pour le salut de l'État, et pour la gloire du souverain; le magistrat décharge le prince d'une partie du soin de juger les peuples : voilà de part et d'autre des fonctions bien sublimes, et d'une merveilleuse utilité. Les hommes ne sont guère capables de plus grandes choses; et je ne sais d'où la robe et l'épée ont puisé de quoi se mépriser réciproquement.

S'il est vrai qu'un grand donne plus à la fortune lorsqu'il hasarde une vie destinée à couler dans les ris, le plaisir et l'abondance, qu'un particulier qui ne risque que des jours qui sont misérables, il faut avouer aussi qu'il a un tout autre dédommagement, qui est la gloire et la haute réputation. Le soldat ne sent pas qu'il soit connu; il meurt obscur et dans la foule : il vivait de même à la vérité, mais il vivait; et c'est l'une des sources du défaut de courage dans les conditions basses et serviles. Ceux au contraire que la naissance démêle d'avec le peuple, et expose aux yeux des hommes, à leur censure et à leurs éloges, sont même capables de sortir par effort de leur tempérament, s'il ne les portait pas à la vertu; et cette disposition de cœur et d'esprit, qui passe des aïeux par les pères dans leurs descendants, est cette bravoure si familière aux personnes nobles, et peut-être la noblesse elle-même.

Jetez-moi dans les troupes comme un simple soldat, je suis THERSITE; mettez-moi à la tête d'une armée dont j'aie à répondre à toute l'Europe, je suis ACHILLE.

Les princes, sans autre science ni autre règle, ont un goût de comparaison : ils sont nés et élevés au milieu et comme dans le centre des meilleures choses, à quoi ils rapportent ce qu'ils lisent, ce qu'ils voient, et ce qu'ils entendent. Tout ce qui s'éloigne trop de LULLI, de RACINE et de LE BRUN est condamné.

Ne parler aux jeunes princes que du soin de leur rang est un excès de précaution, lorsque toute une cour met son devoir et une partie de sa politesse à les respecter, et qu'ils sont bien moins sujets à ignorer aucun des égards dus à leur naissance qu'à confondre les personnes, et les traiter indifféremment et sans distinction des conditions et des titres. Ils ont une fierté naturelle qu'ils retrouvent dans les occasions; il ne leur faut des leçons que pour la régler, que pour leur inspirer la bonté, l'honnêteté, et l'esprit de discernement.

C'est une pure hypocrisie à un homme d'une certaine élévation de ne pas prendre d'abord le rang qui lui est dû, et que tout le monde lui cède. Il ne lui coûte rien d'être modeste, de se mêler dans la multitude qui va s'ouvrir pour lui, de prendre dans une assemblée une dernière place, afin que tous l'y voient et s'empressent de l'en ôter. La modestie est d'une pratique plus amère aux hommes d'une condition ordinaire : s'ils se jettent dans la foule, on les écrase; s'ils choisissent un poste incommode, il leur demeure.

Aristarque[1] se transporte dans la place avec un héraut et un trompette; celui-ci commence, toute la multitude accourt et se rassemble. Écoutez, peuple, dit le héraut; soyez attentif; silence, silence : *Aristarque, que vous voyez présent, doit faire demain une bonne action.* Je dirai plus simplement et sans figure : Quelqu'un fait bien; veut-il faire mieux? que je ne sache pas qu'il fait bien, ou que je ne le soupçonne pas du moins de me l'avoir appris.

Les meilleures actions s'altèrent et s'affaiblissent par la manière dont on les fait, et laissent même douter des intentions. Celui qui protège ou qui loue la vertu pour la vertu, qui corrige ou qui blâme le vice à cause du vice, agit simplement, naturellement, sans aucun tour, sans nulle singularité, sans faste, sans affectation : il n'use point de réponses graves et sentencieuses, encore moins de traits piquants et satiriques; ce n'est jamais une scène qu'il joue pour le public, c'est un bon exemple qu'il donne et un devoir dont il s'acquitte; il ne fournit rien aux visites des femmes, ni au cabinet[2], ni aux nouvellistes; il ne donne point

à un homme agréable la matière d'un joli conte. Le bien qu'il vient de faire est un peu moins su, à la vérité; mais il a fait ce bien : que voudrait-il davantage?

Les grands ne doivent point aimer les premiers temps; ils ne leur sont point favorables : il est triste pour eux d'y voir que nous sortions tous du frère et de la sœur. Les hommes composent ensemble une même famille : il n'y a que le plus ou le moins dans le degré de parenté.

Théognis est recherché dans son ajustement, et il sort paré comme une femme : il n'est pas hors de sa maison qu'il a déjà ajusté ses yeux et son visage, afin que ce soit une chose faite quand il sera dans le public, qu'il y paraisse tout concerté, que ceux qui passent le trouvent déjà gracieux et leur souriant, et que nul ne lui échappe. Marche-t-il dans les salles, il se tourne à droite où il y a un grand monde, et à gauche où il n'y a personne; il salue ceux qui y sont et ceux qui n'y sont pas. Il embrasse un homme qu'il trouve sous sa main; il lui presse la tête contre sa poitrine : il demande ensuite qui est celui qu'il a embrassé. Quelqu'un a besoin de lui dans une affaire qui est facile, il va le trouver, lui faire sa prière : Théognis l'écoute favorablement; il est ravi de lui être bon à quelque chose, il le conjure de faire naître des occasions de lui rendre service; et, comme celui-ci insiste sur son affaire, il lui dit qu'il ne la fera point; il le prie de se mettre en sa place, il l'en fait juge: le client sort reconduit, caressé, confus, presque content d'être refusé.

C'est avoir une très-mauvaise opinion des hommes, et néanmoins les bien connaître, que de croire dans un grand poste leur imposer par des caresses étudiées, par de longs et stériles embrassements.

Pamphile ne s'entretient pas avec les gens qu'il rencontre dans les salles ou dans les cours : si l'on en croit sa gravité et l'élévation de sa voix, il les reçoit, leur donne audience, les congédie. Il a des termes tout à la fois civils et hautains, une honnêteté impérieuse, et qu'il emploie sans discernement : il a une fausse grandeur qui l'abaisse, et qui embarrasse fort ceux qui sont ses amis, et qui ne veulent pas le mépriser.

---

[1] Ce trait, dit-on, appartient au premier président de Harlay, qui, ayant reçu un legs de vingt-cinq mille livres, se transporta tout exprès de sa terre à Fontainebleau, pour y faire donation de cette somme aux pauvres, en présence de toute la cour.

[2] Rendez-vous à Paris de quelques honnêtes gens pour la conversation. (*La Bruyère.*)

Un Pamphile est plein de lui-même, ne se perd pas de vue, ne sort point de l'idée de sa grandeur, de ses alliances, de sa charge, de sa dignité : il ramasse, pour ainsi dire, toutes ses pièces, s'en enveloppe pour se faire valoir; il dit : *Mon ordre, mon cordon bleu;* il l'étale ou il le cache par ostentation : un Pamphile, en un mot, veut être grand; il croit l'être, il ne l'est pas, il l'est d'après un grand. Si quelquefois il sourit, à un homme du dernier ordre, à un homme d'esprit, il choisit son temps si juste qu'il n'est jamais pris sur le fait : aussi la rougeur lui monterait-elle au visage s'il était malheureusement surpris dans la moindre familiarité avec quelqu'un qui n'est ni opulent, ni puissant, ni ami d'un ministre, ni son allié, ni son domestique. Il est sévère et inexorable à qui n'a point encore fait sa fortune : il vous aperçoit un jour dans une galerie, et il vous fuit; et le lendemain s'il vous trouve en un endroit moins public, ou, s'il est public, en la compagnie d'un grand, il prend courage, il vient à vous, et il vous dit : *Vous ne faisiez pas hier semblant de nous voir.* Tantôt il vous quitte brusquement pour joindre un seigneur ou un premier commis; et tantôt, s'il les trouve avec vous en conversation, il vous coupe et vous les enlève. Vous l'abordez une autre fois, et il ne s'arrête pas; il se fait suivre, vous parle si haut que c'est une scène pour ceux qui passent. Aussi les Pamphiles sont-ils toujours comme sur un théâtre; gens nourris dans le faux, et qui ne haïssent rien tant que d'être naturels; vrais personnages de comédie, des Floridors, des Mondoris.

On ne tarit point sur les Pamphiles : ils sont bas et timides devant les princes et les ministres, pleins de hauteur et de confiance avec ceux qui n'ont que de la vertu, muets et embarrassés avec les savants; vifs, hardis et décisifs avec ceux qui ne savent rien. Ils parlent de guerre à un homme de robe, et de politique à un financier; ils savent l'histoire avec les femmes; ils sont poëtes avec un docteur, et géomètres avec un poëte. De maximes, ils ne s'en chargent pas; de principes, encore moins : ils vivent à l'aventure, poussés et entraînés par le vent de la faveur, et par l'attrait des richesses. Ils n'ont point d'opinion qui soit à eux, qui leur soit propre : ils en empruntent à mesure qu'ils en ont besoin; et celui à qui ils ont recours n'est guère un homme sage, ou habile, ou vertueux; c'est un homme à la mode.

Nous avons pour les grands et pour les gens en place une jalousie stérile, ou une haine impuissante qui ne nous venge point de leur splendeur et de leur élévation, et qui ne fait qu'ajouter à notre propre misère le poids insupportable du bonheur d'autrui : que faire contre une maladie de l'âme si invétérée et si contagieuse? Contentons-nous de peu, et de moins encore, s'il est possible; sachons perdre dans l'occasion; la recette est infaillible, et je consens à l'éprouver : j'évite par là d'apprivoiser un suisse, ou de fléchir un commis; d'être repoussé à une porte par la foule innombrable de clients ou de courtisans dont la maison d'un ministre se dégorge plusieurs fois le jour; de languir dans sa salle d'audience, de lui demander en tremblant et en balbutiant une chose juste; d'essuyer sa gravité, son ris amer, et son *laconisme*. Alors je ne le hais plus, je ne lui porte plus d'envie; il ne me fait aucune prière, je ne lui en fais pas : nous sommes égaux, si ce n'est peut-être qu'il n'est pas tranquille, et que je le suis.

Si les grands ont les occasions de nous faire du bien, ils en ont rarement la volonté; et, s'ils désirent de nous faire du mal, ils n'en trouvent pas toujours les occasions. Ainsi l'on peut être trompé dans l'espèce de culte qu'on leur rend, s'il n'est fondé que sur l'espérance ou sur la crainte; et une longue vie se termine quelquefois sans qu'il arrive de dépendre d'eux pour le moindre intérêt, ou qu'on leur doive sa bonne ou mauvaise fortune. Nous devons les honorer parce qu'ils sont grands, et que nous sommes petits; et qu'il y en a d'autres plus petits que nous, qui nous honorent.

A la cour, à la ville, mêmes passions, mêmes faiblesses, mêmes petitesses, mêmes travers d'esprit, mêmes brouilleries dans les familles et entre les proches, mêmes envies, mêmes antipathies : partout des brus et des belles-mères, des maris et des femmes, des divorces, des ruptures, et de mauvais raccommodements; partout des humeurs, des colères, des partialités, des rapports, et ce qu'on appelle de mauvais discours : avec de bons yeux on voit sans peine la petite ville, la rue Saint-Denis, comme transportées à V***[1] ou à F***[2]. Ici l'on croit se haïr avec plus de fierté et de hauteur, et peut-être avec plus de dignité : on se nuit réciproquement avec plus d'habileté et de finesse; les colères sont plus éloquentes, et l'on se dit des injures plus poliment et en meilleurs termes ; l'on n'y blesse point la pureté de la langue ; l'on n'y offense que les hommes ou que leur réputation : tous les dehors du vice y sont spécieux ; mais le fond, encore une fois, y est le même que dans les conditions les plus ravalées : tout le bas, tout le faible et tout l'indigne s'y trouvent. Ces hommes, si grands ou par leur naissance, ou par leurs faveurs, ou par leurs dignités, ces têtes si fortes et si habiles, ces femmes si polies et si spirituelles, tous méprisent le peuple; et ils sont peuple.

Qui dit le peuple dit plus d'une chose : c'est une vaste expression ; et l'on s'étonnerait de voir ce qu'elle embrasse, et jusqu'où elle s'étend. Il y a le peuple qui est opposé aux grands : c'est la populace et la multitude ; il y a le peuple qui est opposé aux sages, aux habiles et aux vertueux : ce sont les grands comme les petits.

Les grands se gouvernent par sentiment : âmes oisives sur lesquelles tout fait d'abord une vive impression. Une chose arrive, ils en parlent trop, bientôt ils en parlent peu, ensuite ils n'en parlent plus, et ils n'en parleront plus : action, conduite, ouvrage, événement, tout est oublié; ne leur demandez ni correction, ni prévoyance, ni réflexion, ni reconnaissance, ni récompense.

L'on se porte aux extrémités opposées à l'égard de certains personnages. La satire, après leur mort, court parmi le peuple, pendant que les voûtes des temples retentissent de leurs éloges. Ils ne méritent quelquefois ni libelles, ni discours funèbres; quelquefois aussi ils sont dignes de tous les deux.

L'on doit se taire sur les puissants : il y a presque toujours de la flatterie à en dire du bien ; il y a du péril à en dire du mal pendant qu'ils vivent, et de la lâcheté, quand ils sont morts.

CHAPITRE X

Du souverain ou de la république.

Quand l'on parcourt sans la prévention de son pays toutes les formes de gouvernement, l'on ne sait à laquelle se tenir ; il y a dans toutes le moins bon et le moins mauvais. Ce qu'il y a de plus raisonnable et de plus sûr, c'est d'estimer celle où l'on est né la meilleure de toutes, et de s'y soumettre.

Il ne faut ni art ni science pour exercer la tyrannie; et la politique qui ne consiste qu'à répandre le sang est fort bornée et de nul raffinement ; elle inspire de tuer ceux dont la vie est un obstacle à notre ambition : un homme né cruel fait cela sans peine; c'est la manière la plus horrible et la plus grossière de se maintenir ou de s'agrandir.

C'est une politique sûre et ancienne dans les républiques que d'y laisser le peuple s'endormir dans les fêtes, dans les spectacles, dans le luxe, dans le faste, dans les plaisirs, dans la vanité et la mollesse; le laisser se remplir du vide, et savourer la bagatelle : quelles grandes démarches ne fait-on pas au despotique par cette indulgence !

Il n'y a point de patrie dans le despotique ; d'autres choses y suppléent, l'intérêt, la gloire, le service du prince.

Quand on veut changer et innover dans une république, c'est moins les choses que le temps que l'on considère. Il y a des conjonctures où l'on sent bien qu'on ne saurait trop attenter contre le peuple ; et il y en a d'autres où il est clair qu'on ne peut trop le ménager. Vous pouvez aujourd'hui ôter à cette ville ses franchises, ses droits, ses privilèges; mais demain ne songez pas même à réformer ses enseignes.

Quand le peuple est en mouvement, on ne comprend pas par où le calme peut y entrer ; et, quand il est paisible, on ne voit pas par où le calme peut en sortir.

Il y a de certains maux dans la république

---

[1] Versailles.
[2] Fontainebleau.

qui y sont soufferts, parce qu'ils préviennent ou empêchent de plus grands maux; il y a d'autres maux qui sont tels seulement par leur établissement, et qui, étant dans leur origine un abus ou un mauvais usage, sont moins pernicieux dans leurs suites et dans la pratique qu'une loi plus juste, ou une coutume plus raisonnable. L'on voit une espèce de maux que l'on peut corriger par le changement ou la nouveauté, qui est un mal, et fort dangereux; il y en a d'autres cachés et enfoncés comme des ordures dans un cloaque, je veux dire ensevelis sous la honte, sous le secret, et dans l'obscurité : on ne peut les fouiller et les remuer qu'ils n'exhalent le poison et l'infamie; les plus sages doutent quelquefois s'il est mieux de connaître ces maux que de les ignorer. L'on tolère quelquefois dans un État un assez grand mal, mais qui détourne un million de petits maux ou d'inconvénients, qui tous seraient inévitables et irrémédiables. Il se trouve des maux dont chaque particulier gémit, et qui deviennent néanmoins un bien public, quoique le public ne soit autre chose que tous les particuliers. Il y a des maux personnels qui concourent au bien et à l'avantage de chaque famille.

Il y en a qui affligent, ruinent, ou déshonorent les familles, mais qui tendent au bien et à la conservation de la machine de l'État et du gouvernement. D'autres maux renversent des États, et sur leurs ruines en élèvent de nouveaux. On en a vu enfin qui ont sapé par les fondements de grands empires, et qui les ont fait évanouir de dessus la terre, pour varier et renouveler la face de l'univers.

Qu'importe à l'État qu'*Ergaste* soit riche, qu'il ait des chiens qui arrêtent bien, qu'il crée les modes sur les équipages et sur les habits, qu'il abonde en superfluités? Où il s'agit de l'intérêt et des commodités de tout le public, le particulier est-il compté? La consolation des peuples dans les choses qui leur pèsent un peu est de savoir qu'ils soulagent le prince, ou qu'ils n'enrichissent que lui : ils ne se croient point redevables à Ergaste de l'embellissement de sa fortune.

La guerre a pour elle l'antiquité; elle a été dans tous les siècles : on l'a toujours vue remplir le monde de veuves et d'orphelins, épuiser les familles d'héritiers, et faire périr les frères à une même bataille. Jeune Soyecour[1], je regrette ta vertu, ta pudeur, ton esprit déjà mûr, pénétrant, élevé, sociable; je plains cette mort prématurée, qui te joint à ton intrépide frère, et t'enlève à une cour où tu n'as fait que te montrer : malheur déplorable, mais ordinaire! De tout temps les hommes, pour quelque morceau de terre de plus ou de moins, sont convenus entre eux de se dépouiller, se brûler, se tuer, s'égorger les uns les autres; et, pour le faire plus ingénieusement et avec plus de sûreté, ils ont inventé de belles règles qu'on appelle l'art militaire : ils ont attaché à la pratique de ces règles la gloire, ou la plus solide réputation; et ils ont depuis enchéri de siècle en siècle sur la manière de se détruire réciproquement. De l'injustice des premiers hommes, comme de son unique source, est venue la guerre, ainsi que la nécessité où ils se sont trouvés de se donner des maîtres qui fixassent leurs droits et leurs prétentions. Si, content du sien, on eût pu s'abstenir du bien de ses voisins, on avait pour toujours la paix et la liberté.

Le peuple paisible dans ses foyers, au milieu des siens, et dans le sein d'une grande ville où il n'a rien à craindre ni pour ses biens ni pour sa vie, respire le feu et le sang, s'occupe de guerres, de ruines, d'embrasements et de massacres, souffre impatiemment que des armées qui tiennent la campagne ne viennent point à se rencontrer, ou, si elles sont une fois en présence, qu'elles ne combattent point, ou si elles se mêlent, que le combat ne soit pas sanglant, et qu'il y ait moins de dix mille hommes sur la place. Il va même souvent jusqu'à oublier ses intérêts les plus chers, le repos et la sûreté, par l'amour qu'il a pour le changement, et par le goût de la nouveauté ou des choses extraordinaires. Quelques-uns consentiraient à voir une autre fois les ennemis aux portes de Dijon ou de Corbie, à voir tendre des chaînes, et faire des barricades, pour le seul plaisir d'en dire ou d'en apprendre la nouvelle.

Démophile, à ma droite, se lamente et s'é-

---

[1] Le chevalier de Soyecour, dont le frère avait été tué à la bataille de Fleurus, en juillet 1690, et qui mourut

crie : Tout est perdu, c'est fait de l'État; il est du moins sur le penchant de sa ruine. Comment résister à une si forte et si générale conjuration? Quel moyen, je ne dis pas d'être supérieur, mais de suffire seul à tant et de si puissants ennemis? Cela est sans exemple dans la monarchie. Un héros, un ACHILLE y succomberait. On a fait, ajoute-t-il, de lourdes fautes : je sais bien ce que je dis, je suis du métier, j'ai vu la guerre, et l'histoire m'en a beaucoup appris. Il parle là-dessus avec admiration d'Olivier le Daim et de Jacques Cœur[1] : c'étaient là des hommes, dit-il, c'étaient des ministres. Il débite ses nouvelles, qui sont toutes les plus tristes et les plus désavantageuses que l'on pourrait feindre : tantôt un parti des nôtres a été attiré dans une embuscade, et taillé en pièces, tantôt quelques troupes renfermées dans un château se sont rendues aux ennemis à discrétion, et ont passé par le fil de l'épée. Et, si vous lui dites que ce bruit est faux, et qu'il ne se confirme point, il ne vous écoute pas : il ajoute qu'un tel général a été tué; et bien qu'il soit vrai qu'il n'a reçu qu'une légère blessure, et que vous l'en assuriez, il déplore sa mort, il plaint sa veuve, ses enfants, l'État; il se plaint lui-même : *il a perdu un bon ami et une grande protection*. Il dit que la cavalerie allemande est invincible : il pâlit au seul nom des cuirassiers de l'empereur. Si l'on attaque cette place, continue-t-il, on lèvera le siège, où l'on demeurera sur la défensive sans livrer de combat; ou, si on le livre, on le doit perdre; et, si on le perd, voilà l'ennemi sur la frontière. Et, comme Démophile le fait voler, le voilà dans le cœur du royaume : il entend déjà sonner le beffroi des villes, et crier à l'alarme; il songe à son bien et à ses terres : où conduira-t-il son argent, ses meubles, sa famille? où se réfugiera-t-il? en Suisse ou à Venise?

Mais à ma gauche *Basilide* met tout d'un coup sur pied une armée de trois cent mille hommes; il n'en rabattrait pas une seule brigade : il a la liste des escadrons et des bataillons, des généraux et des officiers; il n'oublie pas l'artillerie ni le bagage: Il dispose absolument de toutes ces troupes : il en envoie tant en Allemagne et tant en Flandre; il en réserve un certain nombre pour les Alpes, un peu moins pour les Pyrénées, et il fait passer la mer à ce qui lui reste. Il connaît les marches de ces armées, il sait ce qu'elles feront et ce qu'elles ne feront pas; vous diriez qu'il ait l'oreille du prince ou le secret du ministre. Si les ennemis viennent de perdre une bataille où soit demeuré sur la place quelque neuf à dix mille hommes des leurs, il en compte jusqu'à trente mille, ni plus ni moins; car ces nombres sont toujours fixes et certains, comme de celui qui est bien informé. S'il apprend le matin que nous avons perdu une bicoque, non-seulement il envoie s'excuser à ses amis qu'il a la veille conviés à dîner, mais même ce jour-là il ne dîne point; et, s'il soupe, c'est sans appétit. Si les nôtres assiègent une place très-forte, très-régulière, pourvue de vivres et de munitions, qui a une bonne garnison, commandée par un homme d'un grand courage, il dit que la ville a des endroits faibles et mal fortifiés, qu'elle manque de poudre, que son gouverneur manque d'expérience, et qu'elle capitulera après huit jours de tranchée ouverte. Une autre fois il accourt tout hors d'haleine, et après avoir respiré un peu : Voilà, s'écrie-t-il, une grande nouvelle; ils sont défaits, et à plate couture; le général, les chefs, du moins une bonne partie, tout est tué, tout a péri. Voilà, continue-t-il, un grand massacre, et il faut convenir que nous jouons d'un grand bonheur. Il s'assit[1], il souffle après avoir débité sa nouvelle, à laquelle il ne manque qu'une circonstance, qui est qu'il est certain qu'il n'y a point eu de bataille. Il assure d'ailleurs qu'un tel prince renonce à la ligue, et quitte ses confédérés; qu'un autre se dispose à prendre le

---

trois jours après, lui des blessures qu'il avait reçues à cette même bataille.

[1] Olivier le Daim, fils d'un paysan de Flandre, d'abord barbier de Louis XI, et ensuite son principal ministre, pendu en 1484, au commencement du règne de Charles VIII. — Jacques Cœur, riche et fameux commerçant, devint trésorier de l'épargne de Charles VII, à qui il rendit les plus grands services, et qui, après l'avoir comblé d'honneurs, finit par le sacrifier à une cabale de cour.

[1] *Il s'assit* pour *il s'assied*. C'est ce que portent toutes les éditions données par La Bruyère; et ce qui fait croire que ce n'est point une faute d'impression, mais une manière d'écrire particulière à l'auteur, c'est qu'on retrouve le même solécisme dans le caractère du Distrait.

même parti : il croit fermement avec la populace qu'un troisième est mort, il nomme le lieu où il est enterré; et quand on est détrompé aux halles et aux faubourgs, il parie encore pour l'affirmative. Il sait, par une voie indubitable, que T. K. L.[1] fait de grands progrès contre l'empereur; que le Grand-Seigneur arme *puissamment*, ne veut point de paix, et que son vizir va se montrer une autre fois aux portes de Vienne : il frappe des mains, et il tressaille sur cet événement, dont il ne doute plus. La triple alliance chez lui est un Cerbère, et les ennemis autant de monstres à assommer. Il ne parle que de lauriers, que de palmes, que de triomphes, et que de trophées. Il dit dans le discours familier : *Notre auguste héros, notre grand potentat, notre invincible monarque.* Réduisez-le, si vous pouvez, à dire simplement : *Le roi a beaucoup d'ennemis; ils sont puissants, ils sont unis, ils sont aigris : il les a vaincus; j'espère toujours qu'il les pourra vaincre.* Ce style, trop ferme et trop décisif pour Démophile, n'est pour Basilide ni assez pompeux, ni assez exagéré : il a bien d'autres expressions en tête; il travaille aux inscriptions des arcs et des pyramides qui doivent orner la ville capitale un jour d'entrée; et dès qu'il entend dire que les armées sont en présence, ou qu'une place est investie, il fait déplier sa robe et la mettre à l'air, afin qu'elle soit toute prête pour la cérémonie de la cathédrale.

Il faut que le capital d'une affaire qui assemble dans une ville les plénipotentiaires ou les agents des couronnes et des républiques soit d'une longue et extraordinaire discussion, si elle leur coûte plus de temps, je ne dis pas que les seuls préliminaires, mais que le simple règlement des rangs, des préséances, et des autres cérémonies.

Le ministre ou le plénipotentiaire est un caméléon, est un protée : semblable quelquefois à un joueur habile, il ne montre ni humeur, ni complexion, soit pour ne point donner lieu aux conjectures, ou se laisser pénétrer, soit pour ne rien laisser échapper de son secret par passion

[1] Tékéli, noble hongrois, qui leva l'étendard de la révolte contre l'empereur, unit ses armes à celles du croissant, fit trembler son maître dans Vienne, et mourut, presque oublié, en 1705, près de Constantinople.

ou par faiblesse. Quelquefois aussi il sait feindre le caractère le plus conforme aux vues qu'il a et aux besoins où il se trouve, et paraître tel qu'il a intérêt que les autres croient qu'il est en effet. Ainsi dans une grande puissance, ou dans une grande faiblesse, qu'il veut dissimuler, il est ferme et inflexible, pour ôter l'envie de beaucoup obtenir; ou il est facile, pour fournir aux autres les occasions de lui demander, et se donner la même licence. Une autre fois, ou il est profond et dissimulé, pour cacher une vérité en l'annonçant, parce qu'il lui importe qu'il l'ait dite, et qu'elle ne soit pas crue; ou il est franc et ouvert, afin que, lorsqu'il dissimule ce qui ne doit pas être su, l'on croie néanmoins qu'on n'ignore rien de ce que l'on veut savoir, et que l'on se persuade qu'il a tout dit. De même, ou il est vif et grand parleur, pour faire parler les autres, pour empêcher qu'on ne lui parle de ce qu'il ne veut pas ou de ce qu'il ne doit pas savoir, pour dire plusieurs choses indifférentes qui se modifient ou qui se détruisent les unes les autres, qui confondent dans les esprits la crainte et la confiance, pour se défendre d'une ouverture qui lui est échappée par une autre qu'il aura faite; ou il est froid et taciturne, pour jeter les autres dans l'engagement de parler, pour écouter longtemps, pour être écouté quand il parle, pour parler avec ascendant et avec poids, pour faire des promesses ou des menaces qui portent un grand coup, et qui ébranlent. Il s'ouvre et parle le premier, pour, en découvrant les oppositions, les contradictions, les brigues et les cabales des ministres étrangers sur les propositions qu'il aura avancées, prendre ses mesures et avoir la réplique : et, dans une autre rencontre, il parle le dernier, pour ne point parler en vain, pour être précis, pour connaître parfaitement les choses sur quoi il est permis de faire fond pour lui ou pour ses alliés, pour savoir ce qu'il doit demander et ce qu'il peut obtenir. Il sait parler en termes clairs et formels; il sait encore mieux parler ambigument, d'une manière enveloppée, user de tours ou de mots équivoques, qu'il peut faire valoir ou diminuer dans les occasions et selon ses intérêts. Il demande peu quand il ne veut pas donner beaucoup. Il demande beaucoup pour avoir peu, et l'avoir plus sûrement. Il exige d'abord de petites choses, qu'il prétend ensuite lui devoir être comptées pour rien, et qui ne l'excluent pas d'en demander une plus grande; et il évite au contraire de commencer par obtenir un point important, s'il l'empêche d'en gagner plusieurs autres de moindre conséquence, mais qui tous ensemble l'emportent sur le premier. Il demande trop pour être refusé, mais dans le dessein de se faire un droit ou une bienséance de refuser lui-même ce qu'il sait bien qui lui sera demandé, et qu'il ne veut pas octroyer : aussi soigneux alors d'exagérer l'énormité de la demande, et de faire convenir, s'il se peut, des raisons qu'il a de n'y pas entendre, que d'affaiblir celles qu'on prétend avoir de ne lui pas accorder ce qu'il sollicite avec instance, également appliqué à faire sonner haut et à grossir dans l'idée des autres le peu qu'il offre, et à mépriser ouvertement le peu que l'on consent de lui donner. Il fait de fausses offres, mais extraordinaires, qui donnent de la défiance, et obligent de rejeter ce que l'on accepterait inutilement; qui lui sont cependant une occasion de faire des demandes exorbitantes, et mettent dans leur tort ceux qui les lui refusent: Il accorde plus qu'on ne lui demande, pour avoir encore plus qu'il ne doit donner. Il se fait longtemps prier, presser, importuner, sur une chose médiocre, pour éteindre les espérances, et ôter la pensée d'exiger de lui rien de plus fort; ou, s'il se laisse fléchir jusqu'à l'abandonner, c'est toujours avec des conditions qui lui font partager le gain et les avantages avec ceux qui reçoivent. Il prend directement ou indirectement l'intérêt d'un allié, s'il y trouve son utilité et l'avancement de ses prétentions. Il ne parle que de paix, que d'alliances, que de tranquillité publique, que d'intérêt public, et en effet il ne songe qu'aux siens, c'est-à-dire à ceux de son maître ou de sa république. Tantôt il réunit quelques-uns qui étaient contraires les uns aux autres, et tantôt il divise quelques autres qui étaient unis ; il intimide les forts et les puissants, il encourage les faibles; il unit d'abord d'intérêt plusieurs faibles contre un plus puissant, pour rendre la balance égale ; il se joint ensuite aux premiers pour la faire pencher, et il leur vend cher sa protection et son alliance. Il sait intéresser ceux avec qui il traite; et par un adroit manége, par de fins et de subtils détours, il leur fait sentir leurs avantages particuliers, les biens et les honneurs qu'ils peuvent espérer par une certaine facilité, qui ne choque point leur commission, ni les intentions de leurs maîtres : il ne veut pas aussi être cru imprenable par cet endroit, il laisse voir en lui quelque peu de sensibilité pour sa fortune : il s'attire par là des propositions qui lui découvrent les vues des autres les plus secrètes, leurs desseins les plus profonds, et leur dernière ressource; et il en profite. Si quelquefois il est lésé dans quelques chefs qui ont enfin été réglés, il crie haut; si c'est le contraire, il crie plus haut, et jette ceux qui perdent sur la justification et la défensive. Il a son fait digéré par la cour, toutes ses démarches sont mesurées, les moindres avances qu'il fait lui sont prescrites, et il agit néanmoins dans les points difficiles, et dans les articles contestés, comme s'il se relâchait de lui-même sur-le-champ, et comme par un esprit d'accommodement : il ose même promettre à l'assemblée qu'il fera goûter la proposition, et qu'il n'en sera pas désavoué. Il fait courir un bruit faux des choses seulement dont il est chargé, muni d'ailleurs de pouvoirs particuliers, qu'il ne découvre jamais qu'à l'extrémité, et dans les moments où il lui serait pernicieux de ne les pas mettre en usage. Il tend surtout par ses intrigues au solide et à l'essentiel, toujours près de leur sacrifier les minuties et les points d'honneur imaginaires. Il a du flegme, il s'arme de courage et de patience, il ne se lasse point, il fatigue les autres, et les pousse jusqu'au découragement : il se précautionne et s'endurcit contre les lenteurs et les remises, contre les reproches, les soupçons, les défiances, contre les difficultés et les obstacles, persuadé que le temps seul et les conjonctures amènent les choses et conduisent les esprits au point où on les souhaite. Il va jusqu'à feindre un intérêt secret à la rupture de la négociation, lorsqu'il désire le plus ardemment qu'elle soit continuée ; et, si au contraire il a des ordres précis de faire les derniers efforts pour la rompre, il croit devoir, pour y réussir, en presser la continuation et la fin. S'il survient un grand évènement, il se roidit ou il se relâche selon qu'il lui est utile ou préjudiciable; et si, par une grande prudence, il sait le prévoir, il presse et il temporise selon que l'État pour qui il travaille en doit craindre ou espérer; et il règle sur ses besoins ses conditions. Il prend conseil du temps, du lieu, des occasions, de sa puissance ou de sa faiblesse, du génie des nations avec qui il traite, du tempérament et du caractère des personnes avec qui il négocie. Toutes ses vues, toutes ses maximes, tous les raffinements de sa politique, tendent à une seule fin, qui est de n'être point trompé, et de tromper les autres.

Le caractère des Français demande du sérieux dans le souverain.

L'un des malheurs du prince est d'être souvent trop plein de son secret, par le péril qu'il y a à le répandre : son bonheur est de rencontrer une personne sûre qui l'en décharge.

Il ne manque rien à un roi que les douceurs d'une vie privée : il ne peut être consolé d'une si grande perte que par le charme de l'amitié, et par la fidélité de ses amis.

Le plaisir d'un roi qui mérite de l'être est de l'être moins quelquefois, de sortir du théâtre, de quitter le bas de saie[1] et les brodequins, et de jouer avec une personne de confiance un rôle plus familier.

Rien ne fait plus d'honneur au prince que la modestie de son favori.

Le favori n'a point de suite; il est sans engagement et sans liaisons. Il peut être entouré de parents et de créatures; mais il n'y tient pas : il est détaché de tout, et comme isolé.

Je ne doute point qu'un favori, s'il a quelque force et quelque élévation, ne se trouve souvent confus et déconcerté des bassesses, des petitesses de la flatterie, des soins superflus et des attentions frivoles de ceux qui le courent, qui le suivent, et qui s'attachent à lui comme ses viles créatures, et qu'il ne se dédommage dans le particulier d'une si grande servitude, par le ris et la moquerie.

Hommes en place, ministres, favoris, me permettrez-vous de le dire? ne vous reposez point sur vos descendants pour le soin de votre mémoire et pour la durée de votre nom : les titres passent, la faveur s'évanouit, les dignités se perdent, les richesses se dissipent, et le mérite dégénère. Vous avez des enfants, il est vrai, dignes de vous ; j'ajoute même capables de soutenir toute votre fortune : mais qui peut vous en promettre autant de vos petits-fils? Ne m'en croyez pas, regardez, cette unique fois, de certains hommes que vous ne regardez jamais, que vous dédaignez; ils ont des aïeux, à qui, tout grands que vous êtes, vous ne faites que succéder. Ayez de la vertu et de l'humanité ; et si vous me dites, Qu'aurons nous de plus? je vous répondrai, De l'humanité et de la vertu : maîtres alors de l'avenir, et indépendants d'une postérité, vous êtes sûrs de durer autant que la monarchie; et dans le temps que l'on montrera les ruines de vos châteaux, et peut-être la seule place où ils étaient construits, l'idée de vos louables actions sera encore fraîche dans l'esprit des peuples ; ils considéreront avidement vos portraits et vos médailles; ils diront : Cet homme[1], dont vous regardez la peinture, a parlé à son maître avec force et avec liberté, et a plus craint de lui nuire que de lui déplaire; il lui a permis d'être bon et bienfaisant, de dire de ses villes, *ma bonne ville*, et de son peuple, *mon peuple*. Cet autre dont vous voyez l'image[2], et en qui l'on remarque une physionomie forte, jointe à un air grave, austère et majestueux, augmente d'année à autre de réputation ; les plus grands politiques souffrent de lui être comparés. Son grand dessein a été d'affermir l'autorité du prince et la sûreté des peuples par l'abaissement des grands : ni les partis, ni les conjurations, ni les trahisons, ni le péril de la mort, ni les infirmités, n'ont pu l'en détourner ; il a eu du temps de reste pour entamer un ouvrage, continué ensuite et achevé par l'un de nos plus

---

[1] Le *bas de saie* est la partie intérieure du *saie*, habillement romain appelé en latin *sagum*. Ce bas de saie est ce qu'on nommait, sur nos théâtres, *tonnelet*, espèce de tablier plissé, enflé et circulaire, dont s'affublaient les acteurs tragiques dans les pièces romaines ou grecques.

[1] Le cardinal Georges d'Amboise.
[2] Le cardinal de Richelieu.

grands et de nos meilleurs princes[1], l'extinction de l'hérésie.

Le panneau le plus délié et le plus spécieux qui dans tous les temps ait été tendu aux grands par leurs gens d'affaires, et aux rois par leurs ministres, est la leçon qu'ils leur font de s'acquitter et de s'enrichir : excellent conseil, maxime utile, fructueuse, une mine d'or, un Pérou, du moins, pour ceux qui ont su jusqu'à présent l'inspirer à leurs maîtres !

C'est un extrême bonheur pour les peuples quand le prince admet dans sa confiance et choisit pour le ministère ceux mêmes qu'ils auraient voulu donner, s'ils en avaient été les maîtres.

La science des détails, ou une diligente attention aux moindres besoins de la république, est une partie essentielle au bon gouvernement, trop négligée à la vérité dans les derniers temps par les rois ou par les ministres, mais qu'on ne peut trop souhaiter dans le souverain qui l'ignore, ni assez estimer dans celui qui la possède. Que sert en effet au bien des peuples, et à la douceur de leurs jours, que le prince place les bornes de son empire au delà des terres de ses ennemis, qu'il fasse de leurs souverainetés des provinces de son royaume, qu'il leur soit également supérieur par les sièges et par les batailles, et qu'ils ne soient devant lui en sûreté ni dans les plaines ni dans les plus forts bastions, que les nations s'appellent les unes les autres, se liguent ensemble pour se défendre et pour l'arrêter, qu'elles se liguent en vain, qu'il marche toujours et qu'il triomphe toujours, que leurs dernières espérances soient tombées par le raffermissement d'une santé qui donnera au monarque le plaisir de voir les princes ses petits-fils soutenir ou accroitre ses destinées, se mettre en campagne, s'emparer de redoutables forteresses, et conquérir de nouveaux États, commander de vieux et expérimentés capitaines, moins par leur rang et par leur naissance que par leur génie et par leur sagesse, suivre les traces augustes de leur victorieux père, imiter sa bonté, sa docilité, son équité, sa vigilance, son intrépidité? Que me servirait, en un mot, comme à tout le peuple, que le prince fût heureux et comblé de gloire par lui-même et par les siens, que ma patrie fût puissante et formidable, si, triste et inquiet, j'y vivais dans l'oppression ou dans l'indigence ; si, à couvert des courses de l'ennemi, je me trouvais exposé dans les places ou dans les rues d'une ville au fer d'un assassin, et que je craignisse moins dans l'horreur de la nuit d'être pillé ou massacré dans d'épaisses forêts que dans ses carrefours ; si la sûreté, l'ordre et la propreté ne rendaient pas le séjour des villes si délicieux, et n'y avaient pas amené, avec l'abondance, la douceur de la société ; si, faible et seul de mon parti, j'avais à souffrir dans ma métairie du voisinage d'un grand, et si l'on avait moins pourvu à me faire justice de ses entreprises ; si je n'avais pas sous ma main autant de maîtres, et d'excellents maîtres pour élever mes enfants dans les sciences ou dans les arts qui feront un jour leur établissement ; si, par la facilité du commerce, il m'était moins ordinaire de m'habiller de bonnes étoffes, et de me nourrir de viandes saines, et de les acheter peu ; si enfin, par les soins du prince, je n'étais pas aussi content de ma fortune qu'il doit lui-même par ses vertus l'être de la sienne ?

Les huit ou les dix mille hommes sont au souverain comme une monnaie dont il achète une place ou une victoire : s'il fait qu'il lui en coûte moins, s'il épargne les hommes, il ressemble à celui qui marchande, et qui connaît mieux qu'un autre le prix de l'argent.

Tout prospère dans une monarchie où l'on confond les intérêts de l'État avec ceux du prince.

Nommer un roi PÈRE DU PEUPLE est moins faire son éloge que l'appeler par son nom ou faire sa définition.

Il y a un commerce ou un retour de devoirs du souverain à ses sujets, et de ceux-ci au souverain : quels sont les plus assujettissants et les plus pénibles ? je ne le déciderai pas : il s'agit de juger, d'un côté, entre les étroits engagements du respect, des secours, des services, de l'obéissance, de la dépendance ; et, d'un autre, les obligations indispensables de bonté, de justice, de soins, de défense, de protection. Dire qu'un prince est arbitre de la vie des hommes, c'est dire seulement que les hommes,

---
[1] Louis XIV.

par leurs crimes, deviennent naturellement soumis aux lois et à la justice, dont le prince est le dépositaire : ajouter qu'il est le maître absolu de tous les biens de ses sujets, sans égard, sans compte ni discussion, c'est le langage de la flatterie, c'est l'opinion d'un favori qui se dédira à l'agonie.

Quand vous voyez quelquefois un nombreux troupeau qui, répandu sur une colline vers le déclin d'un beau jour, paît tranquillement le thym et le serpolet, ou qui broute dans une prairie une herbe menue et tendre qui a échappé à la faux du moissonneur, le berger soigneux et attentif est debout auprès de ses brebis ; il ne les perd pas de vue, il les suit, il les conduit, il les change de pâturages ; si elles se dispersent, il les rassemble ; si un loup avide parait, il lâche son chien qui le met en fuite ; il les nourrit, il les défend ; l'aurore le trouve déjà en pleine campagne, d'où il ne se retire qu'avec le soleil : quels soins ! quelle vigilance ! quelle servitude ! Quelle condition vous paraît la plus délicieuse et la plus libre, ou du berger ou des brebis ? le troupeau est-il fait pour le berger, ou le berger pour le troupeau ? Image naïve des peuples et du prince qui les gouverne, s'il est bon prince.

Le faste et le luxe dans un souverain, c'est le berger habillé d'or et de pierreries, la houlette d'or en ses mains ; son chien a un collier d'or, il est attaché avec une laisse d'or et de soie : que sert tant d'or à son troupeau ou contre les loups?

Quelle heureuse place que celle qui fournit dans tous les instants l'occasion à un homme de faire du bien à tant de milliers d'hommes ! quel dangereux poste que celui qui expose à tout moment un homme à nuire à un millier d'hommes !

Si les hommes ne sont point capables sur la terre d'une joie plus naturelle, plus flatteuse et plus sensible que de connaître qu'ils sont aimés ; et si les rois sont hommes, peuvent-ils jamais trop acheter le cœur de leurs peuples ?

Il y a peu de règles générales et de mesures certaines pour bien gouverner : l'on suit le temps et les conjonctures, et cela roule sur la prudence et sur les vues de ceux qui règnent : aussi le chef-d'œuvre de l'esprit, c'est le parfait gouvernement : et ce ne serait peut-être pas une chose possible, si les peuples, par l'habitude où ils sont de la dépendance et de la soumission, ne faisaient la moitié de l'ouvrage.

Sous un très-grand roi, ceux qui tiennent les premières places n'ont que des devoirs faciles, et que l'on remplit sans nulle peine : tout coule de source ; l'autorité et le génie du prince leur aplanissent les chemins, leur épargnent les difficultés, et font tout prospérer au delà de leur attente : ils ont le mérite de subalternes.

Si c'est trop de se trouver chargé d'une seule famille, si c'est assez d'avoir à répondre de soi seul, quel poids, quel accablement que celui de tout un royaume ! Un souverain est-il payé de ses peines par le plaisir que semble donner une puissance absolue, par toutes les prosternations des courtisans? Je songe aux pénibles, douteux et dangereux chemins qu'il est quelquefois obligé de suivre pour arriver à la tranquillité publique ; je repasse les moyens extrêmes, mais nécessaires, dont il use souvent pour une bonne fin : je sais qu'il doit répondre à Dieu même de la félicité de ses peuples, que le bien et le mal est en ses mains, et que toute ignorance ne l'excuse pas ; et je me dis à moi-même, Voudrais-je régner ? Un homme un peu heureux dans une condition privée devrait-il y renoncer pour une monarchie ? N'est-ce pas beaucoup pour celui qui se trouve en place par un droit héréditaire, de supporter d'être né roi?

Que de dons du ciel[1] ne faut-il pas pour bien régner ! une naissance auguste, un air d'empire et d'autorité, un visage qui remplisse la curiosité des peuples empressés de voir le prince, et qui conserve le respect dans le courtisan ; une parfaite égalité d'humeur ; un grand éloignement pour la raillerie piquante, ou assez de raison pour ne se la permettre point : ne faire jamais ni menaces, ni reproches, ne point céder à la colère, et être toujours obéi ; l'esprit facile, insinuant ; le cœur ouvert, sincère, et dont on croit voir le fond, et ainsi très-propre à se faire des amis des créatures et des alliés : être secret toutefois, profond et impénétrable dans ses motifs et dans ses projets : du sérieux et de la gravité dans le public ; de la brièveté, jointe à

---

[1] Portrait de Louis XIV.

beaucoup de justesse et de dignité, soit dans les réponses aux ambassadeurs des princes, soit dans les conseils : une manière de faire des grâces qui est comme un second bienfait ; le choix des personnes que l'on gratifie ; le discernement des esprits, des talents, et des complexions, pour la distribution des postes et des emplois ; le choix des généraux et des ministres : un jugement ferme, solide, décisif dans les affaires, qui fait que l'on connaît le meilleur parti et le plus juste ; un esprit de droiture et d'équité qui fait qu'on le suit jusqu'à prononcer quelquefois contre soi-même en faveur du peuple, des alliés, des ennemis ; une mémoire heureuse et très-présente qui rappelle les besoins des sujets, leurs visages, leurs noms, leurs requêtes : une vaste capacité qui s'étende non-seulement aux affaires de dehors, au commerce, aux maximes d'État, aux vues de la politique, au reculement des frontières par la conquête de nouvelles provinces, et à leur sûreté par un grand nombre de forteresses inaccessibles ; mais qui sache aussi se renfermer au dedans, et comme dans les détails de tout un royaume ; qui en bannisse un culte faux, suspect, et ennemi de la souveraineté, s'il s'y rencontre ; qui abolisse des usages cruels et impies, s'ils y règnent ; qui réforme les lois et les coutumes, si elles étaient remplies d'abus ; qui donne aux villes plus de sûreté et plus de commodités par le renouvellement d'une exacte police, plus d'éclat et plus de majesté par des édifices somptueux : punir sévèrement les vices scandaleux ; donner, par son autorité et par son exemple, du crédit à la piété et à la vertu ; protéger l'Église, ses ministres, ses droits, ses libertés ; ménager ses peuples comme ses enfants ; être toujours occupé de la pensée de les soulager, de rendre les subsides légers, et tels qu'ils se lèvent sur les provinces sans les appauvrir : de grands talents pour la guerre ; être vigilant, appliqué, laborieux ; avoir des armées nombreuses, les commander en personne ; être froid dans le péril, ne ménager sa vie que pour le bien de son État, aimer le bien de son État et sa gloire plus que sa vie : une puissance très-absolue, qui ne laisse point d'occasion aux brigues, à l'intrigue, et à la cabale ; qui ôte cette distance infinie qui est quelquefois entre les grands et les petits, qui les rapproche, et sous laquelle tous plient également : une étendue de connaissances qui fait que le prince voit tout par ses yeux, qu'il agit immédiatement et par lui-même, que ses généraux ne sont, quoique éloignés de lui, que ses lieutenants, et les ministres que ses ministres : une profonde sagesse qui sait déclarer la guerre, qui sait vaincre et user de la victoire, qui sait faire la paix, qui sait la rompre, qui sait quelquefois, et selon les divers intérêts, contraindre les ennemis à la recevoir ; qui donne des règles à une vaste ambition, et sait jusqu'où l'on doit conquérir : au milieu d'ennemis couverts ou déclarés, se procurer le loisir des jeux, des fêtes, des spectacles ; cultiver les arts et les sciences, former et exécuter des projets d'édifices surprenants : un génie enfin supérieur et puissant qui se fait aimer et révérer des siens, craindre des étrangers ; qui fait d'une cour, et même de tout un royaume, comme une seule famille unie parfaitement sous un même chef, dont l'union et la bonne intelligence est redoutable au reste du monde. Ces admirables vertus me semblent renfermées dans l'idée du souverain. Il est vrai qu'il est rare de les voir réunies dans un même sujet ; il faut que trop de choses concourent à la fois, l'esprit, le cœur, les dehors, le tempérament ; et il me paraît qu'un monarque qui les rassemble toutes en sa personne est bien digne du nom de Grand.

CHAPITRE XI

De l'homme.

Ne nous emportons point contre les hommes, en voyant leur dureté, leur ingratitude, leur injustice, leur fierté, l'amour d'eux-mêmes, et l'oubli des autres ; ils sont ainsi faits, c'est leur nature : c'est ne pouvoir supporter que la pierre tombe, ou que le feu s'élève.

Les hommes, en un sens, ne sont point légers, ou ne le sont que dans les petites choses ; ils changent leurs habits, leur langage, les dehors, les bienséances; ils changent de goûts quelquefois; ils gardent leurs mœurs toujours mauvaises; fermes et constants dans le mal, ou dans l'indifférence pour la vertu.

Le stoïcisme est un jeu d'esprit et une idée semblable à la république de Platon. Les stoïques ont feint qu'on pouvait rire dans la pauvreté, être insensible aux injures, à l'ingratitude, aux pertes de biens, comme à celles des parents et des amis; regarder froidement la mort, et comme une chose indifférente, qui ne devait ni réjouir, ni rendre triste; n'être vaincu ni par le plaisir, ni par la douleur; sentir le fer ou le feu dans quelque partie de son corps sans pousser le moindre soupir, ni jeter une seule larme; et ce fantôme de vertu et de constance ainsi imaginé, il leur a plu de l'appeler un sage. Ils ont laissé à l'homme tous les défauts qu'ils lui ont trouvés, et n'ont presque relevé aucun de ses faibles: au lieu de faire de ses vices des peintures affreuses ou ridicules qui servissent à l'en corriger, ils lui ont tracé l'idée d'une perfection et d'un héroïsme dont il n'est point capable, et l'ont exhorté à l'impossible. Ainsi le sage, qui n'est pas, ou qui n'est qu'imaginaire, se trouve naturellement et par lui-même au-dessus de tous les événements et de tous les maux: ni la goutte la plus douloureuse, ni la colique la plus aiguë, ne sauraient lui arracher une plainte; le ciel et la terre peuvent être renversés sans l'entraîner dans leur chute, et il demeurerait ferme sur les ruines de l'univers; pendant que l'homme qui est en effet sorti de son sens, crie, se désespère, étincelle des yeux, et perd la respiration pour un chien perdu, ou pour une porcelaine qui est en pièces.

Inquiétude d'esprit, inégalité d'humeur, inconstance de cœur, incertitude de conduite; tous vices de l'âme, mais différents, et qui, avec tout le rapport qui paraît entre eux, ne se supposent pas toujours l'un l'autre dans un même sujet.

Il est difficile de décider si l'irrésolution rend l'homme plus malheureux que méprisable, de même s'il y a toujours plus d'inconvénient à prendre un mauvais parti qu'à n'en prendre aucun.

Un homme inégal n'est pas un seul homme, ce sont plusieurs: il se multiplie autant de fois qu'il a de nouveaux goûts et de manières différentes; il est à chaque moment ce qu'il n'était point, et il va être bientôt ce qu'il n'a jamais été; il se succède à lui-même. Ne demandez pas de quelle complexion il est, mais quelles sont ses complexions; ni de quelle humeur, mais combien il a de sortes d'humeurs. Ne vous trompez-vous point? est-ce *Eutichrate* que vous abordez? Aujourd'hui, quelle glace pour vous! Hier il vous cherchait, il vous caressait, vous donniez de la jalousie à ses amis: vous reconnaît-il bien? dites-lui votre nom.

[1] *Ménalque*[2] descend son escalier, ouvre sa porte pour sortir, il la referme: il s'aperçoit qu'il est en bonnet de nuit, et, venant à mieux s'examiner, il se trouve rasé à moitié, il voit que son épée est mise du côté droit, que ses bas sont rabattus sur ses talons, et que sa chemise est par-dessus ses chausses. S'il marche dans les places, il se sent tout d'un coup rudement frapper à l'estomac ou au visage; il ne soupçonne point ce que ce peut être, jusqu'à ce qu'ouvrant les yeux et se réveillant il se trouve ou devant un limon de charrette, ou derrière un long ais de menuiserie que porte un ouvrier sur ses épaules. On l'a vu une fois heurter du front contre celui d'un aveugle, s'embarrasser dans ses jambes, et tomber avec lui, chacun de son côté, à la renverse. Il lui est arrivé plusieurs fois de se trouver tête pour tête à la rencontre d'un prince et sur son passage, se reconnaître à peine, et n'avoir que le loisir de se coller à un mur pour lui faire place. Il cherche, il brouille, il crie, il s'échauffe, il appelle ses valets l'un après l'autre; *on lui perd tout, on lui égare tout*: il demande ses gants qu'il a dans ses mains, semblable à cette femme qui prenait le temps de demander son masque lorsqu'elle l'avait sur

---

[1] Ceci est moins un caractère particulier qu'un recueil de faits de distraction: ils ne sauraient être en trop grand nombre, s'ils sont agréables; car les goûts étant différents, on a à choisir. (*La Bruyère*.)

[2] Bien que La Bruyère se défende ici en particulier d'avoir pris pour modèle un homme de la société, et qu'il soit en effet difficile de croire qu'un même personnage lui ait fourni tous les traits qu'il rassemble, il paraît constant que la plupart de ces traits doivent être attribués au duc de Brancas, l'homme le plus distrait de son temps.

son visage. Il entre à l'appartement, et passe sous un lustre où sa perruque s'accroche et demeure suspendue : tous les courtisans regardent, et rient; Ménalque regarde aussi, et rit plus haut que les autres : il cherche des yeux, dans toute l'assemblée, où est celui qui montre ses oreilles, et à qui il manque une perruque. S'il va par la ville, après avoir fait quelque chemin, il se croit égaré, il s'émeut et il demande où il est à des passants, qui lui disent précisément le nom de sa rue : il entre ensuite dans sa maison, d'où il sort précipitamment, croyant qu'il s'est trompé. Il descend du palais; et, trouvant au bas du grand degré un carrosse qu'il prend pour le sien, il se met dedans; le cocher touche, et croit ramener son maître dans sa maison. Ménalque se jette hors de la portière, traverse la cour, monte l'escalier, parcourt l'antichambre, la chambre, le cabinet : tout lui est familier, rien ne lui est nouveau; il s'assit [1], il se repose, il est chez soi. Le maître arrive : celui-ci se lève pour le recevoir, il le traite fort civilement, le prie de s'asseoir, et croit faire les honneurs de sa chambre; il parle, il rêve, il reprend la parole : le maître de la maison s'ennuie, et demeure étonné; Ménalque ne l'est pas moins, et ne dit pas ce qu'il en pense : il a affaire à un fâcheux, à un homme oisif, qui se retirera à la fin, il l'espère; et il prend patience : la nuit arrive qu'il est à peine détrompé. Une autre fois, il rend visite à une femme; et se persuadant bientôt que c'est lui qui la reçoit, il s'établit dans son fauteuil, et ne songe nullement à l'abandonner : il trouve ensuite que cette dame fait ses visites longues; il attend à tous moments qu'elle se lève et le laisse en liberté; mais comme cela tire en longueur, qu'il a faim, et que la nuit est déjà avancée, il la prie à souper; elle rit, et si haut, qu'elle le réveille. Lui-même se marie le matin, l'oublie le soir, et découche la nuit de ses noces; et, quelques années après, il perd sa femme, elle meurt entre ses bras, il assiste à ses obsèques; et le lendemain, quand on lui vient dire qu'on a servi, il demande si sa femme est prête, et si elle est avertie. C'est lui encore qui entre dans une église, et prenant l'aveugle qui est collé à la porte pour un pilier, et sa tasse pour le bénitier, y plonge la main, la porte à son front, lorsqu'il entend tout d'un coup le pilier qui parle et qui lui offre des oraisons. Il s'avance dans la nef, il croit voir un prie-Dieu, il se jette lourdement dessus; la machine plie, s'enfonce, et fait des efforts pour crier; Ménalque est surpris de se voir à genoux sur les jambes d'un fort petit homme, appuyé sur son dos, les deux bras passés sur ses épaules, et ses deux mains jointes et étendues qui lui prennent le nez et lui ferment la bouche; il se retire confus, et va s'agenouiller ailleurs : il tire un livre pour faire sa prière, et c'est sa pantoufle qu'il a prise pour ses Heures; et qu'il a mise dans sa poche avant de sortir. Il n'est pas hors de l'église qu'un homme de livrée court après lui, le joint, lui demande en riant s'il n'a point la pantoufle de monseigneur; Ménalque lui montre la sienne, et lui dit : *Voilà toutes les pantoufles que j'ai sur moi*. Il se fouille néanmoins, et tire celle de l'évêque de *** qu'il vient de quitter, qu'il a trouvé malade auprès de son feu, et dont, avant de prendre congé de lui, il a ramassé la pantoufle, comme l'un de ses gants qui était à terre : ainsi Ménalque s'en retourne chez soi avec une pantoufle de moins. Il a une fois perdu au jeu tout l'argent qui est dans sa bourse; et voulant continuer de jouer, il entre dans son cabinet, ouvre une armoire, y prend sa cassette, en tire ce qu'il lui plaît, croit la mettre où il l'a prise : il entend aboyer dans son armoire qu'il vient de fermer; étonné de ce prodige, il l'ouvre une seconde fois, et il éclate de rire d'y voir son chien qu'il a serré pour sa cassette. Il joue au trictrac, il demande à boire, on lui en apporte : c'est à lui à jouer, il tient le cornet d'une main et un verre de l'autre; et, comme il a une grande soif, il avale les dés et presque le cornet, jette le verre d'eau dans le trictrac, et inonde celui contre qui il joue; et, dans une chambre où il est familier, il crache sur le lit, et jette son chapeau à terre, en croyant faire tout le contraire. Il se promène sur l'eau, et il demande quelle heure il est; on lui présente une montre : à peine l'a-t-il reçue, que, ne songeant plus ni à l'heure ni à la montre, il la jette dans la rivière, comme une

---

[1] Voir la note de 1 page 571.

chose qui l'embarrasse. Lui-même écrit une longue lettre, met de la poudre dessus à plusieurs reprises, et jette toujours la poudre dans l'encrier. Ce n'est pas tout : il écrit une seconde lettre, et après les avoir cachetées toutes deux, il se trompe à l'adresse; un duc et pair reçoit l'une de ces deux lettres, et en l'ouvrant y lit ces mots : *Maître Olivier, ne manquez, sitôt la présente reçue, de m'envoyer ma provision de foin...* Son fermier reçoit l'autre; il l'ouvre, et se la fait lire; on y trouve : *Monseigneur, j'ai reçu avec une soumission aveugle les ordres qu'il a plu à votre grandeur...* Lui-même encore écrit une lettre pendant la nuit, et, après l'avoir cachetée, il éteint sa bougie; il ne laisse pas d'être surpris de ne voir goutte, et il sait à peine comment cela est arrivé. Ménalque descend l'escalier du Louvre; un autre le monte, à qui il dit : *C'est vous que je cherche.* Il le prend par la main, le fait descendre avec lui, traverse plusieurs cours, entre dans les salles, en sort; il va, il revient sur ses pas, il regarde enfin celui qu'il traîne après soi depuis un quart d'heure; il est étonné que ce soit lui; il n'a rien à lui dire; il lui quitte la main, et tourne d'un autre côté. Souvent il vous interroge, et il est déjà bien loin de vous quand vous songez à lui répondre; ou bien il vous demande en courant comment se porte votre père? et, comme vous lui dites qu'il est fort mal, il vous crie qu'il en est bien aise. Il vous trouve quelquefois sur son chemin; *il est ravi de vous rencontrer, il sort de chez vous pour vous entretenir d'une certaine chose.* Il contemple votre main : Vous avez là, dit-il, un beau rubis; est-il balais? Il vous quitte et continue sa route ; voilà l'affaire importante dont il avait à vous parler. Se trouve-t-il en campagne, il dit à quelqu'un qu'il le trouve heureux d'avoir pu se dérober à la cour pendant l'automne, et d'avoir passé dans ses terres tout le temps de Fontainebleau; il tient à d'autres d'autres discours; puis revenant à celui-ci : Vous avez eu, lui dit-il, de beaux jours à Fontainebleau; vous y avez sans doute beaucoup chassé. Il commence ensuite un conte qu'il oublie d'achever; il rit en lui-même, il éclate d'une chose qui lui passe par l'esprit, il répond à sa pensée, il chante entre ses dents, il siffle, il se renverse dans une chaise, il pousse un cri plaintif, il bâille, il se croit seul. S'il se trouve à un repas, on voit le pain se multiplier insensiblement sur son assiette; il est vrai que ses voisins en manquent, aussi bien que de couteaux et de fourchettes, dont il ne les laisse pas jouir longtemps. On a inventé aux tables une grande cuiller pour la commodité du service; il la prend, la plonge dans le plat, l'emplit, la porte à sa bouche, et il ne sort pas d'étonnement de voir répandu sur son linge et sur ses habits le potage qu'il vient d'avaler. Il oublie de boire pendant tout le dîner; ou, s'il s'en souvient, et qu'il trouve qu'on lui donne trop de vin, il en *flaque* plus de la moitié au visage de celui qui est à sa droite; il boit le reste tranquillement, et ne comprend pas pourquoi tout le monde éclate de rire de ce qu'il a jeté à terre ce qu'on lui a versé de trop. Il est un jour retenu au lit pour quelque incommodité; on lui rend visite, il y a un cercle d'hommes et de femmes dans sa ruelle qui l'entretiennent, et en leur présence il soulève sa couverture et crache dans ses draps. On le mène aux Chartreux; on lui fait voir un cloître orné d'ouvrages, tous de la main d'un excellent peintre; le religieux qui les lui explique parle de saint Bruno, du chanoine et de son aventure, en fait une longue histoire, et la montre dans l'un de ces tableaux : Ménalque, qui pendant la narration est hors du cloître, et bien loin au delà, y revient enfin, et demande au père si c'est le chanoine ou saint Bruno qui est damné. Il se trouve par hasard avec une jeune veuve; il lui parle de son défunt mari, lui demande comment il est mort : cette femme, à qui ce discours renouvelle ses douleurs, pleure, sanglote, et ne laisse pas de reprendre tous les détails de la maladie de son époux, qu'elle conduit depuis la veille de sa fièvre, qu'il se portait bien, jusqu'à l'agonie. *Madame*, lui demande Ménalque, qui l'avait apparemment écoutée avec attention, *n'aviez-vous que celui-là?* Il s'avise un matin de faire tout hâter dans sa cuisine; il se lève avant le fruit, et prend congé de la compagnie : on le voit ce jour-là en tous les endroits de la ville, hormis en celui où il a donné un rendez-vous précis pour cette affaire qui l'a empêché de dîner, et l'a fait sortir à pied, de peur que son carrosse ne le fît attendre. L'entendez-vous crier, gronder, s'emporter contre l'un de ses domestiques? Il est étonné de ne le point voir; où peut-il être? dit-il; que fait-il? qu'est-il devenu? qu'il ne se présente plus devant moi, je le chasse dès à cette heure : le valet arrive, à qui il demande fièrement d'où il vient; il lui répond qu'il vient de l'endroit où il l'a envoyé, et il lui rend un fidèle compte de sa commission. Vous le prendriez souvent pour tout ce qu'il n'est pas : pour un stupide, car il n'écoute point, et il parle encore moins ; pour un fou, car, outre qu'il parle tout seul, il est sujet à de certaines grimaces et à des mouvements de tête involontaires; pour un homme fier et incivil, car vous le saluez, et il passe sans vous regarder, ou il vous regarde sans vous rendre le salut, pour un inconsidéré, car il parle de banqueroute au milieu d'une famille où il y a cette tache; d'exécution et d'échafaud devant un homme dont le père y a monté; de roture devant des roturiers qui sont riches et qui se donnent pour nobles. De même il a dessein d'élever auprès de soi un fils naturel, sous le nom et le personnage d'un valet; et quoiqu'il veuille le dérober à la connaissance de sa femme et de ses enfants, il lui échappe de l'appeler son fils dix fois le jour. Il a pris aussi la résolution de marier son fils à la fille d'un homme d'affaires, et il ne laisse pas de dire de temps en temps, en parlant de sa maison et de ses ancêtres, que les Ménalques ne se sont jamais mésalliés. Enfin il n'est ni présent ni attentif, dans une compagnie, à ce qui fait le sujet de la conversation : il pense et il parle tout à la fois; mais la chose dont il parle est rarement celle à laquelle il pense; aussi ne parle-t-il guère conséquemment et avec suite : où il dit *non*, souvent il faut dire *oui*; et où il dit *oui*, croyez qu'il veut dire *non* : il a, en vous répondant si juste, les yeux fort ouverts, mais il ne s'en sert point, il ne regarde ni vous, ni personne, ni rien qui soit au monde : tout ce que vous pouvez tirer de lui, et encore dans le temps qu'il est le plus appliqué et d'un meilleur commerce, ce sont ces mots: *Oui vraiment: C'est vrai: Bon! Tout de bon? Oui-da: Je pense qu'oui: Assurément: Ah ciel!* et quelques autres monosyllabes qui ne sont pas même placés à propos. Jamais aussi il n'est avec ceux avec qui il paraît être : il appelle sérieusement son laquais *monsieur*; et son ami, il l'appelle *la Verdure*: il dit *votre révérence* à un prince du sang, et *votre altesse* à un jésuite. Il entend la messe, le prêtre vient à éternuer, il lui dit : *Dieu vous assiste!* Il se trouve avec un magistrat; cet homme, grave par son caractère, vénérable par son âge et par sa dignité, l'interroge sur un événement, et lui demande si cela est ainsi; Ménalque lui répond : *Oui, mademoiselle.* Il revient une fois de la campagne; ses laquais en livrée entreprennent de le voler, et y réussissent; ils descendent de son carrosse, lui portent un bout de flambeau sous la gorge, lui demandent la bourse, et il la rend : arrivé chez soi, il raconte son aventure à ses amis, qui ne manquent pas de l'interroger sur les circonstances; et il leur dit : *Demandez à mes gens, ils y étaient.*

L'incivilité n'est pas un vice de l'âme; elle est l'effet de plusieurs vices, de la sotte vanité, de l'ignorance de ses devoirs, de la paresse, de la stupidité, de la distraction, du mépris des autres, de la jalousie : pour ne se répandre que sur les dehors, elle n'en est que plus haïssable, parce que c'est toujours un défaut visible et manifeste; il est vrai cependant qu'il offense plus ou moins, selon la cause qui le produit.

Dire d'un homme colère, inégal, querelleur, chagrin, pointilleux, capricieux, c'est son humeur, n'est pas l'excuser, comme on le croit, mais avouer, sans y penser, que de si grands défauts sont irrémédiables.

Ce qu'on appelle humeur est une chose trop négligée parmi les hommes; ils devraient comprendre qu'il ne leur suffit pas d'être bons, mais qu'ils doivent encore paraître tels, du moins s'ils tendent à être sociables, capables d'union et de commerce, c'est-à-dire à être des hommes. L'on n'exige pas des âmes malignes qu'elles aient de la douceur et de la souplesse; elle ne leur manque jamais, et elle leur sert de piège pour surprendre les simples, et pour faire valoir leurs artifices; l'on désirerait de ceux qui ont un bon cœur qu'ils fussent toujours pliants, faciles, complaisants, et qu'il fût moins vrai quelquefois que ce sont les méchants qui nuisent, et les bons qui font souffrir.

Le commun des hommes va de la colère à l'injure : quelques-uns en usent autrement, ils offensent, et puis ils se fâchent ; la surprise où l'on est toujours de ce procédé ne laisse pas de place au ressentiment.

Les hommes ne s'attachent pas assez à ne point manquer les occasions de faire plaisir : il semble que l'on n'entre dans un emploi que pour pouvoir obliger et n'en rien faire ; la chose la plus prompte et qui se présente d'abord, c'est le refus, et l'on n'accorde que par réflexion.

Sachez précisément ce que vous pouvez attendre des hommes en général, et de chacun d'eux en particulier, et jetez-vous ensuite dans le commerce du monde.

Si la pauvreté est la mère des crimes, le défaut d'esprit en est le père.

Il est difficile qu'un fort malhonnête homme ait assez d'esprit : un génie qui est droit et perçant conduit enfin à la règle, à la probité, à la vertu. Il manque du sens et de la pénétration à celui qui s'opiniâtre dans le mauvais comme dans le faux : l'on cherche en vain à le corriger par des traits de satire qui le désignent aux autres, et où il ne se reconnaît pas lui-même ; ce sont des injures dites à un sourd. Il serait désirable, pour le plaisir des honnêtes gens et pour la vengeance publique, qu'un coquin ne le fût pas au point d'être privé de tout sentiment.

Il y a des vices que nous ne devons à personne, que nous apportons en naissant, et que nous fortifions par l'habitude ; il y en a d'autres que l'on contracte, et qui nous sont étrangers. L'on est né quelquefois avec des mœurs faciles, de la complaisance, et tout le désir de plaire ; mais, par les traitements que l'on reçoit de ceux avec qui l'on vit, ou de qui l'on dépend, l'on est bientôt jeté hors de ses mesures, et même de son naturel ; l'on a des chagrins, et une bile que l'on ne se connaissait point ; l'on se voit une autre complexion, l'on est enfin étonné de se trouver dur et épineux.

L'on demande pourquoi tous les hommes ensemble ne composent pas comme une seule nation, et n'ont point voulu parler une même langue, vivre sous les mêmes lois, convenir entre eux des mêmes usages et d'un même culte ; et moi, pensant à la contrariété des esprits, des goûts et des sentiments, je suis étonné de voir jusqu'à sept ou huit personnes se rassembler sous un même toit, dans une même enceinte, et composer une seule famille.

Il y a d'étranges pères, et dont toute la vie ne semble occupée qu'à préparer à leurs enfants des raisons de se consoler de leur mort.

Tout est étranger dans l'humeur, les mœurs et les manières de la plupart des hommes. Tel a vécu pendant toute sa vie chagrin, emporté, avare, rampant, soumis, laborieux, intéressé, qui était né gai, paisible, paresseux, magnifique, d'un courage fier, et éloigné de toute bassesse : les besoins de la vie, la situation où l'on se trouve, la loi de la nécessité, forcent la nature et y causent ces grands changements. Ainsi tel homme au fond et en lui-même ne se peut définir : trop de choses qui sont hors de lui l'altèrent, le changent, le bouleversent ; il n'est point précisément ce qu'il est, ou ce qu'il paraît être.

La vie est courte et ennuyeuse ; elle se passe toute à désirer : l'on remet à l'avenir son repos et ses joies, à cet âge souvent où les meilleurs biens ont déjà disparu, la santé et la jeunesse. Ce temps arrive, qui nous surprend encore dans les désirs : on en est là, quand la fièvre nous saisit et nous éteint ; si l'on eût guéri, ce n'était que pour désirer plus longtemps.

Lorsqu'on désire, on se rend à discrétion à celui de qui l'on espère : est-on sûr d'avoir, on temporise, on parlemente, on capitule.

Il est si ordinaire à l'homme de n'être pas heureux, et si essentiel à tout ce qui est un bien d'être acheté par mille peines, qu'une affaire qui se rend facile devient suspecte. L'on comprend à peine, ou que ce qui coûte si peu puisse nous être fort avantageux, ou qu'avec des mesures justes l'on doive si aisément parvenir à la fin que l'on se propose. L'on croit mériter les bons succès, mais n'y devoir compter que fort rarement.

L'homme qui dit qu'il n'est pas né heureux, pourrait du moins le devenir par le bonheur de ses amis ou de ses proches. L'envie lui ôte cette dernière ressource.

Quoi que j'aie pu dire ailleurs, peut-être que les affligés ont tort : les hommes semblent être nés pour l'infortune, la douleur et la pauvreté, peu en échappent; et comme toute disgrâce peut leur arriver, ils devraient être préparés à toute disgrâce.

Les hommes ont tant de peine à s'approcher sur les affaires, sont si épineux sur les moindres intérêts, si hérissés de difficultés, veulent si fort tromper et si peu être trompés, mettent si haut ce qui leur appartient, et si bas ce qui appartient aux autres, que j'avoue que je ne sais par où et comment se peuvent conclure les mariages, les contrats, les acquisitions, la paix, la trêve, les traités, les alliances.

A quelques-uns l'arrogance tient lieu de grandeur ; l'inhumanité, de fermeté, et la fourberie, d'esprit.

Les fourbes croient aisément que les autres le sont : ils ne peuvent guère être trompés, et ils ne trompent pas longtemps.

Je me rachèterai toujours fort volontiers d'être fourbe, par être stupide et passer pour tel.

On ne trompe point en bien ; la fourberie ajoute la malice au mensonge.

S'il y avait moins de dupes, il y aurait moins de ce qu'on appelle des hommes fins ou entendus, et de ceux qui tirent autant de vanité que de distinction d'avoir su, pendant tout le cours de leur vie, tromper les autres. Comment voulez vous qu'*Érophile*, à qui le manque de parole, les mauvais offices, la fourberie, bien loin de nuire, ont mérité des grâces et des bienfaits de ceux mêmes qu'il a ou manqué de servir, ou désobligés, ne présume pas infiniment de soi et de son industrie ?

L'on n'entend dans les places et dans les rues des grandes villes, et de la bouche de ceux qui passent, que les mots d'*exploit*, de *saisie*, d'*interrogatoire*, de *promesse*, et de *plaider contre sa promesse* : est-ce qu'il n'y aurait pas dans le monde la plus petite équité ? serait-il, au contraire, rempli de gens qui demandent froidement ce qui ne leur est pas dû, ou qui refusent nettement de rendre ce qu'ils doivent ?

Parchemins inventés pour faire souvenir ou pour convaincre les hommes de leur parole : honte de l'humanité !

Otez les passions : l'intérêt, l'injustice, quel calme dans les plus grandes villes ! Les besoins et la subsistance n'y font pas le tiers de l'embarras.

Rien n'engage tant un esprit raisonnable à supporter tranquillement des parents et des amis les torts qu'ils ont à son égard, que la réflexion qu'il fait sur les vices de l'humanité, et combien il est pénible aux hommes d'être constants, généreux, fidèles, d'être touchés d'une amitié plus forte que leur intérêt. Comme il connaît leur portée, il n'exige point d'eux qu'ils pénètrent les corps, qu'ils volent dans l'air, qu'ils aient de l'équité : il peut haïr les hommes en général, où il y a si peu de vertu ; mais il excuse les particuliers, il les aime même par des motifs plus relevés, et il s'étudie à mériter le moins qu'il se peut une pareille indulgence.

Il y a de certains biens que l'on désire avec emportement, et dont l'idée seule nous enlève et nous transporte : s'il nous arrive de les obtenir, on les sent plus tranquillement qu'on ne l'eût pensé, on en jouit moins que l'on n'aspire encore à de plus grands.

Il y a des maux effroyables et d'horribles malheurs où l'on n'ose penser, et dont la seule vue fait frémir : s'il arrive que l'on y tombe, l'on se trouve des ressources que l'on ne se connaissait point, l'on se roidit contre son infortune, et l'on fait mieux qu'on ne l'espérait.

Il ne faut quelquefois qu'une jolie maison dont on hérite, qu'un beau cheval, ou un joli chien dont on se trouve le maître, qu'une tapisserie, qu'une pendule, pour adoucir une grande douleur, et pour faire moins sentir une grande perte.

Je suppose que les hommes soient éternels sur la terre, et je médite ensuite sur ce qui pourrait me faire connaître qu'ils se feraient alors une plus grande affaire de leur établissement, qu'ils ne s'en font dans l'état où sont les choses.

Si la vie est misérable, elle est pénible à supporter ; si elle est heureuse, il est horrible de la perdre : l'un revient à l'autre.

Il n'y a rien que les hommes aiment mieux à conserver, et qu'ils ménagent moins, que leur propre vie.

Irène[1] se transporte à grands frais en Épidaure, voit Esculape dans son temple, et le consulte sur tous ses maux. D'abord elle se plaint qu'elle est lasse et recrue de fatigue; et le dieu prononce que cela lui arrive par la longueur du chemin qu'elle vient de faire: elle dit qu'elle est le soir sans appétit; l'oracle lui ordonne de dîner peu: elle ajoute qu'elle est sujette à des insomnies; et il lui prescrit de n'être au lit que pendant la nuit: elle lui demande pourquoi elle devient pesante, et quel remède: l'oracle répond qu'elle doit se lever avant midi, et quelquefois se servir de ses jambes pour marcher: elle lui déclare que le vin lui est nuisible; l'oracle lui dit de boire de l'eau: qu'elle a des indigestions; et il ajoute qu'elle fasse diète. Ma vue s'affaiblit, dit Irène; prenez des lunettes, dit Esculape. Je m'affaiblis moi-même, continue-t-elle, et je ne suis ni si forte ni si saine que j'ai été: c'est, dit le dieu, que vous vieillissez. Mais quel moyen de guérir de cette langueur? le plus court, Irène, c'est de mourir, comme ont fait votre mère et votre aïeule. Fils d'Apollon, s'écrie Irène, quel conseil me donnez-vous? Est-ce là toute cette science que les hommes publient, et qui vous fait révérer de toute la terre? Que m'apprenez-vous de rare et de mystérieux? et ne savais-je pas tous ces remèdes que vous m'enseignez? Que n'en usiez-vous donc, répond le dieu, sans venir me chercher de si loin, et abréger vos jours par un long voyage?

La mort n'arrive qu'une fois, et se fait sentir à tous les moments de la vie: il est plus dur de l'appréhender que de la souffrir.

L'inquiétude, la crainte, l'abattement, n'éloignent pas la mort; au contraire: je doute seulement que le ris excessif convienne aux hommes, qui sont mortels.

Ce qu'il y a de certain dans la mort est un peu adouci par ce qui est incertain: c'est un indéfini dans le temps, qui tient quelque chose de l'infini et de ce qu'on appelle éternité.

Pensons que, comme nous soupirons présentement pour la florissante jeunesse qui n'est plus, et ne reviendra point, la caducité suivra, qui nous fera regretter l'âge viril où nous sommes encore, et que nous n'estimons pas assez.

L'on craint la vieillesse, que l'on n'est pas sûr de pouvoir atteindre.

L'on espère de vieillir, et l'on craint la vieillesse; c'est-à-dire l'on aime la vie, et l'on fuit la mort.

C'est plus tôt fait de céder à la nature et de craindre la mort, que de faire de continuels efforts, s'armer de raisons et de réflexions, et être continuellement aux prises avec soi-même, pour ne la pas craindre.

Si de tous les hommes les uns mouraient, les autres non, ce serait une désolante affliction que de mourir.

Une longue maladie semble être placée entre la vie et la mort, afin que la mort même devienne un soulagement et à ceux qui meurent et à ceux qui restent.

A parler humainement, la mort a un bel endroit, qui est de mettre fin à la vieillesse.

La mort qui prévient la caducité arrive plus à propos que celle qui la termine.

Le regret qu'ont les hommes du mauvais emploi du temps qu'ils ont déjà vécu, ne les conduit pas toujours à faire de celui qui leur reste à vivre un meilleur usage.

La vie est un sommeil. Les vieillards sont ceux dont le sommeil a été plus long: ils ne commencent à se réveiller que quand il faut mourir. S'ils repassent alors sur tout le cours de leurs années, ils ne trouvent souvent ni vertus, ni actions louables qui les distinguent les unes des autres: ils confondent leurs différents âges, ils n'y voient rien qui marque assez pour mesurer le temps qu'ils ont vécu. Ils ont eu un songe confus, uniforme, et sans aucune suite: ils sentent néanmoins, comme ceux qui s'éveillent, qu'ils ont dormi longtemps.

Il n'y a pour l'homme que trois événements, naître, vivre, et mourir: il ne se sent pas naître, il souffre à mourir, et il oublie de vivre.

Il y a un temps où la raison n'est pas encore, où l'on ne vit que par instinct, à la manière des animaux, et dont il ne reste dans la mémoire aucun vestige. Il y a un second temps où la raison se développe, où elle est formée, et où elle pourrait agir, si elle n'était pas obscurcie et comme éteinte par les vices de la complexion, et par un enchaînement de passions

---

[1] On prétend qu'un médecin tint ce discours à madame de Montespan aux eaux de Bourbon, où elle allait souvent pour des maladies imaginaires.

qui se succèdent les unes aux autres, et conduisent jusqu'au troisième et dernier âge. La raison, alors dans sa force, devrait produire; mais elle est refroidie et ralentie par les années, par la maladie et la douleur, déconcertée ensuite par le désordre de la machine qui est dans son déclin : et ces temps néanmoins sont la vie de l'homme !

Les enfants sont hautains, dédaigneux, colères, envieux, curieux, intéressés, paresseux, volages, timides, intempérants, menteurs, dissimulés ; ils rient et pleurent facilement ; ils ont des joies immodérées et des afflictions amères sur de très-petits sujets ; ils ne veulent point souffrir de mal, et aiment à en faire : ils sont déjà des hommes.

Les enfants n'ont ni passé ni avenir ; et, ce qui ne nous arrive guère, ils jouissent du présent.

Le caractère de l'enfance paraît unique ; les mœurs dans cet âge sont assez les mêmes, et ce n'est qu'avec une curieuse attention qu'on en pénètre la différence : elle augmente avec la raison, parce qu'avec celle-ci croissent les passions et les vices, qui seuls rendent les hommes si dissemblables entre eux, et si contraires à eux-mêmes.

Les enfants ont déjà de leur âme l'imagination et la mémoire, c'est-à-dire ce que les vieillards n'ont plus ; et ils en tirent un merveilleux usage pour leurs petits jeux et pour tous leurs amusements : c'est par elles qu'ils répètent ce qu'ils ont entendu dire, qu'ils contrefont ce qu'ils ont vu faire ; qu'ils sont de tous métiers, soit qu'ils s'occupent en effet à mille petits ouvrages, soit qu'ils imitent les divers artisans par le mouvement et par le geste ; qu'ils se trouvent à un grand festin, et y font bonne chère ; qu'ils se transportent dans des palais et dans des lieux enchantés ; que, bien que seuls, ils se voient un riche équipage et un grand cortège ; qu'ils conduisent des armées, livrent bataille, et jouissent du plaisir de la victoire ; qu'ils parlent aux rois et aux grands princes ; qu'ils sont rois eux-mêmes, ont des sujets, possèdent des trésors qu'ils peuvent faire de feuilles d'arbres ou de grains de sable, et, ce qu'ils ignorent dans la suite de leur vie, savent, à cet âge, être les arbitres de leur fortune, et les maîtres de leur propre félicité.

Il n'y a nuls vices extérieurs et nuls défauts du corps qui ne soient aperçus par les enfants ; ils les saisissent d'une première vue, et ils savent les exprimer par des mots convenables ; on ne nomme point plus heureusement : devenus hommes, ils sont chargés à leur tour de toutes les imperfections dont ils se sont moqués.

L'unique soin des enfants est de trouver l'endroit faible de leurs maîtres, comme de tous ceux à qui ils sont soumis : dès qu'ils ont pu les entamer, ils gagnent le dessus, et prennent sur eux un ascendant qu'ils ne perdent plus. Ce qui nous fait déchoir une première fois de cette supériorité à leur égard est toujours ce qui nous empêche de la recouvrer.

La paresse, l'indolence et l'oisiveté, vices si naturels aux enfants, disparaissent dans leurs jeux, où ils sont vifs, appliqués, exacts, amoureux des règles et de la symétrie, où ils ne se pardonnent nulle faute les uns aux autres, et recommencent eux-mêmes plusieurs fois une seule chose qu'ils ont manquée : présages certains qu'ils pourront un jour négliger leurs devoirs, mais qu'ils n'oublieront rien pour leurs plaisirs.

Aux enfants tout paraît grand, les cours, les jardins, les édifices, les meubles, les hommes, les animaux : aux hommes les choses du monde paraissent ainsi, et j'ose dire par la même raison, parce qu'ils sont petits.

Les enfants commencent entre eux par l'état populaire, chacun y est le maître ; et, ce qui est bien naturel, ils ne s'en accommodent pas longtemps, et passent au monarchique. Quelqu'un se distingue, ou par une plus grande vivacité, ou par une meilleure disposition du corps, ou par une connaissance plus exacte des jeux différents et des petites lois qui les composent ; les autres lui défèrent, et il se forme alors un gouvernement absolu qui ne roule que sur le plaisir.

Qui doute que les enfants ne conçoivent, qu'ils ne jugent, qu'ils ne raisonnent conséquemment ? si c'est seulement sur de petites choses, c'est qu'ils sont enfants, et sans une longue expérience ; et si c'est en mauvais termes, c'est moins leur faute que celle de leurs parents ou de leurs maîtres.

C'est perdre toute confiance dans l'esprit des

enfants, et leur devenir inutile, que de les punir des fautes qu'ils n'ont point faites, ou même sévèrement de celles qui sont légères. Ils savent précisément et mieux que personne ce qu'ils méritent, et ils ne méritent guère que ce qu'ils craignent : ils connaissent si c'est à tort ou avec raison qu'on les châtie, et ne se gâtent pas moins par des peines mal ordonnées que par l'impunité.

On ne vit point assez pour profiter de ses fautes : on en commet pendant tout le cours de sa vie; et tout ce que l'on peut faire à force de faillir, c'est de mourir corrigé.

Il n'y a rien qui rafraîchisse le sang comme d'avoir su éviter de faire une sottise.

Le récit de ses fautes est pénible, on veut les couvrir et en charger quelque autre; c'est ce qui donne le pas au directeur sur le confesseur.

Les fautes des sots sont quelquefois si lourdes et si difficiles à prévoir, qu'elles mettent les sages en défaut, et ne sont utiles qu'à ceux qui les font.

L'esprit de parti abaisse les plus grands hommes jusqu'aux petitesses du peuple.

Nous faisons par vanité ou par bienséance les mêmes choses et avec les mêmes dehors que nous les ferions par inclination ou par devoir : tel vient de mourir à Paris de la fièvre qu'il a gagnée à veiller sa femme qu'il n'aimait point.

Les hommes dans le cœur veulent être estimés, et ils cachent avec soin l'envie qu'ils ont d'être estimés; parce que les hommes veulent passer pour vertueux, et que vouloir tirer de la vertu tout autre avantage que la même vertu, je veux dire l'estime et les louanges, ce ne serait plus être vertueux, mais aimer l'estime et les louanges, ou être vain : les hommes sont très-vains, et ils ne haïssent rien tant que de passer pour tels.

Un homme vain trouve son compte à dire du bien ou du mal de soi : un homme modeste ne parle point de soi.

On ne voit point mieux le ridicule de la vanité, et combien elle est un vice honteux, qu'en ce qu'elle n'ose se montrer, et qu'elle se cache souvent sous les apparences de son contraire.

La fausse modestie est le dernier raffinement de la vanité : elle fait que l'homme vain ne paraît point tel, et se fait valoir au contraire par la vertu opposée au vice qui fait son caractère : c'est un mensonge. La fausse gloire est l'écueil de la vanité; elle nous conduit à vouloir être estimés par des choses qui, à la vérité, se trouvent en nous, mais qui sont frivoles et indignes qu'on les relève : c'est une erreur.

Les hommes parlent de manière, sur ce qui les regarde, qu'ils n'avouent d'eux-mêmes que de petits défauts, et encore ceux qui supposent en leurs personnes de beaux talents ou de grandes qualités. Ainsi l'on se plaint de son peu de mémoire, content d'ailleurs de son grand sens et de son bon jugement : l'on reçoit le reproche de la distraction et de la rêverie, comme s'il nous accordait le bel esprit : l'on dit de soi qu'on est maladroit, et qu'on ne peut rien faire de ses mains, fort consolé de la perte de ces petits talents par ceux de l'esprit, ou par les dons de l'âme que tout le monde nous connaît : l'on fait l'aveu de sa paresse en des termes qui signifient toujours son désintéressement, et que l'on est guéri de l'ambition : l'on ne rougit point de sa malpropreté, qui n'est qu'une négligence pour les petites choses, et qui semble supposer qu'on n'a d'application que pour les solides et les essentielles. Un homme de guerre aime à dire que c'était par trop d'empressement ou par curiosité qu'il se trouva un certain jour à la tranchée, ou en quelque autre poste périlleux, sans être de garde ni commandé, et il ajoute qu'il en fut repris par son général. De même une bonne tête, ou un bon génie qui se trouve né avec cette prudence que les autres hommes cherchent vainement à acquérir; qui a fortifié la trempe de son esprit par une grande expérience; que le nombre, le poids, la diversité, la difficulté, et l'importance des affaires, occupent seulement, et n'accablent point; qui, par l'étendue de ses vues et de sa pénétration, se rend maître de tous les événements, qui, bien loin de consulter toutes les réflexions qui sont écrites sur le gouvernement et la politique, est peut-être de ces âmes sublimes nées pour régir les autres, et sur qui ces premières règles ont été faites; qui est détourné par les grandes choses qu'il fait, des belles ou des agréables qu'il pourrait lire, et qui au contraire ne perd rien à retracer et à feuilleter, pour ainsi dire, sa vie et ses actions; un homme ainsi fait peut dire aisément, et sans se commettre, qu'il ne connaît aucun livre, et qu'il ne lit jamais.

On veut quelquefois cacher ses faibles, ou en diminuer l'opinion, par l'aveu libre que l'on en fait. Tel dit, je suis ignorant, qui ne sait rien : un homme dit, je suis vieux, il passe soixante ans ; un autre encore, je ne suis pas riche, et il est pauvre.

La modestie n'est point, ou est confondue avec une chose toute différente de soi, si on la prend pour un sentiment intérieur qui avilit l'homme à ses propres yeux, et qui est une vertu surnaturelle qu'on appelle humilité. L'homme, de sa nature, pense hautement et superbement de lui-même : la modestie ne tend qu'à faire que personne n'en souffre; elle est une vertu du dehors, qui règle ses yeux, sa démarche, ses paroles, son ton de voix, et qui le fait agir extérieurement avec les autres comme s'il n'était pas vrai qu'il les compte pour rien.

Le monde est plein de gens qui, faisant extérieurement et par habitude la comparaison d'eux-mêmes avec les autres, décident toujours en faveur de leur propre mérite, et agissent conséquemment.

Vous dites qu'il faut être modeste; les gens bien nés ne demandent pas mieux : faites seulement que les hommes n'empiètent pas sur ceux qui cèdent par modestie, et ne brisent pas ceux qui plient.

De même l'on dit, il faut avoir des habits modestes; les personnes de mérite ne désirent rien davantage : mais le monde veut de la parure, on lui en donne; il est avide de la superfluité, on lui en montre. Quelques-uns n'estiment les autres que par de beau linge ou par une riche étoffe ; l'on ne refuse pas toujours d'être estimé à ce prix. Il y a des endroits où il faut se faire voir : un galon d'or plus large ou plus étroit vous fait entrer ou refuser.

Notre vanité et la trop grande estime que nous avons de nous-mêmes nous fait soupçonner dans les autres une fierté à notre égard, qui y est quelquefois, et qui souvent n'y est pas : une personne modeste n'a point cette délicatesse.

Comme il faut se défendre de cette vanité qui nous fait penser que les autres nous regardent avec curiosité et avec estime, et ne parlent ensemble que pour s'entretenir de notre mérite et faire notre éloge ; aussi devons-nous avoir une certaine confiance qui nous empêche de croire qu'on ne se parle à l'oreille que pour dire du mal de nous, ou que l'on ne rit que pour s'en moquer.

D'où vient qu'*Alcippe* me salue aujourd'hui, me sourit, et se jette hors d'une portière de peur de me manquer? Je ne suis pas riche, et je suis à pied; il doit dans les règles ne me pas voir : n'est-ce point pour être vu lui-même dans un même fond avec un grand?

L'on est si rempli de soi-même, que tout s'y rapporte : l'on aime à être vu, montré, à être salué, même des inconnus : ils sont fiers, s'ils l'oublient; l'on veut qu'ils nous devinent.

Nous cherchons notre bonheur hors de nous-mêmes, et dans l'opinion des hommes, que nous connaissons flatteurs, peu sincères, sans équité, pleins d'envie, de caprices et de préventions : quelle bizarrerie!

Il semble qu'on ne puisse rire que des choses ridicules : l'on voit néanmoins de certaines gens qui rient également des choses ridicules et de celles qui ne le sont pas. Si vous êtes sot et inconsidéré, et qu'il vous échappe devant eux quelque impertinence, ils rient de vous : si vous êtes sage, et que vous ne disiez que des choses raisonnables, et du ton qu'il les faut dire, ils rient de même.

Ceux qui nous ravissent les biens par la violence ou par l'injustice, et qui nous ôtent l'honneur par la calomnie, nous marquent assez leur haine pour nous; mais ils ne nous prouvent pas également qu'ils aient perdu à notre égard toute sorte d'estime : aussi ne sommes-nous pas incapables de quelque retour pour eux, et de leur rendre un jour notre amitié. La moquerie, au contraire, est de toutes les injures celle qui se pardonne le moins; elle est le langage du mépris, et l'une des manières dont il se fait le mieux entendre; elle attaque l'homme dans son dernier retranchement, qui est l'opinion qu'il a de soi-même ; elle veut le rendre ridicule à ses propres yeux ; et ainsi elle le convainc de la plus mauvaise disposition où l'on puisse être pour lui, et le rend irréconciliable.

C'est une chose monstrueuse que le goût et la facilité qui est en nous de railler, d'improuver et de mépriser les autres ; et tout ensemble la colère que nous ressentons contre ceux qui nous raillent, nous improuvent, et nous méprisent.

La santé et les richesses, ôtant aux hommes l'expérience du mal, leur inspirent la dureté pour leurs semblables ; et les gens déjà chargés de leur propre misère sont ceux qui entrent davantage par la compassion dans celle d'autrui.

Il semble qu'aux âmes bien nées les fêtes, les spectacles, la symphonie, rapprochent et font mieux sentir l'infortune de nos proches ou de nos amis.

Une grande âme est au-dessus de l'injure, de l'injustice, de la douleur, de la moquerie ; et elle serait invulnérable, si elle ne souffrait par la compassion.

Il y a une espèce de honte d'être heureux à la vue de certaines misères.

On est prompt à connaître ses plus petits avantages, et lent à pénétrer ses défauts : on n'ignore point qu'on a de beaux sourcils, les ongles bien faits ; on sait à peine que l'on est borgne ; on ne sait point du tout que l'on manque d'esprit.

Argyre tire son gant pour montrer une belle main, et elle ne néglige pas de découvrir un petit soulier qui suppose qu'elle a le pied petit : elle rit des choses plaisantes ou sérieuses pour faire voir de belles dents : si elle montre son oreille, c'est qu'elle l'a bien faite ; et si elle ne danse jamais, c'est qu'elle est peu contente de sa taille, qu'elle a épaisse : elle entend tous ses intérêts, à l'exception d'un seul ; elle parle toujours, et n'a point d'esprit.

Les hommes comptent presque pour rien toutes les vertus du cœur, et idolâtrent les talents du corps et de l'esprit : celui qui dit froidement de soi, et sans croire blesser la modestie, qu'il est bon, qu'il est constant, fidèle, sincère, équitable, reconnaissant, n'ose dire qu'il est vif, qu'il a les dents belles et la peau douce : cela est trop fort.

Il est vrai qu'il y a deux vertus que les hommes admirent, la bravoure et la libéralité, parce qu'il y a deux choses qu'ils estiment beaucoup, et que ces vertus font négliger, la vie et l'argent : aussi personne n'avance de soi qu'il est brave ou libéral.

Personne ne dit de soi, et surtout sans fondement, qu'il est beau, qu'il est généreux, qu'il est sublime : on a mis ces qualités à un trop haut prix ; on se contente de le penser.

Quelque rapport qu'il paraisse de la jalousie à l'émulation, il y a entre elles le même éloignement que celui qui se trouve entre le vice et la vertu.

La jalousie et l'émulation s'exercent sur le même objet, qui est le bien ou le mérite des autres ; avec cette différence que celle-ci est un sentiment volontaire, courageux, sincère, qui rend l'âme féconde, qui la fait profiter des grands exemples, et la porte souvent au-dessus de ce qu'elle admire ; et que celle-là au contraire est un mouvement violent et comme un aveu contraint du mérite qui est hors d'elle ; qu'elle va même jusqu'à nier la vertu dans les sujets où elle existe, ou qui, forcée de la reconnaître, lui refuse les éloges ou lui envie les récompenses ; une passion stérile qui laisse l'homme dans l'état où elle le trouve, qui le remplit de lui-même, de l'idée de sa réputation, qui le rend froid et sec sur les actions ou sur les ouvrages d'autrui, qui fait qu'il s'étonne de voir dans le monde d'autres talents que les siens, ou d'autres hommes avec les mêmes talents dont il se pique : vice honteux, et qui par son excès rentre toujours dans la vanité et dans la présomption, et ne persuade pas tant à celui qui en est blessé qu'il a plus d'esprit et de mérite que les autres, qu'il lui fait croire qu'il a lui seul de l'esprit et du mérite.

L'émulation et la jalousie ne se rencontrent guère que dans les personnes du même art, de mêmes talents, et de même condition. Les plus vils artisans sont les plus sujets à la jalousie. Ceux qui font profession des arts libéraux ou des belles-lettres, les peintres, les musiciens, les orateurs, les poëtes, tous ceux qui se mêlent d'écrire, ne devraient être capables que d'émulation.

Toute jalousie n'est point exempte de quelque sorte d'envie, et souvent même ces deux passions se confondent. L'envie au contraire est quelquefois séparée de la jalousie, comme est celle qu'excitent dans notre âme les conditions fort élevées au-dessus de la nôtre, les grandes fortunes, la faveur, le ministère.

L'envie et la haine s'unissent toujours et se fortifient l'une l'autre dans un même sujet; et elles ne sont reconnaissables entre elles qu'en ce que l'une s'attache à la personne, l'autre à l'état et à la condition.

Un homme d'esprit n'est point jaloux d'un ouvrier qui a travaillé une bonne épée, ou d'un statuaire qui vient d'achever une belle figure. Il sait qu'il y a dans ces arts des règles et une méthode qu'on ne devine point, qu'il y a des outils à manier dont il ne connaît ni l'usage, ni le nom, ni la figure; il lui suffit de penser qu'il n'a point fait l'apprentissage d'un certain métier, pour se consoler de n'y être point maître. Il peut au contraire être susceptible d'envie, et même de jalousie, contre un ministre et contre ceux qui gouvernent, comme si la raison et le bon sens, qui lui sont communs avec eux, étaient les seuls instruments qui servent à régir un État et à présider aux affaires publiques, et qu'ils dussent suppléer aux règles, aux préceptes, à l'expérience.

L'on voit peu d'esprits entièrement lourds et stupides : l'on en voit encore moins qui soient sublimes et transcendants. Le commun des hommes nage entre ces deux extrémités; l'intervalle est rempli par un grand nombre de talents ordinaires, mais qui sont d'un grand usage, servent à la république, et renferment en soi l'utile et l'agréable; comme le commerce, les finances, le détail des armées, la navigation, les arts, les métiers, l'heureuse mémoire, l'esprit du jeu, celui de la société et de la conversation.

Tout l'esprit qui est au monde est inutile à celui qui n'en a point; il n'a nulles vues, et il est incapable de profiter de celles d'autrui.

Le premier degré dans l'homme après la raison, ce serait de sentir qu'il l'a perdue : la folie même est incompatible avec cette connaissance. De même, ce qu'il y aurait en nous de meilleur après l'esprit, ce serait de connaître qu'il nous manque : par là on ferait l'impossible, on saurait sans esprit n'être pas un sot, ni un fat, ni un impertinent.

Un homme qui n'a de l'esprit que dans une certaine médiocrité est sérieux et tout d'une pièce : il ne rit point, il ne badine jamais, il ne tire aucun fruit de la bagatelle; aussi incapable de s'élever aux grandes choses, que de s'accommoder même par relâchement des plus petites, il sait à peine jouer avec ses enfants.

Tout le monde dit d'un fat qu'il est un fat, personne n'ose le lui dire à lui-même : il meurt sans le savoir, et sans que personne se soit vengé.

Quelle mésintelligence entre l'esprit et le cœur! Le philosophe vit mal avec tous ses préceptes; et le politique rempli de vues et de réflexions ne sait pas se gouverner.

L'esprit s'use comme toutes choses; les sciences sont ses aliments, elles le nourrissent et le consument.

Les petits sont quelquefois chargés de mille vertus inutiles; ils n'ont pas de quoi les mettre en œuvre.

Il se trouve des hommes qui soutiennent facilement le poids de la faveur et de l'autorité, qui se familiarisent avec leur propre grandeur, et à qui la tête ne tourne point dans les postes les plus élevés. Ceux au contraire que la fortune, aveugle, sans choix et sans discernement, a comme accablés de ses bienfaits, en jouissent avec orgueil et sans modération : leurs yeux, leur démarche, leur ton de voix et leur accès marquent longtemps en eux l'admiration où ils sont d'eux-mêmes et de se voir si éminents; et ils deviennent si farouches, que leur chute seule peut les apprivoiser.

Un homme haut et robuste, qui a une poitrine large et de larges épaules, porte légèrement et de bonne grâce un lourd fardeau : il lui reste encore un bras de libre; un nain serait écrasé de la moitié de sa charge : ainsi les postes éminents rendent les grands hommes encore plus grands, et les petits beaucoup plus petits.

Il y a des gens[1] qui gagnent à être extraor-

---

[1] Ce portrait ressemble fort au duc de La Feuillade. Les clefs le nomment ; et ce que les écrits du temps nous apprennent de ce grand seigneur ferait croire que les clefs ont raison.

dinaires : ils voguent, ils cinglent dans une mer où les autres échouent et se brisent; ils parviennent, en blessant toutes les règles de parvenir : ils tirent de leur irrégularité et de leur folie tous les fruits d'une sagesse la plus consommée : hommes dévoués à d'autres hommes, aux grands à qui ils ont sacrifié, en qui ils ont placé leurs dernières espérances, ils ne les servent point, mais ils les amusent : les personnes de mérite et de service sont utiles aux grands, ceux-ci leur sont nécessaires; ils blanchissent auprès d'eux dans la pratique des bons mots, qui leur tiennent lieu d'exploits dont ils attendent la récompense; ils s'attirent, à force d'être plaisants, des emplois graves, et s'élèvent par un continuel enjouement jusqu'au sérieux des dignités; ils finissent enfin, et rencontrent inopinément un avenir qu'ils n'ont ni craint, ni espéré : ce qui reste d'eux sur la terre, c'est l'exemple de leur fortune, fatal à ceux qui voudraient le suivre.

L'on exigerait de certains personnages qui ont une fois été capables d'une action noble, héroïque, et qui a été sue de toute la terre, que, sans paraître comme épuisés par un si grand effort, ils eussent du moins, dans le reste de leur vie, cette conduite sage et judicieuse qui se remarque même dans les hommes ordinaires; qu'ils ne tombassent point dans des petitesses indignes de la haute réputation qu'ils avaient acquise; que, se mêlant moins dans le peuple, et ne lui laissant pas le loisir de les voir de près, ils ne le fissent point passer de la curiosité et de l'admiration à l'indifférence, et peut-être au mépris.

Il coûte moins[1] à certains hommes de s'enrichir de mille vertus que de se corriger d'un seul défaut; ils sont même si malheureux, que ce vice est souvent celui qui convenait le moins à leur état, et qui pouvait leur donner dans le monde plus de ridicule : il affaiblit l'éclat de leurs grandes qualités, empêche qu'ils ne soient des hommes parfaits, et que leur réputation ne soit entière. On ne leur demande point qu'ils soient plus éclairés et plus incorruptibles, qu'ils soient plus amis de l'ordre et de la discipline, plus fidèles à leurs devoirs, plus zélés pour le bien public, plus graves : on veut seulement qu'ils ne soient point amoureux.

Quelques hommes, dans le cours de leur vie, sont si différents d'eux-mêmes par le cœur et par l'esprit, qu'on est sûr de se méprendre, si l'on en juge seulement par ce qui a paru d'eux dans leur première jeunesse. Tels étaient pieux, sages, savants, qui, par cette mollesse inséparable d'une trop riante fortune, ne le sont plus. L'on en sait d'autres qui ont commencé leur vie par les plaisirs, et qui ont mis ce qu'ils avaient d'esprit à les connaître, que les disgrâces ensuite ont rendus religieux, sages, tempérants. Ces derniers sont, pour l'ordinaire, de grands sujets, et sur qui l'on peut faire beaucoup de fond; ils ont une probité éprouvée par la patience et par l'adversité; ils entent sur cette extrême politesse que le commerce des femmes leur a donnée, et dont ils ne se défont jamais, un esprit de règle, de réflexion, et quelquefois une haute capacité, qu'ils doivent à la chambre et au loisir d'une mauvaise fortune.

Tout notre mal vient de ne pouvoir être seuls : de là le jeu, le luxe, la dissipation, le vin, les femmes, l'ignorance, la médisance, l'envie, l'oubli de soi-même et de Dieu.

L'homme semble quelquefois ne se suffire pas à soi-même : les ténèbres, la solitude, le troublent, le jettent dans des craintes frivoles et dans de vaines terreurs; le moindre mal alors qui puisse lui arriver est de s'ennuyer.

L'ennui est entré dans le monde par la paresse; elle a beaucoup de part à la recherche que font les hommes des plaisirs, du jeu, de la société. Celui qui aime le travail a assez de soi-même.

La plupart des hommes emploie la première partie de leur vie à rendre l'autre misérable.

Il y a des ouvrages[1] qui commencent par A

---

[1] Il se pourrait que La Bruyère eût eu en vue dans ce paragraphe l'archevêque de Paris, Harlay de Chanvalons, qui avait de grands talents, de grandes qualités, et qui remplissait parfaitement tous les devoirs de son état, à l'exception d'un seul. La Bruyère nous dispense de dire lequel.

[1] Ces mots, qui commencent par A, et finissent par Z, sembleraient indiquer un dictionnaire, et notamment celui de l'Académie. Mais comment appeler un dictionnaire un jeu d'esprit? comment trouver, dans un dictionnaire de langue, de la recherche et de l'affectation? Il me semble fort difficile de dire à quelle espèce d'ouvrages La Bruyère fait allusion.

et finissent par Z; le bon, le mauvais, le pire, tout y entre; rien, en un certain genre, n'est oublié : quelle recherche, quelle affectation dans ces ouvrages! on les appelle des jeux d'esprit. De même il y a un jeu dans la conduite; on a commencé, il faut finir, on veut fournir toute la carrière. Il serait mieux ou de changer ou de suspendre, mais il est plus rare et plus difficile de poursuivre : on poursuit, on s'anime par les contradictions; la vanité soutient, supplée à la raison, qui cède et qui se désiste ; on porte ce raffinement jusque dans les actions les plus vertueuses, dans celles mêmes où il entre de la religion.

Il n'y a que nos devoirs qui nous coûtent, parce que leur pratique ne regardant que les choses que nous sommes étroitement obligés de faire, elle n'est pas suivie de grands éloges, qui est tout ce qui nous excite aux actions louables, et qui nous soutient dans nos entreprises. N... aime une piété fastueuse qui lui attire l'intendance des besoins des pauvres, le rend dépositaire de leur patrimoine, et fait de sa maison un dépôt public où se font les distributions ; les gens à petits collets, et les *sœurs grises* y ont une libre entrée; toute une ville voit ses aumônes, et les publie : qui pourrait douter qu'il soit homme de bien, si ce n'est peut-être ses créanciers ?

Géronte meurt de caducité, et sans avoir fait ce testament qu'il projetait depuis trente années : dix têtes viennent *ab intestat* partager sa succession. Il ne vivait depuis longtemps que par les soins d'*Astérie*, sa femme, qui jeune encore s'était dévouée à sa personne, ne le perdait pas de vue, secourait sa vieillesse, et lui a enfin fermé les yeux. Il ne lui laisse pas assez de bien pour pouvoir se passer, pour vivre, d'un autre vieillard.

Laisser perdre charges et bénéfices plutôt que de vendre ou de résigner, même dans son extrême vieillesse, c'est se persuader qu'on n'est pas du nombre de ceux qui meurent ; ou, si l'on croit que l'on peut mourir, c'est s'aimer soi-même, et n'aimer que soi.

Fauste est un dissolu, un prodigue, un libertin, un ingrat, un emporté, qu'Aurèle, son oncle, n'a pu haïr ni déshériter.

Frontin, neveu d'Aurèle, après vingt années d'une probité connue, et d'une complaisance aveugle pour ce vieillard, ne l'a pu fléchir en sa faveur, il ne tire de sa dépouille qu'une légère pension, que Fauste, unique légataire, lui doit payer.

Les haines sont si longues et si opiniâtrées, que le plus grand signe de mort dans un homme malade, c'est la réconciliation.

L'on s'insinue auprès de tous les hommes, ou en les flattant dans les passions qui occupent leur âme, ou en compatissant aux infirmités qui affligent leur corps. En cela seul consistent les soins que l'on peut leur rendre ; de là vient que celui qui se porte bien, et qui désire peu de chose, est moins facile à gouverner.

La mollesse et la volupté naissent avec l'homme, et ne finissent qu'avec lui ; ni les heureux, ni les tristes événements, ne l'en peuvent séparer : c'est pour lui ou le fruit de la bonne fortune, ou un dédommagement de la mauvaise.

C'est une grande difformité dans la nature qu'un vieillard amoureux.

Peu de gens se souviennent d'avoir été jeunes, et combien il leur était difficile d'être chastes et tempérants. La première chose qui arrive aux hommes après avoir renoncé aux plaisirs, ou par bienséance, ou par lassitude, ou par régime, c'est de les condamner dans les autres. Il entre dans cette conduite une sorte d'attachement pour les choses mêmes que l'on vient de quitter ; l'on aimerait qu'un bien qui n'est plus pour nous ne fût plus aussi pour le reste du monde : c'est un sentiment de jalousie.

Ce n'est pas le besoin d'argent où les vieillards peuvent appréhender de tomber un jour qui les rend avares, car il y en a de tels qui ont de si grands fonds, qu'ils ne peuvent guère avoir cette inquiétude ; et d'ailleurs, comment pourraient-ils craindre de manquer dans leur caducité des commodités de la vie, puisqu'ils s'en privent eux-mêmes volontairement pour satisfaire à leur avarice ? Ce n'est point aussi l'envie de laisser de plus grandes richesses à leurs enfants, car il n'est pas naturel d'aimer quelque autre chose plus que soi-même, outre qu'il se trouve des avares qui n'ont point d'héritiers. Ce vice est plutôt l'effet de l'âge et de la complexion des vieillards, qui s'y abandonnent aussi naturellement qu'ils suivaient leurs plaisirs dans leur jeunesse, ou leur ambition dans l'âge viril. Il ne faut ni vigueur, ni jeunesse, ni santé, pour être avare; l'on n'a aussi nul besoin de s'empresser, ou de se donner le moindre mouvement pour épargner ses revenus : il faut laisser seulement son bien dans ses coffres, et se priver de tout. Cela est commode aux vieillards, à qui il faut une passion, parce qu'ils sont hommes.

Il y a des gens qui sont mal logés, mal couchés, mal habillés, et plus mal nourris, qui essuient les rigueurs des saisons, qui se privent eux-mêmes de la société des hommes, et passent leurs jours dans la solitude, qui souffrent du présent, du passé et de l'avenir, dont la vie est comme une pénitence continuelle, et qui ont ainsi trouvé le secret d'aller à leur perte par le chemin le plus pénible : ce sont les avares.

Le souvenir de la jeunesse est tendre dans les vieillards; ils aiment les lieux où ils l'ont passée : les personnes qu'ils ont commencé de connaître dans ce temps leur sont chères; ils affectent quelques mots du premier langage qu'ils ont parlé; ils tiennent pour l'ancienne manière de chanter, et pour la vieille danse; ils vantent les modes qui régnaient alors dans les habits, les meubles et les équipages; ils ne peuvent encore désapprouver des choses qui servaient à leurs passions, qui étaient si utiles à leurs plaisirs, et qui en rappellent la mémoire : comment pourraient-ils leur préférer de nouveaux usages, et des modes toutes récentes où ils n'ont nulle part, dont ils n'espèrent rien, que les jeunes ont faites, et dont ils tirent à leur tour de si grands avantages contre la vieillesse?

Une trop grande négligence, comme une excessive parure dans les vieillards, multiplient leurs rides, et font mieux voir leur caducité.

Un vieillard est fier, dédaigneux, et d'un commerce difficile, s'il n'a beaucoup d'esprit.

Un vieillard qui a vécu à la cour, qui a un grand sens et une mémoire fidèle, est un trésor inestimable : il est plein de faits et de maximes; l'on y trouve l'histoire du siècle, revêtue de circonstances très-curieuses, et qui ne se lisent nulle part; l'on y apprend des règles pour la conduite et pour les mœurs, qui sont toujours sûres, parce qu'elles sont fondées sur l'expérience.

Les jeunes gens, à cause des passions qui les amusent, s'accommodent mieux de la solitude que les vieillards.

Phidippe, déjà vieux, raffine sur la propreté et sur la mollesse; il passe aux petites délicatesses; il s'est fait un art du boire, du manger, du repos, et de l'exercice : les petites règles qu'il s'est prescrites, et qui tendent toutes aux aises de sa personne, il les observe avec scrupule, et ne les romprait pas pour une maîtresse, si le régime lui avait permis d'en retenir. Il s'est accablé de superfluités, que l'habitude enfin lui rend nécessaires. Il double ainsi et renforce les liens qui l'attachent à la vie, et il veut employer ce qui lui en reste à en rendre la perte plus douloureuse : n'appréhendait-il pas assez de mourir?

Gnathon ne vit que pour soi, et tous les hommes ensemble sont à son égard comme s'ils n'étaient point. Non content de remplir à une table la première place, il occupe lui seul celle de deux autres; il oublie que le repas est pour lui et pour toute la compagnie; il se rend maître du plat, et fait son propre de chaque service; il ne s'attache à aucun des mets, qu'il n'ait achevé d'essayer de tous; il voudrait pouvoir les savourer tous, tout à la fois : il ne se sert à table que de ses mains, il manie les viandes, les remanie, démembre, déchire, et en use de manière qu'il faut que les conviés, s'ils veulent manger, mangent ses restes; il ne leur épargne aucune de ces malpropretés dégoûtantes, capables d'ôter l'appétit aux plus affamés; le jus et les sauces lui dégouttent du menton et de la barbe : s'il enlève un ragoût de dessus un plat, il en répand en chemin dans un autre plat et sur la nappe, on le suit à la trace : il mange haut et avec grand bruit, il roule les yeux en mangeant; la table est pour lui un râtelier; il écure ses dents, et il continue à manger. Il se fait, quelque part où il se trouve, une manière d'établissement, et ne souffre pas d'être plus pressé au sermon ou au théâtre que dans sa chambre. Il n'y a dans un carrosse que les places du fond qui lui conviennent; dans toute autre, si on veut l'en croire, il pâlit et tombe en faiblesse. S'il fait un voyage avec plusieurs, il les prévient dans les hôtelleries, et il sait toujours se conserver dans la meilleure chambre le meilleur lit : il tourne tout à son usage ; ses valets, ceux d'autrui, courent dans le même temps pour son service ; tout ce qu'il trouve sous sa main lui est propre, hardes, équipages, il embarrasse tout le monde, ne se contraint pour personne, ne plaint personne, ne connaît de maux que les siens, que sa réplétion et sa bile, ne pleure point la mort des autres, n'appréhende que la sienne, qu'il rachèterait volontiers de l'extinction du genre humain.

Cliton n'a jamais eu toute sa vie que deux affaires, qui sont de dîner le matin, et de souper le soir ; il ne semble né que pour la digestion ; il n'a de même qu'un entretien : il dit les entrées qui ont été servies au dernier repas où il s'est trouvé ; il dit combien il y a eu de potages, et quels potages ; il place ensuite le rôt et les entremets ; il se souvient exactement de quels plats on a relevé le premier service ; il n'oublie pas les *hors-d'œuvre*, le fruit et les assiettes ; il nomme tous les vins et toutes les liqueurs dont il a bu ; il possède le langage des cuisines autant qu'il peut s'étendre, et il me fait envie de manger à une bonne table où il ne soit point : il a surtout un palais sûr, qui ne prend point le change ; et il ne s'est jamais vu exposé à l'horrible inconvénient de manger un mauvais ragoût, ou de boire d'un vin médiocre. C'est un personnage illustre dans son genre, et qui a porté le talent de se bien nourrir jusques où il pouvait aller ; on ne reverra plus un homme qui mange tant et qui mange si bien : aussi est-il l'arbitre des bons morceaux ; et il n'est guère permis d'avoir du goût pour ce qu'il désapprouve. Mais il n'est plus, il s'est fait du moins porter à table jusqu'au dernier soupir ; il donnait à manger le jour qu'il est mort ; quelque part où il soit, il mange ; et s'il revient au monde, c'est pour manger.

Ruffin commence à grisonner, mais il est sain, il a un visage frais et un œil vif qui lui promettent encore vingt années de vie ; il est gai, *jovial*, familier, indifférent ; il rit de tout son cœur, et il rit tout seul et sans sujet ; il est content de soi, des siens, de sa petite fortune ; il dit qu'il est heureux. Il perd son fils unique, jeune homme de grande espérance, et qui pouvait un jour être l'honneur de sa famille ; il remet sur d'autres le soin de le pleurer : il dit, *Mon fils est mort, cela fera mourir sa mère* ; et il est consolé. Il n'a point de passions, il n'a ni amis, ni ennemis ; personne ne l'embarrasse, tout le monde lui convient, tout lui est propre ; il parle à celui qu'il voit une première fois avec la même liberté et la même confiance qu'à ceux qu'il appelle de vieux amis, et il lui fait part bientôt de ses *quolibets* et de ses historiettes : on l'aborde, on le quitte sans qu'il y fasse attention, et le même conte qu'il a commencé de faire à quelqu'un, il l'achève à celui qui prend sa place.

N** est moins affaibli par l'âge que par la maladie, car il ne passe point soixante-huit ans, mais il a la goutte, et il est sujet à une colique néphrétique ; il a le visage décharné, le teint verdâtre, et qui menace ruine : il fait marner sa terre, et il compte que de quinze ans entiers il ne sera obligé de la fumer ; il plante un jeune bois, et il espère qu'en moins de vingt années il lui donnera un beau couvert. Il fait bâtir dans la rue ** une maison de pierre de taille, raffermie dans les encoignures par des mains de fer, et dont il assure, en toussant et avec une voix frêle et débile, qu'on ne verra jamais la fin : il se promène tous les jours dans ses ateliers sur le bras d'un valet qui le soulage, il montre à ses amis ce qu'il a fait, et il leur dit ce qu'il a dessein de faire. Ce n'est pas pour ses enfants qu'il bâtit, car il n'en a point, ni pour ses héritiers, personnes viles, et qui se sont brouillées avec lui : c'est pour lui seul, et il mourra demain.

Antagoras a un visage trivial et populaire ; un suisse de paroisse ou le saint de pierre qui orne le grand autel n'est pas mieux connu que lui de toute la multitude. Il parcourt le matin toutes les chambres et tous les greffes d'un parlement, et le soir les rues et les carrefours d'une ville : il plaide depuis quarante ans, plus proche de sortir de la vie que de sortir d'affaires. Il n'y a point eu au palais, depuis tout ce temps, de causes célèbres ou de procédures longues et embrouillées où il n'ait du moins intervenu : aussi a-t-il un nom fait pour remplir la bouche de l'avocat, et qui s'accorde avec le demandeur ou le défendeur comme le substantif et l'adjectif. Parent de tous, et haï de tous, il n'y a guère de familles dont il ne se plaigne, et qui ne se plaignent de lui : appliqué successivement à saisir une terre, à s'opposer au sceau, à se servir d'un *committimus*, ou à mettre un arrêt à exécution. Outre qu'il assiste chaque jour à quelques assemblées de créanciers, partout syndic de directions, et perdant à toutes les banqueroutes, il a des heures de reste pour ses visites : vieux meublé de ruelle, où il parle procès et dit des nouvelles. Vous l'avez laissé dans une maison au Marais, vous le retrouverez au grand faubourg, où il vous a prévenu, et où déjà il redit ses nouvelles et son procès. Si vous plaidez vous-même, et que vous alliez le lendemain à la pointe du jour chez l'un de vos juges pour le solliciter, le juge attend pour vous donner audience qu'Antagoras soit expédié.

Tels hommes passent une longue vie à se défendre des uns et à nuire aux autres, et ils meurent consumés de vieillesse, après avoir causé autant de maux qu'ils en ont souffert.

Il faut des saisies de terre et des enlèvements de meubles, des prisons et des supplices, je l'avoue : mais justice, lois et besoins à part, ce m'est une chose toujours nouvelle de contempler avec quelle férocité les hommes traitent d'autres hommes.

L'on voit[1] certains animaux farouches, des mâles et des femelles, répandus par la campagne, noirs, livides, et tout brûlés du soleil, attachés à la terre qu'ils fouillent et qu'ils remuent avec une opiniâtreté invincible : ils ont comme une voix articulée, et quand ils se lèvent sur leurs pieds, ils montrent une face humaine, et en effet ils sont des hommes. Ils se retirent la nuit dans des tanières où ils vivent de pain noir, d'eau et de racines ; ils épargnent aux autres hommes la peine de semer, de labourer et de recueillir pour vivre, et méritent ainsi de ne pas manquer de ce pain qu'ils ont semé.

Don Fernand dans sa province est oisif,

[1] Les paysans et les laboureurs.

ignorant, médisant, querelleur, fourbe, intempérant, impertinent, mais il tire l'épée contre ses voisins, et pour un rien il expose sa vie : il a tué des hommes, il sera tué.

Le noble de province, inutile à sa patrie, à sa famille, et à lui-même, souvent sans toit, sans habit, sans aucun mérite, répète dix fois le jour qu'il est gentilhomme, traite les fourrures et les mortiers de bourgeoisie, occupé toute sa vie de ses parchemins et de ses titres, qu'il ne changerait pas contre les masses d'un chancelier.

Il se fait généralement dans tous les hommes des combinaisons infinies de la puissance, de la faveur, du génie, des richesses, des dignités, de la noblesse, de la force, de l'industrie, de la capacité, de la vertu, du vice, de la faiblesse, de la stupidité, de la pauvreté, de l'impuissance, de la roture et de la bassesse. Ces choses, mêlées ensemble en mille manières différentes, et compensées l'une par l'autre en divers sujets, forment aussi les divers états et les différentes conditions. Les hommes d'ailleurs, qui tous savent le fort et le faible les uns des autres, agissent aussi réciproquement comme ils croient le devoir faire, connaissent ceux qui leur sont égaux, sentent la supériorité que quelques-uns ont sur eux, et celle qu'ils ont sur quelques autres : et de là naissent entre eux ou la familiarité, ou le respect et la déférence, ou la fierté et le mépris. De cette source vient que, dans les endroits publics et où le monde se rassemble, on se trouve à tous moments entre celui que l'on cherche à aborder ou à saluer, et cet autre que l'on feint de ne pas connaître, et dont l'on veut encore moins se laisser joindre ; que l'on se fait honneur de l'un, et qu'on a honte de l'autre ; qu'il arrive même que celui dont vous vous faites honneur, et que vous voulez retenir, est celui aussi qui est embarrassé de vous, et qui vous quitte ; et que le même est souvent celui qui rougit d'autrui, et dont on rougit, qui dédaigne ici, et qui là est dédaigné : il est encore assez ordinaire de mépriser qui nous méprise. Quelle misère ! et puisqu'il est vrai que, dans un si étrange commerce, ce que l'on pense gagner d'un côté on le perd de l'autre, ne reviendrait-il pas au même de renoncer à toute hauteur et à toute fierté, qui convient si peu aux faibles hommes, et de composer ensemble, de se traiter tous avec une mutuelle bonté, qui, avec l'avantage de n'être jamais mortifiés, nous procurerait un aussi grand bien que celui de ne mortifier personne?

Bien loin de s'effrayer ou de rougir même du nom de philosophe, il n'y a personne au monde qui ne dût avoir une forte teinture de philosophie[1]. Elle convient à tout le monde : la pratique en est utile à tous les âges, à tous les sexes, et à toutes les conditions : elle nous console du bonheur d'autrui, des indignes préférences, des mauvais succès, du déclin de nos forces ou de notre beauté : elle nous arme contre la pauvreté, la vieillesse, la maladie et la mort, contre les sots et les mauvais railleurs : elle nous fait vivre sans une femme, ou nous fait supporter celle avec qui nous vivons

Les hommes, en un même jour, ouvrent leur âme à de petites joies, et se laissent dominer par de petits chagrins : rien n'est plus inégal et moins suivi que ce qui se passe en si peu de temps dans leur cœur et dans leur esprit. Le remède à ce mal est de n'estimer les choses du monde précisément que ce qu'elles valent.

Il est aussi difficile de trouver un homme vain qui se croie assez heureux, qu'un homme modeste qui se croie trop malheureux.

Le destin du vigneron, du soldat et du tailleur de pierre m'empêche de m'estimer malheureux par la fortune des princes ou des ministres, qui me manque.

Il n'y a pour l'homme qu'un vrai malheur, qui est de se trouver en faute, et d'avoir quelque chose à se reprocher.

La plupart des hommes, pour arriver à leurs fins, sont plus capables d'un grand effort que d'une longue persévérance. Leur paresse ou leur inconstance leur fait perdre le fruit des meilleurs commencements. Ils se laissent souvent devancer par d'autres qui sont partis après eux, et qui marchent lentement, mais constamment.

J'ose presque assurer que les hommes savent encore mieux prendre des mesures que les suivre, résoudre ce qu'il faut faire et ce qu'il faut dire, que de faire ou de dire ce qu'il faut. On se propose fermement, dans une affaire qu'on négocie, de taire une certaine chose; et ensuite, ou par passion, ou par intempérance de langue, ou dans la chaleur de l'entretien, c'est la première qui échappe.

Les hommes agissent mollement dans les choses qui sont de leur devoir, pendant qu'ils se font un mérite, ou plutôt une vanité, de s'empresser pour celles qui leur sont étrangères, et qui ne conviennent ni à leur état, ni à leur caractère.

La différence d'un homme qui se revêt d'un caractère étranger à lui-même, quand il rentre dans le sien, est celle d'un masque à un visage.

Téléphe a de l'esprit, mais dix fois moins, de compte fait, qu'il ne présume en avoir : il est donc, dans ce qu'il dit, dans ce qu'il fait, dans ce qu'il médite et ce qu'il projette, dix fois au delà de ce qu'il a d'esprit; il n'est donc jamais dans ce qu'il a de force et d'étendue : ce raisonnement est juste. Il a comme une barrière qui le ferme, et qui devrait l'avertir de s'arrêter en deçà; mais il passe outre, il se jette hors de sa sphère, il trouve lui-même son endroit faible, et se montre par cet endroit : il parle de ce qu'il ne sait point, ou de ce qu'il sait mal; il entreprend au-dessus de son pouvoir, il désire au delà de sa portée; il s'égale à ce qu'il y a de meilleur en tout genre; il a du bon et du louable, qu'il offusque par l'affectation du grand ou du merveilleux : on voit clairement ce qu'il n'est pas, et il faut deviner ce qu'il est en effet. C'est un homme qui ne se mesure point, qui ne se connaît point : son caractère est de ne savoir pas se renfermer dans celui qui lui est propre, et qui est le sien.

L'homme du meilleur esprit est inégal, il souffre des accroissements et des diminutions; il entre en verve, mais il en sort : alors s'il est sage, il parle peu, il n'écrit point, il ne cherche point à imaginer ni à plaire. Chante-t-on avec un rhume? ne faut-il pas attendre que la voix revienne?

Le sot est *automate*, il est machine, il est ressort; le poids l'emporte, le fait mouvoir, le fait tourner, et toujours, et dans le même sens,

---

[1] L'on ne peut plus entendre que celle qui est dépendante de la religion chrétienne. (*La Bruyère*).

et avec la même égalité : il est uniforme, il ne se dément point; qui l'a vu une fois, l'a vu dans tous les instants et dans toutes les périodes de sa vie; c'est tout au plus le bœuf qui meugle, ou le merle qui siffle : il est fixé et déterminé par sa nature, et j'ose dire par son espèce. Ce qui paraît le moins en lui, c'est son âme : elle n'agit point, elle ne s'exerce point, elle se repose.

Le sot ne meurt point; ou si cela lui arrive, selon notre manière de parler, il est vrai de dire qu'il gagne à mourir, et que, dans ce moment où les autres meurent, il commence à vivre : son âme alors pense, raisonne, infère, conclut, juge, prévoit, fait précisément tout ce qu'elle ne faisait point; elle se trouve dégagée d'une masse de chair où elle était comme ensevelie sans fonction, sans mouvement, sans aucun du moins qui fût digne d'elle : je dirais presque qu'elle rougit de son propre corps et des organes bruts et imparfaits auxquels elle s'est vue attachée si longtemps, et dont elle n'a pu faire qu'un sot et qu'un stupide; elle va d'égal avec les grandes âmes, avec celles qui font les bonnes têtes ou les hommes d'esprit. L'âme d'*Alain* ne se démêle plus d'avec celles du grand Condé, de Richelieu, de Pascal, et de Lingendes[1].

La fausse délicatesse dans les actions libres, dans les mœurs ou dans la conduite, n'est pas ainsi nommée parce qu'elle est feinte, mais parce qu'en effet elle s'exerce sur des choses et en des occasions qui n'en méritent point. La fausse délicatesse de goût et de complexion n'est telle au contraire que parce qu'elle est feinte, ou affectée : c'est *Émilie* qui crie de toute sa force sur un petit péril qui ne lui fait pas de peur; c'est une autre qui par mignardise pâlit à la vue d'une souris, ou qui veut aimer les violettes et s'évanouir aux tubéreuses.

Qui oserait se promettre de contenter les hommes? Un prince, quelque bon et quelque puissant qu'il fût, voudrait-il l'entreprendre? Qu'il l'essaye; qu'il se fasse lui-même une affaire de leurs plaisirs ; qu'il ouvre son palais à ses courtisans, qu'il les admette jusque dans son domestique; que, dans des lieux dont la vue seule est un spectacle, il leur fasse voir d'autres spectacles : qu'il leur donne le choix des jeux, des concerts, et de tous les rafraîchissements; qu'il y ajoute une chère splendide et une entière liberté ; qu'il entre avec eux en société des mêmes amusements; que le grand homme devienne aimable, et que le héros soit humain et familier, il n'aura pas assez fait. Les hommes s'ennuient enfin des mêmes choses qui les ont charmés dans leurs commencements ; ils déserteraient la *table des dieux*; et le *nectar*, avec le temps, leur devient insipide. Ils n'hésitent pas de critiquer les choses qui sont parfaites; il y entre de la vanité et une mauvaise délicatesse : leur goût, si on les en croit, est encore au delà de toute l'affectation qu'on aurait à les satisfaire, et d'une dépense toute royale que l'on ferait pour y réussir; il s'y mêle de la malignité, qui va jusqu'à vouloir affaiblir dans les autres la joie qu'ils auraient de les rendre contents. Ces mêmes gens, pour l'ordinaire si flatteurs et si complaisants, peuvent se démentir; quelquefois on ne les reconnaît plus, et l'on voit l'homme jusque dans le courtisan.

L'affectation dans le geste, dans le parler, et dans les manières, est souvent une suite de l'oisiveté ou de l'indifférence, et il semble qu'un grand attachement ou de sérieuses affaires jettent l'homme dans son naturel.

Les hommes n'ont point de caractères, ou s'ils en ont, c'est celui de n'en avoir aucun qui soit suivi, qui ne se démente point, et où ils soient reconnaissables. Ils souffrent beaucoup à être toujours les mêmes, à persévérer dans la règle ou dans le désordre; et s'ils se délassent quelquefois d'une vertu par une autre vertu, ils se dégoûtent plus souvent d'un vice par un autre vice : ils ont des passions contraires, et des faibles qui se contredisent; il leur coûte moins de joindre les extrémités que d'avoir une conduite dont une partie naisse de l'autre : ennemis de la modération, ils outrent toutes choses, les bonnes et les mauvaises, dont ne pouvant ensuite supporter l'excès, ils l'adoucissent par le changement. *Adraste* était si corrompu et si

---

[1] Jean de Lingendes, évêque de Sarlat et ensuite de Mâcon, se distingua comme prélat et comme orateur; il mourut en 1665. Un autre Lingendes, de la même famille et de la compagnie de Jésus, eut de la réputation comme prédicateur. C'est du premier sans doute que La Bruyère parle ici.

libertin, qu'il lui a été moins difficile de suivre la mode et de se faire dévot : il lui eût coûté davantage d'être homme de bien.

D'où vient que les mêmes hommes qui ont un flegme tout prêt pour recevoir indifféremment les plus grands désastres, s'échappent, et ont une bile intarissable sur les plus petits inconvénients? Ce n'est pas sagesse en eux qu'une telle conduite, car la vertu est égale et ne se dément point : c'est donc un vice; et quel autre que la vanité, qui ne se réveille et ne se recherche que dans les événements où il y a de quoi faire parler le monde, et beaucoup à gagner pour elle, mais qui se néglige sur tout le reste?

L'on se repent rarement de parler peu; très-souvent de trop parler : maxime usée et triviale, que tout le monde sait, et que tout le monde ne pratique pas.

C'est se venger contre soi-même, et donner un trop grand avantage à ses ennemis, que de leur imputer des choses qui ne sont pas vraies, et de mentir pour les décrier.

Si l'homme savait rougir de soi, quels crimes non-seulement cachés, mais publics et connus, ne s'épargnerait-il pas !

Si certains hommes ne vont pas dans le bien jusqu'où ils pourraient aller, c'est par le vice de leur première instruction.

Il y a dans quelques hommes une certaine médiocrité d'esprit qui contribue à les rendre sages.

Il faut aux enfants les verges et la férule : il faut aux hommes faits une couronne, un sceptre, un mortier, des fourrures, des faisceaux, des timbales, des hoquetons. La raison et la justice, dénuées de tous leurs ornements, ni ne persuadent, ni n'intimident. L'homme, qui est esprit, se mène par les yeux et les oreilles.

Timon ou le misanthrope peut avoir l'âme austère et farouche, mais extérieurement il est civil et *cérémonieux :* il ne s'échappe pas, il ne s'apprivoise pas avec les hommes; au contraire, il les traite honnêtement et sérieusement; il emploie à leur égard tout ce qui peut éloigner leur familiarité; il ne veut pas les mieux connaître ni s'en faire des amis, semblable en ce sens à une femme qui est en visite chez une autre femme.

La raison tient de la vérité, elle est une : l'on n'y arrive que par un chemin, et l'on s'en écarte par mille. L'étude de la sagesse a moins d'étendue que celle que l'on ferait des sots et des impertinents. Celui qui n'a vu que des hommes polis et raisonnables, ou ne connaît pas l'homme, ou ne le connaît qu'à demi : quelque diversité qui se trouve dans les complexions ou dans les mœurs, le commerce du monde et la politesse donnent les mêmes apparences, font qu'on se ressemble les uns aux autres par des dehors qui plaisent réciproquement, qui semblent communs à tous, et qui font croire qu'il n'y a rien ailleurs qui ne s'y rapporte. Celui, au contraire, qui se jette dans le peuple ou dans la province y fait bientôt, s'il a des yeux, d'étranges découvertes, y voit des choses qui lui sont nouvelles, dont il ne se doutait pas, dont il ne pouvait avoir le moindre soupçon : il avance par des expériences continuelles dans la connaissance de l'humanité; il calcule presque en combien de manières différentes l'homme peut être insupportable.

Après avoir mûrement approfondi les hommes, et connu le faux de leurs pensées, de leurs sentiments, de leurs goûts et de leurs affections, l'on est réduit à dire qu'il y a moins à perdre pour eux par l'inconstance que par l'opiniâtreté.

Combien d'âmes faibles, molles et indifférentes, sans de grands défauts, et qui puissent fournir à la satire ! Combien de sortes de ridicules répandus parmi les hommes, mais qui par leur singularité ne tirent point à conséquence, et ne sont d'aucune ressource pour l'instruction et pour la morale ! Ce sont des vices uniques qui ne sont pas contagieux, et qui sont moins de l'humanité que de la personne.

CHAPITRE XII

Des jugements.

Rien ne ressemble mieux à la vive persuasion que le mauvais entêtement : de là les partis, les cabales, les hérésies.

L'on ne pense pas toujours constamment d'un

même sujet : l'entêtement et le dégoût se suivent de près.

Les grandes choses étonnent, et les petites rebutent; nous nous apprivoisons avec les unes et les autres par l'habitude.

Deux choses toutes contraires nous préviennent également, l'habitude et la nouveauté.

Il n'y a rien de plus bas, et qui convienne mieux au peuple, que de parler en des termes magnifiques de ceux mêmes dont l'on pensait très modestement avant leur élévation.

La faveur des princes n'exclut pas le mérite, et ne le suppose pas aussi.

Il est étonnant qu'avec tout l'orgueil dont nous sommes gonflés, et la haute opinion que nous avons de nous-mêmes et de la bonté de notre jugement, nous négligions de nous en servir pour prononcer sur le mérite des autres. La vogue, la faveur populaire, celle du prince, nous entraînent comme un torrent. Nous louons ce qui est loué, bien plus que ce qui est louable.

Je ne sais s'il y a rien au monde qui coûte davantage à approuver et à louer que ce qui est plus digne d'approbation et de louange, et si la vertu, le mérite, la beauté, les bonnes actions, les beaux ouvrages, ont un effet plus naturel et plus sûr que l'envie, la jalousie et l'antipathie. Ce n'est pas d'un saint dont un dévot[1] sait dire du bien, mais d'un autre dévot. Si une belle femme approuve la beauté d'une autre femme, on peut conclure qu'elle a mieux que ce qu'elle approuve. Si un poëte loue les vers d'un autre poëte, il y a à parier qu'ils sont mauvais et sans conséquence.

Les hommes ne se goûtent qu'à peine les uns les autres, n'ont qu'une faible pente à s'approuver réciproquement. action, conduite, pensée, expression, rien ne plaît, rien ne contente. Ils substituent à la place de ce qu'on leur récite, de ce qu'on leur dit, ou de ce qu'on leur lit, ce qu'ils auraient fait eux-mêmes en pareille conjoncture, ce qu'ils penseraient ou ce qu'ils écriraient sur un tel sujet ; et ils sont si pleins de leurs idées, qu'il n'y a plus de place pour celles d'autrui.

Le commun des hommes est si enclin au déréglement et à la bagatelle, et le monde est si plein d'exemples ou pernicieux ou ridicules, que je croirais assez que l'esprit de singularité, s'il pouvait avoir ses bornes et ne pas aller trop loin, approcherait fort de la droite raison et d'une conduite régulière.

Il faut faire comme les autres : maxime suspecte, qui signifie presque toujours, il faut mal faire, dès qu'on l'étend au delà de ces choses purement extérieures qui n'ont point de suite, qui dépendent de l'usage, de la mode ou des bienséances.

Si les hommes sont hommes plutôt qu'ours ou panthères, s'ils sont équitables, s'ils se font justice à eux-mêmes, et qu'ils la rendent aux autres, que deviennent les lois, leur texte, et le prodigieux accablement de leurs commentaires? que devient le *petitoire* et le *possessoire*, et tout ce qu'on appelle jurisprudence? où se réduisent même ceux qui doivent tout leur relief et toute leur enflure à l'autorité où ils sont établis de faire valoir ces mêmes lois? Si ces mêmes hommes ont de la droiture et de la sincérité, s'ils sont guéris de la prévention, où sont évanouies les disputes de l'école, la scolastique et les controverses? S'ils sont tempérants, chastes et modérés, que leur sert le mystérieux jargon de la médecine, et qui est une mine d'or pour ceux qui s'avisent de le parler? Légistes, docteurs, médecins, quelle chute pour vous, si nous pouvions tous nous donner le mot de devenir sages!

De combien de grands hommes dans les différents exercices de la paix et de la guerre aurait-on dû se passer! A quel point de perfection et de raffinement n'a-t-on pas porté de certains arts et de certaines sciences qui ne devaient point être nécessaires, et qui sont dans le monde comme des remèdes à tous les maux dont notre malice est l'unique source!

Que de choses depuis Varron, que Varron a ignorées! Ne nous suffirait-il pas même de n'être savants que comme Platon ou comme Socrate?

Tel, à un sermon, à une musique, ou dans une galerie de peintures, a entendu à sa droite et à sa gauche, sur une chose précisément la même, des sentiments précisément opposés. Cela me ferait dire volontiers que l'on peut hasarder, dans tout genre d'ouvrages, d'y mettre

---

[1] Faux dévot. (*La Bruyère.*)

le bon et le mauvais : le bon plaît aux uns, et le mauvais aux autres; l'on ne risque guère davantage d'y mettre le pire, il a ses partisans.

Le phénix de la poésie chantante renaît de ses cendres; il a vu mourir et revivre sa réputation en un même jour. Ce juge même si infaillible et si ferme dans ses jugements, le public, a varié sur son sujet; ou il se trompe, ou il s'est trompé : celui qui prononcerait aujourd'hui que Quinault, en un certain genre, est un mauvais poète, parlerait presque aussi mal que s'il eût dit il y a quelque temps, Il est bon poète.

C. P.[1] était riche, et C. N.[2] ne l'était pas : la Pucelle et Rodogune méritaient chacune une autre aventure. Ainsi l'on a toujours demandé pourquoi, dans telle ou telle profession, celui-ci avait fait sa fortune, et cet autre l'avait manquée; et en cela les hommes cherchent la raison de leurs propres caprices, qui, dans les conjonctures pressantes de leurs affaires, de leurs plaisirs, de leur santé et de leur vie, leur font souvent laisser les meilleures et prendre les pires.

La condition des comédiens était infâme chez les Romains, et honorable chez les Grecs : qu'est-elle chez nous? On pense d'eux comme les Romains, on vit avec eux comme les Grecs.

Il suffisait à Bathylle d'être pantomime pour être couru des dames romaines : à Rhoé, de danser au théâtre; à Roscie et à Nérine, de représenter dans les chœurs, pour s'attirer une foule d'amants. La vanité et l'audace, suites d'une trop grande puissance, avaient ôté aux Romains le goût du secret et du mystère; ils se plaisaient à faire du théâtre public celui de leurs amours : ils n'étaient point jaloux de l'amphithéâtre, et partageaient avec la multitude les charmes de leurs maîtresses. Leur goût n'allait qu'à laisser voir qu'ils aimaient, non pas une belle personne, ou une excellente comédienne, mais une comédienne.

Rien ne découvre mieux dans quelle disposition sont les hommes à l'égard des sciences et des belles-lettres, et de quelle utilité ils les croient dans la république, que le prix qu'ils y ont mis, et l'idée qu'ils se forment de ceux qui ont pris le parti de les cultiver. Il n'y a point d'art si mécanique, ni de si vile condition, où les avantages ne soient plus sûrs, plus prompts et plus solides. Le comédien couché dans son carrosse jette de la boue au visage de Corneille, qui est à pied. Chez plusieurs, savant et pédant sont synonymes.

Souvent où le riche parle, et parle de doctrine, c'est aux doctes à se taire, à écouter, à applaudir, s'ils veulent du moins ne passer que pour doctes.

Il y a une sorte de hardiesse à soutenir devant certains esprits la honte de l'érudition : l'on trouve chez eux une prévention tout établie contre les savants, à qui ils ôtent les manières du monde, le savoir-vivre, l'esprit de société, et qu'ils renvoient ainsi dépouillés à leur cabinet et à leurs livres. Comme l'ignorance est un état paisible, et qui ne coûte aucune peine, l'on s'y range en foule, et elle forme à la cour et à la ville un nombreux parti qui l'emporte sur celui des savants. S'ils allèguent en leur faveur les noms d'Estrées, de Harlay, Bossuet, Séguier, Montausier, Vardes, Chevreuse, Novion, Lamoignon, Scudéry[1], Pélisson, et de tant d'autres personnages également doctes et polis; s'ils osent même citer les grands noms de Chartres, de Condé, de Conti, de Bourbon, du Maine, de Vendôme, comme de princes qui ont su joindre aux plus belles et aux plus hautes connaissances et l'atticisme des Grecs et l'urbanité des Romains, l'on ne feint point de leur dire que ce sont des exemples singuliers; et s'ils ont recours à de solides raisons, elles sont faibles contre la voix de la multitude. Il semble néanmoins que l'on devrait décider sur cela avec plus de précaution, et se donner seulement la peine de douter si ce même esprit qui fait faire de si grands progrès dans les sciences, qui fait bien penser, bien juger, bien parler, et bien écrire, ne pourrait point encore servir à être poli.

Il faut très peu de fonds pour la politesse dans les manières : il en faut beaucoup pour celle de l'esprit.

Il est savant, dit un politique, il est donc incapable d'affaires, je ne lui confierais pas l'état

---

[1] Chapelain.
[2] Corneille.

[1] Mademoiselle de Scudéry. (La Bruyère.)

de ma garde-robe; et il a raison. Ossat, Ximenès, Richelieu, étaient savants : étaient-ils habiles? ont-ils passé pour de bons ministres? Il sait le grec, continue l'homme d'État, c'est un grimaud, c'est un philosophe. Et en effet, une fruitière à Athènes, selon les apparences, parlait grec, et par cette raison était philosophe. Les Bignon, les Lamoignon, étaient de purs grimauds; qui en peut douter?. ils savaient le grec. Quelle vision, quel délire au grand, au sage, au judicieux Antonin, de dire qu'*alors les peuples seraient heureux, si l'empereur philosophait, ou si le philosophe, ou le grimaud, venait à l'empire!*

Les langues sont la clef ou l'entrée des sciences, et rien davantage : le mépris des unes tombe sur les autres. Il ne s'agit point si les langues sont anciennes ou nouvelles, mortes ou vivantes; mais si elles sont grossières ou polies, si les livres qu'elles ont formés sont d'un bon ou d'un mauvais goût. Supposons que notre langue pût un jour avoir le sort de la grecque et de la latine; serait-on pédant, quelques siècles après qu'on ne la parlerait plus, pour lire Molière ou La Fontaine?

Je nomme *Euripile*, et vous dites : C'est un bel esprit; vous dites aussi de celui qui travaille une poutre, Il est charpentier; et de celui qui refait un mur, Il est maçon. Je vous demande quel est l'atelier où travaille cet homme de métier, ce bel esprit? quelle est son enseigne? à quel habit le reconnaît-on? quels sont ses outils? est-ce le coin? sont-ce le marteau ou l'enclume? où fend-il, où cogne-t-il son ouvrage? où l'expose-t-il en vente? un ouvrier se pique d'être ouvrier; Euripile se pique-t-il d'être bel esprit? S'il est tel, vous me peignez un fat qui met l'esprit en roture, une âme vile et mécanique à qui ni ce qui est beau ni ce qui est esprit ne sauraient s'appliquer sérieusement; et s'il est vrai qu'il ne se pique de rien, je vous entends, c'est un homme sage et qui a de l'esprit. Ne dites-vous pas encore du savantasse, Il est bel esprit, et ainsi du mauvais poète? Mais vous-même vous croyez-vous sans aucun esprit? et si vous en avez, c'est sans doute de celui qui est beau et convenable; vous voilà donc un bel esprit : ou s'il s'en faut peu que vous ne preniez ce nom pour une injure, continuez, j'y consens, de le donner à Euripile, et d'employer cette ironie, comme les sots, sans le moindre discernement, ou comme les ignorants qu'elle console d'une certaine culture qui leur manque, et qu'ils ne voient que dans les autres.

Qu'on ne me parle jamais d'encre, de papier, de plume, de style, d'imprimeur, d'imprimerie; qu'on ne se hasarde plus de me dire : Vous écrivez si bien, *Antisthène*! continuez d'écrire, ne verrons-nous point de vous un *in-folio*? traitez de toutes les vertus et de tous les vices dans un ouvrage suivi, méthodique, qui n'ait point de fin; ils devraient ajouter, Et nul cours. Je renonce à tout ce qui a été, qui est et qui sera livre. *Bérylle* tombe en syncope à la vue d'un chat, et moi à la vue d'un livre. Suis-je mieux nourri et plus lourdement vêtu, suis-je dans ma chambre à l'abri du nord, ai-je un lit de plume, après vingt ans entiers qu'on me débite dans la place? J'ai un grand nom, dites-vous, et beaucoup de gloire; dites que j'ai beaucoup de vent qui ne sert à rien : ai-je un grain de ce métal qui procure toutes choses? Le vil praticien grossit son mémoire, se fait rembourser de frais qu'il n'avance pas, et il a pour gendre un comte ou un magistrat. Un homme *rouge* ou *feuille-morte*[1] devient comm's, et bientôt plus riche que son maître; il le laisse dans la roture, et avec de l'argent il devient noble. B**[2] s'enrichit à montrer dans un cercle des marionnettes; BB***[3], à vendre en bouteille l'eau de la rivière. Un autre charlatan[4] arrive ici de delà les monts avec une malle; il n'est pas déchargé que les pensions courent; et il est prêt de retourner d'où il arrive, avec des mulets et des fourgons. *Mercure* est *Mercure*, et rien davantage, et l'or ne peut payer ses médiations et ses intrigues : on y ajoute la faveur et les distinctions. Et sans parler que des gains licites, on paye au tuilier sa tuile, et à l'ouvrier son temps et son ouvrage :

[1] Un laquais, à cause des habits de livrée qui étaient souvent de couleur *rouge* ou *feuille-morte*.
[2] Benoît, qui a amassé du bien en montrant des figures de cire.
[3] Barbereau, qui a fait fortune en vendant de l'eau de la rivière de la Seine pour des eaux minérales.
[4] Caretti, qui s'est enrichi par quelques secrets qu'il vendait fort cher.

paye-t-on à un auteur ce qu'il pense et ce qu'il écrit? et s'il pense très-bien, le paye-t-on très-largement? se meuble-t-il, s'anoblit-il à force de penser et d'écrire juste? Il faut que les hommes soient habillés, qu'ils soient rasés; il faut que, retirés dans leurs maisons, ils aient une porte qui ferme bien: est-il nécessaire qu'ils soient instruits? Folie, simplicité, imbécillité, continue Antisthène, de mettre l'enseigne d'auteur ou de philosophe! Avoir, s'il se peut, un *office lucratif*, qui rende la vie aimable, qui fasse prêter à ses amis, et donner à ceux qui ne peuvent rendre: écrire alors par jeu, par oisiveté, et comme *Tityre* siffle ou joue de la flûte; cela, ou rien: j'écris à ces conditions, et je cède ainsi à la violence de ceux qui me prennent à la gorge, et me disent, Vous écrirez. Ils liront pour titre de mon nouveau livre: DU BEAU, DU BON, DU VRAI; DES IDÉES; DU PREMIER PRINCIPE; *par Antisthène, vendeur de marée.*

Si les ambassadeurs[1] des princes étrangers étaient des singes instruits à marcher sur leurs pieds de derrière, et à se faire entendre par interprète, nous ne pourrions pas marquer un plus grand étonnement que celui que nous donnent la justesse de leurs réponses, et le bon sens qui paraît quelquefois dans leurs discours. La prévention du pays, jointe à l'orgueil de la nation, nous fait oublier que la raison est de tous les climats, et que l'on pense juste partout où il y a des hommes. Nous n'aimerions pas à être traités ainsi de ceux que nous appelons barbares; et s'il y a en nous quelque barbarie, elle consiste à être épouvantés de voir d'autres peuples raisonner comme nous.

Tous les étrangers ne sont pas barbares, et tous nos compatriotes ne sont pas civilisés: de même toute campagne n'est pas agreste[2], et toute ville n'est pas polie. Il y a dans l'Europe un endroit d'une province maritime d'un grand royaume, où le villageois est doux et insinuant, le bourgeois au contraire et le magistrat grossiers, et dont la rusticité est héréditaire.

Avec un langage si pur, une si grande recherche dans nos habits, des mœurs si cultivées, de si belles lois et un visage blanc, nous sommes barbares pour quelques peuples.

Si nous entendions dire des Orientaux qu'ils boivent ordinairement d'une liqueur qui leur monte à la tête, leur fait perdre la raison et les fait vomir, nous dirions: Cela est bien barbare.

Ce prélat se montre peu à la cour, il n'est de nul commerce, on ne le voit point avec des femmes, il ne joue ni à grande ni à petite prime, il n'assiste ni aux fêtes ni aux spectacles, il n'est point homme de cabale, et il n'a point l'esprit d'intrigue; toujours dans son évêché, où il fait une résidence continuelle, il ne songe qu'à instruire son peuple par la parole, et à l'édifier par son exemple; il consume son bien en des aumônes, et son corps par la pénitence; il n'a que l'esprit de régularité, et il est imitateur du zèle et de la piété des apôtres. Les temps sont changés, et il est menacé sous ce règne d'un titre plus éminent.

Ne pourrait-on point faire comprendre aux personnes d'un certain caractère et d'une profession sérieuse, pour ne rien dire de plus, qu'ils ne sont point obligés à faire dire d'eux qu'ils jouent, qu'ils chantent et qu'ils badinent comme les autres hommes, et qu'à les voir si plaisants et si agréables, on ne croirait point qu'ils fussent d'ailleurs si réguliers et si sévères? Oserait-on même leur insinuer qu'ils s'éloignent par de telles manières de la politesse dont ils se piquent, qu'elle assortit au contraire et conforme les dehors aux conditions, qu'elle évite le contraste, et de montrer le même homme sous des figures différentes, et qui font de lui un composé bizarre, ou un grotesque?

Il ne faut pas juger des hommes comme d'un tableau ou d'une figure, sur une seule et première vue; il y a un intérieur et un cœur qu'il faut approfondir: le voile de la modestie couvre le mérite, et le masque de l'hypocrisie cache la malignité. Il n'y a qu'un très-petit nombre de connaisseurs qui discerne, et qui soit en droit de prononcer. Ce n'est que peu à peu, et forcés même par le temps et les occasions, que la vertu parfaite et le vice consommé viennent enfin à se déclarer.

---

[1] Ceux de Siam, qui vinrent à Paris dans ce temps-là.
[2] Ce terme s'entend ici métaphoriquement. (*La Bruyère.*)

FRAGMENT.

«... Il disait[1] que l'esprit dans cette belle personne était un diamant bien mis en œuvre. Et continuant de parler d'elle : C'est, ajoutait-il, comme une nuance de raison et d'agrément qui occupe les yeux et le cœur de ceux qui lui parlent; on ne sait si on l'aime ou si on l'admire : il y a en elle de quoi faire une parfaite amie, il y a aussi de quoi vous mener plus loin que l'amitié : trop jeune et trop fleurie pour ne pas plaire, mais trop modeste pour songer à plaire; elle ne tient compte aux hommes que de leur mérite, et ne croit avoir que des amis. Pleine de vivacité et capable de sentiments, elle surprend et elle intéresse ; et sans rien ignorer de ce qui peut entrer de plus délicat et de plus fin dans les conversations, elle a encore ces saillies heureuses qui, entre autres plaisirs qu'elles font, dispensent toujours de la réplique : elle vous parle comme celle qui n'est pas savante, qui doute et qui cherche à s'éclaircir; et elle vous écoute comme celle qui sait beaucoup, qui connait le prix de ce que vous lui dites, et auprès de qui vous ne perdez rien de ce qui vous échappe. Loin de s'appliquer à vous contredire avec esprit, et d'imiter *Elvire*, qui aime mieux passer pour une femme vive que marquer du bon sens et de la justesse, elle s'approprie vos sentiments, elle les croit siens, elle les étend, elle les embellit ; vous êtes content de vous d'avoir pensé si bien, et d'avoir mieux dit encore que vous n'aviez cru. Elle est toujours au-dessus de la vanité, soit qu'elle parle, soit qu'elle écrive ; elle oublie les traits où il faut des raisons ; elle a déjà compris que la simplicité est éloquente. S'il s'agit de servir quelqu'un et de vous jeter dans les mêmes intérêts, laissant à Elvire les jolis discours et les belles-lettres qu'elle me à tous usages, *Artenice* n'emploie auprès de vous que la sincérité, l'ardeur, l'empressement et la persuasion. Ce qui domine en elle, c'est le plaisir de la lecture, avec le goût des personnes de nom et de réputation, moins pour en être connue que pour les connaître. On peut la louer d'avance de toute la sagesse qu'elle aura un jour, et de tout le mérite qu'elle se prépare par les années, puisqu'avec une bonne conduite, elle a de meilleures intentions, des principes sûrs, utiles à celles qui sont comme elle exposées aux soins et à la flatterie ; et qu'étant assez particulière, sans pourtant être farouche, ayant même un peu de penchant pour la retraite, il ne lui saurait peut-être manquer que les occasions, ou ce qu'on appelle un grand théâtre, pour y faire briller toutes ses vertus. »

Une belle femme est aimable dans son naturel ; elle ne perd rien à être négligée, et sans autre parure que celle qu'elle tire de sa beauté et de sa jeunesse : une grâce naïve éclate sur son visage, anime ses moindres actions ; il y aurait moins de péril à la voir avec tout l'attirail de l'ajustement et de la mode. De même un homme de bien est respectable par lui-même, et indépendamment de tous les dehors dont il voudrait s'aider pour rendre sa personne plus grave et sa vertu plus spécieuse. Un air réformé, une modestie outrée, la singularité de l'habit, une ample calotte, n'ajoutent rien à la probité, ne relèvent pas le mérite ; ils le fardent et font peut-être qu'il est moins pur et moins ingénu.

Une gravité trop étudiée devient comique ; ce sont comme des extrémités qui se touchent, et dont le milieu est dignité : cela ne s'appelle pas être grave, mais en jouer le personnage : celui qui songe à le devenir ne le sera jamais. Ou la gravité n'est point, ou elle est naturelle; et il est moins difficile d'en descendre que d'y monter.

— Un homme de talent et de réputation, s'il est chagrin et austère, il effarouche les jeunes gens, les fait penser mal de la vertu, et la leur rend suspecte d'une trop grande réforme et d'une pratique trop ennuyeuse : s'il est au con-

---

[1] Ce portrait est celui de Catherine Turgot, femme de Gilles d'Aligre, seigneur de Boislandrie, conseiller au parlement, etc. Catherine Turgot épousa en secondes noces Batte de Chevilly, capitaine au régiment des gardes françaises, et fut aimée de Chaulieu, qui lui a adressé plusieurs pièces de vers sous le nom d'Iris, de Cathin, etc. C'est Chaulieu lui-même qui nous apprend que La Bruyère fit son portrait sous le nom d'Artenice: « C'était, dit-il, la plus jolie femme que j'aie connue, « qui joignait à une figure très-aimable la douceur de « l'humeur, et tout le brillant de l'esprit ; personne n'a « jamais mieux écrit qu'elle, et eu aussi bien. » (*Voyez* l'édition de Chaulieu, La Haye, 1774, tome I, page 54.)

traire d'un bon commerce, il leur est une leçon utile, il leur apprend qu'on peut vivre gaiement et laborieusement, avoir des vues sérieuses, sans renoncer aux plaisirs honnêtes ; il leur devient un exemple qu'on peut suivre.

La physionomie n'est pas une règle qui nous soit donnée pour juger des hommes : elle nous peut servir de conjecture.

L'air spirituel est dans les hommes ce que la régularité des traits est dans les femmes : c'est le genre de beauté où les plus vains puissent aspirer.

Un homme qui a beaucoup de mérite et d'esprit, et qui est connu pour tel, n'est pas laid, même avec des traits qui sont difformes ; ou s'il a de la laideur, elle ne fait pas son impression.

Combien d'art pour rentrer dans la nature ! combien de temps, de règles, d'attention et de travail pour danser avec la même liberté et la même grâce que l'on sait marcher ; pour chanter comme on parle ; parler et s'exprimer comme l'on pense ; jeter autant de force, de vivacité, de passion et de persuasion dans un discours étudié et que l'on prononce dans le public, qu'on en a quelquefois naturellement et sans préparation dans les entretiens les plus familiers !

Ceux qui, sans nous connaître assez, pensent mal de nous, ne nous font pas de tort : ce n'est pas nous qu'ils attaquent, c'est le fantôme de leur imagination.

Il y a de petites règles, des devoirs, des bienséances attachés aux lieux, aux temps, aux personnes, qui ne se devinent point à force d'esprit, et que l'usage apprend sans nulle peine ; juger des hommes par les fautes qui leur échappent en ce genre, avant qu'ils soient assez instruits, c'est en juger par leurs ongles ou par la pointe de leurs cheveux ; c'est vouloir un jour être détrompé.

Je ne sais s'il est permis de juger des hommes par une faute qui est unique ; et si un besoin extrême, ou une violente passion, ou un premier mouvement, tirent à conséquence.

Le contraire des bruits qui courent des affaires ou des personnes est souvent la vérité.

Sans une grande roideur et une continuelle attention à toutes ses paroles, on est exposé à dire en moins d'une heure le oui ou le non sur une même chose ou sur une même personne, déterminé seulement par un esprit de société et de commerce, qui entraîne naturellement à ne pas contredire celui-ci et celui-là, qui en parlent différemment.

Un homme partial est exposé à de petites mortifications ; car, comme il est également impossible que ceux qu'il favorise soient toujours heureux ou sages, et que ceux contre qui il se déclare soient toujours en faute ou malheureux, il naît de là qu'il lui arrive souvent de perdre contenance dans le public, ou par le mauvais succès de ses amis, ou par une nouvelle gloire qu'acquièrent ceux qu'ils n'aiment point.

Un homme sujet à se laisser prévenir, s'il ose remplir une dignité ou séculière ou ecclésiastique, est un aveugle qui veut peindre, un muet qui s'est chargé d'une harangue, un sourd qui juge d'une symphonie : faibles images, et qui n'expriment qu'imparfaitement la misère de la prévention ! Il faut ajouter qu'elle est un mal désespéré, incurable, qui infecte tous ceux qui s'approchent du malade, qui fait déserter les égaux, les inférieurs, les parents, les amis, jusqu'aux médecins : ils sont bien éloignés de le guérir, s'ils ne peuvent le faire convenir de sa maladie, ni des remèdes, qui seraient d'écouter, de douter, de s'informer et de s'éclaircir. Les flatteurs, les fourbes, les calomniateurs, ceux qui ne délient leur langue que pour le mensonge et l'intérêt, sont les charlatans en qui il se confie, et qui lui font avaler tout ce qui leur plaît : ce sont eux aussi qui l'empoisonnent et qui le tuent.

La règle de Descartes, qui ne veut pas qu'on décide sur les moindres vérités avant qu'elles soient connues clairement et distinctement, est assez belle et assez juste pour devoir s'étendre au jugement que l'on fait des personnes.

Rien ne nous venge mieux des mauvais jugements que les hommes font de notre esprit, de nos mœurs et de nos manières, que l'indignité et le mauvais caractère de ceux qu'ils approuvent.

Du même fonds dont on néglige un homme de mérite, l'on sait encore admirer un sot.

Un sot est celui qui n'a pas même ce qu'il faut d'esprit pour être fat.

Un fat est celui que les sots croient un homme de mérite.

L'impertinent est un fat outré. Le fat lasse, ennuie, dégoûte, rebute; l'impertinent rebute, aigrit, irrite, offense; il commence où l'autre finit.

Le fat est entre l'impertinent et le sot : il est composé de l'un et de l'autre.

Les vices partent d'une dépravation du cœur; les défauts, d'un vice de tempérament; le ridicule, d'un défaut d'esprit.

L'homme ridicule est celui qui, tant qu'il demeure tel, a les apparences du sot.

Le sot ne se tire jamais du ridicule, c'est son caractère : l'on y entre quelquefois avec de l'esprit, mais l'on en sort.

Une erreur de fait jette un homme sage dans le ridicule.

La sottise est dans le sot, la fatuité dans le fat, et l'impertinence dans l'impertinent : il semble que le ridicule réside tantôt dans celui qui en effet est ridicule, et tantôt dans l'imagination de ceux qui croient voir le ridicule où il n'est point et ne peut être.

La grossièreté, la rusticité, la brutalité, peuvent être les vices d'un homme d'esprit.

Le stupide est un sot qui ne parle point, en cela plus supportable que le sot qui parle.

La même chose souvent est, dans la bouche d'un homme d'esprit, une naïveté ou un bon mot : et dans celle du sot, une sottise.

Si le fat pouvait craindre de mal parler, il sortirait de son caractère.

L'une des marques de la médiocrité de l'esprit est de toujours conter.

Le sot est embarrassé de sa personne; le fat a l'air libre et assuré; l'impertinent passe à l'effronterie; le mérite a de la pudeur.

Le suffisant est celui en qui la pratique de certains détails, que l'on honore du nom d'affaires, se trouve jointe à une très-grande médiocrité d'esprit.

Un grain d'esprit et une once d'affaires plus qu'il n'en entre dans la composition du suffisant, font l'important.

Pendant qu'on ne fait que rire de l'important, il n'a pas un autre nom : dès qu'on s'en plaint, c'est l'arrogant.

L'honnête homme tient le milieu entre l'habile homme et l'homme de bien, quoique dans une distance inégale de ces deux extrêmes.

La distance qu'il y a de l'honnête homme à l'habile homme s'affaiblit de jour à autre, et est sur le point de disparaître.

L'habile homme est celui qui cache ses passions, qui entend ses intérêts, qui y sacrifie beaucoup de choses, qui a su acquérir du bien ou en conserver.

L'honnête homme est celui qui ne vole pas sur les grands chemins, et qui ne tue personne, dont les vices enfin ne sont pas scandaleux.

On connaît assez qu'un homme de bien est honnête homme, mais il est plaisant d'imaginer que tout honnête homme n'est pas homme de bien.

L'homme de bien est celui qui n'est ni un saint, ni un dévot [1], et qui s'est borné à n'avoir que de la vertu.

Talent, goût, esprit, bon sens, choses différentes, non incompatibles.

Entre le bon sens et le bon goût il y a la différence de la cause à son effet.

Entre esprit et talent il y a la proportion du tout à sa partie.

Appellerai-je homme d'esprit celui qui, borné et renfermé dans quelque art, ou même dans une certaine science qu'il exerce dans une grande perfection, ne montre hors de là ni jugement, ni mémoire, ni vivacité, ni mœurs, ni conduite; qui ne m'entend pas, qui ne pense point, qui s'énonce mal; un musicien, par exemple, qui, après m'avoir comme enchanté par ses accords, semble s'être remis avec son luth dans un même étui, ou n'être plus, sans cet instrument, qu'une machine démontée, à qui il manque quelque chose, et dont il n'est plus permis de rien attendre?

Que dirai-je encore de l'esprit du jeu? pourrait-on me le définir? ne faut-il ni prévoyance, ni finesse, ni habileté, pour jouer l'hombre ou les échecs? et s'il en faut, pourquoi voit-on des imbéciles qui y excellent, et de très-beaux génies qui n'ont pu même atteindre la médiocrité, à qui une pièce ou une carte dans les mains trouble la vue, et fait perdre contenance?

[1] Faux dévot. (*La Bruyère*.)

Il y a dans le monde quelque chose, s'il se peut, de plus incompréhensible. Un homme[1] paraît grossier, lourd, stupide ; il ne sait pas parler, ni raconter ce qu'il vient de voir : s'il se met à écrire, c'est le modèle des bons contes ; il fait parler les animaux, les arbres, les pierres, tout ce qui ne parle point : ce n'est que légèreté, qu'élégance, que beau naturel et que délicatesse dans ses ouvrages.

Un autre est simple[2], timide, d'une ennuyeuse conversation ; il prend un mot pour un autre, et il ne juge de la bonté de sa pièce que par l'argent qui lui en revient ; il ne sait pas la réciter, ni lire son écriture. Laissez-le s'élever par la composition, il n'est pas au-dessous d'Auguste, de Pompée, de Nicomède, d'Héraclius ; il est roi, et un grand roi ; il est politique, il est philosophe : il entreprend de faire parler des héros, de les faire agir ; il peint les Romains ; ils sont plus grands et plus Romains dans ses vers que dans leur histoire.

Voulez-vous[3] quelque autre prodige ? concevez un homme facile, doux, complaisant, traitable, et tout d'un coup violent, colère, fougueux, capricieux : imaginez-vous un homme simple, ingénu, crédule, badin, volage, un enfant en cheveux gris ; mais permettez-lui de se recueillir, ou plutôt de se livrer à un génie qui agit en lui, j'ose dire, sans qu'il y prenne part, et comme à son insu ; quelle verve ! quelle élévation ! quelles images ! quelle latinité ! Parlez-vous d'une même personne ? me direz-vous. Oui, du même, de *Théodas*, et de lui seul. Il crie, il s'agite, il se roule à terre, il se relève, il tonne, il éclate ; et du milieu de cette tempête il sort une lumière qui brille et qui réjouit : disons-le sans figure, il parle comme un fou, et pense comme un homme sage ; il dit ridiculement des choses vraies, et follement des choses sensées et raisonnables : on est surpris de voir naître et éclore le bon sens du sein de la bouffonnerie, parmi les grimaces et les contorsions. Qu'ajouterai-je davantage ? il dit et il fait mieux qu'il ne sait : ce sont en lui comme deux âmes qui ne se connaissent point, qui ne dépendent point l'une de l'autre, qui ont chacune leur tour, ou leurs fonctions toutes séparées. Il manquerait un trait à cette peinture si surprenante, si j'oubliais de dire qu'il est tout à la fois avide et insatiable de louanges, près de se jeter aux yeux de ses critiques, et dans le fond assez docile pour profiter de leur censure. Je commence à me persuader moi-même que j'ai fait le portrait de deux personnages tout différents : il ne serait pas même impossible d'en trouver un troisième dans Théodas, car il est bon homme, il est plaisant homme, et il est excellent homme.

Après l'esprit de discernement, ce qu'il y a au monde de plus rare, ce sont les diamants et les perles.

Tel, connu dans le monde par de grands talents, honoré et chéri partout où il se trouve, est petit dans son domestique et aux yeux de ses proches, qu'il n'a pu réduire à l'estimer : tel autre au contraire, prophète dans son pays, jouit d'une vogue qu'il a parmi les siens, et qui est resserrée dans l'enceinte de sa maison ; s'applaudit d'un mérite rare et singulier, qui lui est accordé par sa famille, dont il est l'idole, mais qu'il laisse chez soi toutes les fois qu'il sort, et qu'il ne porte nulle part.

Tout le monde s'élève contre un homme qui entre en réputation : à peine ceux qu'il croit ses amis lui pardonnent-ils un mérite naissant et une première vogue qui semblent l'associer à la gloire dont ils sont déjà en possession. L'on ne se rend qu'à l'extrémité, et après que le prince s'est déclaré par les récompenses : tous alors se rapprochent de lui ; et de ce jour-là seulement il prend son rang d'homme de mérite.

Nous affectons souvent de louer avec exagération des hommes assez médiocres, et de les élever, s'il se pouvait, jusqu'à la hauteur de ceux qui excellent, ou parce que nous sommes las d'admirer toujours les mêmes personnes, ou parce que leur gloire ainsi partagée offense moins notre vue, et nous devient plus douce et plus supportable.

L'on voit des hommes que le vent de la faveur pousse d'abord à pleines voiles ; ils perdent en un moment la terre de vue, et font leur route ; tout leur rit, tout leur succède ;

---

[1] La Fontaine.
[2] Pierre Corneille.
[3] Santeul, religieux de Saint-Victor, auteur des hymnes du nouveau Bréviaire, et un de nos meilleurs poëtes latins modernes. Il est mort en 1697.

action, ouvrage; tout est comblé d'éloges et de récompenses ; ils ne se montrent que pour être embrassés et félicités. Il y a un rocher immobile qui s'élève sur une côte; les flots se brisent au pied; la puissance, les richesses, la violence, la flatterie, l'autorité, la faveur, tous les vents ne l'ébranlent pas : c'est le public, où ces gens échouent.

Il est ordinaire comme naturel de juger du travail d'autrui seulement par rapport à celui qui nous occupe. Ainsi le poëte rempli de grandes et sublimes idées estime peu le discours de l'orateur, qui ne s'exerce souvent que sur de simples faits; et celui qui écrit l'histoire de son pays ne peut comprendre qu'un esprit raisonnable emploie sa vie à imaginer des fictions et à trouver une rime : de même le bachelier, plongé dans les quatre premiers siècles, traite toute autre doctrine de science triste, vaine et inutile, pendant qu'il est peut-être méprisé du géomètre.

Tel a assez d'esprit pour exceller dans une certaine matière et en faire des leçons, qui en manque pour voir qu'il doit se taire sur quelque autre dont il n'a qu'une faible connaissance : il sort hardiment des limites de son génie; mais il s'égare, et fait que l'homme illustre parle comme un sot.

Hérille, soit qu'il parle, qu'il harangue ou qu'il écrive, veut citer; il fait dire au prince des philosophes que le vin enivre, et à l'orateur romain que l'eau le tempère. S'il se jette dans la morale, ce n'est pas lui; c'est le divin Platon qui assure que la vertu est aimable, le vice odieux, ou que l'un et l'autre se tournent en habitude. Les choses les plus communes, les plus triviales, et qu'il est même capable de penser, il veut les devoir aux anciens, aux Latins, aux Grecs : ce n'est ni pour donner plus d'autorité à ce qu'il dit, ni peut-être pour se faire honneur de ce qu'il sait : il veut citer.

C'est souvent hasarder un bon mot et vouloir le perdre que de le donner pour sien ; il n'est pas relevé, il tombe avec des gens d'esprit, ou qui se croient tels, qui ne l'ont pas dit, et qui devaient le dire. C'est au contraire le faire valoir, que de le rapporter comme d'un autre. Ce n'est qu'un fait, et qu'on ne se croit pas obligé de savoir : il est dit avec plus d'insinuation, et reçu avec moins de jalousie ; personne n'en souffre : on rit s'il faut rire, et s'il faut admirer on admire.

On a dit de Socrate qu'il était en délire, et que c'était un fou tout plein d'esprit; mais ceux des Grecs qui parlaient ainsi d'un homme si sage passaient pour fous. Ils disaient : Quels bizarres portraits nous fait ce philosophe! quelles mœurs étranges et particulières ne décrit-il point! où a-t-il rêvé, creusé, rassemblé des idées si extraordinaires! quelles couleurs! quel pinceau! ce sont des chimères. Ils se trompaient ; c'étaient des monstres, c'étaient des vices, mais peints au naturel; on croyait les voir ; ils faisaient peur. Socrate s'éloignait du cynique ; il épargnait les personnes, et blâmait les mœurs qui étaient mauvaises.

Celui qui est riche par son savoir-faire connaît un philosophe ses préceptes, sa morale et sa conduite ; et, n'imaginant pas dans tous les hommes une autre fin de toutes leurs actions que celle qu'il s'est proposée lui-même toute sa vie, dit en son cœur : Je le plains, je le tiens échoué, ce rigide censeur; il s'égare, et il est hors de route; ce n'est pas ainsi que l'on prend le vent, et que l'on arrive au délicieux port de la fortune; et, selon ses principes, il raisonne juste.

Je pardonne, dit *Antisthius*, à ceux que j'ai loués dans mon ouvrage, s'ils m'oublient : qu'ai-je fait pour eux? ils étaient louables. Je le pardonnerais moins à tous ceux dont j'ai attaqué les vices sans toucher à leurs personnes, s'ils me devaient un aussi grand bien que celui d'être corrigés : mais comme c'est un événement qu'on ne voit point, il suit de là que ni les uns ni les autres ne sont tenus de me faire du bien.

L'on peut, ajoute ce philosophe, envier ou refuser à mes écrits leur récompense ; on ne saurait en diminuer la réputation : et si on le fait, qui m'empêchera de le mépriser?

Il est bon d'être philosophe, il n'est guère utile de passer pour tel. Il n'est pas permis de traiter quelqu'un de philosophe : ce sera toujours lui dire une injure, jusqu'à ce qu'il ait plu aux hommes d'en ordonner autrement, et en restituant à un si beau nom son idée propre et convenable, de lui concilier toute l'estime qui lui est due.

Il y a une philosophie qui nous élève au-dessus de l'ambition et de la fortune, qui nous égale, que dis-je? qui nous place plus haut que les riches, que les grands et que les puissants; qui nous fait négliger les postes et ceux qui les procurent; qui nous exempte de désirer, de demander, de prier, de solliciter, d'importuner, et qui nous sauve même l'émotion et l'excessive joie d'être exaucés. Il y a une autre philosophie qui nous soumet et nous assujettit à toutes ces choses en faveur de nos proches ou de nos amis : c'est la meilleure.

C'est abréger, et s'épargner mille discussions, que de penser de certaines gens qu'ils sont incapables de parler juste, et de condamner ce qu'ils disent, ce qu'ils ont dit, et ce qu'ils diront.

Nous n'approuvons les autres que par les rapports que nous sentons qu'ils ont avec nous-mêmes; et il semble qu'estimer quelqu'un, c'est l'égaler à soi.

Les mêmes défauts qui dans les autres sont lourds et insupportables sont chez nous comme dans leur centre : ils ne pèsent plus; on ne les sent pas. Tel parle d'un autre, et en fait un portrait affreux, qui ne voit pas qu'il se peint lui-même.

Rien ne nous corrigerait plus promptement de nos défauts que si nous étions capables de les avouer, et de les reconnaître dans les autres : c'est dans cette juste distance que, nous paraissant tels qu'ils sont, ils se feraient haïr autant qu'ils le méritent.

La sage conduite roule sur deux pivots, le passé et l'avenir. Celui qui a la mémoire fidèle et une grande prévoyance est hors du péril de censurer dans les autres ce qu'il a peut-être fait lui-même, ou de condamner une action dans un pareil cas, et dans toutes les circonstances où elle lui sera un jour inévitable.

Le guerrier et le politique, non plus que le joueur habile, ne font pas le hasard; mais ils le préparent, l'attirent, et semblent presque le déterminer : non-seulement ils savent ce que le sot et le poltron ignorent, je veux dire, se servir du hasard quand il arrive; ils savent même profiter par leurs précautions et leurs mesures d'un tel ou d'un tel hasard, ou de plusieurs tout à la fois : si ce point arrive, ils gagnent; si c'est cet autre, ils gagnent encore : un même point souvent les fait gagner de plusieurs manières. Ces hommes sages peuvent être loués de leur bonne fortune comme de leur bonne conduite, et le hasard doit être récompensé en eux comme la vertu.

Je ne mets au-dessus d'un grand politique que celui qui néglige de le devenir, et qui se persuade de plus en plus que le monde ne mérite point qu'on s'en occupe.

Il y a dans les meilleurs conseils de quoi déplaire : ils ne viennent d'ailleurs que de notre esprit; c'est assez pour être rejetés d'abord par présomption et par humeur, et suivis seulement par nécessité ou par réflexion.

Quel bonheur surprenant a accompagné ce favori pendant tout le cours de sa vie! quelle autre fortune mieux soutenue, sans interruption, sans la moindre disgrâce? les premiers postes, l'oreille du prince, d'immenses trésors, une santé parfaite, et une mort douce. Mais quel étrange compte à rendre d'une vie passée dans la faveur, des conseils que l'on a donnés, de ceux qu'on a négligé de donner ou de suivre, des biens que l'on n'a point faits, des maux au contraire que l'on a faits ou par soi-même ou par les autres, en un mot de toute sa prospérité!

L'on gagne à mourir d'être loué de ceux qui nous survivent, souvent sans autre mérite que celui de n'être plus : le même éloge sert alors pour *Caton* et pour *Pison*.

Le bruit court que Pison est mort; c'est une grande perte, c'était un homme de bien, et qui méritait une plus longue vie : il avait de l'esprit et de l'agrément, de la fermeté et du courage; il était sûr, généreux, fidèle : ajoutez, pourvu qu'il soit mort.

La manière dont on se récrie sur quelques-uns qui se distinguent par la bonne foi, le désintéressement et la probité, n'est pas tant leur éloge que le décréditement du genre humain.

Tel soulage les misérables, qui néglige sa famille et laisse son fils dans l'indigence : un autre élève un nouvel édifice, qui n'a pas encore payé les plombs d'une maison qui est achevée depuis dix années : un troisième fait des présents et des largesses, et ruine ses créanciers. Je demande, la pitié, la libéralité, la magnificence, sont-ce les vertus d'un homme injuste? ou plutôt si la bizarrerie et la vanité ne sont pas les causes de l'injustice.

Une circonstance essentielle à la justice que l'on doit aux autres, c'est de la faire promptement et sans différer : la faire attendre, c'est injustice.

Ceux-là font bien, ou font ce qu'ils doivent, qui font ce qu'ils doivent. Celui qui, dans toute sa conduite, laisse longtemps dire de soi qu'il fera bien, fait très-mal.

L'on dit d'un grand qui tient table deux fois le jour, et qui passe sa vie à faire digestion, qu'il meurt de faim, pour exprimer qu'il n'est pas riche, ou que ses affaires sont fort mauvaises : c'est une figure; on le dirait plus à la lettre de ses créanciers.

L'honnêteté, les égards et la politesse des personnes avancées en âge de l'un et de l'autre sexe, me donnent bonne opinion de ce qu'on appelle le vieux temps.

C'est un excès de confiance dans les parents d'espérer tout de la bonne éducation de leurs enfants, et une grande erreur de n'en attendre rien et de la négliger.

Quand il serait vrai, ce que plusieurs disent, que l'éducation ne donne point à l'homme un autre cœur ni une autre complexion, qu'elle ne change rien dans le fond, et ne touche qu'aux superficies, je ne laisserais pas de dire qu'elle ne lui est pas inutile.

Il n'y a que de l'avantage pour celui qui parle peu : la présomption est qu'il a de l'esprit; et s'il est vrai qu'il n'en manque pas, la présomption est qu'il l'a excellent.

Ne songer qu'à soi et au présent, source d'erreur dans la politique.

Le plus grand malheur, après celui d'être convaincu d'un crime, est souvent d'avoir eu à s'en justifier. Tels arrêts nous déchargent et nous renvoient absous, qui sont infirmés par la voix du peuple.

Un homme est fidèle à de certaines pratiques de religion, on le voit s'en acquitter avec exactitude; personne ne le loue ni ne le désapprouve, on n'y pense pas : tel autre y revient après les avoir négligées dix années entières; on se récrie, on l'exalte; cela est libre : moi, je le blâme d'un si long oubli de ses devoirs, et je le trouve heureux d'y être rentré.

Le flatteur n'a pas assez bonne opinion de soi ni des autres.

Tels sont oubliés dans la distribution des grâces, et font dire d'eux, *Pourquoi les oublier?* qui, si l'on s'en était souvenu, auraient fait dire, *Pourquoi s'en souvenir?* D'où vient cette contrariété? est-ce du caractère de ces personnes, ou de l'incertitude de nos jugements, ou même de tous les deux?

L'on dit communément : Après un tel, qui sera chancelier? qui sera primat des Gaules? qui sera pape? On va plus loin. chacun, selon ses souhaits ou son caprice, fait sa promotion, qui est souvent de gens plus vieux et plus caducs que celui qui est en place; et comme il n'y a pas de raison qu'une dignité tue celui qui s'en trouve revêtu, qu'elle sert au contraire à le rajeunir et à donner au corps et à l'esprit de nouvelles ressources, ce n'est pas un événement fort rare à un titulaire d'enterrer son successeur.

La disgrâce éteint les haines et les jalousies : celui-là peut bien faire, qui ne nous aigrit plus par une grande faveur : il n'y a aucun mérite, il n'y a sorte de vertus qu'on ne lui pardonne; il serait un héros impunément.

Rien n'est bien d'un homme disgracié : vertus, mérite, tout est dédaigné, ou mal expliqué, ou imputé à vice : qu'il ait un grand cœur, qu'il ne craigne ni le fer ni le feu, qu'il aille d'aussi bonne grâce à l'ennemi que Bayard et Montrevel[1]; c'est un bravache, on en plaisante; il n'a plus de quoi être un héros.

Je me contredis, il est vrai : accusez-en les hommes, dont je ne fais que rapporter les jugements; je ne dis pas de différents hommes, je dis les mêmes qui jugent si différemment.

Il ne faut pas vingt années accomplies pour voir changer les hommes d'opinion sur les choses les plus sérieuses, comme sur celles qui leur ont paru les plus sûres et les plus vraies. Je ne hasarderai pas d'avancer que le feu en soi, et indépendamment de nos sensations, n'a aucune chaleur, c'est-à-dire rien de semblable

---

[1] Marquis de Montrevel, com. gén. D. L. C. lieutenant général. (*La Bruyère.*)

à ce que nous éprouvons nous-même à son approche, de peur que quelque jour il ne devienne aussi chaud qu'il a jamais été. J'assurerai aussi peu qu'une ligne droite tombant sur une autre ligne droite fait deux angles droits, ou égaux à deux droits, de peur que, les hommes venant à y découvrir quelque chose de plus ou de moins, je ne sois raillé de ma proposition. Ainsi, dans un autre genre, je dirai à peine avec toute la France : VAUBAN est infaillible, on n'en appelle point : qui me garantirait que dans peu de temps on n'insinuera pas que, même sur le siège, qui est son fort, et où il décide souverainement, il erre quelquefois, sujet aux fautes comme *Antiphile*?

Si vous en croyez des personnes aigries l'une contre l'autre, et que la passion domine, l'homme docte est un *savantasse*, le magistrat un bourgeois ou un praticien, le financier un *maltôtier*, et le gentilhomme un *gentillâtre*: mais il est étrange que de si mauvais noms, que la colère et la haine ont su inventer, deviennent familiers, et que le dédain, tout froid et tout paisible qu'il est, ose s'en servir.

Vous vous agitez, vous vous donnez un grand mouvement, surtout lorsque les ennemis commencent à fuir, et que la victoire n'est plus douteuse, ou devant une ville après qu'elle a capitulé; vous aimez dans un combat ou pendant un siège à paraître en cent endroits pour n'être nulle part, à prévenir les ordres du général, de peur de les suivre, et à chercher les occasions plutôt que de les attendre et de les recevoir : votre valeur serait-elle fausse ?

Faites garder aux hommes quelques postes où ils puissent être tués, et où néanmoins ils ne soient pas tués : ils aiment l'honneur et la vie.

A voir comme les hommes aiment la vie, pourrait-on soupçonner qu'ils aimassent quelque autre chose plus que la vie, et que la gloire qu'ils préfèrent à la vie n'est souvent qu'une certaine opinion d'eux-mêmes établie dans l'esprit de mille gens ou qu'ils ne connaissent point ou qu'ils n'estiment point?

Ceux qui, ni guerriers ni courtisans, vont à la guerre et suivent la cour, qui ne font pas un siège, mais qui y assistent, ont bientôt épuisé leur curiosité sur une place de guerre, quelque surprenante qu'elle soit, sur la tranchée, sur l'effet des bombes et du canon, sur les coups de main, comme sur l'ordre et le succès d'une attaque qu'ils entrevoient : la résistance continue, les pluies surviennent, les fatigues croissent, on plonge dans la fange, on a à combattre les saisons et l'ennemi, on peut être forcé dans ses lignes, et enfermé entre une ville et une armée : quelles extrémités ! on perd courage, on murmure : est-ce un si grand inconvénient que de lever un siège ? le salut de l'État dépend-il d'une citadelle de plus ou de moins? ne faut-il pas, ajoutent-ils, fléchir sous les ordres du ciel, qui semble se déclarer contre nous, et remettre la partie à un autre temps? Alors ils ne comprennent plus la fermeté, et, s'ils osaient dire, l'opiniâtreté du général qui se roidit contre les obstacles, qui s'anime par la difficulté de l'entreprise, qui veille la nuit et s'expose le jour pour la conduire à sa fin. A-t-on capitulé, ces hommes si découragés relèvent l'importance de cette conquête, en prédisent les suites, exagèrent la nécessité qu'il y avait de la faire, le péril et la honte qui suivaient de s'en désister, prouvent que l'armée qui nous couvrait des ennemis était invincible : ils reviennent avec la cour, passent par les villes et les bourgades, fiers d'être regardés de la bourgeoisie, qui est aux fenêtres, comme ceux mêmes qui ont pris la place; ils en triomphent par les chemins, ils se croient braves. Revenus chez eux, ils vous étourdissent de redans, de ravelins, de fausse-braie, de courtines et de chemins couverts : ils rendent compte des endroits où *l'envie de voir les a portés*, et où *il ne laissait pas d'y avoir du péril*, des hasards qu'ils ont courus à leur retour d'être pris ou tués par l'ennemi : ils taisent seulement qu'ils ont eu peur.

C'est le plus petit inconvénient du monde que de demeurer court dans un sermon ou dans une harangue; il laisse à l'orateur ce qu'il a d'esprit, de bon sens, d'imagination, de mœurs et de doctrine; il ne lui ôte rien : mais on ne laisse pas de s'étonner que les hommes, ayant voulu une fois y attacher une espèce de honte et de ridicule, s'exposent, par de longs et souvent d'inutiles discours, à en courir tout le risque.

Ceux qui emploient mal leur temps sont les

premiers à se plaindre de sa brièveté. Comme ils le consument à s'habiller, à manger, à dormir, à de sots discours, à se résoudre sur ce qu'ils doivent faire, et souvent à ne rien faire, ils en manquent pour leurs affaires ou pour leurs plaisirs : ceux au contraire qui en font un meilleur usage en ont de reste.

Il n'y a point de ministre si occupé qui ne sache perdre chaque jour deux heures de temps ; cela va loin à la fin d'une longue vie ; et si le mal est encore plus grand dans les autres conditions des hommes, quelle perte infinie ne se fait pas dans le monde d'une chose si précieuse, et dont l'on se plaint qu'on n'a point assez !

Il y a des créatures de Dieu qu'on appelle des hommes, qui ont une âme qui est esprit, dont toute la vie est occupée et toute l'attention est réunie à scier du marbre : cela est bien simple, c'est bien peu de chose. Il y en a d'autres qui s'en étonnent, mais qui sont entièrement inutiles, et qui passent le jour à ne rien faire : c'est encore moins que de scier du marbre.

La plupart des hommes oublient si fort qu'ils ont une âme, et se répandent en tant d'actions et d'exercices où il semble qu'elle est inutile, que l'on croit parler avantageusement de quelqu'un, en disant qu'il pense ; cet éloge même est devenu vulgaire, qui pourtant ne met cet homme qu'au-dessus du chien ou du cheval.

A quoi vous divertissez-vous? à quoi passez-vous le temps? vous demandent les sots et les gens d'esprit. Si je réplique que c'est à ouvrir les yeux et à voir, à prêter l'oreille et à entendre, à avoir la santé, le repos, la liberté, ce n'est rien dire : les solides biens, les grands biens, les seuls biens ne sont pas comptés, ne se font pas sentir. Jouez-vous? masquez-vous? il faut répondre.

Est-ce un bien pour l'homme que la liberté, si elle peut être trop grande et trop étendue, telle enfin qu'elle ne serve qu'à lui faire désirer quelque chose, qui est d'avoir moins de liberté?

La liberté n'est pas oisiveté : c'est un usage libre du temps, c'est le choix du travail et de l'exercice ; être libre, en un mot, n'est pas ne rien faire, c'est être seul arbitre de ce qu'on fait ou de ce qu'on ne fait point : quel bien en ce sens que la liberté !

César n'était point trop vieux pour penser à la conquête de l'univers[1] : il n'avait point d'autre béatitude à se faire que le cours d'une belle vie, et un grand nom après sa mort ; né fier, ambitieux, et se portant bien comme il faisait, il ne pouvait mieux employer son temps qu'à conquérir le monde. ALEXANDRE était bien jeune pour un dessein si sérieux : il est étonnant que dans ce premier âge les femmes ou le vin n'aient plus tôt rompu son entreprise.

Un jeune prince[2], d'une race auguste, l'amour et l'espérance des peuples, donné du ciel pour prolonger la félicité de la terre, plus grand que ses aïeux, fils d'un héros qui est son modèle, a déjà montré à l'univers par ses divines qualités, et par une vertu anticipée, que les enfants des héros sont plus proches de l'être que les autres hommes[3].

Si le monde dure seulement cent millions d'années, il est encore dans toute sa fraîcheur, et ne fait presque que commencer : nous-mêmes nous touchons aux premiers hommes et aux patriarches ; et qui pourra ne nous pas confondre avec eux dans des siècles si reculés? Mais si l'on juge par le passé de l'avenir, quelles choses nouvelles nous sont inconnues dans les arts, dans les sciences, dans la nature, et j'ose dire dans l'histoire ! quelles découvertes ne fera-t-on point ! quelles différentes révolutions ne doivent point arriver sur toute la face de la terre, dans les États et dans les empires ! quelle ignorance est la nôtre ! et quelle légère expérience que celle de six ou sept mille ans !

Il n'y a point de chemin trop long à qui marche lentement et sans se presser : il n'y a point d'avantages trop éloignés à qui s'y prépare par la patience.

Ne faire sa cour à personne, ni attendre de quelqu'un qu'il vous fasse la sienne ; douce situation, âge d'or, état de l'homme le plus naturel !

Le monde est pour ceux qui suivent les cours

---

[1] Voyez les *Pensées de M. Pascal*, chap. 31, où il dit le contraire. (*La Bruyère*.)
[2] Le Dauphin, fils de Louis XIV.
[3] Contre la maxime latine et triviale. (*La Bruyère*.) Cette maxime ou adage est, *Heroum filii noxæ* ; ce qui veut dire que les fils des héros dégénèrent ordinairement de leurs pères.

ou qui peuplent les villes : la nature n'est que pour ceux qui habitent la campagne ; eux seuls vivent, eux seuls du moins connaissent qu'ils vivent.

Pourquoi me faire froid, et vous plaindre de ce qui m'est échappé sur quelques jeunes gens qui peuplent les cours? êtes-vous vicieux, ô *Thrasille?* je ne le savais pas, et vous me l'apprenez : ce que je sais est que vous n'êtes plus jeune.

Et vous qui voulez être offensé personnellement de ce que j'ai dit de quelques grands, ne criez-vous point de la blessure d'un autre? êtes-vous dédaigneux, malfaisant, mauvais plaisant, flatteur, hypocrite? je l'ignorais, et ne pensais pas à vous : j'ai parlé des grands.

L'esprit de modération, et une certaine sagesse dans la conduite, laissent les hommes dans l'obscurité : il leur faut de grandes vertus pour être connus et admirés, ou peut-être de grands vices.

Les hommes, sur la conduite des grands et des petits indifféremment, sont prévenus, charmés, enlevés par la réussite : il s'en faut peu que le crime heureux ne soit loué comme la vertu même, et que le bonheur ne tienne lieu de toutes les vertus. C'est un noir attentat, c'est une sale et odieuse entreprise que celle que le succès ne saurait justifier.

Les hommes, séduits par de belles apparences et de spécieux prétextes, goûtent aisément un projet d'ambition que quelques grands ont médité; ils en parlent avec intérêt, il leur plaît même par la hardiesse ou par la nouveauté que l'on lui impute, ils y sont déjà accoutumés, et n'en attendent que le succès, lorsque, venant au contraire à avorter, ils décident avec confiance, et sans nulle crainte de se tromper, qu'il était téméraire et ne pouvait réussir.

Il y a de tels projets[1], d'un si grand éclat et d'une conséquence si vaste, qui font parler les hommes si longtemps, qui font tant espérer ou tant craindre, selon les divers intérêts des peuples, que toute la gloire et toute la fortune d'un homme y sont commises. Il ne peut pas avoir paru sur la scène avec un si bel appareil, pour se retirer sans rien dire; quelque affreux périls qu'il commence à prévoir dans la suite de son entreprise, il faut qu'il l'entame; le moin mal pour lui est de la manquer.

Dans un méchant homme il n'y a pas de quoi faire un grand homme. Louez ses vues et ses projets, admirez sa conduite, exagérez son habileté à se servir des moyens les plus propres et les plus courts pour parvenir à ses fins : si ses fins sont mauvaises, la prudence n'y a aucune part; et où manque la prudence, trouvez la grandeur, si vous le pouvez.

Un ennemi est mort[1], qui était à la tête d'une armée formidable, destinée à passer le Rhin; il savait la guerre, et son expérience pouvait être secondée de la fortune : quels feux de joie a-t-on vus? quelle fête publique? Il y a des hommes au contraire naturellement odieux, et dont l'aversion devient populaire : ce n'est point précisément par les progrès qu'ils font, ni par la crainte de ceux qu'ils peuvent faire, que la voix du peuple[2] éclate à leur mort, et que tout tressaille, jusqu'aux enfants, dès que l'on murmure dans les places que la terre enfin en est délivrée.

O temps! ô mœurs! s'écrie *Héraclite*, ô malheureux siècle! siècle rempli de mauvais exemples, où la vertu souffre, où le crime domine, où il triomphe! Je veux être un *Lycaon*, un *Égisthe*, l'occasion ne peut être meilleure, ni les conjonctures plus favorables si je désire du moins de fleurir et de prospérer. Un homme dit[3] : Je passerai la mer, je dépouillerai mon père de son patrimoine; je le chasserai, lui, sa femme, son héritier, de ses terres et de ses États; et, comme il l'a dit, il l'a fait. Ce qu'il devait appréhender, c'était le ressentiment de plusieurs rois qu'il outrage en la personne d'un seul roi : mais ils tiennent pour lui; ils lui ont presque dit : Passez la mer, dépouillez votre père[4], montrez à tout l'univers qu'on peut chasser un roi de son royaume, ainsi qu'un petit seigneur de son château, ou un fermier

---

[1] Guillaume de Nassau, prince d'Orange, qui entreprit de passer en Angleterre, d'où il a chassé le roi Jacques II, son beau-père. Il était né le 13 novembre 1650.

[1] Le duc Charles de Lorraine, beau-frère de l'empereur Léopold Ier.
[2] Le faux bruit de la mort du prince d'Orange, qu'on croyait avoir été tué au combat de la Boyne.
[3] Le prince d'Orange.
[4] Le roi Jacques II.

de sa métairie : qu'il n'y ait plus de différence entre de simples particuliers et nous, nous sommes las de ces distinctions : apprenez au monde que ces peuples que Dieu a mis sous nos pieds peuvent nous abandonner, nous trahir, nous livrer, se livrer eux-mêmes à un étranger, et qu'ils ont moins à craindre de nous que nous d'eux et de leur puissance. Qui pourrait voir des choses si tristes avec des yeux secs et une âme tranquille ? Il n'y a point de charges qui n'aient leurs priviléges : il n'y a aucun titulaire qui ne parle, qui ne plaide, qui ne s'agite pour les défendre : la dignité royale seule n'a plus de priviléges ; les rois eux-mêmes y ont renoncé. Un seul, toujours bon[1] et magnanime, ouvre ses bras à une famille malheureuse. Tous les autres se liguent comme pour se venger de lui, et de l'appui qu'il donne à une cause qui leur est commune : l'esprit de pique et de jalousie prévaut chez eux à l'intérêt de l'honneur, de la religion et de leur État ; est-ce assez ? à leur intérêt personnel et domestique. Il y va, je ne dis pas de leur élection, mais de leur succession, de leurs droits comme héréditaires : enfin, dans tout, l'homme l'emporte sur le souverain. Un prince délivrait l'Europe[2], se délivrait lui-même d'un fatal ennemi, allait jouir de la gloire d'avoir détruit un grand empire[3] : il la néglige pour une guerre douteuse. Ceux qui sont nés[4] arbitres et médiateurs temporisent ; et lorsqu'ils pourraient avoir déjà employé utilement leur médiation, ils la promettent. O pâtres ! continue Héraclite ; ô rustres qui habitez sous le chaume et dans les cabanes ! si les évènements ne vont point jusqu'à vous, si vous n'avez point le cœur percé par la malice des hommes, si on ne parle plus d'hommes dans vos contrées, mais seulement de renards et de loups cerviers, recevez-moi parmi vous à manger votre pain noir et à boire l'eau de vos citernes.

Petits hommes[5] hauts de six pieds, tout au plus de sept, qui vous enfermez aux foires comme géants, et comme des pièces rares dont il faut acheter la vue, dès que vous allez jusques à huit pieds ; qui vous donnez sans pudeur de la *hautesse* et de l'*éminence*, qui est tout ce que l'on pourrait accorder à ces montagnes voisines du ciel, et qui voient les nuages se former au-dessous d'elles ; espèce d'animaux glorieux et superbes, qui méprisez toute autre espèce, qui ne faites pas même comparaison avec l'éléphant et la baleine, approchez, hommes, répondez un peu à *Démocrite*. Ne dites-vous pas en commun proverbe, *des loups ravissants, des lions furieux, malicieux comme un singe* ? Et vous autres, qui êtes-vous ? J'entends corner sans cesse à mes oreilles, *l'homme est un animal raisonnable* : qui vous a passé cette définition ? sont-ce les loups, les singes et les lions, ou si vous vous l'êtes accordée à vous-mêmes ? C'est déjà une chose plaisante que vous donniez aux animaux, vos confrères, ce qu'il y a de pire, pour prendre pour vous ce qu'il y a de meilleur : laissez-les un peu se définir eux-mêmes, et vous verrez comme ils s'oublieront, et comme vous serez traités. Je ne parle point, ô hommes, de vos légèretés, de vos folies et de vos caprices, qui vous mettent au-dessous de la taupe et de la tortue, qui vont sagement leur petit train, et qui suivent, sans varier, l'instinct de la nature : mais écoutez-moi un moment. Vous dites d'un tiercelet de faucon qui est fort léger, et qui fait une belle descente sur la perdrix, Voilà un bon oiseau ; et d'un lévrier qui prend un lièvre corps à corps, C'est un bon lévrier. Je consens aussi que vous disiez d'un homme qui court le sanglier, qui le met aux abois, qui l'atteint et qui le perce, Voilà un brave homme. Mais si vous voyez deux chiens qui s'aboient, qui s'affrontent, qui se mordent et se déchirent, vous dites, Voilà de sots animaux ; et vous prenez un bâton pour les séparer. Que si l'on vous disait que tous les chats d'un grand pays se sont assemblés par milliers dans une plaine, et qu'après avoir miaulé tout leur soûl ils se sont jetés avec fureur les uns sur les autres, et ont joué ensemble de la dent et de la griffe ; que de cette mêlée il est demeuré de part et d'autre neuf à dix mille

---

[1] Louis XIV, qui donna retraite à Jacques II et à toute sa famille, après qu'il eut été obligé de se retirer d'Angleterre.
[2] L'empereur.
[3] Le Turc.
[4] Innocent XI.
[5] Les princes ligués en faveur du prince d'Orange contre Louis XIV.

chats sur la place, qui ont infecté l'air à dix lieues de là par leur puanteur; ne diriez-vous pas, Voilà le plus abominable *sabbat* dont on ait jamais ouï parler? Et si les loups en faisaient de même, quels hurlements! quelle boucherie! Et si les uns ou les autres vous disent qu'ils aiment la gloire, concluriez-vous de ce discours qu'ils la mettent à se trouver à ce beau rendez-vous, à détruire ainsi et à anéantir leur propre espèce? ou après l'avoir conclu, ne ririez-vous pas de tout votre cœur de l'ingénuité de ces pauvres bêtes? Vous avez déjà, en animaux raisonnables, et pour vous distinguer de ceux qui ne se servent que de leurs dents et de leurs ongles, imaginé les lances, les piques, les dards, les sabres et les cimeterres, et à mon gré fort judicieusement; car avec vos seules mains que pouviez-vous faire les uns aux autres, que vous arracher les cheveux, vous égratigner au visage, ou tout au plus vous arracher les yeux de la tête? au lieu que vous voilà munis d'instruments commodes, qui vous servent à vous faire réciproquement de larges plaies d'où peut couler votre sang jusqu'à la dernière goutte, sans que vous puissiez craindre d'en échapper. Mais comme vous devenez d'année à autre plus raisonnables, vous avez bien enchéri sur cette vieille manière de vous exterminer : vous avez de petits globes[1] qui vous tuent tout d'un coup, s'ils peuvent seulement vous atteindre à la tête ou à la poitrine; vous en avez d'autres[2] plus pesants et plus massifs, qui vous coupent en deux parts ou qui vous éventrent, sans compter ceux[3] qui, tombant sur vos toits, enfoncent les planchers, vont du grenier à la cave, en enlèvent les voûtes, et font sauter en l'air, avec vos maisons, vos femmes qui sont en couche, l'enfant et la nourrice : et c'est là encore où *gît* la gloire; elle aime le *remue-ménage*, et elle est personne d'un grand fracas. Vous avez d'ailleurs des armes défensives, et dans les bonnes règles vous devez en guerre être habillés de fer, ce qui est sans mentir une jolie parure, et qui me fait souvenir de ces quatre puces célèbres que montrait autrefois un charlatan, subtil ouvrier, dans une fiole où il avait trouvé le secret de les faire vivre : il leur avait mis à chacune une salade en tête, leur avait passé un corps de cuirasse, mis des brassards, des genouillères, la lance sur la cuisse; rien ne leur manquait, et en cet équipage elles allaient par sauts et par bonds dans leur bouteille. Feignez un homme de la taille du mont *Athos* : pourquoi non? une âme serait-elle embarrassée d'animer un tel corps? elle en serait plus au large : si cet homme avait la vue assez subtile pour vous découvrir quelque part sur la terre avec vos armes offensives et défensives, que croyez-vous qu'il penserait de petits marmousets ainsi équipés, et de ce que vous appelez guerre, cavalerie, un mémorable siège, une fameuse journée? N'entendrai-je donc plus bourdonner d'autre chose parmi vous? le monde ne se divise-t-il plus qu'en régiments et en compagnies? tout est-il devenu bataillon ou escadron? *Il a pris une ville, il en a pris une seconde, puis une troisième; il a gagné une bataille, deux batailles; il chasse l'ennemi, il vainc sur mer, il vainc sur terre :* est-ce de quelqu'un de vous autres, est-ce d'un géant, d'un *Athos*, que vous parlez? Vous avez surtout un homme pâle[1] et livide, qui n'a pas sur soi dix onces de chair, et que l'on croirait jeter à terre du moindre souffle. Il fait néanmoins plus de bruit que quatre autres, et met tout en combustion; il vient de pêcher en eau trouble une île tout entière[2]; ailleurs, à la vérité, il est battu et poursuivi; mais il se sauve par *les marais*, et ne veut écouter ni paix ni trêve. Il a montré de bonne heure ce qu'il savait faire, il a mordu le sein de sa nourrice[3] : elle en est morte, la pauvre femme; je m'entends, il suffit. En un mot, il était né sujet, il ne l'est plus; au contraire, il est le maître, et ceux qu'il a domptés[4] et mis sous le joug vont à la charrue et labourent de bon courage : ils semblent même appréhender, les bonnes gens, de pouvoir se délier un jour et devenir libres, car ils ont étendu la courroie et allongé le fouet de celui qui les fait marcher; ils n'oublient rien pour accroître

---

[1] Les balles de mousquet.
[2] Les boulets de canon.
[3] Les bombes.

[1] Le prince d'Orange.
[2] L'Angleterre.
[3] Le prince d'Orange, devenu plus puissant par la couronne d'Angleterre, s'était rendu maître absolu en Hollande, et y faisait ce qu'il lui plaisait.
[4] Les Anglais.

leur servitude : ils lui font passer l'eau pour se faire d'autres vassaux et s'acquérir de nouveaux domaines : il s'agit, il est vrai, de prendre son père et sa mère par les épaules, et de les jeter hors de leur maison ; et ils l'aident dans une si honnête entreprise. Les gens de delà de l'eau et ceux d'en deçà se cotisent et mettent chacun du leur pour se le rendre à eux tous de jour en jour plus redoutable : les *Pictes* et les *Saxons* imposent silence aux *Bataves*, et ceux-ci aux *Pictes* et aux *Saxons* ; tous se peuvent vanter d'être ses humbles esclaves, et autant qu'ils le souhaitent. Mais qu'entends-je de certains personnages[1] qui ont des couronnes, je ne dis pas des comtes ou des marquis, dont la terre fourmille, mais des princes et des souverains ? ils viennent trouver cet homme dès qu'il a sifflé, ils se découvrent dès son antichambre, et ils ne parlent que quand on les interroge. Sont-ce là ces mêmes princes si pointilleux, si formalistes sur leurs rangs et sur leurs préséances, et qui consument, pour les régler, les mois entiers dans une diète ? Que fera ce nouvel *Aronte* pour payer une si aveugle soumission, et pour répondre à une si haute idée qu'on a de lui ? S'il se livre une bataille, il doit la gagner, et en personne : si l'ennemi fait un siége, il doit le lui faire lever, et avec honte, à moins que tout l'Océan ne soit entre lui et l'ennemi : il ne saurait moins faire en faveur de ses courtisans. *César*[2] lui-même ne doit-il pas venir en grossir le nombre ? il en attend du moins d'importants services : car ou l'*Aronte* échouera avec ses alliés, ce qui est plus difficile qu'impossible à concevoir ; ou s'il réussit et que rien ne lui résiste, le voilà tout porté, avec ses alliés jaloux de la religion et de la puissance de César, pour fondre sur lui, pour lui enlever l'*aigle*, et le réduire, lui ou son héritier, à la *fasce d'argent*[3] et aux pays héréditaires. Enfin c'en est fait, ils se sont tous livrés à lui volontairement, à celui peut-être de qui ils devaient se défier davantage. Ésope ne leur dirait-il pas : « La gent volatile d'une certaine contrée prend l'alarme et s'effraye du voisinage du lion, dont le seul rugissement lui fait peur ; elle se réfugie auprès de la bête, qui lui fait parler d'accommodement et la prend sous sa protection, qui se termine enfin à les croquer tous l'un après l'autre ? »

CHAPITRE XIII

De la mode.

Une chose folle et qui découvre bien notre petitesse, c'est l'assujettissement aux modes, quand on l'étend à ce qui concerne le goût, le vivre, la santé et la conscience. La viande noire est hors de mode, et par cette raison insipide ; ce serait pécher contre la mode que de guérir de la fièvre par la saignée : de même l'on ne mourait plus depuis longtemps par *Théotime* ; ses tendres exhortations ne sauvaient plus que le peuple, et Théotime a vu son successeur.

La curiosité n'est pas un goût pour ce qui est bon ou ce qui est beau, mais pour ce qui est rare, unique, pour ce qu'on a, et que les autres n'ont point. Ce n'est pas un attachement à ce qui est parfait, mais à ce qui est couru, à ce qui est à la mode. Ce n'est pas un amusement, mais une passion, et souvent si violente, qu'elle ne cède à l'amour et à l'ambition que par la petitesse de son objet. Ce n'est pas une passion qu'on a généralement pour les choses rares et qui ont cours, mais qu'on a seulement pour une certaine chose qui est rare et pourtant à la mode.

Le fleuriste a un jardin dans un faubourg ; il y court au lever du soleil, et il en revient à son coucher. Vous le voyez planté, et qui a pris racine au milieu de ses tulipes et devant la *solitaire* : il ouvre de grands yeux, il frotte ses mains, il se baisse, il la voit de plus près, il ne l'a jamais vue si belle, il a le cœur épanoui de joie : il la quitte pour l'*orientale* ; de là il va à la *veuve* ; il passe au *drap-d'or*, de celle-ci à l'*agate* ; d'où il revient enfin à la *solitaire*, où il se fixe, où il se lasse, où il s'assied, où il oublie de dîner : aussi est-elle nuancée, bordée, huilée à pièces emportées ; elle a un beau vase ou un beau calice : il la contemple, il l'admire. Dieu et la nature sont

---

[1] Le prince d'Orange, à son premier retour de l'Angleterre, en 1690, vint à La Haye, où les princes ligués se rendirent, et où le duc de Bavière fut longtemps à attendre dans l'antichambre.
[2] L'empereur.
[3] Armes de la maison d'Autriche.

en tout cela ce qu'il n'admire point; il ne va pas plus loin que l'oignon de sa tulipe, qu'il ne livrerait pas pour mille écus, et qu'il donnera pour rien quand les tulipes seront négligées, et que les œillets auront prévalu. Cet homme raisonnable, qui a une âme, qui a un culte et une religion, revient chez soi, fatigué, affamé, mais fort content de sa journée : il a vu des tulipes.

Parlez à cet autre de la richesse des moissons, d'une ample récolte, d'une bonne vendange; il est curieux de fruits, vous n'articulez pas, vous ne vous faites pas entendre : parlez-lui de figues et de melons, dites que les poiriers rompent de fruit cette année, que les pêchers ont donné avec abondance; c'est pour lui un idiome inconnu, il s'attache aux seuls pruniers, il ne vous répond pas. Ne l'entretenez pas même de vos pruniers, il n'a de l'amour que pour une certaine espèce; toute autre que vous lui nommez le fait sourire et se moquer. Il vous mène à l'arbre, cueille artistement cette prune exquise, il l'ouvre, vous en donne une moitié, et prend l'autre. Quelle chair! dit-il; goûtez-vous cela? cela est-il divin? voilà ce que vous ne trouverez pas ailleurs, et là-dessus ses narines s'enflent, il cache avec peine sa joie et sa vanité par quelques dehors de modestie. O l'homme divin en effet! homme qu'on ne peut jamais assez louer et admirer! homme dont il sera parlé dans plusieurs siècles! que je voie sa taille et son visage pendant qu'il vit; que j'observe les traits et la contenance d'un homme qui seul entre les mortels possède une telle prune.

Un troisième que vous allez voir vous parle des curieux ses confrères, et surtout de *Diognète*. Je l'admire, dit-il, et je le comprends moins que jamais : pensez-vous qu'il cherche à s'instruire par les médailles, et qu'il les regarde comme des preuves parlantes de certains faits, et des monuments fixes et indubitables de l'ancienne histoire? rien moins : vous croyez peut-être que toute la peine qu'il se donne pour recouvrer une *tête* vient du plaisir qu'il se fait de ne voir pas une suite d'empereurs interrompue? c'est encore moins : Diognète sait d'une médaille le *fruste*, le *flou*[1], et la *fleur de coin*;

[1] On lit, dans les éditions publiées du vivant de La Bruyère, *le frust, le feloux*.

il a une tablette dont toutes les places sont garnies, à l'exception d'une seule : ce vide lui blesse la vue, et c'est précisément, et à la lettre, pour le remplir, qu'il emploie son bien et sa vie.

Vous voulez, ajoute *Démocède*, voir mes estampes? et bientôt il les étale et vous les montre. Vous en rencontrez une qui n'est ni noire, ni nette, ni dessinée, et d'ailleurs moins propre à être gardée dans un cabinet qu'à tapisser, un jour de fête, le Petit-Pont ou la rue Neuve : il convient qu'elle est mal gravée, plus mal dessinée; mais il assure qu'elle est d'un Italien qui a travaillé peu, qu'elle n'a presque pas été tirée, que c'est la seule qui soit en France de ce dessin, qu'il l'a achetée très-cher, et qu'il ne la changerait pas pour ce qu'il a de meilleur. J'ai, continue-t-il, une sensible affliction, et qui m'obligera à renoncer aux estampes pour le reste de mes jours : j'ai tout *Calot*, hormis une seule qui n'est pas, à la vérité, de ses bons ouvrages, au contraire c'est un des moindres, mais qui m'achèverait Calot; je travaille depuis vingt ans à recouvrer cette estampe, et je désespère enfin d'y réussir : cela est bien rude!

Tel autre fait la satire de ces gens qui s'engagent par inquiétude ou par curiosité dans de longs voyages; qui ne font ni mémoires, ni relations; qui ne portent point de tablettes; qui vont pour voir, et qui ne voient pas, ou qui oublient ce qu'ils ont vu; qui désirent seulement de connaître de nouvelles tours ou de nouveaux clochers, et de passer des rivières qu'on n'appelle ni la Seine, ni la Loire; qui sortent de leur patrie pour y retourner; qui aiment à être absents, qui veulent un jour être revenus de loin : et ce satirique parle juste, et se fait écouter.

Mais quand il ajoute que les livres en apprennent plus que les voyages, et qu'il m'a fait comprendre par ses discours qu'il a une bibliothèque, je souhaite de la voir; je vais trouver cet homme, qui me reçoit dans une maison où dès l'escalier je tombe en faiblesse d'une odeur de maroquin noir dont ses livres sont tous couverts. Il a beau me crier aux oreilles, pour me ranimer, qu'ils sont dorés sur tranche, ornés de filets d'or, et de la bonne édition, me nommer les meilleurs l'un après l'autre; dire que sa galerie est remplie, à quelques endroits près qui sont peints de manière qu'on les prend pour de vrais livres arrangés sur des tablettes, et que l'œil s'y trompe; ajoutez qu'il ne lit jamais, qu'il ne met pas le pied dans cette galerie, qu'il y viendra pour me faire plaisir : je le remercie de sa complaisance, et ne veux non plus que lui visiter sa tannerie, qu'il appelle bibliothèque.

Quelques-uns, par une intempérance de savoir, et par ne pouvoir se résoudre à renoncer à aucune sorte de connaissance, les embrassent toutes et n'en possèdent aucune. Ils aiment mieux savoir beaucoup que de savoir bien, et être faibles et superficiels dans diverses sciences que d'être sûrs et profonds dans une seule : i!s trouvent en toutes rencontres celui qui est leur maître et qui les redresse; ils sont les dupes de leur vaine curiosité, et ne peuvent au plus, par de longs et pénibles efforts, que se tirer d'une ignorance crasse.

D'autres ont la clef des sciences, où ils n'entrent jamais; ils passent leur vie à déchiffrer les langues orientales et les langues du Nord, celles des deux pôles, et celle qui se parle dans la lune. Les idiomes les plus inutiles avec les caractères les plus bizarres et les plus magiques sont précisément ce qui réveille leur passion et qui excite leur travail. Ils plaignent ceux qui se bornent ingénument à savoir leur langue, ou tout au plus la grecque et la latine. Ces gens lisent toutes les histoires, et ignorent l'histoire; ils parcourent tous les livres, et ne profitent d'aucun : c'est en eux une stérilité de faits et de principes qui ne peut être plus grande, mais à la vérité la meilleure récolte et la richesse la plus **abondante de mots et de paroles** qui puisse s'imaginer; ils plient sous le faix; leur mémoire en est accablée, pendant que leur esprit demeure vide.

Un bourgeois aime les bâtiments; il se fait bâtir un hôtel si beau, si riche et si orné, qu'il est inhabitable : le maître, honteux de s'y loger, ne pouvant peut-être se résoudre à le louer à un prince ou à un homme d'affaires, se retire au galetas, où il achève sa vie, pendant que l'enfilade et les planchers de rapport sont en proie aux Anglais et aux Allemands qui voyagent, et qui viennent là du Palais-Royal, du palais L... G...[1] et du Luxembourg. On heurte sans fin à cette belle porte : tous demandent à voir la maison, et personne à voir monsieur.

On en sait d'autres qui ont des filles devant leurs yeux, à qui ils ne peuvent pas donner une dot; que dis-je? elles ne sont pas vêtues, à peine nourries; qui se refusent un tour de lit et du linge blanc, qui sont pauvres : et la source de leur misère n'est pas fort loin, c'est un garde-meuble chargé et embarrassé de bustes rares, déjà poudreux et couverts d'ordures, dont la vente les mettrait au large, mais qu'ils ne peuvent se résoudre à mettre en vente.

Diphile commence par un oiseau et finit par mille : sa maison n'en est pas égayée, mais empestée; la cour, la salle, l'escalier, le vestibule, les chambres, le cabinet, tout est volière : ce n'est plus un ramage, c'est un vacarme; les vents d'automne et les eaux dans leurs plus grandes crues ne font pas un bruit si perçant et si aigu; on ne s'entend non plus parler les uns les autres que dans ces chambres où il faut attendre, pour faire le compliment d'entrée, que les petits chiens aient aboyé. Ce n'est plus pour Diphile un agréable amusement; c'est une affaire laborieuse et à laquelle à peine il peut suffire. Il passe les jours, ces jours qui échappent et qui ne reviennent plus, à verser du grain et à nettoyer des ordures; il donne pension à un homme qui n'a point d'autre ministère que de siffler des serins au flageolet, et de faire couver des *canaries*. Il est vrai que ce qu'il dépense d'un côté, il l'épargne de l'autre, car ses enfants sont sans maîtres et sans éducation. Il se renferme le soir, fatigué de son propre plaisir, sans pouvoir jouir du moindre repos que ses oiseaux ne reposent, et que ce petit peuple, qu'il n'aime que parce qu'il chante, ne cesse de chanter. Il retrouve ses oiseaux dans son sommeil; lui-même il est oiseau, il est huppé, il gazouille, il perche, il rêve la nuit qu'il mue ou qu'il couve.

Qui pourrait épuiser tous les différents genres de curieux? Devineriez-vous à entendre

---

[1] Lesdiguières.

parler celui-ci de son *léopard*, de sa *plume*, de sa *musique*[1], les vanter comme ce qu'il y a sur la terre de plus singulier et de plus merveilleux, qu'il veut vendre ses coquilles? Pourquoi non, s'il les achète au poids de l'or?

Cet autre aime les insectes; il en fait tous les jours de nouvelles emplettes: c'est surtout le premier homme de l'Europe pour les papillons, il en a de toutes les tailles et de toutes les couleurs. Quel temps prenez-vous pour lui rendre visite? il est plongé dans une amère douleur; il a l'humeur noire, chagrine, et dont toute sa famille souffre; aussi a-t-il fait une perte irréparable: approchez, regardez ce qu'il vous montre sur son doigt, qui n'a plus de vie, et qui vient d'expirer; c'est une chenille, et quelle chenille!

Le duel est le triomphe de la mode, et l'endroit où elle a exercé sa tyrannie avec plus d'éclat. Cet usage n'a pas laissé au poltron la liberté de vivre; il l'a mené se faire tuer par un plus brave que soi, et l'a confondu avec un homme de cœur; il a attaché de l'honneur et de la gloire à une action folle et extravagante; il a été approuvé par la présence des rois; il y a eu quelquefois une espèce de religion à le pratiquer: il a décidé de l'innocence des hommes, des accusations fausses ou véritables sur des crimes capitaux; il s'était enfin si profondément enraciné dans l'opinion des peuples, et s'était si fort saisi de leur cœur et de leur esprit, qu'un des plus beaux endroits de la vie d'un très-grand roi a été de les guérir de cette folie.

Tel a été à la mode, ou pour le commandement des armées et la négociation, ou pour l'éloquence de la chaire, ou pour les vers, qui n'y est plus. Y a-t-il des hommes qui dégénèrent de ce qu'ils furent autrefois? Est-ce leur mérite qui est usé, ou le goût que l'on avait pour eux?

Un homme à la mode dure peu, car les modes passent: s'il est par hasard homme de mérite, il n'est pas anéanti, et il subsiste encore par quelque endroit; également estimable, il est seulement moins estimé.

La vertu a cela d'heureux qu'elle se suffit à elle-même, et qu'elle sait se passer d'admirateurs, de partisans et de protecteurs: le manque d'appui et d'approbation non-seulement ne lui nuit pas, mais il la conserve, l'épure, et la rend parfaite: qu'elle soit à la mode, qu'elle n'y soit plus, elle demeure vertu.

Si vous dites aux hommes, et surtout aux grands, qu'un tel a de la vertu, ils vous disent, Qu'il la garde; qu'il a bien de l'esprit, de celui surtout qui plaît et qui amuse, ils vous répondent, Tant mieux pour lui; qu'il a l'esprit fort cultivé, qu'il sait beaucoup, ils vous demandent quelle heure il est, ou quel temps il fait: mais si vous leur apprenez qu'il y a un *Tigillin* qui *souffle* ou qui *jette en sable* un verre d'eau-de-vie[1], et, chose merveilleuse! qui y revient à plusieurs fois en un repas, alors ils disent: Où est-il? amenez-le-moi demain, ce soir; me l'amènerez-vous? On le leur amène; et cet homme propre à parer les avenues d'une foire, et à être montré en chambre pour de l'argent, ils l'admettent dans leur familiarité.

Il n'y a rien qui mette plus subitement un homme à la mode, et qui le soulève davantage, que le grand jeu: cela va de pair avec la crapule. Je voudrais bien voir un homme poli, enjoué, spirituel, fût-il un Catulle ou son disciple, faire quelque comparaison avec celui qui vient de perdre huit cents pistoles en une séance.

Une personne à la mode ressemble à une *fleur bleue*[2] qui croît de soi-même dans les sillons, où elle étouffe les épis, diminue la moisson, et tient la place de quelque chose de meilleur; qui n'a de prix et de beauté que ce qu'elle emprunte d'un caprice léger qui naît et qui tombe presque dans le même instant: aujourd'hui elle est courue, les femmes s'en parent; demain elle est négligée et rendue au peuple.

Une personne de mérite, au contraire, est une fleur qu'on ne désigne pas par sa couleur, mais que l'on nomme par son nom, que l'on cultive par sa beauté ou par son odeur; l'une

---

[1] Noms de coquillages. (*La Bruyère.*)

[1] *Souffler* ou *jeter en sable un verre de vin, d'eau-de-vie*, anciennes expressions proverbiales qui signifient l'avaler d'un trait.

[2] Ces barbeaux qui croissent parmi les seigles furent, un été, à la mode dans Paris. Les dames en mettaient pour bouquet.

des grâces de la nature, l'une de ces choses qui embellissent le monde, qui est de tous les temps, et d'une vogue ancienne et populaire; que nos pères ont estimée, et que nous estimons après nos pères; à qui le dégoût ou l'antipathie de quelques-uns ne saurait nuire : un lis, une rose.

L'on voit *Eustrate* assis dans sa nacelle, où il jouit d'un air pur et d'un ciel serein : il avance d'un bon vent et qui a toutes les apparences de devoir durer; mais il tombe tout d'un coup, le ciel se couvre, l'orage se déclare, un tourbillon enveloppe la nacelle, elle est submergée : on voit Eustrate revenir sur l'eau et faire quelques efforts, on espère qu'il pourra du moins se sauver et venir à bord; mais une vague l'enfonce, on le tient perdu : il paraît une seconde fois, et les espérances se réveillent; lorsqu'un flot survient et l'abîme, on ne le revoit plus, il est noyé.

Voiture et Sarrazin étaient nés pour leur siècle, et ils ont paru dans un temps où il semble qu'ils étaient attendus. S'ils s'étaient moins pressés de venir, ils arrivaient trop tard; et j'ose douter qu'ils fussent tels aujourd'hui qu'ils ont été alors : les conversations légères, les cercles, la fine plaisanterie, les lettres enjouées et familières, les petites parties où l'on était admis seulement avec de l'esprit, tout a disparu. Et qu'on ne dise point qu'ils les feraient revivre : ce que je puis faire en faveur de leur esprit est de convenir que peut-être ils excelleraient dans un autre genre; mais les femmes sont, de nos jours, ou dévotes, ou coquettes, ou joueuses, ou ambitieuses, quelques-unes même tout cela à la fois; le goût de la faveur, le jeu, les galants, les directeurs, ont pris la place, et la défendent contre les gens d'esprit.

Un homme fat et ridicule porte un long chapeau, un pourpoint à ailerons, des chausses à aiguillettes et des bottines : il rêve la veille par où et comment il pourra se faire remarquer le jour qui suit. Un philosophe se laisse habiller par son tailleur : il y a autant de faiblesse à fuir la mode qu'à l'affecter.

L'on blâme une mode qui, divisant la taille des hommes en deux parties égales, en prend une tout entière pour le buste, et laisse l'autre pour le reste du corps : l'on condamne celle qui fait de la tête des femmes la base d'un édifice à plusieurs étages, dont l'ordre et la structure changent selon leurs caprices; qui éloigne les cheveux du visage, bien qu'ils ne croissent que pour l'accompagner; qui les relève et les hérisse à la manière des bacchantes, et semble avoir pourvu à ce que les femmes changent leur physionomie douce et modeste en une autre qui soit fière et audacieuse. On se récrie enfin contre une telle ou une telle mode, qui cependant, toute bizarre qu'elle est, pare et embellit pendant qu'elle dure, et dont l'on tire tout l'avantage qu'on en peut espérer, qui est de plaire. Il me paraît qu'on devrait seulement admirer l'inconstance et la légèreté des hommes, qui attachent successivement les agréments et la bienséance à des choses toutes opposées, qui emploient pour le comique et pour la mascarade ce qui leur a servi de parure grave et d'ornements les plus sérieux, et que si peu de temps en fasse la différence.

N... est riche; elle mange bien, elle dort bien; mais les coiffures changent; et lorsqu'elle y pense le moins, et qu'elle se croit heureuse, la sienne est hors de mode.

Iphis voit à l'église un soulier d'une nouvelle mode; il regarde le sien, et en rougit; il ne se croit plus habillé : il était venu à la messe pour s'y montrer, et il se cache : le voilà retenu par le pied dans sa chambre tout le reste du jour. Il a la main douce, et il l'entretient avec une pâte de senteur. Il a soin de rire pour montrer ses dents : il fait la petite bouche, et il n'y a guère de moments où il ne veuille sourire : il regarde ses jambes, il se voit au miroir; l'on ne peut être plus content de personne qu'il l'est de lui-même : il s'est acquis une voix claire et délicate, et heureusement il parle gras : il a un mouvement de tête et je ne sais quel adoucissement dans les yeux, dont il n'oublie pas de s'embellir : il a une démarche molle et le plus joli maintien qu'il est capable de se procurer : il met du rouge, mais rarement; il n'en fait pas habitude : il est vrai aussi qu'il porte des chausses et un chapeau, et qu'il n'a ni boucles d'oreilles, ni collier de perles : aussi ne l'ai-je pas mis dans le chapitre des emmes.

DE LA MODE.

Ces mêmes modes que les hommes suivent si volontiers pour leurs personnes, ils affectent de les négliger dans leurs portraits, comme s'ils sentaient ou qu'ils prévissent l'indécence et le ridicule où elles peuvent tomber dès qu'elles auront perdu ce qu'on appelle la fleur ou l'agrément de la nouveauté : ils leur préfèrent une parure arbitraire, une draperie indifférente, fantaisies du peintre qui ne sont prises ni sur l'air, ni sur le visage, qui ne rappellent ni les mœurs, ni la personne : ils aiment des attitudes forcées ou immodestes, une manière dure, sauvage, étrangère, qui font un capitan d'un jeune abbé, et un matamore d'un homme de robe, une Diane d'une femme de ville, comme d'une femme simple et timide une Amazone ou une Pallas; une Laïs d'une honnête fille; un Scythe, un Attila d'un prince qui est bon et magnanime.

Une mode à peine détruit une autre mode, qu'elle est abolie par une plus nouvelle, qui cède elle-même à celle qui la suit, et qui ne sera pas la dernière : telle est notre légèreté; pendant ces révolutions, un siècle s'est écoulé qui a mis toutes ces parures au rang des choses passées et qui ne sont plus. La mode alors la plus curieuse et qui fait plus de plaisir à voir, c'est la plus ancienne : aidée du temps et des années, elle a le même agrément dans les portraits qu'a la saie ou l'habit romain sur les théâtres, qu'ont la mante, le voile et la tiare[1] dans nos tapisseries et dans nos peintures.

Nos pères nous ont transmis avec la connaissance de leurs personnes celle de leurs habits, de leurs coiffures, de leurs armes[2], et des autres ornements qu'ils ont aimés pendant leur vie : nous ne saurions bien reconnaître cette sorte de bienfait qu'en traitant de même nos descendants.

Le courtisan autrefois avait ses cheveux, était en chausses et en pourpoint, portait de larges canons, et il était libertin : cela ne sied plus; il porte une perruque, l'habit serré, le bas uni, et il est dévot : tout se règle par la mode.

Celui qui depuis quelque temps à la cour était dévot, et par là, contre toute raison, peu éloigné du ridicule, pouvait-il espérer de devenir à la mode?

De quoi n'est point capable un courtisan dans la vue de sa fortune, si pour ne la pas manquer, il devient dévot?

Les couleurs sont préparées, et la toile est toute prête : mais comment le fixer, cet homme inquiet, léger, inconstant, qui change de mille et mille figures? Je le peins dévot, et je crois l'avoir attrapé; mais il m'échappe, et déjà il est libertin. Qu'il demeure du moins dans cette mauvaise situation, et je saurai le prendre dans un point de dérèglement de cœur et d'esprit où il sera reconnaissable; mais la mode presse, il est dévot.

Celui qui a pénétré la cour connaît ce que c'est que vertu, et ce que c'est que dévotion[1], et il ne peut plus s'y tromper.

Négliger vêpres comme une chose antique et hors de mode, garder sa place soi-même pour le salut, savoir les êtres de la chapelle, connaître le flanc, savoir où l'on est vu et où l'on n'est pas vu; rêver dans l'église à Dieu et à ses affaires, y recevoir des visites, y donner des ordres et des commissions, y attendre les réponses; avoir un directeur mieux écouté que l'Évangile; tirer toute sa sainteté et tout son relief de la réputation de son directeur; dédaigner ceux dont le directeur a moins de vogue, et convenir à peine de leur salut; n'aimer de la parole de Dieu que ce qui s'en prêche chez soi ou par son directeur, préférer sa messe aux autres messes, et les sacrements donnés de sa main à ceux qui ont moins de cette circonstance; ne se repaître que de livres de spiritualité, comme s'il n'y avait ni évangiles, ni épîtres des apôtres, ni morale des Pères; lire ou parler un jargon inconnu aux premiers siècles; circonstancier à confesse les défauts d'autrui, y pallier les siens, s'accuser de ses souffrances, de sa patience, dire comme un péché son peu de progrès dans l'héroïsme; être en liaison secrète avec de certaines gens contre certains autres; n'estimer que soi et sa cabale, avoir pour suspecte la vertu même; goûter, savourer la prospérité et la faveur, n'en vouloir que pour soi; ne point aider au mérite; faire

---
[1] Habits des Orientaux. (*La Bruyère.*)
[2] Offensives et défensives. (*La Bruyère.*)

[1] Fausse dévotion. (*La Bruyère.*)

servir la piété à son ambition; aller à son salut par le chemin de la fortune et des dignités : c'est du moins jusqu'à ce jour le plus bel effort de la dévotion du temps.

Un dévot [1] est celui qui, sous un roi athée, serait athée.

Les dévots [2] ne connaissent de crimes que l'incontinence, parlons plus précisément, que le bruit ou les dehors de l'incontinence. Si *Phérécide* passe pour être guéri des femmes, ou *Phérénice* pour être fidèle à son mari, ce leur est assez : laissez-les jouer un jeu ruineux, faire perdre leurs créanciers, se réjouir du malheur d'autrui et en profiter, idolâtrer les grands, mépriser les petits, s'enivrer de leur propre mérite, sécher d'envie, mentir, médire, cabaler, nuire, c'est leur état : voulez-vous qu'ils empiètent sur celui des gens de bien, qui avec les vices cachés fuient encore l'orgueil et l'injustice?

Quand un courtisan sera humble, guéri du faste et de l'ambition, qu'il n'établira point sa fortune sur la ruine de ses concurrents, qu'il sera équitable, soulagera ses vassaux, payera ses créanciers, qu'il ne sera ni fourbe ni médisant, qu'il renoncera aux grands repas et aux amours illégitimes, qu'il priera autrement que des lèvres, et même hors de la présence du prince : quand d'ailleurs il ne sera point d'un abord farouche et difficile, qu'il n'aura point le visage austère et la mine triste, qu'il ne sera point paresseux et contemplatif, qu'il saura rendre, par une scrupuleuse attention, divers emplois très-compatibles; qu'il pourra et qu'il voudra même tourner son esprit et ses soins aux grandes et laborieuses affaires, à celles surtout d'une suite la plus étendue pour les peuples et pour tout l'État; quand son caractère me fera craindre de le nommer en cet endroit, et que sa modestie l'empêchera, si je ne le nomme pas, de s'y reconnaître : alors je dirai de ce personnage, il est dévot; ou plutôt, c'est un homme donné à son siècle pour le modèle d'une vertu sincère et pour le discernement de l'hypocrisie.

Onuphre n'a pour tout lit qu'une housse de serge grise, mais il couche sur le coton et sur le duvet : de même il est habillé simplement, mais commodément, je veux dire d'une étoffe fort légère en été, et d'une autre fort moelleuse pendant l'hiver : il porte des chemises très-déliées, qu'il a un très-grand soin de bien cacher. Il ne dit point *ma haire* et *ma discipline*, au contraire; il passerait pour ce qu'il est, pour un hypocrite, et veut passer pour ce qu'il n'est pas, pour un homme dévot : il est vrai qu'il fait en sorte que l'on croie, sans qu'il le dise, qu'il porte une haire, et qu'il se donne la discipline [1]. Il y a quelques livres répandus dans sa chambre indifféremment; ouvrez-les, c'est le Combat spirituel, le Chrétien intérieur, et l'Année sainte : d'autres livres sont sous la clef. S'il marche par la ville, et qu'il découvre de loin un homme devant qui il est nécessaire qu'il soit dévot, les yeux baissés, la démarche lente et modeste, l'air recueilli, lui sont familiers; il joue son rôle. S'il entre dans une église, il observe d'abord de qui il peut être vu; et selon la découverte qu'il vient de faire, il se met à genoux et prie, ou il ne songe ni à se mettre à genoux, ni à prier. Arrive-t-il vers lui un homme de bien et d'autorité qui le verra et qui peut l'entendre, non-seulement il prie, mais il médite, il pousse des élans et des soupirs : si l'homme de bien se retire, celui-ci, qui le voit partir, s'apaise et ne souffle pas. Il entre une autre fois dans un lieu saint, perce la foule, choisit un endroit pour se recueillir, et où tout le monde voit qu'il s'humilie : s'il entend des courtisans qui parlent, qui rient, et qui sont à la chapelle avec moins de silence que dans l'antichambre, il fait plus de bruit qu'eux pour les faire taire; il reprend sa méditation, qui est toujours la comparaison qu'il fait de ces personnes avec lui-même, et où il trouve son compte. Il évite une église déserte et solitaire, où il pourrait entendre deux messes de suite, le sermon, vêpres et complies, tout cela entre Dieu et lui, et sans que personne lui en sût gré : il aime la paroisse, il fréquente les temples où se fait un grand concours; on n'y manque point son coup, on y est vu. Il choisit deux ou trois jours dans toute l'année, où à

[1] Faux dévot. (*La Bruyère.*)
[2] Idem.

[1] Critique du *Tartufe* de Molière.

propos de rien il jeûne ou fait abstinence : mais à la fin de l'hiver il tousse, il a une mauvaise poitrine, il a des vapeurs, il a eu la fièvre ; il se fait prier, presser, quereller, pour rompre le carême dès son commencement, et il en vient là par complaisance. Si Onuphre est nommé arbitre dans une querelle de parents ou dans un procès de famille, il est pour les plus forts, je veux dire pour les plus riches, et il ne se persuade point que celui ou celle qui a beaucoup de bien puisse avoir tort. S'il se trouve bien d'un homme opulent à qui il a su imposer, dont il est le parasite, et dont il peut tirer de grands secours, il ne cajole point sa femme, il ne lui fait du moins ni avance ni déclaration, il s'enfuira, il lui laissera son manteau, s'il n'est aussi sûr d'elle que de lui-même : il est encore plus éloigné d'employer pour la flatter et pour la séduire le jargon de la dévotion [1] ; ce n'est point par habitude qu'il le parle, mais avec dessein, et selon qu'il lui est utile, et jamais quand il ne servirait qu'à le rendre très-ridicule [2]. Il sait où se trouvent des femmes plus sociables et plus dociles que celle de son ami ; il ne les abandonne pas pour longtemps, quand ce ne serait que pour faire dire de soi dans le public qu'il fait des retraites : qui en effet pourrait en douter, quand on le revoit paraître avec un visage exténué et d'un homme qui ne se ménage point? Les femmes d'ailleurs qui fleurissent et qui prospèrent à l'ombre de la dévotion [3] lui conviennent, seulement avec cette petite différence, qu'il néglige celles qui ont vieilli, et qu'il cultive les jeunes, et entre celles-ci les plus belles et les mieux faites ; c'est son attrait : elles vont, et il va ; elles reviennent, et il revient ; elles demeurent, et il demeure ; c'est en tous lieux et à toutes les heures qu'il a la consolation de les voir : qui pourrait n'en être pas édifié? elles sont dévotes, et il est dévot. Il n'oublie pas de tirer avantage de l'aveuglement de son ami, et de la prévention où il l'a jeté en sa faveur : tantôt il lui emprunte de l'argent, tantôt il fait si bien que cet ami lui en offre : il se fait reprocher de n'avoir pas recours à ses amis dans ses besoins. Quelquefois il ne veut pas recevoir une obole sans donner un billet, qu'il e t bien sûr de ne jamais retirer. Il dit une autre fois, et d'une certaine manière, que rien ne lui manque, et c'est lorsqu'il ne lui faut qu'une petite somme : il vante quelque autre fois publiquement la générosité de cet homme pour le piquer d'honneur et le conduire à lui faire une grande largesse : il ne pense point à profiter de toute sa succession, ni à s'attirer une donation générale de tous ses biens, s'il s'agit surtout de les enlever à un fils, le légitime héritier. Un homme dévot n'est ni avare, ni violent, ni injuste, ni même intéressé, Onuphre n'est pas dévot, mais il veut être cru tel, et par une parfaite, quoique fausse imitation de la piété, ménager sourdement ses intérêts : aussi ne se joue-t-il pas à la ligne directe, et il ne s'insinue jamais dans une famille où se trouvent tout à la fois une fille à pourvoir et un fils à établir ; il y a là des droits trop forts et trop inviolables ; on ne les traverse point sans faire de l'éclat, et il l'appréhende, sans qu'une pareille entreprise vienne aux oreilles du prince, à qui il dérobe sa marche, par la crainte qu'il a d'être découvert et de paraître ce qu'il est [1]. Il en veut à la ligne collatérale, on l'attaque plus impunément : il est la terreur des cousins et des cousines, du neveu et de la nièce, le flatteur et l'ami déclaré de tous les oncles qui ont fait fortune. Il se donne pour l'héritier légitime de tout vieillard qui meurt riche et sans enfants ; et il faut que celui-ci le déshérite, s'il veut que ses parents recueillent sa succession : si Onuphre ne trouve pas jour à les en frustrer à fond, il leur en ôte du moins une bonne partie : une petite calomnie, moins que cela, une légère médisance lui suffit pour ce pieux dessein : et c'est le talent qu'il possède à un plus haut degré de perfection : il se fait souvent un point de conduite de ne le pas laisser inutile ; il y a des gens, selon lui, qu'on est obligé en conscience de décrier, et ces gens sont ceux qu'il n'aime point, à qui il veut nuire, et dont il désire la dépouille. Il vient à ses fins sans se donner même la peine d'ouvrir la bouche : on lui parle d'*Eudoxe*, il sourit ou il soupire ; on l'interroge, on insiste, il ne répond rien ; et il a raison, il en a assez dit.

---

[1] Fausse dévotion. (*La Bruyère.*)
[2] Critique du *Tartufe*.
[3] Fausse dévotion. (*La Bruyère.*)

[4] Critique du *Tartufe*.

Riez, Zélie, soyez badine et folâtre à votre ordinaire : qu'est devenue votre joie? Je suis riche, dites-vous, me voilà au large, et je commence à respirer. Riez plus haut, Zélie, éclatez : que sert une meilleure fortune, si elle amène avec soi le sérieux et la tristesse? Imitez les grands qui sont nés dans le sein de l'opulence; ils rient quelquefois; ils cèdent à leur tempérament; suivez le vôtre; ne faites pas dire de vous qu'une nouvelle place ou que quelques mille livres de rente de plus ou de moins vous font passer d'une extrémité à l'autre. Je tiens, dites-vous, à la faveur par un endroit. Je m'en doutais, Zélie; mais croyez-moi, ne laissez pas de rire, et même de me sourire en passant, comme autrefois : ne craignez rien, je n'en serai ni plus libre ni plus familier avec vous : je n'aurai pas une moindre opinion de vous et de votre poste; je croirai également que vous êtes riche et en faveur. Je suis dévote, ajoutez-vous. C'est assez, Zélie, et je dois me souvenir que ce n'est plus la sérénité et la joie que le sentiment d'une bonne conscience étale sur le visage ; les passions tristes et austères ont pris le dessus et se répandent sur les dehors ; elles mènent plus loin, et l'on ne s'étonne plus de voir que la dévotion[1] sache encore mieux que la beauté et la jeunesse rendre une femme fière et dédaigneuse.

L'on a été loin depuis un siècle dans les arts et dans les sciences, qui toutes ont été poussées à un grand point de raffinement, jusques à celle du salut, que l'on a réduite en règle et en méthode, et augmentée de tout ce que l'esprit des hommes pouvait inventer de plus beau et de plus sublime. La dévotion[2] et la géométrie ont leurs façons de parler, ou ce qu'on appelle les termes de l'art; celui qui ne les sait pas n'est ni dévot ni géomètre. Les premiers dévots, ceux mêmes qui ont été dirigés par les apôtres, ignoraient ces termes : simples gens qui n'avaient que la foi et les œuvres, et qui se réduisaient à croire et à bien vivre.

C'est une chose délicate à un prince religieux de réformer la cour, et de la rendre pieuse : instruit jusqu'où le courtisan veut lui plaire, et aux dépens de quoi il ferait sa fortune, il le ménage avec prudence, il tolère, il dissimule, de peur de le jeter dans l'hypocrisie ou le sacrilège : il attend plus de Dieu et du temps que de son zèle et de son industrie.

C'est une pratique ancienne dans les cours, de donner des pensions et de distribuer des grâces à un musicien, à un maître de danse, à un farceur, à un joueur de flûte, à un flatteur, à un complaisant ; ils ont un mérite fixe et des talents sûrs et connus qui amusent les grands, et qui les délassent de leur grandeur. On sait que Favier est beau danseur, et que Lorenzani fait de beaux motets : qui sait au contraire si l'homme dévot a de la vertu ? Il n'y a rien pour lui sur la cassette ni à l'épargne, et avec raison ; c'est un métier aisé à contrefaire, qui, s'il était récompensé, exposerait le prince à mettre en honneur la dissimulation et la fourberie, et à payer pension à l'hypocrite.

L'on espère que la dévotion de la cour ne laissera pas d'inspirer la résidence.

Je ne doute point que la vraie dévotion ne soit la source du repos ; elle fait supporter la vie et rend la mort douce : on n'en tire pas tant de l'hypocrisie.

Chaque heure en soi, comme à notre égard, est unique : est-elle écoulée une fois, elle a péri entièrement, les millions de siècles ne la ramèneront pas. Les jours, les mois, les années, s'enfoncent et se perdent sans retour dans l'abîme des temps. Le temps même sera détruit : ce n'est qu'un point dans les espaces immenses de l'éternité, et il sera effacé. Il y a de légères et frivoles circonstances du temps qui ne sont point stables, qui passent, et que j'appelle des modes, la grandeur, la faveur, les richesses, la puissance, l'autorité, l'indépendance, le plaisir, les joies, la superfluité. Que deviendront ces modes quand le temps même aura disparu? La vertu seule, si peu à la mode, va au delà des temps.

CHAPITRE XIV

De quelques usages.

Il y a des gens qui n'ont pas le moyen d'être nobles.

Il y en a de tels, que s'ils eussent obtenu six

---

[1] Fausse dévotion. (*La Bruyère.*)
[2] Idem.

mois de délai de leurs créanciers, ils étaient nobles[1].

Quelques autres se couchent roturiers et se lèvent nobles[2].

Combien de nobles dont le père et les aînés sont roturiers !

Tel abandonne son père qui est connu, et dont on cite le greffe ou la boutique, pour se retrancher sur son aïeul, qui, mort depuis longtemps, est inconnu et hors de prise. Il montre ensuite un gros revenu, une grande charge, de belles alliances, et pour être noble, il ne lui manque que des titres.

Réhabilitations, mot en usage dans les tribunaux, qui a fait vieillir et rendu gothique celui de lettres de noblesse, autrefois si français et si usité. Se faire réhabiliter suppose qu'un homme devenu riche, originairement est noble, qu'il est d'une nécessité plus que morale qu'il le soit ; qu'à la vérité son père a pu déroger ou par la charrue, ou par la houe, ou par la malle, ou par les livrées ; mais qu'il ne s'agit pour lui que de rentrer dans les premiers droits de ses ancêtres, et de continuer les armes de sa maison ; les mêmes pourtant qu'il a fabriquées, et tout autres que celles de sa vaisselle d'étain ; qu'en un mot les lettres de noblesse ne lui conviennent plus, qu'elles n'honorent que le roturier, c'est-à-dire celui qui cherche encore le secret de devenir riche.

Un homme du peuple, à force d'assurer qu'il a vu un prodige, se persuade faussement qu'il a vu un prodige. Celui qui continue de cacher son âge pense enfin lui-même être aussi jeune qu'il veut le faire croire aux autres. De même le roturier qui dit par habitude qu'il tire son origine de quelque ancien baron ou de quelque châtelain, dont il est vrai qu'il ne descend pas, a le plaisir de croire qu'il en descend.

Quelle est la roture un peu heureuse et établie à qui il manque des armes, et dans ces armes une pièce honorable ; des suppôts, un cimier, une devise, et peut-être le cri de guerre ? Qu'est devenue la distinction des *casques* et des *heaumes* ? Le nom et l'usage en sont abolis ; il ne s'agit plus de les porter de front ou de côté, ouverts ou fermés, et ceux-ci de tant ou de tant de grilles : on n'aime pas les minuties ; on passe droit aux couronnes, cela est plus simple, on s'en croit digne, on se les adjuge. Il reste encore aux meilleurs bourgeois une certaine pudeur qui les empêche de se parer d'une couronne de marquis, trop satisfaits de la comtale : quelques-uns même ne vont pas la chercher fort loin, et la font passer de leur enseigne à leur carrosse.

Il suffit de n'être point né dans une ville, mais sous une chaumière répandue dans la campagne, ou sous une ruine qui trempe dans un marécage, et qu'on appelle château, pour être cru noble sur sa parole.

Un bon gentilhomme veut passer pour un petit seigneur, et il y parvient. Un grand seigneur affecte la principauté, et il use de tant de précautions, qu'à force de beaux noms, de disputes sur le rang et les préséances, de nouvelles armes, et d'une généalogie que d'Hozier ne lui a pas faite, il devient enfin un petit prince.

Les grands en toutes choses se forment et se moulent sur de plus grands, qui de leur part, pour n'avoir rien de commun avec leurs inférieurs, renoncent volontiers à toutes les rubriques d'honneurs et de distinctions dont leur condition se trouve chargée, et préfèrent à cette servitude une vie plus libre et plus commode ; ceux qui suivent leur piste observent déjà par émulation cette simplicité et cette modestie : tous ainsi se réduiront par hauteur à vivre naturellement et comme le peuple. Horrible inconvénient !

Certaines gens portent trois noms, de peur d'en manquer ; ils en ont pour la campagne et pour la ville, pour les lieux de leur service ou de leur emploi. D'autres ont un seul nom dissyllabe qu'ils anoblissent par des particules, dès que leur fortune devient meilleure. Celui-ci, par la suppression d'une syllabe, fait de son nom obscur un nom illustre ; celui-là, par le changement d'une lettre en une autre, se travestit, et de *Syrus* devient *Cyrus*. Plusieurs suppriment leurs noms, qu'ils pourraient conserver sans honte, pour en adopter de plus beaux, où ils n'ont qu'à perdre par la comparaison que l'on fait toujours d'eux qui les portent, avec les grands hommes qui les ont portés. Il s'en trouve enfin qui, nés à l'ombre des clo-

---

[1] Vétérans. (*La Bruyère*.)
[2] Idem.

chers de Paris, veulent être Flamands ou Italiens, comme si la roture n'était pas de tout pays, allongent leurs noms français d'une terminaison étrangère, et croient que venir de bon lieu, c'est venir de loin.

Le besoin d'argent a réconcilié la noblesse avec la roture, et a fait évanouir la preuve des quatre quartiers.

A combien d'enfants serait utile la loi qui déciderait que c'est le ventre qui anoblit! mais à combien d'autres serait-elle contraire!

Il y a peu de familles dans le monde qui ne touchent aux plus grands princes par une extrémité, et par l'autre au simple peuple.

Il n'y a rien à perdre à être noble : franchises, immunités, exemptions, privilèges ; que manque-t-il à ceux qui ont un titre? Croyez-vous que ce soit pour la noblesse que des solitaires[1] se sont faits nobles? Ils ne sont pas si vains : c'est pour le profit qu'ils en reçoivent. Cela ne leur sied-il pas mieux que d'entrer dans les gabelles? je ne dis pas à chacun en particulier, leurs vœux s'y opposent, je dis même à la communauté.

Je le déclare nettement, afin que l'on s'y prépare, et que personne un jour n'en soit surpris : s'il arrive jamais que quelque grand me trouve digne de ses soins, si je fais enfin une belle fortune, il y a un Geoffroy de La Bruyère que toutes les chroniques rangent au nombre des plus grands seigneurs de France qui suivirent GODEFROY DE BOUILLON à la conquête de la terre sainte : voilà alors de qui je descends en ligne directe.

Si la noblesse est vertu, elle se perd par tout ce qui n'est pas vertueux : et si elle n'est pas vertu, c'est peu de chose.

Il y a des choses qui, ramenées à leurs principes et à leur première institution, sont étonnantes et incompréhensibles. Qui peut concevoir en effet que certains abbés à qui il ne manque rien de l'ajustement, de la mollesse et de la vanité des sexes et des conditions ; qui entrent auprès des femmes en concurrence avec le marquis et le financier, et qui l'emportent sur tous les deux, qu'eux-mêmes soient originairement, et dans l'étymologie de leur nom, les pères et les chefs de saints moines et d'humbles solitaires, et qu'ils en devraient être l'exemple? Quelle force, quel empire, quelle tyrannie de l'usage! Et sans parler de plus grands désordres, ne doit-on pas craindre de voir un jour un simple abbé en velours gris et à ramages comme une éminence, ou avec des mouches et du rouge comme une femme?

Que les saletés des dieux, la Vénus, le Ganymède, et les autres nudités du Carrache aient été faites pour des princes de l'Église, et qui se disent successeurs des apôtres, le palais Farnèse en est la preuve.

Les belles choses le sont moins hors de leur place : les bienséances mettent la perfection, et la raison met les bienséances. Ainsi l'on n'entend point une gigue à la chapelle, ni dans un sermon des tons de théâtre ; l'on ne voit point d'images profanes[1] dans les temples, un christ, par exemple, et le jugement de Pâris dans le même sanctuaire, ni à des personnes consacrées à l'Église le train et l'équipage d'un cavalier.

Déclarerai-je donc ce que je pense de ce qu'on appelle dans le monde un beau salut : la décoration souvent profane, les places retenues et payées, des livres[2] distribués comme au théâtre, les entrevues et les rendez-vous fréquents, le murmure et les causeries étourdissantes, quelqu'un monté sur une tribune qui y parle familièrement, sèchement, et sans autre zèle que de rassembler le peuple, l'amuser, jusqu'à ce qu'un orchestre, le dirais-je? et des voix qui concertent depuis longtemps se fassent entendre? Est-ce à moi à m'écrier que le zèle de la maison du Seigneur me consume, et à tirer le voile léger qui couvre les mystères, témoins d'une telle indécence? Quoi? parce qu'on ne danse pas encore aux TT***[3], me forcera-t-on d'appeler tout ce spectacle office divin?

L'on ne voit point faire de vœux ni de pèlerinages pour obtenir d'un saint d'avoir l'esprit plus doux, l'âme plus reconnaissante, d'être

---

[1] Maison religieuse secrétaire du roi. (*La Bruyère.*) Plusieurs maisons religieuses, pour jouir des privilèges et franchises attachés à la noblesse, avaient acheté des charges de secrétaire du roi.

[1] Tapisseries. (*La Bruyère.*)
[2] Le motet traduit en vers français par LL**. (*La Bruyère.*)
[3] Théatins.

plus équitable et moins malfaisant, d'être guéri de la vanité, de l'inquiétude et de la mauvaise raillerie.

Quelle idée plus bizarre que de se représenter une foule de chrétiens de l'un et de l'autre sexe, qui se rassemblent à certains jours dans une salle, pour y applaudir à une troupe d'excommuniés, qui ne le sont que par le plaisir qu'ils leur donnent, et qui est déjà payé d'avance? Il me semble qu'il faudrait, ou fermer les théâtres, ou prononcer moins sévèrement sur l'état des comédiens.

Dans ces jours qu'on appelle saints, le moine confesse pendant que le curé tonne en chaire contre le moine et ses adhérents : telle femme pieuse sort de l'autel, qui entend au prône qu'elle vient de faire un sacrilége. N'y a-t-il point dans l'Église une puissance à qui il appartienne, ou de faire taire le pasteur, ou de suspendre pour un temps le pouvoir du *barnabite?*

Il y a plus de rétributions dans les paroisses pour un mariage que pour un baptême, et plus pour un baptême que pour la confession. L'on dirait que ce soit un taux sur les sacrements, qui semblent par là être appréciés. Ce n'est rien au fond que cet usage; et ceux qui reçoivent pour les choses saintes ne croient point les vendre, comme ceux qui donnent ne pensent point à les acheter : ce sont peut-être des apparences qu'on pourrait épargner aux simples et aux indévots.

Un pasteur frais et en parfaite santé, en linge fin et en point de Venise, a sa place dans l'œuvre auprès les pourpres et les fourrures; il y achève sa digestion, pendant que le feuillant ou le récollet quitte sa cellule et son désert, où il est lié par ses vœux et par la bienséance, pour venir le prêcher, lui et ses ouailles, et en recevoir le salaire, comme d'une pièce d'étoffe. Vous m'interrompez, et vous dites : Quelle censure! et combien elle est nouvelle et peu attendue! ne voudriez-vous point interdire à ce pasteur et à son troupeau la parole divine, et le pain de l'Évangile? Au contraire, je voudrais qu'il le distribuât lui-même le matin, le soir, dans les temples, dans les maisons, dans les places, sur les toits; et que nul ne prétendît à un emploi si grand, si laborieux, qu'avec des intentions, des talents et des poumons capables de lui mériter les belles offrandes et les riches rétributions qui y sont attachées. Je suis forcé, il est vrai, d'excuser un curé sur cette conduite, par un usage reçu, qu'il trouve établi, et qu'il laissera à son successeur; mais c'est cet usage bizarre et dénué de fondement et d'apparence que je ne puis approuver, et que je goûte encore moins que celui de se faire payer quatre fois des mêmes obsèques, pour soi, pour ses droits, pour sa présence, pour son assistance.

Tite, par vingt années de service dans une seconde place, n'est pas encore digne de la première qui est vacante : ni ses talents, ni sa doctrine, ni une vie exemplaire, ni le vœu des paroissiens, ne sauraient l'y faire asseoir. Il naît de dessous terre un autre clerc[1] pour la remplir. Tite est reculé ou congédié; il ne s'en plaint pas : c'est l'usage.

Moi, dit le chefecier, je suis maître du chœur : qui me forcera d'aller à matines? mon prédécesseur n'y allait point; suis-je de pire condition? dois-je laisser avilir ma dignité entre mes mains, ou la laisser telle que je l'ai reçue? Ce n'est point, dit l'écolâtre, mon intérêt qui me mène, mais celui de la prébende : il serait bien dur qu'un grand chanoine fût sujet au chœur, pendant que le trésorier, l'archidiacre, le pénitencier et le grand vicaire s'en croient exempts. Je suis bien fondé, dit le prévôt, à demander la rétribution sans me trouver à l'office : il y a vingt années entières que je suis en possession de dormir les nuits; je veux finir comme j'ai commencé, et l'on ne me verra point déroger à mon titre : que me servirait d'être à la tête d'un chapitre? mon exemple ne tire point à conséquence. Enfin c'est entre eux tous à qui ne louera point Dieu, à qui fera voir, par un long usage, qu'il n'est point obligé de le faire : l'émulation de ne se point rendre aux offices divins ne saurait être plus vive ni plus ardente. Les cloches sonnent dans une nuit tranquille; et leur mélodie, qui réveille les chantres et les enfants de chœur, endort les chanoines, les plonge dans un sommeil doux et facile, et qui ne leur procure que de beaux

[1] Ecclésiastique. (*La Bruyère.*)

songes : ils se lèvent tard, et vont à l'église se faire payer d'avoir dormi.

Qui pourrait s'imaginer, si l'expérience ne nous le mettait devant les yeux, quelle peine ont les hommes à se résoudre d'eux-mêmes à leur propre félicité, et qu'on ait besoin de gens d'un certain habit, qui par un discours préparé, tendre et pathétique, par de certaines inflexions de voix, par des larmes, par des mouvements qui les mettent en sueur, et qui les jettent dans l'épuisement, fassent enfin consentir un homme chrétien et raisonnable, dont la maladie est sans ressource, à ne se point perdre et à faire son salut?

La fille d'*Aristippe* est malade et en péril; elle envoie vers son père, veut se réconcilier avec lui et mourir dans ses bonnes grâces : cet homme si sage, le conseil de toute une ville, fera-t-il de lui-même cette démarche si raisonnable? y entraînera-t-il sa femme? ne faudra-t-il point, pour les remuer tous deux, la machine du directeur?

Une mère, je ne dis pas qui cède et qui se rend à la vocation de sa fille, mais qui la fait religieuse, se charge d'une âme avec la sienne, en répond à Dieu même, en est la caution : afin qu'une telle mère ne se perde pas, il faut que sa fille se sauve.

Un homme joue et se ruine : il marie néanmoins l'aînée de ses deux filles de ce qu'il a pu sauver des mains d'un *Ambreville*. La cadette est sur le point de faire ses vœux, qui n'a point d'autre vocation que le jeu de son père.

Il s'est trouvé des filles qui avaient de la vertu, de la santé, de la ferveur, et une bonne vocation, mais qui n'étaient pas assez riches pour faire dans une riche abbaye vœu de pauvreté.

Celui qui délibère sur le choix d'une abbaye ou d'un simple monastère, pour s'y renfermer, agite l'ancienne question de l'état populaire et du despotique.

Faire une folie et se marier *par amourette*, c'est épouser *Mélite*, qui est jeune, belle, sage, économe, qui plaît, qui vous aime, qui a moins de bien qu'*Ægine*, qu'on vous propose, et qui, avec une riche dot, apporte de riches dispositions à la consumer, et tout votre fonds avec sa dot.

Il était délicat autrefois de se marier; c'était un long établissement, une affaire sérieuse, et qui méritait qu'on y pensât : l'on était pendant toute sa vie le mari de sa femme, bonne ou mauvaise; même table, même demeure, même lit; l'on n'en était point quitte pour une pension; avec des enfants et un ménage complet, l'on n'avait pas les apparences et les délices du célibat.

Qu'on évite d'être vu seul avec une femme qui n'est point la sienne, voilà une pudeur qui est bien placée : qu'on sente quelque peine à se trouver dans le monde avec des personnes dont la réputation est attaquée, cela n'est pas incompréhensible. Mais quelle mauvaise honte fait rougir un homme de sa propre femme, et l'empêche de paraître dans le public avec celle qu'il s'est choisie pour sa compagne inséparable, qui doit faire sa joie, ses délices et toute sa société; avec celle qu'il aime et qu'il estime, qui est son ornement, dont l'esprit, le mérite, la vertu, l'alliance, lui font honneur? Que ne commence-t-il par rougir de son mariage?

Je connais la force de la coutume, et jusqu'où elle maîtrise les esprits et contraint les mœurs, dans les choses mêmes les plus dénuées de raison et de fondement : je sens néanmoins que j'aurais l'impudence de me promener au cours, et d'y passer en revue avec une personne qui serait ma femme.

Ce n'est pas une honte ni une faute à un jeune homme que d'épouser une femme avancée en âge; c'est quelquefois prudence, c'est précaution. L'infamie est de se jouer de sa bienfaitrice par des traitements indignes, et qui lui découvrent qu'elle est la dupe d'un hypocrite et d'un ingrat. Si la fiction est excusable, c'est où il faut feindre de l'amitié : s'il est permis de tromper, c'est dans une occasion où il y aurait de la dureté à être sincère. Mais elle vit longtemps : aviez-vous stipulé qu'elle mourût après avoir signé votre fortune et l'acquit de toutes vos dettes? n'a-t-elle plus après ce grand ouvrage qu'à retenir son haleine, qu'à prendre de l'opium ou de la ciguë? a-t-elle tort de vivre? si même vous mourez avant celle dont vous aviez déjà réglé les funérailles, à qui vous destiniez la grosse sonnerie et les beaux ornements, en est-elle responsable?

Il y a depuis longtemps dans le monde une manière[1] de faire valoir son bien qui continue toujours d'être pratiquée par d'honnêtes gens, et d'être condamnée par d'habiles docteurs.

On a toujours vu dans la république de certaines charges qui semblent n'avoir été imaginées la première fois que pour enrichir un seul aux dépens de plusieurs : les fonds ou l'argent des particuliers y coule sans fin et sans interruption; dirai-je qu'il n'en revient plus, ou qu'il n'en revient que tard? C'est un gouffre; c'est une mer qui reçoit les eaux des fleuves, et qui ne les rend pas; ou si elle les rend, c'est par des conduits secrets et souterrains, sans qu'il y paraisse, ou qu'elle en soit moins grosse et moins enflée; ce n'est qu'après en avoir joui longtemps, et qu'elle ne peut plus les retenir.

Le fonds perdu[2], autrefois si sûr, si religieux et si inviolable, est devenu avec le temps, et par les soins de ceux qui en étaient chargés, un bien perdu. Quel autre secret de doubler mes revenus et de thésauriser? entrerai-je dans le huitième denier ou dans les aides? serai-je avare, partisan, ou administrateur.

Vous avez une pièce d'argent, ou même une pièce d'or, ce n'est pas assez; c'est le nombre qui opère : faites-en, si vous pouvez, un amas considérable et qui s'élève en pyramide, et je me charge du reste. Vous n'avez ni naissance, ni esprit, ni talent, ni expérience, qu'importe? ne diminuez rien de votre monceau, et je vous placerai si haut que vous vous couvrirez devant votre maître, si vous en avez : il sera même fort éminent, si avec votre métal, qui de jour à autre se multiplie, je ne fais en sorte qu'il se découvre devant vous.

Orante plaide depuis dix ans entiers en règlement de juges, pour une affaire juste, capitale, et où il y va de toute sa fortune : elle saura peut-être dans cinq années quels seront ses juges, et dans quel tribunal elle doit plaider le reste de sa vie.

L'on applaudit à la coutume qui s'est introduite dans les tribunaux d'interrompre les avocats au milieu de leur action, de les empêcher d'être éloquents et d'avoir de l'esprit, de les ramener au fait et aux preuves toutes sèches qui établissent leurs causes et le droit de leurs parties; et cette pratique si sévère, qui laisse aux orateurs le regret de n'avoir pas prononcé les plus beaux traits de leurs discours, qui bannit l'éloquence du seul endroit où elle est en sa place, et va faire du parlement une muette juridiction, on l'autorise par une raison solide et sans réplique, qui est celle de l'expédition : il est seulement à désirer qu'elle fût moins oubliée en toute autre rencontre, qu'elle réglât au contraire les bureaux comme les audiences; et qu'on cherchât une fin aux écritures[1], comme on a fait aux plaidoyers.

Le devoir des juges est de rendre la justice, leur métier est de la différer : quelques-uns savent leur devoir, et font leur métier.

Celui qui sollicite son juge ne lui fait pas honneur; car, ou il se défie de ses lumières et même de sa probité, ou il cherche à le prévenir, ou il lui demande une injustice.

Il se trouve des juges auprès de qui la faveur, l'autorité, les droits de l'amitié et de l'alliance, nuisent à une bonne cause, et qu'une trop grande affectation de passer pour incorruptibles expose à être injustes.

Le magistrat coquet ou galant est pire dans les conséquences que le dissolu : celui-ci cache son commerce et ses liaisons, et l'on ne sait souvent par où aller jusqu'à lui; celui-là est ouvert par mille faibles qui sont connus, et l'on y arrive par toutes les femmes à qui il veut plaire.

Il s'en faut peu que la religion et la justice n'aillent de pair dans la république, et que la magistrature ne consacre les hommes comme la prêtrise. L'homme de robe ne saurait guère danser au bal, paraître aux théâtres, renoncer aux habits simples et modestes, sans consentir à son propre avilissement; et il est étrange[2] qu'il ait fallu une loi pour régler son extérieur, et le contraindre ainsi à être grave et plus respecté.

---

[1] Billets et obligations. (*La Bruyère*.)
[2] Allusion à la banqueroute des hôpitaux de Paris et des Incurables en 1689, qui fit perdre aux particuliers qui avaient des deniers à fonds perdu sur ces établissements la plus grande partie de leurs biens.

[1] Procès par écrit. (*La Bruyère*.)
[2] Un arrêt du conseil obligea les conseillers à être en rabat; avant ce temps ils étaient presque toujours en cravate.

Il n'y a aucun métier qui n'ait son apprentissage; et en montant des moindres conditions jusques aux plus grandes, on remarque dans toutes un temps de pratique et d'exercice qui prépare aux emplois, où les fautes sont sans conséquence, et mènent au contraire à la perfection. La guerre même, qui ne semble naître et durer que par la confusion et le désordre, a ses préceptes : on ne se massacre pas par pelotons et par troupes, en rase campagne, sans l'avoir appris, et l'on s'y tue méthodiquement; il y a l'école de la guerre : où est l'école du magistrat? Il y a un usage, des lois, des coutumes : où est le temps, et le temps assez long que l'on emploie à les digérer et à s'en instruire? L'essai et l'apprentissage d'un jeune adolescent qui passe de la férule à la pourpre, et dont la consignation a fait un juge, est de décider souverainement des vies et des fortunes des hommes.

La principale partie de l'orateur, c'est la probité : sans elle il dégénère en déclamateur, il déguise ou il exagère les faits, il cite faux, il calomnie, il épouse la passion et les haines de ceux pour qui il parle; et il est de la classe de ces avocats dont le proverbe dit qu'ils sont payés pour dire des injures.

Il est vrai, dit-on, cette somme lui est due, et ce droit lui est acquis; mais je l'attends à cette petite formalité; s'il l'oublie, il n'y revient plus, et *conséquemment* il perd sa somme, ou il est *incontestablement* déchu de son droit : or il oubliera cette formalité. Voilà ce que j'appelle une conscience de praticien.

Une belle maxime pour le palais, utile au public, remplie de raison, de sagesse et d'équité, ce serait précisément la contradictoire de celle qui dit que la forme emporte le fond.

La question est une invention merveilleuse et tout à fait sûre pour perdre un innocent qui a la complexion faible, et sauver un coupable qui est né robuste.

Un coupable puni est un exemple pour la canaille; un innocent condamné est l'affaire de tous les honnêtes gens.

Je dirai presque de moi : Je ne serai pas voleur ou meurtrier; je ne serai pas un jour puni comme tel : c'est parler bien hardiment.

Une condition lamentable est celle d'un homme innocent à qui la précipitation et la procédure ont trouvé un crime; celle même de son juge peut-elle l'être davantage?

Si l'on me racontait qu'il s'est trouvé autrefois un prévôt, ou l'un de ces magistrats créés pour poursuivre les voleurs et les exterminer, qui les connaissait tous depuis longtemps de nom et de visage, savait leurs vols, j'entends l'espèce, le nombre et la quantité, pénétrait si avant dans toutes ces profondeurs, et était si initié dans tous ces affreux mystères, qu'il sut rendre à un homme de crédit un bijou qu'on lui avait pris dans la foule au sortir d'une assemblée, et dont il était sur le point de faire de l'éclat; que le parlement intervint dans cette affaire, et fit le procès à cet officier : je regarderais cet événement comme l'une de ces choses dont l'histoire se charge, et à qui le temps ôte la croyance. Comment donc pourrais-je croire qu'on doive présumer par des faits récents, connus et circonstanciés, qu'une connivence si pernicieuse dure encore, qu'elle ait même tourné en jeu et passé en coutume?

Combien d'hommes qui sont forts contre les faibles, fermes et inflexibles aux sollicitations du simple peuple, sans nuls égards pour les petits, rigides et sévères dans les minuties, qui refusent les petits présents, qui n'écoutent ni leurs parents ni leurs amis; et que les femmes seules peuvent corrompre!

Il n'est pas absolument impossible qu'une personne qui se trouve dans une grande faveur perde un procès.

Les mourants qui parlent dans leurs testaments peuvent s'attendre à être écoutés comme des oracles : chacun les tire de son côté, et les interprète à sa manière; je veux dire selon ses désirs ou ses intérêts.

Il est vrai qu'il y a des hommes dont on peut dire que la mort fixe moins la dernière volonté qu'elle ne leur ôte avec la vie l'irrésolution et l'inquiétude. Un dépit pendant qu'ils vivent les fait tester : ils s'apaisent et déchirent leur minute, la voilà en cendre. Ils n'ont pas moins de testaments dans leur cassette que d'almanachs sur leur table; ils les comptent par les années : un second se trouve détruit par un troisième, qui est anéanti lui-même par un autre mieux digéré, et celui-ci encore par un cinquième *olographe*. Mais si le moment, ou la malice, ou l'autorité, manque à celui qui a intérêt de le supprimer, il faut qu'il en essuie les clauses et les conditions : car *appert*-il mieux des dispositions des hommes les plus inconstants que par un dernier acte, signé de leur main, et après lequel ils n'ont pas du moins eu le loisir de vouloir tout le contraire.

S'il n'y avait point de testaments pour régler le droit des héritiers, je ne sais si l'on aurait besoin de tribunaux pour régler les différends des hommes. Les juges seraient presque réduits à la triste fonction d'envoyer au gibet les voleurs et les incendiaires. Qui voit-on dans les lanternes des chambres, au parquet, à la porte ou dans la salle du magistrat? des héritiers *ab intestat*? Non, les lois ont pourvu à leurs partages : on y voit les testamentaires qui plaident en explication d'une clause ou d'un article; les personnes exhérédées; ceux qui se plaignent d'un testament fait avec loisir, avec maturité par un homme grave, habile, consciencieux, et qui a été aidé d'un bon conseil; d'un acte où le praticien n'a rien *obmis* de son jargon et de ses finesses ordinaires : il est signé du testateur et des témoins publics, il est paraphé; et c'est en cet état qu'il est cassé et déclaré nul.

Titius assiste à la lecture d'un testament avec des yeux rouges et humides, et le cœur serré de la perte de celui dont il espère recueillir la succession : un article lui donne la charge, un autre les rentes de ville, un troisième le rend maître d'une terre à la campagne; il y a une clause qui, bien entendue, lui accorde une maison située au milieu de Paris, comme elle se trouve, et avec les meubles : son affliction augmente, les larmes lui coulent des yeux : le moyen de les contenir? il se voit officier, logé aux champs et à la ville, meublé de même; il se voit une bonne table et un carrosse : *Y avait-il au monde un plus honnête homme que le défunt, un meilleur homme?* Il y a un codicille, il faut le lire : il fait *Mœvius* légataire universel, et il renvoie Titius dans son faubourg, sans rentes, sans titre, et le met à pied. Il essuie ses larmes : c'est à Mœvius à s'affliger.

La loi qui défend de tuer un homme n'embrasse-t-elle pas dans cette défense le fer, le poison, le feu, l'eau, les embûches, la force ouverte, tous les moyens enfin qui peuvent servir à l'homicide? La loi qui ôte aux maris et aux femmes le pouvoir de se donner réciproquement n'a-t-elle connu que les voies directes et immédiates de donner? a-t-elle manqué de prévoir les indirectes? a-t-elle introduit les fidéicommis, ou si même elle les tolère? Avec une femme qui nous est chère et qui nous survit, lègue-t-on son bien à un ami fidèle par un sentiment de reconnaissance pour lui, ou plutôt par une extrême confiance, et par la certitude qu'on a du bon usage qu'il saura faire de ce qu'on lui lègue? Donne-t-on à celui que l'on peut soupçonner de ne devoir pas rendre à la personne à qui en effet l'on veut donner? faut-il se parler, faut-il s'écrire, est-il besoin de pacte ou de serments pour former cette collusion? Les hommes ne sentent-ils pas en cette rencontre ce qu'ils peuvent espérer les uns des autres? Et si au contraire la propriété d'un tel bien est dévolue au fidéicommissaire, pourquoi perd-il sa réputation à le retenir? sur quoi fonde-t-on la satire et les vaudevilles? Voudrait-on le comparer au dépositaire qui trahit le dépôt, à un domestique qui vole l'argent que son maître lui envoie porter? On aurait tort : y a-t-il de l'infamie à ne pas faire une libéralité, et à conserver pour soi ce qui est à soi? Étrange embarras, horrible poids que le fidéicommis! Si par la révérence des lois on se l'approprie, il ne faut plus passer pour homme de bien : si par le respect d'un ami mort l'on suit ses intentions en le rendant à sa veuve, on est confidentiaire, on blesse la loi; elle cadre donc bien mal avec l'opinion des hommes; cela peut être, et il ne me convient pas de dire ici, La loi pèche, ni, Les hommes se trompent.

J'entends dire de quelques particuliers, ou de quelques compagnies : Tel et tel corps se contestent l'un à l'autre la préséance; le mortier et la pairie se disputent le pas. Il me paraît que celui des deux qui évite de se rencontrer aux assemblées est celui qui cède, et qui, sentant son faible, juge lui-même en faveur de son concurrent.

Typhon fournit un grand de chiens et de chevaux : que ne lui fournit-il point! Sa protection le rend audacieux; il est impunément dans sa province tout ce qu'il lui plaît d'être, assassin, parjure ; il brûle ses voisins, et il n'a pas besoin d'asile : il faut enfin que le prince se mêle lui-même de sa punition.

Ragoûts, liqueurs, entrées, entremets, tous mots qui devraient être barbares et inintelligibles en notre langue ; et s'il est vrai qu'ils ne devraient pas être d'usage en pleine paix, où ils ne servent qu'à entretenir le luxe et la gourmandise, comment peuvent-ils être entendus dans le temps de la guerre et d'une misère publique, à la vue de l'ennemi, à la veille d'un combat, pendant un siége? Où est-il parlé de la table de *Scipion* ou de celle de *Marius*? Ai-je lu quelque part que *Miltiade*, qu'*Épaminondas*, qu'*Agésilas*, aient fait une chère délicate? Je voudrais qu'on ne fît mention de la délicatesse, de la propreté et de la somptuosité des généraux, qu'après n'avoir plus rien à dire sur leur sujet, et s'être épuisé sur les circonstances d'une bataille gagnée et d'une ville prise : j'aimerais même qu'ils voulussent se priver de cet éloge.

Hermippe est l'esclave de ce qu'il appelle ses petites commodités : il leur sacrifice l'usage reçu, la coutume, les modes, la bienséance ; il les cherche en toutes choses ; il quitte une moindre pour une plus grande ; il ne néglige aucune de celles qui sont praticables; il s'en fait une étude et il ne se passe aucun jour qu'il ne fasse en ce genre une découverte. Il laisse aux autres hommes le dîner et le souper, à peine en admet-il les termes ; il mange quand il a faim, et les mets seulement où son appétit le porte. Il voit faire son lit ; quelle main assez adroite ou assez heureuse pourrait le faire dormir comme il veut dormir? Il sort rarement de chez soi ; il aime la chambre, où il n'est ni oisif ni laborieux, où il n'agit point, où il *tracasse*, et dans l'équipage d'un homme qui a pris médecine. On dépend servilement d'un serrurier et d'un menuisier, selon ses besoins : pour lui, s'il faut limer il a une lime, une scie s'il faut scier, et des tenailles s'il faut arracher. Imaginez, s'il est possible, quelques outils qu'il n'ait pas, et meilleurs et plus commodes à son gré que ceux mêmes dont les ouvriers se servent : il en a de nouveaux et d'inconnus, qui n'ont point de nom, productions de son esprit, et dont il a presque oublié l'usage. Nul ne se peut comparer à lui pour faire en peu de temps et sans peine un travail fort inutile : il faisait dix pas pour aller de son lit dans sa garde-robe, il n'en fait plus que neuf, par la manière dont il a su tourner sa chambre ; combien de pas épargnés dans le cours d'une vie ! Ailleurs l'on tourne la clef, l'on pousse contre, ou l'on tire à soi, et une porte s'ouvre : quelle fatigue ! voilà un mouvement de trop qu'il sait s'épargner ; et comment? c'est un mystère qu'il ne révèle point : il est à la vérité un grand maître pour le ressort et pour la mécanique, pour celle du moins dont tout le monde se passe. Hermippe tire le jour de son appartement d'ailleurs que de la fenêtre ; il a trouvé le secret de monter et de descendre autrement que par l'escalier, et il cherche celui d'entrer et de sortir plus commodément que par la porte.

Il y a déjà longtemps que l'on improuve les médecins, et que l'on s'en sert : le théâtre et la satire ne touchent point à leurs passions ; ils dotent leurs filles, placent leurs fils au parlement et dans la prélature, et les railleurs eux-mêmes fournissent l'argent. Ceux qui se portent bien deviennent malades ; il leur faut des gens dont le métier soit de les assurer qu'ils ne mourront point : tant que les hommes pourront mourir, et qu'ils aimeront à vivre, le médecin sera raillé et bien payé.

Un bon médecin est celui qui a des remèdes spécifiques, ou s'il en manque, qui permet à ceux qui les ont de guérir son malade.

La témérité des charlatans, et leurs tristes succès, qui en sont les suites, font valoir la médecine et les médecins : si ceux-ci laissent mourir, les autres tuent.

Carro Carri[1] débarque avec une recette qu'il appelle un prompt remède, et qui quelquefois est un poison lent : c'est un bien de famille, mais amélioré en ses mains ; de spécifique qu'il était contre la colique, il guérit de la fièvre quarte, de la pleurésie, de l'hydropisie, de l'apoplexie, de l'épilepsie. Forcez un peu votre

---

[1] Caretti, Italien qui acquit de la fortune et de la réputation en vendant fort cher des remèdes qu'il faisait sagement payer d'avance, et qui ne tuaient pas toujours les malades.

mémoire, nommez une maladie, la première qui vous viendra en l'esprit : l'hémorragie, dites-vous? Il la guérit : il ne ressuscite personne, il est vrai; il ne rend pas la vie aux hommes, mais il les conduit nécessairement jusqu'à la décrépitude; et ce n'est que par hasard que son père et son aïeul, qui avaient ce secret, sont morts fort jeunes. Les médecins reçoivent pour leurs visites ce qu'on leur donne, quelques-uns se contentent d'un remercîment : Carro Carri est si sûr de son remède, et de l'effet qui en doit suivre, qu'il n'hésite pas de s'en faire payer d'avance, et de recevoir avant que de donner : si le mal est incurable, tant mieux, il n'en est que plus digne de son application et de son remède : commencez par lui livrer quelques sacs de mille francs, passez-lui un contrat de constitution, donnez-lui une de vos terres, la plus petite, et ne soyez pas ensuite plus inquiet que lui de votre guérison. L'émulation de cet homme a peuplé le monde de noms en O et en I, noms vénérables qui imposent aux malades et aux maladies: Vos médecins, FAGON[1], et de toutes les facultés, avouez-le, ne guérissent pas toujours, ni sûrement; ceux au contraire qui ont hérité de leurs pères la médecine pratique, et à qui l'expérience est échue par succession, promettent toujours, et avec serments, qu'on guérira. Qu'il est doux aux hommes de tout espérer d'une maladie mortelle, et de se porter encore passablement bien à l'agonie ! La mort surprend agréablement et sans s'être fait craindre : on la sent plus tôt qu'on n'a songé à s'y préparer et à s'y résoudre. O FAGON ESCULAPE ! faites régner sur toute la terre le quinquina et l'émétique ; conduisez à sa perfection la science des simples qui sont donnés aux hommes pour prolonger leur vie; observez dans les cures, avec plus de précision et de sagesse que personne n'a encore fait, le climat, les temps, les symptômes, et les complexions; guérissez de la manière seule qu'il convient à chacun d'être guéri; chassez des corps, où rien ne vous est caché de leur économie, les maladies les plus obscures et les plus invétérées; n'attentez pas sur celles de l'esprit, elles sont incurables : laissez à *Corinne*, à *Lesbie*, à *Canidie*, à *Trimal-*

[1] Fagon, premier médecin du roi.

cion et à *Carpus*, la passion ou la fureur des charlatans.

L'on souffre dans la république les chiromanciens et les devins, ceux qui font l'horoscope et qui tirent la figure, ceux qui connaissent le passé par le mouvement du *sas*, ceux qui font voir dans un miroir ou dans un vase d'eau la claire vérité; et ces gens sont en effet de quelque usage : ils prédisent aux hommes qu'ils feront fortune, aux filles qu'elles épouseront leurs amants; consolent les enfants dont les pères ne meurent point, et charment l'inquiétude des jeunes femmes qui ont de vieux maris; ils trompent enfin à très-vil prix ceux qui cherchent à être trompés.

Que penser de la magie et du sortilège? La théorie en est obscure, les principes vagues, incertains, et qui approchent du visionnaire. Mais il y a des faits embarrassants, affirmés par des hommes graves qui les ont vus, ou qui les ont appris de personnes qui leur ressemblent : les admettre tous, ou les nier tous, paraît un égal inconvénient; et j'ose dire qu'en cela, comme dans toutes les choses extraordinaires et qui sortent des communes règles, il y a un parti à trouver entre les âmes crédules et les esprits forts.

L'on ne peut guère charger l'enfance de la connaissance de trop de langues, et il me semble que l'on devrait mettre toute son application à l'en instruire : elles sont utiles à toutes les conditions des hommes, et elles leur ouvrent également l'entrée ou à une profonde ou à une facile et agréable érudition. Si l'on remet cette étude si pénible à un âge un peu plus avancé, et qu'on appelle la jeunesse, où l'on n'a pas la force de l'embrasser par choix, ou l'on n'a pas celle d'y persévérer ; et si l'on y persévère, c'est consumer à la recherche des langues le même temps qui est consacré à l'usage que l'on en doit faire, c'est borner à la science des mots un âge qui veut déjà aller plus loin et qui demande des choses, c'est au moins avoir perdu les premières et les plus belles années de sa vie. Un si grand fonds ne se peut bien faire que lorsque tout s'imprime dans l'âme naturellement et profondément, que la mémoire est neuve, prompte et fidèle, que l'esprit et le cœur sont encore vides de passions, de soins et de désirs, et que l'on est déterminé à de longs travaux par ceux de qui l'on dépend. Je suis persuadé que le petit nombre d'habiles, ou le grand nombre de gens superficiels, vient de l'oubli de cette pratique.

L'étude des textes ne peut jamais être assez recommandée : c'est le chemin le plus court, le plus sûr et le plus agréable pour tout genre d'érudition. Ayez les choses de la première main, puisez à la source; maniez, remaniez le texte, apprenez-le de mémoire, citez-le dans les occasions, songez surtout à en pénétrer le sens dans toute son étendue et dans ses circonstances; conciliez un auteur original, ajustez ses principes, tirez vous-mêmes les conclusions. Les premiers commentateurs se sont trouvés dans le cas où je désire que vous soyez : n'empruntez leurs lumières et ne suivez leurs vues qu'où les vôtres seraient trop courtes; leurs explications ne sont pas à vous, et peuvent aisément vous échapper : vos observations, au contraire, naissent de votre esprit, et y demeurent; vous les retrouvez plus ordinairement dans la conversation, dans la consultation, et dans la dispute. Ayez le plaisir de voir que vous n'êtes arrêté dans la lecture que par les difficultés qui sont invincibles, où les commentateurs et les scoliastes eux-mêmes demeurent court, si fertiles d'ailleurs, si abondants et si chargés d'une vaine et fastueuse érudition dans les endroits clairs, et qui ne font de peine ni à eux ni aux autres : achevez ainsi de vous convaincre, par cette méthode d'étudier, que c'est la paresse des hommes qui a encouragé le pédantisme à grossir plutôt qu'à enrichir les bibliothèques, à faire périr le texte sous le poids des commentaires; et qu'elle a en cela agi contre soi-même et contre ses plus chers intérêts, en multipliant les lectures, les recherches et le travail qu'elle cherchait à éviter.

Qui règle les hommes dans leur manière de vivre et d'user des aliments? la santé et le régime? cela est douteux. Une nation entière mange les viandes après les fruits; une autre fait tout le contraire. Quelques-uns commencent leurs repas par de certains fruits, et les finissent par d'autres : est-ce raison? est-ce usage? Est-ce par un soin de leur santé que les hommes s'habillent jusqu'au menton, portent des fraises et des collets, eux qui ont eu si longtemps la poitrine découverte? Est-ce par bienséance, surtout dans un temps où ils avaient trouvé le secret de paraître nus tout habillés? Et d'ailleurs, les femmes, qui montrent leur gorge et leurs épaules, sont-elles d'une complexion moins délicate que les hommes, ou moins sujettes qu'eux aux bienséances? Quelle est la pudeur qui engage celles-ci à couvrir leurs jambes et presque leurs pieds, et qui leur permet d'avoir les bras nus au-dessus du coude? Qui avait mis autrefois dans l'esprit des hommes qu'on était à la guerre ou pour se défendre ou pour attaquer, et qui leur avait insinué l'usage des armes offensives et des défensives? Qui les oblige aujourd'hui de renoncer à celles-ci, et pendant qu'ils se bottent pour aller au bal, de soutenir sans armes et en pourpoint des travailleurs, exposés à tout le feu d'une contrescarpe? Nos pères, qui ne jugeaient pas une telle conduite utile au prince et à la patrie, étaient-ils sages ou insensés? Et nous-mêmes, quels héros célébrons-nous dans notre histoire? Un Guesclin, un Clisson, un Foix, un Boucicaut, qui tous ont porté l'armet et endossé une cuirasse.

Qui pourrait rendre raison de la fortune de certains mots, et de la proscription de quelques autres? *Ains* a péri : la voyelle qui le commence, et si propre pour l'élision, n'a pu le sauver; il a cédé à un autre monosyllabe [1], et qui n'est au plus que son anagramme. *Certes* est beau dans sa vieillesse, et a encore de la force sur son déclin : la poésie le réclame, et notre langue doit beaucoup aux écrivains qui le disent en prose, et qui se commettent pour lui dans leurs ouvrages. *Maint* est un mot qu'on ne devait jamais abandonner, et par la facilité qu'il y avait à le couler dans le style, et par son origine, qui est française. *Moult*, quoique latin, était dans son temps d'un même mérite; et je ne vois pas par où *beaucoup* l'emporte sur lui. Quelle persécution le *car* n'a-t-il pas essuyée! Et s'il n'eût trouvé de la protection parmi les gens polis, n'était-il pas banni honteusement d'une langue à qui il a rendu de si longs services, sans qu'on sût quel mot lui substituer? *Cil* a été dans ses beaux jours

---

[1] *Mais.* (La Bruyère.)

le plus joli mot de la langue française, et il est douloureux pour les poëtes qu'il ait vieilli. *Douloureux* ne vient pas plus naturellement de *douleur*, que de *chaleur* vient *chaleureux* ou *chaloureux*; celui-ci se passe, bien que ce fût une richesse pour la langue, et qu'il se dise fort juste où *chaud* ne s'emploie qu'improprement. *Valeur* devait aussi nous conserver *valeureux*; *haine*, *haineux*; *peine*, *peineux*; *fruit*, *fructueux*; *pitié*, *piteux*; *joie*, *jovial*; *foi*, *féal*; *cour*, *courtois*; *gîte*, *gisant*; *haleine*, *haleiné*; *vanterie*, *vantard*; *mensonge*, *mensonger*; *coutume*, *coutumier*[1]: comme *part* maintient *partial*; *point*, *pointu* et *pointilleux*; *ton*, *tonnant*; *son*, *sonore*; *frein*, *effréné*; *front*, *effronté*; *ris*, *ridicule*; *loi*, *loyal*; *cœur*, *cordial*; *bien*, *bénin*; *mal*, *malicieux*. *Heur* se plaçait où *bonheur* ne saurait entrer; il a fait *heureux*, qui est si français, et il a cessé de l'être: si quelques poëtes s'en sont servis, c'est moins par choix que par la contrainte de la mesure. *Issue* prospère, et vient d'*issir*, qui est aboli. *Fin* subsiste sans conséquence pour *finer*, qui vient de lui, pendant que *cesse* et *cesser* règnent également. *Verd* ne fait plus *verdoyer*; ni *fête*, *fétoyer*; ni *larme*, *larmoyer*; ni *deuil*, *se douloir*, *se condouloir*; ni *joie*, *s'éjouir*, bien qu'il fasse toujours *se réjouir*, *se conjouir*; ainsi qu'*orgueil*, *s'enorgueillir*. On a dit *gent*, le corps *gent*: ce mot si facile non-seulement est tombé, l'on voit même qu'il a entraîné *gentil* dans sa chute. On dit *diffamé*, qui dérive de *fâme*, qui ne s'entend plus. On dit *curieux*, dérivé de *cure*, qui est hors d'usage. Il y avait à gagner de dire *si que* pour *de sorte que*, ou *de manière que*; *de moi*, au lieu de *pour moi* ou de *quant à moi*; de dire, *je sais que c'est qu'un mal*, plutôt que *je sais ce que c'est qu'un mal*, soit par l'analogie latine, soit par l'avantage qu'il y a souvent à avoir un mot de moins à placer dans l'oraison. L'usage a préféré *par conséquent* à *par conséquence*, et *en conséquence* à *en conséquent*; *façons de faire* à *manières de faire*, et *manières d'agir* à *façons d'agir*... dans les verbes, *travailler* à *ouvrer*, *être accoutumé* à *souloir*, *convenir* à *duire*, *faire du bruit* à *bruire*, *injurier* à *vilainer*, *piquer* à *poindre*,

[1] La plupart de ces mots que La Bruyère regrette sont rentrés dans la langue.

faire ressouvenir à *ramentevoir*... et dans les noms, *pensées* à *pensers*, un si beau mot, et dont le vers se trouvait si bien; *grandes actions* à *prouesses*, *louanges* à *loz*, *méchanceté* à *mauvaistié*, *porte* à *huis*, *navire* à *nef*, *armée* à *ost*, *monastère* à *monstier*, *prairies* à *prées*... tous mots qui pouvaient durer ensemble d'une égale beauté, et rendre une langue plus abondante. L'usage a, par l'addition, la suppression, le changement ou le dérangement de quelques lettres, fait *frelater* de *fralater*; *prouver* de *preuver*, *profit* de *proufit*, *froment* de *froument*, *profil* de *pourfil*, *provision* de *pourveoir*, *promener* de *pourmener*, et *promenade* de *pourmenade*. Le même usage fait, selon l'occasion, d'*habile*, d'*utile*, de *facile*, de *docile*, de *mobile*, et de *fertile*, sans y rien changer, des genres différents: au contraire de *vil*, *vile*, *subtil*, *subtile*, selon leur terminaison, masculins ou féminins. Il a altéré les terminaisons anciennes: de *scel* il a fait *sceau*; de *mantel*, *manteau*; de *capel*, *chapeau*; de *coutel*, *couteau*; de *hamel*, *hameau*; de *damoisel*, *damoiseau*; de *jouvencel*, *jouvenceau*; et cela sans que l'on voie guère ce que la langue française gagne à ces différences et à ces changements. Est-ce donc faire pour le progrès d'une langue que de déférer à l'usage? serait-il mieux de secouer le joug de son empire si despotique? Faudrait-il, dans une langue vivante, écouter la seule raison qui prévient les équivoques, suit la racine des mots, et le rapport qu'ils ont avec les langues originaires dont ils sont sortis, si la raison d'ailleurs veut qu'on suive l'usage?

Si nos ancêtres ont mieux écrit que nous, ou si nous l'emportons sur eux par le choix des mots, par le tour et l'expression, par la clarté et la brièveté du discours, c'est une question souvent agitée, toujours indécise: on ne la terminera point en comparant, comme l'on fait quelquefois, un froid écrivain de l'autre siècle aux plus célèbres de celui-ci, ou les vers de Laurent, payé pour ne plus écrire, à ceux de Marot et de Desportes. Il faudrait, pour prononcer juste sur cette matière, opposer siècle à siècle, et excellent ouvrage à excellent ouvrage; par exemple, les meilleurs rondeaux de Benserade ou de Voiture à ces deux-ci qu'une tradition nous a conservés sans nous en marquer le temps ni l'auteur :

> Bien à propos s'en vint Ogier en France
> Pour le païs de mescréans monder :
> Ja n'est besoin de conter sa vaillance,
> Puisqu'ennemis n'osoient le regarder.
>
> Or, quand il eut tout mis en assurance,
> De voyager il voulut s'enharder ;
> En paradis trouva l'eau de jouvance,
> Dont il se sceut de vieillesse engarder
>   Bien à propos.
>
> Puis par cette eau son corps tout decrepite
> Transmué fut par manière subite
> En jeune gars, frais, gracieux et droit,
>
> Grand dommage est que cecy soit sornettes ;
> Filles connoy qui ne sont pas jeunettes,
> A qui cette eau de jouvance viendroit
>   Bien à propos.

> De cettuy preux maints grands clercs ont escrit,
> Qu'oncques dangier n'étonna son courage :
> Abusé fut par le malin esprit,
> Qu'il épousa sous feminin visage.
>
> Si piteux cas à la fin découvrit
> Sans un seul brin de peur ny de dommage ;
> Dont grand renom par tout le monde acquit,
> Si qu'on tenoit tres honneste langage
>   De cettuy preux.
>
> Bien-tost après fille de roy s'éprit
> De son amour, qui voulentiers s'offrit
> Au bon Richard en second mariage.
>
> Donc s'il vaut mieux ou diable ou femme avoir,
> Et qui des deux bruit plus en ménage ;
> Ceulx qui voudront, si le pourront sçavoir
>   De cettuy preux.

CHAPITRE XV

De la chaire.

Le discours chrétien est devenu un spectacle. Cette tristesse évangélique qui en est l'âme ne s'y remarque plus : elle est suppléée par les avantages de la mine, par les inflexions de la voix, par la régularité du geste, par le choix des mots, et par les longues énumérations. On n'écoute plus sérieusement la parole sainte : c'est une sorte d'amusement entre mille autres ; c'est un jeu où il y a de l'émulation et des pariers.

L'éloquence profane est transposée, pour ainsi dire, du barreau, où LE MAÎTRE, PUCELLE et FOURCROY l'ont fait régner, et où elle n'est plus d'usage, à la chaire où elle ne doit pas être.

L'on fait assaut d'éloquence jusqu'au pied de l'autel et en présence des mystères. Celui qui écoute s'établit juge de celui qui prêche, pour condamner ou pour applaudir, et n'est pas plus converti par le discours qu'il favorise que par celui auquel il est contraire. L'orateur plaît aux uns, déplaît aux autres, et convient avec tous en une chose, que comme il ne cherche point à les rendre meilleurs, ils ne pensent pas aussi à le devenir.

Un apprenti est docile, il écoute son maître, il profite de ses leçons, et il devient maître. L'homme indocile critique le discours du prédicateur comme le livre du philosophe, et il ne devient ni chrétien ni raisonnable.

Jusqu'à ce qu'il revienne un homme qui, avec un style nourri des saintes Écritures, explique au peuple la parole divine uniment et familièrement, les orateurs et les déclamateurs seront suivis.

Les citations profanes, les froides allusions, le mauvais pathétique, les antithèses, les figures outrées, ont fini : les portraits finiront, et feront place à une simple explication de l'Évangile, jointe aux mouvements qui inspirent la conversion.

Cet homme que je souhaitais impatiemment, et que je ne daignais pas espérer de notre siècle, est enfin venu. Les courtisans, à force de goût et de connaître les bienséances, lui ont applaudi : ils ont, chose incroyable ! abandonné la chapelle du roi pour venir entendre avec le peuple la parole de Dieu annoncée par cet homme apostolique[1]. La ville n'a pas été de l'avis de la cour. Où il a prêché, les paroissiens ont déserté ; jusqu'aux marguilliers ont disparu : les pasteurs ont tenu ferme, mais les ouailles se sont dispersées, et les orateurs voisins en ont grossi leur auditoire. Je devais le prévoir, et ne pas dire qu'un tel homme n'avait qu'à se montrer pour être suivi, et qu'à parler pour être écouté : ne savais-je pas quelle est dans les hommes et en toutes choses la force indomptable de l'habitude? Depuis trente années on prête l'oreille aux rhé-

---
[1] Le P. Séraphin, capucin. (*La Bruyère.*)

teurs, aux déclamateurs, aux *énumérateurs* : on court ceux qui peignent en grand, ou en miniature. Il n'y a pas longtemps qu'ils avaient des chutes ou des transitions ingénieuses, quelquefois même si vives et si aiguës qu'elles pouvaient passer pour épigrammes ; ils les ont adoucies, je l'avoue, et ce ne sont plus que des madrigaux. Ils ont toujours, d'une nécessité indispensable et géométrique, trois sujets admirables de vos attentions : ils prouveront une telle chose dans la première partie de leur discours, cette autre dans la seconde partie, et cette autre encore dans la troisième. Ainsi vous serez convaincu d'abord d'une certaine vérité, et c'est leur premier point ; d'une autre vérité, et c'est leur second point ; et puis d'une troisième vérité, et c'est leur troisième point : de sorte que la première réflexion vous instruira d'un principe des plus fondamentaux de votre religion ; la seconde, d'un autre principe qui ne l'est pas moins, et la dernière réflexion, d'un troisième et dernier principe le plus important de tous, qui est remis pourtant, faute de loisir, à une autre fois : enfin, pour reprendre et abréger cette division, et former un plan... « Encore ! dites-vous, et quelles prépa-
« rations pour un discours de trois quarts
« d'heure qui leur reste à faire ! plus ils cher-
« chent à le digérer et à l'éclaircir, plus ils
« m'embrouillent. » Je vous crois sans peine ; et c'est l'effet le plus naturel de tout cet amas d'idées qui reviennent à la même, dont ils chargent sans pitié la mémoire de leurs auditeurs. Il semble, à les voir s'opiniâtrer à cet usage, que la grâce de la conversion soit attachée à ces énormes partitions : comment néanmoins serait-on converti par de tels apôtres, si l'on ne peut qu'à peine les entendre articuler, les suivre, et ne les pas perdre de vue ? Je leur demanderais volontiers qu'au milieu de leur course impétueuse ils voulussent plusieurs fois reprendre haleine, souffler un peu, et laisser souffler leurs auditeurs. Vains discours ! paroles perdues ! Le temps des homélies n'est plus ; les Basiles, les Chrysostomes, ne le ramèneraient pas : on passerait en d'autres diocèses pour être hors de la portée de leur voix et de leurs familières instructions. Le commun des hommes aime les phrases et les périodes, admire ce qu'il n'entend pas, se suppose instruit, content de décider entre un premier et un second point, ou entre le dernier sermon et le pénultième.

Il y a moins d'un siècle qu'un livre français était un certain nombre de pages latines où l'on découvrait quelques lignes ou quelques mots en notre langue. Les passages, les traits et les citations n'en étaient pas demeurés là : Ovide et Catulle achevaient de décider des mariages et des testaments, et venaient avec les Pandectes au secours de la veuve et des pupilles. Le sacré et le profane ne se quittaient point ; ils s'étaient glissés ensemble jusque dans la chaire : saint Cyrille, Horace, saint Cyprien, Lucrèce, parlaient alternativement : les poëtes étaient de l'avis de saint Augustin et de tous les Pères : on parlait latin et longtemps devant des femmes et des marguilliers ; on a parlé grec : il fallait savoir prodigieusement pour prêcher si mal. Autre temps, autre usage : le texte est encore latin, tout le discours est français, et d'un beau français ; l'Évangile même n'est pas cité : il faut savoir aujourd'hui très-peu de chose pour bien prêcher.

L'on a enfin banni la scolastique de toutes les chaires des grandes villes, et on l'a reléguée dans les bourgs et dans les villages, pour l'instruction et pour le salut du laboureur et du vigneron.

C'est avoir de l'esprit que de plaire au peuple dans un sermon par un style fleuri, une morale enjouée, des figures réitérées, des traits brillants, et de vives descriptions ; mais ce n'est point en avoir assez. Un meilleur esprit néglige ces ornements étrangers, indignes de servir à l'Évangile ; il prêche simplement, fortement, chrétiennement.

L'orateur fait de si belles images de certains désordres, y fait entrer des circonstances si délicates, met tant d'esprit, de tour et de raffinement dans celui qui pèche, que, si je n'ai pas de pente à vouloir ressembler à ses portraits, j'ai besoin du moins que quelque apôtre, avec un style plus chrétien, me dégoûte des vices dont l'on m'avait fait une peinture si agréable.

Un beau sermon est un discours oratoire qui est dans toutes ses règles, purgé de tous ses défauts, conforme aux préceptes de l'éloquence humaine, et paré de tous les ornements de la rhétorique. Ceux qui entendent finement n'en perdent pas le moindre trait ni une seule pensée; ils suivent sans peine l'orateur dans toutes les énumérations où il se promène, comme dans toutes les élévations où il se jette : ce n'est une énigme que pour le peuple.

Le solide et l'admirable discours que celui qu'on vient d'entendre! les points de religion les plus essentiels, comme les plus pressants motifs de conversion, y ont été traités : quel grand effet n'a-t-il pas dû faire sur l'esprit et dans l'âme de tous les auditeurs! Les voilà rendus; ils en sont émus et touchés au point de résoudre dans leur cœur, sur ce sermon de Théodore, qu'il est encore plus beau que le dernier qu'il a prêché.

La morale douce et relâchée tombe avec celui qui la prêche : elle n'a rien qui réveille et qui pique la curiosité d'un homme du monde, qui craint moins qu'on ne pense une doctrine sévère, et qui l'aime même dans celui qui fait son devoir en l'annonçant. Il semble donc qu'il y ait dans l'Église comme deux états qui doivent la partager : celui de dire la vérité dans toute son étendue, sans égards, sans déguisement; celui de l'écouter avidement, avec goût, avec admiration, avec éloges, et de n'en faire cependant ni pis ni mieux.

L'on peut faire ce reproche à l'héroïque vertu des grands hommes, qu'elle a corrompu l'éloquence, ou du moins amolli le style de la plupart des prédicateurs : au lieu de s'unir seulement avec les peuples pour bénir le ciel de si rares présents qui en sont venus, ils ont entré en société avec les auteurs et les poëtes; et devenus comme eux panégyristes, ils ont enchéri sur les épîtres dédicatoires, sur les stances et sur les prologues; ils ont changé la parole sainte en un tissu de louanges, justes à la vérité, mais mal placées, intéressées, que personne n'exige d'eux; et qui ne conviennent point à leur caractère. On est heureux si, à l'occasion du héros qu'ils célèbrent jusque dans le sanctuaire, ils disent un mot de Dieu et du mystère qu'ils devaient prêcher : il s'en est trouvé quelques-uns qui, ayant assujetti le saint Évangile, qui doit être commun à tous, à la présence d'un seul auditeur, se sont vus déconcertés par des hasards qui le retenaient ailleurs, n'ont pu prononcer devant des chrétiens un discours chrétien qui n'était pas fait pour eux, et ont été suppléés par d'autres orateurs qui n'ont eu le temps que de louer Dieu dans un sermon précipité.

Théodule a moins réussi que quelques-uns de ses auditeurs ne l'appréhendaient; ils sont contents de lui et de son discours : il a mieux fait à leur gré que de charmer l'esprit et les oreilles, qui est de flatter leur jalousie.

Le métier de la parole ressemble en une chose à celui de la guerre : il y a plus de risque qu'ailleurs, mais la fortune y est plus rapide.

Si vous êtes d'une certaine qualité, et que vous ne vous sentiez point d'autre talent que celui de faire de froids discours, prêchez, faites de froids discours : il n'y a rien de pire pour sa fortune que d'être entièrement ignoré. Théodat a été payé de ses mauvaises phrases et de son ennuyeuse monotonie.

L'on a eu de grands évêchés par un mérite de chaire qui présentement ne vaudrait pas à son homme une simple prébende.

Le nom de ce panégyriste semble gémir sous le poids des titres dont il est accablé : leur grand nombre remplit de vastes affiches qui sont distribuées dans les maisons, ou que l'on lit par les rues en caractères monstrueux, et qu'on ne peut non plus ignorer que la place publique. Quand sur une si belle montre l'on a seulement essayé du personnage, et qu'on l'a un peu écouté, l'on reconnaît qu'il manque au dénombrement de ses qualités celle de mauvais prédicateur.

L'oisiveté des femmes, et l'habitude qu'ont les hommes de les courir partout où elles s'assemblent, donnent du nom à de froids orateurs, et soutiennent quelque temps ceux qui ont décliné.

Devrait-il suffire d'avoir été grand et puissant dans le monde pour être louable ou non, et, devant le saint autel et dans la chaire de la vérité, loué et célébré à ses funérailles? N'y a-t-il point d'autre grandeur que celle qui vient de l'autorité et de la naissance? Pourquoi n'est-il pas établi de faire publiquement le panégyrique d'un homme qui a excellé pendant sa vie dans la bonté, dans l'équité, dans la douceur, dans la fidélité, dans la piété? Ce qu'on appelle une oraison funèbre n'est aujourd'hui bien reçue du plus grand nombre d'auditeurs qu'à mesure qu'elle s'éloigne davantage du discours chrétien; ou, si vous l'aimez mieux ainsi, qu'elle approche de plus près d'un éloge profane.

L'orateur cherche par ses discours un évêché : l'apôtre fait des conversions; il mérite de trouver ce que l'autre cherche.

L'on voit des clercs revenir de quelques provinces où ils n'ont pas fait un long séjour, vains des conversions qu'ils ont trouvées toutes faites, comme de celles qu'ils n'ont pu faire, se comparer déjà aux Vincents et aux Xaviers, et se croire des hommes apostoliques : de si grands travaux et de si heureuses missions ne seraient pas à leur gré payées d'une abbaye.

Tel tout d'un coup, et sans y avoir pensé la veille, prend du papier, une plume, dit en soi-même, Je vais faire un livre, sans autre talent pour écrire que le besoin qu'il a de cinquante pistoles. Je lui crie inutilement : Prenez une scie, *Dioscore*; sciez ou bien tournez, ou faites une jante de roue, vous aurez votre salaire. Il n'a point fait l'apprentissage de tous ces métiers. Copiez donc, transcrivez, soyez au plus correcteur d'imprimerie; n'écrivez point. Il veut écrire et faire imprimer; et parce qu'on n'envoie pas à l'imprimeur un cahier blanc, il le barbouille de ce qui lui plaît; il écrirait volontiers que la Seine coule à Paris, qu'il y a sept jours dans la semaine, ou que le temps est à la pluie; et comme ce discours n'est ni contre la religion ni contre l'État, et qu'il ne fera point d'autre désordre dans le public que de lui gâter le goût et l'accoutumer aux choses fades et insipides, il passe à l'examen, il est imprimé, et à la honte du siècle, comme pour l'humiliation des bons auteurs, réimprimé. De même un homme dit en son cœur, Je prêcherai, et il prêche; le voilà en chaire, sans autre talent ni vocation que le besoin d'un bénéfice.

Un clerc mondain ou irréligieux, s'il monte en chaire, est déclamateur.

Il y a au contraire des hommes saints, et dont le seul caractère est efficace pour la persuasion : ils paraissent, et tout un peuple qui doit les écouter est déjà ému et comme persuadé par leur présence; le discours qu'ils vont prononcer fera le reste.

L'évêque de Meaux et le P. Bourdaloue me rappellent Démosthène et Cicéron. Tous deux, maîtres dans l'éloquence de la chaire, ont eu le destin des grands modèles : l'un a fait de mauvais censeurs, l'autre de mauvais copistes.

L'éloquence de la chaire, en ce qui y entre d'humain et du talent de l'orateur, est cachée, connue de peu de personnes, et d'une difficile exécution : quel art en ce genre pour plaire en persuadant ! Il faut marcher par des chemins battus, dire ce qui a été dit, et ce que l'on prévoit que vous allez dire : les matières sont grandes, mais usées et triviales, les principes sûrs, mais dont les auditeurs pénètrent les conclusions d'une seule vue. Il y entre des sujets qui sont sublimes : mais qui peut traiter le sublime? Il y a des mystères que l'on doit expliquer, et qui s'expliquent mieux par une leçon de l'école que par un discours oratoire. La morale même de la chaire, qui comprend une matière aussi vaste et aussi diversifiée que le sont les mœurs des hommes, roule sur les mêmes pivots, retrace les mêmes images, et se prescrit des bornes bien plus étroites que la satire. Après l'invective commune contre les honneurs, les richesses et le plaisir, il ne reste plus à l'orateur qu'à courir à la fin de son discours et à congédier l'assemblée Si quelquefois on pleure, si on est ému, après avoir fait attention au génie et au caractère de ceux qui font pleurer, peut-être conviendra-t-on que c'est la matière qui se prêche elle-même, et notre intérêt le plus capital qui se fait sentir; que c'est moins une véritable éloquence que la ferme poitrine du missionnaire qui nous ébranle et qui cause en nous ces mouvements. Enfin le prédicateur n'est point soutenu, comme l'avocat, par des faits toujours nouveaux, par de différents événements, par des aventures inouïes; il ne s'exerce point sur les questions douteuses, il ne fait point valoir les violentes conjectures et les présomptions; toutes choses néanmoins qui élèvent le génie, lui donnent de la force et de l'étendue, et qui contraignent bien moins l'éloquence qu'elles ne la fixent et ne la dirigent : il doit au contraire tirer son discours d'une source commune, et où tout le monde puise ; et s'il s'écarte de ces lieux communs, il n'est plus populaire, il est abstrait ou déclamateur, il ne prêche plus l'Évangile. Il n'a besoin que d'une noble simplicité, mais il faut l'atteindre ; talent rare, et qui passe les forces du commun des hommes : ce qu'ils ont de génie, d'imagination, d'érudition et de mémoire ne leur sert souvent qu'à s'en éloigner.

La fonction de l'avocat est pénible, laborieuse, et suppose, dans celui qui l'exerce, un riche fonds et de grandes ressources. Il n'est pas seulement chargé, comme le prédicateur, d'un certain nombre d'oraisons composées avec loisir, récitées de mémoire, avec autorité, sans contradicteurs, et qui avec de médiocres changements lui font honneur plus d'une fois : il prononce de graves plaidoyers devant des juges qui peuvent lui imposer silence, et contre des adversaires qui l'interrompent ; il doit être prêt sur la réplique ; il parle en un même jour, dans divers tribunaux, de différentes affaires. Sa maison n'est pas pour lui un lieu de repos et de retraite, ni un asile contre les plaideurs : elle est ouverte à tous ceux qui viennent l'accabler de leurs questions et de leurs doutes ; il ne se met pas au lit, on ne l'essuie point, on ne lui prépare point des rafraîchissements ; il ne se fait point dans sa chambre un concours de monde de tous les états et de tous les sexes, pour le féliciter sur l'agrément et sur la politesse de son langage, lui remettre l'esprit sur un endroit où il a couru risque de demeurer court, ou sur un scrupule qu'il a sur le chevet d'avoir plaidé moins vivement qu'à l'ordinaire. Il se délasse d'un long discours par de plus longs écrits ; il ne fait que changer de travaux et de fatigues ; j'ose dire qu'il est, dans son genre, ce qu'étaient dans le leur les premiers hommes apostoliques.

Quand on a ainsi distingué l'éloquence du barreau de la fonction de l'avocat, et l'éloquence de la chaire du ministère du prédicateur, on croit voir qu'il est plus aisé de prêcher que de plaider, et plus difficile de bien prêcher que de bien plaider.

Quel avantage n'a pas un discours prononcé sur un ouvrage qui est écrit ! Les hommes sont les dupes de l'action et de la parole, comme de tout l'appareil de l'auditoire : pour peu de prévention qu'ils aient en faveur de celui qui parle, ils l'admirent, et cherchent ensuite à le comprendre ; avant qu'il ait commencé, ils s'écrient qu'il va bien faire ; ils s'endorment bientôt, et le discours fini, ils se réveillent pour dire qu'il a bien fait. On se passionne moins pour un auteur : son ouvrage est lu dans le loisir de la campagne ou dans le silence du cabinet : il n'y a point de rendez-vous publics pour lui applaudir, encore moins de cabale pour lui sacrifier tous ses rivaux, et pour l'élever à la prélature. On lit son livre, quelque excellent qu'il soit, dans l'esprit de le trouver médiocre : on le feuillette, on le discute, on le confronte ; ce ne sont pas des sons qui se perdent en l'air, et qui s'oublient ; ce qui est imprimé demeure imprimé. On attend quelquefois plusieurs jours avant l'impression pour le décrier ; et le plaisir le plus délicat que l'on en tire vient de la critique qu'on en fait : on est piqué d'y trouver à chaque page des traits qui doivent plaire, on va même souvent jusqu'à appréhender d'en être diverti, et on ne quitte ce livre que parce qu'il est bon.

Tout le monde ne se donne pas pour orateur ; les phrases, les figures, le don de la mémoire, la robe ou l'engagement de celui qui prêche ne sont pas des choses qu'on ose ou qu'on veuille toujours s'approprier : chacun, au contraire, croit penser bien, et écrire encore mieux ce qu'il a pensé ; il en est moins favorable à celui qui pense et qui écrit aussi bien que lui. En un mot, le *sermonneur* est plus tôt évêque que le plus solide écrivain n'est revêtu d'un prieuré simple ; et dans la distribution des grâces, de nouvelles sont accordées à celui-là, pendant que l'auteur grave se tient heureux d'avoir ses restes.

S'il arrive que les méchants vous haïssent et vous persécutent, les gens de bien vous conseillent de vous humilier devant Dieu, pour vous mettre en garde contre la vanité qui pourrait vous venir de déplaire à des gens de ce caractère : de même, si certains hommes sujets à se récrier sur le médiocre désapprouvent un ouvrage que vous aurez écrit, ou un discours que vous venez de prononcer en public, soit au barreau, soit dans la chaire, ou ailleurs, humiliez-vous; on ne peut guère être exposé à une tentation d'orgueil plus délicate et plus prochaine.

Il me semble qu'un prédicateur[1] devrait faire choix dans chaque discours d'une vérité unique, mais capitale, terrible ou instructive, la manier à fond et l'épuiser; abandonner toutes ces divisions si recherchées, si retournées, si remaniées, et si différenciées; ne point supposer ce qui est faux, je veux dire que le grand ou le beau monde sait sa religion ou ses devoirs, et ne pas appréhender de faire, ou à ces bonnes têtes, ou à ces esprits si raffinés, des catéchismes; ce temps si long que l'on use à composer un long ouvrage, l'employer à se rendre si maître de sa matière, que le tour et les expressions naissent dans l'action, et coulent de source; se livrer, après une certaine préparation, à son génie et aux mouvements qu'un grand sujet peut inspirer : qu'il pourrait enfin s'épargner ces prodigieux efforts de mémoire qui ressemblent mieux à une gageure qu'à une affaire sérieuse, qui corrompent le geste et défigurent le visage; jeter au contraire, par un bel enthousiasme, la persuasion dans les esprits, et l'alarme dans le cœur, et toucher ses auditeurs d'une tout autre crainte que de celle de le voir demeurer court.

Que celui qui n'est pas encore assez parfait pour s'oublier soi-même dans le ministère de la parole sainte ne se décourage point par les règles austères qu'on lui prescrit, comme si elles lui ôtaient les moyens de faire montre de son esprit, et de monter aux dignités où il aspire : quel plus beau talent que celui de prêcher apostoliquement? et quel autre mérite mieux un évêché? FÉNELON en était-il indigne? aurait-il pu échapper au choix du prince que par un autre choix?

CHAPITRE XVI
Des esprit forts.

Les esprits forts savent-ils qu'on les appelle ainsi par ironie? Quelle plus grande faiblesse que d'être incertain, quel est le principe de son

[1] Le P. de la Rue.

être, de sa vie, de ses sens, de ses connaissances, et quelle en doit être la fin? Quel découragement plus grand que de douter si son âme n'est point matière comme la pierre et le reptile, et si elle n'est point corruptible comme ces viles créatures? N'y a-t-il pas plus de force et de grandeur à recevoir dans notre esprit l'idée d'un être supérieur à tous les êtres, qui les a tous faits, et à qui tous se doivent rapporter; d'un être souverainement parfait, qui est pur, qui n'a point commencé et qui ne peut finir, dont notre âme est l'image et, si j'ose dire, une portion comme esprit et comme immortelle?

Le docile et le faible sont susceptibles d'impressions : l'un en reçoit de bonnes, l'autre de mauvaises; c'est-à-dire que le premier est persuadé et fidèle, et que le second est entêté et corrompu. Ainsi l'esprit docile admet la vraie religion; et l'esprit faible, ou n'en admet aucune, ou en admet une fausse : or l'esprit fort, ou n'a point de religion, ou se fait une religion; donc l'esprit fort, c'est l'esprit faible.

J'appelle mondains, terrestres ou grossiers, ceux dont l'esprit et le cœur sont attachés à une petite portion de ce monde qu'ils habitent, qui est la terre; qui n'estiment rien, qui n'aiment rien au delà : gens aussi limités que ce qu'ils appellent leurs possessions ou leur domaine, que l'on mesure, dont on compte les arpents, et dont on montre les bornes. Je ne m'étonne pas que des hommes qui s'appuient sur un atome chancellent dans les moindres efforts qu'ils font pour sonder la vérité, si avec des vues si courtes ils ne percent point, à travers le ciel et les astres, jusques à Dieu même; si ne s'apercevant point ou de l'excellence de ce qui est esprit, ou de la dignité de l'âme, ils ressentent encore moins combien elle est difficile à assouvir, combien la terre entière est au-dessous d'elle, de quelle nécessité lui devient un être souverainement parfait qui est Dieu, et quel besoin indispensable elle a d'une religion qui le lui indique, et qui lui en est une caution sûre. Je comprends au contraire fort aisément qu'il est naturel à de tels esprits de tomber dans l'incrédulité ou l'indifférence, et de faire servir Dieu et la religion à la politique, c'est-à-dire à l'ordre et à la décoration de ce monde, la seule chose, selon eux, qui mérite qu'on y pense.

Quelques-uns achèvent de se corrompre par de longs voyages, et perdent le peu de religion qui leur restait; ils voient de jour à autre un nouveau culte, diverses mœurs, diverses cérémonies; ils ressemblent à ceux qui entrent dans les magasins, indéterminés sur le choix des étoffes qu'ils veulent acheter : le grand nombre de celles qu'on leur montre les rend plus indifférents; elles ont chacune leur agrément et leur bienséance; ils ne se fixent point, ils sortent sans emplette.

Il y a des hommes qui attendent à être dévots et religieux que tout le monde se déclare impie et libertin : ce sera alors le parti du vulgaire; ils sauront s'en dégager. La singularité leur plaît dans une matière si sérieuse et si profonde; ils ne suivent la mode et le train commun que dans les choses de rien et de nulle suite : qui sait même s'ils n'ont pas déjà mis une sorte de bravoure et d'intrépidité à courir tout le risque de l'avenir? Il e faut pas d'ailleurs que, dans une certaine condition, avec une certaine étendue d'esprit et de certaines vues, l'on songe à croire comme les savants et le peuple.

L'on doute de Dieu dans une pleine santé, comme l'on doute que ce soit pécher que d'avoir un commerce avec une personne libre[1] : quand l'on devient malade, et que l'hydropisie est formée, l'on quitte sa concubine, et l'on croit en Dieu.

Il faudrait s'éprouver et s'examiner très-sérieusement avant que de se déclarer esprit fort ou libertin, afin au moins, et selon ses principes, de finir comme l'on a vécu; ou si l'on ne se sent pas la force d'aller loin, se résoudre de vivre comme l'on veut mourir.

Toute plaisanterie dans un homme mourant est hors de sa place : si elle roule sur de certains chapitres, elle est funeste. C'est une extrême misère que de donner à ses dépens, à ceux que l'on laisse, le plaisir d'un bon mot.

Dans quelque prévention où l'on puisse être sur ce qui doit suivre la mort, c'est une chose bien sérieuse que de mourir : ce n'est point alors le badinage qui sied bien, mais la constance.

Il y a eu de tout temps de ces gens d'un bel esprit et d'une agréable littérature, esclaves des grands dont ils ont épousé le libertinage et porté le joug toute leur vie, contre leurs propres lumières et contre leur conscience. Ces hommes n'ont jamais vécu que pour d'autres hommes, et ils semblent les avoir regardés comme leur dernière fin. Ils ont eu honte de se sauver à leurs yeux, de paraître tels qu'ils étaient peut-être dans le cœur, et ils se sont perdus par déférence ou par faiblesse. Y a-t-il donc sur la terre des grands assez grands et des puissants assez puissants pour mériter de nous que nous croyions et que nous vivions à leur gré, selon leur goût et leurs caprices, et que nous poussions la complaisance plus loin en mourant non de la manière qui est la plus sûre pour nous, mais de celle qui leur plaît davantage?

J'exigerai de ceux qui vont contre le train commun et les grandes règles, qu'ils sussent plus que les autres, qu'ils eussent des raisons claires, et de ces arguments qui emportent conviction.

Je voudrais voir un homme sobre, modéré, chaste, équitable, prononcer qu'il n'y a point de Dieu; il parlerait du moins sans intérêt : mais cet homme ne se trouve point.

J'aurais une extrême curiosité de voir celui qui serait persuadé que Dieu n'est point; il me dirait du moins la raison invincible qui a su le convaincre.

L'impossibilité où je suis de prouver que Dieu n'est pas me découvre son existence.

Dieu condamne et punit ceux qui l'offensent, seul juge en sa propre cause; ce qui répugne, s'il n'est lui-même la justice et la vérité, c'est-à-dire s'il n'est Dieu.

Je sens qu'il y a un Dieu, et je ne sens pas qu'il n'y en ait point; cela me suffit, tout le raisonnement du monde m'est inutile : je conclus que Dieu existe. Cette conclusion est dans ma nature; j'en ai reçu les principes trop aisément dans mon enfance, et je les ai conservés depuis trop naturellement dans un âge plus avancé, pour les soupçonner de fausseté : mais il y a des esprits qui se défont de ces princi-

---

[1] Une fille. (*La Bruyère.*)

pes ; c'est une grande question s'il s'en trouve de tels ; et quand il serait ainsi, cela prouve seulement qu'il y a des monstres.

L'athéisme n'est point. Les grands, qui en sont le plus soupçonnés, sont trop paresseux pour décider en leur esprit que Dieu n'est pas : leur indolence va jusqu'à les rendre froids et indifférents sur cet article principal, comme sur la nature de leur âme et sur les conséquences d'une vraie religion ; ils ne nient ces choses ni ne les accordent, ils n'y pensent point.

Nous n'avons pas trop de toute notre santé, de toutes nos forces et de tout notre esprit pour penser aux hommes ou au plus petit intérêt : il semble au contraire que la bienséance et la coutume exigent de nous que nous ne pensions à Dieu que dans un état où il ne reste en nous qu'autant de raison qu'il faut pour ne pas dire qu'il n'y en a plus.

Un grand croit s'évanouir, et il meurt ; un autre grand périt insensiblement, et perd chaque jour quelque chose de soi-même avant qu'il soit éteint : formidables leçons, mais inutiles ! Des circonstances si marquées et si sensiblement opposées ne se relèvent point, et ne touchent personne. Les hommes n'y ont pas plus d'attention qu'à une fleur qui se fane, ou à une feuille qui tombe : ils envient les places qui demeurent vacantes, ou ils s'informent si elles sont remplies, et par qui.

Les hommes sont-ils assez bons, assez fidèles, assez équitables, pour mériter toute notre confiance, et ne nous pas faire désirer du moins que Dieu existât, à qui nous puissions appeler de leurs jugements, et avoir recours quand nous en sommes persécutés ou trahis ?

Si c'est le grand et le sublime de la religion qui éblouit ou qui confond les esprits forts, ils ne sont plus des esprits forts, mais de faibles génies et de petits esprits ; et si c'est au contraire ce qu'il y a d'humble et de simple qui les rebute, ils sont à la vérité des esprits forts, et plus forts que tant de grands hommes si éclairés, si élevés, et néanmoins si fidèles, que les Léons, les Basiles, les Jérômes, les Augustins.

Un Père de l'Église, un docteur de l'Église, quels noms ! quelle tristesse dans leurs écrits !

quelle sécheresse ! quelle froide dévotion ! et peut-être, quelle scolastique ! disent ceux qui ne les ont jamais lus. Mais plutôt quel étonnement pour tous ceux qui se sont fait une idée des Pères si éloignés de la vérité, s'ils voyaient dans leurs ouvrages plus de tour et de délicatesse, plus de politesse et d'esprit, plus de richesse d'expression et plus de force de raisonnement, des traits plus vifs et des grâces plus naturelles, que l'on n'en remarque dans la plupart des livres de ce temps, qui sont lus avec goût, qui donnent du nom et de la vanité à leurs auteurs ! Quel plaisir d'aimer la religion, et de la voir crue, soutenue, expliquée par de si beaux génies et par de si solides esprits ! surtout lorsque l'on vient à connaître que, pour l'étendue de connaissance, pour la profondeur et la pénétration, pour les principes de la pure philosophie, pour leur application et leur développement, pour la justesse des conclusions, pour la dignité du discours, pour la beauté de la morale et des sentiments, il n'y a rien, par exemple, que l'on puisse comparer à saint Augustin que Platon et que Cicéron.

L'homme est né menteur : la vérité est simple et ingénue, et il veut du spécieux et de l'ornement ; elle n'est pas à lui, elle vient du ciel toute faite, pour ainsi dire, et dans toute sa perfection ; et l'homme n'aime que son propre ouvrage, la fiction et la fable. Voyez le peuple : il controuve, il augmente, il charge, par grossièreté et par sottise : demandez même au plus honnête homme s'il est toujours vrai dans ses discours, s'il ne se surprend pas quelquefois dans des déguisements où engagent nécessairement la vanité et la légèreté ; si, pour faire un meilleur conte, il ne lui échappe pas souvent d'ajouter à un fait qu'il récite une circonstance qui lui manque. Une chose arrive aujourd'hui, et presque sous nos yeux ; cent personnes qui l'ont vue la racontent en cent façons différentes ; celui-ci, s'il est écouté, la dira encore d'une manière qui n'a pas été dite : quelle créance donc pourrais-je donner à des faits qui sont anciens et éloignés de nous par plusieurs siècles ? quel fondement dois-je faire sur les plus graves historiens ? que devient l'histoire ? César a-t-il été massacré au milieu du sénat ? y a-t-il eu un César ? Quelle conséquence ! me dites-vous; quels doutes! quelle demande! Vous riez! vous ne me jugez pas digne d'aucune réponse; et je crois même que vous avez raison. Je suppose néanmoins que le livre qui fait mention de César ne soit pas un livre profane, écrit de la main des hommes, qui sont menteurs, trouvé par hasard dans les bibliothèques parmi d'autres manuscrits qui contiennent des histoires vraies ou apocryphes; qu'au contraire il soit inspiré, saint, divin; qu'il porte en soi ces caractères; qu'il se trouve depuis près de deux mille ans dans une société nombreuse qui n'a pas permis qu'on y ait fait pendant tout ce temps la moindre altération, et qui s'est fait une religion de le conserver dans toute son intégrité; qu'il y ait même un engagement religieux et indispensable d'avoir de la foi pour tous les faits contenus dans ce volume où il est parlé de César et de sa dictature : avouez-le, *Lucile*, vous douterez alors qu'il y ait eu un César.

Toute musique n'est pas propre à louer Dieu et à être entendue dans le sanctuaire. Toute philosophie ne parle pas dignement de Dieu, de sa puissance, des principes de ses opérations, et de ses mystères : plus cette philosophie est subtile et idéale, plus elle est vaine et inutile pour expliquer des choses qui ne demandent des hommes qu'un sens droit pour être connues jusques à un certain point, et qui au delà sont inexplicables. Vouloir rendre raison de Dieu, de ses perfections, et, si j'ose ainsi parler, de ses actions, c'est aller plus loin que les anciens philosophes, que les apôtres, que les premiers docteurs; mais ce n'est pas rencontrer si juste, c'est creuser longtemps et profondéments sans trouver les sources de la vérité. Dès qu'on a abandonné les termes de bonté, de miséricorde, de justice et de toute-puissance, qui donnent de Dieu de si hautes et de si aimables idées, quelque grand effort d'imagination qu'on puisse faire, il faut recevoir les expressions sèches, stériles, vides de sens; admettre les pensées creuses, écartées des notions communes, ou tout au plus les subtiles et les ingénieuses; et, à mesure que l'on acquiert d'ouverture dans une nouvelle métaphysique, perdre un peu de sa religion.

Jusques où les hommes ne se portent-ils point par l'intérêt de la religion, dont ils sont si peu persuadés, et qu'ils pratiquent si mal!

Cette même religion que les hommes défendent avec chaleur et avec zèle contre ceux qui en ont une toute contraire, ils l'altèrent eux-mêmes dans leur esprit par des sentiments particuliers; ils y ajoutent et ils en retranchent mille choses souvent essentielles, selon ce qui leur convient, et ils demeurent fermes et inébranlables dans cette forme qu'ils lui ont donnée. Ainsi, à parler populairement, on peut dire d'une seule nation qu'elle vit sous un même culte, et qu'elle n'a qu'une seule religion; mais, à parler exactement, il est vrai qu'elle en a plusieurs, et que chacun presque y a la sienne.

Deux sortes de gens fleurissent dans les cours, et y dominent dans divers temps, les libertins et les hypocrites : ceux-là gaiement, ouvertement, sans art et sans dissimulation; ceux-ci finement, par des artifices, par la cabale. Cent fois plus épris de la fortune que les premiers, ils en sont jaloux jusqu'à l'excès; ils veulent la gouverner, la posséder seuls, la partager entre eux, et en exclure tout autre : dignités, charges, postes, bénéfices, pensions, honneurs, tout leur convient et ne convient qu'à eux, le reste des hommes en est indigne; ils ne comprennent point que sans leur attache on ait l'impudence de les espérer. Une troupe de masques entre dans un bal; ont-ils la main, ils dansent, ils se font danser les uns les autres, ils dansent encore, ils dansent toujours, ils ne rendent la main à personne de l'assemblée, quelque digne qu'elle soit de leur attention : on languit, on sèche de les voir danser et de ne danser point; quelques-uns murmurent, les plus sages prennent leur parti, et s'en vont.

Il y a deux espèces de libertins : les libertins, ceux du moins qui croient l'être; et les hypocrites ou faux dévots, c'est-à-dire ceux qui ne veulent pas être crus libertins : les derniers, dans ce genre-là, sont les meilleurs.

Le faux dévot, ou ne croit pas en Dieu, ou se moque de Dieu : parlons de lui obligeamment, il ne croit pas en Dieu.

Si toute religion est une crainte respectueuse de la Divinité, que penser de ceux qui osent la blesser dans sa plus vive image, qui est le prince?

Si l'on nous assurait[1] que le motif secret de l'ambassade des Siamois a été d'exciter le roi très-chrétien à renoncer au christianisme, à permettre l'entrée de son royaume aux *talapoins*, qui eussent pénétré dans nos maisons pour persuader leur religion à nos femmes, à nos enfants, et à nous-mêmes, par leurs livres et par leurs entretiens ; qui eussent élevé des *pagodes* au milieu des villes, où ils eussent placé des figures de métal pour être adorées : avec quelles risées et quel étrange mépris n'entendrions-nous pas des choses si extravagantes! Nous faisons cependant six mille lieues de mer pour la conversion des Indes, des royaumes de Siam, de la Chine et du Japon, c'est-à-dire pour faire très-sérieusement à tous ces peuples des propositions qui doivent leur paraître très-folles et très-ridicules. Ils supportent néanmoins nos religieux et nos prêtres ; ils les écoutent quelquefois, leur laissent bâtir leurs églises et faire leurs missions : qui fait cela en eux et en nous? ne serait-ce point la force de la vérité?

Il ne convient pas à toute sorte de personnes de lever l'étendard d'aumônier, et d'avoir tous les pauvres d'une ville assemblés à sa porte, qui y reçoivent leurs portions : qui ne sait pas, au contraire, des misères plus secrètes, qu'il peut entreprendre de soulager, ou immédiatement et par ses secours, ou du moins par sa médiation? De même il n'est pas donné à tous de monter en chaire, et d'y distribuer en missionnaire ou en catéchiste la parole sainte : mais qui n'a pas quelquefois sous sa main un libertin à réduire, et à ramener par de douces et insinuantes conversations à la docilité? Quand on ne serait pendant sa vie que l'apôtre d'un seul homme, ce ne serait pas être en vain sur la terre, ni lui être un fardeau inutile.

Il y a deux mondes : l'un où l'on séjourne peu, et dont l'on doit sortir pour n'y plus rentrer; l'autre où l'on doit bientôt entrer pour n'en jamais sortir. La faveur, l'autorité, les amis, la haute réputation, les grands biens, servent pour le premier monde; le mépris de toutes ces choses sert pour le second. Il s'agit de choisir.

[1] L'ambassade des Siamois envoyée au roi en 1680.

Qui a vécu un seul jour a vécu un siècle : même soleil, même terre, même monde, mêmes sensations ; rien ne ressemble mieux à aujourd'hui que demain : il y aurait quelque curiosité à mourir, c'est-à-dire à n'être plus un corps, mais à être seulement esprit : L'homme cependant, impatient de la nouveauté, n'est point curieux sur ce seul article : né inquiet et qui s'ennuie de tout, il ne s'ennuie point de vivre; il consentirait peut-être à vivre toujours. Ce qu'il voit de la mort le frappe plus violemment que ce qu'il en sait : la maladie, la douleur, le cadavre le dégoûtent de la connaissance d'un autre monde ; il faut tout le sérieux de la religion pour le réduire.

Si Dieu avait donné le choix ou de mourir ou de toujours vivre, après avoir médité profondément ce que c'est que de ne voir nulle fin à la pauvreté, à la dépendance, à l'ennui, à la maladie, ou de n'essayer des richesses, de la grandeur, des plaisirs et de la santé, que pour les voir changer inviolablement, et par la révolution des temps, en leurs contraires; et être ainsi le jouet des biens et des maux, l'on ne saurait guère à quoi se résoudre. La nature nous fixe, et nous ôte l'embarras de choisir ; et la mort, qu'elle nous rend nécessaire, est encore adoucie par la religion.

Si ma religion était fausse, je l'avoue, voilà le piège le mieux dressé qu'il soit possible d'imaginer ; il était inévitable de ne pas donner tout au travers et de n'y être pas pris ; quelle majesté, quel éclat des mystères ! quelle suite et quel enchaînement de toute la doctrine! quelle raison éminente! quelle candeur, quelle innocence de mœurs! quelle force invincible et accablante des témoignages rendus successivement et pendant trois siècles entiers par des millions de personnes les plus sages, les plus modérées qui fussent alors sur la terre, et que le sentiment d'une même vérité soutient dans l'exil, dans les fers, contre la vue de la mort et du dernier supplice! Prenez l'histoire, ouvrez, remontez jusques au commencement du monde, jusques à la veille de sa naissance; y a-t-il eu rien de semblable dans tous les temps? Dieu même pouvait-il jamais mieux rencontrer pour me séduire? par où échapper? où aller, où me jeter, je ne dis pas pour trouver rien de meilleur, mais quelque chose qui en approche? S'il faut périr, c'est par là que je veux périr ; il m'est plus doux de nier Dieu que de l'accorder avec une tromperie si spécieuse et si entière : mais je l'ai approfondi, je ne puis être athée; je suis donc ramené et entraîné dans ma religion, c'en est fait.

La religion est vraie, ou elle est fausse : si elle n'est qu'une vaine fiction, voilà, si l'on veut, soixante années perdues pour l'homme de bien, pour le chartreux ou le solitaire ; ils ne courent pas un autre risque : mais si elle est fondée sur la vérité même, c'est alors un épouvantable malheur pour l'homme vicieux ; l'idée seule des maux qu'il se prépare me trouble l'imagination ; la pensée est trop faible pour les concevoir et les paroles trop vaines pour les exprimer. Certes, en supposant même dans le monde moins de certitude qu'il ne s'en trouve en effet sur la vérité de la religion, il n'y a point pour l'homme un meilleur parti que la vertu.

Je ne sais si ceux qui osent nier Dieu méritent qu'on s'efforce de le leur prouver, et qu'on les traite plus sérieusement que l'on n'a fait dans ce chapitre. L'ignorance, qui est leur caractère, les rend incapables des principes les plus clairs et des raisonnements les mieux suivis : je consens néanmoins qu'ils lisent celui que je vais faire, pourvu qu'ils ne se persuadent pas que c'est tout ce que l'on pouvait dire sur une vérité si éclatante.

Il y a quarante ans que je n'étais point, et qu'il n'était pas en moi de pouvoir jamais être, comme il ne dépend pas de moi, qui suis une fois, de n'être plus : j'ai donc commencé et je continue d'être par quelque chose qui est hors de moi, qui durera après moi, qui est meilleur et plus puissant que moi : si ce quelque chose n'est pas Dieu, qu'on me dise ce que c'est. Peut-être que moi qui existe n'existe ainsi que par la force d'une nature universelle qui a toujours été telle que nous la voyons, en remontant jusques à l'infinité des temps[1]. Mais cette nature, ou elle est seulement esprit, et c'est Dieu ; ou elle est matière, et ne peut par conséquent avoir créé mon esprit ; ou elle est un composé de matière et d'esprit, et alors ce qui est esprit dans la nature, je l'appelle Dieu.

Peut-être aussi ce que j'appelle mon esprit n'est qu'une portion de matière qui existe par la force d'une nature universelle qui est aussi matière, qui a toujours été et qui sera toujours telle que nous la voyons, et qui n'est point Dieu[1]. Mais du moins faut-il m'accorder que ce que j'appelle mon esprit, quelque chose que ce puisse être, est une chose qui pense ; et que, s'il est matière, il est nécessairement une matière qui pense : car l'on ne me persuadera point qu'il n'y ait pas en moi quelque chose qui pense pendant que je fais ce raisonnement. Or, ce quelque chose qui est en moi, et qui pense, s'il doit son être et sa conservation à une nature universelle qui a toujours été et qui sera toujours, laquelle il reconnaisse comme sa cause, il faut indispensablement que ce soit à une nature universelle, ou qui pense, ou qui soit plus noble et plus parfaite que ce qui pense ; et si cette nature ainsi faite est matière, l'on doit encore conclure que c'est une matière universelle qui pense, ou qui est plus noble et plus parfaite que ce qui pense.

Je continue, et je dis : cette matière, telle qu'elle vient d'être supposée, si elle n'est pas un être chimérique, mais réel, n'est pas aussi imperceptible à tous les sens ; et si elle ne se découvre pas par elle-même, on la connaît du moins dans le divers arrangement de ses parties, qui constitue les corps, et qui en fait la différence ; elle est donc elle-même tous ces différents corps ; et comme elle est une matière qui pense, selon la supposition, ou qui vaut mieux que ce qui pense, il s'ensuit qu'elle est telle du moins selon quelques-uns de ces corps, et par une suite nécessaire selon tous ces corps, c'est-à-dire qu'elle pense dans les pierres, dans les métaux, dans les mers, dans la terre, dans moi-même qui ne suis qu'un corps, comme dans toutes les autres parties qui la composent : c'est donc à l'assemblage de ces parties si terrestres, si grossières, si corporelles, qui toutes ensemble sont la matière universelle ou ce monde visible, que je dois ce quelque chose qui est en moi, qui pense, et que j'appelle mon esprit ; ce qui est absurde.

---

[1] Objection ou système des libertins. (*La Bruyère.*)

[1] Instance des libertins. (*La Bruyère.*)

Si au contraire cette nature universelle, quelque chose que ce puisse être, ne peut pas être tous ces corps, ni aucun de ces corps, il suit de là qu'elle n'est point matière, ni perceptible par aucun des sens : si cependant elle pense, ou si elle est plus parfaite que ce qui pense, je conclus encore qu'elle est esprit, ou un être meilleur et plus accompli que ce qui est esprit : si d'ailleurs il ne reste plus à ce qui pense en moi, et que j'appelle mon esprit, que cette nature universelle à laquelle il puisse remonter pour rencontrer sa première cause et son unique origine, parce qu'il ne trouve point son principe en soi, et qu'il le trouve encore moins dans la matière, ainsi qu'il a été démontré, alors je ne dispute point des noms ; mais cette source originaire de tout esprit, qui est esprit elle-même, et qui est plus excellente que tout esprit, je l'appelle Dieu.

En un mot, je pense, donc Dieu existe : car ce qui pense en moi, je ne le dois point à moi-même, parce qu'il n'a pas plus dépendu de moi de me le donner une première fois, qu'il dépend encore de moi de me le conserver un seul instant ; je ne le dois point à un être qui soit au-dessus de moi, et qui soit matière, puisqu'il est impossible que la matière soit au-dessus de ce qui pense : je le dois donc à un être qui est au-dessus de moi, et qui n'est point matière ; et c'est Dieu.

De ce qu'une nature universelle qui pense exclut de soi généralement tout ce qui est matière, il suit nécessairement qu'un être particulier qui pense ne peut pas aussi admettre en soi la moindre matière ; car, bien qu'un être universel qui pense renferme dans son idée infiniment plus de grandeur, de puissance, d'indépendance et de capacité qu'un être particulier qui pense, il ne renferme pas néanmoins une plus grande exclusion de matière, puisque cette exclusion dans l'un et dans l'autre de ces deux êtres est aussi grande qu'elle peut être et comme infinie, et qu'il est autant impossible ce qui pense en moi soit matière, qu'il est inconcevable que Dieu soit matière : ainsi, comme Dieu est esprit, mon âme aussi est esprit.

Je ne sais point si le chien choisit, s'il se ressouvient, s'il affectionne, s'il craint, s'il imagine, s'il pense : quand donc l'on me dit que toutes ces choses ne sont en lui ni passions ni sentiment, mais l'effet naturel et nécessaire de la disposition de sa machine préparée par le divers arrangement des parties de la matière, je puis au moins acquiescer à cette doctrine. Mais je pense, et je suis certain que je pense : or quelle proportion y a-t-il de tel ou de tel arrangement des parties de la matière, c'est-à-dire d'une étendue selon toutes ses dimensions, qui est longue, large et profonde, et qui est divisible dans tous ces sens, avec ce qui pense ?

Si tout est matière, et si la pensée en moi, comme dans tous les autres hommes, n'est qu'un effet de l'arrangement des parties de la matière, qui a mis dans le monde toute autre idée que celle des choses matérielles ? La matière a-t-elle dans son fonds une idée aussi pure, aussi simple, aussi immatérielle qu'est celle de l'esprit ? comment peut-elle être le principe de ce qui la nie et l'exclut de son propre être ? comment est-elle dans l'homme ce qui pense, c'est-à-dire ce qui est à l'homme même une conviction qu'il n'est point matière ?

Il y a des êtres qui durent peu, parce qu'ils sont composés de choses très-différentes, et qui se nuisent réciproquement ; il y en a d'autres qui durent davantage, parce qu'ils sont plus simples ; mais ils périssent, parce qu'ils ne laissent pas d'avoir des parties selon lesquelles ils peuvent être divisés. Ce qui pense en moi doit durer beaucoup, parce que c'est un être pur, exempt de tout mélange et de toute composition ; et il n'y a pas de raison qu'il doive périr : car qui peut corrompre ou séparer un être simple et qui n'a point de parties ?

L'âme voit la couleur par l'organe de l'œil, et entend les sons par l'organe de l'oreille ; mais elle peut cesser de voir ou d'entendre quand ces sens ou ces objets lui manquent, sans que pour cela elle cesse d'être, parce que l'âme n'est point précisément ce qui voit la couleur ou ce qui entend les sons ; elle n'est que ce qui pense : or comment peut-elle cesser d'être telle ? ce n'est point par le défaut d'organe, puisqu'il est prouvé qu'elle n'est point matière ; ni par le défaut d'objet, tant qu'il y aura un Dieu et d'éternelles vérités : elle est donc incorruptible.

Je ne conçois point qu'une âme que Dieu a voulu remplir de l'idée de son être infini et souverainement parfait, doive être anéantie.

Voyez, *Lucile*, ce morceau de terre[1], plus propre et plus orné que les autres terres qui lui sont contiguës : ici ce sont des compartiments mêlés d'eaux plates et d'eaux jaillissantes ; là des allées en palissades qui n'ont pas de fin, et qui vous couvrent des vents du nord ; d'un côté c'est un bois épais qui défend de tous les soleils et d'un autre un beau point de vue : plus bas une Yvette ou un Lignon, qui coulait obscurément entre les saules et les peupliers, est devenu un canal qui est revêtu : ailleurs de longues et fraîches avenues se perdent dans la campagne, et annoncent la maison, qui est entourée d'eaux. Vous récrierez-vous : Quel jeu du hasard ! combien de belles choses se sont rencontrées ensemble inopinément ! Non sans doute ; vous direz au contraire : Cela est bien imaginé et bien ordonné ; il règne ici un bon goût et beaucoup d'intelligence. Je parlerai comme vous, et j'ajouterai que ce doit être la demeure de quelqu'un de ces gens chez qui un Le Nostre va tracer et prendre des alignements dès le jour même qu'ils sont en place. Qu'est-ce pourtant que cette pièce de terre ainsi disposée, et où tout l'art d'un ouvrier habile a été employé pour l'embellir, si même toute la terre n'est qu'un atome suspendu en l'air, et si vous écoutez ce que je vais dire ?

Vous êtes placé, ô Lucile, quelque part sur cet atome ; il faut donc que vous soyez bien petit, car vous n'y occupez pas une grande place : cependant vous avez des yeux, qui sont deux points imperceptibles ; ne laissez pas de les ouvrir vers le ciel : qu'y apercevez-vous quelquefois ? la lune dans son plein ? elle est belle alors et fort lumineuse, quoique sa lumière ne soit que la réflexion de celle du soleil : elle paraît grande comme le soleil : plus grande que les autres planètes, et qu'aucune des étoiles ; mais ne vous laissez pas tromper par les dehors : il n'y a rien au ciel de si petit que la lune ; sa superficie est treize fois plus petite que celle de la terre, sa solidité quarante-huit fois ; et son diamètre de sept-cent cinquante lieues n'est que le quart de celui de la terre : aussi est-il vrai qu'il n'y a que son voisinage qui lui donne une si grande apparence, puisqu'elle n'est guère plus éloignée de nous que de trente fois le diamètre de la terre, ou que sa distance n'est que de cent mille lieues. Elle n'a presque pas même de chemin à faire en comparaison du vaste tour que le soleil fait dans les espaces du ciel ; car il est certain qu'elle n'achève par jour que cinq cent quarante mille lieues : ce n'est par heure que vingt-deux mille cinq cents lieues, et trois cent soixante et quinze lieues dans une minute. Il faut néanmoins, pour accomplir cette course, qu'elle aille cinq mille six cents fois plus vite qu'un cheval de poste qui ferait quatre lieues par heure, qu'elle vole quatre-vingt fois plus légèrement que le son, que le bruit, par exemple, du canon et du tonnerre, qui parcourt en une heure, deux cent soixante et dix-sept lieues.

Mais quelle comparaison de la lune au soleil pour la grandeur, pour l'éloignement, pour la course ! vous verrez qu'il n'y en a aucune. Souvenez-vous seulement du diamètre de la terre, il est de trois mille lieues ; celui du soleil est cent fois plus grand, il est donc de trois cent mille lieues. Si c'est là sa largeur en tout sens, quelle peut être toute sa superficie ! quelle est sa solidité ! comprenez-vous bien cette étendue, et qu'un million de terres comme la nôtre ne seraient toutes ensemble pas plus grosses que le soleil ? Quel est donc, direz-vous, son éloignement, si l'on en juge par son apparence ! Vous avez raison, il est prodigieux ; il est démontré qu'il ne peut pas y avoir de la terre au soleil moins de dix mille diamètres de la terre, autrement moins de trente millions de lieues : peut-être y a-t-il quatre fois, six fois, dix fois plus loin ; on n'a aucune méthode pour déterminer cette distance.

Pour aider seulement votre imagination à se la représenter, supposons une meule de moulin qui tombe du soleil sur la terre ; donnons-lui la plus grande vitesse qu'elle soit capable d'avoir, celle même que n'ont pas les corps tombant de fort haut ; supposons encore qu'elle conserve toujours cette même vitesse, sans en acquérir et sans en perdre ; qu'elle parcourt quinze toises par chaque seconde de temps,

---

[1] Chantilly.

c'est-à-dire la moitié de l'élévation des plus hautes tours, et ainsi neuf cents toises en une minute; passons-lui mille toises en une minute, pour une plus grande facilité : mille toises font une demi-lieue commune ; ainsi en deux minutes la meule fera une lieue, et en une heure elle en fera trente, et en un jour elle fera sept cent vingt lieues : or elle a trente millions à traverser avant que d'arriver à terre ; il lui faudra donc quarante-un mille six cent soixante-six jours, qui sont plus de cent quatorze années, pour faire ce voyage. Ne vous effrayez pas, Lucile, écoutez-moi : la distance de la terre à Saturne est au moins décuple de celle de la terre au soleil; c'est vous dire qu'elle ne peut être moindre que de trois cents millions de lieues, et que cette pierre emploierait plus de onze cent quarante ans pour tomber de Saturne en terre.

Par cette élévation de Saturne élevez vous-même, si vous le pouvez, votre imagination à concevoir quelle doit être l'immensité du chemin qu'il parcourt chaque jour au-dessus de nos têtes : le cercle que Saturne décrit a plus de six cents millions de lieues de diamètre, et par conséquent plus de dix-huit cents millions de lieues de circonférence; un cheval anglais qui ferait dix lieues par heure n'aurait à courir que vingt mille cinq cent quarante-huit ans pour faire ce tour.

Je n'ai pas tout dit, ô Lucile, sur le miracle de ce monde visible, où, comme vous parlez quelquefois, sur les merveilles du hasard, que vous admettez seul pour la cause première de toutes choses. Il est encore un ouvrier plus admirable que vous ne pensez : connaissez le hasard, laissez-vous instruire de toute la puissance de votre Dieu. Savez-vous que cette distance de trente millions de lieues qu'il y a de la terre au soleil, et celle de trois cents millions de lieues de la terre à Saturne, sont si peu de chose, comparées à l'éloignement qu'il y a de la terre aux étoiles, que ce n'est pas même s'énoncer assez juste que de se servir, sur le sujet de ces distances, du terme de comparaison? Quelle proportion à la vérité de ce qui se mesure, quelque grand qu'il puisse être, avec ce qui ne se mesure pas? On ne connaît point la hauteur d'une étoile; elle est, si j'ose ainsi parler, *immensurable* ; il n'y a plus ni angles, ni sinus, ni parallaxes dont on puisse s'aider : si un homme observait à Paris une étoile fixe, et qu'un autre la regardât du Japon, les deux lignes qui partiraient de leurs yeux pour aboutir jusqu'à cet astre ne feraient pas un angle, et se confondraient en une seule et même ligne, tant la terre entière n'est pas espace par rapport à cet éloignement. Mais les étoiles ont cela de commun avec Saturne et avec le soleil : il faut dire quelque chose de plus. Si deux observateurs, l'un sur la terre et l'autre dans le soleil, observaient en même temps une étoile, les deux rayons visuels de ces deux observateurs ne formeraient point d'angle sensible. Pour concevoir la chose autrement : si un homme était situé dans une étoile, notre soleil, notre terre, et les trente millions de lieues qui les séparent, lui paraîtraient un même point; cela est démontré.

On ne sait pas aussi la distance d'une étoile d'avec une autre étoile, quelque voisines qu'elles nous paraissent. Les Pléiades se touchent presque, à en juger par nos yeux : une étoile paraît assise sur l'une de celles qui forment la queue de la grande Ourse; à peine la vue peut-elle atteindre à discerner la partie du ciel qui les sépare, c'est comme une étoile qui paraît double. Si cependant tout l'art des astronomes est inutile pour en marquer la distance, que doit-on penser de l'éloignement de deux étoiles qui en effet paraissent éloignées l'une de l'autre, et à plus forte raison des deux polaires? Quelle est donc l'immensité de la ligne qui passe d'une polaire à l'autre? et que sera-ce que le cercle dont cette ligne est le diamètre? Mais n'est-ce pas quelque chose de plus que de sonder les abîmes, que de vouloir imaginer la solidité du globe dont ce cercle n'est qu'une section? Serons-nous encore surpris que ces mêmes étoiles, si démesurées dans leur grandeur, ne nous paraissent néanmoins que comme des étincelles? N'admirerons-nous pas plutôt que d'une hauteur si prodigieuse elles puissent conserver une certaine apparence, et qu'on ne les perde pas toutes de vue? Il n'est pas aussi imaginable combien il nous en échappe. On fixe le nombre des étoiles, oui, de celles qui sont apparentes : le moyen de compter celles qu'on n'aperçoit point, celles, par exemple, qui composent la voie de lait, cette trace lumineuse qu'on remarque au ciel dans une nuit sereine du nord au midi, et qui, par leur extraordinaire élévation, ne pouvant percer jusqu'à nos yeux pour être vues chacune en particulier, ne font au plus que blanchir cette route des cieux où elles sont placées?

Me voilà donc sur la terre comme sur un grain de sable qui ne tient à rien, et qui est suspendu au milieu des airs : un nombre presque infini de globes de feu d'une grandeur inexprimable et qui confond l'imagination, d'une hauteur qui surpasse nos conceptions, tournent, roulent autour de ce grain de sable, et traversent chaque jour, depuis plus de six mille ans, les vastes et immenses espaces des cieux. Voulez-vous un autre système, et qui ne diminue rien du merveilleux? La terre elle-même est emportée avec une rapidité inconcevable autour du soleil, le centre de l'univers. Je me les représente, tous ces globes, ces corps effroyables qui sont en marche; ils ne s'embarrassent point l'un l'autre; ils ne se choquent point, ils ne se dérangent point : si le plus petit d'eux tous venait à se démentir et à rencontrer la terre, que deviendrait la terre? Tous au contraire sont en leur place, demeurent dans l'ordre qui leur est prescrit, suivent la route qui leur est marquée, et si paisiblement à notre égard, que personne n'a l'oreille assez fine pour les entendre marcher, et que le vulgaire ne sait pas s'ils sont au monde. O économie merveilleuse du hasard! l'intelligence même pourrait-elle mieux réussir? Une seule chose, Lucile, me fait de la peine : ces grands corps sont si précis et si constants dans leurs marches, dans leurs révolutions, et dans tous leurs rapports, qu'un petit animal relégué en un coin de cet espace immense qu'on appelle le monde, après les avoir observés, s'est fait une méthode infaillible de prédire à quel point de leur course tous ces astres se trouveront d'aujourd'hui en deux, en quatre, en vingt mille ans : voilà mon scrupule, Lucile; si c'est par hasard qu'ils observent des règles si invariables, qu'est-ce que l'ordre? qu'est-ce que la règle?

Je vous demanderai même ce que c'est que le hasard : est-il corps? est-il esprit? est-ce un être distingué des autres êtres, qui ait son existence particulière, qui soit quelque part? ou plutôt n'est-ce pas un mode, ou une façon d'être? Quand une boule rencontre une pierre, l'on dit : C'est un hasard; mais est-ce autre chose que ces deux corps qui se choquent fortuitement? Si, par ce hasard ou cette rencontre la boule ne va plus droit, mais obliquement; si son mouvement n'est plus direct, mais réfléchi; si elle ne roule plus sur son axe, mais qu'elle tournoie et qu'elle pirouette; conclurai-je que c'est par ce même hasard qu'en général la boule est en mouvement? ne soupçonnerai-je pas plus volontiers qu'elle se meut, ou de soi-même, ou par l'impulsion du bras qui l'a jetée? Et parce que les roues d'une pendule sont déterminées l'une par l'autre à un mouvement circulaire d'une telle ou telle vitesse, examinerai-je moins curieusement quelle peut être la cause de tous ces mouvements; s'ils se font d'eux-mêmes, ou par la force mouvante d'un poids qui les emporte? Mais ni ces roues ni cette boule n'ont pu se donner le mouvement d'eux-mêmes, ou ne l'ont point par leur nature; s'ils peuvent le perdre sans changer de nature, il y a donc apparence qu'ils sont mus d'ailleurs, et par une puissance qui leur est étrangère. Et les corps célestes, s'ils venaient à perdre leur mouvement, changeraient-ils de nature? seraient-ils moins des corps? Je ne l'imagine pas ainsi : ils se meuvent cependant, et ce n'est point d'eux-mêmes et par leur nature. Il faudrait donc chercher, ô Lucile, s'il n'y a point hors d'eux un principe qui les fait mouvoir : qui que vous trouviez, je l'appelle Dieu.

Si nous supposions que ces grands corps sont sans mouvement, on ne demanderait plus, à la vérité, qui les met en mouvement, mais on serait toujours reçu à demander qui a fait ces corps, comme on peut s'informer qui a fait ces roues ou cette boule; et quand chacun de ces grands corps serait supposé un amas fortuit d'atomes qui se sont liés et enchaînés ensemble par la figure et la conformation de leurs parties, je prendrais un de ces atomes, et je dirais : Qui a créé cet atome? est-il matière? est-il intelligence? a-t-il eu quelque idée de soi-même avant que de se faire soi-même? il était donc un moment avant que d'être ; il était et il n'était pas tout à la fois ; et s'il est auteur de son être et de sa manière d'être, pourquoi s'est-il fait corps plutôt qu'esprit ? bien plus, cet atome n'a-t-il point commencé ? est-il éternel ? est-il infini ? ferez-vous un Dieu de cet atome ?

Le ciron a des yeux, il se détourne à la rencontre des objets qui lui pourraient nuire ; quand on le met sur de l'ébène pour le mieux remarquer, si dans le temps qu'il marche vers un côté on lui présente le moindre fétu, il change de route ? est-ce un jeu du hasard que son cristallin, sa rétine et son nerf optique ?

L'on voit dans une goutte d'eau, que le poivre qu'on y a mis tremper a altérée, un nombre presque innombrable de petits animaux, dont le microscope nous fait apercevoir la figure, et qui se meuvent avec une rapidité incroyable, comme autant de monstres dans une vaste mer : chacun de ces animaux est plus petit mille fois qu'un ciron, et néanmoins c'est un corps qui vit, qui se nourrit, qui croît, qui doit avoir des muscles, des vaisseaux équivalents aux veines, aux nerfs, aux artères, et un cerveau pour distribuer les esprits animaux.

Une tache de moisissure de la grandeur d'un grain de sable paraît dans le microscope comme un amas de plusieurs plantes très-distinctes, dont les unes ont des fleurs, les autres des fruits ; il y en a qui n'ont que des boutons à demi ouverts ; il y en a quelques-unes qui sont fanées : de quelle étrange petitesse doivent être les racines et les filtres qui séparent les aliments de ces petites plantes ! et si l'on vient à considérer que ces plantes ont leurs graines, ainsi que les chênes et les pins, et que ces petits animaux dont je viens de parler se multiplient par voie de génération, comme les éléphants et les baleines, où cela ne mène-t-il point ? Qui a su travailler à des ouvrages si délicats, si fins, qui échappent à la vue des hommes, et qui tiennent de l'infini comme les cieux, bien que dans l'autre extrémité ? ne serait-ce point celui qui a fait les cieux, les astres, ces masses énormes, épouvantables par leur grandeur, par leur élévation, par la rapidité et l'étendue de leur course, et qui se joue de les faire mouvoir ?

Il est de fait que l'homme jouit du soleil, des astres, des cieux et de leurs influences, comme il jouit de l'air qu'il respire, et de la terre sur laquelle il marche et qui le soutient : et s'il fallait ajouter à la certitude d'un fait la convenance ou la vraisemblance, elle y est tout entière, puisque les cieux et tout ce qu'ils contiennent ne peuvent pas entrer en comparaison, pour la noblesse et la dignité, avec le moindre des hommes qui sont sur la terre, et que la proportion qui se trouve entre eux et lui est celle de la matière incapable de sentiment, qui est seulement une étendue selon trois dimensions, à ce qui est esprit, raison, ou intelligence. Si l'on dit que l'homme aurait pu se passer à moins pour sa conservation, je réponds que Dieu ne pouvait moins faire pour établir son pouvoir, sa bonté et sa magnificence, puisque, quelque chose que nous voyions qu'il ait faite, il pouvait faire infiniment davantage.

Le monde entier, s'il est fait pour l'homme, est littéralement la moindre chose que Dieu ait faite pour l'homme ; la preuve s'en tire du fond de la religion : ce n'est donc ni vanité ni présomption à l'homme de se rendre sur ses avantages à la force de la vérité ; ce serait en lui stupidité et aveuglement de ne pas se laisser convaincre par l'enchaînement des preuves dont la religion se sert pour lui faire connaître ses privilèges, ses ressources, ses espérances, pour lui apprendre ce qu'il est et ce qu'il peut devenir. Mais la lune est habitée ; il n'est pas du moins impossible qu'elle le soit. Que parlez-vous, Lucile, de la lune, et à quel propos ? en supposant Dieu, quelle est en effet la chose impossible ? Vous demandez peut-être si nous sommes les seuls dans l'univers que Dieu ait si bien traités ; s'il n'y a point dans la lune, ou d'autres hommes, ou d'autres créatures, que Dieu ait aussi favorisées. Vaine curiosité ! frivole demande ! La terre, Lucile, est habitée ; nous l'habitons, et nous savons que nous l'habitons ; nous avons nos preuves, notre évidence, nos convictions sur tout ce que nous devons penser de Dieu et de nous-mêmes : que ceux qui peuplent les globes célestes, quels qu'ils puissent être, s'inquiètent pour eux-mêmes ; ils ont leurs soins, et nous les nôtres. Vous avez,

Lucile, observé la lune; vous avez reconnu ses taches, ses abîmes, ses inégalités, sa hauteur, son étendue, son cours, ses éclipses; tous les astronomes n'ont pas été plus loin : imaginez de nouveaux instruments, observez-la avec plus d'exactitude : voyez-vous qu'elle soit peuplée, et de quels animaux? ressemblent-ils aux hommes? sont-ce des hommes? Laissez-moi voir après vous, et si nous sommes convaincus l'un et l'autre que des hommes habitent la lune, examinons alors s'ils sont chrétiens, et si Dieu a partagé ses faveurs entre eux et nous.

Tout est grand et admirable dans la nature : il ne s'y voit rien qui ne soit marqué au coin de l'ouvrier : ce qui s'y voit quelquefois d'irrégulier et d'imparfait suppose règle et perfection. Homme vain et présomptueux! faites un vermisseau que vous foulez aux pieds, que vous méprisez : vous avez horreur du crapaud, faites un crapaud, s'il est possible : quel excellent maître que celui qui fait des ouvrages, je ne dis pas que les hommes admirent, mais qu'ils craignent! Je ne vous demande pas de vous mettre à votre atelier pour faire un homme d'esprit, un homme bien fait, une belle femme; l'entreprise est fort au-dessus de vous : essayez seulement de faire un bossu, un fou, un monstre, je suis content.

Rois, monarques, potentats, sacrées majestés! vous ai-je nommés par tous vos superbes noms? grands de la terre, très-hauts, très-puissants et peut-être *tout-puissants seigneurs!* nous autres hommes nous avons besoin pour nos moissons d'un peu de pluie, de quelque chose de moins, d'un peu de rosée : faites de la rosée, envoyez sur la terre une goutte d'eau.

L'ordre, la décoration, les effets de la nature, sont populaires; les causes, les principes, ne le sont point : demandez à une femme comment un bel œil n'a qu'à s'ouvrir pour voir; demandez-le à un homme docte.

Plusieurs millions d'années, plusieurs centaines de millions d'années, en un mot, tous les temps ne sont qu'un instant, comparés à la durée de Dieu, qui est éternelle : tous les espaces du monde entier ne sont qu'un point, qu'un léger atome, comparés à son immensité. S'il est ainsi, comme je l'avance (car quelle proportion du fini à l'infini?) je demande, qu'est-ce que le cours de la vie d'un homme? qu'est-ce qu'un grain de poussière qu'on appelle la terre? qu'est-ce qu'une petite portion de cette terre que l'homme possède et qu'il habite? Les méchants prospèrent pendant qu'ils vivent; quelques méchants, je l'avoue. La vertu est opprimée et le crime impuni sur la terre; quelquefois, j'en conviens. C'est une injustice. Point du tout : il faudrait, pour tirer cette conclusion, avoir prouvé qu'absolument les méchants sont heureux, que la vertu ne l'est pas, et que le crime demeure impuni : il faudrait du moins que ce peu de temps où les bons souffrent et où les méchants prospèrent, eût une durée, et que ce que nous appelons prospérité et fortune ne fût pas une apparence fausse et une ombre vaine qui s'évanouit; que cette terre, cet atome où il paraît que la vertu et le crime rencontrent si rarement ce qui leur est dû, fût le seul endroit de la scène où se doivent passer la punition et les récompenses.

De ce que je pense, je n'infère pas plus clairement que je suis esprit, que je conclus de ce que je fais ou ne fais point, selon qu'il me plaît, que je suis libre : or liberté, c'est choix, autrement une détermination volontaire au bien ou au mal, et ainsi une action bonne ou mauvaise, et ce qu'on appelle vertu ou crime. Que le crime absolument soit impuni, il est vrai, c'est injustice; qu'il le soit sur la terre, c'est un mystère. Supposons pourtant, avec l'athée, que c'est injustice : toute injustice est une négation ou une privation de justice; donc toute injustice suppose justice. Toute justice est une conformité à une souveraine raison : je demande, en effet, quand il n'a pas été raisonnable que le crime soit puni, à moins qu'on ne dise que c'est quand le triangle avait moins de trois angles. Or toute conformité à la raison est une vérité : cette conformité, comme il vient d'être dit, a toujours été; elle est donc de celles que l'on appelle des éternelles vérités. Cette vérité d'ailleurs, ou n'est point et ne peut être, ou elle est l'objet d'une connaissance; elle est donc éternelle, cette connaissance, et c'est Dieu.

Les dénoûments qui découvrent les crimes les plus cachés, et où la précaution des coupables pour les dérober aux yeux des hommes a été plus grande, paraissent si simples et si faciles, qu'il semble qu'il n'y ait que Dieu seul qui puisse en être l'auteur; et les faits d'ailleurs que l'on en rapporte sont en si grand nombre, que s'il plaît à quelques-uns de les attribuer à de purs hasards, il faut donc qu'ils soutiennent que le hasard de tout temps a passé en coutume.

Si vous faites cette supposition, que tous les hommes qui peuplent la terre, sans exception, soient chacun dans l'abondance, et que rien ne leur manque, j'infère de là que nul homme qui est sur la terre n'est dans l'abondance, et que tout lui manque. Il n'y a que deux sortes de richesses, et auxquelles les autres se réduisent, l'argent et les terres : si tous sont riches, qui cultivera les terres, et qui fouillera les mines? Ceux qui sont éloignés des mines ne les fouilleront pas, ni ceux qui habitent des terres incultes et minérales ne pourront pas en tirer des fruits : on aura recours au commerce, et on le suppose. Mais si les hommes abondent de biens, et que nul ne soit dans le cas de vivre par son travail, qui transportera d'une région à une autre les lingots ou les choses échangées? qui mettra des vaisseaux en mer? qui se chargera de les conduire? qui entreprendra des caravanes? on manquera alors du nécessaire et des choses utiles. S'il n'y a plus de besoins, il n'y a plus d'arts, plus de sciences, plus d'invention, plus de mécanique. D'ailleurs cette égalité de possessions et de richesses en établit une autre dans les conditions, bannit toute subordination, réduit les hommes à se servir eux-mêmes, et à ne pouvoir être secourus les uns des autres; rend les lois frivoles et inutiles; entraîne une anarchie universelle; attire la violence, les injures, les massacres, l'impunité.

Si vous supposez au contraire que tous les hommes sont pauvres, en vain le soleil se lève pour eux sur l'horizon, en vain il échauffe la terre et la rend féconde, en vain le ciel verse sur elle ses influences, les fleuves en vain l'arrosent et répandent dans les diverses contrées la fertilité et l'abondance; inutilement aussi la mer laisse sonder ses abîmes profonds, les rochers et les montagnes s'ouvrent pour laisser fouiller dans leur sein et en tirer tous les trésors qu'ils y renferment. Mais si vous établissez que de tous les hommes répandus dans le monde, les uns soient riches et les autres pauvres et indigents, vous faites alors que le besoin rapproche mutuellement les hommes, les lie, les réconcilie : ceux-ci servent, obéissent, inventent, travaillent, cultivent, perfectionnent; ceux-là jouissent, nourrissent, secourent, protègent, gouvernent : tout ordre est rétabli, et Dieu se découvre.

Mettez l'autorité, les plaisirs et l'oisiveté d'un côté, la dépendance, les soins et la misère de l'autre; ou ces choses sont déplacées par la malice des hommes, ou Dieu n'est pas Dieu.

Une certaine inégalité dans les conditions, qui entretient l'ordre et la subordination, est l'ouvrage de Dieu, ou suppose une loi divine : une trop grande disproportion, et telle qu'elle se remarque parmi les hommes, est leur ouvrage, ou la loi des plus forts.

Les extrémités sont vicieuses, et partent de l'homme : toute compensation est juste, et vient de Dieu.

Si on ne goûte point ces Caractères, je m'en étonne; et si on les goûte, je m'en étonne de même.

FIN DES CARACTÈRES.

DISCOURS

PRONONCÉ

DANS L'ACADÉMIE FRANÇAISE

LE LUNDI QUINZIÈME JUIN 1693

PRÉFACE

Ceux qui, interrogés sur le discours que je fis à l'Académie française le jour que j'eus l'honneur d'y être reçu, ont dit sèchement que j'avais fait des Caractères, croyant le blâmer, en ont donné l'idée la plus avantageuse que je pouvais moi-même désirer ; car le public ayant approuvé ce genre d'écrire où je me suis appliqué depuis quelques années, c'était le prévenir en ma faveur que de faire une telle réponse. Il ne restait plus que de savoir si je n'aurais pas dû renoncer aux Caractères dans le discours dont il s'agissait ; et cette question s'évanouit dès qu'on sait que l'usage a prévalu qu'un nouvel académicien compose celui qu'il doit prononcer le jour de sa réception, de l'éloge du roi, de ceux du cardinal de Richelieu, du chancelier Séguier, de la personne à qui il succède, et de l'Académie française. De ces cinq éloges, il y en a quatre de personnels : or je demande à mes censeurs qu'ils me posent si bien la différence qu'il y a des éloges personnels aux Caractères qui louent, que je la puisse sentir, et avouer ma faute. Si, chargé de faire quelque autre harangue, je retombe encore dans des peintures, c'est alors qu'on pourra écouter leur critique, et peut-être me condamner ; je dis peut-être, puisque les Caractères, ou du moins les images des choses et des personnes sont inévitables dans l'oraison, que tout écrivain est peintre, et tout excellent écrivain excellent peintre.

J'avoue que j'ai ajouté à ces tableaux, qui étaient de commande, les louanges de chacun des hommes illustres qui composent l'Académie française ; et ils ont dû me le pardonner, s'ils ont fait attention qu'autant pour ménager leur pudeur que pour éviter les Caractères, je me suis abstenu de toucher à leurs personnes, pour ne parler que de leurs ouvrages, dont j'ai fait des éloges critiques plus ou moins étendus, selon que les sujets qu'ils y ont traités pouvaient l'exiger. J'ai loué des académiciens encore vivants, disent quelques-uns. Il est vrai ; mais je les ai loués tous : qui d'entre eux aurait une raison de se plaindre ? C'est une conduite toute nouvelle, ajoutent-ils, et qui n'avait point encore eu d'exemple. Je veux en convenir, et que j'ai pris soin de m'écarter des lieux communs et des phrases proverbiales usées depuis si longtemps, pour avoir servi à un nombre infini de pareils discours depuis la naissance de l'Académie française : m'était-il donc si difficile de faire entrer Rome et Athènes, le Lycée et le Portique, dans l'éloge de cette savante compagnie ? « Être au comble de ses vœux de se voir académicien ; protester que ce jour où l'on jouit pour la première fois d'un si rare bonheur est le jour le plus beau de sa vie ; douter si cet honneur qu'on vient de recevoir est une chose vraie ou qu'on ait songée ; espérer de puiser désormais à la source les plus pures eaux de l'éloquence française ; n'avoir accepté, n'avoir désiré une telle place que pour profiter des lumières de tant de personnes si éclairées ; promettre que, tout indigne de leur choix qu'on se reconnaît, on s'efforcera de s'en rendre digne : » cent autres formules de pareils compliments sont-elles si rares et si peu connues, que je n'eusse pu les trouver, les placer, et en mériter les applaudissements ?

Parce donc que j'ai cru que, quoi que l'envie et l'injustice publient de l'Académie française, quoi qu'elles veuillent dire de son âge d'or et de sa décadence, elle n'a jamais, depuis son établissement, rassemblé un si grand nombre de personnages illustres par toutes sortes de talents et en tout genre d'érudition qu'il est facile aujourd'hui d'y en remarquer, et que dans cette prévention où je suis je n'ai pas espéré que cette compagnie pût être une autre fois plus belle à peindre, ni prise dans un jour plus favorable, et que je me suis servi de l'occasion, ai-je rien fait qui doive m'attirer les moindres reproches? Cicéron a pu louer impunément Brutus, César, Pompée, Marcellus, qui étaient vivants, qui étaient présents; il les a loués plusieurs fois; il les a loués seuls, dans le sénat, souvent en présence de leurs ennemis, toujours devant une compagnie jalouse de leur mérite, et qui avait bien d'autres délicatesses de politique sur la vertu des grands hommes que n'en saurait avoir l'Académie française. J'ai loué les académiciens, je les ai loués tous, et ce n'a pas été impunément : que me serait-il arrivé si je les avais blâmés tous?

« Je viens d'entendre, a dit Théobalde, une grande vilaine harangue qui m'a fait bâiller vingt fois, et qui m'a ennuyé à la mort. » Voilà ce qu'il a dit, et voilà ensuite ce qu'il a fait, lui et peu d'autres qui ont cru devoir entrer dans les mêmes intérêts. Ils partirent pour la cour le lendemain de la prononciation de ma harangue, ils allèrent de maisons en maisons, ils dirent aux personnes auprès de qui ils ont accès, que je leur avais balbutié la veille un discours où il n'y avait ni style ni sens commun, qui était rempli d'extravagances, et une vraie satire. Revenus à Paris, ils se cantonnèrent en divers quartiers, où ils répandirent tant de venin contre moi, s'acharnèrent si fort à diffamer cette harangue, soit dans leurs conversations, soit dans les lettres qu'ils écrivirent à leurs amis dans les provinces, en dirent tant de mal, et le persuadèrent si fortement à qui ne l'avait pas entendue, qu'ils crurent pouvoir insinuer au public, ou que les Caractères faits de la même main étaient mauvais, ou que, s'ils étaient bons, je n'en étais pas l'auteur, mais qu'une femme de mes amies m'avait fourni ce qu'il y avait de plus supportable. Ils prononcèrent aussi que je n'étais pas capable de faire rien de suivi, pas même la moindre préface : tant ils estimaient impraticable à un homme même qui est dans l'habitude de penser, et d'écrire ce qu'il pense, l'art de lier ses pensées et de faire des transitions.

Ils firent plus : violant les lois de l'Académie française, qui défendent aux académiciens d'écrire ou de faire écrire contre leurs confrères, ils lâchèrent sur moi deux auteurs associés à une même gazette[1] : ils les animèrent, non pas à publier contre moi une satire fine et ingénieuse, ouvrage trop au-dessous des uns et des autres, « facile à manier, et dont les moindres esprits se trouvent capables; » mais à me dire de ces injures grossières et personnelles, si difficiles à rencontrer, si pénibles à prononcer ou à écrire, surtout à des gens à qui je veux croire qu'il reste encore quelque pudeur et quelque soin de leur réputation.

Et en vérité je ne doute point que le public ne soit enfin étourdi et fatigué d'entendre depuis quelques années de vieux corbeaux croasser autour de ceux qui, d'un vol libre et d'une plume légère, se sont élevés à quelque gloire par leurs écrits. Ces oiseaux lugubres semblent, par leurs cris continuels, leur vouloir imputer le décri universel où tombe nécessairement tout ce qu'ils exposent au grand jour de l'impression; comme si on était cause qu'ils manquent de force et d'haleine, ou qu'on dût être responsable de cette médiocrité répandue sur leurs ouvrages. S'il s'imprime un livre de mœurs assez mal digéré pour tomber de soi-même et ne pas exciter leur jalousie, ils le louent volontiers, et plus volontiers encore ils n'en parlent point; mais s'il est tel que le monde en parle, ils l'attaquent avec furie : prose, vers, tout est sujet à leur censure, tout est en proie à une haine implacable qu'ils ont conçue contre ce qui ose paraître dans quelque perfection, et avec les signes d'une approbation publique. On ne sait plus quelle morale leur fournir qui leur agrée; il faudra leur rendre celle de la Serre ou de Desmarets, et, s'ils en sont crus, revenir au *Pédagogue chrétien* et à la *Cour sainte*. Il paraît une nouvelle satire écrite contre les vices en général, qui d'un vers fort et d'un style d'airain enfonce ses traits contre l'avarice, l'excès du jeu, la chicane, la mollesse, l'ordure et l'hypocrisie, où personne n'est nommé ni désigné, où nulle femme vertueuse ne peut ni ne doit se reconnaître; un Bourdaloue en chaire ne fait point de peintures du crime ni plus vives ni plus innocentes : il n'importe, *c'est médisance, c'est calomnie*; voilà depuis quelque temps leur unique ton, celui qu'ils emploient contre les ouvrages de mœurs qui réussissent; ils y prennent tout littéralement, ils les lisent comme une histoire, ils n'y entendent ni la poésie ni la figure, ainsi ils les condamnent : ils y trouvent des endroits faibles; il y en a dans Homère, dans Pindare, dans Virgile et dans Horace; où n'y en a-t-il point? si ce n'est peut-être dans leurs écrits. Bernin n'a pas manié le marbre ni traité toutes ses figures d'une égale force; mais on ne laisse pas de voir, dans ce qu'il a moins heureusement rencontré, de certains traits si achevés tout proche de quelques autres qui le sont moins, qu'ils découvrent aisément

[1] Mercure galant. (*La Bruyère*.)

l'excellence de l'ouvrier : si c'est un cheval, les crins sont tournés d'une main hardie, ils voltigent et semblent être le jouet du vent ; l'œil est ardent, les naseaux soufflent, le feu et la vie ; un ciseau de maître s'y retrouve en mille endroits ; il n'est pas donné à ses copistes ni à ses envieux d'arriver à de telles fautes par leurs chefs-d'œuvre ; l'on voit bien que c'est quelque chose de manqué par un habile homme, et une faute de Praxitèle.

Mais qui sont ceux qui, si tendres et si scrupuleux, ne peuvent même supporter que, sans blesser et sans nommer les vicieux, on se déclare contre le vice ? sont-ce des chartreux et des solitaires ? sont-ce les jésuites, hommes pieux et éclairés ? sont-ce ces hommes religieux qui habitent en France les cloîtres et les abbayes ? Tous au contraire lisent ces sortes d'ouvrages, et en particulier et en public, à leurs récréations ; ils en inspirent la lecture à leurs pensionnaires, à leurs élèves ; ils en dépeuplent les boutiques, ils les conservent dans leurs bibliothèques : n'ont-ils pas les premiers reconnu le plan et l'économie du livre des Caractères ? n'ont-ils pas observé que de seize chapitres qui le composent, il y en a quinze qui, s'attachant à découvrir le faux et le ridicule qui se rencontrent dans les objets des passions et des attachements humains, ne tendent qu'à ruiner tous les obstacles qui affaiblissent d'abord, et qui éteignent ensuite dans tous les hommes la connaissance de Dieu ; qu'ainsi ils ne sont que des préparations au seizième et dernier chapitre, où l'athéisme est attaqué et peut-être confondu, où les preuves de Dieu, une partie du moins de celles que les faibles hommes sont capables de recevoir dans leur esprit, sont apportées, où la providence de Dieu est défendue contre l'insulte et les plaintes des libertins ? Qui sont donc ceux qui osent répéter contre un ouvrage si sérieux et si utile ce continuel refrain, *c'est médisance, c'est calomnie ?* Il faut les nommer : ce sont des poëtes. Mais quels poëtes ? Des auteurs d'hymnes sacrés ou des traducteurs de psaumes, des Godeaux ou des Corneilles ? Non, mais des faiseurs de stances et d'élégies amoureuses, de ces beaux esprits qui tournent un sonnet sur une absence ou sur un retour, qui font une épigramme sur une belle gorge, et un madrigal sur une jouissance. Voilà ceux qui, par délicatesse de conscience, ne souffrent qu'impatiemment qu'en ménageant les particuliers avec toutes les précautions que la prudence peut suggérer, j'essaye dans mon livre des Mœurs de décrier, s'il est possible, tous les vices du cœur et de l'esprit, de rendre l'homme raisonnable et plus proche de devenir chrétien. Tels ont été les Théobaldes, ou ceux du moins qui travaillent sous eux et dans leur atelier.

Ils sont encore allés plus loin ; car, palliant d'une politique zélée le chagrin de ne se sentir pas à leur gré si bien loués et si longtemps que chacun des autres académiciens, ils ont osé faire des applications délicates et dangereuses de l'endroit de ma harangue où, m'exposant seul à prendre le parti de toute la littérature contre leurs plus irréconciliables ennemis, gens pécunieux, que l'excès d'argent, ou qu'une fortune faite par de certaines voies, jointe à la faveur des grands qu'elle leur attire nécessairement, mène jusqu'à une froide insolence, je leur fais à la vérité à tous une vive apostrophe, mais qu'il n'est pas permis de détourner de dessus eux pour la rejeter sur un seul, et sur tout autre.

Ainsi en usent à mon égard, excités peut-être par les Théobaldes, ceux qui, se persuadant qu'un auteur écrit seulement pour les amuser par la satire, et point du tout pour les instruire par une saine morale, au lieu de prendre pour eux et de faire servir à la correction de leurs mœurs les divers traits qui sont semés dans un ouvrage, s'appliquent à découvrir, s'ils le peuvent, quels de leurs amis ou de leurs ennemis ces traits peuvent regarder, négligent dans un livre tout ce qui n'est que remarques, solides ou sérieuses réflexions, quoiqu'en si grand nombre qu'elles le composent presque tout entier, pour ne s'arrêter qu'aux peintures ou aux caractères ; et après les avoir expliqués à leur manière, et en avoir cru trouver les originaux, donnent au public de longues listes, ou, comme ils les appellent, des clefs, fausses clefs, et qui leur sont aussi inutiles qu'elles sont injurieuses aux personnes dont les noms s'y voient déchiffrés, et à l'écrivain qui en est la cause, quoique innocente.

J'avais pris la précaution de protester dans une préface contre toutes ces interprétations, que quelque connaissance que j'ai des hommes m'avait fait prévoir, jusqu'à hésiter quelque temps si je devais rendre mon livre public, et à balancer entre le désir d'être utile à ma patrie par mes écrits et la crainte de fournir à quelques-uns de quoi exercer leur malignité. Mais puisque j'ai eu la faiblesse de publier ces Caractères, quelle digue élèverai-je contre ce déluge d'explications qui inonde la ville, et qui bientôt va gagner la cour ? Dirai-je sérieusement, et protesterai-je avec d'horribles serments, que je ne suis ni auteur ni complice de ces clefs qui courent ; que je n'en ai donné aucune ; que mes plus familiers amis savent que je les leur ai toutes refusées ; que les personnes les plus accréditées de la cour ont désespéré d'avoir mon secret ? N'est-ce pas la même chose que si je me tourmentais beaucoup à soutenir que je ne suis pas un malhonnête homme, un homme sans pudeur, sans mœurs, sans conscience, tel enfin que les gazetiers dont je viens de parler ont voulu me représenter dans leur libelle diffamatoire.

Mais d'ailleurs comment aurais-je donné ces sortes de clefs, si je n'ai pu moi-même les forger telles qu'elles sont, et que je les ai vues? Étant presque toutes différentes entre elles, quel moyen de les faire servir à une même entrée, je veux dire à l'intelligence de mes remarques? Nommant des personnes de la cour et de la ville à qui je n'ai jamais parlé, que je ne connais point, peuvent-elles partir de moi, et être distribuées de ma main? Aurais-je donné celles qui se fabriquent à Romorantin, à Mortagne et à Bellesme, dont les différentes applications sont à la baillive, à la femme de l'assesseur, au président de l'élection, au prévôt de la maréchaussée, et au prévôt de la collégiale? Les noms y sont fort bien marqués, mais ils ne m'aident pas davantage à connaître les personnes. Qu'on me permette ici une vanité sur mon ouvrage; je suis presque disposé à croire qu'il faut que mes peintures expriment bien l'homme en général, puisqu'elles ressemblent à tant de particuliers, et que chacun y croit voir ceux de sa ville ou de sa province. J'ai peint à la vérité d'après nature, mais je n'ai pas toujours songé à peindre celui-ci ou celle-là dans mon livre des Mœurs. Je ne me suis point loué au public pour faire des portraits qui ne fussent que vrais et ressemblants, de peur que quelquefois ils ne fussent pas croyables et ne parussent feints ou imaginés. Me rendant plus difficile, je suis allé plus loin : j'ai pris un trait d'un côté et un trait d'un autre; et de ces divers traits, qui pouvaient convenir à une même personne, j'en ai fait des peintures vraisemblables, cherchant moins à réjouir les lecteurs par le caractère ou, comme le disent les mécontents, par la satire de quelqu'un, qu'à leur proposer des défauts à éviter, et des modèles à suivre.

Il me semble donc que je dois être moins blâmé que plaint de ceux qui par hasard verraient leurs noms écrits dans ces insolentes listes que je désavoue et que je condamne autant qu'elles le méritent. J'ose même attendre d'eux cette justice, que, sans s'arrêter à un auteur moral qui n'a eu nulle intention de les offenser par son ouvrage, ils passeront jusqu'aux interprètes, dont la noirceur est inexcusable. Je dis en effet ce que je dis, et nullement ce qu'on assure que j'ai voulu dire; et je réponds encore moins de ce qu'on me fait dire, et que je ne dis point. Je nomme nettement les personnes que je veux nommer, toujours dans la vue de louer leur vertu ou leur mérite : j'écris leurs noms en lettres capitales, afin qu'on les voie de loin, et que le lecteur ne coure pas risque de les manquer. Si j'avais voulu mettre des noms véritables aux peintures moins obligeantes, je me serais épargné le travail d'emprunter des noms de l'ancienne histoire, d'employer des lettres initiales qui n'ont qu'une signification vaine et incertaine, de trouver enfin mille tours et mille fauxfuyants pour dépayser ceux qui me lisent, et les dégoûter des applications. Voilà la conduite que j'ai tenue dans la composition des Caractères.

Sur ce qui concerne la harangue, qui a paru longue et ennuyeuse au chef des mécontents, je ne sais en effet pourquoi j'ai tenté de faire de ce remerciment à l'Académie française un discours oratoire qui eût quelque force et quelque étendue : de zélés académiciens m'avaient déjà frayé ce chemin; mais ils se sont trouvés en petit nombre, et leur zèle pour l'honneur et pour la réputation de l'Académie n'a eu que peu d'imitateurs. Je pouvais suivre l'exemple de ceux qui, postulant une place dans cette compagnie sans avoir jamais rien écrit, quoiqu'ils sachent écrire, annoncent dédaigneusement, la veille de leur réception, qu'ils n'ont que deux mots à dire et qu'un moment à parler, quoique capables de parler longtemps, et de parler bien.

J'ai pensé, au contraire, qu'ainsi que nul artisan n'est agrégé à aucune société ni n'a ses lettres de maîtrise sans faire son chef-d'œuvre; de même, et avec encore plus de bienséance, un homme associé à un corps qui ne s'est soutenu et ne peut jamais se soutenir que par l'éloquence, se trouvait engagé à faire en y entrant un effort en ce genre, qui le fît aux yeux de tous paraître digne du choix dont il venait de l'honorer. Il me semblait encore que, puisque l'éloquence profane ne paraissait plus régner au barreau, d'où elle a été bannie par la nécessité de l'expédition, et qu'elle ne devait plus être admise dans la chaire, où elle n'a été que trop soufferte, le seul asile qui pouvait lui rester était l'Académie française; et qu'il n'y avait rien de plus naturel, ni qui pût rendre cette compagnie plus célèbre, que si, au sujet des réceptions de nouveaux académiciens, elle savait quelquefois attirer la cour et la ville à ses assemblées, par la curiosité d'y entendre des pièces d'éloquence d'une juste étendue, faites de main de maîtres, et dont la profession est d'exceller dans la science de la parole.

Si je n'ai pas atteint mon but, qui était de prononcer un discours éloquent, il me paraît du moins que je me suis disculpé de l'avoir fait trop long de quelques minutes : car si d'ailleurs Paris, à qui on l'avait promis mauvais, satirique et insensé, s'est plaint qu'on lui avait manqué de parole; si Marly, où la curiosité de l'entendre s'était répandue, n'a point retenti d'applaudissements que la cour ait donnés à la critique qu'on en avait faite; s'il a su franchir Chantilly, écueil des mauvais ouvrages; si l'Académie française, à qui j'avais appelé comme au juge souverain de ces sortes de pièces, étant assemblée extraordinairement, a adopté celle-ci, l'a fait imprimer par son libraire, l'a mise dans ses archives ; si elle n'était pas en effet composée *d'un style affecté, dur et interrompu*, ni chargée de louanges fades et outrées, telles qu'on les lit dans *les prologues d'opéras*, et dans tant *d'épitres dédicatoires*, il ne faut plus s'étonner qu'elle ait ennuyé Théobalde. Je vois les temps, le public me permettra de le dire, où ce ne sera pas assez de l'approbation qu'il aura donnée à un ouvrage, pour en faire la réputation, et que, pour y mettre le dernier sceau, il sera nécessaire que de certaines gens le désapprouvent, qu'ils y aient bâillé.

Car voudraient-ils, présentement qu'ils ont reconnu que cette harangue a moins mal réussi dans le public qu'ils ne l'avaient espéré, qu'ils savent que deux libraires ont plaidé[1] à qui l'imprimerait, voudraient-ils désavouer leur goût et le jugement qu'ils en ont porté dans les premiers jours qu'elle fut prononcée ? Me permettraient-ils de publier ou seulement de soupçonner une tout autre raison de l'âpre censure qu'ils en firent, que la persuasion où ils étaient qu'elle la méritait ? On sait que cet homme, d'un nom et d'un mérite si distingués, avec qui j'eus l'honneur d'être reçu à l'Académie française, prié, sollicité, persécuté de consentir à l'impression de sa harangue par ceux mêmes qui voulaient supprimer la mienne et en éteindre la mémoire, leur résista toujours avec fermeté. Il leur dit « qu'il ne pouvait ni ne devait approuver une distinction si odieuse qu'ils voulaient faire entre lui et moi ; que la préférence qu'ils donnaient à son discours avec cette affectation et cet empressement qu'ils lui marquaient, bien loin de l'obliger, comme ils pouvaient le croire, lui faisait au contraire une véritable peine ; que deux discours également innocents, prononcés dans le même jour, devaient être imprimés dans le même temps. » Il s'expliqua ensuite obligeamment en public et en particulier sur le violent chagrin qu'il ressentait de ce que les deux auteurs de la gazette que j'ai cités avaient fait servir les louanges qu'il leur avait plu de lui donner à un dessein formé de médire de moi, de mon discours et de mes Caractères : et il me fit sur cette satire injurieuse des explications et des excuses qu'il ne me devait point. Si donc on voulait inférer, de cette conduite des Théobaldes, qu'ils ont cru faussement avoir besoin de comparaisons et d'une harangue folle et décriée pour relever celle de mon collègue, ils doivent répondre, pour se laver de ce soupçon qui les déshonore, qu'ils ne sont ni courtisans, ni dévoués à la faveur, ni intéressés, ni adulateurs ; qu'au contraire ils sont sincères, et qu'ils ont dit naïvement ce qu'ils pensaient du plan, du style et des expressions de mon remercîment à l'Académie française. Mais on ne manquera pas d'insister, et de leur dire que le jugement de la cour et de la ville, des grands et du peuple, lui a été favorable. Qu'importe ? ils répliqueront avec confiance que le public a son goût, et qu'ils ont le leur : réponse qui ferme la bouche et qui termine tout différend. Il est vrai qu'elle m'éloigne de plus en plus de vouloir leur plaire par aucun de mes écrits ; car, si j'ai un peu de santé avec quelques années de vie, je n'aurai plus d'autre ambition que celle de rendre, par des soins assidus et par de bons conseils, mes ouvrages tels, qu'ils puissent toujours partager les Théobaldes et le public.

DISCOURS

Messieurs,

Il serait difficile d'avoir l'honneur de se trouver au milieu de vous, d'avoir devant ses yeux l'Académie française, d'avoir lu l'histoire de son établissement, sans penser d'abord à celui à qui elle en est redevable, et sans se persuader qu'il n'y a rien de plus naturel, et qui doive moins vous déplaire, que d'entamer ce tissu de louanges qu'exigent le devoir et la coutume, par quelques traits où ce grand cardinal soit reconnaissable, et qui en renouvellent la mémoire.

Ce n'est point un personnage qu'il soit facile de rendre ni d'exprimer par de belles paroles ou par de riches figures, par ces discours moins faits pour relever le mérite de celui que l'on veut peindre, que pour montrer tout le feu et toute la vivacité de l'orateur. Suivez le règne de Louis le Juste : c'est la vie du cardinal de Richelieu, c'est son éloge et celui du prince qui l'a mis en œuvre. Que pourrais-je ajouter à des faits encore récents et si mémorables ? Ouvrez son Testament politique, digérez cet ouvrage : c'est la peinture de son esprit ; son âme tout entière s'y développe ; l'on y découvre le secret de sa conduite et de ses actions ; l'on y trouve la source et la vraisemblance de tant et de si grands événements qui ont paru sous son administration ; l'on y voit sans peine

---

[1] L'instance était aux requêtes de l'hôtel. (*La Bruyère.*)

qu'un homme qui pense si virilement et si juste a pu agir sûrement et avec succès, et que celui qui a achevé de si grandes choses, ou n'a jamais écrit, ou a dû écrire comme il a fait.

Génie fort et supérieur, il a su tout le fond et tout le mystère du gouvernement; il a connu le beau et le sublime du ministère; il a respecté l'étranger, ménagé les couronnes, connu le poids de leur alliance; il a opposé des alliés à des ennemis; il a veillé aux intérêts du dehors, à ceux du dedans, il n'a oublié que les siens : une vie laborieuse et languissante, souvent exposée, a été le prix d'une si haute vertu. Dépositaire des trésors de son maître, comblé de ses bienfaits, ordonnateur, dispensateur de ses finances, on ne saurait dire qu'il est mort riche.

Le croirait-on, messieurs? cette âme sérieuse et austère, formidable aux ennemis de l'État, inexorable aux factieux, plongée dans la négociation, occupée tantôt à affaiblir le parti de l'hérésie, tantôt à déconcerter une ligue, et tantôt à méditer une conquête, a trouvé le loisir d'être savante, a goûté les belles-lettres et ceux qui en faisaient profession. Comparez-vous, si vous l'osez, au grand Richelieu, hommes dévoués à la fortune, qui, par le succès de vos affaires particulières, vous jugez dignes que l'on vous confie les affaires publiques; qui vous donnez pour des génies heureux et pour de bonnes têtes; qui dites que vous ne savez rien, que vous n'avez jamais lu, que vous ne lirez point, ou pour marquer l'inutilité des sciences, ou pour paraître ne devoir rien aux autres, mais puiser tout de votre fonds; apprenez que le cardinal de Richelieu a su, qu'il a lu; je ne dis pas qu'il n'a point eu d'éloignement pour les gens de lettres, mais qu'il les a aimés, caressés, favorisés; qu'il leur a ménagé des priviléges, qu'il leur destinait des pensions, qu'il les a réunis en une compagnie célèbre, qu'il en a fait l'Académie française. Oui, hommes riches et ambitieux, contempteurs de la vertu et de toute association qui ne roule pas sur les établissements et sur l'intérêt, celle-ci est une des pensées de ce grand ministre, né homme d'État, dévoué à l'État; esprit solide, éminent, capable dans ce qu'il faisait des motifs les plus relevés et qui tendaient au bien public comme à la gloire de la monarchie; incapable de concevoir jamais rien qui ne fût digne de lui, du prince qu'il servait, de la France, à qui il avait consacré ses méditations et ses veilles.

Il savait quelle est la force et l'utilité de l'éloquence, la puissance de la parole qui aide la raison et la fait valoir; qui insinue aux hommes la justice et la probité, qui porte dans le cœur du soldat l'intrépidité et l'audace, qui calme les émotions populaires, qui excite à leurs devoirs les compagnies entières, ou la multitude : il n'ignorait pas quels sont les fruits de l'histoire et de la poésie, quelle est la nécessité de la grammaire, la base et le fondement des autres sciences; et que, pour conduire ces choses à un degré de perfection qui les rendît avantageuses à la république, il fallait dresser le plan d'une compagnie où la vertu seule fût admise, le mérite placé, l'esprit et le savoir rassemblés par des suffrages : n'allons pas plus loin; voilà, messieurs, vos principes et votre règle, dont je ne suis qu'une exception.

Rappelez en votre mémoire, la comparaison ne vous sera pas injurieuse, rappelez ce grand et premier concile où les Pères qui le composaient étaient remarquables chacun par quelques membres mutilés, ou par les cicatrices qui leur étaient restées des fureurs de la persécution : ils semblaient tenir de leurs plaies le droit de s'asseoir dans cette assemblée générale de toute l'Église : il n'y avait aucun de vos illustres prédécesseurs qu'on ne s'empressât de voir, qu'on ne montrât dans les places, qu'on ne désignât par quelque ouvrage fameux qui lui avait fait un grand nom et qui lui donnait rang dans cette Académie naissante qu'ils avaient comme fondée : tels étaient ces grands artisans de la parole, ces premiers maîtres de l'éloquence française; tels vous êtes, messieurs, qui ne cédez ni en savoir ni en mérite à nul de ceux qui vous ont précédés.

L'un[1], aussi correct dans sa langue que s'il l'avait apprise par règles et par principes, aussi élégant dans les langues étrangères que si elles lui étaient naturelles, en quelque idiome

---

[1] L'abbé de Choisy, qui a fait une traduction de l'*Imitation de Jésus-Christ*.

qu'il compose, semble toujours parler celui de son pays : il a entrepris, il a fini une pénible traduction que le plus bel esprit pourrait avouer, et que le plus pieux personnage devrait désirer d'avoir faite.

L'autre[1] fait revivre Virgile parmi nous, transmet dans notre langue les grâces et les richesses de la latine, fait des romans qui ont une fin, en bannit le prolixe et l'incroyable pour y substituer le vraisemblable et le naturel.

Un autre[2], plus égal que Marot et plus poëte que Voiture, a le jeu, le tour et la naïveté de tous les deux ; il instruit en badinant, persuade aux hommes la vertu par l'organe des bêtes, élève les petits sujets jusqu'au sublime : homme unique dans son genre d'écrire ; toujours original, soit qu'il invente, soit qu'il traduise ; qui a été au delà de ses modèles, modèle lui-même difficile à imiter.

Celui-ci[3] passe Juvénal, atteint Horace, semble créer les pensées d'autrui, et se rendre propre tout ce qu'il manie ; il a dans ce qu'il emprunte des autres toutes les grâces de la nouveauté et tout le mérite de l'invention : ses vers forts et harmonieux, faits de génie, quoique travaillés avec art, pleins de traits et de poésie, seront lus encore quand la langue aura vieilli, en seront les derniers débris : on y remarque une critique sûre, judicieuse et innocente, s'il est permis du moins de dire de ce qui est mauvais qu'il est mauvais.

Cet autre[4] vient après un homme loué, applaudi, admiré, dont les vers volent en tous lieux et passent en proverbe ; qui prime, qui règne sur la scène ; qui s'est emparé de tout le théâtre : il ne l'en dépossède pas, il est vrai, mais il s'y établit avec lui ; le monde s'accoutume à en voir faire la comparaison : quelques-uns ne souffrent pas que Corneille, le grand Corneille, lui soit préféré ; quelques autres, qu'il lui soit égalé : ils en appellent à l'autre siècle, ils attendent la fin de quelques

[1] Segrais, traducteur des *Géorgiques* et de l'*Énéide* de Virgile, et auteur présumé de *Zaïde* et de la *Princesse de Clèves*, qu'on a su depuis être de madame de La Fayette.
[2] La Fontaine.
[3] Boileau.
[4] Racine.

vieillards qui, touchés indifféremment de tout ce qui rappelle leurs premières années, n'aiment peut-être dans Œdipe que le souvenir de leur jeunesse.

Que dirai-je de ce personnage[1] qui a fait parler si longtemps une envieuse critique et qui l'a fait taire ; qu'on admire malgré soi, qui accable par le grand nombre et par l'éminence de ses talents ; orateur, historien, théologien, philosophe, d'une rare érudition, d'une plus rare éloquence, soit dans ses entretiens, soit dans ses écrits, soit dans la chaire ; un défenseur de la religion, une lumière de l'Église ; parlons d'avance le langage de la postérité, un Père de l'Église ? Que n'est-il point ? nommez, messieurs, une vertu qui ne soit pas la sienne.

Toucherai-je aussi votre dernier choix si digne de vous[2] ? Quelles choses vous furent dites dans la place où je me trouve ! je m'en souviens ; et, après ce que vous avez entendu, comment osé-je parler ? comment daignez-vous m'entendre ? Avouons-le, on sent la force et l'ascendant de ce rare esprit, soit qu'il prêche de génie et sans préparation, soit qu'il prononce un discours étudié et oratoire, soit qu'il explique ses pensées dans la conversation : toujours maître de l'oreille et du cœur de ceux qui l'écoutent, il ne leur permet pas d'envier ni tant d'élévation, ni tant de facilité, de délicatesse, de politesse : on est assez heureux de l'entendre, de sentir ce qu'il dit, et comme il le dit ; on doit être content de soi si l'on emporte ses réflexions, et si l'on en profite. Quelle grande acquisition avez-vous faite en cet homme illustre ! à qui m'associez-vous !

Je voudrais, messieurs, moins pressé par le temps et par les bienséances qui mettent des bornes à ce discours, pouvoir louer chacun de ceux qui composent cette Académie par des endroits encore plus marqués et par de plus vives expressions. Toutes les sortes de talents que l'on voit répandus parmi les hommes se trouvent partagés entre vous. Veut-on de diserts orateurs, qui aient semé dans la chaire toutes les fleurs de l'éloquence, qui, avec une saine morale, aient employé tous les tours et toutes les finesses de la langue, qui plaisent-

[1] Bossuet.
[2] Fénelon.

par un beau choix de paroles, qui fassent aimer les solennités, les temples, qui y fassent courir : qu'on ne les cherche pas ailleurs, ils sont parmi vous. Admire-t-on une vaste et profonde littérature qui aille fouiller dans les archives de l'antiquité pour en retirer des choses ensevelies dans l'oubli, échappées aux esprits les plus curieux, ignorées des autres hommes ; une mémoire, une méthode, une précision à ne pouvoir, dans ces recherches, s'égarer d'une seule année, quelquefois d'un seul jour sur tant de siècles : cette doctrine admirable, vous la possédez ; elle est du moins en quelques-uns de ceux qui forment cette savante assemblée. Si l'on est curieux du don des langues joint au double talent de savoir avec exactitude les choses anciennes, et de narrer celles qui sont nouvelles avec autant de simplicité que de vérité ; des qualités si rares ne vous manquent pas, et sont réunies en un même sujet. Si l'on cherche des hommes habiles, pleins d'esprit et d'expérience, qui, par le privilège de leurs emplois, fassent parler le prince avec dignité et avec justesse ; d'autres qui placent heureusement et avec succès dans les négociations les plus délicates les talents qu'ils ont de bien parler et de bien écrire ; d'autres encore qui prêtent leurs soins et leur vigilance aux affaires publiques, après les avoir employés aux judiciaires, toujours avec une égale réputation : tous se trouvent au milieu de vous, et je souffre à ne les pas nommer.

Si vous aimez le savoir joint à l'éloquence, vous n'attendrez pas longtemps ; réservez seulement toute votre attention pour celui qui parlera après moi [1]. Que vous manque-t-il enfin ? vous avez des écrivains habiles en l'une et en l'autre oraison ; des poëtes en tout genre de poésies, soit morales, soit chrétiennes, soit héroïques, soit galantes et enjouées ; des imitateurs des anciens ; des critiques austères ; des esprits fins, délicats, subtils, ingénieux, propres à briller dans les conversations et dans les cercles. Encore une fois, à quels hommes, à quels grands sujets m'associez-vous !

Mais avec qui daignez-vous aujourd'hui me recevoir ? après qui vous fais-je ce public remerciment [1] ? Il ne doit pas néanmoins, cet homme si louable et si modeste, appréhender que je le loue : si proche de moi, il aurait autant de facilité que de disposition à m'interrompre. Je vous demanderai plus volontiers, à qui me faites-vous succéder ? à un homme QUI AVAIT DE LA VERTU.

Quelquefois, messieurs, il arrive que ceux qui vous doivent les louanges des illustres morts, dont ils remplissent la place, hésitent, partagés entre plusieurs choses qui méritent également qu'on les relève : vous aviez choisi en M. l'abbé de la Chambre un homme si pieux, si tendre, si charitable, si louable par le cœur, qui avait des mœurs si sages et si chrétiennes, qui était si touché de religion, si attaché à ses devoirs, qu'une de ses moindres qualités était de bien écrire : de solides vertus, qu'on voudrait célébrer, font passer légèrement sur son érudition ou sur son éloquence ; on estime encore plus sa vie et sa conduite que ses ouvrages. Je préférerais en effet de prononcer le discours funèbre de celui à qui je succède, plutôt que de me borner à un simple éloge de son esprit. Le mérite en lui n'était pas une chose acquise, mais un patrimoine, un bien héréditaire ; si du moins il en faut juger par le choix de celui qui avait livré son cœur, sa confiance, toute sa personne, à cette famille, qui l'avait rendue comme votre alliée, puisqu'on peut dire qu'il l'avait adoptée et qu'il l'avait mise avec l'Académie française sous sa protection.

Je parle du chancelier Séguier : on s'en souvient comme de l'un des plus grands magistrats que la France ait nourris depuis ses commencements ; il a laissé à douter en quoi il excellait davantage, ou dans les belles-lettres, ou dans les affaires ; il est vrai du moins, et on en convient, qu'il surpassait en l'un et en l'autre tous ceux de son temps : homme grave et familier, profond dans les délibérations, quoique doux et facile dans le commerce, il a eu naturellement ce que tant d'autres veulent avoir et ne se donnent pas, ce qu'on n'a point par l'étude et par l'affectation, par les mots graves ou sentencieux, ce qui est plus rare que la science,

---

[1] Charpentier, alors directeur de l'Académie.

[1] L'abbé Bignon, reçu le même jour que La Bruyère.

et peut-être que la probité, je veux dire de la dignité; il ne la devait point à l'éminence de son poste; au contraire, il l'a ennobli : il a été grand et accrédité sans ministère, et on ne voit pas que ceux qui ont su tout réunir en leur personne l'aient effacé.

Vous le perdîtes il y a quelques années, ce grand protecteur : vous jetâtes la vue autour de vous, vous promenâtes vos yeux sur tous ceux qui s'offraient et qui se trouvaient honorés de vous recevoir; mais le sentiment de votre perte fut tel, que, dans les efforts que vous fîtes pour la réparer, vous osâtes penser à celui qui seul pouvait vous la faire oublier et la tourner à votre gloire. Avec quelle bonté, avec quelle humanité ce magnanime prince vous a-t-il reçus! n'en soyons pas surpris; c'est son caractère, le même, messieurs, que l'on voit éclater dans toutes les actions de sa belle vie, mais que les surprenantes révolutions arrivées dans un royaume voisin et allié de la France ont mis dans le plus beau jour qu'il pouvait jamais recevoir.

Quelle facilité est la nôtre, pour perdre tout d'un coup le sentiment et la mémoire des choses dont nous nous sommes vus le plus fortement imprimés! Souvenons-nous de ces jours tristes que nous avons passés dans l'agitation et dans le trouble; curieux, incertains quelle fortune auraient courue un grand roi, une grande reine, le prince leur fils, famille auguste, mais malheureuse, que la piété et la religion avaient poussée jusqu'aux dernières épreuves de l'adversité. Hélas! avaient-ils péri sur la mer ou par les mains de leurs ennemis? nous ne le savions pas : on s'interrogeait, on se promettait réciproquement les premières nouvelles qui viendraient sur un événement si lamentable : ce n'était plus une affaire publique, mais domestique; on n'en dormait plus, on s'éveillait les uns les autres pour s'annoncer ce qu'on en avait appris. Et quand ces personnes royales, à qui l'on prenait tant d'intérêt, eussent pu échapper à la mer ou à leur patrie, était-ce assez? ne fallait-il pas une terre étrangère où ils pussent aborder, un roi également bon et puissant qui pût et qui voulût les recevoir? Je l'ai vue, cette réception, spectacle tendre s'il en fut jamais! On y versait des larmes d'admiration et de joie : ce prince n'a pas plus de grâce lorsqu'à la tête de ses camps et de ses armées il foudroie une ville qui lui résiste, ou qu'il dissipe les troupes ennemies du seul bruit de son approche.

S'il soutient cette longue guerre, n'en doutons pas, c'est pour nous donner une paix heureuse; c'est pour l'avoir à des conditions qui soient justes et qui fassent honneur à la nation, qui ôtent pour toujours à l'ennemi l'espérance de nous troubler par de nouvelles hostilités. Que d'autres publient, exaltent ce que ce grand roi a exécuté, ou par lui-même ou par ses capitaines, durant le cours de ces mouvements dont toute l'Europe est ébranlée; ils ont un sujet vaste et qui les exercera longtemps. Que d'autres augurent, s'ils le peuvent, ce qu'il veut achever dans cette campagne : je ne parle que de son cœur, que de la pureté et de la droiture de ses intentions; elles sont connues, elles lui échappent; on le félicite sur des titres d'honneur dont il vient de gratifier quelques grands de son État : que dit-il? qu'il ne peut être content quand tous ne le sont pas, et qu'il lui est impossible que tous le soient comme il le voudrait. Il sait, messieurs, que la fortune d'un roi est de prendre des villes, de gagner des batailles, de reculer ses frontières, d'être craint de ses ennemis; mais que la gloire du souverain consiste à être aimé de ses peuples, en avoir le cœur, et par le cœur tout ce qu'ils possèdent. Provinces éloignées, provinces voisines, ce prince humain et bienfaisant, que les peintres et les statuaires nous défigurent, vous tend les bras, vous regarde avec des yeux tendres et pleins de douceur; c'est là son attitude : il veut voir vos habitants, vos bergers, danser au son d'une flûte champêtre sous les saules et les peupliers, y mêler leurs voix rustiques, et chanter les louanges de celui qui, avec la paix et les fruits de la paix, leur aura rendu la joie et la sérénité.

C'est pour arriver à ce comble de ses souhaits, la félicité commune, qu'il se livre aux travaux et aux fatigues d'une guerre pénible, qu'il essuie l'inclémence du ciel et des saisons, qu'il expose sa personne, qu'il risque une vie heureuse : voilà son secret, et les vues qui le font agir; on les pénètre, on les discerne par les seules qualités de ceux qui sont en place, et qui l'aident de leurs conseils. Je ménage leur modestie : qu'ils me permettent seulement de remarquer qu'on ne devine point les projets de ce sage prince; qu'on devine au contraire, qu'on nomme les personnes qu'il va placer, et qu'il ne fait que confirmer la voix du peuple dans le choix qu'il fait de ses ministres. Il ne se décharge pas entièrement sur eux du poids de ses affaires : lui-même, si je l'ose dire, il est son principal ministre; toujours appliqué à nos besoins, il n'y a pour lui ni temps de relâche, ni heures privilégiées : déjà la nuit s'avance, les gardes sont relevées aux avenues de son palais, les astres brillent au ciel et font leur course; toute la nature repose, privée du jour, ensevelie dans les ombres; nous reposons aussi, tandis que ce roi, retiré dans son balustre, veille seul sur nous et sur tout l'État. Tel est, messieurs, le protecteur que vous vous êtes procuré, celui de ses peuples.

Vous m'avez admis dans une compagnie illustrée par une si haute protection : je ne le dissimule pas, j'ai assez estimé cette distinction pour désirer de l'avoir dans toute sa fleur, et dans toute son intégrité, je veux dire de la devoir à votre seul choix; et j'ai mis votre choix à tel prix que je n'ai pas osé en blesser, pas même en effleurer la liberté par une importune sollicitation : j'avais d'ailleurs une juste défiance de moi-même, je sentais de la répugnance à demander d'être préféré à d'autres qui pouvaient être choisis. J'avais cru entrevoir, messieurs, une chose que je ne devais avoir aucune peine à croire, que vos inclinations se tournaient ailleurs, sur un sujet digne, sur un homme rempli de vertus, d'esprit et de connaissances, qui était tel avant le poste de confiance qu'il occupe, et qui serait tel encore, s'il ne l'occupait plus : je me sens touché, non de sa déférence, je sais celle que je lui dois, mais de l'amitié qu'il m'a témoignée, jusqu'à s'oublier en ma faveur. Un père mène son fils à un spectacle; la foule y est grande, la porte est assiégée; il est haut et robuste, il fend la presse; et, comme il est près d'entrer, il pousse son fils devant lui, qui, sans cette précaution, ou n'entrerait point, ou entrerait tard. Cette démarche d'avoir supplié quelques-uns de vous, comme il a fait, de détourner vers moi leurs suffrages, qui pouvaient si justement aller à lui, elle est rare, puisque dans ces circonstances elle est unique; et elle ne diminue rien de ma reconnaissance envers vous, puisque vos voix seules, toujours libres et arbitraires, donnent une place dans l'Académie française.

Vous me l'avez accordée, messieurs, et de si bonne grâce, avec un consentement si unanime, que je la dois et la veux tenir de votre seule munificence. Il n'y a ni poste, ni crédit, ni richesses, ni titres, ni autorité, ni faveur, qui aient pu vous plier à faire ce choix; je n'ai rien de toutes ces choses, tout me manque : un ouvrage qui a eu quelque succès par sa singularité, et dont les fausses, je dis les fausses et malignes applications pouvaient me nuire auprès des personnes moins équitables et moins éclairées que vous, a été toute la médiation que j'ai employée, et que vous avez reçue. Quel moyen de me repentir jamais d'avoir écrit?

VAUVENARGUES

Il y a eu, au milieu du dix-huitième siècle, un homme jeune et déjà mûr, d'un grand cœur et d'un esprit fait pour tout embrasser, qui s'était formé lui-même et qui ne s'en était pas enorgueilli, fier à la fois et modeste, stoïque et tendre, parlant le langage des grands hommes du siècle précédent, ce langage qui ne semblait être ici que l'expression naturelle et nécessaire de ses propres pensées; sincèrement et librement religieux sans rien braver, sans rien prêcher; réconciliant, en un mot, dans sa personne bien des parties opposées de la nature et en montrant l'harmonie. Cet homme rare mourut à trente-deux ans, après avoir préparé un court volume de Réflexions et de Maximes qu'on a grossi depuis plus ou moins heureusement, mais où il était déjà renfermé tout entier avec tous les germes qui indiquent le génie. Depuis lors le nom de Vauvenargues a grandi peu à peu, sa noble et aimable figure s'est de mieux en mieux dessinée aux yeux la postérité. Les esprits les plus distingués et les plus divers se sont honorés en s'occupant de lui. Voltaire, le premier, l'avait dénoncé au monde avec un sentiment de respect, chez lui bien rare, et qu'il n'a éprouvé à ce degré pour aucun de ses contemporains. M. Suard l'a pris pour l'objet du plus long et du plus animé de ses écrits. Mademoiselle de Meulan (madame Guizot) a apprécié en quelques traits nets et a classé à son rang ce successeur de La Rochefoucauld et de La Bruyère. M. Thiers a débuté par un Éloge de Vauvenargues, qui a remporté le prix à l'Académie d'Aix, et dont on ne connaît que des fragments remarquables par l'ampleur et l'intelligence. M. Villemain, après La Harpe, dans son Cours sur le dix-huitième siècle, s'est arrêté avec complaisance devant cette physionomie pleine de force et de pudeur. Il n'y a aujourd'hui qu'à rappeler et à redire convenablement sur Vauvenargues ce qui a été mieux dit par tant de bons juges, et je n'ai pas d'autre désir ici.

Le marquis de Vauvenargues, né en 1715 et mort en 1747, issu d'une noble famille de Provence, entra de bonne heure au service et devint capitaine dans le régiment du roi. Le métier des armes lui plaisait, il croyait que l'homme est fait pour l'action; dans un siècle où les frivolités, la mollesse et la corruption envahissaient la jeune noblesse, il attachait un sens précis, un sens antique à ces mots de *vertu* et de *gloire* : « La gloire embellit les héros, se disait-il. Il n'y a point de gloire achevée sans celle des armes. » Il servit aussi longtemps qu'il put, fit des campagnes en Italie, en Allemagne, et ne renonça à la carrière active que quand sa frêle santé, épuisée par les fatigues, le trahit. Cependant, seul, dans les loisirs des garnisons et dans ses quartiers d'hiver, il s'occupait continuellement des études sérieuses et des Lettres; à l'aide de quelques bons livres joints à beaucoup de réflexion, il avait mûri ses pensées, et il s'était appliqué, plume en main, à s'en rendre compte : « Voulez-vous démêler, rassembler vos idées, conseillait-il par expérience, les mettre sous un même point de vue et les réduire en principes? jetez-les d'abord sur le papier. Quand vous n'auriez rien à gagner par cet usage du côté de la réflexion, ce qui est faux manifestement, que n'acquerriez-vous pas du côté de l'expression! Laissez dire à ceux qui regardent cette étude comme au-dessous d'eux. » Lui, si épris de la gloire de l'action, et qui se sentait une capacité innée pour la guerre ou pour les affaires, il paraît avoir eu besoin de quelque raisonnement pour s'en détourner et pour s'acheminer ainsi à devenir auteur. Vauvenargues avait sur la noblesse du sang, non pas des préjugés, mais de hautes idées qui la lui faisaient envisager comme une institution qui consacrait le mérite et la vertu des ancêtres et en imposait l'héritage à leurs descendants. Or c'était dans le service public de l'État, c'était par des actions plutôt que par des écrits qu'il y avait lieu de justifier de cet héritage. Pourtant, quand il vit sa santé détruite, ses espérances ruinées par là non moins que par les froideurs d'une Cour insensible au vrai mérite, il sentit que la seule ressource pour un esprit noblement ambitieux, c'était encore de se tourner du côté de « la gloire la moins empruntée et la plus à nous qu'on connaisse. » Les grands exemples des Richelieu, des La Rochefoucauld, des Retz, des Guillaume Temple, et de tous ces hommes d'État et d'action qui avaient demandé le surcroît et le sceau de leur illustration à leurs écrits, revinrent l'enhardir. Son génie lui parla : un état médiocre ne lui parut point valoir assez pour être mis en balance avec cette destinée nouvelle qu'il tenait entre ses mains : « Il vaut mieux, pensa-t-il, déroger à sa qualité qu'à son génie ; » et, se reportant aux grandes actions qu'il avait été donné à d'autres plus heureux d'exécuter, il se dit : « Qu'il paraisse du moins, par l'expression de nos pensées et par ce qui dépend de nous, que nous n'étions pas incapables de les concevoir. »

Cette prédominance, cette préoccupation toujours présente de l'action et de l'énergie vertueuse, supérieure et préférable à l'idée elle-même, est un des caractères du talent littéraire de Vauvenargues, et contribue à conférer aux moindres de ses paroles une valeur et une réalité qu'elles n'auraient pas chez tant d'autres, en qui l'auteur se sent à travers tout, En lui on sent, au contraire, que l'esprit ne s'est fixé à l'état de pensée et de maxime que faute d'avoir pu se déployer et sortir en action. Et c'est alors qu'il y a tout lieu de dire vraiment avec lui : « Les maximes des hommes décèlent leur cœur. »

Il n'avait rien publié encore lorsqu'il s'annonça à Voltaire par une lettre écrite de Nancy (avril 1743), dans laquelle il lui soumettait un jugement littéraire sur les mérites comparés de Corneille et de Racine. Rien n'honore le goût et le cœur de Voltaire comme la promptitude avec laquelle il discerna aussitôt le talent et l'homme qui se présentait à lui pour la première fois. En lui répondant par quelques conseils littéraires, en le redressant et en l'éclairant doucement sur quelques points, il ne parle tout d'abord à ce jeune officier de vingt-huit ans que comme à un égal, à un ami, à l'un de ceux qui sont à la tête du petit nombre des juges. Dès qu'il le connaîtra mieux, le mot de *génie* va se mêler à tout moment et revenir sous sa plume à côté du nom de Vauvenargues, et c'est le seul terme en effet qui rende avec vérité l'idée qu'imprime ce talent simple, élevé, original, né de lui-même, et si peu atteint des influences d'alentour. —

Vauvenargues avait donné sa démission de capitaine au régiment du roi, et l'espoir de trouver un dédommagement dans la carrière diplomatique achevait de lui manquer par la ruine totale de sa santé, quand il vint demeurer à Paris pour s'y vouer uniquement aux Lettres. Ce dut être à la fin de 1745 ou au commencement de 1746. Marmontel, très-jeune, qui le vit beaucoup dans cette année, nous l'a montré au naturel avec sa bonté affable, sa *riche simplicité*, sa douceur à souffrir, sa sérénité inaltérable et sa haute raison sans amertume. Vauvenargues était logé à l'hôtel de Tours, rue du Paon (près celle de l'École-de-Médecine). Voltaire, tantôt à Paris, tantôt à Versailles, était alors dans sa veine passagère de faveur à la Cour, essayant de s'y pousser par la protection de la maîtresse favorite, et il devait avoir à rougir quelquefois devant Vauvenargues de ces distractions et de ces poursuites, si peu dignes de l'ami d'un sage. Ce fut au printemps de 1746 que fut publié, sans nom d'auteur, l'*Introduction à la Connaissance de l'Esprit humain, suivie de Réflexions et de Maximes*. Cette édition est la seule que Vauvenargues ait donnée lui-même ; il mourut l'année suivante, pendant qu'on imprimait la seconde. Il me semble qu'en ayant sous les yeux ce premier petit volume sans les additions incohérentes et un peu confuses qu'on a faites depuis, on saisit mieux dans ses justes lignes la génération des idées et la formation du talent.

Moins peintre que La Bruyère, Vauvenargues a un plus grand dessein, un dessein plus philosophique : il ne veut pas simplement observer les hommes de la société dans leurs variétés, en donner des portraits, des médaillons finis, en faire le sujet d'une suite de remarques profondes et vives ; il envisage l'homme même, et voudrait atteindre au point où bien des maximes qu'on a crues contradictoires se rejoignent et se concilient. L'esprit de l'homme lui paraît en général plus pénétrant que conséquent, et d'ordinaire embrassant plus qu'il ne peut lier. Son ambition, à lui, est de lier et d'unir. Il veut remonter aux racines et aux principes des choses, et à cet effet il va parcourir, selon son expression, *toutes les parties de l'esprit* et toutes celles de l'âme. Dans un premier livre il traite de l'*esprit* proprement dit, et de ses principales branches, imagination, réflexion et mémoire ; dans le second livre il traite des *passions* ; dans le troisième il traite *du bien et du mal moral*, en d'autres termes, des vertus et des vices.

Parmi les personnes qui ont le plus feuilleté Vauvenargues et qui aiment à citer de lui des Pensées, il en est peu, on ose l'affirmer, qui aient étudié exactement cette première partie de ses écrits, et qui aient bien cherché à se rendre compte de sa théorie véritable. L'auteur y a amassé et enchaîné une suite de définitions si concises et qui sont le résultat d'une si longue réflexion, qu'on ne sait comment extraire et analyser, comment entamer ce qui est déjà un extrait si substantiel et si dense. « J'ose comparer ces principes, a dit Marmontel, aux premiers éléments des chimistes dont on ne peut faire l'analyse. » Sans entrer ici dans une discussion qui serait peu à sa place, je me bornerai à dégager l'idée de Vauvenargues dans sa plus grande généralité.

Au XVIIe siècle, les moralistes, soit tout à fait chrétiens, comme Pascal, Nicole, Bourdaloue, soit philosophes, comme La Rochefoucauld, La Bruyère, Molière le plus grand de tous, avaient été fort sévères pour l'homme et ne l'avaient nullement flatté. Le christianisme, qui ne considère l'homme actuel qu'à titre de créature déchue, ne craint pas d'insister sur les vices de la nature, à qui il veut faire sentir le besoin d'un remède et d'une restauration surnaturelle. Les observateurs comme La Rochefoucauld, ayant surpris l'homme dans un temps d'intrigue et dans une société corrompue, avaient insisté dans le même sens, avec cette différence qu'ils ne lui offraient point de remède, de sorte que sous ce regard également inexorable des moralistes tant chrétiens que philosophes, sous ce double concert déprimant, toutes les vertus naturelles périssaient. Une telle conséquence choqua d'abord Vauvenargues ; son âme simple et grande sentit s'élever en elle-même une protestation contre ce dénigrement universel de l'humanité : « L'homme est maintenant en disgrâce chez les philosophes, dit-il, et c'est à qui le chargera de plus de vices ; mais peut-être est-il sur le point de se relever et de se faire restituer toutes ses vertus. » Et sans système, sans parti pris, mais par la seule considération de l'homme complet, il mit le premier la main à l'œuvre de cette réhabilitation.

Jean-Jacques Rousseau continuera après lui, et renchérira dans l'éloge et la revendication des vertus naturelles ; mais quelle différence dans le procédé et dans le ton ! Chez Vauvenargues, il n'y aucun désir de faire effet, aucune arrière-pensée de représailles contre la société mise en opposition avec la nature, aucun parti pris d'aucun genre. Il reste dans les lignes de la justesse et de la vérité.

Il s'attache à montrer que cet amour-propre, auquel on a affecté de tout réduire, n'existe pas à ce point de raffinement dans tous les hommes, n'y existe que comme un *amour général de nous-même* qui est inséparable de toute nature vivante et qui ne peut lui être imputé à vice : « Il y a des semences de bonté et de justice dans le cœur de l'homme. Si l'intérêt propre y domine, j'ose dire que cela est non-seulement selon la nature, mais aussi selon la justice, pourvu que personne ne souffre de cet amour-propre ou que la société y perde moins qu'elle n'y gagne. »

Ayant à parler du sentiment de la *pitié*, il le définira admirablement :

La pitié n'est qu'un sentiment mêlé de tristesse et d'amour ; je ne pense pas qu'elle ait besoin d'être excitée par un retour sur nous-même, comme on croit. Pourquoi la misère ne pourrait-elle sur notre cœur ce que fait la vue d'une plaie sur nos sens ? N'y a-t-il pas des choses qui affectent immédiatement l'esprit ?... Notre âme est-elle incapable d'un sentiment désintéressé ?

Remettant en honneur les dons naturels et les affections primitives, et leur laissant leur libre jeu, il s'oppose à l'excès de raisonnement et d'analyse qui voudrait tout réduire à un amour de soi égoïste et cupide : « Le corps a ses grâces, l'esprit ses talents : le cœur n'aurait-il que des vices ? et l'homme, capable de raison, serait-il incapable de vertu ? » Il aime à parler en toute rencontre de l'homme *bien né*, de la *beauté du naturel*, qui nous porte au bien. Pourquoi verrait-on dans cet heureux et ingénu penchant un intérêt étroit et un calcul ? S'il y a un amour de nous-même naturellement officieux et compatissant, et un autre amour-propre sans humanité, sans équité, sans bornes, sans raison, faut-il les confondre ?

Qu'on lise les chapitres de son livre III sur *le bien et le mal moral* et sur *la grandeur d'âme* : jamais la morale de La Rochefoucauld étroitement interprétée, jamais la morale du XVIIIe siècle, telle que vont la sophistiquer et la matérialiser grossièrement les Helvétius, les d'Argens, les La Mettrie et bien d'autres parmi ceux qui valaient mieux, n'a été plus énergiquement et plus solidement réfutée. Il y pose comme devoir et comme règle le respect aux conventions fondamentales de la société, aux lois (même imparfaites), la subordination et le sacrifice de l'intérêt particulier à l'intérêt de tous. Il y rend au mot *vertu* son sens magnifique et social : « Le mot de vertu emporte l'idée de quelque chose d'estimable à l'égard de toute la terre... La préférence de l'intérêt général au personnel est la seule définition qui soit digne de la vertu, et qui doive en fixer l'idée. Au contraire, *le sacrifice mercenaire du bonheur public à l'intérêt propre est le sceau éternel du vice.* » Il nie contre Voltaire cette fois, contre l'auteur du *Mondain*, que le vice puisse concourir directement au bien public à l'égal de la vertu. Si les vices vont quelquefois au bien, c'est qu'ils sont mêlés de vertus, de patience, de tempérance, de courage; c'est qu'ils ne procèdent pas en certains cas autrement que la vertu même; mais, réduits à eux seuls, et s'ils se donnent carrière, ils ne sauraient tendre qu'à la destruction du monde. Et s'attaquant aux déréglements de ceux qui visent à confondre ces distinctions *aussi sensibles que le jour*, il les presse sur l'évidence, il coupe court à leurs prétentions, sans tant raffiner qu'on a fait depuis sur la question épineuse et insoluble de la liberté morale:

Sur quel fondement ose-t-on égaler le bien et le mal? Est-ce sur ce que l'on suppose que nos vices et nos vertus sont des effets nécessaires de notre tempérament? Mais les maladies, la santé, ne sont-elles pas des effets nécessaires de la même cause? les confond-on cependant, et a-t-on jamais dit que c'étaient des chimères, qu'il n'y avait ni santé, ni maladies? Pense-t-on que tout ce qui est nécessaire n'est d'aucun mérite?

Un moment il entre avec eux, il les suit dans leurs subtilités pour mieux les réduire:

Mais peut-être que les vertus que j'ai peintes comme un sacrifice de notre intérêt propre à l'intérêt public, ne sont qu'un pur effet de l'amour de nous-même. Peut-être ne faisons-nous le bien que parce que notre plaisir se trouve dans ce sacrifice. Étrange objection! Parce que je me plais dans l'usage de ma vertu, en est-elle moins profitable, moins précieuse à tout l'univers, ou moins différente du vice, qui est la ruine du genre humain? *Le bien où je me plais change-t-il de nature? cesse-t-il d'être bien?*

Telle est l'inspiration générale de Vauvenargues, celle par laquelle il rompt avec les moralistes du siècle précédent comme avec ceux de son siècle, et qui lui arrachera cette belle parole digne d'un ancien: « Nous sommes susceptibles d'amitié, de justice, d'humanité, de compassion et de raison. O mes amis! qu'est-ce donc que la vertu? »

Vauvenargues a l'âme antique, et, comme les plus éclairés des anciens, il n'est pas disposé à admettre si aisément des contradictions dans la nature. Aussi, quoique aucun écrivain n'ait plus agi sur lui que Pascal, quoiqu'il l'ait étudié et quelquefois imité quant au style, qu'il l'ait célébré magnifiquement comme le plus étonnant génie et le plus fait pour confondre, « comme l'homme de la terre *qui savait mettre la vérité dans un plus beau jour* et raisonner avec le plus de force, » il se sépare de lui à l'origine sur un point capital, et l'on peut dire qu'il tend à être le réformateur de Pascal bien plus encore que son élève. Pascal fait porter en effet tout son raisonnement sur la contradiction intérieure, inhérente à la nature de l'homme, qui, selon lui, n'est qu'un assemblage monstrueux de grandeur et de bassesse, de puissance et d'infirmité, et qu'il veut convaincre à ses propres yeux d'être, sans la foi, une énigme inexplicable. Or Vauvenargues, tout en reconnaissant les imperfections et les faiblesses dans l'homme, n'admet pourtant pas de ces contradictions fondamentales et de ces difficultés qui soient un nœud inextricable dès l'origine. Il arrête Pascal au début, dès les premiers mots, et c'est là qu'il faut effectivement l'arrêter, si l'on ne veut pas lui laisser le temps de faire en quelque sorte son nœud, dans lequel il vous tient ensuite et il vous serre.

Vauvenargues, sous une forme plus modeste, porte dans la morale quelque chose du génie vaste et conciliateur qu'on admire chez Leibniz, et que lui il n'a pas eu le temps de développer et d'étendre dans tout son jour. Il l'a pourtant, cette conception de l'ordre universel, et, jusque dans ses fragments de pensées, il le prouve par d'assez belles marques. Il n'est pas optimiste à l'aveugle, et son goût de prédilection pour Fénelon ne le jette pas dans la mollesse ni dans l'extrême indulgence. « En approfondissant les hommes, on rencontre des vérités humiliantes, mais incontestables, » il le sait. Il sait, il sent, pour les avoir éprouvées, les misères de l'homme, et il échappe plus d'une fois à sa noble lèvre des mots trempés d'amertume. Mais ces plaintes qui s'élèvent de toutes parts et qui lui sortent du cœur à lui-même, il les réduit à leur valeur. En ses plus sombres moments, il reconnaît « qu'il y a peut-être autant de vérités parmi les hommes que d'erreurs, autant de bonnes qualités que de mauvaises, autant de plaisirs que de peines; *mais nous n'accusons que nos maux.* » Son impartialité de vue l'élève au-dessus des souffrances partielles, même personnelles, et des accidents: « Si l'ordre domine après tout dans le genre humain, c'est une preuve, se dit-il, que la raison et la vertu y sont les plus fortes. »

La vraie biographie de Vauvenargues, l'histoire de son âme est toute dans ses écrits; c'est un plaisir de l'en dégager et de se dire avec certitude, en soulignant au crayon tel ou tel passage: Ici c'est bien lui qui parle, c'est de lui-même qu'il a voulu parler. Quand il traite de la grandeur d'âme, comme on sent l'homme qui en a le modèle en lui et qui en possède la noble réalité! La médiocrité de sa position l'étouffe, et il lui faut toute sa vertu pour ne pas s'aigrir. Vauvenargues avait l'imagination tournée à l'histoire, à l'action, je l'ai dit; homme de race noble et fière, il manquait, malgré sa modestie, de cette qualité plus naïve et plus humble qui fait que des âmes naturelles ont gagné à se rapprocher du peuple et y ont puisé des inspirations habituelles et plus vives. Il a peu, ou plutôt il n'a pas le sentiment des beautés de la nature : dans la nature il ne considère volontiers que l'homme et la société ; Vauvenargues portait en lui le besoin d'être un grand homme historiquement. Le voyez-vous dans son petit hôtel de la rue du Paon, malade, mourant, ne se plaignant jamais devant ses amis, mais laissant quelquefois échapper sur le papier le secret de cette apparence tranquille : Qu'importe à un homme ambitieux qui a manqué sa fortune sans retour, de mourir plus pauvre? » Il ne se résigne pas toujours si aisément, il s'écrie :

Si l'on pouvait, dans la médiocrité, n'être ni glorieux, ni timide, ni envieux, ni flatteur, ni préoccupé des besoins et des soins de son état, lorsque le dédain et les manières de tout ce qui nous environne concourent à nous abaisser ; si l'on savait alors s'élever, se sentir, résister à la multitude.. ! Mais qui peut soutenir son esprit et son cœur au-dessus de sa condition? Qui peut se sauver des misères qui suivent la médiocrité?

Et il laisse pressentir quelques-unes de ces misères :

Dans les conditions éminentes, la fortune, au moins, nous dispense de *fléchir devant ses idoles.* Elle nous dispense de nous déguiser, de quitter notre caractère, de *nous absorber dans les riens*... Enfin, de même qu'on ne peut jouir d'une grande fortune avec une âme basse et un petit génie, on ne saurait jouir d'un grand génie ni d'une grande âme dans une fortune médiocre.

Il revient en maint endroit, d'une manière détournée, sur ce qu'il y a d'étroit et de gênant dans une existence privée pour « un particulier qui a l'esprit naturellement grand. » On reconnaît à ces retours et à ces regrets mal étouffés l'homme qui, même en se vouant aux Lettres, ne pouvait s'empêcher de penser que le cardinal de Richelieu était encore au-dessus de Milton.

M. Villemain a cité de lui, comme une image fidèle et à peine voilée, le portrait qu'il a tracé de *Clazomène*. Je ne le retrouve pas moins vivement exprimé et hautement reconnaissable dans cet autre portrait qui a pour titre : *L'homme vertueux dépeint par son génie*. En l'écrivant, Vauvenargues ne songeait certes pas à faire son portrait ; mais il se retraçait et se proposait son plein idéal à lui-même :

Quand je trouve dans un ouvrage une grande imagination avec une grande sagesse, un jugement net et profond, des passions très-hautes, mais vraies, nul effort pour paraître grand, une extrême sincérité, beaucoup d'éloquence, et point d'art que celui qui vient du génie, alors je respecte l'auteur : je l'estime autant que les sages ou que les héros qu'il a peints. J'aime à croire que celui qui a conçu de si grandes choses n'aurait pas été incapable de les faire La fortune qui l'a réduit à les écrire me paraît injuste. Je m'informe curieusement de tout le détail de sa vie ; s'il a fait des fautes, je les excuse, parce que je sais qu'il est difficile à la nature *de tenir toujours le cœur des hommes au-dessus de leur condition*. Je le plains des piéges cruels qui se sont trouvés sur sa route, et même des faiblesses naturelles qu'il n'a pu surmonter par son courage. Mais lorsque, malgré la fortune et malgré ses propres défauts, j'apprends que son esprit a toujours été occupé de grandes pensées, et *dominé par les passions les plus aimables*, je remercie à genoux la Nature de ce qu'elle a fait des vertus indépendantes du bonheur, et des lumières que l'adversité n'a pu éteindre.

Ces passions *aimables* dont parle Vauvenargues, et qui, à son sens, dominent le vertueux même, nous avertissent du rôle que ne cessa de réserver aux passions ce stoïcien aimable et tendre, tourné à l'activité et attentif à nourrir dans l'homme tout foyer d'affection. On le voit perpétuellement occupé de rechercher et d'entretenir le rapport du sentiment à l'idée, se faisant scrupule de retrancher aucun mobile naturel, et trop heureux de favoriser toute inspiration salutaire ou généreuse : « Si vous avez, disait-il à un jeune ami, quelque passion qui élève vos sentiments, qui vous rende plus généreux, plus compatissant, plus humain, qu'elle vous soit chère ! » Il a résumé toute sa théorie à cet égard dans ce mot si souvent cité, et qui, déjà dit par d'autres[1], restera attaché à son nom, comme au nom de celui qui était le plus digne de le trouver et de le dire : « Les grandes pensées viennent du cœur. »

Comme critique littéraire, et dans les jugements qu'il porte au début sur les écrivains qui ont été le sujet favori de ses lectures, Vauvenargues n'est pas sans inexpérience : sur Corneille, dont l'emphase lui répugne jusqu'à lui masquer même les hautes beautés, sur Molière dont il ne sent pas la puissance comique, Voltaire le redresse avec raison, avec une adresse de conseil délicate et encore flatteuse : Vauvenargues reprend ses avantages quand il parle de La Fontaine, de Pascal ou de Fénelon. Dans ses premiers jugements on peut dire que Vauvenargues fait son éducation littéraire plume en main, et que nous y assistons. Mais ce qu'il est surtout et dès l'abord, c'est un excellent écrivain, ne participant en rien aux défauts du jour, et puisant dans la sincérité de sa pensée une expression nette et lumineuse. Voltaire lui-même, si clair et si limpide, n'a pas à ce degré, dans les termes qu'il emploie, de ces

---

[1] Quintilien, au livre X, chapitre VII, de l'*Institution de l'Orateur*, avait dit : « Pectus est quod disertos facit, et vis mentis. »

empreintes de justesse et d'acception. Je ne parle pas des morceaux où Vauvenargues prélude et où il n'est pas encore dégagé de toute rhétorique et de toute déclamation ; mais, dans ses bonnes pages, il a mis un cachet qui les signe. Il a proprement cette netteté qui est l'*ornement* de la justesse. Il a, je le répète, *l'excellence de l'acception*, une énergie sans trace d'effort. Les images chez lui sont rares et sobres ; on a souvent cité ces mots charmants :

Les feux de l'aurore ne sont pas si doux que les premiers regards de la gloire.
Les orages de la jeunesse sont environnés de jours brillants.
Les premiers jours du printemps ont moins de grâce que la vertu naissante d'un jeune homme.

Périclès, ayant à parler de guerriers morts pour la patrie, disait : « Une ville qui a perdu sa jeunesse, c'est comme l'année qui aurait perdu son printemps. » Vauvenargues a de ces traits d'une imagination jeune, nette et sobre, comme on se les figure chez Xénophon et chez Périclès.

Et il les a d'autant mieux, notez-le bien, qu'il n'avait guère lu les anciens, ni grecs ni latins, et qu'il ne savait pas leur langue. Qu'importe ! il est plus sûrement de leur famille par l'instinct et le naturel, que l'abbé Barthélemy par l'esprit et l'érudition.

« Ceux qui sont nés éloquents, dit encore Vauvenargues, parlent quelquefois avec tant de clarté et de brièveté des grandes choses, que la plupart des hommes n'imaginent pas qu'ils en parlent avec profondeur. Les esprits pesants, les sophistes ne reconnaissent pas la philosophie lorsque l'éloquence la rend populaire, et qu'elle ose peindre le vrai avec des traits fiers et hardis. Ils traitent de superficielle et de frivole *cette splendeur d'expression qui emporte avec elle la preuve des grandes pensées...* » On n'oserait dire qu'il a lui-même atteint à cette *splendeur* d'expression, et qu'il en soit venu par l'éloquence à rendre la philosophie populaire ; mais il était en voie d'y arriver, et l'on pouvait espérer de trouver en lui, s'il avait vécu, un Locke concis, élégant et éclatant, et avec des hauteurs d'âme inconnues à l'autre.

On a discuté sur la religion de Vauvenargues : il me semble qu'à y regarder de bonne foi et sans prévention, on ne saurait pourtant s'y méprendre. Il n'y a nul doute que Vauvenargues ne fût religieux ; cela ressort de ses écrits, et Marmontel a dit de lui qu'il est mort « avec la constance et les sentiments d'un *chrétien philosophe*. » Voltaire, lui écrivant sur une première lecture de son livre, après maint éloge ne peut s'empêcher d'ajouter : « Il y a des choses qui ont affligé ma philosophie ; ne peut-on pas adorer l'Être suprême sans se faire capucin ? N'importe ! tout le reste m'enchante ; vous êtes l'homme que je n'osais espérer. » Ces choses qui affligeaient la philosophie de Voltaire sont la *Méditation sur la Foi* et la *Prière* qui la suit, deux pièces qui avaient sans doute quelques années de date et que Vauvenargues crut devoir insérer néanmoins dans sa première édition. Pourtant on trouvait, dans les *Pensées et Paradoxes* qui venaient aussitôt après ces deux morceaux, plus d'un trait en désaccord avec la doctrine chrétienne rigoureuse ; la seule manière dont Vauvenargues y parle de la mort, qui ne doit pas être, selon lui, le but final et la perspective de l'action humaine, et qui lui parait en elle-même la plus fausse des règles pour juger d'une vie, cette façon d'envisager l'une des *quatre fins* de l'homme est trop opposée au point de vue de l'orthodoxie et en même temps trop essentielle chez Vauvenargues pour laisser aucun doute sur la direction véritable de ses pensées. Quelles qu'aient pu être antérieurement les opinions par lesquelles il avait passé, Vauvenargues, à cette date de 1746 et jusqu'à sa mort, était donc et demeura dans des sentiments religieux, élevés, mais philosophiques et libres. Seulement, en homme respectueux et sagé, il évitait de porter la controverse sur ce terrain, où ses amis, n'ayant pu l'attirer lui-même, essayèrent depuis d'entraîner sa mémoire. Voltaire et même M. Suard ont été, après sa mort, infidèles à son esprit par la manière dont ils l'ont tiré à eux de ce côté. Il ne pouvait certes, légitimement, être invoqué à l'appui des opinions de la propagande philosophique, celui qui a dit : : « Le plus sage et le plus courageux de tous les hommes, M. de Turenne, a respecté la religion ; et une infinité d'hommes obscurs se placent au rang des génies et des âmes fortes, seulement à cause qu'ils le méprisent ! »

Vauvenargues était des plus sensibles à l'amitié, et il y a porté des délicatesses et des tendresses qu'il semblait avoir dérobées à l'amour. Il veut qu'on suive ses amis, non-seulement dans leurs disgrâces, mais jusque dans leurs faiblesses, et qu'on ne les abandonne jamais. Est-il rien de plus délicat, de plus aimable, de plus pratique et de plus encourageant, que les Conseils qu'il donne à un jeune ami ? Bien que jeune lui-même, il inspirait de la vénération, et plusieurs de ses compagnons d'armes le traitaient comme ils eussent fait un père. Ce qu'il aimait dans la jeunesse, c'était le naturel, la pudeur, les grâces déjà sérieuses, la modestie unie à une honnête confiance, l'amour de la vertu. Il avait en horreur et en mépris la fatuité et la frivolité si en vogue à cette date, ce ton de légèreté et de persiflage à la mode, que Gresset a pris sur le fait dans *le Méchant*, et qui faisait la gloire des brillants Stainville. On ne voit pas qu'il ait été occupé des femmes dans les années où il écrit, et le peu qu'il en dit nous montre un homme revenu : « Les femmes ne peuvent comprendre, dit-il, qu'il y ait des hommes désintéressés à leur égard. » Il semble que, brisé avant l'âge par les maladies, il se soit retranché sur ce point jusqu'aux regrets stériles : « Ceux qui ne sont plus en état de plaire aux femmes et qui le savent, s'en corrigent. »

Sans être insensible aux lumières de son temps et et sans y fermer les yeux, il était loin de s'en exagérer l'importance, et il se préoccupait du perfectionnement moral intérieur, bien plus que de cette perfectibilité générale à laquelle il est si commode de croire et de s'abandonner. « Avant d'attaquer un abus, pensait-il, il faut voir si on en peut ruiner les fondements. » C'est à quoi les philosophes du xviii° siècle songèrent trop peu, et ils ne se demandèrent jamais, comme lui, s'il n'y a pas « des abus inévitables qui sont des lois de la Nature. » Vauvenargues, en opposition ouverte avec les illusions de son temps, disait encore : « Jusqu'à ce qu'on rencontre le secret de rendre les esprits plus justes, tous les pas qu'on pourra faire dans la vérité n'empêcheront pas les hommes de raisonner faux; et c'est ainsi, selon lui, que « les grands hommes, en apprenant aux faibles à réfléchir, les ont mis sur la route de l'erreur. » Il écrivait cela en face de Voltaire et à la veille de Jean-Jacques Rousseau. Dans l'ordre des connaissances et des jugements, il pensait que « l'effet d'une grande multiplicité d'idées, c'est d'entraîner dans des contradictions les esprits faibles. » Dans l'ordre des sentiments et du goût, il ne croyait pas que nous fussions du tout au-dessus des peuples anciens, plus voisins que nous de l'instinct de la nature : « *On instruit notre jugement,* disait-il, *on n'élève point notre goût.* » Telle était la conviction raisonnée de l'homme qui travailla le plus à son perfectionnement moral intérieur : rien n'eût été plus antipathique à Vauvenargues que le faux Condorcet.

Ce n'est pas à dire que Vauvenargues fût pour le maintien des abus ni pour l'immobilité de la société : il veut tout ce qui retrempe une nation, tout ce qui corrige utilement le vice de la décadence. Une trop longue paix lui paraît funeste ; « La paix, dit-il, rend les peuples plus heureux et les hommes plus faibles. » Et il ajoute excellemment : « La guerre n'est pas si onéreuse que la servitude. » Ce n'est pas tant de la servitude du dehors qu'il s'agit ici que de celle du dedans et de la lâcheté qui envahit les âmes : « *La servitude,* dira-t-il encore, *abaisse les hommes jusqu'à s'en faire aimer.* » Cet abaissement général est ce qu'il craint avant tout, et il veut qu'à tout prix on le conjure : « Il faut permettre aux hommes de faire de grandes fautes contre eux-mêmes, pour éviter un plus grand mal, la servitude. » Il y a des commencements de révolution dans ce mot-là. Au reste, pour se figurer la ligne de hardiesse et à la fois de modération qu'eût affectionnée et suivie Vauvenargues dans des circonstances différentes et dans les conjonctures publiques qui ont éclaté depuis, il me semble que nous n'avons qu'à le considérer en un autre lui-même, et à le reconnaître dans André Chénier.

Si Vauvenargues avait seulement vécu quelques années de plus, il allait se trouver dans une position délicate et singulière. Quand il mourut, le xviii° siècle était à la veille d'entrer dans la seconde moitié si orageuse et si disputée de sa carrière. En face de l'*Encyclopédie*, du livre d'Helvétius, des premiers paradoxes de Jean-Jacques Rousseau, et de cette croisade philosophique universelle, qu'aurait fait, qu'aurait dit Vauvenargues? Il y a fort à rêver là-dessus. La ligne moyenne des Turgot et des Malesherbes eût été sans doute la sienne ; mais il est à croire que, généreux et brave comme il était, il eût rompu en visière aux erreurs même de ses amis, et qu'il eût protesté autrement encore que par son silence. Il est mieux peut-être qu'il ait été retiré avant une plus longue épreuve. C'eût été un trop grand contraste et une trop grande infraction aux lois d'une époque, qu'un écrivain de cette pureté, de cette hauteur et de cette simplicité, persistant sous des cieux si différents et dans un climat de plus en plus contraire. La Nature voulut le montrer à son siècle comme un dernier exemplaire de l'âge précédent ; puis elle le retira avec une pudeur jalouse.

Vauvenargues, dans tout ce qu'on lit et qu'on sait de lui, apparaît comme un esprit d'une forte trempe, comme une âme d'une grande élévation et un grand cœur. Il offre le rare exemple d'un homme supérieur longtemps retenu au-dessous de son niveau, comprimé, abreuvé de disgrâces, qui ne s'aigrit ni ne se révolte, mais prend sa revanche noblement et se rouvre la carrière dans l'ordre de l'esprit avec vigueur et sérénité. Lui qui a tant souffert et si peu réussi, il croit que le plus sûr moyen de faire sa fortune, c'est encore de la mériter ; qu'il n'y a que le mérite réel pour aller directement à la gloire. Sans faux enthousiasme, sans ressentiment, il a jugé l'humanité dans la juste mesure. Involontairement et si l'on n'y prend garde, quand on juge l'humanité, on se laisse influencer par l'arrière-pensée du rang qu'on y tiendrait soi-même ; on est porté à l'élever ou à la rabaisser selon qu'on se sent au dedans plus ou moins de vertu, plus ou moins de portée et d'essor. Vauvenargues avait intérêt à ce que le milieu de l'humanité fût le plus haut possible, certain qu'il était d'y atteindre. Il ne mettait cependant point ce milieu trop haut. Il a reconnu les vices et les défauts des hommes, mais il les a reconnus avec douleur, sans cette joie maligne qui ressemble à une satisfaction et à une absolution qu'on se donne en secret, de même qu'il a maintenu les grandes lignes, les parties saines et fortes de la nature, sans cet air de jactance par lequel on semble s'exalter en soi et s'applaudir. Placé entre les moralistes un peu chagrins du xviie siècle et les philosophes témérairement confiants du xviiie, il n'a pas enflé la nature de l'homme, et il ne l'a pas dénigrée. C'est un Pascal adouci et non affaibli, qui s'est véritablement tenu dans le milieu humain, et qui ne s'est pas creusé d'abime.

Sainte-Beuve.

18 novembre 1850.

INTRODUCTION

A LA CONNAISSANCE

DE L'ESPRIT HUMAIN

DISCOURS PRÉLIMINAIRE

Toutes *les bonnes maximes sont dans le monde*, dit Pascal, *il ne faut que les appliquer;* mais cela est très-difficile. Ces maximes n'étant pas l'ouvrage d'un seul homme, mais d'une infinité d'hommes différents qui envisageaient les choses par divers côtés, peu de gens ont l'esprit assez profond pour concilier tant de vérités, et les dépouiller des erreurs dont elles sont mêlées[1]. Au lieu de songer à réunir ces divers points de vue, nous nous amusons à découvrir des opinions des philosophes, et nous les opposons les uns aux autres, trop faibles pour rapprocher ces maximes éparses et pour en former un système raisonnable. Il ne paraît pas même que personne s'inquiète beaucoup des lumières et des connaissances qui nous manquent. Les uns s'endorment sur l'autorité des préjugés, et en admettent même de contradictoires, faute d'aller jusqu'à l'endroit par lequel ils se contrarient; et les autres passent leur vie à douter et à disputer, sans s'embarrasser des sujets de leurs disputes et de leurs doutes.

Je me suis souvent étonné, lorsque j'ai commencé à réfléchir, de voir qu'il n'y eût aucun principe sans contradiction, point de terme même sur les grands sujets dans l'idée duquel on convînt. Je disais quelquefois en moi-même : Il n'y a point de démarche indifférente dans la vie; si nous la conduisons sans la connaissance de la vérité, quel abîme !

Qui sait ce qu'il doit estimer, ou mépriser, ou haïr, s'il ne sait ce qui est bien ou ce qui est mal ? et quelle idée aura-t-on de soi-même, si on ignore ce qui est estimable ? etc.

On ne prouve point les principes, me disait-

---

[1] Dans la première édition, on lit après cette phrase un passage que l'auteur supprima dans la seconde, quoique maintenu par Voltaire sur l'exemplaire de la Bibliothèque Méjanes, conservé à Aix; le voici : « Si quelque génie plus solide se propose un si grand travail, nous nous unissons contre lui. Aristote, disons-nous, a jeté toutes les semences des découvertes de Descartes : quoiqu'il soit manifeste que Descartes ait tiré de ces vérités, connues, selon nous, à l'antiquité, des conséquences qui renversent toute sa doctrine, nous publions hardiment nos calomnies; cela me rappelle encore ces paroles de Pascal : *Ceux qui sont capables d'inventer sont rares; ceux qui n'inventent pas sont en plus grand nombre, et par conséquent les plus forts, et l'on voit que, pour l'ordinaire, ils refusent aux inventeurs la gloire qu'ils méritent,* etc.

« Ainsi nous conservons obstinément nos préjugés, nous en admettons même de contradictoires, faute d'aller jusqu'à l'endroit par lequel ils se contrarient. C'est une chose monstrueuse que cette confiance dans laquelle on s'endort, pour ainsi dire, sur l'autorité des maximes populaires, n'y ayant point de principe sans contradiction, point de terme même sur les grands sujets dans l'idée duquel on convienne. Je n'en citerai qu'un exemple : qu'on me définisse la vertu. »

on. Voyons, s'il est vrai, répondais-je ; car cela même est un principe très-fécond, et qui peut nous servir de fondement[1].

Cependant j'ignorais la route que je devais suivre pour sortir des incertitudes qui m'environnaient. Je ne savais précisément ni ce que je cherchais, ni ce qui pouvait m'éclairer ; et je connaissais peu de gens qui fussent en état de m'instruire. Alors j'écoutai cet instinct qui excitait ma curiosité et mes inquiétudes, et je dis : Que veux-je savoir ? que m'importe-t-il de connaître ? Les choses qui ont avec moi les rapports les plus nécessaires sans doute. Et où trouverai-je ces rapports, sinon dans l'étude de moi-même et la connaissance des hommes, qui sont l'unique fin de mes actions, et l'objet de toute ma vie ? Mes plaisirs, mes chagrins, mes passions, mes affaires, tout roule sur eux. Si j'existais seul sur la terre, sa possession entière serait peu pour moi : je n'aurais plus ni soins, ni plaisirs, ni désirs ; la fortune et la gloire même ne seraient pour moi que des noms ; car il ne faut pas s'y méprendre : nous ne jouissons que des hommes, le reste n'est rien. Mais, continuai-je, éclairé par une nouvelle lumière, qu'est-ce que l'on ne trouve pas dans la connaissance de l'homme ? Les devoirs des hommes rassemblés en société, voilà la morale ; les intérêts réciproques de ces sociétés, voilà la politique ; leurs obligations envers Dieu, voilà la religion.

Occupé de ces grandes vues, je me proposai d'abord de parcourir toutes les qualités de l'esprit, ensuite toutes les passions, et enfin toutes les vertus et tous les vices qui, n'étant que des qualités humaines, ne peuvent être connus que dans leur principe. Je méditai donc sur ce plan, et je posai les fondements d'un long travail. Les passions inséparables de la jeunesse, des infirmités continuelles, la guerre survenue dans ces circonstances, ont interrompu cette étude[1]. Je me proposais de là reprendre un jour dans le repos, lorsque de nouveaux contre-temps m'ont ôté, en quelque manière, l'espérance de donner plus de perfection à cet ouvrage.

Je me suis attaché, autant que j'ai pu, dans cette seconde édition, à corriger les fautes de langage qu'on m'a fait remarquer dans la première. J'ai retouché le style en beaucoup d'endroits. On trouvera quelques chapitres plus développés et plus étendus qu'ils n'étaient d'abord : tel est celui *du Génie*. On pourra remarquer aussi les augmentations que j'ai faites dans les *Conseils à un jeune homme*, et dans les *Réflexions critiques* sur les poëtes, auxquels j'ai joint Rousseau et Quinault, auteurs célèbres dont je n'avais pas encore parlé. Enfin on verra que j'ai fait des changements encore plus considérables dans les *Maximes*. J'ai supprimé plus de deux cents pensées, ou trop obscures, ou trop communes, ou inutiles. J'ai changé l'ordre des maximes que j'ai conservées ; j'en ai expliqué quelques-unes, et j'en ai ajouté quelques autres, que j'ai répandues indifféremment parmi les anciennes. Si j'avais pu profiter de toutes les observations que mes amis ont daigné faire sur mes fautes, j'aurais rendu peut-être ce petit ouvrage moins indigne d'eux. Mais ma mauvaise santé ne m'a pas permis de leur témoigner par ce travail le désir que j'ai de leur plaire.

LIVRE PREMIER

I
DE L'ESPRIT EN GÉNÉRAL.

Ceux qui ne peuvent rendre raison des variétés de l'esprit humain, y supposent des con

---

[1] On trouve encore ici dans la première édition un passage qui fut supprimé dans la seconde et que nous rétablissons : « Nous nous appliquons à la chimie, à l'astronomie, ou à ce qu'on appelle érudition, comme si nous n'avions rien à connaître de plus important. Nous ne manquons pas de prétexte pour justifier ces études. Il n'y a point de science qui n'ait quelque côté utile. Ceux qui passent toute leur vie à l'étude des coquillages, disent qu'ils contemplent la nature. O démence aveugle ! la gloire est-elle un nom, la vertu une erreur, la loi un fantôme ? Nous nions ou nous recevons ces opinions que nous n'avons jamais approfondies, et nous nous occupons tranquillement de sciences purement curieuses. Croyons-nous connaître les choses dont nous ignorons les principes ?

« Pénétré de ces réflexions dès mon enfance, et blessé des contradictions trop manifestes de nos opinions, je cherchai au travers de tant d'erreurs les sentiers délaissés du vrai, et je dis : *Que veux-je savoir*, etc. »

[1] Dans la première édition, ce Discours préliminaire

trariétés inexplicables. Ils s'étonnent qu'un homme qui est vif, ne soit pas pénétrant; que celui-qui raisonne avec justesse, manque de jugement dans sa conduite; qu'un autre qui parle nettement, ait l'esprit faux, etc. Ce qui fait qu'ils ont tant de peine à concilier ces prétendues bizarreries, c'est qu'ils confondent les qualités du caractère avec celles de l'esprit, et qu'ils rapportent au raisonnement des effets qui appartiennent aux passions. Ils ne remarquent pas qu'un esprit juste, qui fait une faute, ne la fait quelquefois que pour satisfaire une passion, et non par défaut de lumière ; et lorsqu'il arrive à un homme vif de manquer de pénétration, ils ne savent pas que pénétration et vivacité sont deux choses assez différentes, quoique ressemblantes, et qu'elles peuvent être séparées. Je ne prétends pas découvrir toutes les sources de nos erreurs sur une matière sans bornes ; lorsque nous croyons tenir la vérité par un endroit, elle nous échappe par mille autres ; mais j'espère qu'en parcourant les principales parties de l'esprit, je pourrais observer leurs différences essentielles, et faire évanouir un très-grand nombre de ces contradictions imaginaires qu'admet l'ignorance. L'objet de ce premier livre est de faire connaître, par des définitions et par des réflexions, fondées sur l'expérience, toutes ces différentes qualités des hommes qui sont comprises sous le nom d'esprit. Ceux qui recherchent les causes physiques de ces mêmes qualités, en pourraient peut-être parler avec moins d'incertitude, si on réussissait dans cet ouvrage à développer les effets dont ils étudient les principes.

II

IMAGINATION, RÉFLEXION, MÉMOIRE.

Il y a trois principes remarquables dans l'esprit : l'imagination, la réflexion et la mémoire.

J'appelle imagination le don de concevoir les choses d'une manière figurée, et de rendre

finit par cette phrase : « Je me proposais de la reprendre un jour dans la retraite, lorsque des raisons plus fâcheuses m'ont forcé encore une fois de lâcher prise. Puisse cet écrit, dans l'imperfection où je le laisse, inspirer aux amateurs de la vérité le désir de la connaître davantage! Il n'y a ni talents, ni sagesse, ni plaisirs solides au sein de l'erreur. »

ses pensées par des images. Ainsi, l'imagination parle toujours à nos sens ; elle est l'inventrice des arts et l'ornement de l'esprit.

La réflexion est la puissance de se replier sur ses idées, de les examiner, de les modifier, ou de les combiner de diverses manières. Elle est le grand principe du raisonnement, du jugement, etc.

La mémoire conserve le précieux dépôt de l'imagination et de la réflexion. Il serait superflu de s'arrêter à peindre son utilité non contestée. Nous n'employons dans la plupart de nos raisonnements que des réminiscences ; c'est sur elles que nous bâtissons ; elles sont le fondement et la matière de tous nos discours. L'esprit que la mémoire cesse de nourrir, s'éteint dans les efforts laborieux de ses recherches. S'il y a un ancien préjugé contre les gens d'une heureuse mémoire, c'est parce qu'on suppose qu'ils ne peuvent embrasser et mettre en ordre tous leurs souvenirs, parce qu'on présume que leur esprit, ouvert à toute sorte d'impressions, est vide, et ne se charge de tant d'idées empruntées, qu'autant qu'il en a peu de propres : mais l'expérience a contredit ces conjectures par de grands exemples, et tout ce qu'on peut en conclure avec raison, est qu'il faut avoir de la mémoire dans la proportion de son esprit, sans quoi on se trouve nécessairement dans un de ces deux vices, le défaut ou l'excès.

III

FÉCONDITÉ.

Imaginer, réfléchir, se souvenir, voilà les trois principales facultés de notre esprit. C'est là tout le don de penser, qui précède et fonde les autres. Après vient la fécondité, puis la justesse, etc.

Les esprits stériles laissent échapper beaucoup de choses, et n'en voient pas tous les côtés : mais l'esprit fécond sans justesse se confond dans son abondance, et la chaleur du sentiment qui l'accompagne, est un principe d'illusion très à craindre ; de sorte qu'il n'est pas étrange de penser beaucoup, et peu juste.

Personne ne pense, je crois, que tous les esprits soient féconds, ou pénétrants, ou éloquents, ou justes, dans les mêmes choses. Les uns abondent en images, les autres en réflexions, les autres en citations, etc., chacun selon son caractère, ses inclinations, ses habitudes, sa force ou sa faiblesse.

IV

VIVACITÉ.

La vivacité consiste dans la promptitude des opérations de l'esprit. Elle n'est pas toujours unie à la fécondité. Il y a des esprits lents, fertiles; il y en a de vifs, stériles. La lenteur des premiers vient quelquefois de la faiblesse de leur mémoire, ou de la confusion de leurs idées, ou enfin de quelque défaut dans leurs organes, qui empêche leurs esprits de se répandre avec vitesse[1]. La stérilité des esprits vifs, dont les organes sont bien disposés, vient de ce qu'ils manquent de force pour suivre une idée, ou de ce qu'ils sont sans passions ; car les passions fertilisent l'esprit sur les choses qui leur sont propres, et cela pourrait expliquer de certaines bizarreries : un esprit vif dans la conversation, qui s'éteint dans le cabinet ; un génie perçant dans l'intrigue, qui s'appesantit dans les sciences, etc.

C'est aussi par cette raison que les personnes enjouées, que tous les objets frivoles intéressent, paraissent les plus vives dans le monde. Les bagatelles qui soutiennent la conversation, étant leur passion dominante, elles excitent toute leur vivacité, leur fournissent une occasion continuelle de paraître. Ceux qui ont des passions plus sérieuses, étant froids sur ces puérilités, toute la vivacité de leur esprit demeure concentrée.

V

PÉNÉTRATION.

La pénétration est une facilité à concevoir, à remonter au principe des choses, ou à prévenir leurs effets par une suite d'inductions.

C'est une qualité qui est attachée comme les autres à notre organisation, mais que nos habitudes et nos connaissances perfectionnent : nos connaissances, parce qu'elles forment un amas

[1] Voyez, sur le même sujet, La Rochefoucauld, *Maximes* 44 et 297.

d'idées qu'il n'y a plus qu'à réveiller ; nos habitudes, parce qu'elles ouvrent nos organes, et donnent aux esprits un cours facile et prompt.

Un esprit extrêmement vif peut être faux, et laisser échapper beaucoup de choses par vivacité ou par impuissance de réfléchir, et n'être pas pénétrant : mais l'esprit pénétrant ne peut être lent ; son vrai caractère est la vivacité et la justesse unies à la réflexion.

Lorsqu'on est trop préoccupé de certains principes sur une science, on a plus de peine à recevoir d'autres idées sur la même science et une nouvelle méthode ; mais c'est là encore une preuve que la pénétration est dépendante, comme je l'ai dit, de nos connaissances et de nos habitudes. Ceux qui font une étude puérile des énigmes, en pénètrent plutôt le sens que les plus subtils philosophes.

VI

DE LA JUSTESSE, DE LA NETTETÉ DU JUGEMENT.

La netteté est l'ornement de la justesse ; mais elle n'en est pas inséparable. Tous ceux qui ont l'esprit net, ne l'ont pas juste : il y a des hommes qui conçoivent très-distinctement, et qui ne raisonnent pas conséquemment ; leur esprit, trop faible ou trop prompt, ne peut suivre la liaison des choses, et laisse échapper leurs rapports. Ceux-ci ne peuvent assembler beaucoup de vues, et attribuent quelquefois à tout un objet ce qui convient au peu qu'ils en connaissent. La netteté de leurs idées empêche qu'ils ne s'en défient ; eux-mêmes se laissent éblouir par l'éclat des images qui les préoccupent, et la lumière de leurs expressions les attache à l'erreur de leurs pensées.

La justesse vient du sentiment du vrai formé dans l'âme, accompagné du don de rapprocher les conséquences des principes, et de combiner leurs rapports. Un homme médiocre peut avoir de la justesse à son degré, un petit ouvrage de même. C'est sans doute un grand avantage, de quelque sens qu'on le considère : toutes choses en divers genres ne tendent à la perfection qu'autant qu'elles ont de justesse.

Ceux qui veulent tout définir ne confondent pas le jugement et l'esprit juste ; ils rapportent à ce dernier l'exactitude dans le raisonnement, dans la composition, dans toutes les choses de pure spéculation ; la justesse dans la conduite de la vie, ils l'attachent au jugement.

Je dois ajouter qu'il y a une justesse et une netteté d'imagination ; une justesse et une netteté de réflexion, de mémoire, de sentiment, de raisonnement, d'éloquence, etc. Le tempérament et la coutume mettent des différences infinies entre les hommes, et resserrent ordinairement beaucoup leurs qualités. Il faut appliquer ce principe à chaque partie de l'esprit ; il est très-facile à comprendre.

Je dirai encore une chose que peu de personnes ignorent : on trouve quelquefois dans l'esprit des hommes les plus sages, des idées par leur nature inalliables, que l'éducation, la coutume, ou quelque impression violente, ont liées irrévocablement dans leur mémoire. Ces idées sont tellement jointes, et se présentent avec tant de force, que rien ne les peut séparer ; ces ressentiments de folie sont sans conséquence, et prouvent seulement, d'une manière incontestable, l'invincible pouvoir de la coutume.

VII

DU BON SENS.

Le bon sens n'exige pas un jugement bien profond ; il semble consister plutôt à n'apercevoir les objets que dans la proportion exacte qu'ils ont avec notre nature ou avec notre condition. Le bon sens n'est donc pas à penser sur les choses avec trop de sagacité, mais à les concevoir d'une manière utile, à les prendre de leur vrai côté.

Celui qui voit avec un microscope, aperçoit sans doute dans les choses plus de qualités ; mais il ne les aperçoit point dans leur proportion naturelle avec la nature de l'homme, comme celui qui ne se sert que de ses yeux. Image des esprits subtils, il pénètre souvent trop loin : celui qui regarde naturellement les choses a le bon sens.

Le bon sens se forme d'un goût naturel pour la justesse et la médiocrité ; c'est une qualité du caractère plutôt encore que de l'esprit. Pour avoir beaucoup de bon sens, il faut être fait de manière que la raison domine sur le sentiment, l'expérience sur le raisonnement.

Le jugement va plus loin que le bon sens ; mais ses principes sont plus variables.

VIII

DE LA PROFONDEUR.

La profondeur est le terme de la réflexion. Quiconque a l'esprit véritablement profond, doit avoir la force de fixer sa pensée fugitive, de la retenir sous ses yeux pour en considérer le fond, et de ramener à un point une longue chaîne d'idées : c'est à ceux principalement qui ont cet esprit en partage, que la netteté et la justesse sont le plus nécessaires. Quand ces avantages leur manquent, leurs vues sont mêlées d'illusions et couvertes d'obscurités ; et néanmoins, comme de tels esprits voient toujours plus loin que les autres dans les choses de leur ressort, ils se croient aussi bien plus proches de la vérité que le reste des hommes ; mais ceux-ci ne pouvant les suivre dans leurs sentiers ténébreux, ni remonter des conséquences jusqu'à la hauteur des principes, ils sont froids et dédaigneux pour cette sorte d'esprit qu'ils ne sauraient mesurer.

Et même entre les gens profonds, comme les uns le sont sur les choses du monde, et les autres dans les sciences, ou dans un art particulier, chacun préférant son objet dont il connaît mieux les usages, c'est aussi de tous les côtés matière de dissension.

Enfin, on remarque une jalousie encore plus particulière entre les esprits vifs et les esprits profonds, qui n'ont l'un qu'au défaut de l'autre ; car les uns marchant plus vite et les autres allant plus loin, ils ont la folie de vouloir entrer en concurrence, et ne trouvant point de mesure pour des choses si différentes, rien n'est capable de les rapprocher.

IX

DE LA DÉLICATESSE, DE LA FINESSE ET DE LA FORCE.

La délicatesse vient essentiellement de l'âme : c'est une sensibilité dont la coutume, plus ou moins hardie, détermine aussi le degré. Des nations ont mis de la délicatesse, où d'autres n'ont trouvé qu'une langueur sans grâce; celles-ci au contraire. Nous avons mis peut-être cette qualité à plus haut prix qu'aucun autre peuple de la terre : nous voulons donner beaucoup de choses à entendre sans les exprimer, et les présenter sous des images douces et voilées; nous avons confondu la délicatesse et la finesse, qui est une sorte de sagacité sur les choses de sentiment. Cependant la nature sépare souvent des dons qu'elle a faits si divers : grand nombre d'esprits délicats ne sont que délicats; beaucoup d'autres ne sont que fins ; on en voit même qui s'expriment avec plus de finesse qu'ils n'entendent, parce qu'ils ont plus de facilité à parler qu'à concevoir. Cette dernière singularité est remarquable; la plupart des hommes sentent au delà de leurs faibles expressions : l'éloquence est peut-être le plus rare comme le plus gracieux de tous les dons.

La force vient aussi d'abord du sentiment, et se caractérise par le tour de l'expression; mais quand la netteté et la justesse ne lui sont pas jointes, on est dur au lieu d'être fort, obscur au lieu d'être précis, etc.

X
DE L'ÉTENDUE DE L'ESPRIT.

Rien ne sert au jugement et à la pénétration comme l'étendue de l'esprit. On peut la regarder, je crois, comme une disposition admirable des organes, qui nous donne d'embrasser beaucoup d'idées à la fois sans les confondre.

Un esprit étendu considère les êtres dans leurs rapports mutuels : il saisit d'un coup d'œil tous les rameaux des choses; il les réunit à leur source et dans un centre commun; il les met sous un même point de vue. Enfin il répand la lumière sur de grands objets et sur une vaste surface.

On ne saurait avoir un grand génie sans avoir l'esprit étendu; mais il est possible qu'on ait l'esprit étendu sans avoir du génie; car ce sont deux choses distinctes. Le génie est actif, fécond ; l'esprit étendu, fort souvent, se borne à la spéculation; il est froid, paresseux et timide.

Personne n'ignore que cette qualité dépend aussi beaucoup de l'âme, qui donne ordinairement à l'esprit ses propres bornes, et le rétrécit ou l'étend, selon l'essor qu'elle-même se donne.

XI
DES SAILLIES.

Le mot de *saillie* vient de sauter; avoir des saillies, c'est passer sans gradation d'une idée à une autre qui peut s'y allier. C'est saisir les rapports des choses les plus éloignées; ce qui demande sans doute de la vivacité et un esprit agile. Ces transitions soudaines et inattendues causent toujours une grande surprise; si elles se portent à quelque chose de plaisant, elles excitent à rire; si à quelque chose de profond, elles étonnent; si à quelque chose de grand, elles élèvent : mais ceux qui ne sont pas capables de s'élever, ou de pénétrer d'un coup d'œil des rapports trop approfondis, n'admirent que ces rapports bizarres et sensibles, que les gens du monde saisissent si bien; et le philosophe, qui rapproche par de lumineuses sentences les vérités en apparence les plus séparées, réclame inutilement contre cette injustice : les hommes frivoles, qui ont besoin de temps pour suivre ces grandes démarches de la réflexion, sont dans une espèce d'impuissance de les admirer; attendu que l'admiration ne se donne qu'à la surprise, et vient rarement par degrés.

Les saillies tiennent en quelque sorte dans l'esprit le même rang que l'humeur peut avoir dans les passions. Elles ne supposent pas nécessairement de grandes lumières, elles peignent le caractère de l'esprit. Ainsi ceux qui approfondissent vivement les choses, ont des saillies de réflexion ; les gens d'une imagination heureuse, des saillies d'imagination ; d'autres, des saillies de mémoire; les méchants, des méchancetés; les gens gais, des choses plaisantes, etc.

Les gens du monde qui font leur étude de ce qui peut plaire, ont porté plus loin que les autres ce genre d'esprit; mais, parce qu'il est difficile aux hommes de ne pas outrer ce qui est bien, ils ont fait du plus naturel de tous les dons un jargon plein d'affectation. L'envie de briller leur a fait abandonner par réflexion le vrai et le solide, pour courir sans cesse après les allusions et les jeux d'imagination les plus frivoles ; il semble qu'ils soient convenus de ne plus rien dire de suivi, et de ne saisir dans les choses que ce qu'elles ont de plaisant, et leur surface. Cet esprit, qu'ils croient si aimable, est sans doute bien éloigné de la nature, qui se plait à se reposer sur les sujets qu'elle embellit, et trouve la variété dans la fécondité de ses lumières, bien plus que dans la diversité de ses objets. Un agrément si faux et si superficiel, est un art ennemi du cœur et de l'esprit, qu'il resserre dans des bornes étroites ; un art qui ôte la vie de tous les discours en bannissant le sentiment qui en est l'âme, et qui rend les conversations du monde aussi ennuyeuses qu'insensées et ridicules.

XII

DU GOUT.

Le goût est une aptitude à bien juger des objets de sentiments. Il faut donc avoir de l'âme pour avoir du goût ; il faut avoir aussi de la pénétration, parce que c'est l'intelligence qui remue le sentiment. Ce que l'esprit ne pénètre qu'avec peine, ne va pas souvent jusqu'au cœur, ou n'y fait qu'une impression faible ; c'est là ce qui fait que les choses qu'on ne peut saisir d'un coup d'œil, ne sont point du ressort du goût.

Le bon goût consiste dans un sentiment de la belle nature ; ceux qui n'ont pas un esprit naturel, ne peuvent avoir le goût juste.

Toute vérité peut entrer dans un livre de réflexion ; mais dans les ouvrages de goût, nous aimons que la vérité soit puisée dans la nature ; nous ne voulons pas d'hypothèses ; tout ce qui n'est qu'ingénieux est contre les règles de goût.

Comme il y a des degrés et des parties différentes dans l'esprit, il y en a de même dans le goût. Notre goût peut, je crois, s'étendre autant que notre intelligence ; mais il est difficile qu'il passe au delà. Cependant ceux qui ont une sorte de talent, se croient presque toujours un goût universel ; ce qui les porte quelquefois jusqu'à juger des choses qui leur sont les plus étrangères. Mais cette présomption, qu'on pourrait supporter dans les hommes qui ont des talents, se remarque aussi parmi ceux qui raisonnent des talents, et qui ont une teinture superficielle des règles du goût, dont ils font des applications tout à fait extraordinaires. C'est dans les grandes villes, plus que dans les autres, qu'on peut observer ce que je dis : elles sont peuplées de ces hommes suffisants qui ont assez d'éducation et d'habitude du monde pour parler des choses qu'ils n'entendent point : aussi sont-elles le théâtre des plus impertinentes décisions ; et c'est là que l'on verra mettre, à côté des meilleurs ouvrages, une fade compilation des traits les plus brillants de morale et de goût, mêlés à des vieilles chansons, et à d'autres extravagances, avec un style si bourgeois et si ridicule, que cela fait mal au cœur.

Je crois que l'on peut dire, sans témérité, que le goût du grand nombre n'est pas juste : le cours déshonorant de tant d'ouvrages ridicules en est une preuve sensible. Ces écrits, il est vrai, ne se soutiennent pas ; mais ceux qui les remplacent ne sont pas formés sur un meilleur modèle : l'inconstance apparente du public ne tombe que sur les auteurs. Cela vient de ce que les choses ne font d'impression sur nous que selon la proportion qu'elles ont avec notre esprit ; tout ce qui est hors de notre sphère nous échappe, le bas, le naïf, le sublime, etc.

Il est vrai que les habiles réforment nos jugements ; mais ils ne peuvent changer notre goût, parce que l'âme a ses inclinations indépendantes de ses opinions ; ce que l'on ne sent pas d'abord, on ne le sent que par degrés, comme l'on fait en jugeant. De là vient qu'on voit des ouvrages critiqués du peuple, qui ne lui en plaisent pas moins ; car il ne les critique que par réflexion, et il les goûte par sentiment.

Que les jugements du public, épurés par le temps et par les maîtres, soient donc, si l'on veut, infaillibles ; mais distinguons-les de son goût, qui paraît toujours récusable.

Je finis ces observations : on demande, depuis longtemps, s'il est possible de rendre raison des matières de sentiment : tous avouent que le sentiment ne peut se connaître que par expérience ; mais il est donné aux habiles d'expliquer sans peine les causes cachées qui l'excitent. Cependant bien des gens de goût n'ont pas cette facilité, et nombre des dissertateurs qui raisonnent à l'infini, manquent du sentiment, qui est la base des justes notions sur le goût.

XIII

DU LANGAGE ET DE L'ÉLOQUENCE.

On peut dire en général de l'expression, qu'elle répond à la nature des idées, et par conséquent aux divers caractères de l'esprit.

Ce serait néanmoins une témérité de juger de tous les hommes par le langage. Il est rare peut-être de trouver une proportion exacte entre le don de penser et celui de s'exprimer. Les termes n'ont pas une liaison nécessaire avec les idées : on veut parler d'un homme qu'on connaît beaucoup ; dont le caractère, la figure, le maintien, tout est présent à l'esprit, hors son nom qu'on ne peut rappeler ; de même de beaucoup de choses dont on a des idées fort nettes, mais que l'expression ne suit pas : de là vient que d'habiles gens manquent quelquefois de cette facilité à rendre leurs idées, que des hommes superficiels possèdent avec avantage.

La précision et la justesse du langage dépendent de la propriété des termes qu'on emploie.

La force ajoute à la justesse et à la brièveté ce qu'elle emprunte du sentiment : elle se caractérise d'ordinaire par le tour de l'expression.

La finesse emploie des termes qui laissent beaucoup à entendre.

La délicatesse cache sous le voile des paroles ce qu'il y a dans les choses de rebutant.

La noblesse a un air aisé, simple, précis, naturel.

Le sublime ajoute à la noblesse une force et une hauteur qui ébranlent l'esprit, qui l'étonnent et le jettent hors de lui-même ; c'est l'expression la plus propre d'un sentiment élevé, ou d'une grande et surprenante idée.

On ne peut sentir le sublime d'une idée dans une faible expression ; mais la magnificence des paroles avec de faibles idées est proprement du phébus : le sublime veut des pensées élevées, avec des expressions et des tours qui en soient dignes.

L'éloquence embrasse tous les divers caractères de l'élocution : peu d'ouvrages sont éloquents ; mais on voit des traits d'éloquence semés dans plusieurs écrits.

Il y a une éloquence qui est dans les paroles, qui consiste à rendre aisément et convenablement ce que l'on pense, de quelque nature qu'il soit ; c'est là l'éloquence du monde. Il y en a une autre dans les idées mêmes et dans les sentiments, jointe à celle de l'expression : c'est la véritable.

On voit aussi des hommes que le monde échauffe, et d'autres qu'il refroidit. Les premiers ont besoin de la présence des objets : les autres d'être retirés et abandonnés à eux-mêmes : ceux-là sont éloquents dans leurs conversations, ceux-ci dans leurs compositions.

Un peu d'imagination et de mémoire, un esprit facile, suffisent pour parler avec élégance ; mais que de choses entrent dans l'éloquence ! le raisonnement et le sentiment, le naïf et le pathétique, l'ordre et le désordre, la force et la grâce, la douceur et la véhémence, etc.

Tout ce qu'on a jamais dit du prix de l'éloquence n'en est qu'une faible expression. Elle donne la vie à tout : dans les sciences, dans les affaires, dans la conversation, dans la composition, dans la recherche même des plaisirs, rien ne peut réussir sans elle. Elle se joue des passions des hommes, les émeut, les calme, les pousse, et les détermine à son gré : tout cède à sa voix ; elle seule enfin est capable de se célébrer dignement.

XIV

DE L'INVENTION.

Les hommes ne sauraient créer le fond des choses ; ils le modifient. Inventer n'est donc pas créer la matière de ses inventions, mais lui donner la forme. Un architecte ne fait pas le marbre qu'il emploie à un édifice, il le dispose ; et l'idée de cette disposition, il l'emprunte encore de différents modèles qu'il fond dans son imagination, pour former un nouveau tout. De même un poëte ne crée pas les images de sa poésie; il les prend dans le sein de la nature, et les applique à différentes choses pour les figurer aux sens : et encore le philosophe; il saisit une vérité souvent ignorée, mais qui existe éternellement, pour la joindre à une autre vérité, et pour en former un principe. Ainsi se produisent en différents genres les chefs-d'œuvre de la réflexion et de l'imagination. Tous ceux qui ont la vue assez bonne pour lire dans le sein de la nature, y découvrent, selon le caractère de leur esprit, ou le fond et l'enchaînement des vérités que les hommes effleurent, ou l'heureux rapport des images, avec les vérités qu'elles embellissent. Les esprits qui ne peuvent pénétrer jusqu'à cette source féconde, ou qui n'ont pas assez de force et de justesse pour lier leurs sensations et leurs idées, donnent des fantômes sans vie, et prouvent, plus sensiblement que tous les philosophes, notre impuissance à créer.

Je ne blâme pas néanmoins ceux qui se servent de cette expression, pour caractériser avec plus de force le don d'inventer. Ce que j'ai dit se borne à faire voir que la nature doit être le modèle de nos inventions, et que ceux qui la quittent ou la méconnaissent ne peuvent rien faire de bien.

Savoir après cela pourquoi des hommes quelquefois médiocres excellent à des inventions où des hommes plus éclairés ne peuvent atteindre; c'est là le secret du génie, que je vais tâcher d'expliquer.

XV

DU GÉNIE ET DE L'ESPRIT.

Je crois qu'il n'y a point de génie sans activité. Je crois que le génie dépend en grande partie de nos passions. Je crois qu'il se forme du concours de beaucoup de différentes qualités, et des convenances secrètes de nos inclinations avec nos lumières. Lorsque quelqu'une des conditions nécessaires manque, le génie n'est point ou n'est qu'imparfait : et on lui conteste son nom[1].

Ce qui forme donc le génie des négociations, ou celui de la poésie, ou celui de la guerre, etc., ce n'est pas un seul don de la nature, comme on pourrait croire : ce sont plusieurs qualités, soit de l'esprit, soit du cœur, qui sont inséparablement et intimement réunies.

Ainsi l'imagination, l'enthousiasme, le talent de peindre, ne suffisent pas pour faire un poète : il faut encore qu'il soit né avec une extrême sensibilité pour l'harmonie, avec le génie de sa langue, et l'art des vers.

Ainsi la prévoyance, la fécondité, la célérité de l'esprit sur les objets militaires, ne formeraient pas un grand capitaine, si la sécurité dans le péril, la vigueur du corps dans les opérations laborieuses du métier, et enfin une activité infatigable n'accompagnaient ces autres talents.

C'est la nécessité de ce concours de tant de qualités indépendantes les unes des autres, qui fait apparemment que le génie est toujours si rare. Il semble que c'est une espèce de hasard, quand la nature assortit ces divers mérites dans un même homme. Je dirais volontiers qu'il lui en coûte moins pour former un homme d'esprit, parce qu'il n'est pas besoin de mettre entre ses talents cette correspondance que veut le génie.

Cependant on rencontre quelquefois des gens d'esprit qui sont plus éclairés que d'assez beaux génies. Mais soit que leurs inclinations partagent leur application, soit que la faiblesse de leur âme les empêche d'employer la force de leur esprit, on voit qu'ils demeurent bien loin après ceux qui mettent toutes leurs ressources et toute leur activité en œuvre, en faveur d'un objet unique.

C'est cette chaleur du génie et cet amour de son objet, qui lui donnent d'imaginer et d'inventer sur cet objet même. Ainsi, selon la pente de leur âme et le caractère de leur esprit, les uns ont l'invention de style, les autres celle du raisonnement, ou l'art de former des systèmes. D'assez grands génies ne paraissent

---

[1] Ici, dans la première édition, nous trouvons un alinéa supprimé dans la seconde :
« Que de qualités différentes concourent dans un beau génie! Que manquait-il à M. de Cambrai (Fénelon) pour être un grand poëte, lui qui avait l'imagination si poétique, un style si harmonieux? » — A quoi Voltaire répond en marge : « Il lui manquait l'art de faire des vers et de ne rien dire de trop. »

presque avoir eu que l'invention de détail : tel est Montaigne. La Fontaine, avec un génie différent de celui de ce philosophe, est néanmoins un autre exemple de ce que je dis. Descartes, au contraire, avait l'esprit systématique et l'invention de dessein. Mais il manquait, je crois, de l'imagination dans l'expression, qui embellit les pensées les plus communes.

A cette invention du génie est attaché, comme on sait, un caractère original, qui tantôt naît des expressions et des sentiments d'un auteur, tantôt de ses plans, de son art, de sa manière d'envisager et d'arranger les objets. Car un homme qui est maîtrisé par la pente de son esprit et par les impressions particulières et personnelles qu'il reçoit des choses, ne peut ni ne veut dérober son caractère à ceux qui l'épient.

Cependant il ne faut pas croire que ce caractère original doive exclure l'art d'imiter. Je ne connais point de grands hommes qui n'aient adopté des modèles. Rousseau a imité Marot; Corneille, Lucain et Sénèque; Bossuet, les prophètes; Racine, les Grecs et Virgile; et Montaigne dit quelque part qu'il y a en lui *une condition aucunement singeresse et imitatrice*. Mais ces grands hommes, en imitant, sont demeurés originaux, parce qu'ils avaient à peu près le même génie que ceux qu'ils prenaient pour modèles; de sorte qu'ils cultivaient leur propre caractère, sous ces maîtres qu'ils consultaient et qu'ils surpassaient quelquefois : au lieu que ceux qui n'ont que de l'esprit, sont toujours de faibles copistes des meilleurs modèles, et n'atteignent jamais leur art. Preuve incontestable qu'il faut du génie pour bien imiter, et même un génie étendu pour prendre divers caractères : tant s'en faut que l'imitation donne l'exclusion au génie.

J'explique ces petits détails, pour rendre ce chapitre plus complet, et non pour instruire les gens de lettres, qui ne peuvent les ignorer. J'ajouterai encore une réflexion en faveur des personnes moins savantes : c'est que le premier avantage du génie est de sentir et de concevoir plus vivement les objets de son ressort, que ces mêmes objets ne sont sentis et aperçus des autres hommes.

A l'égard de l'esprit, je dirai que ce mot n'a d'abord été inventé que pour signifier en général les différentes qualités que j'ai définies, la justesse, la profondeur, le jugement, etc. Mais parce que nul homme ne peut les rassembler toutes, chacune de ces qualités a prétendu s'approprier exclusivement le nom générique, d'où sont nées des disputes très-frivoles ; car, au fond, il importe peu que ce soit la vivacité ou la justesse, ou telle autre partie de l'esprit qui emporte l'honneur de ce titre. Le nom ne peut rien pour les choses. La question n'est pas de savoir si c'est à l'imagination ou au bon sens qu'appartient le terme d'esprit. Le vrai intérêt, c'est de voir laquelle de ces qualités, ou des autres que j'ai nommées, doit nous inspirer le plus d'estime. Il n'y en a aucune qui n'ait son utilité, et j'ose dire son agrément. Il ne serait peut-être pas difficile de juger s'il y en a de plus utiles, ou de plus aimables, ou de plus grandes les unes que les autres ; mais les hommes sont incapables de convenir entre eux du prix des moindres choses. La différence de leurs intérêts et de leurs lumières maintiendra éternellement la diversité de leurs opinions et la contrariété de leurs maximes.

XVI

DU CARACTÈRE.

Tout ce qui forme l'esprit et le cœur est compris dans le caractère. Le génie n'exprime que la convenance de certaines qualités ; mais les contrariétés les plus bizarres entrent dans le même caractère, et le constituent.

On dit d'un homme qu'il n'a point de caractère, lorsque les traits de son âme sont faibles, légers, changeants; mais cela même fait un caractère[1], et l'on s'entend bien là-dessus.

Les inégalités du caractère influent sur l'esprit; un homme est pénétrant, ou pesant, ou aimable, selon son humeur.

On confond souvent dans le caractère les qualités de l'âme et celles de l'esprit. Un homme est doux et facile, on le trouve insinuant; il a l'humeur vive et légère, on dit qu'il a l'esprit vif; il est distrait et rêveur, on croit

---

[1] Sur l'exemplaire conservé à Aix, Voltaire a ajouté de sa main, à la marge, comme un renvoi, avant le mot *caractère*, le mot *pauvre*. — Un (pauvre) *caractère*.

qu'il a l'esprit lent et peu d'imagination. Le monde ne juge des choses que par leur écorce, c'est une chose qu'on dit tous les jours, mais que l'on ne sent pas assez. Quelques réflexions, en passant, sur les caractères les plus généraux, nous y feront faire attention.

XVII
DU SÉRIEUX.

Un des caractères les plus généraux, c'est le sérieux; mais combien de choses différentes n'a-t-il pas, et combien de caractères sont compris dans celui-ci? On est sérieux par tempérament, par trop ou trop peu de passions, trop ou trop peu d'idées, par timidité, par habitude, et par mille autres raisons.

L'extérieur [1] distingue tous ces divers caractères aux yeux d'un homme attentif.

Le sérieux d'un esprit tranquille porte un air doux et serein.

Le sérieux des passions ardentes est sauvage, sombre, allumé.

Le sérieux d'une âme abattue donne un extérieur languissant.

Le sérieux d'un homme stérile paraît froid, lâche et oisif.

Le sérieux de la gravité prend un air concerté comme elle.

Le sérieux de la distraction porte des dehors singuliers.

Le sérieux d'un homme timide n'a presque jamais de maintien.

Personne ne rejette en gros ces vérités; mais, faute de principes bien liés et bien conçus, la plupart des hommes sont, dans le détail et dans les applications particulières, opposés les uns aux autres et à eux-mêmes; ils font voir la nécessité indispensable de bien manier les principes les plus familiers, et de les mettre tous ensemble sous un point de vue qui en découvre la fécondité et la liaison.

XVIII
DU SANG-FROID.

Nous prenons quelquefois pour le sang-froid une passion sérieuse et concentrée, qui fixe toutes les pensées d'un esprit ardent, et le rend insensible aux autres choses.

Le véritable sang-froid vient d'un sang doux, tempéré, et peu fertile en esprits. S'il coule avec trop de lenteur, il peut rendre l'esprit pesant; mais lorsqu'il est reçu par des organes faciles et bien conformés, la justesse, la réflexion, et une singularité aimable souvent l'accompagnent; nul esprit n'est plus désirable.

On parle encore d'un autre sang-froid que donne la force d'esprit, soutenue par l'expérience et de longues réflexions; sans doute c'est là le plus rare.

XIX
DE LA PRÉSENCE D'ESPRIT.

La présence d'esprit se pourrait définir une aptitude à profiter des occasions pour parler ou pour agir. C'est un avantage qui a manqué souvent aux hommes les plus éclairés, qui demande un esprit facile, un sang-froid modéré, l'usage des affaires, et selon les différentes occurrences, divers avantages : de la mémoire et de la sagacité dans la dispute, de la sécurité dans les périls, et, dans le monde, cette liberté de cœur qui nous rend attentifs à tout ce qui s'y passe, et nous tient en état de profiter de tout, etc.

XX
DE LA DISTRACTION.

Il y a une distraction assez semblable aux rêves du sommeil, qui est lorsque nos pensées flottent et se suivent d'elles-mêmes sans force et sans direction. Le mouvement des esprits se ralentit peu à peu; ils errent à l'aventure sur les traces du cerveau, et réveillent des idées sans suite et sans vérité; enfin les organes se ferment; nous ne formons plus que des songes, et c'est là proprement rêver les yeux ouverts.

Cette sorte de distraction est bien différente de celle où jette la méditation. L'âme, obsédée dans la méditation d'un objet qui fixe sa vue et qui la remplit tout entière, agit beaucoup dans ce repos. C'est un état tout opposé; cependant elle y tombe ensuite épuisée par ses réflexions.

---

[1] Depuis ces mots, *l'extérieur distingue*, jusqu'à ceux-ci, *n'a presque jamais de maintien*, l'exemplaire d'Aix, annoté par Voltaire, est marqué d'une accolade avec ces mots de sa main : *Très-bien*.

XXI

DE L'ESPRIT DU JEU.

C'est une manière de génie que l'esprit du jeu, puisqu'il dépend également de l'âme et de l'intelligence. Un homme que la perte trouble ou intimide, que le gain rend trop hasardeux, un homme avare, ne sont pas plus faits pour jouer, que ceux qui ne peuvent atteindre à l'esprit de combinaison. Il faut donc un certain degré de lumière et de sentiment, l'art des combinaisons, le goût du jeu, et l'amour mesuré du gain.

On s'étonne à tort que des sots possèdent ce faible avantage. L'habitude et l'amour du jeu, qui tournent toute leur application et leur mémoire de ce seul côté, suppléent l'esprit qui leur manque.

LIVRE DEUXIÈME

XXII

DES PASSIONS.

Toutes les passions roulent sur le plaisir et la douleur, comme dit M. Locke[1] : c'en est l'essence et le fond.

Nous éprouvons, en naissant, ces deux états : le plaisir, parce qu'il est naturellement attaché à être ; la douleur, parce qu'elle tient à être imparfaitement.

Si notre existence était parfaite, nous ne connaîtrions que le plaisir. Étant imparfaite, nous devons connaître le plaisir et la douleur : or c'est de l'expérience de ces deux contraires que nous tirons l'idée du bien et du mal.

Mais comme le plaisir et la douleur ne viennent pas à tous les hommes par les mêmes choses, ils attachent à divers objets l'idée du bien et du mal : chacun selon son expérience, ses passions, ses opinions, etc.

Il n'y a cependant que deux organes de nos biens et de nos maux : les sens et la réflexion.

[1] Locke (Jean), mort en 1704, auteur de l'*Essai sur l'entendement humain*.

Les impressions qui viennent par les sens sont immédiates et ne peuvent se définir ; on n'en connaît pas les ressorts ; elles sont l'effet du rapport qui est entre les choses et nous ; mais ce rapport secret ne nous est pas connu.

Les passions qui viennent par l'organe de la réflexion sont moins ignorées. Elles ont leur principe dans l'amour de l'être ou de la perfection de l'être, ou dans le sentiment de son imperfection et de son dépérissement.

Nous tirons de l'expérience de notre être une idée de grandeur, de plaisir, de puissance, que nous voudrions toujours augmenter : nous prenons dans l'imperfection de notre être une idée de petitesse, de sujétion, de misère, que nous tâchons d'étouffer : voilà toutes nos passions.

Il y a des hommes en qui le sentiment de l'être est plus fort que celui de leur imperfection ; de là l'enjouement, la douceur, la modération des désirs.

Il y en a d'autres en qui le sentiment de leur imperfection est plus vif que celui de l'être ; de là l'inquiétude, la mélancolie, etc.

De ces deux sentiments unis, c'est-à-dire, celui de nos forces et celui de notre misère, naissent les plus grandes passions ; parce que le sentiment de nos misères nous pousse à sortir de nous-mêmes, et que le sentiment de nos ressources nous y encourage et nous porte par l'espérance. Mais ceux qui ne sentent que leur misère sans leur force, ne se passionnent jamais autant, car ils n'osent rien espérer ; ni ceux qui ne sentent que leur force sans leur impuissance, car ils ont trop peu à désirer : ainsi il faut un mélange de courage et de faiblesse, de tristesse et de présomption. Or, cela dépend de la chaleur du sang et des esprits ; et la réflexion qui modère les velléités des gens froids, encourage l'ardeur des autres, en leur fournissant des ressources qui nourrissent leurs illusions : d'où vient que les passions des hommes d'un esprit profond sont plus opiniâtres et plus invincibles, car ils ne sont pas obligés de s'en distraire comme le reste des hommes, par épuisement de pensées ; mais leurs réflexions, au contraire, sont un entretien éternel à leurs désirs, qui les échauffe ; et cela explique encore pourquoi ceux qui pensent peu, ou qui ne sauraient penser longtemps de suite sur la même chose, n'ont que l'inconstance en partage.

XXIII
DE LA GAIETÉ, DE LA JOIE, DE LA MÉLANCOLIE.

Le premier degré du sentiment agréable de notre existence est la gaieté : la joie est un sentiment plus pénétrant. Les hommes enjoués n'étant pas d'ordinaire si ardents que le reste des hommes, ils ne sont peut-être pas capables des plus vives joies ; mais les grandes joies durent peu, et laissent notre âme épuisée.

La gaieté, plus proportionnée à notre faiblesse que la joie, nous rend confiants et hardis, donne un être et un intérêt aux choses les moins importantes, fait que nous nous plaisons par instinct en nous-mêmes, dans nos possessions, nos entours, notre esprit, notre suffisance, malgré d'assez grandes misères.

Cette intime satisfaction nous conduit quelquefois à nous estimer nous-mêmes, par de très-frivoles endroits ; et il me semble que les personnes enjouées sont ordinairement un peu plus vaines que les autres.

D'autre part, les mélancoliques sont ardents, timides, inquiets, et ne se sauvent, la plupart, de la vanité, que par l'ambition et l'orgueil [1].

XXIV
DE L'AMOUR-PROPRE ET DE L'AMOUR DE NOUS-MÊMES.

L'amour est une complaisance dans l'objet aimé. Aimer une chose, c'est se complaire dans sa possession, sa grâce, son accroissement, craindre sa privation, ses déchéances, etc.

Plusieurs philosophes rapportent généralement à l'amour-propre toutes sortes d'attachements. Ils prétendent qu'on n'y cherche que son plaisir et sa propre satisfaction, qu'on se met soi-même avant tout ; jusque-là qu'ils nient que celui qui donne sa vie pour un autre, le préfère à soi. Ils passent le but en ce point ; car si l'objet de notre amour nous est plus cher sans l'être, que l'être sans l'objet de notre amour, il paraît que c'est notre amour qui est notre passion dominante, et non notre

[1] Voir le développement de cette pensée dans le *Caractère* intitulé *Cléon ou la Folle ambition*.

individu propre ; puisque tout nous échappe avec la vie, le bien que nous nous étions approprié par notre amour, comme notre être véritable. Ils répondent que la passion nous fait confondre dans ce sacrifice notre vie et celle de l'objet aimé ; que nous croyons n'abandonner qu'une partie de nous-mêmes pour conserver l'autre : au moins ils ne peuvent nier que celle que nous conservons, nous paraît plus considérable que celle que nous abandonnons. Or, dès que nous nous regardons comme la moindre partie dans le tout, c'est une préférence manifeste de l'objet aimé. On peut dire la même chose d'un homme qui, volontairement et de sang-froid, meurt pour la gloire ; la vie imaginaire qu'il achète au prix de son être réel, est une préférence bien incontestable de la gloire, et qui justifie la distinction que quelques écrivains ont mise avec sagesse entre l'amour-propre et l'amour de nous-mêmes. Ceux-ci conviennent bien que l'amour de nous-même entre dans toutes nos passions ; mais ils distinguent cet amour de l'autre. Avec l'amour de nous-mêmes, disent-ils, on peut chercher hors de soi son bonheur ; on peut s'aimer hors de soi davantage que dans son existence propre ; on n'est point à soi-même son unique objet. L'amour-propre, au contraire, subordonne tout à ses commodités et à son bien-être ; il est à lui-même son seul objet et sa seule fin : de sorte qu'au lieu que les passions, qui viennent de l'amour de nous-mêmes, nous donnent aux choses, l'amour-propre veut que les choses se donnent à nous, et se fait le centre de tout.

Rien ne caractérise donc l'amour-propre, comme la complaisance qu'on a dans soi-même et dans les choses qu'on s'approprie.

L'orgueil est un effet de cette complaisance. Comme on n'estime naturellement les choses qu'autant qu'elles plaisent, et que nous nous plaisons si souvent à nous-mêmes devant toutes choses ; de là ces comparaisons toujours injustes, qu'on fait de soi-même à autrui, et qui fondent tout notre orgueil.

Mais les prétendus avantages pour lesquels nous nous estimons étant grandement variés, nous les désignons par les noms que nous leur avons rendus propres. L'orgueil qui vient d'une confiance aveugle dans nos forces, nous l'avons nommé présomption; celui qui s'attache à de petites choses, vanité; celui qui se fonde sur la naissance, hauteur; celui qui est courageux, fierté.

Tout ce qu'on ressent de plaisir en s'appropriant quelque chose, richesse, agrément, héritage, etc., et ce qu'on éprouve de peine par la perte des mêmes biens, ou la crainte de quelque mal, la peur, le dépit, la colère, tout cela vient de l'amour-propre.

L'amour-propre se mêle à presque tous nos sentiments, ou du moins l'amour de nous-mêmes : mais pour prévenir l'embarras que feraient naître les disputes qu'on a sur ces termes, j'use d'expressions synonymes, qui me semblent moins équivoques. Ainsi je rapporte tous nos sentiments à celui de nos perfections et de notre imperfection : ces deux grands principes nous portent de concert à aimer, estimer, conserver, agrandir et défendre du mal notre frêle existence. C'est la source de tous nos plaisirs et déplaisirs, et la cause féconde des passions qui viennent par l'organe de la réflexion.

Tâchons d'approfondir les principales ; nous y suivrons plus aisément la trace des petites, qui ne sont que des dépendances et des branches de celles-ci.

XXV
DE L'AMBITION.

L'instinct qui nous porte à nous agrandir n'est aucune part si sensible que dans l'ambition; mais il ne faut pas confondre tous les ambitieux. Les uns attachent la grandeur solide à l'autorité des emplois; les autres aux grandes richesses ; les autres au faste des titres, etc.; plusieurs vont à leur but sans nul choix des moyens; quelques-uns par de grandes choses, et d'autres par les plus petites : ainsi telle ambition est vice ; telle, vertu ; telle vigueur d'esprit; telle, égarement et bassesse, etc.

Toutes les passions prennent le tour de notre caractère. Nous avons vu ailleurs que l'âme influait beaucoup sur l'esprit; l'esprit influe aussi sur l'âme. C'est de l'âme que viennent tous les sentiments ; mais c'est par les organes de l'esprit que passent les objets qui les excitent. Selon les couleurs qu'il leur donne, selon qu'il les pénètre, qu'il les embellit, qu'il les déguise, l'âme les rebute ou s'y attache. Quand donc même on ignorerait que tous les hommes ne sont pas égaux par le cœur, il suffit de savoir qu'ils envisagent les choses selon leurs lumières, peut-être encore plus inégales, pour comprendre la différence qui distingue les passions mêmes qu'on désigne du même nom. Si différemment partagés par l'esprit et les sentiments, ils s'attachent au même objet sans aller au même intérêt : et cela n'est pas seulement vrai des ambitieux, mais aussi de toute passion.

XXVI
DE L'AMOUR DU MONDE.

Que de choses sont comprises dans l'amour du monde ! Le libertinage, le désir de plaire, l'envie de primer, etc.; l'amour du sensible et du grand ne sont nulle part si mêlés.

Le génie et l'activité portent les hommes à la vertu et à la gloire : les petits talents, la paresse, le goût des plaisirs, la gaieté et la vanité les fixent aux petites choses : mais en tous c'est le même instinct : et l'amour du monde renferme de vives semences de presque toutes les passions.

XXVII
SUR L'AMOUR DE LA GLOIRE

La gloire nous donne sur les cœurs une autorité naturelle qui nous touche sans doute autant que nulle de nos sensations, et nous étourdit plus sur nos misères qu'une vaine dissipation : elle est donc réelle en tous sens.

Ceux qui parlent de son néant inévitable soutiendraient peut-être avec peine le mépris ouvert d'un seul homme. Le vide des grandes passions est rempli par le grand nombre des petites : les contempteurs de la gloire se piquent de bien danser, ou de quelque misère encore plus basse. Ils sont si aveugles qu'ils ne sentent pas que c'est la gloire qu'ils cherchent si curieusement, et si vains qu'ils osent la mettre dans les choses les plus frivoles. La gloire disent-ils, n'est ni vertu, ni mérite; ils rai sonnent bien en cela : elle n'est que leur récompense; mais elle nous excite donc au travail et à la vertu, et nous rend souvent estimables afin de nous faire estimer.

Tout est très-abject dans les hommes, la vertu, la gloire, la vie; mais les choses les plus petites ont des proportions reconnues. Le chêne est un grand arbre près du cerisier; ainsi les hommes à l'égard les uns des autres. Quelles sont les vertus et les inclinations de ceux qui méprisent la gloire? L'ont-ils méritée?

XXVIII

DE L'AMOUR DES SCIENCES ET DES LETTRES.

La passion de la gloire et la passion des sciences se ressemblent dans leur principe; car elles viennent l'une et l'autre du sentiment de notre vide et de notre imperfection. Mais l'une voudrait se former comme un nouvel être hors de nous, et l'autre s'attache à étendre et à cultiver notre fonds. Ainsi la passion de la gloire veut nous agrandir au dehors, et celle des sciences au dedans.

On ne peut avoir l'âme grande, ou l'esprit un peu pénétrant, sans quelque passion pour les lettres. Les arts sont consacrés à peindre les traits de la belle nature; les sciences, à la vérité. Les arts et les sciences embrassent tout ce qu'il y a dans la pensée de noble ou d'utile; de sorte qu'il ne reste à ceux qui les rejettent, que ce qui est indigne d'être peint ou enseigné, etc.

La plupart des hommes honorent les lettres comme la religion et la vertu[1]; c'est-à-dire, comme une chose qu'ils ne peuvent ni connaître, ni pratiquer, ni aimer.

Personne néanmoins n'ignore que les bons livres sont l'essence des meilleurs esprits, le précis de leurs connaissances, et le fruit de leurs longues veilles. L'étude d'une vie entière s'y peut recueillir dans quelques heures; c'est un grand secours.

Deux inconvénients sont à craindre dans cette passion : le mauvais choix et l'excès. Quant au mauvais choix, il est probable que ceux qui s'attachent à des connaissances peu utiles ne seraient pas propres aux autres; mais l'excès ne peut corriger.

Si nous étions sages, nous nous bornerions à un petit nombre de connaissances, afin de les mieux posséder. Nous tâcherions de nous les rendre familières et de les réduire en pratique : la plus longue et la plus laborieuse théorie n'éclaire qu'imparfaitement. Un homme qui n'aurait jamais dansé posséderait inutilement les règles de la danse; il en est sans doute de même des métiers d'esprit.

Je dirai bien plus; rarement l'étude est utile, lorsqu'elle n'est pas accompagnée du commerce du monde. Il ne faut pas séparer ces deux choses; l'une nous apprend à penser, l'autre à agir; l'une à parler, l'autre à écrire; l'une à disposer nos actions, l'autre à les rendre faciles.

L'usage du monde nous donne encore de penser naturellement, et l'habitude des sciences, de penser profondément.

Par une suite naturelle de ces vérités, ceux qui sont privés de l'un et de l'autre avantage par leur condition, fournissent une preuve incontestable de l'indigence naturelle de l'esprit humain. Un vigneron, un couvreur, resserrés dans un petit cercle d'idées très-communes, connaissent à peine les plus grossiers usages de la raison, et n'exercent leur jugement, supposé qu'ils en aient reçu de la nature, que sur des objets très-palpables. Je sais bien que l'éducation ne peut suppléer le génie; je n'ignore pas que les dons de la nature valent mieux que les dons de l'art : cependant l'art est nécessaire pour faire fleurir les talents. Un beau naturel négligé ne porte jamais de fruits mûrs.

Peut-on regarder comme un bien un génie à peu près stérile? Que servent à un grand seigneur les domaines qu'il laisse en friche? Est-il riche de ces champs incultes?

XXIX

DE L'AVARICE.

Ceux qui n'aiment l'argent que pour le dépenser ne sont pas véritablement avares.

---

[1] *La plupart des hommes honorent les lettres comme la religion et la vertu.* Il faut : *comme ils honorent.* On avait copié cette pensée dans l'Encyclopédie, sans en citer l'auteur. Les journalistes de Trévoux, qui avaient fort loué l'ouvrage de Vauvenargues lorsqu'il parut, firent un crime de cette maxime aux encyclopédistes.

L'avarice est une extrême défiance des événements, qui cherche à s'assurer contre les instabilités de la fortune par une excessive prévoyance, et manifeste cet instinct avide qui nous sollicite d'accroître, d'étayer, d'affermir notre être. Basse et déplorable manie, qui n'exige ni connaissance, ni vigueur d'esprit, ni jeunesse, et qui prend par cette raison, dans la défaillance des sens, la place des autres passions.

XXX
DE LA PASSION DU JEU.

Quoique j'aie dit que l'avarice naît d'une défiance ridicule des événements de la fortune, et qu'il semble que l'amour du jeu vienne au contraire d'une ridicule confiance aux mêmes événements, je ne laisse pas de croire qu'il y a des joueurs avares et qui ne sont confiants qu'au jeu; encore ont-ils, comme on dit, un jeu timide et serré.

Des commencements souvent heureux remplissent l'esprit des joueurs de l'idée d'un gain très-rapide, qui paraît toujours sous leurs mains : cela détermine.

Par combien de motifs d'ailleurs n'est-on pas porté à jouer? par cupidité, par amour du faste, par goût des plaisirs, etc. Il suffit donc d'aimer quelqu'une de ces choses pour aimer le jeu; c'est une ressource pour les acquérir, hasardeuse à la vérité, mais propre à toute sorte d'hommes, pauvres, riches, faibles, malades, jeunes et vieux, ignorants et savants, sots et habiles, etc.; aussi n'y a-t-il point de passion plus commune que celle-ci.

XXXI
DE LA PASSION DES EXERCICES.

Il y a dans la passion des exercices un plaisir pour les sens, et un plaisir pour l'âme. Les sens sont flattés d'agir, de galoper un cheval, d'entendre un bruit de chasse dans une forêt; l'âme jouit de la justesse de ses sens, de la force et de l'adresse de son corps, etc. Aux yeux d'un philosophe qui médite dans son cabinet, cette gloire est bien puérile; mais, dans l'ébranlement de l'exercice, on ne scrute pas tant les choses. En approfondissant les hommes, on rencontre des vérités humiliantes, mais incontestables.

Vous voyez l'âme d'un pêcheur qui se détache en quelque sorte de son corps pour suivre un poisson sous les eaux, et le pousser au piège que sa main lui tend. Qui croirait qu'elle s'applaudit de la défaite du faible animal, et triomphe au fond du filet? Toutefois rien n'est si sensible.

Un grand, à la chasse, aime mieux tuer un sanglier qu'une hirondelle : par quelle raison? Tous la voient.

XXXII
DE L'AMOUR PATERNEL.

L'amour paternel ne diffère pas de l'amour-propre. Un enfant ne subsiste que par ses parents, dépend d'eux, vient d'eux, leur doit tout; ils n'ont rien qui leur soit si propre.

Aussi un père ne sépare point l'idée d'un fils de la sienne, à moins que le fils n'affaiblisse cette idée de propriété par quelque contradiction; mais plus un père s'irrite de cette contradiction, plus il s'afflige, plus il prouve ce que je dis.

XXXIII
DE L'AMOUR FILIAL ET FRATERNEL.

Comme les enfants n'ont nul droit sur la volonté de leurs pères, la leur étant au contraire toujours combattue, cela leur fait sentir qu'ils sont des êtres à part, et ne peut pas leur inspirer de l'amour-propre; parce que la propriété ne saurait être du côté de la dépendance : cela est visible. C'est par cette raison que la tendresse des enfants n'est pas aussi vive que celle des pères; mais les lois ont pourvu à cet inconvénient. Elles sont un garant aux pères contre l'ingratitude des enfants, comme la nature est aux enfants un otage assuré contre l'abus des lois. Il était juste d'assurer à la vieillesse les secours qu'elle avait prêtés à la faiblesse de l'enfance.

La reconnaissance prévient, dans les enfants bien nés, ce que le devoir leur impose. Il est dans la saine nature d'aimer ceux qui nous aiment et nous protègent; et l'habitude d'une juste dépendance en fait perdre le sentiment : mais il suffit d'être homme pour être bon père;

et si l'on n'est homme de bien, il est rare qu'on soit bon fils.

Du reste, qu'on mette à la place de ce que je dis la sympathie ou le sang, et qu'on me fasse entendre pourquoi le sang ne parle pas autant dans les enfants que dans les pères; pourquoi la sympathie périt quand la soumission diminue; pourquoi des frères souvent se haïssent sur des fondements si légers, etc.

Mais quel est donc le nœud de l'amitié des frères? Une fortune, un nom communs, même naissance et même éducation, quelquefois même caractère; enfin l'habitude de se regarder comme appartenant les uns aux autres, et comme n'ayant qu'un seul être[1].

XXXIV

DE L'AMOUR QUE L'ON A POUR LES BÊTES.

Il peut entrer quelque chose qui flatte les sens dans le goût qu'on nourrit pour certains animaux. Quand ils nous appartiennent, j'ai toujours pensé qu'il s'y mêle de l'amour-propre : rien n'est si ridicule à dire, et je suis fâché qu'il soit vrai; mais nous sommes si vides, que, s'il s'offre à nous la moindre ombre de propriété, nous nous y attachons aussitôt. Nous prêtons à un perroquet des pensées et des sentiments; nous nous figurons qu'il nous aime, qu'il nous craint, qu'il sent nos faveurs, etc. Ainsi nous aimons l'avantage que nous nous accordons sur lui. Quel empire! mais c'est là l'homme.

XXXV

DE L'AMITIÉ.

C'est l'insuffisance de notre être qui fait naître l'amitié, et c'est l'insuffisance de l'amitié même qui la fait périr.

Est-on seul? on sent sa misère, on sent qu'on a besoin d'appui; on cherche un fauteur de

[1] Dans la première édition ce paragraphe se termine ainsi :
« Voilà ce qui fait que l'on s'aime, voilà l'amour-propre; mais trouvez le moyen de séparer des frères d'intérêt, l'amitié lui survit à peine; l'amour-propre qui en était le fond se porte vers d'autres objets. »
Ces quatre lignes ne se trouvent pas dans la seconde édition. Vauvenargues, d'après le conseil de Voltaire, les a biffées de sa main sur l'exemplaire d'Aix.

ses goûts, un compagnon de ses plaisirs et de ses peines; on veut un homme dont on puisse posséder le cœur et la pensée. Alors l'amitié paraît être ce qu'il y a de plus doux au monde. A-t-on ce qu'on a souhaité, on change bientôt de pensée.

Lorsqu'on voit de loin quelque bien, il fixe d'abord nos désirs; et lorsqu'on y parvient, on en sent d'abord le néant. Notre âme, dont il arrêtait la vue dans l'éloignement, ne saurait s'y reposer quand elle voit au delà : ainsi l'amitié, qui de loin bornait toutes nos prétentions, cesse de les borner de près; elle ne remplit pas le vide qu'elle avait promis de remplir; elle nous laisse des besoins qui nous distraient et nous portent vers d'autres biens.

Alors on se néglige, on devient difficile, on exige bientôt comme un tribut les complaisances qu'on avait d'abord reçues comme un don. C'est le caractère des hommes de s'approprier peu à peu jusqu'aux grâces dont ils jouissent; une longue possession les accoutume naturellement à regarder les choses qu'ils possèdent comme à eux; ainsi l'habitude les persuade qu'ils ont un droit naturel sur la volonté de leurs amis. Ils voudraient s'en former un titre pour les gouverner; lorsque ces prétentions sont réciproques, comme on le voit souvent, l'amour-propre s'irrite, et crie des deux côtés, produit de l'aigreur, des froideurs et d'amères explications, etc.

On se trouve aussi quelquefois mutuellement des défauts qu'on s'était cachés; ou l'on tombe dans des passions qui dégoûtent de l'amitié, comme les maladies violentes dégoûtent des plus doux plaisirs.

Aussi les hommes extrêmes ne sont pas les plus capables d'une constante amitié. On ne la trouve nulle part si vive et si solide que dans les esprits timides et sérieux, dont l'âme modérée connaît la vertu : car elle soulage leur cœur oppressé sous le mystère et sous le poids du secret, détend leur esprit, l'élargit, les rend plus confiants et plus vifs, se mêle à leurs amusements, à leurs affaires et à leurs plaisirs mystérieux : c'est l'âme de toute leur vie.

Les jeunes gens sont aussi très-sensibles et très-confiants; mais la vivacité de leurs passions les distrait et les rend volages. La sensibilité et la confiance sont usées dans les vieillards; mais le besoin les rapproche, et la raison est leur lien; les uns aiment plus tendrement, les autres plus solidement.

Le devoir de l'amitié s'étend plus loin qu'on ne croit : nous suivons notre ami dans ses disgrâces : mais dans ses faiblesses nous l'abandonnons; c'est être plus faible que lui.

Quiconque se cache, obligé d'avouer les défauts des siens, fait voir sa bassesse. Êtes-vous exempt de ces vices? déclarez-vous donc hautement; prenez sous votre protection la faiblesse des malheureux; vous ne risquez rien en cela : mais il n'y a que les grandes âmes qui osent se montrer ainsi. Les faibles se désavouent les uns les autres, et se sacrifient lâchement aux jugements souvent injustes du public, ils n'ont pas de quoi résister[1], etc.

XXXVI
DE L'AMOUR.

Il entre ordinairement beaucoup de sympathie dans l'amour; c'est-à-dire une inclination dont les sens forment le nœud; mais, quoiqu'ils en forment le nœud, ils n'en sont pas toujours l'intérêt principal; il n'est pas impossible qu'il y ait un amour exempt de grossièreté.

Les mêmes passions sont bien différentes dans les hommes. Le même objet peut leur plaire par des endroits opposés. Je suppose que plusieurs hommes s'attachent à la même femme; les uns l'aiment pour son esprit, les autres pour sa vertu, les autres pour ses défauts, etc.; et il se peut faire encore que tous l'aiment pour des choses qu'elle n'a pas, comme lorsqu'on aime une femme légère que l'on croit solide. N'importe; on s'attache à l'idée qu'on se plaît à s'en figurer, ce n'est même que cette idée que l'on aime, ce n'est pas la femme légère. Ainsi l'objet des passions n'est pas ce qui les dégrade ou ce qui les ennoblit; mais la manière dont on envisage cet objet. Or j'ai dit qu'il était possible que l'on cherchât dans l'amour quelque chose de plus pur que l'intérêt de nos sens. Voici ce qui me le fait croire. Je vois tous les jours dans le monde qu'un homme environné de femmes auxquelles il n'a jamais parlé, comme à la messe, au sermon, ne se décide pas toujours pour celle qui est la plus jolie, et qui même lui paraît telle. Quelle est la raison de cela? C'est que chaque beauté exprime un caractère tout particulier, et celui qui entre le plus dans le nôtre, nous le préférons. C'est donc le caractère qui nous détermine quelquefois; c'est donc l'âme que nous cherchons : on ne peut me nier cela. Donc tout ce qui s'offre à nos sens ne nous plaît alors que comme une image de ce qui se cache à leur vue; donc nous n'aimons alors les qualités sensibles que comme les organes de notre plaisir, et avec subordination aux qualités insensibles dont elles sont l'expression : donc il est au moins vrai que l'âme est ce qui nous touche le plus. Or ce n'est pas aux sens que l'âme est agréable, mais à l'esprit; ainsi l'intérêt de l'esprit devient l'intérêt principal, et si celui des sens lui était opposé, nous le lui sacrifierions. On n'a donc qu'à nous persuader qu'il lui est vraiment opposé, qu'il est une tache pour l'âme. Voilà l'amour pur.

Amour cependant véritable, qu'on ne saurait confondre avec l'amitié; car, dans l'amitié, c'est l'esprit qui est l'organe du sentiment; ici ce sont les sens. Et comme les idées qui viennent par les sens sont infiniment plus puissantes que les vues de la réflexion, ce qu'elles inspirent est passion. L'amitié ne va pas si loin; et, malgré tout cela, je ne décide pas; je le laisse à ceux qui ont blanchi sur ces importantes questions[1].

XXXVII
DE LA PHYSIONOMIE.

La physionomie est l'expression du caractère et celle du tempérament. Une sotte physionomie est celle qui n'exprime que la complexion, comme un tempérament robuste, etc.; mais il ne faut jamais juger sur la physionomie : car il y a tant de traits mêlés sur le visage et dans le maintien des hommes, que cela peut souvent confondre; sans parler des accidents qui défi-

---

[1] Voyez le VII° *Conseil à un jeune homme.*

[1] Dans l'exemplaire de la première édition que la Bibliothèque *Méjanes*, à Aix, conserve sous le n° 490, Vauvenargues a effacé de sa main la dernière phrase de cet alinéa.

gurent les traits naturels, et qui empêchent que l'âme ne s'y manifeste, comme la petite vérole[1], la maigreur, etc.

On pourrait conjecturer plutôt sur le caractère des hommes, par l'agrément qu'ils attachent à de certaines figures qui répondent à leurs passions ; mais encore s'y tromperait-on.

XXXVIII
DE LA PITIÉ.

La pitié n'est qu'un sentiment mêlé de tristesse et d'amour ; je ne pense pas qu'elle ait besoin d'être excitée par un retour sur nous-mêmes, comme on[2] le croit. Pourquoi la misère ne pourrait-elle sur notre cœur ce que fait la vue d'une plaie sur nos sens ? N'y a-t-il pas des choses qui affectent immédiatement l'esprit ? L'impression des nouveautés ne prévient-elle pas toujours nos réflexions ? notre âme est-elle incapable d'un sentiment désintéressé ?

XXXIX
DE LA HAINE.

La haine est une déplaisance dans l'objet haï. C'est une tristesse qui nous donne, pour la cause qui l'excite, une secrète aversion : on appelle cette tristesse jalousie, lorsqu'elle est un effet du sentiment de nos désavantages comparés au bien de quelqu'un. Quand il se joint à cette jalousie de la haine et une volonté de vengeance dissimulée par faiblesse, c'est envie.

Il y a peu de passions où il n'entre de l'amour ou de la haine. La colère n'est qu'une aversion subite et violente, enflammée d'un désir aveugle de vengeance.

L'indignation, un sentiment de colère et de mépris ; le mépris, un sentiment mêlé de haine et d'orgueil ; l'antipathie, une haine violente et qui ne raisonne pas.

[1] Vauvenargues avait subi les plus graves atteintes de cette maladie au moment où il écrivait cette pensée.
[2] Allusion évidente à cette maxime de La Rochefoucauld :
« La pitié est souvent un sentiment de nos propres maux dans les maux d'autrui. C'est une habile prévoyance des malheurs où nous pouvons tomber. Nous donnons du secours aux autres pour les engager à nous en donner en de semblables occasions ; et ces services que nous leur rendons sont, à proprement parler, des biens que nous nous faisons à nous-mêmes par avance. » (Maxime 264).

Il entre aussi de l'aversion dans le dégoût ; il n'est pas une simple privation comme l'indifférence ; et la mélancolie, qui n'est communément qu'un défaut universel sans espérance, tient encore beaucoup de la haine.

A l'égard des passions qui viennent de l'amour, j'en ai déjà parlé ailleurs ; je me contente donc de répéter ici que tous les sentiments que le désir allume, sont mêlés d'amour ou de haine.

XL
DE L'ESTIME, DU RESPECT ET DU MÉPRIS.

L'estime est un aveu intérieur du mérite de quelque chose ; le respect est le sentiment de la supériorité d'autrui.

Il n'y a pas d'amour sans estime : j'en ai dit la raison. L'amour étant une complaisance dans l'objet aimé, et les hommes ne pouvant se défendre de trouver un prix aux choses qui leur plaisent, peu s'en faut qu'ils ne règlent leur estime sur le degré d'agrément que les objets ont pour eux. Et s'il est vrai que chacun s'estime personnellement plus que tout autre, c'est, ainsi que je l'ai déjà dit, parce qu'il n'y a rien qui nous plaise ordinairement tant que nous-mêmes.

Ainsi, non-seulement on s'estime avant tout ; mais on estime encore toutes les choses que l'on aime, comme la chasse, la musique, les chevaux, etc. ; et ceux qui méprisent leurs propres passions ne le font que par réflexion, et par un effort de raison ; car l'instinct les porte au contraire.

Par une suite naturelle du même principe, la haine rabaisse ceux qui en sont l'objet, avec le même soin que l'amour les relève. Il est impossible aux hommes de se persuader que ce qui les blesse n'ait pas quelque grand défaut ; c'est un jugement confus que l'esprit porte en lui-même, comme il en use au contraire en aimant. Et si la réflexion contrarie cet instinct, car il y a des qualités qu'on est convenu d'estimer, et d'autres de mépriser, alors cette contradiction ne fait qu'irriter la passion ; et, plutôt que de céder aux traits de la vérité, elle en détourne les yeux. Ainsi elle dépouille son objet de ses qualités naturelles pour lui en donner de conformes à son intérêt dominant. Ensuite elle se livre témérairement et sans scrupule à ses préventions insensées.

Il n'y a presque point d'hommes dont le jugement soit supérieur à ses passions. Il faut donc bien prendre garde lorsqu'on veut se faire estimer, à ne pas se faire haïr, mais tâcher, au contraire, de se présenter par des endroits agréables; parce que les hommes penchent à juger du prix des choses par le plaisir qu'elles leur font.

Il y en a, à la vérité, qu'on peut surprendre par une conduite opposée, en paraissant au dehors plus pénétré de soi-même qu'on ne l'est au dedans; cette confiance extérieure les persuade et les maîtrise. Mais il est un moyen plus noble de gagner l'estime des hommes; c'est de leur faire souhaiter la nôtre par un vrai mérite, et ensuite d'être modeste et de s'accommoder à eux. Quand on a véritablement les qualités qui emportent l'estime du monde, il n'y a plus qu'à les rendre populaires pour leur concilier l'amour, et lorsque l'amour les adopte, il en sait relever le prix. Mais pour les petites finesses qu'on emploie en vue de surprendre ou de conserver les suffrages, attendre les autres, se faire valoir, réveiller par des froideurs étudiées ou des amitiés ménagées le goût inconstant du public, c'est la ressource des hommes superficiels qui craignent d'être approfondis; il faut leur laisser ces misères dont ils ont besoin avec leur mérite spécieux.

Mais c'est trop s'arrêter aux choses; tâchons d'abréger ces principes par de courtes définitions.

Le désir est une espèce de mésaise que le goût du bien-être met en nous, et l'inquiétude un désir sans objet.

L'ennui vient du sentiment de notre vide; la paresse naît d'impuissance: la langueur est un témoignage de notre faiblesse, et la tristesse, de notre misère.

L'espérance est le sentiment d'un bien prochain, et la reconnaissance celui d'un bienfait.

Le regret consiste dans le sentiment de quelque perte; le repentir, dans celui d'une faute; le remords, dans celui d'un crime et la crainte du châtiment[1].

La timidité peut être la crainte du blâme, la honte en est la conviction.

La raillerie naît d'un mépris content.

La surprise est un ébranlement soudain à la vue d'une nouveauté.

L'étonnement est une surprise longue et accablante; l'admiration, une surprise pleine de respect.

La plupart de ces sentiments ne sont pas trop composés, et n'affectent pas aussi durablement notre âme que les grandes passions, l'amour, l'ambition, l'avarice, etc. Le peu que je viens de dire à leur occasion, répandra une sorte de lumière sur ceux dont je me réserve de parler ailleurs.

XLI

DE L'AMOUR DES OBJETS SENSIBLES.

Il serait impertinent de dire que l'amour des choses sensibles, comme l'harmonie, les saveurs, etc., n'est qu'un effet de l'amour-propre, du désir de nous agrandir, etc. Cependant tout cela s'y mêle quelquefois. Il y a des musiciens, des peintres, qui n'aiment chacun dans leur art que l'expression des grandeurs, et qui ne cultivent leurs talents que pour la gloire: ainsi d'une infinité d'autres.

Les hommes que les sens dominent, ne sont pas ordinairement si sujets aux passions sérieuses; l'ambition, l'amour de la gloire, etc. Les objets sensibles les amusent et les amollissent; et s'ils ont les autres passions, ils ne les ont pas aussi vives.

On peut dire la même chose des hommes enjoués; parce qu'ayant une manière d'exister assez heureuse, ils n'en cherchent pas une

---

[1] Ce n'est pas, à ce qu'il semble, la différence de la *faute* et du *crime*, qui constitue celle du *repentir* et du *remords*. On peut expier *ses crimes par le repentir*, et sentir *le remords d'une faute*. Si le repentir est moins cruel, c'est qu'il suppose le retour, et une résolution de ne plus retomber, qui console toujours. Le remords peut exister avec la résolution de se rendre encore coupable. *Heureux*, si je puis, dit Mathan dans Athalie:

 A force d'attentats, perdre tous mes remords.

C'est ainsi que les scélérats les perdent. Il n'y a point pour eux de repentir.

 Dieu fit du repentir la vertu des mortels.

Heureusement le remords peut naître sans *la crainte du châtiment;* mais ce n'est guère que pour les premiers crimes. (*Note de Suard.*)

autre avec ardeur. Trop de choses les distraient ou les préoccupent.

On pourrait entrer là-dessus, et sur tous les sujets que j'ai traités, dans des détails intéressants. Mais mon dessein n'est pas de sortir des principes, quelque sécheresse qui les accompagne : ils sont l'objet unique de tout mon discours ; et je n'ai ni la volonté ni le pouvoir de donner plus d'application à cet ouvrage[1].

XLII
DES PASSIONS EN GÉNÉRAL.

Les passions s'opposent aux passions, et peuvent se servir de contre-poids ; mais la passion dominante ne peut se conduire que par son propre intérêt, vrai ou imaginaire, parce qu'elle règne despotiquement sur la volonté, sans laquelle rien ne se peut.

Je regarde humainement les choses, et j'ajoute dans cet esprit : toute nourriture n'est pas propre à tous les corps, tous objets ne sont pas suffisants pour toucher certaines âmes. Ceux qui croient les hommes souverains arbitres de leurs sentiments ne connaissent pas la nature ; qu'on obtienne qu'un sourd s'amuse des sons enchanteurs de Murer ; qu'on demande à une joueuse qui fait une grosse partie, qu'elle ait la complaisance et la sagesse de s'y ennuyer : nul art ne le peut.

Les sages se trompent encore en offrant la paix aux passions : les passions lui sont ennemies. Ils vantent la modération à ceux qui sont nés pour l'action et pour une vie agitée ; qu'importe à un homme malade la délicatesse d'un fes'in qui le dégoûte?

Nous ne connaissons pas les défauts de notre âme ; mais quand nous pourrions les connaître, nous voudrions rarement les vaincre.

Nos passions ne sont pas distinctes de nous-mêmes ; il y en a qui sont tout le fondement et toute la substance de notre âme. Le plus faible

[1] Dans la première édition, Vauvenargues ajoutait : « Il serait sans doute agréable d'élever un édifice sur ces fondements ; de l'orner, de s'y reposer ; où ne le porterait-on pas? Que n'y ferait-on pas entrer? Une longue vie suffirait à peine à l'exécution d'un tel dessein. Détourné de ces avantages par de vains désirs, et borné à lier mes réflexions, je cours rapidement au but, et j'ignore l'art d'embellir. »

de tous les êtres voudrait-il périr pour se voir remplacé par le plus sage?

Qu'on me donne un esprit plus juste, plus aimable, plus pénétrant, j'accepte avec joie tous ces dons ; mais si l'on m'ôte encore l'âme qui doit en jouir, ces présents ne sont plus rien pour moi.

Cela ne dispense personne de combattre ses habitudes, et ne doit inspirer aux hommes ni abattement ni tristesse. Dieu peut tout ; la vertu sincère n'abandonne pas ses amants ; les vices mêmes d'un homme bien né peuvent se tourner à sa gloire.

LIVRE TROISIÈME.

XLIII
DU BIEN ET DU MAL MORAL.

Ce qui n'est bien ou mal qu'à un particulier, et qui peut être le contraire de cela à l'égard du reste des hommes, ne peut être regardé en général comme un mal ou comme un bien.

Afin qu'une chose soit regardée comme un bien par toute la société, il faut qu'elle tende à l'avantage de toute la société, et enfin qu'on la regarde comme un mal, il faut qu'elle tende à sa ruine : voilà le grand caractère du bien et du mal moral.

Les hommes étant imparfaits n'ont pu se suffire à eux-mêmes : de là la nécessité de former des sociétés. Qui dit une société, dit un corps qui subsiste par l'union de divers membres et confond l'intérêt particulier dans l'intérêt général ; c'est là le fondement de toute la morale.

Mais parce que le bien commun exige de grands sacrifices, et qu'il ne peut se répandre également sur tous les hommes, la religion, qui répare le vice des choses humaines, assure des indemnités dignes d'envie à ceux qui nous semblent lésés.

Et toutefois, ces motifs respectables n'étant pas assez puissants pour donner un frein à la cupidité des hommes, il a fallu encore qu'ils convinssent de certaines règles pour le bien public, fondé, à la honte du genre humain, sur la crainte odieuse des supplices; et c'est l'origine des lois.

Nous naissons, nous croissons à l'ombre de ces conventions solennelles; nous leur devons la sûreté de notre vie, et la tranquillité qui l'accompagne. Les lois sont aussi le seul titre de nos possessions: dès l'aurore de notre vie, nous en recueillons les doux fruits, et nous nous engageons toujours à elles par des liens plus forts. Quiconque prétend se soustraire à cette autorité dont il tient tout, ne peut trouver injuste qu'elle lui ravisse tout, jusqu'à la vie. Où serait la raison qu'un particulier ose en sacrifier tant d'autres à soi seul, et que la société ne pût par sa ruine racheter le repos public?

C'est un vain prétexte de dire qu'on ne se doit pas à des lois qui favorisent l'inégalité des fortunes. Peuvent-elles égaler[1] les hommes, l'industrie, l'esprit, les talents? Peuvent-elles empêcher les dépositaires de l'autorité d'en user selon leur faiblesse?

Dans cette impuissance absolue d'empêcher l'inégalité des conditions, elles fixent les droits de chacune, elles les protègent.

On suppose d'ailleurs, avec quelque raison, que le cœur des hommes se forme sur leur condition. Le laboureur a souvent dans le travail de ses mains la paix et la satiété qui fuient l'orgueil des grands. Ceux-ci n'ont pas moins de désirs que les hommes les plus abjects[2]; ils ont donc autant de besoins: voilà dans l'inégalité une sorte d'égalité.

Ainsi on suppose aujourd'hui toutes les conditions égales ou nécessairement inégales. Dans l'une et l'autre supposition, l'équité consiste à maintenir invariablement leurs droits réciproques, et c'est là tout l'objet des lois.

Heureux qui les sait respecter comme elles méritent de l'être. Plus heureux qui porte en son cœur celles d'un heureux naturel. Il est bien facile de voir que je veux parler des vertus; leur noblesse et leur excellence sont l'objet de tout ce discours: mais j'ai cru qu'il fallait d'abord établir une règle sûre pour les bien distinguer du vice. Je l'ai rencontrée sans effort, dans le bien et le mal moral; je l'aurais cherchée vainement dans une moins grande origine. Dire simplement que la vertu est vertu, parce qu'elle est bonne en son fonds, et le vice tout au contraire, ce n'est pas les faire connaître. La force et la beauté sont aussi de grands biens; la vieillesse et la maladie, des maux réels: cependant on n'a jamais dit que ce fût là vice ou vertu. Le mot de vertu emporte l'idée de quelque chose d'estimable à l'égard de toute la terre: le vice au contraire. Or, il n'y a que le bien et que le mal moral qui portent ces grands caractères. La préférence de l'intérêt général au personnel, est la seule définition qui soit digne de la vertu, et qui doive en fixer l'idée. Au contraire, le sacrifice mercenaire du bonheur public à l'intérêt propre, est le sceau éternel du vice.

Ces divers caractères ainsi établis et suffisamment discernés, nous pouvons distinguer encore les vertus naturelles des acquises. J'appelle vertus naturelles, les vertus de tempérament; les autres sont les fruits pénibles de la réflexion. Nous mettons ordinairement ces dernières à plus haut prix, parce qu'elles nous coûtent davantage; nous les estimons plus à nous, parce qu'elles sont les effets de notre fragile raison. Je dis: la raison elle-même n'est-elle pas un don de la nature, comme l'heureux tempérament? L'heureux tempérament exclut-il la raison? n'en est-il pas plutôt la base? et si l'un peut nous égarer, l'autre est-elle plus infaillible?

Je me hâte, afin d'en venir à une question plus sérieuse. On demande si la plupart des vices ne concourent pas au bien public, comme les plus pures vertus. Qui ferait fleurir le commerce sans la vanité, l'avarice, etc.? En un sens, cela est trop vrai; mais il faut m'accorder aussi que le bien produit par le vice est toujours mêlé de grands maux. Ce sont les lois qui arrêtent le progrès de ses désordres; et c'est la raison, la vertu qui le subjuguent, qui le contiennent dans certaines bornes, et le rendent utile au monde.

---

[1] *Égaler* pour égaliser; cette locution vicieuse reviendra souvent.
[2] Voyez le développement de ces idées dans le *Discours sur l'inégalité des richesses*.

A la vérité, la vertu ne satisfait pas sans réserve toutes nos passions ; mais si nous n'avions aucun vice, nous n'aurions pas ces passions à satisfaire ; et nous ferions par devoir ce qu'on fait par ambition, par orgueil, par avarice, etc. Il est donc ridicule de ne pas sentir que c'est le vice qui nous empêche d'être heureux par la vertu. Si elle est si insuffisante à faire le bonheur des hommes, c'est parce que les hommes sont vicieux ; et les vices, s'ils vont au bien, c'est qu'ils sont mêlés de vertus, de patience, de tempérance, de courage, etc. Un peuple qui n'aurait en partage que des vices, courrait à sa perte infaillible.

Quand le vice veut procurer quelque grand avantage au monde, pour surprendre l'admiration, il agit comme la vertu, parce qu'elle est le vrai moyen, le moyen naturel du bien : mais celui que le vice opère n'est ni son objet ni son but. Ce n'est pas à un si beau terme que tendent ses déguisements. Ainsi le caractère distinctif de la vertu subsiste ; ainsi rien ne peut l'effacer.

Que prétendent donc quelques hommes, qui confondent toutes ces choses, ou qui nient leur réalité? Qui peut les empêcher de voir qu'il y a des qualités qui tendent naturellement au bien du monde, et d'autres à sa destruction? Ces premiers sentiments, élevés, courageux, bienfaisants à tout l'univers, et par conséquent estimables à l'égard de toute la terre, voilà ce que l'on nomme vertu. Et ces odieuses passions, tournées à la ruine des hommes et par conséquent criminelles envers le genre humain, c'est ce que j'appelle des vices. Qu'entendent-ils, eux, par ces noms? Cette différence éclatante du faible et du fort, du faux et du vrai, du juste et de l'injuste, etc., leur échappe-t-elle? Mais le jour n'est pas plus sensible. Pensent-ils que l'irréligion dont ils se piquent puisse anéantir la vertu? Mais tout leur fait voir le contraire. Qu'imaginent-ils donc qui leur trouble l'esprit? qui leur cache qu'ils ont eux-mêmes, parmi leurs faiblesses, des sentiments de vertu[1] ?

[1] Dans la première édition on lisait : « Hommes faibles, vous n'êtes pas si méchants que vous le croyez; vous avez aussi des vertus. » Cette correction a été proposée par Voltaire et acceptée par Vauvenargues.

Est-il un homme assez insensé pour douter que la santé ne soit préférable aux maladies? Non, il n'y en a point dans le monde. Trouve-t-on quelqu'un qui confonde la sagesse avec la folie? Non, personne assurément. On ne voit personne non plus qui ne préfère la vérité à l'erreur : personne qui ne sente bien que le courage est différent de la crainte, et l'envie de la bonté. On ne voit pas moins clairement que l'humanité vaut mieux que l'inhumanité, qu'elle est plus aimable, plus utile, et par conséquent plus estimable : et cependant..... ô faiblesse de l'esprit humain! il n'y a point de contradiction dont les hommes ne soient capables, dès qu'ils veulent approfondir.

N'est-ce pas le comble de l'extravagance, qu'on puisse réduire en question si le courage vaut mieux que la peur? On convient qu'il nous donne sur les hommes et sur nous-mêmes un empire naturel; on ne nie pas non plus que la puissance n'enferme une idée de grandeur, et qu'elle ne soit utile. On sait encore que la peur est un témoignage de faiblesse ; et on convient que la faiblesse est très-nuisible, qu'elle jette les hommes dans la dépendance, et qu'elle prouve ainsi leur petitesse. Comment peut-il donc se trouver des esprits assez déréglés pour mettre de l'égalité dans des choses si inégales?

Qu'entend-on par un grand génie? un esprit qui a de grandes vues, puissant, fécond, éloquent, etc. Et par une grande fortune? un état indépendant, commode, élevé, glorieux. Personne ne dispute donc qu'il n'y ait de grands génies et de grandes fortunes. Les caractères de ces avantages sont trop bien marqués. Ceux d'une âme vertueuse sont-ils moins sensibles? Qui peut nous les faire confondre? Sur quel fondement ose-t-on égaler le bien et le mal? Est-ce sur ce que l'on suppose que nos vices et nos vertus sont des effets nécessaires de notre tempérament? Mais les maladies, la santé, ne sont-elles pas des effets nécessaires de la même cause? Les confond-on cependant, et a-t-on jamais dit que c'étaient des chimères, qu'il n'y avait ni santé, ni maladies? Pense-t-on que tout ce qui est nécessaire n'est d'aucun mérite? Mais c'est une nécessité en Dieu d'être tout-puissant, éternel. La puissance et l'éternité seront-elles égales au néant? ne seront-elles plus des attributs parfaits? Quoi! parce que la vie et la mort sont en nous des états de nécessité, n'est-ce plus qu'une même chose et indifférente aux humains? Mais peut-être que les vertus que j'ai peintes comme un sacrifice de notre intérêt propre à l'intérêt public, ne sont qu'un pur effet de l'amour de nous-mêmes. Peut-être ne faisons-nous le bien que parce que notre plaisir se trouve dans ce sacrifice. Étrange objection! Parce que je me plais dans l'usage de ma vertu, en est-elle moins profitable, moins précieuse à tout l'univers, ou moins différente du vice, qui est la ruine du genre humain? Le bien où je me plais change-t-il de nature? cesse-t-il d'être bien?

Les oracles de la piété, continuent nos adversaires, condamnent cette complaisance. Est-ce à ceux qui nient la vertu, à la combattre par la religion qui l'établit? Qu'ils sachent qu'un Dieu bon et juste ne peut réprouver le plaisir que lui-même attache à bien faire. Nous prohiberait-il ce charme qui accompagne l'amour du bien? Lui-même nous ordonne d'aimer la vertu, et sait mieux que nous qu'il est contradictoire d'aimer une chose sans s'y plaire. S'il rejette donc nos vertus, c'est quand nous nous approprions les dons que sa main nous dispense, que nous arrêtons nos pensées à la possession de ses grâces, sans aller jusqu'à leur principe; que nous méconnaissons le bras qui répand sur nous ses bienfaits, etc.

Une vérité s'offre à moi. Ceux qui nient la réalité des vertus, sont forcés d'admettre des vices. Oseraient-ils dire que l'homme n'est pas corrompu et méchant? Toutefois, s'il n'y avait que des malades, saurions-nous ce que c'est que la santé[1]?

XLIV

DE LA GRANDEUR D'AME.

Après ce que nous avons dit, je crois qu'il n'est pas nécessaire de prouver que la grandeur d'âme est quelque chose d'aussi réel que la santé, etc. Il est difficile de ne pas sentir dans un homme qui maîtrise la fortune, et qui par des moyens puissants arrive à des fins élevées, qui subjugue les autres hommes par son activité, par sa patience ou par de profonds conseils; je dis qu'il est difficile de ne pas sentir dans un génie de cet ordre, une noble réalité. Cependant il n'y a rien de pur et dont nous n'abusions sans peine.

La grandeur d'âme est un instinct élevé qui porte les hommes au grand, de quelque nature qu'il soit; mais qui les tourne au bien ou au mal, selon leurs passions, leurs lumières, leur éducation, leur fortune, etc. Égale à tout ce qu'il y a sur la terre de plus élevé, tantôt elle cherche à soumettre par toutes sortes d'efforts ou d'artifices les choses humaines à elle, et tantôt dédaignant ces choses, elle s'y soumet elle-même sans que sa soumission l'abaisse: pleine de sa propre grandeur, elle s'y repose en secret, contente de se posséder. Qu'elle est belle, quand la vertu dirige tous ses mouvements, mais qu'elle est dangereuse alors qu'elle se soustrait à la règle! Représentez-vous Catilina au-dessus de tous les préjugés de sa naissance, méditant de changer la face de la terre et d'anéantir le nom romain : concevez ce génie audacieux, menaçant le monde du sein des plaisirs, et formant d'une troupe de voluptueux et de voleurs, un corps redoutable aux armées et à la sagesse de Rome.

Qu'un homme de ce caractère aurait porté loin la vertu, s'il eût été tourné au bien; mais les circonstances malheureuses le poussent au crime. Catilina était né avec un amour ardent pour les plaisirs, que la sévérité des lois aigrissait et contraignait; sa dissipation et ses débauches l'engagèrent peu à peu à des projets criminels : ruiné, décrié, traversé, il se trouva dans un état où il lui était moins facile de gouverner la république que de la détruire; *ne pouvant être le héros de sa patrie, il en méditait la conquête*[1]. Ainsi les hommes sont souvent portés au crime par de fatales rencontres, ou par leur situation : ainsi leur vertu dépend de leur fortune. Que manquait-il à César, que

---

[1] Pour le développement de ces mêmes idées, voyez le *Discours sur le Caractère des différents siècles*.

[1] Le membre de phrase que nous avons imprimé en caractères italiques a été blâmé par Voltaire, qui le trouvait faible et redondant. — Sur l'exemplaire d'Aix, il a été effacé par l'auteur.

d'être né souverain? Il était bon, magnanime, généreux, hardi, clément; personne n'était plus capable de gouverner le monde et de le rendre heureux : s'il eût eu une fortune égale à son génie, sa vie aurait été sans tache; mais parce qu'il s'était placé lui-même sur le trône par la force, on a cru pouvoir le compter avec justice parmi les tyrans.

Cela fait sentir qu'il y a des vices qui n'excluent pas les grandes qualités, et par conséquent de grandes qualités qui s'éloignent de la vertu. Je reconnais cette vérité avec douleur : il est triste que la bonté n'accompagne pas toujours la force, et que l'amour de la justice ne prévale pas nécessairement dans tous les hommes et dans tout le cours de leur vie, sur tout autre amour; mais non-seulement les grands hommes se laissent entraîner au vice, les vertueux mêmes se démentent, et sont inconstants dans le bien. Cependant ce qui est sain est sain, ce qui est fort est fort, etc. Les inégalités de la vertu, les faiblesses qui l'accompagnent, les vices qui flétrissent les plus belles vies, ces défauts inséparables de notre nature, mêlée si manifestement de grandeur et de petitesse, n'en détruisent pas les perfections. Ceux qui veulent que les hommes soient tout bons ou tout méchants, absolument grands ou petits, ne connaissent pas la nature. Tout est mélangé dans les hommes; tout y est limité; et le vice même y a ses bornes.

XLV

DU COURAGE.

Le vrai courage est une des qualités qui supposent le plus de grandeur d'âme. J'en remarque beaucoup de sortes : un courage contre la fortune, qui est philosophie; un courage contre les misères, qui est patience; un courage à la guerre, qui est valeur; un courage dans les entreprises, qui est hardiesse; un courage fier et téméraire, qui est audace; un courage contre l'injustice, qui est fermeté; un courage contre le vice, qui est sévérité; un courage de réflexion, de tempérament, etc.

Il n'est pas ordinaire qu'un même homme assemble tant de qualités. Octave, dans le plan de sa fortune, élevée sur des précipices, bravait des périls éminents; mais la mort, présente à la guerre, ébranlait son âme. Un nombre innombrable de Romains qui n'avaient jamais craint la mort dans les batailles, manquaient de cet autre courage qui soumit la terre à Auguste.

On ne trouve pas seulement plusieurs sortes de courages, mais dans le même courage bien des inégalités. Brutus, qui eut la hardiesse d'attaquer la fortune de César, n'eut pas la force de suivre la sienne : il avait formé le dessein de détruire la tyrannie avec les ressources de son seul courage, et il eut la faiblesse de l'abandonner avec toutes les forces du peuple romain, faute de cette égalité de force et de sentiment, qui surmonte les obstacles et la lenteur des succès.

Je voudrais pouvoir parcourir ainsi en détail toutes les qualités humaines : un travail si long ne peut maintenant m'arrêter. Je terminerai cet écrit par de courtes définitions.

Observons néanmoins encore que la petitesse est la source d'un nombre incroyable de vices : de l'inconstance, de la légèreté, de la vanité, de l'envie, de l'avarice, de la bassesse, etc.; elle rétrécit notre esprit autant que la grandeur d'âme l'élargit; mais elle est malheureusement inséparable de l'humanité, et il n'y a point d'âme si forte qui en soit tout à fait exempte. Je suis mon dessein.

La probité est un attachement à toutes les vertus civiles.

La droiture est une habitude des sentiers de la vertu.

L'équité peut se définir par l'amour de l'égalité; l'intégrité paraît une équité sans tache, et la justice une équité pratique.

La noblesse est la préférence de l'honneur à l'intérêt; la bassesse, la préférence de l'intérêt à l'honneur.

L'intérêt est la fin de l'amour-propre; la générosité en est le sacrifice.

La méchanceté suppose un goût à faire du mal; la malignité, une méchanceté cachée; la noirceur, une méchanceté profonde.

L'insensibilité à la vue des misères peut s'appeler dureté; s'il y entre du plaisir, c'est cruauté. La sincérité me paraît l'expression de la vérité; la franchise, une sincérité sans voiles [1] ; la candeur, une sincérité douce ; l'ingénuité, une sincérité innocente ; l'innocence, une pureté sans tache.

L'imposture est le masque de la vérité ; la fausseté, une imposture naturelle ; la dissimulation, une imposture réfléchie ; la fourberie, une imposture qui veut nuire ; la duplicité, une imposture qui a deux faces.

La libéralité est une branche de la générosité ; la bonté, un goût à faire du bien et à pardonner le mal ; la clémence, une bonté envers nos ennemis.

La simplicité nous présente l'image de la vérité et de la liberté.

L'affectation est le dehors de la contrainte et du mensonge : la fidélité n'est qu'un respect pour nos engagements ; l'infidélité, une dérogeance ; la perfidie, une infidélité couverte et criminelle.

La bonne foi est une fidélité sans défiance et sans artifice.

La force d'esprit est le triomphe de la réflexion, c'est un instinct supérieur aux passions qui les calme ou qui les possède [2] ; on ne peut pas savoir d'un homme qui n'a pas les passions ardentes, s'il a de la force d'esprit ; il n'a jamais été dans des épreuves assez difficiles.

La modération est l'état d'une âme qui se possède ; elle naît d'une espèce de médiocrité dans les désirs et de satisfaction dans les pensées, qui dispose aux vertus civiles.

L'immodération, au contraire, est une ardeur inaltérable [3] et sans délicatesse, qui mène quelquefois à de grands vices.

La tempérance n'est qu'une modération dans les plaisirs, et l'intempérance le contraire.

L'humeur est une inégalité qui dispose à l'impatience ; la complaisance est une volonté flexible ; la douceur, un fonds de complaisance et de bonté.

[1] C'est-à-dire qui ne réserve rien. La sincérité ne dit que ce qu'on lui demande ; la franchise dit souvent ce qu'on ne lui demande pas. (*Note de Suard.*)

[2] *Posséder* n'est pas le mot propre. On ne dit pas *posséder les passions*. On dirait mieux *qui les domine* ou *qui les maîtrise*.

[3] *Inaltérable*, pour dire *qui ne peut être désaltérée*, n'est pas le mot propre ; Vauvenargues eût mieux rendu sa pensée en disant *insatiable*.

La brutalité, une disposition à la colère et à la grossièreté ; l'irrésolution, une timidité à entreprendre ; l'incertitude, une irrésolution à croire ; la perplexité, une irrésolution inquiète.

La prudence, une prévoyance raisonnable ; l'imprudence, tout le contraire.

L'activité naît d'une force inquiète ; la paresse d'une impuissance paisible.

La mollesse est une paresse voluptueuse.

L'austérité est une haine des plaisirs, et la sévérité, des vices.

La solidité, une consistance et une égalité d'esprit : la légèreté, un défaut d'assiette et d'uniformité de passions ou d'idées.

La constance, une fermeté raisonnable dans nos sentiments ; l'opiniâtreté, une fermeté déraisonnable ; la pudeur, un sentiment de la difformité du vice et du mépris qui le suit.

La sagesse, la connaissance et l'affection du vrai bien ; l'humilité, un sentiment de notre bassesse devant Dieu ; la charité, un zèle de religion pour le prochain ; la grâce, une impulsion surnaturelle vers le bien.

XLVI

DU BON ET DU BEAU.

Le terme de bon emporte quelque degré naturel de perfection ; celui de beau, quelque degré d'éclat ou d'agrément. Nous trouvons l'un et l'autre réunis dans la vertu, parce que sa bonté nous plaît, et que sa beauté nous sert. Mais d'une médecine qui blesse nos sens, et de toute autre chose qui nous est utile, mais désagréable, nous ne disons pas qu'elle est belle, elle n'est que bonne ; de même à l'égard des choses qui sont belles sans être utiles.

M. Crousaz [1] dit que le beau naît de la variété réductible à l'unité, c'est-à-dire d'un composé qui ne fait pourtant qu'un seul tout et qu'on peut saisir d'une vue ; c'est là, selon lui, ce qui excite l'idée du beau dans l'esprit.

[1] Jean-Pierre de Crousaz, philosophe et mathématicien suisse, mort en 1748, est l'auteur d'un *Traité sur le beau*. — [Amsterdam, 1715, in-8°, et 1721, deux vol. in-12.

RÉFLEXIONS SUR DIVERS SUJETS

AVERTISSEMENT

Les pièces qui suivent n'ont pas une liaison nécessaire avec le petit ouvrage qu'on vient de lire ; on a cru cependant qu'elles pourraient en suppléer l'imperfection à quelques égards. Elles ont à peu près le même objet ; elles éclaircissent quelques-uns de sujets déjà traités, et elles sont fondées sur les mêmes principes. Elles tendent, comme le reste, à former l'esprit et les mœurs ; l'auteur n'a jamais réfléchi ni écrit dans une autre vue.

I

SUR LE PYRRHONISME.

Qui doute a une idée de la certitude, et par conséquent reconnaît quelque marque de la vérité. Mais parce que les premiers principes ne peuvent se démontrer, on s'en défie ; on ne fait pas attention que la démonstration n'est qu'un raisonnement fondé sur l'évidence. Or, les premiers principes ont l'évidence par eux-mêmes, et sans raisonnement ; de sorte qu'ils portent la marque de la certitude la plus invincible. Les pyrrhoniens obstinés affectent de douter que l'évidence soit signe de vérité ; mais on leur demande : Quel autre signe en désirez-vous donc ? Quel autre croyez-vous qu'on puisse avoir ? Vous en formez-vous quelque idée ?

On leur dit aussi : Qui doute pense, et qui pense est : et tout ce qui est vrai de sa pensée l'est aussi de la chose qu'elle représente, si cette chose a l'être ou le reçoit jamais. Voilà donc déjà des principes irréfutables : or, s'il y a quelque principe de cette nature, rien n'empêche qu'il y en ait plusieurs. Tous ceux qui porteront le même caractère auront infailliblement la même vérité : il n'en serait pas autrement quand notre vie ne serait qu'un songe ; tous les fantômes que notre imagination pourrait nous figurer dans le sommeil, ou n'auraient pas l'être, ou l'auraient tel qu'il nous paraît. S'il existe hors de notre imagination une société d'hommes faibles, telle que nos idées nous la représentent, tout ce qui est vrai de cette société imaginaire, le sera de la société réelle, et il y aura dans cette société des qualités nuisibles, d'autres estimables ou utiles, etc. ; et par conséquent des vices et des vertus. Oui, nous disent les pyrrhoniens : mais peut-être que cette société n'est pas, je réponds : Pourquoi ne serait-elle pas, puisque nous sommes ? Je suppose qu'il y eût là-dessus quelque incertitude bien fondée, toujours serions-nous obligés d'agir comme s'il n'y en avait pas. Que sera-ce si cette incertitude est sensiblement supposée? Nous ne nous donnons pas à nous-mêmes nos sensations ; donc il y a quelque chose hors de nous qui nous les donne : si elles sont fidèles ou trompeuses ; si les objets qu'elles nous peignent sont des illusions ou des vérités, des réalités ou des apparences, je n'entreprendrai pas de le démontrer. L'esprit de l'homme, qui ne connaît qu'imparfaitement, ne saurait prouver parfaitement ; mais l'imperfection de ses connaissances n'est pas plus manifeste que leur réalité ; et s'il leur manque quelque chose pour la conviction du côté du raisonnement, l'instinct le supplée avec usure. Ce que la réflexion trop faible n'ose décider, le sentiment nous force de le croire. S'il est quelque pyrrhonien réel et parfait parmi les hommes, c'est dans l'ordre des intelligences un monstre qu'il faut plaindre. Le pyrrhonisme parfait est le délire de la raison, et la production la plus ridicule de l'esprit humain.

II

SUR LA NATURE ET LA COUTUME.

Les hommes s'entretiennent volontiers de la force de la coutume, des effets de la nature ou de l'opinion : peu en parlent exactement. Les dispositions fondamentales et originelles de chaque être forment ce qu'on appelle sa nature. Une longue habitude peut modifier ces dispositions primitives ; et telle est quelquefois sa force qu'elle leur en substitue de nouvelles plus constantes, quoique absolument opposées : de sorte qu'elle agit ensuite comme cause première, et fait le fondement d'un nouvel être ; d'où est venue cette conclusion très-littérale, qu'elle était une seconde nature ; et cette autre pensée plus hardie de Pascal : que ce que nous prenons pour la nature n'est souvent qu'une première coutume ; deux maximes très-véritables. Toutefois, avant qu'il y eût aucune coutume, notre âme existait, et avait ses inclinations qui fondaient sa nature ; et ceux qui réduisent tout à l'opinion et à l'habitude, ne comprennent pas ce qu'ils disent : toute coutume suppose antérieurement une nature, toute erreur une vérité. Il est vrai qu'il est difficile de distinguer les principes de cette première nature de ceux de l'éducation ; ces principes sont en si grand nombre et si compliqués que l'esprit se perd à les suivre, et il n'est pas moins malaisé de démêler ce que l'éducation a épuré ou gâté dans le naturel. On peut remarquer seulement que ce qui nous reste de notre première nature est plus véhément et plus fort que ce qu'on acquiert par étude, par coutume et par réflexion : parce que l'effet de l'art est d'affaiblir, lors même qu'il polit et qu'il corrige : de sorte que nos qualités acquises sont en même temps plus parfaites et plus défectueuses que nos qualités naturelles ; et cette faiblesse de l'art ne procède pas seulement de la résistance trop forte que fait la nature, mais aussi de la propre imperfection de ses principes, ou insuffisants, ou mêlés d'erreur. Sur quoi cependant je remarque, qu'à l'égard des lettres, l'art est supérieur au génie de beaucoup d'artistes qui, ne pouvant atteindre la hauteur des règles et les mettre toutes en œuvre, ni rester dans leur caractère qu'ils trouvent trop bas, ni arriver au beau naturel, demeurent dans un milieu insupportable, qui est l'enflure et l'affectation, et ne suivent ni l'art ni la nature. La longue habitude leur rend propre ce caractère forcé ; et à mesure qu'ils s'éloignent davantage de leur naturel, ils croient élever la nature ; don incomparable, qui n'appartient qu'à ceux que la nature même inspire avec le plus de force. Mais telle est l'erreur qui les flatte ; et malheureusement rien n'est plus ordinaire que de voir les hommes se former par étude et par coutume un instinct particulier, et s'éloigner ainsi, autant qu'ils peuvent, des lois générales et originelles de leur être : comme si la nature n'avait pas mis entre eux assez de différences, sans y en ajouter par l'opinion. De là vient que leurs jugements se rencontrent si rarement. Les uns disent : Cela est dans la nature ou hors de la nature, et les autres tout au contraire. Il y en a qui rejettent, en fait de style, les transitions soudaines des Orientaux, et les sublimes hardiesses de Bossuet ; l'enthousiasme même de la poésie ne les émeut pas, ni sa force et son harmonie, qui charment avec tant de puissance ceux qui ont de l'oreille et du goût. Ils regardent ces dons de la nature, si peu ordinaires, comme des inventions forcées et des jeux d'imagination, tandis que d'autres admirent l'emphase comme le caractère et le modèle d'un beau naturel. Parmi ces variétés inexplicables de la nature ou de l'opinion, je crois que la coutume dominante peut servir de guide à ceux qui se mêlent d'écrire; parce qu'elle vient de la nature dominante des esprits, ou qu'elle la plie à ses règles, et forme le goût et les mœurs : de sorte qu'il est dangereux de s'en écarter, lors même qu'elle nous paraît manifestement vicieuse. Il n'appartient qu'aux hommes extraordinaires de ramener les autres au vrai, et de les assujettir à leur génie particulier; mais ceux qui concluraient de là que tout est opinion, et qu'il n'y a ni nature ni coutume plus parfaite l'une que l'autre par son propre fonds, seraient les plus inconséquents de tous les hommes.

III

NULLE JOUISSANCE SANS ACTION.

Ceux qui considèrent sans beaucoup de réflexion les agitations et les misères de la vie humaine, en accusent notre activité trop empressée, et ne cessent de rappeler les hommes au repos et à jouir d'eux-mêmes. Ils ignorent que la jouissance est le fruit et la récompense du travail; qu'elle est elle-même une action; qu'on ne saurait jouir qu'autant que l'on agit, et que notre âme enfin ne se possède véritablement que lorsqu'elle s'exerce tout entière. Ces faux philosophes s'empressent à détourner l'homme de sa fin, et à justifier l'oisiveté; mais la nature vient à notre secours dans ce danger. L'oisiveté nous lasse plus promptement que le travail, et nous rend à l'action, détrompés du néant de ses promesses; c'est ce qui n'est pas échappé aux modérateurs de systèmes, qui se piquent de balancer les opinions des philosophes, et de prendre un juste milieu. Ceux-ci nous permettent d'agir, sous condition néanmoins de régler notre activité et de déterminer selon leurs vues la mesure et le choix de nos occupations; en quoi ils sont peut-être plus inconséquents que les premiers, car ils veulent nous faire trouver notre bonheur dans la sujétion de notre esprit; effet purement surnaturel, et qui n'appartient qu'à la religion, non à la raison. Mais il est des erreurs que la prudence ne veut pas qu'on approfondisse.

IV

DE LA CERTITUDE DES PRINCIPES.

Nous nous étonnons de la bizarrerie de certaines modes, et de la barbarie des duels; nous triomphons encore sur le ridicule de quelques coutumes, et nous en faisons voir la force. Nous nous épuisons sur ces choses comme sur des abus uniques, et nous sommes environnés de préjugés sur lesquels nous nous reposons avec une entière assurance. Ceux qui portent plus loin leurs vues remarquent cet aveuglement, et entrant là-dessus en défiance des plus grands principes, concluent que tout est opinion; mais ils montrent à leur tour par là les limites de leur esprit. L'être et la vérité n'étant, de leur aveu, qu'une même chose sous deux expressions, il faut tout réduire au néant ou admettre des vérités indépendantes de nos conjectures et de nos frivoles discours. Or, s'il y a des vérités telles, comme il me paraît hors de doute, il s'ensuit qu'il y a des principes qui ne peuvent être arbitraires : la difficulté, je l'avoue, est à les connaître. Mais pourquoi la même raison qui nous fait discerner le faux ne pourrait-elle nous conduire jusqu'au vrai? L'ombre est-elle plus sensible que le corps, l'apparence que la réalité? Que connaissons-nous d'obscur par sa nature, sinon l'erreur? Que connaissons-nous d'évident, sinon la vérité? N'est-ce pas l'évidence de la vérité qui nous fait discerner le faux, comme le jour marque les ombres? Et qu'est-ce en un mot que la connaissance d'une erreur, sinon la découverte d'une vérité? Toute privation suppose nécessairement une réalité; ainsi la certitude est démontrée par le doute, la science par l'ignorance, et la vérité par l'erreur.

V

DU DÉFAUT DE LA PLUPART DES CHOSES.

Le défaut de la plupart des choses dans la poésie, la peinture, l'éloquence, le raisonnement, etc., c'est de n'être pas à leur place. De là le mauvais enthousiasme ou l'emphase dans le discours, les dissonances dans la musique[1], la confusion dans les tableaux, la fausse politesse dans le monde, ou la froide plaisanterie. Qu'on examine la morale même : la profusion n'est-elle pas aussi le plus souvent une générosité hors de sa place ; la vanité, une hauteur hors de sa place ; l'avarice, une prévoyance hors de sa place ; la témérité, une valeur hors de sa place, etc. ? La plupart des choses ne sont fortes ou faibles, vicieuses ou vertueuses, dans la nature ou hors de la nature, que par cet endroit : on ne laisserait rien à la plupart des hommes, si l'on retranchait de leur vie tout ce qui n'est pas à sa place, et ce n'est pas en tous défaut de jugement, mais impuissance d'assortir les choses.

VI

DE L'AME.

Il sert peu d'avoir de l'esprit, lorsqu'on n'a point d'âme. C'est l'âme qui forme l'esprit et qui lui donne l'essor ; c'est elle qui domine dans les sociétés, qui fait les orateurs, les négociateurs, les ministres, les grands hommes, les conquérants. Voyez comme on vit dans le monde. Qui prime chez les jeunes gens, chez les femmes, chez les vieillards, chez les hommes de tous les états, dans les cabales et dans les partis ? Qui nous gouverne nous-mêmes ? est-ce l'esprit ou le cœur ? Faute de faire cette réflexion, nous nous étonnons de l'élévation de quelques hommes, ou de l'obscurité de quelques autres, et nous attribuons à la fatalité ce dont nous trouverions plus aisément la cause dans leur caractère ; mais nous ne pensons qu'à l'esprit, et point aux qualités de l'âme. Cependant c'est d'elle avant tout que dépend notre destinée : on nous vante en vain les lumières d'une belle imagination ; je ne puis ni estimer, ni aimer, ni haïr, ni craindre ceux qui n'ont que de l'esprit.

VII

DES ROMANS.

Le faux en lui-même nous blesse et n'a pas de quoi nous toucher. Que croyez-vous qu'on cherche si avidement dans les fictions ? L'image d'une vérité vivante et passionnée.

Nous voulons de la vraisemblance dans les fables mêmes, et toute fiction qui ne peint pas la nature est insipide.

Il est vrai que l'esprit de la plupart des hommes a si peu d'assiette qu'il se laisse entraîner au merveilleux, surpris par l'apparence du grand. Mais le faux, que le grand leur cache dans le merveilleux, les dégoûte au moment qu'il se laisse sentir ; on ne relit point un roman.

J'excepte les gens d'une imagination frivole et déréglée, qui trouvent dans ces sortes de lectures l'histoire de leurs pensées et de leurs chimères. Ceux-ci, s'ils s'attachent à écrire dans ce genre, travaillent avec une facilité que rien n'égale ; car ils portent la matière de l'ouvrage dans leur fonds ; mais de semblables puérilités n'ont pas leur place dans un esprit sain ; il ne peut les écrire, ni les lire.

Lors donc que les premiers s'attachent aux fantômes qu'on leur reproche, c'est parce qu'ils y trouvent une image des illusions de leur esprit, et par conséquent quelque chose qui tient à la vérité, à leur égard ; et les autres qui les rejettent, c'est parce qu'ils n'y reconnaissent pas le caractère de leurs sentiments ; tant il est manifeste de tous les côtés que le faux connu nous dégoûte, et que nous ne cherchons tous ensemble que la vérité et la nature.

VIII

CONTRE LA MÉDIOCRITÉ.

Si l'on pouvait dans la médiocrité n'être ni glorieux, ni timide, ni envieux, ni flatteur, ni préoccupé des besoins et des soins de son état ! Lorsque le dédain et les manières de tout ce qui nous environne concourent à nous abaisser ; si l'on savait alors s'élever, se sentir, résister à la multitude !... Mais qui peut soutenir son esprit et son cœur au-dessus de sa condition ? Qui peut se sauver des faiblesses que la médiocrité traîne avec soi ?

Dans les conditions éminentes, la fortune au moins nous dispense de fléchir devant ses idoles ; elle nous dispense de nous déguiser, de quitter notre caractère, de nous absorber dans

---

[1] *Les dissonances dans la musique* ne sont pas un défaut et font souvent beauté. Il faudrait ici *discordances*.

les riens : elle nous élève sans peine au-dessus de la vanité, et nous met au niveau du grand, et si nous sommes nés avec quelques vertus, les moyens et les occasions de les employer sont en nous.

Enfin, de même qu'on ne peut jouir d'une grande fortune avec une âme basse et un petit génie, on ne saurait jouir d'un grand génie ni d'une grande âme, dans une fortune médiocre.

IX
SUR LA NOBLESSE.

La noblesse est un héritage, comme l'or et les diamants. Ceux qui regrettent que la considération des grands emplois et des services passe au sang des hommes illustres, accordent davantage aux hommes riches, puisqu'ils ne contestent pas à leurs neveux la possession de leur fortune bien ou mal acquise. Mais le peuple en juge autrement; car au lieu que la fortune des gens riches se détruit par la dissipation de leurs enfants, la considération de la noblesse se conserve après que la mollesse en a souillé la source. Sage institution, qui pendant que le prix de l'intérêt se consume et s'appauvrit, rend la récompense de la vertu éternelle et ineffaçable !

Qu'on ne nous dise donc plus que la mémoire d'un mérite éteint doit céder à des vertus vivantes. Qui mettra le prix au mérite? C'est sans doute à cause de cette difficulté, que les grands, qui ont de la hauteur, ne se fondent que sur leur naissance, quelque opinion qu'ils aient de leur génie. Tout cela est très-raisonnable, si l'on excepte de la loi commune, de certains talents qui sont trop au-dessus des règles.

X
SUR LA FORTUNE.

Ni le bonheur, ni le mérite seul, ne font l'élévation des hommes; la fortune suit l'occasion qu'ils ont d'employer leurs talents. Mais il n'y a peut-être point d'exemple d'un homme à qui le mérite n'ait servi pour sa fortune ou contre l'adversité; cependant la chose à laquelle un homme ambitieux pense le moins, c'est à mériter sa fortune : un enfant veut être évêque, veut être roi, conquérant, et à peine il connaît l'étendue de ces noms. Voilà la plupart des hommes; ils accusent continuellement la fortune de caprice, et ils sont si faibles qu'ils lui abandonnent la conduite de leurs prétentions, et qu'ils se reposent sur elle du succès de leur ambition.

XI
CONTRE LA VANITÉ.

La chose du monde la plus ridicule et la plus inutile, c'est de vouloir prouver qu'on est aimable, et que l'on a de l'esprit. Les hommes sont fort pénétrants sur les petites adresses qu'on emploie pour se louer; et soit qu'on leur demande leur suffrage avec hauteur, soit qu'on tâche de les surprendre, ils se croient ordinairement en droit de refuser ce qu'il semble qu'on ait besoin de tenir d'eux. Heureux ceux qui sont nés modestes, et que la nature a remplis d'une noble et sage confiance! Rien ne présente les hommes si petits à l'imagination, rien ne les fait paraître si faibles que la vanité. Il semble qu'elle soit le sceau de la médiocrité, ce qui n'empêche pas qu'on n'ait vu d'assez grands génies accusés de cette faiblesse; aussi leur a-t-on disputé le titre de grands hommes, et non sans beaucoup de raison.

XII
NE POINT SORTIR DE SON CARACTÈRE.

Lorsqu'on veut se mettre à la portée des autres hommes, il faut prendre garde d'abord à ne pas sortir de la sienne; car c'est un ridicule insupportable, et qu'ils ne nous pardonnent point; c'est aussi une vanité mal entendue de croire que l'on peut jouer toute sorte de personnages, et d'être toujours travesti. Tout homme qui n'est pas dans son véritable caractère n'est pas dans sa force : il inspire la défiance, et blesse par l'affectation de cette supériorité. Si vous le pouvez, soyez simple, naturel, modeste, uniforme; ne parlez jamais aux hommes que de choses qui les intéressent, et qu'ils puissent aisément entendre. Poussez-les quelquefois un peu hors des bornes de leur esprit, et ramenez-les dans leur sphère. Ne les primez point avec faste. Ayez de l'indulgence pour tous leurs défauts, de la pénétration pour leurs talents, des égards pour leurs délicatesses et leurs préjugés, etc. Voilà peut-être comme un homme supérieur se montre naturellement et sans effort à la portée de chacun. Ce n'est pas la marque d'une grande habileté d'employer beaucoup de finesse, c'est l'imperfection de la nature, qui est l'origine de l'art.

XIII
DU POUVOIR DE L'ACTIVITÉ.

Qui considérera d'où sont partis la plupart des ministres verra ce que peut le génie, l'ambition et l'activité. Il faut laisser parler le monde, et souffrir qu'il donne au hasard l'honneur de toutes les fortunes, pour autoriser sa mollesse. La nature a marqué à tous les hommes, dans leur caractère, la route nouvelle de leur vie, et personne n'est ni tranquille, ni sage, ni bon, ni heureux, qu'autant qu'il connaît son instinct et le suit bien fidèlement. Que ceux qui sont nés pour l'action suivent donc hardiment le leur; l'essentiel est de faire bien; s'il arrive qu'après cela le mérite soit méconnu et le bonheur seul honoré, il faut pardonner à l'erreur. Les hommes ne sentent les choses qu'au degré de leur esprit, et ne peuvent aller plus loin : ceux qui sont nés médiocres n'ont point de mesure pour les qualités supérieures; la réputation leur impose plus que le génie, la gloire plus que la vertu; au moins ont-ils besoin que le nom des choses les avertisse et réveille leur attention.

XIV
SUR LA DISPUTE.

Où vous ne voyez pas le fond des choses, ne parlez jamais qu'en doutant et en proposant vos idées. C'est le propre d'un raisonneur de prendre feu sur les affaires politiques, ou sur tel autre sujet dont on ne sait pas les principes; c'est son triomphe, parce qu'il n'y peut être confondu.

Il y a des hommes avec qui j'ai fait vœu de n'avoir jamais de dispute : ceux qui ne parlent que pour parler ou pour décider, les sophistes, les ignorants, les dévots et les politiques. Cependant tout peut être utile, il ne faut que se posséder.

XV
SUJÉTION DE L'ESPRIT DE L'HOMME

Quand on est au cours des grandes affaires, rarement tombe-t-on à de certaines petitesses : les grandes occupations élèvent et soutiennent l'âme; ce n'est donc pas merveille qu'on y fasse bien. Au contraire, un particulier qui a l'esprit naturellement grand, se trouve resserré et à l'étroit dans une fortune privée; et comme il n'y est pas à sa place, tout le blesse et lui fait violence. Parce qu'il n'est pas né pour les petites choses, il les traite moins bien qu'un autre, ou elles le fatiguent davantage, et il ne lui est pas possible, dit Montaigne, de ne leur donner que l'attention qu'elles méritent, ou de s'en retirer à sa volonté; s'il fait tant que de s'y livrer, elles l'occupent tout entier et l'engagent à des petitesses dont il est lui-même surpris. Telle est la faiblesse de l'esprit humain, qui se manifeste encore par mille autres endroits, et qui fait dire à Pascal : *L'esprit de ce souverain juge du monde n'est pas si indépendant, qu'il ne soit sujet à être troublé par le moindre tintamarre qui se fait autour de lui. Il ne faut pas le bruit d'un canon pour empêcher ses pensées : il ne faut que le bruit d'une girouette ou d'une poulie. Ne vous étonnez pas,* continue-t-il, *s'il ne raisonne pas bien à présent; une mouche bourdonne à ses oreilles : c'en est assez pour le rendre incapable de bon conseil. Si vous voulez qu'il puisse trouver la vérité, chassez cet animal qui tient sa raison en échec, et trouble cette puissante intelligence qui gouverne les villes et les royaumes.* Rien n'est plus vrai, sans doute, que cette pensée; mais il est vrai aussi, de l'aveu de Pascal, que cette même intelligence, qui est si faible, gouverne les villes et les royaumes : aussi le même auteur remarque que plus on approfondit l'homme, plus on y démêle de faiblesse et de grandeur; et c'est lui qui dit encore dans un autre endroit, après Montaigne : *Cette duplicité de l'homme est si visible, qu'il y en a qui ont pensé que nous avions deux âmes : un sujet simple paraissant incapable de telles et si soudaines variétés, d'une présomption démesurée à un horrible abatte-*

ment de cœur. Rassurons-nous donc sur la foi de ces grands témoignages, et ne nous laissons pas abattre au sentiment de nos faiblesses, jusqu'à perdre le soin irréprochable de la gloire et l'ardeur de la vertu.

XVI

ON NE PEUT ÊTRE DUPE DE LA VERTU.

Que ceux qui sont nés pour l'oisiveté et la mollesse y meurent et s'y ensevelissent; je ne prétends pas les troubler, mais je parle au reste des hommes, et je dis : On ne peut être dupe de la vraie vertu; ceux qui l'aiment sincèrement y goûtent un secret plaisir, et souffrent à s'en détourner : quoi qu'on fasse aussi pour la gloire, jamais ce travail n'est perdu, s'il tend à nous en rendre dignes. C'est une chose étrange que tant d'hommes se défient de la vertu et de la gloire, comme d'une route hasardeuse, et qu'ils regardent l'oisiveté comme un parti sûr et solide. Quand même le travail et le mérite pourraient nuire à notre fortune, il y aurait toujours à gagner à les embrasser. Que sera-ce s'ils y concourent? Si tout finissait par la mort, ce serait une extravagance de ne pas donner toute notre application à bien disposer notre vie, puisque nous n'aurions que le présent; mais nous croyons un avenir, et l'abandonnons au hasard; cela est bien plus inconcevable. Je laisse tout devoir à part, la morale et la religion, et je demande : L'ignorance vaut-elle mieux que la science, la paresse que l'activité, l'incapacité que les talents? Pour peu que l'on ait de raison, on ne met point ces choses en parallèle[1]. Quelle honte donc de choisir ce qu'il y a de l'extravagance à égaler? S'il faut des exemples pour nous décider, d'un côté Coligny, Turenne, Bossuet, Richelieu, Fénelon, etc.; de l'autre, les gens à la mode, les gens du bel air, ceux qui passent toute leur vie dans la dissipation et les plaisirs. Comparons ces deux genres d'hommes, et voyons ensuite auquel d'eux nous aimerions mieux ressembler.

[1] Lorsque Vauvenargues écrivait, J.-J. Rousseau n'avait point encore soutenu ses brillants paradoxes. (*Fortia.*)

XVII

SUR LA FAMILIARITÉ.

Il n'est point de meilleure école ni plus nécessaire que la familiarité. Un homme qui s'est retranché toute sa vie dans un caractère réservé, fait les fautes les plus grossières lorsque les occasions l'obligent d'en sortir et que les affaires l'engagent. Ce n'est que par la familiarité que l'on guérit de la présomption, de la timidité, de la sotte hauteur; ce n'est que dans un commerce libre et ingénu qu'on peut bien connaître les hommes; qu'on se tâte, qu'on se démêle, et qu'on se mesure avec eux : là on voit l'humanité nue avec toutes ses faiblesses et toutes ses forces; là se découvrent les artifices dont on s'enveloppe pour imposer en public; là paraît la stérilité de notre esprit, la violence et la petitesse de notre amour-propre, l'imposture de nos vertus.

Ceux qui n'ont pas le courage de chercher la vérité dans ces rudes épreuves, sont profondément au-dessous de tout ce qu'il y a de grand; surtout c'est une chose basse que de craindre la raillerie; qui nous aide à fouler aux pieds notre amour-propre, et qui émousse, par l'habitude de souffrir, ses honteuses délicatesses.

XVIII

NÉCESSITÉ DE FAIRE DES FAUTES.

Il ne faut pas être timide de peur de faire des fautes; la plus grande faute de toutes est de se priver de l'expérience. Soyons très-persuadés qu'il n'y a que les gens faibles qui aient cette crainte excessive de tomber et de laisser voir leurs défauts; ils évitent les occasions où ils pourraient broncher et être humiliés; ils rasent timidement la terre, n'osant rien donner au hasard, et meurent avec toutes leurs faiblesses qu'ils n'ont pu cacher. Qui voudra se former au grand, doit risquer de faire des fautes, et ne pas s'y laisser abattre, ni craindre de se découvrir; ceux qui pénétreront ses faibles, tâcheront de s'en prévaloir; mais ils le pourront rarement. Le cardinal de Retz disait à ses principaux domestiques : « Vous êtes deux ou trois à qui je n'ai pu me dérober; mais j'ai si bien établi ma réputation, et par vous-mêmes, qu'il vous serait impossible de me nuire quand vous le voudriez[1]. » Il ne mentait pas : son historien rapporte qu'il s'était battu avec un de ses écuyers, qui l'avait accablé de coups, sans qu'une aventure si humiliante pour un homme de ce caractère et de ce rang, ait pu lui abattre le cœur ou faire aucun tort à sa gloire : mais cela n'est pas surprenant; combien d'hommes déshonorés soutiennent par leur seule audace la conviction publique de leur infamie, et font face à toute la terre? Si l'effronterie peut autant, que ne fera pas la constance? Le courage surmonte tout.

XIX

SUR LA LIBÉRALITÉ.

Un homme très-jeune peut se reprocher comme une vanité onéreuse et inutile la secrète complaisance qu'il a à donner. J'ai eu cette crainte moi-même avant de connaître le monde : quand j'ai vu l'étroite indigence où vivent la plupart des hommes, et l'énorme pouvoir de l'intérêt sur tous les cœurs, j'ai changé d'avis, et j'ai dit : Voulez-vous que tout ce qui vous environne vous montre un visage content, vos enfants, vos domestiques, votre femme, vos amis et vos ennemis, soyez libéral ; voulez-vous conserver impunément beaucoup de vices, avez-vous besoin qu'on vous pardonne des mœurs singulières ou des ridicules; voulez-vous rendre vos plaisirs faciles, et faire que les hommes vous abandonnent leur conscience, leur honneur, leurs préjugés, ceux même dont ils font le plus de bruit? tout cela dépendra de vous ; quelque affaire que vous ayez, et quels que puissent être les hommes avec qui vous voulez traiter, vous ne trouverez rien de difficile si vous savez donner à propos. L'économe qui a des vues courtes n'est pas seulement en garde contre ceux qui peuvent le tromper, il appréhende aussi d'être dupe de lui-même; s'il achète quelque plaisir qu'il lui eût été impossible de se procurer autrement, il s'en accuse aussitôt comme d'une faiblesse : lorsqu'il voit un homme qui se plaît à faire louer sa générosité et à surpayer les services, il le plaint de cette illusion : croyez-vous de bonne foi, lui dit-il, qu'on vous en ait plus d'obligation? Un misérable se présente à lui, qu'il pourrait soulager et combler de joie à peu de frais; il en a d'abord compassion, et puis il se reprend et pense : C'est un homme que je ne verrai plus. Un autre malheureux s'offre encore à lui, et il fait le même raisonnement. Ainsi toute sa vie se passe sans qu'il trouve l'occasion d'obliger personne, de se faire aimer, d'acquérir une considération utile et légitime : il est défiant et inquiet, sévère à lui-même et aux siens, père et maître dur et fâcheux; les détails frivoles de son domestique le brouillent comme les affaires les plus importantes, parce qu'il les traite avec la même exactitude : il ne pense pas que ses soins puissent être mieux employés, incapable de concevoir le prix du temps, la réalité du mérite et l'utilité des plaisirs.

Il faut avouer ce qui est vrai : il est difficile, surtout aux ambitieux, de conduire une fortune médiocre avec sagesse, et de satisfaire en même temps des inclinations libérales, des besoins présents, etc.; mais ceux qui ont l'esprit véritablement élevé se déterminent selon l'occurrence, par des sentiments où la prudence ordinaire ne saurait atteindre : je vais m'expliquer. Un homme né vain et paresseux, qui vit sans dessein et sans principes, cède indifféremment à toutes ses fantaisies, achète un cheval trois cents pistoles, qu'il laisse pour cinquante quelques mois après; donne dix louis à un joueur de gobelets qui lui a montré quelques tours, et se fait appeler en justice par un domestique qu'il a renvoyé injustement, et auquel il refuse de payer des avances faites à son service.

Quiconque a naturellement beaucoup de fantaisies, a peu de jugement, et l'âme probablement faible. Je méprise autant que personne des hommes de ce caractère; mais je dis hardiment aux autres : Apprenons à subordonner les petits intérêts aux grands, même éloignés, et faisons généreusement, et sans compter, tout le bien qui tente nos cœurs : on ne peut être dupe d'aucune vertu.

---

[1] Guy Joly, conseiller au Châtelet, rapporte en effet, dans ses *Mémoires*, que lorsqu'il reprochait au cardinal sa vie licencieuse, ce prélat lui faisait cette réponse. F.

XX
MAXIME DE PASCAL, EXPLIQUÉE.

Le peuple et les habiles composent le train du monde; ceux-là le méprisent, et sont méprisés maxime adorable de Pascal, mais qu'il faut bien entendre. Qui croirait que Pascal a voulu dire que les habiles doivent vivre dans l'inapplication et la mollesse, etc., condamnerait toute la vie de Pascal par sa propre maxime; car personne n'a moins vécu comme le peuple que Pascal à ces égards : donc le vrai sens de Pascal, c'est que tout homme qui cherche à se distinguer par des apparences singulières, qui ne rejette pas les maximes vulgaires, parce qu'elles sont mauvaises, mais parce qu'elles sont vulgaires; qui s'attache à des sciences stériles, purement curieuses et de nul usage dans le monde; qui est pourtant gonflé de cette fausse science, et ne peut arriver à la véritable; un tel homme, comme il dit plus haut, trouble le monde, et juge plus mal que les autres. En deux mots, voici sa pensée, expliquée d'une autre manière : Ceux qui n'ont qu'un esprit médiocre ne pénètrent pas jusqu'au bien ou jusqu'à la nécessité qui autorise certains usages, et s'érigent mal à propos en réformateurs de leur siècle : les habiles mettent à profit la coutume bonne ou mauvaise, abandonnent leur extérieur aux légèretés de la mode, et savent se proportionner au besoin de tous les esprits.

XXI
L'ESPRIT NATUREL ET LE SIMPLE.

L'esprit naturel et le simple peuvent en mille manières se confondre, et ne sont pas néanmoins toujours semblables. On appelle esprit naturel un instinct qui prévient la réflexion, et se caractérise par la promptitude et par la vérité du sentiment. Cette aimable disposition prouve moins ordinairement une grande sagacité qu'une âme naturellement vive et sincère, qui ne peut retenir ni farder sa pensée, et la produit toujours avec la grâce d'un secret échappé à sa franchise. La simplicité est aussi un don de l'âme, qu'on reçoit immédiatement de la nature et qui en porte le caractère : elle ne suppose pas nécessairement l'esprit supérieur, mais il est ordinaire qu'elle l'accompagne; elle exclut toute sorte de vanités et d'affectations, témoigne un esprit juste, un cœur noble, un sens droit, un naturel riche et modeste, qui peut tout puiser dans son fond et ne veut se parer de rien. Ces deux caractères comparés ensemble, je crois sentir que la simplicité est la perfection de l'esprit naturel; et je ne suis plus étonné de la rencontrer si souvent dans les grands hommes : les autres ont trop peu de fonds et trop de vanité pour s'arrêter dans leur propre sphère, qu'ils sentent si petite et si bornée. [D'ailleurs il est très-difficile, lorsqu'on entre dans le monde, de n'y pas prendre malgré soi une teinture des ridicules dominants et applaudis : personne presque qui conserve son caractère pur [1].]

XXII
DU BONHEUR.

Quand on pense que le bonheur dépend beaucoup du caractère, on a raison; si on ajoute que la fortune y est indifférente, c'est aller trop loin; il est faux encore que la raison n'y puisse rien, ou qu'elle y puisse tout. On sait que le bonheur dépend aussi des rapports de notre condition avec nos passions : on n'est pas nécessairement heureux par l'accord de ces deux parties; mais on est toujours malheureux par leur opposition et par leur contraste; de même la prospérité ne nous satisfait pas infailliblement; mais l'adversité nous apporte un mécontentement inévitable.

Parce que notre condition naturelle est misérable, il ne s'ensuit pas qu'elle le soit également pour tous; qu'il n'y ait pas dans la même vie des temps plus ou moins agréables, des degrés de bonheur et d'affliction : donc les circonstances différentes décident beaucoup, et on a tort de condamner les malheureux comme incapables, par leur caractère, de bonheur.

---

[1] La phrase que nous plaçons entre [ ] terminait ce chapitre dans la première édition; elle a disparu dans les éditions suivantes, quoique l'exemplaire d'Aix, préparé par Vauvenargues pour une réimpression, l'ait maintenue.

XXIII

L'HOMME VERTUEUX DÉPEINT PAR SON GÉNIE.

Quand je trouve dans un ouvrage une grande imagination avec une grande sagesse, un jugement net et profond, des passions très-hautes mais vraies, nul effort pour paraître grand, une extrême sincérité, beaucoup d'éloquence, et point d'art que celui qui vient du génie ; alors je respecte l'auteur, je l'estime autant que les sages ou que les héros qu'il a peints. J'aime à croire que celui qui a conçu de si grandes choses n'aurait pas été incapable de les faire ; la fortune qui l'a réduit à les écrire me paraît injuste. Je m'informe curieusement de tout le détail de sa vie ; s'il a fait des fautes, je les excuse, parce que je sais qu'il est difficile à la nature *de tenir toujours le cœur des hommes au-dessus de leur condition*. Je le plains des pièges cruels qui se sont trouvés sur sa route, même des faiblesses naturelles qu'il n'a pu surmonter par son courage. Mais lorsque, malgré la fortune et malgré ses propres défauts, j'apprends que son esprit a toujours été occupé de grandes pensées, et dominé par les passions les plus aimables, je remercie à genoux la nature de ce qu'elle a fait des vertus indépendantes du bonheur, et des lumières que l'adversité n'a pu éteindre.

XXIV

SUR L'HISTOIRE DES HOMMES ILLUSTRES.

Les histoires des hommes illustres trompent la jeunesse. On y présente toujours le mérite comme respectable, on y plaint les disgrâces qui l'accompagnent, et on y parle avec mépris de l'injustice du monde à l'égard de la vertu et des talents. Ainsi, quoiqu'on y fasse voir les hommes de génie presque toujours malheureux, on peint cependant leur génie et leur condition avec de si riches couleurs, qu'ils paraissent dignes d'envie dans leurs malheurs mêmes. Cela vient de ce que les historiens confondent leurs intérêts avec ceux des hommes illustres dont ils parlent : marchant dans les mêmes sentiers, et aspirant à peu près à la même gloire, ils relèvent autant qu'ils peuvent l'éclat des talents ; on ne s'aperçoit pas qu'ils plaident leur propre cause, et comme on n'entend que leur voix, on se laisse aisément séduire à la justice de leur cause, et on se persuade aisément que le parti le meilleur est aussi le plus appuyé des honnêtes gens. L'expérience détrompe là-dessus ; pour peu qu'on ait vu le monde, on découvre bientôt son injustice naturelle envers le mérite, l'envie des hommes médiocres, qui traverse jusqu'à la mort les hommes excellents, et enfin l'orgueil des hommes élevés par la fortune, qui ne se relâche jamais en faveur de ceux qui n'ont que du mérite. Si on savait cela de meilleure heure, on travaillerait avec moins d'ardeur à la vertu ; et quoique la présomption de la jeunesse surmonte tout, je doute qu'il entrât autant de jeunes gens dans la carrière.

XXV

[SUR L'INJUSTICE ENVERS LES GRANDS HOMMES[1].]

[Avouons l'injustice de notre siècle : s'il est vrai que l'erreur des temps barbares ait été de rendre aux grands hommes un culte superstitieux, il faut convenir en même temps que celle des siècles polis est de se plaire à dégrader ces mêmes hommes, à qui nous devons notre politesse et nos lumières. On ne peut nommer un personnage illustre en aucun genre que la critique n'ait attaqué, et n'attaque encore. Les uns nous apprennent que Virgile était un petit esprit ; d'autres regardent en pitié les admirateurs d'Homère ; j'en ai vu qui m'ont dit que M. de Turenne manquait de courage, que le cardinal de Richelieu n'était qu'un sot, et le cardinal Mazarin un fourbe sans esprit. Il n'y a point d'opinion si extravagante qui ne trouve des partisans. Il y a même des gens qui, sans aucune animosité ni raison particulière, se font une sorte de devoir d'attaquer les grandes réputations, et de mépriser l'autorité des jugements du public, dans la seule pensée peut-être d'affecter plus d'indépendance dans leurs sentiments, et de peur de juger d'après les autres. Ce que l'envie la plus basse n'aurait osé dire, le désir d'être remarqué le leur fait ha-

---

[1] Les réflexions placées entre crochets ont été publiées pour la première fois par M. Gilbert en 1857.

sarder avec confiance ; mais ils se trompent dans l'espérance qu'ils ont de se distinguer par ces bizarres sentiments. Je les compare à ces personnes faibles qui, dans la crainte de paraître gouvernées, rejettent opiniâtrement les meilleurs conseils, et suivent follement leurs fantaisies pour faire un essai de leur liberté. De tout temps il y a eu des hommes que la petitesse de leur esprit a réduits à chercher pour toute gloire de combattre celle des autres, et quand cette espèce domine, c'est peut-être un signe que le siècle dégénère ; car cela n'arrive que dans la disette des grands hommes.]

XXVI
[SUR LES GENS DE LETTRES.]

[Les grands croient toujours faire honneur aux plus beaux génies lorsqu'ils les admettent à leur familiarité. J'entends dire d'un bel esprit que les grands lui ont fermé leur porte : est-ce donc l'ambition des gens de lettres d'avoir l'entrée de quelque maisons, et n'y a-t-il plus d'hommes raisonnables parmi eux ? Les grands eux-mêmes ne seraient-ils pas trop heureux que des gens de mérite voulussent bien leur faire part de leurs lumières? et que témoigne ce mépris, sinon qu'ils ne sont pas capables de profiter de ces lumières? Si ceux qui cultivent les beaux-arts ou qui travaillent à éclairer le monde par leurs écrits, étaient capables de quelque hauteur dans les sentiments ; s'ils voulaient, unis par la vertu et par l'amour de la vérité et de la gloire, se soutenir les uns les autres, ils obtiendraient peut-être du reste des hommes la même justice qu'ils auraient le courage de se rendre : mais eux-mêmes apprennent aux gens du monde à les mépriser ; ils brûlent d'envie contre ceux d'entre eux qui se distinguent ; ils se diffament les uns les autres par des querelles ridicules et par des libelles ; une cruelle et inique persécution est jusqu'à la mort le partage de ceux qui excellent. Si on cherche la cause de cette jalousie entre les gens de lettres, on en trouvera plusieurs : la première est qu'il y a dans le monde plus d'esprit que de grandeur d'âme, plus de gens à talent que de génies élevés ; et d'ordinaire les gens d'esprit qui manquent par le cœur, haïssent vivement ceux qui les passent par leurs sentiments et par leur essor. Une autre raison est que les hommes n'ont guère d'estime que pour leur propre genre d'esprit, et qu'ils comprennent à peine les autres talents. Mais il en a toujours été ainsi ; de sorte qu'il n'est pas possible d'espérer que cela change. Cependant les jeunes gens se flattent, dans leur premier âge, de l'espérance de la gloire : car lorsque l'on est né avec de l'esprit, il faut bien des années pour se persuader que le mérite a si peu de considération parmi les hommes. Comme ils sont vivement frappés de la beauté ou de la grandeur de certains génies, ils ne peuvent s'imaginer qu'il y ait des esprits insensibles à cet éclat, et des yeux qui ne le voient point. Et, quoiqu'ils en entendent parler avec mépris, ils ne croient pas que ce sentiment soit général, et ils se relèvent par le mépris qu'ils ont eux-mêmes pour cette sorte de froids esprits. Mais à mesure qu'ils avancent dans la vie, ils reconnaissent combien ils se sont trompés, et ils se découragent à la vue des dégoûts et des chagrins qui les attendent.]

XXVII
[SUR L'IMPUISSANCE DU MÉRITE.]

[Je dirai une chose triste pour tous ceux qui n'ont que du mérite sans fortune : rien ne peut remplir l'intervalle que le hasard de la naissance ou des richesses met entre les hommes.

Dès qu'on n'est point préoccupé par les besoins de la vie, ou abruti par les plaisirs, on tend à la fortune ou à la gloire ; c'est presque l'unique fin où se rapportent toutes les actions, toutes les paroles, toutes les études, toutes les veilles et toutes les agitations des hommes. On cherche jusque dans les livres et dans les belles-lettres le secret de s'élever et de s'établir : si les hommes n'espéraient pas d'emprunter de leurs lectures des maximes et des lumières pour dominer les autres hommes, il y aurait peu de curieux, et les meilleurs ouvrages seraient négligés. Mais ce concours de tous les hommes vers la même fin, cette égale ambition de s'agrandir et de primer qui les dévore, les oppose les uns aux autres, et les rend irréconciliables ; de sorte que, tous prétendant aux mêmes biens, la force décide ; ceux qui ont plus d'activité, ou plus de sagesse, ou plus de finesse, ou plus de courage ou d'opiniâtreté que les autres, l'emportent. Ainsi, la vie n'est qu'un long combat où les hommes se disputent vivement la gloire, les plaisirs, l'autorité ou les richesses. Mais il y en a qui apportent au combat des armes plus fortes, et qui sont invincibles par position : tels sont les enfants des grands, ceux qui naissent avec du bien, et déjà respectés du monde par leur qualité. De là vient que le mérite qui est nu, succombe ; car aucun talent, aucune vertu, ne sauraient contraindre ceux qui sont pourvus par la fortune à se départir de leurs avantages ; ils se prévalent avec empire des moindres priviléges de leur condition, et il n'est pas permis à la vertu de se mettre en concurrence. Cet ordre est injuste et barbare ; mais il pourrait servir à justifier les misérables, s'ils osaient s'avouer leur impuissance et le désavantage de leur position. Cependant, les hommes qui ont d'ailleurs tant de vanité, loin de se rendre une raison si naturelle de leur misère et de leur obscurité, y cherchent d'autres causes bien moins vraisemblables ; ils accusent je ne sais quelle fatalité personnelle qu'ils n'entendent point, se regardant souvent eux-mêmes comme les complices de leur malheur, et se repentent de ce qu'ils ont fait, comme s'ils voyaient nettement que toute autre conduite leur eût réussi ; tant ils ont de peine à se persuader qu'ils ne sont pas nés les maîtres de leur fortune ! Et si l'on use de cette rigueur envers soi-même, combien plus n'y est-on pas porté envers les autres ? De là vient que les malheureux ont toujours tort, et que l'on n'appelle point de leur malheur. Ce que je ne dis point pour détourner les hommes de travailler à leur bonheur, mais pour les consoler de leurs disgrâces.]

XXVIII

[LA NÉCESSITÉ CONSOLE DANS LE MALHEUR.]

[Quelque parti qu'on puisse prendre dans la vie, il faut s'attendre à être souvent déçu. Les évènements nous trompent aussi souvent que nos passions, et il y a si peu de choses qui dépendent de nous, que ce serait une merveille si la plupart des évènements n'étaient contre nous. Nous voudrions prendre un parti sûr, et il n'en est aucun de tel, pas même l'oisiveté ; car qui nous répond que la fortune respectera notre repos, et ne nous engagera pas malgré nous dans les embarras des affaires ? Sans doute, si la grandeur et la gloire étaient des biens qu'on pût acquérir par sa conduite, on serait inconsolable de les avoir manqués ; mais quand on a connu par expérience ce que peut la fortune sur la vie des hommes, on s'afflige moins dans l'adversité ; on ne se reproche point un malheur inévitable ; une destinée injuste et cruelle à laquelle on n'a pu échapper.]

XXIX.

[SUR LES HASARDS DE LA FORTUNE.]

[Pendant que des hommes de génie, épuisant leur santé et leur jeunesse pour élever leur fortune, languissent dans la pauvreté, et traînent parmi les affronts une existence obscure et violente, des gens sans aucun mérite s'enrichissent en peu d'années par l'invention d'un papier vert, ou d'une nouvelle recette pour conserver la fraîcheur du teint, etc. Il ne faut pas chercher à imaginer de grandes choses pour s'enrichir : il suffit de connaître le public ; et de flatter son avidité insatiable pour les nouveautés et les bagatelles. Tel homme ignorait jusqu'aux premiers principes de son art, qui par l'usage d'une herbe purgative que le hasard lui a fait connaître, a fait envier sa fortune aux plus grands hommes de sa profession ; un autre, n'ayant pas assez d'esprit pour se faire connaître par un ouvrage original, avait cultivé obscurément et inutilement les lettres jusqu'à la moitié de son âge, qui, s'étant avisé de traduire un auteur illustre, est parvenu à une espèce de célébrité et de fortune ; un troisième s'était consacré à la prêtrise, et, n'ayant ni les mœurs ni les talents de son état, il est parvenu aux honneurs de l'Église, pour s'être mêlé des affaires du Jansénisme ; de même dans toutes les professions. Si vous vous informez de ce qui a fait la fortune de ceux que vous voyez accrédités, on vous répondra que les uns sont parvenus par le jeu ; d'autres par la protection des femmes, ou par la faveur d'un homme en place dont ils ont servi les plaisirs, ou par la sympathie qui s'est trouvée entre leur âme et celle de quelque grand que le hasard leur a fait connaître; plusieurs par des occasions uniques et qui n'arriveront plus; presque tous contre leur attente. Les petits ressorts font plus de fortunes que les grands, parce qu'ils sont plus aisés à pratiquer; ceux qui ne savent pas se servir des instruments communs et populaires, et qui s'obstinent à n'employer que de grands moyens, trouvent rarement l'occasion de déployer leurs ressources. Il y en a aussi qui n'ont pas la patience de s'avancer par degrés vers leur objet; ils voudraient arriver au terme tout à coup; cela ne se peut, et cet empressement les perd. Enfin, il y en a qui sont engagés, par leur éducation et par leur naissance, dans une carrière pour laquelle la nature ne les a point faits; quelques-uns rompent ces chaînes dont ils sont liés, pour suivre l'attrait de leur génie, et ils prospèrent; mais les exemples en sont rares, et l'on n'ose imiter cette hardiesse, parce qu'on craint de commettre toute sa fortune à son mérite, quoi que l'on en présume d'ailleurs.]

XXX

[LA VERTU EST PLUS CHÈRE QUE LE BONHEUR.]

[La vertu[1] est plus chère aux grandes âmes que ce que l'on honore du nom de bonheur. Sans doute il n'appartient pas à tout homme de n'être point touché d'une longue infortune, et c'est manquer de vivacité et de sentiment que de regarder du même œil la prospérité et les disgrâces; mais souffrir avec fermeté; sentir sans céder la rigueur de ses destinées; ne désespérer ni de soi, ni du cours changeant des affaires; garder dans l'adversité un esprit inflexible, qui brave la prospérité des hommes faibles, défie la fortune, et méprise le vice heureux: voilà, non les fleurs du plaisir, non l'ivresse des bons succès, non l'enchantement du bonheur, mais un sort plus noble, que l'inconstante bizarrerie des événements ne peut ravir aux hommes qui sont nés avec quelque courage.]

[1] Ici, comme presque toujours, Vauvenargues prend le mot *vertu* dans le sens latin, c'est-à-dire dans le sens de *courage* ou de *force d'âme*.

XXXI

IL NE FAUT PAS TOUJOURS S'EN PRENDRE A LA FORTUNE.

Ce qui fait que tant de gens de toutes les professions se plaignent amèrement de leur fortune, c'est qu'ils ont quelquefois le mérite d'un autre métier que celui qu'ils font. Je ne sais combien d'officiers, qui ne sauraient mettre en bataille cinquante hommes, auraient excellé au barreau, ou dans les négociations, ou dans les finances. Ils sentent qu'ils ont un talent, et ils s'étonnent qu'on ne leur en tienne aucun compte; car ils ne font pas attention que c'est un mérite inutile dans leur profession. Il arrive aussi que ceux qui gouvernent négligent d'assez beaux génies, parce qu'ils ne seraient pas propres à remplir les petites places, et qu'on ne veut pas leur donner les grandes. Les talents médiocres font plutôt fortune, parce qu'on trouve partout à les employer.

XXXII

[SUR LA DURETÉ DES HOMMES.]

[C'est une grande simplicité d'entretenir les hommes de ses peines; ils n'écoutent point, ils n'entendent point, quand on leur parle d'autre chose que d'eux-mêmes. Qu'une grande province soit attaquée et ravagée par l'ennemi, que ses habitants soient ruinés par les désordres de la guerre, et menacés de plus grands malheurs; c'est un événement dont le monde parle, comme on parle du nouvel opéra, de la mort d'un grand, d'un mariage, ou de telle intrigue rompue et découverte. Mais où sont ceux qu'on voit touchés, au fond, de ces misères où tant d'hommes sont intéressés? Le jeu, les rendez-vous, les bals, sont-ils interrompus pendant ces disgrâces publiques? Voit-on moins de monde aux spectacles? le luxe et le faste règnent-ils avec moins d'empire pendant ces désordres? et si les calamités d'une nation font si peu d'impression sur le cœur des hommes, comment seraient-ils touchés de nos maux particuliers? — Tant mieux, dira quelque philosophe; la vie humaine est exposée à tant de maux, que si les hommes ressentaient les afflictions les uns des autres, ce ne serait sur la terre qu'un deuil éternel. Ainsi la nature a fait aux hommes un cœur dur, pour alléger les misères de leur condition. Mais s'il en est ainsi, il ne faut point compter sur la pitié des autres; il faut mettre toute sa confiance en soi, et n'espérer que sur son propre courage.]

XXXIII
[SUR LA FERMETÉ DANS LA CONDUITE.]

[Lorsque l'on se propose un grand objet dans sa conduite, on peut suivre d'humbles chemins, pourvu qu'ils soient les plus courts; le but ennoblit les moyens. Un homme vain et d'un petit esprit se cabre à la rencontre des moindres dégoûts, ne peut supporter la hauteur des gens en place et la fatuité des sots; il est toute sa vie comme celui qui n'aurait jamais vu le monde; tout l'étonne, tout le révolte, et, quoiqu'il fasse à peu près les mêmes choses pour sa fortune que les autres hommes, il ne les fait jamais ni à leur place, ni avec succès. Celui qui s'élève au-dessus de ces petites délicatesses sait fléchir à propos sous la loi de la fortune, de la situation et des temps; ni les injustices des grands, ni l'élévation des méchants, ni les mauvais offices de ses ennemis, ni la vanité des gens riches, ne peuvent l'avilir à ses propres yeux; incapable de se laisser amuser par l'estime et la flatterie de quelques amis, il se jette parmi la foule, aborde ses adversaires et ses rivaux, ne craint pas d'approcher ceux qui pourraient le dominer par quelque endroit, mais cherche, au contraire, à lutter, à se familiariser avec leurs avantages, afin de trouver le point faible par lequel il pourra les entamer, ou du moins s'égaler à eux. Trop fier pour se croire flétri par les avantages que la fortune peut donner à ses concurrents, il sait soutenir le malheur; égal dans la prospérité et dans les disgrâces, il fait assez voir que le succès n'a jamais été que le second objet de ses efforts; le premier était d'obéir à son génie, et d'employer toute l'activité de son âme dans une carrière sans bornes.]

XXXIV
LA RAISON N'EST PAS JUGE DU SENTIMENT.

On dit qu'il ne faut pas juger des ouvrages de goût par réflexion, mais par sentiment: pourquoi ne pas étendre cette règle sur toutes les choses qui ne sont pas du ressort de l'esprit, comme l'ambition, l'amour, et toutes les autres passions? Je pratique ce que je dis : je porte rarement au tribunal de la raison la cause du sentiment; je sais que le sang-froid et la passion ne pèsent pas les choses à la même balance, et que l'un et l'autre s'accusent avec trop de partialité. Ainsi, quand il m'arrive de me repentir de quelque chose que j'ai fait par sentiment, je tâche de me consoler en pensant que j'en juge mal par réflexion, que je ferais la même chose, en dépit du raisonnement, si la même passion me reprenait, et que peut-être je ferais bien; car on est souvent très-injuste pour soi-même, et l'on se condamne à tort.

XXXV
L'ACTIVITÉ EST DANS L'ORDRE DE LA NATURE.

On ne peut condamner l'activité sans accuser l'ordre de la nature. Il est faux que ce soit notre inquiétude qui nous dérobe au présent; le présent nous échappe de lui-même, et s'anéantit malgré nous. Toutes nos pensées sont mortelles, nous ne les saurions retenir; et si notre âme n'était secourue par cette activité infatigable qui répare les écoulements perpétuels de notre esprit, nous ne durerions qu'un instant; telles sont les lois de notre être. Une force secrète et inévitable emporte avec rapidité nos sentiments; il n'est pas en notre puissance de lui résister, et de nous reposer sur nos pensées; il faut marcher malgré nous, et suivre le mouvement universel de la nature. Nous ne pouvons retenir le présent que par une action qui sort du présent: il est tellement impossible à l'homme de subsister sans action, que, s'il veut s'empêcher d'agir, ce ne peut être que par un acte encore plus laborieux que celui auquel il s'oppose; mais cette activité qui détruit le présent, le rappelle, le reproduit, et charme les maux de la vie.

XXXVI
[CONTRE LE MÉPRIS DES CHOSES HUMAINES.]

[Le mépris des choses humaines détourne les hommes de la vertu, en leur ôtant ou l'espérance ou l'estime de la gloire ; il décourage les jeunes gens, il afflige et dégoûte les vieillards, et, ne corrigeant aucun vice, il amollit toutes les vertus. Au contraire, l'estime des biens humains et des avantages proportionnés à notre nature excite les hommes à bien faire, dans tous les états et dans tous les âges ; fait les grands capitaines, les bons citoyens, les magistrats éclairés, les ministres laborieux, les grands écrivains, les braves, les habiles et les vertueux ; elle apporte au monde le goût du travail, la fermeté dans le malheur, la modération dans la prospérité. Il a été un temps où l'ambition était un devoir et une vertu ; on pouvait alors parler sûrement aux hommes de la gloire, parce qu'elle les touchait tous également. Les moindres citoyens avaient droit aux honneurs de leur patrie, et pouvaient aspirer sans présomption à s'en rendre dignes ; mais le courage des hommes est devenu plus timide et n'ose s'avouer. Et cependant l'amour de la gloire est encore l'âme invisible de tous ceux qui sont capables de quelque vertu ; la gloire a les vœux secrets de tous les cœurs, jusque-là que ceux qui affectent le plus de la mépriser, sont plus soupçonnés que les autres d'y prétendre, et que, la négligeant dans les grandes choses, ils idolâtrent son nom et son apparence dans les petites. Ils démentent leurs propres discours, ou par les secrets efforts qu'ils font pour l'obtenir, ou par leur jalousie contre ceux qui l'obtiennent.]

XXXVII

[SUR LA POLITESSE.]

[Qui trouble la paix des mariages, qui met la désunion dans les familles, qui dégoûte les amis les uns des autres, sinon le défaut de politesse ? La politesse est le lien de toute société, et il n'y en a aucune qui puisse durer sans elle. Or, la politesse n'est guère que dissimulation et artifice ; mais le but justifie tout. La dissimulation qui ne se propose que le bien d'autrui et la paix de la société, est discrétion ; et la sincérité qui trouble l'un et l'autre, n'est que brutalité, humeur et imprudence. Le commerce du monde n'est fondé que sur la politesse et la flatterie ; qui en ôtera ces choses, ruinera les principes de ce commerce. Les hommes se plaignent sans cesse de leur fausseté réciproque, et ils sont incapables de supporter la vérité.]

XXXVIII

[SUR LA TOLÉRANCE.]

[Est-ce une nécessité aux législateurs d'être sévères ? C'est une question débattue, ancienne, et très-contestable, puisque de puissantes nations ont fleuri sous des lois très-douces ; mais on n'a jamais mis en doute que la tolérance ne fût un devoir pour les particuliers. C'est elle qui rend la vertu aimable, qui ramène les âmes obstinées, qui apaise les ressentiments et les colères, qui, dans les villes et dans les familles, maintient l'union et la paix, et fait le plus grand charme de la vie civile. Se pardonnerait-on les uns aux autres, je ne dis pas des mœurs différentes, mais même des maximes opposées, si on ne savait tolérer ce qui nous blesse ? Et qui peut s'arroger le droit de soumettre les autres hommes à son tribunal ? Qui peut être assez impudent pour croire qu'il n'a pas besoin de l'indulgence qu'il refuse aux autres ? J'ose dire qu'on souffre moins des vices des méchants que de l'austérité farouche et orgueilleuse des réformateurs, et j'ai remarqué qu'il n'y avait guère de sévérité qui n'eût sa source dans l'ignorance de la nature, dans un amour-propre excessif, dans une jalousie dissimulée, enfin, dans la petitesse du cœur.]

XXXIX

[SUR LA COMPASSION.]

[Les âmes les plus généreuses et les plus tendres se laissent quelquefois porter par la contrainte des événements jusqu'à la dureté et à l'injustice ; mais il faut peu de chose pour les ramener à leur caractère, et les faire rentrer dans leurs vertus. La vue d'un animal malade, le gémissement d'un cerf poursuivi dans les bois par des chasseurs, l'aspect d'un arbre penché vers la terre et traînant ses rameaux dans la poussière, les ruines méprisées d'un vieux bâtiment, la pâleur d'une fleur qui tombe et qui se flétrit, enfin toutes les images du malheur, des hommes réveillent la pitié d'une âme tendre, contristent le cœur, et plongent l'esprit dans une rêverie attendrissante. L'homme du monde même le plus ambitieux, s'il est né humain et compatissant, ne voit pas sans douleur le mal que les dieux lui épargnent; fût-il même peu content de sa fortune, il ne croit pourtant pas la mériter encore, quand il voit des misères plus touchantes que la sienne; comme si c'était sa faute qu'il y eût d'autres hommes moins heureux que lui, sa générosité l'accuse en secret de toutes les calamités du genre humain, et le sentiment de ses propres maux ne fait qu'aggraver la pitié dont les maux d'autrui le pénètrent.]

XL

[SUR LES MISÈRES CACHÉES.]

[La terre est couverte d'esprits inquiets que la rigueur de leur condition et le désir de changer leur fortune tourmentent inexorablement jusqu'à la mort. Le tumulte du monde empêche qu'on ne réfléchisse sur ces tentations secrètes qui font franchir aux hommes les barrières de la vertu. Pour moi, je n'entre jamais au Luxembourg, ou dans les autres jardins publics, que je n'y sois environné de toutes les misères sourdes qui accablent les hommes, et que divers objets ne m'avertissent et ne me parlent de calamités que j'ignore. Tandis que, dans la grande allée, se presse et se heurte une foule d'hommes et de femmes sans passions, je rencontre, dans les allées détournées, des misérables qui fuient la vue des heureux, des vieillards qui cachent la honte de leur pauvreté, des jeunes gens que l'erreur de la gloire entretient à l'écart de ses chimères, des femmes que la loi de la nécessité condamne à l'opprobre, des ambitieux qui concertent peut-être des témérités inutiles pour sortir de l'obscurité. Il me semble alors que je vois autour de moi toutes les passions qui se promènent, et mon âme s'afflige et se trouble à la vue de ces infortunés, mais, en même temps, se plaît dans leur compagnie séditieuse. Je voudrais quelquefois aborder ces solitaires, pour leur donner mes consolations; mais ils craignent d'être arrachés à leurs pensées, et ils se détournent de moi : le plaisir et la société n'ont plus de charmes pour ceux que l'illusion de la gloire asservit; la joie et le rire ne font que passer sur leurs lèvres. Je plains ces misères cachées, que la crainte d'être connues rend plus pesantes; je veux, si je puis, fuir le vice, et fermer mon cœur aux promesses des passions injustes; mais il y aurait de la dureté à n'être pas touché de la faiblesse de tant d'hommes qui, sans les malheurs de leur vie, auraient pu chérir la vertu, et achever leurs jours dans l'innocence.]

XLI

[SUR LA FRIVOLITÉ DU MONDE.]

[Le monde est rempli de gens qui passent leur vie à s'entretenir les uns les autres de ce qu'ils savent, à se raconter des faits dont ils sont réciproquement instruits, ou des actions auxquelles ils ont eu la même part; ils se rappellent avec vivacité des choses qu'aucun d'eux n'a oubliées, les guerres qu'ils ont faites ensemble, les livres qu'ils ont lus, les conversations qu'ils ont eues en de certains temps; et ils ne s'écoutent point les uns les autres, car ils savent d'avance ce qu'on leur veut dire. Mais ils souffrent qu'on leur apprenne des choses qu'ils savent, afin d'avoir droit, à leur tour, de débiter de semblables puérilités, et, lorsqu'ils ont épuisé un certain cercle de faits et de réflexions, ils reprennent les mêmes discours, et ne se lassent point de se répéter. De telles conversations rendent l'esprit paresseux, pesant, et l'endorment en quelque sorte dans l'oisiveté. Les gens du monde ne tombent point dans ces longueurs, dans ces détails et dans ces récits inutiles; ils ne se permettent guère de parler des choses passées; mais ils s'occupent trop du présent, et traitent tous les sujets d'une manière trop superficielle et trop frivole; ils ne vont jamais jusqu'au nœud des choses, et n'intéressent que la surface de l'esprit, sans aller au cœur : ce qui fait qu'il y a peu de conversations profitables, et qui mènent à une fin. Aussi la plupart des hommes ne se doutent-ils pas que la conversation puisse être regardée d'une autre manière que comme un amusement et un délassement. Ceux qui en font une sorte de commerce et une négociation perpétuelle, sont très-rares; mais, comme ils y apportent beaucoup plus de fond que les autres, ils en retirent aussi un plus grand profit.

De même, il y a peu d'actions qui mènent à une fin utile. Je vois tous les ans des officiers qui se dérangent pour plusieurs années, afin de pouvoir se vanter qu'ils ont vu le monde; ils quittent leur femme et leurs enfants pour venir consommer à Paris, en peu de mois, le revenu de plusieurs années, et s'ensevelir ensuite dans leur province. D'autres se ruinent au jeu ou dans un des quartiers de la ville, sans pouvoir réussir à faire percer leur nom jusqu'à la bonne compagnie, et ils ne sont connus que des marchands et des ouvriers. On en voit qui se tourmentent toute leur vie pour faire leur cour à leur évêque, à l'intendant de leur province, au commandant, aux magistrats, et aux grands qui passent; ils donnent à dîner, ils font des voyages; ils emploient le temps, qui est si précieux, en bagatelles; comme aussi ceux qui veulent voir des gens de lettres, pour acquérir la réputation de beaux esprits, au lieu de cultiver les lettres elles-mêmes.]

XLII

[SUR LE BEL ESPRIT.]

[On ne demande pas à un bel esprit qu'il approfondisse un art, pourvu qu'il sache discourir de l'art des autres. Il n'a pas besoin d'exceller dans un métier; il suffit qu'il se mêle de tous les métiers, et qu'il ait la surface de tous les talents. Il doit savoir écrire en prose et en vers sur quelque sujet qui se présente; il est même obligé de lire beaucoup de choses inutiles, parce qu'il doit parler fort peu de choses nécessaires; le sublime de sa science est de rendre des pensées frivoles par des traits. Qui prétend mieux penser ou mieux vivre? Qui sait même où est la vérité? Un esprit supérieur aux préjugés fait valoir toutes les opinions, mais ne tient à aucune; il a vu le fort et le faible de tous les principes, et il a reconnu que l'esprit humain n'avait que le choix de ses erreurs. Indulgente philosophie, qui égale Achille et Thersite, et nous laisse la liberté d'être ignorants, paresseux, frivoles, sans nous faire de pire condition! Aussi voyons-nous qu'elle a fait des progrès rapides : ce n'était d'abord que le ton d'un petit nombre de beaux esprits; aujourd'hui c'est une des modes du peuple.]

XLIII

[SUR LE TON À LA MODE.]

[Si c'est être pédant que d'affecter la singularité, mettre de l'esprit partout, penser peu naturellement, et s'exprimer de même, que de pédants n'y a-t-il pas parmi les gens de lettres, et parmi les gens du monde? Que voit-on aujourd'hui dans les livres et dans la meilleure compagnie, que beaucoup d'esprits sans justesse, une envie de briller aux dépens de la raison, une ignorance très-présomptueuse, ou des connaissances très-superficielles? On serait mal venu cependant de dire que les gens du monde et les beaux esprits sont les pédants, et que quelques hommes sensés et simples, qui savent assez, mais qui brillent peu, qui n'estiment que la raison et le naturel, sont les gens véritablement agréables. De même, si quelqu'un eût dit, il y a six-vingts ans, que l'hôtel de Rambouillet ne rassemblait que des pédants et des précieuses, assurément, on ne l'eût guère écouté On l'a dit néanmoins, peu de temps après, et personne aujourd'hui ne le met en doute. Ce n'est donc pas à nous qu'il est permis de juger de notre siècle; c'est à ceux qui viendront après nous à se moquer de notre ton et de nos modes, si les leurs ne sont encore pires. On n'eût pas cru, du temps de Louis XIII, que le ton du connétable de Luynes et des autres courtisans de ce règne ne fût pas le meilleur et le plus aimable qu'on pût avoir : il serait plaisant que certains hommes, que je ne nomme pas, et qui font grand bruit parmi nous, devinssent quelque jour aussi ridicules que le maréchal de Bellegarde et que Voiture.]

XLIV

[SUR L'INCAPACITÉ DES LECTEURS.]

[Combien de gens connaissent tous les livres et tous les auteurs, sont instruits de toutes les opinions et de tous les systèmes, qui sont incapables de discerner le vrai du faux, et d'apprécier ce qu'ils lisent! Combien d'autres se plaignent qu'on n'écrit plus rien de raisonnable, et que tous les auteurs ne font que se répéter les uns les autres, qui, s'il paraissait un ouvrage original, non-seulement ne l'approuveraient pas, mais seraient les premiers à le combattre, à en relever les défauts, et à se prévaloir contre lui des négligences qui pourraient s'y rencontrer! Cette disposition trop ordinaire des esprits, l'espèce d'oubli dans lequel ont été ensevelis pendant longtemps de grands ouvrages, et l'injustice que d'assez beaux génies ont éprouvée de leurs contemporains, autorisent des hommes très-médiocres à protester contre les jugements de leur siècle, et à attendre follement de la postérité l'estime refusée à leurs ouvrages. C'est cette même incapacité des lecteurs, c'est leur mauvais goût, leur avidité pour les bagatelles, qui enhardissent et multiplient jusqu'à l'excès les livres fades et les niaiseries littéraires. Si l'art de penser et d'écrire n'est plus qu'un métier mécanique, comme l'arpentage ou l'orfévrerie; si on n'y est plus engagé par le seul instinct du génie, mais par désœuvrement ou par intérêt; s'il y a sans comparaison plus de mauvais ouvriers dans cette profession que dans les autres, il faut s'en prendre à ceux qui soutiennent ces faibles artisans et leurs faibles ouvrages, en les lisant. Cependant, de même que le grand nombre des arts inutiles prouve et entretient la richesse des États puissants, peut-être aussi que cette foule d'auteurs et d'ouvrages frivoles, qui entretiennent le luxe et la paresse de l'esprit, prouvent, à tout prendre, qu'il y a aujourd'hui plus de lumières, plus de curiosité et plus d'esprit qu'autrefois parmi les hommes.]

XLV
[SUR LE MERVEILLEUX.]

[Les hommes aiment le merveilleux, non pas parce qu'il est faux, mais parce qu'ils aiment ce qui les surprend. Du reste, ils ne l'aiment qu'autant qu'ils le croient, et ils ne le croient qu'autant qu'il est revêtu des dehors du vrai, ou qu'il leur paraît tel. Moins les hommes sont éclairés, plus il est facile de leur en imposer par des fables, c'est-à-dire de les leur faire recevoir pour des vérités; car quand ils savent que ce sont des mensonges, tout au plus ils s'en amusent, mais ils ne s'y intéressent pas. Il ne faut donc pas dire que *le vrai a besoin d'emprunter la figure du faux pour être reçu agréablement dans l'esprit humain;* un homme qui écrirait sur ce principe n'écrirait que pour les sots, et serait bientôt méprisé des bons esprits.

Les fables ont été inventées pour faire recevoir la vérité aux enfants, ou aux esprits faibles qui ne sortent pas de l'enfance; mais rien n'est si rebutant pour des hommes raisonnables, et il n'y a que les agréments du style, le charme des vers, la beauté et la vérité des maximes que ces fables enveloppent, qui puissent en faire supporter la puérilité. Dire donc que les fables plaisent aux hommes, c'est dire que la plupart des hommes sont enfants, qu'ils se laissent surprendre au merveilleux, que peu de chose éblouit leur jugement, et tire leur esprit de son assiette; c'est dire que peu de gens ont assez de sagacité pour distinguer le vrai du faux; mais dans les choses où le vrai est connu, le faux se présente inutilement, et, plus il est orné, plus il est ennuyeux.]

XLVI
SUR LES ANCIENS ET LES MODERNES.

Un Athénien pouvait parler avec véhémence de la gloire à des Athéniens; un Français à des Français, nullement; il serait honni. L'imitation des anciens est fort trompeuse : telle hardiesse qu'on admire avec raison dans Démosthènes, passerait pour déclamation dans notre bouche. J'en suis fort fâché, nous sommes un peu trop philosophes; à force d'avoir ouï dire que tout était petit ou incertain parmi les hommes, nous croyons qu'il est ridicule de parler affirmativement et avec chaleur de quoi que soit. Cela a banni l'éloquence des écrits modernes; car l'unique objet de l'éloquence est de persuader et de convaincre; or, on ne va point à ce but quand on ne parle pas très-sérieusement. Celui qui est de sang-froid n'échauffe pas, celui qui doute ne persuade pas; rien n'est plus sensible. Mais la maladie de nos jours est de vouloir badiner de tout; on ne souffre qu'avec peine un autre ton.

XLVII

[ON PEUT ROUGIR D'UNE VERTU.]

[Je me suis trouvé autrefois, dans un bain public, avec une vieille femme qui, voyant que j'étais fort jeune, et sachant que j'étais dans le service, m'honorait de quelque plaisanteries très-militaires. Je rougissais malgré moi, non pas de l'impudence de cette vieille; car on ne rougit point des défauts d'autrui, mais de ma propre pudeur, que son impertinence rendait ridicule. Pendant qu'elle se faisait honneur des défauts de mon âge; je mourais de honte de paraître avec les vertus de son sexe. Un capucin était à coté de moi, et ne rougissait point : c'est que la pudeur était la vertu de son état, et non du mien. Les hommes sont si faibles, qu'ils se font des devoirs, nonseulement des talents, mais même des vices de leur profession.]

XLVIII

[SUR LES ARMÉES D'A PRÉSENT.]

[Le courage que nos ancêtres admiraient comme la première des vertus n'est plus regardé, peu s'en faut, que comme une erreur populaire ; et, quoique tous n'osent avouer dans leurs discours ce sentiment, leur conduite le manifeste. Le service de la patrie passe pour une vieille mode, pour un préjugé ; on ne voit plus dans les armées que dégoût, ennui, négligence, murmures insolents et téméraires ; le luxe et la mollesse s'y produisent avec la même effronterie qu'au sein de la paix ; et ceux qui pourraient, par l'autorité de leurs emplois, arrêter le progrès du mal, l'entretiennent par leur exemple. Des jeunes gens, poussés par la faveur au delà de leurs talents et de leur âge, font ouvertement mépris de ces places qu'ils ne méritent pas, en effet, d'occuper; des grands, qui seraient tenus, par le seul respect de leur nom, à cultiver l'estime et l'affection de leurs troupes, se cachent, puisqu'il faut le dire, ou se cantonnent, et forment jusque dans les camps de petites sociétés où ils s'entretiennent encore du *bon ton*, et regrettent l'oisiveté et les délices de Paris. Ces messieurs s'ennuient du genre de vie que l'on mène à l'armée; et comment pourraient-ils s'en contenter n'ayant ni le talent de la guerre, ni l'estime de leurs troupes, ni le goût de la gloire? Aussi, voyez-les sous leurs tentes ; qui pensez-vous y rencontrer pour l'ordinaire? S'il y a dans l'armée un sujet médiocre, un fat dont la réputation soit équivoque, et qui soit aussi peu aimé qu'estimé de ses camarades, c'est là qu'il est souffert, et quelquefois recherché, pour prix de ses honteux offices ; c'est là qu'il nargue le mérite plus timide, qui évite de lui disputer ce lâche honneur. Pendant ce temps, les officiers sont accablés des dépenses que le faste des supérieurs introduit et favorise ; et bientôt le dérangement de leurs affaires, ou l'impossibilité de parvenir et de mettre en pratique leurs talents, les obligent à se retirer, parce que les gens de courage ne sauraient longtemps souffrir l'injustice ouverte, et que ceux qui travaillent pour la gloire ne peuvent se fixer à un état où l'on ne recueille aujourd'hui que de la honte [1]]

XLIX

REGARDER MOINS AUX ACTIONS QU'AUX SENTIMENTS.

Un des plus grands traits de la vie de Sylla est d'avoir dit qu'il voyait dans César, encore enfant, plusieurs Marius, c'est-à-dire un esprit plus ambitieux et plus fatal à la liberté. Molière n'est pas moins admirable d'avoir prévu, sur une petite pièce de vers que lui montra Racine au sortir du collège, que ce jeune homme serait le plus grand poëte de son siècle. On dit qu'il lui donna cent louis pour l'encourager à entreprendre une tragédie. Cette générosité, de la part d'un comédien qui n'était pas riche, me touche autant que la magnanimité d'un conquérant qui donne des villes et des royaumes. Il ne faut pas mesurer les hommes par leurs actions, qui sont trop dépendantes de leur fortune, mais par leurs sentiments et leur génie.

L

[CONTRE L'ESPRIT D'EMPRUNT.]

[Ce qui fait que tant de gens d'esprit en apparence parlent, jugent, entendent, agissent si

---

[1] Ce morceau fait assez voir que ce n'est pas uniquement pour des raisons de santé que Vauvenargues se retira de l'armée. — G.

peu à propos et si mal, c'est qu'ils n'ont qu'un esprit d'emprunt; on ne mâche point avec des dents postiches, quoiqu'elles paraissent au dehors comme les autres. Il y a des hommes qui naissent avec un talent particulier pour recueillir ce que les autres pensent ou imaginent ; ils joignent à une mémoire heureuse un esprit facile : ils sont pétris de phrases, d'expressions brillantes, de plaisanteries et de réflexions qu'ils placent du mieux qu'ils peuvent, et qui éblouissent ceux qui ne les connaissent point. On est étonné que des hommes qui ont été capables de penser ou d'exprimer de si bonnes choses, ne les appliquent pas avec plus de justesse, et qu'il manque toujours quelque chose à leurs raisonnements. Ces gens-là ont une teinture de toutes les sciences, et parlent quelquefois des arts plus spécieusement que les plus habiles artistes ; ils sont physiciens, ils sont géomètres ; ils savent du moins répéter des opinions sur tous les sujets, et il ne leur manque que de concevoir eux-mêmes ce qu'ils disent. Il y en a d'autres qui jugent très-bien, mais avec du temps; on leur propose quelquefois des choses assez simples, et ils ne les saisissent point ; on en est surpris, ils le sont eux-mêmes : car ils se croyaient de la pénétration, et ils n'ont que du jugement.]

LI

SUR LA SIMPLICITÉ ET CONTRE L'ABUS DE L'ART.

Souvent, fatigué de cet art qui domine aujourd'hui dans les écrits, dans la conversation, dans les affaires, et jusque dans les plaisirs ; rebuté de traits, de saillies, de plaisanteries, et de tout cet esprit que l'on veut mettre dans les moindres choses, je dis en moi-même : Si je pouvais trouver un homme qui n'eût point d'esprit, et avec lequel il n'en fallût point avoir ; un homme ingénu et modeste, qui parlât seulement pour se faire entendre et pour exprimer les sentiments de son cœur, un homme qui n'eût que de la raison et un peu de naturel, avec quelle ardeur je courrais me délasser dans son entretien du jargon et des épigrammes des gens à la mode ! O charmante simplicité, j'abandonnerais tout pour marcher sur vos traces ! Il n'y a rien de grand ni d'aimable où la simplicité n'est pas ; les arts ambitieux qui la fuient perdent leur éclat et leurs charmes, il n'y a ni vertus ni plaisirs qui n'empruntent d'elle leurs grâces les plus touchantes ; et comment se fait-il qu'on en puisse perdre le goût jusqu'à ne pas s'apercevoir qu'on l'a perdu ? Il est vrai que les hommes ont aimé l'art dans tous les temps, et que leur esprit s'est toujours flatté de perfectionner la nature : c'est la première prétention de la raison, et la plus ancienne chimère de la vanité. Toutefois, je pardonne aisément aux premiers hommes d'avoir trop attendu de l'art ; ce serait proprement à nous, qui en connaissons par expérience la faiblesse, d'en être moins amoureux ; mais l'esprit humain a trop peu de fond pour se tenir dans ses propres limites, et la nature elle-même a mis au cœur des hommes ce désir ambitieux de la polir. Nous fardons notre pauvreté sans pouvoir la couvrir, et les moindres occasions font tomber ces couleurs empruntées et cette parure étrangère. Mais tant que les hommes naîtront avec peu d'esprit et beaucoup d'envie d'en avoir, ils voudront étendre ainsi leur sphère et se donner plus d'essor. Que veux-je donc dire ? que le monde n'a jamais été aussi simple que nous le peignons parfois, mais qu'il me paraît que ce siècle l'est encore beaucoup moins que les autres, parce qu'étant plus riche des dons de l'esprit, il semble lui appartenir au même titre d'être plus vain et plus ambitieux.

LII

IL EST PROFITABLE ET PERMIS D'ÉCRIRE.

Voulez-vous démêler, rassembler vos idées, les mettre sous un même point de vue, et les réduire en principes ? jetez-les d'abord sur le papier. Quand vous n'auriez rien à gagner par cet usage du côté de la réflexion, ce qui est faux manifestement, que n'acquerriez-vous pas du côté de l'expression ? Laissez dire à ceux qui regardent cette étude comme au-dessous d'eux. Qui peut croire avoir plus d'esprit, un génie plus grand et plus noble que le cardinal de Richelieu ? Qui a été chargé de plus d'affaires, et de plus importantes ? Cependant nous avons des *Controverses* de ce grand ministre, et un *Testament politique* ; on sait même qu'il n'a pas dédaigné la poésie. Un esprit si ambitieux ne pouvait mépriser la gloire la moins empruntée et la plus à nous qu'on connaisse. Il n'est pas besoin de citer, après un si grand nom, d'autres exemples : le duc de La Rochefoucauld, l'homme de son siècle le plus poli et le plus capable d'intrigues, auteur du livre des *Maximes*; le fameux cardinal de Retz, le cardinal d'Ossat[1], le chevalier Guillaume Temple[2], et une infinité d'autres qui sont aussi connus par leurs écrits que par leurs actions immortelles. Si nous ne sommes pas à même d'exécuter de si grandes choses que ces hommes illustres, qu'il paraisse du moins par l'expression de nos pensées, et par ce qui dépend de nous, que nous n'étions pas incapables de les concevoir.

LIII
[LES PRÉCEPTES CORRIGENT PEU.]

[Que n'a-t-on pas écrit contre l'orgueil des grands, contre la jalousie des petits, contre les vices de tous les hommes? Quelles peintures n'a-t-on pas faites du ridicule, de la vanité, de l'intempérance, de la fourberie, de l'inconséquence, etc.? Mais qui s'est corrigé par ces images ou par ces préceptes? Quel homme a mieux jugé, ou mieux vécu, après tant d'instructions reçues? Il faut l'avouer : le nombre de ceux qui peuvent profiter des leçons des sages est bien petit, et, dans ce petit nombre, la plupart oublient ce qu'ils doivent à l'instruction et à leurs maîtres, de sorte qu'il n'est pas d'occupation si ingrate que celle d'instruire les hommes. Ils sont faits de manière qu'ils devront toujours tout à ceux qui pensent, et que toujours ils abuseront contre eux des lumières qu'ils en reçoivent ; il est même ordinaire que ceux qui agissent recueillent le fruit du labeur de ceux qui se bornent à imaginer ou à instruire. Dès qu'on ne fait valoir que la raison et la justice, on est toujours la victime de ceux qui n'emploient que l'action et la violence : de là vient que le plus médiocre et le plus borné

[1] Arnaud, cardinal d'Ossat, auteur de lettres regardées comme des chefs-d'œuvre de politique, mourut à Rome le 13 mars 1604.
[2] Célèbre négociateur anglais, auteur d'un grand nombre d'ouvrages historiques, mourut dans le comté de Sussex en février 1698.

de tous les métiers est celui d'écrivain et de philosophe.]

LIV
SUR LA MORALE ET LA PHYSIQUE.

C'est un reproche ordinaire de la part des physiciens à ceux qui écrivent des mœurs, que la morale n'a aucune certitude comme les mathématiques et les expériences physiques. Mais je crois qu'on pourrait dire, au contraire, que l'avantage de la morale est d'être fondée sur un petit nombre de principes très-solides, et qui sont à la portée de l'esprit des hommes ; que c'est de toutes les sciences la plus connue, et celle qui a été portée le plus près de sa perfection : car il y a peu de vérités morales un peu importantes qui n'aient été écrites ; et ce qui manque à cette science, c'est de réunir toutes ces vérités, et de les séparer de quelques erreurs qu'on y a mêlées ; mais c'est un défaut de l'esprit humain plus que de cette science ; car les hommes ne sont guère capables de concevoir aucun sujet tout entier, et d'en voir les divers rapports et les différentes faces. L'avantage de la morale est donc d'être plus connue que les autres sciences ; de là on peut conclure qu'elle est plus bornée, ou qu'elle est plus naturelle aux hommes, ou l'un et l'autre à la fois : car on ne peut nier, je crois, qu'elle est plus naturelle aux hommes ; et on est assez obligé de convenir, en même temps, que se renfermant tout entière dans un sujet aussi borné que l'est le genre humain, elle a moins d'étendue que la physique, qui embrasse toute la nature. Ainsi l'avantage de la morale sur la physique est de pouvoir être mieux connue et mieux possédée, et l'avantage de la physique sur la morale est d'être plus vaste et plus étendue. La morale se glorifie d'être plus sûre et plus praticable ; et la physique, au contraire, de passer les bornes de l'esprit humain, de s'étendre au delà de toutes ses conceptions, d'étonner et de confondre l'imagination par ce qu'elle lui fait apercevoir de la nature... Voilà du moins ce qui me paraît de ces deux sciences. Je trouve la morale plus utile, parce que nos connaissances ne sont guère profitables qu'autant qu'elles approchent de la perfection ; mais elle me paraît aussi un peu bornée ; au lieu que le seul aspect des éléments de la physique accable mon imagination... Je me sens frappé d'une vive curiosité à la vue de toutes les merveilles de l'univers, mais je suis dégoûté aussitôt du peu que l'on en peut connaître, et il me semble qu'une science, si élevée au-dessus de notre raison, n'est pas trop faite pour nous.

Cependant ce qu'on a pu en découvrir n'a pas laissé que de répandre de grandes lumières sur toutes les choses humaines : d'où je conclus qu'il est bon que beaucoup d'hommes s'appliquent à cette science, et la portent jusqu'au degré où elle peut être portée, sans se décourager par la lenteur de leurs progrès et par l'imperfection de leurs connaissances... Il faut avouer que c'est un grand spectacle que celui de l'univers : de quelque côté qu'on porte sa vue, on ne trouve jamais de terme. L'esprit n'arrive jamais ni à la dernière petitesse des objets, ni à l'immensité du tout ; les plus petites choses tiennent à l'infini ou à l'indéfini. L'extrême petitesse et l'extrême grandeur échappent également à notre imagination ; elle n'a plus de prise sur aucun objet dès qu'elle veut l'approfondir. *Nous apercevons*, dit Pascal, *quelque apparence du milieu des choses, dans un désespoir éternel d'en connaître ni le principe ni la fin*, etc.

La physique est incertaine à l'égard des principes du mouvement, à l'égard du vide ou du plein, de l'essence des corps, etc. Elle n'est certaine que dans les dimensions, les distances, les proportions et les calculs qu'elle emprunte de la géométrie.

M. Newton, au moyen d'une seule cause occulte, explique tous les phénomènes de la nature ; et les anciens, en admettant plusieurs causes occultes, n'expliquaient pas la moindre partie de ces phénomènes. La cause occulte de M. Newton est celle qui produit la pesanteur et l'attraction mutuelle des corps ; mais il n'est pas impossible peut-être que cette pesanteur et cette attraction ne soient à elles-mêmes leur propre cause, car il n'est pas nécessaire qu'une qualité que nous apercevons dans un sujet y soit produite par une cause ; elle peut exister par elle-même. On ne demande pas pourquoi la matière est étendue : c'est là sa manière d'exister ; elle ne peut être autrement. Ne se peut-il pas faire que la pesanteur lui soit aussi essentielle que l'étendue ? Pourquoi non ? Il n'est aucune portion de matière qui ne soit étendue : l'étendue est donc essentielle à la matière. Mais s'il n'y a aucune portion de matière qui ne soit pesante, ne faudrait-il pas ajouter la pesanteur à l'essence de la matière ? Si le mouvement n'est autre chose que la pesanteur des corps, nous voilà bien avancés dans le secret de la nature.

Toutes nos démonstrations ne tendent qu'à nous faire connaître les choses avec la même évidence que nous les connaissons par sentiment. Connaître par sentiment est donc le plus haut degré de connaissance ; il ne faut donc pas demander une raison de ce que nous connaissons par sentiment.

LV

[SUR L'ÉTUDE DES SCIENCES.]

[S'il y a des sciences qui ne satisfassent qu'une vaine curiosité, qui ne rendent les hommes ni plus vertueux ni plus aimables, qui n'aient presque point de rapports avec nos intérêts et nos devoirs, ce sont les dernières qu'il faut apprendre, mais il est bon de ne pas les négliger entièrement ; car il n'y a point de science qui ne puisse agrandir l'esprit, et, si la vie humaine n'était pas si courte, il n'en faudrait point rejeter. Il convient donc à un homme, qui a l'esprit facile et pénétrant, de prendre une forte teinture des sciences nécessaires pour comprendre, s'il se peut, les premières lois du monde matériel ; pourvu cependant qu'il réserve son application principale pour le monde spirituel, où sont renfermés ses plaisirs, ses devoirs, ses attachements, et sa fortune. Il doit laisser aux physiciens et aux géomètres la partialité singulière qu'ils ont pour leurs études : pendant que ces grands observateurs de la nature se vantent qu'il n'y a point de certitude hors des mathématiques, l'homme d'un esprit flexible et délié apprend, par le commerce des hommes, le secret d'aller à ses fins ; il sonde les routes du cœur, s'instruit des ressorts de l'âme, et, au moyen d'une science, incertaine selon les mathématiciens, se procure certainement les plus grands avantages de la vie. Peu jaloux des expériences de l'électricité ou de la pesanteur, ou de tel autre effet encore plus rare, dont les causes sont ignorées ; moins occupé de calculs que de sentiments, il fait des expériences de l'humanité, du courage et de la prudence. Il ne prétend pas cependant détourner les physiciens ou les géomètres de leurs études, pour les engager à celle de l'homme ; il sait trop que ceux qui réfléchissent avec quelque profondeur, sont déterminés invinciblement par la nature à approfondir de certains objets, et non les autres ; qu'il faut que chacun obéisse à la loi de son instinct et aux convenances de sa fortune, et qu'il est bon, d'ailleurs, que l'esprit de tous les hommes ne soit pas tourné vers le même objet.]

CONSEILS A UN JEUNE HOMME[1]

I

SUR LES CONSÉQUENCES DE LA CONDUITE.

Que je serai fâché, mon cher ami, si vous adoptez des maximes qui puissent vous nuire ! Je vois avec regret que vous abandonnez par complaisance tout ce que la nature a mis en vous ; vous avez honte de votre raison, qui devrait faire honte à ceux qui en manquent ; vous vous défiez de la force et de la hauteur de votre âme, et vous ne vous défiez pas des mauvais exemples. Vous êtes-vous donc persuadé qu'avec un esprit très-ardent et un caractère élevé, vous puissiez vivre honteusement dans la mollesse comme un homme fou et frivole ? Et qui vous assure que vous ne serez pas même méprisé dans cette carrière, né pour une autre ? Vous vous inquiétez trop des injustices que l'on peut vous faire, et de ce qu'on pense de vous. Qui aurait cultivé la vertu, qui aurait tenté ou sa réputation, ou sa fortune par des voies hardies, s'il avait attendu que les louanges l'y encourageassent ? Les hommes ne se rendent, d'ordinaire, sur le mérite d'autrui, qu'à la dernière extrémité. Ceux que nous croyons nos amis sont assez souvent les derniers à nous accorder leur aveu. On a toujours dit que personne n'a créance parmi les siens : pourquoi ? parce que les plus grands hommes ont eu leurs progrès comme nous. Ceux qui les ont connus dans les imperfections de leurs commencements, se les représentent toujours dans cette première faiblesse, et ne peuvent souffrir qu'ils sortent de l'égalité imaginaire où ils se croyaient avec eux : mais les étrangers sont plus justes, et enfin le mérite et le courage triomphent de tout.

II

SUR CE QUE LES FEMMES APPELLENT UN HOMME AIMABLE.

Êtes-vous bien aise de savoir, mon cher ami, ce que bien des femmes appellent quelquefois un homme aimable ? C'est un homme que personne n'aime, qui lui-même n'aime que soi et son plaisir, et en fait profession avec impudence ; un homme par conséquent inutile aux autres hommes, qui pèse à la petite société qu'il tyrannise, qui est vain, avantageux, méchant même par principe ; un esprit léger et frivole, qui n'a point de goût décidé ; qui n'estime les choses et ne les recherche jamais pour elles-mêmes, mais uniquement selon la considération qu'il y croit attachée, et fait tout par ostentation ; un homme souverainement confiant en lui et dédaigneux, qui méprise les affaires et ceux qui les traitent, le gouvernement et les ministres, les ouvrages et les auteurs ; qui se persuade que toutes ces choses ne méritent pas qu'il s'y applique, et n'estime rien de solide que d'avoir de bonnes fortunes, ou le don de dire des riens ; qui prétend néanmoins à tout, et parle de tout sans pudeur ; en

---

[1] Ces conseils étaient adressés au jeune Hippolyte de Seytres, qui servait avec Vauvenargues dans le régiment du Roi.

un mot, un fat sans vertus, sans talents, sans goût de la gloire, qui ne prend jamais dans les choses que ce qu'elles ont de plaisant, et met son principal mérite à tourner continuellement en ridicule tout ce qu'il connaît sur la terre de sérieux et de respectable.

Gardez-vous donc bien de prendre pour le monde ce petit cercle de gens insolents, qui ne comptent eux-mêmes pour rien le reste des hommes, et n'en sont pas moins méprisés. Des hommes si présomptueux passeront aussi vite que leurs modes, et n'ont pas d'ordinaire plus de part au gouvernement du monde que les comédiens et les danseurs de corde : si le hasard leur donne sur quelque théâtre du crédit, c'est la honte de cette nation et la marque de la décadence des esprits. Il faut renoncer à la faveur lorsqu'elle sera leur partage ; vous y perdrez moins qu'on ne pense : ils auront les emplois, vous aurez les talents ; ils auront les honneurs, vous la vertu. Voudriez-vous obtenir leurs places, au prix de leurs dérèglements, et par leurs frivoles intrigues ? Vous le tenteriez vainement : il est aussi difficile de contrefaire la fatuité que la véritable vertu.

III
NE PAS SE LAISSER DÉCOURAGER PAR LE SENTIMENT DE SES FAIBLESSES.

Que le sentiment de vos faiblesses, mon aimable ami, ne vous tienne pas abattu. Lisez ce qui nous reste des plus grands hommes : les erreurs de leur premier âge, effacées par la gloire de leur nom, n'ont pas toujours été jusqu'à leurs historiens ; mais eux-mêmes les ont avouées en quelque sorte. Ce sont eux qui nous ont appris que tout est vanité sous le soleil ; ils avaient donc éprouvé, comme les autres, de s'enorgueillir, de s'abattre, de se préoccuper de petites choses ; ils s'étaient trompés mille fois dans leurs raisonnements et dans leurs conjectures ; ils avaient eu la profonde humiliation d'avoir tort avec leurs inférieurs. Les défauts qu'ils cachaient avec le plus de soin leur étaient souvent échappés ; ainsi ils avaient été accablés en même temps par leur conscience et par la conviction publique ; en un mot, c'étaient de grands hommes, mais c'étaient des hommes, et ils supportaient leurs défauts. On peut se consoler d'éprouver leurs faiblesses, lorsque l'on se sent le courage de les suivre dans leurs vertus.

IV
SUR LE BIEN DE LA FAMILIARITÉ.

Aimez la familiarité, mon cher ami ; elle rend l'esprit souple, délié, modeste, maniable, déconcerte la vanité, et donne, sous un air de liberté et de franchise, une prudence qui n'est pas fondée sur les illusions de l'esprit, mais sur les principes indubitables de l'expérience. Ceux qui ne sortent pas d'eux-mêmes sont tout d'une pièce ; ils craignent les hommes qu'ils ne connaissent pas, ils les évitent, ils se cachent au monde et à eux-mêmes, et leur cœur est toujours serré. Donnez plus d'essor à votre âme, et n'appréhendez rien des suites ; les hommes sont faits de manière qu'ils n'aperçoivent pas une partie des choses qu'on leur découvre, et qu'ils oublient aisément l'autre. Vous verrez d'ailleurs que le cercle où l'on a passé sa jeunesse se dissipe insensiblement ; ceux qui le composaient s'éloignent, et la société se renouvelle. Ainsi l'on entre dans un autre cercle, tout instruit : alors, si la fortune vous met dans des places où il soit dangereux de vous communiquer, vous aurez assez d'expérience pour agir par vous-même et vous passer d'appui ; vous saurez vous servir des hommes et vous en défendre, vous les connaîtrez ; enfin vous aurez la sagesse dont les gens timides ont voulu se revêtir avant le temps, et qui est avortée dans leur sein.

V
SUR LES MOYENS DE VIVRE EN PAIX AVEC LES HOMMES.

Voulez-vous avoir la paix avec les hommes ? ne leur contestez pas les qualités dont ils se piquent : ce sont celles qu'ils mettent ordinairement à plus haut prix ; c'est un point capital pour eux. Souffrez donc qu'ils se fassent un mérite d'être plus délicats que vous, de se connaître mieux en bonne chère, d'avoir des insomnies ou des vapeurs : laissez-leur croire aussi qu'ils sont aimables, gens à bonnes fortunes, plaisants, singuliers; et s'ils avaient des prétentions plus hautes, passez-le-leur encore. La plus grande de toutes les imprudences est de se piquer de quelque chose; le malheur de la plupart des hommes ne vient que de là, je veux dire de s'être engagés publiquement à soutenir un certain caractère, ou à faire fortune, ou à paraître riches, ou à faire métier d'esprit. Voyez ceux qui se piquent d'être riches : le dérangement de leurs affaires les fait croire souvent plus pauvres qu'ils ne sont; et enfin ils le deviennent effectivement, et passent leur vie dans une tension d'esprit continuelle, qui découvre la médiocrité de leur fortune et l'excès de leur vanité. Cet exemple se peut appliquer à tous ceux qui ont des prétentions; s'ils y dérogent, s'ils se démentent, le monde jouit avec ironie de leur chagrin; et, confondus dans les choses auxquelles ils se sont attachés, ils demeurent sans ressource en proie à la raillerie la plus amère. Qu'un autre homme échoue dans les mêmes choses, on peut croire que c'est par paresse, ou pour les avoir négligées; enfin, on n'a pas son aveu sur le mérite des avantages qui lui manquent; mais s'il réussit, quels éloges ! Comme il n'a pas mis ce succès au prix de celui qui s'en pique, on croit lui accorder moins et l'obliger cependant davantage; car, ne paraissant pas prétendre à la gloire qui vient à lui, on espère qu'il la recevra en pur don, et l'autre nous la demande comme une dette.

VI

SUR UNE MAXIME DU CARDINAL DE RETZ.

C'est une maxime du cardinal de Retz, qu'il faut tâcher de former ses projets de façon que leur irréussite même soit suivie de quelque avantage; et cette maxime est très-bonne.

Dans les situations désespérées, on peut prendre des partis violents; mais il faut qu'elles soient désespérées. Les grands hommes s'y abandonnent quelquefois par une secrète confiance des ressources qu'ils ont pour subsister dans les extrémités, ou pour en sortir à leur gloire. Ces exemples sont sans conséquence pour les autres hommes.

C'est une faute commune, lorsqu'on fait un plan, de songer aux choses sans songer à soi;

on prévoit les difficultés attachées aux affaires; celles qui naîtront de notre fond, rarement. Si pourtant on est obligé à prendre des résolutions extrêmes, il faut les embrasser avec courage, et sans prendre conseil des gens médiocres; car ceux-ci ne comprennent pas qu'on puisse assez souffrir dans la médiocrité qui est leur état naturel, pour vouloir en sortir par de si grands hasards, ni qu'on puisse durer dans ces extrémités qui sont hors de la sphère de leurs sentiments. Cachez-vous des esprits timides : quand vous leur auriez arraché leur approbation par surprise ou par la force de vos raisons, rendus à eux-mêmes, leur tempérament les ramènerait bientôt à leurs principes, et vous les rendrait plus contraires. Croyez qu'il y a toujours, dans le cours de la vie, beaucoup de choses qu'il faut hasarder, beaucoup d'autres qu'il faut mépriser, et consultez en cela votre raison et vos forces.

Ne comptez sur aucun ami dans le malheur. Mettez toute votre confiance dans votre courage et dans les ressources de votre esprit; faites-vous, s'il se peut, une destinée qui ne dépende pas de la bonté trop inconstante et trop peu commune des hommes[1]. Si vous méritez des honneurs, si vous forcez le monde à vous estimer, si la gloire suit votre vie, vous ne manquerez ni d'amis fidèles, ni de protecteurs, ni d'admirateurs. Soyez donc d'abord par vous-mêmes, si vous voulez vous acquérir les étrangers. Ce n'est point à une âme courageuse à attendre son sort de la seule faveur et du seul caprice d'autrui; c'est à son travail à lui faire une destinée digne d'elle.

[1] VARIANTE : [Mettez toute votre confiance dans votre courage, dans votre prudence, dans votre habileté, dans vos intrigues, et non dans l'appui des autres hommes, car c'est une folie d'en attendre quelque chose; il faut, pour ainsi dire, leur arracher ce qu'on en obtient. Si vous acquérez de grands biens ou de la gloire, si vous avez des amis puissants; en un mot, si vous pouvez servir les autres, ne vous mettez point en peine, vous ne manquerez ni de serviteurs, ni de partisans, ni de flatteurs. Soyez donc heureux par vous-même, car si vous attendez tranquillement que le monde s'aperçoive de votre mérite, et qu'il vous estime ou vous serve, ce sera un bien singulier hasard que vous éprouviez sa faveur. Il n'y a que la vertu, le génie et la patience qui forcent son hommage, et qui obtiennent une sorte de justice, après bien des risques et des disgrâces.]

VII

SUR L'EMPRESSEMENT DES HOMMES A SE RECHERCHER ET LEUR FACILITÉ A SE DÉGOÛTER.

Il faut que je vous avertisse d'une chose, mon très-cher ami : les hommes se recherchent quelquefois avec empressement, mais ils se dégoûtent aisément les uns des autres; cependant la paresse les retient longtemps ensemble après que leur goût est usé. Le plaisir, l'amitié, l'estime, liens fragiles, ne les attachent plus; l'habitude les asservit. Fuyez ces commerces stériles, d'où l'instruction et la confiance sont bannies; le cœur s'y dessèche et s'y gâte; l'imagination y périt, etc.

Conservez toujours néanmoins avec tout le monde la douceur de vos sentiments. Faites-vous une étude de la patience, et sachez céder par raison, comme on cède aux enfants qui n'en sont pas capables, et ne peuvent vous offenser. Abandonnez surtout aux hommes vains cet empire extérieur et ridicule qu'ils affectent : il n'y a de supériorité réelle que celle de la vertu et du génie.

Voyez des mêmes yeux, s'il est possible, l'injustice de vos amis ; soit qu'ils se familiarisent par une longue habitude avec vos avantages, soit que par une secrète jalousie ils cessent de les reconnaître, ils ne peuvent vous les faire perdre. Soyez donc froid là-dessus; un favori admis à la familiarité de son maître, un domestique, aiment mieux dans la suite se faire chasser que de vivre dans la modestie de leur condition. C'est ainsi que sont faits les hommes : vos amis croiront s'être acquis par la connaissance de vos défauts une sorte de supériorité sur vous; les hommes se croient supérieurs aux défauts qu'ils peuvent sentir; c'est ce qui fait qu'on juge dans le monde si sévèrement des actions, des discours et des écrits d'autrui. Mais pardonnez-leur jusqu'à cette connaissance de vos défauts, et jusqu'aux avantages frivoles qu'ils essayeront d'en tirer; ne leur demandez pas la même perfection qu'ils semblent exiger de vous. Il y a des hommes qui ont de l'esprit et un bon cœur, mais remplis de délicatesses fatigantes, ils sont pointilleux, difficiles, attentifs, défiants, jaloux; ils se fâchent de peu de chose, et auraient honte de revenir les premiers ; tout ce qu'ils mettent dans la société, ils craignent qu'on ne pense qu'ils le doivent. N'ayez pas la faiblesse de renoncer à leur amitié par vanité ou par impatience, lorsqu'elle peut encore vous être utile ou agréable ; et enfin, quand vous voudrez rompre, faites qu'ils croient eux-mêmes vous avoir quitté.

Au reste, s'ils sont dans le secret de vos affaires ou de vos faiblesses, n'en ayez jamais de regret. Ce que l'on ne confie que par vanité et sans dessein donne un cruel repentir; mais lorsqu'on ne s'est mis entre les mains de son ami que pour s'enhardir dans ses idées, pour les corriger, pour tirer du fond de son cœur la vérité, et pour épuiser par la confiance les ressources de son esprit, alors on est payé d'avance de tout ce qu'on peut en souffrir.

VIII

SUR LE MÉPRIS DES PETITES FINESSES.

Que je vous estime, mon très-cher ami, de mépriser les petites finesses dont on s'aide pour en imposer! Laissez-les constamment à ceux qui craignent d'être approfondis, qui cherchent à se maintenir par des amitiés ménagées ou par des froideurs concertées, et attendent toujours qu'on les prévienne. Il est bon de vous faire une nécessité de plaire par un vrai mérite, au hasard même de déplaire à bien des hommes ; ce n'est pas un grand mal de ne pas réussir avec toute sorte de gens, ou de les perdre après les avoir attachés. Il faut supporter, mon ami, que l'on se dégoûte de vous, comme on se dégoûte des autres biens. Les hommes ne sont pas touchés longtemps des mêmes choses; mais les choses dont ils se lassent n'en sont pas, de leur aveu, pires. Que cela vous empêche seulement de vous reposer sur vous-même : on ne peut conserver aucun avantage que par les efforts qui l'acquièrent.

IX

AIMER LES PASSIONS NOBLES.

Si vous avez quelque passion qui élève vos sentiments, qui vous rendent plus généreux, plus compatissant, plus humain, qu'elle vous soit chère.

Par une raison fort semblable, lorsque vous aurez attaché à votre service des hommes qui sauront vous plaire, passez-leur beaucoup de défauts. Vous serez peut-être plus mal servi, mais vous serez meilleur maître : il faut laisser aux hommes de basse extraction la crainte de faire vivre d'autres hommes qui ne gagnent pas assez laborieusement leur faible salaire. Heureux qui leur peut adoucir les peines de leur condition !

En toute occasion, quand vous vous sentirez porté vers quelque bien, lorsque votre beau naturel vous sollicitera pour les misérables, hâtez-vous de vous satisfaire ; craignez que le temps, le conseil, n'emportent ces bons sentiments, et n'exposez pas votre cœur à perdre un si cher avantage. Mon aimable ami, il ne tient pas à vous de devenir riche, d'obtenir des emplois ou des honneurs ; mais rien ne vous peut empêcher d'être bon, généreux et sage. Préférez la vertu à tout : vous n'y aurez jamais de regret. Il peut arriver que les hommes, qui sont envieux et légers, vous fassent éprouver un jour leur injustice ; des gens méprisables usurpent la réputation due au mérite, et jouissent insolemment de son partage ; c'est un mal, mais il n'est pas tel que le monde se le figure ; la vertu vaut mieux que la gloire.

X

QUAND IL FAUT SORTIR DE SA SPHÈRE.

Mon très-cher ami, sentez-vous votre esprit pressé et à l'étroit dans votre état ? c'est une preuve que vous êtes né pour une meilleure fortune ; il faut donc sortir de vos voies, et marcher dans un champ moins limité.

Ne vous amusez pas à vous plaindre, rien n'est moins utile : mais fixez d'abord vos regards autour de vous : on a quelquefois dans sa main des ressources que l'on ignore. Si vous n'en découvrez aucune, au lieu de vous morfondre tristement dans cette vue, osez prendre un plus grand essor : un tour d'imagination un peu hardi nous ouvre souvent des chemins pleins de lumière. Quiconque connaît la portée de l'esprit humain tente quelquefois des moyens qui paraissent impraticables aux autres hommes. C'est avoir l'esprit chimérique que de négliger les facilités ordinaires pour suivre des hasards et des apparences ; mais lorsqu'on sait bien allier les grands et les petits moyens, et les employer de concert, je crois qu'on aurait tort de craindre non-seulement l'opinion du monde, qui rejette toute sorte de hardiesse dans les malheureux, mais même les contradictions de la fortune.

Laissez croire à ceux qui le veulent croire, que l'on est misérable dans les embarras des grands desseins. C'est dans l'oisiveté et la petitesse que la vertu souffre, lorsqu'une prudence timide l'empêche de prendre l'essor, et la fait ramper dans ses liens : mais le malheur même a ses charmes dans les grandes extrémités ; car cette opposition de la fortune élève un esprit courageux, et lui fait ramasser toutes ses forces, qu'il n'employait pas.

XI

DU FAUX JUGEMENT QUE L'ON PORTE DES CHOSES.

Nous jugeons rarement des choses, mon aimable ami, parce qu'elles sont en elles-mêmes ; nous ne rougissons pas du vice, mais du déshonneur. Tel ne se ferait pas scrupule d'être fourbe, qui est honteux de passer pour tel, même injustement.

Nous demeurons flétris et avilis à nos propres yeux, tant que nous croyons l'être à ceux du monde ; nous ne mesurons pas nos fautes par la vérité, mais par l'opinion. Qu'un homme séduise une femme sans l'aimer, et l'abandonne après l'avoir séduite, peut-être qu'il en fera gloire ; mais si cette femme le trompe lui-même, qu'il n'en soit pas aimé quoique amoureux, et que cependant il croie l'être ; s'il découvre la vérité, et que cette femme infidèle se donnait par goût à un autre lorsqu'elle se faisait payer à lui de ses rigueurs, sa défaite et sa confusion ne se pourront pas exprimer, et on le verra pâlir à table, sans cause apparente, dès qu'un mot jeté au hasard lui rapprochera cette idée. Un autre rougit d'aimer son esclave qui a des vertus, et se donne publiquement pour le possesseur d'une femme sans mérite, que même il n'a pas. Ainsi on affiche des vices effectifs ; et si de certaines faiblesses pardonnables venaient à paraître, on s'en trouverait accablé.

Je ne fais pas ces réflexions pour encourager les gens bas, car ils n'ont que trop d'impudence. Je parle pour ces âmes fières et délicates qui s'exagèrent leurs propres faiblesses, et ne peuvent souffrir la conviction publique de leurs fautes.

Alexandre ne voulait plus vivre après avoir tué Clitus ; sa grande âme était consternée d'un emportement si funeste. Je le loue d'être devenu par là plus tempérant ; mais s'il eût perdu le courage d'achever ses vastes desseins, et qu'il n'eût pu sortir de cet horrible abattement où d'abord il était plongé, le ressentiment de sa faute l'eût poussé trop loin.

Mon ami, n'oubliez jamais que rien ne nous peut garantir de commettre beaucoup de fautes. Sachez que le même génie qui fait la vertu produit quelquefois de grands vices. La valeur et la présomption, la justice et la dureté, la sagesse et la volupté, se sont mille fois confondues, succédé ou alliées. Les extrémités se rencontrent et se réunissent en nous. Ne nous laissons donc pas abattre[1]. Consolons-nous de nos défauts, puisqu'ils nous laissent toutes nos vertus ; que le sentiment de nos faiblesses ne nous fasse pas perdre celui de nos forces : il est de l'essence de l'esprit de se tromper ; le cœur a aussi ses erreurs. Avant de rougir d'être faibles, mon très-cher ami, nous serions moins déraisonnables de rougir d'être hommes.

XII
[IL FAUT AVOIR LES TALENTS DE SON ÉTAT.]

[Mon cher ami, il faut avoir les talents de son état, ou le quitter[2]. Parce qu'on est né gen-

tilhomme, on fait la guerre, quoiqu'on n'ait ni santé, ni patience, ni activité, ni amour des détails, qualités essentielles et indispensables dans un tel métier ; ou, si l'on est né dans la robe, on s'attache au barreau, sans éloquence, sans sagacité, sans goût pour l'étude des lois ; ainsi des autres professions. Si l'on a du mérite d'ailleurs, on s'étonne de ne pas faire son chemin, on se plaint d'une profession ingrate, et l'on se dégoûte. Un homme de votre âge, qui a des passions, qui n'aime pas les détails, s'impatiente dans les emplois subalternes par lesquels il est nécessaire de passer, lorsqu'on n'est pas né sous les enseignes de la faveur ; il se déplait dans ces occupations frivoles et laborieuses qui sont inséparables des petits services ; il néglige même de s'instruire de ce qu'il peut y avoir de grand dans sa profession, lorsqu'il se voit si éloigné de pouvoir mettre en pratique cette théorie, et il préfère à une étude, qui est un peu sèche, des connaissances plus agréables et plus étendues. Par là il met ceux qui disposent des emplois en droit de négliger son avancement, comme il néglige lui-même son devoir : car il faut se rendre justice : les récompenses militaires ne sont dues qu'à ceux qui ont les vertus militaires ; mais parce qu'on ne fait pas cette réflexion, on trouve les ministres et les généraux injustes, et on les accuse de ses propres fautes. Si votre métier est trop dur, choisissez-en un dont vous soyez à même de remplir tous les devoirs.]

---

[1] *Première édition* : « Jamais le sentiment de nos faiblesses ne nous doit jeter dans le désespoir. Il y a des vertus et des vices qui sortent du même principe, et qui, par conséquent, loin de s'exclure, se servent de preuves ; nous en avons aussi qui viennent de différents principes, et qui subsistent néanmoins ensemble : le même homme peut être né courageux et incontinent, juste et voluptueux ; rien n'est si compatible et si ordinaire. » *Consolons-nous de nos défauts*, etc.

[2] La force même de ce morceau indique assez clairement que c'est le douzième *Conseil à un jeune homme* ; cependant Vauvenargues ne l'a pas fait paraître avec les autres, sans doute parce que, après la démission qu'il avait donnée de son grade, il pouvait craindre qu'on ne lui fît à lui-même une application trop directe de ces réflexions, si sensées d'ailleurs. J'ajouterai qu'il n'est pas besoin de regarder de bien près à ces *Conseils* pour s'assurer que Vauvenargues les adresse autant à lui-même qu'à son jeune ami, et qu'il s'exhorte en même temps qu'il l'exhorte. On en peut dire autant des *Réflexions sur divers sujets*, qui précèdent, et des *Discours sur la Gloire, sur les Plaisirs*, qui suivent. Vauvenargues lui-même fait entendre dans une de ses *Maximes* qu'il écrit « pour *son instruction* ou pour le soulagement de *son cœur*, et qu'il traite les choses pour lui. » — G.

DISCOURS SUR LA GLOIRE

ADRESSÉS A UN AMI.

PREMIER DISCOURS.

C'est sans doute une chose assez étrange, mon aimable ami, que, pour exciter les hommes à la gloire, on soit obligé de leur prouver auparavant ses avantages. Cette forte et noble passion, cette source ancienne et féconde des vertus humaines, qui a fait sortir le monde de la barbarie et porté les arts à leur perfection, maintenant n'est plus regardée que comme une erreur imprudente et une éclatante folie. Les hommes se sont lassés de la vertu ; et, ne voulant plus qu'on les trouble dans leur dépravation et leur mollesse, ils se plaignent que la gloire se donne au crime hardi et heureux, et n'orne jamais le mérite. Ils sont sur cela dans l'erreur ; et quoi qu'il leur paraisse, le vice n'obtient point d'hommage réel. Si Cromwell n'eût été prudent, ferme, laborieux, libéral, autant qu'il était ambitieux et remuant, ni la gloire ni la fortune n'auraient couronné ses projets ; car ce n'est pas à ses défauts que les hommes se sont rendus, mais à la supériorité de son génie et à la force inévitable de ses précautions. Dénués de ces avantages, ses crimes n'auraient pas seulement enseveli sa gloire, mais sa grandeur même.

Ce n'est donc pas la gloire qu'il faut mépriser, c'est la vanité et la faiblesse ; c'est celui qui méprise la gloire, pour vivre avec honneur dans l'infamie.

A la mort, dit-on, que sert la gloire ? Je réponds : Que sert la fortune ? que vaut la beauté ? Les plaisirs et la vertu même ne finissent-ils pas avec la vie ? La mort nous ravit nos honneurs, nos trésors, nos joies, nos délices, et rien ne nous suit au tombeau. Mais de là qu'osons-nous conclure ? sur quoi fondons-nous nos discours ? Le temps où nous ne serons plus est-il notre objet ? Qu'importe au bonheur de la vie ce que nous pensons à la mort ? Que peuvent, pour adoucir la mort, la mollesse, l'intempérance ou l'obscurité de la vie ?

Nous nous persuadons faussement qu'on ne peut dans le même temps agir et jouir, travailler pour la gloire toujours incertaine, et posséder le présent dans ce travail. Je demande : Qui doit jouir ? l'indolent ou le laborieux ? le faible ou le fort ? Et l'oisiveté, jouit-elle ?

L'action fait sentir le présent ; l'amour de la gloire rapproche et dispose mieux l'avenir. Il nous rend agréable le travail que notre condition rend nécessaire. Après avoir comme enfanté le mérite de nos beaux jours, il couvre d'un voile honorable les pertes de l'âge avancé ; l'homme se survit ; et la gloire, qui ne vient qu'après la vertu, subsiste après elle.

Hésiterions-nous, mon ami ? et nous serait-il plus utile d'être méprisés qu'estimés, paresseux qu'actifs, vains et amollis qu'ambitieux ?

Si la gloire peut nous tromper, le mérite ne peut le faire ; et s'il n'aide à notre fortune, il soutient notre adversité. Mais pourquoi séparer des choses que la raison même a unies ? pourquoi distinguer la vraie gloire du mérite dont elle est la preuve ?

Ceux qui feignent de mépriser la gloire pour donner toute leur estime à la vertu, privent la vertu même de sa récompense et de son plus ferme soutien. Les hommes sont faibles, timides, paresseux, légers, inconstants dans le bien ; les plus vertueux se démentent. Si on leur ôte l'espoir de la gloire, ce puissant motif, quelle force les soutiendra contre les exemples du vice, contre les légèretés de la nature, contre les promesses de l'oisiveté ? Dans ce combat si douteux de l'activité et de la paresse, du plaisir et de la raison, de la liberté et du devoir, qui fera pencher la balance ? qui portera l'esprit à ces nobles efforts où la vertu, supérieure à soi-même, franchit les limites mortelles de son court essor, et d'une aile forte et légère échappe à ses liens?

Je vois ce qui vous décourage, mon très-cher ami. Lorsqu'un homme passe quarante ans, il vous paraît peut-être déjà vieux. Vous voyez que ses héritiers comptent ses années et le trouvent de trop au monde. Vous dites : Dans vingt ans, moi-même je serai tout près de cet âge qui paraît caduc à la jeunesse : je ne jouirai plus de ses regards et de son aimable société : que me serviraient ces talents et cette gloire qui rencontrent tant de hasards et d'obstacles presque invincibles? Les maladies, la mort, mes fautes, les fautes d'autrui, rompront tout à coup mes mesures... Et vous attendriez donc de la mollesse, sous ces vains prétextes, ce que vous désespérez de la vertu? ce que le mérite et la gloire ne pourraient donner, vous le chercheriez dans la honte? Si l'on vous offrait le plaisir par la crapule, la tranquillité par le vice, l'accepteriez-vous?

Un homme qui dit : Les talents, la gloire coûtent trop de soins, je veux vivre en paix si je puis, je le compare à celui qui ferait le projet de passer sa vie dans son lit, dans un long et gracieux sommeil. O insensé! pourquoi voulez-vous mourir vivant? Votre erreur en tous sens est grande. Plus vous serez dans votre lit, moins vous dormirez. Le repos, la paix, le plaisir, ne sont que le prix du travail.

Vous avez une erreur plus douce, mon aimable ami : oserai-je aussi la combattre? La nature semble vous avoir fait pour les plaisirs autant que pour la gloire; vous les inspirez, ils vous touchent ; vous portez leurs fers. Comment vous épargneraient-ils dans une si vive jeunesse, s'ils tentent même la raison et l'expérience de l'âge avancé? Mais les goûtez-vous sans défiance ou sans ennui? Mon charmant ami, je vous plains : quoique votre vie soit à peine encore dans sa fleur, vous savez tout tout ce qu'ils promettent et le peu qu'ils tiennent toujours. Pour moi, il ne m'appartient pas de vous faire aucune leçon, mais vous n'ignorez pas quel dégoût suit la volupté la plus chère, quelle nonchalance elle inspire, quel oubli profond des devoirs, quels frivoles soins, quelles craintes, quelles distractions insensées.

Elle éteint la mémoire dans les savants, dessèche l'esprit, ride la jeunesse, avance la mort. Les fluxions, les vapeurs, la goutte, presque toutes les maladies qui tourmentent les hommes en tant de manières, qui les arrêtent dans leurs espérances, trompent leurs projets et leur apportent dans la force de leur âge les infirmités de la vieillesse : voilà les effets des plaisirs. Et vous renonceriez, mon cher ami, à toutes les vertus qui vous attendent, à votre fortune, à la gloire? Non sans doute, la volupté ne prendra jamais cet empire sur une âme comme la vôtre, quoique vous lui prêtiez vous-même de si fortes armes.

Mais quel autre attrait, quelle crainte pourrait vous détourner de satisfaire à vos sages inclinations? Seraient-ce les bizarres préjugés de quelques fous qui même ne sont pas sincères, et voudraient vous donner leurs ridicules, eux qui se piquent d'avoir la peau douce, et de donner le ton à quelques femmes? S'ils sont effacés dans un souper, ils se couchent avec un mortel chagrin ; et vous n'oseriez à leurs yeux avoir une ambition plus raisonnable?

Ces gens-là sont-ils si aimables? je dis plus, sont-ils si heureux que vous deviez les préférer à d'autres hommes, et prendre leurs extravagances pour des lois [1]? Écouteriez-vous aussi

---

[1] *Addition.* [Ne regardez pas la conduite de ces hommes qui voudraient vous séduire et vous rendre semblable à eux; considérez la vie de ces autres hommes qui viennent à peine de disparaître, qui étaient nés aussi parmi nous, que vous admirez en secret, et que vous n'osez encore suivre. Est-ce à moi de vous nommer Richelieu, Condé, Luxembourg, Descartes, Turenne, d'Ossat, Catinat, Bossuet, Fénelon, tant d'autres qui sont en vénération à l'univers, et qui, malgré la différence de leur condition et de leurs talents, sont admis à la même gloire? Ces grands personnages en ont eux-mêmes admiré d'autres qui leur avaient servi de modèles ; les uns resserrés dans les bornes d'une condition ordinaire, les autres tentés par l'orgueil et les piéges de la grandeur, tous éloignés de la gloire, qui ne se donne qu'au mérite entreprenant et laborieux, ils n'ont pas désespéré d'elle ; ils ne disaient pas que la fortune dispense ses dons en aveugle, et que la renommée suit le hasard ; ils ne s'amusaient pas à épiloguer sur la gloire, ils tâchaient de s'en rendre dignes. S'ils l'ont méprisée quelquefois, c'est lorsqu'elle était établie sur des choses vaines; mais plus ils ont négligé cette fausse gloire, plus ils ont estimé la véritable. Croirez-vous plutôt au sophisme des déclamateurs, qu'aux travaux et aux sentiments de ces grands hommes? S'ils étaient encore, ils estimeraient vos talents, ils exciteraient votre courage. Voyez ce que fait la gloire : le tombeau ne peut l'obscurcir, son nom règne encore sur la terre qu'elle a décorée; féconde jusque dans les ruines et la

ceux qui font consister le bon sens à suivre la coutume, à s'établir, à ménager sourdement de vils intérêts? Tout ce qui est hardiesse, générosité, grandeur de génie, ils ne peuvent même le concevoir; et cependant ils ne méprisent pas sincèrement la gloire; ils l'attachent à leurs erreurs.

On en voit parmi ces derniers qui combattent par la religion ce qu'il y a de meilleur dans la nature, et qui rejettent ensuite la religion même, ou comme une loi impraticable, ou comme une belle fiction, et une invention politique.

Qu'ils s'accordent donc s'ils le peuvent. Sont-ils sous la loi de grâce? que leurs mœurs le fassent connaître. Suivent-ils encore la nature? qu'ils ne rejettent pas ce qui peut l'élever et la maintenir dans le bien.

Je veux que la gloire nous trompe : les talents qu'elle nous fera cultiver, les sentiments dont elle remplira notre âme, répareront bien cette erreur. Qu'importe que si peu de ceux qui courent la même carrière la remplissent, s'ils cueillent de si nobles fleurs sur le chemin, si jusque dans l'adversité leur conscience est plus forte et plus assurée que celle des heureux du vice!

Pratiquons la vertu; c'est tout. La gloire, mon très-cher ami, loin de vous nuire, élèvera si haut vos sentiments, que vous apprendrez d'elle-même à vous en passer, si les hommes vous la refusent; car quiconque est grand par le cœur, puissant par l'esprit, a les meilleurs biens; et ceux à qui ces choses manquent ne sauraient porter dignement ni l'une ni l'autre fortune.

SECOND DISCOURS.

Puisque vous souhaitez, mon cher ami, que je vous parle encore de la gloire, et que je vous explique mieux mes sentiments, je veux tâcher de vous satisfaire, et de justifier mes

nudité de la mort, ses exemples la reproduisent, et elle s'accroît d'âge en âge. Cultivez-la donc, car si vous la négligiez, bientôt vous négligeriez la vertu même, dont elle est la fleur. Ne croyez pas qu'on puisse obtenir la vraie gloire sans la vraie vertu, ni qu'on puisse se maintenir dans la vertu sans l'aide de la gloire.]

opinions sans les passionner, si e puis; de peur de farder ou d'exagérer la vérité qui vous est si chère, et que vous rendez si aimable.

Je conviendrai d'abord que tous les hommes ne sont pas nés, comme vous le dites, pour les grands talents, et je ne crois pas qu'on puisse regarder cela comme un malheur, puisqu'il faut que toutes les conditions soient conservées, et que les arts les plus nécessaires ne sont ni les plus ingénieux ni les plus honorables.

Mais ce qui importe, je crois, c'est qu'il règne dans tous ces états une gloire assortie au mérite qu'ils demandent: c'est l'amour de cette gloire qui les perfectionne, qui rend les hommes de toutes les conditions plus vertueux, et qui fait fleurir les empires, comme l'expérience de tous les siècles le démontre.

Cette gloire, inférieure à celle des talents plus élevés, n'est pas moins justement fondée : car ce qui est bon en soi-même ne peut être anéanti par ce qui est meilleur; ce qui est estimable peut bien perdre de notre estime, mais ne peut souffrir de déchéance dans son être; cela est visible.

S'il y a donc quelque erreur à cet égard parmi les hommes, c'est lorsqu'ils cherchent une gloire supérieure à leurs talents, une gloire par conséquent qui trompe leurs désirs et leur fait négliger leur vrai partage; qui tient cependant leur esprit au-dessus de leur condition, et les sauve peut-être de bien des faiblesses.

Vous ne pouvez tomber, mon cher ami, dans une semblable illusion; mais cette crainte si modeste, si touchante, est une vertu trop aimable dans un homme de votre mérite et de votre âge.

On ne peut qu'estimer aussi ce que vous dites sur la brièveté de la vie : je croyais avoir prévenu à ce sujet tout ce qu'on pouvait m'opposer de raisonnable; cependant je ne blâme pas vos sentiments. Dans une si grande jeunesse, où les autres hommes sont si enivrés des vanités et des apparences du monde, c'est sans doute une preuve, mon aimable ami, de l'élévation de votre âme, lorsque la vie humaine vous paraît trop courte pour mériter nos attentions. Le mépris que vous concevez de ses promesses témoigne que vous êtes supérieur à tous ses dons. Mais puisque, malgré ce mérite qui vous élève, vous êtes néanmoins borné à cet espace que vous méprisez, c'est à votre vertu à s'exercer dans ce champ étroit; et, puisqu'il vous est refusé d'en étendre les bornes, vous devez en orner le fonds. Autrement, que vous serviraient tant de vertus et de génie? n'aurait-on pas lieu d'en douter?

Voyez comme ont vécu les hommes qui ont eu l'âme élevée comme vous. Vous me permettez bien cette louange, qui vous fait un devoir de leur vertu. Lorsque le mépris des choses humaines les soutenait ou dans les pertes, ou dans les erreurs, ou dans les embarras inévitables de la vie, ils s'en couvraient comme d'un bouclier qui trompait les traits de la fortune. Mais lorsque ce même mépris se tournait en paresse et en langueur; qu'au lieu de les porter au travail il leur conseillait la mollesse, alors ils rejetaient une si dangereuse tentation, et ils s'excitaient par la gloire, qui est moins donnée à la vertu pour récompense que pour soutien. Imitez en cela, mon cher ami, ceux que vous admirez dans tout le reste. Que désirez-vous, que le bien et la perfection de votre âme? mais comment le mépris de la gloire vous inspirerait-il le goût de la vertu, si même il vous dégoûte de la vie? Quand concevez-vous ce mépris, si ce n'est dans l'adversité, et lorsque vous désespérez en quelque sorte de vous-même? Qui n'a du courage, au contraire, quand la gloire vient le flatter? qui n'est plus jaloux de bien faire?

Insensés que nous sommes, nous craignons toujours d'être dupes ou de l'activité, ou de la gloire, ou de la vertu! Mais qui fait plus de dupes véritables que l'oubli de ces mêmes choses? qui fait des promesses plus trompeuses que l'oisiveté?

Quand vous êtes de garde au bord d'un fleuve, où la pluie éteint tous les feux pendant la nuit, et pénètre dans vos habits, vous dites: Heureux qui peut dormir sous une cabane écartée, loin du bruit des eaux! Le jour vient; les ombres s'effacent et les gardes sont relevées; vous rentrez dans le camp, la fatigue et le bruit vous plongent dans un doux sommeil, et vous vous levez plus serein pour prendre un repas délicieux. Au contraire, d'un jeune homme né pour la vertu, que la tendresse d'une mère retient dans les murailles d'une ville forte, pendant que ses camarades dorment sous la toile et bravent les hasards, celui-ci qui ne risque rien, qui ne fait rien, à qui rien ne manque, ne jouit ni de l'abondance ni du calme de ce séjour: au sein du repos, il est inquiet et agité; il cherche les lieux solitaires; les fêtes, les jeux, les spectacles ne l'attirent point; la pensée de ce qui se passe en Moravie occupe ses jours, et pendant la nuit il rêve des combats et des batailles qu'on donne sans lui. Que veux-je dire par ces images? que la véritable vertu ne peut se reposer ni dans les plaisirs, ni dans l'abondance, ni dans l'inaction: qu'il est vrai que l'activité a ses dégoûts et ses périls; mais que ces inconvénients momentanés dans le travail se multiplient dans l'oisiveté, où un esprit ardent se consume lui-même et s'importune.

Et si cela est vrai en général pour tous les hommes, il l'est encore plus particulièrement pour vous, mon cher ami, qui êtes né si visiblement pour la vertu, et qui ne pouvez être heureux par d'autres voies, tant celles du bien vous sont propres.

Mais quand vous seriez moins certain d'avoir ces talents admirables qui forcent la gloire, après tout, mon aimable ami, voudriez-vous négliger de cultiver ces talents mêmes? Je dis plus: s'il était douteux que la gloire fût un grand bien, renonceriez-vous à ces charmes? Pourquoi donc chercher des prétextes pour autoriser des moments de paresse et d'anxiété? S'il fallait prouver que la gloire n'est pas une erreur, cela ne serait pas fort difficile; mais en supposant que c'est une erreur, vous n'êtes pas même résolu de l'abandonner, et vous avez grande raison: car il n'y a point de vérité plus douce et plus aimable. Agissez donc comme vous pensez; et, sans vous inquiéter de ce que l'on peut dire sur la gloire, cultivez-la, mon cher ami, sans défiance, sans faiblesse et sans vanité.

Ç'aurait été une chose assez hardie, mon aimable ami, que de parler du mépris de la gloire devant les Romains du temps des Scipion et des Gracchus. Un homme qui leur aurait dit que la gloire n'était qu'une folie, n'aurait guère été écouté; et ce peuple ambitieux l'eût méprisé comme un sophiste qui détournerait les hommes de la vertu même, en attaquant la plus forte et la plus noble de leurs passions. Un tel philosophe n'aurait pas été plus suivi à Athènes ou à Lacédémone. Aurait-il osé dire que la gloire était une chimère, pendant qu'elle donnait parmi ces peuples une si haute considération, et qu'elle y était même si répandue et si commune, qu'elle devenait nécessaire et presque un devoir? Plus les hommes ont de vertu, plus ils ont de droit à la gloire; plus elle est près d'eux, plus ils l'aiment, plus ils la désirent, plus ils sentent sa réalité; mais quand la vertu dégénère; quand le talent manque, ou la force; quand la légèreté et la mollesse dominent les autres passions, alors on ne voit plus la gloire que très-loin de soi; on n'ose ni se la promettre, ni la cultiver, et enfin les hommes s'accoutument à la regarder comme un songe. Peu à peu on en vient au point que c'est une chose ridicule même d'en parler. Ainsi, comme on se serait moqué à Rome d'un déclamateur qui aurait exhorté les Sylla et les Pompée au mépris de la gloire, on rirait aujourd'hui d'un philosophe qui encouragerait des Français à penser aussi grandement que les Romains, et à imiter leurs vertus. Aussi n'est-ce pas mon dessein de redresser sur cela nos idées, et de changer les mœurs de la nation. Mais parce que je crois que la nature a toujours produit quelques hommes qui sont supérieurs à l'esprit et aux préjugés de leur siècle, je me confie, mon aimable ami, aux sentiments que je vous connais, et je veux vous parler de la gloire, comme j'aurais pu en parler à un Athénien du temps de Thémistocle et de Socrate.

DISCOURS SUR LES PLAISIRS

ADRESSÉ AU MÊME[1].

Vous êtes trop sévère, mon aimable ami, de vouloir qu'on ne puisse pas, en écrivant, réparer les erreurs de sa conduite, et contredire même ses propres discours. Ce serait une grande servitude si on était toujours obligé d'écrire comme on parle, ou de faire comme on écrit. Il faut permettre aux hommes d'être un peu inconséquents, afin qu'ils puissent retourner à la raison quand ils l'ont quittée, et à la vertu lorsqu'ils l'ont trahie. On écrit tout le bien qu'on pense, et on fait tout celui qu'on peut: et lorsqu'on parle de la vertu ou de la gloire, on se laisse emporter à son sujet, sans se souvenir de sa faiblesse; cela est très-raisonnable. Voudriez-vous qu'on fît autrement, et qu'on ne tâchât pas du moins d'être sage dans ses écrits, lorsqu'on ne peut pas l'être encore dans ses actions? Vous vous moquez de ceux qui parlent contre les plaisirs, et vous leur demandez qu'à cet égard ils s'accordent avec eux-mêmes; c'est-à-dire que vous voulez qu'ils se rétractent, et qu'ils vous abandonnent toute leur morale. Pour moi, il ne m'appartient pas de vous contrarier, et de défendre avec vous une vertu austère dont je suis peu digne[1]. Je veux bien vous accorder, sans conséquence, que les plaisirs ne sont pas tout à fait inconciliables avec la vertu et la gloire. On a vu quelquefois de grandes âmes qui ont su allier l'un et l'autre, et mener ensemble ces choses si peu compatibles pour les autres hommes. Mais s'il faut vous parler sans flatterie, je vous avouerai, mon ami, que les plaisirs de ces grands hommes ne me paraissent guère ressembler à ce que l'on honore de ce nom dans le monde. Vous savez comme moi quelle est la vie que mènent la plupart des jeunes gens; quels sont leurs tristes amuse-

[1] Hippolyte de Seytres.

[1] *Digne*, c'est-à-dire *capable*.

ments et leurs occupations ridicules ; qu'ils ne cherchent presque jamais ce qui est aimable ou ce qu'ils aiment, mais ce que les autres trouvent tel ; qui, moyennant qu'ils vivent en *bonne compagnie*, croient s'être divertis à un souper où l'on n'oserait parler avec confiance, ni se taire, ni être raisonnable ; qui courent trois spectacles dans le même jour sans en entendre aucun ; qui ne parlent que pour parler, et ne lisent que pour avoir lu ; qui ont banni l'amitié et l'estime non-seulement des sociétés de bienséance, mais même des commerces les plus familiers ; qui se piquent de posséder une femme qu'ils n'aiment pas, et qui trouveraient ridicule que l'inclination se mêlât d'attacher à leurs voluptés un nouveau charme[1]. Je tâche de comprendre tous ces goûts bizarres qu'ils prennent avec tant de soin hors de la nature, et je vois que la vanité fait le fonds de tous les plaisirs et de tout le commerce du monde.

Le frivole esprit de ce siècle est cause de cette faiblesse. La frivolité, mon ami, anéantit les hommes qui s'y attachent. Il n'y a point de vice peut-être qu'on ne doive lui préférer ; car encore vaut-il mieux être vicieux que de ne pas être. Le rien est au-dessous de tout, le rien est le plus grand des vices ; et qu'on ne dise pas que c'est être quelque chose que d'être frivole ; c'est n'être ni pour la vertu, ni pour la gloire, ni pour la raison, ni pour les plaisirs passionnés. Vous direz peut-être : J'aime mieux un homme anéanti pour toute vertu, que celui qui n'existe que pour le vice. Je vous répondrai : Celui qui est anéanti pour la vertu n'est pas pour cela exempt de vices ; il fait le mal par légèreté et par faiblesse ; il est l'instrument des méchants qui ont plus de génie. Il est moins dangereux qu'un méchant homme sérieusement appliqué au mal, cela peut être : mais faut-il savoir gré à l'épervier de ce qu'il ne détruit que des insectes, et ne ravage pas les troupeaux dans les champs comme les lions et les aigles ? Un homme courageux et sage ne craint point un méchant homme ; mais il ne peut s'empêcher de mépriser un homme frivole.

Aimez donc, mon aimable ami, suivez les plaisirs qui vous cherchent, et que la raison, la nature et les grâces ont faits pour vous. Encore une fois, ce n'est point à moi à vous les interdire ; mais ne croyez pas qu'on rencontre d'agrément solide dans l'oisiveté, la folie, la faiblesse et l'affectation.

ÉLOGE DE PAUL-HIPPOLYTE-EMMANUEL DE SEYTRES

OFFICIER AU RÉGIMENT DU ROI[2].

Ainsi donc j'étais destiné à survivre à notre amitié, Hippolyte, quand j'espérais qu'elle adoucirait tous les maux et tous les ennuis de ma vie jusqu'à mon dernier soupir. Au moment où mon cœur, plein de sécurité, mettait une aveugle confiance dans ta force et dans ta jeunesse, et s'abandonnait à sa joie, ô douleur ! une main puissante éteignait dans ton sang la source de la vie ; la mort se glissait dans ton cœur, et tu la portais dans le sein. Terrible, elle sort tout d'un coup au milieu des jeux qui la couvrent : tu tombes à la fleur de tes ans sous ses inévitables efforts. Mes yeux sont les tristes témoins d'un spectacle si lamentable, et ma voix, qui s'était formée à de si charmants entretiens, n'a plus qu'à porter jusqu'au ciel l'amère douleur de ta perte ! Ô mânes chéris, ombre aimable, victime inno-

[1] Voir, dans les *Caractères*, le morceau intitulé *Jeunes gens*.
[2] Paul-Hippolyte-Emmanuel de Seytres, fils aîné de Joseph de Seytres, marquis de Caumont, académicien correspondant honoraire de l'Académie des inscriptions et belles-lettres de Paris et académicien de celle de Marseille, et d'Elisabeth de Donis, naquit le 15 août 1724. Il entra dans le régiment du Roi, et s'étant trouvé à l'invasion de la Bohême, il mourut à Prague au mois d'avril 1742.

cente du sort, reçois dans le sein de la terre ces derniers et tristes hommages ! Réveille-toi, cendre immortelle ! sois sensible aux gémissements d'une si sincère douleur !

Il n'est pas besoin d'avoir fait beaucoup d'expérience des hommes pour connaître leur dureté. En vain cherchent-ils à la mort, par de pathétiques discours, à surprendre la compassion ; comme ils l'ont rarement connue, il est rare aussi qu'ils l'excitent ; et leur mort ne touche personne ; elle est attendue, désirée, ou du moins bientôt oubliée de ceux qui leur sont les plus proches. Tout ce qui les environne, ou les hait, ou les méprise, ou les envie, ou les craint ; tous semblent avoir à leur perte quelque intérêt détourné. Les indifférents mêmes osent y ressentir la barbare joie du spectacle. Après avoir cherché l'approbation du monde pendant tout le cours de leur vie, telle en est la fin déplorable. Mais celui qui fait le sujet de ce discours n'a pas dû subir cette loi. Sa vertu timide et modeste n'irritait pas encore l'envie, il n'avait que dix-huit ans. Naturellement plein de grâce, les traits ingénus, l'air ouvert, la physionomie noble et sage, le regard doux et pénétrant, on ne le voyait pas avec indifférence. D'abord son aimable extérieur prévenait tous les cœurs pour lui, et quand on était à portée de connaître son caractère, alors il fallait adorer la beauté de son naturel.

Il n'avait jamais méprisé personne, ni envié, ni haï. Hors même de quelques plaisanteries qui ne tombaient que sur le ridicule, on ne l'avait jamais ouï parler mal de qui que ce soit. Il entrait aisément dans toutes les passions et dans toutes les opinions que le monde blâme le plus, et qui semblent les plus bizarres ; elles ne le surprenaient point : il en pénétrait le principe ; il trouvait dans ses réflexions des vues pour les justifier : marque d'un génie élevé que son propre caractère ne domine pas ; et il était en effet d'un jugement si ferme et si hardi, que les préjugés, même les plus favorables à ses sages inclinations, ne pouvaient pas l'entraîner, quoiqu'il soit si naturel aux hommes sages de se laisser maîtriser par leur sagesse : si modeste d'ailleurs, et si exempt d'amour-propre, qu'il ne pouvait souffrir les plus justes louanges, ni même qu'on parlât de lui ; et si haut dans un autre sens, que les avantages les plus respectés ne pouvaient pas l'éblouir. Ni l'âge, ni les dignités, ni la réputation, ni les richesses, ne lui imposaient : ces choses qui font une impression si vive sur l'esprit des jeunes gens, n'assujettissaient pas le sien ; il était naturellement et sans effort au niveau d'elles.

Qui pourrait expliquer le caractère de son ambition, qui était tout à la fois si modeste et si fière ? Qui pourrait définir son amour pour le bien du monde ? Qui aurait l'art de le peindre au milieu des plaisirs ? Il était né ardent ; son imagination le portait toujours au delà des amusements de son âge, et n'était jamais satisfaite ; tantôt on remarquait en lui quelque chose de dégagé et comme au-dessus du plaisir, dans les chaînes du plaisir même : tantôt il semblait qu'épuisé, desséché par son propre feu, son âme abattue languissait de cette langueur passionnée qui consume un esprit trop vif ; et ceux qui confondent les traits et la ressemblance des choses, le trouvaient alors indolent. Mais au lieu que les autres hommes paraissent au-dessous des choses qu'ils négligent, lui paraissait au-dessus ; il méprisait les affaires que l'on appréhende. Sa paresse n'avait rien de faible ni de lent ; on y aurait remarqué plutôt quelque chose de vif et de fier. Du reste, il avait un instinct secret et admirable pour juger sainement des choses, et saisir le vrai dans l'instant. On aurait dit que, dans toutes ses vues, il ne passait jamais par les degrés et par les conséquences qui amusent le reste des hommes, mais que la vérité, sans cette gradation, se faisait sentir tout entière, et d'une manière immédiate, à son cœur et à son esprit ; de sorte que la justesse de ce sentiment, dans laquelle il s'arrêtait, le faisait quelquefois paraître trop froid pour le raisonnement, où il ne trouvait pas toujours l'évidence de son instinct. Mais cela, bien loin de marquer quelque défaut de raison, prouvait sa sagacité. Il ne pouvait s'assujettir à expliquer par des paroles et par des retours fatigants ce qu'il concevait d'un coup d'œil. Enfin, pour finir ce discours par les qualités de son cœur, il était vrai, généreux, pitoyable, et capable de la plus sûre de la plus tendre amitié, d'un si beau naturel d'ailleurs qu'il n'avait jamais rien à cacher à personne, ne connaissant aucune de ces petitesses (haines, jalousies, vanités) que l'on dérobe au monde avec tant de mystère, et qu'on verse au sein d'un ami avec tant de soulagement. Insensible au plaisir de parler de soi-même, qui est le nœud des amitiés faibles; élevé, confiant, ingénu, propre à détromper les gens vains, chargés du secret accablant de leurs faiblesses, en leur faisant sentir le prix d'une naïveté modeste; en un mot, né pour la vertu et pour faire aimer sur la terre cette haute modération qu'on n'a pas encore définie, qui n'est ni paresse, ni flegme, ni médiocrité de génie, ni froideur de tempérament, ni effort de raisonnement, mais un instinct supérieur aux chimères qui tiennent le monde enchanté; on ne verra jamais dans le même sujet tant de qualités réunies. Oh! que cette idée est cruelle, après une mort si soudaine! Ah! du moins, s'il avait connu toute mon amitié pour lui! si je pouvais encore lui parler un moment! s'il pouvait voir couler ces larmes!... Mais il n'entendra plus ma voix. La mort a fermé son oreille, ses yeux ne s'ouvriront plus: il n'est plus. O triste parole! Malheureux jeune homme, quel bras t'a précipité au tombeau, du sein enchanteur des plaisirs? Tu croissais au milieu des fleurs et des songes de l'espérance; tu croissais... O funeste guerre[1]! ô climat redoutable[2]! ô rigoureux hiver[3]! ô terre qui contiens la cendre de tes conquérants étonnés! Tombeaux, monuments effroyables des faveurs perfides du sort! voyage fatal! murs sanglants! Tu ne sortiras pas du champ de la victoire[4], glorieuse victime; la mort t'a traîné dans un piège affreux; tu respires un air infecté; l'ombre du trépas t'environne. Pleure,

malheureuse patrie, pleure sur tes tristes trophées. Tu couvres toute l'Allemagne de tes intrépides soldats, et tu t'applaudis de ta gloire! Pleure, dis-je, verse des larmes! pousse de lamentables cris! à grande peine quelques débris d'une armée si florissante reverront tes champs fortunés. Avec quels périls! j'en frémis. Ils fuient[1]. La faim, le désordre marchent sur leurs traces furtives; la nuit enveloppe leurs pas, et la mort les suit en silence. Vous dites: Est-ce là cette armée qui semait l'effroi devant elle? Vous voyez; la fortune change: elle craint à son tour; elle presse sa fuite à travers les bois et les neiges; elle marche sans s'arrêter. Les maladies, la faim, la fatigue excessive accablent nos jeunes soldats; misérables, on les voit étendus sur la neige, inhumainement délaissés, des feux allumés sur la glace éclairent leurs derniers moments, la terre est leur lit redoutable.

O chère patrie, quoi! mes yeux te revoient après tant d'horreurs. En quel temps, en quelle détresse, en quel déplorable appareil! O triste retour! ô revers! Fortuné Lorrain[2], nos disgrâces ont passé ta cruelle attente: la mort a servi ta colère: les tombeaux regorgent de sang. N'en sois pas plus fier! la fortune n'a pas mis à tes pieds nos drapeaux victorieux; l'univers les a vus sur tes murs ébranlés triom-

[1] La nuit du 16 au 17 décembre 1742, le maréchal de Belle-Isle sortit de Prague avec l'armée française, et se rendit à Égra le 26. Le 2 janvier 1743, la garnison française qu'il avait laissée dans Prague en sortit après une capitulation honorable.

[2] François-Étienne, fils aîné du duc Léopold et d'Élisabeth-Charlotte d'Orléans, né le 8 décembre 1708, fut reconnu duc de Lorraine après la mort de son père, le 27 mars 1729; il était alors à Vienne, d'où il se rendit à Nancy le 9 novembre de la même année. Le 12 février 1736 il épousa, à Vienne, Marie-Thérèse, archiduchesse, fille aînée de l'empereur Charles VI, et, le 13 décembre suivant, il ratifia les conventions de l'Empereur et du roi de France, portant que Stanislas Leczinski, beau-père de Louis XV, serait mis dès lors en possession des duchés de Bar et de Lorraine, pour être, après lui, réunis à la couronne de France. Après la mort de l'Empereur, en 1741, il fut déclaré corégent de tous les États autrichiens; l'archiduchesse son épouse s'était fait couronner reine de Hongrie le 25 juin de cette même année. Mais Charles-Albert, duc de Bavière, avait été reconnu roi de Bohême le 19 décembre, et il fut élu empereur le 24 janvier 1742. Ce ne fut que le 11 mai 1743 que la reine de Hongrie fut couronnée à Prague reine de Bohême, et son mari ne devint empereur qu'après la mort du duc de Bavière, en 1745. B.

---

[1] La guerre de 1741, entreprise pour la succession de l'empereur Charles VI, contre l'archiduchesse Marie-Thérèse, sa fille aînée.

[2] Il y a plus de six degrés de différence entre le climat de Prague et celui d'Avignon où le jeune Caumont était né.

[3] Le froid de l'hiver de 1741 à 1742 fut le plus grand qui eût été éprouvé depuis 1709.

[4] Prague avait été prise d'assaut le 26 novembre 1741, par le duc de Bavière, à la tête d'une partie des troupes françaises et bavaroises; et c'est à Prague que mourut Hippolyte.

plier de ta folle rage. Tu n'as pas vaincu; tu t'abuses. Une main plus puissante a détruit nos armées. Écoute la voix qui te crie : Je t'ai chassé du trône et du lit impérial, où tu te flattais de t'asseoir; j'élève et je brise les sceptres; j'assemble et détruis les nations; je donne à mon gré la victoire, le trépas, le trône et les fers; mortels, tout est né sous ma loi.

Ô Dieu ! vous l'avez fait paraître. Vous avez dissipé nos armées innombrables, vous avez moissonné l'espoir de nos maisons. Hélas ! de quels coups vous frappez les têtes les plus innocentes ! Aimable Hippolyte, aucun vice n'infectait encore ta jeunesse ; tes années croissaient sans reproche, et l'aurore de ta vertu jetait un éclat ravissant. La candeur et la vérité régnaient dans tes sages discours avec l'enjouement et les grâces; la tristesse déconcertée s'enfuyait au son de ta voix ; les désirs inquiets s'apaisaient. Modéré jusque dans la guerre, ton esprit ne perdait jamais sa douceur et son agrément. Tu le sais, province éloignée, Moravie, théâtre funeste de nos marches laborieuses, tu sais avec quelle patience il portait ces courses mortelles. Son visage toujours serein effaçait l'éclat de tes neiges, et réjouissait les cabanes. Oh ! puissions-nous toujours sous tes rustiques toits.... Mais le repos succède à nos longues fatigues ; Prague nous reçoit ; ses remparts semblent assurer notre vie comme notre tranquillité. Ô cher Hippolyte ! la mort t'avait préparé cette embûche. A l'instant elle se déclare, tu péris, la fleur de tes jours sèche comme l'herbe des champs ; je veux te parler, je rencontre tes regards mourants qui me troublent ; je bégaye, et force ma langue ; tu ne m'entends plus ; une voix plus puissante et plus importune parle à ton oreille effrayée. Le temps presse, la mort t'appelle, la mort te demande et t'attire. Hâte-toi, dit-elle, hâte-toi ; ta jeunesse m'irrite, et ta beauté me blesse ; ne fais point de vœux inutiles : je me ris des larmes des faibles, et j'ai soif du sang innocent : tombe, passe, exhale ta vie ! — Quoi, si tôt ! Quoi, dans ses beaux jours et dans la primeur de son âge ! Dieu vivant, vous le livrez donc à l'affreuse main qui l'opprime ; vous le délaissez sans pitié ! Tant de dons et tant d'agréments qui environnaient sa jeunesse, ce mortel abandon..... Ô voile fatal ! Dieu terrible !. véritablement tu te plais dans un redoutable secret. Qui l'eût cru, mon cher Hippolyte, qui l'eût cru ? Le ciel semblait prendre un soin paternel de tes jours ; et soudain le ciel te condamne, et tu meurs sans qu'aucun effort te puisse arrêter dans ta chute ; tu meurs... Ô rigueur lamentable ! Hippolyte... cher Hippolyte, est ce toi que je vois dans ces tristes débris ?... Restes mutilés de la mort ; quel spectacle affreux vous m'offrez !... Où fuirai-je ? Je vois partout des lambeaux flétris et sanglants, un tombeau qui marche à mes yeux, des flambeaux et des funérailles. Cesse de m'effrayer de ces noires images, chère ombre, je n'ai pas trahi la foi que je dois à ta cendre. Je t'aimais vivant, je te pleure au tombeau. Ta vie comblait mes vœux, et ta perte m'accable. Mon deuil et mes regrets peuvent-ils avoir des limites, lorsque ton malheur n'en a point ? Va, je porte au fond de mon cœur une loi plus juste et plus tendre. Ta vertu méritait un attachement éternel ; je lui dois d'éternelles larmes, et j'en verserai des torrents.

Homme insuffisant à toi-même, créature vide et inquiète, tu t'attaches, tu te détaches, tu t'affliges, tu te consoles ; ta faiblesse partout éclate. Mais connais du moins ce principe : qui s'est consolé, n'aime plus ; et qui n'aime plus, tu le sais, est léger, ingrat, infidèle, et d'une imagination faible, qui périt avec son objet. On dit : Dans la mort, nul remède ; conclus : Nulle consolation à qui aime au delà de la mort. Suppose un moment en toi-même : ce que j'ai de plus cher au monde est dans un péril imminent. Une longue absence le cache. Je ne puis ni le secourir, ni le joindre ; et je me console, et je m'abandonne au plaisir avec une barbare ardeur ! Faible image ! vaine expression ! nul péril n'égale la mort, nulle absence ne la figure. Ô cœurs durs ! vous ne sentez pas la force de ces vérités. Les charmes d'une amitié pure ne vous touchent que faiblement. Vous n'aimez, vous ne regardez que les choses qui ont de l'éclat. Pourquoi donc, mon cher Hippolyte, n'admiraient-ils pas ta vertu dans un âge encore si tendre ? Que peuvent-ils voir de plus rare ? ils veulent des actions brillantes qui puissent forcer leur estime ; eh ! n'avais-tu pas le génie qui enfante ces nobles actions? Mon enfant, ta grande jeunesse leur cachait des dons si précoces; leurs sens n'allaient pas jusqu'à toi. La raison et le cœur de la plupart des hommes se forment tard; ils ne peuvent, parmi les grâces d'une si riante jeunesse, admettre un sérieux si profond; ils croient cet accord impossible. Ainsi ils ne t'ont point rendu justice; ils ne peuvent plus te la rendre. Moi-même, pardonne, ombre aimable, tes vertus et tes agréments peut-être ne m'ont pas trouvé toujours équitable et sensible; pardonne un excès d'amitié qui mêlaient à mes sentiments des délicatesses injustes. Oh! comme elles se sont promptement dissipées! Quand la mort a levé le voile qu'elles avaient mis sur mes yeux, je t'ai vu tel que ma tendresse voulait que tu fusses dans ta vie. Mais pardonne encore une fois; car tu n'as jamais pu douter du fond de mon attachement; je t'aimais, même avant de pouvoir te connaître; je n'ai jamais aimé que toi. Tes inclinations généreuses étaient chères à mon enfance; avant de t'avoir jamais vu, mon imagination séduite m'en faisait l'aimable peinture. Cent fois elle m'a présenté les grâces de ton caractère, ta beauté, ta pudeur, ta facile bonté; j'ignorais ton nom et ta vie, et mon cœur t'admirait, te parlait, te voyait, te cherchait dans la solitude. Tu ne m'as connu qu'un moment; et lorsque nous nous sommes connus, j'avais rendu mille fois en secret un hommage mystérieux à tes vertus. Hélas! un bonheur plus réel paraissait avoir pris la place de l'erreur de mes premiers vœux; je croyais posséder l'objet d'une si touchante illusion, et je l'ai perdu pour toujours.

Qu'êtes-vous devenue, ombre digne des cieux? mes regrets vont-ils jusqu'à vous?... Je frissonne... O profond abîme! ô douleur! ô mort! ô tombeau! voile obscur, nuit impénétrable, mystères de l'éternité! Qui pourra calmer l'inquiétude et la crainte qui me dévorent? Qui me révélera les conseils de la mort? Ô terre, crains-tu de violer le secret affreux de tes antres? Tu te tais, tu prêtes l'oreille; tu caches ton sanglant larcin. Chaque instant augmente ma peine; mon trouble interroge la nuit, et la nuit ne peut l'éclaircir; j'implore les cieux, ils se taisent; les enfers sont sourds à ma voix: toute la nature est muette: l'univers effrayé repose.

Ouvrez-vous, tombeaux redoutables! Mânes solitaires, parlez, parlez. Quel silence indomptable! O triste abandon! ô terreur! Quelle main tient donc sous son joug toute la nature, interdite? O Être éternel et caché, daigne dissiper les alarmes où mon âme infirme est plongée. Le secret de tes jugements glace mes timides esprits: voilé dans le fond de ton être, tu fais les destins et les temps, et la vie et la mort, et la crainte et la joie, et l'espoir trompeur et crédule. Tu règnes sur les éléments et sur les enfers révoltés; l'air frappé frémit à ta voix: redoutable juge des morts, prends pitié de mon désespoir!

DISCOURS SUR LE CARACTÈRE DES DIFFÉRENTS SIÈCLES

Quelque limitées que soient nos lumières sur les sciences, je crois qu'on ne saurait nous disputer de les avoir poussées au delà des bornes anciennes. Héritiers des siècles qui nous précèdent, nous devons être plus riches des biens de l'esprit. Cela ne peut guère nous être contesté sans injustice. Mais nous aurions tort nous-mêmes de confondre cette richesse empruntée avec le génie qui la donne. Combien de ces connaissances que nous prisons tant sont stériles pour nous! Étrangères dans notre esprit, où elles n'ont pas pris naissance, il arrive souvent qu'elles confondent notre jugement beaucoup plus qu'elles ne l'éclairent. Nous plions sous le poids de tant d'idées, comme ces États qui succombent par trop de conquêtes, où la prospérité et les richesses corrompent les mœurs, et où la vertu s'ensevelit sous sa propre gloire.

Parlerai-je comme je pense? Quelques lumières qu'on acquière encore; et en quelque siècle que ce puisse être, je crois que l'on verra toujours parmi les hommes ce qu'on voit dans les plus puissantes monarchies, je veux dire que le plus grand nombre des esprits y sera peuple, comme l'est dans tous les empires la meilleure partie des hommes.

À la vérité on ne croira plus aux sorciers et au sabbat dans un siècle tel que le nôtre; mais on croira encore à Calvin et à Luther. On parlera de beaucoup de choses, comme si elles étaient évidemment connues, et on disputera en même temps de toutes choses, comme si toutes étaient incertaines. On blâmera un homme de ses vices; et on ne saura point s'il y a des vices. On dira d'un poëte qu'il est sublime parce qu'il aura peint un grand personnage ; et ces sentiments héroïques qui font la grandeur du tableau, on les méprisera dans l'original. On n'estimera plus les vers de Colletet, mais on critiquera ceux de Racine, et on lui refusera nettement d'être poëte : on méprisera les romans, et on ne lira pas autre chose. L'effet d'une grande multiplicité d'idées, c'est d'entraîner dans des contradictions les esprits faibles. L'effet de la science est d'ébranler la certitude et de confondre les principes les plus manifestes.

Nous nous étonnons cependant des erreurs prodigieuses de nos pères, et si nous avons à prouver la faiblesse de la raison humaine, c'est toujours dans l'antiquité que nous en cherchons des exemples. Quelles bonnes gens, disons-nous, que les Égyptiens, qui ont adoré des choux et des oignons! Pour moi, je ne vois pas que ces superstitions témoignent plus particulièrement que d'autres choses la petitesse de l'esprit humain. Si j'avais eu le malheur de naître dans un pays où l'on m'eût enseigné que la Divinité se plaisait à reposer dans les tulipes; qu'on m'eût dit que c'était un mystère que je ne comprenais pas, parce qu'il n'appartenait pas à un homme de juger des choses surnaturelles, ni même de beaucoup de choses naturelles ; que l'on m'eût assuré que tous mes ancêtres, qui étaient pour le moins aussi éclairés que moi, s'étaient soumis à cette doctrine ; qu'elle avait été confirmée par des prodiges, et que je risquais de tout perdre si je refusais de la croire ; supposé que, d'un autre côté, je n'eusse pas connu une religion plus sublime, telle que Dieu la manifestait aux yeux des Juifs ; soit raison, soit timidité sur un intérêt capital, soit connaissance de ma propre faiblesse, je sens que j'aurais déféré à l'autorité de tout un peuple, à celle du gouvernement, au témoignage successif de plusieurs siècles, et à l'instruction de mes pères. Aussi je ne suis point surpris que de si grandes superstitions se soient acquis quelque autorité. Il n'y a rien que la crainte et l'espérance ne persuadent aux hommes, principalement dans les choses qui passent la portée de leur esprit, et qui intéressent leur cœur.

Qu'on ait cru encore dans les siècles d'ignorance l'impossibilité des antipodes, ou telle autre opinion que l'on reçoit sans examen, ou qu'on n'a pas même les moyens d'examiner, cela ne m'étonne en aucune manière; mais que tous les jours, sur les choses qui nous sont les plus familières et que nous avons le plus examinées, nous prenions néanmoins le change, que nous ne puissions avoir une heure de conversation un peu suivie sans nous tromper ou nous contredire, voilà à quoi je reconnais notre faiblesse. Un homme d'un peu de bon sens qui voudrait écrire sur des tablettes tout ce qu'il entend dire dans le jour de faux et d'absurde, ne se coucherait jamais sans les avoir remplies.

Je cherche quelquefois parmi le peuple l'image de ces mœurs grossières que nous avons tant de peine à comprendre dans les anciens peuples. J'écoute ces hommes si simples : je vois qu'ils s'entretiennent de choses communes, qu'ils n'ont point de principes approfondis, que leur esprit est véritablement barbare comme celui de nos pères, c'est-à-dire inculte et sans politesse. Mais je ne trouve pas qu'en cet état ils fassent de plus faux raisonnements que les gens du monde; je vois au contraire que leurs pensées sont plus naturelles, et qu'il s'en faut de beaucoup que les simplicités de l'ignorance soient aussi éloignées de la vérité, que les subtilités de la science et l'imposture de l'affectation.

Aussi, jugeant des mœurs anciennes par ce que je vois des mœurs du peuple, qui me représente les premiers temps, je crois que je me serais fort accommodé de vivre à Thèbes, à Memphis, à Babylone. Je me serais passé de nos manufactures, de la poudre à canon, de la boussole et de nos autres inventions modernes, ainsi que de notre philosophie. Je n'estime pas plus les Hollandais pour avoir un commerce si étendu, que je ne méprise les Romains pour l'avoir si longtemps négligé. Je sais qu'il est bon d'avoir des vaisseaux, puisque le roi d'Angleterre en a, et qu'étant accoutumés, comme nous le sommes, à prendre du café et du chocolat, il serait fâcheux de perdre le commerce des îles. Mais Xénophon n'a point joui de ces délicatesses, et il ne m'en paraît ni moins heureux, ni moins honnête homme, ni moins grand homme. Que dirai-je encore? Le bonheur d'être né chrétien et catholique ne peut être comparé à aucun autre bien; mais s'il me fallait être quaker ou monothélite, j'aimerais presque autant le culte des Chinois ou celui des anciens Romains.

Si la barbarie consistait uniquement dans l'ignorance, certainement les nations les plus polies de l'antiquité seraient extrêmement barbares vis-à-vis de nous; mais si la corruption de l'art, si l'abus des règles, si les conséquences mal tirées des bons principes, si les fausses applications, si l'incertitude des opinions, si l'affectation, si la vanité, si les mœurs frivoles ne méritent pas moins ce nom que l'ignorance, qu'est-ce alors que la politesse dont nous nous vantons?

Ce n'est pas la pure nature qui est barbare, c'est tout ce qui s'éloigne trop de la belle nature et de la raison. Les cabanes des premiers hommes ne prouvent pas qu'ils manquassent de goût : elles témoignent seulement qu'ils manquaient des règles de l'architecture. Mais quand on eut connu ces belles règles dont je parle, et qu'au lieu de les suivre exactement on voulut enchérir sur leur noblesse, charger d'ornements superflus les bâtiments, et, à force d'art, faire disparaître la simplicité, alors ce fut, à mon sens, une véritable barbarie et la preuve du mauvais goût. Suivant ces principes, les dieux et les héros d'Homère, peints naïvement par le poëte d'après les idées de son siècle, ne font pas que l'*Iliade* soit un poëme barbare, car elle est un tableau très-passionné, sinon de la belle nature, du moins de la nature; mais un ouvrage véritablement barbare, c'est un poëme où l'on n'aperçoit que de l'art, où le vrai ne règne jamais dans les expressions et les images, où les sentiments sont guindés, où les ornements sont superflus et hors de leur place.

Je vois de fort grands philosophes qui veulent bien fermer les yeux sur ces défauts, et qui passent d'abord à ce qu'il y a de plus étrange dans les mœurs anciennes. Immoler, disent-ils, des hommes à la Divinité! verser le sang humain pour honorer les funérailles des grands! etc. Je ne prétends point justifier de telles horreurs; mais je dis : Que nous sont ces hommes que je vois couchés dans nos places et sur les degrés de nos temples, ces spectres vivants que la faim, la douleur et les maladies précipitent vers le tombeau? Des hommes plongés dans les superfluités et les délices voient tranquillement périr d'autres hommes que la calamité et la misère emportent à la fleur de l'âge. Cela paraît-il moins féroce? et lequel mérite le mieux le nom de barbarie, d'un sacrifice impie fait par l'ignorance, ou d'une inhumanité commise de sang-froid et avec une entière connaissance?

Pourquoi dissimulerais-je ici ce que je pense? Je sais que nous avons des connaissances que les Anciens n'avaient pas. Nous sommes meilleurs philosophes à bien des égards; mais pour ce qui est des sentiments, j'avoue que je ne connais guère d'ancien peuple qui nous cède. C'est de ce côté-là, je crois, qu'on peut bien dire qu'il est difficile aux hommes de s'élever au-dessus de l'instinct de la nature. Elle a fait nos âmes aussi grandes qu'elles peuvent le devenir, et la hauteur qu'elles empruntent de la réflexion est ordinairement d'autant plus fausse, qu'elle est plus guindée. Tout ce qui ne dépend que de l'âme ne reçoit nul accroissement par les lumières de l'esprit, et, parce que le goût y tient essentiellement, je vois qu'on perfectionne en vain nos connaissances : *on instruit notre jugement, on n'élève point notre goût.* Qu'on joue *Pourceaugnac* à la Comédie, ou telle autre farce un peu comique, elle n'y attirera pas moins de monde qu'*Andromaque* : on entendra jusque dans la rue les éclats du parterre enchanté. Qu'il y ait des pantomimes supportables à la Foire, ils feront déserter la Comédie ; j'ai vu nos petits-maîtres et nos philosophes monter sur les bancs pour voir battre deux polissons. On ne perd pas un geste d'Arlequin ; et Pierrot fait rire ce siècle savant qui se pique de tant de politesse. Le peuple est né en tout temps pour admirer les grandes choses et pour adorer les petites ; son goût n'a pu suivre les progrès de sa raison, parce qu'on peut emprunter des jugements, non des sentiments ; de sorte qu'il est rare que le peuple s'élève du côté du cœur ; et ce peuple dont je veux parler n'est pas celui qui n'emporte, dans sa définition, que les conditions subalternes ; ce sont tous les esprits que la nature n'a point élevés par un privilége particulier au-dessus de l'ordre commun. Aussi quand quelqu'un vient me dire : Croyez-vous que les Anglais, qui ont tant d'esprit, s'accommodassent des tragédies de Shakspeare, si elles étaient aussi monstrueuses qu'elles nous le paraissent? Je ne suis point la dupe de cette objection, et je sais ce que j'en dois croire.

Voilà donc cette politesse et ces mœurs savantes, qui font que nous nous préférons avec tant de hauteur aux autres siècles. Nous avons, comme je l'ai dit, quelques connaissances qui leur ont manqué : c'est sur ces vains fondements que nous nous croyons en droit de les mépriser. Mais ces vues plus fines et plus étendues que nous nous attribuons, que d'illusions n'ont-elles pas produites parmi nous? Je n'en citerai qu'un exemple : la mode des duels. Qu'on me permette de retoucher un sujet sur lequel on a déjà beaucoup écrit. Le duel est né de l'opinion très-naturelle, qu'un homme ne souffrait ordinairement d'injures d'un autre homme que par faiblesse : mais parce que la force du corps pouvait donner aux âmes timides un avantage très-considérable sur les âmes fortes, pour mettre de l'égalité dans les combats, et leur donner d'ailleurs plus de décence, nos pères imaginèrent de se battre avec des armes plus meurtrières et plus égales que celles qu'ils tenaient de la nature ; et il leur parut qu'un combat où l'on pourrait s'arracher la vie d'un seul coup, aurait certainement plus de noblesse qu'une vile lutte où l'on n'aurait pu tout au plus que s'égratigner le visage, et s'arracher les cheveux avec les mains. Ainsi ils se flattèrent d'avoir mis dans leurs usages plus de hauteur et de bienséance que les Romains et les Grecs, qui se battaient comme leurs esclaves. Ils pensaient que celui qui ne se venge pas d'un affront n'a point de cœur ; ils ne faisaient pas attention que la nature qui nous inspire de nous venger, pouvait, en s'élevant encore plus haut, et par une force encore plus grande, nous inspirer de pardonner. Ils oubliaient que les hommes sont obligés de sacrifier souvent leurs passions à la raison. La nature disait bien, à la vérité, aux âmes courageuses qu'il fallait se venger ; mais elle ne leur disait pas qu'il fallût toujours laver les moindres offenses dans le sang humain, ou porter leur vengeance au delà même de leur ressentiment. Mais ce que la nature ne leur disait point, l'opinion le leur persuada ; l'opinion attacha le dernier opprobre aux injures les plus frivoles, à une parole, à un geste, soufferts sans retour. Ainsi le sentiment de la vengeance leur était inspiré par la nature : mais l'excès de la vengeance et la nécessité absolue de se venger furent l'ouvrage de la réflexion[1]. Or, combien n'y a-t-il pas encore aujourd'hui d'autres usages que nous honorons du nom de politesse, qui ne sont que des sentiments de la nature poussés par l'opinion au delà de leurs bornes, contre toutes les lumières de la raison !

Qu'on ne m'accuse point ici de cette humeur chagrine qui fait regretter le passé[2], blâmer le présent, et avilir par vanité la nature humaine. En blâmant les défauts de ce siècle, je ne prétends pas lui disputer ses vrais avantages, ni le rappeler à l'ignorance dont il est sorti. Je veux au contraire lui apprendre à juger des siècles passés avec cette indulgence que les

[1] *Addition.* [Le duel avait un bon côté, qui était de mettre un frein à l'insolence des grands, et de rapprocher un peu les hommes, en les obligeant à des égards. Mais le moyen donné aux petits, pour tenir les grands en respect, n'était pas d'une justice fort exacte, puisque l'offensé ne pouvait venger son injure qu'au péril de sa propre vie ; et, à mon avis, ce n'est pas faire tort aux faibles que de leur ôter une telle ressource.]
[2] VARIANTE : « Je ne veux point décrier la politesse et la science plus qu'il ne convient ; je n'ajouterai qu'un seul mot : c'est que les deux présents du ciel les plus aimables ont précédé l'art ; la vertu et le plaisir sont nés avec la nature ; qu'est-ce que le reste? »

hommes, tels qu'ils soient, doivent toujours avoir pour d'autres hommes, et dont eux-mêmes ont toujours besoin[1]. Ce n'est pas mon dessein de montrer que tout est faible dans la nature humaine, en découvrant les vices de ce siècle. Je veux au contraire, en excusant les défauts des premiers temps, montrer qu'il y a toujours eu dans l'esprit des hommes une force et une grandeur indépendantes de la mode et des secours de l'art. Je suis bien éloigné de me joindre à ces philosophes[2] qui méprisent tout dans le genre humain, et se font une gloire misérable de n'en montrer jamais que la faiblesse. Qui n'a des preuves de cette faiblesse dont ils parlent, et que pensent-ils nous apprendre? Pourquoi veulent-ils nous détourner de la vertu, en nous insinuant que nous en sommes incapables? Et moi je leur dis que nous en sommes capables; car, quand je parle de vertu, je ne parle point de ces qualités imaginaires qui n'appartiennent pas à la nature humaine : je parle de cette force et de cette grandeur de l'âme, qui, comparées aux sentiments des esprits faibles, méritent les noms que je leur donne; je parle d'une grandeur de rapport, et non d'autre chose; car il n'y a rien de grand parmi les hommes que par comparaison[3]. Ainsi, lorsqu'on dit un grand arbre, cela ne veut pas dire autre chose, si ce n'est qu'il est grand par rapport à d'autres arbres moins élevés, ou par rapport à nos yeux et à notre propre taille. Toute langue n'est que l'expression de ces rapports; et tout l'esprit du monde ne consiste qu'à les bien connaître. Que veulent donc dire ces philosophes? Ils sont hommes, et ne parlent point un langage humain; ils changent toutes les idées des choses, et abusent de tous les termes.

Un homme qui s'aviserait de faire un livre pour prouver qu'il n'y a point de nains, ni de géants, fondé sur ce que la plus extrême petitesse[1] des uns et la grandeur démesurée des autres demeureraient, en quelque manière, confondues à nos propres yeux, si nous les comparions à la distance de la terre aux astres; ne dirions-nous pas d'un homme qui se donnerait beaucoup de peine pour établir cette vérité, que c'est un pédant qui brouille inutilement toutes nos idées, et ne nous apprend rien que nous ne sachions? De même[2], si je disais à mon valet de m'apporter un petit pain, et qu'il me répondît : Monsieur, il n'y en a aucun de gros; si je lui demandais un grand verre de tisane, et qu'il m'en apportât dans une coquille, disant qu'il n'y a point de grand verre; si je commandais à mon tailleur un habit un peu large, et qu'en m'en apportant un fort serré, il m'assurât qu'il n'y a rien de large sur la terre, et que le monde même est étroit...., j'ai honte d'écrire de pareilles sottises : mais il me semble que c'est à peu près le raisonnement de nos philosophes. Nous leur demandons le chemin de la sagesse, et ils nous disent qu'il n'y a que folie; nous voudrions être instruits des caractères qui distinguent la vertu du vice; et ils nous répondent qu'il n'y a dans les hommes que dépravation et que faiblesse[3]. Il ne faut point que les hommes s'eni-

---

[1] VARIANTE : « Je ne veux ni blâmer, ni changer, ni perfectionner, cela ne me conviendrait point. Je veux seulement qu'on ne présume pas tant de notre philosophie et de nos arts; je trouve qu'il est également ridicule de trop déprécier les mœurs antiques, et de les trop relever; mais il y a un milieu raisonnable, et c'est où j'aspire. »

[2] Pascal et surtout La Rochefoucauld.

[3] VARIANTE : « Quand je parle de vertu, je n'entends point ces qualités imaginaires que la philosophie a inventées, et qu'il lui est facile de détruire puisqu'elles ne sont que son ouvrage; je parle de cette supériorité des âmes fortes que l'éternel Auteur de la nature a daigné accorder à quelques hommes, je parle d'une grandeur de rapport qui est cependant très-réelle, car il n'y a point d'objets dans la nature qui n'aient des rapports nécessaires, et qui ne soient grands ou petits, forts ou faibles, bons ou mauvais, relativement les uns aux autres. »

[1] VARIANTE : « Que nous enseignent donc les philosophes, en disant qu'il n'y a ni vertu, ni grandeur, ni vice, ni force dans les hommes? Veulent-ils nier ces rapports et ces proportions immuables? Non; cela serait trop absurde. Prétendent-ils seulement que tout est petit et frivole dans le fini comparé à l'infini? Est-ce là le mystère de leurs ouvrages? et n'ont-ils que cela à nous apprendre? Peut-on abuser du langage avec autant de témérité, et se rendre plus ridicule par plus de folie? »

[2] VARIANTE : « ... Si vous demandiez à un médecin un remède contre la fièvre, et qu'il vous répondît que tous les hommes sont destinés à mourir..... »

[3] VARIANTE : « Nous voudrions être encouragés à la vertu, et ils raisonnent à perte de vue sur la faiblesse de l'esprit humain! Pensent-ils que nous ignorions cette faiblesse? — Mais vous-même, me diront-ils, croyez-vous qu'on ne sache pas ce que vous dites? — Pratiquez-le donc, si vous le savez! et ne m'obligez pas de

vrent de leurs avantages; mais il ne faut point qu'ils les ignorent. Il faut qu'ils connaissent leurs faiblesses, pour qu'ils ne présument pas trop de leur courage; mais il faut en même temps qu'ils se connaissent capables de vertu, afin qu'ils ne désespèrent pas d'eux-mêmes. C'est le but qu'on s'est proposé dans ce discours, et qu'on tâchera de ne perdre jamais de vue.

DISCOURS SUR LES MŒURS DU SIÈCLE

Ce qu'il y a de plus difficile lorsqu'on écrit contre les mœurs, c'est de bien convaincre les hommes de la vérité de leurs dérèglements. Comme ils n'ont jamais manqué de censeurs à cet égard, ils sont persuadés que les désordres qu'on attaque ont été de tout temps les mêmes; que ce sont des vices attachés à la nature, et par cette raison inévitables; des vices, s'ils osaient le dire, nécessaires et presque innocents.

On se moque d'un homme qui ose accuser des abus qu'on croit si anciens. Parcement les gens de bien même lui sont favorables; et ceux qui sont nés modérés blâment jusqu'à la véhémence qu'on emploie contre les méchants. Renfermés dans un petit cercle d'amis vertueux, ils ne peuvent se persuader les emportements dont on parle, ni comprendre la vraie misère et l'abaissement de leur siècle. Contents de n'avoir pas à redouter pendant la guerre les violences de l'ennemi, lorsque tant d'autres peuples sont la proie de ce fléau; charmés du bel ordre qui règne dans tous les États, ils regrettent peu les vertus qui nous ont acquis ce bonheur, tant de grands personnages qui ont disparu, les arts qui dégénèrent et qui s'avilissent. Si on leur parle même de la gloire que nous négligeons, plus froids encore là-dessus que sur le reste, ils traitent toujours de chimère ce qui s'éloigne de leur caractère ou de leur temps.

vous redire ce qu'on vous a dit, et dont vous profitez si peu; car tant que vous parlerez comme vous faites, je croirai qu'on peut vous apprendre ce que vous croyez savoir, et je vous traiterai comme le peuple, qui comprend très-peu ce qu'il croit, qui fait rarement ce qu'il sait, et qui emprunte, selon ses besoins, des circonstances et ses mœurs et ses opinions. »

Mon dessein n'est pas de dissimuler les avantages de ce siècle, ni de le peindre plus méchant qu'il n'est. J'avoue que nous ne portons pas le vice à ces extrémités furieuses que l'histoire nous fait connaître. Nous n'avons pas la force malheureuse qu'on dit que ces excès demandent, trop faibles pour passer la médiocrité, même dans le crime. Mais je dis que les vices bas, ceux qui témoignent le plus de faiblesse et méritent le plus de mépris, n'ont jamais été si osés, si multipliés, si puissants.

[Voyez ces grands, si somptueux dans leur train, mais d'autant plus pauvres en vertu, sans autorité à la cour, sans considération dans les provinces, sans réputation dans les armées, réduits à leurs flatteurs et à leurs domestiques pour clients : plusieurs jouissent dans l'opprobre de la récompense méritée par leurs pères, comme si les plus grandes places de l'État devaient être l'héritage de la vanité et de la mollesse! Qu'est-ce pourtant qu'un poste qu'on ne sait pas remplir, des honneurs qu'on avilit, une fortune qu'on rend inutile à soi et aux autres? un maréchal de France qu'on n'ose employer, ou, si on l'emploie, qui laisse échapper toutes les occasions de vaincre, et n'évite aucune des fautes qui entraînent les plus grands malheurs? un négociateur éternellement joué? un ministre dont les erreurs, la négligence, ou les plaisirs, font gémir les peuples? A quoi bon les grandes places, lorsqu'on les remplit de la sorte? et, comment y faire mieux, lorsqu'on n'a jamais rien appris, ou rien approfondi, lorsqu'on n'a aucune habitude du travail, lorsqu'on a passé sa jeunesse à l'étude des bagatelles, dans la dissipation et dans les plaisirs[1]?]

[1] Cet alinéa, que nous avons mis entre crochets [ ], sa

On ne saurait parler ouvertement de ces opprobres; on ne peut les découvrir tous: Que ce silence même les fasse connaître. Quand les maladies sont au point qu'on est obligé de s'en taire et de les cacher au malade, alors il y a peu d'espérance et le mal doit être bien grand. Tel est notre état. Les écrivains, qui semblent plus particulièrement chargés de nous reprendre, désespérant de guérir nos erreurs, ou corrompus peut-être par notre commerce et gâtés par nos préjugés, ces écrivains, dis-je, flattent le vice qu'ils pourraient confondre[1]; couvrent le mensonge de fleurs; s'attachent à orner l'esprit du monde, si vain dans son fonds. Occupés à s'insinuer auprès de ce qu'on appelle *la bonne compagnie*, à persuader qu'ils la connaissent, qu'eux-mêmes en sont l'agrément, ils rendent leurs écrits aussi frivoles que les hommes pour qui ils travaillent.

On ne trouvera pas ici cette basse condescendance. Mon objet n'est pas de flatter les vices qui sont en faveur. Je ne crains ni la raillerie de ceux qui n'ont d'esprit que pour tourner en ridicule la raison, ni le goût dépravé de ceux qui n'estiment rien de solide. Je dis, sans détour et sans art, ce que je crois vrai et utile. J'espère que la sincérité de mes écrits leur ouvrira le cœur des jeunes gens; et puisque les ouvrages les plus ridicules trouvent des lecteurs qu'ils corrompent, parce qu'ils sont proportionnés à leur esprit, il serait étrange qu'un discours fait pour inspirer la vertu ne l'encourageât pas, au moins dans quelques hommes qui, d'eux-mêmes, ne la conçoivent pas avec assez de force.

Il ne faut pas avoir beaucoup de connaissance de l'histoire, pour savoir que la barbarie et l'ignorance ont été le partage le plus ordinaire du genre humain. Dans cette longue suite de générations qui nous précèdent, on compte peu de siècles éclairés, et peut-être encore moins de vertueux; mais cela même prouve que les mœurs n'ont pas toujours été les mêmes, comme on l'insinue. Ni les Allemands n'ont la férocité des Germains leurs ancêtres, ni les Italiens le mérite des anciens Romains, ni les Français d'aujourd'hui ne sont tels que sous Louis XIV, quoique nous touchions à son règne. On répond que nous n'avons fait que changer de vices. Quand cela serait, dira-t-on, que les mœurs des Italiens soient aussi estimables que celles des anciens Romains, qui leur avaient soumis toute la terre? et l'avilissement des Grecs, esclaves d'un peuple barbare, sera-t-il égalé à la gloire, aux talents, à la politesse de l'ancienne Athènes? S'il y a des vices qui rendent les peuples plus heureux, plus estimés et plus craints, ne méritent-ils pas qu'on les préfère à tous les autres? Que sera-ce si ces prétendus vices, qui soutiennent les empires et les font fleurir, sont de véritables vertus?

Je n'outrerai rien, si je puis. Les hommes n'ont jamais échappé à la misère de leur condition. Composés de mauvaises et de bonnes qualités, ils portent toujours dans leur fonds les semences du bien et du mal. Qui fait donc prévaloir les unes sur les autres? Qui fait que le vice l'emporte, ou la vertu? L'opinion. Nos passions, en partie mauvaises, en partie très-bonnes, nous tiendraient peut-être en suspens, si l'opinion, en se rangeant d'un côté, ne faisait pencher la balance. Ainsi, dès qu'on pourra nous persuader que c'est une duperie d'être bon ou juste, dès lors il est à craindre que le vice, devenu plus fort, n'achève d'étouffer les sentiments qui nous sollicitent au bien : et voilà l'état où nous sommes. Nous ne sommes pas nés si faibles et si frivoles qu'on nous le reproche, mais l'opinion nous a fait tels. On ne sera donc pas surpris si j'emploie beaucoup de raisonnements dans ce discours : car, puisque notre plus grand mal est dans l'esprit, il faut bien commencer par le guérir.

Ceux qui n'approfondissent pas beaucoup les choses, objectent le progrès des sciences, et

---

lisait dans le manuscrit autographe de la Bibliothèque du Louvre, incendiée dans la fatale journée du 24 mai 1871. B.

[1] C'est en 1745 que ce discours a vraisemblablement été écrit, et c'est en 1745 que madame d'Étioles fut créée marquise de Pompadour, et jouit du plus grand crédit. Si la fortune de mademoiselle Poisson (c'est le nom de madame de Pompadour) excita si fort la mauvaise humeur de Vauvenargues, qu'aurait dit ce censeur austère en voyant le règne de mademoiselle Lange sous le nom de madame du Barry? Au reste, il paraît que l'écrivain qu'attaque ici l'auteur est Voltaire, qui prostitua ses talents à célébrer les charmes de madame de Pompadour, et pour lequel Vauvenargues était d'autant plus sévère, qu'il faisait plus de cas de son esprit. F.

l'esprit de raisonnement répandu dans tous les états, la politesse, la délicatesse, la subtilité de ce siècle, comme des faits qui contrarient et qui détruisent ce que j'établis.

Je réponds à l'égard des sciences : Comme elles sont encore fort imparfaites, si l'on en croit les maîtres, leur progrès ne peut nous surprendre; quoiqu'il n'y ait peut-être plus d'hommes en Europe comme Descartes et Newton, cela n'empêche pas que l'édifice ne s'élève sur des fondements déjà posés. Mais qui peut ignorer que les sciences et la morale n'ont aucun rapport parmi nous? Et quant à la délicatesse et à la politesse que nous croyons porter si loin, j'ose dire que nous avons changé en artifices cette imitation de la belle nature qui en était l'objet. Nous abusons de même du raisonnement. En subtilisant sans justesse, nous nous écartons plus peut-être de la vérité par le savoir, qu'on ne l'a jamais fait par l'ignorance.

En un mot, je me borne à dire que la corruption des principes est cause de celle des mœurs. Pour juger de ce que j'avance, il suffit de connaître les maximes qui règnent aujourd'hui dans le grand monde, et qui, de là, se répandant dans le peuple, infectent également toutes les conditions; ces maximes qui, nous présentant toutes choses comme incertaines, nous laissent les maîtres absolus de nos actions; ces maximes qui, anéantissant le mérite de la vertu, et n'admettant parmi les hommes que des apparences, égalent le bien et le mal; ces maximes qui, avilissant la gloire comme la plus insensée des vanités, justifient l'intérêt et la bassesse, et une brutale indolence.

Des principes si corrompus entraînent infailliblement la ruine des plus grands empires. Car, si l'on y fait attention, qui peut rendre un peuple puissant, si ce n'est l'amour de la gloire? Qui peut le rendre heureux et redoutable, sinon la vertu? L'esprit, l'intérêt, la finesse, n'ont jamais tenu lieu de ces nobles motifs. Quel peuple plus ingénieux et plus raffiné que les Grecs dans l'esclavage, et quel autre plus malheureux? Quel peuple plus raisonneur et, en un sens, plus éclairé que les Romains? et dans la décadence de l'empire, quel autre plus avili?

Ce n'est donc ni par l'intérêt, ni par la licence des opinions ou l'esprit de raisonnement, que les États fleurissent et se maintiennent; mais par les qualités mêmes que nous méprisons, par l'estime de la vertu et de la gloire. Ne serait-il pas bien étrange qu'un peuple frivole, bassement partagé entre l'intérêt et les plaisirs, fût capable de grandes choses? Et si ce même peuple méprisait la gloire, s'en rendrait-il digne?

Qu'il me soit permis d'appliquer ces réflexions. On ne saurait nier que la paresse, l'intérêt, la dissipation, ne soient ce qui domine parmi nous; et, à l'égard des opinions qui favorisent ces penchants honteux, je m'en rapporte à ceux qui connaissent le monde et qui ont de la bonne foi; qu'ils disent si c'est faussement que je les attribue à notre siècle. En vérité, il est difficile de le justifier à cet égard. Jamais le mépris de la gloire et la bassesse ne se sont produits avec tant d'audace; jusqu'à ceux qui, se piquant de bien danser, et attachant ainsi l'honneur aux choses les moins honorables, traitent toutes les grandes de folie; et persuadés que l'amour de la gloire est au-dessous d'eux, sont le jouet ridicule de leur vanité.

Mais faut-il s'étonner qu'on dégrade la gloire, si on nie jusqu'à la vertu! il n'est guère possible de rendre raison d'une erreur aussi insensée; j'avoue que j'ai peine à comprendre sur quoi elle a pu se fonder.

DISCOURS SUR L'INÉGALITÉ DES RICHESSES

Il serait difficile de trouver un sujet plus digne de notre attention que celui qu'on nous propose, puisqu'il est question de confondre le prétexte le plus ancien de l'impiété[2], par la sagesse même de la Providence dans la distribution inégale des richesses, qui fait leur scandale. Il faut, en sondant le secret de ces redoutables conseils qui font la destinée de tous les peuples, ouvrir en même temps aux yeux du genre humain le spectacle de l'univers sous la main de Dieu. Un sujet si vaste embrasse toutes les conditions et tous les hommes; rois, sujets, étrangers, barbares, savants, ignorants; tous y ont un égal intérêt. Nul ne peut s'affranchir du joug de Celui qui, du haut des cieux, commande à tous les peuples de la terre, et tient sous sa loi les empires, les hasards, les tombeaux, la gloire, la vie et la mort.

La matière est trop importante pour n'avoir pas été souvent traitée[3]. Les plus grands hommes se sont attachés à la mettre dans un beau jour, et rien ne leur est échappé : mais, parce que nous oublions très-promptement jusqu'aux choses qu'il nous importe le plus de retenir, il ne sera pas inutile de remettre devant nos yeux une vérité si sublime et si outragée de nos jours. Si nous n'employons pour la défendre ni de nouveaux raisonnements, ni de nouveaux tours, que personne n'en soit surpris. Qu'on sache que la vérité est une, qu'elle est immuable, qu'elle est éternelle. Belle de sa propre beauté, riche dans son fonds, invincible, elle peut se montrer toujours la même, sans perdre sa force ou sa grâce, parce qu'elle ne peut vieillir ni s'affaiblir, et que n'ayant pas pris son être dans les fantômes de notre imagination, elle rejette ses faux ornements. Que ceux qui prostituent leur voix au mensonge s'efforcent de couvrir la faiblesse de leurs inventions par les illusions agréables[1] de la nouveauté; qu'ils se répandent inutilement en vains discours, puisqu'ils n'ont pour but que de plaire, et d'amuser les oreilles curieuses. Lorsqu'il est question de persuader la vérité, tout ce qui est recherché est vain ; tout ce qui n'est pas nécessaire est superflu; tout ce qui est pour l'auteur, distrait, charge la mémoire, dégoûte. En suivant de tout mon pouvoir ces grands principes[2], j'espère démontrer en peu de mots combien nos murmures envers la Providence sont injustes, combien même elle est juste malgré nos murmures.

Et premièrement, que ceux qui se plaignent de l'inégalité des conditions, en reconnaissent la nécessité indispensable. Inutilement les anciens législateurs ont tâché de les rapprocher. Les lois ne sauraient empêcher que le génie ne s'élève au-dessus de l'incapacité, l'activité au-dessus de la paresse, la prudence au-dessus de la témérité. Tous les tempéraments qu'on a employés à cet égard ont été vains ; l'art ne peut égaler[3] les hommes malgré la nature. Si l'on trouve quelque apparence, dans l'histoire, de cette égalité imaginaire, c'est parmi des peuples sauvages qui vivaient sans lois et sans maîtres, ne connaissaient d'autre droit que la force, d'autres dieux que l'impunité ; monstres qui erraient dans les bois avec les ours, et se détruisaient les uns les autres par d'affreux carnages ; égaux par le crime, par la pauvreté, par l'ignorance, par la cruauté. Nul appui parmi eux pour l'innocence ; nulle récompense pour la vertu, nul frein pour l'audace. L'art

---

[1] Ce discours fut envoyé en 1745 à l'Académie française, pour concourir au prix d'éloquence fondé en 1654 par Balzac.
Le sujet proposé avait été formulé en ces termes :
« La sagesse de Dieu dans la distribution inégale des richesses, suivant ces paroles : *Dives et pauper obviaverunt sibi, utriusque operator est Dominus.* (Proverb., cap. xxii, v. 2.) « Le pauvre et le riche se sont rencontrés : le Seigneur a fait l'un et l'autre. »

[2] Vauvenargues avait écrit d'abord : « *Le prétexte le plus plausible des impies.* »

[3] Variante. « La vérité s'est fait entendre dans toutes les chaires, et la sagesse de la Providence a été annoncée dans tous les temples. » (ms. *du Louvre.*)

---

[1] Variante : « Séductrices. » (ms. *du Louvre.*)
[2] Variante : « Animé d'un autre esprit, j'espère... » (*Ib.*)
[3] *Égaler* pour *égaliser.*

du labourage négligé ou ignoré par ces barbares, qui ne subsistaient que de rapines, accoutumés à une vie oisive et vagabonde ; la terre stérile pour ses habitants, la raison impuissante et inutile ; tel était l'état de ces peuples, opprobre de l'humanité ; telles étaient leurs coutumes impies. Pressés par l'indigence la plus rigoureuse, dès qu'ils sentirent la nécessité d'une juste dépendance, cette égalité primitive, qui n'était fondée que sur leur pauvreté et leur oisiveté commune, disparut[1]. Mais voici ce qui la suivit ; le sage et le laborieux eurent l'abondance pour prix du travail ; la gloire devint le fruit de la vertu ; la misère et la dépendance, la peine de l'oisiveté et de la mollesse[2]. Les hommes s'élevant les uns au-dessus des autres, selon leur génie, l'inégalité des fortunes s'introduisit sur de justes fondements ; la subordination qu'elle établit parmi les hommes resserra leurs liens mutuels, et servit à maintenir l'ordre. Alors celui qui avait les richesses en partage mit en œuvre l'activité et l'industrie. Dans le temps que le laboureur, né sous les cabanes, fertilisait la terre par ses soins, le philosophe, que la nature avait doué de plus d'intelligence, se donna librement aux sciences ou à l'étude de la politique. Tous les arts, cultivés à la fois, fleurirent sur la terre. Les divers talents s'entr'aidèrent, et la vérité de ces paroles de mon texte se manifesta : *Dives et pauper obviaverunt sibi*, le pauvre et le riche se sont rencontrés : *utriusque operator est Dominus*, le Seigneur a fait l'un et l'autre. C'est lui qui a ordonné les conditions, et les a subordonnées avec sagesse, afin qu'elles se servissent pour ainsi dire de contre-poids, et entretinssent l'équilibre sur la terre. Et ne croyez pas que sa justice ait mis dans cette inégalité de fortunes une inégalité réelle de bonheur : comme il n'a pas créé les hommes pour la terre, mais pour une fin sans comparaison plus élevée, il attache aux plus éminentes conditions et aux plus heureuses en apparence, de secrets ennuis. Il n'a pas voulu que la tranquillité de l'âme dépendît du hasard de la naissance ; il a fait en sorte que le cœur de la plupart des hommes se formât sur leur condition. Le laboureur a trouvé dans le travail de ses mains la paix et la satiété, qui fuient l'orgueil des grands. Ceux-ci n'ont pas moins de désirs que les hommes les plus abjects[1] ; ils ont donc autant de besoins.

Une erreur sans doute bien grossière, c'est de croire que l'oisiveté puisse rendre les hommes plus heureux. La santé, la vigueur d'esprit, la paix du cœur sont le fruit touchant du travail. Il n'y a qu'une vie laborieuse qui puisse amortir les passions, dont le joug est si rigoureux ; c'est elle qui retient sous les cabanes le sommeil, fugitif des riches palais. La pauvreté, contre laquelle nous sommes si prévenus, n'est pas telle que nous pensons ; elle rend les hommes plus tempérants, plus laborieux, plus modestes ; elle les maintient dans l'innocence, sans laquelle il n'y a ni repos, ni bonheur réel sur la terre.

Qu'envions-nous dans la condition des riches ? Obérés eux-mêmes dans l'abondance par leur luxe et leur faste immodérés ; exténués à la fleur de leur âge par leurs débauches criminelles ; consumés par l'ambition et la jalousie à mesure qu'ils sont plus élevés ; victimes orgueilleuses de la vanité et de l'intempérance ; encore une fois, peuple aveugle, que leur pouvons-nous envier[2] ? Considérons de loin la cour des princes, où la vanité humaine étale avec éclat ce qu'elle a de plus spécieux. Là, nous trouverons plus qu'ailleurs la bassesse et la servitude sous l'apparence de la grandeur et de la gloire, l'indigence sous le nom de la fortune, l'opprobre sous l'éclat du rang[3] ; là, nous verrons la nature étouffée par l'ambition, les mères détachées de leurs enfants par l'amour effréné du monde, les enfants attendant avec impatience la mort de leurs pères,

---

[1] VARIANTE. Dans le manuscrit du Louvre, dont M. Gilbert a adopté le texte, on lisait : « Nus et accablés de besoins, jamais tranquilles, lassés de leur liberté et de leurs brigandages, dès qu'ils sentirent la nécessité d'une juste dépendance, cette juste égalité primitive, qui n'était fondée que sur leur pauvreté et leur ignorance communes, disparut. » (ms. *du Louvre*).

[2] VARIANTE : « ..... L'opprobre punit la mollesse, et la misère punit l'indolence. » (*Ibid.*)

[1] *Les plus abjects ;* il faudrait *de l'état le plus abject.* B.

[2] *Addition.* [Envierions-nous leurs excès, leurs fureurs, les plaisirs coupables, et leurs volontés insensées ?] (ms. *du Louvre*.)

[3] *Du sang.* (*Ibid.*)

les frères opposés aux frères, l'ami à l'ami. Là, l'intérêt sordide et la dissipation, au lieu des plaisirs; le dépit, la haine, la honte, la vengeance et le désespoir, sous le faux dehors du bonheur. Où règne si impérieusement le vice, on ne saurait trop le redire, ne croyons pas que la tranquillité d'esprit et le plaisir puissent habiter. Je ne vous parle pas des peines infinies qui suivront si promptement, et sans être attendues, ces maux passagers. Je ne relève pas l'obligation du riche envers le pauvre, auquel il est comptable de ces biens immenses qui ne peuvent assouvir sa cupidité insatiable. La nécessité inviolable de l'aumône égale le pauvre et le riche. Si celui-ci n'est que le dispensateur de ses trésors, comme on ne saurait en douter, quelle condition! S'il en est l'usurpateur infidèle, quel odieux titre! Je sais que la plupart des riches ne balancent pas dans ce choix; mais je sais aussi les supplices réservés à leurs attentats. S'ils s'étourdissent sur ces châtiments inévitables, pouvons-nous compter pour un bien ce qui met le comble à leurs maux? S'il leur reste, au contraire, quelque sentiment d'humanité, de combien de remords, de craintes, de troubles secrets ne seront-ils pas travaillés? En un mot, quel sort est le leur, si non-seulement leurs plaisirs rencontrent un juge inflexible, mais leurs douleurs mêmes! Passons sur ces tristes objets, si souvent et si vainement présentés à nos faibles yeux. Le lieu et le temps où je parle ne permettent peut-être pas d'insister sur ces vérités. Toutefois il ne peut nous dispenser de traiter chrétiennement un sujet chrétien; et quiconque n'aperçoit pas cette nécessité inévitable, ne connaît pas même les règles de la vraie éloquence. Pénétré de cette pensée, je reprends ce qui fait l'objet et le fonds de tout ce discours.

Nous avons reconnu la sagesse de Dieu dans la distribution inégale des richesses, qui fait le scandale des faibles; l'impuissance de la fortune pour le vrai bonheur s'est offerte de tous côtés, et nous l'avons suivie jusqu'au pied du trône. Élevons maintenant nos vues; observons la vie de ces princes mêmes qui excitent la cupidité et l'envie du reste des hommes. Nous adorons leur grandeur et leur opulence; mais j'ai vu l'indigence sur le trône [1], telle que les cœurs les plus durs en auraient été attendris; il ne m'appartient pas d'expliquer ce discours; nous devons au moins ce respect à ceux qui sont l'image de Dieu sur la terre. Aussi n'avons-nous pas besoin de recourir à ces paradoxes que le peuple ne peut comprendre; les peines de la royauté sont d'ailleurs assez manifestes. Un homme obligé par état à faire le bonheur des autres hommes, à les rendre bons et soumis, à maintenir en même temps la gloire et la tranquillité de la nation; lorsque les calamités inséparables de la guerre accablent ses peuples, qu'il voit ses États attaqués par un ennemi redoutable, que les ressources épuisées ne laissent pas même la consolation de l'espérance, ô peines sans bornes! quelle main séchera les larmes d'un bon prince dans ces circonstances [2]? S'il est touché, comme il doit l'être de tels maux, quel accablement! s'il y est insensible, quelle indignité! Quelle honte, si une condition si élevée ne lui inspire pas la vertu! Quelle misère, si la vertu ne peut le rendre plus heureux! Tout ce qui a de l'éclat au dehors éblouit notre vanité. Nous idolâtrons en secret tout ce qui s'offre sous les apparences de la gloire. Aveugles que nous sommes, l'expérience et la raison devraient bien nous dessiller les yeux. Mêmes infirmités, mêmes faiblesses, même fragilité se font remarquer dans tous les états; même sujétion à la mort, qui met un terme si court et si redoutable aux grandeurs humaines.

S'il fallait donner un exemple plus frappant de ces vérités, la Bavière et la France en deuil nous le fourniraient. Oserai-je le proposer, et me permettra-t-on cet écart?

Un prince s'était élevé jusqu'au premier trône du monde par la protection d'un roi puissant [3].

---

[1] L'auteur parle vraisemblablement de Stanislas Leczinski, roi de Pologne, dont il avait vu la cour à Nancy. Il avait pu voir aussi la famille du roi Jacques, réduite à une extrême indigence, après la révolution qui dépouilla ce prince du trône d'Angleterre. F.

[2] Louis XV se trouvait dans *ces circonstances* au commencement de l'année 1745. La bataille de Fontenoy, livrée le 11 mai, vint heureusement changer la situation. B.

[3] On voit que l'auteur parle ici de Charles-Albert, électeur de Bavière, couronné empereur à Francfort, le 24 janvier 1742, par le secours des armes de Louis XV, sous le nom de Charles VII. Accablé d'infirmités et dénué de ressources personnelles, il fut bientôt dépouillé de ce

L'Europe, jalouse de la gloire de son bienfaiteur, formait des complots contre lui; tous les peuples prêtaient l'oreille et attendaient les circonstances pour prendre parti. Déjà la meilleure partie de l'Europe était en armes, ses plus belles provinces ravagées; la mort avait détruit en un moment les armées les plus redoutables; triomphantes sous leurs ruines, elles renaissaient de leurs cendres; de nouveaux soldats se rangeaient en foule sous nos drapeaux victorieux; nous attendions tout de leur nombre, de leur chef[1] et de leur courage. Espérance fallacieuse! Ce spectacle nous imposait. Celui pour qui nous avions entrepris de si grandes choses touchait à son terme; la mort invisible assiégeait son trône : la terre l'appelle à son centre; frappé tout à coup sous la pourpre, il descend aux sombres demeures, où la mort égale à jamais le pauvre et le riche, le faible et le fort, le prudent et le téméraire. Ses braves soldats, qui avaient perdu le jour sous ses enseignes, l'environnent saisis de crainte : *O sage empereur, est-ce vous? Nous avons combattu jusqu'au dernier soupir pour votre gloire; nous aurions donné mille vies pour rendre vos jours plus tranquilles. Quoi! sitôt vous nous rejoignez! quoi! la mort a osé interrompre vos vastes desseins!* Ah! c'est maintenant que le sens des paroles de Salomon achève de se découvrir. « Le pauvre et le riche se sont rencontrés », le sujet et le souverain : mais ces distinctions de souverain et de sujet avaient disparu, et n'é-

qu'il avait conquis, et ce ne fut que par le secours du roi de Prusse qu'il put rentrer dans ses États héréditaires, à Munich, où il mourut le 20 janvier 1745, dans la quarante-huitième année de son âge. On trouva, dit-on, ses poumons, son foie et son estomac gangrenés, des pierres dans ses reins, et un polype dans son cœur. F.

[1] Au mois de janvier 1745, pendant lequel mourut Charles VII, un traité d'*union* fut conclu à Varsovie entre la reine de Hongrie, le roi d'Angleterre et la Hollande. L'ambassadeur des États Généraux ayant rencontré le maréchal de Saxe dans la galerie de Versailles, lui demanda ce qu'il pensait de ce traité. *Je pense*, répondit ce général, *que si le Roi mon maître veut me donner carte blanche, j'irai lire à La Haye l'original du traité avant la fin de l'année.* Cette réponse n'était point une rodomontade. Le maréchal de Saxe le prouva en gagnant la bataille de Fontenoy le 11 mai 1745, peu de temps après l'ouverture de la campagne. Mais Charles VII, pour qui l'on combattait, était mort. Cependant la paix ne fut conclue que plus de trois ans après cette mort, le 18 octobre 1748. F.

taient plus que des noms. O néant des grandeurs humaines! ô fragilité de la vie! Sont-ce là les vains avantages pour lesquels, toujours prévenus, nous nous consumons de travaux? Sont-ce là les objets de nos empressements, de nos jalousies, de nos murmures audacieux contre la Providence? Dès que nos désirs injustes trouvent des obstacles; dès que notre ambition insatiable n'est pas assouvie; dès que nous souffrons quelque chose par les maladies, juste suite de nos excès; dès que nos espérances ridicules sont trompées; dès que notre orgueil est blessé, nous osons accuser de tous ces maux, vrais ou imaginaires, cette Providence adorable de qui nous tenons tous nos biens. Que dis-je, accuser? Combien d'hommes, par un aveuglement qui fait horreur, portent l'impiété et l'audace jusqu'à nier son existence! La terre et les cieux la confessent; l'univers en porte partout l'auguste marque; mais ces caractères, ces grands témoignages ne peuvent toucher leur esprit. Inutilement retentit à leurs oreilles la merveille des œuvres de Dieu; l'ordre permanent des saisons, principe fécond des richesses qu'enfante la terre; les nuits succédant régulièrement aux jours, pour inviter l'homme au repos; les astres parcourant les cieux dans un effroyable silence, sans s'embarrasser dans leurs cours; tant de corps si puissants et si impétueux enchaînés sous la même loi; l'univers éternellement assujetti à la même règle; ce spectacle échappe à leurs yeux malades et préoccupés. Aussi n'est-ce pas par sa pompe que je combattrai leurs erreurs : je veux les convaincre par ce qui se passe sur cette même terre qui enchante leurs sens, où se bornent toutes leurs pensées et tous leurs désirs. Je leur présenterai les merveilles sensibles qu'ils idolâtrent; tous les hommes, tous les états, tous les arts enchaînés les uns aux autres, et concourant également au maintien de la société; la justice manifeste de Dieu dans sa conduite impénétrable; le pauvre soulagé, sans le savoir, par la privation des biens mêmes qu'il regrette; le riche agité, traversé, désespéré dans la possession des trésors qu'il accumule, puni de son orgueil par son orgueil, châtié du mauvais usage des richesses par l'abus même qu'il en ose faire; le pauvre et le riche également mécontents de leur état, et par conséquent également injustes et aveugles, car ils se portent envie l'un à l'autre et se croient réciproquement heureux ; le pauvre et le riche forcés par leur propre condition de s'entr'aider, malgré la jalousie des uns et l'orgueil injurieux des autres ; le pauvre et le riche égalés enfin par la mort et par les jugements de Dieu.

S'il est des misères sur la terre qui méritent d'être exceptées, parce qu'elles paraissent sans compensation, prouvent-elles plutôt l'injustice de la Providence, qui donne si libéralement aux riches les moyens de les soulager, que l'endurcissement de ceux-là mêmes qui s'en font un titre contre elle? Grands du monde! quel est ce luxe qui vous suit et vous environne? quelle est cette somptuosité qui règne dans vos bâtiments et dans vos repas licencieux? Quelle profusion! quelle audace! quel faste insensé! Cependant le pauvre, affamé, nu, malade, accablé d'injures, repose à la porte des temples où veille le Dieu des vengeances. Cet homme, qui a une âme comme vous, qui a un même Dieu avec vous, même culte, même patrie, et sans doute plus de vertu, il languit à vos yeux, couvert d'opprobres; la douleur et la faim intolérable abrègent ses jours : les maux qui l'ont assiégé dès son enfance le précipitent au tombeau à la fleur de sa vie. O douleur! ô ignominie! ô renversement de la nature corrompue! Rejetterons-nous sur la Providence ces scandales que nous sommes inutilement chargés de réparer, et que la Providence venge si rigoureusement après la vie! Conclurions-nous donc autrement, si de tels désordres étaient sans vengeance, si les moyens de les prévenir nous avaient été refusés, si l'obligation de le faire était moins manifeste et moins expresse?

Violateurs de la loi de Dieu, ravisseurs du dépôt qui nous est confié, nous ne nous contentons pas de nous livrer à notre dureté, à notre cupidité, à notre avarice; nous voulons encore que Dieu soit l'auteur de ces excès ; et, quand on nous fait voir qu'il ne peut l'être, parce que cela détruirait sa perfection, aveuglés par ce qui devrait nous éclairer, encouragés par ce qui devrait nous confondre, enhardis peut-être par l'impunité de nos désordres; ous concluons que cet Être suprême ne se mêle donc pas de la conduite de l'univers, et qu'il a abandonné le genre humain à ses caprices. Ah! s'il était vrai, si les hommes ne dépendaient plus que d'eux-mêmes, s'il n'y avait pas des récompenses pour les bons et des châtiments pour le crime, si tout se bornait à la terre, quelle condition lamentable! Où serait la consolation du pauvre, qui voit ses enfants dans les pleurs autour de lui, et ne peut suffire par un travail continuel à leurs besoins, ni fléchir la fortune inexorable? Quelle main calmerait le cœur du riche, agité de remords et d'inquiétudes, confondu dans ses vains projets et dans ses espérances audacieuses? Dans tous les états de la vie, s'il nous fallait attendre nos consolations des hommes, dont les meilleurs sont si changeants et si frivoles, si sujets à négliger leurs amis dans la calamité, ô triste abandon! Dieu clément! Dieu vengeur des faibles! je ne suis ni ce pauvre délaissé qui languit sans secours humain, ni ce riche que la possession même des richesses trouble et embarrasse; né dans la médiocrité, dont les voies ne sont pas peut-être moins rudes, accablé d'afflictions dans la force de mon âge, ô mon Dieu! si vous n'étiez pas, ou si vous n'étiez pas pour moi, seule et délaissée dans ses maux, où mon âme espérerait-elle? Serait-ce à la vie qui m'échappe et me mène vers le tombeau par les détresses? Serait-ce à la mort, qui anéantirait, avec ma vie, tout mon être? Ni la vie ni la mort, également à craindre, ne pourraient adoucir ma peine; le désespoir sans bornes serait mon partage... Je m'égare, et mon faible esprit sort des bornes qu'il s'est prescrites. Vous, qui dispensez l'éloquence comme tous les autres talents; vous qui envoyez ces pensées et ces expressions qui persuadent, vous savez que votre sagesse et votre infinie providence sont l'objet de tout ce discours; c'est le noble sujet qui nous est proposé par les maîtres de la parole; et quel autre serait plus propre à nous inspirer dignement? Toutefois qui peut le traiter avec l'étendue qu'il mérite? Je n'ose me livrer à tous les sentiments qu'il excite au fond de mon cœur : *Qui parle longtemps, parle trop sans doute*, dit un homme illustre. *Je ne connais point*, continue-t-il, *de discours oratoire où il n'y ait des longueurs. Tout art a son endroit faible. Quelle tragédie est sans remplissage ? quelle ode sans strophes inutiles*[1] ? Si cela est ainsi, Messieurs, comme l'expérience le prouve, quelle retenue ne dois-je pas avoir en m'exprimant pour la première fois dans l'assemblée la plus polie et la plus éclairée de l'univers ! Ce discours si faible aura pour juge une compagnie qui l'est, par son institution, de tous les genres de littérature ; une compagnie toujours enviée et toujours respectée dès sa naissance, où les places, recherchées avec ardeur, sont le terme de l'ambition des gens de lettres ; une compagnie où se sont formés ces grands hommes qui ont fait retentir la terre de leur voix ; où Bossuet, animé d'un génie divin, surpassa les orateurs les plus célèbres de l'antiquité dans la majesté et le sublime du discours ; où Fénelon, plus gracieux et plus tendre, apporta cette onction et cette aménité qui nous font aimer la vertu et peignent partout sa grande âme ; où l'auteur immortel des *Caractères*[2] donna des modèles d'énergie et de véhémence. Je ne parlerai pas de ces poëtes, l'ornement et la gloire de leur siècle, nés pour illustrer leur patrie et servir de modèles à la postérité. Je dois un hommage plus tendre à celui[3] qui excite du tombeau nos faibles voix par l'espoir flatteur de la gloire ; à qui l'éloquence fut si chère et si naturelle, dans un siècle encore peu instruit ; ce tribut que j'ose lui rendre, me ramène sans violence à mon déplorable sujet. A la vue de tant de grands hommes qui n'ont fait que paraître sur la terre, confondus après, pour toujours, dans l'ombre éternelle des morts, le néant des choses humaines s'offre tout entier à mes yeux, et je répète sans cesse ces tristes paroles : « Le pauvre et le riche se sont rencontrés ; l'ignorant et le savant, celui qui charmait nos oreilles par son éloquence, et ceux qui écoutaient ses discours, là mort les a tous égalés. »

L'Éternel partage ses dons : il dispense aux uns la science, aux autres l'esprit des affaires, à ceux-ci la force, à ceux-là l'adresse, aux autres l'amour du travail ou les richesses, afin que tous les arts soient cultivés, et que tous les hommes s'entr'aident, comme nous l'avons vu d'abord. Après avoir distribué le genre humain en différentes classes, il assigne encore à chacune des biens et des maux manifestement compensés, et enfin pour égaler les hommes plus parfaitement dans une vie plus parfaite et plus durable, pour punir l'abus que le riche a pu faire de ses faveurs, pour venger le faible opprimé, pour justifier sa bonté, qui éprouve quelquefois dans les souffrances le juste et le sage, lui-même anéantit ces distinctions que sa providence avait établies ; un même tombeau confond tous les hommes ; une même loi les condamne ou les absout : même peine et même faveur attendent le riche et le pauvre.

O vous, qui viendrez sur les nues pour juger les uns et les autres, Fils du Dieu très-haut, Roi des siècles, à qui toutes les nations et tous les trônes sont soumis, vainqueur de la mort ! la consternation et la crainte marcheront bientôt sur vos traces ; les tombeaux fuiront devant vous : agréez, dans ces jours d'horreur, les vœux humbles de l'innocence, écartez loin d'elle le crime qui l'assiége de toutes parts, et ne rendez pas inutile votre sang versé sur la Croix !

---

[1] Cette citation est extraite d'une lettre que Voltaire écrivait à Vauvenargues en décembre 1745.
[2] La Bruyère, membre de l'Académie française, ainsi que Bossuet et Fénelon. F.
[3] Balzac, fondateur du prix d'éloquence auquel aspirait ce Discours. B.

ÉLOGE DE LOUIS XV

Rien ne caractérise un mauvais règne comme la flatterie portée à l'excès, et je n'ai jamais lu la vie de Louis XIV, sans être étonné qu'un si grand Roi ait été loué comme un tyran. Il n'y a point de louanges qu'on n'ait employées et en quelque sorte épuisées pour flatter son âme ambitieuse; et après cet emportement qui ne fait que farder sa gloire, il semble qu'il ne soit resté que le silence aux vertus de son successeur; mais un silence si respectueux marquera peut-être mieux la force de son caractère supérieur à l'adulation, que les plus pompeuses paroles. Oui, j'ose dire que les louanges les plus recherchées seraient moins assorties au caractère de ses sentiments; il fallait que sa modestie incorruptible reçût ce témoignage singulier, et ce nouvel hommage attendait sa vertu.

Toutefois je ne dois pas craindre, dans l'obscurité qui me cache, d'épancher mon cœur sur sa vie, et ma faible voix, de si loin, n'offensera pas son oreille. Grand roi, permettez-moi, du moins d'admirer cette modestie qui mérite à si juste titre les louanges qu'elle refuse, cette haute modération qui ne s'est jamais démentie, cette inépuisable sagesse... Je n'entreprendrai pas de marquer tous les dons que le Ciel a versés sur vous; détourné d'un travail si noble par d'autres devoirs, je laisse à des mains plus savantes ce vaste sujet.

Un Roi révéré de ses peuples[1], protecteur sévère des lois et de l'innocence opprimée, montra, dans un siècle barbare, la même sagesse sur le même trône. Aidé d'un ministre fidèle[2], partageant avec lui les soins de son État et l'amour de la paix, et l'ardeur du travail, et le zèle du bien public, son règne semble avoir été le glorieux modèle du vôtre. Mais ni ce sage Roi n'était né sur le trône, ni son heureux ministre, élevé de bonne heure à cet éminent caractère, n'a eu la destinée du vôtre. Il était réservé à ce siècle de voir un Roi né dans la pourpre, rassemblant dans une jeunesse si exposée à la séduction, avec toutes les qualités du trône, les vertus d'un particulier, et un particulier[1] blanchi dans les conditions ordinaires possédant les talents d'un Roi dans la plus extrême vieillesse. Pardonnez-moi, Louis, de mêler vos louanges à celles d'un sujet honoré par vous-même d'une si constante affection et d'une si pleine confiance. Vous avez fait paraître aux yeux de l'univers ce que d'autres ont déjà dit : que la sagesse sait rapprocher sans effort toutes les conditions et tous les âges, et que le cœur d'un jeune et magnanime prince ne peut être fixé que par les avantages et les grâces de la vertu. Vous l'aviez rencontrée dans ce sage vieillard avec ses immortels attraits, et vos mains royales décoraient de tous les dons de la fortune sa vie défaillante. Maintenant ce puissant génie veille dans le sein de la mort sur la destinée de l'État, et ses mânes, pleins des désordres et des troubles de l'univers, se conseillent dans le silence et l'obscurité du tombeau. N'appréhendez rien, ombre illustre, du cours inconstant des affaires; quoi que la fortune entreprenne, votre place est marquée chez la postérité, et vous aurez le sort de ces deux grands ministres[2] accusés en mourant par la haine publique et depuis toujours admirés; la gloire du Roi votre maître vous assure cette haute et immortelle destinée. Que ne pouvez-vous du cercueil, affranchi des lois de la mort, lui rendre à lui-même témoignage! Oh! si vous étiez à ma place, que n'aurions-nous pas lieu d'attendre! Vous avez été le témoin des prodiges de son enfance. Quel prince fut jamais dans la force de l'âge, ou plus ferme ou plus juste, ou plus impénétrable ou plus attaché aux devoirs et aux bienséances du trône? Quel céda jamais moins à l'importunité et aux cabales, ou même à ses propres penchants[3]? Vous diriez

---

[1] Henri IV.
[2] Sully.

[1] Le cardinal Fleury.
[2] Richelieu, Mazarin.
[3] Nous devons faire remarquer que Vauvenargues parlait ainsi en 1744 : l'éloge était alors mérité.

qu'il n'est pas le maître de ses grâces : la raison dispose de tout ; et cette foule d'hommes inutiles, mais avides, qui assiègent éternellement les princes faibles, s'éloigne de lui. Louis XIV s'était piqué d'avoir une cour magnifique, et la gloire du Roi sera d'en avoir banni l'intérêt. C'est à vous, Messieurs, de le dire, vous qui avez l'honneur de l'approcher, vous que sa seule familiarité attache si tendrement à lui, et qui n'ayant encore que de la vertu, voyez sans regret toutes ses grâces consacrées aux services. Vous savez qu'il a des amis sans avoir de favoris, que l'on n'aime en lui que lui-même, et qu'il jouit sur le trône des douceurs de toutes les conditions, parce qu'il en a les vertus. O rare merveille ! un monarque qui inspire sa modération à tant d'hommes qui l'environnent, et à ce qu'il a de plus cher ! Qu'il est aimable d'être encore, sur le trône, homme comme nous, et qu'il est admirable de savoir être homme, sans cesser pourtant d'être Roi !

Peuples, je pourrais vous parler de la prospérité de tant d'années coulées dans le repos et l'abondance par ses soins ; mais, touché d'une autre pensée dans l'état présent des affaires, et après avoir vu moi-même vos plus justes espérances renversées, vos conquêtes abandonnées, la gloire de notre nation flétrie, et la mort irritée, au milieu de nos camps, menaçant nos armées d'une entière ruine ; dans le deuil de tant de familles et l'accablement des impôts, suite déplorable de la guerre, je ne vous ferai pas un tableau fastueux de nos avantages passés, les dettes acquittées, les services payés, l'ordre rétabli sans violence, un État fameux dans l'Europe[1], l'ancien héritage de notre ennemi, réuni après tant de siècles et par un traité solennel, fruit de deux glorieuses campagnes, au trône dont il émanait ; et pour dire tout en un mot, la France dans un tel degré de réputation et de puissance, qu'à cet événement fatal, le triste signal de la guerre qui désole tant de royaumes, nous avons vu le Roi porter ses armes redoutées jusqu'à l'orient de l'Europe, disposer de l'Empire et du sceptre de Bohême, sans qu'aucune action ait osé ouvertement se déclarer, sans qu'aucune encore, aujourd'hui qu'il a rappelé ses armées, puisse se rasseoir dans ses craintes. Hélas ! c'était la paix qui nous avait donné la plupart de ces avantages, la paix qui faisait fleurir toutes les vertus civiles, mais qui laissait éteindre tous les grands talents, la sagesse, la prospérité, l'autorité du Roi paraissant les rendre inutiles, la paix, dis-je, qui nous reproche et l'énervement des courages et la corruption des esprits, et que, pour ces raisons, je ne veux plus louer. Mais nous devons du moins cette justice au Roi, que si le succès de la guerre n'est pas tel qu'on pouvait l'attendre, le seul intérêt de l'État et la seule équité l'ont porté à l'entreprendre. Jamais une injuste ambition n'a fait le malheur de ses peuples ; non, jamais l'ambition n'a vaincu sa grande âme. Tout l'univers le sait : tant qu'il a pu tenir la concorde parmi les princes, il l'a fait, au prix même, si je l'ose dire, de sa propre gloire. Vous n'avez pas toujours recherché cet éloge, grand Roi qui l'avez précédé ! Votre courage altier, ennemi du repos, vous a quelquefois emporté. Qui osera blâmer vos erreurs ? Vous n'aviez pas les grands exemples que vous avez laissés au Roi instruit par vos expériences et par vos dernières paroles : les tristes suites de l'ostentation et de la gloire n'avaient pas paru à vos yeux. Si vous fussiez né dans les mêmes circonstances, ô magnanime héros ! sans doute vous auriez régné par les mêmes principes et avec les mêmes vertus !

Toutefois, qui peut s'assurer de ce qui se passe dans le cœur des Rois, et de ce qui détermine leurs volontés ? Un ordre supérieur à leur puissance, dispose à une fin impénétrable toutes leurs pensées, et conduit par leurs mains obéissantes le sort des empires. De là ces secrètes misères causées par l'ambition de Louis XIV, au milieu de l'éclat de ses victoires ; de là le courage du Roi éprouvé par quelques disgrâces après une si longue et si surprenante tranquillité ; de là nos ennemis, tout près d'être accablés, soutenus, contre l'attente de tout l'univers, par une si puissante protection.

O peuples ! ne nous plaignons plus d'un revers de peu de durée. Le venin contagieux et redoutable de la maladie ne travaille plus nos armées ; la mort a cessé ses ravages ; les

---

[1] La Lorraine, cédée en 1735 par l'empereur Charles VI à Stanislas Leczinsky, pour revenir à la France à la mort de ce prince, arrivée en 1766.

tombeaux sont fermés ; de nouveaux défenseurs se rassemblent sous nos drapeaux. La mollesse avait énervé dans le cours d'une longue paix le courage de la nation, les plaisirs l'avaient corrompue, la gloire l'avait enivrée, et l'adversité pouvait seule réveiller l'ancienne vertu. Regardez comme, en un moment, l'insolence de l'ennemi nous a fait partout des soldats! A peine il menace en son camp, l'humble laboureur prend les armes, le peuple abandonne ses bourgs, une redoutable jeunesse marche fièrement sur le Rhin. O fleuve ! un carnage[1] subit a vengé vos bords des rapines et des attentats du Croate. Ainsi puissent tous ces brigands, qui s'étaient promis nos dépouilles, trouver leur tombeau sous vos ondes ! Et vous, Prince, l'objet de ce discours, puissiez-vous toujours triompher du complot de vos ennemis ! puissiez-vous tourner à leur honte leur rage impuissante ! Trop faible pour continuer l'éloge de vos vertus, je m'arrête à faire ces vœux pour la gloire, pour le bonheur et pour le repos de vos peuples[2].

TRAITÉ SUR LE LIBRE ARBITRE

Il y a deux puissances dans les hommes, l'une active et l'autre passive : la puissance active est la faculté de se mouvoir soi-même ; la puissance passive est la capacité d'être mû.

On donne le nom de liberté à la puissance active ; ce pouvoir qui est en nous d'agir, ou de n'agir pas et d'agir du sens qui nous plait, est ce que l'on est convenu d'appeler libre arbitre. Ce libre arbitre est en Dieu sans bornes et sans restriction ; car qui pourrait arrêter l'action d'un Dieu tout-puissant? Il est aussi dans les hommes, ce libre arbitre ; Dieu leur a donné d'agir au gré de leurs volontés ; mais les objets extérieurs nous contraignent quelquefois, et notre liberté cède à leurs impressions.

Un homme aux fers a sans fruit la force de se mouvoir ; son action est arrêtée par un ordre supérieur, la liberté meurt sous ses chaînes ; un misérable à la torture retient encore moins de puissance : le premier n'est contraint que dans l'action du corps, celui-ci ne peut pas même varier ses sentiments ; le corps et l'esprit sont gênés dans un degré presque égal ; et sans chercher des exemples si loin de notre sujet, les odeurs, les sons, les saveurs, tous les objets des sens, et tous ceux des passions, nous affectent malgré nous ; personne n'en disconviendra. Notre âme a donc été formée avec la puissance d'agir ; mais il n'est pas toujours en elle de conduire son action ; cela ne peut se mettre en doute.

Les hommes ne sont pas assez aveuglés pour ne pas apercevoir une si vive lumière, et

[1] Action de Chalampé. Elle fut le prélude des deux belles campagnes de 1744 et 1745, sur le Rhin et dans les Pays-Bas.
[2] VARIANTE : « O peuples ! cessons de nous plaindre d'un revers de peu de durée. Le Dieu des armées, satisfait, a déjà détourné de nous le nuage de sa colère : une fièvre aiguë et mortelle ne ravage plus nos légions ; la santé renaît dans nos camps.

« Notre inexorable ennemi avait établi sur nos pertes un espoir rempli d'arrogance, et suivait d'un œil homicide les traces effrayantes que la mort laissait parmi nous ; son ressentiment l'aveuglait. Louis, offensé dans son trône, a frappé la terre du sceptre, et soudain du fond des hameaux, séjour humble du laboureur, un peuple intrépide a marché. Le berger s'est armé de fer, le pauvre a quitté sa moisson, et le père et le fils, et le frère et l'époux ont volé sur le bord du fleuve, le rempart de leurs champs féconds. O terre martiale ! ô cabanes ! ô peuple vraiment redoutable ! vaillante milice ! jurons sur ce bord, fatal aux brigands qui s'étaient promis nos dépouilles, de venger la mort de nos frères ! promettons..... O mânes puissants ! entendez ce serment terrible : nous jurons de tremper nos mains dans le sang de vos ennemis. Soufflez dans nos cœurs votre audace et votre courage intrépide, combattez cachés dans nos rangs ; si quelqu'un de nous vous trahit, qu'une mort soudaine l'accable ! Et vous, dont la cendre repose sous les marbres de Saint-Denis, fortunés guerriers que la gloire suit dans les horreurs du tombeau : hélas ! vous dormez dans la nuit de vos solitaires asiles ; un rayon de votre génie confondait tous nos ennemis ; secondez, du sein de la mort, l'héritier sacré de vos maîtres, veillez dans la nuit sur ses camps : faites-y veiller la sagesse avec la valeur éclairée, et portez le sommeil, la terreur,

pourvu qu'on leur accorde qu'ils sont libres en d'autres occasions, ils sont contents.

Or, il est impossible de leur refuser ce dernier point; il y aurait de la mauvaise foi à le nier : cependant ils se trompent dans les conséquences qu'ils en tirent; car ils regardent cette volonté qui conduit leurs actions comme le premier principe de tout ce qui est en eux, et comme un principe indépendant; sentiment qui est faux de tout point; car la volonté n'est qu'un désir qui n'est point combattu, qui a son objet en sa puissance, ou qui du moins croit l'avoir; et même, en supposant que ce n'est pas cela, on n'évite pas de tomber dans une extrême absurdité. Suivez bien mon raisonnement : je demande à ceux qui regardent cette volonté souveraine comme le principe suprême de tout ce qu'ils trouvent en eux : S'il est vrai que la volonté soit en nous le premier principe, tout ne doit-il pas dériver de ce fonds et de cette cause? Cependant combien de pensées qui ne sont pas volontaires! combien même de volontés opposées les unes aux autres! quel chaos! quelle confusion! Je sais bien que l'on me dira que la volonté n'est la cause que de nos actions volontaires, et que c'est seulement alors qu'elle est principe indépendant. C'est déjà m'accorder beaucoup; mais ce n'est pas encore assez, et je nie que la volonté soit jamais le premier principe, c'est au contraire le dernier ressort de l'âme, c'est l'aiguille qui marque les heures sur une pendule, et qui la pousse à sonner. Je conviens qu'elle détermine nos actions; mais elle est elle-même déterminée par des ressorts plus profonds, et ces ressorts sont nos idées ou nos sentiments actuels; car, encore que la volonté éveille nos pensées, et assez souvent nos actions, il ne peut suivre de là qu'elle en soit le premier principe : c'est précisément le contraire, et l'on n'a point de volonté qui ne soit un effet de quelque passion ou de quelque réflexion.

Un homme sage est mis à une rude épreuve; l'appât d'un plaisir trompeur met sa raison en

l'imprudence, dans les tentes de l'ennemi! Que tout tombe, que tout fléchisse au seul bruit du nom de Louis! Qu'il puisse redonner la loi et la paix à la terre entière! Trop faible pour continuer cet éloge de sa vertu, je forme ces vœux pour sa gloire. ».

péril; mais une volonté plus forte le tire de ce mauvais pas : vous croyez que sa volonté rend sa raison victorieuse? Si vous y pensez tant soit peu, vous découvrirez au contraire que c'est sa raison toute seule qui fait varier sa volonté; cette volonté combattue par une impression dangereuse aurait péri sans ce secours. Il est vrai qu'elle vainc un sentiment actuel, mais c'est par des idées actuelles; c'est-à-dire par sa raison.

Le même homme succombe en une autre occasion, il sent irrésistiblement que c'est parce qu'il le veut : qu'est-ce donc qui le fait agir? Sans doute c'est sa volonté; mais sa volonté sans règle s'est-elle formée de soi? n'est-ce pas un sentiment qui l'a mise dans son cœur? Rentrez au dedans de vous-mêmes; je veux m'en rapporter à vous : n'est-il pas manifeste que dans le premier exemple ce sont des idées actuelles qui surmontent un sentiment; et que dans celui-ci le sentiment prévaut, parce qu'il se trouve plus vif ou parce que les idées sont plus faibles? — Mais il ne tiendrait qu'à ce sage de fortifier ses idées, il n'aurait qu'à le vouloir. — Oui, le vouloir fortement; mais, afin qu'il le veuille ainsi, ne faudrait-il pas jeter d'autres pensées dans son âme, qui l'engagent à le vouloir? Vous n'en disconviendrez pas, si vous vous consultez bien. Convenez donc avec moi que nous agissons souvent selon ce que nous voulons, mais que nous ne voulons jamais que selon ce que nous sentons, ou selon ce que nous pensons : nulle volonté sans idées ou sans passions qui la précèdent.

— Un homme tire sa bourse, me demande pair ou non; je lui réponds l'un ou l'autre. N'est-ce pas ma volonté seule qui détermine ma voix? Y a-t-il quelque jugement ou quelque passion qui devance? L'on ne voit pas plus de raison à croire que c'est pair qu'impair : donc ma volonté naît de soi, donc rien ne la détermine. — Erreur grossière : ma volonté pousse ma voix; le pair et l'impair sont possibles : l'un est aussi caché que l'autre; aucun n'est donc plus apparent; mais il faut dire pair ou non, et le désir du gain m'échauffe; les idées de pair et d'impair se succèdent avec vitesse, mêlées de crainte et de joie : l'idée de pair se présente avec un rayon d'espérance; la réflexion est inutile, il faut que je me détermine, c'est une nécessité; et, sur cela, je dis pair, parce que pair en ce moment se présente à mon esprit.

Cherchez-vous un autre exemple? Levez vos bras vers le ciel; c'est autant que vous le voudrez que cela s'exécutera; mais vous ne le voudrez que pour faire un essai du pouvoir de la volonté, ou par quelque autre motif; sans cela, je vous assure que vous ne le voudrez pas. Je prends tous les hommes à témoin de ce que je dis là; j'en appelle à leur expérience. J'exposerai des raisons pour prouver mon sentiment et le rendre inébranlable par un accord merveilleux; mais je crois que ces exemples répandront un jour sensible sur ce qui me reste à dire; ils aplaniront notre voie.

Soyez cependant persuadé que ce qui dérobe à l'esprit le mobile de ses actions, n'est que leur vitesse infinie. Nos pensées meurent au moment où leurs effets se font connaître. Lorsque l'action commence, le principe est évanoui; la volonté paraît; le sentiment n'est plus; on ne le trouve plus en soi, et l'on doute qu'il y ait été; mais ce serait un vice énorme que l'on eût des volontés qui n'eussent point de principe; nos actions iraient au hasard; il n'y aurait plus que des caprices; tout ordre serait renversé. Il ne suffit donc pas de dire qu'il est vrai que la réflexion ou le sentiment nous conduisent; nous devons encore ajouter qu'il serait monstrueux que cela ne fût pas.

L'homme est faible, on en convient; ses sentiments sont trompeurs, ses vues sont courtes et fausses; si sa volonté captive n'a pas de guide plus sûr, elle égarera tous ses pas. Une preuve naturelle qu'elle en est réduite là, c'est qu'elle s'égare en effet; mais ce guide, quoique incertain, vaut mieux qu'un instinct aveugle; une raison imparfaite est beaucoup au-dessus d'une absence de raison. La raison débile de l'homme et ses sentiments illusoires le sauvent encore néanmoins d'une infinité d'erreurs; l'homme entier serait abruti s'il n'avait pas ce secours. Il est vrai qu'il est imparfait; mais c'est une nécessité. La perfection infinie ne souffre point de partage; Dieu ne serait point parfait si quelque autre pouvait l'être.

Non-seulement il répugne qu'il y ait deux êtres parfaits; mais il est en même temps impossible que deux êtres indépendants puissent subsister ensemble, si l'un des deux est parfait, parce que la perfection comprend nécessairement une puissance sans bornes, éternelle, ininterruptible, et qu'elle ne serait pas telle, si tout ne lui était pas soumis. Ainsi Dieu serait imparfait sans la dépendance des hommes: cela est plus clair que le jour.

— Personne, dites-vous, ne doute d'un principe si certain : — cependant ceux qui soutiennent que la volonté peut tout, et qu'elle est le premier principe de toutes nos actions, ceux-là nient, sans y prendre garde, la dépendance des hommes à l'égard du Créateur. Or, voilà ce que j'attaque; voilà l'objet de ce discours. Je ne me suis attaché à prouver la dépendance de la volonté à l'égard de nos idées, que pour mieux établir par là notre dépendance totale et continue de Dieu.

Vous comprenez bien par là que j'établis aussi la nécessité de toutes nos actions et de tous nos désirs. Qu'une conséquence si juste ne vous effarouche point; je prétends vous montrer que notre liberté subsiste malgré cette nécessité. Je manifesterai l'accord et la solution de ce nœud, qui fera disparaître les ombres qui peuvent encore nous troubler.

Mais pour revenir à présent au dogme de la dépendance, comment se peut-on figurer les hommes indépendants? Leur esprit n'est-il pas créé; et tout être créé ne dépend-il pas des lois de sa création? Peut-il agir par d'autres lois que par celles de son être? et son être n'est-ce pas l'œuvre de Dieu? — Dieu suspend, direz-vous, ses lois pour laisser agir son ouvrage. — Mauvaise raison : l'homme n'a rien en lui-même dont il n'ait reçu le principe et le germe en sa naissance; l'action n'est qu'un effet de l'être : l'être ne nous est point propre; l'action le serait-elle? Dieu suspendant ses lois, l'homme est anéanti; toute action est morte en lui. D'où tirerait-il la force et la puissance d'agir, s'il perdait ce qu'il a reçu? Un être ne peut agir que par ce qui est en lui. L'homme n'a rien en lui-même que le Créateur n'y ait mis : donc l'homme ne peut agir que par les lois de son Dieu. Comment changerait-il ces lois, lui qui ne subsiste qu'en elles, et qui ne peut rien que par elles? Faites donc qu'une pendule se meuve par d'autres lois que par celles de l'ouvrier, ou de celui qui la touche. La pendule n'a d'action que celle qu'on lui imprime, ôtez-en ce qu'on y a mis, ce n'est plus qu'une machine sans force et sans mouvement. Cette comparaison est juste pour tout ce qui est créé; mais il y a cette différence entre les ouvrages des hommes et les ouvrages de Dieu, que les productions des hommes ne reçoivent d'eux qu'un mode, une forme périssable, et peuvent être dérangées, détruites ou conservées par d'autres hommes; mais les ouvrages de Dieu ne dépendent que de lui, parce qu'il est l'auteur de tout ce qui existe, non-seulement pour la forme, mais aussi pour la matière. Rien n'ayant reçu l'existence que de ses puissantes mains, il ne peut y avoir d'action dont il ne soit le principe. Tous les êtres de la nature n'agissent les uns sur les autres que selon ses lois éternelles, et nier leur dépendance, c'est nier leur création; car il n'y a que l'Être incréé qui puisse être indépendant. Cependant l'homme le serait dans plusieurs actions de sa vie, si sa volonté n'était pas dépendante de ses idées; supposition très-absurde et très-impie à la fois. Je ne veux pas vous surprendre, méditez bien là-dessus. Faire cesser l'influence des lois de la création sur la volonté de l'homme, rompre la chaîne invisible qui lie toutes ses actions, n'est-ce pas l'affranchir de Dieu? Si vous faites la volonté tout à fait indépendante, elle n'est plus soumise à Dieu; si elle est toujours soumise à Dieu, elle est toujours dépendante; rien n'est si certain que cela. Comment concevoir cependant que la créature se meuve en quelque instant que ce soit par une impression différente de celle du Créateur? J'ai prouvé plus clair que le jour combien cela était impossible. Eh! pourquoi se révolter contre notre dépendance? c'est par elle que nous sommes sous la main du Créateur; que nous sommes protégés, encouragés, secourus; que nous tenons à l'infini, et que nous pouvons nous promettre une sorte de perfection dans le sein de l'Être parfait. Et d'ailleurs cette dépendance n'éteint point la liberté qui nous est si précieuse. Je vous ai promis d'accorder ce qui paraît incompatible; suivez-moi donc bien, je vous prie.

Qu'entendez-vous par liberté? n'est-ce pas de pouvoir agir selon votre volonté? comprenez-vous autre chose, prétendez-vous rien de plus? Non, vous voilà satisfait: eh bien, je le suis aussi. Mais sondez-vous un moment, voyez s'il est impossible que la volonté de l'homme soit quelquefois conforme à celle du Créateur. Assurément cela est très-possible, vous ne le nierez pas: cependant dans cette occasion l'homme fait ce que Dieu veut, il agit par la volonté de celui qui l'a mis au monde, l'on n'en peut disconvenir; mais cela ne l'empêche point aussi d'agir de plein gré. N'est-ce pas là toutefois ce qu'on appelle être libre? manque-t-on de liberté lorsque l'on fait ce que l'on veut? Vous voyez donc clairement que la volonté n'est point indépendante de Dieu, et que la nécessité ne suppose pas toujours dépendance involontaire; nous suivons les lois éternelles en suivant nos propres désirs; mais nous les suivons sans contrainte, et voilà notre liberté. — Subtilité, direz-vous; ce n'est point agir de soi-même que d'agir par une impression et des lois étrangères. — Mais vous raisonnez là sur un principe faux; l'impression et les lois de Dieu ne nous sont point étrangères; elles constituent notre essence, et nous n'existons qu'en elles. Ne dites-vous pas: Mon corps, ma vie, ma santé, mon âme? Pourquoi ne diriez-vous pas: Ma volonté, mon action? Croyez-vous votre âme étrangère, parce qu'elle vient de Dieu et qu'elle n'existe qu'en lui! Votre volonté, votre action sont des productions de votre âme; elles sont donc vôtres aussi.

— Mais, en ce cas-là, direz-vous, la liberté n'est qu'un nom : les hommes se croyaient libres en suivant leur volonté, c'était une erreur manifeste. — Vous vous égarez encore, les hommes ont eu raison de distinguer deux états extrêmement opposés; ils ont nommé liberté la puissance d'agir par les lois de leur être, et nécessité la violence que souffrent ces mêmes lois. C'est toujours Dieu qui agit dans toutes ces circonstances; mais quand il nous meut malgré nous, cela s'appelle contrainte; et quand il nous conduit par nos propres désirs, cela se nomme liberté. Il fallait bien deux noms divers pour désigner deux actions différentes; car, encore que le principe soit le même, le sentiment ne l'est pas. Mais, au fond, aucun homme sage n'a jamais pu ni dû étendre ce terme de liberté jusques à l'indépendance : cela choque trop la raison, l'expérience et la piété. Ce qui fait pourtant illusion aux partisans du libre arbitre, c'est le sentiment intérieur qu'ils en trouvent dans leur conscience, car ce sentiment n'est pas faux. Que ce soit notre raison ou nos passions qui nous meuvent, c'est nous qui nous déterminons; il y aurait de la folie à distinguer ses pensées ou ses sentiments de soi. Je puis me mettre au régime pour rétablir ma santé, pour mortifier mes sens ou pour quelque autre motif : c'est toujours moi qui agis; je ne fais que ce que je veux ; je suis donc libre, je le sens, et mon sentiment est fidèle. Mais cela n'empêche pas que mes volontés ne tiennent aux idées qui les précèdent ; leur chaîne et leur liberté sont également sensibles ; car je sais, par expérience, que je fais ce que je veux ; mais la même expérience m'enseigne que je ne veux que ce que mes sentiments ou mes pensées m'ont dicté. Nulle volonté dans les hommes qui ne doive sa direction à leurs tempéraments, à leurs raisonnements et à leurs sentiments actuels.

Sur cela, l'on oppose encore l'exemple des malheureux qui se perdent dans le crime, contre toutes leurs lumières : la vérité luit sur eux, le vrai bien est devant leurs yeux : cependant ils s'en écartent ; ils se creusent un abîme, ils s'y plongent sans frayeur ; il préfèrent une joie courte à des peines infinies. Donc ce n'est ni leur connaissance, ni le goût naturel de la félicité qui déterminent leur cœur ; donc c'est leur volonté seule qui les pousse à ces excès. Mais ce raisonnement est faible ; les contradictions apparentes qui lui servent comme d'appui, sont faciles à lever. Un libertin qui connaît le vrai bien, qui le veut et qui s'en écarte, n'y renonce nullement; il se fonde sur sa jeunesse, sur la bonté divine ou sur la pénitence ; il perd de vue son objet naturel ; l'idée en est dans sa mémoire, mais il ne la rappelle pas; elle ne paraît qu'à demi ; elle est éclipsée dans la foule; des sentiments plus vifs l'écartent, la dérobent, l'exténuent ; ces sentiments impérieux remplissent la capacité de son esprit corrompu. Prenez cependant le même homme au milieu de ses plaisirs ; présentez-lui la mort prête à le saisir; qu'il n'ait plus qu'un seul jour à vivre ; que le feu vengeur des crimes s'allume à ses yeux impurs et brûle tout autour de lui : s'il lui reste un rayon de foi, s'il espère encore en Dieu, si la peur n'a pas troublé son âme lâche et coupable, croyez-vous qu'il hésite alors à fléchir son juge irrité, et à se couvrir de poussière devant la majesté de Dieu qui va le juger?

Tout ce qu'on peut dire à cela, c'est que le bien le plus grand ne nous remue pas toujours, mais celui qui se fait sentir avec le plus de vivacité. L'illusion est de confondre des souvenirs languissants avec des idées très-vives, ou des notions qui reposent dans le sein de la mémoire avec des idées présentes et des sentiments actuels. Il est certain cependant que des idées absentes ou des idées affaiblies ne peuvent guère plus sur nous que celles qu'on n'a jamais eues.

Ce sont donc nos idées actuelles qui font naître le sentiment, le sentiment la volonté, et la volonté l'action. Nous avons très-souvent des idées fort contraires et des sentiments opposés. Tout est présent à l'esprit, tout s'y peint presque à la fois, du moins les objets s'y succèdent avec beaucoup de vitesse et forment des désirs en foule : ces désirs sont combattus ; nul n'est proprement volonté, car la volonté décide ; c'est incertitude, anxiété. Mais les idées les plus sensibles, les plus entières, les plus vives, l'emportent enfin sur les autres ; le désir qui prend le dessus, change en même temps de nom, et détermine notre action.

Les philosophes nous assurent que le bien et le mal sont les deux grands principes de toutes les actions humaines. Le bien produit l'amour, le désir et la joie; le mal est suivi de tristesse, de crainte, de haine, d'horreur. Les idées de l'un et de l'autre en font naître le sentiment. Quelques-uns pensent que le mal agit plus sur nous ; que le bien ne nous détermine point d'une manière immédiate, mais par l'inquiétude ou malaise qui fait le fond des désirs. Tout cela n'est pas essentiel : que ce soit par ce malaise qu'un bien imparfait lasse en nous, que le cœur se détermine, et que le bien et le mal nous meuvent également d'une manière immédiate, il demeure inébranlable, dans l'une et l'autre hypothèse, que nos passions et nos idées actuelles sont le principe universel de toutes nos volontés. Je crois l'avoir démontré d'une manière évidente; mais comme les exemples sont bien plus palpables que les meilleures raisons, je veux en donner encore un. Vous y pourrez suivre à loisir tous les mouvements de l'esprit.

Représentez-vous donc un homme d'une santé languissante et d'un esprit corrompu; placez-le auprès d'une femme aussi corrompue que lui : l'indécence de cet exemple doit le rendre encore plus sensible; d'ailleurs il a ses modèles dans toutes les conditions. J'unis par les nœuds les plus forts des cœurs unis par leurs penchants; mais je suppose que cet homme est exténué de débauches; ses lâches habitudes ont détruit sa santé; cependant il n'est pas auprès de sa maîtresse pour les renouveler toujours; il n'est venu que pour la voir; sa pensée n'ose aller plus loin, parce qu'il souffre et qu'il languit. Voilà une résolution prise sur sa langueur présente et le souvenir du passé. Remarquez que sa volonté ne se forme pas d'elle-même; cela est essentiel. Cette volonté néanmoins ne doit pas trop nous arrêter : tout est vicieux au sein du vice; la sagesse d'un homme faible est aussi fragile que lui; l'occasion en est le tombeau. Voici donc déjà l'habitude qui combat les sages conseils. L'habitude est toujours puissante, même sur un corps languissant; pour peu que les esprits soient mus, leurs profondes traces se rouvrent, et leur donnent un cours plus facile. Près de l'objet de son amour, l'homme que je viens de vous peindre éprouve ce fatal pouvoir; son sang circule avec vitesse, sa faiblesse même s'anime, ses craintes et ses réflexions disparaissent comme des ombres. Pourrait-il songer à la mort lorsqu'il sent renaître sa vie, et prévoir la douleur lorsqu'il est enivré de plaisir? Sa force et son feu se rallument. Ce n'est pas qu'il ait oublié sa première résolution; peut-être est-elle encore présente, mais comme un souvenir fâcheux qui chancelle et s'évanouit; des désirs plus doux la combattent; l'objet de ses terreurs est loin, le plaisir est proche et certain; il y touche en mille manières par les sens ou par la pensée; le parfum d'une fleur que l'on vient de cueillir ne pénètre pas aussi vite que les impressions du plaisir; le goût des mets les plus rares n'entre pas si avant dans un homme affamé, ni celui d'un vin délicieux dans la pensée d'un ivrogne. Cependant l'expérience mêle encore quelque inquiétude à ces sentiments flatteurs; de secrets retours les balancent; des volontés commencées tombent et meurent aussitôt; la proximité du plaisir et la prévoyance des peines opposent entre eux ces désirs, les éteignent et les raniment : faites attention à cela. Mais enfin qu'est-ce que la vie, lorsqu'elle est abîmée dans la vue de la mort, dans une tristesse sauvage, sans plaisir et sans liberté? Quelle folie de quitter le présent pour l'avenir, le certain pour l'incertain! Les voluptés les plus molles trouvent leur contre-poison; le régime, les remèdes réparent bientôt les forces. Ce n'est point un mal sans ressource que de céder à l'occasion; une seule faiblesse est-elle sans retour? Dorénavant l'on peut fuir le danger; mais on a tant fait de chemin!..... Là-dessus vient un regard qui donne d'autres pensées; la crainte et la raison se cachent, le charme les dissipe, et la volonté dominante se consomme dans le plaisir.

— Mais si cet homme, direz-vous, voulait retenir ses idées, sa première résolution ne s'effacerait pas ainsi. — S'il le voulait bien, d'accord; mais je l'ai déjà dit, et je le répète encore, cet homme ne peut le vouloir; que ses réflexions n'aient la force de créer cette volonté; or, ses sensations plus puissantes exténuent ses réflexions, et ses réflexions exténuées produisent des désirs si faibles, qu'ils cèdent sans résistance à l'impression des sens.

Sentez donc dans ces exemples la vérité des principes que j'ai établis, faites-en l'application. Le voluptueux de sang-froid connaît et veut son vrai bien, qui est la vie et la santé; près de l'objet de sa passion, il en perd le goût et l'idée; conséquemment il s'en éloigne, il court après un bien trompeur. Lorsque la raison s'offre à lui, son affection se tourne vers elle; lorsqu'elle fait place au mensonge, ou que, captivée par l'objet présent, son affection change aussi, sa volonté suit ses idées ou ses sentiments actuels : rien n'est si simple que cela.

La raison et les passions, les vices et la vertu dominent ainsi tour à tour selon leur degré de force et selon nos habitudes; selon notre tempérament, nos principes, nos mœurs; selon les occasions, les pensées, les objets, qui sont sous les yeux de l'esprit. Jésus-Christ a marqué cette disposition et cette faiblesse des hommes en leur apprenant la prière Craignez, dit-il, les tentations; priez Dieu qu'il vous en éloigne, et qu'il vous détourne du mal. Mais les hommes, peu capables de replier leur esprit, prennent ce pouvoir qui est en eux, d'être mus indifféremment vers toute sorte d'objets par leur volonté toute seule, pour une indépendance totale. Il est bien vrai que leur cœur est maniable en tous sens; mais leurs désirs orgueilleux dépendent de leurs pensées, et leurs pensées de Dieu seul. C'est donc dans cette puissance de nous mouvoir de nous-mêmes, selon les lois de notre être, que consiste la liberté : cependant ces lois dépendent des lois de la création, car elles sont éternelles, et Dieu seul peut les changer par les effets de sa grâce.

Vous pouvez, si vous le voulez, user d'une distinction, n'appeler point liberté les mouvements des passions nés d'une action étrangère, quoiqu'elle soit invisible; vous ne donnerez ce nom qu'aux seules dispositions qui soumettent nos démarches aux règles de la raison : toutefois ne sortez point d'un principe irréfutable; reconnaissez toujours que la raison même, la sagesse et la vertu ne sont que des dépendances du principe de notre être, ou des impulsions nouvelles de Dieu, qui donne la vie et le mouvement à tout.

Mais, afin de retenir ces vérités importantes, permettez que je les place sous le même point de vue. Nous avons mis d'abord toute la liberté à pouvoir agir de nous-mêmes et de notre propre gré; nous avons reconnu cette puissance en nous, quoiqu'elle y soit limitée par les objets extérieurs; nous n'admettons point cependant de volontés indépendantes des lois de la création, parce que cela serait impie et contraire à l'expérience, à la raison, à la Foi; mais cette dépendance nécessaire ne détruit point la liberté; elle nous est même extrêmement utile. Que serait-ce qu'une volonté sans guide, sans règle, sans cause? Il est heureux pour nous qu'elle soit dirigée ou par nos sentiments ou par notre raison ; car nos sentiments, nos idées ne diffèrent point de nous-mêmes, et nous sommes vraiment libres, lorsque les objets extérieurs ne nous meuvent point malgré nous.

La volonté rappelle ou suspend nos idées ; nos idées forment ou varient les lois de la volonté; les lois de la volonté sont par là des dépendances des lois de la création; mais les lois de la création ne nous sont point étrangères; elles constituent notre être; elles forment notre essence, elles sont entièrement nôtres, et nous pouvons dire hardiment que nous agissons par nous-mêmes, quand nous n'agissons que par elles.

La violence que nos désirs souffrent des objets du dehors est entièrement distincte de la nécessité de nos actions. Une action involontaire n'est point libre; mais une action nécessaire peut être volontaire, et libre, par conséquent. Ainsi la nécessité n'exclut point la liberté; la religion les admet l'une et l'autre : la Foi, la raison, l'expérience s'accordent à cette opinion; c'est par elle que l'on concilie l'Écriture avec elle-même et avec nos propres lumières : qui pourrait la rejeter?

Connaissons donc ici notre sujétion profonde. Que l'erreur, la superstition se fondent à la lumière présente à nos yeux; que leurs ombres soient dissipées, qu'elles tombent, qu'elles s'effacent aux rayons de la vérité, comme des fantômes trompeurs! Adorons la hauteur de Dieu, qui règne dans tous les esprits, comme il règne sur tous les corps; déchirons le voile funeste qui cache à nos faibles regards la chaîne éternelle du monde et la gloire du Créateur! Quel spectacle admirable que ce concert éternel de tant d'ouvrages immenses, et tous assujettis à des lois immuables! O majesté invisible! votre puissance infinie les a tirés du néant, et l'univers entier dans vos mains formidables est comme un fragile roseau. L'orgueil indocile de l'homme oserait-il murmurer de sa subordination? Dieu seul pouvait être parfait; il fallait donc qu'il soumit l'homme à cet ordre inévitable, comme les autres créatures; en sorte que l'homme pût leur communiquer son action, et recevoir la leur. Ainsi, les objets extérieurs forment des idées dans l'esprit, ces idées des sentiments, ces sentiments des volontés, ces volontés des actions en nous, et hors de nous. Une dépendance si noble dans toutes les parties de ce vaste univers doit conduire nos réflexions à l'unité de son principe; cette subordination fait la solide grandeur des êtres subordonnés. L'excellence de l'homme est dans sa dépendance; sa sujétion nous étale deux images merveilleuses, la puissance infinie de Dieu et la dignité de notre âme : la puissance de Dieu, qui comprend toutes choses, et la dignité de notre âme, émanée d'un si grand principe, vivante, agissante en lui, et participante ainsi de l'infinité de son être par une si belle action.

L'homme, indépendant, serait un objet de mépris; toute gloire, toute ressource, cessent aussitôt pour lui; la faiblesse et la misère sont son unique partage; le sentiment de son imperfection fait son supplice éternel. Mais le même sentiment, quand on admet sa dépendance, fait sa plus douce espérance; il lui découvre d'abord le néant des biens finis, et le ramène à son principe, qui veut le rejoindre à lui, et qui peut seul assouvir ses désirs dans la possession de lui-même.

Cependant, comme nos esprits se font sans cesse illusion, la main qui forma l'univers est toujours étendue sur l'homme; Dieu détourne loin de nous les impressions passagères de l'exemple et du plaisir; sa grâce victorieuse sauve ses élus sans combat, et Dieu met dans tous les hommes des sentiments très-capables de les ramener au bien et à la vérité, si des habitudes plus fortes ou des sensations plus vives ne les retenaient dans l'erreur. Mais, comme il est ordinaire qu'une grâce, suffisante pour les âmes modérées, cède à l'impétuosité d'un génie vif et sensible, nous devons attendre en tremblant les secrets jugements de Dieu, courber notre esprit sous la Foi, et nous écrier avec saint Paul : O profondeur éternelle, qui peut sonder tes abimes? qui peut expliquer pourquoi le péché du premier homme s'est étendu sur sa race? pourquoi des peuples entiers, qui n'ont point connu la vie, sont réservés à la mort? pourquoi tous les humains, pouvant être sauvés, sont tous exposés à périr?

RÉPONSES AUX CONSÉQUENCES DE LA NÉCESSITÉ

PREMIÈRE RÉPONSE

Je ne détruis en aucune manière la nécessité des bonnes œuvres, en établissant la nécessité de nos actions. Il est vrai qu'on peut inférer de mes principes, que ces mêmes œuvres sont en nous des grâces de Dieu; qu'elles ne reçoivent leur prix que de la mort du Sauveur, et que Dieu couronne dans les justes ses propres bienfaits. Mais cette conséquence est conforme à la Foi, et si conforme, qu'une autre doctrine lui serait tout à fait contraire, et ne pourrait pas s'expliquer. Ne me demandez donc pas pourquoi la nécessité des bonnes œuvres, dès que leur mérite ne vient pas de nous? car ce n'est pas à moi à vous répondre là-dessus; c'est à l'Église. On vous demanderait aussi pourquoi la mort de Jésus-Christ? Dieu ne pouvait-il pas faire qu'Adam ne péchât jamais? Ne pouvait-il racheter son péché que par le sang de son Fils? Sans doute un Dieu tout-puissant pouvait changer tout cela; il pouvait créer les hommes aussi heureux que les anges, il pouvait les faire naître sans péché : de même il pouvait nous sauver ou nous condamner sans les œuvres. Qui doute de ces vérités? Cependant il ne le veut pas, et cette raison doit suffire, parce qu'il n'y a rien qui répugne à l'idée d'un être parfait dans une pareille doctrine, et que, n'ayant point de prétexte pour la rejeter, nous avons l'autorité de l'Église pour l'accepter; ce qui fait pencher la balance et décide la question.

— Mais, poursuivez-vous, si c'est Dieu qui

est l'auteur de nos bonnes œuvres; et que tout soit en nous par lui, il est aussi l'auteur du mal, et conséquemment vicieux : blasphème qui fait horreur. Or, je vous demande à mon tour, qu'entendez-vous par le mal? Je sais bien que les vices sont en nous quelque chose de mauvais, parce qu'ils entraînent toutes sortes de désordres et la ruine des sociétés. Mais les maladies ne sont-elles pas mauvaises, les pestes, les inondations? Cependant cela vient de Dieu, et c'est lui qui fait les monstres et les plus nuisibles animaux; c'est lui qui crée en nous un esprit si fini et un cœur si dépravé, que, s'il a mis dans notre esprit le principe des erreurs, et dans notre cœur le principe des vices, comme on ne peut le nier, pourquoi répugnerait-il de le faire auteur de nos fautes et de toutes nos actions? Nos actions ne tirent leur être, leur mérite ou leur démérite, que du principe qui les a produites : or, si nous reconnaissons que Dieu a fait le principe qui est mauvais, pourquoi refuser de croire qu'il est l'auteur des actions, qui n'en sont que les effets? N'y a-t-il pas contradiction dans ce bizarre refus?

— Il ne sert de rien de répondre que Dieu met en nous la raison pour contenir ce principe vicieux, et que nous nous perdons par le mauvais usage que nous faisons de notre volonté. Notre volonté n'est corrompue que par ce mauvais principe, et ce mauvais principe vient de Dieu; car il est manifeste que le Créateur a donné aux créatures leur degré d'imperfection. Il n'eût pu les former parfaites, vu qu'il ne peut y avoir qu'un seul être parfait : ainsi elles sont imparfaites, et comme imparfaites, vicieuses; car le vice n'est autre chose qu'une sorte d'imperfection. Mais de ce que la créature est imparfaite, doit-on tirer que Dieu l'est? et de ce que la créature imparfaite est vicieuse, peut-on conclure que le Créateur est vicieux?

— Au moins serait-il injuste, direz-vous, de punir dans les créatures une imperfection nécessaire. — Oui, selon l'idée que vous avez de la justice; mais ne répugne-t-il pas à cette même idée que Dieu punisse le péché d'Adam jusque dans sa postérité, et qu'il impute aux peuples idolâtres l'infraction des lois qu'ils ignorent?

Que répondez-vous cependant, lorsqu'on vous oppose cela? Vous dites que la justice de Dieu n'est point semblable à la nôtre; qu'elle n'est point dépendante de nos faibles préjugés; qu'elle est au-dessus de notre raison et de notre esprit. Eh! qui m'empêche de répondre la même chose? il n'y a pas de suite dans votre créance, ou du moins dans vos discours; car, lorsqu'on vous presse un peu sur le péché originel et sur le reste, vous dites qu'on n'a pas là d'idée de la justice de Dieu; et lorsque vous me combattez, vous voulez qu'on y en attache une qui condamne mes sentiments, et alors vous n'hésitez point à rendre la justice divine semblable à la justice humaine! Ainsi vous changez les définitions des choses selon vos besoins. Je suis de meilleure foi, je dis librement ma pensée : je crois que Dieu peut à son gré disposer de ses créatures, ou pour un supplice éternel, ou pour un bonheur infini, parce qu'il est le maître, et qu'il ne nous doit rien. Je n'ai sur cela qu'un langage, vous ne m'en verrez pas changer. Je ne pense donc pas que la justice humaine soit essentielle au Créateur : elle nous est indispensable, parce qu'elle est des lois de Dieu la plus vive et la plus expresse; mais l'auteur de cette loi ne dépend que de lui seul, n'a que sa volonté pour règle, son bonheur pour unique fin. Il est vrai qu'il n'y a rien au monde de meilleur que la justice, que l'équité, que la vertu; mais ce qu'il y a de plus grand dans les hommes, est tellement imparfait, qu'il ne saurait convenir à celui qui est parfait; c'est même une superstition que de donner nos vertus à Dieu. Cependant il est juste en un sens, il l'a dit; nous devons le croire. Or voici quelle est sa justice : il donne une règle aux hommes, qui doit juger leurs actions, et il les juge exactement par cette règle; il n'y déroge jamais. Par cette égalité constante, il justifie bien sa parole, puisque la justice n'est autre chose que l'amour de l'égalité; mais cette égalité qu'il met entre les hommes, n'est point entre les hommes et lui. Peut-il y avoir de l'égalité dans une distance infinie des créatures au Créateur? cela se peut-il concevoir? — Il se contredit, dites-vous, s'il est vrai qu'il nous donne une loi dont il nous écarte lui-même. — Non, il ne se contredit point, sa loi n'est point sa volonté ; il nous a donné cette loi pour qu'elle jugeât nos actions ; mais comme il ne veut pas nous rendre tous heureux, il ne veut pas non plus que tous suivent sa loi : rien de si facile à connaître.

— Dieu n'est donc pas bon, direz-vous. — Il est bon, puisqu'il donne à tant de créatures des grâces qu'il ne leur doit point, et qu'il les sauve ainsi gratuitement. Il aurait plus de bonté, selon nos faibles idées, s'il voulait nous sauver tous. Sans doute il le pourrait, puisqu'il est tout-puissant ; mais puisqu'il le pourrait et qu'il ne le fait pas, il faut conclure qu'il ne le veut pas, et qu'il a raison de ne le pas vouloir.

— Il le veut, selon nous, me répondrez-vous ; mais c'est nous qui lui résistons. — O le puissant raisonnement ! Quoi ! celui qui peut tout, peut donc vouloir en vain ; il manque donc quelque chose à sa puissance ou à sa volonté ? car si l'une et l'autre étaient entières, qui pourrait leur résister ? Sa volonté, dit-on, n'est que conditionnelle, c'est sous des conditions qu'il veut notre salut ; mais quelle est cette volonté ? Dieu peut tout, il sait tout ; et il veut mon salut, que je ne ferai pas, qu'il sait que je ne ferai pas, et qu'il tient à lui d'opérer ! Ainsi Dieu veut une chose qu'il sait qui n'arrivera pas, et qu'il pourrait faire arriver ! Quelle étrange contradiction ! Si un homme sachant que je veux me noyer, et pouvant m'en empêcher sans qu'il lui en coûte rien, et m'ôter même cette funeste volonté, me laissait cependant mourir et suivre ma résolution, dirait-on qu'il veut me sauver, tandis qu'il me laisse périr ? Tant de nations idolâtres que Dieu laisse dans l'erreur, et qu'il aveugle lui-même, comme le dit l'Écriture, prouvent-elles, par leur misère et par leur abandonnement, que Dieu veut aussi leur salut ? Il est mort pour tous, j'en conviens ; c'est-à-dire que sa mort les a tous rendus capables d'être lavés des souillures du péché originel, et d'aspirer au ciel qui leur était fermé, grâce qu'ils n'avaient point avant. Mais de ce que tous sont rendus capables d'être sauvés, peut-on conclure que Dieu veut les sauver tous ? Si vous le dites pour ne pas vous rendre, pour défendre votre opinion, voilà en effet une fuite ; mais si c'est pour nous persuader, y parviendrez-vous par là, et osez-vous l'espérer ? Pensez-vous qu'un Américain, d'un esprit simple et grossier, comme sont la plupart des hommes, qui ne connaît pas Jésus-Christ, à qui l'on n'en a jamais parlé, et qui meurt dans un culte impie, soutenu par l'exemple de ses ancêtres, et défendu par tous ses docteurs, pensez-vous, dis-je, que Dieu veuille aussi sauver cet homme, qu'il a si fort aveuglé ? pensez-vous au moins qu'on le croie sur votre simple affirmation, et vous-même le croyez-vous ?

— Vous craignez, dites-vous, que ma doctrine ne tende à corrompre les hommes, et à les désespérer. — Pourquoi donc cela, je vous prie ? qu'ai-je dit à cet effet ? J'enseigne, il est vrai, que les uns sont destinés à jouir, et les autres à souffrir toute l'éternité. C'est là la créance inviolable de tous ceux qui sont dans l'Église, et j'avoue que c'est un mystère que nous ne comprenons pas. Mais voici ce que nous savons avec la dernière évidence ; voici ce que Dieu nous apprend. Ceux qui pratiqueront la loi sont destinés à jouir, ceux qui la transgresseront à souffrir ; il n'en faut pas savoir davantage pour conduire ses actions, et pour s'éloigner du mal. J'avoue que si cette notion ne se trouve pas suffisante, si elle ne nous entraîne pas, c'est qu'elle trouve en nous des obstacles plus forts ; mais il faut convenir aussi que, bien loin de nous pervertir, rien n'est plus capable au contraire de nous convertir ; et ceux qui s'abandonnent dans la vue de leur sujétion, agissent contre les lumières de la plus simple raison, quoique nécessairement.

Il ne faut donc pas dire que notre doctrine soit plus dangereuse que les autres ; rien n'est moins vrai que cela ; elle a l'avantage de concilier l'Écriture avec elle-même et vos propres contradictions. Il est vrai qu'elle laisse des obscurités ; mais elle n'établit point d'absurdités, elle ne se contredit pas. Cependant je sais le respect que l'on doit aux explications adoptées par l'Église ; et si l'on peut me faire voir que les miennes leur sont contraires, ou même qu'elles s'en éloignent, quelque vraies qu'elles me paraissent, j'y renonce de tout mon cœur, sachant combien notre esprit sur de semblables matières est sujet à l'illusion, et que la vérité ne peut pas se trouver hors de l'Église catholique, et du Pape qui en est le chef.

DEUXIÈME RÉPONSE.

On dit : Si tout est nécessaire, il n'y a plus de vice. — Je réponds qu'une chose est bonne ou mauvaise en elle-même, et nullement parce qu'elle est nécessaire ou ne l'est pas. Qu'un homme soit malade parce qu'il le veut, ou qu'il soit malade sans le vouloir, cela ne revient-il pas au même? Celui qui s'est blessé lui-même à la chasse, n'est-il pas aussi réellement blessé que celui qui a reçu à la guerre un coup de fusil? Et celui qui est en délire pour avoir trop bu, n'est-il pas aussi réellement fou pendant quelques heures, que celui qui l'est devenu par maladie? Dira-t-on que Dieu n'est point parfait, parce qu'il est nécessairement parfait? Ne faut-il pas dire, au contraire, qu'il est d'autant plus parfait, qu'il ne peut être imparfait? S'il n'était pas nécessairement parfait, il pourrait déchoir de sa perfection, à laquelle il manquerait un plus haut degré d'excellence, et qui dès lors ne mériterait plus ce nom. Il en est de même du vice, plus il est nécessaire, plus il est vice; rien n'est plus vicieux dans le monde que ce qui, par son fond, est incapable d'être bien.

— Mais, dira quelqu'un, si le vice est une maladie de notre âme, il ne faut donc pas traiter les vicieux autrement que des malades. — Sans difficulté : rien n'est si juste, rien n'est plus humain. Il ne faut pas traiter un scélérat autrement qu'un malade; mais il faut le traiter comme un malade. Or, comment en use-t-on avec un malade? par exemple, avec un blessé qui a la gangrène dans le bras? Si on peut sauver le bras sans risquer le corps, on sauve le bras; mais si on ne peut sauver le bras qu'au péril du corps, on le coupe, n'est-il pas vrai? Il faut donc en user de même avec un scélérat : si on peut l'épargner sans faire tort à la société dont il est membre, il faut l'épargner; mais si le salut de la société dépend de sa perte, il faut qu'il meure; cela est dans l'ordre.—Mais Dieu punira-t-il aussi ce misérable dans l'autre monde, qui a été puni dans celui-ci, et qui n'a vécu d'ailleurs que selon les lois de son être?

— Cette question ne regarde pas les philosophes, c'est aux théologiens à la décider.—Ah! du moins, continue-t-on, en punissant le criminel qui nuit à la société, vous ne direz pas que c'est un homme faible et méprisable, un homme odieux. — Et pourquoi ne le dirais-je pas? Ne dites-vous pas vous-même d'un homme qui manque d'esprit, que c'est un sot? et de celui qui n'a qu'un œil, ne dites-vous pas qu'il est borgne? Assurément, ce n'est pas leur faute s'ils sont ainsi faits. — Cela est tout différent, répondez-vous : je dis d'un homme qui manque d'esprit que c'est un sot; mais je ne le méprise point. — Tant mieux; vous faites fort bien; car si cet homme qui manque d'esprit à l'âme grande, vous vous tromperiez en disant que c'est un homme méprisable; mais de celui qui manque en même temps d'esprit et de cœur, vous ne pouvez pas vous tromper en disant qu'il est méprisable, parce que dire qu'un homme est méprisable, c'est dire qu'il manque d'esprit et de cœur. Or, on n'est point injuste quand on ne pense en cela que ce qui est vrai et ce qu'il est très-impossible de ne pas penser. A l'égard de ceux que la nature a favorisés des beautés du génie ou de la vertu, il faudrait être bien peu raisonnable pour se défendre de les aimer, par cette raison qu'ils tiennent tous ces biens de la nature. Quelle absurdité! Quoi, parce que M. de Voltaire est né poëte, j'estimerais moins ses poésies? parce qu'il est né humain, j'honorerais moins son humanité? parce qu'il est né grand et sociable, je n'aimerais pas tendrement toutes ses vertus? C'est parce que toutes ces choses se trouvent en lui invinciblement, que je l'en aime et l'en estime davantage; et comme il ne dépend pas de lui de n'être pas le plus beau génie de son siècle, il ne dépend pas de moi de n'être pas le plus passionné de ses admirateurs et de ses amis. Il est bon nécessairement, je l'aime de même. Qu'y a-t-il de beau et de grand que ce que la nature a fait? Qu'y a-t-il de difforme et de faible que ce qu'elle a produit dans sa rigueur? Quoi de plus aimable que ses dons, ou de plus terrible que ses coups? — Mais, poursuivez-vous, malgré cela je ne puis m'empêcher d'excuser un homme que la nature seule a fait méchant. — Eh bien, mon ami, excusez-le : pourquoi vous défendre de la pitié ? La nature a rempli le cœur des bons de l'horreur du vice ; mais elle y a mis aussi la compassion pour tempérer cette haine trop fière, et les rendre plus indulgents. Si la créance de la nécessité augmente encore ces sentiments d'humanité, si elle rappelle plus fortement les hommes à la clémence, quel plus beau système ? Ô mortels, tout est nécessaire : le rien ne peut rien engendrer ; il faut donc que le premier principe de toutes choses soit éternel ; il faut que les êtres créés, qui ne sont point éternels, tiennent tout ce qui est en eux de l'Être éternel qui les a faits. Or, s'il y avait dans l'esprit de l'homme quelque chose de véritablement indépendant ; s'il y avait, par exemple, une volonté qui ne dépendit pas du sentiment et de la réflexion qui la précèdent, il s'ensuivrait que cette volonté serait à elle-même son principe. Ainsi il faudrait dire qu'une chose qui a commencé, a pu se donner l'être avant que d'être ; il faudrait dire que cette volonté qui hier n'était point, s'est pourtant donné l'existence qu'elle a aujourd'hui : effet impossible et contradictoire. Ce que je dis de la volonté, il est aisé de l'appliquer à toute autre chose ; il est, dis-je, aisé de sentir que c'est une loi générale à laquelle est soumise toute la nature. En un mot, je me trompe fort, ou c'est une contradiction de dire qu'une chose est, et qu'elle n'est pas nécessairement. Ce principe est beau et fécond ; et je crois qu'on en peut tirer les conséquences les plus lumineuses sur les matières les plus difficiles : mais le malheur veut que les philosophes ne fassent qu'entrevoir la vérité, et qu'il y en ait peu de capables de la mettre dans un beau jour.

SUR LA JUSTICE.

La justice est le sentiment d'une âme amoureuse de l'ordre, et qui se contente *du sien*. Elle est le fondement des sociétés ; nulle vertu n'est plus utile au genre humain, nulle n'est consacrée à meilleur titre. Le potier ne doit rien à l'argile qu'il a pétrie, dit saint Paul ; Dieu ne peut être injuste. Cela est visible ; mais nous en concluons qu'il est donc juste, et nous nous étonnons qu'il juge tous les hommes par la même loi, quoiqu'il ne donne pas à tous la même grâce ; et quand on nous démontre que cette conduite est formellement opposée aux principes de l'équité, nous disons que la justice divine n'est point semblable à la justice humaine. Qu'on définisse donc cette justice contraire à la nôtre ; il n'est pas raisonnable d'attacher deux idées différentes au même terme, pour lui donner tantôt un sens, tantôt un autre, selon nos besoins ; et il faudrait ôter toute équivoque sur une matière de cette importance.

SUR LA PROVIDENCE.

Les inondations ou la sécheresse font périr les fruits ; le froid excessif dépeuple la terre des animaux qui n'ont point d'abri ; les maladies épidémiques ravagent en tous lieux l'espèce humaine et changent de vastes royaumes en déserts ; les hommes se détruisent eux-mêmes par les guerres, et le faible est la proie du fort. Celui qui ne possède rien, s'il ne peut travailler, qu'il meure ; c'est la loi du sort ; il diminue et s'évanouit à la face du soleil, délaissé de toute la terre. Les bêtes se dévorent aussi entre elles : le loup, l'épervier, le faucon, si les animaux plus faibles leur échappent, périssent eux-mêmes : rivaux de la barbare cruauté des hommes, ils se partagent ses restes sanglants, et ne vivent que de carnage. Ô terre, ô terre ! tu n'es qu'un tombeau et un champ couvert de dépouilles ; tu n'enfantes que pour la mort. Qui t'a donné l'être ? Ton âme paraît endormie dans ses fers. Qui préside à tes mouvements ? Que faut-il admirer dans ta constante et invariable imperfection ? Ainsi s'exhale le chagrin d'un philosophe qui ne connaît que la raison et la nature sans révélation.

SUR L'ÉCONOMIE DE L'UNIVERS.

Tout ce qui a l'être a un ordre ; c'est-à-dire une certaine manière d'exister qui lui est aussi essentielle que son être même : pétrissez au hasard un morceau d'argile ; en quelque état que vous le laissiez, cette argile aura des rapports, une forme et des proportions, c'est-à-dire un ordre, et cet ordre subsistera tant qu'un agent supérieur s'abstiendra de le déranger. Il ne faut donc pas s'étonner que l'univers ait ses lois et une certaine économie. Je vous défie de concevoir un seul atome sans cet attribut. — Mais, dit-on, ce qui étonne, ce n'est pas que l'univers ait un ordre immuable et nécessaire, mais c'est la beauté, la grandeur et la magnificence de son ordre. Faibles philosophes! entendez-vous bien ce que vous dites? Savez-vous que vous n'admirez que les choses qui passent vos forces ou vos connaissances? Savez-vous que si vous compreniez bien l'univers, et qu'il ne s'y rencontrât rien qui passât les limites de votre pouvoir, vous cesseriez aussitôt de l'admirer? C'est donc votre très-grande petitesse qui fait un colosse de l'univers. C'est votre faiblesse infinie qui vous le représente dans votre poussière, animé d'un esprit si vaste, si puissant et si prodigieux. Cependant, tout petits, tout bornés que vous êtes, vous ne laissez pas d'apercevoir de grands défauts dans cet infini, et il vous est impossible de justifier tous les maux moraux et physiques que vous y éprouvez. Vous dites que c'est la faiblesse de votre esprit qui vous empêche de voir l'utilité et la bienséance de ces désordres apparents. Mais pourquoi ne croyez-vous pas tout aussi bien que c'est cette même faiblesse de vos lumières qui vous empêche de saisir le vice des beautés apparentes que vous admirez? Vous répondez que l'univers a la meilleure forme possible, puisque Dieu l'a fait tel qu'il est. Cette solution est d'un théologien, non d'un philosophe. Or, c'est par cet endroit qu'elle me touche, et je m'y soumets sans réserve; mais je suis bien aise de faire connaître que c'est par la théologie et non par la vanité de la philosophie, qu'on peut prouver les dogmes de la religion.

IMITATION DE PASCAL

SUR LA RELIGION CHRÉTIENNE.

— La religion chrétienne, disent tous les théologiens, est au-dessus de la raison. — Mais elle ne peut être contre la raison : car si une chose pouvait être vraie et être néanmoins contraire à la raison, il n'y aurait aucun signe certain de vérité.

— La vérité de la révélation est prouvée par les faits, continuent-ils : ce principe posé conformément à la raison, elle-même doit se soumettre aux mystères révélés qui la passent.

— Oui, répondent les libertins, les faits prouvés par la raison prouveraient la religion, même dans ce qui passe la raison; mais quelle démonstration peut-on avoir sur des faits, et principalement sur des faits merveilleux que l'esprit de parti peut avoir altérés ou supposés en tant de manières?

Une seule démonstration, ajoutent-ils, doit prévaloir sur les plus fortes et les plus nombreuses apparences. Ainsi la plus grande probabilité de nos miracles ne contre-balancerait pas une démonstration de la contradiction de nos mystères, supposé que l'on en eût une.

Il est donc question de savoir qui a pour soi la démonstration ou l'apparence. S'il n'y avait que des apparences dans les deux partis, dès lors il n'y aurait plus de règle : car comment compter et peser toutes ces probabilités? S'il y avait, au contraire, des démonstrations des deux côtés, on serait dans la même peine, puisqu'alors la démonstration ne distinguerait plus la vérité. Ainsi la vraie religion n'est pas seulement obligée de se démontrer, mais il faut encore qu'elle fasse voir qu'il n'y a de démonstration que de son côté. Aussi le fait-elle, et ce n'est pas sa faute si les théologiens, qui ne sont pas tous éclairés, ne choisissent pas bien leurs preuves.

DU STOÏCISME ET DU CHRISTIANISME.

Les stoïciens n'étaient pas prudents, car ils promettaient le bonheur dès cette vie, dont nous connaissons tous par expérience les misères. Leur propre conscience devait les accuser et les convaincre d'imposture.

Ce qui distingue notre sainte religion de cette secte, c'est qu'en nous proposant, comme ces philosophes, des vertus surnaturelles, elle nous donne des secours surnaturels. Les libertins disent qu'ils ne croient pas à ces secours; et la preuve qu'ils donnent de leur fausseté, c'est qu'ils prétendent être aussi honnêtes gens que les vrais dévots, et qu'à leur avis un Socrate, un Trajan et un Marc-Aurèle valaient bien un David et un Moïse; mais ces raisons-là sont si faibles qu'elles ne méritent pas qu'on les combatte.

ILLUSIONS DE L'IMPIE.

I

La religion chrétienne, qui est la dominante dans ce continent, y a rendu les Juifs odieux et les empêche de former des établissements. Ainsi les prophéties, dit l'insensé, s'accomplissent par la tyrannie de ceux qui les croient et que leur religion oblige de les accomplir.

II

Les Juifs, continue cet impie, ont été devant Jésus-Christ haïs et séparés de tous les peuples de la terre; ils ont été dispersés et méprisés comme ils le sont. Cette dernière dispersion à la vérité est plus affreuse, car elle est plus longue, et elle n'est pas accompagnée des mêmes consolations; cependant ajoute l'impie, leur état présent n'est pas assez différent de leurs calamités passées, pour leur paraître un motif indispensable de conversion.

III

Toute notre religion, poursuit-il, est appuyée sur l'immortalité de l'âme, qui n'était pas un dogme de foi chez les Juifs. Comment donc a-t-on pu nous dire de deux religions, différentes dans un objet capital, qu'elles ne composent qu'une seule et même doctrine? Quel est le sectaire ou l'idolâtre qui ne prouvera pas la perpétuité de sa foi, si une telle diversité, dans un tel article, ne la détruit pas?

IV

On dit ordinairement : Si Moïse n'avait pas desséché les eaux de la mer, aurait-il eu l'impudence de l'écrire à la face de tout un peuple qu'il prenait à témoin de ce miracle? Voici la réponse de l'impie : Si le peuple eût passé la mer au travers des eaux suspendues, s'il eût été nourri pendant quarante ans par un miracle continuel, aurait-il eu l'imbécillité d'adorer un veau, à la face du Dieu qui se manifestait par ces prodiges, et de son serviteur Moïse?

J'ai honte de répéter de pareils raisonnements. Voilà cependant les plus fortes objections de l'impiété. Cette extrême faiblesse de leurs discours n'est-elle pas une preuve sensible de nos vérités?

VANITÉ DES PHILOSOPHES.

Faibles hommes! s'écrie un orateur, osez-vous vous fier encore aux prestiges de la raison qui vous a trompés tant de fois? Avez-vous oublié ce qu'est la vie, et la mort qui va la finir? ensuite il leur peint avec force la terrible incertitude de l'avenir, la fausseté ou la faiblesse des vertus humaines, la rapidité des plaisirs qui s'effacent comme des songes et s'enfuient avec la vie; il profite du penchant que nous avons à craindre ce que nous ne connaissons pas, et à souhaiter quelque chose de meilleur que ce que nous connaissons; il emploie les menaces et les promesses, l'espérance et la crainte, vrais ressorts de l'esprit humain, qui persuadent bien mieux que la raison; il nous interroge nous-mêmes et nous dit : N'est-il pas vrai que vous n'avez jamais été solidement heureux? — Nous en convenons. — N'est-il pas vrai que vous n'avez aucune certitude de ce qui doit suivre la mort? — Nous n'osons encore le nier. — Pourquoi donc, mes amis, continue-t-il, refuseriez-vous d'adopter ce qu'ont cru vos pères, ce que vous ont annoncé successivement tant de grands hommes, la seule chose qui puisse nous consoler des maux de la vie et de l'amertume de la mort?

Ces paroles prononcées avec véhémence nous étonnent, et nous nous disons les uns aux autres : Cet homme connaît bien le cœur humain; il nous a convaincus de toutes nos misères. — Les a-t-il guéries? répond un philosophe. — Non, il ne l'a pu. — Vous a-t-il donné des lumières, continue-t-il, sur les choses qu'il vous a convaincus de ne pas savoir? — Aucune. — Que vous a-t-il donc enseigné? — Il nous a promis, répondons-nous, après cette vie, un bonheur éternel et sans mélange, et la possession immuable de la vérité. — Hé, messieurs, dit ce philosophe, ne tient-il qu'à promettre pour vous convaincre? Croyez-moi, usez de la vie, soyez sages et laborieux. Je vous promets aussi que s'il y a quelque chose après la mort, vous ne vous repentirez point de m'avoir cru.

Ainsi un sophiste orgueilleux voudrait que l'on se confiât à ses lumières autant qu'on se confie à l'autorité de tout un peuple et de plusieurs siècles; mais les hommes ne lui défèrent qu'autant que leurs passions le leur conseillent, et un clerc n'a qu'à se montrer dans une tribune pour les ramener à leur devoir, tant la vérité a de force.

MÉDITATION SUR LA FOI

AVIS DU LIBRAIRE

L'auteur avait résolu de ne point donner, dans cette nouvelle édition, les deux pièces suivantes, les regardant comme peu assortissantes aux matières sur lesquelles il avait écrit. Son dessein était de les rétablir dans un autre ouvrage où leur genre n'aurait point été déplacé. Mais, la mort qui vient de l'enlever, m'ôtant l'espérance de rien avoir d'un homme si recommandable par la beauté de son génie, par la noblesse de ses pensées, et dont l'unique objet était de faire aimer la vertu, j'ai cru que le public me saurait gré de ne pas le priver de deux écrits aussi admirables pour le fonds que pour la dignité et l'élégance avec lesquelles ils sont traités.

Heureux sont ceux qui ont une foi sensible, et dont l'esprit se repose dans les promesses de la Religion! Les gens du monde sont désespérés si les choses ne réussissent pas selon leurs désirs. Si leur vanité est confondue, s'ils font des fautes, ils se laissent abattre à la douleur: le repos qui est la fin naturelle des peines, fomente leurs inquiétudes; l'abondance, qui devait satisfaire leurs besoins, les multiplie; la raison, qui leur est donnée pour calmer leurs passions, les sert; une fatalité marquée tourne contre eux-mêmes tous leurs avantages. La force de leur caractère qui leur servirait à porter les misères de leur fortune s'ils savaient borner leurs désirs, les pousse à des extrémités qui passent toutes leurs ressources, et les fait errer hors d'eux-mêmes, loin des bornes de la raison. Ils se perdent dans leurs chimères; et pendant qu'ils y sont plongés, et pour ainsi dire abîmés, la vieillesse, comme un sommeil dont on ne peut pas se défendre vers la fin d'un jour laborieux, les accable et les précipite dans la longue nuit du tombeau.

Formez donc vos projets, hommes ambitieux, lorsque vous le pouvez encore; hâtez-vous, achevez vos songes; poussez vos superbes chimères au période des choses humaines. Élevés par cette illusion au dernier degré de la gloire, vous vous convaincrez par vous-mêmes de la vanité des fortunes: à peine vous aurez atteint, sur les ailes de la pensée, le faîte de l'élévation, vous vous sentirez abattus, votre joie mourra, la tristesse corrompra vos magnificences, et jusque dans cette possession imaginaire des faveurs du monde, vous en connaîtrez l'imposture. O mortels! l'espérance enivre; mais la possession sans espérance, même chimérique, traîne le dégoût après elle; au comble des grandeurs du monde, c'est là qu'on en sent le néant.

Seigneur, ceux qui espèrent en vous, s'élèvent sans peine au-dessus de ces réflexions accablantes. Lorsque leur cœur, pressé sous le poids des affaires, commence à sentir la tristesse, ils se réfugient dans vos bras; et là, oubliant leurs douleurs, ils puisent le courage et la paix à leur source. Vous les échauffez sous vos ailes et dans votre sein paternel ; vous faites briller à leurs yeux le flambeau sacré de la Foi ; l'envie n'entre pas dans leur cœur ; l'ambition ne le trouble point ; l'injustice et la calomnie ne peuvent pas même l'aigrir. Les approbations, les caresses, les secours impuissants des hommes, leurs refus, leurs dédains, leurs infidélités ne les touchent que faiblement ; ils n'en exigent rien ; ils n'en attendent rien ; ils n'ont pas mis entre eux leur dernière ressource : la Foi seule est leur saint asile, leur inébranlable soutien. Elle les console de la maladie qui accable les plus fortes âmes, de l'obscurité qui confond l'orgueil des esprits ambitieux, de la vieillesse qui renverse sans ressource les projets et les vœux outrés, de la perte du temps qu'on croit irréparable, des erreurs de l'esprit qui l'humilient sans fin, des difformités corporelles qu'on ne peut ni cacher, ni guérir, enfin des faiblesses de l'âme, qui sont de tous les maux le plus insupportable et le plus irrémédiable. Hélas ! que vous êtes heureuses, âmes simples, âmes dociles ! vous marchez dans des sentiers sûrs. Auguste Religion ! douce et noble créance, comment peut-on vivre sans vous ? Et n'est-il pas bien manifeste qu'il manque quelque chose aux hommes, lorsque leur orgueil vous rejette ? Les astres, la terre, les cieux suivent, dans un ordre immuable, l'éternelle loi de leur être : toute la nature est conduite par une sagesse éclatante, l'homme seul flotte au gré de ses incertitudes et de ses passions tyranniques, plus troublé qu'éclairé de sa faible raison. Misérablement délaissé, conçoit-on qu'un être si noble soit le seul privé de la règle qui règne dans tout l'univers ? ou plutôt n'est-il pas sensible que, n'en trouvant point de solide hors de la Religion chrétienne, c'est celle qui lui fut tracée avant la naissance des cieux ? Qu'oppose l'impie à la foi d'une autorité si sacrée ? Pense-t-il qu'élevé par-dessus tous les êtres, son génie est indépendant ? Et qui nourrirait dans ton cœur un si ridicule mensonge, être infirme ! Tant de degrés de puissance, d'intelligence, que tu sens au delà de toi, ne te font-ils pas soupçonner une souveraine raison ? Tu vis, faible avorton de l'être, tu vis, et tu n'oses assurer que l'être parfait ne soit pas. Misérable, lève les yeux, regarde ces globes de feu qu'une force inconnue condense. Écoute ! tout nous porte à croire que des êtres si merveilleux n'ont pas le secret de leur cours ; ils ne sentent pas leur grandeur ni leur éternelle beauté ; ils sont comme s'ils n'étaient pas. Parle donc ; qui jouit de ces êtres aveugles qui ne peuvent jouir d'eux-mêmes ? Qui met un accord si parfait entre tant de corps si divers, si puissants, si impétueux ? D'où naît leur concert éternel ? D'un mouvement simple, incréé... Je t'entends ; mais ce mouvement qui opère ces grandes merveilles, les sait-il, ne les sait-il pas ? Tu sais que tu vis ; nul insecte n'ignore sa propre existence, et le seul principe de l'être, l'âme de l'univers !... O prodige ! ô blasphème ! l'âme de l'univers !... O puissance invisible ! pouvez-vous souffrir cet outrage ! Vous parlez, les astres s'ébranlent, l'être sort du néant, les tombeaux sont féconds ; et l'impie vous défie avec impunité ; il vous brave ; il vous nie ! O parole exécrable ! il vous brave, il respire encore, et il croit triompher de vous ! O Dieu ! détournez loin de moi les effets de votre vengeance ? O Christ ! prenez-moi sous votre aile. Esprit saint, soutenez ma foi jusqu'à mon dernier soupir !

PRIÈRE.

O Dieu ! qu'ai-je fait ? Quelle offense arme votre bras contre moi ? Quelle malheureuse faiblesse m'attire votre indignation ? Vous versez dans mon cœur malade le fiel et l'ennui qui le rongent ; vous séchez l'espérance au fond de ma pensée ; vous noyez ma vie d'amertume ; les plaisirs, la santé, la jeunesse, m'échappent ; la gloire, qui flatte de loin les songes d'une âme ambitieuse, vous me ravissez tout...

Être juste, je vous cherchai sitôt que je pus vous connaître ; je vous consacrai mes hommages et mes vœux innocents dès ma plus tendre enfance, et j'aimai vos saintes rigueurs. Pourquoi m'avez-vous délaissé ? Pourquoi, lorsque l'orgueil, l'ambition, les plaisirs m'ont tendu leurs pièges infidèles... C'était sous leurs traits que mon cœur ne pouvait se passer d'appui.

J'ai laissé tomber un regard sur les dons enchanteurs du monde, et soudain vous m'avez quitté ; et les ennuis, les soucis, les remords, les douleurs, ont en foule inondé ma vie.

O mon âme ! montre-toi forte dans ces rigoureuses épreuves, sois patiente; espère à ton Dieu, tes maux finiront; rien n'est stable; la terre elle-même et les cieux s'évanouiront comme un songe. Tu vois ces nations et ces trônes qui tiennent la terre asservie : tout cela périra. Écoute, le jour du Seigneur n'est pas loin, il viendra; l'univers surpris sentira les ressorts de son être épuisés, et ses fondements ébranlés : l'aurore de l'éternité luira dans le fond des tombeaux, et la mort n'aura plus d'asiles.

O révolution effroyable! l'homicide et l'incestueux jouissaient en paix de leurs crimes, et dormaient sur des lits de fleurs : cette voix a frappé les airs, le soleil a fait sa carrière, la face des cieux a changé. A ces mots, les mers, les montagnes, les forêts, les tombeaux frémissent, la nuit parle, les vents s'appellent.

Dieu vivant! ainsi vos vengeances se déclarent et s'accomplissent; ainsi vous sortez du silence et des ombres qui vous couvraient. O Christ! votre règne est venu. Père, Fils, Esprit éternel! l'univers aveuglé ne pouvait vous comprendre : l'univers n'est plus, mais vous êtes; vous êtes, vous jugez les peuples : le faible, le fort, l'innocent, l'incrédule, le sacrilège, tous sont devant vous. Quel spectacle! je me tais; mon âme se trouble et s'égare en son propre fonds. Trinité formidable au crime, recevez mes humbles hommages.

RÉFLEXIONS CRITIQUES SUR QUELQUES POËTES

I
LA FONTAINE.

Lorsqu'on a entendu parler de La Fontaine, et qu'on vient à lire ses ouvrages, on est étonné d'y trouver, je ne dis pas plus de génie, mais plus même de ce qu'on appelle de l'esprit, qu'on n'en trouve dans le monde le plus cultivé. On remarque avec la même surprise la profonde intelligence qu'il fait paraître de son art, et on admire qu'un esprit si fin ait été en même temps si naturel[1].

Il serait superflu de s'arrêter à louer l'harmonie variée et légère de ses vers; la grâce, le tour, l'élégance, les charmes naïfs de son style et de son badinage. Je remarquerai seulement que le bon sens et la simplicité sont les caractères dominants de ses écrits. Il est bon d'opposer un tel exemple à ceux qui cherchent la grâce et le brillant hors de la raison et de la nature. La simplicité de La Fontaine donne de la grâce à son bon sens, et son bon sens rend sa simplicité piquante : de sorte que le brillant de ses ouvrages naît peut-être essentiellement de ces deux sources réunies. Rien n'empêche au moins de le croire; car pourquoi le bon sens, qui est un don de la nature, n'en aurait-il pas l'agrément? La raison ne déplait, dans la plupart des hommes, que parce qu'elle leur est étrangère. Un bon sens naturel est presque inséparable d'une grande simplicité; et une simplicité éclairée est un charme que rien n'égale.

Je ne donne pas ces louanges aux grâces d'un homme si sage pour dissimuler ses défauts. Je crois qu'on peut trouver dans ses écrits plus de style que d'invention, et plus de négligence que d'exactitude. Le nœud et le fond de ses Contes ont peu d'intérêt, et les sujets en sont bas. On y remarque quelquefois bien des longueurs, et un air de crapule qui ne saurait plaire. Ni cet auteur n'est parfait en ce genre, ni ce genre n'est assez noble.

II
BOILEAU.

Boileau prouve, autant par son exemple que par ses préceptes, que toutes les beautés des

[1] Dans la première édition on lit :
« Et on ne peut comprendre que le mot d'*instinct* ait été employé avec une affectation particulière à marquer le caractère d'un esprit si fin. » — Ce reproche allait droit à Voltaire.

bons ouvrages naissent de la vive expression et de la peinture du vrai ; mais cette expression si touchante appartient moins à la réflexion, sujette à l'erreur, qu'à un sentiment très-intime et très-fidèle de la nature[1]. La raison n'était pas distincte, dans Boileau, du sentiment : c'était son instinct : aussi a-t-elle animé ses écrits de cet intérêt qu'il est si rare de rencontrer dans les ouvrages didactiques.

Cela met, je crois, dans son jour, ce que je viens de toucher en parlant de La Fontaine. S'il n'est pas ordinaire de trouver de l'agrément parmi ceux qui se piquent d'être raisonnables, c'est peut-être parce que la raison est entée dans leur esprit, où elle n'a qu'une vie artificielle et empruntée ; c'est parce qu'on honore trop souvent du nom de raison une certaine médiocrité de sentiment et de génie, qui assujettit les hommes aux lois de l'usage, et les détourne des grandes hardiesses, sources ordinaires des grandes fautes.

Boileau ne s'est pas contenté de mettre de la vérité et de la poésie dans ses ouvrages, il a enseigné son art aux autres ; il a éclairé tout son siècle, il en a banni le faux goût, autant qu'il est permis de le bannir de chez les hommes. Il fallait qu'il fût né avec un génie bien singulier, pour échapper, comme il a fait, aux mauvais exemples de ses contemporains, et pour leur imposer ses propres lois. Ceux qui bornent le mérite de sa poésie à l'art et à l'exactitude de sa versification, ne font pas peut-être attention que ses vers sont pleins de pensées, de vivacité, de saillies, et même d'invention de style. Admirable dans la justesse, dans la solidité et la netteté de ses idées, il a su conserver ces caractères dans ses expressions, sans perdre de son feu et de sa force ; ce qui témoigne incontestablement un grand talent.

Je sais bien que quelques personnes[2], dont l'autorité est respectable, ne nomment génie dans les poëtes que l'invention dans le dessein de leurs ouvrages. Ce n'est, disent-ils, ni l'harmonie, ni l'élégance des vers, ni l'imagination dans l'expression, ni même l'expression du sentiment, qui caractérisent le poëte : ce sont, à leur avis, les pensées mâles et hardies, jointes à l'esprit créateur. Par là on prouverait que Bossuet et Newton ont été les plus grands poëtes de la terre ; car certainement l'invention, la hardiesse et les pensées mâles ne leur manquaient pas. J'ose leur répondre que c'est confondre les limites des arts, que d'en parler de la sorte. J'ajoute que les plus grands poëtes de l'antiquité tels qu'Homère, Sophocle, Virgile, se trouveraient confondus avec une foule d'écrivains médiocres, si on ne jugeait d'eux que par le plan de leurs poëmes et par l'invention du dessein ; et non par l'invention du style, par leur harmonie, par la chaleur de leur versification et enfin par la vérité de leurs images.

Si l'on est donc fondé à reprocher quelque défaut à Boileau, ce n'est pas, à ce qu'il me semble, le défaut de génie[1] ; c'est au contraire d'avoir eu plus de génie que d'étendue ou de profondeur d'esprit, plus de feu et de vérité que d'élévation et de délicatesse, plus de solidité et de sel dans la critique, que de finesse ou de gaieté, et plus d'agrément que de grâce. On l'attaque encore sur quelques-uns de ses jugements qui semblent injustes ; et je ne prétends pas qu'il fût infaillible.

III

CHAULIEU.

Chaulieu a su mêler, avec une simplicité noble et touchante, l'esprit et le sentiment. Ses vers négligés, mais faciles, et remplis d'imagination, de vivacité et de grâce, m'ont toujours paru supérieurs à sa prose, qui n'est le plus souvent qu'ingénieuse. On ne peut s'em-

---

[1] La première édition ajoutait : « La vérité se fane dans nos réflexions, et des mains pesantes et dures en emportent toute la fleur. »

[2] Voltaire entre autres.

[1] VARIANTE : « C'est une injustice de lui refuser le génie : le premier, il a connu l'art des vers, et n'y a été surpassé que par deux ou trois hommes d'un plus grand esprit ; il a plus fait, il a détrompé son siècle des faux brillants et des mauvais ouvrages. Il avait éminemment le goût du vrai, sans lequel on ne réussit dans aucun genre, et qui est toujours le fondement du génie. Si son goût et sa raison ne s'étendaient point à tout, s'il a été injuste pour quelques auteurs, s'il a manqué lui-même de sentiment et de délicatesse, d'élévation et de profondeur, c'est qu'il n'est point donné aux hommes de réunir tous les talents. Il ne faut pas pour cela juger d'eux par leurs défauts, car quel homme estimerait-on, si on ne l'appréciait que par ses erreurs et par ses endroits faibles ? Qu'on me nomme un général qui n'ait pas fait de fautes, un roi sans faiblesses, un écrivain, quel qu'il soit, sans défauts ! »

pêcher de regretter qu'un auteur si aimable n'ait pas plus écrit, et n'ait pas travaillé avec le même soin tous ses ouvrages.

[Quelque différence que l'on ait mise, avec beaucoup de raison, entre l'esprit et le génie, il semble que le génie de l'abbé de Chaulieu ne soit essentiellement que beaucoup d'esprit naturel. Cependant il est remarquable que tout cet esprit n'a pu faire d'un poëte, d'ailleurs si aimable, un grand homme ni un grand génie[1].]

IV
MOLIÈRE.

Molière me paraît un peu répréhensible d'avoir pris des sujets trop bas. La Bruyère, animé à peu près du même génie, a peint avec la même vérité et la même véhémence que Molière les travers des hommes ; mais je crois que l'on peut trouver plus d'éloquence et plus d'élévation dans ses peintures.

On peut mettre encore ce poëte en parallèle avec Racine. L'un et l'autre ont parfaitement connu le cœur de l'homme, l'un et l'autre se sont attachés à peindre la nature. Racine la saisit dans les passions des grandes âmes; Molière dans l'humeur et les bizarreries des gens du commun. L'un a joué avec un agrément inexplicable les petits sujets ; l'autre a traité les grands avec une sagesse et une majesté touchantes. Molière a ce bel avantage que ses dialogues jamais ne languissent : une forte et continuelle imitation des mœurs passionne ses moindres discours. Cependant, à considérer simplement ces deux auteurs comme poëtes, je crois qu'il ne serait pas juste d'en faire comparaison. Sans parler de la supériorité du genre sublime[2] donné à Racine, on trouve dans Molière tant de négligences et d'expressions bizarres et impropres, qu'il y a peu de poëtes, si j'ose le dire, moins corrects et moins purs que lui.

On peut se convaincre de ce que je dis en lisant le poëme du *Val-de-Grâce*, où Molière n'est

[1] Cet alinéa ne se lit que dans la première édition.
[2] Cette préférence presque exclusive que donne Vauvenargues au genre sublime, et qui tenait à son caractère, explique son injustice envers Molière, injustice qui, sans cela, serait difficile à concevoir dans un homme d'un esprit aussi juste, et d'un goût généralement aussi sûr que le sien. (*Note de M. Suard.*)

que poëte : on n'est pas toujours satisfait. *En pensant bien, il parle souvent mal*, dit l'illustre archevêque de Cambrai ; *il se sert des phrases les plus forcées et les moins naturelles. Térence dit en quatre mots, avec la plus élégante simplicité, ce que celui-ci ne dit qu'avec une multitude de métaphores qui approchent du galimatias. J'aime bien mieux sa prose que ses vers*[1], etc.

Cependant l'opinion commune est qu'aucun des auteurs de notre théâtre n'a porté aussi loin son genre que Molière a poussé le sien ; et la raison en est, je crois, qu'il est plus naturel que tous les autres. — C'est une leçon importante pour tous ceux qui veulent écrire.

V, VI.
CORNEILLE ET RACINE.

Je dois à la lecture des ouvrages de M. de Voltaire le peu de connaissance que je puis avoir de la poésie. Je lui proposai mes idées, lorsque j'eus envie de parler de Corneille et de Racine ; et il eut la bonté de me marquer les endroits de Corneille qui méritent le plus d'admiration, pour répondre à une critique que j'en avais faite. Engagé par là à relire ses meilleures tragédies, j'y trouvai sans peine les rares beautés que m'avait indiquées M. de Voltaire. Je ne m'y étais pas arrêté en lisant autrefois Corneille, refroidi ou prévenu par ses défauts, et né, selon toute apparence, moins sensible au caractère de ses perfections. Cette nouvelle lumière me fit craindre de m'être trompé encore sur Racine et sur les défauts mêmes de Corneille : mais ayant relu l'un et l'autre avec quelque attention, je n'ai pas changé de pensée à cet égard, et voici ce qu'il me semble de ces hommes illustres.

Les héros de Corneille disent souvent de grandes choses sans les inspirer : ceux de Racine les inspirent sans les dire. Les uns parlent et toujours trop, afin de se faire connaître ; les autres se font connaître parce qu'ils parlent. Surtout Corneille paraît ignorer que les grands hommes se caractérisent souvent davantage par les choses qu'ils ne disent pas que par celles qu'ils disent.

Lorsque Racine veut peindre Acomat, Osmin

[1] Œuvres choisies de Fénelon, t. II, p. 244, *Lettres sur l'éloquence*, § vii, in-8°. Paris, 1821.

l'assure de l'amour des janissaires ; ce vizir répond :

> Quoi! tu crois, cher Osmin, que ma gloire passée
> Flatte encor leur valeur, et vit dans leur pensée?
> Crois-tu qu'ils me suivraient encore avec plaisir,
> Et qu'ils reconnaîtraient la voix de leur vizir?
> (*Bajazet*, acte I, scène I.)

On voit dans les deux premiers vers un général disgracié, que le souvenir de sa gloire et l'attachement des soldats attendrissent sensiblement ; dans les deux derniers un rebelle qui médite quelque dessein : voilà comme il échappe aux hommes de se caractériser sans en avoir l'intention. On en trouverait dans Racine beaucoup d'exemples plus sensibles que celui-ci. On peut voir, dans la même tragédie, que lorsque Roxane, blessée des froideurs de Bajazet, en marque son étonnement à Atalide et que celle-ci proteste que ce prince l'aime, Roxane répond brièvement :

> Il y va de sa vie, au moins, que je le croie.
> (*Bajazet*, acte III, scène VI.)

Ainsi cette sultane ne s'amuse point à dire : « Je suis d'un caractère fier et violent. J'aime « avec jalousie et avec fureur. Je ferai mourir « Bajazet s'il me trahit. » Le poëte tait ces détails qu'on pénètre assez d'un coup d'œil, et Roxane se trouve caractérisée avec plus de force. Voilà la manière de peindre de Racine : il est rare qu'il s'en écarte ; et j'en rapporterais de grands exemples, si ses ouvrages étaient moins connus.

[Il est vrai qu'il la quitte un peu, par exemple, lorsqu'il met dans la bouche du même Acomat :

> . . . . Et, s'il faut que je meure,
> Mourons; moi, cher Osmin, comme un vizir ; et toi,
> Comme le favori d'un homme tel que moi.
> (*Bajazet*, acte IV, scène VII.)

Ces paroles ne sont peut-être pas d'un grand homme ; mais je les cite, parce qu'elles semblent imitées du style de Corneille ; c'est là ce que j'appelle, en quelque sorte, parler pour se faire connaître et dire de grandes choses sans les inspirer[1].]

[1] Ce qui se lit entre crochets a été supprimé dans la seconde édition.

Mais écoutons Corneille même, et voyons de quelle manière il caractérise ses personnages. C'est le Comte qui parle dans le *Cid* :

> Les exemples vivants sont d'un autre pouvoir;
> Un prince dans un livre apprend mal son devoir.
> Et qu'a fait, après tout, ce grand nombre d'années,
> Que ne puisse égaler une de mes journées?
> Si vous fûtes vaillant, je le suis aujourd'hui;
> Et ce bras du royaume est le plus ferme appui.
> Grenade et l'Aragon tremblent quand ce fer brille :
> Mon nom sert de rempart à toute la Castille;
> Sans moi, vous passeriez bientôt sous d'autres lois,
> Et vous auriez bientôt vos ennemis pour rois.
> Chaque jour, chaque instant, pour rehausser ma gloire,
> Met lauriers sur lauriers, victoire sur victoire !
> Le prince à mes côtés ferait, dans les combats,
> L'essai de son courage à l'ombre de mon bras;
> Il apprendrait à vaincre en me regardant faire,
> Et...
> (*Le Cid*, acte I, scène VI.)

Il n'y a peut-être personne aujourd'hui qui ne sente la ridicule ostentation de ces paroles, et je crois qu'elles ont été citées longtemps avant moi. Il faut les pardonner au temps où Corneille a écrit, et aux mauvais exemples qui l'environnaient. Mais voici d'autres vers qu'on loue encore, et qui, n'étant pas aussi affectés, sont plus propres, par cet endroit même, à faire illusion. C'est Cornélie, veuve de Pompée, qui parle à César :

> César, car le destin, que dans tes fers je brave,
> M'a fait ta prisonnière, et non pas ton esclave;
> Et tu ne prétends pas qu'il m'abatte le cœur,
> Jusqu'à te rendre hommage et te nommer seigneur.
> De quelque rude attrait qu'il m'ose avoir frappée,
> Veuve du jeune Crasse et veuve de Pompée,
> Fille de Scipion, et pour dire encore plus,
> Romaine, mon courage est encore au-dessus.
>
> Je te l'ai déjà dit, César, je suis Romaine :
> Et quoique ta captive, un cœur comme le mien,
> De peur de s'oublier ne te demande rien.
> Ordonne ; et, sans vouloir qu'il tremble ou s'humilie,
> Souviens-toi seulement que je suis Cornélie.
> (*Pompée*, acte III, scène IV.)

Et dans un autre endroit où la même Cornélie parle de César, qui punit les meurtriers du grand Pompée :

> Tant d'intérêts sont joints à ceux de mon époux,
> Que je ne devrais rien à ce qu'il fait pour nous,
> Si, comme par soi-même, un grand cœur juge un autre,
> Je n'aimais mieux juger sa vertu par la nôtre.
> Et croire que nous seuls armons ce combattant,
> Parce qu'au point qu'il est, j'en voudrais faire autant.
> (*Pompée*, acte V, scène I.)

Il me paraît, dit encore Fénelon[1], *qu'on a donné souvent aux Romains un discours trop fastueux... Je ne trouve point de proportion entre l'emphase avec laquelle Auguste parle dans la tragédie de Cinna, et la simplicité avec laquelle Suétone le dépeint dans tout le détail de ses mœurs. Tout ce que nous voyons dans Tite-Live, dans Plutarque, dans Cicéron, dans Suétone, nous représente les Romains comme des hommes hautains dans leurs sentiments, mais simples, naturels et modestes dans leurs paroles*, etc.

Cette affectation de grandeur que nous leur prêtons, m'a toujours paru le principal défaut de notre théâtre, et l'écueil ordinaire des poëtes. Je n'ignore pas que la hauteur est en possession d'imposer à l'esprit humain; mais rien ne décèle plus parfaitement aux esprits fins une hauteur fausse et contrefaite, qu'un discours fastueux et emphatique[2].

Il est aisé d'ailleurs aux moindres poëtes de mettre dans la bouche de leurs personnages des paroles fières. Ce qui est difficile, c'est de leur faire tenir ce langage hautain avec vérité et à propos. C'était le talent admirable de Racine, et celui qu'on a le moins daigné remarquer dans ce grand homme. Il y a toujours si peu d'affectation dans ses discours, qu'on ne s'aperçoit pas de la hauteur qu'on y rencontre. Ainsi lorsque Agrippine, arrêtée par l'ordre de Néron, et obligée de se justifier, commence par ces mots si simples :

Approchez-vous, Néron, et prenez votre place.
On veut, sur vos soupçons, que je vous satisfasse;
(*Britannicus*, acte IV, scène II.)

je ne crois pas que beaucoup de personnes fassent attention qu'elle commande, en quelque manière, à l'empereur de s'approcher et de s'asseoir; elle qui était réduite à rendre compte de sa vie, non à son fils, mais à son maître. Si elle eût dit comme Cornélie :

Néron, car le destin que dans tes fers je brave,
M'a fait ta prisonnière, et non pas ton esclave;
Et tu ne prétends pas qu'il m'abatte le cœur,
Jusqu'à te rendre hommage, et te nommer seigneur...

alors je ne doute pas que bien des gens n'eussent applaudi à ces paroles, et les eussent trouvées fort élevées.

Corneille est tombé trop souvent dans ce défaut de prendre l'ostentation pour la hauteur, et la déclamation pour l'éloquence; et ceux qui se sont aperçus qu'il était peu naturel à beaucoup d'égards, ont dit, pour le justifier, qu'il s'était attaché à peindre les hommes tels qu'ils devraient être. Il est donc vrai du moins qu'il ne les a pas peints tels qu'ils étaient. C'est un grand aveu que cela. Corneille a cru donner sans doute à ses héros un caractère supérieur à celui de la nature. Les peintres n'ont pas eu la même présomption. Lorsqu'ils ont voulu peindre les anges, ils ont pris les traits de l'enfance ; ils ont rendu cet hommage à la nature, leur riche modèle. C'était néanmoins un beau champ pour leur imagination ; mais c'est qu'ils étaient persuadés que l'imagination des hommes, d'ailleurs si féconde en chimères, ne pouvait donner de la vie à ses propres inventions. Si Corneille eût fait attention que tous les panégyriques étaient froids, il en aurait trouvé la cause en ce que les orateurs voulaient accommoder les hommes à leurs idées, au lieu de former leurs idées sur les hommes.

Mais l'erreur de Corneille ne me surprend point : le bon goût n'est qu'un sentiment fin et fidèle de la belle nature, et n'appartient qu'à ceux qui ont l'esprit naturel. Corneille, né dans un siècle plein d'affectation, ne pouvait avoir le goût juste. Aussi l'a-t-il fait paraître non-seulement dans ses ouvrages, mais encore dans le choix de ses modèles, qu'il a pris chez les Espagnols et les Latins, auteurs pleins d'enflure, dont il a préféré la force gigantesque à la simplicité plus noble et plus touchante des poëtes grecs.

De là ses antithèses affectées, ses négligences basses, ses licences continuelles, son obscurité, son emphase, et enfin ces phrases synonymes, où la même pensée est plus remaniée que la division d'un sermon.

De là encore ces disputes opiniâtres, qui refroidissent quelquefois les plus fortes scènes, et où l'on croit assister à une thèse publique de philosophie, qui noue les choses pour les dénouer. Les premiers personnages de ses tragé-

---

[1] Œuvres choisies de Fénelon, *Lettre sur l'éloquence*, t. II, § VI, p. 238 et suiv. Paris, 1821.
[2] La première édition ajoutait : « Si l'on y voulait réfléchir, on verrait que rien n'est moins dans le caractère des grands hommes que ce style. »

dies argumentent alors avec la tournure et les subtilités de l'école, et s'amusent à faire des jeux frivoles de raisonnements et de mots, comme des écoliers ou des légistes.

[Comme lorsque Cinna dit :

> Que le peuple aux tyrans ne soit plus exposé :
> S'il eût puni Sylla, César eût moins osé.
> *(Cinna, acte II, scène II.)*

Car il n'y a personne qui ne prévienne la réponse de Maxime :

> Mais la mort de César, que vous trouvez si juste,
> A servi de prétexte aux cruautés d'Auguste.
> Voulant nous affranchir, Brute s'est abusé ;
> S'il n'eût puni César, Auguste eût moins osé.
> *(Cinna, acte II, scène II.)*

Il faut avouer que ces jeux frivoles de raisonnement sont d'un goût encore bien barbare[1].]

Cependant je suis moins choqué de ces subtilités, que des grossièretés de quelques scènes[2]. Par exemple, lorsque Horace quitte Curiace, c'est-à-dire, dans un dialogue d'ailleurs admirable, Curiace parle ainsi d'abord :

> Je vous connais encore, et c'est ce qui me tue.
> Mais cette âpre vertu ne m'était point connue :
> Comme notre malheur, elle est au plus haut point ;
> Souffrez que je l'admire, et ne l'imite point.
> *(Horace, acte II, scène III.)*

Horace, le héros de cette tragédie, lui répond :

> Non, non, n'embrassez pas de vertu par contrainte ;
> Et, puisque vous trouvez plus de charme à la plainte,
> En toute liberté goûtez un bien si doux.
> Voici venir ma sœur pour se plaindre avec vous.
> *(Horace, acte II, scène III.)*

Ici Corneille veut peindre apparemment une valeur féroce ; mais la férocité s'exprime-t-elle ainsi contre un ami et un rival modeste ? La fierté est une passion fort théâtrale ; mais elle dégénère en vanité et en petitesse, sitôt qu'elle se montre sans qu'on la provoque[3].

Me permettra-t-on de le dire ? Il me semble que l'idée des caractères de Corneille est presque toujours assez grande ; mais l'exécution en est quelquefois bien faible, et le coloris faux ou peu agréable. Quelques-uns des caractères de Racine peuvent bien manquer de grandeur dans le dessein ; mais les expressions sont toujours de main de maître, et puisées dans la vérité et la nature. J'ai cru remarquer encore qu'on ne trouvait guère dans les personnages de Corneille, de ces traits simples qui annoncent une grande étendue d'esprit. Ces traits se rencontrent en foule dans Roxane, dans Agrippine, Joad, Acomat, Athalie.

Je ne puis cacher ma pensée : il était donné à Corneille de peindre des vertus austères, dures et inflexibles ; mais il appartient à Racine de caractériser les esprits supérieurs, et de les caractériser sans raisonnements et sans maximes, par la seule nécessité où naissent les grands hommes d'imprimer leur caractère dans leurs expressions. Joad ne se montre jamais avec plus d'avantage que lorsqu'il parle avec une simplicité majestueuse et tendre au petit Joas, et qu'il semble cacher tout son esprit pour se proportionner à cet enfant : de même Athalie. Corneille, au contraire, se guinde souvent pour élever ses personnages ; et l'on est étonné que le même pinceau ait caractérisé quelquefois l'héroïsme avec des traits si naturels et si énergiques[1].

[Que dirai-je encore de la pesanteur qu'il donne quelquefois aux plus grands hommes ? Auguste, en parlant à Cinna, fait d'abord un exorde de rhéteur. Remarquez que je prends l'exemple de tous ses défauts dans les scènes les plus admirées.

> Prends un siége, Cinna, prends ; et, sur toute chose,
> Observe exactement la loi que je t'impose ;
> Prête, sans me troubler, l'oreille à mes discours ;
> D'aucun mot, d'aucun cri, n'en interromps le cours ;
> Tiens ta langue captive ; et si ce grand silence
> A ton émotion fait trop de violence,
> Tu pourras me répondre, après tout, à loisir :
> Sur ce point seulement contente mon désir.
> *(Cinna, acte V, scène I.)*

---

[1] Ce que nous imprimons entre crochets a été supprimé dans la seconde édition.

[2] La première édition ajoutait : « Et de la fastueuse petitesse que Corneille mêle quelquefois à la fierté de ses héros. »

[3] Au lieu et place de cette dernière phrase, on lit dans la première édition : « Ou plutôt dans les circonstances où se trouvent les deux héros, le mépris affecté d'Horace n'est-il pas le langage d'une ostentation grossière et puérile ? »

[1] Le texte soumis au jugement de Voltaire était : Corneille, au contraire, se guinde souvent pour atteindre à la grandeur, et fait des efforts si sensibles, qu'on dirait qu'elle ne lui est pas naturelle. »

[2] L'entre-crochets que nous conservons a été qualifié par Voltaire de *détestable critique d'un morceau d'his-*

De combien la simplicité d'Agrippine, dans *Britannicus*, est-elle plus noble et plus naturelle !

> Approchez-vous, Néron, et prenez votre place :
> On veut, sur vos soupçons, que je vous satisfasse.
> (*Britannicus*, acte IV, scène II.)

Cependant, lorsqu'on fait le parallèle de ces deux poëtes, il semble qu'on ne convienne de l'art de Racine que pour donner à Corneille l'avantage du génie. Qu'on emploie cette distinction pour marquer le caractère d'un faiseur de phrases, je la trouverai raisonnable ; mais lorsqu'on parle de l'art de Racine, l'art qui met toutes les choses à leur place ; qui caractérise les hommes, leurs passions, leurs mœurs, leur génie ; qui chasse les obscurités, les superfluités, les faux brillants ; qui peint la nature avec feu, avec sublimité et avec grâce[1] ; que peut-on penser d'un tel art, si ce n'est qu'il est le génie des hommes extraordinaires, et l'original même de ces règles que les écrivains sans génie embrassent avec tant de zèle, et avec si peu de succès ? Qu'est-ce, dans la *Mort de César*[2], que l'art des harangues d'Antoine, si ce n'est le génie d'un esprit supérieur, et celui de la vraie éloquence ?

C'est le défaut trop fréquent de cet art, qui gâte les plus beaux ouvrages de Corneille. Je ne dis pas que la plupart de ses tragédies ne soient très-bien imaginées et très-bien conduites. Je crois même qu'il a connu mieux que personne l'art des situations et des contrastes ; mais l'art des expressions et l'art des vers, qu'il a si souvent négligés ou pris à faux, déparent ses autres beautés. Il paraît avoir ignoré que pour être lu avec plaisir, ou même pour faire illusion à tout le monde dans la représentation d'un poëme dramatique, il fallait, par une éloquence continue, soutenir l'attention des spectateurs, qui se relâche et se rebute nécessairement quand les détails sont négligés. Il y a longtemps qu'on a dit que l'expression était la principale partie de tout ouvrage écrit en vers ; c'est le sentiment des grands maîtres, qu'il n'est pas besoin de justifier. Chacun sait ce qu'on souffre, je ne dis pas à lire de mauvais vers, mais même à entendre mal réciter un bon poëme. Si l'emphase d'un comédien détruit le charme naturel de la poésie, comment l'emphase même du poëte ou l'impropriété de ses expressions ne dégoûteraient-elles pas les esprits justes de sa fiction et de ses idées[1] ?

Racine n'est pas sans défauts. Il a mis quelquefois dans ses ouvrages un amour faible qui fait languir son action. Il n'a pas conçu assez fortement la tragédie. Il n'a point assez fait agir ses personnages. On ne remarque pas dans ses écrits autant d'énergie que d'élévation, ni autant de hardiesse que d'égalité. Plus savant encore à faire naître la pitié que la terreur, et l'admiration que l'étonnement, il n'a pu atteindre au tragique de quelques poëtes. Nul homme n'a eu en partage tous les dons. Si d'ailleurs on veut être juste, on avouera que personne ne donna jamais au théâtre plus de pompe, n'éleva plus haut la parole, et n'y versa plus de douceur. Qu'on examine ses ouvrages sans prévention : quelle facilité ! quelle abondance ! quelle poésie ! quelle imagination dans l'expression ! Qui créa jamais une langue ou plus magnifique, ou plus simple, ou plus variée, ou plus noble, ou plus harmonieuse et plus touchante ? Qui mit jamais autant de vérité dans ses dialogues, dans ses images, dans ses caractères, dans l'expression des passions ? Serait-il trop hardi de dire que c'est le plus beau génie que la France ait eu, et le plus éloquent de ses poëtes ?

Corneille a trouvé le théâtre vide, et a eu l'avantage de former le goût de son siècle sur son caractère. Racine a paru après lui et a partagé les esprits. S'il eût été possible de changer cet ordre, peut-être qu'on aurait jugé de l'un et de l'autre fort différemment.

---

toire consacré. — Vauvenargues ne l'a pas reproduit dans la deuxième édition.

[1] Première édition : « Qui peint la nature dans sa perfection, libre, forte, féconde, aisée, pleine de sublimité et de grâce. »

[2] Tragédie de Voltaire.

[1] Dans la première édition, au lieu de cet alinéa, on lit : « On trouve aussi des exemples dans Corneille, mais plus rares, de l'art dont je parle, et s'il avait écrit plus tard, on ne peut pas savoir à quelle perfection il aurait porté ses ouvrages ; mais puisqu'ils ne sont pas purgés de la barbarie de son siècle, on peut croire qu'il n'avait pas reçu de la nature ce génie supérieur aux erreurs de l'exemple, et qui semble fait tout exprès pour servir de modèle aux hommes, tel, peut-être, que celui de Pascal, qui écrivait les *Lettres Provinciales* dans le temps que Corneille donnait ses chefs-d'œuvre. »

— Oui, dit-on; mais Corneille est venu le premier, et il a créé le théâtre. — Je ne puis souscrire à cela. Corneille avait de grands modèles parmi les Anciens; Racine ne l'a point suivi : personne n'a pris une route, je ne dis pas plus différente, mais plus opposée : personne n'est plus original à meilleur titre. Si Corneille a droit de prétendre à la gloire des inventeurs, on ne peut l'ôter à Racine. Mais si l'un et l'autre ont eu des maîtres, lequel a choisi les meilleurs et les a le mieux imités?

On reproche à Racine de n'avoir pas donné à ses héros le caractère de leur siècle et de leur nation : mais les grands hommes sont de tous les âges et de tous les pays. On rendrait le vicomte de Turenne et le cardinal de Richelieu méconnaissables en leur donnant le caractère de leur siècle. Les âmes véritablement grandes ne sont telles que parce qu'elles se trouvent en quelque manière supérieures à l'éducation et aux coutumes[1]. Je sais qu'elles retiennent toujours quelque chose de l'un et de l'autre; mais le poëte peut négliger ces bagatelles, qui ne touchent pas plus au fond du caractère que la coiffure et l'habit du comédien, pour ne s'attacher qu'à peindre vivement les traits d'une nature forte et éclairée, et ce génie élevé qui appartient également à tous les peuples. Je ne vois point d'ailleurs que Racine ait manqué à ces prétendues bienséances du théâtre. Ne parlons pas des tragédies faibles de ce grand poëte, *Alexandre*, *la Thébaïde*, *Bérénice*, *Esther*, dans lesquelles on pourrait citer encore de grandes beautés. Ce n'est point par les essais d'un auteur, et par le plus petit nombre de ses ouvrages, qu'on en doit juger, mais par le plus grand nombre de ses ouvrages, et par ses chefs-d'œuvre. Qu'on observe cette règle avec Racine, et qu'on examine ensuite ses écrits. Dira-t-on qu'Acomat, Roxane, Joad, Athalie, Mithridate, Néron, Agrippine, Burrhus, Narcisse, Clytemnestre, Agamemnon, etc., n'aient pas le caractère de leur siècle, et celui que les historiens leur ont donné? Parce que Bajazet et Xipharès ressemblent à Britannicus, parce qu'ils ont un caractère faible pour le théâtre, quoique naturel, sera-t-on fondé à prétendre que Racine n'ait pas su caractériser les hommes, lui dont le talent éminent était de les peindre avec vérité et avec noblesse?

[Bajazet, Xipharès, Britannicus, caractères si critiqués, ont la douceur et la délicatesse de nos mœurs, qualités qui ont pu se rencontrer chez d'autres hommes, et n'en ont pas le ridicule, comme on l'insinue. Mais je veux qu'ils soient plus faibles qu'ils ne me le paraissent : quelle tragédie a-t-on vue où tous les personnages fussent de la même force? Cela ne se peut : Mathan et Abner sont peu considérables dans *Athalie*, et cela n'est pas un défaut, mais privation d'une beauté plus achevée. Que voit-on d'ailleurs de plus sublime que toute cette tragédie? Que reprocher donc à Racine? d'avoir mis quelquefois dans ses ouvrages un amour faible, tel peut-être qu'il est déplacé au théâtre? Je l'avoue; mais ceux qui se fondent là-dessus pour bannir de la scène une passion si générale et si violente, passent, ce me semble, dans un autre excès.

Les grands hommes sont grands dans leurs amours, et ne sont jamais plus aimables. L'amour est le caractère le plus tendre de l'humanité, et l'humanité est le charme et la perfection de la nature[1].]

Je reviens encore à Corneille, afin de finir ce discours. Je crois qu'il a connu mieux que Racine le pouvoir des situations et des contrastes. Ses meilleures tragédies, toujours fort au-dessous, par l'expression, de celles de son rival, sont moins agréables à lire, mais plus intéressantes quelquefois dans la représentation, soit par le choc des caractères, soit par l'art des situations, soit par la grandeur des intérêts. Moins intelligent que Racine, il concevait peut-être moins profondément, mais plus fortement ses sujets. Il n'était ni si grand poëte, ni si éloquent; mais il s'exprimait quelquefois avec une grande énergie. Personne n'a des traits plus élevés et plus hardis, personne n'a laissé l'idée d'un dialogue si serré et si véhément; personne n'a peint avec le même bonheur l'inflexibilité

---

[1] La première édition ajoute : « Elles empruntent peu d'autrui, et, si elles tiennent, par quelques endroits, aux préjugés de leur pays, on peut du moins les prendre dans un jour où elles n'offrent que les traits de la nature, leur mère commune. »

[1] Dans sa seconde édition, Vauvenargues, par déférence pour Voltaire, a retranché les deux alinéas que nous avons rétablis entre crochets.

et la force d'esprit qui naissent de la vertu. De ces disputes mêmes que je lui reproche, sortent quelquefois des éclairs qui laissent l'esprit étonné, et des combats qui véritablement élèvent l'âme; et enfin, quoiqu'il lui arrive continuellement de s'écarter de la nature, on est obligé d'avouer qu'il la peint naïvement et bien fortement dans quelques endroits; et c'est uniquement dans ces morceaux naturels qu'il est admirable. Voilà ce qu'il me semble qu'on peut dire sans partialité de ses talents. Mais lorsqu'on a rendu justice à son génie, qui a surmonté si souvent le goût barbare de son siècle, on ne peut s'empêcher de rejeter, dans ses ouvrages, ce qu'ils retiennent de ce mauvais goût, et ce qui servirait à le perpétuer dans les admirateurs trop passionnés de ce grand maître.

Les gens du métier sont plus indulgents que les autres à ces défauts, parce qu'ils ne regardent qu'aux traits originaux de leurs modèles, et qu'ils connaissent mieux le prix de l'invention et du génie. Mais le reste des hommes juge des ouvrages tels qu'ils sont, sans égard pour le temps et pour les auteurs : et je crois qu'il serait à désirer que les gens de lettres voulussent bien séparer les défauts des plus grands hommes de leurs perfections; car si l'on confond leurs beautés avec leurs fautes par une admiration superstitieuse, il pourra bien arriver que les jeunes gens imiteront les défauts de leurs maîtres, qui sont aisés à imiter, et n'atteindront jamais à leur génie.

[Pour moi, quand je fais la critique de tant d'hommes illustres, mon objet est de prendre des idées plus justes de leur caractère.

Je ne crois pas qu'on puisse raisonnablement me reprocher cette hardiesse : la nature a donné aux grands hommes de faire, et laissé aux autres de juger.

Si l'on trouve que je relève davantage les défauts des uns que ceux des autres, je déclare que c'est à cause que les uns me sont plus sensibles que les autres, ou pour éviter de répéter des choses qui sont trop connues.

Pour finir, et marquer chacun de ces poëtes par ce qu'ils ont de plus propre, je dirai que Corneille a éminemment la force, Boileau la justesse, La Fontaine la naïveté, Chaulieu les grâces et l'ingénieux, Molière les saillies et la vive imitation des mœurs, Racine la dignité et l'éloquence.

Ils n'ont pas ces avantages à l'exclusion les uns des autres; ils les ont seulement dans un degré plus éminent, avec une infinité d'autres perfections que chacun y peut remarquer[1].]

VII
J. B. ROUSSEAU.

On ne peut disputer à Rousseau d'avoir connu parfaitement la mécanique des vers. Égal peut-être à Boileau par cet endroit, il l'a surpassé par la force et par la grandeur de ses images; enfin, on pourrait le mettre à côté de ce grand homme, si celui-ci, né à l'aurore du bon goût, n'avait été le maître de Rousseau, et de tous les poëtes de son siècle.

Ces deux excellents écrivains se sont distingués l'un et l'autre par l'art difficile de faire régner dans les vers une extrême simplicité, par le talent d'y conserver le tour et le génie de notre langue, et enfin par cette harmonie continue sans laquelle il n'y a point de véritable poésie.

On leur a reproché, à la vérité, d'avoir manqué de délicatesse et d'expression pour le sentiment. Ce dernier défaut me paraît peu considérable dans Boileau, parce que, s'étant attaché uniquement à peindre la raison, il lui suffisait de la peindre avec vivacité et avec feu, comme il l'a fait : mais l'expression des passions ne lui était pas absolument nécessaire. Son *Art poétique*, et quelques autres de ses ouvrages, approchent de la perfection qui leur est propre; et on n'y regrette point la langue du sentiment, quoiqu'elle puisse entrer peut-être dans tous les genres, et les embellir de ses charmes.

Il n'est pas tout à fait si facile de justifier Rousseau à cet égard. L'ode étant, comme il le dit lui-même, *le véritable champ du pathétique et du sublime*, on voudrait toujours trouver dans les siennes ce haut caractère; mais quoiqu'elles soient dessinées avec une grande noblesse, je ne sais si elles sont toutes assez passionnées. J'excepte quelques-unes des odes sacrées, dont le fond appartient à de plus grands maîtres.

---

[1] Les cinq alinéas entre crochets ont été supprimés dans la seconde édition.

Quant à celles qu'il a tirées de son propre fonds, il me semble qu'en général les fortes images qui les embellissent ne produisent pas de grands mouvements, et n'excitent ni la pitié, ni l'étonnement, ni la crainte, ni ce sombre saisissement que le vrai sublime fait naître [1].

La marche impétueuse et inégale de l'ode n'est pas celle de l'esprit tranquille : il faut donc qu'elle soit justifiée par un enthousiasme véritable. Lorsqu'un auteur se jette de sang-froid dans ces mouvements et ces écarts, qui n'appartiennent qu'aux passions fortes et réelles, il court grand risque de marcher seul; car le lecteur se lasse de ces transitions forcées, et de ces fréquentes hardiesses, que l'art s'efforce d'imiter du sentiment, et qu'il imite toujours sans succès [2]. Les endroits où le poëte paraît s'égarer devraient être, à mon sens, les plus passionnés de son ouvrage. Il est même d'autant plus nécessaire de mettre du sentiment dans nos odes, que ces petits poëmes sont ordinairement vides de pensées, et qu'un ouvrage vide de pensées sera toujours faible, s'il n'est rempli de passion. Or, je ne crois pas qu'on puisse dire que les odes de Rousseau soient fort passionnées.

[Ce n'est pas toujours la passion qui le mène hors de son sujet; il paraît n'en sortir souvent que parce que, épuisé et refroidi, il est obligé de se soutenir par des épisodes; c'est un esprit qui tombe et qui s'éteint. C'est ce qu'on pourrait remarquer dans l'ode *sur la Mort du prince de Conti*. Il règne une tristesse très-majestueuse dans cette ode; mais l'épisode sur la flatterie, quoique rempli de vers magnifiques, me semble un peu long, et, si j'ose le dire, fort peu passionné. Comme je ne fais point de vers, je ne suis pas toujours assez touché peut-être de cette mécanique difficile, fort prisée par les gens du métier, mais qui n'est estimée des autres hommes qu'autant que les passions lui donnent une âme, et que de grandes pensées l'ennoblissent. Je sais qu'il y a des juges d'un goût éclairé qui trouvent l'un et l'autre dans Rousseau : s'ils sont transportés par la lecture de ces odes, si leurs cheveux se dressent sur leur tête, c'est qu'ils sont plus sensibles que moi; et je n'attaque point leur opinion; mais je dis simplement ce que je sens, parce que je le sens, et je n'ai jamais compris qu'on pût écrire, non pas sa pensée, mais celle d'un autre.

Au reste, je ne me crois pas obligé de répondre à ceux qui disent que nous n'avons pas de meilleures odes dans notre langue que celles de Rousseau; car je ne vois pas ce que cela prouve. Fallait-il admirer le poëme de Chapelain, parce que nous n'avions pas de meilleur poëmes épique avant la *Henriade* [1]?]

Il est tombé quelquefois dans le défaut de ces poëtes qui semblent s'être proposé dans leurs écrits, non d'exprimer plus fortement par des images des passions violentes, mais seulement d'assembler des images magnifiques, plus occupés de chercher de grandes figures que de faire naître dans leur âme de grandes pensées [2]. Les défenseurs de Rousseau répondent qu'il a surpassé Horace et Pindare, auteurs illustres dans le même genre, et, de plus, rendus respectables par l'estime dont ils sont en possession depuis tant de siècles. Si cela est ainsi, je ne m'étonne point que Rousseau ait emporté tous les suffrages. On ne juge que par comparaison de toutes choses, et ceux qui font mieux que les autres dans leur genre passent toujours pour excellents, personne n'osant leur contester d'être dans le bon chemin. Il m'appartient moins qu'à tout autre de dire que Rousseau n'a pu atteindre le but de son art : mais je crains bien que si on n'aspire pas à faire de l'ode une imitation plus fidèle de la nature, ce genre ne demeure enseveli dans une espèce de médiocrité.

S'il m'est permis d'être sincère jusqu'à la fin, j'avouerai que je trouve encore des pensées bien fausses dans les meilleures odes de Rous-

---

[1] VARIANTE : « Ses images, si véhémentes, si multipliées qu'elles soient, ne tirent jamais l'esprit dans son assiette; ce sont de très-belles estampes du sublime, où l'art est grand, mais où la vie manque. »

[2] La première édition ajoutait : « Ce n'est vraiment pas de nos odes, ce me semble, que Boileau pourrait dire :

Souvent un beau désordre est un effet de l'art. »

[1] Les deux alinéas entre crochets ont été supprimés dans la seconde édition.

[2] VARIANTE : « Il semble que l'intention des poëtes lyriques ait été, non d'exprimer fortement des passions vraies, et de grandes pensées, mais uniquement d'entasser des images, ce qui est le sûr moyen pour qu'elles ne fassent aucune impression. »

seau. Cette fameuse *Ode à la Fortune*, qu'on regarde comme le triomphe de la raison, présente, ce me semble, peu de réflexions qui ne soient plus éblouissantes que solides. Écoutons ce poëte philosophe :

> Quoi ! Rome et l'Italie en cendre
> Me feront honorer Sylla ?

Non vraiment, l'*Italie en cendre* ne peut faire *honorer* Sylla ; mais ce qui doit, je crois, le faire respecter avec justice, c'est ce génie supérieur et puissant qui vainquit le génie de Rome, qui lui fit défier dans sa vieillesse les ressentiments de ce même peuple qu'il avait soumis [1], et qui sut toujours subjuguer, par les bienfaits ou par la force, le courage ailleurs indomptable de ses ennemis.

Voyons ce qui suit :

> J'admirerai dans Alexandre
> Ce que j'abhorre en Attila.

Je ne sais quel était le caractère d'Attila ; mais je suis forcé d'admirer les rares talents d'Alexandre, et cette hauteur de génie qui, soit dans le gouvernement, soit dans la guerre, soit dans les sciences, soit même dans sa vie privée, l'a toujours fait paraître comme un homme extraordinaire, et qu'un instinct grand et sublime élevait au-dessus des règles. Je veux révérer un héros qui, parvenu au faîte des grandeurs humaines, ne dédaignait pas l'amitié ; qui, dans cette haute fortune, respectait encore le mérite, et cultivait, sans faste, la justice et la familiarité ; qui aima mieux s'exposer à mourir que de soupçonner son médecin de quelque crime, et d'affliger, par une défiance qu'on n'eût pas blâmée, la fidélité d'un sujet qu'il estimait : le maître le plus libéral qu'il y eut jamais, jusqu'à ne réserver pour lui que l'*espérance* ; plus prompt à réparer ses injustices qu'à les commettre, et plus pénétré de ses fautes que de ses triomphes ; né pour conquérir l'univers, parce qu'il était digne de lui commander ; et, en quelque sorte, excusable de s'être fait rendre les honneurs divins, dans un temps où la terre adorait des dieux moins aimables [1]. Rousseau paraît donc trop injuste [2], lorsqu'il ose ajouter d'un si grand homme :

> Mais à la place de Socrate,
> Le fameux vainqueur de l'Euphrate
> Sera le dernier des mortels [3].

Apparemment que Rousseau ne voulait épargner aucun conquérant ; et voici comme il parle encore :

> L'inexpérience indocile
> Du compagnon de Paul-Émile
> Fit tout le succès d'Annibal.

Combien toutes ces réflexions ne sont-elles pas superficielles ! Qui ne sait que la science de la guerre consiste à profiter des fautes de son ennemi ? Qui ne sait qu'Annibal s'est montré aussi grand dans ses défaites que dans ses victoires, inépuisable dans ses ressources, patient dans les fatigues, et indomptable dans l'adversité ?

S'il était reçu de tous les poëtes, comme il l'est du reste des hommes, qu'il n'y a rien de beau dans aucun genre que le vrai, et que les fictions mêmes de la poésie n'ont été inventées que pour peindre plus vivement la vérité, que pourrait-on penser des invectives que je viens de rapporter ? Serait-on trop sévère de juger que l'*Ode à la Fortune* n'est qu'une pompeuse déclamation, et un tissu de lieux communs énergiquement exprimés [4] ?

---

[1] Variante : « Qui soumit à son ambition le peuple de la terre le plus indocile et le plus fécond en héros, et lui fit défier dans sa vieillesse les ressentiments de ce même peuple, qu'il ne daignait plus gouverner. »

Autre Variante : « Ce qui doit le faire admirer, c'est son grand courage, c'est sa grande action, c'est le génie supérieur qui l'éleva à la souveraine autorité, et qui, ne trouvant pas de quoi se satisfaire dans ce rang suprême, lui donna la confiance de s'en dépouiller, et de défier ainsi des ennemis qui étaient si puissants et si offensés. »

[1] Variante : « Je me sens forcé de respecter un prince que tous les historiens nous montrent comme un des plus grands génies qu'il y ait eu ; qui avait la science de la guerre, presque sans l'avoir apprise ; qui a formé les plus grands capitaines de son siècle, et fait une si vaste conquête que plusieurs grands empires se sont formés de ses débris ; enfin un héros dont la vie est pleine de grands traits, et qui, également passionné pour toutes les gloires, honorait les arts et les sciences, au milieu des horreurs de la guerre. »

[2] La version du manuscrit du Louvre porte : « Rousseau paraît donc *bien petit.* »

[3] Dans la première édition, l'alinéa suivant commençait ainsi :

« Ce mépris de Rousseau pour Alexandre, que l'on remarque aussi dans Boileau, prouve que ce n'est point assez d'avoir de la raison pour raisonner juste sur les grandes choses, que l'on ne connaît parfaitement que par le cœur. »

[4] La première édition ajoute : « Et comment justifier

Je ne dirai rien des *Allégories* et de quelques autres ouvrages de Rousseau. Je n'oserais surtout juger d'aucun ouvrage allégorique, parce que c'est un genre que je n'aime pas : mais je louerai volontiers ses *Épigrammes*, où l'on trouve toute la naïveté de Marot avec une énergie que Marot n'avait pas. Je louerai des morceaux admirables dans ses *Épîtres*, où le génie de ses épigrammes se fait singulièrement apercevoir. Mais en admirant ces morceaux si dignes de l'être, je ne puis m'empêcher d'être choqué de la grossièreté insupportable qu'on remarque en d'autres endroits. Rousseau voulant dépeindre, dans l'*Épître aux Muses*, je ne sais quel mauvais poëte, il le compare à un oison que la flatterie enhardit à préférer sa voix au chant du cygne. Un autre oison lui fait un long discours pour l'obliger à chanter, et Rousseau continue ainsi :

> A ce discours, notre oiseau tout gaillard
> Perce le ciel de son cri nasillard :
> Et tout d'abord, oubliant leur mangeaille,
> Vous eussiez vu canards, dindons, poulaille,
> De toutes parts accourir, l'entourer.
> Battre de l'aile, applaudir, admirer,
> Vanter la voix dont Nature le doue,
> Et faire nargue au Cygne de Mantoue.
> Le chant fini, le pindarique oison,
> Se rengorgeant, rentre dans la maison,
> Tout orgueilleux d'avoir, par son ramage,
> Du poulailler mérité le suffrage [1].

On ne nie pas qu'il n'y ait quelque force dans cette peinture, mais combien en sont basses les images ! La même épître est remplie de choses qui ne sont ni plus agréables ni plus délicates. C'est un dialogue avec les Muses, qui est plein de longueurs, dont les transitions sont forcées et trop ressemblantes ; où l'on trouve à la vérité de grandes beautés de détails, mais qui en rachètent à peine les défauts. J'ai choisi cette épître exprès, ainsi que l'*Ode à la Fortune*, afin qu'on ne m'accusât pas de rapporter les ouvrages les plus faibles de Rous-

seau, pour diminuer l'estime que l'on doit aux autres, et j'en rapporterais les beautés, avec la même exactitude que les défauts, si elles n'étaient pas universellement connues et admirées. Puis-je me flatter en cela d'avoir contenté la délicatesse de tant de gens de goût et de génie, qui respectent tous les écrits de ce poëte ? Quelque crainte que je doive avoir de me tromper, en m'écartant de leur sentiment et de celui du public, je hasarderai encore ici une réflexion ; c'est que le vieux langage employé par Rousseau dans ses meilleures épîtres, ne me paraît ni nécessaire pour écrire naïvement, ni assez noble pour la poésie. C'est à ceux qui font profession eux-mêmes de cet art à prononcer là-dessus. Je leur soumets sans répugnance toutes les remarques que j'ai osé faire sur les plus illustres écrivains de notre langue. Personne n'est plus passionné que je ne le suis pour les véritables beautés de leurs ouvrages. Je ne connais peut-être pas tous les mérites de Rousseau, mais je ne serai pas fâché qu'on me détrompe des défauts que j'ai cru pouvoir lui reprocher. On ne saurait trop honorer les grands talents d'un auteur dont la célébrité a fait les disgrâces, comme c'est la coutume chez les hommes, et qui n'a pu jouir dans sa patrie de la réputation qu'il méritait, que lorsque, accablé sous le poids de l'humiliation et de l'exil, la longueur de son infortune a désarmé la haine de ses ennemis, et fléchi l'injustice de l'envie [1].

VIII
SUR QUELQUES OUVRAGES DE VOLTAIRE [2].

Après avoir parlé de Rousseau et des plus grands poëtes du siècle passé, je crois que ce

-ceux qui, sans avoir le génie de ce poëte, sont réduits à produire des pensées aussi vaines, pour dire des choses nouvelles] Les fictions peuvent être belles dans la poésie et dans la prose même, lorsqu'elles peignent la vérité ; mais en quelque langue que l'on parle, prose ou vers, dès qu'on fait un raisonnement, rien ne peut dispenser de parler juste. »

[1] Toute cette tirade est dirigée contre La Motte, dont les odes jouissaient, du temps de J.-B. Rousseau, d'une réputation que la postérité n'a point confirmée. — B.

[1] VARIANTE : « Puis-je me flatter en cela d'avoir contenté la délicatesse de tant d'esprits vifs, qui font une affaire de parti de leurs opinions, et veulent surtout qu'on révère la réputation d'un auteur mort ? Me pardonneront-ils d'avoir osé louer un auteur vivant, ha autrefois de Rousseau, et de leur en parler encore dans les réflexions qu'on va lire ? Il ne me convient pas de me justifier à cet égard ; mais après avoir parlé de tant d'auteurs qui ont illustré le dernier règne, je crois que ce peut être ici la place de dire quelque chose des écrits d'un auteur qui honore notre propre siècle. C'est à ceux qui n'ont d'autre intérêt que celui de la vérité, à le justifier, selon leurs forces, contre les artifices de l'envie. » (*Manuscrit du Louvre*.)

[2] Cet article a été imprimé pour la première fois dans l'édition de 1806. Il est tiré des manuscrits de l'auteur, mort plus de trente ans avant Voltaire.

peut être ici la place de dire quelque chose des ouvrages d'un homme qui honore notre siècle, et qui n'est ni moins grand ni moins célèbre que tous ceux qui l'ont précédé, quoique sa gloire, plus près de nos yeux, soit plus exposée à l'envie.

Il ne m'appartient pas de faire une critique raisonnée de tous ses écrits, qui passent de bien loin mes connaissances et la faible étendue de mes lumières; ce soin me convient d'autant moins qu'une infinité d'hommes plus instruits que moi ont déjà fixé les idées qu'on en doit avoir. Ainsi, je ne parlerai pas de la *Henriade*, qui, malgré les défauts qu'on lui impute et ceux qui y sont en effet, passe néanmoins, sans contestation, pour le plus grand ouvrage de ce siècle, et le seul poëme, en ce genre, de notre nation.

Je dirai peu de chose encore de ses *Tragédies*: comme il n'y en a aucune qu'on ne joue au moins une fois chaque année, tous ceux qui ont quelque étincelle de bon goût peuvent y remarquer, d'eux-mêmes, le caractère original de l'auteur, les grandes pensées qui y règnent, les morceaux éclatants de poésie qui les embellissent, la manière forte dont les passions y sont ordinairement conduites, et les traits hardis et sublimes dont elles sont pleines.

Je ne m'arrêterai donc pas à faire remarquer dans *Mahomet*, cette expression grande et tragique du genre terrible, qu'on croyait épuisée par l'auteur d'*Électre*[1]. Je ne parlerai pas de la tendresse répandue dans *Zaïre*, ni du caractère théâtral des passions violentes d'*Hérode*[2], ni de la singulière et noble nouveauté d'*Alzire*, ni des éloquentes harangues qu'on voit dans la *Mort de César*, ni enfin de tant d'autres pièces, toutes différentes, qui font admirer le génie et la fécondité de leur auteur. Mais, parce que la tragédie de *Mérope* me paraît encore mieux écrite, plus touchante et plus naturelle que les autres, je n'hésiterai pas à lui donner la préférence. J'admire les grands caractères qui y sont décrits, le vrai qui règne dans les sentiments et les expressions, la simplicité sublime du rôle d'Égiste, caractère unique sur notre théâtre; la tendresse impétueuse de Mérope, ses discours coupés, véhéments, et tantôt remplis de violence, tantôt de hauteur. Je ne suis pas assez tranquille à la représentation d'un ouvrage qui produit de si grands mouvements, pour examiner si les règles et les vraisemblances sévères n'y sont pas blessées; la pièce me serre le cœur dès le commencement, et me mène jusqu'à la catastrophe sans me laisser la liberté de respirer.

S'il y a donc quelqu'un qui prétende que la conduite de l'ouvrage est peu régulière, et qui pense que M. de Voltaire n'est pas heureux dans la fiction ou dans le tissu de ses pièces, sans entrer dans cette question, trop longue à discuter, je me contenterai de lui répondre que ce même défaut dont on accuse M. de Voltaire a été reproché très-justement à plusieurs pièces excellentes, sans leur faire tort. Les dénoûments de Molière sont peu estimés, et le *Misanthrope*, qui est le chef-d'œuvre de la comédie, est une comédie sans action. Mais c'est le privilège des hommes comme Molière et M. de Voltaire, d'être admirables malgré leurs défauts, et, souvent, dans leurs défauts mêmes.

La manière dont quelques personnes, d'ailleurs éclairées, parlent aujourd'hui de la poésie, me surprend beaucoup. Ce n'est pas, disent-ils, la beauté des vers et des images qui caractérise le poëte, ce sont les pensées mâles et hardies; ce n'est pas l'expression du sentiment et de l'harmonie, c'est l'invention. Par là on prouverait que Bossuet et Newton ont été les plus grands poëtes de leur siècle; car assurément l'invention, la hardiesse et les pensées mâles ne leur manquaient point.

Reprenons *Mérope*. Ce que j'admire encore dans cette tragédie, c'est que les personnages y disent toujours ce qu'ils doivent dire, et sont grands sans affectation. Il faut lire la seconde scène du second acte pour comprendre ce que je dis. Qu'on me permette d'en citer la fin, quoiqu'on pût trouver dans la même pièce de plus beaux endroits:

ÉGISTHE.

Un vain désir de gloire a séduit mes esprits.
On me parlait souvent des troubles de Messène,
Des malheurs dont le ciel avait frappé la reine;

---

[1] Il faut bien se garder de confondre cette tragédie avec l'*Électre* de Crébillon; il s'agit ici de l'*Électre* de Voltaire, imprimée sous le nom d'*Oreste*.

[2] Dans la tragédie de *Mariamne*.

Surtout de ses vertus dignes d'un autre prix :
Je me sentais ému par ces tristes récits.
De l'Élide en secret dédaignant la mollesse,
J'ai voulu dans la guerre exercer ma jeunesse.
Servir sous vos drapeaux, et vous offrir mon bras,
Voilà le seul dessein qui conduisit mes pas.
Ce faux instinct de gloire égara mon courage ;
A mes parents, flétris sous les rides de l'âge,
J'ai de mes jeunes ans dérobé les secours :
C'est ma première faute, elle a troublé mes jours.
Le ciel m'en a puni : le ciel inexorable
M'a conduit dans le piége, et m'a rendu coupable.

MÉROPE.

Il ne l'est point, j'en crois son ingénuité ;
Le mensonge n'a point cette simplicité
Tendons à sa jeunesse une main bienfaisante ;
C'est un infortuné que le ciel me présente :
Il suffit qu'il soit homme et qu'il soit malheureux.
Mon fils peut éprouver un sort plus rigoureux :
Il me rappelle Égisthe ; Égiste est de son âge ;
Peut-être comme lui, de rivage en rivage,
Inconnu, fugitif, et partout rebuté,
Il souffre le mépris qui suit la pauvreté.
L'opprobre avilit l'âme et flétrit le courage.

(*Mérope*, acte II, scène II.)

Cette dernière réflexion de Mérope est bien naturelle et bien sublime. Une mère aurait pu être touchée de toute autre crainte dans une telle calamité : et, néanmoins, Mérope paraît pénétrée de ce sentiment. Voilà comme les sentences sont grandes dans la tragédie, et comme il faudrait toujours les y placer. C'est cette manière si simple de faire parler les passions qui caractérise les grands hommes ; c'est, je crois, cette sorte de grandeur qui est propre à Racine, et que tant de poëtes après lui ont négligée, ou parce qu'ils ne la connaissaient pas, ou parce qu'il leur a été bien plus facile de dire des choses guindées, et d'exagérer la nature. Aujourd'hui, on croit avoir fait un caractère, lorsqu'on a mis dans la bouche d'un personnage ce qu'on veut faire penser de lui, et qui est précisément ce qu'il doit taire ; une mère affligée dit qu'elle est affligée, et un héros dit qu'il est un héros. Il faudrait que les personnages fissent penser tout cela d'eux, et que rarement ils le dissent ; mais, tout au contraire, ils le disent et le font rarement penser. Le grand Corneille n'a pas été exempt de ce défaut, et cela a gâté tous ses caractères [1] ; car,

enfin, ce qui forme un caractère, ce n'est pas, je crois, quelques traits, ou hardis, ou forts, ou sublimes, c'est l'ensemble de tous les traits, et des moindres discours d'un personnage. Si on fait parler un héros, qui mêle partout de l'ostentation, de la vanité, et des choses basses à de grandes choses, j'admire ces traits de grandeur, qui appartiennent au poëte, mais je sens du mépris pour son héros, dont le caractère est manqué. L'éloquent Racine, qu'on accuse de stérilité dans ses caractères, est le seul de son temps qui ait fait des caractères ; et ceux qui admirent la variété du grand Corneille sont bien indulgents de lui pardonner l'invariable ostentation de ses personnages, et le caractère toujours dur des vertus qu'il a décrites.

C'est pourquoi, quand M. de Voltaire a critiqué [1] les caractères d'Hippolyte, Bajazet, Xipharès, Britannicus, il n'a pas prétendu, je crois, attaquer le mérite de ceux d'Athalie, Joad, Acomat, Agrippine, Néron, Burrhus, Mithridate, etc. Mais puisque cela me conduit à parler du *Temple du Goût*, je suis bien aise d'avoir occasion de dire que j'en estime grandement les décisions. J'excepte ces mots : *Bossuet, le seul éloquent entre tant d'écrivains qui ne sont qu'élégants* [2] : car M. de Voltaire lui-même est trop éloquent pour réduire à ce petit mérite d'élégance les ouvrages de M. Pascal, l'homme de

---

[1] Ici le manuscrit du Louvre ajoute : « J'estime l'esprit d'un poëte qui fait dire de grandes choses à son héros ; mais le héros qui dit de grandes choses pour se peindre, et pour faire honneur au poëte, je ne puis m'empêcher de le mépriser ; plus le poëte veut paraître grand, plus ses personnages sont petits. Les anciens ne s'attachaient pas à produire sur la scène de grands caractères, ils produisaient de grandes passions. Corneille a ouvert une autre carrière, il a négligé les passions, et s'est appliqué à imaginer des portraits ; mais ces portraits, si j'ose le dire, ne montrent que l'auteur, et ne montrent guère la nature. »

[1] Dans son *Temple du Goût*, Voltaire, après avoir parlé de Pierre Corneille, s'exprime ainsi sur Racine :

Plus pur, plus élégant, plus tendre,
Et parlant au cœur de plus près,
Nous attachant sans nous surprendre,
Et ne se démentant jamais,
Racine observe les portraits
De Bajazet, de Xipharès.
De Britannicus, d'Hippolyte ;
A peine il distingue leurs traits ;
Ils ont tous le même mérite,
Tendres, galants, doux et discrets ;
Et l'Amour, qui marche à leur suite,
Les croit des courtisans français.

[2] Dans l'édition faite sous les yeux de Voltaire, à Genève, en 1768, et dans les réimpressions faites depuis sa mort, cette phrase ne se trouve point ; en la supprimant, Voltaire a sans doute eu égard à la remarque de Vauvenargues. — B.

la terre qui savait mettre la vérité dans le plus beau jour, et raisonner avec le plus de force. Je prends la liberté de défendre encore contre son autorité le vertueux auteur de *Télémaque*, homme né véritablement pour enseigner aux rois l'humanité, dont les paroles tendres et persuasives pénètrent le cœur, et qui par la noblesse et par la vérité de ses peintures, par les grâces touchantes de son style et par je ne sais quoi de populaire, d'ingénu et de familier, se fait aisément pardonner d'avoir employé trop souvent les lieux communs de la poésie, et un peu de déclamation.

Mais, quoi qu'il puisse être de cette trop grande partialité de M. de Voltaire pour Bossuet, que je respecte d'ailleurs plus que personne, et qui est le plus sublime des orateurs, je déclare que tout le reste du *Temple du Goût* m'a frappé par la vérité des jugements, par la vivacité, la variété et le tour aimable du style; et je ne puis comprendre que l'on juge si sévèrement d'un ouvrage si peu sérieux; et qui est un modèle d'agréments.

Dans un genre assez différent, l'*Épître aux mânes de Génonville*, et celle *sur la mort de mademoiselle Le Couvreur*, m'ont paru deux morceaux remplis de charme, et où la douleur, l'amitié, l'éloquence et la poésie parlaient avec la grâce la plus ingénue, et la simplicité la plus touchante. J'estime plus deux petites pièces faites de génie, comme celles-ci, et qui ne respirent que la passion, que beaucoup d'assez longs poëmes.

Je finirai sur les ouvrages de M. de Voltaire, en disant quelque chose de sa prose. Il n'y a guère de mérite essentiel qu'on ne puisse trouver dans ses écrits. Si l'on est bien aise de voir toute la politesse de notre siècle, avec un grand art pour faire sentir la vérité dans les choses de goût, on n'a qu'à lire la préface d'*Œdipe*, écrite contre M. de La Motte avec une délicatesse inimitable. Si l'on cherche du sentiment, de l'harmonie jointe à une noblesse singulière, on peut jeter les yeux sur la préface d'*Alzire*, et sur l'*Épître à madame la marquise du Châtelet*. Si l'on demande une littérature universelle, un goût étendu qui embrasse le caractère de plusieurs nations, et qui peigne les manières différentes des plus grands poëtes, on le trouvera dans les *Réflexions sur les poëtes épiques*, et les divers morceaux traduits par M. de Voltaire des poëtes anglais, d'une manière qui passe peut-être les originaux. Je ne parle pas de l'*Histoire de Charles XII*, qui, par la faiblesse des critiques que l'on en a faites, a dû acquérir une autorité incontestable, et qui me paraît être écrite avec une force, une précision et des images dignes d'un tel peintre. Mais quand on n'aurait vu de M. de Voltaire que son *Essai sur le siècle de Louis XIV*, et ses *Réflexions sur l'Histoire*, ce serait déjà assez pour reconnaître en lui, non-seulement un écrivain du premier ordre, mais encore un génie sublime qui peint tout en grand, et, d'un seul trait, met la vérité toute nue sous les yeux; une vaste imagination qui rapproche de loin les choses humaines; enfin, un esprit supérieur aux préjugés, qui unit à la politesse et à l'esprit philosophique de son siècle, la connaissance des siècles passés, de leurs mœurs, de leur politique, de leurs religions, et de toute l'économie du genre humain.

Si pourtant il se trouve encore des gens prévenus, qui s'attachent à relever ou les erreurs ou les défauts de ses ouvrages, et qui demandent à un homme si universel la même correction et la même justesse qu'à ceux qui se sont renfermés dans un seul genre, et souvent dans un genre assez petit, que peut-on répondre à des critiques si peu raisonnables? Ils trouvent, disent-ils, des endroits faibles dans tous ses ouvrages; mais où n'y en a-t-il pas? Il y en a dans Homère, dans Pindare, dans Virgile et dans Horace. J'ose répondre qu'il y a peu d'ouvrages de M. de Voltaire dont les défauts ne soient rachetés par de plus grandes beautés. J'espère que le petit nombre des juges désintéressés me saura du moins quelque gré d'avoir osé dire les choses que j'ai dites, parce que je les ai pensées, et que la vérité m'a été chère.

C'est le témoignage que l'amour des lettres m'oblige de rendre à un homme qui n'est ni en place, ni puissant, ni favorisé, et auquel je ne dois que la justice que tous les hommes lui doivent comme moi, et que l'ignorance ou l'envie s'efforcent inutilement de lui ravir.

IX
QUINAULT.

On ne peut trop aimer la douceur, la mollesse, la facilité et l'harmonie tendre et touchante de la poésie de Quinault. On peut même estimer beaucoup l'art de quelques-uns de ses opéras, intéressants par le spectacle dont ils sont remplis, par l'invention ou la disposition des faits qui les composent, par le merveilleux qui y règne, et enfin par le pathétique des situations, qui donne lieu à celui de la musique, et qui l'augmente nécessairement. Ni la grâce, ni la noblesse, ni le naturel, n'ont manqué à l'auteur de ces poëmes singuliers. Il y a presque toujours de la naïveté dans son dialogue, et quelquefois du sentiment. Ses vers sont semés d'images charmantes et de pensées ingénieuses. On admirerait trop les fleurs dont il se pare, s'il eût évité les défauts qui font languir quelquefois ses beaux ouvrages. Je n'aime pas les familiarités qu'il a introduites dans ses tragédies : je suis fâché qu'on trouve dans beaucoup de scènes, qui sont faites pour inspirer la terreur et la pitié, des personnages qui, par le contraste de leurs discours avec les intérêts des malheureux, rendent ces mêmes scènes ridicules, et en détruisent tout le pathétique. Je ne puis m'empêcher encore de trouver ses meilleurs opéras trop vides de choses, trop négligés dans les détails, trop fades même, dans bien des endroits. Enfin je pense qu'on a dit de lui avec vérité, qu'il n'avait fait qu'effleurer d'ordinaire les passions. Il me paraît que Lulli a donné à sa musique un caractère supérieur à la poésie de Quinault. Lulli s'est élevé souvent jusqu'au sublime par la grandeur et par le pathétique de ses expressions; et Quinault n'a d'autre mérite, à cet égard, que celui d'avoir fourni les situations et les canevas, auxquels le musicien a fait recevoir la profonde empreinte de son génie. Ce sont, sans doute, les défauts de ce poëte et la faiblesse de ses premiers ouvrages, qui ont fermé les yeux de Boileau sur son mérite; mais Boileau peut être excusable de n'avoir pas cru que l'opéra, théâtre plein d'irrégularités et de licences, eût atteint, en naissant, sa perfection. Ne penserions nous pas encore qu'il manque quelque chose à ce spectacle, si les efforts inutiles de tant d'auteurs renommés ne nous avaient fait supposer que le défaut de ces poëmes était peut-être un vice irréparable? Cependant je conçois sans peine qu'on ait fait à Boileau un grand reproche de sa sévérité trop opiniâtre. Avec des talents si aimables que ceux de Quinault, et la gloire qu'il a d'être l'inventeur de son genre, on ne saurait être surpris qu'il ait des partisans très-passionnés, qui pensent qu'on doit respecter ses défauts mêmes. Mais cette excessive indulgence de ses admirateurs me fait comprendre encore l'extrême rigueur de ses critiques. Je vois qu'il n'est point dans le caractère des hommes de juger du mérite d'un autre homme par l'ensemble de ses qualités; on envisage sous divers aspects le génie d'un auteur illustre; on le méprise ou on l'admire avec une égale apparence de raison, selon les choses que l'on considère en ses ouvrages. Les beautés que Quinault a imaginées demandent grâce pour ses défauts; mais j'avoue que je voudrais bien qu'on se dispensât de copier jusqu'à ses fautes. Je suis fâché qu'on désespère de mettre plus de passion, plus de conduite, plus de raison et plus de force dans nos opéras, que leur inventeur n'y en a mis. J'aimerais qu'on en retranchât le nombre excessif de refrains qui s'y rencontrent, qu'on ne refroidît pas les tragédies par des puérilités, et qu'on ne fît pas des paroles pour le musicien, entièrement vides de sens. Les divers morceaux qu'on admire dans Quinault, prouvent qu'il y a peu de beautés incompatibles avec la musique, et que c'est la faiblesse des poëtes, non celle du genre, qui fait languir tant d'opéras, faits à la hâte et aussi mal écrits qu'ils sont **frivoles**.

FRAGMENTS

I

LES ORATEURS.

Qui n'admire la majesté, la pompe, la magnificence, l'enthousiasme de Bossuet, et la vaste étendue de ce génie impétueux, fécond, sublime? Qui conçoit, sans étonnement, la profondeur incroyable de Pascal, son raisonnement invincible, sa mémoire surnaturelle, sa connaissance universelle et prématurée? Le premier élève l'esprit; l'autre le confond et le trouble. L'un éclate comme un tonnerre dans un tourbillon orageux, et, par ses soudaines hardiesses, échappe aux génies trop timides; l'autre presse, étonne, illumine, fait sentir despotiquement l'ascendant de la vérité; et, comme si c'était un être d'une autre nature que nous, sa vive intelligence explique toutes les conditions, toutes les affections et toutes les pensées des hommes, et paraît toujours supérieure à leurs conceptions incertaines. Génie simple et puissant, il assemble des choses qu'on croyait incompatibles, la véhémence, l'enthousiasme, la naïveté, avec les profondeurs les plus cachées de l'art; mais d'un art qui, bien loin de gêner la nature, n'est lui-même qu'une nature plus parfaite, et l'original des préceptes. Que dirai-je encore? Bossuet fait voir plus de fécondité, et Pascal a plus d'invention; Bossuet est plus impétueux, et Pascal plus transcendant; l'un excite l'admiration par de plus fréquentes saillies; l'autre, toujours plein et solide, l'épuise par un caractère plus concis et plus soutenu.

Mais toi[1] qui les as surpassés en aménités et en grâces, ombre illustre, aimable génie; toi qui fis régner la vertu par l'onction et par la douceur, pourrai-je oublier la noblesse et le charme de ta parole, lorsqu'il est question d'éloquence? Né pour cultiver la sagesse et l'humanité dans les rois, ta voix ingénue fit retentir au pied du trône les calamités du genre humain foulé par les tyrans, et défendit contre les artifices de la flatterie la cause abandonnée des peuples. Quelle bonté de cœur, quelle sincérité se remarquent dans tes écrits! Quel éclat de paroles et d'images! Qui sema jamais tant de fleurs dans un style si naturel, si mélodieux et si tendre? Qui orna jamais la raison d'une si touchante parure? Ah! que de trésors, d'abondance, dans ta riche simplicité!

O noms consacrés par l'amour et par les respects de tous ceux qui chérissent l'honneur des lettres; restaurateurs des arts, pères de l'éloquence, lumières de l'esprit humain, que n'ai-je un rayon du génie qui échauffa vos profonds discours, pour vous expliquer dignement, et marquer tous les traits qui vous ont été propres!

Si l'on pouvait mêler des talents si divers, peut-être qu'on voudrait penser comme Pascal, écrire comme Bossuet, parler comme Fénelon. Mais, parce que la différence de leur style venait de la différence de leurs pensées et de leur manière de sentir les choses, ils perdraient beaucoup tous les trois, si l'on voulait rendre les pensées de l'un par les expressions de l'autre. On ne souhaite point cela en les lisant; car chacun d'eux s'exprime dans les termes les plus assortis au caractère de ses sentiments et de ses idées, ce qui est la véritable marque du génie. Ceux qui n'ont que de l'esprit empruntent successivement toute sorte de tours et d'expressions; ils n'ont pas un caractère distinctif.

II

SUR LE DUC DE LA ROCHEFOUCAULD.

Le duc de La Rochefoucauld a saisi admirablement le côté faible de l'esprit humain; peut-être n'en a-t-il pas ignoré la force; peut-être n'a-t-il contesté le mérite de tant d'actions éblouissantes, que pour démasquer la fausse sagesse. Quelles qu'aient été ses intentions, l'effet m'en paraît pernicieux; son livre, rem-

---

[1] Fénelon.

pli d'invectives contre l'hypocrisie, détourne, encore aujourd'hui, les hommes de la vertu, en leur persuadant qu'il n'y en a point de véritable.

Cet illustre auteur mérite, d'ailleurs, de grandes louanges, pour avoir été, en quelque sorte, l'inventeur du genre d'écrire qu'il a choisi. J'ose dire que cette manière hardie d'exprimer, brièvement et sans liaison, de grandes pensées, a quelque chose de bien élevé. Les esprits timides ne sont pas capables de passer ainsi, sans gradation et sans milieu, d'une idée à une autre; l'auteur des *Maximes* les étonne par les grandes démarches de son jugement; son imagination agile se promène, sans s'arrêter, sur toutes les faiblesses de l'esprit humain, et l'on voit en lui une vaste intelligence qui, laissant tomber au hasard ses regards rapides, prend toutes les folies et tous les vices pour le champ de ses réflexions.

Cependant M. de La Rochefoucauld n'était pas peintre, talent sans lequel il est bien difficile d'être éloquent; il savait exprimer avec précision et avec finesse des pensées profondes; il avait cette liberté et cette hardiesse qui caractérisent le génie; mais son style n'est ni gracieux, ni touchant, ni véhément, ni sublime; on ne trouve dans ses écrits ni la magnificence de Bossuet, ni la simplicité et l'énergie de Pascal, ni le pathétique de Fénelon, ni le coloris de la Bruyère. Aussi plaît-il moins, ce me semble, par ses expressions que par la finesse de son esprit; mais je crois qu'il sera toujours dans le premier rang des philosophes qui ont su écrire.

III

SUR LA BRUYÈRE.

Il n'y a presque point de tour dans l'éloquence qu'on ne trouve dans la Bruyère; et si on y désire quelque chose, ce ne sont pas certainement les expressions, qui sont d'une force infinie, et toujours les plus propres et les plus précises qu'on puisse employer. Peu de gens l'ont compté parmi les orateurs, parce qu'il n'y a pas une suite sensible dans ses *Caractères*. Nous faisons trop peu d'attention à la perfection de ces fragments, qui contiennent souvent plus de matière que de longs discours, plus de proportion et plus d'art.

On remarque dans tout son ouvrage un esprit juste, élevé, nerveux, pathétique, également capable de réflexion et de sentiment, et doué avec avantage de cette invention qui discerne la main des maîtres et qui caractérise le génie [1].

Personne n'a peint les détails avec plus de feu, plus de force, plus d'imagination dans l'expression, qu'on n'en voit dans ses *Caractères*. Il est vrai qu'on n'y trouve pas aussi souvent que dans les écrits de Bossuet et de Pascal, de ces traits qui caractérisent, non une passion ou les vices d'un particulier, mais le genre humain; ses portraits les plus élevés ne sont jamais aussi grands que ceux de Fénelon et de Bossuet; ce qui vient en grande partie de la différence des genres qu'ils ont traités. La Bruyère a cru, ce me semble, qu'on ne pouvait peindre les hommes assez petits; et il s'est bien plus attaché à relever leurs ridicules que leur force. Je crois qu'il est permis de présumer qu'il n'avait ni l'élévation, ni la sagacité, ni la profondeur de quelques esprits du premier ordre; mais on ne lui peut disputer sans injus-

[1] VARIANTE *de la première édition :* — « Il est étonnant qu'on sente quelquefois dans un si beau génie, et qui s'est élevé jusqu'au sublime, les bornes de l'esprit humain; cela prouve qu'il est possible qu'un auteur sublime ait moins de profondeur et de sagacité que des hommes moins pathétiques : peut-être que le cardinal de Richelieu était supérieur à Milton. Mais les écrivains pathétiques nous émeuvent plus fortement, et cette puissance qu'ils ont sur notre âme, la dispose à leur accorder plus de lumières; nous jugeons toujours d'un auteur par le caractère de ses sentiments. Si on compare La Bruyère à Fénelon, la vertu toujours tendre et naturelle du dernier, et l'amour-propre qui se montre quelquefois dans l'autre, le sentiment nous porte malgré nous à croire que celui qui fait paraître l'âme la plus grande a l'esprit le plus éclairé; et toutefois il serait difficile de justifier cette préférence. Fénelon a plus de facilité et d'abondance; l'auteur des *Caractères*, plus de précision et de force; le premier, d'une imagination plus riante et plus féconde; le second, d'un génie plus véhément; l'un, sachant rendre les plus grandes choses familières et sensibles, sans les abaisser; l'autre, sachant ennoblir les plus petites, sans les déguiser; celui-là, plus humain; celui-ci, plus austère; l'un, plus tendre pour la vertu; l'autre, plus implacable au vice; l'un et l'autre moins pénétrants et moins profonds que les hommes que j'ai nommés, mais inimitables peut-être dans la clarté et dans la netteté de leurs idées; enfin originaux, créateurs dans leur genre, et modèles très-accomplis. »

IV

SUR FÉNELON.

Les répétitions de Fénelon ne me choquent point; il me semble qu'elles sont bien placées dans un style noble et touchant comme le sien, mais en même temps familier et populaire. Ces répétitions sont un art de faire reparaître la même vérité sous de nouveaux tours et sous de nouvelle images, pour l'imprimer plus avant dans l'esprit des hommes. Je ne voudrais retrancher du roman de *Télémaque*, car rien autre chose ne m'y déplaît, que les lieux communs de poésie dont il est rempli, et quelques imitations un peu trop faibles des grands ouvrages de l'antiquité; l'art d'imiter, lorsqu'il n'est pas parfait, dégénère toujours en déclamation. Il est, je crois, très-rare qu'on soit emphatique par trop de chaleur; mais c'est un défaut où l'on tombe presque inévitablement lorsqu'on n'est animé que d'une chaleur empruntée. Voilà peut-être ce qui est arrivé quelquefois à l'illustre auteur dont je parle; mais ces imitations passagères ne m'empêchent pas de reconnaître dans ses écrits un caractère véritablement original, une âme tendre, ingénue, éloquente, une imagination abondante et ornée, un esprit facile, enchanteur et plein de grâce, vrai dans ses peintures, varié dans ses tours, harmonieux et riche dans ses expressions, toujours pathétique, le seul écrivain qui ait donné à la modération un caractère élevé, qui ait parlé sans faste de la vertu, et qui l'ait embellie et la fasse aimer par les charmes de la simplicité et de l'éloquence.

V

SUR PASCAL ET BOSSUET.

J'aime Boileau d'avoir dit que Pascal était également au-dessus des anciens et des modernes; moi-même, j'ai pensé quelquefois, sans jamais l'oser dire, qu'il n'avait pas moins de génie pour l'éloquence que Démosthènes: S'il m'appartenait de hasarder mon sentiment sur de si grands hommes, je dirais encore que Bossuet est plus majestueux et plus sublime qu'aucun des Romains et des Grecs. Il ne serait peut-être pas inutile que ceux qui joignent un goût solide à la connaissance des langues anciennes, voulussent bien fixer sur ce point nos opinions.

VI

SUR LES PROSATEURS DU XVIIe SIÈCLE.

Il me semble qu'on peut compter sous le règne de Louis XIV quatre écrivains de prose de génie : Pascal, Bossuet, Fénelon, La Bruyère. C'est se borner sans doute à un bien petit nombre; mais ce nombre, tout borné qu'il est, ne se retrouve pas dans plusieurs siècles; les grands hommes dans tous les genres sont toujours très-rares. M. de Voltaire, dont les décisions sur toutes les choses de goût sont si justement estimées, ne paraît accorder qu'au seul Bossuet le mérite d'être éloquent. Si ce jugement est exact, on pourrait présumer que le génie de l'éloquence est encore moins commun que celui de la poésie.

VII

SUR DESCARTES.]

[Descartes, s'étant fondé sur des principes faux, a eu besoin de beaucoup d'invention et de sagacité pour élever un système sur des fondements si ruineux. Il est admirable, jusque dans ses erreurs, par le nombre prodigieux de machines et de ressorts dont il les a étayées; cependant cette même abondance ou cette diversité de moyens est une preuve qu'il n'a pas connu la vérité, la vérité étant telle de sa nature que, lorsqu'on la conçoit distinctement, on l'établit à peu de frais; elle se prouve elle-même en se montrant.]

VIII

SUR MONTAIGNE ET PASCAL.

Montaigne pensait fortement, naturellement, hardiment; il joignait à une imagination inépuisable un esprit invinciblement tourné à réfléchir. On admire dans ses écrits ce caractère original qui manque rarement aux âmes vraies; il avait reçu de la nature ce génie sensible et frappant, qu'on ne peut d'ailleurs refuser aux hommes qui sont supérieurs à leur siècle. Montaigne a été un prodige dans des temps barbares; cependant on n'oserait dire qu'il ait évité tous les défauts de ses contemporains; il en avait lui-même de considérables qui lui étaient propres, qu'il a défendus avec esprit, mais qu'il n'a pu justifier, parce qu'on ne justifie point de vrais défauts [1]. Il ne savait ni lier ses pensées, ni donner de justes bornes à ses discours, ni rapprocher utilement les vérités, ni en conclure. Admirable dans les détails, incapable de former un tout; savant à détruire, faible à établir; prolixe dans ses citations, dans ses raisonnements, dans ses exemples; fondant sur des faits vagues et incertains des jugements hasardeux; affaiblissant quelquefois de fortes preuves par de vaines et inutiles conjectures; se penchant souvent du côté de l'erreur pour contre-peser l'opinion; combattant par un doute trop universel la certitude; parlant trop de soi, quoi qu'on en dise, comme il parlait trop d'autres choses; incapable de ces passions altières et véhémentes, qui sont presque les seules sources du sublime; choquant, par son indifférence et son indécision, les âmes impérieuses et décisives; obscur et fatigant en mille endroits, faute de méthode; en un mot, malgré tous les charmes de sa naïveté et de ses images, très-faible orateur, parce qu'il ignorait l'art nécessaire d'arranger un discours, de déterminer, de passionner et de conclure [2].

Pascal n'a surpassé Montaigne ni en naïveté, ni en fécondité, ni en imagination; il l'a surpassé en profondeur, en finesse, en sublimité, en véhémence; il a porté à sa perfection l'éloquence d'art, que Montaigne ignorait entièrement, et n'a point été égalé dans cette vigueur de génie par laquelle on rapproche les objets, et on résume un discours; mais la chaleur et la vivacité de son esprit ardent et inquiet pouvaient lui donner des erreurs, dont le génie ferme et modéré de Montaigne ne s'est pas montré susceptible.

[1] VARIANTE : [« Il a prévenu de la manière du monde la plus ingénieuse le reproche qu'on lui pouvait faire de ses défauts, mais il ne s'est point justifié. »]
[2] VARIANTE : [« En un mot, un grand écrivain, mais un écrivain plein de défauts, qui, possédant plusieurs parties de l'éloquence, n'aurait été cependant qu'un faible orateur. »]

IX.

SUR FONTENELLE.

M. de Fontenelle mérite d'être regardé par la postérité comme un des plus grands philosophes de la terre. Son *Histoire des oracles*, son petit traité *De l'Origine des fables*, une grande partie de ses *Dialogues*, sa *Pluralité des mondes*, sont des ouvrages qui ne devraient jamais périr, quoique le style en soit froid, et peu naturel en beaucoup d'endroits. On ne peut refuser à l'auteur de ces ouvrages d'avoir donné de nouvelles lumières au genre humain; personne n'a mieux fait sentir que lui cet amour immense que les hommes ont pour le merveilleux, cette pente extrême qu'ils ont à respecter les vieilles traditions et l'autorité des anciens. C'est à lui, en grande partie, qu'on doit cet esprit philosophique qui fait mépriser les déclamations et les autorités, pour discuter le vrai avec exactitude. Le désir qu'il a eu dans tous ses écrits de rabaisser les anciens, l'a conduit à découvrir tous leurs faux raisonnements; tout le fabuleux, les déguisements de leurs histoires et la vanité de leur philosophie. Ainsi la querelle des anciens et des modernes, qui n'était pas fort importante en elle-même, a produit des dissertations sur les traditions et sur les fables de l'antiquité, qui ont découvert le caractère de l'esprit des hommes, détruit les superstitions, et agrandi les vues de la morale. M. de Fontenelle a excellé encore à plaindre la faiblesse et la vanité de l'esprit humain; c'est dans cette partie, et dans les vues qu'il a eues sur l'histoire ancienne et sur la superstition, qu'il me parait véritablement original. Son esprit fin et profond ne l'a trompé que dans les choses de sentiment; partout ailleurs, il est admirable.

X

[SUR LES MAUVAIS ÉCRIVAINS [1].]

[Il faut écrire parce que l'on pense, parce que l'on est pénétré de quelque sentiment, ou frappé de quelque vérité utile. Ce qui fait qu'on est inondé de tant de livres froids, fri-

[1] Cette version nouvelle et plus complète que celle donnée par les précédents éditeurs, a été publiée pour la première fois en 1857, par M. Gilbert, d'après le manuscrit autographe.

voles ou pesants, c'est que l'on ne suit pas cette maxime. Souvent, un homme qui a résolu de faire un livre se met devant sa table, sans savoir ce qu'il doit dire, ni même ce qu'il doit penser; ayant l'esprit vide, il essaye de remplir du papier, il écrit et efface, et forge des pensées et des phrases, comme le maçon bat du plâtre, ou comme l'artisan le plus grossier travaille à un ouvrage mécanique. Ce n'est pas le cœur qui l'inspire, ce n'est pas la réflexion qui le conduit, et ce qu'il laisse partout apercevoir, c'est l'envie d'avoir de l'esprit, et la fatigue que ce soin lui coûte. On trouve dans tout ce qu'il écrit cette empreinte dure et cet importun caractère, car il est naturel que les ouvrages de la volonté portent la marque de leur origine. On voit un auteur qui sue pour penser, qui sue pour se faire entendre; qui, après avoir formé quelques idées toujours imparfaites, et plus subtiles que vraies, s'efforce de persuader ce qu'il ne croit pas, de faire sentir ce qu'il ne sent pas, d'enseigner ce que lui-même ignore; qui, pour développer ses réflexions, dit des choses aussi faibles et aussi obscures que ses pensées mêmes : car ce que l'on conçoit nettement, on n'a pas besoin de le commenter; mais ce qu'on ne fait qu'entrevoir, ou ce qu'on imagine faiblement, on l'allonge plus aisément qu'on ne l'explique. L'esprit se peint dans la parole, qui est son image, et les longueurs du discours sont le sceau des esprits stériles et des imaginations ténébreuses; de là vient qu'il y a tant de *remplissage* dans les écrits, et si peu de choses utiles. Si l'on voulait ramener d'assez longs ouvrages à leurs principaux chefs, on verrait que tout se réduit à un très-petit nombre de pensées, étendues avec profusion et partout mêlées d'erreurs; et ce défaut, que l'on remarque dans les livres de réflexion, n'est pas moins sensible dans les ouvrages de pur sentiment : c'est une abondance stérile qui rebute, une vaine richesse de paroles qui ne couvre point la nudité des idées, des sentiments faibles dans le cœur, et bouffis par l'expression, de fausses couleurs, des mouvements feints et forcés. Aussi voyons-nous peu d'ouvrages qui se fassent lire sans peine : il faut travailler pour démêler le sens d'un philosophe qui a cru s'entendre, pour découvrir le rapport des pensées d'un poëte avec les images dont il les revêt, pour suivre les prolixités d'un orateur qui ne va point au but, et ne convainc ni ne touche. S'il fallait en juger par ces écrits, un livre n'est pas une suite d'idées qui naissent nécessairement les unes des autres; ce n'est pas un tableau où les yeux s'attachent d'eux-mêmes, et saisissent avidement les fortes images du vrai; ce n'est pas l'invention d'un homme qui s'oblige par son travail à nous épargner la peine de nous appliquer pour nous instruire : cet ordre si naturel est renversé; c'est le lecteur lui-même qui est obligé de s'ennuyer, pour trouver le mérite d'un ouvrage où l'on a prétendu le divertir; et, comme il n'imagine pas qu'un gros volume puisse ne contenir que peu de matière, ou que ce qui a coûté visiblement tant de travail soit si dépourvu de mérite, il croirait volontiers que c'est sa faute, s'il n'est pas plus amusé ou plus instruit.

Concluons de tout cela qu'il faut avoir pensé avant d'écrire, qu'il faut sentir pour émouvoir, connaître avec évidence pour convaincre, et que tous les efforts qu'on fait pour paraître ce qu'on n'est pas ne servent qu'à manifester plus clairement ce que l'on est. Pour moi, je voudrais que ceux qui écrivent, poëtes, orateurs, philosophes, auteurs en tout genre, se demandassent du moins à eux-mêmes : Ces pensées que j'ai proposées, ces sentiments que j'ai voulu inspirer, cette lumière, cette évidence de la vérité, cette chaleur, cet enthousiasme, que j'ai tâché de faire naître, en étais-je pénétré moi-même? En un mot, les ai-je contrefaits, ou éprouvés? Je voudrais qu'ils se persuadassent qu'il ne sert de rien d'avoir mis de l'esprit dans un ouvrage, quand on n'y a pas joint le talent d'instruire et de plaire. Je leur demanderais enfin de se souvenir de cette maxime, et de la graver en gros caractères dans leur cabinet : *que l'auteur est fait pour le lecteur, mais que le lecteur n'est pas fait pour admirer l'auteur qui lui est inutile.*]

XI
SUR UN DÉFAUT DES POETES.

Le plus grand et le plus ordinaire défaut des

poëtes est de ne savoir pas conserver le génie de leur langue et la naïveté du sentiment. Ils ne pensent pas que c'est manquer entièrement de génie pour la poésie et pour l'éloquence, que de ne pas posséder celui de sa langue. Le génie de toutes les sciences et de tous les arts consiste principalement à saisir le vrai, et, lorsqu'on le saisit et qu'on l'exprime dans de grandes choses, on a incontestablement un grand génie [1]. Mais des mots assemblés sans choix, des pensées rimées, beaucoup d'images qui ne peignent rien, parce qu'elles sont déplacées, des sentiments faux et forcés, tout cela ne mérite pas le nom de poésie ; c'est un jargon barbare et insupportable. Je voudrais que ceux qui se mêlent de faire des vers voulussent considérer que, l'objet de la poésie n'étant point la difficulté vaincue, le public n'est pas obligé de tenir compte aux gens sans talent de la très-grande peine qu'ils ont à écrire.

XII
SUR L'ODE.

Je ne sais point si Rousseau a surpassé Horace et Pindare dans ses odes ; s'il les a surpassés, je conclus que l'ode est un mauvais genre, ou, du moins, un genre qui n'a pas encore atteint, à beaucoup près, sa perfection. L'idée que j'ai de l'ode est que c'est une espèce de délire, un transport de l'imagination ; mais ce transport et ce délire, s'ils étaient vrais et non pas feints, devraient remplir les odes de sentiment ; car il n'arrive jamais que l'imagination soit véritablement échauffée sans passionner l'âme : or, rien n'est plus froid que de très-beaux vers où l'on ne trouve que de l'harmonie, et des images sans chaleur et sans enthousiasme [2]. Mais ce qui fait que Rousseau est si admiré, malgré ce défaut de passion, c'est que la plupart des poëtes qui ont essayé de faire des odes, n'ayant pas plus de chaleur que lui, n'ont pu même atteindre à son élégance, à son harmonie, à sa simplicité, et à la richesse de sa poésie. Ainsi, il est admiré, non-seulement pour les beautés réelles de ses ouvrages, mais aussi pour les défauts de ses imitateurs. Les hommes sont faits de manière qu'ils ne jugent guère que par comparaison ; et, jusqu'à ce qu'un genre ait atteint sa véritable perfection, ils ne s'aperçoivent point de ce qui lui manque ; ils ne s'aperçoivent pas même qu'ils ont pris une mauvaise route, et qu'ils ont manqué le génie d'un certain genre, tant que le vrai génie et la vraie route leur restent inconnus. C'est ce qui a fait que tous les mauvais auteurs qui ont primé dans leur siècle ont passé incontestablement pour de grands hommes, personne n'osant contester à ceux qui faisaient mieux que les autres qu'ils fussent dans le bon chemin.

XIII
SUR LA POÉSIE ET L'ÉLOQUENCE.

M. de Fontenelle dit formellement, en plusieurs endroits de ses ouvrages, que l'éloquence et la poésie sont peu de chose, etc.,. Il me semble qu'il n'est pas trop nécessaire de défendre l'éloquence. Qui devrait mieux savoir que M. de Fontenelle, que la plupart des choses humaines, je dis celles dont la nature a abandonné la conduite aux hommes, ne se font que par la séduction ? C'est l'éloquence qui, non-seulement convainc les hommes, mais qui les échauffe pour les choses qu'elle leur a persuadées, et qui, par conséquent, se rend maîtresse de leur conduite. Si M. de Fontenelle n'entendait par l'éloquence qu'une vaine pompe de paroles, l'harmonie, le choix, les images d'un discours, encore que toutes ces choses contribuent beaucoup à la persuasion, il pourrait cependant en faire peu d'estime, parce qu'elles n'auraient pas grand pouvoir sur des esprits fins et profonds comme le sien : mais M. de Fontenelle ne peut ignorer que la grande éloquence ne se borne point à l'imagination, et qu'elle embrasse la profondeur du raisonne-

---

[1] VARIANTE : [« *Tout l'esprit d'un auteur*, dit La Bruyère, *consiste à bien définir et à bien peindre*. Saisir rapidement le vrai dans les choses et le rendre dans l'expression, voilà le caractère du génie. »]

[2] ADDITION : [« Je doute que nous ayons atteint le vrai génie de l'ode. Je n'ai lu ni celles d'Horace, ni celles de Pindare ; mais il me paraît que les nôtres, je dis même les plus estimées, sont vides de choses, qu'on n'y trouve que des beautés d'imagination, fort peu de sentiment, et encore moins d'intérêt. On n'y remarque aussi qu'un délire feint, et il serait bien difficile, en effet, qu'il fût naturel, lorsqu'on ne prend aucun soin de le motiver, et qu'on ne le prépare point par des sentiments violents. »]

ment qu'elle fait valoir, ou par un grand art et par une singulière netteté, ou par une chaleur d'expression et de génie qui entraîne les esprits les plus opiniâtres. L'éloquence a encore cet avantage qu'elle rend les vérités populaires, qu'elle les fait sentir aux moins habiles, et qu'elle se proportionne à tous les caractères; enfin, je crois qu'on peut dire qu'elle est la marque la plus certaine de la vigueur de l'esprit, et l'instrument le plus puissant de la nature humaine... A l'égard de la poésie, je ne crois pas qu'elle soit fort distincte de l'éloquence. Un grand poëte[1] la nomme *l'éloquence harmonieuse;* je me fais honneur de penser comme lui. Je sais bien qu'il peut y avoir dans la poésie de petits genres, qui ne demandent que quelque vivacité d'imagination et l'art des vers; mais dira-t-on que la physique est peu de chose, parce qu'il y a des parties de la physique qui ne sont pas d'une grande étendue ou d'une grande utilité? la grande poésie demande nécessairement une grande imagination, avec un génie fort et plein de feu; or on n'a point cette grande imagination et ce génie vigoureux, sans avoir en même temps de grandes lumières et des passions ardentes, qui éclairent l'âme sur toutes les choses de sentiment, c'est-à-dire, sur la plus grande partie des objets que l'homme connaît le mieux. Le génie qui fait les poëtes est le même qui donne la connaissance du cœur de l'homme; Molière et Racine n'ont si bien réussi à peindre le genre humain, que parce qu'ils ont eu l'un et l'autre une grande imagination; tout homme qui ne saura pas peindre fidèlement les passions, la nature, ne méritera pas le nom de grand poëte. Ce mérite si essentiel ne le dispense pas d'avoir les autres; un grand poëte est obligé d'avoir les idées justes, de conduire sagement tous ses ouvrages, de former des plans réguliers, et de les exécuter avec vigueur. Qui ne sait qu'il est peut être plus difficile de former un bon plan pour un poëme, que de faire un système raisonnable sur quelque petit sujet philosophique? Je sais bien qu'on m'objectera que Milton, Shakspeare, et Virgile même, n'ont pas brillé dans leurs plans : cela prouve que le talent peut subsister sans une grande régularité, mais ne prouve point qu'il l'exclue. Combien peu avons-nous d'ouvrages de morale et de philosophie où il règne un ordre irréprochable! Est-il surprenant que la poésie se soit si souvent écartée de cette sagesse de conduite, pour chercher des situations et des peintures pathétiques, tandis que nos ouvrages de raisonnement, où on n'a recherché que la méthode et la vérité, sont la plupart si peu vrais, et si peu méthodiques? C'est donc par faiblesse naturelle de l'esprit humain que quelques poëmes manquent de conduite, et non parce que le défaut de conduite est propre à l'esprit poétique. Je suis fâché qu'un esprit supérieur, comme M. de Fontenelle, veuille bien appuyer de son autorité les préjugés du peuple contre un art aimable, et dont le génie est donné à si peu d'hommes. Tout génie qui fait concevoir plus vivement les choses humaines, comme on ne peut le refuser à la poésie, doit porter partout plus de lumières; je sais que ce sont des lumières de sentiment, qui ne serviraient peut-être pas toujours à bien discuter les objets; mais n'y a-t-il point d'autre manière de connaître que par discussion? et peut-on conclure quelque chose contre la justesse d'un esprit qui ne sera pas propre à discuter? Qu'y a-t-il, après tout, d'estimable dans l'humanité? Sera-ce les connaissances physiques et l'esprit qui sert à les acquérir? Mais pourquoi donner cette préférence à la physique? Pourquoi l'esprit qui sert à connaître l'esprit lui-même, ne sera-t-il pas aussi estimable que celui qui recherche les causes naturelles avec tant de lenteur et d'incertitude? Le plus grand mérite des hommes est d'avoir la faculté de connaître; et la connaissance la plus parfaite et la plus utile qu'ils puissent acquérir peut bien être celle d'eux-mêmes. Je supplie ceux qui sont persuadés de ces vérités de me pardonner les preuves que j'en apporte; elles ne peuvent être regardées comme inutiles, puisque la plus grande partie des hommes les ignorent, et que le plus grand philosophe de ce siècle veut bien favoriser cette ignorance.

Je sais bien que les grands poëtes pourraient employer leur esprit à quelque chose de plus utile pour le genre humain que la poésie; je

---

[1] Voltaire.

sais bien que l'attrait invincible du génie les empêche encore d'ordinaire de s'appliquer à d'autres choses ; mais n'ont-ils pas cela de commun avec ceux qui cultivent les sciences ? Parmi un si grand nombre de philosophes, combien peu s'en trouve-t-il qui aient inventé des choses utiles à la société, et dont l'esprit n'eût pu mieux être employé ailleurs, s'il eût été capable pour d'autres choses de la même application ? Est-il nécessaire, d'ailleurs, que tous les hommes s'appliquent à la politique, à la morale, et aux connaissances les plus utiles ? N'est-il pas, au contraire, infiniment mieux que les talents se partagent? Par là, tous les arts et toutes les sciences fleurissent ensemble ; de ce concours et de cette diversité se forme la vraie richesse des sociétés. Il n'est ni possible ni raisonnable que tous les hommes travaillent pour la même fin.

XIV

SUR LA VÉRITÉ ET L'ÉLOQUENCE

Deux études sont importantes : la vérité et l'éloquence ; la vérité, pour donner un fondement solide à l'éloquence, et bien disposer notre vie ; l'éloquence, pour diriger la conduite des autres hommes, et défendre la vérité. La plupart des grandes affaires se traitent par écrit ; il ne suffit donc pas de savoir parler : tous les intérêts subalternes, les engagements, les plaisirs, les devoirs de la vie civile, demandent qu'on sache parler; c'est donc peu de savoir écrire: Nous aurions besoin tous les jours d'unir l'une et l'autre éloquence ; mais nulle ne peut s'acquérir, si d'abord on ne sait penser; et on ne sait guère penser, si l'on n'a des principes fixes et puisés dans la vérité. Tout confirme notre maxime : l'étude du vrai la première, l'éloquence après.

XV

SUR L'EXPRESSION DANS LE STYLE.

Combien toutes les règles sont-elles inutiles, si on voit encore aujourd'hui des gens de lettres qui, sous prétexte d'aimer les choses, non les mots, ne témoignent aucune estime pour la véritable beauté de l'expression dans le style ! Je n'admire pas l'élégance, lorsqu'elle ne recouvre que des pensées faibles, et n'est point soutenue de l'éloquence du cœur et des images; mais les plus mâles pensées ne peuvent être rendues que par des paroles, et nous n'avons encore aucun exemple d'un ouvrage qui ait passé à la postérité sans éloquence dans l'expression. La méprisera-t-on, parce qu'on n'écrit pas comme Bossuet et comme Racine? Quand on n'a pas de talent, il faudrait, au moins, avoir du goût.

XVI

SUR LA DIFFICULTÉ DE PEINDRE LES CARACTÈRES.

Lorsque tout un peuple est frivole et n'a rien de grand dans ses mœurs, un homme qui hasarde des peintures un peu hardies doit passer pour un visionnaire. Ses tableaux manquent de vraisemblance parce qu'on n'en trouve pas les modèles dans le monde ; car l'imagination des hommes se renferme dans le présent, et ne trouve de vérité que dans les images qui lui représentent ses expériences. Il faudrait donc, quand on veut peindre avec hardiesse, attacher de semblables peintures à un corps d'histoire, ou du moins, à une fiction qui pût leur prêter, avec la vraisemblance de l'histoire, son autorité. C'est ce que La Bruyère a senti à merveille. Il ne manquait pas de génie pour faire de grands caractères ; mais il ne l'a presque jamais osé. Ses portraits paraissent petits, quand on les compare à ceux du *Télémaque* ou des *Oraisons* de Bossuet; mais il a eu de bonnes raisons pour écrire comme il a fait, et on ne peut trop l'en louer. Cependant c'est être sévère que d'obliger tous les écrivains à se renfermer dans les mœurs de leur temps ou de leur pays. On pourrait, si je ne me trompe, leur donner un peu plus de liberté, et permettre aux peintres modernes de sortir quelquefois de leur siècle, à condition qu'ils ne sortiraient jamais de la nature.

ESSAI
SUR QUELQUES CARACTÈRES

PRÉFACE

Ceux qui n'aiment que les portraits brillants et les satires, ne doivent pas lire ces nouveaux *Caractères*. On n'a cherché à peindre ni les gens du monde, ni les ridicules des grands, quoiqu'on sache combien ces peintures sont plus propres à flatter ou la vanité, ou la malignité, ou la curiosité du peuple. L'auteur a préféré rendre, autant qu'il a pu, ce qui convient, en général, à tous les hommes, plutôt que ce qui est particulier à quelques conditions ; il a plus négligé le ridicule que toute autre chose, parce que le ridicule ne présente ordinairement les hommes que d'un seul côté[1], qu'il charge et grossit leurs défauts ; qu'en faisant sortir vivement ce qu'il y a de vain et de faible dans la nature humaine, il en déguise toute la force et toute la grandeur ; et qu'enfin il contente peu l'esprit d'un philosophe, plus touché de la peinture d'une seule vertu que de toutes ces petites défectuosités, dont les esprits superficiels sont si avides.

Si l'on avait été capable d'exécuter le plan que l'on s'était proposé pour cet ouvrage, on aurait préféré la profondeur et la simplicité des historiens au sel des auteurs satiriques et comiques ; on n'aurait traité qu'en petit nombre les caractères frivoles, qui sont ceux que l'on met aujourd'hui au théâtre avec le plus de succès. Ce n'est pas qu'on ignore que le monde est rempli de tels caractères, et que peindre l'impertinence, la légèreté, la vanité, l'inconséquence, la bizarrerie, le défaut d'esprit et de cœur, en un mot, peindre en petit, c'est peindre les hommes ; mais l'inclination de l'auteur l'aurait porté à décrire des mœurs plus fortes, des passions, des vertus, des vices. Les caractères véhéments sont certainement plus rares que les autres ; mais ils sont peut-être plus propres à intéresser et à passionner les lecteurs sérieux, qui sont ceux à qui l'on destine ce petit ouvrage.

On aurait aimé à développer en quelques endroits, non-seulement les qualités du cœur, mais même ces différences fines de l'esprit qui échappent quelquefois aux meilleurs yeux.

Mais parce que de tels caractères auraient été des définitions plutôt que des portraits, on n'en a hasardé qu'un petit nombre, de peur que beaucoup de lecteurs ne fussent plus fatigués qu'amusés de ce nouveau genre. Les hommes ne sont vivement frappés que des images, et ils entendent toujours mieux les choses par les yeux que par les oreilles.

On a imité Théophraste et La Bruyère autant qu'on l'a pu ; mais, parce qu'on l'a pu très-ra

---

[1] VARIANTE : [« ... parce que le ridicule ne représente guère que l'extérieur des hommes ; parce qu'il les prend d'un seul côté, le plus palpable et le plus facile à saisir ; parce qu'il n'attaque ordinairement qu'un seul vice, qui est la vanité, et qu'il cache souvent bien des vertus. »]

rement, à peine s'apercevra-t-on que l'auteur s'est proposé ces grands modèles.

L'éloquence de La Bruyère, ce coup de pinceau si mâle et si fort, ces tours singuliers et hardis, ce caractère toujours original, ne sont pas des beautés où l'imitation puisse atteindre. Théophraste est moins délicat, moins orné, moins pathétique, moins sublime ; ses portraits, chargés de détails, sont quelquefois un peu traînants ; mais la simplicité et la vérité de ses images les ont fait passer jusqu'à nous ; il plaît malgré ses longueurs, et sa négligence même est aimable. Tout auteur qui peint la nature est sûr de durer autant que son modèle, et de n'être jamais atteint par ses copistes.

Si j'osais reprocher quelque chose à La Bruyère, ce serait d'avoir trop tourné et trop travaillé ses ouvrages. Un peu plus de simplicité et de négligence auraient donné peut-être plus d'essor à son génie, et un caractère plus haut à ses expressions fières et sublimes.

Théophraste a d'autres défauts ; son style me paraît moins varié que celui du peintre moderne, et il n'en a ni la hardiesse, ni la précision, ni l'énergie.

A l'égard des mœurs qu'ils ont décrites, ce sont celles des hommes de leur siècle, qu'ils ont représentées l'un et l'autre avec la plus naïve vérité. La Bruyère, qui a vécu dans un siècle plus raffiné et dans un royaume plus puissant, a peint une nation polie, riche, magnifique, savante, et amoureuse de l'art. Théophraste, né, au contraire, dans une petite république où les hommes étaient pauvres et moins fastueux, a fait des portraits qui, aujourd'hui, nous paraissent un peu petits.

S'il m'est permis de dire ce que je pense, je ne crois pas que nous devions tirer un grand avantage de ce raffinement ou de ce luxe de notre nation. La grandeur du faste ne peut rien ajouter à celle des hommes. La politesse même et la délicatesse, poussées au delà de leurs bornes, font regretter aux esprits naturels la simplicité qu'elles détruisent. Nous perdons quelquefois bien plus en nous écartant de la nature, que nous ne gagnons à la polir. L'art peut devenir plus barbare que l'instinct qu'il croit corriger.

Je n'oserais pousser plus loin mes réflexions à la tête d'un si petit ouvrage. La négligence avec laquelle on a écrit ces *Caractères*, le défaut d'imagination dans l'expression, la langueur du style, ne permettent pas d'en hasarder un plus grand nombre ; il faudrait peut-être avoir honte de laisser paraître le peu qu'on ose en donner.

J'avertis d'ailleurs que je ne m'y suis pas proposé de dire des choses nouvelles, mais celles que j'ai crues vraies et utiles. *Tout est dit*, assure La Bruyère, *et l'on vient trop tard depuis sept mille ans qu'il y a des hommes, et qui pensent sur ce qui concerne les mœurs ; le plus beau et le meilleur nous est enlevé..... Les personnes d'esprit*, ajoute-t-il, *ont en eux les semences de toutes les vérités et de tous les sentiments ; rien ne leur est nouveau*. Persuadé de cette vérité plus que personne, je ne doute pas cependant que les hommes les plus éclairés ne soient bien aises qu'on leur remette quelquefois devant les yeux leurs propres sentiments ou leurs idées. Nous ne nous lassons pas de voir représenter sur nos théâtres les mêmes personnages, avec quelques circonstances et quelques couleurs différentes ; pourquoi les amateurs du vrai seraient-ils fâchés qu'on les entretienne de choses qu'à la vérité ils connaissent en partie, mais qui sont si intéressantes et si utiles, qu'on ne peut ni les épuiser, ni les rendre assez familières ? Si je me suis servi des pensées ou des expressions de quelque auteur, je les lui restitue de bon cœur, et on n'a qu'à les remettre à leur vraie place. Je serais sensiblement touché de la gloire que j'aurais méritée, mais je ne veux point m'approprier celle d'un autre. Je parle des choses, ou j'en écris, selon qu'elles m'affectent ou m'intéressent ; la trop grande crainte de tomber dans la pensée d'autrui nous jetterait dans une contrainte puérile. Ce n'est pas ainsi qu'on en use dans la conversation, où l'on suit sa pensée sans ces égards, et je crois que l'on ne peut désapprouver la même liberté dans un auteur qui ne parle point pour parler, mais pour développer et faire goûter, selon ses forces, les pensées dont il est le plus occupé. Si donc il arrive à quelqu'un de reconnaître dans cet ouvrage des traits qu'il ait vus ailleurs, on le prie de penser combien il est difficile, malgré la plus grande attention, d'échapper à ce reproche, dans le genre où l'on a écrit. Tous les poëtes, tous les orateurs, tous les auteurs de romans, toutes les comédies, toutes les histoires, tous les ouvrages qui traitent des mœurs, ne sont, essentiellement, que des recueils de portraits et de caractères; j'ose dire qu'il n'y a point de matière ni si épuisée, ni qui ait été traitée par de si grands hommes; et, lorsqu'on peut voir qu'un auteur n'est pas incapable de penser de soi-même ce qu'il a écrit, il y aurait une sorte d'injustice à lui reprocher quelques répétitions involontaires, qui auraient pu se glisser dans son ouvrage.

I

CLAZOMÈNE, OU LA VERTU MALHEUREUSE.

Clazomène a fait l'expérience de toutes les misères humaines. Les maladies l'ont assiégé dès son enfance, et l'ont sevré, dans son printemps, de tous les plaisirs de la jeunesse. Né pour des chagrins plus secrets, il a eu de la hauteur et de l'ambition dans la pauvreté; il s'est vu, dans ses disgrâces, méconnu de ceux qu'il aimait; l'injure a flétri son courage, et il a été offensé de ceux dont il ne pouvait prendre de vengeance. Ses talents, son travail continuel, son application à bien faire, son attachement à ses amis, n'ont pu fléchir la dureté de sa fortune. Sa sagesse même n'a pu le garantir de commettre des fautes irréparables; il a souffert le mal qu'il ne méritait pas, et celui que son imprudence lui a attiré. Quand la fortune a paru se lasser de le poursuivre, quand l'espérance trop lente commençait à flatter sa peine, la mort s'est offerte à sa vue; elle l'a surpris dans le plus grand désordre de sa fortune; il a eu la douleur amère de ne pas laisser assez de bien pour payer ses dettes, et n'a pu sauver sa vertu de cette tache. Si l'on cherche quelque raison d'une destinée si cruelle, on aura, je crois, de la peine à en trouver. Faut-il demander la raison pourquoi des joueurs très-habiles se ruinent au jeu, pendant que d'autres hommes y font leur fortune? ou pourquoi l'on voit des années qui n'ont ni printemps ni automne, où les fruits de l'année sèchent dans leur fleur? Toutefois, qu'on ne pense pas que Clazomène eût voulu changer sa misère pour la prospérité des hommes faibles : la fortune peut se jouer de la sagesse des gens courageux; mais il ne lui appartient pas de faire fléchir leur courage[1].

II

[PHÉRÉCIDE, OU L'AMBITION TROMPÉE.]

[Phérécide a sacrifié une fortune médiocre à des espérances peu sages. Il a couru en même temps plusieurs carrières; il n'a pas su borner ses désirs, et il s'est trop confié à son ambition et à son courage. Les évènements et le monde lui étaient contraires, il s'est obstiné; il a cru qu'on faisait soi-même ses destinées, et qu'on ne dépendait point de sa position et de la bizarrerie des choses humaines; il a tenté au delà de ses forces, il s'est confié sans succès à ses propres ressources, il n'a pu venir à bout de l'adversité. Il a vu ses égaux sortir de pair, et le devancer par divers hasards : les uns ont percé par le jeu, les autres par de riches successions; quelques-uns se sont produits par la faveur des grands, ou par des talents très-frivoles, mais aimés du monde, et plusieurs n'ont eu besoin pour parvenir que de savoir bien danser, d'avoir des traits agréables, de beaux cheveux, ou de belles dents. Phérécide a fait une faute irréparable : il a voulu hâter ses destinées; il a trop négligé les moyens qui l'auraient mené à la fortune, lentement et par degrés, mais peut-être avec sûreté; il a toujours tendu trop haut, et n'a cultivé aucun talent particulier, au lieu de s'attacher avec une application constante à un seul objet. Les grands avantages qu'il a recherchés lui ont fait mépriser les petits qui étaient à sa portée, et il n'a obtenu ni les uns ni les autres. La fierté de son caractère, qu'il a voulu en vain dissimuler, l'a privé de la protection des gens en place; ainsi, la hauteur même de son âme, son esprit et son mérite, ont nui à son avan-

---

[1] VARIANTE : « Un ordre inflexible et caché dispose des choses humaines; le hasard se joue de la sagesse et des projets des hommes; mais la prospérité des âmes faibles ne peut les élever à la hauteur des sentiments que la calamité inspire aux âmes fortes, et ceux qui sont nés courageux savent vivre et mourir sans gloire. »

cement et à ses desseins. S'il eût moins attendu de ses ressources, il aurait mieux proportionné ses espérances et ses démarches à son état : les esprits mûrs et modérés ne forcent point leur avenir ; ils mesurent leurs entreprises sur leur condition ; ils attendent leur fortune des événements, et la font quelquefois sans peine ; mais c'est une des illusions de la jeunesse de croire qu'on peut tout par ses forces et ses lumières, et de vouloir s'élever par son industrie, ou par des chemins que le seul mérite ne peut ouvrir aux hommes sans fortune. Phérécide a été réduit à regretter les mêmes avantages qu'il avait méprisés ; les gens qu'il a voulu surpasser se sont trouvés naturellement au-dessus de lui, et personne n'a eu pitié de ses disgrâces, ou n'a daigné seulement approfondir les causes de son infortune[1].]

III

THERSITE[2].

Thersite a soin de ses cheveux et de ses dents ; il aime une excessive propreté, et il est élégant dans sa parure, autant qu'il est permis de l'être dans un camp. Il monte à cheval dès le matin ; il accompagne exactement l'officier du jour, visite avec lui les postes de l'armée, voit écrire l'ordre, mange et dort au quartier général, et ne néglige aucune des pratiques qui peuvent le faire connaître de ceux qui commandent. Il affecte de s'instruire par ses propres yeux des moindres choses : le major général ne dicte jamais l'ordre que Thersite ne le voie écrire[1]. On ne fait guère de détachement dont il ne soit ; mais au moment de partir, quoiqu'il ait ordre de marcher le premier de sa brigade, on ne le trouve pas ; on le cherche, on apprend qu'il est volontaire à un fourrage qui se fait sans danger sur les derrières du camp, et un autre marche à sa place. Ses camarades ne l'estiment point, ne l'aiment point ; mais il ne vit pas avec eux ; il les évite ; et, si quelque officier général lui demande le nom d'un officier de son régiment qui est de garde, Thersite affecte de répondre qu'il le

---

[1] Ce *caractère*, publié pour la première fois par M. Gilbert, est la suite, ou plutôt l'explication de celui qui précède. Qu'on le rapproche des XXVII°, XXVIII°, XXIX°, XXX°, XXXI°, XXXII° et XXXIII° *Réflexions sur divers sujets*, et cette préoccupation si persistante d'un même objet paraîtra bien significative. A l'occasion de ces *Réflexions*, M. Gilbert dit que c'est pour Vauvenargues un besoin d'esprit et une méthode constante, de *concilier les contrariétés apparentes* des idées ou des faits humains, en remontant à leurs causes. Semblable à ce médecin qui, attaqué d'une maladie mortelle, oubliait ses souffrances en les observant au profit de la science, Vauvenargues, dont l'esprit est aussi avide de connaître que son âme est forte contre la douleur, se replie sur lui-même, s'analyse, et, avec une sincérité touchante, tire des conseils ou des exemples pour les autres de sa propre vie, si triste et si cruellement éprouvée. La joie de l'esprit qui découvre la vérité, le consolait de la souffrance qui n'abat que les faibles âmes ; c'est à ce titre, sans doute, qu'il trouvait une certaine douceur, ou des consolations, jusque dans son infortune, et qu'il a pu dire que « *le malheur même a ses charmes.* »

[2] Les deux *Caractères* qui précèdent donnent le résumé, pour ainsi dire, de la vie de Vauvenargues ; ceux qui suivent vont nous faire passer par ses diverses phases. Il a débuté par la carrière militaire ; aussi, à côté de peintures plus générales, trouve-t-on quelques figures de militaires, dont les originaux étaient sous ses yeux. A ses tentatives pour entrer dans la diplomatie et dans les affaires correspond une série de caractères actifs, fermes, ambitieux, habiles à pénétrer les hommes et à les conduire, en regard desquels Vauvenargues place, comme contraste, quelques figures d'hommes faibles, inconséquents ou vains ; enfin, on reconnaît la période littéraire à ces portraits, quelquefois si vifs, d'auteurs *insipides* ou *frivoles*. Pour quelques-uns de ces caractères, l'auteur laisse voir un mépris qui ressemble fort à la colère, et il les rend avec une exagération qu'on ne peut mettre exclusivement au compte de sa jeunesse ; on doit croire qu'il avait eu personnellement à se plaindre des *Phalante* ou des *Midas* qu'il met en scène. Dans ses œuvres purement morales, où, au lieu de montrer des individus, il donnera son opinion dernière sur l'humanité, il sera plus modéré ; et, balance faite de nos vertus et de nos vices, il conclura pour le respect de la vie et de la nature humaine. Dans ces *Caractères* mêmes, cette conclusion se devine, car, à côté de la peinture du vice se rencontre presque toujours celle de la vertu qui le contre-pèse. — G.

— *Thersites*, que nous appelons Thersite, nous est représenté par Homère, dans son *Iliade*, comme le plus laid, le plus lâche et le plus insolent des capitaines grecs qui se trouvèrent au siége de Troie. C'est par cette raison que ce nom est ordinairement donné à ceux à qui l'on croit pouvoir reprocher les mêmes défauts. — F.

[1] VARIANTE : « Thersite est l'officier de l'armée que l'on voit le plus. C'est lui que l'on rencontre toujours à la suite du général, monté sur un petit cheval qui boite, avec un harnais de velours en broderie, et un coureur qui marche devant lui. S'il y a ordre à l'armée de partir la nuit pour cacher une marche à l'ennemi ; Thersite ne se couche point comme les autres, quoiqu'il y ait du temps ; mais il se fait mettre des papillotes, et fait poudrer ses cheveux, en attendant qu'on batte la générale. Il accompagne exactement l'officier de jour, et visite avec lui les postes de l'armée ; il donne des projets au général, et fait un journal raisonné de toutes les opérations de la campagne. »

connaît bien, mais qu'il ne se souvient pas de son nom. Il est empressé, officieux, familier, insolent, et pourtant très-bas avec les grands seigneurs de l'armée. Il est l'ami des capitaines, de leurs gardes et de leurs secrétaires; il leur vend des chevaux et des fourgons, et gagne leur argent au jeu. S'il y a, malheureusement, de la désunion entre les chefs, il tâche de tenir à tous les partis; il fait sa cour chez les deux maréchaux, et raconte le soir chez Fabius ce qu'il a ouï dire le matin dans l'autre camp. Personne ne sait mieux que lui les tracasseries de l'armée. Il est de ces soupers de société où l'on se divertit des maux publics, et où l'on jette finement du ridicule sur tous ceux qui font leur devoir. Thersite a toujours dans sa poche les cartes du pays où l'on fait la guerre; il étend une de ces cartes sur la table, et il fait remarquer avec le doigt les fautes qu'on a faites; il parle ensuite d'un projet de campagne qu'il a fait lui-même, et dit qu'il écrit des mémoires de toutes les opérations de la campagne, où il circonstancie les brouilleries et les fautes des généraux. Il est nouvelliste, il est politique; il n'y a point de talent ni de mérite dont il ne se pique: celui qu'il possède le mieux est l'art de railler la vertu, et de se faire supporter des gens en place. Il n'y a point de si vil service qu'il ne soit tout prêt de leur rendre; il leur demande quel cheval ils veulent faire seller, ou quel harnais ils mettront; si bien qu'on le prend quelquefois lui-même pour un homme de leur maison. S'il se trouve chez le duc Eugène lorsque celui-ci se débotte, Thersite fait un mouvement pour lui présenter ses souliers; mais comme il s'aperçoit qu'il y a autour de lui beaucoup de monde, il laisse prendre les souliers à un valet, et rougit en se relevant.

IV

PISON, OU L'IMPERTINENT.

Ceux qui sont insolents avec leurs égaux s'échappent aussi quelquefois avec leurs supérieurs, soit pour se justifier de leur bassesse, soit par une pente invincible à la familiarité et à l'impertinence, qui leur fait perdre très-souvent le fruit de leurs services, soit enfin par défaut de jugement, et parce qu'ils ne sentent pas les bienséances. Tel s'est fait connaître Pison, jeune homme ambitieux et sans mœurs, sans pudeur, sans délicatesse; d'un esprit hardi mais peu juste, facile par défaut de choix, vif sans prudence, plus intempérant que fécond, et plus laborieux que solide; patient néanmoins, complaisant, capable de souffrir et de se modérer; très-brave à la guerre, où il avait mis l'espérance de sa fortune, et propre à ce métier par son activité, par son courage et par son tempérament inaltérable dans les fatigues; trop léger cependant, trop ami du faste; engagé par ses espérances à une folle et ruineuse profusion; accablé de dettes contre l'honneur; peu sûr au jeu, mais sachant soutenir avec impudence un nom équivoque; sachant aussi sacrifier les petits intérêts, et la réputation même, à la fortune; incapable de concevoir qu'on pût parvenir par la vertu; privé de sentiment pour le mérite; esclave des grands, né pour les servir dans le vice, pour les suivre à la chasse et à la guerre, et vieillir, parmi les opprobres, dans une fortune médiocre.

V

LENTULUS, OU LE FACTIEUX.

Lentulus se tient renfermé dans le fond d'un vaste édifice qu'il a fait bâtir, et où son âme austère s'occupe en secret de projets ambitieux et téméraires. Là, il travaille, le jour et la nuit, pour tendre des pièges à ses ennemis, pour éblouir le peuple par des écrits, et amuser les grands par des promesses. Sa maison quelquefois est pleine de gens inconnus qui attendent pour lui parler, qui vont, qui viennent; quelques-uns n'y entrent que la nuit et travestis, et on les voit sortir devant l'aurore. Lentulus fait des associations avec des grands qui le haïssent, pour se soutenir contre d'autres grands dont il est craint. Il tient aux plus puissants par ses alliances, par ses charges et par ses menées. Quoiqu'il soit né fier, impérieux, et inaccessible aux hommes inutiles, il ne néglige pourtant pas le peuple; il lui donne des fêtes et des spectacles; et, lorsqu'il se montre dans les rues, il fait jeter de l'argent autour de sa litière, et ses émissaires, postés en différents endroits sur son passage, excitent la canaille à l'applaudir. Ils l'excusent de ne pas se montrer plus souvent, sur ce qu'il est trop occupé des besoins de la république, et qu'un travail sévère et sans relâche ne lui laisse aucun jour de libre. Il est en effet surchargé par la diversité et la multitude des affaires qui l'appliquent, et ces occupations laborieuses le suivent partout, car jusqu'à l'armée, où il a tant de distractions inévitables, il porte cette activité infatigable ; les troupes le voient rarement ; et, pendant qu'il est obsédé de ses créatures, qu'il donne des ordres ou qu'il médite des intrigues, le soldat murmure de ne pas le voir, et blâme ce genre de vie trop austère, tandis que le consul qui commande en chef se communique, se montre partout, et se fait aimer des centurions et des troupes. Mais Lentulus emploie sa retraite à traverser secrètement les entreprises de son chef ; et il fait si bien, que le pain, le fourrage et même l'argent manquent au quartier général, pendant que tout abonde dans son propre camp[1]. S'il arrive alors que les troupes de la république reçoivent quelque échec de l'ennemi, aussitôt les courriers de Lentulus font retentir la capitale de ses plaintes contre le consul ; le peuple s'assemble dans les places par pelotons, et les créatures de Lentulus ont grand soin de lire des lettres par lesquelles il paraît qu'il a sauvé l'armée d'une entière défaite ; toutes les gazettes répètent les mêmes bruits, et tous les nouvellistes sont payés d'avance pour les confirmer. Ceux qui savent la vérité, et qui ne sont point entraînés par des motifs particuliers, rendent du moins cette justice à Lentulus, qu'en agissant quelquefois contre ses ennemis personnels, son âme, vivement attachée à la gloire, a toujours respecté l'État. Mais l'ambition, la hauteur, et plus que tout cela, les grands talents, révoltent aisément la multitude ; le soupçon et la calomnie suivent le mérite éclatant, et le peuple cherche des crimes à ceux qu'il estime assez courageux pour les entreprendre, et assez habiles pour les cacher. Le consul est forcé d'envoyer des mémoires pour justifier sa conduite contre les artifices de son ennemi[1] ; celui qu'il a chargé de cette affaire, qui est un homme hardi, éloquent, arrive dans la capitale, où il est attendu avec impatience, et on s'attend qu'il révélera bien des mystères ; mais le lendemain, le sénat s'étant extraordinairement assemblé, on vient lui annoncer que cet envoyé a été trouvé mort dans son lit, et qu'on a détourné tous ses papiers. Les gens de bien, consternés, gémissent secrètement de cet attentat ; mais les partisans de Lentulus en triomphent publiquement, et la république est menacée d'une horrible servitude[2].

[1] VARIANTE : « On dit qu'il fait en sorte que les subsistances manquent au quartier général, pendant que tout abonde dans son propre camp. Il n'y a point de bruit que l'envie n'adopte avidement contre les hommes qui sont nés supérieurs aux autres ; le consul appuie lui-même ces bruits injurieux, et toute l'armée se partage entre ses deux chefs désunis. »

[1] VARIANTE : « Le sénat ne peut se prononcer entre deux si grands capitaines ; il dissimule les mauvais offices qu'ils veulent se rendre, afin de les forcer par la douceur à servir à l'envi la république. Leurs talents lui sont plus utiles que leur jalousie n'est nuisible : c'est cette ambition des grands hommes qui fait la grandeur des États. »

[2] Le fond, ou plutôt l'occasion de cette peinture, c'est peut-être simplement la rivalité assez connue du maréchal de Broglie, commandant d'un corps français pendant la guerre de Bohême, et de Seckendorff, général des troupes bavaroises, alliées de la France ; on accusait le premier d'avoir laissé accabler le second par l'ennemi, et d'avoir ainsi compromis le succès de la campagne de 1741. Tel est le procédé fréquemment employé par Vauvenargues ; il part d'un caractère qu'il a sous les yeux, ou d'un fait réel dont il a pu être témoin, sans s'inquiéter du plus ou moins d'importance de ce caractère ou de ce fait ; le moindre trait et le moindre incident lui suffisent, car il se réserve de grandir les personnages, et d'étendre la scène à la mesure nécessaire pour ce qu'il appelle des *peintures un peu hardies*. Dans le XVIe *Fragment* il fait clairement entendre qu'il se sent à l'étroit ; il voudrait rendre de grandes choses, et il n'en voit autour de lui que de petites ; aussi, ne trouvant pas, comme il le dit encore, *ses modèles dans le monde frivole qui l'entoure*, il demande *à sortir de son pays et de son siècle*, à la seule condition *de ne pas sortir de la nature*, et c'est ainsi que le maréchal de Broglie devient Lentulus, comme tel sous-lieutenant un peu mutin deviendra Clodius (voir le n° XLII). Vauvenargues sent bien que de telles figures manquent de proportion, à cause de leur isolement même ; aussi voudrait-il les *attacher à un corps d'histoire*, ou, du moins, à une *fiction* qui les préparât et les soutînt. C'est ce qu'avait fait Fénelon, dont l'imagination, chimérique aussi, selon le mot profond de Louis XIV, aimait également *à sortir de son siècle*. Vauvenargues a beau dire dans sa Préface qu'il a *imité La Bruyère et Théophraste autant qu'il l'a pu*, c'est Fénelon qu'il a le plus imité, sans le savoir peut-être, e la ressemblance est évidente entre ses portraits et ceux du *Télémaque*. — G.

VI

ORONTE, OU LE VIEUX FOU.

Oronte, vieux et flétri, dit que les gens vieux sont tristes, et que, pour lui, il n'aime que les jeunes gens. C'est pour cela qu'il s'est logé dans une auberge, où il a, dit-il, le plaisir de ceux qui voyagent, sans leurs peines, parce qu'il voit tous les jours à souper de nouveaux visages. On le rencontre quelquefois au jeu de paume, avec des jeunes gens qui sortent du bal, et il va déjeuner avec eux. Il les cultive avec le même soin que s'il avait envie de leur plaire[1]; mais, on peut lui rendre justice, ce n'est pas la jeunesse qu'il aime, c'est la folie. Il n'a du sérieux de son âge qu'une économie excessive; les plaisirs, dont il abuse, n'ont point adouci l'âpreté naturelle de son caractère; il est dur, rusé, défiant; il leurre l'avarice de plus d'une femme qui aspire à le gouverner, et, dans un âge si exposé à la tromperie, il trouve encore le secret de faire des dupes. Il a un fils qui a vingt ans, et qui est déjà estimé dans le monde; mais ce jeune homme est appliqué, sérieux, et passe une grande partie de la nuit à lire. Oronte a brûlé plusieurs fois les livres de son fils, et n'a fait grâce qu'à des vers obscènes, qui d'ailleurs sont assez mauvais. Ce jeune homme en rachète toujours de nouveaux, et trompé les soins de son père. Oronte a voulu lui donner une fille de l'Opéra, que lui-même a eue autrefois, et n'a rien négligé, dit-il, pour l'éducation de cet enfant; mais ce petit drôle est entêté, ajoute-t-il, et a l'esprit gâté et plein de chimères.

VII

[OTHON, OU LE DÉBAUCHÉ.]

[Othon est riche et voluptueux. Il a une contenance audacieuse, une figure agréable, des yeux pleins de feu, mais déjà les grâces de la jeunesse sont un peu effacées sur son visage. Il n'ignore aucun des plaisirs qu'on peut connaître; son imagination hardie en faisait des leçons, dans son enfance, à ses camarades plus âgés que lui, et, quand il est entré dans le monde, il avait déjà l'expérience de tout ce que les plus vieux débauchés peuvent savoir. Né licencieux et volage, nul homme ne sait feindre avec plus d'art une passion qu'il ne sent pas; il est flatteur et insinuant avec les femmes, hardi, libéral, entreprenant, d'une séduction fougueuse et emportée. Tantôt il aspire à une jeune personne qu'il n'aime point, mais dont la sagesse le pique; tantôt, dégoûté du mystère, il fréquente les courtisanes les plus dissolues, et les lieux les plus infâmes; quelquefois, il fait des retraites à la campagne, pour se délasser avec les femmes du peuple de l'affectation des femmes de la ville. Sa lâche industrie tend partout des pièges à l'innocence; rien ne met à couvert de ses poursuites, ses désirs insolents ne respectent rien; il perce les cloîtres et les grilles, il se déguise; il cherche curieusement des aventures de toute espèce, et les plaisirs ordinaires ne lui suffisent plus. On le voit quelquefois au bal, masqué en femme, et ceux qui veulent s'y tromper, y sont trompés. Tous les sales usages qu'on peut faire de l'argent et de la jeunesse, Othon se vante publiquement de les connaître. Tour à tour avare et prodigue, tour à tour vendant au plaisir son honneur ou son intérêt; réparant sans pudeur, par de viles adresses, la folie de ses profusions, et toujours aussi dépravé dans ses ressources que dans ses largesses, il déclare que l'intérêt et le plaisir sont les dieux de la terre, que l'honneur est la chimère des fous, et que la gueuserie est l'héritage des philosophes; ses principes favoris sont que la vertu n'est autre chose que l'habileté, et que l'habileté consiste à savoir vivre; que celui qui ne sait pas vivre est seul vicieux; qu'il ne faut être ni trop honnête homme, ni trop scélérat, ni trop sincère, ni trop fourbe; qu'on ne gagne point les hommes sans les tromper, et qu'on ne les trompe point sans tromperie, mais qu'en la poussant trop loin, on peut tout perdre, et qu'il faut mêler avec adresse l'artifice et la bonne foi, le mensonge et la vérité; qu'il y a peu de sciences certaines; que celui-là est le plus philosophe qui est le plus persuasif; que l'homme du monde le plus digne d'envie, est celui qui a le plus d'empire sur l'esprit d'autrui; que la hardiesse vaut

---

[1] VARIANTE : [« Il eur fait des contes obscènes, s'avilit pour plaire, et, à force de se faire mépriser, se fait supporter. »]

mieux que la ruse, et la présomption que la timidité ; que tous les biens possibles se renferment dans le plaisir, et qu'il n'y a rien d'utile, de beau, d'estimable par rapport aux hommes, que ce qui leur plait; que l'homme le plus heureux et le plus libre est celui qui a le moins de préjugés et de devoirs, qui est riche, libéral, et d'un tempérament sain et voluptueux ; que les livres n'apprennent rien pour la science de la vie, mais qu'il ne blâme pas les écrivains, puisqu'ils trouvent des dupes, et qu'ils en profitent. La gloire d'Othon est d'avoir des faiblesses qu'il ne cache point, et qui défient la timidité de la sagesse, il aime à faire triompher ses vices de la bienséance ; il est patient pour séduire, éloquent pour tromper, et inépuisable en intrigues pour aller à ses fins.]

VIII
LES JEUNES GENS.

Les jeunes gens jouissent sans le savoir, et s'ennuient en croyant se divertir. Ils font un souper où ils sont dix-huit, sans compter les *dames*; et ils passent la nuit, à table, à détonner quelques chansons obscènes, à conter le roman de l'Opéra, et à se fatiguer, pour chercher le plaisir, qu'à peine les plus impudents peuvent essayer dans un quart d'heure de faveur ; et, comme on se pique à tous les âges d'avoir de l'esprit, ils admettent quelquefois à leurs parties des gens de lettres, qui font là leur apprentissage pour le monde ; mais tous s'ennuient réciproquement, et ils se détrompent les uns des autres. Ces jeunes gens disparaissent quelquefois pendant plusieurs jours, pour suivre de sales intrigues ; puis, ils reviennent dans le monde, épuisés de leurs incontinences, avec un maintien affecté et des yeux éteints ; ils parlent grossièrement des femmes, et avec dégoût. Au spectacle, où ils vont pour se rassembler, on les voit sortir quelquefois au commencement de la pièce, pour satisfaire quelque idée de débauche qui leur vient en tête ; et, après avoir fait le tour des allées obscures de la Foire, ils reviennent au dernier acte, et se racontent à l'oreille leurs ridicules prouesses ; on ne peut ignorer ce qu'ils se disent, et on a honte de l'avoir compris. Ils se font un point d'honneur de traiter légèrement tous les plaisirs ; et les plaisirs, qui fuient la dissipation et la folie, ne leur laissent qu'une vaine ombre, et une fausse image de leurs charmes.

IX
ACESTE, OU L'AMOUR INGÉNU.

Un jeune homme qui aime pour la première fois de sa vie, n'est plus ni libertin, ni dissipé, ni ambitieux ; toutes ses passions sont suspendues, une seule remplit tout son cœur. S'il se trouve, par hasard, à un concert dont la musique soit passionnée, la symphonie seule le touche, sans qu'elle soit accompagnée de paroles ; on voit couler des larmes de ses yeux, et il est obligé de sortir de cette assemblée qui le gêne, pour s'aller enfermer chez lui ; il se détourne à la vue de ceux qu'il rencontre, il veut cacher ses larmes ; devant sa table, il commence une lettre et il la déchire ; il marche à grands pas dans sa chambre, il prononce des mots entrecoupés : il est hors de lui, on ne le reconnaît plus. C'est qu'Aceste idolâtre une femme dont il se croit aimé ; il la voit en dormant, lui parle, l'écoute, et se croit écouté. Il rêve qu'il voyage, seul avec elle, dans un bois, à travers des rochers et des sables brûlants ; ils arrivent parmi des barbares ; ce peuple s'empresse autour d'eux, et s'informe curieusement de leur fortune. Une autre fois, il songe qu'il se trouve à une bataille, et que couvert de blessures et de gloire, il vient expirer dans les bras de sa maîtresse : car l'imagination d'un jeune homme enfante aisément toutes les chimères que nos romanciers ne composent qu'après bien des veilles. Aceste est timide avec sa maîtresse, et quoique la fleur de la jeunesse soit encore sur son visage, il se trouble quand il est auprès d'elle, il oublie, en la voyant, ce qu'il s'est préparé de lui dire ; mais quelquefois il lui parle sans préparation, avec ce feu et cette impétuosité que sait inspirer la plus vive et la plus éloquente des passions ; il a un torrent de paroles fortes et tendres ; il arrache des larmes à cette femme qui en aime un autre ; puis, il se jette à ses pieds, et lui demande pardon des offenses qu'il ne lui a pas faites. Sa grâce et sa sincérité l'emportent enfin sur les vœux d'un rival moins aimant que lui, et l'amour, le temps, le caprice, récompensent des feux si purs. Il retourne chez lui préoccupé et attendri ; l'amour fait entrer la bonté dans un cœur ingénu et sensible ; les soupçons, l'envie, l'intérêt, la haine, n'ont pas de place dans un cœur touché et content ; on ne peut dépeindre la joie d'Aceste, son transport, son silence et sa distraction. Tous ceux qui dépendent de lui se ressentent de son bonheur : ses gens, à qui il a donné l'ordre de l'attendre chez lui, ne s'y trouvent point ; Aceste, vif et impatient par caractère, ne se fâche pas, et, comme ils s'excusent en arrivant d'être venus tard, il leur dit qu'ils ont bien fait de se divertir, et qu'il serait bien fâché de troubler la joie de personne. Alors, si un misérable se présente à lui, Aceste lui donne sa bourse, car la pitié suit l'amour, et lui dit : « Je suis trop heureux de pouvoir adoucir vos peines ; si tous les hommes voulaient s'entr'aider, il n'y aurait point de malheureux ; mais l'affreuse et inexorable dureté des riches retient tout pour elle, et la seule avarice fait toutes les misères de la terre. » Aceste ne se pique plus que d'être bon ; il pardonne à ses ennemis ; il va voir un homme qui a voulu lui nuire. Heureux, dit-il, ceux qui ont des passions qui les rendent moins insensibles, moins orgueilleux, moins délicats, moins formalistes ! Oh ! si l'on pouvait toujours être tendre, généreux, et sans orgueil ! Pendant qu'il s'occupe de ces réflexions, quelques jeunes gens qui le connaissent se moquent de cette passion qui le dévore, et surtout des belles idées qu'il a sur l'amour ; mais il leur répond : « Je n'ai point appris, Dieu merci, à mépriser l'amour qui me plaît, pour diminuer mes plaisirs. J'estime les choses humaines, parce que je suis homme[1], et ne me pique pas de trouver dans mon imagination ce que je trouve plus facilement dans la nature. L'intérêt, la vanité, l'ambition, pourront bien un jour dessécher mon cœur, et y faire périr les sentiments naturels ; mais, du moins, je n'irai pas au-devant de ce malheur. Vous croyez-vous donc bien plus habile de vous être détrompés, de si bonne heure, de ce qu'on appelle les illusions de la jeunesse ? Vous avez vieilli, mes amis, avant le temps, et sans avoir joui de la nature, vous êtes déjà dégoûtés de ses plaisirs. Je vous plains, car il n'y a d'erreur qu'à chercher hors du sentiment ce que ni l'esprit, ni l'usage, ni l'art, ni la science, ne peuvent donner. »

X

PHALANTE, OU LE SCÉLÉRAT[1].

Phalante a voué ses talents aux fureurs et au crime[1] : impie, esclave insolent des grands, ambitieux, oppresseur des faibles, contempteur des bons, corrupteur industrieux de la jeunesse, son génie violent et hardi préside en secret à tous les crimes qui sont ensevelis dans les ténèbres. Il est dès longtemps à la tête de tous les débauchés et de tous les scélérats ; il ne se commet point de meurtres ni de brigandages où son noir ascendant ne le fasse tremper. Il ne connaît ni l'amour, ni la crainte, ni la bonne foi, ni la compassion ; il méprise l'honneur autant que la vertu, et il hait les dieux et les lois ; le crime lui plaît par lui-même ; il est scélérat sans dessein, et audacieux sans objet. Les extrémités les plus dures, la faim, la douleur, la misère ne l'abattent point : il a éprouvé tour à tour l'une et l'autre fortune ; mais ni la prospérité ni la misère n'ont pu lui enseigner l'humanité ; prodigue et fastueux dans l'abondance, entreprenant et farouche dans la pauvreté, emporté et souvent cruel jusque dans ses plaisirs, dissimulé et implacable dans ses haines, furieux et barbare encore après ses vengeances, élo-

---

[1] C'est le vers de Térence : *Homo sum, nihil humani a me alienum puto.* — G.

[1] VARIANTE : « Timocrate est venu au monde avec cette haine inflexible de toute vertu, et ce mépris féroce de la gloire, qui couvrent la terre de crimes. Ni la prospérité ni la misère, qu'il a éprouvées tour à tour, n'ont pu lui enseigner l'humanité. Fastueux et violent dans le bonheur, téméraire et farouche dans l'adversité, il a été cruel jusque dans ses plaisirs, et barbare après ses vengeances. Ministre de la cruauté et de la corruption des autres hommes, esclave insolent des grands, ambitieux, séducteur audacieux de la jeunesse, il ne se commet point de meurtres ni de brigandages où son noir ascendant ne le fasse tremper. Son génie violent et hardi l'a mis à la tête de tous les débauchés et les scélérats, et préside en secret à tous les crimes qui sont ensevelis dans les ténèbres. Une main cachée, mais puissante, le dérobe aux rigueurs de la justice ; entouré d'opprobres, il marche la tête levée ; il menace de ses regards les sages et les vertueux ; sa témérité insolente triomphe des lois. »

quent seulement pour persuader le crime et pour pervertir l'innocence, son naturel féroce et indomptable aime à fouler aux pieds l'humanité, la prudence et la religion; il vit tout souillé d'infamie; et son âme irritée du mépris, ne connaît, parmi ses fureurs, ni le repentir ni la honte, la haine que l'on porte à ses forfaits ne modère point son orgueil; couvert d'opprobres, il insulte, il provoque les malheureux; il marche la tête levée, il brave et menace de ses regards les sages et les vertueux; sa témérité insolente triomphe des lois.

XI

[TERMOSIRIS[1].]

[Ne vous étonnez pas si vous voyez un homme de quelque esprit, qui n'en ait pas assez pour cacher ses vices : les passions percent toujours à travers le voile dont on les couvre; elles font tomber les plus éclairés dans des fautes aussi lourdes, et dans des pièges aussi grossiers, que s'ils n'avaient aucune lumière. Un malhonnête homme se décèle lui-même dans les moindres choses; on n'a qu'à l'entendre parler, on le démêle, on pénètre son mauvais fonds. S'il arrive à Termosiris de louer un homme de bien, c'est toujours en des termes qui laissent connaître qu'il ne lui croit point d'esprit; s'il entend dire que cet homme de bien a obtenu quelque grâce, il dit effrontément que c'est un caractère bas, qui a fait sa cour à propos, et que, quant à lui, il ne fera jamais sa fortune, parce qu'il ne sait pas démentir son cœur. S'il parle d'honneur et de probité, d'élévation d'esprit, et de courage, c'est avec une affectation et un faste qui font assez voir qu'il n'a aucune expérience des sentiments qu'il étale, et il ne se montre jamais si petit et si vicieux que quand il parle de magnanimité et de vertu. Pour peu qu'on commerce avec lui, on s'aperçoit qu'il n'est que bas et menteur, jaloux du mérite d'autrui, et principalement de ceux qu'il appelle ses amis, et qu'il n'épargne jamais, en leur absence; il déchire ceux qu'il envie, et la calomnie ne lui coûte rien. Il est intéressé, dissimulé, lâche et méchant; on voit qu'il est ennemi-né de tous les hommes, qui tous lui font ombrage, parce qu'il les regarde comme des concurrents; nul ne souffre, nul n'est humilié, nul ne périt, qu'il n'en ressente une joie cruelle et cachée; il aime éperdument sa vie, mais il souhaite en secret la mort des autres, et s'il ne les attaque pas à force ouverte, s'il ne se porte pas aux derniers crimes, c'est qu'il n'a que la perversité qui les conçoit, sans avoir le malheureux courage qui les exécute.]

XII

LIPSE, OU L'HOMME SANS PRINCIPES.

Lipse n'avait aucun principe de conduite; il vivait au hasard et sans dessein; il n'avait aucune vertu; le vice même n'était dans son cœur qu'une privation de sentiment et de réflexion; pour tout dire, il n'avait point d'âme. Vain, sans être sensible au déshonneur; capable d'exécuter, sans intérêt et sans malice, les plus grands crimes; ne délibérant jamais sur rien; méchant par faiblesse; plus vicieux par dérèglement d'esprit que par amour du vice. En possession d'un bien immense à la fleur de son âge, il passait sa vie dans la crapule avec des joueurs d'instruments et des comédiennes, évité des honnêtes gens, avili à ses propres yeux, et méprisé de ceux-là mêmes dont il était la dupe et la ressource. Il n'avait dans sa familiarité que des gens de basse extraction, que leur libertinage, leur misère et leur avidité, avaient d'abord rendus ses complaisants, mais dont la faiblesse de Lipse lui faisait bientôt des égaux, parce qu'il n'y a point d'avantage avec lequel on se familiarise si promptement que la fortune qui n'est soutenue d'aucun mérite[1]. On trouvait dans son antichambre, sur son escalier, dans sa cour, toutes sortes de gens, qui assiégeaient sa porte. Né dans une extrême distance du bas peuple, il en rassemblait tous les vices, et justifiait la fortune, que les misérables accusent des défauts de la nature[2].

[1] VARIANTE : «... Parce que la supériorité qui n'est fondée que sur la fortune ne peut se maintenir qu'en se cachant. »
[2] Cette dernière phrase est un peu obscure; la pensée est, je crois, que *les défauts de Lipse étaient bien à lui; qu'ils étaient ceux de sa nature, non pas ceux de sa condition, et que, par conséquent, la fortune en était innocente.* — G.

[1] Termosiris, c'est Phalante ou le scélérat *timide.* — G.

XIII
[MASIS.]

[Masis voudrait assujettir le genre humain à une seule règle, qui est celle qu'il vient d'adopter après bien des variations, et que, bientôt peut-être, il quittera pour une autre. Il dit que la vertu est une, comme la raison; il n'admet ni milieu ni tempérament, et tous ses systèmes ont cela de commun qu'ils sont également étroits et sévères. Où Masis a vu de mauvaises qualités, jamais il ne veut en reconnaître d'estimables; ce mélange de faiblesse et de force, de grandeur et de petitesse, si naturel aux hommes, ne l'arrête pas; il ne sait rien concilier, et l'humanité, cette belle vertu qui pardonne tout parce qu'elle voit tout en grand, n'est pas la sienne. Quoiqu'il ait besoin, plus que personne peut-être, de l'indulgence qu'il refuse aux autres, il recherche les motifs cachés de ceux qui font bien, et n'excuse jamais ceux qui font mal. Il se croit dégagé envers un ami, qui lui a manqué une fois, de la reconnaissance qu'il lui doit pour un long service; et, si sa maîtresse ou sa femme l'ont trompé dans quelque bagatelle, il s'en sépare. Il ne loue aucun homme vivant, et on ne lui parle d'aucun misérable qui n'ait mérité son malheur; il est dispensé par ses maximes d'aimer, d'estimer ou de plaindre qui que ce soit. Je veux une humeur plus commode et plus traitable, un homme humain, qui, ne prétendant point à être meilleur que les autres hommes, s'étonne et s'afflige de les trouver plus fous encore ou plus faibles que lui; qui connaît leur malice, mais qui la souffre; qui sait encore aimer un ami ingrat ou une maîtresse infidèle; à qui, enfin, il en coûte moins de supporter les vices, que de craindre de haïr ses semblables, et de troubler le repos du monde par d'injustes et inutiles sévérités.]

XIV
THYESTE, OU LA SIMPLICITÉ[1].

Thyeste est né simple et naïf; il aime la pure vertu, mais il ne prend pas pour modèle la vertu d'un autre; il connaît peu les règles de la probité, il la suit par tempérament. Lorsqu'il y a quelque loi de la morale qui ne s'accorde pas avec son sentiment, il la laisse à part et n'y pense point. Il n'a jamais fait de bassesses, parce qu'il n'a jamais eu de désirs violents; son âme ingénue, douce et modérée, conserve la tranquillité avec l'honneur, parmi les exemples du vice; il ne connaît point l'ambition, qui cause les maux des hommes, et il est exempt de crainte ou de douleur. Il a les talents de sa profession, et ne regrette point ceux qui lui manquent; il n'envie ou ne hait personne; il est sociable, tendre, compatissant, et les vices d'autrui ne le blessent point. S'il rencontre, la nuit, une de ces femmes qui épient les jeunes gens, Thyeste souffre qu'elle l'entretienne, et marche quelque temps à côté d'elle; et comme elle se plaint de la nécessité qui détruit toutes les vertus, et fait les opprobres du monde, il lui dit qu'après tout la pauvreté n'est point un vice, quand on sait vivre sans nuire à personne; et après l'avoir exhortée à une vie meilleure, ne se trouvant point d'argent parce qu'il est jeune, il lui donne sa montre, qui n'est plus à la mode, et qui est un présent de sa mère; ses camarades se moquent de lui, et tournent en ridicule sa générosité ainsi placée; mais il leur répond : « Mes amis, vous riez de trop peu chose. Je plains ces pauvres femmes d'être obligées de faire un tel métier pour vivre. Le monde est rempli de misères qui serrent le cœur; si on ne faisait de bien qu'à ceux qui le méritent, on n'en trouverait guère d'occasions. Il faut être humain, il faut être indulgent avec les faibles, qui ont besoin de plus de support que les bons : le désordre des malheureux est toujours le crime de la dureté des riches. » Si, dans un moment d'impatience, il a repoussé la prière et l'importunité de quelque malheureux, s'il a insulté un homme faible qui n'ose ou ne peut se venger, s'il a trop puni l'injustice de son ennemi, tout à coup, saisi de l'idée de sa faute, il passe de cette chaleur violente à un regret plus violent encore, et il n'a pas honte de réparer son tort. Quelque léger service qu'on ait pu lui rendre, s'il craint que l'incommodité de ses proches ou de ses amis n'ait été le prix de sa

---

[1] Sur ses manuscrits, Vauvenargues donne à ce Caractère tantôt le nom de *Thyeste*, tantôt celui de *Théodore*.

joie, il en perd aussitôt le fruit; il s'attendrit sur le sacrifice qu'on a pu lui faire, il se contriste; il ne peut jouir sans inquiétude d'un bonheur qui a coûté quelque chose à ceux qui l'aiment.

XV
ÉRASME, OU L'ESPRIT PRÉSOMPTUEUX.

Un jeune homme qui a de l'esprit, n'estime d'abord les autres hommes que par cet endroit; et, à mesure qu'il méprise davantage ce que le monde honore le plus, il se croit plus éclairé et plus hardi; mais il faut l'attendre. Lorsqu'on est assez philosophe pour vouloir juger des principes par soi-même, il y a comme un cercle d'erreurs, par lequel il est difficile de se dispenser de passer; mais les grandes âmes s'éclairent dans ces routes obscures, où tant d'esprits justes se perdent; car elles portent dans leur propre fonds un tendre sentiment du vrai; elles ont été formées pour la vérité, et elles la rencontrent quelquefois au point même d'où elles sont parties pour la découvrir; elles ont, d'ailleurs, des marques sûres pour la reconnaître, qui manquent à tous ceux qui l'ont reçue de la seule autorité des préjugés.

Érasme, dans un âge qui excuse tout, ne promet pas cependant cet heureux retour; né avec de l'esprit, il sert de preuve qu'il y a des vérités qu'on ne connaît que par le cœur. Semblable à ceux qui, n'ayant point d'oreille, font des systèmes ingénieux sur la musique, ou prennent le parti de nier l'harmonie, et disent qu'elle est arbitraire et idéale, Érasme ose assurer que la vertu n'est qu'un fantôme; il est très-persuadé que les grands hommes sont ceux qui ont su le plus habilement tromper les autres. César, selon lui, n'a été clément, Marius sévère, Scipion modéré, que parce qu'il convenait ainsi à leurs intérêts; il croit que Caton et Brutus auraient été de petits-maîtres dans ce siècle, parce qu'il leur eût été plus honorable et plus utile de l'être. Si on lui nomme M. de Turenne ou le maréchal de Vauban, si sincèrement vertueux malgré la mode, il n'estime pas de tels personnages, qui n'ont été grands, dit-il, que par instinct, et les traite de petits génies, avec quelques femmes de ses amies qui ont de l'esprit *comme les anges*. En un mot, il est convaincu qu'on ne fait de véritablement grandes choses que par réflexion, et rapporte tout à l'esprit; comme tous ceux qui manquent par le cœur, et qui, croyant ne dépendre que de la raison, sont éternellement les dupes de l'opinion et du plus petit amour-propre.

XVI
CALLISTHÈNE.

Callisthène ne connaît pas le plaisir qu'il peut y avoir dans un entretien familier, et à épancher son cœur dans le secret. S'il est seul avec une femme ou avec un homme d'esprit, il attend avec impatience le moment de se retirer. Quoiqu'il soit assez vif, laborieux, pénétrant, d'un esprit orné et agréable, il paraît ennuyé et froid; il est grand parleur, mais il ne parle point; il bâille, il regarde sa montre; il se lève et il se rassoit: on sent qu'il n'est point à sa place, et que quelque chose lui manque. Il lui faut un théâtre, une école, et un peuple qui l'environne; là, il parle seul et longtemps, et parle quelquefois avec force et avec sagesse. Les obligations indispensables de sa place, ses études, ses distractions, ses attentions scrupuleuses pour les grands, la préoccupation de son mérite ne lui laissent pas le loisir de cultiver ses amis, ni même d'avoir des amis. Il est ivre de ses talents et de la faveur du public. Le commerce des grands, qui le recherchent, lui a fait perdre le goût de ses égaux. Il s'ennuie de ceux qu'il estime, lorsqu'ils n'ont que de l'agrément et du mérite, quoiqu'il ne prime lui-même que par cet endroit; et, n'honorant que la vertu, il ne néglige que les vertueux. Laborieux d'ailleurs, pénétrant, d'un esprit facile et orné, fécond par sa vivacité et sa mémoire, mais sans invention; tel qu'il faut pour tromper les yeux du peuple et pour captiver ses suffrages.

XVII
L'ÉTOURDI.

Il n'y a pas longtemps qu'étant à la Comédie à côté d'un jeune homme qui faisait du bruit, je lui dis : Vous vous ennuyez ; il faut écouter une pièce quand on veut s'y plaire. — Mon ami, me répondit-il, chacun sait ce qui le divertit : je n'aime point la comédie, mais j'aime le théâtre ; je n'y écoute rien, parce qu'il faut trop d'efforts pour s'amuser de l'esprit d'autrui ; mais j'y vois du monde, j'y trouve mes amis ; cela m'amuse à ma manière, et vous êtes bien fou d'imaginer d'apprendre à quelqu'un ce qui lui plait. — Cela peut bien être, repris-je, mais je ne savais pas que vous vinssiez à la comédie pour avoir le plaisir de l'interrompre. — Et moi je savais, me dit-il, qu'on ne sait ce qu'on dit quand on raisonne des plaisirs d'autrui ; et je vous prendrais pour un sot, mon très-cher ami, si je ne vous connaissais depuis longtemps pour le fou le plus accompli qu'il y ait au monde. — En achevant ces mots, il traversa le théâtre, et alla baiser sur la joue un homme grave, qu'il ne connaissait que de la veille.

XVIII

ALCIPPE.

Alcippe a pour les choses rares cet empressement qui témoigne un goût inconstant pour celles qu'on possède. Sujet, en effet, à se dégoûter des plus solides, parce qu'il a moins de passion que de curiosité pour elles ; peu propre, par défaut de réflexion [1], à tirer longtemps des mêmes hommes et des mêmes choses de nouveaux usages : sobre et naturel dans son goût, mais plus touché du merveilleux que du grand [2] ; laissant emporter son esprit, qui manque naturellement un peu d'assiette, au plaisir rapide de la surprise ; dominé volontairement par son imagination, et cherchant dans le changement, ou par le secours des fictions, des objets qui réveillent son âme trop peu attentive et vide de grandes passions ; cependant, ami du vrai, capable de concevoir le grand et de s'y élever, mais trop paresseux et trop volage pour s'y soutenir ; hardi dans ses projets et dans ses doutes, mais timide à croire et à faire ; défiant avec les habiles, par la crainte qu'ils n'abusent de son caractère sans précaution et sans artifice ; fuyant les esprits impérieux qui l'obligent à sortir de son naturel pour se défendre, et font violence à sa timidité et à sa modestie ; épineux par la crainte d'être dupe, quelquefois injuste ; comme il craint les explications par timidité ou par paresse, il laisse aigrir plusieurs sujets de plainte sur son cœur, trop faible également pour vaincre et pour produire ces délicatesses : tels sont ses défauts les plus cachés. Quel homme n'a pas ses faiblesses ? Celui-ci joint à l'avantage d'un beau naturel un coup d'œil fort prompt et juste ; personne ne juge plus sainement des choses au degré où il les pénètre, mais il ne les suit pas assez loin ; la vérité échappe trop promptement à son esprit naturellement vif, mais faible, et plus pénétrant que profond. Son goût, d'une justesse rare sur les choses de sentiment, saisit avec peine celles qui demandent de la réflexion, ou qui sont simplement ingénieuses. Trop naturel pour être affecté de l'art, il ignore jusqu'aux bienséances ; estimable par cette grande et précieuse simplicité, par la noblesse de ses sentiments, par la vivacité de ses lumières, et par des vertus trop aimables pour être exprimées [1].

XIX

L'HOMME DU MONDE.

Un homme du monde n'est pas celui qui connaît le mieux les autres hommes, qui a le plus de prévoyance ou de dextérité dans les affaires, qui est le plus instruit par l'expérience ou par l'étude ; ce n'est ni un bon économe, ni un savant, ni un politique, ni un officier éclairé, ni un magistrat laborieux ; c'est un homme qui n'ignore rien, mais qui ne sait rien ; qui, faisant mal son métier, quel qu'il soit, se croit très-capable de celui des autres ; un homme qui a beaucoup d'esprit inutile, qui sait dire des choses flatteuses qui ne flattent point, des choses sensées qui n'instruisent point, qui ne peut persuader personne, quoiqu'il parle

---

[1] VARIANTE : « Par stérilité. »
[2] VARIANTE : « Mais touché quelquefois dans ses lectures du bizarre et du merveilleux. »

[1] VARIANTE : « ... Estimable par cette grande et précieuse simplicité, par la droiture de ses sentiments, et par ces lumières d'instinct, que la nature n'a point accordées aux esprits subtils, et aux cœurs nourris d'artifices. »

bien ; doué de cette sorte d'éloquence qui sait créer ou relever les bagatelles, et qui anéantit les grands sujets ; aussi pénétrant sur le ridicule et sur le dehors des hommes, qu'il est aveugle sur le fond de leur esprit ; un homme riche en paroles et en extérieur, qui, ne pouvant primer par le bon sens, s'efforce de paraître par la singularité ; qui, craignant de peser par la raison, pèse par son inconséquence et ses écarts ; plaisant sans gaieté, vif sans passions ; qui a besoin de changer sans cesse de lieux et d'objets, et ne peut suppléer par la variété de ses amusements le défaut de son propre fonds. Si plusieurs personnes de ce caractère se rencontrent ensemble, et qu'on ne puisse pas arranger une partie, ces hommes qui ont tant d'esprit, n'en ont pas assez pour soutenir une demi-heure de conversation, même avec des femmes, et ne pas s'ennuyer d'abord les uns des autres. Tous les faits, toutes les nouvelles, toutes les plaisanteries, toutes les réflexions, sont épuisés en un moment. Celui qui n'est pas employé à un quadrille ou à un quinze, est obligé de se tenir assis auprès de ceux qui jouent, pour ne pas se trouver vis-à-vis d'un autre homme qui est auprès du feu, et auquel il n'a rien à dire. Tous ces gens aimables qui ont banni la raison de leurs discours, font assez voir qu'on ne peut s'en passer : le faux peut fournir quelques discours qui piquent la surface de l'esprit ; mais il n'y a que le vrai qui pénètre le cœur, qui intéresse, et qui ne s'épuise jamais.

XX
THRASILLE, OU LES GENS A LA MODE.

Thrasille n'a jamais souffert qu'on fît de réflexions en sa présence, et qu'on eût la liberté de parler juste. Il est vif, léger, vain, caustique et railleur ; n'estime et n'épargne personne, change incessamment de discours, ne se laisse ni manier, ni user, ni approfondir, et fait plus de visites en un jour que Dumoulin[1] ou qu'un homme qui sollicite pour un grand procès. Ses plaisanteries sont amères ; il loue rarement, et pousse l'insolence jusqu'à interrompre ceux qui sont assez complaisants pour le louer lui-même ; il les fixe, et détourne la tête. Il est dur, avare, impérieux ; il a de l'ambition par arrogance, et quelque crédit par audace. Les femmes le courent, il les joue ; il ne connaît pas l'amitié ; il est tel que le plaisir même ne peut l'attendrir un moment[1].

XXI
PHOCAS, OU LA FAUSSE SINGULARITÉ.

Le faux me déplaît et me blesse, sous quelque figure qu'il se présente. Pendant que des hommes, complaisants par goût et avec dessein, embrassent sans choix les idées de tout le monde, qui croirait qu'on en trouvât d'autres qui se piquent de ne penser en rien comme personne, et de n'emprunter de personne leurs opinions ? Ne parlez jamais d'éloquence à Phocas, ou, si vous voulez lui complaire, ne lui nommez pas Cicéron, il vous ferait d'abord l'éloge d'Abdallah, d'Abutaleb et de Mahomet, et vous assurerait que rien n'égale la sublimité des Arabes. Si l'on remet au théâtre quelque vieille comédie, dont l'auteur soit depuis longtemps oublié, c'est cette pièce qu'il préfère et qu'il admire entre toutes ; il trouve que le roman en est ingénieux, les vers et les situations inimitables. Lorsqu'il est question de la guerre, ce n'est ni du vicomte de Turenne ni du grand Condé qu'il lui faut parler ; il met bien au-dessus d'eux d'anciens généraux, dont on ne connaît que les noms et quelques actions contestées ; enfin, en toute occasion, si vous lui

---

[1] *Dumoulin*, dont le vrai nom est *Molin* (N.), célèbre médecin, mort à Paris, en 1755, à l'âge de quatre-vingt-neuf ans, sans postérité, et riche de seize cent mille livres. — B.

[1] VARIANTE : [« Sa conversation est un tissu de plaisanteries et d'épigrammes ; il ne rit pas de ses bons mots, mais rit encore moins de ceux d'un autre ; il dit, indifféremment et sans égards, du mal de tout le monde, et ne pense quelque bien que de lui-même. Il entame à la fois mille sujets, et n'en suit aucun ; quand il sent qu'il est au bout de son esprit, il se hâte de quitter ceux qui pourraient s'en apercevoir, et transporte ailleurs son mince bagage. Il n'a point d'amis dans le monde ; il n'en a pas besoin, il est lui-même son propre flatteur, son admirateur, son ami intime. Quoiqu'il soit bien traité de quelques femmes, il n'a jamais eu la faiblesse d'en aimer aucune. Il est dur, insolent, ivre de ses bonnes fortunes et de son petit personnage. Il a de l'ambition par arrogance, et quelque crédit par audace ; mais il est méprisé ou haï de la plupart des hommes ; car pourrait-on s'attacher à celui que non-seulement l'amitié, mais l'amour même n'a jamais pu attendrir ? »]

citez deux grands hommes, soyez sûr qu'il choisira toujours le moins illustre pour en faire son héros. Homme des plus médiocres à tous égards, il pense follement se rendre original à force d'affectation, et ne vise à rien de plus. Il évite de se rencontrer avec qui que ce soit, et dédaigne de parler juste, pourvu qu'il parle autrement que les autres; il se fait aussi une étude puérile de n'être point suivi dans ses discours, comme un homme qui ne pense et ne parle que par soudaines inspirations et par saillies; dites-lui sérieusement quelque chose de sérieux, il répondra par une plaisanterie; parlez-lui de choses frivoles, il entamera un discours sérieux; il ne daigne pas contredire, mais il interrompt à tout propos; souvent aussi, au lieu de vous répondre, il détourne les yeux, comme un homme occupé d'idées plus profondes; il a l'air distrait, aliéné, et une contenance dédaigneuse. Son rôle est de paraître dominé par son imagination, et de n'avoir point d'oreilles pour l'esprit d'autrui; il est bien aise de vous faire ainsi comprendre que vous ne dites rien qui l'intéresse, parce qu'il est trop au-dessus de vos conceptions; ses discours, ses manières, son ton, son silence même, tout vous avertit que vous n'avez rien à dire qui ne soit usé pour un homme qui pense et qui sent comme lui. Faible esprit, qui, ne croyant pas qu'on puisse attacher par le mérite, imagine qu'on peut imposer par des airs, et qu'on peut être singulier en s'éloignant de la raison.

XXII

[LE RIEUR.]

[Un homme qui veut rire, en dépit du bon sens, n'attend pas de trouver du ridicule pour le relever; il le cherche où il n'est pas, il en invente, et travestit tout pour cela. Quoiqu'il y ait peu de choses risibles dans ce monde, comme il y en a peu d'admirables, le rieur veut pourtant qu'on se moque des choses les plus ordinaires et les plus naturelles, et ne souffre point qu'on en traite aucune sérieusement; il ignore que le ridicule, dont il fait son fonds, ne peut tout au plus que servir d'amusement momentané à un homme raisonnable. « Votre air moqueur est plutôt celui d'un satyre que d'un philosophe;... ce genre humain dont vous riez, c'est le monde entier avec qui vous vivez, c'est la société de vos amis, c'est votre famille, c'est vous-même... Si vous entriez dans un hôpital de blessés, ririez-vous de voir leurs blessures?... Vous auriez honte de votre cruauté, si vous aviez ri d'un malheureux qui a la jambe coupée, et vous avez l'inhumanité de vous moquer du monde entier qui a perdu la raison!.... O Démocrite, vous dites quelquefois des vérités; mais vous n'aimez rien, et le mal d'autrui vous réjouit. C'est n'aimer ni les hommes, ni la vertu qu'ils abandonnent. » Voilà ce que je dirais à ceux qui rient, avec le charmant auteur des Dialogues[1]. Je leur dirais encore : qu'il s'en faut de beaucoup que tout soit risible dans les hommes; que nous avons nos vertus et nos vérités, parmi beaucoup de vices et d'erreurs; que ce n'est pas une moindre folie de prendre tout en riant, que de prendre tout sérieusement; que tout ce que la nature a fait est à sa place, tel qu'il doit être, et qu'il est aussi sot d'en rire que d'en pleurer. Que fera-t-il celui qui traite ainsi toutes choses en badinant? S'il ne voit plus rien de sérieux, et qui vaille la peine qu'on s'en occupe, où seront ses plaisirs, où seront ses devoirs? Il n'est plus propre ni aux affaires, ni à la politique, ni aux sciences et aux arts, il devient inutile à la société, et, en même temps, inutile à lui-même; car où prendra-t-il de quoi remplacer ce qu'il quitte? qui lui donnera des choses plus estimables que celles qu'il dédaigne? Pense-t-il s'élever au-dessus de la nature en la méprisant, et le malade, qui rit de la santé, en est-il plus sain?]

XXIII

HORACE, OU L'ENTHOUSIASTE.

Horace se couche au point du jour, et se lève quand le soleil est déjà sur son déclin; il aime les ombres et la solitude; les rideaux de sa chambre demeurent fermés jusqu'à ce que la nuit approche; il lit aux flambeaux pendant le jour, afin d'être plus recueilli, et, la tête échauffée par sa lecture, il lui arrive de quitter son livre, de monter sur sa cheminée sans dessein,

[1] Fénelon; Dialogue des morts (Démocrite et Héraclite).

et de s'y tenir, un pied en l'air. Il se parle à lui-même, il s'interroge et se répond ; son âme ne peut durer sans passion, et, à défaut d'objets qui le touchent, son imagination en forge de faux, qu'elle embellit de ses qualités. On l'a vu autrefois à Rome, pendant les chaleurs de l'été, se promener toute la nuit sur les ruines, s'asseoir parmi les tombeaux, et interroger ces débris ; là, se transportant tout à coup au temps des guerres civiles, il appelle Sylla et Marius, et marche l'épée à la main ; il rencontre alors un Anglais, que ses insomnies obligent à se promener à la même heure ; Horace, qui croit que cet homme peut avoir quelque grand dessein, lui dit quelque chose en passant, pour entrer en conversation ; mais l'Anglais répond dans sa langue, et passe sans s'arrêter. Une autre fois, Horace étant au bal, trouve une femme masquée qui lui parle : charmé de quelque plaisanterie assez piquante qu'elle lui fait, il se prévient aussitôt pour elle ; il la trouve belle, naïve, et pleine d'esprit ; il en est ensorcelé jusqu'à ce qu'elle se démasque, et qu'il voie qu'elle n'a plus de beauté ni de jeunesse que d'esprit. C'est ainsi qu'Horace, l'homme du monde dont l'imagination va le plus vite, prête à tous les objets les qualités qu'il leur désire ; il est vrai qu'il se dégoûte aussi, en un moment, de ce qu'il a recherché avec le plus de vivacité, parce qu'il n'y trouve jamais tout ce que son esprit trop ardent lui a promis. Une autre fois, sur ce qu'il entend dire qu'un ministre a parlé librement au prince en faveur de quelque innocent, Horace lui écrit avec transport, et le félicite, au nom du peuple, d'une belle action qu'il n'a pas faite. On lui reproche ses extravagances, et il les avoue ; il se raconte lui-même si naïvement, qu'on lui pardonne, et que ceux qui l'écoutent se sentent pénétrés de ses sentiments ; il rit de ses aventures, et elles ne sont jamais plus plaisantes qu'entre ses mains. D'ailleurs, il parle quelquefois avec tant de justesse et de sens, qu'on est malgré soi entraîné, et qu'on se reproche d'en avoir usé trop précipitamment ; mais, à peine cette naïveté et cette sagesse l'ont rétabli dans l'esprit de ceux qui l'écoutent, il revient peu à peu à son caractère, et se laisse reprendre à sa manie. Par son éloquence vive et forte, il prend sur l'esprit des autres l'ascendant qu'il n'a pas sur le sien ; ceux qui s'étaient moqués de ses chimères deviennent quelquefois ses prosélytes, et, plus enthousiastes que lui, ils répandent ses sentiments et sa folie.

XXIV

[HÉGÉSIPPE.]

[Hégésippe passe avec rapidité d'un sentiment violent dans son contraire, et ses passions s'épuisent par leur propre vivacité. Faible et fort, animé des moindres succès et consterné des moindres disgrâces, la joie excessive le jette en peu de temps dans la tristesse, l'espérance dans l'abattement, et la haine assouvie éveille en lui l'extrême pitié. Il est sujet à se repentir sans mesure de ce qu'il a désiré et exécuté sans modération ; prompt à s'enflammer, il ne peut subsister dans l'indifférence ; quand les choses lui manquent, son imagination ardente l'occupe en secret des objets que son cœur demande ; et toutes ses visées sont extrêmes comme ses sentiments ; il estime peu ce qu'il ne désire ou n'admire point, et il regarde sans intérêt ce qu'il ne regarde pas avec passion. Il passe avec rapidité d'une idée à une autre, et il épuise en un instant le sentiment qui le domine ; mais personne n'entre avec plus de vérité dans le personnage que ses passions lui font jouer, et il est presque sincère dans ses artifices, parce qu'il sent, malgré lui, tout ce qu'il veut feindre. C'est l'homme le moins propre aux affaires qui demandent de la suite et de la patience ; qui s'attache et se dégoûte le plus promptement ; qui pousse le plus vivement un intérêt unique, et qui est le plus incapable d'en conduire plusieurs à la fois ; qui néglige entièrement les petites choses, ou qui s'en inquiète outre mesure ; qui présume le plus de soi dans ses projets, mais qui imagine toujours plus qu'il ne peut exécuter ; destiné par la nature à commettre de grandes fautes, parce qu'il conçoit trop vivement, et qu'il entreprend avec témérité ce qu'il a conçu avec transport ; cependant, d'un courage vrai et altier, qui embrasse par réflexion les affaires mêmes dont il désespère par sentiment ; qui, rebuté quelquefois par les plus légers obstacles, cependant, ne fléchit pas, d'ordinaire, sous les plus grands; intrépide dans le désespoir, il oppose la résolution et la prudence aux infidélités de son humeur; il tire de ses faiblesses mêmes des vertus, et répare, par la sagesse de son esprit, les inégalités de son cœur. Les âmes égales sont souvent médiocres; il faut savoir estimer les hommes qui s'élèvent par saillies à toutes les vertus, quoiqu'ils ne s'y puissent tenir; leur cœur s'élance vers la générosité, vers le courage, vers la compassion, et retombe ensuite dans les mouvements contraires. De telles vertus, pour être subites, ne sont point fausses; elles vont quelquefois plus loin dans l'héroïsme que la modération et la sagesse, qui, plus asservies aux lois communes, n'ont ni la vigueur, ni la hardiesse, qui sont la marque de l'indépendance.]

XXV
TITUS, OU L'ACTIVITÉ.

Titus se lève seul et sans feu pendant l'hiver; et, quand ses domestiques entrent dans sa chambre, ils trouvent déjà sur sa table un tas de lettres, qu'il a écrites aux flambeaux, et qui attendent la poste. Né avide d'action, il se couche tard, et dort peu; sa tête, échauffée par le travail, agite son sommeil des inquiétudes qui l'occupent pendant le jour. Il commence à la fois plusieurs ouvrages qu'il achève avec une rapidité inconcevable, et que son génie impatient ne lui permet pas de polir. Quelque chose qu'il entreprenne, il lui est impossible de la retarder; une affaire qu'il remettrait l'inquiéterait jusqu'au moment qu'il pourrait la reprendre. Occupé de soins si sérieux, on le rencontre pourtant dans le monde comme les hommes les plus désœuvrés; il ne se renferme pas dans une seule société, il en cultive en même temps plusieurs[1]. Tout l'attire, rien ne l'arrête, et sa vaste imagination fait errer ses vœux et ses soins sur tous les objets qui intéressent les hommes. Il entretient des relations sans nombre au dedans et au dehors du royaume. Il a voyagé, il a écrit, il a été à la cour et à la guerre; il a excellé en plusieurs métiers; il connaît tous les hommes et tous les livres; il a aimé tous les plaisirs, mais sans jamais négliger ses affaires. Les heures qu'il est dans le monde, il les emploie à former des intrigues et à cultiver ses amis; la conversation même n'est pas un délassement pour lui: il ne parle point, il négocie, il flatte, il cabale; il ne comprend pas que les hommes puissent parler pour parler, ou agir seulement pour agir, et l'on voit que son âme souffre quand la nécessité et la politesse le retiennent inutilement[1]. S'il recherche quelque plaisir, il n'y emploie pas moins de manége que dans les affaires les plus sérieuses; et cet usage qu'il fait de son esprit l'occupe plus vivement que le plaisir même qu'il poursuit. Sain et malade, il conserve la même activité; il va solliciter pour un procès le jour qu'il a pris médecine; une autre fois, il fait des vers avec la fièvre; et, quand on le prie de se ménager, de s'arrêter: *Hé!* dit-il, *le puis-je un moment? vous voyez les affaires qui m'accablent!* quoique, au vrai, il n'en ait aucune qui ne soit tout à fait volontaire. Épuisé par une maladie dangereuse, il se fait habiller pour mettre ses papiers en ordre; il se souvient des paroles de Vespasien, et comme cet empereur, veut mourir debout. L'âge même ne peut éteindre cette ardeur inquiète qui use ses jours, ni donner des bornes à son ambition, à ses voyages, et à ses intrigues.

XXVI
L'HOMME PESANT.

Au contraire, un homme pesant se lève le plus tard qu'il peut, dit qu'il a besoin de sommeil et qu'il faut qu'il dorme pour se porter bien. Il évite d'aller et d'agir, préfère aux plaisirs turbulents le repos et la résidence, et ne se soucie pas même de changer d'oisivetés ni de lieux. Il est toute la matinée à se laver la bouche; il tracasse en robe de chambre, prend du chocolat ou du thé à plusieurs reprises, ne dîne point parce qu'il n'en a pas le temps, et

---

[1] VARIANTE : « Incapable de se fixer à quelque art, à quelque affaire, ou à quelque plaisir que ce puisse être, il cultive en même temps plusieurs sociétés et plusieurs études; son esprit ardent et insatiable ne lui laisse point de repos. »

[1] VARIANTE : « Quand la tyrannie des bienséances le retient avec des hommes inutiles, dont il n'a rien à tirer, ses pensées s'égarent ailleurs, ses yeux sont distraits, son visage est sensiblement altéré, et on voit, sans beaucoup de peine, que son âme souffre. »

ne sort jamais qu'à la nuit. Il parle peu, et lourdement; s'il lui vient quelque chose d'obligeant à dire à quelqu'un, il se consulte s'il le dira, et, pendant qu'il délibère, on a changé de conversation. S'il va voir une jeune femme, que cette visite importune, mais qui ne veut pas que personne sorte mécontent d'auprès d'elle, il lui laisse toute la peine de l'entretenir; elle fait des efforts visibles pour ne pas laisser tomber la conversation; l'indolent ne s'aperçoit pas que lui-même parle peu, ou ne parle point; il ne sent pas qu'il pèse à cette jeune femme; il s'enfonce dans son fauteuil, où il est à son aise, où il s'oublie, et n'imagine pas qu'il y ait au monde quelqu'un qui ennuie, ou qui soit incommode; il rêve, il sommeille, il digère, il sûe d'être assis; et son âme, qui est entièrement ramassée dans ses durs organes, pèse sur ses yeux, sur sa langue, et sur les imaginations les plus actives de ceux qui l'écoutent. Les objets ne font qu'errer sur la surface de son esprit; ses sens sont comme liés par la force de quelque charme invincible, et tous les objets qui intéressent les hommes passent devant lui comme un rêve qui s'enfuit sans laisser de trace, et s'évanouit sans retour; pendant qu'un homme qui l'attend chez lui, et auquel il a donné heure pour finir une affaire importante, ne peut comprendre ce qui le retarde. De retour chez soi, on lui dit que cet homme a fort attendu et s'en est enfin allé; il répond qu'il n'y a pas grand mal, et commande qu'on le fasse souper[1]. Malheureux d'ignorer les craintes, les désirs et les inquiétudes qui agitent les autres hommes, puisqu'il ne jouit du repos qu'au prix plus touchant des plaisirs!

[1] VARIANTE : « Un homme est chez lui, à qui il a donné heure pour une affaire; il arrive deux heures après le rendez-vous; il tire sa montre, il est tout étonné qu'il soit si tard, et que son homme ne soit pas encore venu; on lui répond qu'il est venu, mais qu'il s'en est allé avec quelque impatience, après avoir longtemps attendu; le paresseux ne se trouble point de ce contre-temps, et dit que son affaire se fera tout aussi bien un autre jour. S'il lit une tragédie, il suit exactement la division des actes, et ne l'achève qu'en cinq jours; si on lui prête un livre, il le laisse perdre, ou n'en rend, bien longtemps après, que la moitié, parce que l'autre s'est usée entre ses mains, ou entre les mains de ses gens. Il entre quelquefois en colère pour des bagatelles; mais, le plus souvent, il ne suit que son indifférence, et laisse faire des sottises irréparables à ses enfants, pour ne pas se donner la peine de les reprendre; quelque malheur

XXVII
[EROX, OU LE FAT.]

[Erox est un fat qui caresse, en particulier, le même homme qu'il va désavouer en public, et qu'il affectera de traiter sans politesse et sans égards, pour jouer lui-même l'homme d'importance. La fortune a mis en lui l'insolence à défaut de cœur, et l'effronterie au lieu de courage; vide et desséché au dedans, lorsqu'il paraît plein au dehors, il porte sur son front et sur ses lèvres toute sa joie et toute sa suffisance; mais il en rabat en lui-même, car, au fond, il n'est ni heureux ni content de lui. Il a médiocrement d'esprit, mais beaucoup d'amour-propre devant le monde, et, quoiqu'il veuille paraître assuré de son mérite, il appréhende le ridicule comme un déshonneur; la plus légère improbation l'aigrit, et la plaisanterie la plus douce l'embarrasse; il a cependant lui-même la raillerie amère, et ce commerce désagréable qui vient d'une humeur mécontente et jalouse. Il a l'entendement assez net, mais étroit, et il est plus juste dans ses expressions que dans ses idées. La roideur de caractère qu'il affecte fait haïr ses sincérités et sa probité fastueuses, et ses manières dures l'ont empêché aussi de réussir auprès des femmes. Ce sont là les plus grands chagrins qu'il ait éprouvés dans sa vie, mais ils ne l'ont pu corriger de ses défauts; suivi de toutes les erreurs de la jeunesse dans un âge déjà avancé, il joue encore l'important dans un petit cercle, ou parmi les siens, et ne peut se passer du monde, qui est son idole. Il n'a point d'amis, mais il veut faire croire qu'il n'en a pas besoin, et qu'il se suffit à lui-même; aussi dépourvu de fermeté que d'agrément, c'est un malheureux à qui, malgré ses grands airs, la nature n'a pas même accordé de vices assez forts pour le faire craindre.]

qu'il arrive à lui ou aux siens, il s'en console aisément, et déclare que la vie est trop courte pour s'affliger. Tout est désordre et dérangement dans sa maison; on n'y mange jamais deux fois à la même heure, et chacun y fait ce qu'il veut; si bien que ses valets eux-mêmes s'ennuient de la liberté qu'il leur laisse; ils se lassent d'une vie si peu réglée, et sortent d'une maison où ils ont trop de temps pour réfléchir. Pauvre être, sans vertus et sans vices, et qui ne connaît ni les biens, ni les maux de la vie, ni le plaisir, ni la gloire! »

XXVIII
[VARUS, OU LA LIBÉRALITÉ.]

[Varus hait le faste inutile, et la profusion sans dessein; il est vêtu simplement, il marche à pied; il aime l'ordre dans ses affaires, et fait des retraites à la campagne, afin de moins dépenser; mais il est tendre pour les malheureux, libéral et prodigue pour les intérêts de sa fortune, reconnaissant des plus petits services, bienfaisant envers tous ceux qui souffrent. S'il a de l'argent à donner à un homme qui ne fait aucune difficulté d'en recevoir, qui est, d'ailleurs, pauvre et de petite condition, la seule crainte de Varus, c'est de donner à ce misérable d'une manière qui lui fasse sentir son état; il l'embrasse, il lui serre les mains, il s'excuse, en quelque manière, de son propre bienfait; il lui dit que tout est commun entre des amis, et, ses manières affectueuses élevant l'âme du malheureux, comme il s'excuse à son tour sur sa misère qui l'oblige à demander, Varus lui répond : « Mon ami, les hommes n'ont attaché de la honte à recevoir que pour se venger de la peine qu'ils ont à donner; mais croyez qu'il faut plus de générosité pour accepter les secours d'un ami, que pour les lui fournir. » Tout ce qui peut s'obtenir par de l'argent, et mérite, d'ailleurs, d'être recherché, est à Varus; car il emprunte, au besoin, dans des occasions importantes, et ne fait aucune difficulté de se déranger pour se satisfaire à propos ou pour satisfaire des amis. Comme il n'est pas né riche, il est réduit à devoir beaucoup; mais il ne manque jamais à personne; il paye au temps marqué, et toutes les bourses lui sont ouvertes, parce que l'on connaît sa probité, et que l'ordre extérieur de sa conduite le fait paraître à son aise, lorsqu'il est le plus obéré; c'est ainsi qu'il peut suffire à ses largesses et à son bon cœur. Mais aussi, lorsque quelqu'un, qui entend parler de sa générosité, prétend en faire sa dupe, comme c'est l'ordinaire des coquins, qui se croient toujours plus fins que les honnêtes gens, Varus, qui sait démêler les pensées les plus secrètes, et qui connaît à fond les hommes, pénètre aisément l'intention de celui-ci, et se plaît à le jouer. Au lieu de lui donner le temps de faire sa proposition, il le devance et lui dit : « Hé! mon ami, vous sortez bien matin de chez vous? auriez-vous quelque affaire un peu pressée, et chercheriez-vous, par hasard, un honnête usurier? Vous aurez, par ma foi, bien de la peine, car je sais des gens qui, depuis trois semaines, cherchent cent pistoles, et ne les peuvent trouver, avec des gages. » Le fourbe, qui est honteux et embarrassé d'être deviné, car le moyen de démonter un homme qui est préparé, c'est de le prévenir, le fourbe répond qu'à la vérité il a perdu de grandes sommes au jeu depuis quelques jours, mais qu'il est assez heureux pour avoir payé. Content de l'avoir dérouté, Varus feint de le croire, et lui parle le plus civilement du monde; mais ils sont déjà levés et près de la porte, lorsque l'emprunteur, qui a regret à sa mauvaise honte, et qui est, d'ailleurs, un peu remis par les assurances de Varus, lui dit : « Je suis fâché d'avoir payé un tel, car il ne me reste pas un écu; si vous pouviez me prêter quatre pistoles, je vous les rendrai demain matin. — Hé! mon ami, reprend Varus, est-il possible qu'un homme comme vous ait besoin de quatre pistoles? Comment vous laissez-vous réduire jusque-là? et à quoi vous sert d'avoir tant d'esprit? Qu'en faites-vous? où l'employez-vous? — Je ne sais trop, mais vous me ferez très-grand plaisir, si vous voulez me prêter ces quatre pistoles. — Oh! pour cela, mon bon ami, il m'est tout à fait impossible, car c'est de moi que je vous parlais tout à l'heure : je cherche de l'argent depuis un mois, et je suis consolé, en voyant qu'un homme comme vous est aussi à bas que moi. » Ensuite, il le reconduit, et l'accable de ces protestations que les fourbes emploient si volontiers, et qu'ils sont toujours si surpris de trouver dans les gens droits.]

XXIX
[POLIDORE, OU L'HOMME FAIBLE.]

[Polidore est d'un caractère faible et violent; il a une fierté opiniâtre, mais sans fermeté et sans vigueur. Il raille contre ses dieux, mais il frissonne en secret d'horreur; il est offensé par quelques paroles méprisantes, mais il fléchit et il dissimule, inquiet ensuite de ce qu'on en pourra penser, il demande raison de son injure d'une voix couverte et hésitante, et se fait grièvement blesser de plusieurs coups; c'est ainsi qu'il ne sait ni pardonner ni punir, et qu'il ne peut ni vaincre, ni faire éclater à propos sa colère. L'impuissance de son courage irrite encore ses ressentiments, et il hait d'autant plus ceux qu'il craint. Sa faiblesse ne peut supporter l'idée d'aucune de ces fautes inévitables dont la vie des hommes les plus sages n'est jamais exempte, et, s'il a fait une fausse démarche, ou essuyé quelque dégoût, il projette aussitôt de se retirer à la campagne, pour y ensevelir cette honte imaginaire, et là, le dépit et la mélancolie le rongent tour à tour. Au moindre revers de fortune, son imagination ne sait plus où se tenir ni où se prendre, et il perd à la fois la prospérité et le courage. Il s'inquiète et il se tourmente pour les plus petites affaires; il ne peut se résoudre ni à les entreprendre, ni à les négliger; son âme succombe sous le poids de son indécision et de son indolence, fatiguée de ce qu'elle veut et ne peut mettre à fin. Persuadé que ses gens d'affaires abusent de sa négligence, il n'a pas la force de les en convaincre, et s'il a grondé un valet, il craint ensuite d'en être quitté; ses enfants eux-mêmes ne peuvent savoir les sujets de plainte qu'il a contre eux; il garde dans sa famille un silence froid et sévère. Si quelqu'un vient à lui pour une affaire, il refuse d'abord les conditions les plus honnêtes, puis, quand il les a refusées, il les regrette. Quoique assez éloigné de l'avarice, il a de la peine à se dessaisir: la vue des misérables le trouble et l'afflige, sans le déterminer à les soulager; à force de différer de faire du bien à ceux qu'il aime, il les éloigne quelquefois de lui, comme il perd souvent ses vengeances pour les avoir retardées. Il n'a dans l'esprit que tout juste la force nécessaire pour supporter les humiliations qui l'accablent; son caractère est de flotter entre toutes les vertus et tous les vices, de ne pouvoir suivre ni ses passions, ni sa raison, ni sa commodité, ni ses devoirs, ni la vérité, ni l'erreur, mais de céder au caprice des événements, et de se partager toute sa vie entre les sentiments les plus contraires; car l'ordre sévère des dieux ne lui a dispensé que des vertus aussi stériles et aussi impuissantes que ses vices. Les hommes de ce caractère n'obéissent jamais, dans le peu d'actions qu'ils produisent, qu'à l'habitude, à l'exemple, aux préjugés, et à la crainte des jugements du monde : ils n'osent pas le mal, et ils ne font pas le bien; toute leur étude est de cacher aux autres et à eux-mêmes la faiblesse et la timidité de leur génie. Ce n'est pas que leur naturel n'agisse sourdement sur leur conduite; mais ce faible instinct, qu'ils n'osent avouer, se renferme dans d'étroites limites qu'il ne franchit point. On juge et on mesure ces hommes-là d'un regard, et ils fournissent aussi peu à la satire qu'au panégyrique.]

XXX
[L'HOMME INCONSÉQUENT.]

[Tel homme paraît avoir réellement plus d'un caractère. Une puissante imagination fait prendre à son âme la forme de tous les objets qui l'affectent; il étonne tout à coup le monde par des actions de générosité et de courage qu'on n'attendait pas de lui; l'image de la vertu échauffe, élève, attendrit, maîtrise son cœur; il reçoit l'empreinte des plus grands exemples, et il les surpasse. Mais, quand son imagination s'est refroidie, son courage baisse, sa générosité tombe; les vices opposés à ces vertus se saisissent de son esprit et de son âme, et, après l'avoir un moment dominé, ils cèdent à d'autres objets. Les démarches des gens de ce caractère n'ont aucune correspondance les unes avec les autres; elles ne se ressemblent pas plus que leurs pensées, qui varient sans cesse; elles tiennent, en quelque manière, de l'inspiration. Imprudent qui se fie à leurs paroles et à leur amitié; ils ne sont pas trompeurs, mais ils sont inconstants. On ne peut dire qu'ils aient l'âme grande, ou forte, ou faible, ou légère; c'est une imagination rapide et impérieuse qui règne souverainement sur tout leur être, qui soumet leur génie, et qui leur prescrit tour à tour ces belles actions et ces fautes, ces hauteurs et ces petitesses, ces empressements et ces dégoûts, enfin toutes ces conduites différentes, qu'on accuse à tort de fausseté ou de folie.]

XXXI

[LYCAS, OU L'HOMME FERME.]

[Lycas associe à une âme fière, hardie et impétueuse, un esprit de réflexion et de profondeur qui modère les conseils de ses passions, qui le détermine par des motifs impénétrables, et le fait marcher à ses fins par plusieurs routes. C'est un de ces hommes à la vue longue, qui considèrent de loin la suite des choses ; qui achèvent toujours un dessein commencé ; qui, pour atteindre leur objet, savent fléchir et résister à propos ; qui sont capables, je ne dis pas de dissimuler ou un malheur ou une offense, mais de s'élever au-dessus, au lieu de s'y laisser abattre ; âmes profondes, indépendantes par leur fermeté à tout oser ou à tout souffrir, qui, soit qu'elles résistent à leurs penchants par prévoyance, soit qu'elles se relâchent, par hauteur et par un secret sentiment de leurs ressources ; sur ce qu'on appelle prudence, trompent toujours, dans le bien comme dans le mal, les conjectures des plus pénétrants ; tant l'habitude qu'elles ont de se posséder apporte de tempéraments à ce qu'elles veulent bien laisser paraître de leur caractère et de leurs passions dominantes.]

XXXII

[TRYPHON.]

[Tryphon a l'esprit si court, et, d'ailleurs, si plein de lui-même, qu'il n'a jamais fait attention aux intérêts, à la condition et au caractère des autres hommes ; il ne sait point traiter avec eux, ni placer ce qu'il leur dit ; il offense ceux qu'il veut plaisanter, et n'oblige point ceux qu'il veut louer, en sorte qu'il ne gagne ni les uns ni les autres, et qu'il perd tous ses soins. S'il parle à un homme de mérite, mais sans naissance, de quelque affranchi que le prince vient de mettre en place, il lui dit d'abord que personne n'honore comme lui le mérite, mais que ces places-là ne sont pas faites pour un homme de basse extraction. À un homme dont il a besoin et qui se pique de qualité, il dit, à table, devant des femmes et des petits-maîtres :

Vous avez eu un grand magistrat dans votre famille, et, le voyant rougir jusqu'aux yeux, il le fait remarquer à tout le monde, en le louant de sa modestie. A-t-il envie de s'attacher quelqu'un, il lui prodigue d'abord les caresses les plus outrées ; mais, comme sa vanité ne peut se refuser un bon mot, il lui échappe une raillerie qui offense cet homme, et qui le lui fait perdre à jamais. Une autre fois, engagé, dans une affaire embarrassante, à consulter une personne sage, il l'aborde avec ces paroles : *Vous qui avez l'esprit géométrique...*, et il lui donne ainsi l'exclusion pour tout autre genre d'esprit ; il dit à un jeune homme frivole qu'il est un *Caton ;* d'un autre, que l'on l'accuse d'être léger, il assure qu'il n'est pas sérieux, et lui reproche ainsi son caractère, en voulant le justifier. Il n'est pas plus heureux à parler de lui qu'à parler aux autres : si quelqu'un lui fait compliment et le loue, il s'excuse, prie qu'on l'épargne, et demande qu'on détourne la conversation de ce qui le touche ; et, quand on lui obéit, il reprend lui-même le discours qu'il s'était pressé d'interrompre, se loue en termes plus forts, ne tarit plus, et rebute ceux qui l'écoutent par les fatuités et les forfanteries qu'il leur raconte ; puis, lorsqu'il a épuisé son apologie, il déclare qu'il ne hait rien tant que de parler de soi. Il fait mettre dans la gazette les détails enflés d'une petite action de guerre où il a eu quelque part, et il écrit à ses amis : *Vous aurez peut-être entendu parler de notre dernière aventure ; je vous prie d'employer vos soins pour assoupir ces bruits ; je n'aime point à faire parler de moi ;* et il apprend ainsi à tous ce qu'ils auraient toujours ignoré.]

XXXIII

[L'ESPRIT DE MANÉGE.]

[Celui qui a l'esprit de manége, et qui connaît les hommes, n'a pas besoin des artifices vulgaires de la flatterie pour surprendre les cœurs ; il a l'air ouvert, ingénu et familier ; il n'étale point non plus une vaine pompe d'expression, il ne sème pas ses discours de petites fleurs et de traits, qui ne serviraient qu'à faire paraître son esprit, sans intéresser celui des autres. Il ne raconte point, il ne plaisante point; il ne prend pas la parole dans un cercle pour arrêter sur lui seul l'attention de toute l'assemblée, et prévaloir sur les autres; mais, là où le hasard le fait rencontrer, à table, en voyage, au chauffoir[1] de la Comédie, dans l'antichambre du ministre, ou dans les appartements du prince, s'il se trouve à côté d'un homme qui soit en état de l'écouter, il le joint, s'empare de lui, l'entame par l'endroit sérieux et sensible de son esprit, l'oblige à s'épancher, excite, réveille en son cœur des passions et des intérêts qui étaient endormis, ou qu'il ne se connaissait pas, prévient ses pensées ou les devine, et s'insinue, en un moment, dans son entière confiance. Il sait gagner ainsi ceux qu'il ne connait pas, comme il sait conserver ceux qu'il s'est acquis. Il entre si avant dans le caractère des personnes qui l'écoutent, ce qu'il leur dit est si justement mesuré sur leurs pensées et leurs sentiments, que toute autre personne n'y entendrait rien, ou n'y prendrait point de goût. Aussi aime-t-il les entretiens à deux; cependant, s'il est obligé par les circonstances de parler devant plusieurs personnes de mœurs ou d'opinions différentes, ou s'il doit prononcer entre deux hommes qui ne s'accordent point sur quelque objet, comme il connait les diverses faces des choses humaines, comme il sait épuiser le pour et le contre du même sujet, mettre tout dans le meilleur jour, et rapprocher les contraires, il saisit en peu de temps le secret endroit par où l'on peut concilier des opinions extrêmes, et il conclut de manière qu'aucun de ceux qui s'en sont rapportés à ses lumières ne le désavoue. Il ne sait point briller dans un souper et dans une conversation coupée, interrompue, où chacun suit sans considération les vivacités de son imagination ou de son humeur; mais l'art de plaire et de dominer dans un entretien sérieux, les douces complaisances, et les charmes d'un commerce engageant et séducteur, sont les dons aimables que la nature lui a dispensés; l'homme du monde le plus éloquent quand il faut fléchir une âme hautaine ou exciter un homme faible, consoler un malheureux ou inspirer du courage et de la confiance à une âme timide et réservée, il sait attendrir, abattre, convaincre, échauffer, selon le besoin; il a cette sorte d'esprit qui sert à gouverner le cœur des hommes, et qui est propre à toutes les choses dont la fin est noble, utile et grande.]

XXXIV

ERGASTE, OU L'OFFICIEUX PAR VANITÉ.

Ergaste n'avait ni esprit ni passions, mais une excessive vanité qui lui tenait lieu d'âme, et qui était le principe de tout ce qu'on voyait en lui, sentiments, pensées, discours; c'était là tout son fonds et tout son être. Il n'aimait ni les femmes, ni le jeu, ni la musique, ni la conversation; tous les hommes, tous les pays, tous les livres lui étaient égaux; il n'aimait rien. Il n'avait que cette passion démesurée d'éblouir et de plaire, qui possède si souverainement les âmes faibles; tout ce qui donne de la considération dans le monde lui était également propre, et il n'y cherchait que cela. Empressé, par cette raison, à faire valoir ses petits talents, servant beaucoup de gens sans obliger personne, facile et léger, il promettait en même temps à plusieurs personnes ce qu'il ne pouvait tenir qu'à une seule. Un étranger arrivait dans la ville; Ergaste, ne le connaissant point, allait le voir le premier, lui offrait ses chevaux et sa maison, et faisait redemander à son ami une remise[1] qu'il l'avait forcé de prendre peu auparavant. Toujours vain et précipité dans ses actions, il ne peut faire aucune démarche avec profit, et il est aussi peu capable de bien faire que de bien penser.

XXXV

CYRUS, OU L'ESPRIT AGITÉ.

Cyrus cache sous un extérieur simple et calme un esprit ardent et inquiet; il a, au dehors, cette insensibilité et cette indifférence qui couvrent si souvent une âme blessée et fortement occupée au dedans[2]. Plus agité dans le repos que dans l'action, son esprit remuant,

---

[1] On dirait aujourd'hui au foyer.

[1] On dirait aujourd'hui un remise, ou mieux une voiture de remise.
[2] VARIANTE : « Modéré au dehors, mais extrême; toujours occupé au dedans. »

et ambitieux le tient appliqué sans relâche, et, lorsque les affaires lui manquent, il se lasse et se consume dans la réflexion. Trop libre et trop hardi dans ses idées pour donner des bornes à ses passions, plus près d'aimer les vices forts que les vertus faibles, il suit avec indépendance tous ses sentiments, et subordonne toutes les règles à son instinct, comme un homme qui se croit maître de son sort et ne répond qu'à soi de sa conduite[1]. Dénué des petits talents, qui soulèvent les hommes médiocres dans les conditions subalternes, et qui ne se rencontrent pas avec des passions si sérieuses; supérieur à cette réputation qu'on acquiert par de frivoles agréments, et à cette fortune qui se renferme dans l'enceinte d'une ville ou d'une petite province, fruit ordinaire d'une sagesse assez bornée; éloquent, simple, véhément, profond, pénétrant, et impénétrable à ses amis mêmes; né avec le discernement des hommes, découvrant sans envie le mérite des autres, et confiant au sien; insinuant et hardi, également propre à persuader par la force de la raison et par les charmes de la séduction; fertile et puissant en moyens pour plier les faits et les esprits à ses fins; vrai par caractère, mais faisant de la vérité même un artifice, et plus dangereux lorsqu'il dit la vérité, que les plus trompeurs ne le sont par les déguisements et le mensonge, c'est un de ces hommes que les autres hommes ne comprennent point, que la médiocrité de leur fortune déguise et avilit, et que la prospérité seule peut développer et mettre à leur place.

XXXVI

[MÉNALQUE, OU L'ESPRIT MOYEN.]

[Ménalque était toujours heureux dans ses entreprises, parce qu'elles étaient toujours proportionnées à ses moyens. Il faisait peu de mal, parce qu'il faisait peu de bien; il commettait peu de fautes, parce qu'il n'avait pas cette chaleur de sentiment et cette hardiesse d'esprit qui poussent à tenter de grandes choses. Il avait l'esprit sûr et judicieux dans sa

---

[1] VARIANTE : « Et se confie au penchant invincible de son naturel. » — AUTRE VARIANTE : « Et se confie à son naturel présomptueux et inflexible. »

sphère, mais sans finesse et sans profondeur; le goût des détails, une assez longue expérience des choses du monde, la mémoire prompte, fidèle, et un coup d'œil assez vif, mais au delà duquel il ne voyait plus. Accoutumé à la clarté de ses propres idées, il ne démêlait qu'avec peine ce qui était fin et enveloppé, et l'on était étonné qu'un homme qui concevait et s'exprimait si nettement, ne pût guère aller plus loin que sa première idée et sa première vue. Incapable de se passionner dans les affaires, il conservait toujours une humeur libre qui se prêtait, sans effort, aux différents devoirs de son ministère; il avait toujours la possession de son esprit et de son jugement; la modération et l'égalité de son caractère le rendaient constant dans ses résolutions. Il changeait sans peine d'application et de travail; il paraissait né pour remplir avec distinction les emplois subalternes, qui renferment beaucoup de minuties; il n'imaginait point, n'inventait point; il allait aux routes battues, et se laissait porter sans résistance au cours capricieux des événements; mais il suivait avec célérité le fil des choses, et exécutait avec prudence tout ce qui ne demandait qu'un sens droit et une habitude ordinaire des affaires. Sa pénétration et son goût, joints au bonheur de sa mémoire, se portait avec une indifférente facilité sur toutes choses; mais il n'avait point cette véritable étendue de génie qui, saisissant les objets avec leurs rapports, les embrasse tout entiers et réunis, et c'est ainsi qu'il avait des connaissances presque universelles, sans qu'on pût dire qu'il eût l'esprit vaste, contrariété assez ordinaire. Mais il rachetait ces défauts par les qualités qui donnent le succès; il était enjoué, plaisant, laborieux; d'une conversation légère et agréable, d'une repartie vive, quoiqu'il parlât sans feu et sans énergie; enfin à cette sagesse spécieuse qui plaît aux esprits modérés, il joignait ces agréments variés qui usurpent si souvent la place des talents solides et leur enlèvent la faveur du monde et les récompenses des princes.]

XXXVII

THÉOPHILE, OU L'ESPRIT PROFOND.

Théophile a été touché, dès sa jeunesse, de

cette grande et louable curiosité de connaître le genre humain et le différent caractère des nations[1]; mais, en remplissant cet objet, il n'a pas négligé les hommes avec qui il devait passer la plus grande partie de sa vie, car il ne ressemble point à ceux qui entreprennent de longs voyages, pour voir, disent-ils, d'autres mœurs, et qui n'ont jamais démêlé celles de leur propre pays. Poussé par ce puissant instinct, et peut-être aussi par l'erreur de quelque ambition plus secrète, il a consumé ses beaux jours dans l'étude et dans les voyages, et sa vie, toujours laborieuse, a toujours été agitée. Né avec une pénétration singulière, profond et adroit, il ne parle point sans dessein, et il n'a pas de l'esprit pour ennuyer; son esprit perçant et actif a tourné de bonne heure son application du côté des grandes affaires et de l'éloquence solide; il est simple dans ses paroles, mais hardi et fort; il parle quelquefois avec une liberté qui ne peut lui nuire, et qui écarte la défiance de l'esprit d'autrui. La nature a mis dans son cœur ce désir de s'insinuer et de descendre dans le cœur des hommes, qui inspire et enseigne les séductions les plus secrètes de l'éloquence; il paraît d'ailleurs comme un homme qui ne cherche point à pénétrer les autres, mais qui suit la vivacité de son humeur. Quand il veut faire parler un homme froid, il le contredit vivement pour l'animer, il l'engage insensiblement à des discours où il est obligé de se découvrir, et si celui-ci dissimule, sa dissimulation et son silence parlent à Théophile, car il sait les choses que l'on cache, et il profite presque également de la confiance et de la dissimulation, de l'indiscrétion et du silence, tant il est difficile de lui échapper. Il tourne, il manie un esprit, il le feuillette, si j'ose ainsi dire, comme on parcourt un livre qu'on a dans ses mains, et qu'on ouvre à l'endroit qu'il plaît[2]; et cela d'un air si naïf, si peu préparé, si rapide, que ceux qu'il a surpris par ses paroles se flattent eux-mêmes de lire dans ses plus secrètes pensées. Comme il ne perd jamais de temps en vains discours, et ne fait ni fausses démarches ni préparations inutiles, il a l'art d'abréger les affaires les plus contentieuses, les négociations les plus difficiles, et son génie flexible se prête à toute sorte de caractères, sans quitter le sien; il est l'ami tendre, le père, le conseil et le confident de ceux qui l'entourent; on trouve en lui un homme simple, sans ostentation, familier, populaire; quand on a pu le voir une heure, on croit le connaître; mais son caractère est de démêler les autres hommes, et de n'en être pas démêlé[1]. Théophile est la preuve que l'habileté n'est pas uniquement un art, comme les hommes faux se le figurent; une forte imagination, un grand sens, une âme éloquente, subjuguent sans efforts et sans finesse les esprits les plus gardés, les plus défiants, et la supériorité d'esprit nous cache bien plus sûrement que le mensonge et la dissimulation, toujours inutiles au fourbe contre la prudence.

XXXVIII

[EURYMAQUE, OU LE FOURBE.]

[Eurymaque ne reconnaît pour vice que l'imprudence, et pour vertu que l'habileté, et ce qu'il entend par habileté, c'est la fourberie. Il s'est exercé de bonne heure à feindre et à tromper, et n'a jamais fait obéir ses passions qu'à la loi de son intérêt. Ni la haine, ni l'amitié, ni la reconnaissance, ni la vengeance, n'ont pu le détourner un moment de cette unique fin; il trahit son bienfaiteur, en même temps qu'il caresse son ennemi, et il sert sans aimer, comme il nuit sans haïr. Il cache ses noirs desseins sous une politesse étudiée; il est délié, souple et secret. Insolent avec ceux qui fléchissent, bas avec ceux qu'il peut craindre; complaisant pour le succès et impitoyable pour l'infortune, il n'aspire qu'à profiter également du bien ou du malheur de tous, qu'à se prévaloir de leurs fautes, qu'à les engager dans ses pièges, qu'à les perdre par les fausses promesses, par la flatterie, par les dons intéressés, par le mensonge, par la calomnie, et, enfin, par la violence

---

[1] Vauvenargues avait un grand goût pour les voyages.
[2] VARIANTE : « Comme on discute un livre qu'on a sous les yeux, et qu'on ouvre à divers endroits. »

[1] VARIANTE : « Tous ceux qui l'entendent parler se confient aussitôt à lui, parce qu'ils se flattent d'abord de le connaître; sa simplicité leur impose, son esprit profond ne peut être ainsi mesuré. La force et la droiture de son jugement lui suffisent pour pénétrer les autres hommes, mais il échappe à leur curiosité, sans artifice, par la seule étendue de son génie. »

ouverte, quand les détours seraient inutiles. Si content qu'il soit de lui-même, et quoi qu'il puisse présumer de son mérite, je dirai à Eurymaque que le fourbe a ordinairement peu d'esprit; il est rempli de petites finesses inutiles ou pernicieuses; il veut perdre celui dont il a besoin, et, s'il est découvert, il est perdu lui-même; il ment, lorsqu'il lui serait plus avantageux d'être sincère; il fait un ridicule emploi de toutes ses ruses pour pénétrer un homme qui n'a nul dessein de se cacher, et, si celui-ci dédaigne de remarquer ses petites manœuvres, il a la grossière vanité de l'en faire lui-même apercevoir, puis, il se glorifie de sa frivole et infructueuse habileté, qui n'a trompé que lui. Il blanchit ainsi dans l'art misérable de tromper, dominé et rampant, sans avancer d'un pas sa fortune; la faiblesse effective de son caractère le réduit à craindre le courage de ceux dont il a méprisé la probité, et la prospérité inespérée de ses concurrents lui enseigne enfin, à sa ruine, combien la droiture naturelle d'une âme élevée, lorsqu'elle est soutenue de quelque vigueur, est plus redoutable que les sourds artifices et la basse industrie d'un malhonnête homme.]

XXXIX

TURNUS, OU LE CHEF DE PARTI

Turnus est le médiateur des esprits contraires, et, en quelque sorte, le centre de ceux qui, par le caractère de leurs sentiments ou par l'opposition de leur fortune, ont besoin d'un milieu qui les rapproche et qui les concilie. Deux hommes qui ne se comprennent point, où qui se haïssent et s'envient, trouvent tous les deux auprès de lui la justice qu'ils se refusent, l'estime qu'ils se doivent, et, les prenant au point qui les réunit, Turnus s'empare également d'eux, et les fait concourir à une même fin. Sans quitter son caractère, il entre naturellement dans le secret des cœurs; il se prête aisément à tous, et sait supporter les défauts de ceux qui lui sont attachés. La sincérité, la bonne foi paraissent inspirer tous ses discours; il sait attendre, dissimuler, souffrir, entreprendre, oser, conseiller, parler et se taire; il mûrit longuement un dessein ou se détermine sur-le-champ, quand il le faut; les événements ne le surprennent point; il les prévoit ou il les répare; il ne se décourage ni de ses mauvais succès, ni de ses fautes, ni des fautes de ses amis, qu'il n'abandonne ou ne désavoue jamais; enfin, il est aussi patient contre l'obstacle, qu'il est décidé dans l'exécution, il estime les hommes, non pas selon leur fortune, mais selon leur courage et la force de leur caractère; il préfère les sages à ceux qui n'ont que de l'esprit, et les jeunes gens ambitieux aux vieillards qui n'ont que de la sagesse, parce que la jeunesse est plus agissante, plus hardie dans ses espérances, plus généreuse dans sa conduite, et plus sincère dans ses affections. Quiconque a de la résolution, et l'audace de bien faire, peut se jeter avec confiance entre ses bras; il sert ses amis dans leurs peines, dans leurs disgrâces, et dans leurs plaisirs; il entre dans l'intérêt de leurs affaires; son esprit, fécond en ressources, leur ouvre des voies faciles pour aller à leurs fins, et il engage tous ses amis à se servir les uns les autres, comme il les sert lui-même. Ceux qui sont pauvres ou dérangés tirent des secours de ceux qui sont riches, et leur rendent d'autres offices par retour. Ainsi, sans orgueil et sans faste, Turnus est adoré d'un grand parti, avant que ceux qui le composent sachent même que c'est un parti; aucun n'a son secret, mais il est sûr de tous, et lorsqu'il sera temps d'agir, il n'aura qu'à se mettre à leur tête, et ils le suivront avec joie; nul ne manquera à son chef, à son bienfaiteur, à son ami. La réputation de son mérite et ses insinuations lui ont concilié un très-grand nombre de ces hommes sages, qui ont toujours de l'autorité dans le public, quoiqu'ils n'occupent pas les premières places. Si les ennemis de Turnus répandent qu'il trame quelque dessein contre la république, ses amis se rendent garants de son innocence, sollicitent pour lui quand il est accusé, et détournent contre ses délateurs l'indignation publique. Il parvient peu à peu à un tel degré d'autorité, qu'il peut, sans imprudence, faire confidence de ses desseins; celui qui songerait à le trahir ne trouverait point de créance dans le peuple; mais nul n'y songe, car tous ont intérêt à sa fortune. Persuadé qu'on ne trompe que rarement les hommes sur leurs intérêts, sa politique est à ne jamais faire de dupes, et il emploie tout son esprit et toutes ses démarches à faire en sorte que ses créatures n'aient jamais avec lui qu'une même vue et qu'un même sort. Comme il a compris de bonne heure qu'on ne pouvait rien entreprendre d'extraordinaire sans faire la guerre, il a joint à tant d'autres qualités une connaissance profonde de ce dur métier, et s'est fait dans l'armée la réputation d'un homme intrépide, mais calme, modeste et aussi sévère à soi-même qu'indulgent aux autres[1]. Quoiqu'il soit savant, éloquent, courageux, et d'un beau nom, on ne fait attention à aucune de ces choses, lorsqu'on est avec lui; on n'est point occupé de sa personne, ni de son langage, ni de son savoir, mais des choses mêmes dont il parle; il atteint naturellement et sans effort à l'esprit et aux sentiments des autres hommes; ses paroles fortes et ingénues surprennent et enlèvent le cœur de ceux que l'autorité de ses emplois a déjà attachés à sa fortune[2]; il les gagne d'autant mieux qu'il sait écouter ce qu'on lui dit, comprendre ce qu'on ne peut dire, et deviner les talents les plus cachés. S'il rencontre, à l'armée ou en voyage, un homme qui peut paraître de peu de poids, et dont tout autre que lui ne s'occuperait point, Turnus pénètre d'un coup d'œil son caractère, ses qualités, ses défauts, l'emploi qu'on en peut faire, et il inspire aussitôt à cet inconnu une confiance qu'il n'a jamais eue pour personne. S'il s'arrête un seul jour dans une ville, il s'y fait, dans ce peu de temps, des admirateurs et des partisans passionnés; quelques-uns abandonnent leur province, dans la seule espérance de le retrouver, d'en être protégés dans la capitale, et ils ne sont pas trompés dans leur attente; Turnus les reçoit parmi ses amis, et il leur tient lieu de patrie. Il ne ressemble point à ces hommes qui, capables de quelques mouvements de générosité, et industrieux, par vanité, à se faire des créatures, les perdent par paresse ou par inconstance; qui, promettant toujours plus qu'ils ne tiennent, se font des secrets ennemis de ceux qui se sont trop flattés, offensent sans retour ceux qu'ils n'ont servis qu'à demi, et, croyant abuser tous les hommes, n'abusent qu'eux-mêmes; Turnus ne se dégoûte point des gens de mérite qu'il a séduits par ses adresses, et, comme il ne recherche point les hommes sans dessein, il ne les néglige jamais par légèreté. Une âme si belle trouve un charme secret à satisfaire son génie bienfaisant et accessible; Turnus est bon et humain; son esprit flexible sait prendre des formes trompeuses, mais il est droit et sincère; il est moins touché de l'éclat de sa fortune que du juste ascendant que la nature donne aux grandes âmes sur les cœurs, et il épure par la hauteur de ses sentiments la forte ambition dont il est épris[1]. Si cependant la fortune, qui peut, tout contre la prudence, fait qu'il est prévenu dans ses desseins, il avoue la plupart des faits qu'on lui impute, et les justifie par les lois, ou par la force de son éloquence; ses juges sont étonnés de sa sécurité, et attendris par ses discours; la cabale qui le poursuit et qui veut sa perte, n'ose le laisser reparaître, ni l'interroger en public. Quoiqu'il soit convaincu d'avoir attenté contre la liberté, on est obligé de le faire mourir secrètement, et le peuple qui l'adorait, demeure persuadé de son innocence.

XL

[HERMAS, OU LA SOTTE AMBITION.]

[Hermas, peu considéré dans sa province, où la vertu est traversée par l'envie et, d'ail-

---

[1] VARIANTE : « Il s'est fait d'ailleurs à la guerre une haute réputation qui orne ses autres vertus; car il a compris de bonne heure que ceux qui commandaient avec succès dans les armées, éclipsaient aisément les politiques, et faisaient tomber leur crédit; et de plus, il n'ignore pas que l'on ne peut rien entreprendre d'extraordinaire sans faire la guerre. Mais, malgré le nom qu'il s'y est fait, les plus vils citoyens sont moins modestes et moins populaires, et l'on ne rencontre que lui sur le forum, sous les portiques, et dans les plus humbles maisons. »

[2] VARIANTE : « Son humanité, ses services et son éloquence ingénue lui assujettissent les cœurs. »

[1] VARIANTE : « Turnus ne cultive les hommes que pour satisfaire son génie bienfaisant et accessible, pour les dominer par l'esprit, pour les surpasser en vertu, pour jouir de cet ascendant que la nature donne à la bonté sur les cœurs. Il est amoureux de l'empire que l'on peut acquérir par la raison et par les séductions de l'éloquence; ses paroles sont plus aimables que ses bienfaits mêmes, et sa haute naissance moins considérée que ses qualités personnelles. »

leurs, ne trouve guère d'emploi, est venu demander justice à Paris, la patrie commune des talents. Sa secrète ambition était de se produire dans le monde, et dans ce qu'on appelle *bonne compagnie;* il n'a rien négligé dans ce dessein, et s'il connaissait un homme de qualité pour l'avoir rencontré à l'armée ou en voyage, il le priait à souper avec un cortége d'amis, et allait régulièrement se faire refuser à sa porte deux fois par semaine. Hermas voulait aussi qu'on lui crût de l'esprit, et faisait des avances aux gens de lettres; il les abordait au spectacle, et entrait en conversation avec eux, sans les connaître; il faisait, d'ailleurs, des romans copiés de l'abbé Prévost, et dès qu'il paraissait un nouveau poëme dans le monde, on avait aussitôt d'Hermas une longue critique en prose, qu'on vendait au bout du pont Neuf ou à la porte du Palais-Royal. Hermas jouait aussi un jeu considérable, sachant que de tout temps le jeu a donné une entrée gracieuse dans le monde; mais il était si malheureux qu'il perdait son argent en mauvaise compagnie, sans que personne lui en sût gré. Bien des gens acceptaient ses soupers, dont aucun ne voulait se charger de le présenter; il attendait toujours du temps ce qu'on refusait à son mérite; mais, tandis qu'il attendait, la pauvreté et la vieillesse s'étant inopinément offertes à lui, son cœur s'est serré de douleur, et voyant que les mêmes hommes auxquels il avait tout sacrifié ne faisaient aucune attention à sa ruine, il s'est retiré à la campagne, sous un toit détruit, d'où il n'aurait jamais dû sortir; il y vit dans l'obscurité et dans la misère, aussi oublié parmi les hommes que s'il n'avait jamais tenté de se pousser auprès d'eux.]

XLI.

CLÉON, OU LA FOLLE AMBITION.

Cléon, dévoré d'ambition, et plus passionné que prudent, a passé sa jeunesse dans l'obscurité, entre la vertu et le crime. Vivement occupé de sa fortune avant de se connaître, et plein de projets chimériques dès l'enfance, il se repaissait de ces songes dans un âge mûr; son naturel ardent et mélancolique ne lui permettait pas de se distraire de cette sérieuse folie.

Il comprenait à peine que les autres hommes pussent être touchés par d'autres biens; et, s'il voyait des gens qui allaient à la campagne dans l'automne pour jouir des présents de la nature, il ne leur enviait ni leur gaieté, ni leur bonne chère, ni leur liberté, ni leurs plaisirs. Pour lui, il ne se promenait point, il ne chassait point, il ne faisait nulle attention au changement des saisons, et le printemps n'avait à ses yeux aucune grâce. S'il allait quelquefois à la campagne, c'était pendant la plus grande rigueur de l'hiver, afin d'être seul, et de méditer plus profondément quelque chimère. Il était triste, inquiet, rêveur, extrême dans ses espérances et dans ses craintes, immodéré dans ses chagrins et dans ses joies; peu de chose abattait son esprit violent, et les moindres succès le relevaient. Si quelque lueur de fortune le flattait de loin, alors il devenait plus solitaire, plus distrait et plus taciturne; il ne dormait plus, il ne mangeait point; la joie consumait ses entrailles, comme un feu ardent qu'il portait au fond de lui-même. Il avait cette fierté tendre d'une âme timide, qui ne veut avouer ni sa défaite, ni ses espérances, ni la vanité de ses vœux; qui dissimule dans un long silence les injures et les faveurs de la fortune, trop faible également pour vaincre et pour produire les agitations de son cœur et les témérités de son courage. Ainsi, les soucis et les espérances le tenaient également aliéné; sa cruelle et triste ambition dévorait la fleur de ses jours; et, dans sa plus grande jeunesse, si quelqu'un, trompé par son âge, essayait de le divertir et d'ouvrir son âme à la joie, il sentait aussitôt en lui je ne sais quelle humeur chagrine et hautaine, qui inspirait de la retenue, et qui repoussait le plaisir. A cette ambition effrénée il joignait quelque humanité et quelque bonté naturelle. Ayant rencontré à Venise un Français[1] autrefois très-riche, alors misérable et proscrit, le cœur de Cléon fut ému; et comme il venait de gagner deux cents ducats à un sénateur, il dit en lui-même : *Il n'y a qu'une heure que je n'avais pas besoin de cet argent;* et il le donna aussitôt à ce réfugié, avec des paroles plus touchantes que le bienfait

---

[1] VARIANTE : « Un Suédois. »

lui même. Celui-ci, pénétré d'un procédé si généreux, ne pouvait retenir quelques larmes, et il racontait sans déguisements à son bienfaiteur les fautes et les erreurs de sa jeunesse; mais Cléon, qui écoutait en silence, comme quelqu'un qui cherche une ressource à une fortune si déplorable, s'écrie tout à coup d'un air inspiré : « Auriez-vous le courage de tuer un homme dont la mort importe à l'État et pourrait finir vos misères? » L'étranger pâlit, et Cléon, qui observait alors son visage : « Je vois bien, mon ami, que la seule pensée du crime vous effraye; je vous estime plus de cette délicatesse dans une si grande adversité, que je n'estime toutes les vertus d'un homme heureux. Vous êtes humain dans la pauvreté, et vous préférez l'innocence à la fortune ; puissiez-vous fléchir sa rigueur! Allez, vous n'êtes pas si malheureux qu'on peut le croire. » En achevant ces mots, il le quitta brusquement, et partit de Venise sans l'avoir revu, laissant cet étranger dans une grande incertitude de ses sentiments, qui n'étaient pas même connus de ses plus intimes amis[1]; car la médiocrité de sa fortune l'ayant obligé de cacher l'étendue de son ambition et la violence de ses désirs, son sérieux ardent et austère passait pour sagesse, son inquiétude pour curiosité, et sa rêverie opiniâtre pour indifférence, tant les hommes sont peu capables de se concevoir les uns les autres! Tels étaient l'esprit et les sentiments de Cléon. On raconte qu'étant attaqué dans la force de son âge d'une maladie de langueur, et sentant la mort approcher, il se repentit de n'avoir point assez aimé la vertu, qui l'aurait consolé de ses disgrâces, et l'aurait rendu supérieur à sa fortune ; il avoua que l'ambition avait fait de lui, non-seulement le plus malheureux, mais le plus insensé de tous les hommes; qu'il ne regrettait point l'autorité et les richesses que l'aveugle fortune dispense au hasard, qui coûtent des soins, des soucis et des remords; mais qu'il regrettait la bonté, la sincérité, la sagesse, qu'il pouvait cultiver sans peine dans la pauvreté, et qui l'auraient suivi jusqu'au tombeau.

[1] Variante : « Ses amis ne pénétraient point le profond secret de son cœur. »

XLII
CLODIUS, OU LE SÉDITIEUX.

Clodius assemble chez lui une troupe de libertins et de jeunes gens accablés de dettes. Le sénat a fait une loi pour réprimer le luxe de ces jeunes gens et l'énormité des emprunts. Clodius leur dit : « Mes amis, le sénat étend chaque jour sa tyrannie; pendant qu'on vous impose un gouvernement si dur et si austère, vous flatteriez-vous d'être libres? Marius a rempli Rome de carnage; mais, au moins, la liberté régnait dans son parti; Sylla réprima la licence du bas peuple ; mais il mit les emplois dans les mains les plus dignes, et il affranchit ses amis du joug des lois. Aujourd'hui, Caton et Cicéron croient rétablir la liberté en rétablissant les mêmes lois qui la détruisent; ou plutôt, ils veulent régner à leur tour au nom de ces lois, et mettre dans la servitude les hommes courageux qu'ils appréhendent. On défend aux uns les plaisirs, on ferme aux autres les chemins de la fortune; on ôte à tous l'espérance de la gloire, on étouffe enfin toute vigueur et tout courage sous des chaînes pesantes[1]; et cette servitude de chaque particulier, on ose la nommer liberté publique ! Mes amis, vous ne voulez pas que des hommes soient vos maîtres; et qu'importe d'être l'esclave des hommes ou des lois, quand les lois sont plus tyranniques que ceux qui les violent? Est-ce à nous à subir le joug de quelques vieillards languissants? Croyez-vous que la nature fasse les faibles pour l'autorité, et les forts pour l'obéissance? Les faibles ne sont point à plaindre dans la dépendance ; mais les forts ne la peuvent subir sans une insupportable violence. Donnons à ce peuple quelque exemple qui le réveille; donnons-lui, à notre tour, des lois douces, déposées dans des mains fermes. Ne craignez pas de le remuer jusqu'au fond, et n'allez pas penser que le bonheur des nations dépende de leur repos : les hommes ne haïssent point d'être agités, et l'action leur est aussi bonne que nécessaire. Le repos n'est que la langueur des corps politiques; les ambitieux,

[1] Variante : « On s'efforce d'anéantir le courage et l'esprit de tous; en tenant sous des lois étroites leur génie captif. »

qui donnent le mouvement à ces corps, sont au genre humain ce qu'est à chacun de nous la chaleur du sang, qui distribue et retient la vie dans nos membres[1]. L'activité ne se trouve point dans les caractères modérés ; le courage pour entreprendre n'est pas naturel aux esprits doux ; en un mot, il n'appartient qu'aux ambitieux de commander. Il n'y a pas d'État qui dure sous des maîtres sans action et sans vigueur. »

Ainsi s'explique Clodius avec ses amis. Quand il est avec des personnes qui l'obligent à plus de retenue, il leur dit qu'on fait bien de réprimer le vice, mais qu'il faut avoir attention que le remède qu'on y apporte ne soit pas lui-même un plus grand mal. « La vertu, dit-il, est aimable par elle-même ; que sert d'employer la force pour la persuader? Toute violence est odieuse, quelque juste qu'en soit le motif. Il faut faire sentir aux hommes l'erreur des plaisirs, les dommages de l'oisiveté, et l'utilité de la vertu ; mais, au lieu de contenir le mérite dans des bornes étroites, il faut l'animer par l'espérance de la gloire, et ne point gêner son essor ; car, pendant que la nature a mis tant de diversité dans les esprits, dans les goûts et dans les talents ; pendant que les moyens des hommes sont divers, et leurs forces inégales, vouloir les renfermer tous dans la même voie, et les ranger à la même règle, ce n'est ni savoir gouverner, ni se proportionner aux besoins et aux intérêts de la république[2]. Tous les citoyens ne peuvent être sages, et ceux mêmes qui sont nés vertueux ne peuvent avoir toutes les vertus ; est-il juste de demander le courage à qui montre de l'équité ; ou un esprit exempt de passion, à qui montre des talents sublimes? N'est-on pas trop heureux que les vertus se partagent et se balancent parmi les hommes, et faut-il prétendre qu'un seul les réunisse? Ce n'est pas être aussi bon qu'on le pense, de vouloir que tous les hommes soient bons au même degré ; ce n'est pas être sage, de vouloir réprimer toutes les folies, et ce n'est pas être humain, de rendre les vertus trop difficiles, ou de les établir par la force. On hait les tyrans qui exigent un culte extérieur pour leurs personnes, ou quelque soumission pour leurs faiblesses ; mais sont-ils moins tyrans, ceux qui veulent tenir toutes les passions en captivité, qui contraignent tous les plaisirs et tous les goûts ; qui, non contents d'opprimer le dehors des hommes, veulent encore opprimer l'intérieur, et dominer jusque dans les actions et les pensées les plus secrètes? Y a-t-il, enfin, quelque humanité à prosterner la nature humaine sous un joug si rude? »

Tels sont les discours les plus modérés de Clodius ; mais s'il se forme un parti dans la république qui ne tend rien moins qu'à sa ruine[1], il excite les conjurés à l'avancer, et tâche d'étouffer leurs scrupules ou leurs remords. Il leur dit qu'il faut que tout change, que rien n'est stable, que le mouvement est une fatalité invincible ; que les opinions, et les mœurs qui dépendent des opinions, les hommes en place, et les lois qui dépendent des hommes en place, les bornes des États et leur puissance, l'intérêt des États voisins, tout varie nécessairement. « Or, ajoute-t-il, il est impossible qu'un État où tout varie, et qui voit tout varier autour de lui, ne change pas à son tour de gouvernement ; et, de tous ces changements inévitables, il n'y en a aucun qui ne se fasse par la force ; car la séduction et l'artifice ne méritent pas moins ce nom que la violence déclarée et manifeste. Mes amis, continue-t-il, que tardez-vous? que craignez-vous? Allez, l'éloquent l'emporte sur le discoureur, le courageux sur le faible, et celui qui sait oser de grandes choses sur celui qui n'a ni la hardiesse de les concevoir, ni la force de les exécuter. N'appréhendez pas d'ailleurs que le peuple vous manque : je sais, comme vous, que la coutume est tout, que tout peuple se fait à sa condition et supporte patiemment les choses qu'il trouve établies, comme nos esclaves, nés dans l'opprobre, portent leurs fers sans murmure ; mais, si vous abattez la tyrannie, doutez-vous que ce peuple, qui baise à présent sa chaîne, ne s'accoutume bientôt de même à la liberté? Ce peuple est avili ; mais,

---

[1] VARIANTE : « Les ambitieux sont l'âme des corps politiques. »

[2] VARIANTE : « Voyez la diversité que la nature a mise entre les hommes : est-il juste d'assujettir à la même règle tant de différents caractères? Peut-on obliger tous les hommes à marcher dans la même voie? »

[1] Il faudrait : « Qui ne *tende* à rien moins. »

mes amis, c'est le gouvernement qui forme le caractère des nations; c'est le gouvernement qui a fait autrefois, à Carthage, tant de marchands, à Athènes tant d'orateurs, à Lacédémone tant de guerriers; changez avec moi le nôtre, et tout sera changé. Si vous osez me croire, nous formerons sur les ruines de l'ancienne Rome un État nouveau, propre à faire de grands citoyens dans tous les genres, favorable à tous les plaisirs, secourable à toutes les vertus, et surtout indulgent à toutes les passions. Quelle vaine prudence pourrait donc arrêter vos desseins et vos courages? Craindriez-vous de troubler la paix de la patrie? Quelle paix, qui énerve les cœurs, et qui avilit les âmes dans un misérable esclavage! Estimez-vous tant le repos? et la guerre est-elle plus onéreuse que la servitude? »

Ainsi Clodius met tout en feu par ses discours séditieux, et cause de si grands désordres dans la république, qu'on ne peut y remédier que par sa perte.

XLIII
[LES GRANDS.]

[Les grands remarquent à peine la misère, les mœurs, les talents, les vertus et les vices des autres hommes; ils sont pour cela trop occupés d'eux-mêmes. Ils n'aperçoivent même pas ce qui est sous leurs yeux; ils ne voient pas au delà de leurs parents, des gens en place, de leurs familiers, de leurs flatteurs, et de leurs domestiques; le genre humain se renferme pour eux dans ce petit cercle de gens qui leur appartiennent par leur dépendance, ou qui hantent les cours; le reste leur échappe, et ne peut exciter ni leur estime, ni leur compassion, ni même leur curiosité. Surtout ils détournent la vue des misérables; comme ils n'ont jamais senti la pauvreté ni la douleur, ou ils n'y réfléchissent point, ou ils craignent d'être obligés d'y réfléchir. Ainsi, ils ont rarement assez d'esprit pour jouir de leur fortune, en la comparant à celle des autres hommes, et ils paraissent eux-mêmes se donner des bornes à plaisir. Ils sont aussi plus sujets à se corrompre, et on en voit peu qui soutiennent les espérances qu'ils avaient pu donner d'abord. Quelques-uns, pendant leur jeunesse, ont daigné descendre jusqu'au simple peuple; la vivacité de leur âme et la chaleur de leur naturel leur faisaient alors surmonter les fiers et injustes préjugés de leur condition; ils étaient accessibles et populaires; comme on les considérait moins dans le monde, à cause de leur jeune âge, ils recherchaient plus vivement tous les suffrages, et ne regardaient pas encore la bonté et l'amour des hommes comme inutiles, ou au-dessous d'eux. Mais, à la fin, ils n'ont pu soutenir leur cœur aussi haut que leur rang; ils se sont laissé prendre, à leur tour, par la flatterie et par l'éclat de leur fortune; à force de voir le mérite, dénué de biens et d'appui, réduit à rechercher leur protection, et à subir le joug pesant de leurs caprices, ils l'ont méprisé jusqu'au point de méconnaître ce qu'ils lui devaient, et les avantages solides qu'ils auraient pu retirer de son commerce; enfin, dès qu'ils ont connu les priviléges de leur condition, ils ont dédaigné la vertu, et ils ont oublié jusqu'aux anciens services de leurs amis malheureux.]

XLIV
[LA BOURGEOISIE.]

[Il faut vivre avec tous les hommes dont on a besoin, mais c'est une erreur de chercher de la raison dans un état plutôt que dans un autre. La fatuité est chez les nobles, la grossièreté dans le peuple, et la bourgeoisie emprunte des deux. Quoi que j'aie pu dire ailleurs des gens du monde, je suis fort éloigné de leur préférer le tiers état; j'aime mieux une impudence naïve et une légèreté sans bornes, qu'une maladroite et impertinente imitation de ces deux vices. Si j'entre dans une maison bourgeoise, j'y trouve une vanité plus grossière, un ridicule plus affecté, une ignorance plus profonde, et une conversation plus ennuyeuse; les femmes y sont ou précieuses, ou sottes, ou caillettes, ou folles; les hommes y sont impolis, grands parleurs, pesants et copistes. S'il hante quelque homme de lettres dans une telle maison, on peut s'assurer que c'est un pédant travesti en petit-maître; mais si les véritables gens de lettres n'y sont pas reçus, ou plutôt s'ils dédaignent de s'y présenter, vous verrez avec quel mépris on parle d'eux. Quelqu'un conte qu'un bel esprit a été mené à Vincennes; aussitôt plusieurs femmes disent à la fois que c'est à Bicêtre. On parle d'un poëte qui honore son siècle, qui d'ailleurs est un homme riche, et qui ne vit point avec la bourgeoisie.[1]; le fils d'un notaire royal dit froidement que c'est un homme qu'il faudrait chasser de Paris, et faire sortir d'une bonne maison par les fenêtres. Là, revivent le vicomte de Jodelet, le marquis de Mascarille, et la comtesse d'Escarbagnas[2]; le fort de la conversation, chez ces bourgeois, c'est de louer des sottises, de répéter de fausses nouvelles, de citer des hommes en place, et surtout de parler des gens de qualité et d'énumérer leurs titres. On fait adroitement entrer dans le discours le nom de tous les grands seigneurs que l'on connaît de vue, et les femmes n'ont point de honte de nommer quelques jeunes gens de la cour qu'elles n'ont jamais aperçus que dans la rue, ou à la promenade. Quelquefois, à propos d'un mariage ou d'un convoi funèbre, on fait la généalogie des grandes maisons; on demande quelle est la sœur du duc de Biron, et, comme les uns prétendent que c'est madame de Bonnac, les autres madame de Bonneval, on s'évertue et l'on s'échauffe là-dessus, jusqu'à ce qu'il entre un homme de qualité qui, venant solliciter son rapporteur pour une affaire, met fin à la dispute; chacun fait un grand salut, personne n'ose plus parler de condition, et les plus glorieux ne disent mot.]

XLV
[LES BAS-FONDS.]

[Il se trouve des hommes qui ont pris le crime comme un métier; qui, cachés au fond des grandes villes, y composent comme un peuple à part, vivant sans règle, sans frein, sans crainte des dieux; sur qui l'honneur ne peut plus rien, en qui ne reste aucun sentiment de honte ou d'humanité; malheureux que l'attrait du mal a entièrement abrutis, que la misère et le goût du plaisir ont voués dès leur enfance à l'infamie, et qui ne semblent être sur la terre que pour la perte ou pour l'effroi des autres hommes. Qui pourrait croire que ces misérables soient attachés aux obscures pratiques de leur vie, et à leur ténébreuse dépravation? On leur dirait : Voulez-vous être bons, sortir de votre misère, et mener une vie moins troublée? ils abuseraient de ce support et de cette compassion, mais ils ne changeraient point. Nés dans la pauvreté, l'habitude les a dès longtemps endurcis contre tous les traits du malheur, et ils supportent sans peine les extrémités les plus dures. On soupçonne à peine les excès où peuvent venir ces misérables, que les gens de bien redoutent, et qu'ils ne connaissent pas quoiqu'ils vivent à côté d'eux; mais ceux que la curiosité ou la pitié ont mis dans ces tristes secrets, ne peuvent voir sans étonnement de si étranges désordres, de si profondes misères, et de si funestes courages.]

LXVI
[INCONSTANCE DES HOMMES.]

[Qui pourrait dire les changements que la réflexion, l'expérience, la prospérité ou les disgrâces apportent d'ordinaire dans l'esprit et dans les mœurs des hommes? Si vous avez passé quelques années loin de ceux que vous connaissiez, n'espérez pas de les retrouver les mêmes : celui qui vous aimait, vous a oublié et ne vous estime plus peut-être; celui que vous aimiez et que vous estimiez vous-même, ne mérite plus ni amitié ni estime. Il est vrai qu'il y a un petit nombre d'hommes qui ne varient point, qui, tels on les a vus dans leur jeunesse, vains, dissipés, dissolus, emportés, sans pudeur et sans gravité, tels on les retrouve dans la force ou dans le déclin de l'âge; mais la plupart changent, les uns pour le bien, les autres pour le mal. Celui-ci, que vous aviez cru de peu de sens et de conduite, est devenu raisonnable et sage, et la prospérité l'a rendu meilleur; j'en ai vu à qui l'intérêt avait enseigné la prudence, la justice et l'honnêteté qui n'étaient point dans leur fonds; ils étaient revenus des fautes de leur premier âge; ils s'étaient presque persuadé à eux-mêmes que les vertus qu'ils pratiquaient par ostentation leur étaient naturelles. D'autres, au contraire, étaient nés bons et droits, qui ont quitté, depuis, les sentiers et les engagements de leurs beaux jours; une

---

[1] Il s'agit ici de Voltaire; l'allusion est évidente.
[2] Personnages de Molière.

fausse philosophie les a séduits, la mauvaise fortune les a aigris, et l'injustice et la dureté du monde les a achevés; ils ont trompé ceux qui se fiaient à la bonne réputation de leur jeunesse; ils se sont lassés de la vertu dans l'infortune, et le temps a emporté leur courage avec leurs espérances. Le changement est la loi des hommes, comme le mouvement est la loi de la terre.]

XLVII

[ANSELME.]

[Anselme est outré que son fils témoigne du goût pour les sciences; il lui brûle ses papiers et ses livres, et comme il a su que ce jeune homme avait fait un souper avec des gens de lettres, il l'a menacé de l'envoyer à la campagne, s'il continuait à voir *mauvaise compagnie*. « Que ne lisez-vous, lui dit-il, puisque vous aimez la lecture, l'histoire de votre maison? Vous ne trouverez pas là des savants, mais des hommes de la bonne sorte; c'est vous qui serez le premier pédant de votre race! »]

XLVIII

MIDAS, OU LE SOT QUI EST GLORIEUX.

Le sot qui a de la vanité est l'ennemi-né des talents. S'il entre dans une maison où il se trouve un homme d'esprit, et si la maîtresse du logis lui fait l'honneur de le lui présenter, Midas le salue légèrement, et ne répond point. Si l'on ose louer en sa présence le mérite qui n'est pas riche[1], il s'assied auprès d'une table, et compte des jetons ou mêle des cartes sans rien dire. Lorsqu'il paraît un livre dans le monde, qui fait quelque bruit, Midas jette d'abord les yeux sur la fin, puis sur le milieu du livre; ensuite il prononce que l'ouvrage manque d'ordre, et qu'il n'a jamais eu la force de l'achever. On parle devant lui d'une victoire que le héros du Nord a remportée sur ses ennemis; et, sur ce qu'on raconte des prodiges de sa capacité et de sa valeur, Midas assure

[1] VARIANTE : « Si cet homme d'esprit ne s'en va pas, et qu'il attire, au contraire, l'attention à lui, » *Midas s'assied*, etc.

positivement que la disposition de la bataille a été faite par M. de Rottembourg, qui n'y était pas, et que le prince s'est tenu caché dans une cabane, jusqu'à ce que les ennemis fussent en déroute. Un homme, qui a été à cette action, l'assure qu'il a vu charger le roi à la tête de sa maison; mais Midas répond froidement qu'on ne peut rien attendre de bon, et qu'on ne verra jamais que des folies, d'un prince qui fait des vers, et qui est l'ami de Voltaire[1].

XLIX

LACON, OU LE PETIT HOMME.

Je pourrais nommer d'autres hommes qui ne méprisent pas les lettres comme celui-ci, mais qui leur font plus de tort : ce sont ceux qui les cultivent avec peu de goût et avec un esprit très-limité. Lacon ne refuse pas son estime à tous les auteurs; il y a même beaucoup d'ouvrages qu'il admire, et tels sont les vers de La Motte, l'*Histoire romaine* de Rollin[2], les *Allégories* de Dracon[3], le traité du *Vrai mérite*, qu'il préfère, dit-il, à La Bruyère, et beaucoup d'autres ouvrages semblables, qui sont à peu près à sa portée. Adorateur superstitieux de tous les morts qui ont eu quelque réputation, il met dans la même classe Bossuet et Fléchier; et croit faire honneur à Pascal de le comparer à Nicole, dont il a lu les *Essais* avec une patience tout à fait chrétienne. C'est une licence effrénée, devant son petit tribunal, de trouver des défauts à Pélisson[4], et de ne pas mettre

[1] VARIANTE : « Il ne peut entrer dans sa tête qu'un prince qui aime les arts, et qui honore de quelque bonté ceux qui les cultivent, soit capable de concevoir de grandes choses et de les exécuter avec sagesse. »

[2] ROLLIN (*Charles*), né à Paris le 30 janvier 1661, fut d'abord destiné à suivre la profession de son père, qui était coutelier; un moine le fit placer au collège du Plessis, dont Gobinet était alors principal. Rollin devint professeur, puis recteur de l'Université, et mourut à Paris le 14 septembre 1741. — B.

[3] Vauvenargues n'a pas prononcé le nom de J. B. Rousseau, pour ne pas choquer l'admiration générale dont ce poëte était alors en possession; mais il est évident que c'est lui qu'il désigne sous ce pseudonyme. — G.

[4] PÉLISSON-FONTANIER (*Paul*), né à Béziers en 1624, mourut à Versailles le 7 février 1693. Écrivain élégant et facile, il a droit surtout à l'admiration de la postérité pour son généreux dévouement envers le malheureux Fouquet, dont il partagea la disgrâce. — B.

Patru¹ ou Chapelle² au rang des grands hommes. Il soutient qu'après Bayle et Fontenelle, l'abbé Desfontaines est le meilleur écrivain que nous ayons eu. On n'attaque point un auteur médiocre, que les gens de cette espèce ne se sentent atteints du même coup, et qu'ils ne demandent justice. Ils vantent, ils appuient, ils défendent tous ceux des auteurs contemporains que le public réprouve; ils se liguent avec eux, et protestent contre le petit nombre des habiles; ils ne peuvent comprendre les grands hommes, et beaucoup moins les aimer; des âmes si petites et si envieuses ne peuvent atteindre à sentir le grand, et elles ne se passionnent que pour les choses ou les personnes qui sont dans la sphère de leurs sentiments. Avons-nous un auteur célèbre qui soutient chez les étrangers l'honneur de nos lettres, à peine le connaissent-ils, quelques-uns ne l'ont jamais vu, et cependant ils le haïssent avec fureur. Le bruit se répand qu'il compose une tragédie³ ou une histoire; ils annoncent au public que cet ouvrage sera ridicule; ils l'attendent avec impatience pour en relever les défauts : paraît-il, ils courent les rues pour le décrier dans le peuple; ils ramassent toutes les critiques qu'on en vend au pont Neuf, à la porte des Tuileries, au Palais-Royal; ils conservent précieusement tous les libelles qu'on a faits depuis trente ans contre cet auteur; ils les trouvent remplis de sel et de bonne plaisanterie; il n'y a point de si vile brochure, oubliée en naissant des autres hommes, qu'ils n'achètent et qu'ils n'estiment beaucoup, dès qu'elle attaque et calomnie un homme trop illustre. C'est par un effet de la même humeur qu'ils frondent la musique de Rameau, et qu'ils applaudissent toute autre : parlez-leur des *Indes galantes*, ou de l'opéra de *Dardanus*, ils chantent un morceau de *Tancrède*, ou d'un opéra de Mouret; ils n'épargnent pas même les acteurs qui ont succédé à Murer, à Thévenard, etc., qui remplissent sur nos théâtres les premiers rôles; et Poirier ne paraît jamais, qu'ils ne battent longtemps des mains pour faire de la peine à Jélyotte : tant il est difficile de leur plaire dès qu'on prime en quelque art que ce puisse être!

L

LE FLATTEUR INSIPIDE.

Un homme parfaitement insipide est celui qui loue indistinctement tout ce qu'il croit utile de louer, sans esprit ni pudeur; qui, lorsqu'on lui lit un mauvais roman, mais protégé d'une société, le trouve digne de l'auteur du *Sopha*¹, et feint de le croire de lui; qui demande à un grand Seigneur qui lui montre une ode, pourquoi il ne fait pas une tragédie ou un poëme épique; qui, du même éloge qu'il donne à Voltaire, régale un auteur qui s'est fait siffler sur les trois théâtres; qui, se trouvant à souper chez une femme qui a la migraine, lui dit tristement que la vivacité de son esprit la consume comme Pascal, et qu'il faut l'empêcher de se tuer. Un homme qui n'a point d'avis à soi, qui fait profession de suivre l'avis des autres, qui sait même, dans le besoin, associer les contraires, pour ne contredire personne; enfin, un esprit subalterne, qui est né pour céder, pour fléchir et pour porter le joug des autres hommes, par inclination et par choix². S'il arrive à un homme de ce caractère de faire une plaisanterie sur quelqu'un qui n'est pas riche, mais dont un homme riche prend le parti, aussitôt le flatteur change de langage, et dit que les petits défauts qu'il reprenait servent d'ombre au mérite distingué. C'est l'homme dont Rousseau disait :

> Quelquefois même aux bons mots s'abandonne,
> Mais doucement, et sans blesser personne.

---

¹ PATRU (*Olivier*), surnommé le *Quintilien français*, naquit à Paris en 1604, et mourut dans la même ville le 16 janvier 1681. Boileau, Racine, et les plus célèbres de ses contemporains, le consultaient souvent, et le regardaient comme l'oracle du goût. — B.
² CHAPELLE (*Claude-Emmanuel LUILLIER*), surnommé *Chapelle*, parce qu'il était né, en 1616, dans le village de ce nom, entre Paris et Saint-Denis, mourut à Paris en septembre 1681. Ses productions portent l'empreinte de son caractère, à la fois souple, fier, plaisant et malin. — B.
³ L'auteur veut ici parler de Voltaire et de la tragédie de *Sémiramis*.

¹ Roman de Crébillon le fils, alors fort à la mode. — B.
² VARIANTE : [« Enfin, un panégyriste éternel des mœurs et des vices du monde, un complaisant timide et servile, qui n'a d'autre goût ni d'autre sentiment que celui du cercle qu'il fréquente, qui ne peut résister en face à aucun homme, et qui est né pour fléchir, toute sa vie, sous l'opinion et les préjugés des autres. »]

Cet homme, qui a loué toute sa vie jusqu'à ceux qu'il aimait le moins, n'a jamais obtenu des autres la moindre louange, et tout ce que ses amis ont osé dire de plus fort pour lui, c'est ce vieux discours : *En vérité, c'est un honnête garçon*, ou *c'est un bon homme*.

LI
CARITÈS, OU LE GRAMMAIRIEN.

Caritès est esclave de la construction, et ne peut souffrir la moindre hardiesse, ni en prose ni en vers. Il ne sait point ce que c'est qu'éloquence, et se plaint de ce que l'abbé d'Olivet a fait grâce à Racine de quatre cents fautes ; mais il sait admirablement la différence de *pas* et de *point ;* et il a fait des notes excellentes sur le petit *Traité des Synonymes*, ouvrage très-propre, dit-il, à former un grand orateur. Caritès n'a jamais senti si un mot était propre, ou ne l'était pas ; si une épithète était juste, et si elle était à sa place. Si pourtant il fait imprimer un petit ouvrage, il y fait, pendant l'impression, de continuels changements ; il voit, il revoit les épreuves, il les communique à ses amis ; et si, par malheur, le libraire a oublié d'ôter une virgule qui est de trop, quoiqu'elle ne change point le sens, il ne veut point que son livre paraisse jusqu'à ce qu'on ait fait un carton, et il se vante qu'il n'y a point de livre si bien imprimé que le sien.

LII
ISOCRATE, OU LE BEL ESPRIT MODERNE.

Le bel esprit moderne[1] n'est ni philosophe, ni poëte, ni historien, ni théologien ; il a toutes ces qualités réunies et beaucoup d'autres. Avec un talent très-borné, il a une teinture de toutes les sciences, sans en posséder aucune ; il connaît les arts, la navigation, le commerce ; et, parler de tout sans rien savoir, tel est son système. Aussi mettons-nous à la tête des philosophes son illustre auteur, et je veux avouer qu'il y a peu d'hommes d'un esprit si philosophique, si fin, si facile, si net, et d'une si grande surface ; mais nul n'est parfait ; et je crois que les plus sublimes esprits ont eux-mêmes des endroits faibles. Ce sage et subtil philosophe n'a jamais compris que la vérité nue pût intéresser ; la simplicité, la véhémence, le sublime ne le touchent point. *Il me semble*, dit-il, *qu'il ne faudrait donner dans le sublime qu'à son corps défendant ; il est si peu naturel !* Isocrate veut qu'on traite toutes les choses du monde en badinant ; aucun ne mérite, selon lui, un autre ton. Si on lui représente que les hommes aiment sérieusement jusqu'aux bagatelles, et ne badinent que des choses qui les touchent peu, il n'entend pas cela, dit-il ; pour lui, il n'estime que le naturel ; cependant son badinage ne l'est pas toujours, et ses réflexions sont plus fines que solides. Isocrate est le plus ingénieux de tous les hommes, et compte pour peu tout le reste. C'est un homme qui ne veut ni persuader, ni corriger, ni instruire personne ; le vrai et le faux, le frivole et le grand, tout ce qui lui est occasion de dire quelque chose d'agréable, lui est aussi propre. Si César vertueux peut lui fournir un trait, il peindra César vertueux ; sinon, il fera voir que toute sa fortune n'a été qu'un coup du hasard, et Brutus sera tour à tour un héros ou un scélérat, selon qu'il sera plus utile à Isocrate. Cet auteur n'a jamais écrit que dans une seule pensée ; il est parvenu à son but : les hommes ont enfin tiré de ses ouvrages ce plaisir solide de savoir qu'il a de l'esprit. Quel moyen après cela de condamner un genre d'écrire si intéressant et si utile ?

On ne finirait point sur Isocrate et sur ses pareils, si on voulait tout dire. Ces esprits si fins ont paru après les grands hommes du siècle passé. Chaque siècle a son caractère : le génie du nôtre est peut-être un esprit trop philosophique, enté sur un goût trop frivole, et dans un terrain très-léger. Ce génie nous rend susceptibles de toutes sortes d'impressions ; mais le pyrrhonisme nous plaît, parce qu'il nous

---

[1] RÉMOND DE SAINT-MARD (*Toussaint*). Il a fait imprimer, en 1743, trois volumes de littérature, où l'on trouve de l'esprit, mais point de goût, et un jugement souvent faux. C'était le frère de Rémond de Montmort, le mathématicien, de qui on a recueilli quelques lettres qu'il écrivait à mademoiselle de Launay (madame de Staal). — B.

Il est possible que Rémond de Saint-Mard soit l'*occasion* de ce portrait ; mais nous croyons que Vauvenargues vise plus loin, et qu'il en a aux sceptiques, en général, et aux esprits dits universels. — G.

met à notre aise, et il est aujourd'hui une de nos modes. Il ne leur était pas facile de donner à la vérité la même autorité et la même force que l'éloquence lui avait prêtées; et, pour se faire remarquer après de si grands hommes, il fallait avoir leur génie, ou marcher dans une autre voie. Isocrate, né sans passions, privé de sentiment pour la simplicité et l'éloquence, s'attacha bien plus à détruire qu'à rien établir. Ennemi des anciens systèmes, et savant à saisir le faible des choses humaines, il voulut paraître à son siècle comme un philosophe impartial, qui n'obéissait qu'aux lumières de la plus exacte raison, sans chaleur et sans préjugés. Les hommes sont faits de manière que si on leur parle avec autorité, leurs passions et leur pente à croire les persuadent facilement ; mais si, au contraire, on badine, et si on leur propose des doutes, ils écoutent également, ne se défiant pas qu'un homme qui raisonne de sang-froid puisse se tromper, car peu savent que le raisonnement n'est pas moins trompeur que le sentiment, et d'ailleurs l'intérêt des faibles, qui composent le plus grand nombre, est que tout soit cru équivoque. Isocrate n'a donc eu qu'à lever l'étendard de la révolte contre l'autorité et les dogmatiques, pour faire aussitôt beaucoup de prosélytes. Il a comparé le génie et l'esprit ambitieux des héros de la Grèce à l'esprit de ses courtisanes ; il a méprisé les beaux-arts. *L'éloquence*, a-t-il dit, *et la poésie sont peu de chose*; et ces paradoxes brillants, il a su les insinuer avec beaucoup d'art, en se jouant, et sans paraître s'y intéresser. Qui n'eût cru qu'un pareil système n'eût fait un progrès pernicieux, dans un siècle si amoureux du raisonnement et du vice? Cependant la mode a son cours, et l'erreur périt avec elle : on a bientôt senti le faible d'un auteur qui, paraissant mépriser les plus grandes choses, ne méprisait pas de dire des pointes, et n'avait point de répugnance à se contredire, pour ne pas perdre un trait d'esprit [1]. Il a plu par la nouveauté et par la petite hardiesse de ses opinions ; mais sa réputation précipitée a déjà perdu tout son lustre ; il a survécu à sa gloire, et il sert à son siècle de preuve qu'il n'y a que la simplicité, la vérité et l'éloquence, c'est-à-dire toutes les choses qu'il a méprisées, qui puissent durer [1].

LIII

LYSIAS, OU LA FAUSSE ÉLOQUENCE.

Lysias sait orner une histoire de quelques couleurs, et de traits pleins d'esprit ; il raconte agréablement, et il embellit ce qu'il touche [2]. Il aime à parler ; il écoute peu, se fait écouter longtemps, et s'étend sur des bagatelles, afin d'y placer toutes ses fleurs. Il a quelque goût pour l'intrigue, et quelque activité dans les affaires, mais sans dextérité et sans profondeur : il ne pénètre point ceux à qui il parle, il ne cherche point à les pénétrer; il ne connaît ni leurs intérêts, ni leurs caractères, ni leurs desseins ; il n'est occupé que de lui-même et de ses talents supérieurs. Bien loin de chercher à flatter ou les inclinations ou les espérances des autres hommes, il agit toujours avec eux comme s'ils n'avaient d'autre affaire que de l'écouter et de rire de ses contes et de ses saillies [3]. Il n'a de l'esprit que pour lui ; il ne laisse pas même aux autres le temps d'en avoir pour lui plaire. Si quelqu'un d'étranger chez lui a la hardiesse de le contredire, Lysias con-

---

[1] VARIANTE : « Peut-on estimer un auteur qui, affectant de mépriser les grandes choses, ne dédaigne pas de dire des pointes; qui, pour conserver un trait d'esprit, abandonne une vérité, et n'a aucune honte de se contredire; qui ne connaît que la faiblesse de l'esprit humain, et n'en peut comprendre la force; qui combat ridiculement l'éloquence par l'élégance, le génie par l'art, et la sagesse par la raillerie? Parce qu'il publie qu'il n'estime aucune des choses du monde, pense-t-il que nous lui devions plus de respect? »

[1] VARIANTE : « Il ne faut pas s'étonner que l'erreur et le mauvais goût aient eu des progrès si rapides : il faut que la mode ait son cours; c'est un vent violent et impétueux qui agite les eaux et les plantes, et couvre, en un moment, toute la terre d'épaisses ténèbres; mais la lumière, qu'il a obscurcie, reparaît bientôt plus brillante. Rien n'efface la vérité. »

[2] VARIANTE : « Lysias sait orner ce qu'il pense, et raconte mieux qu'il ne juge. »

[3] VARIANTE : « Bien loin d'aspirer à flatter leurs passions ou leurs espérances, il paraît supposer que tous les hommes ne sont nés que pour l'admirer, et pour recueillir les paroles qui daignent sortir de sa bouche. »

AUTRE VARIANTE : [« Trop plein de ses propres idées et de la persuasion de son mérite supérieur, il n'a ni égard à ceux qui peuvent s'apercevoir de ses défauts, ni curiosité pour ceux qu'il ne connaît point, ni politesse pour ceux qui l'écoutent, ni attention pour ceux qui lui parlent, et il prend en haine ceux qu'il ne croit pas dupes de sa loquacité. »]

tinue à parler, ou, s'il est obligé de répondre, il affecte d'adresser la parole à tout autre qu'à celui qui pourrait le redresser. Il prend pour juge de ce qu'il dit quelque complaisant qui n'a garde de penser autrement que lui, ou quelque sot qui ne peut répliquer. Il sort du sujet dont on parle, s'épuise en comparaisons, et se répand en vains discours. A propos d'une petite expérience physique, il parle de tous les systèmes de physique; il croit les orner, les déduire, et personne ne les entend; il finit en disant qu'un homme qui invente un fauteuil plus commode, rend plus de services à l'État que celui qui a fait un nouveau système de philosophie. Ainsi, il affecte de mépriser lui-même les choses qu'il se pique cependant d'avoir apprises. Lysias ne veut pas toutefois qu'on croie qu'il ignore les sciences; il sait même beaucoup de choses que les habiles dédaignent de savoir; il a lu jusqu'aux voyageurs, et jusqu'aux relations des missionnaires; il raconte de point en point les coutumes du Mogol et les lois de l'empire de la Chine; il dit ce qui fait la beauté en Éthiopie et en Abyssinie, et il conclut que la beauté est arbitraire, puisqu'elle change selon les pays; sa conversation est le puéril et perpétuel étalage d'une érudition fastidieuse, et d'une éloquence aussi fausse que peu utile. Lysias, toujours présomptueux et confiant en lui, a été cependant plus modeste, plus traitable et plus complaisant, avant d'avoir fait sa fortune; il a même cherché à plaire aux autres, et sa grande mémoire, ses connaissances, et sa facilité singulière, ont fort bien servi son avancement dans sa jeunesse. Mais l'âge qui établit les fortunes, et fixe les espérances des hommes, détruit en même temps leurs vertus[2]. Lysias ne souffre plus aujourd'hui que des flatteurs et des complaisants; froid pour le mérite naissant et sans appui, il est jaloux de celui qui réussit et s'élève; il loue rarement, et, plus volontiers, ne loue point, si ce n'est lui-même. Ceux qui le voient aujourd'hui sont assez persuadés de son esprit, et peuvent être assez contents de lui; mais aucun n'est content de soi; aucun ne se souvient des discours de Lysias, nul n'en est touché, nul n'a envie de s'attacher à lui; il n'a autour de lui que quelques sots qui l'admirent et lui font la cour; et il est d'une vanité si petite, qu'il s'amuse et se contente d'un semblable cortège; il a, d'ailleurs, des équipages magnifiques, une table très-délicate, pour les gens de basse extraction qui l'applaudissent; il habite dans un palais; et ce sont les seuls avantages qu'il retire de beaucoup d'esprit et d'une plus grande fortune.

LIV
LE LECTEUR-AUTEUR.

Il n'y a point de si petit peintre qui ne porte son jugement du Poussin et de Raphaël; de même, un lecteur, qui a lui-même écrit, se regarde, sans hésiter, quel qu'il soit, comme le juge souverain de tout écrivain; il fait plus, il s'en rend partie, et le décrie autant qu'il peut. C'est assez que ce *barbouilleur de papier*[1] ait fait imprimer un petit roman ou quelques vers obscènes, qu'il ait lu le *Dictionnaire* de Bayle et quelques chapitres de Montaigne, pour qu'il se croie en droit de définir le beau et le sublime, et de prononcer despotiquement; il juge d'Homère, de Démosthènes, de Newton, de tous les auteurs et de tous les ouvrages qui sont fort au delà de sa portée. S'il y rencontre des opinions qui contrarient ou qui détruisent les siennes, il est bien éloigné de penser qu'il a pu se tromper toute sa vie; lorsqu'il n'entend pas quelque chose, il déclare que l'auteur est obscur, quoiqu'il ne soit pour d'autres que concis; il condamne tout un livre sur quelques pensées qu'il n'a pas comprises, ou dont il n'a pénétré qu'un seul côté. S'il rencontre une réflexion fausse dans Pascal, il ne manque pas de se persuader, sur ce petit avantage, qu'il a le sens plus juste que ce rare esprit, et il se console aisément de n'avoir pas son éloquence[2]. Pour un mot qui lui paraît bas dans

---

[1] VARIANTE : [« Une chaise percée. »]
[2] VARIANTE : « Ses années et ses dignités lui ont inspiré cet orgueil qui lui fait dédaigner l'esprit des autres; moins bien établi dans le monde, il parlait quelquefois pour plaire et se faire mieux écouter; mais l'âge, en fixant la fortune et les espérances des hommes, détruit leurs vertus. »

[1] C'est une des injures que Trissotin échange avec Vadius. (MOLIÈRE, *les Femmes savantes*, acte III, scène v.)
[2] VARIANTE : « Parce qu'on démêle aujourd'hui les

les *Oraisons funèbres* de Bossuet, et qui n'est peut-être que naïf, il dit que tous les hommes ont mal jugé de cet orateur, et il s'étonne qu'ils soient dupes de sa réputation. Si pourtant on lui parle d'un auteur moderne, il le ravale par la comparaison qu'il en fait avec les mêmes auteurs qu'il a critiqués, et il ne peut pas croire que la nature puisse encore produire de semblables génies. Cependant, cet homme, si chagrin et si difficile, ne laisse pas de louer quelquefois, mais c'est afin de contredire ceux qui blâment; et, d'ailleurs, pour qu'il loue un écrivain, il faut au moins que cet écrivain n'ait jamais rien composé dans son genre. Parce qu'il a ouï dire que Quinault est le *poëte des Grâces*, il le croit le plus grand poëte qu'il y ait eu, et il assure que Boileau n'était qu'un sot; il avoue que Quinault doit quelque chose à Lulli, mais il ne sait pas que ce restaurateur de la musique est plus élevé que le poëte; il croit que c'est le poëte qui est sublime, et il n'accorde à Lulli que de la noblesse. Lui-même fait des vers et de la musique, que personne ne chante que lui, et, quoiqu'il sache à peine écrire une lettre de *bonne année*, il a donné au public quatre gros volumes de prose, qui ont fait grand tort à son libraire. C'est un homme qui n'a point un sentiment qui lui appartienne, presque point d'idée saine et développée, et qui, néanmoins, ne passerait pas à un autre auteur la plus petite faute de langage; on lui parle un idiome étranger, lorsqu'on sort du cercle des principes rebattus dans le monde, et qu'on apprend, en naissant, comme sa langue. Il est persuadé pourtant qu'il sait beaucoup plus qu'on ne peut lui en apprendre, et il se plaint continuellement qu'on ne lui dise rien de nouveau dans les livres; il est ennuyé d'y retrouver toujours les mêmes choses qu'il a déjà lues, et cependant il n'a jamais rien lu qu'il possède, ou dont il ait su profiter.

LV

[EUMOLPE, OU LE MAUVAIS POETE.]

[Eumolpe est un versificateur entiché, qui ne sait rien, ne lit rien, et ne veut rien savoir

erreurs magnifiques de Descartes, qu'il n'aurait jamais aperçues de lui-même, il ne manque pas de se croire l'esprit bien plus juste que ce philosophe. »

ni lire; il dédaigne également la physique, la métaphysique, la géométrie, la morale, la médecine, etc.; et de l'histoire même il ne veut savoir que la mythologie, dont il a besoin pour ses vers; il méprise jusqu'à l'éloquence, qui est pourtant la sœur de la poésie, et, quand on lui parle de Bossuet ou de Démosthènes, il n'est pas loin de rire. Il soupçonne à peine qu'il a existé un Newton : il demande si Pascal n'était pas un Père Jésuite, et il a ouï parler, dit-il, d'un certain Spinosa qui ne croyait point en Dieu, et que, pour cette raison, il a toujours eu envie de lire. Pour lui, il ne connaît que le *dieu des vers*, et, de toutes les antiquités sacrées, il ne respecte que quelques cantiques, traduits par L. F.[1]. L'application qu'il a donnée toute sa vie à la poésie lui a fait négliger, dit-il, les *dons de Plutus*, et, sans qu'il le dise, il n'y a personne qui ne le voie trop : il est maigre, défait, mal vêtu, et sale; il porte, au mois de novembre, un habit de droguet de soie, avec une chemise malpropre, mais une perruque bien poudrée. Il entre, un jour de fête, chez un sous-fermier qui est à table, et qui, se doutant bien qu'Eumolpe n'a pas dîné, l'invite à s'asseoir près de lui; mais Eumolpe le remercie, disant qu'il mange trop, et qu'il a une indigestion qui le fatigue depuis plusieurs jours. Cependant, l'entremets disparaissant, et le dessert prenant la place, notre homme, qui voit bien qu'on va se lever de table : « Vous avez là, dit-il au maître du logis, de belles pommes; celles du *jardin des Hespérides* n'étaient pas, je crois, plus vermeilles. Je ne suis pas en état de manger du fruit présentement, mais permettez, Monsieur, que je mette dans ma poche quelques-unes de ces pommes admirables, pour les faire voir à mon jardinier. » Un moment après, il se lève doucement, et sort sans bruit, à l'insu de tout le monde, et comme il cherche toujours les aventures, il profite de la nuit qui commence, pour aller dans un de ces lieux où l'on n'entre guère le jour. Le *nourrisson des Muses*, qui vit depuis longtemps sur son crédit, n'avait pas un écu; un coquin ténébreux, qui faisait des armes, et qui était le génie tutélaire de ce lieu

[1] Le Franc de Pompignan.

d'honneur, s'avisa de trouver mauvais qu'un *pédant crotté*, disait-il, osât se produire ainsi en bonne compagnie, et voulait user de quelque voie un peu violente pour le mettre dehors. Eumolpe, qui porte une épée, essayait de sauver sa gloire, et n'en appelait pas moins à son secours les gens qui passaient dans la rue ; mais comme c'était, par malheur, une escadre à cheval du guet, on l'arrête, et on le conduit en prison, tandis que l'agresseur se sauve. Là, notre poëte écrit en vers une longue lettre à M. le lieutenant de police, dans laquelle il le nomme plusieurs fois le *lieutenant d'Apollon*, et le prie de venger l'*honneur des Muses*. La vie d'Eumolpe est pleine de semblables traits, et il y en a qu'on n'oserait écrire. Qui le croirait, cependant? Cet homme si déréglé dans ses mœurs, et si extravagant dans sa conduite, n'est pas tout à fait sans mérite, et, si la fortune l'eût voulu, il avait plus qu'il ne fallait d'esprit pour être honnête homme ; mais il est né pauvre et glorieux, et veut, à toute force, faire des vers ; là est la source de tous ses travers, et peut-être la seule cause de tous ses malheurs.]

LVI

[THÉOBALDE, OU LE GRIMAUD.]

[Théobalde a vieilli dans l'art pénible de faire des vers médiocres : c'est le seul art qui existe à ses yeux ; les sciences et ceux qui les ont illustrées n'entrent point dans son compte, et il a pour ce qu'il ignore ce mépris stupide qui est la marque infaillible d'un esprit étroit[1]. Son incapacité pour les affaires, le désordre de sa fortune qui en est la suite, l'ont réduit à d'extrêmes besoins, et l'ont aigri contre tous les hommes : il se plaint qu'il n'a point d'amis, et, du fond de sa misère, il jette un regard plein de haine sur tous ceux qui font leur fortune ; ainsi, le chagrin et l'envie implacable rongent son cœur et empoisonnent ses jours. Complaisant ou calomniateur, selon le besoin, il déchire, dans des satires qu'on ne lit point, ceux qu'il a inutilement loués dans ses épîtres ; c'est lui qui est l'auteur ou l'en-

[1] VARIANTE : [« Ce mépris stupide, qui tient un peu à la nature de l'esprit humain, et que les passions augmentent, mais que les gens sages répriment. »]

tremetteur des libelles qu'on fait, de temps en temps, contre Virgile. Mais la méchanceté de ses écrits n'a pu même les mettre en lumière ; à peine ils ont occupé pendant quelques jours la curiosité ou l'ennui des lecteurs oisifs, et ils ont aussitôt disparu dans l'ombre et dans le décri qu'ils méritent. Peu de gens savent son nom ; il mourra dans l'obscurité à laquelle sa médiocrité le condamne, pauvre, délaissé, méprisé, comme il a vécu, mais aussi peu désabusé de la persuasion de son mérite que de sa sourde colère contre le mérite des autres. Rien ne restera de lui, et l'exemple même de sa triste folie sera perdu pour les hommes, car il sera bientôt enseveli avec sa mémoire.]

LVII

BATHYLLE, OU L'AUTEUR FRIVOLE.

Bathylle cite Horace et l'abbé de Chaulieu[1], pour prouver qu'il faut égayer les sujets les plus sérieux, et mêler le solide et l'agréable ; il donne pour règle du style ces vers *légers et délicats* :

Qu'est-ce qu'esprit? raison assaisonnée ;
Par ce seul mot la dispute est bornée.
Qui dit esprit, dit sel de la raison ;
Donc, sur deux points roule mon oraison :
Raison, sans sel, est fade nourriture ;
Sel, sans raison, n'est solide pâture ;
De tous les deux se forme esprit parfait ;
De l'un, sans l'autre, un monstre contrefait.
Or, quel vrai bien d'un monstre peut-il naître?
Sans la raison, puis-je vertu connaître ?
Et, sans le sel, dont il faut l'apprêter,
Puis-je vertu faire aux autres goûter ?

(J. B. ROUSSEAU, *Ép. à Clément Marot*, liv. 1er, ép. 3.)

Selon ces principes, qu'il commente, il n'oserait parler avec gravité, avec force, sans bigarrer son discours de quelque plaisanterie hors de sa place ; car il n'a pas compris encore que l'agrément peut naître de la solidité[2]. Ses pensées frivoles ont besoin d'un tour ingénieux pour se produire ; mais ce soin de les embellir en fait mieux sortir la faiblesse ; il ne sait donner à la vérité, ni ces couleurs fortes qui sont sa

[1] CHAULIEU (*Guillaume* AMFRYE DE), abbé d'Aumale, né en 1639 à Fontenay, dans le Vexin normand, mourut dans sa maison du Temple le 27 juin 1720.

[2] VARIANTE : « Car il ne connaît pas les agréments qui peuvent naître d'une grande solidité, unie à la simplicité et à l'élégance.

parure, ni cette profondeur et cette justesse qui font sa hauteur; il est précieux quand il se croit agréable, obscur quand il se croit précis, guindé quand il veut être fort, et toujours ridicule, parce qu'il veut être toujours plaisant. Il ne sait pas que toute expression vive et vraie d'une pensée juste porte son *sel* avec elle; il ne sait pas que la langue de la gaieté doit être plus impétueuse et plus naïve encore que toute autre, et il vise au plus petit de tous les genres, sans pouvoir même y atteindre. Trop faible pour pousser ses réflexions au delà de l'attente des lecteurs, pour étonner leur âme par ses images, ou pour la toucher par ses sentiments, il sème ses faibles écrits de petites grâces et de saillies concertées. Une imagination grande et vraie aime à se montrer toute nue, et sa simplicité, toujours éloquente, dédaigne les traits et les fleurs.

LVIII

COTIN, OU LA FAUSSE GRANDEUR.

Cotin se pique d'avoir le goût mâle, de n'aimer que les pensées imposantes, et de ne sentir que les grandes choses, parce qu'il est petit et vain. Il affecte de mépriser l'éloquence de l'expression et même la justesse des pensées, qui, à ce qu'il dit quelquefois, ne sont point *essentielles au sublime*. Il ignore que le vrai génie ne se caractérise, en quelque sorte, que par l'expression [1], qui, seule à peu près, établit les différences entre les écrivains. La seule éloquence qui lui plaise, c'est l'ostentation et l'enflure, et il réclame [2] ces vers pompeux, dans ces magnifiques tirades qu'on a tant vantées autrefois :

> Serments fallacieux, salutaire contrainte,
> Que m'imposa la force, et qu'accepta ma crainte;
> Heureux déguisements d'un immortel courroux,

---

[1] Vauvenargues entend, d'ordinaire, par *expression*, ce que nous entendons par le terme plus général de *style*. — G.

[2] Dans le manuscrit, on lit *il réclame*; si l'auteur n'a pas voulu dire *il déclame*, il donnait au verbe *réclamer* une autre acception que celle reçue de nos jours. Il lui fait signifier, *il dit une seconde fois, il répète*. — B. Nous croyons que Vauvenargues a dit exactement ce qu'il voulait dire, et qu'il emploie le mot comme on l'employait sans doute de son temps. On dirait aujourd'hui : *Il se réclame de ces vers.* — G.

> Vains fantômes d'État, évanouissez-vous!
> Et vous, qu'avec tant d'art cette feinte a voilée,
> Recours des impuissants, haine dissimulée,
> Digne vertu des rois, noble secret de cour,
> Éclatez, il est temps, et voici votre jour!
> (CORNEILLE, *Rodogune*, acte II, scène 1.)

Cotin ne se lasse pas d'admirer ces nobles déclamations; mais il n'a point d'attention pour ces vers plus simples et plus grands de la même Cléopâtre :

> Il m'imposa des lois, exigea des serments,
> Et moi, j'accordai tout, pour obtenir du temps;
> Le temps est un trésor plus grand qu'on ne peut croire;
> J'en obtins...
> (*Scène suivante.*)

Tout ce qui n'est pas gigantesque paraît petit à Cotin. Il convient qu'il y a de *bonnes choses* dans Racine, mais il assure que dans *Athalie*, le grand prêtre, après avoir instruit Joas de sa naissance, fait une espèce de capucinade, quand il ajoute :

> O mon fils, de ce nom j'ose encor vous nommer,
> Souffrez cette tendresse, et pardonnez aux larmes
> Que m'arrachent pour vous de trop justes alarmes.
> Loin du trône nourri, de ce fatal honneur,
> Hélas! vous ignorez le charme empoisonneur;
> De l'absolu pouvoir vous ignorez l'ivresse,
> Et des lâches flatteurs la voix enchanteresse.
> Bientôt ils vous diront que les plus saintes lois,
> Maîtresses du vil peuple, obéissent aux rois;
> Qu'un roi n'a d'autre frein que sa volonté même,
> Qu'il doit immoler tout à sa grandeur suprême;
> Qu'aux larmes, au travail, le peuple est condamné,
> Et d'un sceptre de fer veut être gouverné;
> Que s'il n'est opprimé, tôt ou tard il opprime :
> Ainsi, de piége en piége, et d'abîme en abîme,
> Corrompant de vos mœurs l'aimable pureté,
> Ils vous feront enfin haïr la vérité,
> Vous peindront la vertu sous une affreuse image;
> Hélas! ils ont des rois égaré le plus sage.
> Promettez sur ce livre, et devant ces témoins,
> Que Dieu sera toujours le premier de vos soins;
> Que, sévère aux méchants, et des bons le refuge,
> Entre le pauvre et vous, vous prendrez Dieu pour juge;
> Vous souvenant, mon fils, que, caché sous ce lin,
> Comme eux vous fûtes pauvre, et comme eux orphelin.
> (RACINE, *Athalie*, acte IV, scène 3.)

Pour sentir la beauté et la tendresse de tels vers, il faudrait avoir des entrailles; mais l'heureux Cotin n'a point d'âme, et met la grandeur dans l'esprit; il sait admirer des sentences et des antithèses, même hors de leur place; mais il ne connaît ni la force, ni les mouvements des passions, ni leur désordre éloquent, ni leurs hardiesses, ni ce sublime simple qui éclaire sans éblouir, et qui saisit d'autant plus qu'il cache la hauteur de son essor sous les expressions les plus naturelles. Cependant, la folie de Cotin est de croire qu'il a le goût juste et des connaissances universelles ; il se vante de posséder toutes les littératures, et il fait des parallèles d'auteurs français avec des auteurs étrangers qu'il n'entend point; il veut aussi faire penser qu'il possède toutes les langues ; il n'estime pas que quelqu'un qui les ignore puisse avoir l'esprit étendu, et il croirait volontiers qu'Homère savait le latin. Les hommes de ce caractère n'admirent dans un écrivain que l'ostentation et le faste dont ils sont eux-mêmes remplis ; trompé par de fausses lueurs et par la sécheresse de leur cœur, il n'ont point d'égard au pouvoir et au charme du sentiment. Ils chargent leur mémoire d'un amas de connaissances inutiles ; ils confondent l'érudition et l'étalage avec l'étendue du génie, et ils aiment les sciences abstraites, parce qu'elles sont épineuses et supposent un esprit profond. Partisans, par vanité, de tous les arts, ils parlent avec la même emphase d'un statuaire, qu'ils pourraient parler de Milton; tous ceux qui ont excellé dans quelque genre reçoivent de leur bouche les mêmes éloges ; et, si le métier de danseur s'élevait au rang des beaux-arts, ils diraient de quelque sauteur : *ce grand homme, ce grand génie*, et ils l'égaleraient à Homère, à Démosthènes et à Voltaire[1].

LIX
ÉGÉE, OU LE BON ESPRIT.

Égée, au contraire, est né simple, et paraît ne se piquer de rien ; il estime peu les sciences qui n'ont pour objet qu'une vaine spéculation, et il n'est ni savant ni curieux. Tout ce qui est grand le transporte ; le vice hardi des grands hommes et leur gloire le frappent comme leur vertu, et Cromwell, d'Amboise et Vauban lui inspirent le même respect; il hait cette grandeur d'ostentation que les esprits faux idolâtrent, et qui impose à leur petitesse ; mais la véritable l'enchante et s'empare de tout son cœur. Son âme, obsédée des images du sublime et de la vertu, ne peut être attentive aux arts qui peignent de petits objets. Le pinceau naïf

[1] Variante : « A Virgile, à Horace et à Démosthènes. »

de Dancourt[1] le surprend sans le passionner, parce que cet auteur comique n'a saisi que les petits traits et les grossièretés de la nature. Ainsi, il met une fort grande différence entre ces peintures sublimes qui ne peuvent être inspirées que par les sentiments qu'elles expriment, et celles qui n'exigent ni élévation ni grandeur d'esprit dans le peintre, quoiqu'elles demandent autant de travail et de génie, si l'on n'entend par génie que ce talent naturel, que l'art perfectionne, mais qu'il ne peut suppléer. C'est aux artisans, dit-il, d'adorer l'artisan plus habile qu'eux, de compter pour peu la vertu, de ne respecter que les arts, et de préférer la statue d'Alcibiade à son courage ; mais, pour lui, il ne peut estimer les talents que par le caractère qu'ils annoncent[2]. Il respecte le cardinal de Richelieu comme un grand homme, et il admire Raphaël comme un grand peintre ; mais il n'oserait égaler des mérites d'un prix si inégal. Il ne donne point à des bagatelles ces louanges démesurées que dictent quelquefois aux gens de lettres l'intérêt ou la politique ; mais il loue très-sincèrement tout ce qu'il loue, et parle toujours comme il pense. Le seul défaut qui lui fasse du tort, est de ne pas assez aimer les petites choses, et de trop s'enflammer pour les grandes.

LX
SÉNÈQUE, OU L'ORATEUR DE LA VERTU[3].

Celui qui n'est connu que par les lettres, n'est pas infatué de sa réputation, s'il est vraiment ambitieux ; bien loin de vouloir faire entrer les jeunes gens dans sa propre carrière,

[1] Dancourt (*Florent Carton*), né à Fontainebleau le 1er novembre 1661, mort à Courcelles-le-Roi en Berry le 16 décembre 1726, fit d'excellentes études sous le P. La Rue, qui voulait l'attacher à son ordre ; mais Dancourt préféra le barreau au cloître. Dégoûté de la profession d'avocat, il se fit comédien, et devint en même temps acteur et auteur distingué. — B.

[2] Variante : « Différent de ceux qui estiment les grandes choses par réflexion, et qui aiment les petites par inclination, il sépare peu son estime de ses goûts ; son âme, obsédée des images du sublime et de la vertu, ne peut faire cas des arts qui peignent de petits objets : le pinceau de Molière le surprend sans le passionner, etc. »

[3] Rappelons, pour l'intelligence de ce morceau, que Vauvenargues emploie rarement le mot *vertu* dans son acception usuelle, et qu'il lui fait signifier tantôt *force de caractère*, tantôt *action*. C'est dans ce dernier sens qu'il faut ici le prendre. — G.

il leur montre lui-même une route plus noble, s'ils osent la suivre : « Le riche insolent, leur dit-il, méprise les écrivains les plus sublimes, et le vertueux ignorant ne les connaît pas. O mes amis! pendant que des hommes médiocres exécutent de grandes choses, ou par un instinct particulier, ou par la faveur des occasions, voulez vous vous réduire à les écrire? Si vous faites attention aux hommages qu'on met aux pieds d'un homme que le prince élève à un poste, croirez-vous qu'il y ait des louanges pour un écrivain, qui approchent de ces respects? Qui ne peut ni aider la vertu, ni punir le crime, ni venger l'injure du mérite, ni confondre l'orgueil des riches, autrement qu'en paroles, se contentera-t-il d'un peu d'estime? Il appartient à un artisan d'être enivré de régner, au barreau, ou sur nos théâtres, ou dans les écoles des philosophes; mais vous qui aspirez à la vraie gloire, pouvez-vous la mettre à ce prix? Regardez de près, mes amis : celui qui a gagné des batailles, qui a repoussé l'ennemi des frontières qu'il ravageait, et donné aux peuples, par ses victoires, l'espérance d'une paix glorieuse; s'il efface tout à coup la réputation des ministres et le faste des favoris, qui daignera encore jeter les yeux sur vos poètes et vos philosophes? Mes amis, ce n'est point par des paroles qu'on peut s'élever sur les ruines de l'orgueil des grands, et forcer l'hommage du monde; c'est par l'activité et l'audace, c'est par le sacrifice de la santé et des plaisirs, c'est par le mépris du danger, et par les grandes actions que ces vertus produisent. Celui qui compte sa vie pour quelque chose, ne doit pas prétendre à la gloire; il n'est capable de rien de grand. » Ainsi parle un esprit chagrin, que la réputation des lettres ne peut satisfaire; il paraît assez, par ses discours, qu'il lutte intérieurement avec violence contre les dégoûts et les humiliations de son métier, et il semble quelquefois que la médiocrité de son état l'irrite contre les riches et les puissants : « Ce n'est rien encore, mes amis, reprend-il, de souffrir d'extrêmes besoins, et d'être privé des plaisirs; mais quel est celui qui, étant pauvre, a évité le mépris, n'a pas été opprimé par les puissants, moqué par les faibles, fui et abandonné par tous les hommes? et quel est celui qui s'est sauvé, par les lettres, de ces humiliations? A-t-on pris garde à ses talents, a-t-on fait attention à sa vertu? La nécessité l'a poussé, l'infortune l'a avili, et le sort s'est joué de sa prudence. Toutefois, ni l'adversité, ni la honte, ni la misère, ni ses fautes, s'il en a faites[1], ni l'injustice d'autrui, n'ont abattu son courage. Qui voudrait être riche mais avare, respecté mais faible, craint mais haï, servi mais méprisé? et, au contraire, qui ne voudrait être pauvre avec de la vertu et du courage? Celui qui peut vivre sans crime, et qui sait oser et souffrir, sait aussi se passer de la fortune qu'il a méritée : les heureux et les insensés pourront insulter sa misère; mais l'injure de la folie ne saurait flétrir la vertu : l'injure est l'opprobre du fort qui abuse des dons du hasard, et l'arme du lâche insolent. » Ces discours d'un homme éloquent et inquiet, qui s'est fait un nom par ses écrits, échauffent l'esprit des jeunes gens prompts à s'enflammer; ils ne songent plus à la stérile gloire des lettres; ils veulent sortir de pair par des actions, non par des livres; mais la fortune laisse rarement aux hommes le choix de leurs vertus et de leur travail.

LXI

[L'IMPORTANT.]

[Un homme qui a médiocrement d'esprit et beaucoup d'amour-propre, appréhende le ridicule comme un déshonneur; quoiqu'il soit pénétré de son mérite, la plus légère improbation l'aigrit, et la plaisanterie la plus douce l'embarrasse; lui-même a cependant cette sincérité désagréable qui vient de l'humeur et de la sécheresse de l'esprit, source de la raillerie la plus amère. Il a l'esprit net, mais étroit, et plus juste dans ses expressions que dans ses idées; la roideur de son caractère fait haïr ses sincérités et sa probité fastueuse : ses manières dures l'ont aussi empêché de réussir auprès des femmes. Ce sont là les plus grands chagrins qu'il ait éprouvés dans sa vie; mais ils ne l'ont pu corriger de ses défauts; suivi de toutes les erreurs de la jeunesse dans un âge déjà avancé, il joue encore l'important parmi les siens, et ne peut se passer du monde qui est son idole.]

---

[1] Tel est le texte, non-seulement des éditions précédentes, mais aussi du manuscrit; il faudrait : *s'il en a fait*. — G.

DIALOGUES

DIALOGUE PREMIER
ALEXANDRE ET DESPRÉAUX.

ALEXANDRE.

Eh bien, mon ami Despréaux, me voulez-vous toujours beaucoup de mal? Vous parais-je toujours aussi fou que vous m'avez peint dans vos satires?

DESPRÉAUX.

Point du tout, seigneur, je vous honore et je vous ai toujours connu mille vertus. Vous vous êtes laissé corrompre par la prospérité et par les flatteurs; mais vous aviez un beau naturel et un génie élevé.

ALEXANDRE.

Pourquoi donc m'avez-vous traité de fou[1] et de bandit dans vos satires? Serait-il vrai que vous autres poëtes, vous ne réussissiez que dans les fictions?

DESPRÉAUX.

J'ai soutenu toute ma vie le contraire, et j'ai prouvé, je crois, dans mes écrits, que rien n'était beau en aucun genre que le vrai.

ALEXANDRE.

Vous avouez donc que vous aviez tort de me blâmer si aigrement?

DESPRÉAUX.

Je voulais avoir de l'esprit; je voulais dire quelque chose qui surprît les hommes; de plus, je voulais flatter un autre prince qui me protégeait : avec toutes ces intentions, vous voyez bien que je ne pouvais pas être sincère.

ALEXANDRE.

Vous l'êtes du moins pour reconnaître vos fautes, et cette espèce de sincérité est bien la plus rare : mais poussez-la jusqu'au bout. Avouez que vous n'aviez peut-être pas bien senti Boileau la manière dont celui-ci l'a traité dans sa huitième satire. Voici ce qu'il dit :

> Quoi donc! à votre avis, fut-ce un fou qu'Alexandre?
> Qui? cet écervelé qui mit l'Asie en cendre!
> Ce fougueux l'Angéli, qui, de sang altéré,
> Maître du monde entier, s'y trouvait trop serré**?
> L'enragé qu'il était, né roi d'une province
> Qu'il pouvait gouverner en bon et sage prince,
> S'en alla follement, et pensant être dieu,
> Courir comme un bandit qui n'a ni feu ni lieu;
> Et traînant avec soi les horreurs de la guerre,
> De sa vaste folie emplir toute la terre;
> Heureux, si de son temps, pour cent bonnes raisons
> La Macédoine eût eu des petites-maisons,
> Et qu'un sage tuteur l'eût en cette demeure,
> Par avis de parents, enfermé de bonne heure.

[1] Ce n'est pas sans raison qu'Alexandre reproche à

* Desmarets et Pradon ne manquèrent pas de relever l'espèce d'inconvenance qu'il y avait à faire un fou, un *écervelé*, un *l'Angéli* enfin, du héros auquel on compare, si noblement Louis XIV, dans le vers 250 du troisième chant de l'*Art poétique* :

> Qu'il soit tel que César, *Alexandre* ou *Louis.*

C'est, à la vérité, une petite inadvertance que Boileau aurait dû corriger, mais que Louis XIV était trop grand pour apercevoir. — Charles XII, indigné, arracha, dit-on, ce feuillet des œuvres de Boileau. Qu'eût-il donc fait à la lecture du vers de Pope (épître IV, vers 220), qui ne met aucune différence entre le *fou de Macédoine* et celui de Suède?

> From Macedonia's madman to the Swede. — B.

** Juvénal, dans son admirable satire X, v. 169, s'écrie, à propos du conquérant macédonien : « Il sue, il étouffe, le malheureux! le monde est trop étroit pour lui. »

> Æstuat infelix, angusto in limine mundi.

Vers bien autrement énergique que celui de Boileau, qui trouve, en général, un adversaire plus redoutable dans Juvénal que dans Horace, sous le rapport de la verve et de l'expression poétique. — B.

ce que je valais, quand vous écriviez contre moi.

DESPRÉAUX.

Cela peut être. Je suis né avec quelque justesse dans l'esprit; mais les esprits justes qui ne sont point élevés, sont quelquefois faux sur les choses de sentiment et dont il faut juger par le cœur.

ALEXANDRE.

C'est apparemment par cette raison que beaucoup d'esprits justes m'ont méprisé; mais les grandes âmes m'ont estimé; et votre Bossuet, votre Fénelon, qui avaient le génie élevé, ont rendu justice à mon caractère, en blâmant mes fautes et mes faibles.

DESPRÉAUX.

Il est vrai que ces écrivains paraissent avoir eu pour vous une extrême vénération; mais ils l'ont poussée peut-être trop loin. Car enfin, malgré vos vertus, vous avez commis d'étranges fautes : comment vous excuser de la mort de Clitus[1], et de vous être fait adorer?

ALEXANDRE.

J'ai tué Clitus dans un emportement que l'ivresse peut excuser. Combien de princes, mon cher Despréaux, ont fait mourir de sang-froid leurs enfants, leurs frères ou leurs favoris, par une jalousie excessive de leur autorité! La mienne était blessée par l'insolence de Clitus, et je l'en ai puni dans le premier mouvement de ma colère : je lui aurais pardonné dans un autre temps. Vous autres particuliers, mon cher Despréaux, qui n'avez nul droit sur la vie des hommes, combien de fois vous arrive-t il de désirer secrètement leur mort, ou de vous en réjouir lorsqu'elle est arrivée? et vous seriez surpris qu'un prince qui peut tout avec impunité, et que la prospérité a enivré, se soit sacrifié dans sa colère un sujet insolent et ingrat!

DESPRÉAUX.

Il est vrai : nous jugeons très-mal des actions d'autrui ; nous ne nous mettons jamais à la place de ceux que nous blâmons. Si nous étions capables d'une réflexion sérieuse sur nous-mêmes et sur la faiblesse de l'esprit humain, nous excuserions plus de fautes ; et contents de trouver quelques vertus dans les meilleurs hommes, nous saurions les estimer et les admirer malgré leurs vices.

DIALOGUE II

FÉNELON ET BOSSUET.

BOSSUET.

Pardonnez-moi, aimable prélat; j'ai combattu un peu vos opinions, mais je n'ai jamais cessé de vous estimer.

FÉNELON.

Je méritais que vous eussiez quelque bonté pour moi. Vous savez que j'ai toujours respecté votre génie et votre éloquence.

BOSSUET.

Et moi j'ai estimé votre vertu jusqu'au point d'en être jaloux. Nous courions la même carrière; je vous avais regardé d'abord comme mon disciple, parce que vous étiez plus jeune que moi; votre modestie et votre douceur m'avaient charmé, et la beauté de votre esprit m'attachait à vous; mais, lorsque votre réputation commença à balancer la mienne, je ne pus me défendre de quelque chagrin; car vous m'aviez accoutumé à me regarder comme votre maître.

FÉNELON.

Vous étiez fait pour l'être à tous égards; mais vous étiez ambitieux; je ne pouvais approuver vos maximes en ce point.

BOSSUET.

Je n'approuvais pas non plus toutes les vôtres. Il me semblait que vous poussiez trop loin la modération, la piété scrupuleuse, et l'ingénuité.

---

[1] Clitus, frère d'Hellanice, nourrice d'Alexandre le Grand, se signala sous ce prince, et lui sauva la vie au passage du Granique en coupant d'un coup de cimeterre le bras d'un satrape qui allait abattre de sa hache la tête du héros macédonien. Cette action lui gagna l'amitié d'Alexandre.
Dans un accès d'ivresse ce roi se plaisait un jour à exalter ses exploits et à rabaisser ceux de Philippe son père; Clitus osa relever les actions de Philippe aux dépens de celles d'Alexandre : *Tu as vaincu*, lui dit-il, *mais c'est avec les soldats de ton père*. Il alla même jusqu'à lui reprocher la mort de Philotas et de Parménion; Alexandre, échauffé par le vin et la colère, suivit un premier mouvement, et le perça d'un javelot, en lui disant : *Va donc rejoindre Philippe, Parménion et Philotas*. Revenu à la raison, à la vue de son ami baigné de sang, honteux et désespéré, il voulut se donner la mort; mais les philosophes Callisthènes et Anaxarque l'en empêchèrent. — B.

FÉNELON.

En jugez-vous encore ainsi?

BOSSUET.

Mais j'ai bien de la peine à m'en défendre. Il me semble que l'éducation que vous avez donnée au duc de Bourgogne[1] était un peu trop asservie à ces principes. Vous êtes l'homme du monde qui avez parlé aux princes avec le plus de vérité et de courage; vous les avez instruits de leurs devoirs; vous n'avez flatté ni leur mollesse, ni leur orgueil, ni leur dureté[2]. Personne ne leur a jamais parlé avec tant de candeur et de hardiesse; mais vous avez peut-être poussé trop loin vos délicatesses sur la probité. Vous leur inspirez de la défiance et de la haine pour tous ceux qui ont de l'ambition; vous exigez qu'ils les écartent, autant qu'ils pourront, des emplois; n'est-ce pas donner aux princes un conseil timide? Un grand roi ne craint point ses sujets, et n'en doit rien craindre.

FÉNELON.

J'ai suivi en cela mon tempérament, qui m'a peut-être poussé un peu au delà de la vérité. J'étais né modéré et sincère; je n'aimais point les hommes ambitieux et artificieux. J'ai dit qu'il y avait des occasions où l'on devait s'en servir, mais qu'il fallait tâcher peu à peu de les rendre inutiles.

[1] Louis, Dauphin, fils aîné du *Grand Dauphin* et petit-fils de Louis XIV, père de Louis XV, naquit à Versailles le 6 août 1682, et reçut en naissant le nom de *duc de Bourgogne*. Il eut le duc de Beauvilliers, un des plus honnêtes hommes de la cour, pour gouverneur, et Fénelon, qui était un des plus vertueux et des plus aimables, pour précepteur. — B.

[2] Qu'il nous soit permis de confirmer le jugement de Vauvenargues par un trait que l'histoire nous a transmis. Le duc de Bourgogne était fort enclin à la colère, voici un des moyens que Fénelon employa pour réprimer ce penchant:
Un jour que le prince avait battu son valet de chambre, il s'amusait à considérer les outils d'un menuisier qui travaillait dans son appartement. L'ouvrier, instruit par Fénelon, dit brutalement au prince de passer son chemin et de le laisser travailler. Le prince se fâche, le menuisier redouble de brutalité, et, s'emportant jusqu'à le menacer, lui dit: *Retirez-vous, mon prince, quand je suis en colère, je ne connais personne*. Le prince court se plaindre à son précepteur de ce qu'on a introduit chez lui le plus méchant des hommes. *C'est un très-bon ouvrier*, dit froidement Fénelon, *son unique défaut est de se livrer à la colère*. Leçon admirable, et qui fit mieux comprendre au prince combien la colère est une chose hideuse, que ne l'auraient fait les discours les plus éloquents. — B.

BOSSUET.

Vous vous êtes laissé emporter à l'esprit systématique. Parce que la modération, la simplicité, la droiture, la vérité vous étaient chères, vous ne vous êtes pas contenté de relever l'avantage de ces vertus, vous avez voulu décrier les vices contraires. C'est ce même esprit qui vous a fait rejeter si sévèrement le luxe. Vous avez exagéré ses inconvénients, et vous n'avez point prévu ceux qui pourraient se rencontrer dans la réforme et dans les règles étroites que vous proposiez.

FÉNELON.

Je suis tombé dans une autre erreur dont vous ne parlez pas. Je n'ai tâché qu'à inspirer de l'humanité aux hommes dans mes écrits; mais par la rigidité des maximes que je leur ai données, je me suis écarté moi-même de cette humanité que je leur enseignais. J'ai trop voulu que les princes contraignissent les hommes à vivre dans la règle, et j'ai condamné trop sévèrement les vices. Imposer aux hommes un tel joug, et réprimer leurs faiblesses par des lois sévères, dans le même temps qu'on leur recommande le support et la charité, c'est en quelque sorte se contredire, c'est manquer à l'humanité qu'on veut établir.

BOSSUET.

Vous êtes trop modeste et trop aimable dans votre sincérité. Car, malgré ces défauts que vous vous reprochez, personne, à tout prendre, n'était si propre que vous à former le cœur d'un jeune prince. Vous étiez né pour être le précepteur des maîtres de la terre.

FÉNELON.

Et vous, pour être un grand ministre sous un roi ambitieux.

BOSSUET.

La fortune dispose de tout. Je pouvais être né avec quelque génie pour le ministère, et j'étais instruit de toutes les connaissances nécessaires; mais je me suis appliqué dès mon enfance à la science des Anciens et à l'éloquence. Quand je suis venu à la cour, ma réputation était déjà faite par ces deux endroits: je me suis laissé amuser par cette ombre de gloire. Il m'était difficile de vaincre les obstacles qui m'éloignaient des grandes places, et rien ne m'empêchait de cultiver mon talent. Je me laissais dominer par mon génie; et je n'ai pas fait peut-être tout ce qu'un autre aurait entrepris pour sa fortune, quoique j'eusse de l'ambition et de la faveur.

FÉNELON.

Je comprends très-bien ce que vous dites. Si le cardinal de Richelieu avait eu vos talents et votre éloquence, il n'aurait peut-être jamais été ministre.

BOSSUET.

Le cardinal de Richelieu avait de la naissance[1]; c'est en France un avantage que rien ne peut suppléer : le mérite n'y met jamais les hommes au niveau des grands. Vous aviez aussi de la naissance, mon cher Fénelon, et par là vous me primiez en quelque manière. Cela n'a pas peu contribué à me détacher de vous, car je suis peut-être incapable d'être jaloux du mérite d'un autre; mais je ne pouvais souffrir que le hasard de la naissance prévalût sur tout; et vous conviendrez que cela est dur.

FÉNELON.

Oui très-dur; et je vous pardonne les persécutions que vous m'avez suscitées par ce motif, car la nature ne m'avait pas fait pour vous dominer.

DIALOGUE III

DÉMOSTHÈNES ET ISOCRATE.

ISOCRATE.[2]

Je vois avec joie le plus éloquent de tous les hommes. J'ai cultivé votre art toute ma vie, et votre nom et vos écrits m'ont été chers.

DÉMOSTHÈNES.[3]

Vous ne l'êtes pas moins, mon cher Isocrate, puisque vous aimez l'éloquence; c'est un talent que j'ai idolâtré. Mais il y avait de mon temps des philosophes qui l'estimaient peu, et qui le rendaient méprisable au peuple.

ISOCRATE.

N'est-ce pas plutôt que de votre temps l'éloquence n'était point encore à sa perfection[1]?

DÉMOSTHÈNES.

Hélas! mon cher Isocrate, vous ne dites que trop vrai. Il y avait de mon temps beaucoup de déclamateurs et de sophistes, beaucoup d'écrivains ingénieux, harmonieux, fleuris, élégants, mais peu d'orateurs véritables. Ces mauvais orateurs avaient accoutumé les hommes à regarder leur art comme un jeu d'esprit sans utilité et sans consistance.

ISOCRATE.

Est-ce qu'ils ne tendaient pas tous, dans leurs discours, à persuader et à convaincre?

DÉMOSTHÈNES.

Non, ils ne pensaient à rien moins. Pour ménager notre délicatesse, ils ne voulaient rien prouver; pour ne pas blesser la raison, ils n'osaient rien passionner : ils substituaient dans tous leurs écrits la finesse à la véhémence, l'art au sentiment, et les traits aux grands mouvements. Ils discutaient quelquefois ce qu'il fallait peindre, et ils effleuraient en badinant ce qu'ils auraient dû approfondir : ils fardaient les plus grandes vérités par des expressions affectées, des plaisanteries mal placées, et un langage précieux. Leur mauvaise délicatesse leur faisait rejeter le style décisif dans les endroits même où il est le plus nécessaire : aussi laissaient-ils toujours l'esprit des écoutants dans une parfaite liberté et dans une profonde indifférence. Je leur criais de toute ma force : Celui qui est de sang-froid n'échauffe pas. Celui qui doute ne persuade pas. Ce n'est pas ainsi qu'ont parlé nos maîtres! Nous flatterions-nous de connaître plus parfaitement la vérité que ces grands hommes, parce que nous la traitons plus délicatement? C'est parce que nous ne la possédons pas comme eux, que nous ne savons pas lui conserver son autorité et sa force.

---

[1] Richelieu (Armand-Jean du Plessis), né à Paris le 5 septembre 1586, sacré évêque de Luçon à l'âge de vingt-deux ans, premier ministre de Louis XIII en novembre 1616, descendait d'une des plus anciennes familles du Poitou. Il mourut à Paris le 4 décembre 1642. — B.

[2] Isocrate naquit à Athènes l'an 436 avant Jésus-Christ. Il devint, dans l'école de Gorgias et de Prodicus, l'un des plus grands maîtres dans l'art de la parole. Sa voix était faible et sa timidité excessive : aussi il ne parla jamais en public dans les grandes affaires de l'État; mais ses leçons lui procurèrent une fortune immense. — B.

[3] Le nom par lequel Isocrate désigne Démosthènes, en l'appelant *le plus éloquent de tous les hommes*, est celui que la postérité a confirmé à ce célèbre orateur, qui naquit à Athènes l'an 381 avant Jésus-Christ. — B.

[1] Cette phrase donnerait à penser qu'Isocrate est postérieur à Démosthènes; or, quand Démosthènes est né, Isocrate avait déjà cinquante-cinq ans. — G.

ISOCRATE.

Mon cher Démosthènes, permettez-moi de vous interrompre. Est-ce que vous pensez que l'éloquence soit l'art de mettre dans son jour la vérité?

DÉMOSTHÈNES.

On peut s'en servir quelquefois pour insinuer un mensonge, mais c'est par une foule de vérités de détail qu'on parvient à faire illusion sur l'objet principal. Un discours tissu de mensonges et de pensées fausses, fût-il plein d'esprit et d'imagination, serait faible et ne persuaderait personne.

ISOCRATE.

Vous croyez donc, mon cher Démosthènes, qu'il ne suffit point de peindre et de passionner pour faire un discours éloquent?

DÉMOSTHÈNES.

Je crois qu'on peint faiblement, quand on ne peint pas la vérité ; je crois qu'on ne passionne point, quand on ne soutient point le pathétique de ses discours par la force de ses raisons. Je crois que peindre et toucher sont des parties nécessaires de l'éloquence ; mais qu'il y faut joindre, pour persuader et pour convaincre, une grande supériorité de raisonnement.

ISOCRATE.

On n'a donc, selon vous, qu'une faible éloquence lorsqu'on n'a pas en même temps une égale supériorité de raison, d'imagination et de sentiment ; lorsqu'on n'a pas une âme forte et pleine de lumières, qui domine de tous côtés les autres hommes.

DÉMOSTHÈNES.

Je voudrais y ajouter encore l'élégance, la pureté et l'harmonie ; car, quoique ce soient des choses moins essentielles, elles contribuent cependant beaucoup à l'illusion et donnent une nouvelle force aux raisons et aux images.

ISOCRATE.

Ainsi vous voudriez qu'un orateur eût d'abord l'esprit profond et philosophique pour parler avec solidité et avec ascendant ; qu'il eût ensuite une grande imagination pour étonner l'âme par ses images, et des passions véhémentes pour entraîner les volontés. Est-il surprenant qu'il se trouve si peu d'orateurs, s'il faut tant de choses pour les former?

DÉMOSTHÈNES.

Non, il n'est point surprenant qu'il y ait si peu d'orateurs ; mais il est extraordinaire que tant de gens se piquent de l'être. Adieu, je suis forcé de vous quitter ; mais je vous rejoindrai bientôt, et nous reprendrons, si vous le voulez, notre sujet.

DIALOGUE IV

DÉMOSTHÈNES ET ISOCRATE.

ISOCRATE.

Je vous retrouve avec plaisir, illustre orateur ; vous m'avez presque persuadé que je ne connaissais guère l'éloquence ; mais j'ai encore quelques questions à vous faire.

DÉMOSTHÈNES.

Parlez ; ne perdons point de temps, je serais ravi de vous faire approuver mes maximes.

ISOCRATE.

Croyez-vous que tous les sujets soient susceptibles d'éloquence?

DÉMOSTHÈNES.

Je n'en doute pas ; il y a toujours une manière de dire les choses, quelles qu'elles soient, plus insinuante, plus persuasive : le grand art est, je crois, de proportionner son discours à son sujet : c'est avilir un grand sujet, lorsqu'on veut l'orner, l'embellir, le semer de fleurs et de fruits. C'est encore une chose plus choquante, lorsqu'en excitant de petits intérêts, on veut exciter de grands mouvements, lorsqu'on emploie de grandes figures, des tours pathétiques. Tout cela devient ridicule lorsqu'il n'est point placé. C'est le défaut de tous les déclamateurs, de tous les écrivains qui n'écrivent point de génie, mais par imitation.

ISOCRATE.

J'ai toujours été choqué plus que personne de ce défaut.

DÉMOSTHÈNES.

Ceux qui y tombent en sont choqués eux-mêmes lorsqu'ils l'aperçoivent dans les autres. Il y a peu d'écrivains qui ne sachent les règles, mais il y en a peu qui puissent les pratiquer. On sait, par exemple, qu'il faut écrire simplement, mais on ne pense pas des choses assez solides pour soutenir la simplicité. On sait qu'il faut dire ces choses vraies ; mais comme on n'en imagine pas de telles, on en suppose de spécieuses et d'éblouissantes ; en un mot, on n'a pas le talent d'écrire, et on veut écrire.

ISOCRATE.

De là, non-seulement le mauvais style, mais le mauvais goût ; car, lorsqu'on s'est écarté des bons principes par faiblesse, on cherche à se justifier par vanité, et on se flatte d'autoriser les nouveautés les plus bizarres, en disant qu'il ne faut donner l'exclusion à aucun genre, comme si le faux, le frivole et l'insipide méritaient ce nom.

DÉMOSTHÈNES.

Il y a plus, mon cher Isocrate ; on ne se contente pas de dire des choses sensées, on veut dire des choses nouvelles.

ISOCRATE.

Mais ce soin serait-il blâmable ? les hommes ont-ils besoin qu'on les entretienne de ce qu'ils savent ?

DÉMOSTHÈNES.

Oui, très-grand besoin ; car il n'y a rien qu'ils ne puissent mieux posséder qu'ils ne le possèdent, et il n'y a rien non plus qu'un homme éloquent ne puisse rajeunir par ses expressions.

ISOCRATE.

Selon vous, rien n'est usé ni pour le peuple, ni pour ses maîtres.

DÉMOSTHÈNES.

Je dis plus, mon cher Isocrate, l'éloquence ne doit guère s'exercer que sur les vérités les plus palpables et les plus connues. Le caractère des grandes vérités est l'antiquité : l'éloquence qui ne roule que sur des pensées fines ou abstraites, dégénère en subtilité. Il faut que les grands écrivains imitent les pasteurs des peuples, ceux-ci n'annoncent point aux hommes une nouvelle doctrine et de nouvelles vérités. Il ne faut pas qu'un écrivain ait plus d'amour-propre ; s'il a en vue l'utilité des hommes, il doit s'oublier, et ne parler que pour enseigner des choses utiles.

ISOCRATE.

Je n'ai point suivi, mon cher maître, ces maximes, j'ai cherché, au contraire, avec beaucoup de soin, à m'écarter des maximes vulgaires. J'ai voulu étonner les hommes en leur présentant sous de nouvelles faces les choses qu'ils croyaient connaître. J'ai dégradé ce qu'ils estimaient, j'ai loué ce qu'ils méprisaient ; j'ai toujours pris le côté contraire des opinions reçues, sans m'embarrasser de la vérité ; je me suis moqué surtout de ce qu'on traitait sérieusement. Les hommes ont été la dupe de ce dédain affecté ; ils m'ont cru supérieur aux choses que je méprisais : je n'ai rien établi ; mais j'ai tâché de détruire. Cela m'a fait un grand nombre de partisans, car les hommes sont fort avides de nouveautés.

DÉMOSTHÈNES.

Vous aviez l'esprit fin, ingénieux, profond. Vous ne manquiez pas d'imagination. Vous saviez beaucoup. Vos ouvrages sont pleins d'esprit, de traits d'élégance, d'érudition. Vous aviez un esprit étendu qui se portait également à beaucoup de choses. Avec de si grands avantages, vous ne pouviez manquer d'imposer à votre siècle, dans lequel il y avait peu d'hommes qui vous égalassent.

ISOCRATE.

J'avais peut-être une partie des qualités que vous m'attribuez ; mais je manquais d'élévation dans le génie, de sensibilité et de passions. Ce défaut de sentiment a corrompu mon jugement sur beaucoup de choses ; car, lorsqu'on a un peu d'esprit, on croit être en droit de juger de tout.

DÉMOSTHÈNES.

Vous avouez là des défauts que je n'aurais jamais osé vous faire connaître.

ISOCRATE.

Je n'aurais pas pardonné, tant que j'ai vécu, à quiconque aurait eu la hardiesse de me les découvrir. Les hommes désirent souvent qu'on leur dise la vérité ; mais il y a beaucoup de vérités qui sont trop fortes pour eux, et qu'ils ne sauraient supporter. Il y en a même qu'on ne peut pas croire, parce qu'on n'est point capable de les sentir. Ainsi on demande à ses amis qu'ils soient sincères ; et lorsqu'ils le sont, on les croit injustes ou aveugles, et on s'éloigne d'eux ; mais ici on est guéri de toutes les vaines délicatesses, et la vérité ne blesse plus. Mais revenons à notre sujet ; dites-moi quelles sont les qualités que vous exigeriez dans un orateur.

DÉMOSTHÈNE.

Je vous l'ai déjà dit : un grand génie, une forte imagination, une âme sublime. Je voudrais donc qu'un homme qui est né avec cette supériorité de génie qui porte à vouloir régner sur les esprits, approfondit d'abord les grands principes de la morale : car toutes les disputes des hommes ne roulent que sur le juste et l'injuste, sur le vrai et le faux ; et l'éloquence est la médiatrice des hommes, qui termine toutes ces disputes. Je voudrais qu'un homme éloquent fût en état de pousser toutes ces idées au delà de l'attente de ceux qui l'écoutent, qu'il sortît des limites de leur jugement, et qu'il les maîtrisât par ses lumières, dans le même temps qu'il les domine par la force de son imagination et par la véhémence de ses sentiments. Il faudrait qu'il fût grand et simple, énergique et clair, véhément sans déclamation, élevé sans ostentation, pathétique et fort sans enflure. J'aime encore qu'il soit hardi et qu'il soit capable de prendre un grand essor ; mais je veux qu'on soit forcé de le suivre dans ses écarts, qu'il sorte naturellement de son sujet, et qu'il y rentre de même, sans le secours de ces transitions languissantes et méthodiques qui refroidissent les meilleurs discours. Je veux qu'il n'y ai jamais d'art, ou du moins que son art consiste à peindre la nature plus fidèlement, à mettre les choses à leur place, à ne dire que ce qu'il faut, et de la manière qu'il le faut. Tout ce qui s'écarte de la nature est d'autant plus défectueux qu'il s'en éloigne davantage. Le sublime, la véhémence, le raisonnement, la magnificence, la simplicité, la hardiesse, toutes ces choses ensemble ne sont que l'image d'une nature forte et vigoureuse : quiconque n'a point cette nature ne peut l'imiter. C'est pourquoi il vaut mieux écrire froidement que de se guinder et de se tourmenter pour dire ou de grandes choses ou des choses passionnées.

ISOCRATE.

Je pense bien comme vous, mon cher Démosthènes ; mais cela étant ainsi, les règles deviennent inutiles : les hommes sans génie ne peuvent les pratiquer, et les autres les trouvent dans leur propre fonds, d'où elles ont été tirées.

DÉMOSTHÈNES.

Quelque génie qu'on puisse avoir, on a besoin de l'exercer et de le corriger par la réflexion et par les règles, et les préceptes ne sont point inutiles.

ISOCRATE.

Quelle est donc la manière la plus courte de s'exercer à l'éloquence ?

DÉMOSTHÈNES.

La conversation, lorsque l'on s'y propose quelque objet.

ISOCRATE.

Ainsi, c'est en traitant de ses plaisirs et de ses affaires, en négociant journellement avec les hommes, qu'on peut s'instruire de cet art aimable.

DÉMOSTHÈNES.

Oui, c'est dans ce commerce du monde qu'on puise ces tours naturels, ces insinuations, ce langage familier, cet art de se proportionner à tous les esprits, qui demande un génie si vaste. C'est là qu'on apprend sans effort à déployer les ressources de son esprit et de son âme : l'imagination s'échauffe par la contradiction ou par l'intérêt, et fournit un grand nombre de figures et de réflexions pour persuader.

ISOCRATE.

Cependant, mon cher Démosthènes, je crois qu'il faut aussi un peu de solitude et d'habitude d'écrire dans son cabinet : c'est dans le silence de la retraite que l'âme, plus à soi et plus recueillie, s'élève à ces grandes pensées et à cet enthousiasme naturel qui transportent l'esprit, mènent au sublime, et produisent tous ces grands mouvements que l'art n'a jamais excités. La lecture des grands poètes n'y est pas inutile ; mais il faut avoir le génie poétique pour saisir leur esprit, et il faut en même temps avoir de la sagesse pour accorder leur style à la simplicité des sujets qu'on traite ; ainsi voilà bien des mérites à rassembler. Mais après tout cela, mon cher Démosthènes, on ne persuadera jamais au peuple que l'éloquence soit un art utile.

DÉMOSTHÈNES.

Je prétends qu'il n'en est aucun qui le soit

davantage : il n'y a ni plaisir, ni affaire, ni conversation, ni intrigue, ni discours public, où l'éloquence n'ait de l'autorité; elle est nécessaire aux particuliers, dans tous les détails de la vie; elle est plus nécessaire aux gens en place, parce qu'elle leur sert à mener les esprits, à colorer leurs intentions, à gouverner les peuples, à négocier avec avantage vis-à-vis des étrangers : de plus, elle répand sur toute une nation un grand éclat, elle éternise la mémoire des grandes actions. Les étrangers sont obligés de chercher dans ses chefs-d'œuvre l'art de penser et de s'exprimer; elle élève et instruit, en même temps, l'esprit des hommes; elle fait passer peu à peu dans leurs pensées la hauteur et les sentiments qui lui sont propres. Des hommes qui pensent grandement et fortement sont toujours plus disposés que les autres à se conduire avec sagesse et avec courage.

ISOCRATE.

Je désire plus que personne que les hommes puissent vous croire.

DÉMOSTHÈNES.

Ils ne me croiront point, mon cher Isocrate; car il y a bien des raisons pour que l'éloquence ne se relève jamais. Mais la vérité est indépendante des opinions et des intérêts des hommes, et, enfin, le nombre de ceux qui peuvent goûter de certaines vérités est bien petit; mais il mérite qu'on ne le néglige pas, et c'est pour lui seul qu'il faut écrire.

DIALOGUE V

PASCAL ET FÉNELON.

FÉNELON.

Dites-moi, je vous prie, génie sublime, ce que vous pensez de mon style?

PASCAL.

Il est enchanteur, naturel, facile, insinuant. Vous avez peint les hommes avec vérité, avec feu et avec grâce : les caractères de votre *Télémaque* sont très-variés; il y en a de grands, et même de forts, quoique ce ne fût point votre étude de les faire tels. Vous ne vous êtes point piqué de rassembler en peu de mots tous les traits de vos caractères; vous avez laissé courir votre plume, et donné un libre essor à votre imagination vive et féconde.

FÉNELON.

J'ai cru qu'un portrait rapproché annonçait trop d'art. Il ne m'appartenait point d'être en même temps concis et naturel; je me suis borné à imiter la naïveté d'une conversation facile où l'on présente sous des images différentes, les mêmes pensées, pour les imprimer plus vivement dans l'esprit des hommes.

PASCAL.

Cela n'a pas empêché qu'on ne vous ait reproché quelques répétitions; mais il est aisé de vous excuser. Vous n'écriviez que pour porter les hommes à la vertu et à la piété; vous ne croyiez point qu'on pût trop inculquer de telles vérités, et vous vous êtes trompé en cela; car la plupart des hommes ne lisent que par vanité et par curiosité; ils n'ont aucune affection pour les meilleures choses, et ils s'ennuient bientôt des plus sages instructions.

FÉNELON.

J'ai eu tort, sans doute, de plusieurs manières; j'avais fait un système de morale; j'étais comme tous les esprits systématiques, qui ramènent sans cesse toutes choses à leurs principes.

PASCAL.

J'ai fait un système tout comme vous, et, en voulant ramener à ce système toutes choses, je me suis peut-être écarté quelquefois de la vérité, et on ne me l'a point pardonné.

FÉNELON.

Au moins ne s'est-il trouvé encore personne qui n'ait rendu justice à votre style. Vous aviez joint à la naïveté du vieux langage une énergie qui n'appartient qu'à vous, et une brièveté pleine de lumière; vos images étaient fortes, grandes et pathétiques. Mais ce qu'il y a eu d'éminent en vous, ce en quoi vous avez surpassé tous les hommes, c'est dans l'art de mettre chaque chose à sa place, de ne jamais rien dire d'inutile, de présenter la vérité dans le plus beau jour qu'elle pût recevoir, de donner à vos raisonnements une force invincible, d'épuiser en quelque manière vos sujets sans être jamais trop long, et enfin de faire croître l'intérêt et la chaleur de vos discours jusqu'à la fin. Aussi Despréaux a-t-il dit que vous étiez également au-dessus des anciens et des modernes, et beaucoup de gens sensés sont persuadés que vous aviez plus de génie pour l'éloquence que Démosthènes.

PASCAL.

Vous me surprenez beaucoup; je n'ai vu encore personne qui ait égalé les modernes aux anciens pour l'éloquence.

FÉNELON.

Connaissez-vous la majesté et la magnificence de Bossuet? croyez-vous qu'il n'ait pas surpassé, au moins en imagination, en grandeur et en sublimité, tous les Romains et les Grecs? *Vous étiez mort avant qu'il parût dans le monde*[1]; et vous n'avez point vu ces *Oraisons funèbres* admirables où il a égalé peut-être les plus grands poëtes, et par cet enthousiasme singulier dont elles sont pleines, et par cette imagination toujours renaissante qui n'a été donnée qu'à lui, et par les grands mouvements qu'il sait exciter, et, enfin, par la hardiesse de ses transitions, qui, plus naturelles que celles de nos odes, me paraissent aussi surprenantes et plus sublimes.

PASCAL.

J'ai encore ouï parler ici avec estime de son *Discours sur l'Histoire universelle*.

FÉNELON.

C'est peut-être le plus grand tableau qui soit sorti de la main des hommes; mais il n'est pas si admirable dans tous ses ouvrages. Il a fait une *Histoire des variations* qui est estimable; mais si vous aviez traité le même sujet, vous auriez réduit ses quatre volumes à un seul, et vous auriez combattu les hérésies avec plus de profondeur et plus d'ordre; car ce grand homme ne peut vous être comparé du côté de la force du raisonnement et des lumières de l'esprit; aussi a-t-il fait une foule d'autres ouvrages que vous n'auriez pas même daigné lire. C'est que les plus grands génies manquent tous par quelque endroit; mais il n'y a que les petits esprits qui prennent droit de les mépriser pour leurs défauts.

[1] PASCAL (Blaise), né à Clermont en Auvergne, le 19 juin 1623, mourut à Paris le 19 août 1662. — BOSSUET (Jacques-Bénigne) naquit à Dijon, le 27 septembre 1627, et mourut à Meaux le 12 avril 1704.

PASCAL.

Tout ce que vous me dites me paraît vrai; mais permettez-moi de vous demander ce que c'est qu'un certain évêque qu'on a égalé à Bossuet pour l'éloquence.

FÉNELON.

Vous voulez parler sans doute de Fléchier[1]; c'est un rhéteur qui écrivait avec quelque élégance, qui a semé quelques fleurs dans ses écrits, et qui n'avait point de génie. Mais les hommes médiocres aiment leurs semblables, et les rhéteurs le soutiennent encore dans le déclin de sa réputation.

PASCAL.

N'y a-t-il point sous le beau règne de Louis XIV d'autre écrivain de prose, de génie?

FÉNELON.

C'est un mérite qu'on ne peut refuser à La Bruyère. Il n'avait ni votre profondeur, ni l'élévation de Bossuet, ni les grâces que vous me trouvez; mais il était un peintre admirable.

PASCAL.

En vérité, ce nombre est bien petit; mais le génie est rare dans tous les temps et dans tous les genres : on a vu passer plusieurs siècles sans qu'il parût un seul homme d'un vrai génie.

DIALOGUE VI.

MONTAIGNE ET CHARRON.

CHARRON.

Expliquons-nous, mon cher Montaigne, puisque nous le pouvons présentement. Que vouliez-vous insinuer quand vous avez dit : *Plaisante justice qu'une rivière ou une montagne borne! Vérité au delà des Pyrénées, erreur au deçà*[2]? Avez-vous prétendu qu'il n'y eût pas une vérité et une justice réelle?

[1] FLÉCHIER (*Esprit*, né le 10 juin 1632, à Pernes, petite ville du diocèse de Carpentras, devint en 1687 évêque de Nîmes, et mourut à Montpellier le 16 février 1710.

[2] Montaigne, de qui Pascal a emprunté cette idée, s'est servi des expressions suivantes : « Quelle bonté est-ce que je voyais hier en crendit, et demain ne l'estre plus? Quelle vérité est-ce que ces montagnes bornent? Mensonge au monde qui se tient au delà. » (*Essais*, liv. II, chap. XII).

MONTAIGNE.

J'ai prétendu, mon cher ami, que la plupart des lois étaient arbitraires; que le caprice des hommes les avaient faites, ou que la violence les avait imposées; ainsi, elles se sont trouvées fort différentes selon les pays, et quelquefois très-peu conformes aux lois de l'équité naturelle. Mais, comme il n'est pas possible que l'égalité se maintienne parmi les hommes, je prétends que c'est justement qu'on soutient les lois de son pays, et que c'est à bon titre qu'on en fait dépendre la justice. Sans cela, il n'y aurait plus de règle dans la société, ce qui serait un plus grand mal que celui des particuliers lésés par les lois.

CHARRON.

Mais, dites-moi, parmi ces lois et ces coutumes différentes, croyez-vous qu'il s'en trouve quelques-unes de plus conformes à la raison et à l'équité naturelle que les autres?

MONTAIGNE.

Oui, mon ami, je le crois; et cependant je ne pense pas que ce fût un bien de changer celles qui paraissent moins justes; car, en général, le genre humain souffre moins des lois injustes que du changement des lois; mais il y a des occasions et des circonstances qui le demandent.

CHARRON.

Et quelles sont ces circonstances où l'on peut justement et sagement changer les lois?

MONTAIGNE.

C'est sur quoi il est difficile de donner des règles générales; mais les bons esprits, lorsqu'ils sont instruits de l'état d'une nation, sentent ce que l'on peut et ce qu'on doit tenter; ils connaissent le génie des peuples, leurs besoins, leurs vœux, leur puissance, ils savent quel est l'intérêt général et dominant de l'État; ils règlent là-dessus leurs entreprises et leur conduite.

CHARRON.

Il faut avouer qu'il y a bien peu d'hommes assez habiles pour juger d'un si grand objet; peser les fruits et les inconvénients de leurs démarches, et embrasser d'un coup d'œil toutes les suites d'un gouvernement qui influe quelquefois sur plusieurs siècles, et qui est assujetti, pour son succès, à la disposition et au ministère des États voisins.

MONTAIGNE.

C'est ce qui fait, mon cher Charron, qu'il y a si peu de grands rois et de grands ministres.

CHARRON.

S'il vous fallait choisir entre les hommes qui ont gouverné l'Europe depuis quelques siècles, auquel donneriez-vous la préférence?

MONTAIGNE.

Je serais bien embarrassé. Charles-Quint, Louis XII, Louis XIV, le cardinal de Richelieu, le chancelier Oxenstiern[1], le duc d'Olivarès[2], Sixte-Quint et la reine Élisabeth, ont tous gouverné avec succès et avec gloire, mais avec des principes, des moyens et une politique différente.

CHARRON.

C'est que l'État, la puissance, les mœurs, la religion, etc., des peuples qu'ils gouvernaient, différaient aussi beaucoup, et qu'ils ne se sont point trouvés dans les mêmes circonstances.

MONTAIGNE.

Quand ils se seraient trouvés dans la même position, et qu'ils auraient eu à gouverner dans les mêmes circonstances les mêmes peuples, il ne faut pas croire qu'ils eussent suivi les mêmes maximes et formé les mêmes plans; car il ne faut pas croire qu'on soit assujetti à un seul plan pour régner avec gloire. Chacun, en suivant son génie particulier, peut exécuter de grandes choses. Le cardinal Ximénès[3] n'aurait

---

[1] Oxenstiern (*Axel*), grand chancelier de Suède, premier ministre du roi Gustave-Adolphe, naquit en 1583, et mourut à l'âge de soixante et onze ans, en 1654. La mort de Gustave-Adolphe, tué à la bataille de Lutzen en 1632, laissa reposer sur lui tout le fardeau des affaires : il déploya dans cette circonstance difficile un caractère qui l'a placé au rang des plus grands hommes d'État. — B.

[2] Olivarès (*Gaspard de Guzman, comte d'*), duc de San-Lucar, naquit à Rome, où son père était ambassadeur d'Espagne auprès du pape Sixte-Quint. L'inflexibilité de son caractère le fit comparer à Néron. Très-jeune encore, il étudiait alors dans l'université de Salamanque, il laissa échapper un mot qui suffit à lui seul pour peindre son caractère ambitieux. *J'apprends ici*, dit-il à son cousin qui étudiait avec lui, *j'apprends à gouverner le royaume, me destinant à guider un jour les Rois.* — B.

[3] Ximénès (*don François*), né à Torrelaguna, dans la Vieille-Castille, en 1437, devint archevêque de Tolède en 1495. Le roi Ferdinand le Catholique, dont il avait été ministre, le nomma en mourant régent de Castille. Il mourut empoisonné le 8 novembre 1517. — B.

point gouverné la France comme celui de Richelieu[1], et l'aurait vraisemblablement bien gouvernée. Il y a plusieurs moyens d'arriver au même but. On peut même se proposer un but différent, et que celui qu'on se propose et celui qu'on néglige soient accompagnés de biens et d'inconvénients égaux ; car vous savez qu'il y a en toutes choses des inconvénients inévitables.

DIALOGUE VII
UN AMÉRICAIN ET UN PORTUGAIS.

L'AMÉRICAIN.

Vous ne me persuaderez point. Je suis très-convaincu que votre luxe, votre politesse et vos arts n'ont fait qu'augmenter nos besoins, corrompre nos mœurs, allumer davantage notre cupidité, en un mot, corrompre la nature dont nous suivions les lois avant de vous connaître.

LE PORTUGAIS.

Mais qu'appelez-vous donc les lois de la nature ? Suiviez-vous en toutes choses votre instinct ? Ne l'aviez-vous pas assujetti à de certaines règles pour le bien de la société ?

L'AMÉRICAIN.

Oui, mais ces règles étaient conformes à la raison.

LE PORTUGAIS.

Je vous demande encore ce que vous appelez la raison. N'est-ce pas une lumière que tous les hommes apportent au monde en naissant ? Cette lumière ne s'augmente-t-elle point par l'expérience, par l'application ? N'est-elle pas plus vive dans quelques esprits que dans les autres ? De plus, ce concours de réflexions et l'expérience d'un grand nombre d'hommes ne donnent-ils pas plus d'étendue et plus de vivacité à cette lumière ?

L'AMÉRICAIN.

Il y a quelque chose de vrai à ce que vous dites. Cette lumière naturelle peut s'augmenter, et la raison par conséquent se perfectionner...

LE PORTUGAIS.

Si cela est ainsi, voilà la source de nouvelles

---

[1] *Comme celui de Richelieu ;* cette incorrection se trouve dans le manuscrit ; il faudrait répéter *le cardinal*, ou dire, *comme Richelieu*. — B.

lois ; voilà de nouvelles règles prescrites à l'instinct, et par conséquent un changement avantageux dans la nature. Je parle ici de la nature de l'homme, qui n'est autre chose que le concours de son instinct et de sa raison.

L'AMÉRICAIN.

Mais nous appelons la nature le sentiment et non la raison.

LE PORTUGA..

Est-ce que la raison n'est pas naturelle à l'homme comme le sentiment ? N'est-il pas né pour réfléchir comme pour sentir ? et sa nature n'est-elle pas composée de ces deux qualités ?

L'AMÉRICAIN.

Oui, j'en veux bien convenir ; mais je crois qu'il y a un certain degré au delà duquel la raison s'égare lorsqu'elle veut pénétrer. Je crois que le genre humain est parvenu de bonne heure à ce point de lumière qui est à la raison ce que la maturité est aux fruits.

LE PORTUGAIS.

Vous comparez donc le génie du genre humain à un grand arbre qui n'a porté des fruits mûrs qu'avec le temps, mais qui ensuite a dégénéré et a perdu sa fécondité avec sa force ?

L'AMÉRICAIN.

Cette comparaison me paraît juste.

LE PORTUGAIS.

Mais qui vous a dit que vous eussiez atteint en Amérique ce point de maturité ? qui vous a dit qu'après l'avoir acquis, vous ne l'aviez pas perdu ? Ne pourrais-je pas comparer les arts que nous vous avons apportés d'Europe, à la douce influence du printemps qui ranime la terre languissante, et rend aux plantes leurs fleurs et leurs fruits ? L'ignorance et la barbarie avaient ravagé la raison dans vos contrées comme l'hiver désole les campagnes. Nous vous avons rapporté la lumière que la barbarie avait éteinte dans vos âmes.

L'AMÉRICAIN.

Je prétends, au contraire, que vous avez obscurci celle dont nous jouissions. Mais je sens que j'aurais de la peine à vous en convaincre ; il faudrait entrer dans de grands détails ; et, enfin, n'ayant point vécu dans les mêmes principes et dans les mêmes habitudes, nous aurions de la peine à nous accorder sur ce qu'on nomme la vérité, la raison et le bonheur.

LE PORTUGAIS.

Nous aurions moins de disputes là-dessus que vous ne pensez; car je conviendrais de très-bonne foi que la coutume peut plus que la raison même pour le bien des hommes, et que la nature, le bonheur, la vérité même dépendent d'elle. Mais je suis content des principes que vous m'accordez. Il me suffit que vous croyiez que la nature a pu recevoir du temps sa maturité et sa perfection, ainsi que tous les autres êtres de la terre; car nous ne voyons rien qui n'ait sa croissance, sa maturité, ses changements et son déclin. Mais il ne m'appartient point de déterminer si les arts et la politesse ont apporté le vrai bien aux hommes, et enfin si la nature humaine a attendu longtemps sa perfection, et en quel lieu ou en quel siècle elle y est parvenue.

DIALOGUE VIII

PHILIPPE-SECOND ET COMINES.

PHILIPPE SECOND.

On dit que vous avez écrit l'histoire de votre maître[1]. Mais comment pouvez-vous le justifier de sa familiarité avec des gens de basse extraction?

COMINES.

Le roi Louis XI était populaire et accessible. Il avait, à la vérité, de la hauteur, mais sans cette fierté sauvage qui fait mépriser aux princes tous les autres hommes. Le roi, mon maître, ne se bornait point à connaître sa cour et les grands du royaume; il connaissait le caractère et le génie des ministres et des princes étrangers; il avait des correspondances dans tous les pays; il avait continuellement les yeux ouverts sur le genre humain, sur toutes les affaires de l'Europe; il recherchait le mérite dans les sujets les plus obscurs; il savait vivre familièrement avec ses sujets sans perdre rien de sa dignité, et sans rien relâcher de l'autorité de sa couronne. Les princes faibles et vains comme vous ne voient que ce qui les approche; ils ne connaissent jamais que l'extérieur des hommes, ils ne pénètrent jamais le fond de leur cœur; et comme ils ne les connaissent point assez, ils ne savent point s'en servir. Louis XI choisissait lui-même tous les gens qu'il employait dans les affaires. Il avait une âme profonde qui ne pouvait se contenter de connaître superficiellement les dehors des hommes, et de quelques hommes; il aimait à descendre dans les derniers replis du cœur; il cherchait, dans tous les états, des gens d'esprit; il démêlait leurs talents, il les employait. Pour tout cela, vous sentez bien qu'il fallait se familiariser avec les hommes. C'était dans ce commerce familier, dans ces soupers qu'il faisait à Paris, avec la bourgeoisie, dans les entretiens secrets qu'il avait avec des personnes de tous les états, qu'il apprenait à déployer toutes les ressources de son génie, qu'il tirait du fond du cœur de ses sujets la vérité, qu'on cache aux princes orgueilleux et impraticables. C'est ainsi qu'il avait cultivé ce génie simple et pénétrant qu'il avait reçu de la nature : aussi s'était-il rendu plus habile qu'aucun des ministres qu'il employait. Il était l'âme de tous ses conseils; savait tout ce qui se passait dans son État; avait un esprit vaste qui ne perdait point de vue les petits objets au milieu des grandes affaires; qui suivait tout, qui voyait tout, qui ne laissait rien échapper. C'était une âme qui, par son activité et son étendue, paraissait se multiplier pour suffire à tout; qui jouissait véritablement de la royauté, parce qu'il animait tous les ressorts de son Empire, et qu'il suivait toutes choses jusqu'à leur racine. Un esprit borné et pesant ne voit que ce qui l'environne; il ne regarde jamais ni le passé, ni l'avenir; il voit disparaître autour de lui ses amis, ses supports, ses connaissances presque sans s'en apercevoir. Son âme est toute concentrée sur elle-même; elle ne sort point de la sphère étroite que la nature lui a prescrite; elle s'appesantit sur elle-même; tous les événements du monde passent devant elle comme des songes légers qui se perdent sans retour. Une grande âme au contraire ne perd rien de vue; le passé, le présent et l'avenir sont immobiles devant ses yeux. Elle porte sa vue loin d'elle; elle

---

[1] COMINES (*Philippe de La Clite de*), d'autres écrivent à tort *Commines*, historien de Louis XI, naquit au château de ce nom, à quelques lieues de Lille, en 1445, et mourut en 1509 au château d'Argenton, le 17 août, suivant Swertius, le 17 octobre, suivant Vossius. — B.

embrasse cette distance énorme qui est entre les grands et le peuple, entre les affaires générales de l'univers et les intérêts des particuliers les plus obscurs : elle incorpore à soi toutes les choses de la terre; elle tient à tout; tout la touche : rien ne lui est étranger; ni la différence infinie des mœurs, ni celle des conditions, ni celle des pays, ni la distance des temps ne l'empêchent de rapprocher toutes les choses humaines, de s'unir d'intérêt à tout. Mais les hommes de ce caractère ne font rien d'inutile, savent employer tout leur temps, ont un esprit vif qui rencontre d'abord le nœud et la source de chaque chose, qui marche légèrement et rapidement.

DIALOGUE IX
CÉSAR ET BRUTUS.

CÉSAR.

Mon ami, pourquoi me fuis-tu? N'as-tu pas éteint dans mon sang la haine que tu m'as portée?

BRUTUS.

César, je ne t'ai point haï : j'estimais ton génie, ton courage.

CÉSAR.

Mais je t'aimais tendrement, et tu m'as arraché la vie.

BRUTUS.

C'est une cruauté barbare où j'ai été poussé par l'erreur de la gloire, et par les principes d'une vertu fausse et farouche.

CÉSAR.

Tu étais né humain et compatissant; tu n'as été cruel que pour moi seul, qui t'aimais avec tendresse.

BRUTUS.

D'où naissait dans ton cœur cette amitié que j'avais si peu méritée?

CÉSAR.

Ta jeunesse m'avait séduit, et ton âme fière et sensible avait touché la mienne.

BRUTUS.

J'ai fait ce que j'ai pu pour reconnaître ta bonté pour moi : je me reprochais mon ingratitude; je sentais que tu méritais d'être aimé; tu me faisais pitié lorsque je songeais à t'immoler à la liberté, et je me reprochais ma barbarie.

CÉSAR.

Et avec tout cela je n'ai jamais fléchi ton cœur!

BRUTUS.

Je n'ai jamais pu t'aimer : ton génie, ton âge, le mien, te donnaient sur moi trop d'ascendant. Je t'admirais, et je ne t'aimais point.

CÉSAR.

Est-ce que l'estime empêche l'amitié?

BRUTUS.

Non, mais le respect l'affaiblit; et peut-être qu'il y a un âge où l'on ne peut plus être aimé.

CÉSAR.

Tu dis vrai : le mérite inspire du respect; mais il n'y a que la jeunesse qui soit aimable. C'est une vérité affreuse. Il est horrible d'avoir encore un cœur sensible à l'amitié, et d'être privé des grâces qui l'inspirent.

BRUTUS.

Voilà la source de l'ingratitude des jeunes gens. L'amitié de leurs parents, de leurs bienfaiteurs, leur est souvent onéreuse. Cependant je crois que les belles âmes peuvent surmonter leur instinct, ou sortir en ce point des règles générales.

CÉSAR.

La tienne était haute et sensible, et cependant...

BRUTUS.

Je m'étais laissé imposer par les discours et la philosophie de Caton; j'aimais ardemment la gloire; cette passion étouffa dans mon cœur toutes les autres. Mais daigne croire qu'il m'en a coûté pour trahir ce que je devais à ton amitié et à ton mérite.

CÉSAR.

Va, je t'ai pardonné même en mourant. L'amitié va plus loin que la vertu, et passe en magnanimité la philosophie que tu as professée.

BRUTUS.

Tu parles de l'amitié des grandes âmes telles que la tienne. Mais ce pardon généreux que tu m'accordes augmente encore mon repentir; et je n'ai de regret à la vie que par l'impuissance où me met la mort de te témoigner ma reconnaissance.

DIALOGUE X
MOLIÈRE, ET UN JEUNE HOMME.

LE JEUNE HOMME.

Je suis charmé de vous voir, divin Molière. Vous avez rempli toute l'Europe de votre nom, et la réputation de vos ouvrages augmente de jour à autre dans le monde.

MOLIÈRE.

Je ne suis point touché, mon cher ami, de cette gloire. J'ai mieux connu que vous, qui êtes jeune, ce qu'elle vaut.

LE JEUNE HOMME.

Seriez-vous mécontent de votre siècle, qui vous devait tant?

MOLIÈRE.

Quelques-uns de mes contemporains m'ont rendu justice; c'étaient même les meilleurs esprits : mais le plus grand nombre me regardait comme un comédien qui faisait des vers. Le prince me protégeait; quelques courtisans m'aimaient; cependant j'ai souffert d'étranges humiliations.

LE JEUNE HOMME.

Cela est-il possible? Je ne fais que de quitter le monde; on y fait très-peu de cas des talents : mais j'y ai ouï dire que ceux qui avaient ouvert la carrière avaient joui de plus de considération.

MOLIÈRE.

Ceux qui ont ouvert la carrière en méritaient peut-être davantage, et en ont obtenu, comme je vous l'ai dit, des esprits justes; mais elle n'a jamais été proportionnée à leur mérite; et a été contrepesée par de grands dégoûts.

LE JEUNE HOMME.

Sans doute ils étaient traversés, persécutés, calomniés par leurs envieux; mais les gens en place et les grands ne leur rendaient-ils pas justice?

MOLIÈRE.

Les grands riaient des querelles des auteurs : plusieurs se laissaient prévenir par les gens de lettres subalternes qu'ils protégeaient; ils avaient la faiblesse d'épouser leurs passions et leur injustice contre les grands hommes qui étaient moins dans leur dépendance.

LE JEUNE HOMME.

C'est au moins une consolation que la postérité vous ait rendu justice.

MOLIÈRE.

La postérité ne me la rendra point telle que j'ai pu la mériter. Ne vois-je pas ici les plus grands hommes de l'antiquité, Homère, Virgile, Euripide, qui sont encore poursuivis dans le tombeau par ce même esprit de critique qui les a dégradés pendant leur vie? Dans le même temps qu'ils sont adorés de quelques personnes sensées dont ils enchantent l'imagination, ils sont méprisés et tournés en ridicule par les esprits médiocres qui manquent de goût. Je voyais passer le Tasse, il y a quelques jours, suivi de quelques beaux esprits qui lui faisaient leur cour : plusieurs ombres de grands seigneurs qui étaient avec moi, me demandèrent qui c'était? Sur cela le duc de Ferrare prit la parole, et répondit que c'était un poëte auquel il avait fait donner des coups de bâton pour châtier son insolence. Voilà comme les gens du monde et les grands savent honorer le génie.

LE JEUNE HOMME.

J'ai souvent ouï dans le monde de pareils discours, et j'en étais indigné. Car, enfin, qu'est-ce qu'un grand poëte, sinon un grand génie, un homme qui domine les autres hommes par son imagination; qui leur est supérieur en vivacité; qui connaît, par un sentiment plein de lumière, les passions, les vices et l'esprit des hommes; qui peint fidèlement la nature, parce qu'il la connaît parfaitement, et qu'il a des idées plus vives de toutes choses que les autres; une âme qui est capable de s'élever, un génie ardent, laborieux, éloquent, aimable; qui ne se borne point à faire des vers harmonieux, comme un charpentier fait des cadres et des tables dans son atelier, mais qui porte dans le commerce du monde son feu, sa vivacité, son pinceau et son esprit, et qui conserve, par conséquent, parmi les hommes, le même mérite qui le fait admirer dans son cabinet?

MOLIÈRE.

Les gens qui réfléchissent savent tout cela, mon cher ami; mais ces gens-là sont en petit nombre.

LE JEUNE HOMME.

Hé! pourquoi s'embarrasser des autres?

MOLIÈRE.

Parce qu'on a besoin de tout le monde; parce qu'ils sont les plus forts; parce qu'on en souffre du mal quand on n'en reçoit pas de bien; enfin, parce qu'un homme qui a les vues un peu grandes voudrait régner, s'il pouvait, dans tous les esprits, et qu'on est toujours inconsolable de n'obtenir que la moindre partie de ce qu'on mérite[1].

DIALOGUE XI
RACINE ET BOSSUET.

BOSSUET.

Je récitais tout à l'heure, mon cher Racine, quelques-uns de vos vers que je n'ai pas oubliés. Je suis enchanté de la richesse de vos expressions, de la vérité de votre pinceau et de vos idées, de votre simplicité, de vos images, et même de vos caractères qui sont si peu estimés; car je leur trouve un très-grand mérite, et le plus rare, celui d'être pris dans la nature. Vos personnages ne disent jamais que ce qu'ils doivent, parlent avec noblesse, et se caractérisent sans affectation. Cela est admirable.

RACINE.

Je ne suis pas surpris que vous m'aimiez un peu. Je vous ai toujours admiré; vous aviez le génie poétique et l'invention dans l'expression, qui est le talent même que mes ennemis sont obligés de m'accorder. Il y a plus d'impétuosité et de plus grands traits dans vos ouvrages que dans ceux des plus grands poëtes.

BOSSUET.

Hélas! mon ami, mes ouvrages ne sont presque plus connus que d'un très-petit nombre de gens de lettres et d'hommes pieux. Les matières que j'ai traitées ne sont nullement du goût des gens du monde.

RACINE.

Ils devraient du moins admirer vos *Oraisons funèbres*.

---

[1] Dans le temps où Vauvenargues écrivait ce dialogue, il y avait encore en France beaucoup de ces esprits médiocres qui croyaient se distinguer de la foule en méprisant les plus beaux chefs-d'œuvre de l'antiquité qu'ils étaient incapables de comprendre et de juger : ils s'imaginaient montrer de la force d'esprit et de la philosophie en affectant de dédaigner ce qui avait été consacré par l'admiration des siècles. L'origine de cette manie ridicule remonte aux dernières années du dix-septième siècle; elle se perpétua dans le dix-huitième par l'influence de La Motte, qui n'était point un écrivain sans mérite, mais dont la littérature était très-bornée, et surtout par l'influence de Fontenelle, qui fut pendant cinquante ans à la tête des hommes de lettres. Fontenelle était un homme extrêmement adroit, qui avait d'autres titres à la renommée que ses travaux purement littéraires, et qui, sentant ce qui lui manquait, aurait volontiers rabaissé les chefs-d'œuvre qu'il ne pouvait égaler. Il suffisait d'ailleurs que Boileau et Racine, contre lesquels il nourrit une inimitié séculaire, se fussent prononcés en faveur de la raison et des Anciens, pour qu'il penchât du côté opposé. On peut rapporter à ce philosophe, si modéré en apparence, la plupart des hérésies littéraires qui ont obtenu quelque crédit dans le dernier siècle; et peut-être même le goût se serait-il entièrement corrompu si des hommes tels que Voltaire, Montesquieu, Buffon, Rousseau n'eussent maintenu ses principes par leurs leçons et par leurs exemples. — Les écrivains du dix-septième siècle n'étaient pas mieux traités par Fontenelle que les Anciens. Il ne pardonna jamais à Racine et à Boileau les épigrammes qu'ils avaient lancées contre sa malheureuse tragédie d'*Aspar*. Il ne rendait pas au premier la justice qui lui était due, et refusait le génie à l'auteur de l'*Art poétique*. Il aurait même volontiers attaqué Voltaire, si la crainte des représailles n'eût un peu refroidi son ressentiment contre un homme qui avait tant de supériorité sur lui.

Nous sommes très-heureusement délivrés de ces opinions fausses et ridicules qui ont fait tant de mal dans le dernier siècle : on est revenu à l'étude et à l'admiration des Anciens avec une ardeur qui promet à la littérature française une nouvelle époque de génie et de gloire. Je pourrais citer des traductions et des ouvrages originaux où l'on retrouve les grâces et le charme du génie antique. On a banni de la prose cette pompe indigente de paroles, cette recherche puérile d'antithèses, cette affectation du bel esprit qui déshonorait, il n'y a pas encore longtemps, même les productions de quelques membres de l'Académie. On s'est également débarrassé de cette sécheresse que l'esprit d'analyse, porté à l'excès, avait introduite dans notre littérature. Il ne faut pas confondre cet abus de l'analyse avec l'esprit vraiment philosophique, dont aucun genre ne peut se passer : c'est lui seul qui peut donner de la force au raisonnement, de la justesse aux idées. Sans son secours, l'imagination ne produirait que des monstres semblables à celui que nous dépeint Horace dans les premiers vers de l'épître aux Pisons. Montaigne, Boileau, Molière, La Fontaine, Voltaire, Montesquieu, Rousseau, ont allié l'esprit philosophique à l'imagination, et l'on ne voit pas que l'un ait jamais nui à l'autre. On peut abuser de l'esprit philosophique comme on abuse de l'imagination et des meilleures choses, mais, après tout, il faudra toujours en revenir à cet axiome d'un poëte philosophe : « *Le bien penser est la source du bien écrire.* » — S.

BOSSUET.

Ce titre seul les rebute; on n'aime ni les louanges, ni les choses tristes.

RACINE.

Que dites-vous donc? je ne puis vous croire; le genre dont nous parlons est le plus terrible : car les hommes ne sont effrayés que de la mort. Or, qu'est-ce que le sujet de vos oraisons funèbres, sinon la mort, c'est-à-dire la seule chose qui inspire de la terreur à l'esprit humain? Se pourrait-il que les hommes ne fussent pas frappés par des discours qui ne s'exercent que sur le sujet le plus frappant et le plus intéressant pour l'humanité? J'avais cru que c'était le véritable champ du pathétique et du sublime.

BOSSUET.

La nation française est légère; on aime mieux le conte du *Bélier*[1] ou celui de *Joconde*[2] que tout ce pathétique dont vous parlez.

RACINE.

Si cela est, Corneille et moi, nous ne devons pas nous flatter de conserver longtemps notre réputation.

BOSSUET.

Vous vous trompez; les bons auteurs du théâtre ne mourront jamais, parce qu'on les fait revivre tous les ans, et on empêche le monde de les oublier; d'ailleurs les poëtes se soutiennent toujours mieux que les orateurs, parce qu'il y a moins de gens qui font des vers, qu'il n'y en a qui écrivent en prose; parce que les vers sont plus faciles à retenir et plus difficiles à faire; parce qu'enfin les poëtes traitent des sujets toujours intéressants, au lieu que les orateurs, dont l'éloquence ne s'exerce ordinairement que sur de petits sujets, périssent avec la mémoire de ces sujets mêmes.

RACINE.

Les vrais orateurs, comme vous, devraient du moins se soutenir par les grandes pensées qu'ils ont semées dans leurs écrits, par la force et la solidité de leurs raisonnements : car tout cela doit se trouver dans un ouvrage d'éloquence. Nous autres poëtes, nous pouvons quelquefois manquer par le fond des choses; si nous sommes harmonieux, si nous avons de l'imagination dans l'expression, il nous suffit, d'ailleurs, de penser juste sur les choses de sentiment, et on n'exige de nous ni sagacité ni profondeur : il faut être un grand peintre pour être un poëte, mais on peut être un grand peintre sans avoir une grande étendue d'esprit et des vues fines.

BOSSUET.

On peut aussi avoir cette étendue d'esprit, cette finesse, cette sagesse, cet art qui est nécessaire aux orateurs, et y joindre le charme de l'harmonie et la vivacité du pinceau : vous êtes la preuve de ce que je dis.

RACINE.

De même un orateur peut avoir toutes les parties d'un poëte; et il n'y a même que l'harmonie qui en fasse la différence; encore faut-il qu'il y ait une harmonie dans la bonne prose.

BOSSUET.

Je pense comme vous, et comme un grand poëte qui vous a suivi, mon cher Racine : la poésie est l'*éloquence harmonieuse*.

RACINE.

L'auteur dont vous parlez est aussi éloquent en prose qu'en vers; il a cet avantage sur tous les poëtes, qui n'ont point su écrire en prose; ainsi on peut s'en rapporter à son jugement : c'est lui qui a dit de vous, que vous étiez *le seul écrivain français en prose qui fût éloquent*. Si ce grand homme ne s'est point trompé, il faudrait convenir que le génie de l'éloquence est plus rare que celui de la poésie.

BOSSUET.

Je ne crois pas qu'il soit moins commun, mais je crois qu'il l'est bien autant : les véritablement grands hommes dans tous les genres sont toujours très-rares.

RACINE.

Qu'appelez-vous, je vous prie, de grands hommes?

BOSSUET.

Tous ceux qui surpassent les autres par le cœur et par l'esprit, qui ont la vue plus nette et plus fine, qui discernent mieux les choses humaines, qui jugent mieux, qui s'expriment mieux, qui ont l'imagination plus forte et le génie plus vaste.

RACINE.

Voilà en effet ce qui fait de très-grands

[1] Conte d'Hamilton.
[2] Conte de La Fontaine.

hommes. De tels esprits sont faits pour s'estimer et pour s'aimer, malgré la différence de leur travail et de leurs objets; c'est aux petits esprits à dégrader ou les uns ou les autres, selon le parti qu'ils ont pris; comme ceux qui sont attachés à quelque faction décrient les chefs du parti contraire, tandis que ces mêmes chefs s'estiment et se craignent réciproquement.

DIALOGUE XII
LE CARDINAL DE RICHELIEU ET LE GRAND CORNEILLE.

CORNEILLE.

Est-il vrai que Votre Éminence ait été jalouse de mes écrits?

RICHELIEU.

Pourquoi ne l'aurais-je pas été? Un ministre de peu d'esprit aurait pu être assez ébloui de sa puissance pour mépriser vos talents; mais, pour moi, je connaissais le prix du génie, et j'étais jaloux d'une gloire où la fortune n'avait point de part. Avais-je donc tant de tort?

CORNEILLE.

Cette jalousie honorait Corneille, et ne devait pas nuire à la réputation de son protecteur; car vous daigniez l'être, et vous récompensiez, dit un auteur[1], comme ministre, ce même génie dont vous étiez jaloux comme poëte. La seule chose qui m'ait étonné, c'est que Votre Éminence ait favorisé des écrivains indignes de sa protection.

RICHELIEU.

Je suis venu dans un mauvais temps, mon cher Corneille; il y avait peu de gens de mérite pendant mon ministère, et je voulais encourager les hommes à travailler, en accordant une protection marquée à tous les arts; il est vrai que je ne vous ai pas assez distingué : en cela je suis très-blâmable.

CORNEILLE.

Moins que veut bien avouer Votre Éminence.

[1] Voltaire a dit dans son *Commentaire sur Corneille*, au sujet du mot *bienfaits* employé par l'auteur d'*Horace* dans l'Épître dédicatoire de cette pièce au cardinal de Richelieu : *Ce mot bienfaits fait voir que le cardinal de Richelieu savait récompenser en premier ministre, ce même talent qu'il avait persécuté dans l'auteur du Cid.*

Il est vrai que j'avais quelque génie; mais je ne fus pas courtisan. J'avais naturellement cette inflexibilité d'esprit que j'ai donnée si souvent à mes héros. Comme eux, j'avais une vertu dure, un esprit sans délicatesse, et trop resserré dans les bornes de mon art; il n'est pas étonnant qu'un grand ministre, accoutumé aux devoirs et à la flatterie des plus puissants de l'État, ait négligé un homme de mon caractère.

RICHELIEU.

Ajoutez que je n'ai point connu tout ce que vous valiez. Mon esprit était peut-être resserré, comme le vôtre, dans les bornes de son talent. Vous n'aviez pas l'esprit de la cour, et moi, je n'avais pour les lettres qu'un goût défectueux.

DIALOGUE XIII
RICHELIEU, MAZARIN.

MAZARIN[1].

Est-il possible, mon illustre ami, que vous n'ayez jamais usé de tromperie dans votre ministère?

RICHELIEU.

Hé! croyez-vous vous-même, mon cher cardinal, qu'on puisse gouverner les hommes sans les tromper?

MAZARIN.

Je n'ai que trop montré, par ma conduite, que je ne le croyais pas; mais on m'en a fait un grand crime.

RICHELIEU.

C'est que vous poussiez un peu trop loin la tromperie; c'est que vous trompiez par choix et par faiblesse, plus que par nécessité et par raison.

MAZARIN.

Je suivais en cela mon caractère timide et défiant. Je n'avais pas assez de fermeté pour résister en face aux courtisans; mais je reprenais ensuite par ruse ce que j'avais cédé par faiblesse.

RICHELIEU.

Vous étiez né avec un esprit souple, délié, profond, pénétrant; vous connaissiez tout ce

[1] MAZARIN (Jules), né à Piscina, dans l'Abruzze, le 14 juillet 1602, de la famille des Martinozzi, mourut le 8 mars 1661.

qu'on peut tirer de la faiblesse des hommes, et vous avez été bien loin dans cette science.

MAZARIN.

Oui, mais on m'a reproché de n'avoir pas connu leur force.

RICHELIEU.

Très-injustement, mon ami. Vous la connaissiez et vous la craigniez ; mais vous ne l'estimiez point. Vous étiez vous-même trop faible pour vous en servir ou pour la vaincre ; et, ne pouvant la combattre de front, vous l'attaquiez par la finesse, et vous lui résistiez souvent avec succès.

MAZARIN.

Cela est assez singulier, que je la méprisasse, et que, cependant, je la craignisse.

RICHELIEU.

Rien n'est plus naturel, mon cher ami : les hommes n'estiment guère que les qualités qu'ils possèdent.

MAZARIN.

Après tout cela, que pensez-vous de mon ministère et de mon génie ?

RICHELIEU.

Votre ministère a souffert de justes reproches, parce que vous aviez de grands défauts. Mais vous aviez, en même temps, un esprit supérieur à ces défauts mêmes ; vous joigniez à la vivacité de vos lumières une ambition vaste et invincible. Par là vous avez surmonté tous les obstacles de votre carrière, et vous avez exécuté de grandes choses.

MAZARIN.

Je ne laisse pas de reconnaître que vous aviez un génie supérieur au mien. Je vous surpassais peut-être en subtilité et en finesse ; mais vous m'avez primé par la hauteur et par la vigoureuse hardiesse de votre âme.

RICHELIEU.

Nous avons bien fait l'un et l'autre ; mais la fortune nous a bien servis.

MAZARIN.

Cela est vrai, mais de moindres esprits n'auraient pas profité de leur fortune. La prospérité n'est qu'un écueil pour les âmes faibles[1].

[1] Nous rapprochons ici le jugement de Voltaire sur ces deux grands ministres, de celui de Vauvenargues ;

DIALOGUE XIV
FÉNELON ET RICHELIEU.

FÉNELON[1].

Je n'ai qu'une seule chose à vous reprocher, votre ambition sans bornes et sans délicatesse.

RICHELIEU.

C'est cette ambition des grands hommes, aimable philosophe, qui fait la grandeur des États.

FÉNELON.

C'est elle aussi qui les détruit, et qui les abîme sans ressource.

RICHELIEU.

C'est-à-dire qu'elle fait toutes choses sur la terre ; c'est elle qui domine partout, et qui gouverne l'univers.

FÉNELON.

Dites plutôt que c'est l'activité et le courage.

RICHELIEU.

Oui, l'activité et le courage ; mais l'un et l'autre ne se trouvent guère qu'avec une grande ambition et avec l'amour de la gloire.

FÉNELON.

Eh quoi ! Votre Éminence croirait-elle que la prudence et la vertu ne pourraient résister à l'ambition, gouverner sans elle et l'assujettir !

RICHELIEU.

Cela n'est guère arrivé, mon cher ami ; et il y a bien de l'apparence que ce qui n'arrive point ou ce qui n'arrive que rarement, n'est point selon les lois de la nature.

le lecteur ne sera sans doute pas fâché de les comparer :

> Richelieu, Mazarin, ministres immortels,
> Jusqu'au trône élevés de l'ombre des autels,
> Enfants de la Fortune et de la Politique,
> Marcheront à grands pas au pouvoir despotique.
> Richelieu, grand, sublime, implacable ennemi ;
> Mazarin, souple, adroit, et dangereux ami ;
> L'un, fuyant avec art, et cédant à l'orage ;
> L'autre, aux flots irrités opposant son courage ;
> Des princes de mon sang ennemis déclarés ;
> Tous deux haïs du peuple et tous deux admirés,
> Enfin, par leurs efforts ou par leur industrie,
> Utiles à leurs Rois, cruels à la patrie.
> VOLTAIRE, Henriade, chant VII, v. 335.

[1] FÉNELON (*François de Salignac de La Motte ou Mothe*), naquit au château de Fénelon, en Quercy, le 6 août 1651, fut nommé archevêque de Cambrai en 1695, et mourut le 7 janvier 1715.

FÉNELON.

N'a-t-on pas vu des ministres et des princes sans ambition ?

RICHELIEU.

Ces ministres et ces princes, mon aimable ami, ne gouvernaient point par eux-mêmes ; les plus habiles avaient sous eux des esprits ambitieux qui les conduisaient à leurs fins, sans qu'ils le sussent.

FÉNELON.

Je vous en nommerai plusieurs qui ont gouverné par eux-mêmes.

RICHELIEU.

Hé ! qui vous a dit que ceux que vous me nommeriez n'avaient pas, dans le cœur, une ambition secrète qu'ils cachaient aux peuples ? Les grandes affaires, l'autorité, élèvent les âmes les plus faibles, et fécondent ce germe d'ambition que tous les hommes apportent au monde avec la vie. Vous, qui vous êtes montré si ami de la modération dans vos écrits, ne vouliez-vous pas vous insinuer dans les esprits, faire prévaloir vos maximes ? N'étiez-vous pas fâché qu'on les négligeât ?

FÉNELON.

Il est vrai que j'étais zélé pour mes maximes ; mais parce que je les croyais justes, et non parce qu'elles étaient miennes.

RICHELIEU.

Il est aisé, mon cher ami, de se faire illusion là-dessus. Si vous aviez eu un esprit faible, vous auriez laissé le soin à tout autre de redresser le genre humain ; mais, parce que vous étiez né avec de la vertu et de l'activité, vous vouliez assujettir les hommes à votre génie particulier. Croyez-moi, c'est là de l'ambition.

FÉNELON.

Cela peut bien être. Mais cette ambition qui va en tout au bien des peuples, est bien différente de celle qui rapporte tout à soi et que j'ai combattue.

RICHELIEU.

Ai-je prétendu le contraire, mon aimable ami ? L'ambition est l'âme du monde ; mais il faut qu'elle soit accompagnée de vertu, d'humanité, de prudence et de grandes vues pour faire le bonheur des peuples et assurer la gloire de ceux qui gouvernent.

DIALOGUE XV

BRUTUS ET UN JEUNE ROMAIN.

LE JEUNE HOMME.

Ombre illustre, daignez m'aimer. Vous avez été mon modèle tant que j'ai vécu : j'étais ambitieux comme vous ; je m'efforçais de suivre vos autres vertus : la fortune m'a été contraire ; j'ai trompé sa haine ; je me suis dérobé à sa rigueur, en me tuant.

BRUTUS.

Vous avez pris ce parti-là bien jeune, mon ami. Ne vous restait-il plus de ressources dans le monde ?

LE JEUNE HOMME.

J'ai cru qu'il ne m'en restait d'autre que le hasard, et je n'ai pas daigné l'attendre.

BRUTUS.

A quel titre demandiez-vous la fortune ? Étiez-vous né d'un sang illustre ?

LE JEUNE HOMME.

J'étais né dans l'obscurité ; je voulais m'ennoblir par la vertu et par la gloire.

BRUTUS.

Quels moyens aviez-vous choisis pour vous élever ? car, sans doute, vous n'aviez pas un désir vague de faire fortune, sans vous attacher à un objet particulier ?

LE JEUNE HOMME.

Je croyais pouvoir espérer de m'avancer par mon esprit et par mon courage ; je me sentais l'âme élevée.

BRUTUS.

Vous cultiviez cela avec quelque talent ? car vous n'ignoriez pas qu'on ne s'avance point par la magnanimité, lorsqu'on n'est pas à portée de la développer dans les grandes affaires ?

LE JEUNE HOMME.

Je connaissais un peu le cœur humain ; j'aimais l'intrigue [1] ; j'espérais de me rendre maître de l'esprit des autres : par là on peut aller à tout.

BRUTUS.

Oui, lorsqu'on est avancé dans la carrière et

---

[1] Il faut noter, dans l'intérêt même de l'auteur, que ce mot a changé d'acception, et que de son temps aucun sens défavorable ne s'y attachait. — Vauvenargues entend par ce mot ce qu'il entend par l'*esprit de manége*.

connu des grands. Mais qu'aviez-vous fait pour vous mettre en passe et vous faire connaître? Vous distinguiez-vous à la guerre?

LE JEUNE HOMME.

Je me présentais froidement à tous les dangers, et je remplissais mes devoirs; mais j'avais peu de goût pour les détails de mon métier. Je croyais que j'aurais bien fait dans les grands emplois; mais je négligeais de me faire une réputation dans les petits.

BRUTUS.

Et vous flattiez-vous qu'on ne devinerait ce talent que vous aviez pour les grandes choses, si vous ne l'annonciez dans les petites?

LE JEUNE HOMME.

Je ne m'en flattais que trop, ombre illustre; car je n'avais nulle expérience de la vie, et on ne m'avait point instruit du monde. Je n'avais pas été élevé pour la fortune.

BRUTUS.

Aviez-vous du moins cultivé votre esprit pour l'éloquence?

LE JEUNE HOMME.

Je le cultivais autant que les occupations de la guerre le pouvaient permettre; j'aimais les lettres et la poésie; mais tout cela était inutile sous l'empire de Tibère, qui n'aimait que la politique, et qui méprisait les arts, dans sa vieillesse. L'éloquence ne menait plus à Rome aux dignités; c'était un talent inutile pour la fortune, et qu'on n'avait pas même occasion de mettre en pratique.

BRUTUS.

Vous deviez donc vous attacher aux choses qui pouvaient vous rendre agréable à votre maître, et utile à votre patrie, dans l'état où elle se trouvait alors.

LE JEUNE HOMME.

J'ai reconnu la vérité de ce que vous dites; mais je l'ai connue trop tard, et je me suis tué moi-même, pour me punir de mes fautes.

BRUTUS.

Vos fautes ne sont pas inexcusables, mon ami. Vous n'aviez pas pris les vrais chemins de la fortune; mais vous pouviez réussir par d'autres moyens, puisque mille gens se sont avancés sans mérite et sans industrie estimable. Vous vous condamnez trop sévèrement: vous êtes comme la plupart des hommes, qui ne jugent guère de leur conduite que par le succès.

LE JEUNE HOMME.

Il m'est très-doux, grande ombre, que vous m'excusiez. Je n'ai jamais osé ouvrir mon cœur à personne tant que j'ai vécu: vous êtes le premier à qui j'ai avoué mon ambition, et qui m'avez pardonné ma mauvaise fortune.

BRUTUS.

Hélas! si je vous avais connu dans le monde, j'aurais tâché de vous consoler dans vos disgrâces. Je vois que vous ne manquiez ni de vertu, ni d'esprit, ni de courage: vous auriez fait votre fortune dans un meilleur temps, car vous avez l'âme romaine.

LE JEUNE HOMME.

Si cela est ainsi, mon cher Brutus, je ne dois point regretter mon malheur. La fortune est partiale et injuste; ce n'est pas un grand mal de la manquer lorsqu'on peut se répondre qu'on l'a méritée; mais quand on la possède indignement et à titre injuste, c'est peu de chose: elle ne sert qu'à faire de plus grandes fautes et à augmenter tous les vices.

DIALOGUE XVI

CATILINA, SÉNÉCION.

SÉNÉCION[1].

Avouez, Catilina, que vous vous ennuyez ici étrangement. Vous n'avez plus personne ni à persuader, ni à tromper, ni à corrompre. L'art que vous possédiez de gagner les hommes, de vous proportionner à eux, de les flatter par l'espérance, de les tenir dans vos intérêts, ou par les plaisirs, ou par l'ambition, ou par la crainte, cet art vous est, ici, tout à fait inutile.

CATILINA.

Il est vrai que je mène ici une vie à peu près aussi oisive et aussi languissante que celle que vous avez menée vous-même dans le monde, et à la cour de Néron.

SÉNÉCION.

Moi! je n'ai pas mené une vie languissante,

[1] Favori de Néron

j'étais favori de mon maître ; j'étais de tous ses amusements et de ses plaisirs ; tous les ministres avaient de grands égards pour moi, et les courtisans me portaient envie.

CATILINA.

Saviez-vous faire usage de votre faveur? protégiez-vous les hommes de mérite? vous en serviez-vous?

SÉNÉCION.

Des gens de mérite, je n'en connaissais point. Il y avait quelques hommes obscurs, à Rome, qui se piquaient de vertu ; mais c'étaient des imbéciles, que l'on ne voyait point en bonne compagnie, et qui n'étaient bons à rien.

CATILINA.

Mais il y avait aussi des gens d'esprit ; et sans doute vous....

SÉNÉCION.

Oui, il y avait à la cour quelques jeunes gens qui avaient de l'imagination, qui étaient plaisants, singuliers, et de très-bonne compagnie. Je passais ma vie avec eux.

CATILINA.

Quoi! il n'y avait de gens d'esprit que dans ce petit cercle d'hommes qui composaient la cour de l'empereur?

SÉNÉCION.

Je connaissais aussi quelques pédants, des poëtes, des philosophes, des gens à talent, en tout genre; mais je tenais ces espèces dans la subordination : je m'en amusais quelquefois, et les congédiais ensuite, sans me familiariser avec eux.

CATILINA.

On m'avait dit que vous-même faisiez des vers; que vous déclamiez; que vous vous piquiez d'être philosophe.

SÉNÉCION.

Je m'amusais de tous ces talents qui étaient en moi; mais je m'appliquais à des choses plus utiles et plus raisonnables.

CATILINA.

Et quelles étaient donc ces choses plus raisonnables?

SÉNÉCION.

Oh! vous en voulez trop savoir. Voudriez-vous que j'eusse passé ma vie sur des livres et dans mon cabinet, comme ces misérables qui n'avaient d'autre ressource que leur talent? Je vous avoue que ces gens-là avaient bien peu d'esprit. Je les recevais chez moi pour leur apprendre que j'avais plus d'esprit qu'eux ; je leur faisais sentir, à tout moment, qu'ils n'étaient que des sots; je les accablais quelquefois d'amitiés et d'honnêtetés; je voyais qu'ils comptaient sur moi; mais le lendemain je ne leur parlais plus; je ne faisais pas semblant de les voir; ils s'en allaient désespérés contre moi; mais je me moquais de leur colère, et je savais qu'ils seraient trop heureux que je leur accordasse encore ma protection.

CATILINA.

Ainsi, vous vous réserviez de vous attacher d'autres hommes plus propres à servir vos desseins; car, apparemment, vous ne comptiez pas sur le cœur de ceux que vous traitiez si mal?

SÉNÉCION.

Moi! j'avais la faveur de mon maître, je n'avais besoin de personne. Je n'aurais pas manqué de créatures, si j'avais voulu; les hommes se jetaient en foule au-devant de moi; mais je me contentais de ménager les grands et ceux qui approchaient de l'empereur; j'étais inexorable pour les autres, qui me recherchaient parce que je pouvais leur être utile, et qui, eux-mêmes, n'étaient bons à rien.

CATILINA.

Et que seriez-vous devenu, si Néron eût cessé de vous aimer? Ces grands, qui étaient tous jaloux de votre fortune, vous auraient-ils soutenu dans vos disgrâces? Qui vous aurait regretté? qui vous eût plaint? qui aurait pris votre parti contre le peuple, animé contre vous par votre orgueil et votre mollesse?

SÉNÉCION.

Mon ami, quand on perd la faveur du prince, on perd toujours tout avec elle.

CATILINA.

On ne perd point le génie et le courage, lorsqu'on en a véritablement; on ne perd point l'amour des misérables, qui sont toujours en très-grand nombre; on conserve l'estime des gens de mérite. Le malheur même augmente quelquefois la réputation des grands hommes; leur chute entraîne nécessairement celle d'une infinité de gens de mérite qui leur étaient attachés : ceux-ci ont intérêt de les relever, de les défendre dans le public, et se sacrifient quelquefois de très-bon cœur pour les servir.

SÉNÉCION.

Ce que vous dites est peut-être vrai dans une république; mais, sous un roi, je vous dis qu'on dépend uniquement de sa volonté.

CATILINA.

Vous aviez servi sous un mauvais prince, qui n'était environné que de flatteurs, et d'esprits bas et mercenaires. Si vous aviez vécu sous un meilleur règne, vous auriez vu qu'on dépendait, à la vérité, de la volonté du prince, mais que la volonté d'un prince éclairé revenait aisément vers ceux qui se mettaient en état de le bien servir, qui avaient pour eux la voix publique, et des créatures pour rappeler à l'esprit du maître leurs talents, dans les circonstances favorables.

SÉNÉCION.

Je n'ai point éprouvé ce que vous dites, et j'ai mené une vie assez heureuse, sans suivre vos maximes.

CATILINA.

Vous appelez une vie heureuse celle que vous avez passée tout entière avec un prince qui avait une folie barbare, qui consumait les jours et les nuits dans de longs et fastidieux repas; une vie qui n'a été occupée qu'à assister au lever et au dîner de votre maître, à posséder quelques femmes que vous méprisiez, à vous parer, à vous faire voir, à recevoir les respects d'une cour qui vous haïssait, où vous n'aviez aucun vrai ami, aucune créature, aucun homme attaché à vous!

SÉNÉCION.

Ne dirait-on pas, à vous entendre, que votre vie a été plus agréable et plus glorieuse?

CATILINA.

Ce n'est pas à moi à vous dire qu'elle a été glorieuse; mais je puis, au moins, vous répondre qu'elle a été plus agréable que la vôtre : j'ai joui des mêmes plaisirs que vous, mais je ne m'y suis pas borné; je les ai fait servir à des desseins sérieux et à une fin plus flatteuse. J'ai aimé et estimé les hommes de bonne foi, parce que j'étais capable de discerner le mérite, et que j'avais un cœur sensible. Je me suis attaché tous les misérables, sans cesser de vivre avec les grands. Je tenais à tous les états par mon génie vaste et conciliant; le peuple m'aimait; je savais me familiariser avec les hommes, sans m'avilir; je me relâchais sur les avantages de ma naissance, content de primer par mon génie et par mon courage. Les grands ne négligent souvent les hommes de mérite que parce qu'ils sentent bien qu'ils ne peuvent les dominer par leur esprit. Pour moi, je me livrais tout entier aux plus courageux et aux plus habiles, parce que je n'en craignais aucun; je me proportionnais aux autres; je gagnais le cœur de ceux qui, par leurs principes, n'estimaient point mes sentiments; mon parti m'adorait; j'aurais assujetti la république, si j'avais pu éviter certaines fautes. Pour vous, sans la scélératesse et la folie de votre maître, vous n'auriez jamais été qu'un homme obscur et accablé de ses propres vices. Adieu[1].

DIALOGUE XVII

RENAUD ET JAFFIER, CONJURÉS[2].

JAFFIER.

Eh bien! mon cher Renaud, es-tu désabusé de l'ambition et de la fortune?

[1] Tacite parle de ce Sénécion, dont le prénom était Tullius. C'était un chevalier romain dont Néron avait fait le confident des secrets qu'il voulait cacher à sa mère Agrippine. Tullius Sénécion devint un des favoris du tyran, le complice de ses crimes et le compagnon de ses débauches. Il fut enveloppé dans la fameuse conspiration où périrent Épicharis, Sénèque et Lucain : on dit qu'il mourut avec plus de courage qu'on n'avait lieu de l'attendre d'un homme livré aux plaisirs.
Je trouve que l'auteur de ces dialogues excuse avec trop de complaisance les crimes de l'ambition. Le portrait que Salluste fait de Catilina ne s'accorde point avec l'idée qu'on en donne dans ce dialogue. Il avait, dit l'historien romain, l'âme forte, le corps robuste, mais l'esprit méchant et l'âme dépravée. Jeune encore, il aimait les troubles, les séditions et les guerres civiles. Il se plaisait au meurtre et au pillage, et ses premières années furent un apprentissage de scélératesse. Il supportait avec une fermeté incroyable la faim, le froid et les veilles. Audacieux, habile dans l'art de séduire et de feindre, avide du bien d'autrui, prodigue du sien, violent dans ses passions, assez éloquent, mais dénué de raison, il n'eut que de vastes desseins et ne se porta qu'à des choses extrêmes, presque impossibles, au-dessus de l'ambition et de la fortune d'un simple citoyen. SALLUST., *Bell. Catil.*, cap. v. — S.

[2] Voir SAINT-RÉAL, *Histoire de la Conjuration de Venise*.

RENAUD.

Mon ami, j'ai péri en homme de courage, dans une entreprise qui éternisera mon nom et l'injustice de mes destinées : je ne regrette point ce que j'ai fait.

JAFFIER.

Mais tu avais pris un mauvais chemin pour faire fortune : mille gens sont parvenus, sans péril et sans peine, plus haut que toi. J'ai connu un homme sans nom, qui avait amassé des richesses immenses par le débit d'un nouvel opiat pour les dents.

RENAUD.

J'ai connu, comme toi, des hommes que le hasard ou une frivole industrie ont avancés; mais je n'étais pas né pour m'élever par ces moyens; je n'ai jamais porté envie à ces misérables.

JAFFIER.

Et pourquoi avais-tu de l'ambition, si tu méprisais l'injustice de la fortune?

RENAUD.

Parce que j'avais l'âme haute, et que j'aimais à lutter contre mon mauvais destin : le combat me plaisait sans la victoire.

JAFFIER.

Il est vrai que la fortune t'avait fait naître hors de ta place.

RENAUD.

Et la nature, mon cher Jaffier, m'y appelait, et se révoltait.

JAFFIER.

Ne pouvais-tu vivre tranquillement, sans autorité et sans gloire?

RENAUD.

J'aimais mieux la mort qu'une vie oisive ; je savais bien vivre sans gloire, mais non sans activité et sans intrigue.

JAFFIER.

Avoue, cependant, que tu te conduisais avec imprudence ; tu portais trop haut tes projets. Ignorais-tu qu'un gentilhomme français comme toi, qui avait peu de bien, qui n'était recommandable ni par son nom, ni par ses alliances, ni par sa fortune, devait renoncer à ces grands desseins?

RENUD.

Ami, ce fut cette pensée qui me fit quitter ma patrie, après avoir tenté tout ce qui dépendait de moi pour m'y élever. J'errais en divers pays ; je vins à Venise, et tu sais le reste.

JAFFIER.

Oui, je sais que tu fus sur le point d'élever ta fortune sur les débris de cette puissante république ; mais, quand tu aurais réussi, tu n'aurais jamais eu ni la principale gloire, ni le fruit de cette entreprise, qui était conduite par des hommes plus puissants que toi.

RENAUD.

C'est le sort des hommes de génie, qui n'ont que du génie et du courage ; ils ne sont que les instruments des grands qui les emploient ; ils ne recueillent jamais ni la gloire, ni le fruit principal des entreprises qu'ils ont conduites, et que l'on doit à leur prudence ; mais le témoignage de leur conscience est bien doux. Ils sont considérés, du moins, des grands qu'ils servent ; ils les maîtrisent quelquefois dans leur conduite ; et, enfin, quelques-uns parviennent, s'élèvent au-dessus de leurs protecteurs, et emportent au tombeau l'estime des peuples.

JAFFIER.

Ce sont ces sentiments qui t'ont conduit sur l'échafaud.

RENAUD.

Crois-tu que j'aie regretté la vie? Un homme qui craint la mort, n'est pas même digne de vivre[1].

[1] Ce dialogue est une simple esquisse. Rien n'y est approfondi ; et cependant l'auteur aurait pu y faire entrer de beaux développements. L'histoire de la conjuration de Venise, par l'abbé de Saint-Réal, lui aurait fourni les matériaux nécessaires. Il y avait quelque chose de sombre et de mystérieux dans le gouvernement de Venise qui attache l'imagination et qui a répandu du charme et de l'intérêt sur les ouvrages où il en a été question. Au reste, il est à peu près évident que tous les détails de cette fameuse conspiration sont sortis de l'imagination de l'abbé de Saint-Réal, qui écrivait l'histoire comme Varillas son modèle, sans se mettre en peine de la vérité des faits et de l'exactitude des détails.

J'ai cru m'apercevoir, en lisant avec attention ces dialogues de Vauvenargues, qu'il y avait dans son âme des semences d'ambition. On sait qu'il fit quelques démarches infructueuses pour entrer dans la carrière diplomatique ; mais il fallait pour réussir de son temps un esprit d'intrigue et de servilité incompatible avec son caractère naturellement noble et porté aux grandes choses et aux grandes pensées. Il est malheureux pour des âmes de cette trempe de naître dans un siècle d'égoïsme et de petitesse ; elles s'y trouvent contraintes, resserrées, et leur essor, sans cesse comprimé, les jette dans la mélancolie et quelquefois même dans l'abatte-

DIALOGUE XVIII.

PLATON ET DENYS LE TYRAN.

DENYS.

Oui, je le maintiens, mon cher philosophe, la pitié, l'amitié, la générosité, ne font que glisser sur le cœur de l'homme ; pour l'équité, il n'y en a aucun principe dans sa nature.

PLATON.

Quand il serait vrai que les sentiments d'humanité ne seraient point durables dans le cœur de l'homme...

DENYS.

Cela ne peut être plus vrai ; il n'y a de durable dans le cœur de l'homme que l'amour-propre.

PLATON.

Eh bien, que concluez-vous de cette supposition ?

DENYS.

Je conclus que j'ai eu raison de me défier de tous les hommes, de rapporter tout à moi, de n'aimer que moi.

ment. Je ne lis point le dialogue entre Brutus et un jeune Romain sans soupçonner que l'auteur, en faisant parler ce dernier personnage, a voulu peindre les dispositions de son esprit et quelques-uns des événements de sa vie. Je ne suis pas de ceux qui condamnent l'ambition d'une manière absolue; j'en juge par les effets qu'elle produit. Si elle est utile aux hommes, si elle est accompagnée de la vertu, je la considère comme un des plus nobles mouvements de l'âme; si elle ne recherche le crédit et l'autorité que pour satisfaire d'autres passions viles, telles que l'avarice, la haine, la cruauté, je la déteste et la méprise au sein même de son opulence et de son pouvoir. — S.

PLATON.

Vous niez donc que les hommes soient obligés à être justes ?

DENYS.

Pourquoi y seraient-ils obligés, puisque la nature ne les a pas faits tels ?

PLATON.

Parce que la nature les a faits raisonnables, et que, si elle ne leur a pas accordé l'équité, elle leur a donné la raison pour la leur faire connaître et pratiquer ; car vous ne niez pas, du moins, que la raison ne montre la nécessité de la justice ?

DENYS.

La raison veut que les habiles et les forts gouvernent, et qu'ils fassent observer aux autres hommes l'équité : voilà ce que je vous accorde.

PLATON.

C'est-à-dire que vous, qui étiez plus fort et plus habile que vos sujets, vous n'étiez pas obligé envers eux à être juste ? Mais vous avez trouvé des hommes encore plus heureux et plus habiles que vous ; ils vous ont chassé de la place que vous aviez usurpée. Après avoir éprouvé si durement les inconvénients de la violence, devriez-vous persister dans votre erreur ? Mais, puisque votre expérience n'a pu vous instruire, je le tenterais vainement. Adieu, je ne veux point infecter mon esprit du poison dangereux de vos maximes.

DENYS.

Et moi, je veux toujours haïr les vôtres : la vertu me condamne avec trop de rigueur, pour que je puisse jamais la souffrir.

RÉFLEXIONS ET MAXIMES

AVERTISSEMENT

Comme il y a des gens qui ne lisent que pour trouver des erreurs dans un écrivain, j'avertis ceux qui liront ces *Réflexions* que, s'il y en a quelqu'une qui présente un sens peu conforme à la piété, l'Auteur désavoue ce mauvais sens, et souscrit le premier à la critique qu'on en pourra faire ; il espère cependant que les personnes désintéressées n'auront aucune peine à bien interpréter ses sentiments. Ainsi, lorsqu'il dit : *La pensée de la mort nous trompe, parce qu'elle nous fait oublier de vivre*, il se flatte qu'on verra bien que c'est de la pensée de la mort, sans la vue de la Religion, qu'il veut parler. Et encore ailleurs, lorsqu'il dit : *La conscience des mourants calomnie leur vie*, il est fort éloigné de prétendre qu'elle ne les accuse pas souvent avec justice ; mais il n'y a personne qui ne sache que toutes les propositions générales ont leurs exceptions. Si on n'a pas pris soin ici de les marquer, c'est parce que le genre d'écrire que l'on a choisi ne le permet pas. Il suffira de confronter l'auteur avec lui-même, pour connaître la pureté de ses principes.

J'avertis encore les lecteurs que toutes ces pensées ne se suivent pas, mais qu'il y en a plusieurs qui se suivent, et qui pourraient paraître obscures ou hors d'œuvre, si on les séparait. On n'a point conservé dans cette édition l'ordre qu'on leur avait donné dans la première ; on en a retranché plus de deux cents maximes ; on en a étendu quelques-unes, et en on a ajouté un petit nombre.

---

1. Il est plus aisé de dire des choses nouvelles que de concilier celles qui ont été dites.
2. L'esprit de l'homme est plus pénétrant que conséquent, et embrasse plus qu'il ne peut lier.
3. Lorsqu'une pensée est trop faible pour porter une expression simple, c'est la marque pour la rejeter.
4. La clarté orne les pensées profondes.
5. L'obscurité est le royaume de l'erreur.
6. Il n'y aurait point d'erreurs qui ne périssent d'elles-mêmes, rendues clairement.
7. Ce qui fait souvent le mécompte d'un écrivain, c'est qu'il croit rendre les choses telles qu'il les aperçoit ou qu'il les sent.
8. On proscrirait moins de pensées d'un ouvrage, si on les concevait comme l'auteur.
9. Lorsqu'une pensée s'offre à nous comme une profonde découverte, et que nous prenons la peine de la développer, nous trouvons souvent que c'est une vérité *qui court les rues*.
10. Il est rare qu'on approfondisse la pensée d'un autre ; de sorte que, s'il arrive dans la suite qu'on fasse la même réflexion, on se persuade aisément qu'elle est nouvelle, tant elle offre de circonstances et de dépendances qu'on avait laissé échapper.

11. Si une pensée ou un ouvrage n'intéressent que peu de personnes, peu en parleront.

12. C'est un grand signe de médiocrité de louer toujours modérément.

13. Les fortunes promptes en tout genre sont les moins solides, parce qu'il est rare qu'elles soient l'ouvrage du mérite ; les fruits mûrs mais laborieux de la prudence sont toujours tardifs.

14. L'espérance anime le sage et leurre le présomptueux et l'indolent, qui se reposent inconsidérément sur ses promesses.

15. Beaucoup de défiances et d'espérances raisonnables sont trompées.

16. L'ambition ardente exile les plaisirs, dès la jeunesse, pour gouverner seule.

17. La prospérité fait peu d'amis.

18. Les longues prospérités s'écoulent quelquefois en un moment, comme les chaleurs de l'été sont emportées par un jour d'orage.

19. Le courage a plus de ressources contre les disgrâces que la raison.

20. La raison et la liberté sont incompatibles avec la faiblesse.

21. La guerre n'est pas si onéreuse que la servitude.

22. La servitude abaisse les hommes jusqu'à s'en faire aimer.

23. Les prospérités des mauvais rois sont fatales aux peuples.

24. Il n'est pas donné à la raison de réparer tous les vices de la nature.

25. Avant d'attaquer un abus, il faut voir si on peut ruiner ses fondements.

26. Les abus inévitables sont des lois de la nature.

27. Nous n'avons pas [le] droit de rendre misérables ceux que nous ne pouvons rendre bons.

28. On ne peut être juste, si on n'est humain.

29. Quelques auteurs traitent la morale comme on traite la nouvelle architecture, où l'on cherche avant toutes choses la commodité.

30. Il est fort différent de rendre la vertu facile pour l'établir, ou de lui égaler le vice pour la détruire.

31. Nos erreurs et nos divisions, dans la morale, viennent quelquefois de ce que nous considérons les hommes comme s'ils pouvaient être tout à fait vicieux ou tout à fait bons.

32. Il n'y a peut-être point de vérité qui ne soit à quelque esprit faux matière d'erreur.

33. Les générations des opinions sont conformes à celles des hommes, bonnes et vicieuses tour à tour.

34. Nous ne connaissons pas l'attrait des violentes agitations : ceux que nous plaignons de leurs embarras méprisent notre repos.

35. Personne ne veut être plaint de ses erreurs.

36. Les orages de la jeunesse sont environnés de jours brillants.

37. Les jeunes gens connaissent plutôt l'amour que la beauté.

38. Les femmes et les jeunes gens ne séparent point leur estime de leurs goûts.

39. La coutume fait tout, jusqu'en amour.

40. Il y a peu de passions constantes ; il y en a beaucoup de sincères. Cela a toujours été ainsi ; mais les hommes se piquent d'être constants ou indifférents, selon la mode, qui excède toujours la nature[1].

41. La raison rougit des penchants dont elle ne peut rendre compte.

42. Le secret des moindres plaisirs de la nature passe la raison.

43. C'est une preuve de petitesse d'esprit, lorsqu'on distingue toujours ce qui est estimable de ce qui est aimable : les grandes âmes aiment naturellement tout ce qui est digne de leur estime[2].

44. L'estime s'use comme l'amour.

45. Quand on sent qu'on n'a pas de quoi se faire estimer de quelqu'un, on est bien près de le haïr.

46. Ceux qui manquent de probité dans les plaisirs n'en ont qu'une feinte dans les affai-

---

[1] *Var.* (« Il y a peu de passions constantes ; il y en a beaucoup de sincères : voilà la nature. Mais on se piquait autrefois d'une fausse constance ; on se pique aujourd'hui d'une fausse indifférence : voilà la mode. ») — Cette seconde version, restée inédite, n'est-elle pas vraiment plus vive et plus piquante ? — G.

[2] *Var.* : « C'est une preuve de peu d'esprit et de mauvais goût, lorsqu'on distingue toujours ce qui est estimable de ce qui est aimable ; rien n'est si aimable que la vertu pour les cœurs bien faits. »

res : c'est la marque d'un naturel féroce, lorsque le plaisir ne rend point humain.

47. Les plaisirs enseignent aux princes à se familiariser avec les hommes.

48. Le trafic de l'honneur n'enrichit pas.

49. Ceux qui nous font acheter leur probité ne nous vendent ordinairement que leur honneur.

50. La conscience, l'honneur, la chasteté, l'amour et l'estime des hommes sont à prix d'argent : la libéralité multiplie les avantages des richesses.

51. Celui qui sait rendre ses profusions utiles a une grande et noble économie.

52. Les sots ne comprennent pas les gens d'esprit.

53. Personne ne se croit propre, comme un sot, à duper un homme d'esprit.

54. Nous négligeons souvent les hommes sur qui la nature nous donne ascendant, qui sont ceux qu'il faut attacher et comme incorporer à nous, les autres ne tenant à nos amorces que par l'intérêt, l'objet du monde le plus changeant.

55. Il n'y a guère de gens plus aigres que ceux qui sont doux par intérêt.

56. L'intérêt fait peu de fortunes.

57. Il est faux qu'on ait fait fortune, lorsqu'on ne sait pas en jouir.

58. L'amour de la gloire fait les grandes fortunes entre les peuples.

59. Nous avons si peu de vertu, que nous nous trouvons ridicules d'aimer la gloire.

60. La fortune exige des soins. Il faut être souple, amusant, cabaler, n'offenser personne, plaire aux femmes et aux hommes en place, se mêler des plaisirs et des affaires, cacher son secret, savoir s'ennuyer la nuit à table, et jouer trois quadrilles sans quitter sa chaise : même après tout cela, on n'est sûr de rien. Combien de dégoûts et d'ennuis ne pourrait-on pas s'épargner, si on osait aller à la gloire par le seul mérite !

61. Quelques fous se sont dit à table : Il n'y a que nous qui soyons bonne compagnie; et on les croit.

62. Les joueurs ont le pas sur les gens d'esprit, comme ayant l'honneur de représenter les hommes riches.

63. Les gens d'esprit seraient presque seuls, sans les sots qui s'en piquent.

64. Celui qui s'habille le matin avant huit heures pour entendre plaider à l'audience, ou pour voir des tableaux étalés au Louvre, ou pour se trouver aux répétitions d'une pièce prête à paraître, et qui se pique de juger en tout genre du travail d'autrui, est un homme auquel il ne manque souvent que de l'esprit et du goût.

65. Nous sommes moins offensés du mépris des sots, que d'être médiocrement estimés des gens d'esprit.

66. C'est offenser quelquefois les hommes que de leur donner des louanges, parce qu'elles marquent les bornes de leur mérite; peu de gens sont assez modestes pour souffrir sans peine qu'on les apprécie.

67. Il est difficile d'estimer quelqu'un comme il veut l'être.

68. On doit se consoler de n'avoir pas les grands talents, comme on se console de n'avoir pas les grandes places : on peut être au-dessus de l'un et de l'autre par le cœur.

69. La raison et l'extravagance, la vertu et le vice ont leurs heureux : le contentement n'est pas la marque du mérite.

70. La tranquillité d'esprit passerait-elle pour une meilleure preuve de la vertu ? La santé la donne.

71. Si la gloire et si le mérite ne rendent pas les hommes heureux, ce que l'on appelle bonheur mérite-t-il leurs regrets ? Une âme un peu courageuse daignerait-elle accepter ou la fortune, ou le repos d'esprit, ou la modération, s'il fallait leur sacrifier la vigueur de ses sentiments, et abaisser l'essor de son génie[1].

72. La modération des grands hommes ne borne que leurs vices.

73. La modération des faibles est médiocrité.

74. Ce qui est arrogance dans les faibles est élévation dans les forts; comme la force des malades est frénésie, et celle des sains est vigueur.

---

[1] *Var.* : « Pensée consolante ! L'avarice ne s'assouvit pas par les richesses, ni l'intempérance par la volupté, ni la paresse par l'oisiveté, ni l'ambition par la fortune. Mais si les talents, si la gloire, si la vertu même, ne nous rendent heureux, ce que l'on appelle bonheur vaut-il nos regrets ? »

75. Le sentiment de nos forces les augmente.

76. On ne juge pas si diversement des autres que de soi-même.

77. Il n'est pas vrai que les hommes soient meilleurs dans la pauvreté que dans les richesses.

78. Pauvres et riches, nul n'est vertueux ni heureux, si la fortune ne l'a mis à sa place[1].

79. Il faut entrenir la vigueur du corps, pour conserver celle de l'esprit.

80. On tire peu de services des vieillards.

81. Les hommes ont la volonté de rendre service, jusqu'à ce qu'ils en aient le pouvoir.

82. L'avare prononce en secret : Suis-je chargé de la fortune des misérables ? et il repousse la pitié qui l'importune.

83. Ceux qui croient n'avoir plus besoin d'autrui deviennent intraitables.

84. Il est rare d'obtenir beaucoup des hommes dont on a besoin.

85. On gagne peu de choses par habileté.

86. Nos plus sûrs protecteurs sont nos talents.

87. Tous les hommes se jugent dignes des plus grandes places ; mais la nature, qui ne les en a pas rendus capables, fait aussi qu'ils se tiennent très-contents dans les dernières.

88. On méprise des grands desseins, lorsqu'on ne se sent pas capable des grands succès.

89. Les hommes ont de grandes prétentions et de petits projets.

90. Les grands hommes entreprennent les grandes choses, parce qu'elles sont grandes ; et les fous, parce qu'ils les croient faciles.

91. Il est quelquefois plus facile de former un parti, que de venir par degrés à la tête d'un parti déjà formé.

92. Il n'y a point de parti si aisé à détruire que celui que la prudence seule a formé : les caprices de la nature ne sont pas si frêles que les chefs-d'œuvre de l'art.

93. On peut dominer par la force, mais jamais par la seule adresse.

94. Ceux qui n'ont que l'habileté ne tiennent en aucun lieu le premier rang.

95. La force peut tout entreprendre contre les habiles.

96. Le terme de l'habileté est de gouverner sans la force.

97. C'est être médiocrement habile que de faire des dupes.

98. La probité, qui empêche les esprits médiocres de parvenir à leurs fins, est un moyen de plus de réussir pour les habiles.

99. Ceux qui ne savent pas tirer parti des autres hommes sont ordinairement peu accessibles.

100. Les habiles ne rebutent personne.

101. L'extrême défiance n'est pas moins nuisible que son contraire ; la plupart des hommes deviennent inutiles à celui qui ne veut pas risquer d'être trompé.

102. Il faut tout attendre et tout craindre du temps et des hommes.

103. Les méchants sont toujours surpris de trouver de l'habileté dans les bons.

104. Trop et trop peu de secret sur nos affaires témoignent également une âme faible.

105. La familiarité est l'apprentissage des esprits.

106. Nous découvrons en nous-mêmes ce que les autres nous cachent, et nous reconnaissons dans les autres ce que nous nous cachons à nous-mêmes.

107. Les maximes des hommes décèlent leur cœur.

108. Les esprits faux changent souvent de maximes.

109. Les esprits légers sont disposés à la complaisance.

110. Les menteurs sont bas et glorieux.

111. Peu de maximes sont vraies à tous égards.

112. On dit peu de choses solides, lorsqu'on cherche à en dire d'extraordinaires.

113. Nous nous flattons sottement de persuader aux autres ce que nous ne pensons pas nous-mêmes.

114. On ne s'amuse pas longtemps de l'esprit d'autrui.

115. Les meilleurs auteurs parlent trop.

116. La ressource de ceux qui n'imaginent pas est de conter.

117. La stérilité de sentiment nourrit la paresse.

118. Un homme qui ne dîne ni ne soupe

---

[1] *Var.* : [« Il n'y a d'heureux sur la terre que les gens qui sont à leur place. »]

RÉFLEXIONS ET MAXIMES. 659

chez lui, se croit occupé, et celui qui passe la matinée à se laver la bouche, et à donner audience à son brodeur, se moque de l'oisiveté d'un nouvelliste, qui se promène tous les jours avant dîner.

119. Il n'y aurait pas beaucoup d'heureux, s'il appartenait à autrui de décider de nos occupations et de nos plaisirs.

120. Lorsqu'une chose ne peut pas nous nuire, il faut nous moquer de ceux qui nous en détournent.

121. Il y a plus de mauvais conseils que de caprices.

122. Il ne faut pas croire aisément que ce que la nature a fait aimable soit vicieux : il n'y a point de siècle et de peuple qui n'aient établi des vertus et des vices imaginaires.

123. La raison nous trompe plus souvent que la nature[1].

124. La raison ne connaît pas les intérêts du cœur.

125. Si la passion conseille quelquefois plus hardiment que la réflexion, c'est qu'elle donne plus de force pour exécuter.

126. Si les passions font plus de fautes que le jugement, c'est par la raison que ceux qui gouvernent font plus de fautes que les hommes privés.

127. Les grandes pensées viennent du cœur.

128. Le bon instinct n'a pas besoin de la raison, mais il la donne.

129. On paye chèrement les moindres biens, lorsqu'on ne les tient que de la raison.

[1] Vauvenargues entend par *nature*, le *sentiment*, l'*instinct*, ou le *cœur*, et par *raison*, la *réflexion*, le *raisonnement*, ou le *conseil*, et il emploie indifféremment ces termes, les uns pour les autres. On peut dire que sa théorie morale repose tout entière sur la subordination du mouvement *réfléchi*, dont il tient peu de compte, au mouvement *instinctif*, qu'il met au-dessus de tout. La fameuse Maxime qui suit : « Les grandes pensées viennent du cœur, » que tout le monde admire, et que personne ne conteste, n'est qu'une expression plus vive de celle-ci. On verra bientôt que, pour Vauvenargues, la conscience n'est pas un guide plus sûr que la réflexion, et qu'il la subordonne également au sentiment, parce que la conscience raisonne encore un peu; tandis que le sentiment ne raisonne pas du tout. Une seule fois (Maxime 150), il tâchera de mettre d'accord le sentiment et la raison. Pour bien comprendre sa pensée sur ce point, il faut ne pas perdre de vue que, depuis la 123e jusqu'à la 150e, toutes ses Maximes n'en font qu'une, pour ainsi dire. Dans sa Préface, il a pris soin d'avertir ue plusieurs de ses pensées se suivent, et pourraient paraître obscures si on les séparait. — G.

130. La magnanimité ne doit pas compte à la prudence de ses motifs.

131. Personne n'est sujet à plus de fautes que ceux qui n'agissent que par réflexion.

132. On ne fait pas beaucoup de grandes choses par conseil.

133. La conscience est la plus changeante des règles.

134. La fausse conscience ne se connaît pas.

135. La conscience est présomptueuse dans les sains, timide dans les faibles et les malheureux, inquiète dans les indécis, etc. : organe obéissant du sentiment qui nous domine, et des opinions qui nous gouvernent.

136. La conscience des mourants calomnie leur vie.

137. La fermeté ou la faiblesse de la mort dépend de la dernière maladie.

138. La nature, épuisée par la douleur, assoupit quelquefois le sentiment dans les malades et arrête la volubilité de leur esprit ; et ceux qui redoutaient la mort sans péril, la souffrent sans crainte.

139. La maladie éteint dans quelques hommes le courage, dans quelques autres la peur, et jusqu'à l'amour de la vie.

140. On ne peut juger de la vie par une plus fausse règle que la mort.

141. Il est injuste d'exiger d'une âme atterrée et vaincue par les secousses d'un mal redoutable, qu'elle conserve la même vigueur qu'elle a fait paraître en d'autres temps. Est-on surpris qu'un malade ne puisse plus ni marcher, ni veiller, ni se soutenir? Ne serait-il pas plus étrange qu'il fût encore le même homme qu'en pleine santé? Si nous avons la migraine, si nous avons mal dormi, on nous excuse d'être incapables ce jour-là d'application, et personne ne nous soupçonne d'avoir toujours été inappliqués : refuserons-nous à un homme qui se meurt le privilège que nous accordons à celui qui a mal à la tête? et oserons-nous assurer qu'il n'a jamais eu de courage pendant sa santé, parce qu'il en aura manqué à l'agonie?

142. Pour exécuter de grandes choses, il faut vivre comme si on ne devait jamais mourir.

143. La pensée de la mort nous trompe, car elle nous fait oublier de vivre.

144. Je dis quelquefois en moi-même : La

vie est trop courte pour mériter que je m'en inquiète; mais si quelque importun me rend visite, et m'empêche de sortir ou de m'habiller, je perds patience, et je ne puis supporter de m'ennuyer une demi-heure.

145. La plus fausse de toutes les philosophies est celle qui, sous prétexte d'affranchir les hommes des embarras des passions, leur conseille l'oisiveté, l'abandon et l'oubli d'eux-mêmes.

146. Si toute notre prévoyance ne peut rendre notre vie heureuse, combien moins notre nonchalance!

147. Personne ne dit le matin : Un jour est bientôt passé, attendons la nuit ; au contraire, on rêve, la veille, à ce que l'on fera le lendemain. On serait bien marri de passer un seul 'our à la merci du temps et des fâcheux ; on n'oserait même laisser au hasard la disposition de quelques heures, et l'on a raison ; car qui peut se promettre de passer une heure sans ennui, s'il ne prend soin de remplir à son gré ce court espace? Mais ce qu'on n'oserait se promettre pour une heure, on se le promet quelquefois pour toute la vie, et l'on dit : Si la mort finit tout, pourquoi se donner tant de soins? Nous sommes bien fous de nous tant inquiéter de l'avenir; c'est-à-dire : Nous sommes bien fous de ne pas commettre au hasard nos destinées, et de pourvoir à l'intervalle qui est entre nous et la mort.

148. Ni le dégoût n'est une marque de santé, ni l'appétit n'est une maladie ; mais tout au contraire. Ainsi pense-t-on sur le corps; mais on juge de l'âme sur d'autres principes : on suppose qu'une âme forte est celle qui est exempte de passions ; et comme la jeunesse est plus ardente et plus active que le dernier âge, on la regarde comme un temps de fièvre ; et on place la force de l'homme dans sa décadence.

149. L'esprit est l'œil de l'âme, non sa force, sa force est dans le cœur, c'est-à-dire dans les passions. La raison la plus éclairée ne donne pas d'agir et de vouloir. Suffit-il d'avoir la vue bonne pour marcher? ne faut-il pas encore avoir des pieds, et la volonté avec la puissance de les remuer?

150. La raison et le sentiment se conseillent et se suppléent tour à tour. Quiconque ne consulte qu'un des deux et renonce à l'autre, se prive inconsidérément d'une partie des secours qui nous ont été accordés pour nous conduire.

151. Nous devons peut-être aux passions les plus grands avantages de l'esprit.

152. Si les hommes n'avaient pas aimé la gloire, ils n'avaient ni assez d'esprit ni assez de vertu pour la mériter.

153. Aurions-nous cultivé les arts sans les passions? et la réflexion, toute seule, nous aurait-elle fait connaître nos ressources, nos besoins, et notre industrie?

154. Les passions ont appris aux hommes la raison.

155. Dans l'enfance de tous les peuples, comme dans celle des particuliers, le sentiment a toujours précédé la réflexion et en a été le premier maître.

156. Qui considérera la vie d'un seul homme, y trouvera toute l'histoire du genre humain, que la science et l'expérience n'ont pu rendre bon.

157. S'il est vrai qu'on ne peut anéantir le vice, la science de ceux qui gouvernent est de le faire concourir au bien public.

158. Les jeunes gens souffrent moins de leurs fautes que de la prudence des vieillards.

159. Les conseils de la vieillesse éclairent sans échauffer, comme le soleil de l'hiver.

160. Le prétexte ordinaire de ceux qui font le malheur des autres, est qu'ils veulent leur bien.

161. Il est injuste d'exiger des hommes qu'ils fassent, par déférence pour nos conseils, ce qu'ils ne veulent pas faire pour eux-mêmes.

162. Il faut permettre aux hommes de faire de grandes fautes contre eux-mêmes, pour éviter un plus grand mal, la servitude.

163. Quiconque est plus sévère que les lois est un tyran.

164. Ce qui n'offense pas la société n'est pas du ressort de sa justice.

165. C'est entreprendre sur la clémence de Dieu, de punir sans nécessité.

166. La morale austère anéantit la vigueur de l'esprit, comme les enfants d'Esculape détruisent le corps, pour détruire un vice du sang souvent imaginaire.

167. La clémence vaut mieux que la justice.

168. Nous blâmons beaucoup les malheureux des moindres fautes, et les plaignons peu des plus grands malheurs.

169. Nous réservons notre indulgence pour les parfaits.

170. On ne plaint pas un homme d'être un sot, et peut-être qu'on a raison; mais il est fort plaisant d'imaginer que c'est sa faute.

171. Nul homme n'est faible par choix.

172. Nous querellons les malheureux, pour nous dispenser de les plaindre.

173. La générosité souffre des maux d'autrui, comme si elle en était responsable.

174. L'ingratitude la plus odieuse, mais la plus commune et la plus ancienne, est celle des enfants envers leurs pères.

175. Nous ne savons pas beaucoup de gré à nos amis d'estimer nos bonnes qualités, s'ils osent seulement s'apercevoir de nos défauts.

176. On peut aimer de tout son cœur ceux en qui on reconnaît de grands défauts. Il y aurait de l'impertinence à croire que la perfection a seule le droit de nous plaire : nos faiblesses nous attachent quelquefois les uns aux autres autant que [le] pourrait faire la vertu[1].

177. Les princes font beaucoup d'ingrats, parce qu'ils ne donnent pas tout ce qu'ils peuvent.

178. La haine est plus vive que l'amitié, moins que l'amour.

179. Si nos amis nous rendent des services, nous pensons qu'à titre d'amis, ils nous les doivent, et nous ne pensons point du tout qu'ils ne nous doivent pas leur amitié.

180. On n'est pas né pour la gloire, lorsqu'on ne connaît pas le prix du temps.

181. L'activité fait plus de fortunes que la prudence.

182. Celui qui serait né pour obéir, obéirait jusque sur le trône.

183. Il ne paraît pas que la nature ait fait les hommes pour l'indépendance.

[1] *Var.* : « On peut penser beaucoup de mal d'un homme, et être tout à fait de ses amis, car on sait bien que les plus honnêtes gens ont leurs défauts, quoiqu'on suppose tout haut le contraire, et nous ne sommes pas si délicats, que nous ne puissions aimer que la perfection. On peut aussi beaucoup médire de l'espèce humaine, sans être, en aucune manière, misanthrope, parce qu'il y a des vices que l'on aime, même dans autrui. »

184. Pour se soustraire à la force, on a été obligé de se soumettre à la justice : la justice ou la force, il a fallu opter entre ces deux maîtres; tant nous étions peu faits pour être libres.

185. La dépendance est née de la société.

186. Faut-il s'étonner que les hommes aient cru que les animaux étaient faits pour eux, s'ils pensent même ainsi de leurs semblables, et si la fortune accoutume les puissants à ne compter qu'eux sur la terre?

187. Entre rois, entre peuples, entre particuliers, le plus fort se donne des droits sur plus faible, et la même règle est suivie par les animaux, par la matière, par les éléments, etc., de sorte que tout s'exécute dans l'univers par la violence; et cet ordre, que nous blâmons avec quelque apparence de justice, est la loi la plus générale, la plus absolue, la plus immuable, et la plus ancienne de la nature.

188. Les faibles veulent dépendre, afin d'être protégés : ceux qui craignent les hommes aiment les lois[1].

189. Qui sait tout souffrir peut tout oser.

190. Il y a des injures qu'il faut dissimuler, pour ne pas compromettre son honneur.

191. Il est bon d'être ferme par tempérament, et flexible par réflexion.

192. Les faibles veulent quelquefois qu'on les croie méchants; mais les méchants veulent passer pour bons.

193. Si l'ordre domine dans le genre humain, c'est une preuve que la raison et la vertu y sont les plus fortes.

194. La loi des esprits n'est pas différente de celle des corps, qui ne peuvent se maintenir que par une continuelle nourriture.

195. Lorsque les plaisirs nous ont épuisés, nous croyons avoir épuisé les plaisirs; et nous disons que rien ne peut remplir le cœur de l'homme.

196. Nous méprisons beaucoup de choses, pour ne pas nous mépriser nous-mêmes.

197. Notre dégoût n'est point un défaut et une insuffisance des objets extérieurs, comme

[1] *Var.* : « L'intérêt du faible est de dépendre, pour être protégé; cela n'empêche pas qu'il ne soit misérable d'avoir besoin de protection, et c'est, au contraire, la preuve de sa faiblesse et de son malheur. »

nous aimons à le croire, mais un épuisement de nos propres organes, et un témoignage de notre faiblesse.

198. Le feu, l'air, l'esprit, la lumière, tout vit par l'action; de là la communication et l'alliance de tous les êtres; de là l'unité et l'harmonie dans l'univers. Cependant cette loi de la nature, si féconde, nous trouvons que c'est un vice dans l'homme; et, parce qu'il est obligé d'y obéir, ne pouvant subsister dans le repos, nous concluons qu'il est hors de sa place.

199. L'homme ne se propose le repos que pour s'affranchir de la sujétion et du travail; mais il ne peut jouir que par l'action, et n'aime qu'elle.

200. Le fruit du travail est le plus doux des plaisirs.

201. Où tout est dépendant, il y a un maître: l'air appartient à l'homme, et l'homme à l'air; et rien n'est à soi ni à part.

202. O soleil! ô pompe des cieux! qu'êtes-vous? Nous avons surpris le secret et l'ordre de vos mouvements. Dans la main de l'Être des êtres, instruments aveugles et ressorts peut-être insensibles, le monde sur qui vous régnez, mériterait-il nos hommages? Les révolutions des empires, la diverse face des temps, les nations qui ont dominé, et les hommes qui ont fait la destinée de ces nations mêmes, les principales opinions et les coutumes qui ont partagé la créance des peuples dans la religion, les arts, la morale et les sciences, tout cela, que peut-il paraître? Un atome presque invisible, qu'on appelle l'homme, qui rampe sur la face de la terre, et qui ne dure qu'un jour, embrasse en quelque sorte d'un coup d'œil le spectacle de l'univers dans tous les âges.

203. Quand on a beaucoup de lumières, on admire peu; lorsque l'on en manque, de même. L'admiration marque le terme de nos connaissances, et prouve moins, souvent, la perfection des choses que l'imperfection de notre esprit.

204. Ce n'est pas un grand avantage d'avoir l'esprit vif, si on ne l'a juste: la perfection d'une pendule n'est pas d'aller vite, mais d'être réglée.

205. Parler imprudemment et parler hardiment, est presque toujours la même chose; mais on peut parler sans prudence, et parler juste; et il ne faut pas croire qu'un homme a l'esprit faux, parce que la hardiesse de son caractère ou la vivacité de son humeur lui auront arraché, malgré lui-même, quelque vérité périlleuse.

206. Il y a plus de sérieux que de folie dans l'esprit des hommes. Peu sont nés plaisants; la plupart le deviennent par imitation, froids copistes de la vivacité et de la gaieté[1].

207. Ceux qui se moquent des goûts sérieux aiment sérieusement les bagatelles.

208. Différent génie, différent goût: ce n'est pas toujours par jalousie que réciproquement on se rabaisse.

209. On juge des productions de l'esprit comme des ouvrages mécaniques. Lorsque l'on achète une bague, on dit: celle-là est trop grande, l'autre est trop petite; jusqu'à ce qu'on en rencontre une pour son doigt. Mais il n'en reste pas chez le joaillier, car celle qui m'est trop petite va fort bien à un autre.

210. Lorsque deux auteurs ont également excellé en divers genres, on n'a pas ordinairement assez d'égard à la subordination de leurs talents, et Despréaux va de pair avec Racine: cela est injuste.

211. J'aime un écrivain qui embrasse tous les temps et tous les pays, et rapporte beaucoup d'effets à peu de causes; qui compare les préjugés et les mœurs des différents siècles; qui, par des exemples tirés de la peinture ou de la musique, me fait connaître les beautés de l'éloquence et l'étroite liaison des arts. Je dis d'un homme qui rapproche ainsi les choses humaines, qu'il a un grand génie, si ses conséquences sont justes; mais, s'il conclut mal, je présume qu'il distingue mal les objets, ou qu'il n'aperçoit pas d'un seul coup d'œil tout leur ensemble, et qu'enfin quelque chose manque à l'étendue ou à la profondeur de son esprit.

212. On discerne aisément la vraie de la fausse étendue d'esprit; car l'une agrandit ses

---

[1] *Var.:* « La plupart des hommes naissent sérieux; il y a des plaisants de génie, mais en petit nombre; les autres le deviennent par imitation, et forcent la nature, pour suivre la mode. »

sujets, et l'autre, par l'abus des épisodes et par le faste de l'érudition, les anéantit.

213. Quelques exemples, rapportés en peu de mots et à leur place, donnent plus d'éclat, plus de poids et plus d'autorité aux réflexions; mais trop d'exemples et trop de détails énervent toujours un discours. Les digressions trop longues ou trop fréquentes rompent l'unité du sujet, et lassent les lecteurs sensés, qui ne veulent pas qu'on les détourne de l'objet principal, et qui, d'ailleurs, ne peuvent suivre, sans beaucoup de peine, une trop longue chaîne de faits et de preuves. On ne saurait trop rapprocher les choses, ni trop tôt conclure : il faut saisir d'un coup d'œil la véritable preuve de son discours, et courir à la conclusion. Un esprit perçant fuit les épisodes, et laisse aux écrivains médiocres le soin de s'arrêter à cueillir toutes les fleurs qui se trouvent sur leur chemin. C'est à eux d'amuser le peuple, qui lit sans objet, sans pénétration, et sans goût.

214. Le sot qui a beaucoup de mémoire est plein de pensées et de faits; mais il ne sait pas en conclure : tout tient à cela.

215. Savoir bien rapprocher les choses, voilà l'esprit juste; le don de rapprocher beaucoup de choses et de grandes choses fait les esprits vastes. Ainsi, la justesse paraît être le premier degré, et une condition très-nécessaire de la véritable étendue d'esprit.

216. Un homme qui digère mal, et qui est vorace, est peut-être une image assez fidèle du caractère d'esprit de la plupart des savants.

217. Je n'approuve point la maxime qui veut *qu'un honnête homme sache un peu de tout.* C'est savoir presque toujours inutilement, et, quelquefois, pernicieusement, que de savoir superficiellement et sans principes. Il est vrai que la plupart des hommes ne sont guère capables de connaître profondément; mais il est vrai aussi que cette science superficielle qu'ils recherchent, ne sert qu'à contenter leur vanité. Elle nuit à ceux qui possèdent un vrai génie; car elle les détourne nécessairement de leur objet principal, consume leur application dans les détails, et sur des objets étrangers à leurs besoins et à leurs talents naturels; et, enfin, elle ne sert point, comme ils s'en flattent, à prouver l'étendue de leur esprit : de tout temps on a vu des hommes qui savaient beaucoup avec un esprit très-médiocre; et, au contraire, des esprits très-vastes, qui savaient fort peu. Ni l'ignorance n'est défaut d'esprit, ni le savoir n'est preuve de génie.

218. La vérité échappe au jugement, comme les faits échappent à la mémoire : les diverses faces des choses s'emparent tour à tour d'un esprit vif, et lui font quitter et reprendre successivement les mêmes opinions. Le goût n'est pas moins inconstant : il s'use sur les choses les plus agréables, et varie comme notre humeur.

219. Il y a peut-être autant de vérités parmi les hommes que d'erreurs, autant de bonnes qualités que de mauvaises, autant de plaisirs que de peines; mais nous aimons à contrôler la nature humaine, pour essayer de nous élever au-dessus de notre espèce, et pour nous enrichir de la considération dont nous tâchons de la dépouiller. Nous sommes si présomptueux, que nous croyons pouvoir séparer notre intérêt personnel de celui de l'humanité, et médire du genre humain, sans nous compromettre. Cette vanité ridicule a rempli les livres des philosophes d'invectives contre la nature. L'homme est maintenant en disgrâce chez tous ceux qui pensent, et c'est à qui le chargera de plus de vices; mais peut-être est-il sur le point de se relever, et de se faire restituer toutes ses vertus; car rien n'est stable, et la philosophie a ses modes comme les habits, la musique l'architecture, etc.

220. Sitôt qu'une opinion devient commune, il ne faut point d'autre raison pour engager les hommes à l'abandonner, et à embrasser l'opinion contraire, jusqu'à ce que celle-ci vieillisse à son tour, et qu'ils aient besoin de se distinguer par d'autres choses. Ainsi, s'ils atteignent le but dans quelque art ou dans quelque science, on doit s'attendre qu'ils le passeront bientôt pour acquérir une nouvelle gloire; et c'est ce qui fait, en partie, que les plus beaux siècles dégénèrent si promptement; et qu'à peine sortis de la barbarie, ils s'y replongent.

221. Les grands hommes, en apprenant aux faibles à réfléchir, les ont mis sur la route de l'erreur.

222. Où il y a de la grandeur, nous la sentons malgré nous : la gloire des conquérants a toujours été combattue; les peuples en ont toujours souffert, et ils l'ont toujours respectée.

223. Le contemplateur, mollement couché dans une chambre tapissée, invective contre le soldat qui passe les nuits de l'hiver au bord d'un fleuve, et veille en silence sous les armes pour la sûreté de la patrie.

224. Ce n'est pas à porter la faim et la misère chez les étrangers qu'un héros attache la gloire, mais à les souffrir pour l'État ; ce n'est pas à donner la mort, mais à la braver.

225. Le vice fomente la guerre; la vertu combat : s'il n'y avait aucune vertu, nous aurions pour toujours la paix.

226. La vigueur d'esprit ou l'adresse ont fait les premières fortunes : l'inégalité des conditions est née de celle des génies et des courages.

227. Il est faux que l'égalité soit une loi de la nature : la nature n'a rien fait d'égal; sa loi souveraine est la subordination et la dépendance.

228. Qu'on tempère comme on voudra la souveraineté dans un État, nulle loi n'est capable d'empêcher un tyran d'abuser de l'autorité de son emploi.

229. On est forcé de respecter les dons de la nature, que l'étude et la fortune ne peuvent donner.

230. La plupart des hommes sont si resserrés dans la sphère de leur condition, qu'ils n'ont pas même le courage d'en sortir par leurs idées; et, si l'on en voit quelques-uns que la spéculation des grandes choses rend en quelque sorte incapables des petites, on en trouve encore davantage à qui la pratique des petites a ôté jusqu'au sentiment des grandes.

231. Les espérances les plus ridicules et les plus hardies ont été quelquefois la cause des succès extraordinaires.

232. Les sujets font leur cour avec bien plus de goût que les princes ne la reçoivent : il est toujours plus sensible d'acquérir que de jouir.

233. Nous croyons négliger la gloire par pure paresse, tandis que nous prenons des peines infinies pour les plus petits intérêts.

234. Nous aimons quelquefois jusqu'aux louanges que nous ne croyons pas sincères.

235. Il faut de grandes ressources dans l'esprit et dans le cœur pour goûter la sincérité lorsqu'elle blesse, ou pour la pratiquer sans qu'elle offense : peu de gens ont assez de fonds pour souffrir la vérité, et pour la dire.

236. Il y a des hommes qui, sans y penser, se forment une idée de leur figure, qu'ils empruntent du sentiment qui les domine; et c'est peut-être par cette raison qu'un fat se croit toujours beau.

237. Ceux qui n'ont que de l'esprit ont du goût pour les grandes choses, et de la passion pour les petites.

238. La plupart des hommes vieillissent dans un petit cercle d'idées qu'ils n'ont pas tirées de leur fonds; il y a peut-être moins d'esprits faux que de stériles.

239. Tout ce qui distingue les hommes paraît peu de chose. Qu'est-ce qui fait la beauté ou la laideur, la santé ou l'infirmité, l'esprit ou la stupidité? une légère différence des organes, un peu plus ou un peu moins de bile, etc. Cependant, ce plus ou ce moins est d'une importance infinie pour les hommes; et, lorsqu'ils en jugent autrement, ils sont dans l'erreur.

240. Deux choses peuvent à peine remplacer, dans la vieillesse, les talents et les agréments : la réputation ou les richesses.

241. Nous haïssons les dévots qui font profession de mépriser tout ce dont nous nous piquons, pendant qu'ils se piquent eux-mêmes de choses encore plus méprisables.

242. Quelque vanité qu'on nous reproche, nous avons besoin quelquefois qu'on nous assure de notre mérite.

243. Nous nous consolons rarement des grandes humiliations; nous les oublions.

244. Moins on est puissant dans le monde, plus on peut commettre des fautes impunément, ou avoir inutilement un vrai mérite.

245. Lorsque la fortune veut humilier les sages, elle les surprend dans ces petites occasions où l'on est ordinairement sans précaution et sans défense. Le plus habile homme du monde ne peut empêcher que de légères fautes

n'entraînent quelquefois d'horribles malheurs; et il perd sa réputation ou sa fortune par une petite imprudence, comme un autre se casse la jambe en se promenant dans sa chambre.

246. Soit vivacité, soit hauteur, soit avarice, il n'y a point d'homme qui ne porte dans son caractère une occasion continuelle de faire des fautes; et si elles sont sans conséquence, c'est à la fortune qu'il le doit.

247. Nous sommes consternés de nos rechutes, et de voir que nos malheurs même n'ont pu nous corriger de nos défauts.

248. La nécessité modère plus de peines que la raison.

249. La nécessité empoisonne les maux qu'elle ne peut guérir.

250. Les favoris de la fortune ou de la gloire, malheureux à nos yeux, ne nous détournent point de l'ambition.

251. La patience est l'art d'espérer.

252. Le désespoir comble non-seulement notre misère, mais notre faiblesse.

253. Ni les dons ni les coups de la fortune n'égalent ceux de la nature, qui la passe en rigueur comme en bonté.

254. Les biens et les maux extrêmes ne se font pas sentir aux âmes médiocres.

255. Il y a peut-être plus d'esprits légers dans ce qu'on appelle le monde, que dans les conditions moins fortunées.

256. Les gens du monde ne s'entretiennent pas de si petites choses que le peuple; mais le peuple ne s'occupe pas de choses si frivoles que les gens du monde.

257. L'histoire fait mention de très-grands hommes que la volupté ou l'amour ont gouvernés; elle n'en rappelle pas à ma mémoire qui aient été galants. Ce qui fait le mérite essentiel de quelques hommes ne peut même subsister dans quelques autres comme un faible.

258. Nous courons quelquefois des hommes qui nous ont imposé par leurs dehors, comme ces jeunes gens qui suivent amoureusement un masque, le prenant pour la plus belle femme du monde, et qui le harcèlent jusqu'à ce qu'ils l'obligent de se découvrir, et de leur faire voir qu'il est un petit homme avec de la barbe et un visage noir.

259. Le sot s'assoupit et fait diète en bonne compagnie, comme un homme que la curiosité a tiré de son élément, et qui ne peut ni respirer ni vivre dans un air subtil.

260. Le sot est comme le peuple, qui se croit riche de peu.

261. Lorsqu'on ne veut rien perdre ni cacher de son esprit, on en diminue d'ordinaire la réputation.

262. Des auteurs sublimes n'ont pas négligé de primer encore par les agréments, flattés de remplir l'intervalle de ces deux extrêmes, et d'embrasser toute la sphère de l'esprit humain. Le public, au lieu d'applaudir à l'universalité de leurs talents, a cru qu'ils étaient incapables de se soutenir dans l'héroïque; et on n'ose les égaler à ces grands hommes qui, s'étant renfermés soigneusement dans un seul et beau caractère, paraissent avoir dédaigné de dire tout ce qu'ils ont tu, et abandonné aux génies subalternes les talent médiocres.

263. Ce qui paraît aux uns étendue d'esprit n'est, aux yeux des autres, que mémoire et légèreté.

264. Il est aisé de critiquer un auteur, mais il est difficile de l'apprécier.

265. Je n'ôte rien à l'illustre Racine, le plus sage et le plus éloquent des poëtes, pour n'avoir pas traité beaucoup de choses qu'il eût embellies, content d'avoir montré dans un seul genre la richesse et la sublimité de son esprit; mais je me sens obligé de respecter un génie hardi et fécond, élevé, pénétrant, facile, plein de force, infatigable; aussi ingénieux et aussi aimable[1] dans les ouvrages de pur agrément, que vrai et pathétique dans les autres; d'une

[1] *Var.:* « Aussi vif et ingénieux dans les petites choses, que vrai et pathétique dans les grandes; toujours clair, concis et brillant; philosophe et poëte illustré au sortir de l'enfance; répandant sur tous ses écrits l'éclatante et forte lumière de son jugement; instruit, dans la fleur de son âge, de toutes les connaissances utiles au genre humain; amateur et juge éclairé de tous les arts; savant à imiter toute sorte de beautés, par la grande étendue de son génie, et maître dans les genres les plus opposés. J'admire la vivacité de son esprit, sa délicatesse, son érudition, et cette vaste intelligence qui comprend si distinctement tant de faits et d'objets divers. Bien loin de critiquer ses endroits faibles ou ses fautes, je m'étonne qu'ayant osé se montrer sous tant de faces, on ait si peu de chose à lui reprocher. » — On devine aisément que l'original de ce brillant portrait, c'est Voltaire.

vaste imagination, qui a embrassé et pénétré rapidement toute l'économie des choses humaines; à qui ni les sciences abstraites, ni les mœurs des peuples, ni leurs opinions, ni leur histoire, ni leurs langues même, n'ont pu échapper; illustre, en sortant de l'enfance, par la grandeur et par la force de sa poésie féconde en pensées, et, bientôt après, par les charmes et par le caractère original, plein de raison, et toujours concis, de sa prose; philophe et peintre sublime, qui a semé avec éclat, dans ses écrits, tout ce qu'il y a de grand dans l'esprit des hommes; qui a représenté les passions avec des traits de feu et de lumière, et les a fait parler sur nos théâtres avec autant de tendresse que de véhémence; savant à imiter le caractère et à saisir l'esprit des bons ouvrages de chaque nation, par l'extrême étendue de son génie, mais n'imitant rien, d'ordinaire, qu'il ne l'embellisse; éclatant jusque dans les fautes qu'on a cru remarquer dans ses écrits, et tel que, malgré des défauts inévitables avec des qualités si rares; et malgré les efforts de la critique, il a occupé sans relâche de ses veilles ses amis et ses ennemis, et porté chez les étrangers, dès sa jeunesse, la réputation de sa patrie et la gloire de nos lettres, dont il a reculé toutes les bornes.

266. Si on ne regarde que certains ouvrages des meilleurs auteurs, on sera tenté de les mépriser; pour les apprécier avec justice, il faut tout lire.

267. Il ne faut pas juger des hommes par ce qu'ils ignorent, mais par ce qu'ils savent, et par la manière dont ils le savent[1].

268. On ne doit pas non plus demander aux auteurs une perfection qu'ils ne puissent atteindre : c'est faire trop d'honneur à l'esprit humain de croire que des ouvrages irréguliers n'aient jamais [le] droit de lui plaire, surtout si ces ouvrages peignent les passions; il n'est pas besoin d'un grand art pour faire sortir les meilleurs esprits de leur assiette, et pour leur cacher les défauts d'un tableau hardi et touchant. Cette parfaite régularité, qui manque aux auteurs, ne se trouve point dans nos propres conceptions; le caractère naturel de l'homme ne comporte pas tant de règle. Nous ne devons pas supposer dans le sentiment une délicatesse que nous n'avons que par réflexion; il s'en faut de beaucoup que notre goût soit toujours aussi difficile à contenter que notre esprit.

269. Il nous est plus facile de nous teindre d'une infinité de connaissances, que d'en bien posséder un petit nombre.

270. Jusqu'à ce qu'on rencontre le secret de rendre les esprits plus justes, tous les pas que l'on pourra faire dans la vérité n'empêcheront pas les hommes de raisonner faux; et, plus on voudra les pousser au delà des notions communes, plus on les mettra en péril de se tromper.

271. Il n'arrive jamais que la littérature et l'esprit de raisonnement deviennent le partage de toute une nation, qu'on ne voie aussitôt, dans la philosophie et dans les beaux-arts, ce qu'on remarque dans les gouvernements populaires, où il n'y a point de puérilités et de fantaisies qui ne se produisent, et ne trouvent des partisans.

272. L'erreur, ajoutée à la vérité, ne l'augmente point : ce n'est pas étendre la carrière des arts, que d'admettre de mauvais genres; c'est gâter le goût; c'est corrompre le jugement des hommes, qui se laisse aisément séduire par les nouveautés, et qui, mêlant ensuite le vrai et le faux, se détourne bientôt, dans ses productions, de l'imitation de la nature, et s'appauvrit ainsi en peu de temps par la vaine ambition d'imaginer, et de s'écarter des anciens modèles.

273. Ce que nous appelons une pensée brillante n'est ordinairement qu'une expression captieuse, qui, à l'aide d'un peu de vérité, nous impose une erreur qui nous étonne.

274. Qui a le plus a, dit-on, le moins : cela est faux. Le roi d'Espagne, tout puissant qu'il est, ne peut rien à Lucques. Les bornes de nos talents sont encore plus inébranlables que celles des empires; et on usurperait plutôt toute la terre que la moindre vertu.

275. La plupart des grands personnages ont été les hommes de leur siècle les plus éloquents; les auteurs des plus beaux systèmes,

---

[1] *Var.* : « Il ne faut pas juger d'un homme par ce qu'il ignore, mais parce qu'il sait; ce n'est rien d'ignorer beaucoup de choses, lorsqu'on est capable de les concevoir, et qu'il ne manque que de les avoir apprises. »

les chefs de partis et de sectes, ceux qui ont eu dans tous les temps le plus d'empire sur l'esprit des peuples, n'ont dû la meilleure partie de leurs succès qu'à l'éloquence vive et naturelle de leur âme. Il ne paraît pas qu'ils aient cultivé la poésie avec le même bonheur : c'est que la poésie ne permet guère que l'on se partage, et qu'un art si sublime et si pénible se peut rarement allier avec l'embarras des affaires et les occupations tumultuaires de la vie ; au lieu que l'éloquence se mêle partout, et qu'elle doit la plus grande partie de ses séductions à l'esprit de médiation et de manége, qui forme les hommes d'État et les politiques, etc.

276. C'est une erreur dans les grands de croire qu'ils peuvent prodiguer sans conséquence leurs paroles et leurs promesses : les hommes souffrent avec peine qu'on leur ôte ce qu'ils se sont, en quelque sorte, approprié par l'espérance ; on ne les trompe pas longtemps sur leurs intérêts, et ils ne haïssent rien tant que d'êtres dupes. C'est par cette raison qu'il est si rare que la fourberie réussisse ; il faut de la sincérité et de la droiture, même pour séduire. Ceux qui ont abusé les peuples sur quelque intérêt général, étaient fidèles aux particuliers ; leur habileté consistait à captiver les esprits par des avantages réels. Quand on connaît bien les hommes, et qu'on veut les faire servir à ses desseins, on ne compte point sur un appât aussi frivole que celui des discours et des promesses. Ainsi les grands orateurs, s'il m'est permis de joindre ces deux choses, ne s'efforcent pas d'imposer par un tissu de flatteries et d'impostures, par une dissimulation continuelle, et par un langage purement ingénieux ; s'ils cherchent à faire illusion sur quelque point principal, ce n'est qu'à force de sincérité et de vérités de détail ; car le mensonge est faible par lui-même ; il faut qu'il se cache avec soin ; et s'il arrive qu'on persuade quelque chose par des discours captieux, ce n'est pas sans beaucoup de peine. On aurait grand tort d'en conclure que ce soit en cela que consiste l'éloquence. Jugeons, au contraire, par ce pouvoir des simples apparences de la vérité, combien la vérité elle-même est éloquente, et supérieure à notre art.

277. Un menteur est un homme qui ne sait pas tromper ; un flatteur, celui qui ne trompe ordinairement que les sots : celui qui sait se servir avec adresse de la vérité, et qui en connaît l'éloquence, peut seul se piquer d'être habile.

278. Qui a plus d'imagination que Bossuet, Montaigne, Descartes, Pascal, tous grands philosophes ? Qui a plus de jugement et de sagesse que Racine, Boileau, La Fontaine, Molière, tous poëtes pleins de génie ? Il est donc faux que les qualités dominantes excluent les autres ; au contraire, elles les supposent. Je serais très-surpris qu'un grand poëte n'eût pas de vives lumières sur la philosophie, au moins morale, et il arrivera très rarement qu'un vrai philosophe manque totalement d'imagination.

279. Descartes a pu se tromper dans quelques-uns de ses principes, et ne se point tromper dans ses conséquences, sinon rarement ; on aurait donc tort, ce me semble, de conclure de ses erreurs que l'imagination et l'invention ne s'accordent point avec la justesse. La grande vanité de ceux qui n'imaginent pas est de se croire seuls judicieux et raisonnables ; ils ne font pas attention que les erreurs de Descartes, génie créateur, ont été celles de trois ou quatre mille philosophes, tous gens sans imagination. Les esprits subalternes n'ont point d'erreur en leur privé nom, parce qu'ils sont incapables d'inventer, même en se trompant ; mais ils sont toujours entraînés, sans le savoir, par l'erreur d'autrui ; et lorsqu'ils se trompent de leur chef, ce qui peut arriver souvent, c'est dans les détails et les conséquences ; mais leurs erreurs ne sont ni assez vraisemblables pour être contagieuses, ni assez importantes pour faire du bruit.

280. Ceux qui sont nés éloquents parlent quelquefois avec tant de clarté et de brièveté des grandes choses, que la plupart des hommes n'imaginent point qu'ils en parlent avec profondeur. Les esprits pesants, les sophistes, ne reconnaissent pas la philosophie, lorsque l'éloquence la rend populaire, et, qu'elle ose peindre le vrai avec des traits fiers et hardis. Ils traitent de superficielle et de frivole cette splendeur d'expression qui emporte avec elle la preuve des grandes pensées ; ils veulent des

définitions, des divisions, des détails, et des arguments. Si Locke eût rendu vivement en peu de pages les sages vérités de ses écrits, ils n'auraient pas osé le compter parmi les philosophes de son siècle.

281. C'est un malheur que les hommes ne puissent, d'ordinaire, posséder aucun talent, sans avoir quelque envie d'abaisser les autres. S'ils ont la finesse, ils décrient la force ; s'ils sont géomètres ou physiciens, ils écrivent contre la poésie et l'éloquence ; et les gens du monde, qui ne pensent pas que ceux qui ont excellé dans quelque genre jugent mal d'un autre talent, se laissent prévenir par leurs décisions. Ainsi, quand la métaphysique ou l'algèbre sont à la mode, ce sont des métaphysiciens ou des algébristes qui font la réputation des poëtes et des musiciens, ou tout au contraire ; l'esprit dominant assujettit les autres à son tribunal, et la plupart du temps à ses erreurs.

282. Qui peut se vanter de juger, ou d'inventer, ou d'entendre à toutes les heures du jour ? Les hommes n'ont qu'une petite portion d'esprit, de goût, de talent, de vertu, de gaieté, de santé, de force, etc. ; et ce peu qu'ils ont en partage, ils ne le possèdent point à leur volonté, ni dans le besoin, ni dans tous les âges.

283. C'est une maxime inventée par l'envie, et trop légèrement adoptée par les philosophes, *qu'il ne faut point louer les hommes avant leur mort.* Je dis, au contraire, que c'est pendant leur vie qu'ils doivent être loués, lorsqu'ils ont mérité de l'être ; c'est pendant que la jalousie et la calomnie, animées contre leur vertu ou leurs talents, s'efforcent de les dégrader, qu'il faut oser leur rendre témoignage. Ce sont les critiques injustes qu'il faut craindre de hasarder, et non les louanges sincères.

284. L'envie ne saurait se cacher : elle accuse et juge sans preuves ; elle grossit les défauts ; elle a des qualifications énormes pour les moindres fautes ; son langage est rempli de fiel, d'exagération et d'injure. Elle s'acharne avec opiniâtreté et avec fureur contre le mérite éclatant ; elle est aveugle, emportée, insensible, brutale.

285. Il faut exciter dans les hommes le sentiment de leur prudence et de leur force, si on veut élever leur génie : ceux qui, par leurs discours ou leurs écrits, ne s'attachent qu'à relever les ridicules et les faiblesses de l'humanité, sans distinctions ni égards, éclairent bien moins la raison et les jugements du public, qu'ils ne dépravent ses inclinations.

286. Je n'admire point un sophiste qui réclame contre la gloire et contre l'esprit des grands hommes ; en ouvrant mes yeux sur le faible des plus beaux génies, il m'apprend à l'apprécier lui-même ce qu'il peut valoir ; il est le premier que je raye du tableau des hommes illustres.

287. Nous avons grand tort de penser que quelque défaut que ce soit puisse exclure toute vertu, ou de regarder l'alliance du bien et du mal comme un monstre ou comme une énigme ; c'est faute de pénétration que nous concilions si peu de choses.

288. Les faux philosophes s'efforcent d'attirer l'attention des hommes, en faisant remarquer dans notre esprit des contrariétés et des difficultés qu'ils forment eux-mêmes ; comme d'autres amusent les enfants par des tours de cartes qui confondent leur jugement, quoique naturels et sans magie. Ceux qui nouent ainsi les choses, pour avoir le mérite de les dénouer, sont les charlatans de la morale.

289. Il n'y a point de contradictions dans la nature.

290. Est-il contre la raison ou la justice de s'aimer soi-même ? Et pourquoi voulons-nous que l'amour-propre soit toujours un vice ?

291. S'il y a un amour de nous-mêmes naturellement officieux et compatissant, et un autre amour-propre sans humanité, sans équité, sans bornes, sans raison, faut-il les confondre ?

292. Quand il serait vrai que les hommes ne seraient vertueux que par raison, que s'ensuivrait-il ? Pourquoi si on nous loue avec justice de nos sentiments, ne nous louerait-on pas encore de notre raison ? Est-elle moins nôtre que la volonté ?

293. On suppose que ceux qui servent la vertu par réflexion, la trahiraient pour le vice utile : oui, si le vice pouvait être tel, aux yeux d'un esprit raisonnable.

294. Il y a des semences de bonté et de justice dans le cœur des hommes. Si l'intérêt pro-

pre y domine, j'ose dire que cela est, non-seulement selon la nature, mais aussi selon la justice, pourvu que personne ne souffre de cet amour-propre, ou que la société y perde moins qu'elle n'y gagne.

295. Celui qui recherche la gloire par la vertu ne demande que ce qu'il mérite.

296. J'ai toujours trouvé ridicule que les philosophes aient forgé une vertu incompatible avec la nature de l'homme, et que, après l'avoir ainsi feinte, ils aient prononcé froidement qu'il n'y avait aucune vertu. Qu'ils parlent du fantôme de leur imagination ; ils peuvent à leur gré l'abandonner ou le détruire, puisqu'ils l'ont créé : mais la véritable vertu, celle qu'ils ne veulent pas nommer de ce nom, parce qu'elle n'est pas conforme à leurs définitions, celle qui est l'ouvrage de la nature, non le leur, et qui consiste principalement dans la bonté et la vigueur de l'âme, celle-là n'est point dépendante de leur fantaisie, et subsistera à jamais, avec des caractères ineffaçables.

297. Le corps a ses grâces, l'esprit ses talents ; le cœur n'aurait-il que des vices ? et l'homme, capable de raison, serait-il incapable de vertu ?

298. Nous sommes susceptibles d'amitié, de justice, d'humanité, de compassion et de raison. O mes amis ! qu'est-ce donc que la vertu ?

299. Si l'illustre auteur des *Maximes* eût été tel qu'il a tâché de peindre tous les hommes, mériterait-il nos hommages et le culte idolâtre de ses prosélytes ?

300. Ce qui fait que la plupart des livres de morale sont si insipides, c'est que leurs auteurs ne sont pas sincères : c'est que, faibles échos les uns des autres, ils n'oseraient produire leurs propres maximes et leurs secrets sentiments. Ainsi, non-seulement dans la morale, mais en quelque sujet que ce puisse être, presque tous les hommes passent leur vie à dire et à écrire ce qu'ils ne pensent point, et ceux qui conservent encore quelque amour de la vérité excitent contre eux la colère et les préventions du public.

301. Il n'y a guère d'esprits qui soient capables d'embrasser à la fois toutes les faces de chaque sujet, et c'est là, à ce qu'il me semble, la source la plus ordinaire des erreurs des hommes. Pendant que la plus grande partie d'une nation languit dans la pauvreté, l'opprobre et le travail, l'autre, qui abonde en honneurs, en commodités, en plaisirs, ne se lasse pas d'admirer le pouvoir de la politique, qui fait fleurir les arts et le commerce, et rend les États redoutables.

302. Les plus grands ouvrages de l'esprit humain sont très-assurément les moins parfaits : les lois, qui sont la plus belle invention de la raison, n'ont pu assurer le repos des peuples sans diminuer leur liberté.

303. Quelle est quelquefois la faiblesse et l'inconséquence des hommes ! Nous nous étonnons de la grossièreté de nos pères, qui règne cependant encore dans le peuple, la plus nombreuse partie de la nation ; et nous méprisons en même temps les belles-lettres et la culture de l'esprit, le seul avantage qui nous distingue du peuple et de nos ancêtres.

304. Le plaisir et l'ostentation l'emportent dans le cœur des grands sur l'intérêt : nos passions se règlent ordinairement sur nos besoins.

305. Le peuple et les grands n'ont ni les mêmes vertus, ni les mêmes vices.

306. C'est à notre cœur à régler le rang de nos intérêts ; et à notre raison de les conduire.

307. La médiocrité d'esprit et la paresse font plus de philosophes que la réflexion.

308. Nul n'est ambitieux par raison, ni vicieux par défaut d'esprit.

309. Tous les hommes sont clairvoyants sur leurs intérêts ; et il n'arrive guère qu'on les en détache par la ruse. On a admiré dans les négociations la supériorité de la maison d'Autriche, mais pendant l'énorme puissance de cette famille, non après. Les traités les mieux ménagés ne sont que la loi du plus fort.

310. Le commerce est l'école de la tromperie.

311. A voir comme en usent les hommes, on serait porté quelquefois à penser que la vie humaine et les affaires du monde sont un jeu sérieux, où toutes les finesses sont permises pour usurper le bien d'autrui à nos périls et fortune, et où l'heureux dépouille, en tout honneur, le plus malheureux ou le moins habile.

312. C'est un grand spectacle de considérer

les hommes méditant en secret de s'entre-nuire, et forcés, néanmoins, de s'entr'aider, contre leur inclination et leur dessein.

313. Nous n'avons ni la force ni les occasions d'exécuter tout le bien et tout le mal que nous projetons.

314. Nos actions ne sont ni si bonnes ni si vicieuses que nos volontés.

315. Dès que l'on peut faire du bien, on est à même de faire des dupes ; un seul homme en amuse alors une infinité d'autres, tous uniquement occupés de le tromper. Ainsi, il en coûte peu aux gens en place pour surprendre leurs inférieurs, mais il est malaisé à des misérables d'imposer à qui que ce soit. Celui qui a besoin des autres les avertit de se défier de lui ; un homme inutile a bien de la peine à leurrer personne.

316. L'indifférence où nous sommes pour la vérité dans la morale vient de ce que nous sommes décidés à suivre nos passions, quoi qu'il en puisse être ; et c'est ce qui fait que nous n'hésitons pas lorsqu'il faut agir, malgré l'incertitude de nos opinions. Peu importe, disent les hommes, de savoir où est la vérité, sachant où est le plaisir.

317. Les hommes se défient moins de la coutume et de la tradition de leurs ancêtres, que de leur raison.

318. La force ou la faiblesse de notre créance dépend plus de notre courage que de nos lumières : tous ceux qui se moquent des augures n'ont pas toujours plus d'esprit que ceux qui y croient.

319. Il est aisé de tromper les plus habiles, en leur proposant des choses qui passent leur esprit, et qui intéressent leur cœur.

320. Comme il est naturel de croire beaucoup de choses sans démonstration, il ne l'est pas moins de douter de quelques autres, malgré leurs preuves.

321. Qui s'étonnera des erreurs de l'antiquité, s'il considère qu'encore aujourd'hui, dans le plus philosophe de tous les siècles, bien des gens de beaucoup d'esprit n'oseraient se trouver à une table de treize couverts?

322. L'intrépidité d'un homme incrédule, mais mourant, ne peut le garantir de quelque trouble, s'il raisonne ainsi : Je me suis trompé mille fois sur mes plus palpables intérêts, et j'ai pu me tromper encore sur la religion. Or je n'ai plus le temps et la force de l'approfondir, et je meurs...

323. La Foi est la consolation des misérables et la terreur des heureux.

324. La courte durée de la vie ne peut nous dissuader de ses plaisirs, ni nous consoler de ses peines.

325. Ceux qui combattent les préjugés des peuples croient n'être pas peuple : un homme qui avait fait à Rome un argument contre les poulets sacrés, se regardait peut-être comme un grand philosophe ; mais les vrais philosophes se moquaient d'un fou qui attaquait inutilement les opinions du peuple, et César, qui, probablement, ne croyait pas aux aruspices, ne laissa pas d'en faire un traité.

326. Lorsqu'on rapporte sans partialité les raisons des sectes opposées, et qu'on ne s'attache à aucune, il semble qu'on s'élève en quelque sorte au-dessus de tous les partis. Demandez cependant à ces philosophes neutres, qu'ils choisissent une opinion ou qu'ils établissent d'eux-mêmes quelque chose ; vous verrez qu'ils n'y sont pas moins embarrassés que les autres. Le monde est peuplé d'esprits froids, qui, n'étant pas capables par eux-mêmes d'inventer, s'en consolent en rejetant toutes les inventions d'autrui, et qui, méprisant au dehors beaucoup de choses, croient se faire plus estimer.

327. Qui sont ceux qui prétendent que le monde est devenu vieux? je les crois sans peine. L'ambition, la gloire, l'amour, en un mot, toutes les passions des premiers âges, ne font plus les mêmes désordres et le même bruit. Ce n'est pas peut-être que ces passions soient aujourd'hui moins vives qu'autrefois ; mais c'est qu'on les désavoue et qu'on les combat. Je dis donc que le monde est comme un vieillard qui conserve tous les désirs de la jeunesse, mais qui en est honteux et s'en cache, soit parce qu'il est détrompé du mérite de beaucoup de choses, soit parce qu'il veut le paraître.

328. Les hommes dissimulent par faiblesse, et par la crainte d'être méprisés, leurs plus chères, leurs plus constantes, et quelquefois leurs plus vertueuses inclinations.

329. L'art de plaire est l'art de tromper.

330. Nous sommes trop inattentifs, ou trop occupés de nous-mêmes, pour nous approfondir les uns les autres : quiconque a vu des masques dans un bal, danser amicalement ensemble, et se tenir par la main sans se connaître, pour se quitter le moment d'après, et ne plus se voir ni se regretter, peut se faire une idée du monde[1].

---

331. [La naïveté est lumineuse ; elle fait sentir les choses fines à ceux qui seraient incapables de les saisir d'eux-mêmes.]

332. La naïveté se fait mieux entendre que la précision ; c'est la langue du sentiment, préférable à celle de l'imagination et de la raison, parce qu'elle est belle et vulgaire.

333. Il y a peu d'esprits qui connaissent le prix de la naïveté, et qui ne fardent point la nature. Les enfants coiffent leurs chats, mettent des gants à un petit chien ; et devenus hommes, ils composent leur maintien, leurs écrits, leurs discours ; j'ai traversé autrefois un village où l'on assemblait tous les mulets le jour de la fête, pour les bénir ; et j'ai vu qu'on ornait de rubans le dos de ces pauvres bêtes. Les hommes aiment tellement la draperie, qu'ils tapissent jusqu'aux chevaux.

334. [Je connais des hommes que la naïveté rebute, comme quelques personnes délicates seraient blessées de voir une femme toute nue ; ils veulent que l'esprit soit couvert comme le corps.]

335. On ne s'élève point aux grandes vérités sans enthousiasme ; le sang-froid discute et n'invente point ; il faut peut-être autant de feu que de justesse pour faire un véritable philosophe.

336. [L'esprit n'atteint au grand que par saillies.]

337. La Bruyère était un grand peintre et n'était pas peut-être un grand philosophe ; le duc de La Rochefoucauld était philosophe, et n'était pas peintre.

[1] Ici s'arrêtent les Maximes publiées par Vauvenargues dans sa seconde édition. Les suivantes sont posthumes, et celles que l'on trouvera entre crochets, ont paru pour la première fois dans l'édition de 1857.

338. [Locke était un grand philosophe, mais abstrait ou diffus, et quelquefois obscur. Son chapitre *de la Puissance* est plein de ténèbres, de contradictions, et moins propre à faire connaître la vérité qu'à confondre nos idées sur cette matière.]

339. Si quelqu'un trouve un livre obscur, l'auteur ne doit pas se défendre. Osez prouver qu'on a eu tort de ne pas vous entendre, osez justifier vos expressions, on attaquera votre sens : Oui, dira-t-on, je vous entends bien ; mais je ne pouvais pas croire que ce fût là votre pensée.

340. [Un bon esprit ne s'arrête pas au sens des paroles, lorsqu'il voit celui de l'auteur.]

341. Faites remarquer une pensée dans un ouvrage, on vous répondra qu'elle n'est pas neuve ; demandez alors si elle est vraie, vous verrez qu'on n'en saura rien.]

342 [Voulez-vous dire de grandes choses, accoutumez-vous d'abord à n'en jamais dire de fausses.]

343. Pourquoi appelle-t-on *académique* un discours fleuri, élégant, ingénieux, harmonieux ; et non pas un discours vrai et fort, lumineux et simple ? Où cultivera-t-on la vraie éloquence, si on l'énerve dans l'Académie ?

344. Ce que bien des gens, aujourd'hui, appellent écrire pesamment, c'est dire uniment la vérité, sans fard, sans plaisanterie et sans trait.

345. Un homme écrivait à quelqu'un sur un intérêt capital ; il lui parlait avec quelque chaleur, parce qu'il avait envie de le persuader ; il montra sa lettre à un homme de beaucoup d'esprit, mais très-prévenu de la mode : — Et pourquoi, lui dit cet ami, n'avez-vous pas donné à vos raisons un tour plaisant ? Je vous conseille de refaire votre lettre.

346. On raconte de je ne sais quel peuple[1], qu'il alla consulter un oracle pour s'empêcher de rire dans les délibérations publiques : notre folie n'est pas encore aussi raisonnable que celle de ce peuple.

347 C'est une chose remarquable que presque tous nos poètes se servent des expressions de Racine, et que Racine n'ait jamais répété ses propres expressions.

[1] Les Tirynthiens, peuplade grecque du Péloponèse.

348. [Nous admirons Corneille, dont les plus grandes beautés sont empruntées de Sénèque et de Lucain que nous n'admirons pas.]

349. [Je voudrais qu'on me dît si ceux qui savent le latin n'estiment pas Lucain plus grand poëte que Corneille.]

350. [Il n'y a point de poëte en prose; mais il y a plus de poésie dans Bossuet que dans tous les poëmes de La Motte.]

351. Comme il y a beaucoup de soldats et peu de braves, on voit aussi beaucoup de versificateurs et presque point de poëtes. Les hommes se jettent en foule dans les métiers honorables, sans autre vocation que leur vanité, ou, tout au plus, l'amour de la gloire.]

352. Boileau n'a jugé de Quinault que par ses défauts, et les amateurs du poëte lyrique n'en jugent que par ses beautés.

353. La musique de Montéclair[1] est sublime dans le fameux chœur de *Jephté*, mais les paroles de l'abbé Pellegrin[2] ne sont que belles. Ce n'est pas de ce que l'on danse autour d'un tombeau à l'Opéra, ou de ce qu'on y meurt en chantant, que je me plains; il n'y a point de gens raisonnables qui trouvent cela ridicule: mais je suis fâché que les vers soient toujours au-dessous de la musique, et que ce soit du musicien qu'ils empruntent leur principale expression. Voilà le défaut; et lorsque j'entends dire, après cela, que Quinault a porté son genre à la perfection, je m'en étonne; et, quoique je n'aie pas grande connaissance là-dessus, je ne puis du tout y souscrire.

354. Tous ceux qui ont l'esprit conséquent ne l'ont pas juste, ils savent bien tirer des conclusions d'un seul principe, mais ils n'aperçoivent pas toujours tous les principes et toutes les faces des choses; ainsi ils ne raisonnent que sur un côté, et ils se trompent. Pour avoir l'esprit toujours juste, il ne suffit pas de l'avoir droit, il faut encore l'avoir étendu; mais il y a peu d'esprit qui voient en grand, et qui, en même temps, sachent conclure: aussi n'y a-t-il rien de plus rare que la véritable justesse. Les uns ont l'esprit conséquent, mais étroit; ceux-là se trompent sur toutes les choses qui demandent de grandes vues; les autres embrassent beaucoup, mais ils ne tirent pas si bien les conséquences, et tout ce qui demande un esprit droit les met en danger de se perdre.

355. Qu'on examine tous les ridicules, on n'en trouvera presque point qui ne viennent d'une sotte vanité, ou de quelque passion qui nous fait sortir de notre place: un homme ridicule ne me paraît être qu'un homme hors de son véritable caractère et de sa force.

356. Tous les ridicules des hommes ne caractérisent qu'un seul vice, qui est la vanité; et, comme les passions des gens du monde sont subordonnées à ce faible, c'est, apparemment, la raison pourquoi il y a si peu de vérité dans leurs manières, dans leurs mœurs, et dans leurs plaisirs. La vanité est ce qu'il y a de plus naturel dans les hommes, et ce qui les fait sortir le plus souvent de la nature.

357. Les critiques les plus spécieuses ne sont pas, souvent, raisonnables: Montaigne a repris Cicéron de ce que, après avoir exécuté de grandes choses pour la république, il voulait encore tirer gloire de son éloquence; mais Montaigne ne pensait pas que ces grandes choses qu'il loue, Cicéron ne les avait faites que par la parole.

358. Est-il vrai que rien ne suffise à l'opinion, et que peu de chose suffise à la nature? Mais l'amour des plaisirs, mais la soif de la gloire, mais l'avidité des richesses, en un mot, toutes les passions ne sont-elles pas insatiables? Qui donne l'essor à nos projets, qui borne, ou qui étend nos opinions, sinon la nature? N'est-ce pas encore la nature qui nous pousse même à sortir de la nature, comme le raisonnement nous écarte quelquefois de la raison, ou comme l'impétuosité d'une rivière rompt ses digues, et la fait sortir de son lit?

359. Catilina n'ignorait pas les périls d'une

---

[1] *Montéclair* (Michel), célèbre musicien, né près de Chaumont en Bassigny, en 1666, montra, dès sa plus tendre enfance, de la disposition pour la musique; il reçut les premières leçons de Moreau, maître de chapelle de la cathédrale de Langres. En 1700, il vint à Paris, entra à l'orchestre de l'Opéra; il fut le premier qui joua de la contre-basse. Il mourut en septembre 1737, suivant Du Tillet, et le 24 mars de la même année, selon l'auteur du *Mercure* (mars 1738, p. 566). On de lui plusieurs ouvrages estimés des musiciens, il a mis en musique trois poëmes de l'abbé Pellegrin, et entre autres la tragédie de *Jephté*, représentée en 1731. — B.

[2] *Pellegrin* (Simon-Joseph), né à Marseille en 1663, d'abord religieux de l'ordre des Servites, et depuis abbé de Cluny, mourut le 5 septembre 1745.

conjuration; son courage lui persuada qu'il les surmonterait : l'opinion ne gouverne que les faibles; mais l'espérance trompe les plus grandes âmes.

360. [Tout a sa raison; tout arrive comme il doit être; il n'y a donc rien contre le sentiment ou la nature. Je m'entends; mais je ne me soucie guère qu'on m'entende.]

361. Il ne faut pas, dit-on, qu'une femme se pique d'esprit, ni un roi d'être éloquent ou de faire des vers, ni un soldat de délicatesse ou de civilité, etc. : les vues courtes multiplient les maximes et les lois, parce qu'on est d'autant plus enclin à prescrire des bornes à toutes choses qu'on a l'esprit moins étendu. Mais la nature se joue de nos petites règles; elle sort de l'enceinte trop étroite de nos opinions, et fait des femmes savantes ou des rois poètes, en dépit de toutes nos entraves.

362. On instruit les enfants à craindre et à obéir; l'avarice, l'orgueil, ou la timidité des pères, enseignent aux enfants l'économie, l'arrogance, ou la soumission. On les excite encore à être copistes, à quoi ils ne sont déjà que trop enclins; nul ne songe à les rendre originaux, hardis, indépendants.

363. Si l'on pouvait donner aux enfants des maîtres de jugement et d'éloquence, comme on leur donne des maîtres de langues; si on exerçait moins leur mémoire que leur activité et leur génie; si, au lieu d'émousser la vivacité de leur esprit, on tâchait d'élever l'essor et les mouvements de leur âme, que n'aurait-on pas lieu d'attendre d'un beau naturel? Mais on ne pense pas que la hardiesse, ou que l'amour de la vérité et de la gloire, soient les vertus qui importent à leur jeunesse; on ne s'attache, au contraire, qu'à les subjuguer, afin de leur apprendre que la dépendance et la souplesse sont les premières lois de leur fortune.

364. Les enfants n'ont pas d'autre droit à la succession de leur père que celui qu'ils tiennent des lois; c'est au même titre que la noblesse se perpétue dans les familles; la distinction des ordres du royaume est une des lois fondamentales de l'État.

365. [Celui qui respecte les lois honore le bonheur de la naissance; la considération qu'il a pour la noblesse est encore appuyée sur la longue possession où elle est des premiers honneurs. La possession est le seul titre des choses humaines; les traités et les bornes des États, la fortune des particuliers et la dignité royale elle-même, tout est fondé là-dessus. Qui voudrait remonter au commencement, ne trouverait presque rien qui ne fût matière à contestation : la possession est donc le plus respectable de tous les titres, puisqu'elle nous donne la paix.]

366. [C'est dans notre propre esprit, et non dans les objets extérieurs, que nous apercevons la plupart des choses : les sots ne connaissent presque rien, parce qu'ils sont vides, et que leur cœur est étroit; mais les grandes âmes trouvent en elles-mêmes un grand nombre de choses extérieures; elles n'ont besoin ni de lire, ni de voyager, ni d'écouter, ni de travailler, pour découvrir les plus hautes vérités; elles n'ont qu'à se replier sur elles-mêmes, et à feuilleter, si cela se peut dire, leurs propres pensées.]

367. Le sentiment ne nous est pas suspect de fausseté.

368. L'illustre auteur de Télémaque ne donne-t-il pas aux princes un conseil timide, lorsqu'il leur inspire d'éloigner des emplois les hommes ambitieux qui en sont capables? Un grand roi ne craint pas ses sujets, et n'en doit rien craindre.

369. [Il faut qu'un roi ait bien peu d'esprit, ou l'âme bien peu forte, pour ne pas dominer ceux dont il se sert.]

370. Les vertus règnent plus glorieusement que la prudence : la magnanimité est l'esprit des rois.

371. [Le défaut d'ambition, dans les grands, est quelquefois la source de beaucoup de vices; de là, le mépris des devoirs, l'arrogance, la lâcheté et la mollesse. L'ambition, au contraire, les rend accessibles, laborieux, honnêtes, serviables, etc., et leur fait pratiquer les vertus qui leur manquent par nature, mérite souvent supérieur à ces vertus mêmes, parce qu'il témoigne ordinairement une âme forte.]

372. [On ne saurait trop répéter que tous les avantages humains se perdent par le manque des qualités qui les procurent : les richesses s'épuisent sans l'économie; la gloire se ternit

sans l'action ; la grandeur n'est qu'un titre de mollesse sans l'ambition qui l'a établie, et qui, seule, peut lui conserver sa considération et son crédit.]

373. Plaisante fortune pour Bossuet d'être chapelain de Versailles ! Fénelon, du moins, était à sa place ; il était né pour être le précepteur des rois ; mais Bossuet devait être un grand ministre, sous un roi ambitieux.

374. [Je suis toujours surpris que les rois n'essayent point si ceux qui écrivent de grandes choses ne seraient pas capables de les faire : cela vient, vraisemblablement, de ce qu'ils n'ont pas le temps de lire.]

375. Un prince, qui n'est que bon, aime ses domestiques, ses ministres, sa famille, son favori, et n'est point attaché à son État ; il faut être un grand roi pour aimer un peuple.

376. [Le prince qui n'aime point son peuple peut être un grand homme, mais il ne peut être un grand roi.]

377. [Un prince est grand et aimable quand il a les vertus d'un roi, et les faiblesses d'un particulier.]

378. [Louis XIV avait trop de dignité ; je l'aurais aimé plus populaire. Il écrivait à M. de... « Je me réjouis, comme votre ami, du présent que je vous fais, comme votre maître. » Il ne savait jamais oublier qu'il était le maître. C'était un grand roi ; je l'admire ; mais je n'ai jamais regretté de n'être pas né sous son règne[1].]

379. [Luynes obtint, à dix-huit ans, la dignité de connétable. La faveur des rois est le plus court chemin pour faire une grande fortune ; c'est ce que savent à merveille tous les courtisans. Aussi, ceux qui ne peuvent arriver jusqu'à l'oreille du prince tâchent-ils, au moins, de gagner les bonnes grâces du ministre, de même que ceux qui n'arrivent pas jusqu'au ministre font la cour au valet de chambre. Tous sont dans l'erreur ; il n'y a rien de si difficile que de se faire agréer de quelque grand ; il faut avoir des mérites, et des mérites particuliers. Manquait-on de jeunes gens de dix-huit ans, à la cour de Louis XIII, pour faire un connétable ?]

380. [Un talent médiocre n'empêche pas une grande fortune, mais il ne la procure, ni ne la mérite.]

381. [Un honnête homme peut être indigné contre ceux qu'il ne croit pas mériter leur fortune ; mais il n'est pas capable de la leur envier.]

382. Nos paysans aiment leurs hameaux ; les Romains étaient passionnés pour leur patrie, pendant que ce n'était qu'une bourgade ; lorsqu'elle devint plus puissante, l'amour de la patrie ne fut plus si vif ; une ville, maîtresse de l'univers, était trop vaste pour le cœur de ses habitants. Les hommes ne sont pas nés pour aimer les grandes choses.

383. Les folies de Caligula ne m'étonnent point ; j'ai connu, je crois, beaucoup d'hommes qui auraient fait leurs chevaux consuls, s'ils avaient été empereurs romains. Je pardonne, par d'autres motifs, à Alexandre de s'être fait rendre les honneurs divins, à l'exemple d'Hercule et de Bacchus, qui avaient été hommes comme lui, et moins grands hommes. Les anciens n'attachaient pas la même idée que nous au nom de *dieu*, puisqu'ils en admettaient plusieurs, tous fort imparfaits ; or, il faut juger des actions des hommes selon les temps. Tant de temples élevés par les empereurs romains à la mémoire de leurs amis morts, n'étaient que les honneurs funéraires de leur siècle, et ces hardis monuments de la fierté des maîtres de la terre n'offensaient ni la religion, ni les mœurs d'un peuple idolâtre.

384. [Je me suis trouvé, à l'Opéra, à côté d'un homme qui souriait toutes les fois que le parterre battait des mains. Il me dit qu'il avait été fou de la musique dans sa jeunesse, mais qu'à un certain âge on revenait de beaucoup de choses, parce qu'on en jugeait alors de sang-froid. Un moment après, je m'aperçus qu'il était sourd, et je dis en moi-même : *Voilà donc ce que les hommes appellent juger de sang-froid !* Les vieillards et les sages ont tort ; il faut être jeune et ardent pour juger, surtout des plaisirs.]

385. [Un homme de sang-froid ressemble à un homme qui a trop dîné, et qui, alors, regarde avec dégoût le repas le plus délicieux ; est-ce la faute des mets, ou celle de son estomac ?]

386. Mes passions et mes pensées meurent,

---
[1] On sait que Vauvenargues est né le 6 août 1715, moins d'un mois avant la mort de Louis XIV.

mais pour renaître; je meurs moi-même sur un lit, toutes les nuits, mais pour reprendre de nouvelles forces et une nouvelle fraîcheur. Cette expérience que j'ai de la mort, me rassure contre la décadence et la dissolution du corps : quand je vois que la force active de mon âme rappelle à la vie ses pensées éteintes, je comprends que celui qui a fait mon corps peut, à plus forte raison, lui rendre l'être. Je dis dans mon cœur étonné : Qu'as-tu fait des objets volages qui occupaient tantôt ta pensée ? retournez sur vos propres traces, objets fugitifs. Je parle, et mon âme s'éveille; ces images mortelles m'entendent, et les figures des choses passées m'obéissent et m'apparaissent. O âme éternelle du monde, ainsi votre voix secourable revendiquera ses ouvrages, et la terre, saisie de crainte, restituera ses larcins !

387. C'est une marque de férocité et de bassesse d'insulter à un homme dans l'ignominie, s'il est, d'ailleurs, misérable; il n'y a point d'infamie dont la misère ne fasse un objet de pitié pour les âmes tendres.

388. [Il y a des hommes en qui l'infamie est plutôt un malheur qu'un vice ; l'opprobre est une loi de la pauvreté.]

389. [La honte et l'adversité sont, en quelque sorte, enchaînées l'une à l'autre ; la pauvreté fait plus d'opprobres que le vice.]

390. [La pauvreté humilie les hommes, jusqu'à les faire rougir de leurs vertus.]

391. [Le vice n'exclut pas toujours la vertu dans un même sujet ; il ne faut pas surtout croire aisément que ce qui est aimable encore soit vicieux ; il faut, dans ce cas, s'en fier plus au mouvement du cœur qui nous attire, qu'à la raison qui nous détourne.]

392. J'ai la sévérité en horreur, et ne la crois pas trop utile. Les Romains étaient-ils sévères ? N'exila-t-on pas Cicéron pour avoir fait mourir Lentulus, manifestement convaincu de trahison ? Le Sénat ne fit-il pas grâce à tous les autres complices de Catilina ? Ainsi se gouvernait le plus puissant et le plus redoutable peuple de la terre ; et nous, petit peuple barbare, nous croyons qu'il n'y a jamais assez de gibets et de supplices !

393. Quelle affreuse vertu que celle qui veut haïr et être haïe, qui rend la sagesse, non pas secourable aux infirmes, mais redoutable aux faibles et aux malheureux ; une vertu qui, présumant follement de soi-même, ignore que tous les devoirs des hommes sont fondés sur leur faiblesse réciproque !

394. [Vantez la clémence à un homme sévère : Vous serez égorgé dans votre lit, répondra-t-il, si la justice n'est pas inexorable. O timidité sanguinaire !]

395. [En considérant l'extrême faiblesse des hommes, les incompatibilités de leur fortune avec leur humeur, leurs malheurs toujours plus grands que leurs vices, et leurs vertus toujours moindres que leurs devoirs, je conclus qu'il n'y a de juste que la loi de l'humanité, et que le tempérament de l'indulgence.]

396. Les enfants cassent des vitres et brisent des chaises, lorsqu'ils sont hors de la présence de leurs maîtres ; les soldats mettent le feu à un camp qu'ils quittent, malgré les défenses du général ; ils aiment à fouler aux pieds l'espérance de la moisson et à démolir de superbes édifices. Qui les pousse à laisser partout ces longues traces de leur barbarie ? Est-ce seulement le plaisir de détruire ? ou n'est-ce pas plutôt que les âmes faibles attachent à la destruction une idée d'audace et de puissance ?

397. Les soldats s'irritent aussi contre le peuple chez qui ils font la guerre, parce qu'ils ne peuvent le voler assez librement, et que la maraude est punie : tous ceux qui font du mal aux autres hommes les haïssent.

398. [Lorsqu'on est pénétré de quelque grande vérité et qu'on la sent vivement, il ne faut pas craindre de la dire, quoique d'autres l'aient déjà dite. Toute pensée est neuve, quand l'auteur l'exprime d'une manière qui est à lui.]

399. Il y a beaucoup de choses que nous savons mal, et qu'il est très-bon qu'on redise.

400. [Un livre bien neuf et bien original serait celui qui ferait aimer de vieilles vérités.]

401. Quelqu'un a-t-il dit que, pour peindre avec hardiesse, il fallait surtout être vrai dans un sujet noble, et ne point charger la nature, mais la montrer nue ? Si on l'a dit, on peut le redire : car il ne paraît pas que les hommes s'en souviennent, et ils ont le goût si gâté,

qu'ils nomment hardi, je ne dis pas ce qui est vraisemblable et approche le plus de la vérité, mais ce qui s'en écarte le plus.

402. La nature a ébauché beaucoup de talents qu'elle n'a pas daigné finir. Ces faibles semences du génie abusent d'une jeunesse ardente, qui leur sacrifie les plaisirs et les plus beaux jours de la vie. Je regarde ces jeunes gens comme les femmes qui attendent leur fortune de leur beauté : le mépris et la pauvreté sont la peine sévère de ces espérances. Les hommes ne pardonnent point aux malheureux l'erreur de la gloire.

403. Il faut souffrir les critiques éclairées et impartiales qu'on fait des hommes ou des ouvrages les plus estimables : je hais cette chaleur de quelques hommes qui ne peuvent souffrir que l'on sépare, dans ceux qu'ils admirent, les défauts des beautés, et qui veulent tout consacrer.

404. Oserait-on penser de quelques hommes dont on respecte les noms, et qui ont cultivé leur esprit par un grand usage du monde et par des lectures sans choix, qu'ils nous ont charmés par des grâces qui seront un jour négligées, ou qu'ils nous ont imposé par un mérite qu'on n'a pas toujours jugé digne d'estime? Se parer de beaucoup de connaissances inutiles ou superficielles, affecter une extrême singularité, mettre de l'esprit partout et hors de propos, penser peu naturellement et s'exprimer de même, s'appelait autrefois être un pédant.

405. [La politique est la plus grande de toutes les sciences.]

406. Les vrais politiques connaissent mieux les hommes que ceux qui font métier de la philosophie ; je veux dire qu'ils sont plus vrais philosophes.

407. [La plupart des grands politiques ont un système, comme tous les grands philosophes ; cela fait qu'ils sont soutenus dans leur conduite, et qu'ils vont constamment à un même ut. Les gens légers méprisent cet esprit de suite, et prétendent qu'il faut se gouverner selon les occurrences ; mais l'homme le plus capable de prendre toujours le meilleur parti dans l'occasion, ne manquera pas pour cela de se faire un système, sauf à s'en écarter dans les cas particuliers.]

408. Ceux qui gouvernent les hommes on un grand avantage sur ceux qui les instruisent ; car ils ne sont obligés de rendre compte ni de tout, ni à tous ; et, si on les blâme au hasard de beaucoup de conduites qu'on ignore, on les loue aussi de bien des sottises peut-être.

409. Il est quelquefois plus difficile de gouverner un seul homme qu'un grand peuple.

410. Faut-il s'applaudir de la politique, si son plus grand effort est de faire quelques heureux au prix du repos de tant d'hommes? Et quelle est la sagesse si vantée de ces lois, qui laissent tant de maux inévitables, et procurent si peu de biens?

411. Si l'on découvrait le secret de proscrire à jamais la guerre, de multiplier le genre humain, et d'assurer à tous les hommes de quoi subsister, combien nos meilleures lois paraîtraient-elles ignorantes et barbares!

412. Il n'y a point de violence ou d'usurpation qui ne s'autorise de quelque loi : quand il ne se ferait aucun traité entre les princes, je doute qu'il se fît plus d'injustices.

413. Ce que nous honorons du nom de paix n'est proprement qu'une courte trêve, par laquelle le plus faible renonce à ses prétentions, justes ou injustes, jusqu'à ce qu'il trouve l'occasion de les faire valoir à main armée.

414. Les empires élevés ou renversés, l'énorme puissance de quelques peuples et la chute de quelques autres, ne sont que les caprices et les jeux de la nature. Ses efforts, et, si on l'ose dire, ses chefs-d'œuvre, sont ce petit nombre de génies qui, de loin en loin, montrés à la terre pour l'éclairer, et souvent négligés pendant leur vie, augmentent d'âge en âge de réputation, après leur mort, et tiennent plus de place dans le souvenir des hommes que les royaumes qui les ont vus naître, et qui leur disputaient un peu d'estime.

415. Plusieurs architectes fameux ayant été employés successivement à élever un temple magnifique, et chacun d'eux ayant travaillé selon son goût et son génie, sans avoir concerté ensemble leur dessein, un jeune homme a jeté les yeux sur ce somptueux édifice, et, moins touché de ses beautés, irrégulières il est vrai, que de ses défauts, il s'est cru longtemps plus habile que tous ces grands maîtres, jusqu'à ce

qu'enfin, ayant été lui-même chargé de faire une chapelle dans le temple, il est tombé dans de plus grands défauts que ceux qu'il avait si bien saisis, et n'a pu atteindre au mérite des moindres beautés.

416. Un écrivain qui n'a pas le talent de peindre doit éviter sur toutes choses les détails.

417. Il n'y a point de si petits caractères qu'on ne puisse rendre agréables par le coloris; le *Fleuriste* de La Bruyère en est la preuve.

418. Les auteurs qui se distinguent principalement par le tour et la délicatesse, sont plus tôt usés que les autres.

419. Le même mérite qui fait copier quelques ouvrages, les fait vieillir.

420. Cependant, les ouvrages des grands hommes, si étudiés et si copiés, conservent, malgré le temps, un caractère toujours original : c'est qu'il n'appartient pas aux autres hommes de concevoir et d'exprimer aussi parfaitement les choses même qu'ils savent le mieux. C'est cette manière si vive et si parfaite de concevoir et d'exprimer, qui distingue, dans tous les genres, les hommes de génie, et qui fait que les idées les plus simples et les plus communes, dès qu'ils y ont touché, ne peuvent plus vieillir [1].

421. Les grands hommes parlent comme la nature, simplement ; ils imposent à la fois par leur simplicité et par leur assurance : ils dogmatisent, et le peuple croit. Ceux qui ne sont ni assez faibles pour subir le joug, ni assez forts pour l'imposer, se rangent volontiers au pyrrhonisme. Quelques ignorants embrassent le doute, parce qu'ils tournent la science en vanité ; mais on voit peu d'esprits altiers et décisifs qui s'accommodent de l'incertitude,

principalement s'ils sont capables d'imaginer; car ils se rendent amoureux de leurs systèmes, séduits les premiers par leurs propres inventions [1].

422. Le génie consiste, en tout genre, à concevoir son objet plus vivement et plus complétement que personne; et de là vient qu'on trouve dans les bons auteurs, quelque chose de si net et de si lumineux, que l'on est d'abord saisi de leurs idées.

423. Les bonnes maximes sont sujettes à devenir triviales.

424. Les hommes aiment les petites peintures, parce qu'elles les vengent des petits défauts dont la société est infectée ; ils aiment encore plus le ridicule qu'on jette avec art sur les qualités éminentes qui les blessent. Mais les honnêtes gens méprisent le peintre qui flatte si bassement la jalousie du peuple, ou la sienne propre, et qui fait métier d'avilir tout ce qu'il faudrait respecter.

425. La plupart des gens de lettres estiment beaucoup les arts, et nullement la vertu ; ils aiment mieux la statue d'Alexandre que sa générosité ; l'image des choses les touche, mais l'original les laisse froids. Ils ne veulent pas qu'on les traite comme des ouvriers, et ils sont ouvriers jusqu'aux ongles, jusqu'à la moelle des os.

426. [Les grandes et premières règles sont trop hautes pour les hommes, non-seulement dans les beaux-arts et dans les lettres, mais même dans la religion, dans la morale, dans la politique, et dans la pratique de presque tous nos devoirs ; elles sont surtout trop fortes pour les écrivains médiocres, car elles les réduiraient à ne point écrire.]

427. [Qui est-ce qui dit qu'il y a eu autrefois un Horace? Qui est-ce qui croit qu'il y a présentement une reine de Hongrie? Je lui ferai voir que des philosophes ont nié des choses plus claires. Ce n'est donc pas la preuve qu'un fait est obscur, ou qu'un principe est douteux, lorsqu'ils ont été contredits ; on en doit conclure, au contraire, qu'ils sont apparents ; car les gens d'esprit ne s'avisent guère de contester

---

[1] *Var.* : « Il semble que la raison, qui se communique aisément et se perfectionne quelquefois, devrait perdre d'autant plus vite son lustre et le mérite de la nouveauté. Cependant ceux qui conçoivent les choses dans toute leur force, et qui poussent la sagacité jusqu'au terme de l'esprit humain, impriment leur haut caractère dans leurs expressions ; et, comme le reste des hommes ne peut atteindre la perfection de leurs idées et de leurs discours, leurs écrits paraissent toujours originaux, pareils à ces chefs-d'œuvre de sculpture, qui sont depuis tant de siècles sous les yeux de tout le monde, et que personne ne peut imiter. »

[1] *Add.* : [« Tant il est difficile de conserver la liberté de son propre esprit, lorsqu'on a les passions et les talents qui subjuguent l'esprit des autres. »]

que ce que le reste des hommes croit incontestable.]

428. [Ceux qui doutent de la certitude des principes devraient estimer davantage l'éloquence : s'il n'y a point de réalités, les apparences augmentent de prix.]

429. Vous croyez que tout est problématique : vous ne voyez rien de certain, et vous n'estimez ni les arts, ni la probité, ni la gloire ; vous croyez cependant devoir écrire, et vous pensez assez mal des hommes pour être persuadé qu'ils voudront lire des choses inutiles, que vous-même n'estimez point vraies. Votre objet n'est-il pas aussi de les convaincre que vous avez de l'esprit ? Il y a donc, du moins, quelque vérité, et vous avez choisi la plus grande et la plus importante pour les hommes : vous leur avez appris que vous aviez plus de délicatesse et plus de subtilité qu'eux. C'est la principale instruction qu'ils peuvent retirer de vos ouvrages ; se lasseront-ils de les lire ?

450. La prospérité illumine la prudence.

431. L'intérêt est la règle de la prudence.

432. [Il n'appartient qu'au courage de régler la vie.]

433. Les vrais maîtres dans la politique et dans la morale sont ceux qui tentent tout le bien qu'on peut exécuter, et rien au delà.

434. Un sage gouvernement doit se régler sur la disposition présente des esprits.

435. Tous les temps ne permettent pas de suivre tous les bons exemples et toutes les bonnes maximes.

436. Les mœurs se gâtent plus facilement qu'elle ne se redressent.

437. [C'est la preuve qu'une innovation n'est pas nécessaire, lorsqu'elle est trop difficile à établir.]

438. [Les changements nécessaires aux États se font presque toujours d'eux-mêmes.]

439. [C'est en quelque sorte entreprendre sur les droits de Dieu, que de tenter la réformation des mœurs et des coutumes dans un grand empire, et, cependant, il se trouve des hommes qui en viennent à bout.]

440. La vertu ne s'inspire point par la violence.

441. L'humanité est la première des vertus.

442. La vertu ne peut faire le bonheur des méchants.

443. La paix, qui borne les talents et amollit les peuples, n'est un bien ni en morale, ni en politique.

444. L'amour est le premier auteur du genre humain.

445. La solitude tente puissamment la chasteté.

446. La solitude est à l'esprit ce que la diète est au corps, mortelle lorsqu'elle est trop longue, quoique nécessaire.

447. L'écueil ordinaire des talents médiocres est l'imitation des gens riches ; personne n'est si fat qu'un bel esprit qui veut être un homme du monde.

448. Une jeune femme a moins de complaisants qu'un homme riche qui fait bonne chère.

449. La bonne chère est le premier lien de la *bonne compagnie*.

450. La bonne chère apaise les ressentiments du jeu et de l'amour ; elle réconcilie tous les hommes avant qu'ils se couchent.

451. Le jeu, la dévotion, le bel esprit, sont trois grands partis pour les femmes qui ne sont plus jeunes.

452. Les sots s'arrêtent devant un homme d'esprit comme devant une statue de Bernini, et lui donnent, en passant, quelque louange ridicule.

453. Tous les avantages de l'esprit, et même du cœur, sont presque aussi fragiles que ceux de la fortune.

454. On va dans la fortune et dans la vertu le plus loin qu'on peut ; la raison et la vertu même consolent du reste.

455. [Peu de malheurs sont sans ressource ; le désespoir est plus trompeur que l'espérance.]

456. Il y a peu de situations désespérées pour un esprit ferme, qui combat à force inégale, mais avec courage, la nécessité.

457. Nous louons souvent les hommes de leur faiblesse, et nous les blâmons de leur force.

458. Ce ne peut être un vice dans les hommes de sentir leur force.

459. Il arrive souvent qu'on nous estime à

proportion que nous nous estimons nous-mêmes.

460. La fatuité égale la roture aux meilleurs noms.

461. Il y a plus de faiblesse que de raison à être humilié de ce qui nous manque, et c'est la source de toute bassesse.

462. Ce qui me paraît le plus noble dans notre nature [c']est que nous nous passions si aisément d'une plus grande perfection.

463. Nous pouvons parfaitement connaître notre imperfection, sans être humiliés par cette vue.

464. Les grands ne connaissent pas le peuple, et n'ont aucune envie de le connaître.

465. La lumière est le premier fruit de la naissance, pour nous enseigner que la vérité est le plus grand bien de la vie.

466. Rien ne dure que la vérité.

467. Il n'appartient qu'aux âmes fortes et pénétrantes de faire de la vérité le principal objet de leurs passions.

468. La vérité n'est pas si usée que le langage, parce qu'il appartient à moins de gens de la manier.

469. [Ce n'est pas tout à fait la vérité qui manque le plus souvent aux idées des hommes, mais la précision et l'exactitude. Le faux absolu se rencontre rarement dans leurs pensées, et le vrai, pur et entier, se trouve encore plus rarement dans leurs expressions.]

470. [Il n'y a aucune vérité qui ne nous arrache notre consentement, lorsqu'on la présente tout entière et distincte à notre esprit.]

471. [Il n'y a aucune idée *innée*, dans le sens des Cartésiens; mais toutes les vérités existent indépendamment de notre consentement, et sont éternelles.]

472. [La vérité n'a point d'autre preuve de son existence que l'évidence, et la démonstration n'est autre chose que l'évidence obtenue par le raisonnement.]

473. [La vérité a son accent, qu'elle peut prêter même au mensonge, et qui est, selon moi, le vrai *bon ton*; rien n'est si loin de l'éloquence que le jargon de l'esprit.]

474. L'esprit ne tient pas lieu de savoir.

475. L'esprit enveloppe les simplicités de la nature, pour s'en attribuer l'honneur.

476. [Il n'y a qu'une seule passion qui parle ridiculement et sans éloquence, et c'est la passion de l'esprit.]

477. [Il n'y a de vrai et de solide esprit que celui qui prend sa source dans le cœur.]

478. [L'esprit ne fait presque jamais le sel de la conversation.]

479. L'intérêt, non l'esprit, est le sel de la conversation; l'esprit n'y est, je crois, agréable, qu'autant qu'il met en jeu les passions, à moins que lui-même ne soit la passion de ceux qui parlent.

480. [On ne s'ennuie avec beaucoup de gens, et on ne s'amuse avec quelques autres, que par vanité.]

481. L'indigence contrarie nos désirs, mais elle les borne; l'opulence multiplie nos besoins, mais elle aide à les satisfaire. Si on est à sa place, on est heureux.

482. Il y a des hommes qui vivent heureux sans le savoir.

483. Les passions des hommes sont autant de chemins ouverts pour aller jusqu'à eux.

484. Si nous voulons tromper les hommes sur nos intérêts, ne les trompons pas sur les leurs.

485. Il y a des hommes dont il faut s'emparer tout d'abord, sans les laisser refroidir.

486. Les auteurs médiocres ont plus d'admirateurs que d'envieux.

487. Il n'y a pas d'écrivain si ridicule, que quelqu'un n'ait traité d'excellent.

488. On fait mal sa cour aux économes par des présents.

489. On fait plutôt fortune auprès des grands en leur facilitant les moyens de se ruiner, qu'en leur apprenant à s'enrichir.

490. Nous voulons faiblement le bien de ceux que nous n'assistons que de nos conseils.

491. La générosité donne moins de conseils que de secours.

492. La philosophie est une vieille mode que certaines gens affectent encore, comme d'autres portent des bas rouges, pour morguer le public.

493. Nous n'avons pas assez de temps pour réfléchir toutes nos actions.

494. La gloire serait la plus vive de nos passions, sans son incertitude.

495. La gloire remplit le monde des vertus, et, comme un soleil bienfaisant, elle couvre toute la terre de fleurs et de fruits.

496. La gloire embellit les héros.

497. Il n'y a pas de gloire achevée, sans celle des armes.

498. Le désir de la gloire prouve également et la présomption, et l'incertitude où nous sommes de notre mérite.

499. Nous ambitionnerions moins l'estime des hommes, si nous étions plus sûrs d'en être dignes.

500. Les siècles savants ne l'emportent guère sur les autres, qu'en ce que leurs erreurs sont plus utiles.

501. Nous ne passons les peuples qu'on nomme barbares, ni en courage, ni en humanité, ni en santé, ni en plaisirs ; et, n'étant ainsi ni plus vertueux, ni plus heureux, nous ne laissons pas de nous croire bien plus sages.

502. L'énorme différence que nous remarquons entre les sauvages et nous, ne consiste qu'en ce que nous sommes un peu moins ignorants.

503. [Nous savons plus de choses inutiles, que nous n'en ignorons de nécessaires.]

504. Les simplicités nous délassent des grandes spéculations.

505. [Je crois qu'il n'y a guère eu d'auteurs qui aient été contents de leur siècle.]

506. Quand on ne regarderait l'histoire ancienne que comme un roman, elle mériterait encore d'être respectée comme une peinture charmante des plus belles mœurs dont les hommes puissent jamais être capables.

507. N'est-il pas impertinent que nous regardions comme une vanité ridicule ce même amour de la vertu et de la gloire que nous admirons dans les Grecs et les Romains, hommes comme nous, et moins éclairés?

508. Chaque condition a ses erreurs et ses lumières; chaque peuple a ses mœurs et son génie, selon sa fortune; les Grecs, que nous avons passés en délicatesse, nous passaient en simplicité.

509. Qu'il y a peu de pensées exactes ! et combien il en reste encore aux esprits justes à développer !

510. [Sur quelque sujet qu'on écrive, on ne parle jamais assez pour le grand nombre, et l'on dit toujours trop pour les habiles.]

511. Un auteur n'est jamais si faible que lorsqu'il traite faiblement les grands sujets.

512. Rien de grand ne comporte la médiocrité.

513. Il y a des hommes qui veulent qu'un auteur fixe leurs opinions et leurs sentiments, et d'autres qui n'admirent un ouvrage qu'autant qu'il renverse toutes leurs idées, et ne leur laisse aucun principe d'assuré.

514. Nous ne renonçons pas aux biens que nous nous sentons capables d'acquérir.

515. Il n'y a point de noms si révérés et défendus avec tant de chaleur, que ceux qui honorent un parti.

516. Les grands rois, les grands capitaines, les grands politiques, les écrivains sublimes, sont des hommes ; toutes les épithètes fastueuses dont nous nous étourdissons ne veulent rien dire de plus.

517. Tout ce qui est injuste nous blesse, lorsqu'il ne nous profite pas directement.

518. Nul homme n'est assez timide, ou glorieux, ou intéressé, pour cacher toutes les vérités qui pourraient lui nuire.

519. La dissimulation est un effort de la raison, bien loin d'être un vice de la nature.

520. Celui qui a besoin d'un motif pour être engagé à mentir, n'est pas né menteur.

521. Tous les hommes naissent sincères, et meurent trompeurs.

522. Les hommes semblent être nés pour faire des dupes, et l'être d'eux-mêmes.

523. [L'aversion contre les trompeurs ne vient ordinairement que de la crainte d'être dupe; c'est par cette raison que ceux qui manquent de sagacité, s'irritent, non-seulement contre les artifices de la séduction, mais encore contre la discrétion et la prudence des habiles.]

524. [Qui donne sa parole légèrement, y manque de même.]

525. Qu'il est difficile de faire un métier d'intérêt sans intérêt!

526. Les prétendus honnêtes gens, dans tous les métiers, ne sont pas ceux qui gagnent le moins.

527. Il est plaisant que de deux hommes

qui veulent également s'enrichir, l'un l'entreprenne par la fraude ouverte, l'autre par la bonne foi, et que tous les deux réussissent.

528. [L'intérêt est l'âme des gens du monde.]

529. [On trouve des hommes durs, que l'intérêt achève de rendre intraitables.]

530. S'il est facile de flatter les hommes en place, il l'est encore plus de se flatter soi-même auprès d'eux : l'espérance fait plus de dupes que l'habileté.

531. Les grands vendent trop cher leur protection, pour que l'on se croie obligé à aucune reconnaissance.

532. Les grands n'estiment pas assez les autres hommes pour vouloir se les attacher par des bienfaits.

533. On ne regrette pas la perte de tous ceux qu'on aime.

534. L'intérêt nous console de la mort de nos proches, comme l'amitié nous consolait de leur vie.

535. Nous blâmons quelques hommes de trop s'affliger, comme nous reprochons à d'autres d'être trop modestes, quoique nous sachions bien ce qu'il en est.

536. [C'est jouer une impertinente comédie que d'user son éloquence à consoler de feintes douleurs, que l'on connaît pour telles.]

537. [Quelque tendresse que nous ayons pour nos amis ou pour nos proches, il n'arrive jamais que le bonheur d'autrui suffise pour faire le nôtre.]

538. [On ne fait plus d'amis dans la vieillesse; alors toutes les pertes sont irréparables.]

539. La morale purement humaine a été traitée plus utilement et plus habilement par les anciens, qu'elle ne l'est maintenant par nos philosophes.

540. La science des mœurs ne donne pas celle des hommes.

541. Lorsqu'un édifice a été porté jusqu'à sa plus grande hauteur, tout ce qu'on peut faire est de l'embellir, ou d'y changer des bagatelles, sans toucher au fond. De même on ne peut que ramper sur les vieux principes de la morale, si l'on n'est soi-même capable de poser d'autres fondements, qui, plus vastes et plus solides, puissent porter plus de consé-quences, et ouvrir à la réflexion un nouveau champ.

542. L'invention est l'unique preuve du génie.

543. On n'apprend aux hommes les vrais plaisirs qu'en les dépouillant des faux biens, comme on ne fait germer le bon grain qu'en arrachant l'ivraie qui l'environne.

544. Il n'y a point, nous dit-on, de faux plaisirs : à la bonne heure; mais il y en a de bas et de méprisables. Les choisirez-vous?

545. [Les plus vifs plaisirs de l'âme sont ceux qu'on attribue au corps; car le corps ne doit point sentir, ou il est l'âme.]

546. [La plus grande perfection de l'âme est d'être capable de plaisir.]

547. La vanité est le premier intérêt et le premier plaisir des riches.

548. C'est la faute des panégyristes, ou de leurs héros, lorsqu'ils ennuient.

549. Il faut savoir mettre à profit l'indulgence de nos amis et la sévérité de nos ennemis.

550. Pauvre, on est occupé de ses besoins; riche, on est dissipé par les plaisirs, et chaque condition a ses devoirs, ses écueils, et ses distractions, que le génie seul peut franchir.

551. [Je désirerais de tout mon cœur que toutes les conditions fussent égales; j'aimerais beaucoup mieux n'avoir point d'inférieurs, que de reconnaître un seul homme au-dessus de moi. Rien n'est si spécieux, dans la spéculation, que l'égalité; mais rien n'est plus impraticable et plus chimérique.]

552. Les grands hommes le sont quelquefois jusque dans les petites choses.

553. Nous n'osons pas toujours entretenir les autres de nos opinions; mais nous saisissons ordinairement si mal leurs idées, que nous perdrions peut-être moins dans leur esprit à parler comme nous pensons, et nous serions moins ennuyeux.

554. [Il est juste que ce qu'on imagine n'ait pas l'air si original que ce que l'on pense.]

555. [On parle et l'on écrit rarement comme l'on pense.]

556. Quelle diversité, quel changement et quel intérêt dans les livres, si on n'écrivait plus que ce qu'on pense!

557. On pardonne aisément les maux passés et les aversions impuissantes.

558. Quiconque ose de grandes choses risque inévitablement sa réputation.

559. [Que la fortune donne prise sur quelqu'un, la malignité et la faiblesse s'enhardissent, et c'est comme un signal pour l'accabler.]

560. [Les qualités dominantes des hommes ne sont pas celles qu'ils laissent paraître, mais, au contraire, celles qu'ils cachent le plus volontiers; car ce sont leurs passions qui forment véritablement leur caractère, et on n'avoue point les passions, à moins qu'elles ne soient si frivoles, que la mode les justifie, ou si modérées, que la raison n'en rougisse point. On cache surtout l'ambition, parce qu'elle est une espèce de reconnaissance humiliante de la supériorité des grands, et un aveu de la petitesse de notre fortune, ou de la présomption de notre esprit. Il n'y a que ceux qui désirent peu, ou ceux qui sont à portée de faire réussir leurs prétentions, qui puissent les laisser paraître avec bienséance. Ce qui fait tous les ridicules dans le monde, ce sont les prétentions en apparence mal fondées, ou démesurées, et, parce que la gloire et la fortune sont les avantages les plus difficiles à acquérir, ils sont aussi la source des plus grands ridicules pour ceux qui les manquent.]

561. [Si un homme est né avec l'âme haute et courageuse, s'il est laborieux, altier, ambitieux, sans bassesse, d'un esprit profond et caché, j'ose dire qu'il ne lui manque rien pour être négligé des grands et des gens en place, qui craignent, encore plus que les autres hommes, ceux qu'ils ne pourraient dominer.]

562. [Le plus grand mal que la fortune puisse faire aux hommes, est de les faire naître faibles de ressources, et ambitieux.]

563. [Nul n'est content de son état seulement par modestie; il n'y a que la religion ou que la force des choses qui puissent borner l'ambition.]

564. [Les hommes médiocres craignent quelquefois les grandes places, et, quand ils n'y visent point ou les refusent, tout ce qu'on en peut conclure, c'est qu'ils savent qu'ils sont médiocres.]

565. [Ceux qui ont le plus de vertu ne peuvent quelquefois se défendre de respecter, comme le peuple, les dons de la fortune, tant ils sentent quelle est la force et l'utilité du pouvoir; mais ils se cachent de ce sentiment comme d'un vice, et comme d'un aveu de leur faiblesse.]

566. [Si le mérite donnait une partie de l'autorité qui est attachée à la fortune, il n'y a personne qui ne lui accordât la préférence.]

567. [Il y a plus de grandes fortunes que de grands talents.]

568. Il n'est pas besoin d'un long apprentissage pour se rendre capable de négocier, toute notre vie n'étant qu'une pratique non interrompue d'artifices et d'intérêts.

569. Les grandes places instruisent promptement les grands esprits.

570. La présence d'esprit est plus nécessaire à un négociateur qu'à un ministre : les grandes places dispensent quelquefois des moindres talents.

571. Si les armes prospèrent, et que l'État souffre, on peut en blâmer le ministre, non autrement; à moins qu'il ne choisisse de mauvais généraux, ou qu'il ne traverse les bons.

572. Il faudrait qu'on pût limiter les pouvoirs d'un négociateur sans trop resserrer ses talents; ou du moins, ne pas le gêner dans l'exécution de ses ordres. On le réduit à traiter, non selon son propre génie, mais selon l'esprit du ministre, dont il ne fait que porter les paroles, souvent opposées à ses lumières. Est-il si difficile de trouver des hommes assez fidèles et assez habiles, pour leur confier le secret et la conduite d'une négociation? ou serait-ce que les ministres veulent être l'âme de tout, et ne partager leur ministère avec personne? Cette jalousie de l'autorité a été portée si loin par quelques-uns, qu'ils ont prétendu conduire, de leur cabinet, jusqu'aux guerres les plus éloignées, les généraux étant tellement asservis aux ordres de la cour, qu'il leur était presque impossible de profiter de la faveur des occasions, quoiqu'on les rendit responsables des mauvais succès.

573. Nul traité qui ne soit comme un monument de la mauvaise foi des souverains.

574. On dissimule quelquefois dans un

traité, de part et d'autre, beaucoup d'équivoques qui prouvent que chacun des contractants s'est proposé formellement de le violer, dès qu'il en aurait le pouvoir.

575. La guerre se fait aujourd'hui entre les peuples de l'Europe si humainement, si habilement, et avec si peu de profit, qu'on peut la comparer, sans paradoxe, aux procès des particuliers, où les frais emportent le fonds, et où l'on agit moins par force que par ruse.

576. Quelque service que l'on rende aux hommes, on ne leur fait jamais autant de bien qu'ils croient en mériter.

577. La familiarité et l'amitié font beaucoup d'ingrats.

578. Les grandes vertus excitent les grandes jalousies; les grandes générosités produisent les grandes ingratitudes : il en coûte trop d'être juste envers le mérite éminent.

579. Ni la pauvreté ne peut avilir les âmes fortes, ni la richesse ne peut élever les âmes basses; on cultive la gloire dans l'obscurité; on souffre l'opprobre de la grandeur : la fortune, qu'on croit si souveraine, ne peut presque rien sans la nature.

580. [L'ascendant sur les hommes vaut mieux que la richesse.]

581. [On en voit que les plus grands intérêts ne peuvent engager à se dessaisir des moindres biens.]

582. Qu'importe à un homme ambitieux, qui a manqué sa fortune sans retour, de mourir plus pauvre?

583. [Le plus grand effort de l'esprit est de se tenir à la hauteur de la fortune, ou au niveau des richesses]

584. Il y a de fort bonnes gens qui ne peuvent se désennuyer qu'aux dépens de la société.

585. Quelques-uns entretiennent, familièrement et sans façon, le premier homme qu'ils rencontrent, comme on s'appuierait sur son voisin; si on se trouvait mal dans une église.

586. N'avoir nulle vertu ou nul défaut est également sans exemple.

587. Si la vertu se suffisait à elle-même, elle ne serait plus une qualité humaine, mais surnaturelle.

588. [Ce qui constitue ordinairement une âme forte, c'est qu'elle soit dominée par quelque passion altière et courageuse, à laquelle toutes les autres, quoique vives, soient subordonnées; mais je ne veux pas en conclure que les âmes partagées soient toujours faibles; on peut seulement présumer qu'elles sont moins constantes que les autres.]

589. [Ce n'est pas toujours par faiblesse que les hommes ne sont ni tout à fait bons, ni tout à fait méchants ; c'est parce qu'ils ont des vertus mêlées de vices. Leurs passions contraires se croisent, et ils sont entraînés tour à tour par leurs bonnes et par leurs mauvaises qualités. Ceux qui vont le plus loin dans le bien ou dans le mal ne sont ni les plus sages ni les plus fous, mais ceux qui sont poussés par quelque passion dominante qui les empêche de se partager. Plus on a de passions prépondérantes, quoique différentes, moins on est propre à primer, en quelque genre que ce soit.]

590. [Les hommes sont tellement nés pour dépendre, que les lois même, qui gouvernent leur faiblesse, ne leur suffisent pas; la fortune ne leur a pas donné assez de maîtres; il faut que la mode y supplée, et qu'elle règle jusqu'à leur chaussure[1].]

591. [Je consentirais à vivre sous un tyran, à condition de ne dépendre que de ses caprices, et d'être affranchi de la tyrannie des modes, des coutumes et des préjugés; la moindre de nos servitudes est celle des lois.]

592. [La nécessité nous délivre de l'embarras du choix.]

593. [Le dernier triomphe de la nécessité est de faire fléchir l'orgueil; la vertu est plus aisée à abattre que la vanité. Peut-être aussi que cette vanité, qui résiste au pouvoir de la fortune, est elle-même une vertu.]

594. [Qui condamne l'activité, condamne la fécondité. Agir n'est autre chose que produire; chaque action est un nouvel être qui commence, et qui n'était pas. Plus nous agissons, plus nous produisons, plus nous vivons, car le sort des choses humaines est de ne pouvoir se maintenir que par une génération continuelle.]

595. [Les êtres physiques ne dépendent pas

---

[1] *Var.*: [« Un homme qui n'oserait porter des bas gris, si la mode est d'en porter de blancs, se plaint que le gouvernement ne laisse pas assez de liberté aux

d'un premier principe et d'une cause universelle, comme on le suppose ; car moi, qui suis un être libre, je n'ai qu'à souffler sur de la neige, et voilà que je dérange tout le système de l'univers. Plaisante chimère, de croire que toute la nature se gouverne par la même loi, pendant que la terre est couverte de cent mille millions de petits agents, qui traversent, selon leur caprice, cette autorité!]

596. [Qui travaillera pour le théâtre? Qui fera des portraits ou des satires? Qui osera prétendre à instruire ou à divertir les hommes? Mille gens se tourmentent dans ce but, et l'on n'a jamais vu autant d'artistes : mais les hommes n'estiment que ce qui est nouveau ou ce qui est rare. Nous avons, d'ailleurs, des chefs d'œuvre en tout genre ; tous les grands sujets sont traités ; eût-on même assez de génie pour se soutenir à côté des modèles, je doute qu'on obtînt dans le monde le même succès, et que les plus habiles fissent un grand chemin de ce côté-là.]

597. [Les meilleures choses devenues communes, on s'en dégoûte.]

598. [Les meilleures choses sont les plus communes? on achète l'esprit de Pascal pour un écu ; on vend, à meilleur marché, des plaisirs à ceux qui peuvent s'y livrer ; il n'y a que les superfluités et les objets de caprice qui soient rares et difficiles ; mais, malheureusement, ce sont les seules choses qui touchent la curiosité et le goût du commun des hommes.]

599. [Se flattera-t-on de briller par la philosophie, ou par les lettres, dont si peu de gens sont capables de juger, pendant que la gloire des politiques, si palpable, et si utile à tout le monde, trouve des contempteurs et des aveugles, qui protestent publiquement contre ses titres?]

600. [Les hommes méprisent les lettres parce qu'ils en jugent comme des métiers, par leur utilité pour la fortune.]

601. [Il faut être né raisonnable ; car on tire peu de fruit des lumières et de l'expérience d'autrui.]

602. On ne peut avoir beaucoup de raison et peu d'esprit.]

hommes. Eh! les hommes en sont-ils capables, eux qui se font, sur leur chaussure, des lois auxquelles ils n'auraient garde de désobéir? »

603. [Une maxime qui a besoin de preuves, n'est pas bien rendue.]

604. [Nous avons d'assez bons préceptes, mais peu de bons maîtres.]

605. [Un petit vase est bientôt plein ; il y a peu de bons estomacs, mais beaucoup de bons aliments.]

606. [Le métier des armes fait moins de fortunes qu'il n'en détruit.]

607. [On ne peut avancer les gens de guerre que selon leur grade ou leurs talents : deux prétextes ouverts à la faveur, pour colorer l'injustice.]

608. [Il y a des gens qui n'auraient jamais fait connaître leurs talents, sans leurs défauts.]

609. [Les écrivains nous prennent notre bien, et le déguisent, pour nous donner le plaisir de le retrouver.]

610. [Il ne faut pas laisser prévoir à un lecteur ce qu'on veut lui dire, mais le lui faire penser, afin qu'il puisse nous estimer d'avoir pensé comme lui, mais après lui.]

611. [L'art de plaire, l'art de penser, l'art d'aimer, l'art de parler, beaux préceptes, mais peu utiles, quand ils ne sont pas enseignés par la nature.]

612. [Nous ne pensons pas si bien que nous agissons.]

613. [Ceux qui échappent aux misères de la pauvreté n'échappent pas à celles de l'orgueil.]

614. [L'orgueil est le consolateur des faibles.]

615. [Nous délibérons quelquefois lorsque nous voulons faire une sottise, et nous assemblons nos amis, pour les consulter, comme les princes affectent toutes les formalités de la justice, lorsqu'ils sont le plus déterminés à la violer.]

616. [Les beaux-esprits se vengent du dédain des riches sur ceux qui n'ont encore que du mérite.]

617. [L'esprit n'est aujourd'hui à si bas prix, que parce qu'il y en a beaucoup.]

618. [La plaisanterie des philosophes est si mesurée, qu'on ne la distingue pas de la raison.]

619. [Il échappe quelquefois à un homme ivre des saillies plus agréables que celles des meilleurs plaisants.]

620. [Quelques hommes seraient bien éton-

nés d'apprendre ce qui leur fait estimer d'autres hommes.]

621. [Le corps ne souffre jamais seul des austérités de l'esprit ; l'âme s'endurcit avec le corps.]

622. [On voit de misérables corps victimes languissantes d'un esprit infatigable, qui les tourmente inexorablement jusqu'à la mort. Je me représente alors un grand empire, que l'ambition inquiète d'un seul homme agite et ravage, jusqu'à ce que tout soit détruit, et que l'État périsse.]

623. [Le soleil est moins éclatant, lorsqu'il reparait après des jours d'orage, que la vertu qui triomphe d'une longue et envieuse persécution.]

624. [Les jours sombres et froids de l'automne représentent les approches de la vieillesse ; il n'est rien dans la nature qui ne soit une image de la vie humaine, parce que la vie humaine est elle-même une image de toutes choses, et que tout l'univers est gouverné par les mêmes lois.]

625. [L'amour se fait sentir aux enfants, comme l'ambition, avant qu'ils aient fait aucun choix ; les hommes-même s'attendrissent par avance, sans objet réel, et *cherchent souvent leur défaite sans la rencontrer.*]

626. [Ceux qui médisent toujours, nuisent rarement ; ils méditent plus de mal qu'ils n'en peuvent faire.]

627. [Une préface est ordinairement un plaidoyer, où toute l'éloquence de l'auteur ne peut rendre sa cause meilleure, aussi inutile pour faire valoir un bon ouvrage, que pour en justifier un mauvais.]

628. [Le défaut unique, en un sens, de tous les ouvrages, c'est d'être trop longs.]

629. [Ce qui fait que beaucoup de gens de lettres dissimulent le bien qu'ils pensent les uns des autres, c'est qu'ils peuvent craindre que celui qu'ils loueraient ne les loue pas de même par la suite, et qu'il ne soit cru, sur cette même autorité qu'ils auraient contribué à lui assurer.]

630. [Boileau était plein de génie, et n'avait pas, je crois, un grand génie ; tel homme, au contraire, a écrit, dont on ne saurait dire qu'il eût du génie ; et qui, cependant, était un grand génie ; le cardinal de Richelieu, par exemple.]

631. [Rousseau a manqué d'invention dans l'expression, et de grandeur dans la pensée. Ses poèmes manquent par le fond ; ils sont travaillés avec art, mais froids.]

632. [Qui a plus écrit que César, et qui a exécuté de plus grandes choses?]

633. [On peut rendre l'esprit plus vif et plus souple, de même que le corps ; il n'y a pour cela qu'à exercer l'un, comme on exerce l'autre[1].]

634. [Un homme éloquent est celui qui, même sans le vouloir, fait passer sa créance ou ses passions dans l'esprit ou dans le cœur d'autrui.]

635. [Si un homme parle faiblement, quand il est animé et à son aise, il est impossible qu'il écrive bien.]

636. [Qu'un homme parle longuement d'un grand procès, qu'il cite les lois, qu'il en fasse l'application au cas qui l'intéresse, ceux qui l'écoutent croiront qu'il est un bon juge ; qu'un autre parle de tranchées, de glacis et de chemins couverts, qu'il crayonne devant des femmes la disposition d'une bataille où il n'était point, on dira qu'il sait son métier, et qu'il y a plaisir à l'entendre. Les hommes se piquent de mépriser la science, et se laissent toujours imposer par ses apparences.]

637. [Que sert à un homme de robe, de savoir comme on prend une place? Pourquoi un financier veut-il apprendre la mécanique des vers? Si les hommes se contentaient des connaissances dont ils ont besoin, et qui entrent dans leur génie, ils auraient assez de temps pour les approfondir ; mais la mode est, aujourd'hui, d'avoir une teinture de toutes les sciences. Un homme qui n'a rien à dire sur un autre métier que le sien, n'oserait penser qu'il peut avoir de l'esprit.]

638. [J'approuverais fort la science universelle, si les hommes en étaient capables ; mais j'estime plus un menuisier, qui sait son métier, qu'un bavard, qui pense tout savoir, et qui ne possède rien.]

639. [On n'a jamais chargé l'esprit des hommes d'autant de connaissances inutiles et su-

[1] Voir la Maxime 194°.

perficielles qu'on le fait aujourd'hui ; on a mis à la place de l'ancienne érudition une science d'ostentation et de paroles. Qu'avons-nous gagné à cela ? Ne vaudrait-il pas mieux être encore pédant comme Huet, et comme Ménage ?

640. [Les gens du monde ont une espèce d'érudition ; c'est-à-dire qu'ils savent assez de toutes choses pour en parler de travers. Quelle manie de sortir des bornes de notre esprit et de nos besoins, pour charger notre mémoire de tant de choses inutiles ! Et par quelle fatalité faut-il qu'après avoir guéri d'un respect exagéré pour la vraie érudition, nous soyons épris de la fausse ?]

641. [Le duel avait un bon côté, qui était de mettre un frein à l'insolence des grands ; aussi, je m'étonne qu'ils n'aient pas encore trouvé le moyen de l'abolir entièrement.]

642. [Le peuple en vient aux mains pour peu de chose ; mais les magistrats et les prêtres ne poussent jamais leurs querelles jusqu'à cette indécence. La noblesse ne pourrait-elle en venir à ce point de politesse ? Pourquoi non, puisque déjà deux corps aussi considérables y sont parvenus ?]

643. [Si quelqu'un trouve que je me contredis, je réponds : Parce que je me suis trompé une fois, ou plusieurs fois, je ne prétends point me tromper toujours.]

644. [Quand je vois un homme engoué de la raison, je parie aussitôt qu'il n'est pas raisonnable.]

645. [J'ai bonne opinion d'un jeune homme, quand je vois qu'il a l'esprit juste, et que, néanmoins, la raison ne le maîtrise point ; je me dis : Voici une âme forte et audacieuse ; ses passions la tromperont souvent, mais, du moins, elle ne sera trompée que par ses passions, et non par celles d'autrui.]

646. [Ce qu'il y a de plus embarrassant, quand on n'est pas né riche, c'est d'être né fier.]

647. [On s'étonne toujours qu'un homme supérieur ait des ridicules, ou qu'il soit sujet à de grandes erreurs ; et moi je serais très-surpris qu'une imagination forte et hardie ne fît pas commettre de très-grandes fautes.]

648. [Je mets une fort grande différence entre faire des sottises et faire des folies ; un homme médiocre peut ne pas faire de folies, mais il ne saurait éviter de faire beaucoup de sottises.]

649. [Le plus sot de tous les hommes est celui qui fait des folies par air.]

650. [Nous méprisons les fables de notre pays, et nous apprenons aux enfants les fables de l'antiquité.]

651. [Nous dédaignons les fables de notre pays, et beaucoup de gens les ignorent ; mais j'espère qu'elles feront un jour partie de l'éducation des enfants. Il est juste qu'elles aillent à nos neveux, et il faut bien que cela arrive, puisque nous apprenons aujourd'hui, avec tant de soin, les fables de l'antiquité.]

652. [L'objet de la prose est de dire des choses ; mais les sots s'imaginent que la rime est l'unique objet de la poésie, et, dès que leurs vers ont le nombre ordinaire de syllabes, ils pensent que ce qu'ils ont fait avec tant de peine mérite qu'on se donne celle de le lire.]

653. [Pourquoi un jeune homme nous plaît-il plus qu'un vieillard ? Il n'y a presque point d'homme qui puisse se dire pourquoi il aime ou il estime un autre homme, et pourquoi lui-même s'adore.]

654. [Un philosophe est un personnage froid ou un personnage menteur ; il ne doit donc figurer qu'un moment dans un poëme, qui doit être un tableau vrai et passionné de la nature.]

655. [La plupart des grands hommes ont passé la meilleure partie de leur vie avec d'autres hommes qui ne les comprenaient point, et ne les estimaient que médiocrement.]

656. [N'est-ce pas une chose singulière qu'on ne puisse pas même primer dans l'art du chant avec impunité et sans contestation ?]

657. [Il y a des gens qui, se croyant au plus haut degré de l'esprit, assurent qu'ils aiment les bagatelles et les riens, que les folies d'Arlequin les réjouissent, qu'ils aiment les farces, l'opéra-comique, et les pantomimes : pour moi, cela ne m'étonne en aucune manière, et je crois ces gens-là sur leur parole.]

658. [Quand je suis entré dans le monde, j'étais étonné de la rapidité avec laquelle on glissait sur une infinité de choses assez importantes, et je disais en moi-même : Ces gens-ci

qui ont beaucoup a esprit, jugent qu'il y a beaucoup de réflexions qu'il n'est pas besoin d'exprimer, parce qu'ils voient tout d'abord le bout des choses; et ils ont raison. Je me suis détrompé depuis, et j'ai vu qu'en bonne compagnie, on pouvait s'étendre et s'appesantir, autant qu'ailleurs, sur tous les sujets, pourvu qu'on sût les choisir.]

659. [J'avais un laquais, qui était fort jeune; j'étais en voyage; il me dit que je venais de souper avec un homme de beaucoup d'esprit. Je lui demandai à quoi il connaissait qu'un homme avait de l'esprit : — « C'est quand il dit toujours la vérité. — Voulez-vous dire que c'est quand il ne trompe personne ? — Non, monsieur, mais quand il ne se trompe pas lui-même. » Je pensai aussitôt que ce jeune homme pouvait bien avoir lui-même plus d'esprit que Voiture et que Benserade; il est bien sûr, au moins, qu'un *bel-esprit* n'aurait pas rencontré aussi juste.]

660. [Presque toutes les choses où les hommes ont attaché de la honte, sont très-innocentes : on rougit de n'être pas riche, de n'être pas noble, d'être bossu ou boiteux, et d'une infinité d'autres choses dont je ne veux pas parler. Ce mépris par lequel on comble les disgrâces des malheureux, est la plus forte preuve de l'extravagance et de la barbarie de nos opinions.]

661. [Je ne puis mépriser un homme, à moins que je n'aie le malheur de le haïr pour quelque mal qu'il m'a fait; je ne comprends pas le dédain paisible que l'on nourrit de sang-froid pour d'autres hommes.]

662. [Lorsque j'ai été à Plombières, et que j'ai vu des personnes de tout sexe, de tout âge et de toute condition, se baigner humblement dans la même eau, j'ai compris tout d'un coup ce qu'on m'avait dit si souvent, et ce que je ne voulais pas croire, que les faiblesses ou les malheurs des hommes les rapprochent, et les rendent souvent plus sociables. Des malades sont plus humains et moins dédaigneux que d'autres hommes.]

663. [Je remarquai encore dans ces bains que les nudités ne me touchaient point; c'est parce que j'étais malade. Depuis lors, quand je vois un homme qui n'est point frappé de la pure nature, en quelque sujet que ce soit, je dis que son goût est malade.]

664. [C'est quelquefois peine perdue, que de traiter des grands sujets et les vérités générales. Que de volumes sur l'immortalité de l'âme, sur l'essence des corps et des esprits, sur le mouvement, sur l'espace, etc. ! Les grands sujets imposent à l'imagination des hommes, et l'on s'attire le respect du monde, en l'entretenant de matières qui passent la portée de son esprit; mais il y a peu de ces discours qui soient vraiment utiles. Il vaut mieux s'attacher à des choses vraies, instructives, et profitables, qu'à ces grandes spéculations, dont on ne peut rien conclure de raisonnable et de décisif. Les hommes ont besoin de savoir beaucoup de très-petites choses, et il faut les en instruire avant tout.]

665. [Il ne faut point que ce soit la finesse qui domine dans un ouvrage. Un livre est un monument public; or, tout monument doit être grand et solide. La finesse doit se produire avec tant de simplicité qu'on la sente, en quelque manière, sans la remarquer. Il n'y a, selon moi, que les choses qu'on ne peut dire uniment, qu'il est permis de dire avec finesse.]

666. [Il y a des gens d'un esprit naturel, facile, abondant, impétueux, qui rejettent absolument le style court, serré, et qui oblige à réfléchir; ils voudraient toujours courir dans leurs lectures, et n'être jamais arrêtés; ils ressemblent à ceux qui se fatiguent en se promenant trop lentement.]

667. [Lorsqu'on n'entend pas ce qu'on lit, il ne faut pas s'obstiner à le comprendre; il faut, au contraire, quitter son livre; on n'aura qu'à le reprendre un autre jour ou à une autre heure, et on l'entendra sans effort. La pénétration, ainsi que l'invention, ou tout autre talent humain, n'est pas une vertu de tous les moments; on n'est pas toujours disposé à entrer dans l'esprit d'autrui.]

668. [Il suffit qu'un auteur soit toujours sérieux, et humblement soumis à tous les préjugés, pour qu'on lui croie l'esprit beaucoup plus juste qu'à tous les poètes : je suis persuadé que beaucoup de gens croient Rollin plus grand philosophe que Voltaire.]

669. [Les sophistes n'estiment pas Fénelon,

parce qu'ils ne le trouvent pas assez philosophe; et moi j'aime mieux un auteur qui me donne un beau sentiment, qu'un recueil de pensées subtiles.]

670. [On voit des auteurs qui ont dit de grandes choses; mais on voit aussi qu'ils les ont cherchées; elles n'étaient pas dans leur esprit; ils les y ont appelées et incrustées; aussi, malgré les grandes choses qu'ils ont dites, on ne peut se défendre de les trouver encore petits.]

671. [On appelait Bayard le *chevalier sans peur;* c'est sur ce modèle que sont faits la plupart des héros de notre théâtre. Autres sont les héros d'Homère : Hector a, d'ordinaire, du courage, mais il a peur quelquefois.]

672. [La fierté est sans doute une passion fort théâtrale, mais il faut qu'elle soit provoquée : un fat est insolent, sans qu'on l'y pousse; mais une âme forte ne manifeste point sa hauteur, qu'elle n'y soit contrainte.]

673. [Les fautes de détail sont fautes de jugement : par exemple, lorsque, dans un poëme dramatique, les personnages disent ce qu'ils devraient taire, lorsqu'ils ne soutiennent point leur caractère, ou l'avilissent par des discours bas, ou longs, ou inutiles, toutes ces fautes sont contre le jugement. Qu'un auteur fasse un plan judicieux, mais qu'il pèche dans le détail, il ne va pas moins contre la justesse, que celui qui réussit dans le détail, mais qui s'est trompé dans le plan.]

674. [Quand les détails sont faibles dans une tragédie, l'attention des spectateurs se relâche nécessairement, et leur esprit se refroidit si fort, que, s'il vient ensuite une grande beauté, elle ne les trouve plus préparés, et manque son impression. Si l'on arrivait au théâtre pour le 5ᵉ acte d'une tragédie, serait-on aussi touché de la catastrophe, que si l'on eût écouté attentivement toute la pièce, et que si l'on fût entré dans les intérêts des personnages?]

675. [S'il pouvait y avoir une république sage, ce devrait être, ce semble, la république des lettres, puisqu'elle n'est composée que de gens d'esprit; mais qui dit une république, dit peut-être un état mal gouverné; ce qui fait aussi, je crois, qu'on y rencontre des vertus d'un caractère plus haut; car les hommes ne font jamais de si grandes choses, que lorsqu'ils peuvent faire impunément bien des sottises.]

676. [L'ambition est habileté, le courage est sagesse, les passions sont esprit, l'esprit est science, ou c'est tout le contraire; car il n'y a rien qui ne puisse être bon ou mauvais, utile ou nuisible, selon l'occasion et les circonstances.]

677. [L'amour est plus violent que l'amour-propre, puisqu'on peut aimer une femme malgré ses mépris.]

678. [Je plains un vieillard amoureux; les passions de la jeunesse font un affreux ravage dans un corps usé et flétri.]

679. [Il ne faut point apprendre à danser en cheveux gris, ni entrer trop tard dans le monde.]

680. [Une femme laide, qui a quelque esprit, est souvent méchante par le chagrin qu'elle a de n'être pas belle, quand elle voit que la beauté tient lieu de tout.]

681. [Les femmes ont, pour l'ordinaire, plus de vanité que de tempérament, et plus de tempérament que de vertu.]

682. [C'est bien être dupe d'aimer le monde, quand on n'aime ni les femmes, ni le jeu.]

683. [Qui est aussi léger qu'un Français? qui va comme lui à Venise pour voir des gondoles?]

684. [Il est si naturel aux hommes de tirer à soi et de s'approprier tout, qu'ils s'approprient jusqu'à la volonté de leurs amis, et se font de leurs complaisances même un titre pour les dominer avec tyrannie.]

685. [Qui fait tant de mauvais, de ridicules et d'insipides plaisants? Est-ce sottise, ou malice? ou l'un et l'autre à la fois?

686. [La même différence qui est entre la franchise et la grossièreté, se trouvent entre l'adresse et le mensonge : l'on n'est grossier, ou menteur, que par quelque défaut d'esprit; le mensonge n'est que la grossièreté des hommes faux; c'est la lie de la fausseté.]

687. [L'imperfection est le principe nécessaire de tout vice; mais la perfection est une, et incommunicable.]

688. [Que ceux qui ne peuvent atteindre à la

véritable gloire, s'en fassent une fausse, rien ne me semble plus pardonnable; mais un homme qui a des lumières, qui se dissipe et s'éteint dans des occupations frivoles, me paraît ressembler à ces gens opulents qui se ruinent en colifichets. Il est le plus insensé de tous les hommes, s'il espère de réussir encore, dans son déclin, par les qualités qui lui ont réussi dans ses beaux jours : les qualités les plus aimables dans les jeunes gens deviennent un opprobre dans la vieillesse.]

689. [La vieillesse ne peut couvrir sa nudité que par la véritable gloire; la gloire, seule, tient lieu des talents qu'une longue vie a usés.]

690. [L'espérance est le seul bien que le dégoût respecte.]

691. [Une mode en exclut une autre; les hommes ont l'esprit trop étroit pour estimer à la fois plusieurs choses.]

692. [Ceux qui sauraient tirer avantage de l'art de plaire, n'en ont pas le don, et ceux qui ont le don de plaire n'ont pas le talent d'en profiter. Il en est de même de l'esprit, des richesses, de la santé, etc. : les dons de la nature et de la fortune ne sont pas si rares que l'art d'en jouir.]

693. [La meilleure manière d'élever les princes serait, je crois, de leur faire connaître familièrement un grand nombre d'hommes de tout caractère et de tout état; leur malheur ordinaire est de ne point connaître leur peuple. On est toujours masqué autour d'eux, quand ils sont les maîtres; ils voient beaucoup de sujets, mais ne voient point d'hommes. De là, le mauvais choix des favoris et des ministres, qui flétrit la gloire des princes, et ruine les peuples.]

694. [Apprenez à un prince à être sobre, chaste, pieux, libéral, vous faites beaucoup pour lui, mais peu pour son état; vous ne lui enseignez pas à être roi; lui enseigner à aimer son peuple et sa gloire, c'est lui inspirer à la fois toutes les vertus.]

695. [Il faut mettre de petits hommes dans les petits emplois : ils y travaillent de génie et avec amour-propre; loin de mépriser leurs fonctions subalternes, ils s'en honorent. Il y en a qui aiment à faire distribuer de la paille, à mettre en prison un soldat qui n'a pas bien mis sa cravate, ou à donner des coups de canne à l'exercice; ils sont rogues, suffisants, altiers, et tout contents de leur petit poste; un homme de plus de mérite se trouverait humilié de ce qui fait leur joie, et négligerait peut-être son devoir.]

696. [Les soldats marchent à l'ennemi, comme les capucins vont à matines. Ce n'est ni l'intérêt de la guerre, ni l'amour de la gloire ou de la patrie, qui animent aujourd'hui nos armées; c'est le tambour qui les mène et les ramène, comme la cloche fait lever et coucher les moines. On se fait encore religieux par dévotion, et soldat par libertinage; mais, dans la suite, on ne pratique guère ses devoirs que par nécessité ou par habitude.]

697. [Il faut convenir qu'il y a des maux inévitables : ainsi, on tue un homme, au bruit des tambours et des trompettes, pour empêcher la désertion dans les armées, et cette barbarie est nécessaire.]

698. [Rien de long n'est fort agréable, pas même la vie; cependant on l'aime.]

699. [Il est permis de regretter la vie, quand on la regrette pour elle-même, et non par timidité devant la mort.]

700. [Oh! qu'il est difficile de se résoudre à mourir[1]!]

---

701 Les premiers écrivains travaillaient sans modèle, et n'empruntaient rien que d'eux mêmes, ce qui fait qu'ils sont inégaux, et mêlés de mille endroits faibles, avec un génie tout divin. Ceux qui ont réussi après eux ont puisé dans leurs inventions, et par là sont plus soutenus[2]; nul ne trouve tout dans son propre fonds.

702. Qui saura penser de soi-même, et former de nobles idées, qu'il prenne, s'il peut, hardiment, la manière et le tour des maîtres : toutes les richesses

[1] Dans la seconde édition de son livre, Vauvenargues, conseillé par Voltaire, avait supprimé les Maximes qui suivent; cependant, les divers éditeurs ont rétablies, de leur chef, sans même en avertir, le lecteur. Comme elles étaient acquises à la publicité, nous en avons déjà donné un grand nombre, à titre de variantes aux Maximes remaniées par l'auteur, et nous donnons ici les autres, mais en caractères plus petits, afin de les distinguer de celles qu'il maintenait définitivement.

[2] Add. : [« Nous qui ne savons pas les langues mortes, nous puisons parmi ces derniers; on dit là-dessus que rien n'est plus facile; mais c'est une erreur très-injuste. »]

de l'expression appartiennent de droit à ceux qui savent les mettre à leur place.

703. Il ne faut pas craindre non plus de redire une vérité ancienne, lorsqu'on peut la rendre plus sensible par un meilleur tour, ou la joindre à une autre vérité qui l'éclaircisse, et former un corps de raisons. C'est le propre des inventeurs de saisir le rapport des choses, et de savoir les rassembler; et les découvertes anciennes sont moins à leurs premiers auteurs qu'à ceux qui les rendent utiles.

704. On fait un ridicule à un homme du monde du talent et du goût d'écrire. Je demande aux gens raisonnables : Que font ceux qui n'écrivent pas?

705. C'est un mauvais parti pour une femme que d'être coquette : il est rare que celles de ce caractère allument de grandes passions; et ce n'est pas à cause qu'elles sont légères, comme on le croit communément, mais parce que personne ne veut être dupe. La vertu nous fait mépriser la fausseté, et l'amour-propre nous la fait haïr.

706. Est-ce force dans les hommes d'avoir des passions, ou insuffisance et faiblesse? Est-ce grandeur d'être exempt de passions, ou médiocrité de génie? Ou tout est-il mêlé de faiblesse et de force, de grandeur et de petitesse?

707. Qui est [le] plus nécessaire au maintien d'une société d'hommes faibles, et que leur faiblesse a unis, la douceur, ou l'austérité? Il faut employer l'une et l'autre : que la loi soit sévère, et les hommes indulgents.

708. La sévérité dans les lois est humanité pour les peuples; dans les hommes, elle est la marque d'un génie étroit et cruel : il n'y a que la nécessité qui puisse la rendre innocente.

709. S'il n'y avait de domination légitime que celle qui s'exerce avec justice, nous ne devrions rien aux mauvais rois.

710. Comptez rarement sur l'estime et sur la confiance d'un homme qui entre dans tous vos intérêts, s'il ne vous parle aussi des siens.

711. C'est la conviction manifeste de notre incapacité que le hasard dispose si universellement et si absolument de tout. Il n'y a rien de plus rare dans le monde que les grands talents et que le mérite des emplois : la fortune est plus partiale qu'elle n'est injuste.

712. Le mystère dont on enveloppe ses desseins marque quelquefois plus de faiblesse que d'indiscrétion, et souvent nous fait plus de tort.

713. Ceux qui font des métiers infâmes, comme les voleurs, les femmes perdues, se font gloire de leurs crimes, et regardent les honnêtes gens comme des dupes : la plupart des hommes, dans le fond du cœur, méprisent la vertu, peu la gloire.

714. La Fontaine était persuadé, comme il le dit, que l'apologue était un art divin : jamais peut-être de véritablement grands hommes se sont amusés à tourner des fables.

715. Une mauvaise préface allonge considérablement un mauvais livre; mais ce qui est bien pensé est bien pensé, et ce qui est bien écrit est bien écrit.

716. Ce sont les ouvrages médiocres qu'il faut abréger : je n'ai jamais vu de préface ennuyeuse devant un bon livre.

717. Toute hauteur affectée est puérile; si elle se fonde sur des titres supposés, elle est ridicule; et si ces titres sont frivoles, elle est basse : le caractère de la vraie hauteur est d'être toujours à sa place.

718. Nous n'attendons pas d'un malade qu'il ait l'enjouement de la santé et du corps; s'il conserve même sa raison jusqu'à la fin, nous nous en étonnons; et s'il fait paraître quelque fermeté, nous disons qu'il y a de l'affectation dans cette mort : tant cela est rare et difficile. Cependant, s'il arrive qu'un autre homme démente, en mourant, ou la fermeté, ou les principes qu'il a professés pendant sa vie; si, dans l'état du monde le plus faible, il donne quelque marque de faiblesse..... ô aveugle malice de l'esprit humain! il n'y a point de contradictions si manifestes que l'envie n'assemble pour nuire.

719. On n'est pas appelé à la conduite des grandes affaires, ni aux sciences, ni aux beaux-arts, ni à la vertu, quand on n'aime pas ces choses pour elles-mêmes, indépendamment de la considération qu'elles attirent; on les cultiverait donc inutilement dans ces dispositions : ni l'esprit, ni la vanité, ne peuvent donner le génie.

720. Les femmes ne peuvent comprendre qu'il y ait des hommes désintéressés à leur égard.

721. Il n'est pas libre à un homme qui vit dans le monde de n'être pas galant.

722. Quels que soient ordinairement les avantages de la jeunesse, un jeune homme n'est pas bien venu auprès des femmes, jusqu'à ce qu'elles en aient fait un fat.

723. Il est plaisant qu'on ait fait une loi de la pudeur aux femmes, qui n'estiment dans les hommes que l'effronterie.

724. On ne loue une femme ni un auteur médiocre comme eux-mêmes se louent.

725. Une femme qui croit se bien mettre ne soupçonne pas, dit un auteur, que son ajustement deviendra un jour aussi ridicule que la coiffure de Catherine de Médicis : toutes les modes dont nous sommes prévenus vieilliront peut-être avant nous, et même le *bon ton.*

726. Il y a peu de choses que nous sachions bien.

727. Si on n'écrit point parce qu'on pense, il est inutile de penser pour écrire.

728. Tout ce qu'on n'a pensé que pour les autres est ordinairement peu naturel.

729. La clarté est la bonne foi des philosophes.

730. La netteté est le vernis des maîtres.

731. La netteté épargne les longueurs, et tient lieu de preuves aux idées.

732. La marque d'une expression propre est que,

même dans les équivoques, on ne puisse lui donner qu'un sens.

733. Les grands philosophes sont les génies de la raison.

734. Pour savoir si une idée est nouvelle, il n'y a qu'à l'exprimer bien simplement.

735. Il y a peu de pensées synonymes, mais beaucoup d'approchantes.

736. Lorsqu'un bon esprit ne voit pas qu'une pensée puisse être utile, il y a grande apparence qu'elle est fausse.

737. Nous recevons quelquefois de grandes louanges, avant d'en mériter de raisonnables.

738. Les réputations mal acquises se changent en mépris.

739. L'espérance est le plus utile ou le plus pernicieux des biens.

740. L'erreur est la nuit des esprits, et le piège de l'innocence.

741. Les demi-philosophes ne louent l'erreur que pour faire, malgré eux, les honneurs de la vérité.

742. C'est être bien impertinent de vouloir faire croire qu'on n'a pas assez d'illusions pour être heureux.

743. Celui qui souhaiterait sérieusement des illusions, aurait au delà de ses vœux.

744. Les corps politiques ont leurs défauts inévitables, comme les divers âges de la vie humaine. Qui peut garantir la vieillesse des infirmités, hors la mort?

745. La sagesse est le tyran des faibles.

746. Les regards affables ornent le visage des rois.

747. La licence étend toutes les vertus et tous les vices.

748. La paix rend les peuples plus heureux, et les hommes plus faibles.

749. Le premier soupir de l'enfance est pour la liberté.

750. L'indolence est le sommeil des esprits.

751. Les passions (les) plus vives sont celles dont l'objet est le plus prochain, comme le jeu, l'amour, etc.

752. Lorsque la beauté règne sur les yeux, il est probable qu'elle règne encore ailleurs.

753. Tous les sujets de la beauté ne connaissent pas leur souveraine.

754. Si les faiblesses de l'amour sont pardonnables, c'est principalement aux femmes qui règnent par lui.

755. La constance est la chimère de l'amour.

756. Ceux qui ne sont plus en état de plaire aux femmes, et qui le savent, s'en corrigent.

757. Les premiers jours du printemps ont moins de grâce que la vertu naissante d'un jeune homme.

758. Les feux de l'aurore ne sont pas si doux que les premiers regards de la gloire.

759. L'utilité de la vertu est si manifeste, que les méchants la pratiquent par intérêt.

760. Rien n'est si utile que la réputation, et rien ne donne la réputation si sûrement que le mérite.

761. La gloire est la preuve de la vertu.

762. La plus grande économie fait plus de dupes que la profusion.

763. La libéralité de l'indigent est nommée prodigalité.

764. La profusion n'avilit que ceux qu'elle n'illustre pas.

765. Si un homme obéré et sans enfants se fait quelques rentes viagères, et jouit par cette conduite des commodités de la vie, nous disons que c'est un fou qui a mangé son bien.

766. La libéralité et l'amour des lettres ne ruinent personne; mais les esclaves de la fortune trouvent toujours la vertu trop achetée.

767. On fait bon marché d'une médaille, lorsqu'on n'est pas curieux d'antiquités: ainsi, ceux qui n'ont pas de sentiment pour le mérite, ne tiennent presque pas de compte des plus grands talents.

768. Le plus grand avantage des talents paraît en ce que la fortune, sans mérite, est presque inutile.

769. On tente d'ordinaire sa fortune par les talents qu'on n'a pas.

770. Il vaut mieux déroger à sa qualité qu'à son génie: ce serait être fou de conserver un état médiocre, au prix d'une grande fortune ou de la gloire.

771. Il n'y a point de vice qui ne soit nuisible, dénué d'esprit.

772. J'ai cherché s'il n'y avait point de moyen de faire sa fortune sans mérite, et je n'en ai trouvé aucun.

773. Moins on veut mériter sa fortune, plus il faut se donner de peine pour la faire.

774. Les beaux esprits ont une place dans la bonne compagnie, mais la dernière.

775. Les sots usent des gens d'esprit comme les petits hommes portent de grands talons.

776. Il y a des hommes dont il vaut mieux se taire que de les louer selon leur mérite.

777. Il ne faut pas tâcher de contenter les envieux.

778. Le mépris de notre nature est une erreur de notre raison.

779. Un peu de café après le repas fait qu'on s'estime; il ne faut aussi, quelquefois, qu'une petite plaisanterie pour abattre une grande présomption.

780. On oblige les jeunes gens à user de leurs biens comme s'il était sûr qu'ils dussent vieillir.

781. A mesure que l'âge multiplie les besoins de la nature, il resserre ceux de l'imagination.

782. Tout le monde empiète sur un malade, prêtres, médecins, domestiques, étrangers, amis; et il n'y a pas jusqu'à sa garde qui ne se croie en droit de le gouverner.

783. Quand on devient vieux, il faut se parer.

784. L'avarice annonce le déclin de l'âge et la fuite précipitée des plaisirs.

785. L'avarice est la dernière et la plus absolue de nos passions.

786. Les plus grands ministres ont été ceux que la fortune avait placés le plus loin du ministère.

787. La science des projets consiste à prévenir les difficultés de l'exécution.

788. La timidité dans l'exécution fait échouer les entreprises téméraires.

789. On promet beaucoup, pour se dispenser de donner peu.

790. L'intérêt et la paresse anéantissent les promesses quelquefois sincères de la vanité.

791. La patience obtient quelquefois des hommes ce qu'ils n'ont jamais eu l'intention d'accorder; l'occasion peut même obliger les plus trompeurs à effectuer de fausses promesses.

792. Les dons intéressés sont importuns.

793. S'il était possible de donner sans perdre, il se trouverait encore des hommes inaccessibles.

794. L'impie endurci dit à Dieu : Pourquoi as-tu fait des misérables?

795. Les avares ne se piquent pas ordinairement de beaucoup de choses.

796. La folie de ceux qui réussissent est de se croire habiles.

797. La raillerie est l'épreuve de l'amour-propre.

798. La gaieté est la mère des saillies.

799. Les sentences sont les saillies des philosophes.

800. Les hommes pesants sont opiniâtres.

801. Nos idées sont plus imparfaites que la langue.

802. La langue et l'esprit ont leurs bornes; la vérité est inépuisable.

803. La nature a donné aux hommes des talents divers : les uns naissent pour inventer, et les autres pour embellir; mais le doreur attire plus de regards que l'architecte.

804. Un peu de bon sens ferait évanouir beaucoup d'esprit.

805. Le caractère du faux-esprit est de ne paraître qu'aux dépens de la raison.

806. On est d'autant moins raisonnable sans justesse, qu'on a plus d'esprit.

807. L'esprit a besoin d'être occupé; et c'est une raison de parler beaucoup, que de penser peu.

808. Quand on ne sait pas s'entretenir et s'amuser soi-même, on veut entretenir et amuser les autres.

809. Vous trouverez fort peu de paresseux que l'oisiveté n'incommode; et, si vous entrez dans un café, vous verrez qu'on y joue aux dames.

810. Les paresseux ont toujours envie de faire quelque chose.

811. La raison ne doit pas régler, mais suppléer la vertu.

812. Socrate savait beaucoup moins que Bayle et que F.[1]; il y a peu de sciences utiles.

813. Aidons-nous des mauvais motifs pour nous fortifier dans les bons desseins.

814. Les conseils les plus faciles à pratiquer sont les plus utiles.

815. Conseiller, c'est donner aux hommes des motifs d'agir qu'ils ignorent.

816. Nous nous défions de la conduite des meilleurs esprits, et nous ne nous défions pas de nos conseils.

817. L'âge peut-il donner droit de gouverner la raison?

818. Nous croyons avoir droit de rendre un homme heureux à ses dépens, et nous ne voulons pas qu'il l'ait lui-même.

819. Si un homme est souvent malade, et qu'ayant mangé une cerise, il soit enrhumé le lendemain, on ne manque pas de lui dire, pour le consoler, que *c'est sa faute*.

820. Il y a plus de sévérité que de justice.

821. Il faudrait qu'on nous pardonnât au moins les fautes qui n'en seraient pas, sans nos malheurs.

822. L'adversité fait beaucoup de coupables et d'imprudents.

823. On n'est pas toujours si injuste envers ses ennemis qu'envers ses proches.

824. La haine des faibles n'est pas si dangereuse que leur amitié.

825. En amitié, en mariage, en amour, en tel autre commerce que ce soit, nous voulons gagner; et, comme le commerce des parents, des frères, des amis, des amants, etc., est plus continu, plus étroit et plus vif que tout autre, il ne faut pas être surpris d'y trouver plus d'ingratitude et d'injustice.

826. La haine n'est pas moins volage que l'amitié.

827. La pitié est moins tendre que l'amour.

828. Les choses que l'on sait le mieux sont celles qu'on n'a pas apprises.

829. Au défaut des choses extraordinaires, nous aimons qu'on nous propose à croire celles qui en ont l'air.

830. L'esprit développe les simplicités du sentiment, pour s'en attribuer l'honneur.

831. On tourne une pensée comme un habit, pour s'en servir plusieurs fois.

832. Nous sommes flattés qu'on nous propose comme un mystère ce que nous avons pensé naturellement.

833. Ce qui fait qu'on goûte médiocrement les philosophes, c'est qu'ils ne nous parlent pas assez des choses que nous savons.

834. La paresse et la crainte de se compromettre ont introduit l'honnêteté dans la dispute.

835. Quelque mérite qu'il puisse y avoir à négliger les grandes places, il y en a peut-être encore plus à les bien remplir.

---

[1] Fontenelle.

836. Si les grandes pensées nous trompent, elles nous amusent.

837. Il n'y a point de faiseur de stances qui ne se préfère à Bossuet, simple auteur de prose; et, dans l'ordre de la nature, nul ne doit penser aussi peu juste qu'un génie manqué.

838. Un versificateur ne connaît point de juge compétent de ses écrits : si on ne fait pas de vers, on ne s'y connaît pas; si on en fait, on est son rival.

839. Le même croit parler la langue des dieux, lorsqu'il ne parle pas celle des hommes ; c'est comme un mauvais comédien qui ne peut déclamer comme l'on parle.

840. Un autre défaut de la mauvaise poésie est d'allonger la prose, comme le caractère de la bonne est de l'abréger.

841. Il n'y a personne qui ne pense d'un ouvrage en prose : Si je me donnais de la peine, je le ferais mieux. Je dirais à beaucoup de gens : Faites seulement une réflexion digne d'être écrite.

842. Tout ce que nous prenons dans la morale pour défaut n'est pas tel.

843. Nous remarquons beaucoup de vices, pour admettre peu de vertus.

844. L'esprit est borné jusque dans l'erreur, qu'on dit son domaine.

845. L'intérêt d'une seule passion, souvent malheureuse, tient quelquefois toutes les autres en captivité ; et la raison porte ses chaînes sans pouvoir les rompre.

846. Il y a des faiblesses, si on l'ose dire, inséparable de notre nature.

847. Si on aime la vie, on craint la mort.

848. La gloire et la stupidité cachent la mort, sans triompher d'elle.

849. Le terme du courage est l'intrépidité à la vue d'une mort sûre.

850. La noblesse est un monument de la vertu, immortelle comme la gloire.

851. Lorsque nous appelons les réflexions, elles nous fuient ; et quand nous voulons les chasser, elles nous obsèdent, et tiennent malgré nous nos yeux ouverts pendant la nuit.

852. Trop de dissipation et trop d'étude épuisent également l'esprit, et le laissent à sec ; les traits hardis en tout genre ne s'offrent pas à un esprit tendu et fatigué.

853. Comme il y a des âmes volages que toutes les passions dominent tour à tour, on voit des esprits vifs et sans assiette que toutes les opinions entraînent successivement, ou qui se partagent entre les contraires, sans oser décider.

854. Les héros de Corneille étalent des maximes fastueuses et parlent magnifiquement d'eux-mêmes, et cette enflure de leurs discours passe pour vertu parmi ceux qui n'ont point de règle dans le cœur pour distinguer la grandeur d'âme de l'ostentation.

855. L'esprit ne fait pas connaître la vertu.

856. Il n'y a point d'homme qui ait assez d'esprit pour n'être jamais ennuyeux.

857. La plus charmante conversation lasse l'oreille d'un homme occupé de quelque passion.

858. Les passions nous séparent quelquefois de la société, et nous rendent tout l'esprit qui est au monde aussi inutile que nous le devenons nous-mêmes aux plaisirs d'autrui.

859. Le monde est rempli de ces hommes qui imposent aux autres par leur réputation ou leur fortune; s'ils se laissent trop approcher, on passe tout à coup à leur égard de la curiosité jusqu'au mépris, comme on guérit quelquefois, en un moment, d'une femme qu'on a recherchée avec ardeur.

860. On est encore bien éloigné de plaire, lorsqu'on n'a que de l'esprit.

861. L'esprit ne nous garantit pas des sottises de notre humeur.

862. Le désespoir est la plus grande de nos erreurs.

863. La nécessité de mourir est la plus amère de nos afflictions.

864. Si la vie n'avait point de fin, qui désespérerait de sa fortune? La mort comble l'adversité.

865. Combien les meilleurs conseils sont-ils peu utiles, si nos propres expériences nous instruisent si rarement!

866. Les conseils qu'on croit les plus sages sont les moins proportionnés à notre état.

867. Nous avons des règles pour le théâtre qui passent peut-être les forces de l'esprit humain, et que les plus heureux génies n'exécutent que faiblement.

868. Lorsqu'une pièce est faite pour être jouée, il est injuste de n'en juger que par la lecture.

869. Il peut plaire à un traducteur d'admirer jusqu'aux défauts de son original, et d'attribuer toutes ses sottises à la barbarie de son siècle. Lorsque je crois toujours apercevoir dans un auteur les mêmes beautés et les mêmes fautes, il me paraît plus raisonnable d'en conclure que c'est un écrivain qui joint de grands défauts à des qualités éminentes, une grande imagination et peu de jugement, ou beaucoup de force et peu d'art, etc. ; et, quoique je n'admire pas beaucoup l'esprit humain, je ne puis cependant le dégrader jusqu'à mettre dans le premier rang un génie si défectueux, qui choque continuellement le sens commun.

870. Nous voudrions dépouiller de ses vertus l'espèce humaine, pour nous justifier nous-mêmes de nos vices, et les mettre à la place des vertus détruites; semblables à ceux qui se révoltent contre les puissances légitimes, non pour égaler tous les hommes par la liberté, mais pour usurper la même autorité qu'ils calomnient.

871. Un peu de culture et beaucoup de mémoire, avec quelque hardiesse dans les opinions et contre les préjugés, font paraître l'esprit étendu.

872. Il ne faut pas jeter de ridicule sur les opinions respectées; car on blesse par là leurs partisans, sans les confondre.

873. La plaisanterie la mieux fondée ne persuade point, tant on est accoutumé qu'elle s'appuie sur de faux principes.

874. L'incrédulité a ses enthousiastes, ainsi que la superstition : et, comme l'on voit des dévots qui refusent à Cromwell jusqu'au bon sens, on trouve d'autres hommes qui traitent Pascal et Bossuet de petits esprits.

875. Le plus sage et le plus courageux de tous les hommes, M. de Turenne, a respecté la religion; et une infinité d'hommes obscurs se placent au rang des génies et des âmes fortes, seulement à cause qu'ils la méprisent.

876. Ainsi, nous tirons vanité de nos faiblesses et de nos folles erreurs. Osons l'avouer : la raison fait des philosophes, et la gloire fait des héros ; la seule vertu fait des sages.

877. Si nous avons écrit quelque chose pour notre instruction, ou pour le soulagement de notre cœur, il y a grande apparence que nos réflexions seront encore utiles à beaucoup d'autres ; car personne n'est seul en son espèce, et jamais nous ne sommes ni si vrais, ni si vifs, ni si pathétiques, que lorsque nous traitons les choses pour nous-mêmes.

878. Lorsque notre âme est pleine de sentiments, nos discours sont pleins d'intérêt.

879. Le faux, présenté avec art, nous surprend et nous éblouit ; mais le vrai nous persuade et nous maîtrise.

880. On ne peut contrefaire le génie.

881. Il ne faut pas beaucoup de réflexions pour faire cuire un poulet, et cependant nous voyons des hommes qui sont toute leur vie mauvais rôtisseurs ; tant il est nécessaire, dans tous les métiers, d'y être appelé par un instinct particulier et comme indépendant de la raison.

882. Nous sommes tellement occupés de nous et de nos semblables, que nous ne faisons pas la moindre attention à tout le reste, quoique sous nos yeux, et autour de nous.

883. Qu'il y a peu de choses dont nous jugions bien !

884. Nous n'avons pas assez d'amour-propre pour dédaigner le mépris d'autrui.

885. Personne ne nous blâme si sévèrement que nous nous condamnons souvent nous-mêmes.

886. L'amour n'est pas si délicat que l'amour-propre.

887. Nous prenons ordinairement sur nous nos bons et nos mauvais succès ; et nous nous accusons ou nous nous louons des caprices de la fortune.

888. Personne ne peut se vanter de n'avoir jamais été méprisé.

889. Il s'en faut bien que toutes nos habiletés ou que toutes nos fautes portent coup; tant il y a peu de choses qui dépendent de notre conduite !

890. Combien de vertus et de vices sont sans conséquence !

891. Nous ne sommes pas contents d'être habiles, si on ne sait pas que nous le sommes ; et, pour ne pas en perdre le mérite, nous en perdons quelquefois le fruit.

892. Les gens vains ne peuvent être habiles, car ils n'ont pas la force de se taire.

893. C'est souvent un grand avantage pour un négociateur, s'il peut faire croire qu'il n'entend pas les intérêts de son maître, et que la passion le conseille ; il évite par là qu'on le pénètre, et réduit ceux qui ont envie de finir à se relâcher de leurs prétentions, les plus habiles se croyant quelquefois obligés de céder à un homme qui résiste lui-même à la raison, et qui échappe à toutes leurs prises.

894. Tout le fruit qu'on a pu tirer de mettre quelques hommes dans les grandes places, s'est réduit à savoir qu'ils étaient habiles.

895. Il ne faut pas autant d'acquis pour être habile que pour le paraître.

896. Rien n'est plus facile aux hommes en place que de s'approprier le savoir d'autrui.

897. Il est peut-être plus utile, dans les grandes places, de savoir et de vouloir se servir de gens instruits, que de l'être soi-même.

898. Celui qui a un grand sens sait beaucoup.

899. Quelque amour qu'on ait pour les grandes affaires; il y a peu de lectures si ennuyeuses et si fatigantes que celle d'un traité entre des princes.

900. L'essence de la paix est d'être éternelle, et cependant nous n'en voyons durer aucune l'âge d'un homme, et à peine y a-t-il quelque règne où elle n'ait été renouvelée plusieurs fois. Mais faut-il s'étonner que ceux qui ont eu besoin de lois pour être justes, soient capables de les violer ?

901. La politique fait entre les princes ce que les tribunaux de la justice font entre les particuliers : plusieurs faibles, ligués contre un puissant, lui imposent la nécessité de modérer son ambition et ses violences.

902. Il était plus facile aux Romains et aux Grecs de subjuguer de grandes nations, qu'il ne l'est aujourd'hui de conserver une petite province justement conquise, au milieu de tant de voisins jaloux, et de peuples également instruits dans la politique et dans la guerre, et aussi liés par leurs intérêts, par les arts, ou par le commerce, qu'ils sont séparés par leurs limites.

903. M. de Voltaire ne regarde l'Europe que comme une république formée de différentes souverainetés. Ainsi, un esprit étendu diminue en apparence les objets, en les confondant dans un tout qui les réduit à leur juste étendue; mais il les agrandit réellement, en développant leurs rapports, et en formant de tant de parties irrégulières qu'un seul et magnifique tableau.

904. C'est une politique utile, mais bornée, de se déterminer toujours par le présent, et de préférer le

certain à l'incertain, quoique moins flatteur; et ce n'est pas ainsi que les États s'élèvent, ni même les particuliers.

905. Les hommes sont ennemis-nés les uns des autres, non à cause qu'ils se haïssent, mais parce qu'ils ne peuvent s'agrandir sans se traverser; de sorte qu'en observant religieusement les bienséances, qui sont les lois de la guerre tacite qu'ils se font, j'ose dire que c'est presque toujours injustement qu'ils se taxent de part et d'autre d'injustice.

906. Les particuliers négocient, font des alliances, des traités, des ligues, la paix et la guerre, en un mot, tout ce que les rois et les plus puissants peuples peuvent faire.

907. Dire également du bien de tout le monde est une petite et mauvaise politique.

908. La méchanceté tient lieu d'esprit.

909. La fatuité dédommage du défaut de cœur.

910. Celui qui s'impose à soi-même, impose à d'autres.

911. Le lâche a moins d'affronts à dévorer que l'ambitieux.

912. On ne manque jamais de raisons, lorsqu'on a fait fortune, pour oublier un bienfaiteur ou un ancien ami; et on rappelle alors avec dépit tout ce que l'on a si longtemps dissimulé de leur humeur.

913. Tel que soit un bienfait, et quoi qu'il en coûte, lorsqu'on l'a reçu à ce titre, on est obligé de s'en revancher, comme on tient un mauvais marché, quand on a donné sa parole.

914. Il n'y a point d'injure qu'on ne pardonne, quand on s'est vengé.

915. On oublie un affront souffert, jusqu'à s'en attirer un autre par son insolence.

916. S'il est vrai que nos joies soient courtes, la plupart de nos afflictions ne sont pas longues.

917. La plus grande force d'esprit nous console moins promptement que sa faiblesse.

918. Il n'y a point de perte que l'on sente si vivement, et si peu de temps, que celle d'une femme aimée.

919. Peu d'affligés savent feindre tout le temps qu'il faut pour leur honneur.

920. Nos consolations sont une flatterie envers les affligés.

921. Si les hommes ne se flattaient pas les uns les autres, il n'y aurait guère de société.

922. Il ne tient qu'à nous d'admirer la religieuse franchise de nos pères, qui nous ont appris à nous égorger pour un démenti; un tel respect de la vérité parmi les barbares qui ne connaissaient que la loi de la nature, est glorieux pour l'humanité.

923. Nous souffrons peu d'injures par bonté.

924. Nous nous persuadons quelquefois nos propres mensonges pour n'en avoir pas le démenti, et nous nous trompons nous-mêmes pour tromper les autres.

925. La vérité est le soleil des intelligences.

926. Pendant qu'une partie de la nation atteint le terme de la politesse et du bon goût, l'autre moitié est barbare à nos yeux, sans qu'un spectacle si singulier puisse nous ôter le mépris de la culture.

927. Tout ce qui flatte le plus notre vanité n'est fondé que sur la culture que nous méprisons.

928. L'expérience que nous avons des bornes de notre raison nous rend dociles aux préjugés, et ouvre notre esprit aux soupçons et aux fantômes de la peur.

929. La conviction de l'esprit n'entraîne pas toujours celle du cœur.

930. Les hommes ne se comprennent pas les uns les autres: il y a moins de fous qu'on ne croit.

931. Pour peu qu'on se donne carrière sur la religion et sur les misères de l'homme, on ne fait pas de difficulté de se placer parmi les esprits supérieurs.

932. Des hommes inquiets et tremblants pour les plus petits intérêts affectent de braver la mort.

933. Si les moindres périls dans les affaires nous donnent de vaines terreurs, dans quelles alarmes la mort ne doit-elle pas nous plonger, lorsqu'il est question pour toujours de tout notre être, et que l'unique intérêt qui nous reste, il n'est plus en notre puissance de le ménager, ni même quelquefois de le connaître.

934. Newton, Pascal, Bossuet, Racine, Fénelon, c'est-à-dire les hommes de la terre les plus éclairés, dans le plus philosophe de tous les siècles, et dans la force de leur esprit et de leur âge, ont cru Jésus-Christ; et le grand Condé, en mourant, répétait ces nobles paroles: « Oui, nous verrons Dieu comme il est, *sicuti est, facie ad faciem.* »

935. Les maladies suspendent nos vertus et nos vices.

936. Le silence et la réflexion épuisent les passions, comme le travail et le jeûne consument les humeurs.

937. Les hommes actifs supportent plus impatiemment l'ennui que le travail.

938. Toute peinture vraie nous charme, jusqu'aux louanges d'autrui.

939. Les images embellissent la raison, et le sentiment la persuade.

940. L'éloquence vaut mieux que le savoir.

941. Ce qui fait que nous préférons très-justement l'esprit au savoir, c'est que celui-ci est mal nommé, et qu'il n'est, ordinairement, ni si utile ni si étendu que ce que nous connaissons par expérience, ou pouvons acquérir par réflexion. Nous regardons aussi l'esprit comme la cause du savoir, et nous estimons plus la cause que son effet: cela est raisonnable. Cependant, celui qui n'ignorerait rien aurait tout l'esprit qu'on peut avoir; le plus grand esprit du monde n'étant que science, ou capacité d'en acquérir.

942. Les hommes ne s'approuvent pas assez pour s'attribuer les uns aux autres la capacité des grands

emplois ; c'est tout ce qu'ils peuvent, pour ceux qui les occupent avec succès, de les en estimer après leur mort. Mais proposez l'homme du monde qui a le plus d'esprit : oui, dit-on, s'il avait plus d'expérience, ou s'il était moins paresseux, ou s'il n'avait pas de l'humeur, ou tout au contraire ; car il n'y a point de prétexte qu'on ne prenne pour donner l'exclusion à l'aspirant, jusqu'à dire qu'il est trop honnête homme, supposé qu'on ne puisse rien lui reprocher de plus plausible : tant cette maxime est peu vraie, *qu'il est plus aisé de paraître digne des grandes places que de les remplir.*

943. Ceux qui méprisent l'homme se croient de grands hommes.

944. Nous sommes bien plus appliqués à noter les contradictions, souvent imaginaires, et les autres fautes d'un auteur, qu'à profiter de ses vues, vraies ou fausses.

945. Pour décider qu'un auteur se contredit, il faut qu'il soit impossible de le concilier.

INDEX
DES PENSÉES DE PASCAL

A

AMÉTISSEMENT, 72.
ABIME. Pascal croit en voir un à ses côtés, 7, note.
ABUS DES VÉRITÉS, 66.
ACADÉMICIENS, 80.
ACTIONS ; les moindres sont importantes pour le salut, 127.
ADMIRATION, gâte tout, 136.
AGNEAU pascal, 119.
AGRÉABLE (l'), en quoi il consiste, 186.
AGRÉMENT, ne doit pas régler la croyance, 175.
AIR, 34.
ALCORAN, 102.
AMBITION, 181.
AME ; ses qualités peuvent se perdre, 54.
— a diverses inclinations, 59.
— quelle est sa plus grande maladie, 156.
— cherche des biens aussi durables qu'elle-même, 165.
— touchée par la grâce, 165, 166.
— ce qu'elle est dans l'état de péché, 165.
— ce qu'en dit Montaigne, 170.
— ne peut se reposer dans les vices, 174.
— suit une volonté corrompue, 176.
— tout est grand dans une grande âme, 182.
— s'agrandit par certaines passions, 185.
— *Voir encore* 35, 57, 70, 132.
AMI véritable ; en quoi utile, 61.
AMIS, médisent les uns des autres, 61.
AMITIÉ, 40.
AMITIÉ des rois, 59.
AMOUR, tué par la petite vérole, 53.
— pour une belle personne, est peu de chose, 53.

AMOUR ; ne s'adresse point aux personnes, mais aux qualités, 54.
— ses causes et ses effets, 59.
— change avec les années, pourquoi, 135.
— *discours sur les passions de l'amour*, 181.
— l'esprit le rend plus précieux, 182.
— ses rapports avec l'esprit, *ibid.*
— est plus grand chez les gens d'esprit, *ibid.*
— se soutient par l'esprit et en donne, 183.
— est toujours naissant, *ibid.*
— ce qu'il est dans des conditions inégales, *ibid.*
— est la même chose que la raison, 185.
— *Voir Délicatesse, Esprit.*
AMOUR de Dieu, 123, et chap. xvi.
AMOUR filial, 45.
AMOUR de l'homme pour soi-même, 151. — *Voir Moi.*
AMOUR-PROPRE, sa nature, 39. — *Voir encore* 183, et chap. iii.
AMULETTE de Pascal ; on s'est trompé à ce sujet, 6.
ANCIENS, on doit borner le respect qu'on a pour eux, 198.
— sont ainsi nommés à tort, 199.
ANIMAUX, comparés à l'homme, 36.
— leur instinct, 198.
— *Voir Bêtes.*
ANTECHRIST, 111, 112.
ANTIQUITÉ ; respect exagéré qu'on lui porte, 196.
ANTITHÈSES, 65.
APÔTRES, ont levé le sceau des livres saints, 93.
— leur sincérité n'est pas suspecte, 100.
ARCHIMÈDE, 99.

ARIANISME, 110.
ARIENS, 111.
ARISTOTE, n'a point une robe de pédant, 60.
ARITHMÉTIQUE, quel est son objet, 191.
— *Voir Machine.*
ART de persuader, 174.
ASSASSINAT. — *Voir Meurtre.*
ATHÉES, connaissent leur misère sans connaître Dieu, 77.
— nient la résurrection, 118.
— combattus par Montaigne, 169, 170.
ATHÉISME, marque de force d'esprit, 129.
— *Voir encore*, 106.
AUTEURS, ne veulent pas dire : Mon livre, 129.
— ne peignent point bien l'amour, 185.
— *Voir Style.*
AUTOMATE ; il faut l'incliner à croire, 74.
AUTORITÉ, a des droits séparés de la raison, 197.
— à quelles sciences elle s'applique, 197.
AVÉNEMENT ; le premier a été prédit, 88.
AVÉNEMENT de douceur ; comment Dieu y paraît, 103.
AVENIR, n'est pas à notre égard, 145.
— *Voir encore* 47.
AVOCATS, 41, 42.
AXIOMES. — *Voir Règles.*

B

BAPTÊME, source de foi et de vie, 125.
— obligations qu'il impose, 160.
— dans la primitive Église, 161.
BASSESSE de l'homme, 37. — *Voir Misère.*

BÉATITUDE, commence à la mort, 133.
BEAUTÉ poétique, 65.
BEAUTÉ des femmes, diversement appréciée suivant les temps, 182.
— tuée par la petite vérole, 53.
BEAUTÉ; l'idée en est gravée dans toutes les âmes, 182.
BEAUTÉ morale, 186.
BÊTES, ne s'admirent point, 64.
BIEN universel, 69.
BIEN, est rare, 146.
BIEN (le vrai), 166.
BIENS du monde; ne servent qu'à offenser Dieu, 157.
BIENHEUREUX; quelle est leur joie, 144.
BOILEAU (l'abbé), 7.
BONHEUR; est en Dieu, 37.
— est le motif de toutes nos actions, 68.
— il faut le chercher en nous, 69.
— (le vrai), est en Dieu seul, 78.
— Voir encore, 36 et chap. v.
BONHEUR des grands; en quoi il consiste, 50.
BOSSUT, éditeur de Pascal, cité, 3, 4, 164, 196.

C

CALVINISTES; leurs erreurs combattues, 117.
CAMPAGNE, vue de loin et de près, 136.
CARACTÈRE chrétien, 136.
CAUSES; on ne les voit pas, 52.
CERTITUDE, n'existe pas hors la foi, 66.
— Voir encore 70, 128.
CHARITÉ, unique objet de l'Écriture, 94.
— sa grandeur infinie, 99.
— est de précepte positif, 120.
— Voir encore 88.
CHARRON, 59.
CHASSE; pourquoi on l'aime, 48, 49, 50.
CHASTETÉ, 56, 58, 61.
CHINE, son histoire, 122.
CHOSES bonnes; sont communes, 180.
CHRÉTIENS charnels, 89.
CHRÉTIENS, ne peuvent prouver leur religion, 71.
— les vrais chrétiens sont heureux, 81.
— ils croient sans preuves, 83.
— comment ils vivent, 90.
— doivent prendre leurs règles hors d'eux-mêmes, 121.
— il y en a peu de vrais, 134.
— les vrais obéissent aux folies, pourquoi, 138.
— des premiers temps comparés avec ceux d'aujourd'hui, 159.
— très-ignorants, aujourd'hui, 160, 161.
— ont peu à profiter des études philosophiques, 173.
CHRISTIANISME. — Voir Religion.

CICÉRON, 66.
CIRCONCISION, 117.
CIRON, infini en petitesse, 32.
CLÉOPATRE, 60.
CŒUR, a ses raisons, 209; et son ordre, 64.
COMBAT, plaît plus que la victoire, 58.
COMÉDIE, a besoin de contrastes pour plaire, 58.
— divertissements dangereux, 126.
COMPLIMENTS, 61.
CONDITION des hommes, 36.
— des grands, dépend du hasard, 161 et suiv.
CONDORCET, éditeur de Pascal, cité 6, 55.
CONCILE; au-dessus du pape, 128.
CONCUPISCENCE, source de tous nos mouvements, 61. — Voir encore 37, 79, 95, 120.
CONFESSEURS; pourquoi ils demeurent chez les grands, 135.
CONFESSION, 39.
CONFORMITÉ d'idée, 45.
CONNAISSANCE de Dieu, 73.
CONNAISSANCES naturelles de l'homme incertaines, chap. IV.
CONQUÊTE du monde, amusement de jeunes hommes, 60.
CONSENTEMENT général, ne doit pas être la base de la foi, 134.
CONSENTEMENT de l'esprit; par quoi il est déterminé, 175, 176.
CONSOLATION; il ne faut point en attendre des hommes, 78, 148.
CONTRADICTION, mauvaise marque de vérité, 46.
CONTRADICTIONS des livres saints, preuve nouvelle de leur vérité, 94.
CONVERSATION, 64.
CONVERSION véritable, en quoi elle consiste, 83. — Ses joies, 144.
CONVERSION des nations, 101.
CONVERSION du cœur, impossible sans la grâce, 155, 156.
COPERNIC, 31.
CORPS; ce qui le distingue de l'esprit, 35.
— les corps tous ensemble ne valent pas le moindre des esprits, 99.
— le corps du chrétien est le temple du Saint-Esprit, 151.
— la béatitude du corps commence à la mort, 152.
— ses maux sont la figure des maux de l'âme, 156. — Voir encore 32, 35.
CORPS inanimes; absurde de dire qu'ils ont des passions, des craintes, etc., 200.
CORRUPTION de la nature, 29.
— de l'homme, 68.
COURTISANS, 40.
COUSIN, publie l'examen critique des éditions de Pascal, cité en note, 16, 32, 37, 44, 60, 121, 140, 149, 165, 167, 181, 196.

COUTUME, fait les maçons et les soldats, 42.
— sa force est grande, ibid.
— fait toute la force des lois, 43.
— pourquoi on doit la suivre, 44.
— est une seconde nature, 45.
— fait nos preuves les plus fortes, 74.
— ce qu'elle produit, ibid.
— est notre nature, 137. — Voir encore, 43, 45, et chap. IV.
CRAINTE de Dieu; il y en a de deux sortes, 122.
CRIMES, regardés comme actions vertueuses, 43.
CROMWELL, tué par un grain de sable, 36.
CROYANCE d'habitude, 74.
CROYANCE des cœurs simples, 83.
CROYANCE fondée sur les miracles, 110.
CUPIDITÉ, 88.
CURIOSITÉ n'est que vanité, 39.
— maladie principale de l'homme, 64.

D

DAMNÉS, condamnés par leur raison, 82.
DÉCHÉANCE de l'homme, 90, 151.
DÉFAUTS; il faut les reconnaître, 39.
— nous n'aimons point qu'on nous les reproche, 40.
DÉFINITIONS; doivent être, dans la démonstration, substituées aux définis, 177.
DÉFINITIONS géométriques, 188.
DÉFINITIONS de mots: sont parfois absurdes, 189.
DÉFINITIONS de noms, 190.
— de choses, ibid.
— Voir Règles.
DÉISME, diffère peu de l'athéisme, 73, 77. — Voir encore 106.
DÉLASSEMENT, 66.
DÉLICATESSE en amour, 183.
DÉLUGE, 76, 86.
DEMI-SAVANTS, 53.
DÉMONSTRATION par les preuves, 63.
DÉMONSTRATION de la vérité, 175 et suiv.
DÉMONSTRATIONS géométriques, sont les seules vraies, 180. — Voir Règles.
DESCARTES, approfondit trop les sciences, 129.
— sa preuve: « Je pense, donc je suis, » trouve dans saint Augustin, 179.
— sa métaphysique jugée par Pascal, ibid.
DÉSIR d'être estimé, 58.
DEVOIRS envers les grands, 163.
DÉVOTION. — Voir Piété.
DIABLE, 89.
DIEU, se cache aux hommes, 27.
— sensible au cœur, 64.
— son existence et son essence, 71.
— sa justice, ibid.

INDEX DES PENSÉES DE PASCAL.

DIEU, la preuve de son existence cherchée dans un pari, 71, 72.
— est incompréhensible, 71.
— ne se prouve point par la métaphysique, 73.
— comment les auteurs canoniques le prouvent, 73.
— est un Dieu caché, 75, 77.
— il est incroyable qu'il s'unisse à l'homme, 81.
— incline le cœur des hommes à croire, 83.
— peut nous perdre légitimement à toute heure, 83.
— pourquoi il a fait le peuple juif, 86.
— où il se plaît, ibid.
— s'est exprimé en figures, 87.
— les choses de Dieu sont inexprimables, 94.
— comment son existence doit être prouvée aux impies, 105.
— Dieu doit aux hommes de ne point les induire en erreur, 111.
— ce qu'il fait pour Port-Royal, 113.
— son ubiquité, 115.
— dispose de tout avec douceur, ibid.
— on ne doit aimer que lui, 123.
— sa conduite est cachée sous la nature, 128.
— est incompréhensible, 129.
— son éternité, 137.
— se découvre rarement aux hommes, pourquoi, 141.
— connu des catholiques seuls sous des espèces de pain, ibid.
— trouve toujours les hommes infidèles, 144.
— est bien abandonné aujourd'hui, ibid.
— auteur de tout, excepté du péché, 145.
— n'abandonne pas les corps dans la sépulture, 147.
— ses vues sur la vie et la maladie, 148.
— est l'arbitre des maux, ibid.
— comment on doit le prier dans les maladies, 154.
— sa bonté et sa puissance, 154 et suiv.
— est roi de la charité, 164.
— comment Montaigne le prouve, 169, 170.
— il s'est exprimé en figures, ch. XVII.
— ne se cache ni ne se découvre entièrement, chap. XXI.
DIEU des païens, 106.
DIEU des Juifs, ibid.
DIGNITÉ de l'homme, consiste dans la pensée, 36.
DIGNITÉ royale, 50.
DIRE du bien de soi-même, 61.
DISCIPLINE de l'Église, moins bonne qu'autrefois, 128. — Voir encore 160.
DISEUR de bons mots, 57.

DIVERTISSEMENT; il n'y a point de joie sans divertissement, 50.
— les divertissements sont dangereux pour les chrétiens, 126. — Voir encore 37, 50, 57, 61, et chap. V. — Voir Roi.
DIVINATION par les songes, 113.
DOCTEURS, ont le cœur vide de la vérité, 171.
DOCTRINE de l'Église, 27.
DOGME, chap. XXIV.
DOGMATISME, 67.
DOGMATISTES, 80.
DOMINATION, 54.
DOUTE philosophique, 67.
DOUTE; est un grand mal, 28.
— il faut savoir douter où il faut, 82.
— Voir encore 134 et le chap. XV.
DOUTEURS de miracles, 135.
DROIT (le) a ses époques, 43.
DROIT d'aînesse, 139.
DROIT de naissance, 51.
DROITURE des sens, 62.
DUC; on l'est par hasard, 102.
— peut être salué et méprisé, 163.
— duc et honnête homme, ibid.
DU GAS (monsieur), 141, 142.

E

EAU, dans les pompes, 18 et suiv.
— ses effets, 62.
ÉCLIPSES, présagent malheur, 131.
ÉCRITURE sainte; voilée pour ceux qui ne se haïssent point eux-mêmes, 89
— a un double sens, 93.
ÉCRITURE, aveugle et éclaire, 93.
— comment on peut la comprendre, 94.
— ses clartés et ses obscurités, 102.
— comment elle parle de Dieu, 105.
— ses preuves ne sont point démonstratives, 110.
— est figurative, 119.
— a deux sens, 141.
EFFETS; on ne voit qu'eux, 52.
EFFORTS d'esprit, 64.
ÉGALITÉ des biens est juste, 54.
ÉGLISE; sa justice est sans violence, 55.
— subsiste sans interruption, 75.
— est toujours visible, 92.
— autorisée par les miracles, 111.
— a trois sortes d'ennemis, 113.
— toujours combattue par deux erreurs contraires, 116.
— son histoire est celle de la vérité, 120.
— juge par l'extérieur, 125.
— est unité et multitude, 128.
— comment on y entre au dix-septième siècle, 159.
— a changé de conduite sans changer d'esprit, 160.
— a des coutumes différentes suivant les temps, 161.
— Voir chap. XXIV.

ÉGOÏSME, commencement de tout désordre, 123.
— suite de déréglement de jugement, 130.
ÉGYPTIENS idolâtres, 75.
ÉLOQUENCE continue, ennuie, 60.
— en quoi elle consiste, 66, 120.
ÉLOQUENCE d'action, 184.
ÉLOQUENCE de silence, 185.
EMPIRE fondé sur l'opinion, 52.
ENFANTEMENT de la Vierge, 118.
ENFANTS, s'effrayant du visage qu'ils barbouillent, 129.
ENFER; crainte de l'enfer, 73.
ENNEMIS de la vérité, 140.
ENNUI, 49, 132.
ENTENDEMENT, 175.
ÉPÉE, donne un véritable droit, 55.
ÉPICTÈTE a bien vu le bon chemin, 134.
— analyse et comparaison de sa doctrine avec celle de Montaigne, 167.
— Voir encore 64, 168.
ÉPICURIENS, 80.
ÉPIGRAMMES, 60.
ERREUR commune, nécessaire pour fixer l'esprit, 64.
ERREUR; comment on doit la reprendre, 58.
— son essence consiste à ne pas se connaître, 170.
ESCLAVE, n'est pas plus heureux pour être flatté de son maître, 132.
ESPACES infinis effrayent Pascal, 131, 132.
ESPACE divisible à l'infini, 192, 193.
ESPRIT croit naturellement, 63.
— comment on le gâte, 64.
— a son ordre, 64. — Voir Cœur.
— il faut le délasser, 66.
— il ne faut pas le guinder, 180.
— ses rapports avec l'amour, 182.
— ses qualités ne s'acquièrent point par l'habitude, 184.
— sa fécondité est inépuisable, 197.
— ses divers genres, chap. VIII.
ESPRIT boiteux; pourquoi il nous irrite, 52.
— de finesse, 62, 182.
— de netteté, 192.
— de justesse, 62.
— de géométrie, 62, 182, 187.
ESPRITS; il y en a de deux sortes, 62.
ESPRITS forts, sont faibles, 30.
ESPRITS stériles, lisent sans comprendre, 179.
ESTIME n'est due qu'aux qualités morales et naturelles, 163.
ESTIME des hommes, recherchée, pourquoi, 36, 38.
ÉTAT véritable de l'homme, 34.
ÉTENDUE visible du monde, 33.
ÉTENDUE, définie par Pascal, 194.
ÉTERNITÉ, 28, 29, 42.
ÉTERNUEMENT, absorbe les facultés de l'âme, 130.
ÊTRE, est indéfinissable, 170, 189.

ÊTRE nécessaire, 38.
ÉTIQUETTE. — Voir *Estime, Respect.*
ÉTUDE de l'homme, est la véritable science, 57.
EUCHARISTIE; pourquoi on doit y croire, 135.
— donnée aux morts, 151. — *Voir encore* 117, 149.
EXCEPTIONS, 63.
EXCUSE, fait apercevoir de l'injure, 60.
EXEMPLE, n'instruit pas, 69.
EXEMPLES; comment on les emploie pour prouver, 63.
EXISTENCE de Dieu prouvée en pariant, 71.
EXPÉRIENCE, 58.
EXPÉRIENCES de Pascal sur la pesanteur de l'air, 19 et suiv.
EXPÉRIENCES physiques, donnent sans cesse de nouvelles conséquences, 198.
ÉVANGILE, est d'un style admirable, 101.
— but de l'histoire ancienne, 102.
— concilie toutes les contradictions des philosophes, 173.
ÉVIDENCE des preuves de la religion, 118.
EXTRÉMITÉS des choses; se touchent, 33.

F

FAIBLESSE de l'homme, 47, 59.
FAUGÈRE (Prosper), éditeur de Pascal, cité, pag. 1, 31, 52, 72, 140, 164, 165, 174, 175, 178, 179, 181, 182, 183, 184, 185, 186, 187, 189, 191, 196, 197, 198.
FAUSSES religions, manquent de preuves, 84.
FEMMES; en quoi consiste leur agrément, 65.
— ont un empire absolu sur l'esprit des hommes, 182.
— comment elles peuvent rehausser leur beauté, 183.
— aiment à voir une délicatesse dans les hommes, 183, 184.
— leurs manéges en amour, 184. — Voir *Beauté.*
FLAMME, 34.
FLATTERIE, 40.
FIDÉLITÉ en amour, 185.
FIDÉLITÉ politique, 144.
FIGURES; il y en a de claires et de tirées par les cheveux, 91.
FIN de l'homme, 37, 38.
FINESSE, 66.
FINI, chap. XI.
FOI; comment on y arrive, 72, 121, 122.
— consiste en Jésus-Christ, 115.
— doit être placée dans le sentiment, 122.
— est un don de Dieu, 133.

FOI; sur quoi on doit la fonder, 134.
— Dieu veut qu'elle entre dans l'esprit par le cœur, 175.
— considérée par rapport à la raison, chap. XIV. — *Voir encore* chap. XXIV et pag. 64, 66, 67.
FONCTIONS publiques; pourquoi on y tient tant, 50.
FORCE, est le tyran du monde, 52.
— il est juste de lui obéir, 54.
— est une qualité palpable, 55.
— est tyrannique sans la justice, 55.
— est la reine du monde, 130.
FRONDE; injuste, pourquoi, 55.

G

GÉNIES, grandeur des grands génies, 99.
GENS d'esprit, *ibid.*
GENS universels, 56.
GENTILSHOMMES en France, 55.
GÉOMÈTRES sont extrêmement rares, 178.
GÉOMÉTRIE; jugée par Montaigne, 170.
— comparée à la logique, 179.
— est la véritable méthode pour conduire la raison, 180.
— son objet, 191.
— fait réfléchir l'homme sur lui-même en démontrant les deux infinis, 105. — *Voir encore* 33, 57, 66; et *Esprit.*
GLOIRE; amour de la gloire ineffaçable dans l'homme, 36, 37.
— sa douceur est grande, 58.
GOUT; mauvais goût, 65.
GRACE: les plus impies en sont capables, 80.
— fait entrer la religion dans le cœur, 115.
— est une seconde naissance, 117.
— en quels termes Pascal la demande à Dieu, 155 et suiv.
— *Voir encore* chap. XXIV, et pages 13, 81, 83, 86, 118, 127, 134, 140.
GRANDS et petits, se ressemblent, 58.
GRANDS de chair, 99.
GRANDS du monde; comment ils doivent considérer leur condition, 161.
— doivent reconnaître qu'ils n'ont rien au-dessus des autres hommes, 162.
— ne connaissent point ce qu'ils sont, 163.
— sont des rois de concupiscence, 164.
GRANDS hommes; aussi abaissés que les petits, 58.
— tiennent au peuple par quelques bouts, 58.
GRANDEUR de l'homme; est grande, pourquoi, 36.
— est visible, *ibid.*
— en quoi elle consiste, 57. — *Voir encore* 35, 37, 68, 104, 173, et le chap. XIII.

GRANDEURS de ce monde, sont de deux sortes, 163.
GRAND seigneur; ce que c'est, 164.
GUERRE, 55. — Voir *Meurtre.*
GUERRE civile, 12, 51.

H

HABIT, est une force, 53.
HABITS élégants; ne sont pas un simple harnais, 53.
HABITUDE, nous fait croire les choses, 74.
HAVET, éditeur de Pascal, cité, 3, 32, 46, 52, 57, 60, 87, 88, 89, 98, 111, 113, 120, 158, 162, 164, 165.
HASARD, préside au choix des métier 42.
— a semé les lois humaines, 43.
HERBES, ont des poils, 130.
HÉRÉDITÉ, n'est pas dans le droit naturel, 162.
HÉRÉSIES; ce qui les cause, 116.
— comment on doit les combattre, 117.
HÉRÉTIQUES, leurs erreurs, 127.
— combattus par Montaigne, 169, 170.
— *Voir encore* 60, 141.
HÉSIODE, 85.
HISTOIRE; des Juifs, la plus authentique du monde, 89.
— traditionnelle, 89, 90.
— est suspecte quand elle n'est point contemporaine, 85.
— évangélique, 101.
HISTOIRES; quelles sont celles qu'il faut croire, 122.
HISTORIENS fabuleux, 86.
HOMÈRE, 85, 86.
HOMME; ce qu'il est sans Dieu, 30.
— son néant en présence de la nature, 32.
— ce qu'il est dans la nature, 32.
— portée de son esprit, 33.
— est borné entre deux extrêmes, *ibid.*
— son état véritable, 34.
— ses besoins, *ibid.*
— est composé de deux natures, 35.
— est un mélange d'esprit et de boue, *ibid.*
— ne peut se concevoir lui-même, *ibid.*
— est grand parce qu'il se connaît misérable, *ibid.*
— sa misère, *ibid.*
— est un roseau pensant, 37.
— est capable de bien, *ibid.*
— peut connaître la vérité, *ibid.*
— sa nature se considère en deux manières, 37, 38.
— n'est point un être nécessaire, 38.
— n'est que déguisement, 40.
— est un plaisant Dieu, 44.
— est incapable du vrai et du bien, 45.
— N'est rien sans la grâce, 46.

INDEX DES PENSÉES DE PASCAL.

Homme anticipe l'avenir, 47.
— a besoin de se former des sujets de passions, 49.
— se déguise à soi-même, 56.
— doit s'ignorer pour être heureux, 57.
— se doit d'étudier lui-même, *ibid.*
— sa condition, 59.
— aime la malignité, 60.
— n'est ni ange ni bête, 64.
— se reconnaît dans les livres naturellement pensés, 65.
— est un prodige et un chaos, 67.
— est un paradoxe à soi-même, 68.
— l'homme passe l'homme, 67.
— a deux états différents, 68, note.
— sans la foi ne peut connaître le vrai bien, 68.
— est impuissant à croire, 72.
— se connaît par Jésus-Christ, 73.
— est automate autant qu'esprit, 74.
— est expliqué par la religion chrétienne, 75.
— est tombé de sa place, *ibid.*
— homme sans lumière et abandonné à lui-même, 76.
— ce qu'il doit connaître, 77.
— est charmé et dominé par les créatures, 78.
— assimilé aux bêtes par quelques philosophes, 79.
— n'est point un sujet simple, *ibid.*
— quelles sont ses deux maladies, *ibid.*
— ses deux états expliqués, *ibid.*
— on a pensé qu'il avait deux âmes, 80.
— ne sait ce que c'est que Dieu, 81.
— se rend indigne des bontés de Dieu, 103.
— est capable de Dieu par sa première nature, 104.
— est la plus excellente créature, selon la religion, 75.
— en quoi consiste sa dignité, 116.
— sa volonté est pleine de malice, 117.
— ne peut se connaître que par la soumission de sa raison, *ibid.*
— doit se haïr soi-même, 121.
— ce qu'il doit aimer, *ibid.*
— ne doit pas attirer les autres à soi, *ibid.*
— est fait pour penser, 122.
— naît injuste, 123.
— est combattu entre sa raison et ses passions, *ibid.*
— comparé aux membres d'un même corps, 124.
— pour en faire un saint il faut la grâce, 127.
— a un vilain fond, *ibid.*
— n'est pas digne de Dieu, *ibid.*
— sa nature n'est pas d'aller toujours, 128.
— il est honteux à lui de succomber sous le plaisir, 130.

Homme est dans un mouvement perpétuel, 131.
— se trompe sur sa santé et sur sa mort, *ibid.*
— se soutient par le contre-poids de deux vices, *ibid.*
— est un tout à soi-même, 132.
— n'agit point par la raison, *ibid.*
— adore les bêtes, *ibid.*
— malheureux quand il n'est point avec Dieu, 133.
— il y en a de deux sortes, 136.
— ne délibère que des moyens, 137.
— est seul misérable ici-bas, *ibid.*
— ce qu'il est, *ibid.*
— son amour pour soi-même, 151.
— est créé avec deux amours, *ibid.*
— doit se considérer en Jésus-Christ, 149.
— ses devoirs, suivant Épictète, 168.
— est humilié par Montaigne, 172.
— ses deux états, 173.
— se conduit par caprices, 175.
— différent de lui-même en divers temps, *ibid.*
— on ne doit pas le juger par un bon mot, 179.
— est né pour penser, 181.
— ne peut pas soutenir la pensée pure, *ibid.*
— n'est capable que d'une grande passion, *ibid.*
— pourquoi il est attiré vers la femme par l'amour, 182.
— ne peut vivre sans aimer, *ibid.*
— est né pour le plaisir, 183.
— a besoin d'un second pour être heureux, *ibid.*
— est mal défini par Platon, 189.
— nie ce qu'il ne comprend pas, 192.
— est placé entre deux infinis, 195, 196.
— est incompréhensible sans la foi, chap. x.
— ne peut connaître Dieu que par Jésus-Christ, chap. xxii.
— ne peut se connaître soi-même que par Jésus-Christ, *ibid.*
— déchu d'une meilleure nature par le péché, 36. — *Voir encore* 67, 68, 70, 75, 78, 116, 151, 173. — Voir *Péché originel.*
Hommes, comparés à des condamnés à mort, 36.
— ce qu'ils font pour se rendre heureux, *ibid.*
— sont imprudents et vains, 47.
— sont malheureux s'ils n'ont point de charges et d'affaires, 47, 48.
— pourquoi ils aiment le bruit, 48.
— on a raison de les distinguer par l'extérieur, 52.
— on ne leur apprend pas à être honnêtes, 58, 59.
— sont tous égaux, 58.
— se plaignent tous, 69.

Hommes. Ce qu'ils pensent de leur nature quand ils n'ont pas la foi, 80.
— doivent recevoir la religion que Dieu leur envoie, 111.
— ne savaient avant Jésus-Christ où ils en étaient, 115.
— méprisent et craignent la religion, 119.
— sont nécessairement fous, 127.
— se haïssent l'un l'autre, *ibid.*
— il y en a de trois sortes, 122.
— sont déterminés à croire par l'agrément, 175.
Honnête homme, ne se distingue point par la profession, 56.
Honneur, 38.
Honte; il est honteux de n'en point avoir, 30.
Hôpital de fous, 60.
Humanité, est une suite d'hommes qui apprend continuellement, 199.
Humeur, ne dépend pas du temps, 60.
Humilité, 56.

I

Ignorance, de l'homme à son propre sujet, 28.
— vrai siège de l'homme, 46.
Iliade, 86. — Voir *Homère.*
Illusion des sens, 42.
Imagination ; effets qu'elle produit, 40.
— maîtresse d'erreur, *ibid.*
— dispose de tout, 42.
— grossit le temps présent, *ibid.*
— donne de la force aux partis, 55.
— est prise souvent pour le cœur, 122.
— *Voir encore* chap. iv, et pages 45, 54.
Immortalité, cherchée dans les ombres de la mort, 152.
Immortalité de l'âme; c'est la grande question, 31.
— considérée par rapport à la morale, 123. — *Voir encore* 27, 28.
Impies ; comment ils raisonnent, 28, 29.
— ne sont point tels qu'ils le disent, 29.
— n'inspirent point de confiance, *ibid.*
— il faut en avoir pitié, 30.
— comparés à des prisonniers, 31.
— servent à prouver la religion, 81.
Imposteurs ; pourquoi on les croit, 112.
Incarnation du Christ, 81, 118.
Incompréhensible, existe, 81.
Inconstance, 59, 60.
Incrédules; il faut les plaindre, 115.
— sont les plus crédules, 129.
Indivisible, par rapport à l'étendue, 194.
— défini par Pascal, *ibid.*
Indifférence religieuse ; chose monstrueuse, 29. — *Voir encore* 31.
Inégalité des conditions, chap. vii. *passim.*

INFINI, 52, 33. — *Voir encore* chap. xi
— de grandeur, 33.
— de petitesse 32, 33.
INFINITÉS de grandeur et de petitesse, 191.
INFINITÉ d'univers, 32.
INQUIÉTUDE de l'homme, ch. v.
INQUISITION ; corrompue et ignorante, 126.
INSTINCT ; différent de l'esprit, 131.
— différent de la raison, 198. — *Voir encore.* 38, 70, 131.
INSTINCTS contradictoires, 49.
INSTRUCTION religieuse négligée, 161.
INTÉRÊT ; notre propre intérêt nous crève les yeux, 42.
INTÉRÊT général ; doit l'emporter sur le particulier, 123.
INVENTEURS ; on leur refuse la gloire, 54.

J

JANSÉNISTES ; leurs sentiments politiques, 12. — *Voir encore* 114, 115.
JÉSUS-CHRIST, médiateur, 73.
— centre où tout tend, *ibid.*
— attendu dès le commencement du monde, 75.
— rédempteur, 77.
— venu dans le temps prédit, 86.
— figuré par Joseph, 91.
— a levé le sceau des livres saints, 93.
— ce qu'il apprend aux hommes, *ibid.*
— ce qu'il dit aux hommes, 97.
— sa mission, *ibid.*
— Sauveur, hostie, etc., 98.
— est venu avec l'éclat de son ordre, 99.
— son humilité et sa magnificence, *ibid.*
— sa grandeur, *ibid.*
— à peine aperçu par les historiens, *ibid.*
— sa vie, 100.
— comment il a parlé, *ibid.*
— prédit et prédisant, 101.
— prouvé par les miracles, 101.
— bien différent de Mahomet, 102, 103.
— objet de sa mission, 104.
— sa généalogie, 105.
— véritable Dieu des hommes, 106.
— Dieu et homme, 116.
— Rédempteur de tous, 133.
— considéré en toutes les personnes, 134.
— Prouvé par l'accomplissement des prophéties, chap. XVIII.
— prouvé par sa naissance et sa mort, ch. XIX.
— fait connaître l'homme et Dieu, chap. XXII.
— ses miracles, chap. XXIII. — *Voir encore* 76, 84, 109, 101, 110, 111, 112, 115, 141, 149.

JÉRUSALEM céleste, 120.
JÉSUITES, attaqués par Pascal, 113. — veulent suivre leurs imaginations, 121.
— fléaux de la vérité, 126.
— leur doctrine, 127. — *Voir encore* 114, 115.
JEU, recherché, pourquoi, 48. — *Voir encore*, chap. v.
JEU de balle, 49, 50.
JOUER à croix ou pile que Dieu est ou n'est pas, 71 et suiv.
JUGEMENT ; l'homme a peu de jugements fermes et stables, 59.
— jugement des ouvrages d'esprit, 63.
JUGEMENT dernier, 88, 146.
JUGES, dupés par les gestes des avocats, 41.
JUIFS, prouvent la religion, 81.
— ce qu'ils disent de leur nation, 84.
— avantages du peuple juif, *ibid.*
— comment ils sont constitués, 84 et suiv.
— comparés aux autres peuples, 85.
— sont sincères dans leurs livres, *ibid.*
— ont méconnu le Christ, 86.
— pourquoi Dieu les a faits, *ibid.*
— il y en a de deux sortes, 89.
— leur doctrine, 93, 94.
— sont témoins irréprochables du Christ, *ibid.*
— toujours misérables, pour prouver Jésus-Christ, 101.
— dispersés et non exterminés, pourquoi, *ibid.*
— avaient une doctrine de Dieu, 110.
— leur histoire est l'un des fondements de la religion, chap. xv.
— leur loi, chap. XVII, *passim.*
— *Voir encore*, 122.
JUIFS charnels, 89.
JUSTE, image de Jésus-Christ, 116.
— sa conduite ici-bas, 135.
— ne prend rien du monde, 138.
JUSTE et injuste chap. VII, *passim.*
JUSTICE, bornée par une rivière, 43.
— l'homme ne la connaît pas, *ibid.*
— change selon les climats, *ibid.*
— ses fondements sont incertains, *ibid.*
— dépend de la mode, 54.
— impuissante sans la force, 55.
— *Voir encore* chap. VII, *passim.*
— Voir *Force.*
JUSTICE, qualité spirituelle, 55.
JUSTICE de Dieu abat notre orgueil, 120.
— *Voir encore,* 71.

L

LANGUE poétique, 65.
LANGAGE, 66.
LANGUES, sont des chiffres, 65.

LAQUAIS ; leur nombre fait juger les gens, 52, 53.
LÉGISLATEURS, ont disposé de la richesse, 162.
LÉLUT, se trompe dans son livre sur Pascal, 6.
LETTRES. — Voir *Provinciales.*
LIÈVRES ; pourquoi on les chasse, 48.
LITTÉRATURE. — Voir *Auteurs, Nouveauté.*
LIVRES ; quels sont les meilleurs, 180.
— *Voir encore* 66.
LIVRES saints ; leur sens spirituel, 87.
LIVRES sibyllins, 85.
LOGICIENS ; règles qui font les principes de leur art, 178.
— ne sont pas clairvoyants, 180. — *Voir encore* 60.
LOGIQUE ; comment elle a emprunté les règles de la géométrie, 180.
LOIS naturelles, 43.
LOI des Juifs, 84, 85.
LOI des Douze Tables, 85.
LOIS ; on ne doit point quitter les anciennes, 44.
— lois que les hommes se font à eux-mêmes, 60.
— pliées à la nécessité, 76.
— Montaigne combattu à leur sujet, 169.
— *Voir encore* chap. VII, *passim* et COUTUME, HASARD.
LUMIÈRE ; ridiculement définie par le père Noël, 189.
LUNE ; on la croit cause de tout, 64.
— pourquoi on lui attribue tant de faux effets, 113.
LUNETTES astronomiques ; leur usage a confirmé l'écriture, 120.
LUYNES (le duc de), 140.

M

MACHINE d'arithmétique, 3, 18, 129.
MAGISTRATS ; la représentation leur est nécessaire, 41.
MAGISTRATURES, sont universelles, 55.
MAHOMET ; comment on doit le juger, 102.
— comparé au Christ, 134.
MAHOMÉTISME, comparé au christianisme, 102.
MAL ; le pire est celui que l'on fait par conscience, 122.
— est aisé et infini, 128.
— la vue du mal corrige, 145.
MALADIE, est un grand bonheur, 14.
— principe d'erreur, 42.
— la nature sait la faire supporter, 56.
— profit qu'un chrétien peut en tirer, 154 et suiv.
MALHEUR des hommes ; d'où il vient, 48.
MALIGNITÉ, plaît à l'homme, 60. — *Voir encore* 128.

MARIAGE, est la plus basse des conditions du christianisme, 147.
— de quoi dépendent les mariages, 162. — *Voir encore* 61.
MARIS ; francs païens devant Dieu, 147.
MARQUES de la vérité de la religion, chap. XII.
MARTIAL ; ses épigrammes, 60.
MARTIN (Aimé), cité, 3, 7.
MARTYRS ; leur mort nous touche, pourquoi, 118.
MATHÉMATIQUE ; inutile en sa profondeur, 139.
MATIÈRE ; ne se connaît pas soi-même, 35.
MAYNARD (l'abbé), cité, 181.
MÉCANIQUE ; quel est son objet, 191.
MÉDECINS, dupent le monde par leurs robes, 41.
MÉDIOCRITÉ ; il n'y a que cela de bon, 56.
MEMBRES ; ce qu'ils sont par rapport au corps entier, 124.
MÉMOIRE, nécessaire à l'esprit, 131.
MENTEURS, 58.
MÉRIDIEN, décide de la vérité, 43.
MESSIE, toujours prédit, 75.
— prouvé par des miracles, 76.
MESSIE, attendu sans interruption depuis le commencement du monde, 98.
— connaissable aux bons, méconnaissable aux méchants, ch. XXI.—*Voir encore* 84, 87, et JÉSUS-CHRIST.
MÉTIER ; le choix en est très-important, 42.
— on le choisit d'après la coutume, 137.
MÉTHODE pour démontrer, 177.
MEURTRE ; pourquoi il est excusé en certains cas, 43, 54.
— crime ou action glorieuse en deçà et au delà d'une rivière, 54. — *Voir encore* 61.
MILIEU ; il faut s'y tenir, 56.
MILIEU, entre deux infinis, est l'état de l'homme, 34.
MIRACLE de la sainte Épine, 7, 114, 141, 147.
MIRACLES, doivent confirmer les prophéties, 101, 102.
— Mahomet n'en a point fait, 102.
— à qui ils profitent, 147. — *Voir encore* 63, 76, 83, 84, 93, 109 à 112, 114, 118, 128, 134, 135, 137, 141, et le chap. XXIII.
MIRACLES des apôtres, 101.
— des saints, *ibid.*
— de Jésus-Christ, *ibid.* et ch. XXIII.
MISÈRES, nous tiennent à la gorge, 58.
MISÈRE de l'homme, est une misère de grand seigneur, 36. — *Voir encore* 29, 35, 49, 50, 57, 76, 122, 173, 138, et le chap. XIII *passim.*
MISÉRICORDE de Dieu, doit exciter au bien, 120.
MODE, 54.

MODÈLE d'agrément, et de beauté, 65.
MŒURS escobartines, 126.
MOI, est haïssable, 57.
— a deux qualités, *ibid.*
MOI humain, 54 et chap. III.
MOÏSE, habile homme, 89.
— preuve de Moïse, *ibid.*
MONARCHIE, 12.
MONDE ; par quelles voies on y réussit, 29.
— juge bien les choses, 46.
— ne subsiste que pour Jésus-Christ, 103.
— Comment on doit y vivre, 118.
— est superstitieux, 134.
— pourquoi on quitte ses plaisirs, 144.
— ne pense qu'à l'avenir, 145.
— ennemi irréconciliable de l'Église, 159.
— sa félicité n'est qu'un pur néant, 166.
MONDE visible, 31. — *Voir Étendue et Raccourci d'atome.*
MONTAIGNE ; analyse de sa doctrine et comparaison avec celle d'Épictète, 167 et suiv. — cité, discuté ou jugé par Pascal, 44, 46, 52, 53, 59, 63, 64, 80, 129, 132, 135, 179.
MORALE ; nous n'avons pas de point fixe pour la juger, 47.
— quelle est la vraie, 66.
— est la science universelle, 136.
— sur divers sujets de morale, ch. IV, VIII, XXIV.
MORALE corrompue des théologiens, 146.
MORT, inconnue et inévitable, 28.
— les hommes n'y pensent pas, 36.
— est le repos entier, 131.
— il ne faut point la craindre dans le péril, 135.
— est nécessaire et souhaitable, 147.
— doit être considérée, non par rapport à l'homme, mais par rapport à Dieu, 149, — et au Saint-Esprit, *ibid.*
— peine nécessaire du péché, *ibid.*
— mal appréciée par Socrate et Sénèque, pourquoi, *ibid.*
— horrible sans Jésus-Christ et douce avec lui, *ibid.*
— l'horreur qu'elle inspire était naturelle dans l'état d'innocence, pourquoi, 151 et suiv.
— ne doit point inspirer d'horreur à l'homme après sa déchéance, pourquoi, 152.
MORT des chrétiens. — VOIR *Lettre à madame Périer*, 148 et suiv.
MORTS ; dans quelle mesure on doit les pleurer, 152 et suiv.
— comment on doit les honorer, 153. — *Voir encore* 28, 61.
MOTS ; leurs différentes dispositions, 63.
— déguisent la nature, 65.

MOTS semblables, ont souvent un sens différent, 179.
— sont différents en diverses bouches, *ibid.*
MOTS bizarres, 65.
MOTS d'enflure, 180.
MOTS répétés, 65.
MOTS primitifs ; on ne les définit pas, 188.
MOUCHE, trouble la raison humaine, 44.
MOUVEMENT ; comment l'esprit le conçoit, 191.
— infini en vitesse et en lenteur, *ibid.*

N

NAISSANCE, ne donne pas l'habileté, 52.
— VOIR *Qualité.*
NATURE (de l'homme), surmonte la coutume, 42.
— effacée par la coutume, 45.
— nous dément souvent, 46.
nature première de l'homme, 49.
— corrompue par le péché, 77.
— est seule bonne, 180.
— sa majesté, 31.
— ses merveilles, 32.
— image de la grâce, 86.
— image de Dieu, 126.
— recommence toujours les mêmes choses, 131.
— s'imite elle-même, 136.
— le temps révèle ses secrets d'âge en âge, 198.
NÉANT, 32, 42.
NÉANTS d'étendue (deux), ne peuvent faire une étendue, 193.
NETTETÉ d'esprit, 182.
NEUTRALITÉ, est pyrrhonisme, 67.
NEWTON, devancé par Pascal, 7.
NEZ de Cléopâtre, 60.
NISARD, cité, 51, 123, 159.
NICOLE, 50, 161.
NOBLESSE de race, dépend du hasard, 162. — VOIR *Duc* et pag. 161 et suiv.
NOÉ, figure du Messie, 75.
NOMBRE, infini en grandeur et en petitesse, 192.
NOUVEAUTÉS scientifiques repoussées, 197.
NOUVEAUTÉ en littérature, 63.

O

OBÉISSANCE passive. — VOIR *Soldat.*
OBSCURITÉ des preuves de la religion, 118.
OBSCURITÉS, se multiplient par le commentaire, 169.
OCCUPATIONS de l'homme, chap. V.
OCCUPATIONS, pourquoi on les cherche, 49.
— *Voir encore* chap. V.
OPINIONS ; toute opinion peut être préférable à la vie, 59.
— se succèdent du pour au contre, 51.

OPINIONS du peuple; sont saines, 53.
OPINIONS, comment elles entrent dans l'âme, 175.
— *Voir encore* chap. VI.
OPINIONS relâchées; plaisent aux hommes, 126.
ORDRE géométrique; en quoi il consiste, 188 et suiv.
ORGUEIL, 38, 79.

P

PAGANISME gréco-romain, 75.
PAGANISME, est sans fondement, 102.
PAÏENS, leur conversion, 96.
— leurs vertus nous touchent peu, pourquoi, 118.
PAIX, n'existe pas sur la terre, 143.
PAPE, circonvenu par les jésuites, 114.
— comment on doit le juger, 127.
— n'est point tyrannique, *ibid*.
— diversement considéré par les Pères, 128.
PARIER que Dieu est ou n'est pas, 71 et suiv.
PARIS; ville, ses différents noms, 65.
PARTIE, ne peut connaître le tout, 34.
PARTIES; on ne peut les connaître, sans connaître le tout, 34 et suiv.
PASCAL père, sa mort, 148 et suiv.
— Son épitaphe composée par son fils, 154.
— sa vie par madame Périer, 1 et suiv.
— son portrait tracé par lui-même, 12 et suiv.
— son autopsie, 15 et suiv.
— sa vie écrite par sa nièce, mademoiselle Périer, 16.
— ensorcelé, *ibid*.
— écrit à dessein ses *Pensées* sans ordre, 51.
— a vu plus haut et plus loin que Bossuet et Descartes, *ibid*., note.
— soumis au pape, 140.
PASCAL (Gilberte). — VOIR *Périer*.
PASSÉ: nous le rappelons pour l'arrêter, 47.
— ne compte que par nos fautes, 145.
— *Voir encore* 47.
PASSION dominante de chaque homme, 64.
PASSIONS, sont toujours vivantes, 70.
— grands obstacles au salut, 73.
— Vraies ennemies des hommes, 86.
— passions dominées sont vertus, 138.
— les plus convenables à l'homme, 181.
— sont plus vives chez les gens d'esprit, 181 et suiv.
— subsistent jusqu'au tombeau, 181.
— il y en a qui agrandissent l'âme, 185.
PÉCHEUR; sur la conversion du pécheur, 164 et suiv.
PÉCHÉ; ce qui le constitue, 138.

PÉCHÉ originel, 80.
PEINES, sont nécessaires pour sanctifier, 144.
PEINTURE; chose vaine, 66. — *Voir encore* 47.
PENSÉE, fait la dignité de l'homme, 122.
PENSÉE pure, fatigue l'homme, 181.
PENSÉE de l'homme est sotte, 123.
PENSÉE de derrière, 130.
PENSÉE échappée, 60.
PENSÉE de la mort, 61.
PENSÉES nouvelles en littérature, 63.
PENSÉES; sont différentes suivant les hommes, quoique semblables en apparence, 179.
— les bons esprits leur font produire tous les fruits dont elles sont capables, *ibid*.
PESANTEUR de l'air, expérience à ce sujet, 18 et suiv.
— de l'eau, *ibid*.
PÉRIER (madame), sœur de Pascal, écrit la vie de son frère, 1. — Note sur cette dame, *ibid*.
PÉRIER (Marguerite), nièce de Pascal, en note, 74, 140.
PERPÉTUITÉ de la foi, 75.
PERSONNES de grande naissance; honorées par les uns, méprisées par les autres, 51.
PERSPECTIVE, 47.
PEUPLE; pourquoi il obéit aux lois, 44.
— compose le train du monde, 46.
— n'est pas si vain qu'on dit, 51.
— ses opinions sont fausses; *ibid*.
— elles sont saines, *ibid*.; — raison de cette contradiction, *ibid*.
— est faible, 52.
— raison de ses croyances, 113.
— croit que la noblesse est une grandeur réelle, 162.
— VOIR *Opinions*.
PEUPLE de Dieu, 75, 76, 80. — VOIR *Juifs*.
PHILOSOPHE; c'est se moquer de la philosophie, 60.
PHILOSOPHES, confondent les idées des choses, 35.
— sont vaniteux, 38.
— ne connaissent pas notre nature, 48.
— connaissent Dieu sans connaître leur misère, 77.
— n'ont point trouvé le remède à nos maux, 78.
— entretiennent l'homme dans ses maladies, 79.
— ont une horrible perfection, 125.
— leurs conclusions sont fausses, 132.
— ont consacré les vices, *ibid*.
— s'anéantissent les uns les autres pour faire place à l'Évangile, 173.
— utilité qu'on peut tirer de leur lecture, 174.
— obscurcissent la foi chancelante, *ibid*.

PHILOSOPHES; impuissants à faire connaître l'homme, chap. XII. — *Voir encore*, 41, 69, 81.
PHILOSOPHIE; quelle est la plus philosophe, 60.
— ne vaut pas une heure de peine, 129.
PHYSIQUE; n'a point l'autorité, mais l'expérience pour base, 197.
PIÉTÉ, différente de la superstition, 82.
— est pleine de satisfactions, 145.
PITIÉ, ne coûte rien à donner, 59.
PLAIRE pour persuader, 176.
PLAISIR; nous donnons tout pour lui, 66.
— n'est que le ballet des esprits, 131.
— ses principes sont divers dans les hommes, 176.
PLAISIRS; il faut les quitter pour avoir la foi, 73.
— sont nécessaires pour sanctifier, 144.
PLAISIR d'aimer, 184.
PLATON, n'a point une robe de pédant, 60.
— dispose au christianisme, 124.
PLEURER et rire d'une même chose, 59.
PLURALITÉ; pourquoi on la suit, 51.
— est la meilleure voie, 55.
POÉSIE, 53, 65. — VOIR *Beauté poétique, Sonnets*.
POËTES, ont eu tort de représenter l'Amour aveugle, 185.
— leur métier ne diffère point de celui de brodeur, 56. — *Voir encore* 64.
POINT, indivisible, 33.
POLITIQUE; pourquoi Platon et Aristote en ont traité, 60.
POLTRONS, 38.
PONT de Neuilly; accident de Pascal à cet endroit, 6, 7, note.
PORT-ROYAL; ce qu'on lui reproche, 113.
POUVOIR politique; ses diverses origines, 55. — *Voir encore* chap. VII.
PRÉDICATEUR, 41.
PRÉJUGÉS populaires, nécessaires, 64.
PREMIERS principes, 69.
PRÉSENCE réelle, 116.
PRÉSENT; nous le cachons à notre vue, 47.
— ne satisfait jamais, 69.
— est véritablement à nous, 145.
PRÊTRE; est prêtre qui veut l'être, 128.
PREUVES solides, reposent sur huit règles, 177 et suiv.
PREUVES invincibles de la vérité, 187.
PREUVES métaphysiques de Dieu, 72, 73.
PREUVES, ne convainquent que l'esprit, 74.
PREUVES géométriques, appliquées à l'art de persuader, 177.
PRÉVOYANCE, ne s'étend pas plus loin que le jour où nous sommes, 145.
PRIÈRE; pourquoi établie, 135.
— doit être continuelle, 146.

PRIÈRE; piété dans les maladies, 154.
PRINCES; importance de leur éducation, 161, note.
PRINCIPES de la géométrie, 62.
PRINCIPES; comment on doit les expliquer, 62 et suiv.
PRINCIPES naturels; d'où ils viennent, 45.
PRINCIPES différents, peuvent conduire aux mêmes conclusions, 170.
PRINCIPES d'erreur, 42. — VOIR *Imagination, Intérêt, Maladies.*
PRISON, supplice horrible, 48.
PROBABILITÉ, 127.
PROFESSION de foi de Pascal, 6, 12 et suiv.
PROGRÈS scientifique, 198.
PROPHÈTES, annoncent le Messie, 76.
— ce qu'ils disent de Jésus-Christ, 104. — *Voir encore* 83.
PROPHÉTIES, ont deux sens, 92.
— accomplies en Jésus-Christ, 95 et suiv.
— sont un miracle subsistant, 101.
— prouvées par l'événement, 106.
— Relatives à Jésus-Christ, chap. XVIII. — *Voir encore* chap. XV *passim* et pages 77, 87, 90, 133.
PROPOSITION confondue avec la définition, 190.
PROPOSITIONS, se concluent, 70.
— leur ordre rigoureux dans la démonstration, 178.
PROPRIÉTÉ; n'est point fondée sur la justice, 45.
— son origine, 54.
— n'est pas un titre de nature, 162.
— est cependant légitime; pourquoi? *ibid.* — VOIR *Hérédité.*
PROTESTANTISME, par quoi causé, 39.
PROVINCIALES de Pascal, 7.
PUISSANCE royale, 12.
PYRRHONISME, est le vrai, 115. — *Voir encore* chap. IV et pages 45, 47, 51, 56, 61, 66, 69, 132, 133.

Q

QUALITÉ; (rang social élevé), est un grand avantage, 53.
QUALITÉS; on n'aime les personnes que pour leurs qualités, 54. — VOIR *Ame.*

R

RACINE (Louis), 119.
RACCOURCI d'atome, 32.
RAISON, est déçue par les apparences, 34.
— a l'imagination pour ennemie, 40.
— rend ses amis misérables, 41.
— est vaincue par l'imagination, *ibid.*
— a tout corrompu, 43.
— est troublée par le bourdonnement d'une mouche, 44.
— nous commande mieux qu'un maître, 54.

RAISON, ployable à tous sens, 63.
— confond les dogmatiques, 68.
— est impuissante, *ibid.*
— raison comparée au sentiment, 122.
— peut succomber sans honte sous la douleur, et non sous le plaisir, 130.
— fait l'être de l'homme, 132.
— est corrompue, 137.
— mise en parallèle avec l'instinct des bêtes, 170 et suiv.
— est la même chose que l'amour, 185.
— a des droits séparés de l'autorité, 197.
— ce qui la différencie de l'instinct, 198.
— considérée dans les rapports avec la religion, chap. XIV. — *Voir encore* 70, 119, 131, 132, chap. VIII, XXIV.
RAISON de toutes choses, 73.
RAISON naturelle; guide de toutes les sectes, 121.
RAISON des effets, 51, 53.
RAISONS naturelles, 73.
RAISONNEMENT; à quoi il se réduit, 63.
RAISONNEMENT faux; comment on le guérit, 180.
RICHESSES, distribuées par le hasard, 162.
RIRE et pleurer d'une même chose, 59.
RIVIÈRES, 66.
RECHERCHE de l'inconnu, 32.
RECHERCHE de la vérité, donne le repos, 118.
RECHERCHE du vrai bien, 133.
RÉDEMPTION, 29, 77, 116.
RÈGLE; il n'y en a point sans exception, 110.
RÈGLES du raisonnement doivent être simple, 180.
RÈGLES pour les définitions, 177.
— pour les axiomes, *ibid.*
— pour les démonstrations, *ibid.*
— pour les démonstrations géométriques, 187 et suiv.
RELIGION; il faut l'étudier avant de la combattre, 27.
— ses ennemis lui sont peu dangereux, 29.
— on la croit par le cœur, 64, 70.
— oblige à aimer Dieu, 74.
— explique l'homme, 75.
— a toujours été sur la terre, *ibid.*
— ne plie pas à la nécessité, 76.
— a seule des prophéties, 77.
— consiste en deux points, *ibid.*
— doit être le centre de tout, et explique tout, *ibid.*
— ses preuves, 77 et suiv.
— guérit les deux vices de notre nature, 80.
— est étrange; pourquoi? 81.
— il y a deux manières de démontrer ses vérités, 82.

RELIGION est fondée sur la religion juive, 84.
— recommande l'amour de Dieu, 90.
— son triomphe sur les païens, 96.
— par qui combattue à sa naissance, 97.
— connaît notre nature, 74.
— proportionnée à tous, *ibid.*
— est la religion d'un Dieu humilié, 75.
— a trois preuves certaines de vérité, 113.
— entre dans le cœur par la grâce, 115.
— entre dans l'esprit par les raisons, *ibid.*
— ne doit pas être imposée par la force, *ibid.*
— a quelque chose d'étonnant, *ibid.*
— est proportionnée à toutes sortes d'esprits, 117.
— ses preuves ne sont pas absolument convaincantes, 118.
— n'est point contraire à la raison, 119.
— comment on peut la faire aimer, *ibid.*
— n'est pas unique; conséquence de ce fait, 128.
— comment elle se conserve, 101.
— seule perpétuelle, 132.
— sage et folle, pourquoi? 134.
— enseigne nos impuissances et les remèdes, 137.
— porte en elle les preuves de la vérité, chap. XII.
— peut seule faire comprendre l'homme, chap. XIII.
— prouvée par certaines obscurités, chap. XXI — VOIR *Evidence, Obscurité.*
RELIGION juive, figure du Messie, 88.
— recommande l'amour de Dieu, 90.
RELIGIONS païennes, sont tout extérieures, 74.
RELIGIONS, sont fausses quand elles n'adorent pas un Dieu principe de toutes choses, 110. — *Voir encore* 77.
RELIGIEUSES de Port-Royal, 113.
RELIQUES, font des miracles, 114.
— pourquoi on les honore, 151. *Voir encore* 147.
REPOS; on le cherche dans l'agitation, 49.
— repos complet insupportable à l'homme, 49, 132.
RÉPROUVÉS sont inexcusables, 103.
RÉPUBLIQUE, 12.
RESPECT envers les grands, 53, 165.
— respect d'étiquette, n'implique pas l'estime, 165.
RESSEMBLANCES des visages, 66.
RÉSURRECTION, 118, 151.
RÊVES, 45.
RÉVOLUTIONS; ce qui les cause, 43, 44.
— les grands en profitent, 45.
— comment on peut les prévenir, 44.

45

ROANNEZ (mademoiselle de); Pascal lui écrit, 140 et suiv. — sur sa vie, note, *ibid.*

Roi sans divertissement, est un homme plein de misères, 50.
— malheureux s'il pense à soi, *ibid.*

Rois, n'ont pas besoin d'habits de parade, 41.
— ont besoin de se divertir, 48.
— en quoi ils sont heureux, *ibid.*
— leur puissance fondée sur la raison et la folie du peuple, 52.
— impriment la terreur, pourquoi? *ibid.*
— s'ennuient sur leur trône, 60.
— leur gouvernement, différent de celui de Dieu, 144.
— la concupiscence fait leur force, 164.

ROMAINS, agissent pour la gloire de l'Évangile, 102.
ROSEAU pensant, 37.
ROTURE de race, 52.
ROUEN; séjour de Pascal dans cette ville, 4.
ROYAUTÉ, est universelle, 55
— héréditaire, a quelque chose d'incontestable, 52, note. *Voir encore,* 12, 52.

S

SACRIFICE de l'hostie, 150.
SACRIFICES, plaisent et déplaisent à Dieu, 92. — *Voir encore* 95.
SAGESSE divine; ce qu'elle dit aux hommes, 78.
SAGESSE, n'est nulle part qu'en Dieu, 99.
SAINT-ANGE (frère), 5.
SAINT ATHANASE, 119.
SAINT AUGUSTIN, a dit la même chose que Descartes douze cents ans avant lui, 179.
SAINT PAUL, 64.
SAINTS, n'ont pas besoin des grandeurs charnelles, 99.
— on rejette leur exemple, comme trop au-dessus de nous, 119.
SAINTE-BEUVE, cité en note, 1, 7, 38, 43, 55, 73, 82, 102, 109, 132, 181.
SAINTE ÉPINE de Port-Royal, 114. — Voir *Miracle.*
SALOMON de Tultie, 64.
SALUT; pourquoi il faut y penser, 28.
SAVANTS, sont les plus sots de la bande, 49. — VOIR *Demi-Savants.*
SCEPTIQUES, 45 et suiv.
SCIENCES, infinies dans leurs recherches, 33.
— imaginaires, 41.
— ont deux extrémités qui se touchent, 46.
— abstraites, rebutent Pascal, 57.
— des mœurs, 59.
— sont incertaines, 170.
— soumises à l'expérience doivent toujours progresser, 197.

SCIENCES, grandissent à mesure que l'univers vieillit, 199.
SECTES philosophiques, 80, 172.
SECTES religieuses, 121.
SENS, n'aperçoivent rien d'extrême, 33.
— abusent la raison, 46.
— dominent la raison, 78.
— leurs perceptions sont grossières, 131.
SENS droit, 62.
SENS commun, 170.
SENS caché des livres saints, 93.
SENS littéral des livres saints, *ibid.*
SENTIMENT, confondu avec la fantaisie, 63.
— comment on le gâte, 64.
SENTIMENT, agit en un instant, 122.
— *Voir encore* chap. VIII.
SERMON; comment on l'entend, 66.
SERVITUDE, fait la honte, 131.
SILENCE, est la plus grande persécution, 126.
— en amour, 185.
SOLDAT, ressemble au chartreux et en diffère, comment, 121. — *Voir encore* 41, 42, 132.
SOMMEIL, 67.
SONNETS, 65.
SORTILÉGES, pourquoi on y croit, 113.
SORCIÈRE ensorcèle Pascal, 16 et suiv.
SOTTISE, est désobéissance à la raison, 54.
SOTTISES, dites à dessein ne sont point supportables, 59.
SOUFFRANCES, sanctifiées par Jésus Christ, 149.
SOUMISSION de l'esprit, 82.
SOUVERAIN bien, suivant les hommes et les philosophes, 133.
SPHÈRE infinie, 32.
STOÏQUES, 69, 80.
STYLE naturel, nous ravit, 65.
— ce qu'il faut pour qu'il soit bon, 129 et suiv. *Voir encore* 64 et les mots *Antithèses, Éloquence, Mots, Poëtes.*
SUICIDE, 133.
SUISSES, 52.
SUPERSTITION, différente de la piété, 82.
SYMÉTRIE, en quoi elle consiste, 136.
— *Voir encore* 65.
SYNAGOGUE, prédite, 90.
SYSTÈMES philosophiques; il y en a deux qui se partagent le monde, 67.
— Voir *Philosophes, Sectes philosophiques.*

T

TEMPS guérit les querelles, 59.
— comment on l'a défini, 189.
TENTER et induire en erreur sont différents, 111.
TERRE de malédiction, 120.
TESTAMENT; l'Ancien Testament contient

la figure des vérités accomplies à la venue du Messie, 91.
TESTAMENT, les deux Testaments prouvés, 92.
THÉOLOGIE, est une science importante, 135.
— centre de toutes les vérités, 173.
— soumise à l'autorité, 197.
TOILETTE. — Voir *Habits.*
TORRICELLI; ses expériences sur la pesanteur de l'air, 19.
TOUT (le); on ne peut le connaître sans connaître ses parties, 66.
TRACAS; l'homme les recherche, pourquoi? 48.
TRANSMISSION du péché, 68, 81.
TRIANGLE arithmétique, 7.
TRISTESSE, est de deux espèces, 145.
TROGNES armées, accompagnent les rois, 41.
TROP et trop peu, 33.
TYRANNIE provoquée par l'inégalité des conditions, 54.
— en quoi elle consiste, 55.

U

UBIQUITÉ de Dieu, 115.
UNITÉ; exclue de la signification du mot de nombre, pourquoi? 194.
— est cependant du même genre que les nombres, *ibid.*
UNIVERS, apprend à l'homme sa misère et sa grandeur, 101.
UNIVERS; leur nombre est infini, 32.
USAGES; de quelques usages, ch. VI.
USURPATION politique; il faut en cacher le commencement, 44.
— de la terre, 54.

V

VANITÉ, ancrée dans l'homme, 38.
— *Voir encore* chap. III, 36, 49, 61.
VANITÉ du monde peu connue, 61.
VAUVENARGUES, 46, 129.
VÉRITÉ; il faut la chercher, 37.
— nous haïssons la vérité, 39.
— tous les hommes ont de l'aversion pour la vérité, 39, 40.
— il est dangereux de la dire, 40.
— change suivant les lieux, 43.
— la nature a mis chaque vérité en soi-même, 58.
— on ne la cherche point pour elle-même. *ibid.*
— la vérité essentielle est toute vraie, 61.
— on la connaît par le cœur, 69.
— a des marques visibles, 76.
— il ne faut point l'attendre des hommes, 78.
— s'altère par le changement des hommes, 89.
— erre inconnue parmi les hommes, 114.
— donne l'assurance, 118.
— on ne sait si on la possède, 170.

VÉRITÉ, on y entre par la charité, 175.
— objets principaux de son étude, 187.
VÉRITÉ géométrique; est si évidente qu'elle ne peut se démontrer, 192.
— doit avoir l'avantage sur l'antiquité, 200.
VÉRITÉS divines, au-dessus de la nature, 175.
VERTU; l'excès d'une vertu doit être corrigé par la vertu contraire, 57.
— la vertu ne se mesure point par les efforts, 58.
VERTU, on ne doit pas la poursuivre à l'extrême, 135.
VERTU stoïque; son portrait, 172.
VICES, sont plutôt imités que les vertus, 58. — *Voir encore* 128.
VIDE; 42, 199, 200.
— théorie antique sur le vide, 18.
VIE; notre propre vie ne nous suffit pas, 38.

VIE humaine illusion perpétuelle, 40.
— comment la vie s'écoule, 49.
— est peut-être un sommeil, 67.
— comment elle finit, 124.
— dure peu, 131.
— est une guerre perpétuelle, 143.
— est un sacrifice continuel achevé par la mort, 149.
— est un songe dont on s'éveille à la mort, 170.
— heureuse; commence par l'amour et finit par l'ambition, 181.
— de l'homme ne doit compter que depuis la naissance de la raison, *ibid.*
— de tempête, utile en amour, 186.
VIE religieuse, comparée à la vie du monde, 119.
VIERGE Marie. — VOIR *Enfantement*.
VILLAGES; quelles femmes on y admire, 65.

VISION de Pascal, 6, note.
VOIE lactée, 199.
VOLEURS, 60.
VOLONTÉ, est un des principaux organes de la créance, 45.
— aime naturellement, 63.
— Dieu la dispose plus que l'esprit, 103.
— *Voir encore* 121, 143.
VOYAGES, 39.
VRAI, mêlé de faux, 61. — VOIR *Vérité*.

Y

YEUX; leur langage, 183.

Z

ZÉRO; son rapport avec les nombres, 195.

INDEX

DES ŒUVRES MORALES DE LA ROCHEFOUCAULD

Nota: Les *Réflexions ou Sentences et Maximes morales* sont désignées par la lettre M., suivie de leur numéro d'ordre, et les *Réflexions diverses* par la lettre R., suivie de l'indication de la page.

A

Abaissement, Abaisser. Dans quel cas les grands noms abaissent, M. 94.
— Comment on abaisse la gloire de certains hommes, M. 198.
— L'envie d'abaisser les autres fait notre valeur, M. 213.
— L'orgueil s'abaisse pour s'élever, M. 254.
— Les vieillards n'ont devant eux que l'abaissement, R. XIX, p. 282.
Abattement (*Faiblesse de caractère*). De longues infortunes abattent quelquefois les grands hommes, ce qu'on en doit conclure, M. 24.
— pris souvent pour de la constance dans le malheur, M. 420.
Abeilles. Leur industrie, leur règle, leur subordination, leur rapport avec l'homme, R. XI, p. 270.
Absence. Son effet sur les passions, M. 276.
— C'est en l'achetant qu'on récompense le mérite des gens incommodes, M. 435.
Accent du pays. Il demeure dans l'esprit et dans le cœur, comme dans le langage, M. 342.
Accidents (*heureux ou malheureux*). Parti différent que savent en tirer les gens habiles et les imprudents, M. 59.
— Les plus surprenants et les plus terribles laissent les héros dans un état paisible, M. 217.
— Il en est d'où il faut être un peu fou pour se bien tirer, M. 310.
Accoutumance, Habitude. C'est par elle que les vieillards supportent le poids d'une vie triste et languissante, R. XIX, p. 282.
Actions (*bonnes ou mauvaises*, *grandes ou belles*). La fortune ou notre industrie les arrangent, M. 1 et 634.
Actions éclatantes, ce qui les produit. M. 7.
— grandes, souvent un effet du hasard, M. 57.
— ont leurs étoiles, qui les rendent louables ou blâmables, M. 58.
— Ce que valent celles qui ne sont pas l'effet d'un grand dessein, M. 160.
— doivent être proportionnées aux desseins, M. 161.
— Comment nous imitons les bonnes et les mauvaises, M. 230.
— Elles sont comme les bouts-rimés, M. 382.
— Cas où nous serions honteux des plus belles, M. 409.
— Moyen de se donner part aux belles actions, M. 432.
Activité. Celle des grands esprits est toujours égale, R. XVI, p. 275.
Admiration. Ses effets sur l'amitié, M. 294.
— Nous louons de bon cœur ceux qui nous admirent, M. 356.
— On se confie pour se faire admirer, M., 475.
Adroit (*Esprit*), R. XVI, p. 275.
Affaires. M. 453.
— Nous ennuyons en contant les nôtres, M. 510.
— L'amour-propre est clairvoyant dans les siennes, M. 565.
— Ce n'est pas dans les affaires sérieuses qu'on est sage, M. 594.
— Ce qui nuit aux plus importantes, c'est la paresse, M. 633.
— Esprit d'affaires, R. XVI, p. 275.
Affectation. La modération est une vaine affectation de la force de l'esprit, M. 18.

Affectation Les condamnés affectent le mépris de la mort, M. 21.
— L'intérêt affecte le désintéressement, M. 39.
— Pourquoi on affecte de paraître être établi dans le monde, M. 56.
— Pourquoi on affecte de blâmer les finesses, M. 124.
— On se rend ridicule par les qualités qu'on affecte, M. 134.
— Pourquoi on affecte la douleur, M. 233.
— dans l'air et dans la mine, M. 256.
— engendre des défauts que l'on prend pour des qualités, M. 493.
Afflictions. Hypocrisie dans nos afflictions, M. 232.
— Affliction comparée au regret, M. 355.
— Affliction des femmes qui perdent leurs amants, M. 362.
— Comment nous regrettons la perte de nos amis, M. 622.
Ages de la vie, M. 405.
— Ce qui se produit au déclin de l'âge, R. XIX, p. 281.
Agrément. Séparé de la beauté, ce qu'il est, M. 240.
— En quoi il consiste, M. 255.
— de la conversation, R. IV, p. 265.
— est une des conditions de l'esprit brillant, R. XVI, p. 276.
— C'est une première fleur de l'amour, qui passe comme celle des fruits, R. XVIII, p. 281.
Air, *Voyez* Apparences, Mines. L'agrément des personnes en dépend, M. 240.
— L'air bourgeois ne se perd jamais à la cour, M. 393.
— Air d'élévation naturelle, M. 399.
— capable et composé tourne en impertinence, M. 495.

AIR. De l'air et des manières, R. III, p. 262 et 263.
— Il ne faut pas quitter le sien, mais le perfectionner, p. 262.
— Celui des petits enfants plaît, ibid.
— Les jeunes gens prennent des tons et des manières par imitation et au hasard, ibid.
— Chaque profession a un air qui lui convient, p. 263.
— Il faut qu'un même air nous fasse dire naturellement des choses différentes, ibid.
— On prend quelquefois par avance l'air des dignités et du rang où l'on aspire, ibid.
— On ne doit jamais prendre des airs d'autorité dans la conversation, R. IV, p. 264.
AJUSTEMENT. La sévérité des femmes est un ajustement à leur beauté, M. 204.
Alcibiade. Combien il a fait de débauchés, R., VII, p. 267.
Alexandre le Grand, Combien sa valeur a fait de fanfarons, R. VII, p. 267.
— Son éloge, R. XIV, p. 272.
— Plus grand par ses qualités personnelles que par ses conquêtes, ibid.
Alphonse VI, roi de Portugal. Son mariage; sa captivité; sa mort, R. XVII, p. 278.
AMANT. Voyez AMOUR, MAÎTRESSE. Quand l'amant est près de haïr sa maîtresse, M. 111.
— Les amants ne s'ennuient point d'être ensemble, M. 312.
— Pourquoi les femmes pleurent-elles leur mort? M. 362.
— Le premier amant, M. 396.
— Les femmes aiment-elles l'amant ou l'amour? M. 471.
— La lassitude des amants a produit les vapeurs, R. XII, p. 270.
AMBITION. A quoi on la reconnaît dans les grands hommes, M. 24.
— cachée, M. 91.
— déguisée en générosité, M. 246.
— opposée à la modération, M. 293.
— et à l'amour, M. 490.
— L'ambition a produit les fièvres aiguës, R. XII, p. 270.
AME. Ses qualités sont difficiles à connaître, M. 80.
— Faiblesse de la santé de l'âme, M. 188.
— Rechutes dans les maladies de l'âme, M. 194.
AMI. Confiance que l'on doit avoir en lui, R. V, p. 265.
— Un véritable ami est le plus grand de tous les biens, M. 546.
— Comment nous regrettons la perte de nos amis, M. 622. Voyez AMITIÉ.

AMITIÉ. Cause de son inconstance, M. 80.
— Amitié vraie et parfaite, M. 81.
— Principe des réconciliations, M. 82.
— Définition de l'amitié, M. 83.
— Défiance des amis, nécessaire, M. 84.
— Amitié produite par l'intérêt, M. 85.
— Manière dont nous jugeons le mérite de nos amis, M. 88.
— De l'ingratitude, M. 96.
— De la trahison en amitié, M. 114.
— Légèreté de nos plaintes contre nos amis, M. 179.
— Disgrâces de nos amis, M. 235.
— Exagération de la tendresse de nos amis, M. 279.
— On n'aime pas deux fois celui qu'on a cessé d'aimer, M. 286.
— Rapport de l'admiration à l'amitié, M. 294.
— et à l'estime, M. 296.
— De ceux qui aiment trop, M. 321.
— Le plus grand effort de l'amitié, M. 410.
— Des amis qui nous ont trompés, M. 434.
— L'amitié est fade quand on a senti l'amour, M. 440.
— Ignorance de l'amitié, M. 441.
— Rareté d'un véritable ami, M. 473.
— R. XVIII, p. 281.
— comparée à la société, R. II, p. 261.
— La ruine du prochain plaît aux amis, M. 521.
— Ceux que nous aimons ont plus de pouvoir sur nous que nous-mêmes, M. 525.
— C'est là le bien auquel on songe le moins, M. 546.
— Celle qu'on renoue demande des soins particuliers, M. 562.
— Pourquoi nous sommes sensibles au bonheur de nos amis, M. 584.
— Leur adversité ne nous déplaît pas, M. 585.
— Preuve de peu d'amitié, M. 593.
— Amitié dans la société, R. II, p. 261.
AMOUR. Sa définition, M. 68.
— Amour pur, M. 69.
— L'amour est difficile à cacher et à feindre, M. 70.
— De ceux qui ne s'aiment plus, M. 71.
— L'amour ressemble à la haine, M. 72.
— Il est rare que les femmes n'aient qu'un amant, M. 73.
— Il y a mille copies de l'amour, M. 74.
— Mouvement continuel de cette passion, M. 75.
— R. IX, p. 267.
— Rareté du véritable amour, M. 76.

AMOUR. L'amour n'est souvent qu'un masque, M. 77.
— Principe secret de l'amour, M. 83.
— Passage de l'amour à la haine, M. 111.
— Des femmes qui font l'amour, M. 131.
— Des gens amoureux, M. 136.
— Constance en amour, M. 175.
— Elle est de deux sortes, M. 176.
— Plaisir véritable de l'amour, M. 259.
— Ce n'est que l'amour de soi, M. 262.
— La nouveauté lui donne un lustre qui s'efface aisément, M. 274.
— R. IX, p. 268.
— On n'aime pas sa maîtresse pour l'amour d'elle, M. 374.
— Contentement difficile en amour, M. 385.
— Du premier amant, M. 396.
— Qui est le mieux guéri en amour, M. 417.
— Gens qui ne doivent plus parler de l'amour, M. 418.
— Son inconstance involontaire est un effet du temps, M. 430.
— R. IX, p. 268.
— Amitié fade auprès de l'amour, M. 440.
— Ignorance heureuse en amour, M. 441.
— Amour moins rare que l'amitié, M. 473.
— R. XVIII, p. 281.
— Ambition plus forte que l'amour, M. 490.
— R. IX, p. 268.
— Manières de l'amour plus agréables que lui, M. 501.
— Comparé à la mer, R. VI, p. 266.
— Comparé à la vie, R. IX, p. 267.
— Comment il décroît, R. XV, p. 281.
— Comparé à l'amitié, ibid.
AMOUR-PROPRE. Le plus grand de tous les flatteurs, M. 2 et 602.
— L'étendue de son domaine est encore inconnue, M. 3.
— Son habileté souveraine, M. 4.
— Attachement ou indifférence qu'il donne pour la vie, M. 46.
— On est heureux quand il est satisfait, M. 48.
— Il se satisfait même en exagérant le mérite des autres, M. 143.
— Comment il se distingue de l'orgueil; il s'oppose à la reconnaissance, M. 228.
— La bonté n'est qu'un déguisement de l'amour-propre, M. 256.
— La fidélité est une invention de l'amour-propre, M. 247.
— L'éducation est un second amour-propre, M. 261.
— Règne puissamment en amour, M. 262.

AMOUR-PROPRE. Il nous fait sentir nos biens et nos maux, M. 329.
— Amour-propre de ceux qui ont tort, M. 386.
— Il les éclaire quelquefois, M. 494.
— Effet de l'amour-propre sur les gens amoureux. M. 500.
— L'homme s'en fait un dieu qui le tourmente, M. 509.
— L'intérêt en est l'âme, M. 510.
— Les passions ne sont que des goûts de l'amour-propre, M. 531.
— Sa définition, ses mobiles, ses effets, M. 565.
— Il nous rend sensibles au bonheur de nos amis, M. 584.
— Il fait plus de cruels que la férocité naturelle, M. 607.
— Il conduit notre goût, R. X, p. 269.
— L'orgueil en est inséparable, R. XIX, p. 281.
Antoine (le triumvir). Son ambition dans la guerre contre Auguste n'était peut-être qu'un effet de jalousie, M. 7.
— Combien son exemple a fait de débauchés, R. VII, p. 267.
APOPLEXIE. Ce qui la cause, R. XII, p. 270.
APPARENCES, *Voyez* AIR, MINES. Elles ne peuvent cacher les passions, M. 12.
— Celles de la vérité font du mal dans le monde, M. 64.
— Le monde n'est composé que de mines, M. 256.
— Cas dans lesquels nous n'en sommes pas dupes, M. 302.
— Elles rendent l'amour agréable, M. 501.
APPLICATION. Aux petites choses, M. 41.
— Aux détails, R. XVI, p. 276.
— Elle manque plus que les moyens, M. 243.
— Où l'amour-propre met souvent la sienne, M. 565.
APPROBATION. Elle n'est que passagère, M. 51.
— Elle vient souvent de l'envie, M. 280.
— Ce que les honnêtes gens doivent approuver, R. XIII, p. 271.
ARMÉE. On y perd quelquefois l'air bourgeois, M. 393.
— Ce que chacun y cherche, M. 618.
ARTIFICE. L'humilité est un artifice de l'orgueil, M. 254.
AUDACE, AUDACIEUX. On est souvent audacieux par timidité, M. 11.
Auguste, empereur romain. Son ambition moindre peut-être que sa jalousie contre Antoine, M. 7.
AVARICE. Opposée à l'économie, M. 167.
— Erreurs de cette passion, M. 491.
— Ses effets contraires, M. 492.
— Quelles maladies elle produit, R. XII, p. 270.

AVIDITÉ. Elle trouble l'ordre de nos intérêts, M. 66.

B

BEAUTÉ. Séparée de l'agrément, M. 240.
— Ne sert de rien sans la jeunesse, M. 497.
— Beauté des productions d'esprit, R. XVI, p. 276.
BEL ESPRIT, R. XVI, p. 276.
BELLES ACTIONS, M. 432.
BIEN. Objet de ceux qui en font, M. 121.
— Peu savent le faire, M. 301.
— Sentiment de nos biens, M. 339.
— La raison fait ménager notre bien, M. 365.
— Du bien que l'on dit de nous, M. 454.
— Excès de biens, M. 464.
— La fin du bien est un mal, M. 519.
— On ne le trouve pas à l'excès dans l'homme, M. 613.
BIENFAITS. Produisent la haine, M. 14.
— Distinction de ceux qui font et ne font point d'ingrats, M. 299.
— Rareté de l'art de les faire, M. 301.
BIENSÉANCE. C'est la loi la plus suivie, M. 447.
BON ESPRIT, R. XVI, p. 276.
BON GOUT, M. 258.
— Il est très-rare, R. X, p. 269.
BONHEUR. Grossi ou diminué par l'imagination, M. 49.
— Il dépend de notre humeur, M. 61.
— Sa courte durée dans l'amour et dans la vie, R. IX, p. 268.
— Ce qui en tient lieu aux vieillards, R. XIX, p. 282.
BON SENS. Ressemble à la bonne grâce, M. 67.
— Quels sont les gens de bon sens? M. 347.
BONNE GRACE, M. 67.
— Elle convient à tout le monde, R. III, p. 263.
BONTÉ. Produite par l'amour-propre, M. 236.
— Ce n'est souvent que paresse, M. 237.
— Un sot ne peut être bon, M. 387.
— Rareté de la bonté véritable, M. 481.
— Ce n'est pas par bonté qu'on est sensible au bonheur de ses amis, M. 584.
— Il est difficile de la distinguer de l'habileté, M. 623.
— Ce qu'il faut pour pouvoir être toujours bon, M. 624.
BOUTS-RIMÉS. Comparés à nos actions, M. 382.
BRAVOURE. Son étendue et ses limites, M. 219. *Voyez* VALEUR.
BRILLANT (Esprit), R. XVI, p. 276.
BUT. *Voyez* DESSEIN. L'homme n'atteint

pas d'ordinaire le but qu'il se propose, M. 43.
BUT. Le passer, c'est manquer de pénétration, M. 377.
— L'avarice le manque le plus souvent, M. 491.

C

CALME. Celui que la bonne fortune donne produit la modération, M. 17.
— D'où dépend celui de l'humeur, M. 488.
CALOMNIE. Maladies qu'elle occasionne, R. XII, p. 270.
CAPRICE, CAPRICIEUX. Celui de notre humeur plus bizarre que celui de la fortune, M. 45.
— Il y en a plus dans le goût que dans l'esprit, R. X, p. 268.
Casimir V (Jean), roi de Pologne, abdique le trône par la seule lassitude du pouvoir, R. XVII, p. 278.
Caton (le Censeur). Combien son exemple a fait d'opiniâtres, R. VII, p. 267.
Caton (d'Utique). Sa mort volontaire, après la défaite de Métellus, M. 504.
— Ce que la nature et la fortune ont fait pour lui; pourquoi elles l'opposent à César, R. XIV, p. 273.
— Éloge de ce grand citoyen, *ibid.*
— Sa vie est le dernier terme de la liberté de son pays, *ibid.*
CERTITUDE. Elle met fin à la jalousie, M. 32.
— Elle en est le remède cruel, mais plus doux que le doute et les soupçons, M. 514.
César (Jules). Combien son exemple et sa gloire ont autorisé d'entreprises contre la patrie, R. VII, p. 267.
— Rôle de la nature et de la fortune dans sa destinée, R. XIV, p. 272.
— Persévérance de la fortune à le combler de ses faveurs, *ibid.*
— Sa mort, p. 273.
CHAGRINS. On doit les épargner à ses amis, R. II, p. 262.
— Ils sont la perspective de la vieillesse, R. XIX, p. 282.
CHANGEMENTS. L'amour, image de la vie, y est soumis, R. IX, p. 267.
— Ils s'opèrent à notre insu, p. 268.
— L'amour-propre et l'humeur les produisent, R. X, p. 269.
— L'inconstance n'est pas la seule cause de ceux de l'amour, R. XVIII, p. 281.
— Quels sont ceux qui portent les vieilles gens à se retirer du monde, R. XIX, *ibid.*
Chantilly. Pourquoi cette résidence n'efface pas celle de Liancourt, R. I, p. 260.
*Charles I*er, roi d'Angleterre. Son éloge: Il est dépossédé du trône par

Olivier Cromwell, qui lui fait trancher la tête par arrêt du Parlement, R. XVII, p. 279.
Charles II, roi d'Angleterre. Son caractère inconséquent et sa politique versatile, R. XVII, p. 279 et suiv.
Chasteté. Ce n'est pas toujours par chasteté que les femmes sont chastes, M. I.
Cicatrices. Celles de l'âme paraissent toujours, comme celles du corps, M. 194.
Cicéron. Combien son exemple a fait de babillards, R. VII, p. 267.
Cinq-Mars, favori de Louis XIII.
— Sacrifié au cardinal de Richelieu, R. XVII, p. 278.
Citer. Celui qui se cite à tout propos, R. IV, p. 264.
Civilité. Ce qu'elle est, M. 260.
Clémence des princes, M. 15.
— Principe de la clémence, M. 16.
Clifford (Thomas), ministre de Charles II, roi d'Angleterre. Pourquoi il décide son maître à donner sa nièce au prince d'Orange et à se déclarer contre la France, R. XVII, p. 279.
— Par son faux calcul, il va contre le but qu'il s'était proposé, p. 280.
Cœur. Il entraîne loin du but, M. 43.
— On dit du bien de son cœur, M. 98.
— L'esprit est la dupe du cœur, M. 102.
— On connaît difficilement son cœur, M. 103.
— Il ne peut être suppléé par l'esprit, M. 108.
— Du cœur des femmes, M. 346.
— Contrariétés du cœur humain, M. 478.
Comédie. On peut l'aimer sans en bien juger, et en bien juger sans l'aimer, R. X, p. 268.
Commerce des honnêtes gens, R. II, p. 261.
Compassion de nos ennemis, M. 463.
Complaisance. Elle est nécessaire dans la société, R. II, p. 261.
Condé (le grand). Moyen de le blâmer en le louant, M. 198.
— Parallèle avec Turenne; ce que la nature et la fortune ont fait pour lui, R. XIV, p. 273.
Condition. *Voyez* Fortune. L'amour-propre est de toutes les conditions, M. 563.
— Il faut avoir l'air de son état, R. III, p. 263.
Conduite. N'est quelquefois ridicule qu'en apparence, M. 163.
— Elle est quelquefois corrigée par la fortune, M. 227.
Confiance des grands, M. 239.
— La raison nous fait ménager notre confiance, M. 365.

Confiance. Elle fournit à la conversation, M. 421.
— Principe de notre confiance, M.475.
— Elle est nécessaire dans le commerce des honnêtes gens. R. II, p. 262.
— Réflexions sur la confiance, R. V, p. 265.
Confidences. A qui il en faut faire, R. V, p. 266.
— On les doit faire entières, *ibid*.
— Règles à suivre pour en garder le secret, *ibid*.
Connaissances. Pourquoi elles sont superficielles, M. 106.
— Nous ne connaissons pas même nos volontés, M. 295.
— Connaissance de l'homme, M. 436.
— D'où viennent les bornes de nos connaissances? M. 482.
Conseils. Se donnent libéralement, M. 110.
— Manière de les demander ou de les donner, M. 116.
— Combien il est habile de profiter d'un bon conseil, M. 283.
— Les conseils ne dirigent la conduite de personne, M. 378.
Consolations. Les vieillards se consolent à donner des préceptes, M. 93.
— Comment nous nous consolons des disgrâces de nos amis, M. 235.
— De nos propres maux, M. 325.
— Ce qui nous console de toutes nos pertes, M. 633.
Constance. Pour les maux d'autrui, très-facile, M. 19.
— Qu'est-ce que la constance des sages? M. 20.
— De la constance de ceux qui marchent au supplice, M. 21.
— De la constance en amour, M. 175.
— Elle est de deux sortes, M. 176.
— De la constance dans le malheur, M. 420.
— Dans quel cas elle perdrait son mérite, R. XVIII, p. 281.
Conter. On aime trop à conter les mêmes choses, M. 313.
— Nous ennuyons en contant nos affaires, M. 510.
Contrariétés. Contradictions. Le cœur de l'homme en est rempli, M. 478.
Conversation. Moyen de la rendre agréable, M. 139.
— Ce qui fournit le plus, M. 421.
— Réflexions sur la conversation, R. IV, p. 263 et suiv.
Coquette, Coquetterie. Espèce de coquetterie, M. 107.
— Définition de celle des femmes, M. 241.
— Les femmes la donnent pour de la passion, M. 277.
— Elles ne la connaissent pas, M. 332.
— Elles ne peuvent la vaincre, M. 334.

Coquette, Coquetterie. C'est un miracle d'en guérir les femmes, M. 349.
— Ce qui peut la détruire, M. 376.
— Pourquoi les coquettes sont-elles jalouses? M. 416.
— Ce que doivent faire celles qui ne veulent point paraître coquettes, M. 418.
Corps. Sage disposition de ses organes, M. 36.
— Ce qu'est l'amour dans le corps, M. 68.
— Sa santé n'est pas plus assurée que celle de l'âme, M. 188.
— Effets de ses humeurs, M. 297.
— Moins paresseux que l'esprit, M. 487.
— L'amour est à l'âme ce que l'âme est au corps, M. 578.
Crimes. Source de nos plus grands malheurs, M. 183.
— Le mal ne doit surprendre chez personne, M. 197.
— Le crime trouve plus de protection que l'innocence, M. 465.
— Peut-être ceux de Tibère et de Néron nous éloignent-ils du vice, R. VII, p. 267.
— Tous ceux de l'antiquité se voient aujourd'hui en France, R. XVII, p. 280.
Croire. Pourquoi nous voulons être crus, M. 63.
— On ne croit guère au delà de ce qu'on voit, M. 265 et 623.
— Pourquoi on croit aisément le mal, M. 267.
— Dans la jalousie on croit tout, R. VIII, p. 267.
Cromwell (Olivier). Sa singulière fortune, R. XVII, p. 279.
Curiosité. Ses diverses sortes, M. 173.
— Comment on augmente celle d'autrui, R. V, p. 266.

D

Défauts. D'où vient que nous les remarquons si bien chez les autres? M. 31.
— Nous plaisons par nos défauts, M. 90.
— Défauts de l'esprit, M. 112.
— On plaît avec des défauts, M. 155.
— Pourquoi les avons-nous? M. 184.
— Où les grands défauts sont-ils excusables? M. 190.
— De l'âme, M. 194.
— De ceux qui les déguisent, M. 202.
— Les défauts siéent quelquefois, M. 251.
— Pourquoi nous convenons de petits défauts, M. 327.
— Défauts bien mis en œuvre, M. 354.
— Nous nous croyons sans défauts, M. 397.

DÉFAUTS. Le plus grand tort est de les cacher, M. 411.
— Nous les déguisons, M. 424.
— Défauts que nous pardonnons, M. 428.
— Défauts dont nous nous faisons honneur, M. 442.
— Nous nous les rendons naturels, M. 493.
— De ceux qui ne peuvent avoir de vrais défauts, M. 498.
— Défauts de nos amis, quand on les doit excuser. R. II, p. 261
— Des défauts que l'on peut railler, R. XVI, p. 275.
DÉFIANCE. Justifie la tromperie, M. 86.
— Effet de celle que nous avons de nous-mêmes, M. 315.
— Elle n'empêche pas que nous soyons trompés, M. 366.
DÉGOUT. Se trouve quelquefois auprès du mérite, M. 155.
— Produit l'inconstance, M. 181.
— Suit quelquefois de bien près l'engouement, M. 211.
DÉGUISEMENT. Nous nous déguisons quelquefois à nous-mêmes, M. 119.
— L'ambition déguisée sous le masque de la générosité, M. 246.
— Faussetés déguisées, M 2 2.
DÉLICATESSE DE L'ESPRIT. De la vraie et de la fausse, M. 128.
— Beautés délicates, M. 164.
— Demi-confidences. On n'en doit pas faire, R. V, p. 266.
DÉPENDANCE qui résulte de la confiance, R. V, p. 265.
DÉSIRS. Seraient plus modérés, sans notre ignorance, M. 439.
— Désirs inspirés par la raison, M. 469.
DESSEINS. L'action n'est rien sans un grand dessein, M. 160.
— Proportion entre les actions et les desseins, M. 161.
DÉTAIL. (Esprit de), R. XVI, p. 276.
DÉTOURNER la conversation, R. IV, p. 264.
DÉVOTION. Les dévots en dégoûtent, M. 427.
DIGNITÉS. Voyez EMPLOIS.
DIRE. Comment il faut dire les choses, R. IV, p. 263 et suiv.
DISCRÉTION. Elle est nécessaire dans le monde, R. II, p. 262.
— Ses devoirs et ses règles, et sa plus rude épreuve, R. V, p. 266.
DOUCEUR. Il n'y en a pas de véritable sans fermeté, M. 479.
— Douceur de l'esprit, R. XVI, p. 276.
DOUTE, DOUTER, Le doute est l'aliment de la jalousie.
— Compagnon de l'amour, M. 348.
— En fait de jalousie, mieux vaut la certitude que le doute, M. 514.
— La jalousie croit tout et doute de tout, R. VIII, p. 267.

DROITURE. Préférable à l'esprit, M. 502.
DUPES. Les hommes le sont d'eux-mêmes, M. 53.
— et les uns des autres, M. 87.
— L'esprit est toujours dupe du cœur, M 102.
— On doit feindre quelquefois de l'être, M. 117.
— Comment on devient dupe de sa finesse, M. 125.
— L'amour-propre n'est pas la dupe de la bonté, M. 236.

E

ÉCHANGE de secrets. Témoignage de confiance, R. V, p. 266.
ÉCOUTER. Il faut savoir écouter, R. IV, p. 263.
ÉDUCATION. Effet de celle qu'on donne aux jeunes gens, M. 261.
ÉLÉVATION. Sa définition, M. 399.
— Il n'y en a point sans mérite, M. 400.
— Comparée à la parure, M. 401.
— Causée quelquefois par la fortune, M. 403.
ÉLOGE. Voyez LOUANGE.
ÉLOQUENCE. Des passions, M. 8.
— Du geste, M 249.
— Véritable éloquence, M. 250.
EMPLOIS Comment on en paraît digne, M. 164.
— Quand y semblons-nous grands ou petits, M. 419.
— Il est quelquefois impossible de s'y soutenir, M. 449.
— On prend l'air de ceux auxquels on aspire, R. III, p. 263.
ENFANTS (petits). Pourquoi ils plaisent, R. III, p. 262.
ENNEMIS. Comment on se réconcilie avec eux, M. 82.
— On ne peut se consoler d'être trompé par eux, M. 114.
— Nous sommes disposés à ne pas croire à leurs bonnes qualités, M 397.
— Sont nos meilleurs juges, M. 458.
— Pourquoi nous plaignons leurs malheurs, M. 463.
— La ruine du prochain leur plaît, M. 521.
— L'amour-propre est quelquefois son propre ennemi, M. 505.
ENNUI. Nous nous vantons de ne pas nous ennuyer, M. 141.
— Effet de l'ennui, M. 172.
— Nous ne pardonnons point à ceux que nous ennuyons, M. 304.
— Pourquoi les amants ne s'ennuient point, M. 312.
— Avec qui s'ennuie-t-on presque toujours ? M. 352.
— Belles choses qui ennuient. R. XVI, p. 276.
ENVIE. Passion timide, M. 27.
— Distinguée de la jalousie, M. 28.

ENVIE. Produit souvent la valeur, M. 213.
— Envie secrète, M. 280.
— Effet de l'orgueil sur l'envie, M. 281.
— L'envie est irréconciliable, M. 328.
— L'amitié la détruit, M. 376.
— De celui qui est né sans envie, M. 433.
— Durée de l'envie, M. 476.
— Rareté de ceux qui n'en ont point, M. 486.
— Quelles maladies elle produit, R. XII, p. 270.
— Voies qu'elle ferme à la vieillesse, R. XIX, p. 281.
ÉPITHÈTES. Données à l'esprit, R. XVI, p. 276.
ESPÉRANCE. Elle produit presque tous nos plaisirs, M. 123.
— Elle nous sert en nous trompant, M. 168.
— Sacrifices faits à nos espérances, M. 492.
ESPRIT. Est entraîné par le cœur, M. 43.
— Force et faiblesse de l'esprit, M. 44.
— Il est facile de reconnaître les qualités de l'esprit, M. 80.
— Différence de l'esprit et du jugement, M. 97.
— Personne ne dit du bien de son esprit, M. 98.
— La politesse de l'esprit, M. 99.
— Sa galanterie, M. 100.
— Son effet naturel, M. 101.
— Il est la dupe du cœur, M. 102.
— Il est plus facile à connaître que le cœur, M. 103.
— Il ne peut suppléer le cœur, M. 108.
— Des défauts de l'esprit, M. 112.
— L'homme d'esprit, M. 140.
— Des grands et des petits esprits, M. 142.
— Bon usage de notre esprit, M. 174.
— Par où l'esprit doit-il défaillir ? M. 222.
— Petitesse d'esprit, M. 265.
— Fertilité de l'esprit, M. 287.
— Défauts dans l'esprit, M. 290.
— Esprit des femmes, M. 340.
— Quand peut-il être réglé ? M. 346.
— Différence des grands et des petits esprits, M. 357.
— Esprits médiocres, M. 375.
— Effet des passions sur notre esprit, M. 404.
— De ceux qui n'ont qu'une sorte d'esprit, M. 413.
— A quoi sert quelquefois l'esprit ? M. 415.
— Son usage dans la conversation, M. 421.
— Esprit droit, M. 448.
— On est sot avec de l'esprit, M. 456.
— Paresse de l'esprit, M. 482.
— Plus grande que celle du corps, M. 487.

ESPRIT. Quand l'esprit ennuie, M. 502.
— Des différentes sortes d'esprit, R. XVI, p. 275.
— Esprit comparé au goût, R. X, page 268.
— Son usage en société, R. II, p. 261.
— Il doit être varié, p. 262.
— Esprit faux, R. XIII, p. 270.
— Il faut une grande justesse d'esprit pour se permettre la raillerie, R. XVI, p. 275.
ESPRITS (Fantômes). Tout le monde en parle, personne n'en a vu, M. 76.
ESTIME. Comment on l'acquiert quelquefois, M. 162.
— Ce qui nous attire celle des honnêtes gens, M. 165.
— Son action dans l'amitié, M. 296.
— Chacun s'estime à l'égal de l'homme qu'il estime le plus, M. 452.
— On estime les choses plus ou moins qu'elles ne valent, R. XIII, p. 271.
ÉTAT (Condition sociale). Chacun doit conserver l'air qui convient au sien, R. III, p. 263.
ÉTATS (peuples). Le luxe et leur trop grande politesse sont le présage de la décadence, M. 632.
ÉTONNEMENT. Quelle devrait être son unique cause, M. 384.
ÉTOURDERIE, ÉTOURDI. Mieux vaut que les jeunes gens soient étourdis que composés, 495.
ÉVÉNEMENTS. La prudence ne peut en répondre, M. 65.
— Grands événements du dix-septième siècle, R. XVII, p. 276, 281.
EXCUSE. Comment on s'excuse de sa propre faiblesse, M. 30.
— Quand on doit excuser ses amis, R. II, p. 261.
— On doit surtout éviter de leur faire voir qu'on a remarqué leurs défauts, ibid.
EXEMPLE. Ce que fait le vieillard quand il n'en peut plus donner de mauvais, M. 93.
— Est contagieux, M. 230.
— Guide qui nous égare souvent, R. VII, p. 267.
EXPÉDIENTS. Pourquoi on en trouve de différents, sans discerner le meilleur, M. 287.
EXPÉRIENCE. L'âge ne suffit pas à la donner, M. 405.
— Ce qu'elle a appris aux vieillards, R. XIX, p. 281.
EXPRESSIONS RECHERCHÉES. On ne doit pas se servir de paroles et de termes plus grands que les choses, R. IV, 264.

F

FAIBLESSE. Cause fréquente des trahisons, M. 120.
— Est incorrigible, M. 140.
FAIBLESSE. Se joint à la fausseté, M. 316.
— Est opposée à la vertu, M. 445.
— Prend quelquefois le nom de bonté, M. 481.
FAMILIARITÉ. Prend sa source dans le commerce du monde. R. II, p. 262.
FAUSSETÉ, FAUX. Voyez IMPOSTURE, MENSONGE, TRAHISON. TROMPERIE.
— Faussetés bien déguisées, M. 282.
— Pourquoi les hommes supposent les vertus fausses, M. 489.
— Fausseté du mépris de la mort, M. 504.
— On est faux en différentes manières, R. XIII, p. 270.
— On a toujours quelque fausseté dans l'esprit ou dans le goût, pourquoi, p. 271.
— Ce qui fausse souvent le goût des plus grands rois, p. ibid.
FANTÔME. Ce qu'on nomme vertu n'est d'ordinaire qu'un fantôme formé par nos passions, M. 609.
FARD. La sévérité des femmes est un fard, M. 204.
FAUTES. Pourquoi nous les reprenons dans les autres, M. 37.
— Quand nous oublions les nôtres, M. 196.
— Nous les connaissons fort bien, M. 494.
FAVORIS. Pourquoi on les hait; comment on se console de n'être point en faveur, M. 55.
FÉLICITÉ. Elle est dans le goût et non dans les choses, M. 488.
FEMMES. Ce n'est pas toujours par chasteté que les femmes sont chastes, M. 1.
— Elles se tiennent rarement à une seule galanterie, M. 73.
— Le moindre défaut de celles qui sont galantes, M. 131.
— Leur sévérité, M. 204.
— Leur honnêteté, M. 205.
— En quoi consiste leur vertu, M. 220.
— Pourquoi elles affectent d'être inconsolables, M. 233.
— Leur coquetterie, 241.
— Elles la prennent pour de la passion, M. 277.
— Elles ne la connaissent pas, M. 332.
— Principe de leur sévérité, M. 333.
— Elles ne peuvent vaincre leur coquetterie, M. 334.
— Usage qu'elles font de leur esprit, M. 340.
— Le tempérament seul est la règle de leur esprit et de leur cœur, M. 346.
— Pourquoi pleurent-elles un amant mort? M. 362.
— Lassitude des honnêtes femmes, M. 367.
— Principe de leur honnêteté, M. 368.
FEMMES. Dans quel cas elles gardent leur premier amant, M. 396.
— Devoir des jeunes femmes, M. 418.
— Pardon des femmes qui aiment, M. 429.
— Pourquoi les femmes sont peu touchées de l'amitié, M. 440.
— Passion qui sied le moins mal aux femmes, 466.
— Comment elles aiment, M. 471.
— Durée de leur mérite, M. 474.
— Il ne leur sert de rien d'être jeunes sans beauté, ou d'être belles sans jeunesse, M. 497.
— On ne compte leur première galanterie qu'à la seconde, M. 499.
— Ce qui rend une femme jalouse agréable à son mari, M. 549.
— Cas où une femme est à plaindre, M. 550.
— Honnête femme, trésor caché, M. 554.
— La vieillesse est l'enfer des femmes, M. 564.
— Ce que le poëte Guarini dit de leur honnêteté, M. 608.
— Comment elles se rendent, M. 638.
— Comment des femmes d'une beauté irrégulière en effacent d'autres plus véritablement belles, R. I, p. 261.
— Elles peuvent aimer les sciences, mais toutes ne leur conviennent pas, R. XIII, p. 271.
FERMETÉ. En amour, M. 477.
— La douceur ne se trouve point sans fermeté, M. 479.
FIDÉLITÉ dans les hommes, M. 247.
— à sa maîtresse, M. 431.
— Fidélité forcée, M. 381.
FIGURE. Air qui lui convient, R. III, p. 262.
FINESSE. La plus subtile, M. 117.
— Finesse des habiles gens, M. 124.
— Usage ordinaire de la finesse, M. 125.
— Ce qu'annoncent les finesses, M. 126.
— Qu'arrive-t-il à celui qui se croit plus fin que les autres? M. 127.
— Cause de notre aigreur contre les finesses des autres, M. 350.
— On n'est pas plus fin que tout le monde, M. 394.
— Du ridicule attaché à ceux qui se laissent attraper par des finesses, M. 407.
— Finesse d'esprit et esprit de finesse, sont très-différents, R. XVI, p. 276.
FLATTERIE. Il faut se flatter pour avoir du plaisir, M. 123.
— Flatterie habile, M. 144.
— Ce qui rend la flatterie nuisible, M. 152.
— est une fausse monnaie, M. 158.
— Pourquoi nous flattons les autres, M. 198.

FLATTERIE. Elle ne nous apprend rien, M. 303.
— Ce que c'est que flatter les princes, M. 320.
— Ce que l'on hait dans la flatterie, M. 329.
FLATTEURS. Quels sont les plus grands de tous, M. 2 et 602.
FOLIE, FOU. La passion rend fou le plus habile homme, M. 6.
— Elle nous suit dans tous les temps de la vie, M. 207.
— Vivre sans folie n'est pas preuve de sagesse, M. 209.
— On devient plus fou en vieillissant, M. 210.
— Folie de vouloir être sage tout seul, M. 231.
— Folies contagieuses, M. 300.
— Folie utile, M. 310.
— La folie peut se guérir, M. 318.
— L'esprit sert à fortifier celle des femmes, M. 340.
— Les fous ne voient que par leur humeur, M. 414.
— Vivacité voisine de la folie, M. 416.
— Vieux fous plus fous que les jeunes, M. 444.
— Le fou n'est jamais content, M. 540.
— Source de la plus subtile folie, M. 595.
— Est née de la vanité, R. XII, p. 270.
FORCE. Nous en avons assez pour les maux d'autrui, M. 19.
— plus grande que la volonté, M. 30.
— moindre que notre raison, M. 42.
— Qu'est-ce que la force de l'esprit? M. 44.
— Point de bonté sans force d'être méchant, M. 237.
FORTUNE. Arrange nos vertus, M. 1 et 634.
— La bonne fortune fait notre modération, M. 17.
— Compensation de nos fortunes, M. 52.
— La fortune fait les héros, M. 53.
— Sort de ses favoris, M. 60.
— jointe à l'humeur, elle fait notre bonheur, M. 61.
— Elle met en œuvre le mérite, M. 153.
— Elle corrige mieux que la raison, M. 154.
— Nous sommes jugés par notre fortune, M. 212.
— Notre sagesse est à la merci de la fortune, M. 323.
— Il faut savoir profiter de sa fortune, M. 343.
— La fortune comparée à la lumière, M. 382.
— A qui elle paraît aveugle, M. 391.
— Il faut la gouverner, M. 392.

FORTUNE. Élévation indépendante de la fortune, M. 399.
— La fortune nous élève quelquefois par nos défauts, M. 403.
— Elle gouverne le monde, M. 435.
— Ce qui arrive quand elle nous élève subitement, M. 449.
— Pourquoi on ne peut répondre de la sienne, M. 577.
— Des modèles de la nature et de la fortune, R. XIV, p. 272.
— Son accord avec la nature pour produire des hommes extraordinaires, p. 272-274.
— ouvre à la jeunesse les voies qu'elle ferme aux vieillards, R. XIX, p. 281.
FRELONS. Comparés à l'homme vagabond et fainéant, R. XI, p. 270.

G

GALANTERIE. On ne trouve guère de femme qui n'en ait qu'une, M. 73.
— Galanterie de l'esprit, M. 100.
— Point d'amour dans la galanterie, M. 102.
— Première galanterie des femmes, M. 499.
— Goût des coquettes pour les vieillards qui ont été galants, R. XV, p. 274.
GALE. Cette maladie est un produit de l'avarice, R. XII, p. 270.
GÉNÉROSITÉ. N'est souvent qu'une ambition déguisée, M. 246.
— Le lion en garde quelque apparence, R. XI, p. 269.
GLOIRE. Des grands hommes, M. 157.
— Pourquoi nous élevons la gloire de quelques hommes, M. 198.
— L'amour de la gloire produit la valeur, M. 213.
— Le soin de la gloire n'ôte pas celui de la vie, M. 221.
— Notre bizarrerie sur la gloire, M. 268.
— L'amour de la gloire fait mépriser la mort, M. 504.
— A la guerre, c'est sa propre gloire avant tout que chacun recherche, M. 618.
— Combien celle de César a autorisé d'usurpations, R. VII, p. 267.
— Les vieillards n'y ont presque plus de part, R. XIX, p. 282.
GLORIEUX. On peut l'être, mais seulement avec soi-même, M. 307.
GOUT. Nous ne voulons point que le nôtre soit condamné, M. 13.
— Goûts dans les divers âges, leur inconstance, M. 252.
— Le bon goût, M. 258.
— On ne renonce point à son goût, M. 390.
— Si ce n'est par vanité, M. 467.
— Du goût, R. X, p. 268.
— Goût faux, R. XIII, p. 270.

GOUVERNER. On est gouverné plus facilement qu'on ne gouverne, M. 151.
— La fortune et l'humeur gouvernent le monde, M. 435.
GRACE (Bonne). Ce qu'elle est au corps, M. 67.
— Elle convient à tout le monde, R. III, p. 263.
GRANDS. Pourquoi on les aime, M. 85.
— Pourquoi leur confiance flatte notre orgueil, M. 239.
— sont plus difficiles à rendre heureux que les autres hommes, M. 522.
— On achète toujours trop cher leurs bienfaits, M. 544.
GRANDS HOMMES. Moyen d'être un grand homme, M. 343.
— Mort des grands hommes comparée à celle des gens du commun, M. 504.
GRAVITÉ. Son objet, M. 257.
GROSSIER, GROSSIÈRETÉ. Avantage de l'être quelquefois, M. 129.
— Défaut des jeunes gens, M. 372.
— D'où viennent les grossièretés de l'amour-propre, M. 565.
GUERRE. Comment et pourquoi on s'expose dans la guerre, M. 219.
— L'art de la guerre plus étendu que celui de la poésie, R. I, p. 260.

H

HABILE. Ce qu'il y a de plus habile, M. 4.
— Ce que la passion fait du plus habile homme, M. 6.
— Comment l'homme habile se gouverne, M. 66.
— Les habiles blâment les finesses pour s'en servir, M. 124.
— L'homme grossier les déjoue quelquefois, M. 129.
— Ce qui empêche souvent de le devenir, M. 199.
— Ceux qui se croient plus habiles que nous nous déplaisent, M. 350.
— Quels sont les plus habiles devant la mort, M. 504.
HABILETÉ. Tire parti de tout, M. 59.
— Elle doit se cacher, M. 199.
— Habileté déguisée par la niaiserie, M. 208.
— La souveraine habileté, M. 244.
— Il faut savoir la cacher, M. 245.
— Celle que n'a personne, M. 269.
— Habileté relative aux conseils, M. 283.
— En quoi consiste la grande habileté, M. 288.
— Elle est développée par les passions, M. 404.
— La finesse n'est qu'une pauvre habileté, M. 529.
— Quelle est la plus grande habileté des moins habiles, M. 642.

HABILETÉ. Il y en a de différentes sortes, R. XVI, p. 275.
HABITUDE. Effets de la longue habitude, M. 426.
— Son effet sur les vieillards, M. 109.
— Celle qui rend notre esprit paresseux, M. 482.
HAINE. Ce qui nous attire celle d'autrui, M. 29.
— Pourquoi hait-on les favoris, M. 55.
— moins implacable que l'envie, M. 328.
— Celle que forme l'amour-propre, M. 565.
HANNETONS. Image des hommes inconsidérés et sans dessein, R. XI, p. 270.
HASARD. Est souvent l'origine des grandes actions, M. 57.
Héliogabale, empereur romain. Ses prostitutions, R. XVII, p. 281.
HÉROS. Faits comme les autres hommes, M. 24.
— La fortune les fait, M. 53.
— Ce qu'eux seuls peuvent avoir, M. 190.
HIRONDELLES. Certains hommes leur ressemblent; ils suivent le beau temps, R. XI, p. 270.
HOMMES. Quel est le mobile de leur vaillance à la guerre, M. I, 213, 215, 219, 220.
— La passion rend les plus simples éloquents, M. 8.
— Pourquoi les hommes perdent le souvenir des bienfaits et des injures, M. 14.
— D'où vient leur modération, M. 17 et 18.
— Comment ils meurent pour la plupart, M. 23.
— Les héros sont faits comme les autres hommes, M. 24.
— Tous sont également orgueilleux, M. 35.
— Croient se conduire quand ils sont conduits; leur cœur entraîne leur esprit, M. 43.
— Les malheureux qui se croient du mérite se font un honneur de l'adversité, M. 50.
— D'où dépend leur bonheur et leur malheur, M. 61.
— Peu connaissent le véritable amour, M. 76.
— La crainte de souffrir l'injustice leur fait aimer la justice, M. 78.
— Ce qu'ils nomment amitié, M. 83.
— Ce qui les maintient en société, M. 87.
— Ne veulent pas être détrompés sur leur mérite, M. 92.
— Ils ne connaissent pas leur cœur, M. 103.
— On ne les peut bien juger que vus d'un certain point de perspective, M. 104.
HOMMES. Pourquoi peu d'agréables dans la conversation, M. 139.
— Préfèrent la louange au blâme utile, M. 147.
— Il en est de dégoûtants avec du mérite, et d'autres qui plaisent avec des défauts, M. 155.
— Il en est qui font des sottises utilement, M. 156.
— Quelle est la cause de leur plus grand malheur, M. 183.
— La nature a mis en eux des bornes pour les vertus et pour les vices, M. 189.
— Habileté de certains niais, M. 208.
— Il en est qui ressemblent aux vaudevilles, M. 211.
— La vogue ou la fortune guident leur jugement, M. 212.
— Age où s'annonce le déclin de leur corps et de leur esprit, M. 222.
— Les heureux ne se corrigent guère, M. 227.
— Il est dangereux de leur faire trop de bien, M. 238.
— Leur fidélité n'est souvent qu'une invention de l'amour-propre, M. 247.
— Rarement assez habiles pour connaître tout le mal qu'ils font, M. 269.
— Leur mérite n'a qu'une saison, M. 291.
— Leur humeur a diverses faces, M. 292.
— Pourquoi ils se montrent reconnaissants, M. 298.
— Pourquoi en est-il dont le ridicule n'a jamais paru, M. 311.
— La plupart ont des propriétés cachées, M. 344.
— Peu savent être vieux, M. 423.
— On connaît mieux l'homme en général qu'un homme en particulier, M. 436.
— Comment on doit juger de leur mérite, M. 437.
— Cas qu'ils font d'eux-mêmes, M. 452.
— Les plus méchants n'osent paraître ennemis de la vertu, M. 489.
— Ils ont conscience de leurs fautes, M. 494.
— L'homme n'a pas été créé tel qu'il est, M. 523.
— Pourquoi l'homme est misérable. M. 527 et 540.
— Plus nécessaires à étudier que les livres, M. 552.
— Ce qui les rend idolâtres d'eux-mêmes, M. 565.
— Dangereux effet de leur aveuglement, M. 589.
— Comment les rois les font valoir, M 606.
HOMMES. En eux ni le bien ni le mal dans l'excès, M. 613.
— Pourquoi ceux qui sont entreprenants réussissent le mieux auprès des femmes, M. 638.
— Pourquoi ils ne savent pas faire durer la société de leurs semblables, R. II, p. 261.
— Ils veulent paraître autres qu'ils ne sont, R. III, p. 262.
— Il en est qui ont plus d'esprit que de goût, et réciproquement, R. X, p. 268.
— De leur rapport avec les animaux, R. XI, p. 269-270.
— Ils veulent paraître ce qu'ils ne sont pas, R. XIII, p. 270.
— Il en est qui sont nés faux; d'autres offrent un mélange de droiture et de fausseté dans l'esprit et dans le goût, ibid.
— Le bon sens et la raison leur manquent souvent pour donner aux choses le prix et le rang qu'elles méritent, p. 271.
HOMMES (grands), HÉROS. Sont faits comme les autres hommes, M. 24.
— Quelle doit être la mesure de leur gloire, M. 157.
— A eux seuls il appartient d'avoir de grands défauts, M. 190.
— La modération a été érigée en vertu pour borner leur ambition, M. 308.
— Ce qui fait un grand homme, M. 343.
— L'amour de la gloire leur fait mépriser la mort, M. 504.
— Comment la nature et la fortune agissent de concert pour produire des hommes extraordinaires, R. XIV, p. 272.
HONNÊTETÉ (dans la conversation). Elle veut que l'on cache quelquefois une partie de son esprit, R. IV, p. 265.
HONNÊTETÉ DES FEMMES, M. 205. Voy. CHASTETÉ.
HONNEUR. On n'est brave que pour le sauver, M. 219.
— Celui qu'on a acquis est caution de l'honneur futur, M. 270.
HONTE. Son effet, M. 220.
— Elle peut toujours s'effacer, M. 412.
— Ce qui rend sa douleur aiguë, M. 446.
HUMEUR. Ses effets, M. 7.
— Principe de la modération, M. 17.
— Son caprice, M. 45.
— Elle le met à tout prix, M. 47.
— Elle fait notre bonheur ou notre malheur, M. 61.
— Ses défauts, M. 290.
— Ce qu'on en peut dire, M. 292.
— Les humeurs du corps, M. 297.
— Qui sont ceux qui voient par leur humeur? M. 414.
— Elle gouverne le monde, M. 435.

Humeur (disposition d'esprit). *Voyez* Goût, Inclination. Est calme dans la prospérité, M. 17.
— Met le prix à tout, M. 47.
— Règle le bonheur ou le malheur des hommes, M. 61.
— A plus de défauts que l'esprit, M. 290.
— A diverses faces, M. 292.
— Ce qui la calme ou l'agite, M. 488.
— Elle conduit notre goût suivant la pente de l'amour-propre, R. X, p. 269.
— Elle altère les plus grandes qualités ; un esprit adroit se plie à celle des autres, R. XVI, p. 275.
— Elle détermine le ton de la raillerie, *ibid.*
— Le temps la modifie, et conduit les vieillards à l'éloignement du monde, R. XIX, p. 281.
Humeurs du corps. Exercent un empire secret sur notre volonté et nos actions, M. 297.
Humilité. Ce qu'elle est souvent, M. 253.
— Ce qui doit le plus humilier les hommes de mérite, M. 272.
— Humilité chrétienne, M. 358.
Hypocrisie. Sa définition, M. 218.
— Diverses sortes d'hypocrisie dans nos afflictions, M. 233.

I

Ignorance, Ignorer. Ce n'est pas l'ignorance qui nous rend le plus opiniâtres, M. 234.
— Les hommes nous sont contraires par ignorance, M. 268.
— Ignorance heureuse dans l'amitié et dans l'amour, M. 441.
— Causes de celle de l'amour-propre, M. 565.
Illusion. Cause nos plaisirs, M. 123.
Imitation. Naturelle à l'homme, M. 230.
— On aime à imiter, R. III, p. 263.
Imposture. *Voyez* Fausseté, Mensonge. La simplicité affectée est une imposture délicate, M. 289.
Imprudence, Imprudents. Les imprudents ne savent profiter de rien, M 59.
Inclinations. *Voyez* Goût, Humeur.
— Elles ne changent guère, M. 252.
— Ce que sont celles de l'amour-propre, M. 563.
Incommode. Moyen assuré de l'être, M. 242.
— Les gens incommodes arrachent quelquefois des récompenses, M. 403.
— Quels sont les sots les plus incommodes, M. 451.
— On l'est avec de l'esprit, R. XVI, p. 267.

Inconstance. Ce qui la suit, M. 71.
— Ce qui la cause, M. 80.
— La constance n'est qu'une inconstance véritable, M. 175.
— Deux sortes d'inconstance, M. 181.
— Pourquoi amants et maîtresses ne peuvent se plaindre de l'inconstance, M. 579.
Indiscrétion. La confiance des grands n'est que vanité et indiscrétion. M. 239.
— Les femmes la pardonnent plus aisément que l'infidélité, M. 429.
Infidélité. Devrait éteindre l'amour, M. 359.
— Quelle est celle qui décrie le plus M. 360.
— Elle vaut mieux qu'un amour forcé, M. 381.
— Les petites infidélités, M. 429.
Infortunes. Mieux vaut les supporter que les prévoir, M. 174.
Ingratitude. Est accompagnée de haine, M. 14.
— Souvent causée par le bienfaiteur, M. 96.
— Espèce d'ingratitude, M. 226.
— Quand n'y est-on point exposé ? M. 306.
— Quand on peut la désirer, M. 317.
Injures. Pourquoi on les oublie, M. 14.
— Comment on en dit impunément aux princes, M. 320.
Innocence. Elle trouve moins de protection que le crime, M. 465.
— De certains crimes. M. 611.
Instinct. Heureux instinct de certaines gens qui leur fait toujours prendre le bon parti, R. X, p. 269.
Intérêt. Pris pour vertu, M. 1.
— Prend toutes les formes, M. 39.
— Il éclaire et aveugle, M. 40.
— L'homme habile sait régler ses intérêts, M. 66.
— Comment l'intérêt produit l'amitié, M. 83.
— Conseils intéressés, M. 116.
— C'est par intérêt qu'on blâme les finesses, M. 124.
— On ne loue que par intérêt, M. 144, 530 et 603.
— Les vertus se perdent dans l'intérêt, M. 171.
— L'intérêt comparé à l'ennui, M. 172.
— Il y a une curiosité d'intérêt, M. 173.
— Le nom de la vertu sert l'intérêt, M. 187.
— Il est le principe de nos afflictions, M. 232.
— Pourquoi l'on méprise les petits intérêts, M. 246.
— Il met tout en œuvre, M. 253.
— Il étouffe le bon naturel, M. 275.
— Effet qu'il produit, M. 302.

Intérêt. Il mérite souvent d'être loué M. 305.
— Nous y tenons moins qu'à nos goûts, M. 390.
— Il est moins fréquent que l'envie, M. 486.
— Comment l'avarice l'entend, M. 491 et 492.
— Il est l'âme de l'amour-propre, M. 510.
— Clairvoyance de l'amour-propre sur ses intérêts, M. 565.
— Pourquoi nous respectons ceux du prochain, M. 580.
— C'est par intérêt qu'on blâme le vice et qu'on loue la vertu, M. 603.
— Son rôle dans les actions d'éclat à la guerre, M. 618.
— Il arrive un moment où les intérêts particuliers détournent du bien public. M. 632.
— La paresse se rend maîtresse de nos intérêts, M. 633.
— On doit s'accommoder aux intérêts des autres, R. II, p. 261.
— Un esprit adroit avance ses intérêts en ménageant ceux des gens avec qui il traite, R. XVI, p. 275.
— On peut entendre les affaires pour les autres, et être malhabile à gouverner ses intérêts, *ibid.*
— Tous les hommes sont nés intéressés, R. XVII, p. 280.
— Le temps change l'humeur et les intérêts, R. XVIII, p. 281.
Intrépidité. Sa définition, M. 217.
— Elle est nécessaire dans les conjurations, M. 617.
Ivresse. La jeunesse est une ivresse continuelle, M. 271.

J

Jacques II, roi d'Angleterre.
— Son opposition au mariage de sa fille Marie avec le prince d'Orange, R. XVII, p. 279.
Jalousie. Est plus juste que l'envie, M. 28.
— Ce qu'elle devient par la certitude, M. 32.
— Son principe, M. 324.
— Ce qui l'empêche, M. 336.
— Ceux qui en sont dignes, M. 359.
— Sa naissance et sa mort, M. 361.
— Les coquettes s'en font honneur, M. 406.
— Ce qui rend ses douleurs aiguës, M. 446.
— Bizarrerie de l'orgueil sur la jalousie, M. 472.
— La jalousie est le plus grand de tous les maux, M. 503.
— Croit tout et doute de tout, R. VIII, p. 267.
Jeunesse. Change ses goûts, M. 109.
— Effets de son éducation, M. 261.

JEUNESSE. C'est une ivresse, M. 271.
— Ses passions, M. 341.
— Ses plaisirs sont interdits à la vieillesse, M. 461.
— Attribut nécessaire de la jeunesse, M. 495.
— Ce qui la rend inutile aux femmes, M. 497.
JEUNES GENS. Leur défaut ordinaire, M. 473.
— Ce qu'il faut qu'ils soient, M. 495.
— Leurs travers au sortir de l'enfance, R. III, p. 267.
— Ont d'ordinaire l'esprit enjoué et moqueur, sans l'avoir sérieux, R. XVI, p. 275.
— Leurs voies sont fermées à la vieillesse, R. XIX, p. 281.
Joyeuse (Henri de), comte du Bouchage, dit le *Père Ange*, duc et pair, maréchal de France et amiral. Singularité de sa vie, R. XVII, p. 277.
JUGEMENT. Personne ne se plaint du sien, M. 89.
— Sa définition, M. 97.
— est la source du bon goût, M. 258.
— Notre bizarrerie sur le jugement des hommes, M. 258.
— On n'est jamais sot avec du jugement, M. 456.
— Nos ennemis nous jugent mieux que nous-mêmes, M. 458.
JUGES. On récuse des juges pour les plus petits intérêts, M. 268.
— Ce qu'est la justice des juges modérés, M. 581.
JUSTESSE. Il faut une grande justesse d'esprit pour railler longtemps, R. XVI, p. 275.
JUSTICE. Jugements de nos ennemis, M. 458.
— Qu'est-ce que l'amour de la justice? M. 78 et 581.

L

LAPIN. L'homme qui s'épouvante et se rassure en un moment lui ressemble, R. XI, p. 270.
LARMES. Ce qui les cause, M. 233.
— Pourquoi les femmes en répandent, M. 362.
— Larmes trompeuses, M. 373.
LÉGÈRETÉ. Comment nous la justifions quelquefois, M. 179.
— Celle que produit l'inconstance, M. 181.
— Extrême légèreté, M. 498.
— L'inconstance en amour, quand elle vient de légèreté, est la moins excusable, R. XVIII, p. 281.
*Léopold I*er, empereur d'Allemagne. Son caractère, sa puissance, R. XVII, p. 279.
LÉTHARGIE. Maladie qui naît de la paresse, R. XII, p. 270.

Liancourt. Cette résidence comparée à celle de Chantilly, R. I, p. 260.
LIBÉRALITÉ. Celle que l'on fait le plus volontiers, M. 110.
— Moins opposée à l'économie que l'avarice, M. 167.
— Ce qu'est le plus souvent la libéralité, M. 263.
— Cas dans lesquels petites et grandes sont égales, R. I, p. 260.
LIBERTÉ. Nécessaire en société, R. II, p. 261.
LIEUTENANTS GÉNÉRAUX. Beaucoup s'étudient à paraître maréchaux de France, R. III, p. 263.
LIMITES. Celles qui doivent être mises à la confiance, R. V, p. 265 et suiv.
LIVRES. Il vaut mieux étudier les hommes que les livres, M. 552.
LOI. Quelle est la moindre et la plus suivie, M. 447.
LOUANGES, LOUER. A quoi tient qu'on loue nos actions, M. 58.
— On loue à tort la prudence, M. 65.
— L'envie contrainte de louer le mérite, M. 95.
— On loue son cœur, on n'ose louer son esprit, M. 98.
— Nous en donnons pour en recevoir, M. 143.
— C'est une flatterie habile, M. 144.
— Louanges empoisonnées, M. 145. Pourquoi loue-t-on? M. 146, 530, 533.
— Le blâme doit quelquefois être préféré à la louange, M. 147.
— Louange qui médit, M. 148.
— Refus des louanges, M. 149, 599.
— Effet des louanges, M. 150.
— On loue pour blâmer. Exemple pris du parallèle entre Condé et Turenne, M. 198.
— Seule bonté louable, M. 237.
— De ceux qui ont mérité de grandes louanges, M. 272.
— La magnanimité est un moyen d'en obtenir, M. 285.
— Louanges injurieuses, M. 320.
— Qui louons-nous de bon cœur? M. 556.
— Louange utile, M. 432.
— C'est pour être loué qu'on se blâme, M. 556.
— Effet de celles qu'on nous donne, M. 600.
— Manière délicate de louer en blâmant, R. XVI, p. 275.
— Le titre de *bel esprit* a perdu sa qualité de louange, p. 276.
Louis XIII, roi de France. Fait emprisonner Marie de Médicis, sa mère, R. XVII, p. 277.
— Vit en état de défiance continuelle avec Richelieu, et lui abandonne le gouvernement de l'État, p. 278.
— Sacrifie Cinq-Mars, son favori, à la vengeance du cardinal, dont il

reste l'esclave même après sa mort, 278.
Louis XIV, roi de France. Son entente avec Charles II, roi d'Angleterre, R. XVII, p. 279.
— Son habileté à diviser ses ennemis, p. 280.
— Il préfère la gloire de la paix à la gloire de nouvelles conquêtes, *ibid.*
Lucullus. Combien il a fait de gens voluptueux, R. VII, p. 267.
LUXE. Ses effets sur la destinée des nations, M. 632.

M

MAGIE. Celle de l'amour-propre, M. 565.
MAGISTRAT. Quels actes il ne doit pas faire, R. XIII, p. 274.
MAGNANIMITÉ. Pourquoi elle méprise tout, M. 248.
— Sa définition, M. 285 et 631.
MAÎTRESSE. *Voyez* AMANT, AMOUR. Quand on est près de haïr une maîtresse, M. 111.
— Pourquoi elles ne s'ennuient pas avec leurs amants, M. 312.
— Quand il est le plus difficile de leur être fidèle, M. 331.
— On ne les aime pas pour elles-mêmes, M. 374.
— Quand on voit leurs défauts, M. 547.
— Pourquoi elles ne peuvent pas se plaindre de la légèreté de leurs amants, M. 579.
— Pourquoi elles demandent de la sincérité à leurs amants, M. 640.
MAL. Moyen caché de le faire impunément, M. 121.
— Nous le regrettons en raison des suites qu'il peut avoir, M. 180.
— Il ne doit surprendre chez personne, M. 197.
— On ne sait jamais tout celui que l'on fait, M. 269.
— Mal que l'on dit de nous, M. 454.
— Excès de maux, M. 464. *Voyez* MAUX.
MALADIES. Celles de l'âme sont sujettes aux rechutes, M. 193.
— Il en est que les remèdes aigrissent, M. 288.
— Les passions et les peines de l'esprit les produisent, R. XII, p. 270.
— L'âge d'or en était exempt, *ibid.*
— Sont la triste perspective des vieillards, R. XIX, p. 282.
MALHEUR. Est toujours trop grand dans l'imagination, M. 49.
— Pourquoi l'on s'en fait honneur, M. 50.
— De quoi il dépend, M. 61.
— Quel est le plus grand de tous? M. 187.
MANIÈRES. De l'air et des manières R. III, p. 262.

MARIAGE. Il n'y en a point de délicieux, M. 113.
Marie, princesse d'York, fille de Jacques II, roi d'Angleterre. Comment elle fut mariée à Guillaume III, encore prince d'Orange, R. XVII p. 279.
— Conséquences de ce mariage, ibid.
MAUX. Nous supportons aisément ceux d'autrui, M. 19.
— Maux présents, M. 22.
— La prudence les tempère, M. 182.
— Ils doivent être balancés par les biens, M. 229.
— Mal le plus dangereux, M. 238.
— Maux qui excitent la pitié, M. 264.
— Pourquoi l'on croit aisément le mal, M. 267.
— On ne connaît pas tous ceux qu'on fait, M. 269.
— Maux aigris par les remèdes, M. 288.
— Ce qui nous console de nos maux, M. 325.
— Comment nous ressentons nos maux, M. 339 et 528. *Voyez* MAL.
MÉCHANTS. Quand ils sont le plus dangereux, M. 284.
— Ils n'osent paraître ennemis de la vertu, M. 489.
MÉCOMPTE. Dans la reconnaissance, M. 225.
— Dans nos jugements, R. XIII, p. 271.
MÉDISANCE. On médit de soi plutôt que de n'en rien dire, M. 138.
— Il y a des louanges qui médisent, M. 148.
— La vanité, plus que la malice, est cause de médisance, M. 483.
— Il ne faut pas médire de l'amour, R. XII, p. 270.
MÉFIANCE. En amour elle va moins loin que la tromperie, M. 335.
MÉMOIRE. Différence entre la mémoire et le jugement, M. 89.
— Défaut essentiel de notre mémoire, M. 313.
MENSONGE. *Voyez* DÉGUISEMENT, FAUSSETÉ, IMPOSTURE.
— Cause de notre aversion pour ce défaut, M. 63.
MÉPRIS. Ceux qui en sont l'objet, M. 186.
— De ceux qui le craignent, M. 322.
MÉPRIS DE LA MORT. Il n'est jamais sincère, M. 504.
MÉRITE. De ceux qui s'en croient, M. 50.
— Comment nous jugeons celui de nos amis, M. 88.
— Il ne faut pas les détromper, M. 92.
— Marque du vrai mérite, M. 95.
— Pourquoi nous exagérons celui des autres, M. 143.
— Chacun prend la louange comme une récompense due à son mérite, M. 144.

MÉRITE. Quel est son sort, M. 153.
— Il ne plaît pas toujours, M. 155.
— Mérite singulier, M. 156.
— Il donne quelquefois moins de réputation que l'art, M. 162.
— Effet du mérite, M. 165.
— Il est moins bien récompensé que ses apparences, M. 166.
— Quand notre bonté en a-t-elle? M. 237.
— Mérite de certaines gens, M. 273.
— Moyen que nous prenons pour le faire valoir, M. 279.
— Il a sa saison, M. 291.
— Mérite que ne peut avoir la modération, M. 293.
— Notre goût baisse avec notre mérite, M. 379.
— Élévation qui lui est supérieure, M. 399.
— Rapport de l'élévation au mérite, M. 400.
— Mérite comparé à la parure, M. 401.
— Rapport du mérite aux emplois, M. 419.
— Comment le mérite doit être jugé, M. 437.
— Du faux mérite, M. 455.
— Du mérite des femmes, M. 474.
— Ce n'est pas pour leur mérite que nous regrettons nos amis, M. 622.
— Quel est le plus grand mérite de la société des honnêtes gens, R. II, p. 261.
MINES. *Voyez* APPARENCES. Elles composent le monde, M. 256.
MODÉRATION. D'où vient celle des personnes heureuses, M. 17.
— Sa définition, M. 18, 293 et 567.
— Comparée à l'ambition, M. 293.
— Pourquoi l'on en a fait une vertu, M. 308.
— Comparée à la sobriété, M. 568.
— Elle est nécessaire dans la conversation, R. IV, p. 263 et suiv.
MONNAIE. La flatterie est une fausse monnaie, M. 158.
— Les hommes sont cotés à la cour comme les pièces de monnaie, M. 606.
MOQUERIE. La pelle se moque du fourgon, M. 507.
— Est agréable, mais dangereuse, R. XVI, p. 275.
MORT. De ceux qui vont au supplice, M. 21.
— Peu de gens la connaissent, M. 23.
— Ce n'est pas par résolution qu'on la souffre, ibid.
— On ne peut la regarder fixement, M. 26.
— C'est toujours faussement qu'on la méprise, M. 504.
MORTIFICATIONS (en langage de dévotion). Ce qu'elles sont, M. 536.

MOYENS. La gloire se mesure aux moyens employés pour l'acquérir, M. 157.
— Ils manquent moins que l'application, M. 243.
— Il faut chercher les moyens d'être utile à ses amis, R. II, p. 262.
MYSTÈRE. L'amour l'affectionne, M. 68.
— La gravité est un mystère du corps, M. 257.

N

NATURE. Les passions sont un art de la nature, M. 8.
— Pourquoi elle nous a donné l'orgueil, M. 36.
— Seule elle ne fait pas les héros, M. 53.
— Elle fait le mérite, la fortune le met en œuvre, M. 153.
— Elle a posé des bornes pour les vertus et pour les vices, M. 189.
— Elle donne la bonté et la valeur, M. 365.
— Elle donne des talents cachés que les passions seules mettent en lumière, M. 404.
— Des modèles de la nature et de la fortune, R. XIV, p. 272-274.
— Elle ôte les désirs aux vieillards, R. XIX, p. 282.
NATUREL. Bon, M. 275.
— Confondu avec la grossièreté, M. 372.
— Ce qui l'empêche le plus, M. 431.
— Le naturel plaît toujours, R. III, p. 262.
NÉGOCIATIONS. Pourquoi on est souvent mécontent des négociateurs, M. 278.
NÉRON, empereur romain. Peut-être ses crimes nous éloignent-ils du vice, R. VII, p. 267.
NIAIS. Il en est qui emploient habilement leur niaiserie, M. 208.
NOMS ILLUSTRES. Ils abaissent ceux qui ne savent pas les soutenir, M. 94.
NOUVEAUTÉ. Sa grâce, M. 274.
— Elle passe vite, R. IX, p. 268.
— Son effet en amitié, M. 426.

O

OBLIGATIONS. Comment on les reconnaît mal, M. 226.
— On s'acquitte volontiers des petites, M. 299.
— Celles qui deviennent insupportables, M. 317.
OCCASIONS. Leur effet, M. 345.
— Dans les grandes affaires, M. 453.
— Occasion très-rare, M. 454.
— Toutes nos qualités sont à la merci des occasions, M. 470.
OISEAUX DE PASSAGE. Image de l'homme sans attache fixe à la patrie, allant d'un monde à l'autre pour chercher à vivre, R. XI, p. 270.

OPINIÂTRETÉ. Sa cause, M. 234.
— Son origine, M. 265.
— L'homme faible se vante d'être opiniâtre, M. 424.
— On doit parler sans opiniâtreté, R. IV, p. 264.
OPINIONS. Leur condamnation, M. 13.
— Pourquoi on leur résiste, M. 234.
— Il n'est pas défendu de les conserver, R. IV, p. 264.
Orange (maison d') Valeur des princes de cette maison, R. XVII, p. 279.
Orange (Guillaume d'), stathouder de Hollande, devenu roi d'Angleterre sous le nom de Guillaume III. Attachement des Hollandais à sa cause, R. XVII, p. 279.
— Fait massacrer par le peuple le grand pensionnaire de Hollande, Jean de Witt, ibid.
ORGUEIL. Ne perd jamais rien, M. 33.
— Pourquoi se plaint-on de celui des autres ? M. 34.
— Son égalité dans tous les hommes, M. 35.
— Pourquoi la nature nous l'a donné, M. 36.
— Il est le principe de nos remontrances, M. 37.
— Il est curieux, pourquoi, M. 173.
— Comparé à l'amour-propre, M. 228.
— Il est le principe de l'opiniâtreté, M. 234.
— Ce qui le flatte le plus, M. 239.
— Il se cache sous la figure de l'humilité, M. 254.
— Son effet, M. 267.
— Son action sur l'envie, M. 281.
— La magnanimité est le bon sens de l'orgueil, M. 285.
— De quoi s'augmente-t-il souvent ? M. 450.
— Ce qu'il nous fait blâmer et mépriser, M. 462.
— Il est souvent le principe de la compassion, M. 463.
— Ses bizarreries, M. 472.
— Il se découvre par la fierté, M. 570.
— Son plus dangereux effet, M. 589.
— Les préceptes des philosophes ne font que l'augmenter, M. 592.
— Engendre la colère furieuse, M. 604.
— La magnanimité est un noble effort de l'orgueil, M. 631.
— Il est presque toujours le maître de nos goûts et ne se rassasie jamais, R. XVIII, p. 281.
— Il est inséparable de l'amour-propre, R. XIX, p. 281.
OUBLI. Cas dans lesquels nous oublions nos fautes, M. 196.
— L'amour-propre ne s'oublie pas lorsqu'il travaille pour les autres, M. 236.

OUBLI. Les choses qu'on oublie le mieux, M. 598.
— Les vieillards oublient le monde et le monde les oublie, R. XIX, p. 282.
OUVERTURE DE CŒUR. C'est la sincérité, R. V, p. 265.

P

PAPILLONS. Image de l'homme léger ; ils cherchent le feu qui les brûle, R. XI, p. 270.
PARESSE. Est une cause de la clémence, M. 16.
— Prise pour de la vertu, M. 169.
— Son pouvoir sur nous, M. 266.
— Son effet, M. 267.
— Nous en convenons aisément, M. 398.
— Paresse de notre esprit, M. 482.
— Plus grande que celle de notre corps, M. 487.
— Produit la paralysie, R. XII, p. 270.
PARLER. Quand parle-t-on peu ? M. 137.
— Combien on aime à parler de soi, M. 138.
— Manière de parler à propos, M. 139.
— Comment parlent les grands et les petits esprits, M. 142.
— Effet du plaisir que l'on prend à parler de soi, M. 314.
— Pourquoi nous ne parlons pas à cœur ouvert à nos amis, M. 315.
— Ne pas parler souvent de leurs défauts, M. 319.
— De qui faut-il le moins parler ? M. 364.
— Envie de parler de nous, M. 383.
— Comment les hommes parlent de leur conduite, M. 494.
— Quand il est le plus difficile de bien parler, M. 558.
— On oublie les choses dont on s'est lassé de parler, M. 598.
— Cas où l'on parle trop sèchement, R. II, p. 262.
— On doit garder beaucoup de mesure en parlant de ce qui regarde nos amis, p. 262.
— On ne parle pas de tout sur le même ton, R. III, p. 263.
— Il faut, lorsqu'on parle, étudier l'humeur et l'inclination de ceux que l'on entretient, R. IV, p. 264.
— On doit éviter de parler longtemps de soi-même, p. 264.
— On ne doit pas parler avec des airs d'autorité, ni se servir de paroles et de termes plus grands que les choses, ibid.
PASSIONS. Leur durée, M. 5.
— Leurs effets, M. 6.
— Ces effets sont pris pour ceux d'un grand dessein, M. 7.
— Elles persuadent toujours, M. 8.
— Leur injustice, M. 9.

PASSIONS. Leur génération perpétuelle, M. 10.
— Elles produisent leurs contraires, M. 11.
— On peut toujours les distinguer, M. 12.
— On fait vanité de quelques-unes, mais on n'avoue jamais l'envie, M. 27.
— Comment nous leur résistons, M. 122.
— Leur danger, M. 188.
— C'est par la sienne propre qu'on est heureux en amour, M. 259.
— Celle de l'amour est la plus égoïste, M. 262.
— Quelle est la plus forte, M. 266.
— Effet de l'absence sur les passions, M. 276.
— La passion moins forte que la coquetterie chez les femmes, M. 334.
— Les passions de la jeunesse, M. 341.
— Les passions développent nos talents, M. 404.
— Celle qui nous rend le plus ridicules, M. 422.
— Celle qui nous agite le plus, M. 443.
— Nous ne connaissons pas toute leur force, M. 460.
— Quelle est celle qui sied le mieux aux femmes, M. 466.
— Des premières passions chez les femmes, M. 471.
— Toutes ont leurs bizarreries, M. 472.
— Passions des personnes faibles, M. 477.
— Quand est-on le plus près de prendre une nouvelle passion ? M. 484.
— Des grandes passions, M. 485.
— Celle qui manque le plus souvent son but, M. 491.
— Celle des gens remplis d'eux-mêmes, M. 500.
— On gémit sur leur tyrannie, et on ne veut pas s'en affranchir, M. 527.
— Elles sont les goûts de l'amour-propre, M. 531.
— Leur cause, M. 566.
— Les grandes âmes ne sont pas celles qui en ont le moins, M. 605.
— Ce qu'on nomme vertu n'est d'ordinaire qu'un fantôme formé par nos passions, M. 609.
— Entre toutes, la paresse est la plus forte et la plus inconnue à nous-mêmes, M. 633.
— C'est plutôt par faiblesse que par passion que les femmes se rendent, M. 638.
— Elles produisent les maladies, l'âge d'or en était exempt, R. XII, p. 270.
PAUVRES, PAUVRETÉ. Comment les philosophes prenaient leur parti de la pauvreté, M. 54.

PAUVRES, PAUVRETÉ. Ce qui rend les pauvres heureux, M. 537.
Pedro II, roi de Portugal. Son mariage avec sa belle-sœur Marie-Élisabeth-Françoise de Savoie, R. XVII, p. 278.
PÉNÉTRATION. Son plus grand défaut, M. 377.
— Elle flatte notre vanité, M. 425.
— Celle de l'amour-propre, M. 565.
— Celle des grands esprits, R. XVI, p. 275.
PERSÉVÉRANCE. Ce que c'est, M. 177.
PERSPECTIVE. Celle des hommes et des affaires, M. 104.
— Le temps change celle des vieillards, R. XIX, p. 282.
PERSUASION. Ses moyens. M. 8 et 139.
— Ce qu'il est difficile de persuader, M. 504.
PEUR. M. 215, 370 et 567.
— Quelles maladies elle produit, R. XII, p. 270.
Philippe II, roi d'Espagne. Sa cruauté, R. I, p. 260.
PHILOSOPHES. Leur attachement ou leur indifférence pour la vie, M. 46.
— Leur mépris des richesses, M. 54 et 520.
— Leur mépris de la mort, M. 504.
PHILOSOPHIE. Maux dont elle triomphe, maux qui triomphent d'elle, M. 22.
PITIÉ. Sa définition, M. 264.
— Pourquoi on a pitié des malheurs d'un ennemi, M. 463.
— Quel est le mal qui fait le moins de pitié à ceux qui le causent, M. 503.
PLAIRE. Comment on plaît dans le monde, M. 90.
— Dans la conversation, M. 139.
— On peut plaire avec des défauts, M. 155, et R. III, p. 263.
— Ce qui fait qu'on plaît, M. 255.
— Cas dans lequel on ne plaît pas longtemps, M. 413 et R. II, p. 262.
— Moyen de plaire dans la conversation, R. IV, p. 263 et suiv.
PLAISANT (esprit), R. XVI, p. 275.
PLAISIR. Nous suivons le nôtre dans nos amitiés, M. 81.
POINT DE VUE. Chacun a le sien, R. II, p. 262.
— Le temps change celui des vieillards, R. XIX, p. 282.
POLITESSE DE L'ESPRIT. En quoi elle consiste, M. 99.
— Elle manque aux jeunes gens, M. 372.
— Devoirs de la politesse, R. II, p. 261 et suiv. et R. IV, p. 263 et suiv.
POLTRONNERIE. Complète, très-rare, M. 215.
— Se méconnaît elle-même, M. 370.
— Singulier effet qu'elle produit, M. 420.

Pompée. Sa fortune à la guerre comparée à celle de César, R. XIV, p. 272.
Portugal. Singulière Révolution de ce royaume sous Alphonse VI, R. XVII, p. 278.
POURCEAU. Image de l'homme qui vit dans la crapule et dans l'ordure, R. XI, p. 270.
PRÉOCCUPATION. Personnelle, M. 92 et 610.
— Ses effets, M. 268.
— Elle trouble notre goût, R. X, p. 269.
PRINCES. Leur clémence, M. 15.
— Comment un flatteur les injurie, M. 320.
PROCÉDÉ. Il est difficile d'en juger la valeur, M. 170.
PROCHAIN. On supporte aisément les maux d'autrui, M. 19.
— Pourquoi nous prenons plaisir à remarquer ses défauts, M. 31.
— Pourquoi nous reprenons ses fautes, M. 37.
— Chacun veut trouver son plaisir et ses avantages aux dépens d'autrui, R. II, p. 261.
PRODIGALITÉ. Elle produit quelquefois l'avarice, M. 520.
PRODUCTION DE L'ESPRIT. R. XVI, p. 275.
PROFESSIONS. Chaque profession affecte une mine et un extérieur particuliers, M. 256.
— Souvent nous en exerçons auxquelles la nature ne nous avait pas destinés, R. III, p. 263.
PROMESSES. Quelle part l'espérance ou la crainte ont dans celles que nous faisons, M. 38.
PROPORTION. Elle est nécessaire entre les actions et les desseins, M. 161.
— Les folies proportionnées à l'âge et à la fortune passent pour sagesse, M. 207.
— Est encore plus nécessaire dans le goût que dans l'esprit, R. XIII, p. 271.
PROPRIÉTÉS, QUALITÉS. Les hommes en ont de cachées, M. 344.
PRUDENCE. Son insuffisance, M. 65.
— Elle se sert utilement des vertus et des vices, M. 182.
— Inconciliable avec l'amour, M. 548.
— Celle que l'on doit mettre dans la confiance, R. V, p. 265.
— Dans quel cas il en faut beaucoup, p. 266.

Q

QUALITÉS. Inconvénients des bonnes qualités, M. 29.
— Les qualités naturelles ne suffisent pas pour faire des héros, M. 53.
— Faciles ou difficiles à connaître, M. 80.
— Comment nous estimons celles de nos amis, M. 88.

QUALITÉS. Nous plaisons moins par elles que par nos défauts, M. 90.
— Celles qu'on affecte rendent ridicule, M. 134.
— Pourquoi nous exagérons celles des autres, M. 143.
— Il en faut régler l'économie, M. 159.
— Art de les mettre en œuvre, M. 162.
— Leurs disgrâces, M. 251.
— Celles que nous ne pouvons apercevoir, M. 537.
— Naturelles ou acquises, M. 365, et R. III, p. 263.
— Celles de nos ennemis, nous n'y croyons pas, M. 397.
— Celle qui nous place au-dessus des autres, M. 399.
— Celle de l'esprit qui nous flatte le plus, M. 425.
— Marque des grandes qualités, M. 433.
— Leur usage décide du vrai mérite, M. 437.
— Les nôtres nous semblent les meilleures, M. 452.
— Qualités que nous méprisons, M. 462.
— De certaines méchantes qualités, M. 468.
— Toutes sont incertaines, M. 470.
— Qualités singulières, M. 493.
— Qualités solides, M. 498.
— Ne s'effacent point par la comparaison dans deux sujets de même nature, R. I, p. 260.
— Fausses, incertaines et confuses; elles faussent l'esprit et le goût, R. XIII, p. 271.
— Elles doivent se rapporter à notre état, p. ibid.
— Celles auxquelles un roi peut prétendre, 271.
— Celles d'un grand esprit, R. XVI, p. 275.
— L'humeur les altère, ibid.
QUERELLES. Conditions de leur peu de durée, M. 496.
QUESTIONS. Il faut rarement en faire dans la conversation, R. IV, p. 264.

R

RAILLERIE. La politesse la fait entendre sans peine, R. II, p. 261 et suiv.
— Sa définition, ses conditions, ses difficultés, R. XVI, p. 275.
— Raillerie d'un crieur public contre Guillaume d'Orange, R. XVII, p. 280.
RAISON. Nous ne la suivons pas, M. 42.
— Quel est l'homme raisonnable, M. 105.
— Elle nous corrige moins de nos défauts que la fortune, M. 154.
— Elle retient la coquetterie de quelques femmes, M. 241.

RAISON. La jeunesse est la fièvre de la raison, M. 271.
— Notre faiblesse supplée à notre raison pour nous consoler, M. 325.
— Ce qu'il faut que la raison fasse, M. 365.
— La vanité nous domine plus que la raison, M. 467.
— Souhaits que l'on fait par raison, M. 469.
— Elle n'aide guère à nous inspirer le mépris de la mort, M. 504.
— Elle nous éclaire et nous fait rougir de notre corruption, M. 523.
— Quand on en manque, M. 590.
— On ne doit pas prétendre en avoir plus que les autres, R. IV, p. 264.
— Elle doit tout apprécier, R. XIII, p. 271.
— C'est par elle que les vieillards supportent le poids d'une vie insipide, R. XIX, p. 282.
RÉCOMPENSES. On les accorde plus souvent aux apparences du mérite qu'au mérite même, M. 166.
RÉCONCILIATION. Ce que c'est, M. 82.
RECONNAISSANCE. Les hommes l'envisagent comme une servitude, M. 14.
— Son principe, M. 223.
— Elle n'est que dans le cœur, M. 224.
— Cause du mécompte qui s'y trouve, M. 225.
— Trop empressée, elle est ingrate, M. 226.
— Ce qu'elle est dans la plupart des hommes, M. 298.
— Où elle se trouve et où elle manque, M. 299.
— Reconnaissance qui paye plus qu'elle ne doit, M. 438.
— On y donne facilement des bornes, M. 620.
RÈGLES de la conversation, R. IV, p. 263 et suiv.
REGRETS. Ne supposent pas toujours l'affliction, M. 355.
REMÈDES. De l'amour, M. 459.
— Contre la crainte de la mort, M. 504.
— De la jalousie, M. 514.
— On se dégoûte des passions, mais aussi de leurs remèdes, M. 527.
REMONTRANCES. C'est notre orgueil qui les inspire, M. 37.
REPENTIR. Pourquoi on se repent, M. 180.
REPOS. Pourquoi nous l'exposons, M. 268.
REPROCHES. Il y en a qui louent, M. 148.
— Tout le monde trouve à redire en autrui ce qu'autrui lui reproche, M. 569.
RÉPUTATION. De qui nous la faisons dépendre, M. 268.
— Nous pouvons toujours la rétablir, M. 412.

RICHESSES. Pourquoi les philosophes les méprisaient, M. 54.
— Pourquoi ils les condamnent, et de l'usage qu'on en peut faire, M. 520.
RIDICULE. Les bonnes copies le font voir, M. 133.
— Ce qui en donne le plus, M. 134.
— Tout le monde en a, M. 311.
— Rien ne déshonore autant, M. 326.
— Le plus dangereux dans la vieillesse, M. 408.
— Moyen d'éviter un ridicule, M. 418.
— Fautes les plus ridicules, M. 422.
— L'esprit de raillerie saisit le côté ridicule des objets, R. XVI, p. 275.
— Le titre de *bel esprit* est devenu un ridicule, p. 276.

S

SAGESSE. Plus aisée pour les autres que pour soi, M. 132.
— Augmente et diminue avec l'âge, M. 210.
— Quand la sagesse est folie, M. 231.
— Elle est à la merci de la fortune, M. 323.
— Ce qu'elle est à l'âme, M. 543.
SALUT. Les passions de la jeunesse et la tiédeur des vieillards y sont également opposées, M. 341.
SANG. Sa chaleur est le régulateur des passions, M. 566.
SANTÉ. Celle de l'âme n'est pas plus assurée que celle du corps, M. 188 et 543.
— On doit la gouverner comme la fortune, M. 392.
— La sobriété est l'amour de la santé, M. 596.
— La conserver par un trop grand régime est une ennuyeuse maladie, M. 636.
Savoie (Marie-Élisabeth-Françoise de), de), — reine de Portugal. Détrône Alphonse VI, son mari, l'emprisonne, l'exile, fait annuler son mariage par la cour de Rome, et épouse Pierre de Portugal, son beau-frère, pendant que son mari vit encore, R. XVII, p. 278.
SCIENCES. Elles conviennent à ceux qui s'en rendent capables, R. III, p. 263.
— Comment une femme peut les aimer, R. XIII, p. 271.
SECRET. Son importance, R. V, p. 266.
— Pourquoi nous ne pouvons prétendre qu'on garde le nôtre, M. 584.
SENSIBILITÉ. Apparente, M. 275.
— Elle est due aux malheurs de nos amis, M. 434.
— Ce qui la passe, M. 464.
— C'est par elle que les biens et les maux nous touchent, M. 528.
SENTIMENTS. Ont chacun un extérieur qui leur est propre, M. 255.

SENTIMENTS. Comment on peut les conserver, M. 319.
— Les plus difficiles à dissimuler, M. 561.
— Sentiments vrais ou faux. R. XIII, p. 271.
SENTIR. Beautés que tout le monde sent, R. XVI, p. 276.
SÉVÉRITÉ DES FEMMES. Fard qu'elles ajoutent à la beauté, M. 204.
— N'est jamais complète sans aversion, M. 333.
SILENCE. En quels cas il est le parti le plus sûr, M. 79.
— Le silence des qualités diverses, R. IV, p. 264.
SIMPLICITÉ. Affectée, est une imposture délicate, M. 289.
SINCÉRITÉ. Sa définition, M. 62.
— Elle n'a point de part dans les conseils, M. 116.
— Ne peut s'allier avec la faiblesse, M. 316.
— Nous croyons qu'on en use avec nous, M. 366.
— Ce qui la compose en grande partie, M. 383.
— Son utilité, M. 457.
— Pourquoi amants et maîtresses se la demandent, M. 640.
— Comment elle diffère de la confiance, R. V, p. 265.
SOBRIÉTÉ. Comparée à la modération, M. 568.
— Ce qu'elle est pour la santé, M. 596.
SOCIÉTÉ. Ce qui la fait durer, M. 87.
— De la société des autres, M. 201.
— Sur la société, R. II, p. 261-262.
SOTS, SOTTISE. Ce que la passion en fait, M. 6.
— Utilité de leur compagnie, M. 140.
— Il y a des gens qui disent et font utilement des sottises, M. 156.
— Gens destinés à l'être, M. 309.
— Un sot n'est jamais bon, M. 387.
— Sots les plus incommodes, M. 451.
— On n'est point sot avec du jugement, M. 456.
— On l'est avec de l'esprit, R. XVI, p. 276.
SOUHAITS. La raison en tempère l'ardeur, M. 469.
SUBTILITÉ. Sa définition, M. 128.

T

TALENTS. La nature nous en donne de cachés, M. 344 et 404.
— Il y a de méchantes qualités qui font de grands talents, M. 468.
— Dieu les a diversifiés dans l'homme, M. 505.
— Chaque talent a ses propriétés et ses effets particuliers, M. 597.
— Il y a un air qui convient à chaque talent, R. III, p. 262.
— Quels avantages auraient les hom-

46

mes s'ils ne voulaient exceller que par leurs propres talents, R. XIII, p. 271.

TEIGNE. Cette maladie est engendrée par l'avarice, R. XII, p. 270.

TEMPÉRAMENT. Principe de la valeur des hommes et de la vertu des femmes, M. 220.
— Il s'annonce de bonne heure M. 222.
— Tempérament des femmes, M. 346.

TEMPS. Il consume tout, M. 233.
— Son action sur l'amour et sur la vie, R. IX, p. 268.
— Il change l'humeur et les intérêts, R. XVIII, p. 281.

TIÉDEUR. Ses effets, M. 341.

TIMIDITÉ. Métamorphosée en vertu, M. 169.
— Il est dangereux d'en faire le reproche, M. 480.
— Elle convient aux jeunes gens, M. 495.

TON, AIR, MANIÈRES, R. III, p. 262.

TORT. Qui a le plus souvent tort, M. 386.
— Nous ne voulons jamais avoir tort, M. 494.
— Les torts réciproques font durer les querelles, M. 496.

TRAHISON. Pourquoi elle se fait, M. 120.
— D'où elle vient, M. 126.

TRAVERS. Ceux de l'esprit ne se redressent pas, M. 318.

TROMPERIE. Justifiée par la défiance, M. 86.
— Nécessaire dans la société, M. 87.
— Celle dont on ne se console point et celle dont on est satisfait, M. 114.
— Facile ou difficile, M. 115.
— Ordinaire à ceux qui demandent des conseils, M. 116.
— Le trompeur est aisément trompé, M. 117.
— Danger de l'intention de ne pas tromper, M. 118.
— Celui qui se croit le plus fin est le mieux trompé, M. 127.
— L'homme habile trompe difficilement l'homme grossier, M. 129.
— Celui qui se trompe le plus, M. 201.
— C'est quelquefois un bonheur d'être trompé, M. 395.
— Comment on doit traiter les amis qui nous ont trompés, M. 434.

TURENNE. Pour le blâmer on loue le grand Condé, M. 198.
— Mis en parallèle avec Condé, R. XIV, p. 273.
— Sa mort est convenable à sa vie, ibid.

TYRANNIE. Nous devons nous tenir en garde contre celle de nos amis, R. V, p. 266.

U

USAGE. L'usage des qualités fait juger du mérite de l'homme qui les possède, M. 437.

UTILE. L'esprit utile et l'esprit d'affaires diffèrent essentiellement, R. XVI, p. 275.

V

VALEUR. N'appartient pas toujours à celui qui est vaillant, M. 1.
— Ses causes, M. 213.
— Valeur des soldats, M. 214.
— Parfaite valeur, M. 215.
— Ce que c'est, M. 216.
— Quand devient-elle intrépidité? M. 217.
— La valeur ordinaire, M. 219.
— quel en est le principe, M. 220.
— Adresse des gens braves, M. 221.
— La valeur doit être donnée par la nature, M. 565.
— D'où vient l'inégalité du courage, M. 504.
— Diffère de l'intrépidité, M. 617.
— Combien celle d'Alexandre a fait de fanfarons, R. VII, p. 267.

VANITÉ. On est clément par vanité, M. 16.
— celle des héros les distingue des autres hommes, M. 24.
— On fait souvent vanité des passions, même les plus criminelles, M. 27.
— L'orgueil se dédommage d'un autre côté, quand il renonce à la vanité, M. 33.
— Détromper la vanité est lui rendre un mauvais office, M. 92.
— La vanité nous fait parler, M. 137.
— Effet de notre vanité, M. 141.
— Elle est nécessaire à la vertu, M. 200.
— Vanité de celui qui se croit nécessaire, M. 201.
— Elle cause souvent nos afflictions, M. 232.
— Elle ébranle toutes les vertus, M. 388.
— Pourquoi celle des autres est insupportable, M. 389.
— Elle nous agite toujours, M. 443.
— son pouvoir sur nous, M. 467.
— Cause ordinaire de la médisance, M. 483.
— On ne saurait en compter toutes les espèces, M. 506.
— Celle des vivants rend honneur aux morts, M. 615.
— Comment celle des vieillards se console dans la retraite, R. XIX, p. 282.

VARIÉTÉ. Il en faut dans l'esprit, R. II, p. 262.

VAUDEVILLES. Comparés à certaines gens, M. 211.

VÉRITÉ. Combien nuisent ses apparences, M. 64.
— Elle se trouve dans les jugements de nos ennemis, M. 458.

VERTUS. Souvent fausses, M. 1; 608 et 609.
— Où faut-il les plus grandes? M. 25.
— Le désir de la louange les fortifie, M. 150 et 600.
— Paresse prise pour la vertu, M. 169.
— Où se perdent les vertus, M. 171.
— Les vices entrent dans leur composition, M. 182.
— Ce dont il faut faire honneur à la vertu, M. 183.
— De ceux qui n'en ont point, M. 186.
— Le nom de la vertu sert à l'intérêt, M. 187.
— Bornes pour les vertus, M. 189.
— La vertu a besoin de la vanité, M. 200.
— Le vice lui rend hommage, M. 218.
— L'intérêt les met en œuvre, M. 253.
— La paresse les détruit, M. 266.
— Elles brillent moins que certains défauts, M. 354.
— L'humilité est la preuve des vertus chrétiennes, M. 358.
— La fortune les fait paraître, M. 380.
— La vanité les ébranle ou les renverse, M. 388.
— La faiblesse est plus opposée à la vertu que le vice, M. 445.
— Les méchants n'osent paraître ses ennemis, M. 489.
— Le diable a placé la paresse sur la frontière de plusieurs vertus, M. 512.
— Pourquoi nous jugeons mal des sentences qui prouvent la fausseté des vertus, M. 517.
— Ce qui nous fixe dans la pratique des vertus, M. 600.
— Pourquoi on loue la vertu, M. 603.
— Les grandes âmes ne sont pas celles qui ont le plus de vertus, M. 605.
— Ce qu'on peut dire de toutes les vertus, M. 608.
— Rome et Sparte ont loué des vertus farouches, R. VII, p. 267.
— Les vertus sont frontières des vices, R. VII, ibid.

VICES. Entrent dans la composition des vertus, M. 182.
— Tous ceux qui en ont ne sont pas méprisés, M. 186.
— Ils ne servent pas mieux l'intérêt que la vertu, M. 187.
— Sont bornés par la nature, M. 189.
— Nous ne les pouvons éviter, M. 191.
— Ce sont eux qui nous quittent, M. 192.
— Pourquoi on ne s'abandonne pas à un seul vice, M. 195.
— Hommage rendu par le vice à la vertu, M. 218.
— L'intérêt met tous les vices en œuvre, M. 255.
— Ils font le mérite de certaines gens, M. 275.
— La fortune les fait paraître, M. 380.

Vices. Le vice est moins opposé à la vertu que la faiblesse, M. 445.
— Pourquoi on le blâme, M. 603.
— Ils sont de tous les temps, R. XVII, p. 280.

Vie. Ce que la prudence emploie contre les maux de la vie, M. 182.
— Les vices nous attendent durant tout son cours, M. 191.
— La folie propre à chaque âge nous suit dans tous les temps de la vie, M. 207.
— Pourquoi nous l'exposons, M. 268.
— Sa longue durée ne donne pas toujours l'expérience, M. 405.
— Est une continuelle mise en jeu de l'amour-propre, M. 565.
— Comparaison de la vie avec l'amour, R. IX, p. 267 et suiv.
— Le temps en change les conditions, p. 268.

Vieillesse. Pourquoi aime-t-elle à conseiller, M. 93.
— Pourquoi elle conserve ses goûts, M. 109.
— Elle augmente les défauts de l'esprit, M. 112.
— Elle rend plus fou et plus sage, M. 210.
— On peut savoir d'avance par où elle doit défaillir, M. 222.
— Tiédeur de la vieillesse, M. 341. Ridicule des vieilles personnes M. 408, et R. XV, p. 274 et suiv.

Vieillesse. Vivacité qui augmente en vieillissant, M. 416.
— Ce que doivent faire les vieillards pour n'être pas ridicules, M. 418.
— Peu de gens savent être vieux, M. 423.
— Ce qu'est la vie dans la vieillesse de l'amour, M. 430.
— Les vieux fous sont plus fous que les jeunes, M. 444.
— Est un tyran qui interdit, sous peine de la vie, tous les plaisirs de la jeunesse, M. 461.
— Ce qu'elle est pour les femmes, M. 564.
— Pourquoi les coquettes ont un goût marqué pour les vieillards qui ont été galants, R. XV, p. 274.

Violences (contrainte morale). Quelles sont les plus pénibles, M. 363.
— Les plus cruelles, M. 369.
— Celle qu'on se fait pour demeurer fidèle en amour, ce qu'elle vaut, M. 381.
— Celle qui sied le mieux aux femmes, M. 406.

Visage. Ses défauts augmentent avec l'âge, M. 112.
— Ce qui en fait l'agrément, M. 240.
— Il y a un air qui convient à chaque visage, R. III, p. 262.
— Le changement de la figure conduit les vieillards à la retraite, R. XIX, p. 281

Vipères. Leur langue est venimeuse, et le reste est utile, R. XI, p. 270.

Vivacité. Celle qui augmente en vieillissant, voisine de la folie, M. 416.
— C'est une des conditions de l'esprit brillant, R. XVI, p. 276.
— L'amour a une première fleur de vivacité qui passe insensiblement comme celle des fruits, R. XVIII, p. 281.

Vogue. Elle est souvent la règle de nos jugements, M. 212.

Volonté. Est moins grande que la force, M. 30.
— La bonté n'est souvent qu'une paresse ou une impuissance de la volonté, M. 237.
— Nous ne connaissons pas toutes nos volontés, M. 295.
— Ce qui meut notre volonté, M. 297.
— Nul ne peut répondre de ce qu'il voudra à l'avenir, M. 577.

Vues. Nos vues sont incertaines et confuses. R. XIII, p. 271.

Y

Yeux. Ils ont leur éloquence, M. 249.
— Personne ne voit des mêmes yeux ce qui le touche et ce qui ne le touche pas, R. X, p. 269.

INDEX
DES CARACTÈRES DE LA BRUYÈRE

A

ACHILLE. Jetez-moi dans les troupes comme un simple soldat; je suis Thersite; mettez-moi à la tête d'une armée dont j'aie à répondre à toute l'Europe, je suis Achille, p. 366.

Actions. Le motif seul en fait le mérite, 310.

— Les meilleures s'altèrent et s'affaiblissent par la manière dont on les fait, 307.

Affectation est souvent une suite de l'oisiveté ou de l'indifférence, 396.

Affliction. On ne sort guère d'une grande affliction que par faiblesse ou par légèreté, 341.

— Celle qui vient de la perte des biens est seule durable, 342.

Aigreur. Ses effets, 409.

Aimer. L'on n'aime bien qu'une fois; c'est la première, 320.

— L'on n'est pas plus maître de toujours aimer, qu'on ne l'a été de ne pas aimer, 321.

— Cesser d'aimer, preuve sensible que le cœur a ses limites, *ibid.*

— C'est faiblesse que d'aimer; c'est souvent une autre faiblesse que de guérir, *ibid.*

— Si une laide se fait aimer, ce ne peut être qu'éperdûment, *ibid.*

— Il faut quelquefois recevoir de ce qu'on aime, *ibid.*

— On aime de plus en plus ceux à qui l'on fait du bien, 322.

Ambitieux. L'esclave n'a qu'un maître; l'ambitieux en a autant qu'il y a de gens utiles à sa fortune, 358.

Ame. Bassesse de quelques-unes, 340.

— Noblesse de quelques-unes, *ibid.*

— Ses différents vices, 378.

— Une grande âme serait invulnérable si elle ne souffrait par la compassion, 388.

Amis. Ne regarder en eux que la vertu qui nous y attache, 307.

— Les cultiver dans leur disgrâce et dans leur prospérité, *ibid.*

— C'est assez pour soi d'un fidèle ami, 322.

— Des amis et des ennemis, *ibid.*

— Les cultiver par intérêt, c'est solliciter, *ibid.*

— C'est beaucoup tirer de notre ami, si, monté à une grande faveur, il est encore de notre connaissance, 352.

Amitié. Il y a un goût dans la pure amitié où ne peuvent atteindre ceux qui sont nés médiocres, 319.

— peut subsister entre des gens de différents sexes, exempte même de grossièreté, *ibid.*

— Parallèle de l'amour et de l'amitié, *ibid.* et suiv.

— Il n'y a pas si loin de la haine à l'amitié que de l'antipathie, 320.

Amour. Parallèle de l'amour et de l'amitié, 320.

— Qui naît subitement est le plus long à guérir, *ibid.*

— Les amours meurent par le dégoût, et l'oubli les enterre, 321.

Auvor. Jugement sur ses écrits, 300.

Anciens. On se nourrit des anciens, et quand on est auteur on les maltraite, 295.

Antithèse. Sa définition, 303.

— Les jeunes gens sont éblouis de son éclat, *ibid.*

Apôtre. Quand on ne serait pendant sa vie que l'apôtre d'un seul homme, ce ne serait pas être en vain sur la terre, 443.

Approbation. Motifs de notre approbation, 407.

Art. Il y a dans l'art un point de perfection, comme de bonté et de maturité dans la nature, 295.

— Perfectionner son art, c'est s'égaler à ce qu'il y a de plus noble, 307.

Athéisme. N'est point, 441.

Auteur. Il faut plus que de l'esprit pour être auteur, 295.

— Tout l'esprit d'un auteur consiste à bien définir et à bien peindre, *ibid.*

— Doit recevoir avec une égale modestie les éloges et la critique, 296.

— Cherche vainement à se faire admirer par son ouvrage, 298.

— Modèles que doit suivre un auteur né copiste, 304.

Avare. Dépense plus mort, en un seul jour, qu'il ne faisait vivant en dix années, 341.

— Sa manière de vivre, 392.

Avarice est commode aux vieillards, à qui il faut une passion, parce qu'ils sont hommes, *ibid.*

Avenir. Le présent est pour les riches, et l'avenir pour les vertueux et les habiles, 340.

Avocat doit avoir un riche fonds et de grandes ressources, 438.

B

BALZAC. Jugement sur ses Lettres, 299.

Bâtir. Manie de bâtir, 416.

Beauté. L'agrément est arbitraire; la beauté est quelque chose de plus réel, 311.

Bien S'il y a des biens, le meilleur c'est le repos, la retraite, et un endroit qui soit son domaine, *ibid.*

Les solides biens, les grands

INDEX DES CARACTÈRES DE LA BRUYÈRE.

biens, les seuls biens, ne sont pas comptés, 410.
Bonheur. Il s'en faut peu qu'il ne tienne lieu de toutes les vertus, 411.
Bossuet. Quel besoin a Bénigne (Bossuet) d'être cardinal? 307.
— Jugement sur cet auteur, 437.
Bourdaloue. Jugement sur cet orateur, 437.
Bourgeois de Paris, comparés à leurs ancêtres, 348 et suiv.

C

Caractère. Un caractère bien fade est celui de n'en avoir aucun, 324.
— Diseurs de bons mots, mauvais caractère, 359.
Caractères. Voyez *Portraits.*
Chef-d'œuvre. L'on n'a guère vu un chef-d'œuvre d'esprit qui soit l'ouvrage de plusieurs, 295.
Choses. Les belles choses le sont moins hors de leur place, 424.
Cid (Le). L'un des plus beaux poëmes, la critique du *Cid* est l'une des meilleures, 298.
Coeffeteau. Jugement sur ses écrits, 300.
Cœur. L'on peut avoir la confiance de quelqu'un sans en avoir le cœur, 320.
— Tout est ouvert à celui qui a le cœur, *ibid.*
— L'on est d'un meilleur commerce par le cœur que par l'esprit, 323.
— Quelle mésintelligence entre l'esprit et le cœur! 389.
Comédie (La) pourrait être aussi utile qu'elle est nuisible, 301.
Comédiens. De leur condition, 399.
— Le comédien couché dans son carrosse jette de la boue au visage de Corneille, qui est à pied, *ibid.*
— Fermer les théâtres, ou prononcer moins sévèrement sur l'état des comédiens, 425.
Conditions. Leur disproportion, 341.
Conduite. La sage conduite roule sur deux pivots, le passé et l'avenir, 407.
Confiance. L'on peut avoir la confiance de quelqu'un sans en avoir le cœur, 320.
— Toute confiance est dangereuse si elle n'est entière, 324.
Connaisseurs. Faux connaisseurs, 359.
Conseil (Le) est quelquefois dans la société nuisible à qui le donne, et inutile à celui à qui il est donné, 331.
— Il y a dans les meilleurs de quoi déplaire, 407.
Content. Qu'il est difficile d'être content de quelqu'un! 322.
Contrefaire. Gens qui contrefont les simples et les naturels, 306.

Conversation. Des choses ridicules qui se disent dans la conversation, 324.
Coquillages. Manie des coquillages, 417.
Corneille. Jugement sur ce poëte, 301, 405.
— Parallèle de Corneille et de Racine, 302.
Cour. L'on est petit à la cour; et quelque vanité que l'on ait, on s'y trouve tel, 349.
— Les grands mêmes y sont petits, *ibid.*
— Ne rend pas content; elle empêche qu'on ne le soit ailleurs, *ibid.*
— Il faut qu'un honnête homme ait tâté de la cour, *ibid.*
— Est comme un édifice bâti de marbre; elle est composée d'hommes fort durs, mais fort polis, *ibid.*
— Les cours seraient désertes, et les rois presque seuls, si l'on était guéri de la vanité et de l'intérêt, *ibid.* et suiv.
— L'air de cour est contagieux; il se prend à Versailles, comme l'accent normand se prend à Rouen ou à Falaise, 350.
— Aventuriers qui s'y produisent eux-mêmes, *ibid.*
— Gens de cour hautains, *ibid.*
— Certaine espèce de courtisans dont les cours ne sauraient se passer, *ibid.*
— C'est une grande simplicité que d'apporter à la cour la moindre roture, 351.
— L'on se couche à la cour et l'on se lève sur l'intérêt, *ibid.*
— L'on n'y attente rien de pis contre le vrai mérite que de le laisser quelquefois sans récompense, 352.
— Personne à la cour ne veut entamer; on veut appuyer, parce qu'on espère que nul n'entamera, *ibid.*
— Louanges qu'on y prodigue à celui qui obtient un nouveau poste, *ibid.*
— Deux manières d'y congédier son monde : se fâcher contre eux, ou faire qu'ils se fâchent contre vous, 353.
— Pourquoi l'on y dit du bien de quelqu'un, *ibid.*
— Il est aussi dangereux d'y faire les avances, qu'il est embarrassant de ne les point faire, *ibid.*
— Il faut une vraie et naïve impudence pour y réussir, *ibid.*
— Brigues des cours, *ibid.*
— Avidité des hommes de cour, 354 et suiv.
— Il faut des fripons à la cour auprès des grands et des ministres, même les mieux intentionnés, 355.
— Pays où les joies sont visibles, mais fausses, et les chagrins cachés, mais réels, 357.

Cour. La vie de la cour est un jeu sérieux, mélancolique, qui applique, 357.
— Mœurs des gens de cour, 358.
— On s'y trouve dupe de plus sot que soi, 360.
— Qui a vu la cour a vu du monde ce qui est le plus beau, 361.
— Qui méprise la cour après l'avoir vue méprise le monde, *ibid.*
— Détrompe de la ville, et guérit de la cour, *ibid.*
— Un esprit sain y puise le goût de la solitude et de la retraite, *ibid.*
— A la cour, à la ville, mêmes passions, mêmes faiblesses, 368.
— Deux sortes de gens y fleurissent, les libertins et les hypocrites, 442.
Courtisan. Rien qui enlaidisse certains courtisans comme la présence du prince, 350.
— Peu osent honorer le mérite qui est seul, 353.
— Comparé à une montre, 358.
— Qui est plus esclave qu'un courtisan assidu, si ce n'est un courtisan plus assidu? *ibid.*
— Toute sa félicité consiste à voir le prince et à être vu, *ibid.*
— Savoir parler aux rois, limites de la prudence et de la souplesse du courtisan, 359.
Crime. Si la pauvreté est la mère des crimes, le défaut d'esprit en est le père, 382.
— Il s'en faut peu que le crime heureux soit loué comme la vertu, 411.
Critique. Le plaisir de la critique nous ôte celui d'être vivement touchés de très-belles choses, 296.
— C'est un métier où il faut plus d'habitude que de génie, 304.
— Peut être dangereuse, *ibid.*
Curiosité. Inhumaine curiosité pour voir des malheureux, 355.
— Sa définition, 414.

D

Défauts. Il coûte moins à certains hommes de s'enrichir de mille vertus que de se corriger d'un seul défaut, 390.
— Partent d'un vice de tempérament, 404.
— Ceux des autres sont lourds, les nôtres ne pèsent pas, 407.
Dégoutter. Pressez, tordez certaines gens ensorcelés de la faveur, ils dégouttent l'orgueil, l'arrogance, la présomption, 356.
Dépendants. On veut des dépendants, et qu'il n'en coûte rien, 322.
Désirer. Lorsqu'on désire, on se rend à discrétion à celui de qui l'on espère, 382.

INDEX DES CARACTÈRES

Devoirs. Réciprocité de devoirs entre le souverain et ses sujets, 375.
Dévot. Du faux dévot, 420.
— Le faux dévot ne croit pas en Dieu, 442.
Dévotion. Vient à quelques-uns, et surtout aux femmes, comme une passion, 314.
— De la fausse, *ibid.*
— La vraie fait supporter la vie, et rend la mort douce; on n'en tire pas tant de l'hypocrisie, 422.
Dieu. L'on doute de Dieu dans une pleine santé; quand l'on devient malade on croit en Dieu, 440.
— L'impossibilité de prouver que Dieu n'est pas découvre son existence, *ibid.*
— De l'existence de Dieu, 444, et suiv.
Dignités. Deux chemins pour y arriver, 354.
Dire. L'on dit les choses encore plus finement qu'on ne peut les écrire, 354.
Directeurs. Des défauts de quelques-uns, 314.
Discernement. De l'esprit de discernement, 405.
Discours. Le discours chrétien est devenu un spectacle, 434.
Disgrâce. Éteint les haines et les jalousies, 408.
Distinction. D'où les hommes en tirent le plus, 507.
Distraction. Caractère du distrait, 378.
Donner. Oublier qu'on a donné à ceux que l'on aime, 321.
— Il y a du plaisir à rencontrer les yeux de celui à qui l'on vient de donner, *ibid.*
— C'est rusticité que de donner de mauvaise grâce, 354.
Duels (Manie des), 417.

E

Écrire. Il faut exprimer le vrai pour écrire naturellement, fortement, délicatement, 295.
— Comment on doit écrire, 303.
— La gloire des uns est de bien écrire, celle des autres de n'écrire point, *ibid.*
— Ne point s'assujettir au goût de son siècle quand on écrit, mais tendre toujours à la perfection, 304.
— Du peu d'avantage que l'on retire en écrivant, 400.
Écrits. Des écrits des Pères de l'Église, 441.
Écrivain. Moïse, Homère, Platon, Virgile, Horace, ne sont au-dessus des autres écrivains que par leurs images, 295.
— Ce qu'il doit faire pour écrire correctement, 303.

Écrivain. S'il n'y a pas assez de bons écrivains, où sont ceux qui savent lire? 364.
Éducation. Excès de confiance de tout espérer d'elle, grande erreur de n'en rien attendre, 409.
Élever (s'). Deux manières de s'élever, ou par sa propre industrie, ou par l'imbécillité des autres, 340.
Éloges. Nous excitent seuls aux actions louables, 391.
— De ceux donnés aux morts, 407.
Éloquence. Ce que le peuple et les pédants entendent par éloquence, 302.
— Est un don de l'âme, *ibid.*
— Peut se trouver dans les entretiens et dans tout genre d'écrire, *ibid.*
— Est rarement où on la cherche, et est quelquefois où on ne la cherche pas, *ibid.* et suiv.
— Est au sublime ce que le tout est à sa partie, *ibid.*
— L'on fait assaut d'éloquence jusqu'au pied de l'autel, 434.
— De l'éloquence de la chaire, 437.
Émire. Son histoire, 318.
Emphase. Les plus grandes choses se gâtent par l'emphase, 334.
Émulation. Il y a entre l'émulation et la jalousie le même éloignement qui se trouve entre le vice et la vertu, 388.
Enfance. Son caractère, 385.
Enfants. Leurs défauts, 385.
— N'ont ni passé ni avenir; ils jouissent du présent, *ibid.*
— Ont déjà de leur âme l'imagination et la mémoire, c'est-à-dire, ce que les vieillards n'ont plus, *ibid.*
— Leur facilité à apercevoir les vices extérieurs et les défauts du corps, *ibid.*
— Leur unique soin est de trouver l'endroit faible de ceux à qui ils sont soumis, *ibid.*
— Qualités qu'ils apportent dans leurs jeux, *ibid.*
— Tout leur paraît grand, *ibid.*
— Des divers gouvernements qu'ils adoptent dans leurs jeux, *ibid.*
— Conçoivent, jugent et raisonnent conséquemment, *ibid.*
— Connaissent si c'est à tort ou avec raison qu'on les châtie, 386.
— Ne se gâtent pas moins par des peines mal ordonnées que par l'impunité, *ibid.*
Ennemis. Des ennemis et des amis, 322.
— C'est donner un trop grand avantage à ses ennemis que de mentir pour les décrier, 397.
Ennui est entré au monde par la paresse, 390.
Entêtement. Du mauvais entêtement, 397.

Envie. De la jalousie et de l'envie, 388.
— L'envie et la haine s'unissent toujours et se fortifient l'une l'autre, *ibid.*
Épithète. Amas d'épithètes, mauvaises louanges, 295.
Érasme. Qui ne sait être un Érasme doit penser à être évêque, 307.
Esprit. La même justesse d'esprit qui nous fait écrire de bonnes choses, nous fait appréhender qu'elles ne le soient pas assez pour mériter d'être lues, 296.
— Un esprit médiocre croit écrire divinement; un bon, raisonnablement, *ibid.*
— Les beaux esprits veulent trouver obscur ce qui ne l'est point, 298.
— Les personnes d'esprit admirent peu, elles approuvent, *ibid.*
— Des divers genres d'esprit, 303 et suiv.
— Moins rare que les gens qui se servent du leur, ou qui font valoir celui des autres, 305.
— Le bon esprit inspire le courage, ou il y supplée, 307.
— Peu de délicats, 324.
— Du langage des esprits faux et affectés, *ibid.*
— Des esprits vains, légers, familiers, et délibérés, 325.
— L'esprit de la conversation consiste moins à en montrer beaucoup qu'à en faire trouver aux autres, 327.
— Il faut avoir de l'esprit pour être homme de cabale, 360.
— Si la pauvreté est la mère des crimes, le défaut d'esprit en est le père, 382.
— Un esprit raisonnable est indulgent, 383.
— On sait à peine que l'on est borgne; on ne sait point du tout que l'on manque d'esprit, 388.
— L'on voit peu d'esprits entièrement lourds et stupides, 389.
— L'on en voit encore moins qui soient sublimes et transcendants, *ibid.*
— Tout l'esprit qui est au monde est inutile à celui qui n'en a point, *ibid.*
— Ce qu'il y aurait en nous de meilleur après l'esprit, ce serait de connaître qu'il nous manque, 389.
— Qui n'a de l'esprit que dans une certaine médiocrité, est sérieux et tout d'une pièce, *ibid.*
— Quelle mésintelligence entre l'esprit et le cœur! *ibid.*
— S'use comme toutes choses, *ibid.*
— Les sciences sont ses aliments; elles le nourrissent et le consument, *ibid.*
— Du bel esprit, 400.
— La grossièreté, la rusticité, la

brutalité, peuvent être les vices d'un homme d'esprit, 404.
Esprit. L'une des marques de la médiocrité de l'esprit est de toujours conter, *ibid*.
— De l'esprit du jeu, *ibid*.
— Des différents esprits par rapport à la religion, 439 et suiv.
Estampes (Manie des), 415.
Étrangers. Tous ne sont pas barbares, et tous nos compatriotes ne sont pas civilisés, 401.
Étude. L'étude de la sagesse a moins d'étendue que celle que l'on ferait des sots et des impertinents, 397.
Excès. Il n'y a guère au monde un plus bel excès que celui de la reconnaissance, 324.
Expressions. Entre les différentes qui peuvent rendre une seule de nos pensées, il n'y en a qu'une qui soit la bonne, 296.
Extérieur simple est l'habit des hommes vulgaires, 306.
— est une parure pour ceux qui ont rempli leur vie de grandes actions, *ibid*.
Extraordinaires. Gens qui gagnent à être extraordinaires, 389.

F

Faibles. On veut quelquefois les cacher par l'aveu libre qu'on en fait, 387.
Faire. Il faut faire comme les autres; maxime suspecte, 398.
— Ceux-là font bien, ou font ce qu'ils doivent, qui font ce qu'ils doivent, 408.
— Qui laisse longtemps dire de soi qu'il fera bien, fait très-mal, *ibid*.
Familles. Peu, dans leur intérieur, gagnent à être approfondies, 329.
Fat. Motif de fuir à l'orient quand le fat est à l'occident, 328.
— Tout le monde dit d'un fat qu'il est un fat, personne n'ose le dire à lui-même, 389.
— Est celui que les sots croient un homme de mérite, 404.
— Est entre l'impertinent et le sot, *ibid*.
— S'il pouvait craindre de mal parler, il sortirait de son caractère, *ibid*.
— A l'air libre et assuré, *ibid*.
Fautes. On ne vit point assez pour profiter de ses fautes, 386.
Faveur. De l'envie qu'on lui porte, 352 et suiv.
— Gens enivrés de la faveur, 356.
— Gens qui se croient de l'esprit quand elle leur arrive, 360.
Favori. Ses manières plus polies annoncent sa chute, 360.

Favori. Est sans engagement et sans liaisons, 374.
— Du compte qu'il a à rendre de sa vie, 407.
Femmes. Hommes et femmes conviennent rarement sur le mérite d'une femme, 310.
— De la fausse et de la véritable grandeur chez les femmes, *ibid*.
— Quelques-unes affaiblissent, par des manières affectées, les avantages d'une heureuse nature, 311.
— Mentent en se fardant, *ibid*.
— Il faut juger des femmes depuis la chaussure jusqu'à la coiffure exclusivement, *ibid*.
— Le blanc et le rouge les rendent affreuses et dégoûtantes, *ibid*.
— Portrait de la femme coquette, *ibid*.
— Une belle femme avec les qualités d'un honnête homme, est ce qu'il y a au monde d'un commerce plus délicieux, 312.
— Le caprice est chez elles tout proche de la beauté pour être son contre-poison, *ibid*.
— S'attachent aux hommes par les faveurs qu'elles leur accordent, *ibid*.
— Une femme oublie d'un homme qu'elle n'aime plus jusqu'aux faveurs qu'elle a reçues d'elle, *ibid*.
— Celle qui n'a qu'un galant croit n'être point coquette, *ibid*.
— Celle qui a plusieurs galants croit n'être que coquette, *ibid*.
— Il semble que la galanterie dans une femme ajoute à la coquetterie, *ibid*.
— L'homme coquet et la femme galante vont assez de pair, *ibid*.
— Parallèle de la femme galante et de la coquette, *ibid*.
— D'une femme faible, *ibid*.
— De l'inconstante, *ibid*.
— De la perfide, *ibid*.
— De l'infidèle, *ibid*.
— Leur perfidie guérit de la jalousie, *ibid*.
— De leurs choix en amour, 312.
— C'est trop contre un mari d'être coquette et dévote; une femme devrait opter, 314.
— De leur confesseur et de leur directeur, *ibid*.
— La dévotion vient à quelques-uns, et surtout aux femmes, comme une passion, *ibid*.
— Effets de leurs divers caractères dans le mariage, 315.
— Aisées à gouverner pourvu que ce soit un homme qui s'en donne la peine, *ibid*.
— Parallèle d'une femme prude et d'une femme sage, 316.
— De la femme savante, *ibid*.

Femmes. Sont meilleures ou pires que les hommes, 316.
— Se conduisent par le cœur, *ibid*.
— Dépendent pour leurs mœurs de celui qu'elles aiment, *ibid*.
— Vont plus loin en amour que la plupart des hommes, *ibid*.
— Les hommes l'emportent sur elles en amitié, *ibid*.
— Les hommes sont cause que les femmes ne s'aiment point, *ibid*.
— Une femme garde mieux son secret que celui d'autrui, *ibid*.
— Parallèle de l'homme et de la femme en amour, *ibid*. et suiv.
— Guérissent de leur paresse par la vanité ou par l'amour, 317.
— La paresse dans les femmes vives est le présage de l'amour, *ibid*.
— Femme insensible n'a pas encore vu celui qu'elle doit aimer, 318.
— Fatuité des femmes de la ville, 348.
— Le temps qu'elles perdent en visites, *ibid*.
— Une belle femme est aimable dans son naturel, 402.
Finesse. C'est avoir fait un grand pas dans la finesse que de faire penser de soi que l'on est médiocrement fin, 360 et suiv.
— Ni trop bonne ni trop mauvaise qualité, *ibid*.
— Flotte entre le vice et la vertu, *ibid*.
— Peut et devrait toujours être suppléée par la prudence, *ibid*.
— Est l'occasion prochaine de la fourberie, *ibid*.
Fins. Gens qui ne sont fins que pour les sots, 360.
Flatterie. Critique de la flatterie, 328.
Flatteur. N'a pas assez bonne opinion de soi ni des autres, 408.
Fleuriste (manie du), 414.
Fortune. Il faut une sorte d'esprit pour faire fortune, 338.
— Rien qui se soutienne plus longtemps qu'une médiocre fortune, 339.
— Rien dont on voie mieux la fin que d'une grande, *ibid*.
— Ses caprices, 343.
— Si vous n'avez rien oublié pour votre fortune, quel travail! *ibid*.
— Si vous avez négligé la moindre chose pour votre fortune, quel repentir! *ibid*.
Fourberie. Ajoute la malice au mensonge, 383.
Fourbes. Croient aisément que les autres le sont, *ibid*.
Fragment, 402.
Français. Leur caractère demande du sérieux dans le souverain, 374.
Fripons. Il en faut à la cour auprès des grands et des ministres, même les mieux intentionnés, 355.

INDEX DES CARACTÈRES

G

Génie. Il peut être moins difficile aux rares génies de rencontrer le grand et le sublime, que d'éviter toutes sortes de fautes, 298.
— Un génie qui est droit et perçant conduit à la règle et à la vertu, 582.
— Celui qui sort des limites de son génie fait que l'homme illustre parle comme un sot, 406.

Glaner. Tout est dit; l'on ne fait que glaner après les anciens et les habiles d'entre les modernes, 295.

Gloire. Il y a une fausse gloire qui est légèreté, 315.
— aime le remue-ménage et est personne d'un grand fracas, 413.

Glorieux (le). A du goût à se faire voir, 306.

Gouvernement. Dans toutes les formes de gouvernement, il y a le moins bon et le moins mauvais, 369.
— Science des détails, partie essentielle au bon gouvernement, 375.
— Le chef-d'œuvre de l'esprit, c'est le parfait gouvernement, 376.

Gouverner. Autant de paresse que de faiblesse à se laisser gouverner, 323.
— On ne gouverne pas un homme tout d'un coup, ibid. et suiv.
— Pour gouverner quelqu'un il faut avoir la main légère, ibid.
— Tels se laissent gouverner jusqu'à un certain point, qui au delà sont intraitables, ibid.

Goûts. On dispute des goûts avec fondement, 295.

Grandeur. Il y a une fausse grandeur qui est petitesse, 315.

Grands. De ceux qui s'empressent auprès des grands, 358.
— Prévention du peuple en faveur des grands, 361.
— Avantage des grands sur les autres hommes, 362.
— Jusqu'où s'étend leur curiosité, ibid.
— Leurs belles promesses, ibid.
— Leur ingratitude envers ceux qui les servent, ibid.
— Il est souvent plus utile de les quitter que de s'en plaindre, ibid.
— dédaignent les gens d'esprit qui n'ont que de l'esprit, ibid.
— Les gens d'esprit méprisent les grands qui n'ont que de la grandeur, ibid.
— La règle de voir de plus grands que soi doit avoir ses restrictions, 363.
— Leur mépris pour le peuple les rend indifférents aux louanges qu'ils en reçoivent, ibid. et suiv.
— croient être seuls parfaits, ibid.
— Les grands sont odieux aux petits par le mal qu'ils leur font, et par tout le bien qu'ils ne leur font pas, 364.

Grands. C'est déjà trop pour eux d'avoir avec le peuple une même religion et un même Dieu, ibid.
— De leur ignorance, ibid.
— comparés avec le peuple, ibid.
— Comment ils doivent user de la facilité qu'ils ont de faire du bien, ibid.
— Des grands inaccessibles, 365.
— On est destiné à souffrir des grands et de ce qui leur appartient, ibid.
— La plupart sont incapables de sentir le mérite et de le bien traiter, 366.
— Se louer d'un grand, phrase délicate dans son origine, ibid.
— On les loue pour marquer qu'on les voit de près, rarement par estime ou par gratitude, ibid.
— Encouragements qu'ils ont à la bravoure, ibid.
— S'ils ont des occasions de nous faire du bien, ils en ont rarement la volonté, 368.
— Pourquoi nous devons les honorer, ibid.
— Tout fait d'abord sur eux une vive impression, 369.
— Il y a presque toujours de la flatterie à en dire du bien, ibid.
— Il y a du péril à en dire du mal pendant qu'ils vivent, et de la lâcheté quand ils sont morts, ibid.
— Font peu de cas de la vertu et d'un esprit cultivé, 417.
— En toutes choses se forment et se moulent sur les plus grands, 423.
— Leur indifférence en matière de religion, 440.

Grave. Celui qui songe à le devenir ne le sera jamais, 402.

Gravité. Trop étudiée devient comique, ibid.

Guerre. De son origine, 370.

H

Haïr. On hait violemment ceux qu'on a beaucoup offensés, 322.
— C'est par faiblesse qu'on hait un ennemi, 323.

Harmonie. La plus douce est le son de la voix de celle que l'on aime, 311.

Hasard. Gens qui semblent le déterminer, 407.

Héritier prodigue. Paye de superbes funérailles et dévore le reste, 341.
— Les enfants peut-être seraient plus chers à leurs pères, et réciproquement les pères à leurs enfants, sans le titre d'héritiers, ibid.
— Le caractère de celui qui veut hériter rentre dans celui du complaisant, ibid.

Héros. La vie des héros a enrichi l'histoire, et l'histoire a embelli les actions des héros, 295.
— Est d'un seul métier; le grand homme est de tous les métiers, 308.
— Les enfants des héros sont plus proche de l'être que les autres hommes, ibid.

Heure. Chaque heure en soi, comme à notre égard, est unique, 422.

Heureux. Il y a une espèce de honte d'être heureux à la vue de certaines misères, 388.

Histoire. La vie des héros a enrichi l'histoire, et l'histoire a embelli les actions des héros, 295.

Hommes. Peu ont un goût sûr et une critique judicieuse, 295.
— Sont trop occupés d'eux-mêmes pour discerner les autres, 305.
— L'homme de mérite, en place, n'est jamais incommodé par sa vanité, 306.
— Il coûte à un homme de mérite de faire assidûment sa cour, ibid.
— L'honnête homme se paye par ses mains par le plaisir qu'il sent à faire son devoir, ibid.
— Comparaison entre l'homme de cœur et le couvreur, ibid.
— Le héros et le grand homme mis ensemble ne pèsent pas un homme de bien, 308.
— L'homme d'esprit n'est trompé qu'une fois, 309.
— Se garde d'offenser un homme d'esprit, ibid.
— Un homme coquet est quelque chose de pire qu'un homme galant, 312.
— Un homme coquet et une femme galante vont assez de pair, ibid.
— Les femmes vont plus loin en amour que la plupart des hommes, 316.
— L'emportent sur les femmes en amitié, ibid.
— Sont cause que les femmes ne s'aiment point, ibid.
— L'homme est plus fidèle au secret d'autrui qu'au sien propre, ibid.
— Souvent veulent aimer et ne sauraient y réussir, 320.
— Ne vole pas des mêmes ailes pour sa fortune et pour des choses frivoles, 322.
— Rougissent moins de leurs crimes que de leurs faiblesses et de leur vanité, 323.
— Commencent par l'amour, finissent par l'ambition, ibid.
— Ne se trouvent dans une assiette tranquille que lorsqu'ils meurent, ibid.

Hommes. N'aiment point à vous admirer, ils veulent plaire, 527.
— Un honnête homme qui dit oui et non mérite d'être cru, *ibid.*
— Celui qui jure incessamment qu'il est homme de bien ne sait pas même le contrefaire, *ibid.*
— Deux seuls posséderaient la terre, qu'ils se disputeraient sur les limites, 330.
— Ce qui les rend capables de secret, 334.
— Deviennent riches et vieux en même temps, 339.
— Bâtissent dans leur vieillesse, et meurent quand ils en sont aux peintres et aux vitriers, *ibid.*
— L'ambition suspend en l'homme les autres passions, *ibid.*
— Dans le mariage, par la disposition de sa fortune, se trouve souvent entre la friponnerie et l'indigence, 341 et suiv.
— Sa triste condition dans la vie, *ibid.*
— Se regardent comme héritiers les uns des autres, *ibid.*
— Caractère de l'homme de cour, 349.
— Veulent être esclaves quelque part, et puiser à la cour de quoi dominer ailleurs, 350.
— Tombent d'une haute fortune par les mêmes défauts qui les y avaient fait monter, 353.
— De l'homme nouveau à la cour et qui veut secrètement sa fortune, 357.
— Semblent être convenus entre eux de se contenter des apparences, 359.
— A bien peu de ressources en soi-même, 360.
— La faveur le met au-dessus de ses égaux, et sa chute au-dessous, 361.
— Un homme en place doit aimer son prince, sa femme, ses enfants, et après eux les gens d'esprit, 365.
— Composent ensemble une même famille, 367.
— Leur nature, 377.
— Un homme inégal n'est pas un seul homme, ce sont plusieurs, 378.
— Ne s'attachent pas assez à ne point manquer les occasions de faire plaisir, 382.
— Il est difficile qu'un fort malhonnête homme ait assez d'esprit, *ibid.*
— Difficulté de leurs rapports sociaux, *ibid.*
— Tout est étranger dans l'humeur, les mœurs et les manières de la plupart, *ibid.*
— Devraient être préparés à toute disgrâce, 383.
— A quelques-uns l'arrogance tient lieu de grandeur; l'inhumanité, de fermeté; et la fourberie d'esprit, *ibid.*

Hommes. Il n'y a pour lui que trois événements, naître, vivre, et mourir; il ne se sent pas naître, il souffre à mourir, et il oublie de vivre, 384.
— Les trois temps de sa vie, *ibid.* et suiv.
— Les choses du monde leur paraissent grandes parce qu'ils sont petits, 385.
— Sont très-vains, et ne haïssent rien tant que de passer pour tels, 386.
— L'homme vain trouve son compte à dire du bien ou du mal de soi, 386.
— Un homme modeste ne parle point de soi, *ibid.*
— N'avouent que de petits défauts, et encore ceux qui supposent en eux de grandes qualités, *ibid.*
— Pense hautement et superbement de lui-même, et ne pense ainsi que de lui-même, *ibid.*
— La santé et la richesse leur inspirent la dureté pour leurs semblables, 388.
— Comptent presque pour rien les vertus du cœur, et idolâtrent les talents du corps et de l'esprit, *ibid.*
— Pourquoi ils admirent la bravoure et la libéralité, *ibid.*
— De qui l'homme d'esprit peut être jaloux, 389.
— Le premier degré dans l'homme après la raison, ce serait de sentir qu'il l'a perdue, *ibid.*
— Différents d'eux-mêmes dans le cours de leur vie, 390.
— La plupart emploient la première partie de leur vie à rendre l'autre misérable, *ibid.*
— La mollesse et la volupté naissent avec l'homme et ne finissent qu'avec lui, 391.
— Après avoir renoncé aux plaisirs, ils les condamnent dans les autres, *ibid.*
— De leur commerce social, 394 et suiv.
— Plus capables d'un grand effort que d'une longue persévérance, 395.
— Savent encore mieux prendre des mesures que les suivre, *ibid.*
— L'homme du meilleur esprit est inégal, *ibid.*
— Qui oserait se promettre de les contenter? 396.
— N'ont point de caractère; ou, s'ils en ont, c'est celui de n'en avoir aucun qui soit suivi, *ibid.*
— S'il savait rougir de soi, quels crimes ne s'épargnerait-il pas, 397.
— Dans quelques-uns une certaine médiocrité d'esprit contribue à les rendre sages, *ibid.*
— L'homme, qui est esprit, se mène par les yeux et les oreilles, *ibid.*
— Moins à perdre pour eux par l'inconstance que par l'opiniâtreté, *ibid.*

Hommes. N'ont qu'une faible pente à s'approuver réciproquement, *ibid.*
— Il ne faut pas les juger sur une seule et première vue, 401.
— Un homme de bien est respectable par lui-même, 402.
— L'air spirituel est dans les hommes ce que la régularité des traits est dans les femmes, 403.
— De leurs mauvais jugements, *ibid.*
— Parallèle de l'honnête homme, de l'habile homme, et de l'homme de bien, 404.
— De l'homme disgracié, 408.
— De la diversité et de la variété de leurs opinions, *ibid.*
— Aiment l'honneur de la vie, 409.
— Préfèrent la gloire à la vie, *ibid.*
— La plupart oublient qu'ils ont une âme, 410.
— Il leur faut de grandes vertus pour être connus et admirés, ou peut-être de grands vices, 411.
— Sont prévenus, charmés, enlevés par la réussite, *ibid.*
— Dans un méchant homme il n'y a pas de quoi faire un grand homme, *ibid.*
— De ceux qui n'estiment rien au delà de ce monde, 438 et suiv.
— Est né menteur, 441.
— Qui s'ennuie de tout, ne s'ennuie point de vivre; il consentirait peut-être à vivre toujours, 443.
— Il n'y a point pour l'homme un meilleur parti que la vertu, 444.

Humeur. Chose trop négligée parmi les hommes, 381.

Hyperbole. Sa définition 303.
— Les esprits vifs ne peuvent s'en assouvir, *ibid.*

Hypocrisie. Son masque cache la malignité, 401.

I

Ignorance. C'est la profonde ignorance qui inspire le ton dogmatique, 334.

Imagination. Il ne faut pas qu'il y en ait trop dans nos conversations ni dans nos écrits, 327.

Impertinent. Est un fat outré, 404.

Important. Ce qui le fait, *ibid.*

Importun. C'est le rôle d'un sot d'être importun, 324.

Incivilité. N'est pas un vice de l'âme; elle est l'effet de plusieurs vices, 381.

Indiscrets. Leur caractère, 334.

Ingratitude. Plutôt s'exposer à l'ingratitude que de manquer aux misérables, 322.

Innocent. Condition d'un innocent condamné, 428.

Insectes (manie des), 417.

Intrigue. Qui a vécu dans l'intrigue un certain temps ne peut plus s'en passer, 360.

IRÈNE consultant Esculape, 384.
Irrésolution. Il est difficile de décider si elle rend l'homme plus malheureux que méprisable, 378.

J

Jalousie. De la jalousie, 321.
— De la jalousie et de l'envie, 388.
Jeu. Effets de cette passion, 341.
Juges. Leur devoir est de rendre la justice; leur métier, de la différer : quelques-uns savent leur devoir, et font leur métier, 427.
— Celui qui sollicite son juge ne lui fait pas honneur, *ibid.*
— Il s'en trouve qu'une affectation de passer pour incorruptibles expose à être injustes, *ibid.*
Justice. La faire attendre, c'est injustice, 408.
Justifier. Du malheur d'avoir eu à se justifier, *ibid.*

L

LA FONTAINE. Jugement sur ce poëte, 405.
Langues. Ce qu'elles sont, 400.
— Nécessité d'appliquer l'enfance à l'étude des langues, 431.
Lettres. Des belles-lettres, 399.
Libéralité. Consiste moins à donner beaucoup qu'à donner à propos, 321.
Liberté. Est-ce un bien pour l'homme que la liberté trop étendue? 410.
Libertins. Deux espèces de libertins, 442.
Livre. C'est un métier que de faire un livre comme de faire une pendule, 295.
— Les sots lisent un livre, et ne l'entendent point; les esprits médiocres croient l'entendre parfaitement; les grands esprits ne l'entendent quelquefois pas tout entier, 298.
— Il y a autant d'invention à s'enrichir par un sot livre, qu'il y a de sottise à l'acheter, 300.
— Défauts des livres faits par des gens de parti, 503.
— Manie des livres, 415.
Louanges. Amas d'épithètes, mauvaises louanges : ce sont les faits qui louent et la manière de les raconter, 295.
— L'on doit être sensible à celles qui nous viennent des gens de bien, 329.
Louer. Nous louons ce qui est loué, bien plus que ce qui est louable, 398.
— Pourquoi on loue avec exagération des hommes médiocres, 405.

M

Magistrat. Le magistrat coquet et galant est pire dans les conséquences que le dissolu, 427.
Maisons. Manie de bâtir de belles maisons, 416.
MALHERBE. Jugement sur cet écrivain, 299.
Manège. La vérité et la simplicité sont quelquefois le meilleur manège du monde, 360.
— Êtes-vous en faveur, tout manège est bon, *ibid.*
Manières. Nos manières nous décèlent, 309.
— De l'influence de nos manières, 329.
Marâtre. Plus elle est folle de son mari, plus elle est marâtre, 330.
— Font déserter les villes et les bourgades, *ibid.*
Marchands. Leur mauvaise foi, 339.
Mariage met tout le monde dans son ordre, 307.
— Ce qu'il était autrefois, 426.
Maris : des maris, 318.
— De ceux qui par mauvaise honte n'osent se montrer avec leur femme, 426.
MAROT : jugement sur cet auteur, 299.
Méchant : meurt trop tôt ou trop tard, 322.
Médailles : manie des médailles, 415.
Médecins : tant que les hommes pourront mourir, et qu'ils aimeront à vivre, le médecin sera raillé et bien payé, 430.
Médiocrité : insupportable dans la poésie, la musique, la peinture, le discours public, 295.
Mercure galant (le) : est immédiatement au-dessous du rien, 300.
Mère : de celle qui fait sa fille religieuse, 426.
Mérite : il y a de certains mérites qui ne sont point faits pour être ensemble, 330.
— Tout ce qui est mérite se sent, 331.
— Une grande naissance ou une grande fortune le fait plus tôt remarquer, 331.
— La faveur des princes n'exclut pas le mérite, et ne le suppose pas aussi, 398.
— A de la pudeur, 404.
— D'une personne de mérite, 417.
Métaphore : sa définition, 303.
— Les esprits justes s'en servent, *ibid.*
Mine : désigne les biens de fortune, 340.
Ministre : que d'amis, que de parents naissent en une nuit au nouveau ministre! 356.
Misère : chargé de sa propre misère, on compatit davantage à celle d'autrui, 388.
Modes : l'assujettissement aux modes découvre notre petitesse, 414.
Modes. D'une personne à la mode, 417.
— Autant de faiblesse à la fuir qu'à l'affecter, 418.
— Les hommes affectent de les fuir dans leurs portraits, 419.
— Leur peu de durée, *ibid.*
— Tout se règle par elle, *ibid.*
Modestie ; est au mérite ce que les ombres sont aux figures dans un tableau, 306.
— Il y a une fausse modestie qui est vanité, 315.
— Sa définition, 387.
— Son voile couvre le mérite, 401.
MOLIÈRE : jugement sur cet auteur, 299.
Monarchie : tout prospère dans une monarchie où l'on confond les intérêts de l'État avec ceux du prince, 375.
Monde : l'on ne peut se passer de ce même monde que l'on n'aime point et dont on se moque, 344.
— Deux mondes, l'un où l'on séjourne peu, l'autre où l'on doit bientôt entrer pour n'en jamais sortir, 443.
MONTAIGNE : Montaigne blâmé, 299.
— Passage imité de Montaigne, 328.
Moquerie : est souvent indigence d'esprit, 331.
— Est de toutes les injures celle qui se pardonne le moins, 387.
— Est le langage du mépris, et l'une des manières dont il se fait le mieux entendre, *ibid.*
Mort : se fait sentir à tous les moments de la vie, 384.
— Plus dur de l'appréhender que de la souffrir, *ibid.*
— Ce qu'il y a de certain dans la mort est un peu adouci par ce qui est incertain, *ibid.*
— A un bel endroit, qui est de mettre fin à la vieillesse, *ibid.*
— La mort qui prévient la caducité arrive plus à propos que celle qui la termine, *ibid.*
— Le plus grand signe de mort dans un homme malade, c'est la réconciliation, 394.
— L'homme impatient de la nouveauté n'est point curieux sur ce seul point, 443.
Mots : diseurs de bons mots, mauvais caractère, 359.
— Ceux qui nuisent aux autres plutôt que de perdre un bon mot, méritent une peine infamante, *ibid.*
— C'est souvent vouloir perdre un bon mot que de le donner pour sien, 406.
Fortune de certains mots, proscription de quelques autres, 432 et suiv.
Mourir : si de tous les hommes les uns mouraient, les autres non, ce serait

une désolante affliction que de mourir, 384.
Musique: toute musique n'est pas propre à louer Dieu, 442.

N

Naissance: il est heureux d'être tel qu'on ne s'informe plus si vous en avez, 307.
Nature: combien d'art pour rentrer dans la nature! 403.
— N'est que pour ceux qui habitent la campagne, 411.
Noble. Libre dans sa province, esclave à la cour, 358.
— Le noble de province n'estime que ses parchemins, 394.
— Combien de nobles dont le père et les aînés sont roturiers, 423.
Noblesse. Si la noblesse est vertu, elle se perd par tout ce qui n'est pas vertueux, 424.
Noces. Des frais de noces, 448.
Nom. Il n'est pas si aisé de se faire un nom par un ouvrage parfait, que d'en faire valoir un médiocre par le nom qu'on s'est déjà acquis, 295.
— De bien des gens il n'y a que le nom qui vaille quelque chose, 305.
— Se faire un grand nom, métier très-pénible, ibid.
— Un homme de la cour qui n'a pas un assez beau nom, doit l'ensevelir sous un meilleur, 351.
— Folie des hommes pour leur nom, 423.
Nouvelliste. Devoir du nouvelliste, 298.
— Le sublime du nouvelliste est le raisonnement creux sur la politique, ibid.
— Son coucher, ibid.

O

Oiseaux. Manie des oiseaux, 416.
Oisiveté. Il ne manque à l'oisiveté du sage qu'un meilleur nom, 306.
Opéra (l'). est l'ébauche d'un grand spectacle : il en donne l'idée, 300.
— Ennuyait La Bruyère, ibid.
Opulent (l'). N'est guère éloigné de la friponnerie, 339.
Orateurs. S'il y a peu d'excellents orateurs, y a-t-il bien des gens qui puissent les entendre? 364.
— Sans probité dégénère en déclamateur, 428.
Orgueil. Le propre de ce vice, 340.
Ouvrages. Il n'est pas si aisé de se faire un nom par un ouvrage parfait, que d'en faire valoir un médiocre par le nom qu'on s'est déjà acquis, 295.
— Dont l'impression est l'écueil, ibid.
— Lire ses ouvrages à ceux qui en savent assez pour les corriger et les estimer, 296.
Ouvrages. Ne vouloir être ni conseillé, ni corrigé sur son ouvrage est un pédantisme, ibid.
— Bien des gens n'osent se déclarer en faveur d'un ouvrage jusqu'à ce qu'ils aient vu le cours qu'il aura dans le monde, ibid.
— Le plus accompli fondrait tout entier au milieu de la critique, si on voulait en croire tous les censeurs, 297.
— Quelle prodigieuse distance entre un bel ouvrage et un ouvrage parfait ou régulier, 298.
— Quand une lecture élève l'esprit, l'ouvrage est bon, 298.
Ouvriers. Plus d'outils que d'ouvriers, de ces derniers, plus de mauvais que d'excellents, 305.

P

Parallèle. De Corneille et de Racine, 301-302.
— Du docteur et du docte, 308.
— Des Français et des Romains, ibid.
— Du héros et du grand homme, ibid.
— De la femme galante et de la coquette, 312.
— D'une femme prude et d'une femme sage, 315.
— De l'homme et de la femme, en amour, 316 et suiv.
— De l'amour et de l'amitié, 320, et suiv.
— Des pauvres et des riches, 339.
— Des grands et du peuple, 364.
— D'un bon prince et d'un bon berger, 376.
— Du fat et de l'impertinent, 404.
— De l'honnête homme, de l'habile homme et de l'homme de bien, ibid.
Parchemins. Honte de l'humanité, 383.
Pardonner. Il est pénible à un homme fier de pardonner à celui qui le surprend en faute, 322.
Paris. Singe de la cour, ne sait pas toujours la contrefaire, 347.
Parler. Des diverses manières de parler, 327.
— Parler et offenser, pour de certaines gens, est précisément la même chose, 328.
— Avec les gens qui, par finesse, écoutent tout et parlent peu, parlez encore moins, 360.
— L'on se repent rarement de parler peu; très-souvent de trop parler, 397.
— Il n'y a que de l'avantage pour celui qui parle peu, 408.
Parole. Rien ne coûte qu'à tenir parole, 322.
Parti. L'esprit de parti abaisse les plus grands hommes jusqu'aux petitesses du peuple, 386.
Partialité. Ses effets, 403.
Partisans. 336.
Pasteur. De ses devoirs, 425.
Patience. Ses avantages, 410.
Pauvre. Est bien proche de l'homme de bien, 339.
— Parallèle des pauvres et des riches, ibid.
— Celui-là est pauvre dont la dépense excède la recette, ibid.
Paysans. Leur portrait, 394.
Perdre. Savoir perdre dans l'occasion, recette infaillible, 368.
Perfection. Celui qui aime en deçà ou au delà du point de perfection, a le goût défectueux, 295.
Peser. Mis ensemble, le héros et le grand homme ne pèsent pas un homme de bien, 508.
Petits. Se haïssent lorsqu'ils se nuisent réciproquement, 364.
— Les grands sont odieux aux petits par le mal qu'ils leur font, et par tout le bien qu'ils ne leur font pas, ibid.
— Sont quelquefois chargés de mille vertus inutiles : ils n'ont pas de quoi les mettre en œuvre, 389.
Peuple. C'est ignorer son goût que de ne pas hasarder quelquefois de grandes fadaises, 300.
— Vaste expression : ce qu'elle embrasse, 369.
— Le laisser s'endormir dans la mollesse, politique sûre et ancienne dans les républiques, ibid.
— Quand il est en mouvement, on ne comprend pas par où le calme peut y rentrer, ibid.
— Quand il est paisible, on ne voit pas par où le calme peut en sortir, ibid.
— La gloire de l'empire ne suffit pas au bonheur des peuples, 375.
Philosophe. Consume sa vie à observer les hommes pour les rendre meilleurs, 298.
— Est accessible, 335.
— Vit mal avec tous ses préceptes, 389.
— Il est bon de l'être, il n'est guère utile de passer pour tel, 406.
— Se laisse habiller par son tailleur, 418.
Philosophie. De la meilleure, 407.
— Toute philosophie ne parle pas dignement de Dieu, 442.
Physionomie. Nous peut servir de conjecture, 403.
Plaisants (mauvais). Il pleut partout de ces sortes d'insectes, 324.
Plaisant (bon). Est une pièce rare, 324.
Plaisir. Le plus délicat est de faire celui d'autrui, 327.
Plénipotentiaire. Son portrait, 372 et suiv.

INDEX DES CARACTÈRES

Politesse. Fait paraître l'homme au dehors comme il devrait être intérieurement, 329.
— L'on peut définir l'esprit de politesse, l'on ne peut en fixer la pratique, *ibid.*
Politique. Le politique rempli de vues et de réflexions ne sait pas se gouverner, 389.
— Ne songer qu'à soi et au présent, source d'erreur dans la politique, 408.
Portraits. Portrait d'Arsène, 297.
— de Théocrine, *ibid.*
— du philosophe, 298.
— d'Égésippe, ou de l'homme propre à tout, et qui n'est propre à rien, 305.
— de Philémon, ou du fat, 307.
— d'Æmile, 308.
— de Mopse, 309.
— de Celse, *ibid.*
— de Ménippe, ou l'oiseau paré de divers plumages, *ibid.*
— d'une coquette, 311.
— d'une femme qui a un directeur, 313 et suiv.
— de Glycère, 317.
— d'Arrias, ou l'homme universel, 325.
— de Théodecte, ou du fat, 326.
— de Troïle, ou du parasite despote, *ibid.*
— de Théobalde, 331.
— d'Hermagoras, ou de l'homme très-versé dans l'antiquité, mais tout à fait étranger à l'histoire moderne, 332.
— de Cydias, ou du bel esprit, 333.
— De Clitiphon, ou de l'important, 335.
— des partisans (Sosie, Arfure, Crésus, Champagne, Sylvain, Dorus, Périandre, Chrysippe, Ergaste, Criton), 336 et suiv.
— De Giton, ou du riche, 343.
— De Phédon, ou du pauvre, *ibid.*
— de Narcisse, ou de l'homme régulier, 346.
— de l'homme que l'on voit partout, 347.
— de Théramène, ou du riche célibataire, *ibid.*
— de Ménophile, 354.
— de Théodote, 356.
— de Cimon et de Clitandre, ou des gens toujours en mouvement, 351.
— de Straton, ou de l'homme né sous deux étoiles, 361.
— de Théophile, ou de l'homme qui veut gouverner les grands, 363.
— de Téléphon, ou de l'homme riche et en faveur, *ibid.*
— de Théognis, 367.
— de Pamphile, ou du grand plein de lui-même, *ibid.* et suiv.

Portraits. De Démophile, ou du frondeur, 370 et suiv.
— de Basilide, ou de l'anti frondeur, 371.
— du ministre plénipotentiaire, 372 et suiv.
— de Louis XIV, 376 et suiv.
— de Ménalque, ou du distrait, 378 et suiv.
— de Philippe, 392.
— de Gnathon, ou de l'égoïste, *ibid.* et suiv.
— de Cliton, où de l'homme né pour la digestion, 593.
— de Ruffin, ou de l'homme qui ne s'affecte de rien, *ibid.*
— de N..., ou de l'homme infirme qui a la manie de faire bâtir, *ibid.*
— d'Antagoras, ou de l'homme à procès, *ibid.* et suiv.
— de Téléphe, ou de l'homme qui ne se mesure point, 395.
— du sot, *ibid.* et suiv.
— de Timon ou du misanthrope, 397.
— d'Hérille, ou de l'homme à citations, 406.
— du fleuriste, 414 et suiv.
— de l'amateur de prunes, 415.
— de l'amateur de médailles, *ibid.*
— de l'amateur d'estampes, *ibid.*
— de l'amateur de livres, *ibid.* et suiv.
— de l'homme qui a la manie de bâtir, 416.
— de l'amateur d'oiseaux, *ibid.*
— de l'amateur de coquillages, 417.
— de l'amateur d'insectes, *ibid.*
— d'Iphis, ou de l'homme esclave de la mode, 418.
— d'Onuphre ou du faux dévot, 420.
— d'Hermippe, ou de l'homme esclave de ses petites commodités, 430.
Posséder : l'on ne se rend point sur le désir de posséder et de s'agrandir, 540.
Poste : on monte plus aisément à un poste éminent et délicat qu'on ne s'y conserve, 553.
— Les postes éminents rendent les grands hommes encore plus grands, et les petits beaucoup plus petits, 389.
Praticien : conscience du praticien, 428.
Prédicateurs : des prédicateurs, 434 et suiv.
Prévention : misère de la prévention, 403.
Primer : on ne prime ni avec les grands, ni avec les petits, 331.
Prince : jeunesse du prince, source de belle fortune, 355.
— Lever du prince, 358.
— Une parole échappée tombe quelquefois de l'oreille du prince jusque dans son cœur, 559.
— Seraient plus vains s'ils estimaient davantage ceux qui les louent, 363.

Prince. Les hommes capables de conseiller les rois sont censurés s'ils échouent, enviés s'ils réussissent, 364.
— Ce qu'on doit apprendre aux jeunes princes, 366 et suiv.
— Il ne manque rien à un roi que les douceurs d'une vie privée, 374.
— Rien ne fait plus d'honneur au prince que la modestie de son favori, *ibid.*
— Fait le bonheur des peuples quand il choisit pour le ministère ceux mêmes qu'ils auraient voulu lui donner, 375.
— Nommer un roi *père du peuple* est moins faire son éloge que de l'appeler par son nom, *ibid.*
— Parallèle d'un bon prince et d'un berger, 376.
— L'avantage et le danger de leur rang, *ibid.*
— Peuvent-ils jamais trop acheter le cœur de leurs peuples ? *ibid.*
— La puissance absolue le paye-t-elle de ses peines ? *ibid.*
Probité : l'ostentation d'une certaine probité peut enrichir, 339.
Promenades : des promenades publiques, 344.
Provinciaux : les provinciaux et les sots sont toujours prêts à se fâcher, 331.
Prudence : où manque la prudence, trouvez la grandeur si vous le pouvez, 411.
Pruderie : est une imitation de la sagesse, 315 et suiv.
Prunes : de l'amateur de prunes, 349.
Public (le) : écueil des gens poussés par la faveur, 404 et suiv.
Puissants. Voyez *Grands.*

Q

Question (la) : perd un innocent de complexion faible, sauve un coupable né robuste, 428.

R

Rabelais : jugement sur son livre, 299.
Racine : parallèle de Racine et de Corneille, 302.
Railler : du goût qui nous porte à railler, et de la colère que nous ressentons contre ceux qui nous raillent, 388.
Raillerie : à couvert de la répartie, on ne doit jamais faire une raillerie piquante, 331.
Raison : tient de la vérité ; elle est une, 397.
— L'on n'y arrive que par un chemin et l'on s'en écarte par mille, *ibid.*
— Est de tous les climats, 400.
Reconnaissance : il n'y a guère au

monde un plus bel excès que celui de la reconnaissance, 324.

Réhabilitations : des réhabilitations, 423.

Religion : quelques hommes l'altèrent en la défendant, 442.
— Motifs qui la font aimer, 443 et suiv.

République. Quand on veut changer et innover dans une république, c'est moins la chose que le temps que l'on considère, 369.
— Des diverses sortes de maux dans une république, *ibid.*

Ressembler. Rien ne ressemble mieux à aujourd'hui que demain, 443.

Rétributions. Des rétributions dans les paroisses, 425.

Riches. Parallèle des riches et des pauvres, 339.
— Celui-là est riche qui reçoit plus qu'il ne consume, *ibid.*
— Le présent est pour les riches, et l'avenir pour les vertueux et les habiles, 340.

Ridicule. Ne point en mettre où il n'y en a point ; le voir où il est, 304.
— Part d'un défaut d'esprit, 404.
— L'on y entre quelquefois avec de l'esprit, mais l'on en sort, 404.

Rire. Il faut rire avant que d'être heureux, de peur de mourir sans avoir ri, 322.
— Il n'est pas ordinaire que celui qui fait rire se fasse estimer, 324.

Robe. Des gens de robe, 345.

Rois. Voyez *Prince.*

Roman. Pourrait être aussi utile qu'il est nuisible, 301.

Ronsard Jugement sur cet auteur, 299.

Ruiner. Gens qui se ruinent à se faire moquer de soi, 346.

S

Sage (le). Guérit de l'ambition par l'ambition même, 310.
— Évite quelquefois le monde, de peur d'être ennuyé, 334.
— Légistes, docteurs, médecins, quelle chute pour vous, si nous pouvions tous nous donner le mot de devenir sages ! 398.

Sagesse. Il y a une fausse sagesse qui est pruderie, 315.

Santeuil. Jugement sur ce poète, 404.

Satire. Un homme né chrétien et français se trouve contraint dans la satire, 304.

Savant. Chez plusieurs, savant et pédant sont synonymes, 399.
— Des savants, *ibid.*

Savoir. Intempérance de savoir, 416.

Secret. Toute révélation d'un secret est la faute de celui qui l'a confié, 331.

Seul. Tout notre mal vient de ne pouvoir être seuls, 390.

Siège. Curieux qui assistent à un siége, 409.

Société. Dans la société c'est la raison qui plie la première, 329 et suiv.

Socrate. Jugement sur ce philosophe, 406.

Soldats. Sont au souverain comme une monnaie dont il achète une victoire, 375.

Solliciter. Qui sollicite pour les autres a la confiance d'un homme qui demande justice, 360.

Sot. Ne fait rien comme un homme d'esprit, 509.
— C'est le rôle d'un sot d'être importun, 324.
— Les provinciaux et les sots sont toujours prêts à se fâcher, 331.
— Rire des gens d'esprits, c'est le privilège des sots, *ibid.*
— Portrait du sot, 395.
— Est celui qui n'a pas assez d'esprit pour être fat, 403.
— Ne se tire jamais du ridicule ; c'est son caractère, 404.
— Est embarrassé de sa personne, *ibid.*

Sottise. Il n'y a rien qui rafraîchisse le sang comme d'avoir su éviter de faire une sottise, 386.

Soulager. Tel soulage les misérables qui laisse son fils dans l'indigence, 407.

Souverain. Voyez *Prince.*

Stoïcisme. Jeu d'esprit, idée semblable à la république de Platon, 378.

Stupide. Est un sot qui ne parle point, en cela plus supportable que le sot qui parle, 404.

Sublime. Qu'est-ce que le sublime ? 302.
— Entre les grands génies, les plus élevés en sont seuls capables, 303.

Suffisant. Ce qui le fait, 404.

T

Talents. L'universalité de talents n'est pas comprise par les esprits bornés, 309.

Temps. Le regret de l'avoir mal employé ne conduit pas toujours à en faire un meilleur usage, 384.
— Ceux qui l'emploient mal sont les premiers à se plaindre de sa brièveté. 409 et suiv.
— Ceux qui en font bon usage en ont de reste, 410.

Térence. Jugement sur cet auteur, 299.

Testament. Inconstance des hommes dans leurs dispositions testamentaires, 428 et suiv.

Textes. Avantages que procure l'étude des textes pour tous genres d'érudition, 432.

Théâtre. D'où vient que l'on rit si librement au théâtre, et que l'on a honte d'y pleurer, 300.
— Ses mœurs doivent être décentes et instructives, 301.

Théophile. Jugement sur cet auteur, 299.

Thersite. Jetez-moi dans les troupes comme un simple soldat, je suis Thersite ; mettez-moi à la tête d'une armée dont j'aie à répondre à toute l'Europe, je suis Achille, 366.

Tragédie. Ses effets, 301.

Traits (les). Découvrent la complexion et les mœurs, 340.

Travail. Comment on juge celui d'autrui, 406.

Tyrannie. Il ne faut ni art ni science pour l'exercer, 369.

V

Valoir. Se faire valoir par des choses qui ne dépendent que de soi seul, 305.

Vanité. La fausse modestie est le dernier raffinement de la vanité, 386.
— La fausse gloire est son écueil, *ibid.*

Venger (se). C'est par faiblesse qu'on songe à se venger, et c'est par paresse qu'on ne se venge point, 325.

Vérité. N'est pas à l'homme ; elle vient du ciel toute faite, pour ainsi dire, et dans sa perfection, 441.

Vers. Le peuple écoute avidement les vers pompeux ; et à mesure qu'il les comprend moins, il les admire davantage, 295.

Vertu. Vivement touché des choses rares, pourquoi l'est-on si peu de la vertu ? 307.
— Il y a une fausse vertu qui est hypocrisie, 315.
— Est égale et ne dément point, 397.
— Qu'elle soit à la mode, qu'elle n'y soit plus, elle demeure vertu, 417.
— Seule va au delà des temps, 422.

Vices. Point de vice qui n'ait une fausse ressemblance avec quelque vertu, et qui ne s'en aide, 325.
— Des vices innés et des vices acquis, 382.
— Partent d'une dépravation du cœur, 404.

Vie. Sa brièveté, 322.
— Se passe toute à désirer, 383.
— Misérable, elle est pénible à supporter ; heureuse, il est horrible de la perdre, 383.
— Bien que les hommes aiment mieux, et qu'ils ménagent moins, *ibid.*
— Est un sommeil, 384.

Vieillards. C'est une grande difformité dans la nature qu'un vieillard amoureux, 591.
— Le souvenir de la jeunesse est tendre dans les vieillards, 392.
— En eux, une trop grande négligence, comme une excessive parure, multiplie leurs rides, *ibid.*
— Est d'un commerce difficile, s'il n'a beaucoup d'esprit, *ibid.*

Vieillesse. L'on craint la vieillesse, que l'on n'est pas sûr de pouvoir atteindre, 384.
— L'on espère de vieillir et l'on craint la vieillesse; on aime la vie, on fuit la mort, *ibid.*

Ville. La petite ville, 330.
— Coteries de la ville, 344 et suiv.
— On s'élève à la ville dans une indifférence grossière des choses rurales, 348. — Otez les passions, l'intérêt, l'injustice, quel calme dans les plus grandes villes! 383.

Visage. Un beau visage est le plus beau de tous les spectacles, 311.

Vivre. Qui a vécu un seul jour a vécu un siècle, 443.

VOITURE. Jugement sur ses lettres, 299.
— Était né pour son siècle, 418.

INDEX

DES OEUVRES DE VAUVENARGUES

A

Abattement de l'âme (l') donne un extérieur languissant, 481.

Abner, personnage d'*Athalie*, tragédie de Racine. Examen de ce rôle, 573.

Abus (les) inévitables sont des lois de la nature, 656.

Académie française. Concours qu'elle ouvre, en 1745, pour le prix d'éloquence fondé par Balzac; Vauvenargues envoie son *Discours sur l'inégalité des richesses*, 542 et suiv.

Académiques. Quels discours on décore de ce nom, 671.

Accessible. Pourquoi certains hommes le sont peu, 658.

Aceste, ou *l'Amour ingénu* (caractère), 597.

Achille. Pour un bel esprit, Thersite peut lui être égalé, 513.

Acomart, personnage de la tragédie de *Bajazet*, 569.
— Bien caractérisé par le poëte, qui l'a représenté comme l'histoire le fait connaître, 573.

Actifs (les hommes) supportent impatiemment l'ennui, 695.

Action. Nulle jouissance sans action, 499.
— Elle est nécessaire à l'homme, 510.
— Tout vit par elle, 662.
— Agir c'est produire, 683.
— Nous ne pensons pas si bien que nous agissons, 684.

Actions. Il en est qui mènent à une fin utile, 513.
— Dieu est le principe de toutes les nôtres, 553.
— Elles ne sont ni si bonnes ni si vicieuses que nos volontés, 670.
— Il faut les juger selon les temps 674.

Actions. Nous n'avons pas assez de temps pour les réfléchir toutes, 679.

Activité. Elle porte les hommes à la vertu et à la gloire, 484.
— Elle naît d'une force inquiète, 496.
— Son pouvoir, 502.
— Est dans l'ordre de la nature, 510.
— Elle a ses dégoûts et ses périls, 528.
— Portrait d'un homme actif, 606.
— Sa puissance, 648.
— Elle fait plus de fortunes que la prudence, 661.
— Elle ne supporte pas l'ennui, 695.
— Qui la condamne; condamne la fécondité, 683.

Admiration. C'est une surprise pleine de respect, 490.
— Elle marque le terme de nos connaissances, 662.
— Prouve moins souvent la perfection des choses, que l'imperfection de notre esprit. *ibid.*

Adresse. On ne peut jamais dominer par elle seule, 658.

Adversité. Il y a des lumières que l'adversité ne peut éteindre, 506.
— Elle ne doit pas compter sur la pitié d'autrui, 510.
— Elle fait beaucoup de coupables et d'imprudents, 692.
— La mort la comble, 693.
— Elle est en quelque sorte enchaînée à la honte, 675.

Affectation. C'est le dehors de la contrainte et du mensonge, 496.

Affliction. Quelle est la plus amère de toutes, 693.
— Sont rarement longues, 695.

Affligés. Il en est peu qui sachent feindre assez longtemps pour leur honneur, 695.

Affronts. Le lâche en a moins à dévorer que l'ambitieux, 695.
— L'insolent les oublie et s'en attire d'autres, 695.

Agamemnon, personnage de *l'Iphigénie* de Racine. Bien caractérisé par l'auteur, 573.

Age. A mesure qu'il multiplie les besoins de la nature, il resserre ceux de l'imagination, 691.
— Peut-il donner le droit de gouverner la raison, 692.

Agitations. Nous ne connaissons pas l'attrait de celles qui sont violentes, 656.

Agréments. Des auteurs sublimes ne les ont pas négligés, 665.

Agrippine. Personnage du *Britannicus* de Racine. Jugement sur ce rôle, 570, 572, 573, 579.

Aigreur. L'amour-propre la produit, 487.
— Est le partage des gens qui sont doux par intérêt, 657.

Alcibiade. L'artisan qui compte pour peu la vertu (courage), préfère la statue d'Alcibiade à son courage, 629.

Alcippe ou *l'Inconstant.* (Caractère), 602.
— Esprit plus pénétrant que profond, *ibid.*

Alexandre le Grand. Ne voulait plus vivre après avoir tué Clitus, 524.
— Son éloge, 576.
— Excusé de s'être fait rendre des honneurs divins, 674.
— La plupart des gens de lettres aiment mieux son portrait que sa générosité, 677.

Alexandre, tragédie de Racine. L'un de ses plus faibles ouvrages; a cependant des beautés, 573.

Allemands. Ils n'ont pas la férocité des Germains leurs ancêtres, 540.

Alzire, tragédie de Voltaire. Réflexions sur cet ouvrage, 578.
— La préface de l'auteur citée comme un modèle de sentiment, d'harmonie et de noblesse, 380.

Amabilité. Elle est rarement la compagne du vice. Ce serait contre nature, 659.

Ambitieux. Qu'importe à l'ambitieux déçu de mourir plus pauvre ? 683.

Ambition. Sa définition, 484.
— Elle fait la grandeur des États, 648.
— Elle cause aussi leur ruine, *ibid.*
— Tous les hommes en apportent le germe avec la vie, 649.
— Elle est l'âme du monde, *ibid.*
— Elle exile les plaisirs dès la jeunesse, 656.
— Les malheurs d'autrui ne nous en détournent point, 665.
— Combien d'affronts elle fait dévorer, 695.
— Fénelon a tort de la craindre chez les hommes capables, 673.
— Ses avantages, 673, 674.
— Seule, elle peut conserver la considération et le crédit des grands, 674.
— Pourquoi on la dissimule, 682.
— Ce qui peut la borner, *ibid.*
— Celle d'un seul homme agite et ravage un empire jusqu'à ce que tout soit détruit, 685.
— Elle se fait sentir aux enfants comme l'amour, *ibid.*
— Elle est habileté, 688.

Amboise (le cardinal d'), 629.

Ame. C'est d'elle que dépend l'étendue de l'esprit, 476.
— Elle a ses inclinations, indépendantes de ses opinions, 477.
— Son influence sur le caractère, *ibid.*
— On confond souvent ses qualités avec celles de l'esprit, 480.
— L'âme et l'esprit se modifient mutuellement, 484.
— Tous les sentiments en proviennent, *ibid.*
— Est-elle incapable d'un sentiment désintéressé ? 489.
— Difficulté de vaincre ses défauts, 491.
— Sa définition, 500.
— S'élève et se soutient par les grandes occupations, 502.
— Les âmes égales sont souvent médiocres, 606.
— Ce qui caractérise une grande âme, 642.
— Comment on juge de l'âme, 660.
— Puise sa force dans les passions, *ibid.*
— Les biens et les maux ne se font pas sentir aux âmes médiocres, 665.

Ame. Elle règle la force ou la faiblesse de notre créance, 670.
— Influence nos discours, 694.
— L'espérance trompe les plus grandes âmes, 673.
— Rappelle à la vie ses pensées éteintes dans le sommeil, 675.
— Idée que les âmes faibles attachent à la destruction, *ibid.*
— Ce qui caractérise les âmes fortes et pénétrantes, 679.
— Sa plus grande perfection, 681.
— Ce qui constitue une âme forte, 683.
— S'endurcit avec le corps, 685.
— A quoi on peut la juger, 686.

Ame éternelle du monde (l'). Tout revient à elle, 675.

Américain (l') *et le Portugais,* dialogue, 641.

Amis. N'y comptez pas dans le malheur, 521.
— Comment on a des amis fidèles, *ibid.*
— Ne leur demandons pas la perfection qu'ils exigent de nous, 522.
— Nous ne leur savons aucun gré d'estimer nos bonnes qualités, s'ils s'aperçoivent de nos défauts, 661.
— Notre ingratitude envers eux, *ibid.*
— On n'en fait plus dans la vieillesse, 681.

Amitié. Sa définition, 487.
— De celle qu'on a pour les bêtes, *ibid.*
— Admirables effets d'une constante amitié, *ibid.*
— Ce qui la distingue de l'amour, 488.
— Le respecte l'affaiblit, 643.
— Va plus loin que la vertu, *ibid.*
— Est aussi volage que la haine, 692.
— Fait beaucoup d'ingrats, 683.

Amour (l'). Sa définition, 485.
— Opposé à l'amitié, 488.
— Les sentiments que le désir allume sont mêlés d'amour ou de haine, 489.
— Fait entrer la bonté dans un cœur ingénu et sensible, 598.
— Ses faiblesses sont pardonnables, 694.
— Est plus tendre que la pitié, 692.
— Est le premier auteur du genre humain, 678.
— Comparé à l'ambition, 685.
— Est plus violent que l'amour-propre, 688.

Amour de la gloire (de l'), 484, 511.

Amour de la patrie (l') est regardé au temps présent comme un préjugé, 515.
— Quand il fut le plus en honneur chez les Romains, 674.

Amour des sciences et des lettres (de l'), 485.

Amour des objets sensibles (de l'), 490.

Amour du monde (l'). Que de choses il comprend ! 484.
— Est la source de presque toutes les passions, *ibid.*

Amour filial et fraternel. Pourquoi moins vif que l'amour paternel, 486.

Amour paternel (l'). Ne diffère pas de l'amour-propre, *ibid.*

Amour-propre et *Amour de nous-mêmes,* 483.
— Ce qui le caractérise, *ibid.* et suiv.
— N'est pas toujours un vice, 668.
— Comment on l'éprouve, 692.
— Est plus délicat que l'amour, 694.
— Est moins violent que l'amour, 688.

Amuser (s'). On ne s'amuse pas longtemps de l'esprit d'autrui, 658.
— Quand on ne sait pas s'amuser, on veut amuser les autres, 692.

Anciens. Leur imitation est fort trompeuse, 514.
— Ils n'attachaient pas la même idée que nous au nom de Dieu, 674.

Andromaque, tragédie de Racine. Le mauvais goût fait déserter la représentation de ce chef-d'œuvre, pour le spectacle de la Foire, 536, 537.

Anglais. Leur estime pour Shakespeare, 537.

Animaux. Du goût que l'on a pour eux, 487.
— Il n'est pas étonnant que nous les croyions faits pour nous, 661.

ANNIBAL. Son éloge, 576.

ANSELME. Caractère de l'Ennemi des sciences, 621.

Antipathie. Est une haine violente qui ne raisonne pas, 489.

Antipodes. Dans les siècles d'ignorance, on n'y a pas cru, 535.

Antiquité. Ses erreurs ne doivent pas nous surprendre, 670.

ANTOINE, personnage de la *Mort de César,* tragédie de Voltaire. Les discours que l'auteur a mis dans sa bouche sont marqués au cachet du génie et de la vraie éloquence, 572.

Apologue. Suivant la Fontaine, l'apologue était un art divin, 690.

Apparences. En imposent toujours, 685.

Argent. Ceux qui l'aiment pour le dépenser ne sont pas avares, 685.

ARISTOTE. Il est faux que nous lui devions Descartes, 471, note.

ARLEQUIN. Philosophes ou petits-maîtres, Arlequin nous amuse, 537.

Armes. Il n'y a pas de gloire achevée sans celle des armes, 680.
— Le métier des armes fait moins de fortunes qu'il n'en détruit, 684.

Armées. Ce qu'on trouve dans les armées modernes, 515

Arrogance (l') dans les faibles est élévation dans les forts, 657.

Art (l') est nécessaire pour faire fleurir les talents, 485.

— Abus qu'on en fait, 516.

— Ses chefs-d'œuvre ne durent pas tant que les caprices de la nature, 658.

Art de plaire. — *Art de penser.* — *Art d'aimer.* — *Art de parler.* Beaux préceptes, mais peu utiles, quand ils ne sont pas enseignés par la nature, 684.

— Ceux qui sauraient tirer avantage de l'art de plaire n'en ont pas le don, 689.

Art poétique (l') de Boileau. — Cet ouvrage a toute la perfection que ce genre d'écrits comporte, 574.

Arts. Leur utilité, 485.

— Et leur inutilité, 536.

Ascendant. Celui qu'on a sur les hommes vaut mieux que la richesse, 683.

ATALIDE. Personnage de la tragédie de *Bajazet*, de Racine, 569.

Athalie, tragédie de Racine. Éloge de cette pièce, 571 et suiv.

— Voltaire n'a pas eu dessein de l'attaquer, 579.

— Citée, 628.

Athéniens (les) pouvaient parler de la gloire, 514.

Attachements (les) se rapportent généralement à l'amour-propre, 483.

— Celui qu'on a pour les animaux, 487.

Attention. Occupés que nous sommes de nous-mêmes, nous ne faisons pas attention à ce qui nous entoure, 604.

ATTILA. Ce qu'en dit J. B. Rousseau, 570.

Augures. Ceux qui s'en moquent n'ont pas toujours plus d'esprit que ceux qui y croient, 670.

AUGUSTE. Son courage, 495.

— Corneille ne le représente pas comme Suétone, 570.

— Cause de ses cruautés, 571.

— Comment Corneille le fait parler à Cinna, *ibid.*

Aumône (l') égale le pauvre et le riche, 544.

Austérité (l') est la haine des plaisirs, 496.

Autorité. Ses effets sur les âmes les plus faibles, 649.

Auteurs. Faits pour le lecteur, 586.

— Les meilleurs parlent trop, 658.

— Souvent mal jugés, 665.

— Ce qu'on doit faire pour les bien apprécier, 666.

— On ne doit pas leur demander une trop grande perfection, *ibid.*

— Pourquoi sommes-nous disposés à les critiquer, 695.

Auteurs. Ceux qui se distinguent par le tour et la délicatesse sont plutôt usés que les autres, 677.

— Les auteurs médiocres ont plus d'admirateurs que d'envieux, 679.

— Les plus ridicules trouvent des partisans, *ibid.*

— Comment ils montrent leur faiblesse, 680.

— Les uns pèchent dans les détails, d'autres se trompent dans le plan, 688.

Autriche (Maison d'). Sa supériorité dans les négociations, 669.

Autrui. On tire peu de fruits de l'expérience et des lumières d'autrui, 684.

Avares. Comment ils repoussent la pitié, 658.

Avarice (l'). D'où elle naît, 486.

— Est une prévoyance hors de sa place, 500.

— Est la dernière et la plus absolue de nos passions, 691.

Avenir (l'). Nous sommes bien fous de nous en tant inquiéter, 660.

B

BACCHUS. Comparé à Alexandre le Grand, 574.

Bagatelles. Ceux qui les aiment, 662, 686.

Bajazet, tragédie de Racine. Remarque sur cette pièce, 569.

— Critiquée par Voltaire, 579.

BALZAC. Fonde un prix d'éloquence à l'Académie française, 542.

— Vauvenargues y veut concourir par l'envoi d'un *Discours sur l'inégalité des richesses*, *ibid.*

Barbare. La pure nature ne l'est pas, 536.

Barbarie. Ne consiste pas uniquement dans l'ignorance, *ibid.*

— Choses auxquelles on doit appliquer cette qualification, *ibid.*

Bas-fonds de la société (les), 620.

Bassesse. Comment elle se décèle, 488.

— C'est la préférence de l'intérêt à l'honneur, 495.

— Son origine, 679.

Bathylle, ou l'*Auteur frivole* (Caractère), 627.

BAYARD (Pierre DU TERRAIL, le chevalier). Comparé aux héros d'Homère, 688.

BAYLE. Estimé par Lacon ou le Petit Homme, 621 et suiv.

— Comparé à Socrate, 692.

Beau (du). 496.

— Origine que lui donne M. de Crouzaz, *ibid.*

Beauté. Ses effets, 691.

— Tous ses sujets ne la connaissent pas, *ibid.*

Beaux-arts. Règles à observer dans leur pratique, 677.

Beaux esprits (les). Rang qu'ils occupent dans la bonne compagnie, 691.

— Se vengent du dédain des riches sur ceux qui n'ont encore que du mérite, 684.

Bel esprit. Ce que c'est, 513.

Bélier (le), conte d'Hamilton, 646.

BELLEGARDE (le maréchal DE), 513.

BELLE-ISLE (le maréchal DE). Sort de Prague, 532.

— Est assiégé dans cette ville, *ibid.*

— Sa belle retraite sur Egra, *ibid.*

BENSERADE (*Isaac* DE), poëte et bel esprit du siècle de Louis XIV, 687.

Bérénice, tragédie de Racine. L'un de ses plus faibles ouvrages; offre cependant de grandes beautés, 573.

Besoin. On obtient rarement beaucoup des gens dont on a besoin, 658.

Besoins. L'âge les multiplie, 691.

Bêtes. De l'amour que l'on a pour elles, 487.

Bibliothèque du Louvre. Plusieurs manuscrits de Vauvenargues, qu'elle conservait depuis 1828, ont été détruits par l'incendie allumé par les pétroleurs le 24 mai 1871, 359.

Bibliothèque Méjanes, à Aix. On y conserve un exemplaire de la première édition de Vauvenargues (1746), chargé de notes manuscrites de Voltaire, 488.

Bien. Du bien et du mal moral, 491.

— Dire du bien de tout le monde n'est pas d'une bonne politique, 694.

Biens. Nous ne renonçons pas à ceux que nous nous sentons capables d'acquérir, 680.

Bienfait. Il faut toujours s'en montrer reconnaissant, 695.

Bienfaiteur. On ne manque jamais de raisons pour l'oublier, lorsqu'on a fait fortune, 695.

Blâme. Personne ne nous blâme si sévèrement que nous ne nous condamnons souvent nous-mêmes, 694.

BOILEAU-DESPRÉAUX. Jugement sur ses ouvrages, 566.

— Avait plus de génie que de profondeur d'esprit, 567.

— Est supérieur à J. B. Rousseau, 574.

— Son jugement sur Quinault, 581.

— Sur Pascal, 584.

— Son génie comparé à celui de Richelieu, 685.

Bon (du). Ce terme emporte l'idée d'un degré naturel de perfection, 496.

— Il n'y a rien qui ne puisse être bon ou mauvais selon les circonstances, 678.

Bon sens. En quoi il consiste, 475.

— Est une qualité du caractère plutôt que de l'esprit, *ibid.*

47

INDEX DES ŒUVRES

Bon ton (le). Est soumis aux caprices de la mode, 690.
— Quel est le vrai, 679.
Bonne chère, Ses avantages, 678.
— Est le premier lieu de la bonne compagnie, 678.
— Ses effets, *ibid.*
Bonne compagnie (la), 530.
— On croit toujours lui appartenir, 651.
— Place qu'elle réserve aux beaux esprits, 691.
Bonne foi (la) est une fidélité sans défiance et sans artifice, 496.
Bonnes œuvres. Nécessité d'en faire, 557.
Bonheur. Il dépend du caractère, 505.
— N'est pas à regretter, lorsqu'il est sans gloire et sans génie, 657.
— Il n'existerait pas, s'il appartenait à autrui de décider de nos occupations et de nos plaisirs, 659.
— Celui d'autrui ne nous suffit pas, 681.
Bonté (la) est un goût à faire du bien et à pardonner le mal, 496.
Bornes. Celles des talents sont plus inébranlables que celles des empires, 666.
Bossuet. A imité les prophètes, 480.
— Ses sublimes hardiesses, 498.
— A surpassé les orateurs de l'antiquité, 547.
— Comment on prouverait que Bossuet a été le plus grand poète de la terre, 567, 578.
— L'opinion de Voltaire sur Bossuet, dans le *Temple du Goût*, critiquée par Vauvenargues, 579, 580.
— Comparé à Pascal, 582.
— A Fénelon, *ibid.*
— A La Bruyère, 584.
Bourgeoisie (la). Ses ridicules, 619.
Boyer d'Aguilles, marquis d'Argens. Voyez Argens (d').
Britannicus, tragédie de Racine. Jugement sur cette pièce, 570, 572, 573, 579.
Brutalité (la) est une disposition à la colère et à la grossièreté, 496.
Brutus. Son courage et sa faiblesse, 495.
— Son dialogue avec César, 643.
— Son dialogue avec un jeune Romain, 648.
Burrhus, personnage du *Britannicus* de Racine. L'auteur lui a conservé le caractère de son siècle, 573.
— Loué par Voltaire, 579.
But (le) ennoblit les moyens, 510.

C

Caligula. Ses folies n'ont rien de surprenant, 674.

Callisthène, ou *l'Homme froid et ennuyé* (Caractère), 601.
Calvin. On croit en lui, 555.
Candeur (la) est une sincérité douce, 496.
Capitaine. Qualités que doit posséder un grand capitaine, 479.
Caractère individuel. En quoi il consiste, 480.
— La physionomie l'exprime, 488.
— Ne pas en sortir, sous peine de se rendre ridicule, 501 et suiv.
— Les passions le forment, 682.
Caractères. Difficulté de les peindre, 589.
— La Bruyère n'a pas osé en faire de grands, *ibid.*
— Ses portraits comparés à ceux de Fénelon, dans *Télémaque*, et de Bossuet, dans ses *Oraisons funèbres*, *ibid.*
— Vauvenargues imite ceux de Théophraste et de La Bruyère, 590 et suiv.
— Les plus petits peuvent être rendus agréables par le coloris, 677.
Caractères ou Portraits, de *Clazomène*, ou la Vertu malheureuse, 592.
— de *Phérécide*, ou l'Ambition trompée, *ibid.*
— de *Thersite*, 593.
— de *Pison*, ou l'Impertinent, 594.
— de *Lentulus*, ou le Factieux, *ibid.*
— d'*Oronte*, ou le Vieux Fou, 596.
— d'*Othon*, ou le Débauché, *ibid.*
— des *Jeunes Gens*, 597.
— d'*Aceste*, ou l'Amour ingénu, *ibid.*
— de *Phalante*, ou le Scélérat, 598 et suiv.
— de *Termosiris*, ou le Scélérat timide, 599.
— de *Lipse*, ou l'Homme sans principes, *ibid.*
— de *Masis*, ou l'Homme absolu, 600.
— de *Thyeste*, ou la Simplicité, 600 et suiv.
— d'*Érasme*, ou l'Esprit présomptueux, 601.
— de *Callisthène*, *ibid.*
— de l'*Étourdi*, *ibid* et suiv.
— d'*Alcippe*, ou l'Homme changeant, 602.
— de l'*Homme du monde*, *ibid.* et suiv.
— de *Thrasille*, ou les Gens à la mode, 603.
— de *Phocas*, ou la Fausse Singularité, *ibid* et suiv.
— du *Rieur*, 604.
— d'*Horace* ou l'Enthousiaste, *ibid.* et suiv.
— d'*Hégésippe*, 605 et suiv.
— de *Titus*, ou l'Activité, 606.
— de l'*Homme pesant*, 606 et suiv.
— d'*Erox*, ou le Fat, 607.
— de *Varus*, ou la Libéralité, 608.

Caractères ou Portraits, de *Polidore*, ou l'*Homme faible*, 608.
— de l'*Homme inconséquent*, 609.
— de *Lycas*, ou l'Homme ferme, 610.
— de *Tryphon*, ou l'Homme infatué et à courte vue, *ibid.*
— de l'*Esprit de manége*, *ibid.*
— d'*Ergaste*, ou l'Officieux par vanité, 611.
— de *Cyrus*, ou l'Esprit agité, 611.
— de *Ménalque*, ou l'Esprit moyen, 612.
— de *Théophile*, ou l'Esprit profond, 612.
— d'*Eurymaque*, ou le Fourbe, 613.
— de *Turnus*, ou le Chef de parti, 614.
— de *Hermas*, ou la Sotte Ambition, 615.
— de *Cléon*, ou la Folle Ambition, 616.
— de *Clodius*, ou le Séditieux, 617.
— des *Grands*, 619.
— de la *Bourgeoisie*, 619.
— des *Bas-fonds*, 620.
— de l'*Inconstance* des hommes, 620.
— d'*Anselme*, ou le Gentilhomme ennemi des lettres, 621.
— de *Midas*, ou le Sot qui est glorieux, 621.
— de *Lacon*, ou le Petit Homme, 621.
— du *Flatteur insipide*, 622.
— de *Caritès*, ou le Grammairien, 623.
— d'*Isocrate*, ou le Bel Esprit moderne, 623.
— de *Lysias*, ou la Fausse Éloquence, 624.
— du *Lecteur-Auteur*, 625.
— d'*Eumolpe*, ou le Mauvais Poète, 625.
— de *Théobalde*, ou le Grimaud, 627.
— de *Bathylle*, ou l'Auteur frivole, *ibid.*
— de *Cotin*, ou la Fausse Grandeur, 628.
— d'*Égée*, ou le Bon Esprit, 629.
— de *Sénèque*, ou l'Orateur de la vertu, *ibid.*
Caritès ou *le Grammairien* (Caractère), 623.
Catilina. Son caractère, 494.
— Son dialogue avec Sénécion, 650.
Catinat. Modèle proposé par Vauvenargues, 526.
Caumont (*Joseph* de Seytres, marquis de). Voyez Seytres.
Cause occulte de Newton, ses effets, 518.
Cause universelle. Les êtres physiques n'en dépendent pas, 583.
Certitude. Celle des principes n'est pas toujours solidement établie, 499.

César (Jules). Son éloge, 494 et suiv.
— attaqué par Brutus, 495.
— Son rôle dans les tragédies de Corneille et de Voltaire, 569, 571, 572.
— Son dialogue avec Brutus, 643.
Chalampé (combat de), 550.
Chapelle (Claude-Emmanuel Luillier, surnommé). Note sur cet écrivain, 622.
Charité (la) est un zèle religieux pour le prochain, 496.
Charlatans de la morale. Ils ne proposent que des difficultés, 668.
Charles VI, empereur d'Allemagne. La guerre de 1741, entreprise pour sa succession, coûte la vie au jeune de Seytres, ami de Vauvenargues, 532.
Charles-Albert, duc de Bavière, empereur d'Allemagne (1742), ibid.
— Ses revers et sa mort; 544 et suiv.
Charles VII, empereur d'Allemagne, d'abord duc de Bavière sous le nom de Charles-Albert, note, 544 et suiv.
Chasse (la). Pourquoi le chasseur aime mieux tuer un sanglier qu'une hirondelle, 486.
Chasteté. La solitude la tente puissamment, 678.
Chaulieu. Ses poésies, 567 et suiv.
Chefs-d'œuvre. Comment ils se produisent, 479.
Choses. Il est plus aisé d'en dire de nouvelles que de concilier celles qui ont été dites, 655.
— Pour dire de grandes choses, s'accoutumer à n'en jamais dire de fausses, 671.
— Les meilleures sont les plus communes, 684.
Cicéron. Représente les Romains comme des hommes hautains dans leurs sentiments, mais simples, naturels et modestes dans leurs paroles, 570
Cid (le), tragédie de Corneille. Jugement de Vauvenargues sur cette pièce, 569.
Cinna, tragédie de Corneille. Opinion sur cette pièce, 571.
Circonstances. Leur empire, 688.
Clarté (la) orne les pensées profondes, 655.
Clazomène ou la Vertu malheureuse (Caractère). C'est Vauvenargues peint par lui-même, 592.
Clémence (la) est une bonté envers nos ennemis, 496.
— Vaut mieux que la justice, 660.
Cléon ou la Folle Ambition (Caractère, 616.
Cléopâtre, personnage de Rodogune, tragédie de Corneille. Jugement sur diverses parties de cette pièce, 628.
Clitus. Sa mort regrettée par Alexandre, 632.

Clodius ou le Séditieux (Caractère), 617.
Clytemnestre, personnage d'Iphigénie, tragédie de Racine. Beauté historique de ce caractère, 573.
Cœur. Ses qualités réunies à celles de l'esprit forment le génie, 479.
— Les maximes des hommes décèlent leur cœur, 658.
— La raison ne connaît pas ses intérêts, 659.
— Les grandes pensées viennent du cœur, ibid.
— La fatuité dédommage du défaut de cœur, 127, 695.
— La conviction de l'esprit n'entraîne pas toujours celle du cœur, ibid.
Colère, (la) est une aversion subite et violente, avec un désir aveugle de vengeance, 489.
Coligny (l'amiral). Noble caractère, mis en opposition aux gens du bel air qui passent leur vie dans la dissipation et les plaisirs, 503.
Colletet, poète, 535.
Comines (Philippe de), historien. Son dialogue avec Philippe second, 642.
Commerce. (le) Ce qui le fait prospérer, 92 et suiv.
— A été longtemps négligé par les Romains, 556.
— Est l'école de la tromperie, 669.
Commerce du monde (le) n'est fondé que sur la politesse et la flatterie, 511.
— Son but, 692.
Compassion (la). Réflexion sur ce sujet, 511 et suiv.
Complaisance. Celle qu'on a dans soi-même caractérise l'amour-propre, 483 et suiv.
— C'est une volonté flexible, 490.
— Les esprits légers y sont disposés, 658.
Concilier. Ce qui nous manque pour tout concilier, 668.
Condé (le grand). Cité, 526, 603.
— Ses dernières paroles au lit de mort, 695.
Condition des grands. Avantages qu'elle leur procure, 508.
Conditions. Leur inégalité nécessaire au maintien des sociétés, 582.
— Chacun a ses devoirs, ses écueils et ses distractions, 634.
Confiance. Sentiment usé dans les vieillards, 488.
Connaissances. Il faut se borner à un petit nombre, 485.
— Combien il est difficile de les bien posséder, 666.
— Pourquoi elles ne sont jamais approfondies, 685.
Conquérants. Leur gloire a toujours été respectée, 664.

Conscience (la) est la plus changeante des règles, 659.
— La fausse ne se connaît pas, ibid.
— Est l'organe du sentiment qui nous domine et des opinions qui nous gouvernent, ibid.
— Celle des mourants calomnie leur vie, ibid.
Conseil (le), fait faire peu de grandes choses, 659.
Conseils. Ceux de la vieillesse éclairent sans échauffer, 660.
— Injustice de ceux qui en donnent, ibid.
— Les plus faciles à pratiquer sont les plus utiles, 602.
— Nous ne nous défions pas des nôtres, ibid.
— La générosité en donne moins que de secours, 679.
Conseils à un jeune homme. Ouvrage de Vauvenargues, adressé à Hippolyte de Seytres, 519, 524.
Constance (la) est une fermeté raisonnable dans nos sentiments, 496.
— Est la chimère de l'amour, 691.
Contentement (le) n'est pas la marque du mérite, 657.
Conter est la ressource de ceux qui n'imaginent pas, 658.
Contradictions. Celles de l'esprit humain, effet d'une grande multiplicité d'idées, 535.
— Il n'y en a pas dans la nature, 668.
— Nous nous appliquons bien plus à noter celles d'un auteur qu'à profiter de ses vues, 695.
— Vauvenargues explique ses contradictions, 686.
Conversations frivoles. Elles sont l'apanage du monde à la mode, 512.
Coquette. C'est un mauvais parti pour une femme, 690.
Corneille (Pierre). A imité Sénèque et Lucain, 480.
— Réflexions critiques sur ses ouvrages, 568.
Cornélie, personnage de la Mort de Pompée, tragédie de Corneille, 569.
— Jugement sur le caractère de ce rôle, ibid.
Corruption. Celle des principes, cause de celle des mœurs, 541.
Cotin ou la Fausse Grandeur (Caractère), 628.
Courage (le). Il y en a de plusieurs sortes, 495.
— Surmonte tout, 503.
— A plus de ressources contre les disgrâces que la raison, 656.
— Quel en est le terme, 695.
— Il agrandit l'esprit, 173.
— Doit régler la vie, 678.
Coutume (la). Ce qui fait sa force, 498 et suiv.

Crainte (la). Elle persuade tout aux hommes, 535, 563.
Critique. La critique est plus facile à faire qu'une juste appréciation, 665.
— Éclairée et impartiale, il faut savoir la souffrir, 676.
CROMWELL (*Olivier*). Pourquoi il réussit dans ses projets ambitieux, 525.
— Respect que son génie inspire, 629.
— Il est des dévots qui lui refusent jusqu'au bon sens, 693.
CROUSAZ (*Jean-Pierre*), philosophe et mathématicien suisse. Ce qu'il dit du beau, 496.
Croyance. La force ou la faiblesse de notre créance dépend plus de notre âme que de notre esprit, 670.
Cruauté. Insensibilité mêlée de plaisir, 495.
CURIACE, personnage de la tragédie d'*Horace*, de Corneille. Son admirable dialogue avec Horace, 571.
CYRUS, ou *l'Esprit agité* (Caractère), 611, et suiv.

D

DANCOURT, acteur et auteur comique, 629.
Dardanus, opéra de Rameau, 622.
Débauché (Portrait d'un). Voyez ORNON.
Décider. Le droit de décider de nos occupations et de nos actions n'appartient pas à autrui, 659.
Découverte. Ce que nous prenons pour tel n'est souvent qu'une vérité qui court les rues, 655.
Défauts. Tout ce que nous prenons dans la morale pour un défaut n'est pas tel, 500.
Défiance. Extrême, est souvent nuisible, 658.
Dégoût. Sa définition, 489.
Dehors (les) nous imposent, 665.
Délicatesse (la) vient essentiellement de l'âme, 475 et suiv.
— Cache sous le voile des paroles ce qu'il y a dans les choses de rebutant, 478.
DÉMOCRITE, philosophe grec, 604.
Démonstration. N'est que l'évidence obtenue par le raisonnement, 679.
DÉMOSTHÈNES. Jugé par comparaison, 514.
— Son dialogue avec Isocrate, 634.
— Ses idées sur la véritable éloquence, 635.
— Autre dialogue avec Isocrate, *ibid*.
— Qualités qu'il exige dans un orateur, 637.
Dents postiches. On ne mâche point avec elles, 516.
DENYS LE TYRAN. Son dialogue avec Platon, 654.
Dépendance (la) est née de la société, 661.
DESCARTES (*René*). Son génie, 480, 526, note; 541, 584.

DESCARTES. Génie créateur; ses erreurs ont été partagées par des esprits subalternes, 667.
Désertion. Le bruit des tambours et des trompettes a pour objet de l'arrêter, 689.
Désespoir (le). Engendre les partis violents, 521.
— comble non-seulement notre faiblesse, mais encore notre misère, 665.
— est plus trompeur que l'espérance, 678.
DESFONTAINES (l'abbé), 622.
Désir (le) est une espèce de mésaise que le goût du bien-être met en nous, 490.
DESPRÉAUX. Voyez BOILEAU.
Desseins. En quels cas on méprise les grands desseins, 658.
Devoirs. On ne les pratique guère que par nécessité ou par habitude, 680.
Dialogues. Alexandre et Despréaux, 631.
— Fénelon et Bossuet, 632.
— Démosthènes et Isocrate, 634.
— Les mêmes, 635.
— Pascal et Fénelon, 638.
— Montaigne et Charron, 639.
— Un Américain et un Portugais, 641.
— Philippe II et Comines, 642.
— César et Brutus, 643.
— Molière et un jeune homme, 644.
— Racine et Bossuet, 645.
— Le cardinal de Richelieu et le grand Corneille, 647.
— Richelieu et Mazarin, *ibid*.
— Fénelon et Richelieu, 648.
— Brutus et un jeune Romain, 649.
— Catilina et Sénécion, 650.
— Renaud et Jafier, conjurés, 652.
— Platon et Denys le Tyran, 654.
DIEU. Idée que les anciens attachaient à ce mot, 674.
— Peut tout, 491, 542, 550.
— Ses œuvres merveilleuses, 545 et suiv.
— serait imparfait sans la dépendance des hommes, 552.
— Principe des actions humaines, 553.
— Sa main toujours étendue sur l'homme, 557.
— ne peut être vicieux, 558.
— ne dépend que de lui, *ibid*.
— Sa bonté, sa puissance, 559.
— est d'autant plus parfait, qu'il ne peut être imparfait, 560.
— Sa justice, 561.
— C'est entreprendre sur sa clémence que de punir sans nécessité, 660.
Dieux. Ceux des anciens, tous fort imparfaits, 674.
Dignité royale. Sur quoi elle se fonde, 673.

Digressions. Leur effet quand elles sont trop longues, 663.
Discours. Ce qui l'affaiblit, 663.
— Critique des discours académiques, 671.
Discours sur la gloire, 525 à 529.
Discours sur les Caractères des différents siècles, 534 à 539.
Discours sur les mœurs du siècle, 539 à 541.
Discours sur les plaisirs, 529 et 530.
Discours sur l'inégalité des richesses, 542 à 547.
Discrétion (la). Sa définition, 511.
Disgrâces. L'amitié se fait un devoir d'y prendre part, 488.
Disputes. D'où naissent celles relatives à l'esprit, 480.
— Celles qu'on doit éviter, 502.
— Comment on y fait régner l'honnêteté, 692.
Dissimulation (la) est une imposture réfléchie, 496.
— est un effort de la raison, 680.
Distraction. Le sérieux de la distraction a des dehors singuliers, 481.
— comparées aux règles du sommeil, *ibid*.
Dons. On est forcé de respecter ceux de la nature, 664.
— Les dons intéressés sont importuns, 692.
— Ceux de la nature et de la fortune ne sont pas si rares que l'art d'en jouir, 664.
Douceur. D'où elle procède, 482.
— C'est un fonds de complaisance et de bonté, 496.
Douleur. Est, comme le plaisir, l'essence et le fond des passions, 482.
Doute universel (Pyrrhonisme), 497, 498.
Droits. Les lois les fixent et les protégent, 92.
— Ceux des enfants à la succession de leur père, 673.
Droiture (la) est une habitude de la vertu, 495.
Duel. Idée qu'en avaient nos pères, 537.
— Son apologie, 686.
DUMOULIN (*Molin*), médecin célèbre, 603, note.
Dupe. On ne peut l'être de la vertu, 503.
— C'est être médiocrement habile que de faire des dupes, 658.
— Dès qu'on peut faire du bien, on est à même de faire des dupes, 670.
— Personne ne veut l'être, 690.
— Les hommes semblent nés pour l'être d'eux-mêmes, 680.
Duplicité. Imposture qui a deux faces, 496.
Dureté. Insensibilité à la vue du malheur, 495.

E

Économes. On leur fait mal sa cour par des présents, 679.
Économie (l') peut s'allier avec la profusion, 657.
Écrivains. Fragment critique sur les mauvais écrivains, 585 et suiv.
— Ce qui fait souvent leur mécompte, 655.
— Qualités qu'ils doivent avoir, 662.
— Les anciens travaillaient sans modèle et en servent aujourd'hui, 689.
— Ce que les écrivains médiocres doivent éviter, 677.
— Ce qui les réduirait à ne point écrire, *ibid.*
— Il n'y en a pas de si ridicule que quelqu'un n'ait traité d'excellent, 679.
— Se pillent les uns les autres, 684.
Éducation. Elle ne peut suppléer au génie, 485.
Effronterie (l') est estimée des femmes, 690.
Égalité (l'). Celle des hommes existe devant la loi, 492.
— Elle ne peut exister que de cette manière, 542 et suiv.
— N'est pas une loi de la nature, 664.
— Est chimérique, 681.
ÉGÉE, ou le *Bon Esprit* (Caractère), 629.
ÉGISTHE, personnage de la tragédie de *Mérope*, par Voltaire. Caractère grand et vrai, sans affectation, 578 et suiv.
Égyptiens. Singularité de leur religion, 535.
Électre, tragédie de Voltaire, imprimée d'abord sous le titre d'*Oreste*, 578.
Élégance du langage. Ce qui la constitue, 478.
— Qualité essentielle pour un orateur, 635.
Élévation. Ce qui la distingue de l'arrogance, 657.
Éloges. D'Hippolyte de Seytres, 530-534.
— De Louis XV, 548 et suiv.
Éloquence. Ce qui la constitue, 478.
— Elle se joue des passions, *ibid.*
— Est bannie des écrits modernes, 514.
— Sa définition, sa puissance, 587 et suiv.
— Les plus grands hommes ont été les plus éloquents, 666.
— Elle vaut mieux que le savoir, 695.
— Rien ne s'en éloigne davantage que le jargon de l'esprit, 679.
Empires. Causes de leur décadence et de leur chute, 541.

Emplois. Il n'y a rien de plus rare que le mérite des emplois, 690.
— Il n'est pas vrai qu'il soit plus aisé d'en paraître digne que de les bien remplir, 695.
— Du choix de ceux qu'on y destine, 689.
Enfants. Leurs rapports avec leurs parents, 486.
— Leur ingratitude, 661.
— Leur premier soupir est pour la liberté, 691.
— Vices de l'éducation qu'on leur donne, 673.
— Ce qu'il faudrait faire pour eux, *ibid.*
— Leur amour du désordre, 679.
Énigmes. Puérilité de leur étude, 474.
Enjouement. Les personnes enjouées sont recherchées dans le monde, *ibid.*
— Ce qui le fait naître, 482.
Ennui (l') vient du sentiment de notre vide, 490.
Enrichir (s'). Moyens opposés que l'on emploie pour y parvenir, 680.
Enthousiasme (l') est indispensable pour s'élever aux grandes vérités, 671.
Envie (l'). Sa définition, 489.
— Un honnête homme n'envie pas la fortune de ceux qui en sont indignes, 674.
Envieux. Il ne faut pas tenter de les contenter, 691.
Épisodes (les). L'abus qu'on en fait prouve le peu d'étendue de l'esprit, 662.
— Ressource des écrivains médiocres, 663.
Épithètes. N'ajoutent rien à la valeur des hommes, 681.
Épître aux Muses. Vauvenargues blâme cette pièce de vers de J.-B. Rousseau, 577.
Équité. En quoi elle consiste, 492.
— Sa définition, 495.
Équivoques. Pourquoi on les dissimule dans les traités entre princes, 685.
ÉRASME, ou l'*Esprit présomptueux* (Caractère), 601.
ERGASTE, ou l'*Officieux par vanité* (Caractère), 611.
ENOX, ou le *Fat* (Caractère), 607.
Erreurs. Il en est que la prudence ne veut pas qu'on approfondisse, 499.
— L'erreur est le partage de l'esprit humain, 695.
— Périssent d'elles-mêmes quand elles sont rendues clairement, 655.
— Personne ne veut être plaint des siennes, 656.
— Comment les grands hommes sont la cause des erreurs des faibles, 665.
— Ce qui nous y conduit, 664.

Erreurs. Ajoutées à la vérité, ne l'augmentent pas, 666.
— Celles de l'antiquité ne doivent pas nous étonner, 670.
— Sont la nuit des esprits et le piège de l'innocence, 691.
— Les demi-philosophes, en louant l'erreur, font les honneurs de la vérité, 691.
— Quelle est la plus grande de nos erreurs, 693.
— Celles des siècles savants sont les plus subtiles, 680.
Érudition. Quelle est celle des gens du monde, 686.
ESCULAPE. Ce que ces enfants (les médecins) font souvent dans la pratique, 660.
Espérance. Sentiment d'un bien prochain, 490.
— Il n'y a rien qu'elle ne puisse persuader aux hommes, 535 et suiv.
— Il ne faut pas se reposer inconsidérément sur ses promesses, 656.
— C'est le seul bien que le dégoût respecte, 689.
Esprit (de l') en général, 472 et suiv.
— Ce qu'il ne pénètre qu'avec peine ne va pas souvent jusqu'au cœur, 477.
— En quoi il diffère du génie, 479.
— Est compris dans le caractère, 480.
— Imperfection de celui de l'homme 498.
— Sa sujétion, 502.
— L'esprit naturel et le simple, 505.
— Il y en a plus aujourd'hui qu'autrefois parmi les hommes, 514.
— Sur l'esprit d'emprunt, 515 et suiv.
— Ses bornes, 518.
— Les esprits mûrs et modérés ne forcent point leur avenir, 593.
— CARACTÈRES : de l'*Esprit présomptueux*, 601.
— De l'*Esprit agité*, 611.
— De l'*Esprit moyen*, 611.
— De l'*Esprit profond*, *ibid.*
— Du *Bon Esprit*, 629.
— Celui de l'homme est plus pénétrant que conséquent, 654.
— L'esprit faux; il change souvent de maximes, 658.
— L'esprit léger est disposé à la complaisance, *ibid.*
— L'esprit est l'œil de l'âme et non sa force, 660.
— L'admiration en est la mesure, 662.
— Mieux vaut l'avoir juste que vif, *ibid.*
— Est naturellement sérieux, *ibid.*
— Comment on juge de ses productions, *ibid.*

Esprit. Ce qui prouve son étendue, 663.
— De ceux qui n'ont que de l'esprit, 664.
— Différence qu'il met entre les hommes, *ibid.*
— Comment on le fait valoir, 665.
— Ce qui paraît aux uns étendue d'esprit n'est pour les autres que mémoire et légèreté, *ibid.*
— Pourquoi les esprits subalternes n'ont point d'erreurs en leur privé nom, 667.
— Un peu de bon sens en ferait évanouir beaucoup, 692.
— Il ne vaut que par la justesse du jugement, *ibid.*
— Caractère du faux esprit, *ibid.*
— Il a besoin d'être occupé, *ibid.*
— Il développe les simplicités du sentiment pour s'en faire honneur, *ibid.*
— Il est borné jusqu'à l'erreur, 693.
— Ce qui l'épuise, *ibid.*
— Il ne faut pas connaître la vertu, *ibid.*
— Aucun homme n'en a assez pour n'être jamais ennuyeux, *ibid.*
— Les passions le rendent inutile, *ibid.*
— Il ne suffit pas pour plaire, *ibid.*
— Ne nous garantit pas des sottises de notre humeur, *ibid.*
— Ce qui le fait paraître étendu, 693.
— La méchanceté en tient lieu, 694.
— Sa faiblesse nous console plus promptement que sa force, 695.
— La conviction de l'esprit n'entraîne pas toujours celle du cœur, 695.
— Ce qui le fait préférer au savoir, *ibid.*
— C'est en lui, et non dans les objets extérieurs, que nous apercevons la plupart des choses, 673.
— Il ne fait pas à lui seul le sel de la conversation, 679.
— Ses avantages sont presque aussi fragiles que ceux de la fortune, 678.
— Il ne tient pas lieu de savoir, 679.
— Tous ceux qui l'ont conséquent ne l'ont pas juste, 672.
— Son plus grand effort est de se tenir à la hauteur de la fortune, 683.
— Pourquoi il est aujourd'hui à si bas prix, 684.
Esprit (l') de *médiation* et de *manège*; caractère distinctif des hommes d'État et des politiques, 666.
Esther. L'une des plus faibles tragédies de Racine, renferme néanmoins de grandes beautés, 573.
Estimable. Quelle idée peut-on avoir de soi-même, si l'on ignore ce qui est estimable? 471.
Estime (l') est un aveu intérieur du mérite, 489.
— Moyen de gagner celle d'autrui, 490.
— Elle s'use comme l'amour, 656.
— Nous en voulons toujours plus qu'on ne nous en accorde, 657.
— On serait bien étonné d'apprendre ce qui en fait accorder à quelques hommes, 684 et suiv.
Estomacs. Il y en a peu de bons, mais beaucoup de bons aliments, 684.
État. Il faut avoir les talents de son état, ne pas le quitter, 524.
États. Il n'y a point de puérilités et de fantaisies qui ne se produisent et ne trouvent des partisans dans les États populaires, 666.
— Les changements nécessaires s'y font presque toujours d'eux-mêmes, 678.
Étendue de l'esprit. Elle vient en aide au jugement et à la pénétration, 476.
— N'est aux yeux de quelques-uns que mémoire et légèreté, 665.
Éternité des corps, 674 et suiv.
Étioles (madame d'). Voyez Pompadour.
Étonnement (l') est une surprise longue et accablante, 490.
Étourdi (l'); son caractère, 601 et suiv.
Être. Ce qui le constitue, 497 et suiv.
— Les êtres physiques ne dépendent pas d'un premier principe, et d'une cause universelle, 683 et suiv.
Étude. Celle des sciences agrandit l'esprit, 518 et suiv.
— Deux études importantes: la vérité et l'éloquence, 589.
Eumolpe, ou *le Mauvais poëte* (Caractère), 626.
Europe (sur l'équilibre de l'), 694.
— Idées de Voltaire à ce sujet, *ibid.*
Eurymaque, ou *le Fourbe* (Caractère), 613.
Événements (les) nous trompent aussi souvent que nos passions, 508.
Exercices du corps. Ils sont un plaisir pour l'âme et pour les sens, 486.
— Nécessaires à l'esprit aussi bien qu'au corps, 685.
Existence (l') est un mélange de peines et de plaisirs: c'est par là qu'elle nous donne l'idée du mal, 482.
Expérience (l'). On tire peu de fruit de celle d'autrui, 684.
Expression (l') répond à la nature des idées, et par conséquent au caractère de l'esprit, 478.

Expression (l'). Il faut en faire cas dans le style, 589.
— Marque d'une expression parfaite, 690.
Extérieur (l'). Aux yeux d'un homme attentif, il sert à distinguer les divers caractères, 481.

F

Fables. Ont été inventées pour faire recevoir la vérité aux enfants, 514
— On doit leur apprendre celles surtout qui touchent l'histoire de leur pays, 686.
Factieux (le), (Caractère), 594 et suiv.
Faible (l'Homme), (Caractère), 608 et suiv.
— Sa modération et médiocrité, 657.
Faiblesse de l'esprit humain, 493.
— Le sentiment qu'on en a ne doit point nous abattre, 520.
— Est incompatible avec la raison et la liberté, 656.
— Nos faiblesses nous attachent les uns aux autres autant que pourrait le faire la vertu, 661.
— Celles de l'amour sont pardonnables, 691.
— Il y a des faiblesses inséparables de notre nature, 693.
— Nous en tirons vanité, 694.
— Il y a plus de faiblesse que de raison à être humilié de ce qui nous manque, 679.
Familiarité (la), Ses avantages, 503, 520.
— est l'apprentissage des esprits, 658.
— Fait beaucoup d'ingrats, 683.
Fantaisies. Un homme vain et paresseux cède à toutes les siennes, 504.
Fat (le). Son portrait, 607.
— Se croit toujours beau, 664.
— Est naturellement insolent, 688.
Fatuité (la) est aussi difficile à contrefaire que la véritable vertu, 520.
— Dédommage du défaut de cœur, 695.
— Égalise les conditions, 679.
Fausseté (la) est une imposture naturelle, 496.
— Ce qui nous la fait mépriser et haïr, 690.
— Le faux présenté avec art nous surprend et nous éblouit, 694.
Fautes. Nécessité d'en faire, 503 et suiv., 558.
— Personne n'est sujet à plus de fautes que ceux qui n'agissent que par réflexion, 659.
— Ce qu'on appelle faute de jugement dans un auteur dramatique, 688.
Faveur. Celle des rois est le plus court chemin pour faire fortune, 674.
Fécondité de l'esprit. Sa définition, 473 et suiv.

Femmes, Qualités ou défauts qui les font aimer, 488.
— Ce qu'elles appellent un homme aimable, 519 et suiv.
— Ne séparent point leur estime de leurs goûts, 556.
— Ne peuvent comprendre qu'il y ait des hommes désintéressés à leur égard, 690.
— N'aiment ordinairement un jeune homme que lorsqu'elles en ont fait un fat, *ibid.*
— N'estiment dans les hommes que l'effronterie, *ibid.*
— Leurs erreurs sur leur ajustement, *ibid.*
— Les faiblesses de l'amour leur sont pardonnables, 691.
— Quand on ne peut plus leur plaire, et qu'on le sait, on s'en corrige, *ibid.*
— Ne doivent pas se piquer d'esprit, 673.
— Pourquoi la laideur les rend méchantes, 688.
— Ont plus de vanité que de tempérament, et plus de tempérament que de vertu, *ibid.*
Fénelon. Son jugement sur les Romains, 570.
— Vauvenargues le défend contre Voltaire, 580.
— Son éloge, 582.
— Comparé à La Bruyère, 583.
— Imité par Vauvenargues, 595, note.
— Ses Dialogues : avec Bossuet, 632. avec Pascal, 638 ; avec Richelieu, 648.
Fermeté. Avantages qu'on en retire dans la conduite de la vie, 510.
— Portrait de l'homme ferme, 610.
— Il est bon d'être ferme par tempérament, et flexible par réflexion, 661.
Ferney (le Patriarche de). Voyez Voltaire.
Férocité (la). Ce qui la décèle, 657 et 675.
Fidélité. Respect de nos engagements, 496.
Fierté. Elle est l'orgueil du courage, 483.
— Est une passion fort théâtrale, 571.
Figure. Idée que chacun se forme de la sienne, 236.
Fils. Si l'on n'est homme de bien, il est rare qu'on soit bon fils, 486.
Finesse. Est une sorte de sagacité sur les choses de sentiment, 475.
— Elle emploie des termes qui laissent beaucoup à entendre, 478.
— Les petites finesses sont méprisables, 524.
Finesses. Elles sont mauvaises en amitié, 670.
Flatterie (la). Est le lien du monde, 511.
— Caractérise un mauvais règne, 548.
Flatteur insipide (le), (Caractère), 622.

Flatteur. Un flatteur ne trompe que les sots, 667.
Fléchier. Lacon ou *le Petit Homme*, juge peu éclairé, le met au même rang que Bossuet, 621.
Fleuriste (le). Caractère de la Bruyère, cité comme preuve du talent de l'auteur, 677.
Fleury, cardinal, ministre de Louis XV, 548.
Flexible. Il est bon de l'être par réflexion, 661.
Foi (la) admet l'expérience et le raisonnement, 556.
Foi (Méditation sur la), 564.
Folie (la). S'allie souvent à la sagesse, 475.
Fontenelle. Son éloge, 585.
— Ce qu'il dit de la poésie et de l'éloquence, 589.
Fontenoy (bataille de), 544.
Force. Celle de l'esprit vient d'abord du sentiment, et se caractérise par le tour de l'expression, 476.
— Celle de l'esprit est le triomphe de la réflexion, 496.
— Force de l'habitude, 498.
— On ne résiste pas à celle de la nature, 498.
— Le sentiment de nos forces les augmente, 658.
— Elle peut tout entreprendre contre les habiles, 658.
Fortune. Avantages qu'elle procure, 501.
— Ses hasards, 508.
— Il ne faut pas toujours s'en prendre à elle, 509.
— Pourquoi les fortunes promptes sont les moins solides, 656.
— Elle exige des soins, 657.
— L'intérêt en fait peu, 657.
— Il n'y a d'heureux que ceux qu'elle a mis à leur place, 658.
— Ni ses dons ni ses coups n'égalent ceux de la nature, 662-665.
— Elle ne peut rien sans la nature, 665.
Fourbe (le). Son portrait (Caractère), 613.
Fourberie (la) est une imposture qui veut nuire, 495.
Français (les). Leur caractère mobile, 540.
Franchise (la), Est une sincérité sans voiles, 495.
François-Étienne de Lorraine. gendre de Charles VI, empereur d'Allemagne, comme époux de l'archiduchesse Marie-Thérèse, est reconnu duc de Lorraine, 532.
— Dispute, en 1741, la succession de son beau-père, et ne la recueille qu'en 1745, sous le nom de François Ier, *ibid.*
Frères. Pourquoi souvent ils se haïssent, 487.

Frivolité. Réflexions sur celle du monde, 512.
— Elle anéantit ceux qui s'y attachent, 530.
Froideur. Ce qui la produit entre amis, 487.

G

Gaieté (la). Avantages qu'elle nous procure, 483.
Galant. Les grands hommes de l'antiquité ne l'ont point été, 664.
— L'homme du monde est tenu de l'être, 690.
Géants. Voir, sur cette qualification, un passage dirigé contre Pascal, 538.
Générosité (la). C'est le sacrifice de l'amour-propre, 495.
— Elle souffre des maux d'autrui, comme si elle en était responsable, 661.
Génie. Motifs de sa rareté, 479.
— Son caractère, 480.
— Comparé au caractère, 480.
— L'éducation ne peut le suppléer, 485.
— Ce qu'on entend par un grand génie, 493.
— Les hommes de génie souvent négligés par ceux qui gouvernent, 509.
— Différent génie, différent goût, 663.
— Moyen de le développer, 668.
Genre humain. L'amour est son premier auteur, 678.
Gens d'esprit (les) sont quelquefois plus éclairés que d'assez beaux génies, 477.
— Pourquoi ils parlent et agissent souvent mal à propos, 515.
Gens de lettres. De leurs rapports avec les grands, 507.
— Leurs jalousies, 507.
Gens du monde. Leur esprit, 476.
Germains. En quoi les anciens Germains diffèrent des Allemands d'aujourd'hui, 540.
Gloire (la). Elle nous excite au travail et à la vertu, 484.
— Cette passion comparée à celle des sciences, 485.
— Son amour fait les grandes fortunes entre les peuples, 657.
— Pourquoi nous trouvons cet amour ridicule, *ibid.*
— S'ils ne l'avaient pas aimée, les hommes n'avaient ni assez d'esprit, ni assez de vertu pour la mériter, 660.
— Ce n'est pas par pure paresse qu'on la néglige, 664.
— C'est par la vertu qu'il faut la rechercher, 669.
— Serait la plus vive de nos passions sans son incertitude, 679.

Gloire (la). Elle remplit le monde de vertus, 680.
— Elle embellit les héros, *ibid*.
— Ce que prouve le désir de la gloire, *ibid*.
— Elle est difficile à acquérir, 682.
— Seule, elle tient lieu des talents qu'une longue vie a usés, 689.
Goût (le). Est une aptitude à bien juger des choses de sentiment, 475.
— Celui du plus grand nombre n'est pas juste, *ibid*.
— Les femmes et les jeunes gens ne séparent point leur estime de leurs goûts, 656.
— Différent génie, différent goût, 662.
— Il est inconstant, s'use et varie comme notre humeur, 663.
— N'est pas si difficile à contenter que l'esprit, 666.
Gouverner. Le terme de l'habileté est de gouverner sans la force, 658.
Grâce (la). Est une impulsion surnaturelle vers le bien, 496.
GRACQUES (les) *Tibérius* et *Sempronius* GRACCHUS. Personne n'eût osé parler devant ces deux illustres Romains du mépris de la gloire, 528.
Grammairien (le) Son portrait, 625.
Grand. Rien de grand ne comporte la médiocrité, 680.
Grandeur d'âme (la) est un instinct élevé qui porte les hommes au bien ou au mal, selon leurs passions, 494.
Grands (les). Leur ignorance, 540.
— Leurs défauts, 664 et 667.
— Le plaisir et l'ostentation l'emportent dans leur cœur sur l'intérêt, 669.
— Ils ne connaissent pas le peuple et n'ont aucune envie de le connaître, 679.
Grands hommes. Injustice des contemporains à leur égard, 506.
Grandes choses. Pourquoi on les entreprend, 658.
— On n'en fait pas beaucoup par conseil, 659.
— Ce qu'exige leur exécution, *ibid*.
— Ce qui en ôte le sentiment, 664.
Gravité. Celle de l'homme prend un air concentré, 481.
Grecs anciens (les) ne se battaient pas en duel, 537.
— Leur caractère, 540.
Grecs modernes, comparés aux anciens, 540.
Guerre (la) n'est pas si onéreuse que la servitude, 656.
GUY-JOLY, conseiller au Châtelet. Anecdote qu'il rapporte au sujet du cardinal de Retz, 504, à la note.

H

Habiles (les) ne redoutent personne, 658.
— Quel est l'homme vraiment habile, 667.
— Comment on peut les tromper, 670.
— La folie de ceux qui réussissent est de se croire habiles, 613.
Habileté (l'). En quoi elle consiste, 658.
— On gagne peu par elle, *ibid*.
— Quel est son terme, *ibid*.
Habitude. Sa force, 498.
Haine (la). Rabaisse ceux qui en sont l'objet, 489.
— Ce qui souvent la fait naître, 656.
— Est plus vive que l'amitié, moins que la gloire, 661.
HASARD (le). Dispose de tout, 690.
HECTOR. Son courage comparé à celui de Bayard, 688.
HÉGÉSIPPE, ou *l'Enthousiaste* (Caractère). 605.
HENRI IV, roi de France. Son éloge, 548.
Henriade (la), poëme épique par Voltaire, 578.
HERCULE. Comparé à Alexandre le Grand, 674.
HERMAS ou la *Sotte ambition*. (Caractère), 615 et suiv.
HÉRODE, personnage de *Mariamne*, tragédie de Voltaire, 578.
Héros. A quoi ils attachent la gloire, 664.
— La gloire les embellit, 680.
HIPPOLYTE, personnage de *Phèdre*, tragédie de Racine. Critiqué par Voltaire, 579.
Histoire. Pourquoi celle des hommes illustres trompe la jeunesse, 506.
— On trouve dans la vie d'un seul homme celle de tout le genre humain, 660.
Histoire de Charles XII, par Voltaire. La faiblesse des critiques qu'on en a faites lui donne une autorité incontestable, 580.
Histoire universelle (Discours sur l') de Bossuet. *Histoire des Variations*, par le même : Éloge du premier de ces ouvrages, critique du second, 639.
Historiens. Faute commune à tous, 506.
HOMÈRE. Ses admirateurs regardés en pitié par certains critiques, *ibid*.
— Par quoi il se distingue de la foule des écrivains, 507.
— Il a ses endroits faibles, 580.
— Portrait de Thersite dans l'*Iliade*, 593 et suiv.
Homme d'esprit. Ce qui le distingue de l'homme de génie, 479.
Homme (portrait de l') sans principes, 599.

Homme. De l'homme pesant, 606.
— De l'homme faible, 608 et suiv.
— de l'homme inconséquent, 609.
— de l'homme ferme, 610.
— de l'homme petit, 621.
Homme du monde (l'). Son portrait, 602.
Hommes. Vauvenargues ne compte qu'avec eux, 472.
— Ceux que les sens dominent ne sont pas sujets aux passions sérieuses, 499.
— L'homme vertueux dépeint par son génie, 506.
— Ils se croient obligés aux vices de leur profession, 515.
— Ils ne souffrent d'injures que par la faiblesse, 537.
— Sur leur inconstance, 620.
— L'homme est sur la terre un atome presque invisible, 662.
— La plupart naissent sérieux, *ibid*.
— Ils possèdent autant de bonnes qualités que de mauvaises, 663.
— Sont en disgrâce chez les philosophes de nos jours, *ibid*.
— Peu d'hommes ont le sentiment des grandes choses, 664.
— Ce qui les distingue les uns des autres, 52, *ibid*.
— Comment il faut les juger, 666.
— Le progrès de la vérité ne les empêche pas de raisonner faux, *ibid*.
— Ils sont naturellement envieux, 668.
— Capables de raison, seraient-ils incapables de vertu ? 669.
— Leur inconséquence, *ibid*.
— Sont clairvoyants sur leurs intérêts, *ibid*.
— Comment ils en usent dans les affaires humaines, *ibid*.
— Ils se défient moins de la coutume que de leur raison, 670.
— Ce dont il faut les instruire avant tout, 687.
— Ne sont pas nés pour aimer les grandes choses, 674.
— A qui ils ressemblent quand ils sont de sang-froid, 674.
— Ceux qui font du mal aux autres les haïssent, 675.
— Ils cachent volontiers leurs qualités dominantes, 682.
— Quel est le plus grand mal que la fortune puisse leur faire, *ibid*.
— Quand ils sont médiocres et qu'ils en ont le sentiment, ils craignent les grandes places, *ibid*.
— Ceux qui ont le plus de vertu ne peuvent se défendre de respecter les dons de la fortune, mais ils s'en cachent, *ibid*.
— Ils ne se contentent pas des connaissances dont ils ont besoin, 685.
— Celui qui est engoué de la raison n'est pas raisonnable, 686.

Hommes. Ce qui les rend plus sociables, 687.
— Ils ne savent pas estimer plusieurs choses à la fois, 689.
Honneur. Le trafic qu'on en fait n'enrichit pas, 657.
Honte (la). Est la conviction du blâme, 490.
— Est la compagne de la pauvreté, 675.
HORACE, poëte latin, cité, 575, 580, 587, 627, 629.
HORACE, personnage de la tragédie de P. Corneille. Jugement de Vauvenargues sur ce caractère, 571.
HORACE, ou *l'Enthousiaste* (Caractère), 604.
Hôtel de Rambouillet. Diversement jugé suivant les temps, 513.
Humain. On ne peut être juste si on est humain, 656.
Humeur (l') est aux passions ce que les saillies sont à l'esprit, 476.
— Son inégalité dispose à l'impatience, 496.
Humilité. Sentiment de notre bassesse devant Dieu, 496.

I

Idées. Ce sont nos idées actuelles qui déterminent nos sentiments et nos actions, 554.
— Aucune idée n'est *innée*, dans le sens des Cartésiens, 679.
Ignorance. Ses simplicités sont moins éloignées de la vérité que les subtilités de la science, 535.
Iliade. Est un tableau très-passionné de la nature, 636.
Illusions. Celles de l'impie, 563.
Imagination. Est un des trois principes de l'esprit, 473.
— Sa définition, *ibid.*
— N'est jamais échauffée sans passionner l'âme, 587.
Immodération. Ses dangers, 496.
Immortalité Celle de l'âme n'était pas un dogme de foi chez les Juifs, 563.
Imperfection (l'). Est le principe nécessaire de tout vice, 688.
Impertinent (l'). Son portrait (Caractère), 594.
Impie. Ses illusions, 563.
Imposture (l') est le masque de la vérité, 496.
— Prend des noms différents suivant les nuances qu'elle se donne, *ibid.*
Imprudence. Sa définition, 496.
Incapacité. Celle des lecteurs, 513 et suiv.
Incertitude. Irrésolution à croire, 496.
Inconséquence. Portrait d'un homme inconséquent (Caractère), 609.
Inclinations. Pourquoi on dissimule quelquefois les plus vertueuses, 670.
Inconstance. Elle est le partage de celui qui pense peu, 482 et suiv.
Inconstance. D'où elle naît, 495.
— Sur celle des hommes (Caractère), 620.
Incrédule. Ce qui doit le troubler, 670.
Incrédulité. Elle a ses enthousiastes, 693.
Indépendance (l'). Les hommes ne sont pas faits pour elle, 661.
Indes galantes (les), opéra de Rameau, 622.
Indignation. Sentiment mêlé de colère et de mépris, 489.
Indolence (l') est le sommeil des esprits, 691.
Indulgence. Nous la réservons pour les parfaits, 661.
— N'est souvent que justice, 675.
Inégalité. Celle du caractère influe sur l'esprit, 480.
— Des fortunes et des conditions, 492, 604.
Infidélité, sa définition, 496.
Ingénuité (l') est une sincérité innocente, 496.
Ingratitude. Quelle est la plus odieuse et la plus commune, 661.
Injures. On ne les souffre que par faiblesse, 537.
— Il en est qu'il faut dissimuler, 661.
Injustice. Envers les grands hommes, 506.
— Comment on la colore dans le service militaire, 684.
Innocence (l') est une pureté sans tache, 496.
Inquiétude. Celle de l'esprit de l'homme procède du sentiment de sa faiblesse, 482.
— Est un désir sans objet, 490.
Insensibilité. Elle a divers degrés, 495.
Instinct. N'a pas besoin de la raison ; mais il la donne, 659.
Insubordination. Celle des enfants comparée à celle des soldats, 675.
Intégrité (l'). Est une équité sans tache, 495.
Intelligence. Trait qui la décèle, 687.
Intempérance (l'). Excès dans les plaisirs, 496.
Intérêt (l') est la fin de l'amour-propre, 495.
— change le caractère, 657.
— fait peu de fortunes, *ibid.*
— Quel est celui du faible, 661.
— n'est que secondaire dans le cœur des grands, 495.
— est la règle de la prudence, 678.
Intraitable. Quand on le devient, 658.
Intrigue. Signification de ce mot au temps de Vauvenargues, 649.
Inutile. Un homme inutile a bien de la peine à leurrer personne, 670.

Inventeurs. Les esprits subalternes ne le sont pas, 667.
— Ce qui leur est propre, 689.
Invention (l'). Inventer n'est pas créer, mais donner une forme nouvelle à la matière, 478 et suiv.
Inventions. Nous avons hérité de celles des siècles écoulés, 534.
Irrésolution (l') est une timidité à entreprendre, 496.
ISOCRATE, orateur grec. Ses dialogues avec Démosthènes, 634, 635.
ISOCRATE, ou *le Bel esprit moderne* (Caractère), 623.
Italiens. N'ont pas le mérite des anciens Romains, 540.
Ivresse. Ses saillies, 684.

J

JACQUES Ier, roi d'Angleterre, 544, à la note.
JAFFIER, conjuré. Son dialogue avec Renaud, 652.
Jalousie. Cause de celle qui s'établit entre les esprits vifs et les esprits profonds, 475.
— Ce n'est pas toujours par jalousie que réciproquement on se rabaisse, 662.
JÉLYOTTE (Pierre), célèbre chanteur de l'Opéra français, 622.
Jephté, opéra de l'abbé Pellegrin, mis en musique par Montéclair, 672.
JÉSUS-CHRIST, 547, 556, 557, 559, 563, 565, 566.
— Les plus grands esprits l'ont cru, 695.
Jeu (de l'esprit du), 482.
— C'est une manière de génie, *ibid.*
— Il n'y a point de passion si commune, 486.
— Motifs qui la déterminent, *ibid.*
— Peut conduire à la fortune, 508.
Jeune femme. Elle a moins de complaisants qu'un homme qui fait bonne chère, 678.
Jeunes gens. Sont en général très-sensibles, très-confiants ; mais la vivacité de leurs passions les distrait et les rend volages, 487.
— Abus qu'ils font de la vie, 597.
— Connaissent plus tôt l'amour que la beauté, 656.
— Ne séparent point leur estime de leurs goûts, *ibid.*
— Souffrent de la prudence des vieillards, 660.
— Leurs qualités les plus aimables deviennent un opprobre dans la vieillesse, 688 et suiv.
Jeunesse (la). Ses illusions, 593.
— Ses orages sont environnés de jours brillants, 656.
JOAD, personnage d'*Athalie*, tragédie de Racine ; bien peint par l'auteur, 571.

JOAD. Sa belle scène avec Joas, 571.
— Racine le peint comme l'histoire, 573.
JOAS, personnage d'*Athalie*, tragédie de Racine, 571.
Joie (la) est un sentiment pénétrant, 485.
— Les grandes joies durent peu et nous épuisent, *ibid*.
Joueurs. Pourquoi il y en a tant, 486.
— Ont le pas sur les gens d'esprit; pourquoi? 657.
Jouissance. Il n'y en a pas sans action, 499.
Jugement (du). Sa définition, 474.
— comparé au bon sens, 475.
— Combien lui sert l'étendue de l'esprit, 476.
— Subit l'influence des passions, 490.
— Fait faire moins de fautes que les passions, 659.
Jugement faux, 523.
Juger. Qualités qu'il faut avoir pour bien juger des ouvrages d'art ou d'esprit, 657.
— On ne juge pas si diversement des autres que de soi-même, 658.
— Comment il faut juger les hommes, 666.
Juifs. Leur isolement parmi les peuples, 563.
— N'admettaient pas le dogme de l'immortalité de l'âme, *ibid*.
Justesse (de la), 474.
— La netteté en fait l'ornement, *ibid*.
— La justesse est le premier degré, et une condition essentielle de la véritable étendue d'esprit, 663.
Justice (la) est une équité pratique, 495.
— Ce qui n'est pas de son ressort, 660.
— Pourquoi les hommes doivent s'y soumettre, 661.
— Ne doit pas être inexorable, 675.
Justice divine (la) ne ressemble pas à la justice humaine, 558, 561.

L

LA BRUYÈRE, Moraliste. Comparé à Molière, 568.
— Son éloge, 584, 585.
— N'a pas osé faire de grands caractères, 589.
— Vauvenargues l'a imité, 590.
— Était un grand peintre et n'était peut-être pas un grand philosophe, 671.
— Cité, 547, 568, 587, 590, 595, 621, 629.
LACON ou *le Petit Homme* (Caractère), 621.
LA FONTAINE. N'eut que l'invention de détail, 480.
— Examen de ses ouvrages, 566.
— Comparé à Boileau, *ibid*.

LA FONTAINE. Sa naïveté, 574.
— Son génie, 667.
— Importance qu'il attachait à l'apologue, 690.
LA MOTTE. Épître de J. B. Rousseau contre ce poëte, 577.
— Voltaire écrit contre lui sa préface d'*Œdipe*, 580.
Langage. Sa justesse et sa précision dépendent de la propriété des termes qu'on emploie, 478.
Langueur (la) est un témoignage de notre faiblesse, 490.
Laquais. Comment se révèle l'intelligence de celui de Vauvenargues, 687.
LA ROCHEFOUCAULD, cité, 676-489.
— Jugement sur ses écrits, 582.
— Comparé à Bossuet, à Pascal, à Fénelon, à La Bruyère, 582.
— Était philosophe et n'était pas peintre, 671.
LECOUVREUR (*Adrienne*). L'*Épître* de Voltaire sur la mort de cette tragédienne célèbre est un morceau rempli de charme, 580.
Lecteurs. Réflexion sur leur incapacité, 513.
LE FRANC DE POMPIGNAN, poëte. Ses admirateurs, 626.
Légèreté. D'où elle naît, 495.
— Sa définition, *ibid*.
Législateurs. Est-ce pour eux une nécessité d'être sévères? 511.
L'ENFANT. Camarade d'enfance de Vauvenargues; cité, 665.
— Devenu commissaire des guerres à Aix, 667.
— Vauvenargues le fait complimenter, *ibid*.
LENTULUS, ou *le Factieux* (Caractère), 594.
LENTULUS, complice de Catilina, mis à mort par Cicéron, 675.
Lettres (les).
— Règles à observer dans leur pratique, 677.
— Pourquoi les hommes les méprisent, 684.
Libéralité (la). Sa définition, 496.
— Avantages qu'on en retire, 504.
— Portrait d'un homme libéral, 608.
— Elle multiplie les avantages des richesses, 657.
— Est une puissance active, 550.
— Est incompatible avec la faiblesse, 655.
Libre arbitre (Traité sur le), 550.
— Ce pouvoir se trouve sans limites en Dieu, *ibid*.
— Dans l'homme, il est soumis à l'influence des objets extérieurs, *ibid*.
Licence (la) étend toutes les vertus et tous les vices, 691.
LIPSE, ou *l'Homme sans principes* (Caractère), 599.

Livres. Les bons livres sont l'essence des meilleurs esprits, 483.
— L'étude d'une vie entière s'y peut recueillir dans quelques heures, *ibid*.
— Défauts de ceux du dix-huitième siècle, 513.
— Pourquoi ceux de morale sont en général si insipides, 669.
LOCKE, philosophe anglais; cité, 482, 667.
— Est abstrait, diffus, et quelquefois obscur, 674.
Lois. Leur origine, 492.
— Quelle est la plus ancienne loi de la nature, 661.
— Ne peuvent assurer le repos des peuples sans diminuer leur liberté, 669.
Louanges. C'est quelquefois offenser les hommes que de leur donner des louanges, 657.
— Nous les aimons sincères ou non, 664.
— C'est pendant leur vie qu'il faut louer ceux qui ont mérité de l'être, 668.
LOUIS XIII, roi de France. Ce qu'était de son temps le bon ton, 513.
LOUIS XIV, roi de France. — Loué comme un tyran, 548, 549.
— Comparé à Alexandre le Grand, 631.
— Son caractère, 670.
LOUIS XV, roi de France; gagne la bataille de Fontenoi, 544.
— Son éloge, 548.
LUCAIN, poëte latin. Pierre Corneille l'a imité, 480.
LULLI. Célèbre compositeur; a donné à sa musique un caractère supérieur à la poésie de Quinault, 626.
— S'est souvent élevé jusqu'au sublime, 584.
Lumières. L'adversité ne peut les éteindre, 506.
LUTHER (*Martin*). On croit en lui, 655.
LUXEMBOURG (le maréchal DE), modèle à suivre, 526.
LUYNES (le connétable DE), 514.
— Modèle du bon ton à la cour de Louis XIII, *ibid*.
LYCAS, ou *l'Homme ferme* (Caractère), 610.
LYSIAS, ou *la Fausse éloquence* (Caractère), 624.

M

Magnanimité. Elle ne doit pas compte à la prudence de ses motifs, 659.
Mahomet, tragédie de Voltaire; jugement de Vauvenargues sur cet ouvrage, 577.
Maître. Il y en a un partout, 662.
Mal moral (du), 491.
Malades. Il ne faut pas trop exiger d'un malade, 659.
Maladies. La fermeté ou la faiblesse

de la mort dépend de la dernière maladie, 659.
Maladie. Effets de la maladie, *ibid*.
Malheur (le) a ses charmes, 593, à la note.
— Les malheurs sont toujours plus grands que les vices, 675.
Malheureux (les) ont toujours tort, 508.
— Notre injustice à leur égard, 661.
— Pourquoi nous les querellons, *ibid*.
Malignité. Est une méchanceté cachée, 495.
MARIE-THÉRÈSE, archiduchesse d'Autriche. La succession de l'empereur Charles VI, son père, cause la guerre de 1711, 532.
— Épouse François-Étienne, fils du duc de Lorraine, *ibid*.
MAROT (*Clément*); Jean-Baptiste Rousseau l'a imité, 480.
MASIS (Caractère). Portrait de l'*Homme absolu* et étroitement sévère, 600.
Masques (les) peuvent donner l'idée du monde, 671.
MATHAN, personnage d'*Athalie*, tragédie de Racine; rôle effacé; ce n'est pas un défaut, 573.
Maux. La nécessité empoisonne ceux qu'elle ne peut guérir, 665.
MAXIME. Personnage de la tragédie de *Cinna* de Corneille. Critique de cette pièce, 571.
Maximes. Les bonnes, difficiles à appliquer, 471.
— Explication d'une maxime de Pascal, 505.
— Celles des hommes décèlent leur cœur, 658.
— Il en est peu de vraies à tous égards, *ibid*.
— Les bonnes maximes sont sujettes à devenir triviales, 677.
— Tous les temps ne permettent pas de les suivre, 678.
— Celles qui ont besoin de preuves ne sont pas bien rendues, 684.
MAZARIN (le cardinal DE); note 647.
— Son dialogue avec Richelieu, *ibid*.
— Son caractère, 647 et suiv.
MÉAUX (M. DE). Voyez BOSSUET.
Méchanceté (la). Elle suppose un goût à faire le mal, 495.
— Pourquoi une femme laide est souvent méchante, 688.
Méchants. Ce qui les surprend toujours, 658.
— Veulent passer pour bons, 661.
Médecins. Comparés aux moralistes, 660.
Médiocrité. Les hommes médiocres ne le sont pas toujours complètement, 479.
— Faiblesses qu'elle traîne à sa suite, 500 et suiv.
— Ce qui la caractérise, 656.

Médisant (le). Celui qui médit toujours nuit rarement, 685.
Méditation sur la Foi, 564.
Mélancolie. Naît du sentiment de notre imperfection, 482.
— Réflexions sur ce sujet, 483.
— Elle tient de la haine, 480.
Mémoire (la) est un des trois principes remarquables dans l'esprit, 473.
— Son utilité n'est pas contestée, *ibid*.
MÉNALQUE, ou *l'Esprit moyen* (Caractère), 612.
Mensonge (le). Est faible par lui-même, 667.
— Doit se cacher avec soin, *ibid*.
Menteurs (les) sont bas et glorieux, 658.
— Un menteur est un homme qui ne sait pas tromper, 667.
Mépris. Difficulté de le soutenir, 484.
— Est un sentiment mêlé de haine et d'orgueil, et qui engendre la raillerie, 490.
— Du mépris des choses humaines, 510 et suiv.
— Celui des sots offense peu, 657.
— Pourquoi nous méprisons beaucoup de choses, 661.
— Personne ne peut se vanter de n'avoir jamais été méprisé, *ibid*.
Mérite. Son impuissance, lorsqu'il est isolé, 507.
— S'il donnait une partie de l'autorité qui est attachée à la fortune, il n'y a personne qui ne lui accordât la préférence, 682.
Mérope, tragédie de Voltaire. Éloge de cette pièce, 578 et suiv.
Merveilleux (le). Pourquoi nous l'aimons, 514.
Métiers. Celui d'écrivain et de philosophe est le plus borné de tous, 517.
— Ceux qui font des métiers infâmes s'en font gloire, 690.
— Le métier des armes fait moins de fortune qu'il n'en détruit, 684.
Microscope. Image des esprits subtils: il va trop loin en faisant voir les choses dans une proportion hors nature, 475.
Misérables. Nous n'avons pas droit de rendre misérables ceux que nous ne pouvons rendre bons, 656.
Misère. Réflexion sur les misères cachées, 512.
— Elles doivent être un objet de pitié, *ibid*.
Mithridate, tragédie de Racine; l'auteur a su conserver à ce personnage le caractère de son siècle, 573, 579.
Mode. Réflexions sur le ton et la mode, 513.
— Portrait des gens à la mode, 603.
— Il faut qu'elle ait son cours, 624.
— Elle excède toujours la nature, 656.
— Son inconstance, 689.

Modération. Ce qui la fait naître, 482.
— Est l'état d'une âme qui se possède, 496.
— Celle des grands hommes ne borne que leurs vices, 657.
— Celle des faibles est médiocrité, *ibid*.
Modernes. Réflexion sur les anciens et les modernes, 514.
Mœurs. Discours sur celles du XVIIIe siècle, 539 et suiv.
— Cause de leur corruption, 540.
MOLIÈRE. Sa générosité envers Racine, 515.
— Réflexions sur ses ouvrages, 568.
— Pourquoi il a bien réussi à peindre le genre humain, 588.
— Son dialogue avec un jeune homme, 644.
Mollesse (la) est une paresse voluptueuse, 496.
Monde (le). En quoi consiste son éloquence, 478.
— Effets divers qu'il produit, *ibid*.
— L'usage du monde fait penser naturellement, 485.
— Ce qu'il ne faut pas confondre avec le monde, 520.
— est comme un vieillard qui conserve les désirs de la jeunesse, 670.
— Idée qu'on peut s'en faire, 671.
MONTAIGNE (*Michel* DE). Jugement sur cet écrivain, 480.
— était imitateur, *ibid*.
— Ce qu'il dit de l'esprit de l'homme, 502.
— Son observation sur la duplicité de l'homme, *ibid*.
— mis en parallèle avec Pascal, 584 et suiv.
MONTÉCLAIR, musicien, compositeur, auteur de l'opéra de *Jephté*, paroles de l'abbé Pellegrin, 672.
Moral. Caractère du bien et du mal moral, 491-494.
Morale. Elle consiste dans les devoirs des hommes rassemblés en société, 472.
— Son avantage sur les sciences physiques, 517.
— Comment elle est traitée par certains auteurs, 656.
— De nos erreurs en morale, 656.
— La morale austère ressemble à la science des médecins, 660.
Pourquoi les livres de morale sont si insipides, 669.
— D'où vient l'indifférence qu'elle inspire, 670.
Mort (la), nous ravit tout, 525.
— La conscience des mourants calomnie leur vie, 655, 659.
— La pensée de la mort nous fait oublier de vivre, *ibid*.
— Le sommeil en est l'image, 675.
Mort de César (la), tragédie de Vol-

taire. Harangues qu'on y remarque, 578.
Mourants. Leur conscience calomnie leur vie, 655, 659.
MOURET, compositeur de musique, cité, 622.
Mourir. Qu'il est difficile de se résoudre à mourir, 689.
MURER. Célèbre chanteur de l'Opéra, 491.
Musique. Éloge de celle de Montéclair, auteur de l'opéra de Jephté, 672.

N

Nains. Voir, sur ce mot, un passage dirigé contre Pascal, 538.
Naïveté. Ses avantages, 871.
— Peu d'esprits en connaissent le prix, ibid.
— Il est des hommes qu'elle rebute, ibid.
NARCISSE, personnage du Britannicus de Racine. L'auteur lui a bien donné le caractère de son siècle, 573.
Nation. Ne doit pas devenir trop savante, 666.
— Ce qui arrive lorsque l'esprit de raisonnement s'y répand, ibid.
— Se divise en deux parts, les riches et les pauvres, 669.
Nature (la) doit être le modèle de nos inventions, 479.
— seule, elle ne donne pas le génie, ibid.
— Réflexion sur la nature et la coutume, 498.
— a fait aux hommes un cœur dur pour alléger les misères de leur condition, 509.
— La pure nature n'est pas barbare, 536.
— La raison ne répare pas tous ses vices, 656.
— Les abus inévitables sont des lois de la nature, ibid.
— Le secret de ses moindres plaisirs passe la raison, ibid.
— Ses caprices ne sont pas si frêles que les chefs-d'œuvre de l'art, 658.
— La raison trompe plus souvent qu'elle, 658.
— épuisée par la douleur, elle assoupit le sentiment dans les malades, ibid.
— On est forcé de respecter ses dons, 664.
— Elle passe la fortune en rigueur comme en bonté, 665.
— Peu de chose lui suffit, 672.
— Elle a ébauché beaucoup de talents qu'elle n'a pas daigné finir, 676.
— Ne se gouverne pas par une même loi, 683 et suiv.
— est l'image de la vie, 685.
— Ses dons ne sont pas si rares que l'art d'en jouir, 689.

Nécessité. Réflexion sur la nécessité de faire des fautes, 503 et suiv.
— Elle console dans le malheur, 508.
— Des bonnes œuvres, 557.
— Réponses à ses conséquences, 557-562.
— Elle pousse l'homme malgré lui et se joue de sa prudence, 630.
— modère plus de peines que la raison, 665.
— comble les maux qu'elle ne peut soulager, ibid.
— Celle de mourir est la plus amère de nos afflictions, 693.
— nous délivre de l'embarras du choix, 683.
— Son dernier triomphe est de faire fléchir l'orgueil, 683.
Négociateur (le). Latitude qu'on doit lui laisser, 682.
NÉRON, personnage du Britannicus de Racine, 570, 572.
Netteté. Elle est l'ornement de la justesse de l'esprit, 474.
— Tous ceux qui ont l'esprit net ne l'ont pas nécessairement juste, ibid.
— Ses différents caractères, ibid.
— Est le vernis des maîtres, 690.
— Elle sert de preuve aux idées, ibid.
NEWTON (Isaac). Comment il explique les phénomènes de la nature, 518.
NICOLE. Sottement comparé à Pascal, 621.
Noblesse. Ce qui caractérise celle du langage, 478.
— Celle du caractère, 495.
— Réflexion sur la noblesse du rang, 501.
Noirceur (la) est une méchanceté profonde, 495.
Nonchalance (la), ne peut rendre la vie heureuse, 660.
Nourriture (la) est aussi nécessaire à l'esprit qu'au corps, 664.
Nouveautés (les). Il est plus aisé de dire des choses nouvelles que de concilier celles qui ont été dites, 655.
— En quoi les nouveautés gâtent le goût, 666.
— seront toujours en grande estime parmi les hommes, 684.
Nul. Nul n'est faible par choix, 661.
— Nul n'est ambitieux par raison ni vicieux par défaut d'esprit, 669.
— Nul n'est content de son état, 682.

O

Obéissance. Celui qui serait né pour obéir obéirait jusque sur le trône, 661.
Objets sensibles. De l'amour qu'on a pour eux, 490.
Obscur. L'auteur d'un livre qu'on trouve obscur ne doit pas le défendre, 671.

Obscurité (l') est le royaume de l'erreur, 655.
Occupations. Elles élèvent ou abaissent l'âme, selon leur nature, 502.
— Celles de certains hommes qui se croient occupés, 658.
Ode. Sa définition, 674.
— Est un mauvais genre, où, du moins, un genre qui n'a pas atteint sa perfection, 587.
— Idée que s'en fait Vauvenargues, ibid.
Œdipe, tragédie de Voltaire. — La préface de cette pièce, citée comme modèle, 580.
Officieux (l') par vanité (Caractère), 611.
Oisiveté (l') lasse plutôt que le travail, 499.
— Fait souffrir la vertu, 523.
— Ses promesses sont trompeuses, 528.
— Ne peut faire le bonheur, 543.
OLIVET (l'abbé d'), grammairien, a critiqué Racine, 623.
Opéra. Ce genre de spectacle est-il susceptible d'arriver à une grande perfection, 581.
— Pourquoi tant d'opéras défectueux ou médiocres, ibid.
Opiniâtreté (l') est une fermeté déraisonnable, 496.
Opinion et Opinions. Causes de leur diversité, 480.
— Leur puissance, 537.
— Sont comme les générations humaines, bonnes et vicieuses tour à tour, 656.
— Comment elles se succèdent, 665.
Opprobre (l') est une loi de la pauvreté, 675.
Opulence. Multiplie nos besoins, mais elle aide à les satisfaire, 679.
Oracle. Peuple qui le consulte pour s'empêcher de rire dans ses délibérations, 671.
Oracles (Histoire des), ouvrage de Fontenelle, cité avec éloge, 585.
Oraisons funèbres de Bossuet, grandeur des caractères qu'elles renferment, 588.
Orateurs (les). Fragment, 582.
Ordre naturel (l'), est fondé sur la violence, 661.
— Ce qu'il prouve, 661.
Orgueil (l'). Effet de la complaisance qu'on a pour soi-même, 483.
Origine des fables (l'). Jugement sur cet ouvrage de Fontenelle, 585.
ORONTE, ou le Vieux Fou (Caractère), 491.
OSMIN, personnage bien caractérisé par Racine, dans sa tragédie de Bajazet, 569.
OSSAT (Arnaud, cardinal d'), cité, 516.
OTHON, ou le Débauché (Caractère), 500.

Ouvrages. On juge souvent mal de ceux de l'esprit, 477, 662.
— Ceux du goût se jugent par sentiment, 510.
— On parle peu de ceux qui intéressent peu de personnes, 656.

P

Paix (la). Moyen de l'obtenir dans le monde, 520.
— Elle est le prix du travail, 526.
— Celle du cœur est la récompense du travail, 543.
— Rend les peuples plus heureux et les hommes plus faibles, 549.
— N'est un bien ni dans la morale, ni dans la politique, *ibid.*
Panégyriques. Sont tous froids. 570.
Paresse (la). Naît d'impuissance, 490.
— Ce qui la nourrit, 658.
Parler. Sur les différentes manières de parler, 662.
Parti. Il est quelquefois plus facile de former un parti que de venir par degrés à la tête d'un parti déjà formé, 658.
— Celui que la prudence seule a formé, est le plus aisé à détruire, 659.
PASCAL (*Blaise*). Ses *Pensées*, 470-489.
— Explication d'une de ses Maximes, 504.
— Imitation de sa manière d'écrire, 562.
— Est mal jugé par Voltaire, 582.
— Sa profondeur, 580.
— Comparé à Bossuet, *ibid.*
— On voudrait penser comme lui, 470-471.
— Comparé à Montaigne, 589, 584.
— Cité, 569, 581, 585.
Passions. L'éloquence se joue d'elles; elle les pousse et les détermine à son gré, 478.
— Leur essence, 482.
— S'opposent les unes aux autres, 491.
— Instinct qui leur est supérieur, 495.
— Comment il faut les juger, 510.
— Sont amorties par le travail, 543.
— Percent toujours le voile dont on les couvre, 599.
— Il y en a peu de constantes, 656.
— Pourquoi elles font plus de fautes que le jugement, 659.
— Leurs avantages, 660.
— Se règlent ordinairement sur nos besoins, 669.
— Se tempèrent avec l'âge, 670.
— Quelle est la dernière et la plus absolue, 686.
— Celles de la jeunesse, fatales au vieillard, 688.
— Plus on en a de prépondérantes, moins on est propre à primer en quelque genre que ce soit, 683.

Patience (la) est l'art d'espérer, 665.
— Peut tout obtenir, 687.
PATRU (*Olivier*), note biographique, 622.
PAUL (saint), cité, 557, 561.
Pauvre (le). « Le pauvre et le riche se sont rencontrés, le Seigneur a fait l'un et l'autre. » Discours de Vauvenargues sur ce sujet, 542.
Pauvreté (la), fait plus d'opprobre que le vice, 675.
— Humilie les hommes jusqu'à les faire rougir de leurs vertus, *ibid.*
— Ceux qui échappent à ses misères n'échappent pas à celles de l'orgueil, 684.
Péché originel, 558, 559.
Pêcheur à la ligne. Effet de sa passion, 486.
Pédant. Ce qui le caractérise, 513.
Pénétration (la), diffère de la vivacité, 473.
— Est une qualité attachée à notre organisation, 474.
— Est indispensable pour avoir du goût, 477.
— Diffère du jugement, 516.
— Ce qui arrive quand on en manque, 668.
Pensées. Elles sont mortelles, nous ne saurions les retenir, 510.
— Marque pour les faire rejeter, 655.
— La clarté fait l'ornement des pensées profondes, *ibid.*
— On n'approfondit pas celle des autres, *ibid.*
— Celles qui intéressent peu de personnes sont peu applaudies, 656.
— Les grandes pensées viennent du cœur, 659.
— Celle de la mort nous fait oublier de vivre, *ibid.*
— Ce qu'on appelle une pensée brillante, 660.
— Toute pensée est neuve quand l'auteur l'exprime d'une manière qui est à lui, 675.
— Le faux absolu se rencontre rarement dans la pensée des hommes, 679.
Penser. Il faut penser avant d'écrire, 586.
— On parle et l'on écrit rarement comme on pense, 681.
— Nous ne pensons pas si bien que nous agissons, 684.
Père. Son amour pour ses enfants, 486.
— Comment il en est aimé, 486 et suiv.
Perfection (la) n'obtient pas seule nos suffrages, 661, 666.
— Elle est une et incommunicable, 688.
Perfidie. Est une infidélité couverte et criminelle, 496.
Perplexité. Est une irrésolution inquiète, 496.

Persuasion. Elle est impossible sans la conviction, 658.
Pesanteur d'esprit. Sa cause, 481.
— Portrait d'un homme pesant, 696.
Petitesse. Est une source de vices, 405.
— Ce qui prouve celle de l'esprit, 656.
Peuple (le) souffre toujours de la gloire des conquérants, 664.
— N'a pas les mêmes vertus ni les mêmes vices que les grands, 669.
— Ceux qui ne croient pas en être, 670.
Peur (la) est un témoignage de faiblesse, 493. — Ce qui la fait naître, 661.
PHALANTE, ou *le Scélérat* (Caractère), 598.
Phébus. Ce qu'on entend par ce mot dans le langage, 478.
PHÉNÉCIDE, ou *l'Ambition trompée* (Caractère), 592.
PHILIPPE II, roi d'Espagne, son dialogue avec Philippe de Comines, 642.
Philosophes. Les anciens comparés aux modernes, 557, 558. — Leur vanité, 563. — Des faux philosophes, 660 et 668. — Ce qui en fait le plus, 669. — Sur ceux qui croient l'être, 670. — Ont quelquefois nié les choses les plus claires, 677. — Comment ils plaisantent, 684. — Leur caractère, 686.
Philosophie. Quelle est la plus fausse de toutes, 660. — Elle a ses modes, 663.
PHOCAS, ou *la Fausse singularité* (Caractère), 603.
Physionomie (la) est l'expression du caractère et celle du tempérament, 488.
Physique. Réflexions sur cette science, 517. — En quoi elle est incertaine, 518.
Pièces de théâtre. Comment il faut les juger, 693.
PINDARE, poète lyrique, comparé à J.-B. Rousseau, 575, 587.
PISON, ou *l'Impertinent* (Caractère), 594.
Pitié (la) est un sentiment mêlé de tristesse et d'amour, 489. — Ne pas compter sur celle des autres, 510. — Elle suit l'amour, 598. — Est moins tendre que lui, 692.
Places. Tous les hommes se jugent dignes des plus grandes, 658.
Plaire. L'art de plaire est l'art de tromper, 671.
Plaisanterie. Celle des philosophes est si mesurée, qu'on ne la distingue pas de la raison, 684.
Plaisants. Peu d'hommes naissent tels, 662.
— Leurs meilleures saillies ne valent pas toujours celles de l'ivresse, 684.

Plaisants. Pourquoi tant de plaisants insipides, 688.
Plaisir. Nous l'éprouvons en naissant, 482.
— Est le prix du travail, 526.
— N'est pas inconciliable avec la vertu et la gloire, 529.
— Est né avec la nature, 537.
— Ses impressions sont plus pénétrantes que le parfum d'une fleur que l'on vient de cueillir, 555.
Plaisirs (les). Nous ont épuisés alors que nous croyons les avoir épuisés, 661.
— Quels sont les plus vifs plaisirs de l'âme, 681.
Plaisirs. (Discours sur les), 529 et suiv.
PLATON. Son dialogue avec Denys le Tyran, 674.
Poésie (la). Son véritable objet, 587.
— Réflexions sur la poésie, *ibid.*
— Est incompatible avec l'esprit des affaires, 667.
— Ne consiste pas dans la rime, 686.
Poëme. Un poëme doit être un tableau vrai et passionné de la nature, 686.
Poëtes. Qualités qu'ils doivent avoir, 479.
— Réflexions critiques sur quelques-uns, 566-584.
— Leur défaut le plus ordinaire, 586 et suiv.
— Conditions que doit remplir un grand poëte, 588.
POIRIER, acteur de l'Opéra. Pourquoi certaine partie du public applaudit ses entrées en scène, 622.
POISSON (Mademoiselle). Voyez POMPADOUR.
POLIDORE, ou *l'Homme faible* (Caractère), 608.
Politesse (la) est le lien de toute société, 511.
Politique (la). En quoi elle consiste, 477.
— Est la plus grande de toutes les sciences, 676.
Politiques (les). Ont un système, 676.
POMPADOUR (Jeanne-Antoinette POISSON, marquise DE), 540, à la note.
POMPÉE. Personne à Rome n'eût osé parler en sa présence du mépris de la gloire, 529.
Pompée, tragédie de Corneille. Examen de cette pièce, 569.
Portugais. Dialogue entre un Portugais et un Américain, 641.
Possession (la) est le seul titre des choses humaines, 673.
Poulets sacrés, 670.
Pourceaugnac, comédie de Molière ; ce qu'on doit conclure de l'attrait de cette pièce, 556 et suiv.
Pouvoir (le). D'où il tire sa force et son utilité, 682.
PRAGUE. En 1741, cette ville est prise d'assaut, 532.

PRAGUE. Son climat, 532.
— Hippolyte de Seytres, ami de Vauvenargues, meurt en cette ville, *ibid.*
Préceptes. Corrigent peu, 517.
— Nous en avons d'assez bons, mais peu de bons maîtres, 684.
Préfaces, 685.
Préférences. On ne peut souvent les expliquer, 686.
Présence d'esprit (la), est une aptitude à profiter des occasions pour parler ou pour agir, 481.
Présomption. Ce qui la fait naître, et ce qui la rend supportable, 477.
— C'est une confiance aveugle dans nos forces, 483 et suiv.
Présomptueux (le). L'espérance le leurre, 656.
Prétentions. Les hommes en ont de grandes et de petits projets, 658.
— On ne laisse paraître avec bienséance que celles qui peuvent réussir, 682.
Preuves. Doivent être faites sans digressions, 663.
PRÉVOST (l'abbé), ses romans copiés par le sot ambitieux, 616.
Prévoyance (la). Cette qualité ne suffit pas à former un grand capitaine, 479.
— Ne peut rendre notre vie heureuse, 660.
Prière (la) a été enseignée par Jésus-Christ, 556.
— Celle composée par Vauvenargues, 565 et suiv.
Princes. Les plaisirs leur apprennent à se familiariser avec les hommes, 657.
— Pourquoi ils font beaucoup d'ingrats, 661.
— Comment ils reçoivent la cour qu'on leur fait, 664.
— Conseil timide que donne Fénelon, 673.
— Comment ils devraient être élevés, 689.
— Ils doivent avoir les vertus d'un roi et les faiblesses d'un particulier, 674.
— Affectent toutes les formalités de la justice pour mieux la violer, 684.
Principes. Il n'en existe pas qui ne puisse être contredit, 471.
— Les prouve-t-on ? *ibid.*
— Nécessité de les bien manier, 481.
— Causes du principe de notre estime, 489.
— Leur certitude, 499.
— Leur corruption engendre celle des mœurs, 541.
Probité (la) est un attachement à toutes les vertus civiles, 495.
— Nécessaire dans les plaisirs comme dans les affaires, 656.
— Ne s'achète pas, 657.
— Est, pour les habiles, un moyen de réussir, 658.

Productions de l'esprit. Comment on les juge, 477, 662.
Professions. On les prend au hasard, 508.
— Il faut savoir abandonner celles qu'on ne peut remplir, 524. Voyez *Places.*
Profondeur. Elle est le terme de la réflexion, 475.
— Portrait d'un esprit profond, 612 et suiv.
— La clarté orne les pensées profondes, 655.
Profusion (la) est une générosité mal placée, 500.
— Celle qui est utile, 657.
Projets. On n'a pas toujours la force ni les occasions de les exécuter ; 670.
Promesses. On promet beaucoup pour se dispenser de donner peu, 692.
— Ce qui anéantit celle de la vanité, *ibid.*
Prose (la), méprisée par les versificateurs, 692.
Prospérité (la) fait peu d'amis, 656.
— N'est pas durable, *ibid.*
— Celle des mauvais rois ruine la liberté des peuples, *ibid.*
Protection. Celle des femmes est infaillible, 508.
Providence. Sa sagesse, 542.
— Nous l'accusons sans cesse, 545.
— L'excès de nos misères prouve-t-il son injustice ? 546, 561.
Prudence (la), est une prévoyance raisonnable, 496.
— Ses fruits sont tardifs, 656.
— Fait moins de fortunes que l'activité, 661.
Public (le). Ses jugements infaillibles si l'on veut ; mais son goût toujours récusable, 477.
— Sa passion pour les nouveautés et les bagatelles, 508.
Pudeur (la) est un sentiment de la difformité du vice, 496.
Puissant. Moins on l'est, plus on peut commettre de fautes impunément, 664.
Pureté (la) est une qualité essentielle dans un orateur, 635.
Pyrrhonisme (Sur le), 497.

Q

Qualités. Celles du cœur, unies à celles de l'esprit, forment le génie, 479.
Querelles. Le peuple en vient aux mains pour peu de chose, 686.
QUINAULT. Réflexions critiques sur ses ouvrages, 581.
— Son éloge, 672.

R

RACINE. A imité les Grecs et Virgile, 480.

RACINE. Générosité de Molière à son égard, 515.
— Comparé à cet écrivain, 568.
— Lui est supérieur comme poëte, ibid.
— Mis en parallèle avec Corneille, 568 et suiv.
— Pourquoi il a bien réussi à peindre le genre humain, 588.
— L'abbé d'Olivet a compté ses fautes, 623.
— Son dialogue avec Bossuet, 645 et suiv.
Raillerie (la). Naît d'un mépris content, 490.
— Est l'épreuve de l'amour-propre, 692.
Raison (la). Est un don de la nature 492. — Peut dominer la volonté, 551. — Quoique débile, elle sauve l'homme de bien des erreurs, 552.
— Le courage a plus de ressources qu'elle, 656. — Est incompatible avec la faiblesse, ibid. — Elle ne peut réparer tous les vices de la nature, ibid. — Elle rougit des penchants dont elle ne peut rendre compte, 656. — Elle nous trompe plus souvent que la nature, 659. — Elle ne connaît pas les intérêts du cœur, ibid. — Ce qui nous la donne, ibid. — Le sentiment la supplée, 660. — Les passions nous ont appris la raison, ibid. — Elle modère moins de peines que la nécessité, 665. — L'expérience que nous avons de ses bornes ouvre l'esprit à la peur, 695. — Les images l'embellissent et le sentiment la persuade, 695.
— On ne peut en avoir beaucoup et peu d'esprit, 684.
Raison d'être. Tout a sa raison d'être, 673.
RAMEAU. Célèbre compositeur de musique, 622.
RAPHAEL. Il n'y a si petit peintre qui ne porte son jugement sur ce grand maître de l'art, 625.
Rechutes. Les nôtres nous consternent, 665.
Reconnaissance. Ce qui la fait naître, 490.
Réflexion (la) est l'un des trois grands principes de l'esprit, 473. — Sa définition, ibid. — Passions qu'elle engendre, 482. — Sert à rectifier les écarts du génie, 637. — Son insuffisance à nous faire connaître de nous-mêmes, 660. — Le sentiment la précède, il en est le premier maître, ibid.
Réflexions (les). Elles nous fuient ou nous obsèdent, selon que nous les appelons ou les voulons chasser, 693. — Celles que nous faisons pour notre instruction peuvent être utiles à beaucoup d'autres, 694.

Réformation. Tenter celle des mœurs et des coutumes, c'est entreprendre sur les droits de Dieu, 678.
Règles (les). Paraissent inutiles en littérature, 589. — Sont utiles pour corriger les écarts du génie, 637.
Regret. En quoi il consiste, 490.
— Ce qui le distingue du repentir, ibid.
Religion. Sa définition dans le sens général, 472.
— Elle répare le vice des choses humaines, 491.
— Etablit la vertu, 494.
— Sur ceux qui l'attaquent, 527.
— Ce qui distingue la religion chrétienne du stoïcisme, 562 et suiv.
— Elle a rendu les Juifs odieux parmi les peuples, 563.
— Elle est la consolation des misérables et la terreur des heureux, 670.
— Celle des Romains ne s'offensait pas des temples élevés par les empereurs à leurs amis, 674.
— Elle borne l'ambition, 682.
RÉMOND DE SAINT-MARD (Toussaint). Son portrait sous le nom d'ISOCRATE, ou le Bel-Esprit moderne, 623.
Remords. Ce qui le fait naître, 490.
— En quoi il diffère du regret et du repentir, ibid.
Remplissage. Quelle est la tragédie sans remplissage? (Question faite par Voltaire), 547.
— Est la ressource des écrivains sans génie, 586.
RENAUD, conjuré. Son dialogue avec Jaffier, 652 et suiv.
Repentir. Ce qui le distingue du remords et du regret, 490.
Repos (le) est le prix du travail, 526.
République. S'il pouvait y avoir une république sage, ce devrait être celle des lettres, 688.
Réputation. Comment on diminue celle de son esprit, 665.
— C'est la fortune qui la fait, c'est le mérite qui la donne, 691.
Respect (le). C'est le sentiment de la supériorité d'autrui, 489.
— Comment on s'attire celui du monde, 687.
Respect des lois. Ses bons effets, 673.
Ressources des mauvais écrivains, 586.
RETZ (Cardinal DE). Ce qu'il disait à ses principaux domestiques, 503 et suiv.
— Cité, 517.
— Sur une de ses maximes, 521.
Riche (le). Le désordre des malheureux est toujours le crime de sa dureté, 672.
RICHELIEU (Cardinal DE), ses Controverses et son Testament politique, 516.

RICHELIEU. Manière de le rendre méconnaissable, 573.
— Préféré à Milton, 583.
— Ses dialogues avec Corneille, 647.
— avec Mazarin, 647 et suiv.
— avec Fénelon, 648 et suiv.
— Son éloge, 685.
Richesses. Discours sur leur inégalité, 542 et suiv.
— La libéralité en multiplie les avantages, 657.
Ridicules (les) des hommes. Ne caractérisent qu'un seul vice, la vanité, 672.
Rieur (le) (Caractère), 604.
Rodogune, tragédie de Corneille, 628.
Roi. La prospérité d'un mauvais roi devient fatale à ses peuples, 656.
— Un roi ne doit pas se piquer d'éloquence, 673.
— Un grand roi ne craint pas ses sujets, ibid.
— La magnanimité est l'esprit des rois, ibid.
— Un bon roi aime ses sujets, 674.
ROLLIN (Charles), historien. Note sur cet écrivain, 621.
— Pourquoi beaucoup de gens le croient plus grand philosophe que Voltaire, 687.
Romains. Ils honoraient la gloire, 528 et suiv.
— Négligeaient le commerce, 536.
— Leur culte, ibid.
— Ne se battaient pas en duel, 537.
— Étaient un peuple raisonneur et éclairé, 541.
— En quoi les Italiens du dix-huitième siècle en diffèrent, 540.
— Leur décadence, 541.
Romans. Réflexions sur ce genre d'écrits, 500.
ROTTEMBOURG, général prussien, 621.
ROUSSEAU (J. B.). A imité Clément Marot, 480.
— Harmonie, simplicité, richesse de sa poésie, 587.
— Est admiré, non-seulement pour les beautés réelles de ses ouvrages, mais aussi pour les défauts de ses imitateurs, 685.
— Jugement sur ses ouvrages, 685.
ROXANE, personnage de la tragédie de Bajazet. Beautés de ce caractère. 569, 571.

S

Sabbat. On n'y croit plus, 535.
Sagacité. Sur ceux qui en manquent, 680.
Sages. Ils se trompent souvent sur l'effet des passions, 491.
— Comment la fortune les humilie, 664.
Sagesse (la) est la connaissance et l'affection du vrai bien, 496.

INDEX DES ŒUVRES

Sagesse (la). Elle rapproche toutes les conditions et tous les âges, 548.
— N'a ni la vigueur ni l'ardeur de l'indépendance, 606.
Saillies. Leur définition et leur caractère, 476.
— La gaieté les fait naître, 692.
— Les sentences sont celles des philosophes, *ibid.*
— Celles de l'ivresse, quelquefois plus agréables que celles des meilleurs plaisants, 684.
Sang-froid (le). D'où il vient, 481.
— Ne pèse pas les choses avec les balances de la passion, 510.
— Il discute et n'invente pas, 671.
Santé (la). Elle est le fruit du travail, 543.
Satiété. Pourquoi nous disons que rien ne peut remplir le cœur de l'homme, 661.
Savants. Qualités qu'ils doivent avoir, 665.
Savoir (le). Il n'est pas indispensable, 665.
— Savoir un peu de tout, c'est savoir inutilement, *ibid.*
— Il ne prouve pas le génie, *ibid.*
— On doit juger les hommes par ce qu'ils savent, et par la manière dont ils le savent, 666.
SAXE (le maréchal DE). Sa réponse à l'ambassadeur de Hollande au sujet du traité d'*Union*, conclu en 1745, 545, note.
— Gagne la bataille de Fontenoy, *ibid.*
Scélérat (PHALANTE, ou le) (Caractère), 598.
Sciences. Toutes ont leur côté utile, 472, à la note.
D'où vient qu'on se passionne pour elles, 485.
— Leur étude agrandit l'esprit, 518.
— La politique est la plus grande de toutes, 676.
— De la science universelle, 685.
SECKENDORFF, général des Bavarois, alliés de la France dans la guerre de la Succession (1742). Sa rivalité avec le maréchal de Broglie, 595.
Secret (du). En garder trop ou trop peu sur nos affaires caractérise une âme faible, 658.
Séditieux (le). Son portrait, 617.
Sémiramis, tragédie de Voltaire, citée, 622.
Sénat romain (le). Pourquoi il fait grâce aux complices de Catilina, 675.
SÉNÉCION. Son dialogue avec Catilina, 650 et suiv.
SÉNÈQUE, écrivain latin. Corneille l'a imité, 480, 672.
SÉNÈQUE, ou *l'Orateur de la vertu* (Caractère), 629 et suiv.

Sens (les). Sont les organes de nos biens et de nos maux, 482.
— Tous les objets des sens nous affectent malgré nous, 550.
Sens commun. Tient lieu de savoir, 694.
Sentences (les) sont les saillies des philosophes, 692.
Sentiment (le). Peut-on rendre raison des matières de sentiment? 477.
— Il s'assoupit dans la maladie, 659.
— Supplée la raison, 560.
— Précède la réflexion, *ibid.*
— Il n'y a rien contre lui, 673.
Sentiments. Tous viennent de l'âme, 484.
Sentir. Il faut sentir pour émouvoir, 586.
Sérieux (le). Ses différents caractères, 481.
— On l'est par tempérament, *ibid.*
— Ses diverses causes, *ibid.*
— Définition de celui qui fait le propre de chaque caractère, *ibid.*
— La plupart des hommes naissent sérieux, 662.
— Le sérieux impose à beaucoup de gens, 687.
Service. On tire peu de services des vieillards, 658.
— On veut rendre service jusqu'à ce qu'on le puisse, *ibid.*
Service militaire. Il fait moins de fortunes qu'il n'en détruit, 684.
— Injustices qui s'y commettent, *ibid.*
Servitude (la) est plus onéreuse que la guerre, 656.
— Elle abaisse les hommes jusqu'à s'en faire aimer, *ibid.*
— Ce qu'il faut faire pour l'éviter, 660.
— La moindre de toutes est celle des lois, 682.
Sévérité. Ce que c'est, 496.
— N'est pas utile, 675.
— Le sénat romain condamna celle de Cicéron à l'égard de Lentulus, *ibid.*
SEYTRES (*Hippolyte* DE), ami de Vauvenargues. Conseils que celui-ci lui adresse, 519.
Siècles (discours sur le caractère des différents), 534.
— Les siècles écoulés, comparés au nôtre (Discours sur les mœurs du siècle dix-huitième), 539 et suiv.
Simplicité (la) nous présente l'image de la vérité et de la liberté, 496.
— C'est la perfection de l'esprit naturel, 505.
— Son éloge, 516.
Sincérité. Est l'expression de la vérité, 495.
— Difficulté de la pratiquer, 664.
Singularité (la Fausse) (Caractère). Voyez PHOCAS.
Société. Ce qui la constitue, 491.

Société. Ses différentes classes : les grands, 619.
— La bourgeoisie, *ibid.*
— Les bas-fonds, 620.
SOCRATE. Sa science comparée à celle de Fontenelle, 692.
Soldat (le), 664.
— Ne doit pas se piquer de délicatesse, 673.
— Pourquoi il aime le pillage et la destruction, 675.
— Son caractère, 689.
Solidité d'esprit. Qualité opposée à la légèreté, 496.
Solitude (la). Elle est à l'esprit ce que la diète est au corps, 678.
— Tente puissamment la chasteté, *ibid.*
Sommeil. Est l'image de la mort, 674 et suiv.
Sopha (le), roman de Crébillon le fils, 662.
Sophistes. Leurs défauts, 667.
— Ce qu'ils valent, 668.
SOPHOCLE, tragique grec, un des plus grands poètes de l'antiquité, 567.
Sorciers. On n'y croit plus, 535.
Sots (les). Pourquoi ils possèdent l'esprit du jeu, 482, 486.
— Ne comprennent pas les gens d'esprit, et croient pouvoir les duper, 657.
— Se piquent d'avoir de l'esprit, *ibid.*
— Ne sont pas sots par leur faute, 661.
— Sur ceux qui ont de la mémoire, 665.
— Font diète en bonne société, 665.
— Sont comme le peuple qui se croit riche de peu, *ibid.*
— Causes de leur ignorance, 675.
— Quel est le plus sot de tous les hommes, 686.
— Ce qu'ils pensent de la poésie, 686.
Spectateurs. Ce qu'il faut pour captiver leur attention, 688.
Spéculations abstraites. Leur inutilité, 687.
STANISLAS LECZINSKI, roi de Pologne. Déchu du trône, il conserve cependant le titre de roi de Pologne, et reçoit comme dédommagement les duchés de Lorraine et de Bar, 532.
— Ces duchés sont réunis à la France en 1766, *ibid.*
Stoïcisme. Ce qui le distingue du christianisme, 562 et suiv.
Style. De l'expression dans le style, 589.
Sublime (le). C'est l'expression la plus propre d'un sentiment élevé, 478.
Succession. A quel titre les enfants ont droit à celle de leur père, 673.
SUÉTONE, historien latin. Sa manière simple d'écrire, 570.
Suffisance (la). Ce travers de l'esprit

se rencontre plus particulièrement dans les grandes villes, 477.

Sujétion. Réflexion sur celle de l'esprit humain, 502.

Sujets (les). Font leur cour avec bien plus de goût que les princes ne la reçoivent, 664.

— Ne sont point à craindre pour un bon roi, 673.

Sully. Son éloge, 548

Superficiels (hommes). Avantages qu'ils ont parfois sur d'habiles gens, 478.

Superstition. En quoi elle est excusable, 535.

— Comment Fontenelle en parle, 585.

Surprise. Sa définition; ses degrés, 490.

Sylla. Un grand trait de sa vie, 515.

— Aimait la gloire, 529.

— Ce qui doit le faire respecter, 576.

— L'enthousiaste (Caractère), évoque son ombre, 605.

— Réprima la licence du bas peuple de Rome, 617.

Sympathie. Ce qui la fait naître, 487.

Système de l'univers. Comment il peut être dérangé, 683 et suiv.

T

Talents. Pourquoi les talents médiocres font plutôt fortune, 509.

— Les grands talents ne sont pas donnés à tous, 527.

— Il faut se consoler de n'en point avoir de grands, 657.

— Un talent médiocre n'empêche pas une grande fortune; mais il ne la procure ni ne la mérite, 674.

— Il y en a moins que de grandes fortunes, 682.

Télémaque, ouvrage de Fénelon. Comment apprécié par Vauvenargues, 580.

— Ce que Vauvenargues voudrait en retrancher, 584.

— Les Caractères et portraits de La Bruyère n'ont pas la grandeur de ceux que Fénelon a tracés dans cet ouvrage, 589.

Témérité (la) est une valeur hors de sa place, 500.

Tempérament. La physionomie en est l'expression, 488.

— C'est la nature qui le donne, 492.

Tempérance (la) est la modération dans les plaisirs, 496.

Temple (le chevalier), 517.

Temple du goût (le), par Voltaire. Vauvenargues en estime les décisions, mais sous réserves, 579.

— Voltaire tient compte de la critique de Vauvenargues, *ibid.,* à la note 2.

Temps (le). Il en faut tout attendre et tout craindre, 658.

Térence, poëte comique latin. Vers cité, 598.

Thermosiris, ou *le Scélérat timide* (Caractère), 599.

Théâtre (le) a été créé par Corneille, 573.

Thébaïde (la), tragédie de Racine. L'un de ses plus faibles ouvrages; a cependant encore de grandes beautés, 573.

Théodalde, ou *le Grimaud* (Caractère), 627.

Théophile, ou *l'Esprit profond* (Caractère), 612.

Théophraste, moraliste grec, imité par Vauvenargues, 590.

— Comparé à La Bruyère, 591.

Théorie. Elle ne nous éclaire qu'imparfaitement, 485.

— La pratique est nécessaire, *ibid.*

Thersite. Le bel-esprit ne craint pas de l'égaler à Achille, 513.

Thersite (Caractère). Portrait d'un officier bassement flatteur, 593 et suiv.

Thévenard, célèbre acteur de l'Opéra, cité 622.

Thrasile, ou *les Gens à la mode* (Caractère), 603.

Thyeste, ou *la Simplicité.* Caractère d'un homme indulgent, 600.

Timidité. Le sérieux d'un homme timide n'a presque jamais de maintien, 481.

— Comparé à la honte, 490.

Tirynthiens (les), peuplade grecque du Péloponèse. Consultent l'oracle pour s'empêcher de rire dans les délibérations publiques, 671.

Tite-Live, portraits qu'il fait des Romains, 570.

Titus, ou *l'Activité* (Caractère), 606.

Tolérance (la). Réflexions sur ce sujet, 511.

Ton. Réflexions sur le ton à la mode, 513.

Traités (les) sont ordinairement la loi du plus fort, 669.

Trajan, empereur romain. Sa philosophie comparée par les stoïciens à celle de David et de Moïse, 563.

Tranquillité. Celle de l'esprit n'est pas une preuve de la vertu, 657.

Travail (le) lasse moins que l'oisiveté, 499.

— Le fruit du travail est le plus doux des plaisirs, 526, 662.

— Il amortit les passions, 543.

Treize à table, 670.

Trévoux (les journalistes de) font aux encyclopédistes un crime d'une pensée qu'ils ont fort louée dans l'*Introduction à la connaissance de l'esprit humain,* 485.

Tristesse (la) vient du sentiment de notre misère, 490.

Tromper. Ceux qui veulent toujours tromper ne trompent point, 667.

— Comment on peut tromper les plus habiles, 670.

Tryphon, caractère d'un esprit borné, 610.

Turnus, ou *le Chef de parti* (Caractère), 614.

Tyran. Quand et comment on le devient, 660.

— Aucune loi ne peut le contenir, 664.

U

Univers. Ses merveilles, 518.

— Un rien en dérange tout le système, 684.

Usurpation (l') s'autorise toujours de quelque loi, 676.

V

Vanité. Ses causes et ses effets, 483.

— C'est un orgueil qui s'attache à de petites choses, 483 et suiv.

— D'où elle naît, 495.

— Est une hauteur hors de sa place, 500.

— Est le sceau de la médiocrité, 501.

— Est moins aisée à abattre que la vertu, 683.

Varus, ou *la Libéralité* (Caractère), 608.

Vauvenargues (Luc de Clapiers, marquis de). S'est peint dans ses écrits, 524, note; 593, à la note.

Vengeance (la) est l'œuvre de la réflexion, 537.

Vérité (la). En littérature, elle doit être puisée dans la nature, 477.

— La simplicité est son image, 496.

— Elle est une, elle est immuable, elle est éternelle, 542.

— Elle se fane dans nos réflexions, 567.

— Etude importante pour donner un fondement solide à l'éloquence, 589.

— Elle peut être matière d'erreur, pour qui l'esprit faux, 656.

— Sa puissance, 667.

Versificateur (le) ne connaît pas de juge compétent de ses écrits, 692.

Vertu. Règle sûre pour la bien distinguer du vice, 492.

— Pourquoi elle est insuffisante à notre bonheur, 493.

— L'irréligion ne peut l'anéantir, *ibid.*

— On n'en peut nier la réalité, 494.

— On ne peut en être dupe, 503.

— Il est des vertus indépendantes du bonheur, 506.

— Elle est plus chère que le bonheur, 509.

48

Vertu. Ce que Vauvenargues entend par ce mot, 509.
— On peut en rougir, 515.
— On doit la préférer à tout, 523.
— L'oisiveté la fait souffrir, *ibid*.
— Comment la rendre facile, 656.
— Rien n'est si aimable qu'elle, *ibid.*, note.
— Il n'y a point de siècle ni de peuple qui n'aient établi des vertus imaginaires, 659.
— Sur ceux qui la servent par réflexion, 668.
— De la véritable vertu, 669.
— Celles qu'il faut inspirer aux princes, 689.
— Les gens de lettres ne l'estiment pas, 677.
— Plus aisée à abattre que la vanité, 683.
— Éclat de celle qui triomphe d'une longue et envieuse persécution, 685.
Vertu malheureuse (CLAZOMÈNE ou *la*), (Caractère), 592.
Vice et *Vices.* Ce que c'est, 492 et suiv.
— Il en est qui n'excluent pas les grandes qualités, 495.
— N'obtiennent jamais d'hommage réel, 525.
— Plus ils sont nécessaires, plus ils sont vices, 560.
— On doit les traiter comme une maladie, *ibid.*
— Il n'y a pas de société ni de peuple qui n'aient établi des vices imaginaires, 658.
Vice. La science de l'homme qui gouverne est de les faire servir au bien public, 660.
Vie (la) est un combat, 508.
— On ne peut en juger par une plus fausse règle que la mort, 658.
— Celle du soldat opposée à celle du contemplateur, 664.
— Abus qu'on en fait, 669.
— Sa courte durée, 670.
— est l'image de la nature, 685.
— Pourquoi nous l'aimons, 689.
Vie future. Qu'on y croie ou non, il est toujours bon de pratiquer la vertu, 525, 527 et suiv.
Vieillards. La sensibilité et la confiance s'usent en eux; mais le besoin les rapproche, 487 et suiv.
— On en tire peu de services, 658.
— Ne devraient jamais devenir amoureux, 688.
— Ne font plus d'amis, 681.
Vieillesse. Froideur de ses conseils, 660.
— Ses avantages, 664.
— Elle ne peut couvrir sa nudité que par la véritable gloire, 689.
Vigueur. Il faut entretenir celle du corps pour conserver celle de l'esprit, 658.
Violence (la) est la règle de l'univers, 661.
Visionnaire. L'homme d'un génie hardi passe souvent pour tel auprès d'un peuple frivole, 589.
Vivacité. En quoi consiste celle de l'esprit, 474.
Voiture, cité, 687.
Volonté. C'est le dernier ressort de l'âme, 551.
— La raison la domine quelquefois, *ibid.*
— Quand elle est un principe indépendant, 561.
VOLTAIRE. Jugement sur ses ouvrages, 577 et suiv.
— ami de Frédéric le Grand, 621.
— Son éloge, 685.
— Étendue de son esprit, 694.
Volupté. Toujours suivie du dégoût, 526.
Vrai. Il le faut être pour peindre avec hardiesse, 675.

X

XÉNOPHON. Privé des délicatesses des temps modernes, n'a été ni moins heureux ni moins grand homme, 536.
XIPHARÈS, personnage de la tragédie de *Mithridate* de Racine. Jugement sur le caractère de ce rôle, 573, 579.

Z

ZAÏRE, tragédie de Voltaire; remarquable par les sentiments de tendresse qu'on y trouve répandus, 578.

TABLE DES MATIÈRES

Avertissement 1

PASCAL

Pascal, par Sainte-Beuve III
Vie de Pascal, écrite par madame Périer, sa sœur. 1
Mémoire de la vie de M. Pascal, écrit par mademoiselle Périer, sa nièce. 16
Sur les travaux scientifiques de Pascal 18
Plan des pensées 23

PENSÉES.

Chap. I. Contre l'indifférence des athées 27
— II. Grandeur et misère de l'homme. — Contradictions étonnantes de sa nature. . 31
— III. Vanité de l'homme. — Effets de l'amour-propre. — Le moi humain 38
— IV. Imagination. — Incertitude des connaissances naturelles de l'homme. — Coutume. — Pyrrhonisme. — Morale . . 40
— V. Inquiétude de l'homme. — Occupations et divertissements 47
— VI. De quelques opinions et de quelques usages. 51
— VII. Sur l'inégalité des conditions, les lois, la justice, la force, le pouvoir politique. 54
— VIII. Sur divers sujets de morale. 56
— IX. Sur les divers genres d'esprits; — sur la raison et le sentiment; — pensées diverses 61
— X. L'homme, avec la philosophie seule, reste incompréhensible pour lui-même; il ne se connaît que par le mystère de la transmission du péché, et ne peut trouver que par la foi le vrai bien et la justice. 66
— XI. Du fini et de l'infini. — Que l'homme, en pariant que Dieu existe, parie avec certitude et a tout à gagner. — De la connaissance de Dieu. 70
— XII. Des marques auxquelles on peut reconnaître qu'une religion est vraie, et comment la religion chrétienne porte en elle les preuves de la vérité . . . 74

Chap. XIII. Que la religion chrétienne est la seule qui fasse comprendre l'homme, et la contradiction de sa misère et de sa grandeur; et que les sectes philosophiques sont impuissantes à donner cette connaissance 78
— XIV. De la raison et de la foi. 82
— XV. Que l'homme, convaincu de sa misère et tourmenté par le doute, ne trouve rien d'effectif en dehors de la religion chrétienne; et que l'histoire des Juifs est l'un des fondements indubitables de cette religion 83
— XVI. Que la religion juive, comme la religion chrétienne, recommande l'amour de Dieu. 90
— XVII. Que l'ancienne loi était figurative, et que l'Ancien Testament contient la figure des vérités accomplies à la venue du Messie 91
— XVIII. Que pendant quatre mille ans le Christ a été annoncé par les prophéties et qu'il a été prouvé par leur accomplissement 95
— XIX. Preuves de Jésus-Christ, tirées de sa naissance et de sa mort 99
— XX. De la vérité de l'histoire évangélique. — Preuves de Jésus-Christ tirées de ses miracles. — Différence entre le Messie et Mahomet. 100
— XXI. Que Dieu ne se cache ni ne se découvre entièrement; que le Messie est connaissable aux bons et méconnaissable aux méchants, et qu'il faut reconnaître la vérité de la religion chrétienne dans l'obscurité même de certaines vérités. 103
— XXII. Que l'homme ne peut connaître Dieu et se connaître soi-même que par Jésus-Christ, et qu'en dehors de Jésus-Christ, médiateur et réparateur, il n'y a que vice, misère, erreurs, ténèbres, mort, désespoir. 105

Le Mystère de Jésus. 107

Chap. XXIII. Sur les miracles. 109

TABLE DES MATIÈRES.

Chap. XXIV. Sur la raison, la grâce, la foi, l'Église et divers points du dogme et de la morale 115
— XXV. Pensées publiées depuis 1843 130

LETTRES ET OPUSCULES DIVERS.

Lettres à mademoiselle de Roannez 140
Extrait d'une lettre à madame Périer 147
Lettre à madame Périer et à son mari 148
Épitaphe de M. Pascal le père 154
Prière pour demander à Dieu le bon usage des maladies 154
Comparaison des chrétiens des premiers temps avec ceux d'aujourd'hui 159
Discours sur la condition des grands 161
Sur la conversion du pécheur 164
Entretien de Pascal avec M. de Saci sur Épictète et Montaigne 167
L'art de persuader 174
Discours sur les passions de l'amour 181
De l'esprit géométrique 187
Préface sur le traité du vide 196
Nouveau fragment du traité du vide 200

LA ROCHEFOUCAULD

La Rochefoucauld, par Sainte-Beuve 201
Réflexions ou Sentences et Maximes morales . . 217
Maximes posthumes (Premier supplément) . . . 249
Maximes supprimées par l'auteur (Second supplément) 253
Réflexions diverses 260
I. Du vrai 260
II. De la société 261
III. De l'air et des manières 262
IV. De la conversation 263
— Id. Leçon différente . . . 264
V. De la confiance 265
VI. De l'amour et de la mer 266
VII. Des exemples 267
VIII. De l'incertitude de la jalousie 267
IX. De l'amour et de la vie 267
X. Du goût 268
XI. Du rapport des hommes avec les animaux . 269
XII. De l'origine des maladies 270
XIII. Du faux 270
XIV. Des modèles de la nature et de la fortune . 272
XV. Des coquettes et des vieillards 274
XVI. De la différence des esprits 275
XVII. Des événements de ce siècle 276
XVIII. De l'inconstance 281
XIX. De la retraite 281

LA BRUYÈRE

La Bruyère, par Sainte-Beuve 283

LES CARACTÈRES OU LES MŒURS DE CE SIÈCLE.

Préface 292
Chap. I. Des ouvrages de l'esprit 294
— II. Du mérite personnel 305
— III. Des femmes 310

Chap. IV. Du cœur 319
— V. De la société et de la conversation . 324
— VI. Des biens de fortune 334
— VII. De la ville 344
— VIII. De la cour 349
— IX. Des grands 361
— X. Du souverain ou de la république . . 369
— XI. De l'homme 377
— XII. Des jugements 397
— XIII. De la mode 414
— XIV. De quelques usages 422
— XV. De la chaire 434
— XVI. Des esprits forts 439
Discours prononcé dans l'Académie française . . 452
Préface 452
Discours 456

VAUVENARGUES

Vauvenargues, par Sainte-Beuve 463

INTRODUCTION A LA CONNAISSANCE DE L'ESPRIT HUMAIN.

Discours préliminaire 471

LIVRE PREMIER.

I. De l'Esprit en général 472
II. Imagination, Réflexion, Mémoire 473
III. Fécondité 473
IV. Vivacité 474
V. Pénétration 474
VI. De la Justesse, de la Netteté, du Jugement . 474
VII. Du Bon Sens 475
VIII. De la Profondeur 475
IX. De la Délicatesse, de la Finesse, et de la Force 475
X. De l'Étendue de l'esprit 476
XI. Des Saillies 476
XII. Du Goût 477
XIII. Du Langage et de l'Éloquence 478
XIV. De l'Invention 478
XV. Du Génie et de l'Esprit 479
XVI. Du Caractère 480
XVII. Du Sérieux 481
XVIII. Du Sang-froid 481
XIX. De la Présence d'esprit 481
XX. De la Distraction 481
XXI. De l'Esprit du jeu 482

LIVRE DEUXIÈME.

XXII. Des Passions 482
XXIII. De la Gaieté, de la Joie, de la Mélancolie . 483
XXIV. De l'Amour-propre et de l'Amour de nous-mêmes 483
XXV. De l'Ambition 484
XXVI. De l'Amour du monde 484
XXVII. Sur l'Amour de la gloire 484
XXVIII. De l'Amour des sciences et des lettres . 485
XXIX. De l'Avarice 485
XXX. De la Passion du jeu 486
XXXI. De la Passion des exercices 486
XXXII. De l'Amour paternel 486
XXXIII. De l'Amour filial et fraternel 486
XXXIV. De l'Amour que l'on a pour les bêtes . . 487
XXXV. De l'Amitié 487

TABLE DES MATIÈRES.

XXXVI. De l'Amour	488
XXXVII. De la Physionomie	488
XXXVIII. De la Pitié	489
XXXIX. De la Haine	489
XL. De l'Estime, du Respect et du Mépris	489
XLI. De l'Amour des objets sensibles	490
XLII. Des Passions en général	491

LIVRE TROISIÈME.

XLIII. Du Bien et du Mal moral	491
XLIV. De la Grandeur d'âme	494
XLV. Du Courage	495
XLVI. Du Bon et du Beau	496

RÉFLEXIONS SUR DIVERS SUJETS.

Avertissement	497
I. Sur le Pyrrhonisme	497
II. Sur la Nature et la Coutume	498
III. Nulle jouissance sans action	499
IV. De la Certitude des principes	499
V. Du Défaut de la plupart des choses	499
VI. De l'Ame	500
VII. Des Romans	500
VIII. Contre la Médiocrité	500
IX. Sur la Noblesse	501
X. Sur la Fortune	501
XI. Contre la Vanité	501
XII. Ne point sortir de son caractère	501
XIII. Du pouvoir de l'activité	502
XIV. Sur la Dispute	502
XV. Sujétion de l'esprit de l'homme	502
XVI. On ne peut être dupe de la vertu	503
XVII. Sur la Familiarité	503
XVIII. Nécessité de faire des fautes	503
XIX. Sur la Libéralité	504
XX. Maxime de Pascal expliquée	505
XXI. L'Esprit naturel et le Simple	505
XXII. Du Bonheur	505
XXIII. L'homme vertueux dépeint par son génie	506
XXIV. Sur l'Histoire des hommes illustres	506
XXV. [Sur l'Injustice envers les grands hommes]	506
XXVI. [Sur les gens de lettres]	507
XXVII. [Sur l'Impuissance du mérite]	507
XXVIII. [La nécessité console dans le malheur]	508
XXIX. [Sur les Hasards de la fortune]	508
XXX. [La vertu est plus chère que le bonheur]	509
XXXI. Il ne faut pas toujours s'en prendre à la fortune	509
XXXII. [Sur la Dureté des hommes]	509
XXXIII. [Sur la Fermeté dans la conduite]	510
XXXIV. La Raison n'est pas juge du sentiment	510
XXXV. L'Activité est dans l'ordre de la nature	510
XXXVI. [Contre le mépris des choses humaines]	510
XXXVII. [Sur la Politesse]	511
XXXVIII. [Sur la Tolérance]	511
XXXIX. [Sur la Compassion]	511
XL. [Sur les Misères cachées]	512
XLI. [Sur la Frivolité du monde]	512
XLII. [Sur le Bel Esprit]	513
XLIII. [Sur le Ton à la mode]	513
XLIV. [Sur l'Incapacité des lecteurs]	513
XLV. [Sur le Merveilleux]	514
XLVI. Sur les Anciens et les Modernes	514
XLVII. [On peut rougir d'une vertu]	515
XLVIII. [Sur les Armées d'à présent]	515
XLIX. Regarder moins aux Actions qu'aux Sentiments	515
L. [Contre l'esprit d'emprunt]	515
LI. Sur la Simplicité et contre l'Abus de l'art	516
LII. Il est profitable et permis d'écrire	516
LIII. [Les Préceptes corrigent peu]	517
LIV. Sur la Morale et la Physique	517
LV. [Sur l'Étude des sciences]	518

CONSEILS A UN JEUNE HOMME.

I. Sur les conséquences de la conduite	519
II. Sur ce que les femmes appellent un homme aimable	519
III. Ne pas se laisser décourager par le sentiment de ses faiblesses	520
IV. Sur le Bien de la familiarité	520
V. Sur les Moyens de vivre en paix avec les hommes	520
VI. Sur une Maxime du cardinal de Retz	521
VII. Sur l'Empressement des hommes à se rechercher, et leur Facilité à se dégoûter	522
VIII. Sur le mépris des petites finesses	522
IX. Aimer les passions nobles	522
X. Quand il faut sortir de sa sphère	523
XI. Du Faux Jugement que l'on porte des choses	523
XII. [Il faut avoir les talents de son état]	524

Discours sur la Gloire	525
Discours sur les Plaisirs	529
Éloge de Paul-Hippolyte-Emmanuel de Seytres	530
Discours sur le caractère des différents siècles	534
Discours sur les Mœurs du siècle (le dix-huitième)	539
Discours sur l'Inégalité des richesses	542
Éloge de Louis XV	548
Traité sur le libre arbitre	550

RÉPONSES AUX CONSÉQUENCES DE LA NÉCESSITÉ.

Première Réponse	557
Deuxième Réponse	560
— Sur la Justice	561
— Sur la Providence	561
— Sur l'Économie de l'univers	561

IMITATION DE PASCAL.

— Sur la Religion chrétienne	562
— Du stoïcisme et du christianisme	562
— Illusions de l'impie	563
— Vanité des philosophes	563
MÉDITATION SUR LA FOI	564

RÉFLEXIONS CRITIQUES SUR QUELQUES POÈTES.

I. La Fontaine	566
II. Boileau	566
III. Chaulieu	567
IV. Molière	568
V-VI. Corneille et Racine	568
VII. J.-B. Rousseau	574
VIII. Sur quelques ouvrages de Voltaire	577
IX. Quinault	581

FRAGMENTS.

I. Les Orateurs	582
II. Sur le duc de La Rochefoucauld	582
III. Sur La Bruyère	583
IV. Sur Fénelon	584
V. Sur Pascal et Bossuet	584

VI. Sur les Prosateurs du dix-septième siècle . . 584
VII. [Sur Descartès] 584
VIII. Sur Montaigne et Pascal 584
IX. Sur Fontenelle 585
X. [Sur les mauvais écrivains] 585
XI. Sur un défaut des poëtes. 586
XII. Sur l'Ode. 587
XIII. Sur la Poésie et l'Éloquence. 587
XIV. Sur la Vérité et l'Éloquence. 589
XV. Sur l'Expression dans le style. 589
XVI. Sur la difficulté de peindre les caractères. 589

ESSAI SUR QUELQUES CARACTÈRES.

Préface 590
I. Clazomène, ou la Vertu malheureuse . 592
II. [Phérécide, ou l'Ambition trompée] . . 592
III. Thersite 593
IV. Pison, ou l'Impertinent 594
V. Lentulus, ou le Factieux 594
VI. Oronte, ou le Vieux Fou 596
VII. Othon, ou le Débauché 596
VIII. Les Jeunes Gens 597
IX. Aceste, ou l'Amour ingénu 597
X. Phalante, ou le Scélérat 598
XI. [Termosiris] 599
XII. Lipse, ou l'Homme sans principes . . 599
XIII. [Masis] 600
XIV. Thyeste, ou la Simplicité 600
XV. Érasme, ou l'Esprit présomptueux . . 601
XVI. Callisthène 601
XVII. L'Étourdi 601
XVIII. Alcippe 602
XIX. L'Homme du monde 602
XX. Thrasille, ou les Gens à la mode . . . 603
XXI. Phocas, ou la Fausse singularité . . . 603
XXII. [Le Rieur] 604
XXIII. Horace, ou l'Enthousiaste 604
XXIV. [Hégésippe] 605
XXV. Titus, ou l'Activité 606
XXVI. L'Homme pesant 606
XXVII. [Erox, ou le Fat] 607
XXVIII. [Varus, ou la Libéralité] 608
XXIX. [Polidore, ou l'Homme faible] 608
XXX. [L'Homme inconséquent] 609
XXXI. [Lycas, ou l'Homme ferme] 610
XXXII. [Tryphon] 610
XXXIII. [L'Esprit de manége] 610
XXXIV. Ergaste, ou l'Officieux par vanité . . 611
XXXV. Cyrus, ou l'Esprit agité 611
XXXVI. [Ménalque, ou l'Esprit moyen] 612
XXXVII. Théophile, ou l'Esprit profond 612
XXXVIII. [Eurymaque, ou le Fourbe] 613
XXXIX. Turnus, ou le chef de parti 614
XL. [Hermas, ou la Sotte Ambition] . . . 615
XLI. Cléon, ou la Folle Ambition 616
XLII. Clodius, ou le Séditieux 617
XLIII. [Les Grands] 619
XLIV. [La Bourgeoisie] 619
XLV. [Les Bas-Fonds] 620
XLVI. [Inconstance des hommes] 620
XLVII. [Anselme] 621
XLVIII. Midas, ou le Sot qui est glorieux . . 621
XLIX. Lacon, ou le Petit Homme 621
L. Le Flatteur insipide 622
LI. Caritès, ou le Grammairien 623
LII. Isocrate, ou le Bel Esprit moderne . . 623
LIII. Lysias, ou la Fausse Éloquence . . . 624
LIV. Le Lecteur-Auteur. — Le Critique borné . 625
LV. [Eumolpe, ou le Mauvais Poëte] . . . 626
LVI. [Théobalde, ou le Grimaud] 627
LVII. Bathylle, ou l'Auteur frivole 627
LVIII. Cotin, ou la Fausse Grandeur 628
LIX. Égée, ou le Bon Esprit 629
LX. Sénèque, ou l'Orateur de la vertu . . 629
LXI. [L'Important] 630

DIALOGUES.

I. Alexandre et Despréaux 631
II. Fénelon et Bossuet 632
III. Démosthènes et Isocrate 634
IV. Les mêmes 635
V. Pascal et Fénelon 638
VI. Montaigne et Charron 639
VII. Un Américain et un Portugais 641
VIII. Philippe II et Comines 642
IX. César et Brutus 643
X. Molière, et un Jeune Homme 644
XI. Racine et Bossuet 645
XII. Le Cardinal de Richelieu et le grand Corneille 647
XIII. Richelieu et Mazarin 647
XIV. Fénelon et Richelieu 648
XV. Brutus et un Jeune Romain 649
XVI. Catilina et Sénécion 650
XVII. Renaud et Jafier, conjurés 652
XVIII. Platon et Denys le Tyran 654

RÉFLEXIONS ET MAXIMES 655
Index des pensées de Pascal 697
— des œuvres morales de La Rochefoucauld . 708
— des Caractères de La Bruyère 724
— des Œuvres de Vauvenargues 735
Table des matières 755

FIN DE LA TABLE.

A LA MÊME LIBRAIRIE

OUVRAGES GRAND IN-8° JÉSUS
MAGNIFIQUEMENT ILLUSTRÉS — GALERIES DE PORTRAITS
GRAVURES SUR ACIER
A 20 fr. le volume. — 1/2 reliure soignée tranches dorées 26 fr.

GALERIE DE FEMMES CÉLÈBRES
Tirée des *Causeries du lundi* par M. SAINTE-BEUVE, 1 beau volume grand in-8° jésus, orné de 13 magnifiques portraits dessinés par STAAL et gravés sur acier par GOUTIÈRE, GEOFFROY, GERVAIS, OUTHWAITE, etc. . . . . 20 fr.

NOUVELLE GALERIE DE FEMMES CÉLÈBRES
Tirée des *Causeries du Lundi, des Portraits littéraires, des Portraits de Femmes*, par M. SAINTE-BEUVE, 1 volume grand in-8° jésus, semblable au volume précédent, et illustré de même. 20 fr.
Ces volumes se complètent l'un par l'autre. Ils contiennent la fleur des *Causeries du lundi*, des *Portraits littéraires* et des *Portraits de Femmes*.

LETTRES CHOISIES DE MADAME DE SÉVIGNÉ
Avec une magnifique galerie de portraits sur acier, représentant les personnages principaux qui figurent dans sa correspondance. 1 très beau volume grand in 8° jésus. . . . . 20 fr.

LETTRES CHOISIES DE VOLTAIRE
Précédées d'une notice et accompagnées de notes explicatives, par M. L. MOLAND, ornées d'une galerie de portraits historiques. Dessins de PHILIPPOTEAUX et STAAL, gravés sur acier. 1 fort et magnifique volume grand in-8° jésus. . . . . 20 fr.
La correspondance de VOLTAIRE est un chef-d'œuvre. Nous avons voulu en former un recueil qui peut-être mis entre les mains de tout le monde, qui ne contient rien de choquant pour personne, et qui offre cependant un spécimen très étendu et très piquant de cette correspondance inimitable.

HISTOIRE DE FRANCE
Depuis la fondation de la monarchie, par MENNECHET, illustrée de 20 gravures sur acier, d'après les grands maîtres de l'école française, gravées par F. DELANNOY, OUTHWAITE, etc. 1 volume grand in-8° jésus. . . . . 20 fr.

LA FRANCE GUERRIÈRE
Récits historiques d'après les chroniques et les mémoires de chaque siècle, par CHARLES D'HÉRICAULT et LOUIS MOLAND. Ouvrage illustré de nombreuses et très belles gravures sur acier. 1 volume grand in-8° jésus. . . . . 20 fr.

L'ESPACE CÉLESTE ET LA NATURE TROPICALE
Description physique de l'univers, d'après des observations personnelles faites dans les deux hémisphères, par E. LIAIS, astronome de l'Observatoire de Paris, avec une préface de M. BABINET, de l'Institut. Illustré de dessins de YAN'DARGENT. 1 magnifique volume grand in-8°. . . . 20 fr.

LES FEMMES D'APRÈS LES AUTEURS FRANÇAIS
Par E. MULLER. Ouvrage de portraits des femmes les plus illustres, gravés au burin, d'après les dessins de STAAL, par DELANNOY, REGNAULT, et GEOFFROY. 1 volume grand in-8° jésus. 20 fr.

LES FLEURS ANIMÉES
Par J.-J. GRANDVILLE. Ouvrage de luxe. Texte par ALPH. KARR, TAXILE DELORD. Nouvelle édition avec planches très soigneusement retouchées pour la gravure et le coloris. 2 volumes grand in-8° jésus. . . . . 25 fr.

FABLES DE LA FONTAINE
Illustrations de GRANDVILLE. 1 splendide volume grand in-8° jésus, sur papier glacé, satiné avec encadrements de pages et un sujet pour chaque fable . . . . 18 fr.

LES FEMMES DE LA BIBLE
Principaux fragments d'une histoire du peuple de Dieu, par Mgr. DARBOY, archevêque de Paris. Nouvelle édition, avec collection des portraits des femmes célèbres de l'Ancien et du Nouveau Testament gravés par les meilleurs artistes d'après les dessins de G. STAAL. 2 volumes grand in-8° jésus. Chaque volume, formant un tout complet, se vend séparément. . . . . 20 fr.

LES SAINTES FEMMES
Texte par Mgr. DARBOY, archevêque de Paris. Collection de portraits gravés sur acier, des femmes remarquables de l'histoire de l'Église. 1 volume grand in-8° jésus . . . . 20 fr.

LA SAINTE BIBLE
Traduite en français par LEMAISTRE DE SACY, accompagnée du texte latin de la Vulgate, avec magnifiques gravures sur acier d'après RAPHAEL, LE TITIEN, LE GUIDE, PAUL VÉRONÈSE, SALVATOR ROSA, POUSSIN, H. VERNET, etc. 6 forts volumes grand in-8° jésus, avec une carte de la Terre-Sainte et un plan de Jérusalem. . . . . 100 fr.
Chaque volume séparément. . . . . 17 fr.
Cette édition de la Bible a obtenu le suffrage des connaisseurs par la beauté de son exécution artistique et typographique.
Il a été tiré 100 exemplaires numérotés sur papier de Hollande, avec gravures sur Chine avant la lettre, au prix de 40 fr. le volume.

LA SAINTE BIBLE
Traduite en français par LEMAISTRE DE SACY, avec magnifiques gravures d'après RAPHAEL, LE TITIEN LE GUIDE, PAUL VÉRONÈSE, SALVATOR ROSA, POUSSIN, H. VERNET, etc. 1 fort volume grand in-8° jésus, avec une carte de la Terre-Sainte et un plan de Jérusalem. . . . . 25 fr.

www.ingramcontent.com/pod-product-compliance
Lightning Source LLC
Chambersburg PA
CBHW070055020526
44112CB00034B/1284